༄༅། །བཀའ་གདམས་རིན་པོ་ཆེའི་གླེགས་བམ་ཕ་ཆོས་བཞུགས་སོ། །

འབྲོམ་སྟོན་པ་རྒྱལ་བའི་འབྱུང་གནས་སོགས་ཀྱིས་མཛད།

བོད་ལྗོངས་མི་དམངས་དཔེ་སྐྲུན་ཁང་།

民族文字出版专项资金资助项目

图书在版编目（CIP）数据

噶当祖师问道录：藏文 / 仲敦巴·杰瓦迥内
著；《噶当祖师问道录》整理小组编 .-- 拉萨：西藏
人民出版社，2020.11（2023.8重印）
ISBN 978-7-223-06649-5

Ⅰ．①噶… Ⅱ．①仲… ②噶…Ⅲ．①格鲁派 - 研究
—藏语 Ⅳ．①·B946.6

中国版本图书馆 CIP 数据核字（2020）第 195328 号

噶当祖师问道录

作　　者　仲敦巴·杰瓦迥内
整　　理　本书整理委员会
责任编辑　巴桑旺庆
装帧设计　洛桑旺堆
责任印制　扎西桑珠
出版发行　西藏人民出版社（拉萨市林廓北路 20 号）
印　　刷　深圳市精彩印联合印务有限公司
开　　本　787×960　1/16
印　　张　47.5
字　　数　450 千
版　　次　2020 年 11 月第 1 版
印　　次　2023年 8月第 2次印刷
印　　数　2,001-6,000
书　　号　ISBN978-7-223-06649-5
定　　价　86.00 元

发行部联系电话（传真）：0891-6826115

དེབ་འདིའི་ལེགས་སྒྲིག་ཚོགས་ཆུང་གི་མཚན་ཐོ།

བོད་ཡིག་གི་ཀ་ཁའི་གོ་རིམ་ལྟར་བསྒྲིགས་པ།

ཚེ་རིང་དོན་གྲུབ། ཐུབ་བསྟན་ཉི་མ། བློ་བཟང་ཡེ་ཤེས།

སྐལ་བཟང་ཚེ་རིང་། ཀརྨ་བདེ་ལེགས། བསམ་གྲུབ།

དཀར་ཆག

༄༅། །ཇོ་བོ་རྗེ་ལྷ་གཅིག་དཔལ་ལྡན་ཨ་ཏི་ཤའི་རྣམ་ཐར་བླ་མའི་ཡོན་ཏན་ཆོས་ཀྱི་འབྱུང་གནས་སོགས་བཀའ་གདམས་རིན་པོ་ཆེའི་གླེགས་བམ་བཞུགས་སོ། །

༄༅། །རྒྱ་གར་སྐད་དུ། གུ་རུ་གུ་ཎ་དྷརྨཱ་ཨ་ཀ་ར་ནཱ་མ། བོད་སྐད་དུ། བླ་མའི་ཡོན་ཏན་ཆོས་ཀྱི་འབྱུང་གནས་ཞེས་བྱ་བ། བསྟན་པའི་རྩ་ལག་སྐྱེས་མཆོག་དཔལ་ལྡན་བླ་མ་དམ་པ་རྣམས་ལ་ཕྱག་འཚལ་ལོ། །སྙིགས་དུས་ཉོན་མོངས་ཚད་པས་གདུངས་པ་ལ། །ཆོས་ཀྱི་དབྱིངས་ནས་བྱམས་པའི་སྤྲིན་ཕུང་སྟེ། །ཐུགས་རྗེའི་ཆར་གྱིས་གདུང་བ་སེལ་མཛད་པའི། །ཆོས་ཀྱི་རྒྱལ་པོའི་ཞབས་ལ་གུས་བཏུད་དེ། །དེ་ཡི་རྣམ་ཐར་དྲི་མེད་རྒྱ་མཚོ་ལས། །སྒྲོ་སྐུར་ཚིག་གི་སྦྱོར་བ་མ་ཞུགས་པར། །རང་གི་བློ་གྲོས་རྩལ་དང་སྦྱར་བའི་ཕྱིར། །ཆུ་ཐིགས་ཙམ་ཞིག་གུས་པས་བླང་གིས་ཉོན། །རྒྱ་གར་ཤར་ཕྱོགས་ཟ་ཧོར་ཡུལ་མཆོག་ན། །ཛྷཾ་ག་ལ་ཞེས་བྱ་བའི་གྲོང་ཁྱེར་ཡོད། །དེ་ཡི་ས་བདག་ཆོས་ཀྱི་རྒྱལ་པོ་ནི། །དགེ་བ་དཔལ་ཞེས་རྒྱལ་སྲིད་བསོད་ནམས་འབར། །དེ་ཡི་ཕོ་བྲང་གསེར་གྱི་རྒྱལ་མཚན་ཅན། །མི་ཁྱིམ་འབུམ་ཕྲག་གཅིག་གིས་ཀུན་ནས་བསྐོར། །བྲུས་ཀྱི་ཐིང་བུ་སྟོང་ཕྲག་ཉི་ཤུ་ལྔ། །སྐྱིད་མོས་ཚལ་ར་བདུན་བརྒྱ་ཉི་ཤུས་བསྐོར། །ཏཱ་ལའི་ལྗོན་ཤིང་སྟོང་ཕྲག་ལྔ་བཅུ་དྲུག །འབངས་ཀྱི་སྐྱེ་བོ་སྟོང་ཕྲག་སུམ་ཅུ་ལྔ། །གྲོང་ཁྱེར་དེ་ལ་ར་བ་རིམ་པ་བདུན། །བར་གྱི་ཟམ་པ་སུམ་བརྒྱ་དྲུག་ཅུ་གསུམ། །གསེར་གྱི་རྒྱལ་མཚན་སྟོང་ཕྲག་ཉི་ཤུ་ལྔ། །དབུས་ཀྱི་ཕོ་བྲང་རྒྱ་ཕིབས་བཅུ་གསུམ་པ། །ཡོངས་སྤྱོད་དཔལ་འབར་རྒྱ་

ནག་སྟོང་ཁུན་ལྟར། །མངའ་རིས་ལྷ་དབང་བརྒྱ་བྱིན་ཉིད་དང་མཚུངས། །སྐྱེ་བོའི་འདུ་འཚོགས་གྲོང་ཁྱེར་སྲོས་ལྡན་འདྲ། །ཆོས་འཁོར་རྒྱས་པ་ཆོས་འཕགས་ཉིད་དང་མཚུངས། །ཆོས་ཀྱི་རྒྱལ་པོ་དེ་ཡི་བཙུན་མོ་ནི། །དཔལ་མོ་འོད་ཟེར་ཅན་དེ་ལྷ་མོ་འདྲ། །ངོ་ཚ་ཁྲེལ་ཡོད་མཛེས་པའི་འོད་ཆགས་མ། །དཀོན་མཆོག་གསུམ་མཆོད་སྐྱེ་བོ་ཡོངས་ཀྱི་མ། །ལྷ་མོ་དེ་ལ་སྲས་གསུམ་འཁྲུངས་པ་ནི། །དཔལ་ལྡན་ཟླ་བ་པདྨའི་སྙིང་པོ་སྟེ། །གསུམ་གྱི་རྣམ་གཞག་གཞན་ན་ཟུར་ཙམ་གསལ། །ཆུང་ཤོས་ཟླ་བའི་སྙིང་པོར་གྲགས་པ་དེ། །དིང་སང་བདག་གི་བླ་མ་དམ་པ་ཡིན། །བསྐལ་པ་བཟང་པོ་ཡུམ་ལ་བལྟམས་པའི་ཚེ། །རྒྱལ་པོའི་ཁབ་ཏུ་མེ་ཏོག་ཆར་པ་བབས། །ནམ་མཁའི་མཐོངས་རྣམས་འཇའ་ཚོན་གུར་གྱིས་གཏམས། །ལྷ་ཡི་སྒྲ་དབྱངས་སྐྱེ་བོ་ཡོངས་ཀྱིས་ཐོས། །ཐམས་ཅད་དགའ་ཞིང་དག་པའི་སྣང་བ་ཐོབ། །ཟླ་བ་བཅོ་བརྒྱད་བར་དུ་ཁབ་གནས་སུ། །མ་མ་བརྒྱད་ཀྱིས་བཀུར་སྟི་མཆོད་པས་བསྐྱངས། །དེ་ནས་ཕོ་བྲང་དེ་ཡི་བྱང་ཕྱོགས་ན། །བི་ཀྲ་མ་ལ་ཤུ་རི་ཞེས་པ་ཡོད། །གནས་དེར་བདེ་གཤེགས་མཆོད་པ་བྱེད་པ་ལ། །ཡབ་ཡུམ་སློན་འབངས་ཤིང་རྟ་ལྔ་བརྒྱར་བཅས། །ཁྲིའུ་བུ་མོ་མཛེས་པའི་ཚས་ཀྱིས་སྤྲས། །རོལ་མོ་མཁན་པོ་བརྒྱ་ཕྲག་ཏུ་མས་བསྐོར། །རིན་ཆེན་མཆོད་རྫས་དཔག་ཏུ་མེད་པ་བསྣམས། །སྒྲུ་སྐད་ལེན་ཞིང་ལམ་དུ་ཞུགས་པ་ན། །བླ་མ་འདི་ནི་ལོ་གསུམ་ལོན་འདྲ་བའི། །གཟུགས་བཟང་བཞིན་མཛེས་ལྟ་བས་མི་ངོམས་ཤིང་། །དབུ་རྒྱན་ལ་སོགས་ལྷ་ཡི་རྒྱན་ཆས་སྤྲས། །པཉྩ་ལི་ཀའི་གོས་གསོལ་རྒྱལ་པོས་བསྣམས། །སྐྱེ་བོ་རྣམས་ཀྱིས་ལྷ་དེ་མཐོང་བ་དང་། །དགའ་བས་དབུགས་ཕྱིན་བདེ་བས་མདངས་དང་ལྡན། །ཆགས་པས་བལྟ་ཞིང་འབྲལ་བར་མི་ཕོད་སྐད། །དེ་ནས་མཐོང་བའི་སྐྱེ་བོ་འདི་སྐད་དུ། །ཁྱོད་ཉིད་འཁྲུངས་ནས་མེ་ཏོག་ཆར་པ་ཕབ། །ཉི་མའི་གུར་ཕུབ་སྙན་པའི་སྒྲ་དབྱངས་ཐོས། །ནམ་ཞིག་མཐོང་ཞེས་ཡིད་སྨོན་ཤེས་པ་འཚོར། །ད་ནི་མཐོང་

ངོ་ཡ་མཚན་ལྟད་མོར་ཆེ། །དེ་ནས་རྒྱལ་བུ་དམ་པས་ཚིག་སྨྲས་པ། །ཕ་མ་སྐྱེ་བོ་འདི་དག་སུ་ཞིག་ཡིན། །ཡབ་ཡུམ་གཉིས་ཀྱིས་དེ་ཡི་ལན་སྨྲས་པ། །རྒྱལ་བུ་འདི་དག་ཁྱོད་ཀྱི་འབངས་འཁོར་ཡིན། །རྒྱལ་བུ་དམ་པས་དེ་ལ་ལན་སྨྲས་པ། །འདི་དག་བདག་བཞིན་ཕ་མ་ཕུན་ཚོགས་ཤིང་། །རྒྱལ་སྲིད་མངའ་ཐང་བསོད་ནམས་འབར་བ་ཡི། །མི་དབང་སྲས་ཀྱི་ཐུ་བོར་རབ་བསྐུན་ཏེ། །ཐམས་ཅད་དམ་པའི་ཆོས་ཀྱིས་འཚོ་བར་ཤོག །དེ་བས་ཀྭ་མ་ལ་ཡི་གཙུག་ལག་ཏུ། །འཁོར་དང་བཅས་པས་ཞིགས་པར་སླེབ་པ་དང་། །རྒྱལ་བུས་དཀོན་མཆོག་རྟེན་ལ་ཕྱག་འཚལ་ཞིང་། །སྟོན་པའི་བསྟོད་དབྱངས་འདི་སྐད་བརྗོད་གྱུར་ཏེ། །བདག་ནི་དལ་འབྱོར་མི་དབང་ལུས་ཐོབ་ཅིང་། །སྐྱོན་མེད་དབང་པོས་དཀོན་མཆོག་གསུམ་འཕྲད་ཞིང་། །རྟག་ཏུ་གུས་པས་དཀོན་མཆོག་སྤྱི་བོར་བླང་། །དེ་རིང་ཉིད་ནས་སྐྱབས་གནས་མཛད་དུ་གསོལ། །ཞེས་གསུངས་པ་དང་། དེ་ནས་ཡབ་ཡུམ་བློན་འབངས་ཐམས་ཅད་དང་། །དགེ་སློང་མང་པོས་རྒྱལ་བུའི་ཚིག་ཐོས་ནས། །ཤིན་ཏུ་དགའ་ཞིང་ཡ་མཚན་སྐྱེས་པར་གྱུར། །ཐམས་ཅད་མཐུན་པར་དམ་པར་ཁ་ཚོན་བཅད། །དེ་ནས་རྒྱལ་པོ་ཡབ་ཡུམ་འཁོར་བཅས་ཀྱིས། །བསྙེན་བཀུར་མཆོད་ཡོན་བསོད་ནམས་བསགས་གྱུར་ཏེ། །བདག་ཅག་ཚེ་རབས་དག་ནས་ཚེ་རབས་སུ། །དཀོན་མཆོག་གསུམ་ལ་མཆོད་པ་འབུལ་བ་དང་། །དགེ་འདུན་བཀུར་སྟི་དམ་ཆོས་བསྟན་པར་ཤོག །ཉོན་མོངས་གདུང་སེལ་རང་དབང་ཡོད་པར་ཤོག །སྨོན་ལམ་འདེབས་པའི་ཚིག་དེ་ཐོས་པ་དང་། །རྒྱལ་བུ་ཡབ་ཡུམ་དག་ལ་ལྟ་བཞིན་དུ། །ནམ་ཡང་ཁྱིམ་པའི་ཆོས་ཀྱིས་མ་བཅིངས་པར། །དགེ་འདུན་དབུས་སུ་ཆོས་འཁོར་ཐོབ་པ་དང་། །ང་རྒྱལ་མེད་པར་དཀོན་མཆོག་མཆོད་བྱེད་ཅིང་། །སྐྱེ་བོ་ཡོངས་ལ་སྙིང་རྗེས་ལྟ་བར་ཤོག །རྒྱལ་བུའི་གསུང་དེ་ཀུན་གྱིས་ཐོས་པ་དང་། །ཡབ་ཡུམ་ལ་སོགས་ཡ་མཚན་སྐྱེས་པར་གྱུར། །དེ་ནི་བླ་མའི་ཆོས་ཀྱི་ཐོག་མ་ཡིན། །དེ་ནས་རྒྱལ་བུས་ལོ་གསུམ་

ལོན་པ་ན། །རྩིས་དང་ཡི་གེ་སྒྲ་ལ་མཁས་པར་གྱུར། །དེ་ནས་རྒྱལ་བུས་ལོ་དྲུག་ལོན་པ་ན། །ཕྱི་ནང་གཉིས་ཀྱི་བྱེ་བྲག་ཕྱེད་པར་གྱུར། །དེ་ནས་བཟུང་ནས་དགུང་ལོ་བཅུ་ཡི་བར། །དཀོན་མཆོག་གསུམ་ལ་སྐྱབས་སུ་འགྲོ་བ་དང་། །བསྙེན་གནས་བསྲུང་ཞིང་སྦྱིན་པ་གཏོང་བ་དང་། །གཙུག་ལག་ལྷ་ཞིང་ཁ་ཏོན་བྱེད་པ་དང་། །གསོལ་བ་འདེབས་ཤིང་དམ་པ་ཚོལ་བ་དང་། །ཕ་མ་བཀུར་ཞིང་ཞེ་སས་མཆོད་པ་དང་། །སློ་གར་ཐམས་ཅད་ཆོས་ལ་རྩེ་བ་དང་། །ཆོས་པ་མཐོང་ན་རྒྱང་ནས་བསུ་བ་དང་། །འཁོར་ལ་ལྷ་ཞིང་སྙིང་རྗེས་སྐྱོང་བ་དང་། ། འཇིག་རྟེན་མགོན་མེད་སྐྱོང་བ་ལ་སོགས་པ། །དམ་པའི་སྤྱོད་པ་དཔག་ཏུ་མེད་པ་མཛད། །རྒྱལ་བུས་དགུང་ལོ་བཅུ་གཅིག་ལོན་པ་ན། །ཕ་བཟང་བུ་མོ་ཉི་ཤུ་རྩ་གཅིག་ཙམ། །བློན་འབངས་རྣམས་ཀྱིས་གཉེན་དུ་གསོལ་བ་ལ། །ཡབ་ཡུམ་གཉིས་ཀྱང་དེ་ལ་བྱ་དགའ་སྟེར། །ཉིན་གཅིག་རྒྱལ་པོས་བློན་པོ་རྣམས་བསྡུས་ནས། །ནང་པར་ཤིང་རྟ་བཅུ་གསུམ་ལེགས་པར་བཅོས། །ཀུན་ལ་མཛེས་པའི་རྒྱན་ཆ་དུ་མ་ཀྱིས། །དབུས་སུ་ལྷག་པར་མཛེས་ཤིང་བརྩུན་པ་ཡི། །སྟེང་ན་རྨ་བྱའི་གདུགས་ཕུབ་བསིལ་གཡབ་བསྟེན། །དབུས་སུ་རིན་ཆེན་ཁྲི་སྟེང་མཛེས་པ་ལ། །དར་ཟབ་གོས་ཐིང་ཟླ་བའི་སྙིང་པོ་ཞོག །ཤིང་རྟ་བཅུ་གཉིས་རྒྱན་གྱིས་སྤྲས་པ་ལ། །བློན་པོ་ཐམས་ཅད་མཛེས་པའི་ཆས་སུ་ཞུགས། །དགའ་བའི་གླུ་ལེན་རོལ་མོ་དུ་མ་ཀྱིས། །ཤིང་རྟ་དཀར་པོ་གསུམ་གྱིས་སྣ་དྲངས་ལ། །ཤིང་རྟ་དམར་པོ་གསུམ་གྱིས་མཇུག་ནས་བརྟེན། །ཤིང་རྟ་སེར་པོ་གསུམ་གྱིས་གཡས་བརྟེན་ལ། །ཤིང་རྟ་ལྗང་གུ་གསུམ་གྱིས་གཡོན་ནས་བརྟེན། །ཤིང་རྟ་རེ་རེར་ཁྱིའུ་ལྔ་བརྒྱ་ཞུགས། །ཕྱོགས་ཕྱོགས་ཁ་དོག་མཐུན་པར་ལྷ་རྒྱན་བརྟེན། །རྒྱལ་བུའི་ཤིང་རྟ་ཁ་དོག་སྣ་ལྔ་ལ། །ཟུར་བཞིར་རྨ་བྱ་མཛིང་བསྟོལ་མཛེས་པར་བཀྱིས། །ཕྱོགས་ནས་མཆོད་པའི་ལྷ་མོས་ཀུན་ནས་བསྐོར། །འཁོར་རྣམས་པི་ཝང་གླིང་བུ་རྫ་རྔ་དང་། །སིལ་སྙན་གླུ་དབྱངས་མཛེས་པའི་སྒྲ་འབྱིན་

ཅིང་། །སྐྱེ་བོའི་ཡིད་དབང་འཕྲོག་པས་ཀུན་ནས་བསྐོར། །དེ་ནས་གྲོང་ཁྱེར་ཆེན་པོའི་མཐའ་ཡོགས་སུ། །སྐྱིད་མོས་ཚལ་རབ་ཤིན་ཏུ་ཉམས་དགའ་བར། །ལྟ་བའི་རྩེད་མོས་སྐྱེ་བོ་དབང་དུ་སྡུད། །དེ་ཡི་ཡུན་ཀྱང་ཟླ་བ་ཕྱེད་ཀྱི་བར། །སྐྱེ་བོ་ཐམས་ཅད་དགའ་ཞིང་ཆགས་པར་གྱིས། །དེ་ནས་སྐྱེ་བོ་ཡོངས་ཀྱིས་མཐའ་བསྐོར་ལ། །རྒྱལ་བུ་མཉེས་པའི་བུ་མོ་སྤྲ་གོན་གྱིས། །བློན་པོ་དག་གིས་བུ་མོ་མཐོང་བ་ན། །ཕྱོགས་སུ་བཀའ་བསྒོས་དམ་བཞག་བརྟན་པར་གྱིས། །རྒྱལ་པོ་ཆེན་པོས་དེ་ལྟར་བཀའ་བསྒོས་པས། །ཉི་མ་བདུན་ལ་བློན་པོ་ཐམས་ཅད་ཀྱིས། ། ཤིང་རྟ་བཅུ་གསུམ་བྱས་ཤིང་རྒྱན་གྱིས་སྤྲས། །ཁྱིའུ་སུམ་སྟོང་ལྔ་བརྒྱ་རྒྱན་གྱིས་སྤྲས། །རྒྱལ་བུ་ཤིང་རྟའི་དབུས་སུ་རྒྱན་གྱིས་སྤྲས། །ཤིང་རྟ་བཅུ་གཉིས་རོལ་མོ་མཁན་པོ་ཡིས། །གང་ཞིག་རོལ་མོ་རྣམ་པ་སྣ་ཚོགས་བྱས། །དེ་ནས་གྲོང་ཁྱེར་ཆེན་པོའི་མཐའ་ཡོགས་དང་། །བཞི་མདོ་རྣམས་དང་སྐྱིད་མོས་ཚལ་རབ་དང་། །སྐྱེ་བོའི་ཡིད་དབང་འཛིན་པའི་རྩེད་མོ་བྱས། །དེ་ཚེ་ཕྱོགས་དང་གྲོང་ཁྱེར་ཐམས་ཅད་དུ། །ཟླ་བའི་སྙིང་པོ་འཁོར་ཚོགས་ཉིས་སྟོང་དང་། །ལྔ་བརྒྱར་བཅས་པ་ཤིང་རྟའི་ནང་དུ་ཞུགས། །གྲོང་ཁྱེར་མཐའ་ཡོགས་པདྨའི་ཚལ་རབ་དང་། །བཞི་མདོ་བཞི་མདོ་ཀུན་ནས་ཡངས་པ་ན། །འཁོར་ལོས་སྒྱུར་རྒྱལ་ལྟ་བུར་སྐྱེ་བོ་སྡུད། །ཐམས་ཅད་དེར་འགྲོ་སྤྲུལ་པའི་སྐུ་དེ་བལྟ། །འོད་ཟེར་ལྷ་མོ་ལ་སོགས་བུ་མོའི་ཚོགས། །རིགས་ཀྱི་ཚ་བོ་དེ་ཡི་གྲོགས་གཉེན་པ། །ཀུན་ཀྱང་བལྟ་ཕྱིར་ཕྱོགས་དེར་འགྲོའོ་ཞེས། །སྐྱེ་བོའི་ཚོགས་རྣམས་ལྟད་མོར་འདུས་པ་ན། །རྒྱལ་པོ་བསོད་ནམས་འཛིན་གྱི་བུ་མོ་དང་། །རྒྱལ་པོ་མུ་འབྲུད་འཛིན་གྱི་བུ་མོ་དང་། །རྒྱལ་པོ་ཚུ་བདག་འཛིན་གྱི་བུ་མོ་དང་། །རྒྱལ་པོ་གཏུམ་པོ་ལ་ཡི་བུ་མོ་རྣམས། །རིགས་གཟུགས་ཡོངས་སྤྱོད་དཔུང་གིས་རྒྱལ་བ་ཡི། །ཉི་ཤུ་རྩ་གཉིས་གཉེན་ཁར་སློབས་པ་ཡང་། །ཤིང་རྟ་རེ་ན་བུ་མོ་བདུན་བདུན་ཏེ། །བུ་མོ་རེ་ལ་གཡོག་མོ་བདུན་བདུན་ཞིང་། །ཤིང་རྟ་ཉི་ཤུ་རྩ་གཉིས་མཛེས་

པ་ཡང་། །རྒྱན་ཆ་སྣ་ཚོགས་རྒྱན་གྱིས་རབ་སྤྲས་ཏེ། །སྙན་པའི་སྒྲ་འབྱིན་དགའ་བའི་སེམས་ཀྱིས་འོངས། །ཐམས་ཅད་ལྷ་ཡི་བུ་མོ་འཕོད་པ་ལྟར། །རྒྱལ་བུ་མཐོང་ནས་ཆགས་པས་མིག་མི་སྟུད། །ཀུན་ནས་ཆགས་ཞེན་ལུས་ཀྱི་བ་སྤུ་གཡོ། །དེ་ཚེ་མཁའ་འགྲོ་མ་ཡི་སྤྲུལ་པ་ཅིག །བུ་མོ་སྒོ་བསངས་ཅིག་ཏུ་སྐུ་སྤྲུལ་ཏེ། །གླུ་དབྱངས་ཚིག་གིས་བསྐུལ་བ་འདི་སྐད་ལོ། །ལྷ་གཅིག་མ་ཆགས་མ་ཆགས་སྐལ་བ་ཅན། །འདམ་བུའི་ཚལ་དུ་གླང་པོ་བྱིང་བ་ལྟར། །འདོད་པའི་འདམ་འདིར་དཔའ་བོ་ཁྱོད་བྱིང་ན། །ཚུལ་ཁྲིམས་གོས་ཅན་བསྟུབས་པར་མི་འགྱུར་རམ། །སྐྱེ་བ་ལྔ་བརྒྱ་ལྔ་བཅུ་རྩ་གཉིས་སུ། །པཎ་ཆེན་དགེ་སློང་གཙང་མའི་ལུས་བརྒྱུད་ནས། །པདྨའི་མཚོ་ལ་ངང་པ་འཇུག་པ་ལྟར། །ཁྱོད་ནི་ཚེ་འདིར་རབ་ཏུ་འབྱུང་འགྱུར་ལགས། །གྲོང་ཁྱེར་གནས་ན་བུ་མོ་བྱི་དོར་ཅན། །ཚུལ་ཁྲིམས་མདངས་འཕྲོག་བདུད་ཀྱི་ཕོ་ཉ་མོ། །དགའ་དགའ་ལྟ་བུར་ཁྱོད་ལ་སླུ་འབྲིད་བྱེད། །ཞེས་པར་གྱིས་ཞིག་རྒྱལ་བུ་གཟུགས་མཛེས་པོ། །ཟླ་བ་ཞུན་མ་མཚོ་ལ་གསལ་བ་ལྟར། །གསལ་ཞིང་དག་ལ་རྙོག་པ་མེད་པའི་སྐུ། །ཟུར་ཕུད་ལྔ་པ་ལྷ་ཡི་རྒྱན་ཆ་ཅན། །རབ་མཛེས་སྐྱེ་བོ་ཡོངས་ཀྱི་ཡིད་འཕྲོག་པོ། །རྙེད་དཀའི་དལ་འབྱོར་རིན་ཆེན་ཐོབ་དུས་སུ། །ཐོས་བསམ་སྒོམ་པས་མི་ཚེ་འདའ་དགོས་པས། །བདག་རྐྱེན་དགེ་བའི་བཤེས་གཉེན་མི་ཟད་པ། །ཐེ་ཚོམ་བཅད་ཕྱིར་རབ་ཏུ་བསྟེན་འཚལ་ལོ། །མཁའ་འགྲོ་མ་དེས་ཚིག་དེ་སྨྲས་པ་དང་། །རྒྱལ་བུས་འཛུམ་པའི་མདངས་ཕྱུང་ལན་སྨྲས་པ། །ཨེ་མ་ཧོ། །ལེགས་སོ་ལེགས་སོ་ཤིན་ཏུ་རབ་ཏུ་ལེགས། །ཤེས་རབ་སྨྲས་པོ་ནགས་ཀྱི་ནང་ན་བདེ། །རྨ་བྱའི་བདེ་སྐྱིད་བཙན་དུག་ནགས་ན་ཡོད། །གོམས་པའི་སྟོབས་ཀྱིས་ངང་པ་མཚོ་ན་བདེ། །ཕོ་རོག་མི་གཙང་ཁྲོད་དུ་འཇུག་པ་ལྟར། །པདྨའི་ཚལ་དུ་དེ་ལྟར་ག་ལ་ཡིན། །ཐ་མལ་གྲོང་གི་གནས་སུ་ཕེབས་པ་ལྟར། །རིགས་ལྡན་བདག་ནི་དེ་ལྟར་ག་ལ་ཡིན། །སྔོན་ཚེ་རྒྱལ་བུ་དོན་རྣམས་གྲུབ་པ་དེས། །ཟས་གཙང་རྒྱལ་པོའི་རྒྱལ་སྲིད་

དཔལ་འཁོར་ལ། །མི་གཙང་འདམ་བུ་བཞིན་དུ་རབ་སྐྱོ་ནས། །བཙུན་མོ་དྲུག་ཁྲི་སྤངས་
ནས་ཐར་པ་བསྒྲུབས། །ཐུབ་དབང་འཇིག་རྟེན་ལྷ་དང་བཅས་པ་ཡིས། །ཀུན་ནས་
བསྟགས་པར་གྱུར་ཅིང་མཆོད་བྱེད་ན། །མཚན་དང་དཔེ་བྱད་འབར་བའི་ཆོས་རྒྱལ་
དེ། །མཛད་པ་བཅུ་གཉིས་ཚུལ་གྱིས་བྱང་ཆུབ་བརྙེས། །པོ་པོ་ཅི་སྟེ་རྒྱལ་སྲིད་མ་སྤངས་
པར། །འདོད་པའི་འདམ་འདིར་ཆགས་པ་འཕེལ་བར་བྱེད། །གྲོགས་རྣམས་ཐམས་ཅད་
བདུད་ཀྱི་སྤྲུ་ཐིད་ཡིན། །འདོད་ཡོན་ཐམས་ཅད་ལན་ཚྭའི་ཆུ་བོར་ཤེས། །ད་ནི་མཁས་
པའི་བླ་མ་མང་འཚོལ་ཞིང་། །ལུས་འདིས་བྱང་ཆུབ་མཆོག་རབ་བསྒྲུབ་པར་
བགྱི། །འདོད་ཡོན་དག་ལ་རྩེ་དགའ་བག་ཕེབས་ཀྱང་། །ཚུ་ཟླ་ལྟ་བུར་སྙིང་པོ་མི་གདའ་
ལགས། །བྲག་ཆ་ལྟ་བུར་བརྗོད་བྱ་མི་གདའ་ལགས། །སྒྱུ་མ་ལྟ་བུར་ངོས་བཟུང་མི་
གདའ་ལགས། །གཟུགས་བརྙན་ལྟ་བུར་རང་ཚུགས་མི་གདའ་ལགས། །ཉོན་མོངས་ཀུན་
གཞིའི་རྒྱ་མཚོ་ཡངས་པ་འདིར། །སྐྱེ་རྒ་ན་འཆིའི་ཆུ་བོ་རྒྱུན་དུ་འབབ། །སྟོན་ཆད་དན་
སོང་ལས་ཀྱི་དབང་མེད་ན། །དིང་སང་ཕུན་སུམ་ཚོགས་ཚེ་ཅིས་མི་འཚོལ། །ད་ནི་
འཁོར་བ་སྡུག་ལ་ངས་བསམས་ནས། །བླ་མ་བསྟེན་ཏེ་དམ་པའི་ཆོས་ལ་སྤྱོད། །རྒྱལ་བུས་
ཆོས་ཀྱི་གསུང་དེ་ཐོན་པ་དང་། །གྲོང་ཁྱེར་པ་ཡི་སྐྱེ་བོ་ཐམས་ཅད་ཀྱང་། །བརྗོད་ཚུལ་
འདི་འདྲས་རྒྱལ་སྲིད་ཅང་འཛིན་ནམ། །འཛིན་ཀྱང་ཆོས་ཀྱི་རྒྱལ་པོར་ཐེ་ཚོམ་
མེད། །གཞན་དུ་མཁས་གྲུབ་བླ་མ་རབ་བསྟེན་ཅིང་། །ཤཱཀྱའི་རྒྱལ་པོའི་རྒྱལ་སྲིད་འཛིན་
འཛིན་འདྲ། །ངོ་མཚར་ཆེའོ་ཞེས་པའི་སྒྲ་ཡང་སྒྲོགས། །ལྷག་པར་ཆགས་ཤིང་བསྐོར་
ནས་ཡང་ཡང་བལྟ། ། རིགས་བཟང་གཉེན་དུ་བསྒྲིགས་པའི་བུ་མོ་ཡང་། །མཐོང་བས་
དགའ་ནའང་གསུང་དེས་མྱ་ངན་གྱུར། །ཕ་མའི་དྲུང་དུ་ཕྱིན་ནས་འདི་སྐད་དུ། །རྒྱལ་
བུ་དམ་པ་འཁོར་བས་སྐྱོ་ཞེས་གདབ། །རྒྱལ་སྲིད་སྤོང་ཞིང་རབ་ཏུ་འབྱུང་ཞེས་
གདབ། །དོན་གྲུབ་གཞོན་ནུ་བཙུན་མོ་འདོར་ཞེས་གདབ། །འཁོར་གྱི་ཚོགས་ལ་ཆགས་

པར་མ་གྱུར་སྐད། །ད་ནི་ཡབ་ཡུམ་འཁོར་དང་བཅས་པ་ཡིས། །མྱུར་དུ་རྒྱལ་པོའི་ཕོ་བྲང་འཁོར་དུ་ཇོངས། །རྒྱལ་བུ་ཆགས་པའི་བྱ་བ་སྣ་ཚོགས་ཀྱིས། །ནོར་དང་ལོངས་སྤྱོད་དུ་མས་སེམས་བཟུང་ནས། །བུ་མོ་དག་གིས་ཕ་མ་རྣམས་ལ་བསྐུལ། །ཕན་ཚུན་ཕ་མ་གློན་འབངས་བཅས་པ་ཡིས། ། བརྩོན་པ་བསྐྱེད་དེ་རྒྱལ་བུ་ཉམས་དགའ་བའི། །སྐྱུ་གར་བྱེད་ཅིང་བུ་མོ་དག་ཀྱང་བསྟུས། །ཀུན་ནས་ཁབ་ཏུ་བྱུང་བ་ཉེ་བ་ན། །རྒྱལ་བུས་རྟ་པ་བརྒྱ་དང་སུམ་ཅུར་བཅས། །དམག་གི་ཚས་ཞུགས་རི་བྲག་བསྐོར་བ་ན། །རི་བྲག་ཅིག་ན་བྲམ་ཟེ་ཛོ་ཏྲ་རི། །བྲམ་ཟེའི་ཚས་སུ་སྣན་དག་སྒྲ་འབྱིན་ཅིང་། །གཙང་མའི་ཚས་ཀྱིས་དྲང་སྲོང་སྤྱི་བོས་ལེན། །ཉོན་མོངས་དགྲ་ལས་རྣམ་པར་རྒྱལ་བ་མཐོང་། །རྒྱལ་བུས་ཆིབས་ཀྱི་སྟེང་ནས་མ་གནོལ་བར། །དྲང་སྲོང་དེ་ལ་ཚིག་ནི་འདི་སྐད་ཞུས། །དབེན་པའི་ཁྲོད་ན་དགའ་ཐུབ་ལུས་ཅན་ཁྱོད། །གཙང་མའི་ཚུལ་གྱིས་དག་པའི་འཚོ་བ་ཟ། །འདོད་ཡོན་སྤངས་ཏེ་དྲང་སྲོང་བཀུར་བ་ལས། །ཡོན་ཏན་རྣམ་པ་གང་ཞིག་ཐོབ་པ་ལགས། །ཞེས་སྨྲས་པ་དང་། བྲམ་ཟེ་མིག་ཀྱང་ལྟ་བར་མི་བྱེད་པར། །རྒྱལ་བུའི་ལན་དེ་འདི་སྐད་སྨྲན་པར་དགོངས། །ནམ་གཞུག་ཆད་ཀའི་མེ་ཏོག་ལྷུམ་ར་ལྷར། །རྒྱལ་པོ་བྲམ་ཟེའི་དཔལ་འབྱོར་བཀག་གྱུར་ཀྱང་། །ལས་ཀྱི་དབང་གིས་ངན་འགྲོར་འཕེན་པ་ལས། །ཕྱི་ཐག་སྙིང་པོ་མ་མཐོང་གནས་འདིར་བསྡད། །བ་གླང་ཁྱི་ཕག་ལྟ་བུའི་བརྟུལ་ཞུགས་ཀྱིས། །མི་གཙང་འདམ་བུའི་སྲིན་བུར་སྐྱེས་དོགས་ནས། །དཀའ་ཐུབ་སྤྱོད་ཅིང་གཙང་སྦྲས་ནགས་འདི་བསྟེན། །སྐྱུ་མའི་ནོར་ལ་སྙིང་པོ་མ་མཐོང་ནས། །ཕ་རོལ་བསམས་ཤིང་དྲང་སྲོང་སྤྱི་བོས་བླངས། །རྒྱལ་བུས་བྲམ་ཟེའི་ཚིག་དེ་ཐོས་པ་དང་། །ཁ་ཆོད་བལྟ་ཕྱིར་ཚིག་གི་ལན་སྨྲས་པ། །དགེ་སྦྱོང་རྣམས་ནི་ང་རྒྱལ་གཞན་པས་ཆེ། །ས་ཡི་བདག་པོ་འོངས་ཚེ་ཅིས་མི་ལྟང་། །བྲམ་ཟེ་ཆེན་པོས་ཚིག་དེའི་ལན་སྨྲས་པ། །ས་བདག་སུ་ཞིག་ཁྱོད་ནི་གང་ནས་འོངས། །དགྲ་བཤེས་མེད་ཕྱིར་ཁྱོད་ནི་མ་ཤེས་སོ། །ང་

ལ་ནོར་མེད་ནགས་ཁྲོད་དག་ན་བདེ། །ལུས་སྲོག་འདི་ལ་དགྲ་བོ་འཆི་བདག་ཡིན། །ང་རྒྱལ་མེད་ཕྱིར་བདག་གིས་འདུ་འཛི་སྤངས། །བྲམ་ཟེའི་ཚིག་དེ་ཐོས་ནས་ལན་སྨྲས་པ། །ང་ནི་གསེར་གྱི་རྒྱལ་མཚན་ཅན་ནས་འོངས། །ང་ནི་དགེ་བ་དཔལ་གྱིས་བསྐྱེད་པའི་བུ། །དེ་རིང་ནགས་ཁྲོད་འདིར་འོངས་འགྲན་ཟླ་སུ། །ཁྱོད་ཀྱིས་ས་བདག་མི་ཤེས་ཁྲིམས་ལས་འདས། །བྲམ་ཟེ་ཆེན་པོས་ཚིག་དེའི་ལན་སྨྲས་པ། །ང་ནི་མི་གྲལ་ནས་བུད་ཁྲིམས་ལས་འདས། །ང་ལ་དཔོན་མེད་གཡོག་མེད་ངོ་བསྲུང་མེད། །ས་བདག་སྐྱོང་ནི་ཕ་རོལ་འགྲོ་བའི་ཚེ། །རྟ་མེད་གྲོགས་མེད་ཀང་ཐང་གཅིག་པུར་རྒྱུ། །ལྟོ་མེད་གོས་མེད་གཅིག་པུར་བར་དོར་འཁྱམས། །གནས་མེད་ཡུལ་མེད་རྒྱུས་མེད་བཤུལ་ཐག་རིང་། །རྒྱལ་པོའི་བུ་ལགང་ནམ་བཞུགས་མ་མཆིས་པས། །དོན་དེས་བདག་ནི་ནགས་འདིར་དབེན་པ་ལེགས། །ཞེས་པ་དང་། རྒྱལ་བུས་བྲམ་ཟེའི་ཚིག་དེ་གསན་གྱུར་ནས། །ཆིབས་ལས་གཞོལ་ཏེ་འཁོར་གསུམ་དྲུང་དུ་ཕུལ། །གུས་པས་ཐལ་མོ་སྦྱར་ཏེ་གསོལ་བ་ནི། །མཁས་པ་ཁྱོད་ཀྱི་ཡོན་ཏན་བརྟག་པའི་ཕྱིར། །ང་རྒྱལ་ལྷ་བུར་དྲེགས་པའི་ཚིག་དེ་སྨྲས། །གང་ཡང་བདག་གིས་ཉེན་མཚན་དུས་དྲུག་སྟེ། །འཁོར་བའི་སྐྱོན་བསམས་ངེས་པར་ཡིད་འབྱུང་སྟེ། །རྒྱལ་སྲིད་སྤངས་ཏེ་ཐར་པར་འབྱུང་འདོད་ན། །བྲམ་ཟེ་ཁྱེད་ཀྱིས་བདག་ལ་གཟུང་དུ་གསོལ། །ཞེས་པ་དང་། བྲམ་ཟེ་ཆེན་པོས་དེ་ལ་ལན་སྨྲས་པ། །ཚུར་ཤོག་ང་རྒྱལ་ལྷུང་གིས་མ་དགུགས་པར། །བསྟན་པའི་བདག་པོར་བྱིན་གྱིས་བརླབས་ཀྱིས་ཤོག །གསུངས་ནས། དཀོན་མཆོག་གསུམ་གྱི་བྱིན་བརླབས་སེམས་བསྐྱེད་གནང་། །རྒྱལ་བུས་ཡར་བཞེངས་སླར་ཡང་ཤིང་རྟ་རྣམས། །སྐྱབས་འགྲོ་སེམས་བསྐྱེད་ཡོན་དུ་ཛེ་ལ་ཕུལ། །རྒྱལ་བུའི་ཚོགས་རྣམས་ཡོངས་སུ་རྫོགས་བྱའི་ཕྱིར། །རེ་ཞིག་བླངས་ནས་གདམས་ངག་འདི་སྐད་གསུང་། །རྒྱལ་བུ་རེ་ཞིག་རྟོག་དཔྱོད་མ་བཏང་བའི། །ཚེ་འདིའི་ཆེ་ཐབས་འདྲེ་རྐྱེན་དག་ཀྱང་བྱེད། །རང་

དོན་ཙམ་ཞིག་ཁྲ་དང་སྤྱང་ཀིའང་བྱེད། །རང་སངས་རྒྱས་ཀྱང་བླ་མེད་ག་ལ་སྒྲུབ། །ལྟོ་འགྲངས་ཙམ་ཞིག་བྲན་གྱི་ཚོགས་ཀྱང་ཟ། །སྐྱེ་བ་གཏན་དུ་རྒྱལ་པོའང་ག་ལ་འགྲངས། །རྒྱལ་བུ་སྙིང་རུས་སེམས་ལ་བསྟེན་འཚལ་ལོ། །རྒྱལ་སྲིད་སྤངས་ཏེ་ཐར་པ་བསྒྲུབ་འཚལ་ལོ། །སླར་ཡང་རྒྱལ་བུ་དམ་པས་སླར་གསོལ་བ། །བླ་མ་ང་ནི་རྒྱལ་པོའི་ཕོ་བྲང་ན། །བཟང་བཙོན་དར་གྱི་བཙུད་མོས་ལེགས་བསྡམས་ལྟར། །དང་པོ་ཉོན་མོངས་ལས་ཀྱིས་གཉེན་འཐམས་ཤིང་། །ཐམས་ཅད་དགའ་དགའ་ལྟ་བུའི་སྒྱུ་བྲིད་ཀྱིས། །ཁོ་བོ་སྲིད་པའི་འདམ་དུ་འཕྱིང་གིན་ཡོད། །ད་ནི་རྒྱལ་པོས་མནར་བར་མི་ནུས་པར། །བླ་མ་ཁྱེད་ཀྱིས་བྱིན་གྱིས་རློབ་ཏུ་གསོལ། །ཞེས་པ་དང་། དེ་ལ་བྲམ་ཟེ་ཆེན་པོས་འདི་སྐད་གསུངས། །རིགས་རྒྱུད་སྲིད་པའི་འཆིང་ཐག་ཆེན་པོ་ཡིན། །རྒྱལ་སྲིད་མི་གཙང་འདམ་རྫབ་ཆེན་པོ་ཡིན། །རྒྱལ་པོ་བདུད་ཀྱི་གཅེས་མིང་ཆེན་པོ་ཡིན། །བློན་རྣམས་བདུད་ཀྱི་ཕ་ཚན་ཆེན་པོ་ཡིན། །ངེས་པར་ཁྱོད་ནི་མྱུར་དུ་མནར་ཏ་རེ། །འདི་རུ་མ་འདུག་ན་ལེཀྣ་རུ་སོང་། །དེ་ན་ཐོག་མེད་དུས་ནས་ཉེ་འབྲེལ་བའི། །ཁྱོད་ཀྱི་བླ་མ་བྱང་ཆུབ་བཟང་པོ་ཡོད། །སེམས་བསྐྱེད་ཚོས་ཞུས་ལས་ཀྱི་འབྲེལ་པ་ཉོག །མཁས་པ་དེ་ཡིས་ཁྱོད་ལ་ཕན་ཞེས་གསུང་། །དེ་མ་ཐག་ཏུ་བྲམ་ཟེ་ཆེན་པོ་ཡིས། །སླར་ཡང་དབུལ་བ་ཐམས་ཅད་ཕྱིར་བྱིན་ནས། །ཁྱིམ་ནས་བྱུང་ཚེ་ངེས་པར་དྲུང་འདིར་ཤོག །མན་ངག་དུ་མས་ཁྱོད་ནི་བསྐྱང་ཞེས་གསུང་། །དེ་ནས་རྒྱལ་བུས་རྒྱལ་པོའི་ཁབ་ཏུ་འོངས། །གསེར་དངུལ་ལ་སོགས་འཁྱེར་བ་དུ་མ་བླངས། འཁོར་དང་བཅས་ཏེ་ན་ལེཀྣ་རུ་ཕྱིན། །ན་ལེཀྣ་ཡི་རྒྱལ་པོ་བྲིད་གྱུར་ནས། །དམག་དཔུང་འཁོར་དང་བཅས་ཏེ་རྒྱང་ནས་བསུས། །མཇལ་ཚེ་རྒྱལ་པོས་གཏམ་འདི་ཡར་ཞུལ་བ། །ས་ཡི་བདག་པོ་ཁྱོད་ནི་གང་ནས་ལྷགས། །འཁོར་ལོས་སྒྱུར་འདྲ་ཁྱོད་ནི་གང་དུ་བལྟམས། །དམག་གི་ཚས་ཀྱིས་རྩོལ་བ་གང་དུ་འཇོམས། །རྒྱང་ནས་མཐོང་སྟེ་ཁྱོད་ཀྱི་དྲུང་དུ་འོངས། །ཞེས་པ་དང་།

རྒྱལ་བུ་དམ་པས་དེ་ལ་ལན་སྨྲས་པ། །ང་ནི་ཤར་ཕྱོགས་ཟ་ཧོར་ཡུལ་ནས་འོངས། །ཕོ་བྲང་གསེར་གྱི་རྒྱལ་མཚན་ཅན་ནས་འོངས། །ང་ནི་སྲིད་པའི་དགྲ་བོ་འཇོམས་སུ་འགྲོ། །འཆི་བདག་བདུད་ཀྱི་དགྲ་བོ་འཇོམས་སུ་འགྲོ། །ཞེས་པ་དང་། ན་ལེནྡྲ་ཡི་རྒྱལ་པོས་ལན་སྨྲས་པ། །ཁྱོད་ནི་ཤར་ཕྱོགས་ཟ་ཧོར་རྒྱལ་པོའི་སྲས། །ས་ཡི་བདག་པོ་ཆོས་རྒྱལ་དགེ་བ་དཔལ། །འཁོར་ལོས་སྒྱུར་འདྲ་ནག་པོའི་ཕྱོགས་ལས་རྒྱལ། །མི་དབང་སྲས་པོ་ཞིང་འདིར་ཕྱིན་པ་ལེགས། །ཁྱོད་ཀྱི་བི་ཀྲ་མ་ནའི་པུ་རི་ན། །དཀོན་མཆོག་ཕོ་བྲང་ལྷ་ཡི་གཞལ་ཡས་འདྲ། །རབ་ཏུ་བྱུང་བ་བསམ་གྱིས་མི་ཁྱབ་བཞུགས། །མཁས་པའི་པཎ་ཆེན་ཉི་ཤུ་ལྔ་བུ་ཡོད། །ས་བདག་ཁྱོད་ནི་མཁས་པ་སུ་ཞིག་བཞེད། །ཅེས་པ་དང་། དེ་ལ་རྒྱལ་བུ་དམ་པས་ལན་སྨྲས་པ། །ཆོས་གྲྭ་ཆེན་པོ་དཔལ་གྱི་ན་ལེནྡྲར། །རྒྱ་མཚོ་ལྟ་བུར་ནོར་བུ་རིན་ཆེན་གླིང་། །པཎ་ཆེན་གནམ་གྱི་སྐར་མ་ལྟ་བུ་ཡོད། །མཆོག་ཏུ་བསྔགས་པ་བྱང་ཆུབ་བཟང་པོ་དེ། །ཁྲམ་ཟེས་ལུང་བསྟན་བདག་གི་བླ་མ་ཡིན། །ས་བདག་ཁྱོད་ཀྱིས་བར་ཆད་བསལ་དུ་གསོལ། །དེ་ལ་རྒྱལ་པོ་ཆེན་པོས་ལན་སྨྲས་པ། །དཔའ་བོ་ཆེན་པོ་བོ་ཧི་ཧ་དྲ་དེ། །རི་རྒྱལ་ལྷུན་པོ་གངས་ཀྱིས་གཡོགས་པ་ལྟར། །མི་འགྱུལ་ལྷམ་མེ་ལྷན་ནེ་ལྷང་ངེར་བཞུགས། །རྣམ་ཐོས་སྲས་དེ་ནོར་ལ་སྤྱོད་པ་ལྟར། །དེ་ནི་འཕགས་པའི་ནོར་ལ་སྐལ་བ་བརྙེས། །ཚུར་ཕྱིན་བདག་གི་ཕོ་བྲང་འཁོར་དུ་ཕྱིན། །སྐྱིན་པའི་གཏམ་དང་དཔལ་འབྱོར་རོལ་པར་བྱ། །རྒྱལ་བུ་ལེགས་སོ་ཞེས་ནི་བརྗོད་པ་དང་། །རྒྱལ་པོས་བསུ་བ་ཡིས་ནི་མདུན་བདར་ནས། །རོལ་མོ་འབུལ་གྱིན་ན་ལེནྡྲ་རུ་ཕྱིན། །དེ་ཡི་ལྷོ་ཕྱོགས་པདྨ་ཅན་ལྗོངས་ན། །ཕོ་བྲང་ཀུན་ཏུ་བཟང་པོ་ཞེས་པ་ཡི། །མི་ཁྲིམ་འབུམ་ཕྲག་གཅིག་གིས་བསྐོར་བ་ཡོད། །དེ་ཡི་ནང་དུ་རྒྱལ་བུ་སྤྱན་དྲངས་ནས། །རིན་ཆེན་མཛེས་པའི་ཁྲི་སྟེང་ཡངས་པ་ལ། །རྒྱལ་པོ་རང་བས་བཀུར་སྟི་ཆེ་བར་མཛད། །དེ་ནས་ན་ལེནྡྲ་ཡི་གཙུག་ལག་ཏུ། །བླ་མ་བྱང་ཆུབ་བཟང་པོའི་དྲུང་དུ་

བྱོན། །དེ་ཡི་གཙུག་ལག་ཁང་དུ་བྱོན་པ་དང་། །བླ་མ་མཐོང་ནས་ཤིན་ཏུ་མི་ཟད་པའི། །དགའ་བ་ཁྱད་དུ་འཕགས་པ་རྒྱུད་ལ་སྐྱེས། །བླ་མ་དམ་པ་བྱང་ཆུབ་བཟང་པོས་ཀྱང་། །རྒྱལ་བུ་དམ་པ་བྱོན་པ་གསན་པ་དེས། །ཤིན་ཏུ་དགྱེས་པས་སྤྱན་ལམ་ཡར་བཞེངས་ནས། །སྙན་པའི་ཚིག་གིས་ཆོས་ཀྱི་གསུང་བྱོན་པ། །ཆོས་རྒྱལ་སྲས་པོ་གནས་འདིར་བྱོན་ལགས་སམ། །ཟ་ཧོར་ཡུལ་ན་ཆོས་འཁོར་རྒྱས་ལགས་སམ། །བཤུལ་རིང་ལམ་ལ་བསྐྱེལ་བར་མ་གྱུར་ཏམ། །དེ་ཚེ་རྒྱལ་བུ་དམ་པས་ལན་གསོལ་པ། །འདིར་འོངས་ཡབ་བདེ་ཆོས་དང་མཐུན་པར་བདོག །ལམ་བདེ་དིང་སང་ཁྱེད་དང་མཇལ་བར་གྱུར། །མཁས་པ་ཁྱེད་ནི་སངས་རྒྱས་བསྟན་པ་ལ། །ཐོས་བསམ་སྒོམ་པས་བསྐྱེལ་བར་མ་གྱུར་ཏམ། །ཞེས་པ་དང་། བླ་མའི་ཞལ་ནས་ལེགས་ཀྱི་ཕོ་བོ་ཡང་། །དམ་པའི་ཆོས་ཀྱིས་ཉིན་མཚན་བདེ་བར་གྱུར། །རྒྱལ་བུ་སྟན་ལ་འདུག་ལ་གང་དགོས་གསོལ། །དེ་ནས་རྒྱལ་བུ་གུས་པས་ཕྱག་འཚལ་ནས། །རིན་ཆེན་མཆོད་པས་བླ་མ་མཉེས་པར་མཛད། །གུས་པའི་ཚིག་གིས་ཞུ་བའང་འདི་ལྟར་ཕུལ། །འགྲོ་བའི་བླ་མ་བརྩེ་བས་གཏམ་འདི་གསོན། །ང་ནི་འཁོར་བའི་འདམ་རྫབ་མི་བཟད་པར། །སྨུ་བྲིད་རྒྱལ་སྲིད་ཆེན་པོས་མནར་དོགས་ནས། །དཔུང་དང་བཅས་ཏེ་ནགས་སུ་ཕྱིན་པ་ན། །བླ་མ་དགྲ་ལས་རྣམ་རྒྱལ་བཞུགས་ཏེ་གདའ། །དེ་ལ་སེམས་བསྐྱེད་གསོལ་བ་བཏབ་པའི་ཚེ། །མཁས་པ་ཆེན་པོས་ཐུགས་རྗེས་རབ་གཟིགས་ནས། །ཆོས་གྲྭ་ཆེན་པོ་ན་ལེནྡྲ་རུ་སོང་། །སྐྱེ་བ་སྟོན་ནས་ཐུགས་རྗེས་རབ་བཟུང་བའི། །བླ་མ་དམ་པ་བྱང་ཆུབ་བཟང་པོ་ཡོད། །དེ་ལ་སེམས་བསྐྱེད་གདམས་ངག་ཞུས་ཞེས་གསུངས། །དེ་མ་ཐག་ཏུ་རང་གི་ཕོ་བྲང་ནས། །མཆོད་རྫས་བླངས་ཏེ་དེ་རིང་གནས་འདིར་སླེབས། །ད་ནི་བདག་ལ་བརྩེ་བའི་ཐུགས་རྗེ་ཡིས། །སེམས་བསྐྱེད་གདམས་པ་དུ་མ་གནང་དུ་གསོལ། །དེ་མ་ཐག་ཏུ་སྟན་ལ་འདུག་པ་དང་། །བླ་མས་ཏིང་ངེ་འཛིན་ལ་མཉམ་བཞག་ནས། །སྒོ་གསུམ་ལས་

སུ་ཏུང་བར་བྱིན་གྱིས་བརླབས། དེ་ནས་སེམས་བསྐྱེད་གདམས་པ་དུ་མ་གནང་། །དེ་ཡང་གདམས་ངག་བསྟན་པ་འདི་ལྟར་ལགས། །རྒྱལ་བུ་ཚེ་འདིར་དོན་ཡོད་ཐོབ་པ་ལ། །རྒྱལ་སྲིད་སྤངས་ནས་ཐར་པ་མ་བསྒྲུབས་ན། །ལས་ཀྱི་དབང་གིས་ངན་འགྲོར་ལྟུང་བའི་ཚེ། །ཤིན་ཏུ་འགྱོད་དེ་ངེས་པར་འཕྱིས་པ་ཡིན། །སྐྱེ་བ་གཏན་གྱི་བཙན་ས་འཛིན་དུས་འདིར། །དཀའ་བ་ཆེན་པོས་བརྩོན་འགྲུས་མ་བརྩམས་ན། །ཐར་པའི་བགོས་སྐལ་ངེས་པར་སྟོར་བའི་ཚེ། །ཕྱིན་ཆད་བཟུང་དུ་མེད་དོ་རིགས་ཀྱི་བུ། །དཔའ་ཞིང་བརྟན་ལ་གོ་ཆ་ཕུན་ཚོགས་ཀྱང་། །ཕ་རོལ་འཕྲེང་ལ་གཉེད་མས་ཁྲིད་པའི་ཚེ། །མཐུ་མེད་ཉམ་ཐག་འགྱོད་པ་ཙམ་ཞིག་ལས། །ཕན་པའི་དགོས་པ་ཅི་ཡང་མ་མཆིས་སོ། །རྒྱལ་བུ་དམ་པས་ཆོས་འདི་སོམས་མཛོད་ལ། །ན་ལེནྡྲ་ཡི་བྱང་ཕྱོགས་ཕ་གི་ན། །ཁྱོད་ཀྱི་ཐོག་མེད་དུས་ནས་ཕར་གྱུར་པའི། །རྒྱལ་སྲས་རིག་པའི་ཁུ་བྱུག་ཅེས་པ་ཡོད། །ཚེ་མཐར་ཕྱིན་ཞིང་གཡེང་བས་དབེན་པ་དེར། །མཐའ་བརྒྱད་སྤྲོས་པའི་དྲི་མས་མ་གོས་པར། །ཚུལ་ཁྲིམས་གོས་ཅན་མངོན་ཤེས་ཐོགས་མེད་ལྡན། །དྲུང་དེར་སོང་ལ་ཆོས་ཀྱི་གདམས་པ་ཞུས། །མགོན་པོ་དེ་ཡི་གསུང་དེ་ཐོས་གྱུར་ནས། །བྱང་ཆུབ་བཟང་པོ་དེ་ལ་འཕྲེང་བཞིན་དུ། །རིག་པའི་ཁུ་བྱུག་བཟང་པོའི་དྲུང་དུ་ཕྱིན། །ཕྱག་བཙལ་མཆོད་པ་ཕུལ་ཞིང་འདི་སྐད་ཞུས། །ང་ནི་ཤར་ཕྱོགས་ཟ་ཧོར་ཡུལ་ནས་འོངས། །ང་ནི་ཛྷཾ་ག་ལ་ཡི་རྒྱལ་པོའི་སྲས། །ཕོ་བྲང་གསེར་གྱི་རྒྱལ་མཚན་ཅན་ནས་འོངས། །ན་ལེནྡྲ་ཡི་གཙུག་ལག་ཁང་དུ་ཕྱིན། །བྱང་ཆུབ་བཟང་པོ་དེ་ལ་སེམས་བསྐྱེད་ཞུས། །གདམས་ངག་དམ་པ་བསྟན་ནས་འདི་སྐད་གསུང་། །འདི་ཏུ་མ་འདུག་བྱང་གི་ཕྱོགས་སུ་སོང་། །དེ་ན་ཐོག་མེད་དུས་ནས་ཕར་གྱུར་པའི། །བླ་མ་རིག་པའི་ཁུ་བྱུག་ཅེས་པ་ཡོད། །དྲུང་དེར་སོང་ལ་སེམས་བསྐྱེད་གསོལ་བ་ཐོབ། །དེས་ནི་ཁྱོད་ལ་ཕན་པར་འགྱུར་ཞེས་གསུངས། །དེ་མ་ཐག་ཏུ་རྗེ་ལ་འཕྲེང་གྱུར་ཀྱང་། །དགའ་བ་སྐྱེས་ནས་ཁྱོད་ཀྱི་དྲུང་དུ་འོངས། །ཁོ་བོ་ཡབ་ཀྱིས་

མཐར་བར་མི་འགྱུར་བར། །བླ་མ་ཁྱེད་ཀྱིས་ངེས་པར་བཟུང་དུ་གསོལ། །དེ་ནས་བླ་མ་དམ་པ་རབ་དགེས་ནས། །ས་བདག་སྲས་པོ་ཀྱོན་པ་ཤིན་ཏུ་ལེགས། །རྩུར་ཤོག་གཉིས་སུ་མེད་པར་བྱིན་བརླབས་བྱ། །ཆོས་ཉིད་འགྱུར་བ་མེད་པའི་བདེན་ཚིག་བདར། །བརྩེ་བའི་སེམས་ཀྱིས་དམ་ཆོས་བཤད་ཅེས་གསུང་། །དེ་ནས་རྒྱལ་བུས་མཆོད་རྫས་གསུས་ཕུལ་ནས། །བླ་མའི་དྲུང་དུ་ཕྱག་བཙལ་ཐལ་སྦྱར་ཏེ། །ང་རྒྱལ་བསྐྱུངས་ནས་སྟན་ལ་འདུག་པ་ན། །ཁྱུ་བྱུག་བཟང་པོས་སེམས་བསྐྱེད་གདམས་པ་བསྟན། །གདམས་པའི་གཙོ་བོ་མཆོག་ཏུ་བསྔགས་པ་དེར། །རྒྱལ་བུ་ཚེ་འདིར་ཕུན་སུམ་ཚོགས་གྱུར་ཀྱང་། །སྐྱེ་བ་གཏན་གྱི་སོ་ནམ་མ་བྱས་ན། །དལ་འབྱོར་མི་ལུས་ཐོབ་པའི་དགོས་པ་ཆུང་། །ཕྱི་རབས་ནོར་ཤོར་ན་ཡང་འཕམ་པོ་ལགས། །རྒྱལ་བུ་བླུ་སྦྱུབ་སྙིང་པོ་འདི་སྐད་གསུང་། །ཐོ་ལམ་སྒྱུ་འདྲར་རང་བཞིན་སྤྲོས་དང་བྲལ། །སེམས་ཉིད་མ་བཅོས་རང་བཞིན་གཉུག་མའི་ངང་། །གང་གིས་འདི་གཉིས་བློ་ལ་མ་བསམས་ན། །འཁོར་བའི་འདམ་དུ་བྱིང་བར་འགྱུར་རོ་ཨང་། །རྒྱལ་བུ་དོན་དམ་མཉམ་གཞག་ནམ་མཁའ་འདྲ། །རྗེས་ཐོབ་རྒྱུ་འབྲས་ལས་འབྲས་བསམ་པར་རིགས། །བླ་མས་ཟབ་མོའི་ཆོས་དེ་བསྟན་པ་ན། །སྦྱོར་བའི་ལམ་བརྟེས་དཔའ་བོའི་ཏིང་འཛིན་ཐོབ། །དེ་ཚེ་རྗེ་ལ་རྟོགས་པ་འདི་ཕུལ་བ། །ཁོ་བོས་ཏིང་འཛིན་གཅིག་ལ་མཉམ་གཞག་ཚེ། །ནམ་མཁའ་སྤྲིན་དང་བྲལ་བ་ཇི་བཞིན་དུ། །གསལ་ལ་དྭངས་པ་རྟོག་པ་མི་གདའ་ན། །བླ་མ་ཆོས་ཀྱི་གནས་ལུགས་དེ་ལགས་སམ། །དེ་ནས་ཏིང་འཛིན་དེ་ལས་སད་པ་ན། །སྣང་ཡང་ཞེན་པ་མེད་པར་སེམས་ཅན་དྲན། །རྗེན་ཡང་ཕྲ་ཞིབ་ལས་ལ་བག་ཡོད་ཐོབ། །བླ་མ་བདག་གི་ཉམས་དེ་མ་འཁྲུལ་ལམ། །ལན་དུ་བླ་མའི་ཞལ་ནས་འདི་སྐད་གསུང་། །ལེགས་སོ་ཁྱོད་ནི་བསོད་ནམས་བསགས་པའི་བུ། །ང་ནི་སྒྲོ་སྐུར་མེད་པའི་དགེ་སློང་ཡིན། །མཉམ་གཞག་ནམ་མཁའ་ལྟ་བུར་དག་ན་ཡང་། །རྗེས་ཐོབ་སྙིང་རྗེས་འགྲོ་བ

འདྲེན་པར་བྱེད། །བདེན་པ་གཉིས་ཀྱི་ཚ་ལུགས་དེ་ལྟར་ལགས། །དེ་ནི་བདག་གི་གདམས་ངག་དམ་པ་ཡིན། །ད་ནི་རྒྱལ་པོའི་ཁབ་ནས་འབྱུང་འདོད་ན། །རི་བོ་ནག་པོ་ཟེམ་གྱི་ལྷོ་ཕྱོགས་ན། །བདག་གི་བླ་མ་ཨ་ཝ་རྡྷུ་ཏི་ཡོད། །དེ་ནི་ཁྱོད་ཀྱི་སྔོན་གྱི་བླ་མ་ཡིན། །དེར་སོང་དེ་ལ་སེམས་བསྐྱེད་གདམས་པ་ཞུས། །རྒྱལ་པོའི་ཁབ་ནས་འབྱུང་བའི་གདམས་པ་ཡོང་། །རྒྱལ་བུས་བླ་མའི་གསུང་དེ་ཐོས་པ་དང་། །རྗེ་ལ་འཁྲིད་ཡང་དགའ་བ་མཆོག་སྐྱེས་ནས། །ཕྱི་ཕྱུག་བཙལ་ཏེ་འཁོར་དང་བཅས་པ་ཡིས། །དཔའ་བོའི་གཟུགས་སུ་ལམ་དུ་ཞུགས་པ་ན། །ན་ལེནྡྲ་ཡི་རྒྱལ་པོ་ཆེན་པོས་ཀྱང་། །ནོར་རྫས་མང་པོ་བདག་ལ་འདབ་བྱས་ཏེ། །འཁོར་དང་བཅས་པས་དཔག་ཚད་གསུམ་དུ་བསྐྱལ། །དེ་ནས་རྒྱལ་པོ་ཕྱིར་ལ་ལྡོག་པའི་ཚེ། །རྒྱལ་བུས་འཕྲེང་བའི་ཚིག་འདི་སྐད་གསོལ་བ། །ས་བདག་ཁྱོད་ཀྱིས་བདེ་འབྱོར་ཐོབ་གྱུར་ཀྱང་། །སྲིད་པའི་དགྲ་དེ་ཚེམས་པར་མ་གྱུར་ན། །ཕྱི་ནས་གཤེད་མས་བཅིངས་ཏེ་ཁྲིད་པའི་ཚེ། །འགྱོད་པར་འགྱུར་བས་ཆོས་འབྱོར་བསྟེན་ཅིག་ཨང་། །བསམ་པ་བཟང་པོས་དོར་ཞག་མཇལ་ན་ཡང་། །མི་རྟག་རྩལ་གྱིས་ཚོང་དུས་མགྲོན་པོ་འདྲ། །འབོར་བར་ཕངས་མོད་བཅེ་བས་མ་དོར་བར། །ཆོས་དང་མཐུན་པར་མྱུར་དུ་མཇལ་བར་བགྱི། །རྒྱལ་པོས་ཀྱང་ནི་དེ་ལ་ལན་གསོལ་བ། །སྐལ་བ་བཟང་པོས་དིང་སང་མཇལ་བ་མཆོག །ཆོས་རྒྱལ་སྲས་དང་མཇལ་བས་ཡིད་དབང་གཡོ། །དིང་སང་གཤེགས་པས་བུ་ལས་འཕྲེང་བར་གྱུར། །འོན་ཀྱང་མྱུར་དུ་མཇལ་བའི་སྨོན་ལམ་འཚལ། །དེ་ནས་རི་བོ་ཟེམ་གྱི་ལྷོ་ཕྱོགས་སུ། །བླ་མ་ཨ་ཝ་རྡྷུ་ཏིའི་དྲུང་དུ་ཕྱིན། །དེ་ཚེ་བླ་མ་སྐྱེས་མཆོག་དམ་པ་ནི། །བྲག་གདོང་ནག་པོ་ཅིག་གི་བྱ་སྐྱིབས་སུ། །ལྤ་བ་ནག་པོ་ཅིག་ནི་སྐུ་ལ་གསོལ། །ཁྲི་སྟན་ས་ལེ་ཅིག་ནི་གདན་དུ་བཏིང་། །སྒོམ་ཐག་ཆེན་པོ་ཅིག་ནི་ག་ཤར་བཅུག །སྐུ་ལུས་སྦོམ་ལ་ཤིན་ཏུ་གསུས་ཁྱིམ་ཆེ། །སྤྱན་མིག་དམར་ལ་ཤ་རྩི་ཅུང་ཟད་སྐྱོ། །རྟོག་པ་མེད་པར་ཕྱེད་སྐྱིལ་ལུས་གནད་བཅས། །སྟོད་

བཙུད་ཐམས་ཅད་ཐོད་པ་གཅིག་ཏུ་བསྟུས། །ཆགས་པ་མེད་པར་དེ་ན་བཞུགས་པ་མཐོང་། །རྒྱང་ནས་ཆིབས་ལས་གཉོལ་ཏེ་ཕྱག་བཙལ་ཞིང་། །འཁོར་དང་བཅས་པས་དྲུང་དུ་འདུག་པ་ན། །ཅེར་ཏེ་གཟིགས་ནས་ཞལ་ནས་འདི་སྐད་གསུང་། །ང་རྒྱལ་སྨང་བུ་རལ་བར་མ་གྱུར་ཏམ། །ནག་པོའི་ཕྱོགས་ཀྱིས་མནར་བར་མ་གྱུར་ཏམ། །ཁྲིམ་གྱི་འདམ་དུ་བྱིང་བར་མ་གྱུར་ཏམ། །བདུད་ཀྱི་བུ་མོས་བསླུས་པར་མ་གྱུར་ཏམ། །འཕགས་པ་དཔལ་འབྱོར་ཚུད་ཟོས་མ་བྱས་སམ། །རྒྱལ་པོའི་བུ་འདྲ་ཁྱེད་རྣམས་གང་ནས་འོངས། །ཐལ་མོ་སྦྱར་ནས་ཚིག་དེའི་ལན་གསོལ་པ། །ཁོ་བོ་ཤར་ཕྱོགས་ཟཱ་ཧོ་ར་ནས་འོངས། །ཕོ་བྲང་གསེར་གྱི་རྒྱལ་མཚན་ཅན་ནས་འོངས། །རྒྱལ་སྲིད་ཚོགས་ལ་ཞེན་པ་ལོག་ནས་འོངས། །འཁོར་བའི་ཆོས་ལ་སྐྱབས་གནས་ཞུ་རུ་འོངས། །ཆོས་གྲྭ་ཆེན་པོ་ན་ལེནྡྲ་རུ་ཕྱིན། །རིག་པའི་ཁྱུ་བྱུག་དེ་ལ་སྐྱབས་གནས་ཞུས། །ཕ་དེས་ཁོ་བོ་ཁྱེད་ཀྱི་དྲུང་འདིར་བཏང་། །ད་ནི་ཁྱེད་ཀྱིས་བདག་ལ་སྐྱོབ་ཏུ་གསོལ། །ཨ་ཝ་དྷཱུ་ཏིའི་ཞལ་ནས་འདི་སྐད་གསུང་། །ཁོ་བོ་རྒྱལ་པོའི་རིགས་སུ་སྐྱེས་ན་ཡང་། །ཉོན་མོངས་ལས་ཀྱི་ཚོགས་ལ་ཆེས་འཇིགས་ནས། །རྒྱལ་སྲིད་མཆིལ་མའི་ཐལ་བ་བཞིན་དུ་སྤངས། །ཨ་ཝ་དྷཱུ་ཏིའི་སྤྱོད་པ་སྐྱོང་ནུས་སམ། །རྒྱལ་སྲིད་འཁོར་བ་དུག་གི་མཚོ་དང་འདྲ། །འཐུངས་པ་ཙམ་གྱིས་ཐར་པའི་སྲོག་ལ་འོང་། །རྒྱལ་སྲིད་འཁོར་བ་མེ་ཡི་འོབས་དང་འདྲ། །བརྒལ་བ་ཙམ་གྱིས་སྡུག་བསྔལ་བསྐྱེད་པར་བྱེད། །དེ་རིང་ཕར་སོང་རྒྱལ་པོའི་ཁབ་ཏུ་སོང་། །ཁྲིམ་གྱི་ཉེས་དམིགས་ལྟོས་ལ་མྱུར་དུ་ཤོག །རྒྱལ་བུས་བླ་མའི་གསུང་དེ་ཐོས་པ་དང་། །བསྙེན་བཀུར་བགྱིས་ནས་མྱུར་དུ་ཁབ་ཏུ་འོངས། །སྐྱེ་བོ་རྣམས་ཀྱིས་རྒྱལ་བུ་མཐོང་བ་ན། །ག་ཤ་སྒྲོག་ཅིང་གླུ་གར་རོལ་མོ་འབུལ། །རང་གི་ནང་དུ་ལྷགས་པར་གྱུར་པའི་ཚེ། །རྒྱལ་པོ་ཡབ་ཡུམ་ཆེས་ཆེར་དགེས་པ་ཡིས། །བླ་བའི་སྙིང་པོ་ཁྱོད་ཀྱིས་གང་དུ་ཕྱིན། །དེ་ཙམ་ཅིག་ཏུ་དུབ་པར་མ་གྱུར་ཏམ། །ཉེས་དམིགས་མཐོང་ནས་ཤེས་པ་མ་

སྐྱོ་འམ། །སླེབས་པ་ལེགས་ཞེས་དགའ་བ་སྒྲོགས་པ་ན། །རྒྱལ་བུ་དམ་པས་ཞིབ་པར་ལན་བཏབ་པ། །ས་ཕྱོགས་དག་ཏུ་ཉམས་དགའ་རྩེ་རུ་ཕྱིན། །བསྟན་པའི་དགྲ་བོ་ཐབས་ཀྱིས་འདུལ་དུ་ཕྱིན། །ཐུབ་པའི་སྐྱབས་གནས་བླ་མ་འཚོལ་དུ་ཕྱིན། །རི་བྲག་དག་ཏུ་དབེན་གནས་འཚོལ་དུ་ཕྱིན། །གང་དུ་ཕྱིན་ཡང་འཁོར་བའི་ཉེས་དམིགས་མཐོང་། །སྐྱེ་དང་འགྲོགས་ཀྱང་འཁོར་བའི་ཉེས་དམིགས་བཤད། །ཇི་ལྟར་བྱས་ཀྱང་ཤེས་པ་མ་ཐེབས་པས། །གོ་སྐབས་ཕྱེ་ཞིག་བདག་ནི་ཆོས་ལ་འགྲོ །དེ་ཡི་ལན་དུ་ཕ་མས་འདི་སྐད་གསུངས། །རྒྱལ་བུ་འཁོར་བའི་གནས་སུ་སྐྱོ་ལགས་ན། །རྒྱལ་སྲིད་བཟུང་ལ་དཀོན་མཆོག་མཆོད་པར་གྱིས། །ཐུགས་རྗེ་ཆེན་པོས་དབུལ་ཕོངས་ཆོམ་པར་གྱིས། །གཙུག་ལག་བཞེངས་ལ་དགེ་འདུན་རྟག་ཏུ་ཐེག །ཕྱོགས་རིས་མེད་པར་བྱམས་དང་སྙིང་རྗེ་སྒོམས། །དེ་ལྟར་བྱས་ན་ཀུན་ཏུ་བདེ་བར་འགྱུར། །དེ་ལ་རྒྱལ་བུ་དམ་པས་ལན་སྨྲས་པ། །བརྩེ་ན་ཡབ་ཅིག་བདག་ལ་གསན་དུ་གསོལ། །ང་ནི་རིན་ཆེན་གསེར་གྱི་ཕོ་བྲང་དུ། །དར་གྱི་བཅུད་མོས་བསྒམས་ཏེ་འཁྱོག་མེད་པར། །ཕོ་བྲང་འདི་རུ་བདག་ནི་མནར་བར་གྱུར། །བདག་གིས་འཁོར་བ་འདི་ལ་ཆེར་བལྟས་ཤིང་། །སྐྱེ་བོ་ཡོངས་ཀྱི་སྡུག་བསྔལ་བསམས་པ་ན། །རྒྱལ་སྲིད་འདི་ལ་ཆགས་པའི་སྣང་བ་ནི། །མཆིལ་མའི་ཐལ་བ་ཙམ་ཡང་མི་གདའོ། །བདག་གིས་བསྐོར་ཞིང་ཉིན་མཚན་དུས་དྲུག་ཏུ། །ཁྱིམ་གྱི་ཉེས་དམིགས་ཆེས་ཆེར་བསམས་པ་ལགས། །མཚར་ཡང་སྐྱ་བྲིད་བདུད་ཀྱི་བུ་མོ་ལ། །ཆགས་སེམས་སྐད་ཅིག་ཙམ་ཡང་མི་གདའོ། །བདག་གིས་རྫུན་སྣང་འདི་ལ་བལྟས་ཙམ་ན། །དཀར་གསུམ་ཀ་ར་བུ་རམ་སྦྲང་རྩི་དང་། །མི་གཙང་མཛེ་རྣད་ཁྲི་ཤ་རྣག་ཁྲག་ལ། །ཁྱད་པར་ཅུང་ཟད་ཙམ་ཡང་མི་གདའོ། །དར་ཟབ་གོས་དང་གཡུ་བྱུར་མཛེས་པ་དང་། །ལྷ་ཡི་རྒྱན་ཆ་མཛེས་པས་མཆོད་པ་དང་། །མི་གཙང་ཁྲིད་དུ་ལྤ་བ་གྱོན་པ་ལ། །ཁྱད་པར་ཅུང་ཟད་ཙམ་ཡང་མི་གདའ་ན། །ང་འགྲོ་བསམ་གཏན་སྒོམ་དུ་ནགས་

སུ་འགྲོ། །དུར་ཁྲོད་བརྒྱད་དུ་རྩེད་མོ་རྩེ་རུ་འགྲོ། །ང་འགྲོ་ང་འགྲོ་མཁའ་སྤྱོད་གནས་སུ་འགྲོ། །གསང་བའི་གནས་སུ་དགའ་བདེ་སྤྱོད་དུ་འགྲོ། །ཆགས་མེད་རོ་སྙོམས་ལྷོམ་བུ་བསྙེན་དུ་འགྲོ། །ང་འགྲོ་ང་འགྲོ་རི་བོའི་ཟེམ་དུ་འགྲོ། །རྗེ་བཙུན་ཨ་ཝ་དྷཱུ་ཏིའི་དྲུང་དུ་འགྲོ། །ང་འགྲོ་ང་འགྲོ་མཁའ་སྤྱོད་གནས་སུ་འགྲོ། །རྡོ་རྗེ་ཐེག་པའི་རོ་མཆོག་མྱང་དུ་འགྲོ། །ང་འགྲོ་ང་འགྲོ་ཨུ་རྒྱན་ཡུལ་དུ་འགྲོ། །ཡེ་ཤེས་མཁའ་འགྲོ་གྲོགས་སུ་སྟུད་དུ་འགྲོ། །ང་འགྲོ་ང་འགྲོ་འོག་མིན་གནས་སུ་འགྲོ། །རྣམ་སྣང་ཞབས་ལ་སྤྱི་བོས་བསྙེན་ཏུ་འགྲོ། །ང་འགྲོ་ང་འགྲོ་དགའ་ལྡན་གནས་སུ་འགྲོ། །བྱམས་པའི་སྐྱེས་མཆོག་བླ་མ་བསྙེན་དུ་འགྲོ། །ང་འགྲོ་ང་འགྲོ་ཞིང་ཁམས་ཡོངས་སུ་འགྲོ། །དམ་པ་ཆོས་ཀྱི་དགའ་སྟོན་བགྱིད་དུ་འགྲོ། །ང་འགྲོ་ང་འགྲོ་ཨླ་ཏྲའི་ཞིང་དུ་འགྲོ། །བདེ་བ་ཅན་དུ་ཉམས་དགའ་སྐྱོང་དུ་འགྲོ། །ཕོ་བོ་མ་འཆིང་མ་འཆིང་དགེ་བ་དཔལ། །ཕ་གཅིག་བུ་ལ་བརྩེ་ན་བཙན་སར་སྐྱོལ། །ཕོ་བོ་མ་འཆིང་མ་འཆིང་འོད་ཟེར་ཅན། །མ་གཅིག་བུ་ལ་བརྩེ་ན་ཆོས་ལ་སྦྱོར། །ཉི་མ་དེ་རིང་ང་ལ་འབྲས་ཆང་དང་། །ཤ་དང་འོ་མ་བུ་རམ་སྦྲང་རྩི་དང་། །རྫས་ཀྱི་འཁོར་པ་ཅུང་ཞིག་ཐུགས་ལ་ཐོགས། །རྗེ་བཙུན་ཨ་ཝ་དྷཱུ་ཏིའི་དྲུང་དུ་འགྲོ། །བསྙེན་བཀུར་བྱེད་ཅིང་བདག་རྒྱུད་འདུལ་དུ་འགྲོ། །ཚིག་དེ་རྒྱལ་བུ་དམ་པས་གསུང་བླངས་ཤིང་། །ཡབ་ཡུམ་གཉིས་ཀྱི་སྔན་དུ་ཕུལ་བ་དང་། །དྲི་ཟའི་རྒྱལ་པོས་གླུ་དབྱངས་བླངས་པ་ན། །སྐྱེ་བོ་རྣམས་ཀྱི་རིག་པ་གཡོས་པ་ལྟར། །ཡབ་ཡུམ་གཉིས་ཀྱི་རིག་པ་ཆེར་གཡོས་ནས། །ལན་མ་ཐེབས་པར་རང་ལ་གང་འདོད་གནང་། །དེ་ནས་འབྲས་ཆང་ལ་སོགས་ཟས་སྣ་དང་། །རྟ་པ་སྟོང་དང་བཅས་པས་ནགས་སུ་ཕྱིན། །ཨ་ཝ་དྷཱུ་ཏི་མཆོད་པས་ཚིམ་བྱས་ནས། །ཐལ་མོ་སྦྱར་ཞིང་ཞབས་ལ་གཏུགས་པ་དང་། །བླ་མས་སེམས་བསྐྱེད་ཐེག་ཆེན་དབང་བསྐུར་མཛད། །དེ་ཚེ་འཁོར་ལོས་སྒྱུར་རྒྱལ་རྒྱལ་པོ་ལ། །འཁོར་གྱིས་བསྐོར་ཞིང་འཛིགས་པ་བསྲུངས་པ་ལྟར། །ཐམས་ཅད་རྟ་ལས་མ་བབས་ནགས་ཁྲོད་

ན། །ཧོ་སྨྲ་ཀུ་སྨྲ་སྒྲོག་ཅིང་ཕྱོགས་ནས་བསྐོར། །མེལ་ཚེ་བྱེད་ཅིང་སྐུ་དབྱངས་མཆོད་པར་ཕུལ། །བྱིན་བརླབས་རྗེས་སུ་བླ་མ་འདི་སྐད་གསུང་། །རི་བོ་ནག་པོའི་གཙུག་ལག་ཁང་དུ་སོང་། །དཔལ་ལྡན་དགེས་པ་རྡོ་རྗེའི་རྣལ་འབྱོར་པ། །བཀའ་སྟོད་གཤིན་རྗེ་གཤེད་ཀྱི་སྒྲུབ་པ་པོ། །དཔལ་ལྡན་ར་ཧུ་ལ་ཡི་དྲུང་དུ་སོང་། །སེམས་བསྐྱེད་དབང་བསྐུར་གདམས་པ་དམ་པ་ཞུས། །དེ་ཡང་སྔོན་གྱི་བླ་མ་དམ་པ་ཡིན། །དགའ་བར་རྒྱུག་ཅིག་མ་སྡོད་ད་ལྟ་སོང་། །རྒྱལ་བུས་བླ་མའི་གསུང་དེ་ཐོས་པ་དང་། །དཔའ་བོ་ཆེན་པོ་གཡུལ་དུ་ཞུགས་པ་ལྟར། །ཁྲབ་ཀྱི་གོས་ཅན་རྟ་པ་སྟོང་ཕྲག་གིས། །རྒྱོག་གྱིན་དཔའ་བོའི་ངར་སྒྲ་ཆེན་པོ་ཡིས། །སྟ་རེ་དགྲ་སྟ་ཐོ་བ་མདུང་ཐུང་འཕྱར། །ཐོག་མདའ་འཕེན་ཞིང་ཀུན་ནས་ཚིག་སྒྲ་སྒྲོགས། །དགའ་བའི་སྐུ་ལེན་གཙུག་ལག་ཁང་དུ་རྒྱུག །དེ་ནས་རི་བོ་ནག་པོའི་གཙུག་ལག་ན། །རྣལ་འབྱོར་ཕོ་མོ་དཔག་ཏུ་མེད་པ་ལ། །དཔལ་ལྡན་དགེས་པ་རྡོ་རྗེའི་རྣལ་འབྱོར་པས། །གསང་སྔགས་རྒྱུད་སྡེ་གསུང་གིན་ཡོད་པ་ན། །རྒྱལ་བུ་ཟླ་བ་གཞོན་ནུ་ཕྱིན་པ་གཟིགས། །ཆོས་ལ་འོངས་པ་མངོན་པར་མཁྱེན་ན་ཡང་། །ཐུགས་རྗེ་ཆེན་པོས་སྡིགས་རི་བྱ་བའི་ཕྱིར། །རྒྱལ་བུའི་སྙིང་དུ་ཐོག་ཅིག་བབ་པ་ན། །ཐོག་དེ་དབྱིངས་ནས་འབབ་ཏུ་མ་འདོད་པར། །མུ་སྟེགས་ནག་པོའི་མཆོད་རྟེན་རི་ལ་སོང་། །དེ་ལ་རྣལ་འབྱོར་པ་རྣམས་ཆེས་མཚར་ནས། །རྒྱལ་པོའི་དམག་འདི་གང་ལགས་སུ་ཞེས་གསོལ། །དེ་མ་ཐག་ཏུ་བླ་མས་ལན་གསུངས་པ། །སྐྱེ་བ་ལྔ་བརྒྱ་ལྔ་བཅུ་རྩ་གཉིས་སུ། །རྣམ་དག་དགེ་སློང་མཁས་པའི་པཎ་ཆེན་དུ། །ལེགས་པར་བརྒྱུད་ཅིང་དིང་སང་ཧཱུྃ་ག་ལར། །ཆོས་རྒྱལ་དགེ་བ་དཔལ་གྱི་སྲས་སུ་བལྟམས། །འདི་འདྲའི་འཁོར་དང་རྒྱལ་སྲིད་ཆེན་པོ་ལ། །འདི་ནི་མ་ཆགས་དཀའ་བ་སྤྱོད་པར་འདོད། །རི་བོའི་ཛྲམ་ནས་ཨ་ཝ་དྷཱུ་ཏི་པས། །ང་ལུང་བསྟན་ཏེ་དེ་རིང་དྲུང་འདིར་ལྷགས། །ངོ་མཚར་ཆེ་འམ་སྐལ་ལྡན་ཕོ་མོ་ཀུན། །ཞེས་གསུངས་པ་དང་། ཀུན་གྱིས་ཨ་ལ་ལ་ཧོ་ངོ་མཚར་ཅན། །དེ་

རིང་དཔའ་བོ་ཆེན་པོ་ཕྱིན་པ་ལེགས། །དེ་ནས་ཀུན་གྱིས་བཞེངས་ཏེ་རྒྱང་ནས་བསུ། །རྒྱལ་བུ་ཆེན་པོས་ཆིབས་ལས་གཞོལ་བ་དང་། །རྟ་པ་སྟོང་གིས་དེ་བཞིན་རྟ་ལས་བབས། །དེ་ནས་བླ་མའི་ཕོ་བྲང་འཁོར་དུ་ཕྱིན། །གུས་པས་ཕྱག་བཙལ་གསོལ་བ་འདི་སྐད་བཏབ། །སྐྱེས་མཆོག་བླ་མ་དམ་པ་གསན་དུ་གསོལ། །ཁྱིམ་ནས་བྱུང་སྟེ་ཐར་པར་སྒྲུབ་འདོད་ཀྱང་། །འདི་ལྟར་གྲགས་པའི་རིགས་བརྒྱུད་ཐོབ་པ་ཡིས། །ཀླཾ་ག་ལ་ཏུ་ཁོ་བོ་འཆིང་ཉེན་གདའ། །ཛེ་ཏཱ་རི་དང་བྱང་ཆུབ་བཟང་པོ་དང་། །རིག་པའི་ཁུ་བྱུག་ཨ་ཝ་དྷུ་ཏི་པ། །དངོས་གྲུབ་བརྙེས་པའི་བླ་མ་བསྟེན་གྱུར་ཀྱང་། །ད་དུང་རྒྱལ་སྲིད་གནས་ལས་གྲོལ་མ་གྱུར། །ད་ནི་བླ་མ་ཁྱེད་ཀྱི་དྲུང་དུ་བཏང་། །བདག་ལ་ཐེག་ཆེན་སེམས་བསྐྱེད་དབང་བསྐུར་གྱིས། །ངེས་པར་འཆིང་བ་འདི་ལས་བསྒྲལ་དུ་གསོལ། །དེ་ནས་བླ་མ་དཔའ་བོ་དམ་པ་ཡིས། །རྒྱལ་བུ་གཅིག་པུ་དཀྱིལ་འཁོར་དྲུང་དུ་ཁྲིད། །དཔལ་ལྡན་དགེས་པ་རྡོ་རྗེའི་དབང་བསྐུར་མཛད། །གསང་མཚན་ཡེ་ཤེས་གསང་བའི་རྡོ་རྗེར་བཏགས། །ཉིན་དང་མཚན་དུ་གདམས་པའི་ཆར་པ་ཕབ། །ཉིན་ཞག་བཅུ་གསུམ་བར་དུ་དབང་བསྐུར་བགྱིས། །རྗེས་ཀྱི་བྱ་བ་ཐམས་ཅད་ཚང་བར་མཛད། །དེ་ཡི་བར་དུ་འཁོར་ཚོགས་ཐམས་ཅད་ཀྱང་། །མ་ཉལ་འགྲོ་དང་འཆག་དང་རྩེ་བ་དང་། །གླུ་དང་གར་དང་རོལ་མོ་སྣ་ཚོགས་བྱེད། །རྒྱལ་བུ་ཕྱིར་ལ་ནམ་འབྱོན་སྙམ་པ་ལས། །རྣམ་པར་རྟོག་པ་གང་ཡང་མ་བྱུང་ངོ་། །ཉིན་ཞག་བཅུ་གསུམ་འདས་པའི་དུས་ཚོད་ན། །རྒྱལ་བུས་ཧེ་རུ་ཀ་ཡི་ཆས་སུ་ཕྱིན། །འཁོར་ལ་གཟིགས་ཤིང་མི་རྟག་གླུ་དབྱངས་བླངས། །འཁོར་གསུམ་ལྟ་ཞིང་སྙིང་པོ་མེད་པར་གཟིགས། །དེ་ཚེ་ངག་ཏུ་གསོལ་བའི་གླུ་དབྱངས་ནི། །སྤྲོས་བྲལ་ཉག་གཅིག་དབྱིངས་ཀྱི་ནམ་མཁའ་ལ། །སྐྱེ་མེད་གྲག་སྟོང་ཆོས་ཀྱི་ང་རོ་སྒྲོགས། །རྒྱལ་སྲིད་རྨི་ལམ་ནོར་འདྲ་སྙིང་པོ་མེད། །འཁོར་རྣམས་སྒྱུ་མའི་ཚོགས་ལྟར་སླུ་བྲིད་ཡིན། །ཐམས་ཅད་བོར་ནས་བྱང་ཆུབ་མ་བསྒྲུབས

ན། །ཕོ་བོ་སྐལ་ལྡན་བསོད་ནམས་བསགས་པ་མིན། །ཉིན་དང་མཚན་དུ་གནས་ལུགས་དོན་བསྒོམ་ཞིང་། །རྒྱ་ཆེན་ཐོས་པ་རྟག་ཏུ་བཙལ་བར་བྱ། །དེ་ནས་དགེས་པ་རྡོ་རྗེའི་རྣལ་འབྱོར་པ། །མི་རྟག་རང་བཞིན་ལས་ཀྱི་རྣལ་འབྱོར་མ། །དཔའ་བོ་དངོས་གྲུབ་བརྙེས་པའི་རྣལ་འབྱོར་པ། །འཇིགས་པའི་གྲུབ་ཐོབ་ཕོ་མོ་གཅེར་བུ་བརྒྱད། །ལག་པ་གཡས་ན་མི་ཤང་གླིང་བུ་བཟུང་། །གཡོན་པ་མི་ཤ་ལག་པ་སོ་བྲད་བྱེད། །ངག་ནས་ཧཱུྃ་དང་ཕཊ་ཀྱི་སྒྲ་ཆེན་སྒྲོགས། །ཀུན་ནས་རྒྱལ་བུའི་ཕྱི་ལ་བསྐོར་ཞིང་རྒྱུག །ཧཱུྃ་ག་ལར་སོང་རྒྱལ་པོའི་བསམ་པ་བསྒྱུར། །རྒྱལ་བུ་སྲིད་དང་གྲོལ་ལ་བསམ་པ་བསྒྱུར། །སྐྱེས་མཆོག་ཨ་ཝ་དྷཱུ་ཏིའི་དྲུང་དུ་སྐྱོལ། །ལྭ་བའི་གོས་བསྐོན་དམན་པའི་ཟས་ཀྱིས་སྐྱོངས། །དར་ཟབ་སྣན་གྲོལ་ཁྲི་སྣན་ས་ལེ་བྱིན། །འཁོར་དང་རྟ་གྲོལ་གཅིག་པུར་ལྷུམ་བུ་སློབ། །མ་ཞུམ་མ་ཞུམ་ཐར་པ་སྒྲུབ་པའི་དུས། །ངེས་པར་གཉེན་པོ་བཙན་ཆོད་བྱེད་པའི་དུས། །ད་ལྟ་རྒྱུག་ཅེས་བླ་མས་བཀའ་བསྒོ་མཛད། །དེ་ནས་རྒྱལ་བུ་གྲུབ་ཐོབ་ཆ་ལུགས་སུ། །ཆིབས་ལ་ཆིབས་ཏེ་རྟ་པ་སྟོང་གིས་བསྐོར། །ལམ་དུ་ཞུགས་ཚེ་རྡོ་རྗེའི་མགུར་བཞེས་པ། །སྐྱེ་བ་མེད་པ་སེམས་ཀྱི་རྡོ་རྗེ་ལ། །འགྱུར་བ་མེད་པ་རྡོ་རྗེའི་ཐེག་པ་ཉིད། །ཤིན་ཏུ་དགའ་བ་ཉམས་ཀྱི་རྡོ་རྗེ་ལ། །རྡོ་རྗེའི་ཉམས་དང་ལྡན་པའི་སྣང་བ་ཤར། །གསལ་ལ་དག་པ་ལྷ་ཡི་རྡོ་རྗེ་ལ། །ཉེས་སྐྱོན་བྲལ་བ་ལས་ཀྱི་གཟུགས་བརྙན་ཤར། །རྡོ་རྗེ་རིན་ཆེན་ལུས་ཀྱི་དཀྱིལ་འཁོར་ལ། །བདག་མེད་རྡོ་རྗེ་འཇིགས་མེད་སྣང་བ་ཤར། །མི་རྟོག་ཡེ་ཤེས་གསང་བའི་རྡོ་རྗེ་དེ། །འཁོར་བའི་གཡུལ་ལས་ངེས་པར་རྒྱལ་བར་གྱུར། །རྒྱལ་བུས་རྡོ་རྗེའི་མགུར་དེ་བཞེས་པ་དང་། །ནང་བློན་ཆེན་པོ་དཔའ་བོ་རྡོ་རྗེ་དང་། །བློན་པོ་ཆེན་པོ་ཕས་རྒོལ་རབ་འཇོམས་དང་། །བློན་པོ་ཆེན་པོ་སྐར་མའི་རྒྱལ་པོ་དང་། །བློན་པོ་ཆེན་པོ་འཇིགས་པ་མེད་པ་དང་། །བློན་པོ་བཞི་ཡིས་སྐྱོ་བའི་གླུ་བླངས་པ། །ཨེ་མ་ཧོ་འཇིག་རྟེན་ལས་ཀྱི་མཐུ་བཙན་པས། །ཀུན་ནས་བསྡུགས་པ་ཟ་

ཧོར་ཡུལ་མཆོག་ན། །དཔལ་འབྱོར་རྒྱས་པ་གྲོང་ཁྱེར་ཧྃ་ག་ལར། །ལྷ་ན་སྡུག་པ་གསེར་གྱི་རྒྱལ་མཚན་ཅན། །ངོ་མཚར་ཆེའོ་རྒྱལ་པོ་དགེ་བ་དཔལ། །འགྲོ་བའི་མ་མ་ལྷ་མོ་འོད་ཟེར་ཅན། །སྤྲུལ་པ་འདྲ་བའི་སློན་འབབས་བོར་གྱུར་ནས། །རྒྱལ་བུ་དམ་པ་ནགས་སུ་བཞུགས་བཞུགས་འདྲ། །རྟ་དང་ཤིང་རྟ་སྣང་པོ་བཞག་གྱུར་ནས། །དམན་པའི་ཚུལ་བཟུང་རྐང་འགྲོས་བྱེད་བྱེད་འདྲ། །ལྷ་ཡི་རྒྱན་དང་ན་བཟའ་བཞག་གྱུར་ནས། །དམན་པའི་ཆས་སུ་ལྭ་བ་གྱོན་ཉེན་གདའ། །རྩ་བྱ་བསྐོལ་བའི་ཁྲི་སྟེངས་པར་བཞག་ནས། །ཡོ་མའི་སྤྱིལ་བུར་ཁྲི་སྣན་འདིངས་ཉེན་གདའ། །མཛེས་པའི་ལྷ་མོ་ཁབ་ཏུ་མི་བཞེས་པར། །ཏུར་ཁྲིད་འགྲིམ་གྱིན་རོ་ཟས་ཟ་ཉེན་གདའ། །བལྟམས་མ་ཐག་ཏུ་དཀར་པོའི་སྣང་བ་ཅན། །དགའ་བར་འདུས་པ་འབྲལ་བར་ཕོད་ལགས་སམ། །དེ་ལྟར་སྨྲ་ལེན་སྐྱོ་བས་ཁབ་ཏུ་འོངས། །ཀུན་གྱིས་ཕོ་བྲང་འཁོར་དུ་སླེབས་པ་ན། །སྐྱེ་བོ་ཀུན་གྱིས་ཚོར་ཞིང་བལྟས་པའི་ཚེ། །ཕྱོགས་སྐྱོང་བཅུ་པོ་གཡུལ་དུ་ཞུགས་པ་ལྟར། །འཇིགས་ཤིང་དཔའ་ལ་གོ་ཆ་རབ་ཏུ་སྲ། །མཛེས་ཤིང་མཚར་ལ་ཡ་མཚན་ལྟད་མོ་ཆེ། །སིལ་སིལ་ཁྲོལ་ཁྲོལ་འུར་སྒྲ་སྣ་ཚོགས་སྒྲོགས། །རང་གི་རྒྱལ་བུ་ལགས་ཀྱང་འཇིགས་པར་ཚོར། །ཟླ་བ་གསུམ་དུ་སློན་པོ་ཐམས་ཅད་ཀྱང་། །དམག་གི་ཆས་གྱོན་རྟ་རྣམས་སྒ་ཆས་སྒྲོན། །ལ་ལ་ཚབས་འགྲིན་ལ་ལ་སྒྲུ་གར་རྩེ། །ལ་ལ་འཐབ་པ་ལྟ་བུ་གོ་གསར་བྱེད། །རྩལ་འབྱོར་ཕོ་མོ་དག་ནི་མཆོངས་ཤིང་རྒྱུག །རྒྱལ་བུ་གྲོང་ཁྱེར་དབུས་སུ་སྐྱོ་སྐྱོད་སྐྱོང་། །ཀུན་གྱིས་རྒྱལ་སྲིད་སྐྱོང་བར་ཁ་ཆོན་བཅད། །ཐམས་ཅད་འཕྲེང་ཞིང་རང་སར་མཆི་མ་འཁྱིན། །ཤེའུའི་ཁྲུ་རུ་གཅན་གཟན་ལྷགས་པ་ལྟར། །ཡབ་ཡུམ་བུ་ཕྱིར་མྱ་ངན་སྨྲེ་སྔགས་གདུང་། །ལྷག་པར་ཡབ་ཀྱི་ཞལ་ནས་འདི་སྐད་གསུང་། །ཨེ་མ་བུ་ཁྱོད་ལེགས་པར་བཙས་པའི་ཚེ། །ཡ་མཚན་ལྟས་མཐོང་རྒྱལ་སྲིད་སྐྱོང་སྙམ་ནས། །དགའ་བའི་སེམས་ཀྱིས་ཡིད་དབང་སོས་པར་གྱུར། །ད་ནི་ནགས་ཁྲོད་བསྟེན་བློ་ཇི་ལྟར་

ལགས། །རྒྱལ་བུས་སྨྲས་པ་ཆོས་རྒྱལ་གསན་དུ་གསོལ། །ཅི་གསུང་བདག་གིས་རྒྱལ་སྲིད་བཟུང་གྱུར་ན། །ཚེ་འདིར་ཡུད་ཙམ་ཡབ་དང་འགྲོགས་མོད་ཀྱང་། །སྐྱེ་བ་གཏན་དུ་ཕ་བུར་མི་ཤེས་ཤིང་། །ཕན་གནོད་མེད་ན་ཤིན་ཏུ་མཚང་བ་ཡིན། །བདག་གིས་རྒྱལ་སྲིད་ཆེན་པོ་རབ་སྤངས་ནས། །ངེས་པར་རྣམ་གྲོལ་བྱང་ཆུབ་ལམ་བསྒྲུབས་ན། །སྐྱེ་བ་གཏན་དུ་དགའ་བདེར་འགྲོགས་སུ་འོང་། །དེ་ཕྱིར་བདག་ལ་གོ་སྐབས་སྩལ་དུ་གསོལ། །དེ་ནས་ཡུམ་གྱི་ཞལ་ནས་འདི་སྐད་གསུང་། །ཅི་ཕན་བུ་འདི་ཤིན་ཏུ་འཕྲེང་ན་ཡང་། །སྐྱེ་དགུ་ཀུན་ལ་ལས་ཀྱི་འཕེན་པ་གཙོ། །སྐྱེས་མཆོག་གང་དུ་བདེ་བར་ཆོས་ལ་ཐོང་། །ཕྱིས་ནས་གཏན་དུ་འགྲོགས་པའི་སྨོན་ལམ་འཚལ། །དེ་ནས་རྒྱལ་བུ་ནངས་པར་ཐོ་རངས་ནས། །རྣལ་འབྱོར་རྣམས་དང་ལྷན་ཅིག་ནགས་སུ་བྱོན། །ཨ་ཝ་དྷཱུ་ཏིའི་དྲུང་དུ་དཀའ་ཐུབ་བསྟེན། །ཆགས་པ་མེད་པར་དབུ་མའི་ཆོས་རྣམས་བསླབས། །དགུང་ལོ་བཅུ་གཉིས་ལོན་ནས་བཅོ་བརྒྱད་བར། །ཨ་ཝ་དྷཱུ་ཏིའི་སྤྱོད་པ་བསྐྱངས་པ་ལ། །ཐོས་བསམ་སྒོམ་གསུམ་སྟན་ཐོག་གཅིག་ཏུ་བསྒྲུབས། །དེ་ལྟར་རྗེ་བཙུན་སྙིང་རྗེ་ཆེན་པོ་འདིས། །དཀའ་བ་བརྒྱ་ཕྲག་དུ་མའི་འབད་པ་ཡིས། །རྒྱལ་སྲིད་ཆེན་པོ་བསམ་གྱིས་མི་ཁྱབ་པ། །མཆིལ་མའི་ཐལ་བ་བཞིན་དུ་རྣམ་སྤངས་ནས། །རྣམ་གྲོལ་ཆེན་པོར་ཐར་པ་རབ་ཏུ་བརྩེས། །དེ་ཕྱིར་འགྲན་ཟླ་སུ་ཡང་མ་མཆིས་པའི། །བསྟན་པའི་མངའ་བདག་དོན་གྲུབ་རབ་བརྩེས་ལགས། །འབྲོམ་རྗེ་ཁོ་བོ་སྤྱི་བོ་རབ་བཏུད་ནས། འཁོར་བ་མ་སྟོངས་བར་དུ་གུས་ཕྱག་འཚལ། །འདི་ལ་སྒྲོ་སྐུར་དྲི་མ་གང་མཆིས་པ། །ཐུགས་རྗེ་ཆེན་པོ་ཁྱེད་ལ་བཟོད་པར་བཞེས། །བླ་མའི་རྣམ་པར་ཐར་པ་རྒྱ་མཚོ་ལས། །རྒྱལ་སྲིད་སྤངས་ནས་ཐར་པ་བསྒྲུབས་པ་ཡི། །ཡོན་ཏན་རགས་རིམ་ཙམ་ཅིག་གསུངས་པའོ།། །།

༄ **ཇོ་བོ་གསེར་གླིང་དུ་བྱོན་པའི་རྣམ་ཐར་བཞུགས།** །རྗེ་བཙུན་བྱམས་པ་དང་སྤྱན་རས་གཟིགས་དབང་ཕྱུག་ལ་ཕྱག་འཚལ་ལོ། །དགེ་སློང་དྷི་པཾ་ཀ་ར་ཤྲཱི་ཛྙཱ་ན་

བདག་གིས། ཟླ་བ་བཅུ་གསུམ་གྱི་བར་དུ་རྫོངས་ཀྱི་ནང་དུ་ཞུགས་ནས། བླ་མ་གསེར་གླིང་པའི་དྲུང་དུ་ཕྱིན་པས། ཟླ་བ་ལྔ་ཙམ་འདས་པའི་དུས་སུ། ལྷའི་བུ་དབང་ཕྱུག་ཆེན་པོས་ཁོ་བོའི་བྱང་ཆུབ་ཀྱི་སེམས་བར་དུ་བཅད་པའི་ཕྱིར། མི་མཐུན་པའི་རླུང་དམར་པོ་གཡོས། ཆུ་སྲིན་ཉ་མིད་ཆེན་པོར་བྱས་ཏེ་མདུན་བཀག ནམ་མཁའ་ལས་ཁོ་བོའི་སྟེང་དུ་ཐོག་ཕབ་སྟེ། དེའི་དུས་སུ་ཁོ་བོས་བྱམས་པ་དང་སྙིང་རྗེ་ཁྱད་པར་ཅན་ཅིག་བསྒོམས་པ་ལ་བརྟེན་ཏེ། རླུང་དམར་ཐམས་ཅད་ཞི་ནས། ཐོག་ཆེན་པོ་དྲུག་ནམ་མཁའ་ལ་ཆགས་འདུག་པ་མཐོང་། འོན་ཀྱང་ཆུ་སྲིན་ཉ་མིད་དེས་མདུན་བཀག་པ་དང་། རླུང་ཆེན་པོ་དེས་རྒྱ་མཚོའི་ཁ་འཁྲུགས་པའི་སྟོབས་ཀྱིས། རྫོངས་དེ་ཡང་དར་པོ་ཆེ་རླུང་གིས་བསྐྱོད་པ་བཞིན་དུ་འདར་བ་དང་། འཕར་བ་དང་། རེས་ནམ་མཁའ་ལ་འཕྱིར་བ་དང་། རེས་རྒྱ་མཚོའི་གཏིང་དུ་བརྡེབས་པ་ལྟར་བྱེད་དོ། །ཕྱོགས་ཀྱི་བ་དན་ཆེན་པོ་བཞི་བསྐུལ། ཁྲི་ཆུའི་ཕ་བོང་བཞི་རྒྱ་མཚོའི་གཏིང་དུ་བསྐུར་ཀྱང་། ཕྱོགས་བཞི་ནས་ཟ་ཆེན་པོ་བཞི་བརྡུངས་པ་ལྟར། ཞུར་སྒྲ་དང་། ཚོམ་སྒྲ་དང་། འོད་དང་། སྐམ་གློག་ཆེན་པོ་བྱུང་བ་ལ་བརྟེན་ཏེ་འཁོར་ཐམས་ཅད་ཀྱང་ཤིན་ཏུ་སྐྲག་ནས། རབ་ཏུ་འདར་ཞིང་ཡོད་པ་ལ། ཡང་བྱམས་པ་དང་སྙིང་རྗེའི་ཏིང་ངེ་འཛིན་ལ་མཉམ་པར་བཞག་པ་དང་། པཎྜི་ཏ་སའི་སྙིང་པོས་བླ་མ་ལ་གསོལ་བ་འདི་བཏབ་པ། བཞེངས་ཤིག་བཞེངས་ཤིག་བླ་མ་ཐུགས་རྗེ་ཅན། །ཁྱེད་ལ་ས་ཡི་སྙིང་ན་འགྲན་ཟླ་མ་མཆིས་ན། །དིང་སང་ནག་པོའི་ཕྱོགས་ཀྱིས་འཇིགས་ཤིང་བསྐྱོད་པ་འདི། ཁྱོད་ཀྱི་ཐུགས་རྗེ་ཆེན་པོས་ཞི་བར་མཛོད་དུ་གསོལ། །འགྲོ་བ་ཐམས་ཅད་སྲིད་པའི་མཚོ་ལས་སྒྲོལ་བྱེད་ན། །དིང་སང་ནག་པོའི་ཕྱོགས་ཀྱིས་འདི་ལྟར་མཐོ་བཙམས་སོ། །ཨེ་མ་རླུང་དམར་གཡོས་ཤིང་གནམ་ལྩགས་རབ་ཏུ་ཕབ། །ཉ་མིད་ཆེན་པོས་མདུན་དུ་འཇིགས་པ་བྱས། །རྗེ་བཙུན་འཇིགས་པ་འདི་ལས་སྐྱོབ་ཏུ་གསོལ། །རྒྱ་མཚོ་རླུང་གིས་བསྐྱོད་ཅིང་

ཐ་རླབས་མཁའ་ལ་མཆོངས། །མི་སྣན་ཤུགས་སྒྲ་འདོན་ཅིང་གློག་དམར་འོད་དུ་གཡོས། །རྫིངས་ཀྱང་འདར་འདར་ཤིག་ཤིག་རབ་ཏུ་གཡོས། །མཁའ་ལ་ལིང་ལིང་ཕྱུར་ཞིང་གཏིང་དུ་བརྡབས། །རྗེ་བཙུན་ད་ནི་འཇིགས་པ་འདི་ལས་སྐྱོབ་ཏུ་གསོལ། །ཁྱོད་ཀྱི་ཡོན་ཏན་ནམ་མཁའ་ལྟ་བུ་ལ། །བཀའ་སྟོད་ཆོས་སྐྱོང་སྲུང་མའི་ཚོགས་རྣམས་མཁའ་ལྡིང་ལྟར། །ལིང་ལིང་བསྐོར་ཞིང་བར་ཆད་སེལ་བྱེད་ན། །དིང་སང་འདི་ལྟར་བར་ཆད་ལྷགས་ཀྱང་མི་སྐྱོབ་པར། །དབེན་པའི་དབྱིངས་ན་བཞུགས་པ་ཐུགས་རྗེ་ཇི་ལྟར་ཆུང་། །ད་ནི་གསང་སྔགས་ཕྱི་ནང་མཁའ་འགྲོ་ཆོས་སྐྱོང་དང་། །དགྲ་བཅོམ་དཔའ་བོ་དཔའ་མོ་ཡེ་ཤེས་ལྷ་ཚོགས་རྣམས། །དཀར་པོའི་ཕྱོགས་ལ་དགའ་བའི་ལྷ་ཚོགས་ཐམས་ཅད་ཀྱིས། །ཀུན་ནས་བསྐོར་ཞིང་དིང་སང་རྒྱ་མཚོ་ཆེན་པོ་འདིར། །བླ་མ་ཁྱེད་ཀྱི་ཐུགས་རྗེའི་དཔུང་གིས་བཟློག་ཏུ་གསོལ། །གཞན་གྱིས་མི་ཐུབ་བཅོམ་ལྡན་གཤིན་རྗེ་གཤེད་དམར་ལ། །གཤིན་རྗེ་འཇིགས་པར་བྱེད་པའི་འཁོར་གྱིས་ཡོངས་སུ་བསྐོར། །མི་གཡོ་མགོན་པོ་ཁྲོ་བོ་བཅུ་ཡི་ཚོགས་བཅས་དང་། །འཇིགས་པ་བརྒྱད་སྐྱོབ་ལྷ་མོ་བཀྲ་ཤིས་དཔལ་འབར་མ། །ཆོས་རྒྱལ་བླ་མ་ཁྱེད་ཀྱི་དཔུང་གིས་བཟློག་ཏུ་གསོལ། །བསྟན་པའི་བདག་པོ་རྗེ་བཙུན་སངས་རྒྱས་བཅོམ་ལྡན་འདས། །རྗེ་བཙུན་སྤྱན་རས་གཟིགས་དབང་དྲི་མེད་དཀྱིལ་འཁོར་ཅན། །འགྲོ་བའི་སྡུག་བསྔལ་སེལ་བའི་ཆོས་རྒྱལ་ཡབ་སྲས་གཉིས། །དུས་ལ་བབ་པོ་ཐུགས་རྗེའི་ཕ་ཚན་དཔུང་དུ་སྐྱེད། །ཟག་མེད་བྱིན་རླབས་ཆུ་རྒྱུན་ཡུན་དུ་སྲིང་དུ་གསོལ། །ཞེས་གསོལ་བ་ཁྲིད་པར་ཅན་ལྷང་ལྷང་འདེབས་པ་ཁོ་བོས་ལེགས་པར་ཐོས་པ་དང་། ཁོ་བོ་ཡང་བཅོམ་ལྡན་འདས་གཤིན་རྗེ་གཤེད་སྐུ་མདོག་དམར་ལ་གསུམ་ཁྲིམ་ཆེ་བ། རལ་པ་ཁམ་ནག་གྱེན་དུ་བརྫེས་པ། མིག་དམར་ལ་སྟང་མིག་ཕྱོགས་བཅུར་གཟིགས་པ་དེ་མཐོང་ཙ་ན། ཁྲོ་བོ་གཞན་གྱི་ཕྱག་ཆ་འབྲུལ་བ་ཅིག་ཏུ་མཛད་དེ། རྡོ་རྗེ་བེ་ཅོན་ནམ་མཁའ་ལ་འཕྱུར་ཞིང་

གཡོན་པ་ སྡིགས་མཛུབ་ དང་ ཞགས་པ་ ཀླད་ ལ་ བསྐོར་ ནས་ རྡོ་ རྗེ་ བེ་ ཅོན་ གྱིས་ བརྒྱབ་ པས། རི་ རབ་ ལ་ ཕོག་ ནས། རི་ རབ་ ཚལ་ པར་ གཤགས་ ནས། རི་ རབ་ ཀྱི་ འོག་ གསེར་ གྱི་ ས་ གཞིའི་ གཏིང་ ཐུག་ པར་ མཚམས་ མེ་ སྟེ། ཡར་ ལོག་ རྒྱ་ མཚོ་ ཆེན་ པོ་ འཁྲུགས་ པས་ ཁྲག་ ཏུ་ ཁོལ་ ནས། ཆུ་ སྲིན་ ཉ་ མིད་ དེ་ རུས་ པ་ དཀར་ སངས་ ཀྱིས་ སོང་ བའི་ མོད་ ལ། བྱིས་ པ་ གཞོན་ ནུ་ མ་ ཤ་ མེད་ པ་ མདོག་ སྔོ་ བ་ ཅིག་ ཏུ་ བྱས་ ཏེ། རྫིངས་ ཀྱི་ ནང་ དུ་ བྱུང་ ནས་ ཕྱག་ འཚལ་ ཞིང་ ཐལ་ མོ་ སྦྱར་ ཏེ། ཁྲོ་ བོའི་ རྒྱལ་ པོ་ ཤིན་ ཏུ་ མཐུ་ སྟོབས་ ཅན། །ཐུགས་ རྗེ་ ཆེན་ པོ་ འགྲོ་ བའི་ སྐྱབས་ གཅིག་ པུ། །བདག་ ནི་ འཇིགས་ པས་ ཤིན་ ཏུ་ ངོངས་ མོད་ ཀྱིས། །ད་ ནི་ ཁྱེད་ ཀྱི་ ཐུགས་ རྗེས་ སྐྱོབ་ ཏུ་ གསོལ། །ཞེས་ ཟེར་ བ་ དང་། བདག་ གིས་ ཀྱང་ རྡོ་ རྗེ་ བེ་ ཅོན་ ལག་ ཏུ་ བླངས་ ནས། ཧཱུྃ་ ང་ ནི་ སྐྱེ་ འགྲོའི་ སྲོག་ བདག་ ཆེན་ པོ་ ཡིན། །ང་ ནི་ ཐུགས་ རྗེ་ ཆེན་ པོའི་ དབང་། །སྙིང་ རྗེས་ ཁྱོད་ ནི་ མ་ བསྒྲལ་ ལོ། །ད་ ནི་ བདག་ གི་ གདུལ་ བྱ་ ལ། །མུ་ སྟེགས་ ཆོས་ ལོག་ མ་ བསྟན་ ཅིག །མོ་ བོན་ བཛྲུན་ ཆོས་ མ་ བཤད་ ཅིག །ཁྱོད་ ཀྱི་ ཚེ་ སྲོག་ ང་ དབང་ ངོ་། །ཞེས་ སྨྲས་ པ་ དང་། ཁོས་ སྨན་ པའི་ ཚིག་ ཕུལ་ བ། ཐུགས་ རྗེ་ ཆེན་ པོ་ དགོངས་ སུ་ གསོལ། །ཁྱེད་ ཀྱི་ གདུལ་ བྱ་ རྗེས་ འབྲང་ ལ། །ལོག་ ཆོས་ གང་ ཡང་ མི་ བསྟན་ གྱིས། །ཁྱེད་ ཀྱིས་ བདག་ ལ་ བརྩེ་ བར་ དགོངས། །ཁྱེད་ ནི་ བདག་ གི་ སྲོག་ བདག་ ལགས། །ཞེས་ སྨྲས་ སོ། །དེ་ ནས་ མེ་ ཐབ་ ཀྱི་ རྩ་ ནས་ མི་ དཀར་ པོ་ ཅིག་ ལངས་ བྱུང་ ནས། ཁ་ བ་ ཅན་ དུ་ ཁྱོད་ མ་ འགྲིམ། །བལ་ པོའི་ རྫིངས་ ལ་ ས་ བཅད་ ཀྱིས། །ཟངས་ གླིང་ ལ་ སོགས་ གླིང་ ཕྲན་ དུ། །མ་ འགྲིམ་ ཆུ་ ཡི་ བར་ མཚམས་ སྲུངས། །ཧཱུྃ་ ཧྲཱིཿཡཀྵ་ ཞེས་ པ་ ཐོས། །དེ་ ནས་ ཀླུང་ དམར་ ཐམས་ ཅད་ ཞི། །རླབས་ དང་ འོད་ དང་ སྒྲ་ རྣམས་ ཞི། །རྫིངས་ ཆེན་ པོ་ ཡང་ རྣལ་ དུ་ ཕེབས་ ནས། དེ་ ནས་ ཐམས་ ཅད་ རང་ སར་ དབུགས་ ཕྱིན་ ཏེ། ཕན་ ཚུན་ དགའ་ བའི་ གླིང་ འཁོར་ བྱུང་ བ་ དང་། ཡང་ ཁྲོ་ བོ་ གཤིན་ རྗེ་ གཤེད་ ཀྱི་ བསྐྱེད་ རིམ་ མ་ བཤིག་ པར་ རྫིངས་ ཀྱི་ ཁ་ ཁྱེར་ ལས་ འཇའ་ ལི་ བྱས་ ནས། རྡོ་ རྗེ་ བེ་ ཅོན་ འཁར་ བར་

བཙུགས་ནས་འདུག་པ་ལ། དེ་ནས་རྫིངས་ཆེན་པོ་ཁྲག་ཁྲིག་ཙམ་ཡང་མེད་པར། གནས་གཞི་ཆེན་པོ་བཞིན་དུ་འདུག་པ་ལ། ཅི་ཡིན་སྙམ་ནས་བལྟས་པ་དང་། བུ་མོ་གཞོན་ནུ་མ་ཁ་ཅིག་བཞད་གད་བྱེར་བ་ཐོས་ནས། དེར་བལྟས་ཙམ་ན། ཁྲོ་བོའི་རྒྱལ་པོ་མི་གཡོ་བ་འདི། པུས་མོ་མན་ཆད་རྒྱ་མཚོའི་གཏིང་དུ་འདས་པར་བྱས་ཏེ། སྐྱེས་པ་དར་མས་གཞོང་པ་ཐོགས་པ་བཞིན་དུ་རྫིངས་ཀྱི་ཤར་ནུབ་གཉིས་ནས་བཙུམ་སྟེ། དབུའི་ཅོད་པན་སྤྲིན་གྱི་གསེབ་ན་ལྷག་གེ་འདུག རྫིངས་ཀྱི་ཁ་ཕྱིར་ན་ཕར་ལ་བུ་མོ་ཉི་ཤུ་རྩ་གཅིག་ཁ་ཕྱིར་བསྟན་ནས། འོ་སྐོལ་མིང་སྲིང་རྣམས་མེད་ན་དེ་རིང་རང་ཁ་རྗེ་ཆེ་ཨང་ཟེར་གྱིན་འདུག །དེ་ནས་ཁོ་བོས་འཇིགས་པ་བརྒྱད་སྐྱོབ་མ་ལ་ཕྱག་འཚལ་ལོ། །བཀྲ་ཤིས་དཔལ་འབར་མ་ལ་ཕྱག་འཚལ་ལོ། །ངན་སོང་སྒོ་འགེགས་མ་ལ་ཕྱག་འཚལ་ལོ། །མཐོ་རིས་ལམ་འདྲེན་མ་ལ་ཕྱག་འཚལ་ལོ། །རྟག་ཏུ་ཁྱེད་ཀྱིས་སྐྱོངས་པར་བྱས། །ད་དུང་ཐུགས་རྗེས་སྐྱོབ་ཏུ་གསོལ། །ཞེས་གསོལ་བ་བཏབ་པ་དང་། བུ་མོ་དེ་ཀུན་ན་རེ། བུ་སའི་སྙིང་པོ་འདི་མིན་ན། མུ་སྟེགས་ཀྱི་གྲོང་ཁྱེར་སུ་ཧྲ་ཐ་ན་འདི་ཐལ་བར་རློག་ཅིག་སྙམ་ཙ་ན། གསོལ་བ་འདེབས་པའི་སྒྲ་དེ་ཐོས་ཞེས་པ་དང་། ཨ་པ་སེམས་ཅན་ཀུན་གྱི་མཆོག་ཀྱང་སེམས་དཔའ་ཆེན་པོ་འདི་ཡིན། ངེད་རྣམས་ཀྱིས་ཀྱང་འདི་དྲང་བའི་ཕྱིར་འདིར་འོངས། ལར་བྱིས་པ་ཁ་སྟོན་པོ་འདི་གྲགས་ན་གཞུ་འཆག་ཟེར་ཞིང་བྱིས་པ་ཁོ་དེ། ཉི་མ་དེ་རིང་ཕར་ཙད་ནས་བལ་པོའི་གཟིངས་ཕར་མ་བསྐྱལ་ཅིག །སའི་སྙིང་པོ་ལ་བོས་ནས། ཚེ་དང་ལྡན་པ་ཁྱོད་རང་ནམ་མཁའི་མེ་ཏོག་འདི་སུ་ཧྲ་ན་ཐར་རྒྱབ་ལ་ཐོང་། སྐྱབས་འགྲོ་སེམས་བསྐྱེད་ཀྱི་ཁག་ཁོ་མོ་ཅག་རྣམས་ཀྱིས་ལེན་གསུངས་པ་དང་། པཎྜི་ཏ་སའི་སྙིང་པོས་ཀྱང་། ཐོག་ཅིག་སྡིགས་མཛུབ་ལ་བླངས་ཏེ། བསྐོར་ནས་མུ་སྟེགས་ཀྱི་གྲོང་ཁྱེར་སུ་ཧྲ་ན་ཐའི་བྱང་ཕྱོགས་ན་ལྷ་མོ་ཙར་ཙི་ཀ་ཡོད་པའི་སྟེང་དུ་བརྒྱབ་པས། མུ་སྟེགས་ཀྱི་ལྷ་ཁང་ལྷ་མོ་དང་བཅས་པ་བརླག་པར་བྱས།

ཡང་ཅིག་འཕངས་པས་དབང་ཕྱུག་ཆེན་པོ་ཉིད་ཀྱི་རྟེན་ལ་བརྒྱབ་སྟེ་ཚལ་པར་གས་ནས། དེའི་ཟེར་གཅིག་མུ་སྟེགས་ཀྱི་རྒྱལ་པོ་ལ་ཕོག་སྟེ། གཞོགས་གཡས་པ་བསྐམས། ཟེར་གཅིག་གིས་མཐའ་ཏུ་རུ་ཀའི་ཕོ་བྲང་ལ་ཕོག་པས། ལོ་བཅུ་གསུམ་དུ་རྡོ་རྗེ་གདན་དུ་སོག་པོའི་འཁྲིམ་འགྲུལ་ཆད། ཟེར་གཅིག་གིས་ཞང་ཞུང་རྒྱལ་པོའི་གུར་ནག་གི་ཕོ་བྲང་ལ་བརྒྱབ་ནས་བོན་གྱི་བསྟན་པ་བསྒྱུབས། རེ་རེ་གཉིས་གཉིས་ཡོད་པ་བྲིད་ནས་རི་བོ་གངས་ཅན་གྱི་རྒྱུད་དུ་བྲོས། ཟེར་གཅིག་གིས་ལྷོ་ཕྱོགས་ཀྱི་དུག་མཚོ་ནག་པོའི་ཕོ་བྲང་བཤིག ཛེ་ལི་ཛྙ་ལའི་ནད་རྒྱུན་ཆད། ཟེར་གཅིག་སྲིན་ཡུལ་ལང་ཀར་བརྒྱབ་པས་སྲིན་པོའི་རྒྱལ་པོ་ལང་ཀའི་ཕོ་བྲང་ཐལ་བར་རློག་སྟེ། སྲིན་པོ་མི་ཟན་གྱི་རབས་བཅད། དེ་ནས་ང་རྒྱལ་གྱི་ཚིག་སྨྲས་པ། ས་ཡི་དཀྱིལ་འཁོར་འདི་ཡི་བདག་པོ་ང་ཡིན་གྱིས། །ནག་པོའི་ཕྱོགས་རྣམས་ཕྱེར་ཅིག་ཕྱེར་ཅིག་ཐལ་བར་རློག །དཔའ་བོ་ཆེན་པོ་ང་ནི་ས་ཡི་བདག་པོ་ཡིན། །ཨོ་རྒྱན་ཡུལ་ན་ཧ་མགྲིན་རྒྱལ་པོ་ཧ་སྐད་མཆེར། །རློག་ཅིག་རློག་ཅིག་དབང་ཕྱུག་ཆེན་པོ་ཐལ་བ་རྡུལ་དུ་རློག །བོན་པའི་ལྷ་རྣམས་ང་པའི་ནུས་པ་བརླག་པར་གྱིས། །ཨོཾ་པདྨ་ཏཀྲྀཏ་བཛྲ་ཀྲོ་དྷ་ཧ་ཡ་གྲཱི་ཝ་ཧུ་ལུ་ཧུ་ལུ་ཧཱུྃ་ཕཊ། ཅེས་ཟེར་བ་ཐོས་སོ། །དེ་ནས་ཁྲོ་བོའི་རྒྱལ་པོ་མི་གཡོ་བ་དང་། བཅོམ་ལྡན་འདས་ཉིད་ཀྱང་ཡུད་ཙམ་ཅིག་ལས་མི་སྣང་ངོ་། །ཁོ་བོ་ཡང་རང་ཉིད་དགེ་སློང་གི་རྣམ་པར་བསྟན་འདུག་སྟེ་གདའོ། །རང་གི་རྗེས་སུ་འབྲང་བའི་འཁོར་ཐམས་ཅད་ཀྱང་རྗེས་སུ་ཡི་རང་སྟེ། ལྷུན་གྱིས་གྲུབ་ཅིང་མ་བཅོས་པའི། །ཆོས་རྒྱལ་རིན་ཆེན་ལྷུན་པོ་འདྲ། །མཚན་རབ་ཡེ་ཤེས་མངའ་བ་དེས། །བདག་ཅག་ཐམས་ཅད་ཚིམ་པར་བྱས། །ཨེ་མའོ་མགོན་པོ་མཐུ་དཔལ་ཅན། །དེ་བཞིན་གཤེགས་པ་རྒྱ་མཚོ་ལས། །བདག་ཅག་འཇིགས་པས་ཉེན་པས་ན། །ཁྱེད་ཀྱི་ཐུགས་རྗེའི་སྐྱབས་འོག་ནས། །འཕྱུགས་པ་མེད་པར་སྐྱོབ་ཏུ་གསོལ། །ཞེས་ཟེར་ཏེ། ཞག་ཉི་ཤུ་རྩ་གཅིག་ཏུ་གར་ཡང་ཕྱིན་པར་མ་ནུས་ནས་འཇིགས་པ་ལས་སྐྲོལ་

མ་ཐག་ཏུ། ཕྱོགས་བཞིར་རླུང་གི་བ་དན་ཆེན་པོ་བཞི་ཕྱར། ཁྲི་ཆུའི་ཕ་བོང་སྟེང་དུ་བྲངས། མཐུན་པའི་རླུང་དང་སྦྱར་ཏེ། ཟླ་བ་ཕྱེད་དང་གཉིས་ཀྱི་བར་དུ་ཉིན་མཚན་མེད་པར་རྒྱ་མཚོ་ཆེན་པོར་ཞུགས་ནས་ཕྱིན་པས། ཟླ་བ་བདུན་ལྷག་ནས། ཡང་མདུན་དུ་རླུང་དམར་ལངས་ཏེ། སྔར་བཏང་བའི་ཉིན་ལམ་ཙམ་རླུང་གིས་ཕྱིར་ཁྱེར་ཡང་། བླ་མ་དཀོན་མཆོག་དང་མཁའ་འགྲོ་ཆོས་སྐྱོང་རྣམས་ལ་གསོལ་བ་བཏབ་པས། རླུང་དམར་རང་ཞི་ཡང་། མཐུན་པའི་རླུང་ཆེན་པོ་ཙམ་ཡང་མ་བྱུང་བས། སེམས་ཅན་གྱི་བསོད་ནམས་ལ་བརྟེན་ནས། ཟླ་བ་ཕྱེད་ཀྱི་བར་དུ་ལུས་དེ་བཞིན་དུ་ཡང་བྱམས་པ་དང་སྙིང་རྗེ་བྱང་ཆུབ་ཀྱི་སེམས་སྒོམ་ཞིང་མཐུན་པའི་རླུང་དང་སྦྱར་ནས་ཕྱིན་པས། ཟླ་བ་གཉིས་དང་ཞག་ཉི་ཤུ་རྩ་དྲུག་ན་རྒྱ་མཚོའི་ཕ་རོལ་ཏུ་བརྒལ་བར་གྱུར་ཏེ། བླ་མ་དང་ཆོས་བཅལ་བའི་ཕྱིར་དཀའ་བ་ཇི་ལྟར་སྤྱད་པའི་རྣམ་གཞག་ལ། རྒྱ་མཚོར་ལྷ་དབང་ཕྱུག་ཆེན་པོ་ཕམ་པར་བྱས་པའི་ལོ་རྒྱུས་ཀྱི་རྣམ་བཞག་རྫོགས་སོ།། །།

༈ རྗེ་བཙུན་བྱམས་པ་དང་སྤྱན་རས་གཟིགས་དབང་ཕྱུག་ལ་ཕྱག་འཚལ་ལོ། །དེ་ནས་རྒྱ་མཚོ་ཆེན་པོ་སྒྲོལ་མ་ཐག་ཏུ་གསེར་གླིང་གི་ལྡོན་ཤིང་གི་ནུབ་ཕྱོགས། བདེ་ལྡན་པཎྜའི་ལྷོ་ཕྱོགས། དམ་ཤིང་འདམ་བུའི་ཚལ་གྱི་བྱང་ཕྱོགས། ཆུ་སྲིན་ཀ་ཀ་ཏའི་ཤར་ཕྱོགས། བོད་ཀྱི་རྒྱལ་པོས་བཞེངས་པའི་བདེ་གཤེགས་གསེར་གྱི་མཆོད་རྟེན་གྱི་དྲུང་དུ། བླ་མ་གསེར་གླིང་པའི་སློབ་མ་དགེ་སློང་བསམ་གཏན་པ་དྲུག་ཡོད་པའི་སར། བླ་མ་གསེར་གླིང་པའི་རྣམ་པར་ཐར་པ་དྲི་མ་མེད་པ་རྣམས་རྩད་གཅོད་ཀྱིན་ཞག་བཅུ་བཞིའི་བར་དུ་བསྡད་དེ། དེ་ལ་བླ་མའི་ཐུགས་དམ་གྱི་རིམ་པ་གང་ལ་མཛད་པ་དང་། ཁུངས་བཙུན་པ་གང་ནས་འདོད་པ། གཞུང་ལུགས་ཇི་ཙམ་ཅིག་ཐུགས་ལ་མངའ་བ། ལུང་རིགས་དང་མན་ངག་ཇི་ཙམ་གྱི་བདག་པོ་ཡིན་པ། ཐུགས་རྒྱུད་འབྱོངས་པ་རྟོགས་པའི་ཚད་དང་ཡོན་ཏན་ཇི་ཙམ་མངའ་བ། ཐམས་ཅད་བསམ་

གདན་པ་ཀུན་ལ་ཞུས་ཞིང་། བསམ་གཏན་པ་ཀུན་གྱིས་ཀྱང་བླ་མའི་རྣམ་པར་ཐར་པ་བསྟོན་འགྲོ་མེད་པར་བཤད་པ་ལ་བརྟེན་ནས། ས་ཐོབ་པ་ཙམ་གྱི་དགའ་བ་སྐྱེས། བསམ་གཏན་པ་དག་གིས་ཀྱང་། པཎྜི་ཏ་སའི་སྙིང་པོ་ལ་སོགས་པ་རྣམས་ལ། བླ་མའི་རྣམ་པར་ཐར་པ་དྲིས་པས། དེ་རྣམས་ཀྱིས་ཀྱང་རྒྱལ་སྲིད་སྤངས་ནས་ཐར་པར་བྱུང་ལུགས། བླ་མ་དཔག་ཏུ་མེད་པ་བསྟེན་ལུགས། གཙུག་ལག་ཁང་དཔག་ཏུ་མེད་པའི་བདག་པོ་བྱས་ལུགས། ཡོན་ཏན་རྒྱ་ཆེན་པོ་མངའ་བ་བཤད་པ་ལ་བརྟེན་ནས། བསམ་གཏན་པ་ཀུན་ན་རེ། འོ་ན་པཎྜི་ཏ་ཆེན་པོ་འདི། རྒྱ་གར་གྱི་མཁན་པོ་དྷཱི་པཾ་ཀ་ར་ཤྲཱི་ཛྙཱ་ན་བྱ་བ་ཡོད་ཟེར། དེ་ཅང་མིན་ནམ་ཟེར། སའི་སྙིང་པོས་སྨྲས་པ། རྒྱལ་བ་གཉིས་པར་འཛིག་རྟེན་ཡོངས་ན་གྲགས། །ལྔ་བཅུ་རྩ་གཉིས་པཎ་ཆེན་ཡོངས་ཀྱིས་བཀུར། །ཐེག་པ་ཆེ་ཆུང་ཡོངས་ཀྱིས་བསྔགས་པ་སྟེ། །རྒྱ་གར་མཁན་པོ་ཆེན་པོར་ཡོངས་སུ་གྲགས། །བསམ་གཏན་པ་ཀུན་གྱིས་སྨྲས་པ། ས་ཡི་བདག་པོ་གནས་འདིར་ལྷགས་པ་ལེགས། །ཐོས་པས་སྐྱན་པ་མཐོང་བར་སྐྱོ་ན་ཡང་། །དེ་རིང་བདག་ཅག་བསོད་ནམས་སྐལ་བར་ལྡན། །མཁས་པ་ཆེན་པོ་ རྫོངས་ལ་བྱོན་པ་ལེགས། །བར་དུ་བདུད་ཀྱིས་འབྲུགས་པར་མ་གྱུར་ཏམ། །ཉ་མེད་ཆུང་གིས་བར་ཆོད་མ་མཆིས་སམ། །ཡུན་རིངས་འཚོ་བས་ཉེན་པར་མ་གྱུར་ཏམ། །སའི་སྙིང་པོས་སྨྲས་པ། ཟླ་བ་བཅུ་གསུམ་རྫོངས་ལ་ཞུགས་ཏེ་འོངས། །དཔང་ཕྱུག་ཆེན་པོས་ཉ་མེད་ཆུང་དམར་གཡོས། །སྐད་ཅིག་ཉིད་ལ་བྱམས་དང་སྙིང་རྗེ་ཡིས། །བདུད་བཙམ་འཇིགས་མེད་སྐལ་བ་བཟང་པོ་ཐོབ། །དེ་ནས་སླར་ཡང་རྫོངས་ལ་འོངས་པ་ན། །རྗེ་བཙུན་ནམ་མཁའ་མཛོད་ལ་མངའ་བརྙེས་པས། །བརྒྱ་དང་ཉེར་ལྔ་ཕོངས་ཤིང་དུབ་མ་གྱུར། །མི་མཐུན་ཕྱོགས་རྣམས་བདེན་པའི་ཚིག་གིས་ཞི། །ས་ཡི་སྙིང་པོས་ཚིག་དེ་སྨྲས་པ་དང་། །བསམ་གཏན་པ་ཀུན་དགའ་ཞིང་རབ་དགེས་ཏེ། །ཕོ་བོ་ཕྱོགས་གཅིག་འདུག་པའི་དྲུང་འོངས་ཏེ། །གསུས་པའི་ཚིག་གིས་ཞུ

བ་འདི་སྐད་ལོ། །ཁྱེད་ཀྱི་སྙན་པ་རྒྱང་ནས་ཐོས་པ་ན། །དགའ་བའི་སེམས་ཀྱིས་མཐོང་ན་ཡིད་སྨོན་འཆར། །ད་འདིར་མཁས་པ་ཆེན་པོ་ལྷགས་པ་ན། །མི་ཤེས་མུན་པས་སྒྲིབ་པས་ནོངས་པར་གྱུར། །ད་ནི་ལུས་དང་ངག་དང་ཡིད་དག་གིས། །རབ་ཏུ་ཁྱེད་ལ་གུས་པས་ཕྱག་འཚལ་ལོ། །ཞེས་ཁོ་བོའི་དྲུང་དུ་ཕྱག་འཚལ་བ་དང་། ཁོ་བོས་ཀྱང་སྣར་ཁེངས་པ་སྤངས་ཏེ། གུས་པར་ཕྱག་བགྱིས་སོ། །ཡང་བསམ་གཏན་པ་ཀུན་གྱིས་སྨྲས་པ། སྐྱེས་བུ་དམ་པ་གནས་འདིར་ལྷགས་པ་ཡི། །ཆེད་དུ་བྱ་བ་གང་ལགས་བཤད་དུ་གསོལ། །གུས་པས་ཁྱེད་ཀྱི་བྱ་བ་བདག་གིས་བྱ། །ཅི་འཚལ་ལེགས་པར་བདག་ལ་བཀའ་སྩོལ་ཅིག །ཁོ་བོས་ལན་སྨྲས་པ། བདག་ནི་གསེར་གླིང་རྒྱལ་པོའི་དྲུང་དུ་འོངས། །དཔལ་འབྱོར་ལུས་ལ་སྙིང་པོ་ལེན་དུ་འོངས། །ཁྱེད་དག་མྱུར་དུ་བླ་མའི་དྲུང་དུ་སོང་། །ཞུས་ལ་བདག་གི་འདོད་པའི་སྐབས་དབྱེ་ཞིག །དེ་ནས་བསམ་གཏན་པ་དག་གིས་བླ་མ་དམ་པ་གསེར་གླིང་པའི་དྲུང་དུ་ཕྱིན་ནས། ཀྱེ་མ་བླ་མ་དམ་པ་གསན་དུ་གསོལ། །དིང་སང་གླིང་འདིར་རྒྱ་གར་གྱི་མཁན་པོ་དཱི་པཾ་ཀ་ར་ཤྲཱི་ཛྙཱ་ན་བྱ་བ་དེ། སློབ་མ་བརྒྱ་དང་ཉི་ཤུ་རྩ་ལྔའི་ཚོགས་དང་བཅས་ཏེ་ལྷན་ཅིག་ཏུ། རྒྱ་མཚོ་ཆེན་པོ་ལ་ཟླ་བ་བཅུ་གསུམ་གྱི་བར་དུ་བདུད་དང་མུ་སྟེགས་ཀྱི་ལྷ་དབང་ཕྱུག་ཆེན་པོ་བྱམས་པ་དང་སྙིང་རྗེས་འཆིང་ཞིང་། སྐུ་གསུང་ཐུགས་མདངས་མ་ཉེར་བར་བདག་ཅག་ག་ན་བ་དེར་ལྷགས་སོ། །དེ་ལ་ཞག་བཅུ་བཞིའི་བར་དུ་ཆོས་ཀྱི་གཏམ་བགྲོལ་བར་མཛད་པས། བདག་ཅག་སེམས་རངས་ཤིང་ཚིམ་པར་གྱུར་ཏོ། །ད་ནི་སྐབས་ཀྱི་དོན་ལ་མཁས་པ་ཆེན་པོ་དེ་ཁྱེད་ཀྱི་དྲུང་དུ་འོངས་ཏེ། དུས་གསུམ་གྱི་རྒྱལ་བ་ཐམས་ཅད་སྐྱེད་པར་བྱེད་པའི་ཡུམ་གཙོ་བོར་ཉན་པ་དང་། སྨོན་འཇུག་བྱང་ཆུབ་མཆོག་ཏུ་སེམས་བསྐྱེད་དེ། ཐེག་པ་ཆེན་པོའི་བློ་སྦྱོང་བར་བགྱི། གཞན་ཡང་བླ་མའི་གཞུང་ལུགས་རྒྱ་མཚོ་ལྟ་བུ་ཉིན་མཚན་དུ་སྤྱོད་པར་འདོད་པར་གདའ་བས། ཐུགས་རྗེ་ཆེན་པོས་གོ་སྐབས་དབྱེ་

ཞིག་ཅེས་པ་དང་། ཚིག་དེ་གསན་མ་ཐག་ཏུ་བླ་མ་གསེར་གླིང་པའི་ཞལ་ནས། ས་ཡི་བདག་པོ་བྱོན་པ་ལེགས། །མི་དབང་སྲས་པོ་བྱོན་པ་ལེགས། །མཁས་པ་ཆེན་པོ་བྱོན་པ་ལེགས། །སྐྱེ་དགུའི་བདག་པོ་བྱོན་པ་ལེགས། །དཔའ་བོ་ཆེན་པོ་བྱོན་པ་ལེགས། །འཁོར་དང་བཅས་ཏེ་བྱོན་པ་ལེགས། །དཀའ་བ་ཆེན་པོ་སྤྱད་པ་ལེགས། །དབང་ཕྱུག་ནག་པོ་བཏུལ་བ་ལེགས། །སྨན་པའི་བ་དན་སྒྲོགས་པ་ལེགས། །ཉེ་ཞོ་མེད་པར་སླེབས་པ་ལེགས། །དགེ་སློང་ཐམས་ཅད་ཆོས་གོས་གསོལ། །དམ་ཅན་དེ་ཡི་བསུ་བ་གྱིས། །ཞེས་གསུངས་ནས། དགེ་སློང་ཆོས་གོས་གསུམ་ཁ་དོག་མཐུན་པར་གསོལ་བ། ཐམས་ཅད་མཐུན་པར་རིལ་བ་སྤྱི་བླུགས་འཛིན་པ། ཐམས་ཅད་ཀྱང་འཁར་གསིལ་མཛེས་པར་བསྣམས་པ། ཤིན་ཏུ་དང་བ་འདྲེན་པ་དགྲ་བཅོམ་པ་ལྔ་བུ་ལྔ་བརྒྱ་དང་སུམ་ཅུ་རྩ་ལྔའི་སྔ་བླ་མ་གསེར་གླིང་པས་དྲངས་ནས་དགེ་ཚུལ་དྲུག་ཅུ་རྩ་གཉིས་ཀྱིས་བསྙེན་ཏེ། མདོར་ན་རབ་ཏུ་བྱུང་བ་ལྔ་བརྒྱ་དང་དགུ་བཅུ་རྩ་བདུན་གྱིས་རྒྱང་རིང་པོ་ནས་བསུ་བའི་ཕྱིར་ནར་གྱིས་བྱུང་བ་མཐོང་ངོ་། །དེ་མ་ཐག་ཏུ་བཅོམ་ལྡན་འདས་ཞལ་བཞུགས་པའི་དུས་ན། དགྲ་བཅོམ་པ་རྣམས་ཀྱིས་བསྐོར་བ་ལྟར་ཤིན་ཏུ་དང་བ་འདྲེན་ཅིང་ཤེས་པ་ཉམས་དགའ་བའི་མཐར་ཐུག་པར་གྱུར་ཏོ། །དེའི་ཚེ་ཕོ་བོས་ཀྱང་སླང་པོ་ཆེ་གཉིས་ལ་མཐུན་པའི་རྒྱན་རྣམས་བཀལ་ཏེ། དགེ་བསྙེན་བཞིས་ཡོ་བྱད་ཐམས་ཅད་མགོ་འདོན་དུ་བཅུག་གོ །བླ་མ་ལ་ངོམ་པར་བྱ་བའི་ཕྱིར། རིག་པའི་གནས་ལྔ་ལ་མཁས་པའི་པཎྜི་ཏ་དང་། སྡེ་སྣོད་གསུམ་ལ་མཁས་པའི་དགེ་སློང་གཅིག་ཡན་ཆད་ཆག་ལྷམ་འབྲིང་མིག་མ་གསོལ་བ། ཁ་ཆེ་གུར་གུམ་གྱིས་ལེགས་པར་ཁ་བསྒྱུར་བའི་ཆོས་གོས་རྣམ་གསུམ་ཐོག་མ་བབས་པ་ཕལ་ཆེན་སྡེ་པས་ལེགས་པར་བསྡུགས་པ་མཛེས་པར་གསོལ་བ། དེ་ཐམས་ཅད་ཀྱང་རྟེན་འབྲེལ་གྱི་ཆེ་བས་ལྕགས་ཀྱི་ལྷུང་བཟེད་རབ་ཚད་རྫོལ་བུག་མེད་པ་བསྣམས་པ། ཟངས་ཀྱི་རིལ་བ་སྤྱི་བླུགས་མ་ག་དྷའི་བྲེ་གང་ཤོང་བ།

བསྟན་པའི་བདག་པོས་རབ་ཏུ་བསྔགས་པའི་ཁབར་གསལ་ལ་སོགས་པ་བརྡ་མཚན་ཐམས་ཅད་ལེགས་པར་ཚང་བ་ཡོད་པ། ཐམས་ཅད་ཀྱང་པཎྜི་ཏའི་ཞྭ་ང་རྒྱལ་མེད་པ་གསོལ་བ། ཇ་ཡབ་དཀར་པོ་རེ་ཕྱུག་ན་བསྐམས་པ། དེ་ཡང་པཎྜི་ཏ་ཆེན་པོ་འགྲོ་བ་བཟང་པོ། ཆོས་ཀྱི་བཤེས་གཉེན། དགེ་བའི་འབྱུང་གནས། དཔའ་བོ་རྡོ་རྗེ། ལྷའི་བློ་གྲོས། ཉི་མ་སྦས་པ། སའི་སྙིང་པོ། ཡེ་ཤེས་སྙིང་པོ། ངག་གི་དབང་ཕྱུག །ཛྙཱ་ན་ཤྲཱི་མི་ཏྲ། ཤེས་རབ་བཟང་པོ། ཟླ་བ་བཟང་པོ། ཀུན་ཏུ་བཟང་པོ། གསང་བའི་སྙིང་པོ། བློ་གྲོས་མཐའ་ཡས། རྒྱ་མཚོ་ཐ་ཀླབས། རི་རབ་རྒྱལ་པོ། དཔའ་བོ་རོལ་པ་ལ་སོགས་པའི་པཎྜི་ཏ་ཆེན་པོ་རྣམས་དང་། སྡེ་སྣོད་གསུམ་ལ་མཁས་པའི་དགེ་སློང་ཡེ་ཤེས་བཟང་པོ་ལ་སོགས་པ་དགེ་སློང་བརྒྱ་དང་བརྒྱད། དགེ་ཚུལ་བཅུ་གསུམ། དགེ་སློང་ཆེན་པོ་བཞི་སྟེ། བརྒྱ་དང་ཉི་ཤུ་རྩ་ལྔས་ཁོ་བོའི་རྗེས་ལ་བར་དུ་མི་རེ་ཤོང་ཙམ་དུ་མ་འབྱར་བ། རྒྱངས་ཆེས་མ་དྲགས་པ། བར་མ་ཆད་པར་འཇའ་ཚོན་སྣ་ལྔའི་གུར་བཞིན་དུ། མགོན་པོ་གསེར་གླིང་པ་ག་ན་བཞུགས་པ་དེར་ཕྱིན་པ་དང་། ཐམས་ཅད་ཕུན་སུམ་ཚོགས་པ་ཤ་སྟག་ཏུ་གྱུར་པས། ལྷ་རྣམས་ཀྱིས་མེ་ཏོག་གི་ཆར་པ་ཕབ་བོ། སྔར་འཁོར་བ་ཐོག་མ་མེད་པ་ནས་བླ་མ་དང་ཉེ་བར་འབྲེལ་ཡང་། འདིར་སྔར་གདམས་པ་མ་ཐོབ་པ་དང་ཁོ་བོའི་རྗེས་སུ་པཎྜི་ཏ་ཆེ་ལ་མང་བ་དང་། བདག་ཅག་གི་ཕྱུག་གི་མཆོད་པའི་རྗེས་སུ་བླ་མའི་སྐུ་འཁོར་དང་བཅས་པ་ཐམས་ཅད་ཀྱིས་ཀྱང་ཁོ་བོ་དང་ཁོ་བོའི་སློབ་མ་ཆེན་པོ་རྣམས་ཀྱི་གཟི་བརྗིད་མ་ཐུབ་པ་དང་། ཐམས་ཅད་ཀྱང་སོ་སོར་ཐར་པའི་སྡོམ་པ་ནས་ཡོན་ཏན་ཐམས་ཅད་ཁོ་བོས་ཚང་བར་བྱས་པས་སྙིང་གཅིག་ཏུ་ཡོད་པ་དང་། ཐམས་ཅད་ཀྱང་ལྷ་སྤྱོད་མཐུན་པ་དང་། ཐམས་ཅད་ཁོ་བོའི་རྗེས་སུ་སློབ་པ་ཤ་སྟག་ཡོད་པའི་ལན་དུ་ཕྱུག་ཀྱང་འཁྱིལ་བ་བཞིན་དུ་མཛད་དོ། །དེ་ནས་རབ་ཏུ་གནས་པ་མཛད་ནས་ཕྱིས་ཀྱང་ཁོ་བོ་རྒྱ་བོད་ཐམས་ཅད་ཀྱིས་བཀུར་བར་གྱུར་ཏོ། །དེའི་ཚེ་བདག་གིས་

རིན་པོ་ཆེའི་བུམ་པ་སྣོ་བ་ཆེ་བ་ལ་ལྷུན་གྱིས་གྲུབ་པ། རྩ་བ་བརྟན་ལ་མགྲིན་པ་རིང་བ། ཁ་ཡིལ་ལ་མཆུ་འཕྱོངས་པ། ནང་ན་དངོས་པོ་ཅི་ཡོད་ཕྱི་ནས་གསལ་ཅིང་རིན་པོ་ཆེ་གསེར་དངུལ་དང་། མུ་ཏིག་དང་། བྱུ་རུ་དང་། བཻ་ཌཱུརྻས་བཀང་སྟེ། བླ་མའི་ཕྱག་ཏུ་ཕུལ་ལོ། །གཞན་ཐམས་ཅད་ཀྱིས་ཀྱང་གསེར་གྱི་སྲུམ་བུ་ཉོ་རེ་རེ་ཡོད་པ་རེ་ཕུལ་ལོ། །དེ་ནས་བླ་མ་དམ་པ་གསེར་གླིང་པས་ཚིགས་སུ་བཅད་པའི་སྒོ་ནས་ལམ་གྱི་བར་ཆད་དྲིས་པ། འདི་ལྟ་སྟེ། འདུལ་བ་འཛིན་པ་བྱོན་ལགས་སམ། །ཚུལ་ཁྲིམས་ལྡན་པ་བྱོན་ལགས་སམ། །སྙིང་རྗེ་ཆེན་པོ་བྱོན་ལགས་སམ། །ཆོས་ཀྱི་རྒྱལ་པོ་འདིར་ལྷགས་སམ། །ཁྱེད་ཀྱི་སྐྱན་པ་རྒྱང་ན་ཆེ། །མཐོང་ན་དགའ་བ་བྱོན་ལགས་སམ། །རྒྱ་གར་ཆོས་ཀྱི་ཕོ་བྲང་དུ། །རྒྱ་ཆེན་སྤྱོད་པས་འགྲོ་བ་ལ། །ཕྱོགས་རིས་མེད་པའི་སྙིང་རྗེ་ཡིས། །མགོན་སྐྱབས་དཔུང་གཉེན་མཛད་ལགས་སམ། །མཁས་པར་འབྱུངས་ནས་བཙུན་ལགས་སམ། །བླ་མ་མང་པོས་བསྐྱངས་ལགས་སམ། །མཁས་པ་མང་པོས་ཁུར་ལགས་སམ། །དིང་སང་གནས་འདིར་ལྷགས་པ་ལེགས། །སྐྱེ་དགུའི་བདག་པོ་རྒྱ་མཚོ་ལ། །ཟླ་བ་བཅུ་གསུམ་བྱས་ཞེས་ཐོས། །དཀའ་བ་སྤྱད་པ་ངོ་མཚར་ཆེ། །དབང་ཕྱུག་ནག་པོ་བཏུལ་ཞེས་ཐོས། །སྐྱན་པ་བསྒྲགས་པ་ངོ་མཚར་ཆེ། །འཇིགས་པ་སྤངས་པ་ངོ་མཚར་ཆེ། །མཁས་པ་བཤུལ་ཐག་རིང་པོ་ལ། །ལུས་སེམས་ངུབ་པར་མ་གྱུར་ཏམ། །ནག་པོའི་ཕྱོགས་ཀྱིས་ཕྲག་དོག་ལ། །སྙིང་རྗེས་སྐྱོ་བར་མ་གྱུར་ཏམ། །སྐྱེས་བུ་དམ་པ་བྱོན་པ་ལེགས། །གནས་ན་ཁ་འཐོར་ཙམ་ཞིག་མཆིས། །དེ་དག་ཐོས་བསམ་ལམ་ལ་ཞུགས། །གཞན་རྣམས་ཁྱོད་ཀྱི་མདུན་དུ་འོངས། །ད་འདིར་མཇལ་བ་སྐལ་བ་བཟང་། །ད་ནི་གཙུག་ལག་ཁང་དུ་གཤེགས། །འདུས་པའི་ཀུན་དགའ་ར་བར་གཤེགས། །ཞེབས་པའི་གསུང་གླིང་རིམ་གྱིས་བསྐྱད། །ཆོས་དང་མཐུན་པར་བགྲོ་བར་བྱ། །ཅེས་གསུངས་པ་དང་། བདག་གིས་འདི་སྐད་ཞུས་པ། འོངས་ལགས་རྒྱ་གར་དབུས་

ནས་འོངས། །བར་ཆོད་ཆོས་དང་མཐུན་པར་བསལ། །དཀོན་མཆོག་ཐུགས་རྗེ་དཔལ་གྱིས་གཏམས། །དབང་ཕྱུག་ནག་པོ་ལས་ཀྱིས་ཕམ། །སྒོ་གསུམ་ནག་པོའི་ཕྱོགས་ལས་རྒྱལ། །ཉམས་པར་མ་གྱུར་བདེ་བར་སླེབས། །སྐྱེ་དགུའི་དོན་ལས་མ་ཉམས་པར། །རྒྱལ་བ་ལྷམ་མེར་བཞུགས་ལགས་སམ། །གཞུང་ལུགས་རྒྱ་མཚོ་རབ་འབྱེད་ཅིང་། །མདངས་དང་ལྡན་པར་བཞུགས་ལགས་སམ། །བདུད་སྡེ་ཐམས་ཅད་འཇོམས་མཛད་ཅིང་། །ཤེས་རབ་རྒྱ་མཚོར་བཞུགས་ལགས་སམ། །གསེར་གྱི་གླིང་ན་མཁས་པ་ཁྱེད། །འགྲོ་བའི་དོན་ལ་ཉིན་མཚན་དུ། །བྱམས་དང་སྙིང་རྗེས་རབ་གཟིགས་ཤིང་། །བསྟན་པའི་བདག་པོ་བཞུགས་ཞེས་ཐོས། །དེ་ཕྱིར་ཐམས་ཅད་མཁྱེན་པ་ཁྱེད། །བདག་གི་བླ་མར་གསོལ་འདེབས་ཀྱིས། །ཤེས་བྱའི་དཀྱིལ་འཁོར་ཡངས་པ་ལ། །བདག་གི་ཤེས་རབ་སྤྱེལ་དུ་གསོལ། །ཞེས་ཞུས་པ་དང་། དགེ་སློང་ཐམས་ཅད་ཀྱང་ངག་མཐུན་པར། སྐྱེས་བུ་དམ་པ་བྱོན་པ་ཤིན་ཏུ་ལེགས། །བདག་ཅག་རྣམས་ཀྱང་ཁྱེད་དང་ལྷན་ཅིག་ཏུ། །དམ་པའི་ཆོས་ཀྱི་བདེ་བས་ཚིམ་པར་བྱ། །ཞེས་གསུངས་ནས། གཞི་བྱེས་ཐམས་ཅད་ལྷན་ཅིག་ཏུ་དགེ་འདུན་གྱི་ཀུན་དགའ་ར་བར་བྱོན་པ་དང་། དེ་ནས་གནས་བརྟན་ཡར་བགྲེས་པ་ཅིག་དགེ་འདུན་འགའ་ཞིག་ལ་ཆོས་གསུང་གིན་འདུག་པ་ལ། ཁོ་བོས་ཕྱག་བཙལ་ཏེ་གནས་བརྟན་དེས་དེའི་ལན་དུ་ཕྱག་ལན་མ་མཛད། དེ་ནས་བླ་མའི་གཟིམས་ཁང་ཕོ་བྲང་གསེར་གདུགས་ཅན་གྱི་ནང་དུ་བྱོན་ཏེ། སྟོན་ལ་འཁོད་པ་ན། གནས་བརྟན་དེ་ཡང་ཆོས་ཐུན་བཏང་ནས་བྱུང་སྟེ། ཁོ་བོ་ལ་ཆོས་དང་མཐུན་པའི་ཕྱག་འཚལ་ཞིང་། བདག་ལ་འདི་སྐད་གསུང་། སྐྱེས་བུ་དམ་པ་གནས་འདིར་བྱོན་པ་ལ། །བསུ་བ་མ་བྱས་འོན་ཀྱང་ང་རྒྱལ་མེད། །གང་ཡང་སྐྱེས་བུ་དམ་པ་མཉེས་པ་ནི། །ཆོས་ལ་བྱ་བ་བྱས་པ་ཡིན་བསམ་མོ། །གསུང་དེ་ཐོས་པ་དང་། ཁོ་བོ་ཡི་རངས་ཏེ། ཆོས་དང་གང་ཟག་གི་ཆེ་བ་འདོན་པ་ངོ་མཚར་ཆེའོ་སྙམ་མོ། །དེ་ནས་གཞི་

ལེགས་པར་ཕེབས་པ་དང་། ལྷ་མས་རྟེན་ཅིང་འབྲེལ་བར་འབྱུང་བའི་ཆེ་བར་བསྟན་བཅོས་མངོན་པར་རྟོགས་པའི་རྒྱན་ཆོས་ཐུན་བཅོ་ལྔ་ཙམ་གྱིས་ལེགས་པར་བཀྲལ་ནས་ཁོ་བོ་ལ་ལེགས་པར་གནང་ངོ་། །དེ་ནས་ཕོ་བྲང་དཔྱལ་གདུགས་ཅན་བཟུང་སྟེ། ཐོས་བསམ་བསྒོམ་གསུམ་གྱིས་དུས་འདས་པར་བྱས་སོ། །དེ་ཐམས་ཅད་ཀྱང་གསེར་གླིང་དུ་ཆགས་ཕེབས་ཤིང་བླ་མ་དང་མཇལ་བའི་ཚུལ་ལགས་སོ།། །།མངྒ་ལཾ།

༄༅། །ཇོ་བོ་རིན་པོ་ཆེ་རྗེ་དཔལ་ལྡན་ཨ་ཏི་ཤའི་རྣམ་ཐར་རྒྱས་པ་ཡོངས་གྲགས་བཞུགས་སོ།།

༄༅། །རྗེ་བཙུན་སྒྲོལ་མ་ལ་ཕྱག་འཚལ་ལོ། །རྒྱལ་བའི་མདུན་ན་རྒྱལ་སྲས་བཟང་པོ་སྐྱོང་། །ཁ་བ་ཅན་ན་དཔལ་ལྡན་མར་མེ་མཛད། །དགའ་ལྡན་གནས་ན་ནམ་མཁའ་དྲི་མ་མེད། །ཡིད་བཞིན་ནོར་བུ་ལྟ་བུར་གཞན་དོན་མཛད། །ཇོ་བོ་ཨ་ཏི་ཤ་ལ་ཕྱག་འཚལ་ལོ། །བཀའ་དྲིན་ཅན་རྣམས་ཀྱི་མཆོག །ཇོ་བོ་ཆེན་པོ་རྗེ་ལྷ་གཅིག་དེའི་ཡོན་ཏན་མ་ལུས་པ་གང་གིས་ཀྱང་མི་རྟོགས་ཤིང་བརྗོད་པར་མི་ནུས་ཀྱང་། སོས་པ་གཙོར་བྱས་ཏེ་ཡོན་ཏན་རྒྱ་མཚོ་ལྟ་བུ་ལས་ཆུ་ཐིགས་ཙམ་ཞིག་སྤྱི་བོར་བླང་བར་བྱའོ། །ཡོན་ཏན་མ་ལུས་པ་མངའ་བའི་བླ་མ་རྗེ་བཙུན་ཆེན་པོ་འདིའི་སྐུ་ཚེ་སྟོད་མའི་ཡོན་ཏན་གྱི་དབང་དུ་བྱས་ན། དཔག་ཏུ་མེད་པ་མངའ་བ་ལགས་པར་གདའ་སྟེ། བཀའ་གདམས་པ་ཆེན་པོ་རྣམས་ཀྱི་བཞེད་པས་སྨྲས་པའི་གཏེར་བསྲུང་སླ་བ་ལྟར་སྐྱེ་བ་དྲན་པ་ལ་སོགས་པའི་ཡོན་ཏན་ཐམས་ཅད་ནང་དུ་སྦེད་པར་གདའ་ལགས། སྐུ་ཚེ་འདི་ཉིད་ཀྱི་དབང་དུ་བྱས་ན། སྐུ་ཆེ་བའི་ཡོན་ཏན་དང་། གཞན་དོན་འཕྲིན་ལས་ཇི་ལྟར་མཛད་པ་དང་། འཕྲིན་ལས་ཀྱི་རྒྱུན་བསྟན་པ་ཇི་ལྟར་རྒྱས་ཤིང་འཕེལ་བའོ། །

༈ སྐུ་ཆེ་བའི་ཡོན་ཏན་ལ་གསུམ་སྟེ། ཁབ་ན་བཞུགས་པའི་ཆེ་བ་དང་། ཀུ་སུ་ལུའི་སྤྱོད་པ་མཛད་པའི་ཆེ་བ་དང་། ཐར་པར་གཤེགས་པའི་ཆེ་བའོ། །

༈ ཁབ་ན་བཞུགས་པའི་ཆེ་བ་ནི། པཎྜི་ཏ་སའི་སྙིང་པོ་དང་ལོ་ཙཱ་བའི་བཞེད་

པས། ལོངས་སྤྱོད་ཕུན་སུམ་ཚོགས་པའི་ཆེ་བ་དང་། རིགས་ཕུན་སུམ་ཚོགས་པའི་ཆེ་བ་དང་། ཡོན་ཏན་ཕུན་སུམ་ཚོགས་པའི་ཆེ་བའོ། །

ལོངས་སྤྱོད་ཕུན་སུམ་ཚོགས་པའི་ཆེ་བ་ནི། དཔལ་རྗེ་རྗེ་གདན་གྱི་ཤར་ཕྱོགས་ན་ཡུལ་ཆེན་པོ་ཟཧོ་ར་ལ་ཞེས་བྱ་བ་ཡོད། དེའི་བྱེ་བྲག་ཟ་ཧོར་ཞེས་བྱ་བ་མི་ཁྱིམ་འབུམ་ཕྲག་ཉི་ཤུ་རྩ་བདུན་ཡོད་པའི་གྲོང་ཁྱེར་ཡོད། དེའི་དབུས་ན་རྒྱལ་པོའི་ཕོ་བྲང་བདེ་བ། རྒྱས་པ། འབྱོར་པ། སྐྱེ་བོ་དང་མི་མང་པོས་གང་བ། རྒྱ་ཆེ་ཞིང་བྱི་དོར་ལེགས་པ། མཐོ་ཞིང་གསེར་གྱི་རྒྱལ་མཚན་མང་པོས་བརྒྱན་པ། ཁྱད་པར་དུ་འཕགས་པ། གཞན་ནས་གསལ་བ་གསེར་གྱི་རྒྱལ་མཚན་ཅན་ཞེས་བྱ་བ་ཡོད། དེའི་ནང་ན་འདོད་པའི་ཡོན་ཏན་མ་ལུས་པ་ཡོད་དེ། རྒྱ་ནག་སྟོང་ཁྱུན་རྒྱལ་པོའི་ལོངས་སྤྱོད་དང་འདྲ་བ་ཡོད་གསུང་། སྟོང་ཁྱུན་རྒྱལ་པོ་ལ་ལོངས་སྤྱོད་ཇི་ཙམ་ཡོད་ན། མི་རབས་བདུན་དུ་ཐབ་ཏུ་མེ་འབར་བ་འཁྲོ་མ་ཆད་པ། རྒྱལ་པོའི་མདུན་ན་གསེར་གྱི་འཁོར་ལོ་རྩིབས་སྟོང་ཡོད་པའི་རྩིབས་རེ་རེ་ལ་ཟས་སྣ་རེ་རེ་བཞག་ནས་འདྲེན་པ་ལ། གང་འདོད་པ་དེ་མདུན་དུ་བསྐོར་ནས་འདྲེན། མི་འདོད་པ་དེ་རྒྱབ་ཏུ་བསྐོར་ནས་འཇོག་པ། རྒྱལ་པོ་དེ་སྐོམ་པ་སླམ་བྱེད་ན་འཛིག་རྟེན་དུ་ཐན་པ་འོང་བས་མི་སྐོམ་པར་བྱེད། གྲང་བ་སླམ་བྱེད་ན། ལྷགས་པ་འོང་བས་མི་གྲང་བར་བྱེད། བཀྲེས་པ་སླམ་བྱེད་ན་མུ་གེ་འོང་བས། མི་བཀྲེས་པར་བྱེད་པ་ལ་སོགས་པ་མང་དུ་ཡོད་དེ། དེ་ཙམ་གྱིས་མཚོན་པར་ནུས་ཤིང་། དེ་ལྟ་བུའི་ལོངས་སྤྱོད་ཕུན་སུམ་ཚོགས་པ་མངའ་བ་ཡིན་གསུང་།

རིགས་ཕུན་སུམ་ཚོགས་པའི་ཆེ་བ་ནི། ཡུལ་དེའི་རྒྱལ་པོ་དགེ་བའི་དཔལ། བཙུན་མོ་དཔལ་མོ་འོད་ཟེར་ཅན། ཡབ་ཡུམ་གཉིས་ལ་སྲས་གསུམ་སྟེ། པདྨའི་སྙིང་པོ། ཟླ་བའི་སྙིང་པོ། དཔལ་གྱི་སྙིང་པོའོ། །པདྨའི་སྙིང་པོས་རྒྱལ་སྲིད་བཟུང་ནས་བཙུན་མོ་ལྔ་ཁབ་ཏུ་བཞེས་པ་ལས་སྲས་དགུ་འཁྲུངས། སྲས་ཀྱི་ཐུ་བོ་བསོད་ནམས་དཔལ་བྱ་བ་

ཡིན་ཏེ། རབ་ཏུ་བྱུང་ནས་པཎྜི་ཏ་རྣ་ན་ཤྲཱི་མི་ཏྲ་ཞེས་གྲགས། རྣ་བྱང་ཆུབ་སེམས་དཔའ་སྟོ་ཕྱི་གསུམ་བྱུང་བའི་རྣ་བྱང་ཆུབ་སེམས་དཔའ་ཆེན་པོ་ཞེས་བྱ་བ་དེ་ལགས་སྐད། ཚུང་བ་དཔལ་གྱི་སྙིང་པོ་ཡང་རབ་ཏུ་བྱུང་སྟེ། དགེ་སློང་བཱི་ཪྻ་ཙནྡྲ་ཞེས་བྱ་བ་དང་པོ་ནས་སྒྲུབ་པ་མཛད་པ་གསང་སྔགས་ཀྱི་གདམས་པ་ཆེ་བ། བསྐྱེད་རིམ་ཤིན་ཏུ་བརྟན་པ། དཀྱིལ་འཁོར་གྱི་ལྷ་དངོས་སུ་སྤྱུལ་ནུས་པ་ཅིག་བྱུང་བར་གདའ། བོད་དུ་ཡང་ཇོ་བོ་ལ་མཇལ་དུ་བྱོན་པ་ལས་འདས་པ་དང་ཐུག་ནས་མ་མཇལ་སྐད། ཉང་པོར་ཡང་བྱོན། འོལ་ཁར་དགེ་སློང་གཉིས་ལ་དབང་བསྐུར་མཛད་པའི་དུས་སུ་ལྷ་རྣམས་ལ་ཕྱག་བཀབ་ཅིང་ཏིང་ངེ་འཛིན་མཛད་པས། སློབ་མ་གཉིས་ཀྱིས་ཀྱང་མཐོང་བར་ལྷ་དངོས་སུ་ཀྲོངས་ཀྲོངས་སྤྲུལ་ནུས་པ་དང་། སྟོད་ཀླུངས་མཚོ་སྨད་དུ་བྱོན་པའི་དུས་སུ། ཇག་པ་བྱུང་པ་ལ་སྤྲིའི་ཚུ་ཕར་ཀ་ན་ཇག་པའི་ཡུལ་ཡོད་པའི་ཚུར་ཀ་ནས་ཁྲོ་བོའི་སྟངས་སྟབས་མཛད་པས་ཡུལ་ཆེན་པོ་ཅིག་གྲུལ་གྲུལ་བྱུང་སྐད། ཡེར་པར་ཡང་ཆགས་ཐེབས། ངམ་ཤོད་དུ་ཡང་བྱོན་སྐད། དེ་གསང་སྔགས་ཐུན་མོང་གི་དངོས་གྲུབ་བརྙེས་པ་ཅིག་བྱོན་གསུང་། འབྲིང་པོ་ཟླ་བའི་སྙིང་པོ་ནི་ཇོ་བོ་ཉིད་ཡིན་ནོ། །

ཡོན་ཏན་ཕུན་སུམ་ཚོགས་པའི་ཆེ་བ་ནི། དང་པོ་བྱིས་པའི་དུས་རང་ནས་རྗེ་བཙུན་མ་སྒྲོལ་མ་ཡི་དམ་དུ་མཛད་པས། ཞལ་གཟིགས་ཤིང་བྱིན་གྱིས་བརླབས་པ་ཡིན་ཏེ། ཇོ་བོ་ཆེན་པོ་འདི་རྟའི་ལོ་ལ་སྐུ་འཁྲུངས་ནས་ཕོ་བྲང་གསེར་གྱི་རྒྱལ་མཚན་ཅན་གྱི་ཡང་ཐོག་ན་རིན་པོ་ཆེའི་ཁྲིའི་སྟེང་དུ་བསྙལ་ནས་བཞུགས་པའི་དུས་སུ། ནང་ཅིག་ཁང་པའི་ཐོག་མཚམས་ཇོ་བོ་བཞུགས་པའི་ཐད་ཀ་ནས་ཚོག་རྒྱངས་དང་ཅུར་སྒྲ་ལ་སོགས་པ་བྱུང་ནས། ཡུམ་གྱིས་བལྟས་པས། ཇོ་བོའི་མདུན་དུ་ སྡིག་པའི་ཕུང་པོ་ཅིག་ལྡིགས་ཀྱིས་བྱུང་སྐད། ཡི་དམ་ལྷའི་ཞལ་མཐོང་བའམ། སྒྲུབ་པ་ཡང་དག་པར་བྱེད་པ་ལ་སྟོན་ལ་བར་ཆད་འབྱུང་བ་ཡིན་པར་གདའ་སྟེ། དེས་ཇོ་བོ་ལ་འཇིགས་པའམ། བག་

ཚ་བ་ཅི་ཡང་མ་བྱུང་བས་བར་དུ་མ་ཆོད་པར་གྱིས་ནས་སོང་སྐད། དེའི་ནང་པར་ཡང་ཐོག་མཚམས་ནས་ཆོག་རྒྱངས་དང་ཞུར་སྒྲ་ལ་སོགས་པ་བྱུང་ནས་བལྟས་པས། ཡུམ་གྱིས་ཨུཏྤལ་སྔོན་པོ་སྐྱེས་མ་ཐག་ལྟ་བུའི་ཚུན་པོ་ཅིག་གཟིགས། རྗེ་བོ་ཉིད་ཀྱིས་སྒྲོལ་མའི་ཞལ་ཇི་ལྟ་བ་བཞིན་དུ་གཟིགས་པ་ཡིན་ཏེ། རང་གི་ལྷག་པའི་ལྷས་བྱིན་གྱིས་བརླབས་པ་ཡིན། དེ་ནས་བཟུང་ནས། ཐེ་ཚོམ་ཟ་བའི་དངོས་པོ་རྗེ་མོ་སྒྲོལ་མའི་ཐད་ཀའི་སྤྱན་སྔར་མཆོད་པ་བཤམས་ཤིང་གསོལ་བ་བཏབ་པས་དངོས་སུ་ཆོས་མི་གསུང་ཡང་སྤྲོས་པ་ནང་ནས་ཆོད་དེ་འོང་བ་ཡིན་གསུང་། དེ་ནས་ལོ་བཅུའི་བར་དུ་གསོ་དཔྱད་དང་བཟོ་དང་ཡི་གེ་ལ་སོགས་པ་བསླབས་པས་མཁས་པའི་ཕུལ་དུ་ཕྱིན་པ་མཛིན། །དེ་ནས་ལོ་ཉི་ཤུ་རྩ་གཅིག་བར་དུ་ཕྱི་རོལ་པའི་སྒྲ་དང་ཚད་མ་དང་། ནང་པའི་སྒྲ་དང་ཚད་མ་མ་ལུས་པར་བསླབས། ཁྱད་པར་དུ་སྒྱུ་རྩལ་དྲུག་ཅུ་རྩ་བཞི་དང་སྒྲ་ཚད་མཁས་པའི་ཕུལ་དུ་ཕྱིན་པ་ཡིན་གསུང་ངོ་། རྣལ་འབྱོར་པ་ཆེན་པོ་ནི་རྗེ་བོ་འདི་སྐད་གསུང་གསུངས་ནས། ངེད་རྒྱ་གར་ན་རྒྱལ་པོ་དང་རྒྱལ་རིགས་གཉིས་ཡོད། རྒྱལ་པོ་ནི་རྒྱལ་སྲིད་ཡོད་པ་ཡིན། རྒྱལ་རིགས་ནི། རིགས་རྒྱལ་པོ་ཡིན་ཡང་རྒྱལ་སྲིད་མེད་པ་ཡིན་ཏེ། ངེད་རྒྱལ་རིགས་ཡིན། ངའི་ཕ་ནམ་མཁའི་དབང་ཕྱུག་ཅེས་བྱ་བ་ཁྲིམ་པའི་དགེ་བསྙེན་བྱང་ཆུབ་སེམས་དཔའ་ཆེ་བ་ཅིག་བཞུགས། སྔགས་མ་རྒྱུད་མཁན་པོ་ཡིན། ངས་དབང་བསྐུར་ཅིག་ཀྱང་ཞུས། ངའི་ཕ་དེ་ལ་བཙུན་མོ་བྲམ་ཟེ་མོ་ཅིག་དང་། རྒྱལ་རིགས་མོ་ཅིག་སྟེ་གཉིས་ཡོད་པ་ལས། ང་བྲམ་ཟེ་མོའི་བུ་ཡིན། རྒྱལ་རིགས་མོ་ལ་བུ་གླེན་པ་ཅིག་ཡོད། ང་རབ་ཏུ་བྱུང་ནས་ཕྲད་པའི་དུས་སུ་མཐུན་རྐྱེན་ཐམས་ཅད་ངས་བྱ། རབ་ཏུ་བྱུང་བྱས་ཏེ་ཁོ་རབ་ཏུ་འབྱུང་དུ་མ་འདོད། ལན་གཅིག་པོ་དེ་ལས་མ་ཕྲད། དེའི་དུས་ན་ཟྃ་ག་ལའི་རྒྱལ་པོ་ཛྙཱ་ཨིནྡྲ་ཙན་དྲ་ཞེས་བྱ་བས་བྱེད། རྒྱལ་སྲིད་ཀྱི་ས་ཆ་བལ་སྤང་མོའི་འགྲོས་ཚད་བདུན་ཡོད། བལ་སྤང་མོ་ནི་ཤིན་ཏུ་མགྱོགས་པ་ཉི་མའི་

གུང་ལ་ཙུང་ཟད་ཅིག་བསྡད་དེ་འགྲོ་བས་རྒྱ་ཤིན་ཏུ་ཆེ་གསུང་ངོ་། །རྗོ་བོ་ལ་དགེ་བཤེས་སྟོན་པས་འདི་ཙམ་གྱི་རིག་བྱེད་ཅིག་མཁྱེན་པ་ཇི་ལྟར་ལགས་ཞུས་པས། ངའི་མ་བྲམ་ཟེ་མོ་ཡིན་པས་མས་བསླབས་པ་ཡིན་གསུང་སྐད་དོ། །

༈ ཀུ་སུ་ལུའི་སྤྱོད་པ་མཛད་པའི་ཆེ་བ་ནི། དགུང་ལོ་ཉི་ཤུ་རྩ་གཉིས་པ་ལ་རི་ནག་པོའི་གཙུག་ལག་ཁང་གི་རྣལ་འབྱོར་གྱི་དབང་ཕྱུག་དགེས་པ་རྡོ་རྗེའི་ཞལ་གཟིགས་པ། རྡོ་རྗེ་མཁའ་འགྲོ་མས་ལུང་བསྟན་ཐོབ་པ། བླ་མ་རཱ་ཧུ་ལ་གུཔྟ་བཛྲ་ལ་དབང་རྫོགས་པར་ཞུས་པས་གསང་མཚན་ཡང་ཡེ་ཤེས་གསང་བའི་རྡོ་རྗེ་ཞེས་བྱ་བར་བཏགས། དཔལ་དགེས་པ་རྡོ་རྗེའི་ཞལ་མངོན་སུམ་དུ་གཟིགས། གནས་ལུགས་ཀྱི་དོན་ཕྱིན་ཅི་མ་ལོག་པ་རྒྱུད་ལ་འཁྲུངས་སོ། །དངོས་གྲུབ་བརྙེས་པའི་བླ་མ་གསུམ་ཡོད་པའི་ཀ་མ་ལ་རཀྵི་ཏ་ཞེས་ཀྱང་བྱ། གཤིན་རྗེ་གཤེད་ཀྱི་རྣལ་འབྱོར་པ། ཆང་འོ་མར་བསྒྱུར་བ། ཙུ་བོ་གཙྪ་ལ་གདིང་བ་བཏིང་ནས་ཐོན་པའི་ནུས་པ་མངའ་བའི་བླ་མ་དེ་ལས་གསང་སྔགས་ཀྱི་བཀའ་དྲིན་ཕལ་ཆེར་བརྙེས། བླ་མ་དེ་ལྟ་བ་སེམས་ཙམ་རྣམ་བརྫུན་པ་ཡིན། ཇོ་བོ་དབུ་མ་བཞེད་པ་ལ་ཁྱོད་ཀྱིས་ཀྱང་འདི་ལྟར་གོ་བ་སྟོན་གྱི་ལས་ཡིན་གསུངས་ནས་མི་མཉེས། སྔགས་ཀྱི་སྒོ་ནས་ཚོགས་བསགས་པས་ཕྱག་རྒྱ་ཆེན་པོ་མཆོག་གི་དངོས་གྲུབ་བརྙེས་པའི་རྗེས་ཐོབ་ལ་གཟིགས་པས། ཕྱི་ནས་ལྟ་བ་འགྱུར་ནས་ཆོས་རྣམས་ཀྱི་རང་བཞིན་ཁྱོད་ཀྱི་བཞིན་དུ་འདུག་གསུངས་ནས་མཉེས། ཇོ་བོ་དབུ་མ་བརྟན་པའི་གཏན་ཚིགས་སུ་ཡང་སོང་གསུང་། །བླ་མ་ཨ་ཝ་དྷཱུ་ཏི་པ་ལོ་བདུན་བསྟེན་པར་ཡང་འདོད། ལོ་བཅུ་གཉིས་བསྟེན་པར་ཡང་འདོད་པ་ལ། དགེ་བཤེས་ལོ་ཙཱ་བའི་ཞལ་ནས་ལོ་དགུ་བསྟེན་པ་ཡིན་གསུང་། །དབུ་མའི་བཀའ་དྲིན་ཕལ་ཆེར་དེ་ལས་བརྙེས། ཇོ་བོ་ལ་རྣལ་འབྱོར་སྤྱོད་པའི་དབུ་མ་འཛིན་པའི་རྒྱུ་ཅི་ལགས་ཞུས་པས། ཇོ་བོ་ཉིད་ཀྱི་ཞལ་ནས། ངས་ཀྱང་ངའི་བླ་མ་ཨ་ཝ་དྷཱུ་ཏི་པ་ཆེན་པོ་རྣལ་འབྱོར་སྤྱོད་པའི་

དབུ་མ་འཛིན་པའི་རྒྱུ་ཅི་ལགས་ཞུས་པས། བླ་མའི་ཞལ་ནས། ངས་འདིའི་སྒོ་ནས་ཆོས་མཐོང་བ་ཡིན་པས། ཁྱོད་ཀྱང་འདི་ཟུང་ཞིག་གསུང་ནས་བཟུང་བ་ཡིན། ངའི་བླ་མ་ཤཱནྟི་པ་བརྒྱད་སྟོང་པ་གསུང་ཚ་ན་དབུ་མར་བཤད་པ་ཐམས་ཅད་རེ་རེ་ནས་སུན་ཕྱུང་བས། ངའི་དབུ་མའི་ལྟ་བ་དེ་ཉིད་གསལ་བཏབ་པ་བཞིན་དུ་སོང་། རྣལ་འབྱོར་སྤྱོད་པའི་དབུ་མ་ཤིན་ཏུ་གསལ་བར་གྱུར། ང་ཟླ་བ་གྲགས་པའི་ལུགས་ལ་ཤིན་ཏུ་དད་པ་ཡིན་གསུང་། བླ་མ་ཨ་བ་དྷཱུ་ཏི་པ་དེ་ལོ་དེ་ཙམ་བསྟེན་ཡང་ཐ་མལ་པའི་གཏམ་ཙམ་ཡང་མི་འོང་། རེས་བསྙེན་བཀུར་ཆེན་པོ་བྱས། གསེར་གྱི་མཎྜལ་ཕུལ་ནས་ཆོས་ཞུས་ཀྱང་མི་གནང་། རེས་ཆོས་མ་ཞུས་པར་ལོང་ཡེ་མེད་པའི་དུས་སུ་ཡང་གསུང་། ནང་ཅིག་ཇོ་བོ་དང་བླ་མ་གཉིས་ཟམ་འཕྲང་དོག་མོ་ཅིག་ལ་འགྲོ་བའི་དུས་སུ་ཞལ་ཚུར་ལོག་མཛད་ནས། བུ་ཛེ་སྲིད་དུ་བདག་ཏུ་འཛིན་པ་དང་མ་བྲལ་གྱི་བར་དུ་རྣམ་པར་སྨིན་པ་ཕྲ་ཞིང་ཕྲ་བ་ལ་ཡང་འཛེམས་ཤིག་ཨང་གསུང་། ཕྱར་ནས་རྒྱུད་སྦྱངས་སྦྱངས་པ་འབྲས་སྨིན་པ་ལ་རྩའུ་སྟོང་པོ་འདྲ་བར་སོང་ནས་ཚིག་རེ་རེས་ཀྱང་རྟོགས་པ་ཁྱད་པར་ཅན་སྐྱེ་ནུས་པ་ཅིག་ཡོད་ཚུལ་དུ་འདུག་གསུང་། བླ་མ་ཊོམ་བི་པ་དང་ཞལ་ནི་མ་མཇལ། བྱིན་གྱིས་བརླབས་པ་ཡིན་གསུང་། སྔགས་ཀྱི་སྒོ་ནས་གྲུབ་པ་བརྙེས་པའི་བླ་མ་མང་པོ་ལ་བཀའ་དྲིན་ཞུས། ཁྱད་པར་དུ་བླ་མ་བསོད་སྙོམས་པ་ལ་བཀའ་དྲིན་ཞུ་བའི་ཕྱིར་རྒྱ་མཚོ་ཆེན་པོར་ཞུགས་ནས་ཤེས་རབ་ཀྱི་རྒྱུད་ཀྱི་དབང་དང་བྱིན་བརླབས་དང་རྒྱུད་དང་གདམས་ངག་མ་ལུས་པར་ཞུས་པ་ཡིན་སྐད། དེ་དག་ལ་སོགས་པའི་བླ་མ་རྣམས་ལས་སྤྱིར་གསང་སྔགས་མཐའ་དག་གི་བཀའ་དྲིན་ཞུས། ཁྱད་པར་དུ་དཔལ་གསང་བ་འདུས་པའི་བརྒྱུད་པ་གསུམ་གྱི་དབང་བྱིན་རླབས་རྒྱུད་གདམས་ངག་མ་ལུས་པར་ཞུས་པས་གསང་སྔགས་ཀྱི་དཀྱིལ་འཁོར་མང་པོ་ཞལ་གཟིགས། སྤྱོད་པའི་དབང་དུ་བྱས་ན་ཨ་ཝ་དྷཱུ་ཏིའི་སྤྱོད་པ། ལེན་དང་འཛིགས་དང་ངོ་

ཚ་བ། །སྤྱངས་པ་ཨ་ཝ་ཏྲུ་ཏི་ཡིན། །ཞེས་པ་ཚད་དུ་ལོངས་པ་ཡིན་ཏེ། ཇོ་བོ་ཉིད་ཀྱིས་རིག་པ་བརྟུལ་ཞུགས་ཀྱི་སྤྱོད་པ་ལོ་དྲུག་མཛད་པར་ཡང་འདོད། ལོ་གསུམ་མཛད་པར་ཡང་འདོད་དེ། དོན་ལ་འགལ་བ་མེད་པར་འདུག་གསུང་། བླ་མ་ཆེན་པོ་དཔལ་ཡེ་ཤེས་གསང་བའི་ཇོ་རྗེའི་སྐུ་ཞེས་བྱ་བ་ཟབ་མོའི་དོན་འབའ་ཞིག་སྐུར་བླངས་པ་ཡང་གསན། དེའི་མཇུག་ན་ཉན་ཐོས་རྣམས་དང་། དམན་པའི་སྐྱེ་བོ་རྣམས་དང་ནི། །སྦྱོངས་པས་ཤིན་ཏུ་དབེན་པའི་ས་ཕྱོགས་སུ། །དུམ་གཅིག་གཏོར་མས་བཀང་བ་ཐོགས་ནས་སུ། །ཅང་ཏེའུ་རྟུང་ཞིང་ཏིང་འཛིན་སྒྲུ་འདི་བླངས། །ཞེས་བྱ་བ་ཡོད་པ་ལ། ཕྱིས་ཐར་པར་གཤེགས་ནས། གོ་སོ་མ་ཕུ་རིར་དཔའ་བོའི་སྟོན་མོ་ཅིག་གི་དུས་སུ་ཇོ་བོས་མགུར་བཞེས་པ་དེའི་འགོ་ན། མར་མེ་མཛད་དཔལ་ཡེ་ཤེས་བདག་ལ་ནི། །ཤིན་ཏུ་ཟབ་པའི་རྒྱུད་ཀྱི་དོན་སྟོན་པ། །རྗེ་བཙུན་དམ་པ་གསང་བའི་སྒྲ་གཅན་འཛིན། །བླ་མ་ཉི་མའི་ཞབས་ལ་ཕྱག་འཚལ་ལོ། །ཞེས་བྱ་བ་ཡོད། ནུ་མ་དེ་ཞབས་ན་ཡོད། དེའི་དུས་ན་རྒྱ་བརྩོན་སེང་དང་། ལོ་ཙྪ་བ་གཉིས་ཡོད་པས། ཡི་གེར་འགོད་ཅིང་སྒྱུར་བར་ཞུས་པས་གནང་ནས། ཇོ་བོ་ཉིད་དང་ལོ་ཙྪ་བ་གཉིས་ཀྱིས་སྒྱུར་ཅིང་ཞུས་སོ། །ཡང་ཤར་ཕྱོགས་ཟ་ཧོ་རའི་གྲོང་ཁྱེར་ན་བཞུགས་པ། ནཱ་རོ་པའི་སློབ་མ་རྣལ་འབྱོར་པ་ཨ་ཝ་དྷུ་ཏི་པ་མངོན་པར་ཤེས་པ་ཅན་དེ་བྲི་ཀ་མ་ཤཱི་ལར་བྱོན་ནས་རྫོགས་རིམ་གྱི་དབང་རྫོགས་པར་ཞུས་པའི་མཚན་ཡང་བླ་མ་ལ་མངོན་ཤེས་མངའ་བས་སྔར་གྱི་དེ་ཉིད་བཏགས་སོ། །དགེ་བཤེས་ལོ་ཙྪ་བ་ནི་དབང་འདི་རབ་ཏུ་བྱོན་ནས་ཞུས་པར་བཞེད། རབ་ཏུ་མ་བྱོན་པར་ཞུས་པ་རང་བདེ་གསུང་། ཡང་བྲི་ཀ་མ་ལ་ཤཱི་ལར་བཞུགས་པའི་དུས་སུ། ཇོ་བོས་གཟིགས་སར་བུད་མེད་གཅེར་བུ་རུས་པའི་རྒྱན་གསོལ་བ་རེས་དྲུ་རེས་དགོད་པ་ཅིག་གཟིགས་པས་ཡོན་ཏན་ཅན་ཡིན་པར་དགོངས་ནས། ཡིད་ཀྱིས་ཕྱག་དང་མཆོད་པ་བྱས་ནས་གདམས་ངག་ཅིག་ཞུ་བྱས་པས། ང་ལ་

གདམས་ངག་ཡོང་ཅིག་ཡོང་གསུངས་ནས་ཤར་ཕྱོགས་ཧཾ་ག་ལར་བཞུད། ཇོ་བོས་ཕྱི་བཞིན་ཕྱིན་པས་དུར་ཁྲོད་ཆེན་པོ་ཅིག་ན་བཞུགས་ནས་ཁྱོད་ཀྱིས་ང་ལ་ཡོན་ཏན་ཡོད་པར་མཐོང་ངམ་གསུང་། མཐོང་ལགས་ཞུས་པས། རེས་འགའ་རེས་དགོད་པའི་དོན་ཤེས་སམ་གསུང་། མ་ཤེས་ཞུས་པས། ངུ་བ་དེ་སེམས་ཅན་རྣམས་ཀྱིས་མ་རྟོགས་པའི་དུས་ན་འཁོར་བའི་སྡུག་བསྔལ་སྣ་ཚོགས་ལ་སྤྱོད་པས་ངུ་བ་ཡིན། རྟོགས་པའི་དུས་ན་ད་ལྟ་ཉིད་སངས་རྒྱས་ཡིན་པས་དགོད་པ་ཡིན་གསུང་། དེ་ནས་ཇོ་རྗེ་རྣལ་འབྱོར་མས་ཚོགས་ཆུང་ལ་དོན་ཆེ་བའི་དབང་བྱིན་རླབས་ཀྱི་ལུགས་བྱ་བ་བསྐུར་ནས། དེའི་དུས་སུ་ཇོ་རྗེ་རྣལ་འབྱོར་མའི་ཞལ་ཇི་ལྟ་བ་བཞིན་དུ་གཟིགས་ནས་གདམས་ངག་མ་ལུས་པར་ཞུས་སོ། །དེའི་ཚེ་ཤར་ཕྱོགས་ཧཾ་ག་ལར་ཕྱི་ནང་གཉིས་རྩོད་པ་ཆེན་པོ་བྱུང་ནས། ཧཾ་ག་ལའི་བསྟན་པ་ཕལ་ཆེར་མུ་སྟེགས་པ་ལ་ཤོར་བས། ནང་པའི་གནས་བརྟན་ཆེན་པོ་ཞིག་ཐུགས་ཤིན་ཏུ་མ་བདེ་ཞིང་། ནང་པའི་ནང་ནས་མུ་སྟེགས་པའི་རྩོད་པ་ཟློག་ནུས་པའི་རྣལ་འབྱོར་པའམ་པཎྜི་ཏ་བཙལ་བས་མ་རྙེད་པའི་སྐབས་སུ། ཇོ་བོ་ཧྥ་ག་ལ་ན་བཞུགས་པ་དང་དུས་མཚུངས་ནས་བུ་མོ་ཅིག་གིས། ཇོ་བོའི་ལུས་ལས་འོད་འཕྲོས་པ་མཐོང་སྟེ། གནས་བརྟན་གྱི་དྲུང་དུ་སོང་ནས་སྲུང་པོའི་ལུས་ལས་འོད་འཕྲོ་བ་ཅིག་འདུག་རྣལ་འབྱོར་པ་ཡིན་ཏེ་འོང་རྩོད་པ་བཟློག་པར་ཞུས་ཟེར་བས། གནས་བརྟན་གྱིས་བལྟས་པས། ཇོ་བོ་སྣང་ནས་ཞུ་བ་ཕུལ་བས་ཞལ་གྱིས་བཞེས། ཇོ་བོ་ནི་བསྟན་པ་འཛིན་སྐྱོང་སྲུང་གསུམ་ལ་ཇོ་བོ་ཙམ་མ་བྱུང་བྱས་ཀྱང་འགལ་བ་མེད་པ་ཡིན་ཏེ། བསྲུང་བ་ལ་རྣལ་འབྱོར་གྱི་སྟོབས་ཀྱིས་བསྲུང་བ་དང་། དབང་ཕྱུག་གི་སྟོབས་ཀྱིས་བསྲུང་བ་དང་། རིགས་ཀྱི་སྟོབས་ཀྱིས་བསྲུང་བ་དང་། རིགས་པའི་སྟོབས་ཀྱིས་བསྲུང་བ་དང་བཞི་ལས། ཇོ་བོ་ནི་བཞི་ཀའི་སྒོ་ནས་སངས་རྒྱས་ཀྱི་བསྟན་པ་བསྲུང་བ་ཡིན་པས། སྐབས་དེར་ཡང་མུ་སྟེགས་པ་ཐམས་ཅད་ཚར་བཅད་ནས་ཕྱར་ཤོར་བའི་པཎྜི་

ཏ་དང་གནས་ཐམས་ཅད་ཚུར་ལ་ཐོབ། ཕྱི་རོལ་པ་ཐམས་ཅད་ཀྱང་བསྟན་པ་ལ་བཀོད་དོ། །གནས་བརྟན་དེའི་ཐུགས་དགོངས་ལ་གང་ཟག་འདི་ལྷ་བུ་སྲུང་པོའི་ཆ་བྱད་བྱེད་པར་ཕོངས། རབ་ཏུ་བྱུང་ན་བསྟན་པ་ལ་ཕན་པར་དགོངས་ནས། རབ་ཏུ་འབྱུང་བར་ཞུས་པས་མ་གནང་། བཞུགས་པར་ཞུས་པས་ཀྱང་མ་གནང་། ཇོ་བོའི་ཐུགས་དགོངས་ལ་གསང་སྔགས་ཀྱི་བྱིན་རླབས་དང་གདམས་པ་དང་ནུས་མཐུ་དང་མཁྱེན་རྒྱ་ང་བས་ཆེ་བ་མེད་སྙམ་པའི་ཐུགས་རྒྱལ་ཡང་ཅུང་ཟད་དུས་དེར་བྱུང་ནས། རྒྱ་གར་ནུབ་ཕྱོགས་སུ་བྱོན་པའི་ཤྲཱི་ལ་ཀར་རྨི་ལམ་དུ་མཁའ་འགྲོ་མ་རྣམས་ཀྱིས་རྒྱུད་སྡེ་མང་པོ་བསྟན་ནས་ཐུགས་རྒྱལ་བཅག །ཡང་རང་གི་ལྷག་པའི་ལྷ་སེང་ལྡེང་ནགས་ཀྱི་སྒྲོལ་མས་ཞལ་མངོན་སུམ་དུ་བསྟན་ཏེ་ཇོ་བོའི་མདུན་དུ་བྱོན་ནས། ཁྱོད་པཎྜི་ཏ་སྔགས་མཁན་ཡིན་ནམ་གསུང་། ཇོ་བོས་ལགས་གསུངས་པས། འོ་ན་སྐྱབས་ཐབས་འགའ་ཞུ་བས་འདི་དང་འདི་མཁྱེན་ནམ་གསུང་། ཇོ་བོས་དེ་ཀུན་གྱི་དཔེ་ཡང་མཐོང་མ་མྱོང་གསུངས་པས། འོ་ན་ཁྱོད་གསང་སྔགས་ལ་མཁས་པའི་ཐུགས་རྒྱལ་ཆེ་ན་གསུང་། ཡང་ཁྱེད་མིའི་ཡུལ་ན་ཧའི་སྦྱུ་རྩེ་ཙམ་ལས་མེད། སྔགས་ཀྱི་དཔེ་དོན་མང་པོ་མཁའ་འགྲོ་མའི་ལག་ན་ཡོད་པ་ཡིན་གསུངས་ནས་མི་སྣང་བར་གྱུར། ཇོ་བོའི་ཐུགས་རྒྱལ་ཡང་དེར་ཆག་གསུང་ངོ་། །

༈ ཐར་པ་གཤེགས་པའི་ཆེ་བ་ལ་ཡང། བསྐུལ་མ་ཇི་ལྟར་བཏབ་པ་དང་། ཐར་པར་ཇི་ལྟར་གཤེགས་པ་དང་། ཐུགས་སྒྲོངས་ཇི་ལྟར་མཛད་པ་དང་གསུམ་ལས།

བསྐུལ་མ་ཇི་ལྟར་བཏབ་པ་ནི། དགེ་བཤེས་ལོ་ཙཱ་བ་ནི་དཔལ་ཧེ་རུ་ཀས་བསྐུལ་ཏེ། བླ་མ་ནུས་པ་ཐོན་པ་དང་། གྲུབ་རྟགས་ཡོད་པ་དང་། ཐུན་མོང་གི་དངོས་གྲུབ་བརྙེས་པ་མང་དུ་བསྟེན་ནས་སྒྲུབ་པ་ཉམས་སུ་ལེན་པའི་དུས་སུ། ནུབ་ཅིག་གི་རྨི་ལམ་ན། དཔལ་ཧེ་རུ་ཀ་མདུན་གྱི་ནམ་མཁའ་ལ་བྱོན་ནས། རིགས་ཀྱི་བུ་ཨ་ཤ་རྦུ་ཏིའི་

སྤྱོད་པས་གང་དུ་ཡང་མི་ཕྱིན་པས་ཁྱོད་རབ་ཏུ་བྱུང་ཞིག །དུས་ཕྱི་ཞིག་ཙ་ན་རབ་ཏུ་བྱུང་བའི་གདུལ་བྱ་མང་པོ་འོང་བར་འདུག་གིས་ཞེས་ལུང་བསྟན། ཡང་ནུབ་ཅིག་གི་རྨི་ལམ་ན། གཙུག་ལག་ཁང་ཆེན་པོ་ཅིག་གི་ནང་ན་བཅོམ་ལྡན་འདས་ཤཱཀྱ་ཐུབ་པ་དགེ་སློང་གི་དགེ་འདུན་མང་པོའི་འཁོར་དང་བཅས་པ་གདུགས་ཚོད་གསོལ་ཞིང་འདུག །དེ་རྣམས་ཀྱི་གྲལ་ཞབས་ན་ཇོ་བོ་འདུག་པས། གྲལ་འགོ་ནས་སངས་རྒྱས་ཀྱིས་ཇོ་བོ་ལ་གཟིགས་ནས། མི་མ་གི་ཅི་ལ་ཆགས་ནས་རབ་ཏུ་མི་འབྱུང་གསུང་བ་ཅིག་རྨིས་པས། ཇོ་བོའི་ཐུགས་དགོངས་ལ་ད་ནི་བདག་ངེས་པར་རབ་ཏུ་འབྱུང་དགོས་པར་འདུག་སྙམ་པ་བྱུང་བ་ཡིན་གསུང་། དགེ་བཤེས་སྤུ་ཧོ་བའི་བཀའ་བརྒྱུད་དག་ནི་ཇོ་བོ་ཉིད་ཨ་ཝ་དྷུ་ཏིའི་སྤྱོད་པ་མཛད་ནས་བདེན་པ་གཟིགས་པར་བཞེད་པ་ལ། རང་བཞིན་གྱི་རྣལ་འབྱོར་མ་ཅིག་དང་མཇལ་བས། ཨ་ཝ་དྷུ་ཏིའི་སྤྱོད་པ་མ་བྱེད། ཚེ་འདི་ལ་བདེན་པ་མི་མཐོང་། བར་ཆད་འོང་། རབ་ཏུ་བྱུང་དང་། སངས་རྒྱས་ཀྱི་བསྟན་པ་ལ་ཕན་གྱིས་ཞེས་བསྐུལ་གསུང་། དགེ་བཤེས་རྣལ་འབྱོར་པ་ནི། ཇོ་བོའི་ཞལ་ནས། ཁོ་བོ་རབ་ཏུ་འབྱུང་བར་མགོན་པོ་བྱམས་པས་བསྐུལ་གསུང་སྐད་དེ། ཇོ་བོའི་རྨི་ལམ་དུ་གཙུག་ལག་ཁང་ཅིག་ན་གདན་ཆེན་པོ་ཅིག་བཤམས། དེའི་དྲུང་ན་གནས་བརྟན་ཅིག་བཞུགས་འདུག་ནས་ཇོ་བོ་ཡང་དེར་གཤེགས་སྙམ་པས། གནས་བརྟན་དེ་ན་རེ། འདི་རབ་ཏུ་བྱུང་བའི་ས་ཡིན་གྱི། ཁྱོད་ཁྱིམ་པའི་ས་ཡིན་པས་མ་འོང་ཅིག་ཟེར་བ་རྨིས་ནས་མནལ་སད་པ་དང་། དོན་གྱིས་རབ་ཏུ་བྱུང་ཅིག་པར་འདུག་སྙམ་མོ། །གནས་བརྟན་དེ་མགོན་པོ་བྱམས་པ་ཡིན་གསུང་ངོ་། །

ཐར་པར་ཇི་ལྟར་གཤེགས་པ་ནི། ཇོ་བོ་དགུང་ལོ་ཉི་ཤུ་རྩ་དགུ་བཞེས་པའི་དུས་སུ། ན་ལེན་ཏྲ་ན་གནས་པོ་ཆོས་རྒྱས་ཆེ་བ་ཅིག་ཡོད་པ་ལ། ང་གང་གི་སྡེ་ལ་རབ་ཏུ་འབྱུང་བྱས་པས། དེ་ན་རེ། ཁྱོད་གསང་སྔགས་ཀྱི་སྤྱོད་པ་འདོར་རམ་མི་འདོར་ཟེར། མི་

འདོར་བྱས་པས། འོ་ན་དགེ་འདུན་ཕལ་ཆེན་སྡེ་པ་སློབ་དཔོན་སངས་རྒྱས་ཡེ་ཤེས་ཀྱི་བཀའ་བརྒྱུད་དུ་རབ་ཏུ་བྱུང་ཟེར་ནས། དཔལ་རྡོ་རྗེ་གདན་བྱང་ཆུབ་ཆེན་པོ་བཞེངས་པའི་གནས་མ་ཏི་ཝི་ཧ་རའི་གཙུག་ལག་ཁང་དུ་དགེ་འདུན་ཕལ་ཆེན་སྡེ་པ། དེའི་ནང་ནས་འཇིག་རྟེན་ལས་འདས་པར་སྨྲ་བའི་སྡེ་པ་སློབ་དཔོན་སངས་རྒྱས་ཡེ་ཤེས་ཀྱི་བཀའ་བརྒྱུད། གནས་བརྟན་འདུལ་བ་འཛིན་པ་ཆེན་པོ་སྦྱོར་བའི་ལམ་པ། དེ་ཁོ་ན་ཉིད་ལ་ཕྱོགས་གཅིག་ཏུ་ཞུགས་པའི་ཏིང་ངེ་འཛིན་བརྙེས་པའི་ཤཱི་ལ་རཀྵི་ཏ་ཞེས་བྱ་བ་ལ་མཁན་པོ་ཞུས་ནས། རབ་ཏུ་བྱུང་བའི་མཚན་དཱི་པཾ་ཀ་ར་ཤྲཱི་ཛྙཱ་ན་ཞེས་བྱ་བར་བཏགས་སོ། །

ཐུགས་སྦྱོངས་ཇི་ལྟར་མཛད་པ་ལ། རིག་པའི་གནས་ལྔ་ལ་ཇི་ལྟར་སྦྱངས་པ་དང་། བརྒྱུད་པའི་གདམས་པ་དང་ལྡན་པའི་བླ་མ་ཇི་ལྟར་བསྟེན་པ་དང་། བསྒྲུབས་པ་ལས་བྱུང་བའི་ཡོན་ཏན་ཇི་ལྟར་བརྙེས་པ་དང་གསུམ་ལས། རིག་པའི་གནས་ལྔ་ལ་ཇི་ལྟར་སྦྱངས་པ་ནི། མཁན་པོའི་སྤྱན་སྔར་བཞུགས་པའི་དུས་སུ། མཁན་པོ་མུ་སྟེགས་པ་ཅིག་དང་རྩོད་པ་བྱེད་པའི་འགྲོ་ལ། སྐྱོ་འདོག་ཡོད་པ་ལངས་ནས་འགྲོ་ལ་ལུས། ཇོ་བོས་འགྲོ་བླངས་ཏེ་རྩོད་པ་བྱས་པས་ཇོ་བོ་རྒྱལ། མུ་སྟེགས་པ་དེ་ན་རེ། ཐར་མ་ཐོས་པའི་པཎྜི་ཏ་འདི་ལྟ་བུ་ཞིག་ཡིན་ཟེར། པཎྜི་ཏ་ཙམ་མ་ཡིན། སྒྲ་ཚད་ལ་བྱང་བར་བྱས་པ་ཅིག་ཡིན་ཏེ་བྱས་པས། འོ་ན་དལ་དུ་ཕངས་རིག་པ་སློབས་ཟེར། དེ་ལ་བརྟེན་ནས་མཁན་པོའི་ཞལ་ནས། ཀློ་སྦྱོང་གྱིས་གསུངས་ནས་རིག་པའི་གནས་ལྔ་ལ་སྦྱངས་ཏེ་སྒྲ་དང་། གཏན་ཚིགས་དང་། བཟོ་དང་། གསོ་བ་དང་། ནང་རིག་པའོ། །སྒྲ་རིག་པ་ནི་འཕགས་པ་འཇམ་དཔལ་གྱིས་མཛད་པའི་སྒྲའི་བསྟན་བཅོས་དང་། ཀླུ་རྟག་ཏུ་ཞི་བས་མཛད་པ་དང་། ལྷའི་དབང་པོ་བརྒྱ་བྱིན་གྱིས་མཛད་པའི་ཨིནྡྲ་བྱཱ་ཀ་ར་ཎ་དང་། ཙནྡྲ་གོ་མིས་མཛད་པའི་ཙནྡྲ་བྱཱ་ཀ་ར་ཎ་དང་། བྲམ་ཟེ་པཱ་ཎི་ཏས་མཛད་པའི་པཱ་ཎི་བྱཱ་ཀ

ར་ན་དང་། མ་ནི་ཤླ་ཀ་ར་ན་དང་། ཀུན་ཏུ་བཟང་པོ་ལ་སོགས་པ་ཤླ་ཀ་ར་ན་སྡེ་བརྒྱད་དང་། གཞན་ཡང་འཕགས་པས་མཛད་པ་མང་པོ་དང་། སོ་སོ་སྐྱེ་བོས་མཛད་པ་མང་པོ་དང་། ཁམ་ཟེ་ནོར་ལྷས་བྱས་པའི་ཚིག་གི་སྒྲོན་མ་ལ་སོགས་པ་ཕྱི་རོལ་པའི་གཞུང་ལ་བརྟེན་པ་མང་པོ་མཁྱེན། འོ་སྐོལ་བོད་ལ་སྒྲའི་མིང་རང་ཡང་མེད། བང་སྟོན་གྱིས་ཐུགས་རྗེ་ཆེན་པོའི་གཟུངས་རིང་དེ་བཟླས་ཤིང་བྱིན་རླབས་བྱས་པས་བྱིན་རླབས་ཆེན་པོ་བྱུང་བ་དང་། ཇོ་བོའི་ཞལ་ནས། བང་སྟོན་གྱི་སྔགས་ཀྱི་སྒྲ་དེ་ལ་ངག་བྱིན་རླབས་མི་འོང་། བསམ་པ་བཟང་པོའི་བྱིན་རླབས་ཡིན་གསུང་། ཇོ་བོའི་ཕྱག་སྣང་བ་ལ། བང་སྟོན་འདི་ལ་བྱིན་རླབས་གྱིས་དང་། ཁྱོད་བསམ་པ་བཟང་གསུང་། གཏན་ཚིགས་རིག་པ་ནི། སློབ་དཔོན་ཕྱོགས་ཀྱི་གླང་པོས་མཛད་པའི་ཚད་མ་ཀུན་ལས་བཏུས་པ་དང་། སློབ་དཔོན་ཆོས་ཀྱི་གྲགས་པས་མཛད་པའི་ཚད་མ་སྡེ་བདུན་དང་། སློབ་དཔོན་ཞི་བ་འཚོས་མཛད་པ་ལ་སོགས་པ་ནང་པའི་ལུགས་མང་པོ་མཁྱེན་ཏེ། ཞི་བ་འཚོའི་བསྟན་བཅོས་དེ་ཁོ་ན་ཉིད་བཏུས་པ་ཞེས་བྱ་བ་བོད་དུ་བསྒྲུབས་ནས་བྱོན། བསྒྱུར་བར་བཞེད་པ་ལ་མ་གྲུབ་པར་རྒྱ་དཔེ་ར་སྙིང་ན་བཞུགས་གསུང་། ཕྱི་རོལ་པའི་དྲང་སྲོང་རྐང་མིག་པས་བྱས་པའི་རིགས་པའི་ལྟ་བ་ལ་སོགས་པ་མང་དུ་མཁྱེན་པར་གདའ། ཇོ་བོའི་ཞལ་ནས། ཁྱེད་བོད་ལ་ཚད་མའི་མིང་ཙམ་ཅིག་འདུག །ཕྱི་རོལ་པ་དང་རྩོད་པ་མི་འོང་བས་བཏུབ། ཁོ་བྱུང་ན་བོད་ཀྱིས་མི་ཐུབ་གསུང་། དེ་ལྟར་སྒྲ་ཚད་ལ་མཁས་པ་ཡིན་པར་ལོ་ཙཱ་བ་ལ། བལ་པོ་པཎྜི་ཏ་ཛ་ཧ་དུ་ན་རེ། བོད་ཡོན་ཏན་ལ་འཚམ་ཚོད་འཛིན་པའི་བླུན་པོ་དག་ཅིག་དཱི་པཾ་ཀ་ར་བཙུན་པོ་ཡིན། མཁས་པ་མ་ཡིན་ཟེར་བ་ལ། ལོ་ཙཱ་བ་ཐུགས་མ་བདེ་ནས། ཀྱི་སྟ་པཎྜི་ཏ་ཞེས་བྱ་བ་ལ་ཇོ་བོ་རྒྱ་གར་ན་མཁས་པར་གྲགས་སམ་ཞུས་པས། དེའི་རྒྱུ་མཚན་ཅི་ཡོད་གསུང་། སྔར་གྱི་དེ་བརྗོད་པས། པཎྜི་ཏའི་ཞལ་ནས། བལ་པོ་ཛ་ཧ་དུ་ལ་དེའི་གཉེར་ཅི་ཡོད། ཇོ་བོ་སྒྲ་ཚད་ལ་

མཁས་པའི་རྒྱུ་མཚན་ངས་བཤད་ཀྱིས་གསུངས་ནས། ཇོ་བོ་ཉིད་ནང་པ་སངས་རྒྱས་པ་ཐམས་ཅད་ཀྱི་བསྟན་པའི་བདག་པོར་མངའ་གསོལ་ནས། རྡོ་རྗེ་གདན་དུ་བསྐོར་བ་མཛད་ཅིང་བྱམས་སྙིང་རྗེ་བྱང་ཆུབ་ཀྱི་སེམས་སྦྱོང་བ་ལ། རྡོ་རྗེ་གདན་དུ་ལོ་རེ་བཞིན་ཕྱི་པ་དང་ནང་པ་གཉིས་འཚོགས་ཤིང་རྩོད་པ་བྱས་ནས། གང་རྒྱལ་བའི་བསྟན་པ་ལ་འཇུག་དགོས་པ་འོང་། ནང་པ་ནང་པར་རྩོད། ཕྱི་པ་ཕྱི་པར་རྩོད་པ་ལ། ཇོ་བོ་བཞུགས་པའི་དུས་ན་ལྷོ་ཕྱོགས་ནས་མུ་སྟེགས་པའི་པཎྜི་ཏ་གདུགས་བཅུ་གསུམ་ཐུབ་པ་ཅིག་བྱུང་ནས། སངས་རྒྱས་པའི་བསྟན་པའི་བདག་པོ་ཁྱོད་ཡིན། མུ་སྟེགས་པའི་བདག་པོ་ཁོ་བོ་ཡིན་པས། རང་ཅག་གཉིས་རྩོད་པ་བྱས་ལ་སུ་རྒྱལ་བའི་བསྟན་པ་ལ་འཇུག་དགོས་ཟེར་ཏེ། རྒྱལ་པོ་དཔང་དུ་བཞག་ནས་རྩོད་པ་བྱས་པས། ཇོ་བོས་ཚིགས་མེད་པར་ཚར་བཅད་དེ་གདུགས་བཅུ་གསུམ་པོ་ཇོ་བོ་ལ་ཕུལ། ཞབས་སྤྱི་བོར་བླངས་ནས་ཕྱི་རོལ་པ་ཐམས་ཅད་ནང་པའི་བསྟན་པ་ལ་ཞུགས་སོ། །ཡང་སང་ཕོད་ལོ་དུས་ན་མུ་སྟེགས་པའི་སྟོན་པ་གདུགས་བདུན་ཐུབ་པ་ཅིག་བྱུང་བ་ཡང་སྔར་བཞིན་དུ་ཚར་བཅད། ཡང་གདུགས་ལྔ་ཐུབ་པ་སྨྲ་ཚད་ལ་མཁས་པ་ཐུལ་དུ་ཕྱིན་པ་ཅིག་བྱུང་བ་དང་། ཇོ་བོས་རྩོད་པར་ཞལ་གྱིས་བཞེས་ནས་དུས་བོར་ཏེ། དུས་ལ་བབ་པ་ན་གདུགས་ཚོད་སྔ་བར་གསོལ་ཏེ། རྐོལ་ཕྱི་རྐོལ་གྱི་གདན་བཤམས། ཕྱི་ནང་གཡས་གཡོན་དུ་གྲལ་བྱས། རྒྱལ་པོ་གུང་ལ་བཞུགས། སྐྱེ་བོའི་ཚོགས་མང་པོ་ཡང་འདུས་པར་གྱུར་ཏོ། །དེ་ནས་རྩོད་པ་བྱས་པ་དང་། དང་པོ་པཎྜི་ཏ་ཀུན་གྱིས་གོ་བ་བྱུང་། དེ་ནས་སུམ་ཅུ་ཙམ་གྱིས་གོ་གཞན་གྱིས་མ་གོ །དེ་ནས་ཉི་ཤུ་ཙམ་གྱིས་གོ །དེ་ནས་བཅོ་ལྔ་ཙམ་གྱིས་གོ །དེ་ནས་བཅུ་ཙམ་གྱིས་གོ །དེ་ནས་ལྔ་ཙམ་གྱིས་གོ །དེ་ནས་ཤིན་ཏུ་ཕྲ་བར་གྱུར་ཏེ་ཁོང་རང་གཉིས་མ་ཡིན་པས་མ་གོ །དེ་ནས་མུ་སྟེགས་པ་དེས་སྨྲའི་ཚིགས་སུ་བཅད་པ་གཅིག་གི་དོན་དྲིས་པས། ཇོ་བོས་དུས་སུ་ལན་མ་ཐེབས་ནས་ཁྱོད་དེར་སྡོད

ཅིག་གསུངས་ནས། ནང་དུ་བཞུད་དེ་ཇོ་མོ་སྒྲོལ་མ་ལ་མཇལ་ཕྱུལ་ནས་གསོལ་བ་བཏབ་པས། ཇོ་མོས་བྱིན་གྱིས་བརླབས་ཏེ། དེའི་དོན་ཐུགས་ལ་ཞལ་གྱིས་བྱུང་ནས་ལན་བཏབ་པས་དེ་ཚར་བཅད། གདུགས་ལྷ་པོ་ཇོ་བོ་ལ་ཕྱུལ་ནས་ཞབས་སྤྱི་བོར་བླངས་ཏེ་ཨུ་སྟེགས་པ་ཐམས་ཅད་སློབ་མར་གྱུར་ཞིང་། སངས་རྒྱས་ཀྱི་བསྟན་པ་ལ་བཀོད་དེ། ཇོ་བོ་འདི་སྒྲ་ཚད་ལ་ཤིན་ཏུ་མཁས་པ་ཡིན་གསུང་། དེ་དག་དང་རྗེས་སུ་མཐུན་པར་གཙུག་ལག་གི་རིག་པ་ལ་ཡང་མཁས་པ་ཡིན་ཏེ། རྟེན་འབྲེལ་བཅུ་གཉིས་ལ་བརྟེན་པ་དང་། འབྱུང་བ་ཆེན་པོ་བཞི་ལ་བརྟེན་པ་དང་། རྒྱུ་སྐར་ཉི་ཤུ་རྩ་བརྒྱད་ལ་བརྟེན་པ་དང་། གཟའ་ཆེན་པོ་བརྒྱད་ལ་བརྟེན་པ་དང་། ཉི་མ་བརྟག་པ་དང་། བྱའི་སྐད་བརྟག་པ་དང་། ས་དང་། ནོར་བུ་རིན་པོ་ཆེ་དང་། རལ་གྲི་དང་། རྟ་དང་། གླང་པོ་ཆེ་དང་། སྐྱེས་པ་དང་། བུད་མེད་བརྟག་པ་ལ་སོགས་པ་མ་ལུས་པར་མཁྱེན། ཁྱིའུ་དང་བུ་མོ་གཙང་མ་ལ་ལྷ་མོ་ཙུན་ད་དང་། སྒྲོལ་མ་དང་། བྱང་ཆུབ་སེམས་དཔའི་དྲི་མེད་ཟླ་བའི་པྲ་ཕབ་ན་དུས་གསུམ་གྱི་དངོས་པོ་ཇི་ལྟར་འགྱུར་བ་མཁྱེན། མདོར་ན་སློབ་དཔོན་ཀླུ་སྒྲུབ་ཀྱིས་རྟེན་ཅིང་འབྲེལ་བར་འབྱུང་བ་ཕྱིན་ཅི་མ་ལོག་པར་མཁྱེན་ལ། སློབ་དཔོན་གྱི་ཡོན་ཏན་མ་ལུས་པར་ཇོ་བོས་མཁྱེན་པ་ཡིན་ཏེ། ཇོ་བོ་ཡེར་པར་བཞུགས་དུས་ན་ཐིགས་པས་མར་མེ་བསད་པ་ལ་ཇོ་བོས་དཀོན་མཆོག་འོ་བརྒྱལ་ལོ་གསུངས་པས། དགེ་བཤེས་སྟོན་པས་བཞེངས་ཏེ་མེ་བཏོན་ནས་མར་མེ་སྦར་བས། ཇོ་བོའི་ཞལ་ནས་ཇི་ལྟར་བྱས་གསུང་། མེ་བཏོན་པ་ལགས་ཞུས་པས། སློབ་དཔོན་གྱི་ཡོན་ཏན་མ་ལུས་པར་ངས་ཤེས་པ་ལ། བྱི་ཚེ་ཕག་མགོ་དང་མེ་ཆ་ལ་སོགས་པ་ཅིའི་ཕྱིར་སློབ་དཔོན་གྱིས་མ་མཛད་གསུང་ངོ་། །བཟོ་རིག་པ་ནི། དྲ་བ་དང་། དྲུབ་པ་དང་། ལུགས་སུ་བླུག་པ་དང་། རིས་སུ་བྲི་བ་ལ་སོགས་པའི་བཟོའི་བསྟན་བཅོས་མ་ལུས་པར་མཁྱེན། སློབ་དཔོན་ཀླུ་སྒྲུབ་ཀྱིས་མཛད་པའི་རྒྱུར་སྦྱ་བ་ལ་སོགས་པ་ནང་པས་མཛད་

པའི་བཟོའི་བསྟན་བཅོས་དང་། ལྷ་ཆེན་པོ་ཤང་ཀར་གྱིས་བྱས་པའི་མེ་ཏ་ར་ལ་སོགས་པ་ཕྱི་རོལ་པའི་བསྟན་བཅོས་མང་པོ་ཡང་མཁྱེན་པ་ཡིན། བུ་རམ་ཤིང་གི་ལས་ཀྱི་མཐའི་བསྟན་བཅོས་ལ་སོགས་པ་ལས་ཀྱི་མཐའི་བསྟན་བཅོས་མ་ལུས་པར་མཁྱེན། འཇིག་རྟེན་པའི་ལུགས་ཀྱི་བསྟན་བཅོས་བྲམ་ཟེ་ཙ་ན་ཀས་མཛད་པ་དང་། རྒྱལ་པོ་ཙ་ན་ཀས་མཛད་པའི་ཙ་ན་ཀའི་བསྟན་བཅོས་དང་། སློབ་དཔོན་ཀླུ་སྒྲུབ་དང་མ་སུ་རཀྵ་དང་། བྲམ་ཟེ་མཆོག་སྲེད་ཀྱིས་མཛད་པའི་ལུགས་ཀྱི་བསྟན་བཅོས་མང་པོ་མཁྱེན་ཏེ། དེ་ལྟར་བཟོ་དང་ལས་ཀྱི་མཐའི་བསྟན་བཅོས་ལ་མཁས་པས། ཇོ་བོ་ཉིད་ཀྱི་ཞལ་ནས། ཁྱེད་བོད་ལ་བཟོའི་བསྟན་བཅོས་མེད་པས། བཟོ་ཚད་གཅིག་ཏུ་མི་འོང་བ་ཡིན། ངེད་རྒྱ་གར་ན་བཟོ་ཐམས་ཅད་ལ་བསྟན་བཅོས་ཡོད་པས་ཚད་གཅིག་ལ་འཕྱུགས་མེད་པ་ཡིན་གསུང་ངོ་། །གསོ་བ་རིག་པ་ནི། སྲོག་ཆགས་ཀྱི་གཙོ་བོ་མི་སྣང་རྟ་གསུམ་ལ་བརྟེན་ནས་བཅོས་ཐབས་དཔག་ཏུ་མེད་པ་ཡོད་དེ། དེ་ཡང་རྒྱལ་བ་ལྷས་མཛད་པ་དང་། གང་ཟག་མིས་མཛད་པ་གཉིས་ལས། དང་པོ་ལ་རིགས་གསུམ་མགོན་པོས་མཛད་པའི་གསོ་བའི་བསྟན་བཅོས་མང་པོ་དང་། འཚོ་བྱེད་ཀྱིས་ཞུས་པ་ཞེས་བྱ་བ་དང་། སྨན་དཔྱད་གཞན་ལ་ཕན་པའི་མདོ་དང་། རིག་པ་རྩའི་མདོ་དང་། འཚོ་བ་ཟས་ཀྱི་མདོ་ལ་སོགས་པ་བདེ་བར་གཤེགས་པས་གསུངས་པ་མང་པོ་མཁྱེན། གཉིས་པ་ལ། དྲང་སྲོང་ལེགས་ཐོབ་ཀྱིས་མཛད་པའི་སྨན་ཡིག་ལེགས་ཐོབ་དང་། སློབ་དཔོན་ཀླུ་སྒྲུབ་ཀྱིས་མཛད་པའི་ཡན་ལག་བཞི་པ་དང་། རྟ་དབྱངས་ཀྱིས་མཛད་པའི་ཡན་ལག་བརྒྱད་པ་ལ་སོགས་པ་མ་ལུས་པར་མཁྱེན། ཇོ་བོ་ཉིད་ཀྱིས་ཀུང་འཚོ་བའི་སྙིང་པོ་ཞེས་བྱ་བ་མཛད། ཇོ་བོ་བོད་དུ་བྱོན་ནས་ཐུགས་དགོངས་ལ་གསོ་བ་རིག་པ་འདི་བོད་ན་སྨན་མེད་པས་ནུབ་ནས་འགྲོ་ལས་ཆེ་སྙམ་པ་ལ། རྗེ་བཙུན་མ་སྒྲོལ་མ་གཡུ་བྱ་ནེ་ཙོ་ཅིག་ཏུ་སྤྲུལ་ཏེ་བྱོན་ནས་སྨན་བསྟན་པར་བགྱི་གཤེགས་པར་ཞུ་ཟེར་ཏེ། དེའི་ཕྱིར་བྱོན་

པས་བོད་ཀྱི་རི་ལུང་ཐམས་ཅད་ཀྱི་སྨན་མ་ལུས་པ་བསྟན། ཇོ་བོའི་ཞལ་ནས། རྒྱ་གར་གྱི་སྨན་རེ་ལ། བོད་ན་སྨན་རེ་ཙི་ནས་ཀྱང་འདུག །སླར་བོད་ཀྱི་སྨན་རང་ནུས་པ་ཆེ་བ་ཙམ་འདུག་གསུང་། ཇོ་བོས་བསམ་ཡས་སུ་སྨན་དཔྱད་ཡན་ལག་བརྒྱད་པ་གསུངས་པའི་དུས་སུ། བྲག་རྒྱབ་ཀྱི་དྭགས་པོ་འབུམ་པའི་ཕས་མཉན་པས། སྨན་དཔྱད་ཤིན་ཏུ་མཁས་པར་གྱུར་གསུང་ངོ་། །ནང་རིག་པ་ལ། ཐེག་པ་ཆུང་ངུ་དང་། ཐེག་པ་ཆེན་པོ་གཉིས་ལས། དང་པོ་ལ། རྩ་བའི་སྡེ་བཞིའི་ལྟ་བ་དང་། སྤྱོད་པ་སྟོན་པ་སྤྱིའི་སྡེ་སྣོད་དགྲ་བཅོམ་པ་ཉེ་སྦས་ཀྱིས་བསྡེབས་པའི་བྱེ་བྲག་བཤད་མཛོད་ཆེན་མོ་ཞེས་བྱ་བ་བམ་པོ་སུམ་བརྒྱ་ཡོད་པ་དེ། ཨོ་དཀྱ་པུ་རིར་བླ་མ་རྣམ་རྒྱལ་ཏ་ལ་ཞག་དྲུག་དྲུག་གསན་ཞིང་། བདུན་པ་ལ་ཕྱིར་བྱོན་ནས། ཉན་ཐོས་ལ་ནུབ་ཚངས་བསྔུངས། ཕྱིར་དགེ་འདུན་ཐམས་ཅད་ཐུན་མོང་དུ་གསོལ་བ་ལས། ཇོ་བོ་ལ་གཞན་དང་མ་སྨོམས་པར་མ་ཏེའི་ཚོ་ཐོམ་བུ་རི་དང་ཀ་ནྣ་ཧར་མཐོ་རི་བ་རེ་ལྷག་པར་འདྲེན། ཕྱིར་ལོ་བཅུ་གཉིས་དགོས་ཀྱང་ཇོ་བོ་བརྩོན་འགྲུས་ཆེ་བས་ལོ་བདུན་ལ་ཐོན་སྐད། དགེ་བཤེས་སྟོན་པ་ནི་རྐྱི་ལམ་དུ་གསན་པར་བཞེད་དོ། །སོ་སོའི་ལ་ཕལ་ཆེན་པའི་འདུལ་བ། མདོ་སྡེ། མངོན་པ་མ་ལུས་པར་མཁྱེན། གནས་བརྟན་པ་དང་། མང་པོས་བཀུར་བའི་མང་དུ་གསན་ཅིང་གཟིགས་པས་མཁྱེན། ཡོད་པར་སྨྲ་བའི་མདོ་སྡེ་དང་མངོན་པ་མང་དུ་གསན་པས་མཁྱེན། འདུལ་བ་ལུང་སྡེ་བཞི་གཟིགས་པས་མཁྱེན། རྩ་བའི་སྡེ་བཞིའི་ལག་ལེན་ཐ་ན་བྱིན་ལེན་དང་ཙུང་ཙམ་ཡན་ཆད་མ་འདྲེས་པར་འབྱེད་མཁྱེན། དེ་ལས་གྱེས་པ་སྡེ་པ་བཅོ་བརྒྱད་ཀྱི་རྗེན་འབྲེལ་གྱི་འཁོར་ལོ་མི་འདྲ་བ་བཅོ་བརྒྱད། སྡོམ་པ་གཏོང་ཐབས་མི་འདྲ་བ་བཅོ་བརྒྱད་ཡོད་པ་དེ་ཐམས་ཅད་མ་འདྲེས་པར་མཁྱེན་གསུང་ངོ་། །ཐེག་པ་ཆེན་པོ་ལ་ཕ་རོལ་ཏུ་ཕྱིན་པ་དང་། གསང་སྔགས་གཉིས་ལས། དང་པོ་ལ་གསུམ་ལས། བདེན་པ་བཞིའི་སྐོར་ཞུགས་པའི་ཐེག་པ་ཆེན་པོ་ནི། ལུང་དབྱུག་པ་

གསུམ་གྱི་ཕྲེང་བ་དང་། རིགས་པ་སློབ་དཔོན་རྟ་དབྱངས་ཀྱིས་མཛད་པའི་མདོ་སྡེ་རྒྱན་ལ་སོགས་པ་ཡོད་དེ། བླ་མ་ཉན་ཐོས་སྡེ་བྲག་ཏུ་སྨྲ་བའི་ལྟ་བ་ལ་བརྟེན་ནས་བྱང་ཆུབ་ཀྱི་སེམས་སྦྱོང་བ་རྣམ་རིག་ཏ་ལ་གསན་ནས་མཁྱེན། མདོ་སྡེ་གཞན་གྱི་སྐོར་ཞུགས་པའི་ཐེག་པ་ཆེན་པོ་ནི། ད་ལྟའི་མདོ་མང་འདི་རྣམས་ཏེ། ཇོ་བོས་མཁྱེན་པས་དགེ་བཤེས་སྟོན་པ་ལ་ཇོ་བོའི་ཞལ་ནས། མདོ་འདི་ཐམས་ཅད་ཉམས་སུ་ལེན་པའི་གདམས་ངག་དང་བཅས་པ་ཤེས་ཏེ་ཁྱེད་ལ་ཚར་རེ་བྱའམ་གསུངས་པ་ལ། བདག་ཤེས་རབ་ཀྱི་ཕ་རོལ་ཏུ་ཕྱིན་པས་མཆི་ལགས་མི་ཞུ་གསུངས་ནས་མ་ཞུས་པར་གདའ། ཤེས་རབ་ཀྱི་ཕ་རོལ་ཏུ་ཕྱིན་པའི་སྐོར་ཞུགས་པའི་ཐེག་པ་ཆེན་པོ་ལ། ལྟ་བ་སེམས་ཙམ་དུ་བགྲོལ་བ་སློབ་དཔོན་རཏྣ་ཨ་ཀ་ར་ཤཱནྟིའི་ལུགས་དང་། དབུ་མར་བགྲོལ་བ་སེངྒེ་བཟང་པོའི་ལུགས་ལ་སོགས་པ་མཁྱེན། གཞན་ཡང་ཐེག་པ་ཆེན་པོའི་མདོ་སྡེ་འདུལ་བ་མངོན་པ་མ་ལུས་པ་དང་། སློབ་དཔོན་ཀླུ་སྒྲུབ་ལ་སོགས་པས་མཛད་པའི་དབུ་མའི་བསྟན་བཅོས་མང་པོ་དང་། སློབ་དཔོན་ཐོགས་མེད་དང་། དབྱིག་གཉེན་ལ་སོགས་པས་མཛད་པའི་རྣལ་འབྱོར་སྤྱོད་པའི་བསྟན་བཅོས་མང་པོ་དང་། གྲུབ་མཐའ་ལ་སོགས་པ་མ་ལུས་པར་མཁྱེན་ཏེ། ཇོ་བོ་ཉིད་ཀྱི་ཞལ་ནས། རྒྱ་གར་ན་བཞུགས་པའི་མདོ་རྒྱུད་བསྟན་བཅོས་ཐམས་ཅད་བྲིས་ནས་ཐྲི་ག་མ་ཤཱི་ལར་བཞུགས་ནས་ཡོད་གསུང་ངོ་། །ཐེག་པ་ཆེན་པོ་གསང་སྔགས་ལ། ལ་ལ་རྒྱུད་སྡེ་བཞིར་འདོད། ལ་ལ་ལྔར་འདོད་པ་ལ། ཇོ་བོའི་བཞེད་པས། བྱ་བའི་རྒྱུད། སྤྱོད་པའི་རྒྱུད། རྟོག་པའི་རྒྱུད། གཉིས་ཀའི་རྒྱུད། རྣལ་འབྱོར་གྱི་རྒྱུད། རྣལ་འབྱོར་ཆེན་པོའི་རྒྱུད། རྣལ་འབྱོར་བླ་ན་མེད་པའི་རྒྱུད་དེ་བདུན་དུ་བཞེད་དེ། དེ་སྐད་དུ། དཔལ་ཡེ་ཤེས་རྡོ་རྗེ་ཀུན་ལས་བཏུས་པའི་རྒྱུད་ཆེན་པོ་ལས། བཅོམ་ལྡན་འདས་ཀྱིས་རྒྱུད་སོ་སོའི་དབྱེ་བ་གསུངས་པ། བྱ་བའི་རྒྱུད་སྟོང་ཕྲག་བཞི། སྤྱོད་པའི་རྒྱུད་སྟོང་ཕྲག་བརྒྱད། རྟོག་པའི་རྒྱུད་སྟོང་ཕྲག་བཞི།

གཉིས་ཀའི་རྒྱུད་སྟོང་ཕྲག་དྲུག །རྣལ་འབྱོར་གྱི་རྒྱུད་གྲངས་མེད། རྣལ་འབྱོར་ཆེན་པོའི་རྒྱུད་སྟོང་ཕྲག་བཅུ་གཉིས། རྒྱས་པར་ཕྱེ་ན་གྲངས་མེད། རྣལ་འབྱོར་བླ་ན་མེད་པའི་རྒྱུད་སྟོང་ཕྲག་བཅུ་གཉིས། རྒྱས་པར་ཕྱེ་ན་གྲངས་མེད་དོ་ཞེས་སོ། །དེ་ལ་བྱ་བའི་རྒྱུད་ཀྱི་གཟུངས་ཐམས་ཅད་དང་། རིག་པ་མཆོག་གི་རྒྱུད་དང་། གར་མཁན་མཆོག་གི་རྒྱུད་དང་། ལེགས་པར་གྲུབ་པར་བྱེད་པའི་རྒྱུད་དང་། དཔུང་པ་བཟང་པོའི་རྒྱུད་དང་། འཇམ་དཔལ་རྩ་བའི་རྒྱུད་ཆེན་པོ་དང་། ཙུན་ཧྣའི་རྒྱུད་དང་། རྡོ་རྗེ་གཙུག་ཏོར་དང་། ཨ་མོ་གྷ་པཱ་ཤ་དང་། རྣམ་པར་རྒྱལ་བའི་རྒྱུད་ཆེན་པོ་ལ་སོགས་པ་སྟོང་ཕྲག་བཞི་པོ་མ་ལུས་པར་མཁྱེན། སྤྱོད་པའི་རྒྱུད་རྣམ་པར་སྣང་མཛད་མངོན་པར་བྱང་ཆུབ་པའི་རྒྱུད་དང་། ལག་ན་རྡོ་རྗེ་དབང་བསྐུར་བའི་རྒྱུད་ལ་སོགས་པ་སྟོང་ཕྲག་བརྒྱད་པོ་མ་ལུས་པར་མཁྱེན། རྟོག་པའི་རྒྱུད་སྒྲོལ་མ་འབྱུང་བའི་རྒྱུད་དང་། དམ་ཚིག་གསུམ་བཀོད་པའི་རྒྱལ་པོའི་རྒྱུད་དང་། རྟོག་པ་ཀུན་ལས་བཏུས་པའི་རྒྱུད་ལ་སོགས་པ་སྟོང་ཕྲག་བཞི་པོ་མ་ལུས་པར་མཁྱེན། གཉིས་ཀའི་རྒྱུད་སྒྱུ་འཕྲུལ་དྲ་བ་དང་། པདྨ་གར་གྱི་དབང་ཕྱུག་གི་རྒྱུད་ལ་སོགས་པ་སྟོང་ཕྲག་དྲུག་པོ་མ་ལུས་པར་མཁྱེན། རྣལ་འབྱོར་གྱི་རྒྱུད་ཏ་ཐཱ་སཾ་གྲ་ཧ་དང་། དཔལ་མཆོག་དང་པོ་དང་། འཇིག་རྟེན་གསུམ་ལས་རྣམ་པར་རྒྱལ་བ་དང་། ཡོ་ག་རྣམ་པར་རྒྱལ་བ་དང་། རྡོ་རྗེ་རྩེ་མོའི་རྒྱུད་ལ་སོགས་པ་གྲངས་མེད་པ་རྣམས་མཁྱེན། རྣལ་འབྱོར་ཆེན་པོའི་རྒྱུད་དཔལ་གསང་བ་འདུས་པ་བཤད་རྒྱུད་དང་བཅས་པ་དང་། ཟླ་གསང་ཐིག་ལེ་དང་། གཤིན་རྗེ་གཤེད་ནག་པོ་དང་། དཔལ་མཆོག་དང་པོ་དང་། ལྷ་ཐམས་ཅད་འདུས་པ་དང་། ཐམས་ཅད་གསང་བ་དང་། འདུལ་བ་དོན་ཡོད་པ་དང་། ཡེ་ཤེས་རྡོ་རྗེ་ཀུན་ལས་བཏུས་པ་དང་། རྣམ་པར་སྣང་མཛད་སྒྱུ་འཕྲུལ་དྲ་བ་དང་། ནམ་མཁའ་དང་མཉམ་པ་ཆུང་ངུ་དང་། གཉིས་སུ་མེད་པ་རྣམ་པར་རྒྱལ་བ་དང་། རྡོ་རྗེ་གཙུག་ཏོར་གྱི་རྒྱུད་ལ་སོགས་པ་སྟོང་

ཕྲག་བཅུ་གཉིས། རྒྱས་པར་ཕྱེ་ན་གྲངས་མེད་པ་བཞུགས་པ་རྣམས་མ་ལུས་པར་མཁྱེན། རྣལ་འབྱོར་བླ་ན་མེད་པའི་རྒྱུད་དཔལ་ནམ་མཁའ་དང་མཉམ་པ་དང་། དཔལ་འཁོར་ལོ་སྡོམ་པ་དང་། སྒྱུ་མ་ཆེན་པོ་དང་། རྡོ་རྗེ་གདན་བཞི་དང་། སངས་རྒྱས་མཉམ་སྦྱོར་དང་། སངས་རྒྱས་ཐོད་པ་དང་། དགེས་པ་རྡོ་རྗེ་འབུམ་ཕྲག་ལྔ་ལ་སོགས་པ་རྒྱུད་སྡེ་སྟོང་ཕྲག་བཅུ་གཉིས་རྒྱས་པར་ཕྱེ་ན་གྲངས་མེད་པ་བཞུགས་པ་རྣམས་མ་ལུས་པར་མཁྱེན། རྒྱུད་སྡེ་དེ་རྣམས་མཁྱེན་པར་ཡང་རིགས་ཏེ། དུས་དང་གནས་སྐབས་གཞན་དུ་གསན་པ་མ་གཏོགས་པ་ནུབ་གཅིག་གི་རྨི་ལམ་དུ་གསན་པ་ཡང་བློའི་ཡུལ་ལས་འདས་པའི་ཕྱིར་རོ། །དེ་ཡང་རྒྱུད་སྡེ་ཐམས་ཅད་མཁྱེན་སླམ་པའི་ཐུགས་དགོངས་མངའ་བ་ལ་ནུབ་ཅིག་རྨི་ལམ་དུ། ཀོ་སོ་མ་པུ་རིའི་སྒོ་སྲུང་གི་པཎྜི་ཏ་དཔལ་ངག་གི་དབང་ཕྱུག་གྲགས་པ་དང་མཇལ། གསེར་མ་ཉི་པ་ཧུ་སྐྱིམ་པ་གང་ཕུལ། བརྡའི་ཕྱུག་བཅུ་གཉིས་བཙལ་ནས། རྒྱུད་འབུམ་ཕྲག་གཅིག་དང་བཞི་བརྒྱ་ལྔ་བཅུ་རྩ་ལྔ་གསན། མནལ་སད་པ་ན་ཐམས་ཅད་མ་བརྗེད་པར་མཁྱེན་ནས་གདའ་སྐད། དེའི་ནང་ན་དོན་དམ་པའི་རྒྱུད་དྲུག་ཅེས་པ་མཐར་ཐུག་འབའ་ཞིག་སྟོན་པ་ཡང་བཞུགས་གདའ་སྐད། དེ་ནས་ཡང་གསང་སྔགས་ང་ལས་མཁས་པ་མེད་སླམ་པའི་ཐུགས་རྒྱལ་མངའ་བ་ལ། ནུབ་ཅིག་རྨི་ལམ་ན་མདུན་གྱི་ནམ་མཁའ་ལ་མཁའ་འགྲོ་མ་མང་པོས་སྔགས་ཀྱི་གླེགས་བམ་མང་པོ་བཅེར་ནས། རྒྱུད་འདི་འདི་སྐད་བྱ་བ་ཡིན་ན། འདི་ཁྱོད་ཀྱིས་ཤེས་སམ་ཞེས་བྱ་བ་ལ་སོགས་པ་གསུངས་པས། ཇོ་བོས་སྔར་མཚན་ཡང་མ་ཐོས་པའི་རྒྱུད་མང་པོ་བཞུགས་ནས་གདའ། ཡོགས་ཅིག་ན་གླེགས་བམ་ནག་ཆུང་ཁ་ཅིག་འདུག །འདི་ཅི་ཡིན་ཞུས་པས། འདི་རྣམས་ཁྱོད་ཀྱིས་ཤེས་པ་རྣམས་ཡིན་གསུངས་པས། དེར་ཐུགས་རྒྱལ་ཆག །ཇོ་བོའི་ཞལ་ནས། མི་ཡུལ་ན་ཐེག་པ་ཆུང་ངུའི་འདུལ་བ་ཉུང་། དེ་བས་ཐེག་པ་ཆུང་ངུའི་མདོ་སྡེ་མང་། དེ་རྣམས་པས་ཐེག་པ་ཆེན་པོའི་མདོ་སྡེ་མང་།

དེ་ཐམས་ཅད་པས་ཐེག་པ་ཆེན་པོའི་མདོན་པ་མང་། དེ་ཐམས་ཅད་པས་བྱ་བའི་རྒྱུད་མང་། དེ་ཐམས་ཅད་པས་རྣལ་འབྱོར་གྱི་རྒྱུད་མང་། དེ་ཐམས་ཅད་པས་མ་རྒྱུད་མང་། དེ་ཐམས་ཅད་ཕྱོགས་གཅིག་ཏུ་བཞག་པ་བས་ཤེས་རབ་ཀྱི་རྒྱུད་མང་སྟེ། མི་ཡུལ་ན་བཞུགས་པ་མ་གཏོགས་པའི་ལྷ་མ་སྲིན་སྡེ་བརྒྱད་ཀྱི་གནས་ན་ཡང་བསམ་གྱིས་མི་ཁྱབ་པ་བཞུགས། འགྲོ་བ་མཐོ་དམའི་དོན་ཡང་འདིའི་སྒོ་ནས་བྱས་པ་མང་གསུང་། ཡང་ཇོ་བོའི་ཐུགས་དགོངས་ལ། འོན་ཀྱང་མི་ཡུལ་ན་བཞུགས་པའི་ཐེག་པ་ཆེན་པོ་གསང་སྔགས་ལ་ང་ལས་མཁས་པ་མེད་སྙམ་པའི་ཐུགས་རྒྱལ་མངའ་བ་ལ། ཕྱིས་བོད་དུ་ཕྱོན་ནས་བསམ་ཡས་པེ་ཀར་གྱི་གླིང་། དཀོར་མཛོད་ཅིག་ཁ་ཕྱེ་ནས་རྒྱ་དཔེ་ལ་གཟིགས་པས། སྔར་གསན་གཟིགས་མ་མཛད་པའི་རྒྱུད་སྡེ་མང་པོ་བཞུགས་ཤིང་གདའ་སྐད་དེ། སློབ་དཔོན་པདྨས་ཛུ་འཕྲུལ་གྱིས་ལྷ་ཀླུའི་ཡུལ་དང་། དཔལ་ཤྲཱི་ལེན་དྲ་ནས་རྒྱུད་སྡེ་ཐམས་ཅད་བསམ་ཡས་སུ་སྤྱན་དྲངས་པས་མང་བ་ཡིན་གསུང་། ཇོ་བོའི་ཞལ་ནས་གསང་སྔགས་འདི་ལ་མི་ཤེས་པ་མེད་སྙམ། མཁའ་འགྲོ་མ་རྣམས་ཀྱིས་ཀྱང་ནམ་མཁའ་ནས་གཞལ་ཡས་ཁང་དཔག་ཏུ་མེད་པའི་སྒོ་ཕྱེ་ནས་རྒྱུད་སྡེ་མང་པོ་བསྟན་པ་ཡིན་པ་ལ་འདི་རྣམས་མི་གདའ། ཐེག་པ་ཆེན་པོ་གསང་སྔགས་འདི་ལ་མཐའ་མདོན་རྒྱུ་ཡོད་ཡོད་མི་འདྲ་གསུངས་ནས་ཐུགས་རྒྱལ་ཆག་བོད་ཀྱི་རྒྱལ་པོ་ལ་རྗེས་སུ་ཡི་རང་བ་མཛད་ནས་བོད་ཀྱི་བསྟན་པ་དར་དུས་དེ་འདྲ་བ་རྒྱ་གར་དུ་ཡང་མ་བྱུང་བར་འདུག་གསུང་ངོ་། །ཕྱི་རོལ་པ་ཞེས་པ་ཕྱི་རོལ་མུ་སྟེགས་པའི་ཆོས་ཡིན་ཏེ། རིག་བྱེད་པ། གྲངས་ཅན་པ། བྱེ་བྲག་པ། རྒྱང་པ་པ་ཞེས་བྱ་བ་རྩ་བའི་སྡེ་བཞི་ལ་བརྟེན་པའི་གཞུང་ལུགས་མང་པོ་ཇོ་བོས་མཁྱེན་ཏེ། ཁྱབ་འཇུག་གིས་བྱས་པའི་གཞུང་མང་པོ་དང་། དབང་ཕྱུག་ཆེན་པོས་བྱས་པའི་གཞུང་མང་པོ་དང་། དྲང་སྲོང་ཆེན་པོ་སེར་སྐྱས་བྱས་པའི་གྲངས་བདུན་ཅུ་ལ་སོགས་པ་ཕྱི་རོལ་པའི་བསྟན་བཅོས་མང་པོ་དང་།

རྣལ་འབྱོར་སྙིང་པོ་ལ་སོགས་པ་ཕྱི་རོལ་པའི་གསང་སྔགས་མང་པོ་དང་། མུ་སྟེགས་ཀྱི་གྲུབ་མཐའ་མ་ལུས་པ་ཡང་མཁྱེན་པ་ཡིན་གསུང་། ཇོ་བོའི་ཞལ་ནས་རྒྱ་གར་ན་མི་བརྒྱའི་ནང་ནས་གྲུབ་མཐའ་འཛིན་པ་གཅིག་ལས་མི་འོང་། གྲུབ་མཐའ་འཛིན་པ་བརྒྱའི་ནང་ནས་ནང་པ་གཅིག་ལས་མི་འོང་། ནང་པ་བརྒྱའི་ནང་ནས་ཐེག་པ་ཆེན་པོ་པ་གཅིག་ལས་མི་འོང་གསུང་ངོ་། །བརྒྱུད་པའི་གདམས་པ་དང་ལྡན་པའི་བླ་མ་ཇི་ལྟར་བསྟེན་པ་ནི། ཡོན་ཏན་ཐམས་ཅད་ཀྱི་རྩ་བ་བླ་མ་ཡིན་པས་ཇོ་བོས་བླ་མ་དམ་པ་བཙལ་བའི་ཕྱིར་རྒྱ་མཚོ་ཆེན་པོར་ཡང་ལན་གསུམ་ཞུགས། དམ་པའི་ཆོས་ཀྱི་ཕྱིར་རྟག་ཏུ་ངུ་བཞིན་དུ་ལུས་དང་སྲོག་ལ་མ་གཟིགས་པར་རྒྱ་གར་ཡུལ་དབུས་ཆེན་པོ་འདི་དང་། ཞྭ་དང་། ཁ་ཆེ་དང་། ཟ་ཧོར་དང་། གསེར་གླིང་དང་། ཟངས་གླིང་དང་། ནགས་གླིང་ལ་སོགས་པར་བྱོན་ནས་ཆོས་ལུགས་རེ་རེ་ལ་ཡང་བླ་མ་དཔག་ཏུ་མེད་པ་བཙལ། ཨུ་རྒྱན་དུ་བྱོན་ནས་ཐེག་པ་ཆེན་པོ་གསང་སྔགས་ལ་མཁས་པར་གྲགས་པ་དང་། མ་གྲགས་པའི་ཡོན་ཏན་ནང་དུ་སྦེད་པའི་རྣལ་འབྱོར་པ་མང་པོ་ལ་ཡང་ཆོས་ཞུས། བླ་མ་དེ་རྣམས་ཐམས་ཅད་ཀྱང་གྲུབ་པ་ཐོབ་པ་སངས་རྒྱས་དང་བྱང་ཆུབ་སེམས་དཔའ་མང་པོའི་ཞལ་གཟིགས་ཤིང་བྱིན་གྱིས་བརླབས་པ་ཤ་སྟག་ཡིན་གསུང་། བླ་མ་དེ་རྣམས་ལ་སྤྱིར་བརྒྱུད་པ་མང་ན་ཡང་ཐེག་པ་ཐུན་མོང་བའི་བརྒྱུད་པ་དང་། ཐེག་པ་ཆེན་པོའི་བརྒྱུད་པ་གཉིས་ཡིན་གསུང་། ཐེག་པ་ཐུན་མོང་བའི་བརྒྱུད་པ་ནི། འཕགས་པ་འཇམ་དཔལ་གྱིས་སངས་རྒྱས་ཡེ་ཤེས་ཞབས་ལ་གསུངས། དེས་མར་མེ་མཛད་བཟང་པོ་ལ། དེས་ཡི་གེ་པ་ལ། དེས་ཀཱ་ཏྲ་པ་ལ། དེས་མཁན་པོ་ཀྲྀཥྞ་ཤྲཱི་མི་ཏྲ་ཆེན་པོ་ལ། དེས་ཇོ་བོ་ལ་གསུངས་ཏེ། བརྒྱུད་པ་བདུན་པོ་དེ་རྣམས་ཐེག་པ་ཐམས་ཅད་ལ་མཁས་པའི་ཕུལ་དུ་ཕྱིན་པ། མཚན་ཙམ་ཐོས་པས་ཀྱང་སྒྲིབ་པ་དཔག་ཏུ་མེད་པ་འཛད་ཅིང་ཚོགས་དཔག་ཏུ་མེད་པ་རྫོགས་པ་ཡིན་གསུང་། ཐེག་པ་ཆེན་པོའི་བརྒྱུད་

པ་ལ་ལྔའམ་བཞི་ཡིན་ཏེ། ལྔ་ནི། ཐེག་པ་ཆེན་པོ་གསང་སྔགས་ཀྱི་བརྒྱུད་པ་དང་། ཕ་རོལ་ཏུ་ཕྱིན་པའི་བརྒྱུད་པ་དང་། ཐུན་མོང་གི་བརྒྱུད་པ་དང་། གྲུབ་པ་ཐོབ་པའི་བརྒྱུད་པ་དང་། བྱིན་རླབས་ཀྱི་བརྒྱུད་པའོ། །གསང་སྔགས་ཀྱི་བརྒྱུད་པ་ལ་ཡང་། གསང་སྔགས་མཐའ་དག་གི་བརྒྱུད་པ་དང་། གསང་བ་འདུས་པའི་བརྒྱུད་པ་དང་། མ་རྒྱུད་ཀྱི་བརྒྱུད་པ་དང་། ཀྲི་ཡོ་གའི་བརྒྱུད་པ་དང་། གཤིན་རྗེ་གཤེད་ཀྱི་བརྒྱུད་པ་དང་ལྔ་ལས། གསང་སྔགས་མཐའ་དག་གི་བརྒྱུད་པ་ནི། སློབ་དཔོན་ཀླུ་སྒྲུབ། ཨཱརྻ་དེ་བ། མ་ཏི་ཙ་ལ། ཏེ་ལ་ཡོ་གི། ཙ་ཏི་པ་ལ། མཉྫུ་ཤྲཱི་ཛྙཱ་ན། ཛྙཱ་ཧྲི་ཛྙཱ་ན། ཤཱནྟི་པ། ཇོ་བོ་རྗེ། བརྒྱུད་པ་དེ་རྣམས་ཀྱི་གསང་སྔགས་མ་ལུས་པའི་གདམས་པ་ཇོ་བོ་ལ་མངའ་བ་ཡིན། ཡང་ལུགས་གཅིག་ལ་སློབ་དཔོན་སངས་རྒྱས་ཡེ་ཤེས། སངས་རྒྱས་གསང་བ། སངས་རྒྱས་ཞི་བ། ཀུ་སུ་ལུ་ཆེན་པོ། ཀུ་སུ་ལུ་ཆུང་བ། ཇོ་བོ་རྗེ་བརྒྱུད་པ་དྲུག་པོ་དེ་རྣམས་ཀྱང་གསང་སྔགས་མཐའ་དག་གི་བརྒྱུད་པ་ཡིན་ཏེ། དེ་རྣམས་ཀྱི་གདམས་པ་མ་ལུས་པ་ཡང་ཇོ་བོ་ལ་མངའ་བ་ཡིན་གསུང་། གསང་བ་འདུས་པའི་བརྒྱུད་པ་ནི། རྒྱལ་པོ་ཨིནྡྲ་བོ་དྷི་ཞེས་བྱ་བ་ཨུ་རྒྱན་གྱི་ཡུལ་ཕོ་བྲང་རིམ་པ་བཅུ་གསུམ་གྱི་སྟེང་ན་བཞུགས་པའི་དུས་སུ་བྱ་སེར་པོ་ཁྲུ་རེ་སྔ་དྲོ་ལྷོ་ཕྱོགས་སུ་སོང་ཞིང་ཕྱི་དྲོ་བྱང་ཕྱོགས་སུ་ལྡོག་པ་གཟིགས། བློན་པོ་རྒྱལ་བཟང་ལ་དྲིས་པས་རྒྱུས་མེད་ཟེར། གྲོང་ཁྱེར་བའི་མི་ལ་དྲིས་པས། བྱ་མ་ཡིན། ཟས་གཙང་གི་སྲས་པོ་སངས་རྒྱས་པའི་འཁོར་དགྲ་བཅོམ་པ་རྣམས་རྫུ་འཕྲུལ་གྱིས་བསོད་སྙོམས་ལ་བྱོན་ཞིང་ལོག་པ་ཡིན་ཟེར་བས་ཤིན་ཏུ་དད་དེ། གསོལ་བ་བཏབ་པས་ཕོ་བྲང་དུ་བྱོན་པ་ལ་བསྙེན་བཀུར་བྱས་ནས། བཙུན་པ་བཅོམ་ལྡན་འདས་བདག་སྐྱེ་ཀ་ན་འཆི་ལས་ཐར་པའི་ཐབས་བསྟན་དུ་གསོལ་ཞེས་ཞུས་པས། ཁབ་སྤོངས་གསུང་། ཁབ་སྤང་བ་ཇེ་མི་ཐོགས་པས། དེ་མ་སྤངས་བཞིན་དུ་འཚང་རྒྱ་བའི་ཐབས་བསྟན་དུ་གསོལ་ཞེས་ཞུས་པས། རྡོ་རྗེ་འཆང་དུ་སྤྲུལ་ནས་རྒྱལ་པོ་འཁོར་

དང་བཅས་པ་ལ་དབང་བསྐུར་མཛད། གསང་བ་འདུས་པའི་རྒྱུད་གདམས་ངག་དང་བཅས་པ་བསྟན་པས་ཐམས་ཅད་ཀྱིས་ཕྱག་རྒྱ་ཆེན་པོའི་དངོས་གྲུབ་ཐོབ་ནས་ཨུ་རྒྱན་གྱི་ཡུལ་སྟོངས་པ་ཙམ་དུ་སོང་། དེར་སངས་རྒྱས་ཀྱི་ཡུལ་དེ་ཀླུའི་སྣང་ངོར་མཚོར་བྱིན་གྱིས་བརླབས་ནས། ཀླུའི་བུ་ཕོ་མོ་མང་པོ་བཀུག་ནས་རྒྱུད་ཐམས་ཅད་གཏད། དེ་རྣམས་ཀྱིས་ཉམས་སུ་བླངས་པས་མི་ཐེ་འདྲ་ལ་རྫོ་རྗེ་མཁའ་འགྲོ་ཕ་མར་གྱུར་ནས། རྒྱུད་ཀྱི་བདག་པོ་བྱེད་པར་གྱུར་ཏེ། རྒྱལ་པོ་དེས། ཀླུ་མོ་རྣལ་འབྱོར་མ་ལ། དེས་ལྷོ་ཕྱོགས་ན་ར་ཞེས་བྱ་བ་ན་བྲམ་ཟེ་བཟའ་མི་གཉིས་ལ་བུ་ཤེས་རབ་ཀྱི་རྟགས་དང་ལྡན་པ་ཅིག་བྱུང་། དེ་གཞོན་ནུ་ལ་བྲམ་ཟེའི་རིག་བྱེད་ཐམས་ཅད་ལ་མཁས་པར་གྱུར་པའི་དུས་སུ། བུ་མོ་གཞོན་ནུ་ཅིག་ཏུ་སྤྲུལ་ནས་ཁྱོད་ཀྱི་སྐྱེ་བ་སྔ་མའི་སློམ་འགྲོ་འདི་ཡིན་ཞེས་ཚིགས་བཅད་བསྟན་ནས་ཕྱག་རྒྱ་ཆེན་པོའི་གནས་སུ་སོང་བྱས་པས། དེས་ནགས་སུ་ཕྱིན་ཏེ་བསྒྲུབས་པས་དངོས་གྲུབ་ཐོབ་པ་ནི་བྲམ་ཟེ་ཆེན་པོ་ས་ར་ཧ་ཞེས་གྲགས་སོ། །དེས་སློབ་དཔོན་ཀླུ་སྒྲུབ། ཙ་ན་ཀྲྀཏྟི། བླྀཏྟ་མཻ་ཏྲི། ཙ་པི་པ་ལ་ཏ། རོལ་པའི་རྡོ་རྗེ། ས་འགེབས་པའི་ཞབས། ཤཱནྟི་པ། ཇོ་བོ་སྟེ་བརྒྱུད་པ་བཅུ་གཅིག་པོ་དེ་དང་། ཡང་འཕགས་པ་ཀླུ་སྒྲུབ། ཟླ་བ་གྲགས་པ། རིག་པའི་ཁུ་བྱུག །ཀུ་སུ་ལུ་ཆུང་བ། ཇོ་བོ་སྟེ་བརྒྱུད་པ་ལྔ་དང་། ཡང་སངས་རྒྱས་ཡེ་ཤེས་ཞབས་ཆེན་པོ། པདྨ་པ། རྒྱལ་པོ་ཨིནྡྲ་བོ་དྷི། ལྭ་བ་ལེགས་སྨིན། རྒྱལ་པོ་སྤྲི་བོ་སྐྱེས། འཇམ་དཔལ་བཤེས་གཉེན། སངས་རྒྱས་ཡེ་ཤེས། ཀཾ་པ་ལའི་ཞབས། རོལ་པའི་རྡོ་རྗེ། ས་འགེབས་པའི་ཞབས། ཤཱནྟི་པ། ཇོ་བོ་སྟེ་བརྒྱུད་པ་བཅུ་གསུམ་མོ། །དེ་ལྟར་གསང་འདུས་ལ་བརྒྱུད་པ་ཚར་གསུམ་གྱི་ཡོན་ཏན་མ་ལུས་པ་ཇོ་བོ་ལ་མངའ་བ་ཡིན་གསུང་། མ་རྒྱུད་ཀྱི་བརྒྱུད་པ་ནི། སློབ་དཔོན་ཀླུའི་ས། འདང་གི་བ། ཀྲྀ་རི་ཀ་པ། བྲམ་ཟེ་ཛོ་ཏྲ་རི། ཇོ་བོ་སྟེ་བརྒྱུད་པ་ལྔ་པོ་དེ་ཡང་བདེ་མཆོག་གིས་བྱིན་གྱིས་བརླབས་པ། མཁའ་འགྲོ་མས་ལུང་བསྟན་ཐོབ་པ། རྣལ་འབྱོར་པ

སྒྲུབ་པ་ཚུལ་དང་མཐུན་པར་བྱས་པ། རིག་པ་ལས་སུ་རུང་བར་བྱས་པ། མངོན་པར་ཤེས་པ་རྒྱ་ཆེན་པོ་དང་ལྡན་པ་ཡིན་ཏེ། དེ་རྣམས་ཀྱི་ཡོན་ཏན་མ་ལུས་པ་ཇོ་བོ་ལ་མངའ་བ་ཡིན་གསུང་། གླེ་ཡོག་གི་བརྒྱུད་པ་ནི། སངས་རྒྱས་ཡེ་ཤེས། སངས་རྒྱས་ཞི་བ། སངས་རྒྱས་གསང་བ། ཀུ་སུ་ལུ་ཆེ་བ། ཀུ་སུ་ལུ་ཆུང་བ། ཇོ་བོ་སྟེ། བརྒྱུད་པ་དྲུག་པོ་དེའི་ཡང་ཡོན་ཏན་མ་ལུས་པ་ཇོ་བོ་ལ་མངའ་བ་ཡིན་གསུང་། གཤིན་རྗེ་གཤེད་ཀྱི་བརྒྱུད་པ་ནི། ཀ་མ་ལ་རཀྵི་ཏ། ནག་པོ་ཞབས་ཆེན་པོ། ཇོ་བོ་སྟེ། བླ་མ་གསང་སྔགས་ཀྱི་རྣལ་འབྱོར་པ་ཆེན་པོ་དེ་རྣམས་ཀྱི་ཡོན་ཏན་མ་ལུས་པ་ཡང་ཇོ་བོ་ལ་མངའ་བ་ཡིན་གསུང་། དེ་ལྟར་བླ་མ་དེ་རྣམས་གསང་སྔགས་ལ་གྲགས་པའི་ཡོན་ཏན་མ་ལུས་པ་མངའ་ཞིང་ཇོ་བོ་ལ་གདམས་པ་མ་ལུས་པར་གནང་། ཇོ་བོས་ཀྱང་ཡོན་ཏན་ཐུམ་པ་གང་ཕྱིའི་ཚུལ་དུ་བོན་པ་ཡིན། དེ་རྣམས་སྔགས་ལ་མཁས་པར་གྲགས་སུ་ཟད། ཕ་རོལ་ཏུ་ཕྱིན་པའི་ཡོན་ཏན་མེད་པ་མ་ཡིན་གསུང་ངོ་། །ཕ་རོལ་ཏུ་ཕྱིན་པའི་བརྒྱུད་པ་ལ། ཤིང་རྟ་ཆེན་པོའི་སྲོལ་གཉིས་ཏེ། ལྟ་བ་རྣམ་པར་དག་པའི་རྒྱུད་དང་། སྤྱོད་པ་རྣམ་པར་དག་པའི་རྒྱུད་དོ། །ལྟ་བའི་བརྒྱུད་པ་ནི། སློབ་དཔོན་ཀླུ་སྒྲུབ། ཟླ་བ་གྲགས་པ། རིག་པའི་ཁུ་བྱུག །ཨ་བ་དྷཱུ་ཏི་པ་ཆེ་ཆུང་། ཇོ་བོ་སྟེ། བརྒྱུད་པ་དྲུག་པོ་གནས་ལུགས་ཀྱི་དོན་ཕྱིན་ཅི་མ་ལོག་པར་རྟོགས་པ་འདི་རྣམས་ཀྱི་ཡོན་ཏན་མ་ལུས་པ་ཡང་ཇོ་བོ་ལ་མངའ་བ་ཡིན། སྔ་ཐང་ན་བཞུགས་པའི་དུས་སུ་སློབ་དཔོན་རིག་པའི་ཁུ་བྱུག་ལ་ཡང་ཆོས་ཐུན་འགའ་མཉན་གསུང་། ཇོ་བོ་དང་པོ་བླ་མ་རཱ་ཧུ་ལ་གུཔྟ་ཨ་ཀ་ར་ཤཱནྟི་པའི་ལྟ་བ་སེམས་ཙམ་རྣམ་བརྫུན་འཛིན་པ་ལ་ཕྱིས་དེ་བོར་ནས་སློབ་དཔོན་ཀླུ་སྒྲུབ་ལུགས་ཀྱི་ལྟ་བ་འཛིན་པ་ཡིན། ལྟ་བ་དེ་འབོར་བ་ལ་ཇོ་བོས་བླ་མ་ཤཱནྟི་པ་ལ་འབྲུལ་བ་ཆེན་པོ་བྱས་ཀྱང་མ་མཉེས་ཏེ། སློབ་མ་བྱ་བ་ལྟ་བ་འཛིན་པ་ཅིག་དགོས་པ་ཡིན་གསུང་སྐད་དོ། །དེ་རྣམས་ལྟ་བ་རྣམ་པར་དག་པའི་བརྒྱུད་པ་ཡིན་བྱས་སུ་ཟད། སྤྱོད་པ་རྣམ་པར་དག་

པ་མེད་པ་མ་ཡིན་གསུང་། སྤྱོད་པ་རྣམ་པར་དག་པའི་བརྒྱུད་པ་ནི། རྒྱལ་བ་བྱམས་པ་ནས་བརྒྱུད་པ་དང་། འཕགས་པ་འཇམ་དཔལ་ནས་བརྒྱུད་པ་གཉིས་ལས། བྱམས་པ་ནས་བརྒྱུད་པ་ནི། ས་བཅུའི་བྱང་ཆུབ་སེམས་དཔའ་སྐྱེ་བ་གཅིག་གིས་ཐོགས་པ་རྒྱལ་ཚབ་ཏུ་དབང་བསྐུར་ཞིང་དེ་བཞིན་གཤེགས་པའི་གསང་བའི་གནས་ཐམས་ཅད་ལ་ཕྲོག་ཏུ་མ་གྱུར་པ། སངས་རྒྱས་དང་གཞན་དོན་འཕྲིན་ལས་མཉམ་པའི་རྒྱལ་བ་བྱམས་པ། ཆོས་ཀྱི་རྒྱུན་གྱི་ཏིང་ངེ་འཛིན་གྱི་མཐུས་འཕགས་པ་བྱམས་པ་ལ་ཆོས་གསན་ནས་ཛམྦུ་གླིང་དུ་ཐེག་པ་ཆེན་པོའི་ཆོས་དར་བར་མཛད་པའི་སློབ་དཔོན་ཐོགས་མེད། སྐྱེ་བ་ལྔ་བརྒྱར་པཎྜི་ཏར་འཁྲུངས་པས་སྐྱེས་ཐོབ་ཀྱི་ཤེས་རབ་ཕུན་སུམ་ཚོགས་པ། ཡི་དམ་གྱི་ལྷ་ཞལ་གཟིགས་ཤིང་འབུམ་སྡེ་བརྒྱད་ཅུ་ཐུགས་ལ་མངའ་བའི་སློབ་དཔོན་དབྱིག་གཉེན། ས་ལ་གནས་པའི་བྱང་ཆུབ་སེམས་དཔའ་འཕགས་པ་རྣམ་གྲོལ་སྡེ། བློ་གྲོས་མཆོག་དང་ལྡན་པས་བསྟན་བཅོས་ཀུན་ལ་མཁས་ཤིང་ཕྱིར་མི་ལྡོག་པའི་རྟགས་ཐོབ་པ་བཙུན་པ་རྣམ་གྲོལ་སྡེ། སྡོམ་པ་གསུམ་དང་ལྡན་ཞིང་བླ་མ་ལ་གུས་པས་གསུང་བཞིན་དུ་སྒྲུབ་པ་མཆོག་གི་སྡེ། དཀའ་བ་དཔག་ཏུ་མེད་པ་བསྒྲུབས་པས་འཁོར་འདས་གཉིས་མེད་དུ་རྟོགས་པ་དུལ་བའི་སྡེ། གྲུབ་པ་བརྙེས་ཤིང་འཕགས་པའི་ཡོན་ཏན་དང་ལྡན་པ་རྣམ་པར་སྣང་མཛད་བཟང་པོ། ལུང་རིགས་གཉིས་ལ་མཁས་ཤིང་བྱམས་པའི་ཐུགས་དང་ལྡན་པ་སེང་གེ་བཟང་པོ། སློའི་དྲི་མ་དང་བྲལ་བས་ཐམས་ཅད་ནམ་མཁའ་ལྟར་ཐུགས་སུ་ཆུད་པ་རིན་ཆེན་བཟང་པོ། རིན་ཆེན་སྡེ། གསེར་གླིང་པ། ཇོ་བོ་སྟེ། བླ་མ་དེ་རྣམས་ཀྱང་ལ་ལ་ནི་མཆོག་གི་དངོས་གྲུབ་ཐོབ། ལ་ལ་ནི་ཐུན་མོང་གི་དངོས་གྲུབ་ཐོབ་པ། མཚན་ཙམ་ཐོས་པས་ཀྱང་སྒྲིབ་པ་དཔག་ཏུ་མེད་པ་འཛད། ཚོགས་དཔག་ཏུ་མེད་པ་རྫོགས་པའི་བརྒྱུད་པ་དེ་རྣམས་ཀྱི་ཡོན་ཏན་མ་ལུས་པ་ཇོ་བོ་ལ་མངའ་བ་ཡིན། དེ་རྣམས་སྤྱོད་པ་རྣམ་པར་དག་པའི་བརྒྱུད་པ་ཡིན་བྱས་སུ་ཟད།

ལྷ་བ་མེད་པ་མ་ཡིན་གསུང་། འཕགས་པ་འཇམ་དཔལ་ནས་བརྒྱུད་པ་ནི། འཕགས་པ་འཇམ་དཔལ་ནི་སངས་རྒྱས་ཡིན་ཡང་། སེམས་ཅན་གྱི་དོན་ལ་འཁོར་བ་མ་སྟོངས་བར་དུ་བྱང་ཆུབ་སེམས་དཔའི་ཆ་བྱད་འཛིན་པ་ཡིན་ནོ། །སློབ་དཔོན་བློ་གྲོས་མི་ཟད་པ་ནི། ཡོན་ཏན་དཔག་ཏུ་མེད་པ་དང་ལྡན་པ་ཡིན་ཏེ། མདོར་ན་ཡོན་ཏན་ཇི་ཙམ་དང་ལྡན་ཞེ་ན། ཕ་རོལ་ཏུ་ཕྱིན་པ་ལ་གྲགས་པའི་ཡོན་ཏན་ལྔ་དང་། གསང་སྔགས་ལ་གྲགས་པའི་ཡོན་ཏན་བརྒྱད་དེ། བཅུ་གསུམ་གྱིས་བརྒྱན་པའོ། །གཞན་ཡང་མཚན་དྲུག་ཏུ་གྲགས། ངོ་མཚར་གྱི་གཏམ་བདུན་དང་ལྡན་པ་ལ་སོགས་པའོ། །དགེ་སློང་ཨེ་ལ་ཧྲ་རི་ནི། སློབ་དཔོན་བློ་གྲོས་མི་ཟད་པ་དང་ཡོན་ཏན་མཉམ་སྟེ། སྔོན་ལ་སློབ་དཔོན་གྱིས་བྱིན་གྱིས་བརླབས་ལ། ཕྱིས་འཇམ་དཔལ་དང་མཇལ་ནས་བྱིན་གྱིས་བརླབས་སོ། །སློབ་དཔོན་དཔའ་བོ་རྡོ་རྗེ་ནི། རང་བཞིན་གྱི་ཡོན་ཏན་མང་པོ་དང་ལྡན་པ། ཁྱད་པར་དུ་སྦྱངས་པའི་ཡོན་ཏན་བཅུ་གཉིས་དང་ལྡན་པའོ། མནྟྲ་ཤྲཱི་ལ་མནྟྲ་ནི་ཆེན་པོ་སྟེ། ཐེག་པ་ཆེན་པོའི་རིགས་སུ་སྐྱེས་པའོ། །ཤྲཱི་ནི་དཔལ་ཏེ་ཟག་མེད་ཀྱི་བདེ་བའི་དཔལ་ཐོབ་པའོ། །རཏྣ་བོ་དྷི་སཏྭ་ནི། རིན་པོ་ཆེ་སྟེ། རིན་པོ་ཆེ་དང་འདྲ་བར་རྟོག་པ་མེད་ཀྱང་གཞན་དོན་བྱེད་པར་འགྱུར་རོ། །སཏྭ་ནི། བྱང་ཆུབ་སེམས་སམ། ཏ་ས་ཏ་ན་སེམས་དཔའ་ཆེན་པོ་ཞེས་མཚན་དོན་དང་ལྡན་པའོ། །གསེར་གླིང་པ། ཇོ་བོ་སྟེ། མཚན་ཙམ་གྱིས་ཀྱང་འགྲོ་བ་དཔག་ཏུ་མེད་པའི་དོན་མཛད་པའི་བླ་མ་འདི་རྣམས་ཀྱི་ཡང་ཡོན་ཏན་མ་ལུས་པ་ཇོ་བོ་ལ་མངའ་བ་ཡིན། བརྒྱུད་པ་འདི་རྣམས་ཐམས་ཅད་སྤྱོད་པ་རྣམ་པར་དག་པ་བྱང་ཆུབ་ཀྱི་སེམས་པོ་ནས་སེམས་ཅན་གྱི་དོན་མཛད་དེ། ལྷ་བ་མེད་པ་མ་ཡིན་གསུང་། སྔགས་ཕ་རོལ་ཏུ་ཕྱིན་པ་གཉིས་ཀའི་བརྒྱུད་པ་ནི། སློབ་དཔོན་ཀླུ་སྒྲུབ། འཕགས་པ་ལྷ། ཟླ་བ་གྲགས་པ། ཏི་ལ་ཡོ་གི །རིག་པའི་ཁུ་བྱུག །ཡེ་ཤེས་བྱང་ཆུབ། འཇམ་དཔལ་བཟང་པོ། རཏྣ་ཨཱ་ཀ་ར་ཤཱནྟི། ཨ་ཏི་ཤ་ཞེས་འབྱུང་། གཞན་

ཡང་སློབ་དཔོན་ཀླུ་སྒྲུབ། ཨཱརྻ་དེ་བ། མ་ཏྲི་ཙེ་ཏ། ཏི་ལོ་ཡོ་གི །ཙ་ཏྲི་པ་ལ། མཉྫུ་ཤྲཱི་ཧྲ་དྲ། ཇོ་ཏྲི་ཧྲ་དྲ། ཤཱནྟི་པ། ཇོ་བོའོ། །འདི་རྣམས་སྔགས་དང་ཕ་རོལ་ཏུ་ཕྱིན་པ་གཉིས་ཀ་ལ་མཁས་པ་ཡིན་ཏེ། འདི་རྣམས་ཀྱི་ཡོན་ཏན་མ་ལུས་པ་ཡང་ཇོ་བོ་ལ་མངའ་བ་ཡིན་གསུང་། གྲུབ་པ་ཐོབ་པའི་བརྒྱུད་པ་གཉིས་ལས། གཅིག་འཇམ་དཔལ་བཟང་པོ། ཤཱནྟི་པ། ཇོ་བོ་ཉིད་དོ། །ཡང་སློབ་དཔོན་ཆེན་པོ་ཕྲུག་ན་རྡོ་རྗེ། པདྨ་པ། རྒྱལ་པོ་ཨིནྡྲ་བོ་དྷི། ཟླུམ་ལེགས་སྒྲིན། ཛྙཱ་ན་བོ་དྷི། ཙོའི་པ་ལ། བཛྲ་བོ་དྷི། མཉྫུ་ཤྲཱི་ཧྲ་དྲ། ཤཱནྟི་པ། ཇོ་བོ་ཉིད་དེ། བླ་མ་དེ་རྣམས་གྲུབ་པ་ཐོབ་པའི་སྙིགས་ཟམ་ལ་བརྒྱུད་པ། མཆོག་དང་ཐུན་མོང་གི་དངོས་གྲུབ་མ་ལུས་པར་བརྙེས་པ། མཚན་ཙམ་ཐོས་པས་ཀྱང་ཚོགས་དཔག་ཏུ་མེད་པ་རྫོགས་ཤིང་སྒྲིབ་པ་དཔག་ཏུ་མེད་པ་འཛད་པར་ནུས་པ་ཡིན་ཏེ། དེ་རྣམས་ཀྱི་ཡོན་ཏན་མ་ལུས་པ་ཡང་ཇོ་བོ་ལ་མངའ་བ་ཡིན་གསུང་། བྱིན་རླབས་ཀྱི་བརྒྱུད་པ་གཉིས་ལས། དང་པོ་རྡོ་རྗེ་འཆང་གིས་བྱིན་གྱིས་བརླབས་པ་ས་ལ་གནས་པའི་བྱང་ཆུབ་སེམས་དཔའ་ཏཻ་ལོ་པ་ཤེས་རབ་བཟང་པོ། དཀའ་བ་བཅུ་གཉིས་མཛད་ནས་བླ་མ་བསྟེན་པ་ཏཻ་ལོ་པས་བྱིན་གྱིས་བརླབས་ཤིང་རྟོགས་པ་འཁྲུངས་པ་རྗེ་བཙུན་ན་རོ་པ། དང་པོ་ལྷ་ཤང་ཀ་ར་ལ་དད་པ་ལ་ན་རོ་པས་བྱིན་གྱིས་བརླབས་པས་ཕྱག་རྒྱ་ཆེན་པོ་མཆོག་གི་དངོས་གྲུབ་བརྙེས་པ་སློབ་དཔོན་ཌོཾ་བྷི་པ། བླ་མ་དེའི་ཡོན་ཏན་ཇོ་བོས་གསན་ནས་མཇལ་དུ་ཕྱིན་པས་མ་རྙེད། ཕྱོག་ཏུ་མནྟལ་ཕུལ་ཞིང་གསོལ་བ་བཏབ་པས། ནུབ་ཅིག་གི་རྨི་ལམ་ན། དགེ་སློང་ཅིག་ཤ་ནའི་ཆོས་གོས་ནི་གསོལ། མི་ཤ་ལག་པ་ཅིག་གསོལ་ཞིང་བྱོན། རབ་ཏུ་བྱུང་བ་མི་ཤ་ཟ་བ་མ་ལེགས་སྙམ་པ་དང་། སངས་རྒྱས་ལ་ཡང་འཕྲུལ་པ་མངའ་འམ་གསུངས་པས། སྐྱེངས་པ་ཐབས་སུ་བྱུང་། ཁྱོད་ཅིག་ཀྱང་འདོད་དམ་གསུང་། འཚལ་ལགས་གསུངས་པས་སྤྲིན་ལག་ཅིག་གནང་། དེ་གསོལ་བར་རྨིས་པས་བྱིན་རླབས་ཞུགས་ནས་སང་ནང་པར་དགེ་འདུན་གྱི་དྲོའི་གཉེ་

ལ་ཐུག་པར་མི་རྟོག་པའི་ཏིང་ངེ་འཛིན་ཅིག་ལ་ཆམ་གྱིས་སོང་སྐད། ཇོ་བོའི་ཐུགས་དགོངས་ལ། སངས་རྒྱས་དང་བྱང་ཆུབ་སེམས་དཔའི་བྱིན་རླབས་ཡིན་ནམ། ཊོཾ་བྷི་བའི་ཡིན་སྙམ་པ་ལ། དུས་ཕྱིས་བླ་མ་ཊོཾ་བྷི་བ་ལ་ཞུགས་པ་ཅིག་གིས་གསོལ་བ་བཏབ་པས། ང་དང་ཁྱོད་ལ་ལས་འབྲེལ་མེད་གསུང་། སུ་དང་མཆིས་ཞུས་པས། བི་ཀ་མ་ཤི་ལའི་གཙུག་ལག་ཁང་ན་རྒྱལ་རིགས་ལས་རབ་ཏུ་བྱུང་བའི་དགེ་སློང་དྷི་པཾ་ཀ་ར་ཤྲཱི་ཛྙཱ་ན་ཞེས་བྱ་བ་དེས་དུས་འདི་ཙམ་ན་འདི་ལྟར་བྱིན་གྱིས་བརླབས་པ་ཅིག་ཡོད་དེ་ལ་གསོལ་བ་ཐོབ་གསུངས་ནས་ལུང་བསྟན། དེར་ཞུགས་པ་དེས་ཇོ་བོའི་སྤྱན་སྔར་བྱོན་ནས་སྔར་བཞིན་བརྗོད་པས་བླ་མའི་བྱིན་རླབས་སུ་མཁྱེན། ཞུགས་པ་དེས་ཉི་མ་འགའ་མནྟལ་ཕུལ་ཞིང་གསོལ་བ་བཏབ་ནས། ནང་ཅིག་བཀའ་དྲིན་གྱིས་ཆོག་ཟེར། ཅི་བྱུང་གསུངས་པས་ཧེ་རུ་ཀའི་དཀྱིལ་འཁོར་མངོན་སུམ་དུ་གྱུར་ཟེར་ཏེ་བདེན་པ་མཐོང་བ་ཡིན་གསུང་། དེ་ནས་ན་བཟའ་འདྲ་བ་མངའ་བ་གོ་ལར་བཙོངས་ནས་དགེ་འདུན་ལ་དྲངས་ཏེ་ནགས་སུ་བཞུད་དོ། ཕྱིར་ཇོ་བོ་དེ་དང་མཇལ་བར་བཞེད་པའི་ཐུགས་དགོངས་ནམ་འབྲུངས་པ་ན་ང་འདི་ན་ཡོད་གསུང་ཞིང་བྱོན། བོད་དུ་འབྱོན་ཁར་ངའི་སློབ་མ་དེ་གང་ན་ཡོད་དམ་སྙམ་པ་དང་། ན་བཟའ་ཙམ་ཡང་མེད་པར་རྣུས་པའི་རྒྱན་གསོལ་ནས་ཐུལ་གྱིས་བྱོན། ཇོ་བོས་ཅི་མཛད་གསུངས་པས། བླ་མ་མཇལ་བར་བཞེད་པས་ཟེར་ནས་གར་སོང་ཆ་མེད་པར་གཤེགས། བོད་དུ་མ་བྱོན་ཏེ། སྐད་རིགས་མི་མཐུན་པས་ལན་ནམ་འཇིག་རྟེན་གྱི་ཁམས་གཞན་དུ་བཞུད་དམ་གསུང་བར་གདའ། གཉིས་པ་ནི། སློབ་དཔོན་བུདྡྷ་པ་ལི་ཏ། སངས་རྒྱས་ཡེ་ཤེས། སངས་རྒྱས་ཞི་བ། སངས་རྒྱས་གསང་བ། ཀུ་སུ་ལུ་ཆེན་པོ། ཀུ་སུ་ལུ་ཆུང་བ། ཇོ་བོ་ཉིད་དེ། བརྒྱུད་པ་དྲུག་པོ་ཡོན་ཏན་དཔག་ཏུ་མེད་པ་དང་ལྡན་པ། ཏིང་ངེ་འཛིན་བཟང་པོ་མངའ་ཞིང་རྫུ་འཕྲུལ་དང་ལྡན་པ་འདི་རྣམས་ཀྱིས་བྱིན་གྱིས་བརླབས་ཤིང་། འདི་རྣམས་ཀྱི་ཡོན་ཏན་

མ་ལུས་པ་ཇོ་བོ་ལ་མངའ་བ་ཡིན་གསུང་། བརྒྱུད་པ་བཞི་ནི། མཚན་ཉིད་ཀྱི་བརྒྱུད་པ་དང་། སེམས་བསྐྱེད་ཀྱི་བརྒྱུད་པ་དང་། གྲུབ་མཐའི་བརྒྱུད་པ་དང་། གདམས་པ་སྣ་ཚོགས་པའི་བརྒྱུད་པའོ། །དང་པོ་ནི། སློབ་དཔོན་དྷརྨ་ཀཱིརྟི་ནས་བརྒྱུད་པ། དྷརྨ་ཀཱིརྟི་ལ་གསན། སེང་གེ་བཟང་པོ་ནས་བརྒྱུད་པ་ཤཱནྟི་པ་ལ་གསན། སློབ་དཔོན་ཀླུ་སྒྲུབ་ནས་བརྒྱུད་པ་རིག་པའི་ཁུ་བྱུག་ལ་གསན། ཡང་སློབ་དཔོན་ཀླུ་སྒྲུབ་ནས་བརྒྱུད་པའི་གཞུང་རྣམས་མཉན་པའི་ཕྱིར་རྒྱ་མཚོ་ཆེན་པོར་ཞུགས་ཏེ། བླ་མ་རྗེ་བཙུན་དགོན་པ་པ་ལ་ཡུན་རིང་དུ་བརྟེན་ནས་བཀའ་དྲིན་ཞུས་སོ། །སེམས་བསྐྱེད་ཀྱི་བརྒྱུད་པ་ནི་གསུམ་ལས། ལུང་དྲི་མ་མེད་པར་གྲགས་པའི་མདོ་དང་། རིག་པ་བྱང་ཆུབ་སེམས་དཔའི་ས་དང་། ལྟ་བ་སེམས་ཙམ་ལ་བརྟེན་ནས་སྤྱོད་པ་བླ་མ་གསེར་གླིང་པ་ལས་ཞུས་ཏེ། འཕགས་པ་བྱམས་པ། ཐོགས་མེད། དབྱིག་གཉེན། བློ་གྲོས་བརྟན་པ། ཀུ་སུ་ལུ་ཆེ་ཆུང་། གསེར་གླིང་པ། ཇོ་བོ་སྟེ། འདི་རྣམས་སེམས་བསྐྱེད་ཀྱི་ཚོ་ག་ལ་མཁས་པ་ཡིན་པས་འདི་རྣམས་ཀྱི་མན་ངག་ལ་བརྟེན་ནས་ཚོ་གའི་ཡི་གེ་ཡང་མཛད་གསུང་། ལུང་ནམ་མཁའི་སྙིང་པོའི་མདོ་དང་། རིགས་པ་བསླབ་བཏུས་སྤྱོད་འཇུག་དང་། ལྟ་བ་མདོ་སྡེ་པའི་ལྟ་བ་ལ་བརྟེན་ནས་སྤྱོད་པ་བྱམས་པའི་རྣལ་འབྱོར་པ་ལས་ཞུས། ལུང་དབྱུག་པ་གསུམ་གྱི་ཕྲེང་བ་དང་། རིགས་པ་རྟ་དབྱངས་ཀྱི་མདོ་སྡེ་རྒྱན་དང་། བྱེ་བྲག་ཏུ་སྨྲ་བའི་ལྟ་བ་ལ་བརྟེན་ནས་སྤྱོད་པ་བླ་མ་དྷརྨ་རཀྵི་ཏ་ལ་ཞུས་ཏེ། བླ་མ་དེ་མཆོག་ཏུ་སྙིང་རྗེ་ཆེ་བས་མི་ཅིག་ཁྲིས་ཁྲིས་ན་བ་གཟིགས་ནས་སྨན་པ་ལ་ཅིས་ཕན་དྲིས་པས། མི་མ་ཤི་བའི་ཤ་ཁྲག་གིས་ཕན་ཟེར། བླ་མ་ཉིད་ཀྱི་བརླ་ལས་ཤ་བཅད་ནས་བྱིན་པས། དེའི་སྡུག་བསྔལ་གྱིས་བརྒྱལ་བར་གྱུར། མི་དེ་སོས་ཟེར་བའི་གཏམ་ཐོས་པས་ཤིན་ཏུ་དགེས་ནས། དེའི་ཚེའང་ཞལ་འཛུམ་པ་ཅིག་བྱུང་། མནལ་ཐུམ་པ་ཅིག་བྱུང་བའི་རྨི་ལམ་ན། མི་དཀར་པོ་ཅིག་བྱུང་ནས། རིགས་ཀྱི་བུ་བླ་ན་མེད་པའི་བྱང་ཆུབ་ནི་བརྩོན་འགྲུས་ཆེན་

པོ་མི་འདོར་བ་ཁྱོད་ལྷ་བུས་སྐྱབ་དགོས་ཀྱིས་གཞན་གྱིས་མ་ཡིན་ནོ། །ལེགས་སོ་ལེགས་སོ་འགྲོད་པ་མ་སྐྱེད་ཅིག་ཟེར་ནས་ཕྱག་གིས་སུབ་སུབ་བྱས་པས་རྨེན་པ་ཡང་མེད་པར་སོས་པ་རྨིས། སད་པ་ན་ཡང་དེ་བཞིན་དུ་འདུག །མི་དེ་སྤྱན་རས་གཟིགས་ཡིན་གསུང་། དེ་དུས་ན་དྲོད་ཀྱི་ཡེ་ཤེས་ཀྱང་མ་སྐྱེས་ཏེ། དེང་སང་ན་གནས་ལུགས་རྟོགས་པར་ངེས་གསུང་། བླ་མ་དེ་ལ་ཡང་བྱང་ཆུབ་ཀྱི་སེམས་སྦྱོང་བའི་བཀའ་དྲིན་ཞུས། ཁོང་རང་སྙིང་རྗེ་ཆེ་བས་ཤིན་ཏུ་ཕན་པ་བྱུང་གསུང་། གྲུབ་མཐའི་བརྒྱུད་པ་ནི། འཛམ་དཔལ་དངོས་ཞལ་གཟིགས་པའི་ཨ་ཝ་དྷཱུ་ཏི་པ། མར་མེ་མཛད་བཟང་པོ། ཤཱཀྱ་བཤེས་གཉེན། རི་བོ་བཟང་པོ། དེ་གཉིས་ཀྱིས་ཀྱང་རྗོ་རྗེ་མཁའ་འགྲོ་མ་དངོས་ལ་གསན། དགེ་སློང་བསོད་སྙོམས་པའི་ཞབས། ཁུ་བྱུག་ཞབས། ས་འགེབས་པའི་ཞབས། རཏྣ་ཨཱ་ཀ་ར་ཤཱནྟི་པ། ཇོ་བོ་ཉིད་དེ་གྲུབ་མཐའ་ལ་ཤིན་ཏུ་མཁས་པའི་བརྒྱུད་པ་དགུ་པོ་རྣམས་ཀྱི་ཡོན་ཏན་མ་ལུས་པ་ཡང་ཇོ་བོ་ལ་མངའ་བས་ཇོ་བོ་གྲུབ་མཐའ་འབྱེད་པ་ལ་ཤིན་ཏུ་མཁས་པ་ཡིན་ཏེ། པཎྜི་ཏ་སའི་སྙིང་པོས་རིས་ནང་པ་བྱས། རེས་ཕྱི་པ་བྱས་པས། ཕྱི་ནང་གཉིས་ཁྱད་ཙམ་མི་འདུག་ཟེར་བ་ལ། ཇོ་བོས་ཁྱད་པར་ཤིན་ཏུ་གསལ་བར་ཕྱེ་བས། དད་ནས་སློབ་མར་གྱུར། དེ་ནས་ཕྱི་ནང་གཉིས་ཀྱི་ཁྱད་པར་འབྱེད་པ་ལ་མཁས་པའི་པཎྜི་ཏར་གྱུར་པར་གདའ། ཇོ་བོའི་ཞལ་ནས་ཕྱི་ནང་གཉིས་ཁྱད་པར་འབྱེད་མཁྱེན་པ་ངའི་བླ་མ་གསེར་གླིང་པ་དང་། ཤཱནྟི་པ་གཉིས། ང་དང་གསུམ། ངའི་སློབ་མ་སའི་སྙིང་པོ་དང་བཞི་ལས་མེད། དེ་ཡང་ཐེ་ཚོམ་གཅོད་པ་དང་། ཆོས་འདྲི་ས་རྒྱ་གར་ན་ང་དང་ངའི་བླ་མ་ཤཱནྟི་པ་གཉིས་ལ་བྱེད་པ་ཡིན་པ་ལ། བླ་མ་འདས། ང་བོད་དུ་འོངས་རྒྱ་གར་ཡང་ངན་པར་ཐལ་གསུང་། རེས་འགའ་བླ་མ་རྔྲ་རགྷི་ཏ་ཡང་གྲོངས། ང་ཡང་བོད་དུ་འོངས་རྒྱ་གར་ཡང་ངན་པར་ཐལ་གསུང་བས། ཇོ་བོ་མི་བཞུགས་ན་རྒྱ་གར་ཙམ་ཡང་ཉམས་པར་རྩེ་བ་ཡིན་གསུང་། གདམས་པ་སྔ་ཚོགས་པའི་བརྒྱུད་པ་ནི།

སློབ་དཔོན་ཀླུ་སྒྲུབ། ནཱ་ག་ཛྙཱ་ནཱ། སྤྱོད་པ་བ། ས་ག་པ། རཏྣ་ཨཱ་ཀ་ར་ཤཱནྟི་པ། ཇོ་བོ་ཉིད་དོ། །ཡང་གདམས་པ་ཤས་ཅིག་ལ། ནཱ་གཱརྫུ་ན། ཟླ་བ་གྲགས་པ། རིག་པའི་ཁུ་བྱུག །ཨ་ཝ་དྷཱུ་ཏཱི་པ། གསེར་གླིང་པ། ཇོ་བོ་ཉིད་དོ། །ཡང་ཤས་ཅིག་ལ། ནཱ་གཱརྫུ་ན། ཨཱཙྪ་དེ་བ། ཟླ་བ་གྲགས་པ། ཏེ་ལོ་ཡོ་གི །མ་ཏྲི་པ་ར། ཛྙཱ་ན་བོ་དྷི། ཇོ་བོ་རྗེ། བླ་མ་དེ་རྣམས་ཀྱི་གདམས་པ་མ་ལུས་པ་མངའ་བ་ཡིན། དེ་རྣམས་ཀྱི་ཡོན་ཏན་མ་ལུས་པ་ཡང་ཇོ་བོ་ལ་མངའ་བ་ཡིན་གསུང་། གཞན་ཡང་བླ་མ་དུ་མ་ཡོད་དེ། ལྟ་བ་ལུང་སྟོན་པའི་བླ་མ་ནཱ་རོ་པ། བརྟུལ་ཞུགས་ཀྱིས་བྱིན་གྱིས་རློབ་པའི་བླ་མ་ཌོཾ་བྷི་པ། ལས་ཚོགས་ཀྱི་བྱིན་རླབས་སྟེར་བའི་བླ་མ་ཧ་ལིང་ཨ་ཙནྟ་ཆེན་པོ། རྫུ་འཕྲུལ་གྱི་བྱིན་རླབས་སྟེར་བའི་བླ་མ་པཎྜི་ཏ་མི་ཏྲ་ཆེན་པོ། ཕག་མོའི་བྱིན་རླབས་སྟེར་བའི་བླ་མ་ཧཱུ་ཏ་ཀོ་ཊི་པ། ཀླུ་སྒྲུབ་ཀྱི་གདམས་པ་སྟེར་བའི་བླ་མ་མཁས་པ་ཆེན་པོ་ཧ་མཆོག །བྱང་ཆུབ་ཀྱི་སེམས་བརྟན་པར་བྱེད་པའི་བླ་མ་ཤེས་རབ་བཟང་པོ། ཚིག་དོན་རྒྱས་པར་བྱེད་པའི་བླ་མ་ཤཱནྟི་པ། ཁྱད་པར་དུ་བསྟན་པའི་སྒོ་འབྱེད་བློ་སྦྱོང་བའི་རིམ་པ་སྟེར་བའི་བླ་མ་གསེར་གླིང་པ་ཡིན་གསུང་། བླ་མ་དེ་རྣམས་ཀྱི་ནང་ནས། རྩ་བའི་བླ་མ་བཅུ་གཉིས། འཇིག་རྟེན་ལས་འདས་པའི་ཡེ་ཤེས་སྐྱེས་པ་མངོན་པར་ཤེས་པ་རྒྱ་ཆེན་པོ་མངའ་བའི་བླ་མ་གསུམ། ཕྱག་རྒྱ་ཆེན་པོ་མཆོག་གི་དངོས་གྲུབ་བརྙེས་པའི་བླ་མ་གཉིས། གསེར་གླིང་པ་འགྲན་གྱི་ཟླ་མེད་པ་ཡིན་ཞེས་འབྱུང་སྟེ། དང་པོ་ནི། ལྟ་བ་ལུང་སྟོན་ལ་སོགས་པ་ལ་བྱང་ཆུབ་བཟང་པོ་དང་། ཛེ་ཏཱ་རི་དང་། རཏྣ་རཀྴི་ཏ་སྟོན་པར་གསལ། གཉིས་པ་བླ་མ་དུ་ཏ་ར་ནག་པོ་དང་། གུཧྱ་བཛྲ་དང་། ནཱ་རོ་པའི་སློབ་མ་མངོན་ཤེས་ཅན་གསུམ་ལ་བཞེད་པར་གསལ། གསུམ་པ་ནི། དངོས་སུ་བསྟེན་པ་ཨཱ་ཝ་དྷཱུ་ཏི་པ་དང་། ཀ་མ་ལ་རཀྴི་ཏ་གཉིས་ལ་བཞེད་པར་གསལ་ལོ། གཞན་ཡང་ལུང་དང་མངོན་པར་རྟོགས་པ་གཉིས་ཀ་དང་ལྡན་པའི་བླ་མ་དྲུག་གམ་བཅུ་གཉིས། རྟག་ཏུ་བསྟེན་པའི་བླ་མ་བཞི་

ཞེས་གྲགས་ཏེ། དྲུག་ནི་བླ་མ་ཨ་ཥ་རཀྵི་ཏ་པ་དང་། གཤིན་རྗེ་གཤེད་ཀྱི་རྣལ་འབྱོར་པ་དང་། ཧོཾ་བྲི་བ་སྟེ་རྣལ་འབྱོར་པ་གསུམ། རབ་ཏུ་བྱུང་བར་བསྒྲུལ་བའི་རྣལ་འབྱོར་མ་དང་། སྒྲོལ་མ་དང་། ཀླུ་ན་ཧྲིས་ལུང་བསྟན་པའི་རྣལ་འབྱོར་མ་གཉིས་ཏེ། རྣལ་འབྱོར་མ་གསུམ་མོ། །བཅུ་གཉིས་ནི་དེའི་སྟེང་དུ་མངོན་ཤེས་ཅན་གསུམ། རྡོ་རྗེ་རྣལ་འབྱོར་མའི་བྱིན་རླབས་གནང་བའི་རྣལ་འབྱོར་མ་དང་། རྡོ་རྗེ་གདན་དུ་གཤེགས་པའི་ལམ་དུ་ལུང་སྟོན་པའི་རྣལ་འབྱོར་མ་དང་། བཀའ་ཆེམས་ལུང་སྟོན་པའི་རྣལ་འབྱོར་མ་དང་གསུམ་སྟོན་པར་གསལ་ལོ། །བཞི་ནི་ལོ་ཙྪ་བའི་བསྟོད་པ་ལས། རྟག་ཏུ་བསྟེན་པའི་བླ་མ་ནི། །གསེར་གླིང་པ་དང་ཤཱནྟི་པ། །བྱང་ཆུབ་བཟང་པོ་ཛེ་ཏཱ་རི། །ཞེས་སོ། །འགྲན་ཟླ་མེད་པའི་བླ་མ་གསེར་གླིང་པའི་ཡོན་ཏན་མ་ལུས་པར་བརྗོད་པར་མི་ནུས་ཀྱང་ཕྱོགས་ཙམ་ཇོ་བོ་ཉིད་ཀྱིས་གསུངས་པ་ནི། གསེར་གླིང་ཞེས་བྱ་བ་གླིང་བཞི་གླིང་ཕྲན་བརྒྱད་དུ་མ་གཏོགས་པ། འཛམ་བུ་གླིང་དང་ཉེ་བ་རིན་པོ་ཆེ་སྣ་ཚོགས་ཡོད་པའི་གླིང་ཞིག་ཡོད་པ་དེ་ལ་གསེར་གླིང་ཞེས་ཟེར་རོ། །གླིང་དེའི་རྒྱལ་རིགས་སུ་སྐུ་འཁྲུངས། རྒྱལ་བུ་དེ་སྐྱེས་མ་ཐག་ཏུ་སི་ན་སི་ན་ཞེས་དཀོན་མཆོག་གསུམ་ངག་ཏུ་འདོན་པ་ཞིག་བྱུང་། གླིང་དེ་མུ་སྟེགས་པ་ཡིན་ཡང་རྒྱལ་བུའི་བསོད་ནམས་ཀྱིས་སུས་ཀྱང་ངག་གཅོག་མ་ནུས་སོ། །རྒྱལ་བུ་དེ་ཆེར་སྐྱེས་ནས་རི་ཕུག་ཅིག་ནས་སངས་རྒྱས་ཤཱཀྱ་ཐུབ་པའི་སྐུ་ལུགས་མ་ཅིག་རྙེད་དེ་བྱུང་། དེ་ལ་མཆོད་པ་སྣ་ཚོགས་བྱས་པས་གླིང་དེ་ཕྱར་བས་བདུད་འགྱུར་གྱིས་ལོ་ལེགས་པ་ནད་ཞུང་བ་ལ་སོགས་པ་བཀྲ་ཤིས་པར་གྱུར་ཏོ། །དེས་གསེར་གླིང་པ་ཐམས་ཅད་སངས་རྒྱས་ཀྱི་བསྟན་པ་ལ་དད་ནས་རྒྱལ་བུ་འདི་ཆོས་འཚོལ་དུ་བཏང་ཟེར་བས་རྒྱལ་བུ་ཤིན་ཏུ་དགེས་ནས། འཛམ་བུ་གླིང་གི་རྡོ་རྗེ་གདན་མངོན་པར་བྱང་ཆུབ་པའི་གནས་ཡིན་པས། དེར་བྱོན་པ་དང་། སྦྱིན་པོ་མཆོད་པ་ལ་འོངས་པ་དུས་མཚུངས་པར་གྱུར། དེའི་ཚེ་གང་ཟག་ཡོན་ཏན་

ཅན་ཐམས་ཅད་དེར་འདུ་བ་ཡིན་པས། སློབ་དཔོན་ཆེན་པོ་ཚེ་གྲུབ་པ་མ་ཧཱ་ཤྲཱི་རཏྣ་ཡང་དེར་བྱོན་པས། རྒྱལ་བུ་དེ་དམ་པ་གཞན་ལ་མོས་པ་མ་སྐྱེས་པར། མ་ཧཱ་ཤྲཱི་རཏྣ་ལ་དད་པ་དང། གུས་པ་དང་། མོས་པ་ཆེར་སྐྱེས་སོ། །དེར་ཞག་བདུན་འགྲོགས་ནས་སློབ་དཔོན་མེད་དེ་སོང་། རྒྱལ་བུས་བོས་ཀྱང་མེད། བཙལ་ཀྱང་མེད། ཀུན་ཏུ་དྲིས་ཀྱང་ཚད་མ་ཆོད་དོ། །དེར་རྒྱལ་བུས་ལུམ་བིའི་ཚལ་དང་། ནཻ་རཉྫ་ན་དང་། ཡྣ་ནྟ་ཙ་སྣི་ཐམས་ཅད་དུ་བཙལ་ཀྱང་མ་རྙེད་དོ། །དེར་རྒྱལ་བུ་ངལ་ནས་གཉིད་ལོག་པའི་རྨི་ལམ་དུ་བྱིས་པ་གཉིས་གླུ་ལེན་པ་ལ། རང་ཡུལ་འཁོར་དང་ལོངས་སྤྱོད་པོར། །སྨོན་པ་ཅིག་གིས་ཚད་མ་ཆོད། །རིང་ནས་ཕུང་ངམ་མྱུར་དུ་ཕུང་། །རིགས་དག་བཟང་སྟེ་ཤེས་རབ་ཆུང་། །ཟེར་རོ། །དེར་རྒྱལ་བུ་གཉིད་སད་དེ། ཇོ་རྗེ་གདན་དུ་བྱོན་པ་ལ་ཅི་ཡང་མེད་དོ། །དེ་ནས་རང་གི་ཡུལ་དུ་འགྲོ་སྙམ་ནས་ཡོད་པ་ལ། མདུན་ན་བུ་མོ་གཉིས་གླུ་ལེན་པ་ལ། གཉེན་འདུན་མཛའ་བཤེས་མང་པོ་དང་། །ཡུལ་དང་ཁང་ཁྱིམ་ནོར་ཆེན་དང་། །ཟས་སྐོམ་གྱི་ནི་ལོངས་སྤྱོད་པ། །སྒྱུ་ངན་སྐྱེ་བར་འགྱུར་བ་ཡིན། །ཚོས་དང་རིང་དུ་འགྱུར་བ་ཡིན། །ནོར་མ་རྙེད་ཀྱི་ཚོང་པ་དག །ཡུལ་དུ་སྟོང་པར་ལོག་པ་འདྲ། །ཞེས་ཟེར་ཞིང་འདུག་པས། ང་ལ་ཟེར་སྙམ་པ་དང་མེད་དེ་སོང་ངོ་། དེར་རྒྱལ་བུ་དགའ་ནས་ངེས་པར་ཆོས་སྐྱོང་མ་ཅིག་ཡིན་པ་ལ་དྲི་ས་མེད་དོ་སྙམ་ནས། ལོ་བདུན་དུ་རྒྱ་གར་དུ་བཞུགས་ཏེ་བླ་མ་མང་པོ་ལ་ཆོས་ནང་རིག་པ་མང་པོ་བསླབས་ནས། ཇོ་རྗེ་གདན་དུ་མཆོད་པ་བྱེད་ཅིང་ཆོས་སྐྱོང་མ་དེ་དང་ཕྲད་ན་སྙམ་པ་ལ། ཐན་མོ་ཅིག་ན་རེ། སྐམ་སར་ཆུ་ཆུང་དྲངས་པ་ལྟར། །ཉིན་དང་མཚན་མོ་འདས་པ་ཡིས། །མི་རྣམས་ཚེ་ནི་ཟད་པར་བྱེད། །སྐྱོངས་པ་ལོང་ཡོད་མ་ཟེར་ཅིག །ཅེས་ཟེར་ནས་མི་སྣང་ངོ་། །དེར་རྒྱལ་བུས་སློབ་དཔོན་མཧཱ་ཤྲཱི་རཏྣ་འབབ་ཞིག་ཡིད་ལ་བྱས་པ་དང་། རྒྱལ་བུའི་རྨི་ལམ་ན་སློབ་དཔོན་ན་རེ། རྒྱལ་སྲིད་ནི་དམན་པའོ། །དམ་པ་མ་ཡིན་

པའོ། །དམ་པ་ལས་རིང་དུ་བྱེད་པའོ། །ཆོས་ཀྱི་རྒྱལ་སྲིད་འཛིན་ནུས་སམ། །ཞེས་ལན་གསུམ་གསུངས། རྒྱལ་བུས་ཀྱང་ནུས་སོ་ཞེས་ལན་གསུམ་ཁས་བླངས་པ་དང་གཉིད་སད། སློབ་དཔོན་དངོས་སུ་བཞུགས་ཤིང་འདུག་གོ །དེར་སློབ་དཔོན་གྱིས་བྱིན་གྱིས་བརླབས་ཏེ་ཆོས་ཐམས་ཅད་ཀྱི་རང་དང་སྤྱིའི་མཚན་ཉིད་ཇི་ལྟར་ཡིན་པ་བསྟན། སངས་རྒྱས་ཀྱི་བཀའི་གདམས་པ་རྣམས་གནང་། ཁྱད་པར་དུ་བྱང་ཆུབ་ཀྱི་སེམས་ལ་བརྟེན་པའི་ཆོས་མང་དུ་གསུངས། རྒྱལ་བུས་ཀྱང་སྣོད་གཅིག་ནས་གཅིག་ཏུ་བྱོ་བ་བཞིན་དུ་ཐུགས་སུ་ཆུད། མཚན་ཡང་གསེར་གླིང་པ་ཆོས་ཀྱི་གྲགས་པ་ཞེས་བཏགས་སོ། །དེ་ལ་བྱམས་པ་ཆེ་བས་མི་ཏྲི་པ་ཡང་ཟེར། །མི་ཏྲི་པ་གསུམ་བྱུང་བ་ལ། རྒྱལ་སྲས་མི་ཏྲི་པ་ནི། རྗེ་བཙུན་བྱམས་པའོ། །མངའ་བདག་མི་ཏྲི་པ་ནི། ཇོ་བོས་བྲི་ཀ་མ་ལ་ནས་བཏོན་པ་དེ་ཡིན། འདི་གསེར་གླིང་མི་ཏྲི་པ་བྱ་བ་ཡིན་གསུང་། དེ་ནས་གསེར་གླིང་དུ་བྱོན་ཏེ། མུ་སྟེགས་ཀྱི་གྲུབ་མཐའ་འཛིན་པ་ཐམས་ཅད་སྤྱངས་ནས། སངས་རྒྱས་ཀྱི་བསྟན་པ་ལ་མ་ལུས་པར་བཀོད་དོ། །གསེར་གླིང་པ་ཆོས་ཀྱི་གྲགས་པ་དེ་ནི་མཚན་དོན་དང་ལྡན་པ་ཡིན་ཏེ། ཆོས་ལ་བརྟེན་པའི་གྲགས་པས་འཛམ་བུའི་གླིང་ཁྱབ་པའོ། །ཁོང་གསེར་གླིང་དུ་བཞུགས་ཀྱང་། ཁོང་གི་གྲགས་པས་འཛམ་བུ་གླིང་དུ་ཁྱབ་སྟེ། ནང་པ་སངས་རྒྱས་པ་ཐམས་ཅད་ཀྱི་གཙུག་གི་ནོར་བུ་ལྟ་བུ། ཁྱད་པར་དུ་བྱམས་པ་དང་སྙིང་རྗེ་ལས་བརྩམས་ནས་ཆོས་སྟོན་པ་ཅིག་ཡོད་ཅེས་ཟེར་བས་ཇོ་བོས་གསན་ནས། ཚེ་རབས་དཔག་ཏུ་མེད་པ་ནས་ཀྱི་བླ་མ་ཡིན་པས། མཚན་ཐོས་པ་ཙམ་གྱིས་དད་གུས་ཐུན་མོང་མ་ཡིན་པ་སྐྱེས། དེས་ཐུགས་ཕྲོགས་པ་བཞིན་དུ་གྱུར་པས། གསེར་གླིང་དུ་ནོར་བུ་རིན་པོ་ཆེ་ལེན་དུ་འགྲོ་བའི་ཚོང་པ་ཚན་ཅིག་དང་བསྡེབས་ནས་གཟིངས་ཆེན་པོ་བཅས་ནས་བྱོན་པ་ལ། དུག་གི་མཚོ་དང་། འོ་མའི་མཚོ་དང་། མཚོ་ས་གནོན་ལ་སོགས་པར་གཟིངས་ལྷུང་གིས་དེད་དེ། ཆུ་སྲིན་ཆེན་པོ་ཉ་སྟོན་མེད་

དང་། ཉ་སྙིན་མེད་ཆེན་པོ་ཡང་མཐོང་གསུང་། ཇི་ཙམ་གདའ་ཞུས་པས། དབུ་རུ་གཡུ་རུའི་བར་གྱི་རི་རྒྱུད་འདི་ཙམ་གདའ་གསུང་། རྒྱ་མཚོ་ཆེན་པོ་ན་གསེར་གྱི་སྐུ་ཆེན་པོ་ཞིག་བཞུགས་ཤིང་འདུག །དེའི་ཞབས་བརྒྱངས་པའི་སྤྱིད་པའི་འོག་ན་ཕར་ལ་མི་ཅིག་ཟན་ཟ་ཡུན་འགྲོ་དགོས་པར་འདུག །སྤྱི་བོ་ན་བྱ་མང་པོ་ཡང་འབབས་ཤིང་འདུག །སྟེང་ནས་སྐུ་ལུས་ཁྱབ་པའི་ཆུ་ཡང་འབབ་ཅིང་འདུག་པ་དེ་ལྟ་བུ་ཡང་མཐོང་། ཁྱོད་ཀྱིས་དཀའ་སྤྱད་མ་བགྱིས་པར་སྙིང་པོའི་དོན་རྙེད་པ་ཤིན་ཏུ་བསོད་ནམས་ཆེ། དོན་བཟང་པོ་གྲུབ་ཀྱིས་ལེགས་པར་ནན་ཏན་གྱིས་ལ་སྦྱོད་ཅིག་གསུང་ནས་ནན་ཏན་ཆེར་མཛད་གསུང་། དེ་ནས་གསེར་གླིང་དུ་ཕྱིན་པའི་དུས་སུ་མཐོང་བ་ཙམ་གྱིས་ཉམས་དགའ་བ། བཤད་པ་ཙམ་གྱིས་འབྲལ་མི་ཕོད་པ། གང་དུ་ཕྱིན་པ་ཐམས་ཅད་ཆོས་ལ་ལོངས་སྤྱོད་པ། དད་པ་སྐྱེ་བའི་རྟེན་བཟང་པོ་རང་བྱུང་དང་བཞེངས་པ་གྲངས་མེད་པ་བཞུགས་ཀྱིན་འདུག །དེར་གསེར་གླིང་པ་ཆོས་ཀྱི་གྲགས་པ་གང་ན་བཞུགས་བྱས་པ་ལ། བཙུན་པ་ཅིག་ན་རེ། བླ་མ་ཞག་བདུན་གྱི་གོང་ནས་འཛམ་གླིང་པའི་བཙུན་པ་གང་ན་འདུག་ཅེས་གསུང་ཞིང་གདའ་ཡིས་ཟེར་རོ། །དེ་ལྟར་ཡིན་ཡང་ཡུན་རིང་དུ་མ་མཇལ། གསེར་གླིང་དུ་ཡང་འཛམ་བུ་གླིང་པའི་པཎྜི་ཏ་ཆེན་པོ་ཅིག་ཕྱིན་བྱ་བའི་གྲགས་པ་ཆེན་པོ་ཡང་བྱུང་། དེར་དུས་ནམ་ཞིག་ན་མི་ཅིག་ན་རེ་གསེར་གླིང་པ་ཆོས་ཀྱི་གྲགས་པ་འཚོལ་བ་ཁྱོད་ཡིན་ནམ་ཞེས་ཟེར། ཡིན་ཞེས་བྱས་པས་ངའི་ཕྱིར་འདེང་བརྡ་སྤྲད་ཀྱིས་ཟེར་ནས་ཕྱིན་པའི་ཚེ། མིང་གསེར་གླིང་པ་ཆོས་ཀྱི་གྲགས་པ་བྱ་བ་ཡིན་པ། དོན་མ་ཡིན་པའི་སྐྱེས་བུ་གླེན་པ་ཅིག་དང་སྤྲད་དོ། །དེར་ཡི་མུག་ནས་བཤད་པ་ལ། དགེ་ཚུལ་ཅིག་ན་རེ། ཁྱོད་འཛམ་བུ་གླིང་པ་ཡིན་ནམ་ཟེར། ཡིན་བྱས་པས། ཆོས་ཚོལ་ལམ་ནོར་ཚོལ་ཟེར། ཆོས་ཚོལ་བྱས། དགེ་ཚུལ་དེ་གསེར་གླིང་པའི་སློབ་མར་འདུག །ཆོས་ཀྱི་གཏམ་མང་པོ་བྱས་ནས། ཁྱེད་ཀྱིས་བརྡ་སྤྲོད་པར་ཞུ་བྱས་

པས། བླ་མ་ནི་ཀུན་དང་མཇལ་བ་ཡིན་པ་ལ། ཁྱོད་དང་མི་མཇལ་བ་དེ་ཁྱོད་ཀྱི་སྐྱོན་རྟོག་པ་ཡིན། བླ་མ་ཡང་ཁྱོད་འདྲི་ཞིང་སྣང་བས་མཇལ་བའི་དུས་ཤིག་འོང་གིས་ཟེར་བས་བློ་བདེའོ། །དེ་ནས་ཀྱང་ཟླ་བ་བཅུ་གཉིས་སུ་མ་མཇལ་ལོ། །དེ་ནས་མཆོད་པ་ཅིག་གི་སར་མཇལ། གཉིས་ཀ་ཆེ་སྤྱ་མ་ནས་ཀྱི་འབྲེལ་བ་ཡོད་པས་པན་ཚུན་ངོ་ཤེས་པར་གྱུར། བརྒྱང་ཕྱག་ཤིང་རྩ་བ་ནས་བཅད་པ་ལྟར་བྱས་སོ། །དེ་ནས་བླ་མས་ཇོ་བོའི་དབུ་ལ་ཕྱག་བཞག་ནས་ཤིས་པ་མང་པོ་བརྗོད། བླ་མའི་ཞལ་ནས་ཁྱོད་བྱམས་སྙིང་རྗེ་བྱང་ཆུབ་ཀྱི་སེམས་ལ་སློབ་པར་ནུས་སམ། འདིར་ལོ་བཅུ་གཉིས་སྡོད་ཁོམ་མམ་གསུང་། ཇོ་བོས་ཀྱང་ཞལ་གྱིས་བཞེས་སོ། །དེ་ནས་སངས་རྒྱས་ཤཱཀྱ་ཐུབ་པའི་གསེར་སྐུ་ཅིག་ཀྱང་ཇོ་བོ་ལ་གནང་། བསྟན་པའི་བདག་པོར་མངའ་གསོལ་བའི་རྟེན་འབྲེལ་ཡིན་གསུང་། དེ་ནས་ལོ་བཅུ་གཉིས་སུ་དབུ་སྤྱས་སྦྲེལ་ནས་ཐེག་པ་ཆེན་པོའི་ཆོས་མ་ལུས་པར་བསླབས། ཁྱད་པར་དུ་ཕ་རོལ་ཏུ་ཕྱིན་པའི་གདམས་པ་ཤིང་རྟ་ཆེན་པོའི་སྲོལ། དུས་གསུམ་གྱི་སངས་རྒྱས་ཐམས་ཅད་ཀྱི་གཤེགས་ཤུལ་བསྟན་པ་ལ་འཇུག་པའི་རིམ་པ་དང་། བྱང་ཆུབ་སེམས་དཔའི་བསླབ་པ་ཀུན་ལས་བཏུས་པ་དང་། སྤྱོད་པ་ལ་འཇུག་པའི་གདམས་པ་ཐུན་མོང་མ་ཡིན་པ་དང་། ལྷག་པའི་བསམ་པ་རྣམ་པར་དག་པས་བདག་གཞན་བརྗེ་བ་ཀུན་རྫོབ་བྱང་ཆུབ་ཀྱི་སེམས་སྒོམ་པའི་གདམས་པ་ཐུན་མོང་མ་ཡིན་པ་ཡང་བླ་མ་གསེར་གླིང་པ་ལས་བྱུང་བས་གང་དང་ཡང་མི་མཉམ་པས་འགྲན་གྱི་ཟླ་མེད་ཡིན། བཀའ་གདམས་ཀྱི་གཙང་སྦྲ་ཕུན་སུམ་ཚོགས་པ་གཟིམས་ཁང་ཀུན་ཡང་འོད་དུ་འབར་བའི་སྲོལ་འདི་ཡང་བླ་མ་གསེར་གླིང་པའི་ཡིན། བླ་མའི་གཟིམས་ཁང་གི་གཙང་སྦྲ་དང་། དཀོན་མཆོག་གི་མཆོད་པ་འདྲ་བ་སུས་ཀྱང་མ་གྲུབ་གསུང་། བླ་མ་དང་ཇོ་བོ་གཉིས་ཡོལ་བ་ཅིག་གིས་བཅད་ནས་བཞུགས་པ་ལ་ཡོལ་བ་དལ་བུས་བསལ་ནས། ཁྱོད་ཀྱི་གཏོར་མ་དེ་མ་ལེགས། མ་རྒྱུད་ཀྱི་གཏོར་མ་མ་ཡིན་ནམ་གསུང་།

ཕྱི་ནས་ཇོ་བོ་ཡང་དགེ་སློང་གཏོར་མ་དམར་པོ་གཏོང་ཙམ་ན། སངས་རྒྱས་ཀྱི་བསྟན་པ་ལ་མོ་ལ་མོར་འཛིག་པའི་རྟགས་ཡིན་གསུང་། དེ་ལ་སོགས་པ་བཀའ་གདམས་ཀྱི་རྣམ་ཐར་ཕལ་ཆེར་བླ་མ་གསེར་གླིང་པ་ལས་བྱུང་སྟེ། དེ་ལྟར་ལོ་བཅུ་གཉིས་སུ་བསྟེན་པས། བླ་མའི་དགོངས་པ་མ་ལུས་པར་ལོན་ནས་འཛམ་བུ་གླིང་པའི་ཚོང་པ་དང་འགྲོགས་ཏེ་འཛམ་བུ་གླིང་དུ་ཕྱིན་ནོ། །ཇོ་བོ་ལ་བཀའ་དྲིན་གྱིས་ཁྱབ་པའི་བླ་མ་མང་པོ་མངའ་ཡང་གཞན་ལ་འདས་མཆོད་མི་མཛད། བླ་མ་གསེར་གླིང་པའི་འདས་མཆོད་བཟང་པོ་རེ་མ་ཆག་པར་མཛད། དེའི་དུས་ན་སྤྱན་ཆབ་ཤར་ཤར་ཕྱིན། ཨ་ཏི་ཤ་ཅི་ནོངས་ལ་ཞུས་པའི་དུས་སུ། བླ་མ་དྲན་ནས་གསུང་སྐད། བླ་མ་གསེར་གླིང་པ་དྲན་པའམ། མཚན་ཐོས་པའི་དུས་ན། ཕྱག་ཐལ་མོ་སྤྱི་བོའི་གཙུག་ཏུ་སྦྱར་ནས་བསྟོད་པ་ཚིག་བཞི་པ་རེ་ངེས་པར་མཛད། ཇོ་བོ་ལ་བླ་མ་གཞན་ལ་དེ་ལྟར་མི་མཛད་པར་གསེར་གླིང་པ་ལ་མཛད་པ་ཇི་ལྟར་ལགས་ཞུས་པས། ཁོ་བོའི་སེམས་བཟང་པོ་དུམ་ཙམ་འདི་བླ་མ་གསེར་གླིང་པའི་བཀའ་དྲིན་ཡིན་གསུངས་ནས་ཡང་ཕྱག་སྤྱི་བོར་ཐལ་མོ་སྦྱོར་གསུང་། བླ་མ་གསེར་གླིང་པ་ལ་སློབ་མ་པཎྜི་ཏ་ཆེན་པོ། མཁས་པ་ཆེན་པོ་ཤཱནྟི་པ་དང་། ཇོ་བོ་དང་། མཁན་པོ་ཀླུ་ན་ཤྲཱི་མི་ཏྲ་དང་། རཏྣ་ཀཱིརྟི་དང་བཞི་ཡོད་པ་ལ། དེ་རྣམས་ཀྱི་ནང་ནས་ཀུན་བསྟན་པའི་སྒོ་སྲུང་ལྟ་བུ་ཤཱནྟི་པ་ཡིན་པས། བླ་མ་གསེར་གླིང་པའི་ཞལ་ནས། ཁྱེད་ཤཱནྟི་པ་ལ་ཆོས་ཉོན་གསུངས་ནས། ཇོ་བོས་ཕ་རོལ་ཏུ་ཕྱིན་པའི་གཞུང་ཆེ་བ་རྣམས་ཤཱནྟི་པ་ལ་གསན། ཤཱནྟི་པ་ལ་མན་ངག་གི་བཤད་པ་མི་འདུག་ནས། མངོན་པར་རྟོགས་པའི་རྒྱན་བླ་མ་གསེར་གླིང་པ་ཉིད་ལ་གསན། ཐུགས་ཀྱི་རྟོག་པ་ལ་ཕར་བཤད་ཚུར་བཤད་མཛད་གསུང་། མཁན་པོ་ཀླུ་ན་ཤྲཱི་མི་ཏྲ་དང་། རཏྣ་ཀཱིརྟི་གཉིས་ལ་ཡང་གསེར་གླིང་པའི་ཆོས་གསན། གསེར་གླིང་པའི་གདམས་ངག་ཐམས་ཅད་མངའ་བ་ཡིན་གསུང་། གཞན་ཡང་སངས་རྒྱས་མྱ་ངན་ལས་འདའ་བའི་ཚེ་བསྟན་

པ་འོད་སྲུངས་ཆེན་པོ་ལ་གཏད། དེས་ཀུན་དགའ་བོ་ལ། དེ་ནས་རིམ་གྱིས་བརྒྱུད་པའི་མན་ངག་མངའ་བ་ཀུ་སུ་ལུ་ཆེན་པོ་ཡིན། འཕགས་པ་བྱམས་པ་ནས་བརྒྱུད་པའི་མན་ངག་མངའ་བ་ཡང་ཀུ་སུ་ལུ་ཆེན་པོ་ཡིན། གསང་བ་འདུས་པ་ལ་བརྟེན་ནས་ཕྱག་རྒྱ་ཆེན་པོའི་དངོས་གྲུབ་ཐོབ་པའི་མན་ངག་སློབ་དཔོན་ཀླུ་སྒྲུབ་ནས་བརྒྱུད་པ་དང་། སློབ་དཔོན་སངས་རྒྱས་ཡེ་ཤེས་ནས་བརྒྱུད་པ་དང་། རྒྱལ་པོ་ཨིནྡྲ་བོ་དྷི་ནས་བརྒྱུད་པ་དང་། པཎྜི་ཏ་མགྲིན་པ་གསུམ་པ་ནས་བརྒྱུད་པའི་མན་ངག་མངའ་བ་ཡང་ཀུ་སུ་ལུ་ཆེན་པོ་ཡིན། མདོར་ན་སངས་རྒྱས་ཤཱཀྱ་ཐུབ་པའི་བསྟན་པ་འདི་ལ་ངོ་མཚར་ཅན་དང་ཡོན་ཏན་ཅན་གང་བྱུང་བ་ཐམས་ཅད་ཀྱི་གདམས་ངག་མངའ་བ་ཡང་ཀུ་སུ་ལུ་ཆེན་པོ་ཡིན། དེའི་ཡོན་ཏན་མ་ལུས་པ་མངའ་བ་ཀུ་སུ་ལུ་ཆུང་བ་ཡིན། དེའི་ཡོན་ཏན་མ་ལུས་པ་མངའ་བ་གསེར་གླིང་པ་ཡིན། བླ་མ་གསེར་གླིང་པའི་ཡོན་ཏན་མ་ལུས་པ་ཇོ་བོ་ལ་མངའ་བ་ཡིན་ཏེ། ཇོ་བོ་ཉིད་ཀྱི་ཞལ་ནས་ང་གཟུགས་མཛེས་པས་བླ་མ་ཐམས་ཅད་ཀྱིས་ཐུགས་ལ་བཏགས་གསུང་། བརྒྱུད་པ་དྲུག་པོ་དེ་ལ་བརྒྱུད་པའི་བླ་མ་དྲུག་ཅེས་མཛད་པ་ཡང་སྣང་ངོ་། །དེ་ལྟར་བླ་མ་སངས་རྒྱས་ནས་བརྒྱུད་པ་རྣམས་ཀྱིས་བྱིན་གྱིས་བརླབས་ཤིང་གདམས་ངག་དང་རྗེས་སུ་བསྟན་པ་མ་ལུས་པར་གནང་བ་དེ་ཇོ་བོ་ཆེན་པོ་རྗེ་ལྷ་གཅིག་རིན་པོ་ཆེ་དེ་ཡིན་གསུང་ངོ་། །བསྒྲུབས་པ་ལས་བྱུང་བའི་ཡོན་ཏན་བརྗེས་པ་ལ་གསུམ་སྟེ། སྒྲུབ་པ་ནན་ཏན་དུ་མཛད་པ་དང་། ཡི་དམ་གྱི་ལྷ་ཞལ་གཟིགས་པ་དང་། མངོན་པར་ཤེས་པ་རྒྱ་ཆེན་པོ་མངའ་བའོ། །དང་པོ་ནི། དེ་ལྟ་བུའི་བླ་མ་རྗེ་བཙུན་ཆེན་པོ་དེ་བཙུན་པའི་མཆོག་ཏུ་གྱུར་པ་ཡིན་ཏེ། སོ་སོར་ཐར་པའི་སྡོམ་ཞུགས་ནས་ཉེས་བྱས་ཕྲ་མོ་ལ་ཡང་ཤིན་ཏུ་འཛིགས་པར་དགོངས་ནས་ཚུལ་ཁྲིམས་ཀྱི་ཡན་ལག་གཡག་རྔ་བཞིན་དུ་བསྲུང་བའི་གནས་བརྟན་འདུལ་བ་འཛིན་པ་ཆེན་པོར་གྱུར་པས་ཉེས་པ་ཕྲ་མོས་ཀྱང་མ་གོས་པར་མཛད་པ། ཇོ་བོ་ལ་རབ་ཏུ་བྱུང་

ནས་མི་ཆོས་ཀྱི་སར་ཕྱིན་སྙིང་ངམ་མ་སྙིང་ཞུས་པས། ཁོང་ང་ལ་མི་དགའ། ང་ཁོང་ལ་མི་དགའ་བས་འགྲོ་མ་སྙིང་གསུང་། ཉེ་དུ་ལ་སོགས་པ་ཇོ་བོའི་དྲུང་དུ་བྱུང་ངམ་མ་བྱུང་ཞུས་པས། ཚང་ཟླ་ཅིག་ཡོད་པ་ཁོ་ཚོང་བྱེད་དུ་འོངས་པའི་ཞར་ལ་ལན་གཅིག་བྱུང་ནས། ངས་ཡོན་ཏན་རིག་པ་སློབ་སྟོད་བྱས་པས་མ་ཉན། དེ་མ་ཡིན་པ་ཐྲད་མ་སྙིང་གསུང་། ཇོ་བོ་བུད་མེད་དང་འབྲེལ་བའི་དངོས་པོ་གང་ཡང་ཕྱག་ཏུ་མི་བཞེས། ཟ་མའི་ནང་ནས་བྱུང་བའི་ཕྱེ་ཡང་མི་གསོལ། དེ་ཇི་ལྟར་ལགས་ཞུས་པས། སུ་རའི་སྣོད་ནས་བྱུང་བས་མི་རུང་གསུང་། ཕལ་ཆེན་སྔ་པ་ཆང་རྩ་བར་བྱེད་པས་དེ་ལྟ་བུའི་དོགས་མཐའ་མཛད་པ་ལགས་སྐད། དེ་ལྟར་འཆལ་བའི་དྲི་མས་གཏན་ནས་མ་གོས་པ། ཚུལ་ཁྲིམས་ཀྱི་དྲི་དང་ལྡན་པས་རིང་ན་གནས་པ་ཐམས་ཅད་འདུན་པ་ཡིན་གསུང་། ཐེག་པ་ཆེན་པོ་ཕ་རོལ་ཏུ་ཕྱིན་པའི་སྒོར་ཞུགས་ནས་རྫོགས་པའི་བྱང་ཆུབ་ཏུ་ཐུགས་བསྐྱེད་པ་བརྟན་ཞིང་བྱམས་པ་དང་སྙིང་རྗེས་ཐུགས་ཀྱི་རྒྱུད་བརླན་པས། འགྲོ་བ་མཐའ་དག་ལ་དངོས་དང་བརྒྱུད་པའི་སྒོ་ནས་ཕན་པ་དང་བདེ་བའི་དོན་དུ་གཡོ་དང་སྒྱུ་མེད་པར་ལྷག་པའི་བསམ་པ་རྣམ་པར་དག་པ། བྱང་ཆུབ་སེམས་དཔའི་སྤྱོད་པ་རྒྱུན་དུ་སྐྱུ་ཉམས་སུ་བཞེས་པའི་བྱང་ཆུབ་སེམས་དཔའ་ཆེན་པོར་གྱུར་པ། བྱང་ཆུབ་སེམས་ཀྱི་ཐུགས་སྤྱོད་ཞིང་གཞན་དོན་རྒྱ་ཆེན་པོ་མཛད་པ། འཁོར་མང་པོ་ལ་བྱམས་པ་དང་སྙིང་རྗེ་ལས་བརྩམས་པའི་ཆོས་གསུངས་པས་གྲུབ་པ་ཐོབ་པ་མང་པོ་བྱུང་བ་ཡིན་ཏེ། ཇོ་བོའི་སློབ་མ་དགེ་སློང་ཅིག་བྲི་ག་མ་ཤྲཱི་ལ་ན་ཡོད་པ་ལ། དགེ་འདུན་རྣམས་སྦྱིན་བདག་ཅིག་གིས་དུས་སྟོན་ལ་སྤྱན་དྲངས་པའི་ཚེ་དགེ་སློང་གཞོན་ནུ་དེ་བཞག་པ་ལ། དགེ་བསྙེན་ཅིག་གིས་ཁོང་མ་མཉེས་པར་ཡོད་བསྙེན་བཀུར་ཅིག་བྱ་སྙམ་ནས་བལྟར་ཕྱིན་པས་དགེ་སློང་དེ་སྐར་ཁུང་ཅིག་ན་ཚུར་ཕར་ལྟ་ཚུར་ལྟ་བྱས་ནས། རྫུ་འཕྲུལ་གྱིས་ནམ་མཁའ་ལ་བཞུད་དེ་བྱང་སྒྲ་མི་སྙན་ནས་བསོད་སྙོམས་ལྷུང་

བཟེད་གང་བླངས་ཏེ་ཕྱིན། དེ་དགེ་བསྙེན་དེས་ཇོ་བོ་ལ་བཤད་འདོད་པས་བརྗེད། ཕྱི་
དེ་ལོ་ཡང་དེ་ལྟར་བྱུང་། ཇོ་བོ་ངོ་མཚར་ཅན་གྱི་གཏམ་ལ་དགེས་པས་བརྗེད་ཐོ་
བཏགས་ནས་བཤད། ཇོ་བོའི་ཞལ་ནས་ངའི་སློབ་མ་ཅིག་ཡོད་དེ་ཡིན་དེ་འོང་ཁོང་དེ་
ལྟར་བྱེད་པ་ཡིན་གསུང་། དེ་ནས་ཇོ་བོས་དེའི་དྲུང་དུ་ཕྱིན་ནས་དེ་བདེན་ནམ་བྱས་
པས། བདེན་ཟེར། དེ་གང་གི་མཐུ་ཡིན་གསུངས་པས། བྱང་ཆུབ་སེམས་ཀྱི་མཐུ་ཡིན་
ཟེར། ཇོ་བོའི་ཞལ་ནས་དེ་ཡིན་ངེས། གང་བས་ཀྱང་བྱང་ཆུབ་ཀྱི་སེམས་ཕན་ཡོན་ཆེ་
གསུངས་ནས་བརྟན་པར་མཛད། ཡང་ཇོ་བོའི་སློབ་མ་ཅིག་གིས་ཇི་ལྟར་བསྒྲུབས་ཀྱང་
དངོས་གྲུབ་མ་ཐོབ་པ་ལ། ཇོ་བོའི་ཞལ་ནས་བྱམས་པ་དང་སྙིང་རྗེ་བྱང་ཆུབ་ཀྱི་སེམས་
སྒོམས་དང་གསུངས་ནས། དེ་ལྟར་བསྒོམས་པས་མོད་ལ་དངོས་གྲུབ་ཐོབ། ཡང་ཁྲོ་བོ་
བསྒོམས་པའི་རྣལ་འབྱོར་པ་ཅིག་ཡོད་པ་དེའི་ཁ་མིག་ཀྱང་ཇེ་རླུམ་ཇེ་རླུམ་ཁྲོ་བོ་ལྟར་
སོང་། བལྟས་པ་ཙམ་གྱིས་སྨྱུད་སྨྱུད་འཆི་བ་ཅིག་བྱུང་། ཇོ་བོས་དེ་བྱམས་སྙིང་རྗེ་བྱང་
ཆུབ་ཀྱི་སེམས་སྒོམ་དུ་བཅུག་པས་བལྟས་པ་ཙམ་གྱིས་མ་ཤི། ཇོ་བོ་ཚུར་ཕྱིན་དུས་ན་
ཁ་མིག་ཐམས་ཅད་སོར་ཆུད་ནས་ཡོད་གསུང་། དེ་ལྟར་ཇོ་བོས་བྱམས་སྙིང་རྗེ་བྱང་
ཆུབ་ཀྱི་སེམས་བསྒོམས་ནས་འགྲོ་བ་མཐོ་དམན་མང་པོའི་དོན་མཛད། སེམས་ཅན་
སྡུག་བསྔལ་ཅན་གཟིགས་ནས་སྤྱན་ཆབ་རང་དབང་མེད་པར་འབྱུང་། ཞལ་ནས་ཀྱང་།
ངན་སོང་ཐམས་ཅད་འཇིག་པ་དང་། །སྒྲིབ་པ་ཐམས་ཅད་ལས་སྒྲོལ་ཞིང་། །རྫོགས་
སངས་གོ་འཕང་གསལ་མཛད་པ། །བྱང་ཆུབ་སེམས་ལ་ཕྱག་འཚལ་ལོ། །ཞེས་པ་དང་།
ངན་འགྲོ་ཐམས་ཅད་ཟློག་བགྱིད་ཅིང་། །མཐོ་རིས་ལམ་ནི་རབ་སྟོན་པ། །རྒ་ཤི་མེད་
པར་འདྲེན་བགྱིས་པ། །བྱང་ཆུབ་སེམས་ལ་ཕྱག་འཚལ་ལོ། །ཞེས་རྟག་ཏུ་གསུང་སྐད། ལོ་
ཙྪ་བའི་བསྟོད་པ་ལས་ཀྱང་། སེམས་ཅན་སྡུག་བསྔལ་ཅན་གཟིགས་ན། །ཐུགས་ཀྱིས་མི་
བཟོད་སྤྱན་ཆབ་འབྱུང་། །ཐུགས་རྗེས་ཐུགས་ནི་གདུངས་པ་ཁྱོད། །རྟག་ཏུ་གཞན་དོན་

འབའ་ཞིག་མཛད། །ཅེས་སོ། །བོད་དུ་ཕྱིན་ནས་ཀྱང་དགེ་བཤེས་སྟོན་པ་ལ་སོགས་པ་ལ་སེམས་བཟང་པོ་གྱིས། བྱང་ཆུབ་ཀྱི་སེམས་མེད་ན་ཆོས་མང་པོ་མཉན་པ་དང་བལྟས་པ་དང་། བསམ་པ་དང་བསྒོམས་པ་དང་། བསྐྱེད་རིམ་དང་། རྫོགས་རིམ་དང་། དབུ་མའི་ལྟ་བ་སྒོམ་པ་དང་། བཟླས་བརྗོད་ལ་སོགས་པ་གང་བྱས་ཀྱང་ཕན་མེད། བྱང་ཆུབ་ཀྱི་སེམས་ཀྱིས་མ་ཟིན་པའི་དགེ་སྦྱོར་དང་། བྱང་ཆུབ་ཀྱི་སེམས་ལ་གནོད་པའི་དགེ་སྦྱོར་ཐམས་ཅད་བདུད་ཀྱི་ལས་ཡིན། བྱང་ཆུབ་ཀྱི་སེམས་ཀྱིས་མ་ཟིན་པའི་ལུས་ངག་གི་དགེ་སྦྱོར་ལྷམ་ལྷེམ་ཐམས་ཅད་མ་རིག་པའི་རྐྱེན་གྱིས་འདུ་བྱེད་ཡིན་ཏེ་ཀུན་འབྱུང་དུ་ཆ་བ་ཡིན་གསུང་། ཡང་ཇོ་བོས་ཕྱག་དར་སྟོན་པ་ལ་གུད་དུ་གསུངས་པ། བླ་མའི་གདམས་ངག་གསང་བས་འགྲུབ་པ་ཡིན་ཏེ་བསྟན་པ་ཉམས་སྨས་པའི་དུས་སུ་བཟླ་དགོས། ཁྱེད་ཤེས་རབ་ཤིན་ཏུ་ཆེ་བར་འདུག་པས། ངས་ཇི་སྐད་བཤད་པ་བཞིན་དུ་གོ །ཇི་སྐད་ཟེར་བ་བཞིན་དུ་བྱེད། གཞན་རྣམས་ཀྱིས་བསྟན་ཡང་མི་གོ །མ་གོ་བས་དེ་མ་ཡིན་པ་ཅིག་ལོག་ས་ན་ཡོད་སྙམ་ནས་འོང་། ཁྱེད་བྱམས་སྙིང་རྗེ་བྱང་ཆུབ་ཀྱི་སེམས་འབའ་ཞིག་སྒོམས་ཤིག་གསུང་། ཡང་རྣལ་འབྱོར་པ་ཕྱག་ཁྲི་མཆོག་ལ་ཇོ་བོའི་ཞལ་ནས། ཁྱེད་མིང་དང་རུས་དང་ཡུལ་ཡིད་ལ་མི་བྱེད་པར་བྱམས་སྙིང་རྗེ་བྱང་ཆུབ་ཀྱི་སེམས་ཡིད་ལ་གྱིས་ཤིག་གསུང་། དེ་ལྟར་ཇོ་བོ་ཆེན་པོ་འདི་བྱང་ཆུབ་ཀྱི་སེམས་ཀྱི་སྒོ་ནས་འགྲོ་བ་དཔག་ཏུ་མེད་པའི་དོན་མཛད། དགེ་བཤེས་སྟོན་པ་ལ་སོགས་པ་ལ་ཐུགས་དམ་གྱི་གཙོ་བོར་བྱང་ཆུབ་ཀྱི་སེམས་གནང་བས་ཐུགས་དམ་གྱི་ལྷ་མང་པོའི་ཞལ་གཟིགས་པ་དང་། མངོན་པར་ཤེས་པ་རྒྱ་ཆེན་པོ་མངའ་བ་དང་། མཐོང་བ་དང་། ཐོས་པ་དང་། རེག་པ་དང་། གཏམ་དུ་བརྗོད་པ་དང་། མཚན་ཐོས་པ་ཙམ་གྱིས་འགྲོ་བ་དཔག་ཏུ་མེད་པའི་གསོས་སུ་འགྱུར་བ་དེ་ཇོ་བོའི་བྱང་ཆུབ་ཀྱི་སེམས་ཀྱི་བཀའ་དྲིན་ཡིན་གསུང་། ཐེག་པ་ཆེན་པོ་གསང་སྔགས་ཀྱི་སྒོར་ཞུགས་ནས

སངས་རྒྱས་ཐམས་ཅད་ཀྱི་དེ་ཁོ་ན་ཉིད་ལ་མཉམ་པར་འཇོག་པའི་རྣལ་འབྱོར་གྱི་དབང་ཕྱུག་ཆེན་པོ་རྡོ་རྗེའི་ཐུགས་དང་ལྡན་པའོ། །དེ་ལྟར་ཐེག་པའི་རིམ་པ་མཐའ་དག་གི་སྡོམ་ཁྲིམས་མ་ལུས་པ་དང་ལྡན་ཞིང་། དྲན་པ་དང་། ཤེས་བཞིན་དང་བག་ཡོད་ཀྱི་སྒོ་ནས་ཚུལ་ཁྲིམས་མ་ཡིན་པ་ཡིད་ལ་མི་མཛད་པས་བཤགས་པར་འོས་པ་ནི་བཤགས། བསྡམས་པར་འོས་པ་ནི་བསྡམས། མཐོལ་བར་འོས་པ་ནི་མཐོལ་ནས་ཉེས་པ་དང་ འབག་ཏུ་མི་འགྲོགས་པ་ཡིན་གསུང་། དེ་ལ་ཁ་ཅིག་ཇོ་བོ་ལ་དང་པོ་རང་ནས་ཉེས་པས་མ་གོས་པ་ཡིན་ཟེར་བ་ཡོད་དེ། དེ་མི་སྲིད་པ་ཡིན་གསུང་། ཇོ་བོ་ཉིད་ཀྱི་ཞལ་ནས་ང་ལ་སོ་སོར་ཐར་པའི་ཉེས་པས་གཏན་ནས་མ་གོས་པར་བྱུར་ཙུང་། བྱང་ཆུབ་སེམས་དཔའི་བསླབ་པ་ལ་ཉེས་པ་ཅོ་ལེ་ཙམ་གྱིས་གོས། གསང་སྔགས་ཀྱི་དམ་ཚིག་ལ་ཉེས་པ་ཙ་རེ་ཉ་རེ་རྒྱབ་སྟེ་ཉེས་པ་དང་འབག་ཏུ་འགྲོགས་མ་སྡོད་གསུང་ངོ་། །དེ་སྐད་དུ། ལོ་ཙྪ་བའི་བསྟོད་པ་ལས། ཁྱོད་ནི་ཉན་ཐོས་ཐེག་པའི་སྒོར་ཞུགས་ནས། །ཚུལ་ཁྲིམས་གཡག་རྔ་བཞིན་དུ་བསྲུང་མཛད་ཅིང་། །ཚངས་སྤྱོད་དཔལ་དང་ལྡན་པའི་དགེ་སློང་མཛད། །གནས་བརྟན་འདུལ་བ་འཛིན་ལ་ཕྱག་འཚལ་ལོ། །ཁྱོད་ནི་ཕ་རོལ་ཕྱིན་པའི་སྒོར་ཞུགས་ནས། །ལྷག་པའི་བསམ་པ་རྣམ་པར་དག་གྱུར་ཏེ། །བྱང་ཆུབ་སེམས་ཀྱིས་འགྲོ་རྣམས་མི་གཏོང་བའི། །བློ་ལྡན་སྙིང་རྗེ་ཅན་ལ་ཕྱག་འཚལ་ལོ། །ཁྱོད་ནི་གསང་སྔགས་ཐེག་པའི་སྒོར་ཞུགས་ནས། །རང་ལྟར་གཟིགས་ཤིང་རྡོ་རྗེའི་ཐུགས་དང་ལྡན། །རྣལ་འབྱོར་དབང་ཕྱུག་ཨ་ཝ་དྷཱུ་ཏི་པ། །སྦས་པའི་བརྟུལ་ཞུགས་མཛད་ལ་ཕྱག་འཚལ་ལོ། །ཞེས་སོ། །ཐུགས་དམ་གྱི་ལྷ་ཞལ་གཟིགས་པའི་ཡོན་ཏན་ནི། སྤྱིར་སངས་རྒྱས་དང་བྱང་ཆུབ་སེམས་དཔའ་དཔག་ཏུ་མེད་པའི་ཞལ་གཟིགས། དེ་བཞིན་གཤེགས་པའི་ཡི་གེ་བརྒྱ་པའི་མན་ངག་ལ་བརྟེན་ནས་ཕྱོགས་བཅུའི་སངས་རྒྱས་ཀྱི་ཞལ་གཟིགས། ཁྱད་པར་དུ་ཐུགས་དམ་གྱི་ལྷ་དྲུག་གི་ཞལ་གཟིགས་ཤིང་བྱིན་

གྱིས་བརྣབས་པ་ཡིན་ཏེ། དམ་ཚིག་གསུམ་བཀོད་པའི་རྒྱལ་པོ་རྒྱ་གར་དུ་སླེབ་པོ་སྟོང་ཕྲག་རེ་བཟླས་པའི་དུས་སུ་ཞལ་ལན་རེ་གཟིགས། བོད་དུ་ཉིན་ཞག་རེ་ལ་ལན་རེ་གཟིགས་སོ། །འཕགས་པ་སྤྱན་རས་གཟིགས་ནི་ཇོ་བོ་གང་དང་གང་མཛད་པའི་འཕྲིན་ལས་དེ་གསོལ་བ་བཏབ་པས་ལུང་སྟོན་པའོ། །སྒྲོལ་མ་དང་མི་གཡོ་བ་ཞལ་གཟིགས་ཏེ་ཕྱི་པའོ། །ནང་པའི་གཙོ་བོ་ནི་རོང་པ་འགར་དགེ་ན་རེ་འཕོར་ལོ་སྡོམ་པ་ཡིན་གསུང་། ལོ་ཙྪ་བ་ན་རེ། དགེས་པ་རྡོ་རྗེ་ཡིན་ཏེ། ཇོ་བོས་བལ་ཡུལ་དུ་ཐང་ཀྲི་ཏ་ར་སུམ་ཐོག་ཏུ་བཞེངས་པའི་སྙིང་མ་ན་བཅོམ་ལྡན་འདས་དགེས་པ་རྡོ་རྗེའི་ལྷ་ཚོགས་བཞེངས་ནས་ཡོད་པ་ལ། ཡི་དམ་ཀུན་གྱི་སྙིང་དུ་བཞེངས་པ་ལུགས་ཡིན་པས་སོ་གསུང་། དེ་གཉིས་ཀ་ཞལ་གཟིགས་ཏེ། དྲུག་པོ་དེ་ཐུགས་དམ་གྱི་གཙོ་བོར་མཛད་པས་ཞལ་གཟིགས་གནང་བ་ཐོབ། དངོས་སམ་རྨི་ལམ་དུ་ཟབ་པ་དང་རྒྱ་ཆེ་བའི་ཆོས་གསན་པ་ཡིན། དངོས་སུ་མ་བདེ་བ་བྱུང་ན་གསོལ་བ་བཏབ་པས་སྒྲོ་འདོགས་ཆོད་པའི་རྟོགས་པ་འབྱུང་གསུང་ངོ་། །མངོན་པར་ཤེས་པའི་ཡོན་ཏན་རྒྱ་ཆེན་པོ་མངའ་བ་ནི། བསམ་ཡས་སུ་སངས་རྒྱས་མ་ཆགས་པདྨའི་སྤྱན་གྱི་ཞལ་གྱི་དཀྱིལ་འཁོར་གྱི་རྟུལ་ན་བཟས་སེལ་བ་ལ་སོགས་པ་རྫུ་འཕྲུལ་གྱི་ཡུལ་ཤེས་པ་དང་། རྒྱ་གར་གྱི་སློབ་མ་གསོལ་བ་འདེབས་པའི་དྲིལ་བུའི་སྒྲ་གསན་པ་ལ་སོགས་པ་ལྷའི་རྣ་བ་དང་། རྣལ་འབྱོར་པ་ཆེན་པོའི་ཐུགས་དགོངས་ལ་ཐག་རིང་པོ་ནས་འོངས་ནས་བྱ་བཞག་གིས་གཡེངས་པ་འདྲིས་མི་འོང་བར་འདུག་སྐམ་དུ་ཐུགས་སྐྱོ་བའི་ཚེ་དགེ་བཤེས་སྟོན་པ་ལ་འདི་ནི་བསམ་ངན་རྒྱུའོ། །གྲོས་ཐོབ་ཅིག་གསུང་བ་ལ་སོགས་པ་གཞན་གྱི་སེམས་ཤེས་པ་དང་། སངས་རྒྱས་ཞལ་བཞུགས་པའི་དུས་སུ་བྱང་ཆུབ་སེམས་དཔའ་བཟང་སྐྱོང་དུ་འཁྲུངས་པ་ལ་སོགས་པ་སྔོན་གྱི་གནས་རྗེས་སུ་དྲན་པ་དང་། ལྷ་སའི་ཇོ་བོ་ཤཱཀྱ་ལ་ལྷའི་བུས་མཆོད་པ་འབུལ་བ་གཟིགས་པ་ལ་སོགས་པ་ལྷའི་མིག་གི་མངོན་

ཞེས་མངའ་སྟེ། དེ་དག་གི་གཏམ་རྒྱུད་ནི། སྐབས་སྐབས་ན་མང་དུ་བཞུགས་སོ། །དེ་ལྟར་བསྟན་བཅོས་རྩོམ་པ་པོ་ཚད་དང་ལྡན་པ་ཡིན་ཏེ། རིག་པའི་གནས་ལྔ་ལ་མཁས་པས་སྒྲའི་གནས་ཞེས་པ་ལ་བརྟེན་ནས་དོན་མ་ནོར་བར་འོང་སྟེ། སཾ་སྐྲི་ཏའི་སྐད་ལ་རྐྱེན་འདི་བྱིན་པས་དོན་འདི་ལས་འགྲོ་ས་མེད་པར་བྱ་བ་ཞེས་པ་ཡིན། བོད་ཀྱི་སྒྲ་འདི་སྒྲ་ཡོང་བ་ཕྱོགས་སུ་ལྷུང་བ་ཡིན་པས་མ་ཞེས་པ་ཡིན་ནོ། །བླ་མ་སངས་རྒྱས་ནས་བརྒྱུད་པའི་གདམས་པ་ཟམ་མ་ཆད་པ་ཡོད་ན་མཛད་པ་པོ་སངས་རྒྱས་ཡིན་པས་ནོར་བ་མི་སྲིད་པ་ཡིན། ཡི་དམ་གྱི་ལྷ་ཞལ་མཐོང་ཞིང་གནང་བ་ཐོབ་ན། འཕྲུལ་ལ་དོན་འདི་མ་ནོར་རམ་ཞེས་ཞུས་ཤིང་བྱས་པས་མ་ནོར་བར་འོང་བ་ཡིན་ནོ། །མདོར་ན་སངས་རྒྱས་དང་བྱང་ཆུབ་སེམས་དཔའ་ཐམས་ཅད་ཀྱིས་བྱིན་གྱིས་བརླབས་པ། བླ་མ་གྲུབ་ཐོབ་རྣམས་ཀྱི་སྙིགས་ཟམ་ལ་བརྒྱུད་པ། མཁས་པ་ཐུལ་དུ་ཕྱིན་པ། བཙུན་པའི་ཐུལ་དུ་ཕྱིན་པ། ཏིང་ངེ་འཛིན་ཁྱད་པར་ཅན་མངའ་བ། མངོན་པར་ཤེས་པ་རྒྱ་ཆེན་པོ་མངའ་བ། བྱང་ཆུབ་ཀྱི་སེམས་ཀྱིས་འགྲོ་བ་དཔག་ཏུ་མེད་པའི་དོན་རྒྱུན་མི་ཆད་པར་མཛད་པ་ཡིན་ནོ། །

༈ གཞན་དོན་འཕྲིན་ལས་ཇི་ལྟར་མཛད་པ་ལ། རྡོ་རྗེ་གདན་དུ་ཇི་ལྟར་མཛད་པ་དང་། བྲི་ཀ་མ་ལ་ཤྲཱི་ལར་ཇི་ལྟར་མཛད་པ་དང་། ལྷ་བཙུན་པ་བྱང་ཆུབ་འོད་ཀྱི་བདག་རྐྱེན་ལ་བརྟེན་ནས་ཇི་ལྟར་མཛད་པ་གསུམ་ལས།

༈ རྡོ་རྗེ་གདན་དུ་ཇི་ལྟར་མཛད་པ་ནི། གསེར་གླིང་ནས་བྱོན་ཏེ། རྡོ་རྗེ་གདན་ན་བཞུགས་པའི་དུས་སུ། ལྷ་ཁང་ཅིག་ན་ཁར་ས་པཱ་ཎི་རང་བྱུང་ཅིག་བཞུགས་པ་ལ། རབས་ཆད་རྒན་རྒོན་གཉིས་ཀྱིས་བསྙེན་བཀུར་ཆེན་པོ་བྱེད་པར་ཡོད་པ་ལ། རྒན་པོའི་རྨི་ལམ་ན། ང་ལ་མ་བྱེད་པར་གནས་འདི་ན་དགེ་སློང་དཱི་པཾ་ཀ་ར་ཤྲཱི་ཛྙཱ་ན་ཞེས་བྱ་བ་ཡོད་ཀྱིས་དེ་ལ་བསྙེན་བཀུར་གྱིས་ཤིག །བསོད་ནམས་ཤིན་ཏུ་ཆེའོ་ཞེས་གསུངས་པ་

རྫིས་ནས། རྒན་པོས་ནང་པར་སྔ་བར་ལངས་ནས་རྩ་བའི་སྤེ་བཞི་ཀའི་ནང་དུ་ཕྱིན་ནས་དྲིས་པས་དེ་འདྲ་མེད་ཟེར། ཐམས་ཅད་ཡོད་པར་སྨྲ་བའི་གནས་བརྟན་ཅིག་ན་རེ། ཁ་སང་མགྲོན་པོ་ཅིག་བྱུང་བ་མགྲོན་ཁང་དུ་འདུག་སྟེ་དེ་ཡིན་ནམ་དྲིས་གསུང་། རྒན་པོས་དེར་ཕྱིན་པས་སྐོམ་ཞིང་བཞུགས་ནས་འདུག །དགེ་སློང་དྷི་པཾ་ཀ་ར་ཤྲཱི་ཛྙཱ་ན་ཡིན་ནམ་ཞུས་པས་ཡིན་དུ་ཡང་ཟུང་གསུང་། འོ་ན་ངའི་མཆོད་གནས་མཛད་ནས་ཆོས་སྟོན་གསོལ་བར་ཅི་གནང་ཞེས་ཞུས་པས་གནང་ནས་དཔལ་རྡོ་རྗེ་གདན་དུ་བཞུགས་སོ། །དེའི་ཚེ་ཇོ་བོའི་ཐུགས་དགོངས་ལ་བླ་མ་མང་པོ་ལས་ཐེག་པ་མཐའ་དག་གི་ཆོས་དང་རིག་པ་མ་ལུས་པར་བསླབས། ཡི་དམ་གྱི་ལྷ་མང་པོའི་ཞལ་མཐོང་། མཆོག་ཐུན་མོང་གི་དངོས་གྲུབ་མང་པོ་ཡང་ཐོབ། གསང་སྔགས་ཀྱི་དཀྱིལ་འཁོར་མང་པོ་ཡང་མངོན་སུམ་དུ་གྱུར། ད་ནི་སེམས་རྩེ་གཅིག་ཏུ་བཞག་ལ་མྱུར་དུ་མངོན་པར་རྫོགས་པར་འཚང་རྒྱ་བར་བྱ་སྙམ་པའི་ཐུགས་དགོངས་བྱུང་བ་དང་། སྔར་གྱི་བླ་མ་རི་ནག་པོའི་གཙུག་ལག་ཁང་ན་བཞུགས་པའི་རཱ་ཧུ་ལ་གུཔྟ་བཛྲ་མངོན་ཤེས་དང་ལྡན་པས་དེར་བྱོན་ནས་ཇོ་བོ་ལ་གསུངས་པ། ཡི་དམ་གྱི་ལྷའི་ཞལ་མཐོང་བ་དང་། དཀྱིལ་འཁོར་གྱི་ལྷ་མང་པོ་མངོན་སུམ་དུ་གྱུར་པ་དང་། ཐུན་མོང་གི་དངོས་གྲུབ་མང་པོ་ཐོབ་པ་དང་། ཉིང་ངེ་འཛིན་རི་རྒྱུད་ཙམ་ཡོད་པས་གར་ཡང་མི་ཕྱིན། བྱམས་སྙིང་རྗེ་བྱང་ཆུབ་ཀྱི་སེམས་ལ་བློ་སྦྱོངས། ཐུགས་རྗེ་ཆེན་པོ་སྙིང་རྗེའི་ལྷ་ཡིན་པས་ཡི་དམ་དུ་བཟུང་། འཁོར་བ་མ་སྟོངས་ཀྱི་བར་དུ་སེམས་ཅན་གྱི་དོན་བྱེད་པར་དམ་ཆོས་ཤིག་གསུང་། ཇོ་བོའི་བླ་མ་གསེར་གླིང་པས་ཐུགས་ངེས་པར་མཛད་པའི་སྙིང་དུ་དེ་བས་ཀྱང་ཆེར་ངེས་པར་གྱུར་གསུང་། ཡང་ཇོ་བོས་དྲྭ་ཐོན་པའི་རྗེས་ལ་རྡོ་རྗེ་གདན་གྱི་འཁོར་ས་ན་ཕར་བསྐོར་བ་མཛད་པའི་ཚེ་འཁོར་ས་ན་ལྷེར་སོ་མང་པོ་བཞུགས་པ་ལ། གཅིག་འདས་ནས་ལྷེར་སོ་གཞན་གཅིག་ལ་མྱུར་དུ་མངོན་པར་རྫོགས་པར་འཚང་རྒྱ

བར་འདོད་པས་ཆོས་གང་ལ་བསླབ་པར་བགྱི་ཞེས་འདྲི་ཞིང་འདུག །དེའི་ལན་དུ་མྱུར་དུ་མངོན་པར་རྫོགས་པར་འཚང་རྒྱ་བར་འདོད་པས་བྱང་ཆུབ་ཀྱི་སེམས་ལ་བསླབ་པར་བྱའོ་ཞེར་རོ། །ཡང་གཅིག་ན་རེ། བྱང་ཆུབ་ཀྱི་སེམས་སྦྱོང་ན་ཇི་ལྟར་སྦྱོང་ཞེར། ལན་དུ་འདི་ལྟར་སྦྱོང་ཞེས་ཕ་རོལ་ཏུ་ཕྱིན་པའི་བྱང་ཆུབ་ཀྱི་སེམས་སྦྱོང་ཐབས་བཟང་བ་ཅིག་གསུངས། ཇོ་བོས་བསྐོར་བ་མཛད་འཁྲོ་བཅད་ནས་གསན་པས་སྣོད་གཅིག་ནས་གཅིག་ཏུ་བྱོ་བ་བཞིན་དུ་ཐུགས་སུ་ཆུད་པར་གྱུར། དེ་ཡང་ལྡེར་སོ་གཅིག་གིས་མ་ཤེས་ནས་གཅིག་ལ་འདྲི་བ་ལྟ་བུ་མ་ཡིན། ཇོ་བོ་ཐུགས་ངེས་པ་སྐྱེད་པའི་དོན་དུ་གཅིག་གིས་འདྲི་བ་ལྟར་བྱས་ནས། གཅིག་གིས་ལན་འདེབས་པ་ལྟར་མཛད་པ་ཡིན་ཏེ། ལྡེར་སོ་གཉིས་སྤྲུལ་པའི་སྐུ་དངོས་ཡིན་གསུང་། ཇོ་བོ་སྔར་ནས་བྱང་ཆུབ་ཀྱི་སེམས་ལ་ཐུགས་ངེས་པ་མངའ་བ་ལ། དེ་བས་ཀྱང་ཐུགས་ཤིན་ཏུ་ངེས་པར་གྱུར་སྐད། ཡང་དུས་ཕྱིས་ཤིག་རྡོ་རྗེ་གདན་ན་བསྐོར་བ་མཛད་པའི་ཚེ་རྡོ་རྗེ་གདན་གྱི་ལྷོ་ཕྱོགས་ཀྱི་ནམ་མཁའ་ལ་བུ་མོ་གཞོན་ནུ་མ་མིའི་ལུས་ལས་འདས་པ་ལྷའི་ལུས་དང་ལྡན་པ་རྒྱན་སྣ་ཚོགས་ཀྱིས་བརྒྱན་པ་གཉིས་བྱུང་ནས། གཅིག་ན་རེ། མྱུར་དུ་མངོན་པར་རྫོགས་པར་འཚང་རྒྱ་བར་འདོད་པས་ཆོས་གང་ལ་བསླབ་པར་བྱ་ཞེས་ཟེར་བ་ལ། གཅིག་ན་རེ། བྱང་ཆུབ་ཀྱི་སེམས་སྦྱང་བ་ལ་བསླབ་པར་བྱའོ། །ཞེས་གསུངས་ནས། སྔགས་ཀྱི་ལུགས་ཀྱི་བྱང་ཆུབ་ཀྱི་སེམས་སྦྱང་ཐབས་བཟང་བ་ཅིག་གསུང་ཞིང་འདུག་པ་ལ། ཇོ་བོས་བསྐོར་བ་འཁྲོ་བཅད་ནས་གསན་པས་སྣོད་གཅིག་ནས་གཅིག་ཏུ་བྱོ་བ་བཞིན་དུ་ཐུགས་སུ་ཆུད་དེ་སྔར་ནས་བྱང་ཆུབ་ཀྱི་སེམས་ཐུགས་ལ་ངེས་པ་ལ་དེ་བས་ཀྱང་ངེས་པར་གྱུར་ཏོ། །བུ་མོ་དེ་གཉིས་གཅིག་གིས་མ་ཤེས་ནས་གཅིག་ལ་དྲིས་པ་ལྟ་བུ་མ་ཡིན་གྱི། ཇོ་བོ་ཐུགས་ངེས་པ་སྐྱེད་པའི་དོན་ཡིན་ཏེ། དེ་གཉིས་སྒྲོལ་མ་དང་ཁྲོ་གཉེར་ཅན་ཡིན་སྐད་ཅེས་འབྱུང་ལ། བླ་མ་དག་ནུབ་ཕྱོགས་བདུད་འདུལ་ལྷ་ཁང་གི་

བྱང་ཆུབ་ཆེན་པོས་གསུངས་པ་དང་། བྱང་ཕྱོགས་ཞལ་འགྱུར་ཏ་རའི་ཐང་ཀར་གཙུལྑོ་ལའི་རྒྱ་གར་ནས་ལྷ་མོ་གཉིས་བྱོན་ནས་ཞུས་ལན་མཛད་པ་གསན་པ་ཡིན་ཞེས་གསུང་ངོ་། །ཡང་ཇོ་བོ་རྗེ་གདན་གྱི་བདུད་འདུལ་བའི་མཆོད་རྟེན་ལ་བསྐོར་བ་མཛད་པའི་དུས་སུ། བུད་མེད་གཉིས་ལས་བྱང་ཆུབ་ཀྱི་སེམས་ཀྱི་ཆོས་གསན་གསུང་སྐེ། གསན་ལུགས་མི་གསུང་། ཡང་སྒྲོལ་མ་ལྷ་ཁང་གི་དྲུང་ན་བུད་མེད་རྒན་གཞོན་གཉིས་འདུག །གཞོན་པ་དེས་རྒན་པ་དེ་ལ་ཞུས་པའི་ལན་མྱུར་དུ་མངོན་པར་རྫོགས་པར་སངས་རྒྱ་བར་འདོད་པས་བྱང་ཆུབ་ཀྱི་སེམས་སྦྱོང་བ་ལ་བསླབ་ཅེས་གསུངས་པ་ཇོ་བོས་གསན། ཡང་ཇོ་རྗེ་གདན་གྱི་གཙུལྑོ་ལ་ལ་བསྐོར་བ་མཛད་པའི་དུས་སུ། བྱ་འདབ་ཀྱི་འོག་ན་དེ་བཞིན་གཤེགས་པའི་སྐུ་ཅིག་བཞུགས་པའི་ཞལ་ནས། ཇོ་བོ་ལ་ཟླ་བཟླ་མྱུར་དུ་མངོན་པར་རྫོགས་པར་འཚང་རྒྱ་བར་འདོད་ན་བྱམས་སྙིང་རྗེ་བྱང་ཆུབ་ཀྱི་སེམས་སྦྱོངས་ཤིག་གསུང་། ཡང་སློབ་དཔོན་བླ་སྒྲུབ་ཀྱིས་མཛད་པའི་རྗོ་རྗེ་རི་རབ་ལ་བསྐོར་བ་མཛད་པའི་དུས་སུ། བ་སོའི་རྒྱལ་བ་ཤཱཀྱ་ཐུབ་པའི་ཞལ་ལྗོར་གཟིགས་པ་ཅིག་གི་ཞལ་ནས། ཡོ་གི་མྱུར་དུ་མངོན་པར་རྫོགས་པར་འཚང་རྒྱ་བར་འདོད་པས་བྱང་ཆུབ་ཀྱི་སེམས་སྦྱོངས་གསུངས། ཐར་ནས་ཀྱང་བྱང་ཆུབ་ཀྱི་སེམས་ལ་ཐུགས་ངེས་པ་ལ། དེ་བས་ཀྱང་ངེས་པ་ཆེར་གྱུར་ཏེ་སྤྲུལ་པའི་སྐུ་དངོས་ཡིན་གསུང་། ཡང་རྗོ་རྗེ་གདན་ན་བཞུགས་པའི་ཚེ། ཁ་ཆེའི་དགེ་ཚུལ་ཅིག་གིས་བེ་ཅི་གེར་གླིང་ཞེས་གྲགས། སློབ་དཔོན་ཀླུ་སྒྲུབ་འབྲུངས་པའི་ཡུལ་ཨུ་རྒྱན་ཞེས་བྱ་བ་ཡིན་ཏེ། དེར་སྐྱེས་པ་ཐམས་ཅད་བསོད་ནམས་བསགས་པ་རང་བཞིན་གྱིས་རྣལ་འབྱོར་ཕ་དང་རྣལ་འབྱོར་མ་ཤ་སྟག་ཡིན་ཟེར་ནས་བལྟར་ཕྱིན་པས། ད་ནི་སངས་རྒྱས་བྱོན་ཏོ། །ད་ནི་སངས་རྒྱས་བཞུད་དོ་ཟེར་ནས་སྨྲོས་པ་ལྟ་བུར་སྣང་བ་མ་ཡིན་པ། རྣལ་འབྱོར་པར་གསལ་བ་ཅིག་ཀྱང་མ་མཐོང་། ཡུལ་གྱི་མདའ་ཅིག་ན་ཐམས་ཅད་ལུང་སྟོན་བྱེད་པའི་རྣལ་འབྱོར་

པར་མངོན་པ་ཅིག་འདུག་ནས་དེ་ལ་ཕྱག་ཅིག་ཀྱང་བྱས། དེ་ནས་ཡུལ་དབུས་སུ་ལོག་ནས་འོངས་པའི་ལམ་དུ་ཆོང་པ་མང་པོ་ཅིག་ངོ་མཚར་ཅན་གྱི་གཏམ་ཟེར་ཞིང་འདུག་པ་ལ། དགེ་ཚུལ་དེ་ན་རེ། ཟེར་དགུ་ཅོག་ཀྱང་མི་བདེན་ཏེ། བ་ཅི་གེར་གླིང་ན་ཕོ་སྐྱེས་མོ་སྐྱེས་ཐམས་ཅད་རྣལ་འབྱོར་ཕོ་མོར་ཡོད་ཟེར་བ་ལ་ངས་བལྟས་པས་དེ་ལྟར་མི་འདུག་ཟེར་ཏེ། ཚོང་པ་དེ་རྣམས་ཀྱི་ནང་ན་ཀུ་སུ་ལུ་དགེ་བ་ཞེས་པའི་རྣལ་འབྱོར་པ་ཅིག་ཡོད་པའི་ཐུགས་དགོངས་ལ། འདི་ཁོ་རང་གིས་མ་མཐོང་བར་ཕྱིག་གསོག་པར་འདུག །ལོག་རྟོག་བསལ་དགོས་སྙམ་དུ་དགོངས་ནས། དགེ་ཚུལ་དེ་ཁྲོག་ཏུ་ཁྲིད་ནས་ཅོ་ལུ་ཁྱོད་རང་ལ་ཡོན་ཏན་ཅི་ཡོད་གསུང་། ཅི་ཡང་མེད་ཟེར་བས། འོ་ན་རྣལ་འབྱོར་པ་ནང་གིས་ནང་ཤེས་པ་ཡིན་གྱི་ཁྱོད་ལྟ་བུས་མི་ཤེས་གསུང་། དགེ་ཚུལ་ན་རེ་འོན་ཀྱང་ཅིག་མཐོང་ཟེར། ཁྱོད་ཀྱིས་མཐོང་བ་དེ་རྣལ་འབྱོར་པ་རྣལ་མ་མ་ཡིན། ཚེ་འདི་ཆེད་དུ་གཉེར་བ་ཡིན་གསུང་། དགེ་ཚུལ་དེས། འོ་ན་ཁྱོད་རྣལ་འབྱོར་པ་ཡིན་ནམ་ཞེས་དྲིས་པས། ངས་ཀྱང་དངོས་གྲུབ་ཕྲ་མོ་འདྲ་བ་མཐོང་བ་ཡོད་གསུང་། དེར་དགེ་ཚུལ་དེའི་རྒྱབ་ན་ཀ་པ་ལི་ཅིག་ཡོད་པ་ལ། འོ་ན་ངའི་འདིའི་ནང་ན་ཅི་འདུག་བྱས་པས། འདི་ན་འཕགས་པ་རྒྱལ་བ་བློ་གྲོས་ཀྱི་མདོ་ཅིག་འདུག །གསེར་ཅིག་འདུག །སྤྲུ་གྲི་ཅིག་འདུག་གསུང་། དེར་རྣལ་འབྱོར་པར་གོ་ནས་གུས་པ་བྱས་ནས་ཡུལ་དབུས་སུ་འགྲོགས་ནས་འོངས་པའི་ཚེ། རྣལ་འབྱོར་པའི་ཞལ་ནས། ཁྱེད་ཀྱི་ཡུལ་དབུས་ན་གང་ཟག་ངོ་མཚར་ཅན་ཇི་ལྟ་བུ་ཡོད་གསུང་། དགེ་ཚུལ་དེས་ཇོ་བོ་གདན་ན་ཇོ་བོ་ཨ་ཏི་ཤ་ཞེས་བྱ་བ་ངོ་མཚར་ཅན་བཞུགས་བྱས་པས། རྣལ་འབྱོར་པའི་ཞལ་ནས། སྐྱེས་བུ་དམ་པ་མཐོང་བ་ཉིད་པར་དཀའ་བ་ཡིན་པས་ཞལ་བལྟར་འདོད་གསུངས་ནས་ཇོ་བོ་གདན་དུ་བྱོན། དེར་དགེ་ཚུལ་དེས་ཇོ་བོ་བཞུགས་སའི་བྲང་ཁང་དུ་ཕྱིན་ནས། ངས་བ་ཅི་གེར་གླིང་ན་རྣལ་འབྱོར་པ་གྲུབ་པ་ཐོབ་པ་མང་པོ་ཡོད་ཟེར་ནས་བལྟར་ཕྱིན་པས་

གྲུབ་ཐོབ་མང་པོ་ཡོད་པར་འདུག་པ་ལ། ངས་ངོ་མ་ཤེས་པར་འདུག །ད་ལྟ་ང་དང་འགྲོགས་པའི་རྣལ་འབྱོར་པ་གྲུབ་ཐོབ་ཅིག་ངས་ངོ་མ་ཤེས་པ་ལ་ཁོ་རང་གིས་ཚུར་སྟོན་ནས་ཞལ་བསྟན་པ་ཅིག་འདི་ན་བདོག་ཞུས་པས། ཇོ་བོའི་ཞལ་ནས། སྐྱེས་བུ་དམ་པ་མཐོང་བ་ནི་དོན་དང་བཅས་པ་ཡིན་པས་ཞལ་བལྟ་བར་བགྱི། ཁྱོད་ཀྱིས་མཚོན་པ་གྱིས་ཤིག་གསུངས་ནས། གཟིགས་སུ་བྱོན་པའི་དུས་ན་རྣལ་འབྱོར་པ་རྡོ་རྗེ་གདན་གྱི་བྱང་ཤར་མཚམས་ན་སངས་རྒྱས་ཡེ་ཤེས་ཀྱིས་མཛད་པའི་གཙུག་ལག་ཁང་ཅིག་ཡོད། དེའི་དྲུང་ན་ཤིང་ཙུ་ཏྲ་རྒྱའི་སྡུང་པོ་ཅིག་ཡོད་པའི་དྲུང་དུ་དོ་ནུབ་ཉལ་བའི་ཆེད་དུ་ཤིང་ལོ་རྣམས་འཕྲུག་ཅིང་གདའ་སྐད། དེ་ནས་རྣལ་འབྱོར་པ་དེས་ཇོ་བོ་ལ་ལུས་ཐམས་ཅད་ཕབ་པའི་ཕྱག་བྱས་ནས་ངག་ཏུ་ཡང་། འཛམ་བུ་གླིང་གི་མཁས་པ་ཁྱོད་ལ་ཕྱག་འཚལ་ལོ། །སངས་རྒྱས་བསྟན་པའི་སྲོག་ཤིང་ཁྱོད་ལ་ཕྱག་འཚལ་ལོ། །ཞེས་གསུང་སྐད། ཇོ་བོས་ཀྱང་ཡིད་ཀྱིས་ནི་ཕྱག་བྱས། ཁོང་རྙེན་དམན་པས་ལུས་ཀྱིས་ཕྱག་མ་མཛད་པར་ཞལ་དུ་མཁས་པ་བྱ་བ་ཁྱེད་ཡིན་ཏེ་དོན་ལ་མཁས་པ་ཡིན། ང་ནི་ཚིག་ལ་མཁས་པ་ཡིན། གསུངས་ནས། སྐབས་དེར་གྲིས་པ་དང་མཁས་པ་འབྱེད་པའི་བསྟན་བཅོས་ཞེས་པ་བརྩམས་སོ་སྐད། དེའི་ཚེ་ཇོ་བོའི་གྲོགས་པོ་ཕྱི་ནས་སློབ་མར་གྱུར་པའི་པཎྜི་ཏ་གྲགས་པའི་ཆ་བྱད་ཅན་ཞེས་བྱ་བ་ཅིག་གིས་རྣལ་འབྱོར་པ་དེ་ལ་མྱུར་དུ་མངོན་པར་རྫོགས་པར་འཚང་རྒྱ་བར་འདོད་པས་ཆོས་གང་ལ་བསླབ་པར་བགྱི་ཞེས་ཞུས་པས། མྱུར་དུ་མངོན་པར་རྫོགས་པར་འཚང་རྒྱ་བར་འདོད་པས་བྱང་ཆུབ་ཀྱི་སེམས་སྦྱང་བ་ལ་བསླབ་པར་བྱའོ། །ཞེས་གསུངས་པ་ལ་ཁོང་ཡིད་མ་ཆེས་ནས། རྣལ་འབྱོར་པའི་ཞལ་ནས། ཁྱེའུ་གཙང་མ་ཅིག་ཁྲིད་ལ་ཤོག་གསུངས་ནས་རྣལ་འབྱོར་པ་དེས་རྗེ་བཙུན་མ་སྒྲོལ་མའི་པྲ་ཕབ་ནས། རྗེ་བཙུན་མ་སྒྲོལ་མའི་སྣང་བ་འཆར་དུ་བཅུག་སྟེ། རྗེ་བཙུན་མས་མྱུར་དུ་མངོན་པར་རྫོགས་པར་འཚང་རྒྱ་བར་འདོད་པས

བྱང་ཆུབ་ཀྱི་སེམས་སྦྱོང་བ་ལ་བསླབ་པར་བྱའོ་ཞེས་གསུངས་པ་ལ་ཡང་ཕོ་ཡིད་མ་ཆེས། དེ་ནས་འཕགས་པ་སྤྱན་རས་གཟིགས་དང་། འཇམ་དཔལ་དང་། ཕྱག་ན་རྡོ་རྗེའི་སྤྲུ་ཕབ་པ་ལ་ཡང་ཡིད་མ་ཆེས། དེ་ནས་རྒྱལ་བ་རིགས་ལྔས་གཙོ་མཛད་པའི་ཕྱོགས་བཅུའི་སངས་རྒྱས་ཐམས་ཅད་ཀྱི་སྣང་བ་འཆར་དུ་བཅུག་སྟེ། ཐམས་ཅད་ཀྱིས་མགྲིན་གཅིག་ཏུ་གསུངས་པས་གདོད་ཡིད་ཆེས་པ་ཡིན། དེས་ན་ཆོས་ཟབ་མོ་ལ་ཡིད་ཆེས་པ་ལ་ཚོགས་དཔག་ཏུ་མེད་པ་གསོག་དགོས་པ་ཡིན་གསུང་། ཐེག་པ་ཆེ་ཆུང་ཡང་ལྟ་བས་ཕྱེ་བ་མ་ཡིན། སྙིང་རྗེས་ཕྱེ་བ་ཡིན་གསུང་། ཇོ་བོ་བྱང་ཆུབ་ཀྱི་སེམས་ལ་ཐུགས་ངེས་པ་ཆེན་པོ་མངའ་བ་ལ་དེ་བས་ཀྱང་ངེས་པར་གྱུར་གསུང་། དེ་ནས་ཇོ་བོ་བྲང་ཁང་དུ་གཤེགས་པའི་རྗེས་ལ། པཎྜི་ཏ་ཅིག་གིས་བསུ་བ་ཆེན་པོ་བྱས་ནས། ཁོང་རང་གི་ཁང་པར་སྤྱན་དྲངས་ནས་མངོན་པར་ཤེས་པ་འཆར་བར་འདོད་པས་ཆོས་གང་ལ་བསླབ་པར་བགྱི་ཞེས་ཞུས་པས། བྱང་ཆུབ་ཀྱི་སེམས་སྦྱོང་བ་ལ་བསླབ་པར་བྱའོ་གསུང་། ཡང་པཎྜི་ཏ་ཅིག་གིས་ཚུལ་ཁྲིམས་རྣམ་པར་དག་པའི་རྒྱུ་གང་ལགས་ཞུས་པས། བྱང་ཆུབ་ཀྱི་སེམས་ཡིན་གསུང་། དེས་ན་སངས་རྒྱས་ཐོབ་པར་བྱེད་པ་ལ་བྱང་ཆུབ་ཀྱི་སེམས་འདི་ཐོག་མ་བར་དང་ཐ་མ་གསུམ་དུ་གལ་ཆེ་བ་ཡིན་གསུང་། གཞན་ཡང་ལེན་ཀེར་ཞེས་བྱ་བ། རྩ་བ་ཅིག་རང་ཡང་ཟེར་བ་དེ་ན་རྣལ་འབྱོར་མ་ཅིག་བཞུགས་པའི་ཞལ་ནས། ཇོ་བོ་ལ། བྱང་ཆུབ་ཀྱི་སེམས་སྦྱོངས་ཤིག་གསུང་། ཡང་རྡོ་རྗེ་གདན་གྱི་གྲི་གུ་ན་བུད་མེད་ཅིག་འཆག་སའི་བུག་པ་བྱས་ནས་ལོ་བཅུ་གཉིས་སུ་སྒྲུབ་པ་བྱས་པས་དངོས་གྲུབ་ཐོབ་པའི་རྣལ་འབྱོར་མ་ཅིག་འདུག་པ་ལ། ཡིད་ཀྱིས་ཆོས་ཞུས་པས་དེ་མཁྱེན་ནས་བྱང་ཆུབ་ཀྱི་སེམས་སྦྱོངས་ཤིག་གསུང་། ཡང་ཇོ་བོའི་བླ་མ་དགེ་བསྙེན་ཅིག་ཁྲི་ཁ་ན་འཁོར་ལྔ་ཙམ་ལ་ཆོས་འཆད་ཅིང་བཞུགས་པའི་ཚེ། མི་ཅིག་གིས་ཁྱི་ལ་དབྱུག་པ་བརྒྱབ་པས་བླ་མ་ལེངས་ཀྱིས་འགྱེལ། བལྟས་པས་ཁྱི་ལ་ཕོག་པའི་

ཐད་ཀའི་བླ་མའི་སྐུ་ཡང་སྨུག་ཕྱུར་གྱིས་སྐྲངས་ནས་འདུག །བདག་གཞན་མཉམ་པའི་ཚད་དེ་ལྟ་བུ་མངའ་བའི་བླ་མ་དེ་ལ་ཡང་བྱང་ཆུབ་ཀྱི་སེམས་ཀྱི་བཀའ་དྲིན་ཞུས་གསུང་། ཡང་ཇོ་བོའི་བླ་མ་ཅིག་ལ་རི་དྭགས་དམན་མ་ཐམས་ཅད་སྐྱབས་ཞུ་བ་ཅིག་ཡོད། དེ་ལའང་བྱང་ཆུབ་ཀྱི་སེམས་ཀྱི་བཀའ་དྲིན་ཞུས་གསུང་། དེ་ལྟར་བླ་མ་མང་པོ་ལ་བྱང་ཆུབ་སེམས་ཀྱི་བཀའ་དྲིན་ཞུས། ཁྱད་པར་དུ་བླ་མ་གསེར་གླིང་པ་ལ་བྱང་ཆུབ་ཀྱི་སེམས་ཀྱི་བཀའ་དྲིན་ཞུས་པས། ཐུགས་རྒྱུད་ཁྱད་པར་ཅན་དུ་གྱུར་པས་གསེར་གླིང་པ་གང་དང་ཡང་མི་སྙོམས་པ་ཡིན། ཇོ་བོ་ཉིད་ཀྱི་ཞལ་ནས་ངའི་སེམས་བཟང་པོ་དུམ་ཙམ་འདི་བླ་མ་གསེར་གླིང་པས་བྱིན་གྱིས་བརླབས་པ་ཡིན། ངའི་བཀའ་བརྒྱུད་འདི་ལ་བྱིན་རླབས་ཡོད་ཀྱིས། བྱིན་རླབས་འབྱུང་། བྱིན་རླབས་ཆེ་ཡིས་ཞེས་དགེ་བཤེས་སྟོན་པའི་དྲུང་དུ་གསུང་སྐད། དེ་ལྟར་སངས་རྒྱས་དང་བྱང་ཆུབ་སེམས་དཔའ་ཐམས་ཅད་དང་། རྣལ་འབྱོར་ཕོ་མོ་དཔག་ཏུ་མེད་པ་དང་། གྲུབ་པ་ཐོབ་པའི་བླ་མ་དཔག་ཏུ་མེད་པས། བྱང་ཆུབ་ཀྱི་སེམས་ཀྱི་གདམས་ངག་དང་རྗེས་སུ་བསྟན་པ་མཛད་ནས་གཞན་དོན་ལ་སྤྱར་རོ། །ཇོ་བོ་ཉིད་ཀྱི་ཐུགས་དགོངས་ལ་ཡང་། ད་ནི་བདག་གིས་སངས་རྒྱས་དང་བྱང་ཆུབ་སེམས་དཔའ་རྣམས་ཀྱི་ཐུགས་དམ་བསྐང་བ་དང་། བླ་མ་རྣམས་ཀྱི་གསུང་རྗེས་སུ་སྒྲུབ་པ་དང་། རང་གཞན་གྱི་དོན་ཕུན་སུམ་ཚོགས་པ་སྒྲུབ་པ་ལ་བྱང་ཆུབ་ཀྱི་སེམས་ལས་ལྷག་པ་གཞན་མི་འདུག་པས། ཐུགས་རྗེ་ཆེན་པོ་ཡི་དམ་དུ་བཟུང་ལ་བྱང་ཆུབ་ཀྱི་སེམས་སྦྱོང་བ་ལས་མེད་དོ་སྙམ་པའི་ཐུགས་དགོངས་འཁྲུངས་ནས། རྡོ་རྗེ་གདན་གྱི་ནུབ་ཕྱོགས་ན་འོད་དཔག་ཏུ་མེད་པའི་ལྷ་ཁང་ཡོད་པ་དེའི་ནང་དུ་བྱམས་པའི་ཐུགས་དམ་མཛད་ཅིང་བཞུགས་པའི་ཚེ། ཇོ་བོ་ཐུགས་རྗེ་ཆེན་པོའི་ཞལ་མངོན་སུམ་དུ་གཟིགས། ཐུགས་རྗེ་ཆེན་པོའི་ཞལ་ནས་སྐྱེས་བུ་དམ་པ་ལེགས་སོ་ལེགས་སོ། །བྱ་བ་བྱས་སོ། །དུས་གསུམ་གྱི་སངས་རྒྱས་ཐམས་ཅད་ཀྱི་གསང་

བའི་མཛོད་གང་ཡིན་པ་དེ་ཁྱོད་ཀྱིས་ཤེས་སོ། །འདི་ནས་བྱང་ཕྱོགས་སུ་ངའི་ཞིང་ཁམས་ཡོད། ལྷ་མོ་སྒྲོལ་མ་ཡང་དེ་ན་སེམས་ཅན་གྱི་དོན་མཛད་ཅིང་བཞུགས། ཁྱོད་ཀྱི་གདུལ་བྱ་མང་པོ་ཡང་དེ་ན་ཡོད་པས་བྱང་ཕྱོགས་སུ་སོང་ཞིག་གསུངས་ནས་ལུང་བསྟན་ཏོ། །ཡང་རྡོ་རྗེ་གདན་གྱི་མ་ཧིའི་གཙུག་ལག་ཁང་ན་ཞལ་གྱུར་ཏ་རའི་ལྷ་ཁང་ཞེས་བྱ་བ་སྒྲོལ་མའི་ལྷ་ཁང་ཅིག་ཡོད་པ་དེ་གཟིགས་སུ་ཕྱིན་པས་ལྡེ་མིག་མེད་ནས་དེའི་བར་ལ་བྱམས་པའི་ཐུགས་དམ་མཛད་ཅིང་བཞུགས་པས་ལྷ་ཁང་གི་ནང་ཇི་ལྟ་བ་བཞིན་དུ་གཟིགས། ཕྱི་ནས་ལྡེ་མིག་པ་བྱུང་བ་དང་གཟིགས་པས་ཁྱད་པར་མ་བྱུང་གསུང་། གཞན་ཡང་བྱམས་པའི་ཐུགས་དམ་མཛད་པས་ཏིང་ངེ་འཛིན་བཟང་པོ་དང་མངོན་པར་ཤེས་པ་རྒྱ་ཆེན་པོ་ཡང་བརྙེས། སངས་རྒྱས་དང་བྱང་ཆུབ་སེམས་དཔའ་དཔག་ཏུ་མེད་པའི་ཞལ་ཡང་གཟིགས། འགྲོ་བ་མང་པོའི་དོན་ཡང་མཛད་པ་ཡིན་ཏེ། ཇོ་བོ་རྡོ་རྗེ་གདན་ན་བཞུགས་པའི་ཚེ་མ་ག་དྷའི་རྒྱལ་པོ་ནེ་ཡ་པཱ་ལ་དང་། ནུབ་ཕྱོགས་ཀརྣའི་མུ་སྟེགས་ཀྱི་རྒྱལ་པོ་གཉིས་རྩོད་པར་གྱུར་ནས་ཀརྣའི་རྒྱལ་པོས་མ་ག་དྷར་དམག་བྱས་པས་གྲོང་མ་ཐུབ་ནས། གནས་གཞི་རྣམས་སུ་དྲངས་པས་རབ་ཏུ་བྱུང་བ་བཞི་དགེ་བསྙེན་གཅིག་སྟེ་ལྔ་བཀྲོང་། ཡོ་བྱད་མང་པོ་གནངས་སུ་ཁྱེར་བའི་དུས་སུ་ཇོ་བོ་ལ་ཞེ་སྡང་མི་མངའ་བས་ཀོ་ལོང་ལ་སོགས་པ་གང་ཡང་མི་མཛད་པར་བྱམས་སྙིང་རྗེ་བྱང་ཆུབ་ཀྱི་སེམས་བསྒོམ་ཞིང་བཞུགས། དེར་གཡུལ་ཡོག་ནས་ཀརྣའི་དམག་མི་ཐམས་ཅད་གསོད་པ་ལ་ཐུགས་ཀྱིས་མ་བཟོད་ནས་རྒྱལ་པོ་དང་དམག་མི་ཐམས་ཅད་སྐྱབས་ནས་བཏང་བས། ཀརྣའི་རྒྱལ་པོ་དེ་ཇོ་བོ་ལ་དད་ནས་ནུབ་ཕྱོགས་སུ་ཇོ་བོ་སྤྱན་དྲངས་ཏེ་བསྙེན་བཀུར་བཟང་པོ་བྱས། ཇོ་བོས་ཀྱང་རྒྱལ་པོ་གཉིས་ཀྱི་སྡུམ་མཛད་ནས། འཚོ་བའི་ཡོ་བྱད་མ་གཏོགས་པ་ཕྱུག་ན་མངའ་བ་ཐམས་ཅད་སྡུམ་ལ་བཏང་། ལུས་དང་སྲོག་ལ་མ་གཟིགས་པར་བར་ན་ཚུ་ཆེན་པོ་ཡོད་པ་ལ་ཡང་དང་ཡང་དུ་བརྒྱལ་

ཧེ་དེ་གཉིས་བསྟུམས་ནས་མཛའ་བོར་མཛད་དེ་སེམས་ཅན་བདེ་ལ་བཀོད་དོ། །ལོ་ཙཱ་བའི་བསྟོད་པ་ལས། རྒྱལ་པོ་ནཱི་ཡ་པཱ་ལ་དང་། །ནུབ་ཕྱོགས་ཀརྞའི་རྒྱལ་པོ་གཉིས། །རྩོད་པ་ཆེན་པོ་བྱུང་བའི་ཚེ། །ནུབ་ཕྱོགས་ཀརྞའི་རྒྱལ་པོ་ཡིས། །མ་ག་དྷར་ནི་དམག་དྲངས་པས། །གྲོང་ཁྱེར་མ་ཐུབ་གནས་གཞིར་དྲངས། །རབ་བྱུང་དགེ་བསྙེན་ལྔ་ཡང་བསད། །ཡོ་བྱད་མང་པོ་གནངས་སུ་ཁྱེར། །ཁྱེད་ལ་ཞེ་སྡང་མི་མངའ་བས། །གོ་ལོང་མི་མཛད་སྙིང་རྗེ་འབྲུངས། །གཡུལ་ལོག་ཚེ་ན་དམག་མི་སྐྱབས། །ཕྱི་ནས་བླ་མས་སྟུམ་མཛད་དེ། །འཚོ་བའི་ཡོ་བྱད་མ་གཏོགས་པའི། །ཡོ་བྱད་ལྷག་མ་མང་པོ་བཏང་། །ལུས་དང་སྲོག་ལ་མ་གཟིགས་པར། །ཆུ་བོ་ཆེན་པོ་ཡང་ཡང་བརྒལ། །དེ་གཉིས་བསྟུམས་ནས་མཛའ་བོར་མཛད། །ཅེས་སོ། །དེའི་དུས་ན་ཨོ་ཏན་ཏ་པུ་རི་ན་རབ་ཏུ་བྱུང་བ་བརྒྱ་ཕྲག་ཕྱེད་དང་གསུམ་ཡོད། མ་ག་དྷའི་སྐོར་ན་གནས་གཞི་ཡང་བསམ་གྱིས་མི་ཁྱབ། རབ་ཏུ་བྱུང་བ་དང་། རྣལ་འབྱོར་པ་ཀུ་སུ་ལུ་དང་། མཁས་པ་པཎྜི་ཏ་ཡང་བསམ་གྱིས་མི་ཁྱབ་པ་བཞུགས་པ་དེ་རྣམས་ཀྱི་གཙུག་གི་ནོར་བུ་ལྟ་བུར་གྱུར་པ། ཐམས་ཅད་ཀྱི་ལུང་ལེན་པ་དང་ཐེ་ཚོམ་གྱི་དྲུ་བ་གཅོད་ས་ཇོ་བོ་ཡིན། མདོར་ན་ནང་པ་སངས་རྒྱས་པ་ཐམས་ཅད་ཀྱི་བསྟན་པའི་སྲོག་ཤིང་ཡིན་པས་མུ་སྟེགས་པ་དང་རང་གི་གྲུབ་མཐའ་ངན་པ་ཐམས་ཅད་ཇོ་བོས་ལུང་དང་རིགས་པས་ཚར་བཅད་ནས་ཡང་དག་པའི་ལམ་ལ་བཀོད་པ་ཡིན་གསུང་ངོ་། །

༈ བྲི་ཀ་མ་ལ་ཤྲཱི་ལར་ཇི་ལྟར་མཛད་པ་ནི། རྒྱ་གར་གྱི་ཡུལ་དཔལ་ཤྲཱི་ན་ལེནྡྲ་ན་སློབ་དཔོན་ཆེན་པོ་གཾ་པ་ལ་ཞེས་བྱ་བ་ཕྱག་རྒྱ་ཆེན་པོ་མཆོག་གི་དངོས་གྲུབ་བརྙེས་པ་ཅིག་བཞུགས་པའི་ཐུགས་དགོངས་ལ། ཆུ་བོ་གང་གཱའི་འགྲམ་ན་བྲག་དེའུ་ཅིག་ཡོད་པའི་སྟེང་དུ་གཙུག་ལག་ཁང་ཅིག་བརྩིགས་ན་སངས་རྒྱས་ཀྱི་བསྟན་པ་ལ་ཕན་པར་མངོན་ཤེས་ཀྱིས་གཟིགས་ཤིང་དེ་རྩིག་པ་ལ་རབ་ཏུ་བྱུང་བ་བས་རྒྱལ་པོའི་རྗེན་ནུས་

པ་ཆེ་བར་གཟིགས་སོ། །དེ་ཡང་ཡུལ་དབུས་ཀྱི་རྣལ་འབྱོར་པ་ཅིག་རྒྱལ་པོའི་དངོས་གྲུབ་འདོད་ནས་རྒྱ་གར་ལྷོ་ཕྱོགས་ན་འོད་ཟེར་ཅན་གྱི་རྟེན་སྐུ་ཅིག་བཞུགས་པའི་སར་ཕྱིན་ནས། ས་སྔེ་བཙུགས་ནས་བདག་ལ་རྒྱལ་སྲིད་ཀྱི་འཁོར་པ་ལ་མངའ་བརྙེས་པའི་རྒྱལ་པོ་ཅིག་ཏུ་འགྱུར་བའི་དངོས་གྲུབ་སྩོལ་ཅིག་ཅེས་གསོལ་བ་བཏབ་པ་གྲུབ་ནས། ཁྱོད་རྒྱལ་པོ་འདོད་ན་རྒྱ་གར་ཤར་ཕྱོགས་སུ་སོང་ཅིག་གསུང་། རིམ་གྱིས་ཕྱིན་པས་གྲོང་ཁྱེར་ཅིག་ན་རྒྱལ་པོ་རེ་མོས་བྱེད་པ་ཅིག་གདའ་སྐད། དེའི་རེ་མོས་བ་ལང་རྫི་མ་སྨད་གཉིས་ཡོད་པའི་བུ་ལ་བབས་ནས། མ་ཡིད་མི་བདེ་ཞིང་ངོ་ལོག་པ་རྣལ་འབྱོར་པས་མཐོང་ནས་ཅི་ཉེས་དྲིས་པས། ངའི་བུ་ལ་རྒྱལ་པོའི་རེ་མོས་བབ་ཟེར། དེ་དགའ་བ་མིན་ནམ་བྱས་པས། རྒྱལ་པོའི་རེ་མོས་བབ་པ་ཐམས་ཅད་འཆི་རེས་བབ་པ་ཡིན་ཟེར། འོ་ན་ཁྱོད་ཀྱི་རྒྱལ་པོའི་རེ་མོས་ངས་བྱའམ་བྱས་པས། མ་སྨད་གཉིས་དགའ་ནས། རྣལ་འབྱོར་པ་དོད་པོར་བྱས་ཏེ། རྒྱལ་སར་དབང་བསྐུར་རོ། །སྔར་གྱི་རྒྱལ་པོ་ཐམས་ཅད་རྒྱལ་པོའི་བཙུན་མོ་ཀླུ་མོ་གདུག་པ་ཅན་དུ་སྐྱེས་པ་ཅིག་གིས་ཟོས་ནས་གདའ་སྐད། རྣལ་འབྱོར་པ་དེས་དེའི་ནུབ་མོ་རལ་གྲི་ཅིག་ཐོགས་ནས་འོད་ཟེར་ཅན་གྱི་བསྒྲིད་རིམ་བསྒོམས་ཏེ་སྙིང་པོ་བགྲང་ཞིང་བསྡད་པ་དང་། བཙུན་མོ་དེ་རྣལ་འབྱོར་པ་དེ་ཡང་བཟའ་བའི་ཕྱིར་སྦྲུལ་ཆེན་པོ་ཅིག་ཏུ་བྱས་ནས་བྱུང་བ་ལ། ལྷ་མོ་འོད་ཟེར་ཅན་གྱི་ང་རྒྱལ་གྱིས་ཚར་བཅད་དོ། །ནང་པར་རྒྱལ་པོའི་རོ་དུར་ཁྲོད་དུ་སྐྱེལ་དུ་འོངས་པ་ལ། རྒྱལ་པོ་དེ་མ་ཤི་བར་འདུག་པས་ཐམས་ཅད་ངོ་མཚར་སྐྱེས་ནས་དེ་ཉིད་ལ་རྒྱལ་པོ་ཞུས་སྐད། དེ་བ་ལང་རྫི་དངོས་མ་ཡིན་ཡང་དོད་པོ་ཡིན་པས་མིང་རྒྱལ་པོ་གོ་པཱ་ལ་ཞེས་བཏགས་ཏེ། བ་ལང་སྐྱོང་ཞེས་བྱ་བ་ཡིན། དེས་རྣྃ་ག་ལ་ཙམ་མངར་འདུས་པ་ཅིག་བྱུང་སྐད། རྒྱལ་པོ་དེ་ལ་བཙུན་མོ་ལྔ་བརྒྱ་ཡོད། བཙུན་མོ་རེ་ལ་མཆོད་གནས་དགེ་སློང་མ་ལྔ་བརྒྱ་ལྔ་བརྒྱ་ཡོད་པ་ལས། བཙུན་མོའི་ནང་གི་ཆུང་ཤོས་རྒྱལ་པོ་དང་

མ་ཕྲད་ནས། མཆོད་གནས་དགེ་སློང་མ་ཅིག་གིས་རྒྱལ་པོ་དང་འཕྲད་པའི་སྨན་སྦྱོར་བ་ལས། རྒྱལ་པོ་ལ་མ་ཐེངས་གཞན་ལ་སོང་ན་རིགས་ལྡང་བས། དེ་ན་མཚོ་ཅིག་ཡོད་པའི་ནང་དུ་བླུགས་པས་མཚོ་དེའི་གླུ་རྒྱལ་པོར་བརྗེས་ཤིང་འོང་བས་བཙུན་མོ་སེམས་ཅན་དང་ལྡན་པར་གྱུར་པ་རྒྱལ་པོས་གསན་ནས་གླུ་དེ་བཟུང་ནས་དྲིས་པས། ང་ལ་དབང་མེད་སྨན་དེའི་ནུས་པ་ཡིན། སྨན་དེ་ཐོན་བཙུན་མོ་ལ་བྱིས་པ་ཅིག་ཡོད་པ་དེ་རྒྱལ་པོ་ལ་འབུལ་ཟེར་ནས་ཕུལ་བའི་སྲས་རྒྱ་བ་པུ་ལ་ཞེས་བྱ་བ་ཡིན། མངའ་རིས་ཀྱང་ཤིན་ཏུ་ཆེ་བར་གྱུར། དེའི་དུས་ན་ཛེ་མོ་སྒྲོལ་མ་སྒྲུབ་པའི་རྣལ་འབྱོར་པ་ཅིག་ཡོད་པའི་ཐུགས་དགོངས་ལ་ཤར་ཕྱོགས་རྡ་ལིཀྟ་ན་མུ་སྟེགས་ཀྱི་ལྷ་རྟེན་མང་པོ་ཡོད་པ་བཞིག་པར་འདོད་ནས། སྒྲོལ་མ་ལ་གསོལ་བ་བཏབ་པས། རྒྱལ་པོ་རྒྱ་བ་པུ་ལ་ལ་ཞུས་གསུང་། རྣལ་འབྱོར་པ་དེས་རྒྱལ་པོ་ལ་ས་སྔོ་བཙུགས་ནས་ཞུས་པས་གནང་སྟེ། རྐྃ་ག་ལ་པ་ཐམས་ཅད་དམག་ཏུ་སྦྲན་ནས་འགྲོ་བའི་ལམ་དུ་སྔོན་ལ་ཐག་མི་རིང་མི་ཐུང་བར་མི་བུལ་མི་མགྱོགས་པར་མི་ནག་པོ་ཅིག་སོང་སྐད། རྒྱལ་པོས་མི་བཏང་ནས། ཁྱེད་སུ་ཡིན་དྲིས་པས། མགོན་པོ་མ་ཧཱ་ཀཱ་ལ་བྱ་བ་ཡིན། ཁྱོད་གང་དུ་འགྲོ་ཟེར། རྡ་ལིཀྟ་ན་མུ་སྟེགས་པའི་རྟེན་མང་པོ་ཡོད་འཇིག་ཏུ་འགྲོ་བ་ཡིན་བྱས་པས། དེ་ཁྱོད་ཀྱིས་མི་ཤིགས་ཟེར། འོ་ན་ཁྱེད་ལ་ཐབས་ཡོད་དམ་ངེད་ཀྱི་གྲོགས་བྱེད་དགོས་བྱས་པས། ང་ཟེར་བ་ལ་ཉན་ན་གྲོགས་བྱེད། མི་ཉན་ན་གནོད་པ་སྐྱེལ་ཟེར། དེར་རྒྱལ་པོ་ལ་གསོལ་བས་ཉན་པར་ཞལ་གྱིས་བཞེས་ནས་ཐབས་ཞུས་པས། མི་ནག་པོ་ན་རེ། བྱེ་མའི་ཕུང་པོ་འདིའི་འོག་ན་སངས་རྒྱས་འོད་སྲུངས་ཀྱི་གཙུག་ལག་ཁང་ཅིག་ཡོད་པས་འདི་སོལ། རྟེན་བཞིག་པའི་དུས་དམག་ཐམས་ཅད་ཀྱིས་ཁྲིམས་སུ་བཅའ་བ་གྱིས་ལ་རྡོལ་མོའི་སྒྲ་དུས་གཅིག་ལ་དཀྲོལ་ཅིག་ཟེར་ནས་མི་སྣང་བར་གྱུར་སྐད། དེར་རྒྱལ་པོའི་དམག་མི་རྣམས་ཀྱིས་བྱེ་མ་བསལ་བས་གཙུག་ལག་ཁང་ཅིག་བྱུང་། དེའི་ཉན་ཐོས་འགོག་པ་

ཅིག་མི་མང་པོའི་ཐུག་སྤྲས་སད་ནས་སངས་རྒྱས་འོད་སྲུངས་གང་ན་བཞུགས་རྒྱལ་པོ་ཀྲི་ཀྲི་གང་ན་བཞུགས་གསུང་། དེར་རྒྱལ་པོས་སངས་རྒྱས་འོད་སྲུངས་མྱ་ངན་ལས་འདས་ནས་མི་བཞུགས། དེའི་བསྟན་པ་ཡང་མ་ཡིན། འདི་ནི་རྒྱལ་བ་ཤཱཀྱ་ཐུབ་པའི་བསྟན་པ་ཡིན་བྱས་པས། འོ་ན་སངས་རྒྱས་ཤཱཀྱ་ཐུབ་པ་གང་ན་བཞུགས་གསུང་། དེ་ཡང་མྱ་ངན་ལས་འདས་བྱས་པས། སངས་རྒྱས་ཤཱཀྱ་ཐུབ་པའི་འཁོར་གྱི་ཐོག་མ་ཅིག་བྱ་སྐམ་པ་ཡིན་པ་ལ་གསུངས་ནས་མི་སྣང་བར་གྱུར་སྐད། གཙུག་ལག་ཁང་དེ་ནི་ཀྲི་ཀ་ཊ་ཀའམ། རྒྱ་མཚོ་སྤྲས་པའམ། གོ་སོ་མ་པུ་རིའི་གཙུག་ལག་ཁང་ཞེས་བྱ་སྟེ། སྒོ་སྲུང་གི་པཎྜི་ཏ་ཆེན་པོ་བཞི་ཡང་དེ་ན་ཡོད་གསུང་། མི་ནག་པོ་དེ་གཙུག་ལག་ཁང་དེའི་ཆོས་སྐྱོང་ཡིན་སྐད་དེ། དེར་རྒྱལ་པོ་འཁོར་དང་བཅས་པས་ལྷ་རྟེན་གྱི་མཐའ་མ་བསྐོར་ཞིང་རོལ་མོ་དཀྲོལ་བས་རང་ཞིག་པར་གྱུར་ཏོ། །དེ་བས་ན་གཏོར་མ་གཏོང་བའི་དུས་སུ་རོལ་མོའི་སྒྲ་བྱེད་པ་ཡང་མགོན་པོའི་འཕྲིན་ལས་ཀྱི་གྲོགས་ཡིན་གསུང་། དེར་རྒྱལ་པོ་དེའི་མངའ་རིས་སུ་ཧྲ་ལེན་ཏྲ་པ་ཐམས་ཅད་འདུས་སྐད། དེའི་ཚེ་སློབ་དཔོན་ཀཾ་པ་ལ་རྒྱལ་པོ་དེའི་སྲས་སུ་འབྲུངས་པར་བཞེད་ནས། བཙུན་མོའི་རྐྱི་ལམ་དུ་དགེ་སློང་ཆོས་གོས་དམར་སེར་གྱོན་པ་ལག་ན་ལྷུང་བཟེད་དང་འཁར་གསིལ་ཐོགས་པ་ཅིག་གནས་གཡར་ཞེར་བ་ནུབ་དྲུག་ཏུ་རྨིས། རྒྱལ་པོ་ལ་བཟླས་པས་ཀྱང་དོ་ནུབ་ཀྱང་རྟོགས་ལ། བྱུང་ན་བྱོན་པས་ཚོག་གནས་བཏང་གིས་གྱིས་ཤིག་གསུང་། ཡང་བྱུང་ནས་བཙུན་མོས་གནས་བཏང་གིས་བྱས་པས། དེའི་སྲས་སུ་སྐྱེ་བ་བཞེས་ནས་རྒྱལ་པོ་ཧྲཱ་པ་ལ་ཞེས་བྱ་བར་གྱུར་ཏེ། མངའ་ཐང་ཡང་ཤིན་ཏུ་ཆེ། ཡུལ་དབུས་མ་ག་དྷ་ཡང་མངའ་རིས་སུ་འདུས་སོ། །དེར་རྒྱལ་པོ་དེས་ཆུ་བོ་གང་གཱའི་འགྲམ་གྱི་བྲག་དེའུ་དེའི་སྟེང་དུ་གཙུག་ལག་ཁང་བཞེངས་ཏེ། དེ་ལ་ཕྱོགས་བཞིར་མིང་བཞིར་གྲགས་པ་ལས། བྱང་ཕྱོགས་སུ་གྲགས་པ་ནི་བྲི་ཀ་མ་ལ་ཤཱི་ལ་ཞེས་བྱ་བ་ཡིན་ཏེ། ཚུལ་ཁྲིམས་ཀྱི་དྲི་དང་

དང་ལྡན་པ་ཞེས་བྱ་བ་ཡིན་སྐད། ཁ་ཅིག་ནི་དེའི་གནོད་སྦྱིན་ཅིག་གི་མིང་ཡིན་ཏེ། གནོད་སྦྱིན་མནན་པའི་གཙུག་ལག་ཁང་ཞེས་བྱ་བ་ཡིན་ཞེས་ཟེར་རོ། །དེར་རྒྱལ་པོས་རྩ་བའི་སྡེ་བཞི་ལ་དགེ་སློང་ཉི་ཤུ་རྩ་བདུན་རྩ་བདུན་ཏེ་བརྒྱ་རྩ་བརྒྱད་ཀྱི་འཚོ་བ་བླ་ནས་སྦྱར། གཞན་ཡང་མགྲོན་པོ་སློ་བུར་བ་བཅུ་གཉིས་ཀྱི་ས་ཀྲ་དང་། སྒྲ་དང་། ཚད་མའི་ས་ཀྲ་དང་། རྫ་ལི་ཨཱ་ཙཱརྻ་ཞེས་པ་གཏོར་མ་མཁན་གྱི་ས་ཀྲ་ལ་སོགས་པ་ས་ཀྲ་དུ་མ་ཡོད། སྤྱིར་རབ་ཏུ་བྱུང་བ་བརྒྱ་ཕྲག་གཉིས་མ་ལོངས་ཙམ་ཡོད། གང་ཡོད་རྣམས་ནི་པཎྜི་ཏ་ཤ་སྟག་ཏུ་ཡོད་གསུང་། ཡོངས་སུ་གྲགས་པའི་པཎྜི་ཏ་ལྔ་བཅུ་རྩ་བདུན་ཡོད། དེ་རྣམས་ཐམས་ཅད་ཀྱིས་གཙུག་གི་ནོར་བུ་ལྟ་བུར་བཀུར་བའི་ཇོ་བོ་ཆེན་པོ་རྗེ་ལྷ་གཅིག་དེ་རྒྱལ་པོ་ཧྲི་བ་པ་ལའི་གདུང་བརྒྱུད་དུ་གྱུར་པ་རྒྱལ་པོ་མ་ཧཱ་པཱ་ལ་ཞེས་བྱ་བས་ཇོ་རྗེ་གདན་ནས། ཁྲི་ག་མ་ལ་ཤྲཱི་ལར་སྤྱན་དྲངས་ཏེ་གཙུག་ལག་ཁང་གི་སྡེ་གདོང་གཡས་ན་སློབ་དཔོན་ཀླུ་སྒྲུབ། གཡོན་ན་ཇོ་བོ་བྲིས་ནས་ཡོད་དེ། སློབ་དཔོན་ཀླུ་སྒྲུབ་དང་སྙོམས་པ་ཡིན་སྐད། དེའི་ངོས་གཅིག་ན་པཎྜི་ཏ་རྣམས་བྲིས། ངོས་གཅིག་ན་གྲུབ་ཐོབ་རྣམས་བྲིས་ནས་ཡོད་པ་ལ་ཇོ་བོ་གཉིས་ཀ་ན་བྲིས་ནས་ཡོད། དེར་བཞུགས་པའི་དུས་སུ་རྒྱ་གར་ན་པཎྜི་ཏས་ལྡེ་མིག་འཛིན་པས། ཇོ་བོས་ཀྱང་ལྡེ་མིག་བཅོ་བརྒྱད་ཀྱི་བདག་མཛད་ནས་དགེ་སློང་ཉི་ཤུའི་སྡེ་ཤས་ཅིག་གི་ས་ཀྲ་ཡང་བཙུགས། ཅི་བདེ་བ་ཤས་ཅིག་བྱུང་བས་དེ་རྣམས་ཇོ་བོ་ལ་སྔིག་གསོག་པར་གྱུར་སྐད། ཁྱད་པར་དུ་མངའ་བདག་མཻ་ཏྲི་པ་ཞེས་བྱ་བ་དེ། དེ་ན་བཞུགས་པའི་ལྷ་སྦྱིད་འབྲས་བུ་གསུམ་ག་ལ་ཤཱནྟི་པས་སྐྱོན་བཀོད་ནས་སྒོ་གདོང་དུ་བྲིས། མཻ་ཏྲི་པ་དེ་རྣལ་འབྱོར་མ་ལ་ཐུགས་དམ་མཛད་པས་དེའི་དམ་རྫས་ཀྱི་ཆང་ཅིག་སྦས་ནས་ཡོད་པས། བཙུན་པ་ཅིག་གིས་མཐོང་ནས་དགེ་འདུན་ལ་བཤད། དགེ་འདུན་རྣམས་ན་རེ། ཉམས་པ་གནས་ནས་འབྱིན་དགོས་ཟེར་ནས་བསླད་པས་བཞུད་དུ་མ་འདོད་པར། འདིས་ང་ལ་

མི་གནོད་ཀྱིས་ཟེར། ཁྱོད་ལ་མི་གནོད་ཀྱང་གཞན་ལ་གནོད་བྱས་ནས་ཕྱུང་བས། ཉམས་པ་སྐྱོ་ལ་འགྲོར་མི་ཏུང་ཟེར་ནས་རྩིག་པ་ལ་ཐལ་གྱིས་བཞུད། ཇོ་བོའི་ཐུགས་དགོངས་ལ་ལེགས་སམ་མ་ལེགས་སྙམ་ནས་དེའི་ནུབ་མོ་སྒྲོལ་མ་ལ་མཆོད་པ་ཕུལ། བསྟོད་པ་བྱས་ནས་གསོལ་བ་བཏབ་པས། ཇོ་བོ་བྲང་ཁང་ན་ཙུང་ཟད་མནལ་བའི་མནལ་ལམ་ན། བུ་མ་ལེགས་སོ་ཞེས་བྱ་བའི་སྒྲ་ལན་གསུམ་བྱུང་། ཕྱིར་བྱོན་ནས་བལྟས་པས་ཅི་ཡང་མ་གཟིགས། ཡང་ནང་དུ་བྱོན་ནས་ལྷ་ལ་གསོལ་བ་བཏབ་པས། ལྷ་མོ་སྒྲོལ་མའི་ཞལ་ནས། དགེ་སློང་ཅི་བདེ་བ་ཕྱུང་བའི་ནང་ན་སེམས་དང་པོ་བསྐྱེད་པའི་བྱང་ཆུབ་སེམས་དཔའ་ཅིག་བཞུགས་པ་དེ་མངའ་བདག་མཻ་ཏྲི་པ་ཡིན། བྱང་ཆུབ་སེམས་དཔའ་ལ་སྡིག་བསགས་ན་རྣམ་སྨིན་ཤིན་ཏུ་ཆེ་གསུང་། ཇོ་བོས་འདི་ལ་རྣམ་སྨིན་ཇི་ལྟ་བུ་ཅིག་འབྱིན་ཞུས་པས། རི་རབ་ལ་ལན་གསུམ་འཁོར་བའི་སེམས་ཅན་ཆེན་པོ་ཞིག་ཏུ་སྐྱེས་ནས་བྱ་སྣ་ཚོགས་ཀྱིས་ཟ་བར་བྱེད་གསུང་། འོ་ན་དེ་ལ་ཅིས་ཕན་ལགས་ཞེས་ཞུས་པས། བྱང་ཕྱོགས་སུ་སོང་ནས་ཐེག་པ་ཆེན་པོའི་ཆོས་དར་བར་བྱས་ན་ཕན། ཉི་མ་རེ་རེ་ཞིང་ཚ་ཚ་བདུན་བདུན་བཏབ་ན་ཕན་གསུང་། དོན་ལ་ཇོ་བོ་སེམས་ཅན་གྱི་དོན་ལ་བོད་དུ་འབྱོན་དུ་འཇུག་པའི་སྐད་ཡིན་གསུང་། ཡང་ཇོ་བོས་བླ་མ་ཝཱ་ཝཱ་པ་ལ་ལ་གང་གིས་ཕན་ཞུས་པས། གང་ཡང་ཕན་ཁྱོད་ཀྱིས་ཕན་སེམས་ཀྱིས་བྱས་པས་ཉེས་པ་མེད་དེ། སྔོན་འབྲས་ཆན་བྲེ་གང་སྦྱིན་པར་བཏང་བ་ཅིག་བོད་ན་རྒྱལ་པོ་བྱེད། དེའི་མཆོད་གནས་ལ་ཁྱོད་འགྲོ་བར་འདུག་གསུང་ངོ་།། །།

༈ ལྷ་བཙུན་པའི་བདག་རྐྱེན་ལ་བརྟེན་ནས་འཕྲིན་ལས་ཇི་ལྟར་མཛད་པ་ལ། ཇི་ལྟར་སྤྱན་དྲངས་པ་དང་། ཤུལ་ཀར་ཇི་ལྟར་མཛད་པ་དང་། བོད་ཡུལ་དུ་ཇི་ལྟར་མཛད་པ་དང་གསུམ་ལས།

དང་པོ་དེ་ལྟ་བུའི་སྐུ་ཆེ་བའི་ཡོན་ཏན་མ་ལུས་པ་དང་ལྡན་པའི་ཇོ་བོ་ཆེན་པོ་

ཇོ་ལྷ་གཅིག་དེ་བོད་ཀྱི་རྒྱལ་པོ་བྱང་ཆུབ་སེམས་དཔས་ཇི་ལྟར་སྤྱན་དྲངས་པ་ནི། བོད་ཀྱི་རྒྱལ་པོ་རྗེ་གཉའ་ཁྲི་བཙན་པོ་གནམ་རིམ་པ་བཅུ་གསུམ་གྱི་སྟེང་ནས་གཤེགས་ནས། གནམ་ལ་ཁྲི་བདུན། བར་དུ་སྟེངས་གཉིས། ས་ལ་ལེགས་དྲུག །སྐྱིད་པའི་གདུང་རབས་ཕྱེད་དང་བཅུ་གསུམ་སོང་བར་བླ་བཞེད་ནས་བཤད། ཆོས་བྱས་པས་བདེ་སྐྱིད་ཕུན་སུམ་ཚོགས་པ་དང་ལྡན་པས་སྐྱིད་པའི་གདུང་རབས་ཏེ། དེ་ཡང་གདུང་རབས་རྩིལ་པོ་བཅུ་གཉིས་མངའ་བདག་ཁྲི་རལ་པ་ཅན་སྐུ་ཚེ་ཐུང་བས་ཕྱེད་དུ་བཞག་པའོ། དེ་ལ་ཀུན་ཏུ་བཟང་པོའི་སྤྲུལ་པ་ལྷ་ཐོ་ཐོ་རི་སྙན་ཤལ་གྱི་སྐུ་རིང་ལ་བོད་དུ་དམ་པའི་ཆོས་ཀྱི་དབུ་བརྙེས། དེ་ནས་གདུང་རབས་ལྔ་ནས་ཐུགས་རྗེ་ཆེན་པོའི་སྤྲུལ་པ་རྗེ་སྲོང་བཙན་སྒམ་པོའི་སྐུ་རིང་ལ་དམ་པའི་ཆོས་སྲོལ་བཏོད། དེ་ནས་གདུང་རབས་ལྔ་ནས་འཇམ་དཔལ་གྱི་སྤྲུལ་པ་རྗེ་ཁྲི་སྲོང་ལྡེའུ་བཙན་གྱི་སྐུའི་རིང་ལ་དམ་པའི་ཆོས་དར་ཞིང་རྒྱས་པར་མཛད། དེའི་སྲས་ཁྲི་ལྡེ་བསྲོང་བཙན་སྟེ། སད་ན་ལེགས་མཛིང་ཡོན་ཞེས་གྲགས། དེ་ལ་སྲས་གསུམ། གཙང་མ། དར་མ། རལ་པ་ཅན་ནོ། དར་མ་ལ་སྲས་འོད་སྲུངས་དང་། ཡུམ་བརྟན་གཉིས། འོད་སྲུང་གི་སྲས་མངའ་བདག་དཔལ་འཁོར་བཙན། དེ་ལ་སྲས་ཁྲི་བཀྲ་ཤིས་བརྩེགས་པ་དཔལ་དང་། ཁྲི་སྐྱིད་ལྡེ་ཉི་མ་མགོན་གཉིས། སྐྱིད་ལྡེ་ཉི་མ་མགོན་མངའ་རིས་སྟོད་དུ་གཤེགས་པའི་དུས་སུ་བློན་པོ་ཆེན་པོ་ཞང་པ་ཚབ་རིན་ཆེན་སྡེ་དང་། ཅོ་རོ་ལེགས་སྒྲ་ལྷ་ལེགས་གཉིས་ཀྱིས་གཙང་བྱེ་མ་གཡུ་རུང་དུ་བསྐྱལ་ནས། འབྲལ་བའི་དུས་སུ་དུས་ཏེ། པ་ཚབ་ཀྱིས་ན་བཟའ་སྤྱང་ཐུལ་ཅིག་ཕུལ། ཅོ་རོས་དྲེའུ་ཅིག་ཕུལ་བས། རྒྱལ་པོའི་ཞལ་ནས། ངས་མངའ་རིས་སྟོད་དུ་རྒྱལ་སྲིད་འདྲ་བ་ཟིན་སྲིད་ན་ཁྱེད་ཀྱི་བུ་མོ་རེ་ང་ལ་རྫོང་བར་ཞུ་གསུངས་པས་གཉིས་པས་ཀྱང་ཁས་བླངས། དེ་ནས་ཡར་ཕྱིན་པའི་དུས་སུ་མངའ་རིས་པ་རྣམས་ཀྱིས་བོད་ནས་རྒྱལ་པོ་ཅིག་ཕྱིན་ཞེས་ཐོས་ནས་བསུ་བ་བྱས། རིགས་ནི་སྤྱོད་པས་སྟོན་པར་

བྱེད། །ཅེས་པས་རྒྱལ་པོ་ཡིན་པར་ཤེས་ནས་རྗེ་བོར་བཟུང་། རྒྱལ་སྲིད་རྒྱ་ཆེ་བར་ཟིན་ནས་བློན་པོ་གཉིས་ཀྱིས་ཀུང་བུ་མོ་རེ་བཙུན་མོར་ཕུལ། པ་ཚབ་བཟའ་རབས་ཆད། ཅོ་རོ་བཟའ་ལ་སྲས་གསུམ། བཀྲ་ཤིས་མགོན། དཔལ་གྱི་མགོན། ལྡེ་གཙུག་མགོན་ཏེ། སྟོད་ཀྱི་མགོན་གསུམ་མོ། བཀྲ་ཤིས་མགོན་ལ་པུ་རངས་བྱིན། དཔལ་གྱི་མགོན་ལ་ཞང་ཞུང་བྱིན། ལྡེ་གཙུག་མགོན་ལ་མང་ཡུལ་བྱིན་པས་མངའ་རིས་སྐོར་གསུམ་ཞེས་གྲགས་སོ། །ལྷ་བཀྲ་ཤིས་མགོན་ལ་སྲས་གཉིས། མངའ་བདག་ཁོ་རེ་དང་སྲོང་ངེའོ། །ཁོ་རེ་ལ་སྲས་དེ་བ་ནཱ་ཛ་དང་། ནཱ་ག་ནཱ་ཛ་གཉིས་སོ། །སྲོང་ངེའི་སྲས་ལྷ་ལྡེ། ལྷ་ལྡེའི་སྲས་མངའ་བདག་འོད་ལྡེ། ཕོ་བྲང་ཞི་བ་འོད། ལྷ་བཙུན་པ་བྱང་ཆུབ་འོད་གསུམ་མོ། །རྒྱལ་པོ་ཁོ་རེ་རྒྱལ་སྲིད་མཛད་པའི་དུས་སུ་ཡབ་མེས་ཀྱིས་དམ་ཆོས་དགུ་བརྙེས་སྲོལ་བཏོད་དར་ཞིང་རྒྱས་པར་མཛད་པའི་ཕྱག་བཞེས་རྣམས་གཟིགས་པས་འཁོར་བ་ལ་སྐྱོ་བ་སྐྱེས་ནས་ཡབ་མེས་ཀྱི་གདུང་བསབ་པར་དགོངས་ཏེ་རྒྱལ་སྲིད་དཔོན་པོ་ལྷ་ལྡེ་ལ་གཏད་ནས་ཡབ་སྲས་གསུམ་ག་དཀོན་མཆོག་གི་རྟེན་ལས་རབ་ཏུ་བྱུང་སྟེ། མཚན་ཡང་ལྷ་བླ་མ་ཡེ་ཤེས་འོད་ཅེས་བཏགས་སོ། །ཁོང་ལ་བསོད་ནམས་ལས་གྲུབ་པའི་བློན་པོ་མིག་གི་མངོན་པར་ཤེས་པ་དང་ལྡན་པས་ས་འོག་གི་གཏེར་ཐམས་ཅད་མཐོང་བ་ཅིག་ཡོད། རྒྱ་གར་དུ་བསྒྱུར་བའི་གསེར་ལིང་པ་ཆེན་པོ་དེ་ཡང་བློན་པོ་དེས་ས་འོག་ནས་བཏོན་པ་ཡིན་སྐད་དེ། འཇམ་དཔལ་རྩ་བའི་རྒྱུད་ལས། ཁ་བ་ཅན་གྱི་རྒྱལ་ཁམས་སུ། །རྒྱལ་པོ་འོད་ཀྱི་མཐའ་ཅན་འབྱུང་། །བློན་པོ་ནོར་གྱི་མཐའ་ཅན་འབྱུང་། །ཞེས་བྱ་བ་དེ་གཉིས་ཡིན་གསུང་། །གཞན་དུ་རྩ་རྒྱུད་ལས། གངས་ཅན་དུ་ནི་རྒྱལ་པོའི་རིགས། །ཡེ་ཤེས་འོད་ཅེས་བྱ་བ་འབྱུང་། །ཞེས་དྲངས་སོ། །དེ་ཆོས་ཀྱི་རྒྱལ་པོ་མཛད་ནས། དམ་པའི་ཆོས་ཐེག་པའི་རིམ་པ་མཐའ་དག་གཟིགས་པས་སྔགས་དང་ཕ་རོལ་ཏུ་ཕྱིན་པ་གཉིས་ཆོས་འགལ་བར་གཟིགས། ལག་ལེན་ཡང་སྔགས་ལ་བརྟེན་ནས་

འདུལ་བ་ཅ་ཕྱི། འདུལ་བ་ལ་བརྟེན་ནས་གསང་སྔགས་ཅ་ཕྱི་བར་གཟིགས་ནས། ཐེ་ཚོམ་སྐྱེས་ཏེ་འདི་གཉིས་གང་རུང་གཅིག་ཡིན་ཏེ་གཅིག་མ་ཡིན་ནམ། གལ་ཏེ་ཚིག་འགལ་ཡང་དོན་མི་འགལ་བ་ཡིན་ནམ་སྙམ་ནས། ཐེ་ཚོམ་བསལ་བའི་ཕྱིར། མངའ་རིས་སྐོར་གསུམ་ནས་བློ་འབྱིང་མར་ཆད་པོར་ཏེ། བློ་རབ་ཏུ་རྩེ་བ། དེ་ཡང་ལོ་བཅུ་ལོན་པ་རྣམས་བསགས་ནས་ཆོས་ཀྱི་ཚིག་འདི་ཙམ། དུས་འདི་ཙམ་ཚུན་ཆད་ལ་ཟུང་ཤིག་ཅེས་བྱ་བ་ལ་སོགས་པས་བློ་བརྟགས་པས། བློ་རབ་འབྱིང་དགུའི་ཡང་རབ་བདུན་རྙེད་ནས་དེ་རྣམས་ཀྱི་ཕ་མ་ལ་བླུད་བྱིན་ཏེ། ཡི་གེ་བསླབས། རབ་ཏུ་བྱུང་ནས་བྱིས་པ་བདུན་པོ་དེ་ལ་གཡོག་པོ་རེ་རེ་དང་། ཡང་གཡོག་རེ་རེ་སྟེ་དཔོན་གཡོག་ཉི་ཤུ་རྩ་གཅིག་བྱས་ནས། ཁ་ཆེར་ཆོས་ཚོལ་དུ་གཏོང་དེ་ཡང་ཀུན་དགའ་སྙིང་པོའི་ཆོས་ཚོལ་ལ་ཤོག་ཅེས་དང་། དམ་པའི་ཆོས་འདུལ་བ་མཐའ་དག་ཚོལ་ལ་ཤོག་ཅེས་པ་དང་། འདུས་པ་རྣམ་གཉིས་ཀྱི་ཆོས་སྐོར་ཚོལ་ལ་ཤོག་ཅིག་ཅེས་པ་གསུམ་བསླབས། རྒྱ་གར་ཤར་ཕྱོགས་ཀྱི་རྡྫ་པླ་ལ་སྤྱན་འདྲོངས་ན་གསེར་ལ་མ་རྩིག་ཅིག །ཁ་ཆེའི་བྲམ་ཟེ་རིན་ཆེན་རྡོ་རྗེ་སྤྱན་འདྲོངས་ན་གསེར་ལ་མ་རྩིག་ཅིག་ཅེས་པ་དང་། དེ་ལས་གཞན་པ་བོད་ལ་ཕན་ཐོགས་པའི་པཎྜི་ཏ་ཇི་ལྟ་བུ་འདུག་དྲིས་ལ་ཤོག་ཅེས་བྱ་བ་ལ་སོགས་པའི་བསླབ་བྱ་མང་དུ་བྱས་ནས་བཏང་བས། མི་བཅུ་དགུ་ཤི་ནས། ལོ་ཙྪ་བ་རིན་ཆེན་བཟང་པོ་དང་། ལོ་ཆུང་ལེགས་པའི་ཤེས་རབ་གཉིས་ལུས། དེ་གཉིས་ཀྱིས་རྒྱ་གར་མཁས་པ་རྣམས་ཀྱི་སྤྱན་སྔར་ཕྱིན་ནས་ཆོས་མང་པོ་ཞིག་གསན། ཐེ་ཚོམ་ནི་བཅད། ཤེས་པར་ནི་བསླབས། ད་ནི་བོད་ལ་ཕན་ཐོགས་པའི་པཎྜི་ཏ་ཅིག་སྤྱན་འདྲོངས་ན་ནི་དྲང་། མ་འདྲོངས་ན་དྲིས་ལ་འགྲོ་དགོས་སྙམ་ནས། རྒྱ་གར་གྱི་སྒྲང་པོ་ལ་བྱ་དགའ་ཁས་བླངས་ཏེ་བོད་ལ་ཕན་ཐོགས་པའི་པཎྜི་ཏ་ཡོད་དམ་མེད་འདྲིར་བཏང་བས་མ་རྙེད་པར་བྱུང་། བྲི་ཀ་མ་ལ་ཤྲཱི་ལའི་གཙུག་ལག་ཁང་དུ་ཕྱིན་ནས་པཎྜི་ཏ་རྣམས་ལ་བོད་ལ་ཕན་

ཐོགས་པའི་པཎྜི་ཏ་ཡོད་དམ་ཞེས་དྲིས་པས། ཇོ་བོའི་མཚན་ནས་བྱུང་ནས་འདི་ན་རྒྱལ་རིགས་ལས་རབ་ཏུ་བྱུང་བ། ནང་པ་སངས་རྒྱས་པ་རྣམས་ཀྱི་གཙུག་གི་ནོར་བུར་གྱུར་པ། ལྷ་བརྒྱ་པ་རྣམས་ཀྱི་ཐམས་ཅད་མཁྱེན་པ་གཉིས་པར་གྱུར་པ་ཅིག་ཡོད་དེ་ཁྱེད་ཀྱིས་སྤྱན་མི་འདྲོངས། དེ་ལས་གཞན་བོད་ལ་ཕན་པའི་པཎྜི་ཏ་མེད་གསུང་། དེར་ཇོ་བོ་རྩད་ཆོད་བོད་དུ་སྤྱན་འདྲེན་པའི་ཞུ་བ་ཕུལ་བས་ཇོ་མ་ཐོགས་ཏེ་སྐར་བོད་དུ་ལོག་ནས། རྒྱ་གར་གྱི་མཁས་པ་ཐམས་ཅད་ཀྱི་མཛད་སྤྱོད་དང་བཞེད་པ་རྒྱལ་པོའི་སྙན་དུ་གསོལ། གང་ཟག་གི་སྤྱངས་པའི་ཁྱད་པར་དང་། དབང་པོ་རབ་འབྲིང་གི་བྱེ་བྲག་དང་བསོད་ནམས་ཆེ་ཆུང་གི་ཁྱད་པར་དང་། སྟོད་ཀྱི་ལག་ལེན་ལ་དགོངས་ནས་ཐེག་པའི་རིམ་པ་མང་པོར་སངས་རྒྱས་ཀྱིས་གསུངས་པ་ཡིན། དོན་ལ་འགལ་བ་གང་ཡང་མེད་ཅེས་སྙན་དུ་གསོལ། བོད་ལ་ཕན་ཐོགས་པའི་པཎྜི་ཏ་རྒྱ་གར་ཤར་ནུབ་གཞན་གང་ནས་ཀྱང་མ་རྙེད། བྲི་ཀ་མ་ལ་ཤཱི་ལའི་གཙུག་ལག་ཁང་ན་རྒྱལ་རིགས་ལས་ཐར་པར་གཤེགས་པ། ནང་པ་སངས་རྒྱས་པ་ཐམས་ཅད་ཀྱི་གཙུག་གི་ནོར་བུར་གྱུར་པ་དཔལ་མར་མེ་མཛད་ཡེ་ཤེས་ཞེས་བྱ་བ་དཔལ་ཇོ་རྗེ་གདན་ནས་རྒྱལ་པོ་མཧཱ་པཱ་ལ་ཞེས་བྱ་བས་སྤྱན་དྲངས་པའི་པཎྜི་ཏ་ཆེན་པོ་ཅིག་འདུག་དེ་སྤྱན་འདྲོངས་ན་བོད་ལ་ཕན་ཐོགས་པར་བྲི་ཀ་མ་ལ་ཤཱི་ལའི་པཎྜི་ཏ་རྣམས་ཀྱིས་ལུང་བསྟན་ཞེས་རྒྱལ་པོའི་སྙན་དུ་གསོལ་པས། རྒྱལ་པོའི་ཐེ་ཚོམ་ཀྱང་ཆོད། ཇོ་བོ་ལ་ཡང་དད་པ་སྐྱེས་ནས་དགོས་པ་ལེགས་པར་གདའ་གསུང་། དེ་ནས་རྒྱལ་པོའི་ཐུགས་དགོངས་ལ་ཇོ་བོ་དེ་ཅི་ནས་ཀྱང་སྤྱན་དྲང་དགོས་སྙམ་ནས་ཡུལ་གཙང་སྟག་ཚལ་བའི་ལོ་ཙྰ་བ་རྒྱ་བརྩོན་འགྲུས་སེང་གེ་ཞེས་པ་དེ་ལ་གསེར་ཞིང་པ་སྲང་བཅུ་དྲུག་ཡོད་པ་ཅིག་གིས་སྣ་དྲངས་པའི་གསེར་མང་པོ་བསྐུར། འཁོར་ཡང་བརྒྱ་ཙམ་དང་བསྐྱེབས་ནས་རྒྱ་གར་དུ་ཇོ་བོ་སྤྱན་འདྲེན་དུ་བཏང་བས། ལོ་ཙྰ་བས་ཀྱང་སྐུ་གཉེར་བཞེས་ནས་བྲི་ཀ་མ་ལ་ཤཱི་ལར་

བྱོན། གསེར་གླིང་པ་དེ་ཇོ་བོ་ལ་ཕྱུལ་ནས་བོད་དུ་བྱོན་པའི་ཞུ་བ་ཕུལ་བས། ཇོ་བོའི་ཞལ་ནས་ང་བོད་དུ་འགྲོ་བ་ལ་རྒྱུ་གཉིས་ཡིན་ཏེ། ཡང་ན་གསེར་འདོད་ནས་འགྲོ་བ་ཡིན་ཏེ། ང་ལ་གསེར་གྱིས་དགོས་པ་མེད། ཡང་ན་རང་བས་གཞན་གཅེས་པའི་བྱང་ཆུབ་ཀྱི་སེམས་ཀྱིས་འགྲོ་བ་ཡིན་ཏེ་དེ་ཡང་ང་ལ་མེད་པས་ང་མི་འགྲོ་གསུངས་ནས་མ་གནང་བར་གསེར་ཚུར་ལ་གཏད། ལོ་ཙྪ་བས་ཆོས་གོས་ཀྱི་གྲྭ་ནས་བཟུང་སྟེ་བཤུམས་པས་ཀྱང་མ་གནང་། དེའི་རིང་ལ་ལོ་ཙྪ་བའི་འཁོར་ཡང་ཕལ་ཆེར་ཚད་པས་གུམ། གསེར་སིལ་མ་ཐམས་ཅད་ཀྱང་ནྟག་ཇོ་བོའི་ཞལ་ནས་ཁྱེད་བོད་རྣམས་སྙིང་རེ་རྗེ་གསུང་། དེ་ནས་ལོ་ཙྪ་བ་ཚུར་ལོག་ནས་གསེར་གླིང་པ་དེ་རྒྱལ་པོ་ལ་གཏད་དེ། ཇོ་བོ་སྤྱན་འདྲེན་པའི་གཉེར་མ་ཁུམས་པའི་གཏམ་རྒྱལ་པོའི་སྙན་དུ་གསོལ་བས། རྒྱལ་པོའི་ཞལ་ནས། ལོ་ཙྪ་བས་དཀའ་བ་དང་བསྟོས་ལུས་སྲོག་ཐེད་ལ་བཏང་ནས་བྱོན་པ་ཐུགས་ལ་བཏགས། ཇོ་བོ་སྤྱན་མ་འདྲོངས་པ་ཡང་ཐབས་མེད། ད་ཇོ་བོའི་འོག་ནས་ཆེ་བ་ཅིག་སྤྱན་འདྲེན་དགོས་གསུང་། དེའི་དུས་སུ་ལོ་ཙྪ་བ་རྒྱ་བརྩོན་འགྲུས་སེང་གེ་ལ་དགེ་བཤེས་ནག་ཆོས་མངོན་པ་ཉན་པའི་ཞུ་བ་ཕུལ་བས་རྒྱའི་ཞལ་ནས་ང་སྔར་རྒྱ་གར་དུ་ལོག་ནས་ཇོ་བོ་ལ་གདམས་པ་ཞུར་འགྲོ་བས་ཡོང་མི་འོང་གསུང་། འོ་ན་རྒྱ་གར་རང་དུ་མཆི་བར་ཞུ་བྱས་པས། ཁྱེད་རང་སྙིང་ཁམས་ཀྱིས་ཐེར་ན་འདེང་གསུངས་ནས། ཡང་དཔོན་གཡོག་ལྔ་དྲུག་ཙམ་གྱིས་རྒྱ་གར་དུ་བྱོན། དེའི་དུས་ན་ལྷ་བླ་མ་དེ་ཡང་པཎྜི་ཏ་སྤྱན་འདྲེན་པའི་གསེར་སྒྲུབ་ཏུ་མཐའ་འཁོབ་ཏུ་བྱོན་པས་རྒྱ་གར་མཐའ་འཁོབ་ཀྱི་མུ་སྟེགས་ཀྱི་རྒྱལ་པོ་ཅིག་གིས་བརྩོན་དུ་བཟུང་། ཁྱོད་ནང་པ་སངས་རྒྱས་པའི་རྒྱལ་པོ་ཡིན་པས་ཁྱོད་རང་གི་རྒྱལ་ཁམས་ཐམས་ཅད་མུ་སྟེགས་པའི་ལྟ་བ་ལ་འགོད་ན་གླུད་མི་འདོད་པའི་སྟེང་དུ་བྱ་དགའ་ཆེན་པོ་ཡང་སྟེར། དེ་ལྟ་མ་ཡིན་ན་གླུད་ལ་གསེར་ཁྱེད་རང་གི་ལུས་དང་མཉམ་པ་འདོད་ཟེར་བ་ལ། སྲས་གཉིས་པོ་དང་།

ལྷ་བཙུན་པ་བྱང་ཆུབ་འོད་ཀྱིས་བོད་ཁམས་གསུམ་གླིང་དགུའི་འབངས་རྣམས་ལ་གསེར་བསྡུས་ཏེ་དབུ་མ་གཏོགས་པའི་སྐུ་ལུས་དང་མཉམ་པ་རྙེད་ནས་བསྣུས་པས། དབུ་ཙམ་ཅིག་མ་བྱུང་བར་མི་གཏོང་ཟེར་ནས། ལྷ་བླ་མས། ལྷ་བཙུན་པ་བྱང་ཆུབ་འོད་ལ་ཁྱེད་ཀྱིས་བྱ་ཐབས་དེ་ལས་མེད། གསེར་དེ་རྣམས་ཀྱིས་ང་མ་བསླུ་བར་ཇོ་བོ་སྤྱན་འདྲོངས་ན་རབ་ཡིན་ཏེ་མི་འདྲོངས། ཇོ་བོའི་འོག་ནས་ཆེ་བའི་པཎྜི་ཏ་ཪྀ་ཙམ་སྤྱན་འདྲོངས་པ་ཅིག་སྤྱན་དྲོངས། ཐོ་ལིང་དུ་མཆོད་པ་ཆེན་པོ་གྱིས། ཡབ་མེས་ཀྱི་ལྷས། བསམ་ཡས་ཀྱི་ཞིག་རལ་གསོས་ཞེས་གསུང་འཕྲིན་བསྐུར་ནས་བྱུང་བ་ལ། ལྷ་བཙུན་པའི་ཐུགས་དགོངས་ལ་ད་དུང་གསེར་བཙལ་ལ་བསླུ་དགོས་སྙམ་དུ་དགོངས་པའི་བར་དུ་ལྷ་བླ་མ་དེ་སྐུ་གཤེགས་ནས་བསླུ་རྒྱུ་མ་བྱུང་། ལྷ་བཙུན་པ་བྱང་ཆུབ་འོད་ཀྱི་ཐུགས་དགོངས་ལ། ད་ཁུ་བོ་རང་གི་ཐུགས་དགོངས་རྫོགས་པར་བྱ་བ་དང་། དགེ་བའི་རྩ་བ་རྒྱ་ཆེན་པོ་ཅིག་ཀྱང་བྱ་དགོས་པས། དེ་གཉིས་བསྒོམས་ལ་རྒྱ་གར་ནས་པཎྜི་ཏ་ཆེན་པོ་ཅིག་སྤྱན་འདྲེན་དགོས་སྙམ་དུ་དགོངས་ཏེ་སྤྱན་འདྲེན་པའི་ཕོ་ཉའི་འོས་མ་རྙེད་པ་ལ། འོན་ཀྱང་དགེ་བཤེས་ལོ་ཙཱ་བའི་ཡུལ་གུང་ཐང་། གདུང་ནག་ཚོ། མཚན་ཚུལ་ཁྲིམས་རྒྱལ་བ་ཞེས་བྱ་བ་དགེ་སློང་གཞོན་ནུ་འདུལ་བ་ལེགས་པར་མཁྱེན་པ། འདུལ་བ་འཛིན་པ་ཞེས་བྱ་བར་གྲགས་པ་ཅིག་ཡོད་པ་དེ། རྒྱ་གར་དུ་སློབ་གཉེར་ལ་བཞུད་པ་དེ་ཐུགས་ལ་མངའ་བས་ཞང་ཞུང་ནས་གུང་ཐང་ལྷ་གདོང་ཞེས་བྱ་བ། ལོ་ཙཱ་བའི་གདུང་མི་ཆོས་ཀྱི་དྲུང་དུ་བྱོན་ནས། ཁྱོད་ཀྱི་འདུལ་བ་འཛིན་པ་དེ་རྒྱ་གར་ནས་བྱོན་ན་ང་ལ་སྐད་ཐོང་ཞེས་པའི་འཕྲིན་བཞག་གོ །དེའི་དུས་སུ་དགེ་བཤེས་གུང་ཐང་པས་རྒྱ་གར་དུ་ལོ་གཉིས་བཞུགས་ནས། རྒྱ་བརྩོན་སེང་ལ་མདོན་པ་ཡང་གསན། ལོ་ཙཱ་ཡང་བསླབས་མཁས་པ་ཕུལ་དུ་ཕྱིན་པར་ཤེས་ནས་རྒྱ་གར་དུ་ཝི་ཀ་མ་ལ་ཤྲཱི་ལར་བདེན་པ་གཉིས་ལ་འཇུག་པ་དང་། དེའི་འགྲེལ་པ་དང་། ཇོ་བོ་ཉིད་ཀྱིས་མཛད་པའི་

སྙིང་པོ་བསྡུ་བ་དང་། དེའི་འགྲེལ་པ་སའི་སྙིང་པོས་མཛད་པ་དང་། དབུ་མ་རིན་པོ་ཆེའི་ཕྲེང་བ་དང་། ཡོ་ག་ཙཀྲ་དང་། དེའི་བི་ན་ཏར་ཏ་ལ་སོགས་པ་བསྒྱུར། གོ་སོ་མ་པུ་རིར་རྡོ་རྗེ་ཆོས་ཀྱི་གླུ་བསྒྱུར་ཏེ། དེ་རྣམས་བོད་དུ་སྤྱན་དྲངས་ནས་བརྒྱགས་ལེན་དུ་ཕྱིན། ཡང་ཐོག་ལྷ་ཁང་ན་བཞུགས་པའི་དུས་སུ་མི་ཆོས་རྣམས་ཀྱིས་ལྷ་བཙུན་པ་ལ་ཕྱིན་ནས་ཡོད་དོ་ཞེས་བྱས། ལོ་ཙཱ་བ་ལ་ཡང་། ལྷ་བཙུན་པའི་སྤྱན་སྔར་འབྱོན་དགོས། ཁོང་ན་ཉིང་ནས་ཟུད་གཅད་བྱས་པས། ལོ་ཙཱ་བ་ཡར་ལ་ལྷ་བཙུན་པའི་སྤྱན་སྔར་ཕྱིན་ནས་དོན་ཅི་བདོག་ཞུས་པས། ལྷ་བཙུན་པའི་ཞལ་ནས་འོ་སྐོལ་བོད་འདིར་བསྟན་པའི་འཕེལ་འགྲིབ་ཤིན་ཏུ་མང་བར་བྱུང་གདའ། བྲག་རྒྱབ་པའི་རྐན་པོ་ཅིག་ཤེད། ངའི་རིང་ལ་ཤམ་ཐབས་འཆང་ལུགས་གསུམ་བྱུང་ཟེར། གསང་སྔགས་པ་ཐམས་ཅད་ཀྱིས་ཀྱང་གསང་སྔགས་སྒྲ་ཇི་བཞིན་པར་ཀྱེར་ནས་ཆོས་ལོག་ལ་འགོད་པ་ཅིག་བྱུང་། ཁྱད་པར་དུ་ཨ་ཙར་དམར་པོ་ཞེས་པས་གསང་སྔགས་ཐིག་ལེའི་སྐོར་བསྒྱུར་ནས་རབ་ཏུ་བྱུང་བ་ཡང་ཕལ་ཆེར་སེར་ཁྱིམ་ལ་བཀོད། ཕྱི་རོལ་པ་ཅིག་ལགས་སམ་ཤམ་ཐབས་སྔོན་པོ་ཅན་བྱ་བས་གསང་སྔགས་ཀྱི་སྦྱོར་སྒྲོལ་ཞེས་པའི་ཆོས་ལོག་སྣ་ཚོགས་བསྟན་ནས། བསྟན་པ་ཤིན་ཏུ་འགྲིབས། ཡབ་མེས་ཀྱིས་པཎྜི་ཏ་ཆེ་ཆུང་བཅུ་གསུམ་ཙམ་གདན་དྲངས་ནས་གདའ་སྟེ་བསྟན་པ་ལ་མ་ཕན་པར་སླར་གནོད་པ་བྱས་པ་བཞིན་དུ་སོང་། བྲི་ག་མ་ལ་ཤཱི་ལའི་གཙུག་ལག་ཁང་ན་པཎྜི་ཏ་དཱི་པཾ་ཀ་ར་ཤཱི་ཛྙཱ་ན་ཞེས་པ་ལ་སྤྱན་འདྲེན་ལན་གཉིས་བརྫངས་པ་ཡིན་ཏེ། གཉིས་ཀ་ལ་གསེར་རླག་པ་དང་། ཕོ་ཉ་བ་ཚར་མ་ལོག་པ་ལས་མ་བྱུང་། ད་འདུལ་བ་འཛིན་པ་ཁྱེད་ཚད་པ་ལ་ཡང་གོམས། ལམ་རྒྱུས་ཀྱང་ཡོད། ལོ་ཙཱ་ཡང་ཤེས་པས་པཎྜི་ཏ་སྤྱན་འདྲེན་པའི་ཕོ་ཉ་ལ་གཏོང་དགོས། ཇོ་བོ་སྤྱན་མི་འདྲོངས། དེའི་འོག་ཏུ་ཆེ་བ་ཅིག་སྤྱན་འདྲེན་པ་འདུལ་བ་འཛིན་པ་ལ་ཞུ་བ་ལགས་གསུང་། དེར་འདུལ་བ་འཛིན་པས་ཕར་ལྷ་བཙུན་པ་ལ་ཞུ་བ་ཕུལ་ཏེ། དེ་

སྐད་མི་གསུང་བར་ཞུ། ཁོ་བོ་སློབ་གཉེར་ཅིག་ལ་མཆི་བར་འཚལ་བས་དེའི་བར་ཆད་དུ་ཡང་མཆི། པཎྜི་ཏ་སྨྲྀན་འདྲེན་པ་ཁོ་བོས་ཇོ་མི་ཐོགས་གཉེར་མི་ཁྲུམས་ལགས་སོ་ཞེས་ཞུ་བ་ཕར་ཕུལ་བས། ལྷ་བཙུན་པའི་ཞལ་ནས། ངེད་རྒྱལ་པོ་བྱ་བའི་བཀའ་ཡང་བཅག་ཏུ་མི་རུང་བ་ཡིན། ད་རེས་ང་དགའ་བར་བྱས་ན། ཕྱིས་འདུལ་བ་འཛིན་པ་དགའ་བར་བགྱིད། རྒྱ་གར་དུ་སློབ་གཉེར་མཛད་རུང་། བོད་དུ་སློབ་གཉེར་མཛད་རུང་། སློབ་གཉེར་མི་མཛད་པར་བཞུགས་རུང་ཞབས་ཏོག་བགྱིད་པས། ད་རེས་ཅི་ནས་ཀྱང་བཞུད་དགོས་གསུངས་ནས་ཞུ་བ་ནན་ཅན་དུ་ཕུལ། དེར་འདུལ་བ་འཛིན་པ་ལ་དབང་མེད་པར་འགྲོ་བར་ཞལ་གྱིས་བཞེས། དེ་དུས་ན་དགུང་ལོ་ཉི་ཤུ་རྩ་བདུན་པ་ཡིན་སྐད། དེར་ཁོང་ལ་འཁོར་བརྒྱ་ཙམ་གཏོང་བར་འདུག་པ་ལ། ལོ་ཙྪ་བའི་ཞལ་ནས་དེ་ཙམ་མང་། འཁོར་ལྔ་ཙམ་གྱིས་ཆོག །ཕར་ལམ་གྱི་བརྒྱགས་དང་བཅས་པས། གསེར་མང་དུ་བསྐུར་གསུང་། དེ་ནས་པཎྜི་ཏ་ལ་ཞུ་རྟེན་གསེར་ཞིང་སྲང་བཅུ་དྲུག་པ་ཅིག །འདུལ་བ་འཛིན་པ་ལ་སྲང་བདུན། ཕར་ཚུར་གྱི་ལམ་བརྒྱགས་ལ་སྲང་བདུན། སྤར་འགྲོ་སྦྱོང་སྦྱོང་བ་འཕྲུལ་སྐད་ཤེས་པ་ཅིག་ལ་སྲང་ལྔ། ཨན་སྟོན། སྐལ་སྟོན། རྒྱ་སྟོན་གསུམ་ལ་ཡང་སྲང་འགའ་ཤས་རེ་བསྐུར་ནས་དཔོན་གཡོག་ལྔ་བཟླངས་ནས་ཕྱིན་པའི་ཚེ། རྒྱ་གར་མཐའ་འཁོབ་ཏུ་ཕྱིན། སྟག་མའི་ཁང་པ་ཅིག་ཏུ་བཞུགས་པས། ཨ་ཙ་རས་གསེར་ཡོད་པར་ཤེས་ནས། གསོད་པའི་གྲོས་བྱེད་པ་ལོ་ཙྪ་བས་མཁྱེན་ནས། དེའི་ནུབ་མོ་སྟག་མའི་ཁང་པར་ཉལ་བ་བཞིན་བྱས་པ་དང་། ཨ་ཙ་རས་སྟག་ཁང་གི་སྒོ་བཅད་ནས། མཚན་མོ་གསོད་པའི་སྦྱོར་བ་བྱས་པ་ལ། ལོ་ཙྪ་བ་དཔོན་གཡོག་ལྔས་སྟག་ཁང་ཕུག་ནས་མཚན་མོ་བྲོས་པས་མ་ཟིན། དེ་ནས་སྟོན་ལ་ཇོ་རྗེ་གདན་དུ་ཕྱིན། དེ་ནས་ཝི་ཀ་མ་ལ་ཤཱི་ལའི་གཙུག་ལའི་ཁོག་ཉི་ཟེར་ལ་མཐོང་ཞིང་གདའ་སྐད། དེ་ཐང་ཆེ་བས་འགྲོ་ན་ཉི་མ་གསུམ་ཙམ་དགོས་པར་གདའ་སྐད། གྲོགས་བལ་པོའི་རྒྱལ་ཕྲན་

རྒྱ་གར་དུ་འགྲོ་བ་དཔོན་གཡོག་བཅུ་ཙམ་དང་འགྲོགས་ནས་ཕྱིན་པས། ཉི་མ་ནུབ་པའི་དུས་སུ། ཆུ་བོ་གང་གཱའི་འགྲམ་དུ་སླེབས་པ་དང་། གྲུ་པས་མགྲོན་པོ་ཚན་ཅིག་བསུ་ནས་སོང་། སྐད་བཏང་བས་ད་རེས་མི་ཐེག ཕྱི་རེས་བསུ་བར་བགྱི་ཟེར། དེ་ནས་སྒྲིད་འཁོར་ཙམ་ནས་གྲུ་བྱུང་ནས་སྔོན་ལ་རྒྱལ་པོ་མི་ཆེ་བར་བྱས་ནས་བསྒྲལ། ད་གྲུ་མི་འོང་སྙམ་ནས། ལོ་ཙཱ་བ་དཔོན་གཡོག་གིས་ཐུགས་ཐག་བཅད་ནས་གཟིམས་པའི་སྔ་གོན་བྱས་པའི་ཚེ། འཕྱི་དགུ་ན་ཆུ་ལ་སྐྱ་བ་ཅབ་ཅབ་བྱུང་། ད་མི་འོང་སྙམ་བྱས་པས། ངེད་ཁྲིམས་ཡོད་ཀྱི་ཡུལ་ཡིན་པས་སྐད་ཀྱིས་སླེབས་ནས་མ་བསུ་ན་ངེད་ལ་ཆད་པ་འོང་ཟེར་ནས་ནམ་ལ་བསྒྲལ་ལོ། །དེར་ཆུ་བོ་གང་གཱའི་འགྲམ་ན་རི་དེའུ་ཅིག་གི་སྟེང་ན་བྲི་ཀ་མ་ལ་ཤྲཱི་ལ་ཡོད་པས་དེར་འཛེགས་ནས་ནུབ་མོ་འགྲོན་ཁང་དུ་བཞུགས། ནང་པར་དཔོན་གཡོག་ལྔས་བོད་སྐད་དུ་མདོ་བཏོན་པ། ལོ་ཙཱ་བ་རྒྱ་བརྩོན་སེང་གིས་ཐོས་ཏེ། བག་ཆགས་ཀྱིས་ཐུགས་དགེས་ནས། ཁ་སང་ནི་འཕྱི་མོ་ཚུན་ཆད་བོད་ཀྱི་མི་བསྒུགས་པས་མ་བྱུང་། ནམ་ལ་བྱུང་བ་དེ་ཀུན་སུ་ཡིན་སྙམ་སྟེ། སྔ་མོར་བཞེངས་ནས་འགྲོན་ཁང་དུ་ཕྱིན་པས། དཔོན་སློབ་མཇལ་ནས། ལོ་ཙཱ་བ་དཔོན་གཡོག་གིས་གསེར་ཙུང་ཟད་རེ་ཕྱག་རྟེན་བྱས་པ་དང་། རྒྱའི་ཞལ་ནས། ཁྱེད་དཔོན་གཡོག་པཎྜི་ཏ་སྤྱན་འདྲེན་དུ་འོངས་སམ། སློབ་གཉེར་བྱེད་དུ་འོངས་གསུང་། ལོ་ཙཱ་བས་བོད་ཀྱི་རྒྱལ་པོས་པཎྜི་ཏ་སྤྱན་འདྲེན་དུ་བཏང་བ་ལགས་གསུངས་པས། རྒྱའི་ཞལ་ནས། པཎྜི་ཏ་གང་སྤྱན་འདྲེན་གསུང་། ལོ་ཙཱ་བས་ཇོ་བོ་སྤྱན་མི་འདྲོངས་ཏེ། དེའི་འོག་ནས་ཆེ་བ་ཅིག་སྤྱན་དྲངས་ལ་ཞོག་གསུངས་པས། ཇོ་བོའི་འོག་ན་ཆེ་བ་ཛེ་ཏཱ་རི་ཡོད་གསུངས་པས། རྒྱའི་ཞལ་ནས། པཎྜི་ཏ་ཇོ་བོའི་འོག་ན་ཆེ་བ། རཏྣ་ཀཱིརྟི་ཟླ་བ་དང་། ཏ་ཐཱ་ག་ཏ་རཀྵི་ཏ་ཟླ་བ་དང་། སུ་མ་ཏི་ཀཱིརྟི་ཟླ་བ་དང་། བཻ་རོ་ཙ་ན་རཀྵི་ཏ་ཟླ་བ་དང་། བལ་པོ་ཀ་ན་ཀ་ཤྲཱི་ཟླ་བ་ལ་སོགས་པ་པཎྜི་ཏ་སུམ་ཅུ་ཙམ་གྱི་མཚན་ཤར་གྱིས་ཕྱུང་ནས། པཎྜི་ཏ་དེ་

ཅམ་ཡོད་དེ། བོད་ལ་ཕན་མི་ཐོགས། ཇོ་བོ་འདི་ལ་ལྷག་པའི་བསམ་པ་ཐུན་མོང་མ་ཡིན་པ་མངའ་བས་ཕན་ཐོགས་ནས་འོང་བས་ད་དུང་ཇོ་བོ་རང་སྤྱན་འདྲེན་དགོས། ཁྱེད་རྣམས་པཎྜི་ཏ་སྤྱན་འདྲེན་པ་སྐད་མ་ཟེར་བར། སློབ་གཉེར་ལ་འོངས་པ་ལྟར་གྱིས་ལ། གནས་བརྟན་རཏྣ་ཨ་ཀ་ར་ལ་གནས་ཀྱི་སློབ་དཔོན་ཞུས་གསུང་། དེ་ནས་ཉིན་ཅིག་དབེན་པའི་དུས་སུ་ལོ་ཙཱ་བ་ལ་ཤོག་གསུངས་ནས། ཇོ་བོའི་གཟིམས་ཁང་དུ་ཁྲིད་དེ། དབུ་སྟེང་ན་ཐུགས་དམ་གྱི་མཆོད་ཁྲུ་གང་པ་ཅིག་ཡོད་པའི་དབུས་སུ་གསེར་ཞིང་བ་དེ་བཞག །ཤིལ་མ་རྣམས་ཆོམ་བུར་བཀོད་དེ་ཇོ་བོ་ལ་ཕུལ་ནས། ལོ་ཙཱ་བ་རྒྱ་བརྩོན་སེང་གིས་བོད་ཀྱི་རྒྱལ་པོ་བྱང་ཆུབ་སེམས་དཔའ་ཡིན་ལུགས། ཆོས་རྒྱལ་མེས་དབོན་གསུམ་གྱི་རིང་ལ་ཆོས་ཇི་ལྟར་དར་ལུགས། རྒྱལ་པོ་དར་མས་ཇི་ལྟར་བསྣུབས་ལུགས། བླ་ཆེན་པོའི་རིང་ལ་དགེ་འདུན་ཇི་ལྟར་སྤེལ་ལུགས། ལྷ་བླ་མ་ཁུ་དབོན་གྱིས་ཇོ་བོ་སྤྱན་འདྲེན་པའི་དཀའ་སྤྱད་མཛད་ལུགས། ད་ལྟ་བོད་ན་ཆོས་ལོག་ཇི་ལྟར་ཡོད་ལུགས་རྣམས་ཞིབ་པར་གསུངས་ནས། ད་ཡང་བོད་ཀྱི་རྒྱལ་པོ་བྱང་ཆུབ་སེམས་དཔའ་དེས་ཚེ་དང་ལྡན་པ་འདི་སྤྱན་འདྲེན་དུ་བཏང་ནས་གདའ་བས། ན་ནིང་སྐད་མི་གསུང་བར་བོད་ལ་ཐུགས་རྗེས་གཟིགས་པར་ཞུ་འཚལ་ཞེས་གསུངས་པས། ཇོ་བོའི་ཞལ་ནས། བོད་ཀྱི་རྒྱལ་པོ་བྱང་ཆུབ་སེམས་དཔའ་ཡིན་པར་འདུག །ཆོས་རྒྱལ་མེས་དབོན་རྣམ་གསུམ་ཡང་བྱང་ཆུབ་སེམས་དཔའི་སྤྲུལ་པ་ཤིན་ཏུ་ཡིན་ཏེ། དེ་བས་བླ་ཆེན་ ༼མུ་ཏུ་དགོངས་པ་གསལ། རབ་ཏུ་བྱུང་བའི་མཚན་དགེ་བ་གསལ་ལོ།༽ པོ་ཡང་བྱང་ཆུབ་སེམས་དཔའི་རྣམ་སྤྲུལ་ཡིན། དེ་མ་ཡིན་ན་བསྟན་པའི་མེ་རོ་བསློང་བར་མི་ནུས། ལྷ་བླ་མ་ཁུ་དབོན་ཀུན་བྱང་ཆུབ་སེམས་དཔའ་ཆེན་པོ་ཡིན་པར་འདུག །བྱང་ཆུབ་སེམས་དཔའི་བཀའ་ཡང་བཅག་ཏུ་མི་རུང་། རྒྱལ་པོ་དེ་ལ་ང་ངོ་ཡང་གནོང་བར་ཡོད། ངའི་རིང་ལ་ཁོང་གི་མི་ནོར་མང་པོ་ཆུད་ཟོས། ཁྱེད་བོད་རྣམས་སྙིང་ཡང་རྗེ་བར་འདུག

སྟེ། ང་ཡང་ན་སོ་རྒས། ལྡེ་མིག་མང་པོ་ཡང་འཛིན། བྱ་བ་མང་པོའི་འཕྲོ་ཡང་ཡོད་པས་བོད་དུ་ཐོན་དེ་མི་འོང་། འོན་ཀྱང་ངས་བོད་ཀྱི་སེམས་ཅན་ལ་ཕན་ཐོགས་སམ་མི་ཐོགས་བརྟག་པ་བྱ་ཡིས། རེ་ཞིག་ཁྱེད་རང་གི་གསེར་ཚགས་གྱིས་ཤིག །གསུངས་ནས་ཚུར་ལ་གཏད། ཇོ་བོས་དེའི་ནུབ་མོ་རྗེ་བཙུན་མ་སྒྲོལ་མའི་རྟེན་གྱི་སྤྱན་སྔར་མཆོད་པ་བཤམས་མཎྜལ་ཕུལ་ནས། བོད་དུ་ཕྱིན་ན་སངས་རྒྱས་ཀྱི་བསྟན་པ་ལ་ཕན་ཐོགས་སམ་མི་ཐོགས་བྱ་བ་དང་། རྒྱལ་པོ་བྱང་ཆུབ་སེམས་དཔའི་ཐུགས་དགོངས་རྫོགས་སམ་མི་རྫོགས་བྱ་བ་དང་། ལུས་སྲོག་གི་བར་ཆད་དུ་འགྱུར་རམ་མི་འགྱུར་བྱ་བའི་གསོལ་བ་གསུམ་བཏབ་པས། རྨི་ལམ་དུ་བྲི་ཀ་མ་ལ་ཤྲཱི་ལའི་དྲུང་ན་མུ་ཁེན་ཞེས་པ་མུ་སྟེགས་པའི་གྲོང་ཁྱེར་ཆེན་པོ་ཅིག་ཡོད། དེའི་དབུས་ན་ནང་པའི་ལྷ་ཁང་ཆུང་དུ་ཅིག་ཡོད་པའི་མིང་ཕྱུང་ནས་སང་དེར་སོང་ལ་རྣལ་འབྱོར་མ་ཅིག་འོང་གིས་དེ་ལ་དྲིས་ཞེས་ལུང་བསྟན་ཏོ། །དེ་ནས་སང་ནང་པར་ཇོ་བོས་འགྲོན་བུ་སླེམ་པ་གང་བསྣམས་ཏེ་བྱོན་ནས་མཎྜལ་མཛད་ཅིང་བཞུགས་པའི་དུས་སུ། གང་ནས་བྱུང་ཆ་མེད་པར་རྣལ་འབྱོར་མ་རལ་པ་ས་ལ་སླེབས་པ་ཅིག་བྱུང་སྐད། དེ་ལ་འགྲོན་བུ་རྣམས་ཕུལ་ནས། ང་བོད་ཀྱི་རྒྱལ་པོས་སྤྱན་འདྲེན་ན་བོད་ཀྱི་སེམས་ཅན་ལ་ཕན་ཐོགས་སམ་མི་ཐོགས་ཞེས་ཞུས་པ་དང་། བོད་དུ་བྱོན་ན་ཕན་ནི་ཐོགས་པར་འོང་། ཁྱད་པར་དུ་ཨུ་པ་སི་ཀ་ཅིག་ལ་ཕན་ཐོགས་ནས་འོང་བར་འདུག །ཚེ་ནི་བོད་དུ་བྱོན་ན་ཐུང་བར་འོང་བར་འདུག་གསུང་། ཇི་ཙམ་གྱིས་ཐུང་ཞུས་པས། བོད་དུ་མ་བྱོན་ན་ལོ་དགུ་བཅུ་རྩ་གཉིས་ཐུབ། བྱོན་ན་བདུན་ཅུ་རྩ་གཉིས་ལས་མི་ཐུབ་གསུང་། ཇོ་བོའི་ཐུགས་དགོངས་ལ། བོད་ལ་ཕན་ཐོགས་ན་ཚེ་ཐུང་ན་ཡང་ཐུང་སྟེ། ཚེ་ལ་མི་ལྟ་སྙམ་པར་འབྲུངས་སྐད་དེ་རང་བས་གཞན་གཅེས་བྱ་བ་དེ་ལྟ་བུ་ཡིན་གསུང་། ཡང་ཇོ་བོའི་ཐུགས་དགོངས་ལ་ད་དུང་རྡོ་རྗེ་གདན་དུ་མཆོད་པ་ཅིག་བྱས་ལ་གསོལ་བ་གདབ་དགོས་སྙམ་དུ་དགོངས་ནས་

བཞུད་པར་ཆས་པའི་དུས་སུ། མཁན་པོ་ཛྙཱ་ན་ཤྲཱི་ལ་ཞུས་པས་ཁྱོད་ཀྱི་དྲི་བ་དེ་ནྲབས་ཆེ་བ་ཅིག་འདུག་པས་རྡོ་རྗེ་གདན་གྱི་ལྷ་རིགས་པའི་ནང་ན་རྡོ་རྗེ་སྒྲོལ་མའི་རྣལ་འབྱོར་མ་རྒན་མོ་རལ་པ་སེ་ཤར་རེ་བ་ཅིག་ཡོད་དེ་ལ་དྲིས། འགྲོན་བུ་འདི་ཡང་ཕུལ་གསུངས་ནས་འགྲོན་བུ་སྤར་གང་བསྐུར་རོ། །དེ་ནས་ཇོ་བོ་དཔོན་གཡོག་བདུན། ལོ་ཙྪ་བ་དཔོན་གཡོག་ལྔ་སྟེ་བཅུ་གཉིས་ཀྱིས་ཕྱིན་པའི་ལམ་དུ་བུད་མེད་མིའི་ལུས་ལས་འདས། ལྷའི་ལུས་སུ་ཅུང་མ་གྱུར་པ་ཅིག་དང་མཇལ། དེ་ལ་ཇོ་བོས་ཡིད་ཀྱིས་ཕྱག་དང་དྲི་བ་མཛད་དེ། ངས་བོད་དུ་ཕྱིན་ན་འགྲོ་བ་ལ་ཕན་ཐོགས་སམ་མི་ཐོགས་དྲིས་པ་དང་། ཁྱོད་ངེས་པར་ལུས་དང་སྲོག་ལ་མ་ལྟ་བར་སོང་ཅིག་འགྲོ་བ་མང་པོ་ལ་ཕན་ཐོགས་པར་འགྱུར་རོ་གསུང་། ཇོ་བོའི་ཞལ་ནས་དེ་རྗེ་བཙུན་མ་སྒྲོལ་མ་ཡིན་གསུང་སྐད། དེ་ནས་རྡོ་རྗེ་གདན་དུ་ཕྱིན་པའི་དུས་སུ་རྒན་མོ་རལ་པ་སེ་ཤར་རེ་བ་ཅིག་ན་རེ། ཇོ་བོ་ཛྙཱ་ན་ཤྲཱིས་བསྐུར་བའི་འགྲོན་བུ་ཚུར་ཐོང་གསུང་། དེ་ལ་ཡང་ཇོ་བོས་ཡིད་ཀྱིས་ཕྱག་དང་དྲི་བ་མཛད་པས། ཨུ་པ་སི་ཀ་ལ་བརྟེན་ནས་ཕན་པར་འགྱུར། དེས་ཁྱོད་ཀྱི་ཆོས་ཀྱི་སྒྲིབ་པ་ཟད་ནས་སྐྱེ་བ་འདིའི་འོག་རོལ་ཏུ་ཕྱག་རྒྱ་ཆེན་པོའི་དངོས་གྲུབ་ཐོབ་ཀྱིས་གསུང་། དེ་རང་བཞིན་གྱི་རྣལ་འབྱོར་མ་ཡིན་གསུང་། དེ་ནས་མཆོད་པ་མཛད་གསོལ་བ་བཏབ་ནས་ཚུར་ཕྱིན་ཏེ་ལོ་ཙྪ་བ་གཉིས་བསགས་ནས། ཇོ་བོའི་ཞལ་ནས། བླ་མ་རྣམས་དང་ཡི་དམ་གྱི་ལྷ་རྣམས་ཀྱི་ཞལ་ནས་བོད་དུ་སོང་ན་འགྲོ་བ་ལ་ཕན་ཐོགས་གསུང་། ཁྱེད་ཀྱང་ནན་ཆེ་བས་བོད་དུ་འགྲོ་བར་ནི་བྱ་ན། ངས་འདི་བཞིན་བསམས་པས་བྱ་བ་གསར་པ་འཕྲོ་མ་བཏང་བར་སྤར་གྱི་རྙིང་པ་ཚོས་སྣ་བཏགས་པ་དང་། གཙུག་ལག་ཁང་གི་གཉེར་གཏད་པ་ལ་སོགས་པ་ཚར་བ་ལ་བརྟེན་འགྲུས་བསྐྱེད་ཀྱང་ཟླ་བ་བཅོ་བརྒྱད་དགོས་པར་འདུག་པས། དེའི་བར་དུ་ཚེ་དང་ལྡན་པས་སྡོད་ནུས་སམ་གསུང་། ལོ་ཙྪ་བས། ཟླ་བ་བཅོ་བརྒྱད་པས་ལོ་གསུམ་ཡང་མཆིས་པར་རྗེ་ཐོགས་

ལགས་པས་དེ་ལྟར་ཞུ་འཚལ་ཞེས་ཞུས། འོ་ན་སྤྱན་འདྲེན་པ་སྐད་མ་ཟེར་བར་སློབ་གཉེར་མཛོད། གནས་བརྟན་རཏྣ་ཨ་ཀ་ར་ལ་གནས་ཆོས་གསུང་། དེར་པཎྜི་ཏ་ནི་ཇོ་བོ་ལྟ་བུ་བཞུགས། ལོ་ཙྪ་བ་ནི་རྒྱ་བརྩོན་འགྲུས་སེང་གེ་འདྲ་བ་ཡོད་པས་སློབ་གཉེར་ཤིན་ཏུ་འཕེལ་ཏེ་ཆོས་ཐམས་ཅད་རྒྱ་གར་དུ་ཐུགས་ཐག་ཆོད་པར་མཛད་སྐད། དེའི་དུས་སུ་རྗེ་ནཱ་རོ་པ་ཆེན་པོ་བྲི་ཀ་མ་ལ་ཤཱི་ལའི་གཙུག་ལག་ཁང་དུ་བྱོན་ནས། རབ་ཏུ་བྱུང་བ་ཐམས་ཅད་ཀྱིས་བསུ་བ་མཛད་དེ། ཇོ་བོ་ཆེན་པོས་ཕྱག་གཡས་ནས་བརྟེན། ཛྙཱ་ན་ཤྲཱི་མི་ཏྲས་ཕྱག་གཡོན་ནས་བརྟེན་ནས་མདོ་ལི་ལ་སྤྱན་དྲངས་སོ། །དེའི་ཚེ་རྗེ་ནཱ་རོ་པའི་ཞལ་ནས། ཇོ་བོ་དཱི་པཾ་ཀ་ར་དུས་དིང་སང་ན་སངས་རྒྱས་ཀྱི་བསྟན་པའི་བདག་པོ་ནི་ཁྱོད་ཡིན་ནོ། །ཞེས་སངས་རྒྱས་ཀྱི་བསྟན་པ་གཏད་པ་ལ། ཇོ་བོའི་ཞལ་ནས། ཁྱེད་ཉི་ཟླ་ལྟ་བུ་བཞུགས་བཞིན་དུ། ཁོ་བོ་སྲིན་བུ་མེ་ཁྱེར་ལྟ་བུས་འཛིག་རྟེན་སྣང་བར་ག་ལ་ནུས་ཞེས་ཞུས་པ་དང་། རྗེ་ནཱ་རོ་པའི་ཞལ་ནས། ང་ནི་ཡུན་རིང་པོ་མི་སྡོད་པས་སངས་རྒྱས་ཀྱི་བསྟན་པའི་བདག་པོ་ཁྱོད་ཡིན་ནོ་གསུང་། དེ་ནས་དེར་ཞག་ཉི་ཤུ་ཙམ་བཞུགས་པ་ལ། ཇོ་བོ་དང་། ནཱ་རོ་པ་གཉིས་གཅིག་ལ་གཅིག་ཆོས་ནི་མི་ཞུ་བར་འདུག་ཅེས་ལོ་ཙྪ་བ་གསུང་། དེ་ནས་ནཱ་རོ་པ་ལྷོ་ཕྱོགས་སུ་གཤེགས་ཏེ་ཞག་ཉི་ཤུ་ཙམ་ནས་གྲོངས་ནས། གདུང་གཅིག་ཇོ་བོས་སྤྱན་དྲངས་པ་ད་ལྟ་སྙེ་ཐང་འོར་གྱི་མཆོད་སྡོང་ན་བཞུགས་གསུང་། ཡང་ལོ་ཙྪ་བས་ལྷོ་ཕྱོགས་མཐར་སྐྱེས་ཀྱི་གྲོང་ཞེས་བྱ་བ་ན་མུ་སྟེགས་རླུང་སེམས་ལ་དབང་ཐོབ་པ་ལོ་སུམ་བརྒྱ་ལོན་ཟེར་བ་དང་། བཞི་བརྒྱ་ལོན་ཟེར་བ་དང་། ལྔ་བརྒྱ་ལོན་ཟེར་བ་རྒན་པོ་མགོ་སེ་ཡོ་རེ་བ་འདུག་པ་གཟིགས་ནས་ཇི་ལྟ་བུ་ཡིན་ཇོ་བོ་ལ་ཞུས་པས་དོན་མེད་རླུང་སེམས་འཛིན་པ་འཕྲི་བ་དང་གྲུམ་པས་ཀྱང་ཤེས་གསུང་། ཡང་ལོ་ཙྪ་བས། ཇོ་བོའི་ཆགས་ཕྱིར་བྱོན་པའི་དུས་སུ་བྲམ་ཟེ་རྒན་པོ་ཅིག་གིས་རྒྱལ་པོའི་བུ་ལོ་བཅུ་ལོན་པའི་རོ་ཅིག་ཁྱེར་ཏེ་བྱུང་ནས། ཚུ་ལ་བགྲུས་ཏེ།

ཅུང་ཟད་ཅིག་ནས། རྒྱལ་པོའི་བུའི་རོ་དེ་ལངས་ནས་ཁྲམ་ཟེའི་རོ་དེ་ཆུ་ལ་བསྐུར་ནས་སོང་བས། ཇོ་བོའི་ཞལ་ནས། སྔགས་འདི་ལ་ཡོན་ཏན་འདི་ལྟ་བུ་ཡོད་གསུང་། ཡང་ཇོ་བོའི་སློབ་མ་ཅིག་སྤྱོད་པ་ལ་འགྲོ་བར་ཞུ་ཞིང་འདུག་པ་ལ། ཇོ་བོའི་ཞལ་ནས། སྤྱོད་པ་ལ་འགྲོ་རན་ནམ་གསུངས་པས། དེ་ན་རེ། མ་དད་པ་མ་མཛད་ཅིག་ཟེར་ནས། ཆོས་གོས་དང་ལྷུང་བཟེད་བཞག་ནས་ སྤྱང་ཁྲི་ཆེན་པོ་ཅིག་ཏུ་བྱས་ཏེ་དུར་ཁྲོད་ནས་མི་རོ་ཅིག་ཁྱེར་ཏེ་བྱུང་ནས་ཟོས། ཡང་དགེ་སློང་དུ་ཁྲོངས་ཀྱིས་བྱུང་བས། ཇོ་བོའི་ཞལ་ནས་ཅི་བདེར་མཛོད་ཅིག་གསུང་སྐད། ལོ་ཙཱ་བ་བོད་ན་བཞུགས་པའི་ཚེ། ཆོས་སྤྱོད་ཐམས་ཅད་ཀྱི་མན་ངག་མངོན་པར་རྟོགས་པའི་རྒྱུད་ཅེས་པ་དགེ་ཚུལ་ཁྲུང་གྲགས་ཞེས་པས་བྱས་པའི་བོད་མ་ཡིན་ཟེར་ནས་རྩིས་མི་འདུག་པ་ལ། ཁྲི་ཀ་མ་ལ་ཤྲཱི་ལའི་པཎྜི་ཏ་རྣམས་བཤད་ཉན་བྱེད་ཅིང་འདུག །དེ་ལ་ཡང་གདམས་ངག་ངོ་མཚར་ཅན་བདུད་རྩིའི་ཐིགས་པ་ཞེས་བྱ་བ་འདུག །དེ་ལོ་ཙཱ་བས་བོད་དུ་ཡང་བསྒྱུར་ཤིན་ཏུ་རྩིས་ཆེ་བར་མཛད་པས་ཐམས་ཅད་ཡིད་ཆེས་པ་ཡིན་གསུང་། ཇོ་བོའི་བླ་མ་དུ་ཧ་ར་ནག་པོ་ཞེས་པ་བཅོམ་ལྡན་འདས་དགེས་པ་རྡོ་རྗེའི་ཞལ་མངོན་སུམ་དུ་གཟིགས་པ་དེས་ས་དཔྱད་རིན་པོ་ཆེ་འཕྲུལ་གྱི་མེ་ལོང་ཞེས་པ་ཇོ་བོ་ལ་གནང་ནས། ཁྱོད་བོད་དུ་འགྲོ་བར་འདུག །ཁྱོད་ལ་གདན་ས་བྱང་སྐྱབས་པ་ལྷོ་གཞོལ་བ། རྩི་ཤིང་ནགས་ཚལ་དང་ལྡན་པ་ཅིག་འོང་བར་འདུག །བོད་ནས་ཚུར་མི་ལྡོག་པར་འདུག །ཁྱོད་ལ་བུ་སློབ་མང་པོ་འོང་བར་འདུག །དེ་རྣམས་ཀྱིས་སྡེ་དགོན་མང་པོ་བཞེངས་པར་འདུག །དེ་དུས་ན་འདི་དགོས་པ་ཡིན། ཁྱོད་ཀྱི་བུ་སློབ་རྣམས་ཀྱང་བུ་ཚ་བོ། ཡང་ཚ་གསུམ་ཙམ་ལེགས་པར་འོང་། དེ་ནས་ནི་ཚོལ་གྱིས་འགྲོ་ཉེན་ཡོད་ཅེས་ལུང་བསྟན། ལུང་བསྟན་པའི་གདན་ས་དེ། དང་པོ་སྙེ་ཐང་ཡིན་ཟེར་བ་ལ། ཕྱིས་ཀྱི་བྱེད་པས་ར་སྒྲེང་ཡིན་པར་མངོན་གསུང་། ཇོ་བོའི་མཛད་པ་རྣམས་ཚར་ནས་བོད་དུ་བྱོན་ཁར་གཞན་མིག་ཐྲིད་

པའི་ཕྱིར་རེས་གར་གཤེགས་རེས་གར་གཤེགས་ནས་གནས་ཆེན་པོ་བརྒྱད་ལ་ཡང་མཆོད་པ་མཛད། ལོ་ཙཱ་བ་ལ་བྲི་ཀ་མ་ལ་ཤཱི་ལའི་དགེ་སློང་གཞོན་ནུ་ཅིག་ན་རེ། ཇོ་བོ་འདི་ངེད་རྒྱ་གར་བའི་མིག་ལྟ་བུ་ཡིན། མིག་མེད་ན་ལོང་བ་ལྟ་བུ་ཡིན་ཏེ། རྒྱལ་པོ་ལ་བཟླས་ན་ཁྱེད་ཀྱི་དགེ་སྦྱོར་གྱི་བར་ཆད་དུ་འགྲོ་བས། ངས་མི་བཟླ་ཡིས། ཇོ་བོ་ཕར་སྤྱན་དྲོངས། འོ་མི་བརྒྱལ་བར་གྱིས་ལ། ཁྱེད་རང་གི་འདོད་པ་གྲུབ་པ་དང་། ཚུར་སྐྱོལ་ཅིག་གསུང་སྐད་དོ།། །

ཞལ་གར་འཕྲིན་ལས་ཇི་ལྟར་མཛད་པ་ནི། ད་ནི་ང་ཡང་དཔལ་རྡོ་རྗེ་གདན་དུ་མཆོད་པ་ལ་འགྲོ་གསུངས་ནས། ལོ་ཙཱ་བ་ལ་ད་ནི་ཁུ་ཅག་བོད་དུ་འགྲོ་བ་ཡིན་པས། ལོ་ཙཱ་བ་རྒྱ་བརྩོན་སེང་ཡང་གདན་དྲངས་གསུང་། དེ་དུས་ན་རྒྱ་བརྩོན་སེང་དཔལ་ནཱ་ལེན་དྲ་ན་ཚད་པ་ད་ཁུས་ཐེབས་ནས་ཡོད་པ་མདོ་ལི་ལ་སྤྱན་དྲངས། རྡོ་རྗེ་གདན་དུ་མཆོད་པ་མཛད་ནས་འཁོར་རྣམས་ལ་ཇོ་བོའི་ཞལ་ནས། རྒྱ་གར་མཐའ་འཁོབ་ཅིག་ཧྲི་ལི་ཀྲ་མ་ཞེས་བྱ་བ་ན་ཆོས་སློན་ཅིག་གིས་ལྷ་ཁང་རྩིག་པའི་ས་གནོན་བཅོལ་བ་ལ། ན་ཉིང་བར་འགྲོ་མ་ཐོམ། ད་འགྲོ་བ་ཡིན་པས་ཁྱེད་རྣམས་ལོག་ཅིག་གསུངས་ནས་འཁོར་བྱིང་པོ་རྣམས་བཟློག་སྟེ། གནས་བརྟན་རཏྣ་ཨ་ཀ་ར་ལ་སོགས་པ་འཁོར་དྲུག་ཙུ་ཙམ་གྱིས་ཕྱིན་ནས། སློན་པོ་དེའི་ས་གནོན་མཛད་ནས། ཡང་ཇོ་བོའི་ཞལ་ནས་ང་རང་འབྱུང་ལ་མཆོད་པ་ལ་འགྲོ་བས་ཁྱེད་རྣམས་ལོག་ཅིག་གསུངས་པ་ལ། གནས་བརྟན་རཏྣ་ཨ་ཀ་རའི་ཞལ་ནས། ད་ངས་གོ །ཚེ་དང་ལྡན་པ་འདི་ཡང་སློབ་གཉེར་ལ་འོངས་པར་མི་འདུག །བོད་ཀྱི་རྒྱལ་པོས་ངེད་ཀྱི་མི་ཁུར་བཏང་བར་འདུག །སྔར་སྤྱན་འདྲེན་བྱུང་བ་ལ་ངེད་ཀྱིས་མ་བཏང་བ་ཡིན། ད་ཡང་ངས་ཐབས་བྱས་ན་པཎྜི་ཏ་མི་ཐོན་ཏེ། ཇོ་བོ་ཡང་ཐུགས་དགོངས་རྣམ་པར་དག་པས་གཤེགས་པ་ལ་དགེས་པར་གདའ་བས། མ་བཏང་ན་གཞན་དོན་གྱི་བར་ཆད་དུ་འགྲོ། ཚེ་དང་ལྡན་

པ་ཡང་མི་དགའ་བར་བྱས་ན། ང་རང་གི་སློབ་མ་ཡིན་པས་དམ་ཚིག་གི་སེལ་དུ་འགྲོ། བོད་ཀྱི་མི་མང་པོ་ཡང་ཤི་བས། ཁྱེད་སྙིང་རྗེ་བར་འདུག་པའི་ཕྱིར་ལོ་གསུམ་ཁྱེད་ལ་གཡར་དུ་བཏང་། དེ་ནས་ང་རང་གི་པཎྜི་ཏ་ཚུར་སྤྱན་དྲངས། ཚེ་དང་ལྡན་པས་ཀྱང་བལ་ཡུལ་ཚུན་ཆད་དུ་མ་བསྐྱལ་ན་དམ་ཚིག་ཉམས་སོ་གསུང་། ལོ་ཙྪ་བས་ཀྱང་བསྐྱལ་བར་ཞལ་གྱིས་བཞེས་སོ། །ཇོ་བོའི་ཞལ་ནས་ལོ་ཙྪ་བ་ལ་གསེར་དེ་ཁྱེར་ལ་ཤོག་གསུངས་ནས་སྔར་གྱི་གསེར་ལེང་བ་དེ་ཆ་བཞིར་བྱས་ཏེ། ཆ་གཅིག་ཇོ་བོའི་བླ་མ་རྣམས་ལ་བསྔོས། ཆ་གཅིག་རྡོ་རྗེ་གདན་དུ་མཆོད་པ་ལ་བསྔོས། ཆ་གཅིག་གནས་བརྟན་རཏྣ་ཨ་ཀ་རས་དབུ་མཛད་པའི་བྲི་ཀ་མ་ལ་ཤཱི་ལའི་དགེ་འདུན་ལ་བསྔོས། ཆ་གཅིག་རྒྱལ་པོ་ལ་གཏད་ནས་བླ་མ་ཚོར་བསྔོས་ཞེས་འབྱུང་། དགེ་བཤེས་ཤ་ར་བ་ནི་རྡོ་རྗེ་གདན་གྱི་མཆོད་པ་དང་། གཙུག་ལག་ཁང་གི་ཀ་བ་གསོ་བ་དང་། ཨོ་ཏན་ཏ་པུ་རི་དང་། བྲི་ཀ་མ་ལ་ཤཱི་ལར་ཕུལ་ཞེས་འཆད་དོ། གཏད་གཉེར་ཐམས་ཅད་ཇོ་བོའི་ཐུགས་ཟིན་ཡིན་པས་གནས་བརྟན་རཏྣ་ཨ་ཀ་ར་ལ་མཛད་དོ། །དེ་རྣམས་ཀྱི་བར་ལ་ལོ་རིལ་པོ་གསུམ་ངོ་ལྔ་སོང་སྐད། དེའི་བར་དུ་དམ་པའི་ཆོས་བསྒྱུར་བ་ནི་དཔལ་གཤིན་རྗེ་གཤེད་ཀྱི་རྒྱུད་ཚུང་ངུ་དང་། སངས་རྒྱས་ཀྱི་ས་དང་། ཤེས་རབ་སྙིང་པོའི་འགྲེལ་པ་སློབ་དཔོན་བྲམ་ཟེ་ཛི་ཏ་རིས་མཛད་པ་དང་། སྨན་དཔྱད་འཚོ་བའི་སྙིང་པོ་དང་། བདུད་རྩི་ཟ་མ་ཏོག་ཁ་འབྱེད་པ་རྣམས་ཇོ་བོ་ཉིད་དང་ལོ་ཙྪ་བ་གཉིས་ཀྱིས་བསྒྱུར་རོ། །དེ་ནས་པཎྜི་ཏ་སའི་སྙིང་པོ་ལ་སོགས་པ་འཁོར་ཉི་ཤུ་ཙམ་དང་བཅས་པ་ཕྱིན་པ་ལ། རྒྱ་གར་གྱི་ས་ཆ་ན་གཙུག་ལག་ཁང་ཆུང་ངུ་ཅིག་འདུག །དེ་ན་གནས་པའི་དགེ་འདུན་རྣམས་ཀྱིས་ཇོ་བོ་དཔོན་གཡོག་ལ་སྟ་ལེན་བཟང་པོ་ཅིག་བྱས། ཇོ་བོ་བོད་དུ་ཕྱིན་ན། རྒྱ་གར་བསྟན་པ་ནུབ་པ་དང་འདྲ་བ་ཡིན་པས་བཀོལ་གདབ་དགོས་ཞེས་གྲོས་བྱས་པ་ལ། དཔོན་དེ་ན་རེ། བྲི་ཀ་མ་ལ་ཤཱི་ལའི་དགེ་འདུན་གྱིས་ཀྱང་བཀོལ་མ

ཐེབས་པར་འདུག་ན། ངེད་ཀྱིས་བཟློལ་མི་ཐེབས་ཟེར་ནས་མ་བཏབ་བོ། །དེས་ན་ཇོ་བོ་བོད་དུ་བཞུད་པ་ལ་རྒྱ་གར་གྱི་བསྟན་པ་ཉུབ་པ་དང་འདྲ་བར་ལྟ་བ་ཡིན་གསུང་། དེ་ནས་ཇོ་བོ་དཔོན་གཡོག་རྒྱ་གར་མཐའ་འཁོབ་ན་ཚུར་བྱོན་པ་དང་། མུ་སྟེགས་ཀྱི་གནས་ཤིག་འདུག །དེ་ན་མུ་སྟེགས་ཀྱི་སྟོན་པ་བཅོ་ལྔ་འདུག་སྟེ། དེ་རྣམས་ཀྱིས་ཉེན་རྩོལ་གྱིས་ཇོ་བོ་ལ་མུ་སྟེགས་ཀྱི་ཆོས་དྲིས། ཇོ་བོ་ཕྱི་རིག་པ་ཤེས་པ་མུ་སྟེགས་ཀྱི་ཆོས་ལ་ཤིན་ཏུ་མཁས་པ་ཡིན་པས་དེ་རྣམས་ལ་ཆོས་གསུངས། སྟོན་པ་བཅོ་ལྔ་ཡི་རངས་ནས་གདུགས་བཅོ་ལྔ་ཕུལ་ནས། ཇོ་བོའི་བཀའ་འཁོར་གྱི་ནང་དུ་བསྐྱལ། ཇོ་བོའི་ཞལ་ནས། ཁོ་བོས་མུ་སྟེགས་པ་རྣམས་དགའ་བར་བགྱིས་གསུང་། ཡང་མུ་སྟེགས་པ་དེ་རྣམས་ཀྱིས་བོད་དུ་ནང་པའི་བསྟན་པ་འཕེལ་གྱིས་དོགས་ནས། ཇོ་བོ་བཀྲོང་མི་བཏང་བ་ལ་ཇོ་བོས་ཆོམ་རྐུན་བཅིང་པ་མཛད་པས་ལྤིར་སོ་བཞིན་དུ་སོང་། ཐག་རིང་པོར་ཕྱིན་པ་ན། ཇོ་བོའི་ཞལ་ནས། སྙིང་རྗེ་གསུངས་ནས་བྱེ་མ་ལ་སྔགས་བཏབ་སྟེ། བསྐུར་ནས་བཏབ་པས་གནོད་འགྲོ་ཤེས་པར་བྱུང་སྐད། ཡང་རྒྱ་གར་མཐའ་འཁོབ་ན་ཚུར་བྱོན་པའི་དུས་སུ་འཁྲིག་པ་ཅིག་སྐྱེས་པའི་ཤུལ་ན་ཁྱི་གུ་གསུམ་ལུས་ནས་འདུག་པ་ཇོ་བོས་གཟིགས་ནས་ཁྱིའི་བུ་ཆུང་སྙིང་རྗེ་གསུངས་ནས་ན་བཟའི་ལྟེབ་ཏུ་བཙུག་ནས་བྱོན། དེའི་ཁྱི་རྒྱུད་ད་ལྟ་ར་སྒྲེང་ན་ཡོད་གསུང་། དེ་ནས་ཚུར་བྱོན་ནས་བལ་པོའི་མཐའ་འཁོབ་ཅིག་ཏུ་བཞུགས་པ་ལ། ཡུལ་དེའི་རྒྱལ་པོ་བཙ་མ་ཕྲད་ཅིག་ན་རེ། ཇོ་བོ་ལ་ཙནྡན་ལས་བྱས་པའི་ཁྲིའུ་ཤིན་ཏུ་ལེགས་པ་ཅིག་ཡོད་པ་དེ་ང་ལ་སྦྱོང་ཟེར། ཇོ་བོའི་ཞལ་ནས། ང་བོད་དུ་སྐྱེལ་བྱེད་པ་ཡིན་གསུངས་ནས་མ་གནང་། ནང་པར་ལ་ལ་འགྲོ་བ་ལ་རྒྱལ་བུ་དེས་ཆོམ་རྐུན་བསྐུགས་པར་བཏང་། ཇོ་བོའི་ཞལ་ནས་རི་བྲགས་པ་དེ་ནང་པར་འདི་འཁྲོག་ཏུ་འོང་བར་འདུག་གསུང་། དེར་ནང་པར་ཆོམ་རྐུན་དང་ཕྲད་པའི་ཚེ། ཇོ་བོས་ས་ལ་སྔགས་ཤིག་བཏབ་ནས་སྟོན་ལ་གཤེགས། བྱིང་པོ་ཕྱི་ནས་

ཕྱིན་པའི་ཚེ་ཆོམ་རྐུན་རྣམས་ཀྱིས་གཡས་གཡོན་ན་འོད་མའི་གཞུས་སྦྲེལ་ཏེ་འདུག་པ་ལ་འགོངས་ཤིང་ཕྱིན་ཡང་མིག་ཅེ་རེ་ལ་མ་མཐོང་བར་འདུག །ལ་ཁར་སླེབས་ནས་བྱེ་མ་ལ་བཟླས་པ་བྱས་ཏེ་གཏོར་བས་ལངས་ནས་སོང་སྐད་དེ། ཇོ་མོ་སྒྲོལ་མའི་ཆོམ་རྐུན་བཅིང་བ་མཁྱེན་པ་ཡིན་གསུང་། དེ་ནས་བལ་ཡུལ་དུ་བྱོན་པའི་དུས་སུ་ལོ་ཙྪ་བ་རྒྱ་བརྩོན་སེང་ཤིན་ཏུ་སྙུང་བས་ཇོ་བོའི་ཞལ་ནས། ཁྱོད་ཀྱིས་ཅི་བྱས་གསུང་། གཞན་ཅི་ཡང་མ་བགྱིས་མུ་སྟེགས་པ་ཅིག་ལ་ངན་སྔགས་ཤིག་ཞུས། དེའི་ཇན་པ་གསེར་ཞུང་ཟད་ཅིག་ལུས་པ་ལ་གསེར་སྟུད་ཤིག་བྱིན་པས་མ་འདོད། བཞུ་ལ་ཁྱེར་ལ་ཤོག་ཟེར་བ་ལ་མ་འཁྲིད་པར་དེ་དང་འགྲུས། དེ་ནས་ཁམས་ཞུང་ཟད་ཅིག་མ་བདེ་བ་ལ་ཞུས་པས། ཇོ་བོའི་ཞལ་ནས་སྤྱིར་ཀྱང་དེ་ལྟ་བུ་ཞུ་བ་མ་ལེགས། དེ་ནས་ང་ལ་མི་བཤད་པར། ཐབས་ཡོད་པ་ཡིན་ཏེ་གསུངས་ནས་བྱིན་བརླབས་མཛད་པས་ཐལ་ནས་འདུག་གསུང་དེར་ལོ་ཙྪ་བ་རྒྱ་བརྩོན་སེང་འགུམས་པར་འདུག་པས། བལ་པོ་པན་ཚད་ན། ཡུལ་ཆོས་ཀྱིས་ཁྱིམ་དུ་ཤི་ན་དེའི་ནོར་ཁྱིམ་བདག་དེས་ཁྱེར་བས་དེའི་ནུབ་མོ་ཆུ་སྒྲོལ་ཅིག་ཏུ་ཐང་བྲང་བཏབ་ནས་བཞུགས། དེའི་ནུབ་མོ་འདས་ཁོང་གི་ཡོ་བྱད་ཕལ་ཆེར་ཚུར་ཐོན། དཔེ་ཤས་ཤིག་བལ་ཡུལ་དུ་ཡོན་བདག་ལ་བཅོལ་བའི་གསེབ་ཏུ་རྩ་ལྟུང་རྒྱ་ཆེར་འགྲེལ་ཞེས་བྱ་བ་ཇོ་བོ་དང་རྒྱ་བརྩོན་སེང་གཉིས་ཀྱིས་བསྒྱུར་བ་དེ་ཡང་ལུས། ཕྱིས་བླངས་ཏེ་བོད་དུ་བསྒྱུར་བའི་ཆོས་ལ་འགྱུར་བཟང་བ་ཡིན་སྐད། དེ་ལྟ་བུའི་ལོ་ཙྪ་བ་དེ་འདས་པས་ཇོ་བོའི་ཞལ་ནས་ངས་བོད་དུ་ཕྱིན་ཡང་དོན་མེད། ངའི་ལྕེ་ཆད་པས་ཕན་མི་ཐོགས། བོད་སྤྱི་མཐུན་གྱི་བསོད་ནམས་ལ་བརྩོན་འགྲུས་སེང་གེ་མི་འཆི་ཙམ་གྱི་བསོད་ནམས་ཤིག་མེད་པ་གསུང་། དེར་ལོ་ཙྪ་བས་བླ་མ་དེ་སྐད་མི་གསུང་བར་ཞུ། ལོ་ཙྪ་བ་རིན་ཆེན་བཟང་པོ་དང་། ལོ་ཆུང་ལེགས་པའི་ཤེས་རབ་དང་། དགེ་བའི་བློ་གྲོས་དང་། དགེ་བཤེས་ཁུ་ལོ་ཙྪ་བ་ལ་སོགས་པ་མང་དུ་མཆིས། ཁོ་བོས་ཀྱང་ལོ་ཙྪ་བྲ་

མོ་ཤེས་པས་ཐུགས་ངལ་མ་མཛད་ཞུས་པས། ཇོ་བོའི་ཞལ་ནས། མཁན་སློབ་དང་མཐོ་ཐོས་ཀྱི་སྒྲ་ངན་དམའ་ཐོས་སློབ་མས་སེལ་བ་མ་ཡིན། ངེད་རྒྱ་གར་ན་པཎྜི་ཏའི་སྒྲ་ངན་སེལ་བ་རྣལ་འབྱོར་པས་བྱེད། རྣལ་འབྱོར་པའི་ཆོས་ཀྱི་རྒྱབ་ཐམས་ཅད་པཎྜི་ཏས་བྱེད་པ་ཡིན། འོན་ཀྱང་ལོ་ཙྰ་བ་དེ་ཀུན་པས་ཁྱོད་རང་དྲག་ནས་འོང་། ངས་ཀྱང་ཁས་སློབས་བྱས་པས་ཚིག་གི་གསུང་། དེ་དུས་སུ་རྒྱལ་པོ་ནི་ཡ་པ་ལ་ལ་བཟངས་པའི་འཕྲིན་ཡིག་ཇོ་བོ་ཉིད་དང་ལོ་ཙྰ་བ་གཉིས་ཀྱིས་བསྒྱུར་རོ། །དེ་ནས་བལ་ཡུལ་གྱི་འོལ་ཁ་ཞེས་བྱ་བར་གནས་བརྟན་འོན་པ་ཞེས་བྱ་བ་ཇོ་བོའི་གྲོགས་པོ་ཅིག་གིས་ཡོན་བདག་བྱས་ནས་ཟླ་བ་གཅིག་བཞུགས། དེའི་དུས་སུ་གནས་བརྟན་འོན་པས། སྔགས་མ་ཡིན་པའི་ཕ་རོལ་ཏུ་ཕྱིན་པའི་ལུགས་ཉིད་ཞག་ཕྲུགས་གཅིག་གི་བྱ་བ་ཚང་བ་ཅིག་ཞུ་བ་ཕུལ་བས། གནས་བརྟན་སྔགས་ལ་མི་མོས་ཀྱང་སྔགས་དང་ཕ་རོལ་ཏུ་ཕྱིན་པ་གཉིས་ཀ་ལ་བྱང་ཆུབ་སྒྲུབ་པའི་ཐབས་ཡོད་གསུངས་ནས་སྤྱོད་པ་བསྡུས་པའི་སྒྲོན་མ་མཛད་དེ། ཇོ་བོ་ཉིད་དང་ལོ་ཙྰ་བ་གཉིས་ཀྱིས་བསྒྱུར་རོ། །དེ་ནས་ཇོ་བོས། དེར་ཐང་ཧྲི་ཏ་ར་ཞེས་པའི་གཙུག་ལག་ཁང་བཞེངས་སོ། །ཕྱིར་ཧྲི་ཏ་ར་གཉིས་ཡོད་པ་ལས། ཧྣ་ཛ་ཧྲི་ཏ་ར་ཞེས་པ་རྒྱལ་པོས་བཞེངས་པ་ཅིག་ཡོད་སྐད། དེའི་ནང་ནས་ཇོག་རིན་ཆེན་རྒྱལ་མཚན་ཞེས་པ་ཁོང་རང་གི་ལྗི་བ་གུང་ཐང་དུ་བཅད་པ། ཕ་ཡུལ་དབུས་པ་ལོ་ཙྰ་བ་ཆང་ཆུང་ཤེས་པ་ཅིག་གིས་ཇོ་རྗེ་འབྲུང་བ་དང་གཙུག་ཏོར་དགུ་པ་དང་། ཁམས་གསུམ་རྣམ་པར་རྒྱལ་བའི་དཀྱིལ་འཁོར་གྱི་ཆོ་ག་དང་། སྤྱོད་འགྲེལ་དང་བཞི་རྙེད་ནས་ཇོ་བོ་ལ་གསང་འདུས་ཀྱི་ཆོས་སྐོར་ཞུ་བའི་རྟེན་དུ་ཕུལ་ལོ། །དེ་ནས་ཇོ་བོ་དང་ལོ་ཙྰ་བ་གཉིས་ཀྱིས་བསྒྱུར་བ་ལས། སྤྱོད་འགྲེལ་ལ་ཇོ་བོས་རང་འགྱུར་མཛད་པས། འགྱུར་ངན་པ་ཅིག་ཡོད་དེ་ཕྱིས་ལྷ་བཙུན་པས་ནུབ་མོ་བལྟ་ཟེར་ནས་བཀྲུ་ཐབས་སུ་བྲིས་པ་ཅིག་ཡོད་པ་མང་ཡུལ་དུ་ལུས་ནས་བོད་དུ་མ་རྫོལ་ལོ། །དེ་ནས་ཕྱིས་པཎྜི་ཏ་

བྲཧྨ་ཤྲཱི་ཤཱནྟི་དང་། ཀ་མ་ཀུ་ཏ་ལ་སོགས་པས་མང་ཡུལ་སུམ་མདོར་སྤྱན་དྲངས་ནས་གཞི་ནས་བསྒྱུར་ཅིང་བཅོས་ནས་གཏན་ལ་ཕབ་བོ། །ཕྱི་མ་རྒྱ་གར་ཤར་ཕྱོགས་ཀྱི་ཧྲཱ་སྨྲྀ་ལས་མི་རྣམས་ལ་ཕན་སེམས་ཀྱིས་བྱོན་པ་ལ་ཚད་པས་ཐེབས་ནས་བོད་ཀྱི་གངས་ཆུ་འཕྲང་དུ་བྱོན་པའི་དུས་སུ་ཡང་བཅོས་ཤིང་གཏན་ལ་ཕབ་བོ། །རྗོ་རྗེ་འབྱུང་བའི་དཔེ་ཁ་མི་མཐུན་པ་གཉིས་ཡོད་པ་ལ། ཁ་ཆེའི་དཔེ་དང་། རྗོག་གིས་བལ་ཡུལ་ནས་འོངས་པའི་དཔེ་གཉིས་ཡོད་དེ། །དེ་ནི་བསྒྱུར་བའི་ལོ་རྒྱུས་སོ། །ཇོ་བོའི་ཡོ་གའི་འཁོར་བསྡུས་པ་དང་པོ་ལོ་ཆུང་ལེགས་པའི་ཞུས་རབ་ཡིན་གསུང་། དེ་བར་ལ་བལ་ཡུལ་དུ་ལོ་གཅིག་སོང་སྐད་དོ།། །།

བོད་ཡུལ་དུ་ཇི་ལྟར་མཛད་པ་ལ། མངའ་རིས་སྟོད་དང་། གཙང་དང་། དབུས་སུ་ཇི་ལྟར་མཛད་པ་གསུམ་ལས། མངའ་རིས་སྟོད་དུ་འཕྲིན་ལས་ཇི་ལྟར་མཛད་པ་ནི། དེ་ནས་མང་ཡུལ་གུང་ཐང་དུ་བྱོན། བཟོ་གནས་ཆེན་པོར་ཆགས་ཕེབས་སྟེ་ལོ་ལྔ་བས་ཡོན་བདག་མཛད་ནས་དེར་ལོ་གཅིག་བཞུགས། དེའི་དུས་སུ་ཇོ་བོའི་ཞལ་ནས། ཁྱེད་བོད་ལ་ཚབ་གཏོར་གྱི་ལུགས་ཡོད་དམ་མེད་གསུང་། འཇམ་དཔལ་མ་ལ་སོགས་པ་མཆིས་ཞུས་པར། དེ་ཀླུ་ཡའི་སྔགས་དྲུག་ཕྲུག་རྒྱ་དྲུག་གིས་བྱེད་པ་ཡིན་ཏེ། གཙང་སྦྲ་དང་བཅས་པས་བྱེད་དགོས་ཏེ། དེ་བོད་ལ་མེད་པས། དེ་བས་སླ་བ་ཅིག་ཡོད་ཀྱིས་གསུངས་ནས། གུང་ཐང་གི་ཁ་མོ་གྲ་མ་གདོང་བྱ་བར་ཚབ་གཏོར་འཇམ་ཆུང་མ་མཛད་དོ། །ད་ལྟ་དྷི་པཾ་མ་ཟེར། དེ་ནས་པུ་རངས་ན་ཕར་བྱོན་ཏེ་མཚོ་མ་པང་གི་དྲུང་དུ་དྲོ་བཏབ་པས་ཇོ་བོ་མཚོ་འགྲམ་དུ་བཞུད་ནས་ཅོག་པུར་བཞུགས་པའི་སྤྱན་སྔར་ལོ་ལྔ་བ་བྱོན་ནས། ཅི་མཛད་ལགས་ཞུས་པ་དང་། ཡི་དྭགས་ལ་ཆུ་སྦྱིན་པ་ལགས་གསུང་། དེའི་གདམས་ངག་ཅིག་བདག་ལ་ཡང་ཞུ་ལགས་བྱས་པས་དེ་ཉིད་དུ་ཁར་ས་པ་ཎིའི་ཆུ་སྦྱིན་གྱི་བསྟན་བཅོས་བརྩམས་ནས་གནང་བ་ཡིན་གསུང་། དེ་ནས་ཐོ་ལིང་

གི་གཙུག་ལག་ཁང་ཆེན་པོར་བྱོན་ཏེ། དེའི་དུས་སུ་ལྷ་བཙུན་པ་བྱང་ཆུབ་འོད་ཀྱིས་བསུ་བ་ཆེན་པོ་མཛད། རག་དུང་འདི་ཡང་ལྷ་བཙུན་པའི་ཐུགས་ཀྱི་ཤེས་རབ་ཀྱིས་དྲན་ནས་བྱས་པས་ལོ་པཎ་སྤྱན་འདྲེན་གྱི་དུང་ཞེས་གྲགས་སོ། །དེའི་དུས་སུ་ལྷ་བཙུན་པས། ཇོ་བོ་ལ་སྔོན་རྩེད་འདི་སྐད་མཛད་དེ། ཨེ་མ་ཧོ། རྗེ་བཙུན་བླ་མ་ཆེན་པོའི་ཞལ་ སྔ་ནས། །ལྷོ་བལ་ཡུལ་ནས་བོད་ཀྱི་ཡུལ་དུ་བྱོན། །བཤུལ་ཐག་རིང་བས་ཤིན་ཏུ་སྐུ་ཉོན་མོངས། །འདུ་བ་རྣམ་བཞིའི་སྐུ་སྙུན་མི་མངའ་འམ། །སྐུ་ཁམས་བདེ་བའམ་དགེས་པར་སྤྱོད་ལགས་སམ། །སྐུ་གསུང་ཐུགས་ལ་གནོད་པ་མི་མངའ་འམ། །ཞེས་གསུངས་ནས། ཡང་ཇོ་བོ་ལ་བོད་ཐམས་ཅད་ཀྱིས་བཟོད་གསོལ་མཛད་པ། བདག་ཅག་བོད་ཀྱི་སྐྱེ་བོ་ཕལ་ཆེར་ནི། །བླ་མ་དང་བྲལ་རང་དགར་སྤྱོ་བ་སྟེ། །བླ་བློའི་སྤྱོར་བ་མ་སྤྱངས་མ་རིགས་རྣམས། །ཨ་ཏི་ཤ་ཡིས་བཟོད་པར་མཛད་དུ་གསོལ། །དེ་ནས་དགེ་བཤེས་ལོ་ཙྪ་བ་ལ་བཟོད་པར་གསོལ་བ། སློབ་དཔོན་ཚུལ་ཁྲིམས་རྒྱལ་བའི་སྤྱན་སྔ་ནས། །རི་བ་ཆེ་བས་བདག་གིས་ཐུགས་དམ་ཞུས། །ཐུགས་ལ་བཏགས་ནས་ལྷོ་བལ་ཡུལ་དུ་བྱོན། །དཀའ་བ་མང་པོ་སྤྱད་པ་བཟོད་པར་མཛོད། །དེ་ནས་རང་གིས་དཀའ་བ་སྤྱད་ནས་སྤྱན་དྲངས་པའི་བླ་མས་བོད་ལ་ཕན་ཐོགས་པར་སྨོན་ལམ་བཏབ་པ། ཨེ་མ་ཧོ། དགེ་སློང་བྱང་ཆུབ་འོད་བདག་གིས། །རྟག་ཏུ་བསམས་པའི་བླ་མ་སྤྱན་འདྲོངས་པས། །བོད་ཀྱི་ཡུལ་དུ་སྐྱེས་བུ་ཆེན་པོ་འདིའི། །གཞུང་ལུགས་ཤིན་ཏུ་དར་ཞིང་རྒྱས་པར་ཤོག །ཅེས་སྨོན་ལམ་བཏབ་ནས། བོད་ཀྱི་ཡུལ་དུ་ཆོས་ཟབ་ཟབ་པོ་དང༌། མཆར་མཆར་པོ་བས་ཀྱང་ལས་རྒྱུ་འབྲས་ཀྱི་ཆོས་ཀྱིས་སྐྱོང་བར་ཞུ་ཞེས་ཞུ་བ་ཕུལ་བས། དེ་ལ་ཇོ་བོ་ཤིན་ཏུ་མཉེས་ནས། ཇོ་བོའི་ཞལ་ནས། ཆོས་ཤིན་ཏུ་ཟབ་པ། ལས་རྒྱུ་འབྲས་ཁོ་ན་ཡིན། ཡི་དམ་གྱི་ལྷ་ཞལ་མཐོང་བ་བས། ལས་རྒྱུ་འབྲས་ལ་ཡིད་ཆེས་བརྟན་པ་ཐོབ་ན། དེ་ཉིད་མཆོག་ཏུ་གྱུར་པ་ཡིན་ཏེ། གཤིན་རྗེ་གཤེད་ཀྱི་རྣལ་འབྱོར་པ་ཡི་དམ་གྱི་

ལྷའི་ཞལ་མཐོང་བས། ང་འདི་ཙམ་ལ་ལྟོས་ཏེ་མི་འོང་གིས་སྙམ་ནས། དགེ་འདུན་གྱི་ཡོ་བྱད་ཅུང་ཟད་ཐུག་ཐུབ་ཏུ་སྦྱིད་པས་ཡི་དྭགས་གཤིན་རྗེ་གཤེད་ཀྱི་གཟུགས་ཅན་ཅིག་ཏུ་སྐྱེས་པ་དང་། ཁྲི་ཀ་མ་ལ་ཤྲཱི་ལའི་ལག་བདེ་བས་དགེ་འདུན་གྱི་དེ་རིང་གི་བསྙེན་བཀུར་ནང་པར་དུ་བསྒྱུར་བས་དེའི་ནུབ་མོ་ཡི་དྭགས་སུ་སྐྱེས་པ་དང་། ཡང་དགེ་འདུན་གྱི་གནས་བརྟན་ཞིག་གིས་དགེ་འདུན་ལ་དབང་ཆེ་བྱས་ཏེ། འབྲས་ཐྲེ་ཕྱེད་ཐུག་ཐུབ་ཏུ་སྦྱིད་པས་ཡི་དྭགས་ཤིན་ཏུ་དབང་ཆུང་བར་སྐྱེས་པ་ལ་སོགས་པའི་གཏམ་རྒྱུད་མང་དུ་གསུངས་ནས། བོད་ལས་རྒྱུ་འབྲས་ཀྱི་ཆོས་ཀྱིས་སྐྱོང་བར་ཞལ་གྱིས་བཞེས་སོ། །དེ་གོང་ཡན་ཆད་དུ་ཇོ་བོ་སྙིང་རྗེ་ཆེ་བས་བྱང་ཆུབ་སེམས་ཆོས་པ་ཞེས་གྲགས་པ་ལ། དེ་ནས་ལས་རྒྱུ་འབྲས་པ་ཞེས་གྲགས་པས་མིང་དེ་ཙམ་གྱིས་ཀྱང་བསྟན་པ་ལ་ཤིན་ཏུ་ཕན་པར་བྱུང་སྐད། དེ་ནས་ལྷ་བཙུན་པའི་སྟོན་ཀྱི་ བླ་མཆོ་མང་གནང་ཞེས་བྱ་བར་ཇོ་བོ་དཔོན་གཡོག་བཞུགས་པ་ལ་ཞབས་ཏོག་རྒྱ་ཆེན་པོ་མཛད་དོ། །དེའི་དུས་སུ་དབུས་གཙང་གི་མཁས་པ་མང་པོས་ཀྱང་བསྐྱེགས་ནས་སངས་རྒྱས་ཀྱི་བསྟན་པ་རིན་པོ་ཆེ་ལས་བརྩམས་ཏེ། ཇོ་བོ་ལ་ལྟ་བ་གང་བཞེད་ཞུས་པས། ཁྱེད་རང་གང་འདོད་གསུང་། དེ་ལ་གཏམ་སྙིང་གི་བཞིན་དུ་དབུ་མ་སེམས་ཙམ་ལ་སོགས་པ་གང་འདོད་པ་ལ་ང་ཡང་དེ་འདོད་གསུངས་ནས། དེ་ལ་སྒྲུབ་བྱེད་ཀྱི་ལུང་དང་རིགས་པ་འདི་བདོག་དེ་ཤིན་ཏུ་ལེགས་པ་ལགས་ཞེས་ཐམས་ཅད་ལ་གསུངས་པ་ལ། མངའ་རིས་པ་བློ་གྲོས་གསལ་བ་ཞེས་བྱ་བ། མངའ་རིས་སྐོར་གསུམ་ན་བློ་རྣོ་བ་ཅིག་གིས་ཇོ་བོ་ཉིད་ཀྱི་བཞེད་པ་མི་གསུང་བར་ཀུན་ལ་མཐུན་འགྱུར་གནང་བ་ཇི་ལྟར་ལགས་ཞེས་ཞུས་པས། ང་ཡང་སངས་རྒྱས་ཀྱི་རྗེས་སུ་སློབ་པའི་དགེ་སློང་ཡིན། གདུལ་བྱའི་བསམ་པ་དང་མཐུན་པར་ལན་བཏབ་པ་ཡིན་གསུང་། ཡང་རྨེ་བཙུན་ཡོན་ཏན་ཤེས་རབ་ཀྱིས། འོ་ན་ཇོ་བོ་ཉིད་ཀྱི་བཞེད་པ་ཇི་ལྟར་ལགས་ཞེས་ཞུས་པས། ང་ལ་འདོད་པ

མེད་གསུང་། དོན་དམ་དུ་བཞེད་པ་མི་མངའ་ཡང་། ཀུན་རྫོབ་ཏུ་ཇི་ལྟར་བཞེད་པ་ཅིག་གསུང་བར་ཞུ་ཞེས་ཞུ་བ་ཕུལ་བས། ཇོ་བོའི་ཞལ་ནས། རབ་རིབ་ཅན་གྱིས་སྐྲ་ཤད་མཐོང་བ་ལྟར་འདི་དག་ཐམས་ཅད་དེ་ལྟར་གནས་པ་ཡིན་གསུང་བ་ལ། དེ་ཉིད་ཀྱང་ཇི་ལྟར་ལགས་ཞུ་བ་ནི་མེད། བོད་ཀུན་དང་མི་མཐུན་པའི་ལྟ་བ་ཅིག་ཡོད་པར་འདུག་སྙམ་ནས། ཡང་ཇོ་བོ་ལ་སྣང་བ་སེལ་བ་ལགས་སམ་མི་སེལ་བ་ལགས་ཞུས་པས། འབྲས་ཆེན་ལ་རབ་རིབ་དག་པ་ལྟ་བུ་ཡིན་གྱིས་ཁྱོད་རང་དཔྱོད་དང་གསུང་། ཡང་ཇོ་བོ་ལ་རིགས་པའི་ཤེས་པ་ལ་ཆོས་ཅན་སྣང་ངམ་མི་སྣང་ཞུས་པས། མི་སྣང་སྟེ། མེད་ནས་མི་སྣང་བ་དང་། ཡུལ་མ་ཡིན་ནས་མི་སྣང་བ་གཉིས་ལས། སྐབས་འདིར་རིགས་དོན་ཆོས་ཅན་མེད་ནས་མི་སྣང་བ་ཡིན་ནོ་གསུང་། ཇོ་བོའི་ཞལ་ནས། ཁྱེད་སྣང་བར་འདོད་དམ་མི་འདོད་གསུང་། སྣང་བར་འཚལ་ལགས་ཞུས་པས། བོད་ཆོས་ཅན་སྣང་བར་འདོད་པ་བཟོད་པར་གསོལ་ཅིག་གསུང་། སངས་རྒྱས་ཀྱི་ས་ན་ཡེ་ཤེས་མངའ་འམ་མི་མངའ་ཞུས་པས། ཆ་མེད་འཚང་རྒྱ་མ་སྤྱོང་གསུང་། དེ་ནས་ཇོ་བོའི་ཞལ་ནས། སྒྱུ་མ་མཁན་པོས་བླུན་པོ་བསླུས་པ་ལྟ་བུ་ཅིག་ཡིན་གྱིས་ཁྱེད་རང་དཔྱོད་དང་གསུང་། ཡེ་ཤེས་ཀྱི་རྒྱུན་མི་མངའ་བར་བཞེད་པར་བརྟགས་ནས་ཐམས་ཅད་བརྒྱལ་པོག་པ་བཞིན་དུ་གྱུར་པ་ལ། ཇོ་བོའི་ཞལ་ནས། ཁྱེད་བོད་ལ་དབུ་མའི་ལྟ་བ་བས་སེམས་ཙམ་བསྟན་ཡང་མི་བཟོད་གསུང་། ཇོ་བོའི་ཞལ་ནས། ཁྱོད་དབུ་མ་པ་སྒྱུ་མ་ཇི་ལྟར་དཔེར་ལེན་ཞེས་གསུང་། བོད་སྟོན་རྣམས་ཀྱིས་རྫེའུ་དང་། ཤིང་བུ་ལ་མིག་སྔགས་བཏབ་པས་རྟ་གླང་དུ་སྣང་བ་དེ་དཔེར་ལེན་ལགས་ཞུས་པས། ཇོ་བོའི་ཞལ་འཛུམ་ནག་ཧིང་གིས་མཛད་ནས། བོད་ངན་པར་ཐལ་ཏེ། སེམས་ཙམ་མན་ཆད་ཀྱི་ལུགས་ལགས་གསུང་། འོ་ན་དབུ་མ་པ་ཇི་ལྟར་བཞེད་ཞུས་པས། མིག་སྔགས་བཏབ་པ་ཙམ་གྱིས་ནམ་མཁའ་སྟོང་པ་ལ་རྟ་གླང་ལ་སོགས་པ་སྣ་ཚོགས་སུ་སྣང་བ་ལྟར། འདི་ལྟར་སྣང་བ་འདི་ཡང་

སྣ་ཚོགས་སུ་སྣང་བ་ཙམ་ལས་འཁྲུལ་གཞི་ཀུན་རྫོབ་ཏུ་ཡང་མི་བཞེད་པ་ལགས་གསུང་། ཇོ་བོ་མ་བྱོན་པའི་དུས་སུ་བོད་ཐམས་ཅད་ལྷ་བ་དབུ་མ་ཤཱ་སྐྱག་བཞེད་པ་ལ། ཇོ་བོ་བྱོན་ནས་དྲིས་པའི་དུས་སུ་ཐམས་ཅད་དབུ་མར་མ་སོང་བར་ནོར་ནས་སྣང་། རྒྱུས་ཆོས་རྒྱལ་དེའི་དུས་ཀྱི་ལྟ་བ་མཐོ་དང་ཡིན་ཏེ། ཇོ་བོ་ལ་དྲིས་པས། ངན་པར་ཐལ། ཧྭཤ་ནྭ་ཧཱའི་དེ་ཡང་སེམས་ཙམ་དུ་འདུག་གསུང་། དེའི་དུས་སུ་མར་གནང་སྒོམ་ཆེན་ཞེས་བྱ་བ་ཅིག་གིས་རབ་རིབ་ཀྱི་དཔེ་ཞེས་པ་དེ་ཇི་ལྟར་བཞེད་ཞུས་པས། རྒྱ་གར་ན་ཐན་མོ་ཅིག་ལ་བུ་ཤིན་ཏུ་བྱམས་པ་ཅིག་ཡོད་པས། ཁོ་ཚོང་ལ་འགྲོ་བའི་ཚེ་མ་འོ་བརྒྱལ་དུ་དོགས་ནས་ཁོ་རང་གི་ཆུང་མ་ལ་ང་མ་བྱུང་གི་བར་དུ་མ་འདི་འོ་མི་བརྒྱལ་བར་བསླེབ་བཀུར་གྱིས་ཤིག་ཅེས་བསྒོ་ནས་སོང་། དེར་མནའ་མས་དེ་བཞིན་དུ་བྱས་པས་ཐན་མོ་ལྟོ་སྐྱུམ་པའི་རྐྱེན་གྱིས་མིག་འགྲིབས་ཏེ། ཟས་ཐམས་ཅད་སྐྲ་ཤད་དུ་མཐོང་བས་ཁོང་པར་སྐྲན་ཞུགས། མནའ་མ་ལ་ཡི་མུག་པར་གྱུར་ཏེ། བུ་འཁོར་བ་དང་ཐན་མོས་ཡུས་གསོལ། བུས་ཆུང་མ་ལ་ཇི་ལྟར་ཡིན་བྱས་པས། ཆུང་མ་ན་རེ། ངས་གུས་པར་བྱས། མ་རང་མིག་འཁྲུལ་བ་ཡིན། ཟས་ཁྱོད་རང་གིས་བྱིན་ཅིག་ཟེར། བུས་ཟས་ལེགས་པ་ཅིག་གཡོས་ནས་བྱིན་པས་ཀྱང་སྔ་མ་ལྟར་མཐོང་། ཐན་མོ་ན་རེ། མནའ་མ་དེ་ལྟར་དུ་བྱེད་ན། ཁྱོད་ཀྱང་དེ་ལྟར་བྱེད་དམ་ཟེར། བུ་ན་རེ། ཁྱོད་རང་འཁྲུལ་པ་ཡིན་པས་ཟས་དེ་སྦྱོས་ཤིག་ཟེར་ནས་སྨན་པ་མཁས་པ་བཀུག་སྟེ། ཕྱིའི་སྨན་དང་། ནང་གི་སྨན་གྱིས་མིག་བཅོས་ཏེ་ཟློས་པ་དང་། ཟས་ལ་སྐྲ་ཤད་མེད་པར་ཤེས་ནས། ཁོང་པའི་ནད་རང་བཞིན་གྱིས་སོས་པ་ཅིག་བྱུང་། དེ་བཞིན་དུ་སྡེ་སྣོད་གསུམ་གྱི་ཆོས་ཀྱིས་ཕྱིའི་སྒྲོ་འདོགས་གཅོད། བླ་མ་དམ་པའི་གདམས་ངག་གིས་ནང་གི་སྒྲོ་འདོགས་གཅོད་པ་ཡིན་གསུངས་པས། བོད་སྟོན་ཐམས་ཅད་སྤོབས་པ་མེད་ཅིང་ངོ་མཚར་དུ་གྱུར་ནས་ཆོས་འདི་ལ་རྒྱ་གར་ཁ་སྐྱ་ཙན་རང་དགོས་པར་འདུག་ཟེར་ནས་ཐམས་ཅད་ཀྱི་ཐེ་

ཚོམ་ཚོད་དོ། །དེའི་དུས་ན་ལོ་ཙཱ་བ་རིན་ཆེན་བཟང་པོ་ལ། ལོ་ཙཱ་བ་ཆེན་པོ་ཟེར་ནས་གང་བས་ཀྱང་བཟང་བར་བྱེད། ཁོང་གི་ཐུགས་དགོངས་ལ་ཡང་ཇོ་བོ་ལ་ཆོས་ཞུ་རྒྱུ་མེད་ཐེག་པ་ཆེན་པོ་གསང་སྔགས་ལ་ང་རང་མཁས། འོན་ཀྱང་ང་བོད་ཀྱི་མི་ཆེན་ཡིན། ཁོང་རྒྱ་གར་གྱི་པཎྜི་ཏ་ཐོད་མེད་ཡིན་པས་སྣ་ལེན་བཟང་བ་ཅིག་བྱ་སྙམ་དུ་དགོངས་ནས། ཁོང་རང་གིས་ཐོ་ལིང་དུ་གསང་སྔགས་ཀྱི་ལྷ་ཁང་སུམ་ཐོག་ཅིག་བཞེངས་པ་དེ་ཇོ་བོ་ལ་གཟིགས་སུ་འབུལ་ཞིང་སྣ་ལེན་བྱེད་པ་ལ་ཇོ་བོ་གདན་དྲངས་པས། ཇོ་བོས་ལྷ་དེ་རྣམས་ལ་རང་རང་གི་རྒྱུད་དང་། སྒྲུབ་ཐབས་དང་མཐུན་པའི་བསྟོད་པ་ཚིག་བཞི་པ་རེ་འཕྲལ་ལ་མཛད་ཅིང་དབུ་བཏུད་པ་རེ་མཛད། ལོ་ཙཱ་བ་རིན་ཆེན་བཟང་པོས་བསྟོད་པ་དེ་རྣམས་ཟིན་ནས་ཧོག་དཔྱོད་མཛད་པས་འདི་ནི་གསང་སྔགས་ཀྱི་བདག་པོ་ཆེན་པོ་ཅིག་འདུག་སྙམ་ནས་ཆོས་ཀྱི་དྲི་གཏུགས་མཛད་པས། ཇོ་བོའི་ཞལ་ནས་ཀྱང་། ལོ་ཙཱ་བས་ཆོས་འདི་མཁྱེན་ནམ། འདི་མཁྱེན་ནམ་མང་དུ་གསུངས་པ་ལ། དེ་ཡང་འཚལ་ལགས་སོ། །དེ་ཡང་འཚལ་ལགས་ཞུས་པས། ཇོ་བོ་ཤིན་ཏུ་མཉེས་ནས། ཕ་ལ་ཕ་ལ་ཁྱེད་འདྲ་བོད་ན་ཡོད་ན་ང་འོང་མི་དགོས་པར་འདུག་པ་ལ་གསུང་། དེ་ནས་དེའི་ནུབ་མོ་ཡང་ལྷ་ཁང་དེར་བཞུགས། ལོ་ཙཱ་བ་རིན་ཆེན་བཟང་པོས་སྤྱོད་ལ་འོག་ཁང་དུ་བསྐྱེད་རྫོགས་བསྒོམས། གུང་ལ་བར་ཁང་དུ་བསྒོམས། ཐོ་རངས་སྟེང་ཁང་དུ་བསྒོམས་པས། དེ་ལ་ཡང་ཅུང་ཟད་མ་མཉེས། ནང་པར་ཡང་ཆོས་ཀྱི་དྲི་བ་མང་དུ་མཛད་པས། ཇོ་བོའི་ཞལ་ནས། ལོ་ཙཱ་བ་ཆོས་ཀྱི་མཁྱེན་པ་ཆེ་བར་གདའ་ཡིས། ཆོས་དེ་རྣམས་གདན་ཐོག་ཏུ་གང་ཟག་གཅིག་གིས་ཉམས་སུ་ལེན་ན་ཇི་ལྟར་ལེན་གསུངས་པ་ལ། ལོ་ཙཱ་བས་སོ་སོའི་སྒྲུབ་ཐབས་ནས་བཤད་པ་བཞིན་ཉམས་སུ་ལེན་ལགས་སོད་ཅེས་ཞུས་པས་ཇོ་བོའི་ཐུགས་ལ། ཁོ་བོ་འོང་དགོས་པར་འདུག་སྙམ་ནས་ཞལ་འཛུམ་ནག་ཉིད་གིས་སོང་སྐད། ལོ་ཙཱ་བ་དེར་དུལ་ནས་ཉམས་སུ་ལེན་ཚུལ་ཇི་ལྟར་མཛད་

ལགས་ཞུས་པ་ལ། ཇོ་བོའི་ཞལ་ནས། ཐབས་གཅིག་གི་སྟེང་དུ་ཐབས་མ་ཚང་བ་མེད་པར་བསྒོམ་པ་ཅིག་དགོས་པ་ཡིན། དེ་ཡང་ཕ་རོལ་ཏུ་ཕྱིན་པའི་ཐེག་པ་གཏན་ལ་འབེབས་པ་ལ། སློབ་དཔོན་ཐོགས་མེད་རྗེས་འབྲང་དང་བཅས་པས་དང་པོ་ཐ་སྙད་ཀྱི་དུས་སུ་ཡང་གཟུགས་ནས་རྣམ་མཁྱེན་གྱི་བར་གྱི་ཆོས་ཐམས་ཅད་མཚན་ཉིད་གསུམ་གྱི་གཏན་ལ་འབེབས་ལ་ཉམས་སུ་ལེན་པའི་དུས་སུ་ཡང་། མཚན་ཉིད་གསུམ་གྱིས་ཉམས་སུ་ལེན་ཞིང་འབྲས་བུའི་དུས་སུ་ཡང་མཚན་ཉིད་གསུམ་མངོན་དུ་བྱེད་དེ། སྤྲུལ་སྐུ་ཀུན་བཏགས་དང་ལོངས་སྐུ་གཞན་དབང་དང་ཆོས་སྐུ་ཡོངས་གྲུབ་བོ། །སློབ་དཔོན་ཀླུ་སྒྲུབ་རྗེས་འབྲང་དང་བཅས་པས། དང་པོ་ཐ་སྙད་ཀྱི་དུས་སུ་ཡང་ཆོས་ཐམས་ཅད་བདེན་གཉིས་ཀྱིས་གཏན་ལ་འབེབས་ལ། ཉམས་སུ་ལེན་པའི་དུས་སུ་ཡང་། མཉམ་གཞག་ཏུ་དོན་དམ་པ་སྤྲོས་པ་ཐམས་ཅད་དང་བྲལ་བ་དང་རྗེས་ཐོབ་ཏུ་ཀུན་རྫོབ་སྒྱུ་མ་ལྟ་བུ་ཡུལ་དུ་བྱེད་པས་བདེན་གཉིས་སུ་ཉམས་སུ་ལེན་ཞིང་། འབྲས་བུའི་དུས་སུ་ཡང་བདེན་གཉིས་མངོན་དུ་བྱེད་དེ། གཟུགས་སྐུ་ཀུན་རྫོབ་དང་ཆོས་སྐུ་དོན་དམ་པའི་བདེན་པའོ། །ཐེག་པ་ཆེན་པོ་གསང་སྔགས་ཀྱི་དབང་དུ་བྱས་ན། ཐ་སྙད་ཀྱི་དུས་སུ་ཡང་རྒྱུད་གསུམ་གྱིས་གཏན་ལ་འབེབས་ལ། ལམ་གྱི་དུས་སུ་ཡང་རྟེན་གྱི་གང་ཟག་སྟོང་པ་དང་སྙིང་རྗེ་དབྱེར་མེད་དུ་གནས་པ་རྒྱུའི་རྒྱུད་དང་། ལམ་བསྐྱེད་རྫོགས་བསྒོམ་པ་ཐབས་ཀྱི་རྒྱུད་དང་། སྟན་ཐོག་གཅིག་ཏུ་ལམ་འབྲས་བུ་དང་བཅས་པ་མ་ཚང་བ་མེད་པར་ཉམས་སུ་ལེན་པ་འབྲས་བུའི་རྒྱུད་དེ་རྒྱུད་གསུམ་གྱིས་ཉམས་སུ་ལེན་ཞིང་། འབྲས་བུའི་དུས་སུ་ཡང་རྒྱུད་གསུམ་མངོན་དུ་བྱེད་དེ་སྟོང་ཉིད་དང་སྙིང་རྗེ་དབྱེར་མེད་པའི་ཆོས་སྐུ་རྒྱུའི་རྒྱུད་དང་། འཕྲིན་ལས་སྣ་ཚོགས་ཀྱིས་གདུལ་བྱའི་དོན་མཛད་པའི་སྤྲུལ་སྐུ་ཐབས་ཀྱི་རྒྱུད་དང་། སྐུ་གསུམ་དང་ཡེ་ཤེས་ལྔ་དབྱེར་མེད་པས་འཁོར་དག་པའི་དོན་མཛད་པའི་ལོངས་སྐུ་འབྲས་བུའི་རྒྱུད་དོ། །དེ་ལྟར་དེ་

རྣམས་གཅིག་གི་སྟེང་དུ་ཡང་ཐམས་ཅད་ཚང་བར་ཉམས་སུ་ལེན་པ་ཡིན་ཏེ། བསྐྱེད་པའི་རིམ་པ་གཅིག་པུའི་སྟེང་དུ་ཡང་ཐམས་ཅད་ཚང་བར་ཉམས་སུ་ལེན་པ་ཡིན་ནོ་ཞེས་གསུང་སྐད། དེ་ནས་ལོ་ཙྪ་བ་ཆེན་པོས། ཇོ་བོ་ལ་གསེར་སྲང་བདུན་ཕུལ་ནས་བདེ་མཆོག་གི་རིམ་པ་དང་། རྗེ་བཙུན་མའི་བྱིན་བརླབས་གཉིས་ཞུས། བྱིན་བརླབས་ཐོབ་པའི་ཚེ་རྟོགས་པ་དང་ཉམས་བཟང་པོ་སྐྱེས་ནས་ཇོ་བོ་ལ་གསེར་སྲང་བརྒྱ་རྩ་བརྒྱད་ཕུལ། དཔེ་དང་མཆོད་གནས་མ་གཏོགས་པ་དངོས་པོ་ཅི་ཡོད་ཇོ་བོ་ལ་ཕུལ་ཏེ། ཇོ་བོའི་བདེ་མཆོག་དང་རྗེ་བཙུན་མ་གཉིས་ལ་ཐུགས་དམ་མཛད། དེ་གོང་དུ་མཁྱེན་པ་ཆེ་ཡང་། སྒྲུབ་པའི་གདམས་པ་ཇོ་བོ་ལས་བརྙེས་པ་ཡིན་སྐད། དེའི་དུས་སུ་ཇོ་བོ་ཉིད་ཀྱིས་མཛད་པའི་དམ་ཚིག་བསྡུས་པ་བསྒྱུར་བས་འགྱུར་བཟང་བ་ཞིག་བྱུང་བས། ཇོ་བོའི་ཞལ་ནས། ད་ལོ་ཙྪ་ལ་འགྲོ་དགོས་གསུང་པ་ལ། ལོ་ཙྪ་བ་ཆེན་པོས་དབུ་བསྟན་ནས་མགོ་དཀར་པོ་འདི་ལྟར་སོང་བས། ཁོ་བོ་སྒྲུབ་པ་ཅིག་བགྱི་བར་ཞུ་ཞེས་ཞུས་པས། ཇོ་བོའི་ཞལ་ནས། ཀྱཻ་རིན་ཆེན་བཟང་པོ་ཁྱོད་སྒྲུབ་པ་རྣལ་མར་བྱེད་ན། སྐྱེ་བ་སྟོ་མ་ཕན་ཆད་ཀྱི་དགེ་བའི་ཆོས་དཔག་ཏུ་མེད་པའི་མཐུ་ནི་ཡོད། དལ་འབྱོར་གྱི་ལུས་ནི་ཐོབ། སངས་རྒྱས་ཀྱི་བསྟན་པ་དང་ནི་ཕྲད། གདམས་ངག་སྟོན་པའི་དགེ་བའི་བཤེས་གཉེན་དང་ནི་མཇལ། སྲིད་པའི་ནད་རབ་ཏུ་ཞི་བར་བྱེད་པའི་དམ་པའི་ཆོས་ཀྱི་སྨན་ནི་རྙེད། སྲིད་པའི་མུན་པ་སེལ་བའི་ཆོས་ཀྱི་སྒྲོན་མེ་ནི་རྙེད། སྲིད་པའི་ཆུ་བོ་ལས་སྒྲོལ་བའི་ཐབས་ཤེས་རབ་ཀྱི་གྲུ་དང་གཟིངས་རྙེད་པའི་སྐབས་འདིར་སེམས་བྱ་བ་ངན་པ་རྣམས་ཀྱིས་མི་གཡེང་བར་མཛོད་ཅིག་གསུང་། དེ་ཐུགས་ལ་བཞག་ནས་སྒྲུབ་ཁང་གི་སྒོ་ལ་ལྕགས་གཟེར་བཏབ། ཆོས་སྟོན་བུ་ག་ཅིག་ནས་ཚུར་བླངས་ཏེ། སྒོའི་ཡ་ཐེམ་ལ། གནས་ཁང་འདིའི་ནང་དུ་ཐ་མལ་པའི་རྟོག་པ་སྐྱེས་ན་ཆོས་སྐྱོང་བའི་སྲུང་མ་རྣམས་ཀྱིས་མགོ་ཚལ་པ་བརྒྱར་ཁོས་ཤིག །ཅེས་པ་བྲིས་ནས་སྒྲུབ་པ་རྩེ་གཅིག་ཏུ་མཛད་པས་

དཔལ་བདེ་མཆོག་གི་ཞལ་གཟིགས་སོ། །དེ་ནས་དགེ་བཤེས་ལོ་ཙྪ་བས་བོད་དུ་ལོ་གཅིག་ལས་བཞུགས་སུ་མེད་པས། ཆོས་ཞུ་བ་ཀུན་ཞུས་ཤིག་ཅེས་ལྷ་བཙུན་པ་ལ་སོགས་པ་བསྐུལ་བས། ལྷ་བཙུན་པས། གསེར་གུག་སྲང་སུམ་བརྒྱ་ཕུལ་ནས་བོད་ཀྱི་ཡུལ་འདི་ན་སངས་རྒྱས་ཀྱི་བསྟན་པ་ཐེག་པ་ཆེན་པོའི་ལམ་འདི་ལ་ལོག་པར་རྟོག་པའི་གང་ཟག་བླ་མ་དགེ་བའི་བཤེས་གཉེན་གྱིས་ཡོངས་སུ་མ་ཟིན་པ་དག་ཕན་ཚུན་རྩོད་ཅིང་། རང་རང་གི་རྟོག་གེས་ཟབ་པ་དང་རྒྱ་ཆེ་བའི་དོན་ལ་སྤྱོད་པས་སོ་སོ་ནས་མི་མཐུན་པ་མང་དུ་མཆིས་པས་དེ་དག་གི་ཐེ་ཚོམ་བསལ་དུ་གསོལ་ཞེས་ཞུས། གཞན་ཡང་ཐེག་པ་ཐུན་མོང་གི་དྲི་བ་གཉིས་ཕ་རོལ་ཏུ་ཕྱིན་པའི་དྲི་བ་གཉིས། གསང་སྔགས་ཀྱི་དྲི་བ་གསུམ་མཛད་ནས་མཐར་ཐེག་པ་ཆེན་པོའི་དོན་མ་ལུས་པ་ཚིག་ཉུང་ལ་དོན་འདུས་པ་བླ་མ་ཉིད་ཇི་ལྟར་སྐུ་ཉམས་སུ་བཞེས་པའི་བསྟན་བཅོས་ཤིག་མཛད་པར་ཞུ། རྒྱུད་གསང་བ་འདུས་པའི་མན་ངག་སངས་རྒྱས་ཡེ་ཤེས་ཞབས་ཀྱི་ལུགས་ལ་བརྟེན་པ། དཀྱིལ་འཁོར་གྱི་གཙོ་བོ་འཇིག་རྟེན་དབང་ཕྱུག་གིས་མཛད་པའི་སྒྲུབ་ཐབས་ཤིག་མཛད་པར་ཞུ་ཞེས་ཞུ་བ་གཉིས་པོ་དེ་ནན་ཏན་གྱིས་ཕུལ་བས། ཇོ་བོའི་ཞལ་ནས། སློབ་དཔོན་འཕགས་པའི་རིན་པོ་ཆེ་ཕྲེང་བ་བོད་ན་འདུག་པ་དེས་ཆོག་སྟེ། དེ་བས་ལེགས་པ་མི་སྙེད་ཅེས་དང་། ཀུན་ཏུ་བཟང་པོ་ཡོད་པར་གསུང་སྐད། དེ་ནས་བྱང་ཆུབ་ལམ་གྱི་སྒྲོན་མ་མཛད་ནས་ཁྱེད་བོད་ལ་མཆན་གྱི་འདོགས་ལུགས་ཇི་ལྟ་བུ་ཡོད་ཅེས་བཀའ་སྩལ་པ་ལ། བོད་སྟོན་རྣམས་ཀྱིས་དོན་དང་དཔེ་དང་ཡུལ་དང་ཞུ་བ་པོ་ལ་མཆན་དུ་གསོལ་བ་ལ་སོགས་པ་བཏོག་ཞུས་པས། ཨ་ལེ་བོད་ན་རྒྱ་གར་ན་མེད་པའི་ཆོས་མང་པོ་འདུག་གསུང་སྟེ། རོལ་སྙེད་མ་ཕྲོགས་པ་དང་གནོད་སྦྱིན་ཨ་ཤ་པ་བསད་པའི་གཏམ་རྒྱུད་ཟངས་ཀྱིས་གསུངས་ནས་ཆོས་ཐམས་ཅད་དོན་ལ་མཆན་དུ་གསོལ་བ་ཡིན་གསུང་། དེ་ནས་བླ་མ་ཉིད་དང་ལོ་ཙྪ་བ་དགེ་བ་བློ་གྲོས་ཀྱིས་ཐོ་ལིང་

གསེར་ཁང་དུ་བསྒྱུར་རོ། །དེ་ནས་སྤྱན་རས་གཟིགས་འཇིག་རྟེན་དབང་ཕྱུག་གི་སྒྲུབ་ཐབས་ཁོང་རང་ཇི་ལྟར་བཞེད་པ་བཞིན་དུ་མཛད་ནས་ལོ་ཙྪ་བ་དང་གཉིས་ཀྱིས་བསྒྱུར་རོ། །དེའི་དུས་སུ་ཆོས་གཞན་ཡང་མང་དུ་བསྒྱུར་ཏེ། མྱ་ངན་ལས་འདས་པའི་མདོ་བམ་པོ་བཅུ་གཉིས་དང་། ཁྲིའུ་གསེར་མདོག་གི་རྟོགས་པ་བརྗོད་པའི་མདོ་དང་། ཆོས་བཞི་སྒྲུབ་པའི་མདོ་དང་། དཔའ་བོ་སྒྲུབ་པའི་རྒྱུད་དང་། འཆི་བ་བསླུ་བའི་མན་ངག་དང་། དགེ་སློང་མ་དཔལ་མོས་མཛད་པའི་ཐུགས་རྗེ་ཆེན་པོའི་སྒྲུབ་ཐབས་རྣམས་ལོ་ཙྪ་བས་བསྒྱུར་རོ། །ཇོ་བོ་ཉིད་ཀྱིས་མཛད་པའི་ཐེག་པ་ཆེན་པོའི་ལམ་གྱི་སྒྲུབ་ཐབས་ཡི་གེར་བསྡུས་པ་དང་། དེ་ཉིད་ཤིན་ཏུ་བསྡུས་པ་དང་། རང་གི་བྱ་བའི་རིམ་པ་བསྐུལ་མ་དང་བཅས་པ་ལོ་ཙྪ་བ་དགེ་བའི་བློ་གྲོས་ཀྱིས་བསྒྱུར་རོ། །རྒྱལ་པོ་ལྷ་ལྡེ་ཡང་རབ་ཏུ་བྱོན། རབ་ཏུ་བྱུང་བ་ཐམས་ཅད་སྡོམ་པ་ལ་བཀོད། སྔགས་པ་ཐམས་ཅད་དམ་ཚིག་ལ་བཀོད། ཁྱིམ་པ་རྣམས་ནི་བསྙེན་གནས་ལ་བཀོད། རྟེན་རབ་གནས་མེད་པ་ལ་རབ་གནས་མཛད། ཡོན་བསྔོ་བ་མེད་པ་ལ་བསྔོ་བ་མཛད། གཤིན་ལ་དགེ་བ། གསོན་ལ་རིམ་གྲོ། ནད་པ་ལ་སྨན་དཔྱད། ཚ་ཚ། གཏོར་མ་གློག་འདོན་སྦྱིན་གཏོང་ལ་སོགས་པའི་སྤྲོལ་ཟངས་ཀྱིས་བཙུགས། ལྷ་བཙུན་པ་ལ་འཇིག་རྟེན་དབང་ཕྱུག་གི་ཞལ་གཟིགས། གནས་བརྟན་གསེར་མཆོས་ཇོ་བོའི་མན་ངག་གིས་མངོན་ཤེས་རྒྱ་ཆེན་པོ་ཐོབ། དེ་ལ་སོགས་པ་འགྲོ་བ་དཔག་ཏུ་མེད་པའི་དོན་མཛད། སངས་རྒྱས་ཀྱི་བསྟན་པ་རྒྱས་པར་མཛད། སོ་སོར་གྱི་ཆོས་ཐམས་ཅད་ལག་ལེན་ལ་གདབ་ཏུ་བཏུབ་པར་མཛད། ད་ལྟ་ཡང་ཇོ་བོའི་ཆོས་ལ་པུ་རངས་ལས་དར་བ་མེད་གསུང་། དེར་ལོ་ཙྪ་བ་བཞུགས་ནས། ལོ་ཙྪ་བ་རྒྱ་གར་དུ་སྤྱན་འདྲེན་པར་འདོད། ཇོ་བོས་དུས་སྐབས་སུ་ཨུ་པ་སི་ཀ་མེད། རྣལ་འབྱོར་མས་བསླུས་སམ་གསུང་སྐད། དེའི་དུས་སུ་དགེ་བཤེས་འབྲོམ་སྟོན་རྒྱལ་བའི་འབྱུང་གནས་སྐད་པ། སྐུ་སྐྱེ་བ་བྱང་ཕྱོགས་སུ་བཞེས་པ། གདུང་

རུས་པ་ནི་འཁྲོམ། དེའི་ནང་ནས་སྨུམ་པ། དེའི་ནང་ནས་ཡ་བཞེར། དེའི་ནང་ནས་ཡང་རྟག་གསུམ་ལེགས། ཁོང་གི་ཡབ་སྟག་གསུམ་ཞུ་བཞེན། ཡུམ་ཁུ་རྗེ་བཟའ་ལན་ཅིག་བྱ་བ་ཡིན་པ་ལ། ཡུམ་དེ་སྔོན་དུ་གུམ། ཡབ་ཀྱིས་མ་ཡར་ཅིག་བླངས། དེ་དང་འགྲོགས་ནས་ཡོད་པ་ལ། ཉིན་ཅིག་མ་ཡར་དེས་བ་ཡར་ཅིག་བཞོས། བྱིས་པས་ཡར་མ་འཛོ་བ་ལ་བརྐྱབ་པས། ཡར་མ་འདྲོགས། འོ་མ་བོ་བས། མ་ཡར་གྱིས་བྱིས་པ་བརྡུངས་པས། དེ་བྱིས་པའི་དུས་རང་ནས་ཐུགས་སྟོབས་ཆེ་བས། ཁོང་གི་ཐུགས་དགོངས་ལ་འདི་དང་འཐབ་པ་བས། འོལ་བའི་རྣ་ཁྲིད་རང་བྱས་ན་སྐྱིད་སྙམ་ནས་ཐོན་ནས་བྱོན། གཞུ་རུ་ཉེ་བ་ཅིག་ཙན་ཕྱིན། དེ་ན་སློབ་གཉེར་བྱེད་ཅིང་ཡོད་ཙ་ན། ཛ་བོ་སེ་བཙུན་བྱང་ཆུབ་གཞོན་ནུ་སྐད་པ། གྲུམ་གྱི་མཚན་བུ་ཆེན་པོ་ཅིག་རྒྱ་གར་དུ་བཞུད་པའི་ཐུགས་དགོངས་ཀྱིས་བྱོན་པ་དང་གདན་འཛོམ། ཤིན་ཏུ་དད་པས་སེམས་དེས་ཕྲོགས་པ་བཞིན་དུ་ཞུར། དེ་ནས་སེ་བཙུན་ཡར་བཞུད་བལ་ཡུལ་དུ་བྱོན་པ་དང་། ག་སུ་རྣ་རི་ལ་བུ་མེད་པས། སེ་བཙུན་གྱིས་ཐབས་མཛད་པས། རྣོ་ག་རྣ་རི་བྱུང་བས། དེས་ཤིན་ཏུ་དད་དེ། བོད་ཀྱི་བཙེ་ལ། རྒྱ་གར་བ་དང་ཁྱད་མེད་དུ་མཆོད་གནས་སུ་མཛད་པ་གུ་རིག་ཡོ་ཙྪ་བ་བཞིད། གཙང་ཡན་ཆད་ཀྱི་བཙེ་རྣམས་སེ་བཙུན་ལ་ཉིན་ཕྱུག་གསུམ། མཚན་ཕྱུག་གསུམ་བཙལ་བར་རིགས་ཟེར་སྐད། དེར་ཕྱི་རོལ་པའི་པཎྜི་ཏ་ཅིག་དང་། སེ་བཙུན་རྩོད་པ་བྱུང་བས་སེ་བཙུན་རྒྱལ། དེར་ཁོ་ན་རེ། ཁྱོད་ཀྱིས་ནམ་མཁའ་ལ་དཀྱིལ་འཁོར་ཆོས། ངས་བཤིག་གིས། ཡང་ན་ངས་བཅའ། ཁྱོད་རང་ཤིག་ཟེར་བ་ལ། སེ་བཙུན་གྱིས་ཙུང་ཞིག་རྩིས་པས་ཁོའི་ཕའི་མགོ་མཆོད་རྟེན་གྱི་འོག་ཏུ་སྦས་པས་མི་ཆེན་ཐམས་ཅད་བརྣག་པར་བྱས་པ་རྩིས་ཀྱིས་ཤེས། ཁྱོད་དེ་ཙམ་ནུས་པ་ཆེ་ན་ཕའི་མགོ་མཆོད་རྟེན་གྱི་འོག་ནས་དབྱུང་མོད་བྱས་པས། དེར་ཁོ་ལྡེ་ནར་གྱིས་སོང་སྐད། དེར་སེ་བཙུན་གྱི་ཐུགས་དགོངས་ལ། ཆོས་དང་རང་ལས་མཁས་པ་ཡོད་པ་མི་འདྲ། རྒྱ་ལ་ཨ་

ཅ་རས་ངན་སྡུགས་བྱས་ན་སླམ་ནས། སླར་ལོག་ཕྱིན། གཞུ་རྫུ་ཡང་འཛོམ་པ་དང་། འཁྲིད་པར་ཞུས་པས། ཁྱོད་རང་སང་ཕོད་ཁམས་པའི་ཚོང་པ་དང་འགྲོགས་ལ་ཤོག །ད་ལྟ་ཁྲིད་ན་བྱིས་པ་བརྐུས་ནས་ཁྲིད་ཟེར་དུ་འོང་གསུང་། དེ་ནས་འབྲོམ་རྫུ་བ་སར་བསྡད། ཕྱི་དེ་ལོ་ལ་བྱིས་པ་ལོ་བཅུ་བདུན་ལོན་པ་ཅིག་གིས། ཚོང་དཔོན་ཆེན་པོ་ཅིག་གི་རྟ་ཁྲིད་བྱས་ནས་ཕྱིན། ཚོང་དཔོན་དེས་སྨོམ་ཆེན་མཆོད་གནས་ཅིག་ལ་ཕུལ་ནས་ཆོས་སློབ་ཏུ་བཅུག་པས་བློ་རྣོ་བ་ཅིག་བྱུང་ནས། དེས་སེ་བཙུན་བྱང་ཆུབ་གཞོན་ནུ་ལ་གཏད། ལོ་བཅུ་དགུ་བཞུགས་ནས། མདོན་པ་དང་གསང་སྔགས་རྙིང་མ་མང་པོ་གསན། ཐོག་མ་ཉིད་ནས་བླ་མ་ལ་གུས་པ། རྟག་ཏུ་ཏྭ་དང་རྐང་བཏང་མ་བཏང་ལས་ཁྱད་མེད། ཇོ་བོ་སེ་བཙུན་གྱི་ཐལ་བ་འཕྱུག་པ། བཞིག་སྒྲོལ་ཙུན་ཚོད་མཛད། སེ་བཙུན་ལ་མིས་ཕུལ་བའི་རྟ་ཕྱུགས་མང་པོ། ཐ་ན་ཕག་པ་ཙུན་ཆད་ཡོད་པས་ཉིན་མོ་དེ་རྣམས་ཀྱི་རྫི་བོ་མཛད། ནུབ་མོ་རྟ་བཟང་ཤོས་ཅིག་ལ་ཞོན། འཕོར་གསུམ་གྲྭ་མ་འདྲ་བ་ཅིག་བྱས་ནས་མེལ་ཚེ་བྱས། དེ་ནས་བགྲོ་གླེང་བྱས་པས་སྟོན་པ་ཐུབ་པ་མ་བྱུང་ནས། ཆོས་མཁས་སུ་གྲགས་པས་གྲྭ་པ་རྣམས་ཀྱིས། རྟ་རྫི་དང་ཡོས་འཐག་ལས་བཏོན་ནས། ལོ་བཞི་བཞུགས། ཁུ་ཇོག་འབྲོམ་གསུམ་དུ་ཡང་མ་གིར་གྲགས་པ་ཡིན་སྐད། དེ་དུས་སུ་དགེ་བཤེས་སྟོན་པ་ཇོ་བོ་སེ་བཙུན་གྱི་སྤྱན་སྔར་སློབ་གཉེར་མཛད་ཅིང་བཞུགས་པའི་ཐུགས་དགོངས་ལ། དལ་འབྱོར་མི་ལུས་ཐོབ་པར་དཀའ་བ་ཐོབ་པའི་དུས་སུ། འདིར་ཆོས་རྣལ་མ་ཅིག་བྱ་དགོས། དེ་ལ་འདི་ཙམ་གྱིས་ཆོག་གམ་མི་ཆོག་རྒྱ་གར་མཁས་པ་ཅིག་ལ་དྲི་དགོས་སྙམ་ནས་པཎྜི་ཏ་སྨྲྀའི་ཚེར་མ་ཞེས་པ་ལ་བིད་པ་ཏ་ལ་སོགས་པ་བསླབས་ནས་ཡར་ཕྱིན་པར་དགོངས་པ་ལ། སེ་བཙུན་གྱི་ཞལ་ནས། ཨ་ཇོ་ལ་ཕ་ད་དུང་ཡོད་དམ་ཟེར་བ། ཁྱེད་རང་སོང་ལ། ཕ་དང་ཅིག་འཕྲོད་གསུངས་ནས་དཔེ་རྟ་ཁལ་ཅིག་གནང་། ཕ་ཡོད་པ་དེ་གོང་དུ་རྒྱུས་འདུག་པ་ལ་བདག་ཇོ་བོ་དང་

སྒྲོད་པ་ཡིན་པ་འདྲ་གསུང་། དེ་དུས་ན་དབུས་སུ་པཎྜི་ཏ་བྱོན་ཞེས་པའི་གཏམ་ཡོད་པས། ད་ཡར་འགྲོ་ཕན་ཆད་པཎྜི་ཏ་དེ་ལ་གཏུགས་སྙམ་ནས། པཎྜི་ཏ་འདི་ལྷ་བུ་དེ་དང་མཇལ་ན་ཆོས་ཉན་པའི་ཞུ་བ་ཕུལ་ནས་བྱོན། དེ་ནས་ཡར་བྱོན་པའི་ལམ་དུ། མངའ་རིས་སུ་པཎྜི་ཏ་ཆེན་པོ་ཅིག་བྱོན་ཞེས་པའི་གྲགས་པ་བྱུང་། དེས་སེམས་ཐྲོགས་པ་བཞིན་དུ་གྱུར། བྱང་ལམ་དུ་བྱོན་པའི་དུས་སུ། མངའ་རིས་ཀྱི་རྒྱལ་པོ་ལྷ་བླ་མ་ཁུ་དབོན་གྱིས་ཇོ་བོ་རྗེ་ལྷ་གཅིག་ཅེས་པའི་པཎྜི་ཏ་སྤྱན་དྲངས་ནས་ཡོད། ད་རིང་པོ་མི་ཐོགས་པར་རྒྱ་གར་དུ་བྱོན་པར་འདུག་ཅེས་པ་གསན། དེ་ནས་སོག་ཆུ་ཁར་བྱོན་པའི་དུས་སུ་ཁང་པ་ཅིག་ན་ཀུ་དིང་ངེ་འདུག །འདི་ན་ཅི་འདུག་གསུངས་པས། འཕྲང་ཁ་བེར་ཆུང་ཞེས་བྱ་བ་བེར་ཆེན་གུམ་པའི་ལྷད་གཏོང་སྲིད་གཅོད་པའི་ཚང་འདྲེན་པ་ཡིན་ཟེར། དེ་དུས་ན་སྐྱེམས་གསོལ་བ་དང་། ཐག་རིངས་ནས་བྱོན་པས་བསྙེལ་ནས་སྐྱེམས་ལ་བྱོན་པའི་ཚེ། འཕྲང་ཁ་བེར་ཆུང་དེ་གྲུམ་སེ་ཅིག་གི་སྟེང་ན་བསྡད། ཆང་མོན་ཕོར་གང་མདུན་ན་བཞག་ནས་འདུག །ཁོང་ན་རེ། ཁྱེད་ཆོས་གྲྭ་ནས་འོངས་པའི་དགེ་བཤེས་ཤིག་འདུག་སྟེ། ང་ཡང་འཕྲང་ཁ་བེར་ཆུང་བྱ་བའི་མི་ཆེན་ཅིག་ཡིན་གྱིས། དེ་ནས་ཡར་ཕྱག་ཕྱ་འཕྲུག་པ་འདྲ་བ་ཅིག་གྱིས་དང་ཟེར་ནས་མཛད། ཁོང་ཡང་ཐོས་པ་ཆེ་བ་ཡིན་པས་བགྲོ་གླེང་བྱས་པས་ལན་མ་ཐེབས། དགེ་བཤེས་སྟོན་པ་ལ་ཁོང་གིས་བྱས་པ་ལ་ཚིག་རེ་ལ་བཟླ་རེ་གསུངས་པས་ལན་ཐེབས། ཁོང་ཐེ་ཚོམ་སྐྱེས་ནས། ཁམས་ན་འབྲོམ་སྟོན་པ་བྱ་བའི་ཆོས་མཁས་པ་ཅིག་ཡོད་ཟེར་བ་དེ་ཁྱོད་ཡིན་ནམ་བྱས་པས་ཡིན་པ་ཡང་སྲིད་ཅེས་གསུངས། དེ་མ་ཐག་ཁོང་རང་གི་འོག་ནས་གྲུམ་སེ་ཕྱུང་ནས་དགེ་བཤེས་ལ་བཏིང་སྟེ། རྟ་བཟང་པོ་ཅིག་གི་མཐུར་མདའ་དར་ཡུག་ལ་བྱས་ནས་ཕུལ། དེ་ནས་སྟོན་ལ་ཕྱག་བླངས་པ་བཟོད་གསོལ་བྱས། དེ་ནས་བགྲོ་གླེང་བྱས་པའི་བཟོད་གསོལ་བྱས། དེ་ནས་རྟ་སྒྲིང་དགོན་པར་ཕུལ་ནས་མཆོད་གནས་བྱེད་པའི་ཞུ

བ་ཕུལ་བ་ལགས་སྐད། དགེ་བཤེས་སྟོན་པའི་ཞལ་ནས། ཤ་ཟན་རྩམ་ཟན་གྱི་འབྲུག་པ་འདི་བསྡུམས། ཕོད་མདོའི་མཁར་འདི་བཞིག་ལ་གནས་གཞི་ཅིག་གྱིས། རོག་དུམ་དུ་ཚོས་འཇུགས་པ་འདི་ང་ལ་ཡོང་མེད་པས། སང་ཕོད་དིང་སང་ན་ཇོག་ལེགས་པའི་ཤེས་རབ་འོང་གིས་དེ་ལ་ཆོས་ཚུགས། དེ་ལྟར་བྱེད་ན་ཁྱོད་ཟེར་བ་ཉན། དེ་ཡང་ད་ལྟ་ནས་སྟོད་དུ་མི་ཁོམ། མངའ་རིས་ན་པཎྜི་ཏ་ཅིག་འདུག་ཟེར་བས་དེར་འགྲོ་བ་རིངས། དེ་ནས་ལོག་པ་དང་ཁྱེད་ཀྱི་མཆོད་གནས་བྱ། ར་སྒྲེང་དུ་དགོན་པ་རྩིག་གོ་གསུང་། དེ་ནས་རྒྱལ་གྱི་ཞང་ཆེན་པོ་དགེ་བསྙེན་གྱི་སྡོམ་པ་བླངས་པའི་སློབ་དཔོན་ཡིན་པས་ཕྱག་མཛད། ཀ་བ་མི་ཆེ་བས་རྒྱལ་མོའི་མུར་ཛ་ཕུལ། ལྷ་བཙུན་པོ་ཧྲི་ར་ཛྲ་ལ་སོགས་པ་བོད་ཀྱི་མི་ཆེན་རྣམས་ལ་ཞེ་ས་མཛད་ནས། ད་ལྟ་མངའ་རིས་ན་ལྷ་བཙུན་པ་བྱང་ཆུབ་འོད་ཀྱིས་ཇོ་བོ་སྤྱན་དྲངས་ནས་ཡོད་ཟེར། ངས་དེ་སྤྱན་འདྲོངས་ན་ཁྱེད་ཀྱིས་ཞལ་མཐོང་དང་བཅས་པས་བསུ་བ་གྱིས་ཤིག་པའི་ཞུ་བ་ཕུལ། ཀ་བ་ཤཱཀྱ་དབང་ཕྱུག་ལ་ངས་འཕྲིན་བཟང་གིས། དེའི་དུས་སུ་བསྐུལ་མ་གྱིས་ལ། ལ་སྟོད་ནས་བསུ་བ་གྱིས་ཞེས་ཞུ་བ་ཕུལ་བས། ཀ་བའི་ཞལ་ནས། ཁྱེད་ཀྱིས་སྤྱན་ཅི་འདྲོངས་གྱིས། ངས་དེའི་དུས་སུ་བསྐུལ་མ་བྱས་ལ། གཙང་ལ་སྟོད་ནས་བསུ་བ་བྱ་ཡིས་གསུང་། དེ་ནས་དཔོན་གཡོག་རྣམས་ཀྱིས་སྟོན་ལ་གནམ་དུ་བྱོན། ཡབ་དང་མཇལ། ལོ་ཙྪ་བ་ཁུ་འོད་སེང་གེ་རྒྱལ་མཚན་ཞེས་བྱ་བ་ལ་པཎྜི་ཏ་མཁས་པ་ཐེ་སྐད་བྱ་བ་ཡོད་དྲིས་པས། དེའི་དུས་ན་སློབ་གཉེར་བྱེད་བདོ་བའི་དྷི་པཾ་ཀ་ལ་ཤྲཱི་ཛྙཱ་ན་ཞེས་བྱ་བ་ཅིག་ཡོད། དིང་སང་དེ་ཀ་ཆེ་སྟེ་འོང་གསུང་སྐད། དེ་ནས་བྱང་ཕྱི་གོངས་འཁྲིམས་ནས་བྱོན་པའི་ལམ་ཁར། ལམ་ཀ་དབྲག་གསུམ་བྱུང་ནས་འགྲོ་ངོ་མ་ཤེས་པ་ལ་བཙེ་རྒྱལ་པོ་ཅིག་བྱུང་ནས་ལམ་བསྟན། ཡ་ཚད་སྐྱིལ་ཐུང་མཛད་ནས། ད་བདེ་བར་བཞུད་ཅིག །སྐོ་ཤུད་ཀྱི་འབྲུག་པ་ལངས་ནས་མི་ཁོམ་པར་བདོག་ཟེར་ནས་ཚུབ་མར་རིང་གིས་སོང་སྐད་དེ། པེ་ཀར་

འདི་ཡང་ཆོས་རྣལ་མར་བྱེད་པའི་གྲོགས་བྱེད་པར་འདུག་གསུང་། དེ་ནས་ཡར་ཕྱིན་པ་དང་ལམ་ཀ་དབྲག་ཅིག་བྱུང་སྐྱེ་སྟུད་པའི་མོ་བཏབ་པས་ཀྱང་འགྲོ་ངོ་མ་ཤེས་པ་ལ། ཤ་བ་ཐེང་མ་ཅིག་བྱུང་ནས་དེའི་ཕྱིར་ཕྱིན་པས་ལམ་པོ་ཆེ་འདུག་གསུང་། དེ་ཙ་ན་ཇོ་བོ་དཔོན་གཡོག་ཕུ་རངས་རྒྱ་ཞིང་ཞེས་བྱ་བ་ན་བཞུགས་པ་ལ། ཇོ་མོ་སྒྲོལ་མའི་ཞལ་ནས། ད་སྐྱེ་ཞག་གསུམ་དྲོ་དང་བཞིའི་ནང་པར་བོད་ཀྱི་ཨུ་པ་སི་ཀ་ཆེན་པོ་བྱོན་པས་དེ་ལ་བྱིན་གྱིས་རློབས་ཤིག་གསུང་། ཇོ་བོས་ཀྱང་བུམ་པ་བཞེངས་སུ་གསོལ་ནས། ཞག་གསུམ་གྱི་ནང་པར་ཨུ་པ་སི་ཀའི་བྱ་ར་མཛད། དྲོ་ཚུན་ཆད་མ་བྱོན་པ་ལ། ཇོ་མོ་སྒྲོལ་མ་ཛྭན་གསུང་ཅང་སྲིད་དམ་གསུང་གྲོང་གསེབ་ཏུ་ཆོས་སྟོན་ལ་གཤེགས་པའི་ཤུལ་དུ། དགེ་བཤེས་སྟོན་པ་དཔོན་གཡོག་བྱོན་པ་ལ་འཁོར་རྣམས་ཀྱིས། ད་ལྟ་རང་འབྱོན་པས་བཞུགས་ཤིག་བྱས་པ་ལ། ང་ཐེག་པ་ཆེན་པོའི་བླ་མ་དང་མཇལ་བ་སྐད་ཅིག་སྔ་མ་དང་ཕྱི་མ་གཉིས་སྔ་མ་ལ་འདམ་པ་ཡིན་གསུངས་ནས། གྲོང་གསེབ་ཏུ་ཚོལ་དུ་བྱོན་པས། ཇོ་བོ་དང་སྲང་བར་ཅིག་ཏུ་མཇལ་ནས་ཕྱག་མཛད། གཉིས་ཀས་ཕན་ཚུན་མཁྱེན་ནས། ཇོ་བོའི་ཕྱག་དགེ་བཤེས་སྟོན་པའི་དབུ་ཐོག་ཏུ་བཞག་སྟེ། བཀྲ་ཤིས་མང་པོ་བརྗོད། དེ་ནས་ཇོ་བོའི་གཟིམས་ཁང་དུ་བྱོན་ནས་བུམ་པ་དབུ་ཐོག་ཏུ་བཞག་སྟེ་བྱིན་གྱིས་བརླབས་པ་ཡིན་གསུང་། དེ་ནས་དགེ་བཤེས་སྟོན་པས་དྲི་བ་གསུམ་མཛད་དེ། རྒྱ་གར་ན་པཎྜི་ཏ་མཁས་པ་ཇི་ལྟ་བུ་ཡོད། ངའི་སྔར་གྱི་ཆོས་རྣམས་ལམ་དུ་སོང་ངམ་མ་སོང་། བླ་མ་ཉིད་ཀྱི་སྤྱན་སྔར་མཆིས་ན་ཇི་ལྟར་མཆི་ཞེས་ཞུས་པས། ཇོ་བོའི་ཞལ་ནས། རྒྱ་གར་ན་པཎྜི་ཏ་མཁས་པ་མང་པོ་ཡོད། ང་བོད་དུ་འོང་བའི་དུས་ན་ཡང་ཤར་ཕྱོགས་བྷཾ་ག་ལར་ཉིན་རེ་ཞིང་གྲུབ་ཐོབ་རེ་བྱོན་ཞིང་ཡོད། ཁྱོད་ཀྱི་སྔར་གྱི་ཆོས་ལམ་དུ་ཡེ་མ་སོང་། བླ་མའི་ཞབས་ཏོག་ལམ་དུ་སོང་། ད་ཁྱོད་འདི་རང་དུ་སྡོད། ངའི་ལྷ་མོ་སྒྲོལ་མས་ལུང་བསྟན་པ་ཡིན་གྱིས། ངའི་བཀའ་རྒྱུད་འདི་ལ་བྱིན་རླབས་

ཡོད་ཀྱིས་གསུང་། དེའི་ཉིན་པར་གྱི་ཇོ་བོའི་ཡོན་བདག་དེས་དགེ་བཤེས་སྟོན་པ་ལ། སྟོན་སྐལ་མར་ཚལ་པ་ཅིག་ཕྱིན་པ་དེ་བཞུ་ནས། དེའི་ནུབ་མོ་ཇོ་བོའི་སྤྱན་སྔར་མར་མེ་མཚན་ཐུབ་ཅིག་ཕུལ་ནས། ད་ལྟ་ར་སྒྲིང་ན་གདུང་ཁང་བཞུགས་པ་ཡན་ཆད་ལ་མར་དཀར་གྱི་མར་མེ་ཆད་མ་མྱོང་གསུང་། དེ་ནས་དགེ་འདུན་ཕལ་ཆེན་སྡེ་པའི་ལུགས་ཀྱིས་རབ་ཡོལ་གྱི་ནུབ་ཚད་ཐུབ་པར་འདོད་པས། དེའི་ནུབ་མོ་ནས་དབུ་སྟས་སྦྲེལ་ཏེ་རིག་པ་བསླབ་གསུང་། ཇོ་བོ་རྒྱ་གར་དུ་ཞག་གསུམ་ནས་ཕྱིན་པར་ཆས་པ་ན། དགེ་བཤེས་སྟོན་པ་ཕྱིན་ནས་བོད་དུ་བཞུགས་པར་ཞུ་བ་ཕུལ་བས། ཇོ་བོའི་ཞལ་ནས། གྲགས་པ་མ་ཡིན་མི་སྨྲང་བ། །ཞེས་པ་བྱང་ཆུབ་སེམས་དཔའི་ཉེས་པ་ཡིན་པས་རྒྱ་གར་དུ་འགྲོ་གསུངས་ནས་མ་གནང་། དེའི་དུས་སུ་རྒྱ་གར་དུ་ཇོ་བོ་ཙམ་པ་ཡང་གསེར་ལ་དམིགས་ནས་བོད་དུ་བཞུད་ཅེས་པ་དང་། བོད་བ་སླང་འདྲ་བའི་ནང་ན་ཆོས་ཐམས་ཅད་སྟོང་པ་ཉིད་ཡིན་ཟེར་ཞིང་འདུག་ཅེས་པ་དང་། གསང་སྔགས་མ་རྒྱུད་ཀྱིས་འགྲོ་དོན་མཛད་ཅིང་འདུག་ཅེས་པའི་གྲགས་པ་བྱུང་བས། དེ་རྣམས་གསལ་བའི་ཆེད་དུ་ཇོ་བོ་ཉིད་ཀྱང་རྒྱ་གར་དུ་ཕྱིན་པར་དགོངས། ལོ་ཙྪ་བ་ཡང་དང་པོའི་ཆེད་སོ་ཡོད་པས། ཕར་བསྐྱལ་བར་བཞེད་པས། ལྷ་བཙུན་པ་ཇོ་བོ་བཞུགས་པ་ལ་དགེས་ཀྱང་ཞུ་བ་འབུལ་མ་ནུས། དགེ་བཤེས་སྟོན་པས་ཀྱང་ནན་ཏན་མཛད་མ་ནུས། འོན་ཀྱང་སྟོན་པ་དེ་ཐུགས་ཟབ་ལ་དཀྱིལ་ཆེ་བ་རྒྱལ་ཁྲིམས་ཡོད་པའི་ཡུལ་ཡིན་ན། ཀུང་བློན་ཆེན་པོ་ཕེར་བ་ཙམ་གྱིས་མཁྱེན་པ་མངའ་བ་ཡིན་པས། བོད་ཀྱི་ལྷ་ས་དང་། བསམ་ཡས་ལ་སོགས་པའི་གཙུག་ལག་ཁང་དང་། དགེ་འདུན་མང་པོ་བཞུགས་པ་ལ་སོགས་པ་སྙན་དུ་གསོལ་ནས། དེ་ཐམས་ཅད་ཇོ་བོ་བོད་དུ་བཞུགས་པ་ལ་དགེས་པ་ལགས་ཞུས་པས། ཇོ་བོ་ཤིན་ཏུ་དགེས་ནས། ཚངས་པར་སྤྱོད་པ་གྲངས་མང་པོ་དེ་ལྟ་བུ་རྒྱ་གར་ན་ཡང་དཀོན། དེ་ཙམ་བཞུགས་ན། བཅོམ་ལྡན་འདས་ཀྱི་དགྲ་བཅོམ་པ་

བཞུགས་པར་ལུང་བསྟན་པ་ཡིན་པས་བཞུགས་ཏེ་མཆི་གསུངས་ནས། བོད་ཀྱི་ཕྱོགས་སུ་ཕྱུག་མང་པོ་མཛད། དེ་ཐམས་ཅད་ང་འོང་བ་ལ་དགའ་བ་ཡིན་ན། ངས་དགེ་འདུན་གྱི་ངག་མི་གཅོག་པར་དམ་བཅས་པ་ཡིན་གསུངས་ནས། དགེ་བཤེས་སྟོན་པ་དེས་སྐྱབས་པ་སྐྱེས་ནས། བོད་དུ་ཕྱིན་པའི་ཞུ་བ་བྱས་པས། ཇོ་བོས་ཞལ་གྱིས་བཞེས་པ་ལ། ལོ་ཙྪ་བའི་ཞལ་ནས། བདག་གིས་དམྱལ་བར་འགྲོ་མི་ནུས། སློབ་དཔོན་གནས་བརྟན་དང་ཆོད་སོ་བདོག་པ་ཐུགས་ལ་མངའ་མོད་གསུངས་ནས་བོད་དུ་ཕྱིན་དབང་མ་བྱུང་། ཇོ་བོའི་ཞལ་ནས། དང་པོ་ཚུར་སྤྱན་མ་འདྲོངས། ད་ཕར་སྤྱན་མ་འདྲོངས་ངས་ལོ་ཙྪ་བ་སྒྲོང་བྱ་བའི་ཞལ་ཡམ་ཡང་གསུང་སྐད། དེ་ནས་དགེ་བཤེས་ཀྱི་ཐུགས་ལ་བོད་ཀྱི་མི་ཆེན་རྣམས་ཀྲོགས་སུ་སྦྲན་ལ་སྤྱན་དྲང་དགོས་སྙམ་ནས་བཀའ་ཤོག །ཤིང་རྟའི་དབྱིབས་འདྲ་འཛམ་གླིང་གི །ཕྱི་བྲག་བཟེད་ལྡན་གངས་རིའི་བྱང་། །ཡོ་ཧི་ན་ཏར་རིན་ཆེན་ཁྲུངས། །ཁ་བ་ཅན་ཞེས་མིང་གྲགས་ན། །བློ་ལྡན་སྟོབས་ལྡན་མི་སྲུན་པ། །བོད་ཅེས་བྱ་བ་གནས་པའི་ཕྱིར། །མི་རྒྱལ་བྱང་ཆུབ་སེམས་དཔའ་ཆེ། །དཔའ་ཆེན་མང་བའི་འཁོར་བཅས་ཀྱི། །ཕན་བཏགས་སླད་དུ་དམ་ཆོས་བསྒྱུར། །རྒྱ་བཟང་བཀོད་ལེགས་གཙུག་ལག་ཁང་། །བསམ་ཡས་ལ་སོགས་གནས་མཆོག་ན། །སྟོན་རྒྱལ་འཕྲུལ་རྗེ་དགོངས་བསྐང་ཕྱིར། །བསྟན་པའི་བདུད་རྩི་རྒྱས་མཛད་ཅིང་། །རྒྱལ་སྲས་འདྲེན་པ་སྐྱེས་ཆེ་བའི། །མི་ཡི་རྒྱལ་པོ་ཤཱཀྱའི་སྲས། །ལྷ་བཙུན་པོ་ཧྲི་ན་ཙ་དང་། །དང་པོ་དགེ་འདུན་ལུགས་འབྱིན་དཔོན། །བཙུན་ཆེན་ཡེ་ཤེས་བློ་གྲོས་དང་། །ཐེག་ཆེན་གདུང་རྒྱུད་སྟོན་མཛད་པའི། །ཐེག་ཆེན་ཀ་བ་རྣམ་གསུམ་པོ། །དམིགས་བྱེད་དགེ་བཤེས་རྣམ་གཉིས་དང་། །རྗེས་སློབ་དཔལ་ལྡན་བཅུ་གཉིས་དང་། །ཆོས་འཁོར་ཁྲིམས་བཞིན་སྐྱོང་མཛད་པའི། །རིང་ལུགས་ཆེན་པོ་རྣམ་གཉིས་དང་། །ཆོས་གྲྭའི་སློབ་དཔོན་ཐུགས་རྒྱལ་ཅན། །ཀ་བ་གར་མི་མཆེད་གཉིས་དང་། །དགེ་བཤེས་ཆེ་རྣམས་དགོངས་

སྐྱོང་བའི། །ཀུན་ཕན་དབང་ཕྱུག་རྒྱལ་མཚན་དང་། །གནས་བརྟན་བན་སྐྱའི་རེ་གནས་པ། །ཤག་གཞོན་རྒྱལ་བའི་སྲས་གཉིས་དང་། །མཁས་བཙུན་ཆེན་པོར་སྙན་གྲགས་པའི། །ལེགས་པའི་ཤེས་རབ་ལ་སོགས་པའི། །འཕགས་པའི་དགེ་སློང་དགེ་འདུན་ཆེ། །སློབ་དཔོན་ཡོན་བདག་འཁོར་བཅས་ལ། །དགེ་བསྙེན་རྒྱལ་བའི་འབྱུང་གནས་ཀྱིས། །གུས་པས་སྟོན་འགྲོ་མཆིད་གསོལ་བ། །ཁྱེད་ཀྱིས་བྱང་ཆུབ་སྤྱོད་པ་ལ། །བར་ཆད་མི་བདེ་མི་མངའ་འམ། །མདོར་བསྡུས་གཅེས་པའི་དོན་གསོལ་བ། །རྒྱ་གར་ཡུལ་གྱི་མཁས་བཙུན་མཆོག །ཡོན་ཏན་མཐའ་ཡས་རྒྱས་མངའ་ཞིང་། །ཡེ་ཤེས་མཐའ་ཡས་མཚན་ལྡན་པའི། །མཁས་པ་ཆེན་པོ་འདིར་བྱོན་ལས། །ཁྱེད་ཀྱི་ལོ་རྒྱུས་མཁྱེན་པ་ལགས། །དེ་ལ་དངོས་ཉིད་དད་འབྲངས་ནས། །ལྷ་བཙུན་བཀའ་སྩལ་མཆི་བ་ཡིས། །ཐར་ནི་དབུས་སུ་གཤེགས་ཞུས་ནས། །ཕར་རིངས་གསུངས་ནས་བཀའ་མ་གནང་། །སླད་ནས་བལ་ཡུལ་བཤུལ་ཁ་ནས། །དབུས་ཀྱི་དགེ་འདུན་གུས་གསོལ་ནས། །དད་ནས་ཕྱག་འཚལ་དགེས་གྱུར་ཏེ། །ཚངས་སྤྱོད་གྲངས་མང་དེ་ལྟ་བུ། །རྒྱ་གར་ཡུལ་ནའང་དཀོན་ཅེས་གསུངས། །དེས་ཀྱང་དངོས་ཀྱི་སྤོབས་སྐྱེས་ཤིང་། །ཁྱེད་ཀྱི་དང་བ་ཁྱུམས་ལགས་ན། །ཡང་ཡང་དུ་ནི་ཞུས་པ་ལ། །ང་ཡིས་དགེ་འདུན་དོན་སྒྲུབ་ཅིང་། །བཀའ་མི་བཅག་པར་དམ་བཅས་ཕྱིར། །དགེ་འདུན་དང་ལ་གྲོས་ཡོད་ཅིང་། །སྤྱན་འདྲོངས་འོངས་ན་འགྲོ་ཡིས་གསུངས། །དགེ་སློང་གཞོན་ཞུ་བློ་རྣོན་པོ། །ལོ་རྣ་ཕན་ཐོགས་ཤིག་མཆིས་ན། །ཁྱེད་ཅག་དམ་ཆོས་གཉེར་མཛད་རྣམས། །སོས་ཤིང་བཀའ་གྲོས་མཐུན་ན་ཡང་། །སྤྱི་སྐོས་གང་བདེའི་སྤྱན་འདྲེན་པ། །དགེ་སློང་ཧྣམ་ཞལ་མཐོང་བཅས། །སྟོན་དུས་ཁོངས་སུ་འདིར་བྱོན་མཛོད། །བདག་གིས་སྨྲ་བརྟེན་ཐུགས་དང་འབྲུལ་བའི་རྒྱ་གཞན་གྱིས། །ཚུལ་ཁྲིམས་ཉམས་ལགས་ཉེས་མཐོང་དེ་ཕྱིར་ཕན་སེམས་སྐྱིངས། །སོས་པ་སྣ་ཚོགས་མཆིས་པས་དེ་ལ་མི་དགེས་གང་། །རང་རྟོག་གཙོར་

མ་འཛིན་པར་ཐུགས་ཞི་བཟོད་པར་མཛོད། །དོན་ལྡན་ཡོན་བརྗོད་མཚན་གྱི་སྟོན་འགྲོ་བའི། །ཤཱཀྱའི་དགེ་སློང་དགེ་འདུན་རྣམས་ཀྱི་སྤྱན་ལམ་དུ། །ཀུན་ལ་ཕན་བསམ་དགེ་བའི་ཡི་གེ་འདི་བསྐྱེབས་ནས། །དགེ་བ་དགོངས་སྐྱབ་ལེགས་པའི་དགེ་བཤེས་སྟོན་པས་མི་ཆེན་རྣམས་ལ། ཨ་ཏི་ཤ་གདན་དྲངས་ཞེས་པའི་ སྤྲིང་ཡིག་ལགས་སོ། །ཞེས་བྱ་བའི་ཚིགས་སུ་བཅད་པ་བཅུ་དགུ་པོ་འདི་ཞང་དབང་ཕྱུག་མགོན་ལ་བཟུངས་ནས། དགེ་བཤེས་ཀ་བའི་ཕྱག་ཏུ་གཏད་དོ། །དེ་ནས་དགེ་བཤེས་ཀྱིས་ཇོ་བོ་དཔོན་གཡོག་ཕར་གཤེགས་པའི་ཆགས་ཕྱིར་ཕྱིན་ཏེ། བོད་སྟོན་རྣམས་འཕྱིན་དུ་རེ་ནས་ཅི་འགོར་མཛད། ལོ་ཙྪ་བས་ཅི་མགྱོགས་མཛད་པས། བོད་སྟོན་རྣམས་ཀྱིས་མ་སླེབ་པར་བལ་པོ་རྫོང་ལ་བཞུད་པའི་ཕྱིར་མང་ཡུལ་དུ་ཕྱིན། དེའི་དུས་སུ་ས་མན་ཏེ་གསུམ་གྱི་འཁྲུག་པ་ལངས་ནས་བལ་པོའི་རྫོང་འགགས་ཏེ་མ་ཐོན། དེ་བོད་ཀྱི་བསོད་ནམས་སུ་བྱུང་སྐད། དེ་ནས་ལོ་ཙྪ་བ་ཐུགས་ཤིན་ཏུ་མ་བདེ་བ་ལ། ཇོ་བོའི་ཞལ་ནས། བློ་མི་བདེ་མི་དགོས། སྐྱབ་པར་མ་ནུས་པ་ལ་ཉེས་པ་གཏན་མེད་པ་ཡིན་གསུང་། དེ་ལ་ལོ་ཙྪ་བ་དགེས་ནས། ད་བོད་རང་དུ་གཤེགས་པར་ཞུ་ཟེར་ནས་སྤྱན་དྲངས་སྐད། དེའི་དུས་སུ་ཇོ་བོའི་ཞལ་ནས། ཨ་བ་ རྡྷུ་ཏི་པ། ནཱ་རོ་པའི་སློབ་མ་པཎྜི་ཏ་ཛླ་ན་ཀ་ར་ཞེས་པ་སྐྱེས་བུ་དམ་པ་ཅིག་ལ་སློབ་དཔོན་ཀླུ་སྒྲུབ་ལུགས་ལ་དགོས་པའི་ཆོས་ཤིག་ཡོད་པ་ཞུ་བ་མ་བྱུང་སྟེ་ཡིད་ལ་གཅགས་གསུང་། དེ་ལོ་ཙྪ་བས་ཐུགས་ལ་བཟུང་ནས་བལ་ཡུལ་དུ་མི་མཐོ་བཙུགས་ནས་བཞག །དེ་ལྟར་ཇོ་བོ་རྒྱ་གར་དུ་གཤེགས་པ་བཞིན་དུ་མཛད། ལོ་ཙྪ་བས་སྐྱེལ་བ་བཞིན་མཛད་ཀྱང་། བོད་དུ་བཞུགས་པའི་རྒྱུ་མཚན་ཡོད་དེ། ལོ་ཙྪ་བ་སྔར་ནས་རྒྱ་གར་དུ་ཕྱིན་ནས་སྔོ་སོ་མ་པུ་རིར་ཇོ་བོ་ལ་དབུ་མ་རྟོག་གེ་འབར་བ་གསན་པའི་ཚེ། ཇོ་བོའི་ཞལ་ནས། འཕགས་པ་སྤྱན་རས་གཟིགས་ཀྱིས་ད་སྟེ་ལོ་ཉི་ཤུ་ནས་ངའི་རྣམ་སྨིན་གྱིས་ལུས་བོད་དུ་འཇོག །སྨོན་ལམ་གྱིས་ཕུང་པོ་དགའ་

ལྷན་དུ་ལྷའི་བུ་ནམ་མཁའ་དྲི་མ་མེད་པ་ཞེས་པར་གྱུར་ནས། མགོན་པོ་བྱམས་པ་ལ་ཟབ་པ་དང་རྒྱ་ཆེ་བའི་ཆོས་ཉན་པར་འགྱུར་རོ་ཞེས་ལུང་བསྟན་ཞེས་གསུངས་པ་དང་། དེ་ནས་ལོ་གཉིས་ན། བྲི་ཀ་མ་ལ་ཤྲཱི་ལར་ད་སྟེ་ལོ་བཅོ་བརྒྱད་ནས་རྣམ་སྨིན་གྱིས་ལུས་འདི་བོད་དུ་བཞག་ནས་ཡིད་ཀྱི་ལུས་ཀྱིས་མགོན་པོ་བྱམས་པ་ལ་ཆོས་ཉན་དུ་འགྲོ་གསུངས་པས་སྨོན་ལམ་གྱི་སྟོབས་ཀྱིས་བྱོན་ནས་བཞུགས་ཀྱང་བོད་དུ་བཞུགས་པ་ཡིན་གསུང་སྟེ། ལོ་ཙཱ་བའི་བསྟོད་པ་ལས། ཁྱོད་ནི་སོ་མ་པུ་རི་ན། །ཏོག་གེ་འབར་བ་གསུངས་པའི་ཚེ། །ད་ནི་ལོ་ནི་ཉི་ཤུ་ནས། །ཚེ་ཡི་འདུ་བྱེད་གཏོང་འགྱུར་གསུང་། །དེ་ནས་ལོ་གཉིས་ལོན་པ་ན། །བྲི་ཀ་མ་ནི་ཤྲཱི་ལ་ན། །ད་ནི་ལོ་ནི་བཅོ་བརྒྱད་ན། །ཚེ་ཡི་འདུ་བྱེད་བཏང་ནས་སུ། །ལུས་ནི་བོད་དུ་འཛོག་གོ་གསུང་། །ཞེས་སོ། །དེ་ནས་མང་ཡུལ་དུ་ལོ་གཅིག་བཞུགས། ལྷ་ཁང་དཀར་པོ་ཞེས་པ་བཞེངས་སོ། །དེའི་དུས་སུ་དགེ་བཤེས་ཀ་བས་བཀའ་ཤོག་ནང་གི་མི་ཆེན་རྣམས་རྒྱ་སར་སྐད་གི་སུམ་པ་ཡེ་ཤེས་བློ་གྲོས་ཀྱི་སར་སྤྱན་དྲངས་ཏེ་གྲོས་བྱས་པས། སུམ་པ་ན་རེ། པཎྜི་ཏ་དེ་ལྟར་བཟེད་ཀྱང་དཀར་པོར་གདའ་མཆི། ཕྱི་རོལ་པ་ཤེད་ལགས་ཉེན་བདོག །བོད་ལ་ཕན་ཏེ་མི་མཆི་གསེར་ཅིག་བསྡུས་ལ་བསྐྱལ་བ་དྲག་ལགས་སམ་ཟེར་བ་ལ། ཀ་བ་ན་རེ། དེ་ལྟར་མ་ལགས་ལྷ་བཙུན་པ་བྱང་ཆུབ་འོད་ཀྱིས་སྤྱན་དྲངས་པ། ཇོ་བོ་རྗེ་ལྷ་གཅིག་ཅེས་པ་ནང་པ་སངས་རྒྱས་པ་ཐམས་ཅད་ཀྱི་གཙུག་གི་ནོར་བུ་ཅིག་བདོག་པར་གདའ་ཟེར་བས། འོ་ན་ངོ་མཚར་ཅན་ཅིག་ཡོད་པར་འདུག་པས། རང་ཅག་བོད་ཀྱི་སྡེ་བཞི་པོ་ལ་ཡང་ཤམ་ཐབས་ཁྲལ་བསྡུས་ལ་དབུལ། སྤྱན་ཅི་འདྲོངས་བྱའོ་གསུངས་ནས་གྲོས་མཛད་པའི་ཚེ། ཁུ་སྟོན་བརྩོན་འགྲུས་གཡུང་དྲུང་ཞེས་པ་སླུ་མེས་ཐམས་ཅད་ཀྱི་གནས་བརྟན་མཛད་པ། དམ་པའི་ཆོས་མངོན་པ་ལ་ཤིན་ཏུ་མཁས་པ་དེ། དེ་དུས་ན་ཁོང་ལས་མི་ཆེ་བ་མེད་པ་ལ་བཀའ་ཤོག་ཏུ་མ་ཚུད་པས་མ་མཉེས་ཏེ། སྟོན་ལ་ཕྱིན་ལ་ཐོབ་

པར་བྱ་སྙམ་ནས་དེ་མ་ཐག་བྱོན་པས་གཞན་རྣམས་ཀྱང་མྱུར་དུ་བྱོན་ཏེ་ཇོ་བོ་ཕར་མ་གཤེགས་པ་ལ་སླེབས་པ་ཡིན་སྐད། ཇོ་བོ་བོད་སྟོན་རྣམས་བྱོན་དུ་རེ་ཞིང་བྱ་ར་མཛད་པ་ལ། བོད་སྟོན་རྣམས་ཚག་ཞུ་བེར་ཆེན་གྱོན་ཏ་ལ་ཆིབས་ནས་བྱོན་པས། ཇོ་བོའི་ཞལ་ནས། མི་མ་ཡིན་མང་པོ་བྱུང་གསུངས་ནས་དབུ་ན་བཟས་རིལ་གྱིས་གཡོགས་སྐད། དེ་ནས་བོད་ཀྱི་མི་ཆེན་རྣམས་ཀྱིས་ཆོས་གོས་གྱོན། སེར་འཕྲེང་མཛད་ཕྱག་རྟེན་ཕུལ་བས་ཇོ་བོ་དགེས་ནས་ཕྱག་མང་པོ་མཛད། དེའི་དུས་སུ་བོད་སྟོན་རྣམས་ལ་སྣ་ལེན་དུ་ལ་སྟོད་པ་རྣམས་ཀྱིས་བསྙེན་བཀུར་མང་པོ་བྱས་པས། ཇོ་བོའི་ཞལ་ནས། རྒྱ་གར་གྱི་རབ་ཏུ་བྱུང་བ་བས། བོད་ཀྱི་རབ་ཏུ་བྱུང་བ་ན་བཟའ་བཟང་བར་འདུག་གསུང་། དེའི་དུས་སུ་ཁུ་ན་རེ། སྟོན་པ་ལ་ཁྱོད་བོད་ཀྱི་མི་ཆེན་གྱི་ནང་དུ་ང་མི་འདྲུག་པ་ཅི་ཡིན་ཟེར། སྟོན་པས། མཁས་བཙུན་ཆེན་པོར་སྙན་གྲགས་པ། །ལེགས་པའི་ཤེས་རབ་ལ་སོགས་པ། །ཞེས་པའི་ཁོངས་ན་བདོག་པ་གསུངས་པས། སོགས་ཁོངས་སུ་འདྲུག་པའི་མི་དེ་ང་ཡིན་ནམ་གསུངས་ནས། དེ་བས་ཀྱང་མ་མཉེས་པར་འཁོན་དུ་བཟུང་ནས་ཤིན་ཏུ་མ་མཉེས་པ་ཡིན་སྐད། སྟོན་པས་བོད་ཀྱི་བརྟགས་པ་མང་དུ་བརྗོད་པས། ཇོ་བོའི་ཐུགས་ཀྱི་གོ་ཆ་ཆེར་གསོལ་ནས་བོད་དུ་སངས་རྒྱས་ཀྱི་བསྟན་པ་གྲུ་བཞིར་གཟུགས་དགོས། དེ་ལ་སྡེ་པ་བཞི་ཚང་དགོས་པས་ཕལ་ཆེན་པ་ང་ཡིས་བྱེད། ཡོད་སྨྲ་ཁྱེད་རང་ཡིན། གནས་བརྟན་པ་དང་། མང་པོས་བཀུར་བའི་མཁན་པོ་རེ་ཡང་སྤྱན་དྲངས་ལ་རྩ་བའི་སྡེ་བཞི་ཚང་བར་བྱ་གསུང་སྐད། དེར་བོད་སྟོན་རྣམས་ཀྱིས་སེམས་བསྐྱེད་ཞུས་པས། མཆོད་པ་ཐོམས་ཤིག་གསུང་། མེ་ཏོག་ཕོར་ཆུང་ཙམ་པ་མང་པོ་ཉོས་ཏེ། ངེད་རང་ངོམས་པའི་མཆོད་པ་བཤམས་པ་ལ། ཇོ་བོས་གཟིགས་པས་མཆོད་པ་ངན། སེམས་མི་སྐྱེད་ཕན་མི་ཐོགས་གསུངས་ནས། གཞི་ཐོམས་བྱས་ཏེ་ཞུས་སྐད། དེར་ལོ་ཙྪ་བ་མང་དུ་འཚོགས་པས། ལ་ལ་གང་ལ་བྱ། ལ་ལ་གང་ལ་བྱ་ཟེར་བ་ལ།

ཁུ་ཆེན་པོ་དེ་དབང་ཆེ་བས་དེ་སྐད་བྱ་བ་ཅིག་མགོ་མཇུག་བར་གསུམ་དུ་དཀའ་བ་སྤྱོད་པ་ནག་ཚོ་ཡིན་པས། ནག་ཚོ་ལ་བྱ་དགོས་གསུངས་ནས་གུ་ཤིང་གི་ཆོས་གོས་ཤིག་ཕུལ་ནས་ཞུས་ཏེ། ལོ་པཎ་གཉིས་ཕེབས་སོ། །གཙང་དུ་འཕྲིན་ལས་ཇི་ལྟར་མཛད་པ་ནི། དེ་ནས་ལམ་དུ་ཞུགས་ཏེ། དཔལ་མོ་དཔལ་ཐང་ལ་བྱོན་པའི་དུས་སུ་དགེ་བཤེས་དགོན་པ་བ། ཡུལ་མདོ་ཁམས་སྐྱང་པ། གདུང་འཇོང་། མཚན་དབང་ཕྱུག་རྒྱལ་མཚན་ཞེས་བྱ་བ། དེ་བལ་པོ་ཕམ་མཐིང་པ་ཅན་དུ་འཕངས་ནས་བྱོན་པ་དང་མཇལ་ཕྱག་མཛད། ཕྱག་རྟེན་ཕུལ་ནས་བླ་མ་ཕམ་མཐིང་པ་ཅན་དུ་འགྲོ་བ་ལ་བར་ཆད་མི་འབྱུང་བའི་བྱིན་རླབས་ཞུས་པས། ཇོ་བོའི་ཞལ་ནས། བར་ཆད་འོང་བས་མ་འགྲོ་བར་ལོག །ངས་ཆོས་དང་ཟན་སྦྱར་གྱིས་གསུང་། ཁོ་བོ་རང་གི་འདི་རྣམས་མ་ཟད་པར་དུ་འཚལ་མ་མི་ཞུ། ཆོས་ཞུ་ལགས་ཞུས་པས། ཟན་ཟ་ཆོས་ཡོད། ཟན་མི་ཟ་ཆོས་མེད་གསུངས་ནས། ཡོངས་སྤྱོད་རྣམས་ཇོ་བོ་ལ་ཕུལ་ནས་བླ་མཆོད་མཛད། ཚོགས་ཆོས་ཀྱང་མ་གསན་པར་ཚ་ཆོས་སྒོ་སྐྱིལ་དུ་མཛད་ནས་བསྐྱངས། ཡོངས་སྤྱོད་རྣམས་ལ་དགོན་པ་བའི་ས་བཀྲའི་གཞི་མ་མཛད་སྐད། དེ་ནས་ལ་སྟོད་བྱང་དུ་ཐོན་ཏེ་མདོག་གི་ཚ་སྔར་བྱོན་ནས་གང་ཟག་གཅིག་གིས་ཅིག་ཅར་འཇུག་པའི་ངོར། དོ་ཧ་ཞུས་ནས་གསུངས་པ་ལ། བོད་དུ་འདི་མི་ལེགས་ཞུས་ནས་བཀས་བསྡམས། དེར་གོང་སྟོན་གཡུང་དྲུང་། འགར་དགེ་བ། རྒྱལ་གྱི་ཀ་བ་ཆེན་པོ། ཀ་བ་ཤཱཀྱ་དབང་ཕྱུག །ཁུ་སྟོན་བརྩོན་འགྲུས་གཡུང་དྲུང་། རྟོག་ལེགས་པའི་ཤེས་རབ་དང་དྲུག་གྲོས་བྱས་ནས། ཐབས་ཤེས་རབ་ཡ་བྲལ་གྱིས་སངས་རྒྱའམ་མི་རྒྱ། བྱང་ཆུབ་སེམས་དཔའི་སྡོམ་པའི་རྟེན་དུ་སོ་སོར་ཐར་པ་དགོས་སམ་མི་དགོས། རྡོ་རྗེ་སློབ་དཔོན་གྱི་དབང་མ་ཐོབ་པར་རྒྱུད་བཤད་དུ་རུང་ངམ་མི་རུང་། ཚངས་པར་སྤྱོད་པས་གསང་བ་ཤེས་རབ་ཀྱི་དབང་བླང་དུ་རུང་ངམ་མི་རུང་། དབང་མ་ཐོབ་པར་གསང་སྔགས་ཀྱི་སྤྱོད་པ་བྱར་རུང་ངམ་མི་

རྟུང་། ཞེས་པ་ལྷ་པོ་དེ་ཞུས་པས། ཇོ་བོའི་ཞལ་ནས། ཁྱེད་རྣམས་ལ་ཐུགས་ཚོད་མི་མངའ། དེ་བས་མང་བ་ལྷ་བཙུན་པ་བྱང་ཆུབ་འོད་ཀྱིས་ཞུས་ནས། བྱང་ཆུབ་ལམ་སྒྲོན་གྱི་ནང་ན་བདོག །ཁྱེད་ཀྱི་དེ་རྣམས་ཀྱང་བདོག་གིས་གསུང་། དེར་ལམ་སྒྲོན་བལྟས་པས་གཏན་ལ་ཕབ་ནས་འདུག་པས། ཁོང་རྣམས་སྤོབས་པ་མེད་པར་གྱུར་སྐད། དེ་ནས་གཙང་དུ་སྤྱན་དྲངས་ནས་བྱོན་པའི་ཚེ། ས་བཙའ་བས་བསྙེན་བཀུར་བྱེད་པ་ཙམ་མ་བྱུང་། འཕྲུལ་གྱི་མཐུན་རྐྱེན་ཙུང་ཟད་དཀོན་པར་བྱུང་བས། ཇོ་བོའི་ཞལ་ནས། བོད་པྲེ་ཏ་པུ་རི་ཡིན་གསུང་། དེ་ནས་བཟང་གཞོན་ནུ་འབར་གྱིས་མང་སྐར་དུ་སྤྱན་དྲངས། དེ་ན་ཇོ་བོའི་ཁྲི་ཡང་ཡོད། བྱང་ཆུབ་ཕྱོགས་ཀྱི་བཤད་རྒྱུད་སྒྲུབ་རྒྱུད་གཉིས་ཀ་མངའ་བ་ཡིན་གསུང་སྐད། འབྲོག་མི་ཤཱཀྱ་ཡེ་ཤེས་ཀྱི་མུ་གུ་ལུང་དུ་སྤྱན་དྲངས། ལིང་ལོ་ཙྪ་བས་ས་སྙིང་ལྷ་ཁང་ཞེས་པའི་རབ་གནས་ཞུས། དེ་ན་སློབ་དཔོན་ཤཱནྟི་པའི་སྐུ་འབག་མུ་འགྲམ་སེ་ཙི་གེ་བ་ཅིག་དང་ཇོ་བོའི་སྐུ་འབག་དཀར་ལ་མདངས་ཆེ་བ་ཅིག་གདའ་སྐད། སེ་སྟོན་སྒྲ་གཅན་འཛིན་གྱིས་ཉེ་མ་བདུན་རྗེས་སུ་འབྲངས་ནས་དབུ་མའི་ལྟ་བ་དྲི་བ་མཛད། དེར་ཆེར་རྗེ་ཅིག་གི་བུའི་མིང་ཞུས་པས་ཆེར་རྗེ་དེ་པུཎྜ་ཞེས་པ་ཚེ་རིང་པོ་ཅིག་བྱུང་། བེ་ཙི་ཅིག་གིས་སྤྱི་བོར་ཇོ་བོའི་ཕྱག་པདྨའི་རི་མོ་ཅན་བཞག་ནས་བྱིན་བརླབས་མཛད་པས་བུ་བེ་ཙི་པད་མའི་ལྷུན་པོ་ཞེས་པ་བྱུང་། དེ་ནས་ཤབ་སྒོ་ལྔ་ནས་བྱོན་པའི་ཚེ། འཁྲིན་གྱི་བྲག་ལུང་ན་ཟངས་དཀར་མཛོད་ཁུར་བཞུགས་པར་གདའ་སྐེ། བྱང་ཆུབ་སེམས་དཔའ་དྲོད་ཐོབ་པ་ཅིག་བཞུགས་ཤིང་གདའ་གསུངས་ནས་འདུད་ཕྱག་མཛད་སྐད། དེ་ནས་ཞོགས་ལ་ལ་ཐོན་ནས་ཞལ་བུ་རི་ཕུག་ཏུ་བྱོན། དེ་ནས་ཚོང་འདུས་སུ་བྱོན། དེ་ནས་གེག་སྟོན་ཆེན་པོས་སྤྱན་དྲངས་ཏེ། ཤངས་ཀྱི་བྱེ་ཕུག་ཏུ་བྱོན་ནས་ཤེས་རབ་འགྲེལ་ཆུང་གསུངས། དེ་ནས་ཉན་ཚོར་སྤྱན་དྲངས་ཏེ་དབྱར་ཟླ་བ་གསུམ་བཞུགས། བཞུགས་ཁྲི་ཡང་ཡོད། སྐུ་བསོད་ཤིན་ཏུ་ཆེ་བར་བྱུང་བས་གསོལ་

ཟས་ཀྱང་འབྲས་མིན་པ་མ་དྲངས། ཚོགས་ཆོས་སུ་ཕ་རོལ་ཏུ་ཕྱིན་པ་གསུངས། ཀློག་ཆོས་སུ་དགེ་བཤེས་ཡོལ་སྒྲ་མཆེད་ལ་སོགས་པ་ལ་ཀྲི་ཡའི་སྒྲུབ་ཐབས་མང་དུ་གསུངས། ཁྱད་པར་དུ་ཐུགས་རྗེ་ཆེན་པོ་ཞི་ཁྲོའི་སྐོར་མང་དུ་གསུངས། ཡོལ་ཆོས་དབང་གིས་ཟླ་བ་དྲུག་ནས། ཇོ་བོ་ཞལ་བཅུ་གཅིག་པའི་ཞལ་གཟིགས། དེ་ནས་ཁྲོ་བོ་ཡང་གཟིགས། ཇོ་བོ་ལ་བསྲུང་བ་ཟབ་པ་ཅིག་ཞུ་ཞུས་པས། མ་ཧེ་པདྨེ་གསུངས། དེས་མི་འོང་ཞུས་པས། མི་གཡོ་བ་གསུངས། དགེ་བཤེས་སྟོན་པས། སླ་ལ་བྱིན་རླབས་ཆེ་བ་ཅིག་ཞུས་པས། ཇོ་བོ་ཞལ་བཅུ་གཅིག་པ་གསུངས། ལོ་ཙཱ་བས་མཐུ་ཆེ་བ་ཅིག་ཞུས་པས་གཤིན་རྗེ་གཤེད་གསུངས། སྒྲུབ་ཐག་ཉེ་བ་ཅིག་ཞུས་པས་སྒྲོལ་མ་གསུངས། དེའི་དུས་སུ་དགེ་བཤེས་རྣལ་འབྱོར་པ་ཆེན་པོ་ཡུལ་མདོ་ཁམས་སྨད། གདུང་ཡུང་། མཚན་བྱང་ཆུབ་ཅེས་པ། དེའི་ཡུལ་ན་བུ་མེད་པས། བུ་མང་བ་ལ་བསླངས་པས་སྟེར་བ་ཡིན་པས། ཁོང་སྤུན་བདུན་ཡོད་པས། བུ་མེད་པ་ཅིག་ལ་བྱིན། དེར་བུ་ཅིག་སྐྱེས་ནས་གཞན་ཅིག་ལ་བྱིན། དེར་ཡང་བུ་ཅིག་སྐྱེས་ཏེ། ཁོང་བཀྲ་ཤིས་པར་བྱུང་སྐད། དེར་སྐྱིད་པའི་མ་དེ་བྱུང་ནས། ཁྱོད་རབ་ཏུ་དབྱུང་བའི་དོན་དུ་སྐྱིད་པ་ཡིན་པས་རབ་ཏུ་བྱུང་ཟེར་ནས་རབ་ཏུ་བྱུང་ངོ་། །དེར་ཡང་མཁན་པོའི་བྱ་བས་གཡེངས་པ་ལམ་དེ་བྱུང་ནས། ད་འདིར་སྡོད་པས་མི་འོང་གིས། དབུས་སུ་སློབ་གཉེར་ལ་སོང་ཅིག་ཟེར་ནས་དར་ཟབ་མང་པོ་བསྐུར་ཏེ་ཉི་མ་གསུམ་ཙམ་དུ་བསྐྱལ་ནས་འབྲལ་ཁར་སྨོན་ལམ། བུ་ཁྱོད་ཡུལ་དབུས་སུ་ཕྱིན་ནས་ཡང་དག་པའི་དགེ་བའི་བཤེས་གཉེན་དང་མཇལ་བར་གྱུར་ཅིག །མཇལ་ནས་ཀྱང་ཐུགས་འཛིན་པར་གྱུར་ཅིག །བཟུང་ནས་ཟིན་པར་གྱུར་ཅིག །ཟིན་ནས་དགེ་བའི་བཤེས་གཉེན་གྱིས་གདམས་ངག་དང་རྗེས་སུ་བསྟན་པ་གསུང་བར་གྱུར་ཅིག །གསུངས་ནས་གདམས་ངག་དང་རྗེས་སུ་བསྟན་པའི་ཆོས་ཚུལ་བཞིན་དུ་སྒྲུབ་པར་གྱུར་ཅིག །སྒྲུབ་པའི་དུས་སུ་ང་ཡང་ཁྱོད་ཀྱི་དྲུང་དུ་སྐྱེས་ནས། མ་

སྨད་གཉིས་ལྷན་ཅིག་ཏུ་རྣམ་པ་ཐམས་ཅད་མཁྱེན་པའི་ལམ་སྒྲུབ་པར་གྱུར་ཅིག་ཅེས་བཏབ་ནས་གྱེས་ཏེ་ཡར་འོངས་པས་ཇོ་བོ་དང་མཇལ། སྟོད་ལྷན་དུ་མཁྱེན་ནས་མཇལ་མ་ཐག་ཏུ་དམ་ཚིག་གསུམ་བཀོད་པའི་རྒྱལ་པོའི་ལུང་གནང་ནས་བཟླས་པ་སྟོང་བརྒྱད་བརྒྱ་སོང་བ་དང་ཞལ་གཟིགས་ནས། དེའི་དུས་ནས་ཇོ་བོའི་ཉེ་གནས་མཛད། སྟོན་པ་འགར་འགོས་ལ་སོགས་པ་ལ་གསུངས་པས་དོན་གྲུབ་པ་མང་དུ་བྱུང་གསུང་། དེ་ནས་གཙང་རོང་ན་མར་ཕྱིན་པའི་དུས་སུ། ཁང་པ་དོག་པས་གནས་ཁང་འདོད་རིགས་པ་མ་རྙེད་པ་ལ། དགེ་བཤེས་སྟོན་པས་དེའི་བར་དུ་ཕྱིར་བཞུགས་སུ་གསོལ་ནས་ཁང་པའི་ཕྱི་དོར་བྱས། ཇོ་བོའི་སྤྱན་སྔར་མནྜལ་ཅིག་ཀྱང་བྱས་པས་མཉེས་ནས་སློབ་མ་ཁྱོད་འདྲ་བ་ཅིག་རྒྱ་གར་ན་ཡང་ཡོད་གསུང་། དེ་ནས་གཙང་རོང་ན་མར་ཕྱིན་པས་འོ་བག་རྒྱལ་དུ་བྱུང་བ་ཅིག་ལ། དེར་ཉ་མ་དད་པ་ཅན་རྣམས་ཀྱིས་གསེར་གྱི་རྔ་ལ་གཡུའི་སྣ་དང་ལྡན་པ་ཕུལ་ནས་གདམས་པ་ཞུས་པས། ཇོ་བོ་མཉེས་ནས། རབ་ཏུ་བྱུང་ནས་སྟོང་པ་དང་སྙིང་རྗེ་ཟུང་འཇུག་སྒོམ་པ་ཅིག་ཡིན་ཏེ། དེ་མ་བྱུང་ཡང་ཁྱེད་རྣམས་ཀྱིས་ཕ་མ་རྒྱས་ཤིང་འཚོགས་པ་དང་། ཡུན་རིང་གི་ནད་པ་དང་། ཤུལ་རིང་གི་འགྲོན་པོ་ལ་བསྙེན་བཀུར་བྱས་པ་ལ་བསྒོམ་པ་དང་འདྲ་བའི་བསོད་ནམས་ཐོབ་གསུང་། དེ་ལྟར་གཙང་གི་མུ་ལ་ལོ་གཅིག་བཞུགས་སྐད་དོ། །དབུས་སུ་འཕྲིན་ལས་ཇི་ལྟར་མཛད་པ་ནི། དེ་ནས་གནབ་པ་བྱང་ཐང་ན་མར་ཕྱིན་པའི་དུས་སུ། ཇོ་བོའི་ཞལ་ནས། ལྷ་སའི་རི་ལ་མཚན་མ་བཙུགས་ནས་ཡ་གི་ན་ཅི་ཡོད་གསུང་། བོད་སྟོན་རྣམས་ཀྱིས་ལྷ་སའི་གཏམ་རྒྱུད་རྒྱས་པར་གསུངས་པས། ཇོ་བོའི་ཞལ་ནས། དེ་ཐད་འཇའ་ཡི་གུར་སུམ་བརྩེགས་འདུག །ལྷའི་བུ་མང་པོས་མཆོད་པ་རྒྱུན་མ་ཆད་པར་བྱེད་ཅིང་འདུག །རང་ཅག་ཀྱང་ཡ་གིར་འདེང་གསུང་། དེ་ནས་འོན་ཁྲ་སྣ་ན་མར་ཕྱིན་པའི་དུས་སུ། ཇོ་བོ་དབུ་རིལ་ན་བཟམས་གཡོགས་ཤིང་འདུག །དེ་ཅི་ལགས་ཞུས་

པས། རི་འདི་རིན་པོ་ཆེ་སྣ་ལྔ་ལས་གྲུབ་པར་འདུག་པས་བརྟབ་སེམས་སྐྱེ། ལུང་པ་སྐྱོ་བོ་འདི་ཀུན་ལ་མ་ཆགས་ན་ལེགས་གསུང་། དེ་ནས་འཕྱིང་རུ་ན་ཕར་ཕྱིན་པའི་དུས་སུ། བུ་མོ་ཁྱིམ་གསར་མོ་ཅིག་གིས་མགོ་རྒྱན་མ་ལུས་པར་ཕུལ། ཁྱིམ་དུ་ཕྱིན་པའི་ཚེ། ཨ་ཙ་ར་འདོད་པ་ཅན་ལ་དེ་ཙམ་འབུལ་བ་ཟེར་ནས་འཐབས་པས། བུ་མོ་གཙང་པོ་ལ་མཆོངས་ནས་ཤི། འཕྱིང་རུར་མར་འབུལ་བ་མང་པོ་བྱུང་བས། ཅི་ཅི་ཀུན་འགེའུ་གསོལ་གསུང་། ཇོག་སྐོམ་ཡོན་ཏན་རྒྱལ་བས་མར་གྲོད་ཅིག་ཕུལ་བས་ཕྱག་ལ་འཁོར་ལོ་ཡོད་པར་གཟིགས་ཏེ། ཐུགས་རྗེ་ཆེན་པོའི་བརླས་ལུང་གནང་བས་ཞལ་གཟིགས་པ་ཅིག་བྱུང་། དེ་ནས་གཞུང་དུ་ཕྱིན་པའི་དུས་སུ་བུ་མོ་ཤི་བ་གསན་པས། ཇོ་བོའི་ཞལ་ནས། ངའི་བུ་མོ་སྙིང་རྗེ་གསུང་། དེ་ནས་ཉ་མོ་ཤུར་དུ་ཕྱིན་པས། ལོ་པཎ་མི་ཐེག་ཟེར་ཏེ་སྒོ་བསྡམས། ཇོ་བོ་དཔོན་གཡོག་གཞུང་གི་སྟག་དཀར་གྱི་གད་ཕུག་ཏུ་ཞག་ལྔ་བཞུགས་ཏེ། བུ་མོའི་དོན་དུ་ངན་སོང་སྦྱོང་བའི་དཀྱིལ་འཁོར་བཞེངས། ཚ་ཚ་མང་པོ་བཏབ་ནས་ངའི་བུ་མོ་ད་འཚེང་གསུང་། དེ་ནས་དོལ་དུ་ཕྱིན་ཏེ་སྣ་བོ་ལ་ཁ་ནས་དུང་བུས་པས། མི་ཐམས་ཅད་འཁྲོས། ཕྱུགས་ཐམས་ཅད་ཐག་པ་བཅད་ནས་ཤོར་སྐད་དོ། །དེ་གོང་དུ་རག་དུང་མེད་པ་ཡིན་གསུང་། ཡུར་མའི་དུས་ཡིན་པས། ཇོ་བོའི་ཞལ་ནས། བལ་ཡུལ་མཐིལ་འདྲ་མང་ཡུལ་གྱི་གྲོང་འདྲ་གསུངས་ནས་མཉེས་སྐད། ཞག་ས་པེ་སྣང་དུ་བྱས། ཇོ་བོའི་ཞལ་ནས། ཡུལ་འདི་ནས་བྱང་ཆུབ་སེམས་དཔའ་རྟགས་མཚན་ཅན་ཅིག་ཕྱིན་པར་འདུག་གསུང་། ཇོ་བོས་དོལ་གྱི་སེར་མ་དེ་གཞན་ལ་ཕན་ཆེ་བར་དགོངས་ནས། རགས་མཛད་པས་ད་ལྟ་ཡང་ལྷ་རྗེ་རགས་ཟེར་སྐད། དོལ་གྱི་གནས་ཆུང་རྣམས་ལོ་པཎ་རྣམས་ལ་བསྙེན་བཀུར་བྱེད་པར་འདོད་པ་ལ་བསྟུས་ནས་བྱེད་པ་མ་བྱུང་། རེ་རེས་བྱེད་པ་ལ་ཆང་ཆུང་རེ་ལས་མ་ཐེག་པའི་པཎ་ཆུང་རྣམས་དང་བོད་སྟོན་རྣམས་སྤྱན་དྲངས་ནས། ཇོ་བོ་ལུས་པ་ལ་དགེ་བཤེས་ཨཱ་ཙ་དེ་བའི་ཞལ་

ནས། མཐའ་ཡི་མི་འདོད་མཁན་མེད་པ་འདི་ངས་བྱ་ཡིས་ཟེར་ནས་ཇོ་བོ་སྤྱན་དྲངས། སྔོན་མདར་ཨཱཙྪ་དེ་བའི་ལྷ་ཁང་ལ་རབ་གནས་མཛད། ཇོ་བོའི་ཞལ་ནས། སྤྱན་རས་གཟིགས་ཞལ་བཅུ་གཅིག་པ་འདི་ལ་རབ་གནས་ལེགས་པ་ཡང་དག་པ་ཅིག་ཡོད་པས་སྒོས་མཆོད་རེ་གྱིས། དེ་མ་ཆག་ན་ལེགས་པར་འོང་གིས་གསུང་། དེ་ནས་གྲྭ་ཕྱི་ཚོང་འདུས་གནས་པས་སྤྱན་དྲངས་ནས་ལྷ་ཁང་བྲེ་ཙམ་ཅིག་ལ་རབ་གནས་མཛད། དེའི་ཚེ་ཇོ་བོའི་ཞལ་ནས། ཆོས་འཁོར་ཆེན་པོ་གང་ན་ཡོད་གསུང་། ཀློག་གི་རི་སྣ་འདི་ནས་མཐོང་ལགས་ཞུས་པས། དགེས་ནས་དེར་བྱོན་སྐད། དེ་ནས་སེ་དམར་གྱི་གྲུ་ཚུགས་ལ་བྱོན་ནས་ཆོས་འཁོར་ཆེན་པོ། དཔལ་བསམ་ཡས་ལྷུན་གྱིས་གྲུབ་པའི་གཙུག་ལག་ཁང་དུ་ཕག་གི་ལོ་ལ་ཆགས་ཕེབས་ཞེས་འབྱུང་སྟེ། དཔེ་ཕྱི་བྱིང་དེ་ལུག་ལ་ཕག་ཏུ་འཁྲུལ་པ་ལས་འཕེལ་བར་ཟད་ཀྱི། ཕྱིར་བསྟན་པ་གནས་པའི་རྩིས་དང་། དགེ་བཤེས་སྟོན་པ་ཇོ་བོ་དང་མཇལ་བའི་དུས་དང་། ཇོ་བོས་སྙེ་ཐང་དུ་བཞུགས་པའི་ལོ་གྲངས་དང་སྦྱར་ན་ལུག་གི་ལོར་གསལ་ལོ། །དེར་ཁྲིམ་མང་པོས་བསྐོར་བ། ཇོ་བོའི་ཆབ་སྐྱིལ་བ་རྣལ་འབྱོར་པ་ཆེན་པོས་ཞལ་གྱི་དཀྱིལ་འཁོར་ལས་ཤེས་ཏེ་ཆིབས་ལས་ཕབ། ཞལ་ཆབ་དྲངས་པས། གཞན་ཀུན་ཁམས་པ་སྐྱིན་པས་དྲང་རྒྱུ་མེད་པར་ཞལ་ཆབ་འདྲེན་ཟེར་ཏེ། ཨ་མི་བྱང་ཆུབ་དེ་སླེབ་སླེབ་འདྲ་ལ་ཤིན་ཏུ་ཤེས་རབ་ཆེ་བ་ཅིག་བདོག་སྐད། ཇོ་བོ་དེ་ལ་ཤིན་ཏུ་མཉེས་ནས། དེ་འདྲ་ཨ་མེས་ཇི་ལྟར་ཤེས། ཨ་མི་ནི་རྒྱ་གར་བ་ཅིག་གོ་ན་འདྲ་གསུང་། དེའི་དུས་སུ་འོག་ཁང་གི་བྱང་ཆུབ་ཆེན་པོ་དེ་དབུ་རྩེ་ཐང་ནས་གཟིགས་པས་སྤྱན་ སྔར་མ་བཏང་བ་ནས། ཇོ་བོ་དེར་བྱོན་ནས། མ་དྷ་པོ་ཧྲི་དང་ཁྱད་པར་མི་འདུག་གསུང་། དེ་ནས་བྱང་ཆུབ་གླིང་དུ་བྱོན་པའི་ཚེ། སྒོ་མ་ཕྱེ་བར་ཇོ་བོ་སངས་རྒྱས་མ་ཆགས་པདྨའི་སྤྱན་གྱི་ཞལ་གྱི་དཀྱིལ་འཁོར་གྱི་རྟུལ་འཕྱི་ཞིང་འདུག །དེ་ནས་ང་མར་ཕོབ་གསུངས་ནས་སྤྱན་འདྲེན་པ་ལ་སྐྱས་གདང་བུ་བདུན་དགོས་པ་ཡོད་

པས་འབད་པ་ཆེན་པོ་དགོས་པར་བྱུང་གསུང་། ཇོ་བོ་བསམ་ཡས་ལ་ཕྱིན་ཏུ་དགེས་ནས་ཆགས་དབབ་པར་ཡང་ཐུགས་ཀྱིས་དགོངས། གཟིམས་ཆུང་ཡང་པེ་གར་གླིང་གི་དཀོར་མཛོད་བྱུང་ངོས་མར་མཛད། ནུབ་ཅིག་ཇོ་བོའི་ཞལ་ནས། སྐྱེས་རབས་ཀྱི་ཕྲེང་རྒྱུད་དེ་སྤྱན་དྲོངས་དང་གསུང་། ཅི་མཛད་ཞུས་པས། ངའི་དད་པ་དེ་ཉམས་ནས་སོང་། དད་པ་གསོས་གདབ་ཀྱིས་གསུངས་ནས། ཁྲི་སྔོན་ས་ལེའི་པགས་པ་བཏིང་སྟེ་མར་མེ་ལ་གཟིགས་སོ། །དེའི་དུས་སུ་ལྷ་བཙུན་པོ་ཧྲི་ནྲ་ཇས་ཡོན་བདག་མཛད་ནས་རིམ་པའི་ཚོ་ག་མཛད། དཔལ་སངས་རྒྱས་ཐོད་པའི་རྒྱུད་ཀྱི་བསྐྱེད་རྫོགས་དང་། དེ་གཉིས་ཀྱི་གདམས་ངག་དང་། ཕྱག་ན་རྡོ་རྗེ་གཏུམ་པོ་སོགས་སྔོན་ཅན་གྱི་སྒྲུབ་ཐབས་དང་། དེའི་ཚོ་ག་དང་། གདམས་ངག་རྣམས་ཇོ་བོ་ཉིད་དང་། ལོ་ཙྪ་བ་གཉིས་ཀྱིས་བསྒྱུར་རོ། །གཞན་ཡང་སློབ་དཔོན་ཟླ་བ་གྲགས་པས་མཛད་པའི་དབུ་མ་ཕུང་པོ་ལྔ་པ་དང་། སྨན་དཔྱད་ཡན་ལག་བརྒྱད་པ་དང་། མདོ་སྡེ་ཀུན་ལས་བཏུས་པའི་མན་ངག་དང་། བྱང་ཆུབ་ཀྱི་སེམས་ནོར་བུའི་ཕྲེང་བ་དང་། བྱང་ཆུབ་སེམས་དཔའི་སྤྱོད་པ་མདོ་ཙམ་དུ་བྱས་པ་དང་། འཇིག་རྟེན་ལས་འདས་པའི་ཡན་ལག་བདུན་པ་རྣམས་མཛད་ནས། ཇོ་བོ་ཉིད་དང་ལོ་ཙྪ་བ་གཉིས་ཀྱིས་བསྒྱུར་རོ། །དེ་ནས་ག་ཆུར་བྱོན་ཏེ་ཁུ་རྡོག་གཉིས་ཀྱིས་ཞུས་ནས་དབུ་མ་རིགས་པའི་ཚོགས་དྲུག་གསུངས། མི་བཅོ་ལྔས་རིམ་པ་ལ་ཚོ་ག་རྒྱས་པར་ཞུས་སོ། །མཆིམས་ཕུར་དེ་བ་ནྡ་ཙ་དང་། ནྡ་ག་ནྡ་ཙ་དང་། འགར་དགེ་བ། ལོ་ཙྪ་བ་དང་བཞིས་བྲམ་ཟེ་ཆེན་པོའི་གདམས་པ་ཞུས་པས། འགྲོམ་གྱིས་ཁ་བཀག །དེའི་དུས་སུ། དབང་བསྐུར་གྱི་ཚོ་ག་དང་། སྦྱིན་སྲེག་གི་ཚོ་ག་དང་། ཚོགས་འཁོར་གྱི་ཚོ་ག་དང་། དཔའ་བོའི་སྟོན་མོ་དང་། བྱིས་པའི་སྟོན་མོ་དང་། ཀུན་ཏུ་བཟང་པོའི་སྤྱོད་པའི་ཐབས་དང་། ཕྱོགས་ལས་རྣམ་པར་རྒྱལ་བའི་སྤྱོད་པའི་ཐབས་དང་། ཨ་ཝ་དྷུ་ཏིའི་སྤྱོད་པ་དང་། ཐོད་པ་ཆེན་པོ་སྤྱོད་པའི་ཐབས་དང་། སྨྱོན་པའི་

བརྟུལ་ཞུགས་དང་། བྷུ་སུ་ཀུའི་སྤྱོད་པ་དང་། རིག་པའི་བརྟུལ་ཞུགས་དང་། མ་ནིང་གི་བརྟུལ་ཞུགས་དང་། གཞན་ཡང་སྔགས་ཀྱི་གདམས་པ་མང་དུ་འབྲོམ་སྟོན་པ་ལ་གནང་། དེའི་དུས་སུ་ཇོ་བོ་ལ་དགེ་སློང་གཞོན་ནུ་གཉིས་རྫོགས་པ་འབུལ་དུ་བྱུང་སྟེ། ཇོ་བོའི་སྤྱན་སྔ་ན་དགེ་ཚུལ་གླེན་ནེ་བ་ཅིག་ལས་མེད་གསུང་། གཅིག་ན་རེ། ཟད་པར་ཆུའི་ཏིང་ངེ་འཛིན་གཟིགས་པར་འཚལ་ལམ་གསུང་། ཇོ་བོས་འཚལ་ལགས་ཞུས་པས། །དང་པོར་ཁོང་རང་གི་སྨིན་མཚམས་ཆུར་སོང་། དེ་ནས་མཆེད་དེ་ངམ་ཤོད་ཐམས་ཅད་ཆུར་སོང་། ཡང་གཅིག་ན་རེ། ཟད་པར་དཀར་པོའི་ཏིང་ངེ་འཛིན་གཟིགས་པར་འཚལ་ལམ་གསུང་། འཚལ་ལགས་ཞུས་པས། ཡང་སྨིན་མཚམས་ནས་དཀར་པོ་བྱུང་ནས་ངམ་ཤོད་ཐམས་ཅད་དཀར་ཕྱམ་གྱིས་སོང་། དེ་ནས་ཏིང་ངེ་འཛིན་ལས་ལངས་པ་དང་། ཡང་སྨིན་མཚམས་སུ་འདུས། ཇོ་བོའི་ཞལ་ནས་ཕ་ལ་ཕ་ལ་ཏིང་ངེ་འཛིན་བཟང་གསུང་། དེ་ནས་མཆིམས་ཕུར་བྱོན་པའི་དུས་སུ་ཡང་དེ་གཉིས་བྱོན་ནས། གཅིག་ན་རེ། སྒྱུ་མ་ལྟ་བུའི་ཐང་ཀ་ཅིག་གཟིགས་པར་འཚལ་ལམ་གསུང་། འཚལ་ལགས་ཞུས་པས། ཐང་ཀ་ཕ་ཚེ་ཙམ་ཅིག་ལ་དུས་གསུམ་གྱི་སངས་རྒྱས་ཐམས་ཅད་ཀྱི་མཛད་པ་བཅུ་གཉིས་བཀྲ་ལམ་མེ་བ་ཅིག་གཟིགས། ཡང་གཅིག་ན་རེ། སྒྱུ་མ་ལྟ་བུའི་ཏིང་ངེ་འཛིན་གཟིགས་པར་འཚལ་ལམ་གསུང་། འཚལ་ལགས་ཞུས་པས། སྒྲོལ་མའི་ཐང་ཀ་བཀྲ་ལམ་མེ་བ་ཅིག་གཟིགས་སོ། །དེ་ནས་གནངས་ནང་པར་དབུ་རྩེར་སྟོན་མོ་ཆེན་པོ་ཅིག་བྱེད་པ་ལ་དགེ་ཚུལ་དེ་བལྟས་པས་མ་མཐོང་ནས། ཇོ་བོ་ལ་དེ་གཉིས་གར་ཐལ་ཞུས་པས། ཁོང་དེར་མི་འོང་། ཁོང་ལ་སའི་ལྷ་མོ་དང་ཤིང་གི་ལྷ་མོ་ལ་སོགས་པས་བཤོས་འདྲེན་པ་ཡིན་གསུང་། ཇོ་བོ་ཉིད་ཀྱང་དབུ་རྩེའི་བྱ་འདབ་ཀྱི་འོག་ན་ཕར་བསྐོར་བ་མཛད་པ་རྣལ་འབྱོར་པ་ཆེན་པོའི་གནས་མོ་བཙུན་མ་རྐན་མོ་ཅིག་གིས་མཐོང་སྟེ། རྣལ་འབྱོར་པ་ལ་བཤད། དེས་རྔོག་ལ་བཤད། དེས་ཇོ་བོ་ལ་ཞུས་པས། བན་

དེ་མོ་མིག་འཁྲུལ་པ་ཡིན་ཏེ་འོང་གསུང་སྐད། ཡང་ཇོ་བོའི་ཞལ་ནས། ང་ལ་ལྷ་རྣམས་ཀྱིས་མཆོད་པ་བྱེད་པ་མཐོང་ངམ་གསུང་། ཕུ་ཧོ་བ་ནི། ཇོ་བོ་དང་། དགེ་བཤེས་སྟོན་པ་དང་། རྣལ་འབྱོར་པ་སྐྱེ་གསུམ་རས་ཡོལ་གྱིས་བཅད་ནས་བཞུགས་པའི་ནུབ་གཅིག་ནམ་ཕྱེད་ཙམ་ན། ཁྱེད་ཀྱིས་ཐོས་སམ་གསུང་། ཅི་གདའ་ལགས་ཞུས་པས། རྒྱ་གར་ནས་ངའི་སློབ་མ་ཅིག་གསོལ་བ་འདེབས་པའི་དྲིལ་བུའི་སྒྲ་གྲག་གསུང་། དགེ་བཤེས་སྟོན་པས། དབུ་སྐྲ་བཏིག་སྐྱེ་གསན་ཡང་མ་གསན་གསུང་སྐད། དེར་མི་མང་པོ་འཚོགས་ནས་བསམ་ཡས་པེ་ཀར་གླིང་དུ་སེམས་བསྐྱེད་ཆེན་པོ་ཅིག་མཛད། དེའི་སྐབས་སུ་བོད་སྟོན་རྣམས་ཀྱིས། འདི་རབ་ནི་བྱང་ཆུབ་སེམས་དཔའ་མང་པོ་ཅིག་མཛད་ལགས་སོ་ཞུས་པས། ཇོ་བོའི་ཞལ་ནས། སྐྱེས་པ་ནི་གཅིག་ལ་ཡང་སྐྱེས་ཏེ་མི་འོང་གསུང་། ཇི་ལྟར་ལགས་ཞུས་པས། དཀོན་མཆོག་གི་མཆོད་པ་མེད་པར་གསུང་། འོ་ན་མི་མཛད་ཐང་ཞུས་པས། མ་བྱས་ན་བོད་རྣམས་ང་ལ་ཁ་ཟེར་དུ་འོང་གསུང་། དེའི་དུས་སུ་བོད་སྟོན་རྣམས་ཀྱིས་སངས་རྒྱས་དགོངས་པ་ཡོངས་སུ་མྱ་ངན་ལས་འདས་ནས་ལོ་དུ་ཐལ་ལགས་ཞུས་པས། སངས་རྒྱས་ཤཱཀྱ་ཐུབ་པ་བྱི་བའི་ལོ་དབྱར་ཟླ་འབྲིང་པོའི་ཉ་ལ་ལྷུམས་སུ་གཤེགས་ནས། སྤྲང་གི་ལོ་དཔྱིད་ཟླ་འབྲིང་པོའི་ཉ་ལ་ལུམ་བིའི་ཚལ་དུ་སྐུ་བལྟམས་ཏེ། ལོ་སུམ་ཅུ་རྩ་གཅིག་གི་བར་དུ་ཁྱིམ་པའི་ཚུལ་མཛད། དེ་ནས་བྱ་གག་གི་ལོ་ལ་ཐར་པར་གཤེགས་ཏེ་ལོ་དྲུག་གི་བར་དུ་དཀའ་བ་སྤྱད། ཡོས་བུའི་ལོ་དཔྱིད་ཟླ་འབྲིང་པོའི་ཚེས་བརྒྱད་ལ་རྡོ་རྗེ་གདན་ལ་བཞུགས་ཏེ་མངོན་པར་བྱང་ཆུབ། དེ་ནས་ལོ་སུམ་ཅུ་རྩ་དགུའི་བར་དུ་ཉན་ཐོས་ཀྱི་ཆོས་གསུངས། དེ་ནས་ལོ་སུམ་ཅུའི་བར་དུ་པདྨ་དཀར་པོ་ལ་སོགས་པ་ཐེག་པ་ཆེན་པོའི་ཆོས་བཤད། སྤྱིར་ཐར་པར་གཤེགས་ནས་ལོ་སུམ་ཅུ་རྩ་དགུ་ལོན་པ་དང་། སྤྲེའུའི་ལོ་སྟོན་ཟླ་འབྲིང་པོའི་ཚེས་བརྒྱད་ལ་སྐུ་མྱ་ངན་ལས་འདས་ནས། ད་ཡན་ཆད་ལ་ལོ་སུམ་སྟོང་བཞི་བརྒྱ་དགུ་བཅུ་རྩ་གཅིག་སོང་

གསུང་ཞེས་འབྱུང་སྟེ། ཚུ་མོ་ལུག་ལ་བོད་སྟོན་རྣམས་ཀྱིས་ཤིང་དུ་བརྫོད་དེ་འཁྲུལ་བར་ཟད་ཀྱི། དོན་སུམ་སྟོང་བརྒྱ་བདུན་ཅུ་རྩ་དགུ་འདས་པར་གསལ་ལོ། །དེ་ནས་བོད་སྟོན་རྣམས་ཀྱིས་ཉི་ཁྲི་སྣང་བ་གསུང་བའི་ཞུ་བ་ཕུལ་ནས་ཡོད་པ་ལ། དགེ་བཤེས་ཁུས་ཇོ་བོ་ལ་ཡར་ཀླུངས་ཡུལ་བཟང་ཞིང་། ས་དྲོ། ཆོས་རྒྱལ་མེས་དབོན་གསུམ་གྱི་ཞབས་ཀྱིས་བཅགས་པའི་ས་ཡིན་པས། གཞན་དོན་ཡང་ཆེ་ནས་མཆི། བཞུགས་ས་ཡང་དབྱར་ལྷ་སྡིངས་སུ་བགྱི། དགུན་ཐང་པོ་ཆེར་བགྱི་ཞེས་ཞུས་པས་ཞལ་གྱིས་བཞེས། ཚོགས་སུ་ཡང་ཨ་ཏི་ཤ་ཡར་ཀླུངས་སུ་སྤྱན་འདྲེན་པ་ཡིན་པས། ཉི་ཁྲི་ཉན་པ་ཀུན་ཡང་། ཡར་ཀླུངས་སུ་ཤོག །འདིར་གསུང་ལོང་མི་འོང་ངོ་ཞེས་སྐད་བཏང་། དགེ་བཤེས་སྟོན་པའི་ཐུགས་དགོངས་ལ། ཁུ་ཐུགས་རྒྱལ་ཆེ་བས་ཞབས་ཏོག་མཐོ་བ་མི་འོང་སྙམ་ནས། བང་སྟོན་ལ་ཁྱོད་ཀྱིས་ཇོ་བོ་སྐྱེ་ཐང་དུ་སྤྱན་དྲོངས། ལན་ཅིག་ཡར་ཀླུངས་སུ་གཤེགས་པར་འདུག་སྟེ། ཁུ་སྟོན་ཐུགས་རྒྱལ་ཆེ་བས། ཇོ་བོའི་ཞབས་ཏོག་མཐོ་བ་ཁོ་ན་འོང་ངེས་མེད་པས། ངས་ཐབས་ལེགས་ཀྱིས་བསམ་ཡས་སུ་སྤྱན་དྲང་གིས། དེ་ནས་ཁྱོད་ཀྱིས་རྟ་པས་བསུ་བ་གྱིས་གསུངས་པས། བང་སྟོན་གྱིས་ཀྱང་ཞལ་གྱིས་བཞེས་སོ། །དེ་ནས་ཇོ་བོ་དཔོན་གཡོག་ཡར་ཀླུངས་སུ་བྱོན་ཏེ། དང་པོར་བྱ་སར་ཆགས་ཕེབས། སྙིང་མ་དེ་ལ་རབ་གནས་ཀྱང་མཛད། དེ་ནས་ཁྲ་འབྲུག་ཏུ་གནས་གཡར་བས་མ་བཏང་ནས། ཐང་བྲང་མཛད། དེ་ནས་སོལ་ནག་ཐང་པོ་ཆེར་ཆགས་ཕེབས་ནས། རྩིགས་ཁང་པ་ཞེས་བྱ་བར་བཞུགས་ཏེ། དེར་ཁུ་སྟོན་གྱིས་ཇོ་བོ་ཉིད་ལ་གསེར་སྲང་འགའ་སྐྱེས་པ་དང་འདྲེས་པ་གསེར་སྲང་བརྒྱ་ཕུལ། ཆོས་ཀྱང་ཉི་ཁྲི་སྣང་བ་དང་། རྒྱུད་བླ་མ་དང་། ཆོས་དང་ཆོས་ཉིད་རྣམ་པར་འབྱེད་པ་ལ་སོགས་པ་མང་དུ་གསུངས། དཔལ་གཤིན་རྗེ་གཤེད་ཀྱི་སྒྲུབ་ཐབས། བསོད་སྙོམས་པ་ཀ་མ་ལ་རཀྵི་ཏས་མཛད་པ་དང་། ཇོ་བོ་ཉིད་ཀྱིས་མཛད་པའི་རྟོག་པ་ཕྱོགས་གཅིག་པའི་སྒྲུབ་ཐབས་དང་། འཕྲིན་

ལས་ལས་བཞིའི་འཁྲུལ་འཁོར་དང་། མངོན་སྤྱོད་བརྒྱད་པའི་འཁྲུལ་འཁོར་གྱི་མན་ངག་རྣམས་ཇོ་བོ་ཉིད་དང་ལོ་ཙཱ་བ་གཉིས་ཀྱིས་བསྒྱུར་རོ། །དེ་ནས་ཁུ་སྟོན་ཁོང་རང་ལྷ་སྡིངས་སུ་བཞུགས་ཏེ། སྟོ་བལ་གྱི་མི་བྱ་བ་གྲངས་སུ་བཞུགས་དགོས་པ་ཡིན་ཟེར་ནས་འདོད་པ་བཞིན་ཁོ་ན་ཞབས་ཏོག་མ་བྱས། དགེ་བཤེས་སྟོན་པ་ལ་ཡང་ཕྲག་དོག་གི་བྱས། ཨ་མེས་བྱང་ཆུབ་ལ་ཡང་བརྙས་སེ་བྱས་པས། ཇོ་བོ་ལ་ཁུ་སྟོན་འདི་ཡང་བརྙས་སེ་བྱུང་། ཉེ་གནས་རང་མི་བགྱི་བར་ཞུ་ཞེས་ཞུས། ཇོ་བོའི་ཞལ་ནས་ཀྱིས་ཤིག་གསུང་། དེར་དགེ་བཤེས་སྟོན་པས་ཨ་མེས་མི་སྤྲོ་ན་མི་བྱེད་དུ་ཀ་ཆུག་མཛོད་ཞུས་པས། ཇོ་བོའི་ཞལ་ནས། ངེད་ཀྱི་རྒྱ་གར་ན་གསང་སྔགས་ཀྱི་སྒྲུབ་པ་བྱེད་པ་ལ། གྲོགས་རྣལ་མ་ཅིག་དགོས། དེ་ཕོ་ཉ་མོ་ཞེས་པ་དབང་དུ་བྱེད་པའི་ལས་བསྒྲུབས་ནས་རྒྱལ་པོའི་བློན་པོ་ལ་སོགས་པ་སུའི་བུ་ཡིན་ཡང་བཀུག་ནས་བྱེད་པ་ཡིན། ངས་ཀྱང་འདི་ཕོ་ཉ་མོས་དགུག་དགོས་པའི་ཚོད་ཡིན་གསུང་། དེ་ནས་ཡང་ཨ་མེས་མི་བགྱིད་པར་ཞུས་པས། ཇོ་བོ་དེ་དུས་ན་དགུང་ལོ་དྲུག་ཅུ་ཙ་འགའ་བཞེས་པའི་དབུ་དཀར་པོ་ཞྭ་ཕུད་དེ་ཨ་མེའི་པང་དུ་བཞག་ནས། ཨ་མེས་ང་རྒྱ་གར་ཤར་ཕྱོགས་སུ་སྐྱེས། ཁྱོད་མདོ་ཁམས་སྨད་དུ་སྐྱེས་པ་དེ་སྐྱེ་བ་སྔ་མའི་ལས་ཀྱིས་འཕྲད་པ་ཡིན། ད་ངའི་མགོ་འདི་ལྟར་སོང་བ་ཅིག་ཁྱོད་ཀྱིས་འཇོག་ཡོད་ན་ཉེ་གནས་ཀ་མ་བྱེད་གསུངས་པས། ཨ་མེས་བྱང་ཆུབ་སྐྱུན་ཆབ་ཅིག་ཕྱུལ་མཛད་ནས། ད་འོ་ན་ཇི་སྲིད་བཞུགས་ཀྱི་བར་དུ་ཉེ་གནས་བགྱིད་པར་ཞུ་ལགས་སོ་ཞེས་གསུང་ངོ་། །ཇོ་བོའི་ཞལ་ནས། ཤུ་པ་སི་ཀ་ཁྱེད་བོད་ཀར་དགའ། འདི་འདྲ་བའི་མི་བསམ་པ་བཟང་པོ་ཡོད་པ་གསུང་། ཁུ་ལ་གྲྭ་པ་སྟོང་ཙམ་ཡོད། ཇོ་བོ་དཔོན་གཡོག་སུམ་རྒྱ་ཉེ་ཙམ་ལས་མེད་པ་དང་། སྲི་ཞུ་ཆུང་ཞིང་བསྙེན་བཀུར་ལ་གཡེལ་བས་འཕྲུལ་གྱི་མཐུན་རྐྱེན་ཕུན་སུམ་ཚོགས་པ་ཆེར་མ་བྱུང་བའི་སྟོབས་ཀྱིས། ཇོ་བོའི་ཞལ་ནས། ཁུ་སྟོན་འཁོར་ལོས་བསྒྱུར་བའི་རྒྱལ་པོ་ལྟ་བུ། ཁོ་

པོ་ནི་དམངས་ཕལ་པ་ལྟ་བུ། ཁྲུ་སྟོན་སུམ་ཅུ་རྩ་གསུམ་གྱི་ལོངས་སྤྱོད་ལྟ་བུ། ཁོ་བོ་ནི་ཕྲེ་ཏ་ཕུ་རི་ལྟ་བུ་གསུང་། དགེ་བཤེས་སྟོན་པས། ཇོ་བོ་ལ་ཁྲུ་སྟོན་མི་དགེས་པར་གདའ་བས་བདག་རང་དབུ་རུ་ན་ཕར་མཆི་ལགས་སམ་ཞུས་པས། ཨུ་པ་སི་ཀ་བཞུད། ཁོ་བོ་ཡང་བཞུད། ཨུ་པ་སི་ཀ་བཞུགས། ཁོ་བོ་ཡང་བཞུགས་གསུངས་ནས་མ་གནང་། སྟོན་པས་ཨ་ཏི་ཤ་ཁྲུ་སྟོན་གྱིས་མི་གཏོང་བས་ཐབས་ལེགས་ཀྱིས་བགྱི་འཚལ། གཏོང་ན་བཞུགས་ས་དབུ་རུ་ན་སྐྱི་ཐང་ཞེས་བགྱི་བ་ནགས་ཚལ་དང་། ནེའུ་གསིང་ཡོད་པ། དགུན་ཡང་མེ་ཏོག་སྐྱེ་བ་ཅིག་བདོག །དེར་སྤྱན་འདྲེན་པར་བདོག་ལགས་ཞུས་པས། དགེས་ནས་ཁོ་བོ་ལ་ཁྲུ་སྟོན་གྱིས་མི་ཚོར་བའི་ཐབས་བཟང་པོ་བཟང་པོ་ཡོད། ད་ལྟ་རང་གཤེགས་གསུངས་ནས། དཔོན་གཡོག་རྣམས་དེའི་ནུབ་མོ་སྙོམས་བྱས་ནས། ནང་པར་ནམ་ལངས་པ་དང་ལམ་དུ་ཆུད་པར་བྱས་ཏེ་གཤེགས། ཇོ་བོས་མི་ཅིག་ལ་ཁྱོད་ཁྲུ་སྟོན་ཅན་དུ་སོང་ལ། ཇོ་བོ་ནི་དབུ་རུར་བཞུད་པ་འདུག་གོ་གྱིས་ཤིག་གསུངས་ནས། ས་ལ་རི་མོ་ཅིག་མཛད། དེ་ལ་ཏིང་ངེ་འཛིན་ཅིག་མཛད་ནས་རི་མོ་དེ་བསུབས་པ་དང་། མི་དེས་དགོན་པར་ཕྱིན་ཡང་མར་ལོག །ཡང་ཕྱིན་ཞིང་མར་ལོག་ནས་ཐོན་བྱ་བ་མ་བྱུང་། གཞན་ཅིག་གིས་ཐོས་ཏེ་སྐད་བཏང་བར་འདོད་པ་ལ། ཕྱིར་ཁྲུ་སྟོན་སྐྱོ་བསང་བྱེད་ཅིང་ཕྱིར་བྱོན་པ་ཡིན་ཏེ། དེའི་ཉིན་པར་བྲེལ་བ་ཅིག་ཡོད་ཟེར་ནས། སྒོ་འཕྱེད་དུ་མ་འདོད་ནས། ཁྱེད་སྒོ་བསྡམས་ལ་སྡོད། ཇོ་བོ་འགྲོམ་སྟོན་གྱིས་བཀྱུས་ནས་སོང་ངོ་བྱས་པས། ཁྲུ་སྟོན་སྤངས་ནས། ཆིབས་བྱ་ནག་ཅེས་པ་སྤྲ་ནས་ཁྲུ་སྟོན་གྱི་སྐད་ཐོས་པ་ཙམ་གྱིས་དྲུང་དུ་འོང་བ་ལ། དེའི་ཉིན་པར་འཕྲ་ཤགས་བྱས་ནས་མ་ཟིན། ཟིན་པ་དང་དཔོན་གཡོག་རྟ་པ་མང་པོ་སླེགས་མ་ལ་བྱོན་ཏེ་ཁྲུ་སྟོན་ན་རེ། འབྲོམ་སྟོན་པ་འདི་གར་ཟིན་སར་རྒྱོབ་ཅིག་ཟེར། ཇོ་བོ་དཔོན་གཡོག་འོན་གྱི་གྲུ་ཚུགས་ལ་བྱོན། སྤྱིར་བླ་མ་སྟོན་ལ་བྱོན་པ་ཡིན་པ་ལ། ཁྲུ་སྟོན་གྱིས་གཏོང་པ་བྱུང་དུ་དོགས་ནས་དགེ་

བཤེས་སྟོན་པ་དཔོན་གཡོག་སྔོན་ལ་བསྐྲལ། དེ་ནས་ཇོ་བོ་འདོམ་གང་ཙམ་དུ་འཕགས་པ་དང་། ཁུ་སྟོན་དཔོན་གཡོག་བྱེ་ལྗོངས་ན་ཚུར་ཚུབ་མ་རིང་དེ་བྱུང་། ཆིབས་བཟང་བས་ཁུ་སྟོན་སྔོན་ལ་བྱུང་སྟེ། ནང་འཁོར་བ་ལ་ཡང་གསུང་མི་གནོང་བར། ཨ་ཏི་ཤ་དེར་བཞུགས། ང་ལ་ཐུགས་ལ་མི་འདོགས་སམ་ཟེར་བ་ལ། ཇོ་བོའི་ཞལ་ནས། ང་ལ་ཡང་ཐུགས་ལ་མི་འདོགས་སམ་གསུངས་ནས། བོད་ཀྱི་མཁས་པ་ཆེན་པོ་བྱོན། ཕྱིར་ལོག་གསུངས་ནས། ཙུང་ཟད་ལོག་པར་བརྩམས་ཀྱང་། མས་ཡར་ཛམས་དྲགས་པས་རྟ་ཆུར་མཆོངས་ཏེ་ཁུ་སྟོན་དེའུ་ཤི་སྐད། ཇོ་བོ་ལ་ཁྱེད་ལྷ་བལ་གྱི་མི་འདི་ཨག་ངན་ང་ལ་གྲོས་མེད་པར་ཟེར། རྣལ་འབྱོར་པ་ལ་འགྲོན་པོས་ཀྱང་འགྲོན་པོར་ཤེས་པར་མཛོད་ཟེར། གསང་ཕུ་བའི་ཞལ་ནས། ང་ནི་མི་གནོགས་སོ་ཞེས་ཟེར་བ་ལ། རྣལ་འབྱོར་བའི་ཞལ་ནས། དེ་ལས་ང་ཡི་མུག་པ་མ་བྱུང་། མ་ཐ་ཡང་ཁ་རོག་མི་བཞུགས་པར་གསུང་། དེ་ནས་ཁུ་སྟོན་གྱིས་ལྡོག་པར་ཞུ་ཕུལ་བ་ལ། ཇོ་བོའི་ཞལ་ནས། མཁས་པ་ཆེན་པོ་དེ་སྐད་མི་གསུང་བར་ཞུ་གསུངས་ནས་ཞུ་བ་ཕར་ཕུལ་བས། འོ་ན་མཆོད་གནས་ཤིག་ཞུ་ཟེར་བས། དབུ་ཞྭ་རྒྱངས་ཀྱིས་བསྐྱུར་རོ། །དེ་ནས་ཁུ་སྟོན་གྱི་འཁོར་རྣམས་བྱེ་ལྗོངས་ན་ཡར་བྱུང་བ་ཁོང་རང་གིས་བཀློག་ནས་སོང་ངོ་། །དེར་རྣལ་འབྱོར་པས་ཇོ་བོ་ལ་གྲུ་སླ་ཛི་ལྷ་བུ་ཅིག་སྦྱིན་ཞུས་པས། ཇོ་བོས་ཕྱག་རྒྱ་ཅིག་མཛད། དེ་ག་ནས་ཛ་དེ་གོད་ནས་ཀ་ར་ཐྲམ་པ་ལྷུ་བྱིན་པས་ཇོ་བོ་དགེས། ངས་ཕང་མགྱོགས་བསྐྱབས་ནས་འཛམ་བུ་གླིང་དུ་ལན་གསུམ་བཅལ་ཡང་འཁོར་ཁྱོད་འདྲ་བ་མི་རྙེད་གསུང་། དེའི་དགོངས་མོ་སྟོན་པ་དཔོན་གཡོག་གིས་འོན་དུ་སྔོད་མ་ནུས་པར་ཡར་བྱོན་པས་ཀ་ཆུར་སླེབ། ཇོ་བོ་དཔོན་གཡོག་གིས་འོན་གྱི་ཁྲ་སྣ་ཀེ་ཙུར་བཞུགས། དེར་མོ་རིང་མ་རྐན་མོ་ཅིག་གིས་ནས་ས་ཅིག་ཧུལ་ཅིག་མེད་པ་ཁལ་བཅོ་ལྔ་ཕུལ་ནས་བླ་བ་གཅིག་ཆོས་འཁོར་མཛད། དེའི་ཆོས་ཀྱི་སྒྲོལ་ཡུན་རིང་པོའི་བར་དུ་གདའ་སྐད། དེ་

ནས་བསམ་ཡས་སུ་ཕྱིན་ནས། རྒྱ་དཔེ་གཟིགས་ཤིང་བསྒྱུར་བ་མཛད། ཛོ་བོའི་ཞལ་ནས། རྒྱ་གར་དུ་མེའི་དགྲ་ལན་གསུམ་བྱུང་བས་ཚིག་པ་འདྲ། རྒྱ་གར་ན་མེད་པའི་དཔེ་མང་པོ་འདི་ན་སྣང་གསུངས་ནས་དབུ་མ་སྣང་བ་དང་། ཕལ་པོ་ཆེ་ལ་སོགས་པ་བཞེངས་ཏེ་རྒྱ་གར་དུ་བསྐུར་རོ། །དབུ་རུར་གཤེགས་པར་ཞུ་བ་ཕུལ་བས་ཀྱང་། རྟེན་འདི་ན་བཟང་གསུངས་ནས་གཤེགས་སུ་མ་གནང་། དེའི་དུས་སུ་ཛོ་བོའི་ཞལ་ནས། བོད་ཀྱི་ནྰ་ཛ་བོ་ཧྲི་ས་ཏྭ་གསུང་ཞིང་རྗེས་སུ་ཡི་རང་བ་མཛད། ཕྱག་ལེན་ལ་བོད་ཀྱི་རྒྱལ་པོ་ཡིན་ཟེར་བ་ཀུན་ལ་ཤིན་ཏུ་གུས་པར་མཛད་པས་རྒྱལ་པོའི་མངའ་ཐང་ལ་ཤིན་ཏུ་ཕན་པར་བྱུང་སྐྱེ། བོད་འབངས་རྣམས་ན་རེ། ཛོ་བོ་ཙམ་པ་ཡང་གུས་པར་མཛད་ན། ངེད་འབངས་རྣམས་ཅིའི་ཕྱིར་གུས་པར་མི་བྱེད་ཟེར་ནས་ཤིན་ཏུ་གུས་པར་བྱེད་པ་བྱུང་སྐད། དེའི་དུས་སུ་ལྷ་བཙུན་བོ་ཧྲི་ནྰ་ཛ་དེ་ལྷ་བཙུན་པ་བྱང་ཆུབ་འོད་པས་ཀྱང་ཁོང་རང་ཆེ་ཞེས་གསུང་བ་ཅིག་རེ་ནས། ཛོ་བོ་ལྷ་བཙུན་པས་ཕྱག་མཛད་པའི་དུས་སུ་མི་བཞེངས་ལ། ཁོ་བོས་ཕྱག་བགྱིས་པའི་དུས་སུ་རྗོ་རྗེ་སྐྱིལ་ཀྲུང་མཛད་ཀྱང་བཞེངས་པ་ཇི་ལྟར་ལགས་ཞུས་པས། ལྷ་བཙུན་པ་ངའི་སློབ་མ་ཡིན། ཁྱོད་བོད་ཀྱི་རྒྱལ་པོ་ཡིན་གསུང་། འོ་ན་ཁོ་བོ་སློབ་མ་མ་ལགས་སམ་ཞུས་པས། ཛོ་བོ་སེམ་མེ་མཛད་ནས་ལགས་ལགས་བཟོད་པ་མཛོད་གསུང་། འོལ་གའི་དགེ་བཤེས་གར་མི་ཡོན་ཏན་གཡུང་དྲུང་གིས་ཡོན་བདག་མཛད་ནས། དབྱར་དེ་འཕགས་པ་བརྒྱད་སྟོང་པ་ཅིག་གསུངས། ལྷ་བཙུན་བོ་ཧྲི་ནྰ་ཛ་དེ་དང་པོ་མཁས་བཙུན་ཡིན་པ་ལ། ཛོ་མོ་མཆིམས་མོ་བྱ་བས་བསླུས་ནས་བསླབ་པ་འཆལ་བས། ཛོ་བོའི་གཟི་བརྗིད་མ་བཟོད་ཅིང་ངོ་གནོང་བས་བཞུགས་པར་ཞུ་བ་མ་ཕུལ། དེའི་སྐེང་དུ་ཛོ་མོ་དེས་བྱིས་པ་ཚན་ཅིག་ལ་ཛན་པ་བྱིན་ནས་པཎྜི་ཏས་ཀྱང་ཚོས་མ་བཤད། ལོ་ཙྪ་བས་ཀྱང་ལོ་མ་ཙ། །ཨ་ཏི་ཤ་ལ་བཞུད་དུས་མེད། །ཅེས་པ་བསླབས། བྱིས་པ་ཚན་ཅིག་ལ། རྒྱལ་པོ་ས་ཡི་སང་

ག་ལ། །མཉེས་པའི་དུས་ཀྱང་མི་གདའ་ན། །ལྷ་བཙུན་པོ་ཧྲི་ནྟ་ཛ་ལ། །འབབས་པའི་དུས་ཀྱང་མི་གདའ་ན། །ཇོ་བོ་རྗེ་ཡི་ལྷ་གཅིག་ལ། །གཤེགས་པའི་དུས་ཀྱང་མི་གདའ་ན། །ཞེས་པ་བསླབས་ནས་ཟེར་དུ་བཙུག་པ་ཇོ་བོ་སྐྱོ་སངས་ལ་བྱོན་པའི་དུས་སུ་གསན་ནས། གང་ན་སྤྲོས་པའི་རྟོད་པ་ཡོད་པ་ལས། །དཔག་ཚད་བརྒྱ་ཡི་ཕ་རོལ་འགྲོ་བ་མཆོག །བྱ་བ་ཡིན་པས། ད་ལྟ་རང་གཤེགས་གསུངས་ནས་གཤེགས་པར་ཐུགས་ཐག་ཐད་ཀྱིས་བཅད། ཨུ་པ་སི་ཀ་ད་ལྟ་རང་གཤེགས་གསུང་། དེའི་དུས་སུ་ཞང་འཕྲང་ཁ་བེར་ཆུང་གིས་དགེ་བཤེས་སྟོན་པ་སྤྱན་འདྲེན་པའི་བང་ཆེན་མི་གཉིས་བཏང་ནས་བྱུང་བས་ཡང་ཡང་བསྐུལ་བས། དགེ་བཤེས་སྟོན་པའི་ཞལ་ནས། ང་ད་ལོ་འོང་མི་ཁོམ། ཇོ་བོ་སྐུ་ནས་མཐོ་ལ་སྐུ་ཚོང་མདའ་བས་ཞབས་ཏོག་གལ་ཆེ། དེའི་བར་དུ་ཐུགས་མི་འཆད་པར་ཆོས་འདི་ཚོ་ལ་དགོངས་པར་ཞུ་གསུངས་ནས་འཕྲིན་བསྐུར་བ། ཡབ་མེས་ཚོ་རིགས་བཟང་པོའི་རྗེས་འབྲངས་ནས། །དགེ་བའི་བློ་མངའ་དཔལ་འབྱོར་ལྡན་རྣམས་ལ། །སྨན་པར་དགོངས་པའི་སེམས་ཀྱིས་ཀུན་བསླངས་ནས། །བདུད་རྩི་འདྲ་བའི་ཆོས་ཤིག་ཀུན་ལ་འདེབས། །ཞེས་བྱ་བ་ནས། མཐོ་དམའ་མཁའ་ལ་ཉི་ཤར་ཇི་བཞིན་དུ། །འགྲོ་མགོན་སངས་རྒྱས་དེ་དང་འཕྲད་པར་མཛོད། །ཅེས་བྱ་བའི་བར་དུ་ཚིགས་བཅད་བཅོ་བརྒྱད་དང་། གང་གི་དྲིན་གྱིས་བདག་བློ་རྒྱས་མཛད་པའི། །ཞེས་པ་ནས། དེས་ན་དམ་པ་རྣམས་ཀྱི་རྗེས་སུ་བསླབ། །ཅེས་པའི་ཚིགས་སུ་བཅད་པ་བཅོ་བརྒྱད་པོ་དེ་འཕྲིན་དུ་བསྐུར། ཁོ་འགྱུར་གྱིས་དོགས་ནས་ཐུགས་དམ་འཛམ་པའི་རྡོ་རྗེ་ཡང་དེ་དུས་སུ་བསྐུར་ནས། ང་ཇོ་བོ་དང་ཤི་བྲལ་བྱེད། ད་ནས་ཚེ་ལ་བར་དུ་གཅོད་པ་མ་བྱུང་ན་ཁྱོད་ཀྱི་མཆོད་གནས་ངས་བྱེད་པ་ཡིན་གྱིས་བྱ་བའི་འཕྲིན་ཡིག་བསྐུར་ནས་བང་སྟོན་ལ་སྐད་བཏང་། བང་སྟོན་གྱིས་སུན་མ་རེ་ཞིང་ཞག་འགའ་ཐོགས། རྒྱལ་པོ་སའི་སང་ག་བྱ་བ་དེས་ཀྱང་རྟག་ཏུ་གཅེར་ཏེ། རེས་ངའི་ཚོད་མར་ཕ་བོང་བྱུང་ཟེར། རེས་

རྒྱ་གར་དུ་འདོང་ཟེར། འཁོར་ཕལ་ཆེར་དང་ཡང་འཐབས་པས་ཇོ་བོས་དྲག་ཏུ་བསྐྱོན། དེ་ནས་ཡང་ཇོ་བོའི་ཞལ་ནས། བྱང་ཆུབ་སེམས་ནི་རིན་པོ་ཆེ། །གང་གི་ཐུགས་ལ་གནས་གྱུར་པ། །དེ་ཡི་སྐུ་ལ་ཕྱག་འཚལ་ན། །བསོད་ནམས་དཔག་ཏུ་མེད་པ་འབྱུང་། །འགྱུར་ལེགས་པར་གདའ་འམ་གསུང་། ཡང་ལོ་ཙཱ་བ་དང་གཉིས་འགྱུར་ཆུང་ཅིག་མཛད་པའི་ཚེ། ལོ་ཙཱ་བས་སྐྱག་ཚ་བོ་བས། ཇོ་བོས་ལོ་ཙཱ་བ་སྐྱོར་ཕྱུང་། ལོ་ཙཱ་བས་བླ་མས་ན་ཉིང་ཡང་མདའ་རིས་སུ་སྐྱོར་ཕྱུང་བྱས་པས། ཇོ་བོའི་ཞལ་ནས། ལོ་ཙཱ་བ་ངན་པར་ཐལ། ཁྱོད་ལ་ཁོན་དུ་འཛིན་པ་འདུག །ང་ལ་ཁྲོ་བ་ཡོད་དེ་ཁོན་དུ་འཛིན་པ་མེད་གསུང་། དེ་དུས་སུ་ཡང་བོད་ཀྱི་མི་ཆེན་ཕལ་ཆེར་འཚོགས་པས་རབ་ཏུ་བྱུང་བ་རྣམས་ཚུལ་ཁྲིམས་ལ་བཀོད། སྔགས་པ་དམ་ཚིག་ལ་བཀོད། ཁྱིམ་པ་རྣམས་བསྙེན་གནས་ལ་བཀོད། ཆོས་ཐམས་ཅད་ལག་ལེན་ལ་གདབ་ཏུ་རུང་བར་མཛད་ནས་བོད་ལ་ཕན་བཏགས་སོ། །དེ་ནས་བང་སྟོན་གྱིས་རྟ་པ་ཉིས་བརྒྱས་བསུར་ཕྱིན་པ་ལ། ཇོ་བོ་དགེས་ནས་གཤེགས་པའི་སྒྱུར་བ་མཛད་དེ། བསམ་ཡས་ཕུའི་ལ་ལ་ཕྱིན། དེའི་དུས་ན་ཇོ་བོ་ལ་དེ་ཁལ་མང་པོ་དང་། རྟ་ཕྱུགས་མང་པོ་ཡོད་པ་རྣམས་ལ་འོ་ཆེ་ལ་ཕྱིན་པས་འདོད་པ་ཆེ་བར་ཡང་གྲགས། འཁོར་ཀུན་གྱིས་ཕྱུགས་འདི་ཙམ་མི་འཚོང་བར་བྱས་པས། ཁྱེད་རྣམས་ཀྱིས་མི་ཤེས། ཕ་རྒན་མ་རྒན་ཡང་འཚོང་ངམ་གསུང་། དེ་ནས་བསམ་ཡས་ལ་བར་དུ་ཞག་གཅིག་བཞུགས་པའི་ཚེ། ཇོ་བོའི་ཞལ་ནས། ཏ་རྒན་སྙིང་རེ་རྗེ་སོང་སོང་གསུང་། དེ་ནས་བལྟར་ཕྱིན་པ་དང་ལ་བརྒྱབ་ན་ཏ་རྒན་ཅིག་ལག་པ་རྗེ་བར་དུ་ཆུད་ནས་འདུག་པ་ཇོ་བོས་མཁྱེན། དེ་ནས་སྲིའི་རྒྱ་ཕིབས་སུ་ཟླ་བ་ཕྱེད་བཞུགས། དེ་ནས་རྟོག་ལེགས་པའི་ཤེས་རབ་ཀྱིས་ལྷ་ས་འཕྲུལ་སྣང་དུ་སྤྱན་དྲངས་ནས་བསུ་བ་བྱས་པའི་དུས་སུ། ཇོ་བོ་ཐུགས་རྗེ་ཆེན་པོས་ཀྱང་བསུ་བ་བྱས་ཏེ། མི་རེང་སྐྱ་བོ་ཅིག་བྱུང་ནས་མ་ཏྲ་པཎྜི་ཏ་ཕྱིན་པ་ལེགས་སོ་རྒྱལ་བར་གྱུར་ཅིག་གསུངས་ནས་ཕྱིན་

པས། ཇོ་བོས་ཚིབས་ལ་ཆིབས་མྱུར་དུ་བབས་ཏེ་མགྱོགས་པར་བྱོན་ཡང་མ་ཟིན་གསུང་། དེ་ལྟར་མཛད་པ་ཅི་ལགས་ཞུས་པས། ཁྱེད་ཀྱིས་མི་རེང་སྐྱ་བོ་དེ་མ་མཐོང་ངམ་གསུང་། དེ་ཁྲུམ་པ་ལགས་བྱས་པས་དེ་ངའི་ཡི་དམ་ཐུགས་རྗེ་ཆེན་པོ་ཡིན་ཏེ། ཕྱག་བྱ་བར་འདོད་པས་མ་ཟིན་གསུང་། དེ་ནས་ར་ས་འཕྲུལ་སྣང་གི་ཐུགས་རྗེ་ཆེན་པོ་རང་བྱོན་དེ་ལ་གཟིགས་ནས་འདི་ལས་ངོ་མཚར་ཆེ་བ་མེད། ཐུགས་རྗེ་ཆེན་པོ་དངོས་ཡིན་གསུངས་ནས་མཆོད་པ་རྒྱ་ཆེན་པོ་མཛད། དེ་ནས་ཇོ་བོ་ཤཱཀྱ་གཟིགས་པས་སྤྲུལ་པའི་སྐུ་དངོས་ཡིན། རྒྱ་གར་གྱི་ལྷ་བཟོ་བ་མཁས་པ་ཅིག་ལ་འདི་ཁོ་ན་འདྲ་བ་ཅིག་བཞེངས་ཞིག་གསུངས་ནས། རས་གཞི་ལེགས་པ་ཅིག་ལ་ཤཱཀྱ་ཐུབ་པ་གཙོ་འཁོར་ལྔ་པ་བཞེངས་པས། ཇོ་བོ་མི་འདྲ་གསུངས་ནས་བཤིག་སྐེ་བྲིས། ཡང་མི་འདྲ་གསུངས་ནས་བཤིག་ནས་བྲིས། ཡང་ཇོ་བོ་དང་བསྡུར་བས་མི་འདྲ་གསུངས་ལན་བདུན་བཤིག་པའི་ཐ་མ་ལ་ད་འདྲ་གསུངས་ནས་ཐུགས་དམ་དུ་བཞེངས། དེ་རྒྱ་གར་དུ་བསྐུར་བར་བཞེད་པ་ལ་མ་སྐྱོལ་བར། ད་ལྟ་སྙེ་ཐང་ན་བཞུགས་སྐད། ཇོ་བོའི་གཟིམས་ཆུང་དགའ་བ་འོད་འཕྲོ་ཞེས་པའི་གླིང་ཅིག་ཏུ་བཞུགས། དེ་འབྲིང་ཚོས་བཤིག་ནས། ད་ལྟ་དཀར་ཆུང་གི་སྐུ་ཁང་ཆུང་ཆུང་དེ་ཡིན་གསུང་། དེའི་དུས་སུ་ཡང་བོད་དབུས་གཙང་གི་མི་ཆེན་མང་པོ་ཅིག་འདུས་པ་ལ་ཆོས་མང་དུ་གསུངས། ཐེ་ཚོམ་གྱི་དྲི་བ་མ་ལུས་པར་བཅད། རྔོག་གིས་དབུ་མཛད་པའི་བོད་སྟོན་ཁ་ཅིག་ལ་རིམ་པའི་ཚིག་རྒྱས་པར་གསུངས། སྒྲོལ་མ་འཇིགས་པ་བརྒྱད་སྐྱོབ་མ་དང་། སེང་ལྡེང་ནགས་ཀྱི་སྒྲོལ་མ་ལ་སོགས་པ་ཀྲི་ཡའི་ཆོས་མང་དུ་བསྒྱུར། ཡང་རྔོག་གིས་ཞུས་སྣ་མཛད་ནས་དབུ་མའི་ཆོས་ཞུས་པས། དབུ་མ་རྟོག་གེ་འབར་བ་གསུངས། དེའི་མན་ངག་ཆེ་ཆུང་གཉིས་མཛད་ནས་རྣལ་འབྱོར་པ་ལ་གཟིགས་སུ་ཕུལ་བས། ངེད་ལ་སློག་ཏུ་ཁྲིད་པ་བཞིན་དུ་བྲིས་འདུག །ཙུང་ཟད་ཟབ་དྲགས་གསུང་། དེ་ལོ་ཙྪ་བས་བསྒྱུར་བའི་ཞབས་ན། ར་ས་འཕྲུལ་སྣང་གཙུག་ལག་ཁང་

ཆེན་དུ། །ཤཱཀྱའི་དགེ་སློང་ཇོག་བཙུན་ལེགས་ཤེ་ཡིས། །གསོལ་བ་བཏབ་ནས་ཡི་གེར་བཀོད་པ་ཡིན། །ཞེས་པ་ཇོ་བོའི་གསུང་ཡིན། །མཚན་ནི་མར་མེ་མཛད་ཅེས་གྲགས་པ་ཡི། །མཁས་པ་དེ་ཡི་གཞུང་ལུགས་སུ་འཛིན་པ། །གོལ་བའི་ལམ་དུ་མི་འགྲོ་ཞེས། །ནག་ཚོ་ཚུལ་ཁྲིམས་རྒྱལ་བ་སྨྲ། །ཞེས་པ་དེ་ལོ་ཙཱ་བའི་གསུང་ཡིན་གསུང་། ཕ་རོལ་ཏུ་ཕྱིན་པ་ཞུས་པས། སློབ་དཔོན་ལེགས་ལྡན་རྣམ་སྣང་གིས་མཛད་པའི་སིན་ཧ་ར་ཐ་གསུངས་ནས་ལོ་ཙཱ་བས་བསྒྱུར། འདུལ་བ་ཞུས་པས། དགེ་སློང་དང་པོའི་ལོ་དྲི་བ་དང་། དགེ་ཚུལ་དང་པོའི་ལོ་དྲི་བ་གཉིས་བསྒྱུར། དགེ་བཤེས་རྣལ་འབྱོར་པས་དེང་གི་སྡེ་པ་ཐམས་ཅད་ཡོད་པར་སྨྲ་བ་འདི་ལ་སྤྱི་བཤགས་བདོག་ལགས་སམ་ཞུས་པས། ཇོ་བོའི་ཞལ་ནས། ཁྱེད་རང་གི་སྡེ་པ་ཕྲུག་རྒྱ་ཆེན་པོ་མཆོག་གི་དངོས་གྲུབ་བརྙེས་པ་ཧི་ཕ་ཤནྟིས་མཛད་པའི་བཤགས་པ་ཡོད་ཀྱིས་གསུངས་ནས་སྤྱི་བཤགས་བསྒྱུར། འདིས་མ་ལུས་པར་འདག་ལགས་སམ་ཞུས་པས། ལྟུང་བའི་རིགས་ངོས་ཟིན་པ་རྣམས་འདུལ་བ་ནས་འབྱུང་བ་བཞིན་དུ་སོ་སོར་བཤགས་དགོས། མི་ཤེས་པས་བྱས་པ་དང་། བརྗེད་པས་བྱས་པའི་ལྟུང་བའི་རིགས་ཐམས་ཅད་འདིས་འདག་གསུང་། ཇོ་བོའི་ཞལ་ནས་ངས་ཕལ་ཆེན་པའི་སྡེ་ཅིག་གཟུགས་སམ་གསུང་བ་ལ། དགེ་བཤེས་སྟོན་པས་བླ་མ་དེ་མི་མཛད་པར་ཞུ། བོད་དུ་འདི་མི་ལེགས་ལགས་ཞུས་པས། ཇོ་བོའི་ཞལ་ནས། གསང་སྔགས་ཀྱི་སྡོམ་པ་དང་། དོ་ཧ་རྡོ་རྗེའི་གླུ་ལ་སོགས་པ་ཡང་བཤད་དབང་མེད། སྡེ་གཟུགས་དབང་ཡང་མེད་ན། ཁོ་བོ་བོད་དུ་འོངས་པ་ལ་དོན་མ་མཆིས་གསུང་། དེའི་དུས་སུ་ཚང་གི་ཉེས་པ་སུམ་ཅུ་རྩ་བཞི་ལ་སོགས་པ་ཚང་གི་ཉེས་པ་མང་པོ་ཡང་གསུངས། ཇོ་བོས་ཡ་མཚན་ཅན་གྱི་རྟགས་མང་པོ་ཡང་གཟིགས་ནས། རང་བཞིན་གྱི་རྣལ་འབྱོར་མ་མང་པོ་དང་ཡང་མཇལ། དགྲ་བཅོམ་པ་ཅིག་ཀྱང་འདུག །བོད་ན་དུར་ཁྲོད་ཀྱི་གནས་ཤིག་བཤད་པ་དེ་འདི་ཡིན་པར་འདུག་གསུངས་ནས་གནས་ཆེན་པོ་

བརྒྱད་ཀྱི་བཤད་པ་མཛད་ནས་ཁྱད་པར་དུ་གསང་སྔགས་སྒྲུབ་པའི་གནས་མཆོག་ཏུ་གྱུར་པ་ཡིན་གསུང་། ཇོ་བོ་ཐུགས་ཆོམ་པ་མེད་པར་འཕྲུལ་སྣང་དུ་བསྐོར་བ་དང་སྒྲུབ་པ་མཛད་པ་ལ། དགེ་བཤེས་གསང་ཕུ་བས་སྟར་བསམ་ཡས་སུ། ཇོ་བོ་ནམ་མཁའ་ལ་བསྐོར་བ་མཛད་ཟེར་བ་དེ་ཐུགས་ལ་བཞག་ནས། ནམ་ཅིག་ཇོ་བོ་བསྐོར་བ་མཛད་པ་ལ་གཟིགས་པས། ནམ་མཁའ་ལ་བསྐོར་བ་མཛད་ཅིང་འདུག །དེར་དགེ་བཤེས་ཀྱིས་ཇོ་བོ་ལ་བསམ་ཡས་ཀྱི་རྒྱན་མོ་དེ་སྐད་བ་དག་པར་གདའ། ཇོ་བོ་ནམ་མཁའ་ལ་བསྐོར་བ་མཛད་ཅིང་གདའ་བ་ཞུས་པས། ཁོ་བོ་ལ་རྒྱ་གར་ན་ཡང་དེ་ལྟར་གྲགས་གསུང་། དེའི་དུས་སུ་དགེ་བཤེས་སྟོན་པས་དབུ་མཛད་བོད་སྟོན་རྣམས་ཀྱིས་བསྐོར་བའི་གདམས་པ་ཞུས་པས། ཇོ་བོའི་ཞལ་ནས། འདུས་བྱས་ཀྱི་དགེ་བའི་རྩ་བ་ལ་བསྐོར་བ་བས་བསོད་ནམས་ཆེ་བ་མེད། ལུས་ངག་ཡིད་གསུམ་གྱི་ལས་གསུམ་གས་བསྐོར་བ་ཡིན་གསུང་། རྒྱ་གར་ན་གྲོང་ཁྱེར་ཆེན་པོ་ལ་བསྐོར་བ་བྱས་པས་དངོས་གྲུབ་ཐོབ་པ་དང་། གཙུག་ལག་ཁང་ལ་བསྐོར་བ་བྱས་པས་དངོས་གྲུབ་ཐོབ་པ་དང་། ཁ་སར་པཱ་ཎིའི་ལྷ་ཁང་ལ་བསྐོར་བ་བྱས་པས་དངོས་གྲུབ་ཐོབ་ཅིང་རྐང་བམ་གྱི་ནད་བསོས་པ་ལ་སོགས་པའི་གཏམ་རྒྱུད་མང་དུ་གསུངས་ནས་བསྐོར་བའི་གདམས་པ་རིགས་མང་དུ་གནང་ངོ་། །ཡང་ཇོ་བོ་བསྐོར་བ་མཛད་ཅིང་ནཱ་རྡོ་བོ་ཧྲི་སཏྭ་དེས་གཙུག་ལག་ཁང་ཆེན་པོ་འདི་ཇི་ལྟར་བཞེངས་པའི་གཏམ་རྒྱུད་འོང་ཐང་སྐམ་དུ་ཐུགས་ལ་འཁྲུངས་པ་དང་། སྤྲང་མོ་སྨྱོན་མ་ཞེས་པ་ལྟོ་བ་ལ་ཐགས་ལ་རེ་བ། རེས་འགའ་འདོད་པ་ཆེ་ཆེ་ལྟར་བྱེད། རེས་འགའ་སུ་འདོད་པ་ལ་སྐྱེར་བ་གོས་རྒྱལ་པོ་གྱོན་པ་ཅིག་ན་རེ། ཤྐོག་པ་གིར་གཤེགས་འཚལ་ཟེར། དེར་བྱོན་པས་ནཱ་རྗེ་བོ་ཧྲི་ས་ཏྭ་དེས་གཙུག་ལག་ཁང་ཆེན་པོ་འདི་ཇི་ལྟར་བཞེངས་པའི་གཏམ་རྒྱུད་ཅིག་འཚལ་ལམ་ཟེར། དེར་རང་བཞིན་གྱི་རྣལ་འབྱོར་མར་མཁྱེན་ནས། ཡིད་ཀྱིས་ཕྱག་དང་མཆོད་པ་མཛད་ནས། ཅི་ནས་ཀྱང་

འཚལ་ལགས་ཞུས་པས། འོ་ན་ཀ་བ་བུམ་པ་ཅན་ནས་འདོམ་ཕྱེད་དང་གསུམ་གཞལ་བ་ན་ཡོད། དེ་གཞན་ལ་མ་སྨྲ་ཅིག་གསུང་། དེར་འདོན་པར་བརྩམས་པས། གཏེར་སྲུང་གཉན་པོ་ཅིག་འདུག་པས་དེ་རིང་ཙམ་ཟིན་པ་ཅིག་འཁྲིར་བཏང་། དེ་མིན་མི་སྤྲེར་ཟེར་ནས། རྣལ་འབྱོར་པས་དབུ་མཛད་སྟོན་པ་བཞི་ཀས་བྲིས་པས་ཕལ་ཆེར་ཟིན། ལྷག་མ་ཙུང་ཟད་ལུས། སྣག་སྨྱུག་མ་འཛོམ་སྟེ་ཅི་རྙེད་ཀྱིས་བྲིས་པས་ཡི་གེ་མི་གསལ་ཙམ་ཡོད། འདི་སུ་ལ་ཡང་མ་བསྟན་ཅིག་ལྷ་སྲུང་བཟང་པོ་ཅིག་འདུག་གོ་གསུངས་ནས་རྣལ་འབྱོར་པ་ལ་གཏད། རྣལ་འབྱོར་པས་སྤྱན་སྔ་བ་ལ། དེས་བྱ་ཡུལ་བ་ལ། དེས་ཐུགས་རྗེ་ཆེན་པོའི་ཆེ་བའི་ཡོན་ཏན་ཅིག་ལྷ་སའི་དཀོན་གཉེར་ལ་གཏད་ནས། གཞན་གདུང་རྟེན་དུ་བཞུགས་སོ། །ཡང་ཐོ་རངས་ཤིག་ཇོ་བོའི་ཞལ་ནས། རྣལ་འབྱོར་པ་ལ་རང་བཞིན་གྱི་རྣལ་འབྱོར་མ་གཤེགས་གསུང་། དེ་ཇི་ལྟར་གདའ་ལགས་ཞུས་པས། ལྷ་རྣམས་ཀྱིས་ནམ་མཁའ་ལ་བསུ་བ་བྱས་ནས་སོང་གསུང་། རྣལ་འབྱོར་མ་དེ་གང་ལགས་ཞུས་པས། གྲོང་ཐང་མ་གི་ན་འདུག་པའི་སྲུང་མོ་རེས་དུ། རེས་དགོད་པ་དེ་ཡིན་གསུངས་ནས། རྣལ་འབྱོར་པས་གཟིགས་སུ་བྱོན་པའི་དུས་ན་གཤེགས་མ་ཐག་ཏུ་འདུག་གསུང་། ཇོ་བོའི་ཞལ་ནས། གྲིབ་ཀྱི་རི་དེ་དང་ལྷ་ས་གཉིས་ལ་ཕར་བཞུད་ཚུར་བཞུད་བྱེད་པའི་རང་བཞིན་གྱི་རྣལ་འབྱོར་མ་ཅིག་འདུག་གསུང་། ལྷ་སར་དགུན་ཅིག་བཞུགས། དེའི་དུས་སུ་ཆོས་གསུངས་པ་རྣམས་ཀྱང་ཟབ་རྟགས་ཁྱད་པར་ཅན་མང་པོ་ཡང་གཟིགས། སངས་རྒྱས་ཀྱི་བསྟན་པ་ལ་ཕན་ཆེར་བཏགས་པ་ཡིན་གསུངས་སོ། །དེའི་དབྱར་རྔོག་བྱང་ཆུབ་འབྱུང་གནས་ཀྱིས་སྤྱན་དྲངས་ནས་ཡེར་པ་རང་དུ་བཞུགས། གནས་བརྟན་དད་པ་བློ་མས་ཇོ་བོའི་གཟིམས་ཁང་བྱེད་ཟེར་གནས་ཤིག་བརྩིགས། དེར་ཇོ་བོས་ཞག་གཅིག་བཞུགས་ཏེ། ད་ལྟ་གཟིམས་ཁང་ཟེར་བའི་གནས་ཚང་ཅིག་ཡོད་སྐད། དེ་ནས་རྔོག་བྱང་ཆུབ་འབྱུང་གནས་ཀྱིས་དབུ་མཛད་བོད་སྟོན་

བདུན་གྱིས་རིམ་པ་ཞུས། སློབ་མ་དཀར་མོའི་སྒྲུབ་ཐབས་དང་། དེའི་བསྲུང་བའི་འཁོར་ལོ་དང་། རིག་སྔགས་བཅད་པའི་ཚོ་ག་དང་། སེར་བ་བཟློག་པའི་ཚོ་ག་དང་། དམ་ཚིག་གསུམ་བཀོད་པའི་རྒྱལ་པོའི་ལེའུ་དང་པོ་རྣམས་ཞུས་ནས། ཇོ་བོ་ཉིད་དང་ལོ་ཙཱ་བས་བསྒྱུར་རོ། །དེ་ནས་ཡེར་པའི་ཞང་བཙུན་འོལ་རྒོད་འབར་གྱིས་ཇོ་བོ་ལ་བསྙེན་བཀུར་མཛད་ནས་གདམས་པ་ཞུས་པས། རིགས་ཀྱི་བུ་ཁྱོད་ཀྱི་ཚེ་ཡུན་ཐུང་། ཤེས་བྱའི་རྣམ་པ་མང་། ཚེའི་ཚད་ནི་མི་ཤེས་པས། ཁྱོད་ཀྱིས་སྨོམས་ཤིག །བསྒོམས་པས་མང་པོ་མང་པོ་གོ་བ་ཡིན། མཉན་པས་ཉུང་ངུ་ཉུང་ངུ་ལས་མི་གོ་བ་ཡིན། ཁྱོད་སྒྲུབ་པ་ནན་ཏན་སྙིང་པོར་གྱིས་ཤིག་གསུང་། དེ་ལ་སོགས་པ་གདམས་པ་གཞན་ཡང་མང་དུ་གསུངས་སོ། །དེའི་དུས་ན་གྲུབ་ཐོབ་ཀྱི་དབེན་གནས་སྙིང་པ་ཅིག་ལ་ཕྱག་མཛད། དགེ་ཚུལ་བཞི་ལ་ཡང་ཕྱག་མཛད། ཇི་ལྟར་ལགས་ཞུས་པས། བཞི་གདའ་བ་གསུང་། ཇོ་བོ་ལ་བན་དེ་མོ་ནད་མ་ཅིག་གིས་བསྙེན་བཀུར་བྱས་པས། དེ་ཤི་བ་ཇོ་བོས་མཁྱེན་ནས། རྣལ་འབྱོར་པ་ལ་ཡོན་བདག་མོ་དེ་ཤིའམ་གསུང་། ཅང་ཤིའམ། ཁར་སང་རང་བསྙེན་བཀུར་བྱས་པ་ཞུས་པས། དེ་རང་གིས་ཤི་བ་ཡིན། མོ་ལྟར་སྐྱེས་ནས་བཀའ་དྲིན་གྱི་མཆོད་པ་བྱེད་ཅིང་འདུག་གསུང་། དེའི་ཚེ་ལྷ་སར་མཆོད་པ་ཆེན་པོ་ཅིག་བྱེད་པ་ཇོ་བོས་གསན་ནས། སྟོན་པ་ལ་རང་ཅག་ཀྱང་མཆོད་པ་ལ་འདེང་ངམ། མེ་ཏོག་ཁྱེར་གསུང་། སྟོན་པས་དེས་མི་མཆི། ངེད་བོད་ན་དེ་ལ་སྐྱུ་བར་བྱེད་ཞུས་པས། ཇོ་བོ་ཨ་ལེ་རྒྱ་གར་ན་མེད་པའི་གཏམ་མང་པོ་བོད་ན་འདུག་གསུངས་ནས་མ་མཉེས། གནས་བརྟན་རྒྱལ་བ་དད་པས། དེ་ཐུགས་ལ་བཞག་ནས་མཆོད་པའི་ཡོ་བྱས་བསགས་ཏེ། ཇོ་བོ་ལ། ལྷ་སར་མཆོད་པ་ལ་གཤེགས་ཞུས་པས། ཁྱེད་བོད་ཁ་ཟེར་དུ་འོང་མི་འགྲོ་གསུང་། གནས་བརྟན་གྱིས་བླ་མ་རྗེ་བཙུན་ལ་དད་པ་མི་འདུག་པ་ཞུས་པས། ཇོ་བོའི་ཞལ་ནས། ང་ལ་དད་པ་མེད་པས་སངས་རྒྱས་དང་བྱང་ཆུབ་སེམས་དཔའ་དེ་རྣམས་

སྟོན་ལ་ཤོར། ཁྱོད་ལྷ་བུའི་ཟླ་ལ་ལུས་པ་ཡིན་མོད་གསུང་། གནས་བརྟན་ན་རེ་ང་དེ་ལས་ཡི་མུག་པ་བྱེད་མ་མྱོང་ཟེར་སྐད། དེའི་དུས་སུ་དགེ་བཤེས་སྟོན་པས་བྱང་དུ་མི་ཆོས་ལ་གསེར་སློང་དུ་བྱོན། མི་ཆོས་རྣམས་དགེ་བཤེས་སྟོན་པ་ལ་མཇལ་དུ་འོང་བར་ཆས་པ་དང་ཕྲད། དེའི་དུས་ན་ཡབ་ཡུམ་གུམ་ནས་འདུག་པས་དགེ་བཤེས་ལ་མ་ཡགས་བྱ་སླམ་པ་ལ། དགེ་བཤེས་ཀྱིས་སྟོན་ལ་ཚུར་མཛད། དེ་ཀུན་ཀྱང་ཕྱི་རབས་སུ་དགོས་པ་ཡིན་གསུང་། དེའི་ཚེ། དགེ་བཤེས་ནམ་མཁའ་བླ་མའི་ཕ་མ་ཤི་བའི་བྱིས་པ་ནོར་དང་བཅས་པ་དགེ་བཤེས་སྟོན་པ་ལ་ཕུལ། མི་ཆོས་རྣམས་ཀྱི་གསེར་ལ་སོགས་པ་ནོར་མང་དུ་ཕུལ་ནས་ཚུར་བྱོན་ཏེ། ཡེར་པ་ལྷ་རི་སྙིང་པོའི་མགུལ་དུ་བླ་མ་རྗེ་བཙུན་ཆེན་པོ་ཟང་ཟིང་ལ་མཉེས་པ་མི་མངའ་ཡང་། ཕོ་བོ་ཟང་ཟིང་གི་མཆོད་པ་ཅུང་ཟད་བགྱིད་གསུངས་ནས་འབུལ་བ་མཛད་པ་ནི། གསེར་ཞོ་དགུ་དགུ་ལ་སྲང་རེ་རེ་བརྩིས་པའི་གསེར་སྲང་བརྒྱ་རྩ་བརྒྱད། ཏ་ཉི་ཤུ་རྩ་གཅིག །རྐོང་བཅུ་གཅིག །ཞེར་གཉིས། གཡི་སྤྱང་བཞི། ཁྲབ་བཞི། དངུལ་སྐྱོགས་གཉིས་ལ་སོགས་པ། སླ་གོར་གྱི་གཞོང་པ་ཅིག་གིས་མཐའ་བརྟེན་པའི་ནོར་རྟ་བརྒྱ་རྩ་བརྒྱད་ཕུལ་ཏེ། བོད་ཡུལ་དུ་ཉི་མ་གཅིག་ལ་དེ་ལས་ཞབས་ཏོག་ཆེ་བ་བྱས་པ་མེད་གསུང་། དེའི་དུས་སུ་དགེ་བཤེས་སྟོན་པས་ཇོ་བོའི་སྐུ་ཆེ་བའི་ཡོན་ཏན་ཇོ་བོ་ཉིད་ལ་ཞུས་ཤིང་ཡི་གེར་བསྐྱེབས་པ་དེ་ཡང་ཚོགས་སུ་བསྒྲགས། གང་ཞིག་ལ་ནི་བསྟོད་པ་ཡི། །ཞེས་པའི་བསྟོད་པ་དེ་ཡང་མཛད་པས། ཇོ་བོའི་ཞལ་ནས། འོ་ན་ང་ལ་ཡོན་ཏན་དེ་ལས་མེད་དམ་གསུངས་ནས། ཇོ་བོ་ཉིད་ཀྱིས་ཆོས་ལ་དཀའ་སྤྱད་མཛད་ལུགས་དང་། སྒྲུབ་པ་ཉམས་སུ་བླངས་ཚུལ་ཅུང་ཟད་གསུངས་ཏེ། ཁྱེད་ཀྱིས་དཀའ་སྤྱད་མ་བྱས་པར་ཆོས་ཟབ་མོ་རྙེད་པ་དོན་ཆེ་ཡིས་ལེགས་པར་སྤྱོད་ཅིག་གསུང་། དགེ་བཤེས་སྟོན་པས་བསྟོད་པ་མཛད་པ་དེ་ཀུན་ལ་ཡོན་ཏན་བསམ་གྱིས་མི་ཁྱབ་པ་འདུག་སྟེ། ཇོ་བོའི་ཐུགས་མ་ཚིམ་པས། ཇོ་བོ་འདི་

རང་རྒྱུད་པ་མ་ཡིན་པར་ཐག་ཆོད་གསུང་། གཞན་ཡང་རྟག་ཏུ་ཏུ་དང་། ཆོས་འཕགས་དང་། ནོར་བཟང་གི་གཏམ་རྒྱུད་ཐུར་ཙམ་གསུངས་ནས། བླ་མའི་ཞབས་ཏོག་བྱེད་པ་ལ། བླ་མ་དེ་ལ་འདོད་པ་མི་མངའ་ཡང་རྟེན་འབྲེལ་གྱིས་ཆེ་བ་ཡིན་པས་དགོས་པ་ཡོད་པ་ཡིན་གསུང་། དེའི་དུས་སུ་ཁུ་སྟོན་ལ་འབུལ་བ་དང་བསྙེན་བཀུར་བཟབས་པས། ཁུ་སྟོན་གྱི་འཁོར་རྣམས་ན་རེ། ངེད་ཀྱིས་འབྲོམ་སྟོན་ལ་གཤའ་མ་མ་བྱས། ཁོ་བོས་ངེད་ལ་བཟབས་ཟེར་བས། ཁུ་སྟོན་ན་རེ། ཁོས་ད་རེས་ངན་ལན་ཅིག་བྱེད་སྙམ་པས། སྐར་ལ་བཟབས་པས་ང་དམའ་ཕབ་པ་ཡིན་གསུང་། དེའི་ཚེ་དར་ཡུལ་མངོན་ཤེས་ཞེས་པ་དེ་བྱུང་ནས། རྗོག་བྱང་ཆུབ་འབྱུང་གནས་ལ་གཡུ་རྫོག་ཅིག་བྱིན་ཏེ། ངའི་དཔུང་གྱིས་ཤིག་ཟེར་བ་ལ། ཁུ་སྟོན་གྱིས་ཇོ་བོ་ལ་འདི་བསོད་ནམས་ཆེ་བ་ཡིན་པ་ལ། ལྷའི་བུའི་བདུད་ཀྱིས་བྱིན་བ་ཡིན་གྱིས་འདི་ཚར་བཅད་པར་ཞུ། ཁོ་བསོད་ནམས་ཆེ་བས་ཤིན་ཏུ་གནོད་པ་ཆེ་བར་བདོག་ལགས་ཞུས་པས། ཇོ་བོའི་ཞལ་ནས། ངས་དཔུང་བྱ་ཡིས་ཁྱོད་ཀྱིས་ཚར་ཆོད་ཅིག་གསུང་། དེར་ཁུ་སྟོན་གྱིས་ཁྲི་ཆེན་པོ་གསུམ་བཤམས། དབུས་མ་ལ་ཇོ་བོ་བཞུགས། གཡས་གཡོན་གཉིས་ལ་དར་ཡུལ་བ་དང་། ཁོང་རང་བཞུགས་ཏེ། ཁུ་སྟོན་གྱིས་འགྲམ་པ་གཡས་གཡོན་གཉིས་སུ་འཁར་སྒོང་དང་སྲན་མ་བཙུག་ནས། གུ་རུ་དར་ཡུལ་བ་མངོན་ཤེས་ལགས། ཁྱེད་མངོན་ཤེས་དང་ལྡན་པ་ཡིན་པས། ཇོ་བོའི་སྐུ་ཚེ་སྔ་མ་གང་དུ་འཁྲུངས། ད་གང་དུ་འཁྲུངས། ངའི་སྐྱེ་བ་སྔ་མ་གང་དུ་སྐྱེས། ཕྱི་མ་གང་དུ་སྐྱེ་བྱས་པས། ཐོགས་པ་མ་བྱུང་། འོ་ན་ངའི་འགྲམ་པ་གཡས་གཡོན་ན་ཅི་ཡོད་བྱས་པས། མ་ཤེས་པར་རྟུལ་ཞམ་གྱིས་བྱུང་ནས། རྫོག་ལ་ཟས་ངོ་ཙུང་ཟད་ཙམ་ཡང་མེད་དམ་ཟེར་སྐད། དེའི་དུས་ན་སློབ་པ་པོ་ཐམས་ཅད་ལ་འདྲེ་ངན་གྱིས་ཡི་དམ་གྱི་ལྷར་བརྫུས་ནས་བར་ཆད་བྱས་ཏེ། འདྲེས་ཁྱེར་བ་མང་དུ་བྱུང་བ་ཐམས་ཅད་ལ་བསྲུང་བ་བྱས་པས་དེས་འཕྲིག་ཆུད་ནས་དེ་ནས་དེ་

འདྲ་མ་བྱུང་། ད་དུང་ཇོ་བོའི་བཀའ་བརྒྱུད་མེད་པའི་ས་ན་ཡོད་པར་འདུག་གསུང་། དེ་ནས་ཀ་བ་ཤཱཀྱ་དབང་ཕྱུག་གིས་སྤྱན་དྲངས་ནས་ལན་པར་བྱོན་པའི་ལམ་དུ་བུ་མོ་ཅིག་གིས་ཇོ་བོ་ལ་དད་ནས། མོ་རང་གི་རལ་གུ་ཟུལ་ཕུད་ནས་ཕུལ། དེ་ཕྱིས་ཞང་ཀམ་པའི་མར་སྣང་གསུང་། ཡང་སྤྱང་ཁྱུ་ལ་ཁ་ན་ཕར་བྱོན་པའི་དུས་སུ་ཇོག་གིས་ཁྲི་ཀླུང་གི་གནས་གཞི་ཆེ་ཕྲ་ཐམས་ཅད་ཇོ་བོ་ལ་བསྟན་ནས། འདི་ཡང་ཁོ་བོའི་ལགས། འདི་ཡང་ཁོ་བོའི་ལགས་བྱས་པས། སྟོན་པ་གནས་མང་ཨང་གསུང་། ཇོ་བོའི་ཞལ་ནས། སྟོན་པ་ཁམས་གསུམ་རིལ་པོ་ཁོ་བོའི་ལགས་གསུང་། ཞང་རོམ་ནི་དེ་ལ་དགེས་སྐད། དེ་ནས་ལན་པ་སྤྱིལ་བུར་ཟླ་བ་གཅིག་བཞུགས། དེར་ལྕང་ཕྱིའི་ཉང་མི་ཆེན་པོ་དེ་ལ་བྱིས་པ་ཅིག་བྱུང་བ་ལ། ཇོ་བོས་བྱིན་བརླབས་མཛད་ནས། གཞན་ལ་ཕན་པ་ཅིག་འོང་གིས་གསུང་། དེར་ཇོ་བོ་ཁྲི་ཁ་ན་ཆོས་གསུང་འགྲོ་ལ་ཡིངས་ཀྱིས་བོག །དགེ་བཤེས་སྟོན་པས་དེ་ཇི་ལྟར་ལགས་ཞུས་པས། ན་མོ་བུད་དྷ་ཡ། ན་མོ་དྷརྨ་ཡ། ན་མཿསཾ་གྷ་ཡ་གསུངས་ནས། ཨུ་པ་སི་ཀ་མི་མ་ཡིན་པ་ཆེན་པོ་ཅིག་འདུག་པ་ང་ལ་མི་སྟྲོན་པར་གསུང་། བྲན་ཀས་ཇོ་བོ་ལ་བར་ཆད་བརྩམས་པས་མ་ཚུགས་པར་གདའ། དེའི་དུས་སུ་ཇོ་བོའི་ཞལ་ནས། འདི་ཚར་བཅད་དགོས་པར་འདུག །ཁྱོད་དེ་ཡིན་ཅིག་གསུངས་ནས། ཏ་མགྲིན་ཤྭ་ན་མོ་བཞིས་བསྐོར་བའི་སྒྲུབ་ཐབས་མཛད་ནས་བྲན་ཀ་བཏུལ་ལོ། །དེ་ནས་སྒྲུབ་ཐབས་དེ་ཞུས་པས་སུ་ལ་ཡང་མ་གནང་། ལོ་ཙྪ་བས་དཀའ་བ་དཔག་ཏུ་མེད་པ་མཛད་ནས་ངོ་ཆེ་ལ་རེ་ཞུས་པས་མ་གནང་། ཇོ་མོས་ལུང་བསྟན་པའི་སློབ་མ་དགེ་བཤེས་སྟོན་པས་ཞུས་པས་ཀྱང་མ་གནང་། སྨོན་ལམ་གྱི་འབྲེལ་པ་ཡོད་པའི་སློབ་མ་ལྷ་བཙུན་པས་ཞུས་པས་ཀྱང་མ་གནང་སྟེ། ཁོང་རྣམས་ཀྱིས་ཞལ་མཁང་ཡང་མ་མཛད། དེ་ནས་དགེ་བཤེས་ཡོལ་གྱིས་ཞུས་པས་ཁྱོད་སྙིང་རྗེ་ཆེ་བ་ཡིན་པས་ཁྱོད་ལ་སྦྱིན། འདི་སྙིང་རྗེའི་ལྷ་ཡིན་གསུངས་ནས་གནང་ངོ་། །དེ་གོང་དུ་ཉན་ཚོར་ཡང་སྤྱན་

རས་གཟིགས་ཞི་ཁྲོའི་གདམས་པ་མང་དུ་གསུངས་པས། ཇོ་བོའི་ཐུགས་རྗེ་ཆེན་པོའི་ཆོས་སྐོར་ལ་ཡོལ་ལས་མཁས་པ་མེད་གསུང་། དེ་ནས་ཞང་ཆེན་མོས་འཕན་ཡུལ་སྟོད་དུ་སྤྱན་དྲངས་པས། ལུང་པ་དམར་པོ་རྒ་རོ་ཁ་ཕྱེ་བ་འདྲ་བ་འདིར་མི་འགྲོ་གསུངས་ནས་མ་བྱོན། ལན་པར་ཟླ་བ་གཅིག་བཞུགས་ནས། དེ་ནས་ཡེར་པར་བྱོན་པའི་དུས་སུ་བང་སྟོན་གྱི་སྤྱན་འདྲེན་པ་བྱུང་སྟེ། དྲེའུ་ཁལ་རྣམས་དང་རྟ་ཕྱུགས་རྣམས་འབྲོག་བཟང་བས་ཡེར་པར་བཞག་ནས། ཡན་དུ་བཙུག །དེར་དབྱར་བཞུགས་ནས་སྙེ་ཐང་དུ་བྱོན་པའི་ལམ་ཁར་སྟོད་ལུངས་རམ་པ་ཡུལ་པོ་ཆེར་བྱོན་ཏེ། དེ་ཡན་ཆད་དུ་མ་བྱོན། དེ་ནས་སྙེ་ཐང་དུ་སྤྱན་འདྲེན་པའི་དུས་སུ་བང་སྟོན་ལ་བལ་འགོར་བཞི་དང་ནས་སྲན་ཁལ་བརྒྱད་ལས་མེད་པ་ལ་སྲིང་མོ་བན་དེ་མོ་ཕྱུག་མོ་ཅིག་ན་རེ། ཁྱོད་ལོ་པཎ་ཙམ་སྤྱན་འདྲེན་པ་ལ་ཡོ་བྱད་ཅི་ཡོད་ཟེར་བྱོན་པའི་སྣ་ལེན་ལྷང་ཙམ་ཡོད། དེ་ནས་ཨ་ཏི་ཤ་ཡིད་བཞིན་གྱི་ནོར་བུ་རིན་པོ་ཆེ་ཡིན་པས་ཁོང་རང་ལས་འོང་བ་ཡིན། ཁྱོད་རང་ཡང་ཡོ་བྱད་ཅི་ཡོད་ཕུལ་ཅིག །རང་རེ་གཉིས་ཀ་ཇོ་བོའི་ཐབ་ཁ་ལ་ཟོས་པས་ཆོག་གིས་བྱས་པས། མོས་ཀྱང་གྲོགས་བྱས་ཏེ། སྙེ་ཐང་དུ་བྱོན་པའི་དུས་སུ་ཇོ་བོ་དཔོན་གཡོག་ལ་སྣ་ལེན་བཟང་པོ་དཔེ་མེད་པ་གྲུབ། བལ་འགོར་བཞི་དང་། ནས་སྲན་ཁལ་བརྒྱད་ཕུལ། དེ་དུས་སུ་བང་སྟོན་གྱི་མི་ཆོས་ལྡངས་པ་རྣམས་ཀྱིས་ཇོ་བོ་ལ་ཕྱག་རྟེན་བྱེད་པའི་ནས་བོང་རྒྱབ་ལྡངས་ནས་སྙེ་ཐང་དུ་མ་ཛོགས་པ་ཕུལ་སྐད། དེ་ནས་བན་དེ་མོས་ཇོ་བོའི་ཐབ་ཁ་ལ་ཟོས་པས། བང་སྟོན་ན་རེ། ཇོ་བོའི་དད་རྫས་ཁྱོད་ཀྱིས་མི་འཛ་ཁྱོད་རང་ཚོལ་ལ་ཟོ་ཟེར། ཇོ་བོ་སྙེ་ཐང་དུ་བཞུགས་རིང་ལ་གསོལ་ཞོ་བསྐོལ་གྱི་ཕུ་ནས་སྦྲིངས་པས་དེའི་བྱིན་བརླབས་ཀྱིས་ད་དུང་ཁོང་གི་ཕྱུགས་ལ་གོར་དང་གཅན་གཟན་དང་གོད་ལ་སོགས་པ་མི་འོང་སྐད། ཇོ་བོ་སྙེ་ཐང་ན་བཞུགས་པའི་དུས་སུ། བོད་ཁམས་གསུམ་གླིང་དགུའི་མི་ཆེན་ཐམས་ཅད་འཚོགས་ནས་ཇོ་བོ་ལ་ཆོས་

མང་པོ་ཞུས། ཐེ་ཚོམ་གྱི་དྲ་བ་ཐམས་ཅད་བཅད། ཁྲིམ་པ་རྣམས་བསླེབ་གནས་ལ་བཀོད། སྡིགས་པ་རྣམས་དམ་ཚིག་ལ་བཀོད། ཕྱིར་བན་སྐྱེ་ཐམས་ཅད་སྐྱབས་འགྲོ་ལ་བཀོད་པས། སྐྱེ་ཐང་དུ་སྐྱབས་འགྲོ་བ་ཞེས་བྱ་བར་གྲགས། བཀའ་གདམས་པར་ཕྱི་ནས་གྲགས་པ་ཡིན་གསུང་། དེའི་དུས་སུ་ལྷ་བཙུན་པས་བོད་ཀྱི་རབ་ཏུ་བྱུང་བ་ཐམས་ཅད་ལ་མཁན་རྒྱུད་རེ་ནས་ཤམ་ཐབས་ཁྲལ་བསྡུས་ནས། སྐྱེའི་ན་མོ་ཆེའི་ཁར་འབུལ་བའི་དུས་སུ་འབྲོམ་སྟོང་བཙན་ནམ་མཁའ་ཞེས་བྱ་བ་སྐུ་གཟུགས་མཛེས་པ་ཅིག་ཡོད་པས་ཕྱག་ཏུ་འབུལ་དུ་བཙུག །རྒྱལ་སྲིད་རིན་པོ་ཆེ་སྣ་བདུན་གྱི་མཆོད་པའི་ཚུལ་དུ་བྱས་པ་ཅིག་ལ། མགོ་བོ་ལ་བཙུན་མོ་རིན་པོ་ཆེའི་རྒྱན་གྱིས་བརྒྱན་ནས་ཇོ་བོ་ལ་ཕུལ་བ་ཡིན་གསུང་། སྐྱེ་ཐང་དུ་ཁུ་སྟོན་བྱུང་བའི་དུས་སུ། ཇོ་བོའི་གཟིམས་ཁང་སྒོ་བསྡམས་པ་ཅིག་དང་ཐུག་པས། འབྲོམ་སྟོན་འདིས་ང་འོང་བ་ལ་བསྡམས་པ་ཡིན་གསུངས་ནས་ལྷུགས་མདའ་ཕྱག་གིས་བཙུས་པས་ཐུད་ཀྱི་ཆག་སྐད། བོད་སྟོན་རྣམས་ཀྱིས་འཕགས་པ་བརྒྱད་སྟོང་པ་ཞུས་པས། ཇོ་བོའི་ཞལ་ནས། ངས་ཤེས་ཚོད་ཅིག་བྱའམ་གཞུང་གིས་ཐབ་ཚོད་ཅིག་བྱ་གསུངས་པ་ལ། གཞུང་གིས་ཐབ་ཚོད་ཅིག་ཞུ་བྱས་ཏེ་ཞུ་བ་ནོར་བ་ཡིན་སྐད། པཎྜི་ཏའི་བཤད་ལུགས་ཐོ་རེ་བ་ཞིག་གསུངས་པས། བོད་སྟོན་ཁ་ཅིག་མ་མགུ་ནས་གྱིས་སྐད། དེའི་དུས་སུ་ལོ་ཙྪ་བས་ཁུ་སྟོན་ལ་ཕྱེ་གཏོར་ཏེ། ཇོ་བོ་ཡང་ལས་ཁ་ཚར་བ་དང་སྐྱབས་འགྲོ་སེམས་སྐྱེད་ཅིག །གཞུང་ཁྱེད་རང་མཁས་བྱས་པས། ཁུ་སྟོན་ན་རེ། དེ་ཁོ་ན་ཡིན་གཞུང་ཤེས་རབ་ཀྱི་ཕ་རོལ་ཏུ་ཕྱིན་པ་ཨ་བོ་རང་ཁོ་ན་ཡིན་གསུང་སྐད། དགེ་བཤེས་སྟོན་པའི་ཐུགས་དགོངས་ལ། ཇོ་བོའི་ཐུགས་དགོངས་ལ་ལྟོམས་པའི་གཉེར་ཅིག་ཁོ་བོ་ལ་ཡོད་སྙམ་ནས། བོད་སྟོན་ཁ་ཅིག་དང་གྲོས་བྱས་ཏེ། ཇོ་བོས་མཁྱེན་ཚད་ཅིག་ཞུས་པས། ཤིན་ཏུ་ལེགས་པ་ཅིག་བྱུང་། དེ་ལ་དགེ་བཤེས་ཕྱུ་དར་གྱིས་ཟིན་བྲིས་མཛད་པས་ཕ་རོལ་ཏུ་ཕྱིན་པ་ཁམས་ལུགས་ཞེས་པ་གཙོས་ཆེ་

བར་གྲགས་པ་ཡིན་སྐད། དེའི་དུས་ན། ཞང་སྣ་ཆུང་སྟོན་པ་དང་། ལྷང་ལྷང་སྟོན་པ་དང་། སྐྱུར་སྟོན་པ་དང་། ཕྱ་དར་སྟོན་པ་སྟེ་བཞིས་ཇོ་བོ་ལ་གྲུབ་མཐའ་ཅིག་ཞུ་བར་བྱས་ནས། ཇོ་བོའི་གཟིམས་ཁང་དུ་ཕྱིན་པས་ཆོས་སྤྱོད་མཛད་ཅིང་གདའ་སྟེ་ཐོན་པ་དང་། ཇོ་བོའི་ཞལ་ནས། བོད་ཀྱི་བན་དེ་ཀུན་ཅི་བཞེད་པ་ལགས་གསུང་། གྲུབ་མཐའི་གདམས་པ་ཅིག་ཞུ་བ་ལགས་ཞུས་པས། ཕྱི་རོལ་པའི་འཇུག་པ་ལྔ། ནང་པའི་འཇུག་པ་གཅིག་ཅེས་པ་ལ་བརྟེན་ནས། གྲུབ་མཐའ་ཁ་ཅིག་གསུངས་ནས། སློབ་དཔོན་རྣམས་ཀྱི་བཞེད་གཞུང་མང་པོ་ཅིག་ཡོད་དེ། དེ་ཐམས་ཅད་རྣམ་པར་རྟོག་པ་ལགས། ཚེ་ཐུང་འདི་ལ་རྣམ་པར་རྟོག་པ་བགྲང་གིས་མི་ལང་བས་སྙིང་པོ་བསྡུས་མཛོད་གསུང་། ཞང་སྣ་ཆུང་སྟོན་པས་སྙིང་པོ་ཇི་ལྟར་བསྡུ་ལགས་ཞུས་པས། འགྲོ་བ་ལུས་བསྡུས་པའི་སེམས་ཅན་ཐམས་ཅད་ལ་སྙིང་རྗེས་ཁྱབ་པར་གྱིས། དེ་རྣམས་མ་བཟོད་པས་བྱང་ཆུབ་ཏུ་སེམས་བསྐྱེད་མཛོད། དེ་འགྲུབ་པའི་ཆེད་དུ་ཚོགས་གཉིས་རྫོགས་པར་མཛོད། དེ་ལས་བྱུང་བའི་དགེ་བའི་རྩ་བ་སེམས་ཅན་ཐམས་ཅད་དང་ཐུན་མོང་དུ་བསྔོས་མཛོད། ཕྱི་ནང་གི་ཆོས་ཐམས་ཅད་རྨི་ལམ་སྒྱུ་མ་ལྟ་བུར་གོམས་པར་མཛོད། དེ་ལྟར་གྱིས་ལ་སྙིང་པོ་བསྡུས་མཛོད་གསུང་། ཇོ་བོ་ལ་རིན་ཆེན་བླ་མས་ཅང་བྱ་མི་དགོས་པར་འཚང་རྒྱ་བའི་ཐབས་ཞུས་པས། ཁོ་བོ་ཡང་འདོད་དེ། ཚོགས་གཉིས་མ་རྫོགས་པའི་སངས་རྒྱས་ཁོ་བོས་མི་ཤེས་གསུང་། ཡང་བོད་སྟོན་ཁ་ཅིག་གིས་ཆོས་ཞུ་བར་བྱས་པ་ལ། ཞང་སྣ་ཆུང་སྟོན་པ་ན་རེ། ཇོ་བོ་ལ་ཆོས་ཞུས་ཚད་ལ་བྱང་ཆུབ་ཀྱི་སེམས་སྦྱོངས་བྱ་བ་ལས་མི་འོང་ཟེར། དེ་ཇོ་བོས་གསན་ནས། ཞང་སྣ་ཆུང་སྟོན་པ་རེ་བདེན། ང་ལ་རྒྱ་གར་ན་ཡང་ཁྱེད་འདྲ་བ་མན་ངག་ལ་དགའ་ལ། སྐྱབ་པ་ལ་མི་དགའ་བ་ཅིག་ཡོད། ཁོ་ཡང་བྱང་ཆུབ་ཀྱི་སེམས་ལ་ཡིད་མ་ཆེས་གསུངས་ནས་གྲགས་པའི་ཆའི་གཏམ་རྒྱུད་གསུངས། དགེ་བཤེས་སྟོན་པས། ཇོ་བོ་ལ་བླ་གྲགས་ལུགས་ཀྱི་རྟོགས་པ་ཕུལ་བས། ཇོ་

བོས་ཕྱུག་ཐལ་མོ་ཤར་ཕྱོགས་སུ་སྒྱུར་ནས། ད་ལྟ་རྒྱ་གར་ཤར་ཕྱོགས་ན་ལྟ་བ་འདི་ཁོ་ན་འཛིན། ཁྱོད་ལྟ་བུའི་སེམས་ཅན་ཆེན་པོ་བོད་ན་ཡོད་པ་བོད་རེ་བསོད་ནམས་མི་ཆུང་། ཁོ་བོ་འོང་མི་དགོས་པར་འདུག་པ་ལ་གསུངས་ནས་གདམས་པ་ཤས་ཤིག་གནང་། ཇོ་བོས་ཀྱང་བོད་སྟོན་རྣམས་ལ་རྨེད་པ་མཛད་དེ། བོད་ཀུན་གཞི་ཇི་ལྟར་དུ་འདོད་གསུང་། ནམ་མཁས་གར་ཁྱབ་ཀུན་གཞིས་ཁྱབ་པར་འདོད་ཞུས་པས། ཇོ་བོའི་ཞལ་ནས། ཀུན་གཞི་ཐམས་ཅད་མཁྱེན་པས་ཁས་ལེན་པའི་གྲུབ་མཐའ་རགས་པ་དེ་ཙམ་ཕྱི་རོལ་མུ་སྟེགས་པ་ལ་ཡང་མེད་གསུང་། ཇོ་བོའི་ཞལ་ནས། བོད་སྔགས་མཚན་ཉིད་གཉིས་ལ་ཇི་ལྟར་འདོད་གསུང་། གཞན་གྱིས་མ་སྤྱོབས། ཞང་སྣ་ཆུང་སྟོན་པ་ན་རེ། ཁོ་བོའི་བླ་མ་ཅིག་ལམ་གྱི་དུས་ན་ཉེ་རིང་ཡོད། འབྲས་བུའི་དུས་ན་བཟང་ངན་མེད་གསུང་བྱས་པས། ཇོ་བོའི་ཞལ་ནས། ལམ་ཉེ་རིང་བྱུང་ན་འབྲས་བུ་ལ་བཟང་ངན་ཅི་ནས་ཀྱང་འོང་དགོས། ནང་པ་སངས་རྒྱས་པའི་ཆོས་ཐམས་ཅད་རྒྱུ་འབྲས་གོ་མ་ལོག་པ་ཅིག་དགོས་པས། ཁྱོད་ཀྱི་བླ་མ་དེ་ཡང་ན་ཐོས་པ་ཆུང་། ཡང་ན་ཟས་ངོར་རྫུན་སླུ་བ་ཅིག་ཡོད་པར་འདུག །བོད་ན་ཆོས་འཚོང་བའི་ཚོང་པ་མང་པོ་སྣང་། རྒྱ་གར་ན་ཟོང་འཚོང་བའི་ཚོང་པ་མང་པོ་ཡོད་གསུང་། དེ་གཉིས་གང་དགའ་བ་ལགས་ཞུས་པས། ཆོས་འཚོང་བའི་ཚོང་པ་ནི་བིནྡྷ་ཀུན་ཏ་མ་ལི། ཟོང་འཚོང་བའི་ཚོང་པ་ནི་ཕ་ལ་ཕ་ལ་གསུང་། ཇོ་བོ་སྙེ་ཐང་ན་བཞུགས་པའི་དུས་སུ་ཇོག་ལ་སོགས་པས་སྨྲུན་རྨེད་མཛད་པས་འཁྲིད་དེ་ཙམ་འདུག །འཁྲིད་ཆོ་ལགས་སམ་ཞུས་པས། ག་ན་ལགས་ག་ན་ལགས། ཁོ་བོ་ནང་པ་སངས་རྒྱས་པ་ལགས་གསུང་། ཇོ་བོའི་ཞལ་ནས། བོད་ན་མུ་སྟེགས་དངོས་མི་འདུག་སྟེ་ཆ་མཐུན་འདུག །གང་ལགས་ཞུས་པས། གནས་བརྟན་གནས་གཞི་འཛིག་པ་འདི་རྣམས་ཡིན་གསུང་། ཇོ་བོའི་ཞལ་ནས། བོད་སྒོམ་པ་གསུམ་ཇི་ལྟར་འདོད་གསུང་། སུས་ཀྱང་མ་སྤྱོབས་པ་ལ། ཇོ་བོ་ཉིད་ཀྱི་ཞལ་ནས། ངའི་སློབ་མ་

ཅིག་གནས་གྱུར་དུ་འདོད་པ་ལ་པཎྜི་ཏ་ཀུན་འགོགས་གསུངས། ཇི་ལྟར་འགོགས་ཞུས་པས། འགོག་ཚུལ་དང་ཇོ་བོ་ཉིད་ཀྱི་བཞེད་པ་རྒྱས་པར་གསུང་ངོ་། །ཡང་བོད་སོ་སོ་ཐར་པ་ལ་སྒྲ་དོན་ཇི་ལྟར་འདོད་ཅེས་པ་ལ་སོགས་པ་བཀའ་མཆིད་མང་དུ་མཛད་དོ། །ནང་ཅིག་ཇོ་བོའི་ཞལ་ནས། ཨུ་པ་སི་ཀ་ཁྱེད་ན་རེ་དགུན་ཡང་མེ་ཏོག་འཆར་བ་ཅིག་ཡོད་ཟེར་ན་མེ་ཏོག་ག་རེ་གསུངས་ནས། དགེ་བཤེས་སྟོན་པས་སྙེའི་ན་མོ་ཆེའི་ཁར་ཇོ་བོ་སྤྱན་དྲངས་ནས་གསེང་མའི་མེ་ཏོག་བསྟན་པས། ཇོ་བོའི་ཞལ་ནས། ཛྭན་མ་བཏང་ཙམ་འདུག་གསུང་ནས་མཉེས། དེའི་དུས་སུ་མེ་ཏོག་ཕུལ་བས་བསོད་ནམས་ཆེ་བའི་ཆོས་ཤིག་གསུངས་ནས། འོན་ཀྱང་དུག་གི་མེ་ཏོག་དཀོན་མཆོག་ལ་དབུལ་དུ་མི་རུང་། སྤང་རྒྱན་ཨུཏྤ་ལའི་རྒྱུར་འདུག་པ་ལ་བོད་རླུང་པོ་ཆེ་བས་ཁ་མ་བྱེ་བར་འདུག་གསུང་། མེ་ཏོག་ཤང་ཤང་འདི་རྒྱ་གར་ན་མེད། ཡོད་ན་ངས་གསེར་འཇལ་ནུས་གསུངས་ནས། ཁྱེད་མེ་ཏོག་ཡོད་ཟེར་བར་འདུག །ཁྱེད་མེ་ཏོག་ལ་དེ་ཙམ་དུ་དགའ་ན་ངས་ས་ཕྱོགས་འདིར་མེ་ཏོག་འཆར་བར་བྱིན་གྱིས་བརླབ་ཀྱིས་གསུངས། དེའི་བྱིན་བརླབས་ཀྱིས་སྙེ་ཐང་གི་སྐོར་ན་མེ་ཏོག་གི་རིགས་གཞན་ན་མེད་པ་མང་དུ་ཡོད་གསུང་། དེ་ཙ་ན་སྙེའི་ན་མོ་ཆེར་ཇོ་བོ་སྐྱོ་བསངས་མཛད་ཅིང་ལྷོ་ལྷོ་བཞུགས་ནས་རེ་ལུག་དང་རྟེའུ་ཀུན་ལ་རའི་བུ་ཚུང་ཁམས་བདེའམ། རྟའི་བུ་ཚུང་ཁམས་བདེའམ་གསུང་། རེས་མཛེ་སྤྲང་ཀུན་ལ་བག་ཆགས་ངན་གསུངས་ནས་ཤངས་སྐྱོར་བ་ལྟར་མཛད། རེས་མཛེ་སྤྲང་གི་ནང་དུ་བཞུགས་ནས་བཀའ་ཕམས་གནང་ཞིང་བྱམས་སྙིང་རྗེ་བསྒོམ། ཁྱད་པར་དུ་ཁྱི་ཕོ་ན་ལ་བྱམས་པས་ཁྱི་གུ་ཀུན་ཕྲུག་ཏུ་བླངས་ཤིང་། ཁྱིའི་བུ་ཚུང་སྐུ་ཁམས་བདེའམ། ལུས་ངན་འདི་ལྟ་བུ་ལེན་པ་ཁྱེད་རང་གིས་ནོངས། ཁྱེད་རང་གིས་ནོངས་གསུང་། དགེ་བཤེས་ཁུ་ཡིས་བླ་མས་ཀྱང་མི་ཆེན་པོ་མི་མཁྱེན་པར་གདའ། དེ་ལྟར་མཛད་པ་མ་ལགས་ཞེས་གསོལ་པས། ཇོ་བོའི་ཞལ་ནས། བོད་ཀྱི་མི་ཆེན་གྱིས་

དགོས་པ་མེད་ངའི་བྱམས་སྙིང་རྗེ་ལ་གནོད་གསུང་། ནང་ཅིག་ཇོ་བོའི་ཞལ་ནས། དེ་རིང་ང་སུ་དང་ཡང་མི་ཕྲད་པས་དྲུང་དུ་མི་མ་བཏང་ཅིག་གསུང་། དེའི་ཉིན་པར་མི་ཁྲིས་ཆུང་ཅན་ཅིག་བྱུང་སྟེ། རྒྱ་གར་ནག་ཆུང་གིས་བཏང་བ་ཡིན། ཇོ་བོ་ལ་འབུལ་བ་བྱེད་ཟེར་ནས། འབུལ་བ་བཞེད་དེ་བཏང་བས། ཁྲིས་པོ་དེའི་ནང་ནས་ལྕགས་ཀྱི་སྦྲར་མོ་ཅིག་འུར་གྱིས་ཇོ་བོའི་ཕྱོགས་སུ་སོང་བས་ཇོ་བོའི་སྐུ་རྒྱབ་ཀྱི་རྡིག་ངོས་ལ་ཐམས་ཀྱིས་སོང་ནས་ཕྲི་ལི་ལི་འདུག་སྐད། དེ་རྒྱ་གར་ནས་མུ་སྟེགས་པ་རྣམས་ཀྱིས་བོད་དུ་ནང་པའི་བསྟན་པ་འཕེལ་གྱིས་དོགས་ནས་གྲོས་བྱས་ཏེ་བར་ཆད་ལ་བཏང་བས་མ་ཚུགས་པ་ཡིན་གསུང་། ཡང་ཉིན་ཅིག་རྒྱ་གར་གྱི་དགེ་སློང་ཤིན་ཏུ་བཙུན་པ་སྦྱངས་པའི་ཡོན་ཏན་བཅུ་གཉིས་དང་ལྡན་པ་གཉིས་བྱུང་ནས། ཇོ་བོ་ལ་ཆོས་ཞུས། ཇོ་བོས་གང་ཟག་གི་བདག་མེད་གསུངས་པའི་དུས་སུ་ཁོང་གཉིས་དང་། ཆོས་ཀྱི་བདག་མེད་གསུངས་པའི་དུས་སུ་ཨ་ཏེ་ཤ་འཇིགས་འཇིགས་མི་གསུང་བ་ཞུ་ཟེར་ནས་རྣ་བ་འགེབས། ཡུམ་གྱི་སྙིང་པོ་བརྗོད་པའི་དུས་སུ་ཡང་རྣ་བ་བགེབས་པས། ཇོ་བོ་ཐུགས་ཆད་ནས་བྱམས་སྙིང་རྗེ་བྱང་ཆུབ་ཀྱི་སེམས་ཀྱིས་འཕངས་ནས་ཚོགས་ཁྱད་པར་ཅན་ལ་འབད་པ་མ་བྱས་ན་བསྒྲུང་སྡོམ་དག་པ་གཅིག་པུས་གར་ཡང་མི་ཕྱིན་པར་སྣང་གསུང་། ཡང་ཇོ་བཙུན་ནམ་མཁའ་དབང་ཕྱུག་གིས། ཇོ་བོའི་སྣུན་བརྒྱུགས་ཟླ་གཅིག་སྦྱར་བའི་བསྡོ་བའི་དུས་སུ། ཇོ་བོའི་ཞལ་ནས། བོད་ན་ནོར་གྱི་བདག་པོ་ཛེ་ལྟ་བུ་ཡོད་ཅེས་བཀའ་སྩྩེད་པ་ན། ཨ་མེ་གཡས་བཙུན་དང་། བཙོང་ཁའི་རྒྱལ་པོ་ལ་ནོར་འདི་ཙམ་བདོག་ཞུས་པས། ཁྱེད་བོད་ན་དགེ་སློང་བཞི་སྡེ་ཅིག་ལ་བསྙེན་བཀུར་བྱས་པའི་རྣམ་སྨིན་ལ་ལོངས་སྤྱོད་པ་མི་འདུག་གསུང་། ཡང་ཇོ་བོ་ལ་རྒྱ་གར་གྱི་སློབ་མ་རྣམས་ཀྱིས་འབུལ་བ་སྐྱེལ་བའི་ཕོ་ཉ་བྱུང་བ་ལ། ཇོ་བོའི་ཞལ་ནས། རྒྱ་གར་ན་ངོ་མཚར་ཅན་གྱི་གཏམ་ཛེ་ལྟ་བུ་འདུག་དྲིས་པ་ལ། དེ་ན་རེ། གཞན་མི་གདའ། རྣལ་འབྱོར་པ་ཅིག

གིས་གྲོང་ཁྱེར་ཆེན་པོ་ཅིག་གི་དབུས་སུ་འཆག་སའི་ཁུང་བུ་བྱས་ནས་སྒྲུབ་པ་བྱས་པས། ལོ་བཅུ་གཉིས་ན་ཕྱག་རྒྱ་ཆེན་པོ་མཆོག་གི་དངོས་གྲུབ་ཐོབ་སྟེ། ད་ལྟ་སྐུ་ལུས་ཀྱི་བཀོད་པ་མང་པོར་སྤྲུལ་ནས་བྱམས་སྙིང་རྗེ་ལས་བརྩམས་པའི་ཆོས་གསུང་ཞིང་གདའ། ཡང་རྣལ་འབྱོར་མ་ཅིག་གིས་མཉྫལ་ལྷ་ཕུལ་བས་དེ་ལས་པདྨའི་སྡོང་པོ་སྐྱེས། དེ་ལ་མེ་ཏོག་ཤར་ནས་ཞག་བདུན་དུ་སོ་ལེ་སྡོད་པ་ཅིག་ད་ལྟ་ཡོད་ཟེར་བས། དགེ་བཤེས་སྟོན་པ་ཚེམས་རྩ་རེ་མ་མཆུ་ལ་བཏབ་ནས། ང་ཤི་རྒྱ་གར་ན་ད་དུང་ངོ་མཚར་ཅན་གྱི་གཏམ་ཡོད་པར་འདུག་གསུང་། དེའི་དུས་ན་ཇོ་བོའི་ཕྱག་མཆོད་དགེ་བཤེས་དགོན་པ་བས་དབུ་མཛད་བྱུར་གྱི་ཉམས་དགའ་མོར་བཞུགས་ཏེ། ཇོ་བོ་སྐབས་སུ་ཕྱག་མཆོད་རྣམས་ཞལ་བལྟ་གསུངས་ནས་དེར་ཡང་ཡང་བྱོན། དགེ་བཤེས་དགོན་པ་བས་ཉམས་དགའ་མོ་ན་བཞུགས་པའི་དུས་སུ། ཉུབ་གཅིག་ཝུར་སྒྲ་ཆེན་པོ་ཅིག་བྱུང་བའི་རྗེས་ལ་ས་འོག་ནས་ཐིག་པ་ཆེན་པོ་ཅིག་ཤིགས་ཤིགས་བྱུང་། དགེ་བཤེས་དགོན་པ་བས་ཇོ་བོ་ལ་གསོལ་བ་བཏབ་པས་མེད་དེ་སོང་། དེའི་ནང་པར་སྔ་མོར་ཇོ་བོ་བྱོན་ནས། ཁྱོད་ང་སྔོན་ཞིང་འདུག་པ་ཅི་བྱེད་གསུང་། བྱུང་ཚུལ་གསོལ་བས་ཇོ་བོས་རྣལ་འབྱོར་བསྲུང་བའི་སྐོར་ཞིས་པ་མི་གཡོ་བའི་གདམས་པ་མ་ལུས་པ་དགོན་པ་བ་ལ་གནང་བས། ལོ་ཙཱ་བ་དང་། དགེ་བཤེས་སྟོན་པ་གཉིས་ཞལ་འཕང་ཡང་དེ་ལ་མཛད། ཇོ་བོ་དགོན་པ་སྟོང་པ་ཐམས་ཅད་ལ་ཕྱག་མཛད། སྟོང་པ་ལགས་ཞུས་པས། ཡོད་དེ་འོང་ཁོ་བོ་སྒོམ་པ་ལ་དགའ། མ་འོངས་པ་ན་བསྒོམས་ཏེ་མཆི་གསུང་། སྒོམ་ཕྱུག་མ་བྱུང་ཁོ་བོ་འོངས་པ་ལ་དོན་མ་མཆིས་གསུང་། ཁྱེད་རང་ཡང་རི་ལ་སྒོམས་གསུང་། དེར་འདྲེ་འོང་ལགས་ཞུས་པས། ཁྱེད་རང་ཚུལ་ཁྲིམས་ཅ་ལེ་ཙེ་ལེར་སོང་བ་མིན་ནམ། ངེད་རྒྱ་གར་ན་འདྲེའི་གསེབ་ཏུ་སྒོམ་པ་ཡིན་གསུང་། ངའི་སློབ་མ་སུཁ་མ་ཏི་ཞེས་པ་སྒོམ་པ་ལ་བར་ཆད་བྱུང་བ་ལ། སྟོང་པ་ཉིད་དུ་བསྒོམས་པས་ཞི་ནས་སོང་བའི་གཏམ་

རྒྱུད་གསུང་། རེས་འགའ་གཅིག་ཕྱུར་བསྟད་པ་ལ་འདྲིས་ཁྱེར་བ་མང་གསུངས་ནས་མི་མཉེས་པ་ཡང་མཛད། དེའི་དུས་སུ་དགེ་བཤེས་གསང་ཕུ་བ་ལ་སྐོམ་པ་རྒྱ་སྟོན་གྱིས་སྤུས་འདོད་གསང་སྔགས་ཕྱི་རྒྱུད་ཆང་ཆུང་ལྡེ་ཞུས་པས། རིམ་པ་བྱས་སམ་གསུང་། མ་བགྱིས་བྱས་པས། འོ་ན་ཁོ་བོས་ཧེ་རུ་ཀ་དངོས་སུ་བཞུགས་པ་ལ་ཞུས་ལ་འོང་གིས་གསུངས་ནས། ཇོ་བོ་ལ་ཞུས་པས་རིམ་པ་བྱས་སམ་གསུང་། མ་བགྱིས་ཞུས་པས། རིམ་པ་བྱས་ཀྱང་བོད་ཀྱི་རིམ་པས་གོ་མི་ཆོད། བོད་དད་པ་ཆེ་བས་སྔགས་ཀྱི་སློབ་མར་རུང་བ་ཡོད་སྲིད་དེ། སློབ་དཔོན་དབང་བསྐུར་ནུས་པ་མི་སྣང་། རིམ་པ་མ་བྱས་ཀྱང་བྱང་ཆུབ་ཀྱི་སེམས་བརྟན་པོ་ཡོད་ན་དེ་ཀུན་ཙམ་མཉན་དུ་རུང་གསུང་། ཕྱི་དེ་ཉིན་པར་ཁྲི་ཁར་བྱོན་ནས། ངས་བླ་མ་ལ་ཞུས་པས་འདི་སྐད་གསུང་གསུངས་ནས་བཤད་པ་མཛད། གསང་ཕུ་བ་ཕྱིས་གསང་སྔགས་གཟིགས་ཤིང་ཨ་ཏི་ཤས་གནང་བ་འདི་ཡིད་ཆེས་སོ། །ཞེས་ཚིག་ཟླས་སུ་ཡང་མཛད་དོ། །ཡང་ཁ་ཅིག་གིས་ཇོ་བོ་ལ་ཆོས་ཞུས་པས། དད་པ་དད་པ་དད་པ་ཁོ་ན་གལ་ཆེ་གསུང་། ཡང་ཇོ་བོ་ལ་བཅུད་ལེན་ཞུས་པས། ཁོ་བོ་བྱང་ཆུབ་ཀྱི་བཅུད་ལེན་བྱེད་གསུང་། ཇོ་བོའི་ཞལ་ནས་ཆོས་གོས་གྱོན་པ་དང་ནམ་གྱི་གུང་ལ་ཉལ་བ་ན་སངས་རྒྱས་ཀྱི་རྗེས་སུ་བསླབ་པར་བྱ་སྙམ་པ་མ་བསྒོམས་ན་ཉེས་པ་རེ་འོང་སྙེ། ཁྱེད་བོད་ཀྱི་འདུལ་བ་འཛིན་པ་ལ་ཅིའི་ཆ་གསུང་། དུས་དེར་དབུས་གཙང་པ་དང་། ཁམས་པ་མང་པོས་སྐྱབས་འགྲོ་སེམས་བསྐྱེད་ཞུས། ལ་ལས་རིམ་པ་ཞུས། ལ་ལས་རབ་གནས་ཞུས། སེམས་བསྐྱེད་ཞུ་བ་ཚན་ཅིག་ལ་སྟོན་པ་འདི་ཀུན་ལ་ཆོས་ཞུ་བའི་བརྒྱགས་འདུག་པ་ལ་མཆོད་པའི་ཡོ་བྱད་མི་འདུག་གསུང་། ཡང་ཁམས་པ་ཚན་ཅིག་གིས་རབ་གནས་ཞུས་པ་ལ། དགེ་བཤེས་སྟོན་པ་ཞལ་འཛུམ་འཛུམ་མཛད་ནས་ཇོ་བོ་ལ་གཟིགས། ཡང་ཁམས་པ་དེ་རྣམས་ལ་གཟིགས་ནས། དེ་ནས་དགེ་བཤེས་སྟོན་པའི་ཞལ་ནས། བླ་མ་འདི་བཞིན་དུ་གསུང་ཞིང་གདའ་

གསུངས་ནས་སྒྲ་སྦྱོར་བ་ལ་ནན་ཏར་རབ་གནས་ཡང་དག་པ་ཅིག་བྱེད་ན། དང་པོ་རྒྱུ་འདི་ལྟར་དགོས། དེ་ནས་ལྷ་བཟོ་འདི་ལྟ་བུ་དགོས། དེ་ནས་སྐྲུ་རིས་འདི་ལྟ་བུ་དགོས། དེ་ནས་སྤྱན་དབྱེ། དེ་ནས་རབ་གནས་འདི་ལྟར་བྱེད་དགོས་ཞེས་པ་ལ་སོགས་པ་རབ་གནས་ཀྱི་གདམས་པ་གསུངས་སོ། །དེའི་ཚེ་བྱམས་པ་ལྷ་ཡུལ་མའི་སྒྲུབ་ཐབས་དང་། སྒྲོལ་མ་ཕྱག་འཚལ་ཉེར་གཅིག་མ་དང་། ཤེས་རབ་ཀྱི་ཕ་རོལ་ཏུ་ཕྱིན་པ་བརྒྱད་སྟོང་པ་ལ་སོགས་པ་དགེ་བཤེས་སྟོན་པས་བསྒྱུར་རོ། །དེའི་དུས་སུ་དགེ་བཤེས་ལོ་ཙཱ་བས་ཀྱང་ཆོས་མང་པོ་བསྒྱུར་རོ། །བང་སྟོན་དང་། ཨ་མེ་བྱང་ཆུབ་དང་། ཕྱག་ཁྲི་མཆོག་གིས་ཞུས་ནས་ཁྲོ་བོ་མི་གཡོ་བ་དང་། ཞོན་ཕུ་རངས་སུ་བསྒྱུར་བའི་ཡིད་བཞིན་ནོར་བུའི་ཚོ་ག་དང་། སྨན་བླའི་ཚོ་ག་ཇོ་བོ་ཉིད་ཀྱིས་མཛད་པ་རྣམས་དང་། ཀ་བ་ཤཱཀྱ་དབང་ཕྱུག་དང་གར་མི་ཡོན་ཏན་གཡུང་དྲུང་དང་། དར་བྱང་ཆུབ་གསལ་དང་། གནས་བརྟན་རྒྱལ་བ་ལ་སོགས་པས་ཞུས་ནས། བླ་མ་གསེར་གླིང་པས་མཛད་པའི་ཨ་ར་པ་ཙ་ནའི་སྒྲུབ་ཐབས་དང་། བཅོམ་ལྡན་འདས་ཤཱཀྱ་ཐུབ་པའི་སྒྲུབ་ཐབས་དང་། དགེ་བཤེས་སྟོན་པས་ཞུས་ནས་ཇོ་བོ་ཉིད་ཀྱིས་རྒྱ་གར་གྱི་ནགས་ཀྱི་ནང་དུ་རྨི་ལམ་དུ་ཞལ་གཟིགས་པའི་སྤྱན་རས་གཟིགས་དབང་ཕྱུག་ཞལ་གསུམ་ཕྱག་དྲུག་པའི་སྒྲུབ་ཐབས་དང་། ལས་ཀྱི་སྒྲིབ་པ་སྦྱོང་བའི་ཚོ་ག་དང་། སྨན་བླའི་ཚོ་ག་དང་། དེའི་སྒྲུབ་ཐབས་དང་། ནོར་བུ་རྒྱས་པའི་གཞལ་མེད་ཁང་གི་ཚོ་ག་དང་། གཙུག་ཏོར་དྲི་མེད་ཀྱི་ཚོ་ག་དང་། དེའི་བུམ་པའི་ཚོ་ག་དང་། རྟེན་འབྲེལ་གྱི་གདམས་ངག་དང་། རབ་གནས་ཀྱི་ཚོ་ག་དང་། གདམས་ངག་དང་། ཨ་མོ་གྷ་པཱ་ཤའི་ཚོ་ག་རྣམས་ཞུས་ཏེ་བླ་མ་ཉིད་དང་། ལོ་ཙཱ་བ་ཉིད་ཀྱིས་བསྒྱུར་རོ། །ལོ་ཙཱ་བས་ཁུངས་ཕྱུང་ནས། ཨ་མེས་བྱང་ཆུབ་ཀྱིས་མི་གཡོ་བའི་ཚོ་ག་དང་། མན་ངག་རྒྱས་བསྡུས་ཞུས་ཏེ་བླ་མ་ཉིད་དང་ལོ་ཙཱ་བས་བསྒྱུར་རོ། །དེ་ནས་འབྲོམ་སྟོན་དང་། བང་སྟོན་དང་། ཨ་མེས་བྱང་ཆུབ་དང་། ཕྱག་ཁྲི་

མཆོག་དང་། ཇོག་སྟོན་དང་། གནས་བརྟན་དད་པ་བརྩོན་འགྲུས་ལ་སོགས་པས་ཞུས་ནས། སྤྱན་རས་གཟིགས་དབང་ཕྱུག་གིས་ཞུས་པའི་མདོ་དང་། སེམས་ཅན་མགུ་བར་བྱ་བ་དང་། ཇོ་བོ་ཉིད་ཀྱིས་མཛད་པའི་སེམས་བསྐྱེད་ཀྱི་ཆོ་ག་དང་། ཚུལ་ཁྲིམས་ཀྱི་ལེའུའི་འགྲེལ་པ་སློབ་དཔོན་ཡོན་ཏན་འོད་ཀྱིས་མཛད་པ་རྣམས་བླ་མ་ཉིད་དང་། ལོ་ཙྪ་བས་བསྒྱུར་རོ། །དེ་ནས་འབྲོམ་སྟོན་དང་། ཕྱག་ཁྲི་མཆོག་དང་། བཙུན་པ་དགེ་སྐྱོང་རྣམས་ཀྱིས་ཞུས་ནས། འཇིག་རྟེན་དབང་ཕྱུག་གི་སྒྲུབ་ཐབས་སློབ་དཔོན་ཀླུ་སྒྲུབ་ཀྱིས་མཛད་པའི་ཁར་ས་པ་ཎི་དང་། ཡི་གེ་དྲུག་པ་དང་། སེང་གེ་སྒྲའི་སྒྲུབ་ཐབས་དང་། སློབ་དཔོན་ཀུན་དགའ་སྙིང་པོས་མཛད་པའི་འཇིག་རྟེན་གསུམ་ལས་རྣམ་པར་རྒྱལ་བའི་སྒྲུབ་ཐབས་རྣམས་དང་། ཨ་མེས་བྱང་ཆུབ་དང་། ཕྱག་ཁྲི་མཆོག་གིས་ཞུས་ནས་སློབ་དཔོན་ཨཱཪྻ་དེ་བས་མཛད་པའི་འཇིག་རྟེན་དབང་ཕྱུག་སྒྱུ་འཕྲུལ་དྲ་བའི་སྒྲུབ་ཐབས་ལ་སོགས་པ་བསམ་གྱིས་མི་ཁྱབ་པ་བསྒྱུར་རོ། །དེའི་དུས་སུ་ཇོ་བོ་ལ་ལོ་ཙྪ་བས་བདག་དགེ་སྦྱོར་ཅིག་བགྱིད་པས་མཆིམས་ཕུར་ཅིག་མཆི་བར་ཞུ་ཞུས་པས། ཇོ་བོའི་ཞལ་ནས། ལོ་ཙྪ་དགོས་གསུངས་ནས་མ་གནང་། ཡང་ཡང་ཞུས་པས་གནང་ནས། དེའི་བར་གྱི་ལོ་ཙྪ་བ་དགེ་བཤེས་སྟོན་པ་ལ་གཏད་ནས་ཟླ་བ་གསུམ་བཞུགས། དེའི་དུས་སུ་རོང་པའི་སྟོན་པ་དགེ་བ་དང་། ཉང་རོའི་སྟོན་པ་ཐོག་འབེབས་དང་བསོད་ནམས་ཡེ་ཤེས་ལ་སོགས་པ་སྟོན་ཆེན་མང་དུ་ཕེབས་ནས། དགེ་བཤེས་སྟོན་པས་ལོ་ཙྪ་བ་ལ་སློབ་དཔོན་སྨྲ་ར་ཏུ་ཕྱིན་ཞེས་པའི་སྤྱན་འདྲེན་བྱུང་ནས་ལོ་ཙྪ་བ་ཕྱིན་ཏེ། སྟོན་པ་དགེ་བས་ཞུས་ནས་དཔལ་དགེས་པ་རྡོ་རྗེའི་སློབ་དཔོན་ཤཱནྟི་པས་མཛད་པའི་ལྷན་ཅིག་སྐྱེས་པའི་རྣལ་འབྱོར་དང་། ཧཱུྃ་ཀཱ་ར་ཏེ་ཙ་ཀའི་བདུད་རྩི་འོད་ཀྱི་འགྲེལ་པ་ཇོ་བོ་ཉིད་ཀྱིས་མཛད་པ་དང་། འཁོར་ལོ་སྡོམ་པའི་གཞུང་མང་པོ་དང་། དཔལ་མ་ཧཱ་མཱ་ཡཱའི་སྒྲུབ་ཐབས་དང་། སློབ་དཔོན་ཀུ་ཀུ་རི་པ་མ་དང་། བརྒྱན་པ་མ་དང་། ཤཱནྟི་པས་

མཛད་པ་ལ་སོགས་པ་བླ་མ་ཉིད་དང་ལོ་ཙྪ་བས་བསྒྱུར་རོ། །དབུ་གཡོར་གཙང་གསུམ་གྱིས་ཞུས་ནས་བྱང་ཆུབ་སེམས་དཔའི་ས་དང་། མདོ་སྡེ་རྒྱན་དང་། རྒྱུད་བླ་མ་དང་། ལམ་སྒྲོན་རྣམས་གསུངས་སོ། །དེའི་དགྱར་བསླབ་པ་ཀུན་ལས་བཏུས་པ་དང་། མདོ་ཀུན་ལས་བཏུས་པ་དང་། སྤྱོད་པ་ལ་འཇུག་པ་དང་། ལམ་སྒྲོན་རྣམས་གསུངས། དེའི་དུས་སུ་ཇོ་བོའི་ཞལ་ནས། དགེ་བཤེས་སྟོན་པ་ལ་བླ་མ་གསེར་གླིང་པའི་ལུགས་ཀྱི་བསླབ་བཏུས་སྤྱོད་འཇུག་ཅིག་བསླབ་ཀྱིས་གསུངས་པ་ལ། སེ་བཙུན་ལ་བསླབས་པ་ཅིག་ཡོད་པས་དེས་ཤེས་ཟེར་ལགས་བྱས་ནས་མ་ཞུས། དེ་ནས་ལོ་ཙྪ་བས་ཁུངས་ཕྱུང་ནས་དབང་པོ་རབ་འབྲིང་གསུམ་ལ་སོ་སོར་ཕྱེ་ནས་ཆུ་བོའི་གཞུང་ལྟར་བཤད་པ་དང་། ལྡོན་ཤིང་གི་ལོ་འདབ་ལྟར་བཤད་པ་དང་། འཁོར་ལོས་སྒྱུར་བའི་རྒྱལ་པོའི་ལོངས་སྤྱོད་ལྟར་བཤད་པ་ལ་སོགས་པ་གསུངས་པས། དགེ་བཤེས་སྟོན་པའི་སྙན་ལ་ཁུམས་ནས་ཇོ་བོ་ལ་ཞུས་པས་ཁྱེད་རང་མཁས་གསུངས་ནས་མ་གནང་ངོ་། །ཕྱིར་ཇོ་བོའི་ཆོས་ཐམས་ཅད་ལོ་ཙྪ་བས་ཁུངས་ཕྱུང་ནས་ཞུས་པས། ལོ་ཙྪ་བའི་ཞལ་ནས། བོད་ལ་ང་བཀའ་དྲིན་ཆེའམ་སྙམ་པ་ཡིན་ནོ་ཞེས་ཀྱང་གསུངས། དེའི་དུས་སུ་བོད་སྟོན་རྣམས་ཀྱིས་བོད་དུ་བྱས་པའི་བསྟན་བཅོས་འགའ་ཟུང་གཟིགས་སུ་ཕུལ་བས་གཞན་ལ་མ་མཉེས། རྣལ་འབྱོར་ཨ་རོས་མཛད་པའི་ཐེག་ཆེན་རྣལ་འབྱོར་ལ་མཉེས་ཏེ་ཚིག་སྐྱན་ངག་ཆེ། ལས་རྒྱུ་འབྲས་ཞིབ། དོན་ཟབ་ལ་རྒྱ་ཆེ་བར་འདུག་གསུང་། མདོ་བསྐུལ་ཆེན་མོ་དང་། དུས་མཆོད་ཀྱི་སྨྲོན་འདྲེན། ཡང་མཆོད་ལ་སོགས་པ་ལ་དེ་དག་གིས་བྱར་རུང་བར་སྣང་ངམ་ཞུས་པས་སྣང་གསུང་། དེ་ཕན་ཆད་བོད་ཡུལ་དབུས་ཀྱི་ཆ་ལ་ལོ་བདུན་དང་ཟླ་བ་ལྔ་བཞུགས་ནས་ཆོས་ཙམ་ཡང་མི་གསུངས། རྒྱ་ལམ་གསུངས་ན་ཆོས་སྐུ་མགུར་དུ་བཞེས་ནས་གསུངས་ཏེ། ཆོས་ཀྱི་དབྱིངས་ཀྱི་སྐུ་དང་། འཁོར་བ་ལས་ངེས་པར་འབྱུང་བའི་སྐུ་དང་། བདེ་བ་དྲུག་གི་སྐུ་དང་། བྱང་ཆུབ་ཀྱི་སེམས་ཀྱི་སྐུ་

ལ་སོགས་པ་མགུར་དུ་བཞེས། མཚན་མོ་ཕལ་ཆེར་མཁའ་འགྲོ་མའི་ཚོགས་སུ་གསང་སྔགས་ཟབ་མོའི་དོན་མགུར་དུ་བཞེས་ཏེ། ལྟ་བ་རྡོ་རྗེའི་གླུ་དང་། སྤྱོད་པ་རྡོ་རྗེའི་གླུ་དང་། སྒོམ་པ་རྡོ་རྗེའི་གླུ་དང་། རྡོ་རྗེ་ཆོས་ཀྱི་གླུ་ལ་སོགས་པ་མགུར་དུ་བཞེས་པ་བླ་མ་ལ་ཞུས་པས་གནང་ནས་ལོ་ནྭ་བས་བསྒྱུར་རོ། །དགེ་བཤེས་ལོ་ཙྪ་བས་ཇོ་བོ་ལ་མནྟལ་སྔོན་དུ་སོང་བའི་ཕྱག་ཕུལ་ནས་ཞུས་པ། བདག་མཆིམས་ཕུར་སོ་བསོད་ཅིག་བགྱིད། འདི་ན་ཤར་ནུབ་ལྷོ་བྱང་ཐམས་ཅད་འཚོགས་པས་སོ་མི་བསོད། གཞུང་ཆེན་པོ་བླ་མས་ཀྱང་གསུང་མི་སྤྱོད། བདག་གིས་ཀྱང་མི་ནུས། གདམས་པ་ཆང་ཆུང་གི་ལོ་ཙྪ་སྔོན་པ་རྒྱལ་འབྱུང་གིས་འོང་བས་བདག་མཆི་བར་ཞུ་ཞུས་པས་མ་གནང་། ཡང་ཞུས་པས་གནང་། དེ་ནས་ཇོ་བོ་ལ་སྨུང་བ་ཅིག་ཀྱང་བྱུང་། དེ་ལ་མཆོད་པ་དང་རིམ་གྲོ་ལ་སོགས་པ་བྱས་པ་དང་། ཡི་དམ་གྱི་ལྷ་རེ་ཞལ་གཟིགས་ནས་དངས། ཡང་བྱུང་ལྷ་རེ་ཞལ་གཟིགས་པ་དང་དངས། དེ་ལྟ་བུ་ཡང་ཡང་བྱུང་གསུང་། སྤྱིར་སྙེ་ཐང་དུ་བཞུགས་པའི་རིང་ལ་ཡི་དམ་གྱི་ལྷ་ཞལ་གཟིགས་པ་མང་སྟེ། ཟླ་བ་ཉའི་ནུབ་ཅིག་དུས་གསུམ་གྱི་སངས་རྒྱས་དང་བྱང་ཆུབ་སེམས་དཔས་ཞལ་གཟིགས། དེ་ནས་སྲོད་ཀྱི་ཐུན་ལ་ནུབ་རེ་ཞིང་ཞལ་གཟིགས་གསུངས། ཉིན་ཅིག་ཀུན་སླུང་ཆེན་པོ་གཅིག་ལ་ཇོ་བོ་མནྟལ་མཛད་ཅིང་། ཕྱག་སེར་ཀ་ཕྲ་ཤིག་གེ་ཡོད་པ་ལ། ཇོ་མོ་སྒྲོལ་མ་བྱོན་ནས་ད་དེ་ཙམ་དུ་དཀའ་སྤྱད་བགྱི་གིན་འཚལ་གསུངས། ཡང་ནུབ་ཅིག་རྨི་ལམ་ན་བུད་མེད་ཀྱི་རྒྱན་གྱི་སིལ་ཁྲོལ་གསན་པས་བལྟར་མི་ཊུང་སྐམ་ནས་མ་གཟིགས་པས། ཁྱོད་མ་ལ་ཡང་མི་གཟིགས་སམ་ཟེར་བའི་སྒྲ་ལྷངས་ཀྱིས་བྱུང་། ངའི་མ་ནི་འདི་ན་མེད་ན་གསུངས་པས། མ་སྒྲོལ་མ་ལ་ཡང་མི་གཟིགས་སམ་ཟེར་བ་ཅིག་རྨིས་ནས་མནལ་སད་པ་དང་། མདུན་གྱི་ནམ་མཁའ་ལ་རྗེ་བཙུན་མ་སྒྲོལ་མ་རིན་པོ་ཆེའི་རྒྱན་རྣམ་པ་སྣ་ཚོགས་ཀྱིས་བརྒྱན་པ་ཞལ་གཟིགས། དེ་ནས་དུས་ཕྱིས་ཤིག་ཇོ་བོའི་ཞལ་ནས་ང་སྒྲོལ་མ་ལ་རྨི་ལམ་

དུ་ཡང་མའི་འདུ་ཤེས་སྒོམ་པ་ཡིན་ཏེ། ཇོ་མོ་རང་འདི་ན་འདུག་སྟེ་དཔང་པོ་ཡིན་ནོ་གསུང་། ཇོ་མོ་གང་ན་གདའ་ཞུས་པས། སྒྲོལ་མ་འཇིགས་པ་བརྒྱད་སྐྱོབ་མའི་ཐང་སྐུ་ཅིག་ལ་ཕྱག་མཛུབ་བཙུགས་ནས་འདི་ཡིན་ནོ་གསུང་། དེ་ད་ལྟ་ར་སྒྲེང་ན་བཞུགས་སྐད། ཡང་ཉིན་ཅིག་གཟིམས་ཆུང་ན་བཞུགས་པ་ལ་བཀོས་འདྲེན་དུ་ཕྱིན་པའི་དུས་སུ་སྤྱན་ནམ་མཁའ་ལ་ཧྲིག་ཧྲིག་མཛད་ནས་མཻ་ཏྲི་མཻ་ཏྲི་གསུང་ཞིང་འདུག་པས་འདྲེན་མ་ནུས་པར་ལོག །ཡང་ཕྱིན་པའི་ཚེ་ཡང་དེ་བཞིན་དུ་འདུག་ནས་ལོག །དགེ་བཤེས་སྟོན་པའི་ཞལ་ནས། ཨ་མེ་ཇོ་བོའི་ཚ་བ་དེ་གྲང་དུ་མ་གཞུག་པར་སློས་ཤིག །ཇོ་བོས་མགོན་པོ་བྱམས་པའི་ཞལ་གཟིགས་ཚོད་དུ་འདུག་གིས་ཁྱུ་ཅག་གཉིས་ཀྱིས་མཐོང་དུས་ནི་མེད་གསུང་། དེ་ནས་བཀོས་གྲང་མོར་སོང་དྲ་ཡོལ་དུ་ཉེ་བ་ན་ངའི་ཆོས་སྟོན་ཁྲིར་ལ་ཐོག་གསུང་། ད་ཅི་མི་གསོལ་བ་ཇི་ལྟར་ལགས་ཞུས་པས། མཻ་ཏྲི་ཕྱི་ཁོ་ལི་གསུང་། དེ་ནས་དྲོ་ཐོན་པ་དང་ཇོ་བོའི་ཞལ་ནས། ད་ནངས་པར་ལ་རྗེ་བཙུན་འཇམ་དཔལ་དང་རྗེ་བཙུན་བྱམས་པ་གཉིས་མདུན་གྱི་ནམ་མཁའ་འདི་ན་བྱོན་ནས་ཐེག་པ་ཆེན་པོའི་ཆོས་ལ་བགྲོ་བ་མཛད། དཔལ་ཕྱག་ན་རྡོ་རྗེས་བར་ཆད་བསྲུང་། ལྷའི་བུ་རྣམས་ཀྱིས་ཟིན་བྲིས་བྱས། ད་དེ་བྲི་དགོས་གསུང་། བྱམས་པ་བགྲོ་བ་མཛད་པའི་སྐྱུ་རིས་ཇོ་བོ་ཉིད་ཀྱིས་མཛད་ནས། ངས་འདི་འདྲ་ཞིག་མཐོང་བས། འདི་འདྲ་བའི་ཐང་སྐུ་དང་བསྟན་པའི་བདག་པོ་ཕྱུ་རི་མ་དང་ཡི་གེ་དྲུག་པ་བྲག་རིས་མ་གསུམ་བྲིས་ལ་བསྐུར་ཞེས་བྲི་ཀ་མ་ལ་ཤྲཱི་ལར་གསེར་བསྐུར་ནས་བཏང་ངོ་། །ཇོ་བོ་ལྷ་རིས་མཁས་པས་མ་མཉེས་སུ་དོགས་ནས། རྒྱ་གར་ཤར་ཕྱོགས་ནས་པཎྜི་ཏ་བཀུག་ནས་བྲིས་ཏེ་བསྐུར་བྱུང་བ་དེ་གསུམ་ད་ལྟ་སྙེ་ཐང་ན་བཞུགས་སོ། །ཡང་ཇོ་བོའི་ཞལ་ནས། སངས་རྒྱས་ཐམས་ཅད་ཀྱི་རང་མདོག་གསེར་གྱི་མདོག་ཏུ་འདུག་གསུངས་ནས་རིགས་ལྔ་སེར་འབྱམ་མཛད། འོ་ན་སོ་སོར་བསྟན་ནས་གདའ་བ་ཞུས་པས་གདུལ་བྱ་ལ་གང་ལ

གང་འདུལ་དུ་བསྟན་པ་ཡིན་གསུང་། དེ་དུས་སུ་ཁམས་སྟོན་དགའ་ཆེན་དགའ་ཆུང་གཉིས་དང་། བ་རི་བ་ལ་སོགས་པ་རྒྱ་གར་དུ་ཆོས་སློབ་ཏུ་འགྲོ་བའི་ལམ་རྒྱུས་དང་། འཕྲུལ་སྐད་དང་བར་ཆད་སེལ་བའི་བྱིན་བརླབས་ཞུར་བྱུང་བ་ལ། ཇོ་བོས་བྱིན་བརླབས་མཛད་ནས། ཁྱེད་རང་ལ་བར་ཆད་མེད། གཞན་ལ་ཕན་ཐོགས་པར་འོང་བར་འདུག་གིས་གསུང་། ཁྱེད་རྣམས་བླ་མ་རྡོ་རྗེ་གདན་པའི་སྤྱན་སྔར་སོངས་ཤིག་གསུངས་ནས་ལུང་བསྟན་ཏོ། །དེ་དུས་ན་ཇོ་བོ་ཆོས་ཐམས་ཅད་ཞལ་ཆེམས་སུ་གསུང་སྟེ། རྒྱ་ལ་ཡོ་ག་ཡང་གསུང་། དེ་ཇི་ལྟར་ལགས་ཞུས་པས། ཆོས་བྱ་བའི་དུས་ཡིན་གསུང་། ཐེག་པ་ཆེན་པོ་གསང་སྔགས་ཀྱི་ལམ་འདི་སྤྱུལ་སྟུག་དོང་དུ་བཅུག་པ་དང་འདྲ། གླང་པོ་ཆེའི་སྣ་ལ་རལ་གྲི་བཏགས་པ་དང་འདྲ་བར་མཐོ་དམན་བྱེད་པས་ལམ་མི་བདེ་བ་ཡིན་གསུང་། བོད་ཀྱིས་རྒྱུད་སྡེ་བཞི་ལ་ཡོངས་སྤྱོད་པར་མི་ནུས་པས། ཁྱེད་བོད་ལ་རྣལ་འབྱོར་གྱི་རྒྱུད་ཉམས་སུ་བླང་བདེ་བ་ཡིན་གསུང་། དགེ་བཤེས་སྟོན་པ་ལ་ཇོ་བོའི་ཞལ་ནས། ཐེག་པ་ཆེན་པོའི་མདོ་སྡེ་མ་ལུས་པའི་དོན་སློབ་དཔོན་ཀླུ་སྒྲུབ་དང་ཐོགས་མེད་ལ་སོགས་པ་སྐྱེས་བུ་ཆེན་པོའི་ཆོས་ལུགས། དུས་གསུམ་གྱི་སངས་རྒྱས་དང་བྱང་ཆུབ་སེམས་དཔའ་རྣམས་ཀྱིས་ཤིང་རྟ་ཆེན་པོའི་ལམ་འདི་ཁྱོད་ལ་གཏད་དོ་གསུང་། དགེ་བཤེས་སྟོན་པས་ཁོང་གཞན་ལ་ཐེག་པ་ཆེན་པོ་གསང་སྔགས་ཀྱི་གདམས་པ་གནང་ནས། ངོས་ལ་འདི་གནང་བ་ཇི་ལྟར་ལགས་ཞུས་པས། ཁྱོད་མིན་པ་གཏད་ས་མ་རྙེད་པ་ཡིན་གསུང་། ཇོ་བོ་ལ་ཟུ་འཕྲུལ་མངའ་བར་བྱེད་པས། དགེ་བཤེས་སྟོན་པས་ཇོ་བོ་བཞུགས་པའི་ཁང་པའི་སྒོ་བསྡམས་ནས་ཕྱིར་ཐོན་པའི་རྗེས་ལ། ཇོ་བོ་ཕྱིར་ཐོན་ནས་གདུགས་ལ་གདའ་སྐད། དེར་སྟོན་པས་ཨ་ཏི་ཤ་རྩིག་པ་ལ་ཐོགས་ཆགས་མེད་མཆི་ན་མེད་དམ་ཞུས་པས། ང་ལ་རྒྱ་གར་ན་ཡང་དེ་སྐད་དུ་གྲགས་གསུང་། ཇོ་བོ་འདའ་ཀའི་དུས་ན། ས་ལ་ཁྲུ་གང་ཙམ་གྱིས་མ་རེག་པར་བཞུད་པ་ཀུན་

གྱིས་མཐོང་། ཡང་ཇོ་བོའི་ཞལ་ནས། ང་ལ་ལྷ་རྣམས་ཀྱིས་མཆོད་པ་བྱས་པའི་རོལ་མོའི་སྒྲ་ད་དུང་གྲག་པ་ཐོས་སམ་གསུང་། དགེ་བཤེས་སྟོན་པའི་ཞལ་ནས་སྒྲ་ཡར་བསལ་ནས་ཉན་ཡང་མ་ཐོས་གསུང་། ཡང་ཇོ་བོའི་ཞལ་འཛུམ་པ་ཅིག་མཛད། དེ་ཨེ་ལྟར་ལགས་ཞུས་པས། ངའི་སློབ་མ་ཅིག་ང་ལ་གསོལ་བ་འདེབས་པའི་དྲིལ་བུའི་སྒྲ་གྲགས་གསུང་། ཡང་མཁའ་འགྲོ་མ་རྣམས་ཀྱིས་ང་ལ་བསྐོར་བ་བྱས་གསུང་། ཡང་ངའི་བླ་མ་རྣམས་དགའ་ལྡན་ན་བཞུགས། ང་ཡང་དགའ་ལྡན་དུ་འགྲོ་གསུང་། གཞན་ཡང་དེ་ལྟ་བུ་མང་དུ་གསུངས་པས། དགེ་བཤེས་སྟོན་པ་ཐུགས་མ་བདེ་ནས་ལོ་ཙྪ་བ་མཆིམས་ཕུ་ན་བཞུགས་པ་ལ་འཁྲིད་བསྐུར་ཏེ། སློབ་དཔོན་མྱུར་དུ་བྱོན། འདི་ན་ངོ་མཚར་ཆེ་བའི་གཏམ་ཡོད་ཅེས་བསྒྲིངས་པས། ལོ་ཙྪ་བས་ཟླ་བ་དྲུག་བཞུགས་ནས་བྱོན། དེའི་དུས་སུ་བལ་ཡུལ་དུ་ནཱ་རོ་པའི་སློབ་མ་པཎྜི་ཏ་ཧཱུྃ་ན་ཀ་ར་ཞེས་པ་ཧྟོ་ཧྟ་ཧྟ་རོས་སྤྱན་དྲངས་ནས་བཞུགས། ད་སླར་རྒྱ་གར་དུ་བཞུད་པར་འདུག་ཅེས་པ་ལོ་ཙྪ་བས་གསན་ནས། ཇོ་བོའི་སྤྱན་སྔར་བྱོན་ཏེ། སྔོན་བལ་ཡུལ་དུ་ནཱ་རོ་པའི་སློབ་མ་ཧཱུྃ་ན་ཀ་ར་ཞེས་པ་ལ་འཕགས་པའི་ལུགས་ཀྱི་གདམས་པ་ཡོད་པ་དེ་ཞུ་བ་མ་གྲུབ་གསུངས་པ་དེ་མ་བསླེལ་ལམ་ཞུས་པས། ཇོ་བོའི་ཞལ་ནས། དེ་དྲན་གསུང་། འོ་ན་པཎྜི་ཏ་དེ་ད་ལྟ་བལ་ཡུལ་ན་བྱོན་མཆིས་ཞུས་པས། ཇོ་བོའི་ཞལ་ནས། དེ་ལྟར་ཡིན་མོད་ཀྱི། ཁོ་བོ་ནི་རྒས་པས་ཉན་པའི་མཐུ་མེད། ཁྱོད་འབོད་པ་ཅིག་འོང་གིས་དེ་དུས་ན་སོང་། ཨུ་ཅག་དེའི་བར་དུ་འགྲོགས་ནས་ང་ཡང་ད་སྟེ་ཟླ་བ་བཅུ་ཙམ་ནས་དགའ་ལྡན་དུ་མགོན་པོ་བྱམས་པ་ལ་གདམས་པ་དང་རྗེས་སུ་བསྟན་པ་ཉན་དུ་འགྲོ། སྐྱེ་བ་ཐོག་མ་མེད་པ་ནས་གཅིག་པུར་གྲོགས་མེད་པར་འགྲོ་བ་ཡིན་པས། ཨུ་ཅག་ཀྱང་རྟག་ཏུ་འགྲོགས་པ་མ་ཡིན་གྱིས། ཅི་ནས་ཀྱང་སོང་ཅིག་གསུངས་པས། ལོ་ཙྪ་བས་བཀྲུམས་སོ། །དེ་ནས་ཡང་བླ་མ་བདག་གིས་འདིར་སྤྱན་དྲངས་ན་རིག་པའི་ཆོས་ཐམས་ཅད་

ཀྱང་ཉིད་ཀྱིས་ཡོང་དུ་ཆུད་པར་བྱས་ནས་འགྲོ་བ་འདི་མི་རིགས་སྙམ་པར་གདའ་བས། ད་མི་མཆི་བར་ཞུ་ཞུས་པས། ཇོ་བོའི་ཞལ་ནས། ང་འདིར་ཁྱོད་ཀྱིས་བསྐྱལ། ངའི་ནང་རིག་པའི་ཆོས་ཐམས་ཅད་ཀྱང་ཁྱོད་ཀྱིས་ཡོང་དུ་ཆུད་པར་བྱས་ནས། ཁྱོད་འགྲོ་བར་མི་རིགས་སོད་ཀྱི་འོན་ཀྱང་ཐེག་པ་ཆེན་པོའི་ཆོས་ལ་བར་ཆད་མང་བས་ཁྱོད་འགྲོ་དགོས། དེའི་བར་དུ་མཆོད་པ་རྒྱུན་མ་ཆད་པར་ཕུལ་ལ་ང་ལ་གསོལ་བ་ཐོབ་གསུང་། དེ་ནས་ལོ་ཙཱ་བས་མཆོད་པ་བཤམས་ཤིང་གསོལ་བ་བཏབ་པས། ཟླ་བ་གཅིག་ཙམ་ན་ལྷང་བཙུན་དར་མ་བྱང་ཆུབ་དང་། ཏྲི་ཏྲི་ཤཱཀྱ་བློ་གྲོས་གཉིས་འོངས་ནས། ངེད་གཉིས་སློབ་དཔོན་རྒྱལ་རིན་གྱིས་བཏང་བ་ཡིན། སྔོན་གསུངས་པའི་པཎྜི་ཏ་དེ་ད་ལྷ་བལ་ཡུལ་ན་བཞུགས་པས་མྱུར་དུ་བྱོན། ཡོང་སླར་རྒྱ་གར་དུ་བཞུད་པར་འདུག་ཟེར་ཏེ། ལོ་ཙཱ་བས་ཇོ་བོ་ལ་ཞུས་པས། ཇོ་བོའི་ཞལ་ནས། ང་ཡང་དགའ་ལྡན་དུ་སོང་ནས་ལྷའི་བུ་ནམ་མཁའ་དྲི་མ་མེད་པ་ཞེས་བྱ་བར་འགྱུར། ད་ཁྱོད་ཀྱིས་ངའི་གཟུགས་ཅིག་ལེགས་པར་ཚད་དུ་བྲིས་ལ། ང་དགའ་ལྡན་ནས་ཁུག་ལ་རབ་གནས་ལེགས་པར་གྱིས། ང་ལ་རྟག་ཏུ་མཆོད་པ་ཕུལ་ཞིང་གསོལ་བ་ཐོབ། ང་དགའ་ལྡན་ནས་འོང་བ་ཡིན་ནོ། །ད་དུང་ཟླ་བ་གཅིག་གི་བར་དུ་དངོས་སུ་མཆོད་པ་གྱིས་གསུང་། དེ་ནས་ཟླ་བ་ཕྱེད་དང་གཉིས་ཀྱི་བར་དུ་ཉིན་མཚན་དུ་མཆོད་པ་རྒྱུན་མ་ཆད་པར་བཤམས་ནས་བླ་མ་ལ་གསོལ་བ་བཏབ་བོ། །དེ་དུས་ན་ཇོ་བོའི་སློབ་མ་བོད་སྟོན་ཕལ་ཆེར་འདུས་ནས། ད་བླ་མ་རྗེ་བཙུན་ཆེན་པོ་ནི་མི་བཞུགས་པ་ལ་ཉེ་བར་སྣང་། བླ་མའི་སྲོལ་འཛིན་པ་ངེད་རྣམས་ལ་སུས་འོང་ཞེས་གླེངས་པའི་དུས་ན་གཞན་སུས་ཀྱང་མ་སྤོབས། ལོ་ཙཱ་བའི་ཞལ་ནས། ངས་དག་མི་ཤེས་ཏེ། ཆོས་ཐམས་ཅད་ཀྱི་ནང་ན་ཡོན་ཏན་ཆེ་སྐྱེ་ཆུང་སྐྱེ་ཐམས་ཅད་བླ་མ་ལས་སྐྱེ་བར་བཤད་འདུག་པས་བླ་མའི་ཞབས་ཏོག་འཁྲོམ་སྟོན་པའི་འདུ་བ་ངེད་སུས་ཀྱང་མ་ཀྱབ། ཇོ་བོའི་སྲོལ་ཟིན་པ་ཅིག་འོང་ན་ཡོང་ལ་འོང་གསུངས་

པ་ལ། དགེ་བཤེས་སྟོན་པ་ལ་མི་ཐམས་ཅད་སྨང་བས་ལོ་ཙཱ་བའི་གསུང་དེ་ལ་ཐམས་ཅད་མ་མཉེས། ཁུ་སྟོན་ན་རེ། འབྲོམ་སྟོན་འདྲ་བས་ཨ་ཏི་ཤའི་ལུགས་སྲོལ་ག་ན་ཟིན། ཨ་ཏི་ཤའི་སྲོལ་ཨ་པོ་ཁུ་སྟོན་རང་གིས་འཛིན་གསུང་སྐད། དོན་ལ་ལོ་ཙཱ་བའི་གསུང་དེ་ཁོ་ན་ཡིན་པར་འདུག་གསུང་། རྣལ་འབྱོར་པ་ཆེན་པོའི་ཐུགས་དགོངས་ལ་བསོད་ནམས་ཆུང་བས། བླ་མའི་ཞབས་ཏོག་བྱེད་བྱེད་ནས་བསྒོམ་དུ་མ་བྱུང་སྙམ་པའི་རྟོག་པ་ཅིག་བྱུང་བ་ལ། ཇོ་བོའི་ཞལ་ནས། ལུས་ངག་ཡིད་གསུམ་བླ་མའི་ཞབས་ཏོག་ཏུ་བསྐོལ་ན་སྒོམ་གྱི་དམིགས་པ་གཞན་ནས་བཙལ་མི་དགོས་གསུང་། དགེ་བཤེས་རྣལ་འབྱོར་པ་ལས་སྒོམ་བཟང་བ་དང་རྟོགས་པ་མཐོ་བ་མེད་སྐད། ཕྱིས་དགེ་བཤེས་དགོན་པ་བའི་ཞལ་ནས། སློབ་དཔོན་སྟོན་པས་ལོ་ཙཱ་བྱས། སློབ་དཔོན་རྣལ་འབྱོར་པས་གཡོག་པོ་བྱས། ངས་བསྒོམས་པ་ཡིན་པ་ལ་རྟོགས་པ་དེ་ཁོང་གཉིས་མཐོ་བར་འདུག་གསུང་། ལན་ཅིག་ཞལ་སྐྱིལ་དུ་མཛད་དེ། སློབ་དཔོན་སྟོན་པས་ལོ་ཙཱ་མཛད། སློབ་དཔོན་རྣལ་འབྱོར་པས་གཡོག་པོ་མཛད་པས། སྒོམ་ཞུ་བ་ཐམས་ཅད་ངའི་དྲུང་དུ་ཤོག་གསུང་སྐད། དེའི་དུས་སུ་དགེ་བཤེས་ལོ་ཙཱ་བ་དེ། པཎྜི་ཏ་དེ་སླར་རྒྱ་གར་དུ་བཞུད་ཀྱིས་དོགས་པའི་སྡུག་བསྔལ་དང་། འདིར་ཇོ་བོ་སྐུ་གཤེགས་སུ་དོགས་པའི་སྡུག་བསྔལ་གྱིས་རིད་པར་གྱུར་པས། ཇོ་བོའི་ཞལ་ནས། ད་སོང་གསུང་། དེར་ལོ་ཙཱ་བས་ཇོ་བོ་ལ་གསོལ་བ་འདི་རྣམས་བཏབ་ནས་བཞུད་དོ། །བླ་མ་དགའ་ལྡན་གྱི་གནས་ནས་བདག་ལ་གཟིགས་སུ་གསོལ། བླ་མ་དགའ་ལྡན་གྱི་གནས་ནས་བདག་ལ་བྱིན་གྱིས་བརླབ་ཏུ་གསོལ། དགེ་བའི་བཤེས་གཉེན་གྱི་སྨྲུན་རས་ཀྱིས་འཚོ་བར་བྱིན་གྱིས་བརླབ་ཏུ་གསོལ། བླ་མ་ཉིད་སྐུའི་གཟུགས་བརྙན་དུ་འབྱོན་པར་ཞུ་འཚལ་ཞེས་གསོལ་བ་བཏབ་པས། ཇོ་བོའི་ཞལ་ནས་ཡང་དེ་ལྟར་བྱའོ་གསུང་། ཇོ་བོ་བོད་དུ་ལོ་བཅུ་གསུམ་བཞུགས། སྙེ་ཐང་དུ་ལོ་རྫིལ་པོ་བརྒྱད་དགུ་བཞུགས་པ་ལ། ལོ་ཙཱ་བས་བརྒྱད་བསྙེན།

གྱིར་པོ་བཅུ་དགུ་བསྟེན་ནས་ཡར་བྱོན་ཏེ། ལོ་ཙྪ་བའི་བསྟོད་པ་ལས། བླ་མ་བཤེས་གཉེན་དམ་པ་ཁྱེད། །ལོ་ནི་བཅུ་དགུ་བསྟེན་ན་ཡང་། །སྐུ་གསུང་ཐུགས་ཀྱི་འཁྲུལ་པ་ཡི། །ཉེས་པའི་དྲི་མ་མཐོང་རེ་སྐན། །ཞེས་སོ། །དེའི་རྗེས་ལ་བོད་སྟོན་རྣམས་ཇོ་བོའི་འཁོར་འདི་འདྲ་བ་ལ་བཞུད་ཡང་ཕོད་པ་ཟེར་ནས་ལོ་ཙྪ་བ་ལ་འཕྱ་སྐད། ཇོ་བོ་འདའ་ཀའི་དུས་སུ་མི་རེ་ལ་ཞལ་ཆེམས་རེ་བཞག །རྣལ་འབྱོར་པ་དང་དགོན་པ་བའི་ཐུགས་དགོངས་ལ་ཕོང་རང་ལ་དཔོན་ས་ཟུང་གསུང་བར་རེ་ནས། ད་མན་ཆད་ཇི་ལྟར་བགྱི་ཞུས་པས། འཇིག་རྟེན་བློས་ཐོང་། ཚེ་མཇུག་འདི་ལ་སྟོན་པ་ཆེན་པོ་དང་མ་བྲལ་བར་གྱིས་གསུང་། དེར་ཕོང་རྣམ་པ་ཐུགས་མ་བདེ་ནས་བླ་མ་ལ་ཆོས་མཉམ་དུ་ཞུས་པ་ལ། ཕོང་ལ་བརྟེན་པ་ཇི་ལྟར་ལགས་ཞུས་པས། ངས་བྱིན་གྱིས་བརླབས་པ་ཡིན་གསུང་། དགེ་བཤེས་སྟོན་པ་ལ་ང་འཆི་བའི་ཞད་དུ་འདུག་གསུང་། ཇི་ལྟར་གདའ་ཞུས་པས། ལྷན་ཅིག་སྐྱེས་པའི་ལྷ་དུ་ཞིང་འདུག་གསུང་། དེར་དགེ་བཤེས་སྟོན་པས་བཤུམས་ནས། འོ་ན་འགྲོ་བ་མང་པོ་ལ་སྨན་པའི་སླད་དུ་སྒྲོལ་བགྱི་བ་ན་དུག་ཆུ་བཏེག་པས་དུག་ཆུའི་བཅུད་ལེན་བགྱིའམ་ཞུས་པས། ཕོ་བོ་དུག་ཆུའི་བཅུད་ལེན་མི་བགྱིད། ཕོ་བོ་བྱང་ཆུབ་ཀྱི་སེམས་ཀྱི་བཅུད་ལེན་བགྱིད་གསུང་། ཇོ་བོ་ཨ་ཙ་ར་ཅིག་གི་དྲུང་ན་གསེར་ལྷག་མ་ཙུང་ཟད་ཡོད་འདི་སྐྱོལ་དུ་རྣལ་འབྱོར་པ་ཕོ་གཏོང་བ་ཡིན་གསུང་། དེ་ནས་ཚིགས་སུ་བཅད་པ། ནད་མེད་པ་ནི་བདེ་བའི་མཆོག །དགའ་བ་སྦྱིན་པ་སྦྱིན་པའི་མཆོག །སྨྱུ་ངན་འདས་པ་བདེ་བའི་མཆོག །བློ་གཏད་ཐུབ་པ་གྲོགས་ཀྱི་མཆོག །ཅེས་གསུང་ཞིང་འདུག་པ་ཨ་མེས་ཀུང་འཕྲུལ་སྐད་ཤེས་པས་གོ་ནས། དགེ་བཤེས་སྟོན་པ་ལ། ཇོ་བོ་ད་རེས་ཀུང་བདག་རྒྱ་གར་དུ་གསེར་སྐྱེལ་དུ་གཏོང་བར་གདའ་བས། ཇོ་བོ་སྐུ་གཤེགས་ན་མི་མཇལ་བས་མི་གཏོང་བར་ཞུས་མཛོད་དང་བྱས་པས། སྟོན་པའི་ཞལ་ནས། ཇོ་བོ་ཐུགས་སྐམ་པ་ཡིན་པས་གླིང་ལངས་པ་ཅིག་ལ་ཞུ་ཡིས་གསུང་། དེར་

གླིང་ལངས་པ་ཅིག་ལ་རྣལ་འབྱོར་པ་འདི་འོ་སྐོལ་ལ་བྱ་བ་བྱེད་པ་ལ་ཡང་དགོས་པར་གདའ་བས་ད་རེས་རྒྱ་གར་དུ་མི་གཏོང་བར་ཞུ་བྱས་པས། ཇོ་བོའི་ཞལ་ནས་ཁོ་ལ་བསམ་པ་བཟང་པོ་ཡོད་པས་དོན་འགྲུབ་པས་ཁོང་འགྲོ་དགོས་གསུང་། དེར་དགེ་བཤེས་སྟོན་པས་རྣལ་འབྱོར་པ་ལ་ཇོ་བོས་ཅི་ནས་ཀྱང་གཏོང་བར་འདུག་གིས། དགའ་དགའ་ལྷར་གྱིས་ཤིག་གསུངས། དེར་གཟའ་དང་ཚེས་གྲངས་དང་དུས་ཚིས་ནས་བཞུད་པའི་ཚེ། ཇོ་བོས་གསེར་སྲང་སུམ་ཅུ་ཡོད་པའི་ཀོ་ཐུམ་ཅིག་དང་གཞན་ཤས་ཞིག་ལ་ཕྱིན་བརླབས་ཅིག་བྱ་ཡིས་མ་རེག་ཅིག་གསུངས་པ་དང་། གཅིག་གིས་རེག །ཇོ་བོའི་ཞལ་ནས་བར་ཆད་ཅིག་འོང་བར་འདུག་སྟེ་མི་ཚུགས་པར་འདུག་གིས་གསུང་། དེ་ནས་རྣལ་འབྱོར་པས་ན་མོ་ཆེར་ཕྱིར་སྤྱུགས་པ་དང་། ཇོ་བོ་དང་མི་མཇལ་སྐམ་ནས་མཚན་རིལ་པོར་བཤུམས་པས་སྤྱན་ཀུན་ཐོ་བ་ཙམ་དུ་ཐལ་སྐད། གྲོགས་ཁམས་པ་དགེ་ཚུལ་ཅིག་དང་ཁམས་པ་མང་པོ་དང་འགྲོགས་ཏེ་བྱོན་པའི་ཚེ་མི་ཅིག་གིས་གསེར་གྱི་ཀོ་ཐུམ་བརྐུས་ནས་ཕྱི་ཁུང་དུ་སྦས། རྣལ་འབྱོར་པས་མ་ཚོར་བ་ལ། དྲོ་གསོལ་བའི་དྲུང་དུ་ཁྱི་མོ་དམར་མོ་ཅིག་གིས་ཀོ་ཐུམ་ཁྱེར་ནས་བྱུང་ནས་ཁོང་གིས་བླངས་པ་དང་། དགེ་ཚུལ་དེ་ན་རེ། ཨ་མེ་ལ་ནི་ཇི་ཅིག་ཡོད་པར་མི་འདུག་གོ་ཟེར་རོ། དེར་གསེར་མང་པོ་འདུག་གོ་ཞེས་པའི་སྒྲ་བྱུང་སྟེ། ཚོམ་རྐུན་གྱིས་གསེར་འཕྲོག་པར་འདོད་ནས། ས་དཀར་གྱུ་སོའི་གྲོག་པོར་ཡིབ་སྟེ་བསྡད་པ་དང་། རྒྱུགས་པར་ཐམས་སོང་ནས་མ་མཐོང་། ཚུ་ཕ་གར་ཕྱིན་པ་དང་རྒྱུགས་པ་སངས་པས་དགེ་ཚུལ་ན་རེ་ཨ་མེ་ལ་ནི་ཇི་ཞིག་ཡོད་པར་འདུག་གོ་ཟེར་རོ། །རྣལ་འབྱོར་པ་ཕྱུག་ཁྲི་མཆོག་གིས་ཇོ་བོ་ལ་བདག་གིས་བཤད་ལགས་སམ་ཞུས་པས། བྱ་བ་ངན་པ་འཕྲོ་ཆོད་གསུང་། འོ་ན་བསྒོམ་ལགས་སམ་ཞུས་པས་ཀྱང་། བྱ་བ་ངན་པ་འཕྲོ་ཆོད་གསུང་། འོ་ན་བཤད་ཀྱང་བཤད། སྒོམ་ཀྱང་བསྒོམ་ལགས་སམ་ཞུས་པས་ཀྱང་། བྱ་བ་ངན་པ་འཕྲོ་ཆོད་གསུང་། འོ་ན་ཇི་

ལྷར་བགྱི་ཞུས་པས། དབེན་པ་གྱིས་གསུང་། ཤེས་རབ་རྡོ་རྗེ་དང་། བློ་གྲོས་འབར་གཉིས་ལ་ཇོ་བོའི་ཞལ་ནས་སེམས་བཟང་པོ་གྱིས། དེ་མེད་ན་ཐོས་བསམ་སྒོམ་སྒྲུབ་ཅི་བྱས་ཀྱང་གོང་མེད་པས་སེམས་བཟང་པོ་གྱིས་གསུང་། དེ་ལ་སོགས་པ་ཞལ་ཆེམས་མང་དུ་གསུང་། ཇོ་བོ་རྒྱ་གར་ན་ཉིད་ཀྱི་བཤོས་ལས་དགེ་སློང་བཞི་སྡེ་རེ་མཛད་པ་ལ་བོད་དུ་བཤོས་ཆུང་བར་བྱུང་བས། ཇོ་བོའི་ཐུགས་མ་བདེ་བའི་དུས་སུ་ཕུ་ཕུ་གསུང་། ཅི་ནོངས་ཞུས་པས། ཁོ་བོ་བསོད་ནམས་འདི་ལྟར་ཐལ་ན་རྒྱ་གར་དུ་ཁོ་བོའི་བཤོས་ལ་དགེ་སློང་བཞི་སྡེ་གསོལ་བ་ད་ལྟ་འདི་ལྟར་ཐལ་ན་གསུང་། དེར་ཇོ་བོ་ལ་བཤོས་ཆུང་བཙོས་མ་ཆུང་ངེ་བ་རེ་དང་། དགེ་སློང་བཞི་གསོལ་དུ་འདོད་པའི་བཤོས་ཆེ་བ་རེ་འདྲེན་ལགས་སོ། །དེ་དགེ་སློང་བཞི་ལ་དྲངས་ནས་ཡོན་མེད་དུས་སུ་ཡང་ཨ་ཏུ་ར་བཞི་ཚལ་རེ་ཙམ་འབུལ་སྐད། དགེ་བཤེས་སྟོན་པས་བདག་གིས་སུ་ལ་བརྟེན་ལགས་ཞུས་པས། ཁྱོད་ཀྱིས་དགེ་བའི་བཤེས་གཉེན་མ་མཐོང་གིས། དགེ་བའི་བཤེས་གཉེན་མདོ་སྡེ་ལ་གྱིས། ཁྱོད་མངོན་པར་ཤེས་པ་མ་ཐོབ་རིང་ལ་དམུས་ལོང་མདའ་འཕེན་པ་དང་འདྲ་བས་གཞན་དོན་མ་བྱེད། སངས་རྒྱས་ཀྱི་བསྟན་པ་ལ་ཅི་ཕན་བྱ། བསྟན་པ་དགེ་འདུན་གྱི་སྡེ་ལ་རག་ལས། སྡེ་འདུལ་བ་འཛིན་པ་ལ་རག་ལས་པས་འདུལ་བ་འཛིན་པ་ཅི་ཡོད་བྱ་གསུང་། གསེར་ཤས་ཅིག་ཀྱང་བསྟན་ནས། ཨ་མི་བྱང་ཆུབ་ཀྱིས་དཔོན་བྱས་པ་ཡུལ་དང་ཉུས་ཡིད་ལ་མི་བྱེད་པ། ཚེ་འདི་དོན་དུ་མི་གཉེར་བ། བྱམས་པ་དང་སྙིང་རྗེ་སྒོམ་པ། ཐ་མལ་པའི་རྣམ་རྟོག་མི་རྒྱུ་ཞིང་རྣམ་པ་ཐམས་ཅད་མཁྱེན་པ་དོན་དུ་གཉེར་བའི་དགེ་སློང་བཞི་ལ་འཚོ་བ་བྲྀངས། ང་ལ་རྒྱབ་རྟེན་དུ་ཁྱོད་ཀྱིས་དགེ་འདུན་གྱི་སྡེ་ཅིག་ཚུགས་གསུང་། དེར་དགེ་བཤེས་སྟོན་པའི་ཐུགས་ལ་ཧྲིང་གིས་སོང་ནས་ཇོ་བོ་ལ་སླར་ཞུས་པ། བླ་མ་དེ་སྐད་མི་གསུང་བར་ཞུ། ཁོ་བོ་གཅིག་ཏུ་འཇིག་རྟེན་གྱི་ཤེས་ཆུང་། གཉིས་སུ་རྟེན་དམན། གསུམ་དུ་སྦྱིན་ཤུགས་ཆུང་ཞིང་མི་ཚོས་རྣད་

ཉིད་འགའ་མཆིས་པ་ཡང་བྱུང་དུ་ལུས་པས་རྗེ་མི་ཐོག་ལགས་ཞུས་པས། རྗེ་བོའི་ཞལ་ནས། ང་ན་རེ་ཟེར་བ་ཡིན་གྱིས་ལ། ཁྱོད་རང་གཉེར་ག་བྱེད་ལོ་གྱིས་དང་། འདི་ལ་བྱེད་པ་པོ་ཅིག་འོང་གིས་གསུངས་པས། དགེ་བཤེས་སྟོན་པས་ངོ་མ་ལྡོག་པར་ཞལ་གྱིས་བཞེས་ནས། སྐྱེ་བ་འདིའི་འོག་རོལ་ཏུ་མཇལ་བར་ཞུས་པས་འདིའི་འོག་རོལ་ཏུ་མི་མཇལ། ལར་མཇལ་བ་ཡིན་གྱིས་གསུང་དེ་གོང་དུ་སྨྲུང་བ་ཐམས་ཅད་མགོན་པོ་བྱམས་པ་ལ་གསོལ་བ་བཏབ་པས་དྭངས་ཤིང་འགྲོ་བ་ལ་དེའི་རེས་མ་དྭངས། རྗེ་བོའི་ཞལ་ནས་བྱམས་པས་གསུངས་པ་ཡིན་ཚོད་དུ་འདུག་གསུངས་ནས། རྗེ་བཙུན་ཆེན་པོ་དེ་ལ་འདས་པ་མི་མངའ་ཡང་མ་དག་པའི་འཁོར་རྣམས་ཀྱི་འཕྲུལ་སྣང་ལ། དགུང་ལོ་བདུན་ཅུ་རྩ་གཉིས་བཞེས་པའི་དུས་སུ་སྙེ་ཐང་དུ་ཤིང་ཕོ་རྟའི་ལོའི་དབྱུག་གུའི་ཚེས་བཅོ་བརྒྱད་ལ་དགའ་ལྡན་དུ་གཤེགས་སོ། །སྔར་ཀུན་རྗེ་བོ་ལ་དགེ་བཤེས་སྟོན་པས་དགེ་བའི་བཤེས་གཉེན་གྲོངས་པའི་གདུང་ལ་ཇི་ལྟར་བགྱིད་ཞུས་པས། འཕགས་པ་མྱ་ངན་ལས་འདས་པའི་བཞིན་བྱེད་པ་ཡིན་གསུངས་པས། སྙེ་ཐང་ན་མོ་ཆེར་ཕུར་སྦྱངས་སོ། དེའི་དུས་སུ་དགེ་བཤེས་དགོན་པ་བས། བུད་མེད་ཅིག་སྔར་མ་མཐོང་བའི་མེ་ཏོག་ཅིག་ཐོགས་ནས། སངས་རྒྱས་མྱ་ངན་ལས་འདས་སོ། །འཛིག་རྟེན་སྟོངས་སོ་ཟེར་ཞིང་བསྐོར་བ་བྱེད་པ་ཅིག་གཟིགས་ཏེ། འདི་རང་བཞིན་གྱི་རྣལ་འབྱོར་མ་ཅིག་འདུག་སྙམ་ནས་ཕྱག་བྱས་ཏེ་གདམས་ངག་ཞུས་པས། ངའི་བླ་མའི་གདམས་ངག་ཁྱོད་ལ་སྦྱིན་གྱིས་ཟེར་ནས་མེད་དེ་སོང་། རང་བཞིན་གྱི་རྣལ་འབྱོར་མར་འདུག་གསུང་། དེ་ལ་སོགས་པ་རྟགས་ཁྱད་པར་ཅན་མང་དུ་བྱུང་སྟེ། བཀའ་གདམས་པ་ཆེན་པོ་རྣམས་ཀྱི་བཞེད་པས། ཡོན་ཏན་མི་སྒྲོགས་པ་ལ་མན་ངག་ཏུ་མཛད་པས་དེ་ཙམ་ལས་མི་གསུང་། །ཁུ་སྟོན་གྱིས་གཞན་དྲུ་གསོལ་བའི་བར་དུ་ལྷུགས་ཀྱི་སྐམ་པ་ཅིག་ཐོགས་ཏེ་ད་ལྟར་འབྲོམ་སྟོན་གྱིས་ཁྱེར་ནས། ང་ལ་དབང་མི་འོང་ཟེར་ནས་གདུང་ཐོམ་བུ་གང་ཁྱེར། དེ་ལ་ཁོང་

གིས་ཚ་ཚ་འགའ་བཏབ་སྟེ་གང་དཀར་བཞག་པ་ལ་ལས་བཅག་ནས་གདུང་ཁྱེར་བས་ཇོ་བོའི་གདུང་འཕེལ་བ་ཡིན་གསུང་། གཞན་དགེ་བཤེས་སྟོན་པས་འོ་མའི་ནང་དུ་དྲི་སྤྲོས་མང་པོ་བླུགས་ཏེ་གདུང་རྣམས་དེར་ཙུང་ཟད་རེ་བཙུག་ཅིང་གདན་དྲངས་སྐད། དུམ་བུ་གཅིག་མི་ཅིག་གིས་ཁྱེར་བ་སྟོན་པས་གཟིགས་ནས་ཚུར་བྱོན་དང་གསུང་ཚུར་འོངས་པ་དང་། ཐུ་ཁུད་དུ་གཏུམས་པ་བྲིགས་ནས་ཁྱོད་དང་ངའི་བླ་མའི་གདུང་གིས་ཞོ་ཉེས་ཆང་ཉེས་བསྲུང་བར་འདོད་དེ། ང་མི་ཉན་གྱིས་གསུང་དགེ་བཤེས་སྟོན་པའི་ཐུགས་དགོངས་ལ་ཇོ་བོའི་གདུང་དང་ཕྱག་དཔེ་དང་། རྟེན་ཁྱད་པར་ཅན་ཤས་ཤིག་བྱུང་ན་ཡོ་བྱད་ཅི་ཡང་མི་འདོད་དགོས་སྙམ་དུ་དགོངས་པ་ལ། དགེ་འདུན་རྨ་ཚོ་ཀུན་གཞི་འདི་རེད་ཀྱི་ཡིན་པས། ཇོ་བོའི་ཡོ་བྱད་ལ་ཕན་མར་བྱུར་མི་འོང་ཟེར་བས་ཐུགས་མ་བདེ་ཡང་། ཐུགས་ཟབ་ལ་དཀྱིལ་ཆེ་བས་མ་བདེ་བར་མངོན་པ་མེད་པའི་སྐབས་སུ། རྗེ་བཙུན་མ་སྒྲོལ་མ་མནལ་ལམ་དུ་བྱོན་ནས་ཁྱོད་ཀྱི་གཉེར་ག་ཐམས་ཅད་ངས་བྱེད་པ་ཡིན་གྱིས་གསུངས་པ་ཅིག་རྨིས། དེ་ནས་ཞག་གསུམ་ཙྲོ་དང་བཞིའི་ནང་པར་ག་བ་ཤཱཀྱ་དབང་ཕྱུག་ དྲེའུ་དཀར་མོ་ཅིག་ལ་ཆིབས་ཏེ། སྔེའི་ན་མོ་ཆེའི་འགོ་ན་མར་ལ། ཨ་ཧི་ཤ་ཟེར་ནས་བཤུམས་ཤིང་བྱོན། དགེ་རྒན་པོ་རང་གཉེར་ཆེ་དགོངས་ནས་ཐུགས་བདེ་འབོལ་གྱིས་སོང་སྟེ། ལྡེ་མིག་རྣམས་ག་བའི་ཕྱག་ཏུ་ཕུལ། ག་བ། ཁུ། རྔོག །འབྲོམ་གསུམ་གྱི་ཐུགས་ཀྱི་གཏོད་ས་ཡིན་སྐད། ག་བས་དགེ་བཤེས་སྟོན་པ་ཇི་ལྟར་བཞེད་པ་བཞིན་དུ་མཛད་དེ། ཕའི་ཉུས་པ་བུ་ལ་དགོས་པ་ཡིན་པས་ཇོ་བོའི་གདུང་རྣམས་ཁྱོད་ཀྱིས་ཚགས་གྱིས། རྒྱ་དཔེ་ལོ་ཙྪ་བ་ལ་དགོས་པ་ཡིན་པས་ཁྱོད་ཀྱིས་ཚགས་གྱིས། རྟེན་རྫས་ཆེ་ཤོས་བླ་མ་གསེར་གླིང་པའི་དངུལ་གདུགས་ཅན་ཀྱང་ཁྱོད་ཀྱིས་ཟུང་། ཁུ་སྟོན་ལ་བླ་མ་གསེར་གླིང་པས་གནང་བའི་གསེར་སྐུ་ཐུབ་པ་ཆེན་པོ་དེ་ཕུལ་བས། འབྲུལ་མཁན་འབྲོམ་སྟོན་ཡིན་སྙམ་ནས། ཁུའི་ཞལ་ནས་ད་རེས་འབྲོམ་སྟོན་

གྱིས་ལེགས་པར་བྱས། གསེར་སྐུའི་འབུལ་ས་ཨ་པོ་ཁྲུ་སྟོན་རང་ཡིན་གསུངས་ནས་མཉེས་སྐད། རྣལ་འབྱོར་པ་ཆེན་པོ་ལ་རྣལ་འབྱོར་པ་གསུམ་གྱིས་རབ་གནས་མཛད་པའི་ཡི་གེ་དྲུག་པ་ཅིག་ཕུལ། དགོན་པ་བ་ལ་ཇོ་བོའི་ཐུགས་དམ་མི་གཡོ་བ་ཅིག་ཕུལ་ཏེ་ད་ལྟ་ར་སྙིང་ན་ཡོད། གསང་ཕུ་བ་ལ་མཆོད་རྟེན་བརྒྱད་པ་དང་དངུལ་གདུགས་ཅན་ཅིག་དང་། ཇོ་བོ་ཉིད་ལ་ཆོས་གསུངས་པའི་རྗེ་བཙུན་མ་སྒྲོལ་མའི་གསེར་སྐུ་ཅིག་ཕུལ། འོར་དུ་ཡང་མཆོད་རྟེན་བརྒྱད་པ་དང་། ཐབ་པ་ཆེན་པོ་གཙོ་འཁོར་ལྔ་པ་དང་། སྨན་གྱི་ བླ་དང་། མཆོད་སྟོང་དང་། བསིལ་བྱེད་དང་། ལུགས་སྐུ་ཆུང་ཆུང་མང་དུ་བཞུགས། དེ་ནས་ལུག་གི་ལོ་ལ་ཇོ་བོའི་ལྷད་ཆེན་པོ་མཛད་དེ། དགེ་བཤེས་སྟོན་པས་འཕགས་པ་བརྒྱད་སྟོང་པ་གསུངས། རྣལ་འབྱོར་པ་ཁྲི་མཆོག་གིས་སྤྱོད་འཇུག་གསུངས། གཞན་རྣམས་ཀྱིས་ཀུང་སོ་སོའི་ཆོས་རེ་གསུངས། བསྙེན་བཀུར་གྱི་དུས་སུ་ག་བ་ཤཱཀྱ་དབང་ཕྱུག་གིས་གཏམ་བཏང་ནས་གཞན་རྣམས་ཇི་ལྟར་བྱེད་པ་གྱིས། ད་ཐ་རག་གི་བུ་ཚོ་རྣམས་ཀྱི་འབུལ་བ་འདིར་ཞོག །ཇོ་བོའི་གདན་སར་ལྷ་ཁང་བྲེ་ཙམ་ཅིག་རྩིག་དགོས་བྱས་པས་ཀུན་གྱིས་བཞག་སྟེ། ཐ་རག་རྣམས་ངེད་ཀྱི་གནས་ཡིན་ཟེར། གཞན་རྣམས་ནི་སྤྱི་མཆོད་ཡིན་ཟེར་བ་ལགས་སྐད།། །།

༈ འཕྲིན་ལས་ཀྱི་རྒྱུན་བསྟན་པ་ཇི་ལྟར་དར་བ་ནི། ཇོ་བོ་ལ་སློབ་མ་སྤྱིར་རྒྱ་གར་དང་། ཨོ་རྒྱན་དང་། ཁ་ཆེ་དང་། བལ་ཡུལ་དང་། བོད་ཡུལ་ན་མང་པོ་བཞུགས་ཀྱང་ཐུན་མོང་མ་ཡིན་པའི་སློབ་མ་ལྔ་སྟེ། དབུ་ལྟ་བུ་རཏྣ་ཨ་ཀར། སྤྱན་ལྟ་བུ་བོ་ཧི་པ། ཕྱག་གཡས་པ་ལྟ་བུ་བཤེས་གཉེན་གསང་བ། ཕྱག་གཡོན་པ་ལྟ་བུ་དབུ་མའི་སེང་ག །ཐུགས་ལྟ་བུ་སའི་སྙིང་པོ་རྣམས་ཇོ་བོ་ཉིད་དང་བྱིན་བརླབས་མི་མཉམ་མཁྱེན་པ་མཉམ་པར་གྲགས་པ་ཡིན། གྲུབ་པ་ཐོབ་པའི་སློབ་མ་ཡང་མང་པོ་བྱོན་ཏེ། རྒྱ་གར་ཕན་ཆད་དུ་བསྟན་པ་དར་ཞིང་རྒྱས་པར་མཛད་པ་ཡིན། བོད་ཡུལ་དུ་ཕྱིར་རབ་ཏུ

བྱུང་བ་དང་། སྔགས་པ་དང་། སྐྱེ་བོ་ཁྱིམ་པ་ཐམས་ཅད་ཀྱིས་ཆོས་འབྲེལ་བྱས་ཤིང་བཀའ་དྲིན་གྱིས་ཁྱབ་ལ། ཁྱད་པར་དུ། སློབ་མ་ཆེན་པོ་མངའ་རིས་པ་ལྷ་བཙུན་པ་བྱང་ཆུབ་འོད་ལོ་ཙྰ་བ་གསུམ། གཙང་པ་འགར་འགོས་ལེགས་འབྲོག །སེ་བཟང་ཡོལ་མཆེད་གཉིས། ལྷོ་བྲག་པ་ཕྱུག་ཁྲི་མཆོག །བཙུན་པ་དགེ་སྐྱོང་། དབུས་པ་ཁུ་རྔོག་འབྲོམ་གསུམ། ཁམས་པ་རྣལ་འབྱོར་པ་ཆེན་པོ། དགོན་པ་བ། ཕྱ་དར་སྟོན་པ། རྣལ་འབྱོར་པ་རྣམ་པ་གསུམ་ལ་སོགས་པ་མང་པོ་བྱོན་ནས་བསྟན་པ་རྒྱས་པར་མཛད་དེ། ལོ་ཙྰ་བའི་བསྟོད་པ་ལས། བླ་མ་བོད་དུ་མ་བྱོན་ན། །ཐམས་ཅད་ལོང་བ་བཞིན་དུ་འགྱུར། །མཁྱེན་པ་རྒྱས་པ་ཁྱོད་བྱོན་པས། །བོད་དུ་ཡེ་ཤེས་ཉི་མ་ཤར། །ཞེས་སོ། །དེ་ལ་དགེ་བཤེས་ལོ་ཙྰ་བ་ནི་ཇོ་བོ་དང་བཀའ་དྲིན་མཉམ་པར་ཡང་བྱེད། བོད་སྟོན་ཐམས་ཅད་ཀྱིས་སློབ་དཔོན་ཞེས་ཟེར་བ་ཡིན། འཇམ་པའི་རྡོ་རྗེ་དང་། སྒྲོལ་མ་དང་། ཡི་གེ་དྲུག་པའི་ཞལ་གཟིགས། ཇོ་བོའི་ཆོས་རྣམས་ལ་ཁོང་གིས་མི་མཁྱེན་པ་གཅིག་ཀྱང་མེད་བྱས་ཀྱང་མི་འགལ་བ་ལྟ་བུ་ཡིན་ཏེ། ཁོང་རང་ཉིད་ཀྱི་ཡི་གེ་ལས་ཀྱང་། ནག་ཚོ་བདག་ཉིད་གཅིག་པུ་མ་གཏོགས་པ། །ཇོ་བོའི་སློབ་མ་གཞན་ལ་ཡོད་རེ་སྐན། །ཞེས་འབྱུང་ངོ་། །ཁུ་སྟོན་བརྩོན་འགྲུས་གཡུང་དྲུང་ལ་སྤྱིར་ཇོ་བོའི་ཆོས་མང་དུ་མངའ་ཡང་། ཕ་རོལ་ཏུ་ཕྱིན་པའི་གདམས་པ་དང་། གཤིན་རྗེ་གཤེད་ཀྱི་མན་ངག་ལ་རྩལ་ཐོན། རྔོག་ལེགས་པའི་ཤེས་རབ་ཀྱིས་ཇོ་བོའི་ཆོས་མང་དུ་མཁྱེན་ཡང་། དབུ་མའི་ལྟ་བ་ལ་རྩལ་ཐོན་ཞིང་སྒྲོལ་མའི་ཞལ་གཟིགས། འབྲོམ་སྟོན་པ་རྒྱལ་བའི་འབྱུང་གནས་ཀྱིས་ཇོ་བོའི་ཆོས་མང་དུ་མཁྱེན་ཡང་། སྐྱེས་བུ་གསུམ་གྱི་གདམས་པ་འཁོར་བ་ལ་སྐྱོ་བ་བསྐྱེད་ཅིང་བློ་བཟློག་ནས། སྐྱབས་འགྲོ་དང་སེམས་བསྐྱེད་ལ་སོགས་པ་ལ་རིམ་གྱིས་སྦྱོར་བ་མངོན་པར་རྟོགས་པ་ལམ་གྱི་རིམ་པ་ལ་རྩལ་ཐོན། ཡི་དམ་གྱི་ལྷ་དཔག་ཏུ་མེད་པའི་ཞལ་གཟིགས། ཁྱད་པར་དུ་བླ་མ་ལ་གསོལ་བ་ཐེབས་པ་ཡིན་ཏེ། ར་སྒྲེང་ན་བཞུགས་པའི་དུས་སུ་ཇོ་

བོ་ལ་གསོལ་བ་བཏབ་པས་དངོས་སུ་བྱོན། དེ་ལ་ཉམས་དགའ་ནས་ཡང་ཡང་གསོལ་བ་བཏབ་པས། བཅོམ་ལྡན་འདས་ཤཱཀྱ་ཐུབ་པ་བྱོན་པས། དགེ་བཤེས་སྟོན་པའི་ཞལ་ནས་བླ་མ་དང་ཡི་དམ་ངོ་བོ་གཅིག་པ་ཨང་གསུང་། རྣལ་འབྱོར་པ་ཁྲི་མཆོག་གིས་མངོན་པ་ལ་རྩལ་ཐོན་ཞིང་འཇིག་རྟེན་དབང་ཕྱུག་གི་ཞལ་གཟིགས། བཙུན་པ་དགེ་སྐྱོང་གིས་སྒྲོལ་མའི་ཞལ་གཟིགས། འགར་འགོས་ལ་གསང་སྔགས་ཀྱི་གདམས་པ་མ་ལུས་པ་གནང་སྔོ་སྔགས་པ་སེང་གེ་འདྲ་བ་བྱུང་། ཁྱད་པར་དུ་འགར་གྱིས་འཕགས་བསྐོར་དང་བདེ་མཆོག་ལ་རྩལ་ཐོན། རྣལ་འབྱོར་པ་ཆེན་པོས་ཇོ་བོའི་ཆོས་མ་ལུས་པ་མཁྱེན་ཅིང་བདེན་གཉིས་དང་ལས་ཁ་ཚར་བ་ལ་རྩལ་ཐོན། དམ་ཚིག་གསུམ་བཀོད་དང་། འཇམ་དཔལ་བགྲོ་བའི་ཞལ་གཟིགས། དགོན་པ་བས་སྤྱིར་ཇོ་བོའི་ཆོས་མང་དུ་མཁྱེན་ཅིང་ཁྱད་པར་དུ་སྒོམ་གྱི་གདམས་པ་ལ་རྩལ་ཐོན། དམ་ཚིག་གསུམ་བཀོད་པའི་ཞལ་གཟིགས། རྣལ་འབྱོར་པ་ཤེས་རབ་རྡོ་རྗེས་སྤྱིར་ཇོ་བོའི་ཆོས་མང་དུ་མཁྱེན་ཅིང་། ཁྱད་པར་དུ་གྲུབ་མཐའ་ལ་རྩལ་ཐོན། ཡི་གེ་དྲུག་པའི་ཞལ་གཟིགས་རྫུ་འཕྲུལ་ཡང་ཐོབ་སྐད། ཕྱུ་དར་གྱིས་སྤྱིར་ཇོ་བོའི་ཆོས་མང་དུ་མཁྱེན་ཅིང་ཁྱད་པར་དུ་ཤེས་རབ་ཀྱི་ཕ་རོལ་ཏུ་ཕྱིན་པ་ལ་རྩལ་ཐོན། རྣལ་འབྱོར་པ་གཡུང་དྲུང་རྒྱལ་མཚན་གྱིས་ཉན་ཐོས་ཀྱི་སའི་ཡོན་ཏན་ཐོབ་ཅིང་གཞན་གྱི་སེམས་ཤེས། རྟོག་སྒོམ་ཡོན་ཏན་རྒྱལ་པོས་ཕྱག་ན་རྡོ་རྗེ་ཆེན་པོའི་ཞལ་གཟིགས། བང་སྟོན་ལ་བྱང་ཆུབ་ཀྱི་སེམས་སྐྱེས་པ་ལ་སོགས་པ་ཇོ་བོའི་བཀའ་དྲིན་གྱིས་ཐུགས་རྒྱུད་ཁྱད་པར་ཅན་དུ་འགྱུར་བ་པ་དང་། དངོས་གྲུབ་བརྙེས་པའི་གང་ཟག་བསམ་གྱིས་མི་ཁྱབ་པ་བྱོན་ནོ། །དེ་རྣམས་ལས་ཀྱང་ཁུ་རྔོག་འབྲོམ་གསུམ་སྲས་ཀྱི་གཙོ་བོ་ཡིན། དེ་ལ་ཁུ་ནི་བོད་འདི་ལྟར་འདོད། ཨ་ཏི་ཤ་འདི་ལྟར་འདོད་དེ། སྐབས་འདིར་བོད་ཀྱི་རང་བདེ་གསུང་ནས་སུན་འདོན་པར་ཡང་མཛད། རྔོག་ནི་བོད་འདི་ལྟར་འདོད། ཨ་ཏི་ཤ་འདི་ལྟར་འདོད། ཅེས་གཉིས་སུ་ཕྱེད་

ཀྱང་སུན་མི་འདོན། འབྲོམ་ནི་སྟར་སེ་བཙུན་གྱི་ཆོས་རྣམས་ཇོ་བོའི་ཆོས་དང་མཐུན་པ་རྣམས་མཐུན་ཞེས་བྱ། མི་མཐུན་པ་རྣམས་ཆམས་བཞག་ནས་ཇོ་བོའི་གསུང་ཇི་ལྟ་བ་བཞིན་དུ་མཛད་པས། སངས་རྒྱས་ཀྱི་བསྟན་པ་ལ་དགེ་བཤེས་སྟོན་པ་ཁོ་ན་ཕན་ཆེ་བར་བྱུང་བ་ཡིན། དེས་ན་སྲས་ཀྱི་གཙོ་བོ་འབྲན་ཟླ་དང་བྲལ་བ་ཐུགས་ཀྱི་དཀྱིལ་ཆེ་ཞིང་མཁྱེན་པ་རྒྱ་མཚོ་ལྟ་བུ་མངའ་བ་བླ་མ་མཉེས་པའི་སློབ་མ་དགེ་བཤེས་སྟོན་པ་ཡིན་ནོ། །དགེ་བཤེས་སྟོན་པས་ཇོ་བོ་འདས་ནས་ལོ་གཅིག་སྙེ་ཐང་དུ་བཞུགས་ནས་ཇོ་བོའི་ཐུགས་དགོངས་རྫོགས་པར་བྱ་བ་དང་། གདུང་བཞུགས་པའི་ལྷ་ཁང་བྲི་ཙམ་ཞིག་སྙེ་ཐང་ཉིད་དུ་བཞེངས་པར་དགོངས་ལ། གཞན་དག་གིས་བང་སྟོན་ལ་དགེ་བཤེས་སྟོན་པ་དང་རྣལ་འབྱོར་པ་གོང་འོག་ཀུན་ལ་བཤོལ་ཐབ་བྱས་པས། བང་སྟོན་ན་རེ་འབྲོམ་སྟོན་པས་ཀྱང་གོ་མ་ཆོད་ཆོས་ཟབ་མོ་མང་པོའི་ཡང་གེགས་བྱས། རྣལ་འབྱོར་པ་གོང་འོག་འདི་ཀུན་ཡང་ཧ་ཧྲི་དང་ཡོས་འཐག་ཡིན་ཁོང་རང་གང་དགའ་བར་ཐོང་། ཨ་ཏི་ཤ་ཡིད་བཞིན་གྱི་ནོར་བུ་དེ་ནི་འདས་ཟེར་སྐད། དེ་ནས་དགེ་བཤེས་སྟོན་པའི་ཐུགས་དགོངས་ལ་གནམ་གྱི་བྱེ་མ་ལུང་དུ་བཞེངས་པར་དགོངས་ནས། ཉམས་དགའ་མོ་ན་དགེ་བཤེས་དགོན་པ་བ་ལ་སོགས་པ་བཞུགས་པ་ལ་གཤེགས་པར་ཞུས་པས། དགོན་པ་བ་ན་རེ། ང་ལ་ཡུལ་འདི་པ་ཀུན་ཕན་ཡང་མི་འདོགས། གནོད་པ་ཡང་མི་བྱེད། ངའི་དགེ་སྦྱོར་འདི་ན་འཕེལ་བས་མི་འགྲོ་ཟེར། འོ་ན་ཇོ་བོའི་ས་ཁྲ་འདེགས་སོ་བྱས་པས་འོ་ན་ང་ཙི་ཟ་གསུངས་ནས་བྱོན། དགེ་བཤེས་གསང་ཕུ་བའི་ཞལ་ནས་ང་ལ་ཡང་ཇོ་བོའི་གདུང་ཞིག་ཞུ་གསུངས་པ་ལ། སྟོན་པའི་ཞལ་ནས། ཇོ་བོའི་གདུང་བཞུགས་པ་ལ་འོ་ཅག་གཉིས་ཀ་དངུལ་གྱི་མཆོད་རྟེན་རེ་རེ་བྱེད། དེའི་བར་དུ་ངས་ཚགས་བྱ། དེ་ཚར་བའི་དུས་སུ་དགེ་སློང་ཚུལ་ཁྲིམས་དག་པ་གཉིས་སྤྱན་འདྲེན་དུ་ཐོང་། གདུང་དཀར་ཡོལ་གང་བཟང་བར་བགྱི་གསུང་། དགེ་བཤེས་སྟོན་

པས་ཇོ་བོ་འདས་ནས་ལོ་གཅིག་གི་བར་དུ་སྙེ་ཐང་དུ་བཞུགས་ནས། དེ་ནས་བཞུད་པའི་དུས་སུ་ཇོ་བོའི་ཁྱི་གསུམ་ཁྲིད། སྦྲ་དཀར་ནག་གཉིས་ཁྱེར་ཏེ་ལྷག་རུལ་དེ་རྣམས་ཉམས་མ་དགའ་སེ་འཁྲོག་པ་སྐྱིད་པ་བཞིན་དུ་ཐོར་རེ་ལོང་ངེ་བྱོན། ཇོ་བོའི་དམ་ཅན་ཤ་ཟ་མ་མཆེད་བཞི་ཡོད་པ་ཡང་གཞི་ལ་མི་སྡོད་པར་གཅིག་གསང་ཕུ་བའི་ཕྱིར་བྱོན། གསུམ་དགེ་བཤེས་སྟོན་པ་དཔོན་གཡོག་གི་ཕྱིར་བྱོན་ནས། གཉིས་ད་ལྟ་ར་སྒྲེང་ན་བཞུགས། གཅིག་སྤྱན་སྔའི་ཕྱིར་བྱོན་ནས་ལོ་ན་བཞུགས་གསུང་། དེའི་དུས་སུ་དགེ་བཤེས་སྟོན་པའི་ཞལ་ནས། ཇོ་བོའི་གདུང་འདི་རྣམས་དགེ་བསྙེན་དང་དགེ་ཚུལ་ལ་ཡང་མི་བསྐུར་ཁང་ནག་དུ་བ་ཅན་དུ་ཡང་མི་བཞུགས་གསུངས་ནས། དགེ་སློང་ཚུལ་ཁྲིམས་དག་པ་གཉིས་ཀྱིས་སྤྱན་དྲངས་ནས་བྱོན། སྟོད་ལུངས་ཞོགས་པའི་ནང་དུ་སྦྲ་གཉིས་ཕུབ་སྟེ། དཀར་པོར་གདུང་བཞུགས། ནག་པོར་གཡོས་མཛད་ནས་དགུང་གཅིག་བཞུགས། དེ་ནས་ཡར་ལྷབ་ཀྱི་ནང་དུ་དགུང་གཅིག །ཡལ་བ་རྒྱབས་ཀྱི་ནང་དུ་དགུང་གཅིག །ལམ་པ་གསེར་ཕུག་གི་ནང་དུ་དགུང་གཅིག་མཛད་ནས་གནམ་གྱི་བྱེ་མ་ལུང་དུ་བྱོན། ཨ་མེ་བྱང་ཆུབ་ཀྱིས་ཇོ་བོ་འདས་པ་བལ་ཡུལ་དུ་ཐོས། དེར་དེ་ན་བཞུགས་པའི་དགེ་འདུན་རྣམས་ངེད་བྱིན་གྱིས་རློབ་ཟེར། གནས་པོ་ང་དབང་ཟེར་ཏེ་རྣལ་འབྱོར་པ་བྲོས་སུ་དོགས་ནས་སྐོར་སྟ་རེ་ཐོགས་པའི་མི་མང་པོས་བསྲུངས་པ་ལ་ཁོང་གི་ཐུགས་ལ་ཇོ་བོས་དཀོན་མཆོག་ལ་བསྔོས་པ་ལ་འདི་ལྟར་བྱེད་པ་སྙིང་རྗེ་སྙམ་ནས་མཚན་ཧྲིལ་ཇོ་བོ་ལ་གསོལ་བ་བཏབ་སྟེ། ནང་པར་ན་བཟའ་ཕུ་རུང་ཆེན་པོ་ཅན་ཅིག་ཡོད་པར་གསེར་རྣམས་བཙུག །དར་ཟབ་མང་པོ་ཡོད་པ་རྣམས་ད་ཁྱེད་ཁྱེར། ད་ཁྱེད་ཁྱེར་དང་ཟེར་ཞིང་ཐོར་ཐོར་བོར་ཏེ་སྔོ་ན་མར་བྱོན་པས། ཇོ་བོའི་བྱིན་བརླབས་ཀྱིས་མི་དེ་རྣམས་ཧད་དེ་ལས་ན་མི་གདའ་སྐད། རྒྱ་གར་ན་རྒྱལ་ཁྲིམས་ཀྱིས་བསྐུར་མས་འོང་བས་གསེར་རྣམས་བསྐུར་བར་གདའ། དེ་ནས་མང་ཡུལ་དུ་བྱོན་ནས་ཇོ་བོ

ནི་འདས། འདི་ཀུན་གར་བསྟོད་སླམ་པ་ལ་དགེ་བཤེས་སྟོན་པས་སྤྱན་འདྲེན་པ་བཏང་སྟེ། གནམ་གྱི་བྱེ་མ་ལུང་དུ་བྱོན་པར་གདའ། དེར་དགེ་བཤེས་སྟོན་པའི་དབུ་ཞྭ་ཅོག་ཅོག་ཡོད་པ་དེ་གཟིགས་པ་དང་ཐུགས་སྐྱོ་སིང་བ་བྱུང་གསུང་། དེར་གཙུག་ལག་ཁང་བཞེངས་པར་བཞེད་པ་ལ་ཕྱི་སྟོན་ཇོ་ཡེ་སྐད་པས་ཕྲག་དོག་བྱས་ཏེ་ཐུགས་མ་བདེ་ནས་དགེ་བཤེས་སྟོན་པའི་ཞལ་ནས། ཇོ་བོ་བཀའ་དྲིན་མི་ཆེ། ཁོ་བོ་ལ་མི་འགྲུབ་རིས་པའི་བྱ་བ་བོད་ཐོར་ལ་ཚ་ཡ་བཀལ་གསུང་། དེའི་དུས་སུ་ཉིན་ཅིག་སྤྲང་མོ་ཞིག་བྱུང་། དགེ་བཤེས་སྟོན་པས་གང་ནས་འོངས་དྲིས་པས། སླུངས་ཤོད་ནས་འོངས་ཟེར། དེ་ངོས་ན་གཏམ་གསར་པ་མི་འདུག་གམ་གསུངས་པས། གཞན་མི་འདུག །ཞང་འཕྲང་ཁ་བེར་ཆུང་གི་བུ་ཇོ་སྲས་ཆོས་གྲགས་བྱ་བ་ཞིག དགེ་བཤེས་སྟོན་པ་བྱ་བ་ཅིག་སྤྱན་འདྲེན་དུ་བཏང་བ་འཕན་ཡུལ་གྱི་ནག་ཆུས་ཁྱེར་ཟེར་ཞིང་འདུག་ཟེར་བས། དགེ་བཤེས་སྟོན་པའི་ཞལ་ནས་གཏམ་གསར་ནི་ཆེ་གསུང་། དེ་ནས་ཡང་ཞང་གིས་སྤྱན་འདྲེན་གཉིས་པ་བཏང་བས་ཁོང་ཡུས་ཆེ་བ་དང་། དགེ་བཤེས་ཉིད་བྱོན་པ་ལ་དགོས་པས་དེ་མ་ཐག་ཞལ་གྱིས་བཞེས། སྟོན་ལ་ཐུགས་དམ་འཇམ་པའི་རྡོ་རྗེ་བསྐུར། དེའི་རྗེས་ལ་ར་སྒྲེང་དུ་བྱོན་ཏེ། ཆགས་ཕེབས་ནས་གཙུག་ལག་ཁང་བཞེངས་སུ་གསོལ་བའི་ཐིག་བཏབ་པའི་ཚེ། དགེ་བཤེས་སྟོན་པའི་ཞལ་ནས། ཇོ་བོའི་གདན་ས་འདི་ལ་ཤིན་ཏུ་ངོ་མཚར་བའི་རྟགས་ཁྱད་པར་ཅན་མང་པོ་བྱུང་བས་ཁྱེད་རྣམས་ཀྱིས་མཆིལ་སྣབས་ལ་སོགས་པ་གང་ཡང་མ་དོར་ཅིག་གསུང་། དེ་ནས་རྣལ་འབྱོར་པ་ཕྱག་ཁྲི་མཆོག་ཇོ་བོའི་གདུང་ཁང་གི་དངུལ་འདོན་པ་དང་། ཇོ་བོའི་ཕྱག་དཔེ་རྣམས་རྒྱ་གར་དུ་བསྐུར་བའི་ཕྱིར་དང་དགེ་བཤེས་ལོ་ཙྪ་བ་ལ་འཕྲིན་ཡིག་དང་བཅས་པའི་མི་མང་དུ་བརྫངས། ཁྲི་མཆོག་གིས་བལ་ཡུལ་དུ་བྱོན་ནས་དངུལ་རྣམས་ལྷུང་བར་བྱས་ཏེ། ཀ་པ་ལིར་བཙུག་ནས་ཚུར་བྱོན་པའི་རྗེ་ལམ་དུ་ཇོ་མོ་སྒྲོལ་མའི་ཞལ་ནས་སང་རས་འཚོང་བ་ཞིག་འོང་

གིས་དེ་ཉོས་ལ་ང་ལ་ཕུལ། དེ་ལྟར་བྱས་ན་ལམ་དུ་བར་ཆད་ཀྱིས་མི་ཚུགས་གཉེར་ཀ་ཐམས་ཅད་ངས་བྱ་ཡིས་གསུང་བ་རྨིས། སང་རས་འཚོང་བ་བྱུང་ནས་ཇོ་མོ་ལ་བསྔོས་ཏེ་ཕྱིན་པས། དཔལ་མོ་དཔལ་ཐང་ལ་ཆོམ་རྐུན་པ་མང་པོ་བྱུང་ནས། ཚོང་པ་ཟླ་བོ་ཐམས་ཅད་བཅོམ། རྣལ་འབྱོར་པ་ཁྲི་མཆོག་གིས་དངུལ་གྱི་ལྷུང་པ་དེ་རྣམས་གད་སྐྱིབས་ཅིག་ཏུ་བཞག་པས་ཇག་པས་མ་མཐོང་བར་ཟངས་ཀྱིས་ཐོན་ཏེ་ཇོ་མོའི་བྱིན་བརླབས་ཡིན་གསུང་། དེ་ར་སྒྲེང་དུ་དགེ་བཤེས་སྟོན་པ་ལ་བཤད་པས་སྒྲོལ་མ་དཀར་སྔོ་གང་དུ་འདུག་གསུང་། དེ་མ་དྲན་བྱས་པས། དེ་གཉིས་ཀ་བཞེངས་གསུངས་ནས་རས་དེ་ལ་སྒྲོལ་མ་དཀར་སྔོ་གཉིས་བཞེངས་ནས་ད་ལྟ་ར་སྒྲེང་ན་བཞུགས། རི་མོ་ལ་བལྟ་རྒྱུ་མི་འདུག་སྟེ། བྱིན་བརླབས་ཆེ་སྐད། དེ་ནས་རྒྱ་གར་གྱི་ལྷ་བཟོ་མཁས་པ་ཨ་ཙ་ར་མ་ནོ་ཞེས་པ་ལ་གདུང་ཁང་དུ་དངུལ་གྱི་མཆོད་རྟེན་ནང་དཀྱིལ་འཁོར་གྱི་ལྷ་ཚོགས། ཕྱི་མཆོད་རྟེན་གྱི་རྣམ་པར་བཞེངས། གཟུངས་རྣམས་དངུལ་གྱི་ལྷུང་པ་ལ་ཡི་གེ་རྐོས་མ་བྲིས་ནས་ཡོད་སྐད། དེ་མང་པོ་མི་ཤོང་གསུང་། ཇོག་གིས་གསང་ཕུའི་གཙུག་ལག་ཁང་བཞེངས། ར་སྒྲེང་གི་ལ་དཔེ་བྱས་ནས་དངུལ་གྱི་གདུང་ཁང་ལེགས་པ་ཅིག་བཞེངས་ཏེ། དགེ་སློང་ཚུལ་ཁྲིམས་དག་པ་ཅིག་སྤྱན་འདྲེན་དུ་བཏང་བ་ལ། གདུང་དཀར་ཡོལ་གང་བསྐུར་ནས་བཞུགས་སོ། །ཁུ་སྟོན་གྱིས་འདྲེན་གྱི་སེ་རྟུར་ཞེས་པའི་གཙུག་ལག་ཁང་བཞེངས། དགེ་བཤེས་སྟོན་པ་དང་། གསང་ཕུ་བས་དངུལ་གྱི་གདུང་ཁང་རེ་རེ་བཞེངས་པ་གསན་པས། དངུལ་གྱི་གདུང་ཁང་རི་རབ་བཀྲ་ཤིས་སྒོ་མངས་ཚ་གསེར་མ་བྱས་པ་ཅིག་བཞེངས་ཏེ། དེའི་གཡས་གཡོན་དུ་གསེར་སྐུ་དངུལ་སྐུ་གཉིས་བཞུགས་སྐད། བང་སྟོན་གྱིས་སྙེ་ཐང་འོར་གྱི་གཙུག་ལག་ཁང་བཞེངས་སོ། །དགེ་བཤེས་ལོ་ཙྪ་བས་རས་ཁྲ་བཅུ་བཞི་པ་ཅིག་ལ་རྒྱ་གར་གྱི་ལྷ་བཟོ་མཁས་པ་ཀྲི་ཥྞ་པ་ཞེས་པས་བྲིས་ཏེ། སྟོད་ན་ཕར་ཇོ་བོའི་ཐུགས་དམ་གྱི་ལྷ་རྣམས་བྲིས། དེའི་

འོག་ན་ཕར་ཇོ་བོའི་བླ་མ་བཅུ་གཉིས་པོ་བྲིས། དེའི་འོག་ཏུ་ཇོ་བོ་ཉིད་ཀྱི་སྐུ་ཚད་དུ་ཁྲུས་གཞལ་བ་ཅིག་བཞེངས། གཡས་གཡོན་གཉིས་སུ་ཉེ་གནས་གཉིས་ལྷེམ་སྐྱུར་བྱས། གཡས་གཡོན་གྱི་ཁ་རས་ལ་ཇོ་བོའི་མཛད་པ་རྣམས་བྲིས། དེའི་འོག་ཏུ་ཁྲུ་ཇོག་འཁྲོམ་གསུམ་ལ་སོགས་པ་བོད་སྟོན་རྣམས་ཆོས་གྲྭའི་ཚུལ་དུ་བྲིས། དེའི་མདུན་དུ་ལོ་ཙྪ་བ་ཉིད་གསོལ་འདེབས་ཀྱི་ཚུལ་དུ་བྲིས། དེའི་རྒྱབ་ཏུ་ཇོ་བོའི་བསྟོད་པ་བརྒྱད་ཅུ་པ་བྲིས་ནས། དེ་ལ་རབ་གནས་མཛད་པའི་དུས་སུ་དགེ་བཤེས་ལོ་ཙྪ་བའི་ཞལ་ནས་བླ་མ་ཉིད་ཀྱིས་དགའ་ལྡན་ནས་བྱོན་པར་ཞལ་གྱིས་བཞེས་པས་འདི་བླ་མ་ཉིད་དང་ཁྱད་པར་མེད་པ་ཡིན་གསུང་། དེ་མངའ་རིས་སྐོར་གསུམ་གྱི་རྟེན་ལ་རྩིས་ཆེ་བ་ཡིན་སྐད། ད་ལྟ་ཡང་ཐོག་གི་ལྷ་ཁང་ན་བཞུགས་ཤིང་ཡོད་གསུང་། རོང་པ་འགར་དགེ་བས་ཇོ་བོ་འདས་པ་མ་གསན་པར་འབུལ་བ་སྐྱེལ་དུ་བྱོན་པ་ལ། གནམ་གྱི་མཚོ་ལི་གོང་དུ་འདས་པ་གསན་པས། དགེ་བསྙེན་རྣ་པོ་ལ་མི་སྐྱེལ་ཟེར་ཏེ་ཕྱིར་ལོག་ནས་ནོར་དེ་རྣམས་ལ་དངུལ་གྱི་གདུང་ཁང་མི་ཚམ་ཅིག་བྱས། ཇོ་བོའི་གདུང་སྐལ་མེད་ཀྱང་དགེ་བཤེས་སྟོན་པ་ལ་ཞུ་མ་ནུས་པ་ལ། དགེ་བཤེས་སྟོན་པས་གདུང་ལྷག་སྤུར་གང་བསྐུར་བས་མཉེས་ནས་ཕྱིས་ར་སྒྲེང་དུ་འབུལ་བ་ཆེན་པོ་བྱས་གསུང་། དེ་ལྟར་དབུས་སུ་ཇོ་བོའི་གདན་སར་གཙུག་ལག་ཁང་བཞི་བཞེངས་པ་ལས། སྙེ་ཐང་བང་སྟོན་གྱིས་འོར་བཞེངས་པ་ཐ་རག་གིས་ཁྱེར། ཁུ་སྟོན་གྱིས་ཡར་ལུངས་སུ་འདྲེན་གྱི་ལྷ་སྡིངས་བཞེངས་པས་སེ་རྟུར་སླུ་མེས་ཀྱིས་ཁྱེར། རྔོག་སྟོན་པས་གསང་ཕུར་སྦེ་ཐོར་ཁར་རྒྱ་ཕིབས་ཕྲ་ར་ཙམ་ཅིག་བཞེངས་པས་འབྲིང་ཚོས་ཁྱེར། ར་སྒྲེང་ནི་དགེ་བཤེས་སྟོན་པ་དང་རྣལ་འབྱོར་པ་གཉིས་ཀས་གྲོས་མཛད་བྱང་ར་སྒྲེང་དུ་ཁྲུང་མགོ་ཅན་བཞེངས། དགེ་བཤེས་སྟོན་པ་དེ་ཐུགས་ཟབ་ལ་དཀྱིལ་ཆེ་བས་གང་གི་ཕྱོགས་སུ་ཡང་མ་ལྷུང་པ། ཐ་མི་རག །སླུ་མི་མེས་འབྲིང་མི་ཚོ་འོ་ན་གང་ཡིན་ན། བི་ཀ་མ་ཤི་ལའི་གནས་ཚུང་། ཇོ་བོའི

གདན་ས། དགེ་བཤེས་སྟོན་པའི་ཐུགས་དམ། བཀའ་གདམས་རིན་པོ་ཆེའི་སྤྱི་མེས། རྗེའི་མངའ་རིས་བོད་ཁ་བ་ཅན་གྱི་རྒྱལ་ཁམས་ཐམས་ཅད་ཀྱི་སྤྱི་མཆོད་ཡིན་ནོ། །བདེ་བར་གཤེགས་པས་ལུང་ཡང་བསྟན་ཏེ། འཇམ་དཔལ་བརྟན་པ་རོལ་པའི་རྒྱུད་ལས། ལྔ་བརྒྱ་དུས་ཀྱི་ཐ་མ་ལ། །སངས་རྒྱས་བསྟན་པ་གར་རྒྱས་པ། །བྱང་ཕྱོགས་ཁ་བ་ཅན་གྱི་ཡུལ་གྱི་དབུས། །སྨན་རྣམས་སྣ་ཚོགས་ཡོད་པ་རི་ཡི་མགུལ། །སྤོས་ཤིང་ནགས་ཚལ་རྒྱས་པའི་གཙུག་ལག་ཁང་། །ཡི་གེ་དང་པོ་ར་ལ་དེ་འོག་སྦྲེང་། །ཞེས་པ་དང་། མདོ་རྒྱས་འབྲིང་དག་ལས། སངས་རྒྱས་ཀྱི་བསྟན་པ་ཡུལ་བར་ཏ་ནི་ནས་བྱང་ཕྱོགས་སུ་རྒྱས་པར་འགྱུར་རོ། །དེ་ནས་བྱང་ཕྱོགས་སུ་རྒྱས་པར་འགྱུར་རོ། །བྱང་ཕྱོགས་ནས་བྱང་ཕྱོགས་ཀྱི་ཆ་དེ་ཉིད་དུ་རྒྱས་པར་འགྱུར་རོ་ཞེས་གསུངས་སོ། །དགེ་བཤེས་སྟོན་པས་ཁྲུང་མགོ་ཅན་གྱི་ལྷ་ཁང་ཡན་ཆད་ཚར་ནས། སྟོན་པའི་ཞལ་ནས། ཇོ་བོའི་གདུང་བཞུགས་པའི་ཁྲུང་མགོ་ཅན་ནི་ཚར། ད་འདི་མན་ཆོད་ལ་བྱེད་པ་པོ་ཅིག་འོང་གིས་གསུངས་ནས། འཛིན་མདོ་ཡོན་ཏན་འབར་སྣད་པ་ལ་འབོད་པ་མཛད་ནས། ཁྱོད་འཇིག་རྟེན་གྱི་ཤེས་ཆེ་བ་ཡིན་པས། ཁྱོད་ཀྱིས་འཇིག་རྟེན་གྱི་ཤེས་གྱིས་དང་། ཁོ་བོ་འཇིག་རྟེན་གྱི་རྟོག་པ་སྤྱོང་བ་ལོ་གཅིག་བགྱིད་གསུངས་ནས་ཁྲུང་མགོ་ཅན་ལ་བསྐོར་བ་མཛད་དེ། ཇོ་བོ་ཅི་ཡང་མི་མཛད། བསྐོར་བ་མཛད་ཅིང་ཤངས་སྣབས་ཀྱིས་ཀྱང་སྣོག་མ་ན་མར་སྣེམ་པར་བྱས་ནས། འཇིག་རྟེན་མཁྱེན་པ་ཉེད་དང་མ་ཉེད་དང་། །ཞེས་པའི་ཚིགས་བཅད་དེ་མདོ་ལང་མདོ་ལང་འདོན་ཅིང་འཇིག་རྟེན་གྱི་ཆོས་བརྒྱད་ལ་བཏང་སྙོམས་ཆེན་པོ་མཛད་ཅིང་བཞུགས་ཙམ་ན། རྣལ་འབྱོར་པ་ཕྱུག་ཁྲི་མཆོག་གིས། ཇོ་བོའི་གདུང་ལ་མང་སྐོལ་ལུགས་རྟོགས་མཛད་དེ། བཟོད་གསོལ་སྟོན་ལ་བྱས་ནས། ངའི་གཏམ་འདི་རི་གཟར་གྱི་ཐབ་བཞིན་དུ་འཕོག་རྟགས་མང་བར་ཡོད་པས། དེ་བཟོད་པར་མཛོད་ཅིག་གསུངས་ནས། དགེ་བཤེས་སྟོན་པས་ཇོ་བོའི་ཆོས་མ་

སྣ་བར་ཤོད། ལ་ལ་ལ་མ་ཕན་ཡང་ལ་ལ་ལ་ཕན་གསུང་། རྣལ་འབྱོར་པ་ལ་ཁྱོད་མི་ཆོས་ངན་ཏེ། ཇོ་བོའི་ཞབས་ཏོག་བཞག་ནས་སྤྲས་རྒྱ་མཚོའི་གཡོག་བྱེད། ལྷ་ཆོས་སུ་ངན་ཏེ། ཇོ་བོའི་ཆོས་བཞག་ནས། ལྷ་ཆུང་བསྐྱོངས་ལ་བདག་མེད་པའི་རྟོག་རིམ་ཞུས་གསུང་། ས་རྣམ་པ་ལ། ཁྱེད་རྣམས་ཀྱང་ཇོ་བོའི་ས་ཁྲ་བཞག་ནས། རོག་ལྷ་བཟོའི་ཟན་ཟ་བར་གསུངས་ནས་བཀའ་བསྐྱོན། བཀའ་བབས་ཡམ་མེ་བ་རེ་མཛད་ནས། འན་བུའང་སོང་ནས་མཚམས་བྱེད་པར་ཞུ་འཚལ་གསུངས་ནས། གཞན་རྣམས་སྐམ་ན་མི་དང་མི་འཕྲད་པ་ཡིན་ནམ་སྐམ་ཙ་ན། ཤུག་གསེབ་ན་ཕར་གར་དགར་ལྷོ་ལྷོ་བཞུགས་ནས། ཕྱི་རོལ་གྱི་རྣམ་པར་རྟོག་པ་ལས་མཚམས་པོ་ཆེ་བཅད་པ་ལགས་པར་གདའ། ཁོང་གསང་ཕུ་བ་དང་གཉིས་ཐུགས་མཐུན་པས། ཁོང་གསང་ཕུ་དང་ར་སྒྲེང་ཡར་ཉོག་མར་ཉོག་བྱེད་པ་ལ་གྲོ་ཟན་འཁྱེར་མི་དགོས་པར་གདའ། དེ་ཙ་ན་གསང་ཕུ་བ་ཆེན་པོས་ར་སྒྲེང་དུ་ཡེ་རེ་བྱོན་ཙ་ན། རྣལ་འབྱོར་པ་ཕྱག་ཁྲི་མཆོག་དང་གཉིས་གྲི་བོ་ཁོ་ཐག་ཆོད་པ་ཅིག་བྱ་བར་དགོངས་ནས་མཇལ་བས། ཕྱག་གསུམ་བཙལ་བས་ཁོ་བོ་ལ་མིའི་ཏིག་པོ་མི་བདོག་པས་བཀའ་མི་བསྐྱོན་པར་ཞུ་གསུངས་ནས་ཤུག་གསེབ་ན་ཕར་ཞོལ་གྱིས་བཞུད་ནས། དགེ་བཤེས་གསང་ཕུ་བའི་ཞལ་ནས། དེ་ལས་ཁོ་ཐག་མ་ཆོད་པའམ། དེ་ལས་མི་ནུག་པ་མ་བྱུང་གསུངས་ནས་དགེ་བཤེས་སྟོན་པ་ལ་ཡུས་གསོལ་བས། དགེ་བཤེས་སྟོན་པའི་ཞལ་ནས། ཁོང་འཆི་བ་རྗེས་སུ་དྲན་པ་ཡིན་ཐམས་ཅད་ལ་དེ་ལྟར་བྱེད་ཅིང་སྣང་ཀོ་ལོང་མ་མཛད་གསུང་། དེ་ལྟར་དགེ་བཤེས་སྟོན་པ་བཀོད་པ་ཐུགས་ཀྱི་དཀྱིལ་དང་མཁྱེན་པའི་ཚད་རྒྱ་མཚོ་ལྟ་བུ་མངའ་བ་དེས་ར་སྒྲེང་དུ་ཇོ་བོའི་སྤྱིལ་ཟངས་ཀྱི་བཙུགས་ནས་ཡོད་པའི་དུས་སུ། ཐུགས་ཀྱི་སྲས་པོ་རིན་པོ་ཆེ་སྐུ་མཆེད་རྣམ་པ་གསུམ་གྱིས་སླེབ་པ་ལགས་པར་གདའ། སྐུ་མཆེད་གསུམ་པོ་དེ་ཁོང་རང་གི་ཞལ་བཞེས་ལྟར་ན་གནས་བརྟན་ཆེན་པོ་བཅུ་དྲུག་གི་རྣམ་འཕྲུལ་དུ་བྱེད།

རིགས་གསུམ་མགོན་པོའི་རྣམ་སྤྲུལ་དུ་བྱེད་པའང་ཡོད། དེའི་ཁུངས་ནི་བཀའ་གདམས་པ་ལ་འདི་མ་བྱུང་། གཞན་ནས་བྱུང་། བལ་ཡུལ་འཕགས་པ་ཤིང་ཀུན་དུ་བསྐོར་བ་བྱེད་པ་ལ་ནུབ་ཐུན་གསུམ་དུ་བགོ་བཤའ་ཡོད་སྤྱོད་ཐོ་རངས་གཉིས་མི་བྱེད། མི་འབྱུང་བཞི་གཉིད་ལོག་པའི་དུས་སུ། མི་མ་ཡིན་རྣམས་བསྐོར་བ་བྱེད་པ་ཡིན། དེའི་དུས་སུ་གྲུབ་པ་ཐོབ་པ་མ་ཡིན་པས་བསྐོར་བ་བྱས་ན་བར་ཆད་འོང་། རྣལ་འབྱོར་པ་ཅིག་གིས་ཕག་མོའི་སྒྲུབ་པ་ཞག་བདུན་བྱས་པས། དངོས་གྲུབ་བརྙེས་ནས་མི་མ་ཡིན་གྱི་གསེབ་ཏུ་བསྐོར་བ་བྱས་པས། མི་མ་ཡིན་བསྐོར་བ་བྱེད་ཅིང་གླུ་ལེན་པ་གསན་པས། སྐད་གླིང་བུའི་སྐད་འདྲ་བ་པི་དི་རི་རི་འདུག་པ་དེའི་ནང་ན་མར། སྔོན་དང་སྔོན་གྱི་དུས་ཙམ་ན། །ཐུགས་དགོངས་བླ་ན་མེད་པ་དེ། །ཇོ་བོ་ཨ་ཏི་ཤ་ལ་ཡོད། །རྟོགས་པ་བླ་ན་མེད་པ་དེ། །ཇོ་བོ་ཨ་ཏི་ཤ་ལ་ཡོད། །ད་ལྟ་མ་རིག་འཁྲུལ་པར་འཁྱམས། །ཟེར་བ་དང་། ཡང་ཚན་ཅིག་ན་རེ། ཨ་ཏི་ཤའི་གདུང་གསོབ་པ། །འཕགས་པ་སྐུ་མཆེད་གསུམ་པོ་ཡིན། །འཕགས་པ་སྐུ་མཆེད་གསུམ་པོ་དེ། །གཅིག་ཙམ་ལྷོ་བལ་གྱི་ཕྱོགས་ན་ཡོད། །འཕགས་པ་འཇམ་མ་ལི་དང་གཉིས་སུ་མེད། །གཅིག་ཙམ་བལ་པོའི་ཡུལ་ན་ཡོད། །འཕགས་པ་ཝ་ཏི་དང་གཉིས་སུ་མེད། །གཅིག་ཙམ་བལ་ཡུལ་གྱི་གྲོང་ན་ཡོད། །འཕགས་པ་བྷུ་ཁང་དང་གཉིས་སུ་མེད། །ཟེར་བ་གསན་པས་ཧེན་དེ་རྣམས་རིགས་གསུམ་མགོན་པོ་དངོས་ཡིན་པས། རིགས་གསུམ་མགོན་པོའི་སྤྲུལ་པ་ཡིན་པ་འདྲ། གང་ལྟར་ཡང་སྤྲུལ་པ་རྒྱ་ཆེ་ལུགས་འདིས་བྱང་ཆུབ་སེམས་དཔའི་རྣམ་སྤྲུལ་ཡིན་པར་ཐག་ཆོད་གསུང་། དགེ་བཤེས་སྟོན་པ་ལ་འཁོར་སྐུ་མཆེད་གསུམ་གྱིས་དབུ་མཛད་པ་ལྔ་བཅུ་ཙམ་ཅིག་བཞུགས་པ་ལ། དེ་ཚོ་ལ་ཏིང་ངེ་འཛིན་ཕུན་སུམ་ཚོགས་པ་མངའ་བས། མངོན་པར་ཤེས་པ་རྒྱ་ཆེན་པོ་དང་ལྡན་པ། ཡི་དམ་གྱི་ལྷ་ཞལ་གཟིགས་པ། གྲུབ་ཐོབ་ཏུ་སོང་དེ་བ་ཤ་དག་བཞུགས་པ་ཡིན། མཚོ་ལ་པདྨས་བརྒྱན་པ་

འདྲ་བ་སྐད་པ་དེ་དགེ་བཤེས་སྟོན་པའི་འཁོར་དེ་འདྲ་བ་ལ་ཟེར་བ་ཡིན། ལང་ངེ་ལང་ངེ་འཚོགས་པ་ལ་འཁོར་ཕུན་སུམ་ཚོགས་པར་འགྲོ་རྒྱུ་མེད་སོ་མི་གསོད་པ་མིན་པ་ཅིའང་མེད་གསུང་། དགེ་བཤེས་སྟོན་པས་དགུང་ལོ་ཁྲུར་པོ་བདུན་ངོ་དགུར་བཞུགས་བ་ཅིག་ཏུ་བསྟན་པའི་བདག་པོ་མཛད་ནས་སྤྱིར་སངས་རྒྱས་ཀྱི་བསྟན་པ་རིན་པོ་ཆེ། སྒོས་སུ་བཀའ་གདམས་ཀྱི་བསྟན་པ་རིན་པོ་ཆེ་ཉི་མ་ཤར་བ་བཞིན་དུ་དབུ་ཙ་ཕྱང་ཕྱོགས་སུ་རྒྱས་པར་མཛད་པ་དེ་ཡོངས་ཀྱི་བཀའ་དྲིན་ཡིན་ནོ། །དེ་ནས་འབྲུག་གི་ལོ་ལ་དྲུག་ཅུ་ཐམ་པ་ལ་ར་སྒྲེང་དུ་སྐུ་གཤེགས། དེའི་རྗེས་ལ་རྣལ་འབྱོར་པ་ཆེན་པོས་གདན་ས་ལོ་བཅུ་བཞི་བཟུང་ནས་དྲུག་ཅུ་རྩ་གསུམ་ལ་གཤེགས། དེའི་རྗེས་ལ་རྣལ་འབྱོར་གྱི་དབང་ཕྱུག་དགོན་པ་བས་གདན་ས་ལོ་དྲུག་མཛད་ནས། རིན་པོ་ཆེ་སྣེ་ཟུར་པ་ལ་སོགས་པ་རྣམས་སླེབ་ཅིང་གྲོལ་བར་མཛད། དེས་ན་སྐུ་མཆེད་རིན་པོ་ཆེ་གསུམ་གྱི་རིང་ལ་མངའ་རིས་སྐོར་གསུམ་མན་ཆད་ནས། བཙོང་ཁ་རྒྱལ་པོ་ཡན་ཆོད་ཀྱི་རྣམ་པར་གྲོལ་བ་དོན་དུ་གཉེར་བ་ཐམས་ཅད་བསྐྱངས་ནས་ཡོངས་ལ་བཀའ་དྲིན་ཆེ་བ་ལགས། དེ་ལ་པུ་ཏོ་བ་ཆེན་པོས་བཤད་རྒྱུད་ཀྱི་གདམས་ངག་གིས་སངས་རྒྱས་ཀྱི་བསྟན་པ་རྒྱས་པར་མཛད། སྤྱན་པའི་གདམས་ངག་གིས་དགེ་བཤེས་ཕུ་ཆུང་པ་ཆེན་པོ་དེ་སྐྱེས་ཀྱང་ནགས་སུ་སྐྱེས། དེངས་ཡང་ནགས་སུ་དེངས་པ་ལྷ་བུ་ཅིག་ལགས་པར་གདའ་སྟེ། སྤྱན་པ་སྐུ་ཉམས་སུ་བཞེས་པ་ཅིག་ལགས་སྐད། དེ་ཤ་གཟུགས་རང་ཟ་གསུངས་པ་ལགས་སྐད། སྤྱན་སྔ་རྣལ་འབྱོར་པ་སྐད་པ་དེ། དགེ་བཤེས་སྟོན་པས་དབུ་མཛད་པའི་ཇོ་བོའི་བཀའ་ལ་སློབ་པའི་རྣལ་འབྱོར་པ་དེ་རྣམས་ཀྱིས་སྤྱན་གྱི་འབྲས་བུ་བཞིན་དུ་བསྐྱངས་ནས། ཡོན་ཏན་གྱི་བཅུད་མ་ལུས་པར་ཐུགས་སུ་ཆུད། བསྒོམས་པའི་སྟོབས་ཀྱིས་རིག་པའི་གནས་ལྔ་ལ་མཁས་པ་ལགས་སྐད། ཇོ་བོའི་ལོ་རྒྱུས་ཕྱོགས་རབ་ཀུན་ལ་ཡོད་དེ། རྒྱས་པ་འདི་གཞན་ལ་མེད། འདི་གང་ལས་བྱུང་ན་དགེ་བཤེས་

རོང་པ་ཕྱག་སོར་བ་ཉིད་ཀྱི་སྐྱེ་བ་བཅུ་གསུམ་དྲན་པའི་མངོན་ཤེས་མངའ་བ། བསྒོམས་པའི་སྟོབས་ཀྱིས་རིག་པའི་གནས་ལྔ་ཐུགས་སུ་ཆུད་པ་དེ་ལས་བྱོན་ཏེ། དེས་ཇོ་བོའི་གདམས་པ་བཙལ་བའི་ཕྱིར་ཇོ་བོའི་དངོས་སློབ་བརྒྱད། ཉེ་སློབ་གཉིས་ཏེ་བཅུ་ལ་བརྟེན་ནས་ཇོ་བོའི་ཆོས་དང་སྐུ་ཆེ་བའི་ཡོན་ཏན་ཞུས་པས། དངོས་སློབ་རྣམས་གསུང་མཐུན་པར་བྱུང་བ་ལ། ཉེ་སློབ་གཉིས་མ་མཐུན་ཅིང་ཁྱད་པར་དུ་བསྟན་རིམ་གྱི་མཚན་འདོགས་ལུགས་ལ། དགེ་བཤེས་མཁའ་རུ་བའི་ཞལ་ནས། བསྟན་པའི་སྒྲོལ་བྱ་བ་ཡིན་གསུང་བ་ལ། དགེ་བཤེས་ཡུང་བའི་ཞལ་ནས། ཁྱོད་ཀྱི་སློབ་དཔོན་ཤེས་རབ་ཆུང་བས་མ་ཟིན་པར་སྣང་། བླ་མས་བདག་ལ་བསྟན་པའི་རིམ་པ་གསུངས་པ་ཡིན། དེ་ཡང་། ཚུལ་གནས་ཐོས་དང་བསམ་ལྡན་པའི། །སྒོམ་པ་ལ་ནི་རབ་ཏུ་སྦྱར། །བྱ་བ་ཡིན་གསུང་། དེ་ནས་དགེ་བཤེས་ཕྱག་སོར་བའི་ཐུགས་དགོངས་ལ། ཇོ་བོ་ལོ་བཅུ་དགུ་བསྙེན་པའི་ལོ་ཙྪ་བ་ཆེན་པོ་དེ་གུང་ཐང་ན་ད་དུང་བཞུགས་པར་འདུག །ཇོ་བོ་བཞུགས་ཀྱང་ལོ་ཙྪ་བར་དུ་འཇུག་པ་ལས་མེད་དེ་ལ་དེངས་ཤིག་ཐུག་དགོས་སྙམ་ནས་ཡར་བྱོན་པས། ལོ་ཙྪ་བ་ཡང་ཐོག་ན་བཞུགས་པ་དང་མཇལ་ནས། དང་པོར་གསང་སྔགས་ཀྱི་གདམས་པ་འགའ་ཞུས་ནས་བག་ཕེབས། དེ་ནས་ཕྱི་དེ་ཕ་རོལ་ཏུ་ཕྱིན་པ་སྐྱབ་པའི་གདམས་པ་ཅིག་དང་ཞུ། ཇོ་བོའི་སྐུ་ཆེ་བའི་ཡོན་ཏན་དང་། བོད་དུ་སྤྱན་དྲངས་ལུགས་ཤིག་ཞུ་ཞེས་ཞུ་བ་ཕུལ་བས། ལོ་ཙྪ་བའི་ཞལ་ནས། དེ་ལ་ང་མཁས་པ་ཡིན་ཏེ། ངས་ལོ་བཅུ་དགུ་བསྙེན། བོད་དུ་སྤྱན་དྲངས་པའི་ལོ་རྒྱུས་ལ་ཤིན་ཏུ་མཁས་པ་ཡིན་ཏེ། ཁྱོད་མིན་པ་རྩད་གཅོད་པ་རང་མ་བྱུང་གསུངས་ནས་ལོ་རྒྱུས་རྒྱས་པ་འདི་གསུངས། སྐྱབ་པའི་གདམས་པ་ཡང་མ་ལུས་པར་གནང་བས་གོང་གི་མཚན་གྱི་འདོགས་ལུགས་ཡུང་བའི་བཞིན་དུ་འདུག །དེ་ནས་བྱོན་ཁར་ཁྱོད་གནས་འདི་ལྟ་བུ་ཅིག་ཏུ་སྐྱབས་ཤིག་གསུངས་ནས་ལག་སོར་དགོན་པའི་ལུང་བསྟན་ཡང་

མཛད། སྤྲུལ་ཐུང་མཛད་ནས་འགྲོ་ཆོས་སུ། དལ་འབྱོར་རྟེན་ཅན་གྱི་ཤེས་རབ་ཅན། །ཚེ་འདི་ཇི་ལྟར་བྱས་ཀྱང་ཕྱིད། །བླ་མེད་བྱང་ཆུབ་སྙིང་དཀའ་བས། །འབད་པ་ཆེན་པོ་བྱ་འཚལ་ལོ། །གསུང་། ཁྱོན་པའི་ཚེ་ཕོད་མདོ་བས་སྣ་ལེན་བྱས་ཏེ། མདོ་རྩ་དང་བསླབ་བཏུས་གསུང་། དེ་ནས་ལག་སོར་དགོན་པར་མཚམས་བཅད་ནས། སྒྲུབ་པ་རྩེ་གཅིག་ཏུ་མཛད་པའི་དུས་སུ་པ་ཚབ་འཕྲང་ཀ་རྫེའི་འབྲུག་པ་བསྡུམ་པའི་ཚེ། ཕོད་མདོར་དགེ་བཤེས་རྒྱ་ཚོ་དང་མཇལ་བས་དད་ནས། འོ་ན་འཇང་རྫོར་སྤྱན་དྲངས་ཏེ་ཆོས་བཙུགས། དེའི་དུས་ཀྱི་རྒྱ་ཚོའི་ཞར་ཆོས་པ་ཆེན་པོ་བཞིས་ཇོ་བོའི་ཆོས་ཞུས་ཏེ་རིང་པའི་བུ་བཞིར་གྲགས། ཟླ་ཕྱུ་བ་ལ་གདམས་པ་དང་ལོ་རྒྱུས་ཅུང་འདུས་ཤིག་བྱུང་། རོག་སྟག་ཅན་པ་ལ་གདམས་པ་མང་ཞིང་ལོ་རྒྱུས་ཅུང་བ་ཅིག་བྱུང་། རྣམ་འཕར་བས་ལོ་རྒྱུས་མ་བྲིས་པར་འདུག །ཞུ་ལྡན་པའི་གདམས་པ་དང་ལོ་རྒྱུས་གཉིས་ཀ་ལེགས། ཁྱད་པར་དུ་ལོ་རྒྱུས་ཞིབ་པར་མཛད་ནས་གདའ་སྐད། ཡི་གེ་དེ་རྣམས་ཐམས་ཅད་ཟླ་ཕྱུ་བ་ཆེན་པོའི་ཕྱག་ཏུ་ཁྱོན་ནས་ཕྱོགས་གཅིག་ཏུ་མཛད་པ་ཡིན་ནོ། །བརྗོད་བྱའི་ལུས། བྱང་ཆུབ་སེམས་དཔའ་བྱ་འདུལ་བ་འཛིན་པ་ཆེན་པོའི་ཇི་ལྟ་བ་བཞིན་ལས་བླ་མའི་གསུང་རིན་པོ་ཆེའི་རྒྱན་གྱིས་སྤྲས་ཏེ། ཇོ་བོ་ཆེན་པོ་རྗེ་ལྷ་གཅིག་གི་ཡོན་ཏན་གང་ཆེན་མཚོ་ལྟར་མཐའ་ཡས་པ་ལས་དད་པའི་མྱུ་གུ་གསོ་བའི་ཕྱིར་ཆུ་ཐིགས་ཙམ་ཞིག་སྣར་ཐང་དུ་བསྡེབས་པའོ། །མཁན་པོ་མཆིམས་ཐམས་ཅད་མཁྱེན་པས་མཛད་དོ།། །།

༄༅། །ཇོ་བོ་རྗེའི་རྣམ་ཐར་ལམ་ཡིག་ཆོས་ཀྱི་འབྱུང་གནས་ཞེས་བྱ་བ་འབྲོམ་སྟོན་པ་རྒྱལ་བའི་འབྱུང་གནས་ཀྱིས་མཛད་པ་བཞུགས། །

༈ རྗེ་བཙུན་སྤྱན་རས་གཟིགས་དབང་ཕྱུག་ཐུགས་རྗེ་ཆེན་པོ་ལ་ཕྱག་འཚལ་ལོ། །དེ་ལྟར་བླ་མ་དང་ཡི་དམ་ལྷ་ཚོགས་རྣམས་ཀྱིས་ཀྱང་། རྗེ་བཙུན་ཆེན་པོ་བོད་ཁ་བ་ཅན་གྱི་རྒྱལ་ཁམས་སུ་ལུང་བསྟན་ན་ཡང་། རྗེ་བཙུན་ཆེན་པོ་བསྟན་པའི་བྱ་བ་ལ་གཞི་ཆེས་པ་དང་། གནས་བརྟན་རཏྣ་ཨཱ་ཀ་ར་ལ་སོགས་རྗེ་བཙུན་བོད་དུ་འབྱོན་པ་ལ་མི་དགའ་བ་རྣམས་ཀྱིས་ཆོར་གྱིས་དོགས་པ་དང་། ཇོ་རྗེ་གདན་གྱི་རྒྱལ་པོ་ལ་སོགས་པ་མི་རེ་རེ་ཙམ་གྱིས་ཤུགས་ལ་བཀོལ་བཏབ་པ་ལ་བརྟེན་ནས། ཡུན་རིང་དུ་ལམ་དུ་མ་ཆུད་པར་གཙུག་ལག་ཁང་རྣམས་སུ་མཆོད་ཀྱིན་ཡམ་ཡོམ་ལ་ལུས་ཏེ། ལན་ཅིག་ཇོ་བོ་རྗེ་གདན་དུ་བྱོན་པའི་རྗེས་སུ་ལོ་ཙཱ་བ་བརྩོན་སེང་དང་གུང་ཐང་བ་གཉིས་ཀྱིས་བྱོན་ནས། ཞབས་ལ་གཏུགས་ཤིང་ཕྱག་འཚལ་ནས་ཐལ་མོ་སྦྱར་ཏེ་མིག་གདོང་མཆི་མས་གང་བཞིན་དུ། མགོན་པོ་དེད་བོད་ཀྱི་སེམས་ཅན་སྙིང་མི་རྗེའམ། ལྷག་པར་དུ་ཡང་། ངེད་གཉིས་པོ་འདིས་ཇི་ཙམ་པའི་དཀའ་ལས་ཅིག་བྱས། འདོད་པའི་དོན་མ་གྲུབ་ན་ངེད་གཉིས་པོ་སྙིང་མི་རྗེའམ། དེའི་ནང་ནས་ཀྱང་ང་གུང་ཐང་བ

ཚུལ་ཁྲིམས་རྒྱལ་བས་ས་མཐའ་མང་པོ་བསྐྱོད་མ་སྐྱོང་། མི་ཐེག་པའི་ཁུར་འཁུར་མ་སྐྱོང་། སྐྱེ་བའི་དུས་སུ་ཕ་མའི་གཅེས་ཕྲུག་གྲ་མ་ཉམས། རབ་ཏུ་བྱུང་ནས་སངས་རྒྱས་ཀྱི་བསྟན་པ་ལ་ཐོས་བསམ་གྱི་བྱ་ར་མ་གཏོགས་པ་མི་འགྲུབ་པའི་བྱ་བ་མ་ཕབ། འཚོ་བའི་ཡོ་བྱད་ཀྱིས་ཉོན་མ་མོངས། སངས་རྒྱས་ཀྱི་བསྟན་པ་ལ་གཉེན་པོའི་གཞི་ཚུགས་པའི་སྟོབས་ཀྱིས། ཆོས་རྒྱལ་ཁུ་དབོན་གྱིས་དབུ་བགྱིས་པ་རྣམས་ཀྱིས་ཁྱེད་ཀྱི་སྔན་པ་ཐོས། དེ་ལ་བརྟེན་ནས་ཆོས་རྒྱལ་ཁུ་དབོན་ཡབ་སྲས་རྣམས་ཀྱིས། ཁྱེད་མགོན་པོ་སྤྱན་འདྲེན་པའི་ཕོ་ཉ་ལ་མོ་དང་རྟེས་བྱས་པས་ང་ལ་ཟིན། ཡུལ་གུང་ཐང་གསེར་གྱི་ལྷ་ཁང་ན་གཏན་ལ་ཕབ་པའི་བོད་དེ་ཉལ་ནས་ཕྱུང་ནས་རྒྱལ་པོའི་མངའ་རིས་སུ་ཁྲིད། རྒྱལ་པོ་ཆེན་པོ་ལྷ་བཙུན་པས་ང་གདན་གྱི་གུང་ལ་བཞག །བསྙེན་བཀུར་མཁས་བཙུན་བཟང་གསུམ་གྱི་བསྟོད་རས་ཆེ་བསྟོད་ནས། གཏམ་གྱི་ཐོག་འདི་རྣམས་ཕུབ་ལ་འདུལ་བ་འཛིན་པ་ལ་ཞུ་ན། ངའི་ཕ་མེས་རྒྱལ་བློན་བྱང་ཆུབ་སེམས་དཔའ་དེ་རྣམས་ཀྱིས། སངས་རྒྱས་ཀྱི་བསྟན་པའི་དབུ་བརྙེས། སྲོལ་གཏོད། དར་ཞིང་རྒྱས་པར་མཛད་པ་ཡིན་པ་ལ། དུས་དེང་སང་སངས་རྒྱས་ཀྱི་བསྟན་པའི་ཉམས་དམས། བདུད་རིགས་ཀྱི་སེམས་ཅན་ཁ་རྒྱལ། མཁས་བཙུན་ཐམས་ཅད་གཤེགས་ནས། ཤེས་པ་སྐྱོ་བར་བྱུང་བས། ངེད་ཁུ་དབོན་གཉིས་ཀྱིས་མི་འདི་གོ་ཆོད་དམ། འདིས་བློ་གཏད་ཐུབ་བམ། འདིས་སངས་རྒྱས་ཀྱི་བསྟན་པ་ལ་སེམས་སྐྱམ་པ་ལ་བྱ་དགའ་བྱིན་ཅིང་། གསེར་སྲང་བརྒྱ་སྐོར་རེས་མ་མཐའ་བྱས་ནས་དཔོན་གཡོག་རགས་པ་རེ་ཁྱེད་གདན་འདྲེན་དུ་བཏང་བ་ཡིན་ནའང་། ཕལ་ཆེར་ཚད་པ་དང་དུག་སྦྲུལ་གྱིས་ཁྱེར། ནོར་དང་སྲོག་མགོ་གང་ཡང་མ་ཐོན་པར་བྱུང་། ནོར་འཕྲོད་ཁྱེད་རང་དང་མཇལ་ཀྱང་འདི་ལྟར་བསྟན་པའི་བྱ་བ་ཆེས་པས་གདན་མ་འདྲོངས། དེ་ལ་ཡང་བློ་མ་བསད་པར་ལྷ་ཆེན་པོ་དེས། བལ་ཡུལ་གྱི་མཐའ་འཁོབ་ཏུ་ཇོ་བོ་སྤྱན་འདྲེན་པའི་གསེར་འཚོལ་དུ་ཐོན་པས། གར་ལོག་གི་རྒྱལ་

པོས་ཆོས་ཀྱི་རྒྱལ་པོ་པཎྜི་ཏ་གསེར་འཚོལ་བ་རིག་ནས། འདིའི་ཕ་མེས་རྣམས་ཀྱིས་སྔོན་ཡང་སངས་རྒྱས་ཀྱི་བསྟན་པ་དར་བར་བྱས་ཟེར། འདི་བཟུང་པཎྜི་ཏ་གདན་དྲངས་ནས་སངས་རྒྱས་ཀྱི་བསྟན་པ་དར་བར་བྱེད་འོང་བས་བཟུང་ལ་བཙོན་ཁང་དུ་ཆུག་ཅིག་ཟེར་ནས་མནར། དེ་བདག་གིས་ཐོས་ནས་སྡུག་བསྔལ་བའི་སྟོབས་ཀྱིས་ཧ་པ་བརྒྱ་བྱས་ཏེ། ཁུ་བོ་བཀྲོག་ཏུ་བྱིན་པས་གར་ལོག་གི་རྒྱལ་པོ་ཕ་ཚན་ཆེས་ནས་མ་བཀྲོག །ཡང་དམག་བྱས་ནས་ཁོ་ལ་བརྒྱབ་ན་ཕྱོགས་པར་སྣང་སྟེ། དེའི་བར་དུ་མི་དང་འགྲོ་བ་མང་པོའི་སྲོག་ཆད་པར་སྣང་བ་དང་། ང་རང་ལ་ཡང་བར་ཆོད་བྱུང་ན་ཇོ་བོ་ཆེན་པོ་སྤྱན་མི་འདྲོངས་པར་གདའ་བས་ཁོ་དང་ཐབས་མཁས་པས་བསྟུན་གྱིས་བསླུས་པ་དང་། ཁོ་ན་རེ། འོ་ན་ཁྱེད་རང་པཎྜི་ཏ་གདན་འདྲེན་པའི་འཁྲོ་བཤོལ། ཁྱེད་རང་ཡང་ངའི་འོག་ཏུ་ཞུགས། ཡང་ན་གསེར་རྒྱལ་པོ་རང་དང་མཉམ་པ་ཅིག་ཁྱེར་ལ་ཤོག །དེ་ནས་རྒྱལ་པོ་བཏང་གིས་ཟེར་བ་ལ། གསེར་ལ་འདམས་ནས་གསེར་སྲང་བརྒྱ་ཐམ་པ་ཁྱེར་ཏེ། རྒྱལ་པོ་བསླུས་པས་ཀྱང་ཁོ་མ་ཉན། དེ་ནས་ལུས་དང་མཉམ་པ་ཅིག་ཁྱེར་ནས་བསླུས་པས་ཀྱང་ཐམས་ཅད་ཚང་བ་ཅིག་དགོས་ཟེར་ནས་ཁོ་མ་ཉན། དེར་ཁུ་བོ་ཁྲི་ཐུབ་ན་བཙུད་དེ་འོ་བརྒྱལ་བར་བཞུགས་པའི་སྒོ་དྲུང་དུ་བྱིན་ནས་ཁུ་བོ་ལ་བོས་ཏེ། བཀའ་དྲིན་ཆེན་པོ། སྔོན་གྱི་ལས་ཐོག་ཏུ་བབ་པ་ཡིན་པས། ངས་ཁོ་ལ་དམག་བརྒྱབ་ནས་བཀྲོག་ན་ནི་སྐྱེ་བོ་ཚན་པོ་ཆེ་ཕུང་ལ་བཏང་ནས་རང་རེ་གཉིས་ཀྱང་ངན་སོང་དུ་འགྲོ་དགོས་པར་སྣང་། པཎྜི་ཏ་མ་དྲངས་པར་ཁྱེད་རང་རེད་ཀྱི་འོག་ཏུ་ཞུགས་ཟེར་བ་ལ་ནི། ཆོས་བློས་བཏང་ནས་སྡིག་རྒྱལ་གྱི་འོག་ཏུ་ཞུགས་པ་ལས། ཁྱོད་ཆོས་ལྡན་དུ་གཤེགས་པ་དྲག་སྙམ་དུ་བསམ། དེ་ནས་གསེར་ཁྱེད་རང་ཙམ་ཅིག་དགོས་ཟེར་བ་ལ་གསེར་བཙལ་བས། ཁྱེད་ཀྱི་སྐུ་ལུས་དང་མཉམ་པའི་ཚོད་ཙམ་ཞིག་རྙེད། དེས་ཁོ་མ་ཉན་པས་ད་དངས་དབུ་ཙམ་ཅིག་རྙེད་པ་དང་བསྐུར་འོང་གིས། དེའི་

བར་དུ་སྟོན་གྱི་ལས་ལ་སེམས་པ་དང་། དཀོན་མཆོག་གསུམ་ལ་གསོལ་བ་འདེབས་པ་དང་། སྙིང་པོ་ཆེ་བྲང་འོག་ཏུ་བཅུག་པའི་སོ་ནམ་མཛད་དགོས་པ་ཡིན། ཞེས་ཞུས་པ་དང་། ཁུ་བོ་བཞད་ཅིག་མཛད་ནས། ཁྱོད་ལའང་གཅེས་སྤྲུག་སྨྲས་ཟན་མའི་པགས་ཞིག་ཡོད། དགའ་སྤྲོད་དང་སྙིང་ཟུས་མི་ནུས་སྙམ་པ་ཡིན་ཏེ། ང་ཤི་ཡང་ཁྱོད་ཀྱིས་ཕ་མེས་ཀྱི་རྣམ་སྲོལ་སྐྱོང་བར་སྣང་། ཁྱོད་ཀྱི་དེ་གོ་བ་ཆེ། ང་དེས་ཆོག །ངའི་བསམ་པ་ལ་བོད་འདིར་ཆོས་ཁྲིམས་ཤིག་མ་འཆོས་པར་ང་ཤི་ན་མི་ཏུང་བར་འདུག་སྙམ་པ་ཡིན་ཏེ། ད་ང་ན་སོ་ཡང་རྒས་འདིར་ང་ད་ལན་མ་ཤི་ཡང་ཚེ་ལོ་བཅུ་ཡིན། སྔར་ཚེ་འཁོར་བ་ཐོག་མ་མེད་པ་ནས། ཆོས་ཀྱི་ཕྱིར་གཅིག་ཀྱང་ཤི་བ་མེད། ད་ལན་ཆོས་ཕྱིར་ཤི་ན་ལེགས་པ་ཡིན་པས། རྒྱལ་པོ་འདི་ལ་གསེར་སེ་བ་ར་ཏི་ཅིག་ཀྱང་མི་སྟེར། གསེར་ང་རང་ཙམ་རྙེད་པ་ཤིན་ཏུ་ཟམས་ཆེ་ན་ད་མགོ་བོ་ཙམ་པ་ག་ན་རྙེད། གསེར་ཐམས་ཅད་རྒྱ་གར་དུ་ཁྱེར་ལ་ད་ཏུང་དུ་པཎྜི་ཏ་དེ་གདན་ཅི་འདྲོངས་ཀྱིས། པཎྜི་ཏ་ཆེན་པོའི་སྙན་དུ་ཡང་། ང་ན་རེ། ངས་ཁྱེད་དང་སངས་རྒྱས་ཀྱི་བསྟན་པའི་ཕྱིར་ལུས་སྲོག་གར་ལོག་གི་རྒྱལ་པོ་ངན་པ་ལ་བྱིན་ཡོད་པས་ཚེ་རབས་ཐམས་ཅད་དུ་བདག་ལ་ཐུགས་རྗེས་འཛིན་པ་དང་། ངའི་བསམ་པའི་གཙོ་བོ། ཁྱེད་བོད་དུ་བྱོན་ནས་སངས་རྒྱས་ཀྱི་བསྟན་པ་དར་བར་བྱེད་པ་ཡིན་པས། དེ་ཁོ་ན་བཞིན་དུ་མཛད་པ་དང་། སྐྱེ་བ་འདིའི་འོག་རོལ་ཏུ་ཁྱེད་དང་ངེས་པར་མཇལ་བར་བྱིན་གྱིས་བརླབ་ཏུ་གསོལ། ཞེས་ངའི་ཕྲིན་མཛོད་ཅིག །དེ་ལྟར་ལགས་པས་ང་བློས་ཐོངས་ལ་སངས་རྒྱས་བསྟན་པ་ལ་སོམས་ཤིག་གསུང་། དེ་ནས་ཁུ་བོ་གར་ལོག་གི་རྒྱལ་པོས་མེད་པར་བྱས་པའི་གཏམ་དེ་རྣམས་མགོན་པོ་ཨ་ཏི་ཤའི་སྙན་དུ་ཐོངས། ངའི་ཁུ་བོ་སྙིང་རྗེ་ཅན་དེ་འོ་ཨེ་བརྒྱལ། ངས་ཀྱང་ཁུ་བོ་དེ་བཞག་ནས་འོང་ཐོངས་པ་སྔོའི་གསེབ་ནས་ཕར་བལྟས་པས་སྐུ་ལུས་རྣམས་ཉེ་དར་གྱིས་བཅིངས། གསུང་གི་མདངས་ཉི་ཤོར། སྔར་གྱི་དེ་ལས་ཉམས་པ་ཐམས་ཅད་

འགྱུར། སྐུ་ལུས་བྱུང་བ་ཙམ་ཞིག་ཏུ་སོང་། དེའི་ཁུང་ནའང་བོད་ཀྱི་སེམས་ཅན་དང་སངས་རྒྱས་ཀྱི་བསྟན་པ་དང་། ཇོ་བོ་འབའ་ཞིག་ཐུགས་ལ་སེམས། ངེད་བོད་མཐའ་འཁོབ་ཀྱི་སེམས་ཅན་མ་རིག་པ་རྣམས་ཀྱི་སྙིང་སྟོབས་དེ་འདྲ་ན་ཁྱེད་འགྲོ་བའི་སྐྱབས་གནས་ཐུགས་རྗེ་ཅན་རྣམས་ཇི་ཙུག་ལ་སོང་། ཞེས་ཞུས་ཤིག །ད་འདི་ན་གསེར་སྲང་བདུན་བརྒྱ་ཡོད་དེ། འདི་ཕར་ཁྱེར་ལ་བླ་མའི་ཕྱག་ཏུ་ཕུལ། ངེད་བོད་པྲེ་ཏ་པུ་རིའི་གྲོང་ཁྱེར་ལྷ་བུ་ན། གསེར་ལུག་ཤིག་ཙམ་རེ་ལ་དཀའ་ལས་ཆེན་པོ་ཡོད་པ་ཡིན་པ་ལ། ད་འདིས་བདག་དང་བླ་མ་བས་དབུ་བགྲིས་མི་ནོར་ཐམས་ཅད་ཡོངས་སུ་རྫོགས་ནས་ཡོད་ཀྱིས། ད་ལན་འདི་ལ་མགོན་པོ་བོད་དུ་མ་བྱོན་ན། ཁྱོད་དམ་པ་རྣམས་ཀྱི་ཐུགས་རྗེ་ཡང་དེ་ལྟར་ལགས་པས། ངེད་ཀུང་བྱ་བ་ཅི་བདེར་སྤྱོད་པར་བགྱིའོ། །ཁྱེད་འདུལ་བ་འཛིན་པས་འདིའི་ལོ་རྒྱུས་འདི་རྣམས་ཇོ་བོ་ལ་ཞུ་བ་བྱས་པའི་མཇུག་ཐ་མ་ལ་ཡང་འབྱོན་དུ་མ་བཞེད་ན་ཡང་སྐད་དུ་ཐེབས་པར་མཛོད་གསུངས་ནས་སྤྱན་ཆབ་ཀྱིས་པང་ཁེབས་དང་ཅོག་ཙེ་བངས་པ་ཙམ་དུ་བཤུམ་ཞིང་ང་ལ་གསུང་བྱོན་པས། ངས་ཀུང་ཡིན་མིན་གྱི་ཚིག་ཟུར་ཙམ་ཡང་མ་ནུས་བཞིན་དུ། འཇིག་རྟེན་གྱི་ཁ་ངག་ལ་ཡང་། དུ་བྲོ་བའི་ཁ་ལ་བལྟས་ན་དུ་བྲོ་ཟེར་བའི་ཚུལ་དུ། ལྷ་བཙུན་པའི་གསུང་དེ་རྣམས་ཤིན་ཏུ་མད་པར་འདུག་པ་དང་། ཆོས་རྒྱལ་དེ་མ་མཐོང་ཡང་རྣམ་པ་དྲན་པ་དང་། ཁོང་ཁུ་དཔོན་གྱི་མི་ནོར་མང་པོ་ཟད་པ་རྒྱུས་ཡོད་པ་དང་། ཁུ་དཔོན་གཉིས་སྡུག་བསྔལ་ཆེས་པ་དང་། ངེད་རྣམས་སྐྱིད་ཆེས་པ་དང་། ལྷ་བཙུན་མི་ཆེན་པོ་གཅིག་གིས་དེ་ལྟར་བཤུམས་པའི་སྟོབས་ཀྱིས་ང་ཡང་ལུས་འདར། གདོང་མཆི་མས་དག་སྟེ། ལྷ་བཙུན་གྱི་ཞལ་ལ་ཡང་བལྟ་མ་ནུས། དེའི་སྟོབས་ཀྱིས་ལུས་སྲོག་དང་བར་གྱི་དཀའ་ཚེགས་དང་། ཚེ་འདིའི་བདེ་སྐྱིད་གང་ལའང་མ་ཆགས་པར་ལན་དུ་འོ་ལགས་ཀྱིས་བྱས་ནས། དཔོན་གཡོག་བདུན་གྱིས་གསེར་སྲང་བདུན་བརྒྱ་ཁུར། རྒྱ་གར་གྱི་ལམ་ལ་

ཞུགས་ནས་འོངས་པ་དང་། ལྷ་བཙུན་པས་ཐག་རིང་པོར་སྐྱེལ་ཐུང་མཛད་ནས། དགེ་སློང་ཁྱོད་ཀྱིས་ང་ཕྱོགས་ལ་བྱ་བ་བྱས། ད་ལན་དཀའ་བ་ཆེ་ནའང་ཕར་ཕྱིན་ལ། འབད་རྩོལ་ཆེན་པོས་ལུས་དང་སྲོག་ལ་བསྔོས། འཁོར་ནས་བྱས་ཤེས་བཀའ་དྲིན་གཟོ་བར་བྱ། །ཞེས་གསུངས་ནས་བདག་ལ་ཕྱི་མིག་མཛད་ཅིང་ལོག་ནས་གཤེགས། སླར་ཡང་སྐད་བཏང་ནས་ཇོ་བོ་ཐུགས་རྗེ་ཆེན་པོ་ལ་གསོལ་བ་འདེབས་ཀྱིན་གཤེགས་པར་ཞུ་གསུང་། དེ་ནས་བལ་པོ་རྫོང་ལ་འགྲོ་ཙ་ན་མི་རིང་ཅིག་དང་ཕྲད་པས་ཁྱེད་ཡུལ་ས་ཐག་རིང་པོར་དོན་ཆེན་པོ་ལ་འགྲོ་བར་སྣང་བས། འདི་སྐད་ཟེར་གྱིན་སོང་དང་དོན་གྲུབ་ནས་འོང་གིས། དཀོན་མཆོག་གསུམ་ལ་ཕྱག་འཚལ་ལོ། །ཁ་བ་ཅན་གྱི་རྒྱལ་ཁམས་སུ་དུས་གསུམ་རྒྱལ་བ་ཐམས་ཅད་ཀྱི་འབྱུང་གནས་དམ་པའི་ཆོས་འཕེལ་བར་གྱུར་ཅིག །ཅེས་བརྗོད་ཅིང་སོང་དང་ལམ་དུ་ཉེས་སྐྱོན་མི་འབྱུང་བ་ཡིན་གྱིས་ཟེར། ཁྱེད་སུ་ལགས་བྱས་པས་རིམ་གྱིས་ཤེས་པར་འགྱུར་གྱིས་གསུངས་ནས་ལན་ཙམ་མ་བྱུང་། དེ་ནས་བལ་པོའི་མཐའ་འཁོབ་ཅིག་ཏུ་སླེབས་པ་ན་ཨ་ཙ་ར་ཅིག་ལ་གནས་མལ་གཡར་བས། ངེད་དཔོན་གཡོག་སྨྱུག་ཁང་ཅིག་ཏུ་བསྐྱལ། དེའི་དུས་སུ་ཁོས་གསེར་ཡོད་པར་རིག་ནས། སྨྱུག་ཁང་ལ་མེ་སྤར་ནས་ངེད་བསད་དེ་གསེར་འཕྲོག་པར་འདོད་པ་དང་། ངེད་དཔོན་གཡོག་ས་ཐག་རིང་པོ་ལ་ངལ་ཞིང་། ཚད་པས་གདུངས་ནས་གཉིད་ཀྱིས་མྱོས་ཡོད་པའི་དུས་སུ། ངའི་སྤྲས་ཁར་མི་རིང་དཀར་པོ་ཅིག་སྨྱུག་ཁང་གི་མཐོངས་ཕྱེ་ནས་བྱུང་སྟེ། མ་ཉལ་མ་ཉལ་མྱུར་དུ་ཡར་ལ་ལོངས། །མ་ཐེབས་ད་ལྷ་ལོངས་ལ་ལམ་དུ་ཞུགས། །ཉལ་ན་རིན་ཆེན་སྲོག་དང་འབྲལ་བ་ཡོད། །ང་ནི་བོད་ཁམས་ཡོངས་ཀྱི་ཡི་དམ་ཡིན། །ཞེས་གསུངས་པ་དང་། ཐུགས་རྗེ་ཆེན་པོ་ལ་གསོལ་བ་བཏབ་ནས་བྲོས་པས། ནམ་ལངས་པ་དང་། བལ་པོའི་རྒྱལ་ཕྲན་ཅིག་བི་ཀྲ་མ་ལར་འགྲོ་བ་དང་འཛོམ། དེ་དང་འགྲོགས་ནས་ཕྱིན་པས་ཆུ་བོ་གངྒའི་འགྲམ་དུ་སླེབས་པ་དང་། རྒྱལ་པོ་དབང་

ཆེ་བས་གྲུ་ལ་ཞུགས་ནས་སོང་། དེར་ཉི་མ་ནི་འཁྱིས། ཕྱོགས་ན་མི་ནི་མེད། མཐའ་འཁོབ་ཀྱི་ཨ་ཙ་ར་རྣམས་ནི་སྤྱོད་པ་ངན། བདུད་རིགས་དང་སྲུ་སྐྱེགས་རྣམས་ནི་དམ་པའི་ཆོས་ལ་སྡང་། དེད་སངས་རྒྱས་ཀྱི་བསྟན་པ་ལ་བསམས་ནས། གསེར་མང་པོ་ཁུར་འོངས་པ་ལ་གབ་ས་དང་འགྲོ་ས་ནི་མེད། རྒྱུས་མེད་ཀྱི་ཡུལ་དུ་མགོ་འཐོམས་པའི་ཚེ། མགོན་པོ་སྤྱན་རས་གཟིགས་ལ་གསོལ་བ་བཏབ་སྟེ། གསེར་བྱེ་མའི་འོག་ཏུ་སྦས་ནས། རང་རྣམས་ཕྱོགས་གཞན་ཅིག་ཏུ་ཉལ་བསྡད་པ་དང་། མཉན་པ་དཀར་པོ་ཅིག་གྲུ་ལ་སྐྱ་བ་ཆལ་ཆལ་འདེབས་ཀྱིན་བྱུང་། དེར་བདག་གིས་ཁྱེད་གར་གཤེགས་ཇི་ཙུག་ཡིན་དྲིས་ཙ་ན། དཔོན་གཡོག་འཁོར་བཅས་རྣམས་བསུ་རུ་འོངས་པ་ཡིན། སེམས་ཅན་སྙིང་སྟོབས་ཆེན་པོས་འདིར་འོངས་ཚེ། །འཕགས་པས་གྲུ་དང་མཉན་པ་ལྟ་བུ་ཡིས། །འཇིགས་པའི་དུས་སུ་སྐྱེལ་མ་མ་བྱས་ན། །སེམས་ཅན་ཉོན་མོངས་ཅན་གྱིས་ཇི་ལྟར་འགྲུབ། །ཚུར་ཞུགས་བདུན་བརྒྱ་པོ་དེ་མ་ལུས་པར། །འདོ་ལི་ཀྲ་མ་ལ་རུ་སྒྲོལ་བར་བྱ། །ཞེས་ཟེར་བ་དང་ཐུགས་རྗེ་ཆེན་པོ་ལ་གསོལ་བ་འདེབས་ཀྱིན་གསེར་རྣམས་བྱེ་མའི་འོག་ནས་བཏོན་ཏེ་གྲུའི་ནང་དུ་ཞུགས་པ་དང་། བདག་གིས་མ་ཎི་པདྨེ་འཕྲེང་སྐོར་ཅིག་བགྲངས་པས། མཉན་པ་ན་རེ་དེད་ཁ་བ་ཅན་གྱི་ཐུགས་རྗེ་ཆེན་པོ་དེ་མ་ཎི་པདྨེ་བགྲང་ཙ་ན་རིང་ས་ན་རིང་བ། ཐུང་ས་ན་ཐུང་བ་འདི་ལྟར་བྱེད་པ་ཡིན་ཟེར་ནས་མ་ཎི་པདྨེའི་གདངས་ཤིག་འདི་ལྟར་འཐེན་གྱིན་གདའ། ཨོཾ་མ་ཎི་པདྨེ་ཧཱུཾ་ཞེས་བགྲངས་པ་ན། འཁྲུལ་བ་སྣང་པ་ཡིད་འཛིན་པ་བློ་བདེ་ཞིང་། ང་བག་ཕེབས་པར་གྱུར་ནས། མཉན་པ་དེ་ལ་ཕའི་འདུ་ཤེས་སྐྱེས། འདི་སུ་ཡིན་ནམ་སྙམ་ནས་ཐེ་ཚོམ་ཆེན་པོ་ཅིག་ཀྱང་བྱུང་། ཁྱེད་སུ་ཡིན་ནམ་ཐ་མལ་རང་ཅིག་ཨེ་ཡིན་གསུང་ཅིག་ཕྱིན་དང་ཞུས་པས། མཉན་པ་ན་རེ། ཚེ་དང་ལྡན་པ་ཀུན། སྔར་འགྲོགས་ཀྱི་དུས་སུ་སྦྱོང་བས་པ་མ་མྱུར། གཞུང་འགྲོགས་ཀྱི་དུས་ཁྲིལ་གཞུང་མ་ཆུང་། ཕྱི་འགྲོགས་ཀྱི་དུས་སུ་ཕྱི་ཐག་མ་

ཐུང་བྱ་བ་ཡིན། མ་ནུས་པའི་དུས་སུ་ཕན་པ་དང་། དགོས་དུས་སུ་སླེབ་པ། བྱ་བ་ཡུན་དུ་འགྲོགས་པ་ལ་དགོས་པ་ཡིན། རིམ་གྱིས་ཤེས་པར་འགྱུར་ཏེ་མཆི། གསུངས་ནས་ལན་གཞན་ཅམ་མ་བྱུང་། ད་ལྟ་རང་ཕ་ཐེལ་དུ་སྒྲོལ་བ་དང་། སྨོན་ལམ་ལྷན་ཅིག་མ་བཏབ་ན་ཤུལ་ཁའི་མགྲོན་དུ་ཡང་མི་འཛོམ་ཟེར་བ་དེ་འདི་ལ་ཟེར་བ་ཡིན། ད་ནམ་ཕྱིད་ན་ཕར་སོང་ཡོད་པས་གཙང་འཁྲིས་དང་སྡོ་གསེབ་ཏུ་མ་ཉལ། དུག་སྦྲུལ་གྱི་འཇིགས་པ་འོང་། དོ་ནུབ་བི་ཀྲ་མའི་སྒོ་པེའི་འོག་ཏུ་ཉོལ། དོ་ནུབ་ཆོམ་རྐུན་ཡེ་མི་འོང་བ་ཡིན་གྱི་གསུངས་ནས་ག་ཤེད་དུ་སོང་། དེ་མ་ཐག་ཏུ་བི་ཀྲ་མའི་གཙུག་ལག་ཁང་གི་སྒོ་པེ་འོག་ཏུ་སླེབ་པ་དང་། སྒོ་པེའི་རྫོགས་ཁུང་ཅིག་ན་མར་རྒྱ་བརྗོན་འགྲུས་སེང་གེའི་སྐད་ཅིག །བོད་ཀྱི་ཚེ་དང་ལྡན་པ་ཀུན་ག་ནས་བྱོན་གསུང་། ངེད་མངའ་རིས་སྟོད་ནས་འོངས་པ་ཡིན་ཞུས་པས་འོ་ན་སྒོ་བ་བྱེས་པ་ཅིག་ཡོད་པ་དེ་ལ་ཁྱེད་རང་གི་འབྲང་གཅེས་པ་ཀུན་ཚོལ་ལ་སྐྱིབས་ཤིག་ཏུ་འབོ་ལེ་གཟིམས་ལ་བཞུགས། ད་ལྟ་སྐྱ་རེངས་དང་པོའི་ཐོག་ཡིན། སྐྱ་རེངས་གཉིས་པའི་མཇུག་ཙམ་ལ་སྒོ་འབྱེད་པ་འོང་གསུང་། དེ་ནས་སྒོ་སྲུངས་བྱེས་པ་ཅིག་གདའ་བ་དེ་ལ་གསེར་རྣམས་བཙོལ་བ་དང་། བྱེས་པ་དེས་གསེར་རྣམས་བློ་ཕུག་ཅིག་ན་ཕར་བཞག་ནས། ནོར་བཙོལ་དགྲ་བཙོལ། བུ་བཙོལ་སྙིང་བཙོལ། འོན་ཀྱང་བློ་གཏད་ཐུབ་པ་གྲོགས་ཀྱི་མཆོག་བྱ་བ་ཡིན། ཁྱེད་རང་རྣམས་བག་ཕེབས་པར་གཟིམས་ཟེར་བས་ཆུང་ཆུང་འདིའི་ཁ་ནས་དེ་འོང་པ་གང་ཟག་ཐ་མལ་པ་ཅིག་མིན་ནམ་སྙམ་དུ་བག་ཕེབས་པར་གྱུར། ནང་པར་སྒོ་ཕྱེ་མ་ཐག་ཏུ་བྱེས་པ་གཞོན་ནུ་མ་ཞྭ་སྒྲི་རིང་པ་གྱོན་པ། འཁྲོག་སྐམ་གྱི་གོས་ཉིས་བརྩེགས་གྱོན་པ་ཕོར་ཆུང་ཐོགས་པ་ཅིག་བྱུང་ནས་ཁྱེད་བོད་རྣམ་པ་ཀུན་ག་ནས་བྱོན། ལམ་དུ་འཇིགས་པའི་སྐྱོན་མི་སྣང་ངམ་ཟེར་ནས། བོད་ཀྱི་འབྲོག་པའི་སྐད་དུ་ལྷང་ལྷང་བྱུང་དེར་སྐྱོ་བ་སངས་པ་སླམ་བྱེད་པ་ལས། ངེད་མངའ་རིས་སྟོད་ནས་འོངས། ལམ་འཛམ་

པར་བྱུང་། ཁྱེད་གང་ཙུག་ཡིན་གར་འགྲོ་དྲིས་པས། ཁོ་ན་རེ་ང་ཡང་བོད་ཅིག་ཡིན་བོད་དུ་འགྲོ་བ་ཡིན་ཏེ་འོ་ཅག་བོད་འདི་ཁ་མང་ལ་གཏིང་ཞྭོད། གཏམ་མཚང་ཅན་སྲིད་མི་ཤེས། བྱ་བ་གལ་ཅན་གསང་ནས་བསྒྲུབ་དགོས་པ་ཡིན། རྒྱ་བརྩོན་སེང་བོད་ཀྱི་སྐྱི་ཁང་ན་ཡོད། དེར་རྩད་བཅད་ན་འོང་ཟེར་ནས་ཁོང་ཡུད་ཀྱིས་སོང་། དེ་ལས་ཡིད་མ་ཆེས་ལ་མ་དགའ་བ་མ་བྱུང་། དེ་ནས་སྲང་ནང་རིང་པོ་ཅིག་ལ་ཞུགས་ཕྱིན་ཙ་ན། དྲང་སྲོང་རྒྱས་པའི་མཐར་ཐུག་པ། སྐྲ་དང་ཁ་སྤུ་སེར་ལ་རིང་བ། མིག་དམར་ལ་ཤ་སྐེམ་པ། ཚུ་ཤིང་གི་འཁར་བ་ཐོགས་པ་ཅིག་དང་ཕྲད་པས། ཁོ་ན་རེ། ཁྱེད་ག་ནས་འོངས། གར་འགྲོ། ཅི་བྱེད་དུ་འོངས་ཟེར། ངེད་བོད་མངའ་རིས་སྟོད་ནས་མགོན་པོ་ཨ་ཏི་ཤ་སྤྱན་འདྲེན་དུ་འོངས་པ་ཡིན། རྒྱ་བརྩོན་སེང་གི་ཁང་པ་དེ་གང་ན་ཡོད་བྱས་པས། ཁོ་འཁར་བ་ལ་བརྟེན་ནས། ཕྱི་མིག་གཙུ་བ་ཅིག་བྱས། ད་ནང་གི་ཕྱིས་པ་དེ་རེ་བདེན། བོད་ཀྱི་མི་ལ་ཨོལ་འདུད་པ་མེད་པས་སྲང་ནང་གི་མི་འཁྲུམས་པོ་ཚུན་ཆད་ལ་ཡིན་ཚུལ་སང་ངེ་འཆད་པ་ཁྱེད་ཀྱིས་ཀྱང་དོན་འགྲུབ་ཏུ་རེ་བ་ཨང་། ད་ལན་ངའི་ཇར་བྱས་པས་གྲག །ད་ཇོ་བོ་མིན་པ་གཞན་གྱི་ཇར་ཁར་མ་འདོན། འོན་ཀྱང་རྒྱ་ལ་འབུག་ཙམ་ཅིག་ཟེར་ནའང་རིགས། སྔོ་ངས་བསྟན་གྱིས་ཟེར་ནས་ཁོའི་ཕྱི་ལ་ཕྱིན་པ་དང་། དྲང་སྲོང་ག་ལེ་སོང་བའི་རྗེས་ལ་ངེད་ཀྱིས་མགྱོགས་པོ་མ་སླེབ། ངེད་ཡ་མཚན་ཞིང་ཐེ་ཚོམ་དུ་གྱུར་པ་དང་། ཁོ་བོད་ཀྱི་སྐྱི་ཁང་གི་སྒོ་ཕུག་ན་བསྒུགས་ནས་བསྡད་དེ། བྱ་བ་ཆེན་པོ་བསྒྲུབ་པ་ལ་ག་ལེ་མགྱོགས་པ་ཡིན། རིངས་ན་སོས་དལ་དགོས་པ་ཡིན། འདོད་ཐག་མ་ཉེ་བར་རི་བོ་བགས་ཀྱིས་འཛེགས། ཁང་པ་འདི་ཡིན་ཟེར། དེ་མ་ཐག་ཏུ་བདག་གིས་ནང་དུ་འོངས་པ་ན། ལོ་ཙཱ་བ་རྒྱ་གཞུང་ཚན་ཅན་ཅིག་གཟིགས་ཀྱིན་བཞུགས་འདུག །དེར་གསེར་བཞི་ནམ་ཅིག་གིས་ཕྱག་རྟེན་བྱས་པ་ལ་ལོ་ཙཱ་བའི་ཞལ་ནས། ཁྱེད་རྣམ་པ་གྲོགས་ག་ནས་བྱོན་གསུང་། དེ་ལ་ལོ་རྒྱུས་རྣམས་ཞིབ་པར་ཞུས་པ་དང་། ཁོང་

གི་ཞལ་ནས་ཁྱོད་ངའི་སློབ་མར་སྣང་བ་ངོ་མ་ཤེས་པར་སྣང་། ད་ཨ་ཏི་ཤ་གདན་འདྲེན་དུ་འོངས་སྐད་ཡི་མ་ཟེར། སློབ་གཉེར་བྱེད་པ་ལ་འོངས་པ་ཡིན་ཟེར་བ་ཀུན་ལ་སློས། འདི་ན་གནས་བརྟན་རཏྣ་ཤྲཱི་ཀ་ར་བྱ་བ་ཡོད་དེ། དེ་འདི་ན་དབང་ཆེ་ཞིང་། ཨ་ཏི་ཤའི་བདག་པོ་ཡང་ཡིན། དེ་ལ་ཆོས་ཉན་ཅིང་དེའི་སེམས་འཛིན་དགོས། དེས་ཚོར་དུ་ཡེ་མི་བཏུབ་པས། ད་ལྟ་རང་ཁོང་ལ་གསེར་སྲང་ཕྱེད་ཕུལ་ལ་དེང་བོད་ནས་འོངས་པ་ཡིན། པཎྜི་ཏ་ནི་སྤྱན་མ་འདྲོངས། ད་ཁྱེད་ཀྱི་ཞལ་སྔ་ནས་པཎྜི་ཏ་དང་ཁྱད་མེད་པའི་སློབ་གཉེར་བ་ཅིག་བདག་ལ་ཐུགས་ལ་འདོགས་པར་ཞུ། ཞེས་ཞུ་བ་ཕུལ། དེ་ནས་ཀྱང་རིངས་རིངས་དང་བློ་མ་ཕེབས་པ་ཡི་མ་བྱེད་པར་སློབ་གཉེར་གྱིས་ལ་སོས་ཇོལ། དེ་ནས་འོ་ཅག་ཐབས་མཁས་པས་ཇོ་བོ་འདིར་ཕྱུགས་ཕེབས་པའི་དུས་སུ་ཞུ་བ་བྱེད་པ་ཡིན་གསུང་། དེ་ནས་ངས་ལོ་ཙྪ་བ་ཅི་ཟེར་བལྟ་བའི་ཆེད་དུ་མགོན་པོ་ཨ་ཏི་ཤ་ཅིས་ཀྱང་སྤྱན་མ་འདྲོངས་ན། དེའི་འོག་ནས་གང་ཆེ་བའི་པཎ་ཆེན་ཅིག་གདན་དྲངས་ན་ཞུས་པས་ལོ་ཙྪ་བའི་ཞལ་ནས་དེ་འདྲ་སོ་སྐོར་མ་འདོན་ཅིག །དེར་སོང་ན་དག་ན་ནིང་ནས་པཎྜི་ཏ་གཅིག་ལས་གཅིག་ཆེ་བ་ཉི་ཤུ་ཙམ་གདན་དྲངས་ཀྱང་འདྲོངས་ཏེ། འོ་སྐོལ་བོད་ཀྱི་སེམས་ཅན་གྱི་སྤྱོད་གཤིས་རྒྱུས་མེད་དམ། མགོན་པོ་ཨ་ཏི་ཤ་མ་གཏོགས་པ་སུས་ཀྱང་བོད་ཀྱི་སེམས་ཅན་མི་ཐུལ་བས། ད་ཅུང་ཨ་ཏི་ཤ་རང་གདན་ཅི་འདྲོངས་བྱེད་དགོས་གསུངས་པས། འོ་ན་པཎྜི་ཏ་ཡོད་པ་ཅི་འདྲ་ཡོད་ཞུས་པས། པཎྜི་ཏ་གནམ་གྱི་སྐར་མ་ཙམ་མང་པོ་ཡོད། འདི་ལྟར་རིག་པའི་ཁུ་བྱུག །ནཱ་རོ་པ། ཌོཾ་ཧྣི་པ། མར་མེ་མཛད་བཟང་པོ། ཨ་ཝ་དྷཱུ་ཏི་པ། བྱང་ཆུབ་བཟང་པོ། ཤཱནྟི་པ། རིན་ཆེན་བཟང་པོ། རིན་ཆེན་སྦེ། རྣམ་དག་གཙུག་གི་ནོར་བུ། རི་བོ་བཟང་པོ། ཟླ་བའི་ནོར་བུ། ཀུན་ཏུ་བཟང་པོ། ལྷའི་བློ་གྲོས། ཡེ་ཤེས་བྱང་ཆུབ། ངག་གི་དབང་ཕྱུག་གྲགས་པ། ནག་པོ་པ། ཛེ་ཏཱ་རི་དགྲ་ལས་རྣམ་པར་རྒྱལ་བ། རྒྱ་མཚོ་མཐའ་ཡས། ལྷུན་པོ་བརྩེགས་པ། སྐ་གའི་ཚ་རྒྱུན།

སྐར་མའི་རྒྱལ་པོ། རོལ་པའི་རྡོ་རྗེ། ས་འགེབས་པའི་ཞབས། ཡེ་ཤེས་གསང་བ། ཀཱ་མ་ལ་ཤྲཱི་ལ། ཆོས་ཀྱི་བཤེས་གཉེན། ཀླུ་དབང་རྒྱལ་པོ། སྦྱིན་གྱི་ཤུགས་ཅན། སླང་པོ་ཆེའི་དཔལ། བསམ་གྱིས་མི་ཁྱབ་པའི་བློ་གྲོས། གདུང་བ་སེལ་བ། ཚུལ་ཁྲིམས་དབང་པོ་ལ་སོགས་པ་པཎྜི་ཏ་བསམ་གྱིས་མི་ཁྱབ་པ་ལྔ་བཅུ་རྩ་གཉིས་ཙམ་ཡོད་ཀྱང་། ཐམས་ཅད་རང་ས་ནས་ངོ་མཚར་ཆེ་སོད། འོ་སྐོལ་ལ་མགོན་པོ་ཨ་ཏི་ཤ་མིན་པ་གཞན་གྱིས་ཕན་མེད་གསུང་། འོ་ན་ངེད་ལ་མགོན་པོ་ཨ་ཏི་ཤ་སྟོན་པ་ཞུ་ཞུས་པས། ལོ་ཙཱ་བའི་ཞལ་ནས་འོ་སྐོལ་བོད་འདི་ལ་དབང་མེད། ད་གཟོད་རྒྱ་དང་ཨ་ཏི་ཤ་གཉིས་མཐུན་ཡོད་པར་སྣང་། ཁ་ཕྱོགས་ཡིན་ཟེར་འོང་བ་ཡིན་པས། ཁྱོད་རང་ནང་པར་བི་ཀྲ་མ་ལར་དགེ་འདུན་གྱི་ཀུན་དགའ་ར་བར་ཆེ་འབྲིང་ཆུང་གསུམ་འཚོགས་པས་དགེ་འདུན་སྟོང་ཕྲག་བརྒྱད་བརྒྱད་ཙམ་འོང་གིས། དེའི་ནང་ནས། ལྷམ་མེ་བ། ལྷང་ངེ་བ། ལྷན་ནེ་བ། ཕྱོགས་ག་ནས་བལྟས་ཀྱང་ཁྱད་དུ་འཕགས་པ། གྲལ་གང་དུ་ཞུགས་ཀྱང་མཛེས་པ་ཅིག་ཡོད་ཀྱིས། དེ་ཨ་ཏི་ཤ་ཡིན་པས། ཉིན་དང་མཚན་དུ་གསོལ་བ་ཐོབ་གསུང་། དེ་ནས་ངེད་རྒྱ་བརྩོན་སེང་གཉིས་ཀྱིས་གནས་བརྟན་རཏྣ་ཨཱ་ཀ་རའི་དྲུང་དུ་ཕྱིན། ཕྱག་བཙལ། གསེར་སྲང་ཕྱེད་ཕུལ་ཏེ་རྒྱུས་བསླབ་པ་བཞིན་དུ་ཞུ་བ་བྱས་པ་དང་། གནས་བརྟན་གྱི་ཞལ་ནས། དེ་ཤིན་ཏུ་ལེགས། ཚེ་དང་ལྡན་པ་འདི་ཙུག་ཡིན། ངེད་འདིར་མི་ལ་རྩིག་པ་མིན་ཏེ། པཎྜི་ཏ་གཞན་གྱིས་སེམས་ཅན་མི་ཐུལ་བ་འདི་ན་ཨ་ཏི་ཤ་མེད་ན། རྒྱ་གར་སངས་རྒྱས་ཀྱི་བསྟན་པའི་འབྱུང་གནས་ཡིན་པ་ལ། འདི་སྟོངས་ན་སེམས་ཅན་སྤྱིའི་བདེ་སྐྱིད་ཉམས་ནས་འགྲོ་བ་ཡིན་སོད། དེའི་རྒྱུ་མཚན་ཡང་རྒྱ་གར་གྱི་གཙུག་ལག་ཁང་ཐམས་ཅད་ཀྱི་ལྡེ་མིག་ཨ་ཏི་ཤའི་ཕྱག་ན་ཡོད་པ་ཡིན། དེ་མ་གཏོགས་པ་ངེད་ཀྱང་བོད་ཀྱི་སེམས་ཅན་རྣམས་ལ་སེམས་བརྩེ་ཞིང་ཁྱད་པར་དུ་བོད་ཀྱི་ཆོས་རྒྱལ་དེའི་མི་ནོར་མང་པོ་ཟད་པས་ངོ་གནོང་སྟེ། སངས་རྒྱས་ཀྱི་བསྟན་པ་ལ་རྒྱབ་ཡིན་

པས་དེ་སོམས་ལ་འདིར་བརྗོན་འགྲུས་དང་སྙིང་རུས་དྲག་པོ་གྱིས་ལ་སངས་རྒྱས་བསྟན་པ་རབ་འབྱམས་ལ་སློབ་གཉེར་གྱིས། ངས་ཀྱང་ཕྱོགས་ཐམས་ཅད་ནས་ཁྱེད་ཀྱི་ཆོས་སུ་ཅི་འགྲོ་བྱེད། ལར་ཁྱེད་བོད་རྒྱ་གར་པ་ལ་འདི་ལྟར་སེམས་པ་ངོ་མཚར་ཆེ། ཞེས་བྱ་བ་ལ་སོགས་པ་གསུང་སྐད་པ་མང་པོ་བྱོན། ནང་པར་ཚ་བའི་དུས་སུ། དགེ་འདུན་གྱི་ཀུན་དགའ་ར་བར་ང་ཡང་དགེ་འདུན་ཐམས་ཅད་གདུགས་ཚོད་ལ་འདུ་བའི་གྲལ་དུ་གནས་བརྟན་གྱིས་ཁྲིད་ནས་བསླབ་པའི་གྲལ་དཀྱིལ་ཅིག་ཏུ་བཞག །དེའི་དུས་སུ་ཁྱེད་ནི་གསེར་གླིང་ལ་སོགས་གནས་ཆེན་རྣམས་སུ་བྱོན་ནས་ཆགས་མ་ཞེབས་པ་ཡིན་པར་གདའ་ནའང་། བདག་གིས་ཁྱེད་གྲལ་གྱི་དབུ་ལ་དགེ་འདུན་གྱི་ཚོགས་དཔོན་མཛད་ཀྱིན་ཡོད་སྙམ་པ་ལས། གཞན་གྱི་སྐད་མི་གོ་བ་དང་སྒྲོ་འདོགས་མ་ཆོད། དེ་ནས་ལན་ཅིག་གྲལ་གྱི་དབུ་ལ་བླ་མ་རིག་པའི་ཁུ་བྱུག་བགྲེས་ཤིང་བག་ཆགས་པ། དང་བ་འདྲེན་ཅིང་དཔལ་འབར་བ། རི་རྒྱལ་ལྷུན་པོ་ལྟ་བུར་བཞུགས་གདའ་བ། རྩ་ན་ཡོད་པ་ཀུན་ལ་འདི་མགོན་པོ་ཨ་ཏི་ཤ་ལགས་སམ་ཞུས་པས། བོད་ཀྱི་ཚེ་དང་ལྡན་པ་ཅི་ཟེར། འདི་བླ་མ་དམ་པ་རིག་པའི་ཁུ་བྱུག་ཅེས་བྱ་བ། སློབ་དཔོན་ཆེན་པོ་ཀླུ་བ་གྲགས་པ་ལ་དངོས་སུ་སློབ་པའི་མཁས་གྲུབ་ཆེན་པོ་དེ་ལགས་སོད། ཤེས་སམ་ཨ་ཏི་ཤའི་བླ་མ་ཡིན་ཟེར། དེ་བཞིན་དུ་རྗེ་བཙུན་ཆེན་པོ་ནཱ་རོ་པ་ལ་སོགས་རྒྱ་མཚོ་ལྟ་བུར་ཟིལ་ཆགས་པ་རྣམས་གྲལ་གྱི་དབུ་ལ་འདུག་པ་ལ་རེ་རེ་བཞིན་མཇུབ་མོ་བཙུགས་ཤིང་མགོན་པོ་ཨ་ཏི་ཤ་ལགས་སམ། འདི་མགོན་པོ་ཨ་ཏི་ཤ་ལགས་སམ། ཞེས་ཞུས་ཀྱང་། ཅི་ཟེར། འདི་རྗེ་བཙུན་ཆེན་པོ་ནཱ་རོ་པ་ཞེས་བྱ་བ་དིང་སང་སའི་སྟེང་ན་འགྲན་ཟླ་ཐམས་ཅད་དང་བྲལ་བ་ཡིན། ཨ་ཏི་ཤའི་ཡང་བླ་མ་ཡིན་བྱ་བ་གཅིག་སྤུ་བྱུང་། གཞན་དུ་ན་ཨ་ཏི་ཤ་ཡེ་མ་མཐོང་བས། ཤེས་པ་སྐྱོ་ནས་འོ་ན་མགོན་པོ་དེ་ག་ན་བཞུགས། གང་ཞིག་ཡིན་ན་སྙམ་དུ་འཆད་མཁན་མ་བྱུང་བས་ཡིད་ཞུམ་པར་གྱུར་

དུས། རེ་ཞིག་བི་ཀྲ་མ་ལའི་རྒྱལ་པོ་དེ་ཁྲི་བཤམས་པའི་སྟེང་ན་འདུག་པ་ལ། པཎྜི་ཏ་ཆེ་ཆུང་གང་བྱུང་ཡང་ལྷང་བ་ཙམ་ཡང་མི་བྱེད་པར་སྣང་། དེ་ནས་གྲལ་ཐམས་ཅད་ཚོགས་པའི་རྗེས་སུ་མགོན་པོ་ཁྱེད་སྐུ་ལྟ་བས་ཅོག་མི་ཤེས་པ། རྒྱ་གར་བ་ལ་བལྟས་ན་རྒྱ་གར་འདྲ་བ། བལ་པོ་དང་བོད་དང་ལྟས་བལྟས་ན། བལ་པོ་དང་བོད་དང་ལྟ་འདྲ་བ། སྐུའི་གཟི་བརྗིད་ཆེ་ལ་ཞལ་འཛུམ་ཆགས་པ་ན་བཟའ་སྣུམ་བག་ཆགས་པ། ལྗེ་མིག་ཆུང་དུ་ནི་མང་པོས་སྐུའི་སྐྱེད་སོ་འཁོར་བ། གཤེགས་བཞུགས་བྱེད་ཙ་ན། སྐུ་འགྱིང་མི་བྱེད་པར་ལྷུམ་པོར་གཤེགས་པ་ཅིག་ཕྱི་ནང་དུ་རྒྱངས་ཏེ་བྱོན་ཙ་ན། ཚེ་དང་ལྡན་པ་གཞོན་ནུ་མང་པོས་མདུན་ནས་བདུག་སྤོས་ཀྱི་དྲི་འབུལ་ཞིང་། རྒྱལ་པོ་དེ་ཡང་ཁྲི་ལས་ལངས་ཏེ་ལྡང་བ་བྱེད་པ་དང་། རྒྱལ་པོས་ལངས་པས་པཎྜི་ཏ་དང་རབ་ཏུ་བྱུང་བའི་ཚོགས་རྣམས་ཀུང་ལྡང་བ་བྱས་ནས་གྲལ་གྱི་དཀྱིལ་སྟོད་ཅིག་ཏུ་བཞུགས་པ་མཐོང་། དེར་བདག་གི་བསམ་པ་ལ་ཐམས་ཅད་ཀྱིས་འདི་ལྟར་བཀུར་སྟི་དང་ལྡང་བ་བྱེད་པར་གདའ་བས་གྲལ་མཐོ་རྒྱུ་མི་སྣང་། འདི་ཡང་འདིའི་རྒྱལ་རྒྱུད་དམ། གནས་བརྟན་ངོ་མཚར་ཅན་སུ་ཅིག་ཡིན་ན་གྲལ་འདིའི་བཞུགས་ས་མན་ན་ནི་ཨ་ཏི་ཤ་རང་ཨེ་ཡིན་ན་སྙམ་སྟེ། ཡང་ཨ་ཏི་ཤ་ལགས་སམ་ཞེས་དྲིས་པས། ཅི་ཟེར་འདི་དཔའ་བོ་བཞད་པའི་ཛོ་རྗེ་ཞེས་བྱ་བ། གནས་ངེས་མེད་དུ་པཎྜི་ཏ་ཕྱོགས་མེད་དུ་བྱེད་པ་ཅིག་ཡིན་ཟེར། འོ་ན་འདི་ལ་ཡོན་ཏན་ཅི་ཙམ་ཡོད་དྲིས་པས། འདིའི་ཡོན་ཏན་གྱི་ཚོད་ངེད་ཀྱིས་མི་ལོན་ཟེར་འཆད་དུ་མ་ཉན། དེ་ནས་བདག་གིས་གཙུག་ལག་ཁང་གི་སྒོ་དྲུང་ཅིག་ཏུ་ཤེས་རབ་སྙིང་པོ་འདོན་པའི་མོད་ཀྱི་ཐད་ཀ་ན་མར་ལ། གཟུགས་ནི་ཏ། ཚོར་བ་ནི་ཏ་བྱས་པས་པཎྜི་ཏ་གཞན་རྣམས་ཅང་མི་ཟེར་བ་ལ། ལན་ཅིག་ཇོ་བོ་བྱོན་པས། ཞལ་འཛུམ་མཛད་ནས་བཞུགས་ཏེ། ཚེ་དང་ལྡན་པ་འོར་ཆེ། འོ་ན་ཡང་འཕྲུལ་སྐད་ཡིན། གཟུགས་ཨ། ཚོར་བ་ཨ་ཟེར་བ་ཡིན་གསུང་། དེར་བདག་གི་རྟོག་པ་ལ་འདི་ཐུགས་རྗེ་ཆེན་པོ་

དང་ལྡན་པའི་པཎྜི་ཏ་ཁྱོད་དུ་འཕགས་པ་ཅིག་སྣང་། ལྟམ་པ། ཐུགས་རྒྱལ་ཆུང་བ། དང་བ་འདྲིན་པ། གང་ལ་གང་གི་སྐད་དུ་ཕན་སེམས་ཀྱིས་གསུང་འགྲོན་པ། ཇོ་བོ་གདན་མ་འདྲོངས་ཀྱང་འདི་ཅིས་ཀྱང་གདན་འདྲོངས་པ་ཅིག་བྱེད་དགོས་སྙམ་སོ། །ནང་པར་ཡང་གཟུགས་ཨ། ཚོར་བ་ཨ་བྱས་ཙ་ན། ཡང་ཇོ་བོ་ཞལ་འཛུམ་མཛད་ནས། ཚེ་དང་ལྡན་པ་དེ་ལའང་ཀྱིང་པོ་ཅིག་ལས་མི་འོང་བ་སྣང་། མགོན་པོ་སྤྱན་རས་ཀྱི་གསུང་ཡིན། དེ་ཡང་ངན་རྒྱུ་ཅང་མེད། གཟུགས་མེད། ཚོར་བ་མེད་བྱས་པས་ཚོག་གསུང་། དེར་བདག་ལྷག་པར་དུ་ཡང་དད་པ་སྐྱེས་ནས། ཕྱི་གཞུག་ན་ཕར་ལ་ཕྱིན་ཙ་ན་སྤྲང་པོ་མང་པོ་ཅིག་ལ་གཏོར་ཟན་དང་ལྷ་བཤོས་སྟེར་གྱིན་གདའ། དེར་སྤྲང་པོ་ཀུན་ལ་འདི་མགོན་པོ་ཨ་ཏི་ཤ་ཡིན་ནམ་ཞེས་དྲིས་པས། སྤྲང་པོ་ན་རེ། ཅི་ཟེར་འཕིར་བ། བོད་ལ་ཨ་ཏི་ཤ་མི་བསྐུར། ངེད་མགོན་མེད་རྣམས་ཀྱི་ལྟོ་སྐལ་མི་གཅོད། ཨ་ཏི་ཤ་འདི་མིན། ཆེན་པོ་ཅིག་ཕག་ཅིག་ན་ཡོད་ཟེར། ཡང་ནང་པར་ཨ་ཏི་ཤས་སྤྲང་པོའི་ཚོགས་ལ་ཟན་བྱིན་པ་ན། སྤྲང་ལོང་ཕྲུག་གུ་ཅིག་གི་སྐལ་བ་ཆད་པས། སྤྲང་ཕྲུག་དེ། ཨ་ཏི་ཤའི་ཕྱི་ལ་རྒྱུག་ཅིང་ཨ་ཏི་ཤ་ཧྲ་ལ་ཧོ་ཧྲ་ཏ་ཧོན། ཧྲ་ཏ་འོན། ཟེར་གྱིན་ཕྱི་ལ་རྒྱུག་པ་མཐོང་བ་དང་། འདི་མགོན་པོ་ཨ་ཏི་ཤ་ཡིན་ངེས་པར་སྣང་སྙམ་ནས་བདག་ཡུས་ཀྱིས་བརྫངས་ཏེ། མིག་མཆི་མས་གང་བཞིན་དུ་ཇོ་བོའི་ཕྱི་ལ་རྒྱུགས། དེ་ནས་ཟམ་པ་ལ་ལྡང་བར་ཉེ་བ་དང་། ཁྱེད་དེར་བཞུགས་ནས་འདི་སྐད་གསུང་། ཨེ་མ་བོད་ཀྱི་ཚེ་དང་ལྡན་པ་བདེན། མཆི་མ་མ་འབྱིན། ཁྱེད་བོད་ཀྱི་རྒྱལ་བློན་འབངས་དང་བཅས་པ་ལ་ཁོ་བོ་གནོད་། རིང་བ་མིན། འདི་ལྟར་ན་སོ་ཡང་རྒས། ལྷེ་མིག་མང་པོ་འཛིན་དགོས་པར་བྱུང་། ད་རུང་ཁྱེད་བློས་མ་བཏང་པར་ཡོད་པ་ཡིན་གྱིས། དཀོན་མཆོག་ལ་གསོལ་བ་ཐོབ། དེ་སྐད་གསུངས་པ་ཙམ་གྱིས་ཀྱང་། རེ་ཆེ་བ་དང་ཡུས་ཆེ་བའི་སྟོབས་ཀྱིས། མིག་མཆི་མས་གང་ཞིང་གཏམ་མ་ཐོན། དེར་ཇོ་བོས་མཆི་མ་དང་རིག་པ་སངས་པའི་མན་

ངག་ཏུ་གསུང་ཆེན་པོ་མཛད་ནས། ཕུ་ཏ་བོ་སོང་། ངན་པ་ཅི་ཟེར་བ་ཡིན་ཟེར་བས་བྲེད་པ་ལྟར་བྱས་ནས་མཆི་མ་སངས་པ་དང་། ཇོ་བོའི་ཞལ་ནས། རྡོ་རྗེ་གདན་ན་ཕར་འདེང་གསུངས་ནས་རྡོ་རྗེ་གདན་དུ་ཕྱིན་པ་དང་། དེར་བྱིས་པ་གཞོན་ནུ་མ་དཀར་དཀར་གྱི་གོས་གྱོན་པ་ཤེལ་ཕྲེང་དང་དུང་ཕྲེང་ཐོགས་པ། གཞུ་དཀར་ཅིག་ག་ཤར་གྱོན་པ། ཤེལ་གྱི་མདའ་གཉིས་ལག་ན་ཐོགས་པ་ཅིག་བྱུང་ནས། ད་མགོན་པོ་བོད་དུ་འབྱོན་པ་ཞུ། བོད་ཀྱི་ཚེ་དང་ལྡན་པ་འདི་ཀུན་ཡང་སྙིང་རྗེ་མོད། ཟེར་ཞིང་ཕྱག་འཚལ་གྱིན་འདུག་པས། བོད་སྐད་སྨྲ་བའི་བྱིས་པ་སྙིང་སྟུག་པོ་འདི་སུ་ཡིན་ན། ག་ན་ཡོད་ན་ཇོ་བོ་ལ་དྲི་དགོས་སྙམ་ནས། བྱིས་པ་དེ་སོང་རྗེང་ལ་སུ་ཡིན་ཞེས་དྲིས་པས། ཇོ་བོའི་ཞལ་ནས། ཁྱེད་བོད་འདི་མགུ་བར་དགའ། ནང་པར་རྡོ་རྗེ་གདན་གྱི་བྱང་ཕྱོགས་ནམ་ལ་རྣལ་འབྱོར་མ་གར་སྟབས་སུ་ལིང་ངེ་བ་ཅིག་འོང་བར་ཡོད་ཀྱིས། དེ་ལ་དྲིས་གསུང་པས། ནང་པར་དེར་བསྒུགས་ཙ་ན་རྣལ་འབྱོར་མ་ཁྲི་སྨན་རྐེད་ལ་དཀྲིས་པ། ཌ་མ་རུ་ལག་ན་ཐོགས་པ། རལ་པས་དཔུང་སོ་ནོན་པ་ཅིག་གར་སྟབས་སུ་ལིང་ངེ་བྱུང་། དེའི་མདུན་དུ་ཕྱིན་ནས་ཁ་སང་གི་ལོ་རྒྱུས་དེ་རྣམས་དྲིས་པས། ཁྱེད་བོད་ཀྱི་མིས་ངེད་རྒྱ་གར་པ་ལ་འདྲི་བ་ཟེར་ནས་ཞིབ་མོ་མི་འཆད་པར་ག་ཤེད་དུ་ཡུད་ཀྱིས་སོང་། ཡང་ཇོ་བོ་ན་ལེནྡྲའི་གཙུག་ལག་ཁང་དུ་གཤེགས་པའི་རྗེས་སུ་ངས་འབྲེངས་ཏེ་ཕྱིན་པས། ཇོ་བོ་བྱང་ཆུབ་ཆེན་པོའི་དྲུང་ན་བཞུགས་ནས་འདུག་པའི་གཡས་ན་ཁ་སང་གི་བྱིས་པ་དེ་སྣང་། གཡོན་ན་བུ་མོ་སྔོ་ལྗང་མ་ཅིག་སྣང་ནས་གཉིས་གའི་ལག་པའི་གྲུ་མོ་རེ་ཇོ་བོའི་ཕུས་མོའི་སྟེང་ན་བཞག་ནས་སྣང་བ་གཅིག་ལ་གཅིག་ཟུར་མིག་བལྟ་ཞིང་འཛུམ་མཛད་ཀྱིན་སྣང་། དེར་བདག་གི་རྟོག་པ་ལ་བུ་ཚ་བུ་མོ་གྲོང་པའི་ཆོས་ཀྱིས་ཉོན་མོངས་པས་ཕན་ཚུན་གཅིག་ལ་གཅིག་བལྟ་བ་ལ། འདི་གཉིས་ཀྱི་དབུས་སུ་ཇོ་བོ་བཞུགས་པ་མི་འཐད་པ་ལ་སྙམ་པ་དང་། བུ་མོ་དེ་ན་རེ། རྒྱལ་བའི་མདུན་དུ་རྒྱལ་སྲས་

བཟང་པོ་སྐྱོང་། །རྒྱལ་བར་གནས་ཀྱང་མ་རྒྱལ་ལྷ་བུར་སྟོན། །རྒྱལ་བ་ཡབ་སྲས་གཉིས་ལ་ཕྱག་འཚལ་ལོ། །ཅེས་པ་ན་རེ། གང་དུ་རྒྱལ་བའི་རྣམ་ཐར་སྐྱོང་བ་ན། །བུ་མོ་ཁྱོད་ཀྱང་བདག་གི་ཁྱིམ་འོངས་ཤིང་། །བུ་དང་ལོངས་སྤྱོད་དཔལ་འབྱོར་སྤེལ་བ་དང་། །དགའ་བར་འགྲོགས་ཤིང་བར་ཆོད་བསལ་འཚལ་ལོ། །ཇེ་ཇེ་ད་ཇོ་བོ་ཡང་བོད་དུ་འབྱོན་རན་པའི་དུས་ཡིན། སྤྱིབས་མ་ཐོས་པའི་དུས་སུ་ཉིན་ཚིག་པ་འོང་བ་ཡིན། ཟེར་ནས་ཁོང་གཉིས་ག་ཤེད་དུ་སོང་། སྤྲུལ་པ་ཅིག་ཡིན་པར་ཤེས་ནས་མཐོང་ན་དགའ་ཞིང་འཕྲེང་བར་གྱུར། ཡང་ཇོ་བོ་ལ་ཞུས་ཏེ་ཁར་སང་རྣལ་འབྱོར་མ་ལ་ཞུས་པས་ཀྱང་ཏིག་པ་ཅིག་མ་བྱུང་། དེ་རིང་ཡང་འདི་འདྲ། ལར་བོད་ནས་འཕགས་ནས་ད་ལྟ་ཡན་ཆོད་དུ། ཕན་འདོགས་ཀྱི་སྤྲུལ་པ་ཟམ་མ་ཆད་པ་ཅིག་བྱུང་བ་ལ་ཏིག་པ་ཅིག་མ་ཤེས་པས་རིམ་པར་ཞུས་པ་དེ་རྣམས་ཀྱང་གསུང་དུ་གསོལ། ཕར་གཤེགས་པའི་གོ་ཆ་ཡང་མྱུར་དུ་མཛད་པར་ཞུ་ཞུས་པས། ཇོ་བོའི་ཞལ་ནས། བི་ཀྲ་མ་ལའི་རྒྱལ་པོའི་ཕོ་བྲང་གི་ལྷོ་སྒོ་ན་བུ་མོ་རས་འཐག་པ་ཅིག་ཡོད་ཀྱིས། དེ་ལ་དྲིས་གསུངས་ནས་བདག་གིས་དེའི་རྩར་ཕྱིན་ཏེ་བྱུང་ཚུལ་རྣམས་དྲིས་པ་དང་། མོ་དགོད་ཆུང་ཅིག་བྱས་ནས། མོ་ན་རེ་ཁྱེད་ཀྱི་བོད་ན་དགེ་བསྙེན་བཟང་པོར་གྲགས་པ་ཅན་ཅི་སྐད་བྱ་བ་ཡོད་ཟེར། བདག་གིས་དགེ་བསྙེན་ཆོས་འཕེལ་ཞེས་བྱ་བ་མཁས་བཙུན་བཟང་གསུམ་འཛོམ་པ་བོད་དབུས་པ་ཡིན་པ་ཅིག་ཁམས་ན་བཞུགས་པར་གདའ་བྱས་པས། དེའི་རུས་པ་ཅི་ཡིན་ཟེར། དེ་འབྲོམ་སྟོན་པར་གྲགས་བྱས་པས། མོ་ན་རེ། འབྲོམ་མིན་འབྲུམ་ཡིན་ཨུ་པ་སི་ཀ་དེ་ཡིན། དང་པོ་བྱང་ཕྱོགས་རྫ་སྒྲིའི་ཕྱོགས་སུ་བལྟམས། །ཨ་ཏི་ཤ་ཡི་སྲས་པོ་མ་ལགས་སམ། །ཁྱོད་ཀྱིས་མིང་རུས་གནས་གསུམ་ཤེས་བཞིན་དུ། །ང་ལ་འདྲི་བའི་བསླུ་བྲིད་མ་བྱེད་ཅིག །དུས་རྣམས་རྟག་ཏུ་སྤྲུལ་པ་བསྟན་བཞིན་དུ། །ཧ་རེ་ལོང་གི་རྫུས་རྟག་མ་བྱེད་ཅིག །ཟེར་ཞིང་སླུ་སྐད་བླངས་པ་དང་། ད་ངས་ཤེས་པར་སྣང་།

བལ་པོ་རྫོང་གི་མི་རེང་དེ་ནས་བཟུང་ནས། སྨྱུག་ཁང་ནས་འདོན་མཁན། མཉན་པ། སྔོ་སྨྱུག །སྔོ་སྤྱིལ་ནང་གི་རྒྱ། ནང་པར་གྱི་བོད་ཕྱུག །སྤྲང་ནང་གི་དྲང་སྲོང་། གྲོང་ཁྱེར་དབུས་ཀྱི་སྦྲང་ཕྱུག །ཤེལ་གྱི་མདའ་ཐོགས་པའི་བྱིས་པ། ཁ་སང་གི་བྱིས་པ་བུ་མོ་གཉིས། ཐམས་ཅད་འགྲོམ་སྟོན་པའི་རྣམ་འཕྲུལ་ཡིན་པར་སྣང་བ་ལ། རྒྱང་ཐོས་འདྲིས་མེད་ཀྱི་མི་ལ་དད་གུས་ཀྱི་ཞེན་པ་མ་སྐྱེས་འོན་ཡོང་དུ་སོང་བ་མ་གཏོགས་པ། དེ་མགོན་པོ་སྤྱན་རས་གཟིགས་དངོས་ཡིན་པར་སྣང་བ་ལ། ཁོའི་དྲུང་དུ་ཕྱིན་པ་ནས་གསོལ་བ་ཅིག་བཏབ་ན་དགའ་ལས་ལ་མི་ཐུག་པ་ཡིན་ཏེ། ད་ནི་ཤེས་ནས་དད་པ་ཐོབ་པས། དུས་དང་གནས་སྐབས་ཐམས་ཅད་དུ་ཐུགས་རྗེས་གཟིགས་ཤིག་སྙམ་ནས། སེམས་ངལ་སོས་པར་གྱུར་ཏོ། །མགོན་པོ་ཨ་ཏི་ཤ་དེ་རིང་ངེད་གཉིས་པོས་འདི་ལྟར་སྙིང་ཐག་པའི་སྒོ་ནས་གསོལ་བ་བཏབ་ཀྱིས་ཐུགས་བརྩེ་བར་དགོངས་ནས། ཅེས་ཀྱང་འབྱོན་པར་ཞུ་ཞུས་པ་སྟེ། དེ་དག་གིས་ནི་ཞུ་བའི་རྣམ་པར་བཞག་པའི་ལེའུའོ།། །།

༈ དེ་ནས་མགོན་པོ་ཨ་ཏི་ཤའི་ཞལ་ནས་ཁྱེད་ལོ་ཙཱ་བ་རྣམ་པ་ཤིན་ཏུ་མདའ། ཁ་སང་ལོ་ཙཱ་བ་བརྩོན་འགྲུས་སེང་གེ་ཡང་ཁོ་བོ་ལ་གཏམ་ལོ་རྒྱུས་ཁ་སྐད་འཆད་ཀྱིན། ཁོ་བོ་ལ་ཞུ་བ་ཆེན་པོ་བྱེད་དུ་བྱུང་། དེ་ཐོས་ནས་རྒྱལ་པོའི་རྣམ་པ་དྲན་ནས། ཁོ་བོ་ཡང་ཡིད་སྐྱོ་ཞིང་ཤེས་པ་འཁྲེང་། ལར་ཕྱིག་གི་རྒྱལ་པོ་དེ་སྙིང་རེ་རྗེ། འགྲོ་ས་དམྱལ་བ་མིན་པ་མེད་པ། བོད་ཀྱི་ཆོས་རྒྱལ་བྱང་ཆུབ་སེམས་དཔའ་དེ་རྣམས་རེ་ཞིག་འོ་བརྒྱལ། འོན་ཀྱང་ད་ཚོད་དགའ་ལྡན་ན་ཡོད་དེ་མཆི། ཆོས་རྒྱལ་ལྷ་བཙུན་པ་ཐུགས་ཤིན་ཏུ་མདའ། དུས་དང་གནས་སྐབས་ཐམས་ཅད་དུ་ཁོ་བོས་སྨྱུངས་གསུངས་ནས། ཨ་ཏི་ཤ་ལ་སྤྱན་ཆབ་མང་པོ་བྱོན། ད་ནི་བོད་ཀྱི་ཆོས་རྒྱལ་ཁུ་དབོན་རྣམས་ལ་བསམས་ལ་ལོ་ཙཱ་བ་རྣམ་པའི་དགའ་སྤྱོད་ཐམས་ཅད་ལས་རོར་མ་སོང་བ་ཅིག་བྱ་གསུང་། དེ་ནས་ཞག་གསུམ་ལོན་པ་ན་ལུང་བསྟན་གྱི་སྐབས་བཞིན་རྒྱ་བརྩོན་སེང་གི་ཁང་པར་

ཞུ་བ་ཆེན་པོ་མཛད། དེ་ནས་ཇོ་བོ་ཆེན་པོས་ཀྱང་ཐག་ཆོད་ཀྱི་ཞལ་བཞེས་ཆེན་པོ་མཛད་དེ། གོང་བཞིན་དུ་ངོས་ཐམས་ཅད་མི་ཧྲའི་གཙུག་ལག་ཁང་དུ་འོང་བ་དང་། གཙུག་ལག་ཁང་གི་གཉེར་གཏད་ཐམས་ཅད་བྱས་ཟིན་པ་དང་། འཕྲིང་བ་ཐམས་ཅད་ཐག་བཅད་ཟིན་པའི་སྟོབས་ཀྱིས། བོད་ཀྱི་ལམ་དུ་འཇུག་པར་ཆས་པ་ན། ཁལ་དང་ཁུར་པོ་ལ་སོགས་པའི་ལང་ལིང་ཆེས་ན་ནི། གནས་བརྟན་རཏྣ་ཨཱ་ཀ་རས་ཆོར་གྱིས་དོགས་པ་དང་། དེ་དག་མེད་ན་ནི་དོས་དྲུག་ཅུ་ཙ་གཉིས་ཙམ་ཡོད་པ་མི་འདྲོངས་པར་གདའ་བས། ནག་ཚོ་ཡང་ཐུགས་ལས་སུ་ཚུད་ནས་ཡོད་པ་ན། ནུབ་ཅིག་ནམ་ཚབ་ཚུབ་ཅན། གཡག་སུམ་ཅུ་ཙ་གཅིག་ཙམ་དེད་པའི་འཁྲིག་པ་སྐེ་རགས་བསྡམས་པ། ཞྭ་སྤྱི་རིངས་གྱོན་པ། ཕ་བུ་གཉིས་བྱུང་ནས། ཀུ་རྒྱང་ཆེན་པོ་བྱས། མིས་མ་ཚོར་བར་ཁལ་ཐམས་ཅད་ལ་འུར་ཁོལ། ཡུལ་ས་ཐག་རིང་པོ་འགྲོ་བ་ལ་ཟར་ཆེ་དགོས་པ་ཡིན་ཟེར་ཏེ་ནམ་ཕྱེད་ཡོལ་ཙམ་ལ་ཁལ་ཐམས་ཅད་བོད་དུ་བཀལ་ནས་སོང་། རྒྱ་བོ་གཏྣ་ལ་སོགས་ལ་ཙུག་བྱས་ཆ་མེད། ནང་པར་གནས་བརྟན་རཏྣ་ཨཱ་ཀ་རའི་དྲུང་དུ་ཕྱིན་ནས་ཇོ་བོས་ཞུ་བ་བྱས་ཏེ། གནས་བརྟན་ཆེན་པོའི་དྲུང་དུ་ཞུ་བ་ལ། བོད་ཀྱི་ཚེ་དང་ལྡན་པ་འདི་ལ་གནས་ཆེན་རྣམས་ཀྱི་གཙུག་ལག་ཁང་སྟོན་དགོས་པར་གདའ། དེ་དག་ཏུ་མཆོད་པ་རེ་སྐྱེལ་ཞིང་འགྲོ་བས། དེའི་བར་དུ་སངས་རྒྱས་ཀྱི་བསྟན་པ་ལ་ཆོས་སྤྱོད་ཀྱིས་དུས་འདའ་ཞིང་། བདེ་བར་བཞུགས་པ་ཞུ་གསུངས་པ་དང་། གནས་བརྟན་གྱིས་ཞལ་ནས་ཀྱང་དེ་ལྟར་ཤིན་ཏུ་ལེགས། ངེད་ཀྱང་གཙུག་ལག་ཁང་རེ་རེ་བལྟ་ཞིང་ཞག་ཤས་རྗེས་སུ་འཇུག་པར་ཞུ་ཟེར་ནས། གནས་ཆེན་མང་རབ་ཏུ་བྱོན་པའི་ཐ་མ་ལ། གནས་བརྟན་ཆེན་པོ་ངེད་མི་ཧྲའི་གཙུག་ལག་ཁང་ན་ཕར་འགྲོ་བས། ཁྱོད་ཤུལ་ཐག་རིང་པོར་འོ་བརྒྱལ་ཞིང་དུབ་པར་འགྱུར་ལགས་ཞུས་པས། གནས་བརྟན་གྱིས་ཀྱང་ད་ནི་བོད་དུ་གཤེགས་པར་སྣང་སྙམ་སྟེ། རྫི་རིག་ནས་ནག་ཚོ་ལ་གསུང་བྱོན་པ། བོད་ཀྱི

ཚེ་དང་ལྡན་པ་ཁྱོད་ང་ལ་སློབ་གཉེར་ལ་འོངས་པ་ཡིན་ཟེར་ནས་ངའི་པཎྜི་ཏ་བཀུར་འོངས་པར་སྣང་སྟེ། གཡག་གི་ར་བར་པཎྜི་ཏ་བཏང་བ་བཞིན་དུ་བོད་བ་གླང་ལྟ་བུའི་གསེབ་ཏུ་པཎྜི་ཏ་ཐོན་ཀྱང་ངན་པ་རེ་རེ་གཉིས་གཉིས་ཀྱིས་སྒྲོ་སྐུར་འདེབས་པ་ལས་འགྲོ་དོན་གྱི་སྐབས་མི་ཆེ། འོན་ཀྱང་ད་ལན་པཎྜི་ཏ་མི་གཏོང་ཀྱང་ང་ལ་དབང་ཡོད། བོད་ཀྱི་ཆོས་རྒྱལ་བྱང་ཆུབ་སེམས་དཔའ་ལ་སེམས་ཤིན་ཏུ་བརྩེ་བར་ཡོད་པ་དང་། བོད་ཀྱི་མི་ནོར་མང་པོ་གྲོན་པ་དང་། ཁྱོད་ཀྱང་ངའི་ཆོས་ཀྱིས་འབྲེལ་བའི་སློབ་མ་ཡིན་པས་ད་ལན་ལོ་གསུམ་སྤྱན་དྲོངས། དེ་ནས་ངའི་པཎྜི་ཏ་ཚུར་སྐྱོལ། དེ་ལ་ཚུར་སྤྱན་མ་དྲངས་ན་འོ་ཅག་གཉིས་དམ་ཚིག་མེད་པ་ཡིན་ནོ། །ཞེས་གསུངས་པ་དང་། ཀུང་ཐང་པའི་བསམ་པ་ལ་རྒྱ་བོད་གཉིས་ཀྱི་ས་ཐག་གི་ཁྱད་ལ། ལོ་གསུམ་པོ་དེ་ཕར་འགྲོ་ཚུར་འགྲོ་དང་ལམ་ཡོམ་རྣམས་ལ་འཛད། བོད་རང་དུ་ལོ་གསུམ་ལྷན་ནེ་བཞུགས་པའི་དབང་དུ་བྱས་ཀྱང་དེའི་རིང་ལ་བོད་ཀྱི་ཡོན་ཏན་མི་ཚོད། ལོ་གསུམ་ན་ཚུར་སྤྱན་དྲངས་ན་ནི་པཎྜི་ཏ་གདན་དྲངས་ཀྱང་དགོས་པ་ཆེན་པོ་མི་འོང་བར་སྣང་། དེ་ལ་གདན་མ་དྲངས་ན་ནི་ང་ལ་དམ་ཉམས་ཞིག་འོང་བར་སྣང་། གང་ལྟར་གྲག་གམ་སྙམ་ནས་བྱེ་ལྟོངས་ཅིག་ཏུ་མཆི་མ་འཁྱིན་ཅིང་བསྡད་པ་ན། ཏ་པ་གཞོན་ནུ་མ་དཀར་རྩེར་བ་གཅིག་ཤེལ་གྱི་འཁར་བ་ཅིག་ཐོགས་ནས་ཁོང་གི་རྩར་རྒྱངས་ཏེ་བྱུང་། ཁྱེད་རབ་ཏུ་བྱུང་བའི་ཆ་ལུགས་ཤིག་འདི་ལྟར་སེམས་གདུང་བ་ཅི་ཉེས་ཟེར་བ་དང་། བྱུང་ལུགས་ཞུས་པས། བྱིས་པ་ན་རེ། འཇིག་རྟེན་ན་ནི་ཕན་པར་བསླབ་པ་དཀོན། །དེ་བས་དེ་ལ་ཉན་པར་བྱེད་པ་དཀོན། །བྱ་བ་ཡིན། ངས་བྱ་བ་ཅིག་བསླབས་ན་བཞེད་དམ་ཟེར་བ་ལ། སྔར་ཡང་འདི་འདྲའི་རིགས་རྣམས་ལ་ཕྱག་འཚལ་བ་མ་བྱུང་ད་ལན་ཕྱག་ཅིག་བཙལ་ནས་ཞུ་དགོས་སྙམ་ནས། ཕྱག་བཙལ་བ་དང་ཁོང་ན་རེ། ཚུལ་ཁྲིམས་གོས་ཅན་ཇི་ལྟར་ངན་གྱུར་ཀྱང་། །ཐ་མལ་ལུས་ལ་ཕྱག་གིས་མཆོད་མི་རིགས། །བྱ་བ་

ཡིན། ཕྱག་མ་མཛད་པར་ཕན་བྱ་འདི་ཡོང་། སྐབས་ཀྱི་དོན་ལ་ཁྱེད་དམ་ཚིག་མ་ཉེས་ལ། ཨ་ཏི་ཤ་ཛེ་སྲིད་འཚོའི་བར་དུ་བོད་དུ་བཞུགས་པའི་ཐབས་ཤིག་བྱས་ན་ནང་པར་བོད་དུ་འགྲོ་ཁར། གནས་བརྟན་རཏྣ་ཨཱ་ཀ་རའི་ཞབས་ལ་ཕྱག་འཚལ་ལ། བདག་ཐུགས་ཀྱིས་འཛིན་པར་ཞུ་བ་གྱིས་ལ། ཞབས་དབང་ཅིག་ཀྱང་ཞུས། མ་མཇལ་བར་སྐུ་ཁམས་བཟང་པོ་མཛོད་ཅེས་པའི་ཞུ་བ་ཡང་མཛོད། དེའི་དུས་སུ་གནས་བརྟན་འདི་སྐད་ཟེར་ནས་འོང་གི །ཁ་སང་བྱས་པ་བཞིན་དུ་པཎྜི་ཏ་ལོ་གསུམ་ན་ཚུར་སྐྱོལ། ལོ་གསུམ་ན་ཡོན་ཏན་ཆོད་པར་གྱིས་ལ། ཁྱེད་རང་དཔོན་སློབ་ལ་སྐྱུང་གཞི་ལ་སོགས་མེད་པར་བི་ཀྲ་མ་ལར་སླེབ་པ་གྱིས་ལ་ཐོན། ཁྱེད་རང་གི་སློབ་གཉེར་འཁྲུ་ཡང་གྱིས་ཟེར་དུ་འོང་གིས། དེའི་དུས་སུ་ཞུ་བ་འདི་མཛོད། བླ་མ་གསུང་བ་བཞིན་དུ་བགྱི་ལགས། འོན་ཀྱང་ཞུ་བ་ཆེན་པོ་གསུམ་ཡོད་པས། གཉིས་ཁྱེད་ཀྱི་སྙིང་དུ་གཏོང་བར་ཞུ། གཅིག་ངའི་སྙིང་དུ་གཏོང་བར་ཞུ། དེ་ལ་བདག་གིས། ༈ ཇོ་བོ་སྤྱན་རས་གཟིགས་དང་། སངས་རྒྱས་བསྟན་པའི་གཙོ་བོ་གཉིས་ལ། གནས་བརྟན་ཆེན་པོའི་གསུང་འདི་འདྲ། བོད་ཀྱི་གཤིས་ལུགས་ཀྱང་འདི་འདྲ་བས། ཨ་ཏི་ཤ་ཕྱིར་རྒྱ་གར་དུ་གདན་དྲང་ངམ། འོན་ཏེ་བོད་དུ་བཞུགས་ཞེས་གསོལ་བ་ཐོབ་ཅིག །དེ་ཙ་ན་རྒྱལ་བ་ཡབ་སྲས་ཀྱི་ཞལ་ནས། རྒྱ་གར་དུ་གདན་འདྲོངས་གསུངས་ན་རྒྱ་གར་དུ་གདན་དྲང་། བོད་དུ་བཞུགས་གསུངས་ན་བོད་དུ་བཞུགས། འོན་ཏེ་གང་ཡང་ལུང་མི་སྟོན་ན་ཡང་རྒྱ་གར་ཉིད་དུ་གདན་འདྲེན་པར་ཞུ། དེ་ཁྱེད་ཀྱིས་གནང་དགོས་ཞུས་པས། དེ་ཙ་ན་ཚེ་དང་ལྡན་པའི་སྙིང་དུ་འོང་གིས་གསུང་བ་དང་ཤིན་ཏུ་ཡིད་དགའ་ནས། ནང་པར་དེ་ཁོ་ན་བཞིན་དུ་བྱུང་སྟེ། གནས་བརྟན་གྱི་ཞལ་ནས་ཀྱང་། ཚེ་དང་ལྡན་པར་དེ་ཙུག་ཡིན། གསོལ་བ་སངས་རྒྱས་དང་བྱང་ཆུབ་སེམས་དཔའ་ལ་གསོལ་བ་འདེབས་དགོས་པ་ཡིན། ཁོང་གིས་ཡོག་པ་ག་ན་གསུང་། ཁོང་གི་ཞལ་ནས་ཚུལ་སྐྱོལ་གསུང་ན་ཚུར་སྐྱོལ། གནོག

གསུང་ན་ཞོག །ལུང་མི་སྟོན་ནའང་ཚུར་སྐྱོལ། ཚེ་དང་ལྡན་པ། ཨ་ཏི་ཤ་མེད་ན་རྒྱ་གར་མུན་པ་སྲོས་ནས་ཆ་བར་ཡོད་པ་ཡིན། དེ་ཅིའི་སྐད་དུ་ཞེ་ན། སྡེ་མང་པོ་འཇིག །གཙུག་ལག་ཁང་མང་པོ་སྟོངས་འགྲོ། ཏུ་རུ་ཀའི་དམག་མང་པོ་འོང་བར་ཡོད་པ་ཡིན། དེ་ལ་སོགས་ལ་ཁྱེད་སྐུ་འཁོར་དང་བཅས་པ་ཐམས་ཅད་གནོད་པ་མ་མཆིས་པར་འགྲོ་དོན་ལ་འབྱོན་པར་ཞུ། ཞེས་བཀྲ་ཤིས་བཞིན་དུ་ཐམས་ཅད་དགའ་འགྱེས་བྱས་སོ། །དེ་ནས་མི་ཧྲའི་གཙུག་ལག་ཁང་སྒྲོལ་ནས་མཐའ་འཁོབ་ན་ཕར་སླེབ་ཙ་ན། དབང་ཕྱུག་དང་ཁྱབ་འཇུག་དང་། ཤིང་བུ་སེར་སྐྱའི་བུ་རྒྱུད་རྣམས་ཀྱིས་ཚོར་ནས་གཅེར་བུ་བ་བཅོ་བརྒྱད་ཙམ་མུ་སྟེགས་ཀྱི་རྫུ་འཕྲུལ་གྱིས་ང་རྒྱལ་བྱས་ནས། བོད་དུ་སངས་རྒྱས་ཀྱི་བསྟན་པ་དར་བ་ལ་ཕྲག་དོག་པའི་ཕྱིར། དེར་རྫུ་འཕྲུལ་གྱིས་ལྷགས་ནས། རྒྱ་བརྩོན་སེང་དཔོན་གཡོག་གསུམ། ཀུང་ཐང་པ་དཔོན་གཡོག་བདུན། ཇོ་བོ་དཔོན་གཡོག་ཉི་ཤུ་རྩ་ལྔ། མདོར་ན་དཔོན་སློབ་སུམ་ཅུ་རྩ་ལྔ་ལ་བར་ཆོད་བྱེད་པར་བརྩམས་པ་ན། ཇོ་བོས་སྒྲོལ་མའི་བསྙེན་རིམ་གྱིས་རེངས་པར་བྱེད་པའི་ཛག་ཆིངས་མཛད་པས། ཐམས་ཅད་ལྡེར་ཚོ་བཅོ་བརྒྱད་དུ་སོང་། ཕྱིས་བལ་པོའི་མཐའ་ཡོགས་སུ་སླེབ་པ་ན། བདུད་དང་མུ་སྟེགས་ངན་པ་བསམ་པ་ངན་པས་རང་ཕུང་བར་བྱས་པ་ཡིན་གསུངས་ནས། བྱེ་མ་ལ་འཇིག་པའི་སྔགས་བཏབ་ནས། ཚོང་པ་རྣམས་ལ་བསྐུར་ཏེ། ལམ་ན་གཅེར་བུ་པ་འདི་འདྲ་ཡོད་པས་དེ་རྣམས་ལ་བྱེ་མ་འདི་གཏོར་དེ་དུས་སུ་ལངས་ནས་འོང་སྟེ་ཁྱེད་རྣམས་བྲེད་མི་དགོས། ངེད་ཀྱིས་མུ་སྟེགས་བསམ་པ་ངན་པ་བཅིངས་པ་ཡིན་གསུང་། དེ་ནས་ཚོང་པ་རྣམས་ཀྱིས་ཀྱང་དེ་བཞིན་དུ་བྱེ་མ་ཁྱེར་ཏེ། གཅེར་བུ་རྣམས་ལ་བཏབ་པས། ཐམས་ཅད་མིག་ཧུ་རུ་རུ། གཟུགས་ཁྱོར་རེ་བྱུང་ནས། ཚོང་པ་དག །ངེད་རྣམས་ལ་ཅི་བྱུང་བ་ཡིན་ཟེར་བ་ལ། ཚོང་པ་རྣམས་ཀྱིས་སྨྲས་པ། འགྲོ་བའི་མགོན་པོ་ཨ་ཏི་ཤ་ལ་བར་ཆོད་བྱེད་པར་བརྩམས་པས། མགོན་པོས་རེ་ཞིག་བཅིངས་

ཏེ། དིང་སང་སླིང་རྗེ་ཆེན་པོས་སླར་ཤིག་གོ །མུ་སྟེགས་ཀྱིས་སྨྲས་པ། ད་ཏུང་ཁོ་ལ་བར་ཆད་བྱ་བར་ནུས་མོད་ཀྱི། ཁོང་ལ་ནུས་པ་ཡོད་བཞིན་དུ་བདག་ཅག་འདི་ལྟར་བཀྲོལ་བས། ད་ནི་ཁོའི་ཕྱོགས་སུ་བར་ཆད་གཞན་ཡང་བཟློག་པར་བགྱིའོ། །ཞེས་ལོག་སོང་ངོ་། །དེ་ནས་དཔོན་གཡོག་རྣམས་ཀྱིས་བལ་པོར་མ་སླེབ་པའི་མཚམས་ཤིག་ཏུ་འབྲོག་པ་གཞོན་ནུ་མ་ཞིག་ཕད་བུའི་ཐུམས་ཐུམ་ཅིག་ཁུར་ནས་ཕྱི་ཟིན་བྱུང་། དེར་རྗེ་བོའི་ཞལ་ནས་ཁྱོད་ཁལ་མི་འདེད་པར་གར་ཕྱིན་གསུང་། བྱིས་པ་ན་རེ། ངེད་བོད་ཕྱོལ་སོང་གི་མི་ལྷུན་པོ་འདུལ་བ་ལ་ནོར་ཅིག་ཡོད་པ་དེ། ལིའི་ཡུལ་དུ་བཞག་ནས་སྡང་། ཐམས་ཅད་མཁྱེན་པ་རང་ཡང་ཐུགས་མི་གསལ་བ་འདྲ་ཟེར། རྗེ་བོའི་ཞལ་ནས། བྱིས་པ་འདོད་ནོག་ཅན། ཁོ་བོ་ཤེས་པ་མི་གསལ་བ་མིན། ལི་ཡུལ་གྱི་བདེ་སྐྱིད་ཐམས་ཅད་ཕད་བུ་རྩུབ་མོ་འདི་ལ་རེ་བ་ཡིན། ལིའི་རྒྱལ་པོའི་བདེ་སྐྱིད་ཐམས་ཅད་ཕྲལ། ད་ལིའི་རྒྱལ་པོ་ལ་བདེ་བ་དང་སྐྱིད་མེད། ལིའི་རྒྱལ་པོ། རྒྱལ་པོ་ངན་པས་མ་གྲོངས་ན་ཅུང་བྱིས་པ་ལིའི་རྒྱལ་པོས་སྤྲིང་ཡིག་ཅིག་བསྐུར་གསུང་བས། ཕད་བུའི་གསེབ་ནས། ཧཱ་ལའི་ལོ་མ་ལ་བྲིས་པའི་ཡི་གེ་ཅིག་ཕྱུང་ནས། ཨ་ཏི་ཤའི་ཕྱག་ཏུ་ཕུལ་བ་དང་། དེའི་ནང་ན་མར། ༈ འོད་དཔག་མེད་ཀྱི་ཞབས་དྲུང་དུ། །སླིང་རྗེ་ཆེན་པོའི་ཕོ་བྲང་དུ། །ལི་ཡི་རྒྱལ་པོར་གང་གསོལ་བའི། །དགེ་བའི་བློ་གྲོས་བདག་གིས་ནི། །གུས་པའི་དབང་པོ་མ་ཉམས་པར། །གསང་བའི་བདེན་ཚིག་འདི་ཕུལ་བ། །པོ་ཏ་ལ་ཡི་ཕོ་བྲང་དུ། །རྗེ་བཙུན་སྤྱན་རས་གཟིགས་དབང་ལ། །གསང་བའི་བདག་པོས་མངའ་གསོལ་བ། །མཐའ་འཁོབ་སྐྱེ་བོ་འདུལ་བའི་ཕྱིར། །འཇམ་དཔལ་རྡོ་རྗེ་མཛེས་པ་འདི། །ནོར་བུ་རིན་ཆེན་དུ་མ་ལས། །སྤྱན་རས་གཟིགས་ཀྱིས་མངོན་སུམ་དུ། །དཀྲོངས་བསྐྱེད་ཆེན་པོར་བཞེངས་པ་ལེགས། །རབ་གནས་འོད་དཔག་མེད་པ་དང་། །རིགས་གསུམ་མགོན་པོས་དངོས་སུ་མཛད། །བདེ་བ་ཅན་དུ་སྤྱན་དྲངས་ནས། །མི་ལོ་ལྔ་བརྒྱ་བཞུགས་ཞེས་

ཐོས། །འོད་དཔག་མེད་ཀྱི་ཐུགས་དམ་ཡིན། །ལྷང་ལོ་ཅན་དུ་སྤྱན་དྲངས་ནས། །མི་ལོ་ལྔ་བརྒྱ་བཞུགས་ཞེས་ཐོས། །རྡོ་རྗེ་འཛིན་གྱི་ཐུགས་དམ་ཡིན། །པོ་ཏ་ལ་རུ་སླར་བྱོན་ནས། །མི་ལོ་ལྔ་བརྒྱ་བཞུགས་ཞེས་ཐོས། །སྤྱན་རས་གཟིགས་ཀྱི་ཐུགས་དམ་ཡིན། །མཐའ་འཁོབ་འདུལ་བར་བྱིན་གྱིས་བརླབས། །རི་བོ་རྩེ་ལྔ་དག་ལ་བྱོན། །འཇམ་དཔལ་དཔའ་བོ་རབ་བཞུགས་ནས། །མཐའ་འཁོབ་འདུལ་བར་བྱིན་གྱིས་བརླབས། །མི་ལོ་ལྔ་བརྒྱ་བཞུགས་ཞེས་ཐོས། །དེ་ནས་ཨུ་རྒྱན་ཡུལ་དུ་བྱོན། །ཨིནྡྲ་བོ་དྷིའི་ཐུགས་དམ་མཛད། །མཐའ་འཁོབ་འདུལ་བར་བྱིན་གྱིས་བརླབས། །མི་ལོ་ལྔ་བཅུ་བཞུགས་ཞེས་ཐོས། །དེ་རྗེས་ལྷམ་མོ་ལེགས་སྨིན་གྱིས། །ཨུ་རྒྱན་ཡུལ་དུ་ཐུགས་དམ་མཛད། །དེ་ནས་ཀླུ་མོ་རྣལ་འབྱོར་མས། །མི་ལོ་ལྔ་བཅུར་ཐུགས་དམ་མཛད། །དེ་ཡིས་ས་ར་ཧ་ལ་གནང་། །མི་ལོ་སུམ་ཅུ་ཐུགས་དམ་མཛད། །དེ་ནས་ཀླུ་སྒྲུབ་སྙིང་པོ་ཡིས། །མི་ལོ་ཉིས་བརྒྱར་ཐུགས་དམ་མཛད། །དེ་ནས་ཙཎྜ་ཀིརྟི་ཡིས། །མི་ལོ་བརྒྱ་ཙམ་ཐུགས་དམ་མཛད། །དེ་ཡིས་བིརྺ་པ་ལ་གནང་། །མི་ལོ་སུམ་ཅུ་ཐུགས་དམ་མཛད། །དེ་ཡིས་མཻ་ཏྲི་པ་ལ་གནང་། །མི་ལོ་ཉི་ཤུར་ཐུགས་དམ་མཛད། །དེ་ནས་ལི་ཡི་ཡུལ་དུ་བྱོན། །ཆོས་རྒྱལ་དཀོན་མཆོག་འཕེལ་གྱིས་ཀྱང་། །མི་ལོ་སུམ་ཅུར་ཐུགས་དམ་མཛད། །བདེ་སྐྱིད་ཐམས་ཅད་འདི་ལས་བྱུང་། །དེ་ནས་ཆོས་རྒྱལ་དམ་པ་དེས། །དགེ་བའི་བློ་གྲོས་བདག་ལ་བྱིན། །མི་ལོ་ལྔ་བཅུར་ལྷ་འདི་མཆོད། །ཉིན་མཚན་དུས་དྲུག་ཐམས་ཅད་དུ། །གུས་པ་ཆེན་པོས་གསོལ་བ་བཏབ། །དེ་ལ་བརྟེན་ནས་ལི་ཡུལ་དུ། །བཀྲ་ཤིས་བདེ་སྐྱིད་ཐམས་ཅད་བྱུང་། །དེང་སང་འདི་ཡི་སྤྱན་སྔ་ན། །གསོལ་བ་འདེབས་ཀྱིན་ཡོད་པ་ལ། །ཆོས་རྒྱལ་ཁྱེད་ཀྱི་ཞབས་དྲུང་ནས། །སྤྲུལ་པའི་ཁྱིའུ་ཆུང་འདི་བཏང་སྟེ། །ཁོ་བོ་མཐའ་འཁོབ་འདུལ་དུ་འགྲོ། །སྤྱན་རས་གཟིགས་ཀྱིས་བཞེངས་པ་ཡི། །མཐའ་འཁོབ་འདུལ་བའི་ལྷ་དེ་བསྐུར། །ཁ་བ་ཅན་གྱི་བྱང་ཕྱོགས་སུ། །ཀ་བ་བཅུ་ཕྲག་བཅུ་དང་

ནི། །བཞི་བཅུར་ལྷག་པར་བཞེངས་པ་ཡིས། །གཙུག་ལག་ཆེན་པོའི་ཕོ་བྲང་དུ། །ཁྱོད་ཀྱི་མཆོད་པ་ལས་ལྷག་པའི། །སྤང་སྤོས་ཤུག་སྤོས་རྒྱུན་མི་ཆད། །ཤང་ཤང་ཤུག་པའི་ནགས་ཁྲོད་མཛེས། །མེ་ཏོག་སྣ་ཚོགས་འདི་ལ་འབུལ། །ཡོན་ཆབ་ཆུ་བོ་རྒྱུན་མི་ཆད། །སྤངས་ལྗོངས་མཛེས་པ་འདི་ལ་འབུལ། །རྒྱལ་སྲིད་བདུན་གྱིས་ཕྱོགས་ནས་བསྐོར། །འཁོར་ལོ་རྩིབས་བརྒྱད་འདི་ལ་འབུལ། །ཆུ་མིག་བརྒྱ་ཕྲག་རྫིང་བུར་བཅས། །བྱ་ཚོགས་སྐད་སྙན་འདི་ལ་འབུལ། །བཀྲ་ཤིས་སྐྱེ་བོ་ཕུན་སུམ་ཚོགས། །དགེ་འདུན་རྒྱ་མཚོས་འདི་ལ་མཆོད། །དེ་ཕྱིར་ལྷ་འདི་བསྐུར་ཞེས་བྱུང་། །དེ་ནས་ལི་ཡི་རྒྱལ་པོ་ངས། །ཉིན་ལམ་བརྒྱད་དུ་ཕྲེང་ཞིང་བསྐྱལ། །ཤེས་པ་མ་དགའ་མཆི་མ་འཁྱིན། །ད་ནི་ཁྱོད་ཀྱིས་ཚེ་རབས་སུ། །དཀོན་མཆོག་གསུམ་གྱི་སྐྱབས་འོག་དེར། །ཐུགས་རྗེའི་ལྕགས་ཀྱུས་བདག་བཟུང་ནས། །ཚོགས་གཉིས་དཔལ་གྱིས་སྐྱོང་དུ་གསོལ། །ཅེས་པའི་སྤྲིང་ཡིག་གདའ་བ་དང་། ཇོ་བོའི་ཞལ་ནས་ཀྱང་། ལིའི་རྒྱལ་པོ་བྱང་ཆུབ་སེམས་དཔའ་དེ་ཐུགས་རེ་འཕྲེང་ཨང་གསུངས་ནས་ཐུགས་བརྩེ་མོ་མཛད། དེ་ནས་འཕགས་པ་ཤིང་ཀུན་ཏུ་ཆགས་ཕེབས་པ་དང་། དོས་དང་གཡག་ཁལ་ཐམས་ཅད་ཀྱང་དེ་ན་བཞག་ནས། དོས་ཐམས་ཅད་ལ་རྩིག་པ་བྱས། ལྷ་བཙུན་པའི་བསུ་བ་ཧ་པ་གཙོ་བོ་མི་དྲུག་ཀྱང་དེ་ན་སླེབས་ནས། བོད་ཀྱི་ལུགས་ཀྱི་ཛ་ཐབ་ཆེན་པོ་དང་། གདན་གྱི་བཀོད་པ་བཟང་པོ་བཤམས་པ་དང་། དཀར་ཡོལ་ལ་སོགས་པ་སྣོད་ཀྱི་བྱེ་དོར་དང་། ལག་བདེ་བདེ་ཕླག་ཅན་མང་པོས་གུས་པའི་འདོད་གསོལ་བྱེད་པ་དང་། བལ་མོ་གཞོན་ནུ་མ་རྣམས་ཀྱིས་གླུ་གར་གྱིས་མཆོད་པ་དང་། འཕགས་པ་ཤིང་ཀུན་བལྟ་བས་ཆོག་མི་ཤེས་པ་ལ་སོགས་པ་ཡ་མཚན་ཅན་རྣམས་གཟིགས་པས་ཇོ་བོ་ཤིན་ཏུ་མཉེས་ཏེ། དེ་ནས་ཇོ་བོ་ཨ་ཏི་ཤ །ཧྣ་ལའི་བསིལ་གྲིབ་ལ་གདན་མཐོན་པོ་བཤམས་པའི་གུང་ལ་བཞུགས། ཇོ་བོའི་གཡས་སུ་རྒྱ་བརྩོན་སེང་གིས་དབུ་བགྱིས་ཏེ་བོད་པ་རྣམས་ཀྱིས་བསྐྲིགས།

གཡོན་དུ་པདྨ་ཙནྡྲ་ལ་སོགས་རྒྱ་གར་པ་རྣམས་ཀྱིས་བསྐྲིགས། དབུས་གྲལ་གཅིག་གི་མགོར། རྒྱལ་པོ་ཆེན་པོ་སའི་སཾ་གའི་བཞུགས་ཁྲི་བཤམས། གྲལ་ལ་འཁོད་ཟིན་པ་དང་། ཇ་བུར་འདྲེན་པའི་མགོ་རུག་བྱས་པ་ལས། ཇོ་བོ་ལ་བུར་དཀར་ཀ་ཧོ་ར་གང་དྲངས། དེ་ནས་མངའ་རིས་ཀྱི་གཙོ་བོ་སུམ་པ་བྱ་བས། དཀར་ཡོལ་འབྲུག་རྒྱབ་གས་ཆག་མེད་པར་རག་ཞབས་བརྟན་པོ་རིང་རྒྱུད་བ་གཙུད་པ། གསེར་སྲང་ལྔ་ཙམ་རེ་བ་ཅིག་ཇ་བཙོ་མས་མེར་གྱིས་བཀང་ནས། རིན་ཆེན་འབྲུག་རྒྱབ་སྲང་ལྔ་རི་བ་འདིར། །ཨོཾ་བདེ་ཐྭོ་གསལ་འགྲོ་ན་མགྱོགས་པ་ཡི། །དཔག་བསམ་ཤིང་གི་བཅུད་དུ་རབ་དམིགས་ནས། །བླ་མ་ཁྱེད་ལ་མཆོད་པ་དབུལ་བར་བགྱི། །ཞེས་གསོལ་བ་དང་བཀྲ་ཤིས་རྟེན་འབྲེལ་འཛོམས། ཁོ་བོ་ལ་མི་ཧོག་ཀྱང་ད་ལྟ་ཐོང་གསུང་། དེར་གཙོ་བོ་དྲུག་པོས་ཆིབས་པ་དཀར་པོ་མཐོང་སྨོན་ཀླུང་གཤོག་བྱ་བ། སྟེང་དུ་ཕྱིན་ན་ཤིང་རྟ་འདྲ་བ། རྒྱུགས་ན་ཀླུང་འདྲ་བ། བལྟས་ན་མིག་ཁེངས་པ། རྟ་དང་པ་གསེར་ལྷན་དང་མཚུངས་པ་ཅིག་གི་དཔྲལ་དུ་གཡུ་ཇོག་གཅིག །གསེར་སྒྲོམ་གཅིག །མུ་ཏིག་གི་དྲྭ་བ་དྲ་ཕྱེད་ཅིག་དེ་རྣམས་བཏགས་ནས། མཐུར་མདའ་མགོ་རྒྱན་ལ་ཡང་། རིན་པོ་ཆེའི་རྒྱན་དུ་མ་ལ་སླང་པོ་མ་ཧེ་རྟ་མཆོག་ལ་སོགས་པའི་གཟུགས་ཀྱིས་བརྒྱན་པ་ཅིག །ཛ་ཇོག་ཐམས་ཅད་ལ་ཡང་དར་ཁ་དོག་སྣ་ལྔ་བཏགས་པ། ཆིབས་སྒ་དང་ཆིབས་སྟན་ལའང་མཛེས་པའི་རྒྱན་དུ་མ་དང་འཛམ་ཞིང་འཕོལ་བའི་སྒ་གཡོགས་བཏང་བ་མཛད་ནས། མཐུར་མདའ་དར་ཡུག་དཀར་པོ་ཅིག་ལ་བྱས་ཏེ། ཇོ་བོའི་ཕྱག་ཏུ་ཕུལ། དེ་ནས་གཙོ་བོ་གཞན་ལྔ་པོས་ཀྱང་དར་ཡུག་དཀར་པོ་རེ་འཐེན། དེའི་དུས་སུ་ཨ་ཏི་ཤའི་ཞལ་ནས། རྟེན་འབྲེལ་ཐམས་ཅད་ཤིན་ཏུ་ལེགས། སྟོད་འདི་དང་བཅུད་འདི་གཉིས་འཛོམས། བཏུང་བ་འདི་ལ་ཅི་ཟེར་བ་ཡིན་གསུང་། དེར་ལོ་ཙཱ་བ་ན་རེ། འདི་ལ་ཇ་ཟེར་བ་ལགས། བོད་ཀྱི་རབ་བྱུང་རྣམས་ཀྱི་བཏུང་བ་ལགས། འདིའི་ཤིང་བཟའ་རུ་མི་ཉན། བཙོས་ནས་ཁུ་བ་འཐུང་

བ་ཡིན། འདི་ལ་ཡོན་ཏན་མང་པོ་ཡོད་ཅེས་ཞུས་པས། ཇོ་བོའི་ཞལ་ནས། བོད་ཀྱི་རབ་ཏུ་བྱུང་བའི་བསོད་ནམས་ལས་གྲུབ་པའི་དངོས་པོ་ཅིག་སྣང་ཤིན་ཏུ་ཕུན་སུམ་ཚོགས་གསུང་། དེ་ནས་དེའི་ཉིན་པར། དཀོན་མཆོག་གི་མཆོད་པའི་ཕོ་བྲང་ཅིག་བཞམས་ནས་མཆོད་པ་ཅིག་མཛད་པ་ལ། འབྲོག་པ་ཕས་ཕད་ཀྱིས་ཕད་བུའི་ཐུམས་ཐུམ་འདི། རྟེན་གསུམ་རྣམས་ཀྱི་རྩེ་མོ་ལ་བཞག་པས། མངོན་ཤེས་མེད་པ་རྣམས་ཀྱིས་འབར་ཏེ། འབྲོག་པ་འདི་ལ་དཔགས་ཅིག་ཡོད། རྟེན་གསུམ་གྱི་སྟེང་ན་ཡར་ལ་ཕད་ཁྲིས་དེ་འདྲ་འཇོག་པ། དེའི་ནང་ན་དངོས་པོ་དགའ་ཚད་ཅིག་ཡོད་ཀྱང་སྟོད་ཀྱི་འཁོས་ཀའམ། དེ་མར་ལ་ཕོབ་ཟེར་བས། འབྲོག་ཆུང་དེ་ན་རེ། བཞུགས་ས་མཐོས་ཀྱང་ཕད་བུ་བཟང་། །སུ་ལ་ངན་ཡང་ང་ལ་བཟང་། །རྒྱ་མོ་རྣམས་ལ་དར་ཕད་མཛེས། །བལ་པོའི་ཐང་ལ་རས་ཕད་མཛེས། །འབྲོག་པའི་བུ་ལ་རེ་ཕད་མཛེས། །འབྲོག་པ་ང་ལ་དཔགས་ཅིག་ཡོད། །ཕད་བུ་འདི་ལ་དགའ་ལས་བྱས། །ད་ནི་མར་ལ་མི་དབབ་འཚལ། །མཚར་པོ་མ་ལ་མི་དགོས་ཀྱང་། །འབྲོག་སྟོང་ཡུལ་དུ་དགོས་དུས་ཡོད། །གཞན་ལའང་མི་རེག་རྒྱང་རེ་འཇོག །སུ་ལའང་མི་བསྐུར་ང་རང་འཁུར། །དཔག་ཚད་བརྒྱ་ལ་ཐེག་གྱུར་ནས། །མདའ་རྒྱང་གང་ལ་ཐེག་སྟེ་མཆི། །ཏ་རེ་ལོང་ལ་ཆ་མེད་ཀྱང་། །མིག་ཤེས་ཅན་ལ་ལྟད་མོར་ཆེ། །ཟེར་ནས་རྟེན་གསུམ་གཞན་ལ་མ་རེག་པར་མི་སླེབ་ཙམ་དུ་མཁའ་ལ་ཆོད་དེ་བཞག །ཡང་གཞན་དག་རྣམས་ཡ་མཚན་དུ་གྱུར་ནས། ཁྱོད་ཀྱི་འདི་ན་ཅི་ཡོད་པ་ཟེར་བས། འབྲོག་ཕྲུག་ན་རེ། མ་བསྐོར་དགུ་བསྐོར་རྒྱུགས་ཕྱེ་ཡོད། །མི་ལག་བརྒྱུད་པའི་སླེང་པོ་ཡོད། །སུ་ལའང་མ་དྲིན་ང་མགོ་ཡོད། །འབབ་འབྱུག་མེད་པའི་མི་ཆུང་ཡོད། །འཁྱིག་འགྲུལ་མེད་པའི་ལག་པ་ཡོད། །གང་ལའང་མི་ཕོག་མདའ་གཞུ་ཡོད། །མ་འཚོགས་དགུ་ཚོགས་ལག་ཆ་ཡོད། །འདི་ན་མི་ཡོད་དགུ་ཡོད་དོ། །ཟེར་བས་ཐམས་ཅད་དགོད་ཅིང་། ཁྱིས་པ་ཆུང་ཆུང་གི་རྩེད་མོ་ཅིག་ཡོད་པར་སྣང་ཟེར་ནས་

ཐམས་ཅད་ཀྱང་བདེན་པ་མེད་པར་འཛིན། དེ་ནས་ཤིང་ཀུན་རྒྱལ་པོས་འཚོ་བའི་ཡོ་བྱད་ཚན་ཆེན་པོ་ཕུལ། བལ་པོ་ཀྱི་ཤོར་བ་རོས་ཐག་རིང་པོ་ནས་བསུ་བ་བྱས། རང་གི་ཁང་བཟང་གི་ནང་དུ་སྤྱན་དྲངས། བསྙེན་བཀུར་མེ་ཏོག་དང་མཆོད་པ་ཕུལ་ནས། ཁོང་གི་སར་བཞུགས་པ་དང་། ཞག་གསུམ་གྱི་ནུབ་མོ་མཆོད་པ་ཅིག་བཤམས་པ་ལ། རྒྱ་བརྩོན་འགྲུས་སེང་གེའི་ཞལ་ནས། མགོན་པོས་དབུ་མཛད་སྐལ་ལྡན་ཀུན། །ང་ནི་བརྩོན་འགྲུས་སེང་གེ་སྟེ། །སེམས་ཅན་དོན་དུ་འབད་རྩོལ་བྱས། །རྒྱ་བོད་གཉིས་སུ་ལུས་རེ་སྟེ། །པོ་ཏ་ལ་དང་དགའ་ལྡན་ན། །ལུས་རེ་དེ་བཞིན་ཨུ་རྒྱན་ན། །ལུས་གཅིག་བོད་ཀྱི་ཕྱོགས་ན་ཡང་། །ཁམས་དང་འདམ་གྱི་ཕྱོགས་ན་རེ། །སྤྲུལ་པ་ཉག་གཅིག་སྙིང་པོ་མེད། །མུ་སྟེགས་ངན་སྔགས་སློབ་དཔོན་ནི། །ནོར་ཕྱིར་གཞན་ལ་གནོད་པ་སློབ། །ནོར་ཕྱིར་ཆོས་ཀྱི་གསེར་ཀྱང་འདོད། །ནང་པའི་བླ་མ་སྙིང་རྗེ་ཅན། །ཆོས་ཕྱིར་སྲོག་ཀྱང་གཏོང་བར་བྱེད། །མུ་སྟེགས་ལོག་ཡོན་མ་བྱུང་ན། །ཁྲིལ་གཞུང་མེད་པས་བུ་སྲོག་གཅོད། །ཆོས་ལོག་དེ་ལས་བཟློག་པ་ལ། །རྟོག་མེད་ཐམ་ཟེའི་རོ་འདྲ་བའི། །གཙང་མ་ཉིད་པ་ལྷག་པར་མགོ། །གཉིས་པ་འཚོལ་བས་མཆོག་ཏུ་མགོ། །འདི་ཐབ་མཆོག་གྱུར་ཨ་ཏི་ཤ །ལམ་ལོག་རྟུལ་ཙམ་མ་འདྲེས་པ། །ཨ་ཏི་ཤ་ཡི་རྣམ་ཐར་ཡིན། །ད་ནི་ཨུ་པ་སི་ཀ་ཡོད། །ད་ནི་རང་བཞིན་གནས་སུ་འགྲོ། །མི་ལ་ཡིད་ཆེས་མི་སྐྱེ་བས། །ཤི་བ་སྣང་དུ་དུར་དུ་སྐྱོལ། །ང་ནི་འོད་གསལ་སེམས་ཀྱི་ལུས། །འབྱུང་གནས་དེ་ལ་ཐིམ་ནས་འགྲོ། །རྒྱ་བོད་གཉིས་སུ་བྱ་བ་བྱས། །ཁ་བ་ཅན་དུ་གཅིག་གིས་ཆོག །ང་བདག་མང་ན་འགྲོ་དོན་ཆུང་། །སྔོན་ཆད་ཐམས་ཅད་བཙན་ཆོས་ཡིན། །ང་ལ་ཡུལ་མེད་མི་ཆོས་མེད། །རྒྱ་ལ་སྲིད་པའི་བརྩོན་སེང་ཡིན། །སྤྲུལ་པའི་གཟུགས་ལ་བདེན་མ་འཛིན། །རྒྱ་དང་འདྲ་སྟེ་རི་ཡི་བུལ། །བརྩོན་འགྲུས་ཆེ་སྟེ་ལམ་རིམ་ཡོད། །སེང་གེ་འདྲ་སྟེ་དཔའ་བར་བྱས། །ཉི་མ་གཙང་ན་ནག་ཚོ་སྟེ། །དབུ་ཙ་བྱང་ན་དཀར་པོའི་གླིང་། །རྗེས་འབྲང་ཐམས་ཅད་

འཕགས་པ་འདྲ། །ཤ་ཆང་སྐོག་པ་མི་འབྱུང་མོད། །ཟན་མར་ཇ་ལ་དཀར་གསུམ་རོལ། །ཁྲི་ཕག་སྤྱོད་པ་མི་འབྱུང་མོད། །ལྷུམ་རའི་ཚལ་ན་ལྷ་ཕྲུག་སྐྱིད། །བརྩོན་སེང་འཇའ་ཚོན་དཀར་པོ་ཅིག །ནམ་མཁའི་མཐོངས་ལ་ཡལ་ལོ་གྱིས། །རིག་པ་ལྷ་སྲུ་འོད་གསལ་ཅིག །ལྷ་ཕྲུག་མང་པོས་ཁྲིད་དོ་གྱིས། །བརྩོན་འགྲུས་སེང་གེའི་སྐབས་དོན་འགྲུབ། །དེ་ནས་བརྩོན་སེང་ཞི་བར་གཤེགས། །གློ་རིགས་རྣམས་ལ་ཅི་ཡང་ཤར། །ཅེས་བྱ་བ་སྟེ། དེའི་ནུབ་མོ་སློ་བུར་དུ་སྣང་གཞི་དྭག་པོས་བཏབ་པ་ལ་ཐམས་ཅད་བྲེད་ཅིང་སྨྲ་ངན་དུ་ཞུགས་ཨ་ཏི་ཤ་ཡང་འཇིག་རྟེན་དང་མཐུན་པར་ཐུགས་ཁྲལ་ཆེན་པོ་མཛད། དེ་ནས་ཨ་ཏི་ཤའི་ཞལ་ནས། རྒྱ་བརྩོན་འགྲུས་སེང་གེ་ལ། ཁྱོད་བླ་མ་ངན་པའི་ཆོས་ལོག་དང་མ་ཐུག་གམ། སྨུ་སྟེགས་ངན་པའི་ངན་སྔགས་མ་བྱུང་ངམ། འདྲེས་ཁྱེར་ངན་པའི་ཆོས་ཀྱིས་མ་བསླད་དམ། ངན་སྔགས་ཀྱི་ཐན་པ་མ་ཁོར་བ་མེད་དམ། ང་ལ་གསང་དུ་མི་འོས་པ་གསངས་པ་མ་ཡིན་ནམ། ཅི་ད་ལྟ་ང་ལ་མྱུར་དུ་སྨྲོས། དེའི་ལན་དུ་རྒྱས་ཞུ་བ་མཛད་པ། ངས་སྨུ་སྟེགས་ནག་པོ་ར་ལུ་བྱ་བ་ལ་ངན་སྔགས་ནག་པོ་དགུ་སྐོར་བྱ་བ་ཅིག་བསླབས་པ་ལ། བཏན་པ་ལ་གསེར་ཞོ་དོ་སྟེར་བར་བྱས་པ་ཡིན་ཏེ། ཞོ་གང་མ་ཁོར་བ་ལ་ཞུ་བ་བྱས་པས་ཁོ་ན་རེ། ཁྱོད་ཀྱི་གསེར་གྱི་སྟུད་པ་དེ་བཞུས་ལ་གསེར་དེ་ཁྱིན་ཟེར་བ་ལ། ངན་སྔགས་ཀྱི་རིན་ལ་གསེར་སྟུད་བཞུ་ནས་སྟེར་བ་ལས། ཤི་བ་གྲག་སྐམ་ནས། བདག་གིས་གསེར་མ་བཞུས་ཡང་ཁྱིད་ལྷ་བུའི་མཁས་པ་བཞག་ནས། སྨུ་སྟེགས་ལ་ངན་སྔགས་ཞུས་པ་དེས་ཁྱིད་ལ་གནོང་སྟེ་ཞུ་མ་ནུས། ད་ཁོས་བསླབས་པའི་ངན་སྔགས་དེ་ང་ལ་ཡོད་པ་ལ། དེའི་བཟློག་པ་མེད་པས་བྱ་ཐབས་མ་བྱུང་ཞུས་པས། ཇོ་བོའི་ཞལ་ནས། ང་འདྲ་བའི་ཐམས་ཅད་མཁྱེན་པ་ཡོད་བཞིན་དུ་སྨུ་སྟེགས་ངན་པ་ལ། ངན་སྔགས་སློབ་པ་མིན། ཞུས་ཀྱི་རྟིང་ལ་ཁ་སེང་ནས་ང་ལ་ཚིག་ཐྲད་ན་འདི་བཟློག་པའི་ཐབས་ཡོད་དེ། ད་ལན་ཨེན་ཙམ་འཕྱིས་ནས་སྣང་། ད་ཐམས་

ཅད་ཀྱིས་བྲམ་ཟེའི་ཁྱེའུའི་རོ་ཡེ་མ་ཉམས་པ་ཅིག་ཚོལ་ལ་ཤོག །དེ་རྙེད་ན་རེ་ཞིག་བཟློག་ཏུ་བཏུབ་ཙམ་ཡིན་གསུང་། དེ་ནས་གྲུ་ལྔའི་གོ་ཆ་ཅན་བྱེ་བས་བཏག་པ་མཛད་ཅིང་། བཙལ་བས་བྲམ་ཟེའི་ཁྱེའུའི་རོ་རྙེད་པ་དེ་དཀྱིལ་འཁོར་གྱི་སྟེང་དུ་བཞག་ནས། ཨ་ཏི་ཤས་སྒྲུབ་པ་མཛད་པ་དང་། གཟུགས་མེད་ལག་པ་རྐྱོང་བའི་ལྕུགས་ཀྱི་སྤར་མོ་ཞིག་གིས་རྒྱའི་སྙིང་ཕྱུང་ནས་སོང་བ་དང་། ཨ་ཏི་ཤས་དེ་བདས་པ་དང་། མུ་སྟེགས་ནག་པོའི་གྲོང་དུ་སླེབ་ཉེ་བ་དང་། ཕོ་འཁྱིལ་ཞིང་རྫོག་པས་བཟློས་ནས་སྙིང་ཕྲོགས་ཏེ་རྒྱའི་ཐུགས་ཀར་བཙུག་པ་དང་། སྙིང་ཐམས་ཅད་ཆག་པ་ཙམ་བྱུང་། ཡང་རྒྱའི་མལ་དུ་བྲམ་ཟེའི་རོ་བཙུག་ནས་སྒྲུབ་པ་མཛད་ཅིང་ཡོད་པ་ན། སྤར་མོ་དེ་ཕྱུང་ནས། བྲམ་ཟེའི་རོའི་སྙིང་ཕྱུང་ནས་སོང་། ད་བྲམ་ཟེའི་རོ་ཅིག་རྙེད་དམ་ལྟོས་བྱས་པས་མ་རྙེད། དེ་ནས་ནམ་ཕྱེད་ཡོན་པ་ན། སྔར་བཞིན་དུ་ཐུགས་ཕྱུང་ནས་རྒྱ་གཤེགས་པ་དང་། རྒྱལ་པོའི་གནས་མལ་བསྣད་པའི་ཤན་བབ་ཀྱིས་དོགས་ནས་ཕུར་དུར་དུ་སྐྱེལ་ཞིང་། ཤུལ་དུ་ནད་པའི་ཚབ་མ་བཞག །ནང་པར་ཡང་དེ་ལ་སྨན་གཏོང་བ་དང་། མ་ཤི་བར་སྐྱིད་བྱུང་བ་ལྟར་བལ་པོའི་ཐད་དུ་ཕྱིན། དེ་ཡང་བློའི་སྣང་ཚུལ་རིམ་པ་ཅིག་ཡིན། གཞན་དེ་དག་དོན་ལ་མི་གནས་ཏེ། དེའི་དོན་ནི། བཛྲ་ཆོས་ཡིན། དེ་ནི་འདི་ལྟར། མུ་སྟེགས་པའི་སློབ་དཔོན་དང་ནང་པ་སངས་རྒྱས་པའི་སློབ་དཔོན་གཉིས་ལ་ཁྱད་པར་ཡོད་དེ། ནོར་དང་གཞན་དོན་ལ་དམིགས་པའོ། །བསམ་པ་དང་སྙིང་རྗེ་ལ་ཁྱད་པར་ཡོད་དེ། བསླབས་པའི་བུ་ཡང་གསོད་པ་དང་། ཐུགས་རྗེས་ཀུན་ལ་སྐྱོམས་པར་འཛིན་པའོ། །དམ་ཆོས་ལ་སེམས་མི་སེམས་ཀྱི་ཁྱད་པར་ཡོད་དེ། དཀོན་མཆོག་གསུམ་གྱི་རྟེན་བཞུ་བའི་གསེར་ཡང་འདོད་པ་དང་། ནོར་ཕྱིར་ཆོས་ཀྱང་མི་སྟོན་པའོ། །ཡང་རྒྱའི་ཕུར་མེད་པར་བྱེད་པ་ལ་རྣམ་པ་གསུམ་སྟེ། བལ་པོ་རྫོང་པན་ཚད་སྤྱན་རས་གཟིགས་ཀྱི་དངོས་ཀྱི་ཞིང་མ་ཡིན་པས་ཤི་ན་གཞན་གྱི་ནོར་འབྲེལ་པ་ལ་སྙིང་རྗེ་མེད་པའི་སྟོབས་

གྱིས་ཏབ་ཤ་ཆེ་བ་དང་། བལ་པོ་རྫོང་རྩེན་ཆད་ཐུགས་རྗེ་ཆེན་པོའི་ཞིང་ཡིན་པས་རང་གི་ཁང་པར་ཤི་ཡང་སྙིང་རྗེས་ཐེག་པ་ཆེ་བར་བྱས་ཏེ། གཞན་གྱིས་ནོར་མི་འབྲེལ་བའི་བསམ་པ་བཟང་པོ་དང་། རྒྱ་བརྩོན་འགྲུས་སེང་གེ་སྤྲུལ་པའི་སྐུ་ལ་ཕྱུར་མི་མངའ་བས་ཡིད་ཆེས་པར་དགའ་བའི་སྐྱེ་བོ་ལ་ཕྱུར་བསྟན་རྒྱུ་མེད་པའི་ཕྱི་ན། ཕྱུར་གནས་པོས་མཐོང་ན་ནོར་འབྲེལ་དུ་འོང་བས་ཕྱུར་སྦས་སོ་ཞེས་ཕྱུར་མེད་པ་ཡོད་པ་སྐད་དུ་བསྟན་པ་དང་། ནད་པ་སྐྱིད་བྱུང་བ་སྐད་དུ་བསྟན་པ་བལ་པོའི་རྟོག་པ་བཟློག་པའི་ཕྱིར། ཐབས་ལ་མཁས་པའི་སྐྱེས་བུ་དམ་པ་དེ་དག་གིས་དྲང་དོན་གྱི་ཆོས་དཔག་ཏུ་མེད་པ་བསྟན་ནོ། །དེ་ནས་ཇོ་བོས་ཀུང་འཇིག་རྟེན་པ་དང་སློ་བསྟུན་པའི་ཆེད་དུ། རྒྱ་བརྩོན་འགྲུས་སེང་གེ་མེད་པས་ཕོ་བོའི་ལྷེ་ཆད་གསུང་ཞིང་ཐུགས་ཁྲལ་ཆེན་པོ་མཛད་པ་དང་། མུ་སྟེགས་པའི་མཐུ་བཟློག་པའི་ནུས་པ་མེད་གསུང་བ་དང་། ད་དུང་སོ་སོ་སྐྱེ་བོ་ཙམ་དུ་སྟོན་པ་དང་། ཤིན་ཏུ་རྙེད་དཀའ་བྲམ་ཟེ་གཙང་མའི་རོ་ཡོད་ན་མུ་སྟེགས་ཀྱི་ངན་སྔགས་བཟློག་པར་སྟོན་པ་སྟེ། བྲམ་ཟེའི་རོ་སློ་བུར་དུ་རྙེད་པར་དཀའ་བ་དེ་དཔལ་འཁོར་དང་སངས་རྒྱས་ཀྱི་བསྟན་པ་རྙེད་པར་དཀའ་བའི་བརྡ་དང་། དེ་ཡང་བྲམ་ཟེའི་རོ་ཤིན་ཏུ་གཙང་བ་རྙེད་པར་དཀའ་བ་དེ། བཀའ་གདམས་ཀྱི་རྣམ་པར་ཐར་པ་འདི་ཤིན་ཏུ་གཙང་ཞིང་ཉམས་སུ་བླང་དཀའ་བས་རྙེད་པར་དཀའ་བ་དང་། རོ་ལ་རྟོག་པ་མེད་པ་དེ་ད་ལྟ་རྣམ་ཐར་གཙང་ཡང་བརྟུལ་ཞུགས་མཆོག་ཏུ་འཛིན་པ་ལ་སོགས་པའི་རྟོག་པ་མེད་པར་དཀའ་བ་དང་། བྲམ་ཟེའི་སྙིང་གིས་ངན་སྔགས་བཟློག་པ་དེ། གཙང་མའི་བར་ཆད་བཟློག་པ། གཙང་མའི་ཆོས་ལ་བརྟེན་པའི་བརྡ་མཚོན་པའོ། །འདི་དག་ནི་བསམ་གྱིས་མི་ཁྱབ་པའི་རྣམ་པ་ཐར་པའོ། །ཡང་གུང་ཐང་པས་ཐུགས་བསོ་བ་དང་། བླ་མས་ཁྱོད་ཀྱིས་ངའི་མྱུ་ངན་སོང་བ་མི་འོས་ཞེས་སྟོན་པ་དེ་དཔོན་སློབ་མི་ཆེ་ཆུང་ལ་སོགས་པ་ཐམས་ཅད་མགོ་ལྷག་བྱེད་པར་གྱིས་ཞེས་

སྟོན་པ་དང་། ཐམས་ཅད་ལ་གོ་འདྲིས་ཁྱེར་བ་དང་། མིག་ཆེ་མེད་པར་གྱིས་ཞེས་བྱ་བ་ལ་སོགས་མཆོན་པའོ། །དེ་ནས་བལ་པོའི་ཐང་ལ་ཆགས་ཕེབས་ནས་ཆིབས་པ་སྣང་པོ་ཆེ་མཐོང་སྟོན་བྱ་བ་དེ། བལ་པོའི་རྒྱལ་པོ་གྲགས་པ་མཐའ་ཡས་ཀྱི་ཕྱག་ཏུ་བཞག་ནས། རྒྱལ་པོ་ཆེན་པོ་ལ་གསུང་ཕྲིན་པ། རྒྱལ་པོ་ཆེན་པོ་ངའི་སྣང་པོ་ཆེ་འདི་བོད་དུ་ཁྱེར་ན་བོད་ཀྱིས་མི་སོས། འདི་ཁྱོད་ཀྱིས་ཟུང་ལ། ད་ཐང་འདིར་རྡི་ཏ་ར་ཞེས་པའི་གཙུག་ལག་ཁང་ཅིག་བཞེངས་པའི། དེའི་ས་རྗེ་ཐམས་ཅད་སྐྱིད་པ་དང་ཤིང་འདེགས་པ་ལ་སོགས་བྱེད་པས། དེ་མ་ཡིན་པའི་བཞོན་པ་དང་འཕོལ་བ་ལ་སོགས་གང་ཡང་མ་བྱེད་ཅིག །གཞན་དུ་ན་བདེ་བར་གཤེགས་པའི་གསུང་རབ་དང་། སྐུ་དང་ཐུགས་ཀྱི་རྟེན་བསྒྲུབ་དང་སྐྱིལ་བ་ལ་སོགས་གྱིས་ཤིག །འདིའི་སྟེང་དུ་དམག་མ་འཐབ་ཅིག །རྒྱལ་པོ་ཁྱོད་ཀྱིས་འདི་བཅངས་པ་ཙམ་གྱིས་ཕས་ཀྱི་རྒོལ་བ་རང་ཞི་བར་འགྱུར་རོ། །རྒྱལ་པོ་ཆེན་པོ་ཁྱོད་ཀྱིས་ཐང་རྡི་ཏ་རའི་གཙུག་ལག་ཁང་མ་ཚར་གྱི་བར་ལ་འཁྱོར་པ་ཅི་དང་ཅི་དགོས་པ་ཐམས་ཅད་འདིའི་རིན་དུ་བྱིན་ཅིག །དེ་ནས་རྒྱ་གར་དང་བོད་ཀྱི་དགེ་འདུན་ལས་གྲྭ་འཛུགས་པའི་རྒྱུ་བྱིན་ཅིག །ལོ་བོས་བོད་དུ་དགེ་འདུན་མ་སྐྱོངས་ན་མཐུན་རྐྱེན་སྐྱོལ་ཅིག །གཞན་ལོ་བོས་འདི་ལ་རིན་མི་བྱའོ། །རྒྱལ་པོ་ཆེན་པོ་མཁྱེན་པར་མཛོད་ཅིག །དེ་ལ་བལ་པོའི་རྒྱལ་པོ་ཤིན་ཏུ་དགའ་ཞིང་། དག་པའི་སྣང་བ་རྒྱ་ཆེན་པོ་ཐོབ་ནས་ཨ་ཏི་ཤའི་ཞབས་སྤྱི་བོས་བླངས་ཏེ། ཕྱག་བཙལ་ནས་ཐུགས་ལ་གང་ཅི་བཞེད་པ་ཐམས་ཅད་བསྒྲུབ་པར་དམ་བཅས་སོ། །རྒྱལ་བུ་པདྨའི་འོད་དྲུང་དུ་ཕུལ་ནས་རབ་ཏུ་བྱུང་སྟེ་ཇོ་བོས་བོད་དུ་ཕྱིན་པའི་རབ་ཏུ་བྱུང་བ་རྣམས་ཀྱི་ཐོག་མ་ཡིན་ནོ། །ཇོ་བོས་ཀུང་ལོ་ཙྪ་བ་རིན་ཆེན་བཟང་པོ་ལ་རྒྱ་བོད་ཀྱི་འགྱུར་ཡང་ལེགས་པར་སློབ་ཏུ་བཅུག་སྟེ་ཕྱི་དགེ་བཤེས་གུང་ཐང་པ་ལ་ཇོ་བོ་ལུགས་ཀྱི་ཡོན་ཏན་ཐམས་ཅད་དག་པར་བསླབས་ནས། ཐང་རྡི་ཏ་ར་ཚར་བ་དང་། དེའི་མཁན་པོ་མཛད་དེ། མཚན་

ཡང་ཛོ་བོ་ལྷའི་དབང་པོར་ཡོངས་སུ་གྲགས་ཏེ། མཁས་ཤིང་བཟང་བའི་མཐར་ཕྱག་པར་གྲགས་སྐད། དེ་ནི་འཕྲོས་སོ། །དེ་ནས་ཨ་ཏི་ཤ་དཔོན་གཡོག་གིས་བལ་པོ་རྫོང་ལ་ཆགས་ཕེབས་པ་ན། ལྷ་བཙུན་པའི་རྟ་པ་སུམ་བརྒྱ་ཙམ་བསུ་བ་ལ་གོས་དཀར་པོ་འབབ་ཞིག་གྱོན། རྒྱན་ཐམས་ཅད་ཀྱང་དཀར་པོ་འབབ་ཞིག་བྱས། སློབ་པོ་ཆེན་པོ་ལྷའི་དབང་ཕྱུག་དང་། ལྷའི་བློ་གྲོས་དང་། ལྷའི་ཤེས་རབ་དང་། ལྷའི་སྲིད་འཛིན་ཞེས་བྱ་བ་བཞི་ལ་དར་མདུང་དཀར་པོ་ཐོགས་པ་བཙུ་དྲུག་བཙུ་དྲུག་གིས་བསྐོར། གཞན་ཐམས་ཅད་ལ་ཡང་བ་དན་ཆུང་དུ་རེ་དང་། ཆུ་དར་གྱི་གདུགས་ཉི་ཤུ་དང་། པི་ཝང་དང་། གླིང་བུའི་སྒྲ་སྙན་འཁྲོལ་བ་དང་། དཔོན་གཡོག་ཐམས་ཅད་ཀྱང་དག་མཐུན་པར་དཀོན་མཆོག་གསུམ་ལ་སྐྱབས་འགྲོ་བྱེད་པ་དང་། བོད་དུ་སངས་རྒྱས་ཀྱི་བསྟན་པ་དར་བར་འགྱུར་རོ་བྱ་བའི་ཁ་བརྗ་བཟང་པོ་བྱེད་པ་དང་། ཨ་ཏི་ཤ་ལ་བདོ་བའི་ཕས་ཀོལ་ཐམས་ཅད་བདག་གིས་གཞོམ་པར་བྱའོ་ཞེས་དཔའ་སྐྱེད་པ་དང་། ཐམས་ཅད་རྟ་ལས་མི་འབེབས་པར་གྲལ་སྒོར་མོ་བྱས་ཏེ། དབུས་སུ་ཨ་ཏི་ཤ་དཔོན་གཡོག་འཁོར་དང་བཅས་པ་རྣམས་བཅུག་ནས་མི་རྟ་ཐམས་ཅད་ཀྱི་མགོ་བོ་ནང་དུ་ཏུག་གིས་བསྟན། སློབ་པོ་ཆེན་པོ་བཞིས་དབུས་སུ་འོངས། སྟོན་རྒྱལ་སློབ་ཀྱི་དུས་སུ། མཁན་པོ་བོ་དྷི་ས་ཏྭའི་དྲུང་དུ་སློབ་པོ་རིག་པ་ཅན་རྣམས་ཀྱིས་ཐོར་མའི་གླུ་བླངས་པ་ལྟར། སློབ་པོ་རྣམས་ཀྱིས་གླུ་མཛད་པ་ནི། ལོ་ཞེས་བྱ་བ་གྲག་སྟོང་སྙན་པའི་གླུ་དབྱངས་ལོ། །ཨ་ཞེས་བྱ་བ་སྐྱེ་བ་མེད་པའི་གནས་ལུགས་ཡིན། །ལོ་ཞེས་བྱ་བ་སྣང་སྟོང་ཟུང་དུ་འཇུག་པ་ཡིན། །མ་ཞེས་བྱ་བ་བྱམས་པས་འགྲོ་བ་ཡོངས་ལ་ཁྱབ། །ལོ་དེ་ཞེས་བྱ་དེ་ཙམ་ཐུགས་ལ་བཞག་འཚལ་ལོ། །ཨ་ལོ་ལ་ཞེས་སྐྱེ་བ་མེད་ཀྱང་གཏམ་འདི་གསོན། །ཁྱེད་རྒྱ་གར་ཡུལ་ནས་བྱོན་པའི་མཁས་གྲུབ་པཎྜི་ཏ། །ཡིད་བསམས་པ་བཞིན་དུ་འགྲུབ་པའི་ནོར་བུ་རིན་ཆེན་བཞིན། །བོད་གསོལ་བ་འདེབས་པའི་རྗེན་དུ་བྱོན་པ་བཀའ་དྲིན་

ཆེ། །གླིང་རྒྱ་གར་ཆོས་ཀྱི་དཔལ་འབྱོར་འདི་ན་མེད་ན་ཡང་། །དབྱར་ཚད་པ་མེད་དེ་ཚ་མིག་བསིལ་བའི་མདངས་དང་ལྡན། །དགུན་གྲང་བ་མེད་དེ་སྤུ་རྒྱལ་རི་བོས་སྐྱིབས་ཏེ་དྲོ། །དཔྱིད་ཤུ་གེ་མེད་དེ་འབྲུ་སྣ་ལྔ་ཚོགས་འབྱོར་པས་ཕྱུག །སྟོན་བཀྲ་ཤིས་བདེ་བས་གཡུ་ལོ་བཀོད་པའི་ཞིང་ཁམས་འདྲ། །ཕྱོགས་གང་ལ་བསམས་ཀྱང་པཎ་ཆེན་ཞིང་འདིར་བྱོན་པ་ལེགས། །ལྷ་ཆེན་ཉི་ཤུ་དགུ་འདྲའི་བླ་བ་ནུབ་ན་ཡང་། །ལྷ་བཙུན་པ་སྤྲིན་མེད་ཉི་མའི་དཀྱིལ་འཁོར་ལྟ་བུ་བཞུགས། །འབངས་བསོད་ནམས་བསགས་ཏེ་རྗེ་ཡི་མངའ་ཐང་དཔལ་གྱིས་སྐྱིད། །རྗེ་བསོད་ནམས་བསགས་ཏེ་ཕྱོགས་ཀྱི་རྐོལ་བ་འོག་ཏུ་འདུས། །དུས་དིང་སང་པཎ་ཆེན་ཞིང་འདིར་བྱོན་པས་བསོད་ནམས་བསགས། །དེང་ཡར་ལ་མ་རྙས་རྗོ་རྗེའི་བྲག་དང་འདྲ་སྙེ་སྲ། །དེང་མར་ལ་མ་གཞོན་རི་རྒྱལ་ལྷུན་པོ་དང་འདྲ་སྙེ་བརྟན། །དེང་སྙིང་སྟོབས་ཆེན་པོའི་ལྷ་བཙུན་དྲུང་ནས་འོངས། །ལུས་རྐང་པའི་མཐིལ་ནས་ཚངས་པ་མན་ཆོད་འདི། །སེམས་གུས་དང་བཅས་ཏེ་བླ་མ་ཁྱེད་ལ་འབུལ། །ལྷ་ཁྱེད་ཀྱི་ཕྲིན་ལས་གང་དགོས་དེད་ཀྱིས་བསྒྲུབ་པར་བགྱིས། །ད་སྐབས་སུ་བབ་པ་བླ་མའི་ཞུ་དོན་ལ། །རྗེ་རྒྱལ་པོའི་མངའ་རིས་དཔལ་གྱི་གཙུག་ལག་དེར། །ཐུགས་མི་སྐྱོ་མི་བསྐྱེལ་རང་ཡུལ་ལགས་པས་འབྱོན་པ་ཞུ། །ལྷ་བཙུན་པ་བྱང་ཆུབ་འོད་དེ་ལྟ་དབང་བརྒྱ་བྱིན་ལྟར། །འཁོར་ཉེ་དབང་ལྟ་བུའི་བཀུར་གནས་མཛད་ཅིང་ལྷམ་མེ་བཞུགས། །ཡོ་ཨ་ལེ་མ་ཡོ་དེ་ཨ་ཡོ་ལ་ཡོ་ལ། །ཞེས་བློན་པོ་རྟ་པ་སུམ་བརྒྱ་དང་བཅས་པས་བསྐོར་ནས། རྗེའི་སྔན་དུ་སྔན་ཚིག་ཟོར་མའི་གླུ་དབྱངས་དེ་སྔན་དུ་གསོལ་བ་དང་། དུས་དིང་སང་སངས་རྒྱས་ཀྱི་བསྟན་པའི་མངའ་བདག་ཆེན་པོར་གྱུར་པ་འགྲོ་བ་ལྷ་དང་བཅས་པའི་མཆོད་པའི་གནས་ཆེན་པོ་མགོན་པོ་ཨ་ཏི་ཤའི་འཁོར་སའི་སང་ག་དང་། བལ་པོའི་རྒྱལ་པོའི་སྐྱེལ་ཐུང་རྟ་པ་བརྒྱུས་བསྐོར་བ་དང་། པཎྜི་ཏ་གཞན་ལ་ཕན་པ་བཟང་པོ་དང་། པཎྜི་ཏ་བྷིཏྲ་ཙནྡྲ་དང་། ལོ་ཙཱ་བ་ཆེན་པོ་གུང་ཐང་

པ་ལ་སོགས་པ་རབ་ཏུ་བྱུང་བའི་རྟ་པ་སུམ་ཅུ་རྩ་ལྔས་བསྐོར་བའི་དབུས་ན་ཆིབས་ཅང་ཤེས་མཐོང་སྨོན་དང་པ་གསེར་ལྡན་དང་མཚུངས་པ་དེའི་སྟེང་ན་ཇོ་བོ་ཁྲུ་གང་ཙམ་གྱིས་སྣ་ལ་མ་རེག་པ་མཛད་ནས། སྐུའི་དཀྱིལ་འཁོར་བབས་ཆགས་པ། མཛེས་པ། བལྟ་ན་སྡུག་པ། འཇིག་རྟེན་ལྷ་དང་བཅས་པས་མཆོད་པར་འོས་པ། འཇིག་རྟེན་མཁྱེན་ཅིང་སྐྱེས་བུ་འདུལ་བ། ཁ་ལོ་བསྒྱུར་བ། བླ་ན་མེད་པའི་ཞལ་འཛུམ་པ་དང་བཅས་པ། སཾ་སྐྲི་ཏའི་གསུང་འཁྲོལ་བ། ཟུས་པ་ཆགས་པ། ཚིག་གི་ལྷད་མེད་ལ། གསུང་གི་གདངས་སྙན་པ། གསུང་གི་ངར་ཆེ་ལ་དྲང་པོར་སྒྲ་བ་དེ་ཁྲོལ་མཛད་ནས། ཨེ་མ་ཧོ། ཨ་ཧི་ཨ་ཧི། ཕ་ལ་ཕ་ལ། ཤིན་ཏུ་བཀྲ་ཤིས་པ་ལ་ཧོའི། ཨཱཙྪ་ཧྲཱ་རེ། ཨཱཙྪ་ཨ་ཙ་ལ། མདྷ་ཀཱ་ཙ་ཊི་ཀ །ཤཱཀྱ་མུ་ནེ་གཟིགས། ལྷ་བཙུན་པའི་བློན་པོ་འདི་དག་ནི་དྲི་ཟའི་རྒྱལ་པོ་རབ་དགའ་ཕྱོགས་ཀྱི་རྐོལ་བ་ཟིལ་གྱིས་གནོན་པ་དང་འདྲའོ། །འདི་དག་ནི་གནོད་སྦྱིན་ཁྲོས་པ་དང་འདྲའོ། །འདི་དག་ནི་སྲིན་པོ་ཁྲོས་པ་དང་འདྲའོ། །བོད་རྗེ་བཙུན་སྤྱན་རས་གཟིགས་ཀྱི་ཞིང་ཁམས་ཡིན་ཟེར་བ་བདེན་པར་སྣང་། འདི་འདྲ་བའི་འཇིགས་པ་ཐམས་ཅད་ཏུལ་བ། བསམ་ཞིང་མཉེན་པ་འདི་ལྟར་རྒྱ་དཀར་བ་གོས་དཀར་བ། ཚིག་ཐམས་ཅད་དམ་པའི་ཆོས་སུ་འབྱུང་བ། བློན་པོ་འདི་དག་གི་ལུགས་ཀྱིས་ཆོས་ཀྱི་རྒྱལ་པོ་ལྷ་བཙུན་པ་ནི། ལྷའི་དབང་པོ་བརྒྱ་བྱིན་དང་ཁྱད་མེད་པར་བཞུགས་པར་ངེས་ཞེས་གསུང་ངོ་། །དེ་ནས་བློན་པོ་ཆེན་པོ་ལྷའི་དབང་ཕྱུག་གིས། ཇོ་བོའི་དྲུང་དུ་ཐལ་མོ་སྦྱར་ནས་འདི་སྐད་ཞུས་ཏེ། བསྟན་པའི་བདག་པོ་བོད་དུ་བྱོན་ལགས་སམ། སེམས་ཅན་རྣམས་ལ་བརྩེ་བར་བྱོན་ལགས་སམ། །ཨེ་མ་དུས་སུ་འདོམས་པར་བྱོན་ལགས་སམ། །བཤུལ་རིང་ལམ་ལ་བསྙེལ་བར་མ་གྱུར་ཏམ། །ཞེས་མགོན་པོ་སྤྱན་རས་གཟིགས་ཀྱི་སྐུ་རྩ་ཕྱག་བཞི་བཅུ་པ་བྲིས་མ་ཐག་ཅིག་ཕྱག་རྟེན་དུ་ཕུལ་བ་དང་། མགོན་པོ་ཤིན་ཏུ་མཉེས་ནས། དེ་མ་ཐག་ཏུ་རབ་གནས་མཛད་ཅིང་། སྤྱན་རས་

གཟིགས་དབང་འཛིག་རྟེན་གསུམ་གྱི་མགོན། །གཞན་ལ་ཕན་ཕྱིར་བརྩོན་པའི་གོ་ཆ་བསྣམས། །ཐུགས་རྗེའི་རང་བཞིན་དྲི་མེད་དཀྱིལ་འཁོར་ཅན། །འགྲོ་བའི་སྡུག་བསྔལ་སེལ་ལ་ཕྱག་འཚལ་ལོ། །དིང་སང་ཁོ་བོ་ཁྱོད་ཀྱི་ཞིང་འདིར་མཆིས། །ཐུགས་རྗེས་འགྲོ་བའི་དོན་དུ་བསྐྱབ་ཏུ་གསོལ། །ཞེས་གསུངས། དེ་ནས་སྟོན་པ་གཞན་ཐམས་ཅད་ཀྱིས་ཀྱང་རས་དཀར་པོ་དཀར་སེང་ངེ་བ་རེ་ཕྱག་རྟེན་དུ་ཕུལ་ལོ། །དེ་ནས་མགོན་པོ་ཐུགས་དམ་གྲོད་དེ། སྟོན་པ་ཀུན་ལ་ལན་མཛད་པ། ཁོ་བོ་ད་གཟོད་ཞིང་འདིར་སླེབ་པར་འོངས། །འཁོར་བའི་ནགས་སུ་བདེ་བ་མ་མཆིས་ནའང་། །བཤུལ་རིང་ལམ་ལ་འབྱུང་བའི་སྐྱོམས་པར་བྱུང་། །ཆོས་རྒྱལ་འཁོར་བཅས་གཞི་ལ་བདེ་ལགས་སམ། །དེ་ནས་ཐམས་ཅད་དགའ་མཐུན་པར། །ལྷ་ཆེན་པོ་གདུལ་བྱའི་དབང་གིས་འཇིག་རྟེན་ཁམས་གཞན་དུ་གཤེགས་ནའང་། ཕྱིས་དཀོན་མཆོག་གི་སྐྱབས་འོག་ནས། ལྷ་བཙུན་ཆེན་པོས་དགུ་བགྱིས་སྟོན་འབབས་དང་བཅས་པ་བཀྲ་ཤིས་པར་ཡོད་ཅེས་བྱ་བའི་ཞུ་ལན་མཛད་ནས། མཚོ་མོ་མ་ཕམ་གྱི་འགྲམ། འབྲོག་སྨན་མོ་སྐྱུངས་སུ་ཕྱག་ཕེབས་པ་དང་། བདེ་འབྲོག་མང་པོས་བསྙེན་བཀུར་དང་། འབུལ་བ་བསམ་གྱིས་མི་ཁྱབ་པ་བྱས་པ་དང་། ཕྱོགས་དེ་བཞུགས་ཉམས་དགའ་ཞིང་ཡིད་སྤྲོ་བ་ཅིག་གདའ་བས་ཞག་བདུན་ཙམ་བཞུགས། དེའི་དུས་སུ་དགེ་བཤེས་གུང་ཐང་པས། ཇོ་བོ་མཚོ་འགྲམ་ན་ཕར་བཞུད་པའི་རྗེས་འབྲངས་པ་ན། ཇོ་བོས་མཚོ་མ་ཕམ་པ་ལ་དམིགས་ནས་ཆུ་སྦྱིན་ཅིག་མཛད་པ་ལ། མཚོའི་དཀྱིལ་ན་ཇོ་བོ་ཁ་སྣ་ཊི་ཅིག་བཞེངས་ནས་གདའ་བའི་ཕྱག་གི་མཐིལ་ན་མར་ཧཱིཿདཀར་པོ་ཅིག་ལས་བདུད་རྩིའི་རྒྱུན་བབས་པས་མཚོའི་ཁ་ནས་ལུད་པ་ཙམ་དུ་གྱུར་པ་དེ། ཡི་དགས་ཀྱི་རིགས་དཔག་ཏུ་མེད་པ་རྣམས་ཀྱིས་འཐུངས་པས་ཐམས་ཅད་ཡིད་ཀྱི་གདུང་བ་སེལ་བ་མཐོང་གསུང་། དེའི་ཚེ་མགོན་པོ་ཨ་ཏི་ཤས་མཚོ་མ་ཕམ་གྱི་འགྲམ་ན་སླེབས་ནས་ཡོད་ཟེར་བ་དེ། མངའ་རིས་སྐོར་གསུམ་ཕལ་ཆེར་

གྲགས། ཇོ་བོ་བལ་པོ་ན་བཞུགས་པའི་དུས་སུ། ཇོ་བོ་སྐུ་བསོད་ཆེ་གྲགས་པས། བལ་པོ་ཏ་སིང་བྱ་བས་ཅུང་མ་ཐེག་པར་མངའ་རིས་ན་ཕར་རྣལ་འབྱོར་པ་འབྲུམས་པོ་ཅིག་བཏང་ནས། ལྷ་བཙུན་པ་ཟེར་བའི་མི་ཤེས་པ་དེས། ཨ་ཏི་ཤ་དགེ་སློང་བརྒྱ་ཐམ་པའི་ཟ་ཟིའི་ཕྱིར་དུ་ཁུ་བོ་ལྷ་ཚངས་པ་འདྲ་བ་ཅིག་གར་ལོག་ལ་སྐྱེལ། དེ་ལ་མ་ཐུག་པར་བལ་པོ་ཏ་སིང་གདན་དྲངས་ནས་བོད་དུ་དམ་པའི་ཆོས་བསྒྱུར་ན་ད་ཚོད་མི་ནོར་ཆོས་གསུམ་འཛོམ་པ་ཅིག་ཡོད་པ་ཡིན་ཏེ། ཨ་ཏི་ཤ་ཞེས་པ་པཎ་ཆེན་ལྔ་བརྒྱ་རྩ་གཉིས་ཀྱི་གཙུག་གི་ནོར་བུ་ཡིན་པ་སྐད་ཟེར་བ་ན། འཁོར་རྒྱལ་པོ་གཤིས་ངན་ཅིག་ཁྲིད། བོད་ཀྱི་ལོ་ཙྪ་བ་ནོར་ཉན་པ་ཅིག་ཡོད་པ་དེ་ཡང་འཐུམས་པ་འདྲ་བ་ཅིག་བྱས། ཞན་པ་དགའ་ཚད་ཅིག་སྣང་བ་དེ་བལ་པོའི་རྒྱལ་པོས་ཕྲལ། གློ་བུར་གྱི་འཁོར་ཙ་ལེ་ཙོ་ལེ་མང་པོ་ཅིག་ཁྲིད། ལྷ་བཙུན་པའི་ནོར་དེ་ཚོད་ཅིག་ཟད་པས་མ་ཆོག་པར་ཡང་གར་མ་གཉིས་ན་མར་བསླེབ་བཀུར་འདོད་ཅིང་ཡོད་ལ། དེ་ལ་ཆོས་རང་ཅི་འདྲ་འོང་ངམ་ཞེས་སྒྲོགས་པ་དང་། མི་ཆེ་དགུ་རིམ་དགུས་གཏམ་དེ་ཐོས་ནས། ཐམས་ཅད་ཀྱིས་ལྷ་བཙུན་པ་ལ་གྱོད་བདས། ཨ་ཏི་ཤ་སྙན་པའི་གྲགས་པ་རྒྱང་ནས་ཆེ་བ་ཡིན་པ་ལ། ཚུར་བྱོན་ནས་ལྷ་བཙུན་པ་ལ་མིས་མི་འཆའ་བ་ཅིག་འོང་ཐང་པ་ལ། ཅི་ཙམ་པའི་ནོར་ཅིག་ཟད། ད་པཎྜི་ཏ་དེ་ཅི་འདྲས་སྣང་རང་ལྟ་དགོས་ཟེར་ནས་པཎྜི་ཏ་གར་སླེབ་ཀྱི་གཏམ་ཉན། དེ་ནས་མངའ་རིས་མཐོ་ལྡིང་གི་གཙུག་ལག་ཁང་དུ་ཏློན་པོ་ཆེན་པོ་ལྷའི་བློ་གྲོས་ར་པ་བརྒྱ་ཐམ་པས་སླེབས་ནས། ལྷ་བཙུན་ཆེན་པོའི་དྲུང་དུ་ཞུ་བ་མཛད་པ། ཐམས་ཅད་མཁྱེན་པ་བལ་པོར་ཆགས་ཐེབས་ནས། བལ་པོའི་རྒྱལ་པོས་དབུས་མཛད་པ། བལ་པོའི་ཆེ་དགུ་ཐམས་ཅད་ཀྱིས་ར་དང་ཤིང་ར་དང་གླང་པོ་ཆེ་དང་། དཔུང་བུ་ཆུང་དང་། གླུ་པ་དང་། གར་པ་དང་རོལ་མོ་དང་། སྙན་ངག་མཁན་དུ་མ་དང་། རྒྱལ་པོ་དང་། རྒྱལ་བུ་དང་། ལྷ་གཅིག་མ་དང་། མཆོད་པའི་ལྷ་མོ་སྣ་ཚོགས་ཀྱིས་ཐ་དང་།

ཙ་བོ་ཆེ་དང་། ཛ་ཙ་དང་པི་ཤང་དང་། གླིང་བུ་དང་དུང་ལ་སོགས་པ་རོལ་མོ་ཐམས་ཅད་ཀྱིས་གཅིག་ནས་གཅིག་ཏུ་སྐྱེལ་བ་དང་། བསུ་བ་དང་། མཆོད་པ་དང་བཀུར་སྟི་མཛད་པ་ནི། སྟོན་རྫོགས་པའི་སངས་རྒྱས་ལའང་དེ་འདྲ་བྱུང་སྙད་མི་གདའོ། །ལྷག་པར་དུ་བལ་པོའི་རྒྱལ་པོའི་སྲས་རབ་ཏུ་བྱུང་ནས། མཚན་ལྷའི་དབང་པོར་གསོལ་ཏེ། ཡབ་སྲས་གཉིས་ལ་རྟ་པ་བརྒྱའི་ཚོགས་དང་བཅས་ཤིང་ཇོ་བོའི་ཆགས་ཕྱི་ལ་མཆིས་སོ། །ཇོ་བོའི་ཆིབས་པ་གླང་པོ་ཆེ་མཐོང་སྨོན་བྱ་བ་བལ་པོའི་ཐང་དུ། ཧྲི་ཏ་ར་ཞེས་བྱ་བའི་གཙུག་ལག་ཁང་བཞེངས་པ་དང་། རྒྱ་བོད་ཀྱི་རབ་ཏུ་བྱུང་བ། ལས་འཇུགས་པའི་ཆགས་རྐྱེན་ལ་བལ་པོའི་རྒྱལ་པོ་ལ་བཞག་པས། རྒྱལ་པོས་ཀྱང་རང་གི་བུས་གཙོ་བྱས་ལུས་ལོངས་སྤྱོད་ཐམས་ཅད་ཨ་ཏི་ཤའི་ཕྱག་ཏུ་ཕུལ་ལོ། །དིང་སང་མཆོ་མ་ཕམ་གྱི་འགྲམ་ན་ཆགས་ཕེབས་ནས་ཡོད་དེ། ཐམས་ཅད་མཁྱེན་པ་དེའི་འཁོར་ནི། པཎྜི་ཏ་གནམ་གྱིས་ས་བཀབ་པ་འདྲ་བ་གསུམ། གུང་ཐང་པས་དབུ་བགྲིས་པའི་བསླབ་པ་གསུམ་ལ་མཁས་པའི་སྡེ་སྣོད་འཛིན་པ་སུམ་ཅུ་ཐམ་པ། རྒྱལ་པོ་ཆེན་པོ་སའི་སཾ་ཧ་ཞེས་བྱ་བ་རྒྱ་གར་ནུབ་ཕྱོགས་རྫིལ་པོའི་བདག་པོ། དྲག་ཤུལ་ཆེ་ལ་གཟི་བརྗིད་རྒྱས་པ། རིག་པའི་ངར་གཏུམ་ལ་དད་གཞི་ཆེ་བ། འཇིག་རྟེན་དབང་དུ་སྡུད་པའི་མཐུ་སྟོབས་ཅན། རྒྱལ་སྲིད་མཆིལ་མའི་ཐལ་བ་བཞིན་དུ་སྤངས་ནས། ཨ་ཏི་ཤའི་ཐུགས་དམ་ཟབ་མོ་ལ་བསླུལ་བའི་རྐྱེན་མཛད་དུ་བྱོན་པ། དེ་ལ་རྒྱལ་པོའི་རྒྱལ་པོས་ཀྱང་འོག་ཏུ་འཇུག་ཅིང་འདུད་པ། དེའི་སྟོབས་ཀྱིས་བལ་པོའི་རྒྱལ་པོ་ཡང་དེ་ལ་བསྐོར་ཏེ་མདོར་ན་བསུ་སྐྱེལ་གྱི་རྟ་པ་བཞི་བརྒྱ་དང་ཉི་ཤུ་རྩ་ལྔ་ཙམ་མཚོ་མ་ཕམ་གྱི་འགྲམ་ན་བཞུགས་ནས་བོད་འབྲོག་བསམ་གྱིས་མི་ཁྱབ་པས་འབུལ་བ་དང་བསྙེན་བཀུར་བྱེད་པ་དང་། ཆོས་ཞུ་བ་དང་། སྐུའི་དཀྱིལ་འཁོར་ལྟ་བས་ཆོག་མི་ཤེས་པ་དེ་ལ་དད་གུས་ཀྱིས་བལྟ་བ་དང་། གསུང་གི་དཀྱིལ་འཁོར་འཇིག་རྟེན་ཐམས་ཅད་ཀྱི་ཡིད་འཛིན་པ་དེ་ལ་གུས་

པས་ཉན་པ་དང་། སྐུ་ལུས་ལ་རེག་པ་ཙམ་གྱིས་ཉོན་མོངས་པའི་གདུང་བ་ཞི་བར་བྱེད་པའི་ཕྱིར་འདུ་འཚོགས་བྱེད་ཀྱིན་ཡོད་དེ། རིང་པོར་མི་ཐོགས་པར་ཡང་གླིང་གསེར་གྱི་ལྷ་ཁང་དུ་འབྱོན་པར་ཡོད་པས་ཐུགས་དགྱེས་པར་ཞུ། ཞེས་ཞུས་པས། ལྷ་བཙུན་ཆེན་པོ་དགྱེས་པའི་མཐར་ཐུག་ནས། ངས་དད་གུས་མ་ལོག་པར་གསོལ་བ་རྒྱུན་དུ་བཏབ་པས་ཡུན་རིང་སོང་སྟེ། ལྷ་གཅིག་དང་མཇལ་བ་ཡིན། མདང་སྨི་ལམ་ན་ནུབ་ཕྱོགས་ནས། ཉི་མའི་དཀྱིལ་འཁོར་ཆེན་པོ་ཅིག་ཤར་བྱུང་བ་དང་། ཤར་ཕྱོགས་ནས་ཟླ་བའི་དཀྱིལ་འཁོར་ཉ་གང་བ་འདྲ་བ་ཅིག་ཤར་ནས་བྱུང་བས། དེ་གཉིས་ལྷན་ཅིག་འཚོགས་མ་ཐག་ཕྱིན་དང་ཁུ་རྡུལ་ཐམས་ཅད་རང་སར་དངས། སྐར་ཚོགས་ཐམས་ཅད་ནམ་གུང་བཞིན་དུ། གྲ་མ་ཉམས་པར་ཉི་ཟླ་གཉིས་ལ་འདུད་ཀྱིན་སྣང་བ་རྨིས། ད་ཟླ་བ་དེ་ང་ཡིན་སྙམ་ན་ཡང་། ཤར་ཕྱོགས་མ་གི་ནས་བྱུང་བ་སུ་ཡིན་གང་ཡིན་ཆ་མེད་སུ་ཡིན་ཀྱང་ངེས་གོ་ཆོད་པར་སྣང་། རྨི་ལྟས་ཀྱང་ཤིན་ཏུ་བཟང་གསུང་། དེ་ནས་རྟ་པ་ཉིན་ཤད་མཚན་ཤད་བཏང་ནས། ཡང་གླིང་གསེར་གྱི་ལྷ་ཁང་དུ་སྲུང་ནང་དང་ལམ་པོ་ཆེ་དང་། བཞི་མདོ་དང་ཁང་པ་ཐམས་ཅད་ལ་ཕྱི་དོར་བྱེད་དུ་བཅུག །གཞན་ཡང་བླ་རེ་དང་གདུགས་དང་དར་གྱི་ཡོལ་བ་བྲེས་སུ་བཅུག་སྟེ། དེའི་ནང་ཐམས་ཅད་དཀོན་མཆོག་གི་རྟེན་གསུམ་དང་བ་འདྲེན་པ་དང་། དེ་དག་གི་མཆོད་པ་བསམ་གྱིས་མི་ཁྱབ་པ་ཡང་བཤམ་དུ་བཅུག་གོ །གཞན་ཡང་ཇོ་བོ་ལ་བསུ་བ་བྱེད་པ་དང་། ཐམས་ཅད་མིག་ཁེངས་པར་བྱ་བའི་ཕྱིར་རྟ་པའི་ཁྲོམ་དང་། རོལ་མོ་མཁན་དཔག་ཏུ་མེད་པ་དང་། ལྟད་མོ་བའི་ཚོགས་སྤུད་པ་ལ་སོགས་པ་ཡང་བྱེད་དུ་བཅུག་གོ །གཞན་ཡང་མངའ་རིས་སྐོར་གསུམ་ཐམས་ཅད་དུ་ཡང་གསེར་ཡིག་པ་བཏང་སྟེ། ཇོ་བོའི་སྐྱན་པའི་སྒྲ་ཆེན་པོ་བསྒྲགས་པ་དང་ཇོ་བོ་ལ་བསུ་བ་བྱེད་པའི་ཕྱིར་ནོར་རྫས་དང་། རོལ་མོ་མཁན་དང་། སྤྱི་དགོན་གྱི་རབ་ཏུ་བྱུང་བ་ཐམས་ཅད་གཡབས་སོ། །དེ་ནས་ཡང་ཇོ་བོ་

ཡང་གླིང་གསེར་གྱི་ལྷ་ཁང་དུ་ཆགས་ཕེབས་པའི་དུས་སུ། སྐྱེ་བོ་ཐམས་ཅད་ན་རེ། ལྷ་ཁྱུ་དཔོན་གྱི་མི་ནོར་ཟས་གསུམ་ཟད་པའི་པཎྜི་ཏ་དེ་ཅི་འདྲ་ཅིག་སྣང་རང་ལྟའོ་ཟེར་ནས། ཇོ་བོའི་ཕྱོགས་སུ་དགའ་སྤྲོད་བྱས་དྲགས་པས་རེ་ཆེ་བ་དང་། ཅི་འདྲ་ཅིག་ཡོད་སྙམ་དུ་དོགས་པ་ཡ་མཚན་པའི་སྟོབས་ཀྱིས་གཞི་བྱེས་གཉིས། མངའ་རིས་ལམ་རིང་ལམ་ཐུང་སྐྱེ་བོའི་ཁྲོམ་ཆེན་པོ་འདུས་ཤིང་ཇོ་བོ་ལ་བལྟས་པ་ན་བལ་པོའི་རྒྱལ་པོ་སུམ་ཅུ་རྩ་གསུམ་གྱི་ལྷ་འདྲ་བ་དེ་རྣམས་དང་། གུང་ཐང་པ་ལ་སོགས་སེ་སྟོད་འཛིན་པ་གནམ་གྱིས་ས་བཀབ་པ་འདྲ་བ་ཐམས་ཅད་ཀྱང་། པཎྜི་ཏའི་ཆ་ལུགས་སུ་མཛད་པ། དང་བ་འདྲེན་ཅིང་མིག་ཁེངས་པ་རྟ་པ་སུམ་ཅུ་རྩ་གསུམ་གྱིས་བསྐོར་བ་དེ་དང་། ལྷག་པར་དུ་པཎྜི་ཏ་གཞན་ལ་ཕན་པ་བཟང་པོ་ཇོ་བོའི་གཡས་སུ་བཞུགས། པཎྜི་ཏ་བྲིཏྲ་ཙནྡྲས་གཡོན་དུ་བཞུགས། པཎྜི་ཏ་ཡེ་ཤེས་སྒྲོན་མ་དང་། རྒྱལ་པོ་ཆེན་པོ་སེ་ག །གནོད་སྦྱིན་དང་སྲིན་པོ་ཡང་ཇོག་པས་བཟི་བ་འདྲ་བ་དེ་གཉིས་ཀྱིས་ཇོ་བོའི་སྐུའི་རྒྱབ་མདུན་གཉིས་ནས་བརྟེན་ནས། མདོར་ན་གཞི་བྱེས་ཀྱི་རྟ་པ་ལྔ་བརྒྱར་སླེབ་པ་ཙམ་གྱིས་བསྐོར་བའི་དབུས་ན། ཆིབས་མཐོང་སྨོན་ཀླུང་གཤོག་ལ། ཁྲུ་གང་ཙམ་མ་རེག་པར་ཉི་མའི་དཀྱིལ་འཁོར་ལྟར་ལྷམ་མེ། ཡེ་རེ། ལྷོད་དེ། ཤིག་གེ །ཡར་བགྲེས་མ་དྲགས་པ། མར་གཞོན་མ་དྲགས་པ། དང་བ་འདྲེན་པའི་སྐད་དུ་གྱུར་པ། གཙང་ཆོས་ནས་འབྱུང་བ་བཞིན་དུ་པཊ་ཆེན་གྱི་དབུ་ཞྭ་ཤིན་ཏུ་མཛེས་པ་དེས་ནམ་མཁའི་མཐོངས་སླེག་པ། དཔོན་སློབ་སུམ་ཅུ་རྩ་བཞི་པོ་ཐམས་ཅད་ལྟ་སྤྱོད་དང་ན་བཟའི་ཆ་ལུགས་ཁྱད་པར་མེད་ནའང་། ཇོ་བོའི་ན་བཟའ་དེ་ཇོ་ཆོས་མ་སྣུམ་ཞིང་དྲི་ཞིམ་ལ་མདངས་ཆགས་པ། སྐུ་ཤ་ཆེ་བ་ལྟ་བུ་ལ་དམ་ཆགས་པ། སྐུ་ལུས་དྲང་ཞིང་མཛེས་ལ་སྐབས་ཐམས་ཅད་ཕྱིན་པ། ཕྱག་དང་སོར་མོ་ཐམས་ཅད་ཀླུམ་ཞིང་རྒྱས་པ། བྱིན་གྱིས་ཕྲ་བ། དབུ་སྐྲ་ནག་ཅིང་སྣུམ་ལ་མཚམས་ཕྱེད་པ། དཔྲལ་བའི་དབྱེས་ཆེ་བ། ཐམས་

ཅད་ནས་བལྟས་ཀྱང་འཇུམ་ཆགས་པ། སྨིན་མ་བཟང་ལ་མདངས་འབྲིལ་བ། སྣའི་གཟེངས་མཐོ་བ། ཞལ་གྱི་དཀྱུས་ལེགས་པ། མཆུའི་ཆག་ཐོན་པ། སྙན་ཤལ་རིང་ལ་མཛེས་པ། བག་དྲོ་བ། ཟིལ་ཆེ་བ། ཡང་དང་ཡང་དུ་བལྟ་སྙིང་འདོད་པ། དང་བ་འདྲེན་པའི་སྟོབས་ཀྱིས་བལྟས་ནས་མིག་སྔུད་མི་ཤེས་པ། གསུང་ཁྲོལ་ལ་སྙན་པ། གསུང་ཆེ་ལ་དྲང་བ། གྱབས་ཀྱིས་མི་མཛད་པ། དམ་པའི་ཆོས་ཀྱི་གསུང་ཕོ་ནར་འབྱོན་པ། དད་པ་ཡེ་མེད་པ་དག་གིས་མྱིན་ཀྱང་། དད་པ་སློ་བུར་དུ་སྐྱེ་ཞིང་རྒྱུད་དུལ་ཏེ་འགྲོ་བ། ཕྱོགས་ག་ནས་བལྟས་ཀྱང་སངས་རྒྱས་བཅོམ་ལྡན་འདས་ཀྱི་དྲུང་དུ། ལྷ་དང་བཅས་པའི་འཇིག་རྟེན་གྱིས་འདུད་པ་ལྟར་ལྟམ་མེ་ལྷན་ནེ་བསམ་གྱིས་མི་ཁྱབ་པའི་རྣམ་ཐར་དང་ལྡན་པ་ཅིག་སྣང་བ་དེ། སྐྱེ་བོའི་ཚོགས་སུས་མཐོང་ཡང་། མཐོང་མ་ཐག་ཏུ་སྐྱབས་སུ་མཆིའོ། །ཞེས་ལན་གསུམ་གསུམ་ཐམས་ཅད་ཀྱི་ཁ་ནས་འབྱུང་ཞིང་གཅིག་གིས་གཅིག་ལ་སྟོན་ཞིང་ཅག་སྤྲ་དི་རི་བྱས་ནས། ངོ་མཚར་རེ་ཆེ་འདི་ནི་མི་ངེད་རང་མིན། སངས་རྒྱས་བཅོམ་ལྡན་འདས་སམ་དེ་ཡིན་ལ་ཆེ་ཟེར་ཞིང་ཐམས་ཅད་རངས་ནས་ཤེས་པ་གཟུང་རྒྱུ་མེད་པར་སྐད་ཆེན་པོས་འབོད་དེ། སྐྱབས་སུ་མཆིའོ། །སངས་རྒྱས་བཅོམ་ལྡན་འདས་རྒྱ་གར་ཆོས་ཀྱི་རྒྱལ་པོ་པཎ་ཆེན་ལྷ་བཙུ་རྩ་གཉིས་ཀྱི་གཙུག་གི་ནོར་བུ་རིན་པོ་ཆེ། མགོན་པོ་ཨ་ཏི་ཤ་སངས་རྒྱས་བསྟན་པའི་བདག་པོ། བདག་ཅག་བོད་ཀྱི་སེམས་ཅན་ལས་ངན་པོ་རྣམས་ལ་ཐུགས་རྗེས་གཟིགས་ཤིག །མ་མཐོང་སྙན་པའི་གྲགས་པ་རྒྱང་ནས་ཆེ་བ་དེ་བདེན། བླ་མ་སངས་རྒྱས་རིན་པོ་ཆེ་བདག་ཅག་རྣམས་སྨིན་པར་མཛད་དུ་གསོལ། གྲོལ་བར་མཛད་དུ་གསོལ། ཡོངས་སུ་གྲོལ་བར་མཛད་དུ་གསོལ། བླ་མ་སངས་རྒྱས། བླ་མ་སངས་རྒྱས། བླ་མ་སངས་རྒྱས། བདག་ཅག་རྣམས་ལ་ཐུགས་རྗེས་གཟིགས་ཤིག །ཁྱོད་ཀྱི་ཕྱོགས་སུ་དཀའ་ལས་བྱེད་པ་ལྷ་ཁྲུ་དཔོན་ཤིན་ཏུ་བདེན་པར་སྣང་ངོ་། །བོད་ཀྱི་མི་ནོར་ཐམས་ཅད་ཟད་ཀྱང་འགྱོད་པ་མ་

མཆིས་སོ། །ཁྱེད་གདན་འདྲེན་པ་ལ་དཀའ་ལས་ཆེན་པོ་འོང་བ་རེ་བདེན། ད་ནི་འཛམ་གླིང་རྟེན་གྱི་མགོན་པོ་བོད་དུ་བྱོན་ནོ། །ཞེས་ཐམས་ཅད་དད་པས་ཕྱོགས་གཅིག་ཏུ་འུར་བ་དང་། མགོན་པོ་ཨ་ཏི་ཤ་ཡང་ཤིན་ཏུ་མཉེས་ནས། བོད་ཀྱི་སེམས་ཅན་རྣམས་ཁོ་བོ་ལ་འདི་ལྟར་དུ་དད་པ་ཆེ་བ། བླ་མ་སངས་རྒྱས་བསྟན་པའི་བདག་པོ། ཐམས་ཅད་ཐེག་པ་ཆེན་པོའི་རིགས་ཅན། ཨེ་མ་ཕན་བདེའི་འབྱུང་གནས་དཀོན་མཆོག་གསུམ། ངའི་གདུལ་བྱ་རྣམས་ལ་ཐུགས་རྗེས་གཟུང་ཞིག །གསུངས་ནས་ཁྲོམ་ཐམས་ཅད་ལ་གཟིགས་ཤིང་བྱིན་བརླབས་མཛད། དེའི་དུས་སུ། མངའ་རིས་ཀྱི་ཡོན་བདག་མོ་ལྷུམ་མེ་བྱ་བ་ན་རེ། བལ་པོ་ཏ་སུ་ལ་ཡང་པཎྜི་ཏ་ཟེར། འདི་ལའང་པཎྜི་ཏ་ཟེར་ན་ཨེ་ཡིན་ན། ལྷ་བཙུན་པ་ལའང་མི་ཟེར། ལུག་རྫི་རེ་ལའང་མི་ཟེར་བ་ཨེ་ཡིན་ཟེར་བས། ལྷ་བཙུན་པའི་ཨ་ནེ་ལྷ་གཅིག་མ་ཆོས་འབུམ་ན་རེ། བལ་པོ་ཏ་སུ་ཡང་པཎྜི་ཏ་རི་རྒྱལ་ཙམ་པ་ཡིན་འོ་ན་ཡང་མགོན་པོ་ཨ་ཏི་ཤ་དང་། གཉིས་ཉི་མའི་འོད་དང་ནམ་ཕྱེད་ཀྱི་མེ་ཡོག་གི་མེའི་ཚོད་ཙམ་ཡིན། མཁས་པ་འདིའི་ཕྱོགས་སུ་ངའི་མིང་པོ་གསེར་གྱི་རིབ་འདྲ་བ་ཅིག་གཤེགས་ཏེ། ང་སེམས་མི་ཁྲལ། སྤྱི་མི་ངན། མིང་པོ་དེའི་སྲོག་དང་པཎྜི་ཏ་འདི་ཅིག་བརྗེས་པ་ཡིན་ཏེ། བལ་པོ་ན་ཏ་སུ། མངའ་རིས་ན་རིན་བཟང་། ཕྱོགས་ནས་ང་ཆེ་ཟེར་བ་རྣམས་ལ་ངོམ་པ་ཡིན། ངའི་ཚ་བོ་འདི་སྲིན་བུ་འདྲ་བ་ཅིག་བསྐྱངས་པས་དེ་ལྟ་སའི་བདག་པོ་སློང་ཐུས་ཆེ་ལ་སྐབས་དོན་ཡོད་པ། འདི་འདྲ་ཅིག་བྱུང་ཟེར་ནས། ལྷ་བླ་མའི་སྤྱི་ངན་རིས་ནོན་པ་ཙམ་ཡོད་པ་སངས་པར་བྱས། མགུལ་གཡུ་གསེར་སྤྲང་ལྷུ་བཙུ་རི་བ་ཅིག་ཡོད་པ་དེ་མགོན་པོ་ཨ་ཏི་ཤའི་ཕྱག་ཏུ་ཕུལ་ནས། ཐལ་མོ་སྦྱར་ནས་འདི་སྐད་ཟེར་སྐད། མགོན་པོ་ཨ་ཏི་ཤ་གཡུ་རྫོག་འདི་མཆོད་པར་བཞེས་ལ་ཞུ་བ་འདི་གསོན་དང་། ངའི་མིང་པོ་ལྷ་བླ་མ་ཡེ་ཤེས་འོད་བྱ་བ་དེ། ཕ་མེས་པོ་ཆོས་ཀྱི་རྒྱལ་པོ་དེ་རྣམས་ཀྱི་ཆོས་ཀྱི་རྣམ་སྲོལ་སླེག་པ་དང་། སླེགས་མའི་དུས

འདིར་སངས་རྒྱས་ཀྱི་བསྟན་པ་ལ་ལུས་ལོངས་སྤྱོད་དགེ་བའི་རྩ་བ་རྣམས་ལ་ཕྱུགས་པས། ཁྱེད་ལྷ་བུའི་བླ་མ་དཀོན་མཆོག་ཐུགས་རྗེ་ཆེན་པོ་དང་ལྡན་པ་རྣམས་ཀྱི་ཐུགས་རྗེའི་གོ་བར་ནས་སྙིང་སྟོབས་ཅན་དེ་མི་འདོད་པའི་ལག་ཏུ་ཤོར། ད་ནི་མིང་པོ་དེའི་ཚབ་མ་ཁྱེད་ལ་ཞུ་བ་ལགས་པས། སྐྱེ་བོ་ངན་པ་རྣམས་ཀྱི་ལོག་རྟོག་ངན་པ་གཅིག་པུ་སྤྱང་བའི་ཆེད་དུ་ཡང་བོད་དུ་ཡུན་བསྲིངས་ནས་རྒྱུན་དུ་བཞུགས་པ་ཞུ་འཚལ། གཞན་ཡང་ལྷ་ཁུ་དབོན་གཉིས་ཀྱིས་སངས་རྒྱས་ཀྱི་བསྟན་པ་ལ་བསམས་ནས། ཁྱེད་ཕྱོགས་སུ་མི་ནོར་ཟད་པ་དང་། དཀའ་བ་བརྒྱ་ཕྲག་མང་པོ་སྤྱད་ནས་མཇུག །ལྷ་བླ་མ་གཤེགས་པའི་སྐོར་ལ་སོགས་པར། བལ་པོ་རྫོང་རྒྱབ་ནས། དབུས་གཙང་མངའ་རིས་སྐོར་གསུམ་དུ་སྐྱེ་བོ་མ་རུངས་པ་རྣམས་ཅི་ཟེར་མི་ཤེས་པ་ལགས་པས། རང་གཞན་ཐམས་ཅད་ལ་ཐུགས་ཀྱིས་དགོངས་ལ་བོད་དུ་སངས་རྒྱས་ཀྱི་བསྟན་པའི་ཉི་མ་ཤར་རིང་ལ། ཡུན་དུ་བཞུགས་སུ་གསོལ། ཞེས་ཞུས་པས། ཨ་ཏི་ཤའི་ཞལ་ནས། རིགས་ཀྱི་ལྷ་མོ་སྙིང་ལ་བསམས་པའི་གཏམ་དེའི་གནད་ཀྱིས། ཁྱེད་མི་རྩ་ལ་ངོ་མི་གནོང་ལ། ངོམ་དུ་རུང་བ་ཅིག་ཕོ་བོས་བྱེད་པ་ཡིན་མོད། རིགས་ཀྱི་ལྷ་མོ་དིང་སང་སྙིགས་མའི་དུས་འདིར་ཁམས་གསུམ་གྱི་མགོན་པོ་ཆོས་ཀྱི་རྒྱལ་པོ་ཨ་ཏི་ཤ་ཞེས་བྱ་བ་དེ་ང་ཡིན་མོད། རིགས་ཀྱི་ལྷ་མོ་ངས་བོད་དུ་འོངས་ནས་སངས་རྒྱས་ཀྱི་བསྟན་པའི་གཞི་བཞེངས་སུ་མ་བཏང་ན། རྒྱ་གར་གྱི་གཙུག་ལག་ཁང་བརྒྱ་རྩ་བརྒྱད་ལ་ངོ་ཚ་མོད་ཆོས་རྒྱལ་ཞི་བར་གཤེགས་པ་དེ་ལ་བྱ་བ་མ་བྱས་མོད། རིགས་ཀྱི་ལྷ་མོ་འདོད་པའི་དོན་ཐམས་ཅད་བདག་གིས་བསྒྲུབ་པར་བགྱིའོ། །ཞེས་གསུངས་ནས། སྐུ་གསེར་གྱི་གདན་པ་ཕྱིས་པ་འདྲ་བ་དེ་འཛུམ་ལྷག་མཛད། དེ་ནས་མཐོ་ལྡིང་པཎྜིའི་གླིང་དུ་ཆགས་ཐེབས་པའི་དུས་སུ་མགོན་པོ་ཨ་ཏི་ཤས་བལ་པོའི་རྒྱལ་པོ་ཆེན་པོ་ལ་བསྐུལ་བ། ད་ནི་རྒྱལ་པོ་ཆེན་པོ་བལ་པོའི་ཐང་དུ་ཕྱོན། བི་ཧ་རའི་གཙུག་ལག་ཁང་ཞེས་བྱའི་རྒྱ་བོད་གཉིས་ཀྱི་བར་གྱི་

སོ་འཛིན་པའི་གནས་ཆེན་པོ་དཔངས་མཐོ་བ། རྒྱ་ཆེ་བ། བབས་ལེགས་པ། བསིལ་ཁང་དང་ཞལ་ལའི་ཁྲིགས་ལེགས་པ། གསེར་སྲུམ་ཙུ་རྩ་གཉིས་གཡུའི་ཀ་བ་ཤང་ཤང་གིས་བརྒྱན་པ་བརྒྱད། ཤེལ་གྱི་ཀ་བ་གཉིས་དང་བཅས་ཏེ། ཐམས་ཅད་ཀྱང་འཕྲུལ་མིག་ཕུན་སུམ་ཚོགས་པར་མཛོད། ལྷའི་ཕྱོགས་སུ་དགེ་འདུན་འདུ་ཁང་དང་གཡོས་ཁང་ཐམས་ཅད་ཀྱང་འཁོར་པས་ཕྱུག་པར་མཛོད། རྒྱ་བོད་གཉིས་ཀྱི་རབ་ཏུ་བྱུང་བ་ལས་གྲ་ལེགས་པར་ཚུགས། དེའི་ཕྱོགས་ཀྱི་མེ་བཙའ་དང་ས་བརྟག་པ་དང་། ཐིག་གདབ་པ་དང་། བཙའ་ཁ་ཐམས་ཅད་ཁོ་བོ་རང་གིས་ཚར་བར་བྱས་ནས་ཡོད་ཀྱིས། བཞེངས་ཚར་བ་དང་དེ་བཞིན་གཤེགས་པའི་སྐུ་གདུང་ཡོ་བརྒྱད་པའི་ཚད་དང་། སེང་ལྡེང་ལ་བརྐོས་པའི་བཅོམ་ལྡན་འདས་སྒྲོལ་མའི་སྐུ་དང་། རྗེ་ནག་ལ་བརྐོས་པའི་བཅོམ་ལྡན་འདས་མི་གཡོ་བའི་སྐུ་ཁྲུ་གང་པ་ཅིག་དང་། ཙན་དན་གྱི་ལྡེ་གུ་ལ་སྤྱན་རས་གཟིགས་ཀྱི་སྐུ་རྩ་ཕྱག་བཞི་བཅུ་པ་ཅིག་དང་། གཙུག་ཏོར་དྲི་མེད་ལྷ་ལྔའི་སྐུ་ལ་སོགས་པ་གང་འགྲུབ་བཞེངས་ལ་གཙུག་ལག་ཁང་གི་ནང་དུ་བཞུགས། རྒྱལ་པོའི་ཕོ་བྲང་ན་བལ་པོས་ཕུལ་བའི་ལྷ་ལྔ་བཅུ་ཙམ་ཡོད་ཀྱིས། དེ་ཐམས་ཅད་ཀྱང་གཙུག་ལག་ཁང་གི་ནང་དུ་བཞུགས། འདིའི་སྐོར་གྱི་རབ་ཏུ་གནས་པ་དང་། ཕྱོགས་ཀྱི་བཅིང་བ་རྣམས་དང་། བགོད་པ་ཐམས་ཅད་ལ་ཕན་པ་བཟང་པོ་དང་། གཞན་གཉིས་ཏེ་ཁོང་རྣམ་གསུམ་གཏོང་བ་ཡིན། དེ་ཐམས་ཅད་ཟླ་བ་དགུའི་ཁོངས་སུ་ཚར་བར་གྱིས་ལ། ཚར་མ་ཐག་ཏུ་རབ་ཏུ་གནས་པ་རྒྱས་པའི་བཙའ་ཀ་དང་། སྔ་གོན་ཐམས་ཅད་ཚར་བ་གྱིས་ལ་ཁོ་བོ་ལ་བརྡ་སྦྲོར་ཞེས་གསུང་བྱོན་ནས། པཎྜི་ཏ་གསུམ་བལ་པོའི་རྒྱལ་པོ་དང་བཅས་པ་ཕྱིར་འབྱོན་པར་བཞེད་པ་དང་། བློན་པོ་ལྷའི་དབང་ཕྱུག་གིས་ལྷ་བཙུན་པའི་དྲུང་དུ་བང་ཆེན་བརྫངས་ནས། མགོན་པོ་ཨ་ཏི་ཤས་པཎྜི་གླིང་ན་ཆགས་ཕེབས་ནས་ཡོད་པ་ལ། བལ་པོའི་རྒྱལ་པོ་པཎྜི་ཏ་གསུམ་ཕྱིར་སྤྱན་དྲངས་ནས། བལ་པོར་ཨ་ཏི་ཤའི་ཐུགས་

དམ་གཙུག་ལག་ཁང་ཅིག་བཞེངས་པར་གདའ་བས། མྱུར་དུ་བལ་པོའི་རྒྱལ་པོ་ལ། བསྙེན་བཀུར་བྱེད་ཀྱིན་པཱོ་གླིང་དུ་ཨ་ཏི་ཤ་བསུར་འབྱོན་པར་ཞུ། ཞེས་ཞུ་བ་བྱས་པ་དང་། ལྷ་བཙུན་པས་ཀྱང་། བང་ཆེན་བྱུང་མ་ཐག་ཏུ་བཙུན་པ་དང་སྐྱ་བོ་འདྲེས་པའི་རྟ་པ་སྟེད་དང་དྲུག་བརྒྱ་དང་ལྡན་ཅིག་ཏུ་མངའ་རིས་པཱོ་གླིང་དུ་བྱོན་པ་ནི། རོལ་མོ་པ་གཡབས་པ་དང་། མགོན་པོ་ཨ་ཏི་ཤ་གཟིགས་པའི་དག་པའི་སྣང་ཚུལ་དང་། སྙན་འདྲིའི་དྲི་བ་ཞུས་ལན་དུ་མཛད་པ་ལ་སོགས་པ་ཞིབ་པར་གཅང་ཆོས་ན་མཆིས་པས་དེ་དག་ཏུ་ལྟ་ཞིང་། ཁྱད་པར་དུ་འདིར་བལ་པོའི་རྒྱལ་པོ་ལ་ལྷ་དང་མཐུན་པའི་བསྙེན་བཀུར་མདོངས་གསོལ་མཉེས་པའི་རིམ་པ་དཔག་ཏུ་མེད་པ་མཛད་ནས། རྟ་སུམ་ཅུ་སོ་གཉིས་ཕུལ་ཏེ་འདི་སྐད་དོ། །ལྔ་བརྒྱའི་དུས་འདིར་དམ་ཆོས་རྣམ་མང་ཡང་། །ལམ་དུ་འགྲོ་བ་རྒྱ་ལམ་སྲིད་པ་ཙམ། །བླ་མར་བཞུགས་པ་ཤིན་ཏུ་རྣམ་མང་ཡང་། །ཨ་ཏི་ཤ་ནི་གཅིག་པུ་ཉིད་དུ་ཟད། །བལ་པོའི་ཐང་ནས་སྐྱིལ་དུ་བྱོན་པ་ལེགས། །ཞབས་སྐྱའི་ཚུལ་དུ་རྟ་ཡི་ཚོགས་འདི་འབུལ། །སྐྱེ་རྒས་ན་འཆིའི་ཆུ་བོ་རབ་སོམས་ལ། །རྒྱལ་པོ་དྲེགས་པ་སྤོངས་ལ་གཞན་ཕན་བསྟེན། །དེ་ནས་བལ་པོའི་རྒྱལ་པོ་ཡང་དགྱེས་བཞིན་དུ་གསེར་སྲང་སུམ་བརྒྱ་ཐམ་པ་མཁར་སྟེར་ཅིག་ཏུ་བླུགས་ནས་རང་གི་སྲས་པོ་ལྷའི་དབང་པོའི་ལག་ཏུ་གཏད་ནས་ལྷ་བཙུན་པ་ལ་ཕུལ་ཏེ། བལ་པོའི་རྒྱལ་པོས་གསོལ་པ། རྒྱལ་རིགས་ལུས་ལ་རྣམ་དག་ཁྲིམས་ལྡན་ཞིང་། །སངས་རྒྱས་བསྟན་ལ་དཔའ་བའི་གོ་གྱོན་ནས། །འཛིག་རྟེན་སྒྲོན་མེ་བོད་དུ་སྤྱན་དྲངས་ཏེ། །ཐམས་ཅད་ཆོས་ལ་འགོད་པ་ངོ་མཚར་ཆེ། །བདག་གིས་བསྐྱེད་པའི་བུ་འདི་རྗེ་ལ་འབུལ། །བསམ་པ་བཟང་པོ་གསེར་དང་འདྲ་བ་ཡི། །ཆོས་རྒྱལ་བོད་དུ་ཆོས་གྲྭ་འཛུགས་པ་ལ། །གསེར་སྲང་སུམ་བརྒྱ་རེ་ཞིག་འདེགས་སུ་འབུལ། །སླད་ནས་སངས་རྒྱས་བསྟན་པ་དར་བ་དང་། །བདག་གི་བུ་འདི་ཆོས་མགོ་ཐོན་པ་དང་། །ཨ་ཏི་ཤ་ཡང་ཕྱོགས་

འདིར་ཡུན་རིང་ཞིང་། །བདག་ཀྱང་འཕྲེང་བས་ཡུན་དུ་འགྲོགས་པ་ཞུ། །དེ་ནས་རྒྱལ་པོ་པཱ་ཧ་གསུམ་དང་བཅས་པ་འདི་བལ་པོར་འབྱོན་པ་ལ་ལྷ་བཙུན་པས་དཔག་ཚད་ཙམ་ཅིག་སྐྱེལ་ནས་པཱ་ཧ་གསུམ་ལ་གསེར་སྲང་རེ་རེ་མེ་ཏོག་ཏུ་ཕུལ་ནས། གཙུག་ལག་ཁང་བཞེངས་ཚར་བ་དང་ཕྱིར་མྱུར་དུ་མཇལ་བའི་ཞུ་བ་ཁྱད་པར་ཅན་མཛད་དོ། །དེ་ནས་ལྷ་བཙུན་པས་ཕྱིར་ལོག་སྟེ། མགོན་པོ་ཨ་ཏི་ཤ་ལ་ལྷ་བཙུན་པས་དབུ་བགྲིས། བསུ་བའི་རྟ་པ་དགུ་བརྒྱར་ཉེ་བ་དང་། རོལ་མོ་མཁན་ལ་སོགས་པ་དང་ལྷན་ཅིག་ཏུ་བསྐོར་ནས་རྒྱལ་པོའི་ཕོ་བྲང་མཐོ་ལྡིང་གི་གཙུག་ལག་ཁང་དུ་གཙང་ཆོས་ནས་འབྱུང་བ་བཞིན་ཆགས་ཐེབས་ནས། ཟླ་བ་དྲུག་དང་ཞག་ཉི་ཤུ་རྩ་ལྔ་ཙམ་དུ་ལྷ་བཙུན་པ་བྱང་ཆུབ་འོད་ཀྱི་ཐུགས་དགོངས་ཐམས་ཅད་ཡོངས་སུ་རྫོགས་པར་མཛད་ནས། བལ་པོའི་རྒྱལ་པོ་པཱ་ཧ་དང་བཅས་པས་གཙུག་ལག་ཁང་བཞེངས་ཚར་བའི་ཞུ་བ་བྱུང་སྟེ། ཟླ་བ་བདུན་པ་ལ་ཡང་གླིང་གསེར་གྱི་ལྷ་ཁང་དུ་འཕགས་པ་དང་། བླ་མ་དང་ཡི་དམ་གྱི་ལྷ་ཚོགས་དཔག་ཏུ་མེད་པས་ལུང་བསྟན་པའི་ཨུ་པ་སི་ཀ་དང་མཇལ་ཏེ། བླ་མ་དམ་པ་རྒྱ་གར་དུ་འབྱོན་དུ་མ་སྟེར། ཉི་མ་དབུས་ཀྱི་རྒྱལ་ཁམས་སུ་བསུ་བ་གནང་ལ་དགར་བའི་སྤྲིང་ཡིག་མང་པོ་བཏང་། དབུས་པ་རྣམས་ཀྱིས་མ་སླེབ་ཀྱི་རི་བོ་ལ་གདམས་ངག་དཔག་ཏུ་མེད་པ་ལ་བརྟེན་ནས། ཇོ་བོའི་ཐུགས་དང་བསྲིངས། བལ་པོར་རབ་གནས་ལ་གཤེགས་པའི་དུས་སུ། ཇོ་བོའི་ཕྱག་དཔེ་རྟེན་གསུམ་ལ་སོགས་པའི་གཞི་ཐམས་ཅད་བལ་པོས་འཁྱེར་དུ་མ་སྟེར། དེའི་དུས་སུ་ཇོ་བོའི་ཞབས་ཏོག་ལ་ཨུ་པ་སི་ཀ་སའི་སཾ་ག །གྲུང་ཐང་པ། ཨེ་ལ་རྷ་རི་ལ་སོགས་པ་དཔོན་གཡོག་ཉི་ཤུ་ཙམ་གྱིས་མདོན་ཚན་ཆུང་བར་བལ་པོར་བྱོན་ནས་རབ་ཏུ་གནས་པར་མཛད། སུ་སྟེགས་བཅིང་བའི་མཆོད་རྟེན་ནག་པོ་བཞི་མཛད། ཨུ་པ་སི་ཀས་མཆོད་རྟེན་དཀར་ཆེན་ཞེས་བྱ་བ་བཀྲ་ཤིས་པའི་མཆོད་རྟེན་ཤིན་ཏུ་ཆེ་བ་ཅིག་མཛད། དགེ་

བཤེས་གུང་ཐང་པས་ཇོ་བོའི་སྐུ་ཅིག་དང་། ཨུ་པ་སི་ཀའི་སྐུ་ཅིག་ཞལ་སྒྲོད་ཀྱི་རས་བྲིས་ཤིན་ཏུ་ཆེ་བ་ཅིག་མཛད། ཨུ་པ་སི་ཀས་ལྷ་བཙུན་པ་དང་། གུང་ཐང་པ་གཉིས་ལྡེམ་དུ་བྲུས་པའི་ཇོ་བོའི་སྐུ་འདྲ་ཆེན་པོ་ཅིག་མཛད་པ་ལ། བལ་པོའི་རྒྱལ་པོས་སྐྱེལ་བ་དང་། མངའ་རིས་སྐོར་གསུམ་གྱིས་བསུ་བ་ལ་སོགས་པ་ཡ་མཚན་ཅན་སྣ་ཚོགས་ཀྱང་བྲིས་ལ་བཀོད་དོ། །དེ་ལྟར་རབ་གནས་ལ་སོགས་པ་ཐམས་ཅད་ཞག་ཉི་ཤུ་རྩ་གཉིས་ལ་ཚར་བར་བྱས་སོ། །དེ་ནས་ཡང་གླིང་གསེར་གྱི་ལྷ་ཁང་དུ་བྱོན་ཏེ་སྐྱེ་བོའི་ཚོགས་མང་པོ་ལ་ཆོས་གསུང་གིན་ཡོད་པ་ན་ཁུ་སྟོན་ཆེན་པོ་ལ་སོགས་པ། དབུས་ཀྱི་དགེ་བའི་བཤེས་གཉེན་ཆེན་པོ་རྣམས་སྤྱི་རིང་ཐུང་ལ་བྱོན་ནས། དབུས་སུ་བྱོན་པའི་ཞུ་བ་ནན་ཅན་དུ་མཛད་དེ། ཇོ་བོས་ཀྱང་ཐུགས་དགྱེས་པ་དང་བཅས་པ་མཛད་ནས་གཙང་ལ་སོགས་པ་ལམ་རིང་ལམ་ཐུང་དུ་ཡང་། གནས་གསར་པ་བཞེངས་པ་དང་རྙིང་པ་འཚོས་པ་དང་། འདྲི་ཞུགས་པ་སྐྱོད་པ་དང་། རབ་གནས་མཛད་པ་དང་། སྨུགས་པ་དང་རབ་ཏུ་བྱུང་བ་ལ་སོགས་པ་ཐམས་ཅད། དམ་ཚིག་དང་སྡུད་སྡོམ་ལ་དགོད་པ་ལ་སོགས་པ་དང་། ཁྲིམ་པ་ལ་བསྙེན་གནས་དང་ཡོན་བསྔོ་བ་སེམས་བསྐྱེད་ལ་སོགས་པ་སྐྱེ་དགུ་ཐམས་ཅད་ལ་མགོ་བའི་དམ་པ་ཆོས་ཀྱི་ཆར་འབེབས་ཀྱིན་བསམ་ཡས་ཐང་པོ་ཆེ་ལ་སོགས་པ་དབུས་ཀྱི་གནས་ཆེན་པོ་རྣམས་སུ་བྱོན་ནས། མཐར་ཁུ་སྟོན་ཆེན་པོའི་བཀའ་དྲིན་ལ་བརྟེན་ནས། ང་ཉི་མ་བྱང་ཕྱོགས་ཀྱི་སྐྱོ་འབྲུམ་སྟོན་རྒྱལ་བའི་འབྱུང་གནས་ཞེས་བྱ་བ་ཚེ་རབས་ནས་ཚེ་རབས་ཐམས་ཅད་དུ་ལྷ་ཇོ་བོ་དཀོན་མཆོག་གིས་ལེགས་པར་བསྐྱངས་པའི་བསོད་ནམས་ཅན། དེའི་ནང་ནས་བླ་མ་ཐམས་ཅད་ཤིན་ཏུ་མཉེས་པའི་དམ་ཚིག་ཅན། སློབ་མ་དང་སྐྱེ་བོ་ཐམས་ཅད་གུས་པའི་སྙིང་རྗེ་ཅན། ལས་རྒྱུ་འབྲས་ཕྲ་ཞིང་ཕྲ་བ་ལ་ཡང་གཅེས་སྤྲས་སུ་བྱེད་པའི་ཞིབ་ཏིག་ཅན། ཐམས་ཅད་ཀྱི་འོག་ཏུ་ཞུགས་པས་སྟེང་དུ་ཤོར་བའི་བཙན་ས་ཅན། བདག

གི་ལག་ཏུ་མགོན་པོ་ཨ་ཏི་ཤ་སུས་བསླུ་ཐིད་ང་རྒྱལ་ཅི་བྱས་ནས་གདན་དྲངས་པ། དཀའ་ལས་རི་ཁྱུར་བ་ཙམ་ལས་བཟོས་ཀྱང་སྤྱན་མ་འདྲོངས། མ་ཐོབ་པ་དེ་ང་མི་རེང་དཀར་པོ་ཅིག་གི་ལག་མཐིལ་དུ་གཙང་སྟེ་འཁོར་ནས། བཞུགས་གནས་སྙེ་ཐང་འོར་མོའི་སྐྱི་སངས་སུ་དགུན་མེ་ཏོག་བཀྲ་བའི་དུས་ཆགས་ཕེབས། བླ་མ་བརྒྱ་དང་ལྔ་བཅུ་རྩ་བདུན་ལས་ལེགས་པར་རྙེད་པའི་གཞུང་། མན་ངག །ལུང་། རིགས་པ། བཀའ་བསྟན་བཅོས། མདོར་ན་ཡི་གེ་ཨ་གཅིག་མ་ནས་བཟུང་ནས་བཀའ་རྒྱས་འབྲིང་བསྡུས་གསུམ། འདུལ་བ་ལུང་སྡེ་བཞི། རྒྱས་པའི་བསྟན་བཅོས་སྡེ་ལྔ། བསྡུས་པའི་བསྟན་བཅོས་སྡོམ་གཉིས། ཕྲ་ཀ་ར་ཊ་སྡེ་བརྒྱད། མདོར་ན་གླི་ཡོག་ལ་སོགས་པ་བླ་མ་བརྒྱ་དང་ལྔ་བཅུ་རྩ་བདུན་པོ་ལ་ཇི་ལྟར་བརྒྱུད་པ། མགོན་པོ་ལ་ལུང་ཡོད་པ་ཐམས་ཅད་ལ་ཉིན་མ་དལ། མཚན་མ་གཉིད་ཟེར་བའི་ཚུལ་དུ་ཀློག །ལུང་འོས་པ་ཐམས་ཅད་ལ་ཀློག་ལུང་། བཤད་ལུང་འོས་པ་རྣམས་ལ་བཤད་ལུང་། ཟིན་ཐུན་དང་ཁྲིད་དུ་འོས་པ་རྣམས་ལ་ཟིན་ཐུན་དང་ཁྲིད་དུ་བྱས་ཏེ། ལན་ཅིག་སྙེ་ཐང་དུ་སྟོན་ཟླ་བ་གསུམ་ལ་ཉི་མ་རི་རྩེར་ཉུབ་ནས་ངེད་རང་ཡབ་སྲས་གཉིས་མིན་པ་མེད་པར་བྱས་ཏེ། དགོན་མཆོག་གི་དྲུང་དུ་མར་མེ་ཆེ་ལ་བཟང་བ་བཤམས། མཆོད་པ་གཞན་ཐམས་ཅད་ཀྱང་དང་བ་འདྲེན་པར་བྱས་ནས། ཇ་སུམ་ནམ་རེ་ཁྲིམ་བཏུངས་བྱས་ཇོར་ཆེན་པོ་སྐྱུར་ཤིན་ཏུ་ཚོས་པར་བྱས་ཤིང་། བུ་རམ་རྒྱ་གར་མ་ཛོག་པོ་བཅུ་གཅིག་བཅུ་གཅིག་དང་བསྡེབས་ནས། མགོན་པོ་ཨ་ཏི་ཤ་ལ་སྤུན་རེ་དྲངས། ཐོ་རེངས་ཀྱི་དུས་སུ་སྐྱོ་ཚག་སེར་མ་མི་སྐྱེ་བ་ཞལ་བུ་དོ་དོ་དྲངས། དེའི་དུས་སུ་ངའི་རྟོག་པ་ལ་འདི་སྐམ། བླ་མ་མི་བཞུགས་ཙ་ན་ཡང་། མཆོད་ཆ་ལ་གཟོབ་པ་ཡིན། བླ་མ་ཞལ་བཞུགས་པ་ལ་བླ་མ་མཉེས་པའི་མཆོད་ཆ་བྱེད་དགོས་སྙམ་ནས་མདོ་ཁམས་ནས་བླ་མ་ལ་དམིགས་པའི་ཆུ་ཤེལ་གྱི་དཀར་ཡོལ་དབྱིབས་ཁ་དོག་ཐམས་ཅད་འཛིག་རྟེན་ན་དགོན་པ་ཅིག་ཏུ་བླ་མ་ལ་ཇ་དྲངས། དེ་

བཞིན་དུ་མེ་ཤེལ་གྱི་སྡེར་མ་ཁ་འཕྱངས་ཀྱི་གཟུགས་བྱས་པ་དེའི་ནང་དུ་དུས་དུས་ཀྱི་ཟས་རྣམས་དྲངས། གཞན་ཡང་དཀར་ཡོལ་གྱི་རྐྱེན་བུ་དངུལ་གྱི་སྐྱོགས་གསེར་གྱི་སླང་པོ་ཆེ། དེ་ལ་སོགས་པ་མཆོད་པ་འདི་ལེགས་སམ་སྙམ་པ་རྣམས་ཕུལ། ང་རང་གིས་ཀྱང་དེ་ནུབ་ལྷའི་ཆས་སུ་ཞུགས་ནས། ཆ་ཐམས་ཅད་ནས་བླ་མ་པོ་ན་མཉེས་ཤིང་། ཐུགས་འཛིན་ཕུན་སུམ་ཚོགས་པ་མཛད་པ་དང་། བླ་མའི་ཞལ་ནས་ཀྱང་། འོག་མིན་ཆོས་ཀྱི་ཕོ་བྲང་དང་མཚུངས་གསུངས་ནས་ཤིན་ཏུ་མཉེས། དེ་ནས་བླ་མ་རང་བཞིན་གྱིས་ལྷུགས་བདེ་བ་དང་། ཛ་བཟང་པོ་དེས་རྐྱེན་བྱས་པ་ལ་བརྟེན་ནས། བླ་མས་གློག་ཕྱུང་མཛད་པ་ན། སྤྱོད་ཐོ་རངས་གཉིས་ལ་རྒྱུས་འབྲིང་བསྡུས་གསུམ་སངས་ཀྱིས་གློག་ཟིན་པ་བྱུང་། དེའི་ཚོད་ལ་བརྩིས་པའི་ནུབ་རེ་ལ་ཚན་ཆེན་པོ་བཏང་བ་སྟོན་ཟླ་བ་གསུམ་དུ་མ་ཆག་པར་མཛད། དེ་ནས་ཐ་སྐད་ཕྱི་སྐད་ཀྱི་དུས་སུ་བྲིས་ཐིག་ལ་སོགས་པའི་མན་ངག་ཕྲན་མང་པོ་བསླབས། གཞན་ཡང་རྒྱ་གར་གྱི་རྡོ་རྗེའི་གུར་དང་། དབྱངས་ཀྱི་ང་རོ་དང་། རིག་པའི་གནས་ཐམས་ཅད་ལ་ཡང་ཤུགས་ཕྱུང་ནས་བསླབས་ཤིན་ཏུ་དཔེན་པར་བྱ་དགོས་པ་རྣམས་ཡེར་པར་གདན་དྲངས་ཏེ་ཐམས་ཅད་དེར་ཡོངས་སུ་ཚང་བར་བསླབས། མདོར་ན་ཇོ་བོ་ལ་ཞུས་པའི་ཆོས་སྒྲུབ་ཐབས་དང་ཆེ་མཆུང་ཐམས་ཅད་བསྒོམས་པས། རྒྱ་གར་སྐད་ཡོད་པའི་ཆོས་སྐུ་དྲུག་སྟོང་བཞི་བརྒྱ་བདུན་ཅུ་རྩ་ལྔ་ཞུས་ཏེ། དེ་ཐམས་ཅད་ལ་འལ་འོལ་མིན། སབ་སོབ་མིན། ཁ་ཙམ་ཚིག་ཙམ་མིན། དབང་པོ་གཏད་ནས་གུས་པར་ཞུས། བརྩེ་བར་གནང་བའི་ཆོས་ཡིན། ཆེ་བའི་དབང་དུ་བྱས་ན་ཡང་བླ་མ་བརྒྱུད་པའི་ཟམ་མ་ཆད། བྱིན་བརླབས་ཀྱི་བཀའ་མ་ཉམས་བར་དུ་དམ་ཉམས་དང་། རྟོག་གེ་དང་། རང་གཟོ་དང་། འདྲེས་འཁྱེར་གྱི་ལྷད་དང་ཟེར་མ་ཞུགས། ལུང་ཡོད། ཁུངས་ཡོད། བླ་མ་དང་སློབ་མ་ལ་ཡང་མཇུ་བུ་འཛུགས་ས་ཡོད། རྫོགས་པའི་སངས་རྒྱས་ནས་བཟུང་ནས་ད་ལྟ་ང་ཡན་ཆད་དུ་སྙན་

ཁུང་ནས་སྙན་ཁུང་དུ་བརྒྱུད་པ་ཡིན། དེ་རྣམས་ཞུས་པའི་ཡུན་གྱི་དབང་དུ་བྱས་ནའང་། ལོ་ཁྲུར་པོ་བཅུ་གཉིས་སུ་ཉིན་མཚན་ཁ་སྤྲེལ་ནས་ཞུས་པ་ཡིན། དེ་ལ་ཡང་ཞུས་པའི་གནས་ཡོད། རྒྱལ་སྡེ་ལ་གྲགས་ཚོད་ཡོད། དེ་ལྟ་བས་ན་ངའི་བརྒྱུད་པ་འདི་ཤིན་ཏུ་བཀྲ་ཤིས་སོ།། །།

༈ དེ་ལྟར་ལགས་སོ་ཕྱི་རབས་བརྒྱུད་པ་ཀུན། །རྒྱལ་བའི་འབྱུང་གནས་བདག་གི་གཏམ་འདི་གསོན། །མཁས་གྲུབ་དཔལ་གྱི་མར་མེ་མཛད་དཔལ་དེས། །རྒྱལ་སྲིད་སྤངས་ནས་དཀའ་བ་བརྒྱ་ཕྲག་སྤྱད། །བླ་མ་བརྒྱ་དང་ལྔ་བཅུ་རྩ་བདུན་བསྟེན། །ཤེས་བྱ་ཐམས་ཅད་ཐུགས་སུ་ཆུད་པ་ལགས། །དེ་ལྟར་རྒྱལ་བ་གཉིས་པར་གྱུར་རྗེས་སུ། །ཕས་ཀྱི་རྒོལ་བ་ཐམས་ཅད་ཚར་བཅད་ནས། །རྒྱ་གར་མཁས་པ་རྣམས་ཀྱིས་སྤྱི་བོར་བླངས། །གཙུག་ལག་བརྒྱ་ཕྲག་རྟག་པར་བཟུང་བ་ལགས། །དེ་ནས་སྙན་པའི་གྲགས་པས་འཇིག་རྟེན་ཁྱབ། །བོད་ཀྱི་རྒྱལ་པོས་དཀའ་ལས་སྤྲོག་ལ་བསྐོས། །ཕྱོགས་བཅུའི་ཞིང་དུ་བླ་མ་མ་ཤོར་བར། །བོད་ཀྱི་དཔལ་དུ་ཞིང་འདིར་ལྷགས་པ་ལགས། །དེ་ནས་བོད་ཀྱི་ཡོངས་འཛིན་ཐམས་ཅད་ཀྱིས། །བླ་མ་རྒྱ་གར་ཡུལ་དུ་མ་བཏང་བར། །ཞུ་བ་ཆེན་པོས་དབུས་སུ་སྤྱན་དྲངས་ནས། །བོད་ཀྱི་རྒྱ་གར་གླིང་དུ་ཀུན་གྱིས་བཀུར། །དིང་སང་སླེ་ཐང་ལ་སོགས་ཉམས་དགའ་བར། །འབྲོམ་སྟོན་བདག་གི་དཔལ་དུ་ཤར་བ་ལགས། །དེ་ལྟར་བླ་མ་ཐམས་ཅད་མཁྱེན་པ་དེས། །མེ་ཕོ་རྟ་ཡི་ལོ་ལ་སྐུ་འཁྲུངས་ནས། །ལོ་བདུན་བར་དུ་རྒྱལ་པོའི་ཁབ་ཏུ་བཞུགས། །བཅུ་དགུའི་བར་དུ་ཨ་བ་དྷུ་ཏི་བསྐྱངས། །བཞི་བཅུའི་བར་དུ་བླ་མ་དཔག་མེད་བསྟེན། །དྲུག་ཅུའི་བར་དུ་རྒྱ་གར་ཆོས་ཀྱིས་བསྐྱངས། །ཆུ་ཕོ་རྟ་ལ་ཁ་བ་ཅན་དུ་བྱོན། །ཟླ་བ་དགུ་རུ་མངའ་རིས་སྟོད་དུ་བཞུགས། །རྒྱལ་པོའི་ཐུགས་དགོངས་ཐམས་ཅད་རྫོགས་པར་མཛད། །ལོ་གཅིག་ཟླ་བ་གསུམ་དུ་གཙང་རྣམས་འགྲིམས། །ཀུན་ཏུ་སངས་རྒྱས་བསྟན་པ་དར་བར་

མཛད། །ཐང་ཆེན་རྣམས་སུ་ཟླ་བ་བརྒྱད་ཙམ་བཞུགས། །དམ་པ་རྣམས་ཀྱི་ཐུགས་དགོངས་རྫོགས་པར་མཛད། །ཞག་རེ་ཞག་གཉིས་བབ་མལ་བསྟེན་པའི་སར། །ཟླ་བ་བཞི་ཙམ་གཞན་དོན་དཔག་མེད་མཛད། །དེ་ལྟར་ལོ་གསུམ་སོང་ནས་སླེ་ཐང་དུ། །བཞུགས་ཐེབས་གསུམ་ལ་ཟླ་བ་དྲུག་ཙམ་འདས། །ཡེར་པའི་གནས་སུ་ཟླ་བ་གཉིས་བཞུགས་ཏེ། །ལྷ་ས་རྒྱ་གསར་སྣང་དང་སྟོད་ལུང་སོགས། །ཕྱོགས་ཕྱོགས་བབ་མལ་རྣམས་སུ་ཟླ་གཅིག་འདས། །དེ་ལྟར་ང་ལ་བརྟེན་ནས་ལོ་དགུ་དང་། །ཁུ་ལ་བརྟེན་ནས་ཟླ་བ་བརྒྱད་དང་ནི། །བབ་མལ་རྣམས་སུ་ཟླ་བ་བཞི་ཙམ་དང་། །གཙང་གི་ཕྱོགས་སུ་ལོ་གཉིས་ཉེ་བར་གནས། །ཁྲིལ་བས་དགུང་ལོ་བདུན་ཅུ་དོན་གཉིས་པའི། །རྟ་ལོ་དབྱུག་གུའི་ཆོས་གཅིག་ནས་བཙམས་ཏེ། །བཅོ་བརྒྱད་བར་དུ་བསྙུང་ཚུལ་བསྟན་པ་ལ། །འབྲོམ་སྟོན་པོ་ན་དྲུང་ན་མཆིས་པ་ཡིན། །རྗེ་དེ་ཕ་ཡིན་པོ་བོ་བུ་གཅིག་ཡིན། །ཞལ་ཆེམས་ལུང་བསྟན་གདམས་ངག་ཐུགས་ཕབ་ནས། །ཐུབ་པས་དགའ་ལྡན་གནས་མཆོག་ཉམས་དགའ་བར། །བྱམས་པ་མགོན་ལ་རྒྱལ་ཚབ་དབང་བསྐུར་ལྟར། །སྟོན་དུས་ལོ་ཐོག་རྒྱས་པར་གྱུར་པ་ན། །བདག་ལ་རྒྱལ་ཚབ་དམ་པར་དབང་བསྐུར་ནས། །དབྱུག་གུའི་གྲལ་ཆོས་བཅོ་བརྒྱད་གྱུར་པ་ན། །འཇིག་རྟེན་མགོན་པོ་དགའ་ལྡན་གནས་སུ་གཤེགས། །དེ་ཡང་དང་པོ་བསྙུང་བའི་འགོ་བཙམས་ནས། །ནམ་མཁའ་དངས་ཤིང་སྤྲིན་མེད་འོད་ཀྱིས་བལྟམས། །ཕྱོགས་མཚམས་མེད་པ་འཇའ་ཚོན་གུར་དུ་འཁྲིགས། །མེ་ཏོག་ཆར་བབ་ས་གཞི་རབ་ཏུ་གཡོས། །མི་མངོན་དབྱིངས་ནས་བདེ་གཤེགས་སྲས་བཅས་རྣམས། །བཀའ་བསྟོད་ཉན་རང་ལྷ་ཚོགས་དུ་མས་བསྐོར། །ཀུན་ཀྱང་ཐུགས་རྗེས་མ་བཟོད་ཡལ་མ་ཡུལ། །སེམས་ཅན་རྣམས་ཀྱི་བསོད་ནམས་ཟད་དོ་སྐད། །དཀར་པོའི་ཕྱོགས་རྣམས་མ་དགའ་ཤེས་པ་འདར། །ནག་པོའི་ཕྱོགས་རྣམས་གཟེངས་བསྟོད་ག་ཤ་འདོན། །བྱ་རོག་དག་ཀྱང་མ་ཐེབས་སྤྱི་གཟེངས་

ནས། །གོག་གོག་འཕྲད་ཅིང་ཕྱོགས་སུ་འཕུར་ལྡིང་རྒྱུ། །ཆུ་བོ་མི་སྙན་ཐ་རླབས་ཤུགས་སྒྲ་འཁྲིན། །རླུང་པོ་མི་སྙན་བཤུགས་སྒྲ་སྙིང་ལ་གཟན། །གང་ནས་བལྟས་ཀྱང་ཞེས་པ་བག་མ་ཕེབས། །ཇི་ལྟར་བྱས་ཀྱང་མགོན་པོ་གཤེགས་གཤེགས་འདྲ། །ཉིན་དང་མཚན་དུ་གསོལ་བ་བཏབ་གྱུར་ཀྱང་། །གདུལ་བྱའི་དབང་གིས་མྱ་ངན་འདའ་ཚུལ་བསྟན། །དེ་ནས་སྐུ་གདུང་རིན་ཆེན་འབར་བ་ཡི། །དུང་དང་མེ་ཏོག་ལྷ་སྐུར་མཛེས་པ་དེ། །དཔའ་བོ་མི་དང་བདེ་གཤེགས་འཁོར་བཅས་དང་། །དམ་ཚིག་གཉན་པོ་རྒྱ་འབྲས་ཕྲ་ཞིབ་དེས། །བསླུ་བ་མེད་པར་འབྲོམ་རྗེ་བདག་ལ་གཏད། །བདེ་གཤེགས་ཡོངས་སུ་མྱ་ངན་འདས་གྱུར་ཀྱང་། །ཇོ་བོ་ཁྱོད་ཀྱིས་བསྟན་པའི་སྲོག་གཟུང་ལ། །འགྲོ་བ་ཀུན་གྱི་བདེ་སྐྱིད་འབྱུང་བའི་གནས། །དཀོན་མཆོག་གསུམ་གྱི་དཔལ་འབྱོར་རྒྱས་པར་མཛོད། །དེ་ལྟར་ཀུན་གྱིས་ཁོ་བོ་མངའ་གསོལ་ནས། །ཁ་བ་ཅན་འདིར་མགོན་པོའི་སྲོལ་བཟུང་སྟེ། །བསྟན་པ་འདི་ལ་ལག་རྗེས་ཆེ་བར་བྱས། །དམ་པ་རྣམས་ཀྱི་ལུང་བསྟན་བརྙེས་པ་ཡི། །བྱང་ཕྱོགས་ར་སྒྲེང་སྙིང་ཁའི་གཙུག་ལག་ཁང་། །རྒྱ་གར་རྡོ་རྗེ་གདན་དང་མཚུངས་པར་བཞེངས། །ཕྲིན་ལས་ཆེན་པོས་ཕྱོགས་བཅུར་ཁྱབ་པར་བྱས། །སྐུ་མཆེད་གསུམ་སོགས་དམ་པ་དཔག་མེད་སྤེལ། །ཡོག་ཆོས་ཐམས་ཅད་ཀྱི་ནའི་གཡང་ལ་བསྐུར། །སྐྱེས་བུ་གསུམ་སོགས་ལམ་རིམ་མ་འཆུགས་པར། །ཐུབ་བསྟན་བླ་མའི་རྣམ་ཐར་སྤྱི་བོས་བླངས། །སྡེ་སྣོད་གསུམ་ལྡན་གཞུང་ལུགས་ཐམས་ཅད་ལ། །སྒྲོ་སྐུར་སྤངས་ནས་དྲང་པོའི་ཐིག་གིས་བསྐྱངས། །དེ་ལྟར་བྱས་པའི་མཐོང་ཆོས་བཟང་པོ་ལས། །དཀོན་མཆོག་གསུམ་གྱི་ཐུགས་རྗེས་རྟག་ཏུ་བསྐྱངས། །འདུན་མ་ཐམས་ཅད་བཀྲ་ཤིས་དགེ་མཐར་ཕྱིན། །ད་ནི་སངས་རྒྱས་བསྟན་པ་དར་བས་བདེ། །དེ་དག་གིས་ནི་བླ་མའི་རྣམ་པར་ཐར་པ་དྲི་མ་མེད་པ་ལ་བརྟེན་ནས། སྟོད་མངའ་རིས་སྐོར་གསུམ། བར་དབུས་གཙང་རུ་བཞི་ལ་སོགས་པར་སངས་རྒྱས་ཀྱི་བསྟན་པ་ཇི་ལྟར་དར་ཚུལ་

བསྟན་པའི་ལེའུ་ཆེ་བའོ།། །།

༈ བླ་མའི་རྣམ་ཐར་རྒྱ་མཚོ་ལྟ་བུ་ལས། །ཕྱོགས་ཞིག་ཙམ་ཡང་བརྗོད་པར་མི་ནུས་ཀྱང་། །བླ་མ་རྣམས་ལ་དག་སྣང་སྤེལ་བའི་ཕྱིར། །ཚུ་ཐིགས་ཙམ་འདི་འཕྲོམ་གྱིས་བསྡེབས་པ་ཡིན། །དེ་ལ་ནོངས་པར་གྱུར་པ་ཅི་མཆིས་པ། །རྗེ་བོ་ཡབ་སྲས་བརྒྱུད་པར་བཅས་པ་དང་། །མངོན་ཤེས་མངའ་བའི་སྐྱེས་མཆོག་འཕགས་རྣམས་དང་། །རྒྱུ་འབྲས་ཆོས་ལ་ཀུན་ནས་སོ་སོར་བཤགས། །འདི་ལ་བརྟེན་ནས་དགེ་བའི་རྩ་བ་རྣམས། །ཀུན་ཏུ་བླ་མ་ཐམས་ཅད་མཉེས་པ་དང་། །དམ་ཚིག་གཙང་ཞིང་ས་བཅུ་རབ་བགྲོད་ནས། །འགྲོ་བའི་བླ་མར་བྱང་ཆུབ་བརྙེས་གྱུར་ཏེ། །འགྲོ་བའི་སྡུག་བསྔལ་དྲུང་ནས་འབྱིན་པར་ཤོག །བླ་མའི་རྣམ་ཐར་རིན་པོ་ཆེའི་ཚོགས་བསྟན་པ། ཆོས་ཀྱི་འབྱུང་གནས་ཞེས་བྱ་བ་འདི་ཉིད། རི་བོ་གངས་ཅན་གྱི་རྒྱུད། དབུ་རུ་བསྟན་པའི་འབྱུང་གནས་ར་སྒྲེང་དཔལ་གྱི་གཙུག་ལག་ཁང་དུ། བོད་ཀྱི་ལོ་ཙྪ་བ་འབྲོམ་སྟོན་རྒྱལ་བའི་འབྱུང་གནས་ཀྱིས་སྦྱར་བ་རེ་ཞིག་ལེགས་པར་རྫོགས་སོ།། །།སརྦ་མངྒཱ།།

༄༅། །དགེ་བཤེས་སྟོན་པས་མཛད་པའི་གླེགས་བམ་གྱི་བཀའ་རྒྱ་བཞུགས་སོ། །

༈ ལེགས་པའི་ཤེས་རབ་ཀྱིས། གངས་ཅན་གྱི་མགོན་པོ་རྒྱལ་བ་རྒྱ་མཚོའི་དྲུང་དུ་ཞུ་བ་ཕུལ་བ། བསྟན་པའི་བ་དན་འདི་ལྟ་བུ་གསང་བར་ཕངས་པས། ཕྱོགས་བཅུར་སྒྲོག་ཅིང་ཡི་གེར་འདྲི་འཚལ་ཞུས་པས། ལན་དུ། རྒྱལ་བའི་འབྱུང་གནས་རྒྱལ་བ་རྒྱ་མཚོ་ངས། །བསྐལ་པ་བྱེ་བ་བསམ་ཡས་བརྗོད་འདས་སུ། །གསང་སྔགས་ཟབ་མོ་ཟློང་དུ་འཚོང་མ་སྤྱོང་། །དམ་པའི་ཆོས་ལ་བདུད་ཀྱི་བར་ཆད་འབྱུང་། །སྣོད་མིན་རྣམས་ལ་ལོག་ལྟ་དུ་མ་ལྡང་། །མ་དག་སྙིགས་མའི་སེམས་ཅན་གྲུབ་མཐའ་ཅན། །ལས་འབྲས་སླུ་བ་མེད་པའི་དམ་ཆོས་རྣམས། །ཐེག་པ་དམན་ཞེས་ཁྱད་དུ་གསོད་པར་བྱེད། །ལ་ལས་རྒྱས་འབྲིང་བསྡུས་པ་རྒྱལ་བའི་བཀའ། །ངེས་པ་དོན་གྱི་མདོ་སྡེ་ཟབ་མོ་ལ། །སྟོང་པའི་སྒྲ་སྐད་འཛིགས་ཞེས་སྒྲག་ཅིང་འདོར། །ཨེ་མ་རྒྱལ་བའི་བཀའ་ལའང་དེ་འདྲ་ན། །བདག་གི་ཡོན་ཏན་སྒྲོགས་ཤིང་བྲིས་གྱུར་ན། །ཇི་ལྟར་གཞན་གྱིས་སྒྲོ་སྐུར་མི་བྱེད་སྲིད། །མ་དག་སྙིགས་མ་འདུལ་བ་ཤཱཀྱའི་རྒྱལ། །ཐུབ་མཆོག་འགྲན་བྲལ་སྙིང་རྗེ་ཆེན་པོ་དེས། །མ་དག་གངས་རིའི་ཁྲོད་འདིར་ཚད་མེད་བཞིས། །འགྲོ་བ་མང་པོ་འདུལ་

བར་ཅིན་གྱིས་བརླབས། །དྲིན་ལན་ལོག་པར་འཇལ་བའི་སྐྱེ་བོ་ཡིས། །ཕོ་བོ་ཡུལ་དུ་བྱུས་ནས་ སྡིག་བསགས་ན། །དེ་ནི་ངན་འགྲོ་མུ་མཐའ་མེད་པར་འགྲོ། །ཡོན་ཏན་བྱང་ཆུབ་གཏེར་དུ་སྦེད་པ་དང་། །དགོས་པའི་དུས་སུ་ལེགས་པར་སྤྱད་བྱུས་ན། །ཕོ་བོ་ཐབས་མཁས་ཤེས་རབ་ལྡན་པ་ཡིན། །ཕྲ་མས་བདག་གི་སྐྱོན་རབས་བསྟན་པ་ལ། །གང་གིས་བྲིས་ཤིང་གཞན་ལ་སྒྲོགས་གྱུར་ན། །ང་ཡི་བསྟན་སྲུངས་དཀར་པོ་བརྒྱད་ཅུ་ཡིས། །ཚད་ལས་དུས་ལས་འདས་ན་ཉུང་འགྱུར་རམ། །རང་སངས་རྒྱས་ཀྱང་རང་ལ་བསྟན་པ་ཡི། །སྐྱེ་བོ་གཞན་གྱི་ཉོན་མོངས་སྤོང་བྱེད་ན། །ཕོ་བོ་བསླབ་པ་གསུམ་ལ་བརྟེན་བྱུས་ནས། །རྒྱལ་བའི་རྣམ་པར་ཐར་པ་སྐྱོང་བྱེད་ན། །ཅི་སྟེ་གཞན་གྱིས་བདག་ལ་བརྟེན་བྱུས་ནས། །སྒྲོ་སྐུར་ཉོན་མོངས་གསོག་པས་བག་ཡོད་འཇོག །དེང་སང་ལྔ་བརྒྱ་དུས་ཀྱི་ཐ་མར་གྱུར། །སེམས་ཅན་རྣམས་ནི་མགུ་བ་ཤིན་ཏུ་དཀའ། །ཨེ་མ་ཕྱོགས་བཅུའི་འཇིག་རྟེན་སྒྲོན་མེའི་སྲས། །མི་མཐེད་གནས་འདིར་ཉམས་པར་གྱུར་གྱིས་དོགས། །སྐྱེ་བོ་ང་ནི་ཅི་སྟེ་ཉམས་མི་སྲིད། །ཤེས་པར་མཛོད་ཅིག་ང་ལ་སེམས་པ་ཀུན། །བཀའ་རྒྱ་བཀྲོལ་ན་སྲས་སུ་ག་ལ་ཉུང་། །སྙིང་གཏམ་སྙིང་དུ་བརྒྱུད་ན་ཟབ་ཆོས་ཡིན། །ལེགས་བཤད་སེམས་ལ་འཆང་ན་ཡུན་དུ་འཕྲོད། །མངོན་རྟོགས་སེམས་ལ་བརྒྱུད་ན་བརྟན་པ་ཡིན། །གདོལ་པ་དག་གིས་ཟབ་དོན་ཡི་གེར་འདྲི། །ཡི་གེ་དག་ཀྱང་ལྷན་ལྷིན་སྲང་ཁར་འཐོར། །ལ་ལ་མགོན་ཁང་རྩིག་པའི་གསེབ་ཏུ་རྙིངས། །དྲུག་ཤོས་ག་བ་ལི་ལ་རྣོན་པ་མཐོང་། །གྲུས་ཤོས་དག་ཀྱང་ནོར་གྱི་འདུ་ཤེས་བསྐྱེད། །དགོས་པའི་དུས་སུ་མན་ངག་དཔེ་ལ་ལུས། །རྩིག་སྟུད་ད་གཟོད་བྱེད་པའི་མཁས་པ་མཐོང་། །མན་ངག་ཉམས་ལེན་མི་བྱེད་ཚིག་ལ་བརྩོན། །ཚིག་རྣམས་ཆགས་སྡང་དབང་གིས་ཕྱོགས་ཆར་འཛིན། །གསང་སྤྱོད་རྒྱུན་དུ་འཕྲོད་པའི་བཀའ་བརྒྱུད་འདི། །ལེགས་པར་སྦེད་པ་བསྟན་པའི་བཤེས་གཉེན་ཡིན། །ཤེས་སམ་ཐར་པ་དོན་དུ་གཉེར་བ་ཀུན། །ཨེ་མ་ཧོ་

ཉམས་ལེན་མི་བྱེད་སྙད་འདོགས་པ། །བླ་མའི་མན་ངག་སྙིས་བུ་གསུམ་པོ་ཡང་། །བཤད་ཚོགས་ཡི་གེར་འཕེལ་ནས་འཚོལ་དུས་འབྱུང་། །འཁྲིད་དང་གདམས་པ་ནུབ་པར་མི་འགྱུར་རམ། །ཉམས་ལེན་བསྒོམ་སྒྲུབ་མི་བྱེད་གེགས་སུ་ཆེ། །སྙིང་ལ་སོམས་ལ་ཆིག་བརྒྱུད་སེམས་ལ་ཐྲིས། །ཤེས་སམ་སོམས་དང་ང་ཡི་རྗེས་འབྲངས་ཀུན། །ནོར་བུའི་ཕྲེང་བ་ཕན་བདེའི་བཟའ་ཟ་ཅན། །འཆལ་པ་རྐུན་མོའི་གན་དུ་མ་བཞག་ཅིག །ང་རྒྱལ་དྲེགས་པའི་རྒྱལ་པོ་མ་མཆོད་ཅིག །འཆལ་བའི་ཀློན་འབབས་ངན་པ་མ་བསྐྱང་ཅིག །མི་བསྐྱོད་ཞབས་རྗོལ་སྣོད་དུ་མ་བླུགས་ཤིག །ལོ་འདོད་ཁ་ཕུག་སྣོད་དུ་མ་བླུགས་ཤིག །མ་དག་སྡིགས་པའི་སྣོད་དུ་མ་བླུགས་ཤིག །ཁ་ཡང་དགོས་པ་མེད་ལ་མ་སྒྲོག་ཅིག །བསླབ་གསུམ་ཁྱད་དུ་སོད་ལ་མ་བསྟན་ཅིག །མི་ཤེས་དགུ་ཤེས་ཉམས་ལེན་དོན་རྟོགས་པའི། །ཁེང་གྲགས་ཆེན་པོ་རྣམས་ལ་མ་བསྟན་ཅིག །ཆོས་ཀྱིས་འཕོར་དང་ནོར་རྫས་སྤུད་པ་ཡི། །ལོག་འཚོ་ཕྱི་ཐག་མེད་ལ་མ་བསྟན་ཅིག །ཕ་མ་གཙོ་བོ་རིགས་ཀྱི་རྒན་རབས་དང་། །དགེ་སྦྱོང་བླ་མ་བླ་མར་མི་འཛིན་པའི། །དམུ་རྒོད་ངན་སོང་སྒྲུབ་ལ་མ་བསྟན་ཅིག །ཤེས་སམ་ང་ཡི་རྗེས་སུ་འབྲང་བ་རྣམས། །མི་གཞི་ལེགས་ཤིང་དད་པ་ཆེ་བ་དང་། །སྐྱབས་སུ་འགྲོ་ཞིང་སེམས་བསྐྱེད་བརྩོན་པ་དང་། །སྦྱིན་ལ་དགའ་ཞིང་ཚུལ་ཁྲིམས་བཟོད་པས་བརྒྱན། །ཆོས་ལ་བརྩོན་ཞིང་གཡེང་མེད་ཐབས་ཤེས་བསྒོམ། །སྣང་སྟོང་སྒྱུ་མའི་དགའ་གར་རྩེ་བ་གང་། །མི་སྨྲ་གཅིག་པུར་དམ་ཆོས་འདི་མཐོང་ཚེ། །དགའ་བས་འཇུམ་ཞིང་དད་པས་མཆི་མ་འཁྲུག །ཆོས་འདི་ལ་བརྟེན་བླ་མ་སྤྱི་བོས་ཁུར། །མི་སྨྲ་སྙན་བརྒྱུད་སྙིང་གི་ཐིག་ལེར་འཆང་། །མི་དེ་མཆོག་ཡིན་དེ་ལ་བསྟན་པར་བྱ། །ཐུབ་པ་སྤྱན་རས་གཟིགས་དབང་སྒྲོལ་མ་དང་། །བཅོམ་ལྡན་མི་གཡོ་མགོན་དང་ལྔ་བཞི་ལ། །ལྷར་འཛིན་བློ་ཕུགས་གཏད་ནས་སྒྲུབ་པ་གང་། །ཆོས་འདིའི་སྣོད་ཡིན་དེ་ལ་བསྟན་པར་བྱ། །རང་རྒྱུད་འདུལ་དང་མདོ་སྡེ་སེམས་འདུལ་

བ། །ཤེས་བྱ་མ་លུས་མངོན་པ་དམ་པའི་ཆོས། །ཅིག་ཅར་སྐྱེས་བུ་གསུམ་ལ་བསྟུས་བྱས་ནས། །ཏིང་འཛིན་རྩེ་གཅིག་སེམས་ལ་བསྒོམ་པ་གང་། །ཆུང་བརྟན་འབྲིང་བསྒོམས་དེ་བརྟེན་མཆོག་བསྒོམས་པ། །བསྟེན་པར་བྱེད་གང་མཆོག་ཡིན་དེ་ལ་བསྟན། །ཀྱེ་ཧོ་སྲས་མཆོག་ཆོས་ཀྱི་མིག་ཅན་རྣམས། །འགྲོ་བ་འདྲེན་པ་ང་ནི་རྒྱལ་སྲིད་སྐྱོང་། །དྲི་མ་མེད་པའི་བཀའ་བརྒྱུད་ཡོངས་སུ་འཛིན། །ཆོས་འདི་བླ་མ་དམ་པས་སྟོན་ཆེ་ཡང་། །དཀར་པོའི་ཡུལ་དུ་རྩ་བར་ལེགས་པར་སྦྲིངས། །ཐེ་ཚོམ་ཐམས་ཅད་སྤང་བྱ་ལ་སོགས་པ། །འགྲོ་བ་འདྲེན་པས་སྐྱོ་བ་བསལ་བའི་ཕྱིར། །འཁོར་བས་སྐྱེ་བ་མེད་པར་གདམས་སོ་ཀུན། །དིང་སང་གངས་རིའི་ལྗོངས་འདིར་བླ་མ་རྗེ། །འགྲོ་བ་འདྲེན་ཅིང་བོད་ཁམས་སྐྱོང་བ་ཡི། །གདམས་པས་ཕོ་བོ་དབུགས་ཕྱུང་རྒྱལ་གྱུར་ཏོ། །ཀྱེ་ཧོ་ཞུས་ལན་དོར་བུའི་ཕྲེང་བའོ། །ཤེས་སོ་ཕན་བདེའི་ལྗོན་ཤིང་རྒྱབ་ཏུ་རྒྱས། །གཙང་ངོ་བཀའ་བརྒྱུད་རྣམ་ཐར་དྲི་མ་མེད། །བརྒྱུད་དོ་རྒྱལ་བ་ཉིད་ནས་རྒྱལ་བར་བརྒྱུད། །བར་དུ་ལྷད་མ་ཞུགས་པའི་རྣམ་ཐར་ཡིན། །དགའ་བར་སྒོམས་ཤིག་ཚད་མེད་བཞི་ལྡན་རྣམས། །ཡ་གི་བདག་མེད་རྡོ་རྗེའི་ར་བ་ན། །ཡར་འདྲེན་མཁྱེན་བརྩེའི་སྤྲིན་ཚོགས་འཁྲིགས་པ་ཡི། །རྡོ་རྗེ་འཆང་དང་ཧེ་ལོ་ནཱ་རོ་དང་། །བླ་མའི་བླ་མ་ཧཱུྃ་བླི་ཧེ་རུ་ཀ །ཀླུ་སྒྲུབ་སྙིང་པོ་ཟླ་བ་གྲགས་པ་དང་། །རིག་པའི་ཁུ་བྱུག་ཨ་ཝ་དྷཱུ་ཏི་པ། །བྱམས་པ་ཐོགས་མེད་དབྱིག་གཉེན་རྣམ་གྲོལ་སྡེ། །བཙུན་པ་གྲོལ་སྡེ་རྒྱལ་སྲས་མཆོག་གི་སྡེ། །རྒྱལ་སྲས་དུལ་བའི་སྡེ་དང་གྲགས་པའི་དཔལ། །སེང་གེ་བཟང་པོ་བླ་མ་ཀུ་སུ་ལུ། །དེ་ཡི་སྲས་པོ་བླ་མའི་བླ་མ་མཆོག །ཆོས་ཀྱི་རྒྱལ་པོ་བླ་མ་གསེར་གླིང་པ། །བརྒྱུད་པ་གསུམ་ལྡན་ཐུགས་རྗེའི་སྤྲིན་ཚོགས་འཁྲིགས། །ཆོས་ཀྱི་སྒྲ་དབྱངས་འབྲུག་སྟོང་རབ་ཏུ་ལྡིར། །འགྲོ་བ་འདྲེན་པའི་འོད་ཟེར་སྒྲོག་ཏུ་འཁྱུག །གནམ་ས་ཐབས་ཤེས་སྦྲེལ་བའི་ན་བུན་འཁྲིགས། །བཀའ་གདམས་མཚོ་ རླངས་མཁའ་ལ་རབ་འཕྱུར་བས། །ཐོག་མཐའ་བར་དུ་དགེ་བ་འདི་

འདྲའི་ཆོས། །མཐའ་དབུས་ཕྱོགས་མཐའ་ཁྱབ་པར་འཇིག་རྟེན་དུ། །སྒྲོང་ཆར་དལ་བུས་འབབ་པས་ས་ཆེན་བརླན། །དུས་རྣམས་ཐམས་ཅད་དབྱར་གྱི་དུས་བཞིན་གདའ། །དགེ་བའི་ལོ་ཏོག་སྟོན་བཞིན་རྒྱས་པར་གྱུར། །དམ་ཉམས་འཆལ་པ་དགུན་གྱི་ས་བཞིན་གྱུར། །སྨྲ་གུ་གསར་སྐྱེས་དཔྱིད་ཀྱི་དུས་བཞིན་གནས། །དུས་བཞིས་ཟབ་མོ་སྒྲ་མེད་ཆོས་སྟོན་པ། །གནས་སྐབས་བཀྲ་ཤིས་དཔལ་འབྱོར་རྒྱས་པ་ཡིན། །རང་བཞིན་བཟང་པོ་སངས་རྒྱས་འབབ་ཞིག་གདའ། །དེ་འདྲའི་ཡར་འདྲེན་བཟང་པོའི་ཞབས་དྲུང་དུ། །བདག་གི་རྗེས་འབྲང་བཅས་པ་ཡར་ལ་འདེང་། །མཁྱེན་པའི་ཡེ་ཤེས་ཆེན་པོས་གཟིགས་ཤིང་གདའ། །བརྩེ་བའི་ཐུགས་རྗེ་ཆེན་པོས་འཛིན་ཅིང་ཡོད། །མཛད་པའི་འཕྲིན་ལས་ཆེན་པོ་འདི་འདྲ་བས། །དད་པའི་རྟ་ལ་ཞོན་ན་མགྱོགས་པ་ཡིན། །བརྩོན་འགྲུས་ལྕག་གིས་བྲབས་དང་མྱུར་བ་ཡིན། །གསོལ་འདེབས་སྦྱབ་ཀྱིས་ཁ་ལོ་ཡར་ལ་སྒྱུར། །ཅེས་ཀྱང་བླ་མ་མཆོག་གི་དྲུང་དུ་འདེང་། །ཤེས་སམ་ང་ཡི་རྗེས་འབྲང་སྐལ་ལྡན་ཀུན། །དབེན་པའི་གནས་སུ་ཆོས་འདི་གཏེར་དུ་སྦྱོངས། །རྒྱལ་པོ་རྒྱལ་བུ་གཅིག་པུ་སྐྱོང་བ་བཞིན། །རྒྱལ་བའི་རྒྱལ་སྲིད་ཆོས་འདིས་འདི་གཉེར་བའི། །སྟོད་ལྡན་བུ་དེ་ནགས་ཀྱི་ཁྱུང་དུ་སྐྱོང་། །བརྩེ་བར་བསྐྱང་ཞིང་སྙིང་གི་ཐིག་ལེར་སྐྱོང་། །ཚད་མེད་བཞི་བསྐྱང་ཉིན་དང་མཚན་དུ་བསྐྱང་། །བདུད་སྡེ་བསྲུངས་ལ་ཚེ་རབས་ཀུན་ཏུ་བསྐྱང་། །ཨ་ཏི་ཤ་དང་ང་ལ་གུས་པར་སྒྲུར། །དེ་ལྟར་སྒྲུར་ནས་ང་ཡི་ཆོས་འཛིན་པའི། །ཕ་དེ་ཕར་མི་འཛིན་ན་ང་དང་རྗེ། །པང་དུ་བླངས་ནས་མི་གཙང་ཁྲིད་དུ་འཕངས། །རྒྱལ་བ་བརྒྱུད་པ་གསུམ་ཡང་བསླུས་སོ་ཨ། །ཨ་ཙ་མ་ན་ལོག་སྦྱབ་དུས་ཚོད་དུ། །ཆོས་འདི་བསྟན་ན་ཅི་འདྲ་མ་བསྟན་ན། །མངོན་ཤེས་མེད་པར་ཚོད་འཛིན་དམན་པར་འཛིན། །རང་ལ་གཅིག་གི་ཡོན་ཏན་མེད་པར་ཡང་། །གཞན་གྱི་ཡོན་ཏན་བརྒྱ་ལ་སྐུར་པ་འདེབས། །བླ་མ་དག་ནི་ཁྱུང་གི་སྒོང་སྐོགས་འདྲ། །དམ་ཆོས

ཁྱུང་ཕྲུག་འདྲ་བ་བླངས་གྱུར་ནས། །སྟོང་སྙིགས་ཐག་གི་སེར་ཁར་ལྡང་གིས་གཡེངས། །དེ་བཞིན་ལྷ་བརྒྱ་དུས་ཀྱི་ཐ་མར་ཡང་། །བདག་གི་འདྲེན་པ་ཕན་བདེའི་འབྱུང་གནས་མཆོག །བླ་མ་སྟོང་སྙིགས་བཞིན་དུ་སེམས་པ་མེད། །སྟོ་ངའི་བཙུད་ལ་ཡ་མཚན་མཆོག་ཏུ་འཛིན། །སྟོ་ང་ཅིར་ཡང་མི་འཛིན་དེ་དང་མཚུངས། །བདག་གིས་ཁྱུང་གི་སྟོ་ང་ལྟ་བུ་ཡི། །བླ་མ་མཆོག་རབ་དམ་པ་དྲུག་བསྟེན་ནས། །ཁྱུང་འདྲའི་ཆོས་སྤྱོད་བླ་མ་སྤྱི་བོར་ཁུར། །སྤྱི་གཙུག་བརྒྱན་ལ་བསྟེན་ནས་ཆོས་དང་མཇལ། །ཆོས་ཀྱིས་སྙིང་གི་དཀྱིལ་འཁོར་མཛེས་པར་གྱུར། མཛེས་པས་སྐྱེ་བོ་ཐམས་ཅད་དབང་དུ་འདུས། །འདུས་པས་གཞན་དོན་འདི་བཞིན་སྤྱོད་དུ་བྱུང་། །སྤྱོད་པས་ང་ཡང་གོང་ནས་གོང་དུ་འགྲོ། །འགྲོ་བས་འགྲོ་ལ་ཐུགས་རྗེ་ཆེན་པོ་ཞེས། །ཐུགས་རྗེའི་ཚོགས་རྣམས་བདག་ལ་བརྩེ་བར་གྱུར། །བདག་གིས་ཚམ་ཚོམ་བླ་མ་བསྟེན་མ་མྱོང་། །བསྟེན་ནས་ཡལ་བར་སྐད་ཅིག་འདོར་མ་མྱོང་། །ཤེས་སམ་དཔྱོད་དང་ང་ཡི་རྗེས་འབྲང་རྣམས། །དེ་ལྟ་བས་ན་དེ་ལྟར་ཉམས་སུ་ལོང་། །བཀའ་རྒྱ་འདི་ལས་འགལ་བར་མ་བྱེད་ཅིག །འདི་ནི་མི་མངོན་རྒྱུད་ལ་རྒྱས་གྱུར་ཅིག །འདི་ཡི་བརྒྱུད་པ་ཆད་པར་མ་གྱུར་ཅིག །འདི་ཡི་བརྒྱུད་པ་བརྩོན་ཞིང་སྤྲུག་པར་ཤོག །འདི་ནི་བདག་གི་བཀའ་རྒྱ་དམ་པའོ། །གདམས་ངག་འདི་ནི་མཐིལ་དུ་བསྟན་པ་ཡིན། །འདི་ནི་ནན་གྱིས་བསྟན་པའི་བཀའ་རྒྱའོ། །ཞེས་བྱ་བ་འདི་ནི་གླེགས་བམ་གྱི་དབུ་ལ་བཞུགས་པར་བྱའོ།། །།ཤུ་བྷཾ། ༔ འདི་ནི། གླེགས་བམ་དང་པོའི་ཡང་དབུ་ན། དཔེ་ཆུང་གུད་པར་བཞེངས་ནས་བཞུགས། ཆོས་འདི་གསུང་བའི་དང་པོར་བཀའ་རྒྱ་གློག་གསུངས་ནས་འདི་ཉིད་ཚར་རེ་གློག་པར་མཛད་ཅིང་འདུག་གོ །ཁྱད་པར་དུ་ཡང་འདིའི་འགོ་ནས་རྐྱེ་ཀ་དྲུག་ནི། ལེའུ་ཆེ་བ་རྣམས་ཀྱི་རྒྱབ་པར་སྐབས་བར་སྐབས་ན་བྲིས་ནས་འདུག་གསུང་ངོ་།། །།

༔ ན་མོ་རཏྣ་གུ་ར་ཝེ། བླ་མ་མཉམ་མེད་སངས་རྒྱས་རིན་པོ་ཆེ། །དུས་གསུམ་

བདེ་གཤེགས་སྲས་བཅས་ཐམས་ཅད་ཀྱི། །སྐུ་གསུང་ཐུགས་ཀྱི་རང་བཞིན་བྱིན་བརླབས་པའི། །བཀའ་དྲིན་ཆེན་པོའི་ཞབས་ལ་ཕྱག་འཚལ་ལོ། །ཡོད་མེད་ཕྱོགས་འཛིག་རྒྱལ་སྲས་ཀླུ་སྒྲུབ་དང་། །ཟླ་བ་གྲགས་པ་རིག་པའི་ཁུ་བྱུག་སོགས། །སངས་རྒྱས་དགོངས་སྐྱོང་འཕགས་པ་ཡབ་སྲས་ཏེ། །ཟབ་མོ་ལྟ་བའི་བརྒྱུད་ལ་ཕྱག་འཚལ་ལོ། །ཐུགས་རྗེ་ཆེན་པོ་བདེ་གཤེགས་རྡོ་རྗེ་འཆང་། །ཆོས་གཟིགས་ཏཻ་ལོ་པ་དང་ནཱ་རོ་པ། །དཔལ་མཆོག་ཧཱུཾ་བླ་བ་དང་མར་མེ་མཛད། །ཉམས་ལེན་བྱིན་བརླབས་བརྒྱུད་ལ་ཕྱག་འཚལ་ལོ། །བྱམས་པ་ཐོགས་མེད་དབྱིག་གཉེན་རྣམ་གྲོལ་སྡེ། །མཆོག་སྡེ་དུལ་བའི་སྡེ་དང་གྲགས་པའི་དཔལ། །སེང་བཟང་ཀུ་སུ་ལུ་གཉིས་གསེར་གླིང་པ། །རྒྱ་ཆེན་སྤྱོད་པའི་བརྒྱུད་ལ་ཕྱག་འཚལ་ལོ། །རིག་པའི་གནས་ལྔ་དག་ལ་མཁྱེན་པ་རྒྱས། །ཇོ་མོས་ལུང་བསྟན་ཁ་བ་ཅན་དུ་བྱོན། །ལྔ་བརྒྱའི་དུས་འདིར་ཐམས་ཅད་མཁྱེན་གྱུར་པའི། །འགྲོ་མགོན་ཨ་ཏི་ཤ་ལ་ཕྱག་འཚལ་ལོ། །སྲས་ཀྱི་ཐུ་བོ་ཡོན་ཏན་རྒྱ་མཚོའི་དང་། །སྙིགས་མའི་དུས་འདིར་དམ་ཆོས་རྒྱས་མཛད་ཅིང་། །རྒྱལ་བའི་འབྱུང་གནས་རིང་དུ་གཟིགས་པ་ཡི། །སྟོན་པ་རིན་ཆེན་དེ་ལ་ཕྱག་འཚལ་ལོ། །བྱམས་པ་ནས་བརྒྱུད་བརྒྱུད་པ་རིན་པོ་ཆེ། །ཇོ་བོ་ཡབ་སྲས་ཡོན་ཏན་རིན་པོ་ཆེ། །སྐུ་མཆེད་བཀའ་བརྒྱུད་གདམས་པ་རིན་པོ་ཆེ། །བརྒྱུད་པའི་བླ་མ་རྣམས་ལ་ཕྱག་འཚལ་ལོ། །དེ་ལྟར་ཡབ་སྲས་རིན་ཆེན་ལས་བརྒྱུད་པའི། །ཟབ་ཡངས་རྙེད་དཀའ་གསུང་གི་སྙིང་པོ་འདི། །ལེགས་པར་ཐོས་པ་བླ་མའི་དྲིན་ཡིན་ཕྱིར། །ཡབ་སྲས་ཀུན་ལ་ཕྱག་འཚལ་གསོལ་བ་འདེབས།། །།སརྦ་མངྒ་ལཾ།

༄། །ཞུས་ལན་ནོར་བུའི་ཕྲེང་བ་ལྷ་ཆོས་བདུན་ལྡན་གྱི་བླ་མ་བརྒྱུད་པ་རྣམས་ཀྱི་རྣམ་ཐར་བཞུགས་སོ། །

༄། །རཏྣ་གུ་རུ་ཕན་བདེའི་འབྱུང་གནས་པ། །ཡོངས་འཛིན་དགེ་བའི་བཤེས་གཉེན་བླ་མ་མཆོག །འགྲོ་བ་ཀུན་གྱི་མགོན་དང་དཔལ་གྱུར་པའི། །བཀའ་བརྒྱུད་དྲི་མ་མེད་པ་རྒྱལ་གྱུར་ཅིག །གསོལ་བ་བཏབ་ན་ཅི་བསམས་འགྲུབ་པ་ཡི། །དབང་གི་རྒྱལ་པོ་ཀུན་ཏུ་དགེ་བའི་ནོར། །དཔལ་དང་དཔལ་གྱི་ཕྲེང་བ་གང་ཡིན་དེས། །ལུས་ཀྱི་གནས་རྣམས་ཐམས་ཅད་རྒྱན་གྱུར་ཅིག །རྒྱན་འདིས་ཚུལ་ཁྲིམས་གོས་ཅན་འདུན་གྱུར་ནས། །སྐལ་བ་བཟང་པོ་སྐལ་བ་འདི་འདྲ་བ། །ཉིན་དང་མཚན་དུ་འདུན་པས་ལེན་བྱེད་ཅིང་། །རྣམ་ཐར་གཙང་མ་རྟག་ཏུ་འཛིན་གྱུར་ཅིག །དེ་འདྲའི་བླ་མ་འགྲོ་བའི་དེད་དཔོན་རྣམས། །བདག་དང་སྐད་ཅིག་ཙམ་ཡང་མི་འབྲལ་བར། །ཞབས་ཀྱི་པདྨ་སྤྱི་བོས་རབ་བླངས་ནས། །ཡོན་ཏན་བརྗོད་ཅིང་དང་བས་ཕྱག་འཚལ་ལོ། །མར་མེ་མཛད་པ་འགྲོ་བ་ཡོངས་ཀྱི་དཔལ། །རྒྱལ་བའི་འབྱུང་གནས་རྒྱལ་བ་ཀུན་གྱི་ཡབ། །ལེགས་པའི་ཤེས་རབ་ཡང་དག་ལམ་སྟོན་པ། །ཤེས་རབ་རྒྱལ་མཚན་ཐར་པའི་

རྒྱལ་མཚན་འཛིན། །གཞོན་ནུ་རྒྱལ་མཚན་ཐུགས་རྗེ་ཆེན་པོ་ཉིད། །རིན་ཆེན་རྒྱལ་མཚན་གནས་ལུགས་དེ་འཛིན་པའི། །སྲས་ཀྱི་ཐུ་བོ་དར་མ་རྒྱལ་མཚན་དང་། །བྱང་ཆུབ་བཟང་པོ་འགྲོ་བ་ཡོངས་ཀྱི་དཔལ། །ལྷ་ཆོས་བདུན་གྱི་བརྒྱུད་པ་རིན་པོ་ཆེ། །སྐྱེས་བུ་རིན་ཆེན་བདུན་ལ་གུས་ཕྱག་འཚལ། །དིང་སང་ལྔ་བརྒྱ་དུས་ཀྱི་ཐ་མ་ན། །ཁ་བ་ཅན་ལྗོངས་དབུ་རུའི་ས་ཕྱོགས་འདིར། །ཤེས་རབ་མིག་མེད་ཡོང་བ་གུས་ལྡན་ངས། །སློབ་དཔོན་ནམ་རིན།མི་གཙང་ཁྲོད་ནས་ནོར་བུའི་ཕྲེང་བ་རྙེད། །ཨེ་མའོ་ཡ་མཚན་འདི་འདྲའི་མཆོག་ཏུ་བསྔགས། །ང་ནི་ནམ་མཁའ་རིན་ཆེན་རྒྱལ་གྱུར་ཏོ། །དངོས་དང་བརྒྱུད་པའི་བླ་མ་བླ་ན་མེད། །མཁས་བཙུན་བཟང་ལྡན་རྒྱལ་བ་འབའ་ཞིག་གིས། །བརྒྱ་དང་ལྔ་བཅུ་ང་ལྔ་མཆོག་གསུངས་ནས། །ལྷ་ཆོས་བདུན་ལྡན་ཆུ་བོ་གངས་རིའི་ཁྲོད། །རྒྱལ་བའི་འབྱུང་གནས་རྒྱ་མཚོའི་གནས་འདིར་ཕབ། །བདག་སོགས་ཆུ་བྱ་བག་ཕེབས་སྤྱོད་དུ་གྱུར། །བླ་མ་ཡབ་སྲས་ཐབས་ཤེས་གཞོག་པ་ཅན། །དགའ་ཞིང་འཕྱོ་ལ་དགའ་བདེས་ཀུན་ཏུ་ལྡིང་། །དཀོན་མཆོག་གསུམ་གྱི་སྒྲ་དབྱངས་སྙན་པར་སྒྲོགས། །ཟབ་ཡངས་ལེན་པའི་མཚུ་སྲེར་རབ་བརྡར་ནས། །མཐོང་ངམ་ཐོས་ཀྱང་འགྲོ་བའི་ཡིད་འཛིན་པའི། །ཕན་བདེའི་ཆོས་དེ་མྱུར་དུ་ལེན་པར་བྱེད། །དངོས་དང་མཚན་མར་འཛིན་ལྟའི་ས་ཆེན་མནན། །སྣར་ཡང་མི་ལྡོག་ནམ་མཁའི་དབྱིངས་སུ་ལྡིང་། །འདབ་ཆགས་རྒྱལ་པོ་མཁའ་ལ་ལྡིང་ན་ཡང་། །ཟས་དང་ལོངས་སྤྱོད་ས་ལ་འཚོལ་ཞེས་གྲག །དྲི་མ་མེད་པ་རྣམ་རྟོག་མི་མངའ་ཡང་། །རྒྱ་བོད་གནས་སུ་ལྷ་གཅིག་ཉིད་དུ་བསྟན། །ཇི་ལྟར་པདྨ་རབ་ཏུ་མཛེས་པ་དེ། །འདམ་ལས་སྐྱེས་ཤིང་དེ་དང་བྲལ་བ་བཞིན། །རྒྱལ་བའི་འབྱུང་གནས་རྒྱལ་བ་བཞུགས་པའི་གདན། །རྒྱལ་བ་འབྲུངས་པའི་པདྨོའི་སྦྲུ་གུ་དེ། །འདོད་པའི་འདམ་ལས་འབྲུངས་ཀྱང་དེས་མ་གོས། །དེ་ལྟར་ཟབ་ཡངས་ཆོས་འཇོར་སྙན་བརྒྱུད་པའི། །ཟབ་མོ་གསེར་གྱི་ཕྲེང་བ་ཅུང་ཟད་ཅིག །ཡི་དམ་ལྷ་མོ་སྒྲོལ་མའི་ལུང་པ་

དེར། །དཔལ་དང་དཔལ་གྱི་འབྱུང་གནས་དེ་ཡི་སྲས། །བདག་མེད་རྟོགས་པའི་རྡོ་རྗེ་ཆོས་འཕེལ་བས། །ཆོས་མིན་ལོག་རྟོག་ཚོགས་རྣམས་བཅོམ་ཞེས་གདའ། །དེ་ཚེ་རྒྱལ་བ་མར་མེ་མཛད་དཔལ་དེས། །རབ་ཏུ་འཛུམ་པའི་འོད་ཟེར་ཕྱོགས་བཅུར་སྤྲོས། །མ་དག་མུན་པའི་ཚོགས་རྣམས་དེངས་པར་གྱུར། །དེ་ཚེ་རྣམ་དག་འོད་ཀྱི་གཞལ་ཡས་ཁང་། །འགྲོ་མགོན་ཐུགས་རྗེ་ཆེན་པོའི་གུར་ནང་དུ། །དགོས་འདོད་འབྱུང་བའི་ཁྲི་ང་བ་རབ་ཏུ་འཁྲིགས། །ཤཱཀྱ་ཐུབ་དང་སྤྱན་རས་གཟིགས་དབང་དེས། །སྔོན་ཚེ་ཞུས་ལན་ཇི་ལྟར་མཛད་པ་བཞིན། །གནས་དེར་རྣམ་པ་གཞན་དུ་དེ་བཞིན་མཛད། །དེ་ཚེ་འཇམ་པའི་དབྱངས་ཀྱིས་འོད་མཐོང་ནས། །ཆོས་རྒྱལ་དྲི་མ་མེད་པའི་ཁབ་ཏུ་ཕྱིན། །ཐུགས་རྗེ་ཆེན་པོའི་སྐྱེས་རབས་དུ་མ་ཞུས། །ཉིན་མཚན་སྙིང་གི་ཐིག་ལེའི་དབྱིངས་སུ་བཞུགས། །རྒྱལ་བ་ཡབ་སྲས་མཉེས་པའི་མཆོད་པ་ཕུལ། །རང་གི་འདོད་པ་འགྲོ་བ་དྲང་སླད་དུ། །རྒྱལ་བའི་འབྱུང་གནས་གསང་བ་སྲིད་ན་ཡང་། །ལན་གཅིག་ལན་གཉིས་དུ་མའི་བར་དུ་ཞུས། །ཐམས་ཅད་མི་བརྗེད་གཟུངས་ལ་རབ་ཏུ་བཀོད། །དྲན་དང་ཤེས་བཞིན་བཟང་པོས་ངེས་པར་བསྐྱངས། །བླ་མ་ཡབ་སྲས་ལྷ་དང་བཅས་པ་རྣམས། །མཐུན་འགྱུར་བརྗོད་ཅིང་མཁའ་ལ་ཕྱིན་ཞེས་གདའ། །གནས་འདི་པོ་ཏ་ལ་ཡི་རྩེ་མོར་གདའ། །ཆོས་ནི་བསླབ་པ་གསུམ་པོ་ཁོ་ནའོ། །དགའ་སྟོན་ཉིན་དང་མཚན་དུ་བགྱི་བ་རྣམས། །ལེགས་པར་བསྒོམས་ཏེ་གཅིག་ཏུ་དྲིལ་བ་ཡིས། །ཚིགས་སུ་བཅད་པ་བཞི་བཅུ་ཞེ་བརྒྱད་ཡོད། །སྐྱེས་རབས་བཟང་པོ་ཉི་ཤུ་རྩ་གཉིས་ཡོད། །དེ་དག་རྣམས་ལས་རེ་ཞིག་ལོན་པ་ན། །གཏུམ་པོ་གོས་སྔོན་ཅན་གྱི་སྤྲུལ་[ཟུ]པ་ཞིག །ཉོངས་པར་གྱུར་ནའང་བཤགས་པ་བྱེད་དོ་ཞེས། །འོད་ཟེར་ལྔགས་ཀྱུ་ལྟ་བུས་བཀུག་སྟེ་བྱུང་། །དེ་ཡིས་ཞུས་པའི་སྐྱེས་ཐྲན་དུ་མ་ཡོད། །ཐམས་ཅད་འདམ་གྱི་རྗེས་བཅངས་དག་ཏུ་འདུས། །དེ་ཡང་འཕགས་པའི་ནོར་བདུན་ཉིད་དུ་འདུས། །དེ་ཡི་ཉམས་ལེན་སྙིང་གི་ཐིག་ལེ་

སྟེ། །སྒྲིགས་བམ་ཉིད་ལས་འདི་ནི་ས་བོན་ཙམ། །ཡོངས་སུ་རྫོགས་པ་སྐུ་མཆེད་གསུམ་ལས་ཕུ་ཆུང་བ།གཞོན་ནུ་རྒྱལ་མཚན་ཡིན། །ཕལ་ཆེར་འཛིན་པ་ཚུལ་སྤྱན་སྔ་བ།ཁྲིམས་འབར་དུ་གདའ། །ཕྱོགས་ཙམ་གསལ་བར་ཕུ་ཆུང་བ།རིན་ཆེན་གསལ་བ་ཡིན། །དིང་སང་དུས་ན་པོ་བོ་ནམ་མཁའ་རིན་ཆེན།ཉིད་དུ་ཟད། །བྱང་ཆུབ་བཟང་པོའི་ཐུགས་དགོངས་རྫོགས་གྱུར་ཅིག །ཅེས་བྱ་བ་ནི་པོ་བོ་ནམ་མཁའ་རིན་ཆེན་གྱིས་བརྩམས་པ།ཡིན་སོ། །འདིའི་ལོ་རྒྱུས་ནི། ཇོ་བོས་འཇིག་རྟེན་པ་དང་བསྟུན་ནས། ཤར་ཕྱོགས་ཧཾ་ག་ལར་སྐུ་སྐྱེ་བ་ཇི་ལྟར་བཞེས་ལུགས་དང་། དེའི་ཡབ་དང་ཡུམ་ལ་སོགས་པ་དང་། ཁབ་ཏུ་ཇི་ཙམ་བཞུགས་པ་དང་། ཨ་ཝ་དྷཱུ་ཏྲིའི་སྤྱོད་པ་མཛད་ནས་དེའི་རྗེས་སུ་ཡི་དམ་གྱི་ལྷས་བསྐུལ་ཏེ། རབ་ཏུ་ཇི་ལྟར་བྱོན་པའི་ཚུལ་དང་། བླ་མ་ཇི་ལྟར་བསྟེན་ནས་དེ་དག་གི་ཡོན་ཏན་ཇི་ལྟར་བླངས་པའི་ཚུལ་དང་། མཐར་ཤེས་བྱ་རིག་པའི་གནས་ལྔ་ལ་མཁས་པར་གྱུར་ནས། པཎྜི་ཏ་ལྔ་བཅུ་རྩ་ལྔའི་གཙུག་གི་ནོར་བུ་ལྟ་བུར་ཇི་ལྟར་གྱུར་པ་དང་། བཙུན་པའི་མཐར་ཐུག་པ་འདུལ་བ་འཛིན་པར་གྲགས་པ་དང་། མཁས་པའི་མཐར་ཐུག་པ་མུ་སྟེགས་ཀྱི་སྟོན་པ་གདུགས་བཅུ་གསུམ་ཙམ་ཕུབ་པའི་ང་རྒྱལ་ཅན་ཇི་ལྟར་བཏུལ་བ་དང་། བཟང་བའི་མཐར་ཐུག་པ་དེ་འདྲ་བའི་མཁས་པར་གྲགས་པ་ཡོད་ཀྱང་། མཁས་ཞེས་ཐུགས་རྒྱལ་མི་མཛད། མཁས་པ་གཞན་ཐམས་ཅད་ཀྱིས། པཎྜི་ཏ་མཁས་པ་འདི་སུ་ཡིན་ཞེས་སྨྲས་ཀྱང་། པཎྜི་ཏ་ཙམ་མ་ཡིན་ཞེས་སྨྲས་པའི་བརྟུལ་ཞུགས་ཇི་ལྟར་མཛད་པ་དང་། གཞན་ཡང་བདག་གཞན་བརྗེ་བའི་བྱང་ཆུབ་ཀྱི་ཐུགས་ཇི་ལྟར་མངའ་བ་དང་། རྟོགས་པ་མཐོ་བའི་མཐར་ཐུག་པ། ཕྱི་ནང་ཐམས་ཅད་བསྐྱེད་རྫོགས་གསང་སྔགས་ཐེག་པ་ཆེན་པོའི་མཐར་ཐུག་པའི་རང་བཞིན་དུ་གནས་ཀྱང་སྟར་བཞིན་དུ་ཐུགས་མི་རྒྱལ་བ་དང་། དེ་ཐམས་ཅད་སྙིང་རྗེ་དང་། དབུ་མ་ཆེན་པོར་དབྱེར་མེད་པར་འདྲུག་པ་ལ་སོགས་པ། འཇིག་རྟེན་མཐུན་འཇུག་གི་ཆོས་ཀྱང་བསམ་གྱིས་མི་ཁྱབ་

པར་གྲགས་པ་དང་། མཐར་ལྷ་མོ་སྒྲོལ་མས་ལུང་བསྟན་ནས། ལྷ་བླ་མ་ཡེ་ཤེས་འོད་ཁུ་དཔོན་གྱིས་ཇི་ལྟར་སྤྱན་དྲངས་པའི་ཚུལ་དང་། དེ་ཡང་བྱོན་པའི་ཐུགས་རྗེ་གང་ནས་ཡོད་ཀྱིས་ཀྱང་། ཐམ་ཐོམ་དུ་བྱོན་ན་བོད་ཀྱི་སེམས་ཅན་མགུ་དགའ་བ་དང་། མཐོ་འགྲོགས་ཆེ་བ་དང་། ཕྱི་ཐག་ཐུང་བའི་སྟོབས་ཀྱིས། པཎྜི་ཏ་འཕྲུན་པོ་ཟེར་ནས་ཚད་མར་མི་འཛིན་པས། ཡོན་ཏན་རྒྱ་མཚོ་ལྟ་བུ་མི་ལེན། བླངས་ཀྱང་བླ་མར་མི་འཛིན། བཟུང་ཀྱང་ཕྱོགས་རེ་བ་ལས་མི་འོང་། ཀུན་གྱིས་བླ་མར་མི་ཁུར་བ་ལ་གཟིགས་ནས། གླུ་འཛོག་པོའི་གཙུག་ནས་ནོར་བུ་རིན་པོ་ཆེ་ལེན་པའི་ཚུལ་དུ། དགོས་པ་ཆེ་ཡང་ཤིན་ཏུ་སྤྱན་དྲངས་དཀའ་བར་བསྟན། ཕྱི་ཐག་རིང་ལ་གྲུས་པས་གནས་བརྟན་ནཱ་ག་རཀྴ་ཨཱ་ཀ་ར་ལྟ་བུ་གནས་པོར་བསྐྱེན། གྲོགས་ཕུན་སུམ་ཚོགས་པ་པཎྜི་ཏ་ལྔ་བཅུ་རྩ་ལྔ་ཙམ་བསྐྱེན། ཞྭ་བ་ཆེ་བ་ལྷ་ཁང་བརྒྱ་རྩ་བརྒྱད་ཙམ་གྱི་ལྡེ་མིག་བསྐྱེན། སྐུ་གཉན་པ་རྒྱལ་རིགས། ན་ཚོད་མཉམ་པ་ཡར་མ་བགྲེས། འདོད་པ་ཆུང་བ་ཧྃ་ག་ལའི་རྒྱལ་སྲིད་སྤངས་པ། འདོད་པ་ཆེ་བར་སྟོན་པ་ལྡེ་མིག་དེ་ཙམ་ཅིག་འཛིན་པ། ཆེ་བ་ཆེ་བ་ཆེ་མི་མཛད་པ་ཆུང་བར་རིགས་ངན་བཀྲེན་པོའི་གསེབ་ཏུའང་བཞུགས་པ། ཆེ་བ་ཆེ་བར་སྟོན་པ་ན་ལེནྡྲའི་རྒྱལ་པོ་དང་། ཝི་ཀ་མ་ལའི་རྒྱལ་པོ་དང་། བཻ་ཌཱའི་གཙུག་ལག་ཁང་གི་རྒྱལ་པོ་དང་། རྡོ་རྗེ་གདན་གྱི་རྒྱལ་པོ་དང་། དེ་ལ་སོགས་པ་རྒྱལ་པོ་དྲེགས་པ་ཅན་མང་པོའི་དབུ་ལ་བཞུགས། པཎྜི་ཏ་དུ་མས་བྱིན་བརླབས་ཞུ། རྒྱལ་པོ་དག་མན་ངག་གིས་འདུལ་བར་བྱེད། མཁས་པ་དག་ལུང་རིགས་ཀྱིས་འདུལ་བར་བྱེད། བཙུན་པོ་དག་སྤྱོད་ལམ་གྱིས་འདུལ་བར་བྱེད། བཟང་པོ་དག་རྫུ་འཕྲུལ་གྱིས་འདུལ་བར་བྱེད་དེ། མདོར་ན། དེ་ལྟར་གཞི་ཆེ་ཞིང་སྤྱན་དྲང་བར་དཀའ་བ། རྒྱལ་པོའི་མི་མང་པོའང་དྲོན་པར་སྟོན་པ། ལྷ་དང་། ཀླུ་དང་། གནོད་སྦྱིན་དང་། དྲི་ཟ་དང་། ལྷ་མ་ཡིན་དང་། རྡོ་རྗེ་གདན་ལ་སོགས་པའི་གནས་ཆེན་པོ་རྣམས་ཀྱི་ཆོས་སྐྱོང་དང་། མུ་སྟེགས་བྱེད་ཀྱི་སྟོན་

པ་ལ་སོགས་པ་གང་ཐམས་ཅད་བོད་དུ་འགྲོ་བ་ལ་ཕྱི་བཞོལ་འདེབས། རྒྱ་མཚན་དེ་ལྟ་བས་ན། ཤིན་ཏུ་སྤྱན་དྲང་དཀའ་བར་བསྟན་པ་དེ། ཡུལ་གུང་ཐང་། གདུང་ནག་ཚོ། མཚན་ཚུལ་ཁྲིམས་རྒྱལ་བ་ཞེས་བྱ་བ། འདུལ་བ་འཛིན་པ་ཆེན་པོར་བཙུན་པ། མདོ་སྡེ་འཛིན་པ་ཆེན་པོར་བཟང་བ། མངོན་པ་འཛིན་པ་ཆེན་པོར་མཁས་པ། གཞན་དོན་དུ་འགྱུར་ན་རང་གི་སྲོག་ལའང་ཕངས་པ་མེད་པར། ཐུགས་རྗེ་ཆེན་པོ་ཉིད་ཀྱིས་བྱིན་གྱིས་བརླབས་པའི་སྤྲུལ་པ་དེ། ཇོ་བོ་དང་། གདུང་དང་། མཚན་ཡོངས་སུ་མཐུན་པ། ལྷ་བླ་མ་ཡེ་ཤེས་འོད་ཅེས་བྱ་བར་ཡོངས་སུ་གྲགས་པ་དེས། ལུང་བསྟན་པའི་འོད་ཀྱི་མཐའ་ཅན་དེ་དང་མཐུན་པར་གཞན་སྤྱན་འདྲེན་པ་རྣམས་ཀྱིས་མ་འཛོངས་པའི་རྗེས་སུ། སྤྱན་འདྲེན་ལ་བརྫངས་པ་དང་། དཀའ་སྤྱད་དུ་མའི་སྒོ་ནས་སྤྱན་འདྲོངས་ཏེ། མངའ་རིས་དང་བལ་པོ་ལ་སོགས་པར་རིམ་གྱིས་བྱོན་པ་དང་། དེ་དག་ཏུའང་ཆོས་ཇི་ལྟར་གསུངས་ནས་འགྲོ་བ་ལ་ཕན་ཇི་ལྟར་བཏགས་པ་དང་། སྦྱོད་ལམ་ལ་སོགས་པས་གཞན་མགུ་དཀའ་བ་ཇི་ལྟར་བཏུལ་བ་དང་། ཁྱད་པར་དུའང་ལྷ་བླ་མ་ཁུ་དབོན་ཐུགས་རྗེས་བཟུང་བ་དང་། དེའི་ནང་ནས་བྱང་ཆུབ་འོད་ལ། ཆོས་ལམ་གྱི་སྒྲོན་མ་ལ་སོགས་པ། ཟབ་དོན་མང་པོ་ལ་འཆད་ཉན་དང་ཞུས་ལན་དུ་མ་མཛད་ལུགས་དང་། ལོ་ཙཱ་བ་རང་ཉིད་ཀྱིས་ཇི་ལྟར་ཞུས་པ་ལ་སོགས་པ་མཛད་པ་ལྟར། བསམ་གྱིས་མི་ཁྱབ་པ་ཅིག་ཡོད་ནའང་འཇིག་རྟེན་གྲགས་སྡེ་དང་མཐུན་ཚོད་དམ་བོད་ཀྱི་ གློར་ཤོང་ཚོད་ཙམ་ཞིག །དགེ་བཤེས་གུང་ཐང་པས་ཡོངས་སུ་བསྡེབས་ནས། ཇོ་བོའི་ལོ་རྒྱུས་ཆེན་མོར་ཡོངས་སུ་གྲགས་ཏེ། ཆུང་དུ་ཙམ་ཡིན། ཐམས་ཅད་བརྗོད་པ་དང་ཐྲི་བས་ག་ལ་ལང་། དེ་ཡང་དགེ་བཤེས་གུང་ཐང་པ་ཉིད། ཐུགས་དཀྱིལ་ཆེ་ལ་ཟབ་པ་དང་། བླ་མ་ལ་གུས་པ་དང་། ཕྱི་རབས་ཀྱི་འབྱུང་ཚུལ་རྟོག་པ་ལ་མཁས་པ་དང་། བླ་མའི་མཛད་པ་དང་། བྱུང་ཚུལ་རྟོག་པ་ལ་མཁས་པའི་སྟོབས་ཀྱིས། དེ་ཙམ་ཞིག་ཡི་གེར་

བགོད་ནུས་པ་ཡིན་གྱིས། གཞན་དག་རྒྱ་བོད་དུ་སློབ་མ་ཇི་ཙམ་ཞིག་བྱུང་མོད་ཀྱིས། ལམ་ལ་གནས་པ་རྣམས་ཀྱིས། ལམ་གྱི་བློ་ཚོད་དང་བསྟུན་པའི་ཡོན་ཏན་ཙམ་ཅིག་བརྗོད་པར་ནུས་ཀྱིས་སོ་སོའི་སྐྱེ་བོས་ནི་དེ་ལྟར་ག་ལ་ཡིན། མདོར་ན་ཇོ་བོའི་ཡོན་ཏན་རགས་རིམ་ཐམས་ཅད་གདམ་རྒྱུད་ཆེན་པོ་ལ་སོགས་པར་ཤེས་པར་བྱའོ། འོ་སྐོལ་གྱི་གླེགས་བམ་འདིར་བཀོད་པ་མེད། དེ་འགོད་པར་འཐད་སྙམ་ན། གླེགས་བམ་ཧ་ཅང་ཆེས་ནས། གདུལ་བྱའི་བློ་འབྲུག་པ་དང་། རི་བྲགས་སུ་བསོད་སྙོམས་པས་བསྐྱང་བར་མི་ནུས་པ་དང་། བསྐྱང་བར་ནུས་ཀྱང་། གླེགས་བམ་ནས་སངས་རྒྱས་དང་། ས་བཅུའི་བྱང་ཆུབ་སེམས་དཔར་བཤད། གདམ་བརྒྱུད་དེ་དག་ཏུ། ཇོ་བོའང་ཚོགས་ལམ་ཆེན་པོ་པ་སྐད། བཤེས་གཉེན་པ་སློབ་མ་གུས་ལྡན་ཙམ་དུ། བློ་ཆུང་ངུ་དང་བསྟུན་པ་ཙམ་ལས་མ་བཤད། ཤུགས་ལས་བསམ་གྱིས་མི་ཁྱབ་པར་བཤད་པ་ཡོད་དེ། དེ་སོ་སོ་སྐྱེ་བོའི་བློ་ཕྱོགས་རེ་བས་དངོས་སུ་བསྟན་ཚོད་ལས་གོ་བ་མེད། ཡོ་ཧྲ་བས་གོ་ནའང་གཞན་ཁོ་ན་དང་བསྟུན། ཤུགས་ལས་བསམ་གྱིས་མི་ཁྱབ་པར་ཇི་ལྟར་བསྟན་ཅེ་ན། ཇོ་བོའི་བླ་མ་བསྟེན་ཚུལ་ལས། ཐུབ་པ་ནས་རྡོ་རྗེ་འཆང་དང་། འཇམ་དཔལ་དང་། ཀླུ་སྒྲུབ་ལ་སོགས་པའི་བླ་མ་རྣམས་ནས་འདི་ལྟར་བརྒྱུད་ཅེས་བགྲངས་ནས། མཐར་དེ་དག་ཐམས་ཅད་ཀྱི་ཡོན་ཏན་ཇོ་བོ་ལ་ཡོད་ཅེས་བསྡོམས་ནས། སངས་རྒྱས་དང་བྱང་ཆུབ་སེམས་དཔའ་ཐམས་ཅད་ཀྱི་ཡོན་ཏན་ཐམས་ཅད་ཡོད་ན་ཅི་སྟེ། སངས་རྒྱས་མ་ཡིན་པར་མི་འགྱུར་ཏེ། ཡིན་ངེས། འོ་ན་ཐུབ་པ་ནས་བྱམས་པ་ལ་བརྒྱུད། དེ་ནས་གསེར་གླིང་པའི་བར་དུ་བརྒྱུད་པས། གསེར་གླིང་པ་རང་ཡང་སངས་རྒྱས་སུ་འགྱུར་རམ་ཞེ་ན། ཕྱོགས་གཅིག་ནས་ཡིན་པའང་སྲིད་ལ། ཕྱོགས་གཅིག་ནས་རྒྱ་ཆེན་སྤྱོད་པའི་བརྒྱུད་པ་ཙམ་ཡིན། ཆུ་བོ་ཐམས་ཅད་འབབ་པའི་གཞི་དེ་ཇོ་བོ་རང་ཡིན། ཕྱོགས་གཅིག་ནས་གསེར་གླིང་པ་ནས་བརྒྱུད་པ་དེ་དག་སངས་རྒྱས་ཀྱི་ཆོས་ཀྱི་ཕྱོགས་རེ་ཙམ་

ཡིན། སངས་རྒྱས་ཀྱི་ཆོས་ཡོངས་སུ་རྫོགས་པར་བརྒྱུད་པའམ། རྫོགས་པར་ཐུགས་ལ་མངའ་བ་ནི། རྒྱལ་བ་མར་མེ་མཛད་བཟང་པོ་ཉིད་ཡིན། ཡང་སངས་རྒྱས་ཀྱི་ཆོས་ཐམས་ཅད་ཡོངས་སུ་རྫོགས་པར་བརྒྱུད་པ་དེ། སངས་རྒྱས་ནས་སངས་རྒྱས་ལ་བརྒྱུད་པ་ཡིན་ནམ། ས་བཅུ་མན་ཆད་པ་དག་ལའང་བརྒྱུད་པ་ཡིན། སངས་རྒྱས་ནས་སངས་རྒྱས་ལ་བརྒྱུད་པ་ཡིན་ན་ནི། སངས་རྒྱས་དག་ལའང་ཕན་ཚུན་གཅིག་ལ་གཅིག་ཞུ་དགོས་པར་འགྱུར་ལ། ས་བཅུ་པ་མན་ཆད་ལ་བརྒྱུད་ན་ནི། ས་བཅུ་པ་མན་ཆད་པ་མ་ཡིན་པར་འགྱུར་ཏེ། ཐམས་ཅད་མཁྱེན་པ་བརྒྱུད་པའི་ཕྱིར་རོ་ཞེ་ན། དེ་དག་གང་གིའང་སྐྱོན་དུ་མི་འགྱུར་ཏེ། སངས་རྒྱས་དག་ནི་སྤྲུལ་པ་ཅིར་ཡང་སྟོན། །མི་ཤེས་བཞིན་དུ་ཀུན་ལ་ཉན་པར་སྟོན། །དམྱལ་བའི་སྣང་ངོར་དམྱལ་བའི་ཡུལ་དུའང་གཤེགས། །དམྱལ་བ་དེ་དང་མཐུན་པའི་ཆོས་ཀྱང་སྟོན། །འགྲོ་བ་གཞན་དུའང་དེ་བཞིན་སྣ་ཚོགས་སྤྲུལ། །འདོད་ཆགས་ཅན་ལ་འདོད་ཆགས་ལྟ་བུར་སྟོན། །ཞེ་སྡང་ལ་སོགས་ཅན་ལའང་དེ་བཞིན་སྟོན། །རྒྱལ་པོར་སྤྲུལ་ནས་འགྲོ་བ་འདྲེན་པ་ལ། །རྒྱལ་པོའི་བུར་སྤྲུལ་རིམ་གྱིས་རྒྱལ་ས་འཛིན། །གལ་ཏེ་རྒྱལ་པོའི་བུ་ཉིད་མ་ཡིན་ན། །རྒྱལ་ས་མི་ཐོབ་འཁྲུག་པ་འབྱུང་བར་འགྱུར། །དེ་བས་ཐབས་མཁས་བུ་རུ་སྟོན་པར་བྱེད། །དེ་ལྟར་རྒྱལ་ལ་མི་ཤེས་མི་མངའ་ནའང་། །གཞན་གྱི་སློབ་མ་ལྟ་བུར་ཀུན་བསྟན་ནས། །དེ་ཡི་རྒྱལ་ཚབ་བཟུང་ནས་བླ་མར་བྱེད། །གཞན་ཡང་བུ་མེད་པ་ལ་བུར་སྟོན་ཅིང་། །ཕོངས་པ་རྣམས་ལ་ནོར་གྱི་རྣམ་པར་སྟོན། །མདོར་ན་གང་དང་གང་ལ་གང་མཁོ་བའི། །དེ་དང་དེ་ལ་མཁོ་བ་སྤྲུལ་པར་བྱེད། །དེས་ན་སངས་རྒྱས་རྣམས་ནི་ཅིར་ཡང་སྟོན། །སྟོན་ཡང་རྣམ་པར་རྟོག་པ་ཅི་ཡང་མེད། །མེད་ཀྱང་སྨོན་ལམ་དབང་གིས་དགོས་འདོད་འབྱུང་། །དེ་ཡང་བློ་མཆོག་རྣམས་ལ་ཉེ་བར་སྨིན། །དེས་ན་རྒྱལ་བ་དག་ནས་རྒྱལ་བ་ལ། །བརྒྱུད་ལ་འགལ་བར་གྱུར་པ་ཅི་ཡང་མེད། །ས་བཅུ་མན་ཆོད་དག་ལ་བརྒྱུད་པ་

ཡང་། །ཤེས་བྱ་མ་ལུས་མཁྱེན་པར་མ་བརྒྱུད་ཀྱང་། །ཆ་ཤས་དུ་མ་དག་ནས་བརྒྱུད་པ་རྣམས། །རྒྱ་མཚོ་ཆེ་ལ་ཆུ་བོ་འདུ་བ་བཞིན། །རྒྱ་མཚོ་ལས་བྱུང་རྒྱ་མཚོ་ཉིད་དུ་བབས། །ཆོས་ཀྱི་འཁོར་ལོ་མར་མེ་མཛད་པས་བསྐོར། །གཞན་ཡང་བླ་མ་དེ་དག་ཐམས་ཅད་ཀྱི། །ཡོན་ཏན་ཐམས་ཅད་ཁོང་ལ་ཡོད་གསུང་གིས། །རྒྱུད་ཙམ་ཅིག་ལས་མེད་ནི་མི་གསུང་ངོ་། །དེ་ནས་བརྒྱུད་དང་མ་བརྒྱུད་ཅི་ཡང་རུང་། །རྒྱལ་བ་ཐམས་ཅད་མཁྱེན་པར་ཤུགས་ལ་བསྟན། །གཞན་ཡང་ཤུགས་བསྟན་ཚད་ལས་འདས་པར་ཡོད། །འོན་ཀྱང་བློ་གྲོས་ཆུང་ལ་ཅི་ཆ་ཡོད། །ཅེས་བྱ་བ་ནི་ཤེས་རབ་རྒྱལ་མཚན་གྱིའོ།། །།

༈ ཡང་ཆོས་འདིའི་ལོ་རྒྱུས་ལ། བསམ་གྱིས་མི་ཁྱབ་པ་ཅིག་གདའ་སྟེ། དང་པོར་ཁུངས་བཙུན་པ། བཅོམ་ལྡན་འདས་ཤཱཀྱའི་རྒྱལ་པོ་ནས་བཟུང་ནས། ས་བཅུའི་མགོན་པོ་བྱམས་པ་ལྷ་བུའམ། རྗེ་བཙུན་རྡོ་རྗེ་འཆང་ནས། ཏི་ལོ། ན་རོའམ། ཐུབ་པ་ནས་འཇམ་དབྱངས་ལ་བརྒྱུད་པ་ལ་སོགས་པ། བླ་མ་རྣམས་ལ་ཕྱག་འཚལ་ལོའི་སྐབས་སུ་ཐོས་པ་ཙམ་གྱིས་ངན་འགྲོའི་སྡུག་བསྔལ་འཇོམས་པར་བྱེད་པ། བསམས་པ་ཙམ་གྱིས་གནས་ལུགས་ཀྱི་རྟོགས་པ་རྒྱུད་ལ་སྐྱེ་བ། བླ་མ་དེ་དག་གི་རྣལ་འབྱོར་བསྒོམས་པ་ཙམ་གྱིས་འཁོར་བའི་ སྡོན་པ་རྩ་བ་ནས་གཅོད་པ་འདྲ་བ་སངས་རྒྱས་དང་བྱང་ཆུབ་སེམས་དཔའ་འབའ་ཞིག་ལས་བརྒྱུད་པ་ཡིན། བར་དུ་གཅོད་པ་མ་བཅམས་ཏེ་སངས་རྒྱས་ནས་ཉེ་བ་འཁོར་ལ་བརྒྱུད་པ་དགྲ་བཅོམ་པ་ལྷའི་མེ་ཏོག་ལྟ་བུ་ལྟག་པ་ཚུལ་ཁྲིམས་ཀྱི་བསླབ་པས་གཞི་མཛེས། ཉེས་སྐྱོན་གྱི་དྲི་མས་མ་གོས་པས་རྒྱུད་མཛེས། འགྲོ་ན་ནམ་མཁའ་ལ་གཤེགས། འདུག་ན་ཏིང་ངེ་འཛིན་རྡོ་རྗེའི་གདན་ལ་བཞུགས། བདག་མེད་པའི་རྡོ་རྗེས་རང་གཞན་གྱི་ཉོན་མོངས་པ་འཇོམས། འཇིག་རྟེན་ལྷ་དང་བཅས་པའི་མཆོད་གནས་སུ་གྱུར་པ། ཚུལ་ཁྲིམས་ཀྱི་པད་སྟོང་ལ་ལྟག་བསམ་གྱི་འབྲས་བུ་རབ་ཏུ

རྒྱས་པ། ཤེས་རབ་ཀྱི་མེ་ཏོག་ཀུན་ཏུ་བཀྲ་བ། དེང་སང་ཐུན་མོང་པ་ལ། གནས་ལྔ་མཁྱེན་པར་ཀུན་ཏུ་གྲགས་པ། འདུལ་བ་ལུགས་ཀྱི་ཉེས་ལྟུང་གིས་གོས་མ་མྱོང་ཞེས་དངོས་སུ་ཞལ་གྱིས་བཞེས་པ། ཆ་ལུགས་ཉན་ཐོས་ཆེན་པོ། བསམ་པ་སེམས་དཔའ་རྡོ་རྗེ་འཛིན་པ། ཐབས་ཤེས་རབ་འབྲལ་མི་སྲིད་པར་བརྒྱུད་པ་ཡིན། ཐ་མར་འབྲས་བུ་བཟང་སྟེ། འོ་སྐོལ་གྱི་ལས་རྒྱུ་འབྲས་འདི་གཞི་བརྟན་ཏེ་མཐའ་ཚོད། ལམ་བརྟན་ཏེ་འཇུག་ལྡོག་མཁས། འབྲས་བུ་བརྟན་ཏེ་གྲོགས་ངན་གྱིས་བསྐྱོད་པར་མི་ནུས་པ་གཞུ་བཟང་པོའི་རྒྱུད་བཞིན་དུ། གཉེན་པོ་ལ་ཐང་ལྷོད་མེད་པས་འདུན་མ་ལ་འཆུག་མེད། ཇོ་བོ་བཟང་སྟེ་ལྷ་དཀོན་མཆོག་གསུམ་ཡིན། ཇོ་བོ་བསྟེན་མཁས་ཏེ་ཡན་ལག་བདུན་པས་དུས་འདའ། གཞན་གྱིས་འབྱེད་པར་མི་ནུས་ཏེ། འདི་ལྟས་ཀྱི་འདུན་མ་ལ་རྒྱབ་ཀྱིས་ཕྱོགས། ལེ་ལོའི་བདུད་ཀྱིས་མི་འཁྱེར་ཏེ། འཆི་བ་མི་རྟག་པས་བསྐུལ་མ་འདེབས། ཤའང་བྱར་མེད་དུ་མི་འཇོག་སྟེ་ལས་རྒྱུ་འབྲས་བདེན་པས་འཁོར་བའི་ཉེས་དམིགས་མཐོང་། མཐོང་ཙམ་ལ་མི་འཇོག །གཉེན་པོ་དང་སྤང་བྱ་སྨན་དང་དུག་གི་ཚུལ་དུ་བསླབས་པས། ཉོན་མོངས་པའི་ནད་འབྱུང་མི་སྲིད། ཉོན་མོངས་པ་སྤངས་ནས་འཁོར་བར་དབང་མེད་དུ་འཁྱམས་པ་ནོར་བུ་རིན་པོ་ཆེ་བཙལ་ནས་ཉོས་ཀྱང་མི་ཁྱུགས། དེ་ཐམས་ཅད་ཀྱི་རྩ་བ་དགེ་བའི་བཤེས་གཉེན་ལ་རག་ལུས་པ་ལ་ནི། གོང་གི་བླ་མའི་གསུང་བཞིན། དགེ་བའི་བཤེས་གཉེན་སངས་རྒྱས་དང་བྱང་ཆུབ་སེམས་དཔའ་པོ་ན་བརྒྱུད་པ་ཡིན། དེས་ན་རྒྱུ་འབྲས་ལས་འཆུག་མི་སྲིད་པས་ཉི་མ་ཡོད་ན་འོད་བཞིན་དུ་འབྲས་བུ་ལ་འཆུག་མི་སྲིད་པས། མཐར་འབྲས་བུ་བརྟན་པ་ཡིན། དེ་ལྟར་ཧྲིལ་ཏེ་དྲིལ་ན། བཀའ་བརྒྱུད་འདི་ནི་བཟང་ལ་འཕན་མེད་པ། །བླ་མ་མཆོག་རབ་རྒྱལ་བ་སྲས་བཅས་པའི། །རྣམ་པར་ཐར་པ་དེང་སང་ཡན་ཆོད་དུ། །གཏིང་ཡངས་རྒྱ་མཚོ་ཆེན་པོར་ཆུ་བོ་བཞིན། །ཡན་ལག་བརྒྱད་ལྡན་འཇུག་ངོགས་བདེ་བར་འབབ། །གཞི་ལམ་

འབྲས་གསུམ་རྣམ་པར་ཐར་པའི་མཆོག །ཀུན་ཏུ་དགེ་བ་བླ་མའི་གསུང་རབ་ཡིན། །གཞི་མ་བརྟན་པས་ཚུལ་ཁྲིམས་ས་ཆེན་རྒྱས། །ནོར་བུའི་རྩིག་པ་ལེགས་བཤད་ཟར་བུ་ཅན། །ཚད་མེད་ཀ་བ་མི་འགྱུར་བཟོད་སྟོབས་ཅན། །ཐེག་པ་མཆོག་གི་སྣང་ཆེན་བསྐོལ་བས་བཏེག །ཐབས་དང་ཤེས་རབ་མཆོག་ལྡན་གྲལ་ལྟ་ཅན། །བདུད་བཞིའི་འཇིགས་པ་སྐྱོབ་བྱེད་རབ་ཕུབ་ནས། །ཀུན་ཏུ་དགའ་བདེར་ཆོས་ལ་སྤྱོད་པ་ཡི། །དེད་དཔོན་ནོར་བུ་རིན་ཆེན་འཛིན་པའི་གནས། །བྱེ་བ་ཁྲག་ཁྲིག་ཚོང་ཕྲུག་དགའ་བདེར་རྒྱུ། །དེ་ལྟར་བསམ་གྱིས་མི་ཁྱབ་ཕན་བདེའི་གཞི། །གནས་འདི་དམ་པ་རྣམས་ཀྱིས་བརྟགས་པ་ཡིན། །གནས་འདིར་ཉིན་དང་མཚན་དུ་འཕགས་པའི་ནོར། །ཞེན་དང་སེར་སྣ་མེད་པར་སྤྱད་པར་བགྱི། །རྟག་ཏུ་དགེ་བའི་བཤེས་གཉེན་ཡོངས་འཛིན་རྣམས། །གཙུག་གི་ནོར་བུ་བཞིན་དུ་བཀུར་བར་བགྱི། །དེ་ཡི་བསྟན་པ་འདུལ་བ་མདོ་སྡེ་དང་། །དམ་ཆོས་མངོན་པ་ཤེས་རབ་མཆོག་ལྡན་ད། །གཅིག་ཏུ་བསྡོམས་ཏེ་རྒྱུད་ལ་བསྟེན་བགྱིས་ནས། །ནོར་བུའི་ཕྲེང་བས་རང་གཞན་མཛེས་པར་བྱ། །ཞེས་བྱ་བ་ཡིན་ཏེ། པོ་སྐོལ་གྱི་བཀའ་བརྒྱུད་འདིའི་རྗེས་སུ་འབྲང་བ་རྣམས་ལ་ཞུ་ན། གླེགས་བམ་འདི་ལ་ལེའུ་ཐོར་བུ་ཁ་སྐོང་གི་ལེའུ་མ་གཏོགས་པ།བཞི་བཅུ་ཞེ་བརྒྱད་གདའ་སྟེ། པོ་སྐོལ་པོད་ཁ་བ་ཅན་པ་བྱ་བ་ཐོས་ཁུངས་ནི་མང་། མཐོང་རྒྱ་ནི་ཆེ། ས་འོག་ན་འབུ་འཁྱུན་པའང་ཚོར་བའི་ཅང་པོ་མང་པོ་ཡོད་པ་ལ། བླ་མ་ཡབ་སྲས་ཀྱིས་ཆོས་ཀྱི་དགའ་སྟོན་འདི་ཙམ་ཞིག་བཀྱེ་བའི་བར་དུ་མཐོང་ཐོས་ཅིག་ཀྱང་མེད་པ་ནི། ད་ཅང་ཆོས་ལ་འདུན་པ་མ་ཆུངས་སམ། ཁྱུ་རྫོག་འཁྲོམ་གསུམ་དུ་ཡོངས་སུ་གྲགས་ནའང་། རྗེ་བོ་ཡབ་སྲས་ཞེས་འབོད་ཙ་ན། སྲས་ཀྱི་སློ་རྩེ་དེ་དགེ་བའི་བཤེས་གཉེན་པ་ཉིད་ལ་གཏོད་ཅིང་གདའ་བ་ལ། ཁོང་གང་ཟག་ཁྱད་པར་ཅན་ཅིག་ཏུ་མི་འཛིན་པའི་ཁྲིམས་མེད། མངོན་ཤེས་མེད་ཀྱང་། འོལ་ཚོད་བྱས་ཀྱང་རྗེ་བོ་དེ་མི་ཆེ་ཆུང་ཇི་ཙམ་ཞིག་ཡིན། རྒྱ་གར་ནས་སྤྱན་

འདྲེན་པ་ལ་དཀའ་ལས་ཅི་ཙམ་ཞིག་བྱུང་། སྤྱན་དྲངས་ནས་བོད་ན་སློབ་མ་ཆེ་ལ་མང་བ་ཅི་ཙམ་ཞིག་ཡོད། ཕལ་ཆེ་བ་ཞིག །རྗེ་དགེ་སློང་། གྲྭ་པ་དུ་མའི་མགོ་འདྲེན་བྱེད་པ། སྡེ་དགོན་ཆེན་པོའི་དུང་འབུད། ང་ང་ཟེར་བ་རྣམས་ལ་གདན་ས་མི་གཏོད་པར། བདག་ཅག་གི་བླ་མ་རྗེ་བཙུན་སྐྱ་བོ། རང་མགོ་མི་ཐོན་པའི་གཞན་མགོ་མི་ཐོན་ཟེར་ནས། མདོན་ཚན་ཆུང་ལ་འཇུལ་བདེ་བ་རེ་མཛད་དེ། སློབ་མ་ཙམ་ཡང་མི་སྐྱོང་བར་ང་རྒྱལ་གྱི་རི་སྐྱིལ་ནས། དམན་ཆ་བླངས་ནས་བཞུགས་པ་དེ་ལ། ཨུ་རྒྱན་ནས་འོངས་པའི་ཧུས་རྒྱན་དང་། འོད་མའི་ཚལ་གྱི་ཤིང་ལ་བསིལ་བའི་ཚལ་གྱི་མི་ལྤགས་ཀྱི་གཡོགས་ཅན་གྱི་ཌ་མ་རུ་དང་། རིགས་ལྔའི་དབུ་རྒྱན་དང་། རྡོ་རྗེ་དྲིལ་བུ་དང་བཅས་པ་སྐྱུག་དོང་མཐོ་གང་པ་ཅིག་ཏུ་ཤོང་བར་མཛད་དེ། ཕྱག་ཏུ་གཏད་ནས། རྒྱལ་ཚབ་ཏུ་དབང་བསྐུར་བའི་དུས་སུ། འཕྲོམ་སྟོན་པ་ལ་རྗེས་ཀྱི་ཞལ་ཏ་མཛད་ཅེས་ཟེར་བ་ཅིག་ལས་ཕྱག་ཆ་གཏད་པ་མཐོང་བ་སུ་ཡོད། དེ་ལྟ་བུ་མ་མཐོང་ཡང་། གདན་སར་བསྐོས་པ་རང་གིས་སྤྲུལ་པ་ཅིག་ཡིན་པར་མི་ཤེས་པའི་ཁྲིམས་ཡོད་དམ། ཁོང་གི་གདན་ས་དེ་ཅི་ཙམ་ཞིག་ཡིན། དེས་ན་གདན་ས་འོང་བའི་རྒྱུ་མཚན། དགེ་བཤེས་གུང་ཐང་པའི་གསུང་ཐོར་བུ་ཁ་སྐོང་བའི་ལེའུར།བར་ཤེས་པར་བྱའོ། །གང་ལྟར་ནའང་། རང་རེས་འདུན་པ་དང་ལྡན་པ་དག །སློབ་དཔོན་ཆེན་པོ་གསང་ཕུ་བས་གཏིང་ཐུགས་བསྐྱེད་བཟང་ནའང་འཕྲུལ་བཀའ་རྒྱ་བསྒྲལ་ནས་གླིགས་བམ་དུ་དྲིལ་བ་འདི་དག །མདོ་སྡེ་ཐམས་ཅད་ཀྱི་ཐུན་མོང་མ་ཡིན་པའི་གླེང་གཞི་དང་མཐུན་ནོ། །འདི་གླེགས་བམ་དུ་བཀོད་ཀྱི་རྗེས་ལ། སློབ་དཔོན་པས་ཀྱང་ཚིག་རེ་རེ་གཉིས་གཉིས་ཆད་འདིའི་རྩོལ་འོག་ནས་ཕུ་ཆུང་བ་དང་། ཕུ་ཧོ་བ་གསུང་གླེང་མཛད་པའི་སྐབས་ན་ཡོད།པ་ཡོད། འདི་ན་མར་ལ་ཚིགས་སུ་བཅད་པ་མང་པོ་ཡོད་དེ། གླིགས་བམ་ལ་ལ་ན་མར་ལ། དང་པོར་གསུངས་ཚད་ལྷུག་པར་ཡོད་པ་ལ། ཕྱིས་ཕྱོགས་གཅིག་ཏུ་སྡེབས་པ་པོ་རེས་ཞབས་

ཏོག་ཏུ་མཛད་ནས། ཚིགས་སུ་བཅད་པ་སྤེལ་བས་པ་འོང་བར་གདའ་སྟེ། འོ་སྐོལ་གྱི་བླ་མ་ཡབ་སྲས་ཀྱི་ཞུས་ལན་འདི། སློབ་དཔོན་གསང་ཕུ་བས་ཚིགས་བཅད་དུ་བྱས་པ་མིན། འོན་ཀྱང་ཇོ་བོ་འདི་གསུང་། སྟོན་པ་འདི་གསུང་རེ་རེ་ཙམ་ཡོད། གཞན་ཐམས་ཅད་ཞུ་བ་པོས་ཚིགས་བཅད་དུ་ཞུས། གསུང་བ་པོས་ཚིགས་བཅད་དུ་གསུངས་ཏེ། གསུང་སྒྲིང་ཐམས་ཅད་ཚིགས་སུ་བཅད་པར་འབད་མེད་ལྷུན་གྲུབ་ཏུ་འོང་གིན་ཡོད་པར་གདའ། དུས་དིང་སང་ནི་མི་ཤེས་པའི་རབ་རིབ་ཀྱིས་བསྒྲིབས་པ། ཚིག་བཞི་པ་རེ་ལའང་ཟུར་དོད་དོད་པོར་རྩོམ་པར་འདོད་ནས། མལ་དུ་གཟེར་ཐུང་ན་བ་བཞིན་དུ་འགྲེ་ལོག་ལོག་བརྩམས་ཀྱང་མཐུག་ཏུ་ལ་ལ་བཟློས། ལ་ལ་ཆད་པ་རེ་འོང་བ་དང་མི་འདྲ་ཚོད་གདའ། ད་ལྟ་དག་འོས་མེད། སྔོན་སྐྱེས་རབས་དུ་མ་བརྒྱུད་པའི་དུས་ནའང་། དེ་ལྟ་བུ་གདའ་བ་འདི་ལ། དིང་སང་སྒྲ་ཚད་བག་རེ་བསླབ་པའི་སྟོན་པའི་ཚིག་གི་ཟུར་བག་རེ་ལ་སྐྱོན་བརྗོད་བྱེད་པ་འགའ་རེས་མཐོང་ན། ཆོག་འདྲ་ཉོག་འདྲ་ཟེར་བ་འོང་སྲིད་དེ། སངས་རྒྱས་ཀྱང་། སུ་སྟེགས་པ་ལ་རྫུ་འཕྲུལ་མི་སློབ་པ་ཡིན་པར་གདའ། ཁོ་བོ་ཡང་སྤྲུལ་པའི་དཔེ་འདི་མི་སྟོན། གཞན་དུ་ཚིགས་བཅད་ལེགས་པོའང་ཡོད་ལ། སྒྲའི་ཟུར་ཀྱང་ཕྱིན་པ་ཡོད། མེད་ཀྱང་འཕྲལ་གཏམ་ཚིགས་བཅད་དུ་བྱས་པ་ཡིན། ཡབ་སྲས་ཐུགས་འཁྲིད་པའི་ཀུ་རེ་བཞད་གད་ཀྱང་ཚིགས་བཅད་དུ་མཛད་པ་ཡིན། ཚིག་གི་གཟེག་ཟེག་མེད་ཀྱང་མི་ཧོ། ལར་བླ་མའི་ཡོན་ཏན་འདི་འདྲ་བ་མཐོང་ཙ་ན། ད་ལྟར་ངའི་བླ་མ་དེ་འདིར་བྱོན་ནས། ཁྱོད་ཀྱི་སྙིང་ཐོན་ལ་ང་ལ་ཕུལ་ཟེར་ཡང་འབུལ་བ་ལས་གཞན་མི་སེམ་མོ་ཞེས་བྱ་བ་ནི། དལ་འབྱོར་འདི་ནི་རྙེད་པ་དཀའ། །སངས་རྒྱས་བསྟན་དང་ཕྲད་པ་དཀོན། །དཀོན་མཆོག་མཆོད་པ་སྲིད་པ་ཙམ། །བླ་མ་བསྟེན་པ་ཉིན་སྐར་འདྲ། །གསུང་བཞིན་སྒྲུབ་པ་རྒྱ་ལམ་ན། །ལུས་འདི་ནད་ཀྱི་གང་བུ་ཡིན། །ཚེ་འདི་ཆུ་ཡི་དབུ་བ་འདྲ། །ང་ནི་སྨུམ་ཟད་མར་མེ་ཙམ། །རྟེན་ཅིང་འབྲེལ་པར་

འབྱུང་བ་ཡི། །མདུང་ཁྲིམ་ནམ་འཇིག་ཆ་མེད་པས། །དེ་བས་ཡོངས་འཛིན་དམ་པ་ཡི། །ཐུགས་དགོངས་རྫོགས་ན་གཏན་དུ་བདེ། །སྙིང་ཕུལ་གསུང་བ་ག་ལ་སྲིད། །གསུང་ཡང་ཉམ་ང་མི་བྱེད་ཀྱང་། །བདག་གི་སྙོ་གསུམ་སྔོན་ཆེ་ནས། །འབངས་སུ་བླ་མ་ཉིད་ལ་བསྔོས། །ད་ནི་ཡན་ལག་བདུན་པ་ཡིས། །མཆོད་ཀྱང་ཕུལ་ཟིན་བསྔོས་པ་ཡིན། །རྟག་ཏུ་ལེགས་པའི་ཤེས་རབ་ཀྱིས། །ལེགས་པར་བརྟུས་པའི་གླིགས་བམ་འདི། །སྙིང་གི་དཀྱིལ་དུ་བཅང་བར་བགྱི། །ཐིག་ལེ་དག་ལ་རྒྱུན་དུ་བརྟེན། །ཞེས་བྱ་བ་ནི་གཞོན་ནུ་རྒྱལ་མཚན་གྱིའོ། །ཞེས་བྱ་བ་དེ་དག །སློབ་དཔོན་བྱང་ཆུབ་བཟང་པོ་གསུང་གིན་གདའ། འདི་དག་ནི་བྱུང་ཚུལ་ཐོར་བུ་པའོ།། །།

༈ ད་བྱུང་ཚུལ་དངོས་ནི། ཐམས་ཅད་མཁྱེན་པ་དེ་གདུལ་བྱའི་དབང་གིས་བོད་དུ་བྱོན་ནས། མྱ་ངན་ལས་འདས་པའི་ཚུལ་བསྟན་གྱི་བར་དུ། ཡོངས་ཀྱི་དགེ་བའི་བཤེས་གཉེན་སྟོན་པ་རིན་པོ་ཆེ་དང་ཆོས་ཀྱིས་བསྒྲོ་བ་དཔག་ཏུ་མེད་པ་མཛད་མོད་ཀྱི། ཐ་མལ་གྱི་གཏམ་གཅིག་ཀྱང་གསུངས་པ་མེད། འོན་ཀྱང་འཇིག་རྟེན་པོ་ན་དང་བསྟུན་པའི་ཆོས་མང་དུ་གསུངས། དེ་ལ་ཞུས་ལན་ཐམས་ཅད་ཀྱང་། རང་གི་བཙན་ས་མ་ཟིན་པར་གཞན་ལ་སྐྱབས་ཞུ་དགོས་པས། སྐྱབས་གནས་ཀྱི་ནང་ནས་མཆོག །ལྷ་ཇོ་བོ་དཀོན་མཆོག་གསུམ་ལ་གཏན་གྱི་སྐྱབས་གནས་ཞུ་བ་དང་། དེ་ལ་མགོན་སྐྱབས་ཞུས་ནས་གཞན་གྱི་སྐྱབས་གནས་བྱེད་པ་ལ། འཆི་བ་མི་རྟག་པ། ལས་རྒྱུ་འབྲས། འཁོར་བའི་ཉེས་དམིགས་མ་ཤེས་ན། ཕ་མར་བྱམས་པ་དང་། སྡུག་བསྔལ་བ་ལ་སྙིང་རྗེ་བ་དང་། ཐམས་ཅད་ཉེ་རིང་མེད་པར་བཏང་སྙོམས་དང་། ཐམས་ཅད་བདེ་ན་དགའ་བའི་ཚད་མེད་པ་བཞི་སྟེ། བསམ་པ་ཁྱད་པར་ཅན་བཞི་མི་འབྱུང་བས་དེ་དག་ལས་བརྩམས་ནས་དྲིས་ཤིང་ཞུས་པ་དང་མཐུན་པར་བླ་མས་ཀྱང་ལན་བཏབ། དེ་ཐམས་ཅད་ཀྱང་འགྲོ་བ་ཡོངས་ལ་ཤ་ཚ་བ་དང་། སྙིང་རྗེ་བ་ཕན་པའི་བསམ་པ་འབའ་ཞིག

ལགས་པས། རང་རང་དང་མཐུན་པའི་ཞུས་ལན་མཛད་དོ། །དེ་ལ་ཐང་པོ་ཆེ་ནས་སྣེ་ཐང་དུ་འབྱོན་པའི་ལམ་དང་། སྣེ་ཐང་ཉིད་དུ་བཞུགས་ནས། ཇོ་རྗེའི་གླུ་ལ་སོགས་པ་མཛད་པ་དང་། ཡེར་པར་ཆགས་ཐེབས་ནས། བླ་མ་ལ་ཕྱག་ཇི་ལྟར་བཙལ་བ་དང་། ལྷ་དང་ཆོས་ལ་ཇི་ལྟར་གདམས་པ་དང་། སྔོན་གྱི་སྐྱེས་རབས་ཁྱད་པར་ཅན་གྱི་ཞུས་ལན་ལ་སོགས་པ་དུམ་ཅིག་མཛད་གསུངས་ནས་གདའ། དེ་ལ་དགེ་བའི་བཤེས་གཉེན་གསང་ཕུ་བ་ཆེན་པོས་དང་བ་གསུམ་གྱིས་གཞི་བྱས། ཚུལ་ཁྲིམས་གསུམ་གྱིས་རྒྱུད་བཏུལ། ཤེས་རབ་གསུམ་གྱིས་གཏན་ལ་ཕབ། སྔོར་བའི་དུས་སུ་ཞབས་སྤྱི་བོས་བླངས། དངོས་གཞིའི་དུས་སུ་མིག་གདོང་མཆི་མས་བརླན། མཐར་ཚིམ་པ་མེད་པར་ཐུག་མེད་དུ་ཞུས། ལར་དགེ་བའི་བཤེས་གཉེན་དེ་སྐུ་དྲིན་ཆེ། སྤྱིར་སེམས་ཅན་ཡོངས་ལ་དམིགས། སློས་གངས་རིའི་ཁྲོད་པ་རྣམས་བཟུང་། ཁྱད་པར་དབུ་རུ་བྱང་ཕྱོགས་པ་རྣམས་ཡོངས་སུ་སྐྱང་བར་མཛད། ཁོང་གིས་ཆོས་ཟབ་མོ་འདི་རྣམས་ཞུས་ནས་དགེ་བའི་ལྷས་བསམ་གྱིས་མི་ཁྱབ་པ་མང་པོ་བྱུང་། ཆོས་ལ་མིང་བཏགས་ནས་ལོག་འཚོ་བྱེད་པ་མང་པོ་ཡོད་པ་ཆད། བན་བཙུན་ཚུལ་ཁྲིམས་དང་མི་ལྡན་པ་དགོར་ལ་འབགས་པ་ཡོད་པ་རྣམས་ནུབ། རབ་ཏུ་བྱུང་བ་རྣམས་ལ་གཞུང་སྡེ་སྡོད་མན་ངག་སྣ་ཚོགས་པའི་འཆད་ཉན་དར། ཁྱད་པར་དུའང་། སྒྲུབ་པ་ཉམས་ལེན་ལ་གཙོ་བོར་བྱེད་པའི་དུས་བྱུང་། སྔགས་པ་རྣམས་ཀྱི་དམ་ཚིག་གི་སེལ་ཕྱུང་། སློམ་ཆེན་ལས་འབྲས་ཟབ་མོ་ཁྱད་དུ་བསད་ནས། ལྟ་བ་ཟབ་མོ་ཁས་ལེན་པ་རྣམས་ཉམས་སྨད། ཁྱིམ་པ་ཕྱོལ་སོང་དང་འདྲ་བ་རྣམས་ཀྱང་། དཀོན་མཆོག་གསུམ་ལ་སྐྱབས་སུ་འགྲོ། དགེ་འདུན་ལ་བསྙེན་བཀུར། འབྱུང་པོ་རྣམས་ལ་གཏོར་མ། དབུལ་ཕོངས་རྣམས་ལ་སྦྱིན་གཏོང་། རྒྱུད་ལ་བསྙེན་གནས་ཀྱི་བསྲུང་སྡོམ། ལས་རྒྱུ་འབྲས་གོ་སླ་ལ་ཕན་ཡོན་ཆེ་བའི་ཐོས་བསམ། ངོ་ཚ་དང་ཁྲེལ་ཡོད་དུ་གྱུར་པ་ལ་སོགས་པ་ཁྱིམ་བདག་མགོན་མེད་

ཟས་སྦྱིན་གྱི་གནས་དང་འདྲ་བར་གྱུར། དུས་ད་ལྟ་ཡན་ཆད་དུ། ཇོ་བོ་བཀའ་གདམས་པ་ཞེས་ཟེར་ནས། འོག་ནས་གླུས་འདེགས། སྟེང་ནས་ལྷས་སྐྱོབ། ཕྱོགས་གར་འགྲོ་ཡང་དེའི་ལྷ་གདོང་ལ་ཁྱེར་ནས་འགྲོ། ཡོན་བདག་གྲགས་པ་ཅན་གྱི་གཅེས་ཕྲུག་རྣ་གཡུ་ཕྲུལ་ལེ་བ་རྣམས་འཕྲུལ་གྱི་བདེ་སྐྱིད། ཕྱུགས་ཀྱི་བདེ་བ་འཛོམས་པའི་བདུད་ཀྱི་རྒྱལ་པོ་དགའ་རབ་དབང་ཕྱུག་གི་ཁྱིམ་འདྲ་བ་ནས་ཕྱུང་ནས། གོས་ངུར་སྨྲིག་གི་རྒྱལ་མཚན་བསྣོན། རང་བཞིན་མི་ལུས་ཀྱི་རྒྱན་བཟང་པོ་དེ་ལ་བསླབ་པ་གསུམ་གྱི་ཕྲ་བཀོད་དེ། ཟས་ཀྱི་ཟ་ཐབས། གོས་ཀྱི་གྱོན་ལུགས། སྟན་ལ་འདུག་ལུགས། མལ་དུ་ཉལ་ལུགས། འགྲོ་འདུག་དང་སྤྱོད་ལམ་བྱེད་ལུགས། ཕྱག་དང་། བསྐོར་བ་དང་། འཕྲུལ་གྱི་ལག་ལེན་རགས་རིམ་ནས་བཟུང་ནས། ལྷ་བཟོ་མཁན་པོའི་རི་མོ་བཞིན་དུ་ཇེ་ཞིབ་ཇེ་ཞིབ་ལ་བཏང་ནས། དབྱིབས་དང་ཁ་དོག་ཕྱེད་པ། ཉམས་སུ་ལེན་ལུགས་ཐམས་ཅད་མ་འདྲེས་མ་སྦྲགས་པ་ཞིབ་ཏུ་བསིལ་ནས། ལེགས་པར་སྦྱོམ་པ་ལ་མཁས་པ་འདི་རང་སྤྱིལ་པའི་ཉན་ཐོས་རང་ཡིན་ནམ་སྙམ་པ། མཽདྒལ་གྱི་བུ་ཆེན་པོས་འོད་ཟེར་ཅན་གྱི་འཇིག་རྟེན་བལྟ་རུ་ཕྱིན་པ་དང་འདྲ་སྟེ། གཞོན་ནུ་རབ་བྱུང་ལ་བག་དང་ལྡན་པ། ཕྱིས་རྫུ་འཕྲུལ་བཀྱེ་ནས་འོད་ཟེར་ཅན་གྱི་འཇིག་རྟེན་སྐྱིལ་ཀྲུང་གིས་བཀང་བ་བཞིན་དུ། དགེ་བའི་བཤེས་གཉེན་གཞི་བརྟན་ལ་ཕྱོགས་མཐའ་རྒྱས་པ་སྟེ་སྟོད་ཀྱི་པོ་ཏི་རི་བོ་ཅམ་པ་ཤེས་ནས། མན་ངག་ཕྱོགས་རེ་བ་ལ་མ་རྟོགས་པ། མི་ཚེ་ཐོས་བསམ་ལ་བསྐྱལ་ནས། ཐན་ཞུགས་ཀྱི་སྤྱོད་པར་མ་ཤོར་བ། འདུལ་བ་སྙིང་གི་ཐིག་ལེར་བྱེད་དེ། གླང་དོར་ལ་མཁས། མདོ་སྡེ་སྙིང་གི་ཐིག་ལེར་བྱེད་དེ་ལས་འབྲས་ལ་མཁས། མངོན་པ་སྙིང་གི་ཐིག་ལེར་བྱེད་དེ། ཐམས་ཅད་ཤེས་རབ་ཀྱི་ཕ་རོལ་ཏུ་ཕྱིན་པར་བྱེད་པ་ལས་མ་འདས་པར་བྱེད་པ། ཉོན་མོངས་པ་སྤོང་བ་དཔའ་བ་ལ་བརྟེན་ནས་ཉན་ཐོས་ཆེན་པོའོ། །འཇིག་རྟེན་གྱི་རྣམ་གཡེང་ལ་མི་ལྟ་བ་ལ་བརྟེན་ནས་རང་རྒྱལ་ཆེན་

པོའོ། །བདག་པས་གཞན་གཅེས་སུ་འཛིན་པས་སེམས་དཔའ་ཆེན་པོའོ། །ཇོ་བོའི་ལྷ་བ་གནས་ལུགས་དབུ་མ་ཆེན་པོ་ལས་མ་གཡོས་པས་སངས་རྒྱས་ཆོས་ཀྱི་སྐུའི་བདག་ཉིད་ཅན། འོད་ཟེར་ཅན་གྱི་འཇིག་རྟེན་ལས་ཀྱང་རྒྱ་ཆེ་བ་ཁྱབ་པ། ནམ་མཁའ་དང་མཉམ་པའི་ཡོངས་ཀྱི་དགེ་བའི་བཤེས་གཉེན་གནམ་གྱིས་ས་བཀབ་པ་ཟེར་བའི་ཚུལ་དུ། རྒྱལ་བའི་གསུང་རབ་རབ་འབྱམས་ལ་མཁས་པ། དགེ་བའི་བཤེས་གཉེན་རིན་ཆེན་གསལ་ལྟ་བུའམ། ཐམས་ཅད་སྙིང་པོར་བསྡུས་ནས་ཉམས་སུ་ལེན་པར་བྱེད་པ་དགེ་བའི་བཤེས་གཉེན་ཚུལ་ཁྲིམས་འབར་བ་ལྟ་བུའམ། བླ་མའི་ཐུགས་ཀྱི་སྙིང་པོ་ལེན་པར་བྱེད་པ། རྟེན་ཅིང་འབྲེལ་བར་འབྱུང་བ་མཐའ་དག་ལ་མཁས་པ་སྙིང་རྗེ་ཆེན་པོས་གཞན་དབང་དུ་གྱུར་པ་དགེ་བའི་བཤེས་གཉེན་གཞོན་ནུ་རྒྱལ་མཚན་ལྟ་བུའམ། དྲང་སྲོང་ཆེན་པོ་ཤར་བ་པ་འམ། ཤ་པོ་བའམ། ལུང་དགོན་པ་བའམ། སྣང་རི་ཐང་པའམ། འབྲོམ་ཉིད་ཀྱི་སྤྲུལ་པ་ཁམས་པ་ལུང་པའམ། ཀ་མ་པ་ཤེས་རབ་འོད་དམ། སྤྱན་ང་པ་ཞང་སྟོན་དར་མ་གྲགས་སམ། དགེ་བཤེས་རིན་ཆེན་སྙིང་པོའམ། འབྲོམ་ཉིད་ཀྱི་སྤྲུལ་པ་སྐྱེར་པ་སྒང་པའམ། མདོར་ན་བསམ་གྱིས་མི་ཁྱབ་པ་ཅིག་བྱོན་ཏེ། ཆོས་འདི་ལ་བརྟེན་ནས་བཀའ་གདམས་པ་ཞེས་གྲགས། དུས་དེང་སང་བཀའ་གདམས་པ་ཞེས་ཐ་སྙད་ཙམ་ཟད་ཅིག་གདའ་སྟེ། དྲག་ཤོས་དག་གིས་གཉེན་པོ་བསྟེན་པ་ཙམ་དུ་འགྱུར་རོ། དེ་ཡང་ཡིན་མོད་ཀྱིས་གཉེན་པོ་བསྟེན་པ་ནི་མང་མོད། ཆོས་མགོ་འཆི་བ་མི་རྟག་པ་ནས་བཟུང་ནས། གོང་དུ་བསྟན་པ་བཞིན་དུ་གཅེས་སྤྲུག་ཆོས་སྐོར་འཇུག་པ་རིམ་པ་བཞིན་དུ་སུ་དགེ་བཤེས་ཆེ་ཡང་། ཝེ་སྐོལ་གྱི་ཆོས་ལུགས་འདི་ལ་ཞུགས་ནས་ཟན་མགོ་གཅོད་ཐབས་ནས་བཟུང་སྟེ། བཙུན་པ་བཙུན་པ་འདྲ་ན་བཙུན་པ་བྱ་བ་ལགས་པས། ཁོང་ཀུན་གྱི་དགེ་བའི་བཤེས་གཉེན་དེ་ལ་ཝེ་སྐོལ་གྱི་གྲྭ་ས་འདིར། རྒྱན་ཞུགས་ཤིག་བྱུང་དོགས་ཡོད་པས་བློར་མི་ཤོང་སྟེ། སློབ་གཉེར་གཞི་ནས་རང་བྱེད། །ཅི་

སྐྱེ་ན་གླེགས་བམ་འདི་ལ་ངོ་ཚ། བླ་མ་ཡབ་སྲས་ཀྱི་ཐུགས་ཀྱིས་ཁྲིལ་ནས་འོང་། ངས་བཀའ་བརྒྱུད་འདི་ལ་གཏུགས་ནས་བྱུང་གི་ཧྲིང་ལ། འཕྲུལ་ཨ་མའི་འགྲམ་ལྡུག་ན་སྐྱེ། ཕུགས་སུ་རང་ལ་ཕན་པས། དགེ་བཤེས་དེའི་མགོ་དེ་བཞིན་དུ་འདོན་འཚལ། ཁོང་ལ་ལའི་དགོན་པ་ཀུན་ན་མར་ལ། རང་ལ་སློམ་པ་ལེན་འདོད་མེད། གཞན་ལ་བདག་རྐྱེན་བཟང་ངན་ལ་ཐེ་ཚོམ་ཟ་བ་རེ་རབ་ཏུ་བྱུང་སྐྱེ། རབ་བྱུང་ཡིན་མིན་ལའང་ཐེ་ཚོམ་ཟ། རྒྱ་གལ་ཏེ་ལེན་འདོད་དང་ལྡན་དད་པ་བརྟན་པོ་ཡོད། ཡོན་ཏན་གྱི་རྒྱལ་པ་ལ་བདུད་མོའི་མདུང་མོ་ཕོག་པ་རེ་རབ་ཏུ་བྱུང་ནས། དེ་ལའང་རབ་ཏུ་བྱུང་ནས་སྔར་བཞིན་སློབ་གཉེར་མི་བྱེད་པར། ཕྱོག་སབ་ཏ་སོབ་ཏ་རེ་ཐམ་ཐོམ་དུ་བསླབས། དེ་མཐར་མ་སྐྱོལ་བ་ལ་ཀ་པ་ལི་རྩེ་རེ་གཏད། ཞྭ་པའི་མིང་ཅིག་བཏགས། ཉན་བཤད་ལ་འདིང་ཟེར་ནས། མངོན་ཚན་ཆེ་ས་རེ་ཙ་བསྡད། སློབ་དཔོན་དེས་མན་ངག་དང་མི་ལྡན་པ་རེ་བཤད། དེས་འཁོར་བ་ལ་འཇིགས་པ་དང་། མྱ་ངན་ལས་འདས་པ་ལ་དྲོད་པ་གང་ཡང་མེད་པར། ལ་ལ་ནི་སྡེ་ཚུང་གི་རྩིག་པ་བྱེད། ལ་ལ་ནི་ཁ་བགྲད་མིག་བཙུམས། སོར་རྡོ་རྡེག་པ་དང་། ལུས་ཀྱི་རྣམ་འགྱུར་དུ་མ་བྱེད། ལ་ལ་གཉིད་ཐུམ་ཅིག །ལ་ལ་ནི་མི་འགྲུབ་པའི་བརྣབ་སེམས་སྒོམ། ཕ་ལོ་མང་པོར་ལེ་ལོ་ལ་བསྐྱལ་ནས། ད་གཟོད་འཆི་ཁར་གཏུགས་ཏེ་ཐུག་ཙ་ན། དང་གར་འོང་བ་ཚུ་ལས་མེད། ཡི་དམ་ལྷའི་བསྙེན་པ་བསྐྱལ་ཟེར་ནས་གདེང་ཅིག་ཀྱང་མེད། ཀྱོང་བྱུང་གིས་དོགས་ནས་སྐྱབས་འགྲོ་སེམས་བསྐྱེད། ཉན་བཤད་ཀྱི་ཐ་མར་བསྔོམས་ས། གོམས་པ་དབང་དུ་གྱུར་ནས། ཞིང་ཁམས་རྣམ་དག་ཏུ་སྨོན་ལམ་གདབ། བྱང་ཆུབ་ཆེན་པོར་བསྔོ་བ་བྱས། ད་ནི་མི་འགྱོད་སྙོ་དགར་བྱས། ཤི་མ་ཐག་ཏུ་དགའ་ལྡན་དུ་འགྲོ་བྱ་བའམ། བདེ་བ་ཅན་དུ་འགྲོ་བྱ་བའམ། བཟང་པོའི་མཚན་ལྟས་ཅི་ཡང་མེད་པར། ང་འདི་ལ་ཐུག་ན་དག །ལུགས་འདི་མིན་པ་ཅིག་དགོས་པ་ལགས་ཏེ་ཟེར་ནས་ཤུགས་རིངས་འདོན། ད་དུང་ཡང་ཁ་ཆེམས་ཆོས་

དང་མི་མཐུན་པ་རེ་འཇོག །ཉན་བཤད་དུ་མར་བྱས་པའི་པོ་ཏི་དེ་ནི་ཕ་ཚད་ན་སྐྱ་གོ་གི་ལུས། རང་རྒྱུད་ལ་ནི་ཚིག་བཞི་པ་ཅིག་ཙམ་གྱི་དོན་ཡང་འོང་དུ་མ་འདོད། ཆོས་དང་གང་ཟག་རྒྱབ་ལོག་པའི་དུས་དེ་ཙ་ན། འཆི་བདག་ཁོ་སྙིང་ཆོམ་འགྲང་ཞིང་གཉའ་བར་ཞོན། འཆི་བར་ནི་ངོ་ཤེས། བཟློག་པར་ནི་མི་ནུས། སྨྲ་རྟགས་འདོན་པའི་ཚོ། རྩ་བ་ན་ཡོད་པའི་བུ་སློབ། མཆེད་གྲོགས། སློབ་དཔོན་ལ་སོགས་པ་དག་གིས་ཀྱང་དེ་ལྟར་བས་པས། འཕོ་བ་རེ་ཙམ་འདེབས་པའམ། སྐྱབས་འགྲོ་སེམས་བསྐྱེད་ལ་སོགས་པའི་གསལ་འདེབས་པའམ། མཚན་བྱིན་བརླབས་ཅན་རེ་ཙམ་བརྗོད་པའམ། མན་ངག་གི་སེམས་གསོ་རེ་ཙམ་ཡང་བྱེད་མཁན་མེད་པར་ཐམས་ཅད་རང་ས་ན་ཚུབ་རིང་རང་ཕར་ལྟ་ཚུར་ལྟ་ཕན་པའི་འདུན་པ་ཅིག་ཀྱང་མི་ཤེས་པར། ཨ་པ་ཆོས་པའི་མལ་ནས་ཐ་མལ་གྱི་རོ་འོང་བྱ་བ་དེ་འདྲ་ལ་ཟེར་བ་ཡིན། དགེ་བཤེས་ཆེ་བས་ཅི་ལ་ཕན། བུ་སློབ་དང་འཁོར་ཚོགས་མང་ནས་ཅི་བྱེད། འཇིག་རྟེན་འདིའི་འདུན་གྲོས་ལ་མཁས་པ་ཅིག་ཡིན་ན། འདིར་དོན་མེད་དུ་སོང་ནས་མི་གདའ་འམ། ཨ་ཙ་མ་གར་ཀུན་ན་དེ་འདྲ་མང་པོ་ཡོད་དེ། རང་རེས་དེ་འདྲ་ན་ཡོན་བདག་ལ་སོགས་པ་ཇི་ལྟར་འདྲེན། མི་འོང་ཡོན་མཆོད་ཀྱི་འཇུག་ངོགས་འཕྱུར་ལ་བདེ་སྐྱེ། མངས་པས་ཕུང་བ་ཡིན། མདོར་ན་གཞན་ལ་འབར་བར་མི་བྱ་ཞེས་པ་ཡིན་ཏེ། སྐྱོན་ཡོན་མ་བཤད་ན་གླང་དོར་ལ་མི་འཇུག་པས་དྲང་ཐིག་ཙམ་ཞིག་བརྗོད་དོ། །དེ་ལྟ་བས་ན་རང་ཕྱོགས་ལ་མཛུབ་མོ་འཛུགས་འཚལ། བཤད་པ་ལག་ལེན་དང་བསྟུན་འཚལ་བས། འཆི་བས་འཇིགས་པ་ལ་ད་ལྟ་ནས་བསྒོམས་ལ་ཤིའང་འགྱོད་པ་མེད་པའི་ཆོས་ཤིག་བགྱིད་འཚལ། འཇིག་རྟེན་གྱིས་མཁར་གག་གོག་དག་ཀྱང་ས་གཞི་བརྟན་པོ་ལ་སྒྱུར་བས་མཐོན་པོར་བྱེད་ན། འོ་སྐོལ་ནམ་ཞག་གཏན་གྱི་འདུན་མ་སྒྲུབ་པར་བྱེད་པ་ལ། ཚུལ་ཁྲིམས་ཀྱི་གཞི་མ་མ་འགྲིལ་བར་བྱེད་པ་གལ་ཆེ། དེའི་སྟེང་ནས་དེ་དང་ཐ་མི་དད་

པར་ཉེས་པ་ཕྲ་ཞིང་ཕྲ་བ་ངག་ཀྱལ་ལམ། སྤྱོད་ལམ་མི་མཛེས་པའམ། ཁ་ན་མ་ཐོ་བ་རྡུལ་ཕྲན་ཙམ་གྱིས་ཀྱང་མ་གོས་པ། ཐ་ན་བཏང་སྙོམས་སུ་འང་མ་ལུས་པ་ཅིག་གལ་ཆེ། དེའི་སྙིང་དུ་དགེ་བ་ཕྲ་ཞིང་ཕྲ་བ། གཞན་ལ་ཚིག་སྙན་པ་དང་། བཞིན་འཛུམ་པ་དང་། སྤྱོད་ལམ་མཛེས་ཤིང་བག་ཕེབས་པ་དང་། ཁྱིམ་པའི་སྤྱོད་པ་ཅུང་ཟད་ཙམ་ཡང་མ་འདྲེས་པ་དང་། རབ་ཏུ་བྱུང་བའི་རྟགས་ཕུན་སུམ་ཚོགས་པར་ནོས་པ་དང་། བླ་མ་ལ་གསོལ་བ་འདེབས་པ་ལ་སོགས་པ་ལུས་ངག་གི་དགེ་བ་ཕྲ་མོ་ཡང་ཁྱད་དུ་མི་གསོད་པར་ཤིན་ཏུ་བརྩོན་པར་བྱེད་པ་གལ་ཆེའོ། །དགེ་བའི་བཤེས་གཉེན་པ་ར་སྒྲིང་ན་བཞུགས་པའི་དུས་སུ། དགེ་འདུན་བཙུན་པ་རྣམས་དགོངས་སུ་གསོལ། ཁྱེད་ནི་ཤཱཀྱའི་སྲས་ཡིན་གྱིས། བག་མེད་པ་ཁྱིམ་པའི་སྤྱོད་པ་དང་འདྲེས་པར་མི་བྱའོ། །ཡན་ལག་མེད་ན་རྩ་བ་མི་འབྱུང་བས། རྩ་བ་བརྟན་པར་བྱ་བའི་ཕྱིར་དུ་ཡན་ལག་ལ་བརྩོན་པར་བྱའོ། །འདི་ལྟ་སྟེ། མིའི་ལུས་ཕུན་སུམ་ཚོགས་པར་འཛོག་པ་ནི། དབང་པོ་དང་ཡན་ལག་མ་ཚང་བ་མེད་པས་འཛོག་པའོ། དེ་ལ་རིམ་གྱིས་འདི་ལྟ་སྟེ། སོར་མོ་མེད་ན་ནི་རྟུམ་པོའོ། །རྐང་ལག་མེད་ན་ནི་ཞ་བོའོ། །གང་པོའོ། །མིག་མེད་ན་ནི་ལོང་བའོ། །ལྕེ་མེད་ན་ནི་སྨྲར་མི་རུང་བའོ། །སྣ་མེད་ན་ནི་སྣ་རྟུམ་ལ་སོགས་པ་དེ་དང་འདྲ་བར་བཤད་དོ། །མགོ་བོ་མེད་ན་ནི་མིར་མི་རུང་། དེ་དག་གང་ཡང་མེད་ན་ནི་གཞན་ཡང་ཕལ་ཆེར་འཛིག་གོ །ཤཱཀྱའི་དགེ་སློང་དག །དེ་བས་ན། གཞན་ཡན་ལག་ཕྲ་ཞིང་ཕྲ་བ་ནས་འཛོམ་པར་བྱའོ། །གླུ་གར་དང་རོལ་མོའི་སྒྲ་ཡང་བཀག་ན། ཆང་དང་དུས་མ་ཡིན་པའི་ཁ་ཟས་དག་ནི་ལྟ་སྨོས་ཀྱང་ཅི་འཚལ། བཀག་བཞིན་དུ་སྤྱོད་ན་ནི་སངས་རྒྱས་ཀྱི་གསུང་ལ་མ་བརྩིས། མི་རྩི་བ་ནི་ཤཱཀྱའི་སྲས་མ་ཡིན། དེ་ལ་བརྟེན་ནས་དཀོན་མཆོག་གསུམ་ལས་ཀྱང་ཕྱི་རོལ་དུ་འགྱུར། གྱུར་ན་ནི་ནང་པ་སངས་རྒྱས་པའི་གྲལ་ན་མེད། དེ་ལ་བརྟེན་ནས་ངན་འགྲོར་འགྲོ་བས། ཐ་ན་དགེ་སྦྱོང་དང་བྲམ་ཟེའི་སྤྱོད་པར་

མི་འགྱུར་བའི་འབགས་བཅོག་ལ་སོགས་པ་མི་གཙང་བའི་ལས་ཀྱིས་མ་གོས་པར་བྱའོ། །དེ་ཡང་འབགས་བཅོག་བསྲུང་བ་ལའང་བརྗོན་པར་བྱ་སྟེ། འདི་ལྟར་དམ་ཉམས་པ་དང་། ཚུལ་ཁྲིམས་འཆལ་བ་དང་། མཚམས་མེད་པ་བྱས་པ་ལ་སོགས་པ་དང་གནས་གཅིག་ཏུ་བསྡད་ཀྱང་། རྟོགས་པ་དང་ཡོན་ཏན་གྱི་གེགས་བྱེད་པར་གསུངས་ན། གནས་མལ་གཅིག་པའམ། སྤྱོད་ལམ་གཅིག་པའམ། ཟས་སྐབས་སུ་ཟ་བའམ། དེའི་ལག་ནས་བྱུང་བ་ཟ་བའམ། ཁ་སྲེས་ནས་ཟ་བ་ནི། ངན་འགྲོའི་གཡང་ལ་འགྲོ་བར་ངེས་པས། སྤྲུལ་པ་སྟོང་གི་གསེབ་ཏུ་སྤྲུལ་པ་རྨ་ཅན་གཅིག་མི་བཞུགས་པའི་ཕྱིར་དུ་ལག་ལེན་དོག་མཐའ་ནས་འཆའ་བས། སྐྱེ་བོ་ཁྱིམ་པ་དང་ཉེ་བ་དང་། ཕ་དང་། མ་དང་། ཐ་ན་རང་ལས་བསླབ་པ་གཞོན་པ་མས་ཆོད་ཀྱིའང་འབགས་པ་ལ་ལོངས་སྤྱོད་པར་མི་བྱ་སྟེ། སྤྱོད་ལམ་དེ་དང་མི་བསྟུན། འདུལ་བ་ནས་ཀྱང་། དགེ་ཚུལ་ལའང་ནུབ་ལྷག་བྱ་བར་བཤད། དགེ་སློང་དང་ཁྱིམ་པ་ནུབ་ལྷག་པར་ཉལ་བ་ནི་མི་རིགས་ན། ཚུལ་ཁྲིམས་འཆལ་བ་ལ་སོགས་པ་དང་ལྟ་སྨོས་ཀྱང་ཅི་འཚལ། དེ་ལྟ་བས་ན་བླ་མ་དང་། སངས་རྒྱས་ལས་གཞན་པ་གང་གིའང་། འབགས་པ་བཟའ་བར་མི་བྱའོ། །ཅི་སྟེ་གཞན་བཟང་ཡང་མི་རྟོགས་པ་དང་། བཟང་བཟང་པོ་མང་ན། ལ་ལ་ཀོ་ལོང་འབྱུང་བའི་ཕྱིར་རོ། །ལ་ལའི་རྟོག་པ་ལ་འབགས་བཅོག་ཅེས་བྱ་བ་སྨྱུག་བྲོ་བ་ལ་ཟེར་སྐམ་སྟེ། དེ་བཅོག་པ་བྱ་བ་ཡིན། སྦགས་པ་ཞེས་བྱ་བ་ནི་ཉོན་མོངས་པ་དང་ཉོན་མོངས་པ་ཅན་ལ་སོགས་པའོ། །དེའང་འོ་སྐོལ་ནི། སྟམ་བུ་དཀར་པོ་དྲི་མ་མེད་པ་དང་འདྲ། སྦགས་པ་ཅན་གྱི་རིགས་ནི་ཕྱུ་བྲེག་དང་འདྲ། སྟམ་བུས་མི་གོས་ཕྱུ་བྲེག་གིས་འགོ་བའི་ཕྱིར་དེ་བས་ཤན་ཤུན་ཕྱེ་ན་གཙང་བ་ཡིན། དེ་ལྟ་ན་བླང་དོར་ཕྲ་ཞིང་ཕྲ་བ་ལ་བག་ཡོད་དུ་བྱའོ། །ཞེས་ཉམས་སུའང་ལེན་ཅིང་རང་གཞན་ཐམས་ཅད་ཀྱི་འདྲེན་པ། གཞུང་མན་ངག་གཉིས་སུ་བཀའ་གདམས་མཐའ་རྒྱས། དེ་ཡང་ཕུ་ཏོ་སྐོར་བ་དང་། སྤྱན་སྔ་

སྐོར་བར་གྲགས་ཏེ། ཕུ་ཏོ་སྐོར་བ་ནི་བཀའ་གདམས་ཀྱི་མཐའ་རྒྱས། སྤྱན་སྔ་སྐོར་བ་ནི་བཀའ་གདམས་ཀྱི་བཅུད་ཀྱིས་སྨིན། སྐབས་དོན་ལྷ་ཆོས་བདུན་ལྡན་དུ་ངོ་བོ་གཅིག །དེ་དག་བཀའི་བབས་ལུགས་ཡིན། དེ་ལ་བཀའ་ཟབ་མོ་འདི་ཧྲོན་ནས་དྲང་སྲོང་སྲིན་པོ་རི་ཡན་ཆོད། འཕན་ཡུལ། རོང་། གླུངས་ཤོད་མན་ཆད་དུ་འདུལ་བ་འཛིན་པའི་མཆོ་ཇོལ། རབ་ཏུ་བྱུང་བ་འབྲོམ་དང་དངོས་སུ་འབྲེལ་མ་འབྲེལ་གྱི་ཁྱད་པར་གྱིས། གཙང་མི་གཙང་ཤག་གེ་ཡོད་ནའང་། བཀའ་འདིའི་བྱིན་རླབས་ཀྱིས་དབུ་རུ་སྨད་དུའང་རབ་ཏུ་བྱུང་བ་དཔག་ཏུ་མེད་པ་ཅིག་བྱུང་བ་ཡིན། མདོ་སྨེ་ཡང་ཕ་རོལ་ཏུ་ཕྱིན་པའི་ཉན་བཤད་སྟོད་སྨད་དུ་ཤིན་ཏུ་དར། མངོན་པའང་ཐམས་ཅད་ན་ཁྱབ་པར་ཡོད། དེ་ལྟར་ན་སྡེ་སྣོད་རྣམ་པ་གསུམ་གྱི་ཉན་བཤད་ཀྱང་ཕུན་སུམ་ཚོགས་པར་བྱུང་བས། ཆོས་འདི་ནི་ཤིན་ཏུ་བྱིན་བརླབས་ཆེ། དགེ་བའི་བཤེས་གཉེན་པས་ཀྱང་དེ་ལ་དགོངས་ཏེ་ཡི་གེར་བཀོད། ལ་ལའི་རྟོག་པ་ལ། ཆོས་འདི་དེ་ལྟར་ཕན་ཡོན་ཁྱབ་ཆེ་བ་བསམ་གྱིས་མི་ཁྱབ་པ་ཡིན་ན། འདི་ཀུན་ལ་འཆད་ཉན་དར་བ་གྲགས་པ་ཆེ་བ། བཀའ་གདམས་པ་ཐམས་ཅད་ཀྱིས་ཀྱང་ཕ་ཆོས་སུ་འཛིན་པ་ཅིག་འོང་དུ་ཐང་སྙམ་པ་ཡོད་དེ། དེ་ལྟར་མ་བྱུས་པའི་ཕན་ཡོན་འདི་ལྟར་ཆེ་བ་ཡིན། འཇིག་རྟེན་ཀུན་ནའང་འགྱུར་པ་ཕུན་སུམ་ཚོགས་པ་མཛོད་ཕུགས་བཙན་པོར་སྦས་པ་ལ་བརྟེན་ནས། མི་འདོད་པའི་སར་མི་འགྲོ། དགོས་པའི་དུས་སུ་དེ་ལ་ངོམས་པར་སྤྱད་དུ་འོང་། མི་དེ་ཡང་མཛངས་པར་ཀུན་གྱིས་བྱེད། ནོར་དེས་ཀྱང་རང་གཞན་ལ་ཕན་འདོགས་པ་ཅིག་འོང་བར་གདའ། དེ་བཞིན་དུ་བླ་མའི་ཡོན་ཏན་བླངས། བར་སྐབས་སུ་རྒྱུད་མ་ཟློས་པར་བྱས། མཐར་གདུལ་བྱའི་སྣོད་ལེགས་པར་བརྟགས་ནས། དབེན་པའི་གནས་སུ་ཕན་སེམས་ཀྱིས་བསྟན། དེ་ཡང་སྨན་བརྒྱ་པའི་ཟློང་བཞིན་དུ་འདི་ཉོས་ཀྱིས་མཐའ་མ་བསྐོར་བར། ནས་ཀྱིས་ཐུག་པ་འདུན་པ་ཅན་སྨུགས། དེ་ལ་དཀོན་པས་བསྟན་ན་ཆོས་

གྱིས་ཕན་ཐོགས། སློབ་མ་དེས་ཀྱང་ངས་ཆོས་འདི་ལ་དགའ་ལས་བྱས་པ་ཡིན་ཟེར་ནས། ལེགས་པར་ཐོས་བསམ་བསྒོམ་གསུམ་གྱིས་སྐྱོང་བ་ཅིག་འོང་བ་ཡིན། གཞན་ཡང་ཇོ་བོ་ཡབ་སྲས་ལ། ཡོན་ཏན་རྒྱ་མཚོ་ཙམ་ཞིག་ཡོད་ནའང་། ཟབ་མོ་ལྟ་བའི་ཆོས། ཉམས་ལེན་བྱིན་བརླབས་ཀྱི་ཆོས། རྒྱ་ཆེན་སྤྱོད་པའི་ཆོས་བྱ་བ་གསུམ་དུ་བསྡུས། བརྒྱུད་པའི་བླ་མའང་རིམ་པ་གསུམ་དུ་བསྡུས། དེ་གསུམ་ཀའང་ཇོ་བོ་ཡབ་སྲས་ཀྱིས་བཀའ་བརྒྱུད་ཐམས་ཅད་ལ་ཁྱབ་པར་ཡོད་ནའང་། ཁྱད་པར་དུ་ཟབ་མོ་ལྟ་བའི་རྒྱུད་འདིའི་བཀའ་སྤྱན་སྔ་སྔོར་བ་ལ་བབས། རྒྱ་ཆེན་སྤྱོད་པའི་རྒྱུད་ཀྱི་བཀའ། པུ་ཏོ་སྔོར་ལ་བབས། ཉམས་ལེན་བྱིན་བརླབས་ཀྱི་རྒྱུད་ཀྱི་བཀའ་འདི། རྒྱལ་བ་ཡབ་སྲས་ཀྱི་ཞུས་ལེན་ཐུན་མོང་མ་ཡིན་པར་དགེ་བཤེས་ཕུ་ཆུང་པའི་ཕྱག་ཏུ་བབས། དེ་ནས་ཀྱང་ཆོག་བརྒྱུད་ཟམ་མ་ཆད་པ་ཡིན། བརྒྱུད་པ་པོའི་གང་ཟག་ཉུང་ན་ཡང་། སྔར་གྱི་ཡོན་ཏན་དེ་དག་ནི། བཀའ་གདམས་ཀྱི་ཡོན་ཏན་འདི་ལ་བརྟེན་ནས་བྱུང་། དེ་ལྟ་བས་ན། རིན་པོ་ཆེའི་ཕྲེང་བ་འདི་གསེར་གྱི་ཕྲེང་བ་དང་འདྲ་སྟེ། གང་ཟག་ཐམས་ཅད་ལ་འབྱུང་བར་དཀའ་ཞིང་། རྒྱ་གལ་ཏེ་བྱུང་ཡང་། ལུས་ཀྱི་རྒྱན་དུ་མི་ཐེག་པ་ཡིན། ཐེག་ཀྱང་རིགས་ངན་ཕོངས་པ་མང་པོའི་བློར་མི་ཤོང་བ་ཡིན། རྒྱལ་པོ་དྲེགས་པ་ཅན་གྱི་དགྲ་ལྷང་བ་ལ་སོགས་པ་བར་ཆད་མང་བ་ཡིན་གསུང་བར་གདའ། དེ་བཞིན་དུ་ཆོས་འདི་ཡང་བར་ཆད་མང་སྟེ། ནོར་བུ་རིན་པོ་ཆེ་ཡིན་པའི་ཕྱིར་རོ། །དེ་ལྟ་བས་ན་ཡོངས་ཀྱི་དགེ་བའི་བཤེས་གཉེན་དེས་ཀྱང་བཀའ་རྒྱ་དམ་དུ་མཛད། དེས་གླེགས་བམ་དང་བཤད་པའི་ཆོས་ཀྱང་ཤིན་ཏུ་ཉུང་། སློབ་དཔོན་གསང་ཕུ་པའི་ཞལ་ནས། བསམ་ཡས་ཀྱི་དཔེ་ཁང་ན། རྒྱ་གར་ནས་སྤྱན་དྲངས་ནས། བོད་དུ་མ་འགྱུར་བའི་ཆོས་མང་པོ་ཡོད། ང་ལ་རྫུ་འཕྲུལ་ཅིག་ཡོད་ན། ཟབ་ཤས་ཤིག་བསྒྱུར་ན། བོད་ཀྱི་སྟོན་པ་འདི་ཀུན་ང་ལ་ཇི་སྐད་ཟེར་ན། འདི་འདྲའི་ཆོས་ཤིག་གང་ནས་བྱུང་། ཆོག་ལེགས་ཏེ་ཁུངས་ལ་ཐེ་ཚོམ་

ཟ་ཟེར་ནས། སྒྲོ་སྐུར་བྱེད་ཅིང་ལོག་ལྟ་འཕེལ་བ་ལས་མི་འོང་། འོ་སྐོལ་བོད་ཀྱི་སྟོན་པ་འདི་ཚོ། མི་ཚེ་བཤད་སྐམ་རེ་ལ་སྐྱོལ་ནས། མངོན་ཤེས་ཀྱི་སྣ་རྩེ་བག་རེ་མི་སྤྱུབ་པར། ཕོ་ཚོད་འོད་ཧོ་དཔགས་ཀྱིས་ཕྱོགས་གཅིག་ཏུ་ཁ་ཚོད་ཐད་དེ་བཅད་ནས། ཆོས་ཟབ་མོ་ལ་སྒྲོ་སྐུར་བཏབ་ནས། ངན་འགྲོའི་གཡང་ལ་འགྲོ་སྟེ། རང་རེའི་ཐོས་པ་ཕྱོགས་རེ་བ་རེས་ང་རྒྱལ་བས་ནྲག་པ་ཡིན། དེ་དང་འདྲ་བར་རྒྱལ་བ་ཡབ་སྲས་ཀྱི་མདོ་སྔེ་ཟབ་མོ་འདི་ཡྲིས་ནས་བསླྒགས་ན། གསེར་ཕྲེང་གི་དཔེ་དང་མཚུངས། མ་ཡྲིས་ན་ནོར་བུ་རིན་པོ་ཆེ་དགོས་མེད་དུ་སྟོར། ཡྲིས་ནས་བེད་མ་ཚོད་ན་དཔེ་ཁང་གི་ཆོས་དང་འདྲ། གང་བྱས་ན་དྲག་ན། མགོན་པོ་སྤྱན་རས་གཟིགས་ཞེས་གསུང་བར་གདའ་བ་ལ། ལན་ཅིག་དགེ་བའི་བཤེས་གཉེན་པའི་ཐུགས་ཀྱིས་མཁྱེན་ནས། དགེ་བཤེས་དགུང་ལོ་བརྒྱད་ཅུ་ལ་སྣ་གཏད་ནས་ལན་བརྒྱ་ལབས། ཇ་མ་སྟོང་དུ་གཡུགས་ཀྱང་ཐུགས་ལ་བཞག་རྒྱུ་མི་གདའ་བ། ངེད་ཡབ་སྲས་ཀྱི་གཏམ་རྒྱུད་འབྲི་ན། བོད་ཀྱི་ཡིག་མཁན་ཐམས་ཅད་འདུས་ནས་ཡྲིས་ཀྱང་ག་ན་ལང་། དེ་ང་ལ་གུས་ན་ཚིག་དོན་གང་ཟིན་ཟིན་ལ་ཉམས་ལེན་མཛོད། ཉམས་ལེན་མི་བྱེད་ན་ཐམས་ཅད་དཔེ་ཆར་ཤར་ཡང་མི་ཕན། བུ་ཚ་ཅིག་ན་རེ། ང་རབ་ཏུ་ཅིག་འབྱུང་དུ་འགྲོ་བ་ཡིན་ཏེ། ཨ་མས་མ་བཏང་གིས་དོགས་ཟེར་སྐད། ཁོ་རང་ལ་གཉེན་པོ་བཙན་ཚོད་མེད། ཨ་མ་ལ་རེས་ཙ་ན་བཙུན་པའི་སྐལ་བ་ཆད། དེ་བཞིན་དུ་ཁྱེད་ཀྱང་དཔེ་ཆ་ཅིག་འབྲི་སྟེ། ཡྲིས་ན་ཅི་འདྲ་མ་ཡྲིས་ན་ཅི་འདྲ། ཡྲིས་ན་ཁོ་བོས་དགག་པ་བྱེད། མ་ཡྲིས་ན་གདམས་ངག་དོན་མེད་དུ་ལུས་ཟེར་བ་གདའ་སྟེ། ཁྱེད་ལ་ནི་བཙན་ཚོད་མེད། ཁོ་བོས་ནི་འཁྲིར་མི་སྟེར། རང་བྱུང་དུ་ནི་མི་འོང་། ཞུས་ལན་གྱི་དཔེ་སྐལ་ཆད་པ་མ་ལགས་སམ། གསུང་བའི་གཏམ་དེ། སློབ་དཔོན་གསང་ཕུ་བས་ཧོག་སྟེ་བླངས་ནས། དཔེ་སྐལ་མ་ཆད་པ་ཅིག་ཁོ་བོས་བྱ་འཚལ་ཟེར་སྐད། དེར་དགེ་བཤེས་པའི་ཞལ་ནས། ཁྱེད་འདྲ་མིན་རེ་ཡྲིས་ནས་ད་གཟོད་མི་

འཚོང་གི་མི་ཁ་རྒོད་པོ་འདི་ཀུན་གྱིས་ཏ་ཏ་དེ་སྐད་ལོ་ཟེར་བ་འོང་ཉེན་ཡོད། དེ་བས་དགེ་སྦྱོར་མཛོད་གསུངས་པས། སློབ་དཔོན་གསང་ཕུ་བའི་ཞལ་ནས། ཁོ་བོ་ལ་དྲི་ས་ཤེས་རབ་ཅན་ཅིག་ཡོད་པས་ལྷག་ཆད་མེད་པར་ཁོ་བོ་རང་གིས་ཁས་ལེན། ང་རང་དག་ལོ་གཅིག་གི་མི་ཡིན་ཏེ། ད་མི་རབས་གཅིག་གཉིས་ནས་ཇོ་བོ་བཀའ་གདམས་པ་ཟེར་བ་ཅིག་འོང་ཉེན་ཡོད། དེ་ཙ་ན། ཁྱུ་ན་མེད་ཀྱང་པོ་ལ་ཏ་ལ་མེད་ཐབས་མེད་པའི་དུས་ཤིག་འོང་། ཁོ་བོས་ཕྱི་རབས་ལ་བསམས་པ་ཡིན། ཁོ་བོ་འདི་ལ་ལོ་འདོད་ཀྱང་མི་རེ། ཚེ་འདིའི་དབང་ཁ་དྲག་ཀྱང་མི་རེ། ལོ་གཅིག་ཙམ་ནས་ཚེ་ཕྱི་མ་ཟེར་བ་ཅིག་འོང་བས། དེ་རྗེས་ཁོ་བོ་དབུ་རུ་ཕྱོགས་སུ་སྐྱེས་ཉེན་ཡོད། དེ་དུས་ཆོས་འདིས་ཕན་ནའང་ཕན་རྒྱུས་ཕན་པ་ཡིན་གསུང་སྐད། དེ་ནས་དགེ་བའི་བཤེས་གཉེན་པའི་ཐུགས་དགོངས་ལ་ཁོང་གིས་འབྲི་བར་མཁྱེན་ཡང་། ཁོ་བོའི་ཆོས་ལ་སྐབས་ལུད་ཀྱི་ཕོངས་ཆ་བཞིན་མ་བྱེད་ཅིག །ཤོག་སྣག་མོད་པ་ཆ་བྱད་བཟང་གསུངས་ནས་ག་ཤེད་དུ་གཤེགས་ནས་མི་གདའ་སྐད། དེ་ལྟར་ཕན་ཡོན་ཆེ་ཞིང་བླང་བར་དཀའ་བའི་ཆོས་ལ་སྤྱད་དུ་བྱུང་བ་འོ་སྐལ་བསོད་ནམས་དཔག་ཏུ་མེད་པ་བསགས། གཞན་ཡང་ཡི་གེའི་རིགས་དུ་མ་ཅིག་མཐོང་བ་ལ་འདི་འདྲ་བའི་ཡི་གེ་མཐོང་བ་མེད། དཔེ་ཆ་འདིས་མི་ལག་ཀྱང་འགའ་རེ་བརྒྱུད་པ་ལ་ཙུང་ཟད་ཀྱང་ཉམས་པ་མི་གདའ། སློབ་དཔོན་གསང་ཕུ་བས་ཀྱང་པོ་ཏི་བཏོན་ནས་བྱུང་བ་མ་གཏོགས་པ་འདིའི་ཤོག་ཆས་གླེགས་ཤིང་ཡི་གེ་འབྲི་བ་ལ་སོགས་པ་དྲུང་འཁོར་བ་སུས་ཀྱང་མཐོང་བ་མི་གདའ་བ། ཤེས་རབ་ཅན་ལ་འབྲི་ལུགས་སམ། དཔེ་འདི་ཀུན་ཡང་སུས་བྲིས་ཆ་མེད་སྐམ་ཞིང་གདའ་འོ། །གང་ལྟར་ནའང་དཔེ་ཆ་འདི་ཐུགས་ལ་བཏགས། སྔར་སོ་སོ་སྐྱེ་བོའི་བློ་འཆིང་བ་ལ་ཚོད་འཛིན་ཆེ་བས། ཐམས་ཅད་མཁྱེན་པ་ལ་གནས་ལྔ་མཁྱེན་པ་ཟེར་བ་ཙམ་ལས་གོ་བ་མེད། མགོན་པོ་འདི་ལ་དགེ་བསྙེན་བཟང་པོ་ཙམ་ཞིག་ལས། མགོན་པོ་སྤྱན་རས་

གཟིགས་ཡིན་སྙམ་པ་ཡིད་ཀྱི་དཀྱུ་ལ་ག་ལ་སྐྱེ། དུས་དེང་སང་མ་རྟོགས་ལོག་རྟོག་གི་སྐད་བུ་བཙམ། ཅི་འདྲ་ཅིག་ཡིན་ནམ་སྙམ་པའི་ཐེ་ཚོམ་ཡང་མེད་པར་བྱས། རྒྱལ་བུ་དཀོན་མཆོག་འབངས་དང་། དད་པ་བརྟན་པ་གཉིས་པོ་ཁོ་ནའི་གཏམ་བརྒྱུད་ཀྱིས་ཀྱང་། གཞན་སློས་ཅི་དགོས་པའི་ཡིད་ཆེས་ཆེན་པོ་སྐྱེས། འཛིག་རྟེན་གྱི་ཁ་ངག་ལ། གསེར་ས་འོག་ན་ཡོད་ན། འོད་ནམ་མཁའ་ལ་འཕྱོ་ཟེར་བའི་ཚུལ་དུ། མདོ་སྟེ་ཟབ་མོ་འདི་མི་མངོན་པའི་ཚུལ་དུ་བཞུགས་པ་རང་གིས། འོ་སྐོལ་སྐལ་བ་དང་ལྡན་པ་རྣམས་ཚིམ་པར་མཛད་དོ། །ཡང་ལན་ཅིག་གི་ཚེ། དགེ་བཤེས་ཀ་པ། དགེ་བཤེས་གསང་ཕུ་པས་སྤྱན་དྲངས་པ་ལ། ནང་ན་སྟན་མཐོན་པོ་བཏིང་ནས་ཀ་པ་བཞུགས་སུ་གསོལ་བས། སྟན་དེ་ལ་དགེ་བཤེས་སྟོན་པ་འབྱོན་པའི་སྣང་བ་ཅིག་བྱུང་ནས་མ་བཞུགས་པས་གསང་ཕུ་པའི་ཞལ་ནས། དེ་ཅི་ལགས་གསུངས་པས། འདི་རང་མིན་ཅིག་མི་འབྱོན་ནམ་གསུངས། །གསང་ཕུ་པ་ན་རེ། ངེད་ཁུ་རྗེ་འབྲོམ་གསུམ་ལ་བློའི་གཏོད་ས་ཁྱེད་མིན་པ་སུ་ཡོད་ཟེར་དེ་ནས་སྒྲོ་འདོགས་ཆོད་དེ་སྟན་ལ་བཞུགས། ཇོ་གསོལ་ནས་ནགས་གསེབ་ན་ཡར་ལྷོད་མོ་ལ་བྱོན་ཏེ། ནགས་གསེབ་ནས་གཟིགས་པས། གསང་ཕུ་པའི་གཟིམ་ཚུང་གི་མཐོང་ན་ཡར་ལ་འོད་ཅིག་འདུག །ལེགས་པར་གཟིགས་པས་ཀྱང་དེ་བཞིན་དུ་འདུག་ནས། ཕྱིར་བྱོན་ནས་གསང་ཕུ་པ་ལ་དྲིས་པས། སློབ་དཔོན་པ་སྐུ་སྐྱེལ་བས་སྤྱན་འཁྲུལ་བ་མ་ལགས་སམ་གསུང་། ཀ་པའི་ཞལ་ནས། ཀུན་རྫོབ་ཀྱི་སྣང་བ་འདི་ལ་སྤྱན་འཁྲུལ་བ་མང་སྟེ། ད་རེས་བློ་བུར་དུ་འཁྲུལ་བའི་རྐྱེན་གཞན་མ་མཆིས། འདི་འདྲ་ཅིག་ཅི་ལགས་སམ་ཟེར་ནས་ཐུགས་མ་མཆིས། ཕྱིས་ལན་པའི་སྤྱིལ་པོར་བྱོན་པའི་ཚེ། མདོ་སྡེ་འདིའི་ཚིག་འབག་འབུག་ཅིག་གསན་ནས། འོ་ན་དེ་དུས་ཀྱི་འོད་དེ་དེ་རང་ཡིན་ནས་འོང་བ་ལ་ངས་གོ་མ་ཆོད། ཁ་རོག་པར་ཕྱིན་ན། ཁོང་གི་ལག་པ་ནས་འཛིན་ཤགས་ནི་མེད་མཐོང་སྲིད་པ་ཡིན་ཏེ་སྙམ་ནས། ཐུགས་མ་བདེ་བར་གཟིམས་

ཁང་གི་སྟེང་ཅིག་ཏུ་བཞུགས་ཙ་ན། ལྷག་པར་དུ་འང་ཐུགས་སྐྱོ་བར་གྱུར་ཏེ། སློབ་དཔོན་རྒྱལ་བའི་འབྱུང་གནས་ཐུགས་རྗེ་ཆེ་བ་ཡིན་པ་ལ། ནད་པོ་འཆི་ཁ་མ་འདི་ལ། གདམས་ངག་གི་ལེ་ཚེ་ཅིག་མི་སྟོན་པའི་ཁྲིམས་མེད། ཨ་ཏི་ཤ་ཡང་དབྱུག་གུའི་བཙོ་བརྒྱད་ཀྱི་ཉེན་པར། ང་བརྒྱད་ཙུ་པ་ལ་ད་ཕྱུག་ཏུ་བཞག་ནས། རྣས་ཁར་དགེ་བའི་བཤེས་གཉེན་གྱི་འཕར་བ་མེད་པར། དབྱུག་གུ་ཅིག་གཏད་ནས་མཐའ་འཁྲམ་དུ་བཙུག །འོན་ཀྱང་རྒྱལ་བ་གཤེགས་ཀྱང་རྒྱལ་ཚབ་ཡོད་སྙམ་ནས། རྒྱལ་བའི་འབྱུང་གནས་ལ་གློ་ཕུགས་བྲང་གསུམ་བཀལ་བ་ལགས་ཏེ། རྒྱལ་བ་དགའ་ལྡན་དུ་གཤེགས། རྒྱལ་བའི་འབྱུང་གནས་དབུ་རུ་བྱང་དུ་གཤེགས། ང་རྣན་པོ་ཅིག་སྤྱིལ་བུ་འདིར་འཇོག་པ་བཟོད་ལགས་སམ། དགེ་བཤེས་སྟོན་པ་དགེ་བཤེས་སྟོན་པ་ཞེས་ཞུས་པ་དང་། དེ་ཀའི་ཕྱི་དྲོ་ཉི་མ་མདུང་གང་ཙམ་ལ། བཙུན་ཆུང་ཅིག་ལ་ཇ་ཞོ་དོ་ཙམ་ཅིག་བསྐུར། དགེ་བཤེས་པ་ཉིད་འབྲོག་ཕྱུག་སྤུ་ཆོད་པ་ཙམ་ཅིག་གསོལ་ནས་སླེབ་བྱུང་སྟེ། དགེ་བཤེས་པ་ཁ་རྫང་ནས་ཐུགས་མ་སྐྱོའམ་གསུང་པ་ལ། ཀ་བ་སྤྱན་ཡར་ལ་བཏེག་མཛད་ནས། རྗེ་ལམ་ཡིན་ནམ་དགེ་བཤེས་པ་ལགས་ཟེར། དགེ་བཤེས་སྟོན་པའི་ཞལ་ནས། ཕོ་བོ་རྗེ་ལམ་ལྷ་བུའི་དགེ་བཤེས་ཅིག་ལགས་གསུངས་ནས། ཇ་ཞོ་དོ་པོ་དེ་ཀ་བའི་མདུན་དུ་བཞག་ནས། དོ་ཞག་འདི་ལ་སུན་རེ་མཛད་པ་ཞུ་གསུང་། ཀ་བའི་ཞལ་ནས། ཁྱེད་ཡབ་སྲས་གཉིས་པོས་ཕོ་བོ་རྣས་པོ་གླེས་ལ་འབོར་ནུས་སམ་གསུང་། དགེ་བཤེས་པའི་ཞལ་ནས། ཁྱེད་གནས་བརྟན་ཆོས་ཀྱི་བྱ་བ་ལ་རྣས་པ་ཅིག་དེ་ལྷ་བུའི་གསུང་མི་འཚོན་པར་ཞུ་གསུང་། ཀ་བའི་ཞལ་ནས། ད་ལན་ཁྱེད་ཀྱི་ཐུགས་ལའང་དྲན་པ་ཅིག་བྱུང་ལགས་སམ་ཟེར། དགེ་བཤེས་པའི་ཞལ་ནས། ད་ནང་ཉི་མ་རྒྱང་ངེ་བ་ཙམ་ན་ཀ་བ་དྲན་གསུང་། ཀ་བ་ན་རེ། བདག་ལ་འཆི་ཁ་མའི་ཆོས་ཤིག་ཞུ་ཟེར། དགེ་བཤེས་པའི་ཞལ་ནས། དེ་སྐད་མི་གསུང་བར་ཞུ། ཕོ་བོ་བཙུན་ཆུང་འདི་ལ་ཇ་འདི་བསྐུར་ནས་འོང་

བའང་། ཁྱེད་འདི་ན་ཐུབ་པའི་རྣམ་ཐར་ལ་སྤྱོད་པ་ཅིག་ལ། ང་སྐྱ་བོ་ཅིག་གིས་བསྐུལ་བ་འདི་མི་རིགས་སྙམ་དུ་ཤིན་ཏུ་བརྟེ། ཁྱེད་སྐྱེ་དགུའི་བདག་པོ་ཅིག་ལ་ཁོ་བོས་ཆོས་བཀྲོག་ནས་འཆད་པ་མི་རིགས་གསུང་པས། ཀ་བ་ན་རེ། རྗེ་འདའ་ཚུལ་བསྟན་པའི་ཤུལ་དུ་ཕའི་གདུང་བུས་ཁྱེར་སྙམ་དུ་རྒྱལ་སྲིད་མ་སྤོངས་པ་ལ་དགའ་བ་སྐྱེས་ཙ་ན། ཕ་ཆོས་བུས་མི་སྟོན་པར་ཁོ་བོའི་ཆོས་སྐལ་ཆད་པའི་དུས་བྱུང་། དིང་སང་ཐུགས་དགོངས་འཚལ་གསུངས་ནས། སྤྱན་ཆབ་མང་པོ་བྱུང་། དེར་དགེ་བཤེས་པའང་སྤྱན་ཆབ་ཤོར། ཁྱེད་དེ་ཙམ་ལ་ཐུག་ན། ང་ཡའང་གདམས་ངག་དམ་དུམ་དབུལ་རྒྱུ་བདོག་གིས་གསུངས་ནས། ཇོ་བོ་ལ་གསོལ་བ་མང་པོ་འདེབས་ཤིང་གདའ་སྐད། དེ་ནས་ཁྱེད་ལ་ཆོས་གང་དགོས་གསུང་། ཀ་བའི་ཞལ་ནས། ད་ཆོག་གི་ཐོས་བསམ་གྱི་དུས་སུ་མི་འདུག །འགྲོ་ཆས་ཀྱི་ཆོས་ཤིག་དགོས་པར་གདའ་བས། ཚིག་ཉུང་ལ་དོན་འགྲིལ་བ་ཅིག་ཞུ་གསུང་། དགེ་བཤེས་པའི་ཞལ་ནས་ཅིས་ཀྱང་ཆོས་ཞུ་ན་ང་ཅི་ཟེར་ལ་ཉན་དགོས་གསུངས་པས། ཀ་བའི་ཞལ་ནས། སྟོན་ལ་གསུང་ཅྱོན་དང་། དེ་ནས་སྒྲུབ་ནུས་མི་ནུས་བལྟས་ལ་བགྱི་ཡིས་གསུང་། འོ་ན་ཤུལ་འདི་བུ་སློབ་དྲག་པ་ཅིག་ལ་གཏོད་ལ། དབུ་རུ་བྱང་དུ་ངའི་བླ་མཆོད་ལ་གཤེགས་པར་ཞུ། དེ་དུས་སུ་སེམས་ལ་ཕན་པའི་སྙིང་གི་ཐིག་ལེ་འགའ་ཞིག་ཁྱོད་ལ་བསྟན་གྱིས། ངའི་ཆོས་འདི་ལ་དབེན་ལ་ཡིད་ཆེས་པའི་གནས་རེ་དགོས། བློ་གཏད་ཐུབ་ལ་སྣོད་དང་ལྡན་པའི་བུ་སློབ་རེ་དགོས། ཚུལ་ཁྲིམས་གཙང་ལ་བཟོད་སྤོབས་ཆེ་བ་རེ་དགོས། སྙིང་ཆོས་དང་སྒོམས་ལས་ལ་ཞག་གཅིག་ཀྱང་སྟོད་དུ་མེད་པས། བྱང་དུ་བྱོན་ན་ཡིད་ཆེས་པ་ཅིག་འོང་གསུང་། ཀ་བའི་ཞལ་ནས། གསུང་བ་ཐུགས་ལ་བཏགས་ཏེ། ཁོ་བོ་རྣམ་པས་ཞབས་ཏོག་ཀྱང་མི་འོང་། བླ་མཆོད་ཀྱང་ཁོ་བོས་དཀའ། འདི་རང་དུ་གདམས་ངག་ཟབ་པ་ཅིག་ཞུ། དགེ་བཤེས་པའི་ཞལ་ནས། འོ་ན་མི་ཚན་ཙལ་ཅོལ་ཚོ་ཕྱིར་ཕྱུང་། དགེ་སློང་གཙང་མ་སྣམ་སྦྱར་

ཀྱིན་པ་བཞི་སྨྱུན་དྲངས་གསུང་། ཀ་བའི་ཞལ་ནས། ངའི་ལུགས་ལ་བཙུན་ཆུང་གཉིས་པོ་འདི་ཡང་ཕྱིར་ཕྱུང་གསུང་ཡང་ཕྱུང་བས་ཆོག །དོ་ཞག་གཡོག་པོ་མེད་པར་གཏོར་ཟན་ལྷ་བཤོས་ཀྱང་ཆད་པའི་ཁྲིམས་ཡོད། བཤེས་གཉེན་པའི་ཞལ་ནས། ཁྲིམས་མེད་པར་བྱས་པས་ཆོག་གསུངས་ནས་མིས་དབེན་པར་བྱས་ནས། ཀ་བ་ལ་ཐུགས་ཐེབས་པའི་སྟོབས་ཀྱིས། དགེ་བཤེས་པ་ཁོང་རང་གིས་ནས་ཁྱེར་ནས་བྱུང་། ཇོ་འཐག་བྱེད་པར་བརྩམས་པ་ན། ཀ་བ་དྲུང་དུ་བྱོན་ཏེ། ཅི་དབེན་པ་འདོད་པས་འདི་ལྟར་རྣམ་གཡེང་ཆེའམ། དགེ་བའི་བཤེས་གཉེན་གྱི་བྱ་བ་མཛད་དགོས་པ་ཡིན་གསུངས་པས། དགེ་བཤེས་པའི་ཞལ་ནས། ངས་འདི་ལྟར་བྱས་པས་དགེ་བའི་བཤེས་གཉེན་པ་ཅིག་བྱུང་བ་ལགས་ཀྱིས། སྐྱིད་འདོད་ཅན་ལ་ཆོས་མི་འོང་། ང་རྒྱལ་ཅན་གྱིས་བཟང་པོ་མི་ཐེག །ལོ་འདོད་ཅན་གྱིས་གནས་ལུགས་ཀྱི་དོན་མི་རྟོགས། གོང་མ་མ་ཁུར་ན་གོང་མ་མི་སྐྱོང་། སྐྱེ་བ་དཔག་ཏུ་མེད་པ་ནས་ད་ལྟ་ཡན་ཆད་དུ། བླ་མའི་ཞབས་ཏོག་ལ་བརྩོན་པར་བྱས་པས། དིང་སང་རྒྱལ་བས་འཛིན་པའི་སྐལ་བ་དང་ལྡན་པ་ཡིན། ཁྱེད་རང་ལོངས་སྤྱོད་ཀྱི་སྣ་གོན་གཞན་མཛོད། ངའི་ལག་པ་འདི་ཀུན། ཅོན་ནེ་སྡོད་པའི་ལག་པར་མི་གདའ་གསུངས་ནས། ལག་མཐིལ་བསྟན་དེ་ངས་རིང་པོ་མ་ལོན་པར་སྤྱོར་བའི་སྣ་གོན་ལ་སོགས་པ་ཐམས་ཅད་ཚར་ནས་གདའ་སྐད། དེ་ནས་ཀ་བའི་ཞལ་ནས། འདི་ལྟར་བརྩོན་པར་ཇི་ལྟར་བྱས་གསུང་། བཤེས་གཉེན་པ་ན་རེ། ཕོ་བོ་སྔོམས་ལས་དང་ལེ་ལོའི་བདུད་ཀྱིས་མ་ཁྱེར་བ་ཅིག་ཡིན་ཀྱིས། ད་མྱུར་པོར་ཁྲིམས་ལྡན་བཞི་སྨྱུན་དྲངས་ལ་བྱོན། ཆོས་ཟབ་པ་ན་བདུད་ཟབ་བྱ་བ་ཡིན་པས་བར་ཆད་བྱུང་བའི་ཁྲིམས་ཡོད་གསུངས་ནས། ཡུད་ཙམ་ཅིག་ལ་ཇོ་འཐག་ཚར་བར་མཛད་དེ། དཀྱིལ་འཁོར་དང་མཆོད་གཏོར་ཐམས་ཅད་ཀྱང་ཚར་བར་བཤམས་ནས། ཁོང་རང་བུམ་ཆུ་ཅིག་ཁྱེར་ཏེ་སྒོ་དྲུང་དུ་བྱོན་པ་དང་། ཀ་བ་དཔོན་གཡོག་ལྷ་ཁྲིད་པས་རྟེན་འབྲེལ་འགྲིགས།

སྒོ་གསུམ་གྱི་དྲི་མ་བཀྲུ་གསུངས་ནས། ཉིད་ཀྱི་ཆབ་བླུགས་ཏེ། གཙང་སྦྲ་ཁྲུས་ཀྱི་རྣལ་འབྱོར་མཛད་ནས་གཞལ་ཡས་ཁང་གི་ནང་དུ་ཡང་། དཀྱིལ་འཁོར་གྱི་ཞལ་བསྟན། དེ་ནས་སྟོབས་བཞིའི་སྡིག་བཤགས་དང་། སྐྱབས་འགྲོ་སེམས་བསྐྱེད་འཁོར་འདས་ཀྱི་སྐྱོན་ཡོན་འདུས་ལ་རྫོ་བ་ཅིག་མཛད་ནས། ལུས་ཕྱག་སྟོང་པའི་རྗེས་དྲན་གྱི་ངང་ནས། ཐིག་ལེ་ཆེན་པོ་བཅུ་དྲུག་ཕན་ཆེ་ལ་འདུས་པ་ཅིག་མཛད། འདི་ལའང་བསླེན་པ་ཞག་བཞི་ཙམ་དུ་མཛད་གསུང་། མཇུག་དམ་འཆའ་བའི་དུས་སུ། ཀ་བའི་ཞལ་ནས། ད་གཟོད་བརྒྱུད་པ་གསུམ་གྱི་བཀའ་རྒྱུད་ཀྱི་གྲལ་དུ་ཚུད། བཀའ་གདམས་ཉམས་ལེན་གྱི་མགོ་བོ་ཁོ་བོ་ལ་བཙུགས་པ་ཡིན། བསྟན་པའི་ཀ་བ་ཅིག་དེ་རིང་ནས་རང་ཡིན་ལས་ཆེ་གསུངས་ནས་དགའ་བ་ཚད་མེད་པ་འབད་མེད་དུ་སྐྱེས་པར་གདའ། མདོར་ན་འོ་སྐོལ་གྱི་བཀའ་རྒྱུད་འདི། དང་པོ་རྩ་བ་བླ་མ་མ་འཆུགས་པ་ནས་ཉམས་སུ་ལེན་པར་གདའ་སྟེ། ཐིག་ལེའི་སྐབས་སུ་བླ་མའི་ཞལ་ལས་ཤེས་པར་བྱའོ། །ལན་ཅིག་སློབ་དཔོན་གསང་ཕུ་པ་ཆེན་པོ། ཁྲུས་ལྷ་སྡིངས་སུ་སྤྱན་དྲངས་པའི་དུས་སུ། ཁུའི་ཞལ་ནས། ཁྱེད་དཔྲལ་བའི་གཉེར་མ་མང་བ་ཡིན། གདན་གྱི་གུང་ལ་ཡར་བཞུགས་གསུང་། གསང་ཕུ་བའི་ཞལ་ནས། དེ་རིང་ཕྱི་མི་མི་འདུག་པས་ཤགས་ཤིག་གདབ། ང་དང་ཕ་སྟོན་གཉིས་ཀྱིས་གྲལ་མགོ་འོང་བའི་མི་རིགས་མིན། དགེ་སྦྱོར་གྱི་མགོ་བོ་མི་རྟག་པ་ལ་སྡུས་བྱས། ཁ་དྲག་གི་བསྟན་པ་དམན་ཆས་སྐྱོངས། ཡོན་ཏན་གྱི་ཚུ་མིག་སྙིང་ལ་བསྐྱིལ། ལོ་འདོད་དང་མཐུན་འཇུག་གི་གྲོགས་དང་བྲལ། སྐྱབས་སུ་དཀོན་མཆོག་གསུམ་བསྟེན་པས་ལག་ལེན་དོག་མཐའ་ནས་འཆའ་དགོས་པ་ཅིག་བྱུང་། ཕྱིར་ཡང་འོ་སྐོལ་མི་མཛེད་པ་འདི་བསྟོད་ར་ཆེ། ཁྱད་པར་དུའང་འོ་སྐོལ་གངས་རིའི་སེང་གེ་འདི་ཚོ་ང་རྒྱལ་གྱི་སྐད་བྱུར་སོང་ནས། ཆུ་གསེབ་ཏུ་བསྡད་ན་ཆུ་མི་འཆགས། གཞན་ཕར་ཞོག །དགེ་བའི་བཤེས་གཉེན་ཡང་ཁྱེད་ལས་ཆེ་བ་མེད་ཟེར་ཏེ། དགེ་བཤེས་པའི་ཚེ་ཤོས་རྒྱལ་ཁ་

ཐམས་ཅད་རང་ལ་འདོད་ཅིང་དེ་ལ་ཆགས། ཐམས་ཅད་མཁྱེན་པ་ཡང་ཁྱེད་ཀྱི་དྲུང་ན་སྣ་རྩེ་བར་སོང་ནས་ཞེ་སྡང་། སྤྱན་རས་གཟིགས་རྩར་བཞག་ནས་ངོ་མ་ཤེས་པར་གཏི་མུག །ད་དེ་འདྲ་མང་ན་ང་རང་གི་ཡང་སྐྱོན་དུ་འགྲོ་བས་གསུམ་པོ་དེར་ཐམས་ཅད་འདུས་པ་ལགས། དེའི་སྟོབས་ཀྱིས་འོ་སྐོལ་གྱི་ཆོས་ལུགས་འདིའི་སྟོད་ལྷན་ཙུང་བ་གདའ་ཙ་ན། ངེད་གཉིས་པོ་ལ་སློབ་མའང་རེ་རེ་ཙམ་ལས་མི་གདའ། དེ་སྟོབས་ཀྱིས་ངས་གྲལ་མགོ་མི་ནོན་གསུངས་ནས་བཞུགས་སུ་མ་འདོད། དགེ་བཤེས་ཁུ་ན་བཟའ་བསྐུར་ནས། དེ་རིང་འཐབ་མོ་ཅིག་འོང་ཟེར་ནས། གསང་ཕུ་བ་པང་དུ་ཙོན་བླངས་ནས་གྲལ་མགོར་བཞག་སྟེ། མི་ཁྱོད་ཀྱིས་དེ་རིང་གཏམ་ཛམས་པོ་ཆེ་ཅིག་ལབ་པས། ད་དོ་ཞག་བདེན་ཕྲ་ཅིག་བྱེད། ཁྱོད་ཀྱི་གྲྭ་ས་དེ་ན་གྲྭ་པ་ལྔ་བརྒྱ་ལྷག་ཅིག་འདུག །དེ་ལ་སློབ་མ་གཅིག་ལས་མེད་ཟེར། གྲྭ་པ་དེ་ཆོས་ཐོས་པ་ཅིག་བྱ་འཚལ་ཟེར། གསང་ཕུ་བ་ན་རེ། དེ་ཅིས་ཀྱང་ཐུགས་ལ་འདོགས་པར་ཞུ། དེ་ཐམས་ཅད་ཀྱང་སློབ་མ་གཅིག་པོ་དེ་དང་འདྲ་ངོས་ཤེས་པ་རེ་མཛད་པར་ཞུ་སྟེ། ཅི་འོང་ངམ། ཁོ་བོས་ཉིན་དང་མཚན་དུ་ཆོས་བཤད་སང་རང་མ་ཤི་ན་ཙུང་སླམ་པ་རེ་བཏང་ཡང་། ད་དུང་མིག་སྐམ་ཧུར་ཧུར་པ་ལས་མེད་པ་མང་པོ་ཡོད། ཁྱེད་ཐུ་བས་ཁོང་རྣམས་འཚུན་ཉེན་ཀྱང་ཡོད། ཁུ་ན་རེ། འབྲོམ་གྱི་སློབ་མ་གཅིག་པོ་དེ་སུ་ཡིན། གསང་ཕུ་བ་ན་རེ། དིང་སང་གངས་རིའི་ཁྲོད་འདི་ན། མི་གྲལ་ནས་རྫིལ་གྱིས་བུད་ནས་མཁས་པར་བསླབས་པ་ལ། སེམས་ཐོག་ཏུ་སྒྲིལ་ནས་ཉམས་སུ་ལེན་པ་ང་མིན་པ་སུ་ཡོད། གཞན་འོས་སུ་འདུག་གེ་གསུང་། ཁུ་ན་རེ། ཁྱེད་རྣམས་ཁ་སྤྱད་མཁན་པོ་ཡིན། གཏིང་གི་མོས་གུས་དང་ལྡན་པ་ང་མིན་པ་སུ་ཡང་མེད། ཁྲིམ་མཆོས་འགྲན་སེམས་ཅན་གྱིས་བསྟོད་ར་བས། ཕ་མས་ངན་མཚང་བྲུས་ཤིང་བརྟུང་བ་དགའ། ཆོས་པ་བྱ་བ་ཞུན་མར་འདྲ་བ་གྲང་རྒྱེན་དྲོ་རྒྱེན་ཐེག་པ་ཅིག་དགོས་པ་ཡིན། ཐང་པོ་ཆེའི་ཞང་ཕྱུག་མོ་སྐྱིད་དེ་བྱ་བ། མིའི་གཅེས་ཕྲུག་ནང་དུ་

བྱུང་ཙ་ན་སྟན་འདིངས། ཨའུ་ཡར་བྱོན་ཟེར་ནས་ཕ་མེས་དགུ་བརྒྱུད་ཀྱི་ཡོན་ཏན་མང་པོ་བརྗོད་ཅིང་། ཟས་ཞིམ་པ་སྐྱེར། གཡོག་ལ་སོགས་པ་ཡེ་མི་འཚོལ། རང་གི་བུ་ནང་དུ་བྱུང་ཙ་ན། ཁྱོད་འདྲ་བའི་མི་མ་ཡིན་ཅིག་འོང་བ། ཁྱོད་འདྲ་བས་མི་ཚེ་ཕྱིད་པ་མི་འོང་། ཁྱོད་འདྲ་བའི་མི་ལྷོ་རང་ཟ་མི་དགོས་ཀྱི་ཟེར། འོ་ན་དེ་ལྟར་དུ་རང་བསྟོད་དམ་སྨྲམ་ན། གོ་མ་ཆོད་དེ་ན་ཙ་ན། ངའི་བུ་མ་ཤི་ན་ཉུང་ཟེར་ནས་ཉལ་དུས་གཉིད་མེད། ལྷོ་དང་ཁར་མེད། སྟུས་ཁར་ཡང་ཡང་འོང་ཞིང་། འགྱོད་བརྡལ་བྱེད། དགེ་བཤེས་པ། ང་དང་འགྲོམ་གཉིས་དེ་དང་འདྲ་གསུང་། ཇོག་ན་རེ། དེ་ལྟར་ཡིན་ན་ང་ལའང་དེས་ཆོག་སྟེ། ཕ་མ་བྱ་བ། བུ་ལ་ཕུགས་ཀྱི་སྲིད་ཐམས་ཅད་གཏོད་པ་ཅིག་འོང་བ་ལགས། འོ་སྐོལ་གྱི་ལུགས་ཀྱི་ཕ་མ་བུ་ཚའི་ནོར་འཕགས་པའི་ནོར་བདུན་བྱ་བ་ཡོད་པས། དེ་ལ་དད་པའི་ནོར་ལས་བརྩམས་ནས། ཁོང་ལ་ཆོས་ཇི་ཙམ་ཞིག་ཐོས་བྱ་བ་ལ་སོགས་པ་ཁུ་ལ་མང་དུ་དྲིས་པས། ཁུ་ལའང་འདིའི་སྐབས་སུ་འདི་གསུང་། འདིའི་སྐབས་སུ་འདི་གསུངས་བྱ་བ་ལ་སོགས་པ་མང་པོ་གསུངས་རྒྱུ་བྱུང་། ཇོག་གིས། དེ་དག་ཇི་ལྟར་ཉམས་སུ་ལེན་ཚུལ་ཞུས་པས། དེ་ཙམ་གྱི་ཞིབ་པའང་མ་བྱུང་། ཇོག་ན་རེ། རྒྱ་ཆེ་བའང་ངོ་མཚར་ཆེ་སྟེ། སྐབས་དོན་ལ་མ་རྟུགས་པ་འདི་གལ་ཆེ་བ་ཅིག་གདའ་ཡིས། དེའི་ཕྱིར་ན་ཁོ་བོ་རང་ཡིན་ཟེར་བ་ལགས། ཁུ་ན་རེ། འོ་ན་ཁྱེད་རང་གི་ཅིག་རང་གསུངས་དང་། ཇོག་ན་རེ། ཕ་དེ་དགེ་སྦྱོར་ཐམས་ཅད་ཀྱི་མགོ་བོ་འདི་ནས་འཛུགས། སྐྱབས་འགྲོའི་དུས་ན་འདི་འདྲ་ཅིག་བྱེད། སེམས་བསྐྱེད་ཀྱི་དུས་ན་འདི་ལྟར་མཛད། འཁོར་འདས་ཀྱི་ཉེས་དམིགས་སེམས་ཙན་འདི་འདྲ་ཅིག་མཛད། མདོར་ན་ཚིག་རེ་རེ་ལ་ཡང་། བསླབ་པ་གསུམ། ལྷ་བཞི། རྗེས་དྲན་ལྔ། ཁད་ཁད་ཚར་བ་རེ་མཛད་དེ། ཁོ་བོ་ལ་ཡོད་པ་ཡིན་གསུང་། དེ་ལྟར་དགེ་བའི་བཤེས་གཉེན་པ་གཉིས་ལ་གཞི་བྱེས་ཀྱི་འཁོར་དུ་མ་རེ་ཡོད་པའི་དབུས་སུ། ཐུགས་ཕེབས་པའི་གསུང་གླེང་དུ་མ་མཛད་པས།

འཁོར་ཐམས་ཅད་ཀྱིས་ཀྱང་འཁྲིམ་བླ་མར་གོ །སྔར་ཉེས་པ་ཅུང་ཟད་ཡོད་པ་རྣམས་ཀྱང་འགྱོད་པ་སྐྱེས་སྐད་དོ། དེ་ལྟར་ཇོ་བོའི་སློབ་མར་གྱུར་པ་ཁུ་ལ་སོགས་པ་དག་ཀྱང་། འོ་སྐོལ་གྱི་དགེ་བའི་བཤེས་གཉེན་ལ་དད་གུས་ཆེན་པོ་དང་། སློབ་མར་མ་གྱུར་པ་སུ་ཡང་མེད་གསུང་བར་གདའ། མདོར་ན་ཆོས་འདིའི་སྐོར་དུ་གཏོགས་པའི་ཡོན་ཏན་ཐམས་ཅད། དགེ་བའི་བཤེས་གཉེན་གསང་ཕུ་བ་ཆེན་པོས་ཐུགས་ལ་བཏགས་ནས། ད་ལྟར་སྤྱོད་དུ་བྱུང་བ་བཀའ་དྲིན་ཆེ་བ་ཡིན།། །།

༈ ད་དེའི་ཕྱག་ནས་གླེགས་བམ་ཇི་ལྟར་བརྒྱུད་པའི་ཚུལ་ནི། རྔོག་ལེགས་པའི་ཤེས་རབ་ཅེས་བྱ་བ་དེ་ཉིད། གྲྭ་པ་ལྔ་བརྒྱ་ཙམ་གྱི་ཚོགས་པ་མངའ་ཞིང་། སྐུ་བསོད་རྒྱས་པས། བསྙེན་བཀུར་བའི་ཚོགས་མང་པོ་འདུ་ཞིང་ཐབ་ཀའི་དུ་ཚུབ་ཆེན་པོ་རྒྱུན་དུ་འབྱུང་བ་ལ། གྲྭ་པ་དེ་རྣམས་ཀྱི་ནང་ནས། རྣམ་གཡེང་ལ་མི་དགའ་ཞིང་། འདོད་ཡོན་ལ་ཆེད་དུ་མི་བྱེད་པའི་བྱང་ཆུབ་སེམས་དཔའ་ཤེས་རབ་རྒྱལ་མཚན་ཞེས་པ། མངའ་རིས་སྟོད་པ་ཇོ་བོ་དང་འཁྲིམ་གཉིས་ཀ་ལ་ཆོས་ཀྱང་ཐོས་པ་ཅིག་ཡོད་པ་དེ། འདུ་འཚོགས་ལ་མི་འོང་བར་གསང་ཕུའི་ནགས་ཁྲོད་ཅིག་ན་སྒོམ་འབའ་ཞིག་བྱེད་ཅིང་སྡོད་པ་ལ། ཚེ་ཅིག་རྔོག་གསང་ཕུ་བ་ཉིད་ཀྱིས་ནགས་གསེབ་ན་ཡར་སྐུ་ཁམས་གསེང་དུ་ཐོན་པ་ན། བྱང་ཆུབ་སེམས་དཔའ་ཤེས་རབ་རྒྱལ་མཚན་དང་མཇལ་ནས། རྔོག་ལ་ཕྱག་བཙལ་བ་དང་། རྔོག་ན་རེ། ཁྱེད་བཟའ་བཏུང་དང་ལོངས་སྤྱོད་ལ་མི་ལྟ་བ་ངོ་མཚར་ཆེ། དུས་དིང་སང་རྣམ་གཡེང་སྤངས་ནས། འདི་ལྟ་བུའི་དགེ་སྦྱོར་བྱེད་པ་ལ་དགའ་ལས་ཡོད། ཁྱེད་ཐུགས་དམ་གྱི་ནར་མ་ཅི་ལ་མཛད་གསུངས་པས། བྱང་ཆུབ་སེམས་དཔའ་ཤེས་རབ་རྒྱལ་མཚན་ན་རེ། ཡོངས་འཛིན་དམ་པ་གསན་དུ་གསོལ། འདུས་བྱས་ཆོས་ནི་འདི་འདྲ་བ། །སྐྱེས་པའི་ཐ་མ་འཆི་བའི་ཆོས། །བསགས་པའི་ཐ་མ་འཛད་པའི་ལུགས། །ཚེ་འདིའི་སྣང་བ་བག་རེ་ལ། །རྒྱུ་མཚན་ཅི་ཡང་མི་གདའ་བ། །དེ་

བས་མི་རྟག་ཐུན་རེ་བསྒོམ། །གསུངས་པས། རྗོག་གི་ཐུགས་དགོངས་ལ། འདི་ཁོང་ཡབ་སྲས་གཉིས་ཀྱི་ཆོས་སྐད་ཐུན་མོང་མ་ཡིན་པ་ཡིན། འདི་ལ་དགེ་སྦྱོར་གྱི་ཁྲིད་ལེགས་པ་ཅིག་ཡོད་ངེས་ཤེས། བླ་མ་ལ་མོས་གུས་ཅི་འདུག་ལྟ་སླམ་ནས། འོ་ན་གང་ཟག་སུ་ལ་དད། དེ་སྟོན་ཡོངས་འཛིན་སུ་ཞིག་ཡིན། །ལན་དུ། རྗེ་བོ་ཡབ་སྲས་ཡོན་ཏན་ཅན། །གངས་རིར་སྟོད་ཕྱིར་དེ་ལ་བརྟེན། །ལན་དུ། རྗེ་བོ་ལ་ནི་སྲས་པོ་མང་། །ཡབ་ཅེས་སྲས་པོ་གང་ཞིག་ཡིན། །ལན་དུ། དིང་སང་ཁུ་རྔོག་འབྲོམ་གསུམ་སོགས། །མང་ནའང་འབྲོམ་རྗེ་ཁོ་ན་ཡིན། །ལན་དུ། གང་ལ་བརྩམས་ཏེ་དེ་སྐད་སྨྲ། །ཁྱོད་ནི་ཁོ་བོས་བསྐྱངས་པ་ཡིན། །ལན་དུ། བུ་ཅིག་ལྟག་ཚན་ཆེ་ན་ཡང་། །རྩ་བ་པ་ཉིད་དིང་སང་འབྲོམ། །རྔོག་ན་རེ། འོ་ན་ཁོང་ཡབ་སྲས་ཀྱི་གདམས་པ་འདྲ་བ་ཅི་ཡོད་གསུང་། ལན་དུ། རྒྱལ་བ་ཡབ་སྲས་བསྟེན་ཡུན་ཐུང་། །གདམས་ངག་ཟབ་མོའི་མཐའ་མ་ཆོད། །འོན་ཀྱང་དངོས་གཞི་ཚད་མེད་བཞི། །དགེ་བཅུའི་སྒོམ་ཚུལ་ཙུང་ཟད་མཆིས། །གསུང་། རྔོག་ན་རེ། དེ་ཡང་ཟབ་སྟེ། དེ་ཀུན་ལ་དམིགས་ཡུལ་ཙུང་ཟད་འཚལ་གསུང་། ལན་དུ། དེ་དག་གཞན་དོན་དོན་གཉེར་བའི། །བྱང་ཆུབ་སེམས་རེའང་སྟོན་དུ་བཏང་། །རྔོག་ན་རེ། དེ་ནི་ཤིན་ཏུ་གདམས་ངག་ཆེ། །འོ་ན་ཡོངས་འཛིན་དམ་པ་དེའི། །ཆེ་བའི་ཡོན་ཏན་ཚད་མེད་དམ། །སྔོན་གྱི་སྐྱེས་རབས་ཟབ་མོའམ། །ད་ལྟའི་སྣང་ཚུལ་ཅི་འདྲ་ཡོད། །དད་པའི་རྒྱུ་མཚན་བཤད་པར་འཚལ། །ལན་དུ། བདག་ལ་སྤྱན་ལྔ་མངོན་ཤེས་དང་། །ཡུན་དུ་མ་བསྟན་རྒྱུས་མེད་པས། །དད་པའི་དད་པ་ཆེན་པོ་དང་། །ཤས་ཆེར་འཛིན་པའི་གུས་པ་སྐྱེས། །ཁྱེད་ཀྱིས་ཡབ་སྲས་བསྟེན་ཞེས་དང་། །འཇམ་པའི་དབྱངས་ཤེས་རྣ་བར་བྱུང་། །སྔོན་ཚེ་ཟབ་མོ་འདིར་འཕྲུད་པའི། །ངོ་མཚར་གཏམ་ཡོད་བཤད་དུ་གསོལ། །རྔོག་ན་རེ། ཁོང་ནི་ནམ་མཁའི་མཐའ་དང་མཉམ། །ཁོ་བོ་འདབ་ཆགས་གཤོག་སྟོབས་ཀྱིས། །ལེགས་པར་བརྒྱུད་པ་སྤྱད་མི་ནུས། །འོན་ཀྱང་ཐོ་རེ་ལོང་དེ་

ཅམ། །ལན་དུ། མདང་གི་ནམ་གུང་ གྱུར་པ་ན། །དུས་ཀྱི་གཉིད་གུང་དགེ་བའི་ལྟས། །ཁྱིའུ་དཀར་པོ་ཤེལ་བུམ་བཟུང་། །ཤེས་རབ་རྒྱལ་མཚན་བཀྲུས་པ་རྨི། །དགའ་སྟེ་སླར་ཡང་གཉིད་ལོག་ཆོ། །དུས་ནི་སྐྱ་རེངས་དང་པོའི་ཆོ། །དགེ་སློང་གཞོན་ནུ་མཛེས་པ་ཅིག །གསེར་གྱི་ཕྲེང་བ་ལག་ན་བཟུང་། །བདག་ལ་བྱིན་པས་དགའ་བ་རྒྱས། །འཛམ་དབྱངས་བླ་མས་སྐྱེས་རབས་ཤིག །བདག་གི་ཡིད་ལ་བསྟན་པར་ཞུ། །སེམས་ཀྱི་མེ་ལོང་མཛེས་པར་མཛོད། །ཅེས་ཞུས་པས། ཇོག་གི་ཞལ་ནས། ཤེས་རབ་རྒྱལ་མཚན། ཁྱོད་བུ་ཡིན་པས་གཏེར་ཁ་བསྟན་པ་ཡིན། འདི་གཞན་དུ་བསྟན་དུ་མི་བཏུབ་སྟེ། ཁྱེད་གང་ཟག་སྣོད་ལྡན་ཡང་ཡིན་གསུངས་ནས། ཐམ་ཟེའི་ཁྱིའུ་གསལ་བར་སྐུ་སྐྱེ་བ་བཞེས་ལུགས་དང་། དཀོན་མཆོག་འབངས་གིས་ཨུ་རྒྱན་དུ་བྱོན་པའི་སྐྱེས་རབས་གཉིས་ཐོ་རེ་ལོང་ངེ་བ་ཅིག་གསུངས་པས། ལན་དུ། མ་རིག་མུན་པའི་གླིང་འཐོམས་པའི། །དམུ་ཐོམ་བདག་གིས་དེ་འདྲ་བའི། །ནོར་བུའི་ལྷུན་པོ་མ་མཐོང་བ། །ཅི་སྟེ་དེ་ལ་དཔེ་མཆིས། །གལ་ཏེ་ཡོད་ན་བསྟན་པར་ཞུ། །མེད་ན་འང་ངེས་པར་འགོད་པར་ཞུ། །ཇོག་ན་རེ། སྟོན་ཚད་དཔེ་མེད་དམ་པའི་ཆོས། །བླ་མ་མཆོག་གི་བཀའ་རྒྱུ་ཡོད། །བསྒྲལ་ན་ཚེ་མཇུག་ཆད་པར་ཐངས། །དེ་ཕྱིར་ཆོས་སྐྱོང་མ་ལུས་འབྲང་། །གསུང་། དེ་ཐོས་པས་ཤེས་རབ་རྒྱལ་མཚན་མ་དགའ་ནས་བཞིན་གནག་སྟེ་ན་བཟས་དབུ་ཕུར་ནས་གཟིམས་པས། ཇོག་ན་རེ། འོ་ན་དག་པའི་དབྱིངས་ཤེད་ནས། །སྤྲུལ་པའི་གླེགས་བམ་མཛེས་པ་ཅིག །དག་པའི་སྣང་བར་བྱུང་གྱུར་ན། །ཤེས་རབ་རྒྱལ་མཚན་ཇི་ལྟར་མཛད། །གསུངས་པས། དབུ་བཏེག་མཛད་ནས། ནོར་བུ་སྟོར་བ་རྙེད་དང་འདྲ། །བུ་གཅིས་ཤི་ནས་ལོག་དང་མཇུངས། །དེ་ལྟ་ན་ནི་ཐུགས་རྗེས་ཟུང་། །ངེས་པར་ཁྱེད་ཀྱིས་བསྟན་དུ་གསོལ། །ཇོག་ན་རེ། འཇིག་རྟེན་དག་ན་དམ་པ་དཀོན། །དེ་བས་བློ་གཏད་ཐུབ་པ་དཀོན། །དེ་བས་ཡུན་དུ་བསྲིང་བ་ཞུང་། །དེ་ཕྱིར་གནད་དེ་གོ་བར་

མཛོད། །ལན་དུ། ཁོ་བོ་མི་གྲལ་ནས་བུད་པས། །འདི་ལྟས་ལོ་འདོད་ངོ་བསྟུང་བྲལ། །ཇོག་ན་རེ། འོ་ན་ནང་པར་གནས་འདིར་བཞུགས། །ཁོ་བོས་ཡབ་སྲས་སྤྱན་དྲངས་ལ། །ཁྱོད་དང་ལྷན་ཅིག་གླིང་དུ་འོང་། །དཀོན་མཆོག་ཡོན་ཏན་དྲན་པར་གྱིས། །ཅེས་གསུངས་ནས། ནང་པར་གླིགས་བམ་ཕྱག་ཏུ་བསྣམས་ནས་བྱུང་། མཐོང་མ་ཐག་ཏུ་རྒྱལ་བ་ཡབ་སྲས་དངོས་དང་མཇལ་བའི་དགའ་བ་ཙམ་བྱུང་། དེ་ནས་ཞལ་ཕྱི་ནས་བལྟས་པས་ཀྱང་དགའ་སེམས་ཁྱད་པར་ཅན་སྐྱེས་ནས། ཇོག་ལ་ཕྱག་བཙལ་ནས། ད་སློབ་དཔོན་པར་ཡར་ལ་བགྲེས། སློབ་མ་གཞན་གློ་ཐུབ་པའང་དཀའ། སློབ་དཔོན་ལའང་འདི་མི་འཚལ། ངའི་དཔེ་ཆ་དམ་དུམ་འདི་ཚོ་ཁྱེད་རང་ལ་འབུལ། གླེགས་བམ་འདི་བདག་ལ་ཅིས་ཀྱང་ཐུགས་ལ་འདོགས་པར་ཞུ་ཞུས་པས། ཇོག་ན་རེ། ཁྱོད་ཀྱིས་ཀྱང་འདིའི་བདག་མི་འོང་། ཁྱོད་ཀྱང་གྲྭ་པ་ཡུན་རིང་བྱས་པའི་དཔགས་ཤིག་ཡོད། འདི་གཉེར་བྱེད་པ་ལ་ལུང་སྟོང་དང་རི་བྲག་ལ་སོགས་པ་མི་མེད་དུ་འགྲོ་དགོས་པ་ཡིན་གསུངས་པས། ལན་དུ་སློབ་དཔོན་པ་ལ་ཞུ་ན། ད་ཀུན་གྲྭ་པའི་ཁྲུ་ནས་བུད་ནས་ཀྱང་ཡུན་རིང་པོ་སོང་། མངའ་རིས་ནས་འོངས་ནས་ཀྱང་ལོ་མང་པོ་ཡུན་རིང་ཐལ། འདི་མེད་པའི་དབང་དུ་བྱས་ཀྱང་ལུང་སྟོང་ལས་སྡོད་ས་མི་གདའའི་ཞུས་པས། འོ་ན་ཁྱེད་ལ་དངོས་པོ་འདྲ་ཅི་ཡོད། འདི་ལ་ཆ་རྐྱེན་ཙུང་ཟད་ཅིག་དགོས་གསུང་། ལན་དུ། ཅི་མེད་ཀྱང་འདི་ལ་མེད་པའི་ཐབས་མེད་པས། དམ་དུམ་བཙལ་འཚལ། ད་ལྟའང་ཡོན་བདག་པ་རེ་རེ་གཉིས་གཉིས་ཀྱིས་བྱིན་པའི་ཕྱི་ཁལ་གཉིས་གསུམ་ཅིག་དང་། མར་རིལ་ལག་མགོ་ཙམ་གསུམ་ཡོད་ཞུས་པས། འོ་ན་ཁྱེད་ལ་བྲང་ཟླ་མེད་ཀྱིས་ཨ་གསུང་། ཁོང་དྲག་པ་གཉིས་གསུམ་ཅིག་བདོག་སྟེ། ད་ཞག་ཁོང་རང་ཡུལ་དུ་འགྲོ་བར་གདའ་ཡིས། གཞན་ཁོ་བོ་དགེ་སྐྱོར་བར་སོང་ནས། ཁོང་དང་གློ་མི་མཐུན་ཙ་ན་ནང་དུ་སྡོད་མཁན་མི་མཆི་གསུང་། ཇོག་ན་རེ། འོ་ན་ལེགས། ད་ཞག་ངའི་

གཟིམས་ཁང་དུ་མཛད་ན་འོང་སྙམ། ཁོ་བོ་མིང་སློབ་དཔོན་དུ་བཏགས་པའི་གཡོག་པོ་འདོག་ཏུ་སོང་ནས། གཡག་གཡོག་ཞལ་ཉིལ་མང་པོ་དང་། མགྲོན་པོ་ཆེ་ཆེའོ་མང་པོ་འོང་ཙ་ན། དེ་དག་ལ་ཤགས་འདེབས་པ་བས། ཁོང་པ་གང་དུ་གཤེགས་ན་ཟེར་བ་ཅིག་སླ་བ་ཡིན། ཁྱེད་རང་མདོན་ཚན་ཆུང་ངུ། དགེ་སློང་ཡོན་ཏན་གྲགས་དང་། གཞོན་ནུ་བྱང་ཆུབ་དང་། ཆོས་ཀྱི་རྒྱལ་མཚན་དང་། འཕགས་པ་བྱང་འཕེལ་དང་བཞི་སྤྱན་ང྄ྲངས་ལ། ངོ་ནུབ་ངའི་སར་མཆོད་ཆ་ཅིག་ལེན་དུ་བྱོན་གསུངས་ནས། གསུང་བཞིན་དུ་བྱས་ཏེ། མཆོད་ཆ་ཐམས་ཅད་ཕྲུར་བའི་ཁུད་ཅིག་ཏུ་ བླུག་ནས་བརྐུ་ཐབས་སུ་ནང་ནས་བླངས། དེའི་ནུབ་མོ་ནས་བཟུང་ནས། ཐིག་ལེ་བཅུ་དྲུག་པོ་ཡོངས་སུ་རྒྱས་པ་ཅིག་མཛད། ཞག་པོ་བཅུ་དྲུག་ལ་ཚར་བ་མཛད་རྩིས་ལགས་ཏེ། སློབ་དཔོན་པ་ཐུགས་འབར་ནས། ལེའུ་ཐམས་ཅད་ཡོངས་སུ་རྫོགས་པར་ངོ་སྤྲད། དེ་ཐམས་ཅད་རྩ་བའི་སྙིང་དུ་འདུས་པར་མཛད། དེར་ཕ་རི་ཚུ་རི་ཟླ་བ་གཅིག་ཙམ་ཞིག་སོང་གསུང་། སློབ་དཔོན་འཕགས་པ་ན་རེ། ངའི་མིང་འདི་ངོ་ནུབ་ནས་བྱུང་སྙམ། ཤེས་རབ་རྒྱལ་མཚན་གྱི་དྲིན་ཡིན་གསུང་། ཐམས་ཅད་ཀྱང་ལས་དོན་པོ་ཆེ་ལ་བཀོད་གསུངས་ནས། དགེ་སློང་བཞི་པོས་ཀྱང་ཤེས་རབ་རྒྱལ་མཚན་ལ་བླ་མར་བཟུང་། བསླབ་པ་གཞོན་ཏེ་ཞབས་སྤྱི་བོར་བླངས་སྐད། ཕྱིས་འཕགས་པའི་སློབ་མ་ཅིག་ན་རེ། ཁ་རྩང་ཞག་གཉིས་གསུམ་ནས་རྨི་ལམ་ན། སློབ་དཔོན་པ་སྒོ་མང་པོ་ཅིག་གི་ནང་དུ་ཕྱིན་ཅིང་། ཡང་དེ་ནས་ཐོན་ནས་ལྷུད་མོ་ཆེ་གསུང་ཞིང་གདའ་སྙམ། ཅི་ལགས་སམ་ཟེར་བས། ལ་ལ་ན་རེ། ངེད་ཀུན་ལ་སྒོ་མང་པོར་ཕྱིན་པ་དང་། ཕྱིར་འཐོན་རྒྱུ་མེད་པ་དེ་འདྲ་བྱུང་ཙ་ན་སྡུག་པོ་འོང་། ཁྱོད་ལ་པེ་ཀར་གྱི་རྨི་ལམ་བྱུང་འདུག་པ་ཟེར་ལོ། །དེ་རྟོག་གིས་གསན་ནས། དེ་མ་ཐག་ཏུ་ཐལ་མོ་སྦྱར། སྤྱན་ཆབ་ཤར་མཛད་ནས། རིན་ཆེན་དཔལ་ལའུ་གཏོར་མ་ཅིག་བཤོམས་གསུངས། ཉེ་གནས་པ་དེ་ཏབ་ཏོབ་ལངས་ནས། ལྷ་བཤོས་ཕུལ་མ་ཐག་པ་

ཅིག་ལ་གཏོར་མ་བྱས་པས། ཇོག་གི་ཞལ་ནས། དེ་དཀོན་མཆོག་གི་ཏུ་ཡོང་བར་འདུག་པ། གཞན་ཅིག་ལ་ཤོམས་གསུང་། དེ་དུས་ཏབ་ཏོབ་ཏུ་གསུང་བ་དེ་མ་གཏོགས་པ། སྔར་མངོན་ཤེས་ཅན་དུ་མ་ཤེས། དེ་ནས་གཏོར་མ་དེ་བཤམས་ཟིན་པ་དང་། ཉེ་གནས་པ་ལ་ཁྱོད་རང་ཕྱིར་རྒྱུག་གསུང་། དེས་ཕྱིར་ཕྱིན་ནས་ཕག་ཉན་བྱས་པས། བུ་མོ་ཀུན་ཤེན་ཏུ་མང་འདིར་བཞུགས་གསུང་ཞིང་འདུག །དེ་ནས་རེ་ཞིག་ལོན་ཙ་ན། ཕ་རིན་པོ་ཆེའི་བཀའ་རྒྱ་ཤིན་ཏུ་དམ། བཟོད་པར་གསོལ་ལོ་གསུང་ཞིང་གདའ། དེ་ནས་སློ་དཀར་ནས་རིན་ཆེན་དཔལ་ཡར་ཤོག་གསུང་། ནང་དུ་ཕྱིན་པ་དང་། འཕགས་པ་བྱང་འཕེལ་ལ་འདིར་ཤོག་གྱིས་དང་གསུང་། དེ་ནས་འཕགས་པ་དྲུང་དུ་ཕྱུང་བ་དང་། ཁྱེད་ཀྱི་དེ་ཀུན་ན་ལྷ་མཐོང་འདྲེ་མཐོང་འདྲ་འོང་བའི་རྨི་ལམ་མཁན་པོ་འདྲ་ཡོད་པར་འདུག་པ་འདིར་ཤོག་གྱིས་གསུང་སྟེ། ཁྲིད་ཕྱུང་བ་དང་། དར་མ་དཔལ་བྱ་བ་ཁྱོད་ངའི་གྲྭ་ས་འདིར་མ་སྡོད། ངའི་འདིར་མོ་པ་རྩིས་མཁན་དང་། དཀོན་མཆོག་གསུམ་ལས་ཕྱི་རོལ་ཏུ་གྱུར་པ་ཀུན་མི་འཚལ། འཁོར་བ་ཐོག་མ་མེད་པ་ནས་རྒྱལ་འགོང་ལ་རྨི་ལམ་ལ་སྦྱངས་པ་འདི་འདྲ། དེ་ན་རྨི་ལམ་ཆོས་མཐུན་དུ་རྨི་བ་ཅིག་ཡོད་པར་འདུག་པ་དེ་ཁྱོད་ཀྱིས་སུན་འབྱིན་བྱས། ཁྱེད་རྣམས་འདི་འདྲ་བས། ངའི་ཆོས་ཟབ་མོ་ཆོ་བསྟན་དུ་མ་འདོད། བླ་མས་ཀྱང་འདི་འདྲ་བའི་བཀའ་རྒྱ་མཛད། རྨི་ལམ་རྫུན་པ་ལའང་ལོག་རྟོག་དེ་སྐད་ཟེར་ན། མངོན་སུམ་དུ་བསྟན་ན་ནི་ཇི་སྐད་ཟེར། ཤེས་རབ་རྒྱལ་མཚན་འདི་སློ་ལ་བཟུང་ནས་གདམས་ངག་ཏུ་ཁྲིར་ལ་ཕྱི་རབས་ལ་ཤོད་ཅིག་གསུངས་ནས། འབྲོམ་གྱི་སྐུ་འདྲ་ཅིག་འདུག་པ་དེ་ལ་ཡང་ཡང་དུ་ཕྱག་འཚལ་ཞིང་འདུག །དེ་ནས་ཤེས་རབ་རྒྱལ་མཚན་གྱི་བསམ་པ་ལ། སྙིགས་བམ་ནས་ཇི་ལྟར་འབྱུང་བ་བཞིན་དུ་དར་གྱི་ཡོལ་བ་ཅིག་ལ་རྣམ་ཐར་ཀུན་རི་མོར་བཀོད་ལ། གྲིལ་ན་ཙུང་། བརྒྱངས་ན་ཆེ་བ་ཅིག་བྱ་སླམ་ནས་ཡོད་ཙ་ན། ཇོག་གི་ཞལ་ནས། ངེད་ཡབ་སྲས་

གཉིས་པོའི་སྐུ་ཚུང་དུ་ཅིག་ལས་མི་དགོས། ངའི་འཇམ་དབྱངས་འདི་ཙམ་ཅིག་གྱིས་ལ་ཚོངས། དེ་ཡང་ལྷ་ཆོ་ཁྱོད་རང་གི་ཤེས་ན་བྲིས། གཞན་མ་འབྲི་གསུང་། དེའི་ནུབ་མོ། ཤེས་རབ་རྒྱལ་མཚན་གྱིས་ཡན་ལག་བདུན་པ་ཕུལ་ནས། ཡབ་སྲས་བཞི་པོ་ལ་གསོལ་བ་བཏབ་པས། བུ་མོ་གཞོན་ནུ་མ་ཅིག་གིས་གྱང་རིས་ལ་གཟུགས་ཤིག་བཀོད་ནས་འདི་འདྲ་བ་ཅིག་མཛོད་ཟེར་ནས། ནང་པར་བལྟས་པས་རྗེས་ཀྱང་མི་འདུག །ཐུགས་ཡུལ་དུ་ཕུལ་ལེ་གདའ་ནས། སང་སྐུ་རིས་བཏབ་སྟེ་བྲིས་པས། ཕྱེད་སྐད་ཅིག་ནས་ཟིན་པ་ཅིག་བྱུང་། དེ་ནས་རྗོག་ལ་བསྟན་པས། ཚུང་བ་མིན་པ་འདྲ་མོ་ཅིག་བྱུང་གསུང་པས། འདི་ཡང་བདག་རང་གིས་ཅུང་ཟད་བསྐྱེད་པ་ཡིན་ཞུས། དེ་ནས་རྗོག་གི་ཐུགས་དམ། ཁོང་རང་གིས་བཞེངས་པའི་འཇམ་དབྱངས་དང་བསྡུར་བས། རྗོག་ན་རེ། འོ་སྐོལ་གཉིས་ཀློ་རྩེ་གཅིག་ན་ཡོད་པར་གདའ་ཡིས། ད་ལན་ཆེ་ཚུང་དེའང་ལེགས་ནས་གདའ། གཞན་འདི་གཉིས་འདྲ་བ་འདི་རྒྱུ་མཚན་དུ་བྱས་ནས་ལྷ་བཟོ་བ་གཅིག་པད་ཀྱིས་བྲིས་པ་ཡིན་སྙམ་པ་རང་འོང་སྲིད་གསུང་། ཤེས་རབ་རྒྱལ་མཚན་གྱི་དགོངས་པ་ལ། ངའི་འདི་ཆེས་པ་ལེགས་འདུག་སྙམ་ནས་དགའ་བ་མཉེས། ད་ནུབ་རྨི་ལམ་ན་རྩིག་ཡོགས་ན་འཇམ་དབྱངས་དེ་བཀྲམ་ནས་འདུག་པ་ལ། ངོས་གཅིག་ཁེབས་པ་ཙམ་དུ་འདུག །རྗོག་ལ་ལྷ་འདི་སུའི་ཡིན་ཞུས་པས། དེ་ཁྱེད་རང་ལ་ངས་བྱིན་པ་དེ་ཡིན་མོད་གསུང་། འོ་ན་དེ་རིང་རེ་ཆེ་ཞུས་པས། རྗོག་ན་རེ། ཆེ་ཚུང་བྱེད་པ་ཁྱོད་རང་གི་འཕྲུལ་ཤེས་དབང་ཆེ། འདི་ནི་ཆེན་པོའི་རང་བཞིན་ཁོ་ན་ཡིན་གསུང་། ནང་པར་གཉིད་སད་ཙ་ནའང་ཕ་ལེ་ཁྲུག་གེ་འདུག །དེ་ནས་རྗོག་ལ་ཕྱག་བཙལ་ནས། ཀོག་སྟེ་ལངས་པས་གཞིས་ཇོགས་པ། །བྱ་བ་ཡིན། བྱིན་རླབས་ཤིག་ཞུ་རུ་འགྲོ་བ་ཡིན་ཟེར། རྗོག་ན་རེ། ཁྱེད་ཀྱི་ལྷ་ཆོས་ཚང་ངམ་གསུང་། ལན་དུ། གང་དུ་ཕྱིན་ཡང་བཀོད་པ་བསམ་མི་ཁྱབ། །པད་འདབ་གཅིག་ཀྱང་བགྲང་བར་མི་ནུས་མོད། །འོན་

ཀྱང་བཙུ་དྲུག་དབྱིངས་སུ་འགྲོ་བར་བྱ། །སྟོད་བཙུན་ལྷ་ཚོགས་བཟང་པོར་ད་གྱུར་ཏོ། །གསུངས་ནས་ལུང་བསྟན་པའི་ཡུལ་ཡིན་པས། དབུ་རུ་བྱང་ཕྱོགས་སུ་འགྲོ་སྐམ་ནས། མལ་གྲོའི་ནང་དུ་སླེབ་པ་དང་། དགའ་ལྡན་དུ་སླེབ་པ་ཙམ་དུ་ཐུགས་ཕེབས་ཏེ། ཞག་ཤས་བཞུགས་པ་དང་། རིན་ཆེན་དཔལ་གྱིས་སླེབས་ནས་བྱུང་སྟེ། ཕྱག་བཙལ་ཏེ། སློབ་དཔོན་པའི་ཞལ་ནས། མ་གིར་མྱུར་པོ་རང་བྱོན་གསུང་གིན་གདའ་ཟེར། བྱང་ཆུབ་སེམས་དཔའི་བསམ་པ་ལ་གཞན་དོན་མེད། ནོར་ཞུ་རྒྱུ་ནི་མེད། གྲོས་འདུན་ནི་ངས་མི་ཤེས། བཀའ་རྒྱ་འདིའི་དམ་ལུགས་ཀྱིས། ངའི་གླིགས་བམ་འདི་འཕྲོག་པར་འོང་སྟེ། ཉམས་སུ་བླང་བྱ་དེ་ནི་བློ་ལ་བསྟོགས་ནས་ཡོད། སྐྱེས་རབས་དང་བླ་མའི་ཡོན་ཏན་གྱི་སྐབས་དོན་ནི་གོ །ཕྱོགས་ཀྱང་བྱ་རྒྱུ་མེད་སྐམ་ནས་དྲུང་དུ་ཕྱིན་པ་དང་། ཛོག་ན་རེ། ཤེས་རབ་རྒྱལ་མཚན་ཁྱོད་འོངས་སམ། འོ་སྐོལ་གྱི་ཆོས་དེ་ངས་བླ་མའི་བཀའ་རྒྱ་བཀྲལ་ནས་ཡི་གེར་བཀོད་པ་ཡིན། ཕྱི་རབས་ཀྱི་མི་འདི་ཚོའི་སྣང་ཚུལ་ལ་བལྟས་ན། ཁྱོད་ཀྱང་གྲོགས་སྟོབས་སུ་སོང་ནས་འདིའི་བདག་པོ་རང་མི་འོང་སྟེ་མཆི། འོང་ན་ཁྱོད་རང་ངའི་སླེང་འདི་ཐོན་ལ་ཁྱོད་རང་ཟློ་ལ་དཔེ་དེ་ཁྱེར་གསུང་། བྱང་ཆུབ་སེམས་དཔའ་ན་རེ། ཕ་དེ་འདྲའི་ལས་རྣམས་ཆེན་བྱེད་པ་མི་ནུས། མཚམས་མེད་བྱས་པའི་དཔེ་ཆས་དགོས་པ་མེད་ཞུས་པས། འོ་ན་དེ་ལྟར་གོའམ་གསུང་། དེ་ཙམ་ཅིག་ལོས་གོ་ཞུས་པས། འོ་ན་དཔེ་འདི་གཞན་ལ་བསྒྲགས་པ་དང་། ངའི་སླེང་ཕྱུང་བ་ལ་ཁྱད་པར་མེད། དགེ་བཤེས་པས་དེ་ཤེས་པར་མཛོད་ལ། དཔེ་ཁྱེར་གསུང་། དེ་ནས་འགྲོ་བར་བརྩམས་པ་དང་། ད་དུང་དུམ་ཅིག་སྡོད་ཅིག་གསུངས་ནས། ལྷ་ཆོས་ལ་གླིགས་བམ་ལ་ཡན་ལག་བདུན་པ་མཛད་ནས། དབུ་ཐོག་ཏུ་བཞག་སྟེ། སྨྱུན་ཆབ་ཉིལ་བ་ཅིག་མཛད་ནས་བཞུགས་གདའ་སྐད། བྱང་ཆུབ་སེམས་དཔའི་ཞལ་ནས། འདྲེན་པ་མཆོག་ཁྱེད་བདེ་བར་བཞུགས། །ཕྲིན་བར་མ་མཛད་བདེ་བར་ཕྱིན། །བརྒྱུད་པ་མ་ཆད་མ་

ལྷག་པར། །གསེར་ཕྲེང་བཞིན་དུ་འདོམས་པར་བགྱི། །ཞེས་གསུངས་ནས་སྔར་གྱི་ལས་ཕྱོགས་བཟློག་ནས། དབུ་རུ་བྱང་ལ་བྱོན་ཏེ། དབེན་པའི་གནས་དུ་མར། ཇི་ལྟ་བ་བཞིན་ཉམས་སུ་ལེན་ཅིང་བཞུགས། དེ་ནས་རེ་ཞིག་ལོན་ནས་འཕན་ཡུལ་གྱི་ནང་ནས། དར་ཡུལ་དང་ཕུ་ཆུང་གི་ནང་ན་ཡར་བྱོན་པ་དང་། བྱང་ཆུབ་སེམས་དཔའ་གཞོན་នུ་རྒྱལ་མཚན་ཡོན་བདག་ཁ་ཅིག་དང་འགྲོགས་ནས་བྱུང་བ་དང་ཕྲད་དེ། ཁོང་གི་ཞལ་ནས། སྟོན་པ་ལས་ནི་རང་གི་རྗེས་སུ་འབྲང་། །རྟེན་ཅིང་འབྲེལ་འབྱུང་ཐབས་ཤེས་རྟོགས་པ་དཀའ། །རྒྱལ་བ་རྣམས་ཀྱི་བསླབ་པ་རིན་ཆེན་གསུམ། །ཀུན་ཏུ་དགེ་སྐྱེ་གཞན་གྱིས་མཐོང་མི་ནུང་། །ཤེས་རབ་མཆོག་ལྡན་གང་གི་ཕྱུག་ནས་ལྷགས། །ཤེས་རབ་ཁྱེད་ཀྱིས་རྒྱལ་མཚན་ང་དྲུང་དུ། །རྒྱལ་བའི་འབྱུང་གནས་བསྟན་པ་རིན་ཆེན་འདི། །རྒྱལ་བ་ཀུན་གྱི་བགྲོད་གཅིག་ལམ་གསུངས་ནས། །དབེན་པའི་གནས་སུ་མཁས་པ་ཁྱེད་འོངས་ན། །དིང་སང་མི་དབེན་སང་གི་གདུགས་ཚེ་ན། །ཕོ་བོ་འདིར་འོངས་ལྷ་ཆོས་བདུན་ལྡན་འདི། །བག་ཕེབས་སྙིང་གི་དཀྱིལ་དུ་གླིང་བར་བགྱི། །ཞེས་གསུངས་པས། ཤེས་རབ་རྒྱལ་མཚན་གྱི་དགོངས་པ་ལ་དགེ་སློང་འདི་མངོན་པར་ཤེས་པ་ལ་ཐོགས་པ་མེད་པ་དང་ལྡན་པ་ཅིག་འདུག །ཕལ་ཆེར་སྤྲུལ་རས་གཟིགས་དབང་ཕྱུག་གི་སྤྲུལ་པ་མ་ལགས་སམ། སྙམ་ནས་ལན་དུ་གསོལ་པ། མད་ལགས་སྤྲུལ་པའི་དགེ་སློང་ང་ལ་གསོན། །འདི་ནི་བསྟན་པ་རིན་ཆེན་འཕྲེང་བ་སྟེ། །གཞོན་ནུའི་ཆ་བྱད་ཁྱིའུས་སྐྱོན་ན་མཛེས། །ཀུན་ཏུ་ཐོགས་མེད་ཤེས་རབ་ཆེན་པོའི་དཔལ། །བདག་གི་ཡོངས་འཛིན་མཆོག་རབ་དམ་པ་དེས། །འདི་ཅིན་དབེན་པའི་གནས་སུ་སྐྱོངས་ཤིག་གསུངས། །བཙུད་འདི་གང་གིས་སྨྲད་ཀྱང་དེར་འགྱུར་མོད། །འདི་འཕྲུང་བ་ནི་སྲིད་པའི་ཐིག་ལེར་ཟད། །སྤྲུལ་པའི་དགེ་སློང་རིང་པོ་མ་ཐོགས་པར། །གནས་འདིར་ཆོས་ཀྱི་བགྲོ་བ་མཛད་དུ་བྱོན། །ལན་དུ་བགྱིའོ། །སྐྱེས་བུ་དམ་པའི་སྤྱོད་པ་མཛོད། །དམ་

བཅའ་བ་ནི་ཁུར་མི་འདོར། །ང་ནི་སྣོད་ཡིན་ཤེས་པར་བསྙེན། །ང་ནི་འབྲོམ་གྱི་ཐུ་བོ་ཡིན། །ཞེས་གསུངས་ནས་ནང་པར་འབྱོན་སྐབས་སུ་ཡོད་པ་ལ། དེའི་ནུབ་མོ་རང་། སྐྱེས་བུ་དམ་པ་མཐོང་བ་བདེ། །སངས་རྒྱས་བསྟན་དང་མཇལ་བ་བདེ། །བྱང་ཆུབ་མཆོག་ཏུ་དོན་གཉེར་བཟང་། །བརྩོན་འགྲུས་མཆོག་གིས་འགྲུབ་པར་འགྱུར། །གསུངས་ནས་བྱོན་པས། བྱང་ཆུབ་སེམས་དཔའི་ཞལ་ནས། ཆོས་འདི་གང་ཅིག་དོན་གཉེར་པ། །དེ་ནི་སངས་རྒྱས་བསྟན་པའི་དཔལ། །སྔོན་ཚེ་ལེགས་པའི་ཤེས་རབ་སྐྱེ། །དིང་སང་ཤེས་རབ་རྒྱལ་མཚན་ཡིན། །གསུང་། ལན་དུ། ང་ནི་གཞོན་ནུ་རྒྱལ་མཚན་ཏེ། །རིང་པོར་མི་ཐོགས་ཤེས་རབ་ཁྱོད། །དྲི་མེད་དྲུང་དུ་འགྲོ་འགྱུར་བས། །བརྒྱུད་པའི་ཕྲེང་བ་ཕོ་བོས་བཅད། །ལན་དུ། ད་དུང་ལོ་གཅིག་ཟླ་བ་གཉིས། །ཞག་བཞིའི་ཚེ་ཚད་མ་རྫོགས་པས། །བཙུ་དྲུག་ཞག་གོང་སླེབ་པར་བྱོན། །བཙུ་དྲུག་ཐིག་ལེ་རྫོགས་པར་བྱ། །ཞེས་གསུངས་པའི་ལན་དུ། ཆོས་འདི་རྒྱལ་བ་སྟོང་ཕྲག་གིས། །བསྐལ་པ་སྟོང་དུ་རབ་བསྔགས་ཀྱང་། །ཐམས་ཅད་རྫོགས་པར་ག་ལ་འགྱུར། །དེ་བས་ཐར་པར་མི་གཤེགས་པར། །བདག་གི་ལུས་ལ་ལྷ་དབང་བསྐུར། །ཆོས་དབང་སེམས་ལ་སྨིན་པར་མཛོད། །ཕོ་བོ་བུམ་པ་གང་ཕྱོར་འདོད། །དེ་ཕྱིར་ཡུན་དུ་འཕྲོད་པར་མཛོད། །གསུང་། ལན་དུ། འཇམ་པའི་དབྱངས་ཀྱིས་འདི་གནང་ནས། །དབུ་ཙ་ལྷོ་ཕྱོགས་ཞིག་ཏུ་ཕྱིན། །དེ་ཚེ་འཁོར་གྱི་གཙོ་བོ་བྱུང་། །བླ་མའི་དྲུང་དུ་ཤོག་གསུངས་ནས། །སྐྱིགས་མའི་གདུལ་བྱ་མགུ་བར་དགའ། །ཕོ་བོས་བླ་མའི་བཀའ་རྒྱ་བཀྲལ། །ཁྱོད་ཀྱང་ཕྱོགས་ཀྱི་དབང་དུ་འགྲོ། །བདག་པོ་མི་འོང་ཞོག་ཅེས་གསུང་། །གལ་ཏེ་འོང་ན་སྙིང་འདི་ཕྱུང་། །ཁྱེད་རང་ཟློ་ལ་དཔེ་ཁྱེར་གསུང་། །ཀྱི་ཧུད་སྐབས་སུ་འཛིགས་སྐྲག་ནས། །མཚམས་མེད་ཆོས་ཀྱིས་དགོས་པ་མེད། །རང་གི་དཔེ་ཆ་ཁྱེར་ཞུས་པས། །དེ་ལྟར་གོ་ན་དེ་འདྲར་ཁྱེར། །གསུང་དེ་ཐོས་ནས་བྱང་འདིར་འོངས། །ད་དུང་ལོ་གཅིག་ལྷག་གི་སྟེས། །ལན་དུ། ཤེས་རབ་

རྒྱལ་མཚན་ང་ལ་གསོན། །དེ་ཚེ་ཤེས་རབ་ཕྱོགས་གཅིག་འགྱུར། །དཔེ་དོན་གཉིས་བསྟན་དོན་མ་གོ །སྙིང་དེ་ཕྱུང་ནས་ཟོས་ན་བཟང་། །ཐིག་ལེ་ཆེན་པོས་ཚིམ་ན་བདེ། །ཟག་མེད་དབྱིངས་སུ་བལྟམ་ན་བདེ། །གསུངས་སོད་ཆོས་འདི་སྙིང་དང་འདྲ། །གཞན་ལ་བསྟན་ན་ཕ་མའི་སྙིང་། །ཕྱུང་ནས་མཚམས་མེད་བྱས་དང་མཚུངས། །ང་ལ་བསྟན་ན་མཚམས་མེད་མཆོག །མཁྱེན་པར་མཛོད་ལ་བསྟན་ན་མཆོག །མྱུར་དུ་མཛད་ན་བརྩོན་འགྲུས་མཆོག །ཕན་སེམས་ཆེ་ན་ཚུལ་ཁྲིམས་ཡིན། །ཐེ་ཚོམ་བྲལ་ན་བསམ་གཏན་བཟང་། །རང་མཚང་སྟོན་ན་ཤེས་རབ་འབྱུང་། །སེར་སྣ་མེད་ན་སྦྱིན་པར་གདའ། །བཟོད་དང་ལྡན་ན་བར་ཆད་མེད། །གང་དགོས་སློས་དང་ཁོ་བོས་སྐྱབ། །ལན་དུ། མངོན་པར་ཤེས་ལྡན་ང་ལ་གསོན། །ཞག་བཞི་ཟླ་གཉིས་ལོ་གཅིག་བར། །ཉིན་དང་མཚན་དུ་བཅུ་དྲུག་ཡོད། །བཅུ་དྲུག་བཅུ་དྲུག་འབར་བར་འཚལ། །ཤེལ་དཀར་མདའ་གང་དུང་གིས་བཀོད། །དྲི་བཟང་བདུག་སྤོས་ཀུན་ཏུ་འཐུལ། །ཁྱིའུ་བུ་མོ་འོང་ཙམ་ཞིག །མཆོད་པ་ལྷ་རྣམས་འབུལ་བ་འཚལ། །དགེ་སློང་གཙང་མ་བཅུ་དྲུག་ཙམ། །རྗེས་དྲན་ལྷ་དང་ལྡན་པར་འཚལ། །མགྲོན་རིགས་ལྷ་ལ་གཏོར་མ་འཚལ། །ཁྱེད་རང་ཅི་འདྲའི་སྟོད་ལྡན་དགོས། །གཞན་ནས་གཞན་དུ་བསྒྲད་པར་བྱ། །མི་འགྲོ་ནགས་ཁྲོད་དབེན་པར་འགྲོ། །དེ་སྐྱབ་ན་ནི་སྦྱིན་པར་བྱ། །དེ་ལྟ་ན་ནི་ཕན་པར་འགྱུར། །དེ་ལྟ་ན་ནི་བཟོད་པར་ནུས། །དེ་ལྟ་ན་ནི་སྤྲོ་བས་སྤུད། །དེ་ལྟ་ན་ནི་རྩེ་གཅིག་ཏུ། །ཤེས་རབ་སྙིང་རྗེའི་དབྱིངས་སུ་འགྲོ། །གསུང་ལན་དུ། ཤེས་རབ་རྒྱལ་མཚན་ང་ལ་གསོན། །རྒྱལ་བའི་རྒྱལ་སྲས་རྒྱལ་བ་འབྲོམ། །རྒྱལ་བའི་འབྱུང་གནས་རིན་ཆེན་དེས། །རྒྱལ་བའི་མདུན་དུ་རྒྱལ་བའི་སྲས། །སྐྱོང་ཕྱིར་ཐར་པའི་རྒྱལ་མཚན་བཟུང་། །རིན་ཆེན་རྒྱལ་མཚན་ནོར་བུའི་མཆོག །རྒྱལ་མཚན་མི་ནུབ་ཕྱོགས་བཅུར་ཁྱབ། །ཕྱོད་ཀྱི་སྲས་ཡིན་བསྐྱང་བའི་ཕྱིར། །དཔེན་པར་ཐིག་ལེ་བསྒོམས་ཞེས་

གསུང་། །ནོར་བུ་རིན་ཆེན་དེ་སྙིན་པའི། །གཞོན་ནུ་ང་ལ་འཁོར་པའི་ཚོགས། །ནོར་ལྷ་ཀུན་གྱིས་སྦྱིན་བདག་བྱེད། །ལྷག་པར་བྱུང་འདིར་རྣམ་སྲས་ཀྱིས། །འཁོར་པ་སྒྲུབ་མཆི་ཤུ་ཆུང་དུ། །བཀོད་པ་བཞོམ་དུ་གཤེགས་སུ་གསོལ། །བསོད་སྙོམས་པ་ཡིན་མེད་ན་ཡང་། །དད་པ་ཅན་གྱིས་བྱིན་པ་ཡི། །ཙུང་ཟད་ཅིག་མཆིས་རིམ་གྱིས་མཆི། །ཞེས་གསུང་སྙིང་ཐུགས་ཕེབས་པར་མཛད་ཅིང་། ཤུ་ཆུང་དུ་རང་གི་སྤྱིལ་བུར་བྱོན་ནས་ཇོ་ཅིག་གསོལ་ཞིང་ཡོད་པ་ན། བྱིས་པ་གསེར་ཆུང་རྒྱལ་བུ་ཐོགས་པ་ཅིག་བྱུང་ནས། སྤྱན་རས་གཟིགས་ཀྱི་དགེ་སློང་ཁྱེད་གཉིས་ཁ་རྩང་ཞལ་འཛོམ། མདང་འདིར་བྱོན་གདའ་བ་ལ་མཆོད་པ་འབུལ་བའང་མ་བྱུང་། ད་ཞག་མཐུན་རྐྱེན་མ་འཛོམ་ན། དམ་དུམ་ཞབས་ཏོག་བགྱི་གསུངས་ནས་སོང་སྐད། དེ་ནས་ཤེས་རབ་རྒྱལ་མཚན་གྱི་ཞལ་ནས། བརྩམས་ནས་བརྩོན་པ་གལ་ཆེ་བས། འཁོར་པ་དང་བསྟུན་པའི་མཆོད་པ་དག་ཞོམས་གསུང་། ལན་དུ། གསུང་པ་མད་གསུངས་ནས། གཞན་ཞིག་ཏུ་གཤེགས་ཏེ། དགེ་སློང་དག་མི་རྙེད་པ་གདའ་སྟེ། གང་དགོས་ང་རང་གིས་འཁབས་པར་བྱེད། ཁྱེད་རང་རེ་ཞིག་ཕྱི་འདིར་བར་ཆད་བསྲུང་ཞིང་བཞུགས་པར་ཞུ་གསུངས་ནས། རེ་ཞིག་ལོན་པ་དང་། མཆོད་པ་བསྡུས་པ་ཅིག་གྲུབ་ནས་བདོག་པས་ཡར་འབྱོན་པར་ཞུ་གསུངས་ནས་ནང་དུ་འབྱོན་པ་དང་། མཆོད་པ་རྣམ་པ་ལྔ་པོ་བཅུ་དྲུག་བཅུ་དྲུག་གིས་ཕྱོགས་བཞི་བརྒྱན་ནས། ཇོ་བོ་ཡབ་སྲས། བཀའ་གདམས་ལྷ་བཞི། སྨན་བླའི་སྐུ་གཅིག །གཞན་ཡང་སྐུ་གསུང་ཐུགས་ཆ་ཚང་བ་ཅིག་མཛད་ནས་གདའ། ཁྱད་པར་དུ་ཡང་དཀྱིལ་འཁོར་གྱི་ཕྱོགས་བཞི་པོ་ན། གནས་བརྟན་ཆེན་པོ་བཅུ་དྲུག་གི་སྐུ་འདྲ་བཞི་བཞི་བཞུགས་ནས། འདི་དག་ལ་བསྙེན་པ་སྐྱིལ་ཀྲོགས་ཞུ་བ་ཡིན། དམ་ཚིག་ཀྱང་ཐུབ་ངེས། དིང་སང་དགེ་སློང་གཙང་མ་འདི་དག་གིས་འགྲོ་དོན་མང་པོ་མཛད། ཁྱད་པར་དུ་གནས་བརྟན་ཡན་ལག་འབྱུང་བྱ་བ་འདིས། རབ་ཏུ་བྱུང་བ་མང་པོ་ཅིག་སྤེལ། བསླབ་པ་

གསུམ་གྱི་གཞུང་བཙུགས། དེས་ན་ཁྱེད་རང་ཡང་འཁོར་མང་བར་འདོད་ན་ཁོང་ལ་གསོལ་བ་ཐོབ། ང་ཡང་གཞོགས་གཡས་པ་ཁོང་ལ་རེ་བ་ཡིན་གསུང་། དེར་བྱང་ཆུབ་སེམས་དཔའ་མཉེས་ནས་ཞག་བཞི་བཅུ་རྩ་བརྒྱད་ཀྱི་བར་དུ་གཞུང་གི་ལེའུ་རེ་རེ་དང་། ཐིག་ལེ་སྤེལ་ནས་ཐམས་ཅད་ཐིག་ལེའི་རང་བཞིན་དུ་མཁྱེན་པ་ཅིག་བྱུང་ནས། གཞོན་ནུ་རྒྱལ་མཚན་མཉེས་ནས་ཁྱེད་ཤེས་རབ་རྒྱལ་མཚན་རང་དུ་འདུག་གསུང་། ཁོང་གི་ཞལ་ནས་འདིས་མི་འོང་། སངས་རྒྱས་སྟོང་ལ་བརྟེན་ནས་ཐིག་ལེ་སྟོང་བྱ་བར་ཡང་བཏུབ། དེས་མི་འོང་། མགོན་པོ་ཁོང་རང་གི་ཐིག་ལེ་གྲངས་མེད། བསྡུས་ན་ཐིག་ལེ་གཅིག་ཏུ་ཡང་འདུས། ད་ང་ལ་ཚེ་ལོ་གཅིག་དང་ཞག་བཅོ་ལྔ་ལས་མེད་པས། དེ་དུས་སུ་གླེགས་བམ་ལེན་དུ་ཤོག །དེའི་བར་དུ་པོ་ཏོས་དབེན་པའི་གནས་སུ་བསྐྱང་གསུངས་པ་དང་། ལན་དུ། ཡོངས་འཛིན་ཁྱེད་ལ་སྐུ་ཚེའི་ཚད། །སུམ་བརྒྱ་བདུན་ཅུ་དོན་ལྔ་མཆིས། །ཡོངས་འཛིན་ཐིག་ལེའི་དབྱིངས་སུ་གཤེགས། །སྔར་བསྟན་པའི་སྐུ་ཚེའི་ཚད་ཞག་བཞི་བརྒྱ་དང་ཉི་ཤུ་རྩ་བཞིའི་སྟེང་ནས།བརྩེ་བར་མཛོད་ཅིག་ཤེས་རབ་མཆོག །ཉིས་ཞག།བརྒྱ་གོ་དགུ་བཤད་པས་སྐྱོངས། །བཅུ་དྲུག་ཐིག་ལེ་རྫོགས་མཛད་ནས། །བཅུ་དྲུག་ལྷ་ཡི་ཐིག་ལེར་བཞུགས། །བཅུ་དྲུག་བྱང་ཆུབ་ཐིག་ལེར་བཞུགས། །བདུན་ཞག།ཕྲག་བཞི་རྫོགས་དགའ་ལྡན་དུ། དྲི་ཉེར་ལྔ་ལ།མ་མེད་པའི་དྲུང་དུ་གཤེགས། །དེ་ཚེའང་མཁྱེན་བརྩེས་གཟིགས་སུ་གསོལ། །དེ་ནས་བདག་ཀྱང་དྲུང་དུ་འོང་། །ཞུས་པས། ལན་དུ། འོ་ན་འདི་ནས་དེ་ཙམ་པར། །བཅུ་དྲུག་འདི་ལས་མ་གཡོས་པར། །ཚུལ་གནས་ཐོས་དང་བསམ་ལྡན་པའི། །སྒོམ་པ་ལ་ཡང་རབ་ཏུ་སྦྱོར། །ཞེས་གསུངས་ནས། ཇི་སྐད་ཞུས་པ་བཞིན་དུ། གདུགས་ཉིས་བརྒྱ་དགུ་བཅུ་རྩ་དགུར་ཐོས་བསམ་གྱིས་དུས་འདའ་བར་མཛད། དགུང་ཉིས་བརྒྱ་དགུ་བཅུ་རྩ་དགུར་ཐིག་ལེ་ཆེན་པོར་བསྒོམས་པས་དུས་འདའ་བར་མཛད་དེ། སྔར་ཡང་ཐིག་ལེ་བཅུ་དྲུག་ཞག་བཅུ་དྲུག་ལ་ཚང་བར་

གདམས། ཉིན་མཚན་སུམ་ཅུ་རྩ་གཉིས་སུ་ལྷའི་ཐིག་ལེའི་ཏིང་ངེ་འཛིན་ལ་བཞུགས། དེ་ཙམ་ཞིག་ཏུ་བྱང་ཆུབ་ཀྱི་ཐིག་ལེའི་ཏིང་ངེ་འཛིན་ལ་སྒོམས་པར་བཞུགས། ཞག་ཉི་ཤུ་རྩ་བརྒྱད་དགུག་གུའི་ཚེས་བཅོ་ལྔའི་ཉིན་པར། རི་རྩེ་ལ་ཉི་མ་ཤར་བ་དང་། སྤྲུལ་པའི་སྐུ་དེ་གདུང་དང་རིང་བསྲེལ་ཀྱང་མ་བཞག་པར་གཤེགས། དེ་ལྟར་ན་ཐིག་ལེ་རྒྱས་པ་ནི་དེ་ནས་ཚུགས་གསུང་བ་ནི་གཞོན་ནུ་རྒྱལ་མཚན་གྱིའོ།། །།

༈ དེ་ནས་བདག་གི་བླ་མ་གཞོན་ནུ་རྒྱལ་མཚན་ཞེས་བྱ་བ་དེ་ཉིད། འབྲོམ་ཆོས་ཀྱི་རྒྱལ་པོའི་ཡོན་ཏན་དངོས་སམ་བརྒྱུད་པས་དེ་ལྟར་བླངས་ནས་དབེན་པའི་གནས་སུ་སྒོམ་པར་བཞེད་པ་ན། དགེ་བའི་བཤེས་གཉེན་རིན་ཆེན་གསལ་བ་བྱ་བ་དེ་ཉིད། གཞུང་ལུགས་རྒྱ་མཚོ་ལ་མངའ་བརྙེས་པ། རྒྱལ་བ་ཡབ་སྲས་ཀྱི་ཡོན་ཏན་གྱིས་ངོམས་པ་དང་ཆོམ་པ་མི་མངའ་བ། གངས་རིའི་ཁྲོད་འདིར་བསྟན་པའི་མངའ་བདག་ཏུ་གྱུར་པས། དྲང་སྲོང་ཆེན་པོ་རྣམས་ཀྱི་གཙུག་གི་ནོར་བུ་རིན་པོ་ཆེར་གྱུར། བཤད་ཉན་གྱི་དུས་སུ། བླ་མའི་ཡོན་ཏན་མ་ལུས་པ་རྒྱ་མི་ཆུང་བར་མཛད་ནས། ཉམས་ལེན་གྱི་དུས་སུ་རྩེ་གཅིག་ཏུ་དྲིལ་ནས་རང་གི་སེམས་ལ་ལྟ་བ་གོམས་པར་མཛད་ཅིང་བཞུགས་པ་ལ། དགེ་བཤེས་ཚུལ་ཁྲིམས་འབར་ཞེས་བྱ་བ། འབྲོམ་ཆོས་ཀྱི་རྒྱལ་པོའི་གཟིམས་གཡོག་མཛད་ནས། ཞབས་ཀྱི་པདྨོ་ལ་ཉིན་མཚན་དུ་གཏུགས། འབྲོམ་ཉིད་ཀྱིས་ཇོ་བོ་ལ་གུས་པ་བཞིན་དུ་མཛད། མན་ངག་ཟབ་སྐོར་ཐམས་ཅད་ཆོད་པར་མཛད་པ་དེ་ལན་ཅིག ཐུགས་ཀྱི་དགོངས་པ་ལ། ཚེ་འདི་མི་རྟག་རི་གཟར་གྱི་ཆུ་དང་འདྲ། ལས་རྒྱུ་འབྲས་འདི་བྱ་དང་གྲིབ་མའི་ཚུལ་དུ་འབྲང་། ཡོན་ཏན་རྒྱ་ཆེན་པོ་ཤེས་ཀྱང་། སེམས་ཐོག་ཏུ་དྲིལ་ནས་ཉམས་སུ་ལེན་མ་ཤེས་ན། ཁོང་མི་ཆོས་ཀྱི་ལེགས་བཤད་དང་འདྲ། ཕུགས་སུ་ཕན་པར་དཀའ་བར་གདའ་བས། ཅིས་ཀྱང་ཉམས་ལེན་ཅིག་བྱ་འཚལ་སྙམ་ནས། དགེ་བཤེས་རིན་ཆེན་གསལ་གྱི་དྲུང་དུ་ཕྱིན་པ་དང་། ཁོང་གི་ཞལ་ནས། ཚུལ་ཁྲིམས་འབར།

ཆོས་བཤའ་མ་ཅིག་བྱེད་པ་ལ་གྲོགས་བཟང་པོ་གལ་ཆེ། བློ་སྣ་ཁུང་ལ་རང་ཚུགས་ཐུབ་པ་གལ་ཆེ། མི་ཚེ་ལ་གཞན་གྱི་གཉའ་གནོན་དུ་མ་སོང་བ་ཅིག་གལ་ཆེ། སྒོ་གསུམ་དུལ་ལ་ཐོ་ཅོར་མ་སོང་བ་ཅིག་གལ་ཆེ། དགེ་སྦྱོར་གང་བྱེད་ཡོན་ཏན་དུ་འགྲོ་བ་ཅིག་གལ་ཆེ། ཡོན་ཏན་གང་ཡང་ཤེས་ལ་བཟོ་བོར་མ་སོང་བ་ཅིག་གལ་ཆེ། འགྲོགས་བདེ་ལ་བྲན་དུ་མ་སོང་བ་ཅིག་གལ་ཆེ། ཚུལ་ཁྲིམས་འབར། གྲོགས་ངན་གྱིས་བསླུས་པ་མང་། ཡུལ་ངན་གྱིས་བཅིངས་པ་མང་། རྒྱུད་ངན་གྱིས་ཕུང་པ་མང་། ང་རྒྱལ་གྱིས་རང་བསྒྲིགས་པ་མང་། ཁ་ལྷུས་གཞི་མ་བཙོམ་པ་མང་། ཚུལ་ཁྲིམས་འབར། བཙུན་ཚུགས་ཅན་མཆོག་འཛིན་གྱིས་བཙོམ་པ་མང་། བརྟུལ་ཞུགས་ཅན་གོལ་སར་སོང་བ་མང་། ཚུལ་ཁྲིམས་འབར། གོ་ན་སྙིང་གཏམ་ཡིན། དབུ་རུའི་བྱང་ཕྱོགས་འདིར། སངས་རྒྱས་ཀྱི་བསྟན་པ་ངས་བཙུགས་ཟེར་བ་ཅིག་བྱ་འཚལ་གསུངས་པས། ཚུལ་ཁྲིམས་འབར་གྱི་ཞལ་ནས། གསུང་བ་ཤིན་ཏུ་ཐུགས་ལ་བཏགས། འཇིག་རྟེན་ཆོས་དང་མཐུན་པའི་གྲོགས་པོ་ནི་རྙེད་པར་དཀའ་སྟེ། རྣད་པོ་བརྟེན་པའི་འཁར་བ་དང་འདྲ་སྟེ་ཡུན་དུ་བསྟེན་པར་ཞུ། གྲོགས་པོ་ནི་སྒྲོན་མེའི་འོད་དང་འདྲ། གཞན་གྱི་གཟུགས་ལེགས་ཉེས་ཐམས་ཅད་གསལ་བར་བྱེད། གྲོགས་པོ་ནི་ཁ་དོག་སྔོན་དམར་གྱི་ཚོན་དང་འདྲ། གང་དང་འགྲོགས་ཡུན་རིང་བ་དེའི་ཁ་དོག་ཏུ་འགྲོ། དེ་ཡང་གྲོགས་པོ་བཟང་པོ་གསེར་གྱི་སྲམ་བུ་དང་འདྲ་བ་དེ་གོས་པ་དཀའ། གྲོགས་ངན་སྨུར་མ་དང་འདྲ་བ་དེ་བགས་ཀྱིས་འགོ །གྲོགས་པོ་བཟང་པོ་ནི་བསྟེན་པར་དཀའ་སྟེ། འཕྲལ་དུ་གཟེ་རེ་ཆེ། གྲོགས་ངན་ནི་བསྟེན་པར་སླ་སྟེ། འཕྲལ་འགྲོགས་བདེ་ལ་ཤ་ཚ་ཚ་འདྲ། དེ་དུག་དང་འདྲ་སྟེ། འོ་མ་དང་བསྲོངས་ནས་འཐུང་ན་ཤིན་ཏུ་མངར། གྲོགས་བཟང་ནི་སྨན་དང་འདྲ་སྟེ། དཀའ་སྤྱད་ཁ་མོ་དང་སྦྱར་ན། གཉེན་པོ་ངན་པས་མི་ཐེགས་པར་ལགས་པར་གདའ་བས། འོ་སྐོལ་གསུམ་པོ་འདི་ཕ་གཅིག་གི་བུ། ཆོས་གཅིག་གིས་བསྐྱངས་པ། སློན་ལམ་གཅིག་

གིས་སྦྲེལ་བ། དིང་སང་དཀོན་མཆོག་གསུམ་གྱི་བྱིན་རླབས་ཞུགས་པ་ལགས་ན་ཅུང་ཟད་ཀྱང་འབྲལ་བའི་སྐབས་གདའ་འམ་གསུངས་པས། དེར་རིན་ཆེན་གསལ་གྱི་ཞལ་ནས། དེ་དག་ཐམས་ཅད་ལ་ལོ་སྐོལ་གཉིས་མཐུན། གཏམ་ཕྱི་མ་དེ་གཞོན་ནུ་རྒྱལ་མཚན་ལ་བྱ་འཚལ། ད་ལོ་གཅིག་དང་ཟླ་བ་ཕྱེད་ཕྱེད་ཙམ་དུ་མིས་ཀྱང་མ་ཚོར། ལྟས་ཀྱང་མ་ཚོར་བ། འདི་ན་ཡོད། འདི་ན་མེད་ཀྱང་མི་གདའ་གསུངས་པས། དགེ་བཤེས་ཚུལ་ཁྲིམས་འབར་ན་རེ། ངས་ནི་ཁོང་དང་ལན་གཅིག་ཀྱང་འབྲལ་བ་མ་མཐོང་གསུངས་པས། དགེ་བཤེས་རིན་ཆེན་གསལ་བ་ན་རེ། ན་ནིང་འོ་སྐོལ་རྒྱལ་བ་དེའི་དྲུང་དུ་ར་སྒྲེང་དུ་བསྡད་ཙ་ན། ཆོས་ཀྱི་བཀའ་བབས་ལུགས་དེ་རྣམས་ཐུགས་ལ་བདོག་གམ་གསུང་། སྤྱན་སྔ་བས་དེ་བདོག་ཞུས་པས། དེའི་དུས་སུའང་། ཁྱེད་ཡབ་སྲས་འདི་སྐད་ཁོ་ན་གསུང་། ངས་སངས་རྒྱས་ཀྱི་བསྟན་པ་རབ་འབྱམས་ལ་སྦྱངས་ནས། ཟབ་དོན་གྱི་སྙིང་ཕྱུང་ནས་རང་གི་སྙིང་ཐོག་ཏུ་བླངས། བྱ་བ་ཅི་བྱེད་སེམས་ཅན་གྱི་དོན་ལ་བསྔོས། དིང་སང་གངས་རིའི་ཁྲོད་ན། གཞུང་ལུགས་རྒྱ་མཚོ་ལྟ་བུ་འདི་ལ་མ་འདྲིས་མ་སྦྱགས་པར་ཤེས་པ་ནི་ཅི་ཙམ་ཞིག་ཡོད། དུས་དེ་ཙམ་ན། རྒྱལ་བ་དེའི་ཞལ་ནས་ཀྱང་། ཚུལ་ཁྲིམས་འོད་ཀྱིས་རབ་མཛེས་པ། །རིན་ཆེན་འབར་བ་གཙུག་གི་རྒྱན། །བསླབ་པ་གསུམ་གྱི་སྙིང་འཛིན་པ། །ཁྱོད་ནི་འདྲེན་པ་མཆོག་ཡིན་ནོ། །གསུང་། ཡང་བདག་ལ་འདི་སྐད་གསུང་། རྒྱ་མཚོ་ཆེ་ཡང་ནོར་བུ་མེད་གྱུར་ན། །རྒྱ་མཚོ་ནོར་གྱིས་ཕྱུག་པར་མི་འགྱུར་བ། །དེ་བཞིན་གཞུང་ལུགས་རྒྱ་མཚོ་ཆེ་ན་ཡང་། །ཁྱོད་ནི་ཆུ་ཤེལ་ཙམ་ཞིག་མཆོག་ཡིན་ནོ། །གསུངས། གཞོན་ནུ་རྒྱལ་མཚན་ལ་འདི་སྐད་དུ། མི་གྲལ་ནས་བུད་རི་དྭགས་དམན་མ་ཁྱོད། །ང་ཡི་སྙིང་གི་ཐིགས་པ་རྒྱ་ལ་ཁྱེར། །འཇབ་ཅིང་འགྲོ་བ་སུས་ཀྱང་རྟོགས་པ་མེད། །གཏིང་དཔག་དཀའ་བ་ང་ཡི་སྲས་པོ་ཡིན། །ཞེས་གསུངས་ནས། དེ་དུས་སུའང་འོ་སྐོལ་གསུམ་ལ་བྱད་དེ་ཙམ་ཞིག་བྱས་

གསུང་བ་ལ་སོགས་པ་གསུང་གླིང་ཕེབས་པོ་མཛད་པར་གདའ་སྟེ། དེའི་དོན་ཡང་སྔོན་བླ་མ་ཡབ་སྲས་ར་སྒྲེང་ན་བཞུགས་པའི་དུས་སུ། སྐུ་མཆེད་གསུམ་པོ་ཉིད་སྣོད་ལྡན་དུ་མཛད་ནས། དཔོན་སློབ་བཞི་པོས་དབེན་པར་བཞུགས་ཏེ། ཕ་དེས། རྗེ་བོའི་ཆོས་ལུགས་བརྒྱུད་པ་ཚུ་བོའི་རྒྱུན་ལྟ་བུར་གསུམ་དུ་བསྡུས་ནས་ནར་ཏེ་དྲངས་ཏེ། གཙུག་ལག་ཁང་དུ་གཞུང་མན་ངག་གི་རྒྱ་མཚོ་སྐྱིལ་ནས། ཀྱེ་སྲས་གསུམ། སྤྱིར་བཀའ་རྒྱ་ཆེ། ལུང་གྲངས་མང་། ཐེག་པའི་འཇུག་སྒོ་བསམ་གྱིས་མི་ཁྱབ་ནའང་། ངས་དབེན་པའི་གནས་སུ། མགོན་པོ་དྲི་མ་མེད་པའི་དྲུང་དུ་བཀའ་ཐམས་ཅད་སྡེ་སྣོད་གསུམ་དུ་བརྗོད་བྱ་དང་བཅས་པ་དྲིལ་ནས་གདམས། ལྷ་ཐམས་ཅད་སངས་རྒྱས་དང་བྱང་ཆུབ་སེམས་དཔའ་བཞིར་བསྡུས་ནས་གདམས། དེ་ཐམས་ཅད་ཉི་མ་ཉིན་གཅིག་གི་ཕྱག་ལེན་དུ་སྟན་ཐོག་གཅིག་ཏུ་ཧྲིལ་ཏེ་དྲིལ་ནས་ཉམས་སུ་ལེན་པར་གདམས་ཏེ། བླ་མ་ལ་བཙུད་ཡོད། ཁོ་བོ་ལ་སྣོད་ཡོད། དེ་དག་ཐམས་ཅད་ཀྱིས་ཁོ་བོའི་སྣོད་མ་ཁེངས་པའང་མེད། ལྷག་པའང་མེད་པར་ཁོ་བོ་ལ་གནང་ནས་འདི་སྐད་གསུང་སྟེ། ངས་བླ་མ་བརྒྱ་དང་ལྔ་བཅུ་ཙ་ལྔའི་ཡོན་ཏན་མ་ལུས་པ་གནས་དུ་མར་དཀའ་སྤྱད་དུ་མ་སྤྱད་ཅིང་ལེན་དུ་ཕྱིན་ནས། དིང་སང་མ་ཚང་བ་མེད་པར་ཁྱོད་ཀྱི་སྣོད་ཁར་སྐྱིལ་དུ་འོང་། གངས་རིའི་མགོན་པོ་དགེས་པར་མཛོད་ཅིག །ཁྱོད་ནི་ལྷ་ཆོས་ཕུན་སུམ་ཚོགས། ཕྱི་ནང་དང་ཕྱོགས་རིས་ཐམས་ཅད་རྗེས་སུ་དྲན་པ་ལྔ་ལས་མ་གཡོས་པ་ལགས་སོ། །གསུང་། དུས་དེ་ནས་ད་ལྟ་ཡན་ཆད་དུ་མི་རྟག་པ་ལ་སོགས་པ་འཁོར་བའི་ཉེས་དམིགས་ཀྱིས་བསྐུལ། སྟོབས་བཅུ་མི་འཇིགས་པ་ལ་སོགས་པ་མྱ་ངན་ལས་འདས་པའི་ཕན་ཡོན་ལ་དམིགས། སྐྱབས་བསླུ་བ་མེད་པ་དཀོན་མཆོག་གི་སྐྱབས་འོག་ཏུ་བཞུགས་ནས་འདི་ལྟས་ཀྱི་འདུན་མ་ལ་རྒྱབ་ལོག་བྱས་ཏེ། མདོ་ཚིག་བཞི་པ་གཅིག་འདོན་ནའང་། དཀོན་མཆོག་གསུམ་ལ་ཕྱག་འཚལ་ལོ། །དཀོན་མཆོག་གསུམ་ལ་སྐྱབས་སུ་

འཆིའོ། །ཞེས་སྟོན་དུ་བརྗོད་དེ་བཏོན་ནས་འོངས་པས། འོ་སྐོལ་ལ་ཐམས་ཅད་སྐྱབས་འགྲོ་བ་ཞེས་ཟེར་ཞིང་གདའ་སྟེ། ཕྱི་ནང་གི་ཁྱད་པར་འདིས་འབྱེད་པ་ཡིན། དོན་ལ་ཁོང་འོ་སྐོལ་ལ་ནང་པ་སངས་རྒྱས་པ་ཟེར་བ་གདའ། ལེགས་པར་དཔྱད་ན་ངེད་ཡབ་སྲས་དང་གཞན་གྱི་ཆོས་ལ་ཕྱི་ནང་གི་ཁྱད་པར་རང་ཡོད། ད་འོ་སྐོལ་ལ་སྐྱབས་འགྲོ་བ་ཞེས་ཟེར་ཙ་ན་དཀོན་མཆོག་གསུམ་གྱིས་ཀྱང་དེ་དགོངས་པར་འཚལ་བས། འོ་སྐོལ་ཡང་འདི་ནས་བཟུང་སྟེ་སངས་རྒྱས་མ་ཐོབ་ཀྱི་བར་དུ་ན་ཚ་དང་སྐྱིད་སྡུག་ཅི་བྱུང་ཡང་། མི་ཆོས་ངེད་ལ་མིང་ཅི་ཟེར། རེ་ས་དང་སྐྱབས་གནས་གཞན་སུ་འདུག །སྨན་དཔྱད་དང་རིམ་གྲོ་གཞན་སུ་ལ་འཚོལ། ཁྱེད་རང་ཤེས་པར་གདའོ་ཞེས་བློ་ཕུགས་ཤིངས་ཏེ་གཏད་ནས་འདུན་མ་ཐམས་ཅད་དེའི་འོག་ནས་བསྒྲུབས་ཙ་ན། འདུན་མ་ཉེས་སྲིད་ཀྱང་དཀོན་མཆོག་གསུམ་པོ་རང་ཁག་ཆེ། དེ་དུས་སུ་ཁྱེད་ལ་སྐྱལ་བ་མེད་ཟེར་ནས། ཁོང་གིས་ཀྱང་ཁག་བསྐུར་ས་ཡང་མེད། དེའི་རྒྱུ་མཚན་སྟོན་ཤིག་པ་ཛམས་པོ་ཆེ་མ་བྱུས་པར་ཐག་ཐད་དེ་ཆོད། མི་ལུས་འདི་ཙུང་ཟད་ཙམ་གྱིས་ཐོབ་པ་མིན། བསྟན་པ་དང་དགེ་བའི་བཤེས་གཉེན་དང་མཇལ་བ་དེ་བས་ཀྱང་དཀོན་པ་ལ་དེ་དག་དང་མཇལ། སྐྲ་དང་ཁ་སྤུ་བྲེགས། གོས་ངུར་སྨྲིག་བགོས། དཀའ་བ་སྤྱོད་པའི་སྒོར་ཞུགས། མདོར་ན་ལྟོ་གོས་ལ་སོགས་པ་ལ་གྱོང་རྫིལ་ཏེ་བསྐུར་ནས། ཆོས་བྱེད་པ་འདི་སུའི་ཆ་རུ་གཏོགས་པ་འདུག་གཟིགས་སུ་གསོལ། འཛིག་རྟེན་གྱི་རྒྱལ་པོ་ངན་པ་དག་ཀྱང་། འདི་དག་ནི་ངེད་ཀྱི་མི་རིགས་སོ། །འདི་དག་ནི་ང་ལ་སྐྱབས་པའོ། །ཞེས་མི་ཚན་དུ་གཙོད་ན། ཅི་སྟེ་བསླུ་བ་མེད་པའི་སྐྱབས་ཀྱིས་སླུ་བར་བྱེད་སྙམ་དུ་བློ་ངེས་པར་མཛོད་ལ། ཁྱེད་རང་གསུམ་ཡང་ལྷ་ཆོས་ལ་འདོམས་ཤིག་ཅེས་བསྒོ་བ་དང་། ཕུ་ཆུང་པའི་ཞལ་ནས། ང་མི་གྲལ་ན་མེད་ཙ་ན་ད་གཟོད་ཙ་ན་པེ་བུམ་ཅིག་དང་ལྷ་ཆུང་གཉིས་ཙམ་དང་། བླ་མའི་རྣམ་ཐར་འདི་ཡིན་ཟེར་བ་ཅིག་འོང་ཉེན་ཡོང་ཙ་ན་དེ་ལ

སྨུགས་པ་ཡིན། ལར་ཁྱེད་ཀྱིས་གདམས་ཚུལ་མང་བར་གདའ་ཙ་ན་ང་ཡང་། དེ་དག་ཀུན་ལ་མཐུན་ཞིང་ཁྱད་པར་དུ་དིང་སང་རང་གིས་བཙན་ས་མ་ཟིན་པར་གཞན་དྲང་བར་མི་ནུས་པར་གདའ་བས། ཁྱེད་རང་རང་རྒྱུད་ལ་སྐྱུལ་མ་འདེབས་པའི་ཆོས་དེ་དག་དང་མཚུངས། དིང་སང་ཕན་ཕར་ལ་བཏགས་ན་གནོད་པ་ཚུར་ལ་སྐྱེལ། ཆོས་ཕར་བཤད་ན་སྡིག་པ་ཚུར་སོག །དྲིན་ལོག་པར་འཇལ་བའི་སྐྱེ་བོ་མང་བར་གདའ་བས། རང་གིས་བཙན་ས་ཅུང་ཟད་ཅིག་མ་ཟིན་པར། གཞན་བྱང་ཆུབ་ཀྱི་གནས་སུ་དྲང་བར་མི་ནུས་པར་གདའ་བས། སྟོན་ལ་ཤ་གཟུག་རང་གིས་ཟོས་ལ། དེ་ནས་སེམས་ཅན་ཐམས་ཅད་སྒྲོལ་གྱིས་གསུང་སྐད། དགེ་བཤེས་ཕུ་ཧོ་བའི་ཞལ་ནས། སྟོན་ལ་ཚུལ་ཁྲིམས་འབར་རང་འདོམས་ཤིག་གསུང་། ཁོང་གི་ཞལ་ནས། སྤྱིར་བླ་མས་གདམས་པ་དེ་ལ་ཁོ་བོའང་མཐུ་མེད། ཁྱད་པར་དུའང་འདམ་ཁ་ཅུང་ཟད་ཅིག་བགྱི་འཚལ། ད་ལྟ་གཞུང་ལུགས་དུ་མ་ཤེས་པར་ཁས་བླངས་ནས། ལག་ལེན་ལ་སོང་ཙ་ན། ལྷའི་བསྐྱེད་རིམ་འདི་ལྟར་བྱ་སྙམ་པའམ། འཁོར་འདས་ཀྱི་བླང་དོར་འདི་ལྟར་བྱ་སྙམ་པའམ། ལག་ལེན་ལས་རྒྱུ་འབྲས་ལ་འདི་ལྟར་མཁས་པར་བྱ་སྙམ་པའམ། དེ་ཡང་སྐྱབས་འགྲོ་སེམས་བསྐྱེད་ནས་ཡན་ལག་བདུན་པའི་ཁྲིགས་འདི་བཞིན་དུ་མཛེས་པར་བྱ་སྙམ་པའམ། མདོར་ན་ལག་ལེན་ལ་སོང་ཙ་ན། བཤད་པ་ལ་ཁ་འཕངས་ནས། མི་མཁས་པ་རྣམས་དགེ་སྦྱོར་བྱེད་ཙ་ན། མཁས་པ་རྣམས་ཞལ་རོག་གི་སྡོད་པ་དེ་ངོ་ཚ་ནས་མི་ཚུགས། བསྟན་པ་ལའང་མཁས་པ་ལག་ལེན་ལ་རྟུགས་པ་ལས་གནོད་པ་མེད། གཞན་ནི་རེ་ཆེ། སྐྱབས་དང་མཆོད་གནས་སུ་ཁུར། ཁོ་རང་གིས་ཀྱང་ངན་པའི་གཡོག་བྱས་ནས་ཡོན་ཏན་སད་སུད་འདི་ཀུན་ལ་དགོས་པ་མེད་ཟེར་ཞིང་ཁྱད་གསོད་མང་པོ་བྱེད། དེས་གྲྭ་པ་བློ་ལ་གདེང་མ་ཐོབ་པ་མང་པོའང་སློབ་དཔོན་བདེན་སྙམ་ནས། མིང་སྒྲོ་བཏགས་དེའི་རྗེས་སུ་འབྲངས་ནས། ཐམས་ཅད་བསྟན་པ་བཤོ་བའི་འཇོར་ཐོགས་འབབ་ཞིག

འོང་བར་གདའ། དེ་རྣམས་གཞན་གྱིས་ཐོས་ན་མི་དགའ་སྟེ། མ་བཤད་ན་མི་གོ་བས་དེ་སྐད་དུ་ཞུས་པ་ལགས། སྐབས་དོན་ནམ་མཇུག་འཆད་ཁའི་སྒྲུང་བུ་དང་འདྲ་བ་འཆི་བདག་གིས་ནམ་འཁྱེར་ཆ་མེད་པས། གང་མ་ཡོག་པའི་དོ་ཐོས་ཀྱང་མི་འཕོབས། བཀའ་སྡེ་སྣོད་ཐམས་ཅད་མན་ངག་ཏུ་རྫིལ་ཏེ་བསྡུས་པ། བསྟན་ན་སུས་ཀྱང་མི་གོ་བ་མེད་པ། ཉམས་སུ་བླངས་ན་སུའང་འཚང་མི་རྒྱ་བ་མེད་པ། ཕོང་དོན་གཉེར་ཅན་གང་ལ་གང་མཁོ་བ་གདན་ཁར་ལམ་སྟེ་བསྟད་ནས་འདི་བཞིན་དུ་བགྱིད་འཚལ་བྱས་པས་ཆོག་པ་རེ་མེད་ན། སྔོན་ལ་གླིགས་བམ་འཆོལ་བ་གཅིག་ཕྱུས་ཀྱང་གཞན་གྱི་བྱ་བ་འཆོར། དེས་ན་གཞུང་ཐམས་ཅད་མན་ངག་ཏུ་དྲིལ་ལ་རང་ལ་མཁོ་རབ་ཏུ་བྱུང་བ་དེ་ལ་སྣོད་དང་འཚམ་པར་དུས་ལ་འདོམས་པ། ཡུན་དུ་འཕྲོད་པ། ལུང་ནས་ཟིན་པ། རིགས་པས་འཐད་པ། ཉམས་སུ་བླང་བདེ་བ། མདོར་ན་གང་ལ་གང་དགོས་ཀྱི་ཚུལ་དུ། ཉ་ཟིན་སྤྲལ་ཟིན་གྱི་ཚུལ་དུ་ད་ལྟ་རང་ནས་གཞན་དོན་བྱ་འཚལ། བླ་མས་ཐམས་ཅད་བསླབ་པ་གསུམ་དུ་བསྡུས་ལགས་ཀྱང་། དེའི་བརྗོད་བྱ་རྗོད་བྱེད་ཐམས་ཅད་གཞུང་མན་ངག་གཉིས་སུ་འདུས་པས། ཇོ་བོས་བཀའ་གདམས་གཉིས་པར་བྱའོ། །ལྷ་ནི་བཞི་པོ་ཉིད་ཀྱིས་ཆོག་གོ །ཤཱཀྱ་ཐུབ་པ་ནི་རབ་ཏུ་བྱུང་བ་ཐམས་ཅད་ལ་བཀའ་བབས། ཐུགས་རྗེ་ཆེན་པོ་ནི་ཁ་བ་ཅན་པ་ཐམས་ཅད་ལ་ཡོད་མོད་ཀྱི། ཁྱད་པར་དུ་འང་བཀའ་བརྒྱུད་འདི་ལ་བབས། ད་དུང་ཡང་སྣང་རི་ཐང་པ་ཞེས་བྱ་བ་དང་། ཤ་པོ་པ་ཞེས་བྱ་བ་དང་། ལུང་དགོན་པ་ཞེས་བྱ་བ་དང་། སྐྱེར་སྒང་པ་ཞེས་བྱ་བ་དང་། ཁམས་པ་ལུང་པ་ཞེས་བྱ་བ་ལ་སོགས་པ། སྙིང་རྗེ་ཆེན་པོའི་བདག་ཉིད་དུ་གྱུར་པ། དབུས་ནས་རིམ་གྱིས་གཙང་ལ་སོགས་པར་ཡང་། ཐུགས་རྗེ་ཆེན་པོ་དངོས་ཀྱི་སྐུའི་སྤྲུལ་པ་ཚད་མེད་པ་བཞིའི་བདག་ཉིད་ཅན་མདོར་ན་བློ་སྦྱོང་ལ་འཕེལ་མར་མཛད་པ་རྣམས། ཐུགས་རྗེ་ཆེན་པོ་དངོས་ཀྱི་བཀའ་བབས་པ་ཡིན། ཡི་གེ་དྲུག་པ་བཟླས་པ་རྣམས་གསུང་གི

བཀའ་བབས་པ་ཡིན། སྐུའི་བསྐྱེད་རིམ་དམ་དུམ་ཙམ་མཛད་པ་རྣམས་སྐུའི་བཀའ་བབས་པ་ཙམ་ཡིན། བཅོམ་ལྡན་འདས་སྒྲོལ་མ་ནི་གང་ཟག་སྔོན་དང་ལྡན་པ་བཀའ་གདམས་ཀྱི་རྗེས་སུ་འབྲང་བ་རྣམས་ལ་སྐུ་གསུང་ཐུགས་ཀྱི་ཡོན་ཏན་བརྗོད་པ་ཙམ་གྱིས་བཀའ་བབས་པ་ཡིན། མི་གཡོ་བ་ནི་སྤྲུལ་པའི་སྐུ་སྟེ་ཟུར་བ་ནས་བཀའ་གདམས་པ་ཕལ་ཆེ་བ་སྐུ་གསུང་ཐུགས་ཀྱི་བསླེན་པ་བྱེད། མདོར་ན་རབ་ཏུ་བྱུང་བའི་ཆ་ནས། ཤཱཀྱ་ཐུབ་པའི་བཀའ་ཐམས་ཅད་ལ་བབས། ཚད་མེད་པ་བཞི་ལ་དགེ་སྦྱོར་བྱེད་པའི་ཆ་ནས། ཐུགས་རྗེ་ཆེན་པོའི་བཀའང་ཐམས་ཅད་ལ་བབས། རྗེ་བཙུན་མ་སྒྲོལ་མ་ནི་འགྲོ་དོན་བྱེད་པའི་ཆ་ནས་བབས། མི་གཡོ་བ་ནི་གཉེན་པོ་ལ་བརྟན་པ་ཐོབ་པའི་ཆ་ནས་བབས། བསླབ་པ་གསུམ་ཡང་ཚུལ་ཁྲིམས་གསུམ་བསྲུང་བ་དང་། གཞན་དོན་དུ་བསམ་པ་བཟང་པོ་བྱེད་པ་དང་། དེ་ཐམས་ཅད་བདེན་པ་གཉིས་སུ་དྲིལ་ནས་ཉམས་སུ་ལེན་པས་ཆ་མཉམ་དུ་བཀའ་བབས་ཏེ། བཀའི་བབས་ཆེ་ཆུང་། གང་ཟག་བཟང་ངན་གྱི་རིམ་པས་འབྱེད། མདོར་ན་ཁྱེད་ཀྱི་བཀའ་གདམས་ཕྱིན་ཆད། བདག་ཅག་ཐམས་ཅད་ཀྱང་བཀའ་གདམས་པར་གྱུར་པ་ལགས། བཤད་ན་ལྷ་ཆོས་བདུན་ལྡན་ཞེས་ཟེར་བ་ལགས། ཁོ་བོ་ལ་ལྷ་ཆོས་བདུན་ལྡན་མན་ངག་ཏུ་དྲིལ་ནས་ཉམས་སུ་ལེན་པ་ཟེར་བ་ལགས། ད་འདིར་བླ་མ་ཡབ་སྲས་ཀྱི་བྱིན་རླབས་དང་། དཀོན་མཆོག་གསུམ་གྱི་བདེན་པའི་བཀའ་དང་། ང་རང་གི་ལྷག་པའི་བསམ་པ་ཕུན་སུམ་ཚོགས་པ་ལ་བརྟེན་ནས། བཀའ་གདམས་མན་ངག་རིན་པོ་ཆེ་ཕྱོགས་མཐའ་དག་ཏུ་རྒྱས་པར་ཤོག །མ་དག་པའི་ཆོས་ལུགས་དང་མ་འདྲེས་པར། དམ་ཚིག་དང་རྣམ་པར་ཐར་པ་གཙང་ཞིང་དྲི་མ་མེད་པར་ཤོག་ཅེས་ཞུས་པ་དང་། དགེ་བའི་བཤེས་གཉེན་སྤུ་ཧྲ་བའི་ཞལ་ནས། བླ་མ་དང་གྲོགས་མཆེད་རྣམས་གསན་པར་ཞུ། བརྗོད་པ་ནི་རྣམ་པར་གཡེང་བ་ཡིན་ཡང་། དྲང་པོ་ཚིག་གསུམ་མ་སྨྲས་ན། ལེགས་ཉེས་ཀྱི་ཤན་མི་ཕྱེད་ཅིང་།

ཉམས་ལེན་ཅན་ལ་བརྗེ་མི་འཕྲོད་པར་གདའ་བས། ངས་རྒྱལ་བའི་གསུང་རབ་ཚད་མར་བཞག་ལ། གདམ་ལུང་དང་མཐུན་པ་ཅིག་བཤད། ལར་ཆོས་ཐམས་ཅད་མི་རྟག་པ་ལགས་སོད། ཁྱད་པར་དུ་སྐྱེས་བུའི་ཚེ་ལ་ཡོང་མེད་འཆི། མྱུར་དུ་འཆི། ནང་པར་དང་གནངས་གཉིས་ཀྱང་གང་ལ་འོང་ཆ་མེད་པའི་ལུགས་ལགས། འོན་ཀྱང་། དཀོན་མཆོག་གསུམ་གྱི་སྐྱབས་འོག་ན། རང་རེ་བསླབ་པ་གསུམ་གྱིས་རྒྱུད་ཕྱུག་པར་བྱས་ནས། ཐོས་བསམ་གྱིས་ལེགས་ཉེས་ཀྱི་སྒོ་འདོགས་གཅོད་ཅིང་། ལས་རྒྱུ་འབྲས་ཤེས་ནས་བླང་དོར་ལ་འཇུག་པ་འདི་ཁེ་ཆེ་ཉེན་ཆུང་། དེ་ནམ་འཆི་ཆ་མེད་ནས་བྱས་པའི་ལུགས་ལགས། ད་འོ་སྐོལ་རྣམས་འཆི། འཆི་བའི་ཡོང་མེད་གཅིག་པུ་ཟབ་པར་གདའ་སྟེ། ད་ལྟ་དག་འཆི་བས་ཡོང་མེད་དེ། ནམ་ཞག་གཏན་མི་འཆི་བའི་བཙན་ས་ཅིག་དགོས་པ་ལགས། འདིར་འཆི་འཆི་ཞེས་བསྐུལ་མ་ཙམ་འདེབས་པ་ལགས། དེ་ལ་གཞུང་རྒྱ་ཆེན་པོ་ཡོང་མེད་ཐམས་ཅད་དྲིལ་བའི་མན་ངག་ཅིག་ཉམས་སུ་ལེན་བྱས་ཀྱང་། ཐམས་ཅད་དྲིལ་བ་ལ་ཐམས་ཅད་ཤེས་འཚལ། ཤེས་པས་མཐའ་རྒྱ་ཆོད་པ་ཅིག་འོང་། མཐའ་རྒྱ་ཆོད་ན་གཞན་དོན་ལས་མི་ཉམས་པ་ཅིག་འོང་། དཔེར་ན་བཟའ་ཚོ་གཉིས་ཀྱི་གཏམ་རྒྱུད་དང་མཚུངས་ཏེ། སྐྱེས་པ་དེས་ལྷོ་བླན་བྱང་བཀུག །ཡུལ་འདི་ན་འདི་སྐད་བྱ་བ་ཡོད། ཡུལ་འདི་ན་གཏེར་ཁ་དང་གསེར་ཁ་འདི་ཚོད་ཅིག་ཡོད། ཡུལ་འདི་ན་མི་རིགས་འདི་ཙམ་ཞིག་གནས། དེ་ཐམས་ཅད་ཀྱི་བཟང་ངན་དང་། དེར་འགྲོ་བའི་ལམ་ཐམས་ཅད་ཤེས་ཤིང་། འདི་ལ་ཕྱིན་ན་ལམ་ཡོག་ནས་འགྲོ། འདི་ལམ་རབ། འདི་འཕྲིང་། འདི་ཐ་མ། ཞེས་བྱ་བ་ལ་སོགས་པ། ཉེས་སྐྱོད་དང་འཇིགས་པ་གང་ཡང་ཤེས། དེས་མཐའ་མཐོང་བར་བྱས་ཏེ། རང་གི་ཁྱིམ་ནར་འོངས་ཙ་ན། བུད་མེད་དེ། མོ་ནང་གི་རྫ་སྒྱུད་རེ་རེ་ཙམ་ལའང་མོས་མིང་རེ་བཏགས་ཏེ། ཕུགས་འདི་ན་འདི་ཡོད་ཐམས་ཅད་ས་ལེ་སིང་ངེ་བ་ཐེམ་པ་ཡས་ཆོད་པོ་དེ་མོས་ཤེས། དེར་སྐྱེས་པ་དེས་མོ་ལ་འདྲི་

བར་གདའ་སྟེ། དངོས་པོ་ཆེ་གེ་མོ་དེ་ག་ན་ཡོད། ཆེ་གེ་མོ་དེ་ག་ན་ཡོད་དྲིས་ན། སོས་རྒྱུ་མཚན་དང་བཅས་པ་སྟོན། དེ་ཡང་ཅུང་ཟད་ཅིག་མ་རྙེད་ན་སོས་འབར་བར་གདའ་སྟེ། མགོ་འཐོམ་ཁྱོད་ཀྱིས་དེ་ཙམ་ཞིག་མི་རྙེད་པར་ཕྱུ་ལ་ལ་གང་བྱ་བར་འཁྱམས་ནས། རང་རེའི་ཁྱིམ་ཚང་འདི་སྐྱོང་བའི་ཚོས་ཡེ་མི་བྱེད་ཟེར་ནས་མོ་དྲུང་དྲུང་སོར་བྱེད་དེ། ཁྱིམ་ཚང་ཀུན་པོའི་ བློ་པོག་ཏུ་འཁྱམ། དེར་མ་ཟད་མོ་རང་རྒྱུས་མོ་ཆེ་ཡང་པོའི་བློ་པོག་ན་ཡོད། ད་གཟོད་ཁྱིམ་ཚང་དེས་རྐྱེན་མ་ཐུབ་ནས། ལས་ཀྱི་དབང་གིས་ལུས་ཁྲིད་ནས། བཟའ་ཚོ་རྣམས་ཕྱོགས་གཞན་དག་ཏུ་འགྲོ་དགོས་པ་བྱུང་ཙ་ན། མོ་ངའི་ཁྱིམ་ཚང་ངའི་ཁྱིམ་ཚང་ཞེས་དུ་སྐད། པོས་ཁྱོད་མ་དུ་ཞེས་ཡིད་ལ་ཕན་པའི་གྲོས་འདེབས་བྱས་ཀྱང་མི་ཕན་པར། དྲུང་མོ་མ་དེ་མགོ་འཐོམས་པ་ཅིག་བྱས། ཡུལ་ཕ་གི་ཀུན་ཇེ་སྐད་བྱ་བ་ཡིན། ཨ་ཙག་གར་འགྲོ་ཞེས་ད་གཟོད་བཟློག་ནས་འདྲི་དགོས་པའི་དུས་ཤིག་འོང་། དེ་དུས་སུ་མཐའ་མཐོང་བ་དེས། སྤར་སྒྲོ་འདོགས་ཆོད་པའི་ལམ་ལ་ཞུགས་ནས། མ་སླད་ལ་མི་འཛིགས་པ་བྱིན་ཏེ། རང་ཉིད་དཔའ་བའི་གོ་ཆར་ཞུགས་ནས་སྣ་དྲངས་ཏེ་འགྲོ་བ་ཡིན། དེ་ལམ་ནས་མི་ལྡོག་གང་དུ་ཕྱིན་པའི་སར་ཡང་མཐའ་མ་མཐོང་བའི་གཞི་པ་དེ་དག་པོས་དེར་ཡང་དབང་དུ་སྡུད་པ་ཅིག་འོང་། ཡའི་བླ་མ་དང་གྲོགས་པོ་ཀུན་ཡང་དག་པར་རྫོགས་པའི་སངས་རྒྱས་ཀྱང་། དགུང་ལོ་བརྒྱད་ཅུ་ལ་འདའ་ཚུལ་བསྟན་མོད་ཀྱི། དགུང་ལོ་བརྒྱད་ཅུ་ལས་སྐུ་ཚེ་མེད་མི་གསུང་བར། ཉེ་བ་འཁོར་ལྷ་བུ་གང་ཟག་ཅིག་གིས་ཞུས་པའི་ངང་ལའང་། འདུལ་བའི་སྡེ་སྣོད་འབུམ་ཕྲག་པ་ཅིག་གསུངས་ཤིང་དེ་དག་གིས་ཀྱང་མཉན་ན། འོ་ན་དེ་དུས་ཀྱི་གང་ཟག་ཁྱད་པར་ཅན་དེ་དག་གིས་ཀྱང་། ཐམས་ཅད་འདིར་འདུས་པ་ཡིན་ཟེར་ནས། མན་ངག་སྐ་རེ་ཙམ་རེ་རང་གིས་ཀྱང་ཉམས་སུ་བླངས། གཞན་ལའང་བསྟན་ན་ཅི་འདྲ་ཅིག་མཆི། དེ་བས་ན་ངའི་ལུས་ཤ་ཁྲག་གི་ཕུང་པོ་འདི་བསྐྱེད་ཀྱང་ཕ་མས་སྐྱེད།

ད་འཇིག་ཀྱང་ཕ་མའི་དོན་དུ་འཇིག་པས། ད་ལྟ་རང་རླག་ཀྱང་བྱ་རྒྱུ་མེད། སངས་རྒྱས་ཀྱི་ཆོས་ཐམས་ཅད་ཤེས་པར་དཀའ་ནའང་། ཤ་ཚོད་ཙམ་ཚོད་གཞུང་ལུགས་རྒྱ་མཚོ་ལྟ་བུ་ལ་གོམས་པར་བྱ་འཚལ། མན་ངག་ཀྱང་དེའི་ཡོངས་སུ་འཐུམས་པར་མཆི། མདོར་ན་བླ་མས་བཀའ་ཇི་ལྟར་གདམས་པ་བཞིན་དུ་བདག་ཀྱང་དེའི་རྗེས་སུ་འབྲང་། ལྷ་ཡང་བཞི་པོ་ཉིད་ལ་བྱའོ། །དེ་ཐམས་ཅད་གཞུང་མན་ངག་གཉིས་སུ་བྱས་པའི་ལྷ་ཆོས་ཐམས་ཅད་ཀྱི་གཞུང་ཁོ་བོས་གཤག་པར་བགྱི། སངས་རྒྱས་ཀྱི་བསྟན་པ་རིན་པོ་ཆེ་འདི་གསལ་བར་བྱའོ། །དཔེར་ན་སྟོན་ཀའི་ཟླ་བ་ཡོངས་སུ་དག་པ་དེ་ཡང་། ཟླ་བ་ཡོངས་སུ་རྒྱས་པ་ཉ་གང་བའི་དུས་ལྟ་བུར་ས་རྡུལ་ཐམས་ཅད་ཐུགས་རྗེའི་ཆར་རྒྱུན་གྱིས་མནན། ཉོན་མོངས་པའི་གདུག་རྩུབ་ཀྱིས་མི་གཡོ་བར་བྱས། འགྲོ་བ་ཐམས་ཅད་འཇིགས་པའི་གཡང་ལས་སྒྲོལ་ཞིང་། དཀོན་མཆོག་གསུམ་དང་། ཁྱད་པར་དུ་སངས་རྒྱས་ཀྱི་བསྟན་པའི་སྤྱི་དགྲ་ཐམས་ཅད་ཐུལ་བར་བྱའོ། །གཞན་ཡང་ཁོ་བོ་ཟླ་བ་རྒྱས་པ། ཚུལ་ཁྲིམས་ཀྱི་བསིལ་ཟེར་གྱིས་འགྲོ་བ་ཉོན་མོངས་པའི་ཚད་པས་གདུངས་པ་རྣམས་བསིལ་བར་བྱའོ། །ཚུལ་ཁྲིམས་དེའི་སྙིང་ནས་ཆོས་དང་ཟང་ཟིང་སེར་སྣའི་དྲི་མས་མ་གོས་པར། ཆགས་པ་མེད་པར་ཀུན་ལ་བཏང་སྙོམས་སུ་སྦྱིན་པར་བྱའོ། །ཕ་མ་དེ་དག་ལ་བརྟེན་ནས་བཟོད་དཀའ་བའི་གནས་ཐམས་ཅད་བཟོད་པར་བྱའོ། །དེ་དག་ཐམས་ཅད་ཀྱི་དོན་དུ་དཀར་པོའི་ཆོས་ཐམས་ཅད་བསྡུ་བར་བྱའོ། །དགའ་བའམ་སྤྲོ་བ་ཚད་མེད་པ་བསྒོམ་པར་བྱའོ། །ཐམས་ཅད་སྟོང་པ་དང་། སྙིང་རྗེ་དབྱེར་མི་ཕྱེད་པར་རྒྱལ་བའི་འབྱུང་གནས་ཀྱི་རྒྱལ་མཚན་གྱི་རྩེ་མོ་ལ་དཔུང་རྒྱན་ཕུན་སུམ་ཚོགས་པ་བསྒོམ་པར་བྱའོ། །དེ་ཐམས་ཅད་དམིགས་པ་མེད་པའི་རྒྱས་གདབ་པར་བྱའོ། །དེ་ལྟ་བུའི་རྒྱུ་འབྲས་ཕུན་སུམ་ཚོགས་པ་ལ་བརྟེན་ནས། ཁོ་བོ་ལྷ་ཆོས་བདུན་ལྡན་དུ་གྱུར་ཏེ། བཀའ་གདམས་པ་དག་ལེགས་པར་འཛིན་པར་གྱུར་ཅིག །ཚུལ་ཁྲིམས་ཀྱི་ཕུང་པོ་

ཡོངས་སུ་རྫོགས་པར་གྱུར་ཅིག །དེའི་སྟེང་དུ་ཏིང་ངེ་འཛིན་གྱི་ཕུང་པོ་དང་། ཤེས་རབ་ཀྱི་ཕུང་པོ་ཡོངས་སུ་རྫོགས་པར་གྱུར་ཅིག །དེ་ལ་བརྟེན་ནས་བྱང་ཆུབ་ཏུ་རྣམ་པར་གྲོལ་བའི་ཕུང་པོ་དང་། རྣམ་པར་གྲོལ་བའི་ཡེ་ཤེས་ཇི་ལྟ་བ་དང་ཇི་སྙེད་པ་ཡོངས་སུ་གཟིགས་པའི་ཕུང་པོ་ཡོངས་སུ་རྫོགས་པར་གྱུར་ཏེ། མདོར་ན་ཟག་པ་མེད་པའི་ཆོས་ཐམས་ཅད་དང་། རང་བྱུང་གི་ཆོས་ཐམས་ཅད་ཡོངས་སུ་རྫོགས་པར་གྱུར་ཅིག །ངའི་རྗེས་སུ་ཡོན་ཏན་གྲགས་པ་ལ་སོགས་པ་ཡོངས་ཀྱི་དགེ་བའི་བཤེས་གཉེན་རི་རབ་ལྷུན་པོ་ལ་མན་ངག་རིན་པོ་ཆེ་སྣ་ཚོགས་ཀྱི་ཕྲ་བཀོད་པ། བལྟ་བས་ཆོག་མི་ཤེས་ཤིང་། བཀོད་པ་བསམ་གྱིས་མི་ཁྱབ་པའི་མེ་ཏོག་གི་སྟོང་བུ་སྐྱིལ་ཀྱང་གཅིག་གིས་ཁེབས་པ་ཙམ། གནམ་གྱིས་ས་བཀབ་པ་ལྟ་བུ་འགྲོ་བའི་བླ་མ་བཟང་ལ་མང་བ་འབྱུང་བར་གྱུར་ཅིག །རྗོ་རྗེ་སེང་གེ་ལ་སོགས་པ་ཐུགས་རྗེ་ཆེན་པོའི་སྤྲུལ་པ་བསམ་གྱིས་མི་ཁྱབ་པ་འབྱུང་བར་གྱུར་ཅིག །མདོར་ན་ངའི་རྣམ་པར་ཐར་པ་འདི་འཁོར་བ་མ་སྟོངས་ཀྱི་བར་དུ་འདི་འདྲ་བའི་ཞིང་ཁམས་མ་དག་པ་རྣམས་འདུལ་ཞིང་། གང་ན་སྤྱན་རས་གཟིགས་ཀྱི་པད་འདབ་མི་གཡོ་བ་སེང་གེའི་ཁྲི་སྟེངས་རྩ་བ་གསེར་གྱི་ཐིག་ལེ་བྱང་ཆུབ་ཆེན་པོ། ལོ་འདབ་གཡུ་ལོ་རབ་ཏུ་རྒྱས་པ། ལྷུན་བཻ་ཌཱུརྻ་ལས་གྲུབ་པ། རྒྱུ་རིན་པོ་ཆེ་སྣ་བདུན་གྱི་བཀོད་པ་ཕུན་སུམ་ཚོགས་པ། ལྷ་ཆོས་བདུན་ལྡན་དུ་རྒྱུད་རིང་བ། ངོས་ཀྱི་ཕྱོགས་མཐའ་མ་ལུས་པར་ཁྱབ་པ་འོད་ཀྱི་འཇིག་རྟེན་ཀུན་གསལ་བ། དེ་འདྲ་བའི་ཕའི་རྗེས་སུ་བུ་སློབ་ཅིང་། བར་དུ་མ་དག་པའི་ལྷད་མ་ཞུགས་ཤིང་། ཉན་ཐོས་དང་། རང་སངས་རྒྱས་དང་། བྱང་ཆུབ་སེམས་དཔའ་མ་ལུས་པའི་སྐུར་སྟོན་པ་དེ་འདྲ་བའི་ལྗོན་པའི་མེ་ཏོག་ལ། དཀོན་མཆོག་གསུམ་མ་ཚང་བ་མེད་པར་བཞུགས་པ། མཐོང་བ་ཙམ་གྱིས་འཇིག་རྟེན་ལྷ་དང་བཅས་པའི་ཡིད་རབ་ཏུ་ཆེམ་པ། མདོར་ན་བསམ་གྱིས་མི་ཁྱབ་པའི་རྣམ་པར་ཐར་པ་ལ་ལོངས་སྤྱོད་པར་གྱུར་ཅིག །ད་ནི་བསྟན་

པ་རིན་པོ་ཆེ་ཡོངས་སུ་གསལ་བར་གྱུར་ཅིག །ཀྱེ་འཁྲོམ་ཆོས་ཀྱི་རྒྱལ་པོ་ངའི་སེམས་རྒྱུད་འདི་སུ་ཡིན། དེང་སང་ལུས་ཀྱི་བཀོད་པ་འདི་སུ་རུ་གདའ། ཁྱེད་མིག་པོ་ཆེ་ཅིག་གི་བུ་རུ། ང་མིག་པོ་ཆེ་ཅིག་སྐྱེས་ནས་གདའ་སྟེ། ངའི་བསམ་པ་བཟང་པོ་ཉིལ་གྱི་འབྲུམ་བུ་ཙམ་པ་འདིས། ད་གཙོད་བཀའ་གདམས་ཀླུ་ལའི་སྟོང་པོ་བཞིན་དུ་མ་འཕེལ་ན། ད་ཁྲ་བོ་ཐང་གི་བོན་པོ་སྲིད་པོ་ཁོ་ནའི་བུ་ཡིན་གྱིས། དེ་དུས་སུ་བོན་བཙུན་མིག་པོ་ཆེ་ཞེས་གྱིས། འོན་ཏེ་ལྷ་བཞིས་ལུས་བརྒྱན། ཆོས་གསུམ་གྱིས་སེམས་བརྒྱན། འཁོར་བ་ལ་ནི་མཐའ་མེད། ངའི་གཉེན་པོ་ནི་ཟླ་བ་ཡར་ངོ་ཡིན། ཡའི་འཁྲོམ་ཡང་ཡང་དགོས་པ་མེད་པའི་གཏམ་གྱིས་དུས་གདའ། ཆོས་མགོ་མི་རྟག་པ་ནས་འཛུགས་གསུང་སྟེ། ང་འཆི་བ་མེད་པ་རྡོ་རྗེའི་སྐུ་ཅིག་ནམ་ལེན་གྱི་བར་དུ། ང་སྐྱེ་ཀ་ན་འཆིའི་ཉོན་མོངས་པའི་ཚད་པ་བསལ་བའི་ཕྱིར། ཚུལ་ཁྲིམས་བསིལ་བ་ག་བུར་གྱི་ཆུས་བཀྲན་ལ། རིག་པ་འཛིན་པ་ཆེའི་དངོས་གྲུབ་ནམ་ཐོབ་པའི་དུས་སུ། ལུས་འདི་བཻ་ཌཱུརྱ་བཞུ་བ་འདྲ་བ་ཅིག་བྱ་ཡིས། སེམས་འདི་གསེར་གྱི་མཎྜལ་བཞུ་བ་འདྲ་བ་ཅིག་བགྱི་ཡིས། དེ་དུས་སུ་སྤྲུལ་པའི་ལྷ་བཞི་བཀྱེ་ལ། སྟོང་གསུམ་ཉུངས་འབྲུར་བཟུང་། བསྐལ་པ་སྐད་ཅིག་ཏུ་བཟུང་། འོད་ཐམས་ཅད་འདོམ་གང་དུ་བསྡུས། དེ་ཡང་གསེར་གྱི་མཎྜལ་ལས་སྐྱེས་པས། གསེར་གྱི་ཁ་དོག་བཞིན་དུ་བྱ་ཡིས། དེ་དུས་སུ་ཆོས་ཐམས་ཅད་ཚིག་གསུམ་མམ་གཉིས་སམ་གཅིག་ཏུའམ། ཡང་ན་ཚིག་ལས་འདས་པ་ཅིག་ཏུ་མ་འདུས་ན་རྒྱལ་བྱའམ། རྟུལ་ཕྲན་གཅིག་གི་དེ་ཉིད་ཤེས་པ་ལ་བརྟེན་ནས་སྟོང་གསུམ་གྱི་སྟོང་གི་དེ་ཉིད་མ་ཤེས་ན་རིན་ཆེན་གསལ་གྱི་མིང་འདོར་གསུང་། དེར་ཡབ་སྲས་གསུམ་གས་ཁོང་ལ་ལན་སླན་པར་མ་ནུས། དེར་རྒྱལ་བ་དེའི་ཞལ་ནས། ལེགས་སོ་ལེགས་སོ་མགོན་པོ་རིན་ཆེན་གསལ། །དཀོན་མཆོག་རིན་ཆེན་ལྔུན་པོ་གསུམ་བཀོད་པའི། །ལྷ་བཞི་གླིང་བཞི་གླིང་ཕྲན་མ་ལུས་པ། །ཁྱོད་ཀྱིས་གསལ་ཞིང་གསལ་བྱེད་གསལ་བར་འགྱུར། །དགེ་

སྐྱོང་ཁྱོད་ཀྱི་བློ་གྲོས་ནམ་མཁའ་འདྲ། །དངོས་པོ་ཀུན་གྱི་གོ་སྐབས་འབྱེད་པར་བྱེད། །ཀུན་མཁྱེན་ཁྱོད་ཀྱི་ཡོན་ཏན་རྒྱ་མཚོ་འདྲ། །ནོར་བུ་ཐམས་ཅད་ཁྱོད་ཀྱི་སྙིང་ནས་བྱུང་། །སྤྲུལ་པ་ཁྱེད་ནི་ཟླ་རྒྱས་ཉིད་དུ་གདའ། །རྣམ་ཐར་ཀུ་མུ་ད་ཡི་ཁ་འབྱེད་བྱེད། །གནས་བརྟན་བྱམས་པ་ཁྱེད་ཀྱིས་གར་བཞུགས་པ། །ཐམས་ཅད་རྣམ་ཐར་གཙང་མའི་ཞིང་དུ་གདའ། །ཀྱེ་ཧོ་མཁྱེན་རབ་རྒྱས་པའི་མགོན་པོ་ཁྱོད། །རྒྱ་ཆེན་སྤྱོད་པའི་རྒྱུད་དུ་དབང་བསྐུར་གྱིས། །ཡོན་ཏན་མ་ལུས་གནས་དེར་ཆུབ་པར་མཛོད། །སྟོན་ཆེ་པོ་ཏ་ལ་ཡི་རྩེ་མོ་ན། །ཁྱེའུ་གསེར་ཕྲེང་ཞེས་བྱའི་སྙིང་རྗེ་ཅན། །སྡུག་མོའི་ཁྲུས་བསྟེན་དུག་སྦྲུལ་གློང་གསེབ་ན། །མི་འཇིགས་ཉམ་ང་མེད་པར་དགའ་བདེར་རྒྱུ། །ཨོཾ་ཧྲཱིཿདིང་སང་གངས་རིའི་རྒྱལ་པོ་འདིར། །སྡུག་དང་དུག་སྦྲུལ་ལྟ་བུའི་གདུལ་བྱ་རྣམས། །ཚད་མེད་ཆུ་བོ་བཞི་ཡི་དབུས་སུ་བསྡུས། །དིང་སང་གངས་རིའི་མགོན་པོར་ཁྱོད་གྱུར་ཏེ། །འདི་ནས་ཁོ་བོ་འོད་དཔག་མེད་པའི་ཞིང་། །བདེ་བ་ཅན་གྱི་འཇིག་རྟེན་དེར་འགྲོ་ཆེ། །ཟླ་འོད་གཞོན་ནུ་མཛེས་པའི་ཚུལ་བསྟན་པ། །ནོར་བཟང་ཁྱོད་ནི་འཇམ་དབྱངས་དྲུང་དུ་འགྲོ། །ཆོས་ཀྱི་རྒྱལ་པོ་ཁྱོད་ནི་འཇམ་པའི་དབྱངས། །གང་གིས་མི་ཤེས་དགྲ་དེ་འཇོམས་པར་འགྱུར། །དིང་སང་ཕྱུ་ཧོ་བ་ཞེས་ཡོངས་གྲགས་ཆེ། །བཀའ་གདམས་པ་ཞེས་ནོར་བུ་གསལ་བར་གྱུར། །ཨོཾ་ཧྲཱིཿམཁྱེན་པར་མཛོད་ཅིག་སྐལ་ལྡན་ཀུན། །ཕེབས་པར་གདའ་བས་ཚིག་དེ་སྒྲོགས་པ་ཡིན། །གཞན་དུ་མ་མཆེད་རང་གི་རྒྱུད་ལ་བརྟེན། །ཡང་ཐུ་བོ་དེའི་ཞལ་ནས་འཕོར་ལོ་བསྒྱུར། །རྒྱལ་བའི་འབྱུང་གནས་བདག་ལ་གསན་དུ་གསོལ། །ཤེལ་དཀར་ཟླ་བ་སྟོང་གིས་རབ་ཞུ་བའི། །ཡན་ལག་སྟོང་ལྡན་ཐུགས་རྗེའི་ཆབ་མིག་ཅན། །སྲོག་ཤིང་ཀུན་གྱི་མ་མ་གསེར་མདོག་ཅན། །ཐོག་མཐའ་བར་དུ་དགེ་བ་ལྷུན་པོར་བརྟན། །སྐུ་ལྟེ་ཡེ་ཤེས་ལྟེ་ཡི་ཟེ་འབྲུས་སྤུད། །འདབ་བཟངས་གང་དེ་འཇིག་རྟེན་མིག་གིས་བརྒྱན། །ཐིག་ལེ་ཆེན་པོའི་རྒྱ་མཚོ་ནས་འབྲུངས་

པའི། །བླ་མ་མཆོག་རབ་ཆུ་བོ་གསུམ་དུ་བརྒྱུད། །དིང་སང་ཕོ་བོ་ཆུ་ཕྲན་ཙམ་ཞིག་མཆིས། །ཇི་ང་བུ་ཙམ་གྱིས་ཕྱོགས་མཐའ་མ་ལུས་ཁྱབ། །གཙོན་ནུ་རྒྱལ་མཚན་རྒྱ་མཚོ་ཆེན་པོའི་གླུང་། །རྒྱ་མཚོར་གནས་ཀྱང་ཆུ་མིག་ཙམ་ཞིག་བསྟན། །དིང་སང་པོ་བྲང་འདི་ཡི་ཕྱོགས་བཞིར་བརྒྱན། །ཆུ་མིག་ཆུ་ཕྲན་བཟ་ཆོས་ཟབ་ན་ཡང་། །བློ་མཚོ་རྟོགས་པ་ཕོ་བོ་ཙམ་དུ་ཟད། །ཆུ་མིག་གསེར་ལྡན་འཛིན་པ་ཕོ་ཙམ་ཡིན། །ཆུ་མིག་ཤེལ་ལྡན་སྲས་ཀྱི་ཐུ་བོ་ཡིན། །ཆུ་མིག་གཡུ་ལྡན་འཇིག་རྟེན་སྒྲོལ་མ་སྟེ། །ཉི་མའི་དཀྱིལ་འཁོར་ཟངས་ལྡན་ཡོངས་གྲགས་པ། །དམར་ཟླུམ་འཇིག་རྟེན་གསལ་བ་ཚུལ་ཁྲིམས་འབར། །འཇིག་རྟེན་ཀུན་ཏུ་འོད་ཀྱི་སྣང་བ་འགྱེད། །ཆོས་ཀྱི་སྐུ་རྣམས་ཤེས་རབ་མིག་ལ་སྟོན། །ཡང་དག་ལམ་ལ་དག་པའི་སྣང་བ་འགྱེད། །ཤིན་ཏུ་གསལ་བ་ཉི་མའི་རྒྱལ་པོ་ཡིན། །ཀྱེ་ཧོ། ཕོ་བོ་ཟླ་བ་ལྟ་བུར་སྣང་བྱེད་དེ། །ཕོང་ནི་ཉི་མ་ལྟ་བུར་སྣང་བྱེད་ཡིན། །ཕོང་ནི་འཇིག་རྟེན་ཀུན་གྱི་དགེ་ལེགས་ཏེ། །ཕོང་ནི་ཕོངས་པ་ཀུན་གྱི་སྦྱིན་བདག་ཡིན། །ཕོང་ནི་མྱ་ངན་འདས་པའི་མིག་གཅིག་པོ། །ཁྲིན་པ་བཞིན་དུ་གཟུངས་ཀྱི་མི་བརྗེད་འཛིན། །ཡོན་ཏན་མ་ལུས་ཀུན་ཏུ་ཚིམ་མེད་པར། །ཐམས་ཅད་གཅིག་ལ་བསྡུས་ཤིང་གསོག་པར་བྱེད། །ཁྲིན་པ་ཆེན་པོ་གཏིང་ཟབ་རྒྱ་ཆེ་བ། །བྱང་ཆུབ་ཐིག་ལེའི་སྣོ་ཡིན་ཐིག་ལེར་ཟུག །ཡིག་འབྲུ་ཉི་མའི་འོད་འགྱེད་འདི་འདྲ་བ། །ཕོ་བོ་རིན་ཆེན་གསལ་བས་མཐོང་བར་ཟད། །གཞན་གྱི་སངས་རྒྱས་གང་གིས་མཐོང་མ་ལགས། །གང་གིས་གྲུབ་ཐོབ་ཆུ་ཐིགས་དབུ་བ་དེས། །ཉི་མའི་འོད་དེ་བཟོད་པར་ག་ལ་ནུས། །ཕོ་བོ་པདྨ་ལྟ་བུས་བཟོད་པ་ཡིན། །རྒྱལ་བ་ཡབ་སྲས་བདག་གིས་དེ་བསྒྲགས་པས། །སྲས་པའི་བརྟུལ་ཞུགས་ཉམས་ན་བཟོད་པར་མཛོད། །ད་ནི་ཟག་མེད་དབྱིངས་སུ་སྐྱིལ་བ་ལས། །ཚོལ་ཚོལ་བྲེ་མོའི་གཏམ་དུ་མི་བྱའོ། །མཁྱེན་པར་མཛོད་ཅིག་རྒྱལ་བ་ཡབ་སྲས་ཀུན། །ཞེས་ཞུས་པ་དང་། རྒྱལ་བ་དེ་ཞལ་འཛུམ་མཛད་ནས། མགོན་པོ་དྲི་

མ་མེད་པ་དེ་ལ་སྲས་མང་ཡང་། དུས་དིང་སང་གསང་སྤྱོད་པ་བདག་ཡིན། བདག་ལའང་གུས་ལྡན་མང་ཞིག་ཏུ་མཆིས་ནའང་། སྙིང་གི་ཐིག་ལེར་བསྐྱང་དུ་བཏུབ་པ་ཁྱེད་གསུམ་པོ་ཡིན་ནོ། །ངའི་མན་ངག་ཇི་ཙམ་པ་ཞིག་ཐོང་དུ་འཚོང་སྲིད་ཀྱང་། ངའི་སྲས་པའི་བརྟུལ་ཞུགས་སུ་ལའང་བསྟན་པར་མི་བྱའོ་ཞེས་གསུངས་ནས། ཐུན་མོང་དུ་འདི་སྐད་ཅེས། རྒྱལ་བའི་འབྱུང་གནས་ཐིག་ལེའི་རྒྱ་མཚོ་ང་། །བསྐལ་པ་བྱེ་བ་བསམ་ཡས་བརྗོད་འདས་སུའང་། །སྐྱབས་གསུམ་ཆོས་གསུམ་ཡིག་འབྲུ་རིན་ཆེན་གསུམ། །བརྒྱུད་པ་གསུམ་དང་སློབ་མ་རིན་ཆེན་གསུམ། །ཐོག་མཐའ་བར་གསུམ་ཀུན་ཏུ་དགེ་བ་གསུམ། །སྡེ་སྣོད་གསུམ་དུ་སྐུ་གསུམ་བསྐྱེད་པའི་ལུགས། །སྐྱེས་བུ་གསུམ་གྱི་འཁོར་གསུམ་དག་བྱེད་པ། །ཕུང་པོ་གསུམ་གྱིས་རང་རྒྱུད་ལེགས་སྦྱངས་ནས། །འོད་ཟེར་གསུམ་གྱིས་འགྲོ་བ་དབང་དུ་སྡུད། །ཉོན་ཅིག་རྒྱལ་བའི་སྲས་པོ་རིན་ཆེན་གསུམ། །འདི་འདྲའི་རྣམ་ཐར་ཉིན་དང་མཚན་དུ་སྐྱོང་། །རྟག་ཏུ་གསུམ་ལྡན་རྣམ་ཐར་མ་ཉམས་པར། །དབུ་རུ་ལྗོ་བྱང་ཉེ་ཟླ་ཟུང་གཅིག་གིས། །ཁོ་བོའི་གསུམ་ཚན་ཐམས་ཅད་མ་ལུས་པར། །འགྲོ་བ་ཀུན་ལ་ཡོངས་སུ་གསལ་བར་མཛོད། །ཚུལ་ཁྲིམས་འབར་བས་རིན་ཆེན་འོད་གསལ་བ། །རིན་ཆེན་གསལ་བས་ཚུལ་ཁྲིམས་རྒྱན་མཛེས་པ། །ང་ཡི་རྣམ་ཐར་མི་ནུབ་བསྐྱང་བར་མཛོད། །གཞོན་ནུ་རྒྱལ་མཚན་ང་དང་གཉིས་སུ་མེད། །ཐུགས་རྗེ་ཆེན་པོར་ཀུན་ཏུ་སྲས་པའི་བུ། །འཛིག་རྟེན་ཁམས་རྣམས་རྒྱལ་མཚན་འདི་ཡིས་གང་། །པདྨའི་སྤུལ་རྣམས་གཞོན་ནུ་འདི་ཡིས་བརྒྱན། །རིས་འགའ་སྤྲུལ་པའི་ལྷ་བྱ་ཀུན་ཏུ་གདའ། །རིས་འགའ་རི་དྭགས་བག་ཕེབས་རྒྱུ་བའི་ཚུལ། །རིས་འགའ་དགེ་སློང་གཟུགས་སུའང་སྣ་ཚོགས་སྤྲུལ། །རིས་འགའ་རྒྱ་གར་རྒྱ་ནག་ཡུལ་དུའང་རྒྱུ། །ཁ་ཆེ་བལ་པོ་གླིང་ཕྲན་རྣམས་ནའང་རྒྱུ། །བོད་ཀྱི་གནས་ནའང་སེམས་དཔའ་ཆེན་པོ་འདི། དབུས་དང་གཙང་དུའང་རབ་ཏུ་བསྒྲོད་པར་བྱེད། །འདི་ལ་གྲྭ་པར་མ་གྱུར་སུ་ཡང་

མེད། །སློབ་མར་མ་གྱུར་ཆོས་པ་སུ་ཡང་མེད། །འདི་ལ་གནས་མེད་ཞིང་ཁམས་ཐམས་ཅད་འཛིན། །མི་གྲལ་ནས་བུད་མི་དབང་རྣམས་ཀྱི་མཆོག །གཞོན་ནུ་རྒྱལ་མཚན་རྟག་ཏུ་རྒྱལ་གྱུར་ཅིག །གསུངས་ནས་པཎྜིའི་འདབ་མ་ཅིག་ལ་ཅམ་སེ་མཛད་ནས་གྱོན་ཏེ། ངའི་གོས་འདི་འདྲ་བ་ཐམས་ཅད་ལ་སྤྱོད་མཛོད་གསུང་། རིན་ཆེན་གསལ་གྱིས་ད་དུང་གསལ་བར་མཛོད། ཅེས་ཡང་ཡང་ཞུ་བ་ཕུལ་བས། རིན་ཆེན་གསལ་བས་དེ་ཙམ་ཞིག་མ་གོ་ན། ཐམས་ཅད་བསྟན་ཀྱང་མི་གོ་གསུང་། དེ་ནས་སྐུ་མཆེད་གསུམ་ག་རིག་པ་འབར་ཏེ། ཐུགས་རྗེས་གཟུང་ཅིག་ཐུགས་རྗེས་ཟུང་ཅིག །ཅེས་གསོལ་བ་འདེབས་ཤིང་མིག་མཆི་མས་གང་བ་ན། རྒྱལ་བའི་སྐུའི་དཀྱིལ་འཁོར་ནི་མ་མཐོང་། ད་ཅི་ནས་ཀྱི་ན་བཟའ་དང་ཆོས་གསུང་བའི་རྣམ་པ་ནི་དྲན། ད་དུང་ལྷང་བ་ཅིག་ཐོས་ན་སྙམ་པ་ལ། དེ་མ་ཐག་ཏུ། ལྷང་ངེར། སྐུ་མདོག་དཀར་པོ་རབ་མཛེས་ཨོཾ་ལྡན་པ། །འགྲོ་བ་ཀུན་ལ་བྱམས་པའི་མ་སྲྀ་ཅན། །ཧཱི་ལས་འཁྲུངས་པའི་གནས་འདིར་ཕོ་བོ་ལྷགས། །འཁོར་བ་རྩད་ནས་གཅོད་བྱེད་པད་སྟོང་ལས། །ཡེ་ཤེས་མེ་འབར་དུག་ལྔ་སྲེག་པར་བྱེད། །སྙིང་རྗེ་ཆེན་པོར་ཧཱུྃ་གིས་རབ་བརྒྱན་པ། །ང་ནི་ཧྲཱིཿཡི་བདག་ཉིད་ཆེན་པོ་ཡིན། །གང་ཚེ་མཆི་མ་བཏོན་ཚེ་སྒྲོལ་མ་བྱུང་། །ཐུབ་པའི་མཐུ་ཡིས་གཡོ་བ་མེད་པར་བྱས། །སྒྲོལ་མ་འདིར་བྱོན་སྲས་གསུམ་སྤྱན་ཆབ་ཕྱིས། །གསུང་དེ་ཐོས་པས་མཆི་མ་ཕྱིས་པ་དང་། །མཆི་མ་དོན་ལྡན་ཕོ་བོ་བཞིན་དུ་གྱུར། །ཞེས་པའི་གསུང་དེ་ཐོས་ནས་མཆི་མ་ཕྱིས་ཏེ་བལྟས་པ་དང་། ཨུཏྤལ་ལའི་གོས་གྱོན་པའི་བུ་མོ་ཅིག་གདའ་བ་ན་རེ། སྲས་གསུམ་གཡོ་བ་མེད་པར་མ་ལ་ལྟོས། །ཐུབ་པའི་བསྟན་པ་མར་འགྲིབ་དུས་ཚོད་འདིར། །སྤྱན་རས་གཟིགས་ཀྱི་ཞིང་ཁམས་འདིར་གནས་ནས། །ང་དང་ལྷན་ཅིག་འགྲོ་བ་བསྒྲལ་ལོ་བུ། །ཞེས་གསུང་ངོ་། །དེ་ནས་འོད་ལྔང་གུ་ཅིག་ཏུ་བྱས་ནས། རྒྱལ་བའི་ཐུགས་ཀ་ནས་བྱུང་བའི་འོད་དཀར་པོ་ཅིག་དང་འགྲོགས་ཏེ། ཐུགས་ཀར་

ཡལ་ནས་སོང་གསུང་སྐད། མདོར་ན་དེ་ལ་སོགས་པའི་གསུང་། ཇོ་བོ་ཡབ་སྲས་ཉིད་ཀྱི་ཞུས་ལན་བཞིན་དུ། གསང་བ་བསམ་གྱིས་མི་ཁྱབ་པའི་བཀའ་གདམས་མང་པོ་མཛད་ཅིང་། ལྷ་བཞི་པོ་དང་དབྱེར་མེད་པའི་གང་ཟག་བཞི་པོས་ཆོས་གསུམ་གྱི་དཔལ་འཁོར་ལ་ཉིན་དང་མཚན་དུ་སྤྱོད་ནའང་གང་ཟག་གཞན་སུས་ཀྱང་རྟོགས་པ་མེད། དེང་སང་བཀའ་གདམས་ཀྱི་རྣལ་འབྱོར་པ་ཁོ་བོ་ཙམ་ཡིན་ཏེ་དེ་འདྲ་བའི་ཆོས་ཀྱི་གསུང་སྒྲོས་མཛད་པ་ལ་བརྟེན་ནས། སྟོར་ཀྱང་ཚུལ་ཁྲིམས་འབར་ལ་ཁྱེད་ཉི་མ་ལྟ་བུ་ཟེར་ནས་ཕ་དེས་ཀྱང་བསྟགས་པ་ཆེན་པོ་མཛད། ང་ལ་ཟླ་བ་ཙམ་ལས་མི་གསུང་། དེང་སང་ཚུལ་ཁྲིམས་འབར་ཁྱེད་ཀྱང་སྲས་ཡིན་ངོ་ཤེས་པ་དེ་ཁྱེད་རང་ཡིན་ཟེར་བར་འདུག །འོན་ཀྱང་སངས་རྒྱས་ཀྱི་བསྟན་པ་ཆོས་དང་མཐུན་པར་ངས་སྐྱོངས་ཟེར་བ་ཅིག་དགོས་པ་ཡིན། གཞན་མི་གཙང་བའི་ཐིགས་པས་རིགས་བཟང་ནས་ཅི་བྱེད། ནོར་རྫས་བདུད་ཀྱི་གཡབ་མོ་ཆེ་ཞིང་མང་ནས་ཅི་བྱེད། དུག་ལྔའི་སྟོང་པོ་ཆོད་ནས་ཅི་བྱེད། འཁོར་འདབ་ཀྱི་ལྷོན་པ་རྒྱས་ནས་ཅི་བྱེད། ང་བླ་མ་བརྒྱུད་པ་གསུམ་སྤྱི་བོར་བཞུགས་སུ་གསོལ་ལ། དུས་ངན་གྱི་ཚོགས་དཔོན་རེ་བྱེད་པར་ཁས་བླངས་ཅ་ན། རྒྱུད་ངན་རང་ས་སྤྱི་ས་ནས་ཐུལ་ངོ་ཤེས་པའི་གསོལ་བ་རེ་གདབ། མ་ཤི་བར་དུ་ད་ལྟ་བླ་མའི་དྲུང་དུ་ཞུས་ལན་བྱུང་བ་རང་བསོད་ནམས་བསགས། ད་ནི་སྲིན་པོའི་བུ་ལ་ཁྲིམ་ཐབ་བྱས་ནས་མི་ནོར་འཛོམ་ཞིང་འདུག་གོ། །ཟེར་བ་ཅིག་འབྱུང་བ་ཡིན། སུའི་གྲོགས་པོ་བྱས་ཀྱང་ཡོན་ཏན་འགོ །བླ་མ་བྱས་ཀྱང་མཚན་ཉིད་ཚང་། བཤད་པ་བྱས་ཀྱང་བཀའ་ལུང་ཡོད། བསྒོམ་པ་བྱས་ཀྱང་སྟུད་ཤེས་གསུངས་ནས། ཞལ་ཚབས་དང་བཅས་པ་གསུང་སྐད། དེ་ནས་སྤྱན་སྔ་བའི་ཞལ་ནས། དོ་ཞག་གསུང་སྒྲོས་ཅིག་བྱེད་པ་ལ་དགེ་བཤེས་གཞོན་ནུ་རྒྱལ་མཚན་ཡོད་ན་འོང་བར་གདའ་སྐད། མཐོང་ཐོས་ཀྱང་གང་ནས་ཀྱང་མི་འདུག །ངས་བཙལ་ན་རྙེད་དམ་མི་རྙེད་དམ་གསུང་། རིན་ཆེན་གསལ་

ན་རེ། ཁོང་གྲོས་མེད་དུ་ཐོམ་ཐོམ་དུ་འགྲོ་བའི་རིགས་མ་ལགས། དོ་ཞག་ཕོ་བོའི་རྨི་ལམ་ན། བྱིས་པ་གཞོན་ནུ་གུར་གུམ་གྱི་མདོག་ཅན་ཅིག །གཞོན་ནུ་རྒྱལ་མཚན་གར་སོང་གར་འགྲོ་བའི་ཕྱི་ལ་འགྲོ་ཞིང་འདུག །མདང་ཡང་འདིར་བྱུང་གཅེས་ཕྲུག་གང་ནས་འོངས་བྱས་པ་ལགས་ཏེ། དྲང་པོར་མི་འཆད་པ་ལགས་སམ། གསང་ཕུ་ནས་འོངས་ཟེར་ཞིང་གདའ། ཅི་འཚལ་དྲིས་པས། རྒྱ་ཤེས་རབ་ལས་བྱས་པའི་རྒྱལ་མཚན་ལེགས་པོ་ཅིག་ཡོད་པ་ལགས་ནའང་། མདང་ཞག་བྱང་ཆུབ་སེམས་དཔའ་གཞོན་ནུར་གྱུར་པ་ཅིག་གིས་བརྐུས་ནས་དེ་འཚོལ་བ་ལགས་ཏེ། དོ་ཞག་ཟབ་དྲགས་ནས་མ་རྙེད་ཟེར། ཕོ་བོས་རྙེད་ནས་ཅི་བྱེད་ཞུས་པས། ཁོང་གཉིས་ལ་སྙིང་རྗེ་དང་སྟོང་པའི་གཡུ་ཅིག་ཡོད། དེ་ན་བྱང་ཆུབ་ཀྱི་ཐིག་ལེ་དུམ་བུ་གཅིག་མཆིས། དེ་སོ་སོ་སྐྱེ་བོ་འཆིང་བ་མཐའ་དག་གིས་བཅིངས་པ་རྣམས་ཀྱིས་ཉ་ར་མི་འོང་། དེ་དག་ཤེས་རབ་ཀྱིས་བྱིན་ཡང་། ཐབས་ཀྱིས་བསྐྱེན་མ་ཤེས་ན་མི་རིགས་པས། དེའི་རྩ་རྗེ་ལ་འོངས་པ་ལགས་ཟེར། ད་ཁྱེད་གཤེགས་སམ་བྱས་པས། ནང་པར་གཞོན་ནུ་དེ་ཁྱེད་ཀྱི་འདིར་འོང་ངམ་སྙམ་ནས་སྒུག་གམ་མནོ་ཟེར། འོ་ན་འདིར་བཞུགས་ལ་དྲོ་ཅིག་གསོལ་བྱས་པས། ཕྱི་ནང་ངའི་སྲིང་མོ་འགའ་ཞིག་ཀྱང་ཡོད་པས། དེ་རྣམས་ལའང་བྱིན་གསུང་། དེ་ནས་ཕོ་བོས་ཕྱིར་བལྟས་ཙ་ན། བུ་མོ་ཤིང་ལོ་ལྗང་གུའི་གོས་གྱོན་པ་བཞི་གདའ། དཀར་པོ་དང་སེར་པོའི་གོས་གྱོན་པའང་བཞི་བཞི་སྟེ་བཅུ་གཉིས་འདུག །ཐམས་ཅད་ཀྱི་སྐྲ་རྣམས་མཐིང་ནག་ཁ་སྒོ་ལ་སོགས་པ་ནས་དྲི་ཕུན་སུམ་ཚོགས་པ་འབྱུང་བ། དེ་རྣམས་ཡིག་འབྲུ་དྲུག་གི་ཚིག་བགོས་ཏེ། གཉིས་ཀྱི་ཨོཾ་ནས། གཉིས་ཀྱི་ཧཱུྃ་གི་བར་དུ་གོ་རར་བསྐོར་བས། སྤྲུལ་པའི་སྐྲ་རྩར་འོད་ཀྱིས་འཁྲིགས་པ་ཙམ་དུ་འདུག་ནས། ཁྱེད་རྣམས་སུ་ཡིན་དྲིས་པས། བུ་མོ་གཅིག་ན་རེ། ཁྱེད་བཀའ་གདམས་པའི་གཞུང་ཤིང་འཛིན་དགོས་པ་ལ། ཕོ་མོ་ཅག་རྣམས་ཀྱང་པ་དེའི་བུ་མོ་ལགས་མོད། ངེད་སྲིང་མོ་གསུམ་གསུམ་པ་བཞི་ཁྱེད་

མིང་པོ་གསུམ་སྐྱེ་བཅོ་ལྔ། དིང་སང་ཤེས་རབ་ཀྱི་རྒྱལ་མཚན་དང་བཅུ་དྲུག་གིས་བྱང་ཕྱོགས་སུ་ཤེས་རབ་ཀྱི་ཕ་རོལ་ཏུ་ཕྱིན་པ་དར་བར་བྱ་འཚལ་ན་དེ་མི་མཁྱེན་ནམ་ཟེར། དེར་ཁོ་བོས་སྲིང་མོ་དག་བདེན་ཞེས་ནང་དུ་བོས་ཏེ། སྔར་གྱི་ཁྱིའུ་དང་བཅས་པ་ལ་ཉ་དང་། འོ་མ་དང་། བུ་རམ་དང་། ཛ་རྩམ་དྲངས་པས། ཁྱིའུ་དེ་ན་རེ། ཁྱེད་ཀྱི་བཀའ་བརྒྱུད་འདི་ལ་འདི་འདྲ་ཡོངས་སྤྱོད་ཚད་འོང་ཟེར། དེ་ནས་ཁོ་བོས་ཏིང་ངེ་འཛིན་ཅིག་ལ་མཉམ་པར་བཞག་ནས་གཉིད་སད་པ་དང་། ཁོང་རྣམས་གཤེགས་འདུག་པ་དུས་མཉམ་ཅིག་བྱུང་། དེས་བྱས་པས་གཞོན་ནུ་རྒྱལ་མཚན་དེ་ཕལ་ཆེར་བསྟན་པ་ལ་ཕན་པའི་བྱ་བ་ཅིག་བྱེད་ཅིང་ཡོད་པ་ལ་ཐེ་ཚོམ་མེད། དགེ་བཤེས་གསང་ཕུ་བ་དེ་ཡང་སྤྲུལ་པའི་རྣལ་འབྱོར་པ་ཆེ་བ་ཅིག་ཡིན་པ་དང་། གྲྭ་པ་ལྔ་བརྒྱ་ཙམ་རེས། ཟླ་བ་རེ་རེ་གཉིས་གཉིས་སུ་བཙལ་བས་མ་རྙེད་པར། ཕྱིས་ཇོ་བོ་ཡབ་སྲས་ཀྱི་དྲུང་ནས་ཡེར་པ་ནས་བྱུང་ཞེས་ཐོས་པ་དང་། དོ་ཞག་ཁྱིའུ་འདི་གསང་ཕུ་ནས་འོངས་ཟེར་ལུགས་དང་། དགེ་བཤེས་གཞོན་ནུ་རྒྱལ་མཚན་འཚོལ་བའི་སྐད་འདི་དང་། ན་ཞིང་འོ་ཅག་རྣམ་པས་བཀའ་གདམས་པའི་དུས་ན། གཟོད་བེ་བུམ་ཅིག་འོང་སྙེ་འོང་ཟེར་བ་དང་། ཕ་དེའི་ཞལ་ནས་ཀྱང་འོ་སྐོལ་གཉིས་ལ་ཉེ་ཟླར་བྱེད། གཞོན་ནུ་རྒྱལ་མཚན་ནི་ཁོང་རང་དང་གཉིས་མེད་དུ་ཞལ་གྱིས་བཞེས་པ་དང་། བུ་མོ་དེ་པའང་སྨྲ་ལོ་དང་བཅས་པ་ལྷ་བཞིའི་ཁ་དོག་ཏུ་གདའ་བ་དང་། ལར་ཀྱང་འདི་པའི་རྣམ་འཕྲུལ་བསམ་གྱིས་མི་ཁྱབ་པས། འོ་སྐོལ་གྱིས་ཕྱོགས་གཅིག་ཏུ་ཁ་ཚོན་བཅད་དུ་མི་བཏུབ། འོན་ཀྱང་ཁྱིའུ་དེ་དེ་རིང་སྨུག་ཟེར་བས། དེ་རིང་འདིར་འོང་མཆི་གསུང་། དགེ་བཤེས་ཚུལ་ཁྲིམས་འབར་ན་རེ། ཁྱེད་ཀྱང་རྨི་ལམ་དང་སྙད་སྙོད་མང་པོ་གསུང་གིན་གདའ་སྟེ། སྐབས་དོན་ཇི་འདྲ་ཡིན་ཁོ་བོས་དཔྱད་པ་དཀའ། ཁྱིའུ་དང་གཉིས་སུ་མེད་པ་ཅིག་བྱུང་གིས་དོགས། ཁྱེད་གསུང་ལུགས་ཀྱིས་དབུ་མཛད་དེ་དེ་རིང་འདིར་འོང་མཆི་གསུང་། དེ་

ནས་ཉི་མ་འདས་ལ་གྲོས་ནས། གཞོན་ནུ་རྒྱལ་མཚན་གྱིས་ཀྱང་སླེབས་ནས་བྱུང་། རིན་ཆེན་གསལ་གྱི་ཞལ་ནས། མི་གསུམ་ལ་གྲོས་མེད་ཀྱི་འདུན་མ་རང་སར་བྱེད་པ་འདིས་མི་འོང་། འོ་སྐོལ་ལ་འགྲོག་ན་ཕྱུགས་ནི་མེད། མདའ་ན་ཞིང་ནི་མེད། གྲོང་པ་དང་གཉེན་ཚན་གྱི་བཟའ་བྲུ་ནས་ནི་བུད། གཞན་གྱི་གཙོ་བོ་ནི་མ་བབ། སྒྲུབ་པ་བསམ་གཏན་བྱེད་ན་ནི། བླ་མའི་གདན་ས་འདི་དུས་གསུམ་གྱི་སངས་རྒྱས་ཐམས་ཅད་ཀྱིས་ཀྱང་མཛད་པའི་ས་ཡིན། རྒྱུས་མེད་དུ་ཁྲིམས་རོགས་མེད་པར་གར་ཕྱིན་ནམ། ད་ཞག་ཤེས་རབ་རྒྱལ་མཚན་ཅིག་གི་འབར་འབུར་ཡང་མང་གིན་གདའ། དེ་ཀུན་ཡང་དགེ་བསྙེན་རྐན་པོ་དེའི་བུ་རང་ཡིན་ནམ་མིན་ནམ་གནས་ལྷ་མཁྱེན་པ་དེས་བླ་མ་མང་པོ་བཙལ་ཟེར་ཞིང་གདའ་སྐྱེ། འོ་སྐོལ་གྱི་ཕ་སྟོན་དེས་ནི། བླ་མ་དྲུག་ཙམ་ལས་བཙལ་བ་མེད། དེ་ཡང་ཡོན་ཏན་ཐམས་ཅད་རྗེ་བོ་རང་ལ་རྫོགས་པར་མཛད་པ་ཡིན། ཕོང་གི་ལུགས་ཀྱིས། བླ་མ་གང་བྱུང་བྱུང་བརྟག་དཔྱད་མེད་པར་ཚམ་ཚོམ་དུ་མི་ཚོལ་བ་ཡིན། ལེགས་པར་བརྟག་དཔྱད་ཡོན་ཏན་མཐོང་། བཤེས་གཉེན་དུ་ཁུར་བར་འོས་ནས་སེ་བཙུན་གྱི་ཞབས་ཏོག་དང་། རྗེ་བོའི་ཞབས་ཏོག་ཅི་འདྲ་ཅིག་བྱས། དེ་ཀུན་དག་སངས་རྒྱས་དང་བྱང་ཆུབ་སེམས་དཔའ་ཡིན་ཏེ། གལ་ཏེ་འདམ་མ་ཤེས་ན་ཁྱི་རྣ་སོང་ཡང་སྐོར་ཁྱིལ་ལི་ཐོད་དུ་ཁྱོན་དགོས་པའི་ལུགས་རང་ཡིན་གསུང་བས། སྤྱན་སྔ་བའི་ཞལ་ནས་ཏེ་ཏེ། སྐྱི་བ་གཏན་གྱི་མགོན་སྐྱབས་ཞུ་བ་ལ། ཁྱི་མགོ་ལ་ཁུར་བ་མི་འོང་གསུང་། རིན་ཆེན་གསལ་ན་རེ། གོ་བ་ཆུང་། བླ་མར་མི་ཉུང་ཡང་། རྩ་བའི་མར་ཉུང་བ་ཡིན། ཕྱི་བཀོད་པ་བསམ་གྱིས་མི་ཁྱབ་པའི་ནང་ན་མེད་པའི་ཁྱི་སུ་ཡང་། སྐྱི་བ་གཏན་གྱི་བཙན་ས་སྒྲུབ་པ་ལའང་ཨ་མ་མགོ་ལ་ཁུར་འཚལ་གསུང་། སྤྱན་སྔ་བ་ན་རེ། ཁོང་གིས་མང་པོ་ཅིག་གསུངས་ཀྱང་དབུ་མཛད་ལ་བརྗེག་པར་གདའ་བ། ཁ་སང་ནས་དེ་ཙམ་ཅིག་གང་དུ་ཕྱིན། ད་ཁྱེད་ཀྱང་ཚིག་རྒྱང་ཅིག་འཛིན་སྙིང་འདོད་ནས་འདུག །དེད་

གཉིས་ལའང་དབུ་རྩེ་ལྷོ་བྱང་བཟུང་བྱ་བའི་ཡབ་ཀྱི་ཞལ་བསྐོས་ཡོད། དོ་ཞག་གསུང་གླིང་ཅིག་བྱ་འཚལ། ངེད་རང་ཁྱེད་ཚོལ་དུ་འོང་ངམ་སྙམ་པ་ལགས་ནའང་། ཁྱེད་རང་གིས་མཁྱེན་པས་གཟིགས་ནས་འདིར་སླེབ་པ་འདི་ལེགས། ད་ངས་ཀྱང་བླ་མ་ལ་བླ་མར་བཟུང་བས་སྤྱན་སྔ་བར་མིང་ཐོགས། ཁྱེད་མཆེད་གྲོགས་རྒན་པ་ལ་རྒན་པར་བཟུང་བས། སྐུ་མཆེད་གསུམ་གྱི་མིང་བྱུང་། དཀོན་མཆོག་གསུམ་གྱི་སྐྱབས་འོག་ཏུ་ཞུགས་པ་ལ་བརྟེན་ནས། ལས་རྒྱུ་འབྲས་གོ་ཙམ་བྱུང་། དེས་ཕ་ལ་ཕར་འཛིན། མ་ལ་མར་འཛིན། ངོ་ཚ་ཤེས་ཤིང་ཁྲེལ་ཡོད་ཀྱི་གོས་གྱོན་པ་འདི། བླ་མ་དང་ཁྱེད་གྲོགས་མཆེད་གོང་མ་རྣམས་ཀྱིས་ཐུགས་ལ་བཏགས་པ་ཡིན། ད་དུང་ཡང་ཕོ་བོ་ཆུང་ཤོས་ལགས་པས་ཐུགས་ཀྱིས་བསྐྱང་བར་ཞུ་ཞུས་པས། དབུ་མཛད་ཀྱི་ཞལ་ནས། ལྷ་བའི་བླ་མ་ཀླུ་སྒྲུབ་དེའི་ཞལ་ནས་འདི་སྐད་གསུང་། གང་གིས་རྟེན་ཅིང་འབྲེལ་བར་འབྱུང་། །འགག་པ་མེད་ཅིང་སྐྱེ་མེད་པ། །ཆད་པ་མེད་ཅིང་རྟག་མེད་པ། །འོང་བ་མེད་ཅིང་འགྲོ་མེད་པ། །ཐ་དད་དོན་མིན་དོན་གཅིག་མིན། །སྤྲོས་པ་ཉེར་ཞི་ཞི་སྟོན་པ། །རྫོགས་པའི་སངས་རྒྱས་སྨྲ་རྣམས་ཀྱི། །ཞེས་གསུངས་ན། ཕོ་བོ་རྟེན་ཅིང་འབྲེལ་བར་འབྱུང་བ་དེ་ལ་མཁས་པས། གར་ཕྱིན་དང་གར་མ་ཕྱིན་གྱི་བཟོད་པ་མི་ཤེས་གསུང་། རིན་ཆེན་གསལ་ན་རེ། ལྷ་བའི་བླ་མ་དེའི་གསུང་ལ་ཕོ་བོ་མཁས་པ་ཡིན། བཟོད་པ་མི་ཤེས་པ་ལ་ཚུལ་དགོས་གསུངས་པས། བྱང་ཆུབ་སེམས་དཔའ་ན་རེ། བཟོད་པར་བྱ་བ་ལྡོག་པ་སྟེ། །སེམས་ཀྱི་སྤྱོད་ཡུལ་ལོག་པས་སོ། །མ་སྐྱེས་པ་དང་མི་འགག་དང་། །ཆོས་ཉིད་མྱ་ངན་འདས་དང་མཚུངས། །ཞེས་གསུང་། སྤྱན་སྔ་ན་རེ། ཁྱེད་དོན་དམ་ལ་བཙམས་ནས་དེ་སྐད་གསུང་བ་ཡིན་མཆི། ཁྱེད་སོང་ནས་ལོ་ཟླ་བར་ཐལ་བ་ལ། ཀུན་རྫོབ་ཏུ་འགྲོ་འོང་མེད་གསུངས་ཀྱང་། གསང་བའི་ཚིག་ཏུ་འགྲོ་བ་ཡིན་གསུངས་པས། བྱང་ཆུབ་སེམས་དཔའ་ན་རེ། རེ་ཞིག་སོང་ལ་མི་འགྲོ་སྟེ། །མ་སོང་བ་ལ་

འགྲོ་བ་མིན། །སོང་དང་མ་སོང་མ་རྟོགས་པའི། །གོམས་པ་ཤེས་པར་མི་འགྱུར་རོ། །ཞེས་དང་། གསང་བ་ཡིན་ན་དམ་པ་ཡིན། །སྐྱེས་བུ་མཆོག་རྣམས་གསང་བ་འཛིན། །བྱིས་པ་རྣམས་ནི་ཀུན་ཏུ་སྒྲོ། །ནང་དུ་བསྟེན་པའི་དཔའ་བོ་རྒྱལ། །ཞེས་གསུང་། དེ་ནས་རིན་ཆེན་གསལ་ན་རེ། བཀའ་གདམས་པ་བགྲེས་པོ་གཉིས་པོ་གདན་ལ་བཞུགས། སངས་རྒྱས་བསྟན་དང་མཇལ་དཀའ་ནའང་། །དིང་སང་དགེ་བའི་བཤེས་དང་བཅས། །གྲོགས་བཟང་ཁྱེད་འདྲ་བསྟེན་དུ་བྱུང་། །ཕོ་བོས་སྦྱར་ལ་གསོལ་འོས་བྲང་། །གསུང་། སྤྱན་སྔ་ན་རེ། ཁྱེད་ཡོན་ཏན་གྱི་ཀན་པ་ཡིན་ཏེ། ཚོགས་རྫོགས་པའི་ཡན་ལག་ཡིན་པས། ངེད་སྐུ་མཆེད་སྐྱིད་དུ་ཆུག་གསུང་། དེ་ནས་རིན་ཆེན་གསལ་གྱིས། ཤ་ཆང་སྒོང་བཙོང་དང་མ་འདྲེས་པའི་དཀར་གསུམ་མངར་གསུམ་ཛ་ཛམ་དང་བཅས་པ་ཕུན་སུམ་ཚོགས་པར་སྦྱར་ནས། ཁམས་པ་ལུང་པ་བྱིས་པ་གཞོན་ནུ་མ་ཅིག་ཏུ་ཁྲིད་ནས་བྱུང་། སྤྱན་སྔ་ན་རེ། འདི་མཐོང་མཐོང་བ་ཅིག་ཡིན་པར་འདུག་སྟེ། སུ་ཡིན་གསུང་། ཁམས་པ་ལུང་པ་ན་རེ། ཕོ་བོ་མི་རྣམ་པར་གྱུར་པ་ཅིག་ལགས། དེ་རིང་འདིར་ཁྱེད་ཅག་གི་གསུང་གླེང་ལ་ཕོ་བོ་མིན་པས་བྱིན་ལེན་མི་འོང་། མི་རྣན་ཡང་འཕྲོམ་གྱི་བུ་ཡིན་མོད། དེ་རིང་ལག་བདེ་བཀོལ་བདེ་བྱ་བ་ལགས། འཕར་བ་ཁྲོག་ཁྲོག་བྱེད་ལེན་བྱས་ཀྱང་བདེ་མོ་ཅིག་མི་མཆི་གསུང་། གཞོན་ནུ་རྒྱལ་མཚན་ན་རེ། ཕྱག་ཕྱི་མཆོག་ཁོ། ཕ་སྟོན་ང་ལ་སྟོད་མ་ཡིན་ཟེར། དགེ་བསྙེན་འདི་ལ་སྟོད་ཡིན་ཟེར། འཕྲུལ་གྱི་ཛོ་དགའ་ཆེ་འཐོར་གང་མཁས་ལས་མི་འདུག་ཟེར་ཏེ། མི་ཚོ། རང་ལ་མངོན་ཤེས་མེད་པར་གཞན་ལ་སྒྲོ་སྐུར་བྱེད། དགེ་བསྙེན་འདིའི་རྣམ་འཕྲུལ་ནི་འདི་འདྲ། ཕ་སྟོན་པ་དེས་ནི་སྟོད་ཐམས་ཅད་ཨ་ལེ་མཁྱེན་གསུང་། བྱིས་པ་དེ་ན་རེ། ཕོ་ལ་ཡོན་ཏན་གཞན་ཅང་ཡང་མེད། ལས་རྒྱུ་འབྲས་ལ་ཡིད་ཆེས་པར་བྱས་ནས། སྐྱབས་སུ་དཀོན་མཆོག་བསྟེན། ཕ་དེའི་སྤྱོད་ལམ་དང་། ཐུགས་དམ་གྱི་རིམ་པའི་བྱེད་ལུགས་དང་།

མཛད་པ་བྱེད་ལུགས་རྣམས་ལ་མིག་ཡར་བལྟས་ནས། སྤྲེའུའི་མིའི་ལད་མོ་བྱས་པ་ལགས་སོད། དེས་ན་འཆི་བ་བསྒོམས་པས་མི་འཆི་བ་ཙམ་འདི་བྱུང་། ད་གཟོད་ཕྱི་མི་ཀུན་ཁམས་པ་ལུང་པ་ཤི་ལོ་ཟེར་བ་ཅིག་འོང་ཉེན་ཡོད། དེ་ཡང་བློ་དག་མ་དག་གི་ཁྱད་པར་ལགས་སོད་ཟེར་བས། སྤྱན་སྔ་ན་རེ། ཁྱེད་དེ་དུས་སུ་དགའ་ལྡན་དུ་གཤེགས་སམ། ཕྱོགས་གཞན་དུ་གཤེགས། ཞེས་པ་ན་རེ། རེས་ཅིག་རི་བོ་པོ་ཏ་ལ་རུ་འགྲོ། དེ་ནས་འོད་དཔག་མེད་ཀྱི་ཞལ་སྔ་རུ་འགྲོ། དེ་ནས་གཟོད་དྲི་མ་མེད་པའི་དྲུང་དུ་འགྲོ་གསུང་། དེ་ནས་ཞིས་པ་དེས་གསོལ་ཟས་རྣམས་དྲངས་པས། ཛ་སུན་རེ་འདྲེན་པ་ལའང་། འདོད་པའི་ཡོན་ཏན་ལྔ་ཀ་ཕུན་སུམ་ཚོགས་པ་ཚང་བར་བྱུང་། དེ་ནས་ཞིས་པ་ན་རེ། རིན་ཆེན་གསལ་ལ། ཁྱེད་སྐུ་མཆེད་གསུམ་ཟེར་ཅིང་གདའ་བ། ཞོར་ལ་ང་ཡང་ཚུད་པ་ཅིག་མཛོད། ཁྱེད་གནས་བརྟན་རྣམས་ཚོགས་ཙ་ན་ང་ཡང་བྱིན་ལེན་ལ་དགོས་པ་ཡིན་ཟེར། རིན་ཆེན་གསལ་ན་རེ། ད་ཏེ་ལོ་བཅའ་བཅུ་ན། དགེ་བཤེས་ཡོན་ཏན་གྲགས་བྱ་བ་ཅིག་འོང་། དེ་ལ་དེ་སྐད་ཀྱིས། ཁོང་གིས་བླ་མ་སྐུ་མཆེད་གསུམ་ཟེར་ཙ་ན་ཁྱེད་རང་ཚུད་པ་ཅིག་འོང་བ་ཡིན་གསུང་། ཞིས་པ་ན་རེ། དེ་ཙ་ན་འཁོར་བཞི་ལྡན། བཤེས་གཉེན་ཀ་མ་པ་ལ་སོགས་པ་མང་པོ་འོང་། ད་ལྟ་ནས་རང་ཚུད་པ་ཅིག་འཚལ་གསུང་། འོ་ན་སྤྱན་སྔ་ལ་དེ་སྐད་ཞུས་གསུང་། སྤྱན་སྔ་ན་རེ། སླུངས་ཤོད་མདར་དགོན་པ་ཅིག་བྱེད། དེ་ཙ་ན་དབུ་རུ་བྱང་ན་སྐུ་མཆེད་གསུམ་ཞེས་གསོལ་བ་བཏབ་ཙ་ན། ཁྱེད་ལ་སྐུ་མཆེད་གསུམ་གྱི་སྒྲ་འཇུག །དེ་ཙ་ན་ང་ལུས་ཅན་ཀུན་གྱིས་ང་ལུས་ཀྱིས་དོགས་ནས་ཁམས་པ་ལུང་པ་དང་བཞི་ཟེར་བ་ཅིག་འོང་གི་གསུང་། བྱང་ཆུབ་སེམས་དཔའ་ན་རེ། དེ་ལ་འོང་གསུང་། དེ་ནས་ཞིས་པ་ན་རེ། ད་ཁྱེད་རྣམ་པ་གསུམ་ལ་ཞུ་བ་ཅིག་ཡོད། དེ་ལ་ངའི་རང་འདོད་མེད་པས་ཅིས་ཀྱང་གནང་བ་ཞུ་ཟེར་བས། རིན་ཆེན་གསལ་ན་རེ། སངས་རྒྱས་ཀྱི་བསྟན་པ་ལ་ཕན་ན་བྱས་པས་ཆོག་གསུང་། དེ་ནས་ཞིས་པ་དེ། འདུལ་

བ་མདོ་རྩའི་པོ་ཏི་གཅིག །མདོ་སྡེ་དྲིན་ལན་བསབ་པའི་པོ་ཏི་གཅིག །ས་སྡེ་ལྔ་ཚང་བ་གཅིག །དབུ་མ་རྩ་ཤེ་གཅིག །ཉི་ཁྲི་ལེ་བརྒྱད་མ་གཅིག །ཨ་གཅིག་མ་གཅིག །འབུམ་གྱི་རྒྱ་གར་སྐད་གསེར་གྱི་འབུར་མ་བྱས་པ་གཅིག །མངོན་པའི་པོ་ཏི་གཅིག་རྣམས་ཐུན་མོང་དུ་མདུན་དུ་བཞག་ནས་ཕྱག་བཙལ་ཏེ། སངས་རྒྱས་ཀྱི་བསྟན་པ་ལ་ཕན་པར་མ་ཟད། བསྟན་པ་དངོས་ལགས་པས། ད་ལུང་སྟོང་རེར་རི་དྭགས་དམན་མ་བཞིན་མི་ལ་འཁྲིས་ཤིང་། དད་ཧྲས་དང་གྲོགས་ངན་ལ་འཇོམས་ནས། ཁྱེད་གསུམ་འདས་ན། བོད་འདིར་ཇོ་བོ་ཡབ་སྲས་ཀྱི་བཀའ་རྒྱུད་འཆད་པར་འདུག །ཁྱད་པར་དུ་འང་བྱང་ཕྱོགས་འདིར་ཤེས་རབ་ཀྱི་ཕ་རོལ་ཏུ་ཕྱིན་པ་བསླབ་པ་གསུམ་གྱི་འཁོར་ལོ་དང་བཅས་པ་ཅིག་མ་མཛད་ན། བདུད་སྡིག་ཏོ་ཅན་གྱི་བར་ཆད་མི་ཐུབ་པས། སྤྱན་སྔ་ཁྱེད་བླ་མའི་སྲས་དངོས་ཡིན། དགོན་པ་འདིར་བཞུགས་ཀྱང་མི་ཕན། གླུངས་ཤོད་མདར་བཞུགས་ལ་ཆགས་སྡང་མེད་པར་གྲྭ་པའི་ཚོགས་བསྡུས། ཇོ་བོ་ཡབ་སྲས་ཀྱི་མན་ངག་ཟབ་མོ་རྣམས་མ་ནུབ་པར་མཛོད། ཁྱད་པར་དུ་གཙུག་ལག་ཁང་མང་པོ་བཞེངས་ལ། དེ་དག་ལ་ལྷ་བཞི་པོའི་ཁ་དོག་རྣམས་རིམ་པ་བཞིན་དུ་ཁོད། རྟེན་ཐམས་ཅད་ལ་རབ་གནས་ཕུན་སུམ་ཚོགས་པར་གྱིས་ལ་སངས་རྒྱས་ཀྱི་བསྟན་པ་ཚུགས། དགེ་བཤེས་རིན་ཆེན་གསལ་གྱིས་རེ་ཞིག་ཕོད་མདོའི་ནང་ཡ་གིར་བཞུགས་ལ། ས་བྱིན་གྱིས་རློབས། འཁོར་རེ་རེ་གཉིས་གཉིས་ནས་བསྡུས། དེ་ནས་འཕན་ཡུལ་སྲས་ཀྱི་ནང་དུ་བཞུགས་ལ། བྲག་རྒྱབ་ཀྱི་ཕུ་རུ་དགོན་ཆུང་ཅིག་མཛོད་ལ་གྲྭ་པའི་ཚོགས་བསྡུས། ཇོ་བོ་ཡབ་སྲས་ཀྱི་སྡེ་སྣོད་ཀྱི་གཞུང་ལུགས་མ་ལུས་པར་ཤོད་ལ། མཁས་བཙུན་དམ་པས་ས་གཞི་གང་བ་ཅིག་མཛོད། དགེ་བཤེས་གཞོན་ནུ་རྒྱལ་མཚན་གྱིས་ཐུགས་དང་བསྟུན་ལ་ནང་གི་ཆོས་སྐོར་ཐམས་ཅད་མ་ཉམས་པར་མཛོད། རི་བྲག་དང་ནགས་གསེབ་ཐམས་ཅད་དུ། དགོན་ཆུང་བྲེ་རེ་ཕུལ་རེ་ཙམ་དཔོན་གཡོག་གཉིས་གཉིས་སམ་བཞི་སྡེ་ཡན་ཆད་

གནམ་གྱི་སྐར་མ་བཞིན་ཁྲ་ཆེམས་ཏེ་ཐོང་ལ། ཡུལ་པ་དེ་པ་ཐམས་ཅད་དཀོན་མཆོག་གསུམ་ལ་སྐྱབས་འགྲོ་དང་། དགེ་འདུན་གྱི་བསྙེན་བཀུར་དང་། འབྱུང་པོའི་གཏོར་མ་དང་། ཡན་ལག་བརྒྱད་པའི་བསྲུང་སྡོམ་གསོ་སྦྱོང་དང་། ཡིག་འབྲུ་དྲུག་གི་བཟླས་བརྗོད་དང་། ཡོན་བསྔོ་བ་དང་བཤད་པ་ལ་སོགས་པའི་ཐོས་བསམ་དང་། ཡུལ་ཁྱད་པར་ཅན་ལ་དད་གུས་ཀྱི་སྨོམ་སྨྱུབ་དང་། ཤེར་ཕྱིན་གྱི་ཨན་ཁ་མ་སྟོངས་པའི་གསུང་སྒྲོགས་དང་། མདོར་ན་ཁྱིའམ་མི་བཟའ་མ་ནུས་པ་ལ་སྦྱིན་གཏོང་ལ་སོགས་པས་ཡོན་བདག་པ་རྣམས་ཀྱང་། ཁྱེད་སླེང་རྗེ་ཆེ་བ་ཡིན་པས་ཐུལ་བར་མཛོད་ཅེས་ཞུས་པས། སྤྱན་སྔའི་ཞལ་ནས། གསུང་བ་ཐུགས་ལ་བཏགས། ཁོ་བོའང་དེ་སྙམ་ནས་ཁ་སང་འོངས། དབུ་མཛད་ཀྱང་ན་ཉིང་ནས་ལོ་དང་ཟླ་བར་སྟོར། ག་ཤེད་ན་དགོན་ཆུང་ཅིག་རང་ཡོད་ཚོད་གདའ། དགེ་བཤེས་རིན་ཆེན་གསལ་གྱི་ཡོན་ཏན་རྣམས་ཡི་གེར་བཀོད་དེ། འདིའི་ཁྲམས་སྨད་དུ་བཞུགས་ན་ནི་ཡེ་མི་ཤོང་། འདི་ཙམ་ཞིག་ནང་དུ་སྤྲས་ན་ཕངས་པས། ན་ཉིང་རྒྱལ་བ་དེའི་དྲུང་དུ། སྔོན་ལམ་བཏབ་པ་བཞིན་དུ་བགྱིད་འཚལ། དེ་ལ་ཁྱེད་ལ་གྲྭ་པ་སྤུད་དགོས་པས་ལོངས་སྤྱོད་ཐམས་ཅད་དགེ་འདུན་གྱི་ཞལ་དུ་ཐོང་དང་འདུ་བ་ཡིན། ཡོན་བདག་པའང་ཡིད་ཆེས་ནས་ཡང་ཡང་དུ་འབུལ་བ་འོང་བ་ལགས། དགེ་བ་རྗེས་མེད་བྱ་བ་ཕུགས་བཙན་པ་ཅིག་ཀྱང་མཆི། ལས་སུ་བཤད་ཉན་མཛོད་དང་། ཐམས་ཅད་ངང་རིང་བ་ཅིག་ཀྱང་འོང་བ་ཡིན། དེ་ལ་འོ་སྐོལ་འདོད་པའི་ཁམས་པ་འདི་པ་ལ་སྦྱིན་པའི་གཡབ་མོ་རང་གིས་སྤུད་འཚལ། འདུས་པ་རྣམས་ལའང་ཡོན་ཏན་ཡོད་ས་ནས་བསྟོད་ནས་སླན་པར་སྨྲ་བའི་གཏམ་གྱིས་བག་དབབ་འཚལ། དེ་ལྟར་བག་ཕེབས་ནས་ཀྱང་ཚེ་འདིའི་སྣང་བ་ལ་གཏད་པ་མེད་ཅེས། དོན་གཉིས་ཕུན་སུམ་ཚོགས་པའི་སངས་རྒྱས་ཀྱི་ཆོས་ལ་སྤྱད་འཚལ་ཞེས་དེ་དང་མཐུན་པའི་ལས་རྒྱུ་འབྲས་ཀྱི་གྲོས་ཆེན་པོ་གདབ་འཚལ། དེ་ལ་སྟོང་པས་དཔའ་བསྐྱེད་དགོས།

སྙིང་རྗེས་དུག་འཁྱིན་དགོས། དད་པས་ཁམས་གསོ་དགོས། བསྒོ་བས་ཆུད་མི་ཟ་བར་བྱེད་དགོས། དེ་ལྟར་མཛད་པས་གྲྭ་པ་གསར་པ་རྣམས་འདུ། ཉིང་པ་རྣམས་འབྲལ་མི་ཕོད་པར་སྡོད་པ་ཅིག་འོང་བས། ཁྱེད་ཀྱིས་དེ་བཞིན་དུ་མཛད་པ་ཞུ། ཁྱེད་དབུ་མཛད་ཀྱིས་ཁོང་གིས་གསུངས་པ་དེ་ལའང་མཐུ་བས། ཁྱེད་ཀྱིས་ངེད་གཉིས་པོའི་གྲྭ་པ་གཡབ་འཚལ། དེ་ནས་ངེད་གཉིས་ཀྱང་ཁྱེད་རང་གི་ལགས་སོ། །ད་ནས་ཁྱེད་ཀྱིས་རབ་ཏུ་བྱུང་བ་སེར་ཉོག་སྐྱེ་བྱུང་བའི་དུས་སུ། གཙུག་ལག་ཁང་ཕྲ་ཕྲ་ཤིག་ཤིག་མང་ནའང་མི་འོང་། སེར་པོ་སྐྲ་དམར་མ་དཀར་པོས་བརྒྱན་པ་ཅིག་བྱུས་ལ། དེ་ཐམས་ཅད་སྡེབ་བད་དུ་ཁྲིལ་ལེ་བ་གཞལ་ཡས་ཁང་གི་རྣམ་པར་བཞེངས་ལ་དམིགས་པའི་རྟེན་དུ་ཙུང་ཙམ་རེ་གྱིས། དེ་དུས་སུ་རབ་ཏུ་བྱུང་བ་ཐམས་ཅད་རང་ཁྱིམ་དུ་འོང་བ་བཞིན་དུ་ཟངས་ཏེ་བྱོན་ནས་གཙུག་ལག་ཁང་དུ་མདོ་མཆོད་དིར་རེ་བ་ཅིག་བགྱི་ལགས། དེ་དག་ལ་འབྲུལ་པ་འདུག་ན་དཔྱད་པར་ཞུ། གསུང་། བྱང་ཆུབ་སེམས་དཔའི་ཞལ་ནས། དེ་རིང་གི་འདུན་མ་དེ་ཤིན་ཏུ་འཐད། དགེ་བཤེས་རིན་ཆེན་གསལ་རྒྱ་ཆེ། སྤྱན་སྔ་བ་སྨྲ་ཞིང་སྤྱུག །ཁོ་བོའང་ནང་མཛེས་ཙམ་ཡོད་པ་ཡིན། དགོན་པ་འདི་པའི་གདན་སར་འོང་བས། ཁོང་ང་བདག་ཅན་ཡང་མང་པོ་ཡོད། མེད་ཀྱང་འདི་ལ་གུས་པས་ཀུན་གྱིས་ཁུར་བ་ཅིག་འོང་། ཁྱོད་རིན་ཆེན་གསལ་གྱིས་བཟུང་ན་འོང་སྙེ། ཙུང་བསླབ་པ་གཞོན་པ་གདའ་བ་དང་། ད་ཁྱོད་ཙུང་ཟད་ཀྱང་འོང་སྲིད་པས། རང་གི་གདུལ་བྱ་གང་ཡོད་དེ་བཙུན་པ་ཡིན། སྲས་ཀྱིས་ཡུལ་གང་ལེགས་པ་ཅིག་ཏུ་གཙུག་ལག་ཁང་ཙུང་ཟད་ཅིག་བཞེངས་ལ་ཚོགས་པ་བསྡུས་གསུང་། བདག་གིས་ཀྱང་བསྟན་པ་ལ་གང་ཕན་དུ་བྱེད་པས། དབེན་པའི་གནས་སུ་དོན་གཉིས་ཅི་འཕེལ་བགྱི་གསུང་། དེ་ནས་སྤྱན་སྔ་པ་སླུངས་ཤོད་མདར་བྱོན་ནས་ཏུག་ཏུམ་བཞེངས་ནས་དེར་བཞུགས། གཞན་ཡང་གཙུག་ལག་ཁང་མང་པོ་བཞེངས་ནས། ཇི་ལྟར་གསུང་བ་བཞིན་དུ་སངས་རྒྱས་

གྱི་བསྟན་པ་ལ་ཕན་པར་མཛད་ནས། བཀའ་གདམས་གདམས་ངག་པ་ཆེན་པོར་གྲགས་ནས། སྤྱན་སྔ་བ་སྐོར་ཞེས་གྲྭ་པ་ཡང་དུ་མ་ཅིག་འཕེལ་བ་ལགས། དགེ་བཤེས་རིན་ཆེན་གསལ་གྱིས་ཕོད་མདོའི་ནང་ན་བྲག་སྐྱིབས་ཆེན་པོ་ཞིག་ཡོད་པ་ལ་བཞུགས་པས། མི་ཀུན་འདི་ན་གཞུང་མཁན་པོ་ཅིག་བཞུགས་ཟེར་ནས། གནས་དེ་ལའང་གཞུང་མཁན་གདོང་དུ་གྲགས། ཁོང་རང་ལའང་གཞུང་མཁན་པོ་ཟེར། དེ་ནས་ཤིང་སྟག་པ་སྐྱེས་པའི་ལུང་པ་ཅིག་ཏུ་བཞུགས་ནས། སྟག་ལུང་པ་ཆེན་པོར་གྲགས། དེ་ནས་སྲས་ཀྱི་ནང་ལ་བྱོན་ནས། རི་པོ་ཧོ་ཅིག་གི་སྟེང་དུ་དེའི་བདག་པོ་ཅིག་གིས་ཡོན་བདག་མཛད་དེ་དགོན་པ་བཏབ་ནས་བཞུགས་པས། པོ་ཧོ་བ་ཞེས་གྲགས། དེ་ནས་པོ་ཧོ་བ་སྐོར་ཞེས་བཀའ་གདམས་གཞུང་པའི་རྣམ་ཐར་ཕྱིན་ཅི་མ་ལོག་པར་སྐྱོང་བ། དབུས་གཙང་དུ་ཕ་རྗེས་སུ་བུ་སློབ་པ་བཟང་ལ་མང་བ་བྱུང་བ་ལགས། དེ་ནས་འོ་སྐོལ་གྱི་བླ་མ་གཞོན་ནུ་རྒྱལ་མཚན་ཞེས་བྱ་བ་དེས། ཡོན་ཏན་ནི་ནམ་མཁའི་མཐའ་དང་མཉམ་པ་ཐིག་ལེ་ཆེན་པོ་བཅུ་དྲུག་ལུས་དང་ཐུགས་ལ་བཀྲམ་ནས། འོད་ཟེར་གསུམ་གྱིས་འགྲོ་བའི་དོན་མཛད་ཅིང་ཉི་ཟླ་གཉིས་ཀྱི་བསྟགས་པ་ཡོངས་སུ་བརྗོད། སྤྲུལ་པ་དུ་མས་ཐམས་ཅད་བཀའ་གདམས་སུ་ཉོག་སྟེ་བཏང་། ཁྱད་པར་དུ་ར་སྒྲེང་དུ་ཤུག་ནགས་ཀྱི་གསེབ་ན་ཕར་ལ། བླ་མ་དེའི་རྗེས་དྲན་མཛད་ཅིང་བཞུགས་པ་ལ། འདི་ཡང་ཅུང་ཟད་རྣམ་གཡེང་ཆེས་ནས་གདའ་བས། སྒྲི་མོའི་ནང་ན་ཡར་ལ་ཕྱིན་ལ། བླ་མ་དེ་ལྷ་ལས་བབས་པ་དང་། ལྟེམས་སུ་ཞུགས་པ་དང་། སྐུ་བལྟམས་པ་དང་། འཕྲུལ་འཇིག་རྟེན་མཐུན་འཇུག་གི་རྗེད་མོ་བྱས་པ་རྣམས་བལྟ་འཚལ་སྙམ་ནས། སྒྲི་མོའི་ནང་ན་ཡར་བྱོན་པ་དང་། འབྲོག་པ་འགའ་ཤས་ཏུ་བ་སྐྱུས་ནས་བྱུང་བ་དང་འཕྲད་དེ། བྱང་ཆུབ་ཀྱི་སེམས་ཀྱིས་ཁྱི་ལ་ཡང་མ་འཇོམ་པར་བྱོན་པས། ཁྱིམ་བདག་ཅིག་ན་རེ། དགེ་སློང་གང་ནས་བྱོན། གར་གཤེགས་ཟེར། ངེད་ཀྱང་བོད་ཕྱོགས་ནས་འོངས། འདི་ཤེད་ན་རྩྭ

སྐྱེ་མོ་ཞེས་བྱ་བ་ཅིག་ཡོད་པར་གདའ་སྟེ། གང་ཙམ་ན་ཡོད་གསུངས་པས། དེ་ན་རེ། ཕྱི་མིང་ལུང་པ་འདི་ལ་རྣ་སྐྱེ་མོ་ཟེར་བ་ལགས། འདིའི་ལ་ཆུང་འདི་བརྒལ་བ་ན། ཕུག་རིང་བྱ་བ་ཅིག་བསྐོག །དེ་བཞིན་པ་ཡིན་ནམ་ཟེར། བྱང་ཆུབ་སེམས་དཔའ་ན་རེ། ཡོན་བདག་དེ་གར་འགྲོ་འདོད་པ་ཡིན་གསུང་། དེ་ན་རེ། འོ་ན་དེ་ན་མི་ནི་སྡོད་ས་མེད། སྟར་ལུང་པ་འགོལ་བ་དང་། ཆུ་ཤིང་འཛོམ་པས། ངེད་འབྲོམ་ཚ་བ་ཀུན་དེར་སྡོད་པ་ལགས་ཏེ། ང་ཞག་རྣ་ཁ་སྤྱོས་ནས་སུ་ཡང་མེད། ཁྱེད་ཅི་མཛད་ཟེར། འོ་སྐོལ་མིས་དགོས་པ་མེད་དེ་ངའི་ཕ་ཅིག་གི་འབྲུངས་ཡུལ་ལགས་པས་ཞེན་པས་ལྟ་བ་ལགས་གསུངས་པས། ཡོན་བདག་ན་རེ། དགེ་སློང་གི་ཕ་སུ་ལགས། བྱང་ཆུབ་སེམས་དཔའ་ན་རེ། འབྲོམ་སྟོན་པ་རྒྱལ་བའི་འབྱུང་གནས་བྱ་བ་ཅིག་མཆིས། དེས་ཕོ་བོ་བསྐྱངས་པ་ལགས་ཏེ། ཁོང་མི་བཞུགས་པས། ད་ཕོ་བོ་སྐྱོ་ཡིན་གདའ་ན་གསུངས་པས། ཡོན་བདག་དེ་ཤིན་ཏུ་དད་ནས། འོ་ན་ངེད་ཀྱང་འབྲོམ་དེའི་མི་བརྒྱུད་ཡིན། ཁོང་ལ་ཡབ་ཡག་གཤེར་སྐྱ་གཤེན་བྱ་བ་ཡོད། ངེད་ལ་ཕོ་ཕོ་སྟག་པོ་ཆེ་བྱ་བ་ཡོད། རྒྱལ་བའི་འབྱུང་གནས་དེས་འབྲོག་ཕྱོགས་འདི་སྟོངས་པར་བྱས་ནས་ཁོང་ཐར་པར་གཤེགས་པ་སྟར་ཁོང་འབྲུངས་ནས་དུས་ད་ལྟ་ཡན་ཆོད་དུ། ངེད་སྐྱེ་བོ་རྣམས་ལ་ཡོན་བདག་གི་སྒྲར་གྲགས། ཕྲུ་གུ་ཆུང་ཆུང་ཡན་ཆོད་ལའང་། བླ་མ་དགོན་མཆོག་རྗེ་བོ་ཐུགས་རྗེ་ཆེན་པོ་ཞེས་བློ་ལ་འདོན་པའི་དུས་ཤིག་བྱུང་གདའ། ད་ཁོང་ལ་སྲས་སྐྱ་མཆེད་གསུམ་བྱ་བ་ཡོད་ཟེར་ཏེ། རྙེད་པ་དང་ལོ་འདོད་ལ་མི་ལྟ་བར་དབེན་པ་གནས་སུ་ཐུགས་དམ་མཛད་སྐད། དེ་པའི་ཞལ་རེ་ཙམ་མཐོང་ན་འོང་བར་གདའ་སྟེ་ནི་མི་མཐོང་། འོན་ཀྱང་དད་གུས་སྙོམ་ཞིང་མཆི། ཁྱེད་ཀྱང་ངོ་མཚར་ཆེ་ཟེར་ནས། མར་ཕྱེད་ཅིག་དང་། ཞོ་གཅིག་དང་། རྩམ་པ་དུམ་པ་ཅིག་ཕུལ་ནས། ང་རིངས་པར་ཡོད་དེ། ཁྱེད་ལ་ཕུག་རིངས་བསྟན་འཚལ་ཟེར་ནས། བྱང་ཆུབ་སེམས་དཔས་ཞོ་དེ་གསོལ། མར་འདི་རྒྱབ་

ཀྱི་ཆོས་འདི་ལ་འབུལ་འཚལ་གསུང་སྟེ། ཡོན་མཆོད་གཉིས་ཀྱིས་འགྲོགས་ནས་ཕུག་རིངས་སུ་ཕྱིན་པ་དང་། འབྲོག་པས་བསྟད་པའི་ཤུལ་ཆེན་པོ་ཅིག་བྱུས། ཁྱི་བ་དང་། སྤང་དང་། རྩ་སྐྱ་དང་། སྤེན་མ་མང་པོ་ཉིལ་ལེ་གདའ། དེར་ལྷ་ཡུལ་དུ་སླེབས་ནས། ལྷའི་བུ་དང་བུ་མོ་གླིང་བུ་ལ་སོགས་པའི་སྒྲ་སྙན་པ་དཀྲོལ་བ་ལྟར། སེམས་དགའ་ལ་ཞེས་པ་འཁྱོ་བ། ཕ་དེའི་རྣམ་པ་དྲན་པ། སྔོན་ས་ཕྱོགས་འདི་རྣམས་ཞབས་ཀྱིས་བཅགས་ཨང་། བཟའ་བཏུང་གསོལ་བ་དང་། མནལ་བསྙེན་པ་ལ་སོགས་པའི་འཇིག་རྟེན་མཐུན་འཇུག་མང་པོ་མཛད་ཨང་སྙམ། དེ་ནས་ཡོན་བདག་གིས་གྲོགས་བྱས་ཏེ། སྤང་གི་སྤྱིལ་བུ་ཕྱོགས་ལྷོ་ཆར་དུ་འདོམ་རེ་ཡོད་པ་བཞེངས་བཞུགས་བཏུབ་ཙམ་ཅིག་མཛད། དེ་ཚར་བ་དང་། བྱང་ཆུབ་སེམས་དཔའ་ན་རེ། ཡོན་བདག་ཁྱེད་ཚེ་རབས་ནས་ཚེ་རབས་ཐམས་ཅད་དུ་དཀོན་མཆོག་གསུམ་དང་མི་འབྲལ་བར་གྱུར་ཅིག །བསླབ་པ་གསུམ་གྱི་ཁང་བུ་ལ་ལོངས་སྤྱོད་པར་གྱུར་ཅིག །འདོད་འཇོའི་བ་མོ་ལ་ལོངས་སྤྱོད་པར་གྱུར་ཅིག །ད་འདི་ནས་བཟུང་ནས་འོ་སྐོལ་ཡོན་མཆོད་རྟག་ཏུ་བགྱིའོ་གསུང་། དེ་ནས་ཡོན་བདག་ཀྱང་དགའ་བཞིན་དུ་རང་གི་ནོར་ཕྱིར་འབྲངས་ཏེ་སོང་། དེ་ནས་ཞག་ཤས་ལོན་པ་དང་རྩམ་པའང་ཟད། ཁ་བ་ཅིག་ཀྱང་བབས། རི་ཐམས་ཅད་གངས་སུ་སྐྱ་ཕྱུར་རེ་འདུག །སྤྱིལ་བུའི་སྒོ་མདུན་ཐམས་ཅད་ཀྱང་གངས་ཀྱིས་ཁེངས། དེར་འདི་ལྟར་དགོངས་ཏེ། ཡུལ་འདི་ལ་ཁ་བ་ཅན་གྱི་ལྗོངས་ཟེར། འདི་མགོན་པོ་སྤྱན་རས་གཟིགས་ཀྱི་ཞིང་ཁམས་ཡིན། འདི་ཡང་སྤྱན་རས་གཟིགས་ཀྱི་རྣམ་འཕྲུལ་རང་ཡིན་ངེས་སྙམ། ཚུལ་ཁྲིམས་དང་ལྡན་པ་ལ་འཚོ་བ་ལྷས་སྦྱོར་བྱ་བ་ཡིན་པས་འཚོ་བ་འོང་མཆི་སྙམ་དུ། བླ་མའི་ཐིག་ལེ་ལ་སྒོམས་པར་འཇུག་ཅིང་བཞུགས་པ་ན། གནངས་ཉིན་ཁ་བ་ཕལ་ཆེ་བའང་ཞུ། ཉི་མའི་འོད་ཀྱང་བཀྲག་པ་ཅིག་བྱུང་། སྤྱིལ་བུའི་མདུན་ན་འཇའ་དཀར་པོ་ཅིག་ཀྱང་ཟུག་ནས་གདའ་བ་དང་། ཐུགས་དགེས་པ་ཅིག་ཀྱང་

བྱུང་ནས། སྤྲུལ་བུའི་སྔོར་ཐོན་པ་དང་། ཡོན་བདག་ན་སོ་ཡར་རྒན་བྱས་པ། འབྲོག་ཕྲུག་ཤ་ཆད་ཙམ་གྱི་ཙམ་སེ་གྲོན་པ། སྣ་ཆེ་ལ་གདོགས་ཙམ་ཡོད་པ། དེ་ཐམས་ཅད་ཀྱང་སྨུམ་ཆིལ་ལེ་བ་ཅིག་གིས། ཉ་གཉན་ཏུ་གང་དང་། རྩམ་པ་ཞ་གཅིག་ཙམ་ཁྱེར་ནས་བྱུང་། དེར་བྱང་ཆུབ་སེམས་དཔས། ཡོན་བདག་གང་ནས་ཅི་ལ་བྱོན་ཞུས་པས། ཁོ་བོའང་འབྲོག་ཕྱོགས་ཐག་མི་རིང་བ་འདི་ཀུན་ནས་འོངས། ཁ་སང་འབྲོག་པ་ཅིག་ན་རེ། དགེ་སློང་བཟང་པོ་འཚོ་བ་ཉུང་བ་ཅིག་ཕྱོགས་འདི་ན་འདུག་ཟེར་ནས། ཁ་རྩང་ནས། ཁ་བ་ཆེ་བ་དང་། འོ་བརྒྱལ་ཞིང་ཡོད་སྐམ་ནས་འོངས་པ་ལགས། དེ་རིང་ཉི་མ་ཐམས་ཅད་ཀྱང་འོད་གསལ་བར་སྣང་། དེས་ཁ་བ་ཡང་ཕལ་ཆེ་བ་ཅིག་ཞུ། དེ་རིང་གདམས་ངག་འདྲ་བའང་ཅི་ཡོད་དམ། ཁོ་བོ་རྒས་ཁ་མ་འཆི་ལ་ཉེ་བ་ཡིན་པས། སེམས་ལ་ཕན་པ་ཅིག་ཞུ་འཚལ་ཟེར་སྐད། དེར་བྱང་ཆུབ་སེམས་དཔའི་ཞལ་ནས། ཡོན་བདག་ཁྱོད་ལ་གདམས་ངག་དགོས་མི་དགོས་ཐེ་ཚོམ་ཟ་བ་ཅིག་འདུག །རྩམ་པ་དེ་དུས་ལ་འདོམས། ཚུལ་ཁྲིམས་ལྡན་པས་སློན་པ་འགྲུབ། བྱ་བ་དབྱུང་གསུངས་པས། ཡོན་བདག་ན་རེ། སྤྱིར་ཡང་རབ་ཏུ་བྱུང་བ་འདི་ཉུང་། དེ་ནས་འོ་སྐོལ་བོད་འདི་རབ་ཏུ་བྱུང་བ་ཉུང་། དིང་སང་ཇོ་བོ་ཡབ་སྲས་ཀྱི་ཆོས་ལུགས་སྐྱོང་བ་འགའ་རེ་ཡོད་ཟེར། མི་སྐྱ་རྣམས་ལའང་དགེ་འདུན་གྱི་བསྙེན་བཀུར་བྱ་བ་ཅིག་གྲགས་པས་གྲོང་པ་རྣམས་ཀྱི་ཚོགས་རྫོགས་པར་མཛད་ཅིང་། བོད་དུ་རྩམ་པའི་བསོད་སྙོམས་མི་མཛད་པར་འབྲོག་སྟོང་པ་འདིར་ཅི་མཛད། འདིར་རང་གཞན་གཉིས་ཀའི་དོན་མི་འབྱུང་ཟེར། དེར་བྱང་ཆུབ་སེམས་དཔས། ཡོན་བདག་མད་དེ། ངའི་ཕ་འཇིག་རྟེན་གྱི་མིག་གཅིག་ཡོད་པ་དེ་གཤེགས། ཁོ་བོ་དམུས་ལོང་དང་འདྲ་བ་ཅིག་གིས་འབྲོག་སྟོང་འདིར། བླ་མའི་འཁྲུངས་ས་ཡིན་པ་རྒྱུ་མཚན་དུ་བྱས་ནས་སྡུག་ཞེན་གྱིས་ཞག་ཤས་བསྡད་པ་ལགས་ནའང་། ཕ་དེའི་ཞལ་ཅིག་ཀྱང་མ་མཐོང་། གསུང་ཅིག་ཀྱང་མ་ཐོས། ད་དུང་

ལུས་ངན་འདི་ཞིག་ཀྱང་སླ། མགོན་པོ་དེ་འདིར་བྱོན་ནས་ཁོ་བོའི་དབུགས་ཕྱིག་མ་ཕྱུང་གི་རིང་ལ་གཞན་དུ་མི་འགྲོ་གསུངས་པས། ཡོན་བདག་ན་རེ། དེ་ལྟར་ཞེན་ཅིང་ཆགས་པ་མཛད་པས་གང་ན་འོང་། ཁྱེད་རང་གི་ཕ་དེའི་གསུང་ནས། གང་ལའང་ཆགས་པ་སྤང་བྱ་ཞིང་། །ཆགས་པ་མེད་པར་གནས་པར་བྱ། །ཆགས་པས་བདེ་འགྲོའང་མི་ཐོབ་ཅིང་། །ཐར་པའི་སྲོག་ཀྱང་གཅོད་པར་བྱེད། །ཅེས་གསུངས་པ་མ་ལགས་སམ་ཟེར་བས། དེ་ནས་བྱང་ཆུབ་སེམས་དཔའི་ཐུགས་དགོངས་ལ་ཡོན་བདག་འདིས་དེ་ཐོས་པ་ཅི་ཡིན་ནམ་སྙམ་དུ་ཐེ་ཚོམ་སྐྱེས་ནས། ཡོན་བདག་ཁྱེད་ཀྱིས་ཆོས་སྐོར་ཅིག་རང་ཞུས་ལགས་སམ་གསུང་། ང་ཡང་ར་སྒྲེང་བསྐོར་བའི་ཆ་ལ་གཏོགས་པ་ཅིག་ཡིན་ཟེར། དེར་བྱང་ཆུབ་སེམས་དཔའི་ཐུགས་དགོངས་ལ། འདིའི་གསུང་ལུགས་ཀྱིས་ངའི་ཕ་རྣན་པོ་དེ་རང་མ་ཡིན་ནམ་སྙམ་དུ་ཐེ་ཚོམ་དུ་གྱུར་པ་ན། ཡོན་བདག་ན་རེ། ཁྱེད་ཀྱི་ཕ་དེའི་ཞལ་ནས། ཐེ་ཚོམ་ཐམས་ཅད་སྤང་བྱ་ཞིང་། །སྒྲུབ་ལ་ནན་ཏན་གཅེས་སུ་བྱ། །ཞེས་གསུངས་པ་མ་ལགས་སམ་ཟེར། དེར་བྱང་ཆུབ་སེམས་དཔའི་ཐུགས་དགོངས་ལ། ཕ་ཡིན་ངེས་པར་འདུག་སྙམ་དུ་འཁྲུངས་ནས། ཕ་ངེད་འཁོར་བའི་སྣང་ཚུལ་ལ་ཐུགས་རྗེས་མི་གཟིགས་སམ་ཞེས་དད་པའི་ཤུགས་རིངས་དྲག་པོས་སྤྱན་ཆབ་ཕྱུང་སྟེ། ཞལ་དངོས་སུ་བསྟན་པར་ཞུ་ཞེས་གསོལ་བ་བཏབ་པ་དང་། དེའི་ཞལ་ནས། གང་ཞིག་དོན་གཉེར་སྙི་དགུའི་དཔལ། །ཆོས་རྣམས་མ་ལུས་ཐིག་ལེའི་དབྱིངས། །རྩ་བ་ཆེན་པོར་དྲིལ་ཏེ་བསྒོམས། །ཕ་ཡི་རང་གཟུགས་མཐོང་བར་འགྱུར། །གསུང་། དེ་ནས་རིག་པ་འབར་བ་ལས་སད་པ་དང་། པདྨ་དཀར་པོའི་ཤམ་ཐབས་ཅན། །སྤྱིང་ཐུལ་མཛེས་པར་གྱོན་པ་ཅིག །དབུ་སྐྲ་སིལ་བུ་མཐིང་ག་ནི། །དཔུང་ཁའི་སྟེང་ན་འཛོལ་ལེ་བ། །མི་དབང་ཆེན་པོའི་ཆ་བྱད་ཅན། །སྐུ་མཆོག་མཛེས་པར་ལྷུན་ནེ་གདའ། །དེ་ཡི་ཞལ་ནས་འདི་སྐད་གསུང་། །དང་བའི་ཡིད་ཀྱིས་ང་ལ་ལྟོས། །ང་ནི་རྒྱལ་བའི་འབྱུང་གནས་

ཡིན། །དག་པའི་སེམས་ཀྱིས་ང་ལ་ལྟོས། །ང་ནི་དྲི་མ་མེད་པའི་སྲས། །བདེ་བའི་སེམས་ཀྱིས་ང་ལ་ལྟོས། །བདེ་བ་ཅན་གྱི་རྒྱལ་པོ་ཡིན། །འཇིག་རྟེན་འདྲེན་ཕྱིར་ང་ལ་ལྟོས། །མིག་སྟོང་ལྡན་པའི་ལྷ་དབང་ཡིན། །འཇིག་རྟེན་འདྲེན་པ་ང་ལ་ལྟོས། །ཕྱག་སྟོང་འཁོར་ལོས་སྒྱུར་རྒྱལ་ཡིན། །བསམ་གྱིས་མི་ཁྱབ་མཚུངས་པ་མེད། །བལྟ་བས་མི་ངོམས་མཚན་དཔེས་སྤྲས། །འཇིག་རྟེན་ཀུན་ན་ལྷམ་མེ་བ། །ནམ་མཁའ་ལྟ་བུར་ཀུན་མཐའ་རྒྱས། །འདབ་རྒྱས་བཟང་པོའི་རྣམ་པར་གདའ། །ཞེས་མེ་ཏོག་པདྨ་ཅིག་ཏུ་བྱས་ཏེ་ཡལ་ནས་ཐལ། དེར་བྱང་ཆུབ་སེམས་དཔའ་མཐོང་བས་དགའ་ནའང་། མཇལ་ཡུན་ཐུང་བས་སྐྱོ་བར་གྱུར་ཏེ། བྱིས་པ་གཞོན་ནུ་དག་མ་ལ་ཕྲད་པར་འདོད་པ་བཞིན་དུ་སྤྱིལ་བུའི་ནང་དུ་རྩེ་གཅིག་ཏུ་ཡིད་ལ་བྱེད་པ་ན། འབྲོག་པའི་བུ་མོ་གཞོན་ནུ་མ་ལུས་ཕྱིས་ཤིང་རྒྱན་གྱིས་བརྒྱན་པ་བལ་ཚ་ལག་ཏུ་ཐོགས་པ་ཅིག་ཁོང་གི་སྤྱིལ་པོའི་སྒོ་དྲུང་ན་ཕྱེད་དཀྱིལ་ཅིག་བྱས་ནས་བལ་རྒྱང་ནར་ནར་འཐེན་ཅིང་། གླུ་སྐད་འཚེར་བ་ནི། མི་ཚེ་མི་ཆུང་རྒྱ་མོའི་གླིང་བུའི་སྒྲ་སྒྱུར་བ་བཞིན་དུ། འདབ་ཆེན་བསིལ་ན་ཉག་མར་རབ་ཏུ་ཕྲ། །ཕྱི་ནས་བལྟས་ན་སྟོང་ཕྲག་ཏུ་མ་སྣང་། །ལེགས་པར་དྲིལ་ན་ཐབས་དང་ཤེས་རབ་ཡིན། །ལེགས་པར་བརྒྱངས་ན་ནམ་མཁའི་མཐར་འགྲོ་མོད། །ལེགས་པར་བསྡུས་ན་རྒྱལ་མཚན་ཉིད་ལ་འཁྲིལ། །ཟུང་དུ་བསྒྲིལ་ན་ཐར་པའི་ལམ་སྣ་སྟེ། །བཀད་དུ་བཏགས་ན་གཅིག་དང་དུ་བྲལ་ཡིན། །ལེགས་པར་དཔྱད་ན་ཐིག་ལེ་ཆེན་པོའི་གོས། །རིན་ཆེན་ཚོན་གྱིས་བསྒྱུར་ན་ཁ་དོག་བཀྲ། །སྤྲུལ་པའི་དབྱིབས་ནི་རྣམ་པ་ཀུན་ཏུ་འགྱུར། །འདི་འདྲ་འདི་ནི་ཁོ་མོའི་ཤེས་རབ་སྟེ། །ཐབས་མཁས་ཡོད་ན་ཟུང་དུ་སྦྲེལ་བར་རིགས། །འབྲོག་སྟོང་འདི་ན་ཐིག་ལེ་ཆེན་པོ་གཉིས། །བདེན་པ་གཉིས་ཀྱི་ཐིག་ལེ་རབ་བཟུང་ནས། །བཀའ་གདམས་གདངས་རིའི་ཁྲོད་འདིར་རྒྱས་བྱེད་དོ། །ཤེས་སམ་དེ་རིང་ཐ་མལ་སྤྱོད་པ་འདྲ། །ལན་དུ་སླས་པ། གཟུགས་ཅན་མཛེས་མ་གཟུགས་ཀྱི་རྒྱན་

ཚ་ཅན། །རང་བཞིན་མཛེས་མ་ཐིག་ལེའི་ཕྲ་བཀོད་མ། །ཕྲེང་འཛིན་ཁྱེད་ཀྱིས་ཕྲེང་ལྡན་བདག་མཐོང་ནས། །ནོར་བུ་རིན་ཆེན་བྱང་གི་ཕྱོགས་འདིར་སྤེལ། །འགྲོ་ལ་བདེ་སྐྱིད་སྟེར་བའི་མ་མ་ཁྱོད། །གང་ནས་གང་དུ་ཅི་ལ་འགྲོ་ཕྱིར་འོངས། །ཡང་ལན་དུ་སླས་པ། ང་ནི་ཁྱེད་ཀྱི་ཕ་བཞིན་མཁའ་མཉམ་ནའང་། །དིང་སང་འཛིགས་པ་བརྒྱད་ལྡན་མ་དག་ཡུལ། །ཀུན་ཏུ་བསྒོད་བྱེད་སྒྲོལ་བའི་སྒྲོལ་མ་ཡིན། །ཧྭ་རེ་ང་ནི་དིང་སང་གངས་རི་འདིར། །ཧྭ་ར་དགའ་བའི་གླུ་དབྱངས་རབ་སྒྲོགས་ཤིང་། །ཐུགས་རྗེའི་ཤུགས་ཀྱིས་མཆི་མ་མ་འཁྱིན་ཞེས། །ཐུགས་རྗེའི་སྲས་ཀྱི་ཐུ་བོ་དབུགས་འབྱིན་དུ། །དི་རིང་ཡུལ་གྱི་བུ་མོའི་གཟུགས་སུ་འོངས། །ལན་དུ། མར་མེ་མཛད་དཔལ་ཡེ་ཤེས་སྒྲོན་མེ་ཡི། །འཕྲིན་ལས་མཛད་པ་སྒྲོལ་མ་ཧྭ་རེ་ཁྱོད། །ཟག་མེད་ཐིག་ལེའི་དབྱིངས་ན་སྔོ་ལྷང་མ། །དིང་སང་འབྲོག་སྟོང་འབྲོག་མོའི་དབྱིབས་ཅན་ཁྱོད། །བཛྲ་ཆོས་རབ་ཟབ་འདི་ལྟར་བལ་འཁལ་མ། །རྟག་ཏུ་གངས་རིའི་འཛིག་རྟེན་བདེ་བར་མཛོད། །ཅེས་སླས་པ་དང་། འོད་དུ་ཡལ་ཏེ་ཐལ། ཡང་མི་སྣང་བ་དང་ཡིད་ལ་གཅགས་པར་གྱུར་ཏེ། ལྷའི་ཐིག་ལེ་འབབ་ཞིག་ཡིད་ལ་རྩེ་གཅིག་ཏུ་བྱས་པ་དང་། ནམ་མཁའ་ཐམས་ཅད་ཀྱང་འཇའ་ཚོན་སྔོ་དམར་དུ་ཤིག་ཤིག་གདའ། སྤྲིན་དཀར་པོ་ཅིག་ནི་ཤར་ནས་ནུབ་ཏུ་འགྲོ། མཐིང་ཁ་ནུབ་ནས་ཤར་དུ། ལྷང་ཀུ་བྱང་ནས་ལྷོ་རུ། སེར་པོ་ལྷོ་ནས་བྱང་དུ་རྒྱུག་ཅིང་། ཉི་མ་ལའང་དེ་འདྲ་བའི་ཁ་དོག་བཞིས་གུར་ཕུབ། ཁྱད་པར་དུའང་ར་སྒྲེང་གི་སྟེང་ནམར། སྤྲིན་དཀར་པོ་ཅིག་རེས་འགའ་མར་འབབ། རེས་ཡར་འཛེག །དེ་ལས་སྤྲིན་དུམ་བུ་གཅིག་ཆད་དེ་གླུངས་ཤོད་ཀྱི་མདའ་ལ་སོང་། གཅིག་ཆད་དེ་ཆག་ལ་ངོས་ལ་སོང་། གཅིག་བྱུང་སྟེ་རང་གི་སྟེང་ཁ་ན་ཁྱིལ་ཁྱིལ་འདུག་པ་ལ་རིམ་གྱིས་མར་བབས་ཏེ། འོད་དཀར་ཞིང་འཚེར་བ་ཤེལ་གྱི་ཁ་དོག་ལྟ་བུས། རང་གི་སྤྱིལ་བུ་དང་བཅས་པ་ཁྱིལ་ཏེ་གཏུམས་ནས། འོད་དང་འཇའ་ཡི་གཞལ་ཡས་ཁང་དུ་མཛད་པ་ལས། དེའི་ནང་ནས

རང་གིས་ཐོན་ཏེ་གཞལ་ཡས་ཁང་ལ་བལྟས་པ་དང་། སྤྱན་རས་གཟིགས་ཁར་སཱ་པཱ་ཎིའི་སྐུ་འོད་ཀྱི་རྣམ་པར་ལམ་མེ་གདའ་བའི་ཞལ་ནས། བྱང་ཆུབ་སེམས་དཔའ་རིང་པོར་མི་ཐོགས་པར། །རི་བོ་པོ་ཏ་ལ་དེར་ཁྱོད་འགྲོ་བས། །རིན་ཆེན་རྒྱལ་མཚན་སྨྲས་ཀྱི་ཐུ་བོར་བསྟེན། །གཞལ་ཡས་ཁང་འདིར་ཐིག་ལེ་རྫོགས་པར་མཛོད། །ཅེས་གསུང་། དེར་བྱང་ཆུབ་སེམས་དཔའ་གནས་ལུགས་དང་། ཚད་མེད་ཀྱི་དགའ་བདེས་ནང་རབ་ཏུ་གང་ནས། དད་པའི་ཡིད་ཀྱིས་འདུད་ཕྱག་རབ་ཏུ་འཚལ་ཏེ། འདི་སྐད་ཅེས་ཞུས་པ། སྒོ་གསུམ་ལེགས་པར་བཏུད་དེ་འོད་སྐུ་ཁྱེད། །སྤྱི་བོར་བླངས་ནས་རབ་ཏུ་ཕྱག་འཚལ་ལོ། །ས་ཆེན་པདྨ་དཀར་པོ་རབ་རྒྱས་ལ། །དགུང་སྔོན་བཻ་ཌཱུ་ཡི་གདུགས་ཕུབ་ནས། །གཞོན་ནུ་རྒྱལ་མཚན་ཕྱོགས་བཅུར་རབ་སྒྲེང་ཞིང་། །བཀའ་གདམས་བ་དན་ཕྱོགས་བཅུར་ཁྱབ་པའི་དཔལ། །ཐུགས་རྗེའི་ཆུ་བོ་ཆུ་ཕྲན་རྫིང་བུར་བཅས། །ཐུགས་རྗེའི་ཆུ་མིག་རིན་ཆེན་བདུན་གྱི་སྒོ། །མཁྱེན་བརྩེ་བཀོད་པའི་ཁྲིན་པ་ཟབ་པ་རྣམས། །ཐུགས་རྗེའི་ལྡོན་པ་ཡན་ལག་སྟོང་ལྡན་པས། །སྤྲུལ་པའི་འདབ་ཆགས་བྱེ་བ་སྟོང་དུ་སྟུད། །ཟག་མེད་སྙན་པའི་སྒྲ་འབྱིན་བཅས་པ་རྣམས། །མགོན་པོ་ཁྱོད་ལ་བདག་གིས་མཆོད་པར་བགྱི། །བདག་གིས་མཆོག་དང་དམན་པ་ལ་བརྟེན་ནས། །བག་མེད་གྱུར་པའི་ཉེས་གང་མཐོལ་ལོ་བཤགས། །བསམ་གྱིས་མི་ཁྱབ་ལྷ་བཞིར་བཅས་པ་ཡི། །བསླབ་པ་གསུམ་ལ་བདག་ནི་ཡི་རང་ངོ་། །ཟག་མེད་རྫིང་བུ་བསླབ་པ་གསུམ་འགྱེད་པའི། །ཆོས་ཀྱི་འཁོར་ལོ་རྒྱ་ཆེན་བསྐོར་བར་བསྐུལ། །ནམ་མཁའ་རྣག་ཅིང་འཁོར་བ་མ་སྟོངས་བར། །ཁྱེད་ལ་མྱ་ངན་འདའ་བའི་སྐབས་མ་མཆིས། །དེ་ལ་བརྟེན་ནས་བཀའ་གདམས་རིན་པོ་ཆེ། །ཡིད་བཞིན་ནོར་བུ་དཔག་བསམ་ལྗོན་པའི་ཚོགས། །དབྱར་གྱི་དུས་བཞིན་ཕུན་སུམ་ཚོགས་པར་ཤོག །དལ་འབྱོར་འདི་ནི་ཉམས་པར་མ་གྱུར་པར། །རིན་ཆེན་རྒྱལ་མཚན་སྨྲས་པའི་རྣལ་འབྱོར་པ། །ལྷ་ཆོས་འདི་ཡི་

གཉེར་གཏད་བྱ་བའི་ཕྱིར། །རིང་པོར་མི་ཐོགས་ཕོ་བྲང་ནང་འདིར་ཤོག །འཇིག་རྟེན་ཁམས་ན་སྣོད་མིན་སྐྱེ་བོ་མང་། །གང་གི་སྣོད་དེ་ཤེས་པར་མི་འགྱུར་ནའང་། །ཉིད་ཀྱིས་ལུང་བསྟན་བདག་ལ་ཉེས་པ་མེད། །མགོན་པོ་ཁྱེད་ཀྱིས་ད་དུང་ལུང་བསྟན་གསོལ། །ཞེས་བརྗོད་པ་གསུམ་གྱི་ཐིག་ལེ་ལ་མཉམ་པར་བཞག་པ་ན། སྔར་གྱི་ལྷས་དང་། གཞལ་ཡས་ཁང་ལ་སོགས་པ་ཐམས་ཅད་ཐིག་ལེ་ཆེན་པོ་གཅིག་ཏུ་ཐིམ་ནས། ནམ་མཁའ་ཐམས་ཅད་གསལ་ལ་དག་པ། ཁམས་བདེ་ལ་འོད་གསལ་བར་གྱུར། དེར་བྱང་ཆུབ་སེམས་དཔའ་འདི་སྐམ་དུ་ངའི་ཕ་རིན་པོ་ཆེ་དེའི་སྤྲུལ་པ་ནི། ཅིར་ཡང་སྤྲུལ་ནས་འོང་། ང་ལ་མི་རྟག་པ་དང་། སྟོང་པ་དང་། བདག་མེད་ཀྱི་ཆོས་ཟབ་མོ་མངོན་སུམ་དུ་བརྡ་ཆོས་ཟབ་མོས་བསྟན་པར་མཛད། འདི་ཐམས་ཅད་སྣང་སྟོང་རྟེན་ཅིང་འབྲེལ་བའི་ཆོས་སུ་གདའ་བ་སྐམ་ནས། རང་ཉིད་ལ་འདི་སྐད་ཅེས་སྨྲས་པ། ཀྱེ་ཧོ། སྣང་སྟོང་དབྱེར་མེད་སྤྲུལ་པའི་སྐུ། །སྣ་ཚོགས་སྤྲིན་དང་འཇའ་ཚོན་དུ་མ་འཁྲིགས། །ནམ་མཁའི་དབྱིངས་ནས་སྤྲིན་དཀར་མཛེས་པ་ཅིག །བདེན་པ་མེད་ཀྱང་ཕྱོགས་སུ་ཆད་ཅིང་འགྲོ། །རྟོག་པ་མེད་ཀྱང་ལས་ཅན་སྟེང་དུ་འབབ། །བྱེད་པ་མེད་ཀྱང་གཞལ་ཡས་རྣམ་པར་འཁྲིགས། །དཔྱད་ན་འཇིག་ཀྱང་དག་པའི་ལྷ་སྐུར་གདའ། །མགོན་པོ་རྒྱལ་བ་འབྲོམ་གྱི་སྤྲུལ་པ་ཤེས། །ཆོས་རྒྱལ་དྲི་མ་མེད་པའི་སྲས་པོ་དེ། །ཕོ་བོའི་སྤྱི་གཙུག་རྒྱན་དུ་བཞུགས་སུ་གསོལ། །རིང་པོར་མི་ཐོགས་པོ་ཏ་ལ་རུ་འགྲོ། །ཡུན་དུ་བཞུགས་ལ་ལམ་སྣ་དྲང་དུ་གསོལ། །ཞེས་བླ་མའི་རྣལ་འབྱོར་ཅིག་སྒོམ་ཞིང་བཞུགས་ཙ་ན། གཞན་གང་ཡང་མེད་པར་ཉི་མ་རྒས་ལ་ཉེ་བ་ན། ཤ་བ་དམན་པ་ཅིག་སྤྱིལ་པོའི་མདུན་དུ་བྱུང་ནས་དེ་ལེགས་པར་བརྟགས་པས། ཕའམ། མ་ན་ཟེར་ནས་འཕྲེང་བའང་མི་འདུག །གཞན་གྱིས་གཡོག་དང་སྨན་བྱེད་པའང་མི་འདུག །སོའང་གཞན་གང་ལའང་ཆགས་པ་དང་འཕྲེང་བ་མི་འདུག །འོན་ཀྱང་ལུས་དེ་

ཙམ་ཞིག་ནད་ཀྱིས་གདུངས་ཏེ་ཉམ་ཐག་པར་གཟིགས་པས། འདི་ད་ལྟ་ཤ་བའི་རྣམ་པར་འདུག་མོད། ངའི་མ་བྱས་པའི་གྲངས་སངས་རྒྱས་རྣམས་ཀྱིས་ཀྱང་བགྲང་བར་ག་ལ་ནུས། མོ་རང་གིས་སྔོན་ལས་འབྲས་ཁྱད་དུ་བསད་པས། ད་ལྟ་ལུས་ལ་མི་འདོད་པ་དེ་འདྲ་བབ། ལར་ལྟོས་བཅས་རྟེན་ཅིང་འབྲེལ་བར་འབྱུང་བ་འདི་རེ་ཟབ། དིང་སང་མོ་ན་ནས་འཆི་བའི་སྟེང་དུ་ལྟོས་པ་དང་ལྟོས་ཆོས་དུ་མ་ཅིག་འོང་བར་འདུག །འདིས་ང་དུ་མར་བསྐྱེད་པས་ཕ་མའི་ཆ་ཅིག་འོང་བར་འདུག །བདག་གིས་དེ་ཙམ་ཞིག་བསྐྱེད་པའི་ཆ་ནས་བུ་དང་བུ་མོ། དེ་བཞིན་དུ་ཕ་མ་གཅིག་ལས་སྐྱེས་པའི་ལྟོག་པ་ནས་སྤུན་དང་སྲིང་མོ་གཉེན་ཤ་ཁྲག་གིས་སྦྲེལ་བའི་སྐོར་ལྟོག་འབབ་ཞིག་ཏུ་གདའ་བ་ལ་མ་གོ་མོད། འོན་ཀྱང་ཤ་བ་མོ་ན་བ་འདི་ཕ་མ་ལ་སོགས་པའི་ཉེ་འབྲེལ་འབབ་ཞིག་ནའོ་སྙམ་དུ་རྟེན་ཅིང་འབྲེལ་བར་འབྱུང་བ་ཟབ་མོ་ལ་བརྟེན་པའི་མོས་རྐྱེན་བྱས་ནས་སེམས་ཅན་ཐམས་ཅད་ལ་ཚད་མེད་པ་བཞི་བསྒོམས། ནང་པར་ནམ་ལངས་ཙ་ན་འཕྲུན་བུ་འཆད་འདུག་སྟེ་བལྟས་པས་མི་འདུག །དེ་ནས་ས་ཕྱོགས་ཐམས་ཅད་བཙལ་ཡང་མི་འདུག །འོ་ན་ང་ལ་མདང་གི་ཆོས་དེ་ཚོ་སྟོན་པར་འདུག །ཁྱད་པར་དུ་རི་དྭགས་དམན་མ་བཞིན་དུ་བདག་པོ་དང་འཁོར་འདབ་ཀྱི་ཆགས་པ་གང་ཡང་མེད་པར་དམན་ཆ་བླངས་ནས། ལུང་སྟོང་འགྲིམ་པ་འདི་མཆོག་ཅེས་བརྗ་ཆོས་སུ་འདུག་སྙམ་ནས། སྦྲོས་བྲལ་ཐིག་ལེ་ཆེན་པོའི་ངང་དུ་རྩེ་གཅིག་ལ་གནས་པ་ན། ཉི་མ་འདལ་གྲོས་པ་ན་ཁྲིའུ་གཞོན་ནུ་མ་སྐྲ་སེར་ཉིལ་ལེ་བ་ཅིག་གཞུ་ཆུང་ཅིག་ལག་ངར་གཡོན་ལ་བཀལ། མདའ་ཅིག་གཡས་པའི་མཐེབ་ལ་བསྣོལ། གཅིག་གི་ལྟོང་གཡས་པའི་མཐེབ་མཛུབ་ཀྱིས་བཟུང་། གཡོན་པ་ལ་དེའི་སུམ་ཆ་བཀལ་ནས་གསོར་ཞིང་བྱུང་སྟེ། བྱང་ཆུབ་སེམས་དཔའི་རྩར་སླེབ་པ་དང་ས་ལ་བཞག་སྟེ། བྱང་ཆུབ་སེམས་དཔའ་ལ་ཕྱག་གསུམ་བཙལ་ནས། འདི་ན་ཡར་ལ་ཤ་བ་ཡུ་མོ་ཅིག་སོང་ངམ་ཟེར་སྐད། ལན་དུ།

མདང་འདིར་ཉལ་ནས་ད་ནང་འདིར་སོང་མི་འདུག །ཟེར་བ་ཁྱོད་ཀྱིས་མ་ལ་མཚོན་བསྟན་ཨ་གསུངས་པས། ཟེར་བ་ན་རེ། མ་ནི་གཏི་མུག་ཅོལ་སོང་ལུས་བླངས་ནས། །བདག་ལྟའི་སྙིང་འདི་གཟུང་འཛིན་ཆེན་པོས་བསྣམས། །གྲོལ་བར་མ་གྱུར་རང་གིས་བཅིངས་པར་མཐོང་། །སྲིད་འདོད་ཆེས་པས་དོན་ངན་སྙིང་ལ་ཟུག །ཀྱེ་ཧོ་ཕོ་བོས་སྙིང་རྗེའི་གཞུ་བདུངས་ནས། །རང་ངོ་ཤེས་པའི་ཡེ་ཤེས་མདེའ་ལ་བསྐྱོན། །མཉམ་པ་ཉིད་ཀྱི་མདའ་ཅིག་རབ་གསོར་ཏེ། །སོ་སོར་བརྟགས་ཏེ་མ་དེའི་སྙིང་ལ་བསྟུན། །མཚན་དུ་ན་བར་བསྒོམས་ཏེ་ཉི་ཤར་ཚེ། །མ་དེ་ཐིག་ལེར་ཡལ་ནས་མི་གདའ་བ། །ཕོ་བོ་རྫུ་འཕྲུལ་མགྱོགས་པའི་ཤུགས་ཕྱུང་སྟེ། །མ་དེ་མཐའ་བྲལ་དབྱིངས་སུ་འདེད་པར་འཚལ། །དགེ་སློང་མ་རྟོག་མ་རྟོག་རྟོག་པས་འཆིང་། །བཅིངས་གྲོལ་མེད་པར་ཐིག་ལེའི་དབྱིངས་སུ་ཐོལ། །ཞེས་གཏམ་ལན་མི་སྨྲུག་པར་གཤེགས། དེ་ནས་བྱང་ཆུབ་སེམས་དཔའ་ཐིག་ལེ་ཆེན་པོའི་དབྱིངས་སུ་མཉམ་པར་བཞག་སྟེ་བཞུགས་སོ།། །།

དེའི་ཚེ་གླུངས་ཤོད་ན་ཀ་མ་ཞེས་བྱ་བའི་དགོན་པ་ན། གདུང་ཞང་། ཕ་མ་ཡ་རབས་ཕྱུག་པོ་ལ་བུ་གཅིག་པོ་ལས་མེད་པ་ལ། རབ་ཏུ་བྱུང་བས། བུ་གཅིག་པོ་མཚན་ཤེས་རབ་འོད་ཅེས་བྱ་བ། བསླབ་པ་གསུམ་ལྷ་དང་བཅས་པ་འཁོར་ལོ་བཞི་ལྡན་དུ་ཉམས་སུ་ལེན་པ། ཐོས་པ་རྒྱ་མཚོ་ལྟ་བུས་ཐུགས་རྒྱུད་གང་བ། བཀའ་གདམས་ཀྱི་ཡོན་ཏན་བསམ་གྱིས་མི་ཁྱབ་པ་དང་ལྡན་པ་ཅིག་བཞུགས་པ་དེ་ལ། དགེ་བའི་བཤེས་གཉེན་སྟེ་ཟུར་བས་ཁྱིའུ་ཆུང་ཆུང་ལོ་ལྔ་ཙམ་ལོན་པ་གཅིག་ཕུལ་ནས། འདི་ང་ལ་སྐྲོལ་མས་བྱིན་པ་ཡིན། ད་གོ་ཙ་སྐྱོངས་ལ་ཡོན་ཏན་བསླབ་སླམ་ན་ཡང་། མི་གཡོ་བ་འདི་ཤེས་རབ་འོད་ལ་བྱིན་ཟེར་ཞིང་གདའ་བས། ཁྱོད་ཀྱིས་འདི་ཐུགས་ཀྱི་དཀྱིལ་དུ་སྐྱོང་བར་ཞུ་ཟེར་བས། ཤེས་རབ་འོད་ན་རེ། རང་བཞིན་གྱི་རྣལ་འབྱོར་མས་བྱིན་པའི་སྤྲས་པའི་རྣལ་འབྱོར་པ་ཆུང་ཆུང་འདི་ཇོ་བོ་ཡབ་སྲས་ཀྱི་རྣམ་ཐར་འཛིན་དུ་བཞུགས་པ

ལས་འོས་མེད་གསུངས་ནས་མགོ་ལ་ཞམ་ཞམ་མཛད་ནས་ཁྱོད་ཀྱིས་འཛིན་པ་འོང་ངམ་གསུངས་པས། བཀའ་གདམས་རིན་པོ་ཆེ་འདིའི་རྒྱལ་མཚན་གཟུང་འཚལ་ཟེར། དེར་ཆུང་ཆུང་འདིའི་ཁ་ནས་དེ་འོང་བ་ཟེར་ནས་ཐམས་ཅད་ཡ་མཚན་དུ་གྱུར། དེ་ནས་ཁོ་སྡེ་ཟུར་བའི་ཞལ་ལ་མེ་རེ་བལྟས་ནས། ང་ལ་དགེ་འདུན་རྣམས་མཉེས་པས་དཀོན་མཆོག་གི་རབ་གནས་ཆགས་ཨང་ཟེར། སྡེ་ཟུར་པ་ན་རེ། ཁ་བཟ་དང་། ཐམས་ཅད་ནས་རྟེན་འབྲེལ་ལེགས་འདི་ལ་ད་གཟོད་རྟེན་འབྲེལ་ལ་མཁས་པའི་སྲས་ཤིག་འོང་ཟེར། དེ་ནས་ཀ་མ་པའི་དྲུང་དུ་རབ་ཏུ་བྱུང་སྟེ། མཚན་ཡང་ཁོ་རང་གིས་སྨྲས་པ་དང་མཐུན་པར་རིན་ཆེན་རྒྱལ་མཚན་བཏགས། དེ་ནས་ཀ་མ་པ་ལོ་སུམ་ཅུ་རྩ་ལྔ་བསྟེན། དགུང་ལོ་སུམ་ཅུ་རྩ་ལྔ་པ་ལ་ཀ་མ་པའི་ཞལ་ནས། མདང་ཞག་འོ་སྐོལ་རྣམས་མཐུན་ནང་དུ་གྲུབ་པར་ཡང་སྤྲིན་དཀར་པོ་འཇའི་རྣམ་པ་ཅན་ཅིག་ར་སྒྲེང་ཕྱོགས་ནས་འོ་སྐོལ་གྱི་དགོན་པ་འདིར་ཟུག་ཅིང་འོང་གིན་གདའ། ཁྱད་པར་དུ་འང་རིན་ཆེན་རྒྱལ་མཚན་ཁྱེད་གང་ན་ཡོད་པའི་སར། ཤེལ་གྱི་འཁར་བ་བཙུགས་པ་བཞིན་དུ་འོང་གིན་འདུག །ངའི་རྨི་ལམ་ན་ཁྱེའུ་དཀར་པོ་ཅིག་གིས་སེང་གེའི་ཁྲི་ཆེན་པོ་ཅིག་བཏེག་ནས་རིན་ཆེན་རྒྱལ་མཚན་ཁྱོད་ལ་སྟེར་ཞིང་འདུག །རེས་འགའ་ནི་པདྨ་ཆེན་པོ་རེའི་སྟེང་དུ་ཁྱོད་བཞག་ཅིང་ཕྱུག་རིངས་སུ་འདེད་ཟེར་ཞིང་འདུག །རེས་འགའ་ནི་གཞོན་ནུ་རྒྱལ་མཚན་གྱི་རྣམ་པ་ཅིག་གིས་སྡེ་སྣོད་གསུམ་གྱི་པོ་ཏི་གཅིག་ཁྱེར་ནས། འདི་དང་མ་བྲལ་བ་ཅིག་གྱིས་ཟེར་ཞིང་འདུག །ད་ཅི་ཡིན་ནམ། སློབ་དཔོན་རྣལ་འབྱོར་པ་ཆེན་པོའི་ཞལ་ནས། དགེ་བཤེས་གཞོན་ནུ་རྒྱལ་མཚན་གྱིས་སངས་རྒྱས་ཀྱི་བཀའ་རབ་འབྱམས་ཐམས་ཅད་གླེགས་བམ་གཅིག་ཏུ་བཙུག་ནས། ང་འགྲོ་བ་མི་དང་མི་འགྲོགས་པ་ཅིག་བྱས། ང་ལ་ཇོ་བོ་ཆེན་པོ་འདིར་བྱོན་ནས། ཁྱོད་གྲུབ་ཐོབ་ཅིག་འདོད་དམ། ནོར་བུ་རིན་པོ་ཆེ་ཅིག་འདོད་དམ། གཞན་ཡོན་ཏན་རྒྱ་ཆེ་བ་གཅིག་འདོད་གསུངས་

ནས། ང་ལ་དབང་བྱུང་ན། གཞོན་ནུ་རྒྱལ་མཆན་གྱི་གླེགས་བམ་དེ་འདོད་དེ། མོས་གུས་བྱེད་པ་ཙམ་ལས། དེ་ཐོབ་པའི་སྐལ་བ་མེད་པ་ཡིན་ནམ་ཞེས་གསུངས་པ་ཅིག་ན་ཉིང་ཙ་ན་ཐོས་ཏེ། གལ་ཏེ་གླེགས་བམ་དེ་ཁྱེད་ལ་འོང་བ་ཡིན་ནམ། གང་ལྟར་ནའང་དོ་ཞག་ཁྱོད་ལ་མཆོག་གི་དངོས་གྲུབ་ཆེན་པོ་ཅིག་འོང་། ལྟས་འདི་དག་ཤིན་ཏུ་བཟང་གསུངས་པས། རིན་ཆེན་རྒྱལ་མཚན་ན་རེ། རྨི་ལམ་གྱི་རིགས་འདིའང་བཤད་དུ་མི་བཏུབ་སྟེ། ང་ལའང་དོ་ཞག་ཁྱིའུ་དཀར་པོ་ཤེལ་གྱི་གཞུ་ཐོགས་པ། གསེར་གྱི་མདའ་སེར་པོ་ལ། སྒྲོ་ལྷུང་གུ་དང་མཐིང་ག་བཀོད་པ། སྐྲ་སེར་པོ་སིལ་བུས་དཔུང་མགོ་ནོན་པ། སྤྱི་གཙུག་ན་རལ་པའི་ཐོར་ཅོག་ཅུང་ཟད་ཡོད་པ། དེའི་གསེབ་ན་ཡར་ལ་སངས་རྒྱས་ཀྱི་སྐུ་སྙིང་ངེ་བ་ཅིག་ཡང་ཡང་བྱུང་ཞིང་། བ་སོ་དབྱར་འཛོ་དགུན་ནས་གསོས། །བྱ་བ་ཡིན། བསྟན་པའི་བདག་པོ་བྱེད་འདོད་ན། འདི་ནས་བྱང་རྣ་སྒྲེའི་ཕུག་རིངས་ན། བཀའ་གདམས་པ་གཅིག་གིས་བཀའ་གདམས་ཀྱི་ལྷུན་པོ་ཅིག་བཟུང་ནས་འཇད་མེད་ཀྱི་གཏེར་འདི་བཀའ་གདམས་རིན་པོ་ཆེའི་རྒྱལ་མཚན་སུ་འཛིན་པ་ཅིག་ལ་སྟེར་བ་ཡིན་ཟེར། ད་སྟེ་ལོ་གཅིག་དང་ཞག་བཅུ་དྲུག་ན། བྱང་ཆུབ་སེམས་དཔའ་གཞོན་ནུར་གྱུར་པ་དེ་པོ་ཏ་ལར་འཕོ་བ་འདེབས་པར་གདའ་བས། བཀའ་གདམས་རིན་པོ་ཆེའི་རྒྱལ་མཚན་དེ་འཛིན་དུ་ཕྱིན་ན་འོང་ཟེར། འོ་ན་དོ་ཞག་རང་ཕྱིན་ན། ཞུས་པས། དོ་ཞག་རིན་པོ་ཆེའི་གླིང་ཐམས་ཅད་གསལ་བའི་ཟླ་བའི་འོད་ཅིག་དང་། བཀོད་པ་བསམ་གྱིས་མི་ཁྱབ་པའི་པདྨའི་སྦུབས་འབྱེད་པའི་ཉི་མ། ཡོན་ཏན་ཀུན་གྱི་གཞི་རྟེན་ཚུལ་ཁྲིམས་ཀྱི་འོད་འབར་བ་ཅིག་དང་། ཁྱོད་ཀྱི་བླ་མ་དེ་མཇལ་ནས་འབྱུང་བཞི་མ་འཁྲུགས་པ་ལ་སྨན་འདྲེ་བྱེད་སྐད། དབང་པོ་གསལ་དུས་སུ་ཁ་ཆེམས་འཛོག་སྐད། འཆི་བ་མི་རྟག་པའི་ཁུར་འབོར་བས། དེ་བསླབ་པ་གསུམ་གྱི་མིག་ཅན་རྣམས་ལ་སྟོན་པ་ལ་ཉི་ཟླ་གཉིས་ཀྱིས་སྣང་བར་མ་མཛད་ན། དེ་དག་གིས་མི་

མངོན་པ་མངོན་པར་བྱེད། གཞན་ཡང་དང་ག་བདེ་དུས་སུ་དུར་བརྒྱགས་ཟ་བས། པའི་སྐྱེ་སར་བུ་འཚོགས་ནས་སྟར་གཏམ་དང་། ཕྱིས་འབྱུང་མང་པོ་གླེང་། ཕན་ཚུན་ལྟད་མོ་མང་པོ་སྟོན་རེས་བྱེད། དེའི་སྐབས་སུའང་ཆུད་པའི་སྐབས་མེད། དེ་དག་ཟླ་བ་དྲུག་ལ་ཚར་ནས་འོང་མཆི། དེའི་བར་དུ་འདིར་སྤྱན་རས་གཟིགས་ལ་སྒྲུབ་པ་གྱིས་ལ། སྡོད་འབབ་ས་པ་རྣམས་ཁྲུས། བྲུག་རྫོལ་མེད་པར་ས་བརྟན་པོ་ལ་ཁ་གྱེན་དུ་སློང་། དེ་ནས་བྱང་ཆུབ་ཀྱི་ཐིག་ལེ་འབབ་པའི་དུས་སུ། སྡོད་བཙུད་རྟེན་འབྲེལ་འགྲིག་པར་མཛོད་ཟེར་ནས་དེ་གཤེགས་ཐལ་ཞུས་པས། ཀ་མ་པའི་ཞལ་ནས། ཟླ་བ་དྲུག་ཏུ་ཡིག་འབྲུ་དྲུག་གི་བསྒྲུབ་པ་བྱ་དགོས་པ་གདའ་བ། དེའི་བར་དུ་ལུས་སེམས་དབེན་པར་མཛོད་ལ། ཅི་ནས་ཀྱང་བརྟན་པ་ཐེབས་པའི་ཐབས་ཀྱིས་གསུང་སྐད། དེའི་ཚེ་ན་སྤྱན་སྔ་བ་སྟག་ཅུམ་ན་བཞུགས་པ་ལའང་ཁྱིའུ་དེ་བྱུང་ནས། ད་རིང་པོ་མི་ཐོགས་པར། གཅེན་ཆེན་པོ་པོ་ཏ་ལར་གཤེགས་པར་གདའ་བ་དང་། གདམས་ངག་ཟབ་མོ་འདྲའང་ཐུད་གཙོད་ཅིང་། ར་སྒྲེང་དུ་ཕྱིན་ན་འོང་གསུང་། དེ་ནས་སྤྱན་སྔ་བས། ཁྲིད་ཐབས་སུ་ར་སྒྲེང་དུ་ཕྱིན་པ་དང་། གཞོན་ནུ་རྒྱལ་མཚན་གྱིས་ཀྱང་། བླ་མའི་དུས་མཆོད་ལ་དམིགས་ནས་དེར་ཕྱིན་པ་དང་མཇལ་ཏེ། ཕྱག་བཙལ་ནས་འདི་སྐད་ཅེས་ཞུས་པས། རིང་པོར་མི་ཐོགས་གཤེགས་ཞེས་ཐོས། །གདམས་ངག་ཟབ་མོ་ཞུས་ཞེས་གདའ། །དེ་འདྲའི་ཁྱིའུ་སུ་ཞིག་ཡིན། །ལམ་མེར་མཁྱེན་པས་བསྟན་དུ་གསོལ། །ལན་དུ། སྐྱེས་པ་ཐམས་ཅད་འཆི་བའི་ཆོས། །བསགས་པ་ཐམས་ཅད་འཛད་པའི་ལུགས། །འདུས་པ་ཐམས་ཅད་འབྲལ་བ་ན། །ཁྱིའུས་ཅི་འཚལ་ཆོས་ཅན་ཡིན། །ལན་དུ། དེ་ལས་ཁོ་བོའང་མ་འདས་ན། །ཅི་སྙེ་སྔོས་སུ་སྨྲ་བར་མཛད། །ཁྱོད་ལ་དབང་ཡོད་ཡུན་བཞུགས་ལ། །ཁོ་བོའང་ཐིག་ལེས་ཆོམ་པར་མཛོད། །ལན་དུ། ཀུན་ལ་འོང་བས་བདག་ལའང་འོང་། །བསྟོད་པའི་དབང་མེད་སྐད་ཅིག་ཡིན། །བཟུང་བས་མི་ཟིན་རྟག་པ་མེད། །དེ་

ཕྱིར་ཚུགས་མེད་སྟོང་པའི་ཆོས། །དེ་འདྲའི་ངང་ནས་ཁྱེའུ་དེའི། །ཐུགས་ཀའི་པདྨའི་གཞལ་ཡས་ན། །རང་ཉིད་གང་སོས་བླ་མ་ལྷ། །དཀོན་མཆོག་གང་དང་གང་གིས་བསྐོར། །རྗེས་དྲན་ལྔ་ལ་སྦྱོད་པ་ཡོད། །དེར་སོང་དེ་དག་རྗེས་སུ་ཞུགས། །དེ་ནས་ཐིག་ལེ་ཡི་གེ་མེད། །དབུ་མའི་ནང་དུ་ལྷན་ནེ་བཞུགས། །རང་གི་སྙིང་གི་པདྨོ་ལ། །བྱང་ཆུབ་ཐིག་ལེ་རྒྱ་མཚོར་བསྐྱིལ། །བླ་མ་ལྷར་བཅས་མ་ལུས་པ། །ཐིག་ལེ་ཉིད་དུ་སྤྱི་གཙུག་ནས། །མགྲིན་པ་ནས་བརྒྱུད་སྙིང་གི་དཀྱིལ། །ཐིག་ལེའི་དབྱིངས་སུ་བཞུགས་སུ་གསོལ། །དེ་བཞིན་བསྐྱེད་རྫོགས་ཡུན་དུ་བསྟེན། །དིང་སང་དྲན་པ་གསལ་བའི་དུས། །ཁ་ཆེམས་དམ་པ་འདི་བཞག་པས། །གྲོགས་པོ་དམ་པ་ཆིམ་པར་ཤོག །སྤྱན་སྔ་ན་རེ། ཁྱོད་ཞབས་སྤྱི་བོར་རབ་བཏུད་ནས། །ཕྱག་འཚལ་མཆོད་ནས་སྡིག་པ་བཤགས། །འདི་ལྟར་ཆོས་གསུངས་ཡི་རང་ནའང་། །འདི་ལྟར་སྟོན་ཅིང་མི་བཞུགས་པར། །མྱ་ངན་འདའ་བའི་སྐབས་མ་མཆིས། །ཡུན་དུ་འགྲོ་ལ་ཕན་པར་མཛོད། །ཅེས་ཞུས་པས། ལན་དུ། དེ་ལྟར་བསྟན་པའི་གཞུང་འཛིན་འོང་། །ཤིན་ཏུ་ཕེབས་པའི་གསུང་སྒྲེང་བགྱི། །ཡབ་སྲས་གཉིས་ལ་གསོལ་བ་ཐོབ། །དག་པའི་སྣང་བ་བབས་ཀྱིས་འཆར། །གསུངས་ནས། དངུལ་གདུགས་ཅན་གྱི་དྲུང་དུ་གཤེགས། དེ་ནས་པོ་ཏོ་བས་ཀྱང་། དུས་ཀྱི་མཆོད་པ་འབུལ་དུ་སླེབས་ནས་བྱུང་། དེར་གཙུག་ལག་ཁང་དུ་ཡན་ལག་བདུན་པ་ལ་སོགས་པ་ཆོས་སྦྱོད་ཀྱི་རིམ་པ་མང་དུ་མཛད་ནས། ཁྲམས་སྟོད་སྨད་ཀྱི་མཚམས་ན་བཞེངས་ནས་ཡོད་ཙ་ན། སྤྱན་སྔ་དྲུང་དུ་སྔོར་ཏེ་བྱུང་། དེར་པོ་ཏོ་བས་ཕྱག་མཛད་པ་དང་། སྤྱན་སྔའི་ཞལ་ནས། རྒྱ་མཚོའི་ཐ་ཚབས་ཆུ་ཕྲན་གྱིས་མི་ཐེག་བཞུགས་པར་ཞུ་གསུང་། པོ་ཏོ་བ་ན་རེ། རི་རབ་ལ་རི་ཕྲན་གྱིས་མ་བཏུད་ཀྱང་མཛེས་ལ་ལྷུན་ཆགས་རྒྱུ་མེད་གསུངས་ནས། སྐུ་མཆེད་ཕྱག་བརྗེ་ཞིང་འདུག་པ། གཞན་ཀུན་གྱིས་མཐོང་ནས། ཆགས་སྡང་མེད་པའི་གྲོགས་མཆེད་འདི་འདྲ་བ་ཟེར་ནས་རྗེས་སུ་

ཡི་རང་། དེ་ནས་སྤྱན་སྔའི་ཞལ་ནས། དབུ་མཛད་ཀུང་ཕྱིན་ནས་ཡོད་གསུང་། གང་ན་ཡོད་ཕྱག་འཚལ་བ་ལགས་ཏེ་ཞུས་པ་དང་། ཕུ་ཆུང་པས་ཆོས་གོས་རྐྱང་པ་གཅིག་མཛད་ནས་ཀ་གཉིས་མ་ནས་ཐོན་ནས་བྱུང་ནས། དགེ་བཤེས་པ་ཕྱིན་པ་ལེགས། དེ་རིང་དྲན་པ་གསལ་བའི་ཁ་ཆེམས་ཤིག་འཇོག་གསུངས་པས། པོ་ཏོ་བ་ཕྱག་འཚལ་ཏེ། ཁ་ཆེམས་བྱ་བ་སྟོན་ལ་འཆི་བས་ཉེང་མ་ལ་འཇོག་པ་ཡིན། འོ་སྐོལ་གསུམ་སྟོན་ལ་སུ་འཆི་ཆ་མེད། དོ་ནུབ་ཀྱི་ཆོའི་ཚད་ཀྱང་ཟིན་པ་མེད་གསུངས་པ་ལ་སོགས་པ། ཆོས་ཀྱི་འབྲེལ་གཏམ་བབས་ཆགས་ལ་འཛིག་རྟེན་པ་དང་། བསྟན་པའི་དར་རྒྱས་དམ་པ་རྣམས་ཀྱིས་མཛད་ཚུལ་ལ་སོགས་པ་ཆོས་འབབ་ཞིག་གླེང་ཞིང་བཞུགས། དེ་ནས་རེ་ཞིག་ལོན་པ་དང་ཕྱི་ནས་བཙུན་ཆུང་གཞོན་ནུ་མ་སྔ་རྗེ་ཟླུལ་ལེ་བ་ཅིག་བྱུང་། དེ་ལ་ཕུ་ཆུང་བ་ཕྱག་མཛད་ཅིང་འདུག །སྤྱན་སྔ་བའི་རྟོག་པ་ལ། གཞོན་ནུ་མ་འདི་ལ་ཕྱག་བྱེད་པ་ཅི་ཡིན་སྙམ་ནས་དེ་ཅི་ལགས་ཞུས་པས། ང་བླ་མའི་རྣམ་པའང་བསྒོམ་པ་ལ་དངོས་ལ་ཕྱག་འཚལ་དགོས་ཀྱིས་གསུང་། སྤྱན་སྔ་ན་རེ། དེ་སུ་ལགས་གསུང་། པོ་ཏོ་བའི་ཞལ་ནས། ཛོ་བོ་ལས་འོས་མེད། དྲི་མི་འཚལ། འོ་སྐོལ་མ་རིག་པས་སྒྲིབས་གསུངས་ནས་ཞལ་འབྱུག་རྒྱུ་མེད་པར་སྤྱན་ཏ་རེ་བཞུགས་གདའ། ཕུ་ཆུང་པ་ན་རེ། ད་དུང་དེ་འདྲ་བག་རེ་འོང་། འོ་སྐོལ་ཚོ་ལ་ང་ཡིན་སྙམ་པ་རེ་ཡོད་ཙ་ན། སངས་རྒྱས་དང་མཇལ་བ་ལ་དད་ཟེར་བ་འདི་སྒྲིབས་ཤིང་དུ་རང་སོང་ཡོད་གསུང་། དེ་ནས་འཇོང་སྒོམ་བྱུང་ནས། སྐུ་མཆེད་པ་ཀུན་དྲོ་ཅིག་ལ་ཕྱིན་པར་ཞུ་ཞེས་གསུམ་ཀ་ཐང་ཁང་དུ་དྲོ་ལ་སྤྱན་དྲངས་པ་ལ། ཁྱིས་པ་གཞོན་ནུ་མ་དང་བ་འདྲེན་པ་ཅིག་གིས་ལག་བདེ་བྱས། དེར་སྤྱན་སྔ་བ་དང་། པོ་ཏོ་བ་གཉིས་ཀ་ཁྱིས་པ་དེ་ལ་དད་པ་སྐྱེས། དེ་ནས་ཡང་གཙུག་ལག་ཁང་དུ་ཕྱིན་པ་དང་། སྤྱན་སྔ་བ་ན་རེ། དེ་རིང་གི་ལག་བདེ་བ་དེ་དང་བ་འདྲེན་གསུང་། ཕུ་ཆུང་པ་ཞལ་འཛུམ་མཛད་ནས། དང་བ་འདྲེན་པ་བས་ཀྱང་ཕྱག་འཚལ་

དགོས་པ་ལགས་ཏེ། འོ་སྐོལ་ཚོ་ལ་ང་བདག་རེ་ཡོད་ཙ་ན་གསུང་། པོ་ཏོ་བ་ན་རེ། ད་ཅི་ཡང་གོ་མ་ཆོད་དོ་བྱས་ཙ་ན་ཡང་ཟེར་ནས། ང་འཇོང་སྒོམ་ལ་འདྲིར་འགྲོ་ཟེར་ནས་ཕར་ལ་རྒྱུགས་པ་དང་། འཇོང་སྒོམ་དང་ལམ་དུ་ཕྲད་དེ། དགེ་བཤེས་པ་དེ་འདྲ་བའི་རིངས་པ་ཅིག་གར་གཤེགས་གསུང་། པོ་ཏོ་བ་ན་རེ། འོ་སྐོལ་གྱི་ད་ཅིའི་ལག་བདེ་བ་དེ་ཅི་འདྲ་ཅིག་ལགས། འདྲིར་འོངས་གསུང་། འཇོང་སྒོམ་ན་རེ། དེ་ཅི་ལགས། དེ་ཐ་མལ་བ་ཅིག་མི་འདྲ་བ་གདའ་བ། འཇོང་སྒོམ་ཞལ་འཛུམ་མཛད་ནས། རང་བཞིན་གྱི་ཐ་མལ་འོ་སྐོལ་ཡང་མིན། གནས་སྐབས་བྱིས་པ་དེའང་ཐ་མལ་གྱི་སྤྱོད་པར་གདའ་བ། འོན་ཀྱང་འོ་སྐོལ་ཡང་དེའི་རྗེས་སུ་སློབ་གསུང་། པོ་ཏོ་བ་ན་རེ། ཕ་ངོ་མི་ཤེས་པའི་བུ་ང་འདྲ་བ་ཟེར་ཏེ། མར་ཡོག་འོངས་ཙ་ན། གཙུག་ལག་ཁང་གི་ཁྱམས་སྟོད་སྨད་ཀྱི་མཚམས་ན། ཤུ་ཆུང་པ་དང་། ཡོན་བདག་སྐྱ་བོ་གོས་ཤུ་དུང་མ་འཛོལ་ལེ་བ་གྱོན་པ་ཅིག་གསུང་གླེང་བྱེད་ཅིང་འདུག །དེ་ནས་པོ་ཏོ་བས་ཕྱིན་པ་དང་། ཤུ་ཆུང་བ་ན་རེ། ཐེ་ཚོམ་ཆོད་དམ་གསུང་། པོ་ཏོ་བ་ན་རེ། ཡིན་པ་ཡིན་ངེས་པར་ཡོད་པར་གདའ་སྟེ། དེ་དུས་སུ་བླ་མས་ཀྱང་བཟ་ཅིག་མི་གསུང་བར། ཁྱེད་རྣམས་ཀྱང་ཚིག་དོན་གོ་བ་ཅིག་མི་མཛད་པར་གསུང་། ཤུ་ཆུང་བ་ན་རེ། ཐག་ཉེ་བ་ངོ་མི་མཁྱེན་པ་ལ་བཟ་བྱས་ཀྱང་ཅི་ཕན། དཔེར་ན་རང་གི་སྙིང་ན་ཡོད་པའི་ཆོས་ཉིད་བཞིན་གསུངས་པས། ཡོན་བདག་དེ་འཛུམ་བྱས་ནས། གཞོན་ནུ་མཐོང་ནས་གསུང་གླེང་བྱས་ཀྱང་མཇལ་བ་དེ་ལས་ལྷག་པ་མེད་ཨ་གསུང་། དེ་ནས་ཡོན་བདག་དེ་ལངས་ནས་སྐོར་ལམ་ལ་ཕར་གཤེགས་པ་དང་། སྨྱུན་ སྦ་ཀ་གཉིས་མའི་ནང་ནས་ཐོན་ནས་བྱུང་བ་ཡོན་བདག་དེ་ལ་ཕྱག་འཚལ་ཞིང་འདུག །པོ་ཏོ་བ་ན་རེ། ཡང་རྒྱར་ལབས་ནས་ངོ་མི་ཤེས་པ་ཅིག་འོང་བ་ཟེར་ནས། ཡོན་བདག་བསྐོར་བ་ག་ལེ་མཛད་པའི་རྗེས་སུ་མགྱོགས་པར་འབྲངས་ཀྱང་མ་ཟིན་པར་ག་ཤེད་དུ་ཡལ་ཏེ་ཐལ། དེ་ནས་སྨྱུན་སྦ་བའི་དྲུང་དུ་ཕྱིན་ཏེ། ཡུས་གསོལ་བ་ན།

འོ་སྐོལ་སྐུ་མཆེད་གསུམ་པོར་གྲགས། །རང་ཡང་དེ་བཞིན་ཉིད་དུ་འཛིན། །རྗེས་ཀྱང་དེ་བཞིན་ཉིད་དུ་སྐྱོངས། །ཁྱེད་ནི་ཕ་བུ་ཕྲད་པ་འདྲ། །ཞེས་གསུངས་ནས། ཞལ་ནག་ཐིང་ངེ་ངས་ཙི་ཙོངས། ཐུགས་སུན་ཆུང་བ་ནི་མད། རིང་ལ་སླེགས་པ་དང་སྐུ་ལ་བདོས་པ་ནི་མེད། ཐ་ན་ཉེས་པ་གཏམ་དུ་བརྗོད་པ་ཙམ་ཞིག་ཀྱང་མེད་ན་གསུངས་པས། སྤྱན་སྟ་བའི་ཞལ་ནས། ཁྱོད་ནི་རྒྱ་ཆེན་སྤྱོད་པའི་བུ། །ང་ནི་ཟབ་མོ་ལྟ་བའི་བུ། །དབུ་མཛད་ཉམས་ལེན་བྱིན་བརླབས་བུ། །ངེད་གཉིས་སྦས་པའི་བརྟུལ་ཞུགས་ཡིན། །འཁྲོམ་རྗེ་ཉིད་ཀྱང་དེ་ཉིད་འདོད། །ཁྱོད་ནི་ཀུན་ན་གྲགས་པ་ཅན། །ཤེས་བྱའི་མཁའ་ལ་འཕྱམ་འཕྱམ་ནས། །སྙིང་པོར་དྲིལ་བ་མ་རྙེད་པས། །བླ་མ་ཡིན་ཚུལ་ག་ལ་རྙེད། །སྙིང་པོར་དྲིལ་དང་དངོས་སུ་འཕྲོད། །པོ་ཧོ་བ་ན་རེ། འཇམ་དཔལ་ཆོས་རྣམས་ཀུན་ལ་མཁས། །ཤེས་བྱའི་མཁའ་ལ་ཐོགས་པ་མེད། །སངས་རྒྱས་རྣམས་དང་དངོས་སུ་མཇལ། །ང་དང་མི་མཇལ་ཅི་ལ་དགོངས། །ནོར་བཟང་ཆོས་རྣམས་ཀུན་ལ་སྦྱངས། །ཆོས་ཀྱི་སྒོ་འདོགས་མ་ལུས་བཅད། །བླ་མ་ཐམས་ཅད་མཉེས་སོ་གསུང་། །ང་དང་མི་མཇལ་ཅི་ལ་དགོངས། །བདག་ཅག་བླ་མ་ཨ་ཏི་ཤ། །བླ་མ་བརྒྱ་དང་ལྔ་བཅུའི་ཆོས། །ཀུན་ལ་མཁས་པས་མགོན་པོར་གྱུར། །ཅི་སྟེ་ང་དང་མི་མཇལ་དགོངས། །མཐའ་རྒྱ་གཅོད་པ་ཡན་ལག་ཡིན། །ཡན་ལག་འདུས་པ་ལུས་ཉིད་ཡིན། །ལུས་དང་ཡན་ལག་ལས་གཞན་པའི། །སྙིང་པོ་ཐུམ་གོང་གང་ན་ཡོད། །དུས་གསུམ་བདེ་གཤེགས་ཐམས་ཅད་ཀྱིས། །ཇི་ལྟ་ཇི་སྙེད་མཁྱེན་གྱུར་ནས། །སྙིང་པོ་ཐུམ་གོང་གང་དུ་བཞག །བླ་མའི་ཐུགས་རྗེ་རེ་ཆུང་ན། །སངས་རྒྱས་བསྟན་པ་སྐྱོངས་སོ་སྙམ། །ཁྱེད་ཀྱི་རྒྱལ་མཚན་བཟུང་ངོ་སྙམ། །རྣམ་པར་ཐར་པ་རྒྱས་སོ་སྙམ། །མཁས་བཙུན་དམ་པས་བཀང་ངོ་སྙམ། །བསྟན་པ་རིན་ཆེན་གསལ་ལོ་སྙམ། །གོལ་ས་ཐམས་ཅད་ཆོད་དོ་སྙམ། །གེགས་ཀྱི་ཚོགས་རྣམས་སྤྲོལ་ལོ་སྙམ། །བསླུ་བ་མེད་པའི་དཀོན་མཆོག་གསུམ། །འཁྲིབ་པ་མེད་

པའི་ཐུགས་རྗེ་ཅན། །ཕྱོགས་ཆ་མེད་པའི་མཉམ་པ་ཉིད། །ཤེལ་གྱི་འཁར་བ་ངས་བཟུང་ནས། །སངས་རྒྱས་སྟོང་གི་གདན་ཁྲི་བཤམས། །བྱང་གི་ཕྱོགས་འདི་ཡུམ་གྱིས་བལྟམས། །མཁའ་མཉམ་ཀུན་ཏུ་འོད་ཟེར་འཕྲོས། །རྒྱལ་ཡུམ་སྲས་བཅས་འཁྲུལ་འཁྲུར་རམ། །ཅི་ཡང་སྲིད་ན་དགོངས་པར་ཞུ། །གསུངས་ནས། ཕྱག་འཁར་ཅིག་ཡོད་པ་དེ་ས་ལ་བརྫབས་སྐད། དེར་གཙང་པོའི་ནང་གི་གྲུ་བཞིན་དུ། གཙུག་ལག་ཁང་ཆེན་པོ་ཤིང་ཤིང་བྱུང་། ཕུ་ཆུང་བ་བྲེད་ནས། ངེད་གཉིས་ཀུན་རང་སངས་རྒྱས་ཙམ་ཡིན་མོད། སྒྲ་མེད་དུ་རྟེན་འབྲེལ་ཟབ་མོ་རྒྱུད་ལ་སྒོམ་ཙམ་ཡིན་མོད། ཤེས་བྱ་རབ་འབྱམས་ཀྱི་སྟེང་ནས་སྙིང་རྗེ་ཆེན་པོས་འཁོར་བའི་སྡུག་བསྔལ་ལ་མི་འཇིགས་པར་འགྲོ་དོན་ཕྱོགས་མེད་དུ་མཛད་པ་ཐུགས་རྗེ་ཆེན་པོ་འཇམ་པའི་དབྱངས་དེ་ཁྱེད་ཡིན་མོད། ད་རྒྱལ་བ་ཡབ་སྲས་གཉིས་ཕྱི་ནས་འབྱོན་པར་ཡོད་ཀྱིས། གཙུག་ལག་ཁང་འདི་མ་སྐྱེལ་གསུངས་པས། ལན་དུ། སྐྱུན་ཕོར་ཆུང་ཙམ་ཅིག་བགྲད་ནས། བུས་མི་ནོན་པའི་བླ་མའི་གདན་ས་འདི་ཀུན་འགྲེལ་ཡང་ཅི་སྐྱོ་གསུང་། དེ་དུས་སུ་གླིང་གསེབ་ན་ཡོད་པའི་བཙུན་པ་རྣམས་ཀྱི་བྲང་ཁང་རྣམས་མེར་མེར་བྱས་ནས། རང་རང་གི་སྒོ་དང་ཐོག་ཁ་རྣམས་སུ་ཐོན་ནས་བལྟས་པས་གྲུ་ནང་དུ་ཞུགས་པ་བཞིན་དུ་སྦྲིལ་བུ་དགོན་པ་དང་བཅས་པ་ནི་ཡོམ་ཡོམ་བྱེད། ཤུག་པ་དང་ཕ་རི་ཚུ་རིའི་རི་རྣམས་ནི་རྒྱུག །བྱ་ཐམས་ཅད་ཀྱང་གཙུག་ལག་ཁང་ལ་བལྟས་ནས་གཤོག་པ་འཕུར་ལྡིང་དུ་བརྡེབས། སྒྲ་རྣམ་པ་སྣ་ཚོགས་པ་འབྱིན་ཅིང་གདའ། དེར་དགེ་བཤེས་སངས་རྒྱས་འཛིན་བྱ་བ་ཅིག་ཡོད་པ་དེ་གཙུག་ལག་ཁང་ངོས་ནས། རང་གི་བྲང་ཁང་ངོས་སུ་འཁར་བ་ཁྲག་ཁྲིག་ཏུ་བྲོས་ནས་བྱུང་། བཙུན་པ་ཀུན་གྱིས་འདི་འདྲ་བའི་ལྟས་ཆེན་པོ་ཅིག་ཅི་ཡིན་ཞེས་ལབས་པས། སངས་རྒྱས་འཛིན་ན་རེ། དྲང་སྲོང་ཆེན་པོ་པོ་ཏོ་བ་ཐུགས་འཁྲུགས་ནས་སུ། གཤིན་རྗེའི་གཤེད་བདུད་འདུལ་བ་བཞིན་དུ། ས་འདི་ལྟར་གཡོ། ཆུ་མིག་རྣམས་ཀྱང་

གནམ་དུ་མཆོངས། བེམ་པོ་རྣམས་ཀྱི་སྤྱོད་ཚུལ་འདི་འདྲ། མ་གི་ན་སྐུ་མཆེད་གསུམ་པོའི་ཆོ་འཕྲུལ་དང་ལྟད་མོ་ལ་བསམ་གྱིས་མི་ཁྱབ། ཨ་ཙ་མ་ཕ་གཞིས་བུ་ལ་མི་གཏོད་པ། ངའི་ཁང་ཆུང་དེའང་མ་འགྲེལ་ལམ། འགྲེལ་ཡང་བྱ་རྒྱུ་མེད། དྲང་སྲོང་ཆེན་པོ་ལས་བདེན་པ་མེད་ཟེར། དེར་དགེ་འདུན་རྣམས་ཀྱིས་ཀྱང་རྟབ་རྟོབ་ཏུ་གཙུག་ལག་ཁང་དུ་བལྟར་ཕྱིན་པ་དང་། སྤྱན་སྔ་བ་ཆོས་གོས་རྐྱང་ཅིག་གྱོན་ནས་ཕར་རྒྱུག་ཚུར་རྒྱུག་བྱེད་ཅིང་། ཕ་རིན་པོ་ཆེ། པོ་ཏོ་བ་ལ་གྲོས་ཐོབ། འདི་ན་ཕ་དང་བུ་འབྱེད་པའི་བསམ་ངན་སྦྱོར་རྩུབ་ཅན་ཡོད་དེ། ངས་སེ་གོལ་ཅིག་གཏོགས་ཀྱང་དེའི་འོག་ཏུ་འགྲོ་སྟེ། ང་འདུལ་བ་ལས་རབ་ཏུ་བྱུང་བའི་བཙུན་པ་ཅིག་ཡིན་པས། མདོ་སྡེ་བཞིན་དུ་སླེང་ཊེ། མདོན་པ་བཞིན་དུ་མཉམ་པར་བཞག་པ་ཡིན་ཟེར་ཞིང་གདའ་སྐད། ཕུ་ཆུང་བ་དང་། པོ་ཏོ་བ་གཉིས་འཁར་བ་གཅིག་ལ་ཕྱག་བཞི་འཛུས་ཏེ། ཕུ་ཆུང་བས་གྲོས་འདེབས་ཏེ། དོན་ཆེན་བསྒྲུབ་པ་ལ་ངང་ཆེན་བསྲིངས་བྱ་བ་ཡིན། ཁྱོད་སངས་རྒྱས་སྟོང་གི་གདན་སར་བཞག་པས་ཆོག་མོད། ཁྱོད་འདི་ལྟར་ཡོན་ཏན་དང་རྫུ་འཕྲུལ་གྱིས་ང་རྒྱལ་བས། དེ་རིང་བཀའ་གདམས་པའི་ཚུགས་སྐྱོལ། དེ་རིང་སྤྲས་པའི་བརྟུལ་ཞུགས་རྣམས་བཤིག །འོ་སྐོལ་སྤུན་གསུམ་པ་རྗེས་བུས་སྐྱོང་བ་འདི་ལྟར་བྱས་པས་བསྐྱངས་པ་ཡིན་ནམ། ད་བླ་མ་ཡབ་སྲས་འབྱོན་པར་ཡོད་དོ། །དེ་ནས་ཕྱུག་ཕྱུག་ངོ་ཚ་གསུང་། པོ་ཏོ་བ་ན་རེ། ཡང་མི་ལོང་མང་པོ་ཅིག་ཚོགས་ནས་འདུག །འདི་ཚོའི་ཝོར་ལ་ཡང་ངས་བླ་མའི་སྐུའི་རང་མཚན་མི་མཐོང་བ་ཅིག་བྱེད་གསུངས་ནས། ཤར་གྱི་ཞེད་སྒོ་ལ་ཐོན་ནས་ཆུ་མིག་ཤེལ་ལྡན་གྱི་རྩ་ན་ཕར་སླེབས་ནས་སོང་། དུས་མཆོད་ཀྱི་དུས་སུ་སོང་བས་ཐམས་ཅད་མིས་གང་། སྤྱན་སྔ་བའི་དགོངས་པ་ལ། ཡང་རྒྱལ་བ་ཡབ་སྲས་གཉིས་ཀྱིས་ཁྱེའུ་གཞོན་ནུ་མ་རེ་རེ་བྱས། རིན་ཆེན་གསལ་གྱིས་གཞན་གྱི་ཝོར་ལ་སྐུ་ཇི་ལྟ་བ་བཞིན་མི་མཐོང་བར། ད་ལྟ་རང་ཤུག་པ་རྣམས་ཕྱོགས་བཙུར་ཐོར་རེ་བ་ཅིག་བྱེད་

སྐམ་ནས་ཕྱིར་འབྲངས་ནས་ཕྱིན་པ་དང་། བྱིས་པ་གཞོན་ནུ་མང་པོ་ཅིག་གིས། སྐྱི་མོའི་ནང་ངོས་ནས་མེ་ཏོག་ཤང་ཤང་པང་བ་རེ་ཁྱེར་ནས་བྱུང་། དེ་ནས་ཆུ་མིག་ཤེལ་ལྡན་གྱི་རྩར་སླེབས་པ་དང་། ཁྱེའུ་དེ་དག་དང་བཙུན་ཆུང་གཞོན་ནུ་མ་ཅིག་མྲད་དེ་བཙུན་ཆུང་ན་རེ། ང་ལའང་མེ་ཏོག་དེ་ནས་ཅིག་སློང་ཟེར་བ་ལ། ཁྱེའུ་དེ་རྣམས་ཀྱི་ནང་ནས། བྱད་དཀར་སངས་ཡོད་པ་ཐེར་དཀར་གྱི་འཇོལ་ཤག་ཅན། གཡུ་ཕུར་བཀྲག་འཚེར་བ་ཡོད་པ་ཅིག་ན་རེ། ཐམས་ཅད་ཁྱེད་རང་ལ་ཕུལ་བས་ཆོག་མཆི་ཟེར་ནས། མེ་ཏོག་པང་པ་གང་པོ་དེ་བཙུན་ཆུང་ལ་གཏད་ནས་ཕྱག་འཚལ། པོ་ཏོ་བའི་ཐུགས་དགོངས་ལ། གཞོན་ནུ་མ་གཅིག་གིས་གཅིག་ལ་ཕྱག་འཚལ་ཞིང་འབུལ་བ་ཅི་ཡིན་མི་ཤེས་སྙམ་ནས། ཕྱིར་འབྲངས་ནས་ཕྱིན་པ་དང་། ཁྱེའུ་དེ་ཁ་ཕྱིར་ལོག་བྱས་ནས། ད་ལྟ་ཁྱོད་ཀྱི་གྲོགས་འདི་དག་ལ་སྐལ་བ་མེད། དོ་ནུབ་གཙུག་ལག་ཁང་དུ་མཆོད་པ་ཕུལ། ཇོ་བོ་ཡབ་སྲས་ལ་གསོལ་བ་ཐོབ། སྣང་བ་ཡོད་ན་གཟུགས་མཐོང་མཆི་གསུང་། བཙུན་ཆུང་ན་རེ། སློབ་དཔོན་རིན་ཆེན་གསལ་ཚུར་བྱོན། ངས་མེ་ཏོག་གཅིག་ཀྱང་དབུལ་གསུངས་ནས་ཤིན་ཏུ་དགྱེས་ཏེ། ཁོང་གཉིས་ཀྱི་དབུས་སུ་ཞུགས་ནས་ཕྱིན་པ་དང་། བཙུན་ཆུང་དེས་མེ་ཏོག་སྤར་གང་པོ་ཏོ་བའི་ཕྱག་ཏུ་ཕུལ་ནས། རྣམ་པར་ཐར་པ་འདི་འདྲ་བ་ཅིག་འཚལ་ལོ་གསུང་། དེ་ནས་གཙུག་ལག་ཁང་གི་ནང་དུ་བྱོན་པ་དང་། དགེ་བཤེས་ཕུ་ཆུང་བ་གདའ་བ་ན་རེ། བྱིས་པ་བསླབ་ཉེས་དང་འདྲ་བ་ཁྱེད་ཀྱི་དོན་འགྲུབ་བམ་གསུང་། ལན་དུ། ངས་མཐའ་རྒྱ་བཅད་པས་དབུས་ཐོབ་པ་ཡིན་གསུང་། འོ་ན་འདིར་ཡང་ཕྱག་དང་དབྱངས་མཇོད་གསུངས་ནས། འཛོང་སྒོམ་དང་ཕུ་ཆུང་བ་གཉིས་པོའི་དབུས་ན་དགེ་བའི་བཤེས་གཉེན་པ་དབུ་སྐྲ་ལི་ཁྱིག་གེ་བ་ཉག་ཕྲ་ལ་འཇམ་པ་སྒྲུམ་ལ་འོད་ཡོད་པ། ལི་ཁྱིག་པ་དེ་འཐེན་ན་དཔུང་མགོར་སླེབས་པ། རང་སར་བཞག་ན་དབུའི་དཀྱིལ་འཁོར་ལ་ཁྱིལ་ལེ་སྡོད་པ། ཞལ་རས་སྔར་གྱི་འདྲ་བ་ལ། དེ་བས་ཁ་དོག

དཀར་བ། སྔར་གཉེར་མ་ཡོད་པ་དེའང་མེད་པ། སྔར་ཤིང་ཕྲེང་རེ་འཛུད་པ་ལ། དེ་དུས་སུ་དུང་ཕྲེང་བཙུད། སྔར་སྐྲ་རགས་དཀར་པོ་རེ་འཆིང་བ་ལ་དེ་དུས་སྨུག་པོ་ཆེན་པོ་ཅིག་བཅིངས། སྔར་ཤམ་ཐབས་ཙམ་མི་གསོལ་བ་ལ་དེའི་ཉིན་ཤམ་ཐབས་ཐེར་དཀར་གྱིས་གསོལ། སྔར་སྤྱང་ཐུལ་དང་བེ་ཕྲུག་གསོལ་བ་དེ། ཁྲི་སྟན་ས་ལེའི་ཐུལ་པ་ནང་དར་དཀར་ལ་བྱས་པ་ཅིག་གསོལ། ཁྲམས་སྟོད་སྨད་ཀྱི་ཚོགས་ལ་ཁྲོལ་མཛད་དེ། རིན་ཆེན་གསལ། ད་ཅིའི་བཙུན་ཆུང་དེ་ཁྲིད་ལ་བྱོན་གསུང་། ཁོང་གིས་བཙལ་བས། གསེར་གླིང་པའི་དངུལ་གདུགས་ཅན་ལ་མེ་ཏོག་ཚོ་འབུལ་ཞིང་འདུག །དེ་ནས་མ་གིར་འབྱོན་པར་ཞུ་ཞེས་གསོལ་བ་བཏབ་པས། ཇོ་བོ་རྗེའི་གདུང་ཁང་འདིའི་ནང་ན་པཎ་ཞྭ་གཅིག་ཡོད། དེ་ཐོན་ལ་བྱོན་གསུང་། པོ་ཏོ་བས་ཇོ་བོའི་གདུང་ཁང་དངུལ་གདུགས་ཅན་གྱི་རྩར་ཕྱིན་ནས་བལྟས་པས། གདུང་ཁང་དེ་སྔར་བས་ཁྱད་པར་གྱིས་ཆེར་སོང་འདུག །དེའི་སྒོ་ཅིག་ཀྱང་ཕྱེ་ནས་གདའ། ཕ་རིན་པོ་ཆེ་གཞོན་ནུ་མ་ཅིག་ན་རེ། དབུ་ཞྭ་འདི་དང་བཞུགས་གདན་ཁྲིར་ལ་བྱོན་གསུངས་ནས། ཁྲི་སྟན་ས་ལེའི་པགས་པ་ཅིག་དང་། པཎ་ཞྭ་ངར་ཧུར་ཁ་ལ་གསེར་སྐུད་ཀྱི་སྐུད་རིས་དུང་གཡས་འཁྱིལ་གྱི་རྣམ་པ་བཞིན་དུ་བྱས་པ་ཅིག་བསྐུར་ནས་ཁྲིར་བྱོན་པ་དང་། བཙུན་ཆུང་དེ་ན་རེ་ནང་དེའང་མཐོང་དགོས་པ་ཡིན། ཞྭ་དེའང་ཚུར་འོན་ཅིག་གསུངས་ནས་པཎ་ཞྭ་དེ་གསོལ། དེ་ནས་མར་བྱོན་པ་དང་། དགེ་བའི་བཤེས་གཉེན་པའང་བཞེངས་ནས་ལྷང་བ་བྱས་ཏེ། ཁྲམས་སྟོད་སྨད་ཀྱི་མཚམས་སུ་བཙུན་ཆུང་གིས་ཁྲི་སྟན་ས་ལེའི་པགས་པ་བཏིང་ནས་བཞུགས་པས། བྱམས་པ་ཉན་ཐོས་ཀྱི་ཆ་ལུགས་སུ་བཞུགས་པ་འདྲ་བ་ཅིག་བྱུང་། དེ་ནས་ན་བཟའི་ཕག་ནས་ཐུབ་པ་གནས་བརྟན་བཅུ་དྲུག་གིས་བསྐོར་བ་ཅིག་བཏོན་ཏེ་བཀྲམ་ནས། འོ་སྐོལ་འཛམ་བུ་གླིང་པ་རྣམས་ཀྱི་ཇོ་བོ་ཡིན་གསུང་། འབྲོམ་གྱིས་ཐུགས་རྗེ་ཆེན་པོ་ཕྱག་བཞི་བཅུ་པ་ཅིག་འཕྱུན་ནས་བཏོན་ནས། འདི་བོད་ཁམས་ཀྱི་ཇོ་བོ་

ཡིན་གསུང་། དེ་ནས་སྤྱན་སྔ་བ་དང་། ཕུ་ཆུང་བ་གཉིས་ཀྱིས་དགེ་བའི་བཤེས་གཉེན་གྱི་གཡས་གཡོན་དུ་བཞེངས། དགེ་བའི་བཤེས་གཉེན་པས་ཐུབ་པ་དང་ཐུགས་རྗེ་ཆེན་པོ་གཉིས་སུ་མེད་པར་དབྱངས་མཛད་པས་ཐམས་ཅད་ཀྱང་དག་པའི་སྣང་བ་བསམ་གྱིས་མི་ཁྱབ་པ་རྒྱས་ཏེ། ཚིག་ནི་འདི་སྐད་དུ། དུས་གསུམ་བདེ་བར་གཤེགས་པ་ཆོས་ཀྱི་སྐུ། །འགྲོ་དྲུག་སེམས་ཅན་རྣམས་ལ་སྤྱན་རས་གཟིགས། །ནམ་མཁའ་ལྟ་བུར་ཁྱབ་པའི་བཙུ་གཅིག་ཞལ། །གཟི་བརྗིད་འོད་དཔག་མེད་ལ་ཕྱག་འཚལ་ལོ། །དེ་ཡི་བླ་མ་བདེ་གཤེགས་དྲི་མ་མེད། །འགྲོ་བ་འདྲེན་མཛད་ཐུགས་རྗེ་ཆེན་པོ་ལ། ། སྤྱི་བོའི་པདྨ་འོད་ཀྱིས་རབ་བརྒྱན་ནས། །རྫིབས་སྟོང་བརྟེག་ནས་རྟག་ཏུ་རབ་མཆོད་ཅིང་། །སྒོ་གསུམ་ཉེས་པའི་དྲི་མས་མ་གོས་པར། །ཡི་རང་གུས་པའི་སྟོབས་ཀྱིས་ཕྱག་འཚལ་ལོ། །ཡ་རབས་ཟ་ཧོར་རྒྱལ་པོའི་རིགས་སུ་འཁྲུངས། །རིག་པའི་གནས་ལྔ་དག་ལ་འཁྲིན་ལས་རྒྱས། །འགྲོ་བ་ཡོངས་ཀྱི་མགོན་སྐྱབས་དམ་པར་གྱུར། །དཔལ་ལྡན་ཨ་ཏི་ཤ་ལ་ཕྱག་འཚལ་ལོ། །བདེ་བ་ཆེན་པོའི་འཁོར་ལོ་བསྐོར་མཛད་ཅིང་། །ཞི་བར་གཤེགས་པའི་སྤྱོད་པ་མི་མཛད་པར། །འཇིག་རྟེན་འདྲེན་ཕྱིར་འདི་ལྟར་ལྟམ་མེ་བར། །མཛད་ཕྱིར་རྟག་ཏུ་བསྟོ་ཞིང་ཕྱག་འཚལ་ལོ། །འགྲོ་བ་དྲུག་ཏུ་འགྲོ་བ་གང་འཁྱམས་པ། །ཡོངས་སུ་འདྲེན་མཛད་བླ་མ་རིན་པོ་ཆེ། །གསོལ་བ་འདེབས་སོ་འགྲོ་ལ་ཐུགས་རྗེས་གཟིགས། །སྨིན་པར་མཛོད་ཅིག་རྒྱལ་བ་ཐུགས་རྗེ་ཅན། །ཐུགས་རྗེ་ཆེན་པོ་སྐྱོན་གྱིས་མ་གོས་པའི། །སྐུ་མདོག་དཀར་པོ་གངས་འདྲ་གངས་རིའི་ཁྲོད། །ཐུགས་རྗེའི་སྤྲིན་གྱིས་འགྲོ་ལ་ཆར་འབེབས་པ། །ཐུགས་རྗེ་ཆེན་པོའི་ཞིང་འདིར་རྒྱལ་གྱུར་ཅིག །ཅེས་བྱ་བ་དེ་དག་གི་བར་བར་དུ། ཇོ་བོ་ཐུགས་རྗེ་ཆེན་པོ་ཞེས་པ་རེའང་བཙུག་ཅིང་མཛད་པས། དེའི་ཚེ་དེར་འདུས་པ་རྣམས་ན་རེ། དང་བའི་འདྲེན་ལུགས་ལ། དེ་རིང་གི་དབྱངས་མཛད་པ་དེ་ཕུ་ཐི་སྐད་བྱ་བ་ཡིན་ན་ཟེར་ནས། ཐམས་ཅད་ལ་ངོ་མཚར་ཆེ་སྙམ་པ་

ལས་མི་གདའོ། །དེའི་ནུབ་མོའང་། ཇོ་བོ་ཡབ་སྲས་གཉིས་ཀ་ཀ་བཞུགས་སུ་གསོལ་ནས། སྐུ་མཆེད་གསུམ་གྱིས་མར་མེ་བཟང་པོ་བཤམས། དྲི་སྤོས་དང་མེ་ཏོག་ལ་སོགས་པ་མང་པོ་ཕུལ། མཚན་ཡལ་ཏེ་འཁོར་བའི་ཉེས་དམིགས་ལས་བརྩམས་ཏེ། ལས་རྒྱུ་འབྲས་འབའ་ཞིག་ཚིགས་སུ་བཅད་པ་མདོ་སྡེ་ནས་འབྱུང་བ་བཞིན་དུ། དབྱངས་ཀྱི་འཇོག་ལེན་འབའ་ཞིག་ཏུ་མཛད། དུས་ཕྱིས་རོམ་པོ་རྡོ་རྗེ་སྙན་དུ་བརྒྱུད་ནས་ཁོ་རང་གིས་ཉམས་དབྱངས་སུ་མཛད་ནས། དབྱངས་རེ་རེ་མཛད་སྐད་དེ། བླ་མ་རྣམས་ཟབ་དབྱངས་ཀྱི་བཀའ་མ་ཆད་ཙམ་ལས། འདིའི་ཁུངས་ཡོད་པ་རང་སུ་ལ་ཡོད། དེ་ནས་ཐོ་རངས་ཀྱི་ཆ་ལ་སླེབས་པ་དང་། པོ་ཏོ་བ་ན་རེ། ན་ནིང་དབུ་མཛད་ཀྱི་ཕྱག་ན། སངས་རྒྱས་ཀྱི་བཀའ་རབ་འབྱམས་ཕྱོགས་གཅིག་ཏུ་དྲིལ་བ་ཡིན་ཟེར་བ་ཅིག་གདའ་བ། ངེད་སྤྱན་སྔ་བ་དང་གཉིས་ཀྱིའང་སྐལ་བ་མི་གཙོད་པ་ཅིག་ཞུ་གསུངས་པས། དགེ་བའི་བཤེས་གཉེན་པའི་ཞལ་ནས། ཁྱོད་ལ་བསྟུས་པ་བས། རྒྱས་པ་ཡོད་པས་ཆོག་མོད། །ན་ནིང་ཁྱེད་རང་ཇི་སྐད་གསུངས་པ་བཞིན་ཁྱོད་ཀྱི་བློ་ལ་ཡོད་པ་བཞིན་འདི་ན་མ་ཆུད་པ་མང་པོ་ཡོད། ནམ་མཁའི་མཐའ་ཁྱབ་ན་སེམས་ཅན་ཇི་ཚོད་ཅིག་ཡོད། དེ་དག་རེ་རེས་ཀྱང་འདི་མ་བྱས་པའི་གྲངས་ཇི་ཙམ་ཞིག་ཡོད། དེ་དག་ཐམས་ཅད་སྐྱེས་རབས་སུ་འབྲི་ན་ནམ་མཁའི་ཁམས་སུ་གང་ན་ཤོང་། ཕྱིའི་རྒྱ་མཚོས་ཀྱང་སྣག་ཚའི་ཁུ་བ་ག་ན་ལྡང་། ཐེས་ཀྱང་ཤོག་མཁན་སུས་བྱེད། སྤྲོས་པའི་མཐའ་ཐམས་ཅད་བསྡུས་ལ་བསླབ་པ་གསུམ་དུ་དྲིལ་ལ་ཉམས་སུ་ལོངས། ལྷ་བཞིར་བསྡུས་ལ་གསོལ་བ་ཐོབ། ཟ་མ་ཏོག་བཀོད་པའི་རྒྱལ་པོ་ལྟར་ངས་ཁྱོད་ལ་དབང་བསྐུར་ནས་ཡོད་པས། ཐིག་ལེ་བཅུ་དྲུག་ཏུ་ཉམས་སུ་ལོང་གསུངས་པས། པོ་ཏོ་བ་ན་རེ། དབང་བསྐུར་བ་ལ་ཐུས་པའི་རྒྱུན་ཆ་དང་། གར་དང་གར་གྱི་ཚོགས་དང་། རྒྱུད་སྡེ་ཟབ་མོ་ནས་འབྱུང་བ་བཞིན་བྱེད་དགོས་པ་ལ། ཁྱེད་ཀྱིས་གནང་བར་མ་འདོད་ནས། ད་དེ་སྐད་གསུང་ངམ་

ཞུས་པས། དགེ་བའི་བཤེས་གཉེན་པའི་ཞལ་ནས། ངས་ཁྱོད་སྡོད་ལྡན་དུ་བྱས་ནས། རྫུས་རྒྱན་ལ་སོགས་པ་བཟང་དང་ཐ་སྙད་ལ་མ་བརྟེན་པར། དངོས་སུ་ཚུལ་ཁྲིམས་ཀྱི་བསླབ་པས་སྐྱིད་ཆོག་བྱས། སེམས་ཀྱི་བསླབ་པས་དཔའ་བོར་བསྒྱུར། དེ་ལྟར་ཐབས་དང་ཤེས་རབ་གཉིས་སུ་མེད་པར་བྱས་ནས། ད་ལྟ་པོ་ཏོ་བ་རིན་ཆེན་གསལ་ཞེས་ཟེར་ནས། ཕྱོགས་བཅུའི་བྱང་ཆུབ་སེམས་དཔའི་འཁོར་གྱི་དབུས་ན། སྟོན་པ་སེང་གེའི་ཁྲི་མནན་ནས་ཆོས་གསུངས་པ་བཞིན་དུ། ངས་དབང་བཞི་དངོས་སུ་བསྐུར་ནས། ད་ལྷུགས་པ་ལ་བཟ་བྱས་ནས་དོན་སྟོན་པ་བཞིན་དུ་དབང་མ་བསྐུར་ཟེར་བ་ཨ་གསུང་། གཞན་ཡང་ངས་སའི་དཀྱིལ་འཁོར་ཐམས་ཅད་ཁྱོད་ཀྱི་རྐང་པས་ནོན་པར་བྱས། ཡ་གི་སྲིད་པའི་རྩེ་མོ་མར་མནན་ནས་ནམ་མཁས་ཁྱབ་ཚད་དུ་བསླབ་པ་གསུམ་གྱི་གར་བྱེད་དུ་བཅུག །ཚོགས་རྒྱ་མཚོ་ལྟ་བུ་ལ་ལོངས་སྤྱོད་དུ་བཅུག །ཐམས་ཅད་མཁྱེན་ནས་སྐབས་དོན་མ་གོ་བ་མ་མཛད་ཅིག་གསུངས་པས། པོ་ཏོ་བས། ཡོངས་ཀྱི་དགེ་བའི་བཤེས་གཉེན་དེ་ལྟར་ལགས་སམ། ཞེས་ལན་གསུམ་དུ་ཞུས་པས། བདེ་སྐྱིད་ཐམས་ཅད་སངས་རྒྱས་ཀྱི་བསྟན་པ་ལ་མ་འདུས་རི། དེ་ཐམས་ཅད་ཞལ་ནས་བྱུང་བ་དང་། རྗེས་སུ་གནང་བ་དང་། བྱིན་གྱིས་བརླབས་པའི་བཀའ་གསུམ་དུ་མ་འདུས་རི། དེ་ཐམས་ཅད་བསླབ་པ་གསུམ་དུ་མ་འདུས་རི། དེ་ཡང་ཐབས་ཤེས་རབ་གཉིས་སུ་མ་འདུས་རི་གསུངས་པས། ཐམས་ཅད་འོད་ཀྱིས་གང་སྣད། དེར་པོ་ཏོ་བ། ཕུ་ཆུང་བ་ལ་གཟིགས་ནས། ད་ནི་གླེགས་བམ་དེ་ང་ལ་མེད་རི། དེ་བས་ཀྱང་རྒྱ་ཆེ་བ་ཅིག་མེད་རི། ཀླུ་མས་དོ་ནུབ་གསུངས་པ་དེ་ཆོ་དཔང་པོ་མཛོད་ཅིག །ད་ཕྱོགས་བཅུའི་སེམས་དཔའི་དབུས་ན་སྟོན་པ་དང་འདྲ་བར་དོ་ནུབ་དངོས་སུ་གསུངས། དཔེ་དེ་ཇི་འདྲ་ཅིག་ཡིན། དཔེ་དེ་ཆོས་མཐུན་པ་ཅིག་འགོད་པ་ཡིན། ང་ལ་དེ་དང་ཆོས་མཐུན་ན་དེས་ཆོག་གསུངས་པས། ཕུ་ཆུང་བའི་ཞལ་ནས། ཁྱེད་ལ་ངའི་དེ་བས་ལྷག་པ་ཅིག་ཀྱང་

ཡོད་ན། ན་ཉིད་པོ་ཏོ་བའི་ཡང་རྫོང་དུ་ཁྱོད་ལ་ཆོས་ཤིག་ཡོད་པར་གདའ་སྟེ། གནས་གར་གསུངས། གང་ཟག་སུས་གསུངས། གདུལ་བྱ་སུ་ལ་གསུངས། བརྗོད་བྱ་ཅི་སྟོན། རྗོད་བྱེད་ཀྱི་ཚིག་ཅི་ཡིན། ཁྱེད་ཀྱི་ལག་ཏུ་གང་ནས་བརྒྱུད། ད་ལྟ་དཔེ་ལེགས་ཤེས་བསྟོད་ར་བཏང་། ཤོག་བུའི་ཚད་དུ་ཡོད་དང་བཅས་པ་བྲིས་ནས་དེ་དུས་ཁོ་བོས་གསལ་པོ་མ་བསྟན་པས། བདག་ཅག་ལ་ཉེ་རིང་མཛད་པ་ཞེས་བླ་མ་ལ་འཁང་ཚིག་ཅི་ཙམ་ཞིག་བྱས། མཇུག་བྱ་རྒྱུ་གཞན་མེད་པར། ཁྱེད་ཀྱི་འདིར་རྒྱལ་པོ་འདྲེན་སྐྱོང་གི་སྐྱེས་རབས་ཀྱང་བཙུད་པ་མེད་བྱ་བ་ལ་སོགས་པ་མ་ཚུད་པ་ལྔ་དྲུག་ཅིག་ལས་བགྲང་རྒྱུ་མ་བྱུང་། ད་དེ་ལས་ལྷག་པ་ཅིག་གོ་ན་ཡང་། ལོག་རྟོག་ཡིན། ཡང་ན་ལྷ་ཆོས་ཀྱི་བྱིན་རླབས་ཞུགས་པ་ལགས་པས་མཁྱེན་པར་མཛོད་ཅིག །ང་ཕ་ཚེ་བུ་རབས་སུ་འདིས་ཐུགས་ལ་བཏགས། སངས་རྒྱས་ཀྱི་བསྟན་པ་འདིས་བསྐྱངས། དཀོན་མཆོག་གི་དབུ་འཕངས་འདིས་བསྟོད། རྗེས་དྲན་ལྔ་ལ་ལོངས་སྤྱོད་དུ་བྱུང་བ་ཡིན་གསུངས་པས། སྤྱན་སྔ་ན་རེ། སྐྱེས་རབས་རྣམས་ད་ལྟ་ཡི་གེ་འབྲི་བ་བས། སྟོན་འབྲུངས་དུས་དང་བཅས་པ་ས་ལེ་བློ་ལ་བདོག །ཡབ་འདི་ཡིན་ཡུམ་འདི་ཡིན་བྱ་བ་ཅིག་དེད་རང་ལ་བདོག །འོན་ཀྱང་གླེགས་བམ་འདིས་གཏན་ཚིགས་ཆེན་པོ་བསྟན་པ་ཡིན་པས། ཐབ་ཁ་ན་མེ་ཡོད་པ་ཕྱི་རོལ་གྱི་དུ་བས་མཚོན་པ་དང་འདྲ། བླ་མའི་ནང་གི་ཡོན་ཏན་མི་དང་འདྲ་བ་རྣམས་དཔེ་དེས་མ་ཚང་བ་མེད་པར་བསྟན་པས་ཐུགས་ལ་བཏགས་ཞེས་བྱ་བ་སོགས་པ་ཡབ་སྲས་དངོས་སུ་མཇལ་བའི་གསུང་གླེང་མང་པོ་མཛད་པ་ལས། སླར་རྒྱལ་བ་ཡབ་སྲས་འོད་དུ་ཡལ་ནས་གཤེགས། ནང་པར་སྐུ་མཆེད་གསུམ། འཛིང་སྒོམ་གྱིས་ཚ་བ་ལ་སྤྱན་དྲངས་པའི་སར། འཛིང་སྒོམ་ན་རེ། སྔར་དེ་ཙམ་གྱི་གསུང་གླེང་ཅིག་ད་དུང་བྱུང་བ་ལེགས་ཟེར། པོ་ཏོ་བ་ན་རེ། དེ་འདྲ་མང་། དགུ་ཉིད་ང་དགུར་ཆོས་འཆད་པའི་དུས་སུ། གྲྭ་པ་ལྔ་བརྒྱ་དང་བདུན་ཙུ་ཙ་ལྔ་བྱུང་། དེའི་དུས་སུ་སྤྱོད་

འཇུག་དང་ལམ་རིམ་བཤད་ནས། ཆོས་ཐུན་བཏང་ལ་ཁད་པ་ལ་ཕུ་ཆུང་པ་ཁྱོད་ཕྱིན་ནས། ཆོས་ཕྱག་མཛད་དེ། དེར་ཁོང་ལ་ཕྱག་བཙལ་བ་དང་། ཆོས་ཐུན་གཏོང་བ་དུས་མཉམ་ཅིག་ཐུག་པས། དེའི་ཚེ་ཁོང་ན་རེ། དཔོན་སློབ་འདི་པ་ཙམ་ཅིག་འདིར་ཚོགས་ནས་ཉི་མ་ལ་བསྲེགས། འོག་ཏུ་འཕོངས་ཏུས་ན་ལྷང་ལྷང་སྨུར་ནས་ཤེས་བྱ་རྒྱང་རྩིས་སུ་འདུག་སྟེ། འདིའི་དགོས་པ་རང་ཅི་ཏུ་འདུག །སྡུག་སྲན་འདི་འདྲ་བྱས་ནས་བདག་འཛིན་ལ་རང་ཏུང་མ་སོང་ན་ནི་གུན་ཆེ། ཡང་ཇོ་བོ་ཀུན་ཀོག་སྐྱེ་བཞེངས་ཙ་ན། དེ་རིང་གི་ཆོས་ཐུན་བཇེད་པ་མཆིའོ། འབྲོམ་གྱི་ལུགས་ཀྱི་དེ་ལ་སྟོད་ཞབས་ཇོལ་ཟེར་བ་ཡིན། ཡའི་རྩིལ་ཏེ་དྲིལ་ནས་ཐུགས་ལ་འདོགས་འཚལ་ལོ་ཞེས་འབྲེལ་གཏམ་ཤགས་སུ་བཏབ་པས། གྲྭ་པ་ཐམས་ཅད་ཀྱི་སེམས་ལ་ཕན་པ་ཅིག་བྱུང་། ངའི་ཆོས་ཐུན་རྩིལ་པོའང་ཁོང་གི་དེས་མགོ་བཏོན། གཞན་ཆོས་ཐུན་གྲོལ་ཟེར་ནས། ཁ་ཁར་ཕྱོ་ལང་སྐྱེ་གྱིས་ནས་འགྲོ་བ་ལ། རང་རང་གི་ཁང་པ་རེར་སླེབ་པ་དང་། བྱང་ཆུབ་སེམས་དཔའ་དེའི་གདམས་ངག་གི་གཏོང་ལུགས་འཇིགས་ཟེར་ནས་ཆོས་ཐུན་རྩིལ་ཏེ་དྲིལ་ནས་ཐུགས་དམ་མཛད་པ་བྱུང་། ཡང་ལོ་ཞིག་ནས་ཁོང་མཁར་ཐོག་ན་བཞུགས་པའི་དུས་སུ། ངེད་དཔོན་གཡོག་ལྔས་མཇལ་དུ་ཕྱིན་པས། ཁོང་འཕྲང་ཅིག་གི་དཀྱིལ་ན་ཡར་ངེད་བསུ་ཏུ་སླེབས་ནས་བྱུང་། བདག་ཅག་དཔོན་གཡོག་གིས་ཕྱག་བཙལ་བས། ཁྱེད་གྲྭ་པ་སྟོང་ཕྲག་རེའི་དབུ་ལ་བཞུགས་ནས་སངས་རྒྱས་ཀྱི་བསྟན་པ་ལ་བྱ་བ་མཛད་ན། ཁོ་བོ་རི་དྭགས་དམན་མ་ལྟ་བུར་གཅིག་པུར་རྒྱུ་བ་ལ་ཕྱག་མི་མཛད་པར་ཞུ་གསུང་། ཡང་བྱིན་རླབས་ཞུས་པས། ལས་རྒྱུ་འབྲས་ལ་ཡིད་ཆེས་པར་མཛོད་ལ་བསླབ་པ་གསུམ་རྒྱུད་ལ་བསྟེན་དང་། བྱིན་བརླབས་ཀྱི་བབས་ཆེ་བ་ལགས། གཞན་ལྔ་བཞིའི་ཕྱག་དབུ་ཐོག་ཏུ་བཞག་ནས། དེའི་བསྟན་པ་ལ་བྱ་བ་བྱེད་པ་ལ་ང་ཡང་དེ་ལ་མཐུ་བས་བྱིན་རླབས་ལ་སོགས་པ་མི་འཚལ་གསུང་། ཁོ་བོས་ཡང་ཡང་མཇལ་བའང་

དཀའ་བ་ཡིན་ཏེ། དེ་སྐད་མི་གསུང་བར་ཞུ་ཞུས་པས། འོ་ན་ང་ལ་ཐུགས་རྗེ་ཆེན་པོར་མོས་པ་མཛོད་གསུངས་ནས། དེ་བཞིན་དུ་མོས་པ་བྱས་པས་ཕྱག་བཞི་མ་མཛད་ནས་བཀའ་གདམས་ལྷ་བཞིས་བྱིན་གྱིས་བརླབས་གསུང་ཞིང་གདའ། དེ་ནས་མཁར་ཐོག་ཏུ་ཕྱིན་ནས། གཟིམས་ཁང་དུ་ཇ་འཐུངས་པ་དང་། དགེ་སློང་བཞི་པོ་འདིའི་མཚན་གང་གང་ཡིན་གསུང་། ཁོ་བོས། གཅིག་སྟེ་ཟུར་པ་ཡེ་ཤེས་འབར་བྱ་བ་ལགས། གཅིག་ཤ་ར་བ་ཡོན་ཏན་གྲགས་བྱ་བ་ལགས། གཅིག་སྣང་རི་ཐང་པ་རྡོ་རྗེ་སེང་གེ་བྱ་བ་ལགས། གཅིག་སླག་ཏུམ་པ་བརྩོན་འགྲུས་འབར་བྱ་བ་ལགས་ཞུས་པས། ཁོང་གི་ཞལ་ནས། དེ་རིང་ང་བསོད་ནམས་ཆེ། གངས་རིའི་ཁྲོད་ཀྱི་མགོན་པོ་ཁྱེད་བཞི་བྱོན་གསུང་པས། དེ་རྣམས་ཀྱི་ནང་ནས། དགེ་བཤེས་ཡོན་ཏན་གྲགས་ཀྱིས་ཕྱག་བཙལ་ནས། བདག་གིས་བརྒྱུད་པ་གསུམ། ཇོ་བོ་ཡབ་སྲས་གཉིས། ཁྱེད་སྐུ་མཆེད་གསུམ་གྱི་ཡོན་ཏན་མཐའ་དག་ལ་དབང་འབྱོར་པའི་བྱང་ཆུབ་སེམས་དཔར་བྱིན་གྱིས་བརླབ་ཏུ་གསོལ། བསླབ་པ་གསུམ་དང་ལྡན་པའི་དགེ་སློང་སྣམ་སྦྱར་གྱོན་པ་སྟོང་སྟོང་ཙམ་གྱི་གསེབ་ན་ཕར་དོན་གཉིས་ཀྱི་དགའ་སྟོན་འགྱེད་ནུས་པ་ཅིག་ཏུ་ཐུགས་ཀྱིས་བཟུང་འཚལ་ཞེས་ཟེར། རྡོ་རྗེ་སེང་གེ་ན་རེ། ང་སྣམ་སྦྱར་གྱོན་པ་དེ་ཙམ་ཞིག་གིས་བསྐོར་ནས་ལྷ་དང་གླུ་དང་གཉོད་སྦྱིན་ལ་སོགས་པ་སྙིང་རྗེ་ཆེན་པོས་འདུལ་ནུས་པར་བྱིན་གྱིས་བརླབ་ཏུ་གསོལ་ཟེར། ཡེ་ཤེས་འབར་ན་རེ། ང་ཁྲོ་བོའི་ལུས་མི་གཡོ་བ་དངོས་ཀྱིས་བསླབ་པ་གསུམ་གྱི་བསྟན་པ་དངོས་སུ་སྐྱོང་ནུས་པར་བྱིན་གྱིས་བརླབ་ཏུ་གསོལ་ཟེར། བརྩོན་འགྲུས་འབར་ན་རེ། ང་ཚད་མེད་པ་བཞིས་བློ་སྦྱངས་ནས་བསྡུ་བ་རྣམ་པ་བཞིས་འགྲོ་བ་དབང་དུ་སྡུད་ནུས་པར་བྱིན་གྱིས་བརླབ་ཏུ་གསོལ། ཞེས་ཞུས་པ་ལ། ཁྱེད་རྣམས་དེ་ལྟར་བྱིན་རླབས་ཀྱ་ཆེ་བ་ཞུ་ན། ཆོས་འདི་འཚལ་གསུངས་ནས། ནོར་བུའི་ཕྲེང་བའི་རྩ་ལུང་ཅིག་མཛད། བློ་སྦྱངས་ནས། ལྷ་བཞིའི་ཐིག་ལེ་རྫོགས་པ་ཅིག་

ཀྱང་མཛད་པ་ཡིན། ཡང་ལོ་བརྒྱད་དགུའི་གོང་ན་ཁོང་རང་པོ་ཧོར་བྱོན་ནས་བཀའ་གདམས་ཀྱི་གསུང་སྒྲོང་དུ་མ་མཛད། དེའི་དུས་སུ་ཁོ་བོས་ཁྱེད་རི་བྲག་མང་པོ་ལ་འགྲོན་པ་ཅིག་བྱུང་། ཁྱེད་ཀྱི་འཁར་གསིལ་འདིའི་སྒྲ་གུ་ནའང་འོད་ཆེན་པོ་ཅིག་འདུག །ན་ཉིང་རྩ་ནའི་ཁྲིའུ་སེར་པོ་དེའི་ལུགས་དང་། བུ་མོ་མང་པོ་ཅིག་ཀྱང་ཕྱིར་འབྲང་ཞིང་གདའ་བ་དང་། རྨི་ལམ་ན་ཁྱེད་ཀྱི་ཕྱག་ན་གླེགས་བམ་ལེགས་པོ་ཅིག་གདའ་བ་དང་། དགེ་བའི་ལྟས་ཆེན་པོའང་འདུག་པས། ཁྱེད་ལ་གདམས་ངག་ཅིག་ཡོད་པར་འདུག་པས་དེ་སུས་སུ་ལ་གསུངས། གནས་གང་དུ་གསུངས། བརྗོད་བྱ་ཅི་སྟོན་པའི་ཚིག་ཏུ་འདུག །ཁྱེད་ལ་གང་ནས་ཇི་ལྟར་བརྒྱུད་ཅེས་ཞུས་པས། ཇོ་བོ་ནས་ཤེས་རབ་རྒྱལ་མཚན་གྱི་བར་དུ་བྱུང་ལུགས་ཐོར་རེ་བ་ཅིག་གསུངས་པས། འོ་ན་གླེགས་བམ་འདི་ང་ལའང་ཡོད་དགོས་པ་ཡིན་ཏེ། བླ་མ་ཡབ་སྲས་ལ་མངོན་པར་ཤེས་པ་ཉི་མངའ། ང་གྲྭ་པའི་ཚོགས་འདི་ཙམ་པ་ཅིག་ལ་བཀའ་གདམས་བཤད་དགོས་པ་ཡིན་པ་ལ། དེ་འདྲ་བའི་གོ་མ་ཆོད་པ་ཅིག་ཅི་ལགས་ན་བྱས་པས། ཁོང་ན་རེ། བླ་མ་ལ་མངོན་པར་ཤེས་པ་མངའ་བས་ཁྱེད་ལ་མ་གནང་བ་ལགས། ཁྱེད་ལ་གྲྭ་པའི་ཚོགས་དཔག་ཏུ་མེད་པ་ཅིག་འོང་། དེ་རྣམས་ནས་འདུན་པ་ཆེ་ཆེ་སྐད་ཟེར་བ་མང་པོ་འོང་། དེ་ནས་ཁྱེད་ཀྱི་མཚན་ཉིད་པའི་ཆོས་བཞིན་དུ་བསྒོམ་བྱ་ཆུང་ལ་བཤད་བྱ་མང་བ་ཅིག་མཛད་ནས། ནོར་བུ་རིན་པོ་ཆེའི་གཏེར་འདི་ཏི་ཆལ་གྱིས་གཏོང་བ་ཅིག་འོང་མོད། རྣམ་པ་གཅིག་ཏུ་ན་ཁྱེད་ཐོས་པས་ང་རྒྱལ་བ་དེ་ལ་སྙིང་ཡང་ཚིམ། སློབ་དཔོན་ཀླུ་སྒྲུབ་ཀྱི་ཐོས་པའི་ང་རྒྱལ་ཀླུ་ཡུལ་དུ་ཆད་པ་དང་འདྲ་ཨ། ང་གཞོན་ནུ་རྒྱལ་མཚན་བྱ་བ་སངས་རྒྱས་དང་བྱང་ཆུབ་སེམས་དཔའི་ཆོས་མ་ལུས་པའི་སྒོ་འདོགས་གཅད་བྱ་རྣམས་བཅད་དེ། དེ་རིན་པོ་ཆེ་གཏེར་གྱི་བང་མཛོད་དུ་སྦས་ནས། དགོས་པའི་དུས་སུ་རྟེན་འབྲེལ་ཟབ་མོ་ལ་བརྟེན་ནས་སློབ་པར་བྱེད་པ་ཡིན། དེ་དུས་སུ་མངོན་ཤེས་མེད་

པར་དགེ་སློང་རྒན་པོ་རེའི་མགོ་ང་རྒྱལ་གྱི་སྒང་བུ་རེའི་ཞབས་སུ་འཇུག་པ་མི་འོང་། ཐོས་བསམ་གྱི་སྒྲོ་འདོགས་ཆོད་ཟིན་པ་ཡིན་གསུང་། ཁོ་བོ་ནི། སངས་རྒྱས་མ་ཐོབ་ཀྱི་བར་དུ་སེམས་ཅན་ལ་ཕན་པའི་བྱ་བ་ཅིག་འདུག་ན། མཛེ་མོ་ཤུ་བའི་གོང་བུ་ཅན་ཅིག་ལ་འདུག་ཀྱང་རང་བཞིན་གྱི་རྣལ་འབྱོར་མ་ཡིན་བྱས་ནས་སྤྱི་བོས་བླང་འཚལ། ནམ་ཞག་གཏན་གྱི་འདུན་མ་མི་སྒྲུབ་ཅིང་། ཚེ་འདིའི་འདུན་མ་ཆེད་ཆེར་སྒྲུབ་པ་ཆགས་སྡང་ལ་གཞི་བྱས་པའི་ཡོ་འདོད་དང་གྲགས་འདོད་བཟོད་བསྲན་ཤའུ་ལས་ཆུང་བའི་མི་དེ་འདྲ་མཁན་པོ་དང་སློབ་དཔོན་ཡིན་ཟེར་ཡང་། བདུད་མཁན་སློབ་ཀྱི་ཆ་བྱད་ཅན་ཟེར་བ་སངས་རྒྱས་ཀྱིས་གསུངས་གདའ་བས། སྐུ་ཁམས་བཟང་བར་མཛོད་བྱས་ལ་འགྲོས་རྒྱུ་ཡིན། དེས་མི་འོང་སངས་རྒྱས་ཀྱི་ཆ་བྱད་ཅན་དུའང་འོང་བར་བཤད། གཞན་ཡང་ཕ་མ་འདི་རྣམས་ཀྱི་མང་ལུགས་དང་། ཉམ་གྱི་ཐག་ལུགས་དང་། ཉེན་སྐད་ཁྱི་ལག་པ་ཆག་པ་བཞིན་དུ་སྡུག་བསྔལ་བཟོད་སླགས་མེད་པ་འདི་ཚོ་བཞག་ནས། ང་སྒྲོ་འདོགས་ཆོད་པ་ཡིན་བྱས་ནས་ཨ་ཙི་རང་སྐྱིད་བྱས་པས་ཀྱང་མི་འོང་། འོལ་ལེ་ཡོད་ས་མེད་ས་ནས། རྒྱལ་ཡང་ཁྲིག་གེ་བ། ལྟོགས་ཀྱང་ཐེར་རེ་བ། ཚད་ཀྱང་བཅང་ངེ་བ་ཅིག་བྱས་ལ། མ་རྒན་གང་འདྲོངས་བྱ་འཚལ། ཞེས་པ་ལ་སོགས་པ་ཆོས་ཀྱི་གསུང་གླེང་དུ་མ་མཛད་པ་ལ། དབུ་མཛད་ཁོང་ཤུགས་འབྱུང་འགག་མེད་མཛད་པའི་སྟོབས་ཀྱིས། ཐོ་རངས་ནམ་ཕྱེད་ནའང་སླེབ་འོང་། རེས་དྲོ་གསོལ་འཕྲོ་ལའང་། གང་ལའང་ཆགས་པ་སྤང་བྱ་ཞིང་། །ཆགས་པ་མེད་པར་གནས་པར་བྱ། །གཞོན་ནུ་རྒྱལ་མཚན་སྟོམས་ལ་གཤེགས། །ཟེར་ཞིང་འགྲོ་བས། དེའི་ཉིན་པར་ཀྱང་། སང་གནངས་གང་ཙུང་ཅིག་ལ། དགེ་བཤེས་སྤྱན་སྔའང་འབྱོན་པར་ཡོད་བཞུགས་པར་ཞུ་བྱས་པས། བློ་བཙད་ཀྱི་མི་ལ་བཤོལ་འདེབས་དཀའ། གསུངས་ནས། འཁར་གསིལ་བསྣམས་ནས་གཤེགས། དེར་སྤང་ལྟོངས་ཤིག་ན་ཡར་ཁོ་བོས་སྐྱེལ་ཐུང་བྱས་ནས། ང་

ལ་ཆོས་དེ་མི་གནང་ཡང་དཔེ་དེ་ཅིག་སྟོན་པར་ཞུ་བྱས་པས། དགེ་བཤེས་པ་དེས་དཔེ་ཅིག་བཤད་ཀྱིས་གསུངས་ནས། ཡ་གི་སྦྲང་རྩི་འོང་བའི་ཡུལ་ན། སྦྲང་མས་བྲག་མཐོན་པོའི་གཅོང་ལ་སྦྲང་རྒྱལ་འཕྱང་དུ་བཙུག་པ་ན། སྤྲེའུ་ཅིག་བྲག་དེའི་རྨང་ན་བསྡད་ནས། སྦྲང་རྒྱལ་འཕྱང་བ་ནི་མཐོང་། དབྱིབས་དང་ཁ་དོག་ནི་ལེགས། ཡ་གི་ལ་རོ་ཞིམ་པོ་ཅིག་ཡོད་དེ་སྙམ་དུ་ནི་རྟོག །ཟ་བ་རང་མཚན་པ་ལྟེའི་སྟེང་དུ་ནི་མ་གྱུར། དེའི་ཚེ་ཁོ་ཡར་སྐྱིག་པའི་རྣམ་འགྱུར་བྱེད། ལག་པ་ལ་ཅང་མེད་ཀྱང་ལྡག །ཁན་སྣྲ་རྟོག་ཅིང་མིག་ཧྲིག་ཧྲིག་བྱེད་པ་ཅིག་ཡོད། ངའི་གླེགས་བམ་ལེགས་པོ་འདི་ཁྱེད་ལ་བསྟན་ནའང་། དེ་དང་ཆོས་མཚུངས་པ་ཅིག་མི་མཆིའམ་གསུང་། ཁོ་བོས་ཅི་འདྲ་ནའང་འདྲ། གླེགས་བམ་དེ་ལ་བག་ཆགས་འཛོག་པ་ཡིན། ཚུར་སྟོན་བྱས་པས། ཁོང་ན་རེ། བསླབ་གསུམ་ཐབས་དང་ཤེས་རབ་ནི། །ནམ་ཡང་འབྲལ་བར་མི་བྱའོ། །ཞེས་གསུངས་པ་ལེགས་ཏེ། འཇིག་རྟེན་ན་གྲོགས་ཚངས་པ་མཚུངས་པར་སྤྱོད་པ་ཁྱེད་འདྲ་བ་རྙེད་པར་དཀའ། བསྟན་འཚལ་གསུངས་ནས་འཁར་གསིལ་བདེ་མོ་ཅིག་གདའ་བའི་སྦུ་གུ་ནས་གླེགས་བམ་དཔངས་མཐོ་ལ་ཞེང་དུ་རྒྱས་པ་ན་བཟའ་རིམ་པ་བདུན་གྱིས་གཡོགས་པ། གོས་ཆེན་གྱི་སྣ་རགས་ཅན་ཅིག་ཕྱུང་ནས་བྱུང་། ཁོ་བོས་ད་དུང་ན་བཟའ་རྣམས་རིམ་གྱིས་བསལ་ནས་སྟོན་པར་ཞུ་ཞུས་པས། དེར་ཁོང་གིས་ན་བཟའ་ཕྱི་མའི་ཕྱི་མ་རྣམས་ཐང་ལ་བཏིང་ནས་གདན་བདུན་བརྩེགས་ཅིག་གི་སྟེང་ན། གླེགས་བམ་སྒྲོམ་དང་བཅས་པ་བཞག་པས། འོད་དཀར་པོ་གཅིག་ཀྱང་ཟུག་པ་ཁོ་བོས་མཐོང་ནས། ཡན་ལག་བདུན་པ་གཅིག་ཀྱང་བྱས། མཆི་མ་ཤར་བྱུང་སྟེ། རིག་པ་ཕྱད་ཕྱོད་ཀྱི་ངང་ནས་འདི་སྐད་ཕུལ། ། པ་ཐུགས་རྗེས་ཟུང་ཅིག་སྐྱིང་རྗེ་ཅན། །ངས་ཉེན་དང་མཚན་དུ་ཁྱེད་བསམས་ནས། །ཁྱེད་བླ་མའི་གསུང་ལ་གཅེས་སྤྲས་བྱས། །ཆོས་རྒྱ་མཚོའི་དབྱིངས་ནས་ཟླ་བ་རྒྱས། །བདག་ཐུགས་རྗེས་ཟུང་ཞིག་སྤྱན་རས་གཟིགས། །ཁྱེད་འོད་དཔག་མེད་

པའི་བསིལ་ཟེར་ལ། །ང་ཚད་པས་གདུངས་པ་སྐྱབས་ཞུས་ནས། །ཆོས་ངོ་སྤྲོག་མཛད་པ་ཇི་ལྟར་ལགས། །ཕ་གསོལ་བ་འདེབས་སོ་རྒྱལ་བ་འབྲོམ། །ངས་བློ་ཕུགས་ཐམས་ཅད་ཡར་གཏད་ནས། །ཆོས་གདམས་པས་ཚིམ་པར་མཛོད་ཞུས་ཀྱང་། །ད་ནོར་བུའི་གཏེར་མཛོད་མི་གདའ་བ། །ཕ་མར་ལ་གཟིགས་ཤིག་མཁྱེན་རབ་ཅན། །ངས་ཡིངས་པ་མེད་པར་ཁྱེད་བསྟེན་ནས། །ད་བུམ་པ་གང་བྱོར་ཡོད་སྙམ་ན། །ད་སྙིང་པོར་དྲིལ་བ་མི་གདའ་བ། །ཕ་མཉམ་པ་མེད་པའི་རྒྱལ་བ་འབྲོམ། །མི་བདག་གི་བླ་མ་སུ་ལའང་མེད། །ད་ཐུགས་ཀྱི་དཀྱིལ་དུ་བཅངས་སོ་ཞུས། །ང་ཐུགས་ཀྱི་ཐིག་ལེ་མི་གདའ་བ། །ལུས་བྱེ་བ་སྟོང་དུ་ཞིག་ཀྱང་རུང་། །སྡུག་བསྔལ་བའི་མེ་ལ་སྲོས་ཀྱང་རུང་། །ཕ་ཁྱེད་ཀྱི་རྒྱལ་སྲིད་འཛིན་ཞུས་ན། །ད་ནོར་གྱི་སྙིང་པོ་མི་གདའ་བ། །རྗེ་བརྒྱུད་པ་གསུམ་གྱི་དམ་ཆོས་རྣམས། །རྗེ་ཨ་ཏི་ཤ་ཡིས་ཁྱེད་ལ་གནང་། །དེ་ཐམས་ཅད་བདག་གིས་ཐོབ་གསུངས་ནས། །ད་སྐབས་དོན་བསྡུས་པ་མི་གདའ་བས། །ངས་གསུང་ངག་བཅག་གམ་ཐུགས་སུན་ཕྱུང་། །ཡར་རིང་ལ་སླེགས་སམ་ཐུགས་ཚོད་བཟུང་། །ངས་བླ་མ་མཉེས་པ་འབབ་ཞིག་ལས། །དོན་ལོག་པར་བྱེད་པ་མ་མྱོང་ན། །ཕ་མི་མངོན་དབྱིངས་ནས་མཁའ་ལ་བྱོན། །གསུང་ལྷག་ཆད་མེད་པར་བབས་ཀྱིས་ཁྲོལ། །ཕ་དེ་སྐད་བྱ་བ་ཅི་ལ་ཟེར། །དུས་དེང་སང་གོ་མ་ཆོད་པར་མཐོང་། །དེད་སྐུ་མཆེད་གསུམ་པོ་བླ་མའི་དྲུང་། །དུས་ཡུན་དུ་བསྟེན་ལ་ཁྱད་པར་མེད། །ཞབས་སྤྱི་བོར་བླངས་པ་ཐེག་པར་མཉམ། །སེམས་རྩེ་གཅིག་གདུང་བས་བློ་ཕུགས་གཏད། །ཕ་བུ་གསུམ་ཐུགས་རྗེ་སྐྱོངས་ཞུས་པས། །བུ་ལེགས་སོ་སྟོད་ལྷུན་རིན་ཆེན་གསུམ། །རྗེ་སངས་རྒྱས་རྣམས་ཀྱིས་རིམ་བརྒྱུད་པའི། །རྗེ་བླ་མ་རྣམས་ཀྱི་གདམས་པ་ཡོད། །ཁྱོད་སྟོད་སྐྱོན་སྤོངས་ལ་ང་ལ་བརྟེན། །ཆོས་ཟབ་མེད་བདུད་རྩིས་བསྐྱང་ངོ་གསུང་། །ད་འདི་ལྟར་འདྲ་བ་ཡོངས་འཛིན་པ། །དེ་ཅི་ལགས་ཁྱེད་ཀྱང་བཙུན་གསུང་ངམ། །ཞེས་པོ་པོས་སྨྲས་པ་དང་། །པོང་གི་ཞལ་ནས།

སྔོན་རྒྱ་གར་ཆོས་ཀྱི་ཕོ་བྲང་དུ། །རྗེ་མགོན་པོ་ཐུགས་རྗེ་ཆེ་ལྡན་པ། །སྔར་གྲངས་མེད་གསུམ་དུ་ཚོགས་བསགས་ནས། །དེར་བཅུ་གཉིས་མཛད་པས་མངོན་སངས་རྒྱས། །ཁོང་ཉན་རང་རྣམས་དང་མི་འབྲལ་བར། །དུས་རྒྱུན་ཆད་མེད་པར་ཆོས་གསུངས་ཀྱང་། །དོན་ཐེག་པ་ཆེན་པོ་མ་ཐོས་ལོ། །ཁོང་རྒྱལ་བའི་ཐུགས་ལ་རྟོག་པ་མེད། །ཆོས་ཐེག་པ་མཆོག་དེ་ཡོངས་བཟང་ནའང་། །ཁོང་ཐེག་པ་དམན་པས་ག་ལ་རྟོགས། །སྲས་ས་བཅུ་རྣམས་ཀྱི་སྤྱོད་ཡུལ་ཡིན། །གྲོགས་རིན་ཆེན་གསལ་བ་ང་ལ་ཉོན། །དོན་དེ་ལྟ་བས་ན་དམ་ཆོས་འདི། །ཕ་མི་མངོན་དབྱིངས་ན་མཁྱེན་པ་ཅན། །ཐུགས་ཟབ་ཡངས་ཀློང་ནས་འདི་གནང་ནས། །དོན་གནད་ཀྱིས་ཕྱུལ་ནས་བསྒོམས་ཞེས་གསུང་། །གྲོགས་རིན་ཆེན་གསལ་བ་ང་ལ་གསོན། །འབྲོམ་ཆོས་ཀྱི་རྒྱལ་པོས་སྲས་གསུམ་སྐྱོངས། །ཐུགས་མཉམ་པ་ཉིད་དུ་ཆོས་རྣམས་བྱིན། །ཚིག་གཅིག་ཀྱང་མང་ཉུང་མ་མཆིས་པར། །སེམས་ཚིམ་པར་སྐྱོངས་ཕྱིར་རྣམ་རྟོག་སྤྲུར། །དེ་མཁྱེན་པར་མཛོད་ཅིག་གྲོགས་ཀྱི་མཆོག །གསུངས། ཡང་ཁོ་བོས། ཐུགས་མི་རྟོག་གཡོ་བའི་རྒྱལ་བ་འབྲོམ། །གསུང་མི་སྨྲ་གཅིག་པུར་འདི་འདྲ་སྒྲོགས། །ཆོས་མཉམ་ཉིད་གསུངས་པས་ཆོས་ལུགས་གསུམ། །དོན་གཅིག་ཏུ་དྲིལ་བས་སྣ་ཚོགས་ཤར། །ངས་སེམས་ཅན་ཐམས་ཅད་ཡོངས་བཟུང་ནས། །སེམས་གཡོས་པ་མེད་པར་གོལ་སར་ཤོར། །ཚིག་སྐྱི་རེ་གཡའ་ན་ཅི་ཡང་ཐོས། །ང་རིན་ཆེན་གསལ་གྱི་ཉན་རང་ངམ། །རང་གཅིག་པུར་རྒྱུ་བའི་ས་བཅུའམ། །ཕ་ར་མདའ་མཛོད་ཅིག་རྫུ་འཕྲུལ་ཅན། །དུས་ད་ལྟར་དབུགས་ཕྱུང་ལ་གོར་ཕྱིན། །འདིར་འགལ་བའི་མདུད་ཕུར་བཤིག་རེ་རན། །ཞེས་ཞུས་པ་དང་། ར་སྒྲེང་གི་ཕྱོགས་ངོས་ནས། སྤྲིན་དཀར་པོ་མདའ་བཏང་བ་འདྲ་བ་ཅིག་བྱུང་སྟེ། དེའི་སྣ་ལ་ལྷའི་བུ་དཀར་པོ་མེ་ཏོག་པདྨ་ཡུ་བ་དཀར་པོ་འདབ་མ་བཅུ་ཙམ་ཡོད་པ་བཟུང་བ་ཅིག་རྐེད་པ་མན་ཆད་སྤྲིན་གྱི་གསེབ་ན་ཐེབ་བེ་བྱས་ནས། ཕ་ཐུགས་རྗེའི་སྤྲིན་ལ་རྟོག་པ

མེད། །ཡར་གསོལ་བ་བཏབ་ན་སྲུང་ཆར་འབྱུང་། །བུ་ཡོན་ཏན་ས་ཆེན་བརྟེན་པར་མཛོད། །རྒྱུད་བདེ་བའི་ལྗོན་པ་རྒྱས་པར་འགྱུར། །ཆོས་ལེགས་བཤད་གསེར་གྱི་ཕྲེང་བ་འདི། །ང་ཏ་རའི་ཁབ་ཏུ་རྒྱན་དུ་བཀོད། །དུས་འདི་ལྟར་གཡོ་བར་འགྱུར་དོགས་ནས། །ངས་བཀའ་རྒྱ་སྐྱེ་མེད་རྒྱ་ཡིས་གདབ། །གནས་འགྲོ་བ་ཡོངས་ཀྱི་འདྲེན་པ་མཆོག །ལྷ་འཇམ་པའི་དབྱངས་ཀྱིས་འདི་བཀོད་ནས། །དུས་དིང་སང་ཡན་ཆོད་བརྒྱུད་པ་བཞིན། །བུ་མ་གཡོ་མ་གཡོ་རིན་ཆེན་གསལ། །ལྷ་དཀོན་མཆོག་གསུམ་གྱིས་བྱིན་གྱིས་བརླབས། །ཆོས་བསླབ་པ་གསུམ་གྱིས་ཡོངས་སུ་བཏུལ། །སྲས་ཐུ་བོ་གསུམ་དུ་ཡོངས་སུ་བསྐྱངས། །ཚིག་གཅིག་ཀྱང་ཉེ་རིང་མ་བྱས་པར། །གནས་ར་སྒྲེང་དཔལ་གྱི་གཙུག་ལག་ཏུ། །ཆོས་ཐེག་པ་གཅིག་གིས་ཚིམ་པར་བྱས། །ད་ཐམས་ཅད་མཁྱེན་པར་མི་གཡོ་བར། །སྐུ་མི་འགྱུར་བརྗིད་པར་བརྟན་པ་བཞུང་། །གསུང་འགག་པ་མེད་པར་ཆོས་ལ་སྤྱོད། །ཐུགས་འཁྲུལ་པ་མེད་པར་ཤེས་བྱ་སྐྱོངས། །འདི་མ་ཚང་མེད་པར་ཁྱོད་ལ་ཡོད། །ད་ཉམས་སུ་བླངས་ན་ཀུན་ཏུ་དགེ །ཞེས་གསུངས་ནས་སྐུ་ཁྲིན་ལ་ཐིམ། ཁྲིན་མཁའ་ལ་ཡལ་ཏེ་ཐལ་བ་དང་། །ཁོང་ན་རེ། དུས་གསུམ་རྒྱལ་བ་རྣམས་ཀྱི་བསྟན་པ་མཆོག །ཐོག་མཐའ་བར་དུ་དགེ་བ་ནོར་བུའི་གླིང་། །དོན་གཉེར་དགོས་འདོད་འབྱུང་བའི་ལྷག་བསམ་ཅན། །དམ་ཆོས་ཀུན་ཏུ་རྒྱས་ཀྱང་འདིར་བསྡུས་གདའ། །ཁོ་བོས་ལན་དུ། ད་དུང་དབྱིབས་དང་ཁ་དོག་གསལ་བར་མཛོད། །སྣང་ལ་མ་ངེས་ལྷག་པར་ཐེ་ཚོམ་སྐྱེ། །ཡ་མཚན་མཆོག་ལྷ་སྐུ་ཡི་རང་མཚན་སྟོན། །ཤིང་གི་སྒྲོམ་ཆུང་དེ་ཡང་དབྱེ་རུ་གསོལ། །ལན་དུ། འདི་གདོད་སྟོང་ཉིད་སྟོང་པའི་བཀའ་རྒྱས་གདབ། །མ་ཚང་མེད་པར་ཤིན་ཏུ་ཤོག་ཚགས་དམ། །དཔའ་བོའི་སེན་མདུད་རྒྱ་མདུད་དམ་པོས་བཅིངས། །འདི་ཟུར་ཚད་མེད་ཆོས་ཀྱིས་རབ་བརྒྱན་ཏོ། །དམ་པ་ཁྱོད་ལ་བསྟན་པར་མོས་ན་ཡང་། །བླ་མ་བཞི་ཡིས་ཟུར་བཞི་བཀའ་རྒྱས་བཏབ། །བཞི་གསུམ་བཅུ་གཉིས་

བསྟན་མའི་ཚོགས་རྣམས་ལ། །བསྟན་པ་འདི་སྲུངས་གསུངས་ནས་དམ་ལ་བཏགས། །བཤེས་གཉེན། དེ་བས་འདི་ནི་ཤིན་ཏུ་བསྟན་པར་དཀའ། །མཁྱེན་པར་མཛོད་ལ་སྣང་ཙམ་འདི་ལ་གཟིགས། །ཡང་ཕོ་བོས། གསེར་སྒྲོམ་སེར་པོ་མཐིང་གི་ཁ་རྒྱན་ཅན། །བང་ཚུང་དཀར་པོ་དུང་གི་ཕྲ་བཀོད་པ། །ཟར་བུ་ལྗང་གུ་ནོར་བུས་རབ་བརྒྱན་པ། །གཟེར་ཆེན་སྒོ་བཞི་རྒྱལ་པོ་བཞི་ཡིས་བརྒྱན། །གཞི་གདན་འཕང་མཐོ་དབྱིབས་དང་ཁ་དོག་མཛེས། །བདེ་གཤེགས་དབུ་རྒྱན་བཀོད་པ་བསམ་མི་ཁྱབ། །སྒོ་བ་བཞི་ལ་སྒོ་མ་བཅུ་གཉིས་ཏེ། །གཟེར་བུ་འཛིན་ཅིང་སྒོ་འབྱེད་སྟོམ་པའི་ཚུལ། །སྒོ་མ་བཞི་ནི་མཛེས་པའི་གར་རྩེ་སྟེ། །ཛ་ཧཱུྃ་བཾ་ཧོཿཡིས་ལྕགས་ཀྱུ་ཞགས་པ་ལྕགས་སྒྲོག་དྲིལ་བུ་འཛིན་པའི་གཟུགས། །རྡོ་རྗེ་རྐེད་པ་མཉེན་ཅིང་རབ་ཏུ་གཡོ། །ནུ་མའི་པད་འབུར་སྟོན་ཅིང་འཛུམ་བག་ཅན། །ལ་ལ་རྐན་དང་དར་མའི་ཚུལ་བསྟན་ནས། །འཛིགས་བྱེད་རི་བོ་པང་དུ་ལེན་པའང་གདའ། །ཕྱི་ཡི་བཀོད་པ་འདི་ལྟར་ཕུན་ཚོགས་ན། །ནང་གི་བཀོད་པ་བསམ་གྱིས་མི་ཁྱབ་པས། །ཐེ་ཚོམ་བསལ་ཕྱིར་བདག་ལ་བསྟན་པར་ཞུ། །སྟོད་སྐྱོན་སྤངས་ལ་ཅི་གསུང་བསྒྲུབ་པར་བྱ། །ཞུས་པས། ཕོང་གི་ཞལ་ནས། ནང་ལ་ནང་ཡོད་འདི་ལ་ཐུག་པ་མེད། །བསྟན་པས་མི་གང་འདི་ལ་ཕྱོགས་མཐའ་མེད། །བཙལ་བས་མི་རྙེད་འདི་ནི་ཟབ་དོན་ཡིན། །གལ་ཏེ་བལྟ་ན་བླ་མའི་ཐུགས་ཀ་འཁྲིམས། །ཡང་ཕོ་བོས། རྒྱལ་པོ་སྒོ་མ་དག་ལ་བཀའ་བསྒོས་ལ། །སྒོ་ཕྱེ་ཕོ་བྲང་འདི་ནང་བསྟན་པར་འཚལ། །དེ་མཐོང་ན་ནི་རིམ་གྱིས་ཐུགས་ཀ་མཐོང་། །དེ་བས་དམ་པ་དམ་པ་མཛད་དུ་གསོལ། །དེ་ནས་ཕོང་གིས་སྒོ་ཕྱེ་སྟེ། སྟེང་ནས་རིན་པོ་ཆེའི་གདུགས་བཤུས་པ་དང་། གླེགས་བམ་བལྟ་བས་ཚིག་མི་ཤེས་པ་དེའི་སུམ་ཆ་རྒྱངས་ཏེ་མཐོང་ནས་ཕོ་བོས་འདི་སྐད་བསྟོད། མཛེས་མཛེས་ལྟ་བས་མི་ངོམས་མཆོག་ཏུ་བཟང་། །དབྱིབས་ལེགས་གྲུ་བཞི་ཟུར་བཞི་འཕང་དུ་རྒྱས། །དེ་ཡང་མཆོད་ཟུར་མཛེས་པར་རབ་ཏུ་བཀོད། །ཕལ་ཆེར་མཛེས་པ་པདྨ་ནྟ་

གའི་མདོག །དེ་ལ་བརྟེན་པའི་བཀོད་པ་དུ་མར་བཀྲ། །བླ་མ་ལྷ་དང་རྒྱལ་སྲིད་མཆོག་ཏུ་བཀོད། །ཐབས་དང་ཤེས་རབ་མཆོག་གི་དབུས་ཤེད་ན། །བསླབ་པ་གསུམ་ལྡན་ཆོས་ཀྱི་ཕུང་པོ་ཅིག །མ་འདྲེས་མ་སྦྲགས་རྣམ་ཐར་གཙང་མར་གསལ། །གཉེན་པོ་མཆོག་ལྡན་བཀའ་གདམས་ཚིངས་ཀྱིས་བསྡམས། །འཇུག་པ་བདེ་བ་གསེར་གྱི་ཨ་ལོང་ལ། །ལྷ་བཞི་ལུས་ཅན་སྡེ་མོར་རབ་བརྒྱུས་ནས། །བཀའ་རྒྱ་ནོར་བུའི་ལྡེ་ཡི་གཟེར་གྱིས་བཏབ། །གང་ཡིན་འདི་ལ་སྤྱི་བོས་རབ་བཏུད་ནས། །བསྟོད་ཅིང་དད་པའི་ཡིད་ཀྱིས་ཕྱག་འཚལ་ལོ། །ཡི་རང་ཆོས་འདི་ནུབ་པ་མེད་པར་ཤོག །ཅེས་རང་གི་སྤྱི་བོར་བླངས་ནས། ལྷ་ཆོས་ལ་དོན་གྱི་དབང་ཞུས་པས། ཁོང་གི་ཞལ་ནས། འཇིག་རྟེན་སྒྲོལ་མ་དགེས་པར་མཛོད། །མ་ལུས་ཚང་བར་བསྟན་འདོད་ཀྱང་། །ཁྱེད་ནི་ཡོངས་འཛིན་རི་རྒྱལ་འདྲ། །ང་ནི་མི་མདོན་ནོར་བུ་ཙམ། །འདི་ལ་དབེན་པར་མཚམས་བཅད་ནས། །དགེ་སློང་ཁྱིའུ་བུ་མོ་དང་། །མཆོད་ཚོགས་བཅུ་དྲུག་བཅུ་དྲུག་བཅས། །བཅུ་དྲུག་ཐིག་ལེའི་སྒྲུབ་པ་འཚལ། །ཁྱེད་ནི་ཆེ་བས་སྟོད་མ་ཡིན། །གྲྭ་པའི་ཚོགས་ནི་རྣམ་གཡེང་ཆེ། །འོན་ཀྱང་ཐུགས་ལ་བཏགས་ཏེ་མཆི། །དེ་བཞིན་ཉིད་དུ་ཐུགས་ལ་བརྟེན། །ཡང་བོ་བོས། ད་དུང་ཚིག་ཙམ་མཐོང་བར་ཞུ། །གསེར་རམ་འོན་ཏེ་བཻ་ཌཱུརྱ། །སྟོང་ཀུན་འཚལ་ལམ་དངུལ་ཡིག་ལས། །རྒྱ་ཡིག་ལགས་སམ་བོད་ཡིག་ལགས། །ཅུང་ཟད་ཤིག་ལ་སྟོད་དེ་སློད། །ཅུང་ཟད་ཁྲོལ་ལ་ལྟད་མོ་སྟོན། །ཞུས་པས། ཁོང་པོ་ཏིའི་གདོང་ལ་ཕྱག་མཇུབ་བཙུགས་ནས། ཅི་ཟེར་གདོང་ལ་གསང་བའི་ཡིག་འབྲུ་གདའ། །འདི་ཡི་ལྟོ་ལ་བཀའ་རྒྱའི་ཡི་གེ་ཡོད། །བསྟན་ཡང་ཁྱེད་ཀྱི་ཐུགས་ལ་ཁེངས་པ་མེད། །དེ་སྐད་མ་གསུང་དེ་ཙམ་རན་ནོ་ཡའི། །འདི་ནི་མི་གཡོ་གདོང་ནག་ཆེན་པོ་ཡིན། །འདི་ནི་རྒྱ་བོད་ལྷ་ཡི་ཡི་གེའང་ཡིན། །གཞན་ཡང་རང་རང་ལུགས་ཀྱི་ཡི་གེར་སྣང་། །སྤྲུལ་པའི་ཆོས་ལ་ངེས་པ་ཅི་ཡང་མེད། །ང་ལ་བོད་ཡིག་ཕུན་སུམ་ཚོགས་པར་གདའ། །འདི་འདྲའི་ཡི་གེ་དེང་

སང་སྲིད་པའང་མེད། །གསུང་། པོ་བོས་ཡེ་མི་སྟོན་ནམ་ཞུས་པས། ཁོང་གི་ཞལ་ནས། གོང་གི་རྒྱུ་མཚན་དེ་རྣམས་ལ་དཔྱོད་ཅིག་གསུང་བ་ནི། འཕྲུལ་བར་སྣ་ན་དམ་པའི་ཚིག །འདོམས་པར་སྣ་ན་མཁས་པའི་ཚིག །འདི་ནི་གཏེར་ཡིག་ཆེན་པོ་ཡིན། །སྣ་ལ་དགའ་བ་གསང་ན་བཙན། །པོ་བོས། འདི་ལ་ཤོག་གྲངས་ཅི་ཙམ་མཆིས། །འདི་ཡི་མཚན་ནི་ཇི་སྐད་གྲགས། །པོ་བོ་མཁས་ན་ཅིས་མི་སྟོན། །ལེགས་པར་བདག་ལ་གསུང་དུ་གསོལ། །ཁོང་གི་ཞལ་ནས། དྲུག་བརྒྱ་བདུན་ཅུ་རྩ་གཉིས་ཤོག་བུའི་ཚད། །ཞུས་ལན་ནོར་བུའི་ཕྲེང་བ་བླ་མའི་གསུང་། ། །ལེགས་བཤད་འདི་ནི་མཁས་ཀུན་རྟོགས་བྱ་མིན། །འདི་ནི་བསྟན་བྱ་མ་ཡིན་སྦ་བའི་རིགས། །གསུངས་ནས། གསེར་སྒྲོམ་དབྱིག་བཀྲོག་ཟེར་ཏེ། ཡུད་ཙམ་ཞིག་ལ་ན་བཟའ་རྣམས་ཀུན་གསོལ་ཟིན་ནས་མི་གདའ་ལགས་པ། ཀྱེ་སློབ་དཔོན་འཛིང་སྒོམ་དེ་འདྲའི་ཡ་མཚན་ཅན་ཅིག་གདའ་སྐྱེ། དེ་དུས་དབུ་མཛད་ཁོང་རྗེ་རྒྱང་གང་ཙམ་ཅིག་ཡར་ལ་འཕགས་ཏེ་གཤེགས། པོ་བོས་བདག་ལ་ཕྱི་མིག་ཅིག་གཟིགས་པར་ཞུ་ཞུས་པས། ཁོང་གི་ཞལ་ནས། གྲོགས་པོ་དམ་པ་མཐོང་བ་དགའ། །སངས་རྒྱས་བསྟན་པ་རྙེད་པར་དགའ། །དགེ་བའི་བཤེས་དང་མཇལ་བ་དཀོན། །གཉེན་པོ་བསྟེན་ན་བཀའ་གདམས་ཡིན། །གསུང་། པོ་བོས་འདི་སྐད་ཞུས། བླ་མའི་ཡོན་ཏན་ནམ་མཁའ་འདྲ། །པོ་ཏི་འདི་ནི་ཤིན་ཏུ་ཆུང་། །ཚོད་འཛིན་བྱས་ན་སྡིག་པ་ཆེ། །དེ་བས་རྒྱ་ཆེར་མ་སེམས་ཤིག །ཡོན་ཏན་པ་མཐའ་ཡས་པའི་ཕྱིར། །བདག་གིས་ཡི་གེར་མ་བཀོད་དོ། །ཀ་ནི་ཀ་ཏུ་བཞེས་པ་ཡོད། །དྲི་མ་མེད་དུ་བཞེས་པ་ཡོད། །འོད་ཟེར་འཕགས་སུ་བཞེས་པ་ཡོད། །རྒྱལ་བས་བྱིན་དུ་བཞེས་པ་ཡོད། །འབྲིན་སྐྱོང་ཉིད་དུ་བཞེས་པ་ཡོད། །ཀུ་རྒྱན་རྒྱལ་པོ་མཛད་པ་ཡོད། །མདོར་ན་དེ་འདྲ་དཔག་ཏུ་མེད། །ཉི་ཤུ་གཉིས་སུ་ཚོད་མི་ཟིན། །བཞི་བཅུ་ཞེ་བརྒྱད་ལེའུ་ཇུང་། །སྐྱེ་ཐང་ཡེར་པ་མཁའ་ཁྱབ་མིན། །པོ་ཏ་ལ་ཡི་ཞུས་ལན་མེད། །བདེ་

བ་ཅན་གྱི་ཞུས་ལན་མེད། །སྡུག་པོ་བཀོད་པའི་ཞུས་ལན་མེད། །སུམ་ཅུ་རྩ་གསུམ་ཞུས་ལན་མེད། །གཙུག་ལག་ཁང་གི་ཞུས་ལན་མེད། །ཏིང་ངེ་འཛིན་གྱི་ཞུས་ལན་མེད། ཟ་མ་ཏོག་གི་ཞུས་ལན་མེད། །གར་གྱི་ཞུས་ལན་རྒྱས་པ་མེད། །འདིར་ནི་ཐིག་ལེ་ཙམ་ཞིག་བསྟན། །ཞུས་ལན་དག་ཀྱང་བོད་དང་བསྟུན། །ཚིག་འབྲུ་དག་ཀྱང་འཕྲུལ་སྐད་ཡིན། །འདི་འདྲ་འདི་ལའང་ཁོ་བོ་མཁས། །དེ་བས་རིན་ཆེན་གསལ་བ་ཡིན། །ཆུང་ངུས་ཁེངས་ན་མཁས་པ་མིན། །མཆོག་ཏུ་འཛིན་ན་བཙུན་པ་མིན། །རང་དོན་གཉེར་བ་བཟང་པོ་མིན། །ཕོ་ཚོད་འཛིན་ན་སྲས་པོ་མིན། །བདེ་བར་རང་བཞིན་གནས་སུ་ཐོན། །ཀུ་རེ་བྱས་པ་མཐོལ་ལོ་བཤགས། །གྲོགས་མཆེད་ཕེབས་པའི་རྩེད་མོ་ཡིན། །ཞེས་ཞུས་པས། དབུ་མཛད་ལ་དེ་དུས་སུ། ཁྱོད་ལ་ཡོད་པས་ཚིག་མོད། ཉ་ར་མཛོད་གསུང་བ་ལས་བྱ་རྒྱུ་མ་བྱུང་ཧེ་ཧེ་གསུངས་པ་དང་། ཐམས་ཅད་བཞད་གད་ཐེག་པ་ཅིག་བྱུང་། སྨྱན་ཐུ་ན་རེ། ཁྱེད་ཀྱི་གསུང་གླེང་དེ་རྣམས་སྐབས་སུ་བབ་སྙིང་ཆེམ་པོ་ཡིན་གསུང་། འཛིང་སྒོམ་ན་རེ། ནང་ཇི་ལྟར་ཡོད་ཚུལ་མི་སྟོན་པ་ཁྱིད་མད། འོ་སྐོལ་གྱི་ཆོས་རྒྱུད་འདི་སྨྲས་པའི་རྣལ་འབྱོར་པའི་ཆོས་བརྒྱུད་ཡིན། གདམ་ཀྱི་རིགས་འདི་རྩིག་གསེབ་ལ་འགྲོ། མན་ངག་ཟབ་མོ་གསང་ན་བཙན། སྤྱིར་ཡང་སྡིག་པའི་རིགས་འདི་སྒྲོགས་ན་མཛད། དགེ་བའི་རིགས་འདི་གསང་ན་འཕེལ་བ་ལགས། འོན་ཀྱང་བསྟན་པ་འདི་འཁོར་བ་མ་སྟོངས་ཀྱི་བར་དུ་དགོས་པ་ཡིན་པས། ཡུན་བསྲིངས་ན་གང་ནས་གང་དུ་བརྒྱུད་མི་ཤེས། གནས་གང་དུ་གང་ཟག་སུའི་སྙིང་དུ་འབབ་མི་ཤེས་ཙ་ན། དེ་ལ་རྗེ་བོ་ཡབ་སྲས་ཀྱི་གནས་འདིར་ཆོས་འདི་ཙམ་ཅིག་གསུངས་ནས་ཡོད་པར་གདའ་སྙེ། དེ་གང་ཟག་འདི་དང་འདི་ལ་ཡོད་ཚོད་གདའ། ཞེས་བྱ་བ་ཅིག་ཙམ་ཀུན་གྱི་རྣ་ཡུལ་ནའང་ཡོད་དགོས། དེ་ཙམ་ཞིག་མེད་ན་སུ་ཅིག་མོའི་གཏེར་ཡིན་ནོ་ཟེར་བ་ཅིག་བྱུང་ན་དེ་ལས་གཞན་པའི་སུ་ཅིག་མི་མང་པོ་ཡིད་མི་ཆེས། ཁོང་སྒོམ་ཆེན་པའི་ལད་

མོའང་བག་ཙམ་བྱ་འཚལ། ཆོས་ཟབ་མོ་ཅིག་ངེད་ལ་ཡོད་དེ། སྟོད་མིན་རྣམས་ཀྱིས་རྟོགས་པར་དཀའ། གནས་འདིར་བླ་མ་འདི་སྐད་བྱ་བས་གང་ཟག་རྟོགས་ལྡན་འདི་སྐད་བྱ་བ་ལ་གསུངས་ཞེས་སྨྲས་ནས། ཞུ་རུ་བྱུང་བ་དང་། དགོན་པ་བསྟན་པས། ཕྱིས་རེ་རེ་ཙམ་ལའང་བསྟན་ཙ་ནའང་། བླ་མ་དང་ཆོས་ལ་གཅེས་སྤྲས་སུ་བྱེད་པ་ཅིག་འོང་བ་ལགས། གསུངས་པས། ཞུ་ཆུང་པ་ན་རེ། ཅི་གསུངས་ཐོས་བསམ་ཞུང་ནས་གདའ། །སྒྲུབ་པར་མི་འཚལ་ལྷ་ཅིག་མཆིས། །མོས་གུས་ཡོད་ན་བླ་མ་འབྱོན། །སྟོད་དང་ལྡན་ན་གསང་ནས་འོང་། །སྙིང་ལ་བཅངས་ན་ཡུན་དུ་འཕྲོད། །ཁ་རོག་བསྡད་ན་སྨྲ་མཆུ་ཞུང་། །གནས་དང་གང་ཟག་བསྟན་གྱུར་ན། །དེ་ལས་གཞན་པའི་ཟབ་དོན་དཀའ། །འདི་ཡི་ལུགས་ལ་ང་དབང་ཆེ། །འོན་ཀྱང་མི་གཞི་ཀྱོང་བར་འགྱོ། །ཅུང་ཟད་བསྟན་ན་ཏུང་སྲིད་དམ། །འཕྲོམ་རྗེ་དེ་ཡིས་བསྟུས་པ་ཡིན། །གསུངས་པས། སྤྱན་སྔ་ན་རེ། དབུ་མཛད་སྟོད་རྟག་འཚལ་བ་ཡིན་མོད། ཆོས་ཀྱང་ངོ་མཚར་ཆེ། བཀའ་རྒྱའི་དགོས་པ་ཅི་ཡིན། འོན་ཀྱང་འཛོང་སྒོམ་ལ་གནས་དང་བླ་མའི་མཚན་ཐོ་རེ་བ་ཅིག་དགོས་པ་མ་ལགས་སམ་ཟེར། ཞུ་ཧོ་བ་ན་རེ། ཁྱེད་གཉིས་པོ་ཐུགས་རྗེ་གཅིག་ཏུ་གནས་ཙ་ན་གང་ཞུས་དང་འོང་གིས། ད་ལན་ཞུས་དང་། ངས་ཀྱང་ཞོར་ལ་མཉན་གྱིས་གསུངས་པས། ཞུ་ཆུང་བའི་ཞལ་ནས། རྒྱལ་བ་རྒྱལ་སྲས་ཐུགས་རྗེ་ཅན། །འཇིག་རྟེན་ཀུན་ཏུ་ཐུགས་བརྩེ་བས། །སྔོན་དུས་ཨུ་རྒྱན་གནས་སུ་གསུངས། །དེ་ནས་རྒྱ་གར་གནས་སུ་གླིངས། །དེ་ནས་བལ་པོ་མངའ་རིས་ནས། །རིམ་གྱིས་ཁྲུ་ཡི་ཐང་ཆེན་དུ། །དེ་ནས་བཞུགས་གནས་སྙེ་ཐང་འོར། །ལམ་དང་ལམ་གཞན་དག་ཏུའང་གསུངས། །ཐུན་མོང་མ་ཡིན་དམ་ཆོས་རྣམས། །རྣམ་རྟོག་ཡིར་པའི་ཁྲོད་ཤེད་ཐོས། །ཕལ་ཆེར་ལྷ་རི་སྙིང་པོ་ཡིན། །བཞུགས་གནས་ཕལ་ཆེར་ཆབ་ཆུའི་དྲུང་། །གཙོ་བོར་གྱུར་པ་གཟིམས་ཁང་ཡིན། །ཁྲམས་པའི་དྲུང་དུ་གསུངས་པའང་ཡོད། །རྗོ་བོ་ཐུགས་རྗེ་ཆེན་པོ་

ལས། །ལེགས་པའི་ཤེས་རབ་འཇམ་པའི་དབྱངས། །ཤེས་རབ་རྒྱལ་མཚན་དེ་ལས་འཁྲུངས། །ཕན་བདེའི་འབྱུང་གནས་བླ་མ་ཡིས། །གསུངས་རྣམས་བསྡུས་ཏེ་འཇམ་དཔལ་དེས། །ནགས་ཁྲོད་དབེན་པར་བསྐོད་ཅེས་གདའ། །སེམས་དཔའ་ཤེས་རབ་རྒྱལ་མཚན་མཐུས། །གཞོན་ནུ་དེ་ལ་གནས་པར་གདའ། །ཇི་སྲིད་ནམ་མཁའ་མ་རྣག་པར། །བྲི་མོར་མ་གྱུར་ཕུན་སུམ་ཚོགས། །དབེན་པའི་གནས་ནས་འཕེལ་གྱུར་ཅིག །དེ་ཙམ་ཅིག་ཉིད་ངེས་པར་མཛོད། །ད་ནི་བདག་ཀྱང་མྱུར་དུ་འཆི། །རིང་པོར་མི་ཐོགས་ལམ་ལ་འཇུག །མཆེད་གྲོགས་དམ་པ་བདེ་བར་མཛོད། །གྲོགས་ངན་དབང་དུ་མ་སོང་བར། །བསྟན་པ་རིན་ཆེན་སྙིང་དཀའ་བས། །རང་གི་སེམས་ཉིད་ཡོངས་སུ་ཐུལ། །ཁྱད་པར་སྐུ་མཆེད་ང་ལ་གསོན། །ཁྱེད་གཉིས་འགྲོ་བ་འདྲེན་པའི་ཕྱིར། །མི་སྣ་མང་པོ་བསྡེབ་དགོས་པས། །ཆེ་ཆེ་མང་ན་བསྟན་པ་འཛིག །འགྲོམ་གྱི་བསྟན་པ་སྐྱོང་བ་ལ། །འདུལ་བ་བཞིན་དུ་བགྱིད་འཚལ་ལོ། །དིང་སང་གཉིས་པོའི་གྲལ་ན་ཡང་། །མི་ཆེན་མང་པོ་འདུག་ཅེས་ཐོས། །ཉེ་གནས་གདུང་གཉེར་གྱུར་པ་ལ། །ཀུན་དགའ་བོ་ལས་ཆེ་བ་མེད། །དམ་པའི་གཙུང་དུ་གྱུར་པ་ལ། །མཛེས་དགའ་བོ་ལས་ཆེ་བ་མེད། །སྲས་པོ་རྣམས་ཀྱི་མཆོག་གྱུར་པ། །སྒྲ་གཅན་ཟིན་ཉིད་ཆེ་བར་གྲགས། །ཐོས་པ་ཆེ་བའང་ཀུན་དགའ་བོ། །ཤེས་རབ་ཆེ་མཆོག་རབ་འབྱོར་ཡིན། །མདོར་ན་དེ་ལ་སོགས་པ་མང་། །ཆེ་མོད་བསླབ་པའི་གྲལ་དུ་བསྡད། །བསྟན་པ་མཆོག་ལ་རབ་བྱུང་ནས། །རིགས་ངན་རྒྱལ་པོའི་གོང་དུ་འགྲོ། །སངས་རྒྱས་ཐུགས་རྗེ་རབ་ཏུ་ཟབ། །ཕྱི་རབས་ཆགས་སྡང་བྱུང་ལ་གཟིགས། །དེ་བཞིན་བསླབ་པའི་གྲལ་མཛོད་ལ། །ཐམས་ཅད་སྙོམས་པར་ཆོས་ཀྱིས་སྐྱོངས། །ཀུན་ལ་མཁས་ཀྱང་དྲིལ་མཛོད་ལ། །བཀའ་གདམས་རྒྱལ་མཚན་བསྟན་པར་གྱིས། །གསུངས། དེ་ནས་སྐུ་མཆེད་གཉིས་རང་རང་གི་གནས་སུ་གཤེགས། ཕུ་ཆུང་བ་ནི་སྣེ་མོའི་ཕུག་རིངས་སུ་གཤེགས། དེའི་ཚེ་ཀ་མ་ན་རྣལ་འབྱོར་པ་རིན་ཆེན་རྒྱལ་

མཚན་ཞེས་བྱ་བ་རང་བཞིན་གྱི་རྣལ་འབྱོར་པ་ཕྲུ་གུ་ཅིག་ཡོད་པ་དེས། ཟླ་བ་དྲུག་ཏུ་ཐུགས་རྗེ་ཆེན་པོའི་སྒྲུབ་པ་མཛད་ནས། སླར་ཡང་ཐུགས་རྗེ་ཆེན་པོས་བསྐུལ་ཏེ་རྟ་མྒྲིན་མོའི་ཕུག་རིངས་སུ་བྱོན་པས། མདའ་རྒྱང་གང་ཙམ་ནས་འོང་པ། བྱང་ཆུབ་སེམས་དཔའ་གཞོན་ནུ་རྒྱལ་མཚན་གྱིས་གཟིགས་ནས། སེམས་དཔའ་མཆོག་ལྡན་ཚུར་ལ་ཤོག །སྨོས་པ་ཆེན་པོ་དགའ་བར་བྱོན། །ཁྱོད་ལ་གསེར་གྱི་ཕྲེང་བ་སྦྱིན། །ང་ནི་ལོ་ཕྱེད་ཟླ་ཕྱེད་གཅིག་ཞག་ལྔ་ནས་འགྲོ། །དེ་ཙམ་བར་དུ་ང་ལ་བརྟེན། །ཀླ་མ་བཟང་པོས་བྱིན་གྱིས་བརླབ། །ཁྱོད་ཀྱི་ལུས་དེ་ལྷ་བཞིར་སྒྱུར། །གནས་གསུམ་ཡིག་འབྲུས་རབ་ཏུ་བརྒྱན། །ཚད་མེད་བཞི་ཡི་གཏེར་ཁ་སྦྱིན། །གནས་ལུགས་སེམས་ཀྱི་ཐིག་ལེར་བཞུགས། །སྲས་གཅིག་ཚུར་ཤོག་ཚུར་ལ་བྱོན། །དིང་སང་འོད་ཀྱི་གཞལ་ཡས་ཡོད། །དཀར་པོ་སྤྲིན་གྱི་གུར་ཕུབ་ནས། །འོད་གསལ་སེམས་ཀྱི་མེ་ལོང་ལ། །སྟོང་མིན་བཞིན་གྱི་རྟོག་པས་དབེན། །དོ་ནུབ་ཕེབས་པའི་གསུང་གླེང་མཛོད། །ཟླ་དྲུག་ཟླ་ཕྱེད་ཆོས་འདི་བསྒོམ། །བུ་ཅིག་ཕ་ཡི་དྲུང་དུ་ཤོག །གསུང་། དེ་ནས་རིན་ཆེན་རྒྱལ་མཚན་གྱིས་སྨྲས་པ། ཁོ་བོ་བསོད་ནམས་སྐལ་བར་ལྡན། །སྲིད་པའི་ཆུ་བོས་ཁྱེར་བ་ཡི། །ཉམ་ཐག་ང་རོ་འབོད་པ་རྣམས། །དིང་སང་འཇོངས་པའི་དབུ་བརྙེས་པ། །ཟླ་དྲུག་གོང་ནས་མགོན་པོ་བྱོན། །དིང་སང་བླ་མའི་དྲུང་དུ་སླེབ། །རང་དོན་དམན་པའི་འཁྲི་བ་ཆོད། །ཁ་ཕུབ་སྐྱོན་དང་བདག་མི་ལྡན། །རང་དོན་འཁྲི་བའི་སྐྱོན་ཡང་ཆོད། །སྲིགས་པ་ཙམ་ཡང་ཡོད་མ་ཡིན། །གཞན་དོན་འབའ་ཞིག་ཡོངས་སུ་འཛིན། །ཞབས་རྡོལ་སྐྱོན་དང་མི་ལྡན་པས། །ཐུགས་རྗེ་ཆེན་པོས་བསྐྱང་བར་ཞུ། །ཇི་ལྟར་གསུང་བཞིན་བསྒྲུབ་པར་བྱ། །ཞེས་ཞབས་ལ་ཕྱག་དགུ་ཕྲུགས་སུ་བཙལ་ནས། དྲུང་དུ་རྟ་སྒྲའི་གདིང་བ་བཏིང་ནས་བསྡད་པ་དང་། བྱང་ཆུབ་སེམས་དཔའི་ཞལ་ནས། འོ་སྐོལ་དཔོན་སློབ་སྤྱན་རས་གཟིགས་ཀྱི་ཞིང་ཁམས་སུ། སྤྱན་རས་གཟིགས་ཉིད་ཀྱིས་དཔོན་སློབ་ཏུ་བསྟུས་ནས།

ཐུགས་རྗེ་ཆེན་པོའི་ཆོས་ཉམས་སུ་བླང་དུ་ཡོད་པ་བསོད་ནམས་བསགས་པ་ཡིན། ཁྱད་པར་དུ་འང་ཕུ་ཆུང་འདི་ཐུགས་རྗེ་ཆེན་པོ་དེས་བྱིན་གྱིས་བརླབས་པའི་ས་ཡིན། གཞན་ཚེ་འདི་ལ་དགོས་པའི་འབྱོར་པ་གང་ཡང་འདི་ན་མེད། ད་ཆོས་འདི་ཞུ་བ་ལ་འབྱོར་པ་ཅུང་ཟད་ཅིག་འཚོལ་དགོས་པར་གདའ་བ། དེ་ལ་སྐྱབས་གནས་བླ་མ་རྗེས་སུ་དྲན་པར་བྱ་བ་ལ། བླ་མ་ངོས་འཛིན་པ་ལ། ཇོ་བོ་ཆེན་པོ་སྐུ་སྐྱེ་བ་ཇི་ལྟར་བཞེས་ལུགས་ནས། ཐར་པར་ཇི་ལྟར་ཕྱིན་ཚུལ་དང་། བོད་དུ་ཕྱིན་ནས་འགྲོ་དོན་ཇི་ལྟར་མཛད་ལུགས་དང་། ཁྱད་པར་འབྲོམ་སྟོན་པ་དང་ཡེར་པར་ཞུས་ལན་མཛད་ལུགས་དང་། དེ་ནས་དགེ་བཤེས་གསང་ཕུ་བས་ཡི་གེར་བཀོད་ལུགས་ནས། འཛིང་སློམ་གྱི་སར་གསུང་གླིང་མཛད་པ་ཡན་ཆད་གསུང་གླིངས་ནས། དེ་ལྟ་བུའི་ཐོབ་པར་དཀའ་བའི་ཆོས་འདི་ཉམས་སུ་ལེན་པ་ལ། སྤྱན་རས་གཟིགས་ཀྱི་མནྡལ་གྱི་རྒྱུ་ཅིག་འཚལ་བས་དེ་མེད་ན། ད་ཞག་འབྲོག་ཕྱོགས་སུ་བསོད་སློམས་ཅུང་ཟད་ཅིག་མཛོད། མནྡལ་གྱི་སྔོར་ཞུགས་པ་གྲག་མོད། ངས་ཀྱང་ར་སྦྲེང་ངོས་ནས། སླན་སྣ། ཟས་སྣ་འདྲ་བཅལ་གྱིས་གསུང་། རྣལ་འབྱོར་པས་འབྲོག་པའི་གསེབ་ཏུ་ཕྱིན་ཏེ། བསོད་སློམས་མཛད་པས། ཕྱུག་ཏུ་ཅུང་ཟད་བྱུང་། དེ་ནས་རིམ་གྱིས་འབྲོམ་སྟག་པོ་ཆེའི་ཚ་བོའི་སར་སླེབ་པས། ཁྱེད་དགེ་སློང་བསོད་སློམས་པ་འདི་ཙམ་གྱི་དངོས་པོས་ཅི་མཛད། ཕུག་རིངས་བྱ་བ་ན་དངོས་པོ་ཅི་ཡང་མི་འཛིན་པའི་དགེ་སློང་བཟང་པོ་ཅིག་ཡོད་དོ་ཟེར། ཡོན་བདག་མད། ཕུག་རིངས་ཀྱི་དགེ་སློང་དེ་ལ་ཆོས་ཤིག་ཞུ་བས་འདི་དག་བཅལ་བ་ཡིན་གསུངས། འོ་ན་ངོ་མཚར་ཆེ་སྟེ། ངས་ཀྱང་དངོས་པོ་ཅིག་འབུལ་འཚལ་ཟེར་ནས། མར་རྐྱལ་གཅིག་དང་། རྩམ་པ་ཕད་གང་། འོ་རྐྱལ་གང་རྣམས་ཕུལ་ནས། འབྲོག་པ་གཞན་རྣམས་ཀྱིས་ཀྱང་། སྣམ་ཐུང་རེ་ཙམ། ཕད་སྣམ་རེ་ཙམ། མར་རིལ་ལག་མགོ་ཙམ་རེ་དང་བཅས་པ་ཕྲན་ཚེགས་བྱུང་བ་ནས་བསགས་པས་མང་པོ་བྱུང་། དེ་ནས་ཡོན་

བདག་དེས། གཡག་ལ་སྣ་སྣུན་བྱས་ནས། ཞོ་དང་འོ་མ་རྣམས་ཡོན་བདག་གིས་ཁུར། གཞན་རྣམས་གཡག་ལ་བཀལ། ཕྱག་རིངས་སུ་ཡོན་བདག་གིས་བསྐྱལ་བས། བྱང་ཆུབ་སེམས་དཔའི་ཞལ་ནས་རྟེན་འབྲེལ་ལེགས། ཡོན་བདག་ཁྱོད་ཀྱི་ཚོགས་རྫོགས་པར་བྱ་བའི་ཕྱིར་བསྔོ་བ་བྱ། དེ་ནས་སྟོད་མ་ཡིན་པས་རྒྱུག་གསུངས་ནས། བསྔོ་བ་མཛད་པ་དང་། ཡོན་བདག་དེ་ཕྱག་བཙལ་ཏེ། ཆོས་ཟབ་མོའི་བར་ཆད་བྱས་ན་མི་འོང་ཟེར་ཏེ་སོང་། དེ་ནས་ཐིག་ལེ་ཞག་བཅུ་དྲུག་མཛད། དེ་ནས་ལག་ལེན་དང་སྒྲོ་འདོགས་ལོ་ཕྱེད་ཙམ་ལ་ཆོད་པར་བྱས་ཏེ། བླ་མ་འདི་སྐད་གསུང་། མཐའ་ཡས་སེམས་ཅན་མ་ལུས་པ། །བྱང་ཆུབ་མཆོག་ལ་བགོད་པའི་ཕྱིར། །བདག་གིས་དཀའ་བ་རབ་སྤྱད་པའི། །དགེ་བ་བྱང་ཆུབ་མཆོག་ཏུ་བསྔོ། །རིན་ཆེན་རྒྱལ་མཚན་ང་ལ་ཉོན། །ཐར་པའི་རྒྱལ་མཚན་བརྟེན་པར་གྱིས། །བསྟན་པ་རིན་ཆེན་རྒྱལ་མཚན་བཟུང་། །ཐུགས་རྗེས་འགྲོ་བ་སྨིན་པར་མཛོད། །སྐལ་བ་བཟང་པོ་ང་ལ་ཉོན། །སངས་རྒྱས་བསྟན་པ་རྙེད་པར་དཀོན། །དགེ་བའི་བཤེས་དང་མཇལ་བར་དཀའ། །གཉེན་པོ་ཐོབ་པ་སྲིད་པ་ཙམ། །མ་འདྲིས་མ་སྦྱགས་ཆོས་འཁོར་འདི། །ནོར་བུ་བཞིན་དུ་དབེན་པར་ཚོངས། །ཟབ་ཟབ་མང་ཡང་རྗེས་མ་འབྲང་། །རང་གི་ཆོས་ལ་ཆགས་མ་བྱེད། །གཞན་གྱི་ཆོས་ལ་སྡང་བ་སྤོངས། །འོན་ཀྱང་ལེགས་པར་བརྒྱུད་པའི་ཆོས། །ཕ་ཆོས་ཡིན་པས་བྱིན་རླབས་ཆེ། །འདྲིས་བཤེས་མ་བྱེད་དགའ་བར་བསྟེན། །ཞེས་གསུངས། ཡང་རིན་ཆེན་རྒྱལ་མཚན་གྱིས་ཞུས་པ། འཛིང་སྒོམ་ཡན་ཆད་བླ་མའི་གསུང་། །ལྷག་ཆད་མེད་པར་བདག་གིས་འཚལ། །དམ་ཆོས་འདི་ཡི་སྟོད་ལྡན་པ། །ལེགས་པར་བཟུང་ན་འཐད་ལགས་སམ། །བྱང་ཆུབ་སེམས་དཔའི་ཞལ་ནས། ནོར་བུའི་འདོད་ན་གླིང་འདི་སྟོན། །དེ་ནས་རིན་ཆེན་སྒོ་བཞི་ཕྱེ། །དེ་ནས་སྟོད་དང་ལྡན་པར་འགྱུར། །དེ་ཚེ་ནོར་བུའི་དབུ་རྒྱན་བསྐོན། །སྲས་ཀྱི་ཐུ་བོར་དབང་བསྐུར་མཛོད། །དིང་སང་ཞུས་ལན་བཅས་པ་

ཡང་། །ཆུ་བོའི་གཞུང་ཡིན་སྲུས་ལ་གདམས། །ད་ནི་བདག་གི་ཚེ་ཚད་རྫོགས། །འཇམ་པའི་དབྱངས་དང་ཡབ་སྲས་གསང་ཕུ་བས་བཞེངས་པའི་འཇམ་དབྱངས་ཕྱག་བཞི་པ་དང་། བྱང་ཆུབ་སེམས་དཔའ་ཤེས་རབ་རྒྱལ་མཚན་གྱིས་བཞེངས་པའི་ཇོ་བོ་དང་། ཁུ་རྗོག་འབྲོམ་གསུམ་སྐེ་བཞི་ཀ་གཞི་ཅིག་ལ་ཚང་བའི་ཐང་སྐུ་བོ།བཞི། །བླ་མའི་གདུང་དང་དབུ་སྐྲ་ཡོད། །ཐུ་བོ་ཡིན་པས་ཐོབ་པ་ཡིན། །མདོར་ན་སྐུ་གསུང་ཐུགས་ཡོད་པས། །ཕྱག་མཚན་ཇོ་བོའི་ཊ་མ་རུ།བཅས་པ་ཁྱོད་ལ་སྦྱིན། །དབེན་པའི་གནས་སུ་སྐྱོང་བར་ཞུ། །ད་ནི་ཁྱིའུ་དཀར་པོ་ཅིག །ཆུ་སེར་ལུས་འདི་དོར་མཛོད་ལ། །མཚན་དཔེའི་གཟུགས་སུ་ཕོ་ཏ་ལར། །དག་པའི་སྣང་བ་སྦྱོང་དུ་འདེང་། །མ་ཆགས་མ་ཆགས་སྲས་ལ་བྱིན། །ཆགས་པ་མེད་པ་མཁའ་ལ་གཤེགས། །དེ་ལྟར་ང་ལ་འདོད་མཁན་གདའ། །ཞིང་བར་མ་མཇོད་འཆི་བ་མེད། །ང་ཡང་སྤྲུལ་པའི་དགེ་སློང་ཡིན། །ང་ཡི་ཆོས་ལའང་བདེན་མ་འཛིན། །ང་ལའང་འཆི་བར་མ་རྟོག་པར། །ང་ཡི་གདམས་པ་ཉམས་སུ་ལོང་། །བླ་མས་གསུང་བཞིན་ཉམས་སུ་བླངས། །མི་ཆོས་ལས་ཀྱི་འཆིང་ཐག་བཅད། །མཛའ་བའི་བཤེས་དང་སྤང་བའི་དགྲ། །ལས་ངན་ཆགས་སྡང་གཡུལ་ལས་གྲོས། །མི་གྲོལ་ནས་བུད་རི་དྭགས་འདྲ། །འཕྲལ་ལ་ཟས་ཚོལ་བྱ་དང་འདྲ། །ཀོག་སྐེ་ལངས་ཏེ་གཞིས་རྫོགས་སོ། །ཉམས་དགའ་སྲས་ཀྱི་ཐུ་བོའི་རྗེ། །བླ་མའི་འབྲུངས་ཡུལ་ཕུག་རིངས་སུ། །དོན་མེད་ཁ་ཆེམས་མི་དགོས་པར། །ཞུས་ལན་དང་ནས་འགྲོ་རུ་བྱུང་། །ས་ནི་སྙིང་རྗེ་ཆེན་པོ་སྟེ། །ཆུ་ནི་ཡེ་ཤེས་སྒྲོལ་མ་ཡིན། །མེ་ནི་རང་བཞིན་མི་གཡོ་བ། །རླུང་ནི་ཐུབ་པ་ཆོས་ཀྱི་སྐུ། །རང་བཞིན་ནམ་མཁའ་ལྟ་བུ་ལ། །ཕོ་བོའི་ལུས་འདི་ཡལ་ཏེ་འགྲོ། །དེ་ནས་བདེ་བ་ཅན་དུ་འགྲོ། །དེ་ནས་དྲི་མེད་ཞབས་དྲུང་དུ། །པདྨའི་སྤུབས་སུ་དགེ་སློང་གཟུགས། །ཞུགས་ནས་རབ་ཏུ་བསྔམས་གྱུར་ཏེ། །འོད་ཀྱི་ལུས་ཅན་ཆོས་ཉན་ནོ། །ཞེས་གསུངས། །དེ་ནས་རིན་ཆེན་རྒྱལ་མཚན་གྱིས་ཐང་ཡངས་པོ་དེར།

འདུད་ཕྱག་བརྒྱ་རྩ་བརྒྱད་མཛད་དེ། མཐར་ཞབས་ཀྱི་པདྨོ་ལ་གཏུགས་ནས། ཡོངས་འཛིན་དམ་པ་ཐུགས་རྗེས་གཟིགས། །ཁྱེན་གྱིས་རློབས་ཤིག་བླ་མ་མཆོག །རྒྱལ་བ་ཀུན་གྱི་གསུང་རབ་རྣམས། །ཆོས་འདི་རབ་ཏུ་ཚུབ་མཛད་ན། །པོ་བོ་སྐྱེས་སྟོབས་ཤེས་རབ་ཚུང་། །བླ་མ་ཁྱོད་ལ་བརྟེན་ཡུན་ཐུང་། །དེ་ཐོབ་ཙམ་ལས་མི་གདའ་བ། །ཅི་སྟེ་ཐུགས་རྗེ་ཕྱི་ཐག་ཐུང་། །ད་དུང་རི་དྭགས་མ་སྨད་བཞིན། །སྤང་སྤོངས་རྒྱུ་ཞིང་ཆགས་མེད་པར། །ས་ཡི་ཁྱོན་རྣམས་བསྟན་དུ་གསོལ། །ཁྱད་པར་ལེགས་པར་སྦྱས་པའི་གསུང་། །རྩ་བ་གཅིག་ལ་ཡལ་ག་སྟོང་། །ཁྱད་པར་ཕྱེད་པར་བསྟན་དུ་གསོལ། །རྫིང་བུ་དཀྱིལ་འཁོར་བྱེ་བས་བརྒྱན། །ཆོས་དང་འཕྲིན་ལས་བསྟན་དུ་གསོལ། །ད་དུང་གཤེགས་པའི་སྐབས་མ་མཆིས། །ཉི་མའི་དཀྱིལ་འཁོར་ནུབ་གྱུར་ན། །མཛེས་པའི་བཞིན་གཟུགས་དཔག་མེད་རྣམས། །ཚུ་བུར་མིག་འདིས་ཇི་ལྟར་བལྟ། །བཅོ་བར་མཛོད་ལ་ཡུན་དུ་བཞུགས། །གང་དུ་བཞུགས་ཀྱང་གཞལ་ཡས་ཁང་། །ཅི་ཞིག་མཛད་ཀྱང་འགྲོ་བའི་དོན། །གང་ཞིག་གསུངས་ཀྱང་དམ་པའི་ཆོས། །གང་དུ་གཤེགས་ཀྱང་ཐིག་ལེ་ཡིན། །ཁྱེད་ལ་ཁྱད་པར་མི་མངའ་ན། །ད་དུང་ནུ་ཞོས་བསྐྱང་དུ་གསོལ། །པོ་བོའི་ལུས་འདི་ཆུ་བུར་འདྲ། །ཙུང་ཟད་རྐྱེན་ཡང་མི་ཐུབ་པས། །ཁྱེད་ཀྱིས་སྐྱོར་ཁ་མ་མཛད་ན། །འཆི་བདག་བདུད་ཀྱིས་བཙར་གྱིས་དོགས། །པོ་བོའི་ལུས་འདི་ཆུ་ཤིང་འདྲ། །སྙིང་པོ་མེད་པར་སྣི་ལ་གནས། །ཁྱེད་ཀྱིས་སྐབས་ལ་མ་བཏོན་ན། །སྐྱི་ཀ་ན་འཆིས་ཁྱེར་གྱིས་དོགས། །ཀྱེ་མ་གཞོན་ནུ་རྒྱལ་མཚན་ཁྱོད། །མཚན་ཙམ་བཞག་ནས་གང་དུ་གཤེགས། །པོ་ཏ་ལ་དང་བདེ་བ་ཅན། །དམ་པས་ཕོངས་པར་མ་གྱུར་པས། །བོད་ཁམས་སྟོངས་པར་མ་མཛད་ཅིག །དེ་རིང་ས་ཡི་དཀྱིལ་འཁོར་རྣམས། །དངུལ་དཀར་མནྜལ་བཀྲམ་པ་བཞིན། །དཀར་ལ་མདངས་ཆགས་འོད་ཀྱིས་བལྟམ། །ཞིང་ཁམས་གཙང་མའི་གཟུགས་བརྙན་ཤར། །ལྷ་ཚོགས་བསུ་བ་བྱེད་པ་ཡི། །གཟུགས་བརྙན་མང་པོ་འདི་

འདྲ་གདའ། །བླ་མ་ཀུ་རེ་མ་མཛད་ཅིག །ངེས་པར་གཤེགས་ན་ཕོ་བོ་ཡང་། །འོད་ཀྱིས་གཏུམས་ཏེ་འཁྲིད་པར་ཞུ། །གཞན་དུ་མི་བཞུགས་ཐབས་མེད་དོ། །ཞེས་ཞུས་པས། བྱང་ཆུབ་སེམས་དཔའི་ཞལ་ནས། འདི་ལྟར་གཟུགས་བརྙན་སྣང་བ་ཡིན། །ང་ཡི་གདུལ་བྱ་བྲང་བ་ཟིན། །ད་ནི་ཁྱོད་ཀྱི་གདུལ་བྱའི་དུས། །དཀོན་མཆོག་གསུམ་དང་མ་བྲལ་བར། །ལས་འབྲས་བསམ་གྱིས་མི་ཁྱབ་པས། །ཕ་མར་གྱུར་པ་སྙིང་རྗེ་ཡིས། །སྒྲིགས་བམ་བཞིན་དུ་བདེ་བར་དྲོངས། །རིང་པོར་མི་ཐོགས་པོ་ཏ་ལར། །རྒྱལ་བ་འབྲོམ་གྱི་ཞབས་དྲུང་དུ། །བདག་ཅག་ཡབ་སྲས་དགའ་བཞིན་དུ། །ཞུས་ལན་ཐམས་ཅད་བགྱི་བར་བྱ། །འདི་ཡི་འབྲེལ་པ་དེ་ཙམ་ཡིན། །ཞེས་ཡོངས་ཀྱི་དགེ་བའི་བཤེས་གཉེན་དེ་དག་པའི་དབྱིངས་སུ་གཤེགས་གསུང་སྟེ། དེ་དག་ནི་རྣལ་འབྱོར་པ་རིན་ཆེན་རྒྱལ་མཚན་གྱི་གསུང་ཡིན་ནོ།། །།

༈ དེ་ནས་རྣལ་འབྱོར་པ་ཆེན་པོ་དེས་བྱང་གི་ས་ཆའི་འབྲོག་སྟོང་དུ་མ་དང་། བལ་པོ། མངའ་རིས་སྟོད། ཐང་པོ་ཆེ། སྐྱི་ཐང་། ཡེར་པ། ར་སྒྲེང་། ཕུག་རིངས་ལ་སོགས་པ་བླ་མ་ཡབ་སྲས་པས་གང་དང་གང་དུ་བྱོན་པའི་གནས་རྣམས་སུ་བྱོན་ཞིང་གསོལ་བ་འདེབས་པ་དང་། དུས་ཀྱི་མཆོད་པ་བྱེད་པ་དང་། རང་གི་ཐུགས་རྒྱུད་བཟང་པོ་གོང་ནས་གོང་དུ་སྤེལ་བའི་ཕྱིར་དུ། ས་གཅིག་གནས་གཅིག་མི་སྡེན་པར། །ཉི་ཟླ་བཞིན་དུ་ཀུན་ཏུ་རྒྱུ། །ཞེས་པའི་རྗེས་སུ་འབྲངས་ནས། མི་མངོན་པར་འགྲོ་བ་མང་པོའི་དོན་མཛད། ཆ་ལུགས་དང་སྤྱོད་ལམ་ཉན་ཐོས་ཆེན་པོའི་རྣམ་ཐར་མཛད། ཐུགས་རྒྱུད་སྙིང་གི་ཐིག་ལེས་ཁྱུག་པར་མཛད་དེ། ནང་དུ་གསང་སྔགས་མཐའ་དག་ལ་མངའ་བརྙེས། ཕྱིར་ཐུན་མོང་བ་དང་། རྒྱ་ཆེན་སྤྱོད་པའི་ཚུལ་བཟུང་། ཐམས་ཅད་ཟབ་མོ་ལྟ་བའི་དབྱིངས་སུ་རོ་གཅིག་པར་མཛད་དོ། དེ་ལྟ་བུའི་རྣལ་འབྱོར་པ་ཆེན་པོ་དེ་ལ་ཡེ་ཤེས་ཀྱི་མཁའ་འགྲོ་མ་མང་པོས་བསྐོར་བ་དང་། ལྷ་བཞིས་དངོས་སུ་བྱིན་གྱིས་རློབ་པ

དང་། འབྲོམ་ཆོས་ཀྱི་རྒྱལ་བའི་དྲུང་དུ་ཕྱིན་ཞིང་། ཁྱོད་སྐྱེ་བ་མེད་པ་ལ་སྐྱེ་བ་མེད་པར་རྟོགས་ནས། སྙིགས་མའི་དུས་འདིར་ངའི་བསྟན་པ་ལ་བྱ་བ་མཛད་ཅེས་ཡང་དང་ཡང་དུ་གསུངས་པ་ཡིན་པར་གདའ། ཡང་ལན་གཅིག་བལ་པོར་ཕྱིན་ཙ་ན། རྣལ་འབྱོར་མ་ཅིག་ན་རེ། ཁྱོད་བོད་ཀྱི་ཨུ་པ་སི་ཀའི་བླ་མས་བསྐྱིགས་པའི་གཙུག་ལག་ཁང་གཟིགས་སམ་ཟེར། དེ་བལྟ་བར་འདོད་ཞུས་པས། འོ་ན་ངའི་ཟླ་ལ་འདོང་གསུངས་ནས། གཙུག་ལག་ཁང་ཅིག་ཏུ་ཁྲིད། དེ་ན་དགེ་སློང་གཞོན་ནུ་མ་པཎྜི་ཏའི་ཆ་བྱད་ཅན་ཅིག་བྱུང་ནས། ཁྱེད་ལ་གསེར་ཡོད་དམ་ཟེར། རྣལ་འབྱོར་པས། ཁོ་བོ་ཨ་ཏི་ཤའི་སྲས་ཐུ་བོ་ཡིན་བྱས་པས། ཕ་ལ་ཕ་ལ་བསྟན་པ་བོད་ན་ཡོད་གསུང་། ཡང་ཁྱོད་འདིར་ཅི་བྱེད་གསུང་། འདིར་ངའི་བླ་མ་ཨ་ཏི་ཤའི་ཆགས་ཕེབས་པས་བལྟར་འོངས་པ་ཡིན་ཞུས། འོ་ན་ཁྱོད་ལ་ཨ་ཏི་ཤའི་གསུང་གི་ཆ་ཤས་འདྲའི་གདམས་ངག་འདྲ་བ་ཡོད་དམ་གསུང་། གསུང་གི་ཆ་ཤས་འདྲ་ཡོད་དེ་བསྟན་དུ་མི་འདོད་ཞུས་པས། འོ་ན་ཁྱོད་ཨ་ཏི་ཤའི་བུ་བརྒྱུད་ཡིན་ངེས་པར་འདུག །ང་ལ་མི་ཡོད་དགུ་ཡོད་མི་ཤེས་དགུ་ཤེས་ཟེར་བ་དེ་ལ་ཆོས་མགོ་ཐོན་པོ་མི་མཆི་གསུང་། ད་འོ་སྐོལ་གྲོགས་མཆེད་དུ་འདུག །དྲོ་ལ་ཕྱིན་གསུངས་ནས་ནང་དུ་ཁྲིད་དེ་དྲོ་གནང་། དེ་ནས་གནས་འདི་ཇི་སྐད་བྱ་བ་ལགས་ཞུས་པས། བི་ཀ་ར་ཟེར་བ་ཡིན་གསུང་། ཁྱེད་ཀྱི་མཚན་ཅི་ལགས་ཞུས་པས། ང་ལའང་དཱི་པཾ་ཀ་ར་ཤྲཱི་ཛྙཱ་ན་ཟེར་གསུང་། འོ་ན་ད་ཅི་ནས་ཀྱི་སྒོམ་བཞིན་གྱི་རྣལ་འབྱོར་མ་དེ་ཇོ་མོ་སྒྲོལ་མ་ཡིན་པར་འདུག་སྙམ་ནས། བླ་མ་དང་ཡི་དམ་གཉིས་སུ་མེད་པར་དད་པ་ཐུན་མོང་མ་ཡིན་པ་སྐྱེས་སྐད། འོ་ན་ང་ལ་ཆོས་ཤིག་ཞུ་ཞུས་པས། ཁྱོད་ལ་ཐུགས་རྗེ་ཆེན་པོ་གཞོན་ནུ་རྒྱལ་མཚན་གྱིས་བསྟན་པ་དང་། སྟོན་པ་དང་དགེ་འདུན་དངོས་སུ་གཏད་ནས། ད་ངས་ལོག་པ་བསྟན་རྒྱུ་ཡི་མེད་གསུང་། ཁྱེད་ཐམས་ཅད་མཁྱེན་པ་ཡིན་པས། ད་དུང་ཉམས་སུ་བླང་བདེ་བ་ཕན་ཆེ་བ་ཡོད་ངེས་པས་ཞུ་ཞུས་པས།

བསླབ་པ་གསུམ་ལས་གཞན་པའི་ཆོས་ཤིག་རྙེད་ན་ཆོས་མ་ཡིན་གསུང་། འོ་ན་ད་དུང་ཁྱེད་རང་གིས་བསླབ་པ་གསུམ་ལས་མ་འདས་པའི་ཆོས་ཤིག་ཞུ་ཞུས་པས། འོ་ན་ཁྱེད་ལ་བསོད་ནམས་ཀྱི་ཚོགས་རྫོགས་པར་བྱེད་པའི་ཡོ་བྱད་ཅི་ཡོད་གསུང་། ཁོ་བོ་ལ་ཡོ་བྱད་ཆགས་པ་དང་སེར་སྣས་མ་བཅིངས་པ་ཡོད་ཞུས་པས། ད་དུང་ཉིང་ཤོ་ཟླ་རེ་ལ་ནོར་སློངས་ལ་ཤོག་གསུངས་ནས་ཕྱིན་པས། ཡུལ་དེའི་ཡོན་བདག་ཕྱུག་པོ་ཅིག་འདུག །ང་ལ་ནོར་ཅིག་ཞུ་བྱས་པས། ཁྱོད་ནོར་གྱིས་ཅི་བྱེད་ཟེར། ང་ཛྙཱ་ཧ་རའི་གཙུག་ལག་ཁང་དུ་པཎྜི་ཏ་ལ་ཆོས་ཞུ་བའི་མཐུན་རྐྱེན་བྱེད་པ་ཡིན་བྱས་པས། ཐང་ཛྙཱ་བ་བོད་མང་ཟེར་ནས། དོང་རྩེ་གསུམ་དང་། འགྲོན་བུ་བརྒྱ་རྩ་གཅིག་བྱིན་ནས། རྒྱ་གར་བ་འདི་ལ་དགའ་བ་ཡིན་ཁྱེར་ཟེར་ཏེ། དེ་བླངས་ནས་པཎྜི་ཏའི་ཕྱག་ཏུ་ཕུལ་བས། སྤྱན་རས་གཟིགས་ཀྱི་མཆོད་རྫས་བྱུང་གསུངས་ནས་མཉེས། དེ་ནས་རྒྱ་གར་བའི་དགེ་སློང་གཙང་མ་བཞི་ལ་བོད་ཀྱི་བཙུན་པ་ལ་ཆོས་སྟེར་བས་ཡར་ཤོག་གསུངས་ནས་གཟིམས་ཁང་དུ་གཤེགས་ཏེ། རེ་ཞིག་ལོན་པ་དང་། དགེ་སློང་གཅིག་གིས་རིལ་བ་སྤྱི་བླུགས་ཤིག་ཏུ་དྲི་བཟངས་ཀྱི་ཆུ་བླུགས་ནས། སརྦ་པྲ་པཾ་ཨཱ་ཤ་ར་ཌ་ཤྲཱིཧཱུཾ་ཀུ་རུ་ཡེ་སྭཱཧཱ། ཞེས་ཁྲུས་ཀྱི་རྣམ་འགྱུར་བྱེད་ཅིང་འདུག་ནས། རྣལ་འབྱོར་པས། ཁྲུས་མཛད་ནས་ནང་དུ་ཁྲིད་པ་དང་། ཐིག་ལེའི་དཀྱིལ་འཁོར་སྒོ་བཅུ་དྲུག་མ་བཞེངས་ནས། དགེ་སློང་བཅུ་དྲུག་གི་བཤད་པ་དང་མཐུན་པར་མཛད་ཅིང་འདུག་སྐད། དེ་ནས་རྣལ་འབྱོར་པའི་ན་བཟའ་ཐམས་ཅད་ཀྱང་བརྗེས། དགེ་སློང་བཅུ་དྲུག་པོ་ཡང་སྣམ་སྦྱར་མ་ནོགས་པ་གསོལ་ནས། བསྙེན་པ་ཐམས་ཅད་སཾ་སྐྲི་ཏའི་སྐད་ཀྱིས་ཤིན་ཏུ་སྙན་ཞིང་ཡིད་དུ་འོང་བར་འཁྲོ་མ་ཆད་པར་དགུས་ཤིག་ཏུ་གློག་གིན་འདུག །གདམས་ངག་ཞུ་བ་ལ་སོགས་པ་རྣམས་བོད་ནས་ཀུང་ར་སྒྲེང་གི་སྐད་དུ་གསུང་ཞིང་འདུག །དེ་ནས་ཐིག་ལེ་བཅུ་དྲུག་པོ་རིམ་པ་བཞིན་དུ་མཛད་ཅིང་མཆོད་པའི་སྐབས་ཐམས་ཅད་དུ། ཆོས་ཐམས་

ཅད་གར་ཆོས་སུ་གྱུར་ནས་གར་རྩེ་ཞིང་ཐམས་ཅད་ཀྱང་དཀྱིལ་འཁོར་གྱི་མཐའ་མ་ན་ཕར་བསྐོར་བ་མཛད་ཅིང་འདུག །དེ་ལྟར་ཞག་གཅིག་ལས་མ་མཛད་པ་ལ་ཡུན་ཞག་བཅུ་དྲུག་ཙམ་བྱུང་གསུང་། མདོར་ན་རྣལ་འབྱོར་པ་ཆེན་པོ་དེས་ཇོ་བོ་ཡབ་སྲས་གཉིས་ག་ལ་དངོས་སུ་ཆོས་ཞུས་ཤིང་རྐང་མགྱོགས་ཀྱི་དངོས་གྲུབ་མངའ་བས་གར་ཡང་གཤེགས་པ་ལ་ཐོགས་པ་མེད་སྐད། ཡང་ལན་ཅིག་ར་སྒྲེང་ཀ་གཉིས་མ་ན་བཞུགས་པའི་དུས་སུ། འབྲོམ་ཉིད་བྱོན་ནས་བསྐོར་བའང་ཡིན་ཏེ། འདི་བླ་མའི་གདན་ས་ཡིན། བརྒྱུད་པ་གསུམ་གྱི་གདུང་རིང་བསྲེལ་རྣམས་འདི་ན་བཞུགས། འདི་སྤྲུལ་པའི་གཙུག་ལག་ཁང་ཡིན་པས་བྱིན་བརླབས་ཀྱང་ཆེ། ང་ཚོ་ལྷག་དུམ་བུ་འདིའི་རིང་ལ་འདིར་བཞུགས་ལ། འཁོར་བ་ཉེས་དམིགས་ཅན་འདི་ལ་སྐྱོབ་པ་ལ། རེ་ས་དང་ལྟོས་ས་བླ་མ་དཀོན་མཆོག་ལས་མེད་པ་ཡིན་པས། དཀོན་མཆོག་གི་མཆོད་པ་ལ་བརྩོན་པར་མཛོད་ལ། ཐུགས་རྩེ་གཅིག་ཏུ་གསོལ་བ་འདེབས་ཤིང་འདི་ཉིད་དུ་ཐིག་ལེ་ཡོངས་སུ་རྫོགས་པར་བསྒོམས། ད་ལྟ་ཞང་སྟོན་དར་མ་གྲགས་ཀྱི་གྲྭ་ས་ན། ཞང་སྟོན་དར་མ་རྒྱལ་མཚན་བྱ་བ། སྟོན་ཇོ་བོས་བི་ཀ་མ་ལར་བསྐྱངས་པའི་བཙུན་ཚུགས་ཅན་ཅིག་ཡོད་པས་ཟླ་བ་འདིའི་ཕྱི་མ་ལ། དེ་འདིར་མར་མེ་འབུལ་དུ་འོང་། དེ་དུས་སུ་མར་མེ་དེ་ལ་གཞི་གྱིས། མཆོད་པའི་ཆ་ལག་དགེ་བཤེས་དར་མ་གྲགས་ལ་ཞུས་ལ་འདིར་གང་ཟག་གཞན་དང་མ་འདྲེས་པར། འདིར་སྙིང་གི་ཐིག་ལེ་རྫོགས་པར་མཛོད། བསྙེན་པའི་ཐུན་པ་ཅིག་དར་མ་གྲགས་ལ་བཙོལ་ན་བཟང་། གཞན་སྟོད་ལྟན་མི་གདའ་བས། ངེད་རང་ཡབ་སྲས་ཀྱིས་བཤད་པ་དང་མཐུན་པར་བྱ་ཡིས་གསུང་། དེར་རྣལ་འབྱོར་པས་དགེ་བཤེས་དར་མ་གྲགས་སྟོད་ཅི་འདྲ་ལགས་ཞུས་པས། ཐུགས་རྗེ་ཆེན་པོ་དངོས་ཡིན་གསུང་། དེ་ནས་ཟླ་བ་དེའི་ཕྱི་མ་སྨ་རེའི་ཚེས་བཅོ་ལྔའི་ཉིན་པར། དགེ་བཤེས་སྤུངས་ཀ་བ་མར་ཁལ་བརྒྱ་སྐོར་གཅིག་དང་དགེ་འདུན་ལ་བསྙེན་བཀུར་འགྲོངས་

པའི་ཚ་རྐྱེན་ཆེ་བ་ཅིག་སྟོམས་ནས། དར་མ་རྒྱལ་མཚན་བཙུན་ཆུང་། ཆུང་ཆུང་ཅིག་ཁོང་གི་ཚེབས་སྣ་ཁྲིད་ནས་བྱུང་། རྣལ་འབྱོར་པས་དབུ་རྩེའི་ཕྱིར་ཐོན་པ་དང་། བཙུན་ཆུང་ཆུང་ཆུང་དེ་ཚེབས་སྣ་བཞག་ནས་བང་རང་སྟེ་བཏང་ནས། རྣལ་འབྱོར་པའི་ཞབས་ལ་གཏུགས་ནས་ཐུགས་རྗེས་གཟུང་དུ་གསོལ་ཟེར། དེར་རྣལ་འབྱོར་བ་ངོ་མཚར་ཆེ་ལ་སྙིང་རྗེ་བ་ཅིག་བྱུང་ནས། ཆོ་དང་ལྡན་པ་ལ་ཕན་གང་ཐོགས་བགྱི། ཁྱེད་ལ་ཅི་དགོས་གསུངས་པས། བཙུན་ཆུང་ན་རེ། ཐུབ་པ་དང་སྤྱན་རས་གཟིགས་ཀྱི་ཞལ་མངོན་སུམ་མཐོང་བ་ཅིག་ཞུ་ཟེར། རྣལ་འབྱོར་པའི་ཞལ་ནས། ཆོ་དང་ལྡན་པ་སྙིང་རུས་ཤེས། ཁོ་བོ་ལ་གདམས་ངག་ཡོད་གསུང་། དེ་ནས་དགེ་བཤེས་སྣབས་ཀ་བ་ཚེབས་ལ་བབས་ནས། རྣལ་འབྱོར་པ་ལ་ཕྱག་འཚལ། ཁོང་གིས་ཀྱང་ལན་ལེགས་པོ་མཛད་དེ། དེ་ནས་སྣབས་ཀ་བས་ཕྱག་རྟེན་དུ་འཁར་བའི་མཐྲལ་བཟང་པོ་ཅིག་གི་དཀྱིལ་དུ་གསེར་སྲང་ཕྱེད་བཞག །དེའི་མཐའ་མ་དངུལ་གྱི་སྲམ་ཆུང་བརྒྱད་ཀྱིས་བསྐོར་ནས་ཕུལ་ཏེ། ངོ་ཞག་ངའི་བཙུན་ཆུང་དར་མ་རྒྱལ་མཚན་འདི་ཐུགས་རྗེས་འཛིན་པར་ཞུ། མཆོད་པའི་ཚ་ལག་ལ་ཁོ་རང་གི་སྐལ་བ་མར་ཁལ་བཅུ་དྲུག་ཡོད། ཁོ་རང་གི་ཨ་ནེ་ཤར་པ་བའི་སྲིང་མོ་ཅིག་གིས་ངོ་ཞག་རྩམ་པ་ལྷང་བ་བྱེད་པར་ཡོད། གཞན་ཡང་ཟས་སྣ་དང་། མཐུན་རྐྱེན་གང་དགོས་ང་རང་གིས་སྒྲུབ། འདིའི་བསྙེན་པའི་དགེ་སློང་ང་རང་མིན་པ་གཞན་གྱིས་མི་འོང་། ཕྱོགས་གཉིས་ཇོ་བོ་ཡབ་སྲས་ཀྱིས་འཐེན་ནས་མཆི། ཕྱོགས་གཅིག་ཁྱེད་རང་ལ་ཞུ། ཕྱོགས་གཅིག་འོ་ལངས་གང་འོང་བགྱིས་ལ། བྱ་བ་མང་ཡང་དོན་པོ་ཆེ་ཡིན་པས་བཞག་ལ། ཞག་གཉིས་གཉིས་ལ་ཐིག་ལེ་རེ་རེ་ཚར་བར་མཛད་དེ་ཟླ་བ་གཅིག་དང་ཞག་གཉིས་པ་ཅིག་མཛད་པར་ཞུ་ཞུས་པས། རྣལ་འབྱོར་པ་ན་རེ། ངོ་ཞག་རྨི་ལམ་ན་ཕ་ཀྲན་ཁོང་རང་གསུང་ཅིག་འབྱོན་གྱིན་གདའ་ཙ་ན་ཁས་བླང་འཚལ། འོན་ཀྱང་ཁྱེད་སྦྲ་པ་འདི་པའི་མང་ལུགས་དང་། ཆོས་གཞི་འདིའི་འཕོ་

འགྱུར་མང་ལུགས་དང་། ད་ལྟ་སྐུ་བསོད་ཀྱི་རྣམ་གཡེང་ཅིག་ཆེ་ཞིང་འདུག་པ་དང་། ཞག་མངས་ན་བར་ཆད་འབྱུང་སྲིད། ཞག་པོ་བཞི་ཙམ་ལ་བསྡུས་པ་ཅིག་བྱས་ན་མི་གྲག་གམ། རྣམ་པ་གཅིག་ཏུ་བཙུན་ཆུང་འདི་ཡང་གཞོན་ནས་འདུག་པས། ད་དུང་དཔེ་ཆ་ཅིག་ཡོད་པས་དེ་འདིས་མགོ་མི་ཐོན། གཞན་ཡང་འདིའི་ལུས་ལོངས་སྤྱོད་ཐམས་ཅད་ཀྱང་གློས་ཐོངས་པས་འབུལ་འཚལ། ལོ་དྲུག་བདུན་གཅིག་ང་ལ་བརྟེན་ན། དཀོན་མཆོག་གི་བྱིན་བརླབས་ཀྱིས་གཟུགས་དང་ན་སོའང་ཆུད་མ་ཟོས་པར་ཤད་དེ་འགྲོ་འོང་གསུང་པས། སྟབས་ཀ་ན་རེ། ང་ལ་ཚེ་ཟླ་བ་གཅིག་དང་ཞག་བརྒྱད་ཙམ་ལས་མི་བཟོག །དེ་ལ་ཆོས་གཞི་དང་སྐད་སློད་མང་པོ་མི་མཆི། དེ་ལ་བཀའ་གདམས་པའི་དགེ་བཤེས་འཆི་བ་ལ་ནད་ཡུན་ཞག་བརྒྱད་ལས་མངས་ནའང་ཐ་མལ་དུ་འགྲོ་བ་ཡིན། དེ་ལས་ཉུང་ནའང་ཡིད་མི་ཆེས་པ་ཡིན། དེའི་རིང་ལ་ངས་ཀྱང་ལུང་འདི་ཐོབ་ན་དགའ་སོད། བཙུན་ཆུང་ལོ་བརྒྱ་ཐམ་པར་བསྐྱང་དགོས་ཀྱང་ཁྱེད་ཤེས་པ་དེ་ཡིན། དེས་མི་འདོ་འཁོར་བ་མ་སྟོངས་ཀྱི་བར་དུ་འབྱུལ་བ་ལགས། ངས་ཀྱང་ཞང་ཤར་པ་བའི་རྣམ་ཐར་མ་ཉམས་པ་བསྐྱངས། དིང་སང་བཀའ་གདམས་གཞུང་པར་ཉོགས་ཏེ་བཏང་བ་ཡིན། ད་དུང་ཡང་འཁོར་བ་མ་སྟོངས་ཀྱི་བར་དུ་དགེ་སློང་དགྲ་བཅོམ་པ་ལྔ་བརྒྱ་རེས་མི་ཉུང་བས་བསྐོར་བ་རེ་འོང་བ་ཡིན་གསུང་། དེ་ནས་རྒྱལ་འཇོར་པའི་ཞལ་ནས། ཁྱོད་ཐུགས་རྗེ་ཆེན་པོ་ལ་ངས་སྙིང་གི་ཐིག་ལེ་བྱ་བ་མི་འོང་། མཛད་ན་ཁྱེད་ཀྱིས་མཛད་དགོས་པ་ཡིན་གསུང་། སྟབས་ཀ་བ་ན་རེ། དེ་རིང་མི་དབེན་པས་ལན་འཇལ་བའི་སྐབས་མ་ཡིན། ད་ནུབ་ངེད་ཀྱིས་དཀོན་མཆོག་ལ་མཆོད་པ་འབུལ། ནང་པར་དགེ་འདུན་སྤྱི་ལ་བསྙེན་བཀུར་བྱ། དེ་ལྟར་བསོད་ནམས་ཀྱི་ཚོགས་བསགས་ནས། སང་ཉུབ་ནས་ཡེ་ཤེས་ཀྱི་ཚོགས་ལ་ཞུགས་པས་འོ་སྐོལ་ལམ་རིམ་གྱི་ཕའི་ཆོས་ལུགས་འོང་བ་ཡིན་གསུངས་ནས། ཕ་སྟོན་གྱི་གཟིམས་ཁང་དུ་ཆགས་ཕེབས། དེའི་ནུབ་མོ་

མར་མེ་བཟང་པོ་སྦྱར། ནང་པར་དགེ་འདུན་ལ་བསྙེན་བཀུར་བཟང་པོ་མཛད་དེ། དེ་ནས་རྣལ་འབྱོར་པ་སྤྱན་དྲངས་ཟུར་དུ་བསྙེན་བཀུར་བཟང་པོ་མཛད་དེ། ཡང་གོང་བཞིན་དུ་ཞུས་པ་ལ། བཙུན་ཆུང་ན་རེ། ཁྱེད་ལ་སྐུ་ཚེ་ཟླ་བ་གཅིག་དང་ཞག་བདུན་ལས་མེད། དེ་ལ་ཐིག་ལེ་ཟླ་བ་གཅིག་དང་ཞག་གཉིས་མཛད། དེ་ལ་སྟོང་ཡུན་ཞག་བརྒྱད་མཛད་པ་ལ། དེ་ལ་འདི་ནས་ཞག་གསུམ་སྟོང་བ་ཅིག་བྱོན་དགོས་པར་གདའ་སྟེ། དེ་ལ་གྲྭ་པ་རྣམས་ཀྱང་ཐུགས་མི་ཆེས། དམ་པ་དེ་ལྷ་བུའི་འདུན་མ་ཐུག་པ་མཛད་པས་ག་ན་འོང་། ཡང་ན་སྐྱབས་པ་ཞག་བཅུ་དྲུག་ལ་སྲུད་པར་ཞུ། ཡང་ན་ཁྱེད་རང་ལ་བཞུགས་མི་བཞུགས་ཀྱི་དབང་ཡོད་པ་ཡིན་པས། དབུས་གཙང་གི་གྲྭ་པ་ཐམས་ཅད་འདུས་པར་བྱས། སྐབས་ཀར་ཆོས་ཐམས་ཅད་གཙང་སངས་ཏེ་ཐོན་པར་མཛད་དེ། དགེ་འདུན་གྱི་དབུས་སུ་ཆོས་ཀྱི་གསུང་ཆེམས་འཇོག་ཅིང་། ད་དུང་དེ་ལས་ལྷག་པར་བཞུགས་པར་ཞུ་ཞུས་པས། རྣལ་འབྱོར་པ་ཤིན་ཏུ་མཉེས། ཁྱོད་ལུས་དང་ན་ཚོད་ཅི་འདྲ་ནའང་འདྲ། གློ་འཕགས་པ་ཕྲུ་གུ་ཅིག་འདུག །དགེ་བའི་བཤེས་གཉེན་པ་ཡང་ཡུན་རིང་དུ་བཞུགས། ཐིག་ལེ་ཡང་གལ་པོ་ཆེའི་དོན་ཡིན་པས། ཁྱེད་རང་གསུང་བ་བཞིན་དུ་བགྱི་གསུངས་པས། དགེ་བའི་བཤེས་གཉེན་པས་ཀྱང་ཞལ་གྱིས་བཞེས། རྣལ་འབྱོར་པ་ན་རེ། བླ་མ་མྱུ་ངན་ལས་མི་འདའ་བར་བཞུགས་སུ་གསོལ་བ་ཐེབས་པ་དར་མ་རྒྱལ་མཚན་ཡིན་གསུང་། དེ་ནས་དེའི་ཉིན་པར་ཙམ་པ་སྟོན་མས་ཀྱང་སླེབ་ནས་བྱུང་། དེ་ནས་ཞང་སྟོན་པ་དང་རྣལ་འབྱོར་པ་གཉིས་ཀྱིས། ཀ་གཉིས་མར་དཀྱིལ་འཁོར་རྒྱས་པ་བྲིས་ཏེ། མཆོད་པའི་ཆ་ལག་ལ་མ་ཚང་བ་མེད་པར་མཛད་དོ། །ཇོ་བོ་ཡབ་སྲས་གཉིས་ཀྱིས་ཀྱང་དགེ་སློང་བགྲེས་པོ་རེའི་རྣམ་པར་བསྟན་ནས་བསྙེན་པ་ལ་སོགས་པའི་གྲོགས་མཛད། དགེ་བའི་བཤེས་གཉེན་གདུལ་བྱའི་དབང་གིས་རྣལ་འབྱོར་པ་ཉིད་ཀྱིས་མཛད་དེ། ཞག་སུམ་ཅུ་སོ་གཉིས་ལ་ཐིག་ལེ་ཡོངས་སུ་རྫོགས་པར་རྒྱས་པ་

ཅིག་མཛད། དེ་ནས་ཞང་སྟོན་པ་གྲྭ་སར་གཤེགས། རྣལ་འབྱོར་པས་དར་མ་རྒྱལ་མཚན་ཁྲིད་ནས་ཕུག་རིངས་ལ་སོགས་པའི་དབེན་པའི་གནས་སུ་ནོར་བུའི་ཕྲེང་བ་ཡོངས་སུ་རྫོགས་པར་བསྟན་ཏེ། རྣལ་འབྱོར་པ་ལོ་བཅུ་གཉིས་བསྟེན། དགུང་ལོ་ཉི་ཤུ་གཉིས་པ་ལ་བཀའ་གདམས་ཀྱི་ཆོས་མ་ལུས་པ་ཡོངས་སུ་རྫོགས་པ་རྒྱས་པ་ཅིག་མཛད། སྒྲི་མོའི་ཕུག་རིངས་སུ་བྱོན་ནས་དཀྱིལ་འཁོར་ལ་སོགས་པའི་ལག་ལེན་ཁོང་རང་གིས་མཛད་ནས་བླ་མ་ལ་གཟིགས་པ་ཕུལ་བས། ཧྥི་ཏ་རའི་གཙུག་ལག་ཁང་དུ་སྤྲུལ་པའི་སྐུ་དེས་སྤྲུལ་པའི་གཞལ་ཡས་ཁང་བཞེངས་པ་འདྲ་བ་ཅིག་བྱུང་། ཁྱོད་ཀྱིས་ངའི་བླ་མའི་བཀའ་བསླབ་པ་གསུམ་པོ་རྒྱུན་མ་ཆད་པར་མཛད། ཇོ་བོ་ཡབ་སྲས་ཀྱིས་ཀྱང་ཐུགས་ལ་བཏགས། ཁོ་བོས་ཀྱང་སྟོད་མ་ཡིན་པའི་ལག་ཏུ་མ་ཤོར་བ་ཡིན། ད་ནི་དར་མ་རྒྱལ་མཚན་ཁྱོད་ཀྱིས་སྔོན་བླ་མ་རྣམས་ཀྱི་རྣམ་ཐར་མ་ཉམས་པ་དང་། ཁྱད་པར་དུ་འང་བརྒྱུད་པ་རིན་པོ་ཆེ་འདིའི་རྣམ་ཐར་མ་ཉམས་པ་དང་། གླེགས་བམ་ནས་ཇི་ལྟར་བྱུང་བ་བཞིན་དུ་བསྟན་པ། བཀའ་གདམས་རིན་པོ་ཆེ་ལ་བྱ་བ་མཛོད་ཅིག་གསུང་ནས་པོ་ཏ་ལར་གཤེགས་སོ།། །།

༈ དེ་ནས་ཞང་སྟོན་དར་མ་རྒྱལ་མཚན་གྱིས་ཀྱང་། བླ་མའི་རྣམ་པར་ཐར་པ་བསྐྱང་བའི་ཕྱིར། བླ་མས་ཇི་ལྟར་མཛད་པ་བཞིན་དུ། དབེན་པའི་གནས་དང་། གནས་ཆེན་དཔག་ཏུ་མེད་པ་འགྲིམས་ཤིང་། ཁྱད་པར་དུ་འང་ར་སྒྲེང་ལྷེངས་ཀའི་གཙུག་ལག་ཁང་དུ་ཐེག་ལེའི་སྒྲུབ་པ་ཡུན་རིང་དུ་མཛད། དེ་ལའང་བླ་མ་མཉེས་པའི་ལྟས་མང་དུ་བྱུང་། ལན་གཅིག་ཆག་ལ་ལ་བྱོན་ཙ་ན། བུ་མོ་གཞོན་ནུ་མ་བཞིན་ཕུན་སུམ་ཚོགས་པ་ལ་རྒྱན་གྱིས་བརྒྱན་པ་བཅུ་གཉིས་ཙམ་གདའ་བ་ལ། དྲུག་ཁོང་གི་སྔོན་ལ་བྱུས། དྲུག་ཕྱི་ནས་བྱུས་ནས་འོ་སྐོལ་མིང་སྲིང་ཆོས་སངས་རྒྱས་ཀྱི་བསྟན་པ་འདི་ནམ་ལངས་པ་ལ་ཉི་མ་ཤར་བ་དང་འདྲ་བ་དགར་ལམ་པ་ཅིག་བྱ་འཚལ། ཁོ་མོ་ཅག་རྣམས་ལ་ནི་

འཆི་བ་མེད། ཁྱེད་དག་མགོན་པོ་དྲི་མ་མེད་པའི་དྲུང་དུ་རིང་ནས་གདའ་སྟེ། ད་དུང་ཇོ་བོ་བཀའ་གདམས་པའི་བསྟན་པ་འདི་ཉམས་པ་ལ་མ་ཐུག་པས། དགུང་ལོ་བརྒྱད་ཅུ་རྒྱ་བརྒྱད་མ་སོང་གི་བར་དུ། གདངས་རི་ཆེན་པོ་འཁྱིལ་ཀྱང་ཕོ་མོ་ཅག་མི་གཏོང་ངོ་ཟེར། དེ་ནས་ཚོང་པ་བརྒྱ་སྐོར་ཅིག་ཉི་མ་ཤར་བ་དང་ལ་ལ་འཛོག་ཅིང་འདུག་ནས། ཞང་སྟོན་གྱི་རྟོག་པ་ལ། ད་སྐྱིར་བཀའ་གདམས་གཞུང་པའི་བུ་བརྒྱུད། དེའི་ནང་ནས་ཀྱང་ཞང་ཤ་ར་པ་བའི་སྲས་ཀྱི་བུ་ལ་གཉེན་པོ་བསྟེན་པས་ཁྱབ་ཀྱང་ཕྱི་རབས་ཀྱི་སེམས་ཅན་འདི་མགུ་དཀའ། བུ་མོ་སྐྱེག་མོ་འདི་ཙམ་ཅིག་གིས་བསྐོར་ནས་སྐུར་བ་འདེབས་སུ་མི་འོང་ངམ། ང་དག་མི་གྲལ་ནས་བུད་པས་སྐུར་པ་བཏབ་ཀྱང་མི་སྟོ་སྟེ། བསྟན་པ་ལ་གནོད་དུ་འོང་། ཁྱད་པར་དུ་བླ་མའི་ཞབས་འདྲིན་བྱེད་སྐམ་པ་ཅིག་ཐུགས་ལ་བྱུང་བས། བུ་མོ་སྟོ་ལྡང་མ་ཅིག་ན་རེ། ཁྱེད་ཕྱོགས་གཅིག་ནས་དག་སྣང་རེ་ཆེ། ཚོང་པ་ཚེ་འདི་ལྷུར་ཀྱི་འདུན་མ་ཅན་རྣམས་ཀྱིས་ཕོ་མོ་ཅག་མཐོང་ལ་རེ། ཕྱོགས་གཅིག་ནས་དག་སྣང་རེ་ཆུང་། དེད་འཛིག་རྟེན་གྱི་སྒྲོལ་མ་བཅུ་གཉིས་ལུས་ཀྱི་བཀོད་པ་བསམ་གྱིས་མི་ཁྱབ་པ་བསྟན་ནས། ཆོས་བྱེད་པ་རྣམས་དང་ཉི་མ་དང་འོད་ཀྱི་ཚུལ་དུ་འབྲལ་བ་མེད་ན། བདག་ཅག་དང་ཁྱེད་འགྲོགས་པ་བསྟན་པ་དང་། བླ་མའི་ཞབས་ཏོག་ཏུ་མ་སོང་གིས་དོགས། ཞང་སྟོན་ངེད་ལ་བསྟན་མ་ཟེར་ཞིང་མི་འདུག་གམ། ཁྱོད་བོད་ཀྱི་མོ་བོན་རྫུན་མ་མཁན་རྣམས་ཀྱིས་བཏགས་པའི་བསྟན་མ་དེ་ངེད་མིན། དེ་རྣམས་ནི་ཕོ་མོ་ཅག་གིས་དམ་ལ་བཏགས་པའི་ཡུལ་བསྲུངས་མ་ཡིན། དེ་རྣམས་ངེད་ཡིན་ན། དཱི་པཾ་ཀ་ར་ཤྲཱི་ཛྙཱ་ན་ཇོ་རྗེ་འཛིན་པས་ཕོ་མོ་ཅག་ཅི་སྟེ་སྐྲག་པར་མི་མཛད། དེ་དག་ནི་ལུས་ཤ་ཁྲག་དང་བྲལ་བར་བྱས་པའང་ཡོད། དེ་ལ་ཐུགས་རྗེ་འགྲིབས་པ་ནི་མེད། འདི་དག་གིས་ཕོ་མོ་ཅག་གཉའ་བར་ཞེན་ཀྱང་མི་ཚོར་གྱིས་གསུང་། དེ་ནས་མར་ཕྱིན་པ་དང་། ཚོང་པ་དང་ཕྲད་པ་དང་། ཞང་སྟོན་པ་ཕོང་རང་ཡང་མཐོང་བར་

མི་འདུག །དེ་ནས་ཚོང་པ་བཙོན་ཐུ་མ་ཞིག་གི་དཔྲལ་བ་ན་སྐྲེ་བ་ནག་པོ་སྤུ་སྐྱེས་པ་ཅན་ཞིག་འདུག་པ་དེ། བུ་མོ་ཞིག་གིས་བཟུང་ནས། སྙིང་གི་ཐིག་ལེ་མེད་པར། ཁོང་ཁྲོའི་ཐིག་ལེ་འདི་མཚོན་ཚན་ཆེ་ས་འདིར་བཀོད་ནས། འདི་ངས་བསལ་གྱིས་གསུང་། བསྟན་མ་ཞིག་ན་རེ། སེམས་ཅན་རྣམས་ཀྱི་ལས་རྒྱུ་འབྲས་མངོན་སུམ་དུ་ག་ན་ཤེས། འདི་ལྟར་གཏན་ཚིགས་ཆེན་པོ་བཀོད་ཀྱང་མི་ཤེས་པ་ལ་ཟེར། དེར་བསྟན་མ་གཅིག་ན་རེ། ཧཱུཾ་ཟེར་ནས་དེའི་ཐོག་ཏུ་མཆིལ་མའི་ཐིག་ལེ་གཅིག་བཞག་པས་སྐྲེ་བ་དེ་མངོན་སུམ་དུ་ཡལ། དེར་བུ་མོ་ལ་ལ་དག་གིས་ནི་བཟུང་། ལ་ལ་དག་གིས་ནི་གད་མོ་བྱེད། ཚོང་པ་ཀྱ་འོ་དག་གིས་བལྟས་ཙ་ན། ཁོ་ཁྲེལ་ཅིག་ལ་གཉེ་བྱས་ནས་སྐྲེ་བ་དེ་ལ་ལག་པས་རང་རང་འཕྲུག་ཅིང་འདུག །དེ་ནས་ཁོའི་སྐྲེ་བ་དེ་མི་འདུག་པ་མཐོང་། གཞན་ཅི་ཡང་རྟོགས་པ་མེད། ཚོང་པ་ཅིག་ན་རེ། འདིའི་སྐྲེ་བ་དེ་ལ་བཙས་ཀྱི་གཞི་བདག་གིས་མེད་པར་བྱས་ཏེ་འོང་ཟེར། དེ་ནས་རང་འདོད་ཀྱིས་རང་རང་གི་སྐྱོན་ནས་བརྗོད་ཀྱིན། འདི་མེད་པ་གྱིས་ཞེས་གསོལ་མཆོད་བྱས་ཀྱང་གསོལ་བ་འདེབས་པ་ལོག་པས། དེར་མེད་པར་འགྲོ་བ་ག་ལ་སྲིད། དེའི་སྐབས་སུ་ཞང་སྟོན་པ་དཀོན་མཆོག་ལ་ཡིད་ཆེས་ནས་ཚོགས་སུ་བཅད་དེ་སྨྲས་པ། འཕགས་པ་དཀོན་མཆོག་གསུམ་ལ་ཕྱག་འཚལ་ལོ། །སྲིད་པ་ཀུན་ཏུ་བདེ་བའི་དབང་པོ་འཛིན། །འཇིག་རྟེན་ཀུན་ལས་རྒྱལ་བའི་བསྟན་པ་སྟེར། །གཞན་ངོར་མི་ལྟ་ཕན་པས་མཆོག་ལ་འདུད། །ཐུགས་རྗེ་ཆེན་པོ་དཀོན་མཆོག་དྲི་མ་མེད། །ཕ་མར་གྱུར་པ་ཆུ་བོར་བྱིང་བ་རྣམས། །རབ་ཏུ་བདེ་བའི་སྐམ་ལ་འདྲེན་མཛད་པ། །མ་མཐོང་མོད་ཀྱང་ཕན་ལ་སྐྱབས་སུ་མཆི། །འགྲོ་བའི་མགོན་པོ་མར་མེ་མཛད་དཔལ་དང་། །ཐུགས་རྗེ་ཆེན་པོ་ཆོས་འཕེལ་ཡོངས་གྲགས་པ། །པདྨ་ཁ་འབུས་སྙིང་གི་དཀྱིལ་དུ་བྱོན། །རིན་ཆེན་ཐིག་ལེས་རྟག་ཏུ་སྨིན་པར་མཛོད། །འཇམ་པའི་དབྱངས་དང་ཤེས་རབ་རྒྱལ་མཚན་དང་། །འགྲོ་བ་འདྲེན་པ་

གཞོན་ནུ་རྒྱལ་མཚན་དང་། །བདག་གི་བླ་མ་གཉིས་སུ་མེད་པའི་སྐུ། །འབྲལ་མེད་སྤྱི་གཙུག་གཙུག་ཏོར་བརྟན་པར་མཛོད། །དིང་སང་ཡ་མཚན་ལྟད་མོ་ཅི་ཡང་མཐོང་། །སྤྲུལ་པའི་སྒྲོལ་མ་བཅུ་གཉིས་འདིར་ལྷགས་ནས། །ཉི་མའི་འོད་ཟེར་ཟིལ་གྱིས་མནན་ན་ཡང་། །དམུས་ལོང་ཚོང་པར་བཅས་ཀྱིས་མ་མཐོང་ན། །ལུས་ཀྱི་ཉེས་སྐྱོན་དངོས་སུ་བསམས་ན་ཡང་། །ཨེ་མ་ཙུང་ཟད་ཙམ་ཡང་མ་ཚོར་བར། །སྨི་བ་ནག་པོ་མེད་པར་མཐོང་ན་ཡང་། །ཕན་བྱེད་སྨན་གྱི་ལྗོན་པ་མ་དམིགས་པ། །ཀྱི་ཧུད་ཕྱིན་ཅི་ལོག་ལ་གོམས་གྱུར་པས། །འདྲི་བགྲེན་རང་གི་བཙན་ས་མ་ཟིན་པའི། །ཕན་གྱིས་གཞན་གྱི་ཉེས་པ་བསལ་བར་འཕྲུལ། །ཡོང་ཡེ་ཕན་པ་མེད་ཅིང་སྐྱོབ་ནུས་མེད། །འདི་ལྟར་ཡེ་ཤེས་ལྷ་ཡིས་སྐྱབས་ན་ཡང་། །མ་ཤེས་མ་དག་རྣམས་ལ་ཐུགས་རྗེས་གཟིགས། །འབྲལ་མེད་རྒྱུན་དུ་མ་དག་ཞིང་འདིར་བཞུགས། །ཐུགས་རྗེ་ཆེན་པོ་གཡོ་བར་མ་མཛད་ཅིག །ཅེས་གསོལ་པ་དང་། སྒྲོལ་མ་རྣམས་ན་རེ། ཐི་ལམ་སྒྱུ་མ་བག་ཆགས་ཀུན་འདྲ་བ། །སྣང་དང་གྲག་སྟོང་འཇིག་རྟེན་སླུ་བྲིད་ལགས། །གཏད་ས་ཅང་མེད་རང་ལུགས་སྟོང་པ་ཡིན། །འོན་ཀྱང་སྙིང་རྗེས་སྐྱོངས་ཤིག་ཞང་སྟོན་པ། །བཀའ་གདམས་ཨུཏྤ་ལ་ཡི་སྟོང་པོ་འདྲ། །གཙང་ཞིང་གཙང་མའི་དྲི་ངད་ཕྱོགས་བཅུར་ཁྱབ། །གང་གིས་བལྟས་ཀྱང་བདེ་བའི་ཡིད་འཕྲུངས་པ། །དཔལ་གྱི་འབྱུང་གནས་སྤྱི་བོས་ལོང་ཅིག་བྱ། །འགྲོ་བ་གྱི་ནར་འཁྲམས་པ་མ་ལུས་པའི། །མགོན་དང་སྐྱབས་སུ་རྟག་པར་བརྟེ་ན་ཡང་། །དཀོན་མཆོག་བྱས་པ་ཉིད་དུ་ག་ལ་ཞེན། །འོན་ཀྱང་ཕན་བདེ་བསྐྱུན་པ་བསྟེན་པར་མཛོད། །བདག་གིས་ཁ་བཟུང་ཤགས་བཏབ་མགོན་སྐྱབས་བྱས། །དེ་ལ་ཕུད་མཆོད་མ་བྱས་ཟེར་ཞིང་འཁྲུག །མི་དང་ནོར་ལ་གོད་ཁ་དུ་མ་གཏོང་། །རིམ་གྲོ་ལན་ལོག་མོ་བོན་དུ་མ་བྱེད། །མི་ཕན་འདི་ཕྱི་ཕུང་བའི་འཇིག་རྟེན་པ། །ལྷར་བཅས་སྙིང་རྗེས་སྐྱོངས་ཤིག་ཞང་སྟོན་པ། །མཐུན་རྐྱེན་ཐམས་ཅད་ཕོ་མོ་རྣམས་ཀྱིས་སྒྲུབ། །མཁྱེན་

པར་མཛོད་ཅིག་དར་མ་རྒྱལ་མཚན་པ། །ཞེས་གསུང་། ཡང་ལན་ཅིག་ལྷ་ས་འཕྲུལ་སྣང་དུ་བྱོན་པའི་ཚེ། སྤྱན་རས་གཟིགས་ཀྱི་དྲུང་དུ་ཐིག་ལེ་ལུས་ལ་བཀོད་ཅིང་སྒྲུབ་པ་སྡེ་གཅིག་ཏུ་མཛད་པ་ན། དབུས་གཙང་གི་བསྐོར་བ་པ་མང་པོའང་བྱུང་། ཐམས་ཅད་ཀུང་དད་པ་སྐྱི་སྐྱི་སྐད་དུ་ནི་འཁྲབ། ཐུགས་རྗེས་ཟུང་ཤིག་ཅེས་གསོལ་བ་འདེབས་པ་ན། ཕྱག་སྟོང་པ་དེའི་ཐུགས་ཀ་ནས། ཐུགས་རྗེ་ཆེན་པོ་རྩ་ཕྱག་བཞི་བཅུ་པ་ཅིག་ཐོན་ནས་བྱུང་ནས། སྣང་ཡང་གཅིག་གི་རྣམ་པར་གདའ་གསུངས་ནས། ཡང་རྩ་ཕྱག་བཞི་བཅུ་པ་དེའི་རྣམ་པར་ལྷམ་མེ་གདའ། ཡང་དེའི་ཐུགས་ཀ་ནས་ཞལ་གཅིག་ཕྱག་བཞི་པ་ཅིག་ཐོན་ནས་བྱུང་ནས། སྣང་ཡང་གཅིག་གི་རྣམ་པར་གདའ་གསུངས་ནས། ཡང་ཞལ་གཅིག་ཕྱག་བཞི་པ་ཅིག་གི་རྣམ་པར་ལམ་མེ་བཞུགས་ནས་གདའ། ཡང་དེའི་ཐུགས་ཀ་ནས་ཞལ་གཅིག་ཕྱག་གཉིས་པ་ཅིག་ཐོན་ནས། རྒྱལ་པོའི་ཆ་ལུགས་སུ་ལམ་མེ་མཛད་ནས། ཁྱེད་ཀྱི་ཞལ་ཕྲེང་དེ་ལ་དུ་ཡོད་གསུང་། མགོན་པོས་མཁྱེན་ལགས་སོད་ཞུས་པས། རང་གི་རྒྱུད་ལ་སལ་ལེ་བ་ཅིག་དགོས་པ་ཡིན་གསུང་། འོན་ཀྱང་རྩ་བ་ལྔ་སྟོང་ཡོད་ཞུས་པས། བསྡོམས་ན་དུ་ཡོད་གསུང་། བཞི་བཅུ་ཞེ་བརྒྱད་མཆིས་ཞུས། སྒྲིས་ན་ཅི་ཙམ་ཡོད་གསུང་། འབུ་ལྔ་ཁྲི་ལྔ་སྟོང་བཞི་བཅུ་ཐམ་པ་ཡོད་ཞུས། རབ་ཏུ་ཕྱེ་ན་ཇི་ཙམ་ཡོད་གསུང་། འཁོར་ལོ་བྱེ་བ་འགྱེད་ཅེས་བཤད་ཞུས། ཉམས་སུ་ལེན་ན་ཇི་ཙམ་ཞིག་མཆིས་གསུང་། ཐིག་ལེ་བཅུ་དྲུག་ཙམ་ཞིག་མཆིས་ཞུས། དེ་དྲིལ་ན་ཇི་ཙམ་མཆིས་གསུང་། རྗེས་སུ་དྲན་པ་ལྔ་ཡོད་ཞུས། དེ་ཇི་ལྟར་བསྡུས་ནས་ཉམས་སུ་ལེན་གསུང་། སྟོད་བཅུད་གཉིས་ལས་མ་འདས་ཞུས། དེ་དག་བདེན་པ་གང་དུ་རྟོགས་གསུང་། ཟབ་མོ་ལྔ་བའི་རྒྱུད་ཀྱི་རྗེས་སུ་འཕྲངས་ནས། བདེན་པ་གཉིས་ཐིག་ལེར་བྱེད་ཞུས། འདི་ལ་ཕན་ཡོན་ཅི་ཡོད་གསུང་། ཉམས་ལེན་བྱིན་བརླབས་རྒྱུད་ཀྱི་རྗེས་སུ་འཕྲངས་ནས། འགྲོ་བ་ལ་གནས་སྐབས་དང་མཐར་ཐུག་གི་བདེ་འབྲས་སྟེར་བར་བྱེད་

ཞུས། འདི་ལ་གཞུང་ཇི་ཙམ་ཡོད་གསུང་། རྒྱ་ཆེན་སྤྱོད་པའི་རྒྱུད་ཀྱི་རྗེས་སུ་འབྲངས་ནས། བསམ་གྱིས་མི་ཁྱབ་པ་ཡོད་ཞུས། གཞན་ཡང་མན་ངག་ཇི་ཙམ་མཆིས་གསུང་། ཐེག་པ་ཐུན་མོང་དང་མན་ངག་སྣ་ཚོགས་པའི་རྗེས་སུ་འབྲངས་ནས། གྲངས་འདི་ཙམ་ཡོད་དང་མཐའ་འདི་ཙམ་ཅིག་ཡོད་བརྗོད་ཀྱིས་མི་ལང་ཞུས། ཁྱོད་ཀྱི་འདི་ལ་བརྒྱུད་པའི་བླ་མ་སུ་ཡོད་གསུང་། ལེགས་པར་བརྩུས་ན་བརྒྱ་དང་ལྔ་བཅུ་རྩ་ལྔ་ཡོད། ལེགས་པར་ཕྱེ་ན། འདས་པའི་སངས་རྒྱས་ཡུ་མེད་ཞུས། ཆོས་འདི་ཡུན་ཇི་ཙམ་ཞིག་ཏུ་གནས་གསུང་། མགོན་པོ། འཁོར་བ་ན་སེམས་ཅན་ཇི་སྲིད་ཡོད་ཀྱི་བར་དུའོ། །ཞུས། བསླབ་ཚུལ་དུ་ཡོད་གསུང་། གཞི་ཚུལ་ཁྲིམས་ལ་བསླབ་པ་དང་། རྒྱུད་སེམས་བཟང་པོ་ལ་བསླབ་པ་དང་། མཐར་ཐུག་ཤེས་རབ་ལ་བསླབ་པ་དང་གསུམ་ཡོད་ཞུས། ལྷ་དུ་ཡོད་གསུང་། སྤྱིར་དཀོན་མཆོག་ལ་གྲངས་མེད། འོན་ཀྱང་ཐུབ་པ་ཆེན་པོ་དང་། བྱང་ཆུབ་སེམས་དཔའ་ཞི་ཁྲོ་གཉིས། བཅོམ་ལྡན་འདས་སྒྲོལ་མ་དང་བཞིར་བརྩུས་ཏེ་བགྱིད་ལགས་ཞུས། ཁྱེད་ཀྱི་བརྒྱུད་པ་འདི་ལ་ཇི་སྐད་ཟེར་གསུང་། སྤྱིར་བཀའ་གདམས་ཟེར། ངེས་ཚིག་ལྷ་ཆོས་བདུན་ལྡན་དུ་གྲགས་ཞུས། འོ་ན་ཁྱོད་ཀྱིས་ཁོ་བོ་ཤེས་སམ་གསུང་། ཁྱེད་མགོན་པོ་སྤྱན་རས་གཟིགས་དབང་ཕྱུག་ལགས་སོད། དིང་སང་ནི་ཁོ་བོ་ལ་རྒྱལ་པོའི་ཆ་ལུགས་སུ་བསྟན་ནས་གདའ་ཞུས། འོ་ན་ཁྱོད་ཀྱི་བཀའ་གདམས་ཀྱི་སྐད་འདི་གང་ནས་བྱུང་གསུང་། འབྲོམ་ཆོས་ཀྱི་རྒྱལ་པོས་རྒྱལ་བ་ལ་བཀའ་ཞུས་ནས་ད་ལྟ་ཡན་ཆོད་དུ་གྲགས་ཞུས། འོ་ན་འབྲོམ་ཆོས་ཀྱི་རྒྱལ་པོ་དེའི་ཆ་ལུགས་ཇི་འདྲ་ཅིག་ཡོད་གསུང་། ཁོང་ཚངས་པར་སྤྱོད་པའི་དགེ་བསྙེན་ལགས་པས་རྟེན་དཀར་པོའི་ཆ་ལུགས་སུ་མཛད་ཅིང་གདའ་ཞུས། འོ་ན་ངུར་སྨིག་འཛིན་པ་ཤཱཀྱའི་སྲས་པོ་རྣམས་ཀྱི་བླ་མ་མ་ལགས་སམ་གསུང་། དེ་ཡང་མེད་དེ། དེ་དག་ནི་སྤྲུལ་སྐུའི་ཆ་ལུགས་ལགས། ཁོང་ནི་ལོངས་སྐུའི་ཆ་ལུགས་སུ་མཛད། དེ་གཉིས་ཀའང་བདེ་བར་གཤེགས་པའི་ཆོས་ཀྱི་སྐུའི་

ཕྱིན་ལས་ལགས་ཞུས། འོ་ན་རྒྱལ་བ་འབྲོམ་དེ་འདི་འདྲ་ཅིག་ཡོད་དམ་གསུངས་ནས། དར་དཀར་པོའི་ཕོད་ཀ་ལ་དར་དཀར་པོའི་ཞམ་ཐབས་གསོལ། དེ་དར་སྐྱེར་ཁའི་སྐེ་རགས་ཁོར་གཅིག་མ་ཅིག་གིས་བཅིངས། པདྨའི་འདབ་མ་གཅིག་གིས་ཅམ་སེ་མཛད་ནས་གསོལ་ཏེ་འཛོལ་བ་ཅིག་མཛད། དབུ་སྐྲ་མཐིང་ག་བ་ཤད་པ་ཅིག་གིས་དཔུང་མགོ་ནོན་ཙམ་དུ་སི་ལི་མཛད། ཕྱག་གཡས་ན་དུང་ཕྲེང་ལེགས་པོ་ཅིག་བཟུང་། ཕྱག་གཡོན་ན་ཤེལ་གྱི་འཁར་བ་ལེགས་པོ་ཅིག་བསྣམས། སྐུ་མཉེན་ལ་གཞོན་པ་མཛེས་པ་ཅིག་མཛད་ནས་གདའོ། །ཁོ་བོའི་བླ་མ་དེ་རྨི་ལམ་མམ་གཉིད་ཟ་ཟིའི་འཕྲུལ་སྣང་ལ་འདི་འདྲ་རེའང་འཁྱོན་ཞུས་པས། ངེད་བདེ་བ་ཅན་ན་འདི་འདྲ་ལ་དག་སྣང་ཟེར་བ་ཡིན་གསུང་། འོ་ན་འདི་འདྲ་ཅིག་མཆིས་སམ་ཞུས་པས། ཡང་འབྲོག་ཕྱུག་བཟང་པོ་ཅིག་ལ། སྐེ་རགས་སྐྱ་བོ་ཅིག་བཅིངས། ཕྱུག་ཅམ་དཀར་པོ་སྤུ་ཆོད་ཙམ་ཅིག་གསོལ། དབུ་སྐྲ་ལི་ཁྱོག་གེ་བ་ཅིག་མཛད། ན་སོ་ཡར་ཟེགས་ལ་སོང་བ། སྐུ་ཆེ་ལ་གཏོགས་པ། སྐུ་ཤས་གང་ལ་འབེར་པོར་མ་སོང་བ། བོ་དེ་ཅོའི་ཕྲེང་བ་ཕྱག་ལ་བཙུད་པ། ཕྱག་གཅིག་ན་ཤུག་པ་ཅིག་བཟུང་ནས་འདི་ལགས་སམ་གསུངས་པས། ཁོ་བོ་ལན་ཅིག་ག་གཉིས་མའི་ནང་ན་སྙིང་གི་ཐིག་ལེ་ཞུ་ཙ་ན་འདི་འདྲ་ཅིག་གདའ་ཞུས་པས། འོ་ན་དེ་དུས་ཀྱི་གང་ལགས། བྱིས་པ་ཅིག་ཀྱང་ཡོད། ཛ་འདྲེན་པའི་བཙུན་ཆུང་གཞོན་ནུ་མ་ཅིག་ཀྱང་ཡོད། དགེ་སློང་བགྲེས་པོ་ཅིག་ཀྱང་ཡོད། ཡང་དངུལ་གདུགས་ཅན་གྱི་ནང་ན་མཆོད་པ་འབུལ་བ་ཅིག་ཀྱང་ཡོད། བསྐོར་བ་བྱེད་པའི་མི་སྐྱ་རྐན་པོ་ཅིག་ཀྱང་ཡོད་པ་དེ་རྣམས་གང་ཡིན་གསུངས་པས། ལྕགས་སྒོའི་རྩར་ཁོ་བོ་ལ་བྱིན་བརླབས་བྱེད་པ་དེ་ལགས་ཞུས་པས། འོ་ན་ཁྱོད་བཀའ་གདམས་པའི་ཕྱུག་གུ་སྒོ་ངའི་ནང་ན་གཞོག་སྒྲོ་རྒྱས་པ་ཅིག་འདུག །ང་དང་རྒྱལ་བ་འབྲོམ་ལ་ཐ་དད་མ་བྱེད། ངས་བོད་འདིར། ར་སྒྲེང་དང་། འདི་དང་། བསམ་ཡས་ལ་སོགས་པ་གཙུག་ལག་ཁང་དཔག་ཏུ་མེད་པ་

ཅིག་བཞེངས། རྒྱལ་བ་དཔག་ཏུ་མེད་པ་ཅིག་སྤྱན་དྲངས། སྔ་མ་སྔ་མའི་གཏེར་ཡིག་རྣམས། ཀ་བ་ལ་སོགས་པའི་ཁོངས་སུ་སྦས་ཤིང་སྒྲོལ་མ་ལ་གཉེར་གཏད། ཕྱིས་ཇོ་བོ་མིན་པ་སུས་ཀྱང་རྙེད་པ་མེད་པ་དེ་ཤེས་སམ། ཕྱིས་བཀའ་གདམས་པའི་ལག་ནས་གཏེར་ཡིག་བྱུང་སྟེ། དགོན་གཉེར་ལ་འཕོར་བ་དེ་མཐོང་ངམ། གཏེར་ཡིག་དེ་དག་བེམ་པོ་ལ་བརྩོལ་བ་མིན། ནོར་བུ་རིན་པོ་ཆེའི་ཕྲེང་བ་འདི་དག་ནི་སེམས་རྒྱུད་རིན་པོ་ཆེ་ལ་བརྩོལ་བ་ཡིན། ད་དུང་གོང་དུ་གླེངས་པའི་ཆོས་རྒྱུས་བསྡུས་དེ་དག་གི་སྒོ་ནས་འགྲོ་བ་ལ་ཕན་ཐོགས་ལ། ནམ་ཞིག་ལོ་བརྒྱད་ཅུ་རྩ་བརྒྱད་དུ་སོང་བའི་དུས་སུ། སྔོན་གྱི་ལྷ་བླ་མ་ཡེ་ཤེས་འོད་དེ། ད་ལྟ་ན་ལེཀྲའི་གཙུག་ལག་ཁང་ན། ལོ་ལྔ་བཅུ་ང་བརྒྱད་པ་ཅིག་བྱས་ཏེ་ཇོ་བོའི་ཆོས་ལུགས་མཐའ་དག་རྫོགས་པར་མཛད་ཅིང་ཡོད། དེ་སྐྱུར་དུ་འཕོ་བ་བཏབ་ནས། གླུངས་ཤོད་ན་ཞང་མོ་སྐྱིད་དེ་བྱ་བ་རང་བཞིན་གྱི་རྣལ་འབྱོར་མ་ཅིག་ཡོད་པ་དེའི་བུར་སྐྱོན་པར་གདའ། དེ་མ་དེས་འདི་དང་ཕྱི་མའི་ཕན་བྱ་དུ་མས་བསྐྱངས་ཏེ། དགེ་བཤེས་ཞོགས་པ་ཆེན་པོ་ལ་འབུལ། མཚན་ཡང་བྱང་ཆུབ་བཟང་པོ་ཉིད་དུ་གསོལ་ཏེ། དེས་བཀའ་གདམས་ཀྱི་ཆོས་སྐོར་མང་པོ་བསླབས་ནས། ཁོ་བོས་བྱིན་གྱིས་བརླབས་ཏེ། རྒྱལ་བའི་འབྱུང་གནས་རྡོ་རྗེའི་དགོན་པར་ཝུ་ཡུག་ཏུ་མཇལ་བར་འགྱུར། དེ་ནས་ཐུགས་རྗེས་བཟུང་ལ་སྙིང་གི་ཐིག་ལེས་སྐྱོངས་གསུངས་ནས་སྔར་གྱི་སྐུ་ཅི་འདྲ་བ་དེ་འདྲར་གྱུར་ཏོ། །དེ་ལྟར་གསུང་གླེང་དུ་མ་ཞིག་མཛད་སྐྱེ་བོའང་དེ་སྙིང་ཅིག་ཚོགས་པ་ལ་མཐོང་བ་དང་ཐོས་པ་དང་རྟོགས་པ་ཡེ་མེད། དེའི་དུས་སུ་སྙིང་རྗེ་ཆེན་པོ་སྐྱེས་ནས། རྒྱལ་བ་ཡབ་སྲས་ལ་གསོལ་བ་བཏབ་པ་ནི། འགྲོ་བ་དྲུག་ན་རབ་ཏུ་འཁོར་བའི་སེམས་ཅན་རྣམས། །རང་དབང་མེད་པར་འཁོར་བའི་རྒྱ་མཚོར་རབ་ཏུ་འཁོར། །བཀྲེས་ཤིང་ལྟོགས་པ་དག་གིས་རྟག་ཏུ་གཟིར་བར་གྱུར། །དེ་དག་རྣམས་ལས་གང་ཡང་དད་པའི་རྣམ་པ་ཙམ། །སྐྱེས་ནས་གང་དུ་བདེ་བར་བྱེད་

པ་ཙུང་ཟད་དཀའ། །འདི་ལྟར་དུ་ཞིང་ཐམས་ཅད་གསོལ་བ་འདེབས་ན་ཡང་། །འདི་ལྟར་ཞུས་ལན་གང་གིས་ཚོར་བར་མ་གྱུར་པ། །ཐུགས་རྗེས་རབ་ཏུ་གཟིགས་ཤིག་རྒྱལ་བ་ཡབ་སྲས་རྣམས། །འདི་རྣམས་མ་དག་གླིང་ནས་ཡང་དག་དྲོངས་མཛོད་ལ། །འདྲེན་པ་ཁྱེད་ཀྱི་ཐུགས་རྗེའི་དབྱིངས་སུ་བསྐྱུང་དུ་གསོལ། །ཞེས་གསོལ་བ་བཏབ་པས། སྤྲིབ་པ་སྲབ་སྲབ་དག་གིས་གསུང་དེ་ཐོས་ནས། ཐུགས་རྗེ་ཆེན་པོ་དང་ཞང་སྟོན་པ་གཉིས་ཀ་ལ་གསོལ་བ་བཏབ་པས། སྒྲིབ་པ་ཅན་དག་ན་རེ། ཛོ་བོ་ལ་གསོལ་བ་མི་འདེབས་པར། བན་དེ་འདི་ལ་དེ་ཙམ་དུ་གསོལ་བ་བཏབ་ཅིང་དུས་ནས་ཅི་བྱེད་ཟེར་ལ། །གསོལ་བ་འདེབས་པའི་ནང་ན། ཡོན་བདག་སྐྲན་ཞུགས་པ་ཅིག་ཡོད་པ་དེ། གསོལ་བ་བཏབ་ནས་རིག་པ་སོར་ཆུད་པ་དང་། ཕོ་བ་བདེ་ཤད་དེ་འདུག །སྔར་ཁུལ་ཙ་ན་འཁྲིལ་ལག་འགོ་རེ་ཙམ་རེ་འོང་བ་དེ་ཉིད་མི་འདུག །ལྷག་པར་དུའང་སློབ་དཔོན་ཞང་སྟོན་ལ་དད་པ་སྐྱེས་ནས་ཡོད་ཙ་ན། གཞོན་ནུ་མ་ཀུན་ཁོང་འཁྲབ་པའི་ལད་མོ་བྱེད་སྐད། དེའི་དུས་ན། རྒད་པོ་དེ་རང་གི་བུ་ཅིག་ཡོད་པ་ལ་འདིར་ཤོག་ལ་ངའི་ཕོ་བ་འདི་ལ་ལྟོས་ལ་དགོད་དང་། བཞད་གད་བྱ་རིན་ཆོག །བན་དེ་འདི་ལ་གསོལ་བ་བཏབ་པས་བྱུང་བ་ཡིན་ཟེར། དེར་གཅིག་ལ་གཅིག་འགྲན་ནས་གསོལ་བ་ཐེག་པ་འདེབས་པ་ཅིག་བྱུང་། དེའི་དུས་སུ་རང་རང་གི་འདོད་པ་དག་ཀྱང་གྲུབ་གསུང་། མདོར་ན་སྤྲུལ་པའི་སྐུ་ཞང་སྟོན་ཆེན་པོ་དེ་ཡང་རྒྱལ་བ་ཡབ་སྲས་ཀྱིས་དངོས་སུ་ཆོས་སྟོན་པ་དེ་འདྲ་བ་དཔག་ཏུ་མེད་པ་བྱུང་ཚོད་དུ་གདའ་སྟེ། ཐུགས་ཟབ་མོ་མཛད་ནས། ཇི་ལྟ་བཞིན་དུ་གསུང་དུ་མི་འདོད། མདོར་ན་དེ་ཡན་ཆད། སློབ་དཔོན་ཞང་སྟོན་པ་ཡན་ཆད་ཀྱི་བླ་མ་རྣམས་ཀྱིས་ཆོས་ལ་དཀའ་བ་ཇི་ལྟར་སྤྱད་པ་དང་། བླ་མ་སྔ་མ་རེ་ལ་རང་རེས་ཆོས་ཇི་ལྟར་ཞུས་པ་ཡན་ཆོད་དངོས་སུ་ཐུགས་རྒྱུས་ཇི་ལྟར་ཡོད་པ་བཞིན་དུ། རིམ་པ་ལྟར་གསུངས་པར་གདའ།། །།

༈ ད་འདི་ནས་བདག་ཅག་གི་བླ་མ་བྱང་ཆུབ་བཟང་པོས་དཀའ་བ་ཇི་ལྟར་སྤྱད་པ་དང་། བདག་ཅག་གི་ལག་ཏུ་ཇི་ལྟར་བྱུང་ཚུལ་ལ་སོགས་པ་ཅུང་ཟད་ཅིག་བཤད་ན། ཤར་རྒྱུད་སྟོད་ན་ཞང་མོ་སྐྱིད་དེ་ཞེས་བྱ་བ་ཞང་གི་བུ་སྲིང་མོ་བཀའ་གདམས་པའི་སྦྲ་ཐོས་ཙ་ན་ཀོག་སྐྱེ་ལངས་ནས་ཕྱག་འཚལ་ནུས་པ། ཟས་ཅི་ཟ་ཡང་དེའི་ཕུད་ནས། ལྷ་ཇོ་བོ་དཀོན་མཆོག་གསུམ། བརྒྱུད་པ་བཀའ་གདམས་རིན་པོ་ཆེ། ཆོས་བསླབ་པ་གསུམ་མཆོད་ཅིག་ཟེར་ནས་མཆོད། ཡུལ་པ་གཞན་ཕོ་ལྷ་དགྲ་ལྷ་ཡུལ་ལྷ་གཉན་པོ་མཆོད་ཟེར་བ་ཐོས་ཙ་ན། ང་ལ་ལྷ་འདྲེ་མཆོད་དགོས་པའི་བསོད་ནམས་མ་བསགས་པ་མ་བྱུང་ཟེར་ནས་མིག་ལོག་བྱེད། ཕྱིས་འབྲོམ་ཆོས་སྐྱབས་བྱ་བ་དང་སྐྱབས་སུ་སོང་ནས་བུ་ཅིག་བྱུང་བ་ལ། ཕ་དེ་འཇིག་རྟེན་པའི་ལུགས་ཀྱི་གཙིགས་ཆེན་པོ་བྱེད། མ་ངའི་བུ་འདིས་ཆོས་ཤིག་འོང་ཟེར། ལན་ཅིག་ལོ་ངོ་གསུམ་ལོན་པ་ལ། ཨ་མ་ཨུ་ཅག་གི་དཔོན་པོ་སུ་ཡིན་ཟེར་བ་ལ། མས། ཇོ་བོ་དཀོན་མཆོག་གསུམ་ཡིན་མོད་བྱས་པས། ཇོ་བོ་དཀོན་མཆོག་གསུམ་པོ་དེ། ཇོ་བོ་ཡབ་སྲས་ཡིན་ནམ་མིན་ཟེར། མས། དཀོན་མཆོག་གསུམ་པོ་དང་ཇོ་བོ་ཡབ་སྲས་ལ་ཁྱད་མེད། ཁྱོད་ཀྱིས་ཇོ་བོ་ཡབ་སྲས་གང་དུ་ཐོས་བྱས་པས། སྟོན་གཙུག་ལག་ཁང་ཅིག་ཏུ་ཐོས་པ་ཡིན་ཟེར། མས། སྟོན་ནས་ཤེས་ན། དཀོན་མཆོག་དང་གཅིག་མི་གཅིག་མི་ཤེས་པ་མི་འོང་གིས་ཁ་རོག་སྡོད་བྱས་པས། ཁོ་ན་རེ། ཁྱེད་བཟའ་མི་གཉིས་བཀའ་གདམས་པའི་ཡོན་བདག་ཡིན་པ་ལ། ང་བུ་གཅིག་པོ་དབང་པོ་སྒོ་ལྔ་ཚང་བ་ལ་ཆོས་བྱེད་པ་དང་མི་བྱེད་པ་གཉིས་སུ་རྟོག་རང་མི་འཐད་ཟེར། དེར་མས། འོ་ན་ཁྱོད་ཆོས་རང་བྱེད་དམ་བྱས་པས། འོ་སྐོལ་ཕ་མ་བུ་ཚ་གསུམ་གྱིས་བཙན་ས་ཟིན་མ་ཟིན་ལ་རག་ལས་ཟེར། མས། བཙན་ས་མ་ཟིན་པས་དཀོན་མཆོག་ལ་སྐྱབས་པ་ཡིན་མོད་བྱས་པས། དེ་ལ་སྐྱབས་པ་ལ་དཀོན་མཆོག་གི་རྗེས་སུ་འབྲང་དགོས་པ་ལགས་མོད་ཟེར། མས། འོ་ན་ཁྱོད་ཇི་ལྟར་རྗེས་སུ་འབྲང་

བྱས་པས། སེམས་ཅན་ཐམས་ཅད་ཁྱོད་བཞིན་དུ་བྱས་ནས། དེའི་དོན་དུ་ཇོ་བོ་ཡབ་སྲས་ཀྱི་རྗེས་སུ་འབྲང་ཞེར། མས། ཇོ་བོ་ཡབ་སྲས་ལ་རྗེས་འབྲང་མང་། ཁྱོད་སུའི་རྗེས་སུ་འབྲང་བྱས་པས། དར་གྱི་སྣབས་ཀ་ན་ཞང་སྟོན་དར་མ་རྒྱལ་མཚན་བྱ་བ་ཡོད། དེའི་རྗེས་སུ་འབྲང་ཞེར། དེ་ཡིན་ཏེ་ངས་ཞོགས་པ་ཆེན་པོ་ལ་ཁྱོད་ཡིད་ཀྱིས་ཕུལ་ཞིན་ནས་ཡོད་བྱས་པས། ཨ་མ་དེ་ལ་སྐྱོན་མེད། ཕོང་གི་དྲུང་དུ་རབ་ཏུ་བྱུང་། བཀའ་གདམས་ཐོར་བུ་བ་རྣམས་བསླབས་ལ་དེ་ནས་སྟོད་དུ་ཙུང་བ་བྱས་ཏེ། ཕོང་གི་དྲུང་དུ་བཀའ་གདམས་ཉན་དུ་འགྲོ་འཚལ། གཞན་ཕྱིན་ཡང་གནང་དུ་མི་འདོད་ཞེར། དེ་ནས་ཞོགས་པ་ཆེན་པོ་མཁར་ཐོག་ཏུ་བྱོན་པ་ཅིག་ལ་བྱིས་པ་ཆུང་དུ་དེ་མས་ཁྲིད་ནས་ལོ་རྒྱུས་ཞུས་པས། ཕོང་གི་ཞལ་ནས། འདིས་བཀའ་གདམས་པ་འོང་བ་ཅིག་འདུག་སྟེ། ད་དུང་ལོ་གཞོན་པས་སྡོམ་པའང་མི་སྐྱེ། ཕས་ཀྱང་མ་གནང་བ་གདའ་བས། ལོ་ཇོ་བརྒྱད་དགུ་བཅའ་བཅུ་མ་སོང་བར་དུ་གོ་ཙ་སྐྱོངས། ཕོང་རང་ལ་བག་ཆགས་ཡོད་པ་ཅིག་གདའ་བས་གློག་ཤེས་ནས་འོང་བས་དཔེ་ཆ་འདྲའང་ལག་ཏུ་གཏོད། ཁྱོད་རང་འདིར་ཤོག་ངས་བྱིན་རླབས་བྱ་ཡིས་གསུངས་ནས། ཕོང་གི་ཕྱག་བུ་དེའི་མགོ་བོ་ལ་བཞག་པ་དང་། ངའི་མིང་ཞང་སྐྱབས་འདི། དཀོན་མཆོག་སྐྱབས་སུ་བསྒྱུར་བར་ཞུ་ཞེར། ཕོང་ཤིན་ཏུ་མཉེས་ནས། ཁྱོད་སྐྱབས་པས་ཀྱང་མི་འོང་སྤྲེལ་བ་ཅིག་རང་འོང་བར་འདུག་པས། དཀོན་མཆོག་སྤྲེལ་རང་གྲིས་ལ་ཐོང་། ད་ལྟ་ཁྲིད་ན་འོང་བ་འདུག་སྟེ། དགེ་འདུན་གྱི་དད་ཐུས་འདི་སྐྱེ་བོ་ལ་རང་ཡེ་མི་དགའ། དད་པ་དང་ཤེས་རབ་འགྲིབ་ཏུ་འོང་གསུང་། ད་གཞོན་ལོ་བརྒྱད་དུ་སོང་བ་དང་། རང་གི་ཕ་ཆོས་སྐྱབས་ལ་ཕྱག་བཙལ་ནས། བདག་ཆོས་སྐོར་འཇུག་པ་ལ་གེགས་མི་མཛད་པར་ཞུ་ཞེར། ཕ་ན་རེ། ཁྱོད་འཁྲོམ་གྱི་མི་རྒྱུད་ཡིན་པས་ཡུལ་འདི་བཟུང་ན། ད་གཞོན་མི་ཆོས་བཙུན་པ་ཅིག་འོང་བ་ཡིན་ཏེ། ཁྱོད་ཆོས་པའི་རིགས་ཤིག་འདུག་པས་རྒྱན་རྐྱེན་གཉིས་འདིའི་རབས་ཆད་དོགས་

ཡོད་དེ། ཕྱི་མ་བུས་སྐྱིད་དུ་ཆུག་ཟེར་བས། བུ་ན་རེ། འཁྲོམ་ལ་མི་ཆོས་བཙུན་པ་བས། ཆོས་པ་བཙུན་ལ་བཟང་བ་མང་བ་ཡིན་ཟེར། དེ་ནས་ཞོགས་པའི་བྲུང་དུ་ལོ་བརྒྱད་པ་ལ་རབ་ཏུ་བྱུང་སྟེ། དགུང་ལོ་ཉེ་ཤུ་རྩ་བརྒྱད་ཀྱི་བར་དུ་བཀའ་གདམས་ཐོར་བུ་པ་ཐམས་ཅད་རྫོགས་པར་མཛད། གཞན་ཡང་བློ་སྦྱོང་དུ་མས་ཐུགས་འགྱོངས་པར་བྱས་ནས། ཞང་སྟོན་པ་དང་མཇལ་བར་བཞེད་པ་ལ། ཉེ་ལམ་ན་མི་བཞུགས་པས་སྤྱན་རས་གཟིགས་ལ་མཆོད་ཕུལ་ཞིང་གསོལ་བ་བཏབ་པ་ན། སྤྱན་རས་གཟིགས་ཀྱི་ཞལ་ནས། ཆོས་ལ་དཀའ་སྤྱད་བྱ་དགོས་པ་ཡིན། བླ་མ་རྒྱ་གར་ན་བཞུགས་ཀྱང་བཙལ་དགོས་ཟེར་སོད། ད་ལན་རམ་སྡིངས་མར་རྒྱུག །ཟླ་བ་འདིའི་ཆོས་བརྒྱད་ལ་ཁོང་ཡང་དེར་ཕྱིན་གསུང་། དེ་ཐོས་པ་དང་རམ་སྡིངས་མར་ཕྱིན་པས། ཞང་སྟོན་པའང་དེར་ཕྱིན་ནས་གཙུག་ལག་ཁང་ཞིག་ཡོད་པ་དེར་བཞུགས། ཁོང་གིས་ཐང་ཁང་ཞིག་ཏུ་གནས་མལ་གཡར་ཏེ། གཙུག་ལག་ཁང་ན་ཕར་ཕྱིན་ཙ་ན། ཞང་སྟོན་པ་དེ་ན་བཞུགས་པ་མཐོང་སྟེ། ཕྱག་བཙལ་ནས། བདག་ཀྱང་ཐུགས་རྗེས་སྐྱོང་བར་ཞུ་ཞུས་པས། འོ་ན་ང་ལ་ཐུགས་ཀྱིས་བཟུང་རྒྱུ་ཅི་ཡང་མེད། གསེར་སྲང་ཕྱེད་པོ་འདི་ཁྱོད་ལ་སྟེར་གསུངས་པས། སྟོན་ལ་ཆོས་ཤིག་རང་ཞུ་ཞུས་པས། ཁྱོད་བཀའ་གདམས་ཀྱི་ཆོས་ལ་མོས་སམ་གསུང་། ཁོང་གིས་མོས་པའི་རྒྱུ་མཚན་དུ་མ་ཞུས་པས། གདམས་ངག་ཐོར་རེ་བ་ཅིག་གནང་ནས། འདི་གཞན་ལ་མཆེད་དུ་མི་བཏུབ་པོ་ཨང་གསུངས་པས། ཐུགས་ལ་བཏགས་ལགས་གསུངས་ནས་ཞལ་རོག་པར་བཞེངས་ནས་གཤེགས། དེ་ནས་ཁོང་གིས་སྟོད་བརྟག་པའི་ཕྱིར་དུ། བཙུན་ཆུང་ཅིག་ལ་གསེར་སྲང་གང་ཙམ་བསྐུར་ནས་ཁྱེད་ལ་གདམས་ངག་ཟབ་མོ་ཅིག་ཡོད་པར་གདའ་བས་དེ་ང་ལ་ཞུ་གྱིས་ལ་གསེར་འདི་ཁོང་ལ་ཕུལ་ཅིག་གསུངས་ནས། བཙུན་ཆུང་གིས་དེ་བཞིན་དུ་ཞུས་པ་དང་། བཙུན་ཆུང་ཅི་ཟེར། རང་གིས་ས་མ་ཟིན་པའི་གཞན་གྱི་གནས་པོ། ཁ་རོག་པར་གསེར་དེ་ལོ་

བརྒྱགས་ཀྱིས། བཙུན་པ་ལྷོམ་བུ་བ་ལ་ཆོས་ཞུ་དང་མ་ཟེར་གསུངས་ནས། གདམས་པ་བསྟན་སྟོན་མི་གདའ་སྐད། བཙུན་ཆུང་ཡོག་ནས་བྱུང་། ཁྱེད་གཉིས་པོ་ངོ་མཚར་ཆེ་བ་གཉིས་འདུག །གཅིག་ཀྱང་ཆོས་ཀྱི་ཕྱིར་གསེར་དེ་ཙམ་པ་འབུལ་ཕོད་པ། གཅིག་ཀྱང་གསེར་གྱི་ཕྱིར་གདམས་ངག་ཅུང་ཟད་ཀྱང་མི་སྟོན་པ་ཅིག་འདུག །གཞན་ཡིན་ན་བཙུན་ཆུང་མགོ་བསྐོར་ནས། གསེར་བྱུང་བས་ཆོག །ད་ཁྱེད་རང་གི་གསེར་ཚགས་མཛོད་ཟེར། ཞང་སྟོན་པ་ན་རེ། ཁྱོད་རྒྱལ་བའི་འབྱུང་གནས་རྗེ་རྗེས་མི་སྤྱལ་དགུ་སྤྱལ་ནས་སེམས་ཅན་གྱི་དོན་བྱེད་པ་ངོ་མཚར་ཆེ་ལགས་མོད་གསུངས་པས། བཙུན་ཆུང་ན་རེ། ཁྱེད་ཀྱིས་ཅི་ཤེས་ཟེར། ཞང་སྟོན་པས། དེ་འོ་ན་ན་ནིང་ཉང་ཤབ་ཏུ་ང་རང་གིས་ཁྱེད་བསྙེན་པ་ལགས་མོད་གསུངས་པས། བཙུན་ཆུང་འཛུམ་བྱས་ནས། འོ་སྐོལ་པོ་ཏོ་བ་ནས་ཤ་ར་བའི་བཀའ་རྒྱུད་ལ་མངོན་ཤེས་ཞེ་ལ་ཁས་ལེན་དགོས་པ་ཡིན། ངག་ཏུ་གདོན་དུ་ག་ན་བཏུབ་ཟེར། ཞང་སྟོན་པ་ན་རེ། མད་ལགས། ཁྱེད་རེས་དབུ་ཅུ་བྱེད་ཕྱོགས་པའི་གཞི་བ་བྱེད། རེས་མགྲོན་པོ་བྱེད། རེས་སློབ་དཔོན་བྱེད། རེས་སློབ་མ་བྱེད། ཁྱེད་རང་གི་ངོ་བོ་ལའང་། སློབ་དཔོན་དུ་མ་འཁོབས། ད་ཅི་ནས་ཀྱི་ཚེ་དང་ལྡན་པ་དེ་ལ་ཆོས་བསྟན་དུ་བཏུབ་པར་གདའ་ལགས་སམ་གསུངས་པས། དེ་བསྟན་དུ་བཏུབ་པ་ལགས། འོ་སྐོལ་བོད་ལ་དྲིན་ཆེན་པོ་ཞིག་ལགས་ཟེར། ཁྱེད་ལ་འདིའི་ལུང་ཡོད་དམ་ཞུས་པས། ངས་ཀྱང་པོ་ཏ་ལར་ཐེབས་ཅིག་ཐོབ་སྙོང་ཟེར། ཕྱག་དཔེ་ཇི་ཙམ་ཡོད་ཞུས་པས། ཕོ་བོ་དབུས་གཙང་གི་གྲྭ་པ་མགོ་རྐྱང་ཀྱི་དཔོན་བྱེད་བྱེད་ནས། སྙིང་གི་ཐིག་ལེ་སྙིང་ལ་བསྙེན་པ་ལས། བཤད་པ་དང་གླེགས་བམ་བྱ་བ་མ་བྱུང་། འོན་ཀྱང་ཐམས་ཅད་མཁྱེན་པའང་ཕོ་བོས་དབང་དུ་བསྡུས་ཙམ་ཡིན། ཨ་ཅང་དེ་ཀུ་རེ་ཡིན། སྟོན་པ་གཞོན་ནུ་མ་དེ་ལ་ཆོས་གསུངས། པོ་ཏི་འདིའི་བཀའ་མ་ཆད་པར་མཛོད་ཟེར། འདིའི་བསྙེན་པ་སྐྱིལ་རོགས་ཤིག་ཞུས་ན་འོང་ལགས་སམ་གསུངས་པས། ཞང་སྟོན་སྙིང་རྗེས་

གཞི་བྱེད། མ་ཎི་པདྨེ་དག་ཏུ་འདོན་པ་ཡིན་མོད། དེ་ལ་ང་ལས་འོས་ཅི་ཡོད། ཁྱོད་ལ་ལུང་ཡོད། ང་ལ་གཟུངས་ཐག་ཡོད། སྐྱ་ལུས་ཀྱི་ཕུང་པོ་འདི་བཞག་ནས། བླ་མ་ཡབ་སྲས་ཀྱི་ཞལ་བལྟར་འགྲོ་གསུངས་ནས། ག་ཤེད་དུ་གཤེགས་སོང་། ནང་པར་སྔ་མོར་བྱང་ཆུབ་བཟང་པོ་སླེབས་ནས་བདག་ཐུགས་ཀྱིས་གཟུང་བར་ཞུ། ཁ་སང་ཆོས་བསྟན་པ་གསུངས་པས། སློབ་དཔོན་ལ་ཞུ་ན། དེ་ག་ཕོ་བོས་ཀྱང་སྔོན་བླ་མ་ཉིད་ལ་ཆོས་ཐན་ཐུན་ཐོས་པའང་ཡོད་དེ། ད་ལན་གྱི་པོ་ཏི་འདིའི་བཀའ་ང་ལ་བབས་པས་དག་པར་ཞུ་བ་ལགས་ཞུས་པས། འོ་ན་དོ་ཞག་འདིར་དབེན་པོ་མི་འོང་། ང་ལུང་པ་སྟོང་པ་ན་ཕར་འགྲོ་བས་དེ་དུས་བརྒྱགས་ཕྱེ་ཚད་ན་ཁྱེད་རང་འོ་བརྒྱལ་གསུང་། ཕོ་བོ་ལྟོགས་ཏེ་ཤི་ཡང་སླ། ཁྱེད་རང་གར་གཤེགས་པ་དེར་ང་ཡང་འགྲོ། གཞན་ཡང་མདོ་ནས་སློབ་མས་ཆོས་ཞུས་པའི་ཚེ། གང་ན་ཨ་གེ་ཡོད་པའི་ས་དང་། དུག་སྦྲུལ་དང་ཚོམ་རྐུན་དང་། གཅན་གཟན་ལ་སོགས་པ་ཡོད་པའི་གནས་སུ་འགྲོ་ཟེར་ནས། ཐབས་ཀྱིས་སྤྱོང་བ་དེ་བདུད་ལས་སུ་བཤད་པས། འོ་སྐོལ་བཀའ་གདམས་པའི་དཔོན་སློབ་ཡིན་ཙ་ན། བདུད་ལས་ཀྱིས་མི་ཚུགས་པ་ཅིག་བྱ་འཚལ། ང་ནི་རྟག་ཏུ་ཏྲ་ལྷ་བུའི་དཀའ་སྤྱད་བྱེད། ཁྱེད་ཆོས་འཕགས་འདྲ་བ་ཅིག་མཛད་པར་ཞུ། ང་ནི་རྒྱལ་བའི་འབྱུང་གནས་འདྲ་བ་ཅིག་བྱེད། ཁྱེད་སེ་བཙུན་བཞིན་དུ་མི་མཛད་པར། ཇོ་བོ་འདྲ་བ་ཅིག་མཛད་པར་ཞུ་ཞུས་པས། ཞང་སྟོན་པ་འཛུམ་མཛད་ནས། འོ་ན་ཆོས་འཕགས་ཀྱིས་ཀྱང་རྟག་ཏུ་ངུའི་བཀྲ་ཤི་མེད་པར་བྱེད་པ་དང་། རྫ་བོ་ཆེ་གཏོར་དུ་འཇུད་པ་དང་། འཕྲོག་སྟོང་པར་དུ་ཅུ་འཇུག་པ་ལ་སོགས་པ་སློབ་མའི་ཚོགས་རྫོགས་པའི་ཕྱིར་དུ་ཐུགས་མི་བཟེ་བ་ལྟ་བུའི་རྣམ་པ་དུ་མ་བསྟན། སེ་བཙུན་གྱིས་ཀྱང་དེ་ལྟར་མཛད་པས། འབྲོམ་སྟོན་པ་བྱུང་བ་ལགས། གཞན་ཡང་བླ་མ་ཏཻ་ལོ་པས། ནཱ་རོ་པ་དཀའ་སྤྱད་བྱེད་དུ་བཅུག་པ་ལ་སོགས་པ་མང་པོ་ཡོད་དེ། བླ་མ་བརྒྱ་ལྔ་བཅུ་རྩ་ལྔའི་ལུང་འདྲེན་བྱས་ན། ཕོ་བོ་ལ་བསྐལ་པ་

ཙམ་དུ་བཤད་ཀྱང་། བཤད་ཀྱིས་མི་ལང་བ་ཡོད། ཆོས་གཤའ་མ་ཅིག་བྱེད་ན། བླ་མ་མགོ་ལ་ཐོད་བཞིན་དུ་སྒོམ་འཚལ་གསུངས་པས། བྱང་ཆུབ་བཟང་པོའི་ཞལ་ནས། ཁོ་བོ་ཚིག་གིས་དམ་མི་འཆའ། སྐབས་དོན་ལག་ལེན་ལ་འདེབས་པ་ལགས་པས་ཐུགས་རྗེས་འཛིན་པར་ཞུ་ཞུས་པས། དེ་བཞིན་དུ་བགྱི་གསུངས་ནས། དེ་ཉིན་རང་བྱོན་པས། དཔོན་སློབ་གཉིས་ཀས་མདོ་ཕུ་རུ་སླེབ། དེ་ནས་བྱོན་ནས་སླེ་མོ་གཞུའི་ཀུན་དགའ་ར་བ་རུ་བཞུགས་ནས། ཞང་སྟོན་པའི་ཞལ་ནས། འདིར་ཕ་རིན་པོ་ཆེ་དེས། གཡུང་ཆོས་མགོན་བྱ་བ་ལ་གླིག་བསླབས་པ་ཡིན། ཡག་བཞེར་སྒྲུ་གཤེན་གྱིས་ཚོང་ལ་ཁྲིད་ནས་བྱོན་པ་ལགས། དེ་ནས་སེ་བཙུན་ཆེན་པོ་དང་ཡང་འདིར་མཇལ་བ་ལགས། ཁམས་སུ་གཤེགས་པའི་འདུན་མ་ཐམས་ཅད་འདི་ནས་མཛད་པ་ཡིན། འོ་སྐོལ་ཐིག་ལེ་བརྒྱུས་པ་ཞག་བཞི་པ་ཅིག་འདིར་ཡང་བྱ་གསུངས་ནས། ཐོ་སྐོར་ན་ཡོན་བདག་པ་མང་བས་དཔོན་སློབ་གཉིས་ཀས་བསོད་སྙོམས་མཛད་པས། ཞག་བཞི་པོའི་མཐུན་རྐྱེན་དང་། མེ་ཏོག་གི་མཆོད་པ་ཀུན་འཛོམ་རྟག་གེ་བ་བྱུང་། དེ་ནས་བྱོན་པས་འདམ་གྱི་ན་མགོར་སླེབ། དེ་ནས་སྟོང་སྟེང་ན་མར་བྱོན་ནས་རྫ་སྒྲི་མོའི་ཕུག་རིངས་སུ་བྱོན། འདམ་གྱི་ལམ་དུ་ཇ་པ་དང་ཕྲད་ནས་བསོད་སྙོམས་བྱས་པས། ཁམས་པ་ཅིག་གིས་ཤ་སྐམ་སྣད་ཁོག་ཅིག་ཕུལ་བས། བྱང་ཆུབ་བཟང་པོ་ན་རེ། ཨ་མེས་འདི་འོ་སྐོལ་གྱི་མའི་རོ་སྣད་ལགས་སོད། ཉ་ར་ཡུན་རིང་མཛད་ནས་གདའ་སྐེ། སྒྲིར་བུས་བཟར་ག་ལ་རུང་། དེ་ནས་ངེད་ཉན་ཐོས་ཀྱི་ཆ་ལུགས་ཅན་གྱིས་འདི་འདྲ་ཟོས་ན་སྒྱུང་ཁྲིའི་གྲལ་དུ་ཞུགས་འཚལ་སོད། ཨོཾ་གཾ་ག་ཊེ་གཾ་ག་ཊེ་ཟེར་ནས་ཞལ་ནག་ཐོམ་མེ་བཞུགས་ནས་གདའ། དེར་ཁམས་པ་རོ་སྐྱོང་མི་སྐྱོང་མེད་དེ་ཡང་བྲེད་ནས། ཧབ་ཧོབ་ལ་ཕྲུག་ཅིག་བཅལ་ཏེ་ཤ་ཁྱེར་ནས་བྲོས་སོང་། ཞང་སྟོན་བཞད་ཅིང་བཞུགས་ནས་འདུག་འཁྲོ་ལ་ཞལ་ནས། ཁྱོད་སྐྱེ་བོའི་དུས་ན་ཕ་མ་དད་པ་ཅན་ཡོད་པ་དང་། གྲོང་པ་ཚོའི་མཐའ་མ་

མཐོང་བར། བླ་མ་བཟང་པོའི་དྲུང་དུ། སྤྲ་མོ་ནས་རབ་ཏུ་བྱུང་བ་དང་། ཁྱིམ་ཀྱང་བློ་སྦྱོང་ལེགས་པས་མའི་ཤ་ལ་ཟྲེད་པ་རང་ངོ་མཚར་ཆེ། ངེད་རྣན་པོ་ཀུན་གྱིས་མི་ཡུལ་དུ་ཡུན་རིང་པོར་བསྡད་ཙ་ན་ཅི་ཡང་མཐོང་འོང་གིན་གདའ་ཡིས་གསུང་། དེ་ནས་ཁམས་པ་ཡར་རྣན་ཅིག་ན་རེ། ཁྱེད་སུའི་བན་དེ་ཡིན་ཟེར། ཞང་སྟོན་པ་ན་རེ། ངེད་བཀའ་གདམས་པའི་བན་དེ་ཡིན་གསུང་། ཁམས་པ་ན་རེ། འོ་ན་བཀའ་གདམས་པ་ལ་སྐྱབས་སུ་མཆི། ཁམས་སུའང་བཀའ་གདམས་པའི་དགོན་པ་ཆེན་པོ་ཅིག་འོང་བར་ཞོག་ཅིག་ཟེར། བྱང་ཆུབ་བཟང་པོ་ན་རེ། དེར་ཡང་འོད་འཇོ་འོད་འཇོ་ཟེར་བ་ཅིག་འོང་བར་གྱུར་ཅིག་གསུང་། དེ་ནས་ཁམས་པ་དེས་རྟམ་སྨད་ཀྱི་ཕྲོགས་པ་ཅིག་ཁྱེར་ནས་སྤང་ཁ་འཁྱིམས་ཏེ་བསོད་སྙོམས་བྱས་པས་ཇོངས་ཁག་གེ་བ་བྱས་པའི་ཇ་གདུམས་ཅིག་བྱུང་། དེའི་སྟེང་དུ་ཁོང་རང་གི་ཐུད་གདར་ཅིག་དང་། རྩམ་པ་ཁྲོ་གོག་གང་ཕུལ། དེ་ནས་ཞང་སྟོན་པས་བསྔོ་བ་མཛད། ཁྱིམ་དེའི་མི་བརྒྱུད་ལ་གཏན་དུ་ཕྱུག་པོ་ཆེན་པོ་བྱུང་གསུང་། དེ་ནས་བྱང་ཆུབ་བཟང་པོས་གདིང་ང་ལ་ཚུགས་མོ་བྱས་ཏེ། ནོར་ལ་ཁྱད་པར་མེད་ཀྱང་དགེ་སྦྱོང་གིས་ཇ་གདུམས་ཁུར་བ་མི་འོང་གསུངས་ནས། གདིང་བར་རྩིལ་ཏེ་དྲིལ་ནས་བསྣམས་ནས་བྱོན་ཏེ། ཕུག་རིངས་སུ་སླེབས་པ་དང་། ཞང་སྟོན་པའི་ཞལ་ནས། ནོར་གྱི་རིགས་འདི་ཡོད་དུ་མི་བཏུབ། ཡོད་ན་དེ་ལའང་གཡོག་པོ་དགོས་པ་ཡིན་པས། འདི་ལ་ཕོག་མ་དང་རྗེ་གཏུན་འཇོམ་པོ་ཅིག་དགོས་པར་གདའ་བས་རེ་ཞིག་ལ་ཁྱོད་ཀྱིས་ཞོ་གང་ཙམ་ཁྱེར་ལ། ཞོ་ཕྱེད་ལ་ར་སྒྲིང་ནས་མར་ཉོས་བཞི་ནམ་ཅིག་ལ་རྩམ་པ་ཚོལ། བཞི་ནམ་ཅིག་བརྟུངས་ལ་བྱོན་གསུངས་ནས། བྱང་ཆུབ་བཟང་པོས་གསུང་བཞིན་དུ་ཕོག་མ་ཅིག་དང་བཅས་པ་བསྒྲུབས་ནས་ཕུག་རིངས་སུ་བྱོན། དེ་ནས་ཐིག་ལེ་ཞག་བཅུ་དྲུག་པ་ཅིག་མཛད་པ་ལ། ཞག་བཅུ་གཉིས་ལ་རྩམ་པ་ཆད། དེ་ནས་བྱོན་ན་ནི་བསྙེན་པའི་རྒྱུན་འཆད། མ་བྱོན་ན་ནི། དེ་

འདྲ་བས་ལྷ་བཤོས་ཀྱང་མེད་པ་ལ། ཞང་སྟོན་པའི་ཞལ་ནས། ཁྱེད་རང་མ་གཡོ་བར་བསྡེན་པ་མཛོད་ཅིག་གསུངས་ནས། བསྟན་མ་ཀུན་རྩམ་པ་ཁྱེར་ལ་ཤོག་གསུང་། དེ་ནས་ཉི་མ་འདལ་ཙམ་པ་ན། འགྲོག་མོ་གཞོན་ནུ་མ་ཅིག་གིས་རྩམ་པ་གལ་ཡ་གང་དང་། མར་རིལ་ཆུང་ངུ་ཅིག་དང་། ཀྱོ་མ་བྲེ་གསུམ་ཙམ་ཞིག་ཁྱེར་ནས་བྱུང་སྟེ། ཞང་སྟོན་པའི་ཕྱག་ཏུ་ཕུལ་ནས། འདི་ན་འཁར་བའི་མཚལ་ཅིག་ཀྱང་མི་འདུག །མར་མེའི་ཀོང་བུ་ཅིག་ཀྱང་མི་འདུག །ཆོས་ཟབ་མོ་ལ་འདི་འདྲའི་ཕོངས་པ་བྱུས་པས་ག་ན་འོང་། ངོ་ཞག་ཞག་བཞི་པོ་དེ་འདི་ལ་བརྟེན། དེ་ནས་ར་སྒྲེང་དུ་ཕྱིན་ལ། ད་དུང་ཐིག་ལེའི་སྒྲུབ་པ་ཟླ་བ་གཅིག་ཏུ་མཛོད་ཟེར་ནས་སོང་། དེ་ནས་ཞག་བཞི་སྟེ་ཞག་བཅུ་དྲུག་པོ་མཛད་ནས་ར་སྒྲེང་དུ་ཕྱིན། དགོན་པ་གོང་མར་སྒྲུབ་པ་ཟླ་བ་གཅིག་མཛད། མདོར་ན་ཞང་སྟོན་པ་ལོ་དགུ་རུ་བསྟེན། དེའི་བར་ལ་ཡོན་ཏན་ཐམས་ཅད་ཆོད་པ་བྱུང་། དེ་ནས་གཤེགས་ཁར་སྐབས་ཁར་ཕྱིན་ཏེ། ཐུགས་རྗེ་ཆེན་པོའི་སྒྲུབ་པ་ཞག་ཤས་མཛད། དེ་ནས་ནམ་ཕོངས་ཀྱི་ཟླ་བའི་ཆོས་བརྒྱད་ཀྱི་ཉིན་པར་སྐུ་འབུམ་གྱི་ཐང་ཐམས་ཅད་མེ་ཏོག་དཀར་པོ་ཞིག་གིས་ཆིབ་ཆིབ་ལ་གང་། འོད་དང་འཇའ་མང་པོ་བྱུང་། དེའི་ཉིན་པར་འཁྲོམ་པའི་བསྐོར་བ་པ་མང་པོ་བྱུང་། དེའི་དུས་སུ་བྱིས་པ་གཞོན་ནུ་མ་ཅིག་ན་རེ། ཨ་མ་བག་མ་མང་པོ་ངུ་ཡིན་འདུག་ཅི་ཡིན་ན་ཟེར་སྐད། དེ་སློབ་དཔོན་བྱང་ཆུབ་བཟང་པོས་གསན་ནས། ངོ་ཞག་ངའི་བླ་མ་གཤེགས་པར་འོང་གསུངས་ནས། ཞལ་ནག་ཐོམ་མེ་མཛད་དེ་ཞང་སྟོན་པའི་དྲུང་དུ་ཕྱིན་ནས། ངོ་ཞག་བསྐྱུང་བ་མི་གདའམ་ཞུས་པས། ན་ཚ་མི་གདའ་སྟེ། ས་ཕྱོགས་འདི་ཐམས་ཅད་དཀར་པོར་སོང་ནས་གདའ། པོ་ཏ་ལའི་བཀོད་པ་ཅིག་ཀྱང་ཡིད་ཡུལ་ལ་ལམ་ལམ་བྱེད། བུ་མོ་འདི་རྣམས་ཀྱང་ངུ་ཡིན་གདའ་བས། ཁོ་བོས་ཞག་མང་པོ་མི་ཐུབ་པར་ངེས། ཁྱེད་ཀྱང་མི་དགའ་བའི་རྣམ་འགྱུར་མང་པོ་མ་མཛད་པར། འོ་སྐོལ་བདུན་ཚིགས་སྟོན་ལ་བཏང་དགོས་པས། སྤྱན་

རས་གཟིགས་ཀྱི་སྒྲུབ་པ་ལ་ཞུགས། ཆོས་པ་ཤི་བ་མིས་མ་ཚོར་བ་ཅིག་དགོས་པ་ཡིན་པས། ཤི་དུས་ནའང་རོ་གཞན་གྱིས་མ་མཐོང་བར་མཛོད་གསུངས་པས། སློབ་དཔོན་བྱང་ཆུབ་བཟང་པོས། གཟིམས་ཁང་དུ་མཚལ་ཁྲ་གང་པ་ཅིག་བཞེངས། མཆོད་པའང་ཆ་ཚང་བས་བསྐོར། དེ་ནས་ཞང་སྟོན་པ་ཉིད་ལ་གསོལ་བ་འདེབས་གྲོགས་ཞུས། དེའི་དུས་སུ་མཉལ་དང་། ཞང་སྟོན་པ་གཉིས་ལ་འཇའ་ཚོན་དཀར་པོ་ཅིག་རེས་འཛོག་ཏུ་ཟུག །དེའི་དུས་སུ་སློབ་དཔོན་བྱང་ཆུབ་བཟང་པོས་དད་པའི་དབྱངས་ཀྱིས་བསྟོད་པ་ནི། ཞལ་གྱི་མདོག་ཅན་ལྟ་བས་མི་ངོམས་པའི། །མཚན་དང་དཔེ་བྱད་ཀུན་ཏུ་རབ་འབར་བ། །འོད་ཀྱིས་བལྟམས་ནས་ལྷམ་མེ་ལྷང་ངེར་བཞུགས། །འགྲོ་མགོན་ཐུགས་རྗེ་ཅན་ལ་དང་བས་འདུད། །ཀྱེ་མ་རྗེད་དུས་དགུ་ཡི་ཐ་མ་ལ། །བདེ་གཤེགས་སྤྲིན་མ་འཇིག་རྟེན་གཞན་དུ་འགྲོ། །དམུ་རྐོད་བདག་འདྲ་མུན་པའི་གླིང་དུ་འཐོམས། །མ་རུངས་རྣམས་ཀྱིས་ཉམས་པར་མི་འགྱུར་རམ། །མི་འགྱུར་ལྷུན་པོ་ཟླ་བ་ཞུན་མའི་སྐུ། །ཀུན་ཏུ་ཐོགས་མེད་རྫུ་འཕྲུལ་སྟོབས་མངའ་བ། །ཚེ་དཔག་མེད་པ་ད་ལྟ་གནས་འདིར་དྲོངས། །བླ་མ་སྐུ་ཚེ་བརྟན་པར་བྱིན་གྱིས་རློབས། །ཁྱེད་ཀྱི་ཐུགས་རྗེ་བསམ་གྱིས་མི་ཁྱབ་ན། །ཕོ་བོ་ཉམ་ཐག་བཞིན་དུ་ཇི་ལྟར་འདོར། །འགྲོ་ལ་གཟིགས་ལ་བདག་གི་མགོན་སྐྱབས་མཛོད། །ད་དུང་ལོ་འགའ་གཤེགས་པའི་སྐབས་མ་མཆིས། །ཞེས་ཞུས་པས། ཞང་སྟོན་པའི་ཞལ་ནས། བྱང་ཆུབ་བཟང་པོ་རྒྱལ་བའི་སྲས་གཅིག་པོ། །མི་ཕམ་བློ་གྲོས་ཐུགས་རྗེའི་དཔལ་མངའ་བ། །གངས་རིའི་ཁྲོད་འདི་བདེ་བར་བསྐྱང་བར་ཞུ། །བཟོད་སྟོབས་བསྐྱེད་ལ་གཡོ་བར་མ་མཛད་ཅིག །ང་ནི་ཚེ་མཐར་ཕྱིན་པ་བླ་མའི་སྲས། །བརྒྱད་ཅུ་བརྒྱད་པ་ཐར་པར་གཤེགས་པའི་དུས། །དུས་ལ་བབ་པ་བཟློག་པར་མི་ནུས་པས། །སྐྱེས་པའི་ཐ་མ་འདི་འདྲ་ཉིད་དུ་ཟད། །མཚན་མཆོག་བཟང་པོ་དཔེ་བྱད་ཀྱིས་སྤྲས་པའི། །ཀུན་གྱི་བླ་མ་ཐུབ་པ་མཆོག་མངའ་བའང་། །གདུལ་བྱའི་དབང་

གིས་མྱ་ངན་འདའ་གྱུར་ན། །ཚུ་སེར་ལྷུ་བ་བདག་འདྲ་བསྟེད་མི་རིགས། །རྒྱལ་རིགས་བླ་མ་དྲི་མ་མེད་པའི་ལྷ། །མར་མེ་མཛད་དཔལ་འགྲོ་བའི་སྣང་བ་དེ། །མུན་པའི་སྨག་རུམ་འདི་འདྲ་བཞག་ནས་གཤེགས། །སྲིན་བུ་མེ་ཁྱིར་བདག་འདྲ་གང་ལ་ཆགས། །ཐུགས་རྗེ་ཆེན་པོ་འགྲོ་ལ་བརྩེ་བ་ཅན། །མ་དག་ཞིང་འདིར་འགྲོ་ལ་འདྲེན་གསུངས་ནས། །ར་སྒྲེང་ལྟེང་ཀར་མྱ་ངན་འདའ་ཚུལ་བསྟན། །བདག་འདྲ་གང་ལ་བསམས་ཏེ་བསྟོད་པར་རིགས། །ཡིགས་པའི་ཤེས་རབ་ནོར་བུ་རིན་ཆེན་འཛིན། །ཤེས་རབ་རྒྱལ་མཚན་ཐུགས་རྗེ་ཆེ་མངའ་བ། །གཞོན་ནུ་རྒྱལ་མཚན་འགྲོ་བའི་གཉེན་གཅིག་པོ། །མ་དག་གངས་རིའི་ཁྲོད་ནས་གཤེགས་གྱུར་ཏོ། །རིན་ཆེན་རྒྱལ་མཚན་སྲས་པའི་རྣལ་འབྱོར་པ། །ཨེ་མ་གཤེགས་དང་བཞུད་པ་མི་མངའ་ཡང་། །བུའུ་བདག་ལ་སྣང་ཁལ་བྱོན་ནས་གཤེགས། །ཅི་སྟེ་ཁོ་བོ་རིགས་འཛིན་ཐོབ་སྟེ་ལུས། །ལྷ་ཆོས་བདུན་གྱིས་རྒྱལ་སྲས་སྨིན་མཛད་ནས། །བྱང་ཆུབ་བཟང་པོ་ཆེ་བའི་བློ་མངའ་བ། །རྒྱུ་སྐར་འདས་ཀྱང་ཟླ་བ་མཆོག་བསྟགས་པས། །ཚད་པས་གདུངས་ལ་བསིལ་ཟེར་རྒྱས་པར་མཛོད། །གསུང་། སློབ་དཔོན་བྱང་ཆུབ་བཟང་པོས་སྨྲར་ཞུས་པ། རྗེ་ཙཱ་ཀུན་དུ་དགེ་བ་རིན་ཆེན་གསུམ། །བསྟན་པའི་རྒྱལ་མཚན་ཡོངས་སུ་འཛིན་མཛད་པ། །གཙང་མའི་ཞིང་ཁམས་གང་དུ་གཤེགས་གྱུར་ཀྱང་། །བརྩེ་བས་ཁོ་བོའང་ཡར་ལ་དྲང་དུ་གསོལ། །དིང་སང་གྲོགས་ངན་མ་དག་མ་རུངས་པས། །ནམ་ཞིག་ཁོ་བོ་ཉམས་པར་གྱུས་པའི་ཚེ། །བདག་གི་མངོན་དུ་བྱོན་ལ་དབུགས་ཕྱུང་ཞིག །གཞན་དུ་ཁོ་བོ་སྐྱོ་ཤས་དམན་པར་འཚོར། །ཞེས་གསོལ་པས། ཞང་སྟོན་པའི་ཞལ་ནས། དེ་ནི་མྱ་ངན་ཁྲིལ་ཡོད་བྱ་བ་ཡིན། །ཁྲིལ་མེད་དག་ནི་མིག་གདོང་མཆི་མས་བླགས། །སྨྲེ་སྔགས་འདོན་ཅིང་གསོལ་བ་འདེབས་པ་མེད། །ཡིགས་སོ་ཡེར་རེ་འཇུམ་མེ་གསོལ་བ་ཐོབ། །འོ་སྐོལ་ཡབ་སྲས་བསོད་ནམས་བསགས་པ་ཡིན། །བཀའ་གདམས་བླ་མའི་འཆི་ལུགས་འདི་

ལྟར་ཡིན། །འདྲེན་པས་བྱིན་པའི་བསླབ་སྡོམ་ཉམས་པ་མེད། །ཚུལ་བཞིན་བསྒྲུབས་ནས་ཐོས་བསམ་སྒོམ་པས་སྦྱངས། །དཀོན་མཆོག་གསུམ་གྱི་སྐྱོར་ཁ་བཟང་པོས་བརྟེན། །ལས་འབྲས་བསམས་ནས་འཁོར་བའི་ཉེས་དམིགས་བལྟས། །སྤང་བྱ་མཐོང་ནས་གཉེན་པོ་དང་དུ་བླངས། །འཆི་བ་བསྒོམས་ནས་ཐར་པའི་ལམ་ལ་ཞུགས། །ཆུ་མཐོང་བར་རྗེས་བཅངས་སྟོན་ལ་བཏང་། །བྱུང་གིས་དོགས་ནས་ཕོ་བོས་འབད་པ་ཡིན། །སྐྱིབས་ནས་གདའ་སྟེ་མི་འགྱོད་སྒྲོ་དགར་བཅས། །མི་གཙང་ལུས་ཀྱི་རོ་མོས་འཁོར་བ་ཡིན། །སྡུག་བསྔལ་དགྲ་བོའི་གཡུལ་ལས་ཐར་པ་ཡིན། །བསགས་པ་ཐམས་ཅད་བཞག་ནས་འགྲོ་བའི་ཚེ། །ཕོ་བོ་བསགས་པ་ཁུར་ནས་འགྲོ་བ་ཡིན། །ད་ནི་དག་པའི་མཚམས་སྦྱོར་དུས་ལ་བབ། །བཀོད་པ་བསམ་གྱིས་མི་ཁྱབ་གནས་སུ་འཕོ། །རྒྱལ་བ་རྒྱལ་ཡུམ་སྲས་དང་བཅས་ལ་འཕོ། །རྣམ་ཐར་གཙང་མ་བླ་མ་རྣམས་ལ་འཕོ། །དམིགས་མེད་ཆེན་པོ་ཐིག་ལེའི་དབྱིངས་སུ་འཕོ། །བཀའ་གདམས་གསང་སྔགས་ཆེན་པོའི་འཕོ་ལུགས་ཡིན། །གེགས་ཀྱིས་ཁྱེར་ན་དཀོན་མཆོག་ལྷ་ཆོས་ཞན། །ད་ནི་འཇིག་རྟེན་འདས་པའི་རེ་མོས་བབ། །བྱང་ཆུབ་བཟང་པོ་སྒྲུབ་པ་ཉིད་ལ་ཞུགས། །ཞེས་གསུངས་ནས། སྒྲུབ་པ་ཞག་བརྒྱད་མཛད་པའི་ཚེས་བཅུ་དྲུག་གི་ཉི་མ་རི་རྩེ་ལ་ཤར་བ་ལ། བྱང་ཆུབ་བཟང་པོ། ཕ་རོ་བུ་ལ་འཕྲུར་བ་བབ་པ་ཡིན། དྲི་བཟངས་ཀྱི་ཆུ་དེ་ཁྱེར་ལ་ཤོག །སྐུ་ཁྲུས་ང་རང་གིས་གསོལ་བ་ཡིན་གསུངས་ནས། དྲི་བཟངས་ཀྱི་ཆུ་བསྐུམས་ནས་ཕྱལ་བ་དང་། བཞེས་ཤིག་གསུངས་ནས་མཎྜལ་དཀར་པོ་ཅིག་ཕྱག་ཏུ་བསྣམས་ནས། དེ་སྒྲི་བོའི་གཙུག་ཏུ་བཞག་སྟེ། དཀོན་མཆོག་གི་སྐུ་གསུང་ཐུགས་སྣང་ལ་རང་བཞིན་མེད་པ་མེ་ལོང་གི་ནང་གི་གཟུགས་བརྙན་ལྟ་བུ་ཕོ་བོ་ཆོས་ཀྱི་རྒྱལ་མཚན་དུ་མཛོད་ཅིག་གསུང་། དེ་ནས་ཡན་ལག་སྨད་ལྷུ་ལེགས་པར་བཀྲུས་ནས། ད་ངའི་འཆི་ལུགས་འདི་ལ་སྤྱང་ལྟོངས་ཤིག་ཏུ་ཁྱེད་ཀྱིས་གོས་རྣམས་བཤུས་ནས་བཞག་པས་ཆོག

པ་ཅིག་དགོས་པ་ཡིན་ཏེ། བླ་མ་ཡབ་སྲས་གཉིས་ཀྱི་རྣམ་ཐར་སྐྱོང་པོ་ཅིག་ཀྱང་མ་བྱུང་། འོན་ཀྱང་མིས་མ་ཚོར་བས་ཆོག་པ་ཡིན་པས། ཡ་གི་ནགས་ཀྱི་སྤང་ལྗོངས་ལེགས་པ་ཅིག་ལ་སྐྱོལ། རི་མཐོ་བ་གདའ་སྐྱེ་ཁོ་བོ་ལ་ལྡིང་མི་མཆི། ད་ཞང་སྟོན་དར་མ་རྒྱལ་མཚན་བཀའ་གདམས་ཀྱི་ལྷ་ཆོས་མེ་ཏོག་པདྨའི་སྦྲུ་གུ་འདྲ་བ་ཅིག་ནས། ཞིང་ཁམས་གཙང་མ་པདྨའི་སྦྲུ་གུ་བ་སོང་ངོ་གྱིས་གསུངས་ནས། ལུས་གནད་བཅས་པ་དང་གཤེགས་པ་ལྟ་ཅིག་ཏུ་བྱུང་། དེ་ནས་བྱང་ཆུབ་བཟང་པོས་བླ་མ་གཤེགས་པར་མཁྱེན་ནས་དྲུང་དུ་ཕྱིན་པས། སྐུའི་བཀྲག་ལ་སོགས་པ་ནི་མ་ཡལ་བར་འདུག །ངའི་བླ་མ་ནགས་གསེབ་ཏུ་སྐྱེལ་ནས་ང་བྲང་ཁང་དུ་སྡོད་པ་མི་རིགས་སྙམ་ནས། ཞབས་ལ་དབུ་གཏད་དེ་ཉལ་ནས་བཞུགས། དེ་ནས་ལྷ་མོ་སྔོ་ལྡང་ཅིག་བྱུང་ནས། བྱང་ཆུབ་བཟང་པོ། ཉི་མའི་དྲོད་ས་ལ་མ་ཐེབས་པ་ལ། བླ་མ་རི་བོ་ཆེན་པོ་ལ་སྤྱན་དྲངས། སེམས་ཅན་ལ་ཕན་པ་ཡིན་གསུངས་པས། བྱང་ཆུབ་བཟང་པོས། ངའི་བླ་མ་ལ་བཤོལ་མི་འདེབས་པར་མྱུར་དུ་སྐྱོལ་གྱི་ཞལ་ལྟ་མི་འཚལ་གསུངས་པས། བྱང་ཆུབ་བཟང་པོ། ཁོང་གི་གདུལ་བྱ་ཡོངས་སུ་རྫོགས་ནས། གདུལ་བྱ་གཞན་གྱི་དབང་གིས་གཞན་དོན་དུ་གཤེགས་པ་ལ་བཤོལ་ག་ན་ཐེབས་གསུང་། ཡང་ན་བཟའ་སྐྱེང་མ་ཚུལ་བསལ་ནས། ཕུར་ཧྲིལ་ཏེ་བསྣམས་ནས་གཤེགས་པར་འདོད་པ་ལ། ངའི་བླ་མ་ད་དུང་མ་གཤེགས་སྙམ་པར་མི་ནུས་སྙམ་ནས་སྤྱན་ཏུ་རེ་ལས། སྤྱན་ཆབ་ཟགས་པ་རྣམས་ཀྱང་འོད་དུ་སོང་ནས། འོད་དེའི་གསེབ་ནས་མི་དཀར་པོ་ཅིག་བྱུང་ནས། ཇོ་བོ་དེས་ག་ན་འོང་། ན་བཟའ་ཁོ་བོས་གཡོགས་གསུངས་ནས། འཇའ་སྤྲིན་དཀར་པོ་འདྲ་བའི་འོད་ཅིག་གིས་ཧྲིལ་ཏེ་གཡོགས་ནས། ངས་རི་རབ་ཀྱི་རྩེ་མོ་ལ་སྤྱན་འདྲེན་ཡང་ཚོགས་མེད་དེ། ཁྱོད་ཀྱི་ཚོགས་རྫོགས་དགོས་པ་ཡིན། ངས་སྣ་དྲང་གིས་གསུངས་ནས་ཤེལ་དཀར་གྱི་རིལ་བ་སྤྱི་བླུགས་ཤིག་ཕྱག་ན་བསྣམས་ནས། ནགས་ཆེན་པོའི་ཕོགས་ལ་སྣ་དྲངས། ཡ་གིར་

སྤྱང་ལྟོངས་བདེ་བ་ཅིག་ཏུ་བཞུགས་སུ་གསོལ། དེའི་དུས་སུ་ཡང་འཇའ་ཚོན་སྣ་ལྔ་ཟུག་པ་བྱུང་། དེ་ནས་བྱང་ཆུབ་བཟང་པོས་ཡན་ལག་བདུན་པ་རྒྱས་པ་ཅིག་ཕུལ། དགོན་པར་ཕྱིན་པ་དང་། སྐུ་བཙུན་མང་པོ་ན་རེ། དེ་རིང་ནགས་ཀྱི་ལོགས་ན་འོད་མང་པོ་ཅིག་གདའ་སྟེ་ཅི་ཡིན་ནམ་ཟེར་ནས། སུས་ཀྱང་གཤེགས་པ་མཐོང་ཚོར་མི་འདུག །ཡང་ནང་པར་དུས་དེ་ཙམ་ལ་བལྟར་ཕྱིན་ཙ་ན། ཐམས་ཅད་བྱ་རྒོད་ཀྱིས་གཤེགས་པ་ཟིན་ནས། དབུ་ཐོད་ཀྱི་དུམ་བུ་ཅིག་དང་ཕྱག་གི་རུས་པ་ཅིག་དང་། ཤུལ་ན་མེ་ཏོག་དཀར་པོ་ཐོར་ཆུང་ཙམ་པ་ཅིག་ཀྱང་སྐྱེས་ནས་གདའ། དེ་ནས་གདུང་དུམ་བུ་གཉིས་པོ་ཁྱེར་ནས་འོ་མར་བཙུག་སྟེ་གསོལ་བ་བཏབ་པས། དབུ་ཐོད་ཀྱི་ལོགས་ལ་ཐུབ་པའི་སྐུ་རི་མོར་ཁྲུག་གེ་བ་ཅིག་བྱུང་། ཕྱག་གི་གདུང་ལ་ཐུགས་རྗེ་ཆེན་པོ་ཕྱག་གཉིས་པ་གཉིས་ཀ་ཐལ་མོ་སྦྱར་བ་ཅིག་བྱུང་། ཡང་དྲི་བཟངས་ཀྱི་ཆུ་དང་འོ་མ་དང་། མཆོད་རྫས་དུ་མའི་དབུས་སུ་བཞུགས་པས། སྐུ་གཉིས་པོ་སེར་པོ་དང་དཀར་པོ་ཚུར་འབུར་དུ་ཐོན་ནས། གནས་གསུམ་གྱི་ཐད་ཀ་ཐད་ཀ་ན་ཡིག་འབྲུ་གསུམ་གསུམ་ཡང་གདའ། མདོར་ན་དེ་འདྲ་བའི་གང་ཟག་ཁྱད་པར་ཅན་ཡིན་གསུང་། འདི་ཡན་ཆད་སློབ་དཔོན་བྱང་ཆུབ་བཟང་པོའི་གསུང་དུ་གདའ། ཁོང་རང་གི་སྐུ་ཆེ་བའི་ཡོན་ཏན་ཡང་ཞར་ལ་སོང་།། །།

ད་ཁོ་བོས་ཇི་ལྟར་བསྙེན་ཚུལ་ཙམ་ཅིག་གིས་ཚིག་པར་གདའ་ན། ཁོ་བོ་ལ་བླ་མ་གོང་མ་རྣམས་ཀྱི་ཡོན་ཏན་ཙམ་པ་མེད་མོད། འོན་ཀྱང་སྔོན་གྱི་བསོད་ནམས་བག་རེའི་མཐུ་ལ་བརྟེན་ནས། འབྲོམ་དཀོན་མཆོག་རྒྱལ་མཚན་གྱི་བུར་སྐྱེས། ཁོས་ཀློག་མཁས་པོ་ཤེས་པས། ངས་ཀྱང་ལོ་ངོ་དགུ་ལ་ཀློག་མཁས་པོ་ཤེས་པ་ཅིག་བྱུང་བ་ཡིན། དེ་ནས་སློབ་དཔོན་གཡོ་ལུང་པའི་དགེ་བསྙེན་པས། ཁོང་བརྒྱུད་པ་སུམ་ལྡན་ལ་སོགས་པའི་ཕྱག་མཛད་པའི་ལད་མོ་བྱས་པས། བརྒྱུད་པ་གསུམ་ལྡན་གྱིས་མགོ་བྱས་

པའི་བཀའ་གདམས་པའི་བླ་མ་བཟང་པོ་གཙང་གི་སྣར་ཐང་པ་ཡན་ཆོད། དབུ་རུ་ལྷོ་བྱང་གི་གང་ཟག་ཁྱད་པར་ཅན་རྣམས་ཀྱི་མཚན་བསྙད་པ་དང་བཅས་པ་རྣམས་ལོ་ངོ་བཅུ་ལ་ཆུ་རྒྱུག་པ་འདྲ་བ་ཅིག་བློ་ལ་ཡོད་དེ། ད་ལྟ་བཙུན་པ་བྱས་ཏེ་དཔྲལ་བ་རྣ་གཉེར་དུ་ཤུབས་ཏེ་སོང་སོང་དུ། སངས་རྒྱས་འདུས་སྐུ་ཡང་མི་ཤེས་པ་རྣམས་མཐོང་ཙ་ན་དགའ་ཚད་དུ་འདུག །ལོ་བཅུ་གཉིས་པ་ལ། སློབ་དཔོན་དཔོན་བཙུན་པ་ལ་ཡི་གེ་བསླབས་པས་ལག་པ་ཆུང་ཆུང་འདི་འདྲ་བས་སྒྲུ་གུ་ཐིག་གེ་གསུང་། དེ་ནས་ནན་ཆགས་ཆུང་ངེ་བ་ཅིག་ཀ་བསླབས་པས་ལོ་ངོ་བཅུ་གཉིས་པ་ལ་གཟབས་ཆུང་ཞིགས་པ་ཅིག་ཤེས། དེ་དུས་སུ་རྣ་བའི་བུ་གར་གཟུངས་ཀྱི་ཤོག་རིལ་ཆེན་པོ་བཛྙངས་ན་ཤེས་རབ་ཆེ་བ་ཡིན་ཟེར་བས། གཡུ་བྱུར་ཞིགས་པོ་ཡོད་པ་དཀྱིལ་ནས། གཟུངས་ཀྱི་ཤོག་རིལ་ཆེན་པོ་ཡོད་པ་བཛྙངས་ཏེ། ད་ལྟའི་བཙུན་པ་འཚོར་བྱེད་པ་མཐོང་ཙ་ན་བྱིས་པའི་ཁྱེར་ཀ་ཆེན་པོར་གདའ། དེ་ནས་གཙང་པ་ལྷ་ཁང་ཅན་ནས་འཕྲང་སྟོད་སྨད་དེ་རྣམས་སུ་མིའི་མཆོད་གནས་བྱས། དེ་དུས་སུ་ཆོས་ལ་སྐུ་རགས་མ་བཅིངས་པར་ཁྱིམ་གྱི་ཐེམ་པ་འདའ་མ་མྱོང་། ད་ལྟའི་བཙུན་པ་རྣམས་ཀྱིས་ཆོས་ལ་མིག་ཆེ་ལུགས་མཐོང་ཙ་ན། བྱིས་པའི་ཁྱེར་ཀ་ཆེ་བར་གདའ། དེ་དུས་སུ་སྐད་སྙན་པོས་ཉིན་པར་གསལ་དག་སྙན་གསུམ་དུ་བསྒྲགས་ཙ་ན་ཀན་གཞོན་མེད་པ་དད་ནས། སྨུ་སྐད་ལ་ངའི་ཤློག་དབྱངས་ཁྱེར་ནས་འོང་བ་ཡོད་པ་ཡིན། ངས་མི་ཕྱུག་པོ་བརྒྱ་ཙམ་གྱི་བླ་མཆོད་བྱས་པ་ལ། བཟའ་ཚོ་ཐམས་ཅད་བསྙེན་གནས་བསྲུང་ཙ་ན། ངའི་བརྒྱུད་པ་སུམ་ལྡན་ནས་དབུ་བཙུགས་ནས་ལད་མོ་བྱས་པས། བཀའ་གདམས་ཀྱི་བླ་མ་བརྒྱུད་པ་རྣམས་ཀྱི་མཚན་བློ་ལ་ཟིན་པ་བྱུང་བ་ཡིན། དེ་ནས་ལོ་ཉི་ཤུ་རྩ་གཅིག་པ་ལ། མཁན་པོ་གྲུར་གྱི་དྲུང་དུ། དགེ་སློང་ཚིག་རྫོགས་བྱས་ཏེ། ཕར་ཕྱིན་སྙིང་མ་དང་། སྤྱོད་འཇུག་གིས་ཐོག་དྲངས་ནས་ཕོ་ལོ་སུམ་ཅུ་ཐམ་པ་ལ་བཀའ་གདམས་ཀྱི་ཆོས་སྐོར་ཐམས་ཅད་གཙང་

སངས་པ་ཅིག་ཤེས། མཁན་པོ་བའི་ཞལ་ནས། ཆོས་མཁས་པོ་ཤེས་ནས་བསྟན་པ་ལ་ཕན་པ་ལ་གསུང་དགོས་པ་ཡིན་གསུང་། ངས་ད་དུང་བཀའ་གདམས་ཀྱི་མཐའ་རྒྱ་མ་ཆོད་ཀྱི་རེད་ལ། ང་མི་འཆད་ཞུས་པས། མཁན་པོ་བའི་ཞལ་ནས། ཁྱོད་ཀྱིས་ང་ལ་གཏད་ངས་བླ་མ་གོང་མ་རྣམས་ཀྱི་བཀའ་གདམས་ཇི་ལྟ་བ་བཞིན་དུ་བསླབས། དིང་སང་གཙང་ན་སློབ་དཔོན་སྒོམ་སེང་བཀའ་གདམས་ཀྱི་ཡོན་ཏན་ཆེ་བ་ཡིན་ཏེ། ཁོང་གི་རྣམས་ཀྱང་ངས་ལྷག་མ་མ་ལུས་པར་བསླབས་པ་ཡིན། ངས་ནི་སྒྲོལ་འདོགས་ཆོད་པར་བྱས་ནས། ད་ཉམས་སུ་ལེན་པ་ཡིན། ངས་ཤེས་ཚོད་ནི་ཁྱོད་ལ་ཡང་ཡོད། ད་ཁྱོད་རང་ཚོལ་དང་། རྙེད་ན་རྒྱལ་བྱིན་གྱིས་གསུང་། དེ་ནས་བཞུ་མཁན་གྱི་གདོང་དུ་དགེ་སྐྱོར་ཅིག་བྱེད་ཀྱིན་བསྡད་ཙ་ན། སློབ་དཔོན་བྱང་ཆུབ་བཟང་པོ་དེར་བྱོན་ཏེ་ངའི་རྨི་ལམ་དུ་བྱུང་བའི་བཙུན་པ་རྣ་མཆོག་ལ་བུག་པ་ཆེན་པོ་བྱས་པ་དེ་འདིར་བྱུང་། བཀའ་གདམས་པ་བྱ་བ་ཕྱག་རྒྱ་བའི་རྣ་མཆོག་འདྲ་བ་བྱས་པས་ག་ན་འོང་གསུང་། ཤིན་ཏུ་དང་བ་འདྲེན་པ་ཅིག་བྱུང་ནས། ཕྱག་བཙལ་ཏེ་བྱིན་བརླབས་ཞུས་པས། ཁོང་ན་རེ། ད་ཁྱོད་ཀྱི་སློབ་གཉེར་ཐམས་ཅད་ཚར་རམ་གསུང་། ངས་འོ་ལེ་ཚར་བར་འདོད་པ་ལགས་ཞུས་པས། མཁན་པོ་བའི་ཞལ་ནས་ཇི་སྐད་གསུང་གསུང་། སྔར་གྱི་གསུང་ཚུལ་དེ་རྣམས་ཞུས་པས། བཞད་ཅིག་མཛད་ནས། མཁན་པོ་པ། ཡང་ན་སྨྱུན་རྒྱུད་ཐུང་པ་ལགས། ཡང་ན་རིངས་ནས་ཉེ་ཤོས་རྣམས་མ་མཐོང་བ་ལགས་གསུང་། དེར་ངས་སློབ་དཔོན་ལ་བཀའ་གདམས་ཀྱི་ཆོས་ཟབ་མོའམ། ཇོ་བོས་འདི་གསུངས། འབྲོམ་གྱིས་འདི་ཞུས་བྱ་བ་ཞུས་ལན་དུ་ཁྲིག་ཁྲིག་པ་ཅིག་འོང་ཐང་བར་གདའ་སྟེ། དེ་འདྲ་བ་ཡོད་ལགས་སམ་ཞུས་པས། བཀའ་གདམས་ཐོར་བུ་བ་དམ་དུམ་འདྲ་ཡོད་གསུང་། འོ་ན་ཐོར་བུ་བ་ཅིག་དག་ང་ལ་ཡང་ཡོད་ལགས་ཏེ་ཞུས་པས། ཁྱེད་ཀྱི་དེ་དང་མི་འདྲ་གསུང་། འོ་ན་ཐོར་བུ་བ་དེ་ཀུན་ཅིག་ཐུགས་ལ་འདོགས་པར་ཞུ་ཞུས་པས། འོ་ན་

བཤད་ཉན་ཞག་པོ་བཅུ་དགོས་ཏེ། འོ་སྐོལ་རྣམ་པ་ཅུང་བ་གཉིས་ལས་མི་གདའ་བ་གསུང་། དེ་དུས་སུ་ངེད་ལ་ཕོད་མདོ་བའི་དཔོན་གྱིས་བྱིན་པའི་རྣམ་པ་སྒྲོ་བ་བཟང་པོ་གང་ཡོད་པས། སློབ་དཔོན་འདིར་བཞུགས་པར་ཞུ། ངས་རྣམ་པ་བླངས་ལ་འོང་གིས་བྱས་ཏེ། དེ་དུས་ན་ཆང་པ་བདེ་བས་རྣམ་པ་ཅག་གིས་བླངས་ནས་ཡར་ཕྱིན་པ་དང་། ཁོང་མཉེས་ནས་དངོས་གྲུབ་ཆེན་པོ་བྱུང་གསུང་། དེ་ནུབ་མཎྜལ་བསྐུས་པ་ཅིག་ཕུལ་ནས། ནང་པར་དགེ་བཤེས་གུང་ཐང་པས་མཛད་པའི། ཇོ་བོའི་གཏམ་རྒྱུད་ཆེན་མོ་ནས་བཟུང་ནས་ཞང་སྟོན་པ་ཐར་པར་གཤེགས་པའི་བར་ཐུག་རྒྱས་པ་ཅིག་གསུངས་པས་ཟླ་བ་ཕྱེད་ཙམ་སོང་། དེ་ནས་ཆོས་ཟབ་མོ་ཅིག་ཡོད་པར་ཤེས་ནས། ད་དེ་ལ་བར་ཆོད་མ་བྱུང་བར་ཅིས་ཀྱང་ཞུ་དགོས་པས་གཙང་པ་ལྷ་ཁང་ན་དངོས་པོ་ཅིག་པ་ཡོད་པས་དེ་བ་ཅི་འཛོངས་བྱ། དེའི་རིང་ལ་འདིར་བཞུགས་པར་ཞུ་ཞུས་ཏེ། ཞག་བདུན་བརྒྱད་ལ་རྣམ་པ་དང་མར་མེའི་རྒྱུ་དང་། འཕྲལ་གྱི་མཐུན་རྐྱེན་དགོས་གསུང་བ་ཚོ་བསྒྲུབས་ནས། གཡག་གཉིས་ལ་བཀལ་ནས་ཕ་རྒན་པོའང་ཁྲིད་དེ་ཕྱིན་ནས་སླེབ་པ་དང་། སློབ་དཔོན་པའི་ཞལ་ནས། འབྲོམ་དཀོན་མཆོག་རྒྱལ་མཚན་གྱིས་ངེད་ཀྱི་གཡོག་པོ་འོང་ངམ་གསུང་། ཕ་ན་རེ། འབྲུག་པོ་ཙམ་ནི་མེད་དེ་རྒུས་ཁར་ཁྲིད་ཡབ་སྲས་ཀྱིས་ཐུགས་རྗེས་གཟུང་འཚལ་ཟེར། མི་རྒན་ད་གཟོད་ཁ་ཕྱིར་མ་གཡའ་བར་ཨོལ་མདུད་པ་ལེགས་པར་སྒོམས། དོ་ཞག་ལས་འབྲེལ་ཙམ་ཡོད་པར་བྱ་གསུངས་ནས། ཐིག་ལེ་བཅུ་དྲུག་ཙམ་མཛད། དེ་རྫོགས་ནས་ཕ་རྒན་པོ་འཕྲང་སྟོད་དུ་བཏང་། ངེད་དཔོན་སློབ་ཀྱིས་དེ་ནས་ལྷ་སར་ཕྱིན། དེ་ནས་གཞུའི་ཀུན་དགའ་ར་བ་ནས་བྱས་སྡིངས་མ་ནས་སྟར་ཐང་དུ་ཕྱིན། དེའི་དབེན་གནས་ཤིག་ཡོད་སར་ཡང་ཞག་ཤས་ཤིག་བསྡད། དེ་ནས་བཀའ་གདམས་ཀྱི་དགོན་པ་ཐམས་ཅད་བལྟས། དེ་ནས་བལ་པོ་རྫོང་དུ་ཕྱིན་ཏེ། དེ་ན་ཇོ་བོའི་གཙུག་ལག་ཁང་ཞིག་ཡོད་པ་དེར་ཕྱིན་ནས་ཟླ་བ་ཕྱེད་ཙམ་

བསྟད་དེ། ཚད་པ་ཆེས་ནས་ཡོག་སྟེ་ཕུ་རོང་དུ་ཞག་ཤས་བསྟད་ནས། སློབ་དཔོན་ཕུ་རོང་པས་གཤའ་མ་བྱས་གསུང་། དེ་ནས་དབུས་སུ་འོངས་ནས་སྣེ་ཐང་དུ་དབྱར་ལ་སྟོན་སྤྲེལ་བ་ཅིག་ལ་སླེབས་བས་ཧོབ་པེ་བ་ཚར་གཅིག་གསུངས། དེ་ནས་ཡེར་པར་འོངས་ནས་གཙང་སང་བ་ཚར་གཅིག་ཐོས། མདོར་ན་ལོ་སུམ་ཅུ་ཐམ་པ་ནས་ལྔ་བཅུ་རྩ་བཞིའི་བར་དུ་བསྟེན་ཏེ། ལོ་ཉི་ཤུ་རྩ་བཞི་སོང་ནས་གདའ། དེ་ཙམ་ཞིག་ཏུ་ཕ་དང་བུའི་འདུ་ཤེས་ལས་མ་དག་པའི་སྤྱོད་པ་བྱེད་མ་མྱོང་གསུང་། དེ་ནས་སྟག་ལོ་རྒྱལ་གྱི་ཟླ་བ་ལ་ར་སྒྲེང་དུ་བྱོན་ནས། ནམ་མཁའ་རིན་ཆེན། ད་ནི་མི་འཚེའི་འཕྲིད་ཐབས་ཀྱང་དེ་ཙམ་ཡིན། འདི་ཡི་གེར་བྲིས་ལ་ངའི་གསུང་ཡིན་གྱིས་ལ་མོས་པ་མཛོད། མི་རྟག་ཆོ་ལ་སྙིང་པོ་ཅི་ཡང་མེད། །ཚེ་འདི་རྒྱལ་བ་ཡིས་ཀྱང་བཟུང་མི་ནུས། །ཤིན་ཏུ་གཡོ་བ་སྟོན་ཀའི་མེ་ཏོག་འདྲ། །མདོག་འགྱུར་དུས་ཀྱི་བ་མོས་འཇོམས་པར་བྱེད། །རྣམ་པར་ཐར་པ་བླ་མའི་རྗེས་འབྲངས་ནས། །ད་ལྟ་ཡན་ཆད་ཆགས་མེད་ལམ་དུ་ཞུགས། །རྒྱལ་བའི་འབྱུང་གནས་རྣམ་ཐར་མ་ཉམས་པར། །རྒྱལ་སྲས་བཟང་པོ་སྙིང་གི་ཐིག་ལེར་ཟུང་། །བྱང་ཆུབ་བཟང་པོ་དོན་ཡོད་དགའ་སྒྲུར་ཧོ། །ད་ནི་བླ་མའི་བཞུགས་གནས་ཡེར་པར་འགྲོ། །ཀུན་ལ་གནས་པའི་མི་རྟག་སྟོན་པར་བྱེད། །ད་ནི་ཤི་ཡང་འགྱོད་པ་ཅི་ཡང་མེད། །གསུང་། ངས་ཀྱང་དེ་དག་གསུང་ལས་བཟུང་ནས། དཔོན་སློབ་གཉིས་ཀྱིས་ཡེར་པར་བྱོན་པ་དང་། སྟག་ལོ་རྒྱལ་གྱི་ཟླ་བའི་ཚེས་བཅུའི་ཉིན་པར། ད་ནི་བདུན་ཚིགས་མཛད་རན་ནོ་གསུང་། དེ་ནས་མཎྜལ་བསྟུས་པ་ཅིག་མཛད་དེ། ཐིག་ལེའི་སྒྲུབ་པ་མཛད་པས། ཆོས་བཅོ་ལྔའི་བར་དུ་སོང་ཙ་ན། བླ་མས་བྱིན་གྱིས་བརླབས་པའི་དུས་ཚིགས་ལ་སྟོད་པར་འདོད་པ་ཡིན་ཏེ། འདིའི་ཁྱིའུ་དཀར་པོ་འདི་ཀུན་མི་ཉེན་པར་འདུག །ཁྱེད་ཀྱིས་ད་དུང་འཐུད་ལ་ཞག་གསུམ་སྒྲུབ་པ་མཛོད། ཆོས་བཅོ་བརྒྱད་ཀྱི་ཉིན་པར་དཀྱིལ་འཁོར་སྒྲུབ་པ་དང་ཁོ་བོ་སྤང་ལྡོངས་ཡ་གིར་སྐྱིལ་བ་ལྷན་ཅིག

མཛོད་ལ། འཇིག་རྟེན་པའི་ལུགས་ཀྱི་སྒྱུ་ངན་གྱི་རྣམ་འགྱུར་ཡེ་མ་བསྟན། ཡང་ཡོན་བདག་དང་བུ་སློབ་མང་པོ་ཡོད་པའང་སློབ་དཔོན་པ་ལ་གཏུང་རིང་བསྐྱེལ་ཅིག་ཀྱང་མ་བྱུང་ཟེར་བ་དེ་འདྲ་ཡང་སྲིད་ན། བསྐྱེགས་ན་རིང་བསྐྱེལ་འདྲ་དང་། ལྷ་བཞིའི་སྐུ་གང་ཡང་ཉུང་བ་འཕྱོན་ཉེན་ཡོད་དེ། དེ་འདྲའི་ལུགས་མིན་པས། ཁྱེད་ང་ལ་ཡིད་ཆེས་པས་ཆོག །བསྐྱེག་མི་འཚལ། ད་ནི་འཕོ་བ་འདི་ལ་མང་ནའང་། སྐྱེ་བོ་ཐ་མལ་པ་ལས་ཚུལ་ཁྲིམས་གཙང་མར་འཕོས་པ་ཡིན། མ་དག་པའི་རང་རྒྱུད་ངན་པ་དེ་བསམ་པ་བཟང་པོ་བྱང་ཆུབ་སེམས་དཔའི་བསླབ་པར་འཕོས་པ་ཡིན། དེ་ཡང་དངོས་པོ་དང་མཚན་མ་ཅམ་ལས་མེད་པ་ལ་སྣང་སྟོང་སྒྱུ་མ་ལྟ་བུར་ཤེས་རབ་ཀྱི་བསླབ་པར་འཕོས་པ་ཡིན། གནས་ལ་མི་ཁོམ་པའི་གནས་བརྒྱད་ནས་འབྱོར་པ་བཅུ་དང་ལྡན་པའི་གནས་འདིར་འཕོས་པ་ཡིན་ཏེ། དེ་སྐར་གྱི་འཕོ་ཚུལ་ཡིན། ད་ནི་མི་ཡུལ་གྱི་བགོད་པ་བསམ་གྱིས་མི་ཁྱབ་པའི་གནས་འདི་ནས་གཙང་མ་ལྷའི་སྟོད་ཀྱི་བགོད་པ་བསམ་གྱིས་མི་ཁྱབ་པར་འཕོ་བ་ཡིན། བཙུད་ལ་འཕོ་བ་ལ་ཡང་། ལྷ་ལ་འཕོ་བ་དང་། བླ་མ་ལ་འཕོ་བ་དང་། ཆོས་ཉིད་དུ་འཕོ་བ་གསུམ་ལས་རིམ་གྱིས་གསུམ་ཀ་ལ་འཕོ་བ་ཡིན། བླ་མའི་གསུང་བཞིན་དུ་ཁོ་བོས་ཀྱང་འདི་བྱུང་གིས་དོགས་ནས། བཀའ་གདམས་རིན་པོ་ཆེའི་ཆོས་ལུགས་བསྐྱངས་པ་ཡིན། ད་ནི་དགའ་བཞིན་དུ་འཆི་བའི་དུས་བྱེད་པ་བྱ་བ་དེ་བྱུང་བ་ཡིན། དྲི་བཟངས་ཀྱི་ཆུ་ཁྱེར་ལ་ཐྱོན་ཕུང་པོ་ང་རང་གིས་འབྲུད་པ་ལེགས་གསུང་ནས། ཁྲུས་ལེགས་པར་མཛད་དེ། དབུགས་དགྲོགས་ཏེ་མི་འགྲོ་བའི་བར་དགེ་སྦྱོང་གི་ཆོས་ལུགས་ལ་སྐྱོལ་བ་ཡིན་གསུངས་ནས། རིགས་ལྔ་ལ་ཕྱོགས་ཕྱོགས་སུ་ཕྱག་ལེགས་པར་འཚལ། ཡན་ལག་བདུན་པ་ཚང་བ་རེ་མཛད་ནས། ད་ནི་འདི་ནས་བཟུང་སྟེ་ཚེ་རབས་ནས་ཚེ་རབས་ཐམས་ཅད་འཕགས་པ་དཀོན་མཆོག་གསུམ་དང་མི་འབྲལ་བར་གྱུར་ཅིག །ཇོ་བོ་ཡབ་སྲས་ཀྱི་རྣམ་པར་ཐར་པ་བཀའ་གདམས་རིན་པོ་ཆེ་

བླ་མ་ལེགས་པའི་ཤེས་རབ་ནས་བཟུང་ནས་བསྟན་པའི་རྒྱལ་མཚན་ཆེན་པོ་བཞི་ཡོངས་སུ་འཛིན་པར་གྱུར་ཅིག །རྒྱལ་མཚན་བཞིའི་རྣམ་པར་ཐར་པ་མི་ཉམས་པར་སྐྱོང་བར་གྱུར་ཅིག །འཆི་འཕོ་སྐྱེ་བ་ཐམས་ཅད་དུའང་བཀའ་གདམས་ཀྱི་པདྨའི་སྙིང་པོ་སེང་གེའི་ཁྲི་ལ་ཤེས་བཞིན་དུ་རྫུས་ཏེ་སྐྱེ་བར་གྱུར་ཅིག །རྟོག་ལེགས་པའི་ཤེས་རབ་བཞིན་དུ། བླ་མའི་རྣམ་ཐར་ལ་མི་བརྗེད་པའི་གཟུངས་དང་། སྐུ་མཆེད་གསུམ་བཞིན་དུ་ཏིང་ངེ་འཛིན་ལ་བརྟན་པ་ཐོབ་པར་གྱུར་ཅིག །ནམ་མཁའ་རིན་ཆེན་ནམ་མཁའི་མཐའ་ཁྱབ་པའི། །སེམས་ཅན་རྣམས་ལ་རིན་ཆེན་ཐིག་ལེ་འདི། །ནམ་མཁའ་ལྟ་བུར་ཡངས་པར་སྟོན་པར་ཤོག །ཟབ་དོན་འདི་ཡང་མི་ནུབ་རྒྱས་པར་མཛོད། །ཅེས་གསུང་ཞིང་ཡང་ང་ཡན་ཆད་ཏ་ཙང་བཀའ་རྒྱ་དམས་ནས་བཀའ་བརྒྱུད་ཆད་ལ་ཁད་པ་ཙམ་ལས་མ་བྱུང་། འོན་ཀྱང་འོ་སྐོལ་རྣམས་ལ་སྣོད་དང་མི་ལྡན་ནས་ཆད་སྲིད་ཀྱང་། འཆད་འཆད་འདྲ་བ་ན་ཁོང་རང་གི་སྤྲུལ་པ་རེས་བསྐྱངས་ནས། འཁོར་བ་ཇི་སྲིད་གནས་ཀྱི་བར་དུ་མི་འཆད་པ་ཡིན་པར་འདུག །ད་ཁྱེད་བཀའ་གདམས་ཀྱི་ཡོན་ཏན་རྒྱ་ཆེ་བ་ཡིན། སྣོད་དེ་ལ་བརྟག་དཔྱད་ལེགས་པར་མཛོད་ལ། བཀའ་གདམས་གཞུང་པའི་རྣམ་ཐར་འཛིན་ངེས་ཤེས་པའི་དགེ་སློང་གཙང་མ་བཅུ་དྲུག་ཙམ་རེས་སྒྲུབ་པ་མཛད་ཅིང་ཐིག་ལེ་ནས་བཤད་ཚོད་དང་མཐུན་པ་ཅིག་ཅེས་ཀྱང་མཛད་དགོས། ང་ཡན་ཆོད་ལ་བཤད་ཚོད་དང་མཐུན་པར་བྱེད་མཁན་གཞན་རེ་ཡོད་པ་ཡིན། འདི་མན་ཆད་དུ་ཆད་དུ་ཉེ་བ་ན་ཁོང་རང་གི་སྤྲུལ་པ་རེ་འོང་། གཞན་སོ་སོ་སྐྱེ་བོ་ཙ་སོང་ནས་གར་འོང་ལ་སོགས་པ་ཀློར་ཡང་མི་ཤོང་། གཞན་གྱིས་མཐོང་དུ་ཡང་མི་བཏུབ། བཤད་ཚོད་བཞིན་དུ་སྒྲུབ་མི་ནུས་པས། དགེ་སློང་སྣོད་ལྡན་ཤིན་ཏུ་གལ་ཆེ། དགེ་སློང་སྣོད་ལྡན་མི་འདུག་ན་ཆིག་སྒྲུབ་བྱས་ཀྱང་བཏུབ་པ་ཡིན། གཞན་དུ་ཁྱེད་ལ་བཀའ་ཡངས་པའི་སྐྱོན་ཅུང་ཟད་འོང་སྲིད་དོ། །དེ་དུས་སུ་བར་ཆད་ཅིག་གིས་ཞབས་འཐེང་

ཏྲོག་ཏྲོག་པ་ཅིག་ཏུ་སོྡད་པ་ཅིག་ངའི་ཡིད་ཡུལ་ན་ལམ་ལམ་བྱེད། འོན་ཀྱང་དེས་རྐྱེན་བྱས་ནས་ཐུགས་དམ་འཕེལ་ཉེན་ཡོད། བར་ཆད་ཀྱི་དངོས་གཞི་རྣམས་ངེད་ཡབ་སྲས་པས་བསྲུང་གིས་གསུང་སྟེ། ངས་ནི་དེའི་ལན་ལ་སོགས་པ་བླ་མ་གོང་མ་རྣམས་བཞིན་དུ་ཚིགས་སུ་བཅད་པ་དག་འདོན་པ་མ་བྱུང་། མི་ལོ་ཉི་ཤུ་རྩ་བཞིར་ཐུགས་ཀྱིས་བསྐྱངས། ད་ཕ་དང་བུ་འབྲལ་དགོས་པ་སྙམ་ནས་མཆི་མ་ནི་རང་དབང་མེད། ཞལ་གྱི་དཀྱིལ་འཁོར་ལྷམ་མེ་འདུག་པ་དེ་ནི་མཐོང་། ད་ནི་ནང་པར་ནས་ང་རང་གཅིག་པུ་རྗེང་རྗེང་བ་ཅིག་འོང་སྙམ། གཞན་ནི་ངག་ཏུ་མ་ཐོན། ཚེ་རབས་ནས་ཚེ་རབས་ཐམས་ཅད་དུ་ཐུགས་རྗེས་ཟུང་ཤིག་ཞུས་པས། ཁོང་གི་ཞལ་ནས་འོ་སྐོལ་མི་ལ་རྒྱུ་མཚན་མེད། མི་ལོ་ཉི་ཤུ་རྩ་བཞི་འགྲོགས་ནས་ད་ཡང་ཁྱོད་མཆི་མ་འདོན་ཨང་། ངེད་ཞང་སྟོན་པ་དང་གཉིས་བླ་མ་བསྟེན་ཡུན་རིང་ཤོས་ཡིན་ཏེ་འང་ངས་ངོ་དགུ། ཁོང་གིས་བཅུ་གཉིས། གཉིས་ཀ་བསྡོམས་ཀྱང་ཁྱེད་ཀྱི་ཙམ་མ་སོང་བ་ལགས། ད་ཐ་མལ་གྱི་སྤྱོད་པ་བྱས་པས་ག་ན་འོང་། ཁྱེད་རང་ཡང་ཏིང་ངེ་འཛིན་གྱི་དམིགས་པ་གྱིས། ངས་ཀྱང་ཏིང་ངེ་འཛིན་སྒོམ་གསུང་། དེ་ནས་ཡུད་ཙམ་ནས་བསྐོར་བ་ལ་སོགས་པ་ཚར་ཡོད། ད་ནི་ཡིག་འབྲུའི་བསྙེན་པ་འོང་སྙམ་ན་འོང་དུས་མེད་དེ། ཅི་ཡིན་སྙམ་ནས་ཞལ་ལ་བལྟས་པས། སྐུ་ལ་འགྱུར་བ་མེད་པར་སྤྱན་ཟིམ་མེ་འདུག །དེ་ཉིད་ལ་ཞག་གསུམ་ཕར་བསྐྱངས་ནས་སྐྱབ་པ་བགྱིས། དེ་ནས་གསུངས་པ་བཞིན་དུ་རི་ལ་སྤྱན་དྲངས་ནས། ཕུར་གྱི་དྲུང་དུ་གསོལ་བ་བཏབ་པས། འོད་དཀར་པོས་བཏུམས་ནས་འདུག །དེ་ནས་ཕ་གིར་འོད་ཀྱིས་བཏུམས་པ་དང་། རང་གི་མིག་མཆི་མས་གང་བས་ཕུར་ཡང་མ་མཐོང་། དྲི་ཕུན་སུམ་ཚོགས་པ་ཅིག་ནི་སྣང་ཞིང་འདུག །དེ་དུས་ན་སྤྱན་རས་གཟིགས་ལ་སོགས་པ་ཡི་དམ་གྱི་ལྷ་ཚོགས་རྣམས་བྱོན་ཞིང་ཡོད་ཚོད་གདའ་སྟེ། ཁོ་བོ་མ་རིག་པས་བསྒྲིབས་ནས་མ་མཐོང་། ནང་པར་བལྟར་ཕྱིན་པས། ཤུལ་ཅིག་ཀྱང་

མི་གདའ། ཅི་ཡིན་སྙམ་ཐོ་ཕྱི་ཀུན་བཅལ་བས། མ་གི་ལྷ་རིའི་འདེབས་ཀྱི་རྫོ་བོའི་བཞུགས་ཁྲིའི་མདུན་ན་འཁྲོམ་གྱི་བཞུགས་ས་ཅིག་ཡོད་པ་ལ། འོད་འཇའ་ཚོན་དཀར་པོ་ཅིག་གི་ཧང་ཟུག་ནས་འདུག་སྟེ། བལྟར་ཕྱིན་པས། མེ་ཏོག་སྐྱ་ཐོལ་བ་ཅིག་གི་དཀྱིལ་ན། ཚེམས་ཉེ་ཤུ་རྩ་བརྒྱད་ཙུག་གེ་སྤུངས་འདུག་ནས་དེ་རྣམས་ལ་བལྟས་པས། རིང་བསྲེལ་ཁ་དོག་མང་པོ་རྫོམ་མེ་འདུག །དབྱིབས་ལ་ལེགས་པར་བརྟགས་པས། ལྷ་བཞི་ཀའི་སྐུ་ཚང་བ་ལ། སྒྲོལ་མ་དང་ཐུགས་རྗེ་ཆེན་པོ་གཉིས་ལྷག་པར་ཡང་གསལ་བར་འདུག །རྟེན་ཕྱོན་པ་ལ་སོགས་པ་མང་པོ་མཐོང་བ་ལ་དེ་འདྲ་བ་མཐོང་བ་མེད། ཆོས་ལ་སྒྲོ་སྐུར་ཡེ་མ་བྱུང་ངོས་ཤེས་པ་དེར་གདའ། ད་ལྟ་ཡང་ཕོང་རང་གི་སྐུ་འབུམ་ཆུང་ངུའི་ནང་ན་ཐམས་ཅད་བཞུགས། དེ་ནས་ཕོང་གསུང་བ་བཞིན་དུ་ཧང་པ་འདི་མི་བདེ་བ་ཅིག་བྱུང་ནས། རེ་ཏུལ་རྒྱ་བོ་ཆེ་འདིའི་གསེབ་ཏུ་ལུས་པ་ཡིན། དགོན་པ་ཏུལ་ཏུལ་འདི་ཀུན་ཡང་ངས་མ་སྟོངས་པ་ཅིག་བྱས། ཆོས་འདིའི་བདག་པོ་ཡང་འོང་ཙམ་བྱུང་བ་ཡིན། ཁྱེད་རྣམས་ཀྱིས་ཀྱང་ཆོས་འདི་ལ་དགེ་སྦྱོར་གྱི་འཐིལ་མ་གྱིས་ལ། གང་ཟིན་ཟིན་བློ་ལ་ཟུང་། དེ་བྱས་པས་ཆོས་དང་གང་ཟག་གཉིས་ཡ་མ་བྲལ་བ་ཅིག་འོང་བ་ཡིན་གསུངས་ནས། འཁོར་རྣམས་ལ་ཞལ་ཏ་ནན་ཆེར་གསུང་། དེ་དུས་ཀྱི་འཁོར་རྣམས་ཀྱི་ནང་ན་དགེ་སྦྱོར་གྱི་ཁྲིགས་རྣམས་འགྲིགས་པོར་ཤེས་པའི་དགེ་སློང་དང་དགེ་ཚུལ་འདྲིས་པ་བཅུ་དྲུག་ཙམ་ཡོད་པས། སློབ་དཔོན་ནམ་རིན་ཕོང་རང་གུང་ལ་བཞུགས་ནས། ངེད་རྣམས་ཀྱིས་འདུད་ཕྱག་དང་གར་ལ་སོགས་པའི་རྣམ་འགྱུར་བྱས་ཤིང་དེ་ལ་གཟིགས་ནས། འཕགས་པ་རྣམས་ལའང་འདི་ལས་འགྲིགས་པ་བྱས་མེད། ཁྱེད་རྣམས་འཕགས་པ་ཕྲུ་གུ་འདྲ་གསུངས་ནས་ཤིན་ཏུ་མཉེས་ཏེ། མདོར་ན་ཆོས་འདི་ལ་ཐུགས་གཅིགས་ཆེན་པོས་ཐུགས་དམ་གྱི་གཙོ་བོར་མཛད། ཁྱད་པར་དུ་སྟ་རེའི་ཟླ་བ་ལ་འདིའི་སྒྲུབ་པ་ཡེ་མ་ཆག་པར་མཛད། གཞན་ཡང་བླ་མ་རྣམས་གཤེགས་པའི་

དུས་དུས་ལའང་། སྤྲུལ་པ་ཞིག་རེ་ལ་མ་ཆག་པར་ཐུགས་དམ་མཛད། དེ་ལྟར་ཆོས་འདི་ལ་ཐུགས་གཅིགས་ཆེན་པོ་མཛད་པའི་བྱིན་རླབས་ཀྱིས། བསྟན་མ་ཀུན་གྱི་ཡང་ཞལ་གཟིགས་ཤིང་། མངོན་ཤེས་ཀྱང་མངའ་བར་འདྲ་བ་འདུག་སྟེ། ཚེ་གཅིག་སློབ་དཔོན་ཤེས་རབ་རྒྱལ་མཚན་གྱི་དུས་མཆོད་ལ་དགུག་གུའི་ཆོས་བཅོ་ལྔའི་ཚེ། མཆོད་པ་བྱེད་ཅིང་ཡོད་པའི་ཉིན་པར། སློབ་དཔོན་པའི་ཞལ་ནས། དེ་རིང་ནི་འགྲོམ་པའི་མི་ལགས་སམ། གཙང་པ་ལྷ་ཁང་པའི་ལགས་སམ། བསྐོར་བ་པ་འཚོར་མོ་ཁ་ཅིག་རང་འདུག་གོ་གསུང་། ཁོ་བོས་བལྟར་ཕྱིན་པས། མི་ཡེ་མི་འདུག་སྟེ། ཕྱིས་ནས་སློབ་དཔོན་པའང་རྫུན་གསུང་བར་འདུག །བསྐོར་བ་པ་སུ་ཡང་མི་འདུག་ཞུས་པས། སློབ་དཔོན་པ་འཧལ་འཧལ་ཁྱོད་རང་འདིར་སྡོད་ལ་བསྡེན་པ་གྱིས་གསུང་སྟེ། བསྟན་མ་ཀུན་སྐོར་བ་བྱེད་ཀྱིན་ཡོད་པའི་ཚོད་དུ་འདུག །ཡང་ཚེ་གཅིག །སློབ་དཔོན་པའི་ཞལ་ནས། ངའི་རྨི་ལམ་ན། འོ་ཅག་གི་ལུང་པའི་ཤུག་ནགས་འདི་ཚོ་སྐྱོ་གོག་གེ་བ་ཅིག་དང་། སྐབས་ཀའི་འབུམ་པ་འདིའི་གསེར་ཏོག་མི་འདུག་པ་ཅིག་དང་། དགོན་པ་འདི་ཡང་རེ་རུལ་དུ་གོག་གེ་བ་ཅིག་དང་། ཁྱེད་ཀྱི་གནས་རྣམས་ཀྱང་སྟོང་གོག་གེ་བ་ཅིག་འདུག་པ་རྨིས་ཅི་ཡིན་ནམ་གསུང་སྟེ། དེ་ནས་ཡུན་མི་རིང་བ་ནས་འབྲི་ཁུང་པས་བཅོམ་ནས་དེ་བཞིན་དུ་གྱུར། སྐུ་འབུམ་གྱི་འགན་འཛི་རའང་སྟོར། སྐུ་གསུང་ཐུགས་ཀྱི་རྟེན་ཐམས་ཅད་ལའང་གནོད་པ་ཆེན་པོ་བྱུས་ནས་འོ་བརྒྱལ་དུ་བཅུག །དེ་རྨི་ལམ་རང་མིན་པ་འདྲ་བ་གདའ་གསུང་། དེ་རྣམས་ནི། སློབ་དཔོན་ནམ་མཁའ་རིན་ཆེན་དངོས་ལ། བླ་མ་འགྲོམ་སྟོན་གྱིས་གསན་པའི་ལོ་རྒྱུས་ཏེ་གསུང་བཞིན་དུ་བྲིས་པ་ལགས། དེ་ནས་སློབ་དཔོན་པ་དེ་འདའ་ཀའི་ཚེ་ན་བླ་མ་འགྲོམ་སྟོན་པ་ཉིད་ཁྲབ་ཁ་ན་བཞུགས་ནས་ཡོད་པའི་དུས་སུ། དངོས་སུ་མ་མཇལ་བ་ལ། ཁོང་པ་འདས་རྗེས་སུ། དབུང་གི་བུ་སློབ་དད་པ་ཅན་རྣམས་ལ་ཇི་ལྟར་བྱུང་གི་དྲི་བ་ཞིབ་ཏུ་མཛད་པས་འདི་བཞིན་བྱུང་བར་

གདའ་སྐད། ཚེ་གཅིག་སློབ་དཔོན་ནམ་རིན་པའི་ཞལ་ནས། དྲུང་ན་ཡོད་པ་ཀུན་ལ་ངོ་ཞག་སྐྲུབ་པ་ཅིག་གྱིས་ཤིག་གསུངས་ནས་མཛད་པས་དེའི་ཚེ་གཅིག །ཁོང་རང་གི་ཚོ་བོ་དཔོན་པོ་དར་མ་གཞོན་ནུ་ལ། ནམ་མཁའ་ལ་འཇའ་ཚོན་འདུག་གམ་མི་འདུག་གསུང་། ཁོས་མང་པོ་གདའ་ཞུས་པས། འོ་ན་དོ་ཞག་ལྷ་རྣམས་ཀྱིས་བན་རྒན་ཅིག་སྤྱན་འདྲེན་བཞེད་པའི་རྟགས་ཡིན་གསུངས་ནས་བཞད་ཅིང་འདུག །ཡང་སློབ་དཔོན་པའི་ཞལ་ནས། ང་ལ་གསེར་སྲང་ཕྱེད་ཡོད། ཤི་ནས་གསེར་བྱུང་ན་དགེ་སློང་དམན་པར་འགྲོ་བ་ཡིན། ཁྱོད་སོང་ལ་འདི་ལ་སྟག་ལུང་ནས་ཇ་ཅིག་ཚོལ། ཡར་ལམ་ལ་དགེ་བཤེས་རྒྱ་ཕུ་བ་ལ་སྐད་ཐོང་ལ་ཤོག་གསུང་། དཔོན་པོ་དར་གཞོན་གྱིས་ཀྱང་། ཡར་ལམ་ལ་རྒྱ་དགོན་དུ་ཕྱིན་ནས་སློབ་དཔོན་པ་ཅན་དུ་བྱོན་དགོས་པར་གདའ་ཞུས་པས། དགེ་བཤེས་རྒྱ་ཕུ་བ་ན་རེ། ཁྱེད་སྟག་ལུང་དུ་འགྲོ་ལོང་མེད། གསེར་འདིར་ཞོག་ལ་རང་རེ་གཉིས་སློབ་དཔོན་པ་ཅན་དུ་མྱུར་དུ་འདེང་གསུངས་ནས། ཁོང་པས་མར་ཞོ་བཞི་དང་། ཇ་གདུམས་ཤིག་ཁྱེར་ནས་མཚན་ལ་འོངས་པས། ནམ་ལངས་སུ་ཉེ་བ་ན་སྐབས་གར་སླེབ་པ་ན། སློབ་དཔོན་ནམ་རིན་པ་སྐུ་འབུམ་ལ་བསྐོར་བ་མཛད་ཅིང་འདུག་ནས། རྒྱ་ཕུ་བའི་ཞལ་ནས། ཚེ་འདི་ལ་དེ་བས་དགའ་བ་ཅིག་མ་བྱུང་གསུང་སྐད། དེར་ཕྱག་བཙལ། ཐེན་ཆབས་ཞུས་ནས། ཇ་གདུམས་ཕྱག་ཏུ་ཕུལ་བས། སློབ་དཔོན་པའི་ཞལ་ནས། ཚུལ་ཁྲིམས་ཀྱི་ཕུང་པོ་ཡོངས་སུ་རྫོགས་པར་གྱུར་ཅིག་གསུང་། དེ་ནས་ནང་དུ་བྱོན་ནས་ཚ་བ་གསོལ་བའི་གྲལ་དུ། སློབ་དཔོན་པའི་ཞལ་ནས། ཐང་པ་མི་བདེ་བའི་སྙིང་དུ་ན་སོ་རྒས་པ། དུས་ངན་པའི་གཏུགས་པའི་སྙིང་དུ་ཆོས་པར་མིང་བཏགས་ནས་བསྟན་པ་བསྒྲུབ་པ། སྣང་དར་མའི་དུས་འདྲ་བ་ཅིག་མ་བྱུང་བར་བག་ཆགས་བཟང་བ་ལ་ཞིང་ཁམས་གཙང་མ་རེ་ཏུ་སྐྱེས་ནའང་ཅི་མ་ཏུང་། ཡན་ལག་བདེ་ལ་ན་སོ་གཞོན་པ་རེ་བྱུང་ནའང་ཅི་མ་ཏུང་། ད་རྒྱ་ལ་ང་གསུམ་སྲིད་ཀྱང་ཁྱེད་རང་

རྣམས་རང་ས་ནས་བཙུན་ཚུགས་ལ་རྩལ་དུ་འདོན་པ་གལ་ཆེའོ། །ཐོས་བསམ་དང་ཉམས་ལེན་ཐམས་ཅད་བཀའ་གདམས་ལ་འབད་པ་གལ་ཆེའོ། །དོ་ཞག་ཀྱང་མི་དགའ་བའི་རྣམ་འགྱུར་དང་ཐ་མལ་གྱི་སྤྱོད་པ་མི་བྱེད་པ་གལ་ཆེ། ད་ཇ་གདུམས་འདི་ལ་ལོ་བཅུ་གཉིས་བཅུ་གསུམ་ཙམ་ཞིག་འོང་ལས་ཆེ། འདི་ལ་སྲུང་གང་ཙམ་དང་མར་སྲུང་ཕྱེད་པོ་འདི་དང་། བླ་མ་འབྲོམ་གཞོན་ནུ་བློ་གྲོས་ཀྱིས་ཕུལ་བའི་ནས་ཁལ་ཉི་ཤུ་ལྷག་ཅིག་ཡོད་པས་འདི་ལ་རྩམ་པ་གྱིས་ལ། དོ་ཞག་ཇོ་གདན་པ་རྣམས་ལ། བདེ་བར་གཤེགས་པ་བརྒྱད་ཀྱི་མཆོད་པ་ཅིག་ཞུས། འཕགས་པ་བྱང་བློ་ལ་འདིར་མ་ཏི་བགྲང་རོགས་ལ་ཤོག་གྱིས་གསུང་། དེ་ནས་འཕགས་པ་བོས་པས། འཕགས་པ་བྱང་བློ་བཤུམས་ཤིང་། ཕོ་ལོ་བརྒྱད་ཅུ་རྩ་ལྔའི་དྭ་ཕྲུག་གམ་གསུངས་ནས་ནང་དུ་བྱོན་པས། སློབ་དཔོན་ནམ་རིན་གྱི་ཞལ་ནས། འཕགས་པ་དེ་འདྲ་མ་བྱེད། འོ་སྐོལ་གཉིས་བཀའ་གདམས་པའི་དཔོན་སློབ་ལགས་མོད། དགའ་བ་སྒོམ་ཞིང་གཙང་སྦྲ་ཁྲུས་ཀྱི་རྣལ་འབྱོར་མཛོད། ད་དྭ་ཕྲུག་ལོ་མང་མི་མཆི་ཡིས་གསུང་། དེ་ནས་འཕགས་པས་ཁྲུས་མཛད་ནས། འདུད་ཕྱག་གང་ནུས་ཤིག་བྱས་ནས་ཕོ་བྲང་ཤར་གྱི་གཟུངས་ཐག་འཛིན། དགེ་བཤེས་རྒྱ་ཕུ་བས་ལྷོའི་འཛིན། དར་གཡུང་དང་། དར་རྒྱལ་གཉིས་ཀྱིས་ནུབ་དང་བྱང་གི་འཛིན་ནས། ཆོས་བཅུ་གཉིས་ནས་སྐྲུབ་པ་བཙུགས་ནས་ཞག་བཅུ་གཉིས་སུ་མཛད། ཉི་ཤུ་གསུམ་གྱི་ནུབ་མོ་སློབ་དཔོན་པའི་ཞལ་སྔ་ནས། བག་ཆགས་བཟང་པོ་ལ་འགྲོ་བའི་དུས་འོང་བར་འདུག་དགའ་མོ་ཡིན། ད་ནང་པར་ཉི་མ་ཤར་ཙམ་ལ་ང་འགྲོ་བ་ཅིག་འོང་སྙེ་མཆི། དེ་དུས་སུ་བློ་གྲོས་ཀྱིས་ཁུར་ན་འོང་བ་ཡིན་ཏེ། ཁོང་རང་ལའང་རང་དབང་ཙམ་མི་གདའ་ཡིས། ད་ང་ལ་དབོན་པོ་དག་མི་དགོས། ཁྱེད་བསྙེན་པ་བ་བཞི་པོས་ཁྱོགས་ཀྱིས་ལ། སློབ་དཔོན་ཞང་སྟོན་པ་བསྐྱལ་ས་ཡ་གི་རུ་སྐྱོལ། ཤི་བ་མིས་མ་ཚོར་བ་ཅིག་དགོས་པ་ཡིན་ཏེ། ཡིད་མི་ཆེས་སུ་འོང་བས་སློབ་དཔོན་གདན་

གཅིག་པ་རྣམས་ལའང་ཕྱོན་གྱིས་ལ། རི་ཡ་གི་ན་ཡར་ལ་སྐྱེལ་ཐུང་གྱིས་ཤིག །ཏ་ཏ་གསུངས་ནས་བཞད་ཅིང་སྐྱུས་མོ་ཆེ་འདེགས་པར་གདའ། མི་ལུས་ཐོབ་པ་འདི་དཀའ་མོ་གདའ་བ། འོན་ཀྱང་མི་རང་མང་པོ་འདུག །ཚུལ་ཁྲིམས་བསྲུང་བ་ནི་ཐོ་རེ་བ་ལས་མི་འདུག །ཚུལ་ཁྲིམས་མ་བསྟེན་ན་མཐོ་རིས་ནི་ཡེ་མི་ཐོབ། གཏན་ཚིགས་འདིས་ཚུལ་ཁྲིམས་སྣ་རེ་ཙམ་གྱིས་ཀྱང་མི་ལུས་ཐོབ་ཅིང་ཡོད་པར་གདའ། དེ་བྱས་པས་སོ་སོའི་སྐྱེ་བོ་བསླབ་པ་གསུམ་བསྲུང་བ་ལ་ངས་ཀྱང་བསྒོས་སྐལ་མི་ཕམ་པ་ཅིག་བྱས་པ་ཡིན། དཔྱིད་དུས་འདི་ळུང་པོ་ཆེ་བ་ཡིན་ཏེ། དོ་ཞག་ळུང་ཡང་མི་འདུག །སྤྲིན་ཙམ་ཡང་མི་འདུག །སྤྲིན་དམ་དུམ་འདྲ་འདུག་པའང་འཇའ་ཚོན་དུ་འདུག །ལུས་སེམས་འདི་ཡང་ཤིན་ཏུ་བདེ་བར་འདུག །འོན་ཀྱང་ཚེ་ཟད་ན། ན་ཚ་མི་དགོས་པར་གདའ་བས་འཆི་ངེས་ཏེ། ཞིང་ཁམས་གཙང་མར་འགྲོ་སྙེ་མཆི། ལ་མོར་ནམ་མཁའ་དྲི་མ་མེད་པའི་དྭང་དུ། ནམ་མཁའ་རིན་ཆེན་གྱི་མིང་ཡང་འོང་བ་ཅིག་འོང་སྙེ་མཆི། རྒྱུད་ཅིག་ན་མར་ལ། ནམ་མཁའ་ལྷ་བུའི་སེམས་འདི་ཡིས། །ནམ་མཁའ་ལྷ་བུའི་ཆོས་རྣམས་ལ། །ནམ་མཁའ་ལྷ་བུར་གོམས་བྱས་ན། །ནམ་མཁའ་ལྷ་བུར་ངེས་འཚང་རྒྱ། །བྱ་བའམ། འཚང་ཡང་རྒྱ་བ་མེད་དེ་བྱ་བ་ཡོད། ད་དེ་དང་མཐུན་པར་མིང་དོན་སྦྱར་ནས་ཉམས་སུ་བླངས་པ་ཡིན། དེ་དོན་དམ་བྱང་ཆུབ་ཀྱི་སེམས་ལ་ཟེར་བར་གདའ། ཡང་དེ་ཉིད་ལས། སྒྱུ་མ་ལྷ་བུའི་སེམས་འདི་ཡིས། །སྒྱུ་མ་ལྷ་བུའི་ཆོས་རྣམས་ལ། །སྒྱུ་མ་ལྷ་བུར་གོམས་བྱས་ན། །སྒྱུ་མ་ལྷ་བུར་འཚང་ཡང་རྒྱ། །ཞེས་གསུང་སྟེ། ཚད་མེད་བཞི་དེ་ཙམ་ཅིག་དང་བསྟུན་ནས། སློབ་དཔོན་བྱང་ཆུབ་བཟང་པོ་གསུང་བ་བཞིན་འཕེང་ཀྱོག་ཀྱོག་ཅིག་གིས་མི་ཚེ་སྟོང་རྒྱལ་ལ་མ་སོང་ཙམ་བྱས་པ་ཡིན། དེ་རྣམས་གསུང་གླེང་གི་ཕྱི་མར་གདའ། དེ་རྣམས་ཁ་ཆེམས་ཀྱི་ཕྱི་མ་ལགས། འདི་གཏམ་གྱི་ཐ་མ་ལགས། མི་ཡུལ་གྱི་ཐེག་སྐྱབ་ཀྱི་ཕྱི་མ་ལགས། ད་ཐིག་ལེ་བཅུ་དྲུག་ལ་རིམ་གྱིས་འཕོ་བར་བྱ། ཁྱེད་རང་རྣམས་ཀྱང་། ང་

པད་འདབ་ཀྱི་ལེགས་པ་རེ་ཙ་ཞོག་ལ། བསྐོར་བ་མཛད་ཀྱིན་ཧིང་ངེ་འཛིན་དང་བཟླས་བརྗོད་ལ་སོགས་པ་འཕྲོ་མ་ཆད་པར་མཛོད་ཅིག་གསུང་། ནང་པར་ནམ་ལངས་ལ་ཁད་ཙ་ན། ཁྱེད་རྣམས་ཞལ་མ་ཡང་ཅིག་ཆོས་འདི་ལ་སྐུར་པ་འོང་ངོ་། །ནམ་ལངས་ནས་ནམ་མཁའ་རིན་ཆེན་འགྲོ་འོ་གསུང་། འཕགས་པས། སློབ་དཔོན་པ་ད་གཤེགས་པ་ལགས་སམ་ཞུས་པས། འཕགས་པ། སྐྱེས་པའི་ཐ་མ་འཆི་བར་གདའ། །འོ་སྐོལ་དག་པའི་སྣང་བ་ཡུན་རིང་ངོ་། །ད་ཚེ་མཇུག་འདི་ཐུགས་དམ་ལས་བྱ་རྒྱུ་མེད་དོ་ཨང་། ད་འཆི་ལོ་བྱེད་མོད་གསུངས་ནས་བཞད་ཅིང་གདའ། དེར་འཕགས་པས་བྱིན་རླབས་ཤིག་ཞུ་ཞུས་ནས། ཐལ་མོ་སྦྱར་ཏེ་འགྲོ་དོན་འཕེལ་བར་མཛད་པ་ཞུ་ལ་ཁུར་བྱང་ཆུབ་བློ་གྲོས་ཀྱང་ཡར་ལ་དྲོངས་ཞུས་པས། དེ་བཞིན་བྱ་གསུང་སྟེ། དགུང་ལོ་ལྔ་བཅུ་རྩ་བཞི་པ་ནས་བདུན་ཅུ་དོན་གསུམ་བཞེས་པའི་བར་དུ་དགོན་པ་སྣབས་ཀ་ཉིད་དུ་བཞུགས་ནས། གླེགས་བམ་རིན་པོ་ཆེའི་ཟབ་དོན་རྣམས་སྨོད་དང་ལྡན་པའི་གང་ཟག་རྣམས་ལ་རྒྱུན་དུ་གསུང་ཞིང་སྒྲུབ་པ་འབའ་ཞིག་མཛད་ནས། མེ་ཕོ་ཁྱིའི་ལོ་ནམ་ཐོངས་ཀྱི་ཟླ་བའི་ཉི་ཤུ་གསུམ་གྱི་ཐོ་རངས། འཕགས་པ་བྱང་བློ་དང་གསུང་གླེང་མཛད་འཕྲོ་དེ་ཉིད་ཀྱི་ངང་ལ་འཛམ་ལྷན་ཏེ་དགོན་པ་སྣབས་ཀ་ཉིད་དུ་སྐུ་གཤེགས་སོ། །ཇོ་གདན་པ་རྣམས་ཀྱིས་ཀྱང་གསུང་བཞིན་དུ་བསྒྲུབས་ནས། ཕྱར་གསུང་བྱོན་པའི་ཆ་རྐྱེན་དེ་དག་གི་སྟེང་དུ་ཡང་རང་རང་ཚོས་ཀྱང་ཆ་རྐྱེན་བསྣན་ནས་སྐུ་མ་གཤེགས་གོང་དུ་ཡང་མཆོད་པ་ཞག་བཅུ་ཙམ་གྲུབ་པར་བྱས། གཤེགས་ནས་ཀྱང་ཞག་ཞེ་དགུའི་བར་དུ་བདེ་བར་གཤེགས་པ་བརྒྱད་ཀྱི་མཆོད་པ་མཛད། སྐུ་གཤེགས་པའི་ཕྱི་དྲོ་ཕུར་གདན་འདྲེན་པ་ལའང་གསུང་བཞིན་དུ། ཇོ་གདན་པ་རྣམས་ཀྱང་བྱོན་ཞུས་པས་ཐམས་ཅད་བྱོན་ནས། ཕྱར་ཡིན་ན་ཕུར་གདན་འདྲེན་པ་ལ་སྨམ་སྦྱར་གྱོན་པའི་ཁྲིམས་མེད་པ་ལ། དེ་ཉིན་ཀུན་ཡང་ཁྲུས་བྱས་སྣམ་སྦྱར་གསོལ།

དྲི་བཟངས་ཀྱི་ཆུ་མང་པོ་ཁྱེར། མཆོད་པའི་ཡོ་བྱད་སྤྱོས་དང་རོལ་མོ་ལ་སོགས་པ་དུ་མ་ཁྱེར་ནས་སྤྱན་འདྲེན་པ་ན། འཕགས་པ་བྱང་བློ་ལོ་བརྒྱད་ཙུ་ཙ་ལྷ་པ་དེས་ཁྲིའི་ཤིང་སྣ་ལ་འཇུས་པས། གཞོན་པ་རྣམས་ན་རེ། འཕགས་པས་སྐྱོང་པ་ལའང་གྱེན་འདི་ལ་ཡར་ལ་མི་ཐར། ངེད་གཞོན་པ་ཚོས་བྱ་ཡིས་ཟེར་བ་ལ། འཕགས་པ་ན་རེ། ང་བླ་མའི་མན་ངག་བློ་ལ་བསྒོམས་ནས་ཉམས་སུ་ལེན་པའི་ཐུ་བོ་ཡིན། རྒས་ནས་འདུག་སྐྱེ་ལྷ་ཆོས་བདུན་ལྡན་ལ་རྒས་པ་ཡིན། ངས་གཙང་དུ་ཐུགས་རྗེ་ཆེན་པོ་དངོས་ལ་བརྟེན། འདིར་ཐུགས་རྗེ་ཆེན་པོ་དངོས་ཀྱི་ཆོས། ཐུགས་རྗེ་ཆེན་པོ་དངོས་ལ་མཉན། ཁྱེད་ཚོའི་རྟོག་པ་ལ་འབན་བུས་ཁོང་འདྲིགས་མནོས་ཏེ། སྐབས་དོན་ལ་ཁོང་གིས་འབན་བུ་བཏེག་འགྲོ་བ་ལགས། ཁྱེད་ཚོ་ཕར་ངོས་སུ་ཁྱེད་ཅིག་ཟེར་ནས། ནགས་གསེབ་ན་ཡར་ལ་སྔོན་ལ་འགྲོ་བ་ལ་ཁོང་ལ་ཞབས་ཡང་པོ་བྱུང་སྟེ། ཐམས་ཅད་ཀྱིས་ནགས་ལ་བཞུད་གད་ཐེག་གེ་ཕྱིན་ཙ་ན། གཞོན་པ་དག་ན་རེ། ངེད་ཀྱང་ད་གཟོད་འཆི་ཙ་ན་འདི་ཁོ་ན་བཞིན་དུ་གྱུར་ཅིག་ཟེར། དེ་ནས་ཕུར་སྤང་ལྗོངས་ལ་བཞུགས་པ་དང་། འཕགས་པ་ན་རེ། ནེ་གསིང་སྤང་ལྗོངས་མེ་ཏོག་བཀྲ་བ་འདི་ལས་ཀྱང་མེ་ཏོག་སྦྲ་ཆེམ་པ་ཅིག་རང་དགོས་པ་ཡིན་ཏེ་གསུངས་ནས། ཁོང་གིས་ན་བཟའ་གསོལ་གྲབས་བྱས་པ་ལ། འཇའ་ཚོན་གྱིས་ཕུར་གཏུམས་ནས། དྲུང་ན་ཡོད་པ་ཐམས་ཅད་ཀྱིས་ཀྱང་མ་མཐོང་། ཐམས་ཅད་ཀྱིས་ཀྱང་བསྐོར་བ་དང་ཡན་ལག་བདུན་པ་ལ་སོགས་པ་མཛད། དེ་ནས་ཞག་གཉིས་ནས་བལྟ་རུ་ཕྱིན་པས། དབུ་ཐོད་དང་ཕྱག་ཞབས་ཀྱི་རུས་པ་འདྲ་འདུག་ནས་སྤྱན་དྲངས་ཏེ། དགེ་བཤེས་རྒྱ་ཕུ་བས་བཞུ་བས། རིང་བསྲེལ་ཀྱང་སྐུ་ཕུར་འབུར་དུ་བྱུང་། དབུ་ཐོད་ལེགས་པར་ཆོག་ལ་གྲུམས་མ་ཞིག་པའི་ནང་ན་ཐིག་ལེའི་མཉྫལ་སྒོ་བཞི་མ་མཚར་པོ་ཅིག་བྱོན་ནས་འདུག །ཕྱག་གི་རྐང་གཅིག་ལ་ཐུགས་རྗེ་ཆེན་པོ་ཞལ་གཅིག་ཕྱག་གཉིས་པ་བྱོན། ཞབས་ཀྱི་རྐང་གཅིག་ལ་མི་གཡོ་བའི་སྐུ་ཅིག་བྱོན། གཞན་

ཡང་ལྷ་བཞི་ག་ཚང་བར་བྱོན་པ་འདྲ་བ་གདའ་སྟེ། དགེ་བཤེས་རྒྱ་ཕུ་བས་མ་བསྟན་པ་འདྲ་བར་འདུག །རིང་བསྲེལ་ཐམས་ཅད་ཕར་སྡོམ་ཚུར་སྡོམ་བྱས་པས། ཏིང་ཙུང་གང་བྱུང་ནས་ཁོ་རང་ལ་འབྲེལ་ཡོད་རྣམས་ལ་བཀྲི། བླ་མ་འབྲོམ་སྟོན་ཉིད་ཀྱི་སྐལ་བ་ལའང་རིང་བསྲེལ་བཅུ་བདུན་བྱུང་ནས། གདུང་ཁང་ཆུང་ངུ་ཅིག་བཞེངས་ནས་ཡོད་པ་ལ་ཁྲབ་ཁ་ར་ལུས་གསུང་ངོ་། །དེ་རྣམས་ནི་སློབ་དཔོན་ནམ་རིན་གྱིས་སློབ་དཔོན་བྱང་ཆུབ་བཟང་པོ་བསྟེན་ཚུལ་ཏེ། ཞར་ལ་སློབ་དཔོན་ནམ་མཁའ་རིན་ཆེན་པ་ཉིད་ཀྱི་མཛད་པ་དང་རྣམ་ཐར་ཡང་ཞིབ་པར་བརྗོད་ཟིན་ཏོ།། །།

༈ ད་ནི་ཁོ་བོ་ཅག་གི་སློབ་དཔོན་འབྲོམ་སྟོན་ཀུ་མཱ་ར་མ་ཏི་ཉིད། ཡུལ་རིགས་གང་དུ་འཁྲུངས་ཤིང་། སློབ་དཔོན་ནམ་རིན་བསྟེན་ནས་ཆོས་ཁྱད་པར་དུ་འཕགས་པ་འདི་ཉིད་ཇི་ལྟར་ཞུས་པའི་ཚུལ་དང་། སླར་ཡང་བསྟན་པ་ལ་ཞུགས་ནས་དམ་པའི་ཆོས་ལ་སྦྱངས་པ་མཛད་ཚུལ་རགས་པ་ཙམ་གསུང་ལས་བྱོན་པ་ནི། འདི་རྣམས་ཡིན་ཏེ། སྔོན་གྱི་སྨོན་ལམ་བཟང་པོའི་འཕྲིན་ལས་ལ་བརྟེན་ནས། གདན་ས་ར་སྒྲེང་པའི་ཡོན་བདག །དགེ་བསྙེན་མི་བཞི་ཞེས་བྱ་བ། ཞང་འཕྲང་ག་བའི་ཚན། འབྲོམ་སྟག་པོ་ཆེ་དར་བའི་ཚན། འགར་པོ་ཆེ་བའི་ཚན། ནང་སེ་ཚ་བའི་ཚན་ཞེས་གྲགས་པ་ཡོད་པ་ལ། མི་ཉག་པའི་སྐོར་ཞེས་པ་དག་ནི་ཡོན་བདག་དགེ་བསྙེན་མི་བཞིའི་གཅིག་ནི་ངེད་ཡིན། ཞང་སེ་ཚ་བའི་ཚན་རྣམས་འཕྲང་ཁ་བའི་སྟེར་གཏོགས་པ་ཡིན་ཞེས་གླེང་བ་ཡོད་སྐད་དེ། དེ་བཞིའི་ནང་ནས་འབྲོམ་སྟག་པོ་ཆེ་དར་བའི་བརྒྱུད་ཡིན། གདུང་ཡུལ་ནི་རོང་ཀླུང་ཤོད་ཀྱི་རོང་པའི་བྱེ་ཐྲག་དར་ཞེས་པའི་ནང་ན་གནས་གཞིའི་ཤེའུ་སྣ་བྱ་བ་ཡིན། ཡབ་ནི་གནས་དེའི་དཔོན་རྒྱུད་འབྲོམ་བསོད་ནམས་འོད་ཟེར་ཞེས་པ་དང་། ཡུམ་ནི་ཐུགས་པ་རྙིང་མ་བའི་དགེ་བསྙེན་གཉན་ཆེན་དཔལ་དབྱངས་ཞེས་པའི་གྲུབ་ཐོབ་ཆེན་པོ། དཔལ་བསམ་ཡས་སྨྲལ་པོ་རིའི་སྟེང་ནས་ལྷའི་རིན་པོ་ཆེའི་ཁྲི་ལ་ལྷ་

རྣམས་ཀྱིས་དགའ་ལྡན་ལྷའི་ཡུལ་དུ་མངོན་སུམ་དུ་སྤྱན་དྲངས་པར་གྲགས་པ་དེའི་བརྒྱུད་འཛིན། དགེ་བསྙེན་གཉན་ཇོ་བཙུན་མགོན་པོ་ཞེས་བྱ་བའི་སྲས་མོ། གཉན་མོ་གཡང་སྐྱིད་ཅེས་བྱ་བ་སྟེ། ཡབ་ཡུམ་དེ་གཉིས་ཀྱི་སྲས་སུ་ལྕགས་མོ་ལུག་གི་ལོ་ལ་སྐུ་འཁྲུངས་ཏེ། དཔལ་དང་འབྱོར་པ་ཕུན་སུམ་ཚོགས་པའི་གཅེས་ཕྲུག་བུ་གཅིག་པོར་བཞུགས་པས། ཡབ་ཀྱང་བཙུན་པ་བྱེད་པ་ལ་མི་དགེས་པར་བྱུང་གསུང་ངོ་། །ཡུམ་ཡང་དད་པའི་གཞི་ཆེ་ཡང་། བུ་གཅིག་པོ་ལས་མེད་པས། འདྲི་གློག་གི་ཡོན་ཏན་འདྲ་སྦྱོང་དུ་གཞུག་སྙམ་པ་ལས། ཆོས་ཀྱི་སྒོར་འཇུག་པ་མི་དགའ་བར་བྱུང་གསུང་ངོ་། །དེ་ནས་དགུང་ལོ་བདུན་ཡོན་པ་ན། སྐབས་ཀ་ཏྲ། སློབ་དཔོན་ནམ་མཁའ་རིན་ཆེན་གྱི་དྲུང་དུ། ཡུམ་གྱིས་གློག་སྦྱོང་དུ་བཏང་ནས། དཔོན་སློབ་གཉིས་ཀའི་བརྒྱགས་དང་མཐུན་རྐྱེན་ཅི་དགོས་ཐམས་ཅད་མས་ཚང་བར་སྦྱར་ཏེ། དང་པོར་ཀ་ཁ་དང་། སྦྱོར་གློག་ཤེས་ཀྱི་བར་ལ་དཔེ་གཞན་ལ་བསླབས། རྗེས་སྤྱད་ནས་ནོར་བུའི་ཕྲེང་བའི་གླེགས་བམ་ལ་སྦྱངས། དེའི་བར་ལའང་སློབ་དཔོན་ནམ་མཁའ་རིན་ཆེན་སྟོད་དང་ལྡན་པའི་སློབ་མ་ཕལ་ཆེ་བ་ལ་ནོར་བུའི་ཕྲེང་བ་རྒྱུན་དུ་གསུང་བ་ལ། མ་ཆག་པར་མཉན་པས། བློ་ལ་ཕལ་ཆེ་བ་ཅིག་ཟིན་བྱུང་བས། སློབ་དཔོན་པ་ན་རེ། ལྟེ་ལ་ཐིག་པ་འོང་བས་ད་གཙང་སིང་བ་ཅིག་བློ་ལ་ཟུང་གསུང་བས། སྔོན་ལ་རྒྱལ་བུ་དད་པ་བརྟན་པའི་སྐྱེས་རབས་ནས་བཟུང་སྟེ། སྐྱེས་རབས་རྣམས་དང་པོར་གཙང་སིང་བ་ཅིག་བཟུང་། དེ་ནས་ནོར་བུའི་ཕྲེང་བའི་ཞུས་ལན་དངོས་བཟུང་སྟེ། དགུང་ལོ་བཅོ་ལྔ་པ་ལ་གླེགས་བམ་ཐམས་ཅད་གཙང་ཧྲིལ་བར་བློ་ལ་བྱུང་ནས། ཡང་ཡང་ཤར་བས། སློབ་དཔོན་པ་ཤིན་ཏུ་མཉེས་ཏེ། ཁོང་རང་གི་ཆོས་གསུང་སར་གཡམ་པའི་ཁྲི་རེའི་སྟེང་དུ་བཞག་ནས། ཁྱོད་ཀྱི་བློ་ལ་བཤར་ཅིག་ངས་མཉན་གྱིས་གསུངས་ནས་བཤར་བ་ཟིན་པ་དང་། དབུ་ལ་སློབ་དཔོན་པའི་ཕྱག་གིས་ཞམ་ཞམ་མཛད་ཅིང་། འབྲོམ་ཚུང་མིག་པོ་ཆེ་འོང་

བར་འདུག་གིས་གསུངས་ནས་ཤིན་ཏུ་ཡང་མཉེས་པར་གྱུར་། དེ་ནས་ཚེ་གཅིག །སློབ་དཔོན་པའི་ཞལ་ནས། ད་ང་ཡང་ནམ་འཆི་ཆ་མེད། ཁྱེད་རང་ཡང་ཐིག་ལེ་རྫོགས་པ་ཅིག་ཞུས་གསུངས་ནས། ཞག་བཅུ་གཉིས་ལ་ཐིག་ལེ་རྫོགས་པ་ཅིག་ཞུས་ཏེ། མེ་ཏོག་ཏུ་དུང་དཀར་གཅིག །རག་དུང་ཆུང་ངུ་གཅིག །འཁར་བའི་མཎྜལ་མདའ་གང་པ་གཅིག །ལྷ་རི་སྙིང་པ་གཅིག །དབུ་ཞྭ་པཎ་ཞྭ་གསར་པ་གཅིག །གསོལ་ཞལ་དམར་ཡོལ་ལེགས་པ་གཅིག་ལ་སོགས་པ་སྣ་འགའ་ཡར་དང་། ནས་ཁལ་ཉི་ཤུ་ཙ་དྲུག་ཕུལ། དེའི་ཚེ་སློབ་དཔོན་པའི་ཞལ་ནས། ད་ང་བས་ཁྱོད་རང་ལྷག །ང་ལའང་གླེགས་བམ་བློ་ལ་གཅང་རྩིལ་བ་མེད། བླ་མ་གོང་མ་རྣམས་ཀྱི་ཡང་ཐུགས་ལ་གླེགས་བམ་གཅང་རྩིལ་ལེ་བ་འཆང་བའང་ཆེར་མ་བྱུང་བར་འདུག །ཁྱེད་ལ་ལས་འཕྲོ་ཡོད་པས་གླེགས་བམ་གཙང་སེང་བར་བློ་ལ་ཡོད་པ་ཡིན། དེ་ངའི་དྲིན་ཡིན་པས་འདུད་ཕྱག་གང་ནུས་ནུས་ཤིག་གྱིས་ཤིག་གསུངས་ནས། ཁོ་བོས་འདུད་ཕྱག་བརྒྱ་ཙ་ལ་སོགས་པའང་བྱས། སློབ་དཔོན་པའང་ཁོ་བོས་གླེགས་བམ་བློ་ལ་ཆུད་པ་ལ་ཤིན་ཏུ་དགེས་ཚོར་ཆེ་བར་མཛད་ནས། སྟོན་ཇོ་བོ་ཡབ་སྲས་ཡེར་པར་ཞུས་ལན་དངོས་གཞི་མཛད་པའི་དུས་སུ། གསང་ཕུ་བའི་ནགས་ཁྲོད་དུ་བྱོན་ནས། ཇོག་ལ་ཆོས་གསུངས་ཤིང་། ཡབ་སྲས་ཀྱི་དྲུང་དུ་རྒྱུག་ཅེས་བསྐུལ་མ་མཛད་པའི་འཇམ་དབྱངས་ཞལ་གཅིག་ཕྱག་བཞི་པ་ཇོག་གསང་ཕུ་བས་ཇི་ལྟར་གཟིགས་པ་བཞིན། ཉིད་ཀྱིས་བཞེངས་པའི་ཐུགས་དམ་རས་བྲིས་ཆུང་ངུ་དང་། བྱང་ཆུབ་སེམས་དཔའ་ཤེས་རབ་རྒྱལ་མཚན་གྱིས་ཇོ་བོ་ཡབ་སྲས་ཁུ་ཇོག་གཉིས་ཏེ་བཞི་གཅིག་ལ་བཞི་ཆར་རང་གིས་བྲིས་པའི་རས་བྲིས་ཆུང་ངུ་དང་། ཡང་ཕུ་ཆུང་པ་ཉིད་ཀྱི་ཕྱག་ནས། འཁོར་ཆོས་ཀྱི་རྒྱལ་པོའི་དབུ་སྐྲ་དང་། གདུང་རིང་བསྲེལ་གྱི་གར་བུ་དང་། སྟོན་ཇོ་བོའི་ཕྱག་མཚན། འཁོར་ལ་གནང་བའི་འོད་མའི་ཤིང་ལ་དུར་ཁྲོད་ཆེན་པོའི་མི་ལྤགས་ཀྱིས་གཡོགས་པའི་ཌཱ་མ་རུ་སྟེ། དེ་ཐམས་ཅད་རྣལ་འབྱོར་པ་

རིན་ཆེན་རྒྱལ་མཚན་ལ་ཕྱུ་ཆུང་པས་གཏད་ནས། རིམ་པ་བཞིན་དུ་བརྒྱུད་པ་རྣམས་ཀྱང་སློབ་དཔོན་ནམ་མཁའ་རིན་ཆེན་གྱིས་ཚང་བར་གནང་། གླིགས་བམ་རིན་པོ་ཆེའི་པོ་ཏི་ནི་ཐུགས་ལ་བྱང་བར་ཡོད་པས་མ་གནང་སྟེ། དོན་ལ་བློ་ལ་ཡོད་པ་རང་མི་དག་རྒྱུའང་མི་འདུག །རང་རེས་ཀྱང་དེ་དུས་ཡིད་དགའ་བར་བྱུང་ནས། ཚིགས་བཅད་བྱས་པའང་འདི་ཀུན་ཡིན་གསུངས་ནས། སྟོན་བསགས་སྦྱངས་པའི་སྟོན་གཞོན་ཡིན། །དིང་སང་མཁས་པའི་བླ་མ་བསྟེན། །ཕོ་བོའི་བྱ་རྒྱུ་དམ་ཆོས་ཡིན། །མ་འོངས་སྐྱེ་དགུའི་དཔལ་དུ་འགྱུར། །ཐུབ་པ་ཆེན་པོས་བྱིན་བརླབས་པའི། །སྨྲ་མའི་སྐྱེས་བུ་སྟོན་གཞོན་ངས། །བདེན་མེད་ངང་དུ་བློ་བཞག་ནས། །གཞན་དོན་འབའ་ཞིག་ཡིད་ལ་བསྟེན། །སྔོན་བསགས་སྦྱིན་ཤུགས་ཆུང་བ་ཡིས། །དིང་སང་ལོངས་སྤྱོད་མེད་ནའང་། །ཚུལ་ཁྲིམས་བུམ་པ་བཟང་པོ་ཡིས། །དལ་འབྱོར་མི་ལུས་བཟང་པོ་ཐོབ། །སྔོན་ཚེ་བཟོད་པ་མ་བསྒོམས་པས། །དིང་སང་སྐྱེ་གཟུགས་ངན་ན་ཡང་། །བརྩོན་འགྲུས་གོ་ཆ་བཟང་པོ་ཡིས། །དམ་ཆོས་སྐལ་བ་བཟང་པོ་ཐོབ། །སྔོན་དུས་བསམ་གཏན་མ་བསྒོམས་པས། །དིང་སང་འདོད་ཡོན་མ་སྤངས་ནའང་། །གནས་ལུགས་ཤེས་རབ་བཟང་པོ་ཡིས། །ཐེག་པ་མཆོག་དང་མཇལ་དུ་བྱུང་། །ནམ་མཁའ་རིན་ཆེན་ཞབས་བཏུད་ནས། །མར་མེ་མཛད་དཔལ་བཟང་པོའི་ལུགས། །རྒྱལ་བ་འབྲོམ་ལ་གདམས་པ་བཞིན། །ཉིན་དང་མཚན་དུ་སྤྱད་དུ་བྱུང་། །ཐུགས་རྗེ་ཆེན་པོས་བྱིན་བརླབས་པའི། །རྒྱལ་བ་འབྲོམ་གྱི་གཅེས་ཕྲུག་ངས། །ཟབ་ཡངས་ཕྲེང་བ་བློ་ལ་བསྒོམས། །ལུང་སྟོང་འགྲེམ་ཡང་དཔེས་མ་ཐོངས། །ཞེས་བྱ་བ་ཡིན། དིང་སང་གླེགས་བམ་ནས་སྟོན་པ་པོ་རབ། གླེགས་བམ་ཚང་བར་བློ་ལས་སྟོན་ཤེས་པ་བྱ་བ་དེ་ང་ལ་ཚད་དུ་ཉུང་ཙམ་དུ་འདུག །དེ་ཡང་བླ་མ་དེའི་བཀའ་དྲིན་ཡིན། ཕོ་བོ་ལ་བླ་མ་དམ་པ་དེ་བཀའ་དྲིན་ཆེ་གསུང་སྟེ། དེ་རྣམས་སློབ་དཔོན་འབྲོམ་སྟོན་གྱིས། སློབ་དཔོན་ནམ་མཁའ་རིན་ཆེན་

བརྙེན་ནས། གླེགས་བམ་རིན་པོ་ཆེའི་ཆོས་རྣམས་ཇི་ལྟ་བ་བཞིན་ཞུས་པའི་ཚུལ་དངོས་མདོ་ཙམ་དུ་བསྟན་པ་ཡིན་ནོ། །གཞན་ཡང་གང་ནས་བསྟན་པ་ལ་ཞུགས་ཏེ་ཐུགས་སྐྱོང་གཞན་ཡང་མཛད་པ་ནི། གོང་དུ་བརྗོད་པ་བཞིན་དུ་སློབ་དཔོན་ནམ་མཁའ་རིན་ཆེན་བརྙེན་པའི་འཁོར་ཡོད་པའི་དུས་ན་ཡུམ་གྲོངས་ནས། ཡབ་ཀྱིས་འབྲིམ་མོ་ཨ་མ་འབུར་སྐྱིད་ཅེས་བྱ་བའི་མ་ཡར་མོ་ཅིག་བླངས་པ་ལས། མོས་ཀྱང་འཕྲལ་ལ་ནི་གཙིགས་ཀྱང་ཆེ་བར་བྱས། ཡབ་ཀྱིས་ཀྱང་ཆུང་གཉེན་དུ་འོས་པ་དང་ཆ་གཉིས་སུ་གཉེན་འཐབ་པས་དེ་གཉིས་མ་འཆམ་ནས་ཁ་སྨྲས་ཀྱང་ཆེན་པོ་བྱུང་། ཁོ་བོ་རང་རབ་ཏུ་བྱུང་བ་ཁོ་ན་སེམས་པས། ཕ་ལ་གྲོས་མ་བྱས་པར། སློབ་དཔོན་ནམ་རིན་ལ་ཞུས་པས། ཁྱོད་ཁྲབ་ཁར་བཙུན་པ་བྱེད་དགོས་པ་ཡིན་ཏེ། དེར་ཕྱིན་ན་ངས་བཏང་བ་ཡིན་སྨམ་ནས་འོང་བས། སུ་ལའང་གྲོས་མེད་པ་ལྟར་གྱིས་ལ། སྤྱིལ་བུར་བཙུན་པ་ལ་བྲོས་ཤིག་གསུངས་ནས་དེར་ཕྱིན་ཏེ། མཁན་པོ་གཞོན་ནུ་ཚུལ་ཁྲིམས་ཞེས་པ་དང་། སློབ་དཔོན་གཞོན་ནུ་བློ་གྲོས་ཞེས་བྱ་བ། སྣར་ཐང་དུ་མཁན་ཆེན་མཆིམས་ལ་དབུ་མ་དང་མཛོད་གསན་པ་ཅིག་ཡོད་པའི་དྲུང་དུ། དགུང་ལོ་བཅུ་གཉིས་པ་ལ་རབ་ཏུ་བྱུང་བ་མཛད་ནས། སླར་ཡང་སློབ་དཔོན་ནམ་རིན་གྱི་དྲུང་དུ་བཞུགས་ཡོད་པའི་ཚེ། ཁྲབ་ཁ་བ་རྣམས་ན་རེ། ངེད་ཙན་དུ་འོང་རྒྱུ་ཡིན་ཟེར་ནས། དེར་ཕྱིན་དགོས་པར་བྱུང་སྟེ། དེར་ཡང་སློབ་དཔོན་ཤེར་རྒྱལ་བྱ་བ་ཁམས་བཙུན་ནུས་པ་ཙན་ཅིག་ཡོད་པ་ལ། རྨ་བྱ་བའི་དབུ་མ་སྟོང་ཐུན་དང་། ཁོང་རང་གིས་མཛད་པའི་དབུ་མ་སྟོང་ཐུན་ཅིག་འདུག་པ་དང་། དབུ་མ་ཚིག་གསལ་རྣམས་བསླབས། གཞན་ཡང་མན་ངག་སྐྱེས་བུ་གསུམ་གྱི་འཁྲིད་དང་། དབུ་མ་བདེ་འབྱུང་གི་འཁྲིད་ལ་སོགས་པའི་འཁྲིད་བཀའ་དང་། བཀའ་གདམས་ཀྱི་ཆོས་སྐོར་མང་དུ་གསན། དེའི་ཟུར་ཆོས་ལ་སློབ་དཔོན་གཞོན་ཚུལ་ཞེས་པ་ལ་དབུ་མའི་སྐོར་རྣམས་གསན། དེ་ནས་ཐང་སག་ཏུ་ཕྱིན་ནས། སློབ་དཔོན་ཇོ་སྲས་

བཀྲ་ཤིས་རྒྱལ་མཚན་བྱ་བ་ལ། དབུ་མ་འཇུག་པ་དང་། སྤྱོད་འཇུག་དང་། སྐྱེ་བོ་གསོ་བའི་ཐིགས་པ་ལ་སོགས་པ་འགའ་གསན། དེ་ནས་དགུང་ལོ་ཉི་ཤུ་པ་ལ། འཇོག་པོ་དགོན་གསར་དུ་མཁན་པོ་རིན་ཆེན་བཀྲ་ཤིས་ཞེས་བྱ་བ་ཡོངས་སུ་གྲགས་པ་མཁན་པོ་ཇོ་སྲས་ཞེས་བྱ་བ་དང་། ལས་ཀྱི་སློབ་དཔོན་ཡེ་ཤེས་སེང་གེ་ཞེས་པ་དང་། གསང་སྟེ་སྟོན་པའི་སློབ་དཔོན་སྟོན་བསོད་བྱ་བས་མཛད། ད་ལྟ་ནི་ཁོང་འཇོག་པོ་བའི་མཁན་པོ་མཛད་ཅིང་ཡོད་གསུང་སྟེ། དེ་རྣམས་ཀྱི་དྲུང་དུ་བསྙེན་པར་རྫོགས་པར་མཛད་ནས། མཁན་པོ་བ་ལ་བློ་སྦྱོང་ཐོར་བུ་བ་གསན། དེ་ནས་ལྷ་ས་རུ་བྱོན་ནས། སྟར་ཐང་པ་མཁན་ཆེན་མཆིམས་ཀྱི་སློབ་མ་སློབ་དཔོན་བསོད་ནམས་ཤེས་རབ་ཅེས་བྱ་བ་ལ། འདུལ་བ་མདོ་རྩ་བསླབས། དགེ་བཤེས་བརྩོན་འགྲུས་དཔལ་ཞེས་བྱ་བ་ལ་སོགས་པ་འགའ་ལ་མདོ་དབྱངས་མཁས་པར་བསླབས་པ་ཡིན་གསུང་། དེ་ནས་རང་གི་བླ་མ་དམ་པ་འདྲ་ཡང་ཁྱོད་སྣར་ཐང་དུ་རྒྱུག་ཅིག་ཅེས་བསྐུལ་མ་མཛད་ཅིང་འདུག་པ་དང་། རང་གིས་ཀྱང་སླེབས་བམ་ནས་གསུངས་པའི་དམ་པ་ཡིན་པར་ཤེས་ཤིང་དད་པ་ཆེར་ཐོབ་ནས། འདིར་འོངས་གསུངས་ཏེ། ཤིང་ཕོ་རྟའི་ལོ་ལ་གདན་ས་རིན་པོ་ཆེ་འདིར་འོངས་ནས། སྣར་ཐང་པ་བརྒྱད་པ་ལོ་དྲུག་ཙམ་དུ་བསྟེན་ཏེ་ཆོས་མང་དུ་གསན། དེ་རྗེས་ནས་ཀྱང་། འདིར་ཙུང་ཟད་ཐུགས་ཕབ་ནས་བཞུགས་ཏེ། དགོངས་པ་བཟང་པོའི་ངང་ནས་རྟེན་འབྲེལ་འཛོམ་སྟེ། རྒྱལ་བ་མར་མེ་མཛད་ཡབ་སྲས་ཀྱི་གསུང་རབ་རིན་པོ་ཆེ་དབང་གི་རྒྱལ་པོ་ལས་ཀྱང་ཆེས་ཁྱད་པར་དུ་འཕགས་ཤིང་ངོ་མཚར་རྨད་དུ་བྱུང་བའི་དཔལ་འབྱོར་གྱི་ཕྲེང་བ་དམ་པ་འབའ་ཞིག་རྒྱུན་མ་ཆད་པར་བརྒྱུད་པའི་ཆོས་ཚུལ་དྲི་མ་མེད་པ་རྣམས་ཆ་ཚང་ཞིང་སྤྲོ་བའི་ཐུགས་ཀྱིས་དགའ་བ་ལ་མ་གཟིགས་པར། དམ་པས་བསྔགས་ཤིང་བསྟན་པ་རིན་པོ་ཆེའི་འབྱུང་གནས་ཆེན་པོའི་དཔལ་དང་ལྡན་པ་མཁས་གྲུབ་ཀྱི་བླ་མ་དུ་མ་རིམ་པར་བྱོན་པའི་གདན་ས་རིན་པོ་ཆེ་དཔལ་

ལྡན་སྣར་ཐང་ཆོས་ཀྱི་རྒྱ་མཚོ་འདིར་ལེགས་པར་དར་ཞིང་ཀུན་ཏུ་རྒྱས་པའི་འཕྲིན་ལས་བཟང་པོ་མཛད་དེ། ཆོས་ཀྱི་རྒྱ་མཚོ་གསུང་རབ་ནོར་བུ་རིན་པོ་ཆེའི་འབྱོར་པས་གང་བར་གྱུར་པས་ན་ཤིན་ཏུ་བཀའ་དྲིན་གྱིས་བརྒྱན་པར་མཛད་པ་ཡིན་ནོ།། །།

༈ དེ་ལྟར་ཡབ་སྲས་རིན་ཆེན་ནས་བརྒྱུད་པའི། །ཟབ་ཡངས་རྙེད་དཀའ་གསུང་གི་སྙིང་པོ་འདི། །ལེགས་པར་ཐོས་པའང་བླ་མའི་དྲིན་ཡིན་ཕྱིར། །ཡབ་སྲས་ཀུན་ལ་ཕྱག་འཚལ་གསོལ་བ་འདེབས། །གང་གི་རང་བཞིན་ཐུབ་པའི་ངོ་བོ་ཉིད། །གདུལ་བྱའི་སྣང་ངོར་བློ་དང་འཚམ་བཀོད་ནས། །རྣམ་འཕྲུལ་དུ་མས་བསྟན་པ་གསལ་མཛད་ཅིང་། འགྲོ་བ་འདྲེན་མཛད་ཨ་ཏི་ཤ་ལ་འདུད། །ཐུགས་རྗེ་ཆེན་པོས་ཕན་བདེ་སྤེལ་སླད་དུ། །བློ་གྲོས་འཛིགས་མེད་དགེ་སློང་ཆགས་པ་མེད། །འོད་ཟེར་སྙིང་པོ་ཐུགས་རྗེའི་སྤྲིན་ལ་སོགས། །དཔག་མེད་སྟོན་འཁྲུངས་ཨ་ཏི་ཤ་ལ་འདུད། །ལྷ་ཡི་སྲས་པོ་མི་དབང་ཀུན་གྱི་རྗེ། །ཧྃ་ག་ལར་བལྟམས་རིག་པའི་གནས་ལྔ་མཁྱེན། །སྐལ་ལྡན་འདྲེན་པའི་སྨོན་ལམ་མ་བསྙེལ་བར། །གངས་རིར་བསྟན་པའི་མར་མེ་སྤེལ་ལ་འདུད། །ཞིང་འདིར་ལས་ཅན་ཕན་བདེ་ལ་བཀོད་ནས། །མི་ཕམ་སྲས་ཀྱི་ཐུ་བོའི་འཕྲིན་ལས་དག །རྗེས་སུ་བསྒྲུབ་ཕྱིར་དགའ་ལྡན་ཞིང་བཞུད་པའི། །ནམ་མཁའ་དྲི་མ་མེད་ལ་ཕྱག་འཚལ་ལོ། །གང་གི་རང་བཞིན་རྒྱལ་བ་ཀུན་གྱི་ཡབ། །སྙིང་རྗེ་ཆེན་པོས་སྲིད་མཚོ་སྐེམ་མཛད་ཅིང་། །འགྲོ་ཀུན་མགོན་པོ་མཛད་ལ་འགྲན་མེད་ཀྱང་། །སྲས་པའི་ཚུལ་འཛིན་བཤེས་གཉེན་འབྲོམ་ལ་འདུད། །གང་ལ་འགྲོ་བའི་དོན་འཕེལ་ལ་གཟིགས་ནས། །གསལ་བ་ཆགས་པ་མེད་དང་ཀུན་ཏུ་དགའ། །ལྷ་སྐྱེས་ལ་སོགས་དམ་པའི་ཚུལ་མང་དུ། །སྟོན་འཁྲུངས་བཤེས་གཉེན་འབྲོམ་ལ་ཕྱག་འཚལ་ལོ། །གངས་རིའི་མགོན་པོ་གངས་རིར་སྐུ་བལྟམས་ནས། །བྱང་ཕྱོགས་ཆ་འདིར་རྒྱལ་ཡུམ་བསྟན་པ་སྤེལ། །སྐལ་ལྡན་རྒྱལ་བའི་གནས་ལ་བཀོད་མཛད་པའི། །རྒྱལ་བའི་འབྱུང་གནས་དེ་ལ་ཕྱག་འཚལ་ལོ། །རྒྱལ་བའི་མདུན་ན་

རྒྱལ་སྲས་བཟང་པོ་དག །འབྲལ་མེད་དུས་ཀུན་སྐྱོང་བར་མཛད་པས་ན། །སླར་ཡང་ནམ་མཁའ་དྲི་མེད་སྲས་ཀྱི་གཙོ། །རྒྱལ་བ་རྒྱ་མཚོའི་ཚོགས་ལ་ཕྱག་འཚལ་ལོ། །གང་གི་རང་བཞིན་འཇམ་དབྱངས་གཞོན་ནུ་ནའང་། །གདུལ་བྱའི་སྣང་ངོར་ཐ་དད་ལྟར་སྟོན་ཅིང་། །ཡབ་སྲས་བསྟན་པའི་སྡོང་གྱུར་འགྲོ་བའི་དཔལ། །ལེགས་པའི་ཤེས་རབ་དོན་ལྡན་དེ་ལ་འདུད། །བསྟན་དང་འགྲོ་བའི་དོན་སླད་སྟོན་ཆེ་ཡང་། །ཡིད་འོང་མ་དང་དགའ་བའི་དཔལ་ལ་སོགས། །རྟག་པར་ཡབ་སྲས་གཉིས་དང་ལྷན་ཅིག་ཏུ། །སྐྱེ་བ་མང་བཞེས་གསང་ཕུ་བ་ལ་འདུད། །སྟོན་དུས་སྨོན་ལམ་རྗེས་གྲུབ་ཡེར་པ་རུ། །ཡབ་སྲས་དྲུང་དུ་ཆོས་མང་ཟབ་དོན་ཞུས། །མི་བརྗེད་གཟུངས་བཀོད་དིང་སང་འགྲོ་མང་དཔལ། །ལེགས་པའི་ཤེས་རབ་བཀའ་དྲིན་ཅན་ལ་འདུད། །སྨོན་ལམ་བཟང་པོའི་དཔལ་གྱིས་ཉེར་བཟུང་ནས། །སླར་ཡང་དགའ་ལྡན་དྲི་མེད་ཡབ་སྲས་དྲུང་། །ཤེས་རབ་དྲི་མེད་ལྷ་སྲས་དམ་པ་པོ། །ལེགས་པའི་ཤེས་རབ་བཀའ་དྲིན་ཅན་ལ་འདུད། །ཡབ་སྲས་གསུམ་གྱིས་དངོས་སུ་བྱིན་བརླབས་ཤིང་། །ལེགས་པའི་ཤེས་རབ་ལྷ་ཆོས་འཛིན་པའི་སྲས། །བཟང་པོའི་ལས་ཅན་ཤེས་རབ་རྒྱལ་མཚན་ལ། །བཀའ་དྲིན་དྲན་པའི་སྒོ་ནས་ཕྱག་འཚལ་ལོ། །དེ་ཡི་སྲས་པོ་མངོན་ཤེས་ཐོགས་མེད་ཅིང་། །རྒྱལ་སྲས་ཀུན་གྱི་ཆོས་འཛིན་ལུང་རབ་བསྟན། །རང་གིས་མཁྱེན་ནས་ལྷ་ཆོས་གསུམ་ བླངས་པའི། །སྤྱན་རས་གཟིགས་དབང་ཕུ་ཆུང་བ་ལ་འདུད། །དེ་སྲས་རྒྱལ་བས་ལུང་བསྟན་སྒྲོལ་མས་བྱིན། །ལྷ་ཆོས་གདུང་དང་དབུ་སྐྲ་ཕྱག་མཚན་བཅེས། །ཀུན་གྱི་དམ་པར་གྱུར་པའི་རྣལ་འབྱོར་པ། །རིན་ཆེན་རྒྱལ་མཚན་དེ་ལ་ཕྱག་འཚལ་ལོ། །དེ་ཡི་སྲས་པོ་རྒྱ་གར་གནས་ཆེན་དུ། །སྔོན་དུས་ཇོ་བོས་ལེགས་བསྐྱངས་གདམས་པས་སྨིན། །སྔོམ་བརྩོན་དམ་པ་ལྷ་ཆོས་ཀུན་འཛིན་པའི། །ཞང་སྟོན་དར་མ་རྒྱལ་མཚན་དེ་ལ་འདུད། །དེ་ཡི་སྲས་པོ་ཡབ་མེས་བཀའ་དྲིན་ཅན། །སྟོན་ཡང་ཐུབ་བསྟན་རྒྱས་མཛད་

ཡེ་ཤེས་འོད། །ན་ལེནྡྲ་ནས་འདིར་བྱོན་ལྷ་ཆོས་འཛིན། །བྱང་ཆུབ་བཟང་པོའི་ཞབས་ལ་ཕྱག་འཚལ་ལོ། །དེ་སྲས་བློ་གྲོས་མཁའ་ལྟར་རབ་ཡངས་པའི། །ཆོས་ཚུལ་ཟབ་མོ་ལེགས་པར་སྟུལ་པོ་ཞེས། །དམ་བཅས་བཞིན་དུ་བསྟན་པའི་སྙིང་པོ་བཞེས། །ནམ་མཁའ་རིན་ཆེན་དེ་ལ་ཕྱག་འཚལ་ལོ། །དེ་ཡི་སྲས་པོ་སྔོན་འབྲེལ་སྦྱངས་པ་ཅན། །སྤྱན་རས་གཟིགས་བཞིན་སྲས་པའི་བརྟུལ་ཞུགས་སྐྱོང་། །འཇམ་དབྱངས་གཞོན་ནུ་བློ་གྲོས་ལྟར་གསལ་བ། །ཟབ་དོན་རྫོགས་པར་མཛད་ལ་ཕྱག་འཚལ་ལོ། །ཡོངས་འཛིན་བརྒྱུད་པའི་དགོངས་དོན་ཇི་བཞིན་དུ། །ཟབ་དོན་གླེགས་བམ་རིན་ཆེན་ཐུགས་ལ་འཆང་། །ཀུན་ལ་ཆགས་མེད་ཆོས་འདིའི་སྟོན་པ་པོ། །མཁྱེན་པ་རྣམ་དག་དེ་ལ་ཕྱག་འཚལ་ལོ། །ཟང་ཟིང་འདོད་པའི་འཆིང་བ་རྒྱང་བསྲིངས་ནས། །གཞོན་ནུ་ཉིད་ནས་བསྟན་པའི་དཔལ་ལ་སྤྱོད། །བློ་གྲོས་དམ་ཆོས་ནོར་བུས་ཕྱུག་གྱུར་པའི། །བཀའ་དྲིན་ཆེན་པོའི་ཞབས་ལ་ཕྱག་འཚལ་ལོ། །སྔོན་སྦྱང་དགེ་ཚོགས་བཟང་པོའི་དཔལ་འབྱོར་གྱིས། །རིགས་སོགས་མཆོག་གིས་བརྒྱན་པའི་སྐུར་འཁྲུངས་ཀྱང་། །གཞོན་ནུ་ཉིད་ནས་ཆགས་མེད་དམ་ཆོས་སྤྱད། །བློ་གྲོས་མཆོག་མངའ་བཀའ་དྲིན་ཅན་ལ་འདུད། །གཞོན་ནུ་དགའ་བྱེད་འཇིག་རྟེན་རྒྱན་སྤངས་ནས། །དམ་ཆོས་དྲི་མེད་ནོར་བུའི་རྒྱན་ཕྲེང་གིས། །བློ་གྲོས་བཞིན་མཛེས་སྲས་པའི་རིན་པོ་ཆེ། །བཀའ་དྲིན་ཆེན་པོ་དེ་ལ་ཕྱག་འཚལ་ལོ། །གཞོན་ནུ་ཉིད་ནས་ཆེ་དགུས་བཀུར་ན་ཡང་། །དྲིགས་པའི་བློ་གྲོས་སྤངས་ནས་དད་པ་ཡིས། །ཐར་པར་བྱོན་ནས་སྦྱངས་པའི་བརྟུལ་ཞུགས་འཛིན། །བཀའ་དྲིན་ཆེན་པོའི་ཞབས་ལ་ཕྱག་འཚལ་ལོ། །གང་གིས་མཁྱེན་པའི་ཉི་འོད་གསལ་བ་དེས། །འཇིག་རྟེན་མི་ཤེས་མུན་ཚོགས་ཀུན་འཇོམས་ནའང་། །ལྷག་པར་སྐལ་ལྡན་བློ་གྲོས་པདྨོ་ཡི། །ནང་དུ་གསལ་བའི་འོད་འཇུག་ཕྱག་འཚལ་ལོ། །གང་གི་འཕྲིན་ལས་རྣམ་དཀར་ཟླ་འོད་ཀྱིས། །མི་དགེའི་མུན་ཅུམ་མཐའ་དག་འཇིལ་མཛད་ནའང་། །སྐལ་ལྡན་

བློ་མཆོར་རྣམ་ཐར་ཀུ་མུད་སྤེལ། །ལས་འབྲེལ་ཟབ་དོན་སྐྱོང་ལ་ཕྱག་འཚལ་ལོ། །གང་གིས་ཆོས་ཚུལ་ནོར་བུའི་ཕྲེང་བ་དེ། །མཁས་པ་རྣམས་ལ་ངོ་མཚར་རྨད་བྱུང་ཞིང་། །བློ་མཆོག་བཞིན་གྱི་རྒྱན་དུ་མཛེས་གྱུར་པའི། །སྐལ་ལྡན་ངོ་མཚར་བསྐྱུན་ལ་ཕྱག་འཚལ་ལོ། །འདས་པའི་རྒྱལ་སྲས་གསུམ་ཕྲག་གསུམ་པོ་ཡིས། །ལྷ་ཆོས་ཀུན་འཛིན་སྲས་ཀྱི་ཐུ་བོ་སྟེ། །དགོས་འདོད་ནོར་བུའི་འབྱུང་གནས་བློ་གྲོས་མཚོ། །རབ་ཡངས་དྲི་མེད་དེ་ལ་ཕྱག་འཚལ་ལོ། །སྔོན་དུས་བློ་གྲོས་རྫོངས་པའི་སྒྲིབ་བྱེད་ཅན། །རྒྱལ་དང་རྒྱལ་སྲས་དམ་པའི་ཚོགས་རྣམས་ལ། །འཇིག་རྟེན་དྲིགས་པའི་འདྲེན་པ་རང་མཚན་འཛིན། །དིང་སང་རྒྱལ་བར་ཤེས་མཛད་དེ་ལ་འདུད། །སྔོན་ཆད་ཡབ་སྲས་ཕ་ཡི་རྗེས་འཇུག་ཀྱང་། །ཕ་ཐོགས་སྙིང་པོ་ནོར་བུའི་གཏེར་མ་རྙེད། །དིང་སང་ཕ་ནོར་བུ་ལ་སྟེར་མཛད་པའི། །སྤྲིན་བདག་རིན་ཆེན་དེ་ལ་ཕྱག་འཚལ་ལོ། །སྔོན་ཆད་ཕ་ཡི་རྗེས་སུ་སློབ་ན་ཡང་། །ཕ་ཡི་མཛད་ཚུལ་རྨད་བྱུང་མ་འཚལ་ན། །དིང་སང་ཕ་ཡི་སྔོན་རབས་མཛད་པའི་ཚུལ། །གསལ་བར་སྟོན་མཛད་བཤེས་གཉེན་དེ་ལ་འདུད། །སྔོན་ཆད་ཕ་སྲས་བཟང་པོར་འཛིན་མཛད་ནའང་། །ཕ་ཡི་ཆེ་རབས་རྒྱས་པར་མ་འཚལ་མོད། །དིང་སང་རྨད་བྱུང་ཆེ་བའི་རབས་སྟོན་པའི། །རིན་ཆེན་བླ་མ་དེ་ལ་ཕྱག་འཚལ་ལོ། །དིང་སང་ཡབ་སྲས་དམ་པ་དུ་མའི་སྲས། །བསྟན་པའི་མངའ་བདག་བསྟན་པའི་མཛོད་འཛིན་པ། །རིན་ཆེན་ནོར་བུའི་ཆོས་འཁོར་དཔག་ཡས་ཀྱིས། །ཕུན་ཚོགས་རྒྱས་མཛད་བཤེས་གཉེན་དེ་ལ་འདུད། །མདོར་ན་བློ་ཡི་མི་ཤེས་ཀུན་སེལ་ཅིང་། །ཟབ་དོན་བདུད་རྩིའི་བཅུད་ཀྱིས་ཚིམ་མཛད་པའི། །རྒྱལ་སྲས་སྲས་ཀྱི་ཐུ་བོ་ཁྱད་པར་ཅན། །བཀའ་དྲིན་ཆེན་པོ་དེ་ལ་ཕྱག་འཚལ་ལོ། །བཀའ་དྲིན་ཆེན་པོ་དེ་ལ་མཆོད་ཚོགས་འབུལ། །བཀའ་དྲིན་ཆེན་པོ་དེ་ལ་སྐྱབས་སུ་མཆི། །བཀའ་དྲིན་ཆེན་པོའི་སྤྱན་སྔར་སྡིག་ཚོགས་བཤགས། །བཀའ་དྲིན་ཆེན་པོ་ཉིད་ལ་རྗེས་ཡི་རང་། །བཀའ་དྲིན་ཆེན་པོས་ཟབ་དོན་

རྒྱས་པར་མཛོད། །བཀའ་དྲིན་ཆེན་པོས་ནོར་བུའི་ཕྲེང་བ་བསྒྲིངས། །བཀའ་དྲིན་ཆེན་པོས་ཐིག་ལེའི་རྒྱ་མཚོ་སྤེལ། །བཀའ་དྲིན་ཆེན་པོས་རྣམ་ཐར་བསྐྱང་དུ་གསོལ། །དེ་ལྟར་བསྟན་པ་རིན་ཆེན་སྤེལ་མཛད་ཅིང་། །བཀའ་དྲིན་ཆེན་པོ་ཡུན་དུ་བཞུགས་སུ་གསོལ། །བཀའ་དྲིན་ཆེན་པོའི་དགོངས་པ་ཀུན་གྲུབ་ཅིང་། །བཀའ་དྲིན་ཆེན་པོའི་ཐུགས་ཀྱིས་འཛིན་པར་ཤོག །སླར་ཡང་བརྒྱུད་པའི་བླ་མ་དགོངས་སུ་གསོལ། །རྒྱལ་སྲས་བསྟན་ལ་བསྟན་པའི་བྱ་བ་འདིས། །ཡབ་སྲས་ཀུན་གྱི་ཐུགས་དགོངས་རབ་རྫོགས་ནས། །རྣམ་ཐར་གཙང་མ་རྒྱུན་དུ་རྒྱས་པར་མཛོད། །ཐར་ལ་འདུན་པའི་སྐྱེ་བོ་སྐལ་བ་ཅན། །རྣམ་ཐར་པནྜིའི་ཚུལ་ལ་གཅེས་འཛིན་པའི། །ལས་ཅན་རྒྱལ་བའི་སྲས་པོ་དུར་ཁྲིག་ཅན། །སྐལ་ལྡན་མ་ལུས་སྐུ་ཚེ་རིང་བར་མཛོད། །འདི་ནས་དགའ་ལྡན་བགྲོད་པའི་སྐལ་བ་ཅན། །རྣམ་ཐར་གཙང་མའི་ཆོས་མཛོད་ལེགས་སྤེལ་བའི། །སྐྱེས་མཆོག་མ་ལུས་འདིར་ཡང་བྱིན་བརླབས་ནས། །ཕུན་ཚོགས་དགོངས་པའི་དོན་རྣམས་གྲུབ་པར་མཛོད། །བསྟན་པ་རིན་ཆེན་སྟོད་ལྡན་ལ་བརྒྱུད་ཅིང་། །རྣམ་ཐར་གཙང་མའི་ཕ་ཕོགས་ནོར་བདུན་སྤེལ། །གནོད་བྱེད་འགལ་རྐྱེན་མེད་པར་སྐལ་བཟང་ལ། །གཙང་མས་གཙང་མར་གཉེར་གཏད་བྱེད་པར་ཤོག །དགོས་འདོད་ཀུན་འབྱུང་རྣམ་ཐར་རིན་ཆེན་འདི། །ཀུན་གྱིས་དད་པས་སྤྱི་བོར་བླངས་བཏུད་ནས། །སྙིང་གི་དཀྱིལ་དུ་གཅེས་པར་རབ་བཟུང་སྟེ། །ཟབ་དོན་བསྒོམ་ཞིང་ཀུན་ཏུ་དར་བྱེད་མཛོད། །གང་གི་བློ་གྲོས་གདོན་གྱིས་བསླད་བྱས་ནས། །ཡབ་སྲས་རྣམ་ཐར་གཅེས་པར་མི་འཛིན་ཅིང་། །ཀུན་གྱི་ཕན་བདེ་ཞིག་པར་སེམས་པ་ཡི། །བློ་དམན་དེ་ཡི་མཐུ་སྟོབས་དཔུང་ཉམས་མཛོད། །བསྟན་པ་འདི་ཡི་སྟོན་པས་གཉེར་གཏད་པའི། །དམ་ཆོས་སྲུང་བའི་དཀར་པོ་བརྒྱད་ཙུ་ཡང་། །དམ་བཅའ་བརྟན་པས་བཤེས་གཉེན་དམ་པ་དང་། །བསྟན་ལ་གནོད་བྱེད་ཚོགས་ཀུན་གཞོམ་པར་མཛོད། །ཡུལ་གྱི་དབུས་ན་སྟོན་

པའི་རྗེས་འབྲང་བའི། །ཡེ་ཤེས་ལྷ་མོ་སྟོབས་ཆེན་བཅུ་གཉིས་ཀྱང་། །ཆོས་འདི་གཉེར་གཏད་རྗེས་སུ་ལེགས་སྐྱོངས་ལ། །བསྟན་ལ་གནོད་པར་བྱེད་ཀུན་སྟོབས་ཉམས་མཛོད། །ཁྱེད་ཀྱི་ཕྲིན་ལས་སྟོབས་ཡངས་ཟད་བྱུང་ཚེ། །ཁྲིས་པའི་གར་སྟབས་གང་གིས་བཟློད་པར་ནུས། །བསྟན་པའི་དགྲ་གང་ཞབས་ཀྱིས་རབ་ནོན་ལ། །རྡུལ་དུ་རབ་རློག་སངས་རྒྱས་གནས་སུ་ཕོད། །ཁྱེད་ཀྱི་མཐུ་སྟོབས་ཐོགས་མེད་རྩལ་པོ་ཆེ། །སྨུར་དྲག་བཞད་པས་འགྲུབ་པའི་སྒྲིབ་མེད་སྒྲུན། །མ་ཡེངས་གཟིགས་པའི་ཐུགས་རྗེ་དྲི་མེད་དེས། །བསྟན་ལ་སྣང་རྣམས་ད་ལྟ་ཉིད་དུ་སྒྲོངས། །ཐུགས་རྗེའི་གཟི་བརྗིད་ཕན་བདེའི་འོད་འཕྲོ་ཞིང་། །ཚོགས་གཉིས་རྩལ་རྒྱས་བསྟན་པ་འཛིན་པའི་དཔལ། །བཀའ་སྲུང་དྲག་པོ་འཁོར་བཅས་ཁྱེད་རྣམས་ཀྱིས། །བསྟན་ལ་འཚེ་བ་ཐམས་ཅད་འབྱིར་བར་མཛོད། །མདོར་ན་བསྟན་པ་འདི་ཡི་གཉེར་མཛད་ནས། །གནས་འདིར་ཆོས་དང་དེ་འཛིན་སྐལ་བ་ཅན། །དཔག་མེད་རྣམས་འཕེལ་མཐུན་རྐྱེན་འབྱོར་པས་བརྒྱན། །ཆོས་དང་བཀྲ་ཤིས་ཀུན་ནས་རྒྱས་པར་མཛོད། །རྒྱལ་སྲས་བརྒྱུད་པའི་རྣམ་ཐར་པད་ཚལ་འདི། །བསྟན་སྲུང་ཁྱེད་མཐུ་གསལ་བའི་ཉི་འོད་ཀྱིས། །བཤེས་མཆོག་པནྜིའི་གཉེན་དང་མི་འབྲལ་བར། །ཕྱོགས་མཐར་རྒྱས་ཤིང་ཡུན་དུ་བསྟན་པར་སྐྱོངས། །དགུ་བཅུ་རྩ་གཉིས་བསྟན་སྲུང་ཕུན་ཚོགས་པ། །ཁྱོད་ཀྱི་འཕྲིན་ལས་རྫུ་འཕྲུལ་བསམ་ཡས་པས། །ཆོས་དང་དེ་འཛིན་དེ་ཡི་རྣམ་ཐར་དག །ལོ་བརྒྱར་གནས་ཤིང་བསྐལ་པའི་བར་དུ་སྐྱོངས། །ཁྱེད་ལ་གསོལ་ཞིང་དམ་ཆོས་རིན་ཆེན་འདི། །མི་ནུབ་རྒྱས་པར་ཁྱེད་ཀྱིས་བཞེད་པ་བཞིན། །ད་དུང་སྤེལ་བར་བདག་ཅག་སློན་ལགས་པས། །སྣོད་ལྡན་གང་དེ་ཁྱེད་ཀྱིས་མྱུར་དུ་བསྡུས། །དེ་ཚེ་ཁྱེད་ཀྱི་འཕྲིན་ལས་ཤེས་བགྱིས་ནས། །གླིགས་བམ་བཞིན་དུ་སྲས་ཀྱིས་བརྒྱུད་འཛིན་དེ། །སྙིང་གི་ཐིག་ལེར་ཉིན་མཚན་ལེགས་བསྐྱངས་ནས། །རིན་ཆེན་འབྱོར་པའི་དབང་མཆོག་བསྐུར་བར་བགྱི། །བརྩེ་བར་མཛོད་ཅིག

བསྟན་སྲུང་མཐུ་སྟོབས་ཅན། །བརྩོན་པར་མཛོད་ཅིག་མྱུར་བའི་འཕྲིན་ལས་ཅན། །ལེགས་པར་སྐྱོངས་ཤིག་དམ་ཆོས་ཀུན་གྱི་བདག །བྱ་ར་མཛོད་ཅིག་ཡེ་ཤེས་མིག་ཅན་མཁྱེན། །མཉམ་མེད་བླ་མར་བཅས་དང་བཀའ་སྟོད་ལ། །ཕྱག་འཚལ་མཆོད་ཅིང་གསོལ་བ་གང་བཏབ་པ། །འདི་ལ་བརྟེན་ནས་བླ་མའི་བཞེད་པ་ཀུན། །ཇི་བཞིན་གྲུབ་ནས་བསྟན་པ་རྒྱས་པར་མཛོད། །དཔལ་ལྡན་བླ་མའི་བྱིན་རླབས་དཔལ་འབྱོར་དང་། །དམ་ཆོས་བསྟན་པའི་བྱིན་རླབས་རིན་ཆེན་དང་། །བསྟན་སྐྱོང་འཕྲིན་ལས་རབ་བརྩོན་ཀུན་གྱི་མཐུས། །གནས་འདི་ཆོས་འབྱོར་རབ་རྒྱས་བཀྲ་ཤིས་ཤོག །གང་ལ་གསོལ་ན་འདོད་དོན་མི་སླུ་ཞིང་། །འབད་མེད་མྱུར་བས་ཕུན་ཚོགས་ཀུན་སྩོལ་བ། །དཀོན་མཆོག་གསུམ་དང་ཆོས་དབྱིངས་བྱིན་རླབས་ཀྱིས། །བླ་མའི་དགོས་དོན་ལྷུན་གྲུབ་བཀྲ་ཤིས་ཤོག །སྲས་དང་སྲས་ཀྱི་གཙོ་བོ་བླ་ན་མེད། །བསྟན་དང་སྟོན་པའི་རྗེས་འཇུག་གུས་སྒྲུབ་པའི། །སྣོད་ལྡན་སྣོད་ཀྱི་ནང་དུ་བླུགས་འོས་འདི། །བཅུད་གཉེར་བཅུད་ཀྱིས་ཚིམ་པའི་བཀྲ་ཤིས་ཤོག །ཆོས་དབྱིངས་རྣམ་དག་མཆོག་གསུམ་དབྱེར་མེད་ཅིང་། །དེ་གཉན་བླ་མ་བཀའ་གཉན་བསྟན་སྲུང་བཅས། །འབྲལ་མེད་དོན་མཛད་བདེན་པ་ཆེན་པོའི་མཐུས། །བཟང་པོའི་དོན་གསོལ་འདི་ཀུན་མྱུར་འགྲུབ་ཤོག། ||

དེ་ལྟར་བླ་མ་རིན་པོ་ཆེ་རྒྱལ་བ་མར་མེ་མཛད་བཟང་པོ་ནས་ཡབ་སྲས་དམ་པ་བཅུའི་བར་དུ་རྒྱུན་མ་ཆད་པར་རིམ་པ་ནས་རིམ་པ་བཞིན་དུ། ཞལ་ནས་ཞལ་དུ་བརྒྱུད་པ། སྙན་ནས་སྙན་དུ་བརྒྱུད་པ། ཕྱག་ནས་ཕྱག་ཏུ་བརྒྱུད་པ། ཐུགས་ཀྱིས་ཐུགས་ལ་གཏད་པ། གདུལ་བྱ་ཡོངས་དང་ཐུན་མོང་མ་ཡིན་པའི་གཏེར་མཛོད། སྐལ་ལྡན་མ་ལུས་པ་སྨིན་པར་བྱེད་པའི་གསུང་གི་བདུད་རྩི། གསང་བ་རིན་པོ་ཆེ་རྨད་དུ་བྱུང་བའི་ཟབ་ལམ། མཛད་པ་བསམ་གྱིས་མི་ཁྱབ་པའི་གཏེར་ཡིག །རྒྱལ་སྲས་དུ་མའི་ཡོན་ཏན་གསལ་བྱེད་ནོར་བུའི་ཕྲེང་བ། བཀའ་རྒྱ་དུ་མའི་ཆིངས་ཀྱིས་བསྡམས་པ། བསྟན་པ

རིན་པོ་ཆེ་ལྷ་ཆོས་ཕུན་སུམ་ཚོགས་པའི་ལོ་རྒྱུས། ངོ་མཚར་རྨད་དུ་བྱུང་བའི་དཔལ་འབྱོར་ཞེས་བྱ་བ། ཕྱིན་རླབས་ཆུ་བོའི་རྒྱུན་འདི་སྟེར་ཡང་ཡབ་སྲས་གོང་མ་གོང་མའི་གསུང་གི་བདུད་རྩིའི་དཔལ་འབྱོར་རྣམས། ཕྱི་མ་ཕྱི་མའི་སྲས་ཀྱི་གཙོ་བོའི་དམ་པས་བསྲིངས་ནས། རིམ་པ་བཞིན་དུ་རྒྱུན་མ་ཆད་པར་སྤེལ་ནས་གནས་ཤིང་དར་བར་མཛད་པ་ཡིན་ལ། དབུའི་མཆོད་པར་བརྗོད་པའི་རྒྱན་གྱི་ཚིགས་སུ་བཅད་པ་ལ་སོགས་པ་ཤོ་ལོ་ཀ་ཉི་ཤུ་རྩ་ལྔ་དང་ཕྱེད་དུ་བཅས་པ་དེ་དག་ནི། སློབ་དཔོན་ནམ་མཁའ་རིན་ཆེན་གྱིས་ཁྱད་པར་དུ་མཛད་ནས་བཀོད་དོ། །རྗེས་ཀྱི་ལོ་རྒྱུས་ཀྱི་རྒྱུན་གསལ་ཞིང་སྒྲོ་སྐུར་མེད་པ་འདི་རྣམས་དང་། ངོ་མཚར་བའི་སྒོ་ནས་བཀའ་དྲིན་གྱི་ཕྱག་མཆོད་སོགས་ཕུལ་ནས་འཕྲིན་ལས་སུ་བསྔོ་བའི་ཞུ་ཚིག་དང་། རྒྱས་པའི་འཕྲིན་ལས་བཀྲ་ཤིས་དང་བཅས་པ་འདི་རྣམས་ཀྱི་རྒྱུན་ཡང་མ་ཆད་པར། ཆུ་ཕོ་སྟག་གི་ལོ་རྒྱལ་གྱི་ཟླ་བའི་དུས་བཟང་པོ་སུམ་ཅུ་པའི་ཚེས་ལ། དམ་པས་བརྟགས་པའི་གནས་ཆེན་དཔལ་ལྡན་སྣར་ཐང་བསྟན་པ་རིན་པོ་ཆེའི་འབྱུང་གནས་ཆེན་པོ་འདིར་རྒྱུན་ལེགས་པར་བསྲིངས་ནས་ཡུན་དུ་ཕན་བདེའི་གཞི་ཆེན་པོར་གནས་པར་བགྱིས་པ་ལགས་སོ། །འདིས་བདག་གཞན་སྐལ་བ་བཟང་པོ་དཔག་ཏུ་མེད་པའི་དོན་བྱས་ནས། དེ་རྣམས་ཀྱང་སྐྱེ་བ་འདིའི་རྗེས་སུ་སྐྱེ་བ་གཞན་གྱིས་བར་མ་ཆོད་པར། འདྲེན་པ་ནམ་མཁའ་དྲི་མ་མེད་པ་ཡབ་སྲས་དམ་པའི་ཞབས་ཀྱི་པདྨོའི་དྲུང་དུ། དགའ་ལྡན་ཆོས་ཀྱི་ཕོ་བྲང་དམ་པར་པདྨོའི་སྦུབས་ལས་སྐྱེ་ཞིང་སྐྱེས་མ་ཐག་ཏུ་རྒྱལ་བ་ཡབ་སྲས་ཀྱི་གསུང་གི་བདུད་རྩིའི་ཕྲེང་བ་ཟབ་མོ་སྣར་ཡང་མྱོངས་ཏེ། སྐད་ཅིག་གིས་འཚང་རྒྱ་བ་ལ་ཐོགས་པ་མེད་པའི་རང་དབང་ཅན་དུ་གྱུར་ཅིག །དེ་ཁོ་ན་ལྟར་འགྲུབ་པར་གྱུར་ཅིག །རབ་ཏུ་དགེ་བར་གྱུར་ཅིག །ཤིན་ཏུ་རབ་ཏུ་དགེ་བར་གྱུར་ཅིག །ཨོཾ་ཨོཾ་མངྒ་ལཾ་ཀུ་རུ་ཨོཾ་ཨོཾ། དགེའོ།། །།

༄། །ཉམས་ལེན་སྙིང་གི་ཐིག་ལེའི་གསལ་བྱེད་ཟླུང་འཇུག་ཉི་ཟླའི་ཐིག་ལེ་ཞེས་བྱ་བ་བཞུགས་སོ། །

༈ བླ་མ་དམ་པ་རྣམས་ལ་ཕྱག་འཚལ་ལོ། །རྒྱལ་དང་དེ་ཡི་འབྱུང་གནས་ཤེས་རབ་ཟུང་། །རྒྱལ་མཚན་གསུམ་དང་བྱང་ཆུབ་ནམ་མཁའི་མཚན། །ཚད་མེད་བཞི་ཡི་བློ་གྲོས་མཆོག་མངའ་བའི། །མཉམ་མེད་བླ་མ་རྣམས་ལ་ཕྱག་འཚལ་ལོ། །འདིར་ལྷ་ཆོས་བདུན་དང་ལྡན་པའི་ཆོས་ལུགས་བཀའ་གདམས་རིན་པོ་ཆེ་འདི་ཉིད་ཉམས་སུ་ལེན་པ་ལ་དོན་གསུམ་སྟེ། སྔོན་འབྱུང་གི་སྙིང་གཞི་དང་བཅས་ནས་སྤང་བྱ་འཁོར་བའི་ཉེས་དམིགས་བཤད། གནས་ལུགས་ངེས་དོན་དང་སྦྱར་ནས་བླང་བྱ་མྱ་ངན་ལས་འདས་པའི་ཕན་ཡོན་བཤད། ཚེ་གའི་རིམ་པ་དང་སྦྱར་ནས་དེར་བགྲོད་པའི་ལམ་

ཉམས་སུ་ལེན་ཚུལ་བཤད་པའོ། །དང་པོ་ནི། སྟོན་རྒྱལ་བ་ཡབ་སྲས་གཉིས་ཡེར་པའི་ཕོ་བྲང་ན་བཞུགས་པའི་ཚེ། འཇམ་པའི་དབྱངས་ཀྱི་སྤྲུལ་པ་གསང་ཕུ་བ་ལ་སོགས་པའི་གང་ཟག་ཁྱད་པར་ཅན་དུ་མ་དང་། གཞན་ཡང་ཐར་པ་དོན་དུ་གཉེར་བའི་སྐྱེ་བོ་མང་པོ་ཆོས་ཉན་པའི་ཕྱིར་ཞབས་དྲུང་དུ་ལྷགས། ནམ་མཁའི་དབྱིངས་ལ་ཡང་སྤྲིགས་བམ་ནས་བྱུང་བ་དང་མཐུན་པར། བླ་མ་དང་རྒྱལ་བ་སྲས་བཅས་ཀྱིས་གང་། གནས་གཙང་གི་ལྷ་དུ་མ་ཡང་གདངས་རེའི་ཁྲོད་དུ་བསྟན་པ་དར་རོ་ཞེས་དབྱངས་སྙན་པོ་མཆོར་ཞིང་མཆོད་རྫས་དུ་མའང་འཐོར་སྐད། དེའི་དུས་སུ་སྐྱེ་བོའི་ཚོགས་དེ་དག །མགོན་པོ་སྤྱན་རས་གཟིགས་ཞེས་ཧང་པ་ས་ལ་མི་རེག་པ་ལྟར་འཕྲབ་ཅིང་གསོལ་བ་འདེབས་པ་ན། ཇོ་བོའི་ཞལ་ནས་ཞིང་འདི་མགོན་པོ་སྤྱན་རས་གཟིགས་ཉིད་ཀྱི་ཞིང་ཁམས་ལགས་པས། འབྲོམ་ལ་གསོལ་བ་འདེབས་ཤིང་གདའོ་དགོངས་པར་ཞུ་གསུངས་པས། འབྲོམ་གྱི་ཞལ་ནས། བླ་མ་དང་བློ་ལྡན་རྣམས་དཔང་པོར་བཞག་ལ། དེ་རིང་སྙིང་ཐིག་ལེར་ཞུ་ནས་འགྲོ་བའི་གདམས་པ་གཅིག་བཤད་ཀྱིས་གསུངས་ནས། འཆི་བ་མི་རྟག་པ་ནས་བཟུམས་ཏེ་རིགས་དྲུག་གི་སྡུག་བསྔལ་དང་དེའི་རྒྱུ་ལ་སོགས་པ་ལས་རྒྱུ་འབྲས་ཞིབ་པར་སྤྲིགས་བམ་བཞིན་གསུངས་པས། གསང་ཕུ་བ་ལ་སོགས་པ་གཞན་གྱི་གནོད་པ་དང་སྡུག་བསྔལ་ལ་ཇི་མི་སྙམ་པའི་དམ་པ་རྣམས་ཀྱང་ཤིན་ཏུ་འཇིགས་ནས། མིག་གདོང་མཆི་མས་གང་བར་སྨྲེ་སྔགས་འདོན་ཞིང་། འབྲོམ་ལ་དད་པའི་ཤུགས་ཆེན་པོས་ཞབས་ལ་གཏུགས་ནས། བདག་གཞན་རྣམས་དེ་འདྲ་བའི་སྡུག་བསྔལ་ལས་བསྐྱབ་ཏུ་གསོལ། ཞེས་གསོལ་བ་དྲག་པོ་འདེབས། སྐྱེ་བོ་རྣམས་ཀྱང་ཨེ་མའོ། །དམ་པ་རྣམས་ཀྱང་དེ་སྐད་སྨྲ་ན། བདག་ཅག་རྣམས་ཅི་ཙུག་བྱེད། ཕ་བྱིན་གྱིས་རློབས་ཤིག་ཐུགས་རྗེ་ཅན། །སྙིང་ནས་ཟུངས་ཤིག་ཐུགས་རྗེ་ཅན། །ཞེས་བཟོད་སྒྲགས་མེད་པའི་ངུ་ངན་གྱིས། འབྲོམ་ལ་རྒྱན་གཞོན་མེད་པས་གསོལ་བ་འདེབས། ཁྱད་པར་

དུ་ག་བ་ཤཱཀྱ་དབང་ཕྱུག་ཅེས་བྱ་བ་གངས་རིའི་ཁྲོད་འདིར་ཚངས་པར་སྤྱོད་ནས་ལོ་དྲུག་ཅུ་ཙམ་བཞེས་པ། ཡོངས་སུ་དགུང་ལོ་བརྒྱད་ཅུ་གྱ་གཉིས་པ་ཞལ་རས་དཀར་འབེར་རེ་བ། དགྲ་བཅོམ་པ་དུས་ལྡན་གྱི་སྐུའི་སྤྲུལ་པ་ཅིག་བཞུགས་པ་དེ་ཡང་འཁྲོམ་ལ་མི་ཕྱིད་པའི་དད་པ་འཁྲུངས་ནས། ཁྱེད་ལྷ་བུའི་ས་བཅུའི་མགོན་པོ་ཡང་མ་དག་པ་གངས་རིའི་ཁྲོད། བྱང་ཕྱོགས་འཁྲོམ་གྱི་མི་བརྒྱུད་ལྷ་ཆོས་ཚངས་སྤྱོད་ཀྱི་དགེ་བསྙེན་ལས་ཁས་མི་ལེན་ཨང་། ཨ་ཙ་མ། ཁོ་བོ་ཁ་དང་ན་སོ་འདིར་སོང་། འཆི་བས་ཉེན། ཁྱེད་ལྷ་བུའི་མགོན་པོ་ཡོད་བཞིན་དུ། རང་རང་གི་གདམས་པ་ཕྱོགས་རེ་བ་ལ་ཞེན་ནས། འདི་ལྟར་གདམས་ངག་རྒྱ་མཚོའི་གསལ་བ་ཕབ་ཕབ་ཏུ་མཐོང་ཐོས་གང་ཡང་མེད་པའི་འོན་ལོང་། ད་ཇི་ལྟར་བྱ། ཁོ་བོའི་ལུས་ངན་ཁྱིན་གྱིས་རློབས། རྒྱུད་ངན་ཐུལ། རྒྱ་ཆེ་ལ་འདུས་པའི་གདམས་ངག་སྙིང་ལ་གཟེར་ཞེས་འཁྲོམ་གྱི་ཞལ་ལ་བལྟས་ཏེ་བཤུམས་པས། ཇོ་བོ་ཡང་ཞབས་ས་ལ་མི་རེག་པ་ཙམ་དུ་སྤྱན་ཕྱོགས་བཅུར་ཧྲིག་ཧྲིག་མཛད་ཅིང་། ཕ་ལ་ཕ་ལ། ངའི་ཨུ་པ་སི་ཀས། འཁོར་བའི་ཉེས་དམིགས་ཙམ་ཞིག་བསྟན་པས་ཀྱང་། འདིར་འདུས་པ་རྣམས་དད་པའི་ས་ལ་འདི་བཞིན་དུ་བཀོད་ན། ཨ་ཧི་ཨ་ཧི་ཧོ་ཧོ། ད་དུང་ཡང་མི་རྟག་པའི་ཞུག་སྣུན། འདི་རྣམས་ཀྱི་སྙིང་དཀྱིལ་དུ་བྱང་ཆུབ་ཀྱི་ཐིག་ལེ་ལྷུག །ཁོ་བོ་ཡང་སྔར་གྱི་རིག་པ་ལས་མཆོག་ཏུ་གྱུར། ད་དུང་འཁོར་བའི་ཉེས་དམིགས་བསྟན་དུ་གསོལ། མགོན་པོ་གསེར་གླིང་པ་ངའི་ཨུ་པ་སི་ཀ་ལ་གཟིགས་སུ་གསོལ། ཁྱེད་ཀྱིས་བྱིན་པའི་བསམ་པ་བཟང་པོ་དེ་ཨུ་པ་སི་ཀས་ཁྱེར། བླ་མ་ཨ་ཝ་དྷཱུ་ཏི་པ། ངའི་ཨུ་པ་སི་ཀ་ལ་གཟིགས་སུ་གསོལ། ཁྱོད་ཀྱིས་བྱིན་པའི་གནས་ལུགས་ཀྱི་རྟོགས་པ་ཆེན་པོ་དེ་ཨུ་པ་སི་ཀས་ཁྱེར། ཨུ་པ་སི་ཀ་ནི་འདི་ལྟར་བློ་འཁྱུལ་ཆེ། ཐམས་ཅད་དད་པའི་ས་ལ་འདི་ལྟར་བཀོད་པར་གྱུར། ཞེས་གསུངས་པའི་མོད་ལ། གསེར་གླིང་པའི་ཞལ་ནས། སྤྱན་རས་གཟིགས་དབང་འཇིག་རྟེན་གསུམ་གྱི་མགོན། །གཞན་

ལ་ཕན་ཕྱིར་བརྩོན་པའི་གོ་ཆ་བསྣམས། །ཐུགས་རྗེ་ཆེན་པོ་དྲི་མེད་དཀྱིལ་འཁོར་ཅན། །འགྲོ་བའི་སྡུག་བསྔལ་སེལ་ལ་ཕྱག་འཚལ་ལོ། །ནམ་མཁའི་མཐས་ཁྱབ་འཇིག་རྟེན་མ་ལུས་པ། །ཁྱོད་ཀྱི་སྐུ་ཡི་དཀྱིལ་འཁོར་ནང་དུ་འདུས། །སངས་རྒྱས་རྣམ་པར་སྣང་མཛད་ཆེན་པོ་ཡང་། །ཁྱོད་ཀྱི་བ་སྤུའི་བུ་ག་གཅིག་ན་བཞུགས། །འདས་དང་མ་འོངས་ད་ལྟར་ཕྱོགས་བཅུ་ཡི། །འཇིག་རྟེན་སྒྲོན་མ་དག་ཀྱང་དེ་བཞིན་ནོ། །དུས་གསུམ་བདེ་བར་གཤེགས་པ་ཆོས་ཀྱི་སྐུ། །འགྲོ་དྲུག་སེམས་ཅན་རྣམས་ལ་སྤྱན་རས་གཟིགས། །ནམ་མཁའ་ལྟ་བུར་ཁྱབ་པའི་བཅུ་གཅིག་ཞལ། །གཟི་བརྗིད་འོད་དཔག་མེད་པ་མཐོང་བས་བདེ། །ཕྱག་སྟོང་འཁོར་ལོས་སྒྱུར་བའི་རྒྱལ་པོ་སྟོང་། །སྤྱན་སྟོང་བསྐལ་པ་བཟང་པོའི་སངས་རྒྱས་སྟོང་། །དེང་སང་གངས་རིའི་ཁྲོད་དུ་ལེགས་སྤྲུལ་ནས། །ཕྱག་ནི་འདབ་མ་སྟོང་ལྡན་དབྱིབས་སུ་བཀོད། །སྤྱན་ནི་དེ་ལ་བརྟེན་པའི་ཆབ་ཀྱིས་བལྟམས། །བཀའ་གདམས་ཆོས་ཀྱི་འཁོར་ལོ་ཆུ་གཉེར་འདྲ། །ཁྱོད་ལས་འབྲུངས་པའི་དགྲ་བཅོམ་དཔག་མེད་རྣམས། །དྲི་མེད་གསེར་གྱི་མཆོད་རྟེན་རབ་མཛེས་པ། །ཁྱེད་སྐུ་ཞལ་དཀར་ལྷུན་པོ་རབ་བརྒྱན་ནས། །ས་བཅུ་ལམ་ལྔའི་བང་རིམ་རབ་ཏུ་བརྒྱན། །མགོན་པོ་སྟོང་གིས་དངོས་སུ་བྱིན་གྱིས་རློབས། །མ་ལུས་བཞིར་འདུས་ཁྱེད་ཀྱི་བསྟན་པ་སྐྱོང་། །གང་ལ་གང་སྟོན་དེ་ལ་དེས་འདུལ་བའི། །བཙུན་པ་སྤྱན་རས་གཟིགས་དབང་མགོན་པོ་ཁྱོད། །ཞབས་ནི་ཞལ་དཀར་ཡུ་བ་གསེར་བཞིས་བཏེག །སྐུ་ཡི་དཀྱིལ་འཁོར་གང་ནས་བལྟས་གྱུར་ཀྱང་། །རྒྱལ་བའི་འབྱུང་གནས་གདན་དང་པད་འདབ་འདྲ། །དེ་ཡི་བར་མཚམས་ཡན་ལག་བརྒྱད་ལྡན་པའི། །ཐུགས་རྗེའི་མཚོ་རྫིང་བསམ་གྱིས་མི་ཁྱབ་པ། །མི་རྟག་ཟབ་མོའི་སེར་བུས་སྐྱོད་པའི་ཚེ། །བསླབ་གསུམ་འཁོར་ལོ་དབུས་ནས་འགྱེད་པར་བྱེད། །སྤྲུལ་པས་དབུས་ནས་མཐའ་འཁོབ་འདུལ་བར་བྱེད། །ཡོན་ཏན་ཆབ་ལས་བྱུང་ཞིང་ཆབ་ལ་ཐིམ། །ཆབ་ནི་སྟོད་ཀྱིས་ཁ་དོག་སྒྱུར་བར་

བྱེད། །ཨེ་མ་ཕན་བདེའི་འབྱུང་གནས་མ་ལུས་པ། །ཐུགས་རྗེའི་རང་བཞིན་དྲི་མེད་ལས་བྱུང་ནས། །སླར་ཡང་མགོན་པོ་ཉིད་ལ་ཐིམ་པར་གྱུར། །ཁྱོད་ཀྱི་བསླབ་གསུམ་སུ་ལ་བསྟན་གྱུར་ཀྱང་། །གང་ཟག་དེ་དང་མཐུན་པའི་ཆོས་སུ་འཆད། །དེ་འདྲའི་མེ་ཏོག་འདབ་རྒྱས་པདྨའི་དབུས། །ཤིན་ཏུ་གཙང་བ་ཤེལ་དཀར་ལྟེ་བ་ལ། །སྐུ་མདོག་དཀར་པོ་འོད་སྟོང་འཕྲོ་བའི་ལྷ། །བལྟ་བས་མི་ངོམས་མཚན་དཔེས་སྤྲས་པ་གཅིག །ཀུན་ཏུ་འཛུམ་པ་ཐལ་མོ་རབ་སྦྱར་ནས། །འདབ་རྒྱས་གང་ལ་བཞུགས་ལ་འདུད་པར་བྱེད། །ཕྱག་གཡས་ནོར་བུའི་ཕྲེང་བ་རབ་བཟུང་ནས། །རང་གི་རྣམ་ཐར་གཙང་བར་སྟོན་པར་བྱེད། །ཕྱག་གཡོན་ཤེལ་དཀར་འཁོར་བའི་རྩེ་མོ་ནས། །འདབ་མ་སྟོང་ལྡན་པདྨ་རབ་མཛེས་པ། །ལྟེ་བ་རིན་ཆེན་ལྷུན་པོ་ཡུམ་གྱིས་བརྒྱན། །དེ་ཡང་ཕྱོགས་བཅུའི་རྒྱལ་བ་ཀུན་གྱིས་བསྐོར། །དེ་ཡང་རང་གི་ཐུ་བོ་རྣམས་ཀྱིས་བསྐོར། །ཐམས་ཅད་གཉིས་སུ་མེད་པར་ལྷང་ངེ་ཐྲག །ཀུན་གྱི་གནས་གསུམ་ཡིག་འབྲུ་གསུམ་གྱིས་བརྒྱན། །འོད་དུ་འཕྲོ་བས་འགྲོ་བ་སྨིན་པ་མཐོང་། །མགོན་པོ་དེ་ཡི་སྙིང་གི་པད་སྟེངས་ན། །ཟླ་བ་ཞུན་མ་དཔག་ཚད་ལྔ་བཅུ་པ། །འོད་ཀྱི་གཞལ་ཡས་སྒོ་བཞིར་མཛེས་པ་གཅིག །ཡུམ་ཆེན་དྲུག་གི་རྣམ་པ་ཉིད་དུ་གདའ། །གཡས་གཡོན་དག་ནས་ཡུམ་དང་སྲས་ཀྱིས་བརྟེན། །རིམ་གྱིས་ཤར་ཕྱིན་ལྷ་བཞིའི་ལྷ་ཚོགས་དང་། །རྒྱལ་བ་ཡབ་སྲས་བླ་མར་བཅས་རྣམས་དང་། །བཀའ་སྡོད་རྣམས་དང་ལྷན་ཅིག་འཁོད་པ་མཐོང་། །ཀུན་གྱི་གནས་གསུམ་ཡིག་འབྲུ་གསུམ་གྱིས་བརྒྱན། །རང་གི་ཡིག་འབྲུ་ཕ་རོལ་ཕྱིན་པའི་སྒྲ། །ཐམས་ཅད་སྙིང་པོར་བཅས་པ་ལྷང་ངེ་ཐྲག །ཟེ་འབྲུ་པད་འདབ་དབུས་ན་སྤྲུལ་པ་ཅིག །འགྲོ་དྲུག་སྣ་ལ་ཆོས་བཞིན་སྐོར་བ་བྱེད། །ཕྱི་ནང་ཀུན་ནས་འོད་ཀྱིས་རབ་གསལ་ཏེ། །དེ་ཡི་སྒོ་གསུམ་བྱིན་གྱིས་བརླབས་པ་མཐོང་། །ཐམས་ཅད་རིན་ཆེན་སེམས་ཀྱི་རྣམ་པ་ཅན། །སེམས་ནི་རང་རིག་འོད་གསལ་ཆོས་ཀྱི་སྐུ། །ཡི་གེ་བྲལ་བ་

ཐུགས་རྗེ་ཆེན་པོར་ཡལ། །ཨེ་མ་རྒྱལ་བ་སྲས་བཅས་ཡར་ལ་གསོན། །ཕོ་བོས་བསམ་པ་བཟང་པོ་རྗེ་ལ་སྤྲིན། །ཁྱེད་ཀྱི་བསམ་པ་བཟང་པོ་སྲས་ཀྱིས་ཁྱེར། །བདག་ལ་བསམ་པ་བཟང་པོ་སྲས་འདིས་གནང་། །བདག་ནི་ཐུགས་རྗེ་ཆེན་པོས་ཞི་བར་བྱས། །བདག་ནི་ཐུགས་རྗེ་ཆེན་པོས་གྲོལ་བར་བྱས། །ཕོ་བོ་ཆོས་ཀྱི་གྲགས་པར་དེས་གྱུར་ཏོ། །ཟབ་མོའི་དོན་དེ་ཁྱོད་ལ་བདག་གིས་ཕུལ། །དེ་ནི་ཐུགས་རྗེ་ཆེན་པོ་ཉིད་ལ་འཕོར། །ཆུ་དང་གཉེར་མའི་ཚུལ་དུ་གདའོ་རྗེ། །ད་དུང་དེ་བཞིན་སྙིང་གི་ཐིག་ལེ་ཡིས། །སྐལ་བ་བཟང་ལྡན་འགྲོ་བ་བསྐྱང་བར་ཞུ། །འདི་ལྟར་ངོ་མཚར་ཆེའོ་རྒྱལ་བ་འབྲོམ། །དེ་རིང་ཐམས་ཅད་དད་པའི་ས་ལ་བཀོད། །ཅེས་བྱ་བ་ལ་སོགས་པ་ཡ་མཚན་ཅན་གྱི་གསུང་དུ་མ་ནམ་མཁའ་ནས་བྱོན། ཡང་ཨ་ཥ་རྦུ་ཧྲི་པའི་ཞལ་ནས། གཉིས་སུ་མེད་པའི་ཐུགས་རྗེ་ཆེན་པོ་ཁྱོད། །བསམ་གྱིས་མི་ཁྱབ་ཤེས་རབ་ཆེན་པོའི་མཆོག །ཀུན་ཏུ་ཐོགས་མེད་རྫུ་འཕྲུལ་སྟོབས་མངའ་བ། །ཇི་སྐད་གསུང་བཞིན་གངས་རིའི་ཁྲོད་མཆོག་འདིར། །བཟོད་སྟོབས་ཆེན་པོ་བརྩེ་བས་བརྩོན་འགྲུས་འབར། །འགྲོ་བ་ཀུན་གྱི་མགོན་དང་དཔལ་གྱུར་ཏོ། །ནམ་མཁའ་ལྟ་བུར་ཤིན་ཏུ་ཟབ་པའི་ཆོས། །བློ་མཆོ་མེར་བ་ཁྱེད་ལ་ཕོ་བོས་བླངས། །མཐའ་དབུས་ཀུན་བྲལ་ཟབ་དོན་རྗེ་ལ་ཕྱིན། །རྗེ་ཡིས་རྒྱལ་བ་ཁྱོད་ལ་དགའ་བདེར་གནང་། །ཆུ་དང་ཆུ་གཉེར་ལྟ་བུར་རྟེན་ཅིང་འབྲེལ། །དིང་སང་ཐམས་ཅད་དད་པའི་ས་ལ་བཀོད། །ད་དུང་འཕོར་བའི་ཉེས་དམིགས་བསྟན་དུ་གསོལ། །འདིར་ཚོགས་བློ་ནི་སྨྲ་ངན་འདས་བློ་བསྐྱེད། །ཅེས་གསུངས་པ་དེ་དག་ཐམས་ཅད་ཀྱི་དག་པའི་སྣང་བ་ལ་ཤར་ནས་ཐམས་ཅད་ཀྱང་རབ་ཏུ་ངོ་མཚར་བའི་ཡིད་སྐྱེས་ཏེ། ཡོངས་ཀྱི་དགེ་བའི་བཤེས་གཉེན་པའི་ཞལ་ལ་ཀུན་གྱིས་དད་པས་བལྟས་པ་དང་། བཤེས་གཉེན་པའི་ཞལ་ནས། ཨེ་མའོ། བླ་མ་ཡབ་སྲས་ཕོ་བོ་ལ་དེ་ལྟ་བུའི་ཡོན་ཏན་མི་གདའ་བས། ད་དུང་ཕན་བདེའི་ཤུགས་ཀྱིས་བསྐྱང་བར་ཞུ། ཞེས་གསོལ་བ་མང་པོ་བཏབ་ཅིང་། བླ་མ

རྣམས་ཀྱི་གསུང་མི་བཅག་པའི་ཕྱིར། སྔར་ཡང་འཆི་བ་མི་རྟག་པ། འཁོར་བའི་ཉེས་དམིགས། ལས་རྒྱུ་འབྲས་རྣམས་རྣོ་ལ་འདུས་པ་གླེགས་བམ་བཞིན་བསྟན་ནས། དེར་འདུས་པ་རྣམས་འཁོར་བ་ལས་བློ་ལོག་པར་མཛད་པར་གདའ། དེ་བཞིན་དུ་འོ་སྐོལ་ཀྱང་འཆི་བ་མི་རྟག་པ་ནས་བསམ་པ་གལ་ཆེ། ཇོ་བོའི་ཞལ་ནས། རྟག་ཏུ་མི་རྟག་དྲན་བྱས་ནས། །འདམ་ལས་སྒྲོལ་བར་བསྐུལ་མ་ཐོབ། །ལུས་སེམས་ནམ་མཁའི་སྤྲིན་དང་འདྲ། །ད་ལྟ་འདུས་ཤིང་ཡོང་མེད་དེངས། །ཁྲིལ་མེད་སྙིང་གི་ལུང་ཐག་བསྟུངས། །ནང་དུ་ཁུག་ལ་ཤགས་ངན་ཐོབ། །ཚེ་འདི་སྟོན་ཀའི་མེ་ཏོག་འདྲ། །ཡོང་མེད་སད་ཀྱིས་མྱུར་དུ་འཁྱེར། །ངང་རིངས་ཏོན་སྟོར་བྱིས་པ་ཀུན། །སྙིང་གི་ལུང་ཐག་ཡར་ལ་བཟོས། །ཡང་ཚོ་རྒྱས་པའི་ང་རྒྱལ་ཅན། །རྟག་ཚུགས་མི་ཐུབ་འགྲོད་པོ་འོང་། །སང་དང་གནངས་ལ་ཟླ་བ་འོང་། །དེ་བསགས་ཡོར་འགྱུར་ཁྱོད་ཉིད་འགྱུར། །སྙིང་མེད་སྙིང་པོར་མ་འཛིན་ཅིག །ཁ་གདངས་མཆེ་གཙིགས་གཉའ་ན་ཞོན། །སྔང་མིག་བགྲད་དེ་མཚོན་ཆས་འདེབས། །ངེས་པར་འཆིའོ་རང་མཐོང་ཅན། །ལེ་ལོ་མ་བྱེད་སྒྲིད་སྒྱུར་ཀུན། །སྙོམ་ལས་མ་བྱེད་འཆིང་ཕུར་ཅན། །ཁྱོད་ཀྱི་ལུས་སྲོག་མྱུར་དུ་འབྲལ། །ཉེད་དཀའི་དལ་འབྱོར་ལེགས་ཐོབ་ནས། །སྡོམ་གསུམ་ཁྲིམས་ལ་མི་བརྟེན་པར། །ལོ་འདོད་ཚེ་འདིའི་འདུན་མ་ཅན། །ཡོང་མེད་ཚེ་སྲོག་འགགས་པའི་ཚེ། །བསགས་པའི་ནོར་རྣམས་དོན་མེད་པར། །གོས་མེད་གཅེར་བུ་ཟས་དང་བྲལ། །གྲོགས་མེད་བཤེས་དང་བྲལ་གྱུར་ནས། །རྣམ་ཤེས་བར་དོར་འཁྱམ་པའི་ཚེ། །སྔར་བྱས་ལས་ལ་འགྱོད་གྱུར་ཅིང་། །བསགས་པའི་ནོར་ལ་འཕྲེང་གྱུར་ཏེ། །མཛའ་བའི་གཉེན་ལ་ཡུས་ཆེ་ཞིང་། །ཕོ་བོའི་ཕྱི་ལ་ཐོང་སྨྲས་ཀྱང་། །ཅི་ཕན་ཁོ་ནི་ཤི་འོ་ཟེར། །ནོར་ལ་སྨྲར་ཤ་འབྲུག་པ་སྦྱོར། །ཉེ་ཉེས་སྨྱུ་ངན་ཞག་འགའ་བསྐྱེན། །མི་ཕན་ཁྲིལ་མེད་སྨྱུ་ངན་ཡིན། །ཐུ་བྲང་ཁ་ཏུ་ས་བཏབ་ཀྱང་། །ཨེ་མ་རང་ལ་གནོད་པར་ཟད། །ཕན་པ་མི་བྱེད་མི་ཕན་རེམ། །དེ་ནས་རིང་པོ་མ་ཡོན་

པར། །གཤིན་པོ་སྡུག་བསྔལ་ཆེ་བའི་ཚེ། །ཁྲེལ་མེད་མྱ་ངན་བཞད་གད་འགྱུར། །མིག་གིས་མི་མཐོང་རྣར་མི་ཐོས། །བསགས་པའི་ནོར་གྱིས་མ་ཕན་སྟེང་། །སེར་སྣའི་དབང་གིས་ངན་སོང་སྨྱོང་། །རེ་སྡུག་སྙིང་མེད་འདུན་སྟོར་རྣམས། །ད་དུང་འོང་ངོ་ཧོན་སྟོར་རྣམས། །སྔར་གྱི་འདམ་གྱིས་མ་བྲེད་དམ། །བྲེད་མེད་བཟང་སྟེ་སྡུག་པ་ངན། །ལྷུག་བྲོབས་ལྷུག་བྲོབས་མྱུར་དུ་འཆི། །ལ་ལ་དག་ནི་རྐན་ལ་འཆི། །ལ་ལ་དག་ནི་གཞོན་ལ་འཆི། །ལ་ལ་དར་ལ་བབ་ཚེ་འཆི། །ལ་ལ་སྐྱེ་ལོང་མེད་པར་འཆི། །བྲུང་པོ་བྲུང་མོ་མཐོང་ཐོས་ཅན། །ཚེ་ཐར་སུ་མཐོང་སུ་ཞིག་ཐོས། །སྣང་སྟོང་འཇིག་པའི་ཆོས་ཅན་པས། །ནམ་ཞིག་ཚེ་ཟད་གྱུར་པའི་ཚེ། །གཤིན་རྗེའི་པོ་ཉས་ཕྱོགས་མཐའ་བསྐོར། །དབུགས་ལེན་གཤེད་མ་ཉམས་དགའ་བྱེད། །འཆི་བདག་ཆེན་པོས་གཉའ་ནས་མནན། །ཅི་ཐོས་དང་གར་མི་འོང་ཞིང་། །སྟོབས་མེད་ལུས་ཚུགས་མལ་དུ་ཞིག །ཉེ་བར་འདོད་པས་དུ་ཞིང་སྐྱོར། །ལས་ངན་ལ་ལ་བོན་རྩིས་བྱེད། །བཟང་བཟང་གསུང་སྒྲོགས་གཏོར་མ་གཏོང་། །ལ་ལ་རབ་ཏུ་བསྔངས་གྱུར་ཏེ། །ལས་སུ་སྨན་པ་འཚོལ་ཞིང་རྒྱུག །ལ་ལ་ཕྱོགས་ནས་བསྐོར་ཏེ་དུ། །ཨེ་མ་མི་འཆི་ཨེ་སྲིད་ན། །གྲོང་ཆེ་ཟེར་ཞིང་འབུག་ཤུབ་བྱེད། །སྨན་པ་ལ་ལ་རྩ་བལྟ་ཞིང་། །ཤབ་ཤིབ་མི་འདུག་རྣམ་འགྱུར་བྱེད། །ཉེ་ལྟར་འཚོས་པ་ང་རེ་ཞེས། །དུས་ཚེ་ནད་པ་ལྷག་པར་དུ། །འཆི་བར་འདུག་སྙམ་ཟུག་རྡུ་ལྡང་། །དེ་ཚེ་སྡུག་བསྔལ་ཆེན་པོའི་གློང་། །ཅི་བྱས་ཕན་པར་མི་འགྱུར་བའི། །དུག་སྟེ་ཐུག་པའི་དུས་ཤིག་འོང་། །ཉོན་དང་དེ་ལ་འདི་ལྟ་སྟེ། །སྐྱེ་བའི་དུས་ན་གཞིབས་ཏེ་སྐྱེ། །ལྷན་ཅིག་སྐྱེས་པའི་ལྷ་འདྲེ་གཉིས། །རང་དང་རང་གི་བླ་གཉིས་པོ། །ལྷ་དེས་མཐུན་རྐྱེན་ཐམས་ཅད་སྒྲུབ། །འགལ་རྐྱེན་ཐམས་ཅད་སྤོང་བར་བྱེད། །དགེ་བ་ཀུན་ལ་བསྐུལ་མ་འདེབས། །དགེ་བ་གང་བྱས་ཡི་གེར་འགོད། །སྡིག་གམ་སྡུག་ན་མྱ་ངན་བྱེད། །དགེ་འམ་སྐྱིད་ན་དགའ་བ་བསྒོམ། །འདྲེས་ནི་དེ་ལས་ཟློག་པར་བྱེད། །ལྷན་ཅིག་སྐྱེས་པའི་

ལྷ་འདྲེ་དང་། །རང་ཉིད་བཅས་ཏེ་གཤེད་མ་ཡིས། །གཤིན་རྗེའི་དྲུང་དུ་ཁྲིད་ཅེས་གྲགས། །དེ་ཡིས་ཆོས་དང་སྡིག་ལ་སྤྱོད། །འདྲེ་ཡིས་སྡིག་ཚོགས་སྟོན་ཞེས་གྲགས། །ལྷ་ཡིས་དགེ་བ་སྟོན་ཞེས་གྲགས། །མཉམ་ན་མེ་ལོང་ངོས་ལ་བལྟ། །མི་ཤེས་སྲུང་ལ་འདེགས་སོ་སྐད། །སྡིག་པས་བཙོ་བསྲེག་སྤྱོད་བར་འགྱུར། །དགེ་བ་ཅན་དེ་དེ་ལྟར་མིན། །འཁྲོམ་རྗེ་དེ་ཙམ་རྗེས་སུ་སྟོན། །ངེས་པར་འཆི་བའི་དུས་ཤིག་འོང་། །འབྱུང་བཞིའི་གཡར་པོ་དེ་ལྟར་གཏོང་། །ལུས་སེམས་རྟེན་འབྲེལ་དེ་ལྟར་འཛིག །ཅེས་གསུངས་པས། མི་རྟག་པའི་ཚུལ་དེ་དག་རྒྱུད་ལ་ལྷངས་ཏེ་སྐྱེས་སྐྱེས་སུ་ཡུན་རིང་དུ་བསྒོམ་པ་གལ་ཆེ། དེ་ལྟར་བསམས་པས། ངེས་པར་འཆི། མྱུར་དུ་འཆི། ནམ་མཆི་ཆ་མེད་པའི་བློ་དྲག་པོ་སྐྱེས་པའི་ཚེ། ཤི་ནས་གང་དུ་སྐྱེ་དཔྱད་པས། རིགས་དྲུག་ལས་མ་འདས་ལ། དེ་དག་གང་དུ་སྐྱེས་ཀྱང་བདེ་བའི་གོ་སྐབས་མེད་དེ། རྗེ་བོའི་ཞལ་ནས། དམྱལ་བ་བཙོ་བསྲེག་ཆེན་པོ་སྡེ། །ཡི་དྭགས་བཀྲེས་སྐོམ་ སྡུག་བསྔལ་ཉིད། །བྱོལ་སོང་གཏི་མུག་གསོད་བསྐོལ་ཅན། །ལྷ་མིན་འཐབ་རྩོད་སྨྲུལ་དང་འདྲ། །ལྷ་ལའང་འཆི་ལྟས་ལ་སོགས་མང་། །ཞེས་གསུངས། འཁྲོམ་གྱི་ཞལ་ནས་ཀྱང་། ང་ཡི་ཕ་མ་ལ་ལ་མེ་ཡིས་ཚིག །ང་ཡི་ཕ་མ་ལ་ལ་མཚོན་གྱིས་བཤིག །ང་ཡི་ཕ་མ་ལ་ལ་སྲིན་བུས་ཟོས། །ང་ཡི་ཕ་མ་ལ་ལ་ཁྱི་ཏས་ཟོས། །ང་ཡི་ཕ་མ་ལ་ལ་ཁྲོ་ཆུར་བྱིང་། །མ་བཟོད་ཐང་ལ་རབ་ཏུ་བྲོས་གྱུར་པས། །ཐང་ཆེན་སྤྱི་གྱི་གཏམས་པའི་ལམ་དུ་སོང་། །དེ་ལ་རབ་ཏུ་སྐྲག་སྟེ་བྲོས་གྱུར་པས། །བསིལ་ནགས་འཁྲུགས་ཏེ་རལ་གྲིས་རབ་ཏུ་རྩིལ། །གཞན་ཡང་གོས་མེད་གྲང་བས་རབ་ཏུ་གདུངས། །ཨ་ཚུ་རབ་ཚུ་ཚུ་བུར་རབ་ཏུ་རྡོལ། །པདྨ་ལྟར་གས་ཨུཏྤལ་བཞིན་དུ་གྲེས། །ང་རེ་ང་ཡི་ཕ་མ་དེ་འདྲ་བ། །མི་ཞིག་ཕ་མ་མེ་དོང་ལྷུང་གྱུར་ན། །སྙིང་ཡོད་མི་བཟོད་སྐམ་ལ་འཕར་རྩེ་ན། །ང་ཡི་ཕ་མ་དེ་འདྲ་བཟོད་ལགས་སམ། །ཨ་ཙ་མ་ན་འཁྲོམ་རྗེ་མ་སྒོམས་ཤིག །ང་ཡི་ཕ་མ་གོས་མེད་བསྐལ་པ་དག །ཟས་མེད་མགྲིན་ཕྲ་

ལྟོ་བ་རབ་ཏུ་ཆེ། །ཡན་ལག་ཕྲ་ཞིང་སྟོབས་མེད་གྱུར་པ་རྣམས། །ཇི་ལྟར་བཟོད་དམ་འཁྲོམ་རྗེ་དེ་ལ་སོམས། །གཏི་མུག་གྱུར་པའི་ཕ་མ་བལྟས་ན་ཡང་། །དབང་མེད་བཟོད་དཀའི་སྡུག་བསྔལ་རྣམས་ཀྱིས་གཙེས། །ཕལ་ཆེར་རང་ཤ་དགྲ་བོར་ལངས་པར་གྱུར། །ལ་ལ་སྤུ་པགས་ཁྲག་ཉུས་དགྲ་བོར་ལངས། །ལ་ལ་རང་སྟོབས་ཁུར་ཆེན་དགྲ་བོར་ལངས། །ལ་ལ་མགྱོགས་པས་བགོལ་ཏེ་དགྲ་བོར་ལངས། །ལ་ལ་དབང་མེད་འབྱུང་བཞིས་གདུངས་པར་གྱུར། །ཕ་མ་དེ་འདྲ་བཟོད་དམ་འཁྲོམ་རྗེ་སོམས། །ཨེ་མ་མཐོ་རིས་བདེ་སྐྱིད་ཅེས་གྲགས་པའང་། །དྲང་པོར་སྐྱེས་པའི་ལུས་ནི་དགུར་པོར་གྱུར། །ནག་པོར་སྐྱེས་པའི་སྐྲ་ནི་དཀར་པོར་གྱུར། །དཀར་སེར་དམར་མདངས་འཛམ་ཞིང་གཉེར་མེད་པ། །སྒོ་སྐམས་གཉེར་མ་ལ་སོགས་དག་ཏུ་ཉམས། །ཀུན་གྱི་ཡི་གར་མི་འོང་ཕ་རོལ་ཏེ། །བསྐྱངས་པའི་བུས་ཀྱང་སྣང་མིག་ལྟ་བར་བྱེད། །དེ་ཡང་མི་རྟག་ཕ་རོལ་འགྲོ་བ་རྣམས། །བཟོད་དམ་འཁྲོམ་རྗེ་དེ་ལ་བསམ་པར་རིགས། །ཞེས་གསུངས་པ་བཞིན། འཁོར་བའི་ཉེས་དམིགས་བསམས་ལ། དེ་ལས་ཐར་འདོད་ཀྱི་བློ་དྲག་པོ་སྐྱེས་སྐྱེས་སུ་བསྒོམ་པ་གལ་ཆེ། དེ་ལྟར་བསམས་པས་འགྲོ་དྲུག་གང་དུ་སྐྱེས་ཀྱང་སྡུག་བསྔལ་གྱི་རང་བཞིན། སྡུག་བསྔལ་གྱི་ཉིང་བསེངས་འབབ་ཞིག་ཏུ་ཤེས་ནས། དེ་ཡང་རྒྱུ་མེད་དུ་མི་འགྱུབ་པས། རྒྱུ་འབྲས་བསམས་ལ། ལས་མི་དགེ་བ་སྤང་བ་གལ་ཆེ་སྟེ། རྗེ་བོའི་ཞལ་ནས། དེ་ལྟར་མ་རིག་ཆེན་པོ་ཡིས། །འདོད་ཆགས་ཞེ་སྡང་གསུམ་བསྐྱུས་ནས། །རིགས་དྲུག་འཁོར་བའི་སྡུག་བསྔལ་བྱེད། །ཕ་མ་གསོད་སོགས་མཚམས་མེད་པར། །དམྱལ་བ་ཆེན་པོའི་གཏིང་དུ་འགྲོ། །སྡིག་རབ་ཅན་ནི་དམྱལ་བ་སྟེ། །འདོད་ཆགས་ཅན་ནི་ཡི་དགས་ཤིང་། །ཞེ་སྡང་ཅན་ནི་ལྷ་མིན་ཏེ། །གཏི་མུག་ཅན་ནི་བྱོལ་སོང་ཉིད། །དེ་ཡང་དུ་མ་ཉིད་དུ་སྨྲར། །བྱོལ་སོང་ཉིད་ལའང་འདི་ལྟ་སྟེ། །འདོད་ཆགས་ཅན་ནི་བྱ་ལ་སོགས། །ཞེ་སྡང་ཅན་ནི་གཅན་གཟན་སོགས། །གཏི་མུག་ཅན་ནི་ལུག་ལ་སོགས། །གཏི་

མུག་འདོད་ཆགས་པོང་བུ་སོགས། །གསུམ་ག་ཁྲི་ལ་སོགས་པར་སྐྱེ། །འགྲོ་བ་གཞན་ལའང་དེ་བཞིན་སྦྱར། །ཞེས་དུག་གསུམ་གྱིས་བསྐྱེད་པའི་ལས་མི་དགེ་བས་ངན་སོང་གི་སྡུག་བསྔལ་དེ་དག་འགྲུབ་པར་གསུངས། གཞན་ཡང་མཐོ་རིས་མི་ལ་སོགས་པའི་ནང་འདི་དག་ནའང་། སྐྱིད་སྡུག་བཟང་ངན་ལ་སོགས་པ་རིགས་མི་འདྲ་བ་དུ་མ་ཞིག་སྣང་བ་འདི་ཐམས་ཅད་ཀྱང་། སྐྱེ་བ་སྔ་མ་ཡན་ཆད་ཀྱི་ལས་ཀྱིས་གྲུབ་སྟེ། ཇོ་བོའི་ཞལ་ནས། མཐོ་རིས་མི་ལའང་འདི་ལྟ་སྟེ། །སྔོན་གྱི་ལས་ཀྱི་རྣམ་སྨིན་གྱིས། །ཕ་མ་མཉམ་པོའི་བུ་ཚ་ཡང་། །ལ་ལ་བུ་མོ་ལ་ལ་བུ། །བུ་ཡང་ལ་ལ་གཟུགས་མཛེས་ཤིང་། །ལ་ལ་ཤིན་ཏུ་གཟུགས་ངན་པ། །མཉམ་པོ་ཙམ་ཞིག་སྲིད་ན་ཡང་། །ལ་ལ་སྦྱང་ཞིང་ལ་ལ་གླེན། །དེ་ཡང་མཉམ་པོ་སྲིད་ན་ཡང་། །ལ་ལ་བཙན་ཕྱུག་ཕུན་སུམ་ཚོགས། །ལ་ལ་དབུལ་ཕོངས་དུ་མས་གཟིར། །དེ་དག་ཙམ་དུའང་མཉམ་སྲིད་ནའང་། །ལ་ལ་རྐོད་པོ་ཀུན་གྱིས་བཀུར། །ལ་ལ་དབང་མེད་ཀུན་གྱིས་བརྙས། །མི་ཟད་ལ་ལ་སྡིག་སྤྱོད་ཅིང་། །རང་གི་འདུན་མའང་རླག་བྱེད་ན། །གཅིག་ནི་དགེ་བའི་ལས་ལ་སྤྱོད། །གཞན་གྱི་འདུན་མའང་སྒྲུབ་པར་བྱེད། །དེ་ནི་ལྷ་མཆོད་དམ་པས་བཀུར། །གཅིག་ནི་དམྱལ་བའི་གནས་ཉིད་དོ། །བུ་མོ་ལ་ཡང་དེ་བཞིན་སྦྱར། །ཞེས་ཐམས་ཅད་ཀྱི་རྒྱུ་འབྲས་སུ་གསུངས་པས། སྡིག་པ་ཆུང་ངུ་ལའང་སྐྲག་པས་མི་འཇུག་ཅིང་། སྔར་བྱས་རྣམས་འགྱོད་པས་འཆགས་པ་དང་། དགེ་བ་ཕྲ་མོ་ནས་ཀྱང་སྒྲོ་དགས་སྒྲུབ་ཅིང་ངོམས་པ་མེད་པའི་འཇུག་ལྡོག་བྱེད་པ་གལ་ཆེའོ། །།

༈ སྐྱེ་དོན་གཉིས་པ་གནས་ལུགས་ངེས་དོན་དང་སྦྱར་ནས་བླང་བྱ་སྤྱི་ངན་ལས་འདས་པའི་ཕན་ཡོན་བཤད་པ་ནི། དེ་ལྟར་བླང་དོར་ཕྱིན་ཅི་མ་ལོག་པ་ལ་འཇུག་པའི་བློས་དགེ་བ་ལ་བརྩོན་པ་དེ་ཡང་། རང་དོན་གྱི་ཐར་པ་དང་མཐོ་རིས་ཀྱི་ཆེད་དུ་སྒྲུབ་པ་ཕངས་པས། གཞན་དོན་དུ་བླ་ན་མེད་པའི་མྱང་འདས་སྒྲུབ་པ་གལ་ཆེ། དེ་ཐོབ་ན་

སྡུག་བསྔལ་ཀུན་ལས་གྲོལ་ཞིང་། བདེ་བ་ཐམས་ཅད་ཀྱི་གཏེར་མཛོད་ཡིན་ཏེ། ཇོ་བོའི་ཞལ་ནས། ཁུག་རྣ་སྨིན་དང་འོད་འདྲ་བའི། །སྣང་སྟོང་དགེ་སློང་དྷི་ཡཾ་ང་། །ཚོགས་གཉིས་མཐར་ཕྱིན་ཐུགས་ལས་འཁྲུངས། །ང་ལ་དངོས་པོར་མ་ཞེན་པར། །རྣམ་དག་ཁྲིམས་ཀྱི་ཆ་ལུགས་ཅན། །གཞན་དོན་སྤྱོད་པས་མ་ཉམས་པའི། །ཕན་བདེའི་སྤྱོད་པ་རྗེན་འབྲེལ་ཟབ། །དེ་འདྲའི་སྤྱོད་པ་ཉམས་སུ་ལོང་། །ཟག་མེད་དགེ་བའི་དགེ་སློང་ང་། །རྒྱུ་དང་རྐྱེན་གྱིས་མ་བསྐྱེད་པའི། །དངོས་དང་མཚན་མའི་ནད་ཞི་བ། །བདེ་བ་ཆེན་པོ་ལྷུན་གྲུབ་པ། །བྱང་ཆུབ་སྤྱོད་པས་ལམ་བགྲོད་ཅིང་། །ཕ་མར་བཅས་པ་ཐར་པར་འགྲོ། །དགའ་བཞིན་སྒྲོ་བཞིན་ཡར་ལ་འགྲོ། །རྣམ་ཐར་གཙང་མའི་ཞིང་དུ་འགྲོ། །མེ་ཏོག་པདྨའི་སྦུབས་སུ་འགྲོ། །བྱང་ཆུབ་སེམས་དཔའི་ཞིང་ཁམས་འགྲིམ། །རྣམ་རྟོག་གཙང་མར་སོམས་ནས་གདའ། །བ་སླང་བརྟུལ་ཞུགས་ཉམས་ནས་གདའ། །ཁྲི་ཕག་སྤྱོད་པ་ནུབ་ནས་གདའ། །མི་གཙང་རྐྱལ་བུ་རལ་ནས་གདའ། །ལོ་འདོད་ལྡོན་ཤིང་ཆག་ནས་གདའ། །ངན་སྐྱུགས་ཕུང་པོ་འཐོར་ནས་གདའ། །སྒོམ་མ་དགོས་པར་ལྷ་རུ་འགྲོ། །དག་པའི་སྣང་བ་སྙིང་ལ་ཞུགས། །དཀོན་མཆོག་གསུམ་དང་འབྲལ་སྐབས་མེད། །འདུལ་བ་མེ་ཏོག་ས་གཞི་རྒྱས། །མདོ་སྡེ་རིན་ཆེན་གཞལ་ཡས་མཛེས། །མངོན་པ་འཁོར་ལོའི་རྩིབས་ཀྱིས་ཕུབ། །ཁྲིལ་མེད་ལྟོ་ལ་གུན་བསྐུར་བས། །ཟག་པ་མེད་པའི་བསམ་གཏན་ཐོབ། །གཉིད་རྨུགས་ལེ་ལོ་ཁྱད་བསད་པས། །ཡེ་ཤེས་སྣང་བའི་འོད་ཀྱིས་གཏམས། །ཨེ་མའོ་བཀའ་གདམས་པད་སྟོང་རྒྱས། །བདེ་གཤེགས་སྟོང་གི་བཞུགས་གནས་ཡིན། །སེམས་དཔའ་སྟོང་གི་ཉམས་དགའི་གནས། །ཉན་རང་སྟོང་གི་བདེ་སྐྱིད་ས། །ལྷ་མི་ཀུན་གྱི་མཆོད་ཡུལ་གནས། །འཇིག་རྟེན་ཀུན་གྱི་མགོན་སྐྱབས་ཞིང་། །གཙང་མའི་ལྷ་ཡི་སྤྱི་བོས་གཏུགས། །དྲང་སྲོང་ཆེ་དགུའི་ཞབས་ནས་འདེགས། །འཇོམ་རྗེ་ཁྱོད་ཀྱི་ཕ་ཐོགས་ཡིན། །འཇིད་མེད་གཏེར་ཁ་བྱེ་བ་འབུམ། །དཀར་གསུམ་མངར་གསུམ་

བདུད་རྩིར་འཁྱིལ། །ཁྲུས་ཀྱི་རྫིང་བུ་སྟོང་ཕྲག་སྟོང་། །གསེར་གྱི་ས་གཞི་གཡུ་ཡིས་བརྒྱན། །གཡུ་ལོ་རྒྱས་ལ་སྤྲུལ་པའི་བྱ། །ཀུན་ཏུ་རྒྱུ་འདྲ་བྱེ་བས་གང་། །གཡུ་མཐིང་དགའ་བདེ་ཉམས་དགར་ལྡིང་། །ཡིད་ནི་མི་དབང་འཕྲོམ་རྗེའི་ཞིང་། །སྒོ་གསུམ་དྲི་མ་མེད་པ་ཡིས། །དྲི་མེད་རྒྱལ་བ་རྟག་ཏུ་མཆོད། །ནམ་མཁའ་ཁྱབ་པར་འགེངས་པར་བྱེད། །འཕྲོམ་རྗེ་ཁྱོད་ཀྱི་ཕ་ཕོགས་ཡིན། །སླུ་གར་རྩེ་ན་ཞིང་དེར་རྩེས། །ཉོན་མོངས་གཡང་ལ་ལྷུང་མི་འགྱུར། །རྒྱན་ཆ་འདོགས་ན་ཞིང་དེར་ཐོགས། །མི་ཡི་རྒྱན་གྱིས་དཔེར་མི་ཊུང་། །འདོད་ཡོན་སྤྱོད་ན་ཞིང་དེར་སྤྱོད། །ཡེ་ཤེས་ལྷ་ཡི་རང་བཞིན་ཡིན། །ཨེ་མ་འཕྲོམ་རྗེ་ང་ལ་ཉོན། །དྲུག་ཅུ་ཙ་རེའི་སྟུག་བྱས་པས། །ད་ནི་འབྲས་བུ་བདེ་བ་རྒྱས། །བག་ཆགས་གཙང་མར་རབ་སྦྱངས་པས། །ཉམ་ང་སྐྱུག་བྲོ་སྐྱེ་མི་སྲིད། །མ་དག་བསྒོམས་ཀྱང་ག་ལ་སྐྱེ། །འཕྲོམ་རྗེ་སྲས་བཅས་ཉམས་རེ་དགའ། །འཕྲོམ་རྗེ་སྲས་བཅས་ཕུག་རེ་བདེ། །དགའ་བ་སྤྱད་པས་ཉམ་པ་རྙེད། །ཉོམ་པ་འཛད་མེད་གཏེར་ལ་ཐུག །འཕྲོམ་ཤེས་པར་མཛོད་ལ་ཞིང་དེར་སྤྱོད། །ཅེས་གསུངས་པས་ན། འོ་སྐོལ་འཕྲོམ་གྱི་རྗེས་འབྲང་རྣམས་ཀྱི། ལྟ་སྤྱོད་གཙང་མའི་རྣམ་ཐར་འདིས། །དེ་འདྲའི་འབྲས་བུ་མྱ་ངན་ཐམས་ཅད་དང་བྲལ་བ། བདེ་བ་འབའ་ཞིག་གི་རང་བཞིན། མ་དག་པའི་སྤྱོད་ཚུལ་མཐའ་དག་དང་བྲལ་བ། ཞིང་ཁམས་གཙང་མ་རྒྱལ་བ་སྟོང་གི་བཞུགས་གནས། དེ་འདྲ་བར་བདེ་བ་བླ་ན་མེད་པ་ལ་ལོངས་སྤྱོད་པ་ཐོབ་པར་གསུངས་པས་ན། འབྲས་བུ་ངོ་མཚར་བའི་མྱང་འདས་དེ་ལ་སྤྲོ་དགའ་ཆེན་པོ་བསྒོམས་ལ། ཅི་ནས་ཀྱང་དེ་ཐོབ་འདོད་ཀྱི་འདུན་པ་དྲག་པོས། དེར་བགྲོད་པའི་ལམ་རྗེ་བོའི་ཆོས་ལུགས་འདི་ཉིད་ཉམས་སུ་ལེན་པ་གལ་ཆེ་སྟེ། རྗེ་བོའི་ཞལ་ནས། ང་ནི་སྤྲུལ་པའི་དགེ་སློང་ཡིན། །ང་ལ་བདེན་པར་མ་འཛིན་པར། །ང་ཡི་གདམས་པ་ཉམས་སུ་ལོང་། །སྣང་སྟོང་ཟུང་དུ་འབྲེལ་བར་མཛོད། །ང་ནི་སྒྱུ་མའི་དགེ་སློང་ཡིན། །ང་ལ་བཟང་པོར་མ་ཞེན་པར། །ང་

ཡི་གདམས་པ་ཉམས་སུ་ལོང་། །སྣང་དང་སྟོང་པ་ཟུང་དུ་སྲེལ། །ང་ནི་ཚུ་ཟླའི་དགེ་སློང་ཡིན། །སྣང་སྣང་འདྲ་ཡང་བདེན་པས་སྟོང་། །སྟོང་པ་ཡིན་ཏེ་གཟུགས་སུ་ཤར། །གཟུགས་སུ་སྣང་སྟེ་སྟོང་པ་ཉིད། །འདི་ལས་གཞན་པའི་སྟོང་པ་མེད། །སྟོང་ལས་གཞན་པའི་གཟུགས་མེད་པས། །གཟུགས་འདྲ་གཟུགས་ལ་མ་རློམ་པར། །གཟུགས་ཀྱི་རང་བཞིན་ཉམས་སུ་ལོང་། །འཁྲོམ་རྗེ་ཤེལ་གྱི་ཁྲིའུ་ཁྲིད། །ཉིས་སྐྱོན་དྲི་མས་སྟོང་པ་བཞིན། །ང་ནི་འོད་ཀྱི་དགེ་སློང་ཡིན། །སྣང་སྣང་འདྲ་སྟེ་གཟུང་དུ་མེད། །གཟུང་མེད་འཛིན་པར་མ་བྱེད་པར། །གཉིས་མེད་རང་གྲོལ་ལྷུག་པར་ཞོག །གཞག་བྱ་བྲལ་ན་འཁྲོམ་རྗེ་ཡིན། །བལྟར་མེད་བལྟ་ན་རིན་ཆེན་ཡིན། །གཉིས་མེད་ཤེས་ན་དབུ་མ་ཡིན། །ཤེས་པས་སྟོང་ན་གནས་ལུགས་ཡིན། །ང་ནི་ཉི་མའི་འོད་ཟེར་ཡིན། །རྣམ་རྟོག་མེད་དེ་གཟུགས་ཅན་གསལ། །གསལ་བ་ཉིད་དེ་གཟུང་བྱ་བྲལ། །གསལ་སྟོང་སྤྲོས་བྲལ་རང་དངས་པ། །འཛིན་པ་ཅན་གང་ཉི་མར་འཁྲུལ། །འཁྲུལ་བ་བྱ་བ་བདེན་མེད་ཡིན། །བདེན་མེད་སྟོང་པའི་ཐ་སྙད་ཡིན། །སྟོང་པ་ཤེས་ན་འཛིན་པ་འཇིག །གཟུང་འཛིན་གཉིས་མེད་བློ་ལས་འདས། །བློ་འདས་བྱ་བ་ཆོས་དབྱིངས་ཡིན། །གཟིགས་དང་འཁྲོམ་རྗེ་བལྟར་མེད་ལ། །བལྟར་མེད་ཤེས་ན་ལྟ་བ་འཇིག །འཇིག་མེད་ཤེས་ན་དབུ་མ་ཡིན། །དབུ་མའི་ངང་དུ་བཞག་ན་ཟབ། །དེ་ཡང་བདག་གི་གདམས་པ་ཡིན། །ཞེས་སྣང་སྟོང་ཟུང་འཇུག་གི་ངང་ནས་ལྷ་སྤྱོད་ཉམས་སུ་བླངས་པས། རྫུན་སྣང་འཁྲུལ་པའི་སྡུག་བསྔལ་དང་བྲལ་ནས། གནས་ལུགས་གཟུང་འཛིན་ལས་གྲོལ་བའི་ཆོས་སྐུ་དམ་པ་ཐོབ་པར་གསུངས་པས། དེ་བཞིན་དུ་ཉམས་སུ་བླང་བྱ་ཡིན། དེ་ལའང་བརྒྱུད་པ་གསུམ་གྱི་སྒོ་ནས་འཇུག་སྒོ་གསུམ་ཡོད་པར་བཞེད་དེ། འཁྲོམ་གྱི་ཞལ་ནས། ལར་དབུ་མའི་ངང་དུ་སྣ་ཚོགས་སྣང་། །ཆོས་ཐམས་ཅད་རྫུན་པའི་སྣང་བ་ཡང་། །གཟུགས་མེད་ན་གཟུགས་བརྙན་ག་ལ་འབྱུང་། །དེས་རྒྱུ་སོང་རྫུན་ཡང་འབྲས་འབྱུང་བས། །ལས་ཁྱད་

དུ་མི་གསོད་ཉམས་ལེན་པའི། །ང་ལྟ་བའི་བརྒྱུད་པ་བཀའ་གདམས་ཡིན། །ང་ཐེག་ལེ་གཅིག་ཏུ་དཔག་མེད་པའི། །ལྷ་གཞལ་ཡས་བསྐྱེད་དེ་མཆོད་བྱེད་ཀྱང་། །ལས་ཐྲ་ཞིབ་སྟོན་པའི་ཆོས་རྣམས་ལ། །ང་སྒྲོ་སྐུར་མི་འདེབས་ཉམས་ལེན་པ། །དེད་བྱིན་རླབས་བརྒྱུད་པའི་བཀའ་གདམས་ཡིན། །ཆོས་སྣང་སྟོང་སྒྱུ་མའི་གཞལ་ཡས་སུ། །ཡར་ས་ལམ་རིམ་གྱིས་བགྲོད་གྱུར་ཏེ། །རྒྱུ་ཚོགས་གཉིས་མཐར་ཕྱིན་སངས་རྒྱས་པ། །ང་སྤྱོད་པའི་བརྒྱུད་པ་བཀའ་གདམས་ལུགས། །ཞེས་ལུགས་གསུམ་དུ་བསྡུས་པའི་ཇོ་བོའི་ཆོས་ལུགས་དེ་ཐམས་ཅད་འགྲོམ་ལ་མངའ་བར་འོ་སྐོལ་གྱི་ལུགས་ཀྱིས་འདོད་པ་ཡིན། འགྲོམ་ལ་རྗེས་འབྲང་མང་ཡང་། གཙོ་བོར་གྲགས་པ་བརྒྱུད་པ་གསུམ་གྱི་ཆོས་ལུགས་སོ་སོར་འཛིན་པའི་སྤྲུས་གསུམ་མངའ་བ་ལས། འོ་སྐོལ་གྱི་འདི་ཉམས་སུ་ལེན་པའི་སྤྲུས་ཀྱི་ཐུ་བོ་ཕུ་ཆུང་བ་ནས་བརྒྱུད་པའི་ཟབ་ཆོས་ནོར་བུའི་ཕྲེང་བའི་ཆོས་ལུགས། ཐེག་ལེ་ཆེན་པོར་ལྷའི་ཕོ་བྲང་བསྐྱེད་ནས་བསྐྱེད་རྫོགས་ཟུང་འཇུག་རྗེས་དྲན་ལྡུ་དང་མི་འབྲལ་བའི་ངང་ནས། ཉམས་སུ་ལེན་པ་བྱིན་རླབས་ཀྱི་བརྒྱུད་པ་ཉིད་ཡིན་ཏེ། འགྲོམ་གྱི་ཞལ་ནས། དེ་བས་དཀྱིལ་འཁོར་འདི་བཞེངས་མཛོད། །མི་རྟོག་དབྱིངས་སུ་འོད་གསལ་བའི། །གཞལ་ཡས་ཚད་ལས་འདས་པར་བཞེངས། །གཙང་དང་མི་གཙང་རང་གྲོལ་བའི། །འོད་གསལ་ལྷ་ཚོགས་དཀྱིལ་འཁོར་བསྐྱེད། །ཀུན་མཁྱེན་སྤྲུལ་པས་ཀུན་ཁྱབ་པའི། །ནམ་མཁའ་ཁྱབ་པར་གར་གྱིས་ཁེངས། །བརྒྱད་ཁྲི་བཞི་སྟོང་མི་རྟོག་པའི། །ཐྲག་ཆས་འཇིག་རྟེན་ཁྱབ་པར་མཛོད། །རྒྱུ་རྐྱེན་ཉོན་མོངས་མ་ཁེགས་ན། །འབྲས་བུ་དེ་འདྲ་མི་ཁེགས་པས། །རྩ་བ་ཆོད་ལ་དབྱིངས་སུ་སྐྱུར། །བསྐྱེད་རིམ་ཡེ་ཤེས་སྐུ་མཆོག་ཡིན། །རྫོགས་རིམ་ཚོགས་གཉིས་མཐར་ཕྱིན་ཡིན། །ཡེ་ཤེས་ཤེས་བྱ་ཉིད་དང་མཉམ། །ཐུགས་རྗེའང་ནམ་མཁའ་ལྟ་བུར་ཡངས། །སྣང་བའི་གདན་ནི་པད་ཟླ་ཡིན། །སྐྱེ་བ་མང་སྟེ་རྫུས་སྐྱེས་ཡིན། །མངལ་ནི་མེ་ཏོག་སྦུབས་སུ་བཤད། །གྲོགས་ནི་

འོད་གསལ་ལྷ་ཚོགས་ཡིན། །ཡི་གེ་མེད་པའི་གནས་ལུགས་ལ། །འཁོར་གྱི་བསྐྱེད་རྫོགས་དེ་འདྲར་ཟད། །ཐ་སྙད་ཡི་གེ་ཧྲཱིཿ ལ་གྱིས། །ཨ་ཅང་སེར་པོའི་ཨོཾ་ལ་གྱིས། །ཨེ་མ་ལྷུང་གུའི་ཧཱུྃ་ལ་གྱིས། །མི་གཡོ་མཐིང་ནག་ཧཱུྃ་ཀྱང་ཡིན། །དེ་ལས་དེ་འདྲའི་གཞལ་ཡས་བསྐྱེད། །ཕུན་སུམ་ཚོགས་པའི་རང་བཞིན་ཏེ། །འཁོར་གྱི་བསྐྱེད་རྫོགས་ཙམ་དུ་ཟད། །ཨ་ཅང་ཡི་གེ་ཡི་གེས་སྟོང་། །ཡི་གེ་འགྱུར་བ་མི་རྟོག་བྲལ། །པད་ཟླ་ཉི་མའང་ཡེ་སྟོང་པ། །དེ་ལ་བཞུགས་པ་གང་བྲལ་བའི། །རྫོགས་པའི་སངས་རྒྱས་མཚུངས་མེད་ལ། །དཀོན་མཆོག་འདུས་པར་སྤྱི་བོས་གཏུགས། །ཞེས་གསུངས། དེ་ཡང་སྐྱབས་གནས་བླ་མ་རྗེས་སུ་དྲན་པ། ལུས་ཡི་དམ་ལྷ་རྗེས་སུ་དྲན་པ། ངག་བཟླས་བརྗོད་རྗེས་སུ་དྲན་པ། སེམས་ཅན་ཐམས་ཅད་རྩ་བའི་མར་རྗེས་སུ་དྲན་པ། སེམས་ཆོས་ཉིད་རྗེས་སུ་དྲན་པ་སྟེ་ལྔ་དང་མ་བྲལ་བའི་ငང་ནས་ཉམས་ལེན་ཐམས་ཅད་གྲུབ་སྟེ། སྔོན་འཁོར་གྱིས་ལྷ་བཞིའི་ཞལ་གཟིགས་པའི་དུས་སུ། སྒྲོལ་མའི་ཞལ་ནས། སྲས་ཀྱི་ཐུ་བོ་སྤྱན་རས་གཟིགས། །ཁྱོད་ཀྱི་རྗེས་འབྲང་པོ་མོས་སྐྱོབ། །པོ་མོའི་གདམས་པ་འདི་ཡོང་ལ། །རྗེས་སུ་འབྲང་ལ་བསྟན་པར་གྱིས། །སྐྱབས་གནས་བླ་མ་དྲན་པར་མཛོད། །ལུས་ནི་ལྷ་ཡི་རང་བཞིན་ལ། །ངག་ནི་བཟླས་བརྗོད་བརྩོན་པར་མཛོད། །འགྲོ་བ་མ་ལུས་ཕ་མར་སོམས། །སེམས་ཀྱི་གནས་ལུགས་སྟོང་པར་སྤྱོད། །ལྷ་པོ་དེ་ཡི་སྐྱེ་བར་ནས། །དགེ་རྩ་ཐམས་ཅད་དག་པར་མཛོད། །ཅེས་གསུངས་པ་ཡིན་ནོ། །དེ་ལྟ་བུའི་ཟབ་དོན་ཉམས་སུ་ལེན་པའི་གདམས་པ་འདི་བསྟན་པར་འོས་པའི་གང་ཟག་ཀྱང་། སྔར་འདུལ་བའི་ཚུལ་ཁྲིམས་ཀྱིས་རྒྱུད་མཛེས་པ། ཇོ་བོ་ཡབ་སྲས་ཀྱི་རྗེས་སུ་འཇུག་ཅིང་། དེ་གཉིས་ལ་རྩེ་གཅིག་ཏུ་དད་པས་བཀའ་གདམས་ཀྱི་ཆོས་ལུགས་སུ་ཡོངས་སུ་གྲགས་པའི་གཞུང་མན་ངག་རྣམས་ཐོས་བསམ་སྒོམ་གསུམ་གྱིས་རྒྱ་མ་ཆུངས་པར་སྦྱངས་པས། ད་མིའི་གྲལ་ནས་བུད་ནས་བསླབ་གསུམ་ཉམས་སུ་ལེན་པ་ལས་གཞན་བྱ་རྒྱུ་མེད་པ་དེ་ལ་

བཤད་པར་བྱ་སྟེ། ཇོ་བོའི་ཞལ་ནས། ཆོས་འདི་བསྟན་པའི་གནད་བཤད་ཉོན། །ང་དང་ཁྱོད་ལ་ཞེ་ཐག་པའི། །ངུར་སྨྲིག་གོས་ཀྱིས་ལུས་བརྒྱན་པ། །རྣམ་ཐར་སྙིང་པོ་སྙིང་དུ་ལེན། །འདུལ་བ་བཞིན་དུ་འདུལ་ཁྲིམས་བསྲུང་། །མདོ་སྡེ་བཞིན་དུ་ལྷག་བསམ་སྦྱོང་། །མངོན་པ་བཞིན་དུ་ལྷག་ཤེས་རྒྱས། །གཞི་མ་མ་འཆུགས་ཚུལ་ཁྲིམས་གཙང་། །ལམ་སྣ་མ་འཆུགས་ཚད་མེད་འགྲོ། །འབྲས་བུ་མི་འཆུགས་འཚང་རྒྱ་བའི། །སྐྱེས་བུ་དེ་ནི་འདི་བསྟན་ཡུལ། །འདི་ཡི་བྱ་བ་རྒྱབ་ཀྱིས་ཕྱོགས། །མི་གྲལ་ནས་བུད་རི་དྭགས་འདྲ། །འཕྲལ་ལ་ཟས་ཚོལ་བྱ་དང་འདྲ། །ཀོག་སྟེ་ལངས་པས་གཞིས་ཇོགས་པའི། །བྱར་མེད་དེ་ནི་བསྟན་ཡུལ་ཡིན། །ཞེས་གསུངས་སོ། །དེ་ལྟ་བུའི་སྣོད་ལྡན་དེས། འདི་ཉམས་སུ་བླངས་པས། གཞི་མ་འདུལ་བའི་ཚུལ་ཁྲིམས་ནས། གསང་སྔགས་ཀྱི་ཐེག་པའི་ཆོས་ཀྱི་བར་མི་འགལ་བར་སྟན་ཐོག་གཅིག་ཏུ་དྲིལ་ནས་ཉམས་སུ་ལེན་པ་ལ་མཁས་པའི་བཀའ་གདམས་པ་ཆེན་པོ། ལྟ་བ་མཐོ་ལ་སྤྱོད་པ་ཞིབ་པ། འབྲོམ་བཞིན་དུ་འབྱུང་སྟེ། དགེ་བའི་བཤེས་གཉེན་པ་ཉིད་ཀྱི་ཞལ་ནས། ཐེ་ཉེས་པའི་དྲི་མས་མ་གོས་དབྱིངས། །ད་ངས་སྟོང་ལྟ་བ་དབྱིངས་སུ་ཡལ། །ང་འཛིན་མེད་གཟུང་བ་དབྱིངས་སུ་ཡལ། །ཀྱེ་མི་སྣང་དགུ་སྣང་དཔག་མེད་ཀྱང་། །དུས་དང་པོར་འདི་ནས་བྱུང་ས་སྟོར། །དུས་ཐ་མར་འདིར་འགྲོ་ཅི་ཞིག་མཆི། །དུས་ད་ལྟ་གང་དང་མ་འབྲེལ་བ། །དུས་གསུམ་གྱི་སྟོང་པའི་ཆོས་ལུགས་ལ། །ཕར་བལྟར་མེད་ཡུལ་གྱིས་བསླུས་པར་འགྱུར། །ཚུར་བལྟར་མེད་རང་གིས་བསླུས་པར་འགྱུར། །ང་གཉིས་མེད་ཤེས་པ་བལྟར་མེད་པ། །ཀྱེ་ཡལ་ཡུལ་མང་སྟེ་རང་ཚུགས་ཞིག །ཕོ་བར་བུར་མང་སྟེ་དཔྱད་ན་འཇིག །ཁྱོད་མེད་བཞིན་དོན་མེད་ཅི་ལ་འཁྲུལ། །འཁྲོམ་ཤེལ་གྱི་མེ་ཏོག་རང་ཤར་ལ། །སྐྱུ་བདེན་མེད་སྣང་བའི་སངས་རྒྱས་ཁྱོན། །ལས་རྟེན་འབྲེལ་བཟང་སྟེ་བཟང་སྣང་ཡིན། །དེ་ཞེན་ན་འཆིང་བས་ཕ་ཚད་གྱུར། །ཨ་དེ་ཀུན་གཞི་མེད་ཚིག་གི་ལྷང་། །ཞེན་

བྱ་ཞེན་བྱེད་བློ་ཡིས་སྟོང་། །བློ་རང་ཚུགས་མི་ཐུབ་གསལ་ཙམ་ལ། །གནས་གང་ལ་ཇི་ལྟར་ཞེན་པར་གྱུར། །གསལ་བྱ་རྟོག་མེད་བདེ་སྟོང་ཡིན། །ཀྱེ་མ་དཔྱད་སྣ་ཚོགས་མཛེས་མཛེས་འདྲ། །ཧ་དཔྱད་ན་མི་གདའ་ཇི་ལྟར་ལགས། །ཨ་སྐྱེ་མེད་རང་གིས་སྟོང་པས་ལན། །ཕཊ་ད་ནི་རང་གྲོལ་ལྷུག་པར་ཞོག །འཁྲོམ་ཁོ་བོའི་འདུ་འཛིའི་སྤྱོད་ལུགས་ཡིན། །འཁྲོམ་ང་ཡི་དགོན་པ་དེ་འདྲ་གདའ། །ཀྱེ་དགའ་བར་སེམས་ཤིག་རྗེས་འབྲང་རྣམས། །ང་ཉན་ཐོས་ནང་ནས་བཀའ་གདམས་པ། །ཆོས་ལྷ་བའི་སྒྲུ་སྐད་དེ་སྒྲོག་ན། །ཁོང་ཐེག་ཆེན་ཁས་ལེན་ཇི་སྐད་ཟེར། །ལར་ཨ་ཝ་དྷཱུ་ཏིའི་རྗེས་འབྲང་བའི། །ཕ་ཨ་ཏི་ཤ་ཡི་རྗེས་འབྲང་ལ། །མི་ཐེག་དམན་ཡིན་ཞེས་ཐེག་ཆེན་སུ། །ང་བཙུན་པོ་རྫོངས་པར་མ་ཤོར་བ། །ཆོས་རྒྱལ་བའི་འབྱུང་གནས་བསྐྱངས་པའི་དྲིན། །ང་མཁས་པ་བཙུན་ཚུགས་མ་བཅོམ་པ། །ལས་རྒྱུ་འབྲས་ཟབ་མོ་བསྒོམས་པའི་དྲིན། །ང་བསྒོམས་པས་ཁ་ཏོན་མི་འཇོམས་པ། །བཀའ་མདོ་སྡེ་ཟབ་མོ་བལྟས་པའི་དྲིན། །ང་གློག་པས་བསམ་གཏན་མི་འཇོམས་པ། །རྗེ་བླ་མའི་མན་ངག་འཆུན་པའི་དྲིན། །ཆོས་ཐམས་ཅད་གཅིག་ཏུ་རབ་བསྡུས་ནས། །གནས་གདན་ཐོག་གཅིག་ཏུ་སྒོམ་ཤེས་པ། །ཀྱེ་དགའ་སྤྱད་ཆོས་ལ་བྱས་པའི་དྲིན། །རྗེ་སངས་རྒྱས་བྱ་བ་ཀུན་མཁྱེན་ཡིན། །དེ་སྤངས་རྟོགས་ཚོགས་གཉིས་མཐར་ཕྱིན་ཡིན། །ང་ཕ་མའི་དོན་དུ་དེ་འདོད་པས། །དུས་དང་པོར་ཐོས་པས་སྒྲོ་འདོགས་བཅད། །དུས་གཉིས་པར་བསམས་པས་སྒྲོ་འདོགས་བཅད། །དུས་གསུམ་པར་བསྒོམས་ནས་སྒྲོ་འདོགས་བཅད། །ཀྱེ་དེ་ཡང་གཅིག་ཉིད་མ་ཡིན་ཏེ། །ང་ཐོས་དུས་ཚེ་ན་བསམ་བསྒོམ་བསྡོ། །ང་བསམ་དུས་ཚེ་ན་ཐོས་བསྒོམ་བསྡོ། །ང་བསྒོམ་དུས་ཚེ་ན་ཐོས་བསམ་བསྡོ། །ང་གཅིག་ཏུ་མ་ལུས་བསྡོམས་བྱས་ནས། །ཆོས་ལམ་དུ་ཁྱེར་ནས་འགྲོ་ཤེས་པས། །ང་བཀའ་གདམས་ཕྱོགས་ཆར་མ་ལྷུང་བས། །དོན་རྒྱུ་འབྲས་བཞིན་དུ་འཁྲུལ་ཤེས་པའི། །ལེགས་ཀུན་ཏུ་གཏོགས་ཏེ་བཀའ་གདམས་ཡིན། །ཞེས་

གསུངས་པས་ན། ཆོས་ལུགས་འདི་ཉམས་སུ་ལེན་པ་གལ་ཆེ་བས། ཐེ་ཚོམ་གྱི་སྤྲོས་པ་ངོར་ལ་འདི་ལ་དད་གུས་རྩེ་གཅིག་ཏུ་བསྒོམ་པར་བྱའོ། །དེ་རྣམས་ཀྱིས་སྤང་བྱ་རྒྱུ་འབྲས་དང་། བླང་བྱ་རྒྱུ་འབྲས་བཤད་པ་སྟེ་ཚོ་ག་ལ་མི་འཇུག་པའི་གོང་དུ་ཡོང་དང་སྦྱར་ནས་ཞག་མང་དུ་བསམ་པར་བྱ་བའི་ཆོས་ཡིན་ནོ།། །།

༈ སྤྱི་དོན་གསུམ་པ་ཚོ་གའི་རིམ་པ་དང་སྦྱར་ནས། དེར་བགྲོད་པའི་ལམ་ཉམས་སུ་བླང་ཚུལ་བཤད་པ་ནི། སྤྱི་དོན་གསུམ་སྟེ། སྦྱོར་བ། དངོས་གཞི། རྗེས་སོ། །དང་པོ་ལ་གཉིས་ཏེ། གདུལ་བྱའི་སྣོད་བྱིན་གྱིས་བརླབ་པ་དང་། དེ་ཉིད་རྗེས་སུ་གཟུང་བའི་ཕྱིར་མཎྜལ་བཞེངས་པའི་ཚོ་གའོ། །དང་པོ་ལའང་གཉིས་ཡོད་པ་ལས། དང་པོ་སྦྱོར་བའི་སྦྱོར་བ། སློབ་དཔོན་རང་རྒྱུད་ལ་བསྐྱུལ་མ་གདབ་པ་ནི། སློབ་དཔོན་གྱིས་རྗེས་དྲན་ལྷ་གསལ་བཏབ་ནས། རང་གི་གནས་གསུམ་དུ་ཡི་གེ་གསུམ་བཀོད་དེ། སློབ་མ་རྣམས་ཀྱིས་ཐོས་ཙམ་དུ། སྟོན་འབྲོམ་ཆོས་ཀྱི་རྒྱལ་པོས་མཛད་པའི་དད་པའི་ལྟོན་ཤིང་ལན་གཅིག་གམ་གཉིས་སམ་གསུམ་ལ་སོགས་པ་ཡིད་ཆེས་པར་བསྒྲགས་ཏེ། དེའི་དཔེ་ནི་ལོགས་ན་བཞུགས་སོ། །གཉིས་པ་སྦྱོར་བ་ཉིད་དཔོན་སློབ་ཐུན་མོང་དུ་བྱ་བ་ནི། ཉིས་བརྒྱ་སུམ་ཅུ་པ་ནས་ཉིས་བརྒྱ་སོ་དྲུག་གི་བར་བདུན་ལེན་ནོ། སྐབས་འདིར་དཀོན་མཆོག་གི་དྲུང་དུ་ཅི་འབྱོར་བའི་མཆོད་པ་བཤམས་ནས། དཔོན་སློབ་ཐམས་ཅད་ཀྱིས་ཡན་ལག་བདུན་པ་མདོར་བསྡུས་སམ། རྒྱས་པ་གང་འགྲུབ་བྱས་ཏེ། དེ་ནས་མགྲིན་གཅིག་ཏུ་འབྲོམ་གྱིས་མཛད་པ་རྣམས་ལན་གསུམ་བརྗོད་དོ། །འདིའི་དཔེ་ཡང་ལོགས་ན་ཡོད་དོ། །གཉིས་པ་མཎྜལ་བཞེངས་པའི་སྐབས་འདིར། སྔར་ལུང་མ་ཐོབ་པ་རྣམས་གཞན་དུ་བཏང་ལ། སྣོད་དང་མི་ལྡན་པའི་གང་ཟག་གིས་དབེན་པའི་གནས་ཁང་དེའི་ཉིས་བརྒྱ་སོ་དྲུག་ཕྱི་ནས་ཉིས་བརྒྱ་སོ་དགུ་བར་བཞི་ཡར་ལེན་ནོ།ནང་གི་ཐིག་དཀར་པོ་ཨོཾ་གྱི་རྣམ་པ་ལོགས་རྣམས་ཀྱི། ཤར་སེར་པོ་མའི་རྣམ་པ། ལྷོ་དཀར་པོ་

ཆེའི་རྣམ་པ། ནུབ་སྟོན་པོ་པད་ཀྱི་རྣམ་པ། བྱང་ལྗང་གུ་མེའི་རྣམ་པ། འོག་གཞི་དཀར་པོ་ཧཱུྃ་གི་རྣམ་པར་མ་ཆེ་བགྲང་ཞིང་བྱུག་སྟེ། ཡིག་འབྲུ་རྣམས་མཚོན་པ་ཙམ་རེ་བྱ། གནམ་རྒྱན་དང་། བཀའ་གདམས་ལྷ་བཞིས་གཙོ་བྱས་པའི་རྟེན་གསུམ་ཚང་བར་བཤམས། དགེ་སློང་བཅུ་དྲུག་གམ། བརྒྱད་དམ། བཅུ་གཉིས་སམ། དྲུག་གམ། བཞིའམ། གཉིས་གང་འཛོམ་པས་སྣམ་སྦྱར་གྱོན་ཏེ། རྟེན་གསུམ་ལ་ཕྱག་བཙལ་ལ། ཇོགས་སངས་རྒྱས་དང་བྱང་ཆུབ་སེམས། །ཐུགས་རྗེ་ཅན་གྱིས་བདག་ལ་ནི། །མི་དགེའི་ལས་རྣམས་སྦྱང་བའི་ཕྱིར། །གསོ་སྦྱོང་དམ་པ་སྩོལ་བར་མཛོད། །ཅེས་གསོལ་བ་ལན་གསུམ་བཏབ་ལ། ཡང་། རྒྱལ་སྲས་རྣམས་ཀྱི་ཇི་ལྟ་བར། །བདག་ཀྱང་དེ་བཞིན་བསྒྲུབ་པར་བགྱི། །ཞེས་ལན་གསུམ་བརྗོད་པས། གསོ་སྦྱོང་བླངས་ནས། རང་རང་ཐུབ་པར་བསྐྱེད་པའི་གནས་གསུམ་དུ། ཡིག་འབྲུ་གསུམ་བཀོད་ལ། སྟོད་གཙང་མར་ཆུ་གཙང་མ་དྲི་བཟངས་བཏབ་པ་མདུན་དུ་བཞག་སྟེ། གནས་གསུམ་གྱི་ཡིག་འབྲུ་ལས་འོད་འཕྲོས་ནས་ཆུ་ལ་ཐིམ། ངག་ཏུའང་འབྲུ་གསུམ་བརྗོད་པ་ལས། ཆུ་དེ་ཟག་མེད་ཀྱི་ཡེ་ཤེས་ཀྱི་བདུད་རྩིར་བྱིན་གྱིས་བརླབས། དེ་ནས་ཆུ་ཙུང་ཟད་རེ་ཁྱེར་ནས་ཕྱོགས་བཞིའི་ལུང་པར་ཕྱིན་ཏེ། དེ་ན་གནས་པའི་ས་བདག་ཆུ་བདག་ལ་སོགས་པ་ལ། ཆུ་དེ་གཏོར་བས་ཁྲུས་བྱས་པར་བསམས་ལ། ངེད་ཆོས་ཀྱི་བྱ་བ་ཞིག་གི་སླད་དུ་འདི་ནས་ས་དང་ཆུ་དག་སློང་བས། ཁྱེད་རྣམས་ཀྱིས་བསམ་པ་བཟང་པོས་དགའ་བར་བྱིན་ལ་དགེ་བའི་སྐལ་བ་ཡོང་ཅིག་ཅེས་སྨྲས་ནས། དེ་རྣམས་ཀྱིས་དགའ་བར་ཡོང་ཅིག་ཟེར་བར་བསམས་ལ། ས་དང་ཆུ་གང་འདུག་གི་སྣ་ཚང་བར་བླང་། ཕྱོགས་ཐམས་ཅད་ཚང་བར་ལེན་པ་པོ་མེད་ན། གཅིག་གིས་ཕྱོགས་ཐམས་ཅད་ནས་བླངས་ལ་གནས་ཁང་དུ་སླེབ་པའི་ཚེ། ཕྱོགས་གང་ནས་བླངས་པའི་ས་དང་ཆུ་དག་རང་རང་གི་ཕྱོགས་སུ་མ་ནོར་བར་བཞག་ལ། དེ་ན་བཞུགས་པའི་བླ་མ་དང་རྟེན་གསུམ་གྱིས་གཙོ་བྱས་པ་ཐམས་

ཅན་ལ་ཕྱག་གསུམ་བཙལ་ནས། ཀྱེ་བླ་མ་དང་དགེ་འདུན་རྣམས་གསན་དུ་གསོལ། ཐམས་ཅད་བརྟེན་པའི་ས་ཆེན་པོ་འདི་ནི། གང་ལ་བླངས་པས་དེ་ཡང་མགུ་ལ། དེ་ཐམས་ཅད་ཀྱང་སྐལ་བ་དང་ལྡན་པར་ཕོ་བོས་བྱིན་གྱིས་བརླབས་སོ། །ཐམས་ཅད་སྤུད་པར་བྱེད་པའི་ཆུ་འདི་ནི་གང་ལ་བླངས་པས་དེ་ཡང་མགུ་ལ། དེ་ཡང་ཕོ་བོས་རྟོག་པ་མེད་པར་བྱས་སོ། །ད་ནི་གང་ནའང་བར་ཆོད་དང་རྐྱེན་ངན་པ་མི་གདའ་བས། བླ་མ་དང་དགེ་འདུན་གྱིས་གཞལ་ཡས་ཁང་བཞེངས་སུ་གསོལ། ཞེས་ལེན་པ་པོ་གཅིག་ཡིན་ན་ལན་གཅིག་པོས་ཁྱབ། བཞི་ཡིན་ན་རིམ་པས་རེ་རེས་དེ་སྐད་ཅེས་བརྗོད་དོ། །དེ་མ་ཐག་ཏུ་དེར་གནས་པ་ཐམས་ཅད་ཀྱིས་མགྲིན་གཅིག་ཏུ། ཕུན་སུམ་ཚོགས་པ་མངའ་བ་གསེར་གྱི་རི་བོ་འདྲ། །འཇིག་རྟེན་གསུམ་གྱི་མགོན་པོ་དྲི་མ་གསུམ་སྤངས་པ། །སངས་རྒྱས་པདྨ་རྒྱས་པ་འདབ་འདྲའི་སྤྱན་མངའ་བ། །འདི་ནི་འཇིག་རྟེན་དགེ་བའི་བཀྲ་ཤིས་དང་པོའོ། །དེ་ཡིས་ཉེ་བར་བསྟན་པའི་མཆོག་རབ་མི་གཡོ་བ། །འཇིག་རྟེན་གསུམ་ན་གྲགས་ཤིང་ལྷ་དང་མིས་མཆོད་པ། །ཆོས་ཀྱི་དམ་པ་སྐྱེ་རྒུ་རྣམས་ལ་ཞི་བྱེད་པ། །འདི་ནི་འཇིག་རྟེན་དགེ་བའི་བཀྲ་ཤིས་གཉིས་པའོ། །དགེ་འདུན་དམ་པ་ཆོས་ལྡན་ཐོས་པའི་བཀྲ་ཤིས་ཕྱུག །ལྷ་དང་མི་དང་ལྷ་མ་ཡིན་གྱིས་སྦྱིན་པའི་གནས། །ཚོགས་ཀྱི་མཆོག་རབ་ངོ་ཚ་ཤེས་དང་དཔལ་གྱི་གཞི། །འདི་ནི་འཇིག་རྟེན་དགེ་བའི་བཀྲ་ཤིས་གསུམ་པའོ། །ཞེས་ལན་གསུམ་ལ་སོགས་པའི་བར་དུ་བརྗོད་དོ། །དེ་ནས་ཕྱོགས་བཞིར་རྒྱལ་ཆེན་བཞིའི་གཏོར་མ་མཆོད་པ་དང་བཅས་པ་རེ་དང་། བགེགས་གཏོར་ཅིག་ཀྱང་བཤམས་ལ། དེ་རྣམས་རིམ་པ་བཞིན་དུ་ཕུལ་ལ་འཕྲིན་ལས་བཅོལ། བཤད་སྦྱང་བྱས་ལ། བགེགས་གཏོར་གཏོང་བ་དང་མཉམ་དུ་བགེགས་བསྐྲད་པར་བྱའོ། །དེ་ནས་ཐམས་ཅད་ཀྱང་ཐུབ་པར་རབ་ཏུ་གསལ་བཏབ་ལ་འབྲུ་གསུམ་དང་། མ་ཧཱ་བཛྲ་ཞིང་། ས་སྟ་ཆུ་སྟ་བླངས་པ་དེ་དག་སོ་སོ་ལས་བཟང་པོ་དང་། སྟར་

བཞིན་བྱིན་རླབས་བྱས་པའི་ཆུས་གཙོ་བྱས་པ་མང་དུ་བསྟན་ལ་འཛིམ་པ་སྦྱར་ཏེ། ཕྱོགས་བཞི་ནས་སྐེགས་བུ་བཞེངས། སྐེགས་བུ་རྙིང་པ་ཡོད་ན་དེའི་ཕྱོགས་བཞི་ནས་བྱུག །ཐང་མཉམ་པ་ལ་བྱེད་ན་དེ་ལའང་བྱུག་པ་ཙམ་བྱའོ། །དེ་ནས་ཐམས་ཅད་ཀྱིས། ཨོཾ་སྭ་བྷཱ་ཝ་ཤུད་དྷོཿསརྦ་དྷརྨཱ་སྭ་བྷཱ་ཝ་ཤུད་དྷོ྅་ཧཾ། ཞེས་བརྗོད་པས་སྟོང་བཅུད་མཐའ་དག་སྟོང་པར་བསམ། དེའི་ངང་ནས། ཕྱི་བཀོད་པ་བསམ་གྱིས་མི་ཁྱབ་པའི་སྤྱན་རས་གཟིགས་བསྐྱེད། དེའི་ཐུགས་ཀར་མི་མཇེད་ཀྱི་བཀོད་པའི་ཐུབ་པ་བསྐྱེད། དེའི་ཐུགས་ཀར་བོད་ཁམས་ཀྱི་བཀོད་པའི་སྤྱན་རས་གཟིགས་བསྐྱེད། དེའི་ཐུགས་ཀར་རང་རང་གི་གནས་ཁང་གི་སྤྱན་རས་གཟིགས་བསྐྱེད་ལ། དེའི་ཐུགས་ཀར་མནྡལ་བཞེངས་པར་བསམས་ལ། ཐིག་གདབ་པར་བྱ་སྟེ། འཇའ་རིས་པདྨའི་ས་བཞག་ནས། །ཚངས་ཐིག་དང་པོ་བཏབ་པ་དེ། །ཆ་བཞིར་བགོས་ལ་མཚན་མ་བྱ། །གཉིས་ཀྱི་ཚད་མཉམ་ཐིག་སྐུད་ལའང་། །ཚངས་ཐིག་རྩེ་མོ་རྙེད་བྱའི་ཕྱིར། །བཞི་ཆ་བཞི་ཆའང་བསྟན་བྱས་ལ། །ཤར་ནུབ་ཕྱེད་ཀྱི་དབུས་བཟུང་ནས། །ལྷོ་བྱང་བྱ་རོག་རྗེས་བྱས་ལ། །ཚངས་ཐིག་གཉིས་པ་གདབ་པར་བྱ། །དེ་ནས་ཚངས་ཐིག་ཕྱེད་ཚད་ཀྱིས། ཚངས་པའི་ཐིག་རྩེར་བཟུང་བྱས་ནས། །ཟུར་བཞིར་བྱ་རོག་རྗེས་བཅལ་ལ། །ཟུར་ཐིག་ལོགས་ཐིག་གདབ་པར་བྱ། །དེ་ནས་ལོ་བརྒྱབས་གསུམ་སྐེང་ནས། །ཐིག་རིངས་བཞི་བཏབ་ཐིག་ཐུང་དྲུག །སྣར་ཡང་སྔ་མའི་ཐིག་རིངས་བཞིན། །ཕྱི་ནང་དབུས་དོར་མཐའ་གཉིས་གདབ། །དབུས་གཉིས་ནང་མ་ཕྱེད་ཕྱི་ཕྱེད། །དབུས་ཕྱི་བཞིར་བགོ་སྣར་ཡང་ནི། །སྔ་མོའི་ཐིག་ཐུང་དང་མཚུངས་པས། །དང་པོ་ཕྱེད་བགོ་ཕྱེད་ཕྱི་བགོ །གཉིས་པ་བཞིར་བགོ་ཐིག་ཐུང་བཅུའོ། །དེ་ནང་མནྡལ་བཅོ་ལྔ་པོའང་། །རྟ་བབས་བཅས་པར་བཞེངས་འདོད་ན། །ཕྱི་མའི་ནང་མ་ནང་མ་ཀུན། །བཞི་བཞིར་བགོས་ལ་ཕྱི་མ་གཉིས། །ཕྱེད་ཕྱེད་ནས་བགོས་བཞིར་གྱུར་ནས། །ཕྱི་ནང་གཉིས་པོའི་དབུས་དོར་

ལ། །མཐའ་གཉིས་བཏབ་སོགས་ཕྱི་དང་མཚུངས། །ནང་རྣམས་རྟ་བབས་མེད་འདྲི་ན། །ཕྱི་མ་ཕྱི་མའི་ནང་ནས་ནི། །ཕྱི་མའི་ཆ་ཕྲན་ཙམ་པོར་ནས། །གསུམ་བགོ་ཕྱི་མ་གཉིས་བགོས་ལ། །ནང་མ་དབུས་དོར་མཐའ་གཉིས་གདབ། །ཕྱི་མ་ཕྱེད་བགོ་ཕྱེད་ཕྱིའང་བགོ །དེ་ནས་ཐིག་ཐུང་དག་གིས་ནི། །སུམ་ཆའི་ཚད་དུ་བགོས་བྱས་ལ། །དེ་ཡི་ནང་མ་གཉིས་སུ་བགོ། །དེ་ནང་ཕྱེད་གདབ་ཕྱེད་ཕྱིའང་བགོ །དེ་ཡི་ཕྱི་མ་བཞིར་བགོ་བྱ། །དེ་དག་མི་ཤོང་ཐམས་ཅད་ཀྱང་། །རྟ་བབས་མེད་པར་སུམ་ཆ་ཡི། །ཚུལ་གྱིས་གདབ་བྱ་དེ་ཡང་ནི། །མི་ཤོང་རྒྱས་བསྡུས་དཔྱད་ལ་བྲི། །གཅིག་གམ་གཉིས་སམ་གསུམ་བཞི་སོགས། །བླ་མ་ལྷ་བཞི་སོགས་དང་སྦྱར། །ཀུན་དབུས་འདབ་བཞི་ལྷ་ཡིན་ཏེ། །ལྟེ་བ་བླ་མའི་ཕོ་བྲང་ངོ་། །ཞེས་བྱ་བའི་ཚུལ་འདིས་བཏབ་ལ། ཚོན་བཀྱེ་བ་ནི། པདྨའི་ལྟེ་བ་དཀར། འདབ་བཞིའི་ཤར་སེར། ལྷོ་དཀར། ནུབ་མཐིང་ག །བྱང་ལྗང་གུ་སྟེ། ཕྱོགས་ཚོན་དུ་བྱ་བ་རྣམས་ཀྱང་དེའི་རིམ་པ་བཞིན་བྱའོ། །ཀྲུ་ཆད་རྣམས་སུ་ལྷ་མོ་དང་། སྒོ་བཞི་ལ་རྒྱལ་ཆེན་བཞི་བཀོད། ཟུར་དང་ལོགས་རྣམས་སུ་མཆོད་རྟེན་དཀར་པོ་མང་དུ་བྲི། མཐའི་ཁོར་ཡུག་ནང་མ་ལ་པད་འདབ་སྟོང་ཚང་བའམ། གང་ཤོང་མང་དུ་བྲི། དེའི་ཕྱི་རུ་འཇའ་ཚོན་སྣ་ལྔས་བསྐོར། ཉ་བ་ཉ་ཕྱེད་དང་། རྟ་བབས་སྣམ་བུ་བཞི་མ་དང་། ཆོས་འཁོར་དང་། དེའི་པད་གདན་དང་། འཁོར་ལོའི་སྟེང་དུ་གདུགས་རྣམས་ཀྱི་ལུགས་བཞིན་བྲིའོ། །དེ་ནས་རྫས་དགོད་པ་ནི། བུམ་པ་འཛོམ་ན། དབུས་སུ་ལྔ་བ་ལ་གཅིག །དེའི་སྟེང་དུ་གཅིག །ཕྱོགས་བཞིར་རེ་རེ་སྟེ་དྲུག་གམ། ཡང་ན་དབུས་སུ་གཅིག་སྟེ་ལྔའམ། དབུས་ཀྱི་གཅིག་པོ་ལ་བརྟེན་པར་ཡང་བྱ། དེ་ཐམས་ཅད་ཀྱང་བུམ་རྫས་ལྔ་ཚན་ལྔ་དང་། དྲི་བཟངས་དང་། འོ་མའི་རྒྱུ་དང་། ཁ་རྒྱན་དང་། གཟུངས་ཐག་ཀྱང་བཞིའམ་གཅིག་གི་བར་དུ་བཏགས་པར་བྱའོ། །བུམ་པ་མེད་པའི་གཏོར་མ་ལ་བརྟེན་པའང་མཛད་དེ་བུམ་པ་ཅན་འཐད་གསུང་ངོ་། །དེ་ནས་འཁྱོར་པ་དང་བསྟུན་

ལ། ཕོ་བྲང་གི་སྟེང་དུ་བླ་མ་རྣམས་ཀྱི་གཏོར་མ་དང་། ལྷ་བཞིའི་དང་ལྷ་བཤམ། ཡང་ན་ཐམས་ཅད་དབྱེར་མེད་པའི་གཅིག་བཤམ། དེའང་མི་ལྡོགས་ན། སྔར་བགེགས་བསྐྲད་ཀྱི་དུས་ཀྱི་རྒྱལ་ཆེན་གྱི་གཏོར་མ་བཞི་པོ་གསོས་ལ། ཕྱོགས་བཞིར་དགོད། དཀར་པོ་བརྒྱད་ཅུས་གཙོ་བྱས་པའི་ཆོས་སྐྱོང་སྤྱིའི་གཅིག་དང་། བསྟན་མ་རྣམས་ཀྱི་གཅིག་སྟེ་གཡས་སུ་སྒྲིག །འགྲོ་དྲུག་སྤྱི་དང་། གཞི་བདག་གི་གཅིག་གཡོན་དུ་སྒྲིག་གོ །དེ་ཐམས་ཅད་དཀར་གསུམ་མངར་གསུམ་གྱིས་བརྒྱན་པའི་འཛིན་གཏོར་དུ་བྱའོ། །མར་མེ་ལ་སོགས་པའི་མཆོད་པ་རྣམ་པ་ལྔ་པོའང་ཚ་བཅུ་དྲུག་བཅུ་དྲུག་གིས་ཕྱོགས་ཐམས་ཅད་བསྐོར། དྲི་བཟངས་ཀྱི་ཆུ་མཆོག་ཏུ་མང་བར་བྱའོ། །དེ་ནས་སྔར་ལུང་ཐོབ་པའི་དགེ་སློང་བཞི་ལ་སོགས་པ་གང་གྲུབ་ཀྱིས། སྐྱབས་འགྲོ་སེམས་བསྐྱེད་དང་ལྡན་པས། ཐིག་ལེའི་བསྐྱེད་ཆོག་བྱས་ལ་གཟུངས་ཐག་འཐེན་ཅིང་བསྒྲེན་པ་ལ་འཇུག་སྟེ། ཐུབ་པའི་ཤར། སྤྱན་རས་གཟིགས་ཀྱི་ལྷོ། མི་གཡོ་བའི་ནུབ། སྒྲོལ་མའི་བྱང་ནས་བཟླས་སོ། །ཐམས་ཅད་ནས་མི་འཕོབས་ན། གང་འཕོབས་པའི་ཕྱོགས་ནས་ལྷ་བཞི་ཆར་གྱི་བཟླས་པ་བྱའོ། །དགེ་སློང་མདོ་དབྱངས་ཤེས་པ་གང་གྲུབ་ཀྱིས་ས་གཞི་བྱིན་རློབ་དང་། སྤྱན་འདྲེན་དང་། བསྟོད་དབྱངས་མཆོད་འབུལ་ལ་སོགས་པའི་དབྱངས་བྱའོ། །དེ་རྣམས་ནི་སློབ་མ་གསར་པ་རྗེས་སུ་འཛིན་པ་ལ་ལྟོས་ནས་སྦྱོར་བའི་ཚོ་ག་སྟེ་རྒྱས་པར་བཤད་ཟིན་ཏོ།། །།

༄ གཉིས་པ་དངོས་གཞི་ཐིག་ལེ་བཅུ་དྲུག་བསྟན་པ་ནི། དེ་ནས་དགེ་སློང་སྔམ་སྔར་གོན་པ་ཞིག་གིས་དྲི་བཟངས་ཀྱི་ཆུ་ཁྱེར་ནས། ཕྱིའི་ལུང་མ་ཐོབ་པ་དང་། ཁྱད་པར་དུ་ཁྱིའུ་དང་བུ་མོ་གཙང་མ་བཅུ་དྲུག་གམ། བརྒྱད་དམ། བཅུ་གཉིས་སམ། དྲུག་གམ། བཞིའམ། གཉིས་ཡན་ཆད་རྣམས་ཀྱང་ཁྲུས་བྱེད་དུ་གཞུག །ཁྱིའུ་དང་བུ་མོ་ཀུན་རིགས་ལྡནའམ། ལྷ་བཞིའི་ཁ་དོག་དང་ལྡན་པའི་གོས་སམ། ཡང་ན་ཁྱིའུ་རྣམས་དཀར་

པོ། བུ་མོ་རྣམས་ལྷང་ཀུའི་གོས་གྱོན་དུ་གཞུག །ཁྱོའུ་དང་བུ་མོ་འདིས་སྤོས་འབུལ་བ་ལ་སོགས་པ་ཐམས་ཅད་ལ་བསླབ་ཅིང་། མཆོད་རྫས་ཐམས་ཅད་ཕྱི་ནས་བཏང་ལ་འོང་། ཐམས་ཅད་ཀྱིས་ཀྱང་ནང་དུ་དཀྱིལ་འཁོར་མཐོང་མ་ཐག་ཏུ་ཕྱག་དང་བསྐོར་བ་གྱིས་ཤིག་བྱས་ལ་ནང་དུ་འོངས་ནས་དེ་བཞིན་དུ་བྱའོ། །དེ་ནས་སློབ་དཔོན་ལ་ཕྱག་གསུམ་བཙལ་ཏེ། སློབ་དཔོན་གྱི་རྗེས་སུ་ཟློ་ཞིང་གསོལ་བ་བཏབ་པ་ནི། ཕྱོགས་བཅུ་ན་བཞུགས་པའི་སངས་རྒྱས་དང་བྱང་ཆུབ་སེམས་དཔའ་ཐམས་ཅད་བདག་ལ་དགོངས་སུ་གསོལ། སློབ་དཔོན་བདག་ལ་དགོངས་སུ་གསོལ། བདག་མིང་འདི་ཞེས་བགྱི་བས། ཉེས་དམིགས་ཅན་གྱི་འཁོར་བ་འདི་སྤངས་ཏེ། ཐར་པའི་ཡོན་ཏན་ཐོབ་པར་འཚལ་བས། སློབ་དཔོན་གྱིས་དེའི་ལམ་བསྟན་དུ་གསོལ་ཞེས་ལན་གསུམ་བྱ། སློབ་དཔོན་གྱིས་དེའི་ལན། མིང་འདི་ཞེས་བྱ་བ་ཁྱོད་རྣམས་འཁོར་བའི་འདམ་ལས་འདའ་བར་བྱེད་པའི་ལམ་ཐུན་མོང་མ་ཡིན་པ་ང་ལས་ཉན་པར་འདོད་དམ། ཞེས་ལན་གཅིག་དྲི། སློབ་མས་དེ་ཁོ་ན་ལྟར་འཚལ་བས་ཐུགས་བརྩེ་བ་ཅན་སློབ་དཔོན་ཁྱེད་ཀྱིས་ཐུགས་བརྩེ་བའི་སྒད་དུ་བདག་ལ་ཐུགས་བརྩེ་བར་མཛད་དུ་གསོལ། ཞེས་ལན་གཅིག་བརྗོད། དེ་ནས་སློབ་དཔོན་གྱིས། སྔོན་སངས་རྒྱས་ཀྱིས་ཆོས་མཐའ་ཡས་པ་གསུངས་པས། དེང་སང་ཆོས་ལུགས་མི་འདྲ་བ་མང་ཡང་། འོ་སྐོལ་ཇོ་བོ་ཆེན་པོ་སྤྲུལ་པའི་སྐུ་དེའི་རྗེས་སུ་སློབ་པ་ཡིན། ཇོ་བོ་ལ་བླ་མ་བརྒྱུད་པ་གསུམ་གྱི་ཆོས་མཐའ་རྫོགས་པར་མངའ་ཞིང་། དེའི་སློབ་མ་གཙོ་བོར་ཁུ་རྔོག་འབྲོམ་གསུམ་དུ་གྲགས་ཀྱང་། ཇོ་བོའི་ཡོན་ཏན་རྫོགས་པར་མངའ་བའི་འབྲོམ་གྱི་རྗེས་སུ་སློབ་པ་ཡིན། དེ་ལ་ཡང་བརྒྱུད་པ་གསུམ་དུ་སྤྲོལ་འཛིན་པ་མངའ་བ་ལས། འོ་སྐོལ་གྱི་འདི་ཉམས་ལེན་བྱིན་རླབས་ཀྱི་བརྒྱུད་པ་ཡིན་ཏེ། བླ་མ་ཡབ་སྲས་ནས་བཟུང་ནས་བཀའ་གདམས་པ་ཆེན་པོ་རྣམས་སྙན་ནས་སྙན་དུ་བརྒྱུད། ཐུགས་ནས་ཐུགས་སུ་བརྒྱུད་པ། མར་མེ་མཛད་དང་སྤྱན་རས་གཟིགས། །ཤེས་

རབ་མཆོག་ལྡན་ཤེས་རབ་རྒྱལ། །གཞོན་ནུ་རྒྱལ་མཚན་རྣལ་འབྱོར་པ། །རིན་ཆེན་རྒྱལ་མཚན་དེ་ཡི་སྲས། །དར་མ་རྒྱལ་མཚན་དེ་ཡི་སྲས། །བྱང་ཆུབ་བཟང་པོ་མཆོག་ཏུ་བསྔགས། །ཐུན་མོང་མ་ཡིན་མཆོག་ཏུ་བསྔགས། །ཞེས་སློབ་དཔོན་ནམ་མཁའ་རིན་ཆེན་གསུང་བ་དེ་བཞིན་དུ་རིམ་པ་ལྟར་དིང་སང་གི་བར་དུ་བརྒྱུད་ནས། ཉམས་སུ་བླང་དུ་ཡོད་པས་བསྔོམ་པ་གལ་ཆེའོ། ། སྔར་ཡང་སྦྱོར་ཆོག་གི་རིམ་པ་མང་དུ་བཤད་མོད་ཀྱིས། འདིར་ཡང་འཁོར་བའི་ཉེས་དམིགས་ལ་འཇིགས་སྐྲག་ཆེན་པོ་དང་། མྱ་ངན་ལས་འདས་པའི་ལམ་ལ་སྤྲོ་བའི་བསམ་པས་སྐྱབས་འགྲོ་དང་སེམས་བསྐྱེད་སྤྱི་དང་མཐུན་པར་རྒྱས་པ་བྱ། ཡང་ན་སྔར་བློའི་སྦྱོང་ཚུལ་རྣམས་ཞིབ་ཏུ་བསྟན་ཟིན་པས། འདིར་བཤད་པ་མང་པོ་མི་བྱ་བར། སྐྱབས་འགྲོ་སེམས་བསྐྱེད་ཚོ་ག་དངོས་ཙམ་ལ་བརྟེན་ཏེ། ཕྱོགས་བཅུ་ན་བཞུགས་པའི་སངས་རྒྱས་དང་བྱང་ཆུབ་སེམས་དཔའ་ཐམས་ཅད་བདག་ལ་དགོངས་སུ་གསོལ། སློབ་དཔོན་བདག་ལ་དགོངས་སུ་གསོལ། ཕྱོགས་བཅུ་ན་བཞུགས་པའི་སངས་རྒྱས་དང་བྱང་ཆུབ་སེམས་དཔའ་ཐམས་ཅད་དང་། སློབ་དཔོན་གྱིས་བདག་མིང་འདི་ཞེས་བགྱི་བ་དཀོན་མཆོག་གསུམ་ལ་སྐྱབས་སུ་འགྲོ་བར་མཛོད། ཅེས་གསོལ་འདེབས་ལན་གསུམ་དུ་བྱ། དེ་ནས་ཡང་། དགོངས་སུ་གསོལ་དེ་ཉིད་དང་། དུས་ཀྱི་ཁྱད་པར་རྣམས་དཀོན་མཆོག་གསུམ་རེ་རེའི་སྔོན་དུ་འང་འདྲ་བར་བཏང་ལ། བདག་མིང་འདི་ཞེས་བགྱི་བ། དུས་འདི་ནས་བཟུང་སྟེ། ཇི་སྲིད་འཚོའི་བར་དུ། རྐང་གཉིས་རྣམས་ཀྱི་མཆོག་སངས་རྒྱས་བཅོམ་ལྡན་འདས་རྣམས་ལ་སྐྱབས་སུ་མཆིའོ། །ཞི་བ་འདོད་ཆགས་བྲལ་བ་རྣམས་ཀྱི་མཆོག་ཆོས་རྣམས་ལ་སྐྱབས་སུ་མཆིའོ། །ཚོགས་རྣམས་ཀྱི་མཆོག་འཕགས་པའི་དགེ་འདུན་རྣམས་ལ་སྐྱབས་སུ་མཆིའོ། །ཞེས་ལན་གསུམ་གྱིས་སྐྱབས་འགྲོ་ཐུན་མོང་བ་བླང་ངོ་། །དེ་ནས་སེམས་བསྐྱེད་པར་གསོལ་བ་བཏབ་སྟེ། ཕྱོགས་བཅུ་ན་བཞུགས་པའི་སངས་རྒྱས་དང་བྱང་

ཆུབ་སེམས་དཔའ་ཐམས་ཅད་བདག་ལ་དགོངས་སུ་གསོལ། སློབ་དཔོན་བདག་ལ་དགོངས་སུ་གསོལ། ཇི་ལྟར་སྔོན་གྱི་དེ་བཞིན་གཤེགས་པ་དགྲ་བཅོམ་པ་ཡང་དག་པར་རྫོགས་པའི་སངས་རྒྱས་རྣམས་དང་། ས་ཆེན་པོ་ལ་རབ་ཏུ་བཞུགས་པའི་བྱང་ཆུབ་སེམས་དཔའ་ཆེན་པོ་རྣམས་ཀྱིས། དང་པོར་བླ་ན་མེད་པ་ཡང་དག་པར་རྫོགས་པའི་བྱང་ཆུབ་ཏུ་ཐུགས་བསྐྱེད་པ་དེ་བཞིན་དུ། བདག་མིང་འདི་ཞེས་བགྱི་བ་ལ་ཡང་། སློབ་དཔོན་གྱིས། བླ་ན་མེད་པ་ཡང་དག་པར་རྫོགས་པའི་བྱང་ཆུབ་ཏུ་སེམས་བསྐྱེད་པར་མཛོད་ཅིག །ཅེས་ལན་གསུམ་བྱ། དེ་ནས་སྐྱབས་འགྲོ་ཁྱད་པར་ཅན་བྱ་བ་ནི། དུས་འདི་ནས་བཟུང་སྟེ་ཇི་སྲིད་བྱང་ཆུབ་སྙིང་པོ་ལ་མཆིས་ཀྱི་བར་དུ་ཞེས་པའི་དུས་དང་། ཚོགས་རྣམས་ཀྱི་མཆོག །འཕགས་པ་བྱང་ཆུབ་སེམས་དཔའ་ཕྱིར་མི་ལྡོག་པའི་དགེ་འདུན་ཆེན་པོ་རྣམས་ལ་སྐྱབས་སུ་མཆིའོ། །ཞེས་པའི་སྐབས་དེ་གཉིས་བསྒྱུར་བ་ལས། གཞན་རྣམས་ཐུན་མོང་བའི་ཚོ་ག་དང་འདྲའོ། །དེ་ནས་སེམས་བསྐྱེད་པ་ནི། དགོངས་སུ་གསོལ་གོང་བཞིན་དུ་བྱས་ལ། བདག་མིང་འདི་ཞེས་བགྱི་བས་སྐྱེ་བ་འདི་དང་སྐྱེ་བ་གཞན་དང་གཞན་དག་ཏུ། སྦྱིན་པའི་རང་བཞིན་དང་། ཚུལ་ཁྲིམས་ཀྱི་རང་བཞིན་དང་། བསྒོམས་པའི་རང་བཞིན་གྱི་དགེ་བའི་རྩ་བ་ཅི་བགྱིས་པ་དང་། བགྱིད་དུ་སྩལ་བ་དང་། བགྱིད་པ་ལ་རྗེས་སུ་ཡི་རང་བའི་དགེ་བའི་རྩ་བ་དེས། ཇི་ལྟར་སྔོན་གྱི་དེ་བཞིན་གཤེགས་པ་དགྲ་བཅོམ་པ་ཡང་དག་པར་རྫོགས་པའི་སངས་རྒྱས་རྣམས་དང་། ས་ཆེན་པོ་ལ་རབ་ཏུ་བཞུགས་པའི་བྱང་ཆུབ་སེམས་དཔའ་ཆེན་པོ་རྣམས་ཀྱིས། དང་པོར་བླ་ན་མེད་པ་ཡང་དག་པར་རྫོགས་པའི་བྱང་ཆུབ་ཏུ་ཐུགས་བསྐྱེད་པར་མཛད་པ་དེ་བཞིན་དུ། བདག་མིང་འདི་ཞེས་བགྱི་བས་ཀྱང་། དུས་འདི་ནས་བཟུང་ནས་ཇི་སྲིད་བྱང་ཆུབ་ཀྱི་སྙིང་པོ་ལ་མཆིས་ཀྱི་བར་དུ། བླ་ན་མེད་པ་ཡང་དག་པར་རྫོགས་པའི་བྱང་ཆུབ་ཆེན་པོ་ལ་སེམས་བསྐྱེད་པར་བགྱིའོ། །སེམས་ཅན་མ་བསྒྲལ་བ་རྣམས་

བསྒྲལ་བར་བགྱིའོ། །མ་གྲོལ་བ་རྣམས་དགྲོལ་བར་བགྱིའོ། །དབུགས་མ་ཕྱུང་བ་རྣམས་དབུགས་དབྱུང་བར་བགྱིའོ། །ཡོངས་སུ་མྱ་ངན་ལས་མ་འདས་པ་རྣམས་ཡོངས་སུ་མྱ་ངན་ལས་འདའ་བར་བགྱིའོ། །ཞེས་ལན་གསུམ་གྱིས་སེམས་བསྐྱེད། དེ་ནས་ཐིག་ལེ་བཅུ་དྲུག་པོ་རྣམས་སློབ་དཔོན་གསུང་བའི་རྗེས་སུ། སློབ་མ་རྣམས་བསྒོམ་དུ་བཅུག་ཅིང་། སོས་གདལ་ལ་བློ་ཡུལ་དུ་ངེས་པར་བསླབ། བཟླས་པའི་སྐབས་སུ་སླེབ་པ་ན། བསྙེན་པ་ཙམ་བྱེད་པ་ཡིན། དེ་ཡང་དབང་པོ་རབ་ལ་ཞག་གཅིག་ལ་ཐིག་ལེ་བཅུ་དྲུག་པོ་རྫོགས་པའམ། དབང་པོ་འབྲིང་མན་ཆད་ལ་ཞག་རེ་ལ་ཐིག་ལེ་རེ་རེ་རྫོགས་པར་བཅུ་དྲུག་པོ་རིམ་གྱིས་སྟོན་པ་ཡིན་ཏེ། དང་པོ་ནི། ཨོཾ་སྭ་བྷཱ་ཝ་ཤུད་དྷཿསརྦ་དྷརྨཱཿསྭ་བྷཱ་ཝ་ཤུད་དྷོ྅ཧཾ། ཞེས་བརྗོད་པས་སྟོད་བཅུད་མཐའ་དག་སྟོང་པར་བསམ། དེའི་ངང་ལས་རང་རང་གི་སེམས་ཉིད་ཐིག་ལེ་དཀར་པོ་གསལ་ལ་རྟོག་པ་མེད་པ་ཤེལ་གྱི་སྒོ་ངའམ། འོད་ཀྱི་རྣམ་པ་ལྷར་ཧྲིལ་ཧྲིལ་བ། བསྐྱེད་ན་སྤྲུལ་པ་མ་ལུས་པ་བསྐྱེད་པར་ནུས་པ། སློད་ན་རང་བཞིན་གྱི་དབྱིངས་སུ་ཡལ་ཏེ་འགྲོ་བ་ཅིག་བསྒོམ། དེ་རྒྱ་རྗེ་ཆེ་འཕང་རྗེ་མཐོ་ལ་སོང་བས། རང་ཉིད་ཐུགས་རྗེ་ཆེན་པོ། ངོ་བོ་ཐུབ་པ་དང་དབྱེར་མེད་པའི་ལོངས་སྐུར་བསམ། དེའི་ངང་ལས་རང་གི་མདུན་དུ་པཾ་དཀར་པོ་ཅིག་བྱུང་བ་ལས། ནམ་མཁའ་གར་ཁྱབ་ཏུ་ཁྱབ་པའི་པདྨ་དཀར་པོ་ཅིག་བསམ། ཡང་དེའི་སྟེང་དུ་ཨ་དཀར་པོ་ཅིག་གྱུར་པ་ལས། ཟླ་བའང་དེ་ཙམ་པ་བསྐྱེད། དེའི་སྟེང་དུ་ཧྲཱིཿདཀར་པོ་ཅིག་གྱུར་པ་ལས། སྤྱན་རས་གཟིགས་ཕྱག་སྟོང་སྤྱན་སྟོང་དབུ་བཅུ་གཅིག་པ། རྒྱ་བའི་ཕྱག་མཚན་སྤྱི་དང་མཐུན་པ། ནམ་མཁའ་གར་ཁྱབ་ཏུ་དེའི་སྐུས་ཁྱབ་པ། གནས་གསུམ་ནས་ཡིག་འབྲུ་གསུམ་ལས་འོད་འཕྲོས་ཤིང་སེམས་ཅན་གྱི་དོན་མཛད་པ། བ་སྤུའི་བུ་ག་ལ་སོགས་པ་སྐུའི་དཀྱིལ་འཁོར་ཐམས་ཅད་སངས་རྒྱས་ཀྱི་ཞིང་ཁམས་བསམ་གྱིས་མི་ཁྱབ་པས་གང་བ། དེའི་མཐའ་སུས་ཀྱང་མི་རྟོགས་པ། ཟ་མ་

ཏོག་བཀོད་པའི་མདོ་བཞིན་དུ་ཚད་མེད་པའི་སྐུ་དེ་བསྐྱེད་པར་བྱ་སྟེ། དེ་ཉིད་རང་བཞིན་གནས་ལུགས་ཀྱི་ཐིག་ལེ་ཞེས་ཀྱང་བྱ་གསུང་། དེ་ལྟ་བུའི་སྐུ་དེ་ལ་དད་གུས་ཀྱིས་སྐུ་ལྟ་བའི་མཆོད་པ་བྱས་པས་རབ་ཏུ་མཉེས་ཏེ། ཐུགས་ཀ་ནས་ཡེ་ཤེས་ཀྱི་སྒོ་ཕལ་གྱིས་ཕྱེ་བའི་ནང་དུ་བདག་དང་སེམས་ཅན་ཐམས་ཅད་ཞུགས་ཏེ་ཕྱིར་མ་ལུས་པར་བསམ། ཕྱིའི་སྐུ་དེ་ཉིད་གཞལ་མེད་ཁང་དུ་བསམ་མོ། །དེ་ནི་ཕྱིའི་བཀོད་པ་བསམ་གྱིས་མི་ཁྱབ་པའི་ཐིག་ལེ་དང་པོའོ།། །།

༈ དེའི་ཐུགས་ཀར་པཾ་དཀར་པོ་ལས་པདྨ་དཀར་པོ་དང་། ཨ་དཀར་པོ་ལས་ཟླ་བའི་གདན་ཏེ། གཉིས་པོ་དེ་འོག་ནས་འབྱུང་བ་ཐམས་ཅད་ཀྱི་གདན་ཡང་ཡིན་ནོ། །དེའི་སྟེང་དུ་ཨོཾ་སེར་པོ་ལས་ཐུབ་པ་སྤྲུལ་པའི་སྐུ་མཆོག་ཟུང་གཅིག་གིས་ལྟེམ་བྱས་པ། བདེན་པ་བཞིའི་ཆོས་སྟོན་ཅིང་གནས་དུ་མར་སྤྲུལ་པ་བཀྱེ་ནས་དོན་མཛད་པ། སངས་རྒྱས་དང་བྱང་ཆུབ་སེམས་དཔའ་དང་། འཕགས་པ་ཉན་རང་དུ་མས། ཕོ་བྲང་དེའི་མཐའི་ངོས་ཐམས་ཅད་ཁེངས་ཤིང་། དེ་ཐམས་ཅད་ཀྱི་གནས་གསུམ་གྱི་ཡིག་འབྲུ་ལས་འོད་འཕྲོས་པས། བདག་གིས་གཙོ་བྱས་པའི་འགྲོ་དྲུག་དེར་འཁོད་པ་ཐམས་ཅད་ཀྱི་སྒོ་གསུམ་ལ་ཕོག་ནས་སྒྲིབ་པ་གཉིས་བག་ཆགས་དང་བཅས་པ་སྦྱངས་ནས་ལུས་ཤེལ་སྒོང་ལྟར་སྒྲིབ་པ་མེད་པའི་གསལ་བར་གྱུར་པ། ཕྱོགས་ཐམས་ཅད་འཇའ་ཚོན་གྱི་གུར་དུ་འཁྲིགས་པའི་གནས་དེར། རང་གཞན་ཐམས་ཅད་ཐུགས་རྗེ་ཆེན་པོ་ཞལ་གཅིག་ཕྱག་གཉིས་པ། གཡས་ན་ནོར་བུ་རིན་པོ་ཆེའི་ཕྲེང་བ། གཡོན་ན་པད་སྡོང་འཛིན་པར་བསྐྱེད་ནས། རང་རང་གི་གནས་གསུམ་གྱི་ཡིག་འབྲུ་ལས་ཀྱང་འོད་འཕྲོས་ཏེ། དེའི་སྣ་ལས། ཐུབ་པས་གཙོ་བྱས་པ་དེ་རྣམས་ལ་མཆོད་པའི་སྤྲིན་ཕུང་རྒྱུན་མི་ཆད་པར་འབྱུང་བར་བསམས་ལ། ཡན་ལག་བདུན་པ་བྱས་ཏེ། ཕྱག་དང་ཕྱག་ཡུལ་གཉིས་སྟོང་པའི། །རྣམ་དག་སྐུ་ལ་ཡེ་ཕྱག་འཚལ། །སྐྱེ་གནས་འཇིག་པས་མ་གོས་

པའི། །དྲི་མེད་མཆོད་ཚོགས་འབུལ་ལོ་ལྷ། །སྒོ་གསུམ་སྐྱེ་གནས་འཇིག་བྲལ་བའི། །ཉེས་པའི་གཡང་ས་མཐོལ་ལོ་བཤགས། །སྟོང་ཡང་སྣ་ཚོགས་སྒྱུར་སྟོན་པའི། །གྲངས་མེད་འདྲེན་ལ་རྗེས་ཡི་རང་། །སྨོན་དང་མཚན་མས་སྟོང་པ་ཡི། །འཁོར་ལོ་དབྱིངས་སུ་བསྐོར་དུ་གསོལ། །སྐྱེ་བས་སྟོང་པའི་ཆོས་སྐུ་ཁྱེད། །ལྷུན་གྲུབ་གནས་པའི་རང་བཞིན་ལས། །གང་དུའང་འདའ་བར་མ་མཛད་ཅིག །དགེ་བ་འདི་ཡིས་འཁོར་བ་རྣམས། །འདི་འདྲར་རྟོགས་ཏེ་འདི་འདྲ་བའི། །གཞལ་ཡས་ཁང་དུ་འཛོམས་གྱུར་ཏེ། །གསང་སྔགས་འདི་བཞིན་སྤྱོད་པར་བསྔོ། །གནས་སྐབས་ཀྱི་ཡའི་ལྷ་ལྟ་བཞིན། །པད་དཀར་སྟོང་ལྡན་ཉེ་བ་ལ། །ཟླ་བ་ཞུན་མའི་གདན་སྟེང་དུ། །ཕྱི་ནང་གསང་བ་དེ་ཉིད་ཀྱི། །བསྐྱེད་རྫོགས་མཆོག་ཏུ་བསྟུགས་པར་ཤོག །གློ་བུར་འདི་ཡང་ཆོས་དབྱིངས་ལས། །ཐ་དད་ཅི་ཡང་ཡོད་མ་མཆིས། །ཐ་དད་མེད་པར་ཕུན་ཚོགས་པའི། །བཀྲ་ཤིས་ཕུན་སུམ་ཚོགས་པར་ཤོག །གཙང་མ་རིགས་ཀྱི་བཀྲ་ཤིས་ཤོག །ཐོག་མཐའ་བར་གསུམ་གཙང་མ་ལས། །གཡོས་པ་མེད་པའི་བཀྲ་ཤིས་ཤོག །ཅེས་བཤེས་གཉེན་པས་མཛད་པ་དེ་རྣམས་ཀྱིས་ཡིད་ཆེས་པར་བྱས་ལ། གཞན་ཡང་འདོད་དོན་དག་ལ་གསོལ་བ་བཏབ་ནས། ལྷ་ཚོགས་གསལ་ལ་རང་བཞིན་མེད་པའི་ངང་ལ་རྩེ་གཅིག་ཏུ་ལྷན་ཏེ་མི་སྐྱོ་བའི་བར་དུ་མཉམ་པར་གཞག་པར་བྱ་སྟེ། རྗེ་བོའི་ཞལ་ནས། དེ་སྐད་དུ་ཡང་གསུང་རབ་ལས། །མེ་ལོང་ཤེལ་ཏུ་ཡོངས་དག་ལ། །ཇི་ལྟར་རང་བཞིན་མེད་པ་ཡི། །གཟུགས་བརྙན་སྣང་བ་དེ་བཞིན་དུ། །ཆོས་རྣམས་དེ་བཞིན་ཤེས་པར་གྱིས། །དེ་བཞིན་བདག་ཀྱང་དེ་འདྲ་བས། །བདག་གི་ཆོས་ཀྱང་དེ་ཉིད་ལས། །མ་འདས་རྫུན་པའི་སྣང་བ་ཡིན། །ཞེས་གསུངས་པ་བཞིན་བསྒོམ་མོ། །དེ་ལ་སྐྱོན་རྗེས་དྲན་ལྟའི་སྒོ་ནས་ལངས་ཏེ། བདག་གིས་སྣ་དྲངས་ལ་འགྲོ་དྲུག་ཐམས་ཅད་གཙོ་བོ་ལ་བསྐོར་བ་བྱེད་ཅིང་། ཨོཾ་སུ་ནི་སུ་ནི་མ་ཧཱ་སུ་ན་ཡེ་སྭཱཧཱ། ཞེས་འུར་བ་བསྒྲང་ཞིང་འོད་ཀྱི་འཕྲོ་འདུས་སྒྲིབ་པ་སྦྱོང་བར་བསམ་

པ་གལ་ཆེ། ཐིག་ལེ་ཐམས་ཅད་ཀྱི་སྐབས་སུ་མ་ཧེ་བགྲངས་ཀྱང་མི་འགལ་ལོ། །འདིར་མི་མཛེད་ཀྱི་བཀོད་པ་ཡིན་པས་ཐུབ་པ་བསྐྱེད་པ་འདི་ལེགས་གསུང་། སྤྱན་རས་གཟིགས་ཕྱག་སྟོང་པའམ། རྩ་ཕྱག་བཞི་བཅུ་པར་གཙོ་བོ་བསྐྱེད་པ་དང་། མ་ཧེ་བགྲང་བའང་འགལ་བ་མེད་གསུང་ངོ་། །དེ་ལྟར་བསྙེན་པ་དང་བསྐོར་བ་བྱས་པས། གཙོ་བོ་དེ་མཉེས་ནས། ཐུགས་ཀའི་སྒོ་ཕྱེ་བས་ནང་ནས་འོད་ཟེར་ཅིག་བྱུང་བས་དྲངས་ཏེ་གཙོ་བོ་ཉིད་ཀྱི་འཁོར་དེ་རྣམས་དང་། བདག་གིས་གཙོ་བྱས་པའི་འགྲོ་དྲུག་ཐམས་ཅད་ནང་དུ་ཞུགས་པར་བསམ་མོ། །དེ་ལྟར་ཕྱི་མ་ཕྱི་མ་ནས། ནང་མ་ནང་མའི་ཐུགས་ཀར་ཞུགས་པའི་ཚེ། ཕྱི་མ་དེ་དག་ངོ་བོ་ལྷ། རྣམ་པ་དེ་ཉིད་ཀྱི་སྐུ་མདོག་དང་འདྲ་བའི་འོད་ཀྱི་གཞལ་ཡས་ཁང་། སྟེང་ཨོཾ་གྱི་རྣམ་པ། ཤར་མ། ལྷོ་ཧེ། ནུབ་པད། བྱང་མེ། འོག་གཞི་ཧཱུྃ་གི་རྣམ་པར་སྣང་བ། གྲུ་བཞི་སྒོ་བཞི་རྟ་བབས་ལ་སོགས་པས་སྤྲས་པ། ཕྱི་ནས་ནང་གསལ་བ། ནང་ནས་ཕྱི་གསལ་བར་མོས་པ་བརྟན་པར་བྱའོ། །འདིའི་སྐབས་སུ་རྒྱས་པར་བཤད་པ་ཡིན་གྱི། འོག་མ་རྣམས་ལ་ས་བོན་དང་། གཙོ་འཁོར་མི་འདྲ་བའི་བསྐྱེད་རིམ་དང་། སྔགས་མི་མཚུངས་མོད་ཀྱི། གདན་པད་ཟླ་ནས་ཐུགས་ཀར་ཞུགས་པའི་བར་དུ་གཞན་ཐམས་ཅད་འདིར་བཤད་པའི་ཆོ་ག་ལ་ཁྱད་པར་མེད་དོ། །འདི་ནི་ཁྱད་པར་དུ་མི་མཛེད་ཀྱི་ཐིག་ལེ་སྟེ་གཉིས་པའོ།། །།

༈ དེའི་ཐུགས་ཀར་འོ་སྐོལ་རང་གི་གདངས་རིའི་བཀོད་པ་སེམས་པས། ཧྲཱིཿདཀར་པོ་ལས་སྤྱན་རས་གཟིགས་རྩ་ཕྱག་བཞི་བཅུ་པའམ། ཕྱག་བཞི་པར་བསྐྱེད་ཀྱང་ཆོག་མོད་ཀྱི། འོ་སྐོལ་དབུ་རུའི་ཆ་འདིར། ཞལ་གཅིག་ཕྱག་གཉིས་པ་ཅིག་མངོན་དུ་གྱུར་པས། དེ་བཞིན་དུ་བསྒོམས་ན་བྱིན་རླབས་ཆེ་སྟེ། སྟོན་དགེ་བའི་བཤེས་གཉེན་རིན་ཆེན་གསལ་གྱིས། འབྲོམ་ཆོས་ཀྱི་རྒྱལ་པོ་ཉིད་ལ། ཁྱེད་རང་གི་བསྐྱེད་ལུགས་གཞན་ལ་མེད་པ་ཅིག་ཞུ་བྱས་པས། སྤྱན་རས་གཟིགས་ལ་མཆོད་པ་ཕུལ་གསུངས་ནས། འབྲོམ་

དུ་མ་སྨོས། ཁོ་བོ་འདི་འདྲ་ཅི་ཡིན་གསུངས་ནས། པད་ཟླའི་སྟེང་དུ་ཧྲཱིཿཅིག་ཏུ་གྱུར་ཏེ། དེ་ལས་ཁྱིའུ་དཀར་པོ་བཞེངས་པའི་སྐུ་ཅན། ཞལ་འཛུམ་ཞིང་ཙུང་ཟད་འཁྱིང་བ། ཤེལ་ཕྱིས་པ་འདྲ་བའི་དངས་པ། དབུ་སྐྲ་མཐིང་ག་དཔུང་མགོ་གཉིས་ན་མར་ཉིལ་ལེ་བ། ཕྱག་གཡས་ན་ནོར་བུ་རིན་པོ་ཆེའི་ཕྲེང་བ་བགྲང་བ། ཕྱག་གཡོན་ན་ཤེལ་གྱི་འཁར་བ་དཀར་པོ་བཟུང་བ། འཁར་བ་དེའི་རྩེ་ལ་པདྨ་དཀར་པོ་འདབ་མ་སྟོང་དུ་ཁྱེས་པ། དེའི་ལྟེ་བ་སེར་པོ་ལ་ཟླ་བའི་གདན། དེའི་སྟེང་ན་ཡུམ་ཆེན་མོ་ཕྱག་མཚན་སྤྱི་དང་མཐུན་པར་བཞུགས་པ། དེའི་གཡས་ན་བླ་མ་མར་མེ་མཛད། གཡོན་ན་ཤཱཀྱ་ཐུབ་པ་ངོ་བོ་གཅིག་ལ་རྣམ་པ་ཐ་དད་པར་བཞུགས་པ། འདབ་མ་རྣམས་ལ་སངས་རྒྱས་སྟོང་དང་། གཞན་ཡང་ཕྱོགས་བཅུའི་སངས་རྒྱས་སྲས་བཅས་རྣམས་ཀྱང་འཁོད་པ། དེ་རྣམས་ཀྱི་གནས་གསུམ་གྱི་ཡིག་འབྲུ་གསུམ་ལས་འོད་འཕྲོས་ཏེ། དགེ་བའི་བཤེས་གཉེན་རིན་ཆེན་གསལ་ལ་ཐིམ་ཐིམ་འཇུག་པར་མཛད་ཅིང་། ཞལ་ནས་ཀྱང་། གཞུང་པ་ཁྱེད་ཀྱིས་སངས་རྒྱས་ཀྱི་བསྟན་པ་རིན་པོ་ཆེ་ཤིན་ཏུ་གསལ་བར་བྱས་སོ། །ཞེས་གསུང་ཞིང་དབང་བསྐུར་ནས་ལྟད་མོ་ཆེན་པོ་བསྟན། དེའི་ཚེ་དགེ་བའི་བཤེས་གཉེན་རིན་ཆེན་གསལ་གྱི་ཐུགས་དགོངས་ལ། ཕ་འབྲོམ་སྟོན་གྱི་སྐུ་དྲིན་ལ་དཀོན་མཆོག་གསུམ་གྱི་དབང་ཐོབ། རྒྱལ་བ་ཡབ་སྲས་ཀྱི་ཐུ་བོ་ང་རང་ཡིན་སྙམ་པ་འཁྲུངས་ཏེ། དགོངས་པ་མི་བཞུགས་ཙ་ན་ང་འདི་ལྟ་བུ་སུ་ལ་ཞུ་སྙམ་པ་དང་། དགེ་བའི་བཤེས་གཉེན་པའི་ཞལ་ནས། རིན་ཆེན་གསལ། ཕྱི་དཔེ་ལས་མངོན་སུམ་དགའ་བ་ཡིན། འོན་ཀྱང་འདིའི་རྩ་བ་མ་རྫོགས་ཀྱི་བར་དུ། བྱང་ཆུབ་སེམས་དཔའ་གཞོན་ནུར་གྱུར་པ་དག་གི་རྒྱལ་མཚན་འཛིན་པ་ཅིག་ཡོང་བས་དེ་བསྟེན། ངེད་གཉིས་ལ་རྣམ་དབྱེ་མི་བདོག་གིས་གསུང་། ཡང་རིན་ཆེན་གསལ་བཤད་པའང་ཡིན་ཏེ། དེ་བས་ཀྱང་ལག་ལེན་གཙོ་བས། གནས་གསུམ་གྱི་ཡིག་འབྲུ་གསུམ་ལས་འོད་ཟེར་ཁྱི་ལ་ཕ་མ་རྣམས་ཀྱི་

སྒོ་གསུམ་བྱིན་གྱིས་རློབས་ལ། ཁྱོའུ་ངའི་ལུས་འདི་ཇི་འདྲ་བ་དེ་བཞིན་དུ་མཛོད་ཅིག་ཅེས་པའང་གསུངས་ནས། ཁོང་གིས་ཀྱང་དེ་ལྟར་མཛད་གསུང་བར་གདའ་བས། འདིར་ཡང་གཙོ་བོ་དེའི་ཆ་ལུགས་སུ་བསྐྱེད་ལ། འཁོར་སངས་རྒྱས་དང་བྱང་ཆུབ་སེམས་དཔའ་དུ་མས་བསྐོར་བར་བསམ། སྙིང་པོ་མ་ཧཱ་བགྲང་ལ་གཞན་ཐམས་ཅད་གོང་དང་མཚུངས་སོ། །དེ་ནི་ཡང་སྒོས་བོད་ཁམས་ཀྱི་ཐིག་ལེ་སྟེ་གསུམ་པའོ།། །།

༄ དེའི་ཐུགས་ཀར་རང་གི་གནས་ཁང་འདི་ཉིད། ཧཱྃཿལས་སྤྱན་རས་གཟིགས་བཞེངས་སྐུ་ཞལ་གཅིག་ཕྱག་གཉིས་པ་གོང་བཞིན་དུ་བསྒོམས་ལ། འདིར་ཡང་མ་ཧཱ་བགྲང་། གཞན་རྣམས་གོང་བཞིན་ལས། དེའི་ཐུགས་ཀར་རྟུལ་ཚོན་གྱི་མནྡལ་ཉིད་བཞེངས་པ་ཡིན་པས་དེའི་བསྐྱེད་ཚོག་བྱ་སྟེ། དེ་ཡང་སྒོ་བཅུ་དྲུག་ཚང་བར་ཡོད་ཅིང་། སྒྲོས་པ་ལ་དགའ་ན། སྒོ་ཕྱི་མ་བཞི་ལ་ཕྱི་བཀོད་པའི་སྤྱན་རས་གཟིགས་དང་། མི་མཇེད་ཀྱི་ཐུབ་པ་དང་། བོད་ཁམས་དང་། རང་གི་གནས་ཁང་གི་སྤྱན་རས་གཟིགས་གཉིས་ཀྱི་བར་དུ། རིམ་པ་བཞིན་གོང་ལྟར་བསྐྱེད་ནས་ནང་དུ་ཞུགས་ཏེ། སླར་ཡུམ་ཆེན་མོ་ནས་བཟུང་བའི་ཐིག་ལེ་འོག་ནས་སྟོན་པ་བཅུ་གཉིས་པོ་རྣམས་ལ་རིམ་པ་བཞིན་དུ་འཇུག་གོ །གཞན་ཡང་སྒོ་གཅིག་མ་ལ་སོགས་པ་ཡིན་ན། ཕྱི་མ་དེ་ཉིད་སྤྱན་རས་གཟིགས་གནས་ཁང་གི་ལྟར་བསྐྱེད་པའི་ཐུགས་ཀར་ཞུགས་ནས། སླར་དེའི་ཐུགས་ཀར་ཡུམ་ཆེན་མོའི་ཐིག་ལེ་ལ་སོགས་པ་འོག་ནས་འཆད་པ་རྣམས་བསྒོམས་ནས་མཐར་བྱང་ཆུབ་ཆེན་པོའི་ཐིག་ལེའི་བར་དུ་འཇུག་པ་ཉིད་བདེ་ལ། རྒྱུན་དུ་ནར་མར་བསྒོམ་པ་ལ་ནི། རང་ཉིད་སྤྱན་རས་གཟིགས་གནས་ཁང་གི་བཞིན་བསྐྱེད་ནས། དེའི་ཐུགས་ཀར་ཡུམ་ལ་སོགས་པའི་ཐིག་ལེ་ལྷག་མ་བསྒོམ་པ་ཡིན། སྙིང་པོ་ནི། མ་ཧཱའོ། །དེ་ནི་གནས་ཁང་དང་བྲིས་པ་དཀྱིལ་འཁོར་གྱི་ཐིག་ལེ་སྟེ་བཞི་པའོ།། །།

༄ དེའི་ཐུགས་ཀར་ཡུམ་ཆེན་མོ་སེར་མོ་ཞལ་གཅིག་ཕྱག་བཞི་མ། གཡས་དང་

པོ་ཐུགས་ཀར་སྐྱབས་སྦྱིན་མཛད་པ། གཉིས་པས་རྡོ་རྗེ་འཛིན་པ། གཡོན་དང་པོ་མཉམ་གཞག་གཉིས་པ་ན་གླེགས་བམ་འཛིན་པ། ཞབས་སྐྱིལ་ཀྲུང་དུ་བཞུགས་པ། འཁོར་ཕྱོགས་བཅུའི་སངས་རྒྱས་སྲས་བཅས་ཀྱིས་བསྐོར་ནས་ཞལ་ནས་ཤེར་ཕྱིན་གྱི་སྒྲ་ཤུར་ཤུར་བ་གསུང་ཞིང་། སྤྲོས་བྲལ་དུ་ངེས་པ་ལྷང་ལྷང་སྐྱེ་བར་སྒོམ། འདིར་སྙིང་པོ་ནི། ཏདྱ་ཐཱ། ཨོཾ་ག་ཏེ་ག་ཏེ་པཱ་ར་ག་ཏེ་པཱ་ར་སཾ་ག་ཏེ་བོ་དྷི་སྭཱཧཱ། ཞེས་པ་བཟླ། ཤེར་སྙིང་ལ་སོགས་པའི་མདོ་རྣམས་ཀྱང་བསྒྲག་གོ །གཞན་ཡང་གནས་འདིར་རང་ལ་ཤེར་ཕྱིན་གྱི་ཟབ་དོན་སྒོམ་པའི་མན་ངག་ཉམས་སུ་བླང་དགོས་ཡོད་པ་རྣམས་ཀྱང་སྒོམ་སོ། །དེ་ནི་ཡུམ་ཤེར་ཕྱིན་གྱི་ཐིག་ལེ་སྟེ་ལྔ་པའོ།། །།

༈ དེའི་ཐུགས་ཀར་སངས་རྒྱས་ཐུབ་པ་ཆེན་པོ། འཁོར་ས་བཅུའི་བྱང་ཆུབ་སེམས་དཔའ་འབའ་ཞིག་གིས་བསྐོར་བ་སྒོམ། སྙིང་པོ་ནི། ཨོཾ་མུ་ནེ་མུ་ནེ་མ་ཧཱ་མུ་ནེ་ཡེ་སྭཱཧཱ། ཞེས་བཟླ། གནས་འདིར་རང་ལ་སངས་རྒྱས་སྤྲུལ་སྐུའི་སྒྲུབ་ཐབས་བསྒོམ་དགོས་པ་གཞན་ཡོད་ནའང་ཉམས་སུ་བླང་ངོ་། །དེ་ནི་དེའི་སྲས་ཐུབ་པའི་ཐིག་ལེ་སྟེ་དྲུག་པའོ།། །།

༈ དེའི་ཐུགས་ཀར་སྤྱན་རས་གཟིགས་ཕྱག་སྟོང་སྤྱན་སྟོང་པ་རྩ་ཕྱག་ལས་གཞན་པ་རྣམས་ཀྱིས་ཀྱང་ཕྱག་མཚན་དུ་མ་འཛིན་པ། འཁོར་ས་བཅུའི་བྱང་ཆུབ་སེམས་དཔའ་འབའ་ཞིག་གིས་བསྐོར་བར་སྒོམ། སྙིང་པོ་ནི་མ་ཎིའོ། །བསྐོར་བ་ལ་སོགས་པའི་སྐབས་སུ་སྤྱན་རས་གཟིགས་དེའི་བ་སྤུའི་བུ་གའི་སྒོ་ཕྱེ་བའི་ནང་དུ་ཡང་ཞུགས་ཏེ། སངས་རྒྱས་ཀྱི་ཞིང་ཁམས་རྣམ་པར་དག་པ་མཐའ་ཡས་པ་ཀུན་ཀྱང་བལྟ་ཞིང་། ཡང་དེ་ནས་ཐོན་ནས་བ་སྤུའི་ཁུང་བུ་མི་འདྲ་བ་གཞན་དུའང་དེ་བཞིན་དུ་བལྟའོ། །དེ་ནས་ཡང་ཕྱིར་ཐོན་ལ་གཙོ་བོའི་ཞལ་ལ་དང་བས་ལྟ་བ་དང་བསྐོར་བ་ལ་སོགས་པ་བྱའོ། །གནས་འདིར་རང་ལ་བྱང་ཆུབ་སེམས་དཔའི་སྒྲུབ་སྐོར་སྒོམ་དགོས་

པ་གཞན་ཡོད་ནའང་སྤྲུལ་ལོ། །དེ་ནི་དེའི་སྲས་སྙིང་རྗེ་ཆེན་པོའི་ཐིག་ལེ་སྟེ་བདུན་པའོ།། །།

༔ དེའི་ཐུགས་ཀར་སྒྲོལ་མ་ལྗང་གུ་ཞལ་གཅིག་ཕྱག་གཉིས་མ་ སྐྱི་དང་མཐུན་པ་འཁོར་ཞི་བའི་ལྷ་མོ་དཔག་ཏུ་མེད་པས་བསྐོར་བར་བསམ། སྙིང་པོ་ནི། ཨོཾ་ཏཱ་རེ་ཏུཏྟཱ་རེ་ཏུ་རེ་སྭཱཧཱ། ཞེས་བཟླ། བསྟོད་པ་ཉེར་གཅིག་པས་ཀྱང་བསྟོད་དོ། །གནས་འདིར་རང་ལ་ལྷ་མོ་ཞི་བའི་སྤྲུལ་སྐོར་ཉམས་སུ་བླང་དགོས་པ་དག་ཡོད་ནའང་སྐོམ་མོ། །དེ་ནི་དེ་དག་གི་ཡེ་ཤེས་སྒྲོལ་མའི་ཐིག་ལེ་སྟེ་བརྒྱད་པའོ།། །།

༔ དེའི་ཐུགས་ཀར་སྒྲོལ་མ་ལྗང་ནག་རུས་པའི་རྒྱན་ཅན་དྲག་པོའི་ན་བཟའ་སྟག་གཟིག་དང་། མི་ལྤགས་ལ་སོགས་པ་གྱོན་པ་ཧཱུྃ་དང་ཕཊ་ཀྱི་སྒྲ་སྒྲོགས་པ། ཕྱག་ན་ཀྲི་མ་རུ་དང་། ཐོད་པ་དང་། ཁྲི་ཤུག་དང་། ཁ་ཊྭཱཾ་ག་ལ་སོགས་པ་འཛིན་པ། འཁོར་ཡང་རང་འདྲ་བའི་ཁྲོ་མོ་དུ་མ་དང་། ཁྲོ་གཉེར་ཅན་ལ་སོགས་པས་བསྐོར་བ། ཐམས་ཅད་ཀྱང་གར་སྟབས་ཀྱིས་གཡོ་ཞིང་བསྒྱིད་པར་བསམ། སྙིང་པོ་ནི་ཨོཾ་ཏཱ་རེ་ཏུཏྟཱ་རེ་ཧཱུྃ་ཕཊ་ཅེས་བཟླ། ཡང་ན་ཁྲོ་མོའི་ཕྱགས་གཞན་བགྲང་ངོ་། །འདིར་རང་ལ་ཁྲོ་མོའི་སྤྲུལ་སྐོར་གཞན་ཉམས་སུ་བླང་དགོས་པ་ཡོད་ནའང་སྤྲུལ་ལོ། །དེ་ནི་དེ་ཉིད་ཁྲོས་པའི་ཐིག་ལེ་སྟེ་དགུ་པའོ།། །།

༔ དེའི་ཐུགས་ཀར་མི་གཡོ་བ་སྔོན་པོ་ཞལ་གཅིག་ཕྱག་གཉིས་པ་སྤྱན་དམར་བ་གཉིས་ཀྱིས་གཟིགས་པ། ཕྱག་གཡས་རལ་གྲི། གཡོན་ཞགས་པ་དང་བཅས་པའི་སྡིགས་མཛུབ། ཞབས་གཡས་བསྐུམ་གཡོན་བརྐྱང་པ་སྟག་གི་ཤམ་ཐབས་ཅན། མེ་དཔུང་གི་དབུས་ན་བཞུགས་པ། ཁྲོ་བོ་དུ་མའི་འཁོར་ཅན་དུ་སྒོམ། སྙིང་པོ་ནི། ཨོཾ་ཙཎྜ་མཧཱ་རོ་ཥ་ཎ་ཧཱུྃ་ཕཊ། ཅེས་པར་ཕྲེན་བཅུའི་ཕྱགས་དང་། ཨོཾ་ཙཎྜ་མཧཱ་རོ་ཥ་ཎ་བསྟན་པ་དང་འགྲོ་བ་ལ་སྲུངས་ཤིག་སྲུངས་ཤིག །ཨོཾ་སྥོ་ཊ་སྥོ་ཊ་མཧཱ་ཀྲོ་ཙྪ་ཚ་ཧི་ཚ་ཧི་སྥོ་ཊ་ཡ་ཧཱུྃ་ཕཊ་

སྭཱ་ཧཱ། ཞེས་པ་དང་། ཨོཾ་ཙཎྜ་མ་ཧཱ་རོ་ཥ་ཎ་བསྟན་པ་ལ་གནོད་པར་བྱེད་པའི་སྙིང་ལ་ཨཱ་ར་ཡ་ཛཿཛཿཨ་ཏི་ཕྲུཾ་ཕྲུཾ་ཐད་ཐད་ཤག་ཤག་ཚོལ་ཚོལ། ཙིཏྟ་ཟུང་། ཙིཏྟ་ཤིག །ཧྲིཾ་དམ་ཚིག་ས་ཨཱ་ཡ་ཕྱེ། སྙིང་ས་ཨཱ་ཡ་ཕྱེ། ཀྲི་ཏཻ་སྙིང་ལ་གཟེར། ཨོཾ་དྷུ་ཁཿགཙོད་པ་ཕྱེ། ཨོཾ་སྤྲོ་ཏ་སྤྲོ་ཏ་མཧཱ་ཀྲོ་ཏ། ཚ་ཏི་སྤྲོ་ཏ་ཡེ་ཧཱུྃ་ཕཊ་སྭཱ་ཧཱ། ཞེས་ལྷ་དང་རང་གཞན་འགྲོ་བ་ཐམས་ཅད་ཀྱིས་འུར་བ་བཟླས་ཤིང་། བསྟན་པ་ལ་གནོད་པ་ཐམས་ཅད་ཉལ་ཉལ་བཙོམ་པར་བསམ་མོ། །འདིར་རང་ལ་ཁྲོ་བོ་གཞན་སྒོམ་དགོས་པ་ཡོད་ནའང་ཉམས་སུ་བླང་ངོ་། །དེ་ནི་དེ་རྣམས་ཀྱི་རང་བཞིན་མི་གཡོ་བའི་ཐིག་ལེ་སྟེ་བཅུ་པའོ།། ༎

༈ དེའི་ཐུགས་ཀར་མགོན་པོ་ཨ་ཏི་ཤ་ངོ་བོ་ཐུབ་པ། རང་བཞིན་ཆོས་སྐུ། རྣམ་པ་ལོངས་སྐུའི་ཆ་བྱད་དགུ་རྒྱན་ལ་སོགས་པས་སྤྲས་པ་ཞལ་ནས་སཾ་སྐྲི་ཏའི་སྐད་དུ་ཆོས་ཟབ་མོ་གསུང་བ་ཙུང་ཟད་སྙིག་པ། གར་མཛད་པའི་ཚུལ་གྱིས་གཡོ་བ། དེའི་མདུན་ན་ཐུབ་པ་ལོངས་སྐུའི་ཆ་ལུགས་ཅན་བརྒྱད་དམ་བཞི། དེ་དང་མཉམ་པར་གཡས་ན་ཐུགས་རྗེ་ཆེན་པོ། སྐུ་རྒྱབ་ན་མི་གཡོ་བ། གཡོན་ན་སྒྲོལ་མ་བཞུགས་པར་བསམ་མོ། །ཡང་ན་ལྷ་བཞི་པོ་རེ་རེ་དང་། ཤར་ལྷོ་ན་ཇོ་བོ་པཎྜི་ཏའི་ཆ་བྱད་ཅན། ལྷོ་ནུབ་ན་འབྲོམ། ནུབ་བྱང་ན་རྔོག །བྱང་ཤར་ན་ཁུ་སྟོན་རྣམས་བཞུགས་པར་བསམ་མོ། །དེ་ཐམས་ཅད་ཀྱི་སྟེང་དང་ཕྱོགས་ཀྱི་ཆ་རྣམས་སུ་བརྒྱུད་པ་གསུམ་གྱིས་གཙོ་བྱས་པའི་ཇོ་བོའི་བླ་མ་རྣམས་ཀྱིས་གང་བར་བསམ། སྙིང་པོ་ནི་མུ་ནེ་དང་། མ་ཎི་འམ། ལྷ་བཞི་ཀའི་སྙིང་པོའམ། རིགས་གསུམ་གྱི་སྙིང་པོ་བགྲངས་ཀྱང་རུང་གསུང་ངོ་། །འདིར་རང་གི་རྩ་བའི་བླ་མ་བཀའ་དྲིན་ཅན་རྣམས་ཀྱང་བསྒོམ་ཞིང་། བླ་མའི་རྣལ་འབྱོར་ཡང་བསམ་པར་བྱའོ། །དེ་ནི་ཐམས་ཅད་ཀྱི་ངོ་བོ་ཨ་ཏི་ཤའི་ཐིག་ལེ་སྟེ་བཅུ་གཅིག་པའོ།། ༎

༈ དེའི་ཐུགས་ཀར་དགེ་བའི་བཤེས་གཉེན་འབྲོམ་ཆོས་ཀྱི་རྒྱལ་པོ་ཉིད་ལོངས་སྐུའི་རྣམ་པ་གར་གྱི་ཆས་སུ་བཞུགས་པ། དགུང་ལོ་བཅུ་དྲུག་ཙམ་བཞེས་པའི་སྐུ། ཞལ་

ལྟར་དངས་ཤིང་གསལ་བའི་ངོས་ལ། དཀོན་མཆོག་གསུམ་གྱི་གཟུགས་བརྙན་ཇི་ལྟ་བ་བཞིན་དུ་འཆར་བ། དེའི་ཕྱོགས་བཞི་ན་རང་གིས་སྤྲུལ་པའི་ཁྱིའུ་རང་དང་ཆ་ལུགས་མཐུན་པ་བཞི་བཞི་འཁོད་པ། དེའི་སྟེང་ཕྱོགས་ཀྱི་ཆ་རྣམས་ན། ཇོ་བོ་དང་། གསེར་གླིང་པ་དང་། ཨ་ཝ་དྷཱུ་ཏི་པ་ལ་སོགས་པ་ཐབས་ཤེས་རབ་ཀྱི་བླ་མ་རྣམས་སྒྲིན་གཏིབས་པ་ལྟར་བཞུགས་ནས། སངས་རྒྱས་ཀྱི་བཀའ་ཟབ་མོ་རྣམས་ཞལ་ནས་སྟོན་པ་དེ་དག་གི་སྐུ་ལས་ཀྱང་སངས་རྒྱས་དང་བྱང་ཆུབ་སེམས་དཔའ་དཔག་ཏུ་མེད་པའི་སྐུ་རྒྱངས་རྒྱངས་འཕྲོན་ཞིང་། ཆོས་ཟབ་མོ་སྟོན་ཅིང་སྣར་ཡང་འཇའ་ཡི་གསེབ་དེར་སྤྲིན་དེངས་པ་ལྟར་ཡལ་ཞིང་གཤེགས་པ། དེ་རྣམས་གར་གྱི་རྣམ་འགྱུར་དུ་མ་རྩེ་བ་ཀུན་ཀྱང་། སྟོན་མཁའ་འགྲོ་མ་གསང་བ་ཡེ་ཤེས་ཀྱི་ཐུགས་ཀྱི་ཕོ་བྲང་དུ། རྒྱལ་བ་ཡབ་སྲས་དང་། མཁའ་འགྲོ་མ་དུ་མ་འདུས་པའི་དུས་སུ་མཛད་པའི་གར་བཞིན་ཡིན་པས། དེ་ཉིད་རྒྱལ་བུ་དཀོན་མཆོག་འབངས་ཀྱི་སྐྱེས་རབས་སུ་བལྟ་བར་བྱའོ། །སྙིང་པོ་ནི་མ་ཧི་བགྲང་ངོ་། །འདིར་ཡང་དགེ་བའི་བཤེས་གཉེན་པས་གཙོ་བྱས་པའི་སྤྲུལ་སྐུ་རྣམས་ཀྱི་བ་སྤུའི་བུ་ག་ན་ཕར་ཀྱང་གཞལ་ཡས་ཁང་མཛེས་ཤིང་ཡིད་དུ་འོང་བ་དུ་མ་རྣམས་སུ་བཞུགས་ལ། དེ་ནའང་རྒྱལ་བ་ཡབ་སྲས་ཀྱིས་གཙོ་བྱས་པའི་སྤྲུལ་སྐུ་རྣམས་འཁོད་ནས་སྟོན་གྱི་སྐྱེས་རབས་ཟབ་མོ་དེ་དག་སྟོན་པ་དང་། ར་སྒྲེང་ལ་སོགས་པའི་གནས་དང་གང་ཟག་ཁྱད་པར་ཅན་རྒྱལ་བ་ཡབ་སྲས་གཉིས་ཀྱི་རྗེས་སུ་འབྲང་བ་བསམ་གྱིས་མི་ཁྱབ་པའི་སྤྲུལ་པ་འཕྲེད་པའི་ཏིང་ངེ་འཛིན་བསམ་གྱིས་མི་ཁྱབ་པ་ལ་བཞུགས་པ་རྣམས་བལྟ་ཞིང་ཆོས་ཟབ་མོ་རྣམས་ཀྱང་ངོམས་པ་མེད་པར་ཉན་པ། དེ་ནས་ཐོན་ནས་སླར་ཡང་གཙོ་བོའི་ཞལ་ལ་དང་བས་བལྟ་བ་ལ་སོགས་པ་བྱའོ། །དེ་ནི་དེ་ཡི་སྲས་ཀྱི་ཐུ་བོ། རྒྱལ་བའི་འབྱུང་གནས་ཀྱི་ཐིག་ལེ་སྟེ་བཅུ་གཉིས་པའོ།། །།

༈ དེའི་ཐུགས་གར་རྒྱལ་བ་བྱམས་པ་སྟོན་ཐུབ་པས་རྒྱལ་ཚབ་ཏུ་དབང་བསྐུར་

བའི་ཆ་བྱད་དམ། ཡང་ན་དགེ་སློང་སྣམ་སྦྱར་རྗེ་ཆོས་མ་གྱོན་པ། མཚན་དཔེ་དང་ལྡན་པ། དྲུང་དུ་ཕྱིན་པ་ཐམས་ཅད་བྱམས་པའི་ཏིང་ངེ་འཛིན་ལ་ཕྱམ་སྐྱེ་འགྲོ་ནུས་པ། དེའི་གཡས་ན་རྗེ་བོ་ནམ་མཁའ་དྲི་མ་མེད་པ་དགེ་སློང་སེམས་དཔའ་ཆེན་པོ། གཡོན་ན་བཙུན་པ་སྤྱན་རས་གཟིགས་དགེ་སློང་སེམས་དཔའ་ཆེན་པོ་སྟེ། དེ་གཉིས་ཀ་ཡང་བཞེངས་ནས་ལྡེམ་གྱི་ཚུལ་དུ་གནས་པ། དེའི་སྟེང་ཡོགས་ཀྱི་ཕྱོགས་ཐམས་ཅད་ན། འཕགས་པ་ཐོགས་མེད་ནས་གསེར་གླིང་པའི་བར་གྱི་བླ་མ་རྣམས་ཀྱང་དགེ་སློང་སེམས་དཔའ་ཆེན་པོའི་ཆ་ལུགས་སུ་བཞུགས་པ། ཞལ་ནས་ཤེར་ཕྱིན་གྱི་བཀའ་ཟབ་མོ་རྣམས་སྒྲོགས་ཤིང་། དེའི་དོན་ལ་གཡོ་བ་མེད་པར་སྒྲུབ་པའི་ཏིང་ངེ་འཛིན་གྱི་ངང་ནས་གདུལ་བྱ་རྣམས་ས་ལམ་ཕྱིན་ཅི་མ་ལོག་པའི་བྱ་བ་ལ་འགོད་པར་མཛད་པས། གློག་པ་ཐོས་བསམ་དང་། སྒྲུབ་པ་བསམ་གཏན་དང་། བྱ་བ་ལས་ཀྱི་འཁོར་ལོ་གསུམ་འབད་མེད་ལྷུན་གྲུབ་ཏུ་མཛད་ཅིང་། ལྷའི་གནས་ལ་སོགས་པར་སྤྲུལ་པ་དཔག་ཏུ་མེད་པ་འགྱེད་པར་མོས་པར་བྱའོ། །སྙིང་པོ་ནི། མཻ་ཏྲི་འམ། པྲ་ར་ག་ཏ་འམ། ཨ་སྒྲོགས་པའང་ རུང་གསུང་ངོ་། །འདིར་རང་གི་བླ་མ་ཕ་རོལ་ཏུ་ཕྱིན་པ་ཟབ་མོའི་དོན་སྟོན་པའི་བརྒྱུད་པ་རྣམས་ཀྱང་བསམ་ཞིང་། ཤེར་ཕྱིན་ཟབ་དོན་སྒོམ་པའི་མན་ངག་རང་ལ་ཡོད་པ་རྣམས་འདིར་ཡང་བསམ་མོ། །དེ་ནི་རྒྱ་ཆེན་སྤྱོད་པའི་ཐིག་ལེ་སྟེ་བཅུ་གསུམ་པའོ།། །།

༈ དེའི་ཐུགས་ཀར་མགོན་པོ་ཀླུ་སྒྲུབ་སྤྲུལ་པའི་སྐུའི་ཆ་ལུགས། གནས་ལུགས་སྟོང་པ་ཉིད་ཀྱི་ཕྱག་རྒྱ་ཅན། མཆོག་ཟུང་གཅིག་ཀྱང་དགེ་སློང་གི་ཆ་ལུགས་ཅན། རྗེ་བོ་གཡས། སྤྱན་རས་གཟིགས་གཡོན་ནོ། །འཁོར་ཡང་ཟླ་བ་གྲགས་པ་ནས། ཨ་ཝ་དྷཱུ་ཏི་པའི་བར་ལྟ་བའི་བརྒྱུད་པ་རྣམས་དགེ་སློང་གི་ཆ་བྱད་ཅན་བསམ། གཞན་ཡང་རང་ལ་ལྟ་བ་ཟབ་མོ་དབུ་མའི་དོན་སྟོན་པའི་བླ་མ་རྣམས་ཀྱང་འདིར་བསམ་མོ། །དེ་

ཐམས་ཅད་ཀྱང་སྤྲུལ་པ་དུ་མ་འགྱེད་ཅིང་། སླར་ཡང་མི་རྟོག་པའི་དབྱིངས་སུ་ཡལ་ཞིང་འགྲོ་བ། བརྗོད་པ་མེད་པར་ཆོས་སྟོན་པ། གལ་ཏེ་བརྗོད་པ་དང་བཅས་པར་སྟོན་ན་ཡང་། ཡོད་མེད་རྟག་ཆད་སྒྲོ་སྐུར་བྲལ། །འགྲོ་འོང་རེ་དོགས་གཟུང་འཛིན་བྲལ། །བདག་གཞན་བཟང་ངན་ཆགས་སྡང་བྲལ། །སྨྲ་བསམ་བརྗོད་མེད་ཐིག་ལེའི་དབྱིངས། །ཡི་གེ་མེད་ལ་སྒོམ་པ་གང་། །བདེ་གཤེགས་རྣམས་ཀྱི་ཉིང་འཛིན་ཡིན། །ཞེས་གནས་དང་། ནམ་མཁའ་དང་། འཇའ་དང་། འོད་དང་། པད་ཟླ་ལ་སོགས་པ་ཐམས་ཅད་ལས་ཀྱང་ལྷང་ལྷང་འབྱུང་བ། སྒྲ་དེ་བྱུང་བའི་མོད་ལས་སྤྲུལ་པའི་སྐུ་དེ་རྣམས་ཀྱང་ཆོས་ཀྱི་དབྱིངས་སུ་ཡལ་ཞིང་གཤེགས་ནས། སླར་ཡང་ཐིག་ལེ་སེར་པོ་རེར་གྱུར་ཞིང་། དེ་ལས་རང་རང་གི་སྐུར་ལམ་ལམ་སྟོན་པ། རེས་འགའ་ལོངས་སྐུར་སྤྲུལ་ནས། ཤེས་རབ་ཀྱི་གར་བརྩེ་བར་བསྒོམ་མོ། །འདིར་སྙིང་པོ་ནི་ཨ་ཟློས་པའམ། མ་ཎི་བཟླས་སོ། །གཞན་ཡང་རང་ལ་མཐའ་བྲལ་ཟབ་མོའི་སྒོམ་དོན་ཡོད་པ་རྣམས་ཀྱང་འདིར་བསྒོམ་མོ། །དེ་ལྟར་བསྒོམ་བཟླས་བྱས་པས་མགོན་པོ་ཀླུ་སྒྲུབ་མཉེས་ཏེ། དེའི་ཞལ་ནས། རིགས་ཀྱི་བུ་ཁྱོད་ཀྱི་ཚོགས་གཉིས་ཕལ་ཆེར་རྫོགས་པས། ཁྱོད་འོག་མིན་དུ་སངས་རྒྱས་ཀྱི་ཞིང་ལྟ་བར་འདོད་དམ་ཞེས་གསུངས་ནས། ཐུགས་ཀའི་སྒོ་ཕྱེ་སྟེ། འོད་ཀྱིས་དྲངས་པ་དག་སྔ་མ་བཞིན་ནོ། །དེ་ནི་ཟབ་མོ་ལྔ་བའི་ཐིག་ལེ་སྟེ་བཅུ་བཞི་པའོ།། །།

༈ དེའི་ཐུགས་ཀར་བཅོམ་ལྡན་འདས་རྡོ་རྗེ་འཆང་གསང་སྔགས་དང་། རིག་སྔགས་དང་། གཟུངས་སྔགས་མ་ལུས་པའི་བདག་ཉིད། སྐུ་གསུང་ཐུགས་ཀྱི་ཡོན་ཏན་བསམ་གྱིས་མི་ཁྱབ་པའི་རང་བཞིན་ཅན། སྐུ་མདོག་སྔོན་པོ་ལོངས་སྐུའི་རྣམ་པ། ཕྱག་གཉིས་རྡོ་རྗེ་དྲིལ་བུ་འཛིན་ཅིང་ཅུང་ཟད་འགྱིང་བ། ཞབས་སྐྱིལ་ཀྲུང་། དབུ་རྒྱན་ལ་སོགས་པའི་རྒྱན་དུ་མས་སྤྲས་པ། དེའི་གཡས་གཡོན་ན་སྔར་གྱི་མཆོག་ཟུང་གཅིག་པོའང་། རྡོ་རྗེ་དྲིལ་བུ་འཛིན་པའི་དཔའ་བོ་མཆོག་ཏུ་གྱུར་པ་ལོངས་སྐུའི་རྣམ་པ་ཅན་

སྒོམ། གཞན་ཡང་སྙིང་དང་ལོགས་ཀྱི་ཆ་ཐམས་ཅད་ན། ཧེ་ལོ་པ་དང་། ནཱ་རོ་པ་དང་། ཊོཾ་བྷི་པ་ལ་སོགས་པ་བྱིན་རླབས་ཀྱི་བླ་མ་རྣམས་དང་། ཡང་སྒོས་སྲུབ་ཉོན་བྱའི་ཕྲིང་བའི་བརྒྱུད་པ་རྣམས་ཀྱང་བསྒོམ། གཞན་ཡང་རྗེ་རྗེ་འཛིན་པ་མ་ལུས་པས་གང་བ། དེ་ཐམས་ཅད་ཀྱི་ཞལ་ནས། གསང་སྔགས་དང་། གཟུངས་སྔགས་ཟབ་མོ་རྣམས་གསུང་བ། དཀྱིལ་འཁོར་གྱི་རིགས་བསམ་གྱིས་མི་ཁྱབ་པ་སྐད་ཅིག་ལ་བཞེངས་ནས། བདག་གཞན་འགྲོ་བ་ཐམས་ཅད་ལ་དབང་བཞི་དངོས་སུ་བསྐུར་བ། མདོར་ན་རང་རེའི་བློ་དང་འཚམ་པའི་ཏིང་ངེ་འཛིན་གྱི་མཆོད་པ་དཔག་ཏུ་མེད་པའང་སྤྲུལ་ཞིང་མཆོད་པས་མཉེས་པར་བསམ་མོ། །གསང་སྔགས་དང་གཟུངས་སྔགས་ཟབ་མོ་ཅི་རིགས་པ་བཟླས། གཞན་ཡང་རང་ཉམས་སུ་ལེན་པར་སྤྲོ་བའི་ལོངས་སྤྱོད་རྫོགས་པའི་སྐུའི་རིགས་ཐམས་ཅད་ཀྱང་འདིར་བསྒོམ་ཞིང་དེའི་སྔགས་བཟླས་པར་བྱའོ། །ད་ནི་བདག་ཉིད་ཀྱང་ལྷའི་རང་བཞིན་དུ་གྱུར་ཅིང་། ཐ་མལ་གྱི་རྟོག་པ་མཐའ་དག་འགགས་ནས། ཟག་པ་མེད་པའི་བདེ་བའི་མཐའ་འབའ་ཞིག་ལ་གནས་པ་འདི་ལས་མི་འདའོ་སྙམ་པའི་བློ་ཐག་ཆོད་དེ་བཅད་དོ། །དེ་ནི་ཉམས་ལེན་བྱིན་རླབས་ཀྱི་ཐིག་ལེ་སྟེ་བཅོ་ལྔ་པའོ།། །།

༈ ཡང་དེའི་ཐུགས་ཀའི་གདན་ཡང་གོང་མ་རྣམས་དང་འདྲ་བའི་པད་ཟླའི་སྟེང་སྟེང་ཀྱི་དེ་རྣམས་པས་ཤིན་ཏུ་རྒྱ་ཆེ་བ་དཔངས་མཐོ་བ། དེའི་བཀོད་པ་ས་བཅུའི་བྱང་ཆུབ་སེམས་དཔས་ཀྱང་རྟོགས་པར་དཀའ་ཞིང་། ཤིན་ཏུ་ཡིད་དུ་འོང་བ་མཛེས་པའི་གཞལ་ཡས་ཁང་དེ་ཐམས་ཅད་ཀྱང་དབང་བཅུ་དང་། སྟོབས་བཅུ་དང་། མི་འཇིགས་པ་བཞི་ལ་སོགས་པ་སངས་རྒྱས་ཀྱི་ཆོས་མ་འདྲེས་པ་བསམ་གྱིས་མི་ཁྱབ་པའི་རང་བཞིན་དུ་མོས་པར་བྱ་སྟེ། ངོ་བོ་ཆོས་ཀྱི་སྐུ་དང་དབྱེར་མེད་པའི་རང་བཞིན་ནོ། །དེའི་དབུས་སུ་བདག་ཉིད་སངས་རྒྱས་ཆོས་ཀྱི་སྐུ་ཟག་པ་མེད་པའི་ཡེ་ཤེས་ཅན།

རྣམ་པ་ཡོངས་སྤྱོད་རྫོགས་པའི་སྐུའི་སྐྱིལ་ཀྲུང་དང་མཉམ་གཞག་གིས་བཞུགས་པ་སེར་པོ། ཡོན་ཏན་གྱི་ཆོས་མ་ལུས་པར་མི་གཡོ་བའི་ཏིང་ངེ་འཛིན་ལ་མཉམ་པར་བཞག་ནས། ཐམས་ཅད་འབད་མེད་ལྷུན་གྲུབ་རྩོལ་བྲལ་ཆེན་པོའི་ངང་ལ་གནས་པར་བལྟའོ། །དེའི་ངང་ལས་ཀྱང་སྤྲུལ་སྐུ་དུ་མ་འཕྲོས་ནས་གཞལ་ཡས་ཁང་དེར་གནས་པར་བསམ་མོ། །དེ་ནས་རང་ཉིད་གཙོ་བོའི་སྙིང་གི་དཀྱིལ་དུ་ཐིག་ལེ་སེར་པོ་འོད་ལྟར་དངས་ཤིང་གསལ་བ་ཡུངས་འབྲུ་ཙམ་ཅིག་བསྒོམ། དེ་རྒྱ་ཇེ་ཆེ་ཇེ་ཆེར་སོང་ནས་ནོར་བུ་རིན་པོ་ཆེའི་སྣོད་རྒྱ་ཆེ་བ་དཔངས་མཐོ་བ་ཤིན་ཏུ་དངས་ཤིང་འོད་འཚེར་བ་ཅིག་བསམ། དེའི་ནང་དུ་རང་གི་སེམས་ཐིག་ལེ་སེར་པོ་སྲན་མ་ཙམ་པ་དངས་ཤིང་འོད་འཚེར་བ་གསལ་བ། སེར་སེར་གཡོ་ཞིང་འཇུ་བ་ལྟ་བུ་དེ་རྒྱ་ཇེ་ཆེ་ཇེ་ཆེར་སོང་བས་ཐིག་ལེའི་རྒྱ་མཚོ་ཆེན་པོ་གསེར་བཙོ་མའི་མདོག་ལྟར་དངས་ཤིང་ཁྱོད་སྐྱོམས་པ། གཞི་བརྟན་པ་ནམ་མཁའ་མ་བརླག་བར་དུ་གནས་པ། རྒྱ་ཆེ་བ་ནམ་མཁའ་དང་མཉམ་པར་ཁྱབ་པ། ཁྱབ་ཆེ་བ་སྐྱེ་འཕགས་ཡོངས་ལ་ཁྱབ་པ། མེ་ལོང་དངས་པའི་ངོས་ལྟར་གཟུགས་བརྙན་ཐམས་ཅད་འཆར་བ་ཅིག་བསྒོམ་མོ། །དེ་ལ་ཡུན་རིང་དུ་མཉམ་པར་བཞག་ནས་དེའི་ངང་ལས་སླར་ཕྱིའི་ཐིག་ལེ་བཅུ་དྲུག་པོའི་གཞལ་མེད་ཁང་གི་ལྷ་དེ་རྣམས་རང་རང་གི་ཁ་དོག་གི་ཐིག་ལེར་གྱུར་ནས་རིམ་གྱིས་ཕྱི་མ་ཕྱི་མ་ནང་མ་ནང་མ་ལ་ཐིམ་སྟེ། མཐར་རྡོ་རྗེ་འཆང་གི་བར་རྣམས་སྔོན་པ་དང་བྲལ་བའི་ཐིག་ལེ་གཅིག་ཏུ་འདྲེས་ནས་སྲན་མ་ཙམ་ཞིག་ཏུ་གྱུར་ཏེ། དེ་ཉིད་རང་གི་སྤྱི་བོའི་ཨོཾ་ལ་ཐིམ། ཨོཾ་དེ་ཉིད་མགྲིན་པའི་ཨཱཿལ་ཐིམ། ཨཱཿཡང་ཐུགས་ཀའི་ཧཱུྃ་ལ་ཐིམ། དེ་ཡང་བྱང་ཆུབ་ཀྱི་ཐིག་ལེ་ལ་ཐིམ་ནས། སྟོང་པ་དང་སྙིང་རྗེ་དབྱེར་མེད་པའི་ཐིག་ལེ་གསལ་ལ་རྟོག་པ་མེད་པའི་ངང་ལ། ཇི་སྲིད་མི་སྐྱོ་བའི་བར་དུ་མཉམ་པར་གཞག་གོ །དེ་ལ་སྐྱོ་ན་སླར་ཡང་བྱང་ཆུབ་ཀྱི་ཐིག་ལེ་སེར་པོ་ཡུངས་འབྲུ་ཙམ་ལས་སྣོད་དང་། སྲན་མ་ཙམ་ལས་

བཅུད་ཀྱི་རྒྱ་མཚོ་བསྐྱེད་པ་གོང་ལྟར་གསལ་བཏབ་ལ། སྟོང་པ་དང་སྙིང་རྗེ་དབྱེར་མེད་ཀྱི་ངང་དེ་ལས་ཐིག་ལེ་དཀར་པོ་ཅིག་བྱུང་ནས། དེ་གྱུར་པ་ལས་སྤྱན་རས་གཟིགས་སུ་གྱུར་ཏེ། བྱང་ཆུབ་ཀྱི་ཐིག་ལེའི་རྒྱ་མཚོ་གསེར་བཙོ་མའི་མཎྜལ་ཕྱིས་པ་ལྟར་དངས་བ་དེའི་སྟེང་དུ་རྒྱན་བཀོད་པ་ལྟར་བཞུགས་ནས། རྒྱུན་དང་རྒྱུན་ཅན་གཅིག་གི་གཟུགས་བརྙན་གཅིག་ལ་འཆར་བའི་དྭངས་པ་འཆར་བ་སྒོམ། དེ་བཞིན་དུ་ཐིག་ལེ་སེར་པོ་ཅིག་ལས་མི་མཛེད་ཀྱི་བཀོད་པའི་ཐུབ་པ་དང་། གཞན་ཡང་རང་རང་གི་བཀོད་པའི་ཐིག་ལེ་རྣམས་ཀྱི་ཁ་དོག་དང་མཐུན་པའི་ཐིག་ལེ་ལས། ལྷ་དེ་དང་དེར་གྱུར་ནས་སྔ་མ་ལྟར་བཞུགས་པར་བསམ་མོ། །གཞན་ཡང་ཕྱོགས་བཅུའི་ཞིང་གི་དཀོན་མཆོག་གསུམ་པོ་ཐམས་ཅད་ཀྱང་རང་རང་གི་ཁ་དོག་དང་མཐུན་པའི་ཐིག་ལེར་བྱས་པ། རང་གི་སྤྱི་གཙུག་ནས་སྤྱན་དྲངས་ཏེ་ནང་གི་ཐིག་ལེའི་རྒྱ་མཚོའི་སྟེང་དུ་རང་རང་གི་སྐུར་གྱུར་ནས་བཞུགས་པར་སྒོམ། དེ་བཞིན་དུ་སེམས་ཅན་ཐམས་ཅད་ཀྱང་འཁྲིན་ལས་ཀྱི་ཐིག་ལེ་དཀར་པོར་བྱིན་གྱིས་བརླབས་ལ་ནང་དུ་དྲངས་ཏེ། ཐིག་ལེའི་རྒྱ་མཚོའི་སྟེང་དུ་སྤྱན་རས་གཟིགས་ཀྱི་སྐུར་གྱུར་ནས་འཁོད་པར་བསམ་མོ། །དེ་ཐམས་ཅད་རྣམ་པ་ལྟར་སྣང་ཡང་། སྟོང་པ་དང་སྙིང་རྗེ་རོ་གཅིག་པ་བདེ་གསལ་གྱི་ངོ་བོར་དབྱེར་མེད་པའི་ཐིག་ལེ་དེ་ལས་བྱུང་བ། དེ་ལ་བརྟེན་པ། དེའི་རང་བཞིན་ཅན་དུ་ཇི་སྲིད་གནས་ཀྱི་བར་དུ་མཉམ་པར་གཞག་གོ །སླར་ཡང་ལྷ་དེ་རྣམས་ཀྱི་རང་རང་གི་ཁ་དོག་ཐིག་ལེར་གྱུར་ཏེ། གཞི་བྱང་ཆུབ་ཀྱི་ཐིག་ལེ་དེ་ཉིད་ལ་དབྱེར་མེད་དུ་ཐིམ་ནས་སྤྲོས་བྲལ་ལ་མཉམ་པར་བཞག་གོ །དེ་ལས་ཀྱང་སྐྱོ་ན། ཡང་སྔ་མ་ལྟར་རང་རང་གི་ཁ་དོག་གི་ཐིག་ལེར་གཞིའི་ཐིག་ལེ་དེ་ལས་བྱུང་སྟེ། ལྟར་བསྒོམས་ནས་སྣང་སྟོང་འཇའ་ཚོན་ལྟ་བུའི་ངང་ལ་གཞག་སྟེ། དེ་ལྟ་བུའི་ཚུལ་རེས་འཇོག་ཏུ་བསྒོམ་པར་བྱའོ། །དེ་ལྟ་བུའི་བྱང་ཆུབ་ཀྱི་ཐིག་ལེའི་རྒྱ་མཚོ་ལ་ནི་གཤེགས་སུ་གསོལ་བའི་སྐབས་

མེད་ལ། སྤྲུལ་པ་དང་ཕྲིན་ལས་ཀྱི་ཐིག་ལེ་རྣམས་སྒྲོ་བསྐུའི་རང་བཞིན་ཡིན་ནོ། །ཇི་ཙམ་ཕྲིན་ཀྱང་གནས་དེ་ལས་མ་འདས་པ་ཡིན་ཏེ། དེ་རྣམས་ཐིག་ལེ་བཅུ་དྲུག་པ་དངོས་ཡིན་ནོ།། །།

༈ ཡང་སྔར་བཤད་པའི་ཐིག་ལེ་བཅུ་དྲུག་པོ་ཐམས་ཅད་དྲིལ་ནས་ཉམས་སུ་ལེན་པར་འདོད་པ་ན། སྟོང་པའི་ངང་ལས་པད་ཟླ་བསྐྱེད་པའི་སྟེང་དུ་རང་གི་སེམས་ཐིག་ལེ་དཀར་པོར་གྱུར་པ་ལས་ཕྱི་བཀོད་པའི་སྤྱན་རས་གཟིགས་སུ་བསམ། དེའི་ཐུགས་ཀར་པད་ཟླའི་གདན་ལ་རང་ཉིད་ཇོ་བོ་ཆོས་སྐུ། རྣམ་པ་ལོངས་སྐུ་མཉམ་གཞག་སྐྱིལ་ཀྲུང་ཅན་དང་། སྟོད་བཅུད་ཀྱི་ཐིག་ལེའི་བསྐྱེད་ཚུལ་སྔ་མ་བཞིན་བྱ། ལྷར་གསལ་བཏབ་པའི་དུས་སུ་ཕྱག་མཆོད་བསྐོར་བ་དང་། སྙིང་པོ་བཟླ་བ་ལ་སོགས་པ་རྣམས་ཀྱང་བྱ། ལྷའི་གནས་རྣམས་ཀྱང་གཙུག་ལག་ཁང་གཞི་གཅིག་ལ་སོགས་པ་རྣམས་ན། སྒོ་འབུར་གྱི་ཁང་པ་དུ་མ་ནང་དུ་སྒོ་གཏོད་པ་ལྟར་བསམས་ཀྱང་རུང་གསུང་། གཙོ་བོར་སྟོང་པ་དང་སྙིང་རྗེ་དབྱེར་མེད་པའི་ངང་དུ་མཉམ་པར་གཞག་པར་བྱའོ། །དེ་ལས་སྒྲོ་བར་འདོད་ནའང་ཐིག་ལེ་བཅུ་དྲུག་པོ་ཚང་བའི་ལྷའི་ཁ་དོག་དང་མཐུན་པའི་ཐིག་ལེ་ནང་ནས་རིམ་གྱིས་ཕྱིར་འཕྲོས་ཏེ་རྒྱས་པར་སྔར་བཞིན་བསམ། ནང་དུ་སྡུད་པར་སྒྲོ་ནའང་ཕྱི་ནས་རིམ་གྱིས་ནང་མ་ལ་ཐིམ་པའི་ཚུལ་གོང་དུ་བཤད་པ་བཞིན་བསམས་ཏེ། འདི་ཡང་རེས་འཇོག་ཏུ་བྱའོ། །ཐིག་ལེ་ཐམས་ཅད་གཅིག་ཏུ་དྲིལ་བའི་སྐབས་འདིར། བླ་མའི་རྣལ་འབྱོར་བསྒོམ་པར་འདོད་ན་ཡང་། བརྒྱུད་པ་གསུམ་ལྡན་གྱི་བླ་མ་རྣམས་སམ། སྔོས་ཀྱིས་ཀྱང་ནོར་བུའི་ཕྲེང་བའི་བརྒྱུད་པ་རྣམས་རང་གི་སྤྱི་བོའི་གཙུག་གམ། སྙིང་དཀྱིལ་ཐིག་ལེའི་རྒྱ་མཚོའི་སྟེང་དུ། རྩ་བའི་བླ་མ་བསམས་ལ། དེའི་སྟེང་ན་ཡར་བླ་མ་རྣམས་རིམ་པ་བཞིན་དུ་བཞུགས་པ་ལ་ཕྱག་མཆོད་སོགས་བྱས་ལ། སླར་གོང་མ་གོང་མ་རྣམས། འོག་མ་འོག་མ་ལ་ཐིམ་ནས། མཐར་

རྩ་བའི་བླ་མ་འདང་བྱང་ཆུབ་ཀྱི་ཐིག་ལེ་ལ་ཐིམ་སྟེ། སྟོང་པ་དང་སྙིང་རྗེ་ཟུང་འཇུག་གི་ངང་ལ་མཉམ་པར་བཞག་གོ །དེ་ནི་བླ་མའི་རྣལ་འབྱོར་གྱི་འཁྲིས་སོ། །དེ་ཐམས་ཅད་བསྡུས་ན། སྟོང་པ་དང་སྙིང་རྗེ་དབྱེར་མེད་པའི་བྱང་ཆུབ་ཀྱི་སེམས་ཀྱི་སྒོ་བསྡུ་འབབ་ཞིག་ཡིན་པས། དེའི་ཏིང་ངེ་འཛིན་དུ་བྱ་བ་གལ་ཆེའོ། །དེ་ལྟར་འཁྲིས་དང་བཅས་པ་དེ་དག་ནི། ཞུགས་པ་མཐར་ཕྱིན་པ་བྱང་ཆུབ་ཆེན་པོའི་ཐིག་ལེ་སྟེ་བཅུ་དྲུག་པའོ།། །།

༈ གསུམ་པ་མཇུག་གི་ཚོ་ག་ལ་ལྔ་ཡོད་པ་ལས། དང་པོ་བསྔོ་བ་བྱ་བ་ནི། དེ་ལྟར་དངོས་གཞིའི་སྒོམ་ཚུལ་རྣམས་ལེགས་པར་རྫོགས་ནས། བསྙེན་པ་རྣམས་ཀྱང་བཞག་ལ། བུམ་ཆུ་དེ་དག་སློབ་མ་རྣམས་འཐུང་བ་དང་། ཁྲུས་ལ་སོགས་པ་བྱེད་དུ་གཞུག །དེ་ནས་དཀར་གསུམ་དང་མངར་གསུམ་གཙང་ཞིང་ཡིད་དུ་འོང་བ་དུ་མས། བླ་མ་དང་། ལྷ་དང་། ཆོས་སྐྱོང་དང་། སྐྱབས་པ་པོ་ཐམས་ཅད་ཀྱང་ཚིམ་པར་མཆོད་ལ། སློབ་མས་བླ་མ་ལ་ཅི་འབྱོར་པའི་མེ་ཏོག་ཕུལ་བའི་རྗེས་སུ། བླ་མས་ཐོག་དྲངས་ནས་བསྔོ་བ་བྱ་སྟེ། བླ་མ་རྡོ་རྗེ་འཛིན་པ་རྣམས། །ཡེ་ཤེས་ཐུགས་རྗེ་ཐོགས་མེད་པས། །རྡོ་རྗེ་འཛིན་ལ་དགོངས་སུ་གསོལ། །ཐབས་དང་ཤེས་རབ་མཆོག་ལྡན་པའི། །དབང་དང་བསྐྱེད་རྫོགས་ཟུང་འཇུག་ཚོས། །དུས་གསུམ་སྡུད་པ་དཀྱིལ་འཁོར་འདིར། །ཁྱེད་ཀྱི་ཐུགས་དགོངས་རྫོགས་སླད་དུ། །མཆོག་གི་མཆོག་ཏུ་བསྔོ་བར་བགྱི། །ཇི་སྲིད་ནམ་མཁའ་མ་བརླག་པར། །རྡོ་རྗེ་འཛིན་དང་ལྷན་ཅིག་ཏུ། །ཚོགས་ཀྱི་འཁོར་ལོ་རབ་བསྐོར་ཞིང་། །དངོས་གྲུབ་གཉིས་དང་ལྡན་པར་ཤོག །སྡོད་རྣམས་ལྷ་ཡི་གཞལ་ཡས་ཏེ། །བཅུད་རྣམས་ལྷ་དང་ལྷ་མོ་ལས། །མ་དག་སྣང་བ་ཡོད་མ་གྱུར། །ཐབས་ཤེས་གཉིས་ཀྱིས་འདའ་བར་ཤོག །ཕྱོགས་བཅུའི་རྒྱལ་བ་སྲས་བཅས་རྣམས། །བླ་མ་རྣམས་དང་དབྱེར་མེད་པར། །བྱང་ཆུབ་སེམས་དཔའ་བདག་ལ་དགོངས། །ཇི་སྲིད་ནམ་མཁའ་ཁྱབ་གྱུར་པར། །གནས་པའི་ཕ་མ་དྲིན་ཅན་རྣམས། །སྨོན་དང་འཇུག་སེམས་

སྟོབས་ལྡན་པའི། །ཚོགས་གཉིས་དུས་གསུམ་སྤྱད་པ་རྣམས། །རྩེ་གཅིག་སེམས་ལ་རབ་བསྡུས་ནས། །ས་བཅུ་བགྲོད་ནས་མི་སློབ་པར། །གཞན་དོན་ལྷུན་གྱིས་འགྲུབ་པར་བསྔོ། །ཇི་སྲིད་གནས་དེར་མ་ཕྱིན་པར། །དཀོན་མཆོག་གསུམ་གྱི་བྱིན་རླབས་ཀྱིས། །དབང་མེད་འཁོར་བར་མི་འཁྱམས་པར། །རྫུ་འཕྲུལ་ཤུགས་ཀྱིས་བསྐོར་བར་ཤོག །ཉམ་ཐག་རྣམས་ཀྱི་དབུགས་འབྱིན་ཤོག །ཚ་བས་གདུངས་རྣམས་བསིལ་བར་ཤོག །གྲང་བས་གདུངས་རྣམས་དྲོ་བར་ཤོག །བཀྲེས་པས་གདུངས་རྣམས་འགྲངས་པར་ཤོག །སྐོམ་པས་གདུངས་རྣམས་ངོམས་པར་ཤོག །ནད་ཀྱིས་གདུངས་རྣམས་གསོ་བྱེད་ཤོག །འཆི་བར་འགྱུར་རྣམས་འཚོ་བར་ཤོག །སྨན་གྱི་ལྗོན་ཤིང་རྒྱས་པར་ཤོག །དུག་གི་རྒྱ་མཚོ་སྐེམས་པར་ཤོག །ཆུ་བོ་སྒྲོལ་བའི་གཟིངས་སུ་ཤོག །ཆུ་ཕྲན་སྒྲོལ་བའི་ཟམ་པར་ཤོག །བཤུལ་རིང་བགྲོད་པའི་བཞོན་པར་ཤོག །རི་འདོད་བསྐང་བའི་ནོར་བུར་ཤོག །གཞན་ཡང་འདོད་འཇོ་ལ་སོགས་པ། །སྐྱིད་མོས་ཚལ་དང་ཁང་བཟང་དང་། །གང་འདོད་འབྱོར་པ་ཉིད་དུ་ཤོག །བུ་མེད་དབུལ་པོ་བུས་འཚོ་ཞིང་། །ནོར་ཡོད་བུ་མེད་བུར་གྱུར་ཏེ། །བུ་ཡིས་ཆོས་ལ་འགོད་པར་ཤོག །ཞིང་དེར་ནམ་ཡང་དམག་མ་གྱུར། །དམ་ཉམས་འཆལ་པར་མ་གྱུར་ཅིག །དགྲ་བོ་ཆོམ་རྐུན་དུག་སྦྲུལ་སོགས། །འཇིགས་པ་བརྒྱད་ཀྱིས་དགྲར་མ་གྱུར། །ཆར་ཆུ་དུས་སུ་འབབ་པ་དང་། །གཟའ་དང་རྒྱུ་སྐར་ལ་སོགས་པ། །ཐམས་ཅད་རྟག་ཏུ་དགེ་བར་ཤོག །དོན་མཛད་ཕྱོགས་བཅུ་རྣམས་ན་བཞུགས་པ་ཡི། །བླ་མ་དཀོན་མཆོག་མཁྱེན་རབ་ཐུགས་རྗེ་ཅན། །ཐར་པ་གཉེར་ལ་མཁྱེན་བརྩེས་དགོངས་སུ་གསོལ། །སྒོ་གསུམ་བག་མེད་དབང་དུ་མ་བཏང་བར། །དུས་གསུམ་ཡོན་ཏན་ཀུན་གཞི་ཚུལ་ཁྲིམས་མཆོག །རྒྱལ་བའི་ལམ་མཆོག་ཐོས་བསམ་སྒོམ་གསུམ་གྱིས། །ཉིན་དང་མཚན་དུ་ཐུན་དུ་སྤྱད་པ་ཡིས། །ཕ་མ་མ་ལུས་འདྲེན་པ་མཆོག་ཏུ་བསྔོ། །འདི་དང་དུས་གསུམ་དགེ་གྱུར་པའི། །ཚོགས་གཉིས་

བཟང་པོ་གང་ཐོབ་ཅིང་། །འཕྲུལ་དང་ཕྱུགས་སུ་དགེ་བ་རྣམས། །གཞན་དོན་ཡོངས་རྫོགས་འགྲུབ་པར་བསྔོ། །ཞེས་ལན་གསུམ་བརྗོད་དོ། །གཉིས་པ་སྨོན་ལམ་གདབ་པ་ནི། རྫོགས་སངས་རྒྱས་སྐུ་མ་ཐོབ་པར། །མཐོ་རིས་དབང་པོ་མཆོག་གིས་བརྒྱན། །སྐྱེ་རྣམས་ན་འཆིས་མི་འཁྲུགས་པར། །ཚོགས་གཉིས་རྟག་ཏུ་གོམས་པར་ཤོག །བདག་ཅག་གདུལ་བྱ་ཞིང་ཁམས་དཔག་མེད་དུ། །རྒྱལ་བས་བྱིན་རླབས་མི་ཏོག་པད་སྙིང་དུ། །དྲི་མས་མ་གོས་རྫུས་ཏེ་སྐྱེ་བར་ཤོག །ཕྱོགས་བཅུའི་འཇིག་རྟེན་ཞིང་ཁམས་རབ་འབྱམས་ན། །འདི་ལྟར་རིན་ཆེན་ལྷ་ཡི་མེ་ཏོག་རྣམས། །ཕུན་སུམ་ཚོགས་པར་གང་ཡོད་ལྷ་ལ་འབུལ། །འདི་དང་འཁོར་ཚེའི་ཚེ་རབས་མ་ལུས་པར། །མེ་ཏོག་ཕྲུབས་སུ་ཆོས་ཀྱི་སྣང་བ་རྒྱས། །རྒྱལ་བས་ཁ་འབྱེད་རྒྱལ་བས་སྐྱོང་བར་ཤོག །བདག་གི་རྣམ་ཐར་པདྨའི་འདབ་འདྲ་བ། གཙང་མ་གཙང་མར་ཕུན་སུམ་ཚོགས་པར་ཤོག །བདག་གི་རྣམ་ཐར་ཤེལ་གྱི་མཆྙལ་བཞིན། །ཁོད་སྙོམས་འཛམ་ཞིང་རབ་ཏུ་དངས་པར་ཤོག །བདག་གི་རྣམ་ཐར་གསེར་གྱི་མཆོད་རྟེན་བཞིན། །བལྟ་བས་མི་ངོམས་ཡ་མཚན་གནས་སུ་ཤོག །བདག་གི་རྣམ་ཐར་ཉི་མའི་དཀྱིལ་འཁོར་བཞིན། །རྣམ་རྟོག་མེད་པར་མུན་པ་སེལ་བར་ཤོག །བདག་གི་རྣམ་ཐར་ཡིད་བཞིན་ནོར་བུ་ལྟར། །འགྲོ་བ་ཀུན་གྱི་རེ་བ་སྐོང་བར་ཤོག །འདི་ནས་བཟུང་སྟེ་ཚེ་རབས་ཐམས་ཅད་དུ། །བླ་མའི་རྣམ་ཐར་མི་ནུབ་འཛིན་པར་ཤོག །ཐུབ་པའི་རྣམ་ཐར་རིན་ཆེན་གསལ་བྱེད་ཅིང་། །རྣམ་དག་སྤྱོད་པས་ཕྱོགས་མཐར་རྒྱས་པར་ཤོག །ཆོས་རྣམས་ཐམས་ཅད་ཐོག་མཐའ་བར་དགེ་ཞིང་། ། བཀའ་སྡོད་རྣམས་ཀྱིས་རྟག་ཏུ་སྐྱོང་བར་ཤོག །འཁྲུལ་མེད་རྒྱུན་དུ་རྗེས་དྲན་དྲུག་པོ་ཡང་། །ཕན་བདེར་རྩེ་གཅིག་རྟག་ཏུ་དྲན་པར་ཤོག །ཚེ་རབས་ཀུན་ཏུ་དལ་འབྱོར་རྟེན། །ཕུན་སུམ་ཚོགས་པར་ཡང་གྱུར་ནས། །དཀོན་མཆོག་གསུམ་ལ་སྒོ་གསུམ་གྱིས། །ཕྱག་དང་མཆོད་པས་བཀུར་བར་ཤོག །སྟོབས་བཞི་ཚང་བས་སྡིག་བཤགས་

ཞིང་། །དགེ་བ་ཀུན་ལ་ཡི་རང་ཤོག །ཆོས་ཀྱི་འཁོར་ལོ་བསྐོར་བྱེད་པའི། །བསྐུལ་མ་
རྟག་ཏུ་ཐེབས་པར་ཤོག །མྱ་ངན་འདའ་སྟོན་གང་བཞེད་ལ། །མི་འདར་གསོལ་བ་
ཐེབས་པར་ཤོག །ཇི་ལྟར་བསྡོས་ཤིང་སྨོན་པ་རྣམས། །བསམས་པ་ཉིད་ནས་འགྲུབ་
པར་ཤོག །ཅེས་ལན་གསུམ་གྱི་བར་དུ་གདབ་བོ། །གསུམ་པ་བཀྲ་ཤིས་བརྗོད་པ་ནི།
ནོར་བུའི་ཕྲེང་བ་གསེར་གྱི་འབྲུ། །ཕྲེང་བ་རབ་མཛེས་འཕགས་པའི་རྒྱན། །དག་པའི་གློ་
ལ་གནས་གྱུར་ཏེ། །ཡི་གེ་མེད་པར་རྒྱལ་གྱུར་ཅིག །ང་ཡི་རྗེས་འབྲང་དྲང་སྲོང་
ལམ། །སྐྱོན་གྱིས་མ་གོས་ནོར་བུའི་མཆོག །སྡེ་སྣོད་གསུམ་དང་ལྷ་མཆོག་བཞིས། །རང་
རྒྱུད་ཚིམ་པར་རྒྱལ་གྱུར་ཅིག །སྐྱེས་བུ་གསུམ་དང་ལྷ་ཆོས་གསུམ། །གདན་ཐོག་གཅིག་
ཏུ་རབ་བསྒོམས་ནས། །ཚེ་འདིའི་འདུན་མར་མ་སོང་བར། །གཏན་གྱི་བཙན་སར་རྒྱལ་
གྱུར་ཅིག །ཁྲིམས་ལྡན་པཎྜིའི་ས་གཞི་ལ། །ཚད་མེད་བཞི་ཡི་ར་བས་བསྐོར། །རྒྱལ་ཡུམ་
དྲུག་གི་ཀ་བས་བཏེག །མཐར་ཐུག་ཕྱུགས་སུ་རྒྱལ་གྱུར་ཅིག །གཉེན་པོའི་ཆུ་ལོན་
བབས་ཀྱིས་གཞོལ། །སྤང་བྱའི་མེ་ཡིས་མི་ཚུགས་པར། །ཚོགས་གཉིས་ཉི་ཟླའི་འོད་
གསལ་ཏེ། །མི་རྟོག་ཡེ་ཤེས་རྒྱལ་གྱུར་ཅིག །མི་མཛེད་འདོད་པའི་འདམ་གསེབ་
ཏུ། །འདམ་གྱིས་མ་གོས་པདྨ་མཆོག །ཉིན་དང་མཚན་དུ་དགེ་གྱུར་པའི། །རྣམ་ཐར་
གཙང་མར་རྒྱལ་གྱུར་ཅིག །ངོས་ཡངས་བརྟན་པའི་ས་གཞི་ལ། །ཁྱི་ལ་ཉེན་ཆེའི་ཆོས་
ལུགས་ཀྱིས། །ལོག་ལྟའི་གཡང་ལ་མ་ལྷུང་བར། །བཀའ་གདམས་རིན་ཆེན་རྒྱལ་གྱུར་
ཅིག །ཟག་བཅས་དགེ་བའི་བསོད་ནམས་ལས། །ཟག་མེད་ཡེ་ཤེས་ལོ་འདབ་རྒྱས། །ཀུན་
ཏུ་དགེ་བའི་འབྲས་བུ་ཅན། །ལས་འབྲས་ཟབ་མོ་རྒྱལ་གྱུར་ཅིག །ཤེས་རབ་ཡུམ་ལས་
མ་གཡོས་པར། །རེ་ལྟོས་སེར་སྣས་མ་བཅིངས་པའི། །ཕྱི་ནང་སྦྱིན་པར་གཏོང་བ་
གང་། །བཀྲ་ཤིས་རིན་ཆེན་མཆོག་ཏུ་ཤོག །ཡང་སྲིད་རང་འདོད་མ་འཁྲིགས་པའི། །སྡོ་
གསུམ་དགེ་བ་བསིལ་བའི་རྒྱན། །རྒྱུན་ཆད་མེད་པར་གནས་པ་ཡི། །བཀྲ་ཤིས་རིན་

ཆེན་མཆོག་ཏུ་ཤོག །འགྲུས་དང་བྲོ་འཁྲུག་མི་མངའ་ཞིང་། །དཀའ་སྤྱད་འཁོར་བ་བཟོད་གྱུར་པའི། །སྙིང་རྗེ་དཔའ་བོའི་གོ་ཆ་གང་། །མཆོག་གི་བཀྲ་ཤིས་རིན་ཆེན་ཤོག །སྐད་ཅིག་གཅིག་ལ་མར་གྱུར་པའི། འདོད་དགུ་ཐམས་ཅད་སྤེལ་མཛད་པ། །སྨོ་དགའ་བསྟེན་པའི་བཀྲ་ཤིས་གང་། །ཐམས་ཅད་འགྲུབ་པའི་རིན་ཆེན་ཤོག །དོན་མི་འགྱུར་དང་བཏང་སྙོམས་ལས། །གཞན་པའི་ཏིང་འཛིན་དཔག་མེད་རྣམས། །ཆགས་ཐོགས་མེད་པར་སྤྱོད་པ་ཡི། །བཀྲ་ཤིས་རིན་ཆེན་མཆོག་ཏུ་ཤོག །ཤེས་བྱ་མ་ལུས་སལ་ལེ་བར། །སོ་སོར་འབྱེད་དང་སྤུད་པ་ཡི། །བཀྲ་ཤིས་ཀུན་གྱི་བཀྲ་ཤིས་གང་། །མ་ལུས་རྫོགས་པར་བཀྲ་ཤིས་ཤོག །དགེ་བ་གང་བྱས་ལམ་འགྲོ་བའི། །བཀྲ་ཤིས་རིན་ཆེན་མཆོག་ཏུ་ཤོག །ལམ་བཟང་ཟིན་ནས་མི་ལྡོག་པར། །བརྟན་པའི་བཀྲ་ཤིས་རྒྱས་པར་ཤོག །འགྲོ་བ་གང་གི་དོན་དག་ཏུ། །དེ་འདྲེན་ཆོས་སྟོན་ཤེས་པར་ཤོག །སྤྱོད་ལམ་འདི་ནས་བཟུང་བྱས་ནས། །སྤྱོད་ལམ་ཅི་བྱེད་དགེ་བ་ཡི། །གཞན་གྱི་མིག་འདྲེན་ཕུན་ཚོགས་པས། །ཆོས་གྲོགས་བཀྲ་ཤིས་འཕེལ་བར་ཤོག །བཀྲ་ཤིས་འདི་ནས་རབ་བཟུང་ནས། །མཐར་ཐུག་བཀྲ་ཤིས་མ་ཐོབ་བར། །བསྐྱུ་བ་རྣམ་བཞིས་འགྲོ་འདྲེན་པའི། །བཤེས་གཉེན་མཆོག་གི་བཀྲ་ཤིས་ཤོག །འཁོར་བ་སྟོངས་པར་མ་གྱུར་བར། །ང་ཉིད་ལྷམ་མེ་ལྷན་ནེར་དཔལ། །ནམ་མཁའ་ལྟ་བུར་ཁྱབ་གྱུར་ཏེ། །ཐར་པའི་སྒོ་འབྱེད་བཀྲ་ཤིས་ཤོག །བཀྲ་ཤིས་གཅིག་ཏུ་བཀྲ་ཤིས་རྣམས། །འདུས་པ་བཀྲ་ཤིས་རྒྱ་མཚོ་གང་། །ཟབ་ཡངས་ཕུན་སུམ་ཚོགས་པ་ཡི། །བཀྲ་ཤིས་རྟག་ཏུ་ཤིས་པར་ཤོག །ཅེས་པ་མང་དུ་བརྗོད་དོ། །བཞི་པ་ལྷ་ཆོས་ཕུན་སུམ་ཚོགས་པའི་ཉམས་ལེན་ལས་མི་འདའ་བར་དམ་བཅའ་བ་ནི། སློབ་དཔོན་ལ་སློབ་མས་ཕྱག་གསུམ་བཙལ་ཏེ། ཐལ་མོ་སྦྱར་ནས། བདག་ཅག་རྣམས་སྲིད་ཞིའི་ཉེས་དམིགས་ལས་སྐྱབས་ནས་ལྷ་ཆོས་བདུན་དུ་ངོ་སྤྲོད། ཐུགས་ཀྱི་ཐིག་ལེར་བཟུང་ནས། བླ་ན་མེད་པའི་བྱང་ཆུབ་ཀྱི་ལམ་ལ་བཀོད་དེ་

སྨིན་པར་མཛད་པ་ཤིན་ཏུ་བཀའ་དྲིན་ཆེའོ། །བདག་ཅག་རྣམས་ཀྱི་དགེ་བའི་བཤེས་གཉེན་བརྒྱད་པ་སུམ་ལྡན་ཐམས་ཅད་ཀྱི་ངོ་བོར་གྱུར་པའི་སྲས་ཀྱི་ཐུ་བོ་ཁྱེད་ལགས། ལྷ་ནི་རྒྱལ་སྲས་ཐམས་ཅད་ཀྱི་ངོ་བོ་བཞི་པོ་དག་ཏུ་མོས། ཆོས་བསླབ་གསུམ་ཇོད་བྱེད་དང་བཅས་པ་ལ་ཉམས་ལེན་བགྱིད། ཆོས་སྐྱོང་དཀར་པོ་བརྒྱད་ཅུ་དང་། སྒྲོལ་མ་བཅུ་གཉིས་རྣམས་བསྟེན། སྟོན་བླ་མ་མར་མེ་མཛད་ཡབ་སྲས་ཀྱིས་ལྷ་ཆོས་ཇི་ལྟར་གདམས་པ་བཞིན། བདག་ཅག་ཀྱང་ཉམས་སུ་ལེན་ཅིང་། སྙིང་གི་དཀྱིལ་དུ་སྒོམ་པ་ལས་མི་གཡོ་བར་དམ་བཅའོ། །ཞེས་ལན་ཅིག་བརྗོད། དེའི་ལན་སློབ་དཔོན་གྱིས། སྐལ་བ་དང་ལྡན་པ་ཁྱེད་རྣམས། དེ་ལྟར་སྒྲུབ་པ་ནི་ཤིན་ཏུ་ལེགས། ང་ལ་ཡང་རྒྱལ་བ་ཡབ་སྲས་སུ་མོས་པ་དང་། ཁྱོད་རང་ཕན་ཚུན་ཀྱང་དག་པའི་སྣང་བ་འབའ་ཞིག་བསྒོམ་པ་གལ་ཆེ། ངས་ཀྱང་ཁྱེད་རྣམས་སྣོད་དང་ལྡན་པའི་སྲས་ཀྱི་ཐུ་བོར་བྱས་ནས། ལྷ་ཆོས་འདི་དག་གི་གཉེར་གཏད་པ་ཡིན་པས། སྟོན་བླ་མ་མར་མེ་མཛད་ཀྱིས་འབྲོམ་ལ་གཉེར་གཏད་པ་བཞིན་དུ་ཉམས་སུ་ལེན་པ་གལ་ཆེ་སྟེ། ཇོ་བོའི་ཞལ་ནས། ནམ་མཁའ་ལྟ་བུར་ཀུན་ཁྱབ་ཀྱང་། །མངོན་པར་མི་མཛད་བྱང་ཕྱོགས་འདིར། །ཀུ་སུ་ལུ་ཡི་སྤྱོད་མཛད་པ། །སྤྱན་རས་གཟིགས་ཁྱོད་ཐུ་བོ་ཡིན། །ལུས་ཀྱི་བཀོད་པས་འཇིག་རྟེན་ཁེངས། །རྒྱལ་བ་མང་ཡང་ཁྱོད་མ་འདས། །སྟུག་པོ་བཀོད་པའི་ཞིང་ཁམས་ཁྱེད། །ཁོ་བོའི་སྲས་ཀྱི་ཐུ་བོ་ཡིན། །གསང་དབང་ཐམས་ཅད་ཁྱོད་ལ་བསྐུར། །ཁྱེད་ཀྱི་དཀྱིལ་འཁོར་ནང་དུ་བཞེངས། །ང་ནི་ཟིང་དུ་མི་འཚོང་བར། །དོན་ལ་སྤྱོད་པར་གཉེར་གཏད་ཡིན། །ཁྱོད་ལ་ཚུལ་ཁྲིམས་བསླབ་པ་བྱིན། །དོན་གཉེར་ཁྲིམས་ལས་མ་འདས་པར། །ལས་འབྲས་ཁྱད་དུ་མི་གསོད་པས། །གནས་ལུགས་སྤྱོད་པར་གཉེར་གཏད་ཡིན། །ཁྱོད་ལ་སེམས་ཀྱི་བསླབ་པ་བྱིན། །ལས་ཅན་གཞན་དོན་ཉིད་ལ་འགོད། །གཞན་དོན་གཅིག་པུས་དུས་འདའ་ལ། །གནས་ལུགས་སྤྱོད་པར་གཉེར་གཏད་ཡིན། །འགལ་

འགལ་འདྲ་ཡང་མི་འགལ་བར། །ཉམས་ལེན་རྩེ་གཅིག་བརྩོན་པ་ཡིས། །མཁས་བཙུན་བཟང་པོར་དོན་ལྡན་པ། །སྣང་ཙམ་སྤྱོད་པར་གཉེར་གཏད་ཡིན། །ཤེས་བྱ་གང་དང་གང་མཁས་ཀྱང་། །བཤད་དོན་སོ་སོར་མ་ཤོར་བར། །རྩེ་གཅིག་སེམས་ལ་ཉམས་ལེན་པ། །དེ་ནི་ཁྱོད་ལ་གཉེར་གཏད་ཡིན། །ཞེས་གསུངས་ནས་ཉམས་ལེན་གཙོ་བོར་གདམས་ཤིང་། སྟོད་དང་མི་ལྡན་པ་ལ་མི་བཤད་པར་རྒྱས་བཏབ་པ་ཡིན་ཏེ། རྗེ་བོའི་ཞལ་ནས། གནས་འདིར་མ་ཚང་ཅི་ཡང་མེད། །འདི་ནི་ནོར་མཆོག་དམ་པ་ཡིན། །ནོར་འདི་ཁྱོད་ལ་བཅེ་བས་བསྟན། །ཁྱོད་ཀྱིས་ཁྲིམ་དུ་མ་སྒྲོག་ཅིག །ཞིང་ཁམས་འདི་ནི་ཁྱོད་ཀྱི་ཡང་། །ཐམས་ཅད་ཁྱོད་ཀྱི་མི་མ་ཡིན། །མི་མ་ཡིན་ལ་རྫོང་བྱེད་ན། །བདུད་སྲིས་མ་བཟོད་འཁྲུགས་གྱུར་ཏེ། །ཁྱོད་ཀྱི་ཤིང་རྟ་གཙོག་པར་བྱེད། །སྲོལ་འདི་མ་ཉམས་ཐིག་ལེར་སྐྱོངས། །འཕང་ཡོས་དཔག་ཚད་ཁྱབ་ན་ཡང་། །ལྟེ་བ་མི་འཛིན་མི་མ་ཡིན། །སྨུ་ཁྲུད་རྩིབས་ལ་སྒྲོ་སྐུར་འདེབས། །གཟིར་བུ་མི་འཐོབ་གནས་སུ་བཟེག །ཐོབ་གནས་གཟིར་བུས་མི་སྟོམ་པར། །སྙིགས་དུས་ཤིང་རྟ་བཤིག་གིས་དོགས། །སྙིང་གཏམ་ཡིན་ནོ་འབྲོམ་རྗེ་ཉོན། །ཞེས་གསུངས་ནས། འབྲོམ་ལྷ་བུ་མདོན་ཤེས་ཐོགས་མེད་མངའ་བའི་སྤྲུལ་སྐུ་དེ་ཉིད་ལའང་གཞན་ལ་མི་སྟོན་པའི་བཀའ་རྒྱ་དེ་ལྟ་བུ་སོམ་ན། འོ་སྐོལ་རྣམས་ཅིའི་ཕྱིར་གཞན་ལ་སྟོན་པར་བྱེད། རང་གི་ཉམས་ལེན་ཁོ་ན་ལ་ནན་ཏན་དུ་གྱིས་ཤིག །ཅེས་བསྒོ་བར་བྱའོ། །ལྔ་པ་ཐིག་ལེ་ཆེན་པོའི་ངང་དུ་གཤེགས་སུ་གསོལ་བ་ནི། མཐུལ་གྱི་རྟུལ་ཚོན་ལ་སོགས་པ་ཐམས་ཅད་ས་གཙང་མའམ། ཆུ་བོའི་གཞུང་ངམ། རི་བོ་ཆེན་པོའི་རྩེ་ལ་སྐྱུལ་ལ་རྗེས་མི་མངོན་པར་བྱ་བ་གལ་ཆེའོ། །དེ་ལྟ་བུའི་ཚོགས་རྗེས་སུ་བཟུང་བའི་རྗེས་ནས། སྐོམ་དོན་རྣམས་འཁྲིད་དུ་སྐྱོང་ལ། གླེགས་བམ་རྒྱས་པར་བཤད་ནས་ཐམས་ཅད་ཀྱང་ཟབ་དོན་སྒོམ་པ་ལ་སྦྱོར་བ་གལ་ཆེའོ། །དེ་ལྟ་བུའི་སླབ་པ་དེ་ཉིད་ཀྱི་ལུང་ཐོབ་ནས། གནས་སྐབས་གང་འགྲུབ་ཀྱི་དུས་རྣམས་སུ་

ཡང་ཐིག་ལེའི་སྒྲུབ་པ་ཞག་གཅིག་གམ། དེ་བས་མང་བ་གང་འགྲུབ་པ་འབད་པས་བསྒྲུབ་པར་བྱའོ། །རྗོད་བྱེད་ཐ་སྙད་བདེན་བྲལ་ཞིང་། །བརྗོད་བྱ་དོན་གྱི་ཐིག་ལེས་དབེན། །ཆོས་ཅན་ཆོས་ཉིད་རོ་གཅིག་པས། །སྒྲ་དོན་བྲལ་བའི་ཐིག་ལེ་ཡིན། །དེ་ཕྱིར་བླ་མ་རྣམས་ཀྱིས་ཀྱང་། །སྤྲོས་བྲལ་དང་ནས་ཟབ་དོན་འདི། །ཡི་གེ་མེད་པར་དབྱིངས་སུ་སྒྲུབ། །དེ་བཞིན་ཡི་གེ་མེད་པ་མཆོག །དིང་སང་སྣང་ཙམ་ཡི་གེའི་སྒྲ། །སྒྲ་སྙན་བྲལ་ན་ཟུང་འཇུག་གི །ཆོས་དབྱིངས་ཐིག་ལེ་མི་རྟོག་ཕྱིར། །གཉིས་མེད་ཡི་གེ་ཆེན་པོར་བཀོད། །ཐོས་དོན་སྙན་བརྒྱུད་ཡི་གེ་རུ། །བཀོད་པས་ཉེས་པའི་ཚོགས་མཆིས་གང་། །བླ་མ་རྣམས་དང་བཀའ་སྲུང་ལ། །བསམ་པ་དག་པས་བཟོད་པར་གསོལ། །ཉེས་སྒྲིབ་དག་ནས་འདི་ཕྱི་ཡི། །སྐྱེ་ཀུན་བླ་མ་ལྷ་དང་ཆོས། །བཀའ་སྲུངས་ཀུན་གྱིས་མི་འབྲལ་བར། །བྱིན་རླབས་བསྲུང་ཞིང་ལམ་བགྲོད་ཤོག །དགེ་བ་འདི་ཡིས་བདག་གཞན་རྣམས། །ལུས་སེམས་ཆོས་དང་རྒྱལ་པོ་ཉིད། །ལྷ་ཆོས་རིན་ཆེན་རྣམ་བདུན་གྱིས། །བསྐོར་ནས་ཉོན་མོངས་གཡུལ་རྒྱལ་ཤོག །འོད་གསལ་ལྷ་ཡི་གཞལ་ཡས་སུ། །བླ་མ་ལྷ་དང་མི་འབྲལ་ཞིང་། །མ་རྒན་རྣམས་དང་ལྷན་ཅིག་འཕོད། །རྟག་ཏུ་བདེ་ཆེན་བཀྲ་ཤིས་ཤོག །རྒྱལ་བ་ཡབ་སྲས་ཀྱི་གསུང་རབ་མ་ལུས་པར་དྲིལ་བའི་སྙིང་པོ། ཟབ་ཡངས་བཀའ་གདམས་རྒྱ་མཚོའི་ནོར་བུ། བརྒྱུད་པ་གསུམ་གྱི་གཙོ་བོ་ལྷ་ཆོས་ཉམས་ལེན་གྱི་གདམས་ངག །ཐིག་ལེ་ཆེན་པོའི་དབྱིངས་སུ་བྱང་ཆུབ་ཀྱི་སེམས་གཉིས་སྤེལ་བའི་ཐབས། སྲས་པའི་བརྟུལ་ཞུགས་མཛད་པ་འབབ་ཞིག་ནས་བརྒྱུད་པའི་ཟབ་ལམ་སྙིང་གི་ཐིག་ལེའི་ལག་ཁྲིད་འདི་ཉིད་ཡི་གེ་སྔ་མ་ལས་བྱུང་བའི་བླ་མའི་གསུང་གི་དོན་རྣམས་ཚང་ཞིང་། རྒྱལ་བའི་ཕྱུག་ལེན་གླེགས་བམ་ནས་བླ་མ་ཡབ་སྲས་ཀྱི་གསུང་འབབ་ཞིག་ལུང་དང་སྦྱར་ནས་ལག་ཏུ་བླང་བའི་རིམ་པ་གསལ་བར་བྱས་པའི་ཆོས། སྐལ་ལྡན་གདུལ་བྱའི་སྙིང་གསལ་སྟོང་ཐིག་ལེའི་རྒྱ་མཚོ་དང་འབྲལ་མེད་དུ་གནས་པ་

གསལ་བར་བྱེད་པའི་ཚིག །གྲག་སྟོང་ཟུང་འཇུག་ཉི་ཟླའི་ཐིག་ལེ་ཞེས་བྱ་བ། དཔལ་ལྡན་སྣར་ཐང་བསྟན་པ་རིན་པོ་ཆེའི་ནམ་མཁར་བཀོད་པའོ། །འདིས་སྐལ་བ་ཅན་དུ་མའི་དོན་བྱེད་པར་གྱུར་ཅིག །ཨོཾ་ཨོཾ་མངྒ་ལཾ་ཀུ་རུ་ཨོཾ་ཨོཾ།། ཤྲཱི།། །།

༄༅། །འབྲོམ་ཆོས་ཀྱི་རྒྱལ་པོ་ཉིད་ཀྱིས་མཛད་པའི་རང་རྒྱུད་ལ་བསླུ་ལ་མ་འདེབས་པའི་དད་པའི་ལྷོན་ཤིང་དང་སྒྲུར་བ་བཞུགས་སོ། །

༄ ལྷ་ཆོས་བདུན་དང་ལྡན་པའི་ཡོངས་ཀྱི་དགེ་བའི་བཤེས་གཉེན་རིན་པོ་ཆེ་དེ་གངས་རིའི་ལྗོངས་འདིར་གདུལ་བྱ་མ་དག་པ་ལ་ཐུགས་རྗེ་ཆེན་པོས་ཆགས་ཐེབས་ནས་དེ་དག་གི་བློའི་ཚོད་དང་བསྟུན་པའི་རིགས་དང་། ཉུས་དང་། ཚོ་འབྲང་དང་། མཛད་པ་དུ་མ་བསྟན། ཁྱད་པར་དུ་དཔལ་ལྡན་མར་མེ་མཛད་བཟང་པོས་རྒྱ་གར་

ནས་ཐོན་པ་ལ་ལྟོས་པ་སྐད་དུ་ཡོན་ཏན་ཐམས་ཅད་ལེན་པའི་ཚུལ་སྟོན་ཅིང་རྒྱལ་བ་བོད་དུ་ཐོན་ཚུལ་བསྟན་ནས་མཐོ་རིས་དང་ཐར་པར་གཤེགས་པའི་ཚུལ་བསྟན་པའི་བར་དུ། ཕ་མ་བུ་ཚ་བཞིན་དུ་འགྲོགས་ཏེ། གསང་བ་བསམ་གྱིས་མི་ཁྱབ་པའི་ཆོས་ཀྱི་འཁོར་ལོ་དུ་མ་བསྐོར་ནའང་། མངོན་པར་ཞེས་པ་དང་མི་ལྡན་པ་རྣམས་ཀྱིས་མ་རྟོགས། འོན་ཀྱང་བླ་མ་མཉེས་པར་ཀུན་ལ་གྲགས། འཛིག་རྟེན་སྒྲོལ་མས་གནང་བར་མཛད་པའི། དགེ་བཤེས་གུང་ཐང་པ་ལ་སོགས་པ་དགེ་སློང་བྱང་ཆུབ་སེམས་དཔའ་རྣལ་འབྱོར་གྱི་དབང་ཕྱུག་བཟང་ལ་མང་ནའང་། རྒྱལ་བ་ཉིད་ཀྱི་རྒྱལ་ཚབ་ཏུ། བདག་ཅག་གི་བླ་མ་ཡང་དག་པའི་དགེ་བའི་བཤེས་གཉེན་འབྲོམ་ཆོས་ཀྱི་རྒྱལ་པོ་ཉིད་དབང་བསྐུར་བར་གདའ། རྒྱལ་བ་ཐར་པར་གཤེགས་ནས། དེས་ལུང་བསྟན་པའི་གཙུག་ལག་ཁང་དཔལ་གྱི་ར་སྒྲེང་ཞེས་བྱ་བ་གླིགས་བམ་ནས་བྱུང་བ་བཞིན་དུ་བཞེངས་སུ་གསོལ་ནས། རྒྱལ་བའི་རྣམ་ཐར་དྲི་མ་མེད་པ་སྐྱོང་ཞིང་སྤྲུལ་པའི་ཤུག་ནགས་ཀྱི་གསེབ་ན་ཕར་ལ་སྤྱོད་ལམ་རྣམ་བཞི་མཛད། རང་ལ་འདུས་པ་དག་ལའང་བཤད་ཚོགས་དུ་མ་མི་མཛད་པར། ཟབ་དོན་ཅུང་འདུས་རེ་ཙམ་གྱིས་སྟོད་ལྡན་ཡོངས་སུ་འཛིན་པ་ལ། རྣལ་འབྱོར་པ་ལ་སོགས་པ་རེ་རེ་གཉིས་གཉིས་ཀྱིས་ཆོས་ཀྱི་འཁོར་ལོ་རྒྱ་ཆེན་པོ་བསྐོར་བར་ཞུས་ཀྱང་། བཀའ་སྐྱོན་སེམས་ཀྱི་མཐིལ་དུ་བཏེག་པའི་ཉོན་མོངས་པའི་རྩ་བ་འབྱིན་པ་རེ་མཛད་ཅིང་གནད་ཀྱི་འཇུན་སྐད། ཁྱད་པར་དུ་འང་དབེན་ས་རེར་བཞུགས་ནས་གཞན་དག་གི་ཐོས་ཙམ་དུ་གཞན་འཇུན་པ། རང་རྒྱུད་ལ་བསྐུལ་མ་འདེབས་པའི་དབྱངས་འདི་དག་བཞེས་པར་གདའ་བས་གསན་པར་ཞུ། །

༈ ཨོཾ་ཨཱཿ ཧཱུྃ། ཞི་ཁྲོ་མ་ལུས་ཀུན་གྱི་ཐུགས། །མི་ཁོ་བོའི་ལུས་ངག་ཡིད་གསུམ་བྱིན་གྱིས་རློབས། །གནས་དགའ་ལྡན་དམ་པ་ཆོས་ཀྱི་ཕོ་བྲང་ན། །ལྷ་ཚོགས་གཉིས་དཔལ་ལྡན་མར་མེ་མཛད་དཔལ་ང་། །ཁོང་ནམ་མཁའ་དྲི་མ་མེད་པར་ཡོངས་གྲགས་

ནས། །ཆོས་ཐེག་པ་ཆེན་པོའི་དགའ་སྟོན་འགྱེད་པ་དེ། །འབྲོམ་ཁོ་བོའི་སྤྱི་གཙུག་རྒྱན་
དུ་བཞུགས་སུ་གསོལ། །ཁྱེད་བླ་མའི་ཡུམ་ཆེན་ཤེས་རབ་ཕ་རོལ་ཕྱིན། །དོན་བསམ་པ་
ཙམ་གྱིས་གཟུང་འཛིན་བདག་ལྟ་ཡི། །ནད་ཁོང་སྲན་དམ་པོ་རྩད་ནས་གཅོད་མཛད་
དེ། །འབྲོམ་ཁོ་བོའི་མགྲིན་པའི་རྒྱན་དུ་བཞུགས་སུ་གསོལ། །བྱམས་སྙིང་རྗེ་དགའ་བ་
བཏང་སྙོམས་ཚད་མེད་དེའི། །ཐབས་ཤེས་རབ་ཟུང་འབྲེལ་བསླབ་པ་གསུམ་ལྡན་
པ། །ལུང་རིགས་པ་ཉི་ཟླ་ལྟ་བུར་གསལ་བ་དེ། །འབྲོམ་ཁོ་བོའི་སྙིང་གི་རྒྱན་དུ་བཞུགས་
སུ་གསོལ། །ངག་གྲག་སྟོང་རྒྱང་ནས་སྙན་པའི་དཔའ་བརྗིད་ཅན། །ཆོས་སྤེ་སྟོད་སླུ་བའི་
ཟློག་པོ་ཚུལ་འཆོས་དེ། །ཕ་སངས་རྒྱས་སྐད་དུ་བསྟེན་པ་མཐོང་ཙ་ན། །ཕ་ཁྱེད་དང་
འབྲལ་སྐབས་ཙུང་ཟད་མི་གདའོ། །ལན་སྟོང་ཕྲག་ཏུ་མར་བཟང་པོ་བྱས་གྱུར་
ཀྱང་། །ཉིས་གཅིག་གི་འོག་ཏུ་ཆོ་སྲོག་འཕྲོག་པའི་དཔོན། །སྐྱབས་རྒྱལ་པོ་ངན་པ་
བསྟེན་པ་མཐོང་ཙ་ན། །ཕ་རྗེ་བཙུན་ཁྱེད་དང་འབྲལ་སྐབས་མི་གདའོ། །བཀའ་བསྟན་
བཅོས་ཐམས་ཅད་ཤེས་པར་ཁས་ལེན་ཀྱང་། །དོན་ཉམས་སུ་ལེན་ལ་རྟུགས་པའི་
ཐུགས་རྒྱལ་ཅན། །སེམས་སྐྱོད་ཉེས་དེ་འདྲ་བསྟེན་པ་མཐོང་ཙ་ན། །རྗེ་ཀུན་མཁྱེན་ཁྱེད་
དང་འབྲལ་སྐབས་མི་གདའོ། །ལུས་ལོངས་སྤྱོད་སྲུགས་ཤིང་རྟག་ཏུ་མཆོད་གྱུར་
ཀྱང་། །ཐུགས་ཁེངས་པ་མེད་པའི་གང་ཟག་ཁྲི་གཏུམ་ཅན། །རྗེ་ཡར་འདྲེན་སྐད་དུ་
བསྟེན་པ་མཐོང་ཙ་ན། །ཆོས་ཁོ་ནས་ཆོག་ཀྱང་འབྲལ་སྐབས་མི་གདའོ། །དུས་རྟག་ཏུ་
འདོད་པས་བསོག་ཟུན་བྱས་གྱུར་ཀྱང་། །སེམས་ཁེངས་པ་མེད་པའི་ངང་རིངས་རྟག་
འཛིན་ཅན། །ཡིད་ཐམས་ཅད་བོར་ནས་འགྲོ་བ་མཐོང་ཙ་ན། །ང་ཆགས་མེད་བླ་མ་
ཁྱེད་དང་མཇལ་སྙིང་འདོད། །གོས་སྟོང་ཕྲག་ཏུ་མས་མཛོད་ཕུགས་བཀང་གྱུར་
ཀྱང་། །དུས་ནམ་ཞིག་སྐྲི་སྔགས་འདོན་ཅིང་འཆི་བའི་ཚེ། །ལུས་གོས་མེད་གཅེར་བུར་
འགྲོ་བ་མཐོང་ཙ་ན། །ང་ཚུལ་ཁྲིམས་གོས་ཅན་ཁྱེད་དང་མཇལ་སྙིང་འདོད། །བུ་བུ་

མོའི་འཁོར་གཡོག་ཏུ་མས་བསྐོར་ན་ཡང་། །དགྲ་འཆི་བདག་བདུད་ཀྱིས་གཉའ་ནས་མནན་པའི་ཚེ། །སོང་གྲོགས་མེད་གཅིག་པུར་འགྲོ་བ་མཐོང་ཙ་ན། །ཁྱེད་ལྷ་ཚོགས་བཅས་དང་མྱུར་དུ་མཇལ་སྙིང་འདོད། །སོང་ཚང་རྒོད་ཕྱོགས་བཞིར་བགྲོད་པའི་བཞོན་པ་ཅན། །ལུས་ཚེ་སྲོག་འབྲལ་བའི་དགྲ་བོས་དེད་པའི་ཚེ། །པོ་ཁྲིས་སེ་མལ་ན་ལུས་པ་མཐོང་ཙ་ན། །ཕ་ནམ་མཁའ་མཉམ་དང་ད་ལྟ་མཇལ་སྙིང་འདོད། །དུས་དང་པོར་འཛིག་མེད་བཞིན་དུ་མཐུན་སྐེབས་ནས། །སོང་འཆི་ཁར་དུ་བྲང་བརྡུང་ཞིང་འབྲལ་བ་ཡི། །གྲོགས་ཉེས་པ་ཁྲིམ་ཐབ་བྱེད་པ་མཐོང་ཙ་ན། །རྗེ་ངེས་པར་འབྱུང་དང་མྱུར་དུ་མཇལ་སྙིང་འདོད། །སྙིང་ཚིམ་པ་མེད་པ་རྒྱལ་བའི་འབྱུང་གནས་ང་། །ཕ་ཁྱེད་ཀྱི་ཐུགས་དང་འགལ་བ་མ་སྨྱོང་ནས། །ནགས་ཕྱོགས་མཐར་རྒྱས་པའི་སྤྲུལ་པའི་ཤྲུག་གསེབ་འདིར། །སྒྲ་གྲག་སྟོང་ཚིག་གི་གླུ་དབྱངས་དེ་སྒྲོགས་པས། །ཁྱེད་སལ་ལེར་གསན་པའི་སྙན་ལ་ཞེན་པར་མཛོད། །ཁམས་གསུམ་གྱི་མགོན་པོ་སངས་རྒྱས་བཅོམ་ལྡན་འདས། །དེ་བསྐྱེད་པར་མཛད་པ་ཡུམ་ཆེན་ཆོས་ཀྱི་སྐུ། །དེ་སྒྲུབ་པར་མཛད་པ་བློ་ལྡན་ས་བཅུའི་མགོན། །སྐྱབས་དཀོན་མཆོག་གསུམ་ལ་སྒོ་གསུམ་གུས་ཕྱག་འཚལ། །རྗེ་བླ་མའི་ཞལ་གདམས་སྙེ་སྣོད་ལ་བརྟེན་ནས། །བདག་ལེ་ལོ་ཅན་ལ་དགེ་བསྐུལ་ཅུང་ཟད་བགྱི། །སྐྱབས་བསླུ་བ་མེད་པའི་འཕགས་པ་དཀོན་མཆོག་གསུམ། །དོན་མཐར་ཐུག་སྙེར་བའི་སྒྲིན་བདག་རིན་པོ་ཆེ། །ནད་ཉོན་མོངས་གསོ་བའི་སྨན་པ་རིན་ཆེན་ལ། །བདག་འབྲལ་མེད་བྱང་ཆུབ་བར་དུ་སྐྱབས་སུ་མཆི། །དུས་འདི་ནས་བཟུང་ནས་འཁོར་བ་མ་སྟོངས་བར། །ལྷ་དཀོན་མཆོག་གསུམ་དང་གཞན་དོན་དབྱེར་མེད་བགྱི། །ལུས་ཚེ་སྲོག་འབྲེལ་ལོ་གཞན་དོན་དོར་ཟེར་ནའང་། །བདག་བདེ་བས་མི་ཕན་པ་མ་དོར་མི་ཙུང་། །དུས་སྙིགས་མའི་སྐྱེ་བོ་ཤིན་ཏུ་མ་དག་པས། །ཉེས་རང་གིས་བྱས་ནས་ཁ་ཡོགས་གཞན་ལ་བསྐུར། །ལེགས་གཞན་གྱིས་བྱས་ཀྱང་རྒྱལ་ཁ་རང་ལ་

འདོད། །དོན་བཞད་གད་རེ་ལ་ཁ་ཕྱིག་རི་བོ་སོག །དེས་ཆགས་སྡང་དགྲུག་ཤིང་དུ་མ་སྦྱོར་བར་བྱེད། །རང་ཉེས་ཀྱིས་དོགས་ནས་ངན་མཚང་ཐལ་མོས་འགེབས། །གཞན་ལེགས་ཀྱིས་དོགས་ནས་ངན་མཚང་མཛུབ་མོས་འཛུ། །ཕྱུགས་བཟློག་ནས་བྱུང་ཚེ་ཁོང་ཁྲོ་དུ་མ་ལྡང་། །ཚེ་འདི་ལ་དགོས་པའི་ནོར་སོག་བདེ་བ་འཕྲེལ། །དུས་ཕ་རོལ་ཕམ་པར་ངན་འགྲོའི་གཡང་ལ་འགྲོ། །ཚེ་འདི་ཕྱིར་འཕུང་བའི་འདུན་མ་མཁན་པོ་དེ། །ང་དྭང་པོ་ཡིན་ཞེས་མགོ་འཕོར་རྩ་བ་རུལ། །ཁོང་བདུད་སྡེའི་ཚོགས་རྣམས་དགའ་ཞིང་དགའ་བྲོ་འཁྲབ། །ལྷ་དཀར་པོའི་ཚོགས་རྣམས་ཞེ་ཁྲེལ་སྨོད་པར་བྱེད། །ཁོ་ད་དུང་ཆོས་པ་ཡིན་ཞེས་ཇུ་ལ་འདེབས། །རང་བསླུས་ངོ་ཤེས་པའི་ཟོག་པའི་ཚུལ་འཆོས་

ལའང་། །

སེམས་བརྟག་དཔྱད་མི་གཏོང་རྔོངས་པས་ཚད་མར་འཛིན། །ཆོས་ཚུལ་བཞིན་སྒྲུབ་པའི་མཁས་བཙུན་དམ་པ་ལ། །འདི་ཟོག་པོ་ཡིན་ཞེས་འཕྱ་སྨོད་སྐུར་པ་འདེབས། །གཞུང་ངོ་ཚ་ཁྲེལ་ཡོད་ཕྱི་ཐག་མི་སྲིང་བར། །ཕན་ཕར་ལ་བཏགས་ན་གནོད་པ་ཚུར་ལ་སླེབ། །ཆོས་ཕར་ལ་བཤད་ན་སྡིག་པ་ཚུར་ལ་སོག །དྲིན་ལོག་པར་འཇལ་བའི་སྙེ་བོ་མང་སྟོབས་ཀྱིས། །ཆོས་གདམས་པ་ཟབ་མོའི་ཆར་པ་ཕབ་ཀྱང་ཀྱང་། །ཁོ་རང་རྒྱུད་ངན་པའི་ཐ་རྗོད་རམ་པ་ཅན། །སྔར་ཐོགས་མེད་དུས་ནས་མ་དུལ་རེངས་པ་རྣམས། །དོན་ཉམས་ལེན་མི་བྱེད་ཁོ་བོས་ཐུལ་བར་དཀའ། །རྒྱ་གལ་ཏེ་བྱང་ཆུབ་སྦྱུ་གུ་སྐྱེས་སྲིད་ནའང་། །གཞི་ཁྲིམས་མེད་གཉེན་པོ་བཟོད་མེད་ལེ་ལོ་ཅན། །ཚེ་འདི་ཡི་འདུན་མ་ཤས་ཆེར་སྒྲུབ་སྒྲུབ་ནས། །གེགས་ཉོན་མོངས་དུག་ལྔའི་སད་ཀྱིས་ཁྱེར་བ་མང་། །དེས་རང་གི་བཙན་ས་ཟུང་ཟད་མ་ཟིན་པར། །གཞན་བྱང་ཆུབ་གནས་སུ་དྲང་བར་མི་ནུས་པས། །ཚུར་མཛུབ་མོ་ནང་དུ་བཀུག་ནས་རང་སེམས་ལ། །དུས་གཏན་དུ་ཕན་པའི་གྲོས་ཤིག་བགྱིད་ལགས་པས། །ཁོང་ཐེག་དམན་བདུད་ཀྱི་སད་སེར་

བསྒྲུང་མཛད་ཅིང་། །དོན་ལེགས་ཉེས་བྱུང་ན་ཁྱེད་ཀྱིས་དཔང་པོ་མཛོད། །ཀྱེ་དཔལ་ལྡན་མར་མེ་མཛད་དཔལ་བཟང་པོའི་བུ། །རྟེན་དལ་འབྱོར་འདི་ནི་ཤིན་ཏུ་རྙེད་པར་དཀའ། །རྗེ་སངས་རྒྱས་བསྟན་དང་མཇལ་བ་དེ་བས་དཀོན། །ཁྱེད་རྙེད་དཀའི་དལ་འབྱོར་ཆུད་ཟོས་མ་བྱེད་ཅིག །དེ་ཅིའི་ཕྱིར་ན་ངན་སོང་གཡང་ས་ཆེ། །གཞི་ཁྲིམས་མེད་གཉེན་པོ་ཟླུམ་གོང་འགྲིལ་སླེང་འདོད། །སྡུར་འཛིགས་པའི་གཡང་ལ་མ་ལྷུང་དཔའ་ན་ཡང་། །ང་ལོ་བརྒྱགས་ཟླ་བས་ཚོལ་བ་ཇི་བཞིན་དུ། །འདིར་སྐྱེ་བ་གདན་གྱི་བཙན་ས་བཟུང་དུས་སུ། །སེམས་ཀྱི་ནར་མ་བསྐྱད་གཉེན་པོ་བཙན་ཆོད་བསྐྱེན། །ཚེ་མི་རྟག་བར་སྣང་མཚམས་ཀྱི་གློག་དང་འདྲ། །པོ་སྐྱེས་ཙམ་ཉིད་ནས་འཇིག་པའི་ཆོས་ཅན་ཡིན། །མི་ཕོ་བོའི་ཚེ་ཡང་དེ་དང་མཚུངས་པར་མཐོང་། །ཁྱེད་ཕེབས་པར་མ་བྱེད་ལུས་ལ་སྙིང་པོ་ལོང་། །ཚེ་མི་རྟག་རི་གཟར་ལོགས་ཀྱི་ཐབ་དང་འདྲ། །པོ་མྱུར་དུ་འགྲོ་སྡེ་སུས་ཀྱང་གཟུང་དུ་མེད། །མི་ཕོ་བོའི་ཚེ་ཡང་དེ་དང་མཚུངས་པར་མཐོང་། །ཁྱོད་ལེ་ལོ་མ་བྱེད་དམ་པའི་ལྷ་ཆོས་མཛོད། །ཚེ་མི་རྟག་རྩྭ་མཆོག་སྟེང་གི་ཟིལ་པ་འདྲ། །རྐྱེན་ཅུང་ཟད་ཙམ་ཡང་མི་ཐུབ་མྱུར་དུ་སྐམ། །མི་ཕོ་བོའི་ཚེ་ཡང་དེ་དང་མཚུངས་པར་མཐོང་། །ཁྱོད་རྟག་འཛིན་མ་ཆེ་མི་རྟག་ཐུན་བཞིར་སྒོམས། །ཚེ་མི་རྟག་ནམ་གཞུག་འཆད་ཀའི་སྤྲང་བུ་འདྲ། །པོ་ད་ལྟ་ལྟིང་སྐེ་ནམ་ཡེར་གཅིག་གིས་འཆི། །མི་ཕོ་བོའི་ཚེ་ཡང་དེ་དང་མཚུངས་པར་མཐོང་། །ཁྱེད་འདོད་ཆགས་མ་ཆེ་འཁོར་བའི་ཉེས་དམིགས་སྒོམས། །ཚེ་མི་རྟག་ཉི་མ་རྒས་ཁའི་འོད་ཟེར་འདྲ། །པོ་ཤིན་ཏུ་གསལ་ཏེ་ཕ་རོལ་ནུབ་ཏུ་ཉེ། །མི་ཕོ་བོའི་ཚེ་ཡང་དེ་དང་མཚུངས་པར་མཐོང་། །ཁྱོད་ཞེ་སྡང་མ་ཆེ་བྱམས་དང་སྙིང་རྗེ་སྒོམས། །ཚེ་མི་རྟག་ཤན་པའི་མདུན་གྱི་ར་ལུག་འདྲ། །པོ་ད་ལྟ་གསོན་ཏེ་དབང་མེད་མྱུར་དུ་འཆི། །མི་ཕོ་བོའི་ཚེ་ཡང་དེ་དང་མཚུངས་པར་མཐོང་། །ཁྱོད་གཏི་མུག་མ་ཆེ་རྟེན་འབྲེལ་ཟབ་མོ་སྒོམས། །ཚེ་མི་རྟག་བར་སྣང་མཚམས་ཀྱི་སྤྲིན་

དང་འདྲ། །ཁོ་གློ་བུར་ལྷང་ཞིང་ད་ལྟ་ཉིད་དུ་ཡལ། །མི་ཁོ་བོའི་ཚེ་ཡང་དེ་དང་མཚུངས་པར་མཐོང་། །ཁྱོད་ཐྲག་དོག་མ་ཆེ་དགའ་བ་ཚད་མེད་སྒོམས། །ཚེ་མི་རྟག་གཡོ་བ་སྐྱི་སེར་རླུང་དང་འདྲ། །ཁོ་སེར་བུ་ཕྱོགས་བཅུར་ལྷང་ཞིང་ཕྱོགས་བཅུར་ཡལ། །མི་ཁོ་བོའི་ཚེ་ཡང་དེ་དང་མཚུངས་པར་མཐོང་། །ཁྱོད་ང་རྒྱལ་མ་ཆེ་བདག་ལྟའི་རྩ་བ་ཆོད། །ཚེ་མི་རྟག་ལ་ཁ་མཐོན་པོའི་ སྤྲུར་མ་འདྲ། །ཁོ་སྐྱེ་རྒས་འཇིག་པའི་ཆོས་ཅན་བཅན་ས་སྟོར། །མི་ཁོ་བོའི་ཚེ་ཡང་དེ་དང་མཚུངས་པར་མཐོང་། །ཁྱོད་སྐྱིད་འདོད་མ་ཆེ་དཀའ་སྤྱད་དང་དུ་ལོང་། །ཚེ་མི་རྟག་ཚོང་འདུས་དབུས་ཀྱི་འགྲོན་པོ་འདྲ། །ཁོང་ད་ལྟར་འདུས་ཧེ་ད་ལྟར་ཕྱོགས་བཅུར་འགྱེས། །མི་ཁོ་བོའི་ལུས་སེམས་དེ་དང་མཚུངས་པར་མཐོང་། །ཁྱོད་སྡུག་སྲན་མ་ཆུང་གཉེན་པོ་བཙན་ཆོད་སྒོམས། །ལུས་འབྱུང་བཞི་འདུས་པའི་ནད་ཀྱི་གོང་བུ་འདི། །སྡར་འཁོར་བ་འདི་ཊ་ཏུ་མ་ཞིག་ན་ཡང་། །ཆོས་ཟབ་མོའི་ཕྱིར་དུ་གཅིག་ཀྱང་ཞིག་པ་མེད། །དེས་ད་དུང་འཁོར་བའི་འདམ་དུ་ཐྱིང་བར་འགྱུར། །དེ་རྣག་ཁྲག་ཆུ་སེར་ལ་སོགས་མི་གཙང་བའི། །རྫས་སུམ་ཅུ་རྩ་གཉིས་སྲིན་རིགས་བརྒྱད་ཁྲིས་ཟ། །ཕྱོགས་གང་ནས་བལྟས་ཀྱང་སྡུག་བསྔལ་ཕུང་པོ་འདིས། །སྐུ་མཚན་དང་དཔེ་བྱད་ཀྱིས་སྤྲས་རྒྱལ་བའི་སྐུ། །སུས་འགྲན་ཟླ་མེད་དེ་ཐོབ་ཀྱང་མི་སྟོ་ཡིས། །འདི་གཅེས་པར་མ་འཛིན་སྐྱེ་འཕགས་ཡོངས་ལ་སྟོས། །ང་སེར་སྣ་བྱེད་ན་བཀའ་གདམས་ག་ལ་ཡིན། །ང་ཆགས་པས་བཅིངས་ན་རྗེ་ཡི་སྲས་པོ་མིན། །དུས་རྟག་ཏུ་ཐ་མལ་སྤྱོད་པ་མ་བྱེད་ཅིག །ལུས་སྣང་སྟོང་རྨི་ལམ་སྒྱུ་མའི་ངང་དུ་ཞུགས། །ངག་གྲག་སྟོང་སྙན་པ་བྲག་ཆའི་ངང་དུ་ཞུགས། །སེམས་གསལ་སྟོང་ཐབས་ཤེས་ཟུང་འབྲེལ་ཉིད་དུ་ཞུགས། །ཕ་བྱིན་གྱིས་རློབས་ཤིག་དྲིན་ཅན་ཆོས་ཀྱི་རྗེ། །བདག་བྱིན་གྱིས་རློབས་ཤིག་འགྲོ་མགོན་མར་མེ་མཛད། །དོན་དེ་ལྟར་མི་རྟག་འཇིག་པའི་ཆོས་སུ་གདའ། །ནང་མི་རྟག་དཔེ་ཆོས་རང་ལ་གདམས་པ་ཡིན། །ཡང་གསོན་དང་

འཕྲོམ་རྗེ་བླ་མ་དམ་པའི་སྲས། །དུས་མི་རྟག་དགེ་བའི་བཤེས་གཉེན་དམ་པའི་ཆོས། །མི་བདག་གི་རྒྱུད་ལ་བསྐུལ་འདེབས་བྱེད་པ་མཐོང་། །དབྱར་འབྲུག་སྟོང་ལྡིར་ཞིང་ཆར་ཆུ་དུ་མར་གཡོ། །ནགས་རྩི་ཤིང་ཐམས་ཅད་ཡལ་འདབ་རབ་ཏུ་རྒྱས། །བྱ་དུ་མ་སྣན་པའི་སྒྲ་དབྱངས་དུ་མ་འཚེར། །གཞི་ཐམས་ཅད་གཡུ་ལོ་རྒྱས་པའི་ཞིང་ཁམས་འདྲ། །སྟོན་མི་རྟག་ཐམས་ཅད་ཁ་དོག་འགྱུར་བ་མཐོང་། །མི་བདག་ལ་དགེ་བའི་བསྐུལ་མ་འདེབས་སོ་རྗེ། །དུས་རྩི་ཐོག་རྒྱས་པ་གསེར་གྱི་མེ་ཏོག་དག །ལོ་མི་རྟག་གཡོ་བས་དགུན་གྱི་དུས་སུ་འགྱུར། །ཀྱེ་གཤེར་བའི་ཆུ་ཡང་ཤེལ་གྱི་རྣམ་པ་ཅན། །གནས་དེ་ལ་བརྟེན་པའི་བྱ་ཡང་ཡིད་འབྱུང་ཞིང་། །སེམས་མི་དགའ་འཕུར་ལྡིང་གཞན་དུ་རྒྱུ་བར་བྱེད། །དེ་མི་རྟག་གཡོ་བའི་སེར་བུ་རབ་ཏུ་ལྡང་། །གཞི་བབས་ཀྱིས་ཐྲོས་ནས་མྱུ་གུ་འཕྲིན་པར་བྱེད། །ཤིང་ལོ་འདབ་རྙིང་པ་འདོར་ཞིང་གསར་པ་ལེན། །དུས་མི་རྟག་གདམས་པའི་གཏེར་མཛོད་ཟབ་རྒྱས་ཅན། །ཁོང་སྦྲ་མེད་ཆོས་སྟོན་རང་རྒྱལ་ཇི་བཞིན་གདའ། །བྱང་འབྲོག་སྟོང་ཡུལ་དུ་ཁོ་བོས་ཕྱིན་པའི་ཚེ། །ཁོང་གཡོ་བའི་བསེར་བུས་འཇིག་མ་དུ་མ་བསྐྱོད། །སྦྲ་མི་རྟག་ཡིད་འབྱུང་རྒྱང་སྒྲ་དུ་མ་འཚེར། །ཁོང་རི་དྭགས་བདག་མེད་ཐམ་ཐོམ་དུ་མར་རྒྱུག །གྲོགས་སུ་ཡང་མེད་པར་རང་ཉིད་ཀུན་ནས་འགྲོ། །སྙིང་མི་དགའ་སྙན་པའི་སྒྲ་དབྱངས་འཕྲིན་སྙིང་འདོད། །ང་མི་རྟག་ཆོས་ལ་བསྐུལ་བའི་གདམས་པ་མཆོག །གནས་དེ་འདྲའི་ནང་ནའང་དེ་འདྲ་དུ་མ་གདའ། །ཕ་མི་རྟག་བསྟད་པའི་སྐབས་མེད་འགྲོ་དགོས་པས། །གནས་གང་དུ་ཕྱིན་ཡང་བདེ་བའི་བཙན་ས་ཞུ། །དུས་འདི་ནས་བཟུང་ནས་འཁོར་བའི་རྒྱ་མཚོ་མ་བསྐམས་བར། །རྗེ་རྒྱལ་བ་ཁྱོད་དང་ནམ་ཡང་མི་འབྲལ་བར། །ཆོས་གདམས་པའི་ངོ་བོ་མི་རྟག་འདི་འདྲ་བ། །མི་བདག་གིས་འགྲོ་ལ་ཕན་བདེས་བསྟན་པར་བགྱི། །ལར་ཟབ་མོའི་ཆོས་འདི་ཤིན་ཏུ་མང་ན་ཡང་། །ལས་རྒྱུ་འབྲས་འཁོར་བའི་ཉེས་དམིགས་སྒོམ་པ་ཙུང་། །རྐྱེན་ཕ་མ་

གཅིག་གི་བུ་ཚ་མཉམ་པོ་ལའང་། །ཁོང་ལ་ལ་བུར་མཐོང་ལ་ལ་བུ་མོར་མཐོང་། །ཁོང་ལ་ལ་བཞིན་བཟངས་ལ་ལ་ངན་པར་མཐོང་། །ཁོང་ལ་ལ་སྤྱང་ཞིང་ལ་ལ་གླེན་པར་མཐོང་། །ཁོང་ལ་ལ་ཕྱུག་ཅིང་ལ་ལ་དབུལ་པོར་མཐོང་། །ཁོང་ལ་ལ་སྐྱིད་ཅིང་ལ་ལ་སྡུག་ན་ཡང་། །ཁྱེན་ཕ་མ་རྣམས་ལ་ཉེ་རིང་ག་ལ་ཡོད། །རྒྱུ་སྔར་སོང་འབྲས་བུ་རང་ལ་སྨིན་པ་ཡིན། །ཁྱོད་སེམས་དང་འབྲོམ་སྟོན་རྒྱལ་བའི་འབྱུང་གནས་པ། །ཆོས་ཟབ་མོ་གྲོང་པའི་གནས་ནའང་དེ་འདྲ་གདའ། །ལས་རྗེས་སུ་འབྲང་བས་སྡིག་པའི་ལས་མ་བྱེད། །ཕྱིས་འགྱོད་ཀྱང་འཕྱིས་སོ་འབྲོམ་སྟོན་རྒྱལ་བའི་སྲས། །ཁོང་དམྱལ་བ་བཙོ་བསྲེག་ལ་སོགས་འཇིགས་སྐྲག་པའི། །སྡུག་བཟོད་གླགས་མེད་པ་ཐོག་ཏུ་བབས་པ་ཡང་། །རྒྱུ་སྔར་སོང་འབྲས་བུ་ཐོག་ཏུ་སྨིན་པ་ཡིན། །འདི་བྱུང་ནས་འཕྱིས་སོ་ད་ལྟ་འབད་པར་རིགས། །ཁོང་ཡི་དྭགས་བཀྲེས་སྐོམ་ལ་སོགས་འཇིགས་སྐྲག་པའི། །སྡུག་བཟོད་གླགས་མེད་པར་ཐོག་ཏུ་བབས་པ་ཡང་། །རྒྱུ་རང་འདྲའི་འབྲས་བུ་དུས་སུ་སྨིན་པ་ཡིན། །འདི་བྱུང་ནས་འཕྱིས་སོ་ད་ལྟ་འབད་པར་རིགས། །ཁོང་བྱོལ་སོང་གཏི་མུག་ལ་སོགས་འཇིགས་སྐྲག་པའི། །སྡུག་བཟོད་གླགས་མེད་པར་ཐོག་ཏུ་བབས་པ་ཡང་། །རྒྱུ་རང་འདྲའི་འབྲས་བུ་དུས་སུ་སྨིན་པ་ཡིན། །དུས་ད་ལྟ་བཙན་ས་ཟུང་ཅིག་རྒྱལ་བའི་སྲས། །ཁོང་ལྷ་མིན་འཐབ་རྩོད་ལ་སོགས་འཇིགས་སྐྲག་པའི། །སྡུག་བཟོད་གླགས་མེད་པར་ཐོག་ཏུ་བབས་པ་ཡང་། །རྒྱུ་སྔར་སོང་འབྲས་བུ་ཐོག་ཏུ་བབས་པ་ཡིན། །ཁྱོད་དེ་འདྲའི་ལུས་ཀྱང་སྤྱོང་བར་མ་བྱེད་འབྲོམ། །རྒྱ་གལ་ཏེ་ལྷ་ཡི་བདེ་འབྲས་ཐོབ་གྱུར་ཀྱང་། །གནས་འཁོར་བ་འདི་ལས་ཙུང་ཟད་མ་འཕགས་པར། །སྡུག་རང་འཚོ་ཙམ་ཞིག་དེ་ནའང་ཡོད་ཅེས་གདའ། །ལུས་དེ་ཡང་སྡུག་བསྔལ་རྒྱུ་ཡིན་སྤང་བའི་རིགས། །རྒྱ་གལ་ཏེ་མི་ཡི་སྲིད་པ་ཐོབ་གྱུར་ཀྱང་། །སྔར་མི་རྟག་དཔེ་བརྗོད་དུ་མ་བྱས་པ་རྣམས། །མི་དེ་ཡི་སྙིང་དུ་ཚ་བོའི་རྒྱུན་བཞིན་འབབ། །ལས་དགེ་བ་བྱེད་པ་ཉིན་མོའི་

སྐར་མ་འདྲ། །ལས་ཉོན་མོངས་ཚོགས་ནི་ཉིན་དང་མཚན་དུ་འཕེལ། །ཕོ་ཤི་བས་མི་ཆོག་ཡང་ཡང་སྐྱེ་བ་ལེན། །ཕོང་མི་དགེའི་ལས་ཅན་ངན་འགྲོར་ལྟུང་ཏ་རེ། །རྒྱུ་ཅི་འདྲའི་འབྲས་བུ་དེ་འདྲར་སྨིན་གྱུར་ན། །སུས་སྡིག་པ་བྱས་པ་དགེ་བར་འགྱུར་བ་སྲིད། །ལས་ཕྱི་བཞིན་འབྲང་ངོ་འཁོར་རྗེ་རྒྱལ་བའི་སྲས། །རྒྱུ་མི་དགེའི་ཚོགས་རྣམས་དུག་སྟོང་བཞིན་དུ་སྤོངས། །ལས་དགེ་བའི་ཚོགས་རྣམས་སྨན་གྱི་ལྡོན་ལྟར་སྐྱོངས། །ལས་བྱ་དང་གྲིབ་མའི་ཚུལ་དུ་རྒྱལ་བས་གསུངས། །དེ་ཕྱི་བཞིན་འབྲང་བས་མ་མཐོང་མ་ཟེར་ཅིག །ཕོ་འཇབ་ཅིང་འོང་བས་མ་ཐོས་མ་ཟེར་ཅིག །ཕོ་རང་ལ་ཡོད་པས་གཞན་ནས་མ་ཚོལ་ཅིག །ཕོ་མགོ་བསྐོར་མཁས་པས་ཉུང་དུ་མ་འཛིན་ཅིག །ཕོ་བསྟེན་ཡུན་རིངས་ན་ཐར་པ་མི་སྲིད་པས། །འདི་རོ་དང་རྒྱ་མཚོ་བཞིན་དུ་འགྲོགས་པར་གྱིས། །འདི་མེ་མདག་ཐལ་བས་གཡོགས་པ་ལྟ་བུ་ཡི། །འདིས་ས་ལམ་བགྲོད་པའི་ཡན་ལག་འཇོམས་པར་བྱེད། །འདི་འགོ་བའི་ནད་འདྲ་རྒྱུས་མེད་ཉིད་དུ་འཇོམས། །ཕྱི་ཡི་དགྲ་བོ་དག་ལ་ཐོས་པས་ཐར་པ་སྲིད། །ངན་ཁྲི་ཀུན་འདི་ཡིས་ཕོ་བོས་སྒྲོལ་བྱས་མང་། །སྙོ་ལེགས་པར་སྟོམས་ཤིག་འཁོར་སྟོན་རྒྱལ་བའི་སྲས། །ནང་དག་པར་གྱིས་ཤིག་རང་རིག་ཆོས་ཀྱི་རྒྱལ། །དོན་དེ་ལྟ་བས་ན་ལས་འབྲས་ཟབ་མོ་འདི། །རྒྱུན་ཕྱི་ཐག་བསྲིངས་ལ་ཡུན་དུ་འཕྲོད་པར་མཛོད། །རྗེ་འཇམ་པའི་དབྱངས་ཀྱི་སྐུ་ཡི་སྤྲུལ་པ་ཡི། །མི་གཙང་བྱི་བ་དཀར་ནག་དཔེས་མཚོན་པའི། །དུས་ཉིན་མཚན་སྤྲེལ་ནས་མི་ཚེ་འདི་ལ་སྤྱོད། །རྒྱུ་ཉོན་མོངས་དགའ་དགའ་འདྲ་བས་སླུ་བྲིད་བྱེད། །ཁར་མངར་མངར་འདྲ་བའི་དུག་ཆུ་ལྟ་བུ་འཕྲུང་། །བུ་ཐར་པའི་ཚེ་སྲོག་བདུད་ལ་མ་བཅོལ་བར། །རྐྱེན་དགེ་བའི་བཤེས་གཉེན་ཉིན་དང་མཚན་དུ་བསྟེན། །གྲོགས་དམ་པ་དགེ་བའི་འཁོར་བ་བཟང་དང་འགྲོགས། །སྙོས་རང་རྒྱུད་འདུལ་བ་འཛིན་དང་མི་འབྲལ་བར། །ལས་རྒྱུ་འབྲས་སྟོན་པའི་མདོ་སྡེ་ཟབ་མོ་ལྟོས། །ལམ་མངོན་པར་རྟོགས་པ་རིམ་གྱིས་འབྱུང་ངོ་

འབྲོམ། །ཁྱོད་ལྷག་པར་བསླབ་པ་གསུམ་གྱི་རྒྱ་མཚོ་ལས། །དོན་ཅི་བསམས་འགྲུབ་པའི་ནོར་བུ་རིན་ཆེན་ཡོང་། །ལས་ཉོན་མོངས་སྤར་སྤུར་རླབས་ཀྱིས་ཕྱིར་ལ་གཤོགས། །ཀྱེ་དེ་ལྟར་བྱས་ན་འབྲོམ་རྗེ་དམ་པར་འགྱུར། །ལས་དེ་དང་ལྡན་ན་འགྲོ་བའི་དཔལ་དུ་འགྱུར། །དཔེ་སྦྲོན་མེ་ཡོད་ན་འོད་ལྡན་ཇི་བཞིན་དུ། །གཞི་རྒྱུ་ཡོད་པ་ལས་འབྲས་བུ་འབྱུང་འགྱུར་བས། །དེ་འཚོལ་བར་མ་བྱེད་ཡང་དག་ལམ་ལ་ཞུགས། །དུས་ཉིན་དང་མཚན་དུ་འཁོར་བའི་ཉེས་དམིགས་བསྒོམས། །དེ་ཤེས་ན་འཇིགས་པས་ཡར་ལ་འབྲོས་སྙིང་འདོད། །དེས་འཁོར་བའི་ཉེས་དམིགས་རྒྱུ་འབྲས་བསྟན་པ་ཡིན། །ད་དེ་ལ་སོགས་པའི་ཕན་ཡོན་བསྟན་པ་ནི། །ཀྱེ་རྒྱལ་བའི་འབྱུང་གནས་འདི་ལ་བསམ་པར་གྱིས། །སྙིང་མཐོན་པོའི་དབྱིངས་ནས་མེ་ཤེལ་འོད་ཤར་བས། །གླིང་མུན་པའི་ཚོགས་རབ་དག་པར་གསལ་གྱུར་ཏེ། །གཟུགས་མིག་ཤེས་རྟེན་འབྲེལ་དེ་འདྲའི་སྣང་བ་འབྱུང་། །དཔེ་དེ་འདྲ་རང་བཞིན་དག་པའི་དབྱིངས་ཤེད་ནས། །ལས་རྒྱུ་འབྲས་བདེན་སྟོང་འཁོར་འདས་དུ་མའི་རྒྱུ། །འོད་འཁོར་འདས་ཀུན་གསལ་སྟོང་ཐྲག་དུ་མ་འཁྲིགས། །དེ་མཐོང་ནས་འཇུག་ལྡོག་བྱེད་པའི་དཔའ་བོ་རྒྱལ། །ཚིག་ཤེས་ནས་ཉམས་སུ་ལེན་པའི་མཁས་པ་རྒྱལ། །དོན་འཁོར་འདས་གྲོལ་བའི་རྣལ་འབྱོར་རབ་ཏུ་དགའ། །ཆོས་གཅིག་གི་གནས་ལུགས་གང་ཡིན་དེ་རྟོགས་པས། །ཆོས་ཀུན་གྱི་གནས་ལུགས་ཤེས་པའི་གོམས་པ་ཅན། །རྗེ་གཅིག་ཤེས་ཀུན་གྲོལ་སྐྱེས་མཆོག་དམ་པ་དགའ། །ལས་བླང་དོར་ཤེས་པའི་མཛངས་པ་མཆོག་ཏུ་བདེ། །སྒོམ་ཉེས་པའི་དྲི་མས་མ་གོས་གཙང་མ་བདེ། །དོན་ཅི་བསམས་འགྲུབ་པའི་སྨོན་བསགས་སྦྱངས་པ་ཅན། །ལས་དགེ་བའི་མཐུ་ཡིན་སྐྱེས་མཆོག་ཤེས་ལྡན་ཀུན། །སྐུ་མཚན་དང་དཔེ་བྱད་ཀྱིས་སྤྲས་འོད་ཀྱིས་བལྟམས། །གསུང་ཡན་ལག་དྲུག་ཅུ་དམ་པ་ཆོས་ཀྱི་སྒྲ། །ཐུགས་མཁྱེན་བརྩེའི་དབང་ཕྱུག་ཚོགས་གཉིས་རྫོགས་སངས་རྒྱས། །གནས་རང་གཞན་ཀུན་གྱི་བདེ་འབྲས་འབྲུངས་པའི་ཚེ། །སྔར་མྱུ་

ངན་འདས་པའི་འབྲས་བུ་མཆོག་ཏུ་བཟང་། །དེ་མྱ་ངན་འདས་པའི་ཕན་ཡོན་ཟུར་ཙམ་ཡིན། །ཆོས་དབང་བཅུ་ཐོབ་པའི་ཆོས་རྒྱལ་རང་དབང་ཅན། །ལས་ཐྱུ་འཕྲུལ་སྟོབས་ཡངས་དགེ་བའི་ལོ་ཏོག་རྒྱས། །སེམས་ཉིད་འཛིན་རྩེ་གཅིག་ངང་དུ་ཉིད་འཛིན་རྒྱས། །དེ་ཡང་གཅིག་གི་ནང་དུ་ཉིད་འཛིན་དུ་མ་སྡུད། །དེ་ཡང་ཐབས་ཤེས་ཟུང་འབྲེལ་རྟག་ཏུ་བདེ་བ་ཉིད། །ཀྱེ་གསོན་དང་འགྲོམ་རྗེ་བླ་མ་རྒྱལ་བའི་བུ། །དེ་འཁོར་བའི་གནས་ལས་འདས་པའི་ཕན་ཡོན་ཡིན། །བདེ་ཡང་ཞེན་པར་མ་བྱེད་འཆིང་བའི་གནས་སུ་འགྱུར། །ཀྱེ་དེ་ལྟར་ཟབ་དོན་དུ་མ་སྨྲར་བླངས་ཀྱང་། །ཚིག་གྲག་སྟོང་ཉིད་ཡིན་བདེན་པ་ག་ལ་ཡོད། །དོན་རྟོལ་ཏེ་དྲིལ་ན་སྣང་སྟོང་ཆོས་སུ་གདའ། །སྒྲ་གྲག་སྟོང་ཚིག་ཡིན་འབྲེལ་བ་ཅི་ཡང་མེད། །ལུས་ཆུ་བུར་འདྲ་ལ་སྙིང་པོ་ཅི་ཡང་མེད། །ཀྱེ་སྙིག་མོས་མི་ལོང་ནང་དུ་ཕར་བལྟས་པས། །བཞིན་སོ་ཡི་བྲིང་བར་བཅས་པ་ལྟམ་མེར་གདའ། །ཡང་དེ་ལ་གཏུགས་ཏེ་ནན་གྱིས་ཕར་བལྟས་པས། །ཕོང་རྟེན་འབྲེལ་ཡིན་པས་རང་ཚུགས་ཐུབ་མི་གདའ། །ཕོང་ཡོད་ཅེས་བྱ་བར་འགྱུར་ཁུངས་བདས་ན་སྟོར། །ཕོང་མེད་ཅེས་བྱ་བར་སྣང་བ་མངོན་དུ་གྱུར། །དོན་ཡེ་སྟོང་ཡིན་ཡང་དཔུ་མ་ཆེན་པོར་ཤར། །དེ་སྣང་ཡང་བདེན་ཞེན་ཅི་ཡང་ཡོད་མ་མཆིས། །དེ་རྫུན་ཡང་མཚར་མོ་དེ་ཡིས་བདེ་བ་བསྐྱེད། །ཆོས་རྫུན་ཞེས་ཁྱད་དུ་གསོད་པ་ཤིན་ཏུ་གླེན། །མི་ཁོ་བོས་བལྟས་ན་རྫུན་པས་དུ་མར་སྣང་། །དེ་བདེན་ན་བུ་མོའི་གཟུགས་དེ་གཉིས་སུ་འགྱུར། །ཡང་འོན་ཏེ་གཉིས་ག་ཅི་ཡང་མེད་པར་འགྱུར། །དེ་རང་ཚུགས་མི་ཐུབ་བདེན་པར་སུ་ཞིག་རྟོག །དེ་འགྱུར་ལྡོག་བྱེད་ན་རྟག་པར་སུ་ཞིག་འཛིན། །དེ་མི་རྟག་ཕྱིར་ན་རང་ཚུགས་སྐྱེལ་བ་ཡིན། །ཚུགས་མེད་གསོག་དང་གསོབ་དང་གསེ་ཚགས་ཞེས། །རྗེ་རྒྱལ་བ་རྣམས་ཀྱིས་སྙིང་པོ་མེད་པར་བསྟན། །ལར་འཁོར་བའི་ཆོས་ནི་རང་རང་བདེན་བདེན་འདྲ། །ཕོང་འཕགས་པ་རྣམས་ཀྱིས་ཅིར་ཡང་ག་ལ་འཛིན། །དོན་མ་བསམས་བྱིས་པ་

རྣམས་ནི་བསླུས་པར་འགྱུར། །ངས་ཤེས་ནས་མ་བཟུང་ཕར་ལ་ཕུས་བཏབ་པས། །བྱང་རྒྱལ་པོའི་རི་བོ་འགྲིལ་བ་ལྟ་བུར་གདའ། །ལྷོ་བཙུན་མོ་རི་བོ་ཡལ་བ་ལྟ་བུར་མཐོང་། །ནུབ་རྟ་མཆོག་རི་བོ་འཕུར་བ་ལྟ་བུར་གདའ། །ཤར་དམག་དཔོན་རི་བོ་འཇུ་བ་ལྟ་བུར་མཐོང་། །ང་འཁྲུལ་པ་ཡིན་ནམ་སྒྱུ་མའི་སློ་བྲིད་མཁན། །དེ་འོས་མེད་ཀུན་རྫོབ་འདི་ནི་བསླུ་བའི་ཆོས། །ཀྱེ་གཉིད་དུ་མ་སོང་རྨི་ལམ་འདི་འདྲ་ན། །ཕ་མི་མངོན་དབྱིངས་ནས་ཆོས་རྒྱལ་དྲི་མ་མེད། །འདི་ཅི་འདྲ་ལགས་ན་འདི་འདྲ་འོང་མི་ཐང་། །འདི་ཡོད་མ་ཐང་བའི་རྣམ་འཕྲུལ་འདི་འདྲ་ན། །སོང་བདེན་པར་འདོད་པ་གལ་ཏེ་བདེན་གྱུར་ན། །འདི་ཅི་སྐྱེ་ནམ་མཁའི་ཁམས་སུ་ཤོང་བར་འགྱུར། །ཕ་འདི་འདྲའི་རྣམ་རྟོག་ད་ལྟ་ཉིད་དུ་ཆོད། །འདིར་མེད་བཞིན་སྣང་བའི་འཁྲུལ་པ་མ་བཏང་ཞིག །ཨ་འོན་ཏེ་ཐམས་ཅད་སྣང་བ་ཙམ་དུ་ཟད། །སོ་འཇིག་རྟེན་ཐམས་ཅད་བདག་ལ་བསྐོར་གྱུར་ཏེ། །ཆོས་ཐམས་ཅད་བདེན་པ་ཡིན་ཞེས་ཤགས་བཏབ་ཀྱང་། །འབྲོམ་ང་ནི་ལྷག་པར་ཁོ་ལ་བཞད་གད་འཚོར། །ཁྱེད་ཅི་ཟེར་རང་ཤར་གཞན་ལ་མ་སྒྲི་ཞིག །ཐིག་དྲང་པོ་ཉེས་ཞེས་ཀྱོག་པོས་མ་གཞོག་ཅིག །དོན་དག་པ་ལོག་པས་སུན་འབྱིན་མ་བྱེད་ཅིག །ད་དེ་ལྟ་བས་ན་སྣང་སྟོང་བདེན་པ་གཉིས། །དོན་རྟོལ་ཏེ་དྲིལ་ལ་འཁོར་བ་མ་སྟོངས་པར། །སེམས་རྩེ་གཅིག་བསྒོམ་ཞིང་ཞི་བར་ལྷུང་མ་གྱུར། །ང་རྫོགས་སངས་རྒྱས་ཀྱང་སེམས་དཔའི་ཆ་ལུགས་བཟུང་། །སོང་ཕ་མར་གྱུར་པའི་འདོད་པ་ཚིམ་བྱེད་ཅིང་། །སོང་གང་ལ་གང་དགོས་དེ་ལ་དེར་སྟོན་པའི། །ལུས་གཟུགས་སྐུ་གཉིས་ཀྱིས་འགྲོ་དོན་བྱེད་པར་ཤོག །ཆོས་ཟབ་མོ་སྙིང་གི་ཐིག་ལེ་རིན་ཆེན་འདི། །ཐུགས་དཔལ་གྱི་བེའུ་དུ་མའི་ཡང་ཕུགས་སུ། །གནས་བཀོད་པ་དུ་མས་མཛེས་པར་རབ་བརྒྱན་ནས། །རྗེ་བླ་མ་རྒྱལ་བ་རྒྱལ་ཡུམ་སྲས་བཅས་དང་། །རྒྱུད་འབྲལ་བ་མེད་པར་རྟག་ཏུ་རྩེ་བར་ཤོག །ཡང་དེ་ནས་བཟུང་སྟེ་འཇིག་རྟེན་ཐམས་ཅད་དུ། །ང་ཉོན་མོངས་ཟད་

ཀྱང་ཉོན་མོངས་ལྷར་སྟོན་ཅིང་། །དོན་ཟབ་རྒྱས་རྣལ་འབྱོར་སྨྲས་པའི་བརྟུལ་ཞུགས་ཅན། །རྒྱུད་སྐལ་ལྡན་མཐོང་ཚེ་དེ་ལ་སྟོན་པར་ཤོག །ཐར་འདས་དང་ད་ལྟར་མ་འོངས་ཕྱོགས་བཅུ་ཡི། །གནས་འཛིག་རྟེན་དག་ན་རྒྱལ་བ་སྲས་བཅས་རྣམས། །ཐུགས་རྗེ་གཅིག་མཐུན་པར་རབ་ཏུ་སྨོན་པ་རྣམས། །འགྲོམ་བདག་གི་རྒྱུད་ལ་ངེས་པར་འགྲུབ་པར་ཤོག །དེ་ཁོ་ན་བཞིན་དུ་ངེས་པར་འགྲུབ་པར་ཤོག །རང་གི་རྒྱུད་ལ་བསྐུལ་མ་འདེབས་པར་བྱེད་པ་དད་པའི་ལྡོན་ཤིང་ཞེས་བྱ་བ་སྦྱོར་བའི་ཐིག་ལེའོ། །འདི་ལའང་འབྲེལ་བ་བྱུང་ཚུལ། ཡིག་འབྲུ་གསུམ་གྱིས་སྒོ་གསུམ་བྱིན་གྱིས་བརླབས་པ། གནས་གསུམ་དུ་བླ་མའི་སྐུ་གསུང་ཐུགས་བཞུགས་སུ་གསོལ་བ། གཞན་གྱི་སྣང་ཚུལ་དུ་མ་ལ་བརྟེན་ནས་བླ་མ་ཐམས་ཅད་མཁྱེན་པ་དང་འབྲལ་སྐྲགས་མེད་པར་གསོལ་བ། དེ་ཡང་མྱུར་དུ་མཇལ་བར་ཞུ་བ། མཇལ་ཞིང་གནས་གསུམ་དུ་བཞུགས་ནས་མཆོད་པར་བརྗོད་པ། དམ་བཅའ་བ། སྐྱབས་སུ་འགྲོ་བ། སེམས་བསྐྱེད་པ། དེའི་ཚུལ་ལམ་རྒྱུ་མཚན་འཁོར་བའི་སྣང་ཚུལ། དེ་འདྲ་བས་གཞན་འདུལ་བར་དཀའ་བ། དེས་ན་སྟོན་ལ་རང་གི་བཙན་ས་འཛིན་པར་བསྐུལ་བ། དེ་ཡང་དབང་པོ་རྗེས་སུ་དྲན་པ། དེ་ནས་དལ་འབྱོར་རྙེད་པར་དཀའ་བ་སྒོམ་ཞིང་། སླར་ལྡུང་བར་སླ་བ་འཇིགས་པའི་གཡང་ལ་མ་ལྷུང་བ་ལ་ཡ་མཚན་པའི་སྒོ་ནས་ཕྱིས་བཙན་ས་ཟིན་པར་བསྐུལ་བ། འཆི་བ་མི་རྟག་པ། ལས་རྒྱུ་འབྲས། འཁོར་བའི་ཉེས་དམིགས། མྱ་ངན་ལས་འདས་པའི་ཕན་ཡོན། དེ་གཉིས་ལ་བླང་དོར་དུ་མ་ཞེན་པར་སྣང་སྟོང་བདེན་པ་གཉིས་སུ་གཏན་ལ་འབེབས་པ། བསྔོ་བ་སྨོན་ལམ་དང་བཅས་པའོ།། །།

༈ ཡང་གོང་གི་ཉིས་བརྒྱ་བཅུ་པའི་ཕྱི། ཡོངས་ཀྱི་དགེ་བའི་བཤེས་གཉེན་དེ་དགོན་མཆོག་གི་སྤྱན་སྔར། ཐུན་མོང་བའི་མཆོད་པ་རེ་བཤམས་ནས་འདི་སྐད་དུ་གསུངས་པར་གདའ་སྟེ། ཨེ་མ་དེ་འདྲ་བའི་སྣང་ཚུལ་ངན་པ་ལས་སྐྱོབ་ཅིང་། སེམས་ཅན་རང་

རང་གི་སྐལ་བ་དང་འཚམ་པར་མཐོ་རིས་དང་ཐར་པའི་གྲོང་དུ་འཁྲིད་པར་མཛད་པ་མཁྱེན་པའི་ཡེ་ཤེས། བརྩེ་བའི་ཐུགས་རྗེ། མཛད་པའི་འཕྲིན་ལས་དང་ལྡན་པ། བླ་མ་ལྷ་རྗེ་བོ་དཀོན་མཆོག་གསུམ་ཞེས་བགྱི་བ། ཐོས་པས་བདེ། བསྟེན་པས་འཚོང་། སྐྱབས་ན་བསླུ་མི་སྲིད་པ། གནོད་པ་སྐྱོལ་ཡང་ཁྲོ་བ་མི་མངའ་བར་ལྷག་པར་ཐུགས་རྗེ་ཆེན་པོའི་སྤྲུལ་པ་ལགས་པས། དེ་ལ་སྐྱབས་གནས་དང་རྗེ་བོ་མ་ཞུས་ན། བདག་འདྲ་བའི་སེམས་ཅན་ལེ་ལོ་ཅན་སྐྱོམ་ལས་ཀྱིས་དུས་འདས་པས་ཐར་པའི་བཙན་ས་ཟིན་པར་མི་ནུས་ན། གཞན་དྲང་བ་ལྟ་ཅི་སྨོས། ད་བསླུ་བ་མེད་པ་འདི་ལ་སྐྱབས་ལ། ཁམས་གསུམ་གྱི་མགོན་པོ་བྱའོ་ཞེས་སྙིང་ཐག་པར་དམ་བཅས་ནས་སྐྱབས་འགྲོ་མཛད་པ་འདི་ལྟ་སྟེ། ཇི་ལྟར་ནམ་མཁའ་མཉམ་པར་འགྲོ་བ་དུ་མ་ཉམ་ཐག་པ། །སྐྱབས་མེད་བཤེས་བྲལ་རང་གིས་རང་ཉིད་བསླུས་པ་དེ་དག་རྣམས། །སྐྱབས་ཀྱི་དམ་པ་བླ་མ་རིན་པོ་ཆེ་ལ་སྐྱབས་སུ་མཆིའོ། །སྐྱབས་ཀྱི་དམ་པ་སངས་རྒྱས་རིན་པོ་ཆེ་ལ་སྐྱབས་སུ་མཆིའོ། །སྐྱབས་ཀྱི་དམ་པ་དམ་ཆོས་རིན་པོ་ཆེ་ལ་སྐྱབས་སུ་མཆིའོ། །སྐྱབས་ཀྱི་དམ་པ་དགེ་འདུན་རིན་པོ་ཆེ་ལ་སྐྱབས་སུ་མཆིའོ། །སྐྱབས་ཀྱི་དམ་པ་དཀོན་མཆོག་རིན་པོ་ཆེ་ལ་སྐྱབས་སུ་མཆིའོ། །སྐྱབས་ཀྱི་དམ་པ་རྗེ་བོ་རིན་པོ་ཆེ་ལ་སྐྱབས་སུ་མཆི། །སྐྱབས་ཀྱི་དམ་པ་སྟོན་པ་རིན་པོ་ཆེ་ལ་སྐྱབས་སུ་མཆི། །སྐྱབས་ཀྱི་དམ་པ་སྐྱུ་མཆེད་རིན་པོ་ཆེ་ལ་སྐྱབས་སུ་མཆི། །སྐྱབས་ཀྱི་དམ་པ་བཀའ་གདམས་རིན་པོ་ཆེ་ལ་སྐྱབས་སུ་མཆི། །ཉོན་མོངས་བདག་གི་ལུས་ངག་ཡིད་གསུམ་བྱིན་གྱིས་བརླབ་ཏུ་གསོལ། །ཁྱེད་ནི་ལུས་ཅན་ཀུན་གྱི་མགོན་སྐྱབས་བདེ་འབྲས་བསྐྱུན་པའི་མཆོག །བདག་འདྲའི་སེམས་ཅན་མ་རིག་དབང་གིས་འཁོར་བའི་འདམ་འདིར་བྱིང་། །བདེ་བ་འདོད་ཀྱང་ཐབས་མེད་ཤེས་རབ་བྲལ་བས་ཐོག་མེད་དུ། །སྡུག་བསྔལ་ཁུར་ཆེན་འབབ་ཞིག་བཟོད་སླགས་མེད་པ་ཐོག་ཏུ་བབ། །ད་ནི་སྡུག་ཏུ་མ་གཞུག་འཁོར་བ་འདི་ལས་བསྐྱབ་

ཏུ་གསོལ། །ཁྱད་པར་ངན་སོང་གསུམ་གྱི་སྡུག་བསྔལ་སྐྱོང་དུ་མ་གཞུག་ཅིག །བླ་མ་རྗེ་བོ་བླ་མ་རྗེ་བོ་དཀོན་མཆོག་རྣམས། །སྐྱིད་ཀྱང་སྡུག་ཀྱང་ཁྱེད་རང་མིན་པ་རེ་ས་མི་གདའ་བས། །མཁྱེན་པའི་ཡེ་ཤེས་ཆེན་པོས་ཚེ་རབས་ཀུན་ཏུ་གཟིགས་སུ་གསོལ། །བརྩེ་བའི་ཐུགས་རྗེ་ཆེན་པོས་ཚེ་རབས་ཀུན་ཏུ་གཟིགས་སུ་གསོལ། །མཛད་པའི་འཕྲིན་ལས་ཆེན་པོས་ཚེ་རབས་ཀུན་ཏུ་བསྐྱབ་ཏུ་གསོལ། །ཁྱེད་ཀྱིས་དེ་ལྟར་མ་མཛད་ན་ནི་ལས་ངན་བདག་འདྲ་བའི། །སེམས་ཅན་དམུ་རྒོད་བྱར་མ་ཀྱང་བའི་མགོན་སྐྱབས་སུ་ལ་རེ། །ལྷ་དང་ཀླུ་དང་གནོད་སྦྱིན་དྲི་ཟ་ལྷ་མིན་བདུད་སྡེའམ། །དབང་ཕྱུག་ཁྱབ་འཇུག་མུ་སྟེགས་ཚོགས་རྣམས་གཏན་གྱི་སྐྱབས་གནས་སམ། །ཨེ་མ་དེས་ནི་ཕྱི་མ་ཕར་ཞོག་ཚེ་འདིའང་སླུ་བར་བྱེད། །ཚེ་སྲོག་ཕྲོགས་ནས་ངན་སོང་མུ་མཐའ་མེད་པར་སྐྱུར་ཏ་རེ། །དམྱལ་བ་བཙོ་སྲེག་ལ་སོགས་སྡུག་བསྔལ་བཟོད་གླགས་མེད་ཅེས་གྲག །ཡི་དྭགས་བཀྲེས་སྐོམ་ལ་སོགས་སྡུག་བསྔལ་བཟོད་གླགས་མེད་ཅེས་ཐོས། །བྱོལ་སོང་གསོད་བཀོལ་ལ་སོགས་སྡུག་བསྔལ་བཟོད་གླགས་མེད་པའང་མཐོང་། །དིང་སང་ཚ་གྲང་བཀྲེས་སྐོམ་བརྟེག་འཚོག་ཙུང་ཟད་མི་བཟོད་ན། །ཚེ་འདི་ལོང་མེད་ཤི་ནས་དེ་ཀྱ་སྐྱེས་ན་ཇི་ལྟར་བྱ། །ལ་ལུར་ཐུགས་རྗེའི་ཕ་ཚན་དཔུང་དུ་སྐྱིད་ལ་ར་མདའ་མཇོད། །ང་ནི་མྱུ་ངན་ཐང་ལ་ཚད་པས་གདུངས་པའི་མེ་ཏོག་འདྲ། །སྔོན་བསགས་ལྷན་གྱིས་མ་སྐམས་གསོན་ཅིང་སོ་ལེ་གདའ་ན་ཡང་། །ཉོན་མོངས་ཚད་པས་གདུངས་ནས་འཆི་བདག་གླང་པོས་མི་བཟློའམ། །ལ་གོར་བྱིན་རླབས་ཆར་རྒྱུན་ཡུན་དུ་བསྲིངས་ལ་སྨིན་པར་མཛོད། །ཚེ་འདི་མི་རྟག་རི་གཟར་ལོགས་ཀྱི་ཐབ་དང་འདྲ་སྟེ་མགྱོགས། །བཟུང་བས་མི་ཟིན་འབད་མེད་ངང་གིས་ཐུར་ལ་རྒྱུག་ཅིང་འགྲོ། །ཟ་མ་ཞག་དང་ཟླ་བ་ལོར་གྱུར་ཚེ་ལའང་བསྟུད་གླགས་མེད། །ཨེ་མ་བདག་གི་མགོན་སྐྱབས་མཛོད་ཅིག་བླ་མ་དཀོན་མཆོག་གསུམ། །ཁྱེའུ་གཟུགས་མཛེས་བུ་མོ་བལྟ་ན་སྡུག་པ་གཞོན་ནུའི་ཚོགས། །

བརྩེ་བའི་ཕ་མ་ཉེ་འབྲེལ་འཁོར་གཡོག་ཀུན་གྱིས་གཡོས་མངགས་པའི། །བཟའ་བཏུང་ལོངས་སྤྱོད་དཔལ་འབྱོར་སྙན་གྲགས་བདེ་སྐྱིད་ཀུན་གསེབ་ནས། །གཡུ་བྱུར་ལ་སོགས་མཛེས་པའི་རྒྱན་དང་ཆ་ལུགས་ཀུན་བོར་ཏེ། །རང་ཉིད་གཅིག་པུར་སྨྲི་སྔགས་འདོན་ཅིང་གཅེར་བུར་འཆི་བའི་ཚེ། །ཉེ་འབྲེལ་ཀུན་གྱིས་མཐའ་བསྐོར་དུ་ཞེང་བྲང་བརྡུང་ཚ་ངེས་བཏབ། །སྐྲ་འབལ་ས་འགམ་མིང་ནས་བརྗོད་ཅིང་དེ་ལ་མཆོངས་གྱུར་ཀྱང་། །ཅི་ཕན་བཟློག་པར་མི་ནུས་སྣར་ཡང་དེ་ལ་གནོད་པར་ཟད། །ཀྱི་ཧུད་གཞོན་ནུ་མེ་ཏོག་འདྲ་བ་དུས་ཀྱི་སད་ཀྱིས་བཅོམ། །ཉེ་འབྲེལ་ལྷ་ཡི་བདེ་བ་འདྲ་བའང་སྡུག་བསྔལ་རི་བོས་མནན། །ཁྲེལ་མེད་འདི་ཡིས་དེ་དག་ཀུན་ཀྱང་མི་གསོད་སུ་ཡང་མེད། །འགྲོ་བ་ཐམས་ཅད་དབང་མེད་ཉིད་དུ་འདི་ཡིས་གསོད་བྱེད་ན། །ཨེ་མ་ང་ཉིད་གཅིག་པུར་པོ་ཡིས་ལྷག་པར་འཇོག་འགྱུར་རམ། །གང་ན་ནམ་ཞིག་ངེས་པར་འཆི་བའི་དུས་གྱུར་ཚེ། །བླ་མ་ཡི་དམ་རྒྱལ་བ་རྒྱལ་ཡུམ་སྲས་དང་བཅས་པ་རྣམས། །ཉམ་ཐག་བདག་གི་སྙིང་གི་དཀྱིལ་དུ་བཞུགས་ལ་སྨིན་པར་མཛོད། །ཕུང་ལྷ་ཉོན་མོངས་རྒྱལ་དང་ཡེ་ཤེས་མཆོག་ཏུ་བྱིན་གྱིས་རློབས། །སྟོན་ཆད་གཟུགས་དང་ཚོར་བ་འདུ་ཤེས་འདུ་བྱེད་རྣམ་ཤེས་རྣམས། །འདོད་ཆགས་ཞེ་སྡང་གཏི་མུག་ང་རྒྱལ་ཕྲག་དོག་དབང་སོང་བས། །ཀུན་གཞིའི་རྒྱ་མཚོར་ལས་ངན་ཆུ་བོའི་རྒྱུན་བཞིན་འབབ་ཅིང་བསགས། །སྐྱེ་རྒ་ན་འཆིའི་ཐ་གྲོང་ཆེན་པོ་འཁྲུག་ཅིང་རབ་ཏུ་གཡོས། །དེ་ཚེ་འཁོར་བའི་འཁོར་ལོར་འཁྲམས་ཤིང་སྐྱབས་མེད་བཤེས་དང་བྲལ། །ད་ནི་བཤེས་དང་མགོན་སྐྱབས་ཐམས་ཅད་ཁྱེད་རང་ཤེས་སོ་རྗེ། །ཀ་ཡེ་ཁྱེད་ཀྱིས་དེ་ལྟར་མ་མཛད་ན་ནི་བདག་འདྲ་བའི། །སེམས་ཅན་དམྱལ་ཁྲོད་མ་ཏུངས་གདུལ་དཀའ་ཤིན་ཏུ་སྡིད་ལུག་པས། །དེང་སང་མཐོ་རིས་ཡན་ལག་བདུན་ལྡན་ཐོབ་པར་མི་འགྱུར་ཞིང་། །དམ་ཆོས་སྐལ་བ་བཟང་པོ་ཐོབ་པ་ཤིན་ཏུ་རྙེད་དཀའ་ན། །ཡོང་བ་ཐང་འཁྲམས་བདག་གི་

མགོན་སྐྱབས་མཛད་པར་ཐེ་ཚོམ་མེད། །ད་དུང་མཁྱེན་པས་གཟིགས་ལ་ཐུགས་རྗེས་རབ་ཏུ་གཟུང་དུ་གསོལ། །ཨེ་མ་གཞོན་ནུ་ལང་ཚོ་རྒྱས་པ་དུས་ཀྱི་བ་མོས་བཅོམ། །ལང་ཚོར་དར་ལ་བབ་པའང་ཧླུང་དམར་གསེབ་ཀྱི་མར་མེ་འདྲ། །རྒས་པ་ཆུ་ཤིང་སྙིང་པོ་ལྟ་བུར་རང་གི་བཙན་ས་སྟོར། །ཀྱི་མ་བདག་ལ་བསྟད་པའི་སླགས་མེད་གཏན་གྱི་བཙན་ས་ཞུ། །དབང་གིས་མི་ཐུབ་ནོར་གྱིས་མི་བསླུས་ཐྲོས་པས་མི་ཐར་ན། །དྲུང་མཛངས་བཙན་ཕྱུག་མགྱོགས་པ་སུ་ཞིག་ཐར་ཏེ་མི་འཆི་སྲིད། །འོན་ཏེ་ངན་པ་བྲེལ་ཕོངས་སུ་ཞིག་དགོས་པ་མེད་ཅེས་འཇོག །ཁྲ་དང་སྤྱང་ཁྱི་ལ་སོགས་གཅན་གཟན་སྲིན་པོའི་ཚོགས་རྣམས་དང་། །ལས་ངན་ཤན་པ་དག་ཀྱང་དབང་མེད་ཕམ་པོར་འཆི་རེས་འབབ། །དབུགས་ལེན་གཤེད་མའི་འདྲེ་བགྲེན་དག་ཀྱང་ནམ་ཞིག་ངེས་པར་འཆི། །བཤེས་གཉེན་དམ་པ་དག་ཀྱང་གཞན་ངོར་མྱ་ངན་འདའ་ཚུལ་སྟོན། །ཨེ་མ་ཆུ་བུར་བདག་ལ་བསྟད་པའི་སླགས་མེད་མགོན་སྐྱབས་མཛོད། །སྐྱབས་སུ་མཆིའོ་དྲིན་ཅན་བླ་མ་རྗེ་བོ་དཀོན་མཆོག་གསུམ། །གསོལ་བ་འདེབས་སོ་དྲིན་ཅན་བླ་མ་རྗེ་བོ་དཀོན་མཆོག་གསུམ། །བྱིན་གྱིས་རློབས་ཤིག་དྲིན་ཅན་བླ་མ་རྗེ་བོ་དཀོན་མཆོག་གསུམ། །མཁྱེན་པས་གཟིགས་ཤིག་དྲིན་ཅན་བླ་མ་རྗེ་བོ་དཀོན་མཆོག་གསུམ། །ལམ་སྣ་དྲོངས་ཤིག་དྲིན་ཅན་བླ་མ་རྗེ་བོ་དཀོན་མཆོག་གསུམ། །སྒོ་གསུམ་གུས་པའི་སྟོབས་ཀྱིས་ཁྱེད་ཞབས་ཛིབས་སྟོང་ལ་བཏུད་དེ། །ཕྱག་འཚལ་མཆོད་དོ་སྐྱབས་སུ་མཆིའོ་བྱིན་གྱིས་བརླབ་ཏུ་གསོལ། །ང་ནི་རྐྱེན་དང་སྐལ་བར་བཟང་ངོ་ཕན་བདེའི་འབྱུང་གནས་ལ། །ང་ནི་ཐམས་ཅད་བོར་ནས་འཆི་ཡང་མི་འགྱོད་སྤྲོ་དགར་བཅས། །ཁྱེད་དང་ལྷན་ཅིག་ཕ་དང་མར་གྱུར་འགྲོ་བ་མ་ལུས་པའི། །དོན་དུ་འཇིག་རྟེན་འདི་ནས་འཇིག་རྟེན་ཕ་རོལ་འགྲོ་བར་བགྱི། །དོན་མེད་མི་གཙང་ལུས་འདི་དུམ་བུ་སྟོང་དུ་ཞིག་ཀྱང་སླ། །ཕ་མའི་དོན་ལས་ཉམས་ན་དལ་འབྱོར་ཐོབ་པའི་དགོས་པ་སྟོར། །ད་ནི་འདི་ནས་

བཟུང་ནས་འཆི་འཕོ་སྐྱེ་བ་ཐམས་ཅད་དུ། །སེམས་ཅན་མ་སྒྲོལ་བ་རྣམས་བདག་གིས་ཡོངས་སུ་བསྒྲལ་བར་བགྱི། །སེམས་ཅན་མ་གྲོལ་བ་རྣམས་བདག་གིས་ཡོངས་སུ་དགྲོལ་བར་བགྱི། །དབུགས་མ་དབྱུང་བ་གང་དག་བདག་གིས་དབུགས་ཀྱང་ཕྱུང་བར་བགྱི། །མྱ་ངན་མ་འདས་པ་རྣམས་མྱང་འདས་མཆོག་ལ་དགོད་པར་བགྱི། །མགོན་མེད་རྣམས་ཀྱི་མགོན་གྱུར་སྐྱབས་མེད་རྣམས་ཀྱི་སྐྱབས་གྱུར་ཅིག །དཔུང་མེད་རྣམས་ཀྱི་དཔུང་གྱུར་གླིང་མེད་རྣམས་ཀྱི་གླིང་གྱུར་ཅིག །ས་བཅུ་ཚོགས་དང་སྦྱོར་དང་མཐོང་དང་སྒོམ་པའི་ལམ་དག་ལ། །ཐོགས་པ་མེད་པར་འཇུག་ཅིང་སྤྱང་བྱ་སྒྲིབ་པ་དག་པར་ཤོག །འདྲེན་མེད་འདྲེན་གྱུར་འགྲོ་མགོན་ཆོས་ཀྱི་རྒྱལ་པོར་བདག་གྱུར་ཅིག །དེ་ལྟར་འགྲོ་མགོན་ཆོས་ཀྱི་རྒྱལ་པོ་མ་ཐོབ་བར་དུ་ཡང་། །འདི་ནས་བཟུང་སྟེ་ཚེ་རབས་དག་ནས་ཚེ་རབས་ཐམས་ཅད་དུ། །བདག་ནི་འཕགས་པ་དཀོན་མཆོག་གསུམ་དང་ནམ་ཡང་མི་འབྲལ་བར། །དམ་པའི་ཆོས་རྣམས་བདག་གི་རྒྱུད་ལ་རྒྱས་ཤིང་འཛིན་པར་ཤོག །འཁོར་བའི་རྒྱ་མཚོ་གཏིང་མཐའ་ཟབ་པར་ནམ་ཡང་མི་སྐྱེ་ཞིང་། །ངན་སོང་མུ་མཐའ་མེད་པར་ནམ་ཡང་སྐྱེ་བར་མ་གྱུར་ཅིག །མི་ཁོམ་བརྒྱད་པོ་དག་ཏུ་ནམ་ཡང་སྐྱེ་བར་མི་འགྱུར་ཞིང་། །མཐོ་རིས་རྣམ་དག་ཞིང་དུ་དལ་འབྱོར་ཁྲིམས་ཀྱིས་བརྒྱན་པར་ཤོག །རིགས་དང་དུས་དང་ཚེ་འབྲང་འཁོར་སོགས་ཕུན་སུམ་ཚོགས་པ་ཡི། །མི་དབང་སྐྱེས་མཆོག་ཆོས་ཀྱི་རྒྱལ་པོ་དམ་པར་བདག་གྱུར་ཅིག །གཟུགས་བཟང་བཞིན་མཛེས་ཡིད་འོང་ལྟ་བས་མི་ངོམས་མཚན་དཔེས་སྤྲས། །ཡན་ལག་དྲུག་ཅུའི་དབྱངས་ལྡན་སྙན་པའི་གྲགས་པས་ཕྱོགས་བཅུར་ཁྱབ། །ཁྲིམས་དང་སྙིང་རྗེ་དགའ་བ་བཏང་སྙོམས་ལ་སོགས་ཐབས་མཁས་ཤིང་། །ཤེས་བྱ་མ་ལུས་ཀུན་མཁྱེན་ཐབས་ཤེས་མཁྱེན་བརྩེས་ཕྱུག་པར་ཤོག །ནམ་གྱི་ཚེ་ཡང་མངལ་གྱི་དྲི་མས་མ་གོས་སྐྱོན་སྤངས་ཤིང་། །འཇིག་རྟེན་ལྷ་དང་བཅས་པས་བདག་ནི་བཀུར་ཞིང་མཆོད་པར་ཤོག །གཟུངས་དང་

ཧིང་འཛིན་ཀུན་ཐོབ་ཆོས་ཀྱི་གནས་ལུགས་རྟོགས་པ་དང་། །དབང་བཅུ་སྟོབས་བཅུ་ལ་སོགས་སངས་རྒྱས་ཆོས་སུ་སྨིན་པར་ཤོག །འདས་དང་མ་འོངས་ད་ལྟར་ཕྱོགས་བཅུའི་རྒྱལ་བ་སྲས་བཅས་ཀྱིས། །བསྔོས་ཤིང་བཟང་པོ་སྤྱོད་པའི་སྨོན་ལམ་མཆོག་ཏུ་བསྔགས་པ་རྣམས། །ཆོས་ཀྱི་དབྱིངས་དང་དཀོན་མཆོག་གསུམ་གྱི་བདེན་པ་ལ་བརྟེན་ནས། །ཅི་བསམས་བདག་གི་རྒྱུད་ལ་ཐོགས་པ་མེད་པར་འགྲུབ་པར་ཤོག །ད་ནི་བཀྲ་ཤིས་ཀུན་གྱི་བཀྲ་ཤིས་ཐམས་ཅད་བདག་ལ་ཤོག །དགོས་འདོད་འབྱུང་བ་ནོར་བུ་རིན་པོ་ཆེ་ཡི་བཀྲ་ཤིས་ཤོག །དཔལ་འབྱོར་རྒྱས་པ་རྒྱལ་སྲིད་རིན་ཆེན་སྣ་བདུན་བཀྲ་ཤིས་ཤོག །གཞན་དོན་ལྷུན་གྱིས་གྲུབ་པ་དཀོན་མཆོག་གསུམ་གྱི་བཀྲ་ཤིས་ཤོག །སྒོ་གསུམ་དགེ་བ་འཕགས་པའི་དགེ་འདུན་རྣམས་ཀྱི་བཀྲ་ཤིས་ཤོག །ཐོག་མཐའ་བར་དུ་དགེ་བ་དམ་ཆོས་རྣམས་ཀྱི་བཀྲ་ཤིས་ཤོག །སྐུ་གསུམ་མངོན་དུ་གྱུར་པ་སངས་རྒྱས་རྣམས་ཀྱི་བཀྲ་ཤིས་ཤོག །ཚོམ་ཁྲིམས་རྣམ་དག་ཉན་རང་ཆེན་པོ་རྣམས་ཀྱི་བཀྲ་ཤིས་ཤོག །བདག་གཞན་མཉམ་བརྗེས་བྱང་ཆུབ་སེམས་དཔའ་རྣམས་ཀྱི་བཀྲ་ཤིས་ཤོག །ཐབས་ཤེས་བསྐྱེད་རྫོགས་ཟུང་འཇུག་རིག་འཛིན་རྣམས་ཀྱི་བཀྲ་ཤིས་ཤོག །མཐུ་སྟོབས་མཐའ་ཡས་པ་བཀའ་སྡོད་རྣམས་ཀྱི་བཀྲ་ཤིས་ཤོག །ཐམས་ཅད་ཡོངས་སུ་རྫོགས་པ་རྫོགས་སངས་རྒྱས་ཀྱི་བཀྲ་ཤིས་ཤོག །མི་ཚེ་འདིར་ཡང་འདུན་མ་ཅི་བསམས་འགྲུབ་པའི་བཀྲ་ཤིས་ཤོག །རྟག་ཏུ་བསྟུ་བ་རྣམ་བཞིས་འགྲོ་དོན་བྱེད་པའི་བཀྲ་ཤིས་ཤོག །ཅེས་གསུངས་ནས་ཐུན་མོང་མ་ཡིན་པའི་སྨྲོར་བ་ལ་ཞུགས་ཏེ་ཐབས་མཁས་པ་ཚད་མེད་པ་བཞིའི་ཐིག་ལེ་ལ་སོགས་པ། ཀུན་རྫོབ་བྱང་ཆུབ་སེམས་ཀྱི་ཐིག་ལེ་དང་། མཐར་སེམས་ཆོས་ཉིད་དུ་དྲན་པའི་ཐིག་ལེ་ལ་སོགས་པ་དོན་དམ་བྱང་ཆུབ་སེམས་ཀྱི་ཐིག་ལེ་དང་། ཁྱད་པར་དུ་བརྒྱུད་པ་སུམ་ལྡན་ལ་སོགས་པ་སྐྱབས་གནས་བླ་མ་རྗེས་སུ་དྲན་པའི་ཐིག་ལེ་དང་། སྒོ་གསུམ་ཡང་དག་པར་ཐུབ་པས་འགྲོ་ལ་ཐུགས་རྗེ་

ཆེན་པོ་དང་ལྡན་པས་འཇིག་རྟེན་གྱི་སྒྲོལ་མ་འཁོར་བ་དང་ཉོན་མོངས་པས་མི་གཡོ་བ་ལ་སོགས་པ་ལུས་ཡི་དམ་གྱི་ལྟར་རྗེས་སུ་དྲན་པའི་ཐིག་ལེ་དང་། དེ་དག་གི་སྙིང་པོ་དང་ཡིག་འབྲུ་གསུམ་ལ་སོགས་པ་ངག་བཟླས་བརྗོད་དུ་དྲན་པའི་ཐིག་ལེ་དང་། ལས་རྒྱུ་འབྲས་ཤེས་པའི་སྒོ་ནས་སེམས་ཅན་ཐམས་ཅད་ཕ་བའི་མ་དང་བརྒྱུད་པའི་མར་རྗེས་སུ་དྲན་པའི་ཐིག་ལེ་དང་། མཐར་སེམས་ཆོས་ཉིད་དུ་དྲན་པའི་ཐིག་ལེ་སྟེ་ཕ་བའི་ཐིག་ལེ་བདུན་དང་། དེ་ལ་བརྟེན་ནས་ཕྱི་སྣོད་ཀྱི་ཐིག་ལེ་དང་། ནང་བཅུད་ཀྱི་ཐིག་ལེ་དང་། ཐིག་ལེ་ཇི་ལྟར་ཉམས་སུ་བླང་ཚུལ་ལ་སོགས་པ། བླ་མ་རབ་སངས་རྒྱས་སམ། ས་ལམ་ལ་གནས་པ་དང་། གླིགས་བམ་ཡོངས་སུ་རྫོགས་པར་སེམས་ཀྱི་ཐིག་ལེ་ཉིད་ལས་འཆད་པར་ནུས་པ་དང་། འབྲིང་བླ་མ་གླིགས་བམ་ཡི་གེ་རིས་སུ་བཀོད་པ་ལས་མ་ཆང་བ་མེད་པར་སྟོན་ཤེས་པ་དང་། ཐ་མར་ཡང་ཕ་ཚིག་ཏུ་བསྒོམས་པ་ལ་བརྟེན་ནས་སློབ་མ་ལ་ཐིག་ལེ་བཅུ་དྲུག་ཏུ་བསྡུས་ཏེ། སྟོན་ཤེས་པའི་བླ་མའི་གསུང་ལས་ཤེས་པར་བྱའོ། །སློབ་མའི་སྣོད་ཀྱི་སྐྱོན་ཡོན་ནི་གཞུང་དུ་ཤེས་པར་བྱའོ། །འདི་ནི་སྦྱོར་བ་དངོས་ཀྱི་རིམ་པ་བཤད་པའོ། །རྗེས་བསྔོ་བ་དང་སྨོན་ལམ་དང་། ཡོན་དབུལ་བ་དང་། སྣོད་དང་ལྡན་པར་དམ་འཆའ་བ་དང་། དཀྱིལ་འཁོར་དང་བཅས་པའི་ཐིག་ལེའི་དབྱིངས་སུ་གཤེགས་སུ་གསོལ་བ་དང་། བསྙེན་པ་སྐྱོལ་བའི་དགེ་སློང་དག་གིས་ལྷ་ཆོས་འཛིན་པར་གསོལ་བ་བཏབ་སྟེ། དཀྱིལ་འཁོར་གྱི་ས་དང་རྫུལ་ཚོན་ཆུ་བོའི་གཞུང་ངམ། རི་བོའི་རྩེའམ། དབེན་པའི་གནས་སུ་སྐྱོལ་བར་ཞུ་ཞིང་། སྐྱོལ་བ་དང་། གསང་བའི་གསང་ཚིག་ཐུབ་པར་བྱས་ཤིང་། བླ་མའི་གསུང་ལས་ཞུས་ལན་གྱི་ཕྲེང་བ་བླངས་ནས། བླ་མ་ཡི་དམ་རང་གི་སྙིང་གི་ཐིག་ལེར་ནང་དུ་སྒོམ་པ་ལ་འབད་པར་བྱའོ། །ཞེས་བྱ་བ་ནི་འཁོར་བ་ལས་ཇི་ལྟར་འགྲོས་པའི་ཐབས། འདོད་པའི་འདམ་ལས་བཟློས་བཅངས་བྱས་ཏེ་ཉམས་སུ་བླང་བའི་མན་ངག །ཐུན་མོང་མ་ཡིན་པའི་ཞུས་ལན།

དབུ་ཞབས་ཐམས་ཅད་ཀྱི་སྙིང་ཕྱུང་སྟེ། རྒྱུད་ལ་སྒོམ་པའོ། །དེ་ནས་ནགས་ཁྲོད་དབེན་པར་འགྲོ་བར་བྱའོ། །ཞེས་བྱ་བ་ནི་ལྷ་ཆོས་བདུན་ལྡན་གྱིས་བཀའ་གདམས་ཇི་ལྟར་ཉམས་སུ་བླང་བའི་ཐིག་ལེའོ། །ཤིན་ཏུ་བཀྲ་ཤིས་པར་གྱུར་ཅིག །སྭ་སྟི་ཡན་ཏྲ་ཐླ༎ ༎

༄༅། །ཐུགས་དམ་ཇོ་བོ་ཡབ་སྲས་ཀྱི་བཀོད་པ་ཕུན་སུམ་ཚོགས་པའི་གཏེར་ཞེས་བྱ་བ་བཞུགས་སོ། །

༈ ན་མོ་གུ་རུ། ཐུགས་དམ་ཇོ་བོ་ཡབ་སྲས་ཀྱི་བཀོད་པ་ཕུན་སུམ་ཚོགས་པའི་གཏེར་ཞེས་བྱ་བ། བཀའ་བརྒྱུད་ཀྱི་བླ་མ་དམ་པ་རྣམས་དང་། ཡི་དམ་གྱི་ལྷ་ཚོགས་དཔག་ཏུ་མེད་པ་རྣམས་ལ་གུས་པས་ཕྱག་འཚལ་ལོ། །ཐུབ་བསྟན་མར་མེ་རྒྱས་མཛད་

དཔལ། །ཡེ་ཤེས་ཉི་མའི་རྒྱལ་མཚན་མཐོ། །རྣམ་གསལ་འཛིན་པའི་སྤྱན་རས་གཟིགས། །ཟླ་བ་ལྟར་དཀར་ཆོས་འཕེལ་ལོ། །ཕན་དང་བདེ་བའི་གནས་གཉིས་ལ། །དད་པས་ཕྱག་འཚལ་ཕན་བདེའི་འོད། །ཉི་མ་ཟླ་བ་ལྟར་སྤེལ་བས། །རྒྱལ་སྲས་ཉིན་མཚན་ཀུན་ཏུ་དགེ །དེ་བརྟེན་དེ་སྐད་སྐད་ཀྱིས་ཀྱང་། །དེ་བཞིན་ཀུན་བརྟན་ཀུན་དགེའི་སྐད། །དགེ་བའི་བསམ་པས་དགེ་བ་ཡི། །དགེ་མཆོག་བཀོད་པ་དགེ་ཕྱིར་ཡིན། །སྲི་བརྟན་བྲག་རི་རིན་ཆེན་ནི། །མཐོ་ཡེར་བཟེད་ལ་ལྷུན་ཆགས་པ། །ལྷ་ཚོགས་གནས་པའི་རི་རྒྱལ་ལྟར། །སྙིང་པོ་བྱང་ཆུབ་ཤིང་གིས་ཕྱུག །ཐབས་ཤེས་རི་ཡི་རྩེ་མོ་ནི། །གཡས་གཡོན་ཆ་ཡིན་དེ་ཡི་དབུས། །ས་དང་ཕ་རོལ་ཕྱིན་པ་བཅུ། །མཐར་ཕྱིན་རྩེ་མོ་བཅུ་ཡི་དབུས། །འབྲས་མཆོག་རྒྱལ་བ་ཉིན་མོར་བྱེད། །རྒྱལ་མཚན་ལྟར་མཛེས་མཐོ་ཞིང་བརྟན། །སྙིང་དང་ལོགས་ཆ་མ་ལུས་པ། །དཔག་བསམ་དགེ་བའི་མཚན་མ་ལ། །སྣན་པའི་སྒྲ་སྒྲོགས་མཁའ་ལྡིང་སོགས། །དེ་ལ་བརྟེན་པའི་སྐྱེ་བོས་གང་། །གཞན་ཡང་མཁའ་དབྱིངས་ཡངས་པ་ལ། །དགེ་ལེགས་ཆུ་འཛིན་འཁྲིགས་གསེབ་ནས། །ཚོགས་གཉིས་དོན་གཉེར་བསམ་པ་ཅན། །ལྷ་ཡི་ཚོགས་མང་མཆོད་ཚོགས་འབུལ། །དེ་ཡང་རྣམ་ལྔའི་ཁ་དོག་ཅན། །མཛེས་པའི་རྒྱན་ཆ་དུ་མས་སྤྲས། །གཉིས་ཀྱི་དབུས་ན་རྒྱལ་མཚན་འཛིན། །གཡས་གཡོན་གཉིས་ནའང་གདུགས་འཛིན་གཉིས། །ཟུར་གཉིས་རིན་ཆེན་བ་དན་ཏེ། །སྤུར་བྱེད་མཛེས་པ་རེ་རེ་གནས། །སྙིང་ཟུར་གཡས་ན་ཟླ་རྒྱས་ཤིང་། །གཡོན་ན་ཉི་མའི་དཀྱིལ་འཁོར་གསལ། །གཡས་གཡོན་གཉིས་ཀྱི་ཁྲིན་གསེབ་ན། །མི་ཧོག་བདུག་སྤོས་སྣང་གསལ་དྲི། །ཞལ་ཟས་ཕེག་རྫོབ་གླིང་བུ་དང་། །པི་ཝང་ཟ་ཆེན་ཐོགས་མཆོད་པའི། །ལྷ་མོའི་ཚོགས་ཀུན་ཚང་བར་འཁོད། །གཞན་ཡང་སྙིང་ལོགས་བར་ཀུན་ན། །ཡིད་འོང་མེ་ཏོག་ཆུན་འཕྱང་དག །ཐོགས་ཤིང་འཐོར་བ་དུ་མང་འཁོད། །དཀར་ཆེན་ལ་སོགས་མཆོད་རྟེན་

ནི། །ལྷུན་པོ་ལ་གནས་མཆོན་བྱེད་བཞི། །གཡས་གཡོན་རི་ཡི་ཆ་སྨད་ན། །ཀླུ་དབང་མིའམ་ཅི་དང་ནི། །གནོད་སྦྱིན་དྲི་ཟའི་ཚོགས་དག་ཀྱང་། །གུས་པའི་བསམ་པས་རབ་ཏུ་འཁོད། །དེ་ལྟར་ཕུན་ཚོགས་ལྷུན་པོའི་ངོས། །གསལ་ལ་མ་འདྲེས་དག་པའི་འོད། །རྣམ་ལྡ་ཡེ་ཤེས་ཆེན་པོའི་དཔལ། །རབ་མཛེས་འཇའ་ཡི་གུར་ནང་ན། །མི་འཇིགས་དཔའ་བོ་སེང་གེ་དང་། །ཟླ་མེད་ཐེག་པའི་གླང་ཆེན་མཁར། །རིན་ཆེན་མཛེས་པའི་གདན་ཁྲིའི་སྟེང་། །པད་ཟླ་ཉམ་ཟེ་མཛེས་པ་ལ། །རྒྱལ་དང་རྒྱལ་སྲས་ལྷུན་པོ་བཞུགས། །རྣམ་གཉིས་གཙོ་བོ་མཛེས་པའི་རྒྱན། །སྤྲུལ་པའི་ཤར་ཤར་དཀའ་ཞིང་འདུད། །གཉིས་ཀྱི་དབུས་ན་ཕན་བདེ་ཡི། །རྒྱལ་མཚན་མི་གཡོ་བརྟན་པར་འཛིན། །གཉིས་ཀྱི་གཡས་གཡོན་ཕྱོགས་ཀྱི་ཆར། །ཕན་བདེ་ཉི་ཟླའི་འོད་འགྱེད་ཅིང་། །གདུལ་བྱ་པདྨོ་ཀུན་དའི་ཚལ། །ཕྱོགས་མཐར་རྒྱས་ཤིང་ཚིམ་པར་བྱེད། །གཞན་ཡང་དབུས་ན་ཆོས་སྐུའི་རྟེན། །ཟབ་ལམ་ཀུན་དོན་གླེགས་བམ་བཅས། །མཆོད་ཚོགས་དུ་མར་བཅས་པ་གནས། །དེ་ལྟར་བཞུགས་པའི་སྟེང་གི་ཆར། །དབུས་ན་བསྟན་པའི་བདག་པོ་བཞུགས། །དེ་གཡས་འཇམ་དབྱངས་བྱམས་པ་གཡོན། །ཐུབ་པའི་འོག་ན་སྤྱན་རས་གཟིགས། །བཅུ་གཅིག་ཞལ་མངའ་རྩ་ཞལ་གསུམ། །དཀར་པོ་ཞི་ཞལ་དེ་སྟེང་གསུམ། །སྔོན་པོ་ཁྲོ་ཞལ་དེ་སྟེང་གཉིས། །དམར་པོ་ཁྲོ་ཞལ་དེ་སྟེང་གཉིས། །སྔོན་པོ་ཞི་ཞལ་དེ་སྟེང་གཅིག །དམར་པོ་འོད་དཔག་མེད་པའི་དབུ། །བཞི་བཅུ་རྩ་གཉིས་ཕྱག་དང་པོ། །གཉིས་ནི་ཐུགས་ཀར་ཐལ་མོ་སྦྱར། །དེ་ནས་གཡས་འོག་ཉི་ཤུ་པོས། །རིམ་བཞིན་བགྲང་ཕྲེང་འཁོར་ལོ་དང་། །མཆོག་སྦྱིན་སྤྱལ་སྐུ་ནོར་བུ་དང་། །ལྷུང་བཟེད་རྡོ་རྗེ་ཚུ་ཤེལ་གྱི། །ནོར་བུ་མདའ་དང་ཛ་ཡབ་ཕུབ། །ཤེལ་གྱི་གདུབ་སྐོར་པདྨ་སྔོ། །པད་དམར་ཚོན་སྔ་ལྡ་ཡི་སྤྲིན། །མི་འཇིགས་སྦྱིན་དང་རིན་ཆེན་དུང་། །རལ་གྲི་དང་ནི་མདུང་ཐུང་ཐོགས། །རིན་པོ་ཆེ་ཡི་རྒྱན་ཉིད་དང་། །ཐ་མས་འཁར་གསིལ་བསྣམས

པའོ། །གཡོན་གྱི་ཕྱག་ཀྱང་རིམ་པ་བཞིན། །པད་དཀར་གཞུ་དང་སྤྱི་བླུགས་རིལ། །སྤྲུལ་སྐུ་གླིགས་བམ་གཞལ་མེད་ཁང་། །དྲིལ་བུ་མེ་ཤེལ་ནོར་བུ་དང་། །ལྕགས་ཀྱུ་ཐོད་མཁར་ཟ་མ་ཏོག །མེ་ལོང་དགྲ་སྟ་བུམ་པ་དང་། །ལྕུག་མ་རྡོ་རྗེའི་ཐོ་བ་དང་། །རལ་གྲི་རྒྱན་འབྲུམ་ལེ་བརྒྱན་པད། །ཐ་མས་ཞགས་པ་བསྣམས་པའོ། །རྒྱན་ཆ་ན་བཟའ་དུ་མས་སྤྲས། །ཞབས་ཀྱི་གཡས་གཡོན་གཉིས་པོ་ནི། །མི་གཡོ་ཕྱག་ན་རྡོ་རྗེ་སྟེ། །ཞབས་འོག་ལྷ་མོ་སྒྲོལ་མའོ། །དེ་ནས་སྤྱན་རས་གཟིགས་གཡས་ན། །རྡོ་རྗེ་འཆང་དབང་ཏཻ་ལོ་པ། །ནཱ་རོ་པ་དང་ཧཱུཾ་ཀཱ་ར། །ཀླུ་སྒྲུབ་ཀླུ་གྲགས་རིག་ཁུ་བྱུག །ཨ་ཝ་དྷཱུ་ཏྲི་ཆེ་ཆུང་གཉིས། །སངས་རྒྱས་ཡེ་ཤེས་མར་མེ་མཛད། །ཡི་གེ་པ་དང་ཀཱུཊ་པ། །མཁན་པོ་ཡེ་ཤེས་དཔལ་རྣམས་དང་། །འཕགས་ལྷ་མ་ཏྲི་ཙ་ལ་དང་། །ཏྲེ་ལོ་ཡོ་གི་ཙ་ཏྲི་པ། །འཇམ་དཔལ་བཟང་དང་བྱང་ཆུབ་བཟང་། །ཤཱནྟི་སངས་རྒྱས་གསང་བ་དང་། །གཞན་ཡང་སངས་རྒྱས་ཞི་བ་དང་། །རྒྱལ་པོ་ཨིནྡྲ་བྷཱུ་ཏི་དང་། །ཀླུ་མོ་རྣལ་འབྱོར་ས་ར་ཧ། །ཙནྡྲ་གཱོ་མི་ཊི་པ། །ཙོ་བི་པ་ད་རོ་རྡོ་རྗེ། །ས་འགེབས་ཞབས་དང་བཅས་པའོ། །བ་ར་ཧྭ་ཛ་གསེར་ཅན་དང་། །གསེར་བེའུ་བ་ཀུ་ལ་མི་ཕྱེད། །དུས་ལྡན་བཟང་པོ་སྲིད་བྱེད་དང་། །རྡོ་རྗེ་མོ་བུ་གྲ་གཅན་འཛིན། །ཀླུ་སྡེ་ནགས་གནས་ཡན་ལག་འབྱུང་། །ལམ་ཕྲན་ལམ་བསྟན་མི་ཕམ་པ། །རྐྱཱ་ཏ་ལར་བཅས་པ་དང་། །སློབ་དཔོན་པདྨ་ལྕམ་ལེགས་སྐྱིན། །སྤྱི་སྐྱེས་འཇམ་དཔལ་བཤེས་གཉེན་དང་། །ཀམ་པ་ལ་ཡི་ཞབས་དང་བཅས། །ལོ་ཧི་བ་དང་ཧཱུཾ་ཀ་པ། །རྐྱ་རི་ཀ་པ་ཛེ་ཏཱ་རི། །ཀ་མ་ལ་དང་རཏྣཱ་ཀ། །ནག་པོ་པ་ཞེས་རྣམ་པ་གཉིས། །ཀླུ་ཡི་བྱང་ཆུབ་སྤྱོད་པ་པ། །ས་ག་པ་དང་བཅས་པ་གསུམ། །ཕྱོགས་གླང་ཆོས་གྲགས་ཡོན་ཏན་འོད། །དེ་འོག་དཔུང་ཁྲི་གཡས་ཀྱི་ཆར། །ཞི་འཚོ་པདྨ་ཨཱ་ཀ་ར། །ལོ་རིན་སྐ་ཅོག་ཞང་ལྷ་བཙུན། །དེ་ནས་སྤྱན་རས་གཟིགས་གཡོན་ན། །སེམས་དཔའ་རྒྱལ་བ་རྒྱ་མཚོ་དང་། །ཐོགས་མེད་དབྱིག་གཉེན་རྣམ་གྲོལ་སྡེ། །གྲོལ་སྡེ་མཆོག་སྡེ་དུལ་བའི་སྡེ། །གྲགས་

དཔལ་སེང་བཟང་ཀུ་སུ་ལུ། །ཀུ་སུ་ལུ་ཆུང་གསེར་གླིང་པ། །མ་ཧི་ཙི་ཏྲ་ཉིད་ཀྱང་ངོ་། །ཕྱག་རྡོར་ཙ་ཡི་བ་ལ་དང་། །བཛྲ་པ་ཎི་ཉིད་དང་བཅས། །བྱད་རྣ་པ་ལི་ཞེས་གྲགས་དང་། །སློབ་དཔོན་བློ་གྲོས་བརྟན་པ་དང་། །རིན་ཆེན་བཟང་དང་རིན་ཆེན་སྡེ། །བྱམས་པའི་རྣལ་འབྱོར་པ་དང་ནི། །ཤ་བཙད་རྣམ་རཀྵི་ཏ། །ཤཱཀྱ་བཤེས་གཉེན་རི་ཝོ་བཟང་། །བསོད་སྙོམས་ཞབས་དང་ཁུ་བྱུག་ཞབས། །བློ་གྲོས་མི་ཟད་ཨེ་རྣ་རི། །དཔའ་བོ་རྡོ་རྗེ་རིན་ཆེན་དཔལ། །ཡེ་ཤེས་བྱང་ཆུབ་ཉིད་དང་ནི། །པཎ་ཆེན་སྨྲ་ཡི་ཆོར་མའོ། །རྣལ་འབྱོར་ཆེ་དང་དགོན་པ་པ། །ཤེས་རྡོར་བྱམས་པའི་བློ་གྲོས་དང་། །ཁྲི་མཆོག་ཁམ་ལུང་ལུམ་པ་པ། །སེ་བཙུན་གྲུ་ནམ་སྟོང་བཙན་དང་། །ཀླ་ཆེན་པོ་ཏུ་བཅས་པའོ། །ཆོས་ལུང་རྗེ་ཟེ་གསུམ་འཛོམ་ནས། །ཤར་པ་ཕྱུ་ཧོ་སྦྱིན་ སྦྱིན་སྤྱ་བ། །ཕུ་ཆུང་སྣང་ཐང་སྡེ་ཟུར་བ། །ཀ་མ་པ་དང་འཆད་ཀ་བ། །སྤྱབས་ཀ་བ་དང་ཞང་དར་གཡུང་། །ཀློག་སྐྱ་འབལ་ཚད་ཕྱུག་དར་བཅས། །བྱ་ཡུལ་སེ་སྤྱིལ་ལྷ་སྐྱེར་སྣང་། །དད་མི་ཆོས་བློར་བཅས་པའོ། །དེ་འོག་དབུས་ཁྲི་གཡོན་གྱི་ཆར། །རྒྱ་གདུལ་རྒྱ་ཕུགས་ཨ་ཤོ་ཀ །གཉའ་ཁྲི་བཙན་དང་ཐོ་ཐོ་རི། །སྲོང་བཙན་སྣམ་པོ་ཁྲི་སྲོང་ངོ་། །དབུས་ཀྱི་སྒྲོལ་མའི་གཡས་གཡོན་དུ། །ཞང་བཙུན་པ་དང་དཔལ་ལྡན་གྲོ། །དེ་འོག་ཞང་སྟོན་བྱང་ཆེན་པ། །མཆིམས་སྐྱོ་ཞལ་སྤྲོད་གཉིས་གཉིས་སོ། །དབུས་ཁྲི་གཡས་གཡོན་མཐའ་གཉིས་སུ། །གཙང་ནག་པ་དང་ཟླ་ཚོག་གོ །ཁྲི་གཉིས་བར་ན་ཚོགས་བདག་སྟེ། །ཆོས་འཁོར་རབ་ཏུ་སྤེལ་བ་ཡིན། །སྟེང་ཆར་ཐུབ་པའི་གཡས་ཆ་ན། །རིགས་ལྔ་ཕྱོགས་བཅུའི་རྒྱལ་བ་དྲུག །གཡོན་ན་སྨན་བླའི་བདེ་གཤེགས་བདུན། །ཕྱོགས་བཅུའི་རྒྱལ་བ་བཞིར་བཅས་གནས། །དེ་དག་བར་ན་ཉེ་བའི་སྲས། །བྱམས་པ་ས་ཡི་སྙིང་པོ་དང་། །ཕྱག་རྡོར་ནམ་མཁའི་སྙིང་པོ་དང་། །འཇིག་རྟེན་དབང་ཕྱུག་འཇམ་པའི་དབྱངས། །སྒྲིབ་པ་རྣམ་སེལ་ཀུན་ཏུ་བཟང་། །དེ་ལ་བཞི་ནི་དབུས་ན་བཞུགས། །གཡས་པར་ས་དང་ནམ་སྙིང་སྟེ། །གཡོན་

པར་སྒྲིབ་སེལ་ཀུན་ཏུ་བཟང་། །ཉི་ཟླ་ལྟ་བུར་སྣང་བྱེད་གཉིས། །གཡོན་གཡས་བར་ན་རིམ་པར་གནས། །གཞན་ཡང་ཁྲིམ་པ་རབ་བྱུང་དང་། །ཁྲིའུ་བུ་མོའི་སེམས་དཔའ་དང་། །རང་རྒྱལ་དགྲ་བཅོམ་ལྷ་ཡི་བུ། །ཆོས་དུང་འབུད་བཅས་བདུན་བདུན་ཡང་། །གཡས་གཡོན་བར་ནའང་ཚང་བར་གནས། །གཡས་གཡོན་སྒོ་ན་རབས་ཀྱི་སྤེ། །འདི་ཡི་རབས་དང་བཅས་པ་ཡི། །བཙུ་གཉིས་བཙུ་གཉིས་བར་གནས་དེའང་། །སེར་སྐྱ་བྲམ་ཟེ་ལིགས་སྐྱེས་དང་། །ཡུམ་ཆེན་ཡིད་འོང་མ་ཡི་སྲས། །བྲམ་ཟེའི་ཁྲིའུ་གསལ་བ་སྤེ། །དེ་ནི་རབ་བྱུང་དཀོན་མཆོག་གསལ། །བླ་མ་མཚུངས་མེད་བྲམ་ཟེ་ཡི། །བཙུན་པ་བློ་གྲོས་འཇིགས་མེད་དོ། །ཐར་པར་འདྲེན་བསྐུལ་དད་པས་ཏེ། །སྤྲུལ་པའི་གསེར་བྱ་དགུ་ཡང་ངོ་། །ཀོའུ་ཤཾ་ཧྲི་ར་ཡབ་རྒྱལ་པོ། །འོད་ཟེར་དཔལ་དང་ལིགས་ལྡན་མ། །དེ་དག་སྲས་གཉིས་གཙེན་པོ་ནི། །རྒྱལ་སྲིད་སྐྱོང་བ་གཙུང་ཆགས་མེད། །བླ་མའང་དགེ་སློང་ཆགས་པ་མེད། །གཙུང་པོ་རབ་ཏུ་བྱུང་བའི་མཚན། །ཆགས་པ་མེད་པས་རབ་ཏུ་བྱིན། །སྤྲུལ་པའི་ཁྲིའུ་རྣམས་ཀྱང་ངོ་། །ཡངས་པ་ཅན་དུ་ཡབ་རྒྱལ་པོ། །དགའ་རབ་ཡུམ་ནི་དགའ་བྱེད་མ། །སྲས་གཉིས་གཙེན་པོ་དགའ་བའི་དཔལ། །ཆུང་བ་ཀུན་ཏུ་དགའ་ཉིད་དོ། །བླ་མ་བྱང་ཆུབ་སེམས་དཔའ་ཆེ། །དགེ་སློང་འོད་ཟེར་སྙིང་པོར་གྲགས། །གཙེན་རབ་བྱུང་བའི་མཚན་ལིགས་ཤེས། །མ་འོངས་མཚན་ཡང་དེ་ཉིད་དོ། །ཕྱུ་ནྣ་ཋ་ཤྲིར་ཡབ་རྒྱལ་པོ། །བསོད་ནམས་འཕེལ་དང་ལྷས་བྱིན་མ། །སྲས་གཉིས་གཙེན་པོ་ལྷ་སྐྱེས་དང་། །གཙུང་ནི་ལྷས་བྱིན་བླ་མ་ནི། །འཕགས་པ་ཐུགས་རྗེའི་སྤྲིན་ཉིད་དོ། །གཙེན་པོ་རབ་ཏུ་བྱུང་བའི་མཚན། །ལྷ་ཡི་དབང་པོ་མཆོག་ཡིན་ནོ། །རྒྱལ་པོ་ནག་པོ་ཁྲབ་འཇུག་བུ། །དབུལ་མོ་དེས་མ་ཛོག་ཡིན་ཏེ། །དུས་ཀུན་མཐུན་སྦྱོར་བཟང་ལ་བགོད། །བདེ་ལྡན་རྒྱལ་པོ་བདེ་སྐྱོད་ཡབ། །ཡུམ་ནི་ཀུན་ཏུ་བཟང་མོ་སྲས། །དཀོན་མཆོག་འབངས་ཡིན་བླ་མ་ནི། །ཨུ་རྒྱན་དགེ་སློང་དྲི་མ་མེད། །ལང་ཀའི་རྒྱལ་པོ་མཚོ་

སྐྱོང་ནི། །རྣལ་འབྱོར་ཤེས་རབ་རྡོ་རྗེ་སྟེ། །རྩེ་བོ་རྣལ་འབྱོར་ཕྱག་ཁྲི་མཆོག །རྒྱ་ཧ་འི་ཡུལ་གྱི་རྒྱལ་པོ་ནི། །དཔལ་ལྡན་བཙུན་མོ་གསལ་ལྡན་གཉིས། །ཀུན་ཏུ་བཟང་མོ་ཡབ་ཡུམ་སོ། །ཕྲ་མཆོད་འཕགས་པ་ཉི་མའི་འོད། །མ་འོངས་སེ་བཙུན་ཆེན་པོའོ། །རྒྱ་ག་ལ་ཡི་ཡབ་རྒྱལ་པོ། །རྒྱ་ག་ཡུམ་ནི་ནོར་སྦྱིན་མ། །སྲས་མཆོག་དད་པ་བརྟན་པ་སྟེ། །ཕྲ་མ་དགེ་སློང་མྱ་ངན་བྲལ། །ཡབ་རྒྱལ་རབ་ཏུ་བྱུང་བའི་མཚན། །ཆོས་རྒྱལ་ངེས་པར་འབྱུང་བའི་དཔལ། །སྲིན་རྒྱལ་བུ་མོ་ཀུ་ཤ་ན། །སྒྲོལ་མ་འཛིན་པ་ལག་མངས་ཀྱི། །བུ་མོ་སྔོན་མོ་ནོར་རྒྱུན་མ། །ཏུང་སྐྱོང་བུ་མོ་དཀར་མོ་ནི། །ཁྲོ་གཉེར་ཅན་ཡིན་ལམ་སྲུངས་པ། །སྲིན་པོ་གཙོ་རྗེ་ཕྱིང་དཀར་ཡིན། །ལག་མངས་གསེར་ལྡན་གསེར་མའི་རྩ། །ཏུང་སྐྱོང་གཡུ་ལྡན་གཡུ་མ་ཡི། །ཤུག་པའི་རྩ་བར་སྐུ་མཆོག་སྟེ། །དགེ་བསྙེན་སྨོན་ལམ་སྟོབས་ཅན་ནོ། །རྒྱལ་པོ་དད་པ་བརྟན་པ་ཡི། །བཙུན་མོ་གསུམ་ལ་སྲས་རེ་སྟེ། །ཀུ་ཤ་ན་ལས་སངས་རྒྱས་འཛིན། །ཁྲོ་གཉེར་ཅན་ལས་ཧྲཱུྃ་འཛིན། །ནོར་རྒྱུན་མ་ལས་དགེ་འདུན་འཛིན། །གཅུང་གཉིས་རབ་བྱུང་ཕྲ་མ་དང་། །བཅས་ནས་བདེ་བ་ཅན་དུ་གཤེགས། །སངས་རྒྱས་འཛིན་གྱིས་བྲམ་ཟེ་མོ། །བཟང་ལྡན་མ་ཞེས་ཁབ་ཏུ་བཞེས། །སྲས་མཆོག་སངས་རྒྱས་དཔལ་ཉིད་འཁྲུངས། །དེ་ལའང་བཙུན་མོ་བྲམ་ཟེ་མོ། །མེ་འོད་གསལ་ཞེས་མེས་པོ་མཆོག །དད་པ་བརྟན་པ་སྲས་སུ་འཁྲུངས། །དད་པ་རབ་ཏུ་བརྟན་པར་འདོགས། །དེ་ཚུལ་གསལ་བར་འོག་ནས་སྟོན། །འདི་དང་འབྲེལ་པ་ཁོ་ན་ཡིན། །གོང་བཞིན་ཡུལ་ནི་རྒྱ་ག་ལ། །ཡབ་ནི་ཚ་བོ་སངས་རྒྱས་དཔལ། །ཡུམ་ནི་བྲམ་ཟེ་མེ་འོད་གསལ། །སྲས་རྒྱལ་དད་པ་རབ་ཏུ་བརྟན། །ཕྲ་མ་དགེ་སློང་བདེ་སྟེར་ཏེ། །ཏྲ་ཞེས་སྒྲུ་མ་མཁན་གྱི་བུ། །ཁྱིའུ་མཆིལ་པ་སློན་པོའོ། །དེ་ཚེ་རང་གི་ཕོ་བྲང་གི །ཁྱང་ཕྱོགས་ཁ་རྒྱ་ཞེས་པ་དེར། །སྟོན་ཆེའང་དད་པ་རབ་བརྟན་ཉིད། །རྒྱལ་པོ་དཔལ་བཟང་ཞེས་པར་གྱུར། །བཙུན་མོ་ལྷ་མོ་ཕྲེང་ལྡན་ཡོད། །ཕྱི་སློན་དཔལ་དང་

ནང་བློན་ནི། །དཔལ་གྲུབ་ཅེས་བྱའི་དམ་པ་ཡོད། །ཕྱི་བློན་སྔོན་འདས་དེ་ནས་རྒྱལ། །འདས་རྗེས་ནང་བློན་དམ་པས་སྐྱོངས། །དད་པ་རབ་བརྟན་འཁྲུངས་དུས་དེར། །སྔོན་ཚེ་ཕྱི་བློན་ཁ་ཧཱུྃ་དེར། །རྒྱལ་པོ་དཔལ་གྱུར་དེ་འདས་རྗེས། །དེ་ཡི་ཞང་པོ་ནང་བློན་དེ། །ཁྲམ་ཟེར་སྐྱེས་པའི་སྔོན་པས་སྐྱོངས། །དེ་ལ་བུ་མོ་ཕྲེང་ལྡན་ཡོད། །དེ་ཚེ་དད་པ་རབ་བརྟན་གྱིས། །དེར་ཕྱིན་ཕྲེང་ལྡན་བཙུན་མོར་བྱས། །ཁྲམ་ཟེ་འདས་ཏེ་རྗེས་ཀུན་སྐྱོངས། །སྲས་ཀྱང་དད་པའི་འོད་དང་ནི། །དད་པའི་ལྷ་སྟེ་རྣམ་གཉིས་འཁྲུངས། །དེ་སྔོན་ཕྱི་ནང་བློན་པོ་ཡིན། །སྲས་གཉིས་བླ་མ་བདེ་སྟེར་གྱིས། །ཡོངས་སུ་རྫོགས་པའི་དགེ་བསྙེན་བསྒྲུབས། །དེ་ནས་རྒྱལ་པོ་སངས་རྒྱས་དཔལ། །རབ་བྱུང་ཡེ་ཤེས་དཔལ་དུ་བཏགས། །དེ་ནས་དད་པ་རབ་བརྟན་གྱིས། །ཧཱུྃ་ག་སྐྱོངས་ཏེ་སླར་ཡང་ནི། །རང་སྲས་དད་པའི་འོད་ལ་གཏད། །ཁ་ཧཱུྃ་དད་པའི་ལྷ་ལ་གཏད། །རྒྱ་ནག་ཡུལ་དུ་བོན་པོ་ཡི། །རྟ་ཤང་གནས་པ་ཡབ་རྒྱལ་པོ། །ནག་པོ་ལྡུགས་འབར་ཡུམ་ལྡུགས་མོ། །བློ་གྲོས་འཕེལ་གཅིག་དགུས་ཡང་འབར། །ཆུང་བ་ཡང་ལྡུགས་བླ་མ་ནི། །ཨ་ཕ་རྒྱུ་དྲི་ཆེ་ཆུང་གསུམ། །ཨ་སུ་ར་ཡི་བྲག་ཁུང་ན། །སྤྲུལ་པ་མཛད་དེ་གནས་པའོ། །ཕྱྭ་རྣ་ཧྲ་སྙིར་ཡབ་ཁྲིམ་བདག །དགའ་བ་ཡུམ་ནི་དགའ་འོད་མ། །སྲས་གཅིག་ཉེར་དགའ་གཙུང་དགའ་འཛིན། །བླ་མ་ཤཱཀྱ་བཤེས་གཉེན་ཏེ། །མ་འོངས་རྣ་རུ་ལ་ཞེས་གྲགས། །རབ་བྱུང་དྷི་པཾ་ཀ་ར་གཅིག །དེ་ལས་ཡབ་ཡུམ་རྣམ་གཉིས་ཀྱིས། །དགེ་བསྙེན་ཕ་མའི་སྡོམ་པ་ནོས། །ཡུལ་དེའི་རྒྱལ་པོ་ལྷ་སྐྱོང་ནི། །ཀ་བ་ཤཱཀྱ་དབང་ཕྱུག་ཡིན། །ཕྱྭ་རྣ་ཊ་སྙིར་ཡབ་ཁྲིམ་བདག །བསོད་ནམས་འཛིན་དང་ཡུམ་དཔལ་མོ། །སྲས་ནི་དགེ་བསྙེན་བཙུན་པ་ཉིད། །བླ་མ་སློབ་དཔོན་ཆོས་མཆོག་སྟེ། །གྲུབ་ཐོབ་ལྤ་བའི་གོས་གྱོན་གང་། །ཞི་ལ་ཤར་པ་པ་ཏུ་གསུངས། །གྲོང་ཁྱེར་སྦྲར་བཅས་ཡབ་ཁྲིམ་བདག །སྒྲ་འཛིན་སྒྲ་ཡི་ཕྲེང་བ་ཡུམ། །སྲས་ནི་ནོར་བུ་བཟང་པོ་སྟེ། །བླ་མ་མར་མེ་མཛད་བཟང་པོ། །སྲས་མཆོག་རབ་

ཏུ་བྱུང་བའི་མཚན། །བྱང་ཆུབ་སེམས་དཔའ་རིན་ཆེན་དཔལ། །སྤྲུལ་པའི་ཀ་ལན་ཏ་ཀ་ནི། །སྟོང་དང་གཅིག་ཏུ་བཅས་པའང་ཡོད། །མ་ག་དྷ་ཡུལ་ཡབ་བྲམ་ཟེ། །ཉི་མ་ཉིད་ཡིན་ཡུམ་སྐར་ལྡན། །སྲས་པོ་ཟླ་བ་པདྨ་བླ་མ།ནི། །སངས་རྒྱས་ཡེ་ཤེས་ཉིད་ཡིན་ནོ། །ཟླ་བ་རབ་ཏུ་བྱུང་བའི་མཚན། །སངས་རྒྱས་ཡེ་ཤེས་ཉིད་ཡིན་ནོ། །ཡེ་ཤེས་སྙིང་པོ་ཞེས་སུ་གྲགས། །གྲོང་ཁྱེར་སྒྲ་ལྡན་ཡུལ་ཡབ་ནི། །རྗེ་རིགས་རིན་ཆེན་ཡུམ་གསེར་ཕྲེང་། །སྲས་མཆོག་རིན་ཆེན་སྙིང་པོ་སྟེ། །བླ་མ་དམ་པ་དེ་ཡི་ཚེ། །བདེ་བ་ཅན་ན་ཡུམ་སྟོན་བཞུགས། །སྲས་དང་འབྲལ་བ་མེད་ཅེས་གསུངས། །གྲོང་ཁྱེར་སྒྲ་ལྡན་ཡུལ་ཡབ་ནི། །ཁྱིམ་བདག་ཟླ་བ་བཟང་པོ་སྟེ། །མེ་ཏོག་འཛིན་ཡུམ་སྲས་པདྨ། །བླ་མ་ཛ་སུ་ཛྙན་ཛྙོ། །སྲས་ནི་རབ་ཏུ་བྱུང་གྱུར་ཏེ། །མཚན་ནི་ཐར་གྱི་པདྨོ། །ཡངས་པ་ཅན་ཡུལ་ཡབ་རྗེ་རིགས། །འོད་དཔལ་ཡུམ་ནི་འོད་ལྡན་ཡིན། །སྲས་མཆོག་འོད་ཟེར་བླ་མ་ནི། །དགེ་སློང་འོད་དཔག་མེད་པའོ། །འོད་ཟེར་རབ་ཏུ་བྱུང་བའི་མཚན། །ཐར་གྱི་འོད་ཟེར་དེ་ཉིད་དོ། །ཡངས་པ་ཅན་ཡུལ་ཡབ་ཁྱིམ་བདག །ཀུན་དགའ་ལེགས་སྦྱིན་མ་ཡུམ་སྲས། །བྱམས་པ་བླ་མ་བསོད་སྙོམས་པ། །དགེ་སློང་ཀུན་ཏུ་བཟང་པོ་ཡིན། །ཡབ་ཡུམ་སྲས་གསུམ་རབ་བྱུང་སྟེ། །མིང་ནི་ཐར་གྱི་དེ་རྣམས་སོ། །གྲོང་ཁྱེར་རྫ་མཆོག་ཡུལ་ཡབ་ནི། །རྒྱལ་པོ་དཔའ་བོ་ཡུམ་གོ་ལ། །སྲས་ནི་རྒྱལ་བུ་སེང་གེ་སྒྲ། །བླ་མ་སེང་གེའི་ང་རོ་ཡིན། །སྤྱོད་མེད་ཅེས་བྱའི་རྒྱལ་ངན་ནི། །ཨ་ཙ་ར་སྟེ་དམར་པོར་གྲགས། །གྲོང་ཁྱེར་རྡོ་མཆོག་ཡུལ་ཡབ་ནི། །རྒྱལ་པོ་བདེ་བ་ཡུམ་བསམ་འཛིན། །སྲས་ནི་བདེ་མཆོག་བླ་མ་ནི། །དགེ་སློང་མི་བསྐྱོད་པ་ཉིད་དོ། །དེ་མ་ཐག་ཏུ་གྲོང་ཁྱེར་དེར། །རིགས་ངན་འོད་དེ་འོད་ལྡན་མའི། །སྲས་པོ་བ་གླང་སྐྱོང་དུ་འབྲུངས། །སྤྲུལ་པའི་བཙུན་མོ་ལ་སོགས་པ། །མང་ཀུན་རྗེ་རིགས་མ་ཅིག་ལ། །སྟོན་ཡབ་རྒྱལ་པོ་བདེ་བ་དེ། །བ་གླང་སྐྱོང་གི་སྲས་སུ་འབྲུངས། །དཔལ་ལྡན་ཆོས་སྐྱོང་ཞེས་སུ་བཏགས། །དེ་ལའང་བཙུན་མོ་ཅིག་

བཞེས་པ། །སྔོན་ཚེའི་བཙུན་མོ་བསམ་འཛིན་མའོ། །བ་གླང་སྐྱོང་གིའང་སྔོན་དུས་མ། །དེ་ཚེ་སྔ་མ་ཉིད་དུ་གྱུར། །སྨོན་ལམ་སྟོབས་ཅན་བླ་མ་ཡང་། །སྔོན་གྱི་མི་བསྐྱོད་པ་དེ་ཡིན། །ཆུ་བོ་ཡ་མུ་ན་གླིང་ཡུལ། །ལྷ་ཡི་རྒྱལ་པོ་འབྲོམ་བླ་མ། །དྭི་པཾ་ཀ་ར་ཤྲཱི་ཛྙཱ་ན། །སེམས་དཔའི་ཁྱེའུ་རྣམ་གཉིས་དང་། །བཅས་ཏེ་རྒྱལ་རབས་ལ་སོགས་གླིང་། །ལྷ་ཡི་རྒྱལ་པོ་བླ་མ་ལ། །གསོལ་བཏབ་བླ་མས་རང་བཞིན་གྱི། །རྣལ་འབྱོར་མ་ཅིག་བཙུན་མོར་བྱིན། །དེ་ལ་སྲས་གསུམ་བཀྲ་ཤིས་ལྡེ། །དཔལ་གྱི་ལྡེ་དང་ལྡེ་གཙུག་ལྡེ། །ལྷ་ཡི་སྤྲུལ་པའི་སྲས་གསུམ་འཁྲུངས། །ཡབ་སྲས་བཞི་ཡིས་ཡ་མུའི་གླིང་། །ཆ་བཞིར་བགོས་ནས་ཆོས་བཞིན་བསྐྱངས། །ཕྱིས་ཀྱང་སྟོད་ཀྱི་ལྡེ་གསུམ་སྟེ། །མ་འོངས་སྐུ་མཆེད་གསུམ་པོ་ཡིན། །སྡིག་ཅན་བདུད་ནག་གླང་དར་མ། །མ་ག་དྷ་ཡུལ་པདྨ་ཅན། །ཁྱིམ་བདག་དཔལ་སྲས་ཡབ་ཡུམ་ནི། །འོད་མཛེས་སྲས་ནི་དགེ་འདུན་འཕེལ། །ཙེ་སྤྱང་ཀུ་ཤ་རྩེ་བར་གསོ། །སྐྱེ་བོ་མ་ལུས་ངོ་མཚར་འཁྲུངས། །འཇའ་ཚོན་རྣམ་པ་ལྔ་སོགས་བཟུག །བླ་མ་སྤྲུལ་པའི་དགེ་སློང་ངོ་། །ཡུལ་མཆོག་ཝ་ར་ཎཱ་སི་ཏུ། །ཚོང་དཔོན་དགེ་བ་བཟང་པོ་རྗེ། །ཆུང་མ་མ་གོལ་ཀ་བ་སྟེ། །བྱ་ཡི་བློན་པོ་རྣམ་གཉིས་ལས། །སྤྲུལ་པ་སྲོ་ལོང་ཀུན་རྒྱུ་འབྲོམ། །ནེ་ཙོ་གཡུ་མཐིང་རྟོག་ལེགས་ཤེས། །བྲན་མོ་མཆུ་སྨུང་ཁུ་ཉིད་དེ། །ཚོང་དཔོན་གྲོགས་པོ་ཁྱིམ་བདག་ནི། །དགེ་བ་བཟང་པོ་ནག་ཚོའོ། །འདི་ལས་འཕྲོས་མང་དུ་མ་བཞུགས། །ཡུལ་བཟང་གྲོང་ཁྱེར་བདེ་ལྡན་དུ། །རྒྱལ་པོ་སྐྱབས་སྦྱིན་བཟང་པོ་འབྲོམ། །ཨ་མེས་བཙུན་མོ་ཆགས་མེད་མ། །བློན་པོ་ཀུན་ཏུ་འགྲོ་ཞེས་ཁྱུ། །ནེ་ཙོ་ལ་འཇུག་འཕྲུལ་མིག་མི། །སྨད་ཀྱིས་བྲམ་ཟེའི་རོ་ལ་ཞུགས། །དེ་ནས་སྤྲུལ་པའི་དགེ་སློང་གིས། །རབ་བྱུང་མཁས་པའི་མཁས་པར་གྱུར། །སྤྲུལ་པའི་དགེ་སློང་བླ་མ་རྗེ། །བསྟན་པའི་མར་མེ་གསལ་བ་ཡིན། །ཕོ་བྲང་གསེར་གྱི་རྒྱལ་མཚན་དུ། །རྒྱལ་པོ་དགེ་བའི་དཔལ་དང་ནི། །བཙུན་མོ་དཔལ་མོ་འོད་ཟེར་ཅན། །གཉིས་ལ་སྲས་གསུམ་གཅེན་པོ་

ནི། །པདྨའི་སྙིང་པོ་བར་པ་ནི། །ཟླ་བའི་སྙིང་པོ་སྲས་ཆུང་བ། །དཔལ་གྱི་སྙིང་པོ་ཞེས་པ་ཡིན། །གཙིན་པོས་སྲིད་བཟུང་བཙུན་མོ་ལྔ། །ཁབ་བཞེས་སྲས་དགུ་འཁྲུངས་པ་ཡི། །ཐུ་བོ་བསོད་ནམས་དཔལ་ཞེས་པ། །རབ་ཏུ་བྱུང་ནས་པཎྜི་ཏ། །རྒྱ་ན་ཤྲཱི་མི་ཏྲ་ཞེས་གྲགས། །རྒྱ་ཞེས་བྱང་ཆུབ་སེམས་དཔའ་གསུམ། །སྤྱི་ཕྱིར་བྱུང་བའི་ཆེན་པོའོ། །རྗེ་གཙུང་དཔལ་གྱི་སྙིང་པོ་ཡང་། །རབ་བྱུང་དགེ་སློང་རྡོ་རྗེ་འཛིན། །པདྨ་ཙནྡ་ཞེས་པར་གྲགས། །རྗོ་བོ་གཤེགས་རྗེས་བོད་དུའང་བྱོན། །གྲུབ་བརྙེས་དཀྱིལ་འཁོར་ཡི་དམ་ལྷ། །དངོས་སུ་སྤྲུལ་པར་ནུས་པར་བྱུང་། །བྱང་ཕྱོགས་རྩ་སྒྲེའི་ཕུག་རིངས་སུ། །འབྲོམ་ཆེན་ཡག་གཤེར་སྐུ་གཤེན་དང་། །ཡུམ་ཆེན་ཁུ་འོད་བཟའ་ལན་ཅིག །སྲས་མཆོག་རྒྱལ་བ་རྒྱ་མཚོའོ། །སྐད་ཆར་རིམ་པ་གཉིས་ལྡན་པའི། །སྙིང་ལ་ངོ་མཚར་བཀོད་པ་ནི། །ལྷ་མིའི་སྣང་བར་མཐུན་པ་ཡི། །མཛེས་པའི་ཁྲི་སོགས་ཕུན་ཚོགས་ལ། །དཔལ་ལྡན་མར་མེ་མཛད་པའི་དཔལ། །དགེས་པས་གཟིགས་ཤིང་བཞུགས་པའི་དྲུང་། །ཀ་བ་ཤཱཀྱ་དབང་ཕྱུག་དང་། །སྐྱེས་མཆོག་ལེགས་པའི་ཤེས་རབ་དང་། །མཁས་མཆོག་བརྩོན་འགྲུས་གཡུང་དྲུང་དང་། །སྒྲ་སྒྱུར་ཚུལ་ཁྲིམས་རྒྱལ་བ་འཁོད། །དེ་བཞིའི་བར་ནའང་བརྒྱུད་པ་དྲུག །ཤེས་རབ་རྡོ་རྗེ་ལ་སོགས་གནས། །གཞན་ཡང་ཁྱིའུ་གཞོན་ནུའི་ཚོགས། །རྩེ་ཞིང་མེ་ཏོག་འཐུ་མང་དང་། །སྐྱ་བཙུན་སྐལ་ལྡན་རྒྱ་མཚོའི་གླིང་། །ཁྱི་ཆུང་དཀར་སྤྲུལ་ལག་བདེ་འཁྱུག །རང་ཉིད་ཤམ་དཀར་ན་བཟའ་ལ། །སྐྱེར་ཁ་དར་གྱི་སྐ་རགས་བཅིངས། །དཔྲལ་བར་ཐུབ་པ་གཡས་སྤྱན་རས། །གཡོན་སྒྲོལ་རྒྱབ་ཏུ་མི་གཡོ་བ། །དབུས་སུ་རྗེ་བཙུན་བཞུགས་པ་ཡི། །རྣམ་ལྔའི་དབུ་རྒྱན་ལག་བདེ་འཁྱུག །ཕུན་ཚོགས་ནོར་རྣམས་རི་ལྟར་སྤུངས། །སྤྱན་སྔར་འབུལ་བའི་བཀོད་པ་ལ། །རིན་ཆེན་གདུགས་ལྷ་བ་དན་ལྔ། །ཁྱེ་ཕུར་ལྷ་དང་ཇ་ཡབ་བརྒྱད། །དུང་གཉིས་དྲིལ་བུ་བཞི་ལ་སོགས། །མཆོད་རྫས་མཉྫལ་རྒྱ་མཚོར་བཀོད། །རྒྱན་ལེགས་དུ་མས་སྤུད་པ་ཡི། །མི་ཆོས་

ལྟར་སྤྲུལ་ནོར་འཛིན་མི། །ཁྱིའུ་བུ་མོ་ཟུར་ཕུད་ཅན། །བདུན་དང་བཅས་པའི་སྣ་འདྲེན་བརྒྱད། །དང་པོར་ཁྱིའུ་དཀར་པོ་ཡིས། །བཙོ་བརྒྱད་སྲང་གི་གསེར་རྣམས་འབུལ། །དེ་ནས་ཁྱིའུ་སེར་པོ་ཡིས། །རྟ་མཆོག་གཅིག་ཁྲིད་གཞན་ཉི་ཤུས། །རྟ་མཆོག་ཉི་ཤུ་ཁྲིད་ཅིང་འབུལ། །དེ་ནས་ཁྱིའུ་སྔོན་པོ་ཡིས། །འབྲི་གཅིག་ཁྲིད་ཅིང་གཞན་བཅུ་ཡིས། །འབྲི་བཅུ་ཁྲིད་དེ་རྒྱལ་ལ་འབུལ། །དེ་ནས་ཁྱིའུ་སེར་པོ་ཡིས། །བེར་གཅིག་གཞན་གྱིས་བེར་གཅིག་འབུལ། །རང་སྤྲུལ་ཁྱི་དཀར་གཡི་ལྤགས་གཉིས། །སྤྱིང་ལྤགས་གཉིས་སུ་བཅས་པ་འབུལ། །དེ་ནས་གཞན་བཞིས་ཁྲབ་བཞི་འབུལ། །དེ་ནས་ཁྱིའུ་དཀར་པོ་ཡིས། །རིན་ཆེན་དངུལ་གྱི་སྐྱོགས་གཉིས་འབུལ། །དེ་ནས་བུ་མོ་སྔོ་ལྗང་གིས། ། སླ་གོར་ཞོ་ཤའི་སྟེར་མ་གཅིག །རབ་ཏུ་ཡིད་འོང་སྣས་ཏེ་འབུལ། །གཞན་ཡང་རིན་ཆེན་ན་བཟའ་དང་། །སྐེ་རགས་རྒྱན་དང་ཆགས་ལྷམ་དང་། །འབྲུ་སྣ་ལྷ་སོགས་གང་དགོས་རྣམས། །མི་ཕོངས་ཕུན་སུམ་ཚོགས་པ་འབུལ། །གླིང་དེར་རྒྱལ་བའི་བཀའ་ཆེན་དང་། །རོང་པ་འགར་དགེ་ཉིད་ཀྱང་གནས། །ཀུན་མཐར་རྟེན་འབྲེལ་ཟླ་ཡིཾ་བཟང་། །རབ་བཤམས་རང་ཉིད་འདི་ལྟར་དུ། །ཐེར་མཛེས་དཀར་པོའི་རལ་གུ་གསོལ། །དཀར་སེར་སྔོ་སེར་རང་སྤྲུལ་དཀར། །རྣམ་ལྔ་ཁྱིའུས་མཛེས་བསྐོར་ཏེ། །ཕུན་ཚོགས་ངོ་མཚར་རྒྱས་པར་གླིང་། །མ་ལུས་དགེ་བའི་ལྟས་བཟང་པོ། །ཀུན་ཏུ་རྒྱས་པ་རབ་ཏུ་སྤེལ། །དེ་འོག་སྨད་ཀྱི་ཆ་གནས་ལ། །གཡང་མཐར་དམ་པའི་ཞུ་བ་པོ། །ཉི་མའི་དྲུང་ན་པདྨ་བཞིན། །རྒྱལ་སྲས་ཐུགས་རྗེའི་འོད་ཟེར་དཔལ། །ཉིད་ལ་ཉིན་མཚན་ཀུན་འདྲུག་ཅིང་། །ཕུན་ཚོགས་བསྟན་པའི་བདག་པོ་ཉིད། །མཆོད་རྫས་ཐོགས་པའི་འཁོར་དག་དང་། །བཅས་ནས་བརྟན་པར་རབ་བཞུགས་པའི། །དྲུང་ན་རིན་ཆེན་སྣ་བདུན་སོགས། །མཆོད་སྟོང་ཕུན་སུམ་ཚོགས་པའི་དཔལ། །རྒྱལ་སྲས་རྒྱ་མཚོ་མ་ལུས་པའི། །ཡུལ་ལ་རྟག་ཏུ་མཆོད་ཅིང་བཞུགས། །དེ་ལ་རིམ་པར་འཕགས་སྐྱེས་པོ། །ཡུལ་འཁོར་སྲུང་དང་དཔལ་གྱི་གུག །བུ་མོ་བཅུ་གསུམ་

ཙ་བརྒྱ་གསུམ། །ཁེང་དང་ནོར་འཛིན་རྣམ་ཐོས་སྲས། །སྤྱན་མི་བཟང་པོ་དམ་བཅས་པའི། །བསྟན་སྲུང་ཕུན་ཚོགས་བཟང་པོར་འཁོད། །ཀུན་ཀྱང་རྒྱལ་བ་ཉི་མའི་དྲུང་། །ཞལ་བཞེས་ཇི་བཞིན་རྒྱལ་བ་ཡི། །རྒྱལ་བའི་བསྟན་པ་ཀུན་ཏུ་སྲུང་། །དགའ་བཞིན་མགུ་བས་འབྲལ་མེད་གནས། །རྒྱལ་སྲས་རྗེས་འཇུག་སྤྱན་རས་གཟིགས། །དེ་ཡིས་དེ་བཀོད་བཀོད་པ་ལས། །དཔེ་སླངས་ཚད་དང་ལྷག་པ་ཡང་། །རྒྱལ་སྲས་གསུང་རབ་དང་མཐུན་བཀོད། །སྐལ་ལྡན་བཟང་པོའི་གང་ཟག་གིས། །གསུང་རབ་ནོར་བུའི་སྒྲོམ་ཕྱེ་ནས། །སྤྱོད་ན་འཛད་མེད་དགོས་དགུ་ཚང་། །དེ་ཕྱིར་ཕུན་ཚོགས་བཀོད་པ་ཡིན། །ཇོ་བོ་ཆེན་པོ་ཞེས་བྱ་བ། །སྟོན་ཆད་མེད་པར་གངས་རིར་བྱོན། །དེ་སྲས་ཐུ་བོ་འབྲོམ་ཞེས་པ། །སྟོན་མེད་པ་ཡི་དམ་པ་བྱོན། །དེ་ལྟར་བྱོན་པའི་ཡབ་སྲས་ལ། །ཚོངས་པ་སུ་ཞིག་མ་གུས་བྱེད། །ལུང་རིགས་འགལ་བས་རྩོད་དུ་མེད། །རྩོད་མེད་ཡབ་སྲས་དམ་པ་ཡིན། ། དེ་ཡི་གསུང་རབ་རྒྱ་མཚོའི་དཔལ། །སྟོན་མེད་གངས་རིའི་ཁྲོད་དུ་དགེ། །སྐལ་ལྡན་རྣམས་ལ་ངེས་ན་ཡང་། །སྐལ་མེད་མ་ཐོས་སྐྱོན་མི་རིགས། །དཔེར་ན་རྒྱལ་བ་ཐུབ་པ་ཡི། །དྲུང་རྟག་ཉན་ཐོས་རྣམས་ལ་ནི། །རྒྱལ་ཡུམ་ཟབ་མོའི་བཀའ་བཞིན་དུ། །སེམས་དཔའ་ཆེ་རྣམས་རྩོད་མི་མངའ། །དེ་བཞིན་རྩོད་མེད་ཡབ་སྲས་ཀྱི། །གསུང་རབ་སྙིང་པོ་གཅེས་པའི་བཅུད། །རིན་ཆེན་དད་པའི་སྣོད་དུ་ཞུགས། །སྐལ་ལྡན་དབྱིངས་ནས་དགའ་བདེས་ཚིམ། །དེ་ནི་ནོར་བུའི་ཕྲེང་བ་སྟེ། །སྟོན་ཆད་མ་སྦྱོང་བདུད་རྩི་ཡིན། །གསོ་བྱེད་བདུད་རྩི་ལ་བརྟེན་ནས། །ལྷ་ཡི་དཔལ་འོད་སླེན་པ་ཡིན། །ལྷ་ཡང་སྟོན་མེད་འབྲུངས་པ་སྟེ། །བདུད་རྩི་མི་སྤྱོད་མི་དག་གིས། །ལྷ་ཡི་སྣོད་བཅུད་ཀུན་མི་ཤེས། །སོ་སོའི་བྱེ་བྲག་སྤྱོད་པ་མིན། །ལྷ་ཡི་རྣམ་པ་ངེས་འདོད་ན། །བདུད་རྩི་སྐྱིད་པའི་དཔལ་འདིས་ལྟོས། །འདི་ཡང་རྒྱས་པར་ངེས་སྒྲུབ་ན། །བདུད་རྩི་ཉིད་ཀྱི་ནང་དུ་ཞུགས། །དེ་ལྟར་བཀྲ་ཤིས་རྒྱ་ཆེན་པོ། །ཕུན་སུམ་ཚོགས་པའི་རྟེན་

འབྲེལ་རྒྱན། །ཕུན་ཚོགས་ལེགས་པར་བཀོད་པ་འདིས། །རྒྱལ་སྲས་བསྟན་པ་ཕུན་ཚོགས་ཤོག །ཟབ་གཞུང་རྒྱས་པའི་བཀྲ་ཤིས་ཤོག །དེ་སྒྲུབ་སྟོད་ལྡན་བཀྲ་ཤིས་ཤོག །རྣམ་ཐར་གཙང་འཕེལ་བཀྲ་ཤིས་ཤོག །དཀའ་ལྡན་ངེས་པའི་བཀྲ་ཤིས་ཤོག །ཐུགས་དམ་རྒྱལ་བ་ཡབ་སྲས་ཀྱི་བཀོད་པ། ཕུན་སུམ་ཚོགས་པའི་གཏེར་ཞེས་བྱ་བ། མཁས་གྲུབ་ཀྱི་དབེན་གནས། དཔལ་ལྡན་སྣར་ཐང་ཆོས་ཀྱི་ཐང་ཆེན་པོར། ཆུ་ཕོ་སྟག་གི་ལོ། ནམ་ཐོངས་ཀྱི་ཟླ་བའི་ཚེས་བརྒྱད་ལ་བཀོད་པ་འདི་རབ་ཏུ་དགེའོ། །ཨོཾ་ཨོཾ་མངྒ་ལཾ་ཀུ་རུ་ཨོཾ་ཨོཾ།། །།

༄༅། །ཇོ་བོ་ཡབ་སྲས་ཀྱི་གསུང་བགྲོས་པ་ཆོས་རིན་པོ་ཆེའི་གཏེར་མཛོད། བྱང་ཆུབ་སེམས་དཔའི་ནོར་བུའི་ཕྲེང་བ་རྩ་འགྲེལ་སོགས་བཞུགས་སོ།།

༄༅། །རྒྱ་གར་སྐད་དུ། བོ་དྷི་ས་ཏྭ་མ་ཎི་ཨ་བ་ལི། བོད་སྐད་དུ། བྱང་ཆུབ་སེམས་དཔའི་ནོར་བུའི་ཕྲེང་བ། ཐུགས་རྗེ་ཆེན་པོ་ལ་ཕྱག་འཚལ་ལོ། །བླ་མ་རྣམས་ལ་ཕྱག་འཚལ་ལོ། །དད་པའི་ལྷ་ལ་ཕྱག་འཚལ་ལོ། །ཐེ་ཚོམ་ཐམས་ཅད་སྤང་བྱ་ཞིང་། །བསྒྲུབ་ལ་ནན་ཏན་གཅེས་སུ་བྱ། །གཉིད་རྨུགས་ལེ་ལོ་རབ་སྤང་ཞིང་། །རྟག་ཏུ་བརྩོན་འགྲུས་

འབད་པར་བྱ། །དྲན་དང་ཤེས་བཞིན་བག་ཡོད་པས། །དབང་པོའི་སྒོ་རྣམས་རྟག་ཏུ་བསྲུང་། །ཉིན་མཚན་དུས་གསུམ་ཡང་དང་ཡང་། །སེམས་ཀྱི་རྒྱུད་ལ་བརྟག་པར་བྱ། །བདག་གི་ཉེས་པ་བསྒྲག་བྱ་ཞིང་། །གཞན་གྱི་འཁྲུལ་པ་བཙལ་མི་བྱ། །བདག་གི་ཡོན་ཏན་སྦ་བྱ་ཞིང་། །གཞན་གྱི་ཡོན་ཏན་བསྒྲག་པར་བྱ། །རྙེད་དང་བཀུར་སྟི་སྤང་བྱ་ཞིང་། །ཁེངས་གྲགས་རྟག་ཏུ་སྤང་བར་བྱ། །འདོད་པ་ཆུང་ཞིང་ཆོག་ཤེས་དང་། །བྱས་ལ་དྲིན་དུ་གཟོ་བར་བྱ། །བྱམས་དང་སྙིང་རྗེ་བསྒོམ་བྱ་ཞིང་། །བྱང་ཆུབ་སེམས་ནི་བརྟན་པར་བྱ། །མི་དགེ་བཅུ་ནི་སྤང་བྱ་ཞིང་། །རྟག་ཏུ་དད་པ་བརྟན་པར་བྱ། །ཁྲོ་དང་ང་རྒྱལ་གཞོམ་བྱ་ཞིང་། །དམན་པའི་སེམས་དང་ལྡན་པར་བྱ། །ལོག་པའི་འཚོ་བ་སྤང་བྱ་ཞིང་། །ཆོས་ཀྱི་འཚོ་བས་འཚོ་བར་བྱ། །ཟང་ཟིང་ཐམས་ཅད་སྤང་བྱ་ཞིང་། །འཕགས་པའི་ནོར་གྱིས་བརྒྱན་པར་བྱ། །འདུ་འཛི་ཐམས་ཅད་སྤང་བྱ་ཞིང་། །དགོན་པ་ལ་ནི་གནས་པར་བྱ། །འཁྱལ་པའི་ཚིག་རྣམས་སྤང་བྱ་ཞིང་། །རྟག་ཏུ་ངག་ནི་བསྡམ་པར་བྱ། །བླ་མ་མཁན་པོ་མཐོང་བའི་ཚེ། །གུས་པར་རིམ་གྲོ་བསྐྱེད་པར་བྱ། །གང་ཟག་ཆོས་ཀྱི་མིག་ཅན་དང་། །ལས་དང་པོ་པའི་སེམས་ཅན་ལ། །སྟོན་པའི་འདུ་ཤེས་བསྐྱེད་པར་བྱ། །སེམས་ཅན་ཐམས་ཅད་མཐོང་བའི་ཚེ། །ཕ་མ་བུ་ཚའི་འདུ་ཤེས་བསྐྱེད། །སྡིག་པའི་གྲོགས་པོ་སྤང་བྱ་ཞིང་། །དགེ་བའི་བཤེས་གཉེན་བསྟེན་པར་བྱ། །སྡང་དང་མི་བདེའི་སེམས་སྤང་ཞིང་། །གང་དུ་བདེ་བར་འགྲོ་བར་བྱ། །གང་ལའང་ཆགས་པ་སྤང་བྱ་ཞིང་། །ཆགས་པ་མེད་པར་གནས་པར་བྱ། །ཆགས་པས་བདེ་འགྲོའང་མི་ཐོབ་ཅིང་། །ཐར་པའི་སྲོག་ཀྱང་གཅོད་པར་བྱེད། །གང་དུ་བདེ་བའི་ཆོས་མཐོང་བ། །དེར་ནི་རྟག་ཏུ་འབད་པར་བྱ། །ཐོག་མར་བརྩམས་པ་གང་ཡིན་པ། །དང་པོར་དེ་ཉིད་བསྒྲུབ་བྱ་སྟེ། །དེ་ལྟ་ན་ནི་ཀུན་ལེགས་བྱས། །གཞན་དུ་གཉིས་ཀ་འགྲུབ་མི་འགྱུར། །རྟག་ཏུ་སྡིག་དང་དགའ་བྲལ་བས། །གང་དུ་མཐོ་བའི་སེམས་བྱུང་ཚེ། །དེ་ཚེ་ང་རྒྱལ་བཅག

བྱ་ཞིང་། །བླ་མའི་གདམས་ངག་དྲན་པར་བྱ། །ཞུམ་པའི་སེམས་ནི་བྱུང་བའི་ཚེ། །སེམས་ཀྱི་གཟེངས་ནི་བསྟོད་པར་བྱ། །གཉིས་ཀ་སྟོང་པ་ཉིད་དུ་བསྒོམ། །གང་དུ་ཆགས་སྡང་ཡུལ་བྱུང་ཚེ། །སྒྱུ་མ་སྤྲུལ་པ་བཞིན་དུ་ལྟ། །མི་སྙན་ཚིག་རྣམས་ཐོས་པའི་ཚེ། །བྲག་ཅ་བཞིན་དུ་བལྟ་བར་བྱ། །ལུས་ལ་གནོད་པ་བྱུང་བའི་ཚེ། །སྔོན་གྱི་ལས་སུ་བལྟ་བར་བྱ། །བས་མཐའ་དགོན་པར་རབ་གནས་ཤིང་། །རི་དྭགས་ཤི་བའི་རོ་བཞིན་དུ། །བདག་གིས་བདག་ཉིད་སྦ་བྱ་ཞིང་། །ཆགས་པ་མེད་པར་གནས་པར་བྱ། །རྟག་ཏུ་ཡི་དམ་བརྟན་བྱ་ཞིང་། །ལེ་ལོ་སྙོམས་ལས་སེམས་བྱུང་ཚེ། །དེ་ཚེ་བདག་ལ་ཟབ་བགྲང་ཞིང་། །བརྟུལ་ཞུགས་སྙིང་པོ་དྲན་པར་བྱ། །གལ་ཏེ་གཞན་དག་མཐོང་བའི་ཚེ། །ཞི་དེས་གསོང་པོར་སྨྲ་བ་དང་། །ཁྲོ་གཉེར་ངོ་ཟུམ་སྤང་བྱ་ཞིང་། །རྟག་ཏུ་འཛུམ་ཞིང་གནས་པར་བྱ། །རྒྱུན་དུ་གཞན་དག་མཐོང་བའི་ཚེ། །སེར་སྣ་མེད་ཅིང་སྦྱིན་ལ་དགའ། །ཕྲག་དོག་ཐམས་ཅད་སྤང་བར་བྱ། །གཞན་གྱི་སེམས་ནི་བསྲུང་བའི་ཕྱིར། །རྩོད་པ་ཐམས་ཅད་སྤང་བྱ་ཞིང་། །རྟག་ཏུ་བཟོད་དང་ལྡན་པར་བྱ། །ངོ་དགའ་མེད་ཅིང་གསར་འགྲོགས་མེད། །རྟག་ཏུ་ཚུགས་ནི་ཐུབ་པར་བྱ། །གཞན་ལ་བཀྱུས་པ་སྤང་བྱ་ཞིང་། །གུས་པའི་ཚུལ་གྱིས་གནས་པར་བྱ། །གཞན་ལ་གདམས་ངག་བྱེད་པའི་ཚེ། །སྙིང་རྗེ་ཕན་སེམས་ལྡན་པར་བྱ། །ཆོས་ལ་སྐུར་པ་མི་འདེབས་ཤིང་། །གང་མོས་དེ་ལ་འདུན་པ་དང་། །ཆོས་སྤྱོད་རྣམ་བཅུའི་སྒོ་ནས་ནི། །ཉིན་མཚན་ཕྱེད་པར་འབད་པར་བྱ། །དུས་གསུམ་དགེ་བ་ཅི་བསགས་པ། །བླ་མེད་བྱང་ཆུབ་ཆེན་པོར་བསྔོ། །བསོད་ནམས་སེམས་ཅན་རྣམས་ལ་བདར། །རྟག་ཏུ་ཡན་ལག་བདུན་པ་ཡི། །སྨོན་ལམ་ཆེན་པོ་གདབ་པར་བྱ། །དེ་ལྟར་བྱས་ན་བསོད་ནམས་དང་། །ཡེ་ཤེས་ཚོགས་གཉིས་རྫོགས་པར་འགྱུར། །སྒྲིབ་པ་གཉིས་ཀྱང་ཟད་འགྱུར་ཏེ། །མི་ལུས་ཐོབ་པ་དོན་ཡོད་པས། །བླ་མེད་བྱང་ཆུབ་ཐོབ་པར་འགྱུར། །དད་པའི་ནོར་དང་ཚུལ་ཁྲིམས་ནོར། །གཏོང་བའི་

ནོར་དང་ཐོས་པའི་ནོར། །ཁྲེལ་ཡོད་ངོ་ཚ་ཤེས་པའི་ནོར། །ཤེས་རབ་ཉིད་ཀྱི་ནོར་བདུན་ཏེ། །ནོར་གྱི་དམ་པ་འདི་དག་ནི། །མི་ཟད་པ་ཡི་ནོར་བདུན་ཏེ། །མི་མ་ཡིན་ལ་བརྗོད་མི་བྱ། །མང་པོའི་ནང་དུ་ངག་ལ་བརྟག །གཅིག་པུར་འདུག་ན་སེམས་ལ་བརྟག །རྒྱ་གར་གྱི་མཁན་པོ་དཔལ་ལྡན་མར་མེ་མཛད་བཟང་པོ་ཡེ་ཤེས་སྙིང་པོས་མཛད་པ། བྱང་ཆུབ་སེམས་དཔའི་ནོར་བུའི་ཕྲེང་བ་རྫོགས་སྷོ།། །།

༄༅། །པ་ཆོས་ཉི་ཤུ་རྩ་དྲུག་ལས། ཞུས་ལན་གྱི་དཔེས་གཞི་ནོར་བུའི་ཕྲེང་བ་ལེའུ་ཉི་ཤུ་རྩ་གསུམ་པ་བཞུགས་སོ། །

༄། །རྒྱ་གར་སྐད་དུ། བོ་དྷི་ས་ཏྭ་མ་ཎི་ཨ་བ་ལི། བོད་སྐད་དུ། བྱང་ཆུབ་སེམས་དཔའི་ནོར་བུའི་ཕྲེང་བ། རྒྱལ་བ་རྒྱལ་སྲས་རྣམས་དང་ནི། །ཉན་རང་འཕགས་པའི་ཚོགས་བཅས་ལ། །ལུས་ངག་ཡིད་གསུམ་གུས་པ་ཡིས། །རྣམ་པ་ཀུན་ཏུ་ཕྱག་འཚལ་

ལོ། །རི་བོ་ཆེན་པོ་པོ་ཏ་ལ་དང་མཚུངས་པའི་གྲུབ་གནས་ཆེན་པོ་དཔལ་གྱི་ཡེར་པ་དེའི་ནང་ནས་སྒྲོལ་མའི་ཞབས་གཡས་པ་ཕྱུགས་རྫི་ལྷ་བུའི་བྱང་ཆུབ་སེམས་དཔའི་ཁང་པ་འོད་གསལ་འཇའི་གུར་ནང་། བཀོད་པ་བསམ་གྱིས་མི་ཁྱབ་པའི་ཕོ་བྲང་། རྒྱལ་བ་དཔག་ཏུ་མེད་པས་བྱིན་གྱིས་བརླབས་པའི་པདྨའི་སྟེང་། ཟླ་བའི་དཀྱིལ་འཁོར་དྲི་མ་མེད་པའི་གདན་ཁྲི་ལ། སྤྲུལ་པའི་ཆོས་རྒྱལ་དཔལ་ལྷན་མར་མེ་མཛད་བཟང་པོ། མ་དག་པའི་གདུལ་བྱ་ལ་དུས་དྲུག་ཏུ་གཟིགས་ཤིང་བཞུགས་པའི་ཚེ་ན། སྐྱིགས་མའི་མགོན་པོ་རྒྱལ་བ་བདུན་དང་། རང་གི་སྟོན་པ་ཤཱཀྱ་ཐུབ་པ་དང་། ཕྱོགས་བཅུའི་སངས་རྒྱས་དང། རྒྱལ་བ་དེ་དག་ཐམས་ཅད་ཀྱི་སྲས་ཉེ་བ་བརྒྱད་དང་། གཞན་ཡང་བྱང་ཆུབ་སེམས་དཔའི་དག་པའི་སྣང་བ་ལ་མདོ་ནས་གསུངས་པ་བཞིན་དུ། ཁྱིམ་པ་དང་། རབ་ཏུ་བྱུང་བ་དང་། ཁྱེའུ་དང་། བུ་མོའི་གཟུགས་སུ་འདུག་པ་དང་། ཉན་ཐོས་ཆེན་པོ་དུ་མ་དང་། རང་སངས་རྒྱས་དང་བཅས་པ་འཕགས་པ་བསམ་གྱིས་མི་ཁྱབ་པ། སྤྲུལ་པ་ཕུན་སུམ་ཚོགས་པའི་བཀོད་པ་དང་བཅས་ཏེ་བཞུགས་པའི་དབུས་སུ། འཁོར་སྟོན་པ་རྒྱལ་བའི་འབྱུང་གནས་ཞེས་གྲགས་པ། སྤྱིར་ནམ་མཁའི་མཐས་ཁྱབ་ཚད་དུ་རྟེན་ཅིང་འབྲེལ་བར་འབྱུང་བ་ཅན་གྱི་སེམས་ཅན། དཔེ་དང་ཚད་ལས་འདས་པ་རང་རང་གི་སྤྱོད་ཚུལ་དུ་མ་དང་བཅས་པ་སྤྱོད་པ་དེ་དང་མཐུན་པའི་མོས་པ་ཡང་དུ་མ་དང་བཅས་པ། མདོར་ན་རིགས་དྲུག་གིས་བསྡུས་པ་ལས་དང་ཉོན་མོངས་པའི་རྒྱུ་འབྲས་ལ་སྤྱོད་པ་ཚད་ལས་འདས་པ་རྣམས་ཀྱི་བློ་ངོར། དེ་དང་མཐུན་པའི་ལུས་ཀྱི་བཀོད་པ། དེ་དང་མཐུན་པའི་སྐད་རིགས། དེ་དང་མཐུན་པའི་རྒྱན་ཆ་ལུགས་ཀྱི་སྒོ་ནས། དེ་དང་མཐུན་པའི་ཆོས་སྟོན་པ་དང་། དེ་ལ་ཕན་པའི་འདོད་དགུ་སྒྲུབ་པ་དང། སྐལ་བ་དང་མཐུན་པའི་ལམ་གོང་ནས་གོང་དུ་སྤེལ་བ་ལ་སོགས་པ། སྐུའི་བཀོད་པ་དུ་མའི་སྒོ་ནས་གདུལ་བྱ་དང་མཐུན་པའི་འཕྲིན་ལས་མཛད་ནའང་། གངས་རིའི་ཁྲོད་འདིར་རྒྱལ་

སློབ་དཔོན་ཆུབ་སེམས་དཔའ་རིམ་པ་བཞིན་དུ་བསྐྱེན་ནས་ཐམས་ཅད་ཆོས་དང་དཔལ་འཁོར་གཞི་ཆེ་བ་ལ་བཀོད། སྐབས་འདིར་ཟག་པ་མེད་པའི་ཆོས་ཀྱི་བདུད་རྩི་འབབ་ཞིག་ལ་སྟོད་དང་ལྡན་པར་མཁྱེན་ནས་བཀོད། སྐད་ཀྱིས་ཀྱང་གདངས་ཅན་པའི་སེམས་ཅན་རྣམས་འདོད་པ་ཆེ་ལ་འདོད་ཐག་ཉེ། གཅིག་འོག་ཏུ་གཅིག་མི་འཇུལ་ཞིང་དམུ་རྗོད་པས། ལ་ལ་མཐོ་འགྲོགས་ལ་དགའ་སྐྱེ་ཡར་ཆད། ལ་ལ་ལེ་ལོ་ཆེ་ཞིང་སྙིད་ལུག་སྐྱེ་མར་ཆད། ཆོས་པ་ཕལ་ཆེར་ཡང་མི་དགེ་བའི་ལས་རྒྱུ་འབྲས་ཕྲ་ཞིང་ཕྲ་བ་ལ་འཛེམ་བག་མི་བྱེད་པར། དེ་ལས་མེད་ན་དག་ཟེར་ནས་ཕྲ་ཞིང་ཕྲ་བ་རྣམས་ཁྱད་དུ་གསོད། ལ་ལས་ཤེས་བཞིན་དུ་ཁྱད་དུ་གསོད། ལ་ལས་མི་ཤེས་ཏེ་སྲུབ་པར་མ་ནུས། ལ་ལས་ཐེག་པ་ཆེན་པོའི་ཆོས་ཀྱི་ཚིག་རེ་ཙམ་ཁར་ཁྱེར་ནས། ཐོག་མཐའ་བར་གསུམ་དུ་དགེ་བའི་ལག་ལེན་ཟབ་མོ་ཁྱད་དུ་གསོད། ལ་ལས་ཆོས་བྱ་འདོད་ཀྱང་མ་ཤེས་ནས་རྟུགས། ལ་ལས་ཤེས་འདོད་ཀྱི་ཆོས་ཞུ་བར་འཚལ་ཀྱང་སློབ་དཔོན་ཆེས་ནས་མ་སྩོབས། ལ་ལས་བཤད་པ་དང་ལག་ལེན་སྦྲེལ་ནས་སྟོན་ཤེས་པའི་སློབ་དཔོན་མ་བྱུང་། དེ་ལྟར་ཚོགས་པའི་ཆོས་སྤྱོད་ལས་ཉམས་པ་མང་བར་གཟིགས་ནས། བྱང་གི་ནང་ནས་འགྲོག་ཕྱོགས་སུ་སྐུ་འབྲུངས། འགྲོག་པའི་ནང་ནས་འབྲོམ་རྗེར་མཛད་པ་ནི། འགྲོག་པ་སྨྲུན་པོ་ཟས་སུ་སྲོག་ཟ་བ་རྣམས་ལ་ཐུགས་བརྩེ་བ་དང་། གཞན་ཡང་ཁྱིམ་པ་དུ་མ་རབ་ཏུ་བྱུང་ནས་ཆོས་བྱེད་པར་མ་ནུས་པ་རྣམས་ལ་ཐུགས་བརྩེ་བ་དང་། ཕྱི་རབས་རང་གི་རྗེས་སུ་ཏ་ཙང་བཙུན་ཚུགས་བཟང་སྐྱེ་རབ་ཏུ་བྱུང་བ་མ་གཏོགས་པའི་ཆོས་ལ་སྐུར་བ་བཏབ་ཀྱིས་དོགས་ནས་དེ་སྤང་བའི་ཕྱིར་དང་། གཞན་ཡང་མི་དང་མི་མ་ཡིན་དྲག་པོ་མང་པོ་སངས་རྒྱས་ཀྱི་བསྟན་པ་ལ་གནོད་པ་རྣམས་སྙིང་རྗེས་ཐབས་ཀྱིས་བསྒྲལ་དགོས་པའི་ཕྱིར་དང་། ལ་ལ་འབྲོམ་སྟོན་པ་འདྲ་བའང་དགེ་བསྙེན་ཡིན། དགེ་བསྙེན་འདི་ཀུན་བསྲུང་སླ་ལ་ཕན་ཡོན་ཆེ་ཟེར་ནས་བསྙེན་གནས་ལ་

སོགས་པ་དང་། དགེ་བསྙེན་གྱི་སྡོམ་པ་ལ་འཇུག་པ་དང་། དེ་དག་རིམ་གྱིས་ཁ་དྲང་བའི་ཕྱིར་དང་། རང་ཉིད་དམྱལ་བར་སྐྱེས་ཀྱང་སླ། དཀོན་མཆོག་གསུམ་གྱི་གདུང་དང་རྟེན་རྒྱ་ཆེ་ཞིང་ཕུན་སུམ་ཚོགས་པར་བྱ་བའི་ཕྱིར་དང་། དེ་ལ་བརྟེན་ནས་སེམས་ཅན་ཐམས་ཅད་དད་ཅིང་གུས་པའི་སྒོ་ནས་བདེ་ཞིང་སྐྱིད་པར་བྱ་བའི་ཕྱིར་དུ། སྤང་བྱ་ཐམས་ཅད་སྤངས་ཟིན་ནའང་། དགེ་བསྙེན་གྱི་ཚུལ་བཟུང་ནས་ཤིན་ཏུ་མངོན་ཚན་ཆུང་བར་འདོད་པ་ཆུང་ལ་ཆོག་ཤེས་པ། རབ་ཏུ་ཞི་བ་དུལ་བ། ངོ་ཚ་ཤེས་པ། ཁྲེལ་ཡོད་པ། ཐབས་མཁས་ཏེ་ཆོས་སྐོར་ཞུགས་པས་ཁྲིམ་པ་ཐ་མལ་པ་ཐམས་ཅད་ཀྱི་གྲལ་ནས་བུད་ཅིང་། དེ་དག་གི་བསོད་ནམས་སོག་པ་དང་། མཆོད་པའི་ཡུལ་དུ་བྱེད། དེ་དག་གིས་ཀྱང་བཀུར་སླ་བའི་སྟོབས་ཀྱིས། བསྙེན་བཀུར་ཆ་ཕྲ་མོ་རེ་ལའང་སྤྱན་དྲངས་ཤིང་། བསྙེན་གནས་དང་དགེ་བསྙེན་གྱི་སྡོམ་པ་ལ་སོགས་པ་སྐལ་པ་བཟང་པོ་ལ་འགོད། ནང་མ་གཅིག་ལ་སྤྱིན་བདག་ཉི་ཤུ་བྱུང་ཡང་གཅིག་གི་སར་མི་ལྡོ་པར། དུ་མའི་སར་རེ་རེ་ཕྱིན་ཀྱང་གཞན་གྱིས་མི་མངོན། དེས་ནམ་མཁའི་མཐས་ཁྱབ་ཚད་ཀྱི་སྦྱིན་བདག་ལའང་འགྲོ་བར་སྤྱོད་ལ། ཡང་དུར་སྒྲིག་གི་ཆ་ལུགས་མ་བཟུང་བས་ང་དགེ་བསྙེན་སྐད་དུ་ཚུལ་ཁྲིམས་ལྡན་པ་རྣམས་སྤྱི་བོར་མཆོད། ཐ་ན་ན་བཟའི་རས་མ་ཡན་ཆོད་བླངས་ནས་སྤྱི་བོར་འཛོག །བཙུན་ཆུང་ཆུང་ཆུང་ཅིག་བྱུང་ཀྱང་། ཁྱེད་དགེ་འདུན་ཡར་འབྱོན་པར་ཞུ་ཟེར་ནས། ཁོང་རང་དགེ་འདུན་གྱི་ཁྲུ་ནས་བུད་པ་སྐད་ཟེར་ཀྱང་། ཁོང་རང་ལས་རྒྱུ་འབྲས་ཐམས་ཅད་ལག་ལེན་དུ་མཛད་པས། སུ་ལ་བསླབ་བྱ་མཛད་ཀྱང་མད་ལགས་ཟེར་ནས། མི་ཉན་པ་ཅིག་ཀྱང་མི་འོང་། གཞན་ཡང་བོད་ཀྱི་ནོར་རྫས་ཐམས་ཅད་ཕྱོགས་གཅིག་ཏུ་རྫིལ་གྱིས་དྲིལ་ཀྱང་། དགེ་བསྙེན་ཆེན་པོས་རྒྱ་བལ་པོ། ཁ་ཆེ། བོད་ཀྱི་སེམས་ཅན་དབུལ་ཞིང་ཕོངས་པ་རྣམས་ལ་ཉིན་གཅིག་བྱིན་པའི་ནོར་རྫས་མི་སྡེགས། དེ་ཡང་འཆིང་བ་ཅན་རྣམས་ཀྱིས་རྟོགས་པ་མེད། ཕྱིར་ཡང་

ཕ་རོལ་ཏུ་ཕྱིན་པ་དྲུག་ལ་འགོད་པ་དང་། སྤྱོད་པ་ལ་མཐུན་འགྱུར་བརྗོད་པ་ལ་སོགས་པ་དུ་མ་མཛད་ནའང་། ལྷག་པར་དུ་ཡོན་ཏན་དུ་མའི་གཞིར་གྱུར་པས་ཚུལ་ཁྲིམས་རིན་པོ་ཆེ་ལ་འགོད་པ་དང་། སྤྱོད་པ་ལ་མཐུན་འགྱུར་བརྗོད་པ་ལ་ཤིན་ཏུ་བསྔགས་པ་མཛད་དེ། རང་གིས་སྤྲུལ་པའི་དགེ་སློང་དུ་མ་བྱུང་ཞིང་སེམས་ཅན་གྱི་དོན་དུ་མ་བྱེད་པ་ལ་སོགས་པ་ནི། འོག་ན་མར་ལ་ཤེས་པར་འགྱུར་རོ། །

༈ གཞན་ཡང་མཁྱེན་པ་རྒྱ་མཚོ་ལྷ་བུ་ལ་བརྟེན་པའི་དགོངས་ཚུལ་དུ་མ་ཡོད་དེ། འདིར་བཤད་ཀྱིས་མི་ལང་བས་མ་བཀོད། དེ་འདྲ་བའི་མགོན་པོ་ཆེན་པོ་དེ་གོང་དུ་བརྗོད་པ་བཞིན་དུ་ཕུན་སུམ་ཚོགས་པ་བསམ་གྱིས་མི་ཁྱབ་པའི་དབུས་སུ་བཞུགས་པ་དེའི་ཚེ་འདི་སྐད་དུ། ད་ལྟ་ཐམས་ཅད་མཁྱེན་པ་བཞུགས་པའི་དུས་སུ་ལེགས་ཉེས་ཀྱི་ཐེ་ཚོམ་བཅད་པས་ཆོག་ཀྱང་། གདུལ་བྱའི་དབང་གིས་རྒྱལ་བ་ཞིང་ཁམས་གཞན་དུ་གཤེགས་སྲིད་ན། བདག་གིས་ཞུ་བར་དཀའ་བ་དང་། དིང་སང་སྙིགས་མའི་དུས་སུ་གྱུར་པ་དང་། སེམས་ཅན་རྣམས་ཀྱང་དམུ་རྒོད་པས་གདམས་ངག་ཟབ་མོ་བསྟན་ཀྱང་ཉམས་ལེན་མི་བྱེད་པར། དགེ་བའི་བཤེས་གཉེན་ལ་ཕྱིག་སོགས་སྲིད་པས། དེའི་དུས་སུ་ངའི་རྗེས་སུ་འབྲང་བའི་དགེ་སྦྱོང་ཕལ་ཆེར། བློ་གཏད་ཐུབ་པའི་ཆོས་ཤིག་ཞུ་དགོས་སྙམ་པ་དང་། ལྷག་པར་དུའང་དེ་རིང་ལྷའི་བུ་དང་བུ་མོ་མང་པོ་ཕྱིན་འཁྲིགས་པའི་གསེབ་ན་མར་ལ་རྒྱན་རྣམ་པ་སྣ་ཚོགས་པས་བརྒྱན། མཆོད་པའི་ཚོགས་བསམ་གྱིས་མི་ཁྱབ་པ་ཁྱེར་ཏེ། ལ་ལ་ནི་གདུགས་དང་རྒྱལ་མཚན་རྣམས་ཐོགས། ལ་ལ་ནི་རིན་པོ་ཆེའི་བ་དན་བསམ་གྱིས་མི་ཁྱབ་པ་ཐོགས། ལ་ལ་ནི་ལྷའི་བདུག་སྤོས་དང་སྣང་གསལ་ལ་སོགས་པ་རྣམས་ཐོགས་ནས་གདའ། ལ་ལ་ནི་གླིང་བུ་དང་པི་ཝང་ལ་སོགས་པ་རོལ་མོའི་ཚོགས་བསམ་གྱིས་མི་ཁྱབ་པ་དབྱངས་སྙན་པ་དང་བཅས་ཏེ་གདའ་བ་དང་། མེ་ཏོག་གི་ཆུན་པོ་བསམ་གྱིས་མི་ཁྱབ་པ་བར་སྣང་ནས་འཐོར་ཞིང་ལུས་ཀྱི་ཆ་

སྨད་སྒྲིབ་གསེབ་ན་ཐིམ་ཞིང་། ཆ་སྟོད་སྟེང་བྱུས་ནས་ཆོས་དོན་དུ་གཉེར་ཏེ་འདུས་པ་འདི་དག་ལ་བྱིན་རླབས་ཚོགས་གཉིས་ཀྱི་བསྙེན་བཀུར་འཚལ་ཏེ། ཚོགས་གཉིས་དེ་ལྟ་བུས་བསྙེན་བཀུར་བའི་ནུས་པ་ནི། བླ་མའི་བླ་མ་མཚན་བྱིན་རླབས་ཅན་དེ་རྣམས་ལ་ཡོད་པས། བླ་མ་དམ་པ་ལ་མཚན་བྱིན་རླབས་ཅན་དེ་རྣམས་སྒྲོག་པར་ཞུ་དགོས་སྙམ་ནས་འདི་སྐད་དུ། ལྷ་ཡི་ལྷ་མཆོག་མར་མེ་མཛད། །གང་གིས་འགྲན་ཟླ་མི་མངའ་བ། །འགྲོ་བའི་མགོན་པོ་གཅིག་པུ་ཁྱོད། །མཁྱེན་པའི་དབང་གིས་ང་ལ་གསོན། །དེང་སང་རྒྱལ་བ་བཞུགས་དུས་སུ། །ཕན་བདེའི་ཆོས་ཀྱི་ལྡེ་མིག་གང་། །སྐལ་ལྡན་དབང་གིས་འདིར་བཞུགས་ཚེ། །བདག་གིས་ཐེ་ཚོམ་མ་བཅད་ན། །གདུལ་བྱའི་དབང་གིས་ཆོས་རྒྱལ་ཁྱེད། །ཞིང་ཁམས་གཞན་དུ་གཤེགས་སྲིད་ན། །སྙིགས་མའི་དུས་སུ་ཞུ་བ་དཀའ། །དམུ་རྒོད་སེམས་ཅན་མ་རུངས་པ། །ཆོས་བསྟན་ཉམས་ལེན་མི་བྱེད་པར། །དྲིན་ལན་བཤེས་གཉེན་སླུ་བའི་ཚེ། །ཀློ་ཕྱུགས་ཐུབ་པའི་ཆོས་ཤིག་ཞུ། །ཨེ་མ་ཡ་མཚན་ལྟད་མོ་མཐོང་། །རྒྱལ་བ་སྲས་བཅས་མཁའ་ལ་བྱོན། །ཞི་བདེ་གཉེར་བའང་རྫུ་འཕྲུལ་ལྟགས། །དག་པའི་ལྷ་ཕྲན་དཔག་མེད་རྣམས། །འོད་གསལ་སྤྲིན་ཕུང་འཁྲིགས་གསེབ་ན། །ཁ་དོག་དུ་མ་འོད་སྟོང་འགྱེད། །མཛེས་པའི་གདུགས་མཆོག་སྟེང་ན་སྐྱབས། །མཛེས་པའི་བ་དན་ཕྱོགས་ན་སྤུར། །ལྷུན་པོའི་རྒྱལ་མཚན་དབུས་ན་འཛིན། །ཁྲག་ཁྲིག་སྨན་གྱི་དྲི་སྤོས་འཕྱུལ། །མཁའ་ལ་བརྟུངས་པས་ས་ལྡེར་བའི། །ཆོས་ཛ་ཆེན་པོ་རབ་ཏུ་ཁུར། །རྒྱུད་སྟོང་ལྡན་པའི་པི་ཝང་སྒྲ། །འཁྱུར་སྟོང་འཚེར་བའི་ང་རོ་ཅན། །དུས་གསུམ་དགེ་བའི་ཚིག་འབྲུར་གསལ། །ཨེ་མ་མཐོ་རིས་ཡིད་དབང་འཛིན། །གླིང་བུ་སྐན་པས་མྱ་ངན་སེལ། །འདོད་ཡོན་རྟག་འཛིན་མི་རྟག་བསྐུལ། །བདེ་འཛིན་ཡིད་འབྱུང་སྐྱིད་པ་གང་། །སྤྲུལ་པའི་ཆོས་རྒྱལ་མཐོ་རིས་རྒྱལ། །ཨེ་མ་ངོ་མཚར་བཟློད་འབྲས་ཅན། །དུང་ལྟར་དག་དང་གཡུ་ལྟར་དག །གསེར་གྱི་གཏན་འདྲ་མར་གད་

འདྲ། །པདྨ་རཱ་ག་ལྟ་བུར་དྭངས། །གཞོན་འཛམ་བཤན་ཞིང་རྩ་མི་མངོན། །རྐེད་ཕྲ་མཉེན་ཞིང་རབ་ཏུ་འཕྱུག །འོད་གསལ་ནད་ཀྱིས་མ་གོས་པ། །ཚེ་རིང་ཡོངས་སྤྱོད་དཔལ་འབྱོར་ཅན། །ཉི་མ་ལྟ་བུར་མཁའ་ལ་བྱོན། །འདི་འདྲའི་བཀྲ་ཤིས་ཀུན་ལ་ཤོག །མཆོད་པའི་སྦྱིན་ཚོགས་འདི་ཕུལ་བས། །མཐོ་རིས་བདེ་བས་དམ་ཆོས་ཀྱི། །བར་ཆད་མི་བྱེད་ལམ་འཇུག་ཤོག །བློ་ལྡན་བླ་མ་དགོངས་སུ་གསོལ། །ལྷ་ཡི་ཚོགས་གཉིས་སྤེལ་བའི་ཕྱིར། །རིན་ཆེན་གཙུག་ཏོར་ཅན་འདྲ་བ། །ཨ་ཕ་ཧྲ་ཏྲི་གསེར་གླིང་པ། །ཤཱནྟི་པ་དང་རཏྣ་ཀ། །ཛོ་ཏཱ་རི་ལ་སོགས་པ་ཡི། །མཚན་མཆོག་བྱིན་རླབས་ལྡན་པ་ཡི། །མཚན་རབ་གང་ཡིན་བསྒྲག་ཏུ་གསོལ། །མཚན་ལེགས་དཔལ་དང་རིན་ཆེན་ཟླ། །གསེར་བཟང་ཨུ་དན་མེད་པའི་ལྷ། །ཆོས་གྲགས་མངོན་མཁྱེན་རྒྱལ་པོ་དང་། །བཻ་ཌཱུཪྻ་དང་མི་མཛེད་ཀྱི། །སྟོན་པ་ཤཱཀྱའི་རྒྱལ་པོ་མཆོག །འབྲལ་མེད་རྒྱུན་དུ་སྤྱི་བོར་བཞུགས། །གཞན་ཡང་ཕྱོགས་བཅུའི་རྒྱལ་བ་དང་། །ཉེ་བ་ལ་སོགས་སེམས་དཔའ་རྣམས། །ཆོས་གྲོགས་སྤེལ་ཕྱིར་བཞུགས་སུ་གསོལ། །ཞི་བདེར་ཐུགས་དམ་བཅས་པ་ཡང་། །རང་གི་བཙན་ས་མཐར་ཕྱིན་ནས། །ཕ་མའི་ཁྲིལ་གཞུང་བསྐྱང་བའི་ཕྱིར། །བཟོད་སྟོབས་བསྐྱེད་ལ་ང་བཞིན་དུ། །ཡུན་རིང་བརྟེ་བར་བཞུགས་སུ་གསོལ། །བདེ་གཤེགས་བསྟན་སྲུང་དཔའ་བོ་མཆོག །གདུག་གདུག་གཟུགས་སུ་བརྟེ་བ་ཅན། །མེ་འབར་མཚོན་ཐོགས་རྫམ་སྟབས་ཅན། །གནོད་སྦྱིན་དྲི་ཟ་གྲུལ་བུམ་སོགས། །འཇིགས་པའི་ཆ་བྱད་ཧཱུྃ་སྒྲ་ཅན། །དམ་བཅའ་བརྟན་ལས་མ་ཉམས་པར། །ཐུགས་རྗེས་བསྟན་པ་བསྲུང་དུ་གསོལ། །ཇི་སྲིད་འཁོར་བར་ང་བཞིན་དུ། །མི་སྐྱོ་མེ་ཕུང་གོས་སུ་གྱོན། །དུག་ལྔའི་བུད་ཤིང་ཐལ་བར་ཐུལ། །ཡེ་ཤེས་ལྔ་ཡི་རླུང་ལ་བསྐྱུར། །བྱང་ཆུབ་མཁའ་ལ་ཐིམ་པར་མཛོད། །སྐུ་གསུམ་མངོན་གྱུར་གང་ཡིན་དང་། །གནས་ལུགས་བདེན་པའི་རང་བཞིན་དང་། །མི་ཕྱེད་ཚོགས་པའི་བདེན་སྟོབས་ཀྱིས། །ང་ཡི་བསྟན་པ་རྒྱ་མཚོར་

ཞོག །ཅེས་གསོལ་ཏོ། དེ་ནི་ཞུ་བ་དང་པོའི་ཚོམས་སོ།། །།

བདེ་ལེགས་ཀུན་གྱི་གཏེར་ཆེན་མཆོག །དཔལ་གྱི་འབྱུང་གནས་རིན་པོ་ཆེ། །མི་ཕམ་བླ་མའི་སྤྱན་སྔ་ནས། །ཀློགས་ཀྱི་དབང་པོར་རབ་བཀྲམ་སྟེ། །སྲས་ཀྱི་མཆོག་ལ་འདི་སྐད་གསུང་། །ཀུན་གྱི་གཉེན་གཅིག་ང་ལ་གསོན། །ཁྱོད་ཀྱི་གསུང་ལ་འཁྲུལ་བ་མེད། །ལྷ་ཡི་ཚོགས་རྣམས་འོད་ཀྱིས་བལྟམས། །དཔག་མེད་དགའ་བའི་དབྱངས་སྒྲོག་ཅིང་། །སྤྲིན་ཚོགས་མཆོད་པའི་ཚོགས་རབ་ཁྱེར། །ཐམས་ཅད་དག་པའི་སྤྲིན་གསེབ་ན། །རྣམ་དག་གུས་པའི་སེམས་ཀྱིས་གདའ། །བདེ་གཤེགས་དཔག་མེད་རབ་འཁོད་པའི། །སྲས་ཀྱི་ཐུ་བོ་སྤྱན་རས་གཟིགས། །ཕྱུན་ཚོགས་དཔག་མེད་རྒྱས་པ་ཡི། །དེ་རིང་བཀྲ་ཤིས་དང་པོ་ཡིན། །བཟང་པོ་ཚོགས་རབ་རབ་སྤེལ་བའི། །སྐལ་བ་བཟང་པོ་དང་པོ་ཡིན། །དེ་རིང་ལྷ་ཚོགས་དཔག་མེད་འཁོད། །ལྷ་དང་མི་ཡིས་མཆོད་བྱེད་པའི། །རྟེན་འབྲེལ་བཟང་པོ་དང་པོ་ཡིན། །སྲས་ཀྱི་ཐུ་བོ་སྤྱན་རས་གཟིགས། །ལྷ་དང་ཁྱོད་བཅས་གནས་འདིར་ཚོགས། །བདུད་རྩིའི་སྙིང་པོ་ཁྱོད་ཀྱིས་བླངས། །ད་ནི་ཛེ་སྐད་གསུང་བ་བཞིན། །ལྷ་དང་ཀླུ་དང་དྲི་ཟ་དང་། །གནོད་སྦྱིན་མི་དང་མིའམ་ཅི། །གཞན་ཡང་དཔག་མེད་གུས་འཁོད་པ། །ཀུན་གྱིས་ཚོགས་གཉིས་སྤེལ་བའི་ཕྱིར། །བསྟན་པའི་སྙིང་པོ་ཕན་པའི་ཆོས། །སྤྱིན་མཛད་བླ་མའི་མཚན་བརྗོད་ན། །གང་གིས་སྒྲིབ་པ་ཟད་འགྱུར་བས། །བླ་མའི་མཚན་རབ་སྤེལ་བར་བྱ། །ཕོ་བོའི་རང་རྒྱུད་ཆོས་ཀྱིས་ཕྱུག །ཆོས་རྣམས་ཐམས་ཅད་ལུང་ཅན་ཡིན། །ལུང་གི་རྒྱུད་ཚུལ་བློ་ལྡན་ལ། །དངོས་སམ་བརྒྱུད་པས་བསྟན་པར་བྱ། །ཐོས་པ་ཙམ་གྱིས་ཚིམ་པར་འགྱུར། །དེ་ནི་ཞུས་པའི་ལན་དུ་སྨྲས། །ད་ནི་མཚན་ཉིད་བསྟན་པར་བྱ། །ཞེས་གསུངས་ཏེ། དེ་ནི་ལན་གྱི་སྐབས་སོ།། །།

༈ གུ་རུ་སརྦ་ན་མཿ འགྲོ་བ་ཐམས་ཅད་རབ་ཏུ་སྐྱོབ་བྱེད་པའི། །འཇམ་པའི་དབྱངས་དང་སངས་རྒྱས་ཡེ་ཤེས་ཞབས། །བླ་མ་མར་མེ་མཛད་བཟང་ཡི་གེ་པ། །ཀཱྀ

པ་དང་མཁན་པོ་ཡེ་ཤེས་དཔལ། །ཐེག་པ་ཐུན་མོང་བདག་ལ་སྨིན་མཛད་པ། །དྲིན་ཅན་བླ་མ་དྲུག་ལ་ཕྱག་འཚལ་ལོ། །མི་བསྐྱོད་པ་དང་མགོན་པོ་འོད་དཔག་མེད། །རིན་ཆེན་འབྱུང་དང་བཅོམ་ལྡན་དོན་ཡོད་གྲུབ། །རྣམ་སྣང་ཆེན་པོ་རྒྱལ་བ་ཀུན་གྱི་གཙོ། །བདག་ལ་གསང་སྔགས་མ་ལུས་དབང་བསྐུར་བའི། །རིགས་ལྔ་བླ་མ་མཉམ་མེད་རྡོ་རྗེ་འཛིན། །བདེ་ལེགས་བསྐུན་ཕྱིར་ཀུན་ནས་ཕྱག་འཚལ་ལོ། །འགྲོ་མགོན་ཀླུ་སྒྲུབ་ཉིད་དང་འཕགས་པ་ལྷ། །མ་ཏི་ཙ་ལ་ཏེ་ལོ་ཡོ་གི་པ། །ཙ་ཏི་པ་ལ་མཉྫུ་ཤྲཱི་ཛྙཱ་ན། །བོ་དྷི་ཛྙཱ་ན་བླ་མ་ཤཱནྟི་པ། །གསང་སྔགས་མ་ལུས་བདག་ལ་སྨིན་མཛད་པ། །དྲིན་ཅན་བླ་མ་བརྒྱད་ལ་ཕྱག་འཚལ་ལོ། །སངས་རྒྱས་ཡེ་ཤེས་ཞབས་དང་གསང་བ་པ། །ཞི་བ་ཀུ་སུ་ལུ་དང་ཀུ་སུ་ལུ། །གསང་སྔགས་མ་ལུས་བདག་ལ་སྨིན་མཛད་པའི། །དྲིན་ཅན་བླ་མ་ལྔ་ལ་ཕྱག་འཚལ་ལོ། །ཨིནྡྲ་བྷུ་ཏི་ཀླུ་མོ་རྣལ་འབྱོར་མ། །ས་ར་ཧ་དང་ཀླུ་སྒྲུབ་སྙིང་པོ་དང་། །ཙནྡྲ་ཀཱིརྟི་བིརྺ་མཻ་ཏྲི་པ། །ཚོ་པི་པ་ད་རོལ་པའི་རྡོ་རྗེ་དང་། །ས་འགེབས་ཞབས་དང་མཉམ་མེད་ཤཱནྟི་པ། །གསང་འདུས་སྨིན་མཛད་བཅུ་ལ་ཕྱག་འཚལ་ལོ། །ཀླུ་སྒྲུབ་ཟླ་གྲགས་རིག་པའི་ཁུ་བྱུག་དང་། །མཉམ་མེད་ཀུ་སུ་ལུ་དང་ཀུ་སུ་ལུ། །བདག་ལ་གསང་བ་འདུས་པ་སྨིན་མཛད་པའི། །དྲིན་ཅན་བླ་མ་ལྔ་ལ་ཕྱག་འཚལ་ལོ། །སངས་རྒྱས་ཡེ་ཤེས་ཞབས་དང་པདྨ་པ། །ཆོས་རྒྱལ་ཨིནྡྲ་བྷུ་ཏི་ལྷམ་ལེགས་སྨིན། །སྤྱི་བོས་སྐྱེས་དང་འཇམ་དཔལ་བཤེས་གཉེན་དང་། །སངས་རྒྱས་ཡེ་ཤེས་གཾ་པ་ལ་ཡི་ཞབས། །རོལ་པའི་རྡོ་རྗེ་དང་ནི་ས་འགེབས་ཞབས། །མཚུངས་པ་མེད་པའི་བླ་མ་ཤཱནྟི་པ། །བཅུ་གཅིག་གསང་འདུས་སྨིན་ལ་ཕྱག་འཚལ་ལོ། །ལོ་ཧི་ཧྣ་གི་པ་དང་ཧྣ་རི་ཀ །རྩ་བའི་བླ་མ་བྲམ་ཟེ་ཛེ་ཏཱ་རི། །བདག་ལ་གསང་སྔགས་མ་རྒྱུད་སྨིན་མཛད་པའི། །དྲིན་ཅན་བླ་མ་བཞི་ལ་ཕྱག་འཚལ་ལོ། །ཀ་མ་ལ་རཀྵི་ཏ་མཁས་པའི་མཆོག །ནག་པོ་པ་ཞེས་ཆེ་བའི་དཔལ་མངའ་བའི། །གཤིན་རྗེ་གཤེད་ཀྱི་གདམས་པ་སྨིན་མཛད་པའི། །དྲིན་ཅན་བླ་མ་

གཉིས་ལ་ཕྱག་འཚལ་ལོ། །སངས་རྒྱས་ཡེ་ཤེས་སངས་རྒྱས་ཞི་བ་དང་། །སངས་རྒྱས་གསང་བ་དང་ནི་ཀུ་སུ་ལུ། །ཀུ་སུ་ལུ་ཞེས་ཀྱི་ཡ་ཡོ་ག་ཡི། །གདམས་པ་སྩོལ་མཛད་ལྔ་ལ་ཕྱ་འཚལ་ལོ། །ཀླུ་སྒྲུབ་ཟླ་གྲགས་རིག་པའི་ཁུ་བྱུག་དང་། །བླ་མ་ཨ་ཝ་དྷཱུ་ཏི་ཆེ་ཆུང་གཉིས། །ལྔ་བའི་བླ་མ་ལྔ་ལ་ཕྱག་འཚལ་ལོ། །བྱམས་པ་ཐོགས་མེད་དབྱིག་གཉེན་རྣམ་གྲོལ་སྡེ། །བཙུན་པ་གྲོལ་སྡེ་རྒྱལ་སྲས་མཆོག་གི་སྡེ། །རྒྱལ་སྲས་དུལ་བའི་སྡེ་དང་གྲགས་པའི་དཔལ། །སེང་བཟང་རིན་ཆེན་བཟང་དང་རིན་ཆེན་སྡེ། །རྩ་བའི་བླ་མ་མཉམ་མེད་གསེར་གླིང་པ། །རྒྱ་ཆེན་རྣམ་དག་སྤྱོད་ལ་ཕྱག་འཚལ་ལོ། །འཇམ་པའི་དབྱངས་དང་བློ་གྲོས་མི་ཟད་པ། །ཨེ་ལ་ཧ་རི་དཔའ་བོ་རྡོ་རྗེ་དང་། །བྱང་ཆུབ་སེམས་དཔའ་ཆེན་པོ་རིན་ཆེན་དཔལ། །རྩ་བའི་བླ་མ་མགོན་པོ་གསེར་གླིང་པ། །བདག་ལ་རྒྱ་ཆེན་སྤྱོད་པ་སྩོལ་མཛད་པའི། །དྲིན་ཅན་བླ་མ་དྲུག་ལ་ཕྱག་འཚལ་ལོ། །བླ་མ་བཅོ་བརྒྱད་འཇིག་རྟེན་སྐྱབས་ཀྱི་གཙོ། །རྒྱ་ཆེན་སྤྱོད་པའི་བླ་མ་རིན་པོ་ཆེ། །བདག་དང་བདག་གི་རྗེས་སུ་འབྲང་བ་རྣམས། །འབྲལ་མེད་བྱང་ཆུབ་བར་དུ་གཟུང་དུ་གསོལ། །བླ་མ་ཀླུ་སྒྲུབ་ཉིད་དང་འཕགས་པ་ལྷ། །ཟླ་བ་གྲགས་པ་ཏི་ལོ་ཡོ་གི་པ། །རིག་པའི་ཁུ་བྱུག་ཡེ་ཤེས་བྱང་ཆུབ་དང་། །འཇམ་དཔལ་བཟང་པོ་རཏྣ་ཨཱ་ཀ་ར། །ཤཱནྟི་ཕྱོགས་དང་ཕར་ཕྱིན་སྩོལ་མཛད་པའི། །དྲིན་ཅན་བླ་མ་བརྒྱད་ལ་ཕྱག་འཚལ་ལོ། །ཀླུ་སྒྲུབ་ཉིད་དང་རྒྱལ་སྲས་འཕགས་པ་ལྷ། །མ་ཏི་ཙི་ཏྲ་ཏཻ་ལོ་ཡོ་གི་པ། །ཙ་ཏི་པ་ལ་མཉྫུ་ཤྲཱི་བྷ་དྲ། །བོ་དྷི་བྷ་དྲ་བླ་མ་ཤཱནྟི་པ། །ཕྱོགས་དང་ཕ་རོལ་ཕྱིན་པ་སྩོལ་མཛད་པའི། །དྲིན་ཅན་བླ་མ་བརྒྱད་ལ་ཕྱག་འཚལ་ལོ། །གྲུབ་ཐོབ་ཆེན་པོ་འཇམ་དཔལ་བཟང་པོ་དང་། །དུས་རྣམས་ཀུན་ཏུ་གང་དང་གང་གི་ཆོས། །བཟང་པོའི་བསམ་པས་ཡང་ཡང་སྩོལ་མཛད་པའི། །གྲུབ་ཐོབ་ཤཱནྟི་པ་ལ་ཕྱག་འཚལ་ལོ། །སློབ་དཔོན་ཕྱག་ན་རྡོ་རྗེ་པདྨ་པ། །རྒྱལ་པོ་ཨིནྡྲ་བྷུ་ཏི་ལྕམ་ལེགས་སྨིན། །ཛྙཱ་ན་བོ་ཧི་ཙི་ལ་ལྭ་བ་པ། །བཛྲ་བོ་ཧི་མཉྫུ་ཤྲཱི་བྷ་དྲ། །རྩ་

བའི་བླ་མ་མཉམ་མེད་ཤཱཀྱ་པ། །གྲུབ་ཐོབ་ཆེན་པོ་དགུ་ལ་ཕྱག་འཚལ་ལོ། །ཐུགས་རྗེ་ཆེན་པོ་བདེ་གཤེགས་རྡོ་རྗེ་འཆང་། །རྗེ་བཙུན་ཏཻ་ལོ་པ་དང་ནཱ་རོ་པ། །ཕྱིན་རླབས་མཆོག་ལྡན་བླ་མ་ཊཾ་ཀྲི་པ། །ཕྱིན་རླབས་བླ་མ་བཞི་ལ་འཚལ་ལོ། །མཁས་གྲུབ་ཆེན་པོ་བུདྡྷ་ཤྲཱ་ལི་དང་། །སངས་རྒྱས་ཡེ་ཤེས་སངས་རྒྱས་ཞི་བ་དང་། །སངས་རྒྱས་གསང་བ་མཉམ་མེད་ཀུ་སུ་ལུ། །རྩ་བའི་བླ་མ་དྲིན་ཅན་ཀུ་སུ་ལུ། །ཕྱིན་བརླབས་བླ་མ་དྲུག་ལ་ཕྱག་འཚལ་ལོ། །བྱམས་པ་ཐོགས་མེད་དབྱིག་གཉེན་བློ་གྲོས་བརྟན། །ཀུ་སུ་ལུ་གཉིས་བླ་མ་གསེར་གླིང་པ། །བྱང་ཆུབ་མཆོག་ཏུ་སེམས་བསྐྱེད་སྦྱིན་མཛད་པའི། །དྲིན་ཅན་བླ་མ་བདུན་ལ་ཕྱག་འཚལ་ལོ། །བྱམས་པའི་སྐྱེས་མཆོག་གྲུབ་ཆེན་རྣལ་འབྱོར་པ། །རཀྵི་ཏ་ཞེས་རང་ཤའང་གཞན་ལ་སྟེར། །ཐུན་མོང་མ་ཡིན་སེམས་བསྐྱེད་སྦྱིན་མཛད་པའི། །བླ་མ་དཔའ་བོ་གཉིས་ལ་འཚལ་ལོ། །འཇམ་དཔལ་དང་ནི་ཨ་ཝ་དྷཱུ་ཏི་པ། །མར་མེ་མཛད་བཟང་ཤཱཀྱ་བཤེས་གཉེན་དང་། །རི་བོ་བཟང་པོ་དང་ནི་བསོད་སྙོམས་ཞབས། །ཁུ་བྱུག་ཞབས་དང་ས་འགེབས་ཞབས་དང་ནི། །མཁས་པ་ཆེན་པོ་རཏྣ་ཨཱ་ཀ་ར། །རྩ་བའི་བླ་མ་དམ་པ་ཤཱཀྱ་པ། །གཞན་ཡང་གྲུབ་མཐའ་ཀུན་ལ་མཁས་པ་ཡི། །མཁས་པའི་མཁས་པ་དགུ་ལ་ཕྱག་འཚལ་ལོ། །ཀླུ་སྒྲུབ་དང་ནི་ཀླུ་ཡི་བྱང་ཆུབ་དང་། །སྤྱོད་པ་པ་དང་བླ་མ་ཤཱཀྱ་པ། །མན་ངག་གཏེར་མཛོད་སྣ་ཚོགས་སྦྱིན་མཛད་པའི། །སྦྱིན་བདག་རིན་ཆེན་ལྡེ་ལ་ཕྱག་འཚལ་ལོ། །ཀླུ་སྒྲུབ་ཟླ་གྲགས་རིག་པའི་ཁུ་བྱུག་དང་། །བླ་མ་ཨ་ཝ་དྷཱུ་ཏི་གསེར་གླིང་པ། །ཐུན་མོང་མ་ཡིན་གདམས་པ་སྦྱིན་མཛད་པའི། །དྲིན་ཅན་བླ་མ་ལྔ་ལ་ཕྱག་འཚལ་ལོ། །འཕགས་པ་ཀླུ་སྒྲུབ་ཉིད་དང་འཕགས་པ་ལྷ། །ཟླ་བ་གྲགས་པ་ཏཻ་ལོ་ཡོ་གི་བ། །མ་ཏྲི་བྲི་ར་ཛྙཱ་ན་བོ་ཧི་སྟེ། །མན་ངག་གཏེར་མཛོད་དྲུག་ལ་ཕྱག་འཚལ་ལོ། །ལྷ་དང་མི་དང་ལྷ་མིན་སྐལ་ལྡན་འདིར། །བདེ་བར་ཚོགས་པ་ཐམས་ཅད་དྲང་སྲིད་དུ། །རྩེ་གཅིག་ཚུ་རྒྱུན་ཁ་གཉིས་ཁ་གསུམ་པ། །ཀློས་པ་ལྔ་བུར

བསྟན་ཡང་རྒྱུད་ལུགས་བསྟན། །སྔོན་དུས་ཚེ་རབས་ཐམས་ཅད་དེ་དག་གིས། །དངོས་སུ་ཆོས་བསྟན་ད་ལྟ་ཡན་ཆོད་དུ། །མཁའ་ལ་བྱོན་ཞིང་ཆོས་ནི་སྟོན་མཛད་པ། །ལ་ལ་ཉིད་ཀྱིས་སྤྲུལ་ཞིང་བསྟན་པའང་ཡོད། །སྔས་པའི་བརྟུལ་ཞུགས་མཛད་པའི་བླ་མ་རྣམས། །མི་མངོན་དབྱིངས་ན་བཞུགས་ལ་ཕྱག་འཚལ་ལོ། །བརྒྱ་དང་ལྔ་བཅུའི་ཚོགས་རབ་བཟང་པོ་རྣམས། །རྒྱུན་ཆད་མེད་པར་བྱིན་གྱིས་བརླབ་ཏུ་གསོལ། །བདེ་བར་གཤེགས་དང་དབྱེར་མེད་པའི། །མཁས་གྲུབ་དཔག་མེད་གྱུར་པ་ཡི། །ཆོས་དང་མཚན་རབ་བརྗོད་གྱུར་པས། །ཁོ་བོའང་ཁུངས་བཟང་བཟང་པོར་བསྟན། །དེ་ཧེན་འདིར་ཚོགས་འགྲོ་བ་རྣམས། །འདི་ནས་སྐྱེ་བ་ཐམས་ཅད་དུ། །བླ་མའི་ཞབས་དྲུང་རབ་བརྒྱུད་ནས། །ཚོགས་གཉིས་མཆོག་རབ་གོང་དུ་རྒྱས། །མཐར་ཐུག་བདེ་ཆེན་ཆོས་ཀྱི་སྐུ། །གཟུགས་སྐུའི་ཡུལ་ཅན་ཐོབ་པར་ཤོག །འབྲོམ་རྗེའི་ཞལ་ནས་འདི་སྐད་གསུང་། །ལེགས་སོ་དྲིན་ཅན་བླ་མ་མཆོག །ལེགས་སོ་མཚན་རབ་བཟང་པོ་ཐོས། །དེ་བསྟན་ཆོས་ཀྱི་ཚོགས་རབ་དེས། །ལེགས་པར་དྲིལ་ན་འདི་ལྟ་སྟེ། །བླ་མ་རྣམས་ལ་ཕྱག་འཚལ་ལོ། །ཞེས་བྱ་བ་ཅིག་ལས་མི་གདའ་ཡི། དེ་ལྟར་ན་ཞུས་ལན་ནོར་བུའི་ཕྲེང་བ་ལས་ཡུལ་ཁྱད་པར་ཅན་ལ་ཕྱག་བཙལ་བའི་ལེའུ་དང་པོའོ།། །།

༈ དེ་བ་ཏྲཱ་སརྦ་སདྡྷ་ན་མཿ བདེ་གཤེགས་ཐུགས་རྗེའི་སྤྲིན་ཕུང་ནས། །བདག་གི་བསོད་ནམས་ལས་འཁྲུངས་པའི། །མཚུངས་པ་མེད་པའི་ཨ་ཏི་ཤ །དགོས་འདོད་འབྱུང་བའི་ནོར་བུ་མཆོག །གྲག་སྟོང་ལྡན་པའི་གྲུས་ཚིག་འདི། །ཐུགས་རྗེའི་དབང་གིས་གསན་དུ་གསོལ། །སྙིགས་མའི་དུས་འདིར་བར་ཆད་མང་། །དངོས་གྲུབ་སྟེར་བའི་ཡི་དམ་དཀོན། །དེ་བས་དངོས་གྲུབ་འཛོད་པ་ཉུང་། །ང་ལ་བཟང་པོའི་ལྷ་ཅིག་ཞུ། །ནོར་བུ་རིན་ཆེན་འདི་སྐད་གསུང་། །འདོད་དགུ་གཉེར་བ་ང་ལ་གསོན། །ཐུབ་པ་དབྱེར་མེད་སྤྱན་རས་གཟིགས། །མི་གཡོ་མགོན་དང་སྒྲོལ་མ་ཡིན། །གསེར་དང་ཁ་བ་དུང་

ལྷར་དགར། །མཐིང་ག་ལྟོང་གུ་ཁ་དོག་མཛེས། །དམར་པོ་མགྲིན་པའི་ཨཿལ་མཛོད། །རིགས་ལྔ་འང་ཁྱོད་ཉིད་ཁྱོད་ཀྱང་ཡིན། །ཁྱོད་ཉིད་ཡེ་ཤེས་ལྔ་ཡིན་ཏེ། །ཡེ་ཤེས་ལྔ་ཡང་ཁྱོད་ཉིད་དོ། །ཡིག་འབྲུ་གསུམ་ཡང་ཁྱོད་ཉིད་དེ། །ཁྱོད་ཀྱང་གསུམ་པོ་དེ་ཉིད་དོ། །ཡིག་འབྲུ་དྲུག་ཉིད་ཁྱོད་ཉིད་དེ། །ཁྱོད་ཀྱང་དྲུག་པོ་དེ་ཉིད་དོ། །འདོད་དགུའི་འབྱུང་གནས་སྤྱན་རས་གཟིགས། །རྒྱལ་བའི་འབྱུང་གནས་བཟང་པོར་རྒྱལ། །སྲས་ཀྱི་ཐུ་བོ་འདི་སྐད་གསུང་། །དགོས་འདོད་འབྱུང་བའི་ནོར་བུ་མཆོག །དབང་གི་རྒྱལ་པོ་ང་ལ་གསོན། །ཚིས་ལྷག་གསུང་བ་ཤིན་ཏུ་ལེགས། །ང་ཡི་ལྷ་ཉིད་ལྷ་བཞི་སྟེ། །ངེས་པར་དེ་ཉིད་བསྟན་པར་བྱ། །ནོར་བུའི་ཞལ་ནས་འདི་སྐད་གསུང་། །ལྷ་ཡི་ཚོགས་རབ་དཔག་མེད་མཆིས། །གསང་སྔགས་ཆོས་ཀྱང་བསམ་མི་ཁྱབ། །ཕྱི་ཡི་ཆོས་ཀྱང་དུ་མ་ཉིད། །འོན་ཀྱང་ལས་འབྲེལ་གང་ཡོད་ཡིན། །དེ་རིང་ལེགས་པར་འདམ་ཁ་ཐོང་། །སྲས་ཀྱི་ཐུ་བོས་འདི་སྐད་ཞུས། །སྡུག་བསྔལ་མི་སྐྱིབ་ལྷ་མི་འཆལ། །འཁོར་བའི་རྒྱ་མཚོ་བསྒྲལ་དཀའ་ཞིང་། །སྡུག་བསྔལ་རྣམས་ཀྱང་བཟོད་པར་དཀའ། །ཕ་མར་བཅས་པ་བསྐྱབ་དགོས་པས། །གཏན་གྱི་བཙན་ས་ཞུ་བ་ལ། །དཀོན་མཆོག་གསུམ་ལས་ལྷག་མ་མཆིས། །དེ་བས་དཀོན་མཆོག་གསུམ་ལ་བགྱི། །ཞིང་རབ་འཕགས་པས་ཆོས་བྱས་པས། །འབྲས་བུ་སྐུ་གསུམ་སངས་རྒྱས་འབྱུང་། །དཀའ་སྤྱད་འབྲས་བུ་རྒྱལ་བར་གདའ། །མཐར་ཐུག་སྐྱབས་གནས་མཆོག་ཏུ་བཟང་། །སངས་རྒྱས་འདྲ་བའི་སྟོན་པ་མེད། །ཆོས་དང་འདྲ་བའི་སྐྱོབ་པ་མེད། །དགེ་འདུན་འདྲ་བའི་ཞིང་ས་མེད། །དེ་ཕྱིར་བདག་གིས་སྐྱབས་སུ་བགྱི། །འཕྲལ་དུ་ཕན་ཞིང་ཕུགས་སུ་བདེ། །ཀོ་ལོང་ཡི་དམ་མཆོད་ན་མཉེས། །དད་པ་ཡོད་ན་སྐྱབ་ཐག་ཉེ། །ལེ་ལོ་མི་མངའ་རྟག་ཏུ་བསྲུང་། །ལེགས་པར་རྙེད་དོ་དཀོན་མཆོག་གསུམ། །རྗེས་སུ་བཟུང་ངོ་སྐུ་མཆེད་གསུམ། །རྒྱུན་དུ་མཆོད་ཅིག་རྗེས་འབྲང་རྣམས། །སློ་མི་སྲིད་དོ་ཐེ་ཚོམ་ཆོད། །དེ་གསུམ་

ནང་ནའང་སངས་རྒྱས་མཆོག །སངས་རྒྱས་ནང་ནའང་བསྐལ་པ་འདིར། །རྒྱལ་བ་སྟོང་ལས་ལྷག་མ་མཆིས། །སྟོང་ལའང་མི་མཇེད་འཇིག་རྟེན་འདིར། །ཤཱཀྱའི་རྒྱལ་པོ་འབའ་ཞིག་གོ །དེ་ལ་བདག་གི་ལྷ་གཅིག་བགྱི། །ལེགས་ཉེས་ཐམས་ཅད་ཐུབ་ཆེན་ཤེས། །མཐར་ཐུག་སྐྱབས་གནས་ཁྱོད་ཉིད་ཡིན། །ཇོ་བོའི་ཞལ་ནས་ལེགས་ཞེས་གསུང་། །དེ་ལ་ཡི་དམ་བརྟན་པར་མཛོད། །ལེགས་སོ་ཇོ་བཙུན་སྤྱན་རས་གཟིགས། །རྒྱལ་བའི་འབྱུང་གནས་འདམ་ག་མཁས། །གཞན་ཡང་སྲས་ཀྱིས་འདི་གདམས་པ། །དུས་གསུམ་བདེ་གཤེགས་ཆོས་ཀྱི་སྐུ། །མཐའ་མེད་འགྲོ་བ་ཀུན་གྱི་མིག །ནམ་མཁའ་ལྟ་བུར་ཁྱབ་པའི་ལྷ། །ས་བཅུའི་ཚུལ་བཟུང་འགྲོ་བ་འདྲེན། །ཐུགས་རྗེ་ཆེན་པོ་མཚུངས་པ་མེད། །ཁྱད་པར་བོད་ཀྱི་ལྷ་སྐལ་ཡིན། །ཨེ་མ་ལོ་ལྔའི་བུ་ཆུང་ཡང་། །འབྲུ་དྲུག་ཟབ་མོ་ཁ་ནས་འཁྱེན། །དབང་པོ་མ་ཚང་དུ་མ་ཡང་། །ཡུལ་མིན་མི་ཟེར་འདི་ཉིད་འཁྱེན། །བསྒོམས་ལ་སྙིང་རྗེ་ཆེན་པོ་སྐྱེ། །ཕན་ཆེ་འཕོར་བའི་མཆོ་ལས་སྒྲོལ། །བོད་ཀྱི་ལྷ་སྐལ་ཉིད་དུ་ངེས། །འབྲུ་དྲུག་ཕ་རོལ་ཕྱིན་དྲུག་སྟེ། །ཨོཾ་ནི་ཨ་ཡིན་དེ་བཞིན་ནོ། །དེ་ནི་སྐྱེ་མེད་ཤེར་ཕྱིན་ནོ། །མ་ནི་མར་གྱུར་དཔག་མེད་རྣམས། །རྩེ་གཅིག་སྙིང་རྗེས་རྒྱུན་ཚོག་ཡིན། །གཞི་ཡང་བཞི་ལྡན་ཕུན་སུམ་ཚོགས། །རིགས་དྲུག་སོ་སོའི་སྡུག་བསྔལ་ཡང་། །འབྲུ་དྲུག་འདི་ཡིས་སེལ་འགྱུར་ཏེ། །སྡུག་བསྔལ་ཀུན་སེལ་སྨན་དུ་བཟང་། །འདི་ལའང་བདག་གིས་ལྷ་གཅིག་བགྱི། །ལེགས་ཉེས་ཐམས་ཅད་ཐུགས་མཁྱེན་ཅན། །སྤྱན་རས་གཟིགས་དབང་དྲི་མེད་ཤེས། །ཁྱོད་ཀྱང་སྐྱབས་ཀྱི་མཐར་ཐུག་ཡིན། །བརྩེ་བར་མཛོད་ཅིག་འགྲན་ཟླ་བྲལ། །དབང་གི་རྒྱལ་པོ་ང་ལ་གསོན། །ལྷ་མོ་སྐྲོན་གྱིས་མ་གོས་པའི། །ཡོན་ཏན་འབའ་ཞིག་ལེགས་བལྟམས་པ། །བདེ་གཤེགས་ཡེ་ཤེས་འབའ་ཞིག་མ། །འཇིགས་པ་བརྒྱད་སྐྱོབ་ཉེར་མཁོ་འདི། །བླ་མའི་ལྷ་ཡིན་སློབ་མའི་ཡང་། །མཆོད་པའི་ལྷ་ཡིན་སྤྲི་བོར་བཀུར། །དེ་ནི་གཏན་གྱི་སྐྱབས་གནས་ཡིན། །ད་ནི་

འབྲལ་མེད་རྒྱུན་དུ་བཟུང་། །བདག་གིས་ལྷ་གཅིག་འདི་ལ་བགྱི། །ཉིས་ནའང་བླ་མའི་ཡི་དམ་ཡིན། །སློབ་མའི་ལྷ་ཡང་དེས་འོང་མཆི། །དབང་གི་རྒྱལ་པོ་ང་ལ་གསོན། །གང་དག་རྒྱུན་དུ་མཆོད་བྱས་ནས། །འཆི་ཁར་དབུགས་ལེན་བྱེད་པ་མཐོང་། །དེ་འདྲའི་ལྷ་ངན་འདྲེ་བས་བཙོག །མཆོད་འཕྲོ་ཉིད་ནས་བཏུང་བར་རིགས། །དེ་བས་ཕྱི་མ་ངན་འགྲོར་འདྲེན། །མཆོད་བསྟོད་ནོངས་པ་གཅིག་གིས་འཛེམས། །ཇོར་ལེགས་པེ་ཀར་ལ་སོགས་པ། །དོན་མེད་འགོང་པོས་དགོས་པ་མེད། །རྟག་ཏུ་དངོས་གྲུབ་སྟེར་བའི་ལྷ། །བདེ་གཤེགས་སྐུ་ལས་རབ་འབྱུངས་པའི། །བཅོམ་ལྡན་གང་གིས་མི་གཡོ་མགོན། །ལྷ་ཡང་འདི་ཉིད་ཆོས་སྐྱོང་ཉིད། །འཕྲིན་ལས་ཐམས་ཅད་རབ་བསྒྲུབ་གསོལ། །ཇི་སྲིད་ནམ་མཁའ་མ་བརྟག་པར། །གཡོ་བར་མ་མཛད་ང་བསྟན་སྲུངས། །ཁྱེད་འདྲ་བསྟེན་ནས་ང་གཡོས་ན། །ནམ་མཁའ་ཚུ་ཡིས་ཁེངས་ཀྱིས་དོགས། །ཨེ་མ་ཁྱེད་ལ་ལྷ་གཅིག་བྱ། །འདི་ནི་འཁྲོམ་གྱི་ལྷ་བཞི་ཡིན། །ཨ་ཏི་ཤ་ཡིས་ལེགས་པར་གནང་། །བྱིན་རླབས་ཆུ་རྒྱུན་ཡུན་དུ་མཆི། །ཐུགས་རྗེའི་ཕ་ཚན་དཔུང་དུ་ཆེ། །རྫུ་འཕྲུལ་སྨྲུན་ཞེས་ཐོགས་མེད་ལྡན། །ང་ཡི་འཁོར་འདབ་མཐའ་མེད་རྒྱས། །དེ་ལ་ལྷ་བཞི་ཉེ་བར་མཁོ། །ཕྱི་ཡི་ལྷ་ཡང་འདི་ཉིད་ཡིན། །ནང་གི་ལྷ་ཡང་འདི་ཉིད་ཡིན། །གསང་བའི་ལྷ་ཡང་འདི་བཞི་སྟེ། །དེ་ཉིད་ལྷ་ཡང་འདི་ཉིད་དོ། །འདི་བཞིན་རྟག་ཏུ་སྟེན་བྱེད་གང་། །དགེ་ལེགས་ཐམས་ཅད་ལྷུན་གྱིས་གྲུབ། །ནོར་བུའི་ཞལ་ནས་འདི་སྐད་གསུང་། །སྲས་ཀྱི་ཐུ་བོ་ང་ལ་ཉོན། །སངས་རྒྱས་དག་ཀྱང་དཔག་མེད་ཅིང་། །སྲས་ཀྱི་ཚོགས་ལའང་ཞི་ཁྲོ་གཉིས། །དེ་ལའང་ལྷ་དང་ལྷ་མོ་ཡོད། །ཁྲོ་བོ་ཁྲོ་མོ་དཔའ་བོ་དང་། །དཔའ་མོ་ལ་སོགས་དུ་མར་བཤད། །ཚུང་ཟད་ལྷ་བཞི་མ་ཉུང་ངམ། །སྲས་ཀྱི་ཐུ་བོས་འདི་སྐད་ཞུས། །ཐམས་ཅད་མཁྱེན་པའི་ལྷ་གཅིག་པུ། །ང་དུང་ཞུ་ཚིག་འདི་གསན་འཚལ། །རྣམ་སྣང་ལ་སོགས་དཔག་མེད་ཀྱང་། །རྒྱལ་བ་ཐམས་ཅད་དབྱེ་བ་མེད། །དབྱེར་མེད་ཐུབ་པའི་ངོ་བོ་

ཉིད། །སངས་རྒྱས་འདུས་སྐུ་རིན་ཆེན་ཏེ། །བདག་གི་སྤྱི་གཙུག་རབ་བརྒྱན་ནས། །སྙིང་
ཡང་སྙིང་གི་དཀྱིལ་དུ་བཞུགས། །གསང་སྔགས་དག་ཀྱང་དེ་ལ་ཞུ། །ཟབ་ཆོས་གཞན་
རྣམས་སློས་ཅི་འཚལ། །སྲས་བརྒྱད་ལ་སོགས་དཔག་མེད་ཀྱང་། །ཞི་ཁྲོ་གཉིས་སུ་མ་
ཚང་མེད། །ཞི་བ་ཐུགས་རྗེ་མཚུངས་མེད་པ། །ཐུགས་རྗེ་ཚོགས་རབ་དཔག་མེད་
ཀྱང་། །སྤྲུལ་རས་གཟིགས་ཀྱི་ངོ་བོ་ཉིད། །ཨེ་མ་དེ་ཡང་རྒྱལ་བ་དང་། །རྒྱལ་སྲས་མ་
ལུས་ཀུན་གྱི་ཡབ། །རྒྱལ་བ་སྲས་བཅས་མ་ལུས་པའི། །ཕོ་བྲང་ཉིད་ཀྱང་དེ་ཉིད་
ཡིན། །བུ་ག་གཅིག་ནའང་རྒྱལ་བ་ཡི། །ཞིང་རབ་དཔག་མེད་མཆོག་ཏུ་རྒྱས། །གཅིག་
གི་དེ་ཉིད་སུ་ཡིས་རྟོགས། །ལེགས་པར་དཔྱད་ན་འདི་ལྟ་སྟེ། །སྐུ་བཞིའི་སངས་རྒྱས་མ་
ལུས་དང་། །ཞི་ཁྲོ་དཔའ་བོ་དཔའ་མོའི་ཚོགས། །ཀུན་གྱི་དཀྱིལ་འཁོར་གཅིག་པུ་
ཉིད། །གཅིག་པུ་ཉིད་བསྡེན་ཀུན་གྱི་སྐྱོབ། །ཞི་བའི་ལྷ་འདུས་བརྗོད་པར་ཟད། །ཁྲོ་
ཚོགས་བཅོམ་ལྡན་མི་གཡོ་མགོན། །ཁྲོ་བཅུ་ལ་སོགས་ཁྲོ་བོ་ཡི། །ཕོ་བྲང་ཉིད་ཡིན་
དཔའ་བོ་ཡང་། །དཔའ་བོའི་ཚོགས་བསྡེན་དྲག་པོར་སྟོན། །སྟོབས་ཆེན་གཏུམ་པོ་
ཐུགས་རྗེ་ཅན། །བདག་གི་སྤྱི་གཙུག་རབ་བརྒྱན་ནས། །སྙིང་ཡང་སྙིང་དཀྱིལ་བརྒྱན་
པར་མཛོད། །གསང་སྔགས་ཆོས་ཀྱང་དེ་ལ་ཞུ། །ཆོས་གཞན་རྒྱ་མཚོ་སློས་ཅི་
དགོས། །བསམ་གྱིས་མི་ཁྱབ་སྒྲོལ་མ་མཆོག །ཁྲོ་མོ་དཔའ་མོ་ལྷ་མོའི་ཚོགས། །ཞི་བར་
བཅས་པ་ཀུན་གྱི་བདག །ཀུན་གྱི་ཕོ་བྲང་མཆོག་ཉིད་ན། །ཀུན་གྱི་ངོ་བོ་སྒྲོལ་མ་
མཆོག །ཨེ་མ་ལྷ་མོ་འདི་བསྟན་ན། །ལྷ་མོ་མ་ཚང་སུ་ཞིག་ཡོད། །ཀུན་གྱི་དཀྱིལ་འཁོར་
ཉག་གཅིག་མ། །ལྷ་མོས་འདུལ་གང་བསྐྱབ་སླད་དུ། །བདག་གི་སྤྱི་གཙུག་རྒྱན་དུ་
བཞུགས། །སྙིང་ཡང་སྙིང་གི་རྒྱན་དུ་བྱོན། །གསང་སྔགས་རིག་སྔགས་གཟུངས་སྔགས་
སོགས། །དཔག་མེད་ཟབ་མོ་ཁྱོད་ལ་ཞུ། །ཕན་བདེ་གཞན་རྣམས་སློས་ཅི་འཚལ། །དེ་
ལྟར་བསམ་མི་ཁྱབ་པ་ཡི། །ཕུན་སུམ་ཚོགས་པའི་ལྷ་མཆོག་བཞི། །ཇི་སྲིད་འགྲོ་བ་

གནས་ཀྱི་བར། །ཐུན་མོང་མ་ཡིན་བྱིན་གྱིས་རློབས། །བདག་དང་བདག་གི་རྗེས་འབྲང་བ། །ཁྱེད་ཀྱི་ཞབས་ལ་ལེགས་བཏུད་ནས། །གསོལ་བ་བཏབ་ཚེ་མི་སླེལ་བ། །དུས་ལ་འདོམས་པར་བྱིན་གྱིས་རློབས། །དེ་ལྟར་ལྷ་བཞི་གདམས་པའི་ཚེ། །སེར་འཛམ་འཛའ་ཡི་གུར་གསེབ་ནས། །རིགས་ལྔ་སེར་འཛམ་འབབ་ཞིག་གིས། །ས་བཅུའི་སྲས་ལ་འདི་སྐད་གསུང་། །དུས་གསུམ་ཕྱོགས་བཅུའི་རྒྱལ་བ་རྣམས། །འདི་ལྟར་རིགས་ལྔའི་རང་བཞིན་ཡིན། །དེ་ཡང་གསེར་གྱི་མདོག་འདྲ་བ། །ཤཱཀྱའི་རྒྱལ་པོ་ཡིན་ནོ་འབྲོམ། །ཐུགས་རྗེའི་ནང་གི་གཞལ་ཡས་བཞིན། །བཀོད་པ་དཔག་མེད་བསྟན་དུ་གསོལ། །འབྲོམ་རྗེའི་ཐུགས་ཀ་རབ་ཕྱེ་བས། །རང་གི་ཐུབ་པའི་ངོ་བོ་ཉིད། །རིགས་ལྔས་ནམ་མཁའ་གང་ཚུལ་དུ། །ཐུགས་ཀྱི་ནམ་མཁའ་རྒྱལ་བས་གང་། །རྒྱལ་བའི་དཀྱིལ་འཁོར་ཡིན་ནོ་གསུངས། །ཇོ་བོའི་ཞལ་ནས་སྲས་ཀྱི་མཆོག །འདམ་ཀ་མ་ལོག་སྲས་ཀྱི་མཆོག །རྒྱལ་བའི་ཞིང་ཁམས་འདི་ལྟར་གདའ། །ལེགས་པར་གདམས་པའི་ཕན་ཡོན་ཡིན། །འགྲོ་བའི་དོན་དུ་ངེས་འགྱུར་གསུང་། །དཀར་འཛམ་སྤྲིན་གྱི་གུར་གསེབ་ནས། །ཀླུ་བ་ལྟ་བུར་སེམས་དཔའ་རྣམས། །ཇི་ལྟར་རྒྱལ་སྲས་མང་གྱུར་ཀྱང་། །འདི་ལྟར་ཐུགས་རྗེ་ཆེན་པོ་ལས། །གཡོ་བ་འགའ་ཡང་ཡོད་མ་མཆིས། །ཉིད་ཀྱི་ནང་གི་གཞལ་ཡས་ཁང་། །མཚུངས་པ་མེད་པར་གསལ་བར་མཛོད། །དེ་ནས་འབྲོམ་རྗེས་ལེགས་ཞེས་གསུང་། །ཐུགས་ཀྱི་པད་སྒོ་རབ་ཕྱེ་ནས། །སྤྱན་རས་གཟིགས་ཀྱི་ཞིང་ཁམས་བསྟན། །ལྗང་གུ་སྤྲིན་གྱི་གུར་གསེབ་ནས། །ལྗང་གུའི་མདོག་ཅན་ལྷ་མོའི་ཚོགས། །སྤྱན་རས་གཟིགས་དབང་ཡར་ལ་གསོན། །སེམས་མ་དཔག་ཏུ་མེད་གྱུར་ཀྱང་། །འདི་བཞིན་འདི་དག་རྣམས་སུ་འདུས། །འདི་ཡང་སྒྲོལ་མའི་རང་བཞིན་ཏེ། །ཁྱེད་ཀྱི་ཐུགས་ཀྱི་གཞལ་ཡས་བཞིན། །འབྲོམ་རྗེས་ལེགས་ཞེས་རབ་གསོལ་ནས། །ཐུགས་ཀྱི་པད་སྒོ་རབ་ཕྱེ་སྟེ། །སྒྲོལ་མའི་ཞིང་ཁམས་དཔག་མེད་བསྟན། །མཐིང་འཛམ་སྤྲིན་གྱི་གུར་གསེབ་

ནས། །མཐིང་མདོག་ཁྲོ་བོ་དུ་མ་རྣམས། །བརྒྱུད་བསྐུམ་གར་གྱིས་བདུད་སྡེ་སྐྲག །འཇུམ་ཆགས་གར་གྱིས་འཁྲོམ་རྗེ་བསྐྱོད། །སྲུས་ཀྱི་ཐུ་བོ་འདི་ལ་གསོན། །ཁྲོ་ཞིང་དཔའ་བོ་དཔག་མེད་ཀྱང་། །མི་གཡོ་བསྟན་པ་ཉིད་ཡིན་ནོ། །ཁྱིད་བསྟན་བསྡུང་ཞིང་བར་ཆོད་བསལ། །ཇི་ལྟར་ཁྱོད་ཀྱི་ཞིང་ཁམས་ཀྱི། །དཔག་མེད་ནང་དུ་གསལ་བ་བཞིན། །འཁྲོམ་རྗེས་ལེགས་ཞེས་ཐུགས་སྨོ་གསལ། །ཁྲོ་བོའི་ཞིང་ཁམས་དཔག་མེད་བསྟན། །དེ་ལྟར་བསམ་གྱིས་མི་ཁྱབ་པའི། །ལྷ་བཞི་ལེགས་པར་གདམས་པའི་ཚེ། །མར་མེ་མཛད་དཔལ་རབ་ཏུ་མཉེས། །རྒྱལ་བ་སྲས་བཅས་མ་ལུས་པའི། །ངོ་བོར་གྱུར་པ་སྤྱན་རས་གཟིགས། །དེ་ལྟར་ལྷ་རབ་དཔག་མེད་རྣམས། །དེ་རིང་ཇི་ལྟར་གཟིགས་པ་ཡི། །བསྡུས་པའི་ངོ་བོ་ལྷ་བཞི་ཡིན། །སྐུ་འདྲ་བཞི་བཞེངས་ཕོ་བོ་ཡིས། །བཟོ་ཞིང་རབ་ཏུ་གནས་པའང་བྱ། །ཞེས་གསུང་ངོ་། །དེ་ནི་ལྷ་བཞི་གདམས་ཤིང་ཞལ་གཟིགས་པའི་ཚོམས་སོ།། །།

བླ་མའི་གསུང་རབ་བསྒྲུབ་བྱའི་ཕྱིར། །སྲུས་ཀྱི་ཐུ་བོ་འཁྲོམ་རྗེ་ཡིས། །ཐང་བ་ཡེར་པ་ཆུ་རིས་ལ། །བསོད་ནམས་བསག་ཕྱིར་རྒྱུ་བླངས་ནས། །ལྷ་བཞིའི་སྐུ་གཟུགས་བཞེངས་སུ་གསོལ། །ཇོ་བོའི་ཞལ་ནས་འདི་སྐད་གསུང་། །ལྷེར་སོ་མ་མཛད་རི་མོར་བཞེངས། །ཆེས་ན་ཤུལ་མས་སྐྱོང་བར་དཀའ། །དེ་སྐད་མ་གསུང་ཞེས་གསོལ་ནས། །བཟང་གཞི་རིན་ཆེན་དུ་མ་སྦྱར། །འཛིམ་པ་རི་ཆུང་ཙམ་སྦྱར་ནས། །རྗེ་ལ་འདི་སྐད་འདི་གུ་མཆིས། །འགྲོ་ལ་ཕན་དོན་བཞེངས་སུ་གསོལ། །དེ་ནས་མགོན་པོ་ཨ་ཏི་ཤ། །རང་ཉིད་འདྲ་བ་བཅུ་དྲུག་མཛད། །རྒྱན་ཆ་དུ་མ་རབ་ཏུ་གསོལ། །དགེ་སློང་རྡོ་རྗེ་འཛིན་པ་ཡིས། །འདི་གུའི་མཐའ་མ་མཛོས་པར་བསྐོར། །སྟོ་ལུང་བུ་མོ་དུ་མ་ཡིས། །ཙན་དན་ཆུས་བྲན་ལྷི་གུ་གཡོས། །རིང་པོར་མི་ཐོགས་ལྷ་བཞི་ཚད། །བྱམས་པའི་སྐུ་ཚད་བཞི་བཞེངས་གྱུར། །དེ་ནས་འོད་དཔག་མེད་པ་འཁྲིགས། །འཇང་འ་ཆོན་སྣ་ལྡའི་

གུར་གྱིས་བཀབ། །མཆོད་པའི་ལྷ་མོ་དུ་མ་ཡིས། །མཆོད་ཚོགས་ཁྱེར་ཞིང་རབ་ཏུ་མཆོད། །གཞན་ཡང་སེམས་དཔའ་དཔག་མེད་ཀྱིས། །རིག་འཛིན་གཟུགས་ཀྱི་བཀྲ་ཤིས་བརྗོད། །གཏུམ་པོ་ཁྲོ་བོའི་གཟུགས་ཅན་རྣམས། །མི་གཡོར་བཅས་ཏེ་བགེགས་བསྐྲད་མཐོང་། །རང་གི་བླ་མ་པཎྜི་ཏ། །ཐུབ་པ་ཆེན་པོ་ལྷམ་མེར་གདའ། །དེ་ཡང་བཅུ་དྲུག་རིམ་ཅན་དུ། །སྐུ་གཟུགས་བཞི་ལ་རབ་གནས་མཛད། །དེ་ལ་སྲས་མཆོག་ཡ་མཚན་སྐྱེས། །ཡུད་ཅིག་དག་པའི་སྣང་བར་འབྱམས། །ཏིང་འཛིན་དེ་ལས་ལངས་པ་དང་། །རང་གིས་བཞེངས་པའི་ལྷར་བཅས་པ། །མི་སྣང་བླ་མ་ཉིད་བཞུགས་ཏེ། །ཨེ་མ་སྙམ་ནས་འདི་སྐད་ཞུས། །བསླུ་བ་མེད་པའི་སྐྱབས་གཅིག་པུ། །ཕུན་སུམ་ཚོགས་བཅས་གང་དུ་ཐལ། །ད་ཅི་ཕུན་ཚོགས་དུ་མ་ན། །ད་ནི་སེམས་ཀྱི་ལྷག་མ་ཙམ། །ཨེ་མ་རྨི་ལམ་ཚུལ་དང་འདྲ། །སྣང་མ་ཐག་ཏུ་ཡེ་མེད་གྱུར། །རྗེ་ཡི་ཞལ་ནས་འདི་སྐད་གསུང་། །ཆོས་རྣམས་རྨི་ལམ་ཚུལ་འདྲ་ན། །ཁྱོད་ཀྱི་དཀའ་སྤྱད་ལྷ་བདེན་ནམ། །རྟེན་འབྲེལ་ཚོགས་པའི་སྣང་བ་རྣམས། །སྣང་ངོའི་དུས་ན་སྟོང་གྱུར་ན། །ཁྱོད་ཀྱི་ལྷ་བཅས་བདེན་གྱུར་རམ། །རྟེན་འབྲེལ་འཇིག་པའི་ཆོས་ཅན་ལ། །ཁྱོད་ཀྱིས་སྤྱར་བ་རྟག་འགྱུར་རམ། །ང་ནི་སྤྲུལ་པའི་དགེ་སློང་ཡིན། །དེ་ཡང་སྟོང་པའི་ཆོས་རྣམས་ལ། །དེ་ཡི་སྤྲུལ་པ་ཇི་ལྟར་བདེན། །བརྟེན་པའི་ལྷ་བཟོས་བྱས་པའི་ལྷ། །བརྟེན་པའི་བརྟེན་པ་ལྟར་མི་རིགས། །འབྲོམ་རྗེའི་ཞལ་ནས་འདི་སྐད་གསུང་། །དེ་འདྲའི་ཐ་ཚིག་གསུང་རིགས་སམ། །བདེན་བརྟེན་བརྗོད་པའི་སྐབས་མ་ཡིན། །ལེགས་པར་བཞེངས་པའི་ལྷ་དེ་ཞུ། །བརྟེན་པ་སྣང་མེད་ཏ་ཙང་ཐལ། །གསུང་གླེང་ད་གཟོད་ག་ལས་བགྱི། །དེ་རིང་ཟློག་པོར་མ་བཏང་ཅིག །ཇོ་བོའི་ཞལ་ནས་འདི་སྐད་གསུང་། །ཁྱོད་ཀྱི་ལྷ་བཞི་དགའ་ལྡན་གཤེགས། །དགེ་བ་རྗེས་ཅན་གྲགས་འདོད་ཡིན། །མ་འཕྲེང་གྲགས་འདོད་མེད་པར་བཞུགས། །མཆོད་པའི་ཚོགས་རབ་གནས་སུ་གཤེགས། །འབྲོམ་རྗེའི་ཞལ་ནས་འདི་

སྐད་གསུང་། །དེ་རིང་མི་སྲིད་གསུང་རབ་ཐོས། །དགའ་ལྡན་མི་ལས་དབུལ་གྱུར་ཏེ། །རང་གིས་མ་འགྱོར་མིས་བཞེངས་པའི། །ལྷ་བཞི་མ་བྱིན་ཁྱེར་གྱུར་ཨང་། །གལ་ཏེ་མ་བྱིན་ལེན་གྱུར་ན། །དགའ་ལྡན་བཟང་པོར་ཉུང་གྱུར་རམ། །ཇོ་བོ་ཞལ་འཛུམ་མཛད་གྱུར་ནས། །དགའ་ལྡན་ལྷ་ཡིས་ཕོངས་པའང་མེད། །མ་བྱིན་ལེན་སེམས་མི་མངའ་ཡང་། །འོན་ཀྱང་སླིགས་མའི་གདུལ་བྱ་ཡིས། །སྐུ་གཟུགས་མཆོད་པས་མི་བསྐྱངས་པས། །རྗེ་བཙུན་བྱམས་པས་སྤྱན་དྲངས་གཤེགས། །འབྲོམ་རྗེའི་ཞལ་ནས་འདི་སྐད་གསུང་། །ཇོ་བོ་གསུང་རྟགས་ཐ་ཚིག་འདྲ། །ཕྱི་མའི་གདུལ་བྱས་མི་བསྐྱངས་པས། །ཕོ་བོའི་ཡི་དམ་ཡར་དྲངས་གསུང་། །འོ་ན་གདུལ་བྱ་མ་དག་པས། །ཐུབ་པའི་བསྟན་པ་མ་བསྐྱངས་སམ། །ཨེ་མ་ཇོ་བོ་ལྷ་དེ་ཞུ། །དགའ་ལྡན་ལྷ་ཡིས་མ་ཕོངས་ཀྱི། །གདུལ་བྱ་དད་པ་ཆེ་ཆེ་ཀུན། །ཇོ་བོ་ཡབ་སྲས་རིན་ཆེན་གྱིས། །བཞེངས་པའི་ལྷ་ཡིན་ཟེར་ཞིང་བསྐོར། །མཆོད་ཚོགས་རྟག་ཏུ་མེད་གྱུར་ཀྱང་། །སྐུ་གཟུགས་ཕོངས་པར་ག་ལ་འགྱུར། །དེ་བས་འདིར་འོང་དད་ཅན་རྣམས། །གང་འགྱོར་ཕྱག་དང་མཆོད་པ་འབུལ། །གལ་ཏེ་ཞིག་རལ་བྱུང་གྱུར་ཀྱང་། །ཁྱེད་ལ་ལེ་ལན་ག་ལ་འདེད། །དེ་བས་གྲོང་པ་མགུ་བར་དགའ། །རྒྱ་ཆ་ཕུལ་བའི་ལྷ་འདྲིར་འོང་། །དེ་ཚེ་དགའ་ལྡན་སོང་བྱས་ཀྱང་། །བརྟན་སྲིགས་འོལ་དུ་མི་འཚམ་ཞིང་། །གཞན་ཡང་ཡིད་ཆེས་ག་ལ་སྐྱེ། །རེ་ལྟོས་ཆེ་བས་བསླུས་གྱུར་ན། །ཡོག་ལྟ་སྐྱེས་ཏེ་ཕོང་རྣམས་བདེན། །རང་བཞིན་ལྷ་བཟང་ཡོད་བཞིན་དུ། །འདྲ་འབག་དགོས་པའི་དགའ་ལྡན་ཨ། །ཇོ་བོའི་ཞལ་ནས་འདི་སྐད་གསུང་། །འབྲོམ་རྗེ་དེ་སྐད་མ་ཟེར་ཅིག །ལན་དུ་དེ་བས་མ་གསུང་ཅིག །ཨེ་མ་འདུས་བྱས་མི་རྟག་ཀྱང་། །དེ་འདྲའི་ཁྲིམས་ཤིག་ག་ན་ཡོད། །འོ་ན་འཁོར་བ་སྟོངས་སུ་བཤལ། །དེ་ནས་རེ་ཞིག་ལོན་པ་ན། །ཡེ་ཤེས་ལྷ་བཞི་མདུན་དུ་བྱོན། །འབྲོམ་རྗེ་གཏམ་འདི་གསན་དུ་གསོལ། །གཟུགས་ལ་ལྷ་རུ་མ་འཛིན་ཞིག །འདི་ཤུ་རྒྱུ་རུ་མ་འཁྲུལ་

ཞིག །དེ་བས་འཁོར་བ་མ་སྟོངས་བར། །བདག་ཅག་འབྲལ་མེད་རྒྱུན་དུ་འོང་། །ལྷག་པར་དིང་སང་ཕྱིན་ཆད་ཀྱིས་བརྟན་བས། །ནང་པར་ཆོས་ལ་འདམ་ཀ་ཐོང་། །ཕྱི་ཆེ་གཡང་ས་མེད་པར་འདོམས། །དེ་ཚེ་དེད་ཀྱང་དྲུང་དུ་འོང་། །ལྷག་པར་སྒྲོལ་མས་འདི་སྐད་གསུང་། །སྲས་ཀྱི་ཐུ་བོ་སྤྱན་རས་གཟིགས། །ཁྱེད་ཀྱི་རྗེས་འབྲང་པོ་མོས་སྐྱོབ། །ཕོ་མོའི་གདམས་པ་འདི་ཡོད་ལ། །རྗེས་སུ་འབྲང་ལ་བསྟན་པར་གྱིས། །སྐྱབས་གནས་བླ་མ་དྲན་པར་མཛོད། །ལུས་ནི་ལྷ་ཡི་རང་བཞིན་ཏེ། །ངག་ནི་བཟླས་བརྗོད་རྒྱུན་པར་མཛོད། །འགྲོ་བ་མ་ལུས་ཕ་མར་བསམས། །སེམས་ཀྱི་གནས་ལུགས་སྟོང་པར་སྤྱོད། །ལྟེ་བ་དེ་ཡི་རྒྱ་བར་གནས། །དགེ་རྩ་ཐམས་ཅད་དག་པར་མཛོད། །དེ་ཡི་སྔོན་དུ་གཟུངས་འདི་སྒྲོར། །ཕྱི་བ་འགྱུར་དུ་རྒྱལ་བས་གསུངས། །སྲས་མཆོག་དེ་ནི་འདི་ལྟ་སྟེ། །ཨོཾ་སམྦྷ་ར་སམྦྷ་ར་ཧི་མ་ན་ས་ར་མ་ཧཱ་ཛམ་བྷ་ཝ་ཧཱུྃ་ཕཊ་སྭཱཧཱ། །སྲས་ཀྱི་ཐུ་བོ་ད་ཡང་ཉོན། །དེ་ནི་གོང་དུ་སྤེལ་བྱེད་ཡིན། །སྒྱུར་བར་བྱེད་པ་བསྔོ་བ་མཆོག །དུས་གསུམ་དགེ་རྩ་མཆོག་བསགས་པས། །མཆོག་རབ་མཆོག་གི་ལམ་ཉིད་ལ། །མཆོག་གི་སེམས་ཀྱིས་མཆོག་ཏུ་བསྔོ། །དེ་ནི་སྒྱུར་བྱེད་བསྔོ་བ་ཡིན། །དེ་ནི་སངས་རྒྱས་མཆོག་ཉིད་དོ། །སྟོང་པར་ཤེས་ན་ཆུད་མི་ཟ། །འཁོར་གསུམ་དག་པར་མ་ལུས་མཛོད། །ཇོ་བོའི་ཞལ་ནས་ལེགས་ཞེས་གསུང་། །འབྲོམ་རྗེ་དགའ་ལྡན་གནས་སྐྱེས་ཚེ། །བཞེངས་པའི་ལྷ་ཡང་མངོན་དུ་མཆི། །སྲས་ཀྱི་ཞལ་ནས་འདི་སྐད་གསུང་། །ཁ་ཪོམས་ཚེ་ན་བཏུང་མི་འཚལ། །སྐྱབས་སུ་གྱུར་ནས་སྐྱབས་གཞན་ཅི། །མང་ལགས་མོད་ཀྱིས་ཁྱེད་གསུང་ལ། །འགལ་བར་བྱས་ན་ཉེས་པར་འགྱུར། །ད་ནི་ལེགས་པ་ཉིད་དུ་ཤོག །ལེགས་པའི་ལམ་སྟོན་ཨ་ཏི་ཤ །བསམ་གྱིས་མི་ཁྱབ་ལྷ་བཞི་ཐོབ། །ད་ནི་ཐོག་མཐའ་ཀུན་ཏུ་བཟང་། །སྐུ་གཟུགས་བཞེངས་པའི་ཚོམས་སོ། །འདི་ལྟར། དད་པའི་ལྷ་ལ་ཕྱག་འཚལ་ལོ། །ཏུ་མར་གསུངས་ཀྱང་དེ་ཉིད་ལགས། །དྲུང་ནས་འབྲོམ་རྗེ་དེར་འདུས་སོ། །ཇོ་

མཚར་ཁྱོད་ནི་སྨུད་ལའང་མཁས། །ཞེས་གསུང་ངོ་། །དེ་ལྟར་ན་ཞུས་ལན་ནོར་བུའི་ཕྲེང་བ་ལས། ལྷ་བཞི་ལ་ཇི་ལྟར་གདམས་པའི་ལེའུ་གཉིས་པའོ།། །།

༈ རང་རྒྱུད་ཐ་ཤོད་འབབས་པའི་དུས། །དམ་ཆོས་སྤྲང་ཆར་ཉིན་མཚན་དུ། །ཐུགས་རྗེའི་སྤྲིན་ཕུང་རྒྱུན་ཆད་མེད། །དགེ་བའི་འོད་ཟེར་གློག་རབ་འཁྱུག །ཕན་བདེའི་འབྲུག་སྟོང་གྲགས་པའི་ཚེ། །ཆོས་དབྱིངས་དག་པའི་མཁའ་ཤེད་ན། །སྣང་སྟོང་འཇའ་ཡི་གུར་ཅིག་བྱུང་། །བལྟས་པས་རྒྱལ་རིགས་གསེར་མདོག་ཅིག །མཉན་པས་ཚིག་འབྲུ་དུས་གསུམ་དགེ །གཏུགས་པས་རང་ལུས་དུང་ལྟར་གྱུར། །ཨེ་མ་ཡ་མཚན་དེ་ཚོར་ནས། །སྲས་ཀྱི་ཐུ་བོ་འདོད་པ་འཕེལ། །དེ་ཚེ་རྗེ་ལ་འདི་སྐད་ཞུས། །ཕ་བཟངས་སྲས་ཀྱི་ཐུ་བོ་ང་། །ལྷ་བཟངས་བཞི་ཡིས་བྱིན་བརླབས་ནས། །ཆོས་བཟངས་གཏན་གྱི་མདུན་མ་དྲན། །འཁོར་འདབ་ཆེ་བས་འདོད་པ་འཕེལ། །ཕ་ཚན་དུ་མས་བྱིན་པ་ཡི། །འཁོར་བའི་ཁང་ཆེན་སྡུག་བསྔལ་སྟོང་། །ཀུན་འབྱུང་འགྲོན་པོ་དུ་མ་ལ། །ལམ་རབ་བཟང་པོའི་འགྲོན་བྱེད་པས། །སྡེ་སྣོད་དཔག་ཏུ་མེད་པ་ཞུ། །དགོས་འདོད་འབྱུང་བ་རིན་ཆེན་གསུང་། །ཕུན་སུམ་ཚོགས་ནས་འདི་སྐད་ཅེས། །རྒྱལ་བའི་བཀའ་ལ་མཐའ་མེད་པས། །འཁོར་བའི་རྒྱུ་འབྲས་བདེན་པ་གཉིས། །གཏིང་མཐའ་ཡངས་པའི་ཁང་ཆེན་དུ། །རིགས་དྲུག་སྲིད་པའི་ཁྱིའུ་སྤེལ། །བྱང་ཆུབ་སེམས་ཀྱི་འགྲོན་ཡིན་གསུང་། །བསམ་གཏན་ཟས་ཀྱིས་བསྙེན་བཀུར་ཕྱིར། །སྡེ་སྣོད་འོད་ཟེར་སྡེ་སྣོད་ནི། །རྒྱལ་བའི་བཀའ་དང་བསྟན་བཅོས་ཡིན། །རྒྱལ་བའི་བཀའ་ཡང་གྲངས་མང་ཞིང་། །ཐེག་པའི་འཇུག་སྒོ་བསམ་མི་ཁྱབ། །བསྟན་བཅོས་གང་ཞིག་གང་ཞིག་ལས། །སྐྱོབ་ཅིང་བདེ་བའི་ལམ་སྟོན་པ། །ངན་འགྲོའི་གཡང་ལས་འཚོས་བྱེད་ཡིན། །གླང་དོར་ཟབ་མོ་ལེགས་བསྟན་ནས། །སྤངས་རྟོགས་མཐར་ཕྱིན་སངས་རྒྱས་སུ། །འཚོས་པར་བྱེད་པའང་བསྟན་བཅོས་ཡིན། །འབྱུང་གནས་རང་ཉིད་གང་མོས་པར། །རྒྱལ་བ་

བསྐྱེད་ལ་ལེགས་པར་འདོམས། །འབྲོམ་རྗེའི་ཞལ་ནས་འདི་སྐད་གསུངས། །རྫོགས་སངས་རྒྱས་ལ་གང་ཉེ་བའི། །མཐར་ཐུག་ཆོས་ཤིག་ཞུ་ལགས་ཏེ། །ཕྱི་རབ་དོན་དུ་འགྱུར་བའང་འཚལ། །ཇོ་བོའི་ཞལ་ནས་འདི་སྐད་གསུང་། །འབྲོམ་རྗེ་ཀྱུ་ཅི་ཡོད། འཚང་རྒྱ་བ་ལ་ཉེ་བ་ཅིག་དགོས་ན། གསང་སྔགས་ཟབ་མོ་རྣམས་ལ་འདོམས། ཁྱད་པར་དུ་དོ་ཕ་སེམས་ལ་ཚུད། འཚང་རྒྱ་བ་ལ་དེ་ལས་ཐག་ཉེ་བ་མེད། སྔོན་དུས་ཀྱི་ལོ་ཐོག་ཁམ་ཏུམ་མེ་བ་དེ་དང་འདྲ། གྲུབ་ཐོབ་ཆེན་པོ་རྣམས་ཀྱི་ཉམས་ལེན་ཡིན། ཁྱད་པར་དུའང་དོ་ཕ་འདི་ཀུན་བྱས་ན་ལུང་སྟོང་ན་ཕར་ལ་རྣལ་འབྱོར་པ་བཟང་པོ་ཉམས་གར་རྩེ་ཞིང་ཊ་མ་རུ་ཁྲོལ་ལེ་བ་འོང་སྲིད། བློ་རབ་ལ་ཆོས་རབ་འཚམ། ཁྱོད་ཀྱི་ཆ་ལུགས་འདི་ཀུན་ལ་ལྷག་པར་དུའང་འདི་མཐུན་གསུངས་པའི་གླུ་ནི། སྲས་རྫོགས་སངས་རྒྱས་ཀྱི་དབུ་རྒྱན་ཅན། །ཐུགས་ཐེག་པ་གསུམ་གྱི་གཞལ་ཡས་ཁང་། །བློ་ཁྱད་པར་འཕགས་པས་གཞན་དོན་གཉེར། །དུས་གཏན་གྱི་མདུན་མ་རྫོགས་གྱུར་ཀྱང་། །མ་གྲངས་མེད་དོན་དུ་མཐར་ཐུག་ཕྱིར། །སྐུ་རིན་ཆེན་གསུམ་ལ་ཉེ་བའི་ཆོས། །ལམ་མཐར་ཐུག་ཟབ་མོ་དགོས་སོ་གསུང་། །གསོན་གསང་སྔགས་ཐེག་པའི་ཡང་རྩེ་ཡིན། །དགོས་དམ་ཆོས་ཟབ་མོ་དོ་ཕ་དེ། །རྗེ་ས་ར་ཕ་ཡིས་ང་ལ་བྱིན། །བུ་ཐུགས་ཀྱི་དཀྱིལ་དུ་འདི་ཚོངས་གསུང་། །ལར་གསང་སྔགས་ཐེག་པའི་སྤྱོད་ཚུལ་ནི། །ཕྱི་དཔག་མེད་ལྷ་ཡི་གཞལ་ཡས་ཁང་། །ནང་པོ་མོ་ལྷ་ཡི་རང་བཞིན་ཏེ། །དེ་བསྐྱེད་པའི་རིམ་པ་ཙམ་དུ་ཟད། །ཀྱེ་རྡོ་རྗེ་འཛིན་པ་འབྲོམ་རྗེ་མཆོག །ཆོས་ཡེ་སྟོང་ལྷུན་གྲུབ་ཟབ་མོ་དེ། །དོན་རྫོགས་པའི་རིམ་པ་ཡིན་ནོ་སྙམས། །ཀྱེ་ཕྱི་ཡི་ཆ་ལུགས་དུ་མ་ཡང་། །ཁོང་གདུལ་བྱའི་བློ་ལ་བསྐྱེད་རིམ་ཡིན། །དོན་ཡེ་སྟོང་ཟབ་མོའི་རང་བཞིན་ལ། །ཕྱི་ཆ་ལུགས་དྲང་དོན་ཚུགས་མི་ཐུབ། །བུ་མཐར་ཐུག་དགོས་ན་དེ་ལ་མཛོད། །མི་ཁྱེད་འདྲ་བྱུང་ན་ལུང་སྟོང་རྣམས། །རྗེ་རིགས་འཛིན་དུ་མའི་གར་གྱི་གང་། །སྐོམ་སྒྱུ་རྩ་འཐུངས་ཀྱང་འོ་མར་

འགྱུར། །གྲོགས་བདུད་སོས་བསྐོར་ཀྱང་ལྷ་མོར་འཆར། །དེའང་ལེགས་པར་དཔྱད་ན་ཤེས་རབ་དབྱིངས། །སེམས་རབ་མཐར་ཕྱིན་པའི་འཁྱེར་ལུགས་ཡིན། །རྗེ་རིག་པ་འཛིན་པའི་འབྲོམ་རྗེ་མཆོག །ཟས་ནམ་དྲན་ཟོས་ཀྱང་བསམ་གཏན་ཡིན། །རྩ་རིག་པ་རླུང་སེམས་དབུ་མར་གནས། །སེམས་བཟང་པོའི་ཐིག་ལེ་ཉག་གཅིག་ཡིན། །དེ་ཉམས་སུ་ལོང་ཅིག་འབྲོམ་རྗེ་མཆོག །སྲས་ཀྱིས་སླུའི་ལན་བཙལ་བ་ནི། །རྗེ་ཉེས་པའི་དྲི་མས་མ་གོས་པའི། །ལྷ་དྲི་མ་མེད་པ་སྤྱི་བོར་བྱོན། །སེམས་བདེ་སྟོང་ནམ་མཁའི་དབྱིངས་ཤེད་ན། །དཔལ་འགྲན་ཟླ་མེད་དེ་འདི་སྐད་གསུང་། །སྲས་ཐུ་བོ་ཐེག་པའི་ཡང་རྩེ་འདི། །མི་ཁྱོད་ཀྱིས་ལེགས་པར་འདོམས་ཞེས་གསུང་། །ཆོས་ཟབ་མོ་ཐོས་སོ་དྲིན་ཅན་པ། །དེ་ཁོ་བོའི་སྙིང་དུ་སྐྱོང་ངོ་རྗེ། །ལས་བཟང་པོ་ཀུན་ལ་སྤྱེལ་ལོ་རྗེ། །སེམས་གཡོ་བ་མེད་པར་བཟུང་ངོ་རྗེ། །ཉམས་དབེན་པའི་གནས་སུ་སྐྱོང་ངོ་རྗེ། །གནས་ལུང་སྟོང་ཆགས་མེད་འགྲིམ་མོ་རྗེ། །སྡོད་གཞལ་ཡས་ཁང་དུ་བཀོད་དོ་རྗེ། །ནང་དག་པའི་ལྷར་བཅས་བསྐྱེད་དོ་རྗེ། །ཁྱེད་བླ་མས་བྱིན་པའི་ཆོས་ལུགས་ཡིན། །ད་མྱུར་དུ་རྫོགས་སངས་རྒྱས་ཀྱང་སླ། །མ་དཔག་མེད་མྱུར་དུ་འདྲོངས་ཀྱང་སླ། །ཆོས་ཐེག་པ་ཆེན་པོར་འབྲོམ་སྟོན་རྒྱལ། །ད་རྣམ་རྟོག་ཕན་ཕུད་རླུང་ལ་བསྐུར། །སེམས་རྣམ་རྟོག་ཤིང་ཕྲེང་མི་ལ་བསྲེག །རྒྱུད་ཐ་ཆོད་རེངས་པ་ཆུ་ཡིས་ཤོན། །ད་བསྟན་པའི་ས་ཆེན་རབ་བགྲོད་ནས། །མཐའ་བདེ་གཤེགས་ཤེས་བྱའི་ནམ་མཁར་འགྲོ། །དོ་ཐེག་པའི་ཡང་རྩེ་སྙིང་དུ་བླང་། །ཧ་རྣམ་ཤེས་ཐོགས་མེད་འོད་གསལ་བ། །ཆོས་སྤྱི་ལའང་མ་ཆགས་གཞན་དོན་སྤྱོད། །དེ་ལེགས་སམ་མགོན་པོ་ཨ་ཏི་ཤ །ཚིག་འགལ་ལམ་སྐྱེས་མཆོག་ཟླ་བའི་རྒྱལ། །མགོན་པོ་ཨ་ཏི་ཤའི་ཞལ་ནས་འདི་སྐད་གསུང་། ཀྱེ་ང་ལ་གསོན་དང་མཆོག་རབ་སྲས། །སྲས་ཁྱོད་ཀྱི་མཛད་སྤྱོད་དཔག་མེད་པས། །ལན་བཟང་པོ་དེ་འདྲ་ཁོ་བོ་རེ། །མི་ཁྱོད་ཀྱིས་གང་བྱས་ཕུན་ཚོགས་ནའང་། །རྒྱུད་མ་དག་སེམས་ཅན་དུ་མ་ཞིག །རྒྱུ་

ཚོགས་གཉིས་སྟོན་དུ་མ་སོང་བས། །ཆོས་ཐེག་པ་ཆེ་དང་ཕྲད་གྱུར་ཀྱང་། །ཆོས་སྡེ་སྣོད་གསུམ་གྱི་རོ་མ་མྱོང་། །གཞི་ཚུལ་ཁྲིམས་གཙང་མ་གང་དཀར་པོར། །རྫས་ཆགས་མེད་འགྱུར་པས་གཞན་མ་བསྐྱངས། །ཚུར་བཟོད་དཀའི་གནས་རྣམས་མ་བཟོད་ཅིང་། །ལས་བཟང་པོ་ཀུན་ལ་སྦྲོ་མ་བྱས། །སེམས་རྩེ་གཅིག་བྱང་ཆུབ་མི་སྤྱོད་པར། །མ་ཤེས་རབ་ཡུམ་གྱིས་བསླུས་པ་མཐོང་། །བུ་ཐབས་མེད་སྟོབས་དང་སྨོན་ལམ་ཤོར། །ཀུན་མཁྱེན་པའི་ཡུལ་ཅན་ཡེ་ཤེས་བྲལ། །དེས་བཙན་ས་མ་ཟིན་འདོད་ཐག་ཉེ། །གང་མ་ཡོག་ང་ལ་ཐམ་སེམས་བསྐྱེད། །རང་ཐེག་པ་ཆེན་པོར་ཁས་བླངས་ནས། །གཞི་ལས་འབྲས་ཟབ་མོ་ཁྱད་བསད་དེ། །ཟས་ཤ་ཆང་སྒོག་གསུམ་གདོལ་པའི་ཟས། །དུས་ནམ་རྙེད་ཁ་སྐོར་གང་བྱུང་ཟ། །ལུས་སྤྱོད་ལམ་མཚོངས་རྒྱུག་རྒྱུགས་འཐོག་རྩེ། །ངག་བག་མེད་ཕྱོགས་མེད་གདོལ་ཐབས་སྨྲ། །སེམས་མ་ཞི་ཕྱི་ཡི་ཅོ་ཚ་བཏང་། །སྟོ་མ་ཕྱིད་མི་ཐོད་ལག་ཏུ་བཟུང་། །གོས་མ་ཕྱིད་ཞེ་སྡང་ཁྲོ་ལྷགས་དཀྲིས། །མིང་ཞིག་པོ་གྲུབ་ཐོབ་དག་ཏུ་འདོད། །ཀྱེ་སྲས་ཀྱི་ཐུ་བོ་ང་ལ་ཉོན། །ངེད་སྟགས་པའི་རིགས་རྒྱུད་ཡིན་ནོ་ཞེས། །མེད་ཁ་མེད་ཐེག་ལེ་གཞན་དུ་སྟོར། །ཉམས་མི་ལན་ཁ་མེད་བསྐྱེད་རྫོགས་བྲལ། །རང་བཟང་འདོད་རྩ་ལྷུང་ཚིག་གིས་སྐྱེལ། །ཀྱེ་སྲས་ཀྱི་ཐུ་བོ་ང་ལ་ཉོན། །ཁོང་ཉན་ཐོས་ངན་ཡང་དགེ་སྦྱོང་གི །ཆོས་བཞི་ལྡན་སེམས་ཀྱིས་དང་དུ་ལེན། །ཚུར་བརྡེག་པ་ལ་ཡང་སླར་མི་རྡེག །མཚང་འབྲུ་བ་ལ་ཡང་སླར་མི་འབྲུ། །ཚུར་གཤེ་བ་ལ་ཡང་སླར་མི་གཤེ །ཚུར་ཁྲོ་བ་ལ་ཡང་སླར་མི་ཁྲོ། །ཁོང་ཉན་ཐོས་ཆོས་ཀྱང་དེ་འདྲ་ན། །སྲས་བྱང་ཆུབ་སེམས་དཔའ་ཞློག་གམ་ཅི། །རྒྱུད་སེམས་ཅན་དུ་མ་སྣང་གྱུར་ཀྱང་། །མར་མ་གྱུར་སེམས་ཅན་སུ་ཡང་མེད། །རང་ངན་སོང་གསུམ་དུ་སྐྱེས་གྱུར་ཀྱང་། །མ་སེམས་ཅན་འགྲོངས་ན་འདོད་དོན་ཡིན། །ཁོང་ཤེན་ཏུ་དཔའ་བའི་གོ་ཆ་ཅན། །རྗེ་སེམས་དཔའ་རྣམས་ཀྱི་མཛད་སྤྱོད་ཡིན། །སྲས་ཐུ་བོ་འཁྲོམ་རྗེ་ང་ལ་

ཉོན། །ཁོང་བླ་མེད་རིག་འཛིན་ཆེན་པོ་རྣམས། །དེ་མན་ཆད་ཐེག་པ་དམའ་བོ་ཞེས། །དེད་མཐར་ཐུག་རིག་འཛིན་ཡིན་ནོ་གསུང་། །ཁོང་སྟོད་ཀྱི་འཇིག་རྟེན་མ་ལུས་པ། །གནས་དག་པའི་གཞལ་ཡས་ཉིད་ཡིན་ཞིང་། །བཅུད་རིགས་ཅན་འགྲོ་བ་མ་ལུས་པ། །ནང་ལྷ་དང་ལྷ་མོའི་རང་བཞིན་ཡིན། །ཟས་ཅི་ཟ་ཅི་འཐུང་ཚོགས་རབ་རྣམས། །ཨ་ལ་ལ་བདུད་རྩི་རྣམ་ལྔ་ཡིན། །རྗེ་བླ་མ་སངས་རྒྱས་ངོ་བོ་ལ། །གྲོགས་ཐམས་ཅད་རྡོ་རྗེ་མཆེད་གྲོགས་ཡིན། །ཀྱེ་རིག་འཛིན་ཕོ་མོ་གང་ཚོགས་ཀྱང་། །ལྷ་དཔའ་བོ་དཔའ་མོའི་རང་བཞིན་ལ། །དུས་དཀྱིལ་འཁོར་གཅིག་ཏུ་དབྱེར་མེད་ཅིང་། །ཀུན་དག་པའི་སྣང་བ་འབབ་ཞིག་ལགས། །ད་དེ་ལས་གཞལ་ཡས་མི་འབྲུལ་ལམ། །ལྷ་ཕོ་མོར་མི་འཛིན་གཞན་འབྲུལ་ལམ། །རྗེ་བླ་མ་སངས་རྒྱས་མི་ཤེས་སམ། །གྲོགས་རྡོ་རྗེའི་སྤུན་ལ་སྡིག་སོག་གམ། །ཆོས་གསང་སྔགས་ཟབ་མོ་ཁྲིམ་སྒྲོག་གམ། །སེམས་བསྐྱེད་རྫོགས་མི་བྱེད་ཐ་མལ་ལམ། །ཟས་བྱིན་གྱིས་མི་རློབ་ཐ་མལ་ལམ། །ཟས་སྐྱུར་བ་མི་ཤེས་རང་མཚན་ནམ། །སེམས་རྣམ་རྟོག་ལྷུང་གིས་སྐྱོད་བྱེད་དམ། །ཡང་བཟང་ངན་ཆགས་སྡང་མི་སྙོམ་མམ། །རྟེན་སྔགས་པ་མ་ཡིན་དམ་ཉམས་ཡིན། །དེ་ངན་འགྲོར་ལྷུང་ན་ཐར་པ་དཀའ། །ཆོས་དམ་ཚིག་མ་ཉམས་ལེགས་བསྲུངས་ན། །དུས་རིང་པོར་མི་ཐོགས་མངོན་སངས་རྒྱ། །ཆོས་མཐར་ཐུག་ཐེག་པའི་ཡང་རྩེ་ཡིན། །དེ་ཤིན་ཏུ་ཟབ་སྟེ་བསྲུང་བར་དཀའ། །བཅུད་བཟང་པོ་སེང་གེའི་འོ་མ་དེ། །སྣོད་ངན་པ་སོ་སྐྱེའི་ཛ་ཕོར་དུ། །དུས་སྐྲུག་ཙམ་ཉིད་ནས་ཛ་ཕོར་ཆག །ཀྱེ་བླ་མ་བཟང་པོ་ཐབས་མཁས་པ། །དུས་དང་པོར་དག་པའི་སྣང་བ་སྦྱངས། །དུས་གཉིས་པར་བསྐྱེད་རིམ་རིམ་གྱིས་བསྟེན། །དུས་གསུམ་པར་གསང་སྔགས་སྟོད་གྱུར་པ། །དུས་དེ་ཚེ་ནུས་མེད་ནུས་གྱུར་ཅིང་། །རྟེན་ཐེག་པ་ཆེན་པོ་མཆོག་ཏུ་བརྟགས། །སྲས་ཐུ་བོ་འབྲོམ་རྗེ་ང་ལ་གསོན། །ཀྱིན་དགེ་བའི་བཤེས་གཉེན་གྲོགས་བཟང་བ། །དུས་རྟེན་འབྲེལ་འཛོམ་ན་གསང་སྔགས་ཡིན། །གཞན་བུ་

ཆུང་ཤ་ཁོག་ཟ་དང་མཚུངས། །སྲུས་མི་ཅིག་གཡང་སའི་ཕ་རོལ་ཏུ། །ལུས་སྟོབས་མེད་འདོད་པས་ཕ་རོལ་མཆོངས། །རྒྱ་གལ་ཏེ་མུར་དུ་སླེབ་པ་སྲིད། །རྒྱ་གལ་ཏེ་རོང་དུ་ལྷུང་གྱུར་ན། །ལུས་ཚེ་སྲོག་འབྲལ་བ་ཉེན་དུ་ཆེ། །ཀྱེ་དེ་བས་བདེ་བའི་ལམ་བསྐོར་ནས། །ལུས་འཕྲལ་བདེ་ཕྱུགས་སུ་བཙན་པ་ཡིན། །ཆོས་བཟང་པོ་སྡེ་སྣོད་རིན་ཆེན་གསུམ། །གནས་སྐབས་ཐོག་གཅིག་ཏུ་ཉམས་བླངས་ནས། །ཉེན་ངན་སོང་མི་ཆེ་མཐའ་ཕྱུགས་བཟང་། །རྫེ་སངས་རྒྱས་བསྟན་པ་དམ་ཆོས་ཡིན། །ཆོས་ཚུལ་བཞིན་བྱེད་པ་དགེ་འདུན་ཡིན། །དེ་འདུལ་བའི་སྡེ་ལ་རག་ལས་པས། །བུ་རྒྱལ་བའི་བཀའ་ལུང་འདུལ་བ་བསྟེན། །མི་ཁྱོད་ཀྱིས་གསང་སྔགས་སྐྱངས་ན་ཡང་། །ཁྲིམས་གཉེན་པོ་བཙན་ས་མ་ཟིན་པའི། །ཆོས་ཟབ་མོའི་གྲགས་པས་སྔགས་པ་འཁྲུལ། །ལས་འཁོར་བའི་གཏིང་རྫོ་བྱས་ཀྱིས་དོགས། །ཁྱོད་གསང་སྔགས་ཟབ་མོ་རྒྱུད་ལ་བསྟེན། །ངག་གསང་སྔགས་ཁས་ལེན་མ་ཆེ་ཅིག །དཔལ་བསྟན་པ་སྤྱི་ཡི་ཞབས་ཏོག་ཏུ། །ཆོས་སྡེ་སྣོད་རིན་ཆེན་ཆེའོ་བུ། །དེ་ཕྱུགས་སུ་དགེའོ་འབྲོམ་རྗེ་མཆོག །ཅེས་པའི་གསུང་དེ་ཐོས་ནས། འབྲོམ་གྱི་དགོངས་པ་ལ། བླ་མ་དམ་པའི་གསུང་ལུགས་ཀྱིས། སངས་རྒྱ་བ་ལ་ཐེག་པ་ཆེན་པོ་གསང་སྔགས་འདི་ཤིན་ཏུ་ཉེ་བའི་ཐེག་པའི་ཡང་རྩེ་ཅིག་ཡིན་ཏེ། འདི་ཉམས་སུ་ལོན་ན་དག་སངས་རྒྱས་སྒྲུབ་པ་ལ་འདི་བས་ཉེ་བ་མེད་དེ། སོ་སོ་སྐྱེ་བོ་འཆིང་བ་མཐའ་དག་གིས་བཅིངས་པ། བློ་སྣ་མང་ལ་འདོད་ཐག་ཉེ་བ་གཅིག་གིས་མ་ཟིན་པར་གཉིས་པ་གསུམ་པ་སྒྲུབ་པར་འདོད། རང་གི་བཙན་ས་མ་ཟིན་པར་གཞན་གྱི་སྐད་གྲགས་ཀྱི་རྗེས་སུ་འབྲང་། དེ་ཡང་ཆོས་ཟབ་མོ་མང་པོ་ཐོས་ནས་འདུན་པ་བྱེད་དུ་འགྲོ་བ་ངོ་མཚར་ཆེ་སྟེ། ཞུ་བ་དང་འདོར་བ་གཉིས་གང་མགྱོགས་བྱེད། ཁོ་བོས་ངག་ཉམས་སུ་བླངས་ནས། ཁྲིམས་ཀྱི་སྐུ་མཆེད་གསུམ་འདྲ་བ་སྣོད་དང་ལྡན་པ་འགའ་རེ་ལུང་སྟོང་དུ་ཁྲིད་ཅིང་བསྒོམས་ན་ཉམས་རྟོགས་འོད་གསལ་གྱི་རིག་ཤེས་འབར། སའི་དཀྱིལ་

འཁོར་གར་གྱིས་འགེངས་པ་འོང་ཉེན་ཡོད་དེ་ཅི་ཕན། བསྟན་པ་སྤྱི་ལ་སེམས་དགེས་པར་གདའ་བ། དཔེར་ན་རྒྱལ་པོ་རྒྱལ་སྲིད་སྐྱོང་བ་ལ། རང་ཉིད་ཁ་ངོམས། ལྟོ་འགྲངས་སྐྱིད་པས་ཕན་པར་གདའ་ཡེ། ང་དུས་གསུམ་གྱི་སངས་རྒྱས་ཀྱི་རྒྱལ་སྲིད་བསྐྱང་དགོས་པ་ལ། གསང་སྔགས་སྙིག་མོའི་ཤ་འདྲ་བ་ལུག་པ་ཙུག །སྲིད་པ་ཙུག་བྱེད་པ་འདིས་བསྟན་པ་སྐྱོངས་སོ། །ང་མི་ཕན་ཉེ་མ་འདི་བ་འདྲ་བ། སེ་སྟོད་ཐང་མར་བཏལ་ནས། སུ་རེག་རེག་སུ་ལྷ་ལྷ། ཁ་རེག་ཁ་སྨུམ། ལག་རེག་ལག་སྨུམ། ཁྱི་རི་ཙམ་པ། ཉེན་མགོ་བོ་ཙམ་པ་གང་ཐོབ་ཐོབ་རྒྱལ་བའི་ཆོས་ཤིག་མི་བྱེད་དམ། ད་གཟོད་ངས་དོ་ཕ་ལ་རྩལ་ཐོན་པ་ཅིག་བྱས། ཐུ་བོ་གསུམ་ལ་སོགས་པ་འགའ་ཞིག་ཁྲིད་ནས། ལུང་སྟོང་ཅིག་ན་བཟང་པོ་ཁ་ཅིག་འདུག་གོ་ཟེར་བའི་སྦྲ་ཅིག་སྒྲོགས་ཙ་ན། གྲུབ་ཐོབ་ངོ་མཚར་ཅན་ཡོད། ཆོས་ཞུ་རུ་འགྲོ་དགོས་ཟེར་ནས། ནོར་བག་ཙམ་རེ་ཁྱེར་ཏེ་ངའི་རྩ་རུ་འོང་བ་ཡིན་མོད། དེ་དུས་སུ་ངས་དག་སྣོད་བརྟགས་ནས་བསྟན་པས་ཚིག་སྐྱེ། ལ་ལས་མཐུན་རྐྱེན་སྣ་རེ་ཙམ་ཚང་བས་ཚོག་སླམ་ནས་ངོ་མཚར་ཆེ། ཁྱེད་བསོད་ནམས་ཆེན་པོ་བསགས། ཐེག་པ་ཆེན་པོ་འདི་འདྲ་བ་མཉན་དུ་ཡོད་པ་ཟེར་ནས། སྟོད་ཅི་འདྲ་མི་ལྟ་བར། བཅུད་ཆེ་རེ་ཉེ་རེ་ལ་བླུགས་ཏེ། ད་གཟོད་བླ་མ་འཁྲོམ་གྱི་རྣམ་པར་ཐར་པ་ལ་ཟེར་ནས། གསང་སྔགས་ཟབ་མོའི་ལས་སྐལ་ཆོ་མི་བྱེད་པར། ཟས་སྐལ་ཆོ་ཟ། བདུད་རྩིར་མིང་བཏགས་ནས་ཆང་བག་མེད་ཚོ་འཐུངས། ཐབས་སུ་མིང་བཏགས་ནས་ཤ་བག་མེད་དུ་སྤྱོད། ཟ་དུས་སུ་སེམས་ཅན་གཞན་གྱིས་གོ་བ་བླངས་ནས་འཆི་བ་མ་བྱུང་བས། སྔགས་པ་རྡོ་རྗེ་འཛིན་པ་ཆེན་པོ། རང་གིས་ལག་དར་ཏེ། བྱང་ཆུབ་སེམས་དཔའི་ཕ་མ། སྔགས་པའི་ལྷ་གསོད་པ་ལགས་མོད། དེ་དུས་སུ་བ་སླང་གི་མཆོད་སྦྱིན་གྱི་ཉེན་དུ་ཆེ་བར་གདའ། དེ་ནས་ཚོགས་འཁོར་སྐད་དུ་མིང་བཏགས་ནས། བག་མེད་མང་པོ་འདུས་ནས་བག་མེད་དུ་འཁྲབ། གྲུབ་ཐོབ་མང་པོ་བཟེ་ནས་འགྱེལ། དེས་མི་འདི་རང་

ཉིད་སངས་རྒྱས་གསོན་མ་ཡིན་པ་སྐད་དུ། སངས་རྒྱས་བདུད་རྩིས་ང་རྒྱལ་ཏེ་འཐབ། དེ་ནས་སངས་རྒྱས་རྣམས་ཀྱི་གསུང་ནི་འདི་ལྟ་སྟེ། ང་དང་། ཁྱོད་དང་། ནན་ཏར་ན་ཅི་མ་མཉམ་དང་། ང་བླ་མ་སུ་ཅིག་པོའི་སྲས་པོ་ཡིན། སུ་ཅིག་མོའི་དཔོན་པོ་ཡིན། དགོན་པ་འདི་ལ་ང་ལས་དབང་ཆེ་བ་སུ་ཡོད། ཡུལ་འདི་ན་ངས་དབང་མ་བསྒྱུར་བའི་མི་སུ་ཡོད། ཡོན་བདག་གི་རྩ་བ་ཡིན་རྒྱུ་ངེད་ཀྱི་ཡིན་ཟེར་ནས། བྱིས་པ་བུ་མོ་རང་གི་སྐབས་ལུད་འཕྱིད་མི་ཤེས་པ་རེ་ལ་བླ་མ་སློབ་དཔོན་དུ་མིང་བཏགས། སྐམ་སྒོམ་ཉོན་མོངས་པ་དུ་མས་གཟིར་བ་བླང་དོར་མི་ཤེས་པ་རེས། བླ་མ་སངས་རྒྱས་སུ་བོས་པས། འོ་ན་ང་རང་ཡང་ཨ་ཙི་བར་འོང་ཨང་སྐམ་དུ་སྒོམ་ནི་བཟང་། སངས་རྒྱས་ཀྱི་བྱ་བ་སེམས་ཅན་གཅིག་མི་འདྲོངས། ཡང་ཐེག་པ་ཆེན་པོར་ཁས་བླངས་ནས། གཞན་ཚུལ་ཁྲིམས་གཙང་མ། འདོད་པ་ཆུང་ཞིང་ཆོག་ཤེས་པ། རབ་ཏུ་དབེན་པར་སྦྱངས་པའི་ཡོན་ཏན་བཅུ་གཉིས་ཀྱིས་ཕྱི་རབ་ཏུ་མཛེས་པ། ནང་བྱང་ཆུབ་ཀྱི་སེམས་དང་ལྡན་པ། གསང་སྔགས་ཕུན་སུམ་ཚོགས་པས་རྒྱུད་ཕྱུག་པ། བླ་མ་ཨ་ཏི་ཤ་ལྟ་བུ་ལ། ཉན་ཐོས་སྒོམ་ཆུང་གིས་ས་མི་ཆོད་ཟེར་ནས། བཙུན་ཚུགས་ཅན་ལ་ཉན་ཐོས་ལ་སོགས་པ་ཐེག་དམན་དུ་མིང་འདོགས། ལ་ལ་རེ་ཞིག་ཚུལ་ཁྲིམས་རིན་པོ་ཆེ་ཡོན་ཏན་ཐམས་ཅད་ཀྱི་གཞི་མོ་མཐར་ཐུག་ལམ་ཐམས་ཅད་ཀྱི་རྩ་བ་སྡེ་སྣོད་གསུམ་ནས་ཇི་སྐད་བྱུང་བ་དེ་བོར་ནས། ཐེག་པ་ཆེན་པོའི་སྔགས་ལ་འཇུག་ལོ་གཅིག་བྱས། དེ་ཉམས་སུ་མ་ལོན་པར་སྔགས་པ་ཡིན་མོད་ཟེར་ནས་ཁྲིམ་ཅིག་བྱས། གོས་དུར་སྨྲིག་ཅིག་གྱོན། ཕོ་ཁྱིམ་བྱས་ནས་གྲལ་གྱི་མཐོ་ས་ཅིག་ན་ཡར་ལ་འགྲོ། རང་གི་ཚུལ་ཁྲིམས་འཆལ་བའི་འབྲས་བུ་ཅིག་ལ་ངོ་ཚ་མི་ཤེས་པར་སྲས་པོར་མིང་བཏགས་ནས། ཤཱཀྱའི་དགེ་སློང་གི་མགོར་སྡོད། རེ་རེས་མང་པོ་ཕུང་ལ་བཏང་བའི་ཁྲིམས་ཡོད། ཐེག་པ་ཆེན་པོ་གསང་སྔགས་ལས་ངོ་མཚར་ཆེ་བ་གང་ན་ཡོད། ཐམས་ཅད་ཀྱིས་རྒྱུད་སྡེ་ནས་ཇི་སྐད་འབྱུང་བ་

བཞིན་དུ་ལས་སྐལ་དང་། ཐུས་སྐལ་རྟེན་འབྲེལ་དུ་འཛོམ་ནས། འགྲོ་བའི་དཔལ་མགོན་ཆེན་པོར་གྱུར་ན། དེ་ལས་ལྷག་པ་མེད། ངོ་མཚར་ཆེ་སྟེ། དེ་མི་བྱེད་པར། དམ་ཚིག་ཉམས་པ་མང་པོ་ཅིག་བྱས། ཡུལ་ཁམས་སུ་ནད་རིམས་མང་། ཆར་ཆུ་དུས་སུ་མི་འབབ། དམག་དང་། ཐེ་འཁྲུག་དར། ཁྱི་ས་མ་འཚོང་། ཉེན་གྱིས་ཁྱེར་བའི་ཁྲིམས་ཡོད། ད་རྩིལ་ཏེ་དྲིལ་བའི་མདོ་དོན་ལ། གསང་སྔགས་ཟབ་མོ་སྣོད་མིན་རྣམས་ལ་ལེགས་པར་གསུང་ལ་འཚང་རྒྱ་བ་ལ་འདི་ལས་བསྔགས་པ་མེད་པས་སྣོད་ལྡན་རྣམས་ལ་འདི་དབེན་པར་བསྟེན་ཅིང་བསྟོད་བཀུར་བསྔགས་གསུམ་བྱའོ། །དཀྱིལ་འཁོར་ནང་དུ་བཞེངས་པར་བྱའོ། །དེ་ཟབ་བྱས་ཀྱང་སྡེ་སྣོད་གསུམ་དུ་འདུས། རྒྱུད་ཉོན་མོངས་པ་ཆུ་བོའི་རྒྱུན་ལྟ་བུ་རྣམས་སྤང་བྱར་ཤེས་ནས་བསྟན་ཅིང་གདམས་པས་རྒྱུད་དགེ་འདུན་དུ་འཚོས་ཏེ། མ་དག་པ་དངོས་སུ་དགེ་འདུན་དུ་བསྐྱེད་པས་བསྐྱེད་པའི་རིམ་པ་ཡིན། དེ་ནས་སེམས་ཅན་ཐམས་ཅད་རྩ་བའི་མར་བསྐྱེད། ཚད་མེད་བཞིས་ཅི་འདྲོངས་སུ་བསྐྱེད། བྱང་ཆུབ་ཀྱི་སེམས་ཁྱད་པར་ཅན་གྱིས་ས་ལམ་རིམ་གྱིས་བགྲོད་པའང་བསྐྱེད་རིམ་ཡིན། དེ་ནས་ཤེས་བྱ་རང་མཚན་དང་སྤྱི་མཚན་ལ་དཔྱད་ནས་གཏན་ཚིགས་ཆེན་པོ་བཞིའི་རིགས་པས། རང་དང་སྤྱིའི་ཆོས་མ་ལུས་པར་ཡེ་སྟོང་རྒྱུ་རྐྱེན་གྱིས་མ་བསྐྱེད་པ། གནས་ལུགས་སྤྲོས་བྲལ་སྟོང་པ་ཆེན་པོར་རྟོགས་པ་རྫོགས་པའི་རིམ་པ་ཡིན། ཡང་ཐམས་ཅད་སེམས་ཀྱི་རང་བཞིན། སེམས་སྟོང་པ་ཉིད་ཀྱི་རང་བཞིན། སྟོང་པ་ཡེ་སྟོང་སྤྲོས་བྲལ་གྱི་རང་བཞིན་དུ་ཤེས་པ་ནི་ཡེ་ཤེས་ཡིན། དེ་སངས་རྒྱས་སུ་གསུངས་པས་སངས་རྒྱས་ལས་ལྷག་པའི་ལྷ་མེད། མཐར་ཐུག་གི་ལྷ་སངས་རྒྱས་ཆེན་པོར་ཡོངས་སུ་རྫོགས་པ་ནི་རྫོགས་པའི་རིམ་པ་ཡིན། ཡང་ཆོས་ཐམས་ཅད་རྨི་ལམ་སྒྱུ་མ་ལྟ་བུར་ཤེས་པ་ནི་བསྐྱེད་རིམ། སྤྲོས་བྲལ་དོན་དམ་པའི་རང་བཞིན་དུ་རྟོགས་པ་ནི་རྫོགས་རིམ། བསྒོམས་ན་བསྐྱེད་རྫོགས་གཉིས་པོ་དེར་ཐུགས་འདུས་སམ་

མ་འདུས། འདུས་ན་དེས་ཚིག་འདི་ཉམས་སུ་བླང་། བསྐྱེད་རྫོགས་གཉིས་སུ་མ་འདུས་
པའི་སྔགས་ཀྱིས་དགོས་པ་མེད། ཡང་སྔགས་དེ་ཚུལ་ཁྲིམས་སུ་འདུའམ་མི་འདུ། འདུ
ན་དེ་ཚུལ་ཁྲིམས་ཀྱི་བསླབ་པ་ཡིན། ཚུལ་ཁྲིམས་དེ་འདུལ་བའི་སྡེ་སྣོད་ཀྱིས་སྟོན་པས་
འདུལ་བ་ལས་མ་འདས་པར་འདུག །ཚུལ་ཁྲིམས་སུ་མ་འདུས་ན། གཞི་མ་མེད་པའི་
ཆོས་དེས་ཕུགས་མི་ཐུབ། གཞི་མེད་ཀྱི་ཆོས་ཀྱིས་དགོས་པ་མེད། ཡང་སྔགས་དེ་སེམས་
ཀྱི་བསླབ་པར་འདུས་སམ་མ་འདུས། འདུས་ན་མདོ་སྡེའི་སྡེ་སྣོད་ཀྱིས་སྟོན་པར་བྱེད་
པས་དེ་མདོ་སྡེའི་སྡེ་སྣོད་ལས་མ་འདས་པར་འདུག །མ་འདུས་ན་སྒྱིད་པ་མེད་པའི་
ལམ་རབ་དཀའ། སྒྱིད་པ་བཟང་པོ་ལམ་རབ་དང་ལྡན་པ་མེད་ན། འབྲས་བུ་མཐར་
ཐུག་ཏུ་མི་ཕྱིན། སེམས་ཀྱི་བསླབ་པ་མེད། སྒྱིད་པ་དང་ལམ་ཕུན་སུམ་ཚོགས་པ་མེད།
དེས་བསྐྱེད་པའི་འབྲས་བུ་སངས་རྒྱས་མེད་པའི་ཆོས་དེ་ཕར་ཞོག །ཡང་སྔགས་དེ་ཤེས་
རབ་ཀྱི་བསླབ་པར་འདུའམ་མི་འདུ། དེ་ལ་འདུ་ན་གཉིས། ཟག་མེད་དང་ཟག་བཅས་
གཉིས་ལས། དེ་གཉིས་གང་དུ་འདུ། གཉིས་ཀར་དུ་འདུ་ན་དེ་མངོན་པས་སྟོན་པར་
བྱེད་པ་ཡིན་པས་མངོན་པའི་སྡེ་སྣོད་དུ་འདུ་བར་འདུག །ཟག་བཅས་དང་ཟག་མེད་
ཀྱི་ཤེས་རབ་གཉིས་ཀར་མི་འདུ་ན། ཤེས་རབ་མ་ཡིན་པའི་སྔགས་དེ་ཕར་ཞོག །ཤེས་
རབ་གཉིས་གང་དུ་འདུ་ཡང་མངོན་པ་ལས་མ་འདས། དེ་ལྟར་ལྷག་པ་ཚུལ་ཁྲིམས་ཀྱི་
བསླབ་པ་གཏན་ལ་འབེབས་པར་བྱེད་པ་འདུལ་བ། སེམས་དང་ཤེས་རབ་ཀྱི་བསླབ་
པ་གཏན་ལ་འབེབས་པར་བྱེད་པ་མདོ་སྡེ་དང་མངོན་པ་སྟེ། དེ་ལ་སྡེ་སྣོད་གསུམ་ཞེས་
གྲགས། ལེགས་ཅུང་། ཉེས་ཅུང་། བཀའ་སྡེ་སྣོད་གསུམ་བྱ་བ་ཡིན། ད་དེ་ལ་བརྟེན་པའི་
བསྟན་བཅོས་སྡེ་སྣོད་གསུམ་བྱ་བ་འབྱུང་། རྗེལ་ཧེ་དྲིལ་ན། ནང་པར་ནས་བླ་མས་གང་
ཟག་གི་བློ་ཚོད་གསུམ་དུ་བསྡུས་ནས་སྣན་ཐོག་གཅིག་ཏུ་རྗེལ་ཧེ་དྲིལ་ནས་ཉམས་སུ་
ལེན་པའི་ཆོས་ཤིག་བླ་མས་གནང་བར་ཡོད། ཐེག་པ་ཆེན་པོ་གསང་སྔགས་ཀྱང་

བསླབ་པ་གསུམ་པོ་འདི་ཡིན་དགོས། ཡང་ན་འདི་མིན་དགོས། ལར་གསུམ་པོ་འདིར་མ་འདུས་པའི་གསང་སྔགས་ཅིག་ཡོད་དེ། ཚུལ་ཁྲིམས་ཀྱང་མ་ཡིན། སེམས་ཀྱང་མ་ཡིན། ཤེས་རབ་ཀྱང་མ་ཡིན། དེ་ན་ནི་སྐྱོན་ཆེའོ། །རྩིལ་ཏེ་དྲིལ་ན་སྡེ་སྣོད་གསུམ་ལས་གཞན་པའི་སྔགས་མེད། སྔགས་མ་ཡིན་པའི་སྡེ་སྣོད་གསུམ་ཀྱང་མེད། དེ་ན་ཇོ་བོ་ཆེན་པོ་ངའི་བསམ་མནོ་འདི་ཡིན། དགེ་འདུན་གྱི་ཆོས་བྱས་པས་འབྲས་བུ་སངས་རྒྱས་འོང་། དགེ་འདུན་བྱ་བ་ཚུལ་ཁྲིམས་དང་ལྡན་པ་ཅིག་ལ་ཟེར་བ་ཡིན། ཚུལ་ཁྲིམས་རབ་ཅིག་བསྲུང་བ་ལ་འདུལ་བ་རབ་ཅིག་ཤེས་དགོས། ཚུལ་ཁྲིམས་འབྲིང་ཅིག་བསྲུང་བ་ལ་འདུལ་བ་འབྲིང་ཅིག་ཤེས་དགོས། ཐ་ན་རྩ་བཞི་བསྲུང་བ་ལའང་རྩ་བཞི་མི་ཤེས་པའི་ཐབས་མེད། དེས་ན་སངས་རྒྱས་ཀྱི་བསྟན་པ་དགེ་འདུན་ལ་རག་ལས། དགེ་འདུན་དམ་པའི་ཆོས་འདུལ་བ་ལ་རག་ལས། འདུལ་བ་འདུལ་བ་འཛིན་པ་ལ་རག་ལས་པས། ཁོ་བོས་སངས་རྒྱས་ཀྱི་བསྟན་པ་ལ་བསམས་ནས། དམ་པའི་ཆོས་འདུལ་བ་ལ་ཆོས་སྐལ་གཅིག་བགྱིའོ། །དྲང་བའི་དོན། ངེས་པའི་དོན། སྟོན་རྒྱལ་བ་སྲས་བཅས་རྣམས་ཀྱིས་དཀའ་བ་སྤྱད་ཚུལ་ལ་སོགས་པ་ཟབ་དགུ་ཐམས་ཅད་མདོ་སྡེ་ལ་ཡོད་པས། མདོ་སྡེ་ལའང་ཁོ་བོའི་ཆོས་སྐལ་གཅིག་བགྱིའོ། །ཁོ་བོ་ཀུན་རྫུན་ལའང་མི་མཁས། མངོན་ཤེས་ཐོགས་པ་མེད་པའང་མེད་པས། ཤེས་བྱའི་དཀྱིལ་འཁོར་སྟོན་པ་ལ། རི་བོ་མཆོག་རབ་ལ་སོགས་པའི་ཚད་དབྱིབས་གླིང་བཞི་སྟོང་གསུམ་ལ་སོགས་པ་མངོན་པ་ལ་བརྟེན་ནས་སོ་སོ་སྐྱེ་བོས་ཀྱང་ཤེས་སུ་རུང་བས། བྱང་ཆུབ་ལ་དམིགས་ཏེ་མངོན་པ་ལའང་ཁོ་བོའི་ཆོས་སྐལ་གཅིག་བགྱིའོ། །སྡེ་སྣོད་གསུམ་ཞེས་ཀྱང་རུང་། བསླབ་པ་གསུམ་ཞེས་ཀྱང་རུང་། ཆོས་འདུལ་བ་གསུམ་པོ་འདི་ནི་ཕྱི་རབས་ཀྱི་གདུལ་བྱ་ལ་བྱིན་ཏེ། ཚུལ་ཁྲིམས་རྣམ་པར་དག་པས་ས་གཞི་གང་བ་ཙམ་བྱས། དེ་དག་གི་རྒྱུད་ཐམས་ཅད་སྡེ་སྣོད་གསུམ་གྱིས་རྒྱས་པར་བྱས་ཏེ་སངས་རྒྱས་ཀྱི་བསྟན་པ་ཡོངས་སུ་གསལ་བར་

བྱའོ་སྙམ་དུ་ནན་ཏན་ཐུགས་ལ་བཅེར་ཞིང་བཅེར་ཞིང་སེམས་པ་ན། ལྷ་བཞི་ཡང་དུང་ན་སླེབས་ནས་གདའ། ཇོ་བོའི་ཞལ་ནས་ཀྱང་། སྲུས་ཀྱི་ཐུ་བོ་བསྒོམ་འཕེལ། ཡང་དང་ཡང་དུ་བསྒོམས། ཆོས་ཀྱི་འདམ་ག་དེ་ནི་མཆོག་གོ །ཇི་ལྟར་སེམས་པ་བཞིན་དུ། གསང་སྔགས་ཐམས་ཅད་ཀྱང་དེར་མ་འདུས་པ་མེད་དོ། །ཕྱི་ཆེ་ལ་ཉེན་ཆུང་བའི་ཆོས་རིགས་དེ་ཡིན། ཐབས་མཁས་ལ་ཤེས་རབ་ཆེ་བའི་ཆོས་རིགས་དེ་ཡིན། ཆོས་ལམ་དུ་འགྲོ་བའི་ཆོས་རིགས་ཀྱང་དེ་ཡིན་ནོ། །ཞེས་གསུངས་པའི་རྗེས་སུ། ལྷ་བཞིའི་ཞལ་ནས། དོན་སྤྱི་ལ་སེམས་པའི་སྐྱེས་བུ་མཆོག །ཆོས་འདུལ་བས་ལྷ་མཆོག་ཁྲིམས་ལྡན་བསྐྱེད། །ཆོས་མདོ་སྡེས་ལྷ་མཆོག་འཕགས་པ་བསྐྱེད། །ཆོས་མངོན་པས་ལྷ་མཆོག་རྒྱལ་བ་བསྐྱེད། །ཀྱེ་དེ་ཡང་གཙོ་ཆེར་བསྟན་པར་ཟད། །ཆོས་གསུམ་གས་རྒྱལ་བ་མཆོག་ཏུ་བསྐྱུན། །ཆོས་རིག་པ་སྟོད་འདིར་མ་ཚང་མེད། །ཆོས་བསླབ་གསུམ་ལམ་སྟོན་རབ་གདམས་པས། །རྒྱུད་གདུལ་བྱ་དག་པ་དཔག་མེད་འབྱུང་། །བཀའ་ཟབ་མོ་འདམ་ག་མ་ལོག་རྗེ། །དུས་ཐོག་མཐའ་བར་གསུམ་རབ་ཏུ་བཙན། །ཆོས་འདི་གསུམ་བཅས་པར་བྱིན་གྱིས་བརླབས། །ང་ཐེ་ཚོམ་མ་བྱེད་སྒྲུབ་ལ་བརྩོན། །མཐར་ཐུག་པའི་ལམ་དུ་གང་འགྲོ་བ། །སེམས་ཐེ་ཚོམ་མ་མཛད་སྒྲུབ་ལ་བརྩོན། །ངེད་རྣམ་དག་ལྷ་ཡི་གཞལ་ཡས་རྣམས། །སེམས་ཐེ་ཚོམ་མ་མང་སྒྲུབ་ལ་བརྩོན། །སྲས་ཁྱོད་ཀྱིས་ཐེ་ཚོམ་རབ་སྤངས་ནས། །སྔགས་ཟབ་མོ་འདམ་ག་ལེགས་སོ་རྗེ། །གསང་ཞེས་པ་ཆོས་ཀྱི་སྐྱོན་མ་ཡིན། །རྗེ་སངས་རྒྱས་སྒྲུབ་ལ་རབ་བསྔགས་ཀྱང་། །སྟོད་ཐ་མལ་རྣམས་ཀྱིས་འཆུན་པར་དཀའ། །མི་ཁྱོད་ཀྱི་སྟོད་དང་རབ་བསྟུན་ནས། །བུ་སྔགས་ཀྱི་དཀྱིལ་འཁོར་ནང་དུ་བསྟེན། །ཞེས་གསུངས་ནས་རྣམ་པར་དག་པའི་མཁའ་ལ་ཡལ། ཡང་ཇོ་བོའི་ཞལ་ནས། བུ་ཐེ་ཚོམ་མ་མང་སྟེ་སྟོད་བཟུང་། །དུས་གཏན་གྱི་འདུན་མ་འདི་ཉིད་བཟང་། །སློ་ཐེ་ཚོམ་ཅན་ལ་བྱང་ཆུབ་དཀའ། །སེམས་རྩེ་གཅིག་དང་དུ་སྒྲུབ་པ་མཛོད། །ལར་ཐེ་ཚོམ་

ཐམས་ཅད་རྣམ་སྤངས་ནས། །ཁོང་རྒྱལ་བའི་བཀའ་ལུང་དཔག་མེད་ཀྱི། །དོན་སྒྲུབ་ལ་ནན་ཏན་གཅེས་སུ་མཛོད། །རྟེན་ལེ་ལོ་ཅན་རྣམས་ཐེ་ཚོམ་འཕེལ། །དོན་གཏན་གྱི་འདུན་མ་བསྒྲུབས་པས་ཉམས། །དོན་ལེགས་པར་སོམས་ཤིག་སྤྲུལ་ཀྱི་མཆོག །ཆོས་ཇི་ལྟར་ཟབ་ཀྱང་ཉམས་ལེན་གཙོ། །ད་བཀའ་གདམས་རིན་ཆེན་བྱ་བར་བཟང་། །འཕྲོམ་གྱི་ཞལ་ནས། ཟབ་ཆོས་དུ་མ་གསུངས་ཀྱུར་ཅིང་། །ཕོ་བོས་ཆོས་རྣམས་རོ་གཅིག་པར། །སྡེ་སྣོད་གསུམ་དུ་གདམས་པ་ཡང་། །ལྷ་དང་བླ་མས་ལེགས་གསུངས་ནས། །ཕན་པའི་གདམས་ངག་གསུངས་པ་རྣམས། །ལེགས་པར་བསྡུས་ན་འདི་ལྟ་སྟེ། །ཐེ་ཚོམ་ཐམས་ཅད་སྤང་བྱ་ཞིང་། །སྒྲུབ་ལ་ནན་ཏན་གཅེས་སུ་བྱ། །ཞེས་བྱ་བ་ཅིག་ལས་མི་གདའ་ཡི། །དེ་ལྟར་ན་ཞུས་ལན་ནོར་བུའི་ཕྲེང་བ་ལས། བཀའ་སྡེ་སྣོད་གསུམ་ལ་འདམ་ཀ་ཇི་ལྟར་བཏང་བའི་ལེའུ་སྟེ་གསུམ་པའོ།། །།

༈ ཡང་དུས་རེ་ཞིག་ཇོ་བོ་ཡབ་སྲས་གཉིས། སྙེ་ཐང་འོར་ན་བཞུགས་པའི་དུས་སུ། འབྲོམ་ཆེན་པོ་ཐོ་རངས་ཀྱི་དུས་ལ་བབ་པའི་ཆ་ལ། མནལ་ཅིག་མཛད་ནས་ཡོད་པའི་དུས་སུ། ཇོ་བོའི་ཞལ་ནས། ལྷ་ཆོས་བདུན་ལྡན་ཡར་ལ་བཞེངས། །དལ་འབྱོར་འདི་ནི་རྙེད་པར་དཀའ། །སངས་རྒྱས་བསྟན་དང་མཇལ་བ་དཀོན། །མི་རྟག་མྱུར་དུ་འགྲོ་བའི་ཆོས། །ཚུ་བོའི་ཐ་དང་ཅིས་མ་མཚུངས། །རྩེ་གཅིག་སེམས་ལ་གྲོས་ཐོབ་ལ། །ཉམས་ལེན་སེམས་ལ་བཙན་ས་བཟུང་། །གཉིད་དང་རྨུགས་པ་དོན་མེད་པས། །དཀོན་མཆོག་བསྟན་ལ་དལ་འབྱོར་རྙེད། །གཏན་གྱི་འདུན་མ་དིང་སང་ཉིད། །སྒྲུབ་དུས་ལེ་ལོ་མ་མཛད་ཅིག །འབྲོམ་རྗེའི་ཞལ་ནས་འདི་སྐད་གསུང་། །འགྲོ་བའི་བླ་མ་ཨ་ཏི་ཤ །བདེ་སྐྱིད་དུ་མ་སྟེར་བྱེད་གཏེར། །མང་ལགས་རྫོངས་པའི་སྤྱོད་ཚུལ་བསྟན། །དུས་སུ་གཉིད་ལོག་གཏོང་བ་འདྲ། །མི་རྟག་རྟག་འཛིན་འཆིང་བ་ཆེ། །ཁྱེད་གསུང་ཡལ་བར་ག་ལ་འདོར། །ཚེ་འདི་ཡུད་ཙམ་སྣང་བ་ཡིན། །གཉིད་རྨུགས་ལེ་ལོ་བྱེད་ཐོད་དམ། །བླ་མ་

བདག་གི་སྒོ་གསུམ་རྣམས། །ཀུན་ནས་ཀུན་ཏུ་བྱིན་གྱིས་རློབས། །ཇོ་བོའི་ཞལ་ནས་འདི་སྐད་གསུང་། །གཟུངས་ཚུ་གཙང་མས་ལུས་ཁྲུས་ལ། །མི་བརྗེད་གཟུངས་ཀྱི་ཏིང་འཛིན་བསྒོམས། །ཏིང་ངེ་འཛིན་མེད་ལྷུག་པར་ཞོག །རྗེས་ལ་བྱམས་དང་སྙིང་རྗེར་སྤྱོད། །སླར་ཡང་ཡོག་ལ་གནས་ལུགས་བསྒོམས། །ལན་དུ་འབྲོམ་རྗེས་འདི་སྐད་ཞུས། །རྙེད་དཀའི་དལ་འབྱོར་རྙེད་གྱུར་ནས། །གཉིད་རྨུགས་ལེ་ལོའི་དབང་སོང་བའི། །མི་དེ་དོན་མེད་མ་གྱུར་ཏམ། །ཇོ་བོའི་ཞལ་ནས་འདི་སྐད་གསུངས། །རྨོངས་པ་ཉིན་ཕྱེད་གྱུར་པ་ན། །གཉིད་ལོག་བྱ་བ་བཞག་གྱུར་ནས། །ནམ་ཕྱེད་གཟུགས་རྣམས་མི་མཐོང་ཚེ། །ལག་ནོམ་དུ་མས་བོ་སྐྱིལ་བྱེད། །སླར་འགྱོད་འཕྲིས་ཏེ་ལེ་ལོས་ལན། །དེ་བཞིན་སྐྱེ་བོ་རྨོངས་པ་རྣམས། །མི་ལུས་རིན་ཆེན་ཐོབ་པའི་ཚེ། །བདེ་སྡུག་གཟུགས་ལ་མི་ལྟ་བར། །ནོངས་པས་ངན་སོང་སྐྱེས་པའི་ཚེ། །འགྱོད་པ་མི་དྲན་འགྱོད་ཀྱང་འཕྲིས། །ལ་ལ་བཙོ་སྲེག་དུ་མས་གཟིར། །ལ་ལ་བཀྲེས་སྐོམ་ཕོངས་པས་གཙེས། །ལ་ལ་གསོད་བཀོལ་གཞན་དབང་གྱུར། །སྡུག་བསྔལ་དུ་མ་ཐོག་བབས་ཀྱང་། །ནམ་ཕྱེད་ལག་ནོམ་བྱེད་དང་མཚུངས། །ཤེས་སམ་འབྲོམ་རྗེ་དེ་དགོངས་ལ། །གཉིད་རྨུགས་ལེ་ལོ་རབ་ཏུ་སྤོངས། །ཚེ་འདི་ཇི་ལྟར་བྱས་ཀྱང་སླ། །འདི་ཡི་དབང་དུ་མ་སོང་བར། །གཉིད་འདི་ཁྲིལ་མེད་ཕྱི་ཐག་ཐུང་། །ལེ་ལོས་འདུན་མ་ཐམས་ཅད་སྐྱེལ། །ཞེས་གསུང་ངོ་། །དེ་དག་ནི་གཉིད་རྨུགས་དང་ལེ་ལོའི་ཉེས་དམིགས་བསྟན་པའི་ཚོམས་སོ།། །།

ཡང་ལན་གཅིག་འབྲོམ་གྱིས་འདི་ལྟར་ཞུས་ཏེ། ཀུན་གྱིས་མགོན་པོ་ཨ་ཏི་ཤ །མྱུར་དུ་བྱང་ཆུབ་སྒྲུབ་བྱེད་ན། །གང་དང་ལྡན་པ་གྲོགས་སུ་བཟང་། །ཇི་ལྟར་འབད་ན་བཙན་སར་ཕྱིན། །ཇོ་བོའི་ཞལ་ནས་འདི་སྐད་གསུངས། །བརྩོན་འགྲུས་གོ་ཆས་བརྒྱན་པའི་མི། །མཐར་ཐུག་བྱང་ཆུབ་མྱུར་དུ་འགྲུབ། །ཐ་མལ་བྱ་བ་བྱེད་པ་ཡང་། །བརྩོན་འགྲུས་མེད་ན་འབྲས་མི་མཐོང་། །གཏན་གྱི་བཙན་ས་སྒྲུབ་པ་ལ། །བརྩོན་འགྲུས་

ཆེན་པོས་མ་འབད་ན། །རྒྱ་མཚོའི་ཕ་རོལ་ཇི་ལྟར་སྒྲོལ། །དེ་བས་བརྩོན་འགྲུས་གོ་ཆ་ཡོང་། །ནམ་ཞིག་གཏན་ལ་འབབ་པར་མཛོད། །ཚད་མེད་ཆོས་ཀྱི་གཞུང་ལམ་ལ། །དད་པའི་བཞོན་པ་རབ་མནན་ནས། །བརྩོན་འགྲུས་ལྕག་གིས་བྲབས་གྱུར་ན། །དོན་གཉིས་སྐྱེ་དགུའི་བཙན་སར་སླེབས། །སྲུས་ཅིག་དོན་མེད་ཕྱི་བཞོལ་ཞོག །དེང་ཐྱ་སང་དང་གནངས་ལ་ལུས། །ཐ་མར་མི་ཚེ་ཟད་འགྱུར་བས། །དེ་བས་དེ་རིང་ཉིད་དུ་སྒྲུབས། །ཨེ་མ་བདག་གི་སྲས་གཅིག་པུ། །དཔའ་བོ་རྣམས་ལ་དགྲས་མི་ཚུགས། །བརྩོན་འགྲུས་ཅན་ལ་བར་ཆད་རྟུགས། །ཀུན་གྱི་བཙན་ས་འཛིན་པ་ལ། །བརྩོན་འགྲུས་གོ་ཡིས་མ་བསྐུར་ན། །བདུད་སྡེའི་ཚོགས་ནི་མཆོན་ཆ་རྣོ། །ཉེས་པའི་ཚོགས་ནི་སྙིང་ཐག་ཉེ། །དུ་མ་སྤྱངས་ཀྱང་སྤྲང་ཆར་འབབ། །སྲེ་སྡོད་གསེར་གྱི་ཁང་རབ་ཏུ། །ཚུལ་ཁྲིམས་མཛེས་པའི་གོས་ཀྱིས་བརྒྱན། །བསམ་གཏན་བདེ་བའི་ཟས་ཀྱིས་ཚིམ། །ཤེས་རབ་འོད་ཀྱིས་རབ་བལྟམས་ནས། །བརྩོན་འགྲུས་ཡོན་ཏན་འཕེལ་བྱེད་གང་། །ཐར་པའི་ལམ་ལ་འབད་བྱས་ན། །གཏན་གྱི་འདུན་མ་མི་ཐོགས་པར། །ཅི་བསམས་ཉིད་ན་གྲུབ་པར་འགྱུར། །བླ་མའི་དྲུང་དུ་འདི་སྐད་ཞུས། །མཐོ་རིས་ཐར་པ་མ་ལུས་པའི། །འགྲུབ་བྱེད་བརྩོན་འགྲུས་ཆེན་པོ་སྟེ། །གྲོགས་ངན་གཉིད་རྨུགས་རབ་སྤངས་ཤིང་། །ལེ་ལོའི་དབང་དུ་མི་བཏང་འཚལ། །ལེགས་པར་བསྒོམས་ན་འདི་ལྟ་སྟེ། །གཉིད་རྨུགས་ལེ་ལོ་རབ་སྤངས་ཤིང་། །རྟག་ཏུ་བརྩོན་འགྲུས་འབད་པར་བྱ། །ཞེས་བྱ་བ་ཅིག་ལས་མི་གདའ་ཡི། དེ་ལྟར་ན་ཞུས་ལན་ནོར་བུའི་ཕྲེང་བ་ལས། སྦྱོར་བས་ཇི་ལྟར་འབད་པར་བྱ་བའི་ལེའུ་སྟེ་བཞི་པའོ།། །།

༈ ཡང་ཇོ་བོ་ཡབ་སྲས་གཉིས་སྙེ་ཐང་ན་བཞུགས་པའི་དུས་སུ། འབྲོམ་གྱིས་ཇོ་བོ་ལ་འདི་སྐད་ཞུས་པ། སྤྱིར་འཁོར་བར་སྐྱེས། དེའི་ནང་ནས་ཀྱང་མི་མཇེད་ཀྱི་འཇིག་རྟེན་འདིར་སྐྱེས། རང་གི་སེམས་ལ་གདེང་མ་ཐོབ། གྲོགས་ངན་གྱི་དབང་བཤལ་གོས་

པར་སློ། ཁྱེད་ལྷ་བུའི་བླ་མ་དམ་པ་བསྟེན་པ་ལ། སྟན་ཐོག་གཅིག་ཏུ་བསྡད་དེ། ཚེ་འདིའི་འདུན་མ་ལིངས་ཀྱིས་བསྒྱུར་ནས། ནམ་ཞག་གཏན་གྱི་འདུན་མ་དེ་རིང་འགྲུབ་བམ་སྙམ་པ་ཅིག་དགོས་པར་གདའ་བས། ཁྱེད་རྒྱ་གར་ནས་བྱོན་པའི་ཉམས་དགའ་ལ། དགེ་བསྙེན་རྣལ་འབྱོར་པ་མི་ཞིག་གི་སར། ཁྱེད་པཎྜི་ཏ་ཆེན་པོ་ཞིག་བྱོན། ཁོ་བོ་འདྲ་བའི་ཐ་མལ་པ་ཅིག་ལ་ཡི་དམ་གྱི་ལྷ་མང་པོས་ལུང་བསྟན་ཐུགས་རྗེས་བཟུང་། བླ་མ་རྣམས་ཀྱིས་ཀྱང་ཡུལ་འདིར་བསྐུལ། ད་དགེ་བཤེས་ཁུ་གཅིག་པུ་ལ་བསམས་ནས་ཀྱང་གཏན་གྱི་འདུན་མ་དེ་རིང་ལ་མི་སྒྲུབ་པའི་སྐབས་མེད་པས། འདུན་མའི་སྒྲུབ་ལུགས་ཤིག་ཞུ་དགོས་པར་གདའོ། །ཞེས་ཞུས་པ་ནི་འདི་ལྟ་སྟེ། སློ་ཐང་འོར་མོའི་སྐྱོ་བསངས་སུ། །ཨུ་པ་སི་ཀའི་སྐྱོ་བསངས་ཕྱིར། །ཇོ་བོའི་དྲུང་དུ་འདི་སྐད་ཞུས། །ཕན་བདེའི་འབྱུང་གནས་དགོངས་སུ་གསོལ། །ཚོད་དུས་སྙིགས་མ་འདི་ལྟར་འདྲ། །སྐྱོབས་མེད་གཞན་དོན་ཁུར་ཆེན་ལ། །རྒྱ་གར་གནས་ནས་འདིར་བྱོན་པ། །ལྷ་དང་བླ་མས་ལུང་བསྟན་ནས། །ཁོ་བོ་རྗེས་བཟུང་དྲིན་དུ་ཆེར། །ད་ནི་གཏན་གྱི་འདུན་མ་རྣམས། །ཕྱིལ་ཏེ་དྲིལ་བའི་ཉམས་ལེན་ཞུ། །གང་ལ་བལྟས་ཀྱང་དལ་སླུགས་མེད། །ཇོ་བོའི་ཞལ་ནས། དེ་ལ་ང་ལ་ཐབས་ཆེན་པོ་ཡོད། ཚེ་འདིའི་འདུན་མ་ལིངས་ཏེ་ལག་ལེན་ལ་ཐོབ་ལ་བསྒྱུར། བཤད་པ་དང་ཁས་ལེན་མང་པོས་དོན་མི་འགྲུབ། འདི་ལྟར་དབེན་པའི་གནས་སུ་སོང་དུ་བཤད་པ་ལྟར་བླ་མ་དང་ཡི་དམ་ལ་གསོལ་བ་ཐོབ། སྡེ་སྣོད་གསུམ་སྐྱེས་བུ་གསུམ་དུ་ཕྱིལ་ཏེ་དྲིལ། གཉིད་རྨུགས་དང་ལེ་ལོའི་བདུད་མ་ཞུགས་པར་བརྩོན་འགྲུས་ཆེན་པོས་ལྷ་དང་བླ་མ་མདུན་གྱི་ནམ་མཁའ་ལ་བྱོན་པ་ལ། སྒོ་གསུམ་གྱི་སྒོ་ནས་ཡན་ལག་བདུན་པ་རྒྱས་པར་ཕུལ། དད་གུས་དུངས་པ་གྱིས་ལ་བླ་མ་དང་ཡི་དམ་མདུན་དུ་འོ་སྐོལ་གཉིས་གསུང་གླེང་བྱེད་པ་བཞིན་དུ་འབྲལ་བ་མེད་པར་སྒོམས། ཨུ་པ་སི་ཀ་བླ་མ་ཡི་དམ་ལ་ཐུགས་རྗེ་ཡོད། ཆོས་མཐུ་བཙན། ཁྱོད་ལ་དད་གུས་ཀྱི་ལུང་ཡོད། ཁྱོད་

རང་ཟེར་བ་བཞིན་དུ་ཐེ་ཚོམ་ཐམས་ཅད་ཧྲིལ་ཏེ་སྤྲངས། ད་ལུས་དུམ་བུ་བརྒྱར་སོང་ཀྱང་སྒྲུབ་པ་འདི་འདོར་བར་མི་བྱའོ་སྙམ་དུ་སྒྲུབ་པ་ལ་ནན་ཏན་གཅེས་སྤྲས་སུ་བྱས་ནས། དངོས་གཞི་ལ་འཇུག་པ་ནི། སྟན་བདེ་བ་ལ་ལུས་གནད་ལེགས་པར་བཅས། སེམས་ཅན་དམིགས་ཡུལ་དུ་བྱས་ནས་སྐྱབས་འགྲོ་ཕུན་སུམ་ཚོགས་པར་བྱས། ཡང་གཞན་དོན་དུ་བྱང་ཆུབ་མཆོག་ཏུ་སེམས་བསྐྱེད་དེ། དེ་ནས་སེམས་གཟུང་བར་བྱ་སྟེ། རང་གི་སྙིང་གི་དཀྱིལ་དུ་པཾ་དཀར་པོ་ཞུ་བའི་པདྨའི་ལྟེ་བ་ལ་ཨཱ་ཐིག་ལེ་འཁྱིལ་པོ་ཙམ་བསྐྱེད། དེ་ཞུ་བ་ལས་ཟླ་བའི་དཀྱིལ་འཁོར་ཡང་དེ་ཙམ་བསྐྱེད། དེ་ནས་དེའི་སྟེང་དུ་ཧྲཱིཿདང་ཨོཾ་དཀར་སེར་གང་ཡང་རུང་ཁ་བོ་ཧླ་མ་དང་ཡི་དམ་དབྱེར་མེད་པར་བསྐྱེད་ལ། སེམས་རྩེ་གཅིག་ཏུ་དེ་ཉིད་ལ་བཟུང་སྟེ། མིག་གི་དབང་པོའི་སྒོ་བསྡམས་ཏེ་ཕྱི་རོལ་གྱི་གཟུགས་ལ་མི་སྤྲོ། རྣ་བའི་དབང་པོའི་སྒོ་བསྡམས་ཏེ། ཕྱི་རོལ་གྱི་སྒྲ་ལ་མི་སྤྲོ། དེ་བཞིན་དུ་སྣ། ལྕེ། ལུས། ཡིད་རྣམས། དྲི་རོ་རེག་བྱ་རྣམ་པར་རྟོག་པ་ལ་མ་འབྱམས་པར་བྱས་ཏེ། བླ་མ་དྲན་པས་མི་བརྗེད་པར་བྱས། ཤེས་བཞིན་གྱིས་བརྟན་པར་བྱ། བག་ཡོད་པས་དད་གུས་ཕུན་སུམ་ཚོགས་པར་བྱ་སྟེ། བླ་མའི་སྐུ་ནས་གང་ཙམ་གསལ་ལ་དག་པ་དྲི་མ་མེད་པའི་འོད་ཁ་དོག་ལྔའམ་དྲུག་ཕྱོགས་བཅུར་འཕྲོ་བ། དེ་ལྟ་བུ་ཞིག་ལ་སེམས་ལེགས་པར་བཟུང་སྟེ། ཡིད་ཀྱིས་ཕྱག་བྱ་མཆོད་པ་བྱ། གསོལ་བ་འདི་ལྟར་གདབ་སྟེ། ཚེ་འཁོར་བ་ཐོག་མ་མེད་པ་ནས་ད་ལྟ་ཡན་ཆད་ཀྱི་ཉེས་པ་ཕྲ་ཞིང་ཕྲ་བ་རྣམས་བྱང་བར་མཛད་དུ་གསོལ། ཕྱོགས་བཅུའི་རྒྱལ་བ་མ་ལུས་པ་རྣམས་གདུལ་བྱའི་དོན་ལས་སྐད་ཅིག་ཀྱང་མ་གཡོས་པར་མཁྱེན་བརྩེའི་ལམ་དུ་ཞུགས་པ་རྣམས་དང་རང་ཉིད་ཀྱང་འགྲོགས་ལ་དེ་དག་ལ་ཆགས་སྡང་ཅིག་ཀྱང་མི་མངའ་བར་དག་པའི་སྣང་བ་འབབ་ཞིག་གིས་རྗེས་སུ་ཡི་རང་ཕུན་སུམ་ཚོགས་པ་འབྱུང་བར་བྱིན་གྱིས་བརླབ་ཏུ་གསོལ། དེ་དག་ལ་ཆོས་ཀྱི་འཁོར་ལོ་བླ་ན་མེད་པ་བསྐོར་བར་གསོལ་

ཞིང་བདག་གིས་བསྐུལ་མ་ཐག་ཏུ་དུས་གསུམ་དུ་དགེ་བ་ལ་སོགས་པ་རྩྭ་དང་ཤིང་གེལ་པ་ལ་སོགས་པའི་བེམས་པོ་ཡན་ཆོད་ཀྱིས་ཆོས་སྟོན་ཅིང་བསྐོར་བར་བྱིན་གྱིས་བརླབ་ཏུ་གསོལ། བདག་གིས་རྒྱལ་བ་སྲས་བཅས་མ་ལུས་པ་དེ་དག་ལ་མྱ་ངན་ལས་མི་འདའ་བར་གསོལ་བ་བཏབ་པ་ཙམ་གྱིས་འཁོར་བ་མ་སྟོངས་ཀྱི་བར་དུ་སེམས་ཅན་རེ་རེའི་མདུན་དུ་ཡང་། རྒྱལ་བ་སྲས་བཅས་ཆ་ཚང་བར་བཞུགས་ནས། དེ་དག་དང་མཐུན་པའི་ཆོས་སྟོན་ཅིང་། དེ་དག་རིམ་གྱིས་འདྲེན་ཅིང་བཞུགས་པར་བྱིན་གྱིས་བརླབ་ཏུ་གསོལ། གཞན་ཡང་བདག་གིས་དགེ་བའི་རྩ་བ་གང་བསྔོས་པ་ཐམས་ཅད་མཛད་པའི་རྐྱེན་དང་བྲལ་ནས། ས་བཅུ་རིམ་གྱིས་བགྲོད་ཅིང་མཐར་སེམས་ཅན་གྱི་དོན་དུ་བར་དུ་གཅོད་པ་གང་གིས་ཀྱང་ཐོགས་པ་མེད་པར་འཚང་རྒྱ་བར་བྱིན་གྱིས་བརླབ་ཏུ་གསོལ། གཞན་ཡང་བདག་གིས་གནས་སྐབས་སུ་སེམས་ཅན་གང་ལ་གང་འདོད་པ་རྣམས་སྨོན་ལམ་བཏབ་པ་ཙམ་གྱིས་འབྱུང་བར་བྱིན་གྱིས་བརླབ་ཏུ་གསོལ། དེ་དག་མི་འབྱུང་བའི་གེགས་བདག་ཏུ་འཛིན་པའི་འཆིང་བ་གྲོལ་བར་བྱིན་གྱིས་བརླབ་ཏུ་གསོལ། དངོས་པོ་དང་མཚན་མར་འཛིན་པའི་ཁོང་སྲུན་ཞི་ནས་རབ་ཏུ་མི་གནས་པར་དབུ་མ་ཆེན་པོའི་ཐུགས་ཀར། དབུ་མ་ཆེན་པོར་གྱུར་པས་སྤྲོས་པ་དང་བྲལ་བའི་སྐུ། དཀོན་མཆོག་གསུམ་གྱི་ངོ་བོ་ཉིད་རྡོ་རྗེ་འཛིན་པ་ཆེན་པོ་འདི་བཞིན་དུ་གནས་པར་བྱིན་གྱིས་བརླབ་ཏུ་གསོལ། ཞེས་གསོལ་བ་ཡང་ཡང་བཏབ། དེ་བཞིན་ཏུ་གྱུར་ཅིག་ཅེས་སྨོན་ལམ་ཡང་གདབ། དེ་བཞིན་དུ་ཡང་དང་ཡང་དུ་དྲན་པས་བསྐུལ། ཤེས་བཞིན་གྱིས་ཟིན་པར་བྱས། བག་ཡོད་པའི་སྒོ་ནས་དེ་བཞིན་དུ་བྱའོ། །དེ་ཉིན་མོར་མ་ཟད། མཚན་མོར་མ་ཟད། དེ་ཡང་ཉིན་གསུམ་མཚན་གསུམ་དུ། ཨུ་པ་སི་ཀ་ཧློ་ཧྲིལ་ཏེ་དྲིལ། སྐབས་འདིར་ཟབ་ཟབ་པོ་མང་པོ་མི་འཚལ། ཐབས་ཤེས་རབ་ཀྱི་ཆོམ་བུའི་སྐབས་འདིར་ཁབ་རྩེ་གཉིས་པ་མི་འཚལ། སྟན་ཐོག་གཅིག་ཏུ་ཟབ་མོ་མང་པོ་ཧྲིལ་ཏེ་

དྲིལ་ནས་ཉམས་སུ་ལེན་པའི་སྐབས་འདིར་བློ་ཐེ་ཚོམ་རྩེ་གཉིས་མི་འཚལ། སྒྲུབ་པ་ལ་ནན་ཏན་གཅེས་སུ་མཛོད། གཉིད་རྨུགས་དང་ལེ་ལོ་རབ་ཏུ་སྤང་ཞིང་བརྩོན་འགྲུས་ཆེན་པོས་དྲན་པ་ཤེས་བཞིན་བག་ཡོད་ཕུན་སུམ་ཚོགས་པའི་སྒོ་ནས་དུས་དྲུག་ཏུ་དེ་ལྟར་སེམས་གཟུང་བར་བྱ་སྟེ། རང་གི་སེམས་ཀྱི་རྒྱུད་ལ་འང་བརྟགས་ནས་བླ་མ་ཡི་དམ་ལ་སྐྱབས་འགྲོ་ཆད་མ་ཆད་ལྟ། ཐེ་ཚོམ་གྱིས་སྒྲུབ་པ་བོར་མ་བོར་ལྟ། གཉིད་རྨུགས་ལ་སོགས་པའི་བར་ཆད་ཀྱིས་ཁྱེར་མ་ཁྱེར་ལྟ། རང་འདོད་ཀྱི་འཁྲི་བ་ཆོད་མ་ཆོད་ལྟ། གཞན་དོན་ཕྱོགས་རེ་བར་སོང་མ་སོང་ལྟ། དེ་ལྟར་སྤྱོད་པའི་བློ་ཐམས་ཅད་འདས་པའི་ཆ་དངོས་མེད། མ་འོངས་པའི་ཆ་ཡང་དངོས་མེད། ད་ལྟའང་དངོས་མེད། དངོས་མེད་རང་སྟོང་། རང་སྟོང་དབུ་མ། དེ་ལྟར་གནས་པ་དེ་ལ་ཤེས་རབ་ཟེར། སེམས་བླ་མ་ལ་འཛིན་པ་ལ་སོགས་པ་ལ་ཐབས་ཟེར། བླ་མའི་སྐུ་ཆུང་ དུ་ཆུང་དུ་བསྐྱེད་པའི་དགོས་པ་ཅི་ཡིན་ན། སེམས་གསལ་ལ་ཟིན་པའི་དགོས་པ་ཡོད། རྣམ་རྟོག་མི་འཕྲོ་བ་ཡིན། ཡང་ཆོས་དབྱིངས་ལ་སོགས་པ་འདམ། ཡིག་འབྲུ་ལ་ཐིམ་ནའང་སླ་བ་ཡིན། ཨུ་པ་སི་ཀ་དེ་ཐིག་ལེ་དང་པོ་ཡིན། ཡང་ལོང་ཆེ་ན་ལོང་ཆེ་ན་བྱས་པས་ཀྱང་མི་འོང་། འདི་ལས་གལ་ཆེ་བ་ཅིག་གང་ན་ཡོད། འདི་ལས་གལ་ཆེ་བ་ཅིག་བྱུང་ན་བདུད་ཞུགས་པ་ཡིན། ད་བདུད་མ་ཞུགས་པར་བླ་མའི་སྐུ་ནས་རྫོགས་ཙམ་པ་དེའི་ཐུགས་ཀྱི་དཀྱིལ་དུ་ཡང་། པཾ་སེར་པོ་ལས་པདྨ་སེར་པོ། དེའི་ལྟེ་བར་ཨ་དཀར་པོ་ཐིག་ལེ་འཁྱིལ་པོ་ཙམ་དེ་ཡང་ཟླ་བ་དེ་ཙམ། དེའི་སྟེང་དུ་ཨོཾ་སེར་པོ་དེ་ཡང་ཐུབ་པ་སྟར་ཀྱི་བླ་མ་ཙམ། དེ་ལ་ཡང་སྟར་ཀྱི་བླ་མ་ལ་ཇི་སྐད་སྨྲས་པ་བཞིན་ནོ། །དེ་ནི་ཐིག་ལེ་གཉིས་པའོ། །ཡང་ཐུབ་པ་ནས་རྫོགས་ཙམ་དེའི་ཐུགས་ཀར་པཾ་སྔོ་ལྗང་ལས་པདྨ་སྔོ་ལྗང་། དེའི་ལྟེ་བ་ལ་ཨ་དཀར་པོ་ཐིག་ལེ་འཁྱིལ་པོ་ཙམ་དེ་ཡང་ཟླ་བ་དེ་ཙམ། དེའི་སྟེང་དུ་ཧཱུཾ་སྔོ་ལྗང་། དེ་ཡང་སྒྲོལ་མ་སྟར་ཀྱི་ཐུབ་པ་དེ་ཙམ་མོ། །དེ་ལ་ཡང་སྟར་ཀྱི་བླ་མའི་སྐབས་

སུ་ཌཱི་སྐད་བཤད་པ་དེ་བཞིན་དུ་བྱའོ། །སྒྲོལ་མ་དེའི་ཐུགས་ཀར་ཡང་པཾ་དཀར་པོ་ལས་པདྨ་དཀར་པོ། དེའི་ལྟེ་བ་ལ་ཨ་དཀར་པོ་ཐིག་ལེ་འཁྱིལ་པོ་ཙམ། དེ་ཡང་ཟླ་བ་དེ་ཙམ། དེའི་སྟེང་དུ་ཧྲཱིཿདཀར་པོ་དེ་ཡང་སྤྱན་རས་གཟིགས་སྟར་གྱི་སྒྲོལ་མ་དེ་ཙམ་སོ། །དེ་ལ་ཡང་སྟར་གྱི་བླ་མའི་སྐབས་སུ་ཌཱི་སྐད་སྨྲས་པ་དེ་བཞིན་དུ་བྱའོ། །ཡང་སྤྱན་རས་གཟིགས་ཀྱི་ཐུགས་ཀ་དེར་ཡང་པཾ་ལས་པདྨ། ཨ་ལས་ཟླ་བ་དེའི་སྟེང་དུ་ཧཱུཾ་མཐིང་ནག །དེ་ཡང་མི་གཡོ་བ་ཆེ་ཆུང་ནས་ཙམ་དེ་ལ་དམིགས་ཏེ་སེམས་བཟུང་། ཇི་སྲིད་འཁོར་བ་མ་སྟོངས་ཀྱི་བར་དུ་གོང་བཞིན་དུ་དང་། བསྟན་པ་ཡུན་རིང་སྐྱོང་བ་དང་། གདུག་པའི་ཚོགས་ཀྱིས་བར་གཅོད་མི་འབྱུང་བ་དང་། གསོལ་བ་གང་མོས་སུ་གདབ་པར་བྱའོ། །འདིའི་སྐབས་སུ། ཨུ་པ་སི་ཀས་ཕྱག་མཚན་གང་བགྱི་ཞུས་པས། ཁྱེད་གསོལ་བ་གང་ལ་འདེབས་གསུང་། དེ་གཙོ་ཆེ་བ་ད་ཅི་ནས་ཀྱི་དེ་རང་ལགས་ཞུས་པས། འོ་ན་ཐམས་ཅད་ཞལ་གཅིག་ཕྱག་གཉིས་པས་ཆོག །སྒྲོལ་མ་ལ་ཕྱག་བརྒྱད་དང་། ཐུགས་རྗེ་ཆེན་པོ་ལ་ཕྱག་སྟོང་སྤྱན་སྟོང་ལ་སོགས་པ་བྱས་ཀྱང་འགལ་བ་མེད། བཞུགས་ལུགས་ཐམས་ཅད་མཐུན་པར་བྱས་པས་ཆོག །ཡང་སྒྲོལ་མ་ཕྱེད་སྐྱིལ། མི་གཡོ་བ་གཡོན་བརྐྱང་གཡས་བསྐུམ་དུ་བྱས་ཀྱང་ཆོག །གཞན་འདི་ཏིང་ངེ་འཛིན་གྱི་སྐབས་ཡིན། ཐམས་ཅད་རྡོ་རྗེ་སྐྱིལ་ཀྲུང་དང་མཉམ་བཞག་ཏུ་བྱས་ན་བྱིན་རླབས་ཆེ་གསུང་། ཡང་འབྲོམ་གྱིས། ཕོངས་པ་ནོར་ཞུ་བ་ལྟ་བུ་ཅིག་ལ་གསོལ་བ་ཇི་ལྟར་གདབ་ཞུས་པས། རྗེ་བོའི་ཞལ་ནས། ཐམས་ཅད་ལྷུང་བཟེད་བདུད་རྩིས་གང་བའམ། ནོར་བུ་རིན་པོ་ཆེ་ཁྱེར་བ་ལ་སོགས་པ་བྱས་པས་ཆོག །གཞན་ཡང་འཇིགས་པ་བརྒྱད་སྐྱོབ་པ་ལ་སོགས་པ་དེ་དང་མཐུན་པའི་ཕྱག་མཚན་བཞུགས་ཚུལ་ལ་སོགས་པ་གཞན་ནས་ཇི་ལྟར་འབྱུང་བ་བཞིན་དུ་བྱས་པས་ཆོག །དེ་རིང་གི་འདི་སེམས་འཛིན་པའི་མན་ངག་ཡིན་པས་སྤྲོས་པ་མང་པོ་མི་འཚལ། ཐམས་ཅད་ཆུང་ལ་གསལ་བ་འོད་འཕྲོ་ལ་དངས་པ།

གསོལ་བ་བཏབ་པ་ཙམ་གྱིས་བྱིན་རླབས་འབྱུང་བ། སྐྱིལ་ཀྲུང་ཞལ་གཅིག་ཕྱག་གཉིས་པ་འབབ་ཞིག་བྱས་པས་ཆོག །གཞན་རྣམས་རང་རང་གི་བསྐྱེད་རིམ་གྱི་སར་སྟོན། ད་འགྲོ་འདུག་ལ་སོགས་པ་སྤྱོད་ལམ་གྱི་ཚེ་ན་སྤྲར་གྱི་ཐིག་ལེ་ལྦུ་པོ་དེ་དག་ཡང་ཡང་གསལ་འདེབས་པ་ལས། རང་བཞིན་དུ་གཤེགས་པ་ལ་སོགས་པ་མི་འཚོལ། བྱེད་ན་མི་གཡོ་བ་རང་གི་ཡིག་འབྲུར་ཐིམ་པ་ནས་རིམ་གྱིས་གདན་དང་བཅས་པ་སྤྱན་རས་གཟིགས་ལ་ཐིམ། དེ་བཞིན་དུ་ཐུབ་པའི་བར་དུ་ཐིམ་ནས། ཇོ་བོའི་སྐུ་འབབ་ཞིག་ལྷམ་མེར་བཞུགས་པ་ལ་ཡིད་ཀྱིས་ཕྱག་མཆོད་ལ་སོགས་པ་བྱེད། དེ་ནས་དབང་པོ་ལྔ་ཡུལ་ལ་ཙུང་ཟད་སྤྲོ་བ་ན། ཐི་ལམ་མམ། སྒྱུ་མའམ། གཟུགས་བརྙན་གྱི་རྣམ་པ་སྣང་ལ་ཞེན་པ་མེད་པ་འལ་ལེ་འོལ་ལེ་འོ་ཅིག་གི་ནང་དུ་འདི་ལྟར་རྫུན། སྒྱུ་མི་བདེན་ན། ངའི་ཕ་མ་རྣམས་དོན་མེད་པར་སྡུག་བསྔལ་ཨང་། སྙིང་རེ་རྗེ་སྙིང་རེ་རྗེ། ང་ལ་དྲང་བ་རབ་བསྐྱེད་པ་ཅིག་བྱ་དགོས། འདི་དག་བདེ་བ་ཅིག་བྱ་དགོས། འདི་དག་མྱུར་དུ་སངས་རྒྱས་ལ་འགོད་ན་ཅི་མ་རུང་། བདག་འདི་དག་གི་དོན་བྱར་ཡོད་པ། གནས་ལུགས་ཤེས་པ། གོང་མ་རྣམས་ལ་གསོལ་བ་གདབ་ཏུ་ཡོད་པ་དེ་རེ་དགའ་སྙམ་པ་ཚད་མེད་པ་བཞི་དུངས་དུངས་པ་བསྒོམ། ཡང་འདི་རྣམས་ཐབས་ཡིན། ནང་དུ་བསྒོམ་པ་དེ་རྣམས་ཤེས་རབ་ཡིན། ཨུ་པ་སི་ཀ་ཐབས་ཤེས་རབ་གཉིས་ཀ་དང་མ་བྲལ་བ་གལ་ཆེ། དབང་ཤེས་དྲུག་པོ་ཡུལ་ལ་གཡེངས་མ་གྱུར། །ཞེས་པའི་དོན་གོ་རུ་གདའ། དེར་འབྲོམ་གྱིས་ཞུས་པ། ཤིན་ཏུ་དྲིན་ཆེ། དེ་རིང་ལྷ་ཆོས་ཀྱི་སྒོམ་ལུགས་ལེགས་པོར་ཐོབ་ཅེས་གསུངས་ནས། བླ་མས་དུ་མ་བསྟན་གྱུར་ཀྱང་། །མདོ་དོན་དྲིལ་ན་འདི་ལྟ་སྟེ། །དྲན་དང་ཤེས་བཞིན་བག་ཡོད་པས། །དབང་པོའི་སྒོ་རྣམས་རྟག་ཏུ་བསྲུང་། །ཉིན་མཚན་དུས་གསུམ་ཡང་དང་ཡང་། །སེམས་ཀྱིས་རྒྱུད་ལ་བརྟག་པར་བྱ། །ཞེས་བྱ་བ་ཅིག་ལས་མི་གདའ་ཡི། ཇོ་བོའི་ཞལ་ནས། འབྲོམ་དེ་དེ་བཞིན་ནོ། །ཁྱིལ་ཏེ་དྲིལ་བ་ལའང་མཁས།

དེ་རིང་ཡན་ཆོད་ཆོས་བཤད་ཚད་ཀྱི་བསྔོམས་ཤིག་ཡི་གེར་འདེབས་ན་ཇི་སྐད་ཟེར། ཇོ་བོའི་གསུང་རྣམས་དྲིལ་ན་འདི་ལྟ་སྟེ། བླ་མ་རྣམས་ལ་ཕྱག་འཚལ་ལོ། །དད་པའི་ལྷ་ལ་ཕྱག་འཚལ་ལོ། །ཐེ་ཚོམ་ཐམས་ཅད་སྤང་བྱ་ཞིང་། །སྒྲུབ་ལ་ནན་ཏན་གཅེས་སུ་བྱ། །གཉིད་རྨུགས་ལེ་ལོ་རབ་སྤངས་ཤིང་། །རྟག་ཏུ་བརྩོན་འགྲུས་འབད་པར་བྱ། །དྲན་དང་ཤེས་བཞིན་བག་ཡོད་པས། །དབང་པོའི་སྒོ་རྣམས་རྟག་ཏུ་བསྲུང་། །ཉིན་མཚན་དུས་གསུམ་ཡང་དང་ཡང་། །སེམས་ཀྱིས་རྒྱུད་ལ་བརྟག་པར་བྱ། །ཞེས་བྱ་བའོ། །ཀྱེ་བླ་མ་དེར་འདུས་ལགས་སམ། ཇོ་བོའི་ཞལ་ནས་ལེགས་པར་འདུས་སོ། །ཕོ་བོའི་ཡང་དེ་བཞིན་དུ་འདོད། ཕོ་བོས་དེ་བཞིན་དུ་གྱིས་གྱིས་བྱས་པས། ཁྱེད་ཀྱིས་དེ་བཞིན་དུ་བྱ་བྱ་གསུང་། བཟོད་ཚུལ་ལེགས་གསུང་། བླ་མ་དེ་ཡན་ཆོད་ཀྱིས་ཐེ་ཚོམ་སྤངས་ནས་ནམ་གཞག་གཏན་གྱི་འདུན་མ་ཇི་ལྟར་སྒྲུབ་ཚུལ་བྱ་བ་ཅིག་བསྟན་གདའ་ལགས། དེ་ལྟར་ན་ཁུས་ལན་ནོར་བུའི་ཕྲེང་བ་ལས། དབང་པོའི་སྒོ་བསྡམས་ཏེ་སེམས་ཇི་ལྟར་འཛིན་པའི་ལེའུ་སྟེ་ལྔ་པའོ།། །།

༈ ཡང་བཞུགས་གནས་སྙེ་ཐང་འོར་ན་ཇོ་བོ་ཡབ་སྲས་གཉིས་བཞུགས་པའི་དུས་སུ། ཇོ་བོའི་དྲུང་དུ། འབྲོམ་གྱིས་ཕྱག་གསུམ་བཙལ་ཏེ། སེམས་ཀྱི་འཛིན་ལུགས་ལ་སོགས་པ་ཐུགས་ལ་བཏགས་ཏེ། སེམས་ཅན་རྣམས་ཀྱི་རྒྱུ་ནི་མ་རིག་པ་དང་། སྲིད་པ་དང་། ལེན་པ་གསུམ་གྱིས་བྱས། རྐྱེན་ནི་འདུ་བྱེད་སྲིད་པས་བྱས། འབྲས་བུ་རྣམ་པར་ཤེས་པ་མིང་དང་གཟུགས། སྐྱེ་མཆེད་དྲུག་རེག་པ། ཚོར་བ། སྐྱེ་བ། རྒ་ཤི །རྒྱུ་རྐྱེན་འབྲས་གསུམ་ཁོ་ར་ཁོར་ཡུག་ཏུ་མ་དག་པའི་འཁོར་ལོ་འབབ་ཞིག་བསྐོར་ནས། རང་སྐྱོན་ཐམས་ཅད་ཐལ་མོས་འགེབས། གཞན་སྐྱོན་ཐམས་ཅད་མཛུབ་མོས་འཕྱོ། བླ་མའི་གསུང་སློབ་མས་མི་སྒྲུབ། ཕ་ཟེར་ལ་བུ་མི་ཉན། ཇོ་བོ་ཆེན་པོ་དུས་ངན་པ་འདི་འདྲ་ཤར་ནས་གདའ་བ། རྟེན་འབྲེལ་བཅུ་གཉིས་མ་དག་པའི་འཁོར་ལོ་ལ་སེམས་ཅན་གྱི་

སྤྱོད་ཀྱང་། སྤྱི་ནོར་ལ་སྨོས་སུ་སྙིགས་མའི་སེམས་ཅན་གྱིས་སྤྱད་ནས་གདའ་བ། ཕྱི་རབས་དོན་གཉེར་ཅན་རེ་རེ་གཉིས་གཉིས་ལ་ཕན་སྲིད་པས། རྟེན་འབྲེལ་བཅུ་གཉིས་ཀྱི་བཤད་པ་ཙུང་ཟད་ཙམ་ཞིག་ཞུ་ཞུས་པས། ཇོ་བོ་ན་རེ། ད་གཟོད་འདམ་གྱི་བརྗེ་བཙངས་ཤིག་བྱེད་ཙ་ན་བཤད་ཀྱིས་གསུང་། འབྲོམ་གྱི་ཞལ་ནས། འོ་ན་འཆིང་བའི་རྩ་བ་གང་ལགས། ཇོ་བོའི་ཞལ་ནས། བདག་ཏུ་འཛིན་པ་ཡིན་གསུང་། བདག་ཏུ་འཛིན་པ་གང་ལགས་ཞུས་པས། ལེགས་པའི་ཡོན་ཏན་ཐམས་ཅད་བདག་གཅིག་པུ་ལ་དགོས་པ། ཉེས་པ་ཐམས་ཅད་གཞན་པོ་ནས་ལེན་པར་བྱེད་པ་ཅིག་ཡིན་གསུང་། འོ་ན་དེ་འདྲའི་བདག་འཛིན་ཅིག་འདི་ཡིན་གསུང་བ་ཅིག་གསུང་བར་ཞུ་ཞུས་པས། ཇོ་བོའི་ཞལ་ནས། བདག་འཛིན་སྒྲོ་བཏགས་པ་འདི་ཡིན་བསྟན་རྒྱུ་གང་ནས་རྙེད་གསུང་། འོ་ན་ད་ཅི་ནས་མི་དགོས་དགུ་དགོས་ཁ་ཡོགས་གཞན་ལ་བསྐུར་བ་ཅིག་ཡིན་གསུང་བ་ཞུས་པས། ཇོ་བོའི་ཞལ་ནས། ཀུ་པ་སི་ཀ་ང་ལ་དྲི་ཅི་དགོས། སེམས་ཅན་རྣམས་ལ་ཐང་མར་བརྫལ་ནས་འདུག་པ། ཤེས་ན་དྲི་ག་ན་དགོས། འོ་ནའང་ཚགས་སྤང་གཉིས་པོ་དེ་ལ་བདག་འཛིན་ཅེས་འདོགས་ཀྱིན་འདུག་གསུང་། ཇོ་བོ་འཛིན་པ་ཅན་དེ་འདྲ་ཅིག་ཡོད་དམ་ཞུས་པས། ཇོ་བོའི་ཞལ་ནས། ག་ན་ཡོད་དམ་ཟེར། དེ་རང་རྒྱུད་ལགས་སོད་ཞུས་པས། ཀུ་པ་སི་ཀ་རང་རྒྱུད་གང་ལགས་གསུང་། དེ་མི་དགོས་དགུ་དགོས་འཛིན་པ་ཅན་འདི་ལགས་སོད་ཞུས་པས། ཇོ་བོའི་ཞལ་ནས། ཁོ་བོ་ཡང་དེ་སྐད་ཟེར་གསུང་། འོ་ན་བདག་འཛིན་འདི་གནས་པ་གང་ན་གནས་ཞུས་པས། ཆ་མེད་ཁོ་བོས་མཐོང་མ་མྱོང་། གནས་བྱ་མེད་པའི་གནས་བྱེད་མི་ཤེས། ང་བོ་མེད་པའི་དབྱིབས་དང་ཁ་དོག་མི་ཤེས་གསུང་། འབྲོམ་གྱི་ཞལ་ནས། འོ་ན་འདི་འདྲའི་ཉམ་ཐག་པ་ཅིག་མི་འོང་ལ་ཐང་ཨ་ཞུས་པས། ཇོ་བོའི་ཞལ་ནས། སྡིག་རྒྱུའི་ཚུ་དང་། ཟླ་གཉིས་དང་། རྨི་ལམ་གྱི་རྟ་གླང་ལ་སོགས་པའང་མི་མཐོང་ལ་ཐང་ཨ་གསུང་། ཇོ་བོ་དེ་འཁྲུལ་སྣང་ལགས་སོད

ཞུས་པས། ཇོ་བོའི་ཞལ་ནས། ཁོ་བོ་དེ་བཞེད། བདག་འཛིན་ཁོ་ཡོད་ནས་ཆགས་སྡང་བྱེད་པ་མ་ཡིན། གཞོན་སྟོང་གི་ཕྱིར་དུ་ལུང་སྟོང་དུ་ཁྲི་ཟུགས། གཞི་མེད་ལ་རང་རྒྱུད་ཆེན་པོ་འཁྲུལ། ཇོ་བོ་དཔེ་དེ་འདྲ་ན། བདག་འཛིན་རང་ཡེ་མེད་མེད་འདྲ་ཞུས་པས། ཇོ་བོའི་ཞལ་ནས། འདྲ་བྱ་བ་ཅི་ལ་ཟེར་དངོས་ཡིན་མོད་གསུང་། ཇོ་བོ་འོ་ན་ངན་སོང་གསུམ་གྱི་གཡང་ས་དང་། མཐོ་རིས་ཀྱི་ཡོན་ཏན་དང་། བླང་དོར་ལ་སོགས་པའི་འཁྲིག་འཁྲིག་བྱ་བྱེད་གདའ་ཡེ་ཨང་ཞུས་པས། ཇོ་བོའི་ཞལ་ནས། རྨི་ལམ་རྨི་བྱེད་གདའ་ཡེ་ཨང་གསུང་། ཇོ་བོ་དེ་དང་མི་འདྲ། རྨི་ལམ་རང་གིས་བྱས་པ་མ་ཡིན། བཙན་བཞིན་དུ་བྱུང་བ་ཡིན། མཐོ་རིས་ངན་སོང་སྤང་བླང་ལ་སོགས་པ་འདི་ཚོ་བྱས་པ་ཡིན་ཞུས་པས། ཇོ་བོ་ན་རེ། སུས་བྱས་གསུང་། དེ་སེམས་ཀྱིས་བྱས་ལགས་མོད་ཞུས་པས། ཁོ་བོའང་དེ་ཟེར། རྨི་ལམ་ཀྱང་སེམས་ཀྱིས་བྱས་པ་ཡིན། ཨུ་པ་སི་ཀ་སེམས་ཀྱིས་མ་བྱས་ན་སུས་བྱས་གཞན་གྱིས་བྱས་སམ། གཞན་གྱིས་ཀྱང་མ་བྱས། སེམས་ཀྱིས་ཀྱང་མ་བྱས་ན། ཨུ་པ་སི་ཀས་བཙན་ལ་ཉིད་བཙན་བྱས། རྨི་ལམ་གྱི་ཡུལ་རང་གཞན་ཐམས་ཅད་ཀྱིས་སྟོང་པའི་བཙན་པ་ཡིན། དེ་བཞིན་དུ་ངན་སོང་ལ་སོགས་པའི་སྤང་བླང་ཡང་སེམས་ཁོ་རང་གིས་སྤྲུལ་ཞིང་སྤང་བླང་བྱེད་པ་ཡིན་མོད་གསུང་། འོ་ན་ཆགས་སྡང་གི་རྩ་བ་བདག་འཛིན་དེ་རང་སེམས་ཡིན་ནམ་ཨང་ཞུས་པས། སེམས་དེའི་ཁ་དོག་གང་དུ་གདའ་གསུང་། དེ་ཁོ་བོས་མཐོང་མ་མྱོང་ཞུས་པས། འོ་ན་དབྱིབས་ཅི་འདྲ་ཅིག་གདའ་གསུང་། ཇོ་བོ། ཁོ་བོས་མཐོང་མ་མྱོང་ཞུས་པས། འོ་ན་དབྱིབས་དང་ཁ་དོག་གཉིས་ཆར་མ་གྲུབ་མིག་གིས་མཐོང་མ་མྱོང་ཙ་ན། གཟུགས་སུ་མེད་པའི་རྟགས་ཡིན། གཟུགས་ཀྱིས་སྟོང་གིས་ལ་ཕར་ཞོག །ཨུ་པ་སི་ཀ་སེམས་དེ་སྐྲ་སྣན་མི་སྣན་དང་ཆེ་ཆུང་ལ་སོགས་པ་གང་དུ་གདའ། ཇོ་བོ་ཁོ་བོས་ཐོས་མ་མྱོང་ཞུས་པས། འོ་ན་སྒྲ་སྙན་མི་སྙན་དང་ཆེ་ཆུང་ལ་སོགས་པ་གང་དུ་ཡང་མི་སྣང་བས། རྣ་བས་མ་ཐོས་ན། ཡོད་ན་

ཆ་བས་ཐོས་དགོས་པ་ལ་མེད། ད་སེམས་སྒྲས་ཀྱང་སྟོང་པས་ཕར་ཞོག །ཞུ་པ་སི་ག་ཁྱོད་ཀྱིས་སེམས་དེ་དྲི་ཞིམ་མི་ཞིམ་ཅི་ཙུ་འདུག་གསུང་། ཇོ་བོ། སེམས་ཀྱི་དྲི་འམ་དེ་སྣམ་མ་མྱོང་ལགས་ཞུས་པས། འབྲོམ་དྲི་ཅིག་ཡོད་ན་སྣས་མ་མནམས་དོགས་མེད། ད་སྣས་མ་ཚོར་ཙ་ན། སེམས་དྲིས་སྟོང་པའི་རྟགས་ཡིན། དྲིས་སྟོང་པའི་སྟོང་ཉིད་དེ་ཕར་ཞོག །འབྲོམ་ཁྱོད་ཀྱི་སེམས་དེ་རོ་ཞིམ་མི་ཞིམ་ཅི་ཙུ་འདུག་གསུང་། འབྲོམ་ན་རེ། ཇོ་བོའི་གསུང་ནས་ཅི་ཡང་འགྱོན་པར་འདུག །སེམས་ཟོས་པའི་རོ་ཞིམ་མི་ཞིམ་བྱ་བའི་ཁྲིམས་ཤིག་རང་ཡོད་དེ་ཨང་ཞུས་པས། འབྲོམ་འོ་ན་སེམས་མེད་དམ་ཨ་གསུང་། ཇོ་བོ། སེམས་ཟ་བའང་ག་ན་ཡོད། རོ་ཚོར་བའང་ག་ན་འོང་ཞུས་པས། འབྲོམ་ཁྱོད་ཀྱི་སེམས་དེ་རོ་ཞིག་མ་ཡིན་པའི་རྟགས་ཡིན། རོ་ཞིག་ཡིན་ན་ལྕེས་ཚོར་འོང་། ལྕེས་མ་ཚོར་ཙ་ན་རོ་མ་ཡིན་པའི་རྟགས་ཡིན། རོས་ཀྱང་སྟོང་པ་དེ་ཕར་ཞོག །འབྲོམ་ཁྱོད་ཀྱི་སེམས་དེ་རེག་བྱ་འཇམ་རྩུབ་གང་དུ་འདུག་གསུང་། ཇོ་བོ། སེམས་ཀྱི་རེག་བྱ་ལྟ་མ་མྱོང་ཞུས་པས། འབྲོམ་དེ་ཅི་ཡིན་གསུང་། སེམས་ཀྱི་རེག་བྱ་བལྟས་པའི་ཁྲིམས་མི་གདའ་ཞུས་པས། ཇོ་བོའི་ཞལ་ནས། སེམས་ཅན་དམུ་རྒོད་པ་ལ་ཁྲིམས་མེད་མང་བ་ཡིན་ཏེ། སེམས་ལུས་ཀྱི་ཡུལ་དུ་མ་གྱུར་ཙ་ན་རེག་བྱས་སྟོང་པ་ཅིག་ཡིན་པའི་རྟགས་ཡིན། རེག་བྱའང་མ་ཡིན་པའི་སེམས་དེ་ཕར་ཞོག །འབྲོམ། འོ་ན་ཡིད་ཀྱི་ཡུལ་ན་ཇི་འདྲ་ཅིག་གདའ་གསུང་། ཇོ་བོ། ཡིད་ཀྱི་ཡུལ་དུ་འོང་བ་ལ་དབང་པོའི་དེ་མ་ཐག་རྐྱེན་དགོས་པར་གདའ་སྟེ། སྔོན་ལ་དབང་པོའི་ཡུལ་དུ་མ་གྱུར་པའི་དེ་མ་ཐག་རྐྱེན་ཡིད་ཡུལ་དུ་མི་མཆི་ཞུས་པས། དེ་རྟོག་པས་རང་བཟོ་བྱས་པའང་འོང་གསུང་པས། ཇོ་བོ། རང་བཟོ་ལའང་བག་ཆགས་ཤིག་སྔོན་དུ་སོང་འཚལ། གཞན་ཡང་དབང་པོ་ལྔའི་ཡུལ་དུ་མ་གྱུར་པས། ཡུལ་ལྔ་མེད་པའང་ཁྱབ་མ་ཆེས་སམ་ཞུས་པས། ཞུ་པ་སི་ག་ཅི་ཟེར། ཡུལ་ཐམས་ཅད་དེར་རྩིས་པ་མེད། ཁྱོད་ཀྱི་སེམས་དེའི་སྟེང་དུ་རྩིས་པ་ཡིན། སེམས་

དེ་དེ་དག་ཏུ་ཡོད་ན་ཁྱོད་ཀྱིས་བལྟས་ཅ་ན། ཡང་ན་གཟུགས་སུ་ཡོད་པའམ། སྒྲར་ཐོས་པ་ལ་སོགས་པར་འགྱུར་དགོས་ཀྱིས། དེ་དག་གང་དུའང་མི་སྣང་ན། སེམས་གར་སོང་། ཨུ་པ་སི་ཀ །འཇིག་རྟེན་ཐ་མལ་པ་ཀུན་ཡང་། ངས་དེ་འདྲ་མིག་གིས་མཐོང་བ་ཡང་མེད། རྣ་བས་ཐོས་པའང་མེད། དྲི་མ་ཚོར། རོ་མ་མྱོང་། ཡིད་ཀྱི་དཀྱུ་ལ་མི་གདའ་འོ་ཟེར་ནས་ཞེ་ཞག་པར་ལག་པ་ཕྱིར་ལ་གཡོབ། ཁྱེད་བླ་མ་དམ་པའི་གདམས་ངག་གིས་སྨིན་པར་བྱས། ཡི་དམ་ལྷའི་དངོས་གྲུབ་ཞུགས། བཀའ་སྡེ་སྣོད་གསུམ་སྟན་ཐོག་གཅིག་ཏུ་ཉམས་སུ་ལེན་པའི་མི་ཅིག །གཞི་མེད་ཀྱི་ཡལ་འདབ་མ་འདོགས། དེ་ལྟར་ཐམས་ཅད་སེམས་ཡིན་ཏེ། སེམས་ཀྱི་གནས་ལུགས་དེ་འདྲ། ང་ཨ་ཕ་རྒྱ་ཧྲིའི་བུ་ཡིན་པས་ཤེས་པ་ཡིན། ད་ངན་མཆང་བྲུས་ཀྱང་སེམས་ཡིན། བསྟོད་ར་བཏང་ཀྱང་སེམས་ཡིན། སྐྱིད་དེ་སྡུག་གེ་སེམས་ཡིན། སེམས་ཡིན་པ་མཉམ་པོ་ལ། བདག་མེད་བདག་སྣང་གི་རྒྱུད་ལ་ཉེས་པ་བྱུང་ཚད་འབུར་འཛོམས་ཀྱིས་ལ་སྒྲོགས་ལ་ཐོང་། མ་གྲུབ་པའི་ཕྱུགས་དེར་མ་གྲུབ་པའི་ཉེས་པ་དེ་འདྲ་བ་འཚང་དོན་མེད། དེ་དུག་ཏུ་སོང་ནས་ནད་བསྐྱེད་དོན་མེད། ནད་གྲངས་ལྔ་ཊ་ངེས་དོན་མེད། ངེས་ཐར་པའི་སྡིག་བཅད་དེ་ངན་སོང་གསུམ་དུ་སྐྱུར་དོན་མེད། རྨི་ལམ་བརྫུན་ཡང་སྡུག་བསྔལ་རྨིས་པ་དགོས་པ་མེད། འགྲོམ། ཉེས་པ་ཟོག་མ་དེ་རྣམས་ཕྱིར་ཕྱུང་། ཉེས་པ་དག་པའི་ཤུལ་དེ་ལེགས་ནའང་ལེགས། མ་ལེགས་ནའང་མ་ལེགས། སེམས་བརྫུན་པའི་སྣང་བ་མཉམ་པོ་ལ་གཞན་ཀུན་བསྟོད་ར་བཏང་བས་དགའ་བར་འདུག་ན་ཐོང་ལ་ཐོང་། ཁྱོད་རང་ལ་ཚོལ་བྱེད་མེད་པའི་ཁོང་གི་འཁྲུལ་བ་མ་བཅལ། སྦེད་པ་མཉམ་པོ་ལ་རང་གི་ཡོན་ཏན་རྣམས་སྦོས། དགོས་པའི་དུས་སུ་སླེབས་ནས་འོང་བ་ཡིན། སྒྲོགས་པ་མཉམ་པོ་ལ་གཞན་གྱི་ཡོན་ཏན་སྒྲོགས། གཞན་དགའ་ནས་རང་ལ་བརྟེན་ཏེ་སྡིག་པ་མི་སོག །ཆགས་སྡང་ཉོན་མོངས་ཀྱི་རྒྱང་འགྲེལ་བའི་དགོས་པ་ཡོད་པ་ཡིན། གཞན་གྱི་ཡོན་ཏན་གང་འདུག

པའི་སྣ་རྩེ་རེ་ནས་བསྐུབས་ལ་སྟོན་པར་གྱིས། ཨུ་པ་སི་ཀ་ཐམས་ཅད་སེམས་སྲུ་གོའམ་གསུང་། གོ་ལགས་ཞུས་པས། འོ་ན་སེམས་ཀྱི་གནས་ལུགས་ཤེས་སམ་གསུང་། ཤེས་ཞུས་པས། འོ་ན་སེམས་དེ་ལ་འདོད་པས་ཅི་བྱེད་ཆོག་ཤེས་པ་མཛོད། སེམས་ཅན་དུ་མ་སྣང་ཡང་། སྣབས་ལུད་ཁས་ཕྱིས། མི་གཙང་བ་ལག་པས་ཕྱིས། རྒྱལ་སྲིད་དང་བྱ་དགས་བསྐྱངས། རེ་འགའ་སྤྲངས་ཤིང་ཡང་བསྐྱངས། ཉེས་དང་བྲལ་ཞིང་ལེགས་ལ་དགའ་བ་བྱས་པའི་ཕ་མ་ཤ་སྟག་ཡིན། འདི་འདྲའི་ཡོན་ཏན་སྟོན་པར་བྱེད་པ་བླ་མའི་དྲིན་ཡིན། ལར་ནམ་གཞག་གཏན་གྱི་འདུན་མ་སྐྱེར་བར་བྱེད་པའི་དྲིན་ཅན་བྱས་པ་ཅན་བླ་མ་ཡིན། ཚེ་འདིའི་བདེ་སྐྱིད་སྐྱེར་བར་བྱེད་པའི་དྲིན་ཅན་ཕ་མ་ཡིན། དེས་ན་བྱས་པ་ཤེས་ཤིང་དྲིན་དུ་གཟོ་བར་བྱ། དེ་ལ་བླ་མ་ལ་གུས་མཆོད་སྒྲུབ་པ་ལ་སོགས་པས་ཞབས་ཏོག་པར་བྱ། ཕ་མ་ལ་དྲིན་ལན་དུ་བྱམས་པ་ཚད་མེད་པ་དང་། སྙིང་རྗེ་ཚད་མེད་པ་དང་། ལེགས་ན་དགའ་བ་ཚད་མེད་པ་དང། ཉེ་རིང་ཕྱོགས་རིས་མེད་པའི་བཏང་སྙོམས་པ་དང་། ཐམས་ཅད་མ་ཐམས་ཅད་ཀྱི་དོན་དུ་སངས་རྒྱས་ཅི་ཐོབ་ཏུ་བྱ་བ་ཐེ་ཚོམ་སྤྲངས་ཏེ། སྒྲུབ་པ་ལ་ནན་ཏན་གཅེས་སུ་བྱ། གཉིད་རྨུགས་ལ་སོགས་པའི་བར་ཆོད་སྤྲངས་ཏེ་བརྩོན་འགྲུས་ཀྱིས་འབད་པར་བྱ། འཁོར། བྱས་པ་ཤེས་ཤིང་དྲིན་གཟོ་ཟེར་ཀྱང་། བྱམས་སྙིང་རྗེ་ལ་སོགས་པ་ཚད་མེད་བཞི་བསྒོམ་ཞིང་། བྱང་ཆུབ་ཀྱི་སེམས་བརྟན་པར་བྱེད་པ། གོང་ནས་གོང་དུ་འཕེལ་བར་བྱེད་པ། སྨོན་འཇུག་གི་རྒྱུ་བར་ནས་ཕ་མ་འདྲོངས་ངོས་ཤེས་པ་ཅིག་ལ་ཚེ་འདིའི་རང་འདོད་སྤྲངས་ནས་འདོད་པ་ལྟར་སྣང་། ཕ་མ་འདྲེན་འདོད་ཀྱི་བསམ་པ། དྲིན་ལན་འཇལ་འདོད་ཀྱི་བསམ་པ་བཟང་པོ་དེ་ལྟ་བུ་ཅིག་ལ་ཟེར་བ་ཡིན་གསུངས་པ་དང་། འཁོར་གྱི་ཞལ་ནས། ཇོ་བོས་ལེགས་པར་དུ་མ་དག །གསུངས་ཀྱང་བསྡུས་ན་འདི་ལྟ་སྟེ། །བདག་གི་ཉེས་པ་བསྒྲག་བྱ་ཞིང་། །གཞན་གྱི་འཁྲུལ་བ་བཙལ་མི་བྱ། །བདག་གི་ཡོན་ཏན་སྦ་བྱ་ཞིང་། །གཞན་

 གྱི་ཡོན་ཏན་བསྔག་པར་བྱ། །ཉིད་དང་བཀུར་སྟི་སྤང་བྱ་ཞིང་། །ཁེངས་གྲགས་རྟག་ཏུ་སྤང་བར་བྱ། །འདོད་པ་ཆུང་ཞིང་ཆོག་ཤེས་དང་། །བྱས་ལ་དྲིན་དུ་གཟོ་བར་བྱ། །བྱམས་དང་སྙིང་རྗེ་བསྒོམ་བྱ་ཞིང་། །བྱང་ཆུབ་སེམས་ནི་བརྟན་པར་བྱ། །ཞེས་བྱ་བ་ཅིག་ལས་མི་གདའ་ཡི། ཇོ་བོའི་ཞལ་ནས། དེ་དེ་བཞིན་ནོ། །ལེགས་པར་བསྡུས་ན་དེར་འདུས་གསུང་ངོ་། །དེ་ལྟར་ན་ཞུས་ལན་ནོར་བུའི་ཕྲེང་བ་ལས། ལེ་ལན་ཐམས་ཅད་ཅིག་ལ་ཇི་ལྟར་གདའ་བའི་ལེའུ་སྟེ་དྲུག་པའོ།། །།

༈ ཡང་བཞུགས་གནས་སྙེ་ཐང་འོར་ན་ཇོ་བོ་ཡབ་སྲས་གཉིས་བཞུགས་པའི་དུས་སུ། འབྲོམ་གྱིས། ཇོ་བོ་ཆེན་པོ་ལགས། སྔར་ཞུས་པ་དེ་དག་གི་སྤང་བྱ་གང་ལགས། ཇོ་བོའི་ཞལ་ནས། མཚམས་མེད་ལྔ་དང་། དེ་དང་ཉེ་བ་ལྔ་བྱེད་ལ་མི་འོང་། མི་དགེ་བ་བཅུ་ཡིན། ཤཱ་ཀྱ་དྷི་པཾ་ཀ་ར། ཉེས་པ་ཨུ་པ་སི་ཀ་ལ་འོངས་ནས་ཞུས་པ་མིན། ཁོ་བོའི་ཕྱི་གཞུག་ལ་གདུལ་བྱ་ཅི་ཙོད་ཅིག་འོང་ཞུས་པས། ཇོ་བོ་ཐལ་མོ་སྦྱར་ནས། ངའི་ཨུ་པ་སི་ཀ་མད། བརྒྱད་ཁྲི་དང་སྟོང་ཕྲག་ཉི་ཤུ་རྩ་ལྔའོ། །དཔལ་ཆེན་པོ་ཁོ་བོ་དེ་དག་གི་སྤང་བྱ་འདྲི་བ་ཡིན། ཨུ་པ་སི་ཀ །ཁྱོད་ཀྱི་བུ་ཚ་བོ་ཡང་ཚ་གསུམ་ལ་མི་དགེ་བ་བཅུ་ཡང་སྤྱོད་པ་ཉུང་ན། མཚམས་མེད་པ་དང་། དེ་དང་ཉེ་བར་སྤྱོད་པ་ལྟ་སྨོས་ཀྱང་ཅི་འཚལ། དེ་ནས་ཀྱང་ཁྱོད་ཀྱི་རྗེས་སུ་འབྲང་ངེས་ཤེས་པ་རྣམས་ནི་ཇི་ལྟ་བུའི་དུས་ལ་ཐུག་ཀྱང་མཚམས་མེད་དང་། དེ་དང་ཉེ་བ་ལྔ་ཡང་མི་སྤྱོད། ཁྱོད་ཀྱི་རྣམ་པར་ཐར་པ་ལ་བརྟེན་པ་རྣམས་ནི་མི་དགེ་བ་བཅུ་ལ་མི་འབབ། །ཐུགས་རྗེ་ཆེན་པོ་ང་ལ་གསོན་ཅིག །ལུས་ཀྱི་མི་དགེ་རྣམ་གསུམ་དང་། །ངག་གི་མི་དགེ་རྣམ་པ་བཞི། །ཡིད་ཀྱི་རྣམ་གསུམ་གང་ཡིན་པ། །མི་དགེ་བཅུ་ཞེས་ཟེར་བར་འདུག །སྲོག་གཅོད་གཞན་ནོར་རྐུ་འཕྲོག་དང་། ། འདོད་ལོག་མི་ཚངས་སྤྱོད་པ་དང་། །གང་ཞིག་སླུ་བའི་རྫུན་ཚིག་སྨྲ། །ཀུ་རེའི་ཆེད་དུ་རྫུན་ཟེར་དང་། །ཕྲ་མ་ངག་འཁྱལ་ཉོན་མོངས་ཚིག །ཚིག་རྩུབ་བརླང་

པོར་བརྗོད་པ་དང་། །བརྣབ་སེམས་གནོད་སེམས་ལོག་ལྟ་སྟེ། །གཞན་ནོར་རང་ལ་སེམས་པ་དང་། །གནོད་པ་གཞན་ལ་སྐྱེལ་སེམས་དང་། །དཀོན་མཆོག་གསུམ་ལ་སྐུར་འདེབས་གང་། །དེ་ནི་མི་དགེ་བཅུ་པོ་ཡིན། །དེ་སྤངས་དགེ་བ་བཅུར་བཟློག་འགྱུར། །རྒྱལ་བའི་འབྱུང་གནས། ཕ་དང་། མ་དང་། མཁན་པོ་དང་། སློབ་དཔོན་དང་། དེ་བཞིན་གཤེགས་པ་དང་། ཆོས་ཀྱི་མིག་ཅན་རྣམས་ནི་ཡུལ་ཁྱད་པར་ཅན་ཡིན་པས་བསད་ན་བར་དོ་མེད་པར་ཐུགས་པ་ཀུན་ན་རེ། རྡོ་རྗེའི་དམྱལ་བ་ཟེར། ཕྱི་སྐད་ལ་མནར་མེད་པའི་དམྱལ་བ་ཟེར། མདོན་པ་ཀུན་ནས་བཤད་ན། ཡར་ལ་ཐོན་པའི་སྐབས་མེད་པ་ཙམ་དུ་གདའ། དམྱལ་བའི་ཉེས་དམིགས་རྣམས་ནི་ནང་པར་ནས་ཕར་ལ་བརྗེས་བཙངས་ཅིག་བྱེད་པས་དེར་སྟོན། འདིར་མཚམས་མེད་དེར་མ་ལྷུང་པ་ཅིག་གལ་ཆེ། དུག་དང་མཚོན་དང་ངན་སྔགས་ཀྱི་སྦྱོར་བས་སྲོག་ཆགས་ཀྱི་རིགས་སུ་གྱུར་པ་གང་བསད་ཀྱང་ལས་ཀྱི་རྣམ་པར་སྨིན་པས་ངན་སོང་གསུམ་དུ་སྐྱེ་སྟེ། འདི་ནི་ཐེ་མི་ཚོམ་པའི་ལས་ཡིན། ཡང་སྲོག་ཆགས་ཀྱི་རིགས་སུ་གྱུར་པ་ཐམས་ཅད་གཞན་གསོད་དུ་བཅུག་གམ། རྗེས་སུ་ཡི་རང་བྱེད་པའམ། གང་བྱས་ཀྱང་ངན་སོང་དུ་སྐྱེ་བའི་ལས་ཡིན། དེས་ན་འཇིག་མིག་གི་སྲིན་བུ་ཡན་ཆོད་ནས་མི་མན་ཆོད་གསད་པར་མི་བྱ་ན། ཡུལ་ཁྱད་པར་ཅན་དེ་དག་ནི་སྨོས་ཅི་འཚལ། འཁྲོམ་སྟོན་ཁྱོད་ཀྱི་ལུས་ལ། ཉི་མ་ཉིན་ཅིག་མདུང་ཐུང་སུམ་བརྒྱ་ཙམ་ཅིག་གིས་རྒྱུན་མ་ཆད་པར་བསྣུན་ལ། དེ་ལའང་ཤིར་མ་ཉན་པའི་དུས་སུ་ན་ཚ་སྡུག་བསྔལ་ཅི་ཙམ་ཅིག་འོང་། ཇོ་བོ། དེ་འདྲ་ནི་བཟོད་གླགས་མི་གདའོ། །འབྲོམ། དེ་བས་ནི་དམྱལ་བའི་སྡུག་བསྔལ་ཆུང་ངུའི་ཆུང་ངུ་བརྒྱ་སྟོང་གི་ཆར་ཡང་མི་ཉེ་བར་བཤད་དོ། །འབྲོམ། དེ་ལྟ་བས་ན་སྲོག་གཅད་པར་མི་བྱའོ། །གསོད་དུ་གཞུག་པར་མི་བྱའོ། །གསོད་པ་ལ་རྗེས་སུ་ཡི་རང་བར་མི་བྱའོ། །གལ་ཏེ་མིར་སྐྱེས་ན་ཡང་ནད་མང་ཚེ་ཐུང་ངོ་། །གཞན་ཡང་བདག་པོས་ཡོངས་སུ་བཟུང་

བའི་ནོར། །མཐུ་དང་སྟོབས་དང་འཇབ་བུ་ལ་སོགས་པས་མ་བྱིན་པར་བླང་བར་མི་བྱའོ། །འདི་ལྟ་སྟེ། མི་བརྐུ། མི་འཕྲོག །ཐ་ན་ཁ་གསགས་དང་གཞོགས་སློང་ཡན་ཆོད་མི་བྱའོ། །གལ་ཏེ་བྱས་ན་གོང་བཞིན་དུ་ངན་སོང་ལས་ལམ་མེད། ཕལ་ཆེ་བ་ཐམས་ཅད་ཡི་དྭགས་སུ་སྐྱེ་བར་བཤད། འཁོར། གལ་ཏེ་མིར་སྐྱེས་ནའང་ལོངས་སྤྱོད་ཀྱིས་དབུལ་ཞིང་ཕོངས། བཟར་མེད། བཙལ་དུའང་མེད། ཀྱོན་དུའང་མེད་པ་མིའི་ལུས་བླངས་ཙམ་སོ། །འཁོར། མི་ཚངས་པ་རྣམ་པ་ནས་རྣམ་པ་ཐམས་ཅད་དུ་མི་སྤྱད། མ་དང་སྲིང་མོ་ལ་སོགས་པ་ཉེ་འབྲེལ་རྣམས་སུན་མི་དབྱུང་། དགེ་སློང་མ་ལ་སོགས་པ་སྡོམ་བསྲུང་མ་རྣམས་སུན་མི་དབྱུང་། གཞན་ཡང་དུས་མ་ཡིན་པར་གཞན་ན་བའམ། ཉིན་མོའམ། ཆུ་སྣོ་གཞན་དུ་སྤྱོད་པ་ལ་སོགས་པ་ནི་འདོད་པས་ལོག་པར་གཡེམ་པ་ཞེས་བྱ་སྟེ། ངན་སོང་མུ་མཐའ་མེད་པར་འགྲོ་བའི་རྒྱུ་ཡིན་པས་མི་ཚངས་སྤྱོད་དང་བཅས་ཏེ་རྣམ་པ་ནས་རྣམ་པ་ཐམས་ཅད་དུ་མི་བྱའོ། །གལ་ཏེ་མིར་སྐྱེས་ཀྱང་ཁྱིམ་གྱི་སྡུག་བསྔལ་ཆེན་པོས་མནར་ཏེ། སྡུག་བསྔལ་གྱི་ཕུང་པོ་ཆེན་པོ་མྱོང་བར་འགྱུར་རོ། །དེ་དག་ཀྱང་གཞན་སྤྱོད་དུ་འཇུག་པ་དང་། རྗེས་སུ་ཡི་རང་བྱེད་པ་ལ་སོགས་པ་ལའང་གོང་དང་མཐུན། གཞན་ཡང་རྫུན་དུ་སྨྲ་བ་དང་། ཕྲ་མ་དང་། ངག་འཁྱལ་དང་། ཚིག་རྩུབ་མོ་འདི་དག་གིས་ཀྱང་ངན་སོང་མུ་མཐའ་མེད་པར་སྐྱེ་བའི་རྒྱུ་ཆེ་བས་རྣམ་པ་ནས་རྣམ་པ་ཐམས་ཅད་དུ་སྤང་བར་བྱའོ། །གལ་ཏེ་མིར་སྐྱེས་ཀྱང་གཞན་གྱི་ཚད་མར་མི་འཛིན་ཅིང་སྐུར་བ་མང་བ་དང་། ངག་མི་བཙུན་ཞིང་གཞན་གྱི་ཙོ་འདྲི་བའི་གནས་སུ་བྱེད་པ་དང་། མི་དང་མི་མཛའ་ཞིང་གཞན་གྱིས་རང་ཉིད་མཐུན་པའི་གྲོགས་དང་འབྱེད་པ་དང་། མི་ཁ་སྣང་ཞིང་དོན་མེད་པ་ཐམས་ཅད་ཀྱིས་ཀྱང་བརྣང་པོའི་ཚིག་བརྗོད་དུ་འོང་བ་ལ་སོགས་པས་མིའི་བདེ་བ་དང་ཡང་བྲལ། དེས་ན་མི་དགེ་བ་བདུན་པོ་དེ་དག་སྤོང་བ་དགེ་བ་བདུན་དུ་བསྟེན་པར་ཤེས་པར་བྱ་སྟེ་དགེ་བ་བདུན་ལ་

གཞན་ཡང་འགོད། སྒྲུབ་པ་རྣམས་ལའང་རྗེས་སུ་མཐུན་འགྱུར་བརྗོད། འབྲོམ་ཁྱོད་རང་འདྲ་བའི་བཙན་ས་ཟིན་པ་རང་འཁོར་བར་སྐྱེས་ཀྱང་སླ་བ། གཞན་དོན་འབའ་ཞིག་ལ་དམིགས་པ་ལ་ནི་མི་དགེ་བ་བདུན་ཐབས་དང་སྦྱར་ཏེ་སྤྱད། དེ་ནི་མི་དགེ་བ་ལྟར་སྣང་བའོ། །འབྲོམ་བླ་མ་དང་དཀོན་མཆོག་གི་ནོར་དང་། ནད་པ་དང་མ་ནུས་པའི་ནོར་ལ་སོགས་པ་གཞན་གྱི་རྫས་རང་ལ་ཡོད་ན་ཅི་དགའི་བརྣབ་སེམས་མི་བྱ། ཡིན་ན་ཅི་མ་རུང་ཅི་ཐོབ་བྱའོ་སྙམ་པའི་བརྣབ་སེམས་མི་བྱའོ། །འདི་ནི་བྱང་ཆུབ་སེམས་དཔའ་ལའང་བཀག །གཞན་ཡང་། གཞན་ཉེས་ན་དགའ། ཉམ་ན་དགའ། བསད་སེམས་ལ་སོགས་པ་གནོད་པའི་སེམས་ཐམས་ཅད་རྣམ་པ་ནས་རྣམ་པ་ཐམས་ཅད་དུ་མི་བྱའོ། །གཞན་ཡང་སངས་རྒྱས་མི་བདེན། ཆོས་མི་བདེན། དགེ་འདུན་མི་བདེན། འཇིག་རྟེན་ཕ་ཕྱི་མེད། ལས་རྒྱུ་འབྲས་མེད་ཟེར་ཞིང་ཆོས་བྱས་པས་སྡུག་བསྔལ་བྱུང་བ་རྣམས་རྟགས་སུ་འགོད། དེ་དག་ནི་ལོག་པར་ལྟ་བ་བྱ་བ་ཡིན། དེ་འདྲ་བའི་ལས་ཀྱིས་འཁོར་བ་དང་ངན་སོང་ལས་ཐར་མི་སྲིད་དེ། དེ་ནི་རྣམ་པ་ནས་རྣམ་པ་ཐམས་ཅད་དུ་མི་བྱའོ། །འབྲོམ། མི་དགེ་བ་བཅུ་ཉེས་དམིགས་དང་བཅས་པ་མདོར་མཆོན་ཙམ་བཤད། གཞན་ཁྱེད་རང་མདོ་སྡེ་ལེགས་པར་ལྟོས། ལར་ཀྱང་གདུལ་བྱ་རྫོངས་པ་བློ་འབྲུག་པས་རགས་པ་དེ་ཙམ་རེ་སྟོན། མང་ན་གདུལ་བྱ་རྫོངས་པ་ལ་མི་ཕན་པ་ཡིན། དེ་ལྟར་ན་རྒྱལ་བའི་འབྱུང་གནས་གོང་དུ་བཤད་པ་དེ་དག་ཡུལ་དུ་བྱས་ནས་ཁྲོ་ཞིང་འབྲུག་པར་མི་བྱ། ལམ་དུ་མི་འགྲོ་བའི་ང་རྒྱལ་གྱིས་ཁེངས་པར་མི་བྱ། ཁྲོ་འབྲུག་བྱུང་མ་ཐག་ཏུ་གཉེན་པོས་གཞོམ་པར་བྱ་སྟེ། རང་ཉིད་དམན་པའི་སེམས་ཀྱིས་ཞི་ཞིང་དུལ་བར་བྱའོ། །ལོག་པའི་འཚོ་བས་རྣམ་པ་ཐམས་ཅད་དུ་འཚོ་བར་མི་བྱ་སྟེ། ཆོས་ཀྱི་འཚོ་བ་འབའ་ཞིག་གིས་ཉིན་དང་མཚན་དུ་འཚོ་བར་བྱའོ། །རྒྱལ་བའི་འབྱུང་གནས་མཁྱེན་ནམ། ཁྲོ་བས་ནི་བསྐལ་པ་དུ་མའི་དགེ་རྩ་འཇོམས། ང་རྒྱལ་གྱིས་ནི་བག་

ཡོད་བསྟན་པའི་མྱུ་གུ་འཛོམས། ཡོག་པའི་འཚོ་བས་དགེ་སྦྱོང་གི་ཆོས་ལས་ཉམས་པར་བྱེད། འཁྲོམ་དེ་ལྟར་ན་མི་དགེ་བ་བཅུ་དང་འབྲེལ་བའི་ཆོས་དེ་དག་ཀྱང་མི་བྱའོ། །རགས་པ་དེ་ཙམ་ཅིག་འོ་སྐོལ་གཉིས་བློ་ཕེབས་པའི་གསུང་གླེང་ཡིན། འགལ་འབྲེལ་མང་པོའི་སྐབས་མ་ཡིན། འཁྲོམ། དེ་དག་ཁྱེད་ཀྱི་ཐུགས་ལ་འཚམ་མམ་གསུང་། འཁྲོམ་སྟོན་པའི་ཞལ་ནས་གསུང་གླེང་མང་པོ་བྱེད་ཡོང་ཀྱང་མི་འོང་། མི་དགེ་བཅུའི་རྣམ་ཐར་དེ་ཀུན་ལ། ཇོ་བོས་འདུས་ལ་རྒྱ་ཆེ་བ་གཙང་ལ་དོན་ཕྱིན་པ། ལེགས་པོ་ཅིག་རང་གསུངས་ན་འོང་བ་ལགས་ཏེ། བདག་ཅག་ཡབ་སྲས་གཉིས་ཀྱི་གསུང་གླེང་གི་ལུགས་ལ་བྲུལ་ཙམ་ཡིན་ཞུས་པས། ཇོ་བོའི་ཞལ་ནས། འཁྲོམ། ཁོ་བོས་ཚིག་སྒྲིག་མ་ཤེས་པ་མ་ཡིན། ཁྱོད་གཅིག་པུའི་བློ་ངོར་བསྟན་པ་མ་ཡིན། འོ་ན་ཁོ་བོས་སང་སྐྲི་ཏའི་སྐད་ལས་བཤད་ན་ཇི་འདྲ་ཅིག་མཆི། མི་དགོས་ཁྱེད་བོད་ཀུན་གྱིས་དེ་ཀུན་ཀྱང་མི་གོ །དེར་མ་ཟད་ལྷོ་ཟ་ལུགས་གོས་གྱོན་ལུགས་སྤྱོད་ལམ་བྱེད་ལུགས། མས་བུ་ཆུང་ལ་སློབ་པ་འདྲ་བ་ཅིག་བྱེད་དགོས་པའི་ལུགས་ཡིན། བློས་སྐྱོན་སྤང་བ་ལ་སོགས་པའི་སྐབས་དེ་འདི་མ་ཡིན། འཁྲོམ་བོད་ཀྱི་སྐྱེ་བོ་ཐམས་ཅད་ངའི་མདུན་དུ་འདུས་ནས། སེམས་ལ་ཕན་པའི་གདམས་ངག་ཅིག་ཞུ་ཟེར་ན། དེ་དག་ལ་ཁོ་བོས་འདི་སྐད་བཤད་ན་ཅི་འདྲ་ཅིག་མཆི། ཐམས་ཅད་མཁྱེན་དང་མཁྱེན་ལམ་དེ་སྒྲུབ་པ། །དབང་གི་རྒྱལ་པོ་ལྟ་བུར་མི་རྟོག་ཀྱང་། །གང་གིས་ལེགས་གསོལ་དགོས་འདོད་བསྐྲུན་པར་བྱེད། །རིན་ཆེན་ལྡོན་རྩེར་སྐལ་ལྡན་བྱ་ཚོགས་སྡུད། །འདབ་ལ་དགའ་ཆེ་འབྲས་བུ་བཟང་པོ་ཟ། །ཉི་འོད་སྟོང་ལྡན་དཔག་མེད་རབ་བདེ་ཞིང་། །བདེན་གཉིས་གཤོག་བརྒྱང་བྱམས་པའི་མཆུ་ཡིས་འདྲེན། །ཐབས་ཤེས་རྐང་ལྡན་ཡན་ལག་བརྒྱད་ལྡན་པར། །རྣམ་དག་མཁའ་ལྡིང་ཆགས་པ་མི་མངའ་བ། །སྤྲོས་པའི་མཐའ་བྲལ་ཚིག་འབྲུ་རབ་ཏུ་བཟང་། །བྱང་ཆུབ་ཕྱོགས་ལྡན་གཤོག་སྒྲོ་རབ་ཏུ་རྒྱས། །སྒྲོ་རིའང་ཐབས་ཤེས་

དབུ་མ་ཆེན་པོའི་གཞུང་། །མཁས་པས་གཉིས་ལའང་ལེགས་པར་སྤྱད་གྱུར་ན། །ཕྱི་ཕྲག་སྤུ་ཕྲན་རྟེན་འབྲེལ་དཔག་མེད་གདལ། །རྩ་བ་གཙང་ལྡན་རྩེ་མོ་རབ་ཏུ་རྣོ། །ཤིན་ཏུ་ཕྲ་ཡང་རླུང་གིས་མི་གཡོའི་སྤུ། །ཤིན་ཏུ་འཇམ་ཡང་རེག་བྱས་གཞན་མི་སླུ། །རྣམ་པར་མི་རྟོག་སྤྱད་ན་ཡ་མཚན་རྒྱས། །ཨེ་མ་གནས་ལུགས་ཆོས་ནི་དེ་ལྟར་ཟབ། །རྣམ་པར་མི་རྟོག་ཉི་ལྟར་གཞན་དོན་བྱེད། །ཤེས་བྱའི་དཀྱིལ་འཁོར་མ་ཁྱབ་ཅི་ཡང་མེད། །ཉོན་དང་འཁྲིག་པས་ལེགས་སྦྱར་མཐོ་རིས་རྣམས། །ཐིག་ལེ་ཉམས་པས་ཉོན་མོངས་སྣང་བུ་རྒྱས། །བཀྲ་ཤིས་སྐྱིད་པའི་དགའ་བདེ་འཕྲུལ་བཟང་བས། །གཏན་གྱི་འདུན་མ་ནམ་མཁའི་མེ་ཏོག་བཞིན། །ངོ་མཚར་ཆེའོ་འདི་བདེའི་མེ་ཏོག་རྒྱས། །ཉམས་དགའ་སྲིད་པའི་བུང་བའི་ཚོགས་རྣམས་བསྟན། །ཨེ་མ་ཕྲིན་མེད་དངས་པས་མ་བཅོམ་ན། །མེ་ཏོག་ཉི་འོད་ཚ་ཡང་ག་ལ་འཇོམས། །ངོ་མཚར་ཆེའོ་ཟག་པའི་བདེ་བས་བསྐྱེད། །རྒྱུན་ཆད་མེད་དོ་སྲིད་པའི་ཆུ་རླུང་འབབ། །འཁོར་འབྲེལ་བཟང་ངོ་རྟེན་འབྲེལ་བཅུ་གཉིས་པོ། །གཞི་མ་ཆེའོ་ཐོག་མཐའ་ཅི་ཡང་མེད། །ལེགས་པར་གོམས་འདིར་ཚོགས་ཀུན་འབྱུང་ཅན། །རྒྱུ་བཟང་འབྲས་བུས་བསླུས་པར་མ་མཛད་ཅིག །ལེགས་པར་གསལ་ལོ་རྩྭ་ཡི་སྔོན་མེ་འདྲ། །ཤིན་ཏུ་བརྟན་ནོ་ལྷུ་བ་རྗེས་པ་ཀུན། །ཉམས་ལེན་མཛོད་དང་ཆུ་ཤིང་སྙིང་པོ་ལ། །སྔོན་ཆད་ལས་རོ་མོ་གཤམ་གཅིས་ཕྲུག་འདྲ། །ཟག་པའི་མེ་ཏོག་རྒྱས་པའི་གཞོན་ནུ་ཀུན། །གཞོན་ནུ་ལང་ཚོ་འབྲས་བུ་མཐར་ཐུག་རྣམས། །ཉོན་དང་གཏན་གྱི་འདུན་མ་སྒྲུབ་འདོད་ན། །ཉོན་མོངས་ཕ་མ་སྲོག་དང་བྲལ་ན་བདེ། །དེ་ཡིས་མ་བྱིན་མཐར་ཐུག་བླངས་ན་བདེ། །དེ་ལ་མི་ཚངས་ཡུམ་ལ་སྤྱད་ན་བདེ། །ཆོས་རྣམས་མི་བདེན་བརྫུན་གྱིས་བསླུས་ན་བདེ། །དགེ་དང་མི་དགེ་དབེན་གྱིས་ཕྲལ་ན་བདེ། །ཉོན་མོངས་མི་མོངས་ངག་འཁྱལ་བདེན་མེད་བདེ། །དེ་འདྲའི་ཕྲ་མ་ཚིག་རྩུབ་སྨྲང་པོས་ཚོམས། །བཞི་སྤྱད་སྐྱེས་བུ་དམ་པ་བདེ་བ་

ཡིན། །མཆོག་རབ་དོན་གཉེར་བརྟན་སེམས་བསྐྱེད་ན་བདེ། །བསྟན་པའི་དགྲ་འཛོམས་གནོད་སེམས་བཟང་པོ་བསྟན། །རང་དོན་བཟློག་ལ་ཐར་པའི་མཆོག་ལ་སྦྱོས། །ལོག་པའི་ལམ་ལ་མི་དགེ་བཅུ་པོ་འདི། །ཡང་དག་ལམ་ལ་དགེ་བ་བཅུ་པོ་བསྟེན། །དེ་ལའང་ཞེན་ན་འཆིང་བ་ཆེན་པོས་ཏེ། །དེ་ལས་ལྡོག་ལ་མཆོག་ལ་དད་པ་བསྐྱེད། །དད་པའང་གང་ལ་གང་ཞིག་དད་པས་སྟོང་། །ཇི་ལྟར་དད་པ་དབུ་མ་ཆེན་པོ་ཡིན། །བཟློག་སྟེ་ཁྲི་དང་ང་རྒྱལ་བྱ་མི་རིགས། །དེས་ན་ང་རྒྱལ་མེད་པ་དམན་པའི་མཆོག །དབྱིངས་སུ་སྒྱུར་ལ་མ་འཛིན་ལྷུག་པར་ཞོག །དེ་ལྟར་གནས་ན་ལོག་པས་ལོག་པ་ཞིག །ཇི་ལྟར་བསླུས་ཏེ་རང་ཉིད་ཇི་ལྟར་འཚོ། །ཨེ་མ་ལོག་འཚོ་སྤྱོངས་ལ་ཚེ་རབས་སུ། །ཆགས་མེད་ཆོས་ཀྱི་འཚོ་བས་འཚོ་བར་མཛོད། །འབྲོམ་རྗེ། ངས་སང་སྐྱི་ཧའི་སྐད་ཀྱིས་སྒྱུར་བ་ལ་སོགས་པའི་རྒྱན་གྱིས་མ་བཤད་དུ་ཟིན་ཀྱང་། དེ་ཙམ་ཞིག་སྒྱུར་ཀྱང་སྐྱེ་བོ་རྣམས་ཀྱིས་ཇི་ལྟར་གོ །གསུང་གླེང་གསུང་གླེང་ཡིན། སྣན་ངག་སྣན་ངག་ཡིན། ཁྱེད་བོད་ཀྱིས་ཟླ་བ་མང་པོ་བཙམས་ཀྱང་། ངའི་སློ་བུར་གྱི་ཚིགས་བཅད་དེ་ལྟ་བུ་མི་ཐོན། ཁོ་བོས་ སྟར་ནས་བཟུང་ནས་བཤར་བ་འདྲ་གསུངས་ནས་བཞད། འབྲོམ་ཁྱོད་ཀྱང་ངའི་མན་ངག་སྟར་ཡོད་པ་རྣམས་མི་འདྲི་བར། གདུགས་ཀ་སྐྱུར་པས་སོ་མ་སོ་མ་འདྲི་སྟེ་ཁོ་བོ་མི་ཉན། ཐོས་བསམ་སྒོམ་གསུམ་མཐར་ཕྱིན་པས་དཔེ་ལ་མི་ལྟོས། ཨ་ཙང་དེ་ཀུན་ཀུ་རེ་ཡིན། ཐོས་བསམ་སྒོམ་གསུམ་མཐར་ཕྱིན་པ་བྱ་བ་སངས་རྒྱས་ལ་ཟེར་བ་ཡིན། ཁྱོད་ལ་བློ་ཕེབས་ནས་ངག་འཁྱལ་དུའང་ཁ་པོ་ཨེན་རེ་འཚོར་བ་གདའ་གསུངས་པས། ཡང་འབྲོམ་གྱི་ཞལ་ནས། དེ་ཙམ་ཞིག་འཚམ། འོན་ཀྱང་བླ་མ་གསུང་བ་བཞིན་དུ་བློ་ཚོད་དང་བསྟུན་ཞིང་གསུང་འཚལ། དེ་མ་མཛད་ན་རྫོངས་པ་མི་འདོང་ངས། འཇིག་རྟེན་གྱི་གཏམ་དཔེ་ཁ་ཞུག་མ་དང་མ་དེ་མའི་ཚུལ་བྱུང་ཞུས་པས། ཇོ་བོ་ན་རེ། སྟོན་མ་དེ་མ་དེ་མ་ཡིན། ཕྱི་མ་དེ་ཀུན་གྱིས་མང་པོ་མང་པོ་མི་འདོང་ངས། ཕྱི་

མ་དེ་ཁྱོད་རང་འདྲ་བ་རྣམས་ལ་མེད་པ་མ་ཡིན། ཡང་འཕྲོམ་གྱིས། ཇོ་བོ་འདི་དག་ལ་ནོར་ལོག་གདའ་ཡི་གསུངས་ནས། སྔར་གསུངས་པ་དེ་དག་ཇོ་བོ་མདོ་འདོན་པ་འདྲ་བ་ཅིག་བཤར་བས། ཇོ་བོའི་ཞལ་ནས། ཁྱོད་ཀྱི་བློ་འདི་འདྲ་བ་འཇིག་རྟེན་ན་མང་པོ་ཡོད་ན་དགའ་སྟེ། བཙལ་ན་དུ་རྙེད་དམ་གསུངས། ཡང་འཕྲོམ་ན་རེ། ཇོ་བོ་འདི་འདྲ་བྱས་ན་ཅི་འདྲ་འོང་། ཚེ་འདི་མི་རྟག་ཆུ་བོའི་གཞུང་དང་འདྲ། །མྱུར་དུ་འགྲོ་སྟེ་སུས་ཀྱང་གཟུང་དུ་མེད། །དཔག་མེད་སེམས་ཅན་དུ་མའི་ཚོགས་རབ་ལ། །ཕ་མར་མ་གྱུར་སྐྱེ་བོ་གཅིག་འགའ་འང་མེད། །ཁོ་བོ་ཆོས་དང་མཇལ་ནས་སླར་ཙུང་ངམ། །ཆེའམ་ཆུང་ཡང་ཙུང་སྟེ་སྡིག་ཆགས་རྣམས། །ཕ་མ་ཡིན་ཕྱིར་རང་ཉིད་ཅི་འདྲ་ཡང་། །མི་གསོད་དེ་ལ་རྗོགས་པར་ཇི་ལྟར་བྱེད། །གྱིར་ཡང་ནོར་ནི་འཆིང་བ་དུ་མའི་རྒྱུ། །སྒོས་སུ་ཕ་མས་ནོར་ཇས་མ་བྱིན་པ། །བདག་ལ་དགོས་མེད་མ་བྱིན་ག་ལ་ལེན། །སྔར་ཡང་འཁོར་བའི་འཆིང་བས་བཅིངས་གྱུར་ན། །ད་ཡང་མི་ཚངས་འདོད་ལོག་སྤྱོད་པའི་ལས། །ཤེས་བཞིན་ཁྱད་གསོད་ལོག་ལྟ་ག་ལ་བྱེད། །བརྫུན་པའི་ཉིད་བརྫུན་གཞན་བསླུས་ཅི་ཞིག་བྱ། །མི་ཤེས་ཆགས་སྡང་མཐུན་པ་འབྱེད་གྱུར་ན། །ཨེ་མ་ཤེས་བཞིན་མཛའ་བ་སུ་ཞིག་འབྱེད། །ཐམས་ཅད་དོན་མེད་འཁྱལ་བའི་ཚིག་གིས་བཅིངས། །ཤེས་བཞིན་ཁོ་བོ་དེ་ཕྱིར་ཇི་ལྟར་འཐབ། །ཐམས་ཅད་དྲིན་ཅན་ཕ་མ་འབའ་ཞིག་ན། །སྙན་པས་དབུགས་འབྱིན་མི་བྱེད་སྔང་ཚིག་སྨྲ། །དེ་འདྲ་དམ་པ་སུ་ཡི་ཆོས་ལུགས་ཡིན། །ཆགས་མེད་ཐར་པའི་ལམ་ལ་འགྲོ་བའི་ཚེ། །རང་ནོར་དགོས་མེད་གཞན་ནོར་ཅི་ཞིག་བྱ། །ནོར་རྫས་ཤ་ཁྲག་བུར་བཅས་སྐྱེར་དུས་ཚེ། །ཨེ་མ་གཞན་གྱི་ནོར་ལ་བརྣབ་སེམས་ཨ། །མཉམ་ཉིད་དག་པའི་དབྱིངས་སུ་འགྲོ་བའི་ཚེ། །ལོག་ལྟ་བདུད་ཀྱི་དཔུང་ཚོགས་དགོས་པ་མེད། །དེ་ཚེ་ཤེས་ནས་སྤྱོང་བ་མཁས་པ་ཡིན། །གཞན་གྱི་མི་དགེ་བདག་གིས་སྤངས་པ་ན། །རང་གི་བྱེད་པའི་ཆོས་པ་སུ་ཞིག་སྨྲ། །རང་གི་ཤ་ཁྲག་ཆགས་མེད་གཏོང་བའི་

ཆོ། །ཕ་མའི་ཤ་ཁྲག་ཟ་བའི་ཆོས་པ་སུ། །སྲོག་ལེན་རྒྱུན་མར་འདེད་དུས་མི་འགྱོད་དམ། །ཨེ་མ་ད་ནི་ཕ་མ་དཔག་མེད་དོན། །དེ་རིང་ཉིད་ལས་མ་གཡོས་བསྒྲུབ་པ་ལ། །བྱ་གཞག་ཕལ་པ་ཐམས་ཅད་ཕ་ཚད་བཞུགས། །སྒོ་གསུམ་ཉོན་མོངས་ཐམས་ཅད་ཕ་ཚད་བཞུགས། །རྣམ་རྟོག་འཆིང་ཕུར་ཐམས་ཅད་ཐོན་ལ་སྐྱུར། །ཨེ་མ་ད་གཟོད་འབྲོམ་རྗེར་མ་གྱུར་རམ། །ཞེས་ཞུས་པས། ཇོ་བོའི་ཞལ་ནས། གྱུར་གྱུར་སྔར་ནས་གྱུར་གྱུར་བ་ཅིག་ཡིན། ཁྱོད་ཀྱིས་ལེགས་པར་སྨྲས། ད་དེ་ལྟར་བཤད་མཉན་པ་རྣམས་འདུས་པར་གདའམ་གསུང་། འབྲོམ་གྱི་ཞལ་ནས། བླ་མ་འདི་ལྟ་སྟེ། མི་དགེ་བཅུ་ནི་སྤང་བྱ་ཞིང་། །རྟག་ཏུ་དད་པ་བརྟན་པར་བྱ། །ཁྲོ་དང་ང་རྒྱལ་གཞོམ་བྱ་ཞིང་། །དམན་པའི་སེམས་དང་ལྡན་པར་བྱ། །ལོག་པའི་འཚོ་བ་སྤང་བྱ་ཞིང་། །ཆོས་ཀྱི་འཚོ་བས་འཚོ་བར་བྱ། །ཞེས་བྱ་བ་ཅིག་ལས་མི་གདའ་སྟེ། །དེའང་ཕར་ཕྱིན་དྲུག་ལྡན་དུ་སྦྱར་ཡང་ཆོག་པར་གདའ་འོ། །དེ་ལྟར་ན་ཞུས་ལན་ནོར་བུའི་ཕྲེང་བ་ལས། སྤང་བྱ་ཇི་ལྟར་སྤངས་ནས་དགེ་བ་ལ་འཇུག་པའི་ལེའུ་སྟེ་བདུན་པའོ།། །།

༈ ཡང་བཞུགས་གནས་སྙེ་ཐང་འོར་ན་ཇོ་བོ་ཡབ་སྲས་གཉིས་བཞུགས་པའི་དུས་སུ། བོད་ཀྱི་རབ་ཏུ་བྱུང་བ་མང་པོ་པ་ཎྜི་ཏའི་ཞལ་ལྟ་ཆོས་ཀྱི་འབྲེལ་པ་རེ་ཙམ་ཡང་འཛོག་ཟེར་ནས་བྱུང་། དེའི་དུས་སུ་འབྲོམ་རྗེའི་ཞལ་ནས། བརྟུལ་ཞུགས་གྲུབ་པ་མཐོང་བར་དགའ། བྱ་བ་ཡིན། ཟང་ཟིང་གི་ནོར་གྱིས་འཕགས་པའི་ནོར་འཚོལ་བའི་དུས་ཚོད་ཡིན། ལོ་བརྒྱགས་ཟླ་བས་འཚོལ་བ་དང་འདྲ་བར། ནམ་ཞག་གཏན་གྱི་འདུན་མ་ཆེ་འདི་ཉིད་ལ་སྒྲུབ་པའི་དུས་ཚོད་དུ་གདའ། དེ་ཡང་ཉི་མ་ཉིན་གཅིག་ལ་གོ་ཆ་བླང་དགོས་པའི་ལུགས་ཡིན། ཡུལ་དབུས་སུ་སྐྱེས་པ་ལ་དགོས་པ་གཞན་མེད། དགེ་འདུན་གདན་དྲང་མི་དགོས་པར་བསྟན་པ་དར་བའི་ལྟས་སྟོན་ཅིང་འགྲོན་པ་འདི་རང་ཉམས་དགའ། ཁོང་ཡོན་བདག་པ་ཀུན་གྱིས་བསྙེན་བཀུར་བྱེད་པའི་གྲལ་

མགོ་རེར་བསྟད། བསོད་ནམས་བསོག་པའི་འགྱུར་ཁྱད་འཆད་ཅིང་བཤད་པ་ཚ་མོ་གཏོང་བ་ཅིག་ཡོད་དེ། དེ་རིང་ཡོན་བདག་རྒྱལ་འབྱུང་རང་ལ་མཇུབ་མོ་ནང་དུ་བཀུག་ལ་བཏང་ངོ་། །ཉིན་མཚན་དུ་མི་རྟག་པ་བསྒོམ་ཞིང་། ཟང་ཟིང་བསོག་པ་མི་འཕོབས་པར་གདའ་ཡིས། དགེ་འདུན་གྱི་གཏེར་ཁུང་དུ་བྲུབས་ཏེ་དགོས་དུས་ཚེ་ན་མ་ཆད་པར་ སླངས་ལ་བཟའ་འི་གསུང་ནས་དགའ་བཞིན་སྤྲོ་བཞིན་དུ། བླ་མ་དགེ་འདུན་དང་བཅས་པ་རྣམས་ལ་བསྙེན་བཀུར་བཟང་པོ་མཛད། དེའི་དུས་སུ། འབྲོམ་གྱི་ཞལ་ནས། འཁོར་བ་པའི་འཚོགས་ལུགས་ཀྱི་སྐབས་སུ་དེ་དང་མཐུན་པའི་དོར་རྫས་ཀྱིས་ཚོམ་པར་བྱ་འཚལ། དེ་རིང་རྣམ་བྱང་གི་འཚོགས་ལུགས་ཀྱི་སྐབས་འདིར་དེ་དང་མཐུན་པར་འཕགས་པའི་དོར་གྱིས་ཕྱུག་པར་བྱ་དགོས་པར་གདའ་འོ། །དེ་ལ་སྦྲིབ་པ་སྤངས་ནས་འཁོར་བའི་ཆོས་ལས་རབ་ཏུ་འཕགས་ཏེ་ཆགས་པ་མེད་པར་གཞན་དོན་དུ་འདི་ལྟར་སྤྲངས་པའི་ཡོན་ཏན་བཅུ་གཉིས་ཀྱི་ཚུལ་བཟུང་སྟེ། གཞན་དུ་བསོད་སྙོམས་རྒྱུ་ཞིང་། འཕགས་པའི་དོར་གྱིས་ཕྱུག་པ་ཅིག་གལ་ཆེ་བ་ཡིན་པར་གདའ་བས། དེའི་དོན་ཇོ་བོས་གསུང་བར་ཞུ་འཚལ་ཞུས་པས། དགེ་འདུན་ཀུན་ན་རེ། དགེ་བཤེས་པའི་གསུང་དེ་སྐབས་སུ་བབ་ཐུགས་ལ་བཏགས་གསུང་། དེ་ནས་ཇོ་བོའི་ཞལ་ནས། དགེ་འདུན་ཀུན་ཉེར་མཁོའི་ཆོས་འདི་གསོན་གསུངས་ནས། ཟང་ཟིང་སྒྱུ་མའི་དོར་ཞེས་པ། །སྙིང་པོ་མེད་ལ་འཕེལ་འགྲིབ་ཆེ། །རང་དོར་བཙོངས་ཤིང་གཞན་དོར་འགུགས། །ཁེ་ཚོང་བཟོ་ཡི་འདུན་མ་ཡིས། །དོར་ཕྱིར་བྲེལ་བས་བདེ་བ་བཏང་། །བདེ་འདོད་འདོད་པས་ཀུན་ལ་རྒྱུག །འདོད་པས་མ་ཚིམ་སྡུག་བསྔལ་བླངས། །ནགས་ཀྱི་སྣ་ལ་མེ་མཆེད་བཞིན། །དང་པོར་སྣ་ལ་མ་མཆེད་འཚལ། །སྣ་ཡིས་ནགས་ཁྲོད་ཚིག་པ་བྱུང་། །དེ་བས་ཚུང་ནས་འཇོམ་མོ་ཀུན། །ཟང་ཟིང་དུག་གི་མེ་ཏོག་འདྲ། །ཕྱིས་པ་གཞོན་ནུ་དགའ་བཞིན་ལེན། །འགྲོགས་པས་ཁར་ཤོར་སྲོག་དང་བྲལ། །ཟང་ཟིང་ལན་

ལྡའི་ཚུ་དང་འདྲ། །དགའ་བཞིན་བླངས་པས་སྐོམ་པ་འཕེལ། །ཟང་ཟིང་རྗེ་ཅན་འབྲུག་དང་མཚུངས། །ཟ་ཞིང་ཕྱུགས་པས་ཟ་རུ་འགྲོ། ཟང་ཟིང་འཛིགས་པའི་ནོར་དང་མཚུངས། །ཕན་པར་འབྲུལ་ཏེ་དགྲ་བོས་ཁྱུར། །ཐམས་ཅད་བདག་གི་རྩ་བ་སྟེ། །བདག་ནི་འདོད་པའི་རོ་ལ་རྒྱུག །འདོད་པ་ཟང་ཟིང་ཡུལ་ལ་ཆགས། །དེ་བས་ཟང་ཟིང་འབྱོར་པ་རྣམས། །ཕྱུགས་བསླུ་དོན་མེད་མཆིས་རྟོགས་མཛོད། །སྐྱབས་མཆོག་བླ་མ་དཀོན་མཆོག་གསུམ། །སྐྱབས་ཀྱི་ཡུལ་དུ་ལེགས་བསྟེན་ལ། །དད་འདོད་ཡིད་ཆེས་བཟང་པོ་ཡིས། །དགེ་བའི་ས་ཆེན་དད་པ་བསྟེན། །དེ་ནི་འཕགས་པའི་ནོར་མཆོག་ཡིན། །དད་པས་དད་དང་གུས་པས་འདྲེན། །དེ་ཡིས་ལེགས་མཆོག་བྱང་ཆུབ་འདྲེན། །དེ་བས་དད་ནོར་ཕྱུགས་སུ་བཙན། །ད་ནི་འདིར་འཚོགས་དད་ལྡན་ཀུན། །ཡོན་ཏན་མ་ལུས་འབྱུང་བའི་གཞི། །སྤང་བླང་དོན་གཉེར་ཚུལ་ཁྲིམས་བསྲུང་། །དགེ་བའི་ལྟོན་ཤིང་མ་ལུས་པ། །གཤིན་པའི་ས་ཆེན་ཁྲིམས་ལས་བྱུང་། །རང་འདོད་མ་ཆེ་གཞན་དོན་མཛོད། །མི་དགེ་སྤངས་ལ་དགེ་ལ་བརྩོན། །སྤང་བྱ་མ་ལུས་སྤོམས་ཤིག་ཀུན། །འདི་ནི་ཚུལ་ཁྲིམས་འཕགས་པའི་ནོར། །ཤ་ཁྲག་ལ་སོགས་ཕྱི་ནང་གི །དངོས་པོ་ཐམས་ཅད་ཆགས་མེད་ཐོང་། །འདོད་དགུའི་འབྱུང་གནས་དེ་ཉིད་དེ། །འཕགས་པའི་ནོར་ཆེན་གཏོང་བ་ཡིན། །མ་ཆགས་ཟང་ཟིང་ཐོང་ཞིག་ཀུན། །སྤང་གཉེན་མ་ལུས་ངོས་འཛིན་པ། །ཟིན་ནས་ལེན་འདོད་ཐོས་པ་ཡིན། །ཐོས་པས་ཀུན་མཁྱེན་མཁས་པའི་གཞི། །འཕགས་པའི་ནོར་ཡིན་འབོད་ཅིག་ཀུན། །ངོ་ཚ་ཤེས་པའི་གོས་རབ་གྱོན། །ཁྲེལ་ཡོད་སྐ་རགས་རྒྱུན་དུ་བཅིངས། །ངོ་ཚ་ཤེས་ཤིང་ཁྲེལ་ཡོད་པ། །འདི་ནི་འཕགས་པའི་ནོར་མཆོག་ཡིན། །རྒྱུན་དུ་མཛོད་ཅིག་འདིར་འཚོགས་ཀུན། །ཤེས་རབ་ནོར་དང་མ་བྲལ་བར། །ཐམས་ཅད་བྱང་ཆུབ་དབྱིངས་སུ་ཁྱེར། །བསྔོ་བ་ཆེན་པོའི་མཛོད་དུ་སྐྱོངས། །མི་སྙག་མི་རྨོམ་ལྷུགས་ཀྱིས་བཟུང་། །དེ་ནི་འཕགས་པའི་ནོར་བདུན་ཏེ། །མི་གཞན་

རྣམས་ཀྱིས་བསྒྲུབ་པར་དཀའ། །ལྷག་པར་ངན་སོང་སྐྱོད་ཡུལ་མིན། །ནོར་མཆོག་འདི་བསྟེན་ཕུགས་སུ་བཟང་། །འཕྲུལ་དུ་ལྷ་མི་ཀུན་གྱིས་མཆོད། །ཨེ་མ་དེ་ནི་འཕགས་པའི་ནོར། །ལུས་འཚོ་ཟང་ཟིང་དོན་གཉེར་ན། །རོ་སྙོམས་ལྟུམ་བུའི་ཟས་སུ་བསྟེན། །ལྷོན་ཤིང་གཡའ་རི་གངས་ཁྲོད་དང་། །དུར་ཁྲོད་ནགས་ཁྲོད་དབེན་གནས་སུ། །གཡེང་མེད་བསམ་གཏན་སྒོམ་བཞི་མཛོད། །དེར་ཡང་ཆགས་ན་ཆགས་མེད་རྒྱུས། །མི་ཚུ་ལྐྱང་གིས་མི་ཉམས་པའི། །སྐུ་གསུང་ཐུགས་ཀྱི་རྟེན་མཆོག་ནི། །འཕར་གསལ་ཡིན་གྱིས་གུས་པས་ཚོངས། །མཆོད་ཡུལ་མཆོད་ཚོགས་སེམས་ལ་སྒོམས། །རྣམ་བྱང་འདུས་ལ་ནོར་སྦྱིན་ཡིན། །ཞེས་གསུངས་པ་དང་། འཁྲོམ་གྱི་ཞལ་ནས། དེ་རིང་བཞུགས་གནས་སྐེ་ཐང་འོར་འདིར་ཇོ་བོའི་དྲུང་དུ། ཕོ་བོས་ཞུས་ཤིང་གནང་ན། རྩིལ་ཏེ་དྲིལ་བ་ན་གཡའ་གང་ལ་སོགས་པའི་གནས་མལ་དང་། ཟས་རོ་སྙོམས་བསོད་སྙོམས་ཀྱི་ཟས་ཀྱིས་འཚོ་བ་དང་། རྟེན་ས་ཚུ་ལ་སོགས་པའི་རྐྱེན་གྱིས་མི་གནོད་པའི་སྐུ་གསུང་ཐུགས་ཀྱི་རྟེན་འཕར་གསལ་ཚོངས་གསུང་ཞིང་གདའ། དེ་ཡང་མཚོན་དོན་མཆོད་ཡུལ་མཆོད་པ་སེམས་ལ་བསྒོམ་གསུང་ཞིང་གདའ་ན། དེ་ཇི་ལྟར་ཡིན་ཞུས་པ་ནི། འདི་ལྟ་སྟེ། གཞུགས་གནས་སྐེ་ཐང་འོར་དུ་ནི། །ལས་ཅན་ཨུ་པ་སི་ཀ་ཡིས། །ཇོ་བོ་རྗེ་ལ་འདི་སྐད་ཞུས། །བློ་ལྡན་བླ་མ་དགོངས་སུ་གསོལ། །མདུད་པ་གཅིག་དང་དུམ་བུ་གསུམ། །བར་ཤིང་གསོམ་དང་སྣད་ཞོགས་བདུན། །སྟོད་ཞོགས་བརྒྱད་དང་རྣ་ཆེན་བཞི། །མཆོད་རྟེན་གཉིས་དང་འཁོར་ལོ་རྒྱ། །སྒྲུབས་གཉིས་སྟོང་དང་ཟུང་དུ་འབྲེལ། །ཨ་ལོང་བཅུ་གཉིས་ཡོད་པ་འདི། །བདག་གི་ཐེ་ཚོམ་བཅད་པའི་ཕྱིར། །གང་ལྟར་ལགས་པ་གསུང་དུ་གསོལ། །ཇོ་བོའི་ཞལ་ནས་འདི་སྐད་གསུང་། །མདུད་པ་གཅིག་ཏུ་ཡོད་པ་ནི། །ངན་སོང་སྒོ་གཅོད་མཚོན་པའི་བརྡ། །དུམ་བུ་གསུམ་དུ་ཡོད་པ་ནི། །ཚུལ་ཁྲིམས་སེམས་དང་ཤེས་རབ་སྟེ། །བསླབ་པ་གསུམ་པོ་མཚོན་པའི་བརྡ། །བར་

ཞིང་གསོམ་དུ་ཡོད་པ་ནི། །དགེ་སྦྱོང་སེམས་ནི་ཡངས་ཞིང་གསང་། །གཡོ་སྒྱུ་མེད་པར་མཚོན་པའི་བརྡ། །སྨད་ཞོགས་བདུན་དུ་ཡོད་པ་ནི། །བྱང་ཆུབ་ཡན་ལག་བདུན་པོ་མཚོན། །སྟོད་ཞོགས་བརྒྱད་དུ་ཡོད་པ་ནི། །འཕགས་ལམ་བརྒྱད་པོ་མཚོན་པའི་བརྡ། །ར་ཆེན་བཞི་རུ་ཡོད་པ་ནི། །འཕགས་པའི་བདེན་བཞི་མཚོན་པའི་བརྡ། །མཆོད་རྟེན་གཉིས་སུ་ཡོད་པ་ནི། །གཟུགས་སྐུ་རྣམ་གཉིས་མཚོན་པའི་བརྡ། །ཆོས་སྐུ་སྤྲོས་བྲལ་བརྗོད་ལས་འདས། །འཁོར་ལོ་འདི་ནི་བདེན་བཞི་ཡིས། །ཆོས་ཀྱི་འཁོར་ལོ་སྤྲུལ་སྐུ་ཡིས། །ཬཱ་ནཱ་ཏ་སྤིར་ལྷ་སྡེ་དང་། །འཁོར་གྱི་ཚོགས་ལ་བསྐོར་བ་མཚོན། །ལྕགས་ཀྱུ་འདི་ནི་ཐུགས་རྗེ་ཡིས། །འགྲོ་བ་མ་ལུས་འདྲེན་པར་མཚོན། །སྟོད་སྦུབས་སྟོང་པར་ཡོད་པ་ནི། །ཆོས་བདག་རང་བཞིན་མེད་པའི་བརྡ། །སྨད་སྦུབས་སྟོང་པར་ཡོད་པ་ནི། །གང་ཟག་བདག་མེད་མཚོན་པའི་བརྡ། །སྟོད་སྨད་ཟུང་དུ་འབྲེལ་བ་ནི། །ཐབས་དང་ཤེས་རབ་གཉིས་པོ་མཚོན། །ཨ་ལོང་བཅུ་གཉིས་ཡོད་པ་ནི། །མ་རིག་འདུ་བྱེད་རྣམ་པར་ཤེས། །མིང་གཟུགས་སྐྱེ་མཆེད་དྲུག་དང་ནི། །རེག་ཚོར་སྲེད་ལེན་སྲིད་སྐྱེ་དང་། །རྒ་ཤི་དང་ནི་བཅུ་གཉིས་ཏེ། །རྟེན་འབྲེལ་བཅུ་གཉིས་མཚོན་པའི་བརྡ། །དུས་གསུམ་རྒྱལ་བ་སྲས་དང་བཅས། །ཉན་རང་འཕགས་པའི་ཚོགས་རྣམས་ཀྱིས། །ཕྱག་ལཔར་མཆོད་རྟེན་བརྡ་མཚོན་ཡིན། །མདོ་ནས་གསལ་བྱེད་བྱ་བར་གསལ། །སླར་ཡང་ཨུ་པ་སི་ཀ་ཡིས། །ཇོ་བོ་རྗེ་ལ་འདི་སྐད་ཞུས། །འདི་ལ་ལུགས་ནི་རྣམ་པ་དུ། །འདི་ལ་འཆང་ལུགས་ཇི་ལྟར་བགྱི། །འདི་ཐོགས་པ་ལ་ཡོན་ཏན་ཅི། །འདི་ཐོགས་གང་ཟག་སུ་ཞིག་ཡིན། །གོང་དུ་གསུངས་པ་ཁོ་ནའམ། །འདི་འཆང་རྣམས་ཀྱི་བྱ་བ་ཅི། །འདི་ཐོགས་བསོད་སྙོམས་ཇི་ལྟར་རྒྱུ། །ཇོ་བོའི་ཞལ་ནས་འདི་སྐད་གསུང་། །འདི་ལ་ལུགས་ནི་རྣམ་པ་བཞི། །འདས་པའི་ལུགས་དང་མ་འོངས་ལུགས། །ད་ལྟར་ལུགས་དང་གསུམ་སྦྱོད་ལུགས། །མར་མེ་མཛད་དུས་བདེན་པ་གཉིས། །ཀུན་རྫོབ་དང་ནི་དོན་དམ་སྟེ། །ར

ཆེན་གཉིས་ཀྱིས་མཚོན་པ་ཡིན། །འདི་ནི་འདས་པའི་སངས་རྒྱས་ལུགས། །བྱམས་པ་མགོན་དུས་བདེན་པ་གཅིག །སྨྲ་ངན་འདས་པ་བདེན་གཅིག་པོ། །རྣ་ཆེན་གཅིག་གིས་མཚོན་པ་ཡིན། །འདི་ནི་མ་འོངས་སངས་རྒྱས་ལུགས། །ཤཱཀྱ་ཐུབ་དུས་བདེན་པ་བཞི། །སྡུག་བསྔལ་ཀུན་འབྱུང་འགོག་པ་ལམ། །རྣ་ཆེན་བཞི་ཡིས་མཚོན་པ་ཡིན། །འདི་ནི་ད་ལྟར་སངས་རྒྱས་ལུགས། །གསུམ་ག་སྤྱོད་ལུགས་ཕར་ཕྱིན་དྲུག །སྦྱིན་དང་ཚུལ་ཁྲིམས་བཟོད་བརྩོན་འགྲུས། །བསམ་གཏན་ཤེས་རབ་འདི་དྲུག་གོ །རྣ་ཆེན་དྲུག་གིས་མཚོན་པ་ཡིན། །ལུགས་བཞི་འདི་ལ་མཁས་པར་གྱིས། །འདི་ལ་འཆང་ལུགས་འདི་ལྟར་བགྱི། །མདུང་ཐོགས་བཞིན་དུ་མི་བསླང་ཞིང་། །དོང་ཐོགས་བཞིན་དུ་མི་སྐྱེར་རོ། །མ་ནི་བུ་གཅེས་འཛིན་པ་བཞིན། །སེམས་ཀྱི་བསླབ་པ་ཐུགས་ཀར་བཅང་། །ཀུ་ཀུ་རྣ་ཙ་ལ་སོགས་པ། །གང་ན་འཇིགས་པ་ཡོད་པའི་སར། །གང་ལྟར་བྱས་ཀྱང་ཉེས་པ་མེད། །བསླབ་གསུམ་ཐབས་དང་ཤེས་རབ་ནི། །ནམ་ཡང་འབྲལ་བར་མི་བྱའོ། །མཆོད་རྟེན་ཡིན་པས་གུས་པར་བཅང་། །བཛྲ་ཆོས་ཡིན་པས་ཉམས་སུ་བླང་། །འདི་འཆང་ཡོན་ཏན་བསྟན་པ་འཛིན། །མི་ཁོམ་བརྒྱད་སྤངས་སྐམ་སར་གནས། །གང་ན་འདི་འཆང་ཡུལ་གྱི་དབུས། །མཐའ་འཁོབ་རྣམས་ན་འདི་འཆང་མེད། །ཁྱིམ་པ་རྣམས་ཀྱི་སྤྱོད་ཡུལ་མིན། །ཁྱིམ་པ་རྣམས་ནི་སྡུག་བསྔལ་བ། །འདི་འཆང་རྣམས་ནི་བདེ་བ་ཡིན། །ཁྱིམ་ནས་བྱུང་ལ་འདི་ནི་ཚངས། །འདོད་པ་ཆུང་ཞིང་ཆོག་ཤེས་ལ། །རབ་ཏུ་དབེན་པ་གང་ཡིན་པ། །འདི་འཆང་བ་ཡི་གང་ཟག་ཡིན། །སྡེ་སྣོད་གསུམ་ལྡན་སུ་སྤྱོད་པ། །འདི་འཆང་བ་ཡི་གང་ཟག་ཡིན། །གནག་ལ་ཀླུམ་པ་དྲང་སྲོང་སྟོད། །ཚད་དང་ལྡན་པ་སུ་འཆང་བ། །འདི་འཆང་བ་ཡི་གང་ཟག་ཡིན། །ངུར་སྨིག་གུ་བཞི་ཕུ་དུང་མེད། །ཅུང་བའི་གོས་ནི་སུས་གྱོན་པ། །འདི་འཆང་བ་ཡི་གང་ཟག་ཡིན། །རྟག་ཏུ་བསོད་སྙོམས་ཟས་འཚོ་བ། །འདི་འཆང་བ་ཡི་གང་ཟག་ཡིན། །ལུང་མེད་སྟོང་ནི་

འགྲིལ་སྙིང་འདོད། །བྱ་བ་མང་པོ་འོང་རེ་སྐན། །གྲུ་བཞི་གོས་ནི་འབུད་སྙིང་འདོད། །བྱ་བ་མང་པོ་འོང་རེ་སྐན། །ཕོངས་པ་རྣམས་ལ་ཐུགས་བརྩེ་བས། །རྟག་ཏུ་བསོད་སྙོམས་ཟས་འཚོལ་བ། །བྱ་བ་མང་པོ་འོང་རེ་སྐན། །ཕ་ཡུལ་བདུད་ཀྱི་བཙོན་ཁང་འཁྲུལ། །མི་ཆོས་ལས་ཀྱི་འཆིང་ཐག་ཆད། །མཛའ་བའི་བཤེས་དང་སྡང་བའི་དགྲ། །ལས་ངན་ཆགས་སྡང་ཡུལ་ལས་གྲོས། །ཞེན་མེད་འབྲོག་ཀྱང་དེ་ལ་མེད། །ནོར་ཚོལ་བཟོ་དང་གཞན་དཔོན་དང་། །ཁེ་ཚོལ་གཡོག་ཀྱང་དེས་མི་འོང་། །བྱ་བ་མང་པོ་འོང་རེ་སྐན། །མི་གྲལ་ནས་བུད་རི་དྭགས་འདྲ། །འཕྲལ་ལ་ཟས་ཚོལ་བྱ་དང་འདྲ། །གོག་སྐེ་ལངས་པས་གཞིས་རྫོགས་པ། །བྱ་བ་མང་པོ་འོང་རེ་སྐན། །ས་གཅིག་གནས་གཅིག་མི་བསྟེན་པ། །ཉི་ཟླ་བཞིན་དུ་ཀུན་དུ་རྒྱུ། །ཤེས་རབ་གསུམ་གྱིས་རྒྱུད་སྦྱོང་ཞིང་། །བྱ་བ་ངན་པ་མཐའ་དག་སྤོང་། །ཤཱཀྱ་སེང་གེའི་རྣམ་ཐར་ལ། །བྱ་བ་མང་པོ་འོང་རེ་སྐན། །རང་དགའ་མ་ཡིན་མདོ་རྣམས་ལྟོས། །ཞིབ་པར་ཡོད་ཀྱིས་དོན་གཉེར་མཛོད། །བྱ་བ་མེད་པར་ཐར་ལམ་གནས། །རྣམ་མཁྱེན་གོ་འཕང་བརྗོན་པས་བགྲོད། །འདི་ཐོགས་བསོད་སྙོམས་རྒྱུ་བའི་ཚེ། །ཁྱིམ་པ་རྣམས་ཀྱི་སྒོ་དྲུང་དུ། །ངན་སོང་སྒོ་གཅོད་རྒྱ་མདུད་ཀྱིས། །ངན་སོང་སྒོ་གཅོད་མཚོན་པའི་ཕྱིར། །མ་ཐེམ་ལ་ནི་ལན་གསུམ་དུ། །དུས་གསུམ་ལན་གསུམ་བརྡུང་བར་བྱ། །དེ་བཞིན་ཡ་ཐེམ་ཕོངས་སྐྱ་ཡིས། །ཆོས་ཀྱི་སྒོ་མོ་འབྱེད་པའི་བརྡར། །མི་མཐུན་སྤང་བྱ་དེ་ཡང་བརྡུང་། །བར་དུ་རྟེན་འབྲེལ་བཅུ་གཉིས་སྒྲ། །ཁྱིམ་པ་རྣམས་ལ་སི་ལི་ལི། །སྒྲ་དང་ལྡན་པས་བསྒྲག་པར་བྱ། །འོ་དོད་རྒྱང་བོས་མི་བྱ་ཞིང་། །མི་དད་སྤྱོད་པ་རྣམ་སྤངས་ཏེ། །བག་ཡོད་སྤྱོད་པས་ལེགས་གནས་ལ། །སྙན་པའི་ཚིག་གིས་སྒྲོལ་བར་བྱ། །འཚོ་བ་མི་རུང་མ་གཏོགས་པ། །དམན་ཡང་གང་ཕུལ་བླང་བར་བྱ། །བཟང་ངན་ཆགས་སྡང་རྣམས་སྤངས་ཏེ། །དགེ་རྩ་བསྔོ་ཞིང་སྨོན་ལམ་བཏབ། །དམན་ཆ་བླངས་ལ་མཐོ་ས་བསྐྱངས། །རྟག་ཏུ་བསོད་སྙོམས་དོན་

ཡོད་རྒྱུ། །ཐུབ་པའི་རྣམ་ཐར་མི་ནུབ་བཟུང་། །ལུང་དང་མཐུན་པར་རིགས་པས་བསྡེབས། །དེ་བསྟེན་སྐུ་གསུམ་མཉེས་པར་ཤོག །ཅེས་གསུངས་པ་དང་། འབྲོམ་གྱི་ཞལ་ནས། ཇོ་བོ་ཆེན་པོ་ལགས། དེ་རིང་བསྟན་བཅོས་ཆེན་པོ་ཅིག་ཐོས། ཟང་ཟིང་སྤངས་ནས་ཚེ་འདིའི་འདུན་མར་མ་ཤོར་བར་ནམ་གཞག་གཏན་གྱི་འདུན་མ། འཕགས་པའི་ནོར་བདུན་གྱིས་བྱ་དགོས་པ་ཡིན་ཏེ། ཐམས་ཅད་འཁར་གསིལ་གྱིས་གསལ་བར་བྱས། དེ་ལྟར་དུ་མ་ཅིག་གསུངས་ན་ཡང་། ཧྲིལ་ཏེ་བསྡུས་ན་འདི་ལྟ་སྟེ། ཟང་ཟིང་ཐམས་ཅད་སྤང་བྱ་ཞིང་། །འཕགས་པའི་ནོར་གྱིས་བརྒྱན་པར་བྱ། །ཞེས་བྱ་བ་ཅིག་ལས་མི་གདའ་ཡི། །དེ་ལྟར་ན་ཞུས་ལན་ནོར་བུའི་ཕྲེང་བ་ལས། འཕགས་པའི་ནོར་དང་འཁར་གསིལ་གྱི་ལེའུ་སྟེ་བརྒྱད་པའོ།། །།

༈ ཡང་བཞུགས་གནས་སྙེ་ཐང་འོར་ན། ཇོ་བོ་ཡབ་སྲས་གཉིས་བཞུགས་པའི་དུས་སུ། འབྲོམ་གྱི་ཞལ་ནས། གནས་ལྔ་ལ་མཁས་པའི་པཎྜི་ཏ་ཆེན་པོ་ལགས། འོ་ན་ཟང་ཟིང་ཐམས་ཅད་སྤངས་ནས་འཕགས་པའི་ནོར་གྱིས་འཚོ་བའི་གནས་གང་ལ་བྱ། རྣམ་པར་གཡེང་བ་ཅི་སྲིད་ཞུས་པས། ཇོ་བོའི་ཞལ་ནས། སྐྱིད་སོས་ཚལ་དང་གྲོང་ཁྱེར་དང་། །འདུ་འཛི་ལ་སོགས་རྣམ་གཡེང་སར། །ངག་ཀྱལ་ཚིག་གིས་ཀུན་བསླངས་ནས། །ཟང་ཟིང་བདུད་ཀྱིས་ཁྱེར་བ་སྲིད། །འབྲོམ་རྗེ་གང་ན་གནས་གྱུར་ཀྱང་། །རང་འདོད་འཁྲི་བ་འབུར་འཛོམས་ཀྱིས། །འཁོར་བའི་བདེ་ལ་བཟང་མ་ཞེན། །ཐ་མལ་སྣ་ཚོགས་ཀྱི་ལས། །ཕྱི་མའི་བཙན་ས་མ་ཟིན་པའི། །ཚེ་འདིའི་འདུན་མ་ལས་རྫོགས་ནི། །ཆུ་སྣིར་མཁར་ལྟར་འཆོད་དང་མཚུངས། །གཞི་མེད་སུམ་ཐོག་ལེགས་བརྒྱན་ཏེ། །བཀྲ་བའི་ཚོན་གྱིས་རི་མོར་བགོད། །བད་ཆུང་དྲ་བ་དྲ་ཕྱེད་བཅས། །འོག་གཞི་ཆུ་ཡིས་ཁྱེད་གྱུར་ཚེ། །གཟབས་པ་དོན་མེད་མཆིས་དོགས་མཛོད། །ཞབས་རྗེས་སྟོད་ལ་མི་བལྟ་བ། །སྟོད་མཐོང་བཙུད་ཀྱིས་འགེངས་པའི་ཚེ། །སྙིང་པ་ཞབས་རྗེས་མི་ལྟའི་

སྐྱོན། །རིང་པོར་མི་ཐོགས་འབོ་བར་འགྱུར། །དེ་ལྟར་ཉོན་དང་འབྲོམ་རྗེ་མཆོག །རྙེད་དཀའི་དལ་འབྱོར་ལེགས་ཐོབ་ནས། །སྡོམ་གསུམ་ཁྲིམས་ལ་མི་བརྟེན་པར། །ལོ་འདོད་ཚེ་འདིའི་འདུན་མ་ཅན། །ཡོང་མེད་ཚེ་སྲོག་འགགས་པའི་ཚོ། །བསགས་པའི་ནོར་རྣམས་དོན་མེད་པར། །གོས་མེད་གཅེར་བུ་ཟས་དང་བྲལ། །གྲོགས་མེད་བཤེས་དང་བྲལ་གྱུར་ནས། །རྣམ་ཤེས་བར་དོ་འཁྱམ་པའི་ཚོ། །སྔར་བྱས་ལས་ལ་འགྱོད་གྱུར་ཅིང་། །བསགས་པའི་ནོར་ལ་འཕྲེང་གྱུར་ཏེ། །མཛའ་བའི་གཉེན་ལ་ཡུས་ཆེ་ཞིང་། །བོ་བོའི་ཕྱི་ལ་ཐོང་སླས་ཀྱང་། །ཅི་ཕན་ཁོ་ནི་ཤི་ལོ་ཟེར། །ནོར་ལ་སྲུར་ཤ་འབྲུག་པ་སྦྱོར། །ཉེ་ཉེས་མྱུ་ངན་ཞག་འགའ་བྱེད། །མི་ཕན་ཁྲིལ་མེད་མྱུ་ངན་ཡིན། །ཁྱུ་བྲང་ཁ་ཏུ་ས་བཏབ་ཀྱང་། །ཨ་མ་རང་ལ་གནོད་པར་ཟད། །ཕན་པ་མི་བྱེད་མི་ཕན་རེམ། །དེ་ནས་རིང་པོ་མ་ལོན་པར། །གཤིན་པོ་སྡུག་བསྔལ་ཆེ་བའི་ཚོ། །ཁྲིལ་མེད་མྱུ་ངན་བཞད་བགད་གྱུར། །མིག་གིས་མི་མཐོང་རྣར་མི་ཐོས། །བསགས་པའི་ནོར་གྱིས་མ་ཕན་སྙིང་། །སེར་སྣའི་དབང་གིས་ངན་སོང་སྤྱོང་། །རི་སྡུག་སྙིང་མེད་འདུན་སྟོར་རྣམས། །འབྲོམ་རྗེ་དེ་འདྲས་དཔེན་གྱུར་པའི། །དགོན་པ་རིན་ཆེན་སེམས་ལ་བསྟེན། །གང་ཞིག་ཆགས་སྡང་རབ་གདུངས་པའི། །སྲིད་པའི་ཚུ་ཀླུང་གྲུ་མེད་པ། །འདི་ཡི་འདུན་མས་ཁྱེར་བ་མང་། །མི་རྟག་སྙིང་པོར་མ་ཞེན་པར། །འདུ་འཛི་གནས་མལ་ཉོན་མོངས་འཕེལ། །དུག་གི་ལྷོན་པ་རབ་སློལ་ལ། །བདེ་བ་བསྐྱེད་པའི་སྨན་གཅིག་པོ། །གཞན་དོན་ལྷོན་པ་ལེགས་པར་སྐྱོངས། །ཞི་བདེའི་སེམས་ཀྱིས་དབེན་པ་ཡི། །དགོན་པ་མཆོག་དེ་སེམས་ལ་བསྟེན། །མཁྱེན་ནམ་འབྲོམ་རྗེ་སྲས་ཀྱི་མཆོག །བདུད་ཀྱི་རིགས་འདི་གཡོ་སྒྱུ་མཁས། །འདོད་ཆེན་ནོར་གྱི་རྣམ་པས་འཁྲིད། །ཚོས་པ་ཆོས་ལྟར་འཚོས་པས་འཁྲིད། །བཙུན་པོ་བཟང་འདོད་རློམ་པས་འཁྲིད། །མཁས་པ་ང་རྒྱལ་ཁེངས་པས་འཁྲིད། །བཟང་པོ་སྐྱུ་བསོད་ཆེ་ཞེས་འཁྲིད། །རྣམ་གཡེང་གླུ་གར་གཞས་ཀྱིས་འཁྲིད། །ཕལ་ཆེར་

གཞོན་ནུ་ལང་ཚོས་འབྲིད། །ཕལ་ཆེར་མཛེས་པའི་རྒྱན་གྱིས་འབྲིད། །སྲས་ཀྱི་ཐུ་བོ་འཁྲོམ་རྗེ་ཉོན། །བསམ་གཏན་འཕེལ་ཚེ་ཐོས་པ་གཏོང་། །ཐོས་བསམ་འཕེལ་ཚེ་སྒོམ་པ་དྲན། །ཁ་དོན་བྱེད་ཚེ་བསམ་གཏན་གཏོང་། །ཨ་མ་བསམ་གཏན་འཕེལ་ལགས་ཏེ། །བསམ་གཏན་མ་ཟིན་ཁ་དོན་བཞག །མི་ཞིག་ཤིང་ལ་འཛེག་པ་ན། །ཡལ་ག་ཕྱི་མ་མ་ཟིན་པར། །སྔ་མ་བཏང་ཚེ་བར་དོར་ལྷུང་། །དེ་བཞིན་དགེ་སྦྱོར་གང་བྱེད་ཚེ། །སྔ་མ་མཐའ་རུ་མ་སྐྱོལ་བར། །ཕྱི་མ་གཞན་བྱེད་གཉིས་ཀ་ཉམས། །ད་དུང་ཉོན་དང་སྲས་ཀྱི་མཆོག །ཐ་མལ་བཙན་ས་མ་ཟིན་པའི། །གཉེན་པོ་ལྟར་སྣང་བདུད་ཀྱིས་ཁྱེར། །ཕལ་ཆེར་གྲོགས་ངན་དགྲ་བོས་བསླུ། ཁྱིམ་སྤངས་ནགས་ན་སྒོམ་པ་ཡི། །བུ་གཅིག་མི་ཆོས་རགས་གྱུར་པ། །ཕོ་ཤི་མོ་ན་སྡུག་བསྔལ་ཞེས། །ཁྱོད་ལ་བཞུགས་པའི་སྐབས་མ་མཆིས། །ལ་འུར་ཡུལ་དུ་ཕྱིན་པར་ཞུ། །ཕ་མ་རྒན་རྒོན་འདི་འདྲ་ན། །སྙིང་རིང་ཆོས་ཀྱིས་ཅི་ལ་ཕན། །སུ་ཅིག་མོ་ཡི་བུ་ཀུན་ལ། །ཕ་མ་ལ་སོགས་བསྐྱང་རན་མཁས། །མི་སྡོན་རང་སྐྱིད་འབྱོར་པ་ཆེ། །མི་ལ་སྨིན་ཚད་རང་ཉིད་ལའང་། །ཀུན་འདུན་དཔལ་འབྱོར་ཆེ་རེ་དགའ། །མཆི་མ་འདོན་ཞིང་ཡུས་ཆེ་སྐད། །ཕུགས་སླུ་འཕྲལ་དུ་སྙིང་ཉེ་སྐད། །ཨེ་མ་འཁྲོམ་རྗེ་ང་ལ་ཉོན། །ཐོས་ཆུང་བདུད་ལས་མི་ཤེས་པའི། །བྱེ་བློ་ཆེ་ཡང་མི་ཤེས་པས། །གཉེན་པོ་སྲོག་མེད་སོ་མ་ཟིན། །བདེན་ནོ་སྙམ་ནས་འདུར་ཅིང་རྒྱུག །དེ་ནས་ཚེ་འདི་ཐུ་གྱུར་པའི། །ན་འཆི་ངུ་འབོད་མཐོང་གྱུར་ཚེ། །སེམས་འཁྲུགས་འདུ་འཛིའི་རླུང་གིས་སྐྱོད། །དེ་ཚེའང་བློ་སྦྱོང་མི་བསྒོམ་པར། །ངུ་ལ་བལྟས་ཤིང་ངུ་བར་བྱེད། །དེ་ནས་བྱ་བ་མང་པོས་གཡེངས། །ཆོས་པའི་དགོན་པ་རྣམ་གཡེང་འཕེལ། །ཨེ་མ་ཤེས་སམ་འཁྲོམ་རྗེ་མཆོག །དེ་འདྲའི་དབུས་སུ་གནས་གྱུར་ནའང་། །འཁོར་བའི་སྣང་ཚུལ་འདི་འདྲ་ཞེས། །གྲོགས་མེད་མྱ་ངན་འདས་པར་འགྲོ། །ཨེ་མ་གཞན་གྱི་སྡུག་བསྔལ་རྣམས། །བདག་གི་སྙིང་ལ་ཐིམ་གྱུར་ཅིང་། །སེམས་དཔའ་བདག་གི་བདེ་བ་རྣམས། །

གོང་དུ་འཕེལ་ཞིང་གཞན་སྨིན་ཤོག །ཉོན་དང་སྡུག་བསྔལ་འདིར་འཚོགས་ཀུན། །སྐྱེས་པའི་ཐ་མ་འཆི་བ་ཡིན། །འདུས་པའི་ཐ་མ་འབྲལ་བ་ཡིན། །བསགས་པའི་ཐ་མ་འཛད་པ་ཡིན། །བུ་ནོར་དབང་གིས་མི་སྐྱོངས་པར། །འཆི་བདག་བདུད་ཀྱིས་ཁྱེར་བ་ཡིན། །དེ་ཚེ་ཅིས་ཀྱང་མི་སྐྱོངས་པས། །སངས་རྒྱས་ཆོས་དང་དགེ་འདུན་ལ། །བློ་ཕུགས་ཡིངས་ཏེ་གཏོད་ལ་སྐྱབས། །འཁོར་བའི་གནས་ལུགས་འདི་འདྲ་བས། །འདི་བདེའི་འདུན་མ་སྤངས་གྱུར་ན། །ཕ་མོ་ནགས་ཁྲིད་དཔེན་པར་སྒོམ། །འདོད་ལ་རྒྱབ་ཀྱིས་ཕྱོགས་པ་ཡིན། །ད་ནི་ང་ལ་སེམས་གྱུར་ན། །ངུ་འབོད་ངག་ཀྱལ་མི་སྨྲ་བར། །འཁོར་བའི་ཉེས་པ་རབ་བསྒོམ་ཞིང་། །བསམ་པ་ངེས་པར་དཀོན་མཆོག་ལ། །སྐྱབས་སུ་འགྲོ་ཞིང་གསོལ་བ་ཐོབ། །སྡིག་པའི་ཚོགས་རབ་མ་ལུས་པ། །དག་པར་གྱུར་ཞེས་བཤགས་པར་གྱིས། །གཞན་དུ་ཉེས་ཚོགས་ངག་བསྔམས་ཤིང་། །ཆགས་པར་མ་བྱེད་ལྡོད་དེ་སྐྱུར། །གཞན་ཡང་དེ་བཞིན་གཤེགས་པ་ཡི། །མཚན་ནས་བརྗོད་ཅིང་སེམས་བསྐྱེད་དགོག །དེ་ལྟར་འཁོར་བ་མ་ལུས་པའི། །ཉེས་དམིགས་ལྟ་ཞིང་གཞན་དོན་བྱ། །རྒྱལ་བའི་འབྱུང་གནས་ང་ལ་ཉོན། །དེ་འདྲའི་གནས་ནི་འདུ་འཛི་ཡིན། །ཉན་ཐོས་དགོན་པ་ལུས་དབེན་ཡིན། །རྒྱལ་སྲས་དགོན་པ་སེམས་དབེན་ཡིན། །རང་འདོད་སྤངས་ཤིང་གཞན་དོན་པའི། །གནས་མཆོག་བཟང་གང་དགོན་པ་ཡིན། །གྲོང་ངམ་སྐྱེ་བོའི་དབུས་ཀྱང་རུང་། །ཐམས་ཅད་ཕ་མའི་སེམས་ལྟར་སྤྱངས། །བུ་བཞིན་སྙིང་རྗེས་མ་ལུས་སྐྱོང་། །བརྩེ་བས་ལེ་ལོའི་བདུད་བཅོམ་ནས། །བརྩོན་པས་སྐད་ཅིག་ཉིད་ལ་སྒྲུབས། །དེ་ཡང་རགས་པ་ཙམ་དུ་བསྟན། །སེམས་དཔའི་སེམས་དཔའ་སྙིང་རྗེ་ཅན། །རྟག་ཏུ་བརྩོན་པའི་གོ་ཆ་ཅན། །མཐའ་མེད་ཁྱབ་པའི་རྫུ་འཕྲུལ་ཅན། །གང་དུ་གནས་ཀྱང་དབེན་གྱུར་པའི། །སྐྱེས་བུ་མཆོག་དེ་དཔའ་བོ་ཡིན། །འདུ་འཛི་གཡེང་མེད་ལམ་འཁྱེར་བའི། །ཐབས་མཁས་མཆོག་དེ་དཔའ་བོ་ཡིན། །ཉོན་མོངས་གཉེན་པོས་ཐུག་འཛོམས་

པའི། །སྐྱེས་བུ་མཆོག་དེ་དཔའ་བོ་ཡིན། །ནོར་རྫས་དཔག་མེད་དབུས་གནས་ཀྱང་། །ཆགས་པ་མེད་དེ་དཔའ་བོ་ཡིན། །ཡ་མཚན་སྟོང་གིས་བསྐོར་གྱུར་ཀྱང་། །མི་རྟོག་སེམས་དེ་དཔའ་བོ་ཡིན། །གནོད་པ་བརྒྱ་ཡིས་རབ་གཙེར་ཀྱང་། །ཇི་མི་སྙམ་དེ་དཔའ་བོ་ཡིན། །བསྟོད་ར་ཚིག་གིས་རབ་མཆོད་ཀྱང། །དགའ་བར་མི་སེམས་དཔའ་བོ་ཡིན། །སྙིག་མོ་བྱེ་བས་བཀུར་སྟི་ཡང་། །དབང་དུ་མི་འགྲོ་དཔའ་བོ་ཡིན། །རྒྱལ་སྲས་དཔའ་བོ་ཆེན་པོ་ཞིག །གཡུལ་དུ་ཞུགས་ཀྱང་མི་འབྲུག་པར། །སྙིང་རྗེས་འཐབ་གང་དཔའ་བོ་ཡིན། །རོ་མཆོག་བརྒྱ་ཡིས་རབ་མཆོད་ཀྱང་། །སྲིད་ལེན་མི་འཕེལ་དཔའ་བོ་ཡིན། །དཔའ་བོ་སྲས་མཆོག་ང་ལ་ཉོན། །དཔའ་བོ་རབ་ཏུ་བརྟན་བཞུགས་ནས། །དཔའ་བོའི་བསྟན་པ་དཔའ་བོས་སྐྱོངས། །དཔའ་བོས་དཔའ་བོ་མ་གཡོས་པར། །དཔའ་བོའི་དཔུང་ཚོགས་རབ་ཏུ་ཆོམ། །དཔའ་བོ་མེ་དོང་གཡང་ས་ལས། །དཔའ་བོས་དཔུང་བསྐྱེད་ཕ་མ་དྲོངས། །དཔའ་བོ་གར་གྱི་རྣམ་པར་བཞུགས། །དཔའ་བོ་མཚན་མས་མ་གཡེངས་པར། །དཔའ་བོ་མི་རྟོག་རྡོ་རྗེའི་གར། །དཔའ་བོས་འདུ་འཛིའི་ཚོགས་རབ་གཏོར། །དཔའ་བོས་སྣང་མིག་ཕྱོགས་བཅུར་བགྲོད། །དཔའ་བོས་འཆིང་བ་རབ་ཏུ་ཆོད། །དཔའ་བོས་དཔའ་བོ་བླ་མ་སྟེ། །དཔའ་བོ་མི་རྟོག་རྡོ་རྗེའི་ཐུགས། །དཔའ་བོ་དེ་ཡི་གཞལ་ཡས་སུ། །དཔའ་བོ་ཕྱིར་ལ་ལན་གསུམ་ནུར། །དཔའ་བོས་ངན་སོང་རྩད་ནས་ཆོད། །དཔའ་བོས་མདུན་དུ་ལན་གསུམ་ནུར། །དཔའ་བོས་མཐོ་རིས་ཞེན་རྟོག་ཆོད། །དཔའ་བོས་གྱེན་དུ་ལན་གསུམ་སྤུར། །དཔའ་བོས་མཆོག་ལྷ་དམངས་སུ་སྒྱུར། །དཔའ་བོས་ས་ལ་ལན་གསུམ་བརྫུན། །དཔའ་བོས་ས་བདག་ཀླུ་གཉན་ཐུལ། །དཔའ་བོས་ཁྲུག་ཁྲུག་སྤྱན་མིག་བགྲད། །དཔའ་བོས་ཤེས་བྱ་མ་ལུས་གཟིགས། །དཔའ་བོས་པད་སྐོར་ཕྱོགས་བཅུར་སྤྱུར། །དཔའ་བོས་དཔའ་བོ་པད་སྙིང་ཁྲུག །དཔའ་བོས་དཔའ་བོ་རྡོ་རྗེ་གསོར། །དཔའ་བོས་བདག་ལྷའི་རི་བོ་ཆོམ། །དཔའ་བོས་འཛུམ་འཛུམ་དགའ་

བདེ་བསྡུས། །དཔའ་བོས་ཕྱིགས་མཛུབ་བར་ཚོད་སྐྲོད། །དཔའ་བོས་ཐབས་ཤེས་ཐོད་ཛ་བརྡུངས། །དཔའ་བོས་གྲགས་སྟོང་མི་རྐང་བུས། །དཔའ་བོས་ཚངས་དབྱངས་དྲིལ་བུ་དཀྲོལ། །དཔའ་བོ་འཁྲོམ་རྫེ་གཞལ་ཡས་ཡོད། །དཔའ་བོ་ཡར་བྱོན་ཐིག་ལེར་བྱོན། །ཁྱོད་ལ་ཁོ་བོས་གདམས་པ་སྦྱིན། །ཁྱོད་ལ་ནང་གི་དབང་ཆེན་བསྐུར། །ཁྱོད་ལ་བདག་གིས་བསྟན་པ་གཏད། །ཡར་བྱོན་བླ་མའི་ཐུགས་ཀར་བྱོན། །མི་རྟོག་ཡར་བྱོན་ཟེ་འབྲུར་བྱོན། །འོད་གསལ་ཡར་བྱོན་ཐླ་སྙིངས་བྱོན། །ཆོས་རྒྱལ་ཡར་བྱོན་འོད་གུར་དུ། །རྒྱལ་བའི་འབྱུང་གནས་བསམ་གཏན་ཟོ། །ཧཱུྃ་དང་ཕཊ་ཀྱི་སྒྲ་སྒྲོགས་པའི། །གཏུམ་པོ་མི་རྟོག་མེ་དཔུང་གོས། །ཧ་ཧ་རབ་སྒྲོགས་འཛུམ་བག་ཅན། །ཧི་ཧི་རབ་སྒྲོགས་ཞི་དུལ་ཅན། །ཧུ་ཧུ་རབ་སྒྲོགས་རྟོགས་པ་ཅན། །ཧེ་ཧེ་རབ་སྒྲོགས་དགའ་བ་ཅན། །ཧཱུྃ་ཧཱུྃ་རབ་སྒྲོགས་སྙིང་རྗེ་ཅན། །ཨོཾ་ཨོཾ་རབ་སྒྲོགས་སྐྱེ་མེད་སྐུ། །ཨ་ཨ་རབ་སྒྲོགས་སྐྱེ་མེད་གསུང་། །ཀུན་ཡིད་ཀུན་གྱི་རྒྱལ་པོ་ཁྱོད། །ཀུན་གྱི་དཔའ་མགོན་གོ་ཆ་ཅན། །གནས་འདིའི་འདུ་འཛི་རབ་སྤངས་པའི། །མ་དག་རབ་དབེན་དགོན་པ་ཡིན། །འཁྲུལ་ཚོག་རབ་དབེན་དགོན་པ་ཡིན། །ཕྱི་ངག་བསྔམས་ཏེ་ནང་དུ་ཧྲིཿ། །གཉིས་མེད་དབྱིངས་སུ་བཞུགས་སུ་གསོལ། །དེ་ནས་འཁྲོམ་རྗེ་ཚེམ་གྱུར་ཏེ། །དགའ་བཞིན་བླ་མའི་ཐུགས་དཀྱིལ་དུ། །སྦྲོ་བཞིན་པདྨའི་ཟེ་འབྲུ་ལ། །མི་རྟོག་འོད་གསལ་ཐླ་སྙིང་མནན། །ཕྱི་ནང་གསང་བའི་ལྷ་ཚོགས་ལྷུས། །རྣམ་རྟོག་ཆོས་ཀྱི་དབྱིངས་སུ་ཁྱེར། །ཐ་སྙད་ཟབ་མོའི་ལམ་དུ་སྒྲོགས། །ལྟ་བ་སྤྲོས་ལས་མ་གཡོས་པར། །སྒོམ་པ་གནས་ལུགས་ངང་དུ་བཞག །སྤྱོད་པ་མཆོག་རབ་བཟང་པོར་སྤྱོད། །ཇི་སྐད་གསུངས་བཞིན་གར་དུ་རྩེས། །ཐབས་ཤེས་སྒྲ་ཡིས་བཟང་པོའི་གནས། །མ་ལུས་ཁྱབ་པར་རབ་ཏུ་སྒྲོགས། །དེ་ཚེ་ལྷ་བའི་གླུ་གླིངས་པ། །རྗེ་ཉེས་པའི་དྲི་མས་མ་གོས་དབྱིངས། །ད་ངས་སྟོང་ལྷ་བ་དབྱིངས་སུ་ཡལ། །ང་འཛིན་མེད་གཟུང་བ་དབྱིངས་སུ་ཡལ། །ཀྱེ་མི་སྣང་དགུ་སྣང་དཔག་མེད་ཀྱང་། །དུས་

དང་པོ་འདི་ནས་བྱུང་ས་སྟོར། །དུས་ཐ་མར་འདིར་འགྲོ་ཅི་ཞིག་མཆིས། །དུས་ད་ལྟ་གང་དང་མ་འབྲེལ་བ། །དུས་གསུམ་གྱིས་སྟོང་པའི་ཆོས་ལུགས་ལ། །ཕར་བལྟར་མེད་ཡུལ་གྱིས་བསླུས་པར་གྱུར། །ཚུར་བལྟར་མེད་རང་གིས་བསླུས་པར་གྱུར། །ད་གཉིས་མེད་ཤེས་པ་བལྟར་མེད་ལ། །ཀྱེ་ཡལ་ཡུལ་མང་སྣེ་རང་ཚུགས་ཞིག །ཕོ་སྤར་སྤུར་མང་སྣེ་དཔྱད་ན་འཛིག །ཕྱོད་མེད་བཞིན་དོན་མེད་ཅི་ལ་འཁྲུལ། །འཁྲོམ་ཤེལ་གྱི་མེ་ཏོག་རང་དངས་ལ། །སྐུ་བདེན་མེད་སྣང་བའི་སངས་རྒྱས་ཐོན། །ལས་རྟེན་འབྲེལ་བཟང་སྣེ་བཟང་སྣང་ཡིན། །དེ་ཞེན་ན་འཆིང་བས་ཕ་ཚད་བསྒྱུར། །ཨ་དེ་ཀུན་གཞི་མེད་ཚོག་གི་ལྟང་། །ཞེན་བྱ་ཞེན་བྱེད་བློ་ཡིས་སྟོང་། །བློ་རང་ཚུགས་མི་ཐུབ་གསལ་ཙམ་ན། །གནས་གང་ལ་ཇི་ལྟར་ཞེན་པར་འགྱུར། །གསལ་བྱ་རྟོག་མེད་བདེ་སྟོང་ཡིན། །ཀྱེ་མ་དཔྱད་སྣ་ཚོགས་མཛོས་མཛོས་འདྲ། །ཧ་དཔྱད་ན་མི་གདའ་ཇི་ལྟར་ལགས། །ཨ་སྐྱེ་མེད་རང་གིས་སྟོང་པས་ལེན། །ཕཊ་ད་ནི་རང་གྲོལ་ལྷུག་པར་ཞོག །འཁྲོམ་ཁོ་བོའི་འདུ་འཛི་སྤྱོད་ལུགས་ཡིན། །འཁྲོམ་ང་ཡི་དགོན་པ་དེ་འདྲར་གདའ། །ཀྱེ་དགའ་བར་སེམས་ཤིག་རྗེས་འབྲང་རྣམས། །ད་ཉན་ཐོས་ནང་ནས་བཀའ་གདམས་པ། །ཆོས་ལྟ་བའི་སྒྲ་སྐད་དེ་སྒྲོག་ན། །ཁོང་ཐེག་ཆེན་ཁས་ལེན་ཇི་སྐད་ཟེར། །ལར་ཨ་ཙ་རྱ་ཧྲིའི་རྗེས་འབྲང་བའི། །ཕ་ཨ་ཏི་ཤ་ཡི་རྗེས་འབྲང་ལ། །མི་ཐེག་དམན་ཡིན་ཞེས་ཐེག་ཆེན་སུ། །ང་བཙུན་པོ་རྫོངས་པར་མ་ཤོར་བ། །ཆོས་རྒྱལ་བའི་འབྱུང་གནས་བསྐྱངས་པའི་དྲིན། །ང་མཁས་པས་བཙུན་ཚུགས་མ་བཅོམ་པ། །ལས་རྒྱུ་འབྲས་ཟབ་མོ་བསྒོམས་པའི་དྲིན། །ང་བསྒོམས་པས་ཁ་ཐོན་མི་འཛོམས་པ། །བཀའ་མདོ་སྔེ་ཟབ་མོ་བལྟས་པའི་དྲིན། །ང་སློག་པས་བསམ་གཏན་མི་འཇོམས་པ། །རྗེ་བླ་མའི་མན་ངག་འཆུན་པའི་དྲིན། །ཆོས་ཐམས་ཅད་གཅིག་ཏུ་རབ་བསྡུས་ནས། །གནས་སྟན་ཐོག་གཅིག་ཏུ་སྒོམ་ཤེས་པ། །ཀྱེ་དགའ་སྐྱིད་ཆོས་ལ་སྐྱིད་པའི་དྲིན། །རྗེ་སངས་རྒྱས་བྱ་བ་ཀུན་མཁྱེན་ཡིན། །དེ་སྤངས་རྟོགས་

ཚོགས་གཉིས་མཐར་ཕྱིན་ཡིན། །ང་ཕ་མའི་དོན་དུ་དེ་འདོད་པས། །དུས་དང་པོར་ཐོས་པས་སྒྲོ་འདོགས་བཅད། །དུས་གཉིས་པར་བསམས་ནས་སྒྲོ་འདོགས་བཅད། །དུས་གསུམ་པར་བསྒོམས་ནས་སྒྲོ་འདོགས་བཅད། །ཀྱེ་དེ་ཡང་གཅིག་ཉིད་མ་ཡིན་ཏེ། །ངས་ཐོས་དུས་ཚེ་ན་བསམ་སྒོམ་བསྡོ། །ངས་བསམ་དུས་ཚེ་ན་ཐོས་སྒོམ་བསྡོ། །ངས་སྒོམ་དུས་ཚེ་ན་ཐོས་བསམ་བསྡོ། །ངས་གཅིག་ཏུ་མ་ལུས་བསྡོམས་བྱས་ནས། །ཆོས་ལམ་དུ་ཁྱེར་ནས་འགྲོ་ཤེས་པ། །ང་བཀའ་གདམས་ཕྱོགས་ཆར་མ་ལྷུང་བས། །དོན་རྒྱུ་འབྲས་མིག་བཞིན་འབྲུལ་ཤེས་པའི། །ལེགས་ཀུན་ཏུ་རྟོགས་ཏེ་བཀའ་གདམས་ཡིན། །ཉམས་དགའ་འོ་རྗེ་བཙུན་ཨ་ཏི་ཤ །བགྲ་ཤིས་སོ་ལྷ་ཆོས་བདུན་ལྡན་དུ། །སྐྱབས་དཀོན་མཆོག་གསུམ་ཡིན་ཐམས་ཅད་འདུ། །ལར་ཆོས་ལུགས་གང་ཡིན་ཅི་ཟེར་ཀྱང་། །སྐྱབས་དཀོན་མཆོག་གསུམ་དུ་འདུས་མ་འདུས། །དེར་འདུས་ན་ཁོ་བོའི་བླང་བྱ་ཡིན། །ཡང་ཆོས་པར་ཁས་ལེན་ཆགས་སྡང་ན། །ཆོས་ལམ་དུ་མི་འགྲོ་གསུམ་པོ་མིན། །དེ་ཕར་ཞོག་ང་ནི་དཀོན་མཆོག་གསུམ། །ལར་འོན་ཀྱང་ང་ཡི་སྐྱབ་བྱ་ཡིན། །ཆོས་ལམ་དུ་འགྲོ་ན་སུ་ཡིན་བཟང་། །ལས་གཞན་དོན་བྱེད་ན་གང་ཟག་མཆོག །ཀྱེ་ཉོན་དང་ཆོས་བྱེད་བསམ་ཤེས་ཀུན། །མི་སྨྱོན་པ་ལ་ལ་འདི་སྐད་ཟེར། །ཆོས་ཐམས་ཅད་སྟོང་པའི་གནས་ལུགས་ཡིན། །དོན་དེ་ལ་ལས་དང་རྒྱུ་འབྲས་མེད། །ང་ཁ་སྐོར་གང་བྱུང་རྟོག་མེད་ཟེར། །ཁོ་རྟོག་བཅས་རྣམས་ནི་ཕུང་ཞེས་ཟེར། །མི་ཁོ་བོ་དེ་ལས་བློག་སྡེ་སྨྲ། །མི་ཁྱོད་ལ་ཅི་ཡང་མ་གྲུབ་ན། །ཟས་དུས་མིན་གང་ཉེད་ཟ་ཅི་དགོས། །ཀྱེ་མོ་གཤམ་བུ་ལ་ལྟོགས་མི་མངའ། །རྒྱ་གལ་ཏེ་དངོས་པོར་གྲུབ་གྱུར་ན། །ཉོན་ཡང་ན་རྟག་ཏུ་ཟ་བར་འགྱུར། །ཡང་ཟོས་དང་མ་ཟོས་དོན་མེད་འགྱུར། །ཀྱེ་ཡོད་པར་གྲུབ་ན་ཆད་མི་འགྱུར། །ཀྱེ་མེད་པར་གྱུར་ནས་ཟོས་ཅི་ཕན། །ང་ཨ་ཏི་ཤ་ཡི་རྗེས་འབྲང་ལུགས། །ཆོས་ཟབ་མོ་ལྟ་བའི་བརྒྱུད་པ་ཡིན། །ཆོས་བདེན་པ་མེད་པས་སྣ་ཚོགས་སྣང་། །དོན་ཡོད་མ་སྒྱུར་བས་བྱུང་ཞིང་

འགག །ཀྱེ་རྟོག་བཅས་མི་ཆུ་འགལ་བར་སྨྲ། །མི་དམར་འབར་གཟུགས་བརྙན་ཆུ་ནང་གདའ། །དོན་བདེན་ན་ཆུ་ནང་འབྱུང་མི་སྲིད། །རྒྱ་དཔག་ཚད་ལྔ་བཅུའི་ཟླ་བ་དེ། །ཆུ་ཧིང་ཙོར་གང་ན་སྣང་བ་མཐོང་། །དོན་རྫུན་པས་འབྱུང་བར་ཕོ་བོས་འཚལ། །མིག་རྟུལ་ཕྲན་མི་ཚུགས་མི་གཟུགས་ཤར། །དོན་རྫུན་པ་ཡིན་པར་ཕོ་བོས་འཚལ། །ཀྱེ་མེད་པའང་མ་ཡིན་སྣ་ཚོགས་སྣང་། །ཡོས་ཡོད་པ་མ་ཡིན་འགོ་མི་སྲིད། །ལར་དབུ་མའི་ནང་དུ་སྣ་ཚོགས་སྣང་། །ཆོས་ཐམས་ཅད་རྫུན་པའི་སྣང་བ་ཡང་། །གཟུགས་མེད་ན་གཟུགས་བརྙན་ག་ལ་འབྱུང་། །དེས་རྒྱུ་སོང་རྫུན་ཡང་འབྲས་འབྱུང་བས། །ལས་ཁྱད་དུ་མི་གསོད་ཉམས་ལེན་པའི། །ང་ལྟ་བའི་བརྒྱུད་པའི་བཀའ་གདམས་ཡིན། །ང་ཐིག་ལེ་གཅིག་ཏུ་དཔག་མེད་པའི། །ལྷ་གཞལ་ཡས་བསྐྱེད་དེ་མཆོད་བྱེད་ཀྱང་། །ལས་ཕྲ་ཞིབ་སྟོན་པའི་ཆོས་རྣམས་ལ། །ང་སྒྲོ་སྐུར་མི་འདེབས་ཉམས་ལེན་པ། །ང་བྱིན་རླབས་བརྒྱུད་པའི་བཀའ་གདམས་ཡིན། །ཆོས་སྣང་སྟོང་སྒྱུ་མའི་གཞལ་ཡས་སུ། །ཡར་ས་ལམ་རིམ་གྱིས་བགྲོད་གྱུར་ཏེ། །རྒྱུ་ཚོགས་གཉིས་མཐར་ཕྱིན་སངས་རྒྱས་པ། །ང་སྤྱོད་པ་བརྒྱུད་ཀྱི་བཀའ་གདམས་ལུགས། །དོན་འདི་ལ་སྙད་འཚོལ་བདུད་སྡེ་ཡིན། །རྫས་ཁ་བ་དུང་ལ་ནག་མཐོང་བ། །མིག་རང་མིག་སྐྱོན་ཅན་ཉིད་དུ་ལྟ། །དཔལ་འགྲན་ཟླ་མེད་པའི་མར་མེ་མཛད། །རྗེ་མུན་པའི་དྲི་མས་མ་གོས་གསལ། །ཐུགས་རྣམ་དག་ནམ་མཁའི་རང་བཞིན་ལས། །སྲས་ཕོ་བོས་སླུ་དེ་སྙན་དུ་གསོལ། །དོན་རྟིལ་ཏེ་དྲིལ་ན་སྣང་སྟོང་ཡིན། །ཚིག་ལེགས་པར་མཉན་ན་གྲག་སྟོང་ཡིན། །དོན་ལེགས་པར་བསམས་ན་སྒྲོས་བྲལ་ཡིན། །ཉམས་དགའ་ནས་ཚིག་དེ་ཁ་སྐོར་ཤོར། །དོན་ཉེས་སྐྱོན་བྱུང་ན་བཟོད་པར་གསོལ། །ཚིག་ཅལ་ཅོལ་བྱུང་ནའང་དབྱིངས་སུ་སྐྱུར། །ད་དགེ་བ་བཟང་པོ་གང་ཐོབ་དེ། །སུས་དགྲོག་ཏུ་མེད་པའི་བཙན་ས་དགོས། །ལས་རྒྱུ་འབྲས་བདེན་ན་འགྲུབ་པར་ཤོག །ཀྱེ་དེ་ལའང་ལྷག་མ་ཙུང་ཟད་ལུས། །ཆོས་ཐམས་ཅད་རྫུན་པའི་སྣང་བ་

ལ། །ལས་རྒྱུ་འབྲས་བདེན་པར་ག་ལ་འགྱུར། །ཅི་དེ་ཡང་སླུ་བ་མེད་པར་བརྟགས། །མཐར་སྐྱ་གསུམ་མ་ལུས་བྱུང་ན་མཆོག །ད་བདེན་ནེ་ཇུན་ནེ་ཅི་ཐོབ་ཤོག །ཅེས་གསུངས་པས། ཇོ་བོའི་ཞལ་ནས། འབྲོམ་གྱིས་དམ་པ་ཆོས་ཀྱི་རྩེད་མོ་ལེགས་པོ་མཛད། དེ་རིང་ཁོ་བོས་ཆོས་ཀྱིས་བཙུན། ད་དཔོན་སློབ་གཉིས་ཀྱི་གསུང་གླེང་རྣམས། ལེགས་པར་བསྡུས་གསུངས་ནས། འབྲོམ་ན་རེ། བླ་མ་དམ་པ་ང་ལ་གསོན། །ཐམས་ཅད་དྲིལ་ན་འདི་ལྟར་གདའ། །འདུ་འཛི་ཐམས་ཅད་སྤང་བྱ་ཞིང་། །དགོན་པ་ལ་ནི་གནས་པར་བྱ། །འཁྲུལ་བའི་ཚིག་རྣམས་སྤང་བྱ་ཞིང་། །རྟག་ཏུ་ངག་ནི་བསྡམ་པར་བྱ། །ཞེས་བྱ་བ་ཅིག་ལས་མི་གདའ་ཡི། དེ་ལྟར་ན་ཞུས་ལན་ནོར་བུའི་ཕྲེང་བ་ལས་རྣམ་པར་དག་པའི་སླུའི་ལེའུ་སྟེ་དགུ་པའོ།། །།

༈ ཡང་བཞུགས་གནས་སྙེ་ཐང་འོར་ན་ཇོ་བོ་ཡབ་སྲས་གཉིས་བཞུགས་པའི་དུས་སུ། འབྲོམ་གྱི་ཞལ་ནས། བླ་མ་མཁས་པ་པཎྜི་ཏ། །འཛིག་རྟེན་དག་ན་བཟང་མང་ཡང་། །ཚུལ་ཁྲིམས་གཙང་ལྡན་ཉིན་སྐར་ཙམ། །ཚུལ་ཁྲིམས་གཙང་ལྡན་དཔག་མེད་ཀྱང་། །རང་འདོད་མེད་པ་རེ་རེ་ཙམ། །ཇོ་བོའི་ཞལ་ནས་འདི་སྐད་གསུང་། །རང་འདོད་འཁྲི་བ་ཞུགས་གྱུར་ན། །དེ་ནི་ཚུལ་ཁྲིམས་གཙང་མ་མིན། །ཚུལ་ཁྲིམས་གཙང་མ་དོན་གཉིས་དག །ཕུན་སུམ་ཚོགས་པ་མཐར་ཕྱིན་ཡིན། །འབྲོམ་རྗེའི་ཞལ་ནས་འདི་སྐད་གསུང་། །ཉན་རང་བཟང་པོ་མ་ལུས་པ། །རང་གི་ཆོས་ལུགས་ལ་ལྟོས་ནས། །ཉོན་མོངས་གཅིག་ཀྱང་མི་མངའ་བ། །རང་གི་བདེ་བ་དོན་གཉེར་དེ། །ཁྲིམས་ལྡན་བཙུན་པར་མི་འགྱུར་རམ། །ཇོ་བོའི་ཞལ་ནས་འདི་སྐད་གསུང་། །འབྲོམ་རྗེ་ལེགས་སོ་དེ་ཉིད་དེ། །རང་ལུས་དྲི་མས་མ་གོས་པའི། །བདེ་བའི་སྐམ་ལ་རབ་ཕྱིན་པ། །ཐེག་པའི་རྒྱ་བོར་མ་བྱིང་བཙུན། །རང་གི་བདེ་བ་མཐར་ཕྱིན་པ། །འདི་ནི་བཙུན་པོ་ཁོ་ན་ཡིན། །འབྲོམ་རྗེའི་ཞལ་ནས་འདི་སྐད་གསུང་། །བྱང་ཆུབ་སེམས་དཔའ་ལ་ལྟོས་ནས། །ཉན་རང་

བཙུན་པར་ཅང་འགྱུར་རམ། །དེ་དང་མི་མཐུན་ཅང་བཙུན་ནམ། །ཇོ་བོའི་ཞལ་ནས་འདི་སྐད་གསུང་། །བྱང་ཆུབ་སེམས་དཔའ་གསུམ་ག་ཡིན། །ཉན་རང་རྣམས་དང་དཔེར་མི་རུང་། །ཉེས་པ་ལྟར་སྟོན་ལྟར་སྣང་ཡིན། །འབྲོམ་རྗེའི་ཞལ་ནས་འདི་སྐད་གསུང་། །དེ་བས་བཙུན་པོ་མང་གྱུར་ཀྱང་། །རང་འདོད་མེད་པ་ཉུང་ཞེས་སྨྲ། །རང་འདོད་འཁྲིས་པའི་བཙུན་པོ་དེ། །ཉན་རང་ཡིན་ནོ་བླ་མ་རྗེ། །རང་འདོད་མ་འཁྲིས་བཙུན་པོ་ནི། །རྒྱལ་སྲས་འཕགས་པ་ཡིན་ནོ་རྗེ། །དེ་འདྲའི་བཟང་བཙུན་དཔག་མེད་ཀྱི། །དྲིན་ལན་བཀུར་བྱེད་གང་ཞིག་ཡིན། །ཇོ་བོའི་ཞལ་ནས་འདི་སྐད་གསུང་། །དེ་ནི་བླ་མ་མཁན་སློབ་ཡིན། །འབྲོམ་རྗེའི་ཞལ་ནས་འདི་སྐད་གསུང་། །དེ་ཡི་མཐུན་གྲོགས་གང་ཞིག་ཡིན། །ཇོ་བོའི་ཞལ་ནས་འདི་སྐད་གསུང་། །གང་ཟག་ཆོས་ཀྱི་མིག་ཅན་ཡིན། །ཚོགས་ལམ་སྣ་ལ་ཟིན་པ་ཡིན། །དང་པོའི་སེམས་ཅན་རྒྱལ་བ་ཡིས། །རྗེས་སུ་བྱིན་གྱིས་བརླབས་གྱུར་པས། །དེ་ཡང་མཐུན་པའི་གྲོགས་པོ་ཡིན། །འབྲོམ་རྗེའི་ཞལ་ནས་འདི་སྐད་གསུང་། །དེ་དག་མཐོང་ཚེ་ཇི་ལྟར་བསྒོམ། །ཇོ་བོའི་ཞལ་ནས་འདི་སྐད་གསུང་། །བླ་མ་མཁན་སློབ་ནམ་མཐོང་ཡང་། །གུས་པར་མཆོད་པས་བརྒྱན་པ་དང་། །ཡིད་ཀྱིས་ཕྱག་དང་གཡས་བསྐོར་ཞིང་། །སྤྱི་བོར་བླང་བའི་འདུ་ཤེས་བྱ། །མཁས་བཙུན་བཟང་སྙིང་འདི་ཡི་དྲིན། །དྲིན་ཅན་ཅི་མཉེས་བྱ་བར་བབ། །ཆོས་མཁས་པ་དང་ཆོས་མཐོང་དང་། །རྒྱུ་འབྲས་མི་སླུ་གཞན་འཛིན་ཅིང་། །མཁྱེན་བརྩེ་ཅན་ལ་རང་འདྲེན་པའི། །སྟོན་པ་ཡིན་ཞེས་དག་པར་བསྒོམ། །ལས་དང་པོ་ཡི་སེམས་ལྡན་ཡང་། །བཟང་པོའི་གཞི་མར་ངེས་དགོས་པས། །དེ་ཡང་ཕན་བདེ་སྙིང་བྱེད་ཡིན། །དེ་ཡང་སྟོན་པ་ཉིད་དུ་བསྒོམ། །འབྲོམ་རྗེའི་ཞལ་ནས་འདི་སྐད་གསུང་། །སེམས་ཅན་ཐམས་ཅད་མཐོང་བའི་ཚེ། །དེ་ལ་འདུ་ཤེས་ཇི་ལྟར་བསྒོམ། །ཇོ་བོའི་ཞལ་ནས་འདི་སྐད་གསུང་། །ཆགས་པ་ཐམས་ཅད་ཕ་མར་བསྒོམ། །གཞོན་ནུར་གྱུར་པ་འདི་ལྟ་སྟེ། །བུ་

དང་བུ་མོ་ཉེ་བར་བསྐོས། །རང་དང་མཉམ་པ་འདི་ལྟ་སྟེ། །སྤྱུན་ཟླ་སྲིང་མོ་ཉིད་དུ་བསྐོས། །ཕ་མར་མ་གྱུར་སུ་ཡང་མེད། །བུར་མ་གྱུར་པའང་གཅིག་ཀྱང་མེད། །ཕ་མ་བུ་ཚ་འབའ་ཞིག་ཡིན། །དེ་དག་ཚད་མེད་བཞི་ཡིས་དྲངས། །བསྐལ་པ་བཟང་ན་དམ་ཆོས་བསྟན། །སྐལ་བ་མེད་ཀྱང་བག་ཆགས་བཞག །འཁྲོམ་རྗེའི་ཞལ་ནས་འདི་སྐད་གསུང་། །བློ་ལྡན་མཁས་པའི་པཎྜི་ཏ། །ལེགས་བཤད་ཀུན་གྱི་གཏེར་མཛོད་མཆོག །བསྟན་པའི་སྒྲོན་མེ་གནས་ལུགས་གསལ། །སྐྱབས་ཀྱི་གཙོ་བོ་བླ་མ་མཆོག །དཔལ་གྱི་འབྱུང་གནས་དྲིན་ཅན་པ། །གདུལ་བྱ་བདག་འདྲ་ཉེར་བཟུང་ནས། །སྨོན་དང་འཇུག་པས་སེམས་བསྐྱེད་ཅིང་། །སེམས་ཅན་མ་ལུས་གྲོད་མ་ཞེས། །འདི་དོན་སངས་རྒྱས་ཅི་ཐོབ་ཅེས། །སངས་རྒྱས་ཐོབ་ལ་སྨོན་པ་ཅན། །དེ་ཡང་སྙིང་ནས་ཐག་པའི་སེམས། །དེ་ནས་གང་ལ་གང་དགོས་པའི། །རྫས་ནི་བུ་དང་བུ་མོ་དང་། །སྙིང་ཁྲག་ཤ་དང་ཞུས་པ་དང་། །གཞན་ཡང་ནང་ཁྲོལ་པགས་པ་དང་། །མགོ་དང་ཉིང་ལག་མིག་སོགས་རྣམས། །ཆགས་པ་མེད་པར་གཏོང་ལ་འཇུག །རིན་ཆེན་ལྡ་དང་རྟ་མཆོག་དང་། །གླང་པོ་མ་ཧེ་འདོད་འཛོ་དང་། །སྐྱིད་མོས་ཚལ་དང་ཁང་བཟངས་དང་། །འབྲུ་དང་བང་མཛོད་རོ་བཅུའི་ཟས། །གོས་དང་རྒྱན་དང་བདུག་སྤོས་དང་། །ཡོད་དམ་བསྒྲུབས་ཏེའང་སྦྱིན་པར་བྱ། །དེ་ཡང་ལམ་ལ་འཇུག་པ་ཉིད། །གཞན་ཡང་བསམ་གཏན་ལ་སོགས་པའི། །ཆོས་ཀྱི་སྦྱིན་པས་ཚིམ་བྱས་ཏེ། །རང་གི་སྡུག་བསྔལ་མི་ལྟ་བར། །དཀའ་སྤྱད་བཟོད་ཅིང་ཕ་མ་དྲང་། །དེ་ལྟར་བླ་མ་གསན་དུ་གསོལ། །སྨོན་འཇུག་ཤིང་རྟས་རབ་དྲངས་ནས། །སངས་རྒྱས་དོན་དུ་གཉེར་བ་གང་། །བླ་མས་བསྟན་ལ་རབ་ཏུ་བྱུང་། །དེ་འདྲའི་བཟང་པོ་གང་ཡིན་པ། །སྟོན་བྱེད་བླ་མ་ཡིན་ཕྱིར་དུ། །རིམ་གྲོ་བྱེད་པས་སྤྱི་བོར་ཐོན། །གཞན་ཡང་ཡིག་འབྲུས་ལྷར་བསྐྱེད་ཅིང་། །ཡེ་ཤེས་སེམས་དང་བསྲེས་གྱུར་ནས། །ཆོས་དབྱིངས་ཆེན་པོར་རྫོགས་པ་

ཡང་། །དབང་བསྐུར་བླ་མའི་བཀའ་དྲིན་ཡིན། །དེ་ཡང་བླ་མས་མཛད་ཕྱིར་དུ། །རིམ་གྲོ་བྱེད་པས་སྤྱི་བོར་བྱོན། །བླ་མ་ཞེས་པ་དེ་གཉིས་ཡིན། །སྟོན་ཕྱེད་བག་མེད་ཁྲིམ་པ་ལས། །སླར་བཟློག་སོ་སོར་ཐར་པ་ཡི། །སྡོམ་པ་སྟེར་བྱེད་མཁན་སློབ་ཡིན། །གཞན་ཡང་ལེགས་བཤད་མ་ལུས་པ། །སྟེར་ཞིང་ཉེས་ལམ་འཆོས་པ་གང་། །དེ་ཡང་མཁན་སློབ་ཉིད་དུ་བཟང་། །དེ་ཡང་དྲིན་རབ་སྟེར་ཕྱིར་དུ། །རིམ་གྲོ་བྱེད་པས་སྤྱི་བོར་བྱོན། །སྒོ་གསུམ་གུས་པས་ཕྱག་འཚལ་ཞིང་། །སྡིག་པ་བཤགས་ཤིང་ཡི་རང་བསྔོམ། །ཆོས་འཁོར་བསྐོར་ཞིང་མི་འདའ་བར། །དགེ་རྩ་བསྔོ་ཞིང་བཞུགས་སུ་གསོལ། །རྟག་ཏུ་གུས་པས་མཆོད་པར་བྱེད། །གཞན་ཡང་མགོན་པོ་ཨ་ཏི་ཤ །ཐོས་བསམ་སྒོམ་པའི་ཤེས་རབ་ཅན། །ཤེས་རབ་མིག་གིས་རབ་སྦྱངས་པ། །གང་ཟག་མཆོག་དེ་གྲོགས་སུ་བཟང་། །ཆོས་ཀྱི་མིག་ཅན་སྤྱི་བོར་བྱོན། །སྟོན་པའི་ཚུལ་དུ་མཆོད་པར་བྱ། །ལས་དང་པོ་ཡི་སེམས་ལྡན་ཡང་། །བཟང་པོའི་སེམས་བསྐྱེད་བསྟན་པའི་ཕྱིར། །ཁོ་བོས་སྟོན་པར་གསོལ་བ་གདབ། །གཞན་ཡང་སྟོན་པ་རབ་སྒོམ་ཞིང་། །བསམ་པ་བཟང་ལས་མ་གཡོས་པར། །སྤྱི་བོར་མཆོད་པས་བཞུགས་སུ་གསོལ། །དེ་ནི་ཁོ་བོའི་བཀུར་བྱ་ཡིན། །དེས་ནི་བཀུར་བྱའི་ཚོམས་བསྟན་པའོ།། །།

༈ རྒྱལ་བའི་འབྱུང་གནས་ཆོས་ཀྱི་བླ་མ་མཆོག །ཧྃ་ག་ལར་བལྟམས་ཆོས་རྒྱལ་སྲས་ཀྱི་མཆོག །འགྲོ་བའི་མིག་གཅིག་མར་མེ་མཛད་དཔལ་བཟང་། །བློ་གྲོས་མཚུངས་མེད་ཀུན་ལ་ཁྱབ་པའོ། །གང་ལའང་མཁས་ཀྱང་རློམ་པས་མ་ཁེངས་པའི། །བརྟུལ་ཞུགས་མཛད་པ་ཁོ་བོའི་སྙིང་དུ་བཞུགས། །བདག་གི་ཕ་མ་ཉོན་མོངས་དགྲ་བོས་ཁྲེར། །དགྲ་བོར་བཅས་པ་སྐྱེ་ཀ་ན་འཆི་ཡི། །ཆུ་བོ་བཞིན་དུ་རབ་ཏུ་བྱིང་བར་གྱུར། །ཐར་པའི་གཟིགས་བཅས་བླ་མ་མཉེན་པ་མཆོག །ཕན་བདེའི་སྐྱ་བས་ཁ་ལོ་རབ་བསྒྱུར་ནས། །བདག་གི་ཕ་མ་སྐམ་ལ་གདོན་དུ་གསོལ། །ཕལ་ཆེར་མུ་མཐའ་མེད་པའི་

རྒྱ་མཚོར་ཤོར། །བླ་མ་སྐུ་དབང་གཙུག་གི་ནོར་བུ་ཅན། །ང་ཡི་ཕ་མ་བདེ་བའི་སྐམ་ལ་དྲོངས། །མཐུ་དཔལ་རྒྱད་མངའ་ཁྱེད་ཀྱིས་དྲང་དུ་གསོལ། །བློ་ལྡན་སྙིང་རྗེ་ཆེན་པོ་ང་ལ་གསོན། །ང་ཡི་ཕ་མ་ལ་ལ་མེ་ཡིས་ཚིག །ང་ཡི་ཕ་མ་ལ་ལ་མཚོན་གྱིས་གཤག །ང་ཡི་ཕ་མ་ལ་ལ་སྲིན་བུས་ཟོས། །ང་ཡི་ཕ་མ་ལ་ལ་ཁྱི་ཏས་ཟོས། །ང་ཡི་ཕ་མ་ལ་ལ་ཁྲོ་ཆུར་ཁྱེར། །སྡུག་བསྔལ་མ་བཟོད་ཐང་ལ་ཐོས་གྱུར་པས། །ཐང་ཆེན་ སྤྱུ་གྲིས་གཏམས་པའི་ལམ་དུ་སོང་། །དེ་ལའང་རབ་ཏུ་སྐྲག་སྟེ་ཐོས་གྱུར་པས། །བསིལ་ནགས་འབྲུལ་ཏེ་རལ་གྲིས་རབ་ཏུ་རྔིལ། །གཞན་ཡང་གོས་མེད་གྲང་བས་རབ་ཏུ་གདུངས། །ཨ་ཆུ་རབ་ཏུ་ཆུ་བུར་རབ་ཏུ་རྫོལ། །པདྨ་ལྟར་གས་ཨུཏྤལ་བཞིན་དུ་གྱེས། །ད་རེ་ང་ཡི་ཕ་མ་དེ་འདྲ་བ། །མི་ཅིག་ཕ་མ་མེ་དོང་ལྷུང་གྱུར་ན། །སྙིང་ཡོད་མི་བཟོད་སྐམ་ལ་འཕར་རྩེ་ན། །ང་ཡི་ཕ་མ་དེ་འདྲ་བཟོད་ལགས་སམ། །ཨ་ཙ་མ་ན་འཁྲོམ་རྗེ་མ་སྨོམས་ཤིག །ང་ཡི་ཕ་མ་གོས་མེད་སྐོམ་པ་དག །ཟས་མེད་མགྲིན་ཕྲ་ལྟོ་བ་རབ་ཏུ་ཆེ། །ཡན་ལག་ཕྲ་ཞིང་སྟོབས་མེད་གྱུར་པ་རྣམས། །ཇི་ལྟར་བཟོད་དམ་འཁྲོམ་རྗེ་དེ་ལ་སོམས། །གཏི་མུག་གྱུར་པའི་ཕ་མ་བལྟས་ན་ཡང་། །དབང་མེད་བཟོད་དཀའི་སྡུག་བསྔལ་རྣམས་ཀྱིས་བཅེས། །ཕལ་ཆེར་རང་ཤ་དགྲ་བོར་ལངས་པར་གྱུར། །ལ་ལ་སྤྱུ་ལྤགས་ཤ་རུས་དགྲ་བོར་ལངས། །ལ་ལ་རང་སྟོབས་ཁུར་ཆེན་དགྲ་བོར་ལངས། །ལ་ལ་མགྱོགས་པས་བཀོལ་ཏེ་དགྲ་བོར་ལངས། །ལ་ལ་དབང་མེད་འབྱུང་བཞིས་བརྟུངས་པར་གྱུར། །ཕ་མ་དེ་འདྲ་བཟོད་དམ་འཁྲོམ་རྗེ་སོམས། །ཨེ་མ་མཐོ་རིས་བདེ་སྐྱིད་ཞེས་གྲགས་པའང་། །དྲང་པོར་སྐྱེས་པའི་ལུས་ནི་སྨུར་པོར་གྱུར། །ནག་པོར་སྐྱེས་པའི་སྐྲ་ནི་དཀར་པོར་གྱུར། །དཀར་སེར་དམར་མདངས་འཇམ་ཞིང་གཉེར་མེད་པ། །སྦོ་སྐམས་གཉེར་མ་ལ་སོགས་དག་ཏུ་ཉམས། །ཀུན་གྱི་ཡི་གར་མི་འོང་ཕ་རོལ་ཉེ། །བསྐྱངས་པའི་བུས་ཀྱང་སྨད་མིག་ལྟ་བར་བྱེད། །དེ་ཡང་མི་རྟག་ཕ་རོལ་འགྲོ་བ་རྣམས། །བཟོད་དམ་འཁྲོམ་རྗེ་དེ་ལ་བསམ་པར་

རིགས། །ཐམས་ཅད་ཕ་མ་བུ་ཚའི་རང་བཞིན་ཡང་། །གང་གིས་གང་དུ་མི་འཛིན་སུན་འབྱིན་པའི། །དགུ་ཁྲོད་བཟོད་དམ་འཁྲོམ་རྗེ་དེ་ལ་སོམས། །ད་ནི་ཕ་མ་བུ་ཚའི་འདུ་ཤེས་ལས། །གཡོ་བར་མི་བྱེད་བྱམས་པས་དྲང་བར་བྱ། །དེ་བྱས་ཉེས་པར་འགྱུར་རམ་ཨ་ཧི་ཤ །ལེགས་པར་དགོངས་དང་བློ་ལྡན་སྙིང་རྗེ་ཅན། །ཁྱེད་ཀྱིས་རློབས་ཤིག་མཚུངས་མེད་ཆོས་ཀྱི་རྒྱལ། །འབྲལ་སླགས་མེད་དེ་འཁོར་བ་མ་སྟོངས་བར། །ཕ་མའི་དོན་དུ་ཁོ་བོ་བསྐྱང་དུ་གསོལ། །ད་ནི་སེམས་ཅན་ཐམས་ཅད་མཐོང་བའི་ཚེ། །ཕ་མ་བུ་ཚའི་སེམས་ཀྱིས་འདྲེན་ཚུལ་ཏེ། །བདག་གིས་བསྐྱང་བར་བྱ་བའི་ཚོམས་ཡིན་ནོ། །ཇོ་བོའི་ཞལ་ནས་འདི་སྐད་གསུངས། །གསུང་གླིང་སླན་ནོ་སྲས་ཀྱི་གཙོ། །ཐམས་ཅད་དེ་འདྲའི་སེམས་སུ་མཛོད། །བདག་ལའང་དེ་ལས་ལྷག་མ་མཆིས། །འཁྲོམ་རྗེའི་ཞལ་ནས་འདི་སྐད་གསུང་། །ཞུས་དང་གསུངས་པ་མང་གྱུར་ཀྱང་། །ཧྲིལ་ཏེ་དྲིལ་ན་འདི་ལྟ་སྟེ། །བླ་མ་མཁན་པོ་མཐོང་བའི་ཚེ། །གུས་པས་རིམ་གྲོ་བསྙེད་པར་བྱ། །གང་ཟག་ཆོས་ཀྱི་མིག་ཅན་དང་། །ལས་དང་པོ་ཡི་སེམས་ཅན་ལ། །བསྟན་པའི་འདུ་ཤེས་བསྐྱེད་པར་བྱ། །སེམས་ཅན་ཐམས་ཅད་མཐོང་བའི་ཚེ། །ཕ་མ་བུ་ཚའི་འདུ་ཤེས་བསྐྱེད། །ཅེས་བྱ་བ་གཅིག་ལས་མི་གདའ་ཡི། དེ་ལྟར་ན་ཞུས་ལན་ནོར་བུའི་ཕྲེང་བ་ལས་བཀུར་བསྐྱངས་དང་མཐོང་ཚུལ་ཕུན་སུམ་ཚོགས་པའི་ལེའུ་སྟེ་བཅུ་པའོ།། །།

༈ ཡང་ཇོ་བོ་ཡབ་སྲས་གཉིས་ཐང་པོ་ཆེ་ནས་སྣེ་ཐང་དུ་བྱོན་པའི་དུས་སུ། འཁྲོམ་གྱི་ཞལ་ནས། ཡི་དམ་ལྷ་སོས་ལུང་བསྟན་ནས། ཇོ་བོའི་སྙིང་དུ་བདེར་གཤེགས་བྱོན། །བདག་གི་གནས་སུ་བག་ཕབ་སྟེ། །འགྲོ་བའི་དོན་དུ་སྤྱོད་ལེགས་ཀྱང་། །ཇོ་བོ་མཁས་པ་ཁྱུ་ཡིས་མཆོད། །འོན་ཀྱང་སྐྱུན་དང་མི་ལྡན་ནམ། །རྒྱལ་བ་ཟོ་མདོག་བདེ་གྱུར་ཏམ། །བདེ་ལེགས་གནས་ལ་སྤྱོད་གྱུར་ཏམ། །སྐུ་ཉམས་ཕུན་སུམ་ཚོགས་གྱུར་ཏམ། །སྨན་པའི་རྒྱལ་པོ་བླ་མ་ཡི། །སྤྱན་སྔར་སྨན་གྱི་ལྷུམ་ར་འདིར། །མི་ཧྲག་བླང་ཕྱིར་

ཁོ་བོ་ལྷགས། །བཙེ་བ་བཙེ་བས་གནང་དུ་གསོལ། །ཇོ་བོའི་ཞལ་ནས་འདི་སྐད་གསུང་། །བོད་ཀྱི་མགོན་པོ་ང་ལ་གསོན། །བདག་ལ་ཉེས་པ་མི་མངའ་ཡང་། །བོད་ཀྱི་དམ་པ་བཟང་པོར་གནས། །ཁོ་བོ་དེ་ལས་དམན་ལྷར་གདའ། །སྤྱན་རས་གཟིགས་དབང་ང་ལ་ཉོན། །གང་ན་སྡིག་གྲོགས་གནས་པའི་གཞི། །དགེ་བ་བཟང་པོར་མི་འགྱུར་བས། །ཆགས་སྡང་གྲོགས་ལས་དབེན་གྱུར་པའི། །བཟང་པོའི་གྲོགས་གནས་གང་ན་མཆིས། །ཨེ་མ་སྡིག་གྲོགས་རབ་སྤངས་ནས། །དགེ་བའི་བཤེས་གཉེན་བསྟེན་ན་བཟང་། །ཁོ་བོ་ནམ་མཁའི་སྤྲིན་དང་འདྲ། །སྣང་སྣང་འདྲ་སྟེ་བཟུང་བ་དཀའ། །ཁོ་བོ་འོད་ཀྱི་གུར་དང་འདྲ། །ཡིགས་ཡིགས་འདྲ་སྟེ་བཟུང་བར་དཀའ། །ཁོ་བོ་ཉི་མའི་འོད་དང་འདྲ། །ཉེས་སྐྱོན་སྤྲིན་གྱིས་མ་བསྒྲིབས་གསལ། །ཁོ་བོ་སྨན་གྱི་ལྗོན་པ་འདྲ། །བསྟེན་ན་འཕྲལ་དང་ཕུགས་སུ་བདེ། །འཁོར་མ་རྗེ་དབེན་གནས་གང་ན་མཆིས། །ཁྱོད་ལ་བསམས་ནས་འོངས་སོ་དགོངས། །ཐུགས་རྗེ་ཆེན་པོས་འདི་སྐད་གསུང་། །ལྷ་མ་སྐྱོ་བ་བསངས་པའི་གནས། །སྐྱེ་ཐང་བདེ་བའི་ཞིང་ཁམས་ཡོད། །དབྱར་དགུན་སྟོན་དཔྱིད་དུས་བཞི་དག །སྔོད་ཉམས་དགའ་ཞིང་མེ་ཏོག་འབྲུངས། །ལྷ་ཡི་ཚོགས་ཀྱིས་རབ་ཏུ་མཆོད། །རྒྱལ་བའི་སྐྱོ་བསངས་གནས་ཆེན་ཡིན། །སྟོན་དང་དབྱར་དུ་བབ་པའི་ཚེ། །གསིང་མའི་ནེ་ཐང་མེ་ཏོག་བཀྲ། །ལྗོན་ཤིང་ཡལ་འདབ་མཛེས་པར་རྒྱས། །ཆུ་མིག་རྫིང་བུ་བསིལ་ངད་ལྡང་། །མཛེས་པའི་མེ་ཏོག་འབྲུངས་པ་ལ། །བུང་བའི་བྲུ་རྡེན་སྐན་པ་འཕྱིན། །གཞན་ཡང་སྐན་པའི་སྦྲ་འཕྱིན་པའི། །མཛེས་པའི་འདབ་ཆགས་དུ་མ་གདའ། །ས་གཤིན་འབྲུ་སྣ་དུ་མ་འབྲུངས། །སྐྱེ་ངོའི་ཚོགས་རབ་འཚོར་པས་བདེ། །རྫིང་བུ་དཔག་མེད་ནང་ན་ཡང་། །ངང་པ་ངུར་པ་ཆུ་བྱ་རྣམས། །སྐན་པའི་སྦྲ་འཕྱིན་བག་ཕེབས་རྒྱུ། །དགུན་ཡང་མེ་ཏོག་འབྲུངས་པ་དེར། །རྒྱལ་བ་ཕྱོན་དང་སྡིག་གྲོགས་མེད། །ཁོ་བོའང་སྡིག་གྲོགས་རབ་སྤོང་ཞིང་། །དགེ་བའི་བཤེས་གཉེན་ཁྱེད་ལ་

བསྐྱེན། །གཞན་ཡང་གདུལ་བྱ་བདེ་ལ་འགོད། །བླ་མ་ཞིང་དེར་གཤེགས་སུ་གསོལ། །མར་མེ་མཛད་དཔལ་འདི་སྐད་གསུང་། །སྲུས་ཀྱི་ཐུ་བོ་ང་ལ་ཉོན། །སྡུང་དང་མི་བདེའི་སེམས་སྐྱང་ཞིང་། །གང་དུ་བདེ་བར་འགྲོ་བར་བྱ། །སྲུས་ཀྱི་ཐུ་བོ་སྙིང་རྗེ་ཅན། །སེམས་ཅན་ཀུན་གྱི་ལས་ལ་སོམས། །ཕོ་བོ་དགེ་བའི་གནས་སུ་དྲོངས། །སྡིག་གྲོགས་མེད་པའི་ཞིང་དུ་འདེང་། །དེ་འདྲའི་གནས་དེ་ཆོས་སྤྱོད་འཕེལ། །གསུང་ཞིང་ཅི་ལའང་མ་ཐོགས་པར། །རྒྱལ་བ་སྲས་བཅས་ལམ་ཞུགས་ཆོ། །འབྲོམ་རྗེའི་ཞལ་ནས་འདི་སྐད་གསུང་། །སྡིག་པའི་གྲོགས་པོ་ཅི་འདྲ་ཡིན། །དེ་ཉིད་སྤང་ན་ཇི་ལྟར་བྱ། །དགེ་བའི་བཤེས་གཉེན་ཅི་འདྲ་ཡིན། །དེ་ཉིད་བསྟེན་ན་ཇི་ལྟར་བྱ། །སྡང་བའི་ཡུལ་དེ་གང་ཞིག་ཡིན། །མི་བདེའི་སེམས་དེ་གང་ཞིག་ཡིན། །བདེ་བའི་གནས་སུ་ཇི་ལྟར་འགྲོ། །བླ་མ་མཁས་པའི་པཎྜི་ཏ། །ཕན་བདེའི་ཐུགས་ཀྱིས་བསྟན་དུ་གསོལ། །བླ་མའི་ཞལ་ནས་འདི་སྐད་གསུང་། །ཐར་པའི་སྲོག་དང་འབྲེལ་པ་གང་། །ཤན་པ་དེ་ནི་སྡིག་གྲོགས་ཡིན། །དངོས་དང་མཚན་མས་འཆིང་བ་ཡི། །ཐག་པ་དེ་ནི་སྡིག་གྲོགས་ཡིན། །བཙུན་པོ་ཁྲིམས་དང་འབྲེལ་པ་ཡི། །འཆལ་བ་དེ་ནི་སྡིག་གྲོགས་ཡིན། །དམ་པ་དམངས་སུ་འབེབས་པ་ཡི། །དྲེགས་པོ་དེ་ནི་སྡིག་གྲོགས་ཡིན། །ཚད་མེད་ཚད་ཀྱིས་སྟོན་བྱེད་པའི། །ཚོད་འཛིན་མཁན་དེ་སྡིག་གྲོགས་ཡིན། །ནང་པར་འཆི་བ་འོང་ངེས་ཀྱང་། །ད་དུང་ཚེ་འདིའི་འདུན་མ་བསྐྱེན། །མི་རྟག་སྐད་ཅིག་མི་བསྒོམ་པའི། །ངང་རིངས་པོ་དེ་སྡིག་གྲོགས་ཡིན། །ཚེ་འདི་ཉི་ཚེའི་འདུན་མ་ཅན། །ཕན་པན་སྐད་དུ་གྲོས་འདེབས་པ། །ཕྱི་མ་ངེས་པར་འཇོམས་པ་ཡི། །སླུ་བྲིད་མཁན་དེ་སྡིག་གྲོགས་ཡིན། །ཡོན་ཏན་ཀུན་གྱི་ཞིང་ས་མཆོག །ཚུལ་ཁྲིམས་དུམ་པ་སྐྱིལ་བ་དེ། །འཆལ་པས་བལྟས་ན་དགའ་དགའ་འདྲ། །དགའ་མོ་མ་ཀུན་སྡིག་གྲོགས་ཡིན། །འདོད་ཡོན་སླུ་གར་མཛེས་པས་བརྒྱན། །ཁོས་བཟང་ཟས་ཀྱིས་ཕྱུག་པ་ཡི། །བཞད་གད་དི་རེ་ཚོགས་པ་ཡི། །ཉམས་

དགའ་ཅན་ཀུན་ སྡིག་གྲོགས་ཡིན། །འཁོར་བར་གནས་ཀྱང་མ་གོས་པར། །གཞན་དོན་བྱེད་ལ་དབེན་པ་སྙེར། །སློབ་གཉེར་མཁས་དེ་སྡིག་གྲོགས་ཡིན། །ཆགས་མེད་གཏོང་བའི་ལག་ནས་འཛིན། །ནོར་མེད་མི་ལ་བདེ་བ་བྲལ། །མ་བྱེད་ཉ་རར་གྱིས་ཟེར་བའི། །ཤ་ཚ་མོ་དེ་སྡིག་གྲོགས་ཡིན། །གཞན་དག་གནོད་སེམས་མེད་གྱུར་ཀྱང་། །ཅི་ངན་བྱས་པ་བསྟེན་པས་ཕུང་། །བུ་ཡིས་མི་བསད་ཕ་ཕུང་འདྲ། །ལས་ངན་པོ་དེ་སྡིག་གྲོགས་ཡིན། །དམ་པ་མི་མཆོད་གྲོགས་པོ་སྐྱོང་། །ཕ་མ་མི་སྐྱོང་བདུད་མོ་གསོ། །དྲིན་ལན་མི་འཇལ་ངན་ལན་དམར། །ཁྲིམས་མེད་པོ་དེ་སྡིག་གྲོགས་ཡིན། །སྡུག་བསྔལ་རྩ་བ་བདག་འཛིན་ཆེ། །འདོད་དགུ་ཐམས་ཅད་རང་འདོད་པའི། །དམ་པ་ཡིན་ཡང་གཞན་སྨོད་པའི། །རང་ཉིད་གཅིག་པུ་སྡིག་གྲོགས་ཡིན། །ཕྱི་སྐྱིད་དགོས་བདེ་མི་ཤེས་པར། །ཕྱི་ཕུང་རང་བདེ་འདོད་པ་ཡི། །གནས་ལུགས་མ་མཐོང་བློ་ལོག་ཅན། །མཁས་པ་དེ་ཀུན་སྡིག་གྲོགས་ཡིན། །གལ་ཏེ་དགེ་བ་བྱེད་བློ་ཡང་། །ཕྱི་བཤོལ་འདེབས་པ་སྡིག་གྲོགས་ཡིན། །ད་ལྟ་སྒྲུབ་ཏུ་ཡོད་བཞིན་དུ། །ཕྱི་ཐེས་རྩེ་བའི་འདུན་མ་ཅན། །རྟིང་ལ་འགྱོད་པའི་གོ་མ་ཆོད། །ཕོ་རྟུགས་པོ་དེ་སྡིག་གྲོགས་ཡིན། །ཅི་ལ་བསམས་ཀྱང་མི་ཕན་པས། །ཆོས་ཤིག་དགོས་སོ་མི་ཟེར་བར། །ཆོས་ཀུན་སྐྱིད་པའི་སྣོད་ཟེར། །སྡུག་རིངས་པོ་དེ་སྡིག་གྲོགས་ཡིན། །སྲུས་ཀྱི་སྙིང་པོ་འབྲོམ་རྗེ་མཆོག །ཤེས་པར་མཛོད་ལ་སྡིག་གྲོགས་སྤོངས། །དེ་ཡི་གཉེན་པོར་དགེ་བཤེས་བསྟེན། །དེ་འདྲའི་གནས་མལ་ངན་པ་ནི། །བཙོན་ཁང་ཉིད་དང་ཅིས་མ་མཚུངས། །འདུལ་ཁྲིམས་གཙང་མ་བསྲུང་བའི་ཚེ། །ཐེག་པ་ཆེན་པོའི་བྲོད་ཁ་ཅན། །གཞི་མ་བཤིག་པའི་འཁྱོར་ཐོགས་ཅན། །སྡིག་པའི་གྲོགས་པོ་ཡིན་པས་སྤོངས། །ཤ་ཁྲག་ཆང་གི་ལོངས་སྤྱོད་རྣམས། །འདུལ་བ་མདོ་སྡེ་རབ་ལྟོས་ལ། །གནང་ཤས་ཆེ་ན་ཉུང་བ་ཡིན། །སངས་རྒྱས་གསུང་ནི་བསླུ་མེད་ཡིན། །གནང་བར་མ་གྱུར་སུ་ཟ་བ། །སློབ་གཉེར་བྱེད་པའང་སྡིག་གྲོགས་ཡིན། །རང་

བདེ་ཡལ་བར་དོར་གྱུར་ནས། །སྤྱོད་ལམ་སྣ་ཚོགས་སྐུར་བསྟན་ཅིང་། །མི་ཟ་དགུ་ཟ་ཉོན་མོངས་འདྲ། །གནས་ལུགས་ཤེས་ནས་སྤྱོད་པ་ཡི། །བྱང་ཆུབ་སེམས་དཔའ་བཟང་པོ་ལ། །བཙུན་ཚུགས་མེད་ཅེས་གཤེ་བ་ཡང་། །སྡིག་པའི་གྲོགས་པོ་ཡིན་པས་སྤོངས། །རྣམ་རྟོག་རང་སར་ཆོམས་པ་ཡི། །བསྐྱེད་རྫོགས་བསམ་གྱིས་མི་ཁྱབ་ལ། །ཁྲི་ཕག་འདྲ་ཞེས་སྨོད་པ་ཡང་། །སྡིག་གྲོགས་ཡིན་པས་ཤེས་པར་སྤོངས། །མདོར་ན་གནས་སྐབས་མཐར་ཐུག་གི །བདེ་བའི་ལམ་ལ་བར་གཅོད་པ། །གང་ཟག་ཅི་འདྲ་ཡིན་ཀྱང་རུང་། །སྡིག་གྲོགས་ཡིན་པས་ཤེས་པར་སྤོངས། །དེ་ནི་སྡིག་པའི་གྲོགས་སྤོང་བའི་ཚོམས་སོ།། །།

སྲས་ཀྱི་ཐུ་བོ་འབྲོམ་རྗེ་ཉོན། །དེ་རིང་ལམ་འདི་ཆོས་ཀྱིས་བསྐུལ། །ས་ཕྱོགས་འདི་ནི་བྱེ་ཕྱོངས་ཆེ། །སྙེ་ཐང་དེ་ཡང་བཤུལ་ཐག་རིང་། །རྒྱ་གར་གནས་ནས་འདིར་འོངས་པའང་། །ཐ་མལ་གཏམ་ལ་འོངས་པ་མིན། །སེམས་ལ་མི་ཕན་ཉན་བཤད་རྣམས། །ལྷུར་སྣང་དོན་མེད་ལས་རོ་ཡིན། །སེམས་ལ་ཕན་ན་གདམས་ངག་ཡིན། །ཉམས་སུ་ལེན་ན་སྣོད་ལྡན་ཡིན། །ཐར་པའི་ཡོན་ཏན་རབ་སྟོན་ཅིང་། །འཁོར་བའི་ཉེས་དམིགས་རབ་ཏུ་སྟོན། །སྤང་དང་བླང་བྱའི་ཐབས་སྟོན་པ། །དགེ་བའི་བཤེས་གཉེན་ཡིན་པས་བསྟེན། །སྐྱབས་སུ་འགྲོ་ཞིང་བྱང་ཆུབ་ཏུ། །སེམས་བསྐྱེད་དམ་ཆོས་སྟོན་མཛད་པ། །གང་ཟག་ཅི་འདྲ་ཡིན་ཀྱང་རུང་། །དགེ་བའི་བཤེས་གཉེན་ཡིན་པས་བསྟེན། །སྡིག་གྲོགས་རྣམས་ཀྱིས་གང་སྟོན་པའི། །ཆོས་ལས་ལྡོག་སྟེ་སྟོན་པ་གང་། །དགེ་བའི་བཤེས་གཉེན་མཆོག་ཡིན་པས། །གུས་པའི་ཡུལ་དུ་བསྟེན་པར་མཛོད། །ཐབས་མཁས་ཤེས་རབ་བཟང་པོ་ཡིས། །ཚད་མེད་བཞི་དང་འབྲེལ་པ་ཡི། །ཕ་རོལ་ཕྱིན་དྲུག་སུས་སྟོན་པ། །དགེ་བའི་བཤེས་གཉེན་ཡིན་པས་བསྟེན། །དེ་ནི་གཏན་དུ་ཕན་པ་ཡིན། །དགེ་བའི་བཤེས་གཉེན་བསྟེན་པའི་ཚོམས་སོ།། །།

སྲས་ཀྱི་ཐུ་བོ་འཕྲོམ་རྗེ་ཉོན། །སྨུ་སྟེགས་ལོག་པའི་ལམ་ཞུགས་པ། །སངས་རྒྱས་བསྟན་ལ་རབ་ཏུ་སྡང་། །འཛིན་བྱེད་དགེ་འདུན་རྣམས་ལ་སྡང་། །དེ་འདྲའི་གནས་དེ་མི་བདེའི་གནས། །དེས་ན་མི་བདེའི་སེམས་འབྱུང་བས། །སྡང་དང་མི་བདེའི་སེམས་སྤངས་ལ། །དེ་ཡི་དབེན་པའི་གནས་སུ་འགྲོ། །འཆལ་བའི་ཚོགས་རྣམས་ཁྲིམས་ལ་སྡང་། །དམ་ཉམས་དག་ཀྱང་བསློག་ལ་སྡང་། །ཁྲིམས་ལྡན་དམ་ཚིག་ལྡན་པ་རྣམས། །སྡང་དང་མི་བདེའི་སེམས་སྤྱང་ཞིང་། །བདེ་བའི་གནས་སུ་གཤེགས་ན་བཟང་། །འདོད་པ་ཅན་གྱི་མི་དག་ནི། །བསྟུ་རྣམ་བཞི་ཡིས་གང་སྐྱོད་པའི། །བསོད་ནམས་ཅན་དག་མི་བཟོད་པར། །ཕྲག་དོག་དབང་གིས་སྡང་བར་བྱེད། །དེ་བས་སྡང་དང་སྡང་ཡུལ་རྣམས། །སྤྱངས་ལ་བདེ་བའི་གནས་སུ་འགྲོ། །འཇིག་རྟེན་དག་ན་ རྨོངས་པ་རྣམས། །རང་དང་མི་མཐུན་ཆོས་ཡིན་ཀྱང་། །ང་དང་ཕོ་ཞེས་གཞན་ལ་སྡང་། །སྐྱེས་ནས་ཆགས་སྡང་ལྡན་སྐྱེས་པའི། །དམུ་རྒོད་དེ་ནི་རང་ཉིད་ལས། །གཞན་པར་གྱུར་ན་སུ་ལའང་སྡང་། །སྲས་ཀྱི་ཐུ་བོ་འཕྲོམ་རྗེ་ཉོན། །ག་ཆའི་རྒྱལ་པོ་འཕྲོམ་རྗེ་ཉོན། །བས་མཐའམ་ཡང་ན་དགོན་པའམ། །དུར་ཁྲོད་གནས་སམ་ཤིང་དྲུང་ངམ། །རྒྱ་མཚོའི་འགྲམ་མམ་གད་སྐྱིབས་སམ། །དབེན་པའི་གནས་སུ་རབ་གནས་ཏེ། །སྡང་དང་མི་བདེ་མ་བྱུང་ཚེ། །དགེ་སྦྱོར་ཅི་འཕེལ་གཞན་དོན་བྱ། །གལ་ཏེ་སྡང་དང་མི་བདེའི་ཚེ། །གང་དུ་བདེ་བར་འགྲོ་བར་བྱ། །ཕྱིན་ནས་ཞག་གསུམ་ཡང་ན་བདུན། །ཟླ་ཕྱེད་ཟླ་གཅིག་ལོ་རེ་ཙམ། །སྡང་དང་མི་བདེ་མ་བྱུང་ཚེ། །དགོན་པ་ཡིན་པས་བསྐྱབ་པར་བྱ། །བྱུང་མ་ཐག་ཏུ་འདི་ལྟ་སྟེ། །རི་བོང་མལ་ནས་ལངས་པ་བཞིན། །བདེ་བའི་གནས་སུ་འགྲོ་བར་བྱ། །ཉོན་དང་འཕྲོམ་རྗེ་སྲས་ཀྱི་མཆོག །མཁར་ལན་མི་བཟང་རང་ཤོང་ཙམ། །གཞན་གྱིས་མི་དམིགས་སྐྱབས་ཡོད་ཙམ། །འཇོག་ཀྱང་མི་ཆགས་བོང་རའམ། །གཡའམ་ལོ་མའི་སྦྲིལ་བུའམ། །གད་པའི་ཕུག་གམ་བྲག་སྐྱིབས་བསྟེན། །གང་དུ་སྡོད་ཀྱང་དགོན་

མཆོག་གི །མཆོད་དང་མཆོད་ཡུལ་རྒྱུན་ཆད་མེད། །ཁྲིམས་ལྡན་ཐར་པ་གཉེར་བ་རྣམས། །རྒྱུན་ཆད་མེད་པར་སྐྱོབ་པར་བྱེད། །དེ་ཚེ་ལྷ་རྟེན་ལ་སོགས་པའི། །མཆོད་ཡུལ་མང་ཡང་ཆགས་པའི་རྒྱུ། །མདུན་གྱི་མཁའ་ལ་ཡིག་འབྲུ་ལས། །པད་སྟོང་བསྐྱེད་དེ་བླ་མ་དང་། །དཀོན་མཆོག་ཡི་དམ་བཞུགས་གསོལ་ཏེ། །ཡན་ལག་བདུན་པ་འབུལ་བྱེད་ཅིང་། །འཕྲུལ་དང་ཕྱུགས་སུ་རབ་བདེ་བའི། །གསོལ་བ་སྙིང་ནས་གདབ་པར་མཛོད། །ཡང་ན་རང་གི་སྙིང་དཀྱིལ་དུ། །རཾ་ལས་ཡེ་ཤེས་མེ་བསྐྱེད་ལ། །ཉོན་མོངས་ཚོགས་རྣམས་རབ་ཏུ་བསྲེགས། །ཤ་ཁྲག་ཕུང་པོའང་སྦྱིན་སྲེག་གིས། །དེ་ནས་མེ་ཡི་རང་བཞིན་དུ། །གསལ་ལ་མི་རྟོག་རང་དངས་པ། །གཞན་གྱི་སྒྲིབ་པའང་རབ་ཏུ་བསྲེགས། །དེ་ནས་མེ་དཔུང་ཆེར་བསྐྱེད་ལ། །བདུད་དང་ཤ་ཟ་རྣམས་དཔའ་བགོང་ལ། །སྦྱིན་དང་ཚུལ་ཁྲིམས་བཟོད་བརྩོན་འགྲུས། །བསམ་གཏན་ཤེས་རབ་ཐབས་སྟོབས་དང་། །སྨོན་ལམ་ཡེ་ཤེས་ཆེན་པོ་ཡིས། །ཐམས་ཅད་བྱང་ཆུབ་ཕྱིན་སླད་དུ། །ཡི་གེ་བཅུ་པོ་འདི་བསྒྲག་གོ །ཨོཾ་ཙཎྜ་མ་ཧཱ་རོ་ཥ་ཎ་ཧཱུྃ་ཕཊ། །ཆོས་སྤྱོད་བཅུ་པོ་འདི་བསྒྲགས་པས། །མེ་ཡི་དབུས་སུ་ཧཱུྃ་བསྐྱེད་ལ། །ཧཱུྃ་དེ་མེ་ཡི་རྣམ་པར་ཞུ། །ཞལ་གཅིག་ཕྱག་གཉིས་བརྒྱང་བསྐུམ་ཅན། །སྐུ་མདོག་མཐིང་ནག་ཟམ་པའི་སྐུ། །ཤེས་རབ་རལ་གྲི་རབ་ཏུ་འཕྱར། །ཕྱིགས་མཛུབ་བདུད་སྡེ་རབ་ཏུ་ཕྱིགས། །སྦྲུལ་ཞགས་ཀླུ་ཚོགས་ཟིལ་གྱིས་གནོན། །སྟག་གི་ཤམ་ཐབས་གཅན་གཟན་ཕྱིགས། །སྤྱན་མིག་དམར་ཟླུམ་ཕྱོགས་བཅུར་གཟིགས། །རལ་པ་ཁམ་ནག་གྱེན་དུ་བརྫེས། །དེ་འདྲའི་ལུས་སུ་རབ་བསྐྱེད་ལ། །སྟོང་པའི་གནས་ལུགས་སྙིང་རྗེ་བསྟེན། །ཕན་བདེའི་བསམ་པས་བསྟན་པ་བསྲུང་། །དེ་ཡང་དབེན་པའི་གནས་སྟོད་ཚེ། །ཆགས་པ་མེད་པའི་ཆོས་སུ་བཟང་། །མཁྱེན་པར་མཛོད་དང་སྲས་ཀྱི་གཙོ། །དེ་ཡང་དམ་པའི་གནས་མལ་ཡིན། །དེ་ནི་བདེ་བའི་གནས་མལ་དག །སྟེན་པར་བྱེད་པའི་ཚེམས་ཡིན་ནོ།། །།

དེ་ནས་འབྲོམ་གྱི་ཞལ་ནས་འདི་སྐད་གསུང་། །ལྷ་བརྒྱ་དུས་ཀྱི་ཐ་མ་འདིར། །རྗེ་བླ་མའི་གསུང་རབ་ལ་བརྟེན་ནས། །ཆོས་ནོར་བུ་རིན་ཆེན་ཉམས་སུ་བླང་། །གནས་ཆགས་སྟང་མེད་པ་རབ་ཏུ་བསྟེན། །གྲོགས་ཆགས་སྟང་ཡུལ་ལས་ཅི་ཐར་བྱ། །སྐྱབས་དགེ་བའི་བཤེས་གཉེན་འབྲལ་མེད་བསྟེན། །འཁོར་ཐར་པ་གཉེར་བ་འབའ་ཞིག་སྐྱོང་། །གནས་སྤྱང་ལྟོངས་མི་ཏོག་མཛེས་པའི་སར། །ཆོས་ཚད་མེད་བསྒོམ་ཞིང་བག་ཆགས་བཞག །མཐར་ཞིང་ཁམས་གཙང་མར་བརྒྱུད་ཅིང་འགྲོ། །མ་མ་ལུས་རིན་ཆེན་གླིང་དུ་དྲང་། །ལུས་པདྨའི་སྦུབས་སུ་ལེགས་བལྟམས་ནས། །ཚུར་བྱམས་པའི་ཐུ་བར་རབ་ཏུ་བླང་། །བུ་སྙིང་རུས་བསྐྱེད་ཅིག་རྗེས་འབྲང་ཀུན། །ལོ་ལྔ་བཅུ་ལྷག་ནས་འབྱུང་སྲིད་དོ། །འདི་ལེགས་པར་ལྟོས་དང་མིག་ཅན་ཀུན། །ལས་ལེགས་ཉེས་བཏང་སྙོམས་སུམ་མདོ་ཡིན། །ཡའི་འདམ་ཀ་བྱེད་པའི་དུས་སུ་གདའ། །ལོ་རྟོག་ཤུགས་ཐལ་བའང་ལྔ་བཅུ་ལྷག །ཁྱོད་ཁྲིལ་མེད་ཟས་ཀྱིས་མ་བསླུས་པར། །ཁ་ཟེ་ཁུང་ཙམ་ལ་གྲོས་འདེབས་རན། །ཀྱེ་མི་ཡི་ཟས་ལ་ཆགས་རིན་མེད། །ཟས་ཞིམ་པོ་བདུད་རྩིའི་ཉིང་ཁུ་ཡོད། །དུས་གཏན་དུ་ཞིམ་པ་བསམ་གཏན་ཟས། །ཁྱོད་གཞོན་པའི་ཚུ་དང་འདྲ་བ་ཡིན། །ཕྱོགས་གཡས་ནས་བཙལ་ན་གཡོན་དུ་འབོད། །ཕྱོགས་གཡོན་ནས་བཙལ་ན་གཡས་སུ་འབོད། །ནོར་སྙིང་པོ་མེད་ལ་ཞེན་མ་ཆེ། །ཟས་གཏན་དུ་ཞིམ་པ་ཚོགས་གཉིས་སྤེལ། །ད་ནང་དུ་ཕབ་པའི་གྲོས་འདེབས་ཡིན། །ཁྱེད་སྙིང་ཡོད་ཡོད་ན་གདམས་པར་ཆེ། །དུས་དེ་རིང་ལམ་གྱི་སྐྱེལ་ཐུང་ཡིན། །ཞེས་ཞུས་པས། རྗེ་བོའི་ཞལ་ནས། སྲས་ཀྱི་ཐུ་བོ་འབྲོམ་རྗེ་མཆོག །དེ་རིང་ཉིད་ནས་རྟེན་འབྲེལ་ལེགས། །སྐྱོ་བ་ལམ་དུ་སངས་པ་བྱུང་། །ཅི་བྱས་ལམ་དུ་འགྲོ་བའི་ཆོས། །ཅིས་ཀྱང་འོང་བར་ཁོ་བོས་ཤེས། །ཐར་པ་གཉེར་བའི་མི་དག་ནི། །སྤྱོད་ལམ་ཇི་ལྟར་བྱེད་གྱུར་ཀྱང་། །ཆོས་ཀྱི་ལོངས་སྤྱོད་ཁོ་ནར་ཟད། །ཞི་ལམ་ན་ཡང་ཆོས་སྣང་འབྱུང་། །འཇིག་རྟེན་བྱིས་པའི་ཀུན་སྤྱོད་ལའང་། །ཐམ་

ཟེའི་བུ་ནི་རིག་བྱེད་རྩེ། །རྒྱལ་པོའི་བུ་ནི་རྒྱལ་སྲིད་རྩེ། །ཤན་པའི་བུ་ནི་བཤའ་བཤུ་རྩེ། །རོལ་མོ་མཁན་པོ་གླུ་གར་རྩེ། །རི་མོ་མཁན་པོ་རི་མོ་རྩེ། །མདོར་ན་ཕ་མ་གང་བྱེད་པའི། །ལད་མོ་ཁྱིའུ་དག་ཀྱང་རྩེ། །ཐམས་ཅད་བག་ཆགས་ཤེས་པར་མཛོད། །དེ་བས་ཐོས་བསམ་བསྒོམ་པ་ཡི། །བག་ཆགས་བཟང་པོ་རབ་སྦྱངས་ནས། །ཚེ་ལམ་བར་དོ་སྐྱེ་ཤི་དང་། །སྲིད་པ་བར་དོ་ཀུན་ཏུ་འཕྲང་། །སངས་རྒྱས་ཅན་ལ་སངས་རྒྱས་འབྱུང་། །མཐོ་རིས་ཅན་ལ་མཐོ་རིས་འབྱུང་། །ཞིང་ཁམས་གཙང་ལ་ཞིང་ཁམས་གཙང་། །གཙང་རོང་ཅན་ལ་འང་གཙང་རོང་ཅན། །ལོངས་སྤྱོད་ཆེ་ཞིང་སྙིར་བ་ཡང་། །དེ་དག་ཉིད་དུ་རྗེས་སུ་འཕྲང་། །ཡོད་ཀྱང་སེར་སྣ་བྱེད་པ་ཡང་། །མེད་པས་འཕྲེང་ཞིང་ཡི་དྭགས་འཕྲང་། །སྡིག་ཇམས་ཅན་ལ་དམྱལ་བ་འཕྲང་། །གཏི་མུག་ཅན་ལ་བྱོལ་སོང་འཕྲང་། །ཞེ་སྡང་ཅན་ལ་འཐབ་རྩོད་འཕྲང་། །བཟོད་སྟོབས་ཅན་ལ་ལུས་མཆོག་སྟེ། །བརྩོན་འགྲུས་ཅན་ལ་ཆོས་རྒྱལ་འཕྲང་། །ཚུལ་ཁྲིམས་ཅན་ལ་མཐོ་རིས་ཏེ། །མཐོ་རིས་རྟེན་ལ་བདེ་སྐྱིད་འཕྲང་། །ཐམས་ཅད་རྒྱུ་ཡི་རྗེས་སུ་འགྲོ། །འདྲ་བས་འདྲ་བ་སྐྱེད་བྱེད་ཡིན། །དེས་ན་བག་ཆགས་རྗེས་སུ་འཕྲང་། །བག་ཆགས་འཇོག་པ་མཉམ་པོ་ལ། །ཕུན་སུམ་ཚོགས་པའི་བག་ཆགས་ཞོག །རྒྱས་པར་བརྗེས་བཅངས་བྱེད་ཆོ་སྟོན། །འཕྲོམ་རྗེ་གཞན་སྣང་འཕྲུལ་པ་ལ། །ཇོ་བོ་ཡབ་སྲས་ངལ་བ་སྐད། །ཤུལ་རིང་ལམ་ནི་བགྲོད་དཀའ་སྐད། །མི་ངན་ཚམ་པོ་འོང་ངོ་སྐད། །ཁྱེད་ཀྱིས་མྱུར་དུ་ཕར་ལ་དྲོངས། །གསུང་ཞིང་རྫུ་འཕྲུལ་ཤུགས་ཀྱིས་བྱོན། །སྐེ་ཐང་འོར་དུ་ཆག་ཕེབས་ཆོ། །སེམས་ཅན་རང་རང་གང་མཐུན་པའི། །སྣང་ངོར་རྣམ་འཕྲུལ་དུ་མ་བསྟན། །སླར་ཡང་ཞལ་ནས་འདི་སྐད་གསུང་། །ཞལ་གྱིས་བཞེས་པའི་མེ་ཏོག་ཤོག །འཕྲོམ་རྗེས་ན་ཡི་མེ་ཏོག་བསྟན། །ཞལ་ནས་འཕྲོམ་རྗེ་དྲང་དོན་མཁས། །ལྷ་ཡི་ཚོགས་རབ་གནས་འདིར་ཤོག །ལྷ་ཡི་མེ་ཏོག་གནས་འདིར་ཤོག །ཨེ་མ་ཧོ་མགོན་པོ་སྤྱན་རས་གཟིགས། །ཐུགས་རྗེ་ཆེན་པོའི་མེ་ཏོག

ལ། །ཀྱེ་མ་ཆུང་ཆུང་འགྲམ་རྗེ་གཟིགས། །འོལ་ལེ་འདབ་མའང་སྐྱེས་ཧེ་གདའ། །དོད་དོད་རྫུན་ཕུགས་མ་རྗེབ་ཙམ། །གསུང་བའི་ལྷུགས་དེ་ང་ལ་སྟོན། །དེ་ནས་འགྲམ་རྗེས་ལྷུགས་བརྒྱང་སྐད། །གཟིགས་པས་དེ་ལའང་མི་ཏོག་ཅིག །སྐྱེས་པ་གཟིགས་ནས་ཛོ་བོ་མཉེས། །ཀྱེ་མ་ཏོ་ཡ་མཚན་དེ་ན་འདུག །འགྲམ་གྱི་ལྟེ་ནི་ནེ་ཐང་འདྲ། །བུང་བ་ཞལ་དུ་མི་འཚང་ཙམ། །འོ་ནའང་དངར་རྩི་མེད་དམ་ཅི། །སླར་ཡང་འགྲམ་རྗེས་ལྷུགས་བརྒྱང་བའི། །མེ་ཏོག་སྙིང་ནའང་ཛོ་བོ་གདའ། །ཇོ་བོས་གཟིགས་ནས་འདི་སྐད་གསུང་། །ཨ་རེ་ཅི་ཡང་དགོད་རེ་བྲོ། །བདག་ལ་འགྲམ་གྱིས་བུང་བ་བྱས། །ཕོ་བོ་རེ་ཆུང་ནས་རྫོག་ཙམ། །རི་དོད་གསུང་ཞིང་ཕྱུག་གིས་རེག །པདྨའི་སྙིང་གི་ཇོ་བོས་བཞད། །དེ་ནས་ཇོ་བོའི་བཞད་སྒྲིན་ལངས། །ཡང་དང་ཡང་དུ་བཞད་པར་གྱུར། །དེ་ནས་འགྲམ་གྱིས་འདི་སྐད་སྨྲས། །དགུན་དུས་འབྲུངས་པའི་མེ་ཏོག་དཀར་འབུར་བ། །ཕོ་བོ་ཐོག་མར་མ་བཏང་དྲིན་ཆེའོ། །ཕྱིར་ཡང་མཐའ་འཁོབ་གནས་འདིར་གྲང་གཞི་ཆེ། །ཁྱད་པར་དབུ་ཊ་ཆུ་འཁྱིས་ས་འཁྲུགས་མང་། །དེང་སང་དགུན་དུས་མེ་ཏོག་འདབ་ལྔ་པ། །ས་ལ་སྐྱེས་པས་ཇོ་བོ་མཉེས་གྱུར་ན། །ཁྱད་པར་རྫུན་མེད་འགྲམ་གྱི་ལྟེ་ལ་འབྲུངས། །བུང་བ་དྲིས་པས་བདེ་གཤེགས་སྐུ་གཟུགས་བྱོན། །བཞད་པ་རབ་བཞད་བདེ་གཤེགས་འདི་འདྲར་བཞད། །མཚར་མོས་རང་གི་བྱད་མཐོང་བཞིན་དུ་བཞད། །ལྷ་མོ་རང་གཟུགས་སྟོན་པ་བཞིན་དུ་བཞད། །བཀྲ་ཤིས་བླ་མ་མཉེས་པའི་བཀྲ་ཤིས་ཤོག །སླར་ཡང་བླ་མ་རྗེ་བཙུན་འདི་སྐད་གསུངས། །འགྲམ་རྗེ་ད་དུང་ལྷུགས་ཀྱི་མེ་ཏོག་སྟོན། །སླར་ཡང་ལྷུགས་བརྒྱང་གཟིགས་སུ་ཕུལ་བ་ཡིས། །བླ་མའི་མདུན་ནའང་འགྲམ་ཆུང་ཆུང་ཆུང་ཅིག །འཛུམ་འཛུམ་བླ་མའི་ཞལ་ལ་རབ་བལྟ་ཞིང་། །བུ་ཆུང་སྐད་འདྲ་སྙན་པའི་སྒྲ་འབྱིན་གསན། །གཟིགས་མ་ཐག་ཏུ་ཤིན་ཏུ་དགེས་གྱུར་ནས། །མེ་ཏོག་འདི་འདྲ་རྒྱ་གར་ཡུལ་ནའང་མེད། །ཟབ་མོའི་ཡབ་སྲས་ལྷུགས་ཀྱི་སྙིང་ནའང་གདའ། །ངོ་མཚར་ཆེའོ་

ནང་གི་ཡ་གི་གཉིས། །འཁྲོམ་རྗེ་ལྷགས་དེ་གུལ་གུལ་མ་མཛད་ཅིག །སྐུ་ཁམས་བསོ་ཕྱིར་འཁྲོམ་གྱིས་རབ་གཡོས་པས། །ལིག་ལིག་ལྷིག་ལྷིག་འབྲུལ་ལ་ཁད་དེ་གདའ། །རབ་ཏུ་བཞད་ཅིང་འཁྲོམ་རྗེ་ག་ལེ་མཛོད། །ཁྱིའུ་གཞོན་ནུ་སྨན་རྫོག་ཟ་དང་མཚུངས། །ཨེ་ཡི་སྙིང་ན་རིལ་རིལ་ལྷུད་མོར་ཆེ། །བདེ་གཤེགས་ལྷགས་ཀྱི་པདྨ་ལས་འབྲུངས་པའི། །དོད་པོར་བཞུགས་པའི་གཟུགས་ཅན་ཡ་གི་གཉིས། །མར་བྱོན་བདག་ཅག་གཉིས་ནི་ནང་དུ་འགྲོ། །འཁྲོམ་རྗེའི་ཞལ་ནས་ལན་དུ་འདི་སྐད་ཞུས། །འཛིག་རྟེན་སྒྲོན་མ་ཡར་ལ་གཤེགས་སུ་གསོལ། །ཁོ་བོས་ཕྱིན་པས་ཁོང་གཉིས་མི་ལུས་མཆི། །དེ་ནས་རྒྱལ་བ་སྲས་བཅས་མཉེས་བཞིན་དུ། །གཟིམས་ཁང་ནང་དུ་གཤེགས་ཏེ་བྱོན་པའི་ཚེ། །ལྷ་ཡི་ཚོགས་ཀྱིས་མེ་ཏོག་དཔག་མེད་འཐོར། །དེ་ནས་ཇོ་བོའི་ཞལ་ནས་འདི་སྐད་གསུང་། །འཁྲོམ་རྗེ་མེ་ཏོག་མཆོག་ལ་མཉེས་གྱུར་ན། །ཁོ་བོས་ས་ཕྱོགས་འདི་དག་བྱིན་བརླབས་ལ། །རིན་ཆེན་ལྷ་ཡི་མེ་ཏོག་འབྱུང་བར་བྱ། །ལན་དུ་འཁྲོམ་རྗེས་ཐུགས་ལ་ཐོགས་ཞུས་པས། །གསེར་དངུལ་ལ་སོགས་མེ་ཏོག་བཟང་པོ་ཡིས། །སྐྱེ་ཐང་ཁོངས་རྣམས་རབ་ཏུ་གང་བར་གྱུར། །དེ་ནས་ཇོ་བོའི་ཞལ་ནས་འདི་སྐད་གསུང་། །བླ་མས་བྱིན་རླབས་མར་མེ་མཛད་དཔལ་ངས། །བྱིན་གྱིས་བརླབས་པའི་མེ་ཏོག་འདི་བསྐུན་པས། །འཁྲོམ་གྱི་རྗེས་འབྲང་མཆོད་ཚོགས་འཕེལ་བར་ཤོག །ལན་དུ་འཁྲོམ་གྱི་ཞལ་ནས་འདི་སྐད་ཞུས། །བཟང་པོའི་ས་ཆེན་བཟང་པོས་བྱིན་བརླབས་པ། །རྒྱལ་བའི་ཚོགས་རབ་མ་ལུས་བཞེས་སུ་གསོལ། །བདག་ཅག་གདུལ་བྱ་ཞིང་ཁམས་དཔག་མེད་དུ། །རྒྱལ་བས་བྱིན་བརླབས་མེ་ཏོག་པད་སྙིང་དུ། །དྲི་མས་མ་གོས་རྫུས་ཏེ་སྐྱེ་བར་ཤོག །ཕྱོགས་བཅུའི་འཇིག་རྟེན་ཞིང་ཁམས་རབ་འབྱམས་ན། །འདི་ལྟར་རིན་ཆེན་ལྷ་ཡི་མེ་ཏོག་རྣམས། །ཕུན་སུམ་ཚོགས་པར་གང་ཡོད་ལྷ་ལ་འབུལ། །འདི་དང་འཁོར་ཚེའི་ཚེ་རབས་མ་ལུས་པར། །མེ་ཏོག་སྤུབས་སུ་ཆོས་ཀྱི་སྣང་བ་རྒྱས། །རྒྱལ་བས་ཁ་

འཇིད་རྒྱལ་བས་སྐྱོང་བར་ཤོག །བདག་གི་རྣམ་ཐར་པདྨའི་འདབ་འདྲ་བ། །གཙང་མ་གཙང་མར་ཕུན་སུམ་ཚོགས་པར་ཤོག །བདག་གི་རྣམ་ཐར་ཤེལ་གྱི་མཎྜལ་བཞིན། །ཡོད་སྙོམས་འཇམ་ཞིང་རབ་ཏུ་དངས་པར་ཤོག །བདག་གི་རྣམ་ཐར་གསེར་གྱི་མཆོད་རྟེན་བཞིན། །ལྷ་བས་མི་རྣམས་ཡ་མཚན་མཆོག་ཏུ་ཤོག །བདག་གི་རྣམ་ཐར་ཉི་མའི་དཀྱིལ་འཁོར་བཞིན། །རྣམ་རྟོག་མེད་པར་མུན་པ་སེལ་བར་ཤོག །འདི་ནས་བཟུང་སྟེ་ཚེ་རབས་ཐམས་ཅད་དུ། །བླ་མའི་རྣམ་ཐར་མི་ནུབ་འཛིན་པར་ཤོག །ཐུབ་པའི་རྣམ་ཐར་རིན་ཆེན་གསལ་བྱེད་ཅིང་། །རྣམ་དག་སྤྱོད་པས་ཕྱོགས་མཐར་རྒྱས་པར་ཤོག །ཆོས་རྣམས་ཐམས་ཅད་ཐོག་མཐའ་བར་དགེ་ཞིང་། །བཀའ་སྟོད་རྣམས་ཀྱིས་རྟག་ཏུ་སྐྱོང་བར་ཤོག །འབྲལ་མེད་རྒྱུན་དུ་རྗེས་དྲན་དྲུག་པོ་ཡང་། །ཕན་བདེར་རྩེ་གཅིག་རྟག་ཏུ་དྲན་པར་ཤོག །ཅེས་ཞུས་པ་དང་། ཇོ་བོའི་ཞལ་ནས། འབྲོམ་བཀྲ་ཤིས་སོ་གསུང་། འབྲོམ་རྗེའི་ཞལ་ནས། གསུང་དུ་མ་ཅིག་གླེངས་ཀྱང་། སྐབས་དོན་དུས་བུ་གཅིག་ལ་འདུས་པར་གདའ་ཞུས་པས། ཇོ་བོའི་ཞལ་ནས་བསྡུས་པའི་སྐབས་ལ་བབ་གསུང་། དེ་ནས་འབྲོམ་གྱི་ཞལ་ནས། ཞུས་ལན་དུ་མར་བྱས་ཀྱུར་ཀྱང་། །ལེགས་པར་བསྡུས་ན་འདི་ལྟ་སྟེ། །སྡིག་པའི་གྲོགས་པོ་སྤང་བྱ་ཞིང་། །དགེ་བའི་བཤེས་གཉེན་བསྟེན་པར་བྱ། །སྟོང་དང་མི་བདེའི་སེམས་སྤང་ཞིང་། །གང་དུ་བདེ་བར་འགྲོ་བར་བྱ། །ཞེས་བྱ་བ་ཅིག་ལས་མི་གདའ་ཡི། དེ་ལྟར་ན་ཞུས་ལན་ནོར་བུའི་ཕྲེང་བ་ལས། དམ་པ་དང་དམ་པའི་སྤྱོད་པ་ཇི་ལྟར་སྐྱོང་བའི་ལེའུ་སྟེ་བཅུ་གཅིག་པའོ།། །།

༈ ན་མོ་རཏྣ་གུ་རུ། གུ་རུ་རཏྣ་གུ་རུ། ཟག་མེད་བདེ་བའི་ཆུ་གླུང་གིས། །འགྲོ་བའི་ཚ་གདུངས་འཛོམས་མཛད་པ། །སྐྱབས་ཀྱི་གཙོ་བོ་ཕན་བདེའི་མགོན། །ཀུན་གྱི་ཞབས་ལ་སྤྱི་བོས་འདུད། །ཚོགས་གཉིས་རྒྱ་མཚོ་ལས་འབྲུངས་ཤིང་། །སྙིང་རྗེའི་དབང་ཕྱུག་བརྟེན་འགྲུས་ཅན། །ཤཱཀྱའི་རྒྱལ་པོ་མཚུངས་པ་མེད། །བདེ་གཤེགས་གཙོ་ལའང་

སྐྱེ་བོས་འདུད། །གསལ་ལ་མ་འདྲེས་ཀུན་དགེ་བ། །ཕན་བདེའི་འབྱུང་གནས་འཕགས་པའི་ཡུལ། །གང་གིས་བླངས་ཀྱང་མི་སླུ་བའི། །འཕགས་བཞིའི་ཡུལ་ལའང་སྐྱེ་བོས་འདུད། ། དེ་དང་དེ་སྒྲུབ་ཕྱིར་མི་ལྡོག །སྒྲིབ་པར་ནུས་པའི་དཔའ་བོ་རྣམས། །སྲིད་པའི་རྒྱུ་ཡིས་མི་སྐྲག་པ། །སྲིད་ལས་བསྒྲུབ་ཕྱིར་སྐྱེ་བོས་འདུད། །པདྨ་དཀར་པོ་རབ་མཛེས་པ། ། འདབ་མ་བརྒྱ་སྟོང་མཛེས་པས་ཕྱུག །རྩ་བ་གསེར་གྱི་ས་ལས་འབྲུངས། །ཡུ་བ་ཤེལ་དཀར་མཛེས་པས་བཏེག །ཟེ་འབྲུ་རིན་ཆེན་ལྷུན་པོས་སྤུད། །འདབ་མཛེས་བར་མཚམས་དཔག་མེད་ཀྱང་། །ཡན་ལག་བརྒྱད་ལྡན་བདེ་བ་ཡི། །ཆུ་བོ་ཆུ་ཕྲན་རྫིང་བུ་དང་། །ཆུ་མིག་ཁྲོན་པ་མཛེས་པས་བལྟམས། །ལྗོན་པ་ཡན་ལག་སྟོང་ལྡན་པའི། །འདབ་མ་མེ་ཏོག་ཤིང་ཐོག་མཛེས། །གང་དེའང་ཤིན་ཏུ་མཛེས་པ་ཡི། །གསེར་དང་དངུལ་དང་ཤེལ་དང་ནི། །མར་གད་པདྨ་རཱ་ག་སོགས། །མཛེས་པའི་གཟུགས་ཅན་བྱ་ཚོགས་རྣམས། །སྙན་པའི་སྒྲ་འབྱིན་ཁྱུ་ཡིས་བསྟན། །ཡན་ལག་བརྒྱད་ལྡན་རྫིང་བུ་ན། །ངང་པ་སྐད་སྙན་ཡིད་འོང་འཁྱོ། །ནེ་གསིང་སྤང་ལྗོངས་མེ་ཏོག་བཀྲ། །གང་དེའི་གཞི་ཡང་བདེ་འགྲོ་ཡི། །འཁོར་བ་དཔག་མེད་འབྲུ་ཆགས་འབྲུངས། །པདྨའི་འདབ་མའི་ངོས་ལ་ཡང་། །ཆུ་མིག་དངས་མ་ཟིལ་པ་འཁྲོ། །དགུན་དུས་ཤེལ་གྱི་མཆོད་རྟེན་འབྲུངས། །དཔྱིད་དུས་གཡུ་ཡི་སྤུར་མ་ལངས། །དབྱར་དུས་ཨུཏྤལ་ཉིད་འགྱུར་ཏེ། །དེ་ལའང་རིན་ཆེན་སྣ་ལྔ་ཡིས། །མཛེས་པའི་མེ་ཏོག་དཔག་མེད་འབྲུངས། །ཆུ་མིག་ཤེལ་གྱི་གཟར་བུ་ཅན། །ཚ་དུས་ཉིད་ན་རབ་ཏུ་བསིལ། །སྲུས་བསྐྱེད་སྐོམ་པའི་གདུངས་པ་སེལ། །ཁུ་བྱུག་ལྷང་ལྷང་དགའ་བས་ལྡིང་། །བྱ་ཡི་ཚོགས་ཀྱང་ཁྲིམས་ལ་གནས། །སྐྱེ་བོའི་ཚོགས་ཀྱང་ཡིད་ཕེབས་གྱུར། །སྟོན་དུས་གསེར་གྱི་མེ་ཏོག་ཉིད། །ཤཱཀྱའི་དཀྱིལ་འཁོར་ཇི་འདྲ་བ། །སྙིང་པོ་ཐམས་ཅད་རབ་བདེ་ཞིང་། །རིན་ཆེན་ལྔ་ཡི་མེ་ཏོག་ཀྱང་། །འདབ་མཛེས་འབྲས་བུ་རྒྱས་པར་འགྱུར། །དཔལ་འབྱོར་ལྷ་ཡི་ཞིང་ཁམས་བཞིན། །དབུལ་བའི་

སྐབས་མེད་ཚོགས་རབ་བདེ། །བར་མཚམས་དག་ཀྱང་རྗེས་སུ་འབྲང་། །ཁྱད་པར་དུ་ཡང་འདི་ལྟ་སྟེ། །མཚོ་མོ་རྫིང་བུ་དབྱར་དུས་ཚེ། །གཡུ་ཡི་མཎྜལ་གསེར་ཕྱེས་བཀྲམ། །དགུན་དུས་ཤེལ་གྱི་མཎྜལ་ཏེ། །སྔོན་དཔྱིད་མཛེས་པའི་ཁྲིམ་གཉེར་ཅན། །འཕོར་ལོ་བྱ་བ་དབུས་ནས་འགྱེད། །ཐ་ཀླབས་ཆེན་པོ་མཐའ་ནས་གཡོ། །རང་ལས་བྱུང་ཞིང་རང་ལ་ཐིམ། །སྒྲ་མེད་ཟབ་ཆོས་སྟོན་པ་ཡོད། །དེ་འདྲའི་ཟེ་འབྲུ་ཆེན་པོ་ལ། །ཤེལ་གྱི་མཆོད་རྟེན་བྱེ་བ་གནས། །བང་རིམ་ཐམས་ཅད་འཕགས་པས་བཀྲུན། །ཐུག་ཅོལ་མི་བྱེད་བཀའ་རབ་བསྲུམས། །བང་རིམ་དང་པོར་སྐྱབས་སུ་འགྲོ། །བང་རིམ་གཉིས་པར་སྨོན་སེམས་བསྐྱེད། །བང་རིམ་གསུམ་པར་འཇུག་སེམས་བསྐྱེད། །བང་རིམ་བཞི་པར་ཉེས་དམིགས་ལྟ། །བང་རིམ་ལྔ་པར་རྣམ་བྱང་རྫོགས། །གནས་དང་གནས་ལ་བརྟེན་པ་རྣམས། །དྲི་མས་མ་གོས་ཕྱི་ནང་གསལ། །བྱ་བ་རྒྱུ་འབྲས་ཆོས་ལ་སྤྱོད། །གོས་ནི་ཚུལ་ཁྲིམས་མཛེས་པས་བཀྲུན། །སྐྲ་རགས་ངོ་ཚ་ཁྲེལ་ཡོད་བཅིངས། །ཞྭ་ནི་རྣམ་དག་ལྟ་བ་གྱོན། །ཟས་ནི་དམ་ཆོས་བསམ་གཏན་ཟ། །སྤྱོད་ལམ་ཐབས་ཤེས་ཟུང་དུ་འཇུག །གྲོགས་ནི་ལྷ་དང་དྲང་སྲོང་བསྟེན། །ཆོས་ནི་ལྷག་པའི་རིན་ཆེན་གསུམ། །ཕ་ནི་སྙིང་རྗེ་ཆེན་པོ་སྟེ། །མ་ནི་གཉིས་མེད་ཤེར་ཕྱིན་ཡིན། །བུ་ནི་རྣམ་རྟོག་རང་གྲོལ་ཡིན། །ཅི་བྱེད་དམ་ཆོས་ཟབ་མོ་སྟེ། །དམ་ཆོས་རྒྱུ་འབྲས་འབྲེལ་ཆགས་ཡིན། །འབྲེལ་ནི་ཚུལ་ཁྲིམས་གཞི་མ་སྟེ། །ངོས་ནི་རྣམ་དག་དད་པས་སྐྱབས། །ཟུར་ནི་ཚད་མེད་བཟང་པོས་བསྐོར། །ཀ་བ་གཉེན་པོ་དཔག་མེད་དེ། །ཕྱུགས་ནི་རྫོགས་པའི་སངས་རྒྱས་ཡིན། །ཕྲ་གབ་ཕྲ་ན་མེད་པའི་ཆོས། །བད་ནི་ཀུན་མཁྱེན་ནོར་བུས་སྤྲས། །བད་ཟུར་ཡན་ལག་དྲུག་ཅུས་བརྒྱན། །རྒྱ་ནི་འགྲོ་བས་གར་ཁྱབ་པ། །འཕང་ཡང་དེ་ཙམ་ཉིད་དུ་ཟད། །སྲིས་ནི་ནོར་བུ་རིན་ཆེན་ཏེ། །ཐན་ནི་བརྩོན་འགྲུས་མཛངས་མ་ཡིན། །བྱང་སྒོ་གཏོང་བའི་རྒྱལ་པོས་སྲུངས། །ཤར་སྒོ་དབང་སྟུད་རྒྱལ་པོས་སྲུངས། །ལྷོ་སྒོ་སྔན་གྲགས་རྒྱལ་པོས་སྲུངས། །

ནུབ་སྒོ་དོན་གྲུབ་རྒྱལ་པོས་སྲུངས། །བསམ་གྱིས་མི་ཁྱབ་གཞལ་ཡས་ཁང་། །མཚུངས་པ་མེད་པའི་པད་འདབ་དབུས། །རྒྱལ་བ་སྟོང་གི་འོད་འཁྲིགས་པའི། །ཤེས་རབ་ཡུམ་གྱི་གུར་ནང་ན། །ཤེལ་གྱི་ཁྱིའུ་འཕར་བ་ཅན། །འཕར་བའི་རྩེ་ལ་པད་སྟོང་བཟུང་། །དབུས་ན་མཚན་དཔེས་བརྒྱན་པ་ཡི། །སྤྲུལ་པའི་སངས་རྒྱས་སྟོང་ཕྲག་བཞུགས། །པད་རེའི་འདབ་སྟོང་སྲས་ཀྱིས་བརྒྱན། །ལུང་བསྟན་བཞིན་དུ་ལུང་མཆོག་གསུང་། །ཤེལ་གྱི་ཁྱིའུའི་སྐུ་མཆོག་ལ། །བདེ་གཤེགས་འཁོར་བཅས་ལྷམ་མེར་ཤར། །ཕྱི་ནས་ཅི་འདྲ་ནང་ནས་ཡང་། །འཕྲོས་དུ་མི་གདའ་ཧཱུྃ་དུ་གདལ། །ཟུར་དེ་མ་བཅག་ཟུར་དེ་བསྒྲོན། །འདི་ནི་རིན་ཆེན་ས་བོན་ཡིན། །འདི་ལས་རིན་ཆེན་དཔག་མེད་འབྲུངས། །རྒྱལ་བ་ཞེས་ཀྱང་རབ་བརྗོད་དེ། །འབྱུང་གནས་ཉིད་ཀྱང་འདི་ཉིད་ཡིན། །རྒྱ་མཚོ་མཆོག་ཀྱང་འདི་ཉིད་ཡིན། །ས་ཆེན་ཐམས་ཅད་འདི་ཡིས་འདེགས། །ས་ཆེན་ཉིད་ཀྱང་འདི་ཉིད་དེ། །འདོད་དགུ་ཐམས་ཅད་འདི་ལས་འབྱུང་། །ཁྱིའུ་འདི་ཡི་བ་སྤུ་ཡི། །བུ་ག་གཅིག་ཀྱང་རྒྱལ་བ་ཡིས། །དཔྱད་པར་མི་ནུས་ཉན་འཕགས་ཅི། །སྟོང་གསུམ་མང་ཀྱང་བུ་ག་གཅིག །འདི་ནི་འཇིག་རྟེན་ཀུན་གྱི་རྫེ། །ཧཱུྃ་རྫེ་ཁྱོད་ཀྱིས་མཛད་སྤྱོད་ལ། །ཁྱོད་ལ་བདག་གི་གདུལ་བྱ་འདམ། །ཨེ་མ་ཁྱོད་ཀྱི་འཁོར་ལུགས་བཟང་། །དོན་གཉེར་སྐྱེ་བོ་མིག་ཅན་ཀུན། །ཧཱུྃ་འདི་འདམ་དུ་བྱིང་བར་ཕངས། །འདོད་པ་བསྐྱེད་ལ་བརྗེ་བཅངས་ཀྱིས། །ཅིས་ཀྱང་ཧཱུྃ་འདི་ཡར་ལ་ཐོན། །ཤེལ་དཀར་ཤེལ་གྱི་མནྡལ་ལ། །རིན་ཆེན་ཚུ་ཡིས་བྱི་དོར་གྱིས། ། གསོལ་བ་ཐོབ་དང་རིན་ཆེན་སྟེར། །དེང་སང་འདམ་ནས་ཨོཾ་གྱིས་བཏོན། །མཆོག་གི་འདོད་པ་ཅན་འདི་ནི། །འདམ་གྱི་བརྗེ་བཅངས་དང་པོའི་ཚོམས་སོ།། །།

ཧྲཱིཿཤྲཱི་ཛྙཱ་ན་ཡེ་ཤེས་གསལ། །པདྨ་སྟོང་གི་དབུས་ཤེད་ན། །སྟོང་གི་སྟོང་ཆེན་དབུས་ཤེད་ན། །ཡང་མཆོག་གསེར་གྱི་ཟེ་འབྲུ་ལ། །ཤེལ་དཀར་ཟླ་བའི་གདན་སྟེང་

ན། །བླ་བ་ཞུན་མའི་ཁྱིའུ་ཅིག །ཨོཾ་ཤྲཱི་ཛྙཱ་ན་ཡེ་ཤེས་ལྡིའི། །འོད་ཀྱི་དབྱིངས་ན་སྙིང་པོ་འཕྲང་། །རྩེ་གཅིག་དམ་ཚིག་རབ་བསྐྱེད་པས། །རྣམ་དག་ནམ་མཁའི་དབྱིངས་ཤེད་ན། །ཡེ་ཤེས་སེམས་དཔའི་དགེ་སློང་ཅིག །ཆགས་པ་མེད་པར་མི་གང་ན། །དག་པའི་ཁྱིའུ་དྲི་མ་མེད། །ད་ནི་ཡེ་ཤེས་དྲི་མ་མེད། །ཧཱུཾ་ག་ལ་པའི་དྲི་པཾ་ང་། །རྣམ་དག་དབྱིངས་འདིར་ཉིན་མཚན་དུ། །ཙི་ཏྟེ་ཨ་ཧི་སྒྲུབ་པར་བྱེད། །དེ་ནས་ཚུ་ཤེལ་ཞུན་མ་ཡི། །ཁྱིའུ་ཆུང་ལོ་བརྒྱད་ལོན་འདྲ་སྟེ། །ལོ་བརྒྱད་ཉིས་ལྡབ་ཁྱིའུའི་གྲངས། །རང་དང་མཚུངས་པའི་ལྷ་མོ་ཡང་། །བཞི་བཞི་ཕྱོགས་བཞིར་རབ་ཏུ་བཀོད། །མར་མེ་ཞལ་ཟས་ལ་སོགས་པའི། །བདུག་སྤོས་དྲི་བདའ་རྒྱུན་མར་འབུལ། །དེ་ནས་ཧཱུཾ་རྗེ་འདི་སྐད་གསུང་། །མིག་སྟོང་གུས་པས་རབ་བལྟས་ཏེ། །ཕྱག་སྟོང་སྤྱི་བོར་རབ་སྦྱར་ནས། །སྒོ་གསུམ་འདུད་ཅིང་ཁྱད་པར་དུ། །ངག་གི་བསྟོད་དབྱངས་འདི་བཞེས་འཚལ། །ཡེ་ཤེས་ཆེན་པོ་བརྩེ་བར་དགོངས། །མཚུངས་མེད་བསྙིགས་བཅད་བདར་བས་གསེར། །ཞུན་མ་དྲི་མས་མ་གོས་མདོག །ལྟ་བས་མི་ངོམས་ལྷམ་མེར་མཛེས། །ཇི་ལྟར་སྟོད་དང་མཐུན་པའི་དབྱིབས། །གང་དུ་བཀོད་ཀྱང་འགྲན་ཟླ་བ། །ཁྱོད་ནི་ནས་རྟོག་ཙམ་ལ་ཡང་། །ནས་ནི་བྱེ་བས་ག་ལ་ཁྱུགས། །ནས་ནི་མི་ཡི་སྲོག་འཛིན་ཏེ། །རིན་ཆེན་ཁྱོད་ནི་མཚུངས་པ་མེད། །གང་གི་བླ་མ་མཐོ་རིས་ཀྱི། །ཡོན་ཏན་སྟེར་བ་བྱེ་བས་ཀྱང་། །ཡེ་ཤེས་ཁྱེད་ཅིག་ག་ལ་དོ། །བླ་མ་ཁྱོད་ཀྱི་གཞལ་ཡས་ཁང་། །འོག་མིན་ཆེན་པོར་ངེས་ན་ཡང་། །པད་དཀར་གསེར་གྱི་ཟེ་འབྲུ་ཅན། །དྲང་ཐད་མི་གང་མི་མཐོ་བར། །ཆགས་མེད་མི་བསྐྱོད་རབ་བཞུགས་པའི། །ཞབས་གང་སྤྱི་བོར་བླངས་ཏེ་རྒྱལ། །ཁྱོད་སྐུ་གཏྣའི་བྱེ་མར་ཡང་། །སྤྱིལ་ནས་དེ་ཉིད་ཞིང་བགྲོད་མོད། །ཧཱུཾ་རྗེའི་ཞིང་ཁམས་དབུ་མའི་ཡུལ། །པད་སྡོང་ལྟེ་བའི་ཐད་དུ་བྱོན། །གང་དེའི་སྐུ་ལ་ཤེལ་བཏུད་ནས། །དྲི་མེད་ཡིད་ཀྱིས་བསྟོད་ཕྱག་འཚལ། །གང་ཞིག་མི་ལུས་རིན་ཆེན་མཆོག །འདོད་པའི་འདམ་དུ་བྱིང་གྱུར་ཏེ། །མི་ཤེས་དབང་གིས་

སླར་འབོག་རྣམས། །ཁྱེད་ཀྱིས་རྗེས་དེ་འདྲེན་བྱེད་རྒྱལ། །རྒྱལ་བའི་སྐུ་ལ་དྲིན་གཟོའི་ཕྱིར། །ཕ་མ་དྲངས་ཞེས་སྤྱི་བོས་འདུད། །དེ་ནི་བསྟོད་པའི་རྗེས་བཅངས་ཏེ། །ཤེས་ནས་རྗེ་བ་གཉིས་ཚོམས་སོ།། །།

ལག་གི་མེ་ཏོག་པད་སྟོང་ལས། །ཡུ་བ་མི་གང་མཆིས་པ་ཡི། །པད་འདབ་དབུས་ཀྱི་བདེ་གཤེགས་བཏེག །དེ་ལྟར་བཀུར་སྟི་གདན་བཏིང་ནས། །དེ་ནས་ཚེད་པས་མཆོད་པ་ནི། །བཟང་པོའི་ཞིང་ཁམས་དཔག་མེད་ན། །སྣང་བའི་མཆོད་ཚོགས་གང་ཡོད་པ། །སྤྲིན་པ་མི་མངའ་མངོན་སུམ་དུ། །རིན་ཆེན་ལྷ་ཡིས་རབ་མཛེས་པའི། །ཡན་ལག་བརྒྱད་ཀྱིས་ཕྱུག་པ་ཡི། །མཚོ་དང་མཚོ་ཕྲན་རྫིང་བུའི་ཚོགས། །རིན་ཆེན་བྱེ་བས་རབ་བརྡལ་ཞིང་། །མཛེས་པའི་མེ་ཏོག་ཀུན་གྱིས་བསྐོར། །དགའ་ཞིང་འཕྱོ་ལ་ལྡིང་བའི་བྱ། །སྙན་པའི་སྒྲ་འབྱིན་མཆོད་པ་ཡང་། །བློ་ཡིས་བླངས་ནས་མངོན་དུ་འབུལ། །རིན་ཆེན་གླིང་ན་ལྷུན་པོ་དང་། །དག་པའི་ཞིང་ན་དག་པའི་རྫས། །བདག་པོས་མ་བཟུང་མཆོད་ཚོགས་རྣམས། །བློ་ཡིས་བླངས་ནས་མངོན་དུ་འབུལ། །སྣང་བ་ཙམ་གྱིས་ཤེས་བྱ་ན། །མཆོད་འོས་མཆོད་པ་ཅི་ཡོད་པ། །དེ་ལ་མཆོད་པ་མ་ཚང་མེད། །བསྟོམས་ཏེ་དྲི་མེད་དྲི་མེད་བཞེས། །འདི་འདྲའི་མཆོད་ཚོགས་དམ་པ་ཡང་། །འདམ་གྱིས་མ་གོས་རྗེས་ཏེ་འབུལ། །འདམ་ནི་སེར་སྣ་རེ་ལྟོས་ཡིན། །འདམ་གྱི་རྗེས་བཅངས་གསུམ་ཚོམས་སོ།། །།

དེ་ནས་ཞུན་མའི་ཐུགས་ཀ་རུ། །འགྲོ་བའི་སྡིག་ཚོགས་དཔག་མེད་རྣམས། །ཤིན་ཏུ་གསལ་བར་བླངས་གྱུར་ནས། །དེ་དག་ཕུང་པོ་རབ་གཡོ་ཞིང་། །དེ་ཡི་རྩ་ནའང་ཤེལ་དཀར་གྱི། །ཁྱིའུ་མཛེས་ཤིག་ཤེལ་ལུས་ལས། །མི་སྟོན་སྒྲིབ་ཤིང་རབ་ཏུ་བསྡིག །སླར་ཡང་སྒྲིབ་པ་རབ་མནན་ཚེ། །དུ་མེད་ཡེ་ཤེས་མེ་ཏུ་འབར། །རེ་ཞིག་སྒྲིབ་པ་ཟད་གྱུར་ཏེ། ཁྱིའུས་མེ་ཤུལ་རྗེས་བཅད་པས། །ཐལ་བ་མ་ཚེད་མེ་ཤེལ་ཉིད། །རབ་ཏུ་མཛེས་ཤིང་མེར་མེར་གསལ། །ཤིན་ཏུ་གསལ་བ་མེ་ཡི་བུ། །སྟོན་ཚེ་ཟླ་ཟེ་གསལ་ཞེས་པའང་། །ཚུ

ཤེལ་མེ་དང་ལྡན་ཅིག་ཏུ། །མི་འགལ་མཁས་པར་བློར་ཚུད་ནའང་། །བཤད་ན་བྱིན་པ་སླག་པས་གསང་། །དེ་ནས་མེ་ཤེལ་ཆུ་ཤེལ་གཉིས། །ཕྱི་ནང་རྒྱན་ཏེ་བཞུགས་པ་ན། །དབུས་ན་ཁྲིའུ་དངས་པ་ཅིག །དེ་རིང་རྒྱལ་སྲས་ཆགས་པ་མེད། །ཆགས་མེད་གནས་ན་རབ་བཞུགས་མཐོང་། །སྔོན་ཆེ་ཆགས་པ་མེད་པས་བྱིན། །ང་ཡི་དད་པའང་མི་གཡོ་ཞིང་། །ང་ལ་དཀོན་མཆོག་འབབས་ཞེས་གྲགས། །དེ་ཡང་དཀོན་མཆོག་སྐྱབས་འོག་ནས། །དད་པ་བརྟན་པས་ཆགས་པ་མེད། །ཕ་མའི་ཚོགས་ཀྱི་སྡིག་པ་བཤགས། །དེ་ནས་མཐའ་འཁོབ་དུ་མ་འགྲིམ། །འདི་ནས་འདི་ཡི་ནུབ་ཕྱོགས་སུ། །ཐུགས་རྗེ་ཆེན་པོ་སེང་གེ་སྒྲའི། །སྙིང་རྗེ་ཆེ་བས་རྒྱལ་བར་གྲགས། །དེ་ནས་རེ་ཞིག་དགའ་ལྡན་འགྲོ། །སླར་ཡང་མཐའ་འཁོབ་དཔག་མེད་དུ། །ཆུ་ཤེལ་ཁྲིའུ་འདི་སྐད་དུ། །ང་ཡི་ཆུ་མིག་རིང་མོ་ལས། །ཆུ་ཕྲུལ་ཙམ་ཞིག་ནུབ་ཕྱོགས་སུ། །མཐའ་འཁོབ་ཟེ་འབྲུས་སྲུད་པར་བྱེད། །དེ་ནས་ཕྱི་ནང་གསུམ་འདུས་ནས། །སྡིག་པའི་ཚོགས་རབ་འདི་བཤགས་པས། །ཇི་སྲིད་མཁའ་ཡིས་ཁྱབ་གྱུར་པའི། །གནས་ན་རྒྱུད་ཅན་གང་ཞིག་གིས། །དངོས་སམ་བརྒྱུད་པས་ཉེས་གྱུར་པའི། །འཆིང་བའི་ཚོགས་དེ་འདིར་བསྡོམས་ནས། །མ་ལུས་ཆགས་པ་མེད་པར་བཤགས། །ཨེ་མ་རང་གི་རྗེས་འབྲང་བ། །ཉེས་པའི་ཚོགས་གང་སྡོམ་སེམས་ཀྱིས། །འགྱོད་ཅིང་ཆོས་ཀྱི་དབྱིངས་སུ་བཤགས། །འཆིང་བ་གང་དེ་སྐད་ཅིག་ཀྱང་། །གནས་སུ་བཞག་པར་མི་བྱའོ། །བཤགས་ཡུལ་བླ་མ་དཀོན་མཆོག་རྣམས། །མཐའ་མེད་འཁོར་བར་རྩེ་གཅིག་ཏུ། །སྒྲོལ་དཀའ་སྒྲོལ་བའི་གོ་ཆ་ལ། །ཀུན་ནས་རྗེས་སུ་ཡི་རང་ངོ་། །ད་དུང་འཁོར་བ་མ་སྟོངས་བར། །གང་དང་མཐུན་པར་དགེ་བ་ཡི། །ཆོས་ཀྱི་འཁོར་ལོ་བསྐོར་མཛད་ཅིང་། །གཡོ་བ་མེད་པར་བཞུགས་སུ་གསོལ། །བཙན་ས་འདའ་བར་མཛད་གྱུར་ན། །གལ་ཏེ་མི་འདའ་སུ་ཞིག་ཡོད། །དེ་བས་ཆོས་དབྱིངས་མ་བརླག་པར། །བརྩེ་བའི་ཐུགས་ཀྱིས་བཞུགས་སུ་གསོལ། །དུས་གསུམ་ཀུན་ཏུ་རྒྱུན་དགེ་

བའི། །དགེ་བའི་ལས་རྣམས་གང་སྤྱད་པ། །འགྲོ་བ་ཀུན་དང་ཐུན་མོང་དུ། །བྱང་ཆུབ་ཆེན་པོ་བཏེེས་པར་བསྔོ། །དེ་འདྲའི་བཙན་སར་མ་ཕྱིན་པར། །འགྲོ་དོན་དེ་དང་དབྱེར་མེད་པ། །ཕྱོགས་ཆ་མེད་པར་སྤྱོད་པར་ཤོག །དེ་ཡི་གནས་ལུགས་དེ་འདྲ་སྟེ། །ད་ནི་ནམ་མཁའ་མ་བརྣག་པར། །མྱུ་ངན་འདའ་བར་མ་གྱུར་ཅིག །ད་ནི་འགྲོ་བ་མ་ལུས་པའི། །ཉེར་མཁོ་ཁོ་ནར་གྱུར་པ་ལས། །ནམ་ཡང་དབྱིངས་སུ་བདེ་མ་གྱུར། །ཇི་སྲིད་འཁོར་བ་ཨུ་མེད་པས། །བྱས་པ་བྱས་ཟིན་མ་གྱུར་ཅིག །ཁྲིལ་གཞུང་ཕྱི་ཐག་མི་བཅད་ཕྱིར། །ཁུར་ཆེན་འདོར་བར་མ་གྱུར་ཅིག །པདྨ་དཀར་པོ་ཇི་བཞིན་དུ། །དྲི་མ་མེད་ལ་ཁོ་ལག་ཡངས། །རིན་ཆེན་འདབ་རྒྱས་རིན་ཆེན་འབྲུ། །རྒྱལ་བས་རྒྱལ་བ་འདེགས་པར་ཤོག །ཤེལ་གྱི་མཆོད་རྟེན་ཇི་འདྲ་བར། །མཆོད་རྟེན་མཆོད་རྟེན་འདེགས་པར་ཤོག །ཡེ་ཤེས་ལྷ་ལྷན་རྫོགས་སངས་རྒྱས། །དེ་ནི་ཡན་ལག་ལྔ་པ་ཡིན། །སྡིག་པའི་འདམ་དུ་མ་བྱིང་པར། །ཡི་རང་བསྐུལ་ཞིང་བཞུགས་གསོལ་བའི། །འདམ་ལས་འདྲེན་པའི་རྗེས་བཙངས་མཆོག །འདི་ནི་རྗེས་བཙངས་བཞི་པའི་ཚོམས།། །།

དེ་ནས་ཟླ་བ་ཞུན་མ་ཡི། །ལྷགས་ལས་ཤེལ་གྱི་ཛཿ དཀར་ཅིག །འོད་ཀྱི་རྣམ་པར་སྐུ་ལ་འཁྲོས། །དེ་མ་ཐག་ཏུ་སྤྱི་བོར་བྱོན། །དེ་ནས་ཤེལ་གྱི་ཧཱུྃ་དཀར་ཅིག །བདེ་བར་གཤེགས་པའི་ཐུགས་ཀར་འཁྲོས། །རྒྱལ་བ་ཚངས་པའི་བུ་གར་ཐིམ། །དེ་ནས་ཤེལ་གྱི་བཾ་དཀར་ཅིག །རྒྱལ་བའི་སྐུ་གཟུགས་ཁྱབ་པར་འཁྲོས། །ཐུགས་རྗེ་ཆེ་དང་དབྱེར་མེད་གྱུར། །ཤེལ་གྱི་ཧོཿཞེས་གཉིས་མེད་བསྐོར། །ཐུགས་རྗེ་ཆེན་པོ་མཉེས་གྱུར་ཏེ། །ཐམས་ཅད་སེར་དང་དཀར་པོ་ཡི། །འོད་ཟེར་ལྷུགས་ཀྱུའི་རྣམ་པ་ཅན། །ཕྱོགས་དང་ཕྱོགས་མཚམས་མ་ལུས་འཁྲོས། །ཕྱོགས་བཅུའི་བདེ་གཤེགས་གསེར་མདོག་འདྲ། །ལྷམ་མེ་ལྷན་ནེར་ཞིང་འདིར་འཁོད། །སེམས་དཔའ་ཤེལ་དཀར་གཟུགས་ཅན་ཡང་། །དཔག་ཏུ་མེད་པས་ཞིང་དེ་གང་། །རྒྱལ་བ་སྲས་བཅས་མ་ལུས་པ། །རྒྱལ་ཡུམ་

ང་རོ་གཅིག་གིས་སྒྲོགས། ཞིང་ཁམས་ཐམས་ཅད་འོད་ཀྱིས་གང་། །གཞན་ཡང་མཆོད་ཕྱུངས་ཕྱིན་དུ་འཐིབས། །དེ་ནི་བསམ་གྱིས་མི་ཁྱབ་པའི། །གླིང་བཞི་མཆོག་རབ་མཆོག་ཏུ་གདའ། །དེ་ནས་ཞུན་མའི་ཐུགས་ཀ་ནས། །སྤྲུལ་པའི་དགེ་སློང་དེ་ཐོན་ཏེ། །དགའ་བའི་གསུང་གིས་རབ་གླེང་ཞིང་། །ཕན་ཚུན་མཐུན་པར་འཕོད་པའི་ཚེ། །ཞུན་མར་གྱུར་པའི་ཧཱུྃ་ཛེ་ཡིས། །སྤྲུལ་པའི་དགེ་སློང་ཀུན་མཁྱེན་ལ། །ཀུན་ལ་ཕན་པའི་ཚིག་འདི་གསོལ། །ཀློ་ལྡན་བླ་མ་དགོངས་སུ་གསོལ། །མ་དག་འཇིག་རྟེན་རིགས་དྲུག་ན། །བཅུ་གཉིས་དག་གིས་རབ་སྦྲེལ་ཏེ། །རྒྱུན་ཆད་མེད་པར་འཁོར་བར་གྱུར། །ཀུན་གྱི་རྩ་བ་གང་ཞིག་ཡིན། །བླ་མའི་ཞལ་ནས་འདི་སྐད་གསུང་། །ཧཱུྃ་ཛེ་མ་རིག་ཆེན་པོ་སྟེ། །འདི་ལ་བརྟེན་ནས་བཅུ་གཅིག་འབྱུང་། །བཅུ་གཅིག་ལ་ཡང་འདི་ཉིད་དོ། །ཧཱུྃ་ཛེའི་ཞལ་ནས་འདི་སྐད་གསུང་། །བཅུ་གཉིས་འདི་ནི་དཔེར་གསོལ་ན། །གང་དང་འདྲ་བར་རྒྱལ་བས་གཟིགས། །བླ་མའི་ཞལ་ནས་འདི་ལྟར་གསུང་། །དེ་ནི་ལུང་ནས་འདི་སྐད་གསུང་། །མ་རིག་རྒན་མོ་ལོང་བ་སྟེ། །འདུ་བྱེད་དག་ནི་རྫ་མཁན་བཞིན། །རྣམ་ཤེས་སྤྲེའུ་ལྟ་བུ་སྟེ། །མིང་དང་གཟུགས་ནི་གྲུར་འཇུག་འདྲ། །སྐྱེ་མཆེད་ཡུལ་འཁོར་སྟོངས་པ་སྟེ། །རེག་པ་འོ་བྱེད་འདྲ་ཞེས་གདའ། །ཚོར་བ་མིག་ལ་མདའ་བརྒྱབ་སྟེ། །སྲེད་པ་ཆང་འཐུང་འདྲ་ཞེས་གདའ། །ལེན་པ་ཤིང་ཐོག་རྔབ་འདྲ་སྟེ། །སྲིད་པ་སྦྲུམ་མ་འདྲ་ཞེས་གདའ། །སྲིད་པ་དེ་ལ་བུ་སྐྱེས་ཏེ། །རྒ་ཤི་རོ་ཁུར་འདྲ་ཞེས་གདའ། །བླ་མའི་ཞལ་ནས་དེ་གསུངས་པས། །ཧཱུྃ་ཛེའི་ཞལ་ནས་འདི་སྐད་གསུངས། །དེ་ཡི་འདྲ་ཆོས་ཇི་ལྟར་ལགས། །བླ་མས་སླར་ཡང་གསུང་དུ་གསོལ། །སྐྱེས་མཐའ་རྒྱུད་པས་མིག་མེད་མ། །ཕྱི་རོལ་ཁ་དོག་དབྱིབས་ཆགས་པའི། །ལེགས་ཉེས་གཟུགས་རྣམས་དཔག་མེད་ཀྱང་། །མིག་མེད་སྟོབས་ཀྱིས་མ་མཐོང་བས། །པོ་སྒྲིལ་ལ་སོགས་ཁྱད་གསོད་བྱེད། །གཞན་སྣང་རང་སྣང་བདེ་བ་རླག །ཅི་བྱས་ལོག་པ་ཉིད་འགྱུར་བཞིན། །ཡུན་རིངས་

འཁོར་བར་ཉམས་པ་ཡི། །ཤེས་རབ་མིག་མེད་དགེ་སྡིག་རྣམས། །མ་མཐོང་བོ་སྒྲིལ་སྣ་ཚོགས་བྱེད། །ཀུན་སྣང་རང་གི་བདེ་བ་རླག །མ་རིག་འདི་ལས་རྗེས་བཅངས་ཀྱིས། །མ་རིག་འདི་ལས་ཐར་ན་བཟང་། །བརྗེས་བྱ་མི་ལུས་ཚུལ་ཁྲིམས་ཡིན། །ངེས་པར་འདམ་ལས་ཐར་ན་བདེ། །ཇི་ལྟར་རྫ་མཁན་དབྱུག་གུ་དང་། །ཐལ་ཅར་ནལ་ཅར་རྐྱེན་འདུས་ནས། །དུ་མའི་སྣོད་རྣམས་བྱེད་པ་བཞིན། །རྣམ་པར་ཤེས་པ་མ་རིག་པས། །འདོད་ཆགས་ཞེ་སྡང་གསུམ་འདུས་ནས། །འདམ་ཁྲིད་ཆེན་པོ་དྲུག་ཏུ་སྦྱོར། །འདོད་ཆགས་བྱ་ཕོ་ལྟ་བུ་སྟེ། །ཀུན་ལ་རྫོངས་ཀྱང་འདོད་ཡུལ་ལ། །བྱམས་པར་བྱེད་དེ་རྫོངས་པ་ཡིན། །གཙང་དང་བཙོག་པ་མི་ཤེས་པར། །འབྲུ་དང་ཚོགས་པ་སྣབས་ལུད་སོགས། །རང་གི་གྲོགས་ལ་སྟེར་བྱེད་ཅིང་། །ངོམས་པ་མེད་པར་འདོད་པ་སྤྱོད། །འདོད་པ་འབའ་ཞིག་དོན་གཉེར་བས། །གྲོགས་མེད་མི་སྟེར་ཆུང་མ་ཉིད། །ཁྲིལ་གཞུང་ཕན་སེམས་མི་ཆེ་ཡང་། །གྲོགས་གཅིག་གཉེན་དེ་ཅི་སྐྱོངས་བྱེད། །རྒྱང་ན་ཡོད་ཀྱང་ཀྲིག་ཀྲིག་འབོད། །འཆིང་བ་ཅན་དེ་ངན་འགྲོར་འགྲོ། །ཧཱུྃ་རྗེ་སླིགས་མའི་མི་ལ་སྦྱོར། །མ་རིག་མུན་པ་རབ་འཐོམས་པས། །དགེ་སྡིག་ལས་རྣམས་མི་ཤེས་པར། །ཉོན་མོངས་འདུས་ནས་སྡུག་བསྔལ་བྱེད། །བླ་མ་དཀོན་མཆོག་མི་མཆོད་ལ། །ཕ་མ་དྲིན་ཅན་མི་སྐྱོང་ཞིང་། །སྙིང་རྗེའི་ཡུལ་ལའང་མི་སྟེར་བར། །འདོད་པའི་འདམ་དུ་བྱིང་གྱུར་བས། །འདོད་པའི་འདམ་ལས་བརྗེས་གྱུར་ཏེ། །གང་ལ་ཆགས་པ་སྤང་བྱ་སྟེ། །ཆགས་མེད་གནས་སུ་ཕྱིན་ན་བདེ། །མ་རིག་རྫོངས་པའི་བྱ་ཕོ་དེ། །ཤེས་རབ་མིག་གིས་གཡང་མ་མཐོང་། །སྐྱིབ་པའི་ཐབས་མཁས་ཁྲིམས་མ་མཐོང་། །ཚུལ་ཁྲིམས་སྲུང་བར་མི་བྱེད་པར། །འདོད་པའི་འདམ་དུ་བྱིང་བ་བཞིན། །ཧཱུྃ་རྗེ་གདོལ་པའི་མི་ལ་སྦྱོར། །ཁྲིམས་མེད་འདོད་འདམ་རབ་བརྗེས་ནས། །ཆགས་མེད་ཁྲིམས་ཀྱིས་ཕྱིན་ན་བདེ། །ཞེ་སྡང་ཅན་ནི་སྤྲུལ་དང་འདྲ། །རང་ལ་མི་བཟོད་སྨན་ཤྭེས་བལྟག །གཞན་ལ་ཕོད་གམ་དུག་ཤྭེ་

སྐྱོང་། །གང་གི་སྤྱོག་དང་ཅི་ཁྲེལ་བྱེད། །ཞེ་སྡང་འདམ་ཆེན་དེ་དང་འདྲ། །ཐམས་ཅད་རང་འདོད་རྩ་བ་ཡིན། །འདོད་ཁམས་འདོད་པར་བྱེད་བ་ཡང་། ། སྤྲུལ་བཞིན་མི་རིགས་གདོལ་པ་ཡང་། །རང་ལ་ཅུང་ཟད་མི་བཟོད་པར། །གཞན་ལ་ངན་འཚང་བརྒྱུད་པས་འདྲ། །སྟོབས་ཡོད་ན་ནི་གསོད་པར་བྱེད། །འཕྲོག་དང་འཁྲིག་དང་རྡུང་བར་བྱེད། །མི་ཟད་འཇིག་རྟེན་རྣག་པར་བྱེད། །སྟོབས་མེད་ན་ནི་ཕག་ཏུ་འབར། །ཐབས་ཀྱིས་གཙོ་བོ་དབྱེན་གྱིས་འབྱེད། །དུག་དང་རྐུན་མོའི་ཚུལ་གྱིས་བསླུ། །ཨ་ཙ་མ་ན་འཁྲོམ་རྗེ་མཆོག །འདོད་པའི་འདམ་ཆེན་བརྣག་ན་བདེ། །འདོད་པའི་འདམ་ཆེན་སྒྲོལ་ན་བདེ། །ཚུལ་ཁྲིམས་ན་བཟའ་ཡར་ལ་བརྗེས། །ངང་རིངས་བཟོད་བསྲན་ལྷམ་བུ་ཕུད། །ཐབས་དང་ཤེས་རབ་ལག་པ་སྦྲེལ། །ཅིས་ཀྱང་ཆགས་མེད་གནས་སུ་བྲོས། །གཏི་མུག་ཕག་པ་རྨོངས་གྱུར་པས། །གཙང་མའི་ནེ་གསེང་གྲོག་པོར་གཏོང་། །དག་པའི་ཞིང་ལ་ཡིད་མི་ཆགས། །མ་དག་ཞིང་དུ་དགའ་བདེ་སྐྱོང་། །མི་གཙང་འདམ་ལ་རྐན་སྦྲ་གཏོགས། །སྔར་ཡང་དེ་འདྲས་དེ་འདྲའི་གཟུགས། །ལུས་གཅིག་བྱོལ་སོང་སྐད་མང་སྒྲོག །སྔ་ཕྱི་དུས་ལས་མི་རྟོག་པར། །ད་ལྟ་རྒྱུ་འཐོམས་ཚམ་ཚོམ་གཅོད། །འདི་ཡི་རྩ་བའང་འདོད་ནག་ཡིན། །མི་ལུས་ཁྲིམས་ཀྱི་གོས་ཅན་རྣམས། །འདམ་འདི་སྤངས་ལ་ཆགས་མེད་བྲོས། །བློ་སྣ་མ་རིང་ཡར་ལ་བརྗེས། །གཞན་ཡང་གཏི་མུག་ཕག་པ་ཉིད། །ངེས་པར་གསོད་ཀྱང་བདག་པོར་འཁྲུལ། །ཅི་ཐར་འགྲོས་པར་མི་རྩོམ་པར། །སྤྲང་ཚོལ་སླུ་བྲིད་ཞིམ་ཞིམ་ཟ། །ཧཱུྃ་རྗེ་མི་ངན་གདོལ་པ་རྣམས། །ངེས་པར་བསླུ་ཡང་འཇིག་རྟེན་པའི། །རྒྱལ་པོ་ངན་དང་སྡིག་དཔོན་བསྟེན། །ལེགས་པ་བརྒྱ་ཡིས་ངོ་བཟུང་ཡང་། །ཉེས་པ་གཅིག་གིས་ཚེ་སྲོག་འཕྲོག །ནོར་རྫས་ཐམས་ཅད་ལྷབ་གྱུར་ཀྱང་། །ཕྲག་དོག་ཕྲ་མ་གཅིག་གིས་བསླུ། །དེ་ཡིས་བསླུས་ཀྱང་མི་ཤེས་པར། །སྔར་ཡང་ཞེ་སྡང་གཏི་མུག་གིས། །ལན་སླན་འདོད་པས་རབ་གདུངས་

ནས། །སྡིག་དཔོན་གཞན་ཞིག་སྟེན་པར་བྱེད། །དེས་ཀྱང་དེ་ལས་མ་འདས་ན། །བདེ་འདོད་སྡུག་བསྔལ་དུ་མ་འགྱུགས། །འདོད་པའི་འདམ་ལས་ཐར་ན་བདེ། །བློ་སྣ་མ་རིང་ཡར་ལ་ཟློས། །འདོད་པ་སྤངས་ནས་ཆགས་མེད་བདེ། །གཞན་ཡང་གཏན་གྱི་སྐྱབས་གནས་མཆོག །ཐུགས་རྗེ་ཆེ་རྣམས་མི་བསྟེན་པར། །དབང་ཕྱུག་ཁྱབ་འཇུག་ལ་སོགས་པའི། །སྡིག་རྒྱལ་ལྷ་བུའི་ལྷ་རྣམས་བསྟེན། །རིགས་བརྒྱུད་བཅས་པས་མཆོད་བྱས་ཀྱང་། །ལན་གཅིག་ཕུད་གཅིག་མ་མཆོད་ན། །ཡུལ་ལྷ་སུ་ཞིག་མ་དགའ་ཞེས། །བློ་ཕུགས་གཏད་པའི་ཚེ་སྒྲོག་འབྲེལ། །མི་ཤེས་འདོད་པའི་འདམ་གྱིས་ཕུང་། །སྐྱབས་གནས་ལོག་པར་མི་བྱེད་པར། །ཉེས་པའི་རྩ་བ་འདོད་འདམ་ལས། །ངང་རིང་མ་བྱེད་ཡར་ལ་ཟློས། །གཞན་ཡང་གཏི་མུག་ཕག་པ་ནི། །ལས་འབྲས་ཆོས་ལ་རྨོངས་གྱུར་པས། །བཟའ་ཚུང་ཉེས་དམིགས་ཆེ་བ་ཡི། །གྲོག་མོའི་ཚོགས་རབ་དབུགས་ཀྱིས་འདྲེན། །འདིར་ཡང་ཁམ་གང་མི་སྤྱོད་ན། །ཕ་མ་སྐྱོང་གི་ཚེ་སྒྲོག་ལ། །དོན་མེད་ཧབ་ཤེས་དམྱལ་བར་འཕངས། །ཨེ་མ་ཧྲཱུཾ་རྗེ་ང་ལ་ཉོན། །མི་ལུས་ཙམ་ཞིག་ཐླངས་གྱུར་ན། །རང་གིས་ཁམ་གང་མི་སྤྱོད་བར། །རྒྱལ་ཁམས་ཐམས་ཅད་ཆླག་པར་བྱེད། །ཕ་མ་མང་པོའི་ཚེ་སྒྲོག་འབྲེལ། །ཕ་མ་མང་པོ་ཟས་དང་འབྲེལ། །མང་པོ་གོས་དང་གཉེན་དང་འབྲེལ། །ཨ་ཙ་མ་ན་སྲུས་ཀྱི་མཆོག །ཀུན་གྱི་རྩ་བ་འདོད་འདམ་ཡིན། །བློ་སྣ་མང་ཡར་ལ་ཟློས། །རྗེ་བྱེད་ཚུལ་ཁྲིམས་གཙང་མ་བཟང་། །དེ་ལྟར་མ་རིག་ཆེན་པོ་ཡིས། །འདོད་ཆགས་ཞེ་སྡང་གསུམ་འདུས་ནས། །རིགས་དྲུག་འཁོར་བའི་སྡུག་བསྔལ་བྱེད། །དེ་ནི་འདུ་བྱེད་རྫ་མཁན་འདྲ། །གང་མ་རིག་པ་རྒྱུ་འབྲས་དང་། །ཆོས་ཉིད་ཟབ་མོ་མ་རིག་པའོ། །གང་གིས་མ་རིག་རྣམ་ཤེས་ཀྱིས། །ཇི་ལྟར་མ་རིག་ཡོང་བའི་ཚུལ། །དེ་རྟེན་སྡུག་བསྔལ་འབྱུང་ཚུལ་ནི། །འདུས་ནས་བྱས་པའི་རྫ་སྣོད་བཞིན། །དམྱལ་བ་བཙོ་སྲེག་ཆེན་པོ་སྟེ། །ཡི་དྭགས་བཀྲེས་སྐོམ་སྡུག་བསྔལ་ཉེད། །ཕྱོལ་སོང་གཏི་མུག་གསོད་

བཀོལ་ཅན། །ལྷ་མིན་འཐབ་རྩོད་སྤྱལ་དང་འདྲ། །ལྷ་ལའང་འཆི་ལྟས་ལ་སོགས་མང་། །མཐོ་རིས་མི་ལའང་འདི་ལྟ་སྟེ། །སྔོན་གྱི་ལས་ཀྱི་རྣམ་སྨིན་གྱིས། །ཕ་མ་མཉམ་པོའི་བུ་ཚ་ཡང་། །ལ་ལ་བུ་མོ་ལ་ལ་བུ། །བུ་ཡང་ལ་ལ་གཟུགས་མཛེས་ཤིང་། །ལ་ལ་ཤིན་ཏུ་གཟུགས་ངན་པ། །མཉམ་པོ་ཙམ་ཞིག་སྲིད་ན་ཡང་། །ལ་ལ་སྨྱུང་ཞིང་ལ་ལ་གླེན། །དེ་ཡང་མཉམ་པོ་སྲིད་ན་ཡང་། །ལ་ལ་བཙན་ཕྱུག་ཕུན་སུམ་ཚོགས། །ལ་ལ་དབུལ་ཕོངས་དུ་མས་གཟིར། །དེ་དག་ཙམ་དུའང་མཉམ་སྲིད་ན། །ལ་ལ་རྐོད་པོ་ཀུན་གྱིས་བཀུར། །ལ་ལ་དབང་མེད་ཀུན་གྱིས་བརྙས། །མི་ཟད་ལ་ལ་སྡིག་སྤྱོད་ཅིང་། །རང་གི་འདུན་མའང་རླག་བྱེད་ན། །གཅིག་ནི་དགེ་བའི་ལས་ལ་སྤྱོད། །གཞན་གྱི་མདུན་མའང་སྒྲུབ་པར་བྱེད། །དེ་ནི་ལྷས་མཆོད་དམ་པས་བཀུར། །གཅིག་ནི་དམྱལ་བའི་གནས་ཉིད་དོ། །བུ་མོ་ལ་ཡང་དེ་བཞིན་སྦྱར། །ཕ་མ་གཉིས་ལ་ཉེ་རིང་མེད། །བཟོ་ལ་ཁྱད་པར་ཅི་ཞིག་བྱས། །ཐམས་ཅད་དུག་གསུམ་ཆེ་ཆུང་སྟེ། །ལས་ངན་སྤྱོད་པ་སུ་རེམ་ཡིན། །མཁས་པས་བལྟས་ན་གང་ནའང་ཟབ། །གྲོང་པའི་གནས་ནའང་དེ་ལྟར་གདའ། །གླེན་པ་ཡོད་བཞིན་མི་མཐོང་བ། །ཡོང་བའི་མདུན་གྱི་གཟུགས་དང་མཚུངས། །དེས་ན་འདོད་པའི་འདམ་ཆེན་ལས། །བློ་སྣ་མ་རིང་རྗེས་གྱུར་ཏེ། །ཆགས་མེད་གནས་སུ་མྱུར་དུ་བྲོས། །རྟག་ཏུ་མི་རྟག་དྲན་བྱས་ནས། །འདམ་ལས་བསྒྲལ་བར་བསྐུལ་མ་ཐོབ། །ལུས་སེམས་ནམ་མཁའི་སྤྲིན་དང་འདྲ། །ད་ལྟ་འདུས་ཤིང་ཡོང་མེད་དེངས། །ཁྲེལ་མེད་སྙིང་གི་ལུང་ཐག་བསྲུངས། །ནང་དུ་ཁུག་ལ་ཤགས་ངན་ཐོབ། །ཚེ་འདི་སྟོན་ཀའི་མེ་ཏོག་འདྲ། །ཡོང་མེད་སད་ཀྱིས་མྱུར་དུ་འཕྲོར། །ངང་རིངས་ཏོན་སྟོར་བྱེས་པ་ཀུན། །སྙིང་གི་ལུང་ཐག་ཡར་ལ་རྗེས། །གཤིས་ངན་བདུད་ཀྱི་གཅེས་ཕྲུག་ཀུན། །ཐར་པའི་ས་བོན་མ་འཇོམས་ཤིག །ཉོན་མོངས་ནད་ཀྱི་ཁྲི་ཆུང་ཀུན། །བདེ་བའི་སྲོག་དང་མ་ཕྲལ་ཅིག །ཕྱུར་ངན་མེ་ཏོག་སྦྲང་བུ་ཀུན། །མཛེས་མའི་བསླུ་བྲིད་མ་བྱེད་

ཅིག །བཟིག་མོ་བུ་མོ་རྒྱངས་ཆུང་མ། །ཐར་འདོད་གཞོན་ནུ་མ་བསླུ་ཞིག །ལང་ཚོ་རྒྱས་པའི་ང་རྒྱལ་ཅན། །རྟག་ཚུགས་མ་ཐུབ་འགྱོད་པར་འོང་། །སང་དང་གནངས་ལ་བླྭ་བ་འོང་། །དེ་བསགས་ཡོར་འགྱུར་ཁྱོད་ཉིད་འགྱུར། །སྙིང་མེད་སྙིང་པོར་མ་འཛིན་ཅིག །ཁ་གདངས་མཆེ་གཙིགས་གཉའ་ན་ཞོན། །སྡང་མིག་བགྲད་དེ་མཚོན་ཆས་འདེབས། །ངེས་པར་འཆིའོ་རང་མཐོང་ཅན། །ལོ་ཡོ་མ་བྱེད་སྒྲིད་སྒྱུར་ཀུན། །སློམ་ལས་མ་བྱེད་འཆིང་ཕུར་ཅན། །ཁྱོད་ཀྱི་ལུས་སྲོག་མྱུར་དུ་འབྲལ། །ཁྱོད་ཀྱི་བཙན་ས་གང་ན་ཡོད། །ཨ་ཙ་མ་ན་སྙིང་མེད་ཀུན། །ང་རྒྱལ་བྱེད་ལས་བཙན་དུག་འགོམ། །མྱུར་དུ་ཤི་ན་མནར་མི་འགྱུར། །འདི་ཡི་རྩ་བའང་འདོད་ནག་ཡིན། །འདོད་པ་མ་ཆེ་ཤི་ཆོ་འཕུང་། །རྟག་འཛིན་མ་ཆེ་བློ་སྣ་རྫེས། །འདོད་པའི་འདམ་འདིས་འཕུང་བ་མང་། །ཇི་ལྟར་བཞོན་པ་འདམ་ཤོར་བཞིན། །འབབ་ཏུ་མ་བདེ་ཞོན་མ་བདེ། །ལག་རྨིག་བརྟོན་ཚོ་ཀང་རྨིག་ཤོར། །ཀང་རྨིག་བརྟོན་ཚོ་ལག་རྨིག་ཤོར། །དེ་བཞིན་རི་མོས་བརྒྱ་སྦྲིལ་ཡང་། །ཐ་མར་སྟོབས་ཟད་ཉིད་འགྱུར་གྱི། །གང་ཡང་མ་ཐོན་བཞི་ག་བྱེང་། །བཞོན་པའི་རྗེས་སུ་རང་ཉིད་བྱེང་། །རྩ་བ་འདོད་པ་ཆེན་པོས་ལན། །དེ་བཞིན་འདོད་པའི་འདམ་ཆེན་འདིར། །ཆོས་པར་རློམ་པའི་དྲིགས་པ་ཡང་། །ཆོས་ཀྱི་གནས་ལུགས་མི་ཤེས་པར། །བྱམས་པ་སྒོམ་བློས་འདོད་པ་སྐྱེས། །འདོད་ཆགས་སྤང་འདོད་ཞེ་སྡང་སྐྱེས། །ཞེ་སྡང་སྤང་འདོད་གཏི་མུག་སྐྱེས། །མི་སྡུག་བསྒོམ་པ་ཞེ་སྡང་ཡིན། །བྱམས་བརྩེ་ལྟར་སྣང་འདོད་ཆགས་ཡིན། །མཉམ་ཉིད་ལྟར་སྣང་གཏི་མུག་ཡིན། །དགའ་བ་ལྟར་སྣང་ང་རྒྱལ་ཡིན། །དེ་ཡང་མ་ཤེས་གཏི་མུག་པས། །ཚུལ་ཁྲིམས་བསྲུང་ཚེ་མཆོག་འཛིན་བྱེད། །བརྟུལ་ཞུགས་བཟང་ཚེ་མཆོག་འཛིན་བྱེད། །ལྟ་བ་བཟང་ཚེ་མཆོག་འཛིན་བྱེད། །མཁས་བཟང་འདོད་ཚེ་མཆོག་འཛིན་བྱེད། །གོས་ངན་དགུན་ཚེ་ཉལ་དང་མཚུངས། །མགོ་བོ་གཡོགས་ཚེ་འགབ་རྩ་ཤོར། །འགབ་རྩ་གཡོགས་ཚེ་མགོ་མ་

འཐུམས། །ཉམ་ཐག་བརྟབ་སེམས་འཕེལ་ན་ཡང་། །ཅིས་ཕན་འདོད་པའི་འདམ་དུ་བྱིང་། །མི་ཕན་གྲོལ་བའི་སྐབས་མི་སྟེར། །ཉེས་དམིགས་ལྟོས་ལ་སྙིང་ཐག་རྗེས། །གཞན་ཡང་བཙན་ཕྱུག་འཕན་དར་བའི། །རིགས་བཟང་ཕ་མ་འཇོམ་པ་ཡི། །གཅེས་ཕྲུག་གཞོན་ནུ་གཡུ་རྣ་ཅན། །འཇམ་ཞིང་ཡིད་འོང་ཁ་དོག་མཛེས། །མཛེས་པ་མཛེས་པའི་གོས་ཀྱིས་བརྒྱན། །ངོ་སྲུང་འཁོར་གྱིས་མཐའ་མ་བསྐོར། །དཔོན་དང་རྗེ་ཏུ་མིང་བཏགས་ནས། །ཀུན་གྱིས་བཀུར་ཞིང་ལངས་ན་ལྡང་། །སྟན་ལ་འདུག་ཚེའང་ཟས་ཀྱིས་མཆོད། །ཕུས་མོ་བཙུགས་ཤིང་ཐལ་མོ་སྦྱར། །དེ་ཚེ་རང་ཡང་འདི་སྙམ་དུ། །ང་ལས་ལྷག་པ་སུ་ཞིག་ཡོད། །འཇིག་རྟེན་འདི་ན་ཉག་གཅིག་ཡིན། །ཀུན་གྱིས་བཀུར་འོས་ཁོ་བོ་ཡིན། །ང་ནི་འདི་ལས་མ་འདས་སྙམ། །ཨ་མ་འཆི་བདག་ཁོ་རེ་ཞན། །དེ་འདྲའི་གཅེས་ཕྲུག་གསོད་རེ་ཕངས། །འཁོར་གྱི་གསེབ་ནས་གང་དུ་འཁྲིད། །ཟས་དང་ཕྲལ་ནས་ཁྲིད་ཅི་སྟེར། །བདེ་བའི་སྟན་ལའང་འདུག་དབང་མེད། །རང་གི་ཁྱིམ་དུ་མི་འཇོག་པར། །ཨ་མ་གཅེས་ཕྲུག་གང་དུ་འཁྲིད། །དཀར་འཇམ་ཤ་ནི་གཅེར་མོར་ཕྱུང་། །གོས་དང་རྒྱན་ཆ་གང་དུ་འདོགས། །རེ་སྟུག་གཡུ་རྣ་ཅི་ཕྱིར་གཅོད། །སྙིང་ཉེ་ཕ་མ་ཤ་ཚ་ཀུན། །འབྱོར་པ་ཆེ་ལ་ཀུན་གྱིས་བཀུར། །འོ་ན་བུ་འདི་གང་དུ་གཏོང་། །གཏོང་ཡང་འདི་འདྲའི་བཏང་ལུགས་ཅི། །འཕྱུང་ཞིང་སླུ་བར་མི་བྱེད་དམ། །ཁྲིལ་མེད་ཕྱི་ཐག་ཇི་ལྟར་གཅོད། །རེ་འཇིགས་འཆི་བའི་གནས་ལུགས་འདི། །དེ་འདྲ་དེ་ལའང་དེ་འདྲ་མཐོང་། །གཞན་ཡང་བུ་ཚ་ཚར་གྱུར་ཏེ། །ལེགས་པར་བསགས་ཤིང་འབྱོར་པས་བརྒྱན། །བུ་མོ་རྫོངས་ཤིང་བུ་རྣམས་ཕོགས། །ཀུན་གྱིས་བཀུར་ཞིང་ཉམས་དགའ་བར། །འགྲོ་ན་བཞོན་པ་བཟང་པོས་འདེགས། །སྡོད་ན་འཕོལ་བའི་སྟན་གྱིས་བཏེག །གོས་བཟང་ཇོ་ཡང་རབ་གྱོན་ནས། །ཡོན་བདག་པ་ཞེས་མིང་འདོགས་ཤིང་། །ད་དེ་བྱ་བ་བུ་ལ་བསྐུར། །སྐྱིད་སྐྱོང་བཟའ་བཏུང་བྱེད་གྱུར་ཅིང་། །ཀུན་སློན་

རྐྱེན་ངན་མི་བཞུགས་པར། །འདི་ལས་སྐྱིད་པ་གང་དུ་འགྲོ། །འོན་ཏེ་རང་ལ་དབང་མེད་པར། །འཆི་བདག་བདུད་ཀྱིས་དབང་མེད་ཁྲིད། །འཆི་བདག་ཕུང་རྐྱེན་ཁྲིལ་མེད་པོ། །རྐྱེན་ངན་ཁྲིད་ནས་གང་དུ་འགྲོ། །གཡོག་པོ་མི་འོང་ཇོ་བོ་འཇམ། །རེ་སྡུག་དཀོན་མཆོག་མི་མཆོད་པར། །རང་ལ་སྟོབས་མེད་རྐྱེན་ངན་ཨང་། །མ་ཡིན་དྲིན་ལན་འཇལ་བ་ཡིན། །འོ་ན་བུ་ནོར་དགའ་བདེའི་གསེབ། །སྐྱིད་པོ་འདི་ནས་མི་འཁྲིད་ཐང་། །མ་ཡིན་འདི་ལ་སྲོག་ལན་འཇལ། །བུ་བཟང་སྐྱེས་པ་དོན་མེད་འགྱུར། །ཕ་མའི་ར་འདྲའ་མི་བྱེད་པར། །ངུ་ཐང་བྱེད་ཀྱིན་སྡོད་པོམ་མམ། །ཨ་ཙ་མ་ན་ཁྲིལ་མེད་བུ། །ཕ་མས་བསགས་པའི་ནོར་ཟ་ཞིང་། །ཕ་མ་གཅེར་མོར་གཏོང་བ་ཞན། །དེ་ཡང་ཤིན་ཏུ་ཉེས་གྱུར་ན། །མི་ཚུ་ས་དང་བྱ་སྟེར་ཞན། །ཕོད་དམ་འཇིག་རྟེན་ཁྲིལ་མེད་པ། །བདེན་ཏེ་དབང་མེད་གྱུར་པས་ལན། །འོ་ན་དབང་ཆེན་གང་ན་འཚོགས། །འཐབ་པས་ཐུབ་པ་གཅིག་མ་མཐོང་། །ཨེ་མ་དབུལ་ཞིང་ཕོངས་པ་དང་། །ལྐགས་ལྐུགས་འོན་ལོང་ཞ་ནད་ཅན། །བདུད་ཀྱིས་འདི་དག་མི་གསོད་ཐང་། །འདི་དག་ཀུན་ཀྱང་ཤི་བ་མཐོང་། །ཨ་ཙ་མ་ན་ཁྲིལ་མེད་བདུད། །ཁྱོད་ཀྱིས་མི་གསོད་སུ་ཞིག་ཡོད། །ང་ཡི་ཕ་མ་འདས་དུ་བསྐྱབས། །ཐར་པའི་ཚེ་སྲོག་ཡང་ཡང་ཕྲལ། །ཁྱོད་ལ་འཆི་བ་འོང་མི་འོང་། །གལ་ཏེ་འོང་ན་ཁྱོད་རེ་ཕུང་། །ཁྱོད་ལ་ཐར་པའི་སྐབས་མཆིས་སམ། །ཁྱོད་ལས་འདམ་ཆེ་སུ་ཞིག་ཡོད། །ཨ་ཙ་མ་ན་ཕ་མ་ཀུན། །དེ་ལྟར་བཤད་ཀྱང་མི་གོ་ན། །སྙིང་རང་མེད་པ་ཡིན་ནམ་ཅི། །མེད་ན་འཁོར་བར་མི་འཁྱམས་ཐང་། །ཡོད་ན་གོ་སྟེ་འགྲོས་རེ་རན། །གཞན་དུ་སྡུག་བསྔལ་མི་བཟོད་བཞིན། །མ་འགལ་བསྔམས་ནས་ཅི་ལ་སྡོན། །སྙིང་གི་ལུང་ཐག་རྫིལ་ཏེ་རྫེས། །ད་དུང་འོང་ངོ་ཏོན་ལྟོར་ཀུན། །སྔར་གྱི་འདམ་གྱིས་མ་ཐྲེད་དམ། །ཐྲེད་མེད་བཟང་སྟེ་སྡུག་པ་ངན། །ཞུག་བྲོབས་ལུག་བྲོབས་མྱུར་དུ་འཆི། །ལ་ལ་དག་ནི་རྐན་ལ་འཆི། །ལ་ལ་དག་ནི་གཞོན་ལ་འཆི། །ལ་ལ་དར་ལ་བབས་ཚེ་འཆི། །ལ་

ལ་སྐྱེ་ཡོང་མེད་པར་འཆི། །དྲུང་ཕོ་དྲུང་མོ་མཐོང་ཐོས་ཅན། །ཚེ་ཐར་སུ་མཐོང་སུ་ཞིག་ཐོས། །སུ་ཅིག་མོ་དང་སློག་གེ་ཤི། །ཨ་ཙ་མ་ན་སྡུག་གེ་ལ། །ཐོས་རྙིང་མཇུབ་མོ་མི་འགུགས་པར། །ཁྱོད་གཅིག་སྟོད་དབང་ཡོད་དེ་ཨང་། །ཐམས་ཅད་ཤི་བ་ཐོས་པའི་ཚོ། །རང་ལ་འོང་ངེས་མི་སེམས་པར། །ཕོ་ཤི་ཧེ་ཧེ་ཡི་རེ་མུག །མཐའ་ཡང་ངོ་ཚའང་མི་ཤེས་པར། །མི་ཤེས་དགུ་ཤེས་ཕོ་ཚོད་ཅན། །ཁྱོད་ཀྱིས་མི་ཚེ་ཅི་ཙམ་ཐུབ། །ཕལ་ཆེར་ལོ་བརྒྱ་བགྲང་དོགས་མེད། །མྱུར་དུ་ནད་ཀྱིས་ཐེབས་གྱུར་ཏེ། །སྡི་སྡུགས་ཆེན་པོ་འབོད་ངེས་སོ། །ཤི་ནས་ཁྱོད་ཀྱི་འགྲོ་ས་གང་། །ཕལ་ཆེར་སྨྱུད་པས་བསྔོགས་བྱས་འཆི། །ཡང་ན་གཡོག་པོས་སྐྱེལ་བྱེད་དམ། །ཕལ་ཆེར་ཁྱོད་ཀྱི་ཀུན་སྤྱོད་འདྲིས། །མགོ་ལ་རྣ་ཅིག་སྐྱེས་པའམ། །ལག་པ་གཤོག་པར་སོང་བའམ། །ཡང་ན་རྐང་མེད་རྒྱུ་འཕྱུལ་རེམ། །ཁྱིལ་སོང་གནས་སུ་ངེས་པར་སྐྱེ། །བྱས་པས་མི་ཉན་དང་རིངས་པོ། །གཏི་མུག་ནམ་མཁའ་རྫི་སྲིད་པར། །ངང་རིངས་སྨྲུར་བ་བབ་ཀྱིས་དོགས། །འོན་ཏེ་སེར་སྣའི་ཆེ་ལུགས་སམ། །འདོད་པའི་འདམ་ལ་ཆགས་ལུགས་སམ། །འདི་བྱེད་བྱ་བ་མང་ལུགས་སམ། །ཕྲག་དོག་འཛུར་གེགས་རྒྱས་ལུགས་སམ། །ཞེ་སྡང་སེམས་ལ་མི་འབར་ཏེ། །རང་གི་ཕྱོགས་ལ་ཕོ་ཁོག་ཡིངས། །གཞན་གྱི་ཕྱོགས་ལ་ཞིབ་ཏིགས་ཆེ། །ཕན་བདེའི་ཡན་ལག་མི་གདའ་ན། །ཁ་སྒོ་ཆུང་ལ་ཁ་ནད་ཆེ། །མགྲིན་པ་ཕྲ་ལ་ལྟོ་བ་ཡངས། །ཕོག་པ་རྐང་པས་མི་ཐེག་པར། །ཙུང་ཟད་ཟས་སྐྱོང་ཁར་མི་འབར། །གོས་མེད་གཅེར་བུར་དོག་སར་འཁྱིལ། །གལ་ཏེ་འཁྱིལ་བར་མ་གྱུར་ཀྱང་། །ལས་ཀྱིས་བཟའ་བཏུང་བཙལ་དུ་མེད། །ཆུ་བོ་དག་ཀྱང་རྣག་ཁྲག་སྐྱེ། །ཆུ་ཏུ་མཐོང་ཀྱང་དགྲ་བོས་བསྲུང་། །མ་དག་སྣང་བ་འབབ་ཞིག་ལས། །བདེ་བའི་སྐབས་མེད་གྱུར་གྱིས་དོགས། །དེ་འདྲ་མི་འོང་གདེང་ཡོད་དམ། །རྒྱུ་འབྲས་འཚོལ་བ་འབྱུང་བ་དཀའ། །ངེས་པར་ལུས་དེ་བླངས་ཀྱིས་དོགས། །དེ་ཀུན་སྤྱོང་ཀྱང་དགའ་ཚད་ཡིན། །ཁྱེད་ཀྱི་རྒྱུད་ལ་ཐོས་མི་གདའ། །ཐུབ་ན་མ་ལུས་གསོད་པར་

འདུག །མགོ་ན་ཅི་ཡང་འཕྱོག་པར་འདུག །དེ་ཀུན་འོས་སུ་འགྲོ་ཡང་སྲིད། །མི་མགོ་བཞིན་དུའང་དོན་མེད་འཕྱོག །ཐོབ་ན་ཅི་ཡང་རྐུ་བར་འདུག །ཁྱོད་ཀྱི་སྤྱོད་གཤིས་འདི་འདྲ་ན། །རྫུན་ཕྲ་ངག་འཁྱལ་ཚིག་རྩུབ་ཀྱིས། །ཚེ་འདིའི་འདུན་སྐངས་སྒྲུབ་པར་ཐོས། །ཁྲིམས་དོར་འདི་ནོར་སྒྲུབ་པ་མཐོང་། །ཆོས་ཀྱི་སྣང་བ་བག་རེ་ཡང་། །འདི་ཡི་ཁྲལ་དང་འུ་ལག་སོགས། །ཉི་ཚེའི་འཇིགས་སྐྱོབས་འབབ་ཞིག་ལས། །ངེས་འབྱུང་གཅིག་ཀྱང་མི་གདའ་བར། །ཁྱོད་ཀྱི་འདུན་ཕྱུགས་མ་རྟུགས་སམ། །བླ་མ་དཀོན་མཆོག་རབ་བསྙུ་ཞིང་། །དྲིན་ཅན་ཕ་མ་སྣུ་བར་བྱེད། །མཐུན་པའི་གྲོགས་རྣམས་སུན་འབྱིན་ཅིང་། །བདེ་བའི་མདུན་མ་སྒྲུབ་བསྒྲུབས་ནས། །ཚེ་འདིའི་བྱ་བ་འབབ་ཞིག་གཉེར། །འདོད་པ་མ་གྲུབ་ཀུན་དང་འཐབ། །ཕ་རོལ་བརླག་པར་བྱ་འདོད་ནས། །གཞན་ལ་གནོད་པ་བསྐྱལ་གྱུར་པས། །ཐ་མ་རང་ལ་རྟག་ཏུ་འཁོར། །ཐར་མེད་འོབས་སུ་ལྷུང་གིས་དོགས། །རོ་མྱུགས་འདམ་དུ་བྱིང་གིས་དོགས། །ཁྲོ་ཆུ་ཁོལ་མར་བཙོས་ཀྱིས་དོགས། །ཐལ་ཚན་ཆུ་བོ་རབ་མེད་ལ། །ཉིན་དང་མཚན་དུ་བརྒྱལ་གྱིས་དོགས། །ཕྱོགས་དང་ངོས་རྣམས་མེར་འབར་བའི། །ལྕགས་ཀྱི་ཁང་པར་ཚུད་ཀྱིས་དོགས། །དེ་དག་ཀུན་ཀྱང་མདོར་མཚོན་ཡིན། །ལུང་ནས་བཤད་ན་བསམ་མི་ཁྱབ། །དེ་འདྲའི་ལས་ལ་རབ་བསམས་ལ། །ངན་སོང་སྡུག་བསྔལ་བཟོད་གླགས་མེད། །སྤྱོང་བར་མ་བྱེད་ལོང་ཡོད་འདིར། །ཐབས་སྟོབས་སྦྱོར་བས་འཚོས་རེ་རན། །གླེན་པའི་རིགས་འདི་བཟོད་བསྲན་ཆེ། །ཅི་ཕན་བཙོས་སུ་ཡོད་བཞིན་དུ། །འདམ་དུ་བྱིང་བ་ཇི་ལྟར་བྱེད། །བློ་སྣ་མ་རིང་བརྗེས་བཙངས་མཛོད། །དེ་ལྟར་དུག་གསུམ་རབ་འདུས་པས། །རིགས་དྲུག་སྡུག་བསྔལ་དེ་ལྟར་བྱེད། །དེ་ནི་ཇི་ལྟར་དཔེར་བླངས་པའི། །འདུས་བྱས་ཚོམས་ཏེ་ལྔ་པའོ།། །།

དེ་ནས་དངས་པའི་ཁྱིའུ་ཡིས། །ཆགས་མེད་ལྷ་ལ་འདི་སྐད་ཞུས། །གཏིང་མཐའ་ཡངས་པའི་རྒྱ་མཚོ་ལས། །འཆིང་བ་ཅན་ལྡན་འགྲོ་བའི་ཚོགས། །སྒྲོལ་བར་མཛད་པའི་

བླ་མ་མཆོག །ངེས་པའི་ཚིག་གིས་འདི་སྐད་དུ། །གང་ཞིག་འདམ་ན་ཉོན་མོངས་པ། །ཀུན་གྱི་རྩ་བ་འདོད་ཆགས་ཡིན། །ཆགས་པས་བདེ་འགྲོའི་སྒྲོག་འཕྲོག་ཅིང་། །ཐར་པའི་བདེ་ལས་སླུ་བར་བྱེད། །དེས་ན་འདོད་ཆགས་འདམ་ཆེན་ལས། །རྩེ་གཅིག་མི་རྟག་རབ་བསྒོམས་ཏེ། །ངེས་པར་འཆི་ཞེས་ལྷུག་ཐྲབས་ནས། །སེམས་ཀྱི་ཞགས་ཐག་ཡར་ལ་དྲོངས། །འཁོར་འདབ་ཐམས་ཅད་རྫེས་ན་ཕན། །འཆིང་བ་ཐམས་ཅད་བཅད་ན་ཕན། །སྡུག་ཕུང་ཐམས་ཅད་བཤིག་ན་ཕན། །ངེས་པར་སྐྱབས་གནས་བཙལ་ན་ཕན། །ལབས་མང་བཟླས་པས་བྲིད་ན་ཕན། །བྱ་མང་བསྐོར་བས་བྲིད་ན་ཕན། །ལྷང་འདུག་ཕྱུག་གིས་བྲིད་ན་ཕན། །གཉིད་ཅན་སྒོམ་དུ་བསྒྱུར་ན་ཕན། །བཟའ་འདོད་བསམ་གཏན་སྤེལ་ན་བཟང་། །གྲོགས་བཟང་ཟླ་ཞུན་བསྟེན་ན་ཕན། །སྡུག་གི་རྩ་བ་ཤེས་ན་ཕན། །བདག་འཛིན་རླུང་ལ་བསྐུར་ན་ཕན། །དགྲ་བོ་གཉའ་བར་བསྐྱོན་ན་ཕན། །ལོ་ལན་རྟག་ཏུ་བདས་ན་ཕན། །གཤིས་ངན་གཉེན་པོས་གདུངས་ན་ཕན། །ཁུག་མ་ཐག་ཏུ་བཙོམ་ན་ཕན། །གང་ན་གནས་ཀྱང་རབ་བཙལ་ཏེ། །ཆེད་མ་ཐག་ཏུ་བསད་ན་བདེ། །འདི་འདྲའི་ཕུང་པོ་རྣམ་ཤེས་ཡིན། །བླ་མ་དམ་པ་འདི་ཅི་འདྲ། །དམུ་རྒོད་འདི་ཡི་རྩ་བདར་ཆོད། །གཤིས་ངན་འདི་ཡི་མུར་འགྲམ་ཤིག །ལས་ངན་འདི་ཡི་སྒྲོག་དང་གྲོལ། །འཆལ་བ་འདི་ལ་ལེ་ལེན་དེད། །དམ་ཉམས་འདི་ལ་ཆད་པ་ཆོད། །ང་འོ་སྐད་དུ་འདི་ཡིས་བསླུས། །མི་དགོས་དགུ་དགོས་ཕུང་རྐན་འདི། །ཁེ་དང་རྒྱལ་ཁ་དགོས་ལགས་སོ། །ཡོད་པས་མི་ཕན་ལྷག་པོ་དགོས། །དགོས་པའི་དགོས་ལུགས་ང་རང་ཉིད། །བུ་དང་བུ་མོ་ང་ལ་དགོས། །ཞིང་དང་ཁང་པ་ང་ལ་དགོས། །རྫས་དང་ཡོ་བྱད་ང་ལ་དགོས། །གོས་དང་རྒྱན་ཆ་ང་ལ་དགོས། །མཛོད་དང་མཛོད་ནོར་ང་ལ་དགོས། །གཉེན་དང་གཡོག་འཁོར་ང་ལ་དགོས། །སྙན་དང་བསྟོད་ར་ང་ལ་དགོས། །དཔེ་དང་ལྷ་རྟེན་ང་ལ་དགོས། །འཁོར་དང་བུ་སློབ་ང་ལ་དགོས། །ཆེད་དང་བཀུར་སྟི་

ང་ལ་དགོས། །གནས་དང་དགོན་པ་ང་ལ་དགོས། །ང་ཡིན་ང་ལ་ཐམས་ཅད་དགོས། །ང་ནི་འཇིག་རྟེན་འདི་ན་ལྷག །མཁས་དང་བཙུན་པ་ང་ཉིད་ཡིན། །རིགས་དང་སྐྱེ་སའང་ང་ཉིད་བཟང་། །འཇིག་རྟེན་འདི་ན་ང་ཉིད་ང་། །མི་དགོས་དགུ་དགོས་ང་བདག་འདི། །འདོད་པའི་འདམ་ན་སྐྱེ་ཅིང་དེ། །འོ་ན་འདི་ཐོན་ཇོ་བོ་རྗེ། །གོ་ཆོད་པོ་འདི་ཡར་ལ་ཐོན། །ཅང་པོ་མ་འདི་ཡར་ལ་ཐོན། །སྐོ་དྲག་པོ་འདི་ཡར་ལ་ཐོན། །འདུན་པ་ཅན་འདི་ཡར་ལ་ཐོན། །ཨེ་མ་ང་རེ་མི་འགྲོད་དམ། །མི་དགོས་དགུ་དགོས་ཐམས་ཅད་དགོས། །དགོས་དོས་ཤེས་པའི་ཕུགས་དགོས་མེད། །འཁོར་འདབ་བརླག་ཚར་ས་ལ་ཉིལ། །འདོད་ཆགས་ཆེ་ཞིང་གཏི་མུག་ཆེ། །འདམ་དུ་རྩུད་ན་ལྷང་སྟོབས་ཆུང་། །དགོས་པའི་གཉེན་པོས་བསླུས་པ་ནི། །ལུག་ཐུག་འདམ་དུ་བྱིང་བ་ཉིད། །འཕྲུན་བུ་ཆེ་ལ་ལྷང་སྟོབས་ཆུང་། །འདི་འདྲའི་མ་དག་སེམས་ཅན་གྱིས། །ༀླ་ཚར་རྗེས་ཤིག་ཐུགས་རྗེ་ཅན། །བློ་རིངས་ཆོད་ཅིག་ཐུགས་རྗེ་ཅན། །ཨེ་མ་རྣམ་ཤེས་འཇུག་རྟོགས་ཅན། །མར་ཆེ་ན་ནི་དྲང་སྲོང་གྲལ། །ཤ་ཆེ་ན་ནི་སྤྱང་ཀིའི་གྲལ། །ཚང་མང་ན་ནི་གདོལ་པའི་གྲལ། །ལབས་མང་ན་ནི་ཨུ་ཙོར་གྲལ། །གཟུགས་ལ་དགའ་ན་མིག་སྐོར་རྒྱུག །སྒྲ་ལ་དགའ་ན་རྣ་སྐོར་རྒྱུག །དྲི་ལ་དགའ་ན་སྣ་སྐོར་རྒྱུག །རོ་ལ་དགའ་ན་ལྗེ་སྐོར་རྒྱུག །རེག་བྱར་དགའ་ན་ལུས་སྐོར་རྒྱུག །མི་གྲུབ་འདུན་མ་ཤོམ་བྱེད་ན། །ཡིད་སྐོར་མི་རྟོག་དགུ་ལ་རྟོག །ཨ་ཙ་མ་ན་སྤྲེའུ་རྐན་འདི། །ཅི་འདྲ་བླ་མས་གསུང་དུ་གསོལ། །སྤྲུལ་པའི་དགེ་སློང་འདི་སྐད་གསུང་། །ཕུང་རྐན་འདི་ནི་སྤྲེའུ་འདྲ། །དུག་སྒོ་དྲུག་པའི་མཁར་ནང་དུ། །སྐྲད་མེད་སྤྲེའུ་འདི་བཙུག་ཚེ། །ཙུག་ཙུག་ཙུག་ཏུ་དྲུག་གར་རྒྱུག །དེ་དང་འདྲ་བས་བལྟས་པའི་ཚེ། །འདི་ཡིས་འབྲུག་པ་དུ་མ་སྦྱོར། །མགྱོགས་པའི་ཤུགས་ཀྱིས་སྒོ་དྲུག་ཏུ། །ཕྱིན་ཚེ་སྤྲེའུ་དྲུག་གོ་སྙམ། །གཞན་ཡང་ནགས་ཀྱི་ཁྲོད་དག་ཏུ། །མེ་ཡིས་འཇིགས་ཚེ་ས་ལ་འབྲོས། །བྱ་ཡིས་འཇིགས་ཚེ་ཤིང་རྩེར་རྒྱུག །སྤྱང་དང་ཆེ་སྟེ་སྨན་པར་

གདའ། །དེ་བཞིན་རྣམ་པར་ཤེས་པ་ཡང་། །སྤྱོད་ཞད་ཆེ་ལ་ཕུགས་མ་རྟོགས། །འཕྲུལ་ནི་བྱ་ཡང་ཀུན་དུ་རྒྱུག །དུག་གསུམ་པོ་ཡི་སྙིང་འཕེལ་བྱེད། །འབྲས་བུ་ངན་སོང་སྡུག་བསྔལ་སྤྱོད་། །འཁོར་བའི་འདམ་རྫབ་ཆེན་པོ་སྟེ། །འདོད་ཡོན་ལྷུགས་ཀྱིས་འཆིང་བར་འགྱུར། །འདི་ཉིད་ལེགས་པར་ཐུལ་གྱུར་ན། །རྣམ་ཤེས་ཡེ་ཤེས་ཉིད་གྱུར་ཏེ། །མྱ་ངན་འདས་པའི་རྒྱ་བར་འགྱུར། །རྣམ་ཤེས་འདམ་ལས་རྫིས་པ་སྟེ། །འདི་ནི་རྫིས་བཅངས་དྲུག་པའི་ཚོམས།། །།

ཧཱུྃ་རྗེའི་ཞལ་ནས་འདི་སྐད་གསུང་། །མིང་དང་གཟུགས་ནི་ཇི་ལྟར་ལགས། །སྤྲུལ་པའི་དགེ་སློང་འདི་སྐད་གསུང་། །མིང་ནི་ཚོར་བ་འདུ་ཤེས་དང་། །འདུ་བྱེད་རྣམ་པར་ཤེས་པ་སྟེ། །གཟུགས་ནི་གྲུ་དང་འདྲ་བའོ། །ཚོར་བ་སྤྱོད་བར་བྱེད་པ་སྟེ། །འདུ་ཤེས་སྤྱུ་རིས་འཛིན་པ་ཡིན། །འདུ་བྱེད་འདུས་ནས་རྩོམ་པ་སྟེ། །རྣམ་ཤེས་སོ་སོར་རིག་པ་ཡིན། །གཟུགས་ནི་གཞོམ་དུ་རུང་བར་བཤད། །སྐྱེ་ཀ་ན་ཞིང་འཆི་བ་ཡི། །ཆུ་བོ་ཆེན་པོ་འདི་ཉིད་ལ། །ལུས་ནི་ཀོ་བ་ཇི་བཞིན་དུ། །རྣམ་པར་ཤེས་པ་ཀོ་མཁན་འདྲ། །དགེ་སྡིག་ལས་ནི་ཀོ་སྐྱ་སྟེ། །ཚོར་བ་འདུ་ཤེས་འདུ་བྱེད་གསུམ། །ཀོ་བ་འདྲ་བའི་གཟུགས་སུ་ཞུགས། །མཉན་པས་ཕར་སྒྲོལ་ཚུར་སྒྲོལ་བཞིན། །རྣམ་པར་ཤེས་པ་འདུ་བྱེད་བཅིངས། །སྐྱེ་བ་སྔ་ཕྱི་དཔག་མེད་དུ། །ཡང་དང་ཡང་དུ་འཕོ་བཟློག་བྱེད། །རིག་པ་གཉིས་གཉིས་འཕྲད་གྱུར་ཏེ། །དང་པོར་འཕྲད་པས་རེག་པ་བསྐྱེད། །དེ་ལ་བརྟེན་ནས་བདེ་སྡུག་ཚོར། །དེ་ལ་བརྟེན་ནས་སྲིད་པ་འཕེལ། །དེ་ལ་བརྟེན་ནས་ཡང་ཡང་ལེན། །དེ་ལ་བརྟེན་ནས་ལས་ངན་སྲིད། །དེ་ལ་བརྟེན་ནས་འབྲས་ངན་སྐྱེ། །དེ་ལ་བརྟེན་ནས་རྒས་པ་འབྱུང་། །དེ་ལ་བརྟེན་ནས་ན་བ་འབྱུང་། །དེ་ནས་མྱ་ངན་སྨྲེ་སྔགས་འདོན། །འཆི་སྐྲམ་སྡུག་བསྔལ་ཡིད་མི་བདེ། །སྐྱེས་ནས་འཆི་བ་ཆོས་ཅན་པས། །དབང་མེད་མི་བཟློག་འཆི་བ་འབྱུང་། །གཉིས་པ་ལྟེ་ཡི་དབང་པོ་ལ། །མངར་བའི་རོ་མཆོག

རིག་པ་ན། །ཆོས་ཉིད་མ་རིག་དབང་པོ་གཉིས། །འདུས་པས་རྣམ་པར་ཤེས་པ་ཡིས། །རོ་ཡི་རྣམ་པ་ཚོར་གྱུར་ཏེ། །དེ་ལ་རབ་ཏུ་སྲིད་ཅིང་ལེན། །དེ་ལ་བརྟེན་ནས་ཆགས་པ་སྲིད། །དེ་ལ་བརྟེན་ནས་སྡུག་བསྔལ་སྐྱེ། །དེ་ལ་བརྟེན་ནས་རྒས་ཤིང་འཆི། །གསུམ་པ་སྐྱེ་མཆེད་དྲུག་པོ་ནི། །གཅིག་གིས་གཟུགས་རྣམས་སྐྱེ་སྒོ་འབྱེད། །གཅིག་གིས་སྒྲ་རྣམས་སྐྱེ་སྒོ་འབྱེད། །གཅིག་གིས་དྲི་རྣམས་སྐྱེ་སྒོ་འབྱེད། །གཅིག་གིས་རོ་རྣམས་སྐྱེ་སྒོ་འབྱེད། །གཅིག་གིས་རེག་རྣམས་སྐྱེ་སྒོ་འབྱེད། །གཅིག་གིས་ཆོས་རྣམས་སྐྱེ་སྒོ་འབྱེད། །རྣམ་ཤེས་སྒོ་རྣམས་ཀུན་ཏུ་རྒྱུག །གཟུགས་ལ་ཆགས་སྡང་འབྱེད་པར་བྱེད། །སྒྲ་ལ་ཆགས་སྡང་འབྱེད་པར་བྱེད། །དྲི་ལ་ཆགས་སྡང་འབྱེད་པར་བྱེད། །རོ་ལ་ཆགས་སྡང་འབྱེད་པར་བྱེད། །རེག་ལ་ཆགས་སྡང་འབྱེད་པར་བྱེད། །ཆོས་ལ་ཆགས་སྡང་འབྱེད་པར་བྱེད། །དོན་མེད་ཅིག་ལ་ཆགས་སྡང་འཕེལ། །འདི་ནི་ཡུལ་མཁར་སྟོང་པ་འདྲ། །བདག་པོས་བཟུང་བའི་ཡུལ་མཁར་དུ། །བློ་བུར་གཞན་གྱིས་འོངས་པའི་ཚེ། །སླད་ར་བཏང་ངམ་གནོད་པ་བསྐྱལ། །དེ་དུས་དེ་ཡི་བདག་པོ་ཞིག །ཨེ་མ་ང་ཡི་ཡུལ་མཁར་ལ། །དོན་མེད་གནོད་པ་ཅི་ལ་སྐྱེལ། །བཏང་བས་ཆོག་དང་ཚད་པས་ཆོག །བློ་བུར་བ་དེ་འདི་སྐམ་དུ། །ཡུལ་མཁར་འདི་ཡི་བདག་རེ་བཟང་། །དེ་ནས་བདག་པོ་དགྲས་བསད་ཚེ། །རྐང་ནས་སྐྱུར་ཀྱང་མཁར་མི་རྟོག །དེ་བཞིན་སྐྱེ་མཆེད་དྲུག་སྒོ་ནས། །ང་བདག་སྲོག་ཅན་ཡོད་པའི་ཚེ། །གང་གིས་འབར་རམ་མཚོན་རྒྱབ་ཚེ། །ཨེ་མ་ང་དང་ང་ལ་ཞེས། །གཞི་མེད་བདག་འཛིན་ཆེ་ཆེ་སྐད། །འཆི་བདག་བདུད་ཀྱིས་བསད་པའི་ཚེ། །སྒོ་དྲུག་རྐང་ནས་སྐྱུར་གྱུར་ཀྱང་། །ང་འོ་སྐམ་དུ་སུ་ཞིག་རྟོག །དམུ་རྒོད་རྩ་བ་བདག་འཛིན་བྲལ། །འདི་ནི་དཔེ་དང་དཔེ་རུ་བཀོད། །དབང་པོ་ལྔ་པོ་ཡུལ་ཕྲད་ཚེ། །རིག་པ་ཉིད་དུ་ཐ་སྙད་འདོགས། །དེ་ནི་འོ་དང་འདྲ་ཞེས་གདའ། །རིག་ལ་བརྟེན་ནས་ཚོར་བ་འབྱུང་། །དེ་ལས་ལེན་པའི་སྲིད་པ་སྐྱེ། །མི་བདེ་

འདོར་འདོད་སྲིད་པ་སྐྱེ། །དཔེར་ན་མིག་ལ་མདའ་རྒྱབ་ཚེ། །མི་ཚོར་མི་སྲིད་དེ་དང་འདྲ། །སྲིད་པ་ཆང་འཐུང་ཇི་བཞིན་དུ། །ཞུགས་ངན་ཞིམ་པ་ཉིད་དུ་རྟོག །ཞིམ་པར་འཁྲུལ་ནས་ཡང་ཡང་ལེན། །དཔེར་ན་ཤིང་ཐོག་རྣབ་འདྲ་བ། །སྔ་མའི་རོ་ཚོར་ཕྱི་མ་ལེན། །བླངས་པས་ཆགས་ཤིང་སྲིད་པ་ཡིན། །འཕྱོན་མས་འདོད་པ་བླངས་པ་ཡི། །ཁོང་དུ་བུ་ཞུགས་སྲིད་པ་བཞིན། །དེ་ནས་དུས་ལ་བབ་པའི་ཚེ། །སྡུག་བསྔལ་བུ་ཉིད་སྐྱེ་བ་བཞིན། །དེ་ལ་བརྟེན་ནས་རྒས་པ་སྟེ། །དེ་ལ་བརྟེན་ནས་འཆི་བ་འབྱུང་། །བདེ་དང་རྒྱབ་ཡོག་རོ་ཁུར་བཞིན། །ཧཱུྃ་རྗེ་མཐའ་མེད་འཁོར་བ་འདིར། །ཉོན་མོངས་འདམ་རྫབ་ཐར་མེད་པར། །ཡང་དང་ཡང་འཁོར་བྱེད་པ་རྣམས། །མཁས་པའི་ཚིག་གིས་མ་གོ་བས། །བླུན་པོའི་རྣ་བར་བླུག་འདྲ་བའི། །ཀྱོད་དལ་ཚིག་འདྲ་འདི་སྨྲས་ཀྱང་། །མཁས་པས་མི་ཤེས་སྐྱོན་མི་བརྗོད། །དཔེར་ན་བུ་ཆུང་གཡང་འགྲོ་ལ། །རྫུན་མེད་ཚིག་གིས་མི་བཟློག་པས། །ཙང་མེད་ལག་ན་ཨ་ལུ་ཞེས། །མཁས་པས་ཐབས་ཀྱིས་འདྲེན་དང་མཚུངས། །འདི་ནི་ཉོན་མོངས་འཁོར་བའི་ཆོས། །འདི་ནི་མཁས་པས་སྤྱང་བྱ་ཡིན། །རྟེན་འབྲེལ་ཚོམས་ཏེ་བདུན་པའོ།། །།

ཧྲཱིཿ ཤྲཱི་ཧྲཱུ་ན་ཀུ་ཏ་ཛེ། །སྐྱེས་བུ་དམ་པའི་སྤྱོད་པ་གང་། །ཇི་ལྟར་སྤྱད་དེ་ཐར་པར་འགྲོ། །ཇི་ལྟར་གནས་ལུགས་དོན་ལ་ལྟ། །སྤྲུལ་པའི་ཞལ་ནས་སྤྲུལ་པ་འདི། །གྲག་སྟོང་གསལ་བའི་ཡིག་འབྲུ་བརྒྱན། །ང་ནི་སྤྲུལ་པའི་དགེ་སློང་ཡིན། །ང་ལ་བདེན་པར་མ་འཛིན་པར། །ང་ཡི་གདམས་པ་ཉམས་སུ་ལོང་། །སྣང་སྟོང་ཟུང་དུ་འབྲེལ་བར་མཛོད། །ང་ནི་སྒྱུ་མའི་དགེ་སློང་ཡིན། །ང་ལ་བཟང་པོར་མ་ཞེན་པར། །ང་ཡི་གདམས་པ་ཉམས་སུ་ལོང་། །སྣང་དང་སྟོང་པ་ཟུང་དུ་སྦྲེལ། །ང་ནི་ཆུ་ཟླའི་དགེ་སློང་ཡིན། །སྣང་སྣང་འདྲ་ཡང་བདེན་པས་སྟོང་། །སྟོང་པ་ཡིན་ཏེ་གཟུགས་སུ་ཤར། །གཟུགས་སུ་སྣང་སྟེ་སྟོང་པ་ཉིད། །འདི་ལས་གཞན་པའི་སྟོང་པ་མེད། །སྟོང་ལས་གཞན་པའི་གཟུགས་

མེད་པས། །གཟུགས་འདྲ་གཟུགས་ལ་མ་རློམ་པར། །གཟུགས་ཀྱི་རང་བཞིན་ཉམས་སུ་ལོང་། །ཧཱུཾ་རྗེ་ཤེལ་གྱི་ཁྱིའུ་ཁྱེད། །ཉེས་སྐྱོན་དྲི་མས་སྟོང་པ་བཞིན། །ང་ནི་འོད་ཀྱི་དགེ་སློང་ཡིན། །སྣང་སྣང་འདྲ་སྟེ་གཟུང་དུ་མེད། །གཟུང་མེད་འཛིན་པར་མ་བྱེད་པར། །གཉིས་མེད་རང་གྲོལ་ལྷུག་པར་ཞོག །གཞག་བྱ་བྲལ་ན་ཧཱུཾ་རྗེ་ཡིན། །བསྒྱུར་མེད་བསྒྱུ་ན་རིན་ཆེན་ཡིན། །གཉིས་མེད་ཤེས་ན་དབུ་མ་ཡིན། །ཤེས་པས་སྟོང་ན་གནས་ལུགས་ཡིན། །ང་ནི་ཉི་མའི་འོད་ཟེར་ཡིན། །རྣམ་རྟོག་མེད་དེ་གཟུགས་ཅན་གསལ། །གསལ་བ་ཉིད་དེ་གཟུང་བྱ་བྲལ། །གསལ་སྟོང་སྤྲོས་བྲལ་རང་དངས་པ། །འཛིན་པ་ཅན་གང་ཉི་མར་འཁྲུལ། །འཁྲུལ་པ་བྱ་བ་བདེན་མེད་ཡིན། །བདེན་མེད་སྟོང་པའི་ཐ་སྙད་ཡིན། །སྟོང་པ་ཤེས་ན་འཛིན་པ་འཇིག །གཟུང་འཛིན་གཉིས་མེད་བློ་ལས་འདས། །བློ་འདས་བྱ་བ་ཆོས་དབྱིངས་ཡིན། །གཟིགས་དང་ཧཱུཾ་རྗེ་བསྒྱུར་མེད་ལ། །བསྒྱུར་མེད་ཤེས་ན་ལྷ་བ་འཇིག །འཇིག་མེད་ཤེས་ན་དབུ་མ་ཡིན། །དབུ་མའི་ངང་དུ་བཞག་ན་ཟབ། །དེ་ཡང་བདག་གི་གདམས་པ་ཡིན། །ཁྱུག་སྣ་སྤྲིན་དང་འོད་འཕྲོ་བའི། །སྣང་སྟོང་དགེ་སློང་དྷི་པཾ་ང་། །ཚོགས་གཉིས་མཐར་ཕྱིན་ཐུགས་ལ་འཁྲུངས། །ང་ལ་དངོས་པོར་མ་ཞེན་པར། །རྣམ་དག་ཁྲིམས་ཀྱི་ཆ་ལུགས་ཅན། །གཞན་དོན་སྤྱོད་པས་མ་ཉམས་པའི། །ཕན་བདེའི་སྤྱོད་པ་རྟེན་འབྲེལ་ཟབ། །དེ་འདྲའི་སྤྱོད་པ་ཉམས་སུ་ལོང་། །ཟག་མེད་དགེ་བའི་དགེ་སློང་ང་། །རྒྱུ་དང་རྐྱེན་གྱིས་མ་བསྐྱེད་པའི། །དངོས་དང་མཚན་མའི་ནད་ཞི་བ། །བདེ་བ་ཆེན་པོ་ལྷུན་གྲུབ་པ། །བྱང་ཆུབ་སྤྱོད་པས་ལམ་བགྲོད་ཅིང་། །ཕ་མར་བཅས་ཏེ་ཐར་པར་འགྲོ། །ང་ལ་མཚན་མར་མ་འཛིན་པར། །ང་ཡི་གདམས་པ་ཉམས་སུ་ལོང་། །སྟོང་དང་སྙིང་རྗེ་ཟུང་དུ་སྦྲེལ། །འདི་ལྟར་དཔག་མེད་རབ་སྟོན་ཀྱང་། །ཇི་ལྟར་བྲག་རིའི་ཁྲོད་དག་ཏུ། །གང་གིས་སྨྲན་པའི་སྒྲ་བླངས་ཚེ། །བྲག་སྟོང་རྗེས་སུ་འབྲང་བ་བཞིན། །ང་ཡི་ཚིག་ཀྱང་བྲག་སྟོང་ཉིད། །དེ་ལ་མཚན་

མར་མ་འཛིན་པར། །དེ་དང་དེ་ཡི་གདམས་པ་ཡོང་། །གྲག་སྟོང་ཆོས་ཀྱི་དབྱིངས་སུ་ཁྱེར། །ང་ནི་མཚུངས་མེད་གཟུགས་འདྲ་ཡང་། །གཟུགས་ཀྱི་གནས་ལུགས་སྟོང་པ་ཡིན། །སྟོང་ལ་མཚུངས་པའི་དཔེ་མ་མཆིས། །དཔེ་མེད་དབྱིངས་སུ་ཉམས་སུ་ལོངས། །དྲི་མས་མ་གོས་ཧཱུྃ་ཛེ་ཉོན། །མཉན་བྱ་བྲལ་ཏེ་ཐ་སྙད་ཡིན། །ལང་ཚོ་གཞོན་ནུའི་རྨི་ལམ་ན། །མཐུན་པའི་གྲོགས་དང་ཉམས་དགའ་སྟེ། །མཛེས་དང་མཛེས་པའི་རྒྱན་གྱིས་སྤྲས། །ཐམས་ཅད་གཅིག་ལ་གཅིག་ཆགས་ཀྱང་། །ཆགས་དང་ཆགས་ཡུལ་དེ་འདྲ་བ། །སད་ཚེའི་ཡུལ་ལའང་དེ་བཞིན་སྤྱོད། །ཇི་ལྟར་མདོ་ལས་འདི་སྐད་དུ། །བུ་མོ་གཞོན་ནུའི་རྨི་ལམ་ན། །བུ་ཙོ་བྱུང་ཞིང་ཤི་མཐོང་ནས། །བྱུང་དགའ་ཤི་ན་མི་དགའ་བ། །དེ་བཞིན་ཆོས་རྣམས་ཤེས་པར་མཛོད། །ད་དུང་སྒྲ་སྙན་གསན་དུ་གསོལ། །མི་ལོང་དག་པའི་དཀྱིལ་འཁོར་ལ། །སྐྱེ་མོས་བྱད་བཞིན་རབ་ཕྱུར་པས། །ཇི་ལྟར་རང་བཞིན་མེད་གྱུར་ཀྱང་། །མཐོང་བའི་དབང་གིས་ཆགས་པ་བཞིན། །ང་ཉིད་དག་པའི་སྣང་བ་ལ། །མེད་ཀྱང་གཟུགས་སུ་རབ་ཤར་བས། །སྣང་བ་ལྟ་བུར་ཆོས་སྟོན་ཀྱང་། །བདེན་པ་མེད་པར་ཉམས་སུ་ལོང་། །དེ་སྐད་དུ་ཡང་གསུང་རབ་ལས། །མེ་ལོང་ཤིན་ཏུ་ཡོངས་དག་ལ། །ཇི་ལྟར་རང་བཞིན་མེད་པ་ཡི། །གཟུགས་བརྙན་སྣང་བ་དེ་བཞིན་དུ། །ཆོས་རྣམས་དེ་བཞིན་ཤེས་པར་གྱིས། །དེ་བཞིན་བདག་ཀྱང་དེ་འདྲ་བས། །བདག་གི་ཆོས་ཀྱང་དེ་ཉིད་ལས། །མ་འདས་རྫུན་པའི་སྣང་བ་ཡིན། །དེ་ནི་སྣང་སྟོང་ཟུང་འཇུག་པའི། །གདམས་པའི་ཚོམས་ཏེ་དང་པོའོ།། །།

སླར་ཡང་པདྨའི་ལྟེ་བ་ལ། །ཤེལ་གྱི་པུំ་དཀར་འོད་གསལ་བའི། །པད་དཀར་འདབ་མ་བཅུ་པར་གྱུར། །དེ་ཡི་སྙིང་ན་ཧཱུྃ་དཀར་ཅིག །ཤེལ་དང་མུ་ཏིག་དཀར་པོ་དང་། །དངས་པའི་དངུལ་དང་ཞུ་བའི་གསེར། །རྒྱལ་དང་འབྱུང་དང་གནས་པ་ཡི། །འབྲུ་ཡི་རྣམ་པར་རབ་ཏུ་སྤུངས། །དེ་ལས་འོད་དཀར་རབ་འཕྲོས་པས། །འོད་

རྣམས་གཅིག་ལ་གཅིག་འཐབས་ཏེ། །རྩ་བ་ཉིད་ནས་རྒྱ་བསྐྱེད་དེ། །ཕྱོགས་བཅུར་འདོམ་གང་རབ་འཕྲོ་ཞིང་། །ཀླུམ་པོ་རྩེ་མོར་འདུས་གྱུར་པས། །ནོར་བུ་རིན་ཆེན་གཟུགས་འདྲ་བ། །ཡིག་འབྲུའི་དཀྱིལ་ནས་འོད་ཟེར་ཅིག །གསེར་མདོག་འདྲ་བ་ཐད་ཀར་འཕྲོས། །ནོར་བུའི་རྩེ་མོར་ཁ་གསུམ་གྱིས། །ཧོག་དང་ཁྱུང་མགོའི་རྣམ་པ་འདྲ། །རིན་ཆེན་ཡིག་འབྲུའི་གསེབ་ཤེད་ན། །ཧྲཱིཿདཀར་ཟླ་ཞུན་ལྟ་བུ་ཅིག །ཕྱུང་མ་ཐག་ཏུ་ཁྱིའུར་གྱུར། །དེ་ཡི་ལུས་ལས་མེ་ཤེལ་གྱིས། །ར་ཅིག་འོད་ཟེར་འདྲ་བར་བྱས། །དེ་ལས་སྔོན་པོའི་འོད་འཕྲོ་ཞིང་། །བྱང་ཤར་ཉེ་བར་འཕྲོས་ཏེ་སོང་། །དེ་ནས་རེ་ཞིག་ལོན་པ་ན། །མེ་ཤེལ་ཁྱིའུ་དངས་པ་ཅིག །ཆུ་ཤེལ་ཅིག་ལས་ཆུ་དྲངས་ནས། །གཞལ་ཡས་ནང་དུ་རབ་དྲངས་ཏེ། །ཁྱིའུ་དངས་མ་འདི་ལྟ་སྟེ། །རྒྱལ་བའི་དབེན་གནས་ར་ཞེས་པར། །ཆུ་འཛོམ་ཁོ་བོས་མེ་སྐྱོལ་ཕྱིན། །དེ་ནས་ཆུ་མིག་རིང་མོ་ལས། །ཞི་བདེའི་ཆུ་རྒྱུན་འདི་དྲངས་པས། །གང་དུ་འཕྲོས་ཀྱང་བདེ་འགྱུར་མཆི། །རེ་ཞིག་ལོན་ནས་དངས་པ་ཡི། །ཆུ་ཡི་རྒྱུན་འདྲ་དཔག་མེད་པ། །སྙིང་འོག་ཕྱོགས་བཅུ་མ་ལུས་པར། །ཏྲ་ཛ་སྨོན་པོ་ཙམ་གྱི་རྒྱུན། །བསམ་གྱིས་མི་ཁྱབ་མཛེས་པར་སོང་། །གཙོ་བོའི་ཁྱིའུ་དཀར་པོ་དེ། །ཤིན་ཏུ་མཉེས་པར་འཛུམ་མཛད་ནས། །ང་ཡི་ཆུ་མིག་རིང་མོ་ལས། །ཕན་བདེའི་འབྱུང་གནས་དཔག་མེད་འཕྲོས། །སྙིང་འོག་ཕྱོགས་བཅུ་ཁྱབ་པར་གྱུར། །དག་པའི་ཞིང་ཁམས་དགའ་ལྡན་སོགས། །ཞིང་ཁམས་གཙང་མ་མ་ལུས་ཁྱབ། །ང་ཡི་རྣམ་ཐར་ཤེལ་འདྲ་བ། །གཙང་མ་མཐར་ཕྱིན་དེར་འགྲོ་འཚལ། །སྐད་པ་གཅིག་པའི་འོད་ཅིག་ལ། །འོད་གཉིས་ཁ་ཁར་འགྲོ་བྱེད་ཅིང་། །དབུས་ཁམས་ཆུ་མིག་བསིལ་འགྱུར་ཏེ། །དམ་པ་བཟང་དང་བཟང་པོ་འཕེལ། །ཆུ་ཕྱུལ་གང་ཙམ་ནུབ་ཕྱོགས་སུ་འདང་། །ལྷེ་ལྡན་གང་ཞིག་རབ་བརྗོད་པ། །དྲི་མ་མེད་ཅིང་བདེ་བར་གནས། །རྣམ་པར་ཐར་པ་གཙང་མ་འདི། །མི་ཧོག་འདབ་འདྲར་རྒྱས་གྱུར་ཏེ། །ཤར་ནུབ་ལྷོ་བྱང་ཀུན་ཏུ་ཡང་། །རབ་རྒྱས་ཐུབ་པའི་

བསྟན་པ་འདི། །གནས་ཚེ་གནས་ཀྱི་ནུབ་ཉེ་ཡང་། །ཤེས་རབ་རྩ་མེད་བྱང་ཆུབ་དང་། །ཆོས་དང་བརྩོན་འགྲུས་རྒྱལ་བ་དང་། །བཟང་པོ་བཟང་ལྡན་དམ་པ་ཡིས། །གསལ་བྱེད་འགྲོ་ལ་བདེ་བ་སྟེར། །ནུབ་ལ་ནུབ་ཉེ་ནུབ་བྱང་དུ། །ཉི་མའི་དཀྱིལ་འཁོར་ནུབ་བྱང་གནས། །ལས་ཀྱི་སྒྲིབ་ཀྱིས་གཡོགས་སྲིད་ན། །དེ་ནས་གང་གིས་གསལ་བར་འགྱུར། །གསལ་ལ་སྒྲིབ་མེད་དགའ་ལྡན་ཉིད། །ཧྲཱིཿདེའང་ཐོར་བུ་ཐོར་བུ་ཉིད། །མཁས་པས་དཔྱད་ན་རྒྱུན་ཆད་མེད། །དེ་ནས་ནོར་བུའི་གཟུགས་འདྲ་བ། །ཤེལ་གྱི་མཆོད་རྟེན་གཟུགས་འདྲ་བ། །བང་རིམ་ལྷ་ལྡན་དངས་པ་ཞིག །ལྷམ་མེ་ལྷན་ནེ་ལྷང་ངེར་གྱུར། །དེ་ལས་འོད་ཟེར་ཤར་ནུབ་ཏུ། །འོད་ཀྱི་གསེབ་ནས་དགེ་སློང་ཞིག །ང་ཡི་བསྟན་པ་ལྷམ་མེར་གསལ། །ང་ཡི་བསྟན་པ་སྒྲིབ་པ་མེད། །རྒྱལ་བའི་ཐུགས་རྗེ་རྒྱུན་མི་འཆད། །དམ་ཆོས་ནུབ་པར་ག་ལ་འགྱུར། །གལ་ཏེ་གཞན་སྣང་མ་དག་པས། །འཕེལ་འགྲིབ་འབྱུང་བ་ལྟར་མཐོང་ཡང་། །ཤར་ནི་ཟླ་བའི་དཀྱིལ་འཁོར་མཛེས། །ཞུན་མའི་ཁྲིའུ་སྤྲུལ་པ་འགྲེད། །འཇིག་རྟེན་ཐམས་ཅད་གསལ་བྱེད་ཅིང་། །ལྷ་དང་བཅས་པ་གསལ་བར་བྱེད། །བསྟན་པ་ནུབ་ལ་ཉེ་བའི་ཚེ། །ཉི་མའི་དཀྱིལ་འཁོར་ནུབ་ན་གནས། །དེ་ལའང་བསོད་ནམས་མཆོག་གི་མཚན། །སྔ་ཡིས་དངོས་སམ་བརྒྱུད་པ་བཟུང་། །དཀྱིལ་འཁོར་སྒྲིབ་པར་མི་ནུས་པར། །དམ་པའི་ཞིང་ཁམས་རབ་གསལ་ཞིང་། །དངོས་སམ་བརྒྱུད་པས་གསལ་བྱེད་ལ། །དཀྱིལ་འཁོར་འགྲིབ་པ་མི་མངའ་བའི། །འོན་ཀྱང་སྒྲིབ་ཀྱིས་གཡོགས་ལྟར་སྣང་། །འོད་ཉིད་དགའ་ལྡན་གནས་གྱུར་ཅོ། །ཨེ་མ་འཇིག་རྟེན་ཇི་ལྟར་གསལ། །བྱང་ཆུབ་སྤྱོད་པའི་གྲོགས་ལྡན་དང་། །བསམ་གཏན་ཏིང་འཛིན་མི་གཡོ་བ། །ང་ཡི་རྣམ་ཐར་ཁྲིམས་བརྒྱན་ཏེ། །དོན་མཆོག་བདེ་གཤེགས་ལམ་མཆོད་པའི། །བསོད་ནམས་མཆོག་གིས་མི་གསོས་ཏེ། །ལྷ་ལྡན་བཟང་པོས་མི་ནུབ་སྐྱོང་། །བསྟན་པ་གསལ་མཛད་གཅིག་པུ་ཉིད། །བདག་གི་ཚ་རྒྱུན་རིང་མོ་

ལས། །འཕྲོས་ཏེ་དེ་ཡང་གསལ་བར་གྱུར། །ཧཱུཾ༔དེ་ཡང་གྲུབ་སྟོང་ཆེན་པོ་ཡིན། །ཕོར་བུའི་ཚོམས་ཏེ་གཉིས་པའོ།། །།

སླར་ཡང་ལྷམ་མེར་རབ་མཛེས་པའི། །ཟླ་བ་ཞུན་མའི་བྲིའུ་ཡིས། །གསལ་དག་སྙན་པར་འདི་སྐད་ཞུ། །ཉེས་སྐྱོན་དྲི་མས་མ་གོས་པའི། །ཡེ་ཤེས་སྤྲུལ་པའི་དགེ་སློང་གསོན། །འདི་ལྟར་སྣང་ཡུལ་སྲིད་པ་ཡི། །ཆོས་ལ་སྣང་བ་གོམས་པ་ཡིས། །སྣང་བ་བཀག་ཀྱང་མི་ཁེགས་པས། །འདི་ལ་ཉམས་ལེན་ཇི་ལྟར་བྱ། །ཐམས་ཅད་མ་འདྲེས་སོ་སོར་གསལ། །རང་གི་མཚན་ཉིད་དུ་མས་བརྒྱན། །དབྱིབས་དང་ཁ་དོག་དུ་མ་བཀོད། །ཡོད་ཡོད་འདྲ་འདི་ཇི་ལྟར་བསྒོམ། །དེ་ནས་སྤྲུལ་པའི་དགེ་སློང་གིས། །གསལ་ལ་མ་འདྲེས་སོ་སོར་ཕྱེ། །བཀའ་གདམས་མཛེས་པའི་བྲིའུ་ཁྱོད། །ཡ་མཚན་སྣང་བའི་གཟུགས་འདི་ཉོན། །འདི་ལྟར་གསུངས་ནས་ཤེལ་དཀར་གྱི། །མེ་ལོང་གསལ་བ་ཧཱུཾ་ལ་བསྟན། །ཧཱུཾ་གྱིས་སྐུ་གཟུགས་དེ་ཤར་གཟིགས། །ཧཱུཾ་ཇེ་འདི་ལྟར་ཉམས་སུ་ལོང་། །ཤེལ་གྱི་ནང་ན་ཤེལ་ལུས་གདའ། །ཡན་ལག་རྒྱས་ཤིང་སྐྱོན་མེད་པ། །མ་འདྲེས་ཕྱེད་པར་སྣ་མིག་བཅས། །ལྷམ་མེ་ལྷན་ནེར་འཛུམ་ཆགས་པ། །ཕྱག་རྒྱ་མཛད་ན་ཕྱག་རྒྱ་སྟེ། །གཡོ་ན་གཡོ་ཉིད་བཞེངས་ན་ཡང་། །བཞེངས་ཤིང་དེ་བཞིན་བཞུགས་ན་ཡང་། །བཞུགས་ཤིང་སྐྱིལ་ཀྲུང་བཅས་ན་ཡང་། །སྐྱིལ་ཀྲུང་ཕྱེད་སྐྱིལ་བྱས་ན་ཡང་། །ཕྱེད་སྐྱིལ་པུས་མོ་བཙུགས་ན་ཡང་། །པུས་བཙུགས་ཐལ་མོ་སྦྱར་ན་ཡང་། །ཐལ་སྦྱར་ཕྱག་སྟོང་བཀྲམ་ན་ཡང་། །ཕྱག་སྟོང་སྤྱན་སྟོང་བསྟན་ན་ཡང་། །སྤྱན་སྟོང་ལུས་ཀྱི་དཀྱིལ་འཁོར་རྣམས། །རྟེན་འབྲེལ་ཚུལ་གྱིས་ལྷམ་མེར་གསལ། །མེད་ན་མི་འབྱུང་རྟེན་འབྲེལ་ཏེ། །ཡོད་ན་ལྟོས་ཕྱིར་ཡོད་ཉིད་ན། །ལྟོས་པ་ཅི་དགོས་མེད་ཉིད་ན། །གང་ལ་གང་ལྟོས་དེ་ལྟར་སྣང་། །སྣང་བ་གཟུགས་ཀྱི་རྣམ་པར་སྣང་། །སྣང་བ་མེད་མིན་འདི་ལྟར་སྣང་། །སྣང་བ་བདེན་མིན་འདྲ་བ་ཙམ། །འདྲ་བ་དངོས་མིན་ངོ་བོས་སྟོང་། །སྟོང་པ་

ཉིད་དེ་གཟུགས་སུ་ཤར། །ཤར་བ་ཉིད་གང་སྟོང་པ་ཡང་། །སྟོང་པ་ཉིད་ལས་གཟུགས་མ་མཆིས། །མཆིས་པ་མེད་ལས་མཆིས་མཐོང་ན། །མཐོང་བ་པོ་དེ་འཁྲུལ་ལས་འཁྲུལ། །འཁྲུལ་པ་གཞི་མེད་སྒྲོ་བཏགས་ཡིན། །ཡིན་མིན་མཚན་མར་སུ་ཞིག་འཛིན། །འཛིན་ན་འཛིན་པ་ཉིད་གང་འཁྲུལ། །འཁྲུལ་པ་གང་ཞིག་བདེན་པ་མཐོང་། །མཐོང་བ་མེད་ན་མཐོང་བྱེད་བྲལ། །བྲལ་བ་ཤེས་ན་འབྲས་བུ་ཡིན། །འབྲས་བུ་རང་གྲོལ་ལྷུག་པར་ཞོག །ཞོག་ཅེས་ཐ་དད་གཅིག་པས་སྟོང་། །སྟོང་ལ་གཞག་བྱ་འཛོག་བྱེད་མེད། །མེད་ཀྱང་སྣང་བའི་ཆོས་རྣམས་ལ། །སྣང་བའི་ཉམས་ལེན་དང་པོ་མཛོད། །སྟོང་ཀྱང་སྣང་བ་ལྟར་སྣང་བའི། །སྣང་བའི་ཚོམས་ཏེ་གསུམ་པའོ།། །།

ཧཱུྃ་རྗེའི་ཞལ་ནས་འདི་སྐད་གསུང་། །འོད་གསལ་དག་པའི་རྨི་ལམ་ན། །ཤེལ་གྱི་མཚོ་ལ་འཁོར་ལོ་སྟོང་། །འཁོར་ལོ་རེ་ལ་གཞལ་ཡས་སྟོང་། །གཞལ་ཡས་རེ་ལ་སྤྲུལ་པ་སྟོང་། །སྤྲུལ་པ་རེ་ལའང་སྤྲུལ་པ་སྟོང་། །ཕན་ཚུན་ཆོས་ཀྱི་བགྲོ་བ་མཛད། །འདི་ལྟར་ཐམས་ཅད་གཟུགས་བརྙན་ཏེ། །གཟུགས་བརྙན་ལེགས་པར་དཔྱད་བྱས་ན། །དཔྱོད་པ་པོ་ཡང་ཞིག་པར་འགྱུར། །འགྱུར་མེད་ཆོས་ཀྱི་གནས་ལུགས་ཡིན། །གནས་ལུགས་སྤྲོས་དང་བྲལ་ན་ཡང་། །སྤྲོས་བྲལ་ནམ་མཁའ་འདྲ་བ་ལ། །ནམ་མཁའ་ཉིད་ལས་སྤྲིན་འདུས་ཏེ། །སྤྲིན་ནི་ཁ་དོག་དཔག་མེད་གསལ། །གསལ་སྟོང་འཁོར་ལོ་ཕྱོགས་བཅུར་འགྱེད། །འགྱེད་བཞིན་ནམ་མཁའི་ངོ་བོ་སྟེ། །མཁའ་ལས་བྱུང་ཞིང་མཁའ་ལ་ཡལ། །ཡལ་ཡུལ་སྤྲིན་ཚོགས་མང་ན་ཡང་། །མང་བའི་ཕྱིར་ན་བདེན་མི་གདའ། །བདེན་མེད་ཕྱིར་ན་ཀུན་ཏུ་རྒྱུ། །རྒྱུ་བ་དེ་ཡི་མི་རྟག་སྟོན། །མི་རྟག་ངོ་བོ་སྟོང་པ་ཡང་། །སྟོང་པ་གོམས་རྣམས་མི་རྟག་ཅེས། །མི་རྟག་ཆད་པ་ཉིད་དུ་འཁྲུལ། །འཁྲུལ་པར་ཤེས་པའི་སྐྱེས་བུ་ང་། །ང་མེད་དབྱིངས་སུ་ཅིར་ཡང་སྣང་། །སྣང་སྟོང་ཟུང་ལྡན་བཞི་ཚོམས་སོ།། །།

སླར་ཡང་རྣམ་དག་ཁྱིའུ་ཡིས། །སྤྲུལ་པའི་རྗེ་ལ་འདི་སྐད་ཞུས། །སྐྱེས་བུ་གང་གི་

རྨི་ལམ་ན། །སྐྱིད་སོས་ཚལ་དང་ལྗོན་པ་དང་། །ནགས་ཚལ་ཀུན་ར་ཁྱད་འཕགས་དང་། །སྤང་ལྗང་ནེ་གསིང་བཀྲ་བ་དང་། །བྱ་དང་བུང་བ་ལྡིང་བ་དང་། །དགའ་བའི་གླུ་ལེན་སྙན་པ་དང་། །སྨན་དང་སྤང་སྤོས་ངད་ལྡང་དང་། །ཉི་ཟླ་རྒྱུ་སྐར་མར་མེ་གསལ། །རོ་བརྒྱའི་ཞལ་ཟས་ཕུན་ཚོགས་དང་། །ཁྲིམས་ལྡན་སྟོང་ཕྲག་གསུང་རབ་སྒྲོག །བདེ་གཤེགས་མང་པོ་མཁའ་ལ་བཞུགས། །མཆོད་དང་མཆོད་ཡུལ་བསམ་མི་ཁྱབ། །ཤེལ་གྱི་ཁྱིའུ་སྟོང་ཕྲག་ཀྱང་། །སྐྱིད་སོས་ཚལ་རབ་མཛེས་པ་ན། །རྟ་དང་གླང་པོ་མ་ཧེའི་ཚོགས། །བདེ་བར་བག་ཕེབས་སྐྱོད་བྱེད་ཅིང་། །འདོད་འཇོ་བཞོན་པ་ལ་སོགས་པའི། །མཆོད་པའི་ཚོགས་རབ་མཆོད་པ་ན། །ཁྱད་གཞི་ཡེ་སྟོང་ཁྱད་ཆོས་སྣང་། །སྣང་ལ་མི་ཤེས་བཟང་པོར་ཞེན། །སྐྱབས་ཡུལ་སྟོང་པ་སྐྱབས་སུ་འཁྲུལ། །སྒྲ་བརྗོད་བྲལ་ལ་ཁ་ཏོན་བྱེད། །འགྲོ་དང་འོང་བ་མེད་ན་ཡང་། །བྱ་དང་བུང་བ་ལྡིང་ལྡིང་རྒྱུག །གླང་པོ་རྒྱུག་ཅིང་རྟ་ཡང་རྒྱུག །མ་ཧེ་བགྲོད་ཅིང་འདོད་འཇོ་འགྲོ། །སྣ་ཚོགས་ཉམས་དགའ་སྣང་བ་གསལ། །སྤང་དང་བླང་བྱ་མེད་ན་ཡང་། །མི་དགེ་སྤོང་ཞིང་དགེ་བ་སྒྲུབ། །ཉེས་དམིགས་སྟོན་ཅིང་ཕན་ཡོན་འཆད། །དེ་ཚེ་གང་གིས་མེད་བྱས་ཀྱང་། །འཁྲུལ་པ་ཅན་གྱི་བློར་མི་ཤོང་། །འདི་ལྟར་སྣ་ཚོགས་ཀུན་བདེན་ཡང་། །ཁྱོད་ནི་སྐྱུར་འདེབས་ལོག་པར་སྨྲས། །ཇི་ལྟར་རྨི་ལམ་སད་དུས་ཚེ། །ཕྱལ་ལེ་ཁྱུག་གེ་ཡིད་ལ་གདལ། །གདའ་སྣེ་མདང་གི་སྣང་བ་ལ། །ཤེས་ནས་ཞེན་པ་རང་སར་འགག །མདང་ཚེ་སྐྱེས་བུ་གཅིག་ན་རེ། །འཁྲུལ་པར་མ་བྱེད་མེད་ཟེར་ན། །སྐུར་པ་བཏབ་ཅེས་བཟློག་སྟེ་བཏབ། །དེང་སང་གནས་ལུགས་ཀུན་སྟོན་པའི། །བླ་མ་མདང་གི་སྐྱེས་བུ་འདྲ། །དེང་སང་ཤེས་བྱ་ཀུན་སྣང་བའི། །དངོས་པོ་མདང་གི་ཤེས་བྱ་འདྲ། །དེང་སང་གཟུང་འཛིན་ཀུན་སྤྱོད་པའི། །ཡུལ་དང་ཡུལ་ཅན་དུ་མ་ཡང་། །མདང་གི་སྐབས་དང་ཅི་མི་ཁྱད། །ད་གཟོད་རྨི་ལམ་ཉིད་འདྲ་བར། །ཆོས་རྣམས་ཐམས་ཅད་ཤེས་པར་བྱ། །སྤྲུལ་པའི་དགེ་སློང་འདི་

སྐད་གསུང་། །མཁས་པ་ཆེན་པོ་ང་ལ་གསོན། །ཆོས་རྣམས་ཐམས་ཅད་རྨི་ལམ་འདྲ། །རྨི་ལམ་ཐམས་ཅད་འཁྲུལ་སྣང་ཡིན། །འཁྲུལ་སྣང་རང་གི་རྣམ་ཤེས་ཏེ། །རྣམ་པར་ཤེས་པས་ཀུན་ཏུ་བཀོད། །འགོད་པ་པོ་ཡི་ཪྩ་བོས་སྟོང་། །མཁས་པས་རྨི་ལམ་དཔེར་མི་ལེན། །རྨི་ལམ་ཡུལ་གྱི་བཟང་ངན་རྣམས། །རྨི་ལམ་བློ་ལ་བདེན་པར་སྣང་། །རྨི་ལམ་བདེན་པས་སྟོང་ན་ཡང་། །འཁྲུལ་ཤེས་ཅན་དེ་བདེན་པར་འཁྲུལ། །དེ་བཞིན་འདི་ཡུལ་མ་ལུས་པར། །བདེན་པས་སྟོང་ཀྱང་དེར་འཛིན་བློ། །བདེན་པ་ཉིད་དུ་མངོན་པར་འཁྲུལ། །མཁས་པས་རྨི་ལམ་དཔེར་ལེན་པ། །ཇི་ལྟར་སད་དུས་ཤེས་པ་ལ། །རྨི་ལམ་ཡུལ་གྱི་བཟང་ངན་རྣམས། །ཡིད་ལ་ཕྱལ་ལེ་སྣང་གྱུར་ཀྱང་། །དེ་ལ་བརྟེན་ནས་འདི་སྙམ་དུ། །མདང་ཡུལ་ཅི་ཡང་མ་གྲུབ་ལ། །དོན་མེད་ཁོ་བོས་ཅི་ཡང་བཟུང་། །ད་དུང་རྣམ་པ་ཕྱལ་ལེ་གདའ། །དེ་ནས་མཁས་པ་འདི་སྙམ་དུ། །ཆོས་རྣམས་ཐམས་ཅད་འདི་དང་འདྲ། །གཏད་མེད་ཅིག་ལ་གཏད་པར་བཟུང་། །བདེན་མེད་ཅིག་ལ་བདེན་པར་བཟུང་། །དངོས་མེད་ཅིག་ལ་དངོས་པོར་བཟུང་། །མཚན་མེད་ཅིག་ལ་མཚན་མར་བཟུང་། །སྤྲོས་མེད་ཅིག་ལ་སྤྲོས་པར་བཟུང་། །གཟུང་མེད་ཅིག་ལ་གཟུང་བྱར་བཟུང་། །འཛིན་མེད་ཅིག་ལ་འཛིན་པར་བཟུང་། །གཟུང་འཛིན་གཉིས་མེད་གཉིས་སུ་བཟུང་། །རྣམ་རྟོག་འདི་ཡིས་ཅི་ཡང་ཤེས། །གཞི་མེད་མཚན་ཉིད་དུ་མ་འགོད། །ད་ནི་སྣ་ཚོགས་སྣང་གྱུར་ཀྱང་། །ཅི་ཡང་མེད་ཀྱིས་ཅིར་མ་འཛིན། །དེས་ན་བདེ་སྡུག་ལ་སོགས་པ། །རྣམ་རྟོག་ཇི་ཙམ་འདུས་གྱུར་ཀྱང་། །སྣང་བ་ཙམ་ཞིག་ཁོ་ནར་ཟད། །བདེན་པ་སྲིད་པ་ཙམ་ཀྱང་སྟོར། །སྣང་བ་དེ་བཞིན་ཉིད་དུ་སྤྱོད། །ཧཱུྃ་ཛྫེ་བཀའ་གདམས་རིན་ཆེན་གཏེར། །ཕོ་བྲང་དབྱིངས་སུ་དེ་ལ་གཟིགས། །སྙིང་མེད་སྙིང་ན་བཀའ་གདམས་ཡིན། །སྣང་བའི་ལས་འབྲས་མི་སླུ་བའི། །སྣང་ཙམ་འབྲེལ་བས་བཀའ་གདམས་ཡིན། །སྣང་བའི་ཚོམས་ཏེ་ལྔ་པའོ།། །།

པདྨ་དཀར་པོས་འདི་སྐད་གསུང་། །སྒྲིབ་པའི་སྤྲིན་གྱིས་མ་གཡོགས་པའི། །ནམ་མཁའ་དྲི་མེད་ང་ལ་གསོན། །ཟབ་དོན་ཆོས་ཀྱི་རྒྱལ་པོའི་སྲས། །ཆོས་རྒྱལ་བདེ་གཤེགས་སྒྲོལ་མ་ཡི། །རྒྱལ་ཚབ་བཟང་པོ་སྐྱོང་མཛད་པའི། །ལྷ་གཅིག་དམ་པ་གསན་དུ་གསོལ། །གནས་ལུགས་གང་ལ་སྒྲིབ་བྱེད་པའི། །ཤེས་སྒྲིབ་གང་དེ་བསལ་དུ་གསོལ། །སྣང་མེད་གོམས་པའི་འཕགས་པ་ཡིས། །སྣང་མེད་ངང་དུ་ཇི་ལྟར་བཞག །ཕྱི་རོལ་ཡུལ་ལ་མི་འཁྲོ་ཞིང་། །རང་གི་སེམས་ལའང་མི་རྟོག་པ། །གཉིས་མེད་སྣང་བར་སྒོམ་ལགས་སམ། །འགག་པ་མི་མངའ་སྐྱེ་བས་སྟོང་། །ཆད་པ་མི་མངའ་རྟག་མཐའ་བྲལ། །འགྲོ་འོང་རེ་དོགས་མཐའ་ཡིས་དག །གཅིག་དང་ཐ་དད་རྣམ་བྲལ་བའི། །རང་གྲོལ་ཉིད་དུ་འཇོག་ལགས་སམ། །དཔལ་ལྡན་མར་མེ་མཛད་དཔལ་མཆོག །ཇི་ལྟར་སྣང་བསལ་དུ་གསོལ། །གནས་ལུགས་ཆོས་དེ་བསྟན་དུ་གསོལ། །སྤྲུལ་པའི་ཆོས་རྒྱལ་འདི་སྐད་གསུང་། །ལུས་དང་དྲི་བྲལ་ལྷན་སྐྱེས་པའི། །ཤེལ་གྱི་ཁྱེའུ་ང་ལ་གསོན། །རྣམ་རྟོག་གཞི་མེད་སྤྲོས་བྲལ་ཡིན། །སྤྲོས་བྲལ་དབྱིངས་སུ་གང་གནས་པའི། །ཆོས་ཀྱི་དབྱིངས་དེ་སྣང་མེད་ཡིན། །རྒྱུ་དང་རྐྱེན་གྱིས་མ་སྐྱེད་པའི། །འདུས་མ་བྱས་ཀྱང་རང་གྲོལ་བ། །རང་གྲོལ་རང་གྲོལ་ཆེན་པོ་སྟེ། །སྣང་མེད་ཡིན་ནོ་ནམ་མཁའི་བུ། །ཡེ་ནས་མ་སྐྱེས་འོད་གསལ་བ། །སྐྱེ་མེད་གསལ་སྟོང་ལྷུན་གྲུབ་དེ། །ངོ་བོ་མ་ཡིན་བློ་ལས་འདས། །སྣང་མེད་ཡིན་ནོ་དྲི་མེད་བུ། །གནས་མེད་ནམ་མཁའི་པད་འདྲ་བ། །དབྱིབས་དང་ཁ་དོག་ཡེ་སྟོང་པའི། །སྣང་མེད་དབུ་མ་ཆེན་པོའི་དབྱིངས། །སྣང་མེད་ཡིན་ནོ་འོད་གསལ་བུ། །གང་ནས་གང་དུ་འགག་བྲལ་བ། །ནམ་མཁའི་མེ་ཏོག་སད་བྱེར་དེ། །གང་གི་བློ་ལས་འདས་གྱུར་པས། །སྣང་མེད་ཡིན་ནོ་ཆོས་ཀྱི་སྐུ། །དུས་གསུམ་རང་རང་ཡེ་སྟོང་པའི། །འོང་ན་རིང་ཐུང་མཉམ་གསུམ་སྟེ། །ཡེ་ཤེས་ཡུལ་ནའང་མི་སྣང་བས། །སྣང་མེད་ཡིན་ཏེ་གསལ་སྟོང་སྐུ། །ཀུན་གཞི་དུས་གསུམ་ཡེ་སྟོང་

པས། །སྒྲོ་སྐུར་གཉིས་ཀྱི་ཡུལ་མ་ཡིན། །བཟང་དང་ངན་ལས་འདས་གྱུར་པའི། །དོན་དེ་སྣང་མེད་ཡིན་ནོ་བུ། །འཕགས་པས་སྤེལ་བར་མི་ནུས་ཤིང་། །བྱིས་པས་འབྲིད་པར་མི་ནུས་པས། །གྲི་གང་མེད་པའི་གནས་ལུགས་དེ། །སྣང་མེད་ཡིན་ནོ་རྣམ་དག་སྐུ། །སྒྲ་མེད་བསམ་ལས་འདས་པ་ཡི། །ངོ་བོ་ཉིད་ཀྱི་ཆོས་ཉིད་གང་། །གློ་བུར་ཡེ་དང་བྲལ་བ་དེ། །སྣང་མེད་ཡིན་ནོ་ཡེ་ཤེས་སྐུ། །སྟེང་མཐའ་མེད་ཅིང་ཕྱོགས་མཐའ་མེད། །དབུས་མཐའ་མེད་ཅིང་ཀུན་ལ་ཁྱབ། །ཟབ་མོའི་དབྱིངས་དེ་བློ་ལས་འདས། །སྣང་མེད་ཡིན་ནོ་སྣང་སྟོང་བུ། །གཅིག་དང་དུ་མས་སྟོང་པ་ཡི། །སྣང་སྣང་འདྲ་ལ་སྲོག་མེད་པ། །དཔྱད་ན་འཇིག་པའི་རང་ལུགས་དེ། །སྣང་མེད་ཡིན་ནོ་རིག་པ་ཅན། །གླང་དང་སྤྲང་བྱ་ཀུན་སྣང་ཡང་། །དཔྱད་ན་རང་ཚུགས་མི་ཐུབ་པའི། །གོ་མ་ཆོད་ཀྱི་རང་ལུགས་དེ། །སྣང་མེད་ཡིན་ནོ་རིག་པ་ཅན། །གཅིག་ལ་གཅིག་བརྟེན་ལྟར་སྣང་ཡང་། །དཔྱད་ན་ལྟོས་ཚུགས་མི་ཐུབ་པར། །ཐོག་མའི་རང་ཚུགས་ཞིག་པ་དེ། །སྣང་མེད་ཡིན་ནོ་རིག་པ་ཅན། །སྐྱེས་ཁུངས་གནས་པ་འདིར་འགྲོ་བའི། །རྩ་བ་དཔྱད་ན་རང་འཇིག་པ། །དཔྱད་ན་ཤུང་བའི་རང་ལུགས་དེ། །སྣང་མེད་ཡིན་ནོ་རིག་པ་ཅན། །ཡོད་མེད་འཁྲིག་འཁྲིག་ལྟར་སྟོན་ཡང་། །སྐྱེ་བ་དཔྱད་ན་འབྲས་སྟོར་བའི། །མཉམ་པ་ཉིད་ཀྱི་རང་ལུགས་དེ། །སྣང་མེད་ཡིན་ནོ་རིག་པ་ཅན། །ས་དང་སྤྱུད་ལྡན་གཟིག་ཟག་ཅན། །རང་ཉིད་དཔྱད་ན་རང་ཚུགས་འཇིག །ཚུགས་མེད་གཞན་ལ་འཆའ་འདྲ་བ། །ཁྱོད་རང་འཇིག་པ་ངོ་རེ་ཚ། །ངོ་ཚས་འཇིག་ན་ཉུག་ཐག་ཆད། །གབ་པའི་ཁུངས་ཀྱང་མ་རྙེད་པའི། །ཁུངས་མེད་རྙེད་པའི་སྟོང་པ་དེ། །སྣང་མེད་ཡིན་ནོ་སྣང་མེད་བུ། །སྣང་མེད་ཉིད་ལ་བུ་ཅིག་ཨ། །རྩ་བ་མེད་པའི་ཡལ་ག་ཨ། །ཡལ་ག་མེད་པའི་མེ་ཏོག་ཨ། །མེ་ཏོག་མེད་པའི་ཟེ་འབྲུ་ཨ། །ཟེ་འབྲུ་མེད་པའི་བཞུགས་མཁན་ཨ། །བཞུགས་མཁན་མེད་པའི་ཁྲིའུ་ཨ། །ཁྲིའུ་མེད་པའི་ཁྲུད་ཆོས་ཨ། །ཨ་ཨ་སྐྱེ་མེད་གཉིས་སུ་

འཐད། །འཐད་པ་སྣང་མེད་དབྱིངས་སུ་ཡལ། །ཐ་སྙད་ཙམ་དུ་སྣང་མེད་བསྟན། །ཤེས་རབ་ཧཱུྃ་རྫེ་སྒྲོལ་མ་བསྒོམས། །སྣང་མེད་ཆོས་ཏེ་དྲུག་པའོ།། །།

སླར་ཡང་བཀའ་གདམས་ཧཱུྃ་རྫེ་ཡིས། །དྲི་མ་མེད་ལ་འདི་སྐད་ཞུས། །སྣང་དང་སྣང་མེད་བསྒོམས་པ་ཡིས། །འབྲས་བུ་བྱང་ཆུབ་ཐོབ་འགྱུར་རམ། །དྲི་མེད་ཞལ་ནས་འདི་སྐད་གསུང་། །ཐབ་མོ་རྒྱུད་ཀྱི་ལུང་ཡོད་ཉོན། །སྒྱུ་མ་ལྟ་བུའི་སེམས་འདི་ཡིས། །སྒྱུ་མ་ལྟ་བུའི་ཆོས་རྣམས་ལ། །སྒྱུ་མ་ལྟ་བུར་བསྒོམས་བྱས་ན། །སྒྱུ་མ་ལྟ་བུར་སངས་རྒྱའོ། །གསུང་སྟེ་སྣང་ཙམ་བསྒོམ་པའི་ལུང་། །ད་དུང་ཧཱུྃ་རྫེ་ང་ལ་ཉོན། །ནམ་མཁའ་ལྟ་བུའི་སེམས་འདི་ཡིས། །ནམ་མཁའ་ལྟ་བུའི་ཆོས་རྣམས་ལ། །ནམ་མཁའ་ལྟ་བུར་བསྒོམ་བྱས་པས། །ནམ་མཁའ་ལྟ་བུར་འཚང་རྒྱའོ། །ཞེས་གསུང་དེ་ནི་སྣང་མེད་ལུང་། །གཞན་ཡང་སྣང་མེད་ལུང་ཡོད་ཉོན། །གཟུགས་མེད་མཐོང་བ་པོ་ཡང་མེད། །སྒྲ་མེད་ཐོས་པ་པོ་ཡང་མེད། །དྲི་མེད་སྣོམ་པ་པོ་ཡང་མེད། །རོ་མེད་མྱོང་བ་པོ་ཡང་མེད། །ལུས་མེད་རེག་པ་པོ་ཡང་མེད། །ཡིད་མེད་ཡིད་ལས་བྱུང་བའང་མེད། །དེ་ཡང་སྣང་བ་མེད་པའི་ལུང་། །ད་དུང་སྣང་བའི་ལུང་ཡོད་ཉོན། །གཟུགས་ནི་དབུ་བ་རྡོས་པ་འདྲ། །ཚོར་བ་ཆུ་ཡི་ཆུ་བུར་བཞིན། །འདུ་ཤེས་སྨིག་རྒྱུ་ལྟ་བུ་སྟེ། །འདུ་བྱེད་རྣམས་ནི་ཆུ་ཤིང་བཞིན། །རྣམ་ཤེས་སྒྱུ་མ་འདྲ་ཞེས་གསུང་། །དེ་ལྟ་སྣ་ཚོགས་ཀུན་སྣང་ཡང་། །སྟོང་པ་ཉིད་དུ་གོམས་པར་མཛོད། །ཇི་ལྟར་སྟོང་པའི་གནས་ལུགས་ཀྱང་། །སྣང་བ་ཉིད་ལས་གཞན་མ་ཡིན། །དེས་ན་སྣང་སྟོང་འདྲེས་མར་བསྒོམས། །རྣམ་དག་ཁྲིའུ་སྤྲུལ་པའི་སྐུ། །སྣང་སྟོང་འདྲེས་པའི་ལུང་ཡོད་ཉོན། །ཀུན་རྫོབ་གང་ཡིན་དོན་དམ་ལ། །དོན་དམ་གང་ཡིན་ཀུན་རྫོབ་སྟེ། །ཀུན་རྫོབ་ལས་ནི་ལོགས་ཤིག་ན། །དོན་དམ་ཉེ་བར་མི་དམིགས་གསུང་། །དེས་ན་ཀུན་རྫོབ་སྣང་བ་ལ། །དགེ་དང་སྡིག་པ་ཀུན་སྣང་ཞིང་། །འབྲས་བུ་བདེ་དང་སྡུག་བསྔལ་སྣང་། །དེ་ཕྱིར་སྐྱེ་འཆིའི་ཕྲེང་བ་བྱུང་། །དེ་ཡང་

རྒྱུ་མེད་མ་ཡིན་པས། །རྒྱུ་དང་འབྲས་བུ་ལྟར་སྣང་ཡང་། །དཔྱད་ན་འཇིག་པའི་རྟེན་འབྲེལ་ཡིན། །རྒྱུ་རྐྱེན་འདུས་པའི་ཐོག་མ་ལ། །འཆི་བདག་བདུད་ཀྱིས་འཇིག་སླ་ཞིང་། །སྐྱབས་གནས་ལྷས་ཀྱང་རྐྱེན་རྣམས་སྐྱོབ། །དེ་བས་སྣང་མེད་གོམས་ཀྱིས་ལ། །འཆི་བདག་བདུད་ཀྱིས་སྒྱུར་བ་ཡི། །འདོད་པའི་འདམ་ལ་བློ་སྣ་བཟེས། །རྟག་འཛིན་མ་ཆེ་ཐུབ་བཞིར་བསྒོམས། །མི་རྟག་སྣང་མེད་ཐྱེལ་མར་གྱིས། །དེ་ནས་རང་བཞིན་དག་པ་ཡི། །པདྨ་སྐུ་མཆོག་རྣམ་དག་དེས། །ལྷགས་ཀྱི་པདྨ་རབ་བཀྲམ་ནས། །ཇོ་ཡི་དྲུང་དུ་འདི་སྐད་ཞུས། །སྐྱེ་བ་མེད་པ་ཆོས་ཀྱི་སྐུ། །སྣང་བའི་སྐུར་སྟོན་སྤྲུལ་པའི་སྐུ། །ཚོགས་གཉིས་མཐར་ཕྱིན་ལོངས་སྐུ་ཉིད། །པདྨ་བདག་གི་སྤྱི་བོར་བཞུགས། །བྲུང་དུ་འབྲེལ་དང་སྣང་སྟོང་པའི། །ཟབ་མོའི་གནས་ལུགས་ལེགས་གསུངས་ནས། །མཐུག་སྟུད་སྣང་སྟོང་དབྱེ་བ་མེད། །སྣང་བ་ཐམས་ཅད་རྟེན་འབྲེལ་གསུང་། །རྟེན་འབྲེལ་རྒྱུ་རྐྱེན་འདུས་པ་སྟེ། །དེ་ལ་སྐྱེ་འཆིའི་ཁྲེང་བ་འབྱུང་། །རྒྱུ་དང་འབྲས་བུ་མི་སླུ་བས། །རྟེན་འབྲེལ་གསོབ་སྟེ་འཆི་བདག་གིས། །འཇིག་པར་སླ་ཞེས་བཀས་གནང་ན། །འཇིག་པ་ཅན་གྱི་ལུས་འདི་ཡི། །རྒྱུ་གང་འཆི་ཚེ་ཇི་ལྟར་བྱ། །ཐང་བྱ་གང་ཞིག་བླང་བྱ་ཅི། །འཇིགས་པའི་སྐྱབས་གནས་སུ་ཞིག་ཡིན། །མན་ངག་གང་ཡིན་བསྟན་དུ་གསོལ། །དྲི་མེད་ཞལ་ནས་འདི་སྐད་གསུང་། །སྲས་ཀྱི་སྙིང་པོ་ང་ལ་གསོན། །འབྱུང་བཞིས་སྐྱིད་པའི་ལུས་ངན་ལ། །རྣམ་ཤེས་ཐོགས་མེད་རིག་པས་བརྟེན། །ལས་ཀྱི་དབང་གིས་ཕན་ཚུན་འབྲེལ། །བཙན་ས་མ་ཟིན་འབྲལ་བར་སླ། །མི་མཐུན་བསྡོངས་པས་ནད་རིགས་མང་། །བག་ཆགས་དབང་གིས་སྡུག་བསྔལ་འཕེལ། །ཀུན་ལ་འབྱུང་བའི་ཐམས་པོ་ཆེ། །འཆི་བར་མིང་བཏགས་ཡོང་མེད་དུ། །བཟློག་རྒྱུ་མེད་པ་ཐོག་ལྟར་འབེབས། །དེ་ནི་སྤྱི་ཙམ་བསྟན་པར་ཟད། །ད་ནི་ཡན་ལག་འདུས་པ་ཡི། །མགོ་དང་རྐང་མཐིལ་ཡན་ཆད་ཀྱི། །ཚོགས་པ་འདི་ལ་ལུས་ཞེས་བྱ། །མགོ་དང་རྐང་པ་ལག་པ་དང་། །ཉིང་ལག་

པགས་པ་ནང་ཁྲོལ་དང་། །མིག་རྣ་ལ་སོགས་དབང་པོ་དང་། །ཁྲག་དང་ཆུ་སེར་ལ་སོགས་པའི། །མི་གཙང་རྫས་དང་སྲིན་བུའི་རིགས། །བརྒྱད་ཁྲིར་བཅས་རྣམས་འདུས་པ་ཡི། །སྲ་བའི་ཆ་རྣམས་ས་ཡིས་བསྐྱེད། །བརླན་པའི་ཆ་རྣམས་ཆུ་ཡིས་བསྐྱེད། །དྲོད་ཀྱི་ཆ་རྣམས་མེ་ཡིས་བསྐྱེད། །གཡོ་བའི་ཆ་རྣམས་རླུང་གིས་བསྐྱེད། །ཁྲི་བྲག་རླུང་མཁྲིས་བད་ཀན་དང་། །འདུས་པའི་ནད་ཀྱིས་གདུངས་པའི་ལུས། །བཤང་གཅི་ལ་སོགས་མི་གཙང་ཡང་། །འཆི་བདག་བདུད་ཀྱིས་ཟ་བར་བྱེད། །མི་རྟག་ཆེན་པོ་མི་འདོད་ཀྱང་། །རང་དབང་རང་ལ་མེད་གྱུར་པས། །ཐོག་ཏུ་བབ་ཚེ་འགྲོ་དགོས་འབྱུང་། །ཕྱི་ན་དཔག་ཏུ་མེད་པར་འགྱེས། །བརྟགས་ན་སྟོང་པའི་ངོ་བོ་ནའང་། །སྣང་སྟོང་འཇིག་པའི་ཆོས་ཅན་ལས། །ནམ་ཞིག་ཚེ་ཟད་གྱུར་པའི་ཚེ། །གཤིན་རྗེའི་པོ་ཉས་ཕྱོགས་མཐའ་བསྐོར། །དབུགས་ལེན་གཤེད་མ་ཉམས་དགའ་བྱེད། །འཆི་བདག་ཆེན་པོས་གཉའ་ནས་མནན། །ཅི་ཐོས་དང་གར་མི་འོང་ཞིང་། །སྟོབས་མེད་ལུས་ཚུགས་མལ་དུ་ཞིག །ཉེ་བར་འདོད་པ་དུ་ཞིང་སྐྱོར། །ལས་ངན་ལ་ལ་བོན་རྩིས་བྱེད། །བཟང་བཟང་གསུང་སྒྲོགས་གཏོར་མ་གཏོང་། །ལ་ལ་རབ་ཏུ་སྡངས་གྱུར་ཏེ། །ལས་སུ་སྨན་པ་ཚོལ་ཞེས་རྒྱུག །ལ་ལ་ཕྱོགས་ནས་བསྐོར་ཏེ་དུ། །ཨེ་མ་མི་འཆི་ཨེ་སྲིད་ན། །ཁྱོད་ཆེ་ཟེར་ཞིང་འབུག་ཤུབ་བྱེད། །སྨན་པ་ལ་ལ་རྩ་བལྟ་ཞིང་། །ཤབ་ཤིབ་མི་འདུག་རྣམ་འགྱུར་བྱེད། །ཉེ་ལྟར་འཚོས་པ་ང་རེ་ཞེས། །ངུས་ཚེ་ནད་པ་ལྷག་པར་དུ། །འཆི་བར་འདུག་སྣམ་ཟུག་རྫུ་ལྟང་། །དེ་ཚེ་སྡུག་བསྔལ་ཆེན་པོའི་གློང་། །ཅི་བྱས་ཕན་པར་མི་འགྱུར་བའི། །གཏུགས་ཏེ་ཐུག་པའི་དུས་ཅིག་འོང་། །ཉོན་དང་དེ་ལ་འདི་ལྟ་སྟེ། །སྐྱེས་པའི་དུས་ན་གཞིབས་ཏེ་སྐྱེས། །ལྷན་ཅིག་སྐྱེས་པའི་ལྷ་འདྲེ་གཉིས། །རང་དང་རང་གི་བླ་གཉིས་སོ། །ལྷ་དེས་མཐུན་རྐྱེན་ཐམས་ཅད་སྒྲུབ། །འགལ་རྐྱེན་ཐམས་ཅད་སྤོང་བར་བྱེད། །དགེ་བ་ཀུན་ལ་བསླལ་མ་འདེབས། །དགེ་བ་གང་བྱས་ཡི་གེར་འགོད། །སྡིག་གམ་

སྡུག་ན་སྨྱུ་ངན་བྱེད། །དགེ་བའམ་སྐྱིད་ན་དགའ་བ་སྒོམ། །འདྲིས་ནི་དེ་ལས་ཟློག་པར་བྱེད། །ཇི་སྲིད་དགེ་བ་སྟོབས་ཆེ་ཞིང་། །ཚེ་ཡི་འཕེན་པ་མ་ཟད་བར། །དགེ་བ་གང་དང་གང་བྱས་ཀྱང་། །དམིགས་སུ་འགྲོ་བ་འདི་ལྟ་སྟེ། །དཀོན་མཆོག་སྤྱི་ལ་མཆོད་པ་དང་། །དགེ་འདུན་དག་ལ་བསྙེན་བཀུར་ཞིང་། །ཆོས་སྐྱོང་འབྱུང་པོར་བཅས་པ་ལ། །གཏོར་མ་གཏོང་ཞིང་ཕོངས་པ་ལ། །སྦྱིན་པས་ཚིམ་པར་བྱེད་པ་སོགས། །གང་དག་ཡུལ་དུ་བྱས་གྱུར་ནས། །དགེ་བའི་ལས་ལ་འཇུག་པ་དང་། །རང་གི་སྒོམ་དང་ཁ་ཏོན་དང་། །དགེ་བ་ཅི་དང་ཅི་བྱས་ཚེ། །ལྷ་ཡི་ལྷ་ལ་སྒྲོག་བྱེད་ཅིང་། །ལྷ་ཡིས་རིམ་གྲོ་བྱེད་པར་འགྱུར། །དེ་ཚེ་ལྷ་ནི་འདི་སྐད་དུ། །འབྲས་བུ་རྒྱུ་ཡི་རྗེས་སུ་འབྲང་། །མི་འདིས་དགེ་བའི་བྱ་བ་སྤྱད། །འབྲས་བུ་བདེ་སྐྱིད་རྙེད་རིགས་ཀྱི། །སྡུག་བསྔལ་དོན་མེད་འདྲི་ཕྱིར་ཕྱེད། །བདག་ཅག་ལྷ་ཡིས་བསྐྱབ་བྱ་ཡིན། །དེ་ནས་འདྲི་ཚོགས་སྡུག་བསྔལ་གྱུར། །བར་ཆོད་བྱ་བར་ག་ལ་ནུས། །མི་དེ་ནད་མེད་ཕུན་སུམ་ཚོགས། །དད་དང་འབྱོར་པས་བརྒྱན་པར་གྱུར། །རང་གཞན་ཐམས་ཅད་སྐྱོན་པའི་གནས། །དེ་ནས་བདུད་སྡེ་འདི་ལྟ་སྟེ། །ཨེ་མ་བདག་གི་ཡུལ་ལས་འདས། །འདིས་ནི་རང་གཞན་དོན་གཉིས་སྒྲུབ། །བར་ཆད་ཚོགས་ཚད་གཏོང་བར་བྱེད། །ཞེ་སྡང་ཅན་ལ་ཞེ་སྡང་གཏོང་། །འདོད་ཆགས་ཅན་ལ་འདོད་ཆགས་སོགས། །གཞན་ལ་སྡང་ཞིང་རང་ལ་ཆགས། །སྡིག་པའི་ལས་ལ་བཞུགས་པའི་ཚེ། །ལྷན་སྐྱེས་འདྲེ་ནི་འདི་སྐད་དུ། །འབྲས་བུ་རྒྱུ་ཡི་རྗེས་སུ་འབྲང་། ། སྡིག་པ་སྡུག་རིགས་ལྷ་ཕྱིར་ཕྱེད། །དེ་ནས་ལྷ་དེ་སྟོབས་ཆུང་སྟེ། །ཀླ་དེ་འདྲེ་ཡིས་འཕྲིར་བར་བྱེད། །དེ་ནས་མིག་སོགས་དབང་པོ་དང་། །ལུས་ཀྱི་སྟོད་སྨད་གང་བརྒྱབ་ཚེ། །ན་ཚ་ཆེན་པོ་མྱོང་བར་འགྱུར། །སྡིག་པའི་ཚོགས་ཀྱང་ཡི་གེར་འདེབས། །སྡིག་པ་འཕེལ་ན་ཚེ་བསྲིང་ཞིང་། །སླར་ཡང་སྡིག་པ་ཉིད་ལ་འགོད། །དེ་ཚེ་ལྷ་ཉིད་འདི་སྐད་དུ། །ཨེ་མ་འདི་ནི་སྡུག་བསྔལ་ཞེས། །ཐབས་ཀྱིས་ཆོས་ལ་སྦྱོར་བ་ཡིས། །ནད་པ་ནད་བདག་

འདི་སྐད་དུ། །རིམ་གྲོ་གྱིས་ཟེར་དགེ་ལས་སམ། །མཆོད་པ་ལ་སོགས་བྱས་པའི་ཚེ། །གོང་བཞིན་བླ་དེ་ལྷ་ཡིས་འཛིན། །དེ་ནས་བླ་དེ་ལེགས་པར་སྐྱོབ། །གང་ན་ན་ནས་ལེགས་པར་གསོ། །གོང་བཞིན་འདྲེ་དེ་ཕྱིར་ལ་སྐྲོད། །ཨེ་མ་དེ་ནས་འདི་ལྟ་སྟེ། །མཐུན་རྐྱེན་ལྷ་ཡིས་སྐྱོབ་བྱེད་ཅིང་། །འགལ་རྐྱེན་འདྲེ་དང་བྲལ་གྱུར་ནས། །ནད་པ་དེ་ཉིད་གྲགས་པར་འགྱུར། །དེ་ཚེ་ཐམས་ཅད་འདི་སྐད་དུ། །རིམ་གྲོ་བྱས་པས་བཟློག་གོ་ཟེར། །དེ་ནི་སྔོན་གྱི་རྒྱུ་དང་ནི། །ད་ལྟའི་རྐྱེན་བཟང་འཕྲད་པ་ཡིས། །དགེ་བ་གང་བྱས་དམིགས་སུ་འགྲོ། །དེ་ལས་བཟློག་ན་འདྲེ་ཉིད་རྒྱལ། །དགེ་རྩ་སྣ་རེ་ཙམ་བྱས་ཤིང་། །རིམ་གྲོ་བག་རེ་བྱས་གྱུར་ཀྱང་། །སྔོན་གྱི་ལས་ངན་ཚབས་ཆེ་ཞིང་། །དེ་ཡི་དབང་གིས་སྡིག་ལ་སྤྱོད། །འདྲེ་ཡི་རྐྱེན་ངན་བར་ཆད་པས། །རིམ་གྲོ་སྣ་རེས་མི་བཟློག་པར། །འདྲེ་རྣམས་ལྷ་ལ་སྙིང་ཆེམ་འཁྲང་། །ལྷ་ནི་མ་དགའ་མཆི་མ་འདོན། །བླ་དེ་འདྲེ་ཡི་ལག་ཏུ་ཤོར། །ཨ་ཙ་མ་ན་འཆིའོ་སྙམ། །བློ་སྣ་བསྡུང་དུས་མི་བསྡུང་བར་། །ཙུང་ཟད་བློ་སྣ་བསྒྲིངས་གྱུར་ནས། །སེམས་ལ་གྲོས་འདེབས་བྱེད་པའི་ཚེ། །ད་གཟོད་བདག་གིས་གོ་མ་ཆོད། །འཆི་བ་བྱ་བ་བྱུང་བ་ཡིན། །བསགས་པའི་ནོར་རྣམས་དོན་མེད་འགྱུར། །ཆོས་ལ་ཉམས་ལེན་བྱས་པ་མེད། །མར་གྱི་གསེབ་ནས་སྤུ་ཐོན་བཞིན། །ནོར་དང་ལོངས་སྤྱོད་ཉེ་འབྲེལ་དང་། །གྲོགས་ཀྱི་གསེབ་ནས་ཐོན་གྱུར་ནས། །རང་ཉིད་གཅིག་པུར་འགྲོ་བ་འབབ། །ཁོ་བོ་ཤི་ནས་ཇི་ལྟར་བྱ། །ཨ་ཙ་མ་ཞེས་འདྲེ་ལྟོག་བྱེད། །ཇམ་པ་ཁ་ཏུ་མི་ཤོང་ཞིང་། །གོ་མ་ཆོད་ལ་འགྱོད་པའི་ཚེ། །ཤིན་ཏུ་འཕྱིས་པའི་སྐབས་སུ་གདའ། །དེ་ཚེ་སྟོང་པ་སུ་ཞིག་ཡོད། །ཕ་ཡིས་སྟོངས་སམ་མ་ཡིས་སྟོངས། །བུ་ཡི་སྟོངས་སམ་བུ་མོས་སྟོངས། །ནོར་གྱིས་སྟོངས་སམ་དབང་གིས་སྟོངས། །གབ་པས་ཐུབ་བམ་བྲོས་པས་ཐར། །འཐབས་པས་ཐུབ་བམ་བཅངས་པས་ཕན། །མཚར་མོའི་བྱད་ཀྱིས་བསླུས་ས་མེད། །ལང་ཚོའི་གཟུགས་ཀྱིས་ཐུབ་པ་མེད། །མཛངས་མའི་ཟས་

གྱིས་མི་བསླུས་པའི། །བཟློག་ཐབས་མེད་པའི་སྐབས་ཤིག་འོང་། །ཀོ་མ་ཚོད་པ་འཁྱོད་དེ་འཕྱིས། །ཕྱི་བཤོལ་དུས་ལ་བབ་སྟེ་འཕྱིས། །ཉེ་འབྲེལ་མང་པོས་མཐའ་བསྐོར་ཞིང་། །ཁྱོད་ལ་འཆི་བའི་སྐབས་མེད་ཅེས། །བྲང་རྡུང་སྡུག་བསྔལ་བྱས་གྱུར་ཀྱང་། །འཆི་བ་བསླུས་པ་སུ་ཞིག་ཡོད། །ངེས་པར་འཆི་བའི་དུས་ལ་བབ། །དེ་ཡང་འདོད་པའི་འདམ་གྱིས་ལན། །ངང་རིང་རྟག་འཛིན་བཟེས་ན་ཕན། །སྣང་མེད་དབྱིངས་སུ་གྲོས་ན་ཕན། །འཆི་ལུགས་ཇི་ལྟར་བྱུང་ཚུལ་ཏེ། །ཚོམས་སུ་བྱས་ན་བདུན་པའོ།། །།

ད་དུང་ཧཱུྃ་རྗེ་ང་ལ་ཉོན། །ད་ནི་འབྱུང་བཞི་འགྲིབ་པའི་ཚུལ། །དེ་ལ་དང་པོ་ས་འགྲོ་སྟེ། །ལུས་འདི་ས་ལ་བྱིང་བ་སྙམ། །གོས་ལ་སོགས་པས་མནན་པ་སྙམ། །ཤེས་པ་འཐིབ་ཅིང་བྱིང་བར་འགྱུར། །རྩ་ན་ཡོད་ལ་འདི་སྐད་དུ། །ཁོ་བོ་ཡར་ལ་ཐེག་ཅེས་ཟེར། །འཆི་བའི་སྔ་ལྟས་དང་པོ་ཡིན། །ཧཱུྃ་རྗེ་བག་ཆགས་བཟང་པོ་འཚོལ། །དུ་ཆར་མང་པོ་བྱར་མི་རུང་། །ཁ་ཆེམས་མང་པོ་འདྲིར་མི་རུང་། །མི་ན་དུས་སུ་མི་འདྲི་བར། །གནད་དུས་ཆེན་པོའི་སྐད་ལ་འདྲི། །དེ་ལས་དགྲ་ཆེ་སུ་ཞིག་ཡོད། །ངན་སོང་གསུམ་དུ་སྐྱུར་བར་བྱེད། །དེ་ཚེ་ནད་པ་དབེན་པར་བཞག །གཡས་ཕྱོགས་ཕབ་ལ་སྣ་བུག་གཡས། །ཟན་ལ་སོགས་པས་དགག་པར་བྱ། །དཀོན་མཆོག་གསུམ་གྱི་མཚན་བརྗོད་ཅིང་། །ཚངས་པའི་བུ་གར་བླ་མ་བསྒོམ། །བླ་མའི་བྱ་བ་དག་ཀྱང་བྱ། །གཞན་ལ་བྱེད་ན་དེ་ཉིད་དེ། །རང་ཉིད་དུས་ལ་བབ་པའི་ཚེ། །གནས་གསུམ་ཡིག་འབྲུ་གསུམ་གྱིས་བརྒྱན། །ཡིག་འབྲུ་གསུམ་ལ་སེམས་བཟུང་ཞིང་། །སྤྱི་བོར་བླ་མ་བཞུགས་བྱས་ཏེ། །རྣམ་ཤེས་ཚངས་པའི་བུ་གར་ཐོན། །དེ་ནས་བླ་མའི་ཐུགས་ཀར་འཕོ། །གཞན་ཡང་ཧཱུྃ་རྗེ་ང་ལ་ཉོན། །དེ་ཚེ་ཤར་ནས་བཅོམ་ལྡན་འདས། །རྡོ་རྗེ་སེམས་དཔའ་རི་བོ་ཙམ། །རང་གི་ཁ་དོག་ཉིད་བྱས་ཏེ། །རྒྱན་གྱིས་བརྒྱན་པའི་སྣང་བར་འོང་། །དེ་ཚེ་བག་ཆགས་བཟང་གྱུར་ན། །ལྷར་ཤེས་དགའ་བ་སྐྱེ་འགྱུར་ཏེ། །བག་ཆགས་ངན་ན་འཇིགས་སྐྲག་སྐྱེ། །རིག་

པ་བརྒྱལ་ནས་འགྲོ་བར་བྱེད། །དེ་ཡི་རྗེས་སུ་ཆུ་འགྲོ་སྟེ། །ཁ་སྐམ་སོ་དྲེག་ཆགས་འགྱུར་ཏེ། །ཀྲན་སྐམ་ལྟེ་ཡང་འཕུམས་པར་འགྱུར། །འཆི་བའི་སྡུ་ལྟས་གཉིས་པ་ཡིན། །དེ་ཚེ་ལྷོ་ནས་བཙོམ་ལྡན་འདས། །རིན་ཆེན་འབྱུང་ལྡན་གོང་བཞིན་འབྱུང་། །བག་ཆགས་བཟང་ན་ལྷར་དགའ་སྟེ། །ངན་ན་འཇིགས་སྐྲག་སྐྱེ་བར་འགྱུར། །དེ་ནས་འབྱུང་བ་མེ་འགྲོ་སྟེ། །ལུས་ཀྱི་དྲོད་རྣམས་ལྡོག་བྱེད་ཅིང་། །ལུས་ཀྱི་བཀྲག་ཀྱང་ཡལ་བར་འགྱུར། །ད་ནི་ཤི་ནས་འདུག་ཅེས་སྨྲ། །འདི་ནི་འཆི་ལྟས་གསུམ་པ་ཡིན། །དེ་ཚེ་ནུབ་ནས་བཅོམ་ལྡན་འདས། །སྣང་བ་མཐའ་ཡས་གོང་བཞིན་འབྱུང་། །ཤེས་དང་མ་ཤེས་གོང་བཞིན་ནོ། །དེ་ནས་འབྱུང་བ་རླུང་འགྲོ་སྟེ། །དེ་ཚེ་རླུང་གིས་རིག་པ་བཏེག །ཕྱིར་རླུང་བྲང་བྲེང་ཕྱིར་འཕངས་པས། །རིག་པ་ཅུང་ཟད་སོས་པ་སྙམ། །ལབས་ཤིང་གཞན་ལ་ཧིག་ཧིག་བལྟ། །རླུང་གིས་ལས་ཀྱི་སྨོམ་པ་སྙམ། །ཟས་ཤིག་ཁྱེར་ལ་ཤོག་ཅེས་ལབས། །ཀླུན་པོ་དུར་བརྒྱུགས་འདོད་ཅེས་སྨྲ། །ལ་ལ་ཡོག་ནས་བྱུང་ཞེས་ཟེར། །ལ་ལ་གཡོ་འགུལ་མེད་པའང་འོང་། །དེ་ནི་འཆི་ལྟས་བཞི་པ་ཡིན། །དེ་ཚེ་བྱང་ནས་བཅོམ་ལྡན་འདས། །དོན་ཡོད་གྲུབ་པ་གོང་བཞིན་འབྱུང་། །ཤེས་མ་ཤེས་པ་གོང་བཞིན་ནོ། །དེ་ནས་དྲོད་རྣམས་མ་ལུས་ལྡོག །ཐམས་ཅད་ཤི་ཞེས་འགྲིལ་ཆས་བྱེད། །ཨེ་མ་དམུ་འཐོམས་ཡོང་མེད་པར། །སྐྱིལ་ཏེ་མ་ཤིར་སྐྱིལ་བ་མང་། །ཉིན་ཞག་ཕྲུགས་རེ་བཞག་ན་ལེགས། །ཕྱི་ཡི་ལྟས་རྣམས་རྫོགས་ནས་ཀྱང་། །ནང་དབུགས་རྣམས་ནི་ཕྱི་རུ་ཤོར། །ཕྱི་དབུགས་ནང་དུ་མ་ལོན་པར། །རིག་པ་རྩ་ཡི་སྦུགས་སུ་འཚངས། །མཁའ་འགྲོ་ལྷ་གནས་རྩར་སོང་ཚེ། །དེ་དག་ཀུན་གྱི་སྣང་བ་འབྱུང་། །མ་ཤེས་ཚེ་ན་གོང་བཞིན་ནོ། །ཤེས་ན་དངོས་གྲུབ་སྟེར་ཏེ་དགའ། །གཞན་ཡང་རྣམ་སྣང་ལ་སོགས་པ། །ལྷ་ཡི་ཚོགས་རབ་དུ་མ་མཐོང་། །མ་ཤེས་ན་ནི་སྡུག་བསྔལ་བསྐྱེད། །ཤེས་ན་དངོས་གྲུབ་ཆེན་པོ་ཉིད། །མདོར་ན་བག་ཆགས་བཟང་ངན་གྱིས། །ཁྲོ་བོ་འཇིགས་པའི་ཆ་བྱད་ཅན། །དཔག་ཏུ་མེད་པ་མཐོང་

ན་ཡང་། །ངན་པ་འདི་སླམ་ཨ་ཙ་མ། །བདག་ལ་དགྲ་བོ་བྱུང་ངོ་སྙམ། །ཡང་དག་ཕྱིན་ཅི་ལོག་ཏུ་རྟོག །སྐྱབས་གནས་དགྲ་བོ་ཉིད་དུ་འཁྲུལ། །མདོར་ན་ཧཱུྃ་རྗེ་ང་ལ་ཉོན། །ཞི་ཁྲོའི་ལྷ་ཚོགས་དཔག་མེད་མཐོང་། །གོམས་པའི་སྐྱེས་བུས་ཤེས་གྱུར་ནས། །གྲོགས་དང་སྐྱབས་གནས་དགའ་བར་ཚོར། །ཀུན་ལ་སྐྱབས་འགྲོ་གསོལ་བ་འདེབས། །དེ་དག་ཀུན་གྱི་རྗེས་སུ་འབྲང་། །དེ་དག་ཀུན་གྱིས་གནས་ལུགས་སྟོན། །བླ་མ་དག་ཀྱང་དེར་འཁྲོན་ནོ། །དེ་ཚེ་ཤེས་པར་བྱས་གྱུར་ཏེ། །རྣམ་ཤེས་རིག་པ་ཐོགས་མེད་པས། །རབ་ཏུ་ཆོས་ཀྱི་དབྱིངས་སུ་འཐོ། །འབྲིང་ནི་བླ་མའི་ཐུགས་ཀར་འཐོ། །ཐ་མར་ཡི་དམ་ཐུགས་ཀར་འཐོ། །གཏན་གྱི་བཙན་ས་བཟུང་ཞིང་ཞུ། །དེ་ཚེ་འདི་དུས་གང་གོམས་པའི། །བག་ཆགས་དངོས་སུ་སད་པར་འགྱུར། །ཧཱུྃ་རྗེ་བདག་གིས་བྱ་བཏང་ངོ་། །ངེས་པར་འོང་ངོ་ཀུན་ལ་སྟོན། །བྱུང་ཚེ་ངེས་པར་དྲན་པར་གྱིས། །ཤེས་ནའང་ངན་སོང་སྐྱེ་མི་སྲིད། །རྒྱུས་མེད་རྣམས་ནི་འཁྲུལ་ཏེ་འཕྱུང་། །འཐོ་བ་གཞན་ལ་འདེབས་པའི་ཚེ། །དཀོན་མཆོག་གསུམ་དང་བླ་མ་ལ། །བསམ་གྱིས་མི་ཁྱབ་མཆོད་པ་ཕུལ། །ཡན་ལག་བདུན་པའང་རྒྱས་པར་གྱིས། །འཐོ་བ་ཐེབས་པར་གསོལ་བ་ཐོབ། །དེ་ནས་འབྱུང་བཞིའི་དུས་དུས་སུ། །མགོ་ནས་ཕོ་ཡི་མིང་བོས་ལ། །ཁྱོད་ལས་དགའ་བ་སུ་ཡང་མེད། །ད་ནི་ཡི་དམ་ཞལ་མཐོང་ངོ་། །ཤར་ལ་གཟིགས་དང་སངས་རྒྱས་བྱོན། །སྐུ་མདོག་སྔོན་པོ་རབ་ཏུ་ཆེ། །རྒྱན་ཆ་ཕུན་སུམ་ཚོགས་པས་བརྒྱན། །སེམས་དཔའི་འཁོར་གྱིས་རབ་ཏུ་བསྐོར། །སྐྱོབ་པའི་ལྷ་ཡིན་གསོལ་བ་ཐོབ། །ཕུང་པོ་འདི་ལ་མ་ཆགས་པར། །རྣམ་ཤེས་ལྷ་ཡི་ཐུགས་ཀར་འཐོས། །ལྷ་ཡི་ཞལ་ནས་འདི་སྐད་གསུང་། །ཆོས་ཀྱི་གནས་ལུགས་སྟོང་པ་ཡིན། །བཟང་ངན་རྟོག་པ་ཅི་ཡང་མེད། །ཡོད་མེད་མཐའ་ལ་མ་ཞེན་པར། །རིག་པ་དབུ་མ་ཆེན་པོར་ཞུགས། །ལུས་ནི་ཤེལ་གྱི་ཨུ་རྒྱི་འདྲ། །གསལ་ལ་དངས་པའི་སྤྲི་བོ་ལས། །རིག་པ་ཐོན་ཏེ་ང་ཉིད་དང་། །དབྱེ་བ་མེད་པར་དབྱིངས་སུ་བྱོན། །ཧཱུྃ་

ཛྷེ་དེ་བཞིན་བརྟན་གྱུར་ན། །ངེས་པར་འོང་བས་བདེ་བར་འགྲོ། །ལེགས་ཉེས་ཀུན་གྱི་སུམ་མདོའི་ས། །སོར་བཞིའི་ཚད་ལའང་ལེགས་ཉེས་འབྱུང་། །གཞན་ཡང་གང་ཟག་རིམ་པས་བརྟག །བསྐྱེད་རིམ་སྒོམ་ལ་བསྐྱེད་རིམ་བསྟན། །རྫོགས་རིམ་ཅན་ལ་རྫོགས་རིམ་བསྟན། །རྣམ་དག་ཚུལ་ཁྲིམས་གཙང་མ་ལ། །ཞིང་ཁམས་གཙང་མའི་རྣམ་པ་བསྟན། །ཚད་མེད་བྱང་ཆུབ་སེམས་དཔའ་ལ། །བསམ་གྱིས་མི་ཁྱབ་ཚོ་ག་བསྟན། །མདོར་ན་དགེ་སྦྱོར་གང་བྱེད་པའི། །བག་ཆགས་བརྟན་ཤོས་དེ་ཉིད་བསྟན། །ཧཱུྃ་ཛྷེ་ཁྱོད་ཀྱི་བཀའ་བརྒྱུད་རྣམས། །རྣམ་ཐར་གཙང་ལ་བློ་ཆེ་བས། །དགའ་ལྡན་བསྟན་ལ་འཕོ་བ་བཏབ། །དྲན་མ་ཐག་ལ་ཞིང་དེར་འགྲོ། །ཅི་ཕྱིར་ཞེ་ན་ལུས་འདི་ལ། །ཆགས་དང་ལྟོས་པ་ཅི་ཡང་མེད། །དེ་ཚེ་རྣམ་ཤེས་ཐོགས་མེད་ལྡན། །གང་གི་རྣམ་པ་སྐྱེས་དེར་སླེབ། །དེ་བས་གཙང་མའི་རྣམ་པ་ཤར། །གཙང་མའི་ཞིང་དུ་སྐྱེ་བར་འགྱུར། །གང་ཞིག་མི་དགེ་རྣམ་པ་ན། །མ་དག་ཞིང་དེར་ཐོགས་མེད་རྒྱུ། །རྣལ་འབྱོར་སྤྱོད་པའི་དབུ་མ་པ། །དབུ་མའི་དབྱིངས་སུ་དབུ་མ་འགྲོ། །ཤི་ལྟས་ནམ་མཁའ་དྭངས་པ་ཡིན། །ཚུལ་ཁྲིམས་གཙང་ལ་མེ་ཏོག་འབབ། །བྱང་ཆུབ་སེམས་ལ་རིང་བསྲེལ་འཛག །བསྐྱེད་རིམ་ཅན་ལ་ལྷ་སྐུ་འབྱོན། །ཁྲིམས་གཙང་ཕུང་པོ་གཙང་མ་སྟེ། །ལྷ་རྣམས་ཀུན་གྱིས་བསུ་བར་བྱེད། །ཕྱིར་མི་ལྡོག་ལ་དུང་འཁྱིལ་ཏེ། །འཁོར་བ་མི་སྤོང་སེམས་དཔའ་ལ། །ཐུགས་དང་ལྟགས་ནི་འབྱོན་པར་བཤད། །སྤྱིར་ནི་དམ་པ་གཤེགས་པ་ལ། །ལྷ་ཡི་ སྣ་ལྟས་འཇའ་འོད་འབྱུང་། །གནས་ལུགས་སྣ་ལྟས་སྤྲིན་མེད་ཡིན། །དེ་ནི་ཐུན་མོང་སྣ་ལྟས་ཙམ། །ཐུན་མོང་མ་ཡིན་བསམ་མི་ཁྱབ། །ལ་ལ་ཀུན་ནས་བཤད་ཅ་ན། །ཀླུང་སེམས་དབུ་མར་ཆུད་ཅེས་གསུང་། །དེ་ལའང་སྐྱོན་མེད་རྟོག་མེད་འབྱུང་། །གནས་ལུགས་བསྒོམ་པ་མཆོག་ཏུ་བཟང་། །གཞན་དུ་ཐ་མལ་ཕལ་ཆེ་བ། །མ་ཤེས་དབང་གིས་བརྒྱལ་གྱུར་ཏེ། །ཤི་ནས་ཞག་པོ་གསུམ་ལྷག་གམ། །བདུན་དུ་བརྒྱལ་བར་འགྱུར་ཞེས་

གདའ། །ལ་ལ་ཆོས་ཀྱི་གནས་ལུགས་དག །མ་བུ་འཕྲོད་པའི་སྐབས་ཡིན་སྐད། །དེ་ལའང་སྐྱོན་མེད་གསུང་རབ་ཡིན། །མཁས་པས་དེ་ལ་ཡུན་བསྲིང་འཚོལ། །ཤན་པ་མཁན་ལའང་འོང་སོད་ཀྱི། །མི་ཤེས་དབང་གིས་ངན་འགྲོར་འགྱུར། །ཨེ་མ་ཧཱུྃ་ཛེ་ང་ལ་ཉོན། །སྐབས་ཤིག་མཐོང་ཤེས་འདི་འདྲའང་མཆི། །སྔ་ཕྱི་འདི་གསུམ་ཚེ་རབས་དྲན། །སྔ་མ་གསུམ་དུ་གར་སྐྱེས་དྲན། །ཕྱི་མ་གསུམ་དུ་གར་སྐྱེ་དྲན། །འཕོས་མ་ཐག་དང་བདུན་དུ་དྲན། །དེ་ཚེ་དེ་ནི་འདི་སྐད་དུ། །སྔོན་ཡང་སྡུག་བསྔལ་དཔག་མེད་མྱོང་། །ཨེ་མ་ངལ་བསོ་འདྲ་བ་ཡི། །མི་ལུས་ཐོབ་ནས་འདུག་པ་ལ། །ཆོས་མེད་སྡིག་མང་ལས་དབང་གིས། །ངན་སོང་འགྲོ་བ་ཨ་རེ་སྙམ། །རབ་ཏུ་འཇིགས་ཤིང་སྐྲག་པ་སྐྱེ། །དེ་ནས་ཅུང་ཟད་བརྒྱལ་ནས་འགྲོ། །དེ་ལས་ལངས་ཚེ་མཐོང་ཤེས་ཉམས། །ལུས་ནི་ཅི་ཡང་མེད་གྱུར་ཀྱང་། །ལུས་ཤིག་ཡོད་པ་སྙམ་བྱེད་ཅིང་། །གོག་སྟེ་ལངས་ནས་འདི་སྙམ་དུ། །མི་མེད་ལུང་སྟོང་འདི་འདྲའི་ཡུལ། །འཇིགས་པའི་གཟུགས་ཅན་དཔག་མེད་གདའ། །སྣང་བ་དག་ཀྱང་མི་གདའ་བ། །འདི་ཏུ་འོང་བ་ཅི་ཡིན་ན། །སྙམ་དུ་ཐོགས་མེད་རྒྱུག་པར་བྱེད། །དེ་ཚེ་གཤེད་མའི་ཞགས་པས་བཅིངས། །ཤུལ་ན་ར་མདའ་བྱེད་ཡོད་ན། །སྐྲག་པའི་ཚུལ་གྱིས་ནང་དུ་སླེབ། །གཤེད་མ་དེ་དང་བྲལ་བ་སྙམ། །གསོན་པོའི་རྗེས་སུ་ལད་མོ་ཟློ། །ཐམས་ཅད་དུ་ཞེང་མཆི་མ་འཕྱིན། །ཤི་བར་ཤེས་ནས་སྨྱུ་ངན་སྐྱེ། །ལབས་ཀྱང་གཏམ་ལན་འཛལ་མཁན་མེད། །སོར་མོ་རྣམས་ཀྱང་ཕྱིར་བཟློག་གདའ། །གོས་ཀྱང་མགོ་མཇུག་བཟློག་པ་སྙམ། །བྱེད་ཀྱང་དགེ་བའི་སྣང་བ་ཡིས། །ངན་སོང་སྒོ་ཁེགས་མཐོ་རིས་འགྲོ། །ཤུལ་མས་དགེ་བ་མི་བྱེད་པར། །ཏུ་འབོད་བྱས་ན་འདི་ལྟར་འགྱུར། །ལ་ཁའི་རྩེ་ནས་འབོད་པར་ཐོས། །འབད་དེ་དེ་ཡི་སར་ཕྱིན་ཡང་། །མི་འདུག་ལྷུང་ན་དྲག་ཟེར་ཐོས། །ལོག་སྟེ་བལྟས་ཀྱང་མི་གདའ་བ། །དེ་བཞིན་སྡུག་བསྔལ་ཀུན་ཏུ་རྒྱུག །བཞི་བཅུ་ཞེ་དགུར་འཁྱམས་ཞེས་གྲགས། །དེ་ནི་མ་མཐའ་ཙམ་དུ་

ཟད། །དེ་ཡི་བར་དུ་ཅི་རིགས་འཁྲུམས། །དམ་པ་ཕལ་ལ་མཚམས་མེད་པར། །བཙན་སའི་གནས་སུ་ཡར་ལ་འགྲོ། །ཕ་མ་གསོད་སོགས་མཚམས་མེད་པར། །དམྱལ་བ་ཆེན་པོའི་གཏིང་དུ་འགྲོ། །སྡིག་ཅན་རབ་ནི་དམྱལ་བ་སྐྱེ། །འདོད་ཆགས་ཅན་ནི་ཡི་དྭགས་ཤིང་། །ཞེ་སྡང་ཅན་ནི་ལྷ་མིན་ཏེ། །གཏི་མུག་ཅན་ནི་བྱོལ་སོང་ཉིད། །དེ་ཡང་དུ་མ་ཉིད་དུ་སྤྱར། །བྱོལ་སོང་ལ་ཡང་འདི་ལྟ་སྟེ། །ཞེ་སྡང་ཅན་ནི་གཅན་གཟན་སོགས། །གཏི་མུག་ཅན་ནི་ལུག་ལ་སོགས། །འདོད་ཆགས་ཅན་ནི་ཕོང་བུ་སོགས། །གསུམ་ག་ཁྱི་ལ་སོགས་པར་སྐྱེ། །འགྲོ་བ་གཞན་ལའང་དེ་བཞིན་སྦྱར། །དམྱལ་བ་ཙམ་ཞིག་མཚོན་བྱེད་ན། །ལྷན་ཅིག་སྐྱེས་པའི་ལྷ་འདྲེ་དང་། །རང་ཉིད་བཅས་ཏེ་གཤེད་མ་ཡིས། །གཤིན་རྗེའི་མདུན་དུ་ཁྲིད་ཅེས་གྲགས། །དེ་ཡིས་ཆོས་དང་སྡིག་ལ་སྤྱོད། །འདྲེ་ཡིས་སྡིག་ཚོགས་སྟོན་ཅེས་གྲགས། །ལྷ་ཡི་དགེ་བ་སྟོན་ཅེས་གྲགས། །མཉམ་ན་མི་ལོང་ངོས་ལ་བལྟ། །མི་ཤེས་སྲུང་ལ་འདེགས་སོ་སྐད། །སྡིག་པས་བཙོ་སྲེག་སྤྱོང་བར་འགྱུར། །དགེ་བ་ཅན་ནི་དེ་ལྟར་མིན། །ཧཱུྃ་ཛྫེ་དེ་ཙམ་རྗེས་སུ་སྟོན། །ངེས་པར་འཆི་བའི་དུས་གཅིག་འོང་། །འབྱུང་བཞིའི་གཡར་པོ་དེ་ལྟར་གཏོང་། །ལུས་སེམས་རྟེན་འབྲེལ་དེ་ལྟར་འཇིག །ལྷ་ཡི་ཚོགས་རབ་དེ་ལྟར་འོང་། །བག་ཆགས་ངན་པ་དེ་ལྟར་ཤུང་། །བག་ཆགས་བཟང་ལྡན་དེ་ལྟར་རྒྱལ། །མཆོག་ནི་གནས་ལུགས་གོམས་པ་ཡིན། །ནམ་ཞིག་འཆི་བའི་དུས་བྱུང་ཚེ། །གདམས་པ་ཡིན་ནོ་ངེས་པར་ཕན། །འཆི་བ་མི་འོང་སུ་ཡང་མེད། །འདི་འདྲ་ཤེས་པ་གཅིག་ཏུ་དཀོན། །ཧཱུྃ་ཛྫེ་ཆོས་པའི་མལ་དག་ཏུ། །མཁས་པ་ཕྱོངས་པར་མི་འཆི་འཚོལ། །བཙུན་པོ་འཆལ་བར་མི་འཆི་འཚོལ། །བཟང་པོ་ཟོག་མར་མི་འཆི་འཚོལ། །ཧཱུྃ་ཛྫེ་བག་ཕོབ་སོས་རྩོལ་ལ། །བྱོལ་སོང་བཞིན་དུ་ཤུབ་མི་ཉལ། །འདོད་ཆགས་གན་རྒྱལ་མི་ཉལ་ཞིང་། །ཞེ་སྡང་གཡོན་ཕྱོགས་མི་འབེབས་པར། །གཡས་པབ་གཡས་རྩ་མནན་བྱས་ནས། །རབ་ཏུ་ཆོས་དབྱིངས་ཆེན་པོར་ཉལ། །འབྲིང་དུ་ཚད་

མེད་ཆེན་པོར་ཉལ། །ཐ་མར་ཚུལ་ཁྲིམས་དྲན་པར་ཉལ། །དེ་ནི་སྤྱོད་ལམ་འབྲིང་པོ་ཙམ། །གཞན་དུ་སྐྱིལ་ཀྲུང་མཉམ་བཞག་སྟེ། །ཇི་ལྟར་ཟུག་གཟེར་ཆེ་ཡུར་ཀྱང་། །དེ་ཡི་སྙིང་དུའང་སེམས་ཅན་གྱི། །སྡུག་བསྔལ་རྫིལ་ཏེ་བླངས་ཏེ་ན། །འདི་ཡང་བདེན་པ་ཅི་ཡང་མེད། །དོན་གྱི་ངོ་བོ་སྤྲོས་བྲལ་ཡིན། །སྐྱེ་འཆི་མེད་པའི་ཆོས་དབྱིངས་ལ། །རིག་པ་གློད་དེ་གཞག་པར་བྱ། །གཟུགས་མཐོང་ཚོ་ན་བླ་མ་དང་། །ཡི་དམ་ཆོས་སྐྱོང་རྣམས་སུ་བསྒོམས། །དེ་ཡང་བདེན་མེད་གཟུགས་བརྙན་ཙམ། །སྒྲ་རྣམས་གནས་ལུགས་ཆེན་པོའི་ཚིག །དེ་ཡང་བྲག་ཆ་ཙམ་དུ་བཞག །བཟང་ལ་ཆགས་པ་རྩལ་མི་བྱ། །ངན་ལ་སྡང་འདོད་ཅི་ཡང་མེད། །རྣམ་རྟོག་སྐྱེས་ན་ཐོགས་མེད་འཛིག །ལུས་ངན་ཞིག་ལ་ཞུགས་པའི་ཚེ། །རང་དབང་མེད་པར་བདག་གིས་འཆིང་། །དེ་བས་བདག་ཏུ་མི་འཛིན་པར། །བདག་མེད་དབྱིངས་སུ་བསྒྱུར་བར་བྱ། །དེ་ནི་ཊོ་རྗེའི་སྤྱོད་ལམ་སྟེ། །རྟོག་པ་མེད་པ་ཀུན་ཏུ་གཅེས། །འདི་ནི་ནམ་ཞིག་འཆི་བའི་ཚེ། །འཕོ་བའི་ཚོམས་ཏེ་བརྒྱད་པའོ།། །།

སྙིང་རྗེ་ཆེན་པོའི་གུར་ནང་ནས། །ཤེས་རབ་ཆེན་པོའི་གཞུ་འཛིན་པ། །ཐབས་མཁས་མདའ་ནི་ཐོགས་མེད་འཛིན། །ཚད་མེད་བཞི་ཡི་གཤོག་པ་ཅན། །སྙིང་རྗེའི་ལྟོང་གིས་རྒྱུད་འཐེན་ཞིང་། །དཔའ་བའི་མདའ་ཆེན་ཐོགས་མེད་པར། །རྒྱུད་བཅིངས་གཉེན་པོའི་བཅས་ཀྱིས་བསྣམས། །བདེ་ལྡན་དཔའ་བོ་གསེར་གྱི་བྱུ། །དགེ་བ་བསྐྱལ་བའི་འོད་ཟེར་གྱིས། །འཇིག་རྟེན་ཐམས་ཅད་རབ་བཀང་ནས། །གཞུ་བདུངས་མདའ་འཕེན་བཤུགས་སླུ་ལེན། །འཛུམ་ཞིང་འཛམ་པར་བག་ཡེབས་ཏེ། །བཙོ་མ་གསེར་གྱི་སྐུ་མཆོག་ལ། །ཤེལ་གྱི་ཙོད་པན་རབ་གདུགས་ཏེ། །མི་ཏོག་ཁ་འབུས་སྟོང་དུ་སྤྲར། །ཡན་ལག་དྲུག་ཅུའི་ཚིག་འབྲུས་བརྒྱན། །ཚངས་པ་སྟོང་དབྱངས་ཟིལ་གནོན་པའི། །དབྱངས་ཀྱིས་བསྟོད་ཕྱག་ཕུན་ཚོགས་འཚལ། །ལྷ་མོ་སྟོང་གིས་མཆོད་ཚོགས་འབུལ། །ཁྲིའུ་སྟོང་

གིས་སྡིག་ཚོགས་བཤགས། །ཐུན་མོང་རྗེས་སུ་ཡི་རང་བསྐུལ། །མྱ་ངན་མི་འདར་གསོལ་བ་བཏབ། །དེ་ནས་གཙོ་བོ་ཧཱུྃ་རྗེ་ཡིས། །རྗེ་ཡི་སླན་དུ་འདི་སྐད་གསོལ། །འཆི་བའི་འདམ་ལས་རབ་བརྒལ་བར། །བྲིད་པའི་འཕོ་བ་གོ་སླ་བར། །འཆི་བདག་རྒྱལ་པོས་བསྐུལ་མ་བཏབ། །འཆི་བ་ཉིད་ཀྱིས་ཤེས་བྱས་ནས། །འཆི་མེད་དབྱིངས་སུ་འཕོ་བ་ཡིས། །ངང་རིང་བློ་སྣ་བརྗེས་སོ་རྗེ། །འདོད་པ་དྲུག་མཚོ་ཁོལ་མའི་འདམ། །ཆགས་པའི་གནས་སུ་མ་མཐོང་ནས། །ཆགས་ཞེན་བརྗེས་ཏེ་འབྲོས་པ་ཡིས། །འབྲོས་ས་ཁྱོད་ཀྱིས་བསྟན་ནོ་རྗེ། །གང་ཞིག་བདེ་བའི་སྲོག་གཅོད་པའི། །ཆགས་པའི་མེ་འོབས་ཆེན་པོ་ལས། །བློ་སྣ་རིང་པོ་བརྗེས་གྱུར་ནས། །མེ་འོབས་ཉིད་ལས་ཅི་ཐར་བའི། །ཐབས་མཁས་དྲིན་ནོ་བླ་མ་རྗེ། །ངོ་མྱུགས་འདམ་ཞེས་གྲགས་པ་ཅན། །ཁྱོད་ཀྱི་རྩ་བ་འདོད་ཆགས་ཡིན། །རྩ་བའི་འདམ་ལས་མ་བརྒལ་ན། །ང་བདག་ཅན་གྱི་བདེ་སྐྱིད་ཟད། །ཁྱོད་ཀྱི་འདམ་དུ་བྱིང་གྱུར་ནས། །འདོད་པ་ལྷུགས་ཀྱི་སྲིན་བུ་ཞེས། །མཆུ་རིང་བདག་འདྲས་རབ་ཕུག་སྟེ། །འདམ་དུ་བཟོད་མེད་སྡུག་བསྔལ་འབྱུང་། །ཨེ་མ་འདོད་པ་ཆེན་པོས་ལན། །དེ་ཡང་བདག་འཛིན་དགྲ་བོས་ལན། །འདི་ནི་ཆགས་སྡང་ཀུན་ལ་རེམ། །ངང་རིང་བརྗེས་ལ་གཙང་མ་ཡི། །ཞིང་དུ་འགྲོ་བའི་ཐབས་ཆེད་དོ། །འདོད་པ་དར་གྱི་སྲིན་བུ་འདྲ། །རང་ལ་བྱུང་བའི་ཁ་ཆུ་ཡིས། །རང་ཉིད་བཅིངས་ནས་འགྲོར་མི་སྟེར། །དེ་བཞིན་བདག་འཛིན་ཆེན་པོ་ལས། །བྱུང་བའི་འདམ་རྫབ་ཆེན་པོ་ཡིས། །རང་ཉིད་བཙན་སར་མི་གཏོང་བར། །མི་བཟོད་བཞིན་དུ་སྦུར་དུ་འཇུག །ངང་རིང་འདམ་ལས་རྗེ་བཅངས་ཀྱིས། །ཅེས་ཀྱང་མི་ཕན་བྲོས་ན་བདེ། །བླ་མ་ཧཱུྃ་རྗེ་ང་ལ་གསོན། །མི་ལུས་གྲུ་ཡི་མི་དང་འདྲ། །སྐམ་ལ་ཕྱིན་ནམ་རྒྱ་མཚོར་འཆི། །ཤི་གསོན་བར་ན་ནས་ཕྱེད་དེ། །གལ་ཏེ་གྲུ་དང་མཉན་བཟང་ན། །སྐམ་པའི་གནས་སུ་ཕྱིན་པ་སྲིད། །གལ་ཏེ་དེ་ཉིད་མེད་གྱུར་ན། །བཟློག་སྟེ་རྒྱ་མཚོར་འཆི་བར་འགྱུར། །མི་ཡི་གྲུ་ལ་བརྟེན་པ་

ཡང་། །དལ་འབྱོར་བླ་མ་བཟང་གྱུར་ན། །ཕ་རོལ་ཐར་པའི་གནས་སུ་འགྲོ། །མི་ལྡན་འཁོར་བའི་རྒྱ་མཚོར་མཆི། །དེ་ལ་འདི་ཡིས་མཚམས་ཡིན་ནོ། །མཚམས་འདི་ཞིག་པར་མ་གྱུར་ཚེ། །གཡོབས་ཤིག་བརྩོན་པའི་ཀོ་ཆ་ཅན། །སྐྱོབས་ཤིག་བླ་མ་མཉན་པ་མཆོག །མི་ལུས་གྲུ་འདི་བཙན་སར་ཐོངས། །འདིར་ཡང་ནད་སོགས་སྡུག་བསྔལ་བའི། །གྲུ་འདི་ཟགས་ཆུས་མ་ཁྱེར་ཅིག །གྲུ་འདིས་འགྲོ་བ་མ་ལུས་པ། །འཁོར་བའི་ཕ་རོལ་སྒྲོལ་བྱེད་པའི། །མཉན་པ་དམ་པར་བྱིན་གྱིས་རློབས། །ངེས་པར་འབྱུང་བར་མཛད་དུ་གསོལ། །ཨེ་མ་སྤྲུལ་པའི་ཆོས་རྒྱལ་གསོན། །འགྲོ་བའི་བསོད་ནམས་ལས་འཁྲུངས་པའི། །ཧཱུྃ་ཞེས་སྙིང་རྗེ་ཆེན་པོ་ངས། །འཁོར་བ་འདི་ལ་ཆེར་བལྟས་པས། །རང་དབང་མེད་པར་འཁོར་བ་ཡི། །སྡུག་བསྔལ་ཟོ་ཆུན་ཁྱུད་མོ་འདྲ། །ཅི་བྱས་སྡུག་བསྔལ་འབའ་ཞིག་ལས། །བདེ་བའི་འཁྲུལ་འཁོར་མི་གདའ་བ། །རྒྱུ་འབྲས་ཆོས་ལ་མིག་བལྟས་པས། །འགལ་འགལ་འདྲ་ལ་འབྲེལ་བ་ཡི། །ཟོག་པོའི་མཚན་ཉིད་རབ་བཟུང་ནས། །དྲང་པོ་མང་པོ་བསླུས་པ་མཐོང་། །ཉོན་མོངས་ལས་ལས་སྐྱེས་པ་ཡི། །རིག་པ་བཀྲ་ལ་འདུན་མ་སྟོར། །ཚེ་འདིའི་དགུ་གཙོ་བཟང་བཟང་འདྲ། །གཏན་འདུན་རྒྱབ་ཡོག་བྱས་པ་མཐོང་། །གཞན་ལ་སློབ་ན་མཁས་མཁས་འདྲ། །རང་གི་འདུན་མ་རྟོན་སྟོར་བ། །དོན་ལ་གཉིས་མེད་སྨོས་ཕུང་བ། །ལབ་བཟངས་རང་སྲོག་སྐྱེལ་བ་མཐོང་། །ཤེས་རབ་བཟོ་སྦྱིད་ཀུན་ལ་མཁས། །ཀུན་གྱིས་བཀུར་ཞིང་བློ་གཏོད་གནས། །ཕྱི་མའི་ལྷ་མོ་མ་མཐོང་བར། །འདི་ཡི་བདུད་མོས་བསླུས་པ་མཐོང་། །ཚུལ་ཁྲིམས་སྨན་གྱི་ལྗོན་འདྲ་བ། །རང་དང་གཞན་ལ་ཕན་པ་དེ། །འཕྲུལ་དུ་ཁ་ནས་ཕུགས་སུ་སྐྱུར། །བདུད་ཀྱང་ཁྲིལ་དགོད་བྱེད་པ་མཐོང་། །ཐོས་བསམ་སྒོམ་གསུམ་རྒྱལ་པོ་ཡི། །གཏེར་མཛོད་འཛད་མེད་འདྲ་བ་དེ། །འཕྲུལ་གྱི་ཉམས་དགར་མ་མཐོང་ནས། །འདོད་ཡོན་གྲོང་ཁ་འཁྲིམ་པ་མཐོང་། །འགྲུབ་ངོས་ཤེས་པའི་ཉམས་ལེན་

ཌོར། །མི་གྲུབ་སངས་རྒྱས་ཁས་ལེན་བྱེད། །བར་དོའི་གཡང་ལ་ལྷུང་གྱུར་ནས། །སྡུག་བསྔལ་རང་མགོ་ཆག་པ་མཐོང་། །སྐྱབ་ངོས་ཤེས་པའི་དཀོན་མཆོག་པོར། །མཐུ་ཆེན་འདོད་པས་པེ་ཀར་སྒྲུབ། །འགྲུབ་མ་ཐག་ཏུ་སྲོག་དང་བྲལ། །ཤི་ནས་ངན་སོང་འཁྱིམ་པ་མཐོང་། །གནས་ལུགས་སྟོན་པའི་བླ་མ་པོར། །བདེ་བ་འཛོག་པའི་གྲོགས་ངན་བསྟེན། །རྒྱང་མིག་མི་མཐོང་ཧ་རེ་ཡོང་། །མྱུར་དུ་སླང་པོས་བརྫིས་པ་མཐོང་། །བརྟག་དཔྱད་མི་གཏོང་ཁྲིམ་སོ་བཟུང་། །དགའ་དགའ་བཞིན་དུ་མཐུན་བསྟེབས་ནས། །འདི་དང་ཕྱི་མ་ཀུན་སྟོར་ཏེ། །འཆི་ཁར་དབང་མེད་འབྲལ་བ་མཐོང་། །ལྷ་ཕྱིར་སྡིག་པ་ཀུན་བསགས་ནས། །ཚེ་འདིའང་བདེ་བར་མ་ཕྱིད་པར། །ཐམས་ཅད་ཁོ་ལ་འཆི་སྨོན་འདེབས། །ཕུགས་ཀྱང་ངན་སོང་ལྟུང་བ་མཐོང་། །གཏན་གྱི་བདེ་བ་སྐྱིད་པའི་ཆོས། །སྙིང་ནས་སེམས་ལ་མི་བསྟེན་པར། །ཚེ་འདིའི་དགྲ་བོ་གཡོབ་པའི་ནོར། །ཤི་ལ་ཐུག་ཀྱང་སོག་པ་མཐོང་། །ཤི་ནས་བཞག་ལ་འགྲོ་དགོས་ཀྱང་། །བཟའ་བཏུང་ཙམ་ཡང་མི་ནུས་པར། །ཞེན་ཅིང་ཆགས་ཏེ་བསགས་གྱུར་པས། །འཆི་ཁར་མནར་སྒྲུངས་བྱས་པ་མཐོང་། །ལུས་ལས་སྐྱེས་ཤིང་རབ་བསྐྱངས་ནས། །ལངས་ཏེ་ལེགས་པར་བརྒྱན་པའི་ཚེ། །བཀྲ་མ་ཤིས་ཀུན་ང་འགྲོ་ཞེས། །ཕ་མ་བསླུ་བའི་བདུད་མོ་མཐོང་། །བློ་གཏད་ནོར་རྣམས་ཕོག་གྱུར་ཏེ། །ཁ་བཟུང་ཤགས་བཏབ་བུར་བསྐྱངས་པས། །གཤིས་ངན་བདུད་མོ་གོར་བླངས་ནས། །དྲིན་ཅན་རྒྱང་དུ་འཕེན་པ་མཐོང་། །ཚེ་འདིར་དག་པའི་སྣང་བ་སྦྱངས། །ཚུལ་ཁྲིམས་བསྲུངས་ཤིང་ཆགས་མེད་གཏོང་། །བཟང་པོའི་གནས་ལ་མི་དགའ་བར། །སེར་སྣས་ནག་ཁྲག་འཐུང་བ་མཐོང་། །དགྲ་བོ་སྙིང་དུ་བཙུག་གྱུར་ནས། །ཐམས་ཅད་དགྲ་ལ་མཆོད་བྱེད་ཅིང་། །ཕྱི་རོལ་ཡུལ་ལ་དགྲར་འཛིན་པའི། །ལོག་རྟོག་བདུད་ཀྱི་འཆིང་ཐུར་མཐོང་། །དགྲ་བོ་གཅིག་ཆོམས་མ་ལུས་པ། །ཆོམས་པའི་གནད་ཆེན་མི་ཤེས་པར། །རྣམ་རྟོག་ཆགས་སྡང་འཆད་གྱུར་ནས། །འཆད་ཤུལ་ནང་དུ་

བརྟག་པ་མཐོང་། །འདི་ནི་མ་དག་སེམས་ཅན་གྱི། །ལོག་སྤྱོད་རང་མཚན་འཁྲུལ་པ་སྟེ། །ཉོན་མོངས་འདམ་དུ་བྱིང་བ་ཡི། །མ་དག་སེམས་ཅན་ཡིན་པར་ངེས། །རལ་གྲིས་རང་ལ་བསྣུན་པར་ངེས། །དུག་ཆུ་རང་གིས་འཐུངས་པར་ངེས། །རང་སྲོག་རང་གིས་འཇོམས་པར་ངེས། །གཏིང་ཇོ་རང་གིས་བྱེད་པར་ངེས། །དགྲ་ཕུང་རང་ཉིད་སྤྱོང་བར་ངེས། །གཤེད་མའི་དགྲ་བོ་ཕྱུགས་བཙུག་ནས། །སོ་དང་སྣོ་ཆ་ཕྱིར་བསྣམས་ཏེ། །བྱ་རྒྱང་དུ་བྱེད་པར་ངེས། །ཨ་ཙང་གྲག་སྟོང་ལྟེམ་པོ་ཡིན། །དོན་ལ་གྲུབ་པ་ཅི་ཡང་མེད། །སྣང་སྣང་འདྲ་སྟེ་བདེན་པས་སྟོང་། །མཐོང་ངེས་རི་བོང་རྭ་དང་འདྲ། །ཁྲིད་གཞི་མེད་ལ་ཁྲིད་ཆོས་ཕྱིར། །དེ་ཡི་རྣ་རྒྱལ་རྟོག་དང་མཚུངས། །མོ་གཤམ་ཁྱིའུ་སྔོན་པོ་ཅིག །དུག་ཆུ་འཐུངས་པས་འོད་དང་ལྡན། །བདུད་རྩི་འཐུངས་པས་སྲོག་དང་བྲལ། །རང་རོ་རང་གིས་ཁུར་བར་མཐོང་། །ཤིན་ཏུ་དཔའ་བའི་སེང་གེ་ཅིག །མགོ་དགུ་གཡུ་རལ་མཛེས་པས་བརྒྱན། །ནམ་མཁའ་ཐང་ལ་འབེབས་བྱེད་ཅིང་། །རལ་པས་བཅིངས་ཏེ་འཕེན་པ་མཐོང་། །མཐོང་བར་མ་ཟད་ཁོ་བོས་ངེས། །ཨེ་མ་འདི་ཡི་སྤྱོད་ཚུལ་ཞན། །ཐོ་ཆུན་བཞིན་དུ་མི་འཕོར་རམ། །འོན་ཏེ་བདེན་མེད་ཡལ་ཡུལ་མང་། །ཐར་པའི་ཞིང་ཁམས་མི་བགྲོད་དམ། །མཚུངས་པ་མེད་པའི་བླ་མ་རྗེ། །སྣང་དང་སྣང་མེད་མཐོང་ངེས་ཏེ། །མཧཱ་སྦྱུད་ཚོམས་ཏེ་དགུ་པ་ཡིན།། །།

ཐམས་ཅད་དྲིལ་ན་རྣམ་བྱང་ཆོས། །སྐྱེ་འཆི་མེད་པར་ཤེས་པ་ཡིན། །དྲི་མེད་ཞལ་ནས་འདི་སྐད་གསུང་། །ཇི་སྲིད་ནམ་མཁས་ཁྱབ་གྱུར་པ། །དེ་སྲིད་ཚོད་སྐུས་ཁྱབ་གྱུར་ཏེ། །དེ་ཙམ་ཁྱབ་པའི་ཕ་མ་ཡང་། །ཁྱེད་ཀྱིས་མི་འདྲེན་སུ་ཡང་མེད། །ཚོད་སྐུ་བ་སྤྲུ་གཅིག་ཅིག་གི །ཁུང་དུ་རྒྱལ་བ་དཔག་མེད་ཀྱི། །ཞིང་ཁམས་བསམ་གྱིས་མི་ཁྱབ་ན། །ལུས་སྐྱ་བཀོད་པ་སུ་ཡིས་རྟོགས། །གང་ལའང་ཆགས་པ་མི་མངའ་ཞིང་། །ཆགས་མེད་སྟོང་པའི་བདེ་གཤེགས་སྐྱ། །གང་ཞིག་གང་ལ་ཆགས་གྱུར་པའི། །འདོད་པའི་

འདམ་ཆེན་འཛིན་པ་ཅན། །ཁྱོད་ཀྱིས་མི་རྟག་བསྐུལ་མ་ཡིས། །རྟག་འཛིན་བདེ་དང་ངང་རིང་དང་། །སྐྱིད་འདོད་ལེ་ལོ་སྙོམ་ལས་པའི། །འཛིན་ཐག་གང་དེ་རྗེ་བྱེད་པ། །འཛིན་ཐག་གང་དེ་བསྟུང་བྱེད་པ། །གང་ལ་ཕན་ཞིང་བདེ་བ་ཡི། །མགོན་པོ་བཙོན་པའི་གོ་ཆ་ཅན། །ཁྱོད་ནི་གསུང་རབ་མ་ལུས་པ། །གཅིག་ཏུ་བསྡུས་ཏེ་བསྡམས་མཁས་ན། །ངེས་པར་བསྡུས་ཏེ་བསྟན་ཏུ་གསོལ། །ཧཱུྃ་རྗེའི་ཞལ་ནས་འདི་སྐད་གསུང་། །བླ་མ་མཆོག་རབ་གསན་དུ་གསོལ། །དེ་དག་དྲིལ་ན་འདི་ལྟ་སྟེ། །སྣང་བ་དང་ནི་སྣང་མེད་དང་། །བཟང་པོ་དང་ནི་ངན་པ་དང་། །སྤང་བྱ་དང་ནི་གཉེན་པོ་སྟེ། །གང་ལ་ཆགས་བྱེད་འཆིང་བར་བྱེད། །དེ་བས་གང་ལའང་ཆགས་པ་སྤང་། །འདོད་ཅིང་ཆགས་པའི་འདམ་ལ་རྗེ། །ཆགས་མེད་དབྱིངས་སུ་བདེ་བར་འགྲོ། །གལ་ཏེ་བཟང་ལ་ཆགས་གྱུར་ཀྱང་། །ཐར་པའི་སྲོག་དང་འབྲལ་བར་བྱེད། །གལ་ཏེ་ངན་ལ་ཆགས་གྱུར་ན། །མཐོ་རིས་བདེ་འགྲོའི་སྲོག་དང་འབྲལ། །དེ་བས་རྟག་པར་འཛིན་པ་ཡི། །རྣམ་རྟོག་འཆིང་བའི་གར་བུ་ནི། །འདོད་ཆགས་འདམ་ལས་རྗེས་གྱུར་ཏེ། །གདུལ་བྱར་བཅས་ཏེ་མཉམ་ཉིད་དུ། །འགག་མེད་དབྱིངས་སུ་ཆགས་མེད་འགྲོ། །དེ་ནི་འཕྲིན་དུ་བསྡུས་པ་ཡིན། །དེ་ཡང་བསྡུས་ན་འདི་ལྟ་སྟེ། །གང་ལའང་ཆགས་པ་སྤང་བྱ་ཞིང་། ། ཆགས་པ་མེད་པར་གནས་པར་བྱ། །ཆགས་པས་བདེ་འགྲོའང་མི་ཐོབ་ཅིང་། །ཐར་པའི་སྲོག་ཀྱང་གཅོད་པར་བྱེད། །ཅེས་བྱ་བ་ཅིག་ལས་མི་གདའ་ཡི། དེ་འདྲའི་ཐོས་བསམ་ལས་བྱུང་བའི། །དགེ་བ་བསྒོམ་དང་ལྡན་པ་དེ། །མཐོ་རིས་ས་བཅུར་བརྒྱུད་བྱས་ནས། །ངེས་པར་རྫོགས་སངས་རྒྱས་པར་ཤོག །ཧཱུྃ་རྗེ་ང་ཡི་རྣམ་ཐར་རྣམས། །ཤེལ་གྱི་ཁྲིའུ་ལྟར་གསལ་བ། །པདྨ་དཀར་པོའི་ཐྲེ་འབྲུ་ལ། །རྣམ་ཐར་ཕུན་ཚོགས་བཀྲ་ཤིས་ཤོག །ཐུབ་ཆེན་དཔལ་བོའི་བཀྲ་ཤིས་ཤོག །ཡེ་ཤེས་སྒྲོལ་མའི་བཀྲ་ཤིས་ཤོག །ཐུགས་རྗེ་ཆེན་པོའི་བཀྲ་ཤིས་ཤོག །མི་གཡོ་མགོན་པོའི་བཀྲ་ཤིས་ཤོག །ཚུལ་ཁྲིམས་གཙང་མའི་

བཀྲ་ཤིས་ཤོག །ལྷག་བསམ་བཟང་པོའི་བཀྲ་ཤིས་ཤོག །ཐབས་ཤེས་མཆོག་གི་བཀྲ་ཤིས་ཤོག །སྣང་སྟོང་མཁས་པའི་བཀྲ་ཤིས་ཤོག །དེ་ཉིད་རྟོགས་པའི་བཀྲ་ཤིས་ཤོག །བཀྲ་ཤིས་ཀུན་འདུས་བཀྲ་ཤིས་ཤོག །འདོད་པའི་འདམ་ལ་མ་བྱིང་བར། །མི་རྟག་ཐུན་བཞིར་རབ་བསྒོམས་ནས། །སྨོན་འཇུག་ཤིང་རྟས་དྲངས་གྱུར་ནས། །མཐར་ཐུག་ཐེག་པ་ཕྱིན་པར་ཤོག །དེ་ལྟར་ན་ཞུས་ལན་ནོར་བུའི་ཕྲེང་བ་ལས། འདོད་པའི་འདམ་ལས་བཟློས་བཅངས་ཇི་ལྟར་བྱ་བའི་ལེའུ་སྟེ་བཅུ་གཉིས་པའོ།། །།

༄ ཨོཾ་ཨཱཿ ཧཱུཿ ཧཱུྃ། ཐུབ་ཆེན་ཡེ་ཤེས་སྒྲོལ་མ་དང་། །ཐུགས་རྗེ་ཆེན་པོ་མི་གཡོ་བ། །བསླུ་བ་མེད་པའི་མགོན་སྐྱབས་བཞི། །སྤྱི་བོར་བླངས་ནས་ཕྱག་བགྱིའོ། །སྤྱིར་ཐུབ་པ་ཆེན་པོའི་ཞིང་ཁམས། སྒོས་སྤྱན་རས་གཟིགས་ཀྱི་པད་སྟོང་། ཉིང་སྒོས་ཟེ་འབྲུ་དང་འདྲ་བའི་སྒྲོལ་མའི་ཞིང་ཁམས། མི་གཡོ་བ་རྡོ་རྗེའི་གདན་སྟེང་། ཡེར་པ་བླ་མའི་གཟིམས་ཁང་དུ། སྤྱིར་འགྲོ་བ་ཡོངས་ཀྱི་བླ་མ་ལ། སྒོས་རྒྱ་བོད་གཉིས་ཀྱི་མངའ་བདག །རྗེ་ཇོ་བོར་རྒྱལ་པོའི་གདུང་རྒྱུད། འཇིག་རྟེན་སྒྲོན་མ་རྣམས་ཀྱི་གཙུག་གི་ནོར་བུ། གནས་གཅིག་ཏུ་པཎྜི་ཏ་ལྔ་བཅུ་རྩ་ལྔས་མཆོད་པ། བདེ་བར་གཤེགས་པའི་གསུང་རབ་མ་ལུས་པའི་ལྡེ་མིག །ངུར་སྨྲིག་འཛིན་པ་བསམ་གྱིས་མི་ཁྱབ་པའི་མཁན་པོ། སྡེ་སྣོད་ཐམས་ཅད་ཚིག་བཞི་པ་གཅིག་ཏུ་དྲིལ་ནས་ཐུགས་རྩེ་གཅིག་ཏུ་འཛིན་པའི་སྡེ་སྣོད་འཛིན་པ་ཆེན་པོ། གསང་སྔགས་མ་ལུས་པའི་རྡོ་རྗེ་འཛིན་པ་ཆེན་པོ། མན་ངག་སྣ་ཚོགས་པའི་གཏེར་མཛོད། འགྲོ་བའི་བླ་མ་ཨ་ཏི་ཤ་ཡོངས་སུ་གྲགས་པ། བསྟན་པའི་མངའ་བདག་དེའི་སྤྱན་སྔར། དུས་གསུམ་གྱི་སངས་རྒྱས་ཐམས་ཅད་ཀྱི་ཡབ། འཕགས་པའི་གང་ཟག་ཀུན་གྱི་རྒྱལ་པོ། ཐུགས་རྗེ་དང་མཁྱེན་རབ་ནམ་མཁའ་དང་མཉམ་པ། མཛད་པ་དང་འཕྲིན་ལས་བསམ་གྱིས་མི་ཁྱབ་པ། འཁོར་བ་ན་གནས་པའི་སེམས་ཅན་ཐམས་ཅད་ཀྱི་སྡུག་བསྔལ་དང་དུ་ལེན་པ། དཀའ་སྤྱད་བསམ་གྱིས་མི་

ཁྱབ་པ་བཟོད་པ། དུས་གསུམ་དུ་དགེ་བའི་ཆོས་ཟབ་མོ་གནས་ལུགས་ཀྱི་དོན་ཕྱིན་ཅི་མ་ལོག་པས་ཐུགས་ངོམས་པ་མེད་པ། བ་སྤུའི་བུ་ག་ཐམས་ཅད་ཀྱང་དེ་བཞིན་གཤེགས་པའི་ཞིང་ཁམས་བསམ་གྱིས་མི་ཁྱབ་པས་གང་སྟེ། བུ་ག་རེ་རེའི་ཞིང་ཁམས་ཀྱང་ས་བཅུའི་བྱང་ཆུབ་སེམས་དཔའ་རྣམས་ཀྱིས་ཀྱང་དཔྱད་པར་མི་ནུས་པ། སྐད་ཅིག་གཅིག་ལ་འང་རིགས་དྲུག་གི་གནས་ཐམས་ཅད་ལུས་ཀྱི་བཀོད་པས་འགེངས་པར་མཛད་པ། དེ་དག་གི་སེམས་ཅན་ཐམས་ཅད་ལ་འང་དབུལ་ཕོངས་ལ་ཟས་སྐོམ་འབྱོར་པ་གོས་རྒྱན་རྟ་གླང་པོ་སྨན་དང་སྨན་པ་ལ་སོགས་པ་གང་དང་གང་འདོད་པ་སྟེར་བར་མཛད་པ། ཡི་དགས་ཀྱི་གནས་ན་ཁར་སྣ་སྣ་ཚི་ལ་སོགས་པ་རིགས་དྲུག་རང་རང་སྐྱོབ་པའི་ལྷ་གང་དང་གང་དུ་སྤྲུལ་ཏེ། ཆོས་ཐམས་ཅད་ཀྱང་ཕ་རོལ་ཏུ་ཕྱིན་པ་དྲུག་ཏུ་སྟོད། དྲུག་པོའང་ཡི་གེ་དྲུག་ཏུ་སྟོད། ཡི་གེ་དྲུག་པོས་ཀྱང་རིགས་དྲུག་གི་སྐྱེ་སྒོ་འགེགས་ཤིང་ཆོས་སྟོན་པར་མཛད་པ། འདོད་ཆགས་ཅན་ལ་འདོད་ཆགས་ཅན་ལྟར་བསྟན་ཏེ། ལྷ་མོ་གཞོན་ནུ་མ་དང་ལྷ་ཕྲུག་གཞོན་ནུ་མ་ལ་སོགས་པ་མཛེས་ལ་འཛུམ་ཆགས་པ། དགར་ལ་འོད་འཕྲོ་བ། དབྱངས་སྙན་ལ་ཚིག་འབྲུ་གསལ་བ། འདོད་པ་ཅན་བདེ་བ་བསྐྱེད་པའི་ལུས་སུ་སྤྲུལ་ཏེ་བསམ་གྱིས་མི་ཁྱབ་པའི་རྣམ་པར་ཐར་པ་ལ་འགོད་པ། ཞེ་སྡང་ཅན་ལ་སོགས་པ་ལ་འང་དེ་དག་ཉིད་ཀྱི་རྣམ་པར་སྟོན་པར་བྱེད་པ། མདོར་ན་མཚུངས་པ་མེད་པའི་བླ་མ་འཇིག་རྟེན་དབང་ཕྱུག་བདག་ཅག་གི་དགེ་བའི་བཤེས་གཉེན་ཡིད་བཞིན་གྱི་ནོར་བུ་རིན་པོ་ཆེ་དུས་གསུམ་གྱི་སངས་རྒྱས་ཐམས་ཅད་ཀྱིས་མཚན་བྱིན་གྱིས་བརླབས་པ། རྒྱལ་བ་དེ་དག་ཐམས་ཅད་ཀྱི་འབྱུང་གནས་དུས་དེང་སང་གདུལ་བྱའི་དབང་གིས་བྱང་ཕྱོགས་འཛམ་རྗེའི་གདུང་རྒྱུད་དུ་སྐུ་བལྟམས་པ། སྣས་པའི་བརྟུལ་ཞུགས་མཛད་པ་རང་བཞིན་གྱི་རྣལ་འབྱོར་པ་ཐམས་ཅད་ཀྱི་གཙུག་གི་ནོར་བུ། མཁའ་འགྲོ་མ་བྱེ་བ་ཁྲག་ཁྲིག་བརྒྱ་སྟོང་དུ་མས་ཞབས་ནས་མཆོད་

པ། དེ་ལྟར་མཚུངས་པ་མེད་པའི་བླ་མ་དེས། འདི་སྐད་ཅེས་ཞུས་པ། ཟག་མེད་ཀུན་ཏུ་དགེ་བའི་དཔལ། །ལྟ་བས་མི་ངོམས་ལྷུན་ཆགས་པ། །སྙན་པས་མི་ཆོམ་གསལ་དག་པ། །བསམས་པས་མི་རྗོགས་ཟབ་ཡངས་ཅན། །འགྲོ་བ་ཀུན་ལ་ཕན་སླད་དུ། །ཞུས་ལན་གསེར་གྱི་ཕྲེང་བ་འཕྱུད། །དགོས་འདོད་འབྱུང་བའི་ནོར་བུ་འདྲ། །བསམས་པས་ཆོམ་པའི་འདོད་དགུ་སྐེར། །འདུས་པའི་བདེ་གཤེགས་མ་ལུས་དང་། །མ་འོངས་སྒྲོན་མ་གང་འབྱུང་དང་། །ད་ལྟར་བཞོན་འགྲུས་མཚུངས་མེད་ཀྱིས། །རབ་ཏུ་བསྔགས་པའི་རྣམ་ཐར་གང་། །གཙང་ནས་གཙང་མ་བསྐྱེད་པ་ཡི། །ཆོས་ལུགས་བཟང་པོ་ང་ལ་དགོས། །དིང་སང་ཕ་ཡོགས་འདོད་པའི་དུས། །ཕ་གཅིག་མགོན་པོ་ཨ་ཏི་ཤ །མ་འོངས་ཇོ་བོ་ཡབ་སྲས་ཞེས། །ཡབ་སྲས་གཉིས་སུ་འབོད་དུས་སུ། །ཆོས་རྒྱལ་ཕ་ལ་བརྟེན་བྱས་ནས། །ཕ་ཡོགས་ངན་ན་གཉིས་ཀ་ནོངས། །ཇི་ལྟར་སྤྱད་ཀྱང་མི་འཛད་པ། །གང་ནས་བལྟས་ཀྱང་དྲི་མ་མེད། །ཇི་འདྲ་བཏབ་ཀྱང་མཆོག་ཏུ་སྐྱེ། །གང་ནས་ཐོས་ཀྱང་རོ་མཆོག་ཞིམ། །ཡངས་པ་རྩིབས་སྟོང་དཀྱིལ་དང་འདྲ། །གཙོད་ཁམ་རྩིབས་སྟོང་ཟླུར་དང་འདྲ། །ཕན་ཡོན་དོན་གཉིས་རབ་སྟུད་ཅིང་། །བཟང་ནས་བཟང་ལ་འཕོ་འགྱུར་ཅན། །རྒྱུད་ཆེན་ཀུན་ལ་འཕོས་གྱུར་ཀྱང་། །བཟང་ལུགས་ཉམས་པ་མི་མངའ་བ། །ཇི་ལྟར་སྒྲོན་མེ་གཅིག་པུ་ལས། །གང་གི་བྱེ་མཉམ་སྦྲོས་གྱུར་ཀྱང་། །གཅིག་པུ་མི་ཉམས་ཀུན་གསལ་ལྟར། །གང་གི་རྒྱུད་ལ་འཕོས་གྱུར་ཀྱང་། །མཐུན་ཕྱོགས་ཐམས་ཅད་སྟུད་བྱེད་ཅིང་། །མི་མཐུན་ཕྱོགས་རྣམས་གཙོད་བྱེད་པའི། །འཕོ་བྱ་འཕོ་བྱེད་ཀུན་རྒྱས་པས། །ཡར་ངོའི་ཟླ་བ་ལྟ་བུར་དགོངས། །ཕོ་བོ་ཡོན་ཏན་ཀུན་དའི་སྤུབས། །སྤྲས་པ་གང་གིས་མ་རྙེད་པ། །ཡར་ངོའི་རིམ་བཞིན་ཁ་ཕྱེ་སྟེ། །བརྒྱད་ཁྲི་ཉི་ཁྲི་ལྔ་སྟོང་སྤྲས། །འཕགས་པའི་དྲང་སྲོང་གཙང་སྦྲ་ཅན། །ཁྲམ་ཟེ་བློ་གསལ་ཀུན་མཁས་པ། །སྤྲུལ་པའི་རབས་བདུན་ཅི་འདྲའི་སྐུ། །གང་གིས་བལྟས་ཀྱང་མི་ངོམས་པ། །སྤུབས་ནས་རིམ་

གྱིས་གསལ་གྱུར་ཏེ། །ཟླ་བའི་བསིལ་ཟེར་ཀུན་དའི་གཙང་། །སྲུབས་ཀྱི་བཅུད་ཀྱང་དེ་འདྲ་བ། །རྒྱུ་གཙང་རྐྱེན་གཙང་འབྲས་གཙང་བ། །གཙང་མའི་ཞིང་ནས་གཙང་མར་འགྲོ། །གཙང་མའི་བག་ཆགས་གཙང་མར་འཁྱེར། །གཙང་མའི་གོས་དང་གཙང་མའི་ཟས། །རོ་མཆོག་བདེ་བ་ཐར་སྐྱེད་པ། །འདུལ་ཁྲིམས་གོས་ཡིན་ལྷག་བསམ་ཟས། །ཤེས་རབ་གཞལ་ཡས་བཟང་པོ་ན། །སྲེ་སྟོད་མགོ་བའི་ཡོ་བྱད་རྒྱས། །ཕྱི་བྲག་ནོར་བདུན་མཛེས་པས་ཕྱུག །ཐབས་མཁས་བྲན་འཁོར་རྫུ་འཕྲུལ་ཅན། །ཁྲིལ་ཡོད་གཞུང་གི་རྐེད་རྒྱན་ཅན། །ངན་སོང་སྐྱོབ་པའི་ལྷམ་བུ་ཅན། །བསམ་གྱིས་མི་ཁྱབ་ཤམ་བུ་ཅན། །རྣམ་དག་ལྔ་བའི་དབུ་རྒྱན་ཅན། །མཆོག་དང་ཐུན་མོང་ན་རྒྱན་ཅན། །སྟོབས་དང་མི་འཇིགས་དཔུང་རྒྱན་ཅན། །ཚུལ་ཁྲིམས་བཟང་པོའི་མགུལ་རྒྱན་ཅན། །ཚད་མེད་དགའ་བའི་སོར་གདུབ་ཅན། །རྫུ་འཕྲུལ་ཤུགས་ཀྱི་རྐང་གདུབ་ཅན། །མཁའ་མཉམ་བསྐྱོད་པའི་འཁོར་ལོ་ཅན། །དེ་ལྟར་འབྱོར་པའི་ཕ་ཐོགས་ཀྱིས། །སྲས་རྣམས་ལེགས་པར་འཚོ་བ་དགོས། །དེ་དང་མི་ལྡན་ཕ་ཐོགས་ངན། །དེ་ལྟར་མཛད་ན་ཐམས་ཅད་འཚོ། །དེ་ལྟར་གནང་ན་ཕ་ཐོགས་བཟང་། །གཉིས་སུ་མེད་པའི་བླ་མ་མཆོག །ཞུ་བའི་ཚོམས་ཏེ་དང་པོ་ཡིན།། །།

དེ་ནས་མགོན་པོ་ཨ་ཏི་ཤ། །རྫུ་འཕྲུལ་ཤུགས་ཀྱིས་དག་སྣང་བཀོད། །གཞུ་གང་ཤར་གྱི་གྱེན་གསེགས་ལ། །དམར་པོ་འཇའ་ཡི་ཐེམ་སྐས་བཙུགས། །དེ་ཙམ་གཞུ་གང་གྱེན་གསེགས་ལ། །ལྗང་གུ་མཛེས་པའི་ཐེམ་སྐས་བཙུགས། །དེ་བཞིན་སྔོ་སེར་དཀར་པོ་ཡི། །ཐེམ་སྐས་ལྔ་པའི་ཡང་སྟེངས་ན། །རྣམ་དག་འོད་ཀྱི་གཞལ་ཡས་བཞེངས། །དེ་ནས་རང་ལུས་འོད་གསལ་བ། །བླ་མ་ལྟར་བཅས་བཞུགས་གྱུར་ཏེ། །སྣང་སྟོང་འཇའ་ཚོན་ལྟ་བུ་ཡི། །ཟབ་ཡངས་ཆོས་ཀྱི་འཁོར་ལོ་བསྐོར། །དེ་ནས་འབྲོམ་ལ་འདི་སྐད་དུ། །ཀུན་དའི་སྲུབས་དང་བཅུད་བཅས་པ། །བསིལ་ཟེར་འོད་ཀྱི་དབྱིངས་སུ་ཐིམ། །བསོད་

ནམས་ཚོགས་ཀྱི་ལམ་ལ་ཕྱིན། །ཡེ་ཤེས་སྦྱོར་བའི་ལམ་ལ་ཕྱིན། །གནས་ལུགས་མཐོང་བའི་ལམ་ལ་ཕྱིན། །ཆོས་དབྱིངས་གོམས་པའི་ལམ་ལ་ཕྱིན། །མཐར་ཕྱིན་མི་སློབ་ལམ་ལ་ཕྱིན། །གནས་འདི་བདེ་བ་ཆེན་པོ་ཡིན། །གནས་འདི་ཀུན་ད་འབྱེད་པའི་གནས། །གནས་འདི་སྲུས་མཆོག་སྤེལ་བའི་ཞིང་། །ཕ་ཕོགས་ལེན་པའི་མཛོད་འདི་ན། །མ་དག་དྲི་བྲལ་བཀའ་གདམས་ཡབ། །བག་ཆགས་གཙང་ལྡན་བུ་གར་རྩེས། །ལམ་གསུམ་ནང་ན་ཐེམ་སྐས་བཅུ། །རིམ་གྱིས་འཛེགས་ལ་ཡང་རྩེར་ཕྱིན། །ནམ་མཁའ་ཁྱབ་ཚད་མཐོང་བར་འགྱུར། །གང་ན་བདེ་དང་སྡུག་བསྔལ་བའི། །སྐྱེ་དགུ་གང་དེ་ཡར་ལ་དྲོངས། །རྣམ་གཡེང་ཆེ་ན་རྩེ་ལ་ཕྱིན། །ལྟད་མོ་མ་ཚང་མེད་པར་མཐོང་། །རྣམ་གཡེང་ཆུང་ན་འོད་དབྱིངས་སུ། །ཆོས་དབྱིངས་རང་གྲོལ་ལྷུག་པར་ཞོག །གོས་སོགས་ཇི་ལྟར་འདོད་པ་རྣམས། །དེ་ན་ཡོད་ཀྱི་བདེ་བར་སྤྱོད། །འདི་ནི་བདེ་བའི་གནས་ཆེན་ཡིན། །གང་དུ་བདེ་བ་མཐོང་བ་དེར། །སྤྲོ་བར་མཛད་དེ་ཞིང་དེར་ཕྱིན། །ཐེ་ཚོམ་སྐྱེས་ན་མི་འགྲུབ་རྒྱུ། །དང་པོར་གང་བསམས་བཟང་མཐར་སྐྱོལ། །དེ་ནས་རིམ་གྱིས་ཐམས་ཅད་འགྲུབ། །གཞན་དུ་གཅིག་ཀྱང་འགྲུབ་མི་འགྱུར། །དེས་ན་ཀུན་སྤྱོད་གཙང་མའི་བུ། །དེ་འདྲའི་སྲས་མཆོག་དེ་འདྲ་བ། །དེ་འདྲའི་སྲས་མཆོག་བཟང་འཛིན་པ། །ཁྱོད་ཚའང་རིགས་གསུམ་ཉིད་ཀྱིས་སྤྲུལ། །དེ་ཚའང་རིགས་གསུམ་ཉིད་ཀྱིས་སྤྲུལ། །དེ་ཚའང་ཁྱོད་ཀྱི་རྣམ་ཐར་འཛིན། །ཨེ་མ་ཐམས་ཅད་ཁྱོད་ཀྱི་སྲས། །མཛེས་པར་མཛེས་སྤྲུབས་རབ་ཏུ་བལྟམས། །ལྷ་དང་བཅས་པའི་མཆོད་གནས་ཡིན། །མེ་ཏོག་སྤྲུབས་ཀྱང་ལྷ་ཡིས་སྐྱོང་། །རྣམ་ཐར་གཙང་མའི་སྲས་གཅིག་པུ། །ཀུན་ཏུ་སྐྱོངས་ཤིག་རབ་ཏུ་མཛེས། །དེ་ནི་ལན་གྱི་ཚོམས་ཡིན་ནོ།། །།

དེ་ནས་འབྲོམ་རྗེས་འདི་སྐད་ཞུས། །ཞུས་དང་ལན་དུ་བཅས་པ་ཡི། །དེ་ལྟར་བག་ཕེབས་རྩེད་མོ་རྣམས། །ལེགས་པར་བསྡུས་ན་འདི་ལྟ་སྟེ། །གང་དུ་བདེ་བའི་ཆོས་

མཐོང་བ། །དེར་ནི་རྟག་ཏུ་འབད་པར་བྱ། །ཐོག་མར་བརྩམས་པ་གང་ཡིན་པ། །དང་པོར་དེ་ཉིད་བསྒྲུབ་བྱ་སྟེ། །དེ་ལྟ་ན་ནི་ཀུན་ལེགས་བྱས། །གཞན་དུ་གཉིས་ཀ་འགྲུབ་མི་འགྱུར། །ཞེས་བྱ་བ་ཅིག་ལས་མི་གདའ་ཡི། །དེ་ལྟར་ན་ཞུས་ལན་ནོར་བུའི་ཕྲེང་བ་ལས། རྣམ་ཐར་གཙང་མའི་ཕ་ཐོགས་ཇི་ལྟར་ཞུས་པའི་ལེའུ་སྟེ་བཅུ་གསུམ་པའོ།། །།

༄ ཡང་གནས་དེ་ཉིད་དུ་ཡོན་ཏན་དེ་ལྟ་བུ་དང་ལྡན་པའི་བླ་མའི་དྲུང་དུ། བདག་ཅག་གི་བླ་མ་རྒྱལ་བའི་འབྱུང་གནས་ཀྱིས་འདི་ལྟར་ཞུས་ཏེ། མཁྱེན་པ་ཅན་ཉིད་གསན་དུ་གསོལ། ཕོ་བོ་བོད་ཀྱི་སེམས་ཅན་འདུལ་དགོས་པར་གདའ། དེ་ལ་བོད་རང་གི་སྐད་ལམ་དུ་འགྲོ་ལ་བླུན་སྐད་ཆེ་བ། ཚིག་ཐོས་མ་ཐག་ཏུ་དོན་གོ་བ་དེ་འདྲ་ཅིག་ཞུ་བའི་སྐབས་ལ་བབ། སྡུག་བསྔལ་ཐམས་ཅད་ཀྱི་རྩ་བ་གང་ལགས། ཇོ་བོའི་ཞལ་ནས། འབྲོམ། སྡིག་པ་ཡིན། ཇོ་བོ་སྡིག་པའི་རྩ་བ་གང་ལགས། འབྲོམ། ཁྱུང་པོ་ང་བདག་ཡིན། ཇོ་བོ། ང་བདག་གི་སྡིག་རྩ་ཇི་ལྟར་བྱས། འབྲོམ། ཐམས་ཅད་ཁོ་ལ་དགོས་ལོ། ཇོ་བོ། ཐམས་ཅད་ཇི་ལྟར་དགོས། ཇོ་བོའི་ཞལ་ནས། རང་ཉིད་མཐོ་ལ་གཞན་དམའ་བ་ཅིག་དགོས། ཇོ་བོ་དེ་ལ་ཇི་སྐད་ཟེར། འབྲོམ། རང་འདོད་ཆགས་སྡང་ཅན་ཟེར་བ་ཡིན། ཇོ་བོ། དེ་སུ་ལ་ཤས་ཆེ། འབྲོམ། ཉམས་ལེན་ཚུང་ལ་ང་རྒྱལ་ཆེ་བ་ལ་ཤས་ཆེ། ཇོ་བོ། རང་ལ་ཡོད་པས་ང་རྒྱལ་བ་མ་ལགས་སམ། འབྲོམ། སྲིན་བུ་མེ་ཁྱེར་རང་གི་འོད་མིན་པ་གཞན་མེད་སྙམ། ཇོ་བོ། ཁོ་ཡང་འོད་དུམ་བུ་དེ་ཡོད་པས་ང་རྒྱལ་བ་མ་ལགས་སམ། འབྲོམ། ཉི་མ་དང་ཟླ་བ་ཀུན་ང་མི་རྒྱལ། འོ་ན་ཇོ་བོ། ང་རྒྱལ་ལམ་དུ་འགྲོ་བའམ་མི་འགྲོ། འབྲོམ། གཞན་དོན་བྱས་ན་ངས་གཞན་དོན་འགྲུབ་ངེས་སྙམ་དུ་ང་རྒྱལ་ན་ལམ་དུ་འགྲོ། འབྲོམ། བསླབ་བྱ་བྱས་ན་ཤེས་ངེས་སྙམ་དུ་ང་རྒྱལ་ན་ལམ་དུ་འགྲོ། ང་གཉེན་པོ་ཆེ་བས། ཚུལ་ཁྲིམས་བསྲུངས་ན་ཐུབ་ངེས་སྙམ་ནས་ང་རྒྱལ་ན་ལམ་དུ་འགྲོ། ཇོ་བོ། དེ་ཀུན་ཡང་ང་རྒྱལ་མཚན་ཉིད་པ་ཡིན་ནེ་ཨང་། འབྲོམ། མཚན་ཉིད་པ་ཡིན་བྱས་པ་

མེད། ཇོ་བོ། མཚན་ཉིད་མ་ཚང་བའི་ང་རྒྱལ་རང་འོང་དེ་ཨང་། འབྲོམ། ཁྱོད་ལ་མཚན་ཉིད་ཇི་འདྲ་ཅིག་དགོས། ཇོ་བོ། མཚན་གཞིའི་སྟེང་དུ་མཚོན་བྱ་མཚོན་ནུས་པ་ཅིག་འཚལ་མོད། འབྲོམ། ཁ་རོག་སྡོད། དེ་འདྲ་བྱས་ན་ལམ་དུ་མི་འགྲོ། ལམ་དུ་འགྲོ་བ་དེ་ང་རྒྱལ་ལྟར་སྣང་ཡིན། ཇོ་བོ། ལྟར་སྣང་ལམ་དུ་འགྲོ་བ་ཁྱེད་ཀྱི་གསུངས་པས་གྲུག །འོ་ན་འབྲོམ། ལྟར་སྣང་ལམ་དུ་མི་འགྲོའམ། ཇོ་བོ། ལྟར་སྣང་ལམ་དུ་འགྲོ་བ་ནི་གང་ན་ཡོད། འབྲོམ། རྨི་ལམ་ན་ཆོས་ཐམས་ཅད་རྨི་ལམ་འདི་དང་འདྲ་སྙམ་དུ་ཤེས་པ་དེ་ཀུན་ཡིན། ཇོ་བོ། མཚན་ཉིད་པ་ཟེར་ན་དེ་ལ་ཟེར་བ་ཡིན། མེའི་མཚན་ཉིད་ཚ་བར་ཤེས་པས་ལམ་དུ་གར་ཡང་མི་འགྲོ། འབྲོམ། འོ་ན་ཚ་བ་མེའི་མཚན་ཉིད་མ་ཡིན་ནམ། ཇོ་བོ། འོ་ན་ཆོས་ཐམས་ཅད་རྟག་ཅིང་བདེན་པ་ཡིན་ནམ། འབྲོམ། དེ་དང་མི་འདྲ་རྟག་ཅིང་བདེན་པ་ལ་གཞི་མེད། ཇོ་བོ། མེའི་མཚན་ཉིད་ཚ་བ་བདེན་པ་ལ་གཞི་ཡོད་དེ་འོང་། འབྲོམ། ཁྱོད་ཆོག་ཆོ་བ་ཅིག་འདུག །ཇོ་བོ། འོ་ན་དེ་མེ་ཡིན་ནམ། འབྲོམ། དེ་ཅི་ཡིན། ཇོ་བོ། མེའི་མཚན་ཉིད་ཚ་བར་ཞལ་གྱིས་བཞེས་ཤིང་གདའ་བ། འབྲོམ། འདིས་བདེན་བདེན་འདྲ་བ་ཤེས་པ་ཅིག་འདུག །ཇོ་བོ། བདེན་པ་ཡོད་མ་སྨྱོང་བ་ལ་འདྲ་བ་ལས་འོས་མི་གདའ་ཡིས། འབྲོམ། ཁྱོད་ང་རྒྱལ་བ་ཡིན་ནམ། ཇོ་བོ། སྒྲོ་བཏགས་ལམ་དུ་འགྲོ་ན་ང་རྒྱལ་བས་ཆོག །འབྲོམ། མཐོ་སེམས་ཡིན་ནམ་མིན། ཇོ་བོ། མཐོ་སེམས་སྤང་བྱ་ཡིན་ནམ་མིན། འབྲོམ། ཞེན་ན་སྤང་བྱ་ཡིན། ཇོ་བོ། མ་ཞེན་ན་སྤང་བྱ་མ་ལགས་སམ། འབྲོམ། མ་ཞེན་པའི་མཐོ་སེམས་ལྟར་སྣང་ཡིན། ཇོ་བོ། ཞེན་པའི་མཐོ་སེམས་ལ་ཇི་ལྟར་བྱ། འབྲོམ། ང་རྒྱལ་ལ་འབུར་འཇོམས་བྱ་འཚལ། ཇོ་བོ། དེ་ལ་ཐབས་ཅི་ཡོད། འབྲོམ། བླ་མ་ཉམས་ལེན་ཅན་གྱི་གདམས་ངག་དྲན་པར་བྱ་འཚལ། ཇོ་བོ། བླ་མའི་གདམས་ངག་གང་ལགས། འབྲོམ། སྲིད་པ་ཆགས་ནས་ད་ལྟ་ཡན་ཆད་དུ་བསླབས་ནས། ད་གཟོད་བླ་མ་ལ་གདམས་ངག་འདྲི་ཨ། ཇོ་བོ། སྲིད་པ་ཆགས་ནས་འགྲོགས་

ནས་ད་དུང་འོ་སྐོལ་གཉིས་འགྲོགས་ཨང་། འབྲོམ། འདི་ཞེ་ཞགས་སོ། །ཇོ་བོ། ཐུགས་ཞགས་པའི་ལན་མོ་ཙམ་དུ་གདའ་བ། འབྲོམ། ལན་ལ་རེ་དམར། ཇོ་བོ། དུས་ལ་འདོམས་ན་ལན་ཡིན། འབྲོམ། ཁྱོད་ལ་དུས་ལ་འདོམས་པའང་ཡོད་དམ། ཇོ་བོ། ཁོ་བོ་ནམ་མཁའི་མེ་ཏོག་མ་ལགས། འབྲོམ། འོ་ན་ཁྱོད་སུ་ཡིན། ཇོ་བོ། དཀར་པོའི་ཁ་དོག་ཅི་ལགས། འབྲོམ། འདི་འགག་སྨུག་མཁས། ཇོ་བོ། འགག་ལ་སྨུག་ན་མཁས་པ་ཡིན། འབྲོམ། མཁས་པ་རེ་བྲེལ། ཇོ་བོ། དེ་ཅི་ལགས། འབྲོམ། འགག་ཐམས་ཅད་ལ་རྒྱུག་དོགས་པས། ཇོ་བོ། དེ་བས་ཡིན་ཙང་མིན་ཙང་རྒྱུག་པ་དེ་བྲེལ་ལགས་མོད། ཇོ་བོ། བཞད་ཅིང་། ཁྱོད་བོད་འདྲ། ཇོ་བོ། དཔེར་ན་རྒྱ་གར་བའི་ཀུན་ཏུ་རྒྱུ་བཞིན། འབྲོམ། འདིས་འབྲས་ཟེར་མ་རེ་ལའང་སོ་རེ། ཇོ་བོ། དེ་ལ་རྩིང་ཞིབ་རན་པོ་ཅིག་འོང་བ་ལགས་སོ། །ཞུས་པའི་སྐབས་འདིར། བུ་མོ་ལྷང་གུ་མ་ཅིག་གིས། ཡེ་ཤེས་ཀྱི་བདུད་རྩི་བུམ་པ་གང་ཁྱེར་ཏེ། ཤེལ་གྱི་སྐྱོགས་དཀར་སེར་གཉིས་སུ་བླུགས་ནས་ཡབ་སྲས་གཉིས་ལ་དྲངས་ཏེ། ཤགས་འདེབས་པ་བྱ་བ་སྐོམ་དད་ཆེ་བ་ཡིན། ཁོ་མོས་ཀྱང་ཐུགས་ཞགས་ལ་ཀུ་ཅོ་ཆེ་བ་དེ་ཐོས་བདེན་བདེན་འདྲ་བར་གདའ་བ་དེ་ཁོ་མོས་ཀྱང་ཉན་དུ་འོངས་པ་ཡིན་གསུངས་པ་ལ། འབྲོམ་གྱི་ཞལ་ནས་བུ་མོ་ཁྱེད་རང་ཡང་ཀུན་ཏུ་རྒྱུ་ལགས་སམ། ཧེ་ཧེ་ཁྱེའུ་དཀར་པོ་ཅིག་དང་བསྡོངས་ཏེ་ཕྱོགས་ཀུན་ཏུ་འགྲོ་དགོས་པ་ཅིག་བྱུང་ལགས། ཇོ་བོའི་ཞལ་ནས། ཁྱེའུ་དཀར་པོ་ལ་དེ་འདྲའི་བྲེལ་བ་ཅིག་ཅི་བྱུང་། ཇོ་བོ་ཁོ་ལ་མ་མང་དྲགས་ནས། ལ་ལ་སྐྱིད་དྲགས་ནས་དགའ་བདེ་ལ་ཡན། ལ་ལ་སྡུག་དྲགས་ནས་ལྷ་ཉུལ་བྱེད། ཇོ་བོའི་ཞལ་ནས། གྲངས་ཇི་ཙམ་གདའ། ཇོ་བོ། གྲངས་དང་ཚད་ཡོད་ན་དག་དྲག་སྙེ་མི་གདའ་ལགས་པ། བུ་མོ། ཚད་ནམ་མཁའ་མ་ཡིན་ནམ། ཇོ་བོས་ནམ་མཁའ་ལ་ཚད་ཅིག་མཛོད་དང་། ཇོ་བོའི་ཞལ་ནས་ངས་མི་ཤེས། འབྲོམ་ཁོ་རྒྱུ་འགྲུལ་རེམ་པ་ཡིན་དྲིས། ཁོང་སྒྲོ་བརྒྱ་ལ་ནི་དགའ། ནམ་མཁའ་འའང་ཚད་འདི་ཙམ་ཡོད་བྱ་བ་ཅིག

ཡོད་ནས་འོང་གིས། འབྲོམ་གྱི་ཞལ་ནས། ཇོ་བོ། ཁོ་བོ་སྤྲོ་བསྐུ་ཇི་ཙམ་བྱེད་ཅིང་གདའ། འབྲོམ། སྤྲོས་པ་ནམ་མཁའ་ཙམ་བྱེད་ཅིང་གདའ་བ། ཇོ་བོ་གདའ་བ་ཐུགས་ལ་བཏགས། ནམ་མཁའི་ཚད་དེ་བསྟན་འཚལ། འབྲོམ་འདི་ཅི་ཟེར། ཁོ་བོས་ནམ་མཁའ་ཚད་ཀྱིས་འཇལ་མ་མྱོང་། ཇོ་བོའང་བརྩུན་གླེ་བུར་དུ་མཛད་པར་གདའ་བ། ད་ལྟ་རང་འབྲོམ་གྱིས་སྤྲོས་པ་ནམ་མཁའ་ཙམ་བྱས་གསུངས་ནས། ད་ལྟ་ནམ་མཁའ་ལ་ཚད་མ་བྱས་གསུང་བར་འདུག །འབྲོམ། ནམ་མཁའ་ཙམ་ཡོད་བྱས་པ་མ་ལགས་པ། ནམ་མཁའ་ལ་ཚད་འདི་ཙམ་ཡོད་བྱས་པ་མེད། ཇོ་བོ། འབྲོམ་ལ་སྤྲོས་པ་ནམ་མཁའ་ཙམ་ཡོད་གསུང་ཙ་ན། དཔེ་དོན་སྦྱར་ཙ་ན། དཔེ་དོན་གཉིས་ཀ་མཁྱེན་འཚལ་ལགས་སོད། ཁྱེད་མཁས་པ་ཅིག་གིས་མི་མཁྱེན་བཞིན་དུ་སྦྱོར་བ་འོང་དེ་ཨང་། འབྲོམ། ད་ལན་ཁྱེད་བདེན་དུ་ཆུག །གཞན་ནམ་མཁའ་དང་མཉམ་ཟེར་བ་ལ་ནམ་མཁའ་རང་ཤེས་དགོས་ན། ནམ་མཁའ་ལ་དཔེ་བྱེད་མཁན་རང་མི་འོང་། ཇོ་བོ། དེ་རང་མི་ཤེས་བཞིན་དུ་བྱེད་པ་ཅིག་མ་ལགས་སམ། ནམ་མཁའི་མཐའ་རྙེད་པའི་བློ་ཅིག་རང་དགོའོ། །འབྲོམ། འོ་ན་ཆོས་ཐམས་ཅད་ཀྱི་གནས་ལུགས་ནམ་མཁའ་ལྟ་བུ་ཟེར་བ་དེ་ལ་ཚད་སུས་གཞལ། ཇོ་བོ། དེ་ཚད་མེད་པ་དཔེར་ལེན་པ་ཡིན། ཚད་ཡོད་ན་ནམ་མཁའ་དཔེར་མི་རུང་། འབྲོམ། རྗེས་སུ་ཡི་རང་། ང་རྒྱལ་མེད་ལ་ཆོས་མཁས་པ་ཁྱོད་འདྲ་བ་འབའ་ཞིག་གིས་བསྐོར་ན་དགའ་བ་ལ། ཇོ་བོ། དེས་ཕན་པར་མི་གདའ། དེ་བས་སེམས་ཅན་ཐམས་ཅད་ཁོ་བོ་ལྟ་བུར་གྱུར་ནས། ཁྱེད་ཀྱི་དྲུང་དུ་འཁོད་ནས། ཐེག་པ་ཆེན་པོའི་ཆོས་འབའ་ཞིག་ལ་ལོངས་སྤྱོད་ན་དགའ་སྟེ། བུད་མེད་ཀྱི་རྟེན་ལ་སངས་རྒྱས་ཐོབ་པར་དཀའ་བ་ལྟར་དཀོན་པར་གདའ་བ་ཞུས་པས། བུ་མོ་སྟོ་ལྡང་དེ་དེ་བཞིན་གཤེགས་པའི་སྐུར་ལམ་མེ་བྱས་གདའོ། །ཇོ་བོ་བཞད་ཅིང་། མངོན་སུམ་གྱིས་གསལ་བར་མཛད་པ་ཆ་བྱད་བཟང་གསུང་། འབྲོམ་ན་རེ། བཟང་དང་མི་བཟང་སངས་རྒྱས་

ཟིན་གྱིས་ཅི་ཡང་སྟོན་ནུས། ཕོ་བོ་ཉོན་མོངས་པའི་འཆིང་བ་ཅན་གྱི་བུད་མེད་ལ་ཟེར་བ་ཡིན། དེ་ནས་ལྷ་མོ་རང་གཟུགས་སུ་མཛད་ནས། སྙིང་རྗེ་ཆེན་པོ་འཆིང་བ་དང་ལྡན་པའི་བུད་མེད་ཅིག་དང་ཕོ་མོ་གཉིས་ཉོན་མོངས་པ་གང་ཆེ། ཕོ་མོ་ནི་སེམས་ཅན་ཐམས་ཅད་ཀྱི་ཉོན་མོངས་པ་ཁུར་བ་ཅིག་ཡིན། འཆིང་བ་ཅན་དེ་ནི་རང་གི་མགོ་སྐལ་ལས་མི་ཁུར། ཉོན་མོངས་པ་མ་སྤངས་པར་ནི་སངས་མི་རྒྱ། ཉོན་མོངས་པ་ནི་དེ་ལྟར་རྒྱ་ཆེ། འབྲོམ་ན་རེ། འོ་ན་ཕོ་བོ་རང་ཉོན་མོངས་པ་ཆེ། ནམ་མཁའ་ཁུར་ནས་ཡོད། འབྲོམ། ནམ་མཁའ་ལ་འཁུར་བྱ་མི་མངའ། སྒྲོལ་མ་ཁྱེད་ལ་ཁུར་བྱེད་མི་མངའ་ཡི། དམ་ཉམ་པ་ཉིད་དུ་སྐྱུར། ཡང་འབྲོམ་གྱིས་ཇོ་བོ་ལ་ཞུས་པ། ཉོན་མོངས་པ་ཁུར་བར་བྱེད་པ་དེ་གང་ཡིན། འབྲོམ། བདག་ཏུ་འཛིན་པ་སུ་ལ་ཡོད་ཡོད་ཡིན། འོ་ན་སྒྲོལ་མ་ལ་བདག་འཛིན་མེད་དེ་གྲོལ། ངེད་བདག་འཛིན་ཅན་རྣམས་ཇི་ལྟར་སྤངས། འབྲོམ། ཉིན་ཅིག་ལ་རྣམ་རྟོག་ཅི་ཙམ་ཞིག་རྒྱུ། ཇོ་བོ། བསམ་གྱིས་མི་ཁྱབ་པ་ཅིག་རྒྱུའོ། །འབྲོམ། ཆོས་དབྱིངས་ཇི་ཙམ་ཞིག་སྐྱེ། ཇོ་བོ། རྟོག་པས་ཟིལ་གྱིས་མནན་ནས་སྐྱེ་བ་མི་གདའོ། །འབྲོམ། དེ་ལ་བླ་མ་ཨ་ཝ་དྷཱུ་ཏི་པའི་བཞེད་པ་དེ་དགོས་པ་ཡིན་གསུང་། ཇོ་བོ། བླ་མའི་གདམས་ངག་དེ་བསྟན་འཚལ། འབྲོམ། རྣམ་རྟོག་བྱུང་ཚད་ཆོས་ཉིད་དུ་བསྒྱུར་བ་ཡིན། ཇོ་བོ། སྟོང་དུམ་ཐམས་ཅད་གསེར་དུ་སོང་ན་འདོད་པ་ཅན་ལ་མཁོ་བར་གདའ་སྟེ། ཇི་ལྟར་བསྒྱུར་དུ་བཏུབ་བམ། འབྲོམ། མན་ངག་ལ་བརྟེན་ནས་གསེར་འགྱུར་གྱི་རྩི་བྱས་པས་ལྕགས་གསེར་དུ་འགྲོ་བ་ཡོད། གནད་ཤེས་དགོས་པ་ཡིན། ཇོ་བོ། གནད་བསྟན་འཚལ། འབྲོམ། དགྲ་འཇོམས་པ་ལ་དགྲ་ངོས་ཟིན་འཚལ། ཇོ་བོ། དགྲ་གང་ལགས། འབྲོམ། རྣམ་པར་རྟོག་པ་ཡིན། ཇོ་བོ། དེ་ཇི་ལྟར་འཇོམས། འབྲོམ། ཁོ་འབུར་ཏེ་བྱུང་ཙ་ན་འཇོམས་འཚལ། ཇོ་བོ། འཇོམས་ལུགས་ཇི་ལྟར་བགྱིད། འབྲོམ། གཞི་གང་ན་འདུག་ལྟ། དབྱིབས་ཁ་དོག་ལ་སོགས་པ་ལ་དཔྱད། ཐ་མ་ཕྱི་མ་ལ་སོགས་

པ་ལ་དཔྱད། འགྲོ་ས་དང་བྱུང་ས་བཙལ། དེ་དུས་སུ་ཁོ་མི་རྙེད། ཇོ་བོ། དེ་ཅི་ལགས། འབྲོམ། ཁོ་ཡོད་མ་མྱོང་བས་མི་རྙེད་པ་ཡིན། ཇོ་བོ། མ་རྙེད་ན་ཇི་ལྟར་བགྱི། འབྲོམ། རྣམ་རྟོག་ཆོས་དབྱིངས་སུ་བསྒྱུར་བ་བྱ་བ་ཡིན། བཙལ་ནས་མ་རྙེད་ན་ཆོས་དབྱིངས་ཡིན་པའི་རྟགས་ཡིན། དེ་ལ་སློད་ལ་ཞོག །ཇོ་བོ། ཡང་བྱུང་ན། འབྲོམ། ཡང་འབུར་འཇོམས་གྱིས། ཇོ་བོ། གོ་ལེ་ཐབས་ཀྱིས་བྱ་ལགས་སམ། འབྲོམ། ངས་མི་འོང་། གཉེན་པོས་བཅོམ་བརྡེག་གྱིས། ཇོ་བོ། སྤང་བྱ་གཞན་ཡོད་དམ་མེད། འབྲོམ། བློ་སྣ་མ་མང་། འདུན་མ་གཅིག་ཏུ་རྩིལ་ཏེ་དྲིལ། ཇོ་བོ་འོ་ན། ལམ་གཞན་ཡོད་དམ་མེད། འབྲོམ། ཁ་གཉིས་ཀྱི་ལམ་གྱིས་ཕྱུགས་སུ་མི་ཕྱིན། ལམ་ཞིག་ཆོད་ལ་ཐོང་། ཇོ་བོ། འདུན་མ་གཞན་ཡོད་དམ་མེད། འབྲོམ། འདུན་མ་མང་ན་སྐབས་དོན་སྐྱེལ་ཡོ། །སབ་སུབ་མ་མང་ཞིག་ཆོད་ལ་ཐོང་། ཇོ་བོ། དེ་ལྟ་ལགས་ཏེ། ན་ཚ་ལ་སོགས་པ་རྐྱེན་ངན་བྱུང་ན་དཀའ་མོར་གདའ། འབྲོམ་ཅི་ཟེར། དེ་ལས་བཟང་བའི་དགེ་བའི་བཤེས་གཉེན་མེད། ཇོ་བོ། དགེ་བའི་བཤེས་གཉེན་ནམ་དེ་ཅི་མཆིའམ། གདོན་ངན་ཅིག་གིས་བཏབ་པ་ལ། འབྲོམ། འདི་ཅི་ཟེར། དེ་ལས་བཟང་བའི་སངས་རྒྱས་གང་ན་ཡོད། ཇོ་བོ། སངས་རྒྱས་སམ། ན་ཚ་དྲག་པོ་གཏོང་བ། འབྲོམ། ཁྱོད་ཀྱིས་མ་གོ་བ་ཡིན། ནད་དེ་སྡིག་སྒྲིབ་ཀྱི་ཕྱུགས་ཞིང་ཆེན་པོ་ཅིག་ཡིན། ཇོ་བོ། སྡིག་སྒྲིབ་ཀྱི་ཕྱུགས་ཞིང་ཡིན་མིན་ཆ་མེད། སྡུག་བསྔལ་ཆེན་པོ་ལ་གཏོང་པ་ཅིག་འདུག །འབྲོམ། དེ་ལ་ཡང་ལང་དཔྱད་པས་མ་རྙེད་ཙ་ན་ཆོས་དབྱིངས་ཀྱི་ཡོ་ལང་ཆེན་པོ་འོང་བ་ཡིན། ཇོ་བོ། འོ་ན་སྡུག་བསྔལ་ན་རང་དགའམ། འབྲོམ། ཆོས་གཤའ་མ་ཅིག་བགྱིད་ན་སྐྱིད་འདོད་ཀྱི་ཁ་རང་མནན་འཚལ། ཇོ་བོ། སྡུག་བསྔལ་གྱི་འཁོར་ལོ་ཅིག་ཡོད་པར་ནི་གདའ་ཡི། འབྲོམ། དཀའ་སྤྱད་ཆེན་པོ་བྱས་ནས་སྡུག་ལ་སྡུག་འཐུད་འཚོལ། ཇོ་བོ། དེ་རང་འཐད་འཐུད་འཚལ་ལེ། འབྲོམ། འཐུད་ན་འཆད་པ་གནད་དུ་ཆེ། ཇོ་བོ། དེ་ཅི་ལགས། འབྲོམ། སྐྱིད་གཅིག་པུ་འདོད་འདོད་ནས་

སྡུག་པ་ཅིག་ལགས་ཀྱིས། ཇོ་བོ། རྩིལ་ཏེ་དྲིལ་ན་ཇི་ཙུག་བྱེད། འབྲོམ། བདག་ལས་ངན་ཐམས་ཅད་ཀྱི་རྩ་བ་ཡིན་པས། ཕ་ཤི་བའི་རོ་བཞིན་དུ་ཡིངས་ཏེ་སྐྱུར་ལ་ཐོང་། ཇོ་བོ། བླང་བྱ་གང་ལགས། འབྲོམ། གཞན་ཕན་བྱང་ཆུབ་ཀྱི་འབྱུང་ཁུངས་ཡིན་པས། ཡིད་བཞིན་གྱི་ནོར་བུ་རིན་པོ་ཆེ་རྙེད་པ་བཞིན་བཅངས་ཏེ་ཡོངས་ལ་ཐོང་། ཇོ་བོ། བཏང་སྙོམས་སུ་གཞག་བྱ་རང་ཡེ་མི་བདོག་གམ། འབྲོམ། བདག་གཞན་གཉིས་ཀ་སྐྱེ་མེད་ཡིན་པས་སྐྱེ་བ་མེད་པར་མཉམ་པ་ཉིད་དུ་ལྷོད་དེ་སྐྱུར་ལ་ཐོང་། ཇོ་བོ། དེ་འོ་ན་བཞེས་ཤིག །ཇོ་བོ། ཉོན་མོངས་པའི་རྩ་བ་སྤང་བྱ་གང་ཡིན། འབྲོམ། རྣམ་རྟོག་ཆེན་པོ་འདི་ཡིན་ནོ། །ཇོ་བོ། འདིའི་འཇོམས་ལུགས་གང་ལགས། འབྲོམ། འབུར་འཇོམས་ལས་མ་འདས་སོ། །ཇོ་བོ། གཉེན་པོས་ཇི་ལྟར་སྤང་ལགས། འབྲོམ། ཐེ་མི་ཚོམ་པར་བཅོམ་རྗེག་ཆེན་པོའོ། །ལམ་ཡང་གཅིག་པུ་དེས་ཆོད། འདུན་མ་ཡང་གཅིག་པུ་དེ་ལ་དྲིལ། ན་ཚ་ལ་སོགས་པས་དགེ་བ་ལ་བསྐུལ་བས་ཆོས་མི་བྱེད་ཁ་མེད་འོངས་པས་དགེ་བའི་བཤེས་གཉེན་བཟང་ངོ་། །གདོན་རྐྱེན་ངན་ལས་འཇིགས་པ་བསྟན་ཏེ། དེ་ནས་དེ་ལས་སྐྱོབ་པའི་ཐབས་སྟོན་པ་སངས་རྒྱས་སུ་བཟུང་། འབྲོམ། སངས་རྒྱས་ཀུན་སོ་སོའི་སྐྱེ་བོས་མཐོང་བ་རང་དཀའོ། །འབྲོམ། འདི་ཀུན་མས་བརྟུང་ཞིང་ལེགས་ལ་འགོད་པ་དང་འདྲ། ཡིད་འབྱུང་སྐྱེས་ནས་ཆོས་བཟང་པོ་དྲན། སངས་རྒྱས་སྙིང་ཉེ་ལ་བཟང་གསུང་། འབྲོམ། ནད་བྱུང་རེས་ཀྱིས་སེམས་ཅན་ཐམས་ཅད་ཀྱི་ནད་བླངས་པས། དཔའ་བོ་ཆེན་པོ་ལ་ སྡིག་སྒྲིབ་ཀྱིས་བསྣད་པའི་སྐབས་མེད། འབྲོམ། སྡུག་བསྔལ་བྱུང་རེས་ཀྱི་བདག་འཛིན་ལ་ལེ་ལན་གདའ་ཞིང་། བཙལ་བས་མི་རྙེད། འབྲོམ། སྡུག་བསྔལ་ལ་སོགས་པའི་རྣམ་རྟོག་བརྒྱ་བྱུང་ན། ཚོལ་ཐེབས་བརྒྱ་བྱས་པས་མི་རྙེད་པ་བརྒྱ་ཐམ་པ་འོང་། མ་རྙེད་པའི་དོན་རྙེད་པ་དེ་ཆོས་དབྱིངས་ཡིན། དེ་ལ་བླ་མ་ཨ་ཝ་རྡྷུ་ཏི་པའི་ཞལ་སྔ་ནས། རྣམ་རྟོག་ངོ་བོ་ཆོས་དབྱིངས་ཡིན། །བྱུང་ན་དགའ་སྟེ་བསྐུལ་འདེབས

བཟང་། །ཅི་ཕན་ཉིད་པར་མ་གྱུར་པས། །གནས་ལུགས་ཡོ་ལང་ཙམ་དུ་ཟད། །ཅེས་གསུངས་ན། འབྲོམ། དུས་གསུམ་སངས་རྒྱས་ཀྱི་དགོངས་པ་ཁོང་ལ་ཡོད། འབྲོམ། ཁོ་བོས་ཀྱང་། ཉི་མ་ཉིན་གཅིག་ལ་ཡང་བདག་འཛིན་ལ། །མི་དགོས་དགུ་དགོས་རྣམ་པར་རྟོག་པ་བརྒྱ། །འཕྲོས་མ་ཐག་ཏུ་གཉེན་པོས་བཅལ་བ་ཡིས། །མ་ཉིད་ཆོས་དབྱིངས་ཁོ་ན་ཡིན་པར་གདའ། །གལ་ཏེ་ཡོད་ན་རྣམ་རྟོག་མང་ལུགས་ལ། །གལ་ཏེ་གཅིག་ཙམ་མ་ཉིད་ཁྲིམས་ཡོད་དམ། །ཞེས་གསུངས་པས། འབྲོམ་གྱི་ཞལ་ནས། དེ་རིང་གསུང་གླིང་ཉམས་དགའ་བ། །ལྷ་མོ་ཕྱོན་པའང་ཐུགས་ལ་བཏགས། བླ་མའི་གདམས་ངག་ཟབ། དེ་ནི་ང་རྒྱལ་མཐོ་བའི་སེམས་བྱུང་བའི་ཚེ་བླ་མའི་གདམས་ངག་ཇི་ལྟར་དྲན་པར་བྱས་པའི་ཚོམས་སོ།། །།

ཡང་འབྲོམ་གྱི་ཞལ་ནས། གལ་ཏེ་སེམས་འདི་ཞུམ་དྲགས་ན། །བླ་མ་ཇི་ལྟར་གསལ་བར་བགྱི། །འབྲོམ། བསིལ་ཟེར་གཡོ་བའི་རླུང་ལ་བསྐྱོན། །ཇོ་བོ། དེ་ལ་བཞོན་ནས་གང་ཙུག་བྱ། །འབྲོམ། དུད་འགྲོ་རྣམས་ཀྱི་མང་ལུགས་ལ། །མི་ལུས་ཐོབ་པ་ཉམས་རེ་དགའ། །ཇོ་བོ། བློ་དེ་སྐྱེས་ནས་ཇི་ལྟར་བསྒོམ། །འབྲོམ། ཉིད་པས་མི་ཚིག་འཛིག་པར་སྨྲ། །ཇོ་བོ། དེ་ཡི་ཐབས་སུ་ཇི་ལྟར་བགྱི། །འབྲོམ། ཚུལ་ཁྲིམས་གསེར་གྱི་མེ་ཏོག་ཐུས། །ཇོ་བོ། དེ་ཡི་གནས་མལ་གང་དུ་བྱ། །འབྲོམ། ཟག་མེད་ཆོས་ཀྱི་རྒྱ་མཚོར་བྱ། །ཇོ་བོ། རྒྱ་མཚོའི་ནང་དུ་ཇི་ལྟར་གནས། །འབྲོམ། འཛམ་བུའི་ཆུ་བོ་གསེར་ལ་བཟའ། །ཇོ་བོ། ཟ་ལུགས་དྲིས་པ་མ་ལགས་སོད། །འབྲོམ། ལོངས་སྤྱོད་མེད་པས་ཇི་ལྟར་གནས། །ཇོ་བོ། ཏིང་ངེ་འཛིན་ལ་ཟ་བ་ཡིན། །འབྲོམ། དེ་ལས་ཆེ་བའི་ཟས་མེད་དོ། །ཇོ་བོ། ཞུམ་པའི་སེམས་ལ་ཇི་ལྟར་ཕན། །འབྲོམ། འདི་འདྲ་ཡོང་བས་དགའོ་སྙམ། །ཇོ་བོ། དེ་ལ་དགའ་བ་ཅི་མཆིའམ། །འབྲོམ། གཏན་གྱི་འདུན་མ་འོང་སྙེ་མཆི། །ཇོ་བོ། ཞུམ་པ་གང་ལ་བརྟེན་ནས་འོང་། །འབྲོམ། གཞན་གྱི་སྡིག་རྐྱེན་བྱུང་ན་འོང་། །ཇོ་བོ། སྡིག་རྐྱེན་ཇི་

ལྟར་གསལ་བར་བྱ། །འབྲོམ། བཟོད་པའི་བསྐུལ་འདེབས་ཡིན་ནོ་སྙམ། །ཇོ་བོ། བཟོད་པ་བསྒོམས་པས་ཅི་ལ་ཕན། །འབྲོམ། གཟུགས་བཟང་འདོད་ན་མེད་ཐབས་མེད། །ཇོ་བོ། བཟོད་པས་གཟུགས་བཟང་ཇི་ལྟར་ཐོབ། །འབྲོམ། མཚན་དང་དཔེ་བྱད་བཟང་པོའོ། །ཇོ་བོ། དེ་ལས་གཞན་པ་མི་ཐོབ་བམ། །འབྲོམ། གསུང་དབྱངས་ཡན་ལག་དྲུག་ཅུའང་ཐོབ། །ཇོ་བོ། ཞུམ་པ་བསལ་ཐབས་ཤིན་ཏུ་ལེགས། །ཇོ་བོ། ཁྱེད་ཆོད་གཉིས་ཀ་འོང་ལགས་སམ། །འབྲོམ། དམུ་ཆོད་རྣམས་ལ་དེ་འདྲ་མང་། །ཇོ་བོ། དེ་ལ་བསལ་ཐབས་ཇི་ལྟར་བགྱི། །འབྲོམ། མཉམ་པ་ཉིད་ལས་ལྷག་པ་མེད། །ཇོ་བོ། སྙིང་རྗེ་བསྒོམས་ན་ཇི་འདྲ་འོང་། །འབྲོམ། དེ་ཡང་འོང་སྟེ་ཞུམ་པ་སྲིད། །ཇོ་བོ། བྱམས་པ་ཅིག་རང་སྒོམ་ལགས་སམ། །འབྲོམ། དེ་ཡང་ཞུམ་པ་སྲིད་ལགས་སོ། །ཇོ་བོ། དགའ་བ་ཅིག་རང་སྒོམ་ལགས་སམ། །འབྲོམ། དེ་ཡང་ཆོད་པ་སྲིད་པ་ཡིན། །ཇོ་བོ། འོ་ན་བཏང་སྙོམས་བྱ་ལགས་སམ། །འབྲོམ། དེ་ཡང་གཏི་མུག་སྲིད་པ་ཡིན། །ཇོ་བོ། འོ་ན་བྱ་ས་མི་འདུག་པ། །འབྲོམ། བྱར་མེད་རྟོགས་ན་མཉམ་ཉིད་ལགས། །ཇོ་བོ། ལགས་དག་ལགས་ཏེ་དེས་ཕན་ནམ། །འབྲོམ། མི་ཕན་པ་མི་བྱེད་མཁན་མེད། །ཇོ་བོ། བྱ་རྒྱུ་མེད་པ་མ་ལགས་སམ། འབྲོམ། ཁྱོད་ཀྱིས་ད་གཟོད་གོ་ནས་འདུག །ཇོ་བོ། འོ་ན་ཚད་མེད་ཇི་ལྟར་བསྒོམ། །འབྲོམ། ཆེ་རེ་ཉེ་རེ་བཞི་ཀ་བསྒོམ། །ཇོ་བོ། ཁྱེད་ཆོད་འབྱུང་བ་མ་ལགས་སམ། །འབྲོམ། དེ་བས་བཞི་ཀ་བསྒོམ་པ་ཡིན། །ཇོ་བོ། གཅིག་ལས་བཞི་ཁ་མི་ཐུབ་འམ། །འབྲོམ། གཅིག་གི་གཉེན་པོ་གཅིག་ཡིན་སོང་། །ཇོ་བོ། བཞི་ག་མེད་པ་མི་མཆིའམ། །འབྲོམ། དེ་ལ་རྒྱུ་མཚན་ཇི་ཞིག་ཡོད། །ཇོ་བོ། ཟ་མ་འཐབས་ན་ཅི་འདྲ་མཆི། །འབྲོམ། ཅི་ཟེར་དེ་དང་གང་ན་འདྲ། །ཇོ་བོ། མི་འདྲ་ན་ཡང་སྐྱོན་ཅིག་འོང་། །འབྲོམ། ཁྱེད་མགོ་ཆོད་པས་གནོན་པ་ཡིན། །ཇོ་བོ། ཆོད་པ་འབའ་ཞིག་མི་འོང་ངམ། །འབྲོམ། ཆོད་པའང་ཁྱེད་བས་གནོན་པ་ཡིན། །ཇོ་བོ། འོ་ན་དེ་ལ་ཁྲེལ་པོ་མཆི། །འབྲོམ། མི་མཆི་ཆ་མཉམ་བྱེད་པ་

ཡིན། །ཇོ་བོ། དོད་མཉམ་དེ་ལ་ཇི་འདྲ་འོང་། །འབྲོམ། འབྱུང་བའི་སྐྱོམས་ན་ནད་མེད་འདྲ། །ཇོ་བོ། གང་ཙུང་བསྒོམ་དུ་མི་ཙུང་ངམ། །འབྲོམ། བསྒོམ་པར་ནུས་པ་གྱིས་དང་ཨ། །ཇོ་བོ། ཁྱིང་ནོད་བྱུང་གིས་དོགས་ལགས་སོད། །འབྲོམ། དེ་ཡི་ཕྱོགས་ལ་དོགས་ཆུང་གིས། །ཇོ་བོ། མ་བྱུང་རིང་ལ་བསྒོམ་ལགས་སམ། །འབྲོམ། ཡང་ནས་ཡང་དུ་བསྒོམས་པས་མཆོག །ཇོ་བོ། ཁྱིང་ན་ལམ་དུ་འགྲོ་ལགས་སམ། འབྲོམ། ཁྱིང་བ་དྲགས་དྲགས་བསྒོམ་ནུས་སམ། །ཇོ་བོ། དེ་ལ་སྲིད་པ་མི་ཁེགས་ལགས། །འབྲོམ། ཁོ་བོ་དེ་འདྲ་རང་ཅིག་འདོད། །ཇོ་བོ། ད་ཅིའི་ཁྱིང་སྐྱོན་སྐྱེལ་ལགས་སམ། །འབྲོམ། ཁྱིང་སྐྱོན་ཤེས་ཚེ་བསལ་བ་ཡིན། །ཇོ་བོ། དེ་རིང་གསུང་གླིང་སེམས་ལ་ཕན། །འབྲོམ། ཅལ་ཅོལ་ལབས་རང་མ་སྨྲོང་ངོ་། །ཇོ་བོ། ཁྱིང་བ་བསལ་བའི་ཚོམས་ཅིག་གདའ། །འབྲོམ། གཉིས་ཀ་བསལ་བའི་ཚོམས་ཀྱང་ཡོད། །ཇོ་བོ། མང་ལགས་ཚོམ་བུ་གསུམ་དུ་གདའ། དེ་ལྟར་ཞུས་ལན་བཅས་པ་ཡི། །བདག་ཅག་གསུང་གླིང་མང་ན་ཡང་། །ལེགས་པར་བསྡུས་ན་འདི་ཙམ་ཡིན། །རྟག་ཏུ་ཐིག་དང་དགའ་བྲལ་བས། །གང་དུ་མཐོ་བའི་སེམས་བྱུང་ཚེ། །དེ་ཚེ་ང་རྒྱལ་བཅག་བྱ་ཞིང་། །བླ་མའི་གདམས་ངག་དྲན་པར་བྱ། །ཞུམ་པའི་སེམས་ནི་བྱུང་བའི་ཚེ། །སེམས་ཀྱི་གཟེངས་ནི་བསྟོད་པར་བྱ། །གཉིས་ཀ་སྟོང་པ་ཉིད་དུ་བསྒོམ། །ཞེས་བྱ་བ་ཅིག་ལས་མི་གདའ་ཡི། དེ་ལྟར་ན་ཞུས་ལན་ནོར་བུའི་ཕྲེང་བ་ལས། སྡུག་བསྔལ་གྱི་རྩ་བ་བཅད་དེ་ཁྱིང་རྒོད་མཉམ་པ་ཉིད་དུ་སྒོམ་པའི་ལེའུ་སྟེ་བཅུ་བཞི་པའོ།། །།

༈ ཡང་དེ་འདྲའི་བླ་མ་དམ་པའི་གཞལ་ཡས་ཁང་དུ། བདག་ཅག་གི་བླ་མ་ཡང་དག་པ་ཡོངས་ཀྱི་དགེ་བའི་བཤེས་གཉེན་དེས། ཕྱི་རབས་ཀྱི་སེམས་ཅན་ཤེས་རབ་ཆུང་བ་རྣམས་ལ་དགོངས་ཏེ། འདི་སྐད་ཅེས་ཞུས་པ་ནི། ཇོ་བོ། ཆོས་པའི་མཚང་དུ་གང་ཞིག་ཆེ། །འབྲོམ། ཆགས་སྡང་འདི་རང་ཆེ་བར་གདའ། །ཇོ་བོ། ཆགས་སྡང་རྩ་བ་གང་

ལགས་སམ། །འཁྲོམ། དགོན་སྡེའི་གྲྭ་པའི་འདོད་དོན་ལགས། །ཇོ་བོ། ཁོ་བོ་ལ་ཡང་མི་མཆིའམ། །འཁྲོམ། གཞི་དང་བདག་འཛིན་ཆེ་ཆུང་ཤེས། །ཇོ་བོ། བདག་འཛིན་འདི་རང་འབྱུང་བར་ཉེ། །འཁྲོམ། འོ་ན་དེ་ཡིས་ཐམས་ཅད་ཕུང་། །ཇོ་བོ། ཆགས་སྡང་བྱུང་ན་ཇི་ལྟར་བགྱི། འཁྲོམ། སྒྱུ་མ་སྤྲུལ་པ་བཞིན་དུ་བསླབ། །ཇོ་བོ། སྒྱུ་མའི་གནས་ལུགས་ཇི་ལྟར་ལགས། །འཁྲོམ། སྔགས་དང་སྨན་གྱིས་འཕྲུལ་གཞི་སྒྱུར། །ཇོ་བོ། འོ་ན་སྤྲུལ་པ་ཇི་ལྟར་ལགས། །འཁྲོམ། མི་བདེན་བཞིན་དུ་སྣ་ཚོགས་སྟོན། ཇོ་བོ། འཕྲུལ་གཞི་དེ་རང་ཇི་ལྟར་ལགས། །འཁྲོམ། མི་བདེན་བཞིན་དུ་མཚན་མར་འཛིན། །ཇོ་བོ། སྒྱུ་མའི་དཔེ་ཅིག་གསུང་མཛོད་དང་། །འཁྲོམ། མཉན་ཡོད་བྱ་བའི་གྲོང་ཁྱེར་ན། །སྒྱུ་མ་མཁས་པ་ཤེས་པ་ཡི། །ཟླ་བཟང་བྱ་བའི་མི་ཅིག་ཡོད། །དེ་ལ་གྲོགས་པོ་དཔལ་ཞེས་པ། །བཟའ་མི་གསུམ་ཙམ་བྱས་པ་ཡོད། །དེ་ནས་ཟླ་བ་བཟང་པོ་ཡིས། །ཁྱིམ་བདག་དཔལ་ལ་སྒྱུ་མ་སློབས། །ཕྱིན་ཆད་དགོས་པ་ཡོད་པ་ཡིན། །ཟླ་བ་བཟང་པོ་དེས་ཅི་བྱེད། །དེ་བས་རྟ་ཅིག་དགའ་བ་ཡིན། །ཟླ་བ་བཟང་པོས་དེ་རིག་ནས། །ལན་ཅིག་བསླུས་ལ་བཞག་གིས་སྙམ། །རེ་ཞིག་དཔལ་བ་བཟའ་མི་གསུམ། །ནང་པར་སྔ་མོར་ལྟོ་ཟོས་ནས། །དཔལ་གྱིས་སྒོ་རྩར་སྐྱུད་པ་སྒྲིམས། །ཆུང་མས་ནང་དུ་བཀྲུ་བཤལ་བྱས། །དེ་ནས་སྒྱུ་མ་མཁན་པོ་ཡིས། །སྒྱུ་མའི་རྟ་ཅིག་ཞོན་ནས་འོངས། །དཔལ་ལ་རྟ་འདི་ཉོས་བྱས་པས། །ང་ལ་རིན་མེད་མི་ཉོ་ཟེར། །སླ་ཡིས་སྐྱུད་པ་བཙོལ་བྱས་པས། །རྟ་རིན་སྐྱུད་པ་འདོད་པས་ཆོག །འདི་ནི་མགོ་བསྐོར་ཐུབ་པར་འདུག །སྙམ་ནས་ཉོ་བར་ཁས་བླངས་པས། །འོ་ན་ཁྱོད་རང་འགྲོས་ལྟོས་ཟེར། །དེ་ནས་དཔལ་གྱིས་ཞོན་པ་དང་། །རྟ་དེས་དབང་མེད་ཉིད་དུ་ཁྱེར། །དེ་ནས་ཉི་མ་ནུབ་པ་དང་། །རྒྱུས་མེད་ལུང་སྟོང་ཅིག་ཏུ་སླེབས། །སྡུག་རྟ་འདི་ཡིས་བསླུས་སོ་སྙམ། །ཕར་ཆེར་ཚུར་ཆེར་བལྟས་ཙ་ན། །དུ་བ་ཕྱུར་བའི་ཁང་པ་མཐོང་། །དེ་ཡི་སྒོ་རྩར་མགྱོགས་པར་ཕྱིན། །སྒོ་ལ་རྡུངས་ཤིང་བོས་ཙ་ན། །ནང་ནས་

བུད་མེད་རྒན་མོ་བྱུང་། །ཞིགས་སོ་མི་ཅིག་འདུག་གོ་སྙམ། །མ་ཞིགས་མི་མ་ཡིན་པར་འདུག །ངོ་ནུབ་འདི་ཡིས་ཨེ་བསླུ་ཡིན། །བསླུས་ཀྱང་བྱ་རྒྱུ་ཅི་ཡང་མེད། །གཞན་ན་འགྲོ་ས་ཡེ་མི་འདུག །སྟག་དང་སྤྱང་ཁྱིམ་ཟོས་པ་སྲིད། །དེ་བས་འདི་ལ་བརྟེན་པ་དྲག །སྙམ་སྟེ་གནས་མལ་ཞོང་བྱས་པས། །ཅིས་ཀྱང་ནང་དུ་ཐོན་ཟེར་སྐད། །ནང་དུ་ཕྱིན་ནས་བལྟས་ཙ་ན། །མོ་ལ་བུ་མོ་གསུམ་ཙམ་འདུག །ཕོ་ལ་བཟའ་བཏུང་ཞིམ་པོ་བྱིན། །མི་ཁྱོད་འདི་རུ་སུས་བསྐྱལ་ཟེར། །སྔར་གྱི་བྱུང་ཚུལ་བཤད་ཙ་ན། །ད་མི་ཁྱོད་ལ་འགྲོ་ས་མེད། །འདི་ནི་གླིང་ཕྲན་བདག་མེད་ཡིན། །ངེད་ཀྱི་སྐྱེས་པའང་གུམ་ནས་མེད། །བུ་མོ་ཅིག་དང་ཁྱིམ་གྱིས་ལ། །ཁྱིམ་འདིའི་བདག་ཀྱང་ཁྱོད་ཀྱིས་གྱིས། །ཕྱིན་ཀྱང་གར་ཡང་མི་སླེབ་ཟེར། །ཕོ་སྙམ་དེ་ལས་འོས་མེད་སྙམ། །བུ་མོ་ཅིག་དང་ཁྱིམ་བྱས་ནས། །བསྡད་པས་ལོ་ཡང་མང་པོ་སོང་། །བུ་ཚའང་མིང་སྲིང་གཉིས་གསུམ་བྱུང་། །ཉིན་ཞིག་མ་དེ་ཤིང་ལ་སོང་། །ཕ་ཕད་བཞི་པོས་ཆུ་འགྲམ་དུ། །རྩེད་མོ་རྩེ་ཞིང་བསྡད་པ་ན། །ཆུ་ཡི་ནང་དུ་ཀླུ་བ་ཤར། །བུ་ཚ་གཅིག་གིས་ལེན་དུ་ཕྱིན། །དེ་ནས་བྱིས་པ་ཆུ་ཡིས་ཁྱེར། །ཕས་ཀྱང་རམ་མདའ་རྒྱུགས་ཙ་ན། །ཕྱི་ལའང་བུ་གཅིག་ཁྱེར་ནས་བྱུང་། །དེ་ནས་ཐེ་ཚོམ་དུ་མ་ལངས། །ཕྱི་མ་བཟུང་བས་སྔ་མ་ཤོར། །བར་དུ་གཉིས་ཀ་མ་ཟིན་པར། །འགྲམ་ནས་བུ་མོ་སྟག་གིས་ཁྱེར། །རེས་འགའ་སྟག་ལ་ཀུ་ཅོས་འདེབས། །གསུམ་ཀ་མ་ཟིན་ཕོ་རང་འཁྱེལ། །ཤི་ལ་ཁད་པས་སྐམ་ལ་ཐོན། །སྤུག་ནས་འཁྱེལ་ཏེ་བསྡད་ཙ་ན། །ཆུང་མས་དེ་རུ་སླེབས་ནས་བྱུང་། །ཅི་བྱུང་ཟེར་ནས་བྱུང་ལུགས་བཤད། །ཆུང་མའང་སྐྲག་ནས་ཆུ་ལ་ལྕེབས། །མ་བུ་ཐམས་ཅད་ཤི་བ་མཐོང་། །ཕོ་བོ་འདྲ་བའི་ཚོགས་མ་བསགས། །ལ་ལ་དག་དང་གསོན་བྲལ་བྱས། །ཕྱི་མ་བཞི་དང་ཤི་བྲལ་བྱས། །ང་ཡང་འདི་རུ་ཤི་ན་བདེ། །སྙམ་ནས་སྐྲ་སྤུ་འབལ་ཙ་ན། །མགོ་ཡང་དཀར་པོར་སོང་ནས་འདུག །སྙིང་རླུང་ལངས་ཏེ་བྲོས་ཙ་ན། །ཇི་ཞིག་ཙམ་ནས་ཡུལ་དུ་སླེབས། །ཁྱིམ་དུ་ཕྱིན་ནས་བལྟས་ཙ་

ན། །སྔར་གྱི་ཆུང་མ་སླུ་ལེན་ཞིང་། །ཅི་བྱེད་ད་དུང་ཉི་མ་འདི། །ཕོ་མོས་འབྲུད་མ་མ་ཟིན་ཟེར། །ཕོ་ནི་དད་པ་གཏིང་ནས་ལོག །ཕོ་བོས་ཇི་འདྲའི་སྡུག་བསྔལ་མྱོང་། །དེ་ཙམ་ཞིག་ཏུ་སྟོར་བ་ལ། །གཅིག་ཙམ་ཚོལ་དུ་མི་འོང་བའམ། །ཐ་མའང་མྱ་ངན་མི་བྱེད་པར། །ཁྱོད་ཀྱི་སླུ་རྒྱང་རེ་སྣན་ཨ། །བྱུང་བས་དགའ་སེམས་མི་བྱེད་པར། །ཉི་མ་འདི་བའི་བསླབ་བྱ་དང་། །ཟེར་ནས་སྔངས་པ་ཆུང་མས་ཐོས། །ཆུང་མས་བསམས་པ་སྐྱེས་པ་འདི། །འཕྲུལ་ལམ་སྒྲིའམ་སྒྱུ་མས་བསླུས། །འདི་ལ་ཅི་ཞིག་བྱུང་ནས་འདུག །ཕོ་དེ་ཁྱོད་ལ་ཅི་བྱུང་བ། །མོ་དེ་ཡུན་རིང་དེ་ཙམ་བྲལ། །ཁྱོད་ལ་ད་དུང་རྒྱུས་མེད་ཨ། །ཕོ་དེ་དེ་འདྲ་ཅི་ལ་ཟེར། །ད་ལྟ་རང་དུ་ལྟོ་ཟོས་ནས། །ད་དུང་འབྲུད་མའང་མ་ཟིན་པ། །འདི་ལ་ལྟོས་དང་ཟེར་ནས་བསྟན། །ཅི་ཁྱོད་གྲོགས་པོས་བསླུས་པར་འོང་། །ད་དུང་སྐྱིད་པའི་འཁལ་འཁྲོ་ལྟོས། །ཕྱི་ན་ཉིག་གེ་ཡོད་ངོས་ཤེས། །དེ་ནས་དཔལ་གྱིས་བསམ་པ་ལ། །མོ་ཡི་ཟེར་ལུགས་འདྲ་ན་ཡང་། །དེ་ཀུན་ང་རང་འཁྲུལ་འཁྲུལ་འདྲ། །འོན་ཀྱང་ལོ་མང་འཁྲུལ་མི་སྲིད། །བུ་ཚ་མིང་སྲིང་གསུམ་ཙམ་སྐྱེས། །ཤི་ཆད་རིམ་པ་དེ་ཙམ་མཐོང་། །ལོ་གཅིག་ཟླ་བ་བཅུ་གཉིས་ཡིན། །ཞག་པོ་སུམ་རྒྱ་དྲུག་ཅུ་མཆི། །ཉིན་ཞག་གཅིག་གི་སྡུག་བསྔལ་ལ། །དེ་ཙམ་འགྲམས་ན་ཆུང་མ་འདིས། །ང་ལ་བསླུ་བྲིད་གཏོང་བར་འདུག །སྐྱིད་པ་བལྟ་རུ་ཕྱིན་ཙ་ན། །ད་དུང་སྒོ་དྲུང་དེ་ན་འདུག །ད་གཟོད་བསམས་པས་སྒྲོ་འདོགས་ཆོད། །དེ་ནས་ཞག་ཤས་ལོན་པ་ན། །གྲོགས་པོ་སྒྱུ་མ་མཁན་པོ་བྱུང་། །ཁྱོད་དང་ལོ་མང་མ་འཕྲད་པས། །སྐྱོ་བས་དེ་རིང་ཐད་དུ་འོངས། །ཁྱོད་ཀྱིས་གང་དུ་ཕྱིན་པ་ལགས། །དཔལ་གྱིས་སྔར་གྱི་བྱུང་ཚུལ་བཤད། །སྒྱུ་མ་མཁན་པོ་ན་རེ་ཡའི། །ཆོས་རྣམས་སྒྱུ་མའི་སླུ་བྲིད་ལགས། །བདེན་པར་གྲུབ་པ་ཅི་ཡང་མེད། །བུ་གསུམ་མ་ནི་མཐོང་བའང་མེད། །ལུས་ཀྱི་སྦྱོར་བ་ག་ལ་སྲིད། །གོམ་གང་ཙམ་ཡང་ཕྱིན་པ་མེད། །ཐག་རིངས་སླེབ་པ་གང་ནས་འོངས། །ཡུད་ཙམ་ཞིག་ཀྱང་སོང་བ་མེད། །ལོ་མང་

སྡུག་པ་ག་ན་མཆི། །ཇི་ལྟར་འཁོར་བར་སྡུག་བསྔལ་ཡང་། །བདེན་བདེན་འདྲ་སྟེ་ཁྱོད་དང་མཚུངས། །ཡུན་རིང་བསྐལ་པར་འབྲམས་གྱུར་ཀྱང་། །ཁྱོད་ཀྱི་ལོ་ལྟར་འབྲམས་པ་ཡིན། །ནས་པ་ཁྱོད་ཀྱི་མགོ་དང་འདྲ། །གཞོན་པ་ཤི་བའི་བུ་ཚ་བཞིན། །དགྲ་བོ་ཆུ་ངན་དེ་དང་འདྲ། །གཉེན་ཚན་ཀུན་མོ་མ་མད་བཞིན། །ཕ་ཡུལ་གླིང་ཕྲན་དེ་དང་འདྲ། །ཉི་མའི་འཆར་ནུབ་སྐྱིབ་དུས་བཞིན། །བདེན་མེད་བདེན་འཛིན་དེ་འདྲ་ཡིན། །བརྟག་དཔྱད་མི་གཏོང་ཁྲིམ་བདག་དཔལ། །ཡེ་ནས་སྟོང་པའི་གནས་ལུགས་དེ། །ཆུང་མའི་ཚིག་ལས་ཐོས་པས་གོ །སྐྱུད་པ་མཐོང་བས་བསམས་པས་གོ །ད་གཟོད་གཏིང་ཚུགས་གོམས་པས་གོ །ད་ནི་མཉན་ཡོད་ལ་སོགས་པའི། །ཡུལ་དང་ཡུལ་ཅན་མ་ལུས་པ། །འདི་དང་འདྲའོ་དེ་ལ་དཔྱོད། །ཡང་ཡང་སོམས་དང་ཤེས་པར་འགྱུར། །གོམས་པའི་དབང་གིས་དོན་མཐོང་འགྱུར། །སྔོན་ཆད་འཁོར་ལ་ཡིད་མི་ཆེས། །བཙལ་ན་མཚན་དངོས་ག་ལ་རྙེད། །ཁྱོད་ཀྱིས་དེ་ཙམ་འཁོར་གྱུར་ཀྱང་། །ད་གཟོད་གཏད་མེད་ཤེས་པ་བཞིན། །སྒྱུ་མ་མཁན་པོས་དེ་སྐྲུན་པས། །དཔལ་གྱིས་སྒྱུ་མས་བསླུས་པར་གོ །ཆོས་རྣམས་དེ་བཞིན་ཤེས་པར་གྱུར། །འཁོར་བའི་ཆོས་ལ་ཡིད་མ་ཆེས། །གནས་ལུགས་དོན་ལ་གོམས་བྱས་ནས། །ད་ལྟའང་ཚུལ་ཁྲིམས་རྒྱལ་བར་གྱུར། །གནས་ལུགས་མཐོང་ཞིང་ཀུན་ལ་མཁས། །ང་ནི་སྤྲུལ་པའི་དགེ་སློང་ཡིན། །སྤྲུལ་པས་སྒྱུ་མ་སྤྲུལ་པ་ལ། །སྣང་བ་རང་ཡང་འོང་མི་ཐང་། །འབྲོམ། སྒྱུ་མའི་འབྲུལ་གཞི་དེ་འདྲ་ཡིན། །འབྲོམ། སྤྲུལ་པ་བྱ་བའང་དེ་འདྲ་ཡིན། །འབྲོམ། ཆགས་སྡང་ཡུལ་ཡང་དེ་དང་འདྲ། །འབྲོམ། དེ་བཞིན་རྒྱུན་དུ་ཤེས་པར་མཛོད། །ཇོ་བོ། སྒྱུ་མའི་དཔེ་དེ་གོ་རང་བདེ། །འབྲོམ། ཁྱོད་ལ་རྨི་ལམ་གོ་བདེ་མོད། །ཇོ་བོ། རྒྱ་གར་བ་ལ་གང་གོ་བདེ། །འབྲོམ། སྒྱུ་མ་འདི་རང་གོ་བདེ་ལགས། །ཇོ་བོ། བོད་ལའང་སྒྱུ་མ་ཡོད་ན་ཨང་། །འབྲོམ། བོད་ལ་རྨི་ལམ་གྱིས་ཚོག་མོད། །ཇོ་བོ། རྨི་ལམ་མེད་ན་ཇི་འདྲ་མཆི། །འབྲོམ། གལ་ཏེ་ངོ་མཚར་ཆེན་པོ་འོང་། །ཇོ་

བོ། སྙན་ཚིག་དེ་ལ་ཇི་འདྲ་འོང་། །འབྲོམ། གནས་ལུགས་ཟབ་མོ་མི་གོ་མོད། །ཇོ་བོ། ཁོ་བོ་ལ་ནི་རྨི་ལམ་མེད། །འབྲོམ། གཉིད་མེད་པ་ཡི་རྟགས་ཡིན་ནོ། །ཇོ་བོ། གཉིད་རང་ཡང་ཡང་ལོག་གིན་ཡོད། །འབྲོམ། གཉིད་ཆོས་ཉིད་དུ་འཁྱེར་བས་འོང་། །ཇོ་བོ། ཆོས་ཉིད་རང་ལ་འཁྱེར་རྒྱུ་མེད། །འབྲོམ། དེ་བས་རྨི་ལམ་མི་རྨི་ལགས། །ཇོ་བོ། རྨི་ལྟས་བཟང་པོའང་དགའ་བ་ཡིན། །འབྲོམ། ཁ་ནིང་རྨི་ལམ་མ་བཤད་དམ། །ཇོ་བོ། གཉིད་མེད་རྨི་ལམ་ཡིན་ཏེ་འོང་། །འབྲོམ། དག་སྣང་བྱ་བར་ཅི་ཡང་འཆར། །ཇོ་བོ། གསུང་གླིང་དེ་རང་ཟབ་ཅིང་གདའ། །འབྲོམ། ཟབ་མོ་མིན་པ་ལབས་མ་མྱོང་། །ཇོ་བོ། ཆགས་སྡང་སྤྱོད་པའི་ཚོམས་ཡིན་མོད། །འབྲོམ། འདྲི་བའང་མཁས་པར་འདུག་གོ་ཨང་། །ཇོ་བོ། ཚིག་ངན་ཐོས་ན་ཇི་ཙུག་བྱ། །འབྲོམ། བྲག་ཅ་བཞིན་དུ་ཁྱེར་ལ་ཐོང་། །ཇོ་བོ། གནོད་པ་བྱུང་ན་ཇི་ཙུག་བྱ། །འབྲོམ། སྔོག་ལན་ཡིན་པར་ཤེས་པར་གྱིས། །ཇོ་བོ། མི་འོང་བ་ཡི་ཐབས་ཤིག་འཚོལ། །འབྲོམ། འོ་ན་སྔོག་གཅོད་སྤོངས་ལ་ཐོང་། ཇོ་བོ། འདི་ཏུ་འབྱུང་བ་མི་བཟློག་མོད། །འབྲོམ། སྙིང་ཚིམ་གྱོད་བརྡལ་ཆེན་པོ་གྱིས། །ཇོ་བོ། དེ་རང་མི་འཚོལ་འོང་སྲེ་མཆི། །འབྲོམ། དེ་ནས་གོ་བའི་རྟགས་ཡིན་བཟང་། ཇོ་བོ། དེ་ལས་གསུང་ཐབས་མི་གདའམ། །འབྲོམ། ཡིད་ཀྱི་སྡུག་བསྔལ་ཐམས་ཅད་ལོང་། །ཇོ་བོ། གཞན་ལ་མགོ་སྲེ་འོང་བར་དགའ། །འབྲོམ། མ་སླངས་ན་རང་མི་འོང་བདེན། །ཇོ་བོ། སླངས་ན་ཐམས་ཅད་ལངས་ལགས་སམ། །འབྲོམ། ཅི་འདྲའང་དེ་ལྟར་སྦྱངས་པར་འཚལ། །ཇོ་བོ། དེ་ཡི་དོན་རང་གང་ཙུག་ལགས། །འབྲོམ། བྱང་ཆུབ་འདོད་ན་དགོས་པར་གསུངས། །ཇོ་བོ། བླ་མ་སུ་ཡིས་གསུངས་པ་ལགས། །འབྲོམ། བླ་མ་གསེར་གླིང་པ་ཡིས་གསུངས། ཇོ་བོ། གསེར་གླིང་པ་ལ་སུ་ཡིས་གསུངས། །འབྲོམ། ཚད་ལས་འདས་པ་རྣམས་ཀྱིས་གསུངས། །ཇོ་བོ། འོ་ན་ལེན་ལུགས་ཇི་ལྟར་བྱ། །འབྲོམ། ཀུན་གྱི་སྡུག་བསྔལ་དབུགས་ལ་རྔུབ། །ཇོ་བོ། རང་གི་དགེ་བ་ཇི་ལྟར་བྱ། །འབྲོམ། རླུང་ལ་བསྐྱོན་ལ་ཀུན་ལ་སྤྲོས། །ཇོ་

བོ། དེ་ཡི་རྗེས་ལ་ཇི་འདྲ་འོང་། །འབྲོམ། སྒོ་བསྒྱུ་བྱས་པ་བཞིན་དུ་འོང་། །ཇོ་བོ། དེ་ཡི་རྗེས་ལ་ཇི་འདྲ་འོང་། །འབྲོམ། ཕྲངས་རྟོགས་མཐར་ཕྱིན་སངས་རྒྱས་ལགས། །ཇོ་བོ། ཁམས་རང་ཆེན་པོ་ཐོས་ལགས་སོ། །འབྲོམ། གཞི་ལེགས་པ་ཡི་ཁམས་ཆེན་ཡིན། །ཇོ་བོ། ཁམས་ཆེན་ད་དུང་གསུང་བར་ཞུ། །འབྲོམ། བདེ་སྐྱིད་བྱུང་ཚད་གཞན་ལ་སྤྱིན། །ཇོ་བོ། དེ་ལས་གཞན་ཡང་གསུང་བར་ཞུ། །འབྲོམ། སྡུག་བསྔལ་བྱུང་ཚད་རང་ལ་ལོང་། །ཇོ་བོ། གཞན་ཡང་ཅུང་ནག་མི་གདའམ། །འབྲོམ། ཁེ་དང་རྒྱལ་ཁ་གཞན་ལ་བྱིན། །ཇོ་བོ། ཨ་ལ་ལ་ན་ད་དུང་གསུངས། །འབྲོམ། གྱོད་དང་བུབ་ཁ་རང་གིས་ལོང་། །ཇོ་བོ། གསུང་རང་འཇིགས་པོ་མི་གདའམ། །འབྲོམ། དགྲ་ལས་ངོ་མཚར་ཆེ་བ་མེད། །ཇོ་བོ། བཤེས་དང་མགོ་མཇུག་ལོག་ལགས་སམ། །འབྲོམ། མཇུག་མ་མགོ་ལ་སྐྱེས་ན་ཨ། །ཇོ་བོ། ལྟོགས་འགོང་ཆེན་པོ་དེ་ལགས་སོ། །འབྲོམ། ཁོ་བོའང་བཤེས་ལ་དེ་སྐད་ཟེར། །ཇོ་བོ། དེ་འདྲའི་ཁྲིམས་རང་འོང་ངམ་འམ། །འབྲོམ། འཁོར་བའི་གཏིང་རྡོའི་ཁྲིམས་ཆེའོ། །ཇོ་བོ། ཁྱེད་ཀྱི་བཤེས་ལ་ཇི་ལྟར་མཛད། །འབྲོམ། མགོ་བོ་ཁུལ་ཞིང་ཐོས་ནས་ཕྱིན། །ཇོ་བོ། བཤེས་དང་གཅིག་ཀྱང་མ་མཇལ་ལམ། །འབྲོམ། ལན་ཅིག་གཅིག་དང་ཕྲད་དེ་སོང་། །ཇོ་བོ། དབུ་མ་ཁུལ་བ་མ་ལགས་སམ། །འབྲོམ། ཆོས་ཀྱིས་བྱས་པས་ཐོས་ནས་སོང་། །ཇོ་བོ། རྙིང་ལ་ཅི་བྱུང་གསན་ལགས་སམ། །འབྲོམ། རྒྱལ་པོ་བྱུང་ཟེར་མཆི་མ་བྱུང་། །ཇོ་བོ། ཏ་ཙང་དགྲ་ལས་བཙོག་པར་གདའ། །འབྲོམ། མགོ་མཇུག་བཟློག་ངོས་ཤེས་པ་ཡིན། །ཇོ་བོ། དེ་ལྟར་སྦྱངས་ན་ཇི་འདྲ་འོང་། འབྲོམ། སངས་རྒྱ་བ་ལ་ཤིན་ཏུ་ཉེ། །ཇོ་བོ། སྡིག་བཤགས་འོང་ངམ་མི་འོང་ལགས། །འབྲོམ། རྡོ་ཚན་སྙིང་གི་ཁ་བ་འདྲ། །ཇོ་བོ། ཡན་ལག་བདུན་པས་གོ་ཆོད་དམ། །འབྲོམ། ཡན་ལག་བརྒྱ་ཡི་ཕ་རོལ་རྒལ། །ཇོ་བོ། རྒྱུན་གཞན་དག་ལ་ཇི་ལྟར་སྦྱར། །འབྲོམ། སྤྱོད་ལམ་ཅི་བྱེད་ཤེས་པ་ཡིན། །ཇོ་བོ། ཟ་བའི་ཚེ་ན་ཇི་ལྟར་བགྱི། །འབྲོམ། བསམ་གཏན་ཟ་བར་སེམས་པའང་

ཡོད། །ཇོ་བོ། དེ་ལས་གཞན་པ་ཇི་ལྟར་བསྒོམས། །འགྲོ་མ། གཞན་ཆེད་པོ་ནར་ཟ་བ་ཡིན། །ཇོ་བོ། གོས་གྱོན་དུས་སུ་ཇི་ལྟར་བྱ། །འགྲོ་མ། ཚུལ་ཁྲིམས་གཙང་མ་གྱོན་པར་བསམ། །ཇོ་བོ། དེ་ལས་གཞན་པ་ཇི་ལྟར་བགྱི། །འགྲོ་མ། མཐུན་མཐུན་ཐམས་ཅད་སྒྱུར་ལ་ཐོང་། །ཇོ་བོ། འདི་ལ་གོལ་ས་མི་མཆི་འམ། །འགྲོ་མ། བྱུང་ན་བདག་ལ་ལེ་ལན་བདོས། །ཇོ་བོ། ཉེན་མེད་ན་རང་ཁྱི་རང་ཆེ། །འགྲོ་མ། ཉེན་འདིས་བསླུས་པ་མི་སྲིད་གྱིས། །ཇོ་བོ། སྔོན་གྱི་ལས་ཀྱིས་ཆོས་ཐོས་ཨང་། །འགྲོ་མ། ལས་རྒྱུ་འབྲས་ལ་ཆོས་འོང་གིས། །ཇོ་བོ། དེ་རང་གནད་ཀྱི་ཁུངས་ཅིག་གདའ། །འགྲོ་མ། ཁུངས་མེད་ལབས་རང་མ་མྱོང་ལགས། །ཇོ་བོ། རྟོལ་ཏེ་དྲིལ་ན་ཇི་ལྟར་བགྱི། །འགྲོ་མ། ལས་རྒྱུ་འབྲས་ལ་ཡིད་ཆེས་མཛོད། །ཇོ་བོ། བྲག་ཆ་སྒྲ་མའི་ཚོམས་སུ་གདའ། །འགྲོ་མ། དེ་རྣམས་ལེགས་པར་དྲིལ་ལ་ཐོང་། །ཇོ་བོ། ཞུས་ལན་དུ་མ་བྱས་གྱུར་ཀྱང་། །ལེགས་པར་དྲིལ་ན་འདི་ལྟ་སྟེ། །གང་དུ་ཆགས་སྣང་ཡུལ་བྱུང་ཚེ། །སྒྱུ་མ་སྤྲུལ་པ་བཞིན་དུ་ལྟ། །མི་སྙན་ཚིག་རྣམས་ཐོས་པའི་ཚེ། །བྲག་ཅ་བཞིན་དུ་བལྟ་བར་བྱ། །ལུས་ལ་གནོད་པ་བྱུང་བའི་ཚེ། །སྔོན་གྱི་ལས་སུ་བལྟ་བར་བྱ། །ཞེས་བྱ་བ་ཅིག་ལས་མི་གདའ་ཡི། དེ་ལྟར་ན་ཞུས་ལན་ནོར་བུའི་ཕྲེང་བ་ལས། སྣང་སྟོང་གྲག་སྟོང་གི་ངང་དུ་བློ་ཇི་ལྟར་སྦྱོང་བའི་ལེའུ་སྟེ་བཅོ་ལྔ་པའོ།། །།

༈ ཡང་གནས་དེ་ཉིད་དུ། དེ་འདྲ་བའི་བླ་མའི་དྲུང་དུ་བདག་ཅག་གི་བླ་མ་ཡང་དག་པའི་དགེ་བའི་བཤེས་གཉེན་དེས་འདི་སྐད་ཅེས་ཞུས་པ་ནི། ཇོ་བོ། ཆོས་པའི་གནས་སུ་གང་ངན་ལགས། །འགྲོ་མ། ཕ་ཡུལ་བཙོན་ཁང་ཆེན་པོ་ངན། །ཇོ་བོ། ཆོས་པའི་གྲོགས་སུ་གང་ངན་ལགས། །འགྲོ་མ། མི་ཆོས་འཆིང་ཐུར་ཆེན་པོ་ཡིན། །ཇོ་བོ། ཆོས་པའི་འཆིང་ཐག་རང་གང་ལགས། །འགྲོ་མ། ཁ་གྱོགས་ཞེན་གྱོགས་ཁེངས་གྲགས་ལགས། །ཇོ་བོ། ཆོས་པའི་ཟས་སུ་གང་ངན་ལགས། །འགྲོ་མ། ལོག་འཚོས་ཐུང་ལ་ཐལ་ཏེ་གཏོང་། །ཇོ་བོ། གཞན་ཡང་གསུང་བར་ཞུ་འཚལ་ལགས། །འགྲོ་མ། འདུལ་བ་ནས་བཀག་ཟ་ཡིན་

གདའོ། །ཇོ་བོ། ཆོས་པའི་སྤྱོད་ལམ་གང་ངན་ལགས། །འབྲོམ། རྒྱུག་མཆོངས་ཉལ་ཞིང་ཟ་འཐུང་ལགས། ཇོ་བོ། གཞན་ཡང་གསུང་བར་ཞུ་འཚལ་ལགས། །འབྲོམ། སྡེ་སྣོད་གསུམ་དང་གང་འགལ་ལྟོས། །ཇོ་བོ། དགྲ་ཡི་ནང་ན་སུ་ངན་ལགས། །འབྲོམ། ཕུང་ཐན་སྡིག་པའི་གྲོགས་པོའོ། །ཇོ་བོ། སྡོམ་པའི་འགལ་རྐྱེན་སུ་ཆེ་ལགས། །འབྲོམ། བུད་མེད་ལ་སོགས་ཡིན་པས་སྤོངས། །ཇོ་བོ། བླ་མའི་ཞབས་ཏོག་གང་ཆེ་ལགས། །འབྲོམ། ཅི་བྱེད་ཆོས་སུ་བྱེད་པ་བཟང་། །ཇོ་བོ། བསྙེན་བཀུར་ལ་སོགས་མི་བཟང་ངམ། །འབྲོམ། ཁྱིམ་པ་ཀུན་གྱིས་ཀྱང་བྱེད་དོ། །ཇོ་བོ། མ་བྱས་ན་རང་འོང་ལགས་སམ། །འབྲོམ། མ་གུས་པ་ཡི་རྟགས་སུ་ཆེ། །ཇོ་བོ། བན་དེ་འཛིག་པའི་ལྟས་གང་ལགས། །འབྲོམ། དགོན་པ་གྲོང་ཡུལ་བསྙེན་པ་ལགས། །ཇོ་བོ། དེ་ཡི་དུས་སུ་སྐྱོན་ཅི་འོང་། །འབྲོམ། མཁན་སློབ་ཁུ་བོ་ཕ་མས་བྱེད། །ཐོས་བསམ་རིགས་རྒྱུད་ནོར་ལ་འཕེལ། །སྙིང་ལ་གཞོན་ནུ་ལང་ཚོ་འཇུག །བསླུ་བྲིད་ཚིག་སྣན་འཇུམ་གྱིས་ཁྲིད། །རི་ཞིག་ངོ་མཚར་ཆེ་བ་སྐད། །དེ་ནས་ཚངས་སྤྱོད་ནོར་དང་བྲལ། །དེ་ནས་ཕྱོད་འདྲའི་བན་གཟུགས་ཟེར། །དེ་ནས་མདོག་མེད་ཀུན་གྱིས་སྨད། །འབྲོམ། ཤི་ནས་ངན་འགྲོར་འགྲོ་བ་ཡིས། །ཇོ་བོ། ད་ང་ཡི་གནས་མལ་གང་དུ་བྱ། །འབྲོམ། བས་མཐའ་འམ་དགོན་པ་དབེན་པར་གྱིས། །ཇོ་བོ། འོ་ན་འཆི་ལུགས་ཇི་ལྟར་བགྱི། །འབྲོམ། རི་དྭགས་རྨས་མ་བཞིན་དུ་གྱིས། །ཇོ་བོ། དེ་ལ་ཤི་ལུགས་ཇི་འདྲ་འོང་། །འབྲོམ། རང་རེ་རང་གིས་སྨྲེད་པ་འོང་། །ཇོ་བོ། ཉུས་པའི་སྡིག་སྦྱོང་སུ་ཡིས་བྱ། །འབྲོམ། གང་དུ་ཚུལ་ཁྲིམས་བསྲུངས་ལ་གྱིས། །ཇོ་བོ། དེ་ཡི་དུས་སུ་མི་འཚལ་ལམ། །འབྲོམ། དཀོན་མཆོག་གསུམ་གྱིས་གཉེར་ཁ་ཡིན། །ཇོ་བོ། དཀོན་མཆོག་གསུམ་གྱིས་བྱེད་ལགས་སམ། །འབྲོམ། འོ་ན་དཀོན་མཆོག་ཅི་ལ་དགོས། །ཇོ་བོ། གཏན་གྱི་སྐྱབས་གནས་ཡིན་ལགས་སོ། །འབྲོམ། དེས་ན་ཁོང་གིས་བྱེད་པ་ལགས། །འབྲོམ། སྡིག་སྦྱོང་དང་པོ་ཚུལ་ཁྲིམས་ཡིན། །གཉིས་པ་ཆགས་པ་མེད་པ་ཡིན། །གསུམ་པ་

བཙན་ས་ཟིན་པ་ཡིན། །བཞི་པ་འཁོར་བ་སྐྱོབ་པ་ཡིན། །ལྔ་པ་སྤྱངས་རྟོགས་འཛོམ་པ་ཡིན། །འབྲོམ། དགེ་རྩ་རང་གིས་བྱ་དགོས་སོ། །མྱ་ངན་རང་གིས་ཁུར་དགོས་སོ། །ཁུར་ལུགས་གོང་ནས་ཤེས་དགོས་སོ། །གཏུགས་ཏེ་ཐུག་ན་འཕྱིས་པ་ཡིན། །ཇོ་བོ། འཆི་ཁ་མ་ཡི་ཆོས་ཤིག་ཞུ། །དེ་དུས་ཅིས་ཀྱང་དགོས་པ་འོང་། །དེ་སྐད་ཟེར་བའི་ཆོས་པ་མཐོང་། །ཇོ་བོ། ཆོས་པ་དེ་ལ་རང་ཇི་འདྲ་མཆི། །འབྲོམ། ཆོས་པ་དེ་ཀུན་སྤྱུག་པ་ཡིན། །དུས་ནི་སྐྱེ་བ་གཏན་དུ་དགོས། །ཁྲབས་ནི་འབྱུང་འགྱུར་ཤེས་ནས་འཚལ། །ཆོས་པ་འཆི་ཁར་གྱུར་པ་ན། །བག་ཆགས་བཟང་པོའི་སྣང་བ་ཤར། །རང་འདོད་ངན་པའི་ཤུན་པ་སྤྱངས། །འདི་འོང་སྙམ་ནས་ཆོས་ལ་སྤྱུད། །ཚེ་འདིའི་འདུན་སྙེངས་ཤོར་ལགས་ཏེ། །ད་ནི་ཕྱི་མར་རྒྱལ་ལོ་ཁྱོད། །མི་རྟག་ལྟུག་གིས་བྲབས་པའི་ཚེ། །འདི་ནི་ཅིས་ཀྱང་འོང་ཇོ་བྱུས། །འདི་རུ་མ་ཟད་ད་རུང་འོང་། །བྱུང་ཡང་ད་ནི་མི་འཚེར་རོ། །དགའ་ཞིང་སྒྲོ་ཞིང་ཡར་ལ་འགྲོ། །རྣམ་ཐར་གཙང་མའི་ཞིང་དུ་འགྲོ། །མི་རྟོག་པདྨའི་སྦུབས་སུ་འགྲོ། །བྱང་ཆུབ་སེམས་དཔའི་ཞིང་ཁམས་འགྲིམ། །རྣམ་རྟོག་གཙང་མར་གོམས་ནས་གདའ། །ཁྲི་ཕག་སྤྱོད་པ་ནུབ་ནས་གདའ། །བ་སླང་བརྟུལ་ཞུགས་ཉམས་ནས་གདའ། །མི་གཙང་རྒྱལ་བུ་རལ་ནས་གདའ། །ལོ་འདོད་ལྷོན་ཤིང་ཆག་ནས་གདའ། །ངན་སྒྲུག་ཕུང་པོ་འཐོར་ནས་གདའ། །སྒོམ་མི་དགོས་པར་ལྷ་རུ་འགྲོ། །དག་པའི་སྣང་བ་སྙིང་ལ་ཞུགས། །དཀོན་མཆོག་གསུམ་དང་འབྲལ་སྐབས་མེད། །འདུལ་བ་མེ་ཏོག་ས་གཞི་རྒྱས། །མདོ་སྡེ་རིན་ཆེན་གཞལ་ཡས་མཛེས། །མངོན་པ་འཁོར་ལོའི་རྩིབས་ཀྱིས་ཕུབ། །ཁྲིལ་མེད་ལྟོ་ལ་གྲུན་བཀུར་བས། །ཟག་པ་མེད་པའི་བསམ་གཏན་ཐོབ། །གཉིད་རྨུགས་ལེ་ལོ་ཁྲད་བསད་པས། །ཡེ་ཤེས་སྣང་བའི་འོད་ཀྱིས་བལྟམས། །ཨེ་མ་བཀའ་གདམས་པད་སྟོང་རྒྱས། །བདེ་གཤེགས་སྟོང་གི་བཞུགས་གནས་ཡིན། །སེམས་དཔའ་སྟོང་གི་ཉམས་དགའི་གནས། །ཉན་རང་སྟོང་གི་བདེ་སྐྱིད་ས། །ལྷ་མི་ཀུན་གྱི་མཆོད་

ཡུལ་གནས། །འཇིག་རྟེན་ཀུན་གྱི་མགོན་སྐྱབས་ཞིང་། །གཙང་མའི་ལྷ་ཡིས་སྤྱི་བོས་གཏུགས། །དྲང་སྲོང་ཆེ་དགུས་ཞབས་ནས་འདེགས། །འཁྲོམ་རྗེ་ཁྱོད་ཀྱི་ཕ་ཕོགས་ཡིན། །འཇིགས་མེད་གཏེར་ཁ་བྱེ་བ་འབུམ། །དཀར་གསུམ་མངར་གསུམ་བདུད་རྩིར་འཁྱིལ། །ཁྲུས་ཀྱི་རྫིང་བུ་སྟོང་ཕྲག་སྟོང་། །གསེར་གྱི་ས་གཞི་གཡུ་ཡིས་བརྒྱན། །གཡུ་ལོ་རྒྱས་ལ་སྤྲུལ་པའི་བྱ། །ཀུན་ཏུ་རྒྱུ་འདྲ་བྱ་བས་གང་། །གཡུ་མཐིང་དགའ་བདེ་ཉམས་དགར་ལྡིང་། །ཡིན་ནམ་མི་དབང་འཁྲོམ་རྗེའི་ཞིང་། །སྒོ་གསུམ་དྲི་མ་མེད་པ་ཡིན། །དྲི་མེད་རྒྱལ་བ་རྟག་ཏུ་མཆོད། །ནམ་མཁའ་ཁྱབ་པར་འགེངས་པར་བྱེད། །འཁྲོམ་རྗེ་ཁྱོད་ཀྱི་ཕ་ཕོགས་ཡིན། །སྣུ་གར་རྩེ་ན་ཞིང་དེར་རྩེས། །ཉོན་མོངས་གཡང་ལ་ལྷུང་མི་འགྱུར། །རྒྱན་ཆ་འདོགས་ན་ཞིང་དེར་ཐོགས། །མི་ཡི་རྒྱན་གྱིས་དཔེར་མི་ཧུང་། །འདོད་ཡོན་སྤྱོད་ན་ཞིང་དེར་སྤྱོད། །ཡེ་ཤེས་ལྷ་ཡི་རང་བཞིན་ཡིན། །ཨེ་མ་འཁྲོམ་རྗེ་ང་ལ་ཉོན། །དྲུག་ཅུ་རྩ་རེའི་སྟུག་བྲུས་པས། །ད་ནི་འབྲས་བུ་བདེ་བ་རྒྱས། །བག་ཆགས་གཙང་མར་རབ་སྦྱངས་ནས། །ཉམ་ང་སྐྱུག་བྲོ་སྐྱེ་མི་སྲིད། །མ་དག་བསྒོམས་ཀྱང་ག་ལ་སྐྱེ། །འཁྲོམ་རྗེ་སྲས་བཅས་ཉམས་རེ་དགའ། །འཁྲོམ་རྗེ་སྲས་བཅས་ཕྱུགས་རེ་བདེ། །དཀའ་བ་སྤྱད་པས་ནོམ་པ་ཉིད། །ནོམ་པ་འཇིགས་མེད་གཏེར་ལ་ཐུག །འཁྲོམ། ཤེས་པར་མཛོད་ཅིག་ཞིང་དེར་སྤྱོད། །ཛོ་བོ། གནས་ལྔ་མཁྱེན་པའི་པཎྜི་ཏ། །དེ་འདྲ་མཐོང་བས་འདི་འདྲ་སྤྱོད། །ཉོན་མོངས་སྙོམ་པ་ཆང་ཞིམ་འདྲ། །འཐུངས་པས་སྙོམ་ཞིང་འདོད་པ་འཕེལ། །ཡང་ཡང་འཐུངས་པས་བློ་གྲོད་སྐྱེ། །ཅི་ཉིད་ཟོས་པས་ཉམས་དང་ལྡན། །སྒོག་པ་ལ་སོགས་དུ་མའི་སློང་། །ཕ་ཤ་མ་ཤ་ཁྲག་མཚོ་སྤྱོད། །ཤིན་པོ་གདོང་དམར་མིར་གསོལ་བ། །ཁྲིལ་མེད་མཏུག་རྟུམ་ཆུ་རྗོའི་ལུས། །སློང་སྟུད་ཕྲུ་འཁྲོག་གླ་མའི་མཚན། །ཁྲི་ཁྲག་ལ་ཤོར་ཇི་བཞིན་དུ། །རབ་ཏུ་ཟམས་ཏེ་སྤྱོད་པར་བྱེད། །ཁོ་བོ་འཁྲོམ་རྗེ་ཚིག་འདི་ཉོན། །དགའ་དགའ་འདྲ་སྙེ་རྒྱང་སྙེ་སྐྱུར། །སྐྱིད་སྐྱིད་འདྲ་སྙེ་རྩ་བ་

ཚོད། །དེ་འདྲས་མི་གཙང་འདམ་དུ་སྐྱེ། །དེ་འདྲས་མ་དག་ཞིང་དུ་སྐྱེ། །དེ་འདྲས་ཁྱི་བོང་ལུག་ལྟར་སྨྱུད། །ཕག་པ་བྱ་རོག་ལྟ་བུའི་ལྟོ། །བཟའ་རྒྱུ་མང་སྟེ་ཨ་ཙ་མ། །མི་འདིས་རང་ཉིད་མ་བསླུས་སམ། །རྟོག་མེད་སྐད་དུ་ཅི་ཡང་དགོས། །སྒོམ་དད་ཆེ་ལ་གསུས་པ་ཡངས། ། སྤྱོད་པ་རྩིང་ལ་ཐོ་ཅོ་འཕེལ། །རང་གི་ཤ་ལ་སུས་མི་ཟ། །གཞན་གྱི་ཕྱོགས་ལ་ཀུན་ཏུ་སྤྱོད། །བྱ་རོག་ལྟ་བུའི་ཆོས་འདི་དོར། །པསྨའི་ཚལ་དུ་ཡིད་མི་ཆགས། །མི་གཙང་ཁྲོད་དུ་དགའ་གར་རྩེ། །ལྟོང་ལྟོང་ཟེར་ཞིང་ཇོ་ཇེ་འགྲོས། །བྱ་རོག་ཆོས་དེ་རྒྱངས་ཀྱིས་སྐྱུར། །མི་རྟོག་གཏི་མུག་ཆེན་པོའི་གློང་། །ཀུན་ཤེས་འདོད་ཆགས་ཆེན་པོའི་གློང་། །ཞེན་མེད་ཕྲག་དོག་ཆེན་པོའི་གློང་། །དག་སྣང་ང་རྒྱལ་ཆེན་པོའི་གློང་། །རང་ཕྱོགས་ཞེ་སྡང་ཆེན་པོར་གསལ། །མི་དཔུང་ལྔ་ཡི་གློང་དཀྱིལ་ན། །ཚུལ་ཁྲིམས་མི་ཏོག་སྨིག་པར་བྱེད། །བདེ་འབྲས་ཟིལ་པ་སྐྱིམ་པར་བྱེད། །ཐལ་བ་གཡང་ས་གསུམ་ལ་བསྐུར། །རླུང་ནི་ནམ་མཁས་གང་ཁྱབ་འགྲིམ། །ངོ་ཚ་བསྲུང་ལུགས་རོ་དང་འདྲ། །རོ་ནི་འདོད་པའི་འདམ་དུ་བྱིང་། །ལུས་ལ་ཉོན་མོངས་སྲིན་བུས་ཟ། །ཅི་བྱེད་དེ་འདྲའི་བསླུ་ཁྲིད་པཏ། །འབྲས་བུ་སྨུ་པོ་ཆོས་པ་ཀུན། །དེ་འདྲའི་ལོག་ཤེས་དོར་ན་པན། །འོ་ན་འདོར་ལུགས་ཇི་ལྟར་ལགས། །འཁྲོམ་རྗེ་ཁྱོད་ཀྱིས་ཤོད་ཟེར་ན། །འདམ་ལས་མེ་ཏོག་སྐྱེས་པའང་ཡོད། །མེ་ཏོག་འདམ་གྱིས་གོས་པ་མེད། །ཤེས་ནས་སྐྱུར་བའི་མཁས་པ་ཡིན། །ཤེས་པ་མི་རྟོག་མེ་ཏོག་འདྲ། །མེ་རྟོག་ཐོ་ཅོས་དགོས་པ་མེད། །རྣམ་རྟོག་ཐོག་ཟིལ་བྱེད་པ་འབྲུལ། །དེ་བས་དཀྱིལ་འཁོར་འདི་བཞེངས་མཛོད། །མི་རྟོག་དབྱིངས་སུ་འོད་གསལ་བའི། །གཞལ་ཡས་ཚད་ལས་འདས་པར་བཞེངས། །གཙང་དང་མི་གཙང་རང་གྲོལ་བའི། །འོད་གསལ་ལྷ་ཚོགས་དཀྱིལ་འཁོར་བསྐྱེད། །ཀུན་མཁྱེན་སྤྲུལ་པས་ཀུན་ཁྱབ་པའི། །ནམ་མཁའ་ཁྱབ་པར་གར་གྱིས་ཁེངས། །བརྒྱད་ཁྲི་བཞི་སྟོང་མི་རྟོག་པའི། །ཐུག་ཅས་འཇིག་རྟེན་ཁྱབ་པར་མཛོད། །རྒྱུ་རྐྱེན་ཉོན་མོངས་མ་ཁེགས་

ན། །འབྲས་བུ་དེ་འདྲ་མི་ཁེགས་པས། །རྩ་བ་ཆོད་ལ་དབྱིངས་སུ་སྐྱུར། །བསྐྱེད་རིམ་ཡེ་
ཤེས་སྐུ་མཆོག་ཡིན། །རྫོགས་རིམ་ཚོགས་གཉིས་མཐར་ཕྱིན་ཡིན། །ཡེ་ཤེས་ཤེས་བྱ་ཉིད་
དང་མཉམ། །ཐུགས་རྗེའང་ནམ་མཁའ་ལྟ་བུར་ཡངས། །སྣང་བའི་གདན་ནི་པད་ཟླ་
ཡིན། །སྐྱེ་བ་མང་སྟེ་རྫུས་སྐྱེས་ཡིན། །མངལ་ནི་མི་རྟོག་སྦུབས་སུ་བཤད། །གྲོགས་ནི་
འོད་གསལ་ལྷ་ཚོགས་ཡིན། །ཡི་གེ་མེད་པའི་གནས་ལུགས་ལ། །འཁྲོམ་གྱི་བསྐྱེད་རྫོགས་
འདི་འདྲར་ཟད། །ཐ་སྙད་ཡི་གེ་ཧྲཱིཿལ་གྱིས། །ཨ་ཙང་སེར་པོ་ཨོཾ་ལ་གྱིས། །ཨེ་མ་ལྷུང་
ཁུའི་ཧཾ་ལ་གྱིས། །མི་གཡོ་མཐིང་ནག་ཧཱུྃ་རྐྱང་ཡིན། །དེ་ལས་དེ་འདྲའི་གཞལ་ཡས་
བསྐྱེད། །ཕུན་སུམ་ཚོགས་པའི་རང་བཞིན་ཏེ། །འཁྲོམ་གྱི་བསྐྱེད་རྫོགས་ཙམ་དུ་
ཟད། །ཨ་ཙང་ཡི་གེ་ཡི་གེས་སྟོང་། །ཡི་གེ་འགྱུར་བ་མི་རྟོག་བྲལ། །པད་ཟླ་ཉི་མའང་ཡི་
གེས་སྟོང་། །དེ་ལ་བཞུགས་པ་གང་བྲལ་བའི། །རྫོགས་པའི་སངས་རྒྱས་མཚུངས་མེད་
ལ། །དཀོན་མཆོག་འདུས་པར་སྤྱི་བོས་གཏུགས། །ཕྱག་དང་ཕྱག་ཡུལ་གཉིས་སྟོང་
པའི། །རྣམ་དག་སྐུ་ལ་ཡེ་ཕྱག་འཚལ། །སྐྱེ་གནས་འཇིག་པས་མ་གོས་པའི། །དྲི་མེད་
མཆོད་ཚོགས་འབུལ་ལོ་ལྷ། །སྒོ་གསུམ་སྐྱེ་གནས་འཇིག་བྲལ་བའི། །ཉེས་པའི་གཡང་ས་
མཐོལ་ལོ་བཤགས། །སྟོང་ཡང་སྣ་ཚོགས་སྐྱུར་སྟོན་པའི། །གྲངས་མེད་འདྲེན་ལ་རྗེས་
ཡི་རང་། །སྨོན་དང་མཚན་མས་སྟོང་པ་ཡི། །འཁོར་ལོ་དབྱིངས་སུ་བསྐོར་དུ་
གསོལ། །སྐྱེ་བས་སྟོང་པའི་ཆོས་སྐུ་ཁྱེད། །ལྷུན་གྲུབ་གནས་པའི་རང་བཞིན་ལ། །གང་
དུའང་འདའ་བར་མ་མཛད་ཅིག །དགེ་བ་འདི་ཡིས་འཁོར་བ་རྣམས། །འདི་འདྲར་
རྟོགས་ཏེ་འདི་འདྲ་བའི། །གཞལ་ཡས་ཁང་དུ་འཇོངས་གྱུར་ཏེ། །གསང་སྔགས་འདི་
བཞིན་སྤྱོད་པར་བསྔོ། །གནས་སྐབས་ཀླུ་ཡའི་ལྷ་ལྷུ་བཞིན། །པད་དཀར་སྟོང་ལྡན་ལྟེ་
བ་ལ། །ཟླ་བ་ཞུན་མའི་གདན་སྟེང་དུ། །ཕྱི་ནང་གསང་བ་དེ་ཉིད་ཀྱི། །བསྐྱེད་རྫོགས་
མཆོག་ཏུ་བརྟགས་པར་ཤོག །གློ་བུར་འདི་ཡང་ཆོས་དབྱིངས་ལས། །ཐ་དད་ཅི་ཡང་

ཡོད་མ་མཆིས། །ཐ་དད་མེད་པར་ཕུན་ཚོགས་པའི། །བཀྲ་ཤིས་ཕུན་སུམ་ཚོགས་པར་ཤོག །གཙང་མ་རིས་ཀྱི་བཀྲ་ཤིས་ཤོག །ཐོག་མཐའ་བར་གསུམ་གཙང་མ་ལས། །གཡོས་པ་མེད་པའི་བཀྲ་ཤིས་ཤོག །འགྲོ་བའི་མགོན་པོ་ཨ་ཧི་ཤ། །བདག་གི་ཕ་ཕོགས་དམ་པ་ཡིན། །གནས་ལྷ་མཁྱེན་པའི་པཎྜི་ཏ། །བས་མཐའ་དགོན་པར་རབ་གནས་ཤིང་། །རི་དྭགས་ཤི་བའི་རོ་བཞིན་དུ། །བདག་གིས་བདག་ཉིད་སྦ་གསུང་ན། །བདག་གི་གདུལ་བྱ་གང་ན་ཡོད། ། དགོན་པ་དག་ཀྱང་བསྟན་པར་ཞུ། །ཞེས་ཞུས་པས། ཛོ་བོའི་ཞལ་ནས། གངས་ཅན་ཀུན་གྱི་མགོན་པོ་མཆོག །ཕྱི་མའི་དུས་སུ་ཕྱུར་པའི་ཚེ། །བྱང་གི་ཆ་ནས་བྱང་ཕྱོགས་སུ། །རྒྱལ་ཡུམ་རྒྱས་པར་འགྱུར་རོ་ཞེས། །བདེ་བར་གཤེགས་པའི་བཀའ་ལུང་ཡོད། །བྱང་ཕྱོགས་འདི་ནས་བྱང་ཕྱོགས་སུ། །ར་སྒྲེང་ཞེས་བྱའི་དགོན་པ་ཡོད། །དེར་སོང་བདག་གིས་བྱིན་གྱིས་བརླབས། །ར་སྒྲེང་དཔལ་གྱི་གཙུག་ལག་ཁང་། །ཛོ་ཛེ་གདན་དང་མཚུངས་པར་བཞེད། །དེ་ནི་ཁྱོད་ཀྱི་དགོན་པ་ཡིན། །གདུལ་བྱ་དག་ཀྱང་དེར་འདུའོ། །ར་ནི་རྩལ་དང་ཐལ་བ་སྟེ། །ཆོས་ཀྱི་སྒོ་མོ་ཡིན་ཞེས་གསུང་། །ཉོན་མོངས་རྩལ་ཐལ་ཆོས་ཀྱི་སྒོ། །སྲིད་རྩེའི་མཐར་ཐུག་སྒྲེང་བར་བྱེད། །འཁོར་ལོས་སྒྱུར་རྒྱལ་གྱི་ལྷོ་ཕྱོགས། །དམག་དཔོན་རིན་ཆེན་གྱི་ལྷོ་ནུབ། །ཁྱིམ་བདག་རིན་ཆེན་གྱི་ནུབ་བྱང་། །བཙུན་མོ་རིན་ཆེན་གྱི་བྱང་ཕྱོགས། །གླང་པོ་རིན་ཆེན་གྱི་བྱང་ཤར། །ནོར་བུ་རིན་ཆེན་གྱི་ཤར་ཕྱོགས། །རྟ་མཆོག་རིན་ཆེན་གྱི་ལྷོ་ཤར། །དཔལ་ཐང་རྩིབས་སྟོང་གི་མགོ་བོ། །རྒྱལ་སྲིད་སྣ་བདུན་མདུན་བསྟན་ནས། །ཛེ་རྒྱལ་ཞབས་ལ་འདུད་ཚུལ་ལོ། །དེ་ཡང་ས་པདྨ་འདབ་བརྒྱད་ཀྱི་སྙིང་ཕྱོགས། །གནམ་འཁོར་ལོ་རྩིབས་བརྒྱད་ཀྱི་འོག་ཕྱོགས། །སྤང་ལྗང་མེ་ཏོག་བཀྲ་བའི་ཚལ། །ལྗོན་པོ་སྤོས་ངད་ལྡན་པའི་འདབས། །གཡུ་མཚོ་གཡུང་དྲུང་འཁྱིལ་བའི་འགྲམ། །རྩི་ཤིང་ནགས་ཚལ་རྒྱས་པའི་གསེབ། །བྱ་ཚོགས་དབྱངས་སྙན་སྒྲོག་པའི་ས། །བག་ཕེབས་རི་དྭགས་རྒྱུ་བའི་

ཡུལ། །གྲོང་ཡུལ་དག་ལ་མི་ཉེ་ཞིང་། །ཧ་ཅང་རིང་བའང་མ་ཡིན་ཏེ། །སུས་ཀྱང་བདག་ཏུ་བཟུང་བ་མེད། །དེ་བས་ས་གཙང་འབྲུ་སྣ་སྨིན། །ཆོས་ལ་དགའ་བའི་ལྷ་ཀླུས་གང་། །ཤུག་པ་གསེར་མ་ལུག་ཅམ་ལ། །ཡལ་ག་བཅུ་ནི་མཛེས་པར་སྐྱེས། །ཤུག་པ་གཡུ་མ་ར་ཅམ་ལ། །ཡལ་ག་མཛེས་པ་བརྒྱད་དུ་འབྲུངས། །མི་ལ་མ་ངེས་སྣང་བ་ཅམ། །ཀླུ་ལ་ཕོ་བྲང་ཉམས་དགར་སྣང་། །ལྷ་ལ་དཔག་བསམ་ལྗོན་པར་གདའ། །དེ་ནི་གསེར་གྱི་པད་སྡོང་སྟེ། །ཕྱོགས་བཅུའི་རྒྱལ་བ་དེར་བཞུགས་ནས། །འོད་ཟེར་ཕྱོགས་བཅུར་འགྱེད་པར་བྱེད། །གཡུ་མ་ཨུཏྤལ་སྡོང་པོ་སྟེ། །སེམས་དཔའ་བརྒྱད་དང་སེམས་མར་བཅས། །དེར་བཞུགས་བདེ་བར་གཤེགས་ལ་འདུད། །སློབ་དཔོན་མཁས་བཙུན་འཇོམ་པའི་རྟགས། །དམ་པ་མང་པོ་འདུ་བར་འཚལ། །ཡུལ་ནི་ཕུན་སུམ་ཚོགས་པར་བསྟན། །ཕུ་རྫོགས་སངས་རྒྱས་ཀྱི་ཉི་མ་ཤར། །ཕུགས་འབྲས་བུ་བཟང་བའི་རྟགས་སུ་འཚལ། །རྒྱ་རིག་པའི་ཆུ་བོ་མདུན་དུ་འབབ། །རྗེ་མཁས་པ་རྣམས་ཀྱིས་འདུད་པར་འཚལ། །མདའ་བདུད་དང་མུ་སྟེགས་འཚལ་པ་འགེགས། །འཕྲུལ་གྲོགས་བཟང་དམ་པ་བསྟེན་པར་འཚལ། །ཕོང་རྒྱ་སྐར་དག་གིས་ལམ་གསལ་ཞིང་། །ས་གྲུ་བཞི་དྲན་པ་ཉེར་གཞག་བཞི། །གནམ་གྲུ་བཞི་ཡང་དག་སྤོང་བ་བཞི། །ཆུ་གྲུ་བཞི་རྫུ་འཕྲུལ་རྐང་པ་བཞི། །གདོང་ཁ་བཞི་ཚད་མེད་བཞི་ལྡན་པར། །ལས་ཅི་བྱེད་རྟག་ཏུ་དགེ་བའི་རྟགས། །རྒྱབ་ཉོན་མོངས་རྣམ་བྱང་གཉེན་པོར་རྒྱལ། །སེམས་གདུག་རྔུབ་གཡོ་བའི་རླུང་ལམ་ཁེགས། །དོན་བདེ་གསལ་དག་པར་ལྷན་ནེ་བ། །ལྷས་ཁྱད་པར་འཕགས་པར་ཁོ་བོས་འཚལ། །མདུན་ལྐོ་རི་བབས་ཀྱིས་གཞོལ་བ་ཡིས། །འོད་སྟོང་ལྡན་གསལ་བའི་ཉི་མ་འདེས། །རྒྱ་མ་རིག་མུན་པ་བསལ་པར་འགྱུར། །རྒྱུད་ལས་ཅན་མང་པོ་འབྱུང་བར་འཚལ། །རྗེ་ཆོས་སྐུ་ཐ་སྙད་བྲལ་ན་ཡང་། །ལས་སྐལ་ལྡན་མང་པོའི་བསོད་ནམས་ལ། །རྗེ་རྒྱལ་བ་མང་པོ་དེར་ལྷགས་ཏེ། །གནས་བྱིན་གྱིས་རློབ་པར་ཁོ་བོས་

འཚལ། །གནས་འོག་མིན་ཆོས་ཀྱི་ཕོ་བྲང་ན། །ཡུལ་ཕྱོགས་བཅུའི་རྒྱལ་བ་སྲས་བཅས་རྣམས། །ཆོས་ཐེག་པ་ཆེན་པོའི་དགའ་སྟོན་ལ། །ལས་སྐལ་ལྡན་མང་པོ་སྡུད་དང་མཚུངས། །རྒྱ་ཆེ་དཔངས་མཐོ་བརྗིད་ཆགས་པའི། །བྱང་གི་རི་རྒྱལ་ལྷུན་པོ་ནི། །རྒྱལ་པོ་རྒྱལ་སྲིད་སྐྱོང་དང་མཚུངས། །རྒྱལ་བའི་འབྱུང་གནས་དེར་གནས་ཏེ། །ཆོས་ཀྱི་རྒྱལ་སྲིད་སྐྱོང་བར་བྱེད། །བྱང་ཤར་རི་རྒྱལ་ལྷུན་པོ་ནི། །དམག་དཔོན་གཡུལ་དུ་ཞུགས་དང་མཚུངས། །རྒྱལ་བའི་འབྱུང་གནས་སྲུང་བྱེད་ཅིང་། །ཕས་ཀྱི་རྒོལ་བ་འཇོམས་པར་འཚལ། །ཤར་ལྷོའི་རི་རྒྱལ་ལྷུན་པོ་ནི། །ཁྲིམ་བདག་བང་མཛོད་ཁེངས་དང་མཚུངས། །རྒྱལ་བའི་འབྱུང་གནས་མཆོད་པར་བྱེད། །དབུལ་ཕོངས་སྡུག་བསྔལ་ཞི་བར་འཚལ། །ལྷོ་ཡི་རི་རྒྱལ་ལྷུན་པོ་ནི། །བཙུན་མོ་སྐྱིལ་ཀྲུང་བཅས་དང་མཚུངས། །རྒྱལ་བའི་འབྱུང་གནས་བཀུར་བྱེད་ཅིང་། །དམ་པ་མང་པོ་སྤྱེལ་བར་འཚལ། །ལྷོ་ནུབ་རི་རྒྱལ་ལྷུན་པོ་ནི། །གླང་ཆེན་སྣ་སྟོབས་བརྒྱངས་དང་མཚུངས། །རྒྱལ་བའི་འབྱུང་གནས་འདེགས་པར་བྱེད། །ཐེག་པ་བརྟན་པོར་ཁོ་བོས་འཚལ། །ནུབ་ཀྱི་བྲག་རི་ལྷུན་པོ་ནི། །ནོར་བུའི་ལྷུན་པོ་བརྩེགས་དང་མཚུངས། །རྒྱལ་བའི་འབྱུང་གནས་རྒྱས་པར་བྱེད། །སྨོན་ལམ་ཐམས་ཅད་གྲུབ་པར་འཚལ། །ནུབ་བྱང་རི་རྒྱལ་ལྷུན་པོ་ནི། །རྟ་མཆོག་རྟ་སྒ་བསྒྲོན་པ་འདྲ། །རྒྱལ་བའི་འབྱུང་གནས་འདྲེན་པར་བྱེད། །རྫུ་འཕྲུལ་རྐང་པ་མངའ་བར་འཚལ། །མདུན་གྱི་དཔལ་ཐང་ཆེན་པོ་ནི། །འཁོར་ལོ་རྩིབས་སྟོང་ཉིད་དང་མཚུངས། །རྒྱལ་བའི་འབྱུང་གནས་བརྟན་པར་བྱེད། །མི་མཐུན་ཕྱོགས་ཀུན་འཇོམས་པར་འཚལ། །མདུན་གྱི་ཆུ་རྒྱུན་རིང་བ་ནི། །བསྟན་པ་ཡུན་དུ་གནས་པར་འཚལ། །ཉི་མའི་འཆར་དུས་སྔ་བ་ནི། །སློབ་མ་མྱུར་དུ་འདུ་བར་འཚལ། །ཉི་མ་ནུབ་དུས་འཕྱི་བ་ནི། །དམ་ཚིག་ཡུན་རིང་བསྲུང་བར་འཚལ། །ཤུག་ནགས་ཕྱོགས་མཐའ་རྒྱས་པ་འབྱུང་། །བཀའ་གདམས་ཕྱོགས་བཅུར་རྒྱས་པར་འཚལ། །གངས་རིའི་དབུས་ན་གནས་

པ་ནི། །སློབ་མའི་ཚོགས་རབ་འདུ་བར་འཚལ། །ཀླུ་ཡི་ཕོ་བྲང་གནས་པ་ནི། །ལོངས་སྤྱོད་ཕོངས་པ་མེད་པར་འཚལ། །རྫུས་སྤྲུལ་བྲང་ཁ་མནན་པ་ནི། །འབྱུང་བའི་དགྲ་བོ་ནོན་པར་འཚལ། །ཡིད་ཆགས་སྟོད་ཉམས་དགའ་བ་ནི། །རྒྱལ་བའི་གནས་ཆེན་ཡིན་པར་འཚལ། །ལྷུན་པོ་ཆེན་པོའི་རྩེ་མོ་ལ། །མ་འདྲེས་གཡའ་ཡི་འོད་ཟེར་གཡོ། །ཐེག་པ་མ་འདྲེས་སོ་སོར་གསལ། །བློ་སྣ་མི་མང་རང་ཚུགས་འཛིན། །སྐྱེས་བུ་གསུམ་གྱིས་སྟོན་པར་འཚལ། །རི་རྐེད་སྤང་གི་འོད་ཟེར་ཡོད། །གཉེན་པོ་སྤྱི་བསྒོམས་ཆེ་བར་འཚལ། །རི་འདབས་ནགས་ཀྱི་འོད་ཟེར་ཡོད། །སློབ་མའི་ཚོགས་རབ་འཕེལ་བར་འཚལ། །སྒོམས་པ་ཐང་ཀའི་འོད་ཟེར་ཡོད། །འགྲོ་དོན་ཕྱོགས་རིས་མེད་པར་འཚལ། །འབབ་པ་ཆུ་ཡི་འོད་ཟེར་ཡོད། །ཉོན་མོངས་ཚད་པ་ཞི་བར་འཚལ། །དངས་པ་ནམ་མཁའི་འོད་ཟེར་ཡོད། །དམིགས་མེད་རྒྱ་ཡིས་འདེབས་པར་འཚལ། །སྟུམ་པ་ཞགས་ཀྱི་འོད་ཟེར་ཡོད། །ཚད་མེད་ཐོར་གྱིས་འཆུན་པར་འཚལ། །ཤར་གྱི་བྲག་རི་སྐྱ་བོ་ནི། །རྒྱ་སྟག་ཁ་ལ་འཕྱོ་བ་འདྲ། །ཤར་གྱི་ཕྱོགས་ངན་སྲུང་བྱེད་ཅིང་། །མངའ་ཐང་དགུང་དང་མཉམ་པར་འཚལ། །ལྷོ་ཡི་འབབ་ཆུ་ཆེན་པོ་ནི། །གཡུ་འབྲུག་ས་ལ་བབས་པ་འདྲ། །ལྷོ་ཡི་ཕྱོགས་ངན་སྲུང་བྱེད་ཅིང་། །སྙན་པས་ཕྱོགས་བཅུར་ཁྱབ་པར་འཚལ། །ནུབ་ཀྱི་སྨན་ཐང་རྒྱས་པ་ནི། །བྱ་དམར་གཤོག་པ་བཀྲམ་པ་འདྲ། །ནུབ་ཀྱི་ཕྱོགས་ངན་སྲུང་བྱེད་ཅིང་། །ཐབ་ཁར་ལོངས་སྤྱོད་འདུ་བར་འཚལ། །བྱང་གི་ལྷུན་པོ་ཆེན་པོ་ལ། །རྫུས་སྤྲུལ་རྒྱབ་ཉེ་བྱེད་པ་ཡོད། །ཕྱོགས་ངན་སྲུང་ཞིང་མཐུན་རྐྱེན་སྒྲུབ། །ང་ཡི་གདན་ས་ནོན་པར་འཚལ། །ཤར་དམག་དཔོན་དང་། ཁྱིམ་བདག་གི་དབུས་ནས་རོམ་པོ་བཙན་ཕྱུག་གི་གཡང་འདུ་སྟེ། མར་གསེར་མོད། ལྷོ་བཙུན་མོ་དང་། གླང་པོའི་དབུས་ནས། གླང་ཤོད་མཛངས་དང་ཐེག་པའི་གཡང་འདུ་སྟེ། ནས་ཟོང་མོད། ནུབ་ནོར་བུ་དང་རྟ་མཆོག་གི་དབུས་ནས་འཕན་ཡུལ་རིག་པ་བསམ་གྲུབ་ཀྱི་གཡང་འདུ་སྟེ། རྒྱགས་ཆུ་མོད། བྱང་རྟ་

མཆོག་དང་། རྒྱལ་པོའི་དབུས་ནས། བྱང་སྨུམ་རྩེའི་གཡང་འདུ་སྟེ། ཤ་མར་དང་ཁམས་ཐོང་མོད། ཆུ་མིག་བཅུ་ཕྲག་བཅུ་དང་བརྒྱད། །ཆུ་ཕྲན་བརྒྱད་དང་ཆུ་བོར་བཅས། །ཕུ་མདའ་ནགས་ཚལ་ཕུན་སུམ་ཚོགས། །དབྱར་བསིལ་དགུན་དྲོ་བསམ་གཏན་འཕེལ། །ཀྱི་སྙིང་དང་འདྲ་བའི་སློབ་མ། ཉམས་སུ་ལེན་པའི་སྟོད་ལྡན། ཐབས་ཤེས་ལྡན་པའི་མིག་ཅན། དེ་དག་ནི་ཕྱིའི་ལྟས་ཕུན་སུམ་ཚོགས་པ་སྟེ། འདི་དག་ནི་བྱིས་པ་དག་གིས་ཀྱང་མཐོང་བར་ནུང་གིས། འདི་དག་ནི་འཕགས་པ་པོ་ནའི་སྤྱོད་ཡུལ་ཏེ། པོ་བོས་ཁྱོད་ལ་བསྟན་པར་བྱའོ། །ཐུགས་རྗེ་ཆེན་པོ་རྒྱལ་བ་རྒྱ་མཚོ་ཁྱེད། །ཞིང་དེར་རྫུ་འཕྲུལ་སྟོབས་ཀྱིས་ཕྱིན་པའི་ཚེ། །ལྷ་ཚོགས་སྟོང་ཕྲག་དུ་མས་བསུ་བར་བྱེད། །ཕྱོགས་བཅུའི་རྒྱལ་བ་རྣམས་ཀྱིས་འོད་སྲོས་ཏེ། །མི་དབང་ཁྱེད་ལ་དབང་བསྐུར་བྱེད་པར་འགྱུར། །ཁྱོད་ལའང་འོད་ཟེར་དཔག་མེད་འཕྲོས་གྱུར་ཏེ། །ས་ཕྱོགས་ཐམས་ཅད་བྱིན་གྱིས་རློབ་པར་བྱེད། །མཁས་པ་ཁྱོད་ལ་བསླབ་བྱ་བྱ་ཡིས་ཉོན། །གསེར་མ་གཡུ་མ་གཙོད་པར་མ་བྱེད་པར། །མེ་ཏོག་སྟོང་བུ་དབུས་སུ་ཚུད་པར་མཛོད། །རྒྱ་བསྐྱེད་འཕང་བསྟོད་ཀ་བ་བརྒྱ་རྩས་ཐེག །རིན་ཆེན་ལྡཱ་ལས་རབ་ཏུ་གྲུབ་པ་ཡི། །གཞལ་ཡས་ཁང་དུ་ཕྱོགས་བཅུའི་རྒྱལ་བས་མཛད། །སྨད་དུ་ཆུ་མིག་རིང་མོ་འབབ་པར་མཛོད། །ཡེ་ཤེས་ཆུ་བོ་ཁྲུས་ཀྱི་རྫིང་བུ་མཆོག །ཕྱོགས་བཅུའི་རྒྱལ་བ་རྣམས་ཀྱིས་བྱིན་གྱིས་རློབས། །དམ་པ་ཁྱོད་ཀྱི་དབུ་སྐྲ་ཕྱོགས་བཅུར་འཐོར། །ཉི་ཁྲི་ཆིག་སྟོང་པདྨའི་སྟོང་པོར་འཁྲུངས། །དེ་ལའང་ཉི་ཁྲི་ཆིག་སྟོང་པད་འདབ་རྒྱས། །ཕྱོགས་བཅུའི་རྒྱལ་བ་མ་ལུས་དེར་ལྷགས་ཏེ། །གནས་ལུགས་ཡུམ་གྱི་དགའ་སྟོན་འགྱེད་པར་བྱེད། །པདྨ་རེ་ལ་ཤུན་པ་བདུན་བདུན་ཏེ། །ཚུལ་ཁྲིམས་གཙང་མའི་གོས་ཀྱིས་བརྒྱན་པར་བྱེད། །ཀྱེ་དེ་ནི་སྟོང་བདུན་གོས་ཀྱིས་མཛེས་པ་ཡིན། །མཐའ་སྐོར་དབྱིབས་ནི་རྒྱལ་བའི་ཞལ་ཉིད་དེ། །དབུ་ལ་པ་རོལ་ཕྱིན་པ་དྲུག་གིས་བརྒྱན། །སྨིན་མ་སྨིན་ཕྲག་དཀོན་མཆོག་གསུམ་གྱིས་བརྒྱན། །སྤྱན་གཉིས་བྱམས་

དང་སྙིང་རྗེ་ཆེན་པོ་སྟེ། །སྙན་གཉིས་ཐབས་དང་ཤེས་རབ་ཚུལ་དུ་ཡོད། །ཞངས་གཉིས་འཕགས་པའི་བདེན་པ་གཉིས་སུ་གདའ། །ཞལ་ནི་བརྒྱད་ཁྲི་བཞི་སྟོང་ཆོས་ཀྱི་སྒོ། །ཟག་མེད་བདུད་རྩིའི་ཆུ་མིག་རིང་མོ་འབབ། །དེར་བསྟན་པ་ཡུན་རིང་དུ་གནས་པས་ཕོ་བྲང་ཕུན་སུམ་ཚོགས་པར་བཞེངས། ཞེས་པས་ཐུན་མོང་མ་ཡིན་པའི་འབྱུང་ཚུལ་བསླབ་བྱ་དང་བཅས་པ་བསྟན། ཕོ་བྲང་ཆེན་པོའི་ཤར་ཕྱོགས་སུ་ཤེལ་ལྡན་ཞེས་བྱ་བའི་པདྨའི་སྟོང་པོ་ཡངས་ཤིང་རྒྱ་ཆེ་བ་འཕང་མཐོ་ཞིང་བརྗིད་ཆགས་པ། མཛེས་ཤིང་ཡིད་དུ་འོང་བ་བལྟ་ན་སྡུག་པ། ཡལ་འདབ་བརྒྱད་ཁྲི་ཡོད་པ་ཞིག་འབྱུང་ལ། དེ་ལ་ཤར་ཕྱོགས་ཀྱི་རྒྱལ་བ་བརྒྱད་ཁྲི་སྲས་བྱང་ཆུབ་སེམས་དཔའི་ཚོགས་དང་བཅས་པ་བཞུགས་ནས། ཐུགས་རྗེ་ཆེན་པོའི་ཆར་རྒྱུན་འབྱིན་པར་བྱེད་དེ། དེ་ཡང་འདི་སྐད་དུ། ཤེལ་གྱི་པདྨོ་བརྒྱད་ཁྲི་ལ། །ཤར་གྱི་རྒྱལ་བ་བརྒྱད་ཁྲིའི་ཚོགས། །སེམས་དཔར་བཅས་པ་དེར་བཞུགས་ནས། །ཐུགས་རྗེའི་ཆར་རྒྱུན་འབྱིན་པར་བྱེད། །ཅེས་བྱའོ། །དེའི་མདུན་ན་རྒྱལ་བ་བརྒྱད་ཁྲི་སེམས་དཔར་བཅས་པ་རྣམས་ཀྱིས། བྱིན་གྱིས་བརླབས་ཤིང་སྤྲུལ་པ་ཤེལ་ལྡན་ཞེས་བྱ་བའི་ཆུ་མིག་ཡན་ལག་བརྒྱད་དང་ལྡན་པ། ཕྱོགས་བཞི་ན་རིན་པོ་ཆེའི་རྫིང་བུ་བཞི་ཡོད་པ། བཀྲ་ཤིས་ཤིང་ཉམས་དགའ་བ་ཡོད་དེ། དེ་ལ་འགྲོ་བ་གང་དང་གང་གིས་འཐུངས་པ་ཐམས་ཅད་ཀྱི་སྡུག་བསྔལ་ཐམས་ཅད་འདིར་འདྲེན་ཞིང་། ཞི་བར་བྱེད་ལ། ངན་འགྲོ་ལས་ཐར་བར་བྱེད་དེ། དེ་ཡང་འདི་སྐད་དུ། ཡན་ལག་བརྒྱད་ལྡན་བདུད་རྩི་ཡི། །ཆུ་མིག་རྫིང་བུར་བཅས་པ་ལ། །སུས་འཐུངས་དེ་ཡི་སྡུག་བསྔལ་རྣམས། །འདྲེན་ཞིང་ངན་འགྲོ་ཞི་བར་བྱེད། །ཅེས་བྱའོ། །ཕོ་བྲང་ཆེན་པོའི་ལྷོ་ཕྱོགས་སུ་གསེར་ལྡན་ཞེས་བྱ་བའི་པདྨའི་སྟོང་པོ་ཡངས་ཤིང་རྒྱ་ཆེ་བ་འཕང་མཐོ་ཞིང་བརྗིད་ཆགས་པ། མཛེས་ཤིང་ཡིད་དུ་འོང་བ་བལྟ་ན་སྡུག་པ་ཡལ་འདབ་བརྒྱད་ཁྲི་ཡོད་པ་ཞིག་འབྱུང་ལ། དེ་ལ་ལྷོ་ཕྱོགས་ཀྱི་རྒྱལ་བ་བརྒྱད་ཁྲི་སྲས་བྱང་ཆུབ་སེམས་

དཔའི་ཚོགས་དང་བཅས་པ་བཞུགས་ནས། བྱམས་པའི་ཆུ་རྒྱུན་འབྱིན་པར་བྱེད་དེ། །དེ་ཡང་འདི་སྐད་དུ། གསེར་གྱི་པདྨ་བརྒྱད་ཁྲི་ལ། །ལྷོ་ཕྱོགས་རྒྱལ་བ་བརྒྱད་ཁྲིའི་ཚོགས། །སེམས་དཔར་བཅས་པ་དེར་བཞུགས་ནས། །བྱམས་པའི་ཆུ་རྒྱུན་འབྱིན་པར་བྱེད། །ཅེས་བྱའོ། །དེའི་མདུན་ན་རྒྱལ་བ་བརྒྱད་ཁྲི་སེམས་དཔར་བཅས་པ་རྣམས་ཀྱིས་བྱིན་གྱིས་བརླབས་ཤིང་། སྤྲུལ་པ་གསེར་ལྡན་ཞེས་བྱ་བའི་ཆུ་མིག་ཡན་ལག་བརྒྱད་དང་ལྡན་པ། ཕྱོགས་བཞི་ན་རིན་པོ་ཆེའི་རྫིང་བུ་བཞི་ཡོད་པ་བཀྲ་ཤིས་ཤིང་ཉམས་དགའ་བ་ཡོད་དེ། དེ་ལས་འགྲོ་བ་གང་དང་གང་གིས་འཐུངས་པ་ཐམས་ཅད་ཀྱི་སྡུག་བསྔལ་ཐམས་ཅད་འདིར་འདྲེན་ཞིང་ཞི་བར་བྱེད་ལ་ངན་འགྲོ་ལས་ཐར་བར་བྱེད་དེ། དེ་ཡང་འདི་སྐད་དུ། ཡན་ལག་བརྒྱད་ལྡན་བདུད་རྩི་ཡི། །ཆུ་མིག་རྫིང་བུར་བཅས་པ་ལ། །སུས་འཐུངས་དེ་ཡི་སྡུག་བསྔལ་རྣམས། །འདྲེན་ཞིང་ངན་འགྲོ་ཞི་བར་བྱེད། །ཅེས་བྱའོ། །ཕོ་བྲང་ཆེན་པོའི་ནུབ་ཕྱོགས་སུ་ཟངས་ལྡན་ཞེས་བྱ་བའི་པདྨའི་སྟོང་པོ་ཡངས་ཤིང་རྒྱ་ཆེ་བ་འཕང་མཐོ་ཞིང་བརྗིད་ཆགས་པ། མཛེས་ཤིང་ཡིད་དུ་འོང་བ་བལྟ་ན་སྡུག་པ། ཡལ་འདབ་བརྒྱད་ཁྲི་ཡོད་པ་ཞིག་འབྱུང་ལ། དེ་ལ་ནུབ་ཕྱོགས་ཀྱི་རྒྱལ་བ་བརྒྱད་ཁྲི་སྲས་བྱང་ཆུབ་སེམས་དཔའི་ཚོགས་དང་བཅས་པ་བཞུགས་ནས། དགའ་བའི་ཆུ་རྒྱུན་འབྱིན་པར་བྱེད་དེ། དེ་ཡང་འདི་སྐད་དུ། ཟངས་ཀྱི་པདྨ་བརྒྱད་ཁྲི་ལ། །ནུབ་ཀྱི་རྒྱལ་བ་བརྒྱད་ཁྲིའི་ཚོགས། །སེམས་དཔར་བཅས་པ་དེར་བཞུགས་ནས། །དགའ་བའི་ཆུ་རྒྱུན་འབྱིན་པར་བྱེད། །ཅེས་བྱའོ། །དེའི་མདུན་ན་རྒྱལ་བ་བརྒྱད་ཁྲི་སེམས་དཔར་བཅས་པ་རྣམས་ཀྱིས་བྱིན་གྱིས་བརླབས་ཤིང་། སྤྲུལ་པ་ཟངས་ལྡན་ཞེས་བྱ་བའི་ཆུ་མིག་ཡན་ལག་བརྒྱད་དང་ལྡན་པ་ཕྱོགས་བཞི་ན་རིན་པོ་ཆེའི་རྫིང་བུ་བཞི་ཡོད་པ། བཀྲ་ཤིས་ཤིང་ཉམས་དགའ་བ་ཡོད་དེ། དེ་ལ་འགྲོ་བ་གང་དང་གང་གིས་འཐུངས་པ་ཐམས་ཅད་ཀྱི་སྡུག་བསྔལ་ཐམས་ཅད་འདིར་འདྲེན་ཞིང་ཞི་བར་བྱེད་

ལ་ངན་འགྲོ་ལས་ཐར་བར་བྱེད་དེ། །དེ་ཡང་འདི་སྐད་དུ། ཡན་ལག་བརྒྱད་ལྡན་བདུད་རྩི་ཡི། །ཆུ་མིག་རྫིང་བུར་བཅས་པ་ལ། །སྲུས་འཐུངས་དེ་ཡི་སྡུག་བསྔལ་རྣམས། །འདྲེན་ཞིང་ངན་འགྲོ་ཞི་བར་བྱེད། །ཅེས་བྱའོ། །ཕོ་བྲང་ཆེན་པོའི་བྱང་ཕྱོགས་སུ་གཡུ་ལྡན་ཞེས་བྱ་བའི་པདྨའི་སྟོང་པོ་ཡངས་ཤིང་རྒྱ་ཆེ་བ། འཕང་མཐོ་ཞིང་བརྗིད་ཆགས་པ། མཛེས་ཤིང་ཡིད་དུ་འོང་བ་བལྟ་ན་སྡུག་པ། ཡལ་འདབ་བརྒྱད་ཁྲི་ཡོད་པ་ཞིག་འབྱུང་ལ། དེ་ལ་བྱང་ཕྱོགས་ཀྱི་རྒྱལ་བ་བརྒྱད་ཁྲི་སྲས་བྱང་ཆུབ་སེམས་དཔའི་ཚོགས་དང་བཅས་པ་བཞུགས་ནས། མཉམ་ཉིད་ཀྱི་ཆུ་རྒྱུན་འབྱིན་པར་བྱེད་དེ། །དེ་ཡང་འདི་སྐད་དུ། གཡུ་ཡི་པདྨ་བརྒྱད་ཁྲི་ལ། །བྱང་གི་རྒྱལ་བ་བརྒྱད་ཁྲིའི་ཚོགས། །སེམས་དཔར་བཅས་པ་དེར་བཞུགས་ནས། །མཉམ་ཉིད་ཆུ་རྒྱུན་འབྱིན་པར་བྱེད། །ཅེས་བྱའོ། །དེའི་མདུན་ན་རྒྱལ་བ་བརྒྱད་ཁྲི་སེམས་དཔར་བཅས་པ་རྣམས་ཀྱིས་བྱིན་གྱིས་བརླབས་ཤིང་སྤྲུལ་པ་གཡུ་ལྡན་ཞེས་བྱ་བའི་ཆུ་མིག་ཡན་ལག་བརྒྱད་དང་ལྡན་པ། ཕྱོགས་བཞི་ན་རིན་པོ་ཆེའི་རྫིང་བུ་བཞི་ཡོད་པ་བཀྲ་ཤིས་ཤིང་ཉམས་དགའ་བ་ཡོད་དེ། དེ་ལ་འགྲོ་བ་གང་དང་གང་གིས་འཐུངས་པས། ཐམས་ཅད་ཀྱི་སྡུག་བསྔལ་ཐམས་ཅད་འདིར་འདྲེན་ཞིང་ཞི་བར་བྱེད་ལ། ངན་འགྲོ་ལས་ཐར་བར་བྱེད་དེ། །དེ་ཡང་འདི་སྐད་དུ། ཡན་ལག་བརྒྱད་ལྡན་བདུད་རྩི་ཡི། །ཆུ་མིག་རྫིང་བུ་བཅས་པ་ལ། །སྲུས་འཐུངས་དེ་ཡི་སྡུག་བསྔལ་རྣམས། །འདྲེན་ཞིང་ངན་འགྲོ་ཞི་བར་བྱེད། །ཅེས་བྱའོ། །རྒྱལ་བའི་འབྱུང་གནས། ཁྱེད་ཀྱིས་ཀ་བ་བརྒྱད་བརྟེག་པའི་ཕོ་བྲང་ཆེན་པོ་བཞེངས་ཀྱང་། ཕྱོགས་བཅུའི་རྒྱལ་བ་སྲས་དང་བཅས་པས་ནི་འདི་ལྟར་མཛད་དེ་ཕོ་བྲང་ཆེན་པོ་གྲུ་བཞི་ལྷམ་པར་ཡོད་པ། ཤར་ཕྱོགས་ནི་ཤེལ། ལྷོ་ཕྱོགས་ནི་གསེར། ནུབ་ཕྱོགས་ནི་ཟངས། བྱང་ཕྱོགས་ནི་གཡུ། འོག་ནི་ཨིནྡྲ་ནཱི་ལ། སྟེང་ནི་བཻཌཱུརྻ་ཕུན་སུམ་ཚོགས་པས་གདུགས་ལྟར་ཕུབ་པའོ། །དེའི་ཚད་ནི་འདི་ལྟ་སྟེ། ཤར་ཕྱོགས་ལ་དཔག་

ཚད་ཉི་ཁྲི། ལྷོ་ཕྱོགས་ལ་ཉི་ཁྲི། ནུབ་ཕྱོགས་ལ་ཉི་ཁྲི། བྱང་ཕྱོགས་ལ་ཉི་ཁྲི་སྟེ། མཐའ་སྐོར་ལ་དཔག་ཚད་བརྒྱད་ཁྲི། འཕང་ལ་དཔག་ཚད་ཉི་ཁྲི་སྟེ། གྲུ་བཞི་ལྷམ་པར་གནས་སོ། །དེའི་དབུས་ན་གསེར་མ་དང་གཡུ་མ་ཞེས་བྱ་བ་པདྨ་དང་། ཨུཏྤ་ལའི་སྡོང་པོ་རིན་པོ་ཆེ་སྣ་ཚོགས་ལས་གྲུབ་པ་ཡངས་ཤིང་རྒྱ་ཆེ་བ། འཕང་མཐོ་ལ་བརྗིད་ཆགས་པ། མཛེས་ཤིང་ཡིད་དུ་འོང་བ་བལྟ་ན་སྡུག་པ་ཡལ་འདབ་དཔག་ཏུ་མེད་པ་འབྱུང་སྟེ། གསེར་མའི་ལྟེ་བ་ལ། ཡུམ་ཆེན་མོ་ཤེས་རབ་ཀྱི་ཕ་རོལ་ཏུ་ཕྱིན་མ། སྐུ་ལུས་གསེར་བཙོ་མའི་མདོག་ལྟ་བུ། ཞལ་གཅིག་ཕྱག་བཞི་དང་ལྡན་པ། རིན་པོ་ཆེའི་རྒྱན་སྣ་ཚོགས་ཀྱིས་བརྒྱན་པ། ཕྱག་གཡས་ཀྱི་དང་པོ་ན་རལ་གྲི། གཡོན་གྱི་དང་པོ་ན་རྡོ་རྗེ། གཡས་གཡོན་གཉིས་ཀྱི་གཉིས་པ་ན་རིན་པོ་ཆེའི་གླེགས་བམ་རེ་རེ་འཛིན་པ། སྲས་ཕྱོགས་བཅུའི་རྒྱལ་བས་བསྐོར་བ་བཞུགས་ནས། ཆོས་སྐྱེ་བ་མེད་པའི་དོན་རྒྱུན་མི་ཆད་པར་སྟོན་པའོ། །གཡུ་མའི་ལྟེ་བ་ལ། འཇིག་རྟེན་གྱི་མགོན་པོ་ཤཱཀྱ་ཐུབ་པ་སྐུ་ལུས་གསེར་བཙོ་མའི་མདོག་ལྟ་བུ། སྤྱི་གཙུག་བལྟར་མི་མངོན་པ་དང་ལྡན་པ། སྣམ་སྦྱར་དང་། ན་གོས་དང་། མཐང་གོས་གསོལ་བ། འཁར་གསིལ་དང་ལྷུང་བཟེད་བསྣམས་པ། སྤྲུལ་སྐུའི་ཚུལ་དུ་བཞུགས་པ་ལ། འཁོར་སེམས་དཔའ་བརྒྱད། ཉན་ཐོས་ཀྱི་ཚུལ་གྱིས་བསྐོར་ནས། ཡུམ་ཆེན་མོ་རྒྱས་འབྲིང་བསྡུས་པའི་ཚུལ་གྱིས་སྟོན་པར་མཛད་དེ། མདོར་ན་ཕོ་བྲང་ཆེན་པོ་དེའི་ནང་དུ། འཇིག་རྟེན་ལྷ་དང་བཅས་པའི་མགོན་སྐྱབས་དམ་པར་གྱུར་པ། སྐུ་གསུང་ཐུགས་ཀྱི་རྟེན་དཔག་ཏུ་མེད་པ་འདུ་བར་འགྱུར་ཏེ། དེ་ཡང་འདི་སྐད་དུ། གསེར་གཡུའི་མེ་ཏོག་དཔག་མེད་ལ། །ཡུམ་ཆེན་སྲས་དང་བཅས་པ་བཞུགས། །ཐོག་མཐའ་བར་དུ་དགེ་བ་ཡི། །ཆུ་རྒྱུན་རིང་མོ་འབྱིན་པར་བྱེད། །ཅེས་བྱའོ། །དེ་ལྟ་བུའི་ཕོ་བྲང་ཆེན་པོའི་མདུན་ན། ཡུམ་ཆེན་མོ་ཤེས་རབ་ཀྱི་ཕ་རོལ་ཏུ་ཕྱིན་མ། སྲས་ཕྱོགས་བཅུའི་རྒྱལ་བར་བཅས་པ་དང་། འཇིག་རྟེན་གྱི་མགོན་པོ་ཤཱཀྱ་ཐུབ་པ་སྲས་སེམས་

དཔའ་བརྒྱད་དང་བཅས་པས་བྱིན་གྱིས་བརླབས་ཤིང་། སྤྲུལ་པའི་ཆུ་མིག་རིང་མོར་གྲགས་པ། ཡན་ལག་བརྒྱད་དང་ལྡན་པ་ཟག་པ་མེད་པའི་ཐིང་བུ་བརྒྱད་ཀྱིས་བསྐོར་བ། རིན་པོ་ཆེའི་ཐེམ་སྐས་སྣ་ཚོགས་པ་ཡོད་པ། སྨན་སྣ་བརྒྱ་རྩ་བརྒྱད་ཀྱི་སྤོས་ངད་ལྡང་བ། དེ་ལ་འགྲོ་བ་གང་དང་གང་གིས་འཐུངས་པ་ཐམས་ཅད་ཀྱི་སྡུག་བསྔལ་དཔག་ཏུ་མེད་པ་རྣམས་ཚེ་འདི་ཉིད་ལ་འདྲེན་ཏེ། ལ་ལའི་ཡན་ལག་ན། ལ་ལའི་ཉིང་ལག་ན། ལ་ལའི་ནང་ཁྲོལ་ན། དབྱར་དུས་མཁྲིས་པ་ལྡང་། དཔྱིད་དུས་བད་ཀན་ལྡང་། དགུན་དུས་རླུང་རང་སྐྱེ། སྟོན་གྱི་དུས་ན་འདུས་པ་འབྱུང་སྟེ། ལས་འབྲས་ལ་ཡིད་ཆེས་པ་རྣམས་ཀྱི་ནི། དགེ་བའི་བསྐུལ་མར་འགྱུར་ཞིང་། གནས་ལུགས་ཀྱི་དོན་གོ་བས་ནི་ཚེ་འདི་ཉིད་ལ་སེལ་བར་ནུས་ཏེ། དེ་ཡང་འདི་སྐད་དུ། བསྟན་པའི་ཆུ་རྒྱུན་རིང་མོ་ལ། །ཟག་མེད་ཐིང་བུ་བརྒྱད་ཀྱིས་བསྐོར། །འགྲོ་བ་གང་གིས་དེ་འཐུངས་ན། །སྡུག་བསྔལ་ཐམས་ཅད་ཞི་བར་བྱེད། །ཅེས་བྱའོ། །ཀྱེ་རྒྱལ་བའི་འབྱུང་གནས། དེ་ལྟ་བུའི་ཡོན་ཏན་དང་ལྡན་ཏེ། མ་དག་པའི་སེམས་ཅན་རྣམས་ཀྱིས་ནི་ཐོས་པར་ཡང་དཀའ་ན། མཐོང་བ་ལྟ་སྨོས་ཀྱང་ཅི་འཚལ་ཏེ། ལས་རྒྱུ་འབྲས་ལ་ཡིད་མི་ཆེས་ཤིང་། སྡུག་བསྔལ་དང་ལེན་གྱི་བཟོད་པ་མེད་པའི་ཕྱིར་རོ། །གཞན་ཡང་ཕོ་བྲང་ཆེན་པོའི་ཕྱོགས་བཞི་དང་། མཚམས་བཞི་དང་བརྒྱད་ན། རིན་པོ་ཆེའི་པདྨའི་སྡོང་པོ་ཡལ་འདབ་སྟོང་དང་ལྡན་པ་བདུན་ཁྲག་གསུམ་གསུམ་སྟེ། ཕྱོགས་བཞི་ན་རེ་རེ། །མཚམས་བཞི་ན་གཉིས་གཉིས་ཏེ། བཅུ་ཁྲག་བརྒྱད་དང་བཞི་འབྱུང་ངོ་། །དེ་དག་ལ་བྱང་ཆུབ་སེམས་དཔའ་ཁྲིམ་པ་དང་། རབ་ཏུ་བྱུང་བ་དང་། ཁྱིའུ་དང་། བུ་མོའི་གཟུགས་སུ་འདུག་པ། པད་འདབ་དང་མཉམ་པར་བཞུགས་ནས། གདུལ་བྱ་ཕུན་སུམ་ཚོགས་པའི་ཆུ་རྒྱུན་འཁྱིན་ཏེ། དེ་ཡང་འདི་སྐད་དུ། ཕྱོགས་བཞི་དག་དང་མཚམས་བརྒྱད་ན། །པདྨའི་སྡོང་པོ་བརྒྱད་ཅུ་བཞི། །ཡལ་འདབ་སྟོང་དང་ལྡན་པ་ལ། །གཞོན་nu་སེམས་དཔའི་ཚོགས་

རྣམས་བཞུགས། །གདུལ་བྱ་སྐལ་ལྡན་ཚུ་རྒྱུན་འཕྱིན། །ཚད་མེད་སྨིན་ཀྱང་སྟུད་པར་བྱེད། །ཅེས་བྱའོ། ཀྱེ་རྒྱལ་བའི་འབྱུང་གནས། གྲགས་པ་ཅན་གྱི་པདྨའི་སྟོང་བུ་ནི། བརྒྱ་དང་བཅུ་གསུམ་འབྱུང་ངོ་། །དེ་དག་གི་མདུན་ན་ཡང་། གཞོན་ནུ་སེམས་དཔའི་ཚོགས་སྟོང་ཕྲག་དུ་མ་དང་བཅས་པ་རྣམས་ཀྱིས་བྱིན་གྱིས་བརླབས་ཤིང་། སྤྲུལ་པ་ཡན་ལག་བརྒྱད་དང་ལྡན་པའི་ཆུ་མིག་བཟང་པོ་དང་། བཟང་ལྡན་དང་། དགའ་བ་དང་། དགའ་ལྡན་དང་། དྲི་མེད་དང་། དྲི་བཟངས་ལ་སོགས་ཏེ་བདུན་ཕྲག་གསུམ་གསུམ་འབྱུང་ངོ་། །ཕྱོགས་བཞི་ན་རེ་རེ་འོ། །མཚམས་བཞི་ན་གཉིས་གཉིས་ཏེ། ཆུ་མིག་བཅུ་ཕྲག་བརྒྱད་དང་བཞི་འབྱུང་ལ། དེ་དག་ལ་འགྲོ་བ་གང་དང་གང་གིས་འཐུངས་པ་དེ་དག་ཐམས་ཅད་ཀྱི་སྡུག་བསྔལ་ཐམས་ཅད་འདིར་འདྲེན་ཞིང་ཞི་བར་བྱེད་ལ། ངན་འགྲོ་ལས་ཐར་བར་བྱེད་དེ། དེ་ཡང་འདི་སྐད་དུ། ཕྱོགས་དང་ཕྱོགས་མཚམས་ཐམས་ཅད་ན། །གཞོན་ནུ་སེམས་དཔས་བྱིན་བརླབས་པའི། །སྐལ་ལྡན་ཆུ་མིག་བརྒྱད་ཅུ་བཞི། །སུས་འཐུངས་སྡུག་བསྔལ་ཀུན་ལས་ཐར། །ཞེས་བྱའོ། །གཞན་ཡང་ཡན་ལག་བརྒྱད་ལྡན་པའི། །ཤིན་ཏུ་བཀྲ་ཤིས་ཉམས་དགའ་བ། །སྨན་སྣ་བརྒྱ་དང་རྩ་བརྒྱད་ཀྱི། །དྲི་ཞིམ་སྤྲོས་ཀྱི་ངད་ལྡང་བ། །ཕྱོགས་དང་ཕྱོགས་མཚམས་ཐམས་ཅད་ན། །གཞོན་ནུ་སེམས་དཔའི་ཚོགས་རྣམས་ཀྱིས། །བྱིན་གྱིས་བརླབས་པའི་རྫིང་བུ་ཡོད། །སུས་འཐུངས་སྡུག་བསྔལ་ཀུན་ལས་ཐར། །ཞེས་བྱའོ། །དེ་དག་ཀྱང་ཆུ་མིག་གི་གྲངས་དང་མཉམ་པར་གནས་སོ། །མདོར་ན་རྫིང་བུ་བརྒྱ་དང་བཅུ་གསུམ་ཡོད་དོ། །གཞན་ཡང་ཆུ་མིག་རིང་མོའི་ཕྱོགས་བཞི་ན། ཤེལ་དཀར་པོའི་ཆུ་མིག་དྲུག །གསེར་སེར་པོའི་དྲུག །ཟངས་དམར་པོའི་དྲུག །གཡུ་སྔོན་པོའི་ཆུ་མིག་དྲུག་སྟེ། ཉི་ཤུ་རྩ་བཞི་གནས་ལ། དེ་དག་ནི་ཕ་རོལ་ཏུ་ཕྱིན་པ་དྲུག་གི་ཆུ་གཏེར་དུས་གསུམ་གྱི་སངས་རྒྱས་ཐམས་ཅད་ཕ་རོལ་ཏུ་ཕྱིན་པ་དྲུག་ལ་བརྟེན་ནས་ཐབས་དང་ཤེས་རབ་གཉིས་ཀྱིས་མངོན་པར་

རྫོགས་པར་འཚང་རྒྱ་བའི་ཚུལ་དུ་གནས་ཏེ། ཆུ་དེ་ལ་ནི་འཕགས་པ་རྣམས་ཁོ་ནས་ལོངས་སྤྱོད་པར་ཟད་ཀྱི། བྱིས་པ་རྣམས་ཀྱིས་ནི་དེ་ལྟ་མ་ཡིན་ནོ། །དེ་ལྟ་བུའི་ཡོན་ཏན་དང་ལྡན་པའི་ཆུ་མིག་ཀྱང་ཕྱོགས་དང་ཕྱོགས་མཚམས་ཐམས་ཅད་ན་བརྒྱ་དང་བཅུ་གསུམ་ཚང་བར་གནས་སོ། །བྱིས་པས་མཐོང་སྲིད་པའི་ཆུ་མིག་བརྒྱ་རྩ་བརྒྱད། མི་མཐོང་བ་ལྔ་སྟེ། བརྒྱ་དང་བཅུ་གསུམ་ནི། བྱིན་གྱིས་བརླབས་པ་དང་། །སྤྲུལ་པའི་ཆུ་མིག་ཁོ་ན་ཡིན་ནོ། །ཀྱེ་རྒྱལ་བའི་འབྱུང་གནས། པདྨའི་སྡོང་པོ་ཉི་ཁྲི་ཆིག་སྟོང་། ཆུ་མིག་དང་ཛིང་བུ་བརྒྱ་ཕྲག་གཉིས་དང་ཉི་ཤུ་རྩ་དྲུག་གནས་པ་ནི། མ་ག་ཧ་ཪྻ་ཛེ་གདན་དང་མཚུངས་པའི་གནས་ཆེན་འོག་མིན་ཆོས་ཀྱི་ཕོ་བྲང་དང་མཚུངས་པའི་ར་སྒྲིང་དཔལ་གྱི་གཙུག་ལག་ཁང་ཞེས་བྱ་བ། དེ་བཞིན་གཤེགས་པའི་རང་བཞིན་གྱི་དཀྱིལ་འཁོར་རྨ་བྱའི་གདུགས་ཕུབ་པ་ལྟར་ལྟ་བས་ཆོག་མི་ཤེས་པ་ལྷམ་མེ་ལྷན་ནེ་ལྷང་ངེར་འབྱུང་ངོ་། །དེའི་མདུན་ན་གཡུ་མཚོ་སྔོན་མོ་མཐིང་གི་མདོག་འདྲ་བ། དེ་བཞིན་གཤེགས་པ་ལ་ཡོན་ཆབ་ཀྱི་མཆོད་པའི་ཚུལ་དུ་གནས་སོ། །དབྱར་གྱི་དུས་ན་རིན་པོ་ཆེའི་ཐང་། གཡུའི་མཛལ་དཔག་ཚད་ཀླུམ་པོར་གནས་པ། རིན་པོ་ཆེ་སྣ་ཚོགས་ཀྱི་མེ་ཏོག་རིགས་མི་འདྲ་བ་བཅུ་གསུམ་བཅུ་གསུམ་འཁྲུངས་པ། རིན་པོ་ཆེ་སྣ་ཚོགས་པའི་ཕ་ཡང་རྒྱན་ཕུན་སུམ་ཚོགས་པར་བཀོད་པ། རྒྱལ་བ་ལ་མཆོད་པའི་ཚུལ་དུ་གནས་སོ། །སྟོན་གྱི་དུས་ན། གསེར་གྱི་མཛལ་རྒྱར་དཔག་ཚད་དུ་ཡོད་པ་རིན་པོ་ཆེའི་མེ་ཏོག་རིགས་མི་འདྲ་བ་བཅུ་གསུམ་བཅུ་གསུམ་འཁྲུངས་པ། རིན་པོ་ཆེ་སྣ་ཚོགས་པའི་ཕ་ཡང་རྒྱན་ཕུན་སུམ་ཚོགས་པར་བཀོད་པ་རྒྱལ་བ་ལ་མཆོད་པའི་ཚུལ་དུ་གནས་སོ། །དགུན་གྱི་དུས་ན། ཤེལ་གྱི་མཛལ་རྒྱར་དཔག་ཚད་དུ་ཡོད་པ་རིན་པོ་ཆེ་སྣ་ཚོགས་ཀྱི་ཕ་ཡང་རྒྱན་དུ་མས་བཀོད་པ་རྒྱལ་བ་ལ་མཆོད་པའི་ཚུལ་དུ་གནས་སོ། །དཔྱིད་ཀྱི་དུས་ན། ཤེལ་གྱི་མཛལ་གསེར་གྱི་མིག་མངས་རིས་སུ་བྲིས་པ་ལ་གཡུའི་ཕྲ་བཏབ་པ་

ལྟར་ཡོད་པ། རིན་པོ་ཆེ་སྣ་ཚོགས་ཀྱི་ཕ་ཕྲང་རྒྱན་དུ་མས་བཀོད་པ་རྒྱལ་བ་ལ་མཆོད་པའི་ཚུལ་དུ་གནས་སོ། །རིན་པོ་ཆེ་ལྷུན་པོ་སྣ་བདུན་ནི་རྒྱལ་བ་ལ་མཆོད་པའི་ཚུལ་དུ་བསྐོར་ཏེ་གནས་སོ། །རིན་པོ་ཆེའི་ས་གཞི་ལ་པདྨ་འདབ་མ་བརྒྱད་རྒྱལ་བ་འདེགས་ཤིང་མཆོད་པའི་ཚུལ་དུ་གནས་སོ། །ནོར་བུ་རིན་པོ་ཆེའི་འཁོར་ལོ་རྩིབས་བརྒྱད་རྒྱལ་བ་ལ་གདུགས་ཕུབ་པའི་ཚུལ་དུ་གནས་སོ། །རང་བཞིན་གྱི་འོད་བདུན། ཉི་ཟླའི་འོད་དང་བརྒྱད་རྒྱལ་བ་ལ་གསལ་ཞིང་སྒྲོན་མེ་འབུལ་བའི་ཚུལ་དུ་གནས་སོ། །བཙུན་མོ་རིན་ཆེན་གྱི་རི་བོ་རྒྱལ་བ་ལ་ཞལ་ཟས་འབུལ་བའི་ཚུལ་དུ་གནས་སོ། །ལྷུན་པོའི་ངོས་ལ་ཐྲས་ཀྱི་རྡོ་རྗེ་ཕ་ལམ། གསང་བའི་བདག་པོ་གོས་སྔོན་པོ་ཅན་དེ་བཞིན་གཤེགས་པའི་སྐུ་སྲུང་གི་ཚུལ་དུ་གནས་སོ། །མདོར་ན་ཕྱོགས་དང་ཕྱོགས་མཚམས་ཐམས་ཅད་ན། བཀྲ་ཤིས་ཀྱི་ཐྲས། བཀྲ་ཤིས་ཀྱི་རྟགས། ས་དཀྲ་གནོན་པའི་ལྷ་སྣོལ་མི་ཁྱུད་ཅིང་དཔག་ཏུ་མེད་པར་བཞུགས་ཏེ། དེ་དག་གི་རང་བཞིན་འཕགས་པ་རྣམས་ཁོ་ནས་མཐོང་བའི་ཆོས་སོ། །ལྷ་རྣམས་ཀྱིས་ནི་རིན་པོ་ཆེའི་རི་དང་། ལ་ལས་དེ་བཞིན་གཤེགས་པའི་སྐུ་དང་། རྒྱལ་སྲིད་ལ་སོགས་པའི་གཟུགས་བརྙན་ཙམ་དང་། མེ་ཏོག་གི་སྡོང་པོ་དང་། དཔག་བསམ་གྱི་སྡོང་པོ་དང་། ཆུ་མིག་དང་། རྫིང་བུ་བདུད་རྩིའི་ཆུ་མིག་དང་། ཁྲུས་ཀྱི་རྫིང་བུར་མཐོང་སྟེ། མདོར་ན་ལུང་པ་དང་། རི་ཀླུངས་ཐམས་ཅད་ལྷའི་འདྲ་བར་མཐོང་ངོ་། །མི་རྣམས་ལ་ནི་དག་པ་དང་མ་དག་པ་གཉིས་ལས། དག་པ་རྣམས་ཀྱིས་ལུང་པའི་ཕྱོགས་མ་ནོར་བ། །རི་ཀླུངས་ཚགས་ལེགས་པ། ཤུག་པའི་ནགས་རྒྱས་པ། ཆུ་ཤིང་ཕུན་སུམ་ཚོགས་པ་ལོངས་སྤྱོད་དང་ལྡན་པར་མཐོང་ངོ་། །རི་རབ་ལྷུན་པོའང་རྒྱ་ཆེ་བ། འཕང་མཐོ་བ། རི་རྩེ་དྲུག་ཏུ་གནས་པ། གཡས་ན་རི་དམའ་བ་གསུམ། གཡོན་ན་དམའ་བ་གཉིས། དབུས་མ་ལྷག་པར་མཐོ་བར་མཐོང་ངོ་། །དེའི་འོག་ན་སྤང་ལྗོངས་ལྡེབས་ཆེ་བ། དེའི་འོག་ན་རི་ཕྲན་གསུམ་ཡོད་པ། གཡས་དང་

གཡོན་ན་རི་ཤལ་ལེབ་གཉིས་ཡོད་པ། ཤུག་གསེབ་ཤར་នུབ་ན་ཤུག་པ་ཅུང་ཟད་སྲབ་པ་གཉིས་ཡོད་པ། དེའི་འོག་ཅུང་ཟད་ན་ཆུ་མིག་གཉིས་ཡོད་པ་དེའི་འོག་ན་ཆུ་མིག་ཆེན་པོ་ཅིག་ཡོད་པ། དེའི་སྟེང་ན་གཙུག་ལག་ཁང་ཆེན་པོ་བཞེངས་པ་དེ་ལྟ་བུ་ཞིག་ཏུ་མཐོང་ངོ་། །དེའི་འོག་ན་ཆུ་ཆེན་པོ་དྲག་ཅིང་རྒྱུན་རིང་བ། ཐང་ཆེན་པོ་ཕ་ཕང་མང་པོ་ཅོལ་ལེ་ཡོད་པ། ལུང་པའི་སུལ་མང་བ། ཕུ་དང་མདའ་ཅུང་ཟད་དོག་པ། ལུང་པའི་མཐིལ་སླང་ང་ལྟར་ཟླུམ་འཁྱིལ་ལེ་བར་ཡོད་པ། ཉི་མ་འཆར་སྔ་བ་རྣམས་པ་འཕྱི་བ་དེ་ལྟ་བུར་མཐོང་ཞིང་། བསམ་ཤེས་ཀུན་གྱིས་སྟོད་པར་བྱེད་དོ། །ཀྱེ་རྒྱལ་བའི་འབྱུང་གནས། ཁྱོད་ཀྱི་དགོན་པ་དེར་བཞེངས། ཁྱོད་ཀྱི་གདུལ་བྱ་རྣམས་ཀུང་དེར་འདུ། ཆོས་ཉིད་ཀྱི་རྣལ་འབྱོར་པ་གཉིས་ཀྱི་དབུ་མཛད། ལ་ལ་ནི་བྱང་ཆུབ་སེམས་དཔའི་མཚན་དུ་གྲགས་པ། ལ་ལ་ནི་དགྲ་བཅོམ་པའི་མཚན་དུ་གྲགས་པ། ལ་ལ་ནི་བྱམས་རྣལ་འབྱོར་བ་བྱམས་པའི་བློ་གྲོས།པའི་མཚན་དུ་གྲགས་པ། ལ་ལ་ནི་ཤཱཀྱའི་ཁམས་པ་ལུང་པ་ཤཱཀྱ་ཡོན་ཏན།མཚན་དུ་གྲགས་པ། ལ་ལ་ནི་དབང་དགོན་པ་བ་དབང་ཕྱུག་རྒྱལ་མཚན།ཕྱུག་གི་མཚན་དུ་གྲགས་པ། ལ་ལ་ནི་བསམ་གཏན་གྱི་མཚན་དུ་གྲགས་པ། ལ་ལ་ནི་ཤེས་རབ་རྣལ་འབྱོར་པ་ཤེས་རབ་རྡོ་རྗེ།ཀྱི་མཚན་དུ་གྲགས་པ། མཚན་དོན་དང་ལྡན་པ་མང་པོ་འདུ་བར་འགྱུར་ལ། ཐམས་ཅད་ཀྱང་སེམས་ཅན་གྱི་དོན་ཕུན་སུམ་ཚོགས་པར་བྱེད་ཅིང་། ཁྱེད་ཀྱི་བཀའ་བརྒྱུད་མི་ཉམས་པར་འཛིན་ཏོ། །ཁྱད་པར་དུ་འང་དཀོན་མཆོག་གསུམ་གྱི་གདུང་རྒྱུད་མི་འཆད་པར་བྱ་བ་གསུམ་འབྱུང་སྐུ་མཆེད་གསུམ།སྟེ། གཅིག་གིས་པུ་ཏོ་བ་རིན་ཆེན་གསལ།བསྟན་པའི་གཞུང་འཛིན། གཅིག་གིས་སྤྱན་སྔ་བ་ཚུལ་ཁྲིམས་འབར།གདམས་པའི་ཉིང་ཁུ་ལེན། གཅིག་གིས་ཕུ་ཆུང་བ་གཞོན་ནུ་རྒྱལ་མཚན།རང་རྒྱུད་ཀྱི་ཐ་སྙད་འཛོམས། མདོར་ན་བཀའ་གདམས་མཐའ་རྒྱས་པར་བྱེད་དེ། དེ་དག་ནི་དག་པའི་མིའོ། །མ་དག་པའི་མི་ནི། ཁྱོད་ཀྱིས་བཀའ་བརྒྱུད་ལ་འཕྱ་ཞིང་། གནས་དེར་མི་འོང་། མི་མཐོང་། ལས་རྒྱུ་

འབྲས་ཀྱི་ཕན་མི་ཐུབ། གནས་ལུགས་ཀྱི་དོན་མི་གོ །དེ་བས་ན་ཁྱོད་ཀྱི་གདུལ་བྱར་མི་འགྱུར་ཏེ། སེམས་ཅན་ལ་སྐལ་བ་མེད་ན་རྒྱལ་བས་ཀྱང་བཏང་སྙོམས་སུ་འཛོག་པའི་ཕྱིར་རོ། །ཡང་རྒྱལ་བའི་འབྱུང་གནས། བདུད་སྡིག་ཧོ་ཅན་བར་ཆད་མང་བས། གལ་ཏེ་ཁྱོད་ཀྱི་གནས་དེར་ཕྱུང་སྲིད་ན། གདུལ་བྱ་མཐུ་ཆུང་བ་རེ་རེ་ཙམ་ལ་ལས་འབྲས་ཀྱི་རྟེན་འབྲེལ་ཙུང་ཟད་སྒྲིབ་སྟེ། སྨྲུལ་པའི་ཆུ་འཐུངས་པས་སྡུག་བསྔལ་ཙུང་ཟད་དྲངས་པའི་སེམས་ཅན་དག་ཆུ་ལ་སྨྱོད་ཅིང་། སྡུག་བསྔལ་དྲངས་པར་མི་ལྟ། ལས་འབྲས་ཞིབ་མོ་མི་ཤེས། དེས་ལོག་ལྟ་ཙུང་ཟད་སྐྱེ་སྟེ། ཚུལ་ཁྲིམས་ལ་གཅེས་སྤྲས་སུ་མི་བྱེད་པར་ངན་འགྲོར་འགྲོ་སྲིད་དེ། སྨྲུལ་པའི་ཆུ་དེས་ཡུན་མི་རིང་བར་ཐར་བར་བྱེད་དོ། །ཞེས་ལུང་བསྟན་པ་དང་། འབྲོམ་གྱི་ཞལ་ནས། ཇོ་བོ། ཞུས་ལན་དུ་མ་གསུངས་ན་ཡང་། །རྩིལ་ཏེ་དྲིལ་ན་འདི་ལྟ་སྟེ། །བས་མཐའ་དགོན་པར་རབ་གནས་ཤིང་། །རི་དྭགས་ཤ་བའི་རོ་བཞིན་དུ། །བདག་གིས་བདག་ཉིད་སྲུ་བྱ་ཞིང་། །ཆགས་པ་མེད་པར་གནས་པར་བྱ། །ཞེས་བྱ་བ་ཅིག་ལས་མི་གདའ་ཡི། དེ་ལྟར་ན་ཞུས་ལན་ནོར་བུའི་ཕྲེང་བ་ལས། སྤྲས་པའི་བརྟུལ་ཞུགས་ལ་སོགས་པ་ཇི་ལྟར་མཛད་པའི་ལེའུ་སྟེ་བཅུ་དྲུག་པའོ།། །།

༈ ཡང་གནས་དེ་ཉིད་དུ་དེ་འདྲ་བའི་བླ་མའི་དྲུང་དུ་བདག་ཅག་གི་བླ་མ་ཡང་དག་པའི་དགེ་བའི་བཤེས་གཉེན་དེས་འདི་སྐད་ཅེས་ཞུས་པ་ནི། ཀྱེ་བླ་མ་དམ་པ་གསན་དུ་གསོལ། །ཆོས་བཟང་པོ་དགེ་བ་ཡར་ལྡན་ཏེ། །ང་རྣམ་ཐར་གཙང་མའི་ཆོས་སུ་གནང་། །ལྷ་འགྲན་ཟླ་མེད་པའི་དཀོན་མཆོག་གསུམ། །ང་རྣམ་ཐར་གཙང་མའི་རྒྱན་དུ་གནང་། །ཁྲིམས་ཡོན་ཏན་ཀུན་གྱི་གཞི་རྟེན་དེ། །ང་རྣམ་ཐར་གཙང་མའི་ཞིང་དུ་གནང་། །ཆོས་འཛད་མེད་གཏེར་གྱི་བང་མཛོད་དེ། །ང་རྣམ་ཐར་གཙང་མའི་ཕོགས་སུ་གནང་། །སྨན་ཉོན་པ་སྟོང་ལྡན་ནད་སེལ་དེ། །ང་རྣམ་ཐར་གཙང་མའི་སྨན་དུ་

གནང་། །ལས་ཅི་བྱེད་རྟག་ཏུ་དགེ་བ་དེ། །ང་རྣམ་ཐར་གཙང་མའི་བྱ་བར་གནང་། །ཆོས་བསྟན་པ་ཟབ་མོའི་ཆུ་རྒྱུན་དེ། །ང་གསེར་བྱ་སྤྱོད་པའི་དགའ་བདེར་གནང་། །སྦྱིར་པན་བདེའི་མན་ངག་རིན་ཆེན་མཚོ། །གཞི་གྲམ་བུ་གསེར་གྱི་བྱེ་མ་བརྡལ། །མཐའ་སྟོང་ལྡན་མཛེས་པའི་རྒྱན་གྱིས་སྤྲུད། །སེམས་བཟང་ལྡན་འཛིན་པའི་ལེགས་བཤད་དེ། །ང་བཀའ་གདམས་བརྩེ་བའི་གནས་སུ་གནང་། །ཀྱེ་སུམ་ཙུ་རྩ་གསུམ་ཁང་བཟང་ན། །ཁོང་ལྷ་དབང་འཁོར་པ་ཆོས་ཀྱིས་བརྒྱན། །ལྷ་ཉེ་དབང་རྣམས་ཀྱིས་རབ་མཆོད་ཅིང་། །ཉམས་དཔག་མེད་དགའ་བའི་ཞིང་ཁམས་བཞིན། །ང་བཀའ་གདམས་ཚད་མེད་ཁང་བཟང་ནས། །ཆོས་འཁོར་པ་བསླབ་གསུམ་ངང་གིས་འཕེལ། །ཁོང་དྲང་སྲོང་ཁྲིམས་ལྡན་ཏུ་མས་བསྐོར། །ཉམས་དཔག་མེད་དགའ་བའི་ལོ་འདབ་རྒྱས། །བཀྲ་ཤིས་སོ་བཀའ་གདམས་ལྷར་བཅས་རྣམས། །ཡར་ཤོག་ཅིག་གྲངས་མེད་སེམས་ཅན་རྣམས། །ང་སྐྱོབ་པོ་ལྷ་ཆོས་བདུན་ལྡན་གྱིས། །ཕུགས་བཙན་ནོ་ཐར་པའི་ཞིང་ཁམས་ཡིན། །འཕྲུལ་བདེའོ་གཡང་ས་མེད་པའི་ཆོས། །གྲོགས་བཟང་ངོ་ཆོས་ལྡན་འབའ་ཞིག་ཡིན། །དོན་བཟང་ངོ་འདི་བདེའི་རོ་ལས་དབེན། །ང་ཀུན་ཏུ་དགེ་བའི་བཀའ་གདམས་ལ། །ཁོང་གཙང་མའི་རིགས་རྣམས་མ་ལུས་འདུན། །ད་དགའ་བ་སྐོམས་ཤིག་ཉམས་ལེན་ཅན། །དྲིན་ཆེའོ་བླ་མ་ཨ་ཏི་ཤ །ཆོས་གོ་བདེ་ཟབ་རྒྱས་མང་པོ་ཐོས། །ད་དེ་ལའང་ནན་ཏན་བསླབ་བྱ་མཛོད། །རྗེ་ཁྱེད་ཀྱི་བཀའ་དང་མི་འགལ་ལོ། །སྲས་ཐུ་བོས་དབྱངས་སུ་དེ་ཞུས་པས། །ལན་རྗེས་སུ་མཐུན་པར་འདི་གསུང་སྐད། །འཁོར་གཏིང་མཐའ་ཟབ་པའི་རྒྱ་མཚོ་ཁྱོད། །ཁྱོད་གཏིང་མཐའ་གང་གིས་མི་གཡོ་བར། །ཁ་གཡོ་བ་ལྷར་སྣང་ཁྲིམ་གཉེར་ཅན། །འཁོར་ཁྱོད་ལ་མཐུ་ཡོད་སྐལ་བར་བཟང་། །རྗེ་བདེ་གཤེགས་གསུང་རྣམས་བརྒྱུད་པ་ཡི། །རྗེ་བླ་མར་བཅས་ལ་ངས་ཞུས་ནས། །སྲས་ཐུ་བོ་ཁྱོད་ལའང་གང་འཁོར་བྱེན། །ད་དམ་བཅའ་འདོར་ན་དམ་པ་

མིན། །ད་ཁུར་ཆེན་མ་བོར་ཡི་དམ་ཆོས། །བུ་ལེ་ལོ་སློམ་ལས་སྒྲིད་ལུག་རྣམས། །ཚེ་མི་རྟག་མི་ཤེས་རྣམས་ལ་འབྱུང་། །ཁྱོད་རྟག་འཛིན་བྲལ་ལ་དེ་བྱུང་ན། །དགྲ་བདག་གིས་བྱས་པའི་ལེ་ལན་དེད། །ཁྱོད་ སྔར་གྱི་སྟུག་ལ་མ་བྲེད་པར། །དུས་ད་དུང་བྲེད་ཤུལ་འགྲིམ་མམ་ཅི། །ཡའི་ཕ་མར་བཅས་པ་འདི་ཡིས་བསླུས། །ཚུར་བདག་འཛིན་དགྲ་མགོ་མི་འཇོམས་པར། །ཕར་སྣང་བྱ་མང་པོ་སྤྱངས་སྤྱངས་ནས། །དེ་སྤྱང་བྱར་མ་ལང་ཐམས་ཅད་འཛོག །དགྲ་ངོས་མ་ཟིན་པས་ལན་པ་ཡིན། །ངོས་སྟོང་གི་རྫ་ཕུར་ཇི་བཞིན་དུ། །བསྒོམས་རྫ་ཕུར་འདྲ་བས་བདག་བསླུས་ནས། །ངོས་སྟོང་དང་འདྲ་བའི་སྤྱང་བྱ་རྣམས། །བདག་དེ་དང་འདྲ་བར་ག་ལ་འགྱུར། །ཀྱེ་རྫ་ཕུར་འཕྱིན་པ་གནད་དུ་ཆེ། །ཆུ་འགོ་བརྒྱ་ཟམ་པ་གཅིག་ཏུ་འདུ། །འགོ་ཐམས་ཅད་བསྐོར་ན་ག་ན་ལང་། །དེ་ཤེས་པར་བྱས་ན་མཁས་པ་ཡིན། །ད་ཟམ་པ་འགྲིམ་པ་གནད་དུ་ཆེ། །ཤིང་ཏ་ལ་བྱུར་དུ་ཤེས་པ་གང་། །རྩེ་ཡན་ལག་བཅད་ཀྱི་ག་ལ་ལང་། །གཞི་རྩ་བ་གཅོད་པ་གནད་དུ་ཆེ། །འཁྲོམ་ཕུང་བྱེད་ཐམས་ཅད་བདག་འཛིན་ཡིན། །བདག་འཁོར་འདས་ཀུན་གྱི་རྩ་བ་ཡིན། །དོན་ཡོད་མེད་ཤེས་ན་མཁས་པར་གྲགས། །འདི་ཡོད་པར་ཞེན་ན་དམྱལ་ཁམས་འགྲིམ། །དུས་ཉིན་མཚན་མེད་པར་ཟན་བགྲང་ཞིང་། །འདིར་ལེ་ལོ་སློམ་ལས་འབད་པས་ཆོམ། །འཁྲོམ་ཇི་སྐད་གསུང་བཞིན་དེ་འདྲ་བའི། །རྒྱུད་མི་རྟོག་གཙང་མའི་བརྟུལ་ཞུགས་རྣམས། །ལས་སྲ་ཞིང་སྲ་བའི་ཉེས་བྱས་ཀྱང་། །མིག་དབང་པོ་དངས་མའི་རྟུལ་བཞིན་དུ། །ཕོ་ཇི་ལྟར་ཆུང་ཡང་མི་བཟོད་པར། །ལས་འབད་པས་འདོར་ལ་ནན་ཏན་མཛོད། །ཀྱེ་བརྟུལ་ཞུགས་འདི་ཡིས་མཐའ་འབྲས་ནི། །འཁྲོམ་ཁྱིད་ཟེར་མཚུངས་པ་མེད་པ་ཡིན། །བུ་ཐེག་པ་རིན་ཆེན་ཐེམ་སྐས་ལ། །དུས་རིམ་གྱིས་འཛེགས་དང་བཙན་ས་ཟིན། །ཀྱེ་ཆིག་ཆོད་གསུངས་པ་ཡོད་ན་ཡང་། །ཁོང་དྲང་དོན་རྒྱལ་བ་ཉིད་ལ་དགོངས། །བུ་ཁྲིད་གཞི་མེད་པའི་ཁྲིད་ཆོས་དཀའ། །བུ་ལྟོས་པ་མེད་པའི་ལྟོས

ཆོས་དཀའ། །བུ་གཞག་བྱ་མེད་པའི་འཇོག་བྱེད་དཀའ། །འབྲོམ་རྒྱུ་མེད་པ་ཡི་འབྲས་བུ་ཅི། །ཡོང་རྒྱལ་ལ་བྱིས་པ་འགྲན་པ་རྣམས། །འབྲོམ་འཕྲལ་དུ་ཇི་ལྟར་མཉམ་པར་འགྱུར། །ཕྱུགས་ཅི་ཐོབ་བྱེད་ན་རིམ་གྱིས་བཟང་། །དེ་ཤེས་པར་མཛོད་ལ་རྒྱུ་འབྲས་ལ། །ཡིད་གཞན་དུ་མ་འཆུགས་གཅེས་པར་མཛོད། །དོན་བདེན་མེད་ངང་དུ་ཁྱེར་དང་འབྲོམ། །དེ་བདག་གི་བསླབ་བྱ་ནན་ཏན་ཡིན། །ཡང་བླ་མའི་གསུང་དེ་གསན་པ་དང་། །སྲུས་མཚུངས་པ་མེད་པར་དགའ་བཞིན་དུ། །གདན་མི་ཧོག་པདྨའི་སྟེང་བཞུགས་ནས། །རྒྱུད་ཚུལ་ཁྲིམས་དག་པའི་མདོ་བཏོན་ཚེ། །འབྲོམ་རང་གི་གྲོགས་པོ་རྣལ་འབྱོར་པ། །གནས་རྒྱ་གར་ཡུལ་ན་བཟང་བ་ཅིག །ཇོ་བླ་མའི་དྲུང་དུ་མཇལ་ཟེར་ནས། །ཇོ་མཚུངས་པ་མེད་ཀྱི་ཞབས་བཏུད་ནས། །ལེགས་འགྲན་ཟླ་མེད་ཀྱི་ཨ་ཏི་ཤ །ངེད་རྣམ་རྟོག་མེད་པའི་རྣལ་འབྱོར་ལ། །གནས་མི་གཙང་ཁྲིད་དང་པད་ཚལ་ལ། །དོན་ཙུང་ཟད་ཙམ་ཡང་ཁྱད་མཆིས་སམ། །ངེད་རྟོག་མེད་བག་ཡངས་སྐྱོང་བ་ལ། །ལས་ཉོན་མོངས་མི་སྐྱེ་ཇི་ལྟར་སྐྱེ། །འབྲོམ་རྒྱལ་བའི་འབྱུང་གནས་གསུང་བཙན་ནའང་། །ང་ཇི་མི་མཉམ་པ་སྲུས་སུ་མཉམ། །ཀྱེ་གཟིགས་དང་སྙིང་རྗེ་འགྲོ་བའི་མགོན། །ཟས་དཀར་གསུམ་མངར་དང་འདི་དག་ལ། །ཁྱད་ཙུང་ཟད་ཙམ་ཡང་མཆིས་སམ་འབྲོམ། །ཡོང་ཐོད་པར་དྲི་ཆེན་རབ་བླུགས་ནས། །ཕྱག་སྲིན་ལག་གཡོན་པས་རབ་དཀྲུགས་ཤིང་། །རོ་ཞིམ་ཞིམ་སྐད་དུ་ཁན་སྒྲ་གཏོགས། །གོས་ལྭ་བ་ཕུད་ནས་གཅེར་མོར་བྱུང་། །སྐུ་དག་ཀྱང་དྲི་མ་དག་གིས་བྱུགས། །དུས་དང་པོར་སྐྱེ་བས་སྟོང་ངོ་འབྲོམ། །དུས་མཐའ་མར་འཆི་བས་སྟོང་ངོ་འབྲོམ། །དུས་ད་ལྟ་གནས་པས་སྟོང་ངོ་འབྲོམ། །ང་དེ་ལྟར་ཤེས་པའི་རྣལ་འབྱོར་པ། །གནས་འཁོར་བར་དབང་མེད་ག་ལ་འཁྱམས། །རྫས་གང་ལའང་བཟང་ངན་ཞེན་པ་བྲལ། །ང་གང་དུ་བསྡད་ཀྱང་གཙང་བཙོག་མེད། །ང་རྣམ་རྟོག་རང་གྲོལ་ཐེག་པ་ཡིན། །སེམས་གཙང་མར་བཟུང་ན་རྟོག

བཅས་ཡིན། །ང་རྟོག་པ་མེད་པའི་རྣལ་འབྱོར་བདེ། །ང་རྟོག་པ་མེད་པའི་རྣལ་འབྱོར་གཙང་། །ཉམས་དཔག་མེད་དགའ་ན་དེ་དགའ་འོ། །གྲོགས་རྣལ་འབྱོར་མཆོག་གིས་དེ་གསུངས་པ། །འབྲོམ་དགེ་བསྙེན་སྟོན་པས་དེ་གསན་པས། །སྐུ་ཟླ་བ་ཞུན་མ་ལྟ་བུར་བསྟན། །སྐྲ་གཡུ་ཡི་རལ་པ་སིལ་བུར་གསིལ། །ལུས་མཛེས་པ་ཕྱི་གསལ་ནང་གསལ་བ། །རྗེ་བདེ་གཤེགས་གསལ་བའི་མེ་ལོང་བཀྲམ། །ལོ་བཅུ་དྲུག་ལོན་པའི་ན་ཚོད་ཅན། །ཕྱག་གཡས་ན་གསེར་གྱི་གཞུ་ཆུང་བསྣམས། །ཕྱག་གཡོན་ན་གཡུ་ཡི་པི་ཝང་བཟུང་། །སྐུ་པདྨའི་སྙིང་ན་ཅུང་ཟད་འཁྱིལ། །འཛུམ་འོད་ཟེར་སྟོང་ལྡན་ཕྱོགས་བཅུར་འཕྲོ། །གཞུ་དེ་ཡིས་པི་ཝང་རབ་བསྒྱུར་བས། །སྒྲ་སྙན་པ་བརྒྱད་ཁྲི་བཞི་སྟོང་མཆོར། །ས་ཐམས་ཅད་དལ་བུས་གཡོ་བ་སྙམ། །ལུས་ཐམས་ཅད་ཅུང་ཟད་འདར་བ་སྙམ། །འོད་མི་རྟོག་སྤྲང་ཆར་དལ་བུས་འབབ། །ལྟས་དེ་དག་གཙང་མའི་ལྷ་ཡི་ཐོས། །དུས་སྐད་ཅིག་ཉིད་ལ་ས་ཕྱོགས་དེར། །འབྲོམ་དཀར་གསུམ་མངར་གྱིས་མཆོད་བྱེད་ཅིང་། །འབྲོམ་ཇི་ལྟར་མཛད་པའི་རྗེས་སུ་འཇུག །འབྲོམ་ཚིག་འབྲུ་བཟང་པོ་འདི་གསུང་བ། །ཧྲཱིཿཀྱེ་བ་མེད་པའི་ཆོས་དབྱིངས་ནས། །གཟུགས་སྣང་སྟོང་འཇའ་ལྟར་ཤར་ན་ཡང་། །དོན་བདག་མེད་སྣང་བར་ཁྱབ་མོད་ཀྱང་། །སྐུ་འདི་ལྟར་མཛེས་པ་སུ་ལ་སྲིབ། །ཟས་འདོད་ཡོན་ཚོས་དང་བྲལ་ན་ཡང་། །ཟས་འདི་ལྟར་གཙང་བས་ཅི་ལ་སྲིབ། །དོན་བདེན་མེད་དག་པའི་སྣང་བ་ལ། །ལས་སྨོན་ལམ་དབང་གིས་འདི་འདྲ་སྟེ། །ང་ཞེན་པའི་རྣམ་རྟོག་ཅི་ཡང་མེད། །ལར་འོན་ཀྱང་སྣང་ཙམ་མཉམ་པོ་ལ། །གཟིགས་དེ་དང་འདི་ལ་ཁྱད་པར་གསལ། །ཁོང་རྒྱལ་ལ་ཉོན་མོངས་མི་མངའ་ཡང་། །ཁོང་གདུལ་བྱ་དང་བ་འདྲེན་ན་ལེགས། །མཚན་དཔེ་བྱད་བརྒྱ་དང་བཅུ་གཉིས་ཀྱང་། །དོན་ལེགས་པར་དཔྱད་ན་བདེན་བྲལ་མོད། །འདིར་འདི་འདྲའི་སྐུ་ལ་ཁྱད་འཕགས་མོད། །གནས་མི་གཙང་ཁྲིད་རྣམས་ཡེ་སྟོང་ཡང་། །གནས་འདི་ལས་པད་

ཚོལ་ཁྱད་འཕགས་མོད། །གནས་འཁོར་བ་དག་ཏུ་ཁྱད་མེད་ཀྱང་། །ལྷ་མནར་མེད་དག་ལ་ག་ལ་སྨོན། །ཡའི་ཆོས་ལ་བཟང་ངན་བྲལ་ན་ཡང་། །ང་མུ་སྟེགས་རྗེས་སུ་ག་ལ་འཇུག །ཟས་བདེན་པའི་ཆོས་ལས་འདས་ན་ཡང་། །ཟས་འདི་ལ་ཡིད་སྨོན་སུ་ཞིག་འཆའ། །གོས་སྟོང་པའི་གནས་ལུགས་ཡིན་ན་ཡང་། །འདིར་རོ་ལངས་སྤྱོད་པ་ཇི་ལྟར་སྐྱོང་། །ང་སྣང་ཙམ་པཉྩ་ལི་ཀའི་གོས། །རྗེ་རྫོགས་སངས་རྒྱས་ཀྱིས་མགོ་བོ་བརྒྱན། །གནས་ཐམས་ཅད་རྒྱན་ཆ་དུ་མས་བརྒྱན། །ལུས་འདི་འདྲ་བསྟན་ཡང་འདི་འདྲ་ཉིད། །འཁོར་འདི་འདྲ་རྗེ་ཡང་འདི་འདྲ་ཉིད། །འཕྲུལ་འདི་འདྲ་ཕུགས་ཀྱང་འདི་འདྲ་ཉིད། །ཀྱེ་གྲོགས་པོ་པད་སྟོང་གནས་འདིར་བྱོན། །ལུས་དེ་ལ་སྣང་ཙམ་ཙུང་ཟད་བསྒྱུར། །ང་འཇིག་རྟེན་ཀུན་ཏུ་དག་སྣང་བས། །ཁྱེད་གྲོགས་ཀྱི་ལུས་ཀྱང་ཤེལ་དཀར་འདྲ། །ང་འདི་ལས་མ་གཡོས་ཀུན་ཏུ་སྤྱོད། །མི་ཁྱོད་ལ་འདྲ་ཡང་གཞན་མི་འདྲ། །ལྷ་ཕག་གི་སྐུ་དང་འོད་དཔག་མེད། །མི་ཁྱོད་ལ་འདྲ་སྟེ་གདུལ་བྱ་གང་། །ལེགས་ནོར་བུ་བརྩེགས་འདྲར་འདོད་རྣམས་ལ། །ཁྱོད་གསལ་ལ་མ་འདྲེས་འཕགས་པར་འགྱུར། །དུས་ད་དུང་ང་ཡི་རྗེས་འབྲང་རྣམས། །རྒྱུད་བརྟུལ་ཞུགས་འདི་ལས་མ་གཡོས་པར། །དུས་རྒྱུན་ཆད་མེད་པར་འདི་བཞིན་ཤོག །སྲུས་གྲུབ་ཐོབ་གཉིས་ཀྱི་གསུང་གསན་ནས། །ཆོས་ཐུན་མོང་ཉིད་དུ་འདི་ལྟ་སྟེ། །གསོན་མར་མི་མཛད་དཔལ་བཟང་པོ་དེ། ། སྤྱིར་འཁོར་འདས་ཆོས་ལ་མཁས་གྱུར་ཀྱང་། །ཁོང་དོན་ལ་གྲུབ་པ་ཙང་མི་གདའ། །ལར་ཀུན་རྫོབ་འདི་ལ་ཅི་ཡང་སྣང་། །ཆོས་ཐམས་ཅད་མཉམ་ཉིད་རྟོགས་པ་རབ། །གནས་གཙང་དང་མི་གཙང་དུ་མ་ན། །ཟས་བཟང་དང་ངན་པ་དཔག་མེད་ཀྱང་། །སེམས་རྣམ་རྟོག་མེད་པར་མཁྱེན་པ་རྒྱལ། །ལར་མ་ག་ཧྥ་ཡི་གདན་སྟེང་དུ། །རྗེ་རྒྱལ་བ་དུ་མ་སངས་རྒྱས་པའང་། །འབྲོམ་ཅི་འདྲ་དེ་འདྲར་མངོན་སངས་རྒྱས། །ཐུགས་ཧཾ་ཧྲཱི་ཁྱེད་དང་ཁྱད་མི་མངའ། །སློས་གདུལ་བྱའི་རྣམ་འདྲེན་འབྲོམ་རྗེའི་ལུགས། །དོན་

གསལ་ལ་མ་འདྲེས་སོ་སོར་ཕྱེད། །སེམས་སྣང་བ་ཙམ་པོ་སྲུས་བལྟས་ཀྱང་། །དོན་འདི་ནི་གདམས་པར་འོས་པའི་རིགས། །དོན་རྫིལ་ཏེ་དྲིལ་ན་ཆོས་དབྱིངས་ལས། །དུས་སྐད་ཅིག་ཙམ་ཡང་འདའ་བ་མེད། །ཁྱེད་ཞབས་ཏོག་ཆེའོ་གྲུབ་ཐོབ་གཉིས། །དུས་ད་དུང་འདི་བཞིན་རང་སར་མཛོད། །ཆོས་གནད་དུ་ཕྱིན་ན་གང་ཡང་ཟབ། །དཔེ་ཁྱེད་ཀྱི་འདི་དང་མཚུངས་པ་ཡིན། །རྗེ་བླ་མའི་གསུང་དེ་ཐོས་པ་དང་། །སྲས་ཨ་ཕ་རྒྱ་ཧྲིའི་དབྱིངས་སུ་གཤེགས། །སྲས་འབྲོམ་རྗེ་སྟེར་ལས་མ་གཡོས་པར། །རྗེ་བླ་མའི་དྲུང་དུ་འདི་སྐད་གསུང་། །རྗེ་འགྲོ་བའི་མགོན་པོ་ཨ་ཏི་ཤ །རྗེ་བླ་མ་དམ་པས་བྱིན་བརླབས་ནས། །ངེད་སློབ་མ་གཉིས་དང་ལྷན་ཅིག་ཏུ། །དུས་དེ་རིང་ཞུས་ལན་མང་ན་ཡང་། །དོན་རྫིལ་ཏེ་དྲིལ་ན་འདི་ཙམ་ཡིན། །རྟག་ཏུ་ཡི་དམ་བརྟན་བྱ་ཞིང་། །ལེ་ལོ་སློམ་པའི་སེམས་བྱུང་ཚེ། །དེ་ཚེ་བདག་ལ་ཐན་བགྲང་ཞིང་། །བརྟུལ་ཞུགས་སྙིང་པོ་དྲན་པར་བྱ། །ཞེས་བྱ་བ་ཅིག་ལས་མི་གདའ་ཡི། དེ་ལྟར་ན་ཞུས་ལན་ནོར་བུའི་ཕྲེང་བ་ལས། དམ་བཅའ་མི་འདོར་བ་དང་། ཆོས་ལུགས་ཕུན་སུམ་ཚོགས་པའི་ལེའུ་སྟེ་བཅུ་བདུན་པའོ།། །།

༎ ཡང་གནས་དེ་ཉིད་དུ་དེ་འདྲ་བའི་བླ་མའི་དྲུང་དུ། བདག་ཅག་གི་བླ་མ་ཡང་དག་པའི་དགེ་བའི་བཤེས་གཉེན་དེས་འདི་སྐད་ཅེས་ཞུས་པ་ནི། ཇོ་བོ་གཞན་དག་མཐོང་ན་ཇི་ལྟར་བགྱི། །འབྲོམ། ཞི་བ་དེས་པ་གསོང་པོར་སློས། །ཇོ་བོ། གནོད་པ་སྐྱེལ་ན་ཇི་ཙུག་བྱ། །འབྲོམ། ལན་དུ་ཁྲོ་གཏུམ་ཟློག་མ་བྱེད། །ཇོ་བོ། མ་བྱས་ཀྱང་ནི་གནོད་སྐྱེལ་ན། །འབྲོམ། མི་ཧོ་རྟག་ཏུ་འཇུམ་མེ་སྟོད། །ཇོ་བོ། དེ་རང་དཀའ་མོ་རང་ལགས་སོ། །འབྲོམ། དཀའ་བས་བསོད་ནམས་ཆེ་བ་ཡིན། །ཇོ་བོ། བསོད་ནམས་ཆེ་བ་ཇི་ལྟར་ལགས། །འབྲོམ། ལག་ལེན་བྱས་ངོས་ཤེས་པའི་ཕྱིར། །ཇོ་བོ། ཞི་དེས་གསོང་པོར་ཇི་ལྟར་སྨྲ། །འབྲོམ། འཕྲུར་ཚིག་བསྟོད་ར་གང་ཤེས་ཀྱིས། །ཧེ་ཧེ་མད་ལགས་མི་ཤེས་སམ། །ཇོ་བོ། བདག་གིས་བྱས་པས་འཚལ་ལགས་ཀྱི། །འབྲོམ། ཅི་ཟེར་དང་དུ་ལེན་པ་ཡིན། །ཇོ་

པོ། སྐད་ཀྱང་ཆེ་ཆུང་རན་པོར་བྱེད། །འབྲོམ། དེ་ལ་ཤིན་ཏུ་གཞུང་སྲིང་འཚལ། ཇོ་བོ། ཉིན་རེའི་འགྲོགས་བདེས་ཅང་མི་ཕན། །འབྲོམ། རིང་དུ་བཞུ་ན་ལྷུགས་ཀྱང་འཛད། །འབྲོམ། གསེར་གླིང་པ་ཡི་ཞལ་སྔ་ནས། །ཞི་ཞིང་དུལ་ལ་སྨྲ་མཁས་པའི། །འཁྲུར་སྐྱོང་མཁས་པའི་སེམས་དཔའ་གང་། །ནག་པོ་བདུད་ཀྱིས་མི་བཟི་ན། །དྲག་པོ་གང་གིས་དེ་འཁྲུགས་འགྱུར། །འབྲོམ། ཨ་ཝ་དྷཱུ་ཏིའི་ཞལ་སྔ་ནས། །ཕན་སེམས་ཞི་དུལ་ལྡན་པ་ཡི། །སེམས་དཔའི་ཚིག་དེ་ཐོས་ན་བདེ། །བྱད་བཞིན་ཅི་འདྲ་འང་ཡི་གར་འོང་། །མཐོང་ན་བདེ་བ་སྐྱིད་བྱེད་ཡིན། །འབྲོམ། ཛེ་ཏཱ་རི་ཡི་ཞལ་སྔ་ནས། །ཡོན་ཏན་གཞི་ལེགས་གོང་ན་མེད། །བློ་གསལ་ཀུན་གྱི་དཔྱད་གཞི་ཆེ། །བྲམ་ཟེ་གཏུམ་ཡང་ཁྲོ་བ་མེད། །རྟག་ཏུ་འཛུམ་པའི་ངང་ཅན་ཡིན། །འབྲོམ། རཀྵི་ཏ་ཡི་ཞལ་སྔ་ནས། །གཤིན་རྗེས་གསོད་ཀྱང་གསོང་པོར་སྨྲ། །ཁྲོ་གཉེར་གཏིང་དུ་ཁྲོ་བྱེད་ན། །སྟང་ལན་ཕྱིག་པར་ལྡོག་སྐྱེ་འཛོམས། །དཱི་པཾ་ཁྱོད་བཞིན་ཞི་ན་བཟང་། །འབྲོམ། ཤཱནྟི་པ་ཡི་ཞལ་སྔ་ནས། །བཞིན་མཐོང་ཚེ་ན་ཕ་མ་འདྲ། །གཏམ་ནི་ཁྱིམ་གསར་སྐྱེག་མོ་བཞིན། །ཁྲོ་གཉེར་རྒྱུན་ཆ་དང་མཚུངས་སོ། །འཛུམ་ཆགས་ལྷ་མོའི་ཚུལ་བཞིན་ནོ། །འབྲོམ། ཧཱུཾ་ཧྲི་པ་ཡི་ཞལ་སྔ་ནས། །སྒྲ་རྣམས་གླིང་བུའི་སྒྲ་དང་མཚུངས། །ཅིས་ཏེ་སྙན་ཅིང་ཞི་མི་སྨྲ། །ཆོས་རྣམས་རྨི་ལམ་དོན་འདྲ་ན། །ཁྲོ་གཉེར་ངོ་དགས་ཅི་ཞིག་བྱ། །རྟག་ཏུ་གཞན་གྱི་སེམས་འཁྲུགས་ན། །ཉིན་གཅིག་འཛུམ་པས་ཅི་སྐྱེ་སྐྱོངས། །འབྲོམ། རིག་པའི་ཁུ་བྱུག་ཞལ་སྔ་ནས། །བྲག་ཅ་ལྟ་བུའི་སྒྲ་རྣམས་ལ། །བདེན་དང་ཞེན་པ་མི་མངའ་བས། །མཚན་མར་མ་འཛིན་སྙོད་དེ་སྐྱུར། །སྨྲ་ན་ཞི་དེས་གསོང་པོར་སྨྲོས། །གཞན་ལ་ཁྲོ་གཉེར་བཞིན་གནག་ན། །འབྲས་བུ་རང་གིས་ལུས་ངན་ཐོབ། །སྣང་བ་ཙམ་གྱིས་ལུས་རྒྱས་ནའང་། །སྐྱུར་དུ་དཱི་པཾ་ཁྱེད་འདྲ་བགྱི། །དགེ་བའི་དབང་ནི་ཁྱོད་ལ་བསྐུར། །ཆོས་རྣམས་འདི་ལས་མ་གཡོས་སོ། །ཉམས་ལེན་སྒྲོ་སྐུར་མེད་པར་མཛོད། །འདི་ནི་བདག་གིས་

གདམས་པ་ཡིན། །བླ་མ་དེ་འདྲ་གསུངས་ནས་གཤེགས། །འབྲོམ། ནཱ་རོ་པ་ཡི་ཞལ་སྔ་ནས། །ཇི་ལྟར་སྲིད་པ་གཡོས་གྱུར་ཀྱང་། །འཛམ་དེས་ཕན་སེམས་མ་གཡོ་ཅིག །ཇི་ལྟར་ཕ་མས་བསད་གྱུར་ཀྱང་། །སྟང་ཚིག་ཁྲོ་བ་མ་སྨྲ་ཞིག །བསྟན་པ་འཇིག་པའི་དགྲ་བོ་ལའང་། །སྡང་ཚིག་བསམ་ངན་མི་རྒྱུ་ཞིང་། །སྙིང་རྗེ་ཆེན་པོས་བསྒྲལ་བར་རིགས། །རང་ལུས་ཇི་ལྟར་བཏྲག་ཀྱང་རུང་། །སངས་རྒྱས་བསྟན་པ་དེ་ལྟར་མིན། །སྟོན་པའི་བསྟན་པ་བསྲུང་བྱ་ཉིད། །མཁས་པའི་བྱ་བ་ཐབས་མཁས་ཉིད། །གདམས་པ་ཡིན་ནོ་དྷི་པཾ་གསུང་། །འབྲོམ། ཤེས་རབ་བཟང་པོའི་ཞལ་སྔ་ནས། །ཏཻ་ལོ་ཆོས་ཀྱི་དབྱིངས་བཞུགས་ནས། །ལོག་པའི་ལམ་དུ་གོལ་མ་སྲིད། །ཁྲོ་ཚིག་འཁོན་དུ་མི་འཛིན་ཅིང་། །བརྩུ་བ་རྣམ་བཞིས་ལག་ལེན་གྱིས། །དམ་པའི་སྤྱོད་པ་གཞན་དོན་ཡིན། །དེ་ལ་སུ་ལ་གཤེ་ཞིང་ཁྲོ། །འབྲོམ། སློབ་མ་མང་སྟེ་ང་ལ་གནང་། །བདག་ཀྱང་དམ་པ་ཡིན་པར་བསྟན། །བདག་གིས་ཆོས་འདི་ཁྱེད་ལ་གནང་། །དམ་པ་ཡིན་པར་ཧོ་བོས་ཤེས། །ཇོ་བོ། རྗེས་སུ་ཡི་རང་ལེགས་པར་གསུངས། །ཇོ་བོ། རྒྱུན་དུ་མཐོང་ན་ཇི་ལྟར་བགྱི། །འབྲོམ། དྲིན་ཅན་ཉིད་དུ་ཤེས་པར་མཛོད། །ཇོ་བོ། དེ་ལ་ཕན་ལན་ཇི་ལྟར་གདགས། །འབྲོམ། ཆགས་པ་མེད་པར་དགོས་ཚད་བྱིན། །ཇོ་བོ། ཆགས་པ་མེད་པའི་མཚན་ཉིད་ཅི། །འབྲོམ། སེར་སྣ་མི་བྱེད་སྟེར་བ་ཡིན། །ཇོ་བོ། སྟེར་ཚུལ་གཅིག་ཙམ་གསུང་བར་ཞུ། །འབྲོམ། བླ་མ་རྣམས་ཀྱིས་གནང་བ་ཡིན། །ཡོད་ན་རྒྱལ་སྲིད་སྦྱིན་པར་ཐོང་། །གཞན་གྱིས་ཐོབ་ཆེ་དགའ་བ་སྒོམས། །གང་ཡོད་རང་ཡུལ་སྦྱིན་པར་ཐོང་། ཡུལ་འཁོར་ནོར་རྫས་སྦྱིན་པར་ཐོང་། །ཟས་གོས་སྣན་རྣམས་ཆགས་མེད་ཐོང་། །རྟ་དང་འདོད་འཛོ་སྦྱིན་པར་ཐོང་། །བྲན་གཡོག་ལ་སོགས་ཅི་དགོས་བྱིན། །གཞན་ཡང་མགོ་དང་རྐང་པ་དང་། །ལག་པ་དག་དང་སོར་མོ་དང་། །ཀླད་པ་ཀླད་རྒྱས་སྙིང་ཁྲག་དང་། །རྒྱུ་མ་མཉེ་མ་མཆིན་པ་དང་། །གློ་བ་ཞགས་དང་མཁལ་མ་དང་། །མདོར་ན་མི་གཙང་

ལུས་ངན་འདིས། །རིན་ཆེན་རིན་ཐང་མེད་པ་ཡི། །མཚན་དང་དཔེ་བྱད་ཀྱིས་སྤྲས་པའི། །རྒྱལ་བའི་སྐུ་མཆོག་ཅི་ཐོབ་ཀྱིས། །ཆགས་མེད་གཏོང་བ་གནད་དུ་གསུང་། །སྟག་མོ་ལུས་སྦྱིན་ལ་སོགས་པའི། །དཀའ་སྤྱད་མདོ་ན་གསལ་བ་ཡང་། །ཉིན་དང་མཚན་དུ་བལྟ་བར་འཚལ། །འབྲོམ། ས་ར་ཧ་ཡི་ཞལ་སྔ་ནས། །ལུས་འདི་སྟོང་དུ་གྱིས་ཀྱང་སླ། །ཕངས་པ་མེད་པར་གཏོང་བ་གཅེས། །རི་དང་ལྟོས་པ་མི་མངའ་བའི། །སྦྱིན་པ་མཆོག་དེ་དག་པ་ཡིན། །འཁོར་གསུམ་དག་ལ་མ་ཞེན་པར། །གཏོང་བ་མཆོག་དེ་བསྔགས་པ་ཡིན། །ལུས་འདིས་གཞན་རྒྱུད་ཚིམ་པ་ལ། །དགའ་བ་མཆོག་དེ་སྦྱིན་པ་ཡིན། །འབྲོམ། རྣལ་འབྱོར་སྐྱ་མོའི་ཞལ་སྔ་ནས། །ལུས་ངན་མཚན་དཔེར་བསྒྱུར་བ་ཡི། །དཔའ་བོ་མཆོག་གང་ཡོ་མོས་མཐོང་། །སྲོག་ཆགས་མ་ལུས་བསད་བྱས་ནས། །ཤི་བ་མེད་པར་བདེ་བར་མཐོང་། །ང་ལུས་སངས་རྒྱས་བསྟན་ལས་སྐྱེས། །སྐྱིད་བྱེད་གང་དེ་དྲིན་ཅན་ཡིན། །དྲིན་ལན་འཇལ་བར་མི་བྱེད་པར། །དེ་ལས་ཁུར་ཆེན་སུ་ཞིག་ཡིན། །ཡོ་མོ་དེ་ཁུར་མི་བྱེད་པར། །སྒོམས་པར་བྱེད་པ་ག་ལ་རིགས། །དེས་ན་ལུས་ཀྱང་ཆགས་མེད་པར། །བསྟན་པའི་དོན་དུ་གཏང་བར་བྱ། །དེ་ནི་ཕ་མ་ཉིད་ཀྱང་ཡིན། །ཆགས་པ་མེད་པར་གང་དགོས་བྱིན། །སྦྱིན་པའི་གཡབ་མོས་ལེགས་པར་གཡབ། །སྙན་པར་སྨྲ་བའི་ཚིག་གིས་དགྲོལ། །དོན་བསྟན་ལུས་ཀྱི་བག་ཕབ་སྟེ། །གཏན་གྱི་གྲོས་ཆེན་གདབ་པར་རིགས། །ཡོ་བོའི་བླ་མ་དེ་བདེན་གསུང་། །ཇོ་བོ། མཁྱེན་རབ་རྒྱས་པའི་གང་ཆེན་མཚོ། །བསམ་གྱིས་མི་ཁྱབ་ཡངས་པའི་གཞི། །གང་ནས་སྤྱད་ཀྱང་མི་འཛད་པ། །འགྲོ་བའི་ལམ་སྟོན་འཕགས་པའི་ཡབ། །བླ་མའི་གསུང་རབ་རིན་ཆེན་ཐོས། །ཚེ་འདི་ནམ་མཁའི་སྤྲིན་དང་འདྲ། །འདུ་ཡོང་ཆེ་སྟེ་འཇིག་པར་སླ། །ད་ནི་འགྲོ་བ་གང་མཐོང་ཡང་། །ཞི་བ་གང་དང་དེས་པ་གང་། །འཛམ་པ་གང་དང་མཉེན་པ་གང་། །གསལ་བར་སྨྲ་དང་ལྷག་ཆད་མེད། །གང་ལ་ཕན་པར་སྨྲ་བར་བྱ། །ཁྲོ་དང་བཞིན་

འགྱུར་མི་སྟོན་ཅིང་། །ངོ་དགའི་འཛུམ་གྱིས་མ་བསླུས་པར། །རྟག་ཏུ་གཏིང་ནས་འཛུམ་པར་བྱ། །རྒྱུན་ཆད་མེད་པར་གཞན་མཐོང་ཡང་། །ཕ་མ་གཉིས་ལས་མ་འདས་ན། །དེ་དྲིན་ཡལ་བར་ག་ལ་འདོར། །ལུས་དང་ཡོ་བྱད་ཆོས་རྣམས་ཀྱིས། །སྐལ་བ་མཉམ་པར་ཆོམ་པར་བྱ། །གང་དང་གང་ཞིག་ཆོམ་པའི་མཐར་། །དགའ་བ་རྒྱས་པའི་སྣང་བ་ལས། །འགྲོད་སེམས་སྐད་ཅིག་མི་བྱའོ། །འབྲོམ། ཚེ་རབས་ཀུན་ཏུ་དེ་བཞིན་མཛོད། །དེ་ནི་རྙེད་པའི་མཆོག་ཏུ་བསྔགས། །དེ་ནི་གཞན་དག་མཐོང་བའི་ཚོ། །ཇི་ལྟར་བྱ་བའི་ཚོམས་ཡིན་ནོ།། །།

༈ ཇོ་བོ། དིང་སང་སྙིགས་མའི་དུས་ཚོད་འདིར། །འོག་མ་རྣམས་ནི་ཕྲ་བས་འཚོག །གོང་མ་རྣམས་ནི་མགོ་བོས་བརྡུང་། །མཉམ་པོ་རྣམས་ལ་ལག་པས་འཚོག །མ་དག་ཀུན་སྤྱོད་འདི་འདྲ་བའི། །སྙིགས་མའི་དུས་ཚོད་བྱུང་དེ་གདའ། །རྒྱལ་བ་རྣམས་ཀྱང་འདས་ཚུལ་བསྟན། །དགྲ་བཅོམ་རྣམས་ཀྱང་གཞན་དུ་གཤེགས། །ཁྱེད་ཀྱིས་གསལ་བར་མ་མཛད་ན། །བོད་འདི་ད་ཚོད་བརླག་པར་འགྱུར། །ཇོ་བོ། བདག་ལ་དེ་གསུམ་སྐྱེས་གྱུར་ན། །བདག་གིས་དེ་དག་ཇི་ལྟར་སྤང་། །འབྲོམ། རྩ་བ་ཐམས་ཅད་ཕྲག་དོག་ཡིན། །གོང་མ་མི་ཐེག་སྒྱུར་བ་འདེབས། །སྙིང་རྗེ་མེད་པས་འོག་མ་འཇོམ། །ངོ་ཚ་ཁྲེལ་མེད་མཉམ་ལ་འཛུགས། །ཕྲག་དོག་སྤངས་ན་ཞིག་ནས་འགྲོ། །དགའ་བ་བསྒོམ་པ་ཐབས་སུ་ཆེ། །འབྲོམ། ཟླ་བ་གྲགས་པའི་ཞལ་སྔ་ནས། །ཕྲག་དོག་རང་གི་དགེ་རྩ་འཇོམས། །གཞན་ལ་ཕན་ན་རང་དོན་མཆོག །དཔའ་བོ་སྤྱི་ཆེད་བྱས་པ་ཡིས། །སྤྱི་ཡིས་དཔའ་བོ་བཀུར་བ་བཞིན། །སྟོན་པས་གདུལ་བྱ་བསྐྱངས་པ་ཡིས། །གདུལ་བྱས་སྟོན་པ་མཆོད་དང་མཚུངས། །ཨེ་མ་གཟོད་ནས་མ་སྐྱེས་པའི། །སྣང་ཙམ་འདི་ལ་ཅི་ཡང་འབྱུང་། །སྣང་ཙམ་ཁྱད་གསོད་མི་བྱེད་པའི། །སྐྱེས་བུ་གང་དེ་གནས་ལུགས་ལྡང་། །རྒྱལ་པོ་རྒྱལ་སྲིད་ཉམས་པ་ཡང་། །ཕྲག་དོག་ཉིད་ཀྱིས་ཉམས་པར་

གྲགས། །འབྲོམ། ཏེ་ཙུ་ཀ་ཡི་ཞལ་སྔ་ནས། །ཕྲག་དོག་ཆགས་སྡང་དུ་མའི་གཞི། །ཆགས་སྡང་ཅན་གྱིས་ལྷ་མི་མཐོང་། །དེ་ལ་མཆོག་གི་དངོས་གྲུབ་ཉམས། །ཕྲག་དོག་སོ་སོར་རྟོག་པ་ཡི། །ཡེ་ཤེས་མཆོག་ཏུ་བསྒྱུར་ཤེས་པའི། །སྐྱེས་བུ་དེ་ནི་དཔའ་བོ་ཡིན། །གསུང་ངོ་ངོ་མཚར་ཆེའོ་གསུངས། རྗེ་བོ། ཉིད་དགའི་དལ་འབྱོར་མཆོག་ཐོབ་ནས། །ཐར་པའི་བྱུད་ཤིང་ཉོན་མོངས་ཀྱི། །མེ་ཡིས་བསྲེག་པར་ག་ལ་བྱེད། །གཞན་མཐོང་ཕ་མ་མཐོང་བ་ཡིན། །རང་དང་མཉམ་པ་ངོ་མཚར་གྱིས། །དམའ་བ་གོང་དུ་དྲང་བར་རིགས། །བསྐལ་པ་མེ་ལྟེར་གྱུར་པ་ཡང་། །གཞན་གྱི་དོན་དུ་བརྩོན་བྱེད་ན། །ཕྲག་དོག་བྱེད་པ་སུ་ཞིག་སྨྲ། །རྗེ་བོ། སྨྱོན་པའི་སྤྱོད་པ་མི་བྱའོ། །འབྲོམ། ཕྲག་དོག་སྤོང་བ་མཆོག་ཏུ་བསྔགས། །འདི་ནི་གདམས་པ་རིན་ཆེན་ཡིན། །ལེགས་པར་གསུང་སོ་ཨ་ཏི་ཤ །ཕྲག་དོག་སྤོང་བའི་ཚོམས་ཅིག་གདའ།། །།

རྗེ་བོ། གཞན་སེམས་བསྲུང་ན་ཇི་ལྟར་བྱ། །འབྲོམ། རྩོད་པ་ཐམས་ཅད་སྤོངས་ལ་ཐོང་། །རྗེ་བོ། རྩོད་པ་སྤངས་ན་ཇི་ལྟར་བྱ། །འབྲོམ། རང་ལ་ཁྱུག་ལ་ལེན་ནོ་གྱིས། །རྗེ་བོ། དེས་ཀྱང་ལོ་བར་མ་གྱུར་ན། །འབྲོམ། དགྲ་དེ་སྙིང་ཆུ་ཕོད་དུ་ཚུད། །རྗེ་བོ། དགྲ་དེ་ངན་འགྲོར་ཤོར་ན་ཇི་ཙུག་བྱ། །འབྲོམ། གནོད་ལན་བདེ་ན་དམ་པར་གསུངས། །རྗེ་བོ། དེ་འདྲ་རང་ཡང་ཅི་མཆིའམ། །འབྲོམ། ཅི་ཟེར་སྟུག་བསྔལ་བླང་དགོས་མོད། །རྗེ་བོ། གཞན་ཡང་དྲང་ལུགས་གསུང་དུ་གསོལ། །འབྲོམ། ཕོ་ཡི་དོན་དུ་སྨོན་ལམ་གདབ། །རྗེ་བོ། སྨོན་ལམ་གཅིག་གཉིས་གསུམ་དུ་གདབ། །འབྲོམ། སྔོན་གྱི་ལས་ཀྱིས་འདིར་དེད་པའི། །བསམ་པ་མ་དག་ལས་ངན་འདིས། །བདག་གི་ལུས་ལ་གནོད་སྐྱེལ་ཀྱང་། །གནོད་ལན་ཡོང་ཡེ་མ་གྱུར་ཅིག །བདག་གི་ལུས་འདིས་འགྲོངས་གྱུར་ཅིག །འདི་ཡིས་སྲོག་གཅོད་མཐའ་མར་གྱུར། །འབྲོམ། སྨོན་ལམ་འདེབས་ཤིང་མི་ཁྲོ་བའི། །སྐྱེས་བུ་དེ་ནི་དམ་པ་ཡིན། །བྱང་ཆུབ་སེམས་དཔའི་མཆོག་ཏུ་བསྔགས། །རྗེ་བོ། བདག་ལུས་སྟོང་དུ་

རབ་གཏུབས་ཀྱང་། །འབྲུག་པ་ཡོང་ཡེ་མ་གྱུར་ཅིག །ད་ནི་བཟོད་པའི་གོ་ཆ་གྱོན། །ཐམས་ཅད་འགྲོངས་པ་དང་དུ་བླང་། །བླ་མའི་གསུང་ངག་མི་བཅག་པར། །འདི་བཞིན་གཞན་སེམས་གཟུང་བར་བྱ། །འབྲོམ། ལེགས་པར་བསྡུས་ལ་མཁས་པ་ཡིན། །ལེགས་པར་བསྡུས་ལ་ང་ལ་ཕུལ། །ཇོ་བོ། ཞུས་ལན་དུ་མ་མཛད་ན་ཡང་། །ལེགས་པར་བསྡུས་ན་འདི་ལྟ་སྟེ། །གལ་ཏེ་གཞན་དག་མཐོང་བའི་ཚེ། །ཞི་དེས་གསོང་པོར་སྨྲ་བ་དང་། །ཁྲོ་གཉེར་ངོ་འཛུམ་སྤང་བྱ་ཞིང་། །རྟག་ཏུ་འཛུམ་ཞིང་གནས་པར་བྱ། །རྒྱུན་དུ་གཞན་དག་མཐོང་བའི་ཚེ། །སེར་སྣ་མེད་ཅིང་སྦྱིན་ལ་དགའ། །ཕྲག་དོག་ཐམས་ཅད་སྤང་བར་བྱ། །གཞན་གྱི་སེམས་ནི་བསྲུང་བའི་ཕྱིར། །རྩོད་པ་ཐམས་ཅད་སྤང་བྱ་ཞིང་། །རྟག་ཏུ་བཟོད་དང་ལྡན་པར་བྱ། །ཞེས་བྱ་བ་ཅིག་ལས་མི་གདའ་ཡིས། དེ་ལྟར་ན་ཞུས་ལན་ནོར་བུའི་ཕྲེང་བ་ལས། །གཞན་གྱི་སེམས་ཇི་ལྟར་བསྲུང་བའི་ལེའུ་སྟེ་བཅོ་བརྒྱད་པའོ།། །།

༈ ཡང་གནས་དེ་ཉིད་དུ། དེ་འདྲ་བའི་བླ་མའི་དྲུང་དུ། བདག་ཅག་གི་བླ་མ་ཡང་དག་པའི་དགེ་བའི་བཤེས་གཉེན་དེས་འདི་སྐད་ཅེས་ཞུས་པ་ནི། ཇོ་བོ། མི་དང་འགྲོགས་པའི་མན་ངག་ཅིག་ཞུ། འབྲོམ། ཉི་མ་ཉིན་ཅིག་གི་ངོ་དགའ་དང་ཆེ་མཐོར་གྱིས་ཚུགས་མི་ཐུབ་པས། དུས་རྟག་ཏུ་ངོ་ཚ་དང་ཁྲེལ་ཡོད་ཀྱིས་ཚུགས་ཐུབ་པར་གྱིས། ཇོ་བོ། ཡོན་ཏན་གྱི་གཞི་མ་མི་གཞི་ལེགས་པོ་དང་དད་པ་གལ་གང་ཆེ། འབྲོམ། གཉིས་ཀ་གལ་ཆེ། ཇོ་བོ། མི་དང་འགྲོགས་ན་གལ་གང་ཆེ། འབྲོམ། ཐུན་མོང་དུ་མི་གཞི་ལེགས་པོ་གལ་ཆེ། བཟང་སྣ་འདྲེན་པ་ལ་དད་པ་གལ་ཆེ། ཇོ་བོ། མི་གཞི་ལེགས་པོ་བྱེད་པ་ལ་ཇི་འདྲ་ཅིག་འཚལ། འབྲོམ། ཁྱོད་བོད་ཀྱི་མི་ཆེན་འདྲ་བ་བྱས་ན་མི་གཞི་ལེགས་པོ་མི་འོང་། ཡོན་ཏན་གང་གི་ཕྱོགས་ནས་ཆེ་ཡང་། ང་མི་རྒྱལ་བ་མཐོ་དམན་བར་གསུམ་གྱི་འོག་ཏུ་ཞུགས་ནས། མི་ཅུང་བ་མ་གཏོགས་པ་ཅི་ཟེར་འཛུམ་གྱིས་སྒྲུབ་པ་ཅིག་དགོས་

པ་ཡིན། ཇོ་བོ། ཏློ་སྣ་ཡར་ལ་འཁྲིད་པའི་དད་པ་དེ་ཅི་འདྲ་བ་ཅིག་དགོས། འབྲོམ། ཡུལ་ཁྱད་པར་ཅན་མཐོང་ཙ་ན་མིག་མཆི་མ་འཁྲུག །ལུས་ཀྱི་བ་སྤུ་གཡོ། རྗེས་སུ་ཡི་རང་དང་། རེ་ལྟོས་ཀྱི་ལུས་ཀྱིས་ཤུགས་རིངས་འདོན་ཞིང་གསོལ་བ་འདེབས་པ་ཅིག་འོང་བ་ཡིན། ཇོ་བོ། ཁོ་བོའི་དད་པས་གཞན་ཏློ་སྣ་ཡར་ལ་ཇི་ལྟར་འཁྲིད། འབྲོམ། ཁོ་མི་གཞི་ལེགས་པས་ཐམས་ཅད་ཀྱི་སེམས་ཟིན་པ་དེ་དང་མ་དུ་ན་བུ་དུ་བ་བཞིན་དུ་ཁོ་ལ་བརྟེན་ནས་དད་པ་མི་སྐྱེ་རང་དབང་མེད་པ་ཅིག་འོང་བ་ཡིན། འབྲོམ། གཤའ་མ་བྱེད་བྱེད་པས་གང་བྱས་ཀྱང་མཛེས་པ་ཅིག་འོང་བ་ཡིན། དེས་སྨྲས་པའི་གཏམ་ལའང་ཚད་མར་འཛིན་པ་ཅིག་འོང་བ་ཡིན། ཇོ་བོ། འོ་ན་སློབ་མའི་སྤྱོད་བརྟག་པ་རང་ལའང་མི་གཞི་རང་བརྟག་འཚལ་ལམ། འབྲོམ། ཉོན་ཅིག །ཕྱིར་རྒྱུ་ཉོན་མོངས་པ་ལ་བྱས། མཐོ་རིས་མིར་སྐྱེ་ལོ་བྱས་ཀྱང་། ནང་སེམས་ཀྱི་རྒྱུན་ཁྲིལ་གྱིས་བཏང་། ཕྱི་ངོ་ཚའི་གོས་ཀྱིས་བསྒྲུས། ཕྱི་ཐག་གསེར་གྱི་མཐུག་མ་བཅད། རྒྱུད་ལ་ཁྲོ་གཏུམ་གྱི་ཕྲ་བཏབ། གཞི་མ་ཀོ་སྐམ་གྱི་ལྷམ་གྱོན་པ་ལ་རྒྱན་དམ་པ་ལྷ་ཆོས་པས་སྤྱོད་པས་ནི། ཁོང་སྐྱེ་བོ་མི་ཆོས་པའི་སྤྱོད་དུ་འང་མི་ཤུང་། མི་དེའི་རིགས་ལ་ནི། དགྲ་དང་དབུལ་ཕོངས་ཁོ་ན་མོད་པ་ཡིན། ཇོ་བོ། དེ་འདྲ་བའི་མི་རིགས་ལ་བརྟེན་ན་ཇི་ལྟར་འོང་། འབྲོམ། བཟོད་པ་བསྒོམས་ན་རང་རྟེན་འཚལ། བཟོད་པ་མི་ཐུབ་ན་དགེ་བ་བཅོམ་པ་སྲིད། ཇོ་བོ། ཞིང་ཁམས་གཙང་མ་ཀུན་ནས་བཙལ་ཡང་མི་རྙེད་པ་ཡིན་པར་འདུག །འབྲོམ། འོ་ཅག་མི་མཛེད་འཇིག་རྟེན་པ་ལ་དེ་མོད་པ་ཅིག་ཡོད་ཀྱིས། དགེ་བའི་བཤེས་གཉེན་གྱི་བགོས་རྒྱལ་ལོ། །མ་བསླུས་པ་ནི་འཚལ་ལོ། །ཇོ་བོ། འདི་ལ་བཟོད་པ་བསྒོམས་ན་ཚེ་ཕྱི་མ་རང་ལ་གཟུགས་བཟང་པོ་ཐོབ་སྟེ་འོང་། འབྲོམ། ཕྱི་མའི་སྔོན་དུ་འདི་ཉིད་རང་ལ་བཟོད་པ་གང་བསྒོམས་རྒྱལ་ནས་འོང་། མཐའང་ཁྲིམ་རྒྱལ་སྨེས་ཁས་འཕྱེད་པ་ཡིན། ཇོ་བོ། གསར་འགྲོགས་བྱེད་པའི་མི་ལ་ཇི་འདྲ་ཅིག་འོང་། འབྲོམ། དང་པོ་ངོ་ཤེས་ཚད་

བཤེས་སུ་སོང་། ཐ་མར་ཐམས་ཅད་དགྲར་སོང་བ་ཅིག་འོང་། ཇོ་བོ། འོ་ན་ངོ་དགའ་ཕྱི་མཐོར་བྱེད་པ་དེ་ལ་ཅི་འདྲ་ཅིག་འོང་། འབྲོམ། དེ་ལའང་ཐམས་ཅད་ཀྱིས་དང་པོར་འགྲོགས་བདེ་མོར་རྩི། ཁོའི་གནས་ལུགས་རྟོགས་ནས་ཀླད་སླ་ན། ཁ་བཟར་ཁ་གསགས་མཁན་དེ་ལ། རྒྱུ་མཚན་ཡེ་མེད་ཟེར་ནས། མཇུག་ཀུན་གྱིས་བརྙས་པ་ཅིག་འོང་། ཇོ་བོ། དེ་རང་ཅི་མཆིའམ། དུས་ངན་གྱི་མི་བྱ་བ། ཕྱུགས་ཅི་འདྲ་ནའང་འདྲ། འཕྲལ་ལ་ངོ་དགའ་ཆེ་མཐོར་རེ་ཙམ་བྱས་ན། ཡོད་ས་མེད་ས་ནས་ཕན་འདོགས་པར་སྣང་། འབྲོམ། དེའི་རིགས་དེས་ཁོང་རང་གཉིས་ཀ་དེ་ཁོ་ནར་སླུབ་བོ། །དེ་ཡང་ཕྱི་མ་ཞན་ཞན་ཙམ་ཡིན། ཇོ་བོ། ད་ལྟར་གྱི་མི་འགའ་ཞིག་ སྔར་ཡང་ངན་སོང་གསུམ་དུ་སྐྱེས། ཕྱི་མའང་ངན་སོང་གསུམ་དུ་སྐྱེ། དེ་མ་རྟོགས་པར་འདིའི་སྣང་བ་འབའ་ཞིག་བྱེད་ལ། ཕྱི་མའི་དོན་སྐད་ཅིག་ཀྱང་མི་བྱེད་པ་དེ་ཅི་དང་འདྲ། འབྲོམ། མི་འདོད་པ་ཅན་ཅིག་གིས་མྱ་ངམ་གྱི་ཐང་སྟོང་པ་ཆེན་པོ་ཅིག་ལ། ངལ་སྡིགས་ཙམ་མེད་པར་ཁྱུར་ཆེན་པོ་ཅིག་ཁུར་ནས་ཁྱེན་ན། བསྡད་ན་མི་ཡོངས། མ་བསྡད་ན་ཤིན་ཏུ་ངལ་ཏེ། གསིགས་པས་ཁུར་ཆེན་པོ་ནི་ཡོ། འཚོས་སུ་ནི་མ་བདེ། སྡུག་བསྔལ་བཞིན་དུ་ཁྱེན་པ་ན། ངལ་སྡིགས་ཙུང་ཟད་ཅིག་རྙེད་པའི་སྐྱིད་དུ། ངལ་བསོས་པས་བདེ་བ་ཆེན་པོ་ཅིག་རྙེད། བདེ་བ་དེ་ལ་ཆགས་ནས། ཁུར་པོ་མི་འཚོས་པར་ཉལ་ཏེ། ད་ལྟ་རང་ཁུར་ཏེ་ཁྱེན་པས། རིང་པོར་མ་ཁྱེན་པ་ན་འདི་སྙམ་སྟེ། ཨ་ཙ་མ་ང་འདྲ་བ་ཅིག་ད་ཅི་ངལ་བསོ་དུས་སུ་ཁུར་པོ་མི་འཚོས་པར། ད་ཐང་སྟོང་འདི་ལ་ཕོག་སྟེ་བཅོས་ན་ནི་མི་ཡོངས། མ་བཅོས་ན་ནི་འདི་ལྟར་ཉམ་ཐག་སྙམ་མོ། །ཅི་བྱ་ལ་སྟོར་དེ་འཕྱིས་པ་ཡིན། འབྲོམ། དེ་བཞིན་དུ། སྔར་ངན་སོང་ཆེན་པོའི་མྱ་ངན་ལ་སྡུག་བསྔལ། འགྲོར་མི་བདེ། སྡོད་དུ་མ་བདེ། ཁུར་པོ་འཚོས་སུ་མ་བདེ། ཉམ་ཐག་པའི་རྗེས་སུ་མིར་སྐྱེ་བ་བླངས་དེ་ངལ་གསོ་བ་དང་འདྲ། དེའི་དུས་སུ་ཁུར་པོ་མི་འཚོས་པར། ཚེ་འདིའི་བསོག་ཚུམ་དང་། ཁེངས་གྲགས་དང་། རང་

རེའི་ཁ་འཛིན་ཤགས་འདེབས། ཚེ་འདིའི་ཉོན་མོངས་ཀྱི་བདེ་བ་ལ་ཆགས་ནས། ཡང་སྡུག་བསྔལ་གྱི་ཁུར་ཁུར་ནས་འཆི་བ་ལགས་མོད། དེ་ནས་ཤེས་པ་སྐྱེ་བ་བདུན་གསལ་གྱི་དུས་སུ། ང་འདྲ་བའི་ཚོགས་མ་བསགས་པ། ཚེ་སྔ་མ་ངན་སོང་གསུམ་དུ་སྐྱེས་ནས་གདའ་བ། འདིར་ངལ་སྐྱེགས་དུ་མ་ཅིག་བྱུང་ནས་འདུག་པ་ལ། དེ་ལ་ཕྱི་མའི་འདུན་མ་མ་བྱས་པར། ང་ཡང་། ད་ངན་སོང་གསུམ་དུ་སྐྱེ་བར་འདུག་སྙམ་ནས། སྡུག་བསྔལ་གྱི་སྣང་བས་ཁྱིད་དེ། ངན་སོང་དུ་ཅི་བྱ་ལ་སྟོར་བའི་དུས་ཅིག་འོང་། འབྲོམ། ཁུར་ཆེན་པོ་འཚོས་དུས་ཡིན། དུས་སྐྱེ་བ་གཏན་གྱི་བཙན་ས་དེ་རིང་ལ་བཟུང་རན་ནོ། །ཇོ་བོ་དཔེ་འགྲིག །འབྲོམ། དོན་ཡང་དེ་བཞིན་ནོ། །འབྲོམ། གསེར་གླིང་པ་ཡི་ཞལ་སྔ་ནས། །ཁྲིལ་གཞུང་མེད་པའི་མི་དག་ནི། །རང་འདོད་བསམ་པའི་གཡོ་སྒྱུ་ཡིས། །སྐྱེ་བོ་གང་ཞིག་ཚིག་གིས་སླུ། །ཉེ་མ་འགའ་ཞིག་མཆོད་བྱེད་ཅིང་། །ཕྱི་ནས་སྟར་ཡང་དོན་མེད་པའི། །འདུན་མས་བཤེས་ཀྱང་དགྲ་བོར་ལེན། །དེ་འདྲ་དེ་ནི་བསྟེན་མི་བྱ། །དེས་ནི་དད་པའི་སེམས་བསྐྱེད་བྲལ། །དེ་ནི་བདུད་དུ་ཤེས་ཏེ་སྤོངས། །ཡང་ནི་སྙིང་རྗེས་སྡུག་བསྔལ་ལམ། །ཡང་ན་དེ་ཉིད་གང་དགའ་བྱ། །དེ་ནི་བྱང་ཆུབ་སེམས་དཔའི་ལམ། །ཞེས་གསུངས། བླ་མས་གནང་བའི་ཆོས་ཟབ། དེ་ནི་ངོ་དགའ་དང་གསར་འགྲོགས་མི་བྱེད་པའི་ཚོམས་སོ།། །།

ཇོ་བོ། སོ་སོའི་སྐྱེ་བོ་མ་དག་པའི་བློ་ལ། རང་གི་ཕྱོགས་ཐམས་ཅད་ནས་འབུངས་ཀྱང་། ཁོ་ལ་རྣམ་རྟོག་ཕྱིན་ཅི་ལོག་ཏུ་གྱུར་ནས་ཅི་བྱས་ཀྱང་མགུ་བའི་དུས་མི་འོང་བར་གདའ་བ། དེ་འདྲ་བའི་རིགས་ལ་ཇི་ལྟར་བྱ། འབྲོམ། ཁོ་ཅི་འདྲ་ནའང་འདྲ། རང་གིས་བརྣས་པའི་སེམས་སྐད་ཅིག་ཀྱང་མི་བྱེད་པར། སྦྱོར་དངོས་རྗེས་གསུམ་གྱུས་པའི་སེམས་ཀྱིས་བྱས་ན། ལྷས་མི་ཁྲེལ་བ་ཡིན། ཇོ་བོ། དེ་ལྟ་བུའི་གང་ཟག་དེ་ཅི་འདྲ་ཡིན། འབྲོམ། གང་ཟག་བཟང་པོ་ལ་བཟང་པོས་ཚོད་ལྟ་བའང་འོང་། ཤིག་ཧོས་བྱིན་གྱིས་

བརླབས་པའང་འོང་། ཇོ་བོ། སྡིག་ཏོས་ཅན་གྱིས་བརླབས་པ་ལ་གུས་པར་བྱར་རུང་ངམ། འབྲོམ། ཁོའི་རྗེས་སུ་ཉོན་མོངས་པ་ལ་མ་འབྲངས་པས་ཆོག་པ་ཡིན། གཞན་ཁོ་གང་དགའ་བ་ལྟར་བྱེད་པ་དེ་ཐབས་མཁས་པ་ཡིན། ཇོ་བོ། གནས་ལུགས་ཀྱི་དོན་ལ་སྦྱིབ་པ་ལ་སྒྲིབ་པ་གང་ཆེ། འབྲོམ། གཟུང་འཛིན་གྱི་རྣམ་པར་རྟོག་པ་འདི་ཆེ་བ་ཡིན། ཇོ་བོ། དེ་སེམས་ཅན་ཉོན་མོངས་པ་ལ་ཚན་ཆེ་བར་ཡོད་ན། དེ་དག་བསལ་ནས་གདམས་ངག་བྱེད་ན་ཅི་འདྲ་ཅིག་བགྱིད་ལགས། འབྲོམ། སྙིང་རྗེས་ཕན་སེམས་གལ་ཆེ། ཇོ་བོ། ཆོས་ཐམས་ཅད་རང་ལ་སྙིང་རྗེ་ཕན་སེམས་གལ་ཆེ་བ་མ་ལགས་སམ། འབྲོམ། དེ་བས་ཁོ་བོ་དེ་སྐད་ཟེར། དེ་མེད་ན་གཟུང་འཛིན་གྱི་རྣམ་པར་རྟོག་པ་ཤས་ཆེན་པོ་རྣམས་མི་ཐུལ། ཇོ་བོ། འོ་ན་འཇིག་རྟེན་གྱི་ཡམས་ནད་ཆེན་པོ་ལ་སོགས་པ་འགོ་བའི་ནད་ཀྱི་གསེབ་ཏུ། ཕན་སེམས་ཀྱིས་ཕྱིན་ན་འགོའམ་མི་འགོ །འབྲོམ། རང་འདོད་ཀྱི་འཕྲི་བ་མ་ཞུགས་པར་ཕན་སེམས་ཁོ་ནས་ཕྱིན་ན། དེ་མི་འགོ་བར་མ་ཟད། སྡུགས་ནག་གི་ཕུར་ཁ་དང་། སྲུ་སྟེགས་ཀྱི་ངན་སྔགས་ཀྱི་སྣ་དང་། མ་མོའི་རྦོད་ཁ་དང་། དམག་འཁྲུག་བྱེད་པའི་གསེབ་ཏུ་ཕྱིན་ཀྱང་། དེ་ལ་གནོད་པ་འོང་མི་སྲིད། ཇོ་བོ། ཕན་སེམས་ཆེན་པོ་དེ་སྐྱེ་བ་ལ་རྒྱུ་གང་གལ་ཆེ། འབྲོམ། སྙིང་རྗེ་དྲག་པོ་ཐུན་མོང་མ་ཡིན་པ་དེ་གལ་ཆེའོ། །ཇོ་བོ། སྙིང་རྗེ་སྒོམ་པའི་ཐབས་ཤིག་ཞུ་འཚལ། འབྲོམ། ཞུ་བ་ཆེ། སེམས་ཅན་ནད་དྲག་པོས་གཟིར་བའི་རྩར་རྒྱུག །དེ་སེམས་ཅན་ཐམས་ཅད་ལ་དམིགས་པས་ཁོ་བོ་ལ། སེམས་ཅན་ཐམས་ཅད་ཀྱིས་འདི་ལྟ་བུའི་ལུས་བླངས་པས་ལུས་འདི་ཡོད་ན་ནད་འདི་འབྱུང་། མཛོ་ཐོག་ཏུ་ཕོལ། གཉན་ཐོག་ཏུ་གཟེར། གཟེར་ཐོག་ཏུའང་གཟེར་བསྣན་ནས། སྡུག་བསྔལ་འདི་འདྲ་བ་འབབ་ཞིག་འོང་བ་སྙིང་རེ་རྗེ། ཨ་ཙ་མ། འདི་གཞན་མིན། ང་ཡང་ཡང་བསྐྱེད་པའི་ཕ་མ་ཡིན་པ་སྙམ་དུ། རྩ་བའི་མ་དེ་མེ་དོང་དུ་ལྷུང་བའི་སྙིང་རྗེ་ཙམ་དུ་མི་བཟོད་པར་བྱའོ། །དེ་བཞིན་དུ་དབུལ་བ་དང་།

ཕོངས་པ་དང་། བཀྲེས་སྐོམ། གོས་མེད་པ་རྣམས་ཀྱི་རྩར་ཕྱིན་ཞིང་། ཡང་དེ་ཁོ་ན་བཞིན་དུ་སྙིང་རྗེ་བསྒོམ། རང་གི་སྤྱིལ་བུ་ན་གནས་པའི་ཚེ་ཡང་། དམྱལ་བ་ཡི་དྭགས་ལ་སོགས་པ་འཁོར་བའི་སྡུག་བསྔལ་སེམས་བརྩེ་ཡམ་ཡམ་པ་བསྒོམ། དེ་ཡང་བཟོད་སླགས་མེད་པར་བསྒོམ། དེ་ནས་བྱིང་རྒོད་ལ་སོགས་པ་ཡང་སྔར་བསྟན་པ་བཞིན་དུ། སྤེལ་ཞིང་སྤེལ་ཞིང་བསྒོམ། འབྲོམ། གཅིག་གི་སྐྱོ་བསངས་གཅིག་ལ་བྱས་པས་འོང་བ་ཡིན། ཡང་སྙིང་རྗེ་རེ་དང་། ཚད་མེད་རེ་དང་། མི་རྟག་པ་རེ་སྤེལ་ཞིང་སྤེལ་ཞིང་བསྒོམས་པས་འོང་བ་ཡིན། ཇོ་བོ། སྙིང་རྗེའི་མཚན་ཉིད་ཇི་འདྲ་ཞིག་ཡིན། འབྲོམ། སེམས་ཅན་ཐམས་ཅད་ཀྱི་སྡུག་བསྔལ་སེམས་ལ་བཟོད་སླགས་མེད་པ་ཅིག་ཡིན། ཇོ་བོ། ངའི་ལུགས་ཀྱི་ཚད་མེད་བཞིའི་མགོ་གང་ནས་རྩོམ། འབྲོམ། སེམས་ལ་བཟོད་སླགས་མེད་པ་ཅིག་བྱུང་ན། དེ་ལ་འདོར་འདོད་ཀྱི་སེམས་སྐྱེ་བ་ཅིག་འོང་བ་ཡིན། དཔེར་ན་བུ་མེ་དོང་དུ་ལྷུང་ན། མ་ལ་བཟོད་སླགས་མེད་པའི་སེམས་སྐྱེ་སྟེ། བྱ་བ་གལ་ཆེ་ཆེ་པོ་ཐམས་ཅད་ལོང་ངེ་ལོང་ངེ་ལ་སླུར་ནས། བུ་གཅིག་པུ་ཅི་ཐོན་གྱི་སེམས་སུ་ཐམས་ནས་འགྲོ། འབྲོམ། གཞན་དུ་བུ་ལ་བྱམས་པ་ཆེན་པོ་ཡོད་ཀྱང་། བུ་དེ་ཙམ་དུ་མི་ཉེས་ན་བྱ་བ་གཞན་གཙོར་བྱེད་དོ། །འབྲོམ། སེམས་ཅན་ཐམས་ཅད་ལ་བཟོད་སླགས་མེད་པའི་སྙིང་རྗེ་ཡོད་ན། བྱ་བ་ཐམས་ཅད་དོར་ནས། སེམས་ཅན་ཅི་འགྲོངས་བྱེད་པ་ཅིག་འོང་། དེ་ལ་བརྟེན་ནས་ཕ་མ་ཡིན་ངོས་ཤེས་པར་གོ །ཉེ་རིང་ཅིག་ཀྱང་མེད། དེ་དག་བདེ་ན་དང་སྐྱིད་ན་དགའ་བའི་སེམས་འབའ་ཞིག་སྐྱོད་དོ། །དེ་ཡང་སངས་རྒྱས་ཐོབ་ན་བདེ་སྐྱིད་ཐམས་ཅད་ཞོར་ལ་འོང་བས། སངས་རྒྱས་ལ་ཅི་འཕོད་བྱེད་པ་འོང་། འབྲོམ། དེས་ན་སྙིང་རྗེ་ཆེན་པོ་ནས་མགོ་བཟུང་ལ། སྙིང་རྗེ་བའི་སེམས་ཅན་རྣམས་སུ་ཡིན་པ་ལྟོས། ཕ་མར་ཤེས་ཙ་ན། ཕན་ཅི་ཐོགས་ཀྱི་བྱམས་པ་ཀྱིས། བྱམས་བསྒོ་ཙ་ན། ཐམས་ཅད་སྐྱིད་ན་དགའ་བ། སངས་རྒྱས་ན་དགའ་བའི་དགའ་བ་

བསྒོམ། དགའ་བསྔོ་ཙ་ན། ཐམས་ཅད་ལ་ཉེ་རིང་དང་ཕྱོགས་རིས་མེད་པ། རང་སྙིང་པ་ལ་ཉེ་རིང་མེད་པ་བཞིན། བཏང་སྙོམས་ཆེན་པོས་ཁྱབ་པར་གྱིས། ཐམས་ཅད་ལ་རྣམ་པར་མི་རྟོག་པའི་ཡེ་ཤེས་ཀྱིས་ཁྱབ་པར་གྱིས། འབྲོམ། དེ་ནི་ཕན་སེམས་ཀྱི་རྩ་བ་སྙིང་རྗེ་ཡིན། སྙིང་རྗེ་ལ་བརྟེན་ནས་བྱང་ཆུབ་སེམས་དཔའི་ཆོས་ཐམས་ཅད་ཀྱང་འབྱུང་ན། གང་ཟག་རེ་རེ་ལ་ཕན་སེམས་བྱེད་པ་ལྟ་སྨོས་ཀྱང་ཅི་འཚལ། ཇོ་བོ། འོ་ན་ཕན་སེམས་ཀྱི་གདམས་ངག་གི་དངོས་གཞི་རང་གང་ལ་བསྟན། འབྲོམ། དང་པོ་ཡུལ་ཁྱད་པར་ཅན་ལ་སྐྱབས་སུ་འགྲོ། བར་དུ་འཁོར་འདས་ཀྱི་སྐྱོན་ཡོན་ཤེས་པར་བྱས་ནས། གཞན་དོན་བྱང་ཆུབ་མཆོག་ཏུ་སེམས་བསྐྱེད་ལ། དེ་ནས་ལུས་ངག་ཡིད་གསུམ་དགེ་བ་ལ་འབད་ལུགས། འཁོར་བའི་ཉེས་དམིགས་བསྟན་ཞིང་བསྐུལ་མ་འདེབས་པ། མཐར་བསྔོ་བ་སྨོན་ལམ་དང་བཅས་ཏེ་ཕན་སེམས་ཀྱིས་སྟོན་པ་དེ་ལ་ཟེར་བ་ལགས་སོད། ཇོ་བོ། དེ་ལྟར་ཞུས་ལན་མང་ན་ཡང་། སྐབས་དོན་ཕྱིལ་གྱིས་དྲིལ་ན་འདི་ལྟ་སྟེ། ངོ་དགའ་མེད་ཅིང་གསར་འགྲོགས་མེད། །རྟག་ཏུ་ཚུགས་ནི་ཐུབ་པར་བྱ། །གཞན་ལ་བརྙས་པ་སྤང་བྱ་ཞིང་། །གུས་པའི་ཚུལ་གྱིས་གནས་པར་བྱ། །གཞན་ལ་གདམས་ངག་བྱེད་པའི་ཚེ། །སྙིང་རྗེ་ཕན་སེམས་ལྡན་པར་བྱ། །ཞེས་བྱ་བ་ཅིག་ལས་མི་གདའ་ཡི། དེ་ལྟར་ན་ཞུས་ལན་ནོར་བུའི་ཕྲེང་བ་ལས། རྟག་ཏུ་གཞན་དོན་བྱེད་པའི་ལེའུ་སྟེ་བཅུ་དགུ་པའོ།། །།

༈ ཡང་གནས་དེ་ཉིད་དུ། དེ་འདྲ་བའི་བླ་མའི་དྲུང་དུ། བདག་ཅག་གི་བླ་མ་ཡང་དག་པའི་དགེ་བའི་བཤེས་གཉེན་དེས། འདི་སྐད་ཅེས་ཞུས་པ་ནི། ཇོ་བོ། འཛིག་རྟེན་གྱི་ཁམས་འདི་ན། ཆོས་པ་རིགས་མི་འདྲ་བ་དུ་མ་རེ་ལ། ཆོས་ལུགས་ཀྱང་རིགས་མི་འདྲ་བ་དུ་མ་རེ་རེ། དེ་ལ་ལག་ལེན་གྱི་བྱེད་ལུགས་ཀྱང་བསམ་གྱིས་མི་ཁྱབ་པ་རེ་རེ། གཞན་ཕར་བཞག་པའི་བླ་མ་ཅིག་གི་གསུང་ལའང་། སློབ་མ་དུ་ཡོད་པ་དེའི་

འདོད་ལུགས་རེ་རེ། ཐམས་ཅད་ཀྱང་། ད་ཁྱོད། ངེད་ཀྱི་ཆོས་ལུགས་དང་། ཁྱེད་ཀྱི་ཆོས་ལུགས། འགལ་འགལ་འདྲ་བ་མང་པོ་གདའ་བ་ལས། ཇོ་བོ། ཁྱེད་ཀྱིས་ཀུན་མཁྱེན་པས་དེ་རྣམས་ལ་ངེས་པར་གང་ལམ་དུ་འགྲོ་བ་ཡིན། གང་མི་འགྲོ་བ་ཡིན་ཞུས་པས། འབྲོམ། འདི་ཀུན་སངས་རྒྱས་ཀྱི་ཤེས་བྱ་ཡིན། ཆོས་གང་ལའང་སྐུར་བ་མི་འདེབས་པ་དང་། རང་རང་གང་མོས་པ་དེ་ལ་འདུན་པ་དྲག་ཏུ་བྱེད་པ་དང་། རང་གི་ཆོས་ལུགས་དེ་ལ་བླ་མ་མཁས་པའི་གསུང་གིས་སྒྲོ་འདོགས་བཅད། བདེ་བར་གཤེགས་པའི་ལུང་ན་ཅི་འདུག་ལྟ། རེ་རེའི་རིག་པས་ཀྱང་ལམ་དུ་གང་འགྲོ་དཔྱད་ནས། ལམ་དུ་འགྲོ་ངེས་ཤེས་པ་དེ་ལ། ཡི་གེ་འབྲི་མཆོད་ལ་སོགས་པའམ། དགེ་བ་བཅུའམ། ཕ་རོལ་ཏུ་ཕྱིན་པ་བཅུའམ། ཡང་ན་འཁོར་བའི་ཉེས་དམིགས་བསམ་པ། མྱ་ངན་ལས་འདས་པའི་ཕན་ཡོན་བསམ་པ། དེའི་གླང་དོར་གྱི་ལག་ལེན། ཡན་ལག་བདུན་པ། དེ་དག་ཐམས་ཅད་ཀྱི་རྗེས་དགེ་བའི་རྩ་བར་བསྔོ་བ་སྟེ། ཆོས་སྤྱོད་བཅུའམ། དགེ་བ་བཅུ་པོ་དེ་དག་སྐྱེས་བུ་དམ་པ་རྣམས་ཀྱི་སྤྱོད་པ་ཡིན་པས་ཉིན་དང་མཚན་དུ་ཕྱེད་མར་འབད་པར་བྱའོ། །འབྲོམ། བླ་མ་རྗེ་རྗེ་གདན་པའི་ཞལ་སྔ་ནས། ས་བཅུའི་དབང་ཕྱུག་ཆོས་སྤྱོད་བཅུ་ལྡན་པས། །དགེ་བ་བཅུ་ནི་ཉིན་དང་མཚན་དུ་འཕེལ། །གླང་དོར་ཤེས་ཤིང་ཡན་ལག་བདུན་ལྡན་བསྔོ། །དམ་པའི་སྤྱོད་པ་འདི་བཅུ་བསྟེན་ཅིག་རྗེ། །ཞེས་གསུང་། འབྲོམ། བཙོམ་ལྡན་ཀླུ་སྒྲུབ་སྙིང་པོའི་ཞལ་སྔ་ནས། མི་རྟོག་ཕ་རོལ་ཕྱིན་བཅུ་ཉིན་མཚན་དུ། །ཡན་ལག་བཅུ་པ་བསམ་གྱིས་མི་ཁྱབ་བརྟེན། །འདི་ནི་སྐྱེས་བུ་དམ་པའི་སྤྱོད་པ་ཡིན། །དེས་ནི་ཚོགས་གཉིས་རྫོགས་ནས་ཀུན་སངས་རྒྱ། །འབྲོམ། སློབ་དཔོན་དབྱིག་གཉེན་གྱི་ཞལ་སྔ་ནས། ཡི་གེ་འདྲི་མཆོད་སྦྱིན་པ་དང་། །ཉན་དང་ཀློག་དང་ལེན་པ་དང་། །འཆང་དང་ཁ་ཏོན་བྱེད་པ་དང་། །དེ་སེམས་པ་དང་བསྒོམ་པའོ། །ཆོས་སྤྱོད་བཅུ་ཡི་བདག་ཉིད་ནི། །བསོད་ནམས་ཕུང་པོ་དཔག་ཏུ་མེད། །གསུང་། ཟབ་ཟབ།

ཇོ་བོ། སློབ་དཔོན་དབྱིག་གཉེན་གྱི་དེ་གཞན་ནའང་གྲགས་པ་ཡོད། ཇོ་བོས་དེ་གར་གསན། འབྲོམ། ཁ་ཆེ་ཁྲི་བསྟན་བྱང་ཕྱོགས་ན། །ཕོ་བོ་མི་རྟོག་རྒྱུ་བའི་ཚེ། །བ་སུ་བན་ཧྲུ་མཁས་པ་མཆོག །དྷི་ཕཾ་ང་ལ་རབ་གཟིགས་ནས། །གཞུང་ལུགས་རྒྱ་མཚོ་མཁས་གྱུར་ཀྱང་། །བསྡུས་ནས་བཙུ་ནི་མི་ལེན་ན། །གར་གྱི་བཤད་པ་ཉིད་དང་མཚུངས། །བཟོ་རིགས་བསྡུས་ཏེ་ཡི་གེར་བྲིས། །བསམ་གྱིས་མི་ཁྱབ་མཆོད་པར་བཞེས། །ཆགས་པ་མེད་པར་ཀུན་ཏུ་བྱིན། །ཇི་ལྟར་མཁས་ཀྱང་ཐོས་ལ་བརྩོན། །ཤློག་པའི་འཁོར་ལོ་རྒྱུན་དུ་བསྐོར། །མ་ལུས་དྲིལ་ལ་སེམས་ལ་ལོངས། །བཤད་ཚོགས་རྒྱ་མཚོ་རྒྱས་པར་མཛོད། །བར་ལ་ཁ་དོན་ཀུན་ཏུ་སྦྱོད། །ཁ་དོན་མ་བསམས་ཚིག་ཏུ་ཟད། །བསམས་ནས་བསྒོམས་ན་མཆོག་ཏུ་བཤད། །སྟན་ཐོག་གཅིག་ཏུ་འདི་ལྟར་མཛོད། །ཚིག་བཞིར་བྲིས་ལ་འདོད་ལ་བྱིན། །དམ་པ་དག་ལ་མཆོད་པ་ཉིད། །བཤེས་མེད་རང་གིས་བསླུགས་ཏེ་མཉན། །ཚིག་དོན་སེམས་ལ་བླངས་ཏེ་བཅངས། །མངོན་དང་མི་མངོན་ཀུན་ལ་བཤད། །བསླུགས་ཏེ་ངག་གི་སྒྲིབ་པ་སྦྱང་། །དོན་ལ་བསམས་ཤིང་ཡང་ཡང་བསྒོམ། །བདག་གི་ཉམས་ལེན་ཡིན་གྱིས་ལོང་། །ཚོས་སྤྱོད་འདི་བཅུ་སུས་སྤྱོད་པ། །ཚད་ལས་འདས་པའི་བསོད་ནམས་ཐོབ། །འབྲོམ། དེ་ལྟ་བས་ན་ཉམས་ལེན་བྱ་འཚལ། ཇོ་བོ། ཆོས་ལུགས་དེ་ལྟར་མང་ཡང་། ལམ་དུ་འགྲོ་བའི་གནད་དེ་གང་ལགས། འབྲོམ། གཞན་དོན་དུ་སངས་རྒྱ་བར་འདོད་ནས་དེའི་གེགས་བདག་གཞན་གཉིས་སུ་འཛིན་པ་སྤོང་ཞིང་། ཆགས་སྡང་གི་དྲི་མས་མ་གོས་པ་དེ་ལགས་མོད། ཇོ་བོ། དེ་འདྲ་བའི་བློ་མི་སྐྱེ་བའི་ཆོས་པ་མང་། གནས་སྐབས་ཀྱི་འབྲས་བུ་བདེ་བ་ཐོབ་པ་ནི་མང་། འབྲོམ། ཅི་བྱེད་རང་དོན་དུ་བྱས། ལུས་ངག་གི་དགེ་སྦྱོར་བདག་ཕྱེད་དང་གཉིས་ལས་མ་འདས་པ་ཙམ་དུ་བྱས། འཁོར་བ་ལས་རྒྱལ་ཀྱིས་ཕྱོགས་པའི་སྙིང་འདོད་ཙན་དེས་སངས་རྒྱས་སུ་མི་ཕྱིན། ཇོ་བོ། སྐབས་ཀྱི་ཁྱད་པར་རང་ཆེ་ལགས་སམ། འབྲོམ། སྐབས་ལ་ཁྱད་པར་ཆེ།

འཁོར་བ་ལ་འཇིགས་ཤིང་སྐྲག་ནས། དཀོན་མཆོག་གསུམ་ལ་མི་ཕྱེད་པའི་དད་པ་བསྒོམས་ཏེ། དཀོན་མཆོག་གསུམ་ལ་སྐྱབས་སུ་སོང་ན། ཐབས་སྣ་ཚོགས་ཀྱིས་ཆོས་ལུགས་གང་སོས་པ་ལ་འཇུག །ལམ་གྱི་འགྲོ་ལུགས་གང་བྱས་ཀྱང་། མཐར་སངས་རྒྱས་ཀྱི་སར་འཁྲིད་པར་བྱེད། ཇོ་བོ། ལབ་ལོབ་མང་ཁ་ན་མེད། ཆོས་ལུགས་གང་བྱེད། ཆ་ལུགས་ཅི་བྱེད། གྲོགས་སུ་དང་འགྲོགས། གནས་མལ་གང་དུ་སྡོད། སྤྱོད་ལམ་ཅི་བྱེད་ཀྱང་དང་གིས་གྲངས་མེད་པར་འབྱམས་པར་ཤེས་པ་ཅིག་དགོས། དེ་ལ་སྐྱེ་འཆིའི་ཕྲེང་བ་འབབ་ཞིག་ལ་སྤྱད། ཤི་ཐེབས་རེ་ལ་སྐྱེ་ཐེབས་རེ། སྐྱེ་ཐེབས་རེ་ལ་ཕ་མ་རེ། ཕ་མ་རེ་ཡང་གྲངས་མེད་པ་སྐྱེས། ཕ་མ་ནམ་མཁས་ཁྱབ་ཚད་སྙིང་སྙོམས་པ་ཕ་མ་བུ་ཚས་ཁྱབ་པར་བྱས། ཕ་མ་འདི་དག་རྒྱུ་ཉོན་མོངས་པ་འབབ་ཞིག་ལ་སྤྱོད། འབྲས་བུ་ངན་སོང་གསུམ་ལ་སོགས་པའི་སྡུག་བསྔལ་བཟོད་གླགས་མེད་པ་མྱོང་། འདི་དག་ང་ལ་དྲང་བ་བབ། ལས་རྒྱུ་འབྲས་འདི་བདེན་ངེས་ཤེས། མི་སླུ་ཞིང་རྗེས་སུ་འབྲང་ངེས་ཤེས། འདི་ལྟར་མཉམ་པོ་ཡང་བདེ་སྡུག་གོ་བཟློག་པ་མང་པོ་གདའ་བ་སྙམ་དུ་འཁོར་བའི་ཉེས་དམིགས་ལ་ཆེ་རེ་ཉེ་རེ་ལྟ་འཚལ། སྐྱིད་ཅི་ཙམ་ཞིག་འདུག །སྡུག་ཅི་ཙམ་ཞིག་འདུག །ལས་ངན་པ་མ་བསགས་པའི་སྡུག་ནི་མི་མྱོང་། ལས་དགེ་བ་སྣ་རེ་ཙམ་མ་བྱས་པའི་བདེ་བ་ནི་མི་མྱོང་། ཇོ་བོ། མཁྱེན་རྒྱ་ཆེ་ཡང་སེམས་ལ་མི་ཕན་པའི་གདམས་ངག་ལ་དགོས་པ་མི་སྣང་། འདུས་ལ་བདག་འཛིན་ལ་འཇུག་པ་ཅིག་དགོས་པ་ཡིན། ད་འདི་འདྲ་བའི་འཁོར་བའི་ཉེས་དམིགས་མཐོང་བཞིན་དུ་ཕ་མ་སྐྱོབ་ཚིག་མི་བྱེད་པའི་ཁྲེལ་མེད་པོ། ལེ་ལོ་དང་ཕྱི་བཤོལ་བྱེད་པའི་སློམ་ལས་ཅན་འདིས་ཐར་པ་ཐོབ་པའི་སྐབས་མེད། ཇོ་བོ། མི་ཚེ་རྔོལ་པོ་ལ་ཆོས་མི་བྱེད་པ་ལ་སྨད་གསུམ་ལས་མེད། ཁོ་དང་པོ་ཆུང་དུས་སུ། ད་གཞོད་ཡར་ལ་ཚར་ཙ་ན་ཆོས་ཤིག་བྱ་ཡིས་ད་དུང་མི་འོངས་སྙམ། ཁོ་ན་སོ་དར་ལ་བབ་ཙ་ན་ང་ཡར་ལ་མ་རྒས། མར་ལ་མ་གཞོན། ད་ལྟ་གང་ཡོང་

འོང་བའི་དུས་འདིར་ནོར་བསགས་དགྲ་བཏུལ། གཉེན་སྐྱོངས། རྒས་ཁར་བུ་ཚ་བོ་ཚར་ནས། མི་རྒན་ལ་ཞབས་ཏོག་བྱེད་ཅ་ན་ཨ་པ་རྒད་པོས་ཆོས་ཤིག་བྱ་ཡིས་ད་ལྟ་མི་འོང་སྙམ། ཁོ་ད་གཟོད་རྒས་ཤིང་འཁོགས། གང་གི་ཡང་འཁོས་ཀ་མེད་ཅ་ན། ད་ང་ཀུན་རྒས་པ་ཡིན། ན་ནིང་ནས་གཞོན་པའི་དུས་དེ་ཅ་ན་ཆོས་ཤིག་བྱས་ན་འོང་བ་ཅིག་ཡོང་བ་ཡིན་ཏེ་མ་བྱུང་། ད་ཁྱེད་གཞོན་པ་རྣམས་ཀྱིས་གྱིས་དང་ཟེར་ནས། ཕུ་ཕུ་བུ་ཟེར་ཞིང་སུག་བཞི་བཙུགས་ནས་ལྡང་པའི་དུས་སུ། བུ་ཚ་རེ་ལྟོས་ཅན་དེ་ཀུན་གྱིས། སྙན་མིང་དུ་སྡུག་རྒན་ཉག་རྒན་ཤི་དུས་མེད་པ་འདི་ཀུན་ཤི་ན་ཕན་ཏེ་ཟེར། ཇོ་བོ། ཁོ་ལ་སྐྱིད་ཅིག་བྱུང་ནས་མི་གདའ་འམ་ཁོ་ལ་ཆོས་བྱུང་ན་རི་བོང་ལ་རྭ་སྐྱེས། སྐད་དེ་གསུམ་ལས་ཆོས་འདོར་བའི་ཐབས་ཆེ་བ་མེད། ཇོ་བོ། ད་དེར་མ་ཤོར་པ་ཅིག་ཅིས་ཀྱང་འཚལ། གཞོན་ན་གཞོན་ཏེ་གཞོན་ནུ་རབ་བྱུང་ཆོས་བྱེད་པའི་དུས། དར་ལ་བབས་ན་སྒོ་གསུམ་གྱིས་དགེ་བ་གང་བྱེད་ཀྱང་འོང་བས་ཆོས་བྱེད་པའི་དུས། རྒས་ན་རྒས་ཏེ་ད་ཅིས་ཀྱང་མི་ཕན་འཆི་བ་ལ་ཉེ་འཆི་ཁ་མའི་ཆོས་བསམ། ངེས་པར་འོང་བ་ཕྱི་མའི་རྒྱུགས་ཕྱི་ཅིག་དགོས་སྙམ་དུ་ཆོས་མི་འཇོག་པའི་རྐྱེན་གསུམ་བྱས་ཏེ། ཤི་ལ་ཐུག་ཀྱང་ཆོས་ལ་བརྩོན་པ་གལ་ཆེ། ཕ་མ་དྲང་བ་གལ་ཆེ། ཕ་མ་མ་ཏུང་བ་རྣམས་དྲང་བ་ལ། བདག་ལ་འཁོས་ཀ་མེད་པས་མི་འདྲོངས་ཀྱང་། མགོན་སྐྱབས་གྲོགས་ལྡན་དཀོན་མཆོག་ལ་ཞུའོ་སྙམ་དུ་འཛིགས་པ་ལས་སྐྱོབ་པ་ལ་ཇོ་བོ་བཟང་པོ་དགོས་པས། ལྷ་ཇོ་བོ་དཀོན་མཆོག་གསུམ་ལ་བློ་སྙིང་བྲང་གསུམ་གཏད་ལ། བདག་ཕ་མ་དང་བཅས་པ་རྣམས་འཁོར་བ་དང་ངན་སོང་གི་སྡུག་བསྔལ་ལས་བསྐྱབ་ཏུ་གསོལ། ཕ་མའི་དོན་དུ་བདག་བྱང་ཆུབ་ཏུ་མངོན་པར་རྫོགས་པར་འཚང་རྒྱ་བར་བྱིན་གྱིས་བརླབ་ཏུ་གསོལ། ཞེས་སྐྱབས་འགྲོ་བྱེད་ཅིང་། སྡང་བྱ་འཁོར་བའི་སྡུག་བསྔལ་གྱི་གཉེན་པོ་གཅིག་པུ། མྱ་ངན་ལས་འདས་པའི་ཕན་ཡོན་བསམ་པར་བྱ་འཚལ། ཇོ་བོ། ད་གཉིས་ཤེས། སྡང་བྱ་

སྤངས། བླང་བྱ་བླངས། སྤངས་རྟོགས་མཐར་ཕྱིན་པ་ནི་སངས་རྒྱས་ཡིན། སངས་རྒྱས་ཐོབ་ནས་སེམས་ཅན་སྒྲོལ་བ་ཅིག་འཚལ་མོད། དེ་མེད་པར་ལམ་དུ་མི་འགྲོ། མཐོ་རིས་ཐོབ་པའི་གཞི་གཅིག་པོ་ཚུལ་ཁྲིམས་སྐྱ་རེ་ཙམ་བསྲུང་བའམ། ཧ་རེ་ལོང་རྣམས་སྐྱེ་ཤི་ལ་སོགས་པ་སྡུག་བསྔལ་ཆར་བཞིན་དུ་འབབ་བཞིན་དུ། ད་ང་ལ་འཆི་བ་ཅིག་འོང་སྙམ་པའམ། ཤི་བས་མི་ཆོག་སྐྱེ་དགོས། ངན་སོང་གསུམ་དུ་སྐྱེས་ན་ཇི་ཙུག་བྱེད་སྙམ་པའམ། མ་མཐའ་འང་མི་རྟག་པ་སྐད་ཅིག་མ་རེའང་མི་སྒོམ་པར། ཕར་ལྟ་ཚུར་ལྟ། རེས་འགའ་མི་འཚོངས་པ་རེ་ལའང་བཞད་གད་བྱེད། དགའ་དགའ་འདྲ་བ་རེ་ཤེས། རེས་འགའ་སྡུག་བསྔལ་མ་འཚོངས་པ་རེ་སྨྲེང་བ་ལའང་མྱ་ངན་དུ་འབོད་སྨྲེ་སྔགས་འདོན། ཆེན་པོ་ལ་མི་དུ་ཆུང་དུ་ལ་དུ། ཕ་མ་ཐམས་ཅད་སྡུག་བསྔལ་བ་ལ་མི་དུ། གཅིག་གུམ་ན་དུ། གཅིག་ཤུ་དེ་ཡང་རྟག་ཏུ་སྐྱེ་འཆི་བྱེད་པ་དེ་ལ་མི་དུ་བར་ལན་གཅིག་འཆི་བ་དེ་ལ་དུ། སྔ་ཕྱི་མ་མཐོང་བའི་སྡུག་བསྔལ་ཉེ་ཚེ་བ། ཕུགས་མ་མཐོང་བའི་འཁྲུལ་ཉེས་པར་ལྟ། ཁྱི་ངན་པའི་རྣམ་ཐར་བྱ་བ་ལགས། ཁྱི་ཁོ་བདག་པོས་ཕྱིན་ནས། དགྲ་བོ་འཛིགས་པ་འོང་བའི་དུས་སུའང་། ཁོས་ཟུགས་ན་དགྲས་ཚོར་ནས་གནོད་པ་སྐྱེལ་དུ་འོང་བས། བདག་པོས་ཐག་པ་བཏགས་ཏེ། ཕུགས་སུ་སྨྲས་ན། ཁོ་གསོད་པ་ཙམ་དུ་ཚོར་ནས་མི་ཉན། ཕུགས་སུ་དུ་ཞིང་མི་བཟོད་པར་ཕྱིར་བྲོས་ནས་རྒྱུགས་པས་དགྲས་གསོད། ཞོར་ལ་བདག་པོའང་འགྲོ། དེ་དང་འདྲ་བར་ཚེ་འདིའི་འདུན་མ་འབབ་ཞིག་ལས་ཕྱི་མ་ལྟར་རྒྱུ་ཡེ་མེད་པར། ཐ་ན་སྐྱབས་འགྲོ་ཚིག་གཅིག་བྱེད་པའམ། ཐོས་པ་རྣ་བ་གང་བྱེད་པའམ། ཁ་ཏོན་སྐྱ་རེ་ཙམ་རེ་བྱེད་པའམ། ཡུལ་ཁྱད་པར་ཅན་ལ་ཕྱག་གུས་པ་ཅིག་འཚལ་བའམ། བསྐོར་བ་བསྐོར་བ་གཅིག་བྱེད་པའམ། གཞན་ཆོས་བྱེད་པ་ལ་རྗེས་སུ་ཡི་རང་བ་ཙམ་ཅིག་བྱེད་པའམ། མ་མཐའ་ཚེ་འདི་ལའང་ཕན་ལ་རེ། གཏོར་མ་ཏེབ་རྩེ་གཅིག་གཏོང་བའམ། དེ་འདྲ་མེད་པར། མིང་

ཆོས་པར་བཏགས་ནས། གཞན་ཆོས་བྱེད་ངོས་ཤེས་པ་ཅིག་འདུག་ན་དེ་ལ་ཟོག་པོར་འདོགས། ཚིག་མཁས་པ་ཅིག་འདུག་ན་ཁ་བཤད། ཡོན་ཏན་ཆ་ཆ་ནས་ཆེ་ན་ཡེ་མི་ཐེག །བཙུན་ཚུགས་ཅན་ལ་ཉན་ཐོས། ཉན་བཤད་པ་ལ་བཤད་པས་མི་ཕན། དགེ་སྦྱོང་བཟང་པོ་ལ་ལྟུང་བའི་སྡོད་ཀྱིས་དགོས་པ་མེད། སུ་མི་ཏུང་བ་ལ་འཛོམ་པ་ལ་རྟོག་པའི་གང་ཟག་ཚུད་ཟེར། ཇོ་བོ། དེ་འདྲ་བ་ལ་ལམ་དུ་འགྲོ་མི་འགྲོའི་དོན་མེད། རྗེལ་ཏེ་དྲིལ་ན། ཆོས་བྱེད་པའི་མི་དེ་ལ་འདི་འདྲ་བ་ཅིག་དགོས། ངས་བླ་མ་མཁས་བཙུན་བཟང་གསུམ་འཛོམ་པ་ལ་ཡུན་རིང་དུ་བསྟེན་ནས། གཞུང་མན་ངག་ཐམས་ཅད་ཀྱི་ཐེ་ཚོམ་ཆོད་པར་བྱས། ད་དུང་ང་ལ་བྱ་རྒྱུ་ཆོས་ལས་མི་འདུག །ལེགས་ནའང་དཀོན་མཆོག་གསུམ་ཤེས། ཉེས་ནའང་དཀོན་མཆོག་གསུམ་ཤེས། ཚུལ་གནས་ཐོས་བསམ་སྒོམ་གསུམ་ལ་སྐལ་བ་མ་ཕམ་པར་བླངས་པ་ཡིན། མ་ཤི་ནའང་ཚོགས་གཉིས་བྲི་སོགས་ཕུལ་སོགས་ལེགས། གཞན་དུ་ད་ལྟ་ཤི་ནའང་འགྱོད་པ་མེད་ཟེར་བ་ཅིག་དགོས། གཉེན་པོ་གཞུ་བཟང་པོའི་རྒྱུད་འདྲ་བ་བསྒྲིང་ངེ་བ་ཅིག་དགོས། སྤྱོར་བ་ཅན་དན་གྱི་མེ་འདྲ་བ་ཚ་བ་ཅིག་དགོས། ཆོས་ཞུས་ན་བླ་ཤེལ་འདྲ་བ་གང་འཐེན་འཐེན་ནས་ཡོང་བ་ཅིག་དགོས། དེ་འདྲ་བའི་གང་ཟག་ལ་ཆ་ལུགས་ངུར་སྨྲིག་འཛིན་པ་ཡིན་ནའང་རབ་ཡིན་མོད། གཞན་རང་རྒྱུད་ཐུལ་ནའང་གང་བྱས་ཀྱང་སྐྱོན་མི་མཆི། རབ་ཏུ་ཅིག་བྱུང་ཕན་ཆད་བདུད་མོ་མཚར་མོ་བརྒྱུས་སླུ་མི་ནུས་པ། བདུད་ནག་པོ་བརྒྱུས་ཀྱང་ཆོས་ལས་འཕྲལ་མི་ནུས་པ་དེ་འདྲ་ཅིག་འཚལ། དེ་ལྟ་བུའི་ཆོས་པ་གང་ལའང་སྐུར་བ་བཏབ་ཏུ་མི་ཏུང་། བྱེད་ལུགས་སྣ་ཚོགས་པ་ཅིག་འོང་བ་ཡིན། བསམ་པའི་ཁྱེར་སོ་མ་འཆུགས་ན་དེས་ཚོག་པ་ཡིན། ཞེས་ཞུས་པས། ཇོ་བོའི་ཞལ་ནས། འབྲོམ། འདི་ཁྱེད་རང་གིས་ཤེས་ན་ང་ལ་དྲི་ཅི་དགོས། འོན་ཀྱང་དེ་རྣམས་ལ་སྐྱོན་མི་གདའ་ཡིས། ཇོ་བོ། རང་གིས་ཤེས་པས་ཅི་ཕན་གཞན་ཕན་གྱི་ཆོས་ལ་ཟློས་པའི་སྐྱོན་མེད། ཁྱེད་བླ་མ་ཡིན་པས་

ཞུས་པ་ཡིན་མོད་ད་གཟོད་རང་དགའ་སྤྲང་སླ་བའི་དགོས་པ་ཡོད། གཞན་ཡིད་ཆེས་པའི་དགོས་པ་ཡོད། འབྲོམ། ཁྱོད་ཀྱི་དེ་ལ་སྐྱོན་མེད། ངས་ཆོས་ཐམས་ཅད་ཧྲིལ་ཏེ་དྲིལ་བ་གཅིག་ཁྱོད་ལ་སྦྱིན། ཇོ་བོ་ཞུ་འཚལ། ཆོས་བྱ་བ་དེ་འདྲ་ཅིག་དགོས། མང་ན་ཉམས་སུ་མི་ལོན་པ་ཡིན། ལེགས་པོ་མང་ན་འདམ་ཀ་མི་རིག་པ་ཡིན། འབྲོམ། འདི་སེམས་ལ་ཟུང་ཅིག །བདག་ཐོང་གཞན་ལོང་འོད་གུར་བཞུགས།འདིར་མཆན་དཀྱུས་ཤོར་མང་པོ་སྣང་། སྣང་ལྟོས་གཞི་ཆོད་ངོ་བོས་སྟོང་། །དཔྱད་ནས་མ་རྙེད་ལམ་དུ་སོང་། །ལམ་དེ་མི་ལྡོག་པ་ཡིན་ནོ། །ཇོ་བོ། ཆོས་ཟབ་པ་ཅིག་བྱུང་། འབྲོམ། གནས་ལུགས་ཚད་མེད་རྒྱུད་ལ་དྲིལ། འཁོར་བའི་སྡུག་བསྔལ་རྩད་ནས་ཆོད། དེ་ནི་མི་ལྡོག་པ་ཡིན་ནོ། །ནམ་མཁའ་གནས་ཀྱི་བར་དུ་བསྟེན། །འབྲོམ། ཆོས་ལུགས་མང་ཡང་རང་ལུགས་བཟུང་། །ལུགས་ལ་མ་ཞེན་གཞན་ལའང་སློབས། །གཞན་ལུགས་དག་ལ་སྒྲོ་སྐུར་སྤངས། །ཐམས་ཅད་སློབ་ལ་གཅིག་ཏུ་དྲིལ། །འབྲོམ། ཞིང་ས་གཤིན་ན་གང་བཏབ་སྐྱེ། །བསམ་པ་བཟང་ལ་འདོད་དགུ་འབྱུང་། །བརྩོན་འགྲུས་ཅན་ལ་བར་ཆད་མེད། །གླིང་དོར་མཁས་པ་ཐར་པར་འགྲོ། །འབྲོམ། དེ་ཡང་འདི་ལྟ་སྟེ། སྣང་བའི་ཐབས་ཀྱིས་འགྲོ་བ་དྲངས། །ཤེས་རབ་དབྱིངས་སུ་གཟིམས་ལ་བཞུགས། །ཇོ་བོ། ལེགས་སོ་མཁས་པའི་པཎྜི་ཏ། །ཧྲིལ་ཏེ་དྲིལ་ན་འདི་ཉིད་ཡིན། །དེ་ལྟར་ཞུས་ལན་མང་ན་ཡང་། །ཕོ་བོས་བསྡུས་ན་འདི་ལྟ་སྟེ། །ཆོས་ལ་སྐུར་པ་མི་འདེབས་ཤིང་། །གང་མོས་དེ་ལ་འདུན་པ་དང་། །ཆོས་སྤྱོད་རྣམ་བཅུའི་སྒོ་ནས་ནི། །ཉིན་མཚན་ཁྱད་པར་འབད་པར་བྱ། །ཞེས་བྱ་བ་ཅིག་ལས་མི་གདའ་ཡི། དེ་ལྟར་ན་ཞུས་ལེན་ནོར་བུའི་ཕྲེང་བ་ལས་ཆོས་གཞན་ལ་སྐུར་པ་མི་འདེབས་པར་ཟབ་ཆོས་ཉམས་སུ་ལེན་པའི་ལེའུ་སྟེ་ཉི་ཤུ་པའོ།། །།

༑ ཡང་གནས་དེ་ཉིད་དུ་དེ་འདྲ་བའི་ཟླ་མའི་དྲུང་དུ། བདག་ཅག་གི་ཟླ་མ་ཡང་

དག་པའི་དགེ་བའི་བཤེས་གཉེན་པ་དེས་འདི་སྐད་ཅེས་ཞུས་པ་ནི། བདག་གི་བླ་མ་ཨ་ཏི་ཤ །ཡང་དག་ལམ་སྟོན་དགེ་བའི་བཤེས། །སྡོམ་པ་གསུམ་གྱིས་ཕྱུག་པ་ཡི། །དགེ་སློང་རྡོ་རྗེ་འཛིན་པ་ཁྱེད། །སེང་ལྡེང་ནགས་དང་ཁྱད་མེད་པའི། །སྒྲོལ་མའི་ཞིང་ཁམས་གནས་མཆོག་འདིར། །གྲོང་གི་ཕ་མ་བུ་ཚ་བཞིན། །བག་ཕེབས་ཞུས་ལན་ནོར་བུའི་ཕྲེང་། །བླུན་པོ་རྣམས་དང་མཐུན་སྣང་དུ། །ཐུན་མོང་གོ་བདེ་འབབ་ཞིག་གླེང་། །ཁྱེད་ཀྱི་ཡོན་ཏན་མ་ལུས་སྤྱད། །སྙིང་གི་ཐིག་ལེ་ལ་སོགས་པའི། །གསང་དབང་ཟབ་མོ་སེམས་ལ་བསྐུར། །རྡོ་རྗེ་འཛིན་པར་བྱིན་གྱིས་བརླབས། །ཡེ་སྟོང་དང་དུ་བདག་གཞན་གཉིས། །བརྗེ་བར་མཛད་པ་མདོ་སྡེ་ཡི། །ཆོས་དབང་ཟབ་མོ་སེམས་ལ་བསྐུར། །བླང་དོར་མཁས་པ་འདུལ་བ་ཡི། །ཁྲིམས་ཀྱི་པད་ཚལ་ཉི་ཟླ་རྣམས། །ཡོན་ཏན་གཞི་རྟེན་མཆོག་ཏུ་སྣང་། །ཕར་ཕྱིན་དྲུག་ལ་ཉིན་མཚན་དུ། །ཐོས་བསམ་བསྒོམ་པར་དྲིལ་ཏེ་འབད། །ད་ནི་སྒོ་གསུམ་དགེ་བ་ཡི། །དུས་གསུམ་དག་ཏུ་འབད་པ་རྣམས། །མཐར་ཐུག་མཆོག་ཏུ་བསྔོ་བར་རིགས། །ལྷ་གཅིག་མི་གཡོ་འཇུམ་བག་ཅན། །སྐད་རིགས་མི་འདྲ་དཔག་མེད་ཀྱང་། །ཁྱོད་ཀྱིས་མ་འདྲེས་སོ་སོར་གསུངས། །ཁྱེད་ཀྱིས་ཕྲ་རགས་ཉེས་པའི་ཚོགས། །གང་གིས་མ་གོས་ཁྲིམས་གཙང་བ། །ཕྲ་ཞིབ་རྒྱུ་འབྲས་གསལ་མཛད་པ། །ཁྱེད་ནི་བདག་གི་བླ་མ་ཡིན། །ཚད་མེད་སྟོབས་ཀྱིས་སྐད་ཅིག་ཀྱང་། །འགྲོ་བ་ཡལ་བར་མི་འདོར་བར། །ཉིན་དང་མཚན་དུ་ཆོས་སྤྱོད་པར། །ཁྱེད་ནི་བདག་གི་བླ་མ་ཡིན། །ཐམས་ཅད་སྣང་སྟོང་ཟུང་སྦྲེལ་ནས། །སྤྱི་དང་བྱེ་བྲག་མ་འདྲེས་པར། །སོ་སོར་ཕྱེད་པར་མཁས་མཛད་པ། །ཁྱེད་ནི་བདག་གི་བླ་མ་ཡིན། །སྒོ་གསུམ་དབྱིངས་ན་བཞུགས་ན་ཡང་། །ཐམས་ཅད་ལྷ་སྐུར་གསལ་མཛད་དེ། །བསྐྱེད་རྫོགས་ནང་དུ་གསལ་མཛད་པ། །ཁྱེད་ནི་བདག་གི་བླ་མ་ཡིན། །གནས་ལུགས་ཇི་བཞིན་གཟིགས་ན་ཡང་། །ལས་འབྲས་ཁྱད་དུ་མི་གསོད་པར། །སྒོ་གསུམ་དགེ་བར་འཕོལ་མཛད་པ། །འདྲེན་པ་ཁྱེད་

ནི་བླ་མ་ཡིན། །ཉེས་པ་མ་ལུས་སྤངས་ན་ཡང་། །སྡོམ་བརྩོན་ཉིད་དུ་སྟོན་མཛད་པ། །རྒྱལ་རིགས་དགེ་སློང་དམ་པ་ཁྱེད། །ཤཱཀྱའི་སྲས་ཡིན་བླ་མ་ཡིན། །ཐམས་ཅད་ཐུགས་སུ་ཆུད་ན་ཡང་། །མི་མངོན་ནང་དུ་སྦེད་མཛད་པ། །སྦས་པའི་རྣལ་འབྱོར་དམ་པ་ཁྱེད། །སྐལ་ལྡན་ང་ཡི་བླ་མ་ཡིན། །གསང་སྔགས་ཟབ་མོ་ཉིན་མཚན་དུ། །དབང་བཞི་བསྐྱེད་རྫོགས་སྤྲོལ་ན་ཡང་། །དམ་ཚིག་ཉམས་ཆགས་མི་སྲིད་པའི། །རྡོ་རྗེ་འཛིན་པ་བླ་མ་ཡིན། །བསྐྱེད་རྫོགས་གཅིག་གིས་ཀུན་སྟོན་ཡང་། །གསང་སྒྲོགས་ཅི་ཡང་མི་མངའ་བའི། །བསམ་གྱིས་མི་ཁྱབ་རིགས་འཛིན་ཁྱོད། །ཅེས་གསུང་བའི་སྐབས་སུ་ཇོ་བོའི་ཞལ་ནས། འབྲོམ་ཆུང་འབྲོམ་ཚུད་གསུངས་ནས། འབྲོམ་རྗེ་བདག་གི་བླ་མ་ཡིན། །ཐམས་ཅད་རིགས་ལྡའི་སྐོར་ལོག་ཀྱང་། །ཐབས་ཀྱིས་ཉན་ཐོས་སྐུར་སྟོན་པའི། །ཆོས་རྒྱལ་ཡེ་ཤེས་ལྷ་ཡི་བདག །བཀའ་གདམས་བདག་གི་བླ་མ་ཡིན། །དེ་ལ་ཇོ་བོ་མཉེས། ཡུལ་གྱི་སྐད་ཀྱིས་མ་བསྒྲིབས་ཀྱང་། །གཞན་ངོར་བོད་སྐད་མ་བྱེད་པར། །ང་ལ་ལྷུག་པར་སྟོན་མཛད་པའི། །སྐལ་བ་གཟིགས་ཏེ་བླ་མ་ཡིན། །རྒྱལ་བའི་ཞིང་ཁམས་དཔག་མེད་ཀྱང་། །དབུ་རུ་བྱང་ཕྱོགས་འདིར་བྱོན་ནས། །ང་ཡི་ཞིང་བཅུད་སྦྱོང་མཛད་པའི། །ལས་འཕྲོ་གཟིགས་དེ་བླ་མ་ཡིན། །ཨེ་མ་ཧོ་འགྲན་ཟླ་མེད་པའི་སྐུ། །ཡན་ལག་དྲུག་ཅུས་ཕྱེད་པའི་གསུང་། །ཡོན་ཏན་ཐམས་ཅད་འདུས་པའི་ཐུགས། །དཀོན་མཆོག་གསུམ་ཉིད་བླ་མ་ཡིན། །བྱང་ཆུབ་སེམས་དཔའ་མ་ལུས་ཡབ། །རྡོ་རྗེ་འཛིན་པ་ཀུན་གྱི་རྗེ། །རྣམ་ཐར་གཙང་མ་དང་ལེན་ཡང་། །ཉན་རང་ཞི་ཚོལ་བླ་མར་འཛིན། །གང་ལ་གང་སྟོན་མཁས་པའི་གནད། །ཟབ་དོན་སྦེད་ལ་མཁས་པའི་གནད། །སྦས་པའི་བརྟུལ་ཞུགས་མི་མངོན་གནད། །རྒྱུ་འབྲས་ཕྲ་མོ་ཉམས་ལེན་གནད། །གནད་ཀྱི་ཉན་རང་བློ་དམན་ཞིང་། །སྟོང་དང་གསང་སྔགས་ཟབ་མོ་ཡི། །ཚིག་ཀྱང་བློ་ལ་མི་ཤོང་ནའང་། །ང་ཡི་བླ་མ་མཆོག་ཏུ་འཛིན། །གཞན་དུ་ཕལ་ཆེན་སྡེ་པ་

ཡིན། །ནང་གི་གནས་ལུགས་མཐོང་གྱུར་ན། །ཉན་ཐོས་འདྲ་ཡང་བསླད་པ་སྲིད། །མི་སྤྱོད་དགེ་སློང་སྤྱི་བོར་འཁུར། །བསམ་གྱིས་མི་ཁྱབ་བླ་མ་ཁྱོད། །བརྗོད་ཀྱིས་མི་ལང་ཡོན་ཏན་རྫོགས། །བླ་མ་གཅིག་པུ་རྙེད་དུས་འདིར། །གཏན་གྱི་བཙན་སར་མ་བསྐོས་ན། །དེ་ནས་དཔང་པོ་བཙལ་བར་དཀའ། །ད་ནི་བསྒོ་བ་མཛད་དུ་གསོལ། །གཅེས་པར་བཟུང་བའི་ལུས་ལ་སོགས། །ངེས་པར་དགོས་པའི་ལོངས་སྤྱོད་རྣམས། །གཏན་གྱི་འདུན་མ་དགེ་རྩར་བཙས། །གཅིག་ཏུ་བསྡུས་ཏེ་དབུལ་བར་བགྱི། །ཇོ་བོ་ཆེན་པོ་གསན་དུ་གསོལ། །ང་ནི་གསང་སྔགས་ཀུན་གྱི་བདག །དེ་དོན་ཇི་བཞིན་ཉམས་ལེན་པའི། །རྗོ་རྗེ་འཛིན་པ་མཆོག་ཡིན་པས། །འདི་དང་མཐུན་པའི་བསྒོ་བ་ཞུ། །གཞན་ཡང་རིམ་བཞིན་ཞུ་བར་བྱ། །བསྟན་པའི་སྙིང་པོ་འབྲོམ་རྗེ་ཉོན། །དྲི་མ་མེད་ཅིང་བལྟས་ན་མཛེས། །ཤེལ་གྱི་མཆོད་སྡོང་རབ་འདྲ་བའི། །རྒྱལ་བ་རྒྱ་མཚོའི་དཔལ་ཞེས་པ། །ཁྱོད་ནི་བདག་གི་ཐུ་བོ་ཡིན། །ཉི་མ་སྤྲིན་གྱིས་མ་གཡོགས་ལྟར། །སྐྱོན་གྱིས་མ་གོས་གཟི་མདངས་ཅན། །བསྟན་པ་སྤྱི་ཡི་མིག་གཅིག་པོ། །ཁྱོད་ནི་བདག་གི་ཐུ་བོ་ཡིན། །གསང་སྔགས་རིག་སྔགས་གཟུངས་སྔགས་ཀྱི། །བང་མཛོད་དམ་པར་ལྷས་སྐྱོང་ནའང་། །རྟོག་བཅས་བྱིས་པའི་སྐུར་སྟོན་པ། །ཟབ་ཡངས་ཁྱོད་ནི་ཐུ་བོ་ཡིན། །ནམ་མཁའ་ལྟ་བུར་ཀུན་ཁྱབ་ཀྱང་། །མངོན་པར་མི་མཛད་བྱང་ཕྱོགས་འདིར། །ཀུ་སུ་ལུ་ཡི་སྤྱོད་མཛད་པ། །སྤྱན་རས་གཟིགས་ཁྱོད་ཐུ་བོ་ཡིན། །ལུས་ཀྱི་བཀོད་པས་འཇིག་རྟེན་ཁེངས། །རྒྱལ་བ་མང་ཡང་ཁྱོད་མ་འདས། །སྟུག་པོ་བཀོད་པའི་ཞིང་ཁམས་ཁྱོད། །ཕོ་བོའི་སྲས་ཀྱི་ཐུ་བོ་ཡིན། ། གསང་དབང་ཐམས་ཅད་ཁྱོད་ལ་བསྐུར། །ཁྱོད་ཀྱི་དཀྱིལ་འཁོར་ནང་དུ་བཞེངས། །ད་ནི་ཟོང་དུ་མི་འཚོང་བར། །དོན་ལ་སྤྱོད་པར་གཉེར་གཏད་ཡིན། །ཁྱོད་ལ་ཚུལ་ཁྲིམས་བསླབ་པ་བྱིན། །དོན་གཉེར་ཁྲིམས་ལས་མ་འདས་པར། །ལས་འབྲས་ཁྱད་དུ་མི་གསོད་པར། །གནས་ལུགས་སྤྱོད་པ་གཉེར་གཏད་ཡིན། །ཁྱོད་ལ་སེམས་ཀྱི་

བསླབ་པ་བྱེད། །ལས་ཅན་གཞན་དོན་ཉིད་ལ་འགོད། །གཞན་དོན་གཅིག་པུས་དུས་འདའ་ཡང་། །གནས་ལུགས་སྦྱོད་པ་གཉེར་གཏད་ཡིན། །འགལ་འགལ་འདྲ་ཡང་མི་འགལ་བར། །ཉམས་ལེན་རྩེ་གཅིག་བརྩོན་པ་ཡིས། །མཁས་བཙུན་བཟང་པོར་དོན་ལྡན་པ། །སྣང་ཙམ་སྦྱོད་པ་གཉེར་གཏད་ཡིན། །ཤེས་བྱ་གང་དང་གང་མཁས་ཀྱང་། །བཤད་དོན་སོ་སོར་མ་ཤོར་བར། །རྩེ་གཅིག་སེམས་ལ་ཉམས་ལེན་པ། །དེ་ནི་ཁྱོད་ལ་གཉེར་གཏད་ཡིན། །ང་ནི་རྡོ་རྗེ་འཛིན་པ་ཉོན། །བསྔོ་བའི་གཞུང་དོན་གསུམ་དུ་བཤད། །སྦྱོར་བ་དངོས་གཞི་རྗེས་གསུམ་ཡིན། །སྦྱོར་བ་སྐྱབས་འགྲོ་གཞན་དོན་ཡིན། །དངོས་གཞི་ལ་ཡང་གསུམ་དུ་གདའ། །ཞིང་དང་བསམ་པ་དངོས་པོ་བཟང་། །ཞིང་ཡང་གསུམ་དུ་འཆད་པར་བྱེད། །ཡོན་ཏན་ཞིང་དང་ཕན་འདོགས་ཞིང་། །སྡུག་བསྔལ་བ་ཡང་ཞིང་དུ་བཟང་། །བསམ་པ་འཁོར་གསུམ་དག་པ་ཡིན། །དངོས་པོ་མཆོད་འོས་རང་ནོར་ཡིན། །བསྔོ་བའི་དོན་ནི་འདི་ལྟ་སྟེ། །གང་གིས་བསྔོ་བ་བསམས་པས་བསྔོ། །གང་ཞིག་བསྔོ་བ་དངོས་པོ་བསྔོ། །གང་དུ་བསྔོ་བ་རྒྱས་འདེབས་སོ།བདེ་གཤེགས་སོ། །ཇི་ལྟར་བསྔོ་བ་སྣང་སྟོང་ཚུལ། །དེ་ཡི་དཔང་པོ་རིགས་ལྔའི་ཚོགས། །བླ་མ་ཡི་དམ་ཐ་དད་བྲལ། །དངོས་གཞིའི་དངོས་གཞི་འདི་ལྟར་འཆད། །མདུན་འདིར་པཾ་དང་ཨ་དཀར་ལས། །པདྨ་ཟླ་བ་རྒྱ་ཆེན་བཞེངས། །དེ་ཡི་སྟེང་དུ་བླ་མ་དང་། །ཡི་དམ་རིགས་ལྔ་དབྱེར་མེད་པར། །ཡེ་ཤེས་ལྔ་ཡི་རང་བཞིན་དུ། །བསམ་གྱིས་མི་ཁྱབ་དཔང་པོ་བཞུགས། །དུས་གསུམ་དགེ་བ་སྣང་སྟོང་རྣམས། །ཐབས་དང་ཤེས་རབ་མཆོག་གིས་བསྡུས། །དེ་ནས་འདི་ལྟར་བསྔོ་བར་བྱ། །བླ་མ་རྡོ་རྗེ་འཛིན་པ་རྣམས། །ཡེ་ཤེས་ཐུགས་རྗེ་ཐོགས་མེད་པས། །རྡོ་རྗེ་འཛིན་པ་དགོངས་སུ་གསོལ། །ཐབས་དང་ཤེས་རབ་མཆོག་ལྡན་པའི། །དབང་དང་བསྐྱེད་རྫོགས་ཟུང་འཇུག་ཆོས། །དུས་གསུམ་སྤྱད་པ་དཀྱིལ་འཁོར་འདིར། །ཁྱེད་ཀྱི་ཐུགས་

དགོངས་རྫོགས་སྐད་དུ། །མཆོག་གི་མཆོག་ཏུ་བསྔོ་བར་བགྱི། །ཇི་སྲིད་ནམ་མཁའ་མ་བརྟག་པར། །རྡོ་རྗེ་འཛིན་དང་ལྡན་ཅིག་ཏུ། །ཚོགས་ཀྱི་འཁོར་ལོ་རབ་བསྐོར་ཞིང་། །དངོས་གྲུབ་གཉིས་དང་ལྡན་པར་ཤོག །སྟོད་རྣམས་ལྷ་ཡི་གཞལ་ཡས་ཏེ། །བཅུད་རྣམས་ལྷ་དང་ལྷ་མོ་ལས། །མ་དག་སྣང་བ་ཡོངས་མ་གྱུར། །ཐབས་ཤེས་གཉིས་ཀྱིས་འདུའ་བར་ཤོག །དེ་དག་ཐམས་ཅད་བསྐྱེད་རིམ་ཡིན། །རྫོགས་རིམ་དམིགས་མེད་དབྱིངས་སུ་བཞུགས། །དེ་ནི་མཆོག་གི་བསྔོ་བ་ཡིན། །བླ་མ་དམ་པ་ཨ་ཏི་ཤ །རྡོ་རྗེ་འཛིན་པ་ཡར་ལ་མཆོད། །ད་ནི་བྱང་ཆུབ་སེམས་དཔའ་ཡིས། །བདག་གཞན་བརྗེས་པ་མང་པོ་ཡོད། །གནས་འདིར་དཀའ་སྤྱད་མང་པོ་ཁུར། །ཤ་ཁྲག་ལུས་འདི་ཡང་ཡང་བཏང་། །མི་གཙང་ལུས་འདི་རྒྱལ་བའི་སྐུ། །རིན་ཆེན་རིན་ཐང་མེད་པར་བསྒྱུར། །འཛམ་པའི་དབྱངས་ཀྱང་གནས་འདིར་བྱོན། །སློབ་འཇུག་གཉིས་ཀྱི་བསྔོ་བ་བྱ། །གསེར་གླིང་པ་ཡང་གནས་འདིར་བྱོན། །ཁྱོད་ཀྱི་ཆོས་ལུགས་བསྐྱང་བར་བྱ། །ཨ་ཝ་རྦུ་ཏི་འང་གནས་འདིར་བྱོན། །དབུ་མ་ཆེན་པོའི་དབྱིངས་སུ་བསྔོ། །ཤཱཀྱའི་རྒྱལ་པོ་སྙིང་རྗེ་ཅན། །བརྩོན་འགྲུས་སེང་གེ་སྐད་བཞིན་འབྲང་། །བསྐྱེད་རྫོགས་ཀུན་གྱི་དབང་པོ་ཉིད། །རིག་འཛིན་ཀུན་གྱི་ཡབ་གཅིག་པུ། །རྡོ་རྗེ་འཛིན་པ་ཧེ་རུ་ཀ །སྤྱན་འདྲེན་མི་འཚལ་སྐད་བཞིན་འབྲང་། །ཀྱཻ་ཡའི་ལྷ་ཚོགས་མ་ལུས་པ། །རྣམ་ཐར་གཙང་མའི་དཀྱིལ་འཁོར་རྣམས། །སྤྱན་རས་གཟིགས་ལས་མ་འདས་པར། །སྤྱན་འདྲེན་མི་འཚལ་སྙིང་ལ་འཁོར། །ཨེ་མ་ཐམས་ཅད་སྙིང་ལ་འཁོར། །ཉེ་རིང་ཅན་གྱི་ལྷ་ཚོགས་མེད། །བྱམས་པ་ཐོགས་མེད་དབྱིག་གཉེན་རྣམ་གྲོལ་སྡེ། །མཆོག་སྡེ་དུལ་བའི་སྡེ་དང་གྲགས་པའི་དཔལ། །སེང་བཟང་ཀུ་སུ་ལུ་གཉིས་གསེར་གླིང་པ། །བླ་མ་ཐུགས་རྗེ་ཆེ་རྣམས་ཞིང་འདིར་བྱོན། །ཀླུ་སྒྲུབ་ཟླ་གྲགས་རིག་པའི་ཁུ་བྱུག་དང་། །གནས་ལུགས་སྟོན་པའི་མིག་གཅིག་སློབ་མ་རྣམས། །གནས་འདིར་དམིགས་མེད་རྒྱ་ཡིས་འདེབས་སུ་

ཕྱོན། །མི་རྟོག་མོད་ཀྱི་སྣང་བའི་རྟེན་དུ་བཞུགས། །ཐུགས་རྗེ་ཆེན་པོ་བདེ་གཤེགས་རྗོ་རྗེ་འཆང་། །ཆོས་གཟིགས་ཏྲེ་ལོ་པ་དང་ན་རོ་པ། །དཔལ་མཆོག་ཧཾ་ཧྲི་པ་ལ་སོགས་པ་ཡི། །དྲིན་ཅན་བླ་མ་ཐམས་ཅད་གནས་འདིར་ཕྱོན། །ཕྱོགས་བཅུའི་རྒྱལ་བ་འཇིག་རྟེན་སྒྲོན་མ་རྣམས། །རང་གི་སྲས་དང་བཅས་པ་ཞིང་འདིར་ཕྱོན། །བཀའ་གདམས་ལྷ་བཞི་ང་དང་མི་འབྲལ་བ། །ཐམས་ཅད་ཁྱེད་དང་ངོ་བོ་དབྱེར་མེད་པ། །ང་དང་ཅན་དན་དྲི་བཞིན་རྟག་པར་ཁྱེད། །ཐུགས་རྗེ་ཆེན་པོ་སྙིང་གར་བཞུགས་སུ་གསོལ། །ད་ནི་དཔང་པོར་ཐམས་ཅད་འདུས། །པད་འདབ་ཁེངས་པར་ནམ་མཁའ་གང་། །ཁྱེད་ལ་ཕྱག་འཚལ་མཆོད་པ་འབུལ། །སྡིག་བཤགས་རྗེས་སུ་ཡི་རང་བསྐུལ། །བཞུགས་ལ་བདག་གི་དཔང་པོ་མཛོད། །བླ་མས་བསྔོ་བ་མཛད་དུ་གསོལ། །འཁྲོམ། ཕྱོགས་བཅུའི་རྒྱལ་བ་སྲས་བཅས་རྣམས། །བླ་མ་རྣམས་དང་དབྱེར་མེད་པར། །བྱང་ཆུབ་སེམས་དཔའ་བདག་ལ་དགོངས། །ཇི་སྲིད་ནམ་མཁས་ཁྱབ་གྱུར་པ། །གནས་པའི་དྲིན་ཅན་ཕ་མ་རྣམས། །སྨོན་དང་འཇུག་སེམས་སྟོབས་ལྡན་པའི། །ཚོགས་གཉིས་དུས་གསུམ་སྤྱད་པ་རྣམས། །རྩེ་གཅིག་སེམས་ལ་རབ་བསྡུས་ནས། །ས་བཅུ་བགྲོད་ནས་མི་སློབ་པར། །གཞན་དོན་ལྷུན་གྱིས་གྲུབ་པར་བསྔོ། །ཇི་སྲིད་གནས་དེར་མ་ཕྱིན་པར། །དཀོན་མཆོག་གསུམ་གྱི་བྱིན་རླབས་ཀྱིས། །དབང་མེད་འཁོར་བར་མི་འབྱམས་པར། །རྫུ་འཕྲུལ་ཤུགས་ཀྱིས་བསྐོར་བར་ཤོག །ཉམ་ཐག་རྣམས་ཀྱི་དབུགས་འབྱིན་ཤོག །ཚ་བས་གདུངས་རྣམས་བསིལ་བར་ཤོག །གྲང་བས་གདུངས་རྣམས་དྲོ་བར་ཤོག །བཀྲེས་པས་གདུངས་རྣམས་འགྲངས་པར་ཤོག །སྐོམ་པས་གདུངས་རྣམས་ངོམས་པར་ཤོག །ནད་ཀྱིས་གདུངས་རྣམས་གསོ་བྱེད་ཤོག །འཆི་བར་གྱུར་རྣམས་འཚོ་བར་ཤོག །སྨན་གྱི་ལྗོན་ཤིང་རྒྱས་པར་ཤོག །དུག་གི་ལྗོན་པ་སྐམ་པར་ཤོག །ཆུ་བོ་སྐྲོལ་བའི་གཟིངས་སུ་ཤོག །ཆུ་ཕྲན་སྒྲོལ་བའི་ཟམ་པར་ཤོག །བཤུལ་རིངས་བགྲོད་པའི་བཞོན་པར་ཤོག །རི་

འདོད་སྣང་བའི་ནོར་བུར་ཤོག །གཞན་ཡང་འདོད་འཇོ་ལ་སོགས་པ། །སྲིད་སོས་ཚལ་དང་ཁང་བཟང་དང་། །གང་འདོད་འབྱོར་པ་ཉིད་དུ་ཤོག །བུད་མེད་དབུལ་པོ་བུས་འཚོ་ཞིང་། །ནོར་ཡོད་བུ་མེད་བུར་གྱུར་ཏེ། །བུ་རྣམས་ཆོས་ལ་འགོད་པར་ཤོག །ཞིང་དེར་ནམ་ཡང་དམག་མ་གྱུར། །དམ་ཉམས་འཆལ་བར་མ་གྱུར་ཅིག །དགྲ་བོ་ཆོམ་རྐུན་དུག་སྦྲུལ་རྣམས། །འཇིགས་པ་བརྒྱད་ཀྱི་དགྲར་མ་གྱུར། །ཆར་ཆུ་དུས་སུ་འབབ་པ་དང་། །གཟའ་དང་རྒྱུ་སྐར་ལ་སོགས་པ། །ཐམས་ཅད་རྟག་ཏུ་བདེ་བར་ཤོག །ཅེས་གསུངས་པ་དང་། འབྲོམ་གྱི་ཞལ་ནས། དཔང་པོ་རྣམས་ད་དུང་བཞུགས། ཇོ་བོ། ཚུལ་ཁྲིམས་ཐོས་བསམ་སྒོམ་གསུམ་ལ། །སྤྱི་དང་བྱེ་བྲག་བསྔོ་བ་ཞུ། །འབྲོམ། དོན་མཛད་ཕྱོགས་བཅུ་རྣམས་ན་བཞུགས་པ་ཡི། །བླ་མ་དཀོན་མཆོག་མཁྱེན་རབ་ཐུགས་རྗེ་ཅན། །ཐར་པ་གཉེར་ལ་མཁྱེན་བརྩེས་དགོངས་སུ་གསོལ། །སྡོ་གསུམ་བག་མེད་དག་ཏུ་མ་བཏང་བར། །དུས་གསུམ་ཡོན་ཏན་ཀུན་གཞི་ཚུལ་ཁྲིམས་མཆོག །རྒྱལ་བའི་ལམ་མཆོག་ཐོས་བསམ་སྒོམ་གསུམ་གྱི། །ཉིན་དང་མཚན་དུ་ཡུན་དུ་སྤྱད་པ་ཡིས། །ཕ་མ་ལུས་འདྲེན་པ་མཆོག་ཏུ་བསྔོ། །དཔང་པོ་མཆོག་རྣམས་དགོངས་སུ་གསོལ། །སྡོ་གསུམ་ཉེས་པ་རབ་བསྡམས་ནས། །གཞན་དོན་ཆོས་སུ་བསྡམ་བྱ་སྟེ། །སྣང་དོར་ཚུལ་ཁྲིམས་མཐར་ཕྱིན་པ། །ངེས་པར་བྱང་ཆུབ་ཆེན་པོར་བསྔོ། །དཔང་པོ་མཆོག་རྣམས་དགོངས་སུ་གསོལ། །བཤེས་གཉེན་མཆོག་ལས་ཐོས་པ་ཡི། །གང་ལ་སྒྲོ་འདོགས་ཆོད་པ་གང་། །སྣང་དོར་ངོས་འཛིན་དགེ་བ་དེས། །སྤངས་རྟོགས་མཐར་ཕྱིན་སྒྲིབ་མེད་ཤོག །དཔང་པོ་མཆོག་རྣམས་དགོངས་སུ་གསོལ། །འཁོར་འདས་ཆོས་རྣམས་གཞིར་བྱས་ནས། །སྤྱང་བླང་མ་ལུས་རབ་བསམས་པའི། །ཐེ་ཚོམ་ཆོད་གང་དགེ་བ་དེས། །ངེས་པར་བྱང་ཆུབ་ཐོབ་པར་བསྔོ། །དཔང་པོ་མཆོག་རྣམས་དགོངས་སུ་གསོལ། །ཐོས་ནས་ལེགས་པར་བསམས་པའི་དོན། །རྩེ་གཅིག་བསྡུས་ནས་བསྒོམས་པ་ཡིས། །ཆུ་བོར་བྱིང་

བའི་འགྲོ་བ་རྣམས། །ཐར་པའི་སྐམ་ལ་འདྲོངས་པར་བསྔོ། །ཇོ་བོ། བྱང་ཆུབ་སེམས་དཔའ་དེ་ཀུན་ཡར་ལ་ཆོད། ད་ནི་ཐུན་མོང་བའི་བསྔོ་བ་ཞུ། འབྲོམ། དགྲ་བཅོམ་མདོན་ཤེས་ཐོགས་མེད་དང་། །འཕགས་པ་ཐམས་ཅད་དགོངས་སུ་གསོལ། །འདི་དང་དུས་གསུམ་དགེར་གྱུར་པའི། །ཚོགས་གཉིས་བཟང་པོ་གང་ཐོབ་ཅིང་། །འཕྲུལ་དང་ཕུགས་སུ་དགེ་བ་རྣམས། །གཞན་དོན་ཡོངས་རྫོགས་འགྲུབ་པར་བསྔོ། །རྫོགས་སངས་རྒྱས་སྐུ་མ་ཐོབ་པར། །མཐོ་རིས་དབང་པོ་མཆོག་གིས་བརྒྱན། །སྐྱེ་ཀ་ན་འཆིས་མི་འབྲུགས་པར། །ཚོགས་གཉིས་རྟག་ཏུ་གོམས་པར་ཤོག །ཇོ་བོ། དེ་གཞིར་ཞོག་ལ། ཉན་རང་ཀུན་གྱི་བསྔོ་བ་ཅིག་མཛད་པར་ཞུ། འབྲོམ། འདིའི་སྐབས་སུ། འཕགས་པ་དགྲ་བཅོམ་པ། བྱ་བ་བྱས་པ། བྱེད་པ་བྱས་པ། ཁུར་བོར་བ། བདག་གི་དོན་རྗེས་སུ་ཐོབ་པ། སྲིད་པ་ཀུན་ཏུ་སྦྱོར་བ། ཡོངས་སུ་བཅད་པ་རྣམས་མདུན་གྱི་ནམ་མཁའ་ལ་དཔང་པོར་བཞུགས་པ་ཞིག་དགོས་པ་ཡིན། བསྔོ་མཁན་དགེ་བའི་བཤེས་གཉེན་ཐེག་པ་ཆེན་པོ་ཉན་ཐོས་ཀྱི་ཆ་ལུགས་ཅན་ཡིན་ན། དཔང་པོ་ཐམས་ཅད་ཀྱི་ངོ་བོའང་། ཐེག་པ་ཆེན་པོ། རྣམ་པ་སྐྱེས་བུ་ཟུང་བཞི་ཉན་ཐོས་ཀྱི་རྣམ་པ་ཅན་བྱས་པས། དྲང་དོན་དུ་བསྔོ་བ་བཟང་བ་ཡིན། བསྔོ་བ་འདི་ལྟ་སྟེ། འཆིང་བ་ཆེ་ལས་བསྒྲལ་བ་ཡི། །སྐྱེས་བུ་མཆོག་རྣམས་དགོངས་སུ་གསོལ། །ཉོན་མོངས་འདམ་ལས་ངེས་འབྱུང་ནས། །སྲིད་པའི་འཆིང་བས་མ་བཅིངས་པར། །ཞི་བདེའི་ལམ་ལ་རབ་གནས་པས། །ཞི་བ་མཆོག་ཏུ་ཕྱིན་པར་བསྔོ། །གཞན་ཡང་སྔོན་གྱི་དགེ་བ་དང་། །ཇི་ལྟར་དགེ་བར་འགྱུར་བ་དང་། །ཚེ་འདི་དོན་མེད་མ་གྱུར་པའི། །དགེ་བས་བདག་མེད་མཐོང་བར་བསྔོ། །ཇོ་བོ། རྣམ་བྱང་གི་བསྔོ་བ་དེ་ཀུན་ཡར་ཆོད། ད་དགོན་བུ་རེ་ཙམ་བཟུང་། མིང་ཆོས་རེ་ནས་འབོད་ཀྱིན་བྱས། དད་རྫས་ཀྱི་གཏེར་ཐམས་ཅད་སྟེད་པའི་གནས་བྱེད་པའི་དུས་སུ། སྐྱེ་བོ་ བླུན་པོས་ཀོ་ལ། བསྔོ་བ་རྫོགས་པ་ཅིག་ཞུ་འཚལ། འབྲོམ། འདིའི་སྐབས་སུ། དཀོན་མཆོག

གསུམ་ལ་སོགས་པ་ཡུལ་ཁྱད་པར་ཅན་རྣམས་མདུན་གྱི་ནམ་མཁའ་ལ་བཞུགས་པ་ཡིན་པས་མོས་པ་མཛོད་ཅིག་ཟེར་བ་ཡིན། ཕན་ཡོན་ཆེན་པོ་རྣམས་བསྟན་ནས་ཐྲོད་ཁ་སྐུར་བ་ཡིན། རང་གིས་སྣ་དྲངས་པའི་ལད་མོ་གསལ་པོ་གསལ་པོ་བྱེད་དུ་བཅུག་ན་བག་ཆགས་བརྟན་པ་ཡིན། ཕྱིས་ཀྱང་དད་ནས་ཞུ་བའི་དགོས་པ་ཡོད། དེ་ནས་རང་རང་གི་མིང་འདོན་དུ་བཅུག །ཡང་མིང་ནས་མི་ཟེར་ན། བདག་མིང་འདི་ཞེས་བགྱི་བའི་སྐབས་སུ། ཁོ་རང་གི་མིང་འདོན་དུ་འཇུག་པ་ཡིན། འགྲོམ། ཁོང་གིས་དུས་གསུམ་གྱི་དགེ་བ་རྣམས་སྔོམ་མི་ཤེས། ཁྱེད་ཀྱིས་བསྔོམས་ནས་ཁོང་ཁ་ཉ་འདོན་དུ་འཇུག་པ་ཡིན། དེ་ནས་འདི་སྐད་བྱ་སྟེ། ཕྱོགས་བཅུ་ན་བཞུགས་པའི་བླ་མ་སངས་རྒྱས། བླ་མ་དམ་པའི་ཆོས། འདིར་བཞུགས་པ་ལ་སོགས་པ་བླ་མ་འཕགས་པའི་དགེ་འདུན། བདག་གི་མགོན་སྐྱབས་རྣམས་བརྩེ་བས་མིང་འདི་ཞེས་བགྱི་བ་ལ་དགོངས་སུ་གསོལ། བདག་ཅག་གིས་དུས་གསུམ་དུ་བསགས་པ་དང་། སོག་པ་དང་། སོག་པ་འདི་དག་གི་དགེ་བའི་རྩ་བ་ལུས་ངག་ཡིད་གསུམ་གྱིས་དཀོན་མཆོག་ལ་མཆོད་པ་ཕུལ་བ་དང་། དགེ་འདུན་ལ་བསྙེན་བཀུར་བ་དང་། དེ་ལ་བརྟེན་ནས་གཏོར་མ་བཏང་བ་ལ་སོགས་པ་དང་། དྲིན་ཅན་གྱི་ཕ་མ་གུས་པར་བསྐྱངས་པ་དང་། དབུལ་ཕོངས་རྣམས་ལ་སྦྱིན་པ་བྱིན་པ་དང་། བསྙེན་གནས་ལ་སོགས་པའི་བསྲུང་སྡོམ་དང་། མ་ཎི་ལ་སོགས་པའི་བཟླས་བརྗོད་དང་། དེ་འདྲ་བའི་གདམས་ངག་ཐོས་པ་ལ་སོགས་པ་དང་། ཆོས་པ་དང་། མ་ནུས་པ་ལ་སོགས་པའི་བདེ་སྡུག་བསམ་པ་དང་། དད་གུས་དང་། སྙིང་རྗེ་བསྒོམ་པ་ལ་སོགས་པ་བསོད་ནམས་བསམ་གྱིས་མི་ཁྱབ་པ་དང་། ད་གཟོད་དེའི་གནས་ལུགས་ཤེས་པའི་ཡེ་ཤེས་ལ་སོགས་པ་དགེ་བའི་རྩ་བ་ཅི་དང་ཅི་བྱས་པ་ཐམས་ཅད་ཀྱིས་གནས་སྐབས་དང་མཐར་ཐུག་གི་བདེ་འབྲས་ཕུན་སུམ་ཚོགས་པ་མཐར་ཕྱིན་པར་བསྔོའོ། །དེ་ལྟར་སངས་རྒྱས་ཐོབ་ནས་རང་གཞན་ཐམས་ཅད་ཀྱི་དོན་འོང་

བ་ལ་དགའ་བ་སྒོམས་ཤིག་ཟེར་བ་ཡིན། གནས་སྐབས་སུ་ཡང་སྐྱེ་བ་ནས་སྐྱེ་བ་ཐམས་ཅད་དུ། མིའི་ལུས་རིན་པོ་ཆེ་ཡན་ལག་བདུན་དང་ལྡན་པ། གཞོན་ནུ་ལ་རབ་ཏུ་བྱུང་བ། ཚུལ་ཁྲིམས་རྣམ་པར་དག་པ་བསྲུང་བ། ཐེག་པ་ཆེན་པོའི་ཆོས་མཐའ་དག་ལ་བསླབས་ཤིང་ལམ་ལྔ་ས་བཅུ་རིམ་གྱིས་བགྲོད་ནས། མྱུར་དུ་འཚང་རྒྱ་བར་གྱུར་ཅིག་བྱས་ལ་སྨོན་ལམ་གདབ་འཚལ། འབྲོམ། དེ་ཀུན་ས་བོན་ཡིན་མོད། བསོད་ནམས་སོག་པ་པོས་བསོད་ནམས་གང་བསགས་པ་དེ་གཙོ་བོར་བྱས་ནས། གཞན་ཡང་ཞོར་ལ་བསྔོ་བ་ཡིན། འབྲོམ། དགེ་བ་ཐམས་ཅད་ཐུན་མོང་དུ་བསྔོ་ན། འདི་འདྲ་བའི་ལུགས་ཀྱང་ཡོད། དཀོན་མཆོག་གསུམ་བདག་ལ་དགོངས་སུ་གསོལ། སྦྱིན་པ་ལ་སོགས་པ་ཕ་རོལ་ཏུ་ཕྱིན་པ་དྲུག་ལ་བརྟེན་ནས་བྱུང་བའི་དགེ་བའི་རྩ་བ་ཐོས་བསམ་སྒོམ་གསུམ་ལ་སོགས་པ་དམ་པ་ཡང་དག་པ་སེམས་ཀྱི་རྒྱུན། སེམས་ཀྱི་ཡོ་བྱད་རྣལ་འབྱོར་གྱི་ཚོགས། །དོན་གྱི་མཆོག་རིམ་གྱིས་རྫོགས་པའི་སངས་རྒྱས་སུ་གྱུར་ནས། སེམས་ཅན་ཐམས་ཅད་ཀྱི་སྡུག་བསྔལ་གྱི་རྒྱ་མཚོ་ཆེན་པོ་མྱུར་དུ་སྐེམས་པར་གྱུར་ཅིག །བྱ་བའི་ལུགས་ཀྱང་ཡོད། གཞན་ཡང་། དཀོན་མཆོག་གསུམ་པོ་བདག་ལ་དགོངས་སུ་གསོལ། །བདག་གི་མགོན་སྐྱབས་ཁྱེད་ཀྱི་རྗེས་འབྲངས་ནས། །སྦྱིན་པ་གཏོང་ཞིང་ཚུལ་ཁྲིམས་སྲུང་བ་དང་། །བཟོད་པ་བསྒོམ་ཞིང་བརྩོན་འགྲུས་རྩོམ་པ་དང་། །མཉམ་པར་འཇོག་ཅིང་གནས་ལུགས་སྒོམ་པ་དང་། །ཐབས་ལ་མཁས་ཤིང་སྟོབས་ཀྱིས་བརྩོན་པ་དང་། །སྨོན་ལམ་དག་ཅིང་ཡེ་ཤེས་མཆོག་ལྡན་པའི། །བསམ་གྱིས་མི་ཁྱབ་དགེ་བ་ཕུན་ཚོགས་དེས། །གྲངས་མེད་གྱུར་པའི་ཕ་མ་དྲང་སྲོང་དུ། །ཆོས་ཀྱི་རྒྱལ་པོ་སངས་རྒྱས་ཐོབ་པར་བསྔོ། །བྱས་ནའང་ཕ་རོལ་ཏུ་ཕྱིན་པའི་ལུགས་ཀྱི་བཟང་བ་ཡིན། འབྲོམ། གཞན་ཡང་དབང་པོ་རྣམས་ལ་དབང་པོའི་གཉེར་ལས་མེད། ཙུབ་སྟེ་དྲིལ་ན་འདི་སྐད་རང་བྱས་པས་ཆོག །བདག་གིས་དམ་པའི་སྤྱོད་པ་བྱས་པ་དང་། །བྱང་ཆུབ་བར་

དུ་བྱེད་པར་འགྱུར་བ་དང་། །དེང་སང་སྒོ་གསུམ་དམ་པར་སྤྱོད་པ་ཡིས། །ཕ་མའི་དོན་དུ་ཚོགས་གཉིས་རྫོགས་པར་ཤོག །ཇོ་བོ། འདི་ནི་བསྔོ་བ་རྒྱ་མཚོའི་ཚོགས་བྱ་བ་ཡིན། ད་ཡན་ལག་བདུན་པའི་སྒོ་ནས་སྨོན་ལམ་མཛད་པར་ཞུ། འབྲོམ། ཉོན་ཅིག །ཚེ་རབས་ཀུན་ཏུ་དལ་འབྱོར་རྟེན། །ཕུན་སུམ་ཚོགས་པར་ཡང་གྱུར་ནས། །དཀོན་མཆོག་གསུམ་ལ་སྒོ་གསུམ་གྱིས། །ཕྱག་དང་མཆོད་པས་བཀུར་བར་ཤོག །སྟོབས་བཞི་ཚང་བས་སྡིག་བཤགས་ཤིང་། །དགེ་བ་ཀུན་ལ་ཡི་རང་ཤོག །ཆོས་ཀྱི་འཁོར་ལོ་སྐོར་བྱེད་པའི། །བསྐུལ་མ་དྲག་ཏུ་ཐེབས་པར་ཤོག །མྱ་ངན་འདས་སྟོན་གང་བཞེད་ལ། །མི་འདར་གསོལ་བ་ཐེབས་པར་ཤོག །ཇི་ལྟར་བསྔོས་ཤིང་སྨོན་པ་རྣམས། །བསམ་པ་ཉིད་ནས་འགྲུབ་པར་ཤོག །ཇོ་བོ། དེ་ལྟར་རྒྱུ་རྐྱེན་ཕུན་ཚོགས་པས། །འགྲོ་བ་མང་པོའི་དོན་སླད་དུ། །སྒོ་གསུམ་དགེ་བ་རྒྱས་མཛད་ཅིང་། །དེ་ཡང་བྱང་ཆུབ་མཆོག་ཏུ་བསྔོ། །གནས་སྐབས་སྨོན་ལམ་བཏབ་པ་ཡིས། །བླ་ན་མེད་པའི་མཆོག་ཐོབ་བམ། །འབྲོམ། དེ་དང་དེ་ལྟར་མཛད་གྱུར་ན། །ཚོགས་གཉིས་བཟང་པོའི་བཙོན་པ་ཡིས། །ཞིང་ཁམས་ལམ་ལྷུས་རབ་བགྲོད་དེ། །མི་སློབ་ལམ་དུ་གནས་པ་ཉིད། །དེ་ནི་མི་ལུས་དོན་ཡོད་ཡིན། །ལེགས་པར་རྙེད་དོ་ཉམས་སུ་ལོངས། །ཇོ་བོ། བསྔོ་དང་བསྔོ་ས་མི་འགྲུབ་པའི། །གེགས་རང་གང་ཡིན་བསྟན་དུ་གསོལ། །འབྲོམ། རྒྱུ་ནི་འདོད་ཆགས་ཞེ་སྡང་གཏི་མུག་ཡིན། །སྒོ་ནི་ལུས་ངག་ཡིད་གསུམ་འདི་ཉིད་ཡིན། །ངོ་བོ་མི་དགེ་བཅུ་དང་མཚམས་མེད་ལྔ། །དེ་དང་ཉེ་བ་ལྔ་ལ་ཟེར་མོད་ཀྱི། །ཕྱི་ན་སྡོམ་པ་གསུམ་དང་འགལ་བ་དང་། །དཀོན་མཆོག་གསུམ་སྤྱོད་ཕ་མ་ལ་སོགས་པའི། །གུས་ཡུལ་འཁུར་བར་མི་བྱེད་སླུ་བ་ཡིན། །བསྔོམས་ན་ཉོན་མོངས་པ་དང་ཤེས་བྱ་ཡི། །སྒྲིབ་པ་ཆེན་པོས་རབ་ཏུ་བཅིངས་པ་ཡིན། །ཡུལ་ནི་ཕ་མ་བླ་མ་མཁན་སློབ་དང་། །དཀོན་མཆོག་གསུམ་དང་ཆོས་ཀྱི་གྲོགས་པོ་ཡིན། །དྲིན་ཅན་ཡུལ་དང་ཕན་འདོགས་ཡུལ་ཡིན་ནོ། །གཞན་ནི་ཉོན་མོངས་ཅན་གང་

སེམས་ཅན་ཡིན། །དེ་ཡང་ཡུལ་དུ་བྱས་ནས་གསོད་སོགས་པའི། །ངོ་བོ་སྐྱོང་བའི་དུས་ནི་འདི་ལྟ་སྟེ། །འཁོར་བ་ཐོག་མ་མེད་ནས་ད་ལྟའི་བར། །སྡིག་པ་ཕལ་ཆེར་རང་གིས་དངོས་སུ་བྱས། །སྡིག་པ་ཕལ་ཆེར་གཞན་དག་བྱེད་དུ་བཅུག །བྱེད་པ་མཐོང་ནའང་རྗེས་སུ་ཡི་རང་བའི། །དམྱ་ཆོད་དག་ལ་བསྔོ་བ་བསྔོ་ཡུལ་སྟོར། །ཇོ་བོ། ཨ་ཙ་མ་ན་དམྱ་ཆོད་སེམས་ཅན་རྣམས། །འདི་ཡིས་ཐམས་ཅད་དམྱལ་བའི་གནས་སུ་སྐྱུར། །ཡི་དྭགས་བྱོལ་སོང་བཟོད་གླགས་མེད་པ་སྨྱོང་། །ལྷ་དང་ལྷ་མིན་འཐབ་རྩོད་འཆི་ལྟས་བཅས། །དབང་མེད་སྡུག་བསྔལ་བཟོད་གླགས་མེད་པ་རྣམས། །འཁོར་ཚེ་ད་ལྟ་ཡན་ཆོད་ཉེས་པས་ལན། །ཨ་ཙ་མ་ན་མངོན་ཤེས་མེད་གྱུར་ཀྱང་། །ཡུན་རིང་སྡིག་པ་དྲན་པར་ནུས་རེ་ཐང་། །ཇོ་བོ། དུག་ཆུ་འཐུངས་པའི་འགྱོད་ཚབས་ཆེ་ལུགས་ལ། །ཨ་རུ་ར་ཡི་ཐང་བཞིན་བཤལ་ཐབས་ཞུ། །འགྱོད་པས་སྐྱུག་པའི་ཐབས་ཤིག་ཅིས་ཀྱང་འཚོལ། །དུག་གསུམ་རྒྱུས་པས་ཁོག་པ་རབ་ཏུ་བརྒྱངས། །མནར་མེད་གནས་སུ་ད་ལྟ་མི་སྐྱུར་རམ། །རབ་མདའ་མཛོད་ཅིག་སྨན་པ་ཆེན་པོ་མཆོག །ད་ལྟར་འཆི་ལ་ཐུ་བཤོལ་ཡོང་ཡོད་དམ། །འབྲོམ། འཁོར་བའི་ཉེས་དམིགས་ཤེས་ན་བཤགས་ཐབས་ཡིན། །འཁྲུགས་པའི་མཚོ་ལ་བྱ་རྣམས་ཡིད་མི་ཆགས། །མེ་ཤོར་ནགས་ལ་རི་དྭགས་ཡིད་མི་ཆགས། །ཁྲ་མེན་མ་ལ་བུ་ནི་ཡིད་མི་ཆགས། །ཕ་རོ་འབུས་བཤིག་བུ་ནི་ཆགས་མི་འགྱུར། །དུར་ཁྲོད་ནགས་སུ་དགའ་བ་ག་ལ་སྐྱེ། །བཙོན་ཁང་གནས་སུ་སྡོད་ན་ག་ལ་དགའ། །མི་ཡི་འོབས་སུ་བསིལ་སེམས་ག་ལ་སྐྱེ། །དགྲ་བོ་མཐོང་ན་དགའ་བ་ག་ལ་འབྱུང་། །འཆི་ནད་ཅན་ལ་ཡིད་བདེ་ཇི་ལྟར་སྐྱེ། །བཙོ་བསྲེག་དམྱལ་བ་བདེ་བར་སུ་ཞིག་འཛིན། །ཡི་དགས་འཕྲོར་པ་ཅན་དུ་གང་ཞིག་འབྲུལ། །བྱོལ་སོང་རང་དབང་ཅན་དུ་ཇི་ལྟར་གནས། །འཐབ་རྩོད་མེད་ན་ལྷ་མིན་ཇི་ལྟར་འཐོབ། །འཆི་ལྟས་ལྟུང་བས་ལྷ་ཡང་སྡུག་བསྔལ་ལོ། །ཀུན་གྱི་རྩ་བ་དུག་གསུམ་ངོ་བོ་ཡིན། །དེ་གསུམ་མེད་ན་ལས་

ངན་འབྱུང་ས་མེད། །ཐུག་ཐྲད་ངོ་བོ་མི་དགེ་མངོན་གྱུར་ཅན། །དྲིན་ཅེན་ཡུལ་དུ་བྱེད་པའི་ཁྲེལ་མེད་པོ། །བཟང་པོ་དམངས་སུ་འབེབས་པའི་གཏིང་རྫོ་ཁྱོད། །ཐོག་མ་མེད་པའི་དུས་ནས་རྗེས་འབྲངས་ནས། །ཨེ་མ་དྲན་པར་ནུས་བཞིན་མི་སྤྱོང་བའི། །མི་ལུས་ལྟར་སྣང་ཁྱོད་ནི་ངོ་རེ་ཚ། །དེ་འདྲའི་སྡུག་བསྔལ་ཆེན་པོ་མཐོང་བཞིན་དུ། །འགྱོད་པ་དྲག་པོས་དུ་བྲང་མི་བརྡུང་བར། །སྲོག་སྙིང་འཕྲོག་ཀྱང་སྨྲུར་ནས་སྡོད་དམ་ཅི། །སྨྱོན་པ་ཡང་དང་ཡང་དུ་འགྱོད་སེམས་བསྐྱེད། །སྔར་བྱས་ལས་ལ་འགྱོད་པ་མ་སྐྱེས་ན། །ད་དུང་དུག་མཚོ་ཁོལ་མ་གསུམ་དུ་འཚོད། །ཁྱོད་ཀྱི་སྡུག་བསྔལ་ནམ་མཁའི་མཐའ་དང་མཉམ། །བུ་ཅིག་མདུན་དུ་གཤེད་མ་ཆེན་པོ་ཡིས། །ཕ་མའི་སྙིང་ཕྱུང་ཤ་ཁྲག་ཟོས་ཀྱང་ན། །བུ་དེ་ཁྲག་སྐྱུགས་འཆི་བར་མི་འགྱུར་རམ། །ཀྱི་ཧུད་དེ་ནི་ཉེ་ཚེའི་སྡུག་བསྔལ་ཡིན། །ཕ་མ་རྟག་ཏུ་འཁོར་བར་དེ་འདྲ་ན། །སྡུག་བསྔལ་རྒྱུ་ནས་འགོག་པར་མི་བྱེད་དམ། །ཅི་སྟེ་སྨྱོན་པ་ཁྱོད་ཀྱིས་བཟོད་པར་འགྱུར། །དེ་ནི་ལས་ངན་བསགས་པས་སྨྱོང་ཤེས་ནས། །དེ་ལས་བཟློག་ཐབས་མྱང་འདས་མི་ཚོལ་བར། །དུག་ཏུ་ཤེས་བཞིན་སྐྱུག་པར་མི་བྱེད་དམ། །དཔེར་ན་མི་བཅུས་དུག་ཅན་ཤེས་བཞིན་དུ། །དགའ་དགའ་བཞིན་དུ་དུག་ཤ་ཡོངས་སྤྱད་པས། །གསུམ་ནི་འགྱོད་བཞིན་མ་ཕན་ཤི་བར་འགྱུར། །གསུམ་ནི་འགྱོད་བཞིན་འཆི་བར་ཉེ་བ་ན། །གསུམ་ནི་ན་བའི་གདན་ཚོགས་དུ་མ་ལྷང་། །གཅིག་ནི་སྔངས་ཏེ་རྣམ་རྟོག་འདི་ལྟར་རྒྱུ། །ཨ་ཙ་མ་ན་གྲོགས་ངན་དབང་སོང་པས། །སྲོག་ལན་དེ་འདྲའི་ཤ་ཅིག་ཟ་དྲན་པས། །ལ་ལ་ཤི་ཞིང་ལ་ལ་འཆི་ལ་ཐུག །ལ་ལ་འཆི་ནད་དག་ལ་བསྙེན་པར་འགྱུར། །ང་རེ་དེ་འདྲའི་ཟས་ཤིག་ཁོང་དུ་སོང་། །ད་ནི་ཟུག་ཟེར་ངང་དུ་འཆི་བར་འགྱུར། །འོ་ན་ཤེས་བཞིན་སྤྱོར་བའི་སྙིང་མེད་པོ། །ཕུང་ཏན་ཁྱོད་ནི་འདི་འདྲ་རྟག་ཏུ་ཡིན། །ཉེ་འབྲེལ་ཀུན་གྱིས་འཛིན་པར་མི་བྱེད་ཞན། །ད་ནི་ཇི་ལྟར་ཁོ་བོ་འཚོ་བ་སྲིད། །ཨ་ཙ་མ་ན་ང་འདྲ་འོང་བ་སྣམ། །འདི་ལ་མི་ལུས་ཐོབ

ལོ་བྱེད་པའམ། །རྙེད་དཀའི་མི་ལུས་ཅིས་ཀྱང་ཐོབ་པར་སྣང་། །ནད་ནི་འཚོ་བའི་སྨན་པ་གང་ནས་རྙེད། །ད་ནི་ཤི་བ་བྱ་བ་བྱུང་བ་ཡིན། །སྐམ་ཞིང་འབད་དེ་ཐམས་ཅད་སྒྲུག་པར་བྱེད། །ཅི་བྱ་ལ་སྟོར་ཅབ་ཅུབ་དུ་མ་ལྷང་། །ཉེ་འབྲེལ་དག་ཀྱང་ཕར་རྒྱུག་ཚུར་རྒྱུག་བྱེད། ། སྔར་གྱི་ཤ་ལ་དེ་ལྟར་བྲེད་གྱུར་ན། །ད་ནི་ཟ་བ་སློས་ཀྱང་ཅི་འཚལ་ཏེ། །ཤ་ཙམ་མཐོང་ཡང་དེ་ལ་སྐྲག་སེམས་སྐྱེ། །མ་བསྟམས་ན་ནི་འཆི་བ་ཉིད་དུ་ཤེས། །འཁྲོམ། འགྱོད་པ་བས་ཀྱང་སྡོམ་འདོད་གཅེས་པ་ཡིན། །ད་ནི་སྐྱུགས་སྨན་ལྟ་བུའི་བཤགས་པ་བྱེད། །འཁྲོམ། དངོས་པོར་རང་ཚུགས་མི་ཐུབ་འགྱུར་བཟློག་མང་། །རྒྱུ་མཚན་མེད་པར་གང་ཐོང་ཐོང་གིས་ཀྱང་། །རྒྱུ་རྣམས་འགྱུར་ཏེ་སྨྱུག་ཚེ་ས་བོན་བཞིན། །ངོ་བོའང་འགྱུར་ཏེ་སྟོན་པོའང་སྐྱ་བོར་འགྱུར། །དུས་ཀྱང་མི་རྟག་དབྱར་དགུན་ལ་སོགས་བཞིན། །འདི་ལ་རང་བཞིན་ཅི་ཡང་མེད་པར་ཤེས། །ཡོད་ཚུགས་མི་ཐུབ་མེད་ཚུགས་དག་ཀྱང་འཇིག །ཚེ་ལམ་ཆུ་འདྲ་ཐམས་ཅད་འགྱུར་ཞིང་འགྲོ། །ད་ནང་མི་གདའ་རང་བཞིན་མེད་པར་འཚལ། །ཡོད་ན་ཅི་འགྱུར་མདང་བཞིན་ཡོད་པར་རིགས། །དུས་གསུམ་འཁོར་བ་མི་དགེའི་རྒྱུ་འབྲས་རྣམས། །སྐྱེ་འཇིག་དུ་མ་རང་ཚུགས་མི་གདའ་བ། །འོ་ན་སྔར་གྱི་སྡིག་རྣམས་གང་ན་གདའ། །འོ་ན་ད་ལྟའི་ངོ་བོ་ཇི་ལྟར་གདའ། །འདི་ཡི་ངོ་བོ་མ་འགྱུར་གང་དུ་འགྲོ། །འདི་ལ་བདེན་པ་རྡུལ་ཙམ་མི་གདའ་ནའང་། །འཁྲུལ་པའི་བློ་ལ་རྗེས་སུ་འབྲང་འགྱུར་བས། །སྡིག་པ་དབུ་བ་རྡོས་འདྲའི་སྙིང་པོ་ལ། །གཉེན་པོས་རིག་པར་མི་བཟོད་འཇིག་པར་སློ། །སྡིག་དེ་བློ་བུར་ཟད་པ་བཟང་པོ་ཡིས། །སྐྱབ་པར་ནུས་པའི་འཕགས་པ་དཀོན་མཆོག་ལ། །སྐྱབས་སུ་འགྲོ་ཞིང་ཚོགས་གཉིས་རབ་བསགས་ནས། །རྒྱུ་སྒོ་ངོ་བོ་ཡུལ་སོགས་ངག་སློས་ཤིང་། །སྙིང་ནས་ཞེ་ཐག་སྡོམ་འདོད་དྲག་པོས་བཤགས། །ལན་གཉིས་ལན་གསུམ་བར་དུ་ཆེས་པར་བཤགས། །གཉེན་པོ་འདི་ནི་ཆུ་བོའི་རྒྱུན་བཞིན་གཅེས། །བསྐལ་པའི་མེ་

བཞིན་སྟོབས་དང་ལྡན་པར་འཚལ། །གཉེན་པོ་རེ་ཡིས་སྤང་བྱ་དུ་མ་གཞོམ། །ཕྲད་འཇོམས་ཐུག་འཇོམས་ཀུན་ཏུ་སྤྱོད་པའི་སྟོབས། །དེ་ནས་སྡིག་ལས་སླར་ལོག་སོར་ཆུད་དེ། །དགའ་བ་བསྐྱེད་ཅིང་རང་བཞིན་མེད་པར་བཞག །བྱང་ཆུབ་སེམས་ནི་གཙོ་བོའི་རྟེན་དུ་བཟང་། །དཀོན་མཆོག་དཔང་དང་སྐྱབས་འགྲོའི་རྟེན་དུ་བཟང་། །སུན་འབྱིན་དྲག་པོ་འཇོམས་པའི་སྟོབས་སུ་བཟང་། །གཉེན་པོ་ཀུན་སློབ་བརྩོན་པའི་སྟོབས་སུ་བཟང་། །བཤགས་ནས་མ་ཟློག་སྡོམ་པའི་སྟོབས་སུ་བཟང་། །རང་བཞིན་ཤེས་པ་རྒྱལ་བའི་མ་མ་ཡིན། །འགྱོད་པ་མང་བ་དཔའ་བོ་སྟར་མ་ཡིན། །དུས་ཚོད་ཤེས་ན་དུས་ལ་འདོམས་ཏེ་དགའ། །དྲན་པར་ཉུས་པ་བླ་མའི་མན་ངག་ཡིན། །མང་ཡང་འཁོར་བ་འདི་ལས་མ་འདས་སོ། །འགྲོ་ས་ཐར་ལམ་ཕྱིན་ན་ཐར་པ་ཡིན། །འབྲོམ་རྗེ་ཁྱོད་ཀྱི་དགྲ་བོ་ངོས་ཟིན་ནོ། །ཤེས་ནས་འཇོམ་ལ་གཉེན་པོ་བག་ཡོད་བསྟེན། །ཉིན་མཚན་ཁྱོད་ཀྱིས་དགེ་སྦྱོར་འཕེལ་མར་གྱིས། །འདི་ནི་སྡིག་པ་འཇོམས་པའི་སྟོབས་བཞི་ཡིན། །ཇི་ལྟར་བྱེ་མའི་རི་ལ་ཐབ་བརྒྱབ་འདྲ། །ཆུ་ཚན་སྟེང་དུ་ཁ་བ་བབས་དང་མཚུངས། །མཚམས་མེད་ཉེ་བ་དག་ཀྱང་འཇིག་འགྱུར་ན། །ཅི་སྟེ་མི་དགེ་ཕྲ་མོ་མི་འཇིག་སྲིད། །འདི་ནི་སྡིག་པ་ཀུན་གྱི་བཤགས་པ་ཡིན། །ཁྱོད་ལ་སྐྱོབ་པའི་རིན་ཆེན་ལྔ་བཞི་ཡོད། །འདི་ལ་མ་འདུས་ཅི་ཡང་མེད་ན་ཡང་། །བླ་མ་ཇོ་རྗེ་འཛིན་པ་ལ་སོགས་པ། །རྒྱལ་བ་རྒྱལ་སྲས་དགོངས་སུ་གསོལ་ལོ་ཞེས། །དཔང་པོར་གསོལ་ན་ཐམས་ཅད་འདུས་པ་ཡིན། །འབྲོམ། བླ་མའི་གདམས་ངག་ཉིད་ལས་མ་འཆུགས་པར། །ལེགས་པར་བསྡེབས་ཏེ་བཤགས་ཤིང་བསྒོ་བར་གྱིས། །ལེགས་པར་བསྡུས་ན་བསག་སྦྱང་གཉིས་སུ་འདུས། །དེ་ནི་སྒྲིབ་པ་སྦྱོང་བའི་ཚོམས་སུ་གདའ། །བླ་མེད་བྱང་ཆུབ་ཐོབ་པའི་ཐབས་སུ་ཆེ། །ཇོ་བོ་འབྲོམ་གྱིས་འབུད་མ་འདི་བགྱི་ལགས། །གསན་དང་བླ་མ་ཨ་ཏི་ཤ །སྒོ་གསུམ་གུས་པས་བདག་ཅག་གིས། །དུས་གསུམ་དག་ཏུ་དགེ་བའི་བློས། །བླ་མ་བདེ་གཤེགས་སྲས་བཅས་

ཀྱི། །སྐུ་གསུམ་ཐུགས་ཀྱི་རྟེན་བཞེངས་པས། །མ་དག་ལུས་ངག་རབ་དོར་ནས། །མཚན་དང་དཔེ་བྱད་ཀྱིས་སྤྲས་སྐུ། །ཡན་ལག་དྲུག་ཅུའི་གསུང་མངའ་བའི། །ཀུན་མཁྱེན་ཆོས་རྒྱལ་ཐོབ་པར་བསྔོ། །འཁྲོམ། འཕྱུད་མ་དང་བཅས་པའི་ཚོམས་ཆུང་དེ་ལེགས། ཇོ་བོ། དེ་ལྟར་ཞུས་ལན་མང་ན་ཡང་། །ལེགས་པར་བསྡུས་ན་འདི་ལྟ་སྟེ། །དུས་གསུམ་དགེ་བ་ཅི་བསགས་པ། །བླ་མེད་བྱང་ཆུབ་ཆེན་པོར་བསྔོ། །བསོད་ནམས་སེམས་ཅན་རྣམས་ལ་བཏར། །རྟག་ཏུ་ཡན་ལག་བདུན་པ་ཡི། །སྨོན་ལམ་ཆེན་པོ་གདབ་པར་བྱ། །དེ་ལྟར་བྱས་ན་བསོད་ནམས་དང་། །ཡེ་ཤེས་ཚོགས་གཉིས་རྫོགས་པར་འགྱུར། །སྒྲིབ་པ་གཉིས་ཀྱང་ཟད་འགྱུར་ཏེ། །མི་ལུས་ཐོབ་པ་དོན་ཡོད་པས། །བླ་མེད་བྱང་ཆུབ་ཐོབ་པར་འགྱུར། །ཞེས་བྱ་བ་ཅིག་ལས་མི་གདའ་ཡི། དེ་ལྟར་ན་ཞུས་ལན་ནོར་བུའི་ཕྲེང་བ་ལས། བསྔོ་ཞིང་སྡིག་པ་བཤགས་པའི་ལེའུ་སྟེ་ཉེར་གཅིག་པའོ།། །།

༈ ཡང་གནས་དེ་ཉིད་དུ་དེ་འདྲ་བའི་བླ་མའི་དྲུང་དུ། དེ་ལྟར་ཆོས་ཟབ་ལ་རྒྱ་ཆེ་བ་རྣམས་འཇམ་པའི་དབྱངས་ཀྱི་ཐུགས་ལ་གསལ་བས། ཇི་ལྟ་བ་བཞིན་དུ་རང་དང་འདྲ་བའི་སློབ་མ་ལ་གསལ་བར་བྱས་ནས། བསམ་གཏན་དང་པོའི་སེམས་ཐོབ་པ་ལྟར་དྲུང་དུ་སླེབས་སྟེ། སྔར་གྱི་རྣམས་ཀྱང་ཞུས་པས། བདག་ཅག་གི་བླ་མས་ཚར་བ་གཅིག་བསྐུར། ཡང་ལུང་ཐོབ་མ་ཐག་ཏུ་འདི་དག་ཀྱང་རྟེད་པར་གྱུར་ཏོ། ཇོ་བོ། སྟོན་ཆད་ཆོས་ཀྱི་དཀའ་སྟོན་ཐོབ། །ད་ནི་ནོར་ཅིག་ཞུ་འཚལ་ལགས། །འཁྲོམ། དད་པའི་ནོར་ནི་དབང་སྡུད་ཡིན། །འཕགས་པ་ཐམས་ཅད་དབང་འདུ་ན། །འཇིག་རྟེན་པ་དག་སྨོས་ཅི་འཚལ། །དད་པ་ས་ཡི་དང་པོ་ཡིན། །དད་པ་ལམ་གྱི་མགོ་བོ་སྟེ། །དད་པ་ཕན་བདེའི་མྱུ་གུ་ཡིན། །དད་པས་དགེ་བའི་ལོ་ཐོག་འཕེན། །དད་པས་ཆགས་སྡང་འཇོམས་པར་བྱེད། །དད་པ་དག་སྣང་ཉི་མ་སྟེ། །སེང་གེའི་ཁྲི་ལྟར་རྒྱལ་བ་འདེགས། །དད་པ་ལོ་ཐོག་པདྨ་འདྲ། །འཕགས་པ་ཐམས་ཅད་ཁུར་བྱེད་ཅིང་། །འཕགས་

པའི་བདེ་འབྱོར་རྒྱས་པར་བྱས། །འབྲོམ། ནོར་གྱི་ནོར་མཆོག་དད་པ་ཡིན། །དད་མེད་ཁྱི་དང་གདོལ་པ་འདྲ། །བྱ་རོག་ཕག་པ་ཇི་བཞིན་ཏེ། །དགའ་ལ་མི་དགའ་བཟང་མི་ཤེས། །དད་པ་སྒྲོན་མེའི་འོད་དང་འཚུངས། །རང་ཉིད་གསལ་ལ་གཞན་ཡང་གསལ། །མུན་པ་བསལ་ནས་གཟུགས་ཅན་སྟོན། །དད་པ་འདོད་པའི་ཟས་དང་མཚུངས། །གང་གི་རྗེས་སུ་སྟོབས་ཀྱང་འཕྲང་། །དེ་བས་དད་པ་བརྟན་པར་མཛོད། །ནོར་གྱི་ནོར་མཆོག་དང་པོ་ཡིན། །ཇོ་བོ། ཁོ་བོ་ལྷ་ཆོས་བདུན་ལྡན་ལ། །ནོར་ཡང་བདུན་དགོས་ད་དུང་དྲུག །གཞི་ཆེ་བབས་ཆགས་འཛད་མེད་གཏེར། །གང་ནས་སྤྱད་ཀྱང་སྤྱད་བདེ་བ། །མགོ་བའི་དུས་སུ་སླེབ་པར་ཞུ། །འབྲོམ། བླང་བྱ་ཀུན་གྱི་གཞི་རྟེན་མཆོག །ཚུལ་ཁྲིམས་ཞིང་ས་གཤིན་པ་ཉིད། །ཡན་ལག་བརྒྱད་ལྡན་རྫིང་བུ་མཆོག །སྨན་གྱི་ལྗོན་ཤིང་ཕན་བདེ་བསྐྲུན། །ཀུན་ཏུ་དགེ་བའི་ལམ་ཡངས་པ། །ཟག་མེད་བདེ་བའི་ལམ་གཅིག་པུ། །མཐོ་རིས་ཐར་པའི་བདེ་འབྲས་རྣམས། །མེད་ན་མི་འབྱུང་ནོར་མཆོག་ནི། །ཁྱོད་ཀྱིས་འཕགས་པ་སྤྱིལ་བའི་གཞི། །ཁྱོད་ཀྱི་མེ་ཏོག་ལྟུམ་རར་མཛེས། །འདི་ནི་རང་གི་སྲོག་བཞིན་འཚོ། །འདི་ཡོད་ཡོངས་པ་ཀུན་དང་བྲལ། །འདི་ཡོད་བང་མཛོད་རྒྱས་པར་འགྱུར། །འདི་ཡོད་བདུད་ཀྱི་གཡུལ་ལས་རྒྱལ། །འདིས་ནི་ཞིང་ཁམས་གཙང་མར་འགྲོ། །འབྲོམ། ཁྱོད་ཀྱི་ནོར་མཆོག་གཉིས་པ་ཡིན། །འབྲོམ། དད་པ་ཙམ་དང་ཚུལ་ཁྲིམས་ཙམ། །ཐེག་པ་དམན་ལའང་འབྱུང་མི་ཁེགས། །རྒྱལ་སྲིད་མ་ལུས་གཏོང་བ་དཀོན། །བུ་དང་བུ་མོ་གཏོང་བ་དཀོན། །མགོ་དང་རྐང་ལག་གཏོང་བ་དཀོན། །དེ་བས་རེ་ལྟོས་མེད་པ་དཀོན། །ཆགས་མེད་གཏོང་བ་ནོར་མཆོག་ཡིན། །བསྐལ་པ་གྲངས་མེད་དང་པོ་ལ། །དཔའ་བོས་ཐམས་ཅད་རབ་བཏང་ནས། །དེ་ནས་ཐམས་ཅད་རེ་ལྟོས་བྲལ། །ཆགས་པ་མེད་པར་འདོད་ལ་བཏང་། །ད་ནི་འདི་ལྟར་འགྲོ་བའི་བློ། །མཚུངས་པ་མེད་པ་ཤཱཀྱའི་རྒྱལ། །མཚུངས་པ་མེད་པ་ཆོས་ཀྱི་རྒྱལ། །དགེ་མཐར་ཕྱིན་པ་འདི་

འདྲར་འགྱུར། །གཏོང་བའི་ནོར་ནི་མཆོག་ཏུ་གཅེས། །འབྲོམ། ཟང་ཟིང་སྦྱིན་ལ་ཕོངས་པ་སོལ། །ཆོས་ཀྱི་སྦྱིན་པས་ལམ་མཆོག་སྟོན། །མི་འཇིགས་སྦྱིན་ལ་བར་ཆོད་སོལ། །འདི་ནི་འཁོར་འདས་ཀུན་གྱི་ཆོས། །བླ་ན་མེད་པའི་ནོར་ཡིན་ནོ། །ནོར་གྱི་ནོར་མཆོག་གསུམ་པར་གདའ། །འབྲོམ། དད་པས་ཁྲིམས་བསྲུང་སྦྱིན་གཏོང་ཡང་། །ཐོས་པ་རྒྱ་མཚོ་མི་ཚོལ་ན། །གང་ཞིག་བར་དོར་ལྟུང་བ་སྲིད། །རང་གིས་ས་དང་ལམ་མི་ཤེས། །བདུད་ཀྱི་རིགས་འདི་གཡོ་སྒྱུ་མཁས། །ཕ་མ་ཡོངས་སྤྱོད་འཁོར་འདབ་དང་། །མཁན་སློབ་གྲོགས་མཆེད་རྒྱལ་བའི་སྐུར། །བརྫུས་ནས་ལམ་ཞུགས་ལམ་ནས་བཟློག །དེ་ལྟར་སྐྱོན་ཡོན་དཔྱད་པའི་ཕྱིར། །ཐོས་པའི་ནོར་ནི་མཆོག་ཏུ་གསུངས། །དེ་ལས་བསམ་སྒོམ་འབྱོར་པ་འདུ། །དེ་ལས་མི་སློབ་མཆོག་ཏུ་ཕྱིན། །ཐམས་ཅད་ངོས་འཛིན་སྨན་པ་འདྲ། །ནོར་གྱི་ནང་ནས་མཆོག་ཡིན་པས། །བཀའ་གདམས་མཆོག་ཁྱེད་གཞུང་ཆེན་ཤོག །རྒྱལ་བ་ཐོབ་པའི་ཐབས་སུ་བཟང་། །ཇི་སྲིད་ནོར་འདིས་འཚོ་བར་གྱིས། །ནོར་གྱི་ནོར་མཆོག་བཞི་པ་ཡིན། །འབྲོམ། ཇི་ལྟར་ངོ་ཚ་མི་ཤེས་ཤིང་། །ཁྲེལ་ཡོད་གོས་དང་མི་ལྡན་ན། །འཇིག་རྟེན་དག་ནའང་ཐ་ཆད་དེ། །གྲོང་པ་དག་ཀུང་སྨོད་པར་བྱེད། །ཕ་ལ་ཕར་འཛིན་མི་བྱེད་ཅིང་། །མ་ལ་མར་འཛིན་མི་བྱེད་པ། །རྒན་རབས་རྒན་པོར་མི་ཁུར་ན། །དེ་ལས་ཕོངས་པ་སུ་ཞིག་ཡོད། །བརྐུ་དང་འཕྲོག་དང་གཞོགས་སློང་དང་། །ངག་འཁྱལ་ཕྲ་མ་སྨྲོན་པ་འདྲ། །ཕོ་བླ་ཐམས་ཅད་ཕོས་འཚོང་ཞིང་། །མོ་བླ་ཐམས་ཅད་མོས་འཚོང་བ། །བཟའ་མའི་ནང་དུའང་སྟུག་འཐབ་འཚོར། །ཡུལ་པ་དག་ཀུང་འཁོན་པར་བྱེད། །དེ་ལས་དབུལ་བ་སུ་ཞིག་ཡོད། །ཕ་མ་དྲིན་ཅན་སླུ་བྱེད་ཅིང་། །བཟང་ལན་མི་བྱེད་ངན་སྣ་འདྲེན། །བསྐྱངས་པའི་རྗེ་བོ་སླུ་བར་བྱེད། །ཕན་འདོགས་སྟོང་དུ་བྱས་གྱུར་ཀུང་། །ལན་གཅིག་འབར་ན་དེ་ཡིས་འཇོམས། །དེ་ལས་ཁྲེལ་མེད་སུ་ཞིག་ཡོད། །འཇིག་རྟེན་དག་ནའང་སྨད་གནས་ཡིན། །དེ་བཞིན་ཆོས་པར་མིང་

བཏགས་ཀྱང་། །མཁན་སློབ་དམ་པ་སྤུན་འདྲིན་ཅིང་། །མཆེད་གྲོགས་དག་དང་འགྲུས་པར་བྱེད། །དམ་པ་བསླུ་ཞིང་མ་རབས་འཛེམ། །ངེས་པར་བྱུང་ནས་སོག་ཏུན་བྱེད། །ཆགས་མེད་དུས་སུ་ཞེན་པ་ཆེ། །རྩ་བའི་ཆོས་ལུགས་དོར་བྱས་ནས། །ཆོས་གཞན་དག་ལ་མཐོ་འགྲོགས་བྱེད། །རང་གི་ཆོས་གྲྭ་སྨོད་བྱེད་ཅིང་། །གདན་སའི་ཞབས་ཏོག་ཞབས་ནས་འདྲེན། །རང་ལུགས་ཤོར་ཙམ་གཞན་མ་ཡོན། །གོ་མ་ཆོད་པ་མི་འགྱོད་པར། །ཆོས་ཀྱིས་ལན་ཟེར་ཚུལ་ཁྲིམས་གཏོང་། །ངོ་ཚ་མེད་ལ་ཁྲེལ་ཡོད་ཅི། །ཆོས་ལྟར་འཚོས་ཤིང་ལོག་འཚོས་བསྐྱོད། །ཁྲེལ་མེད་ཟས་ཀྱིས་མ་ཕུང་ངམ། །དམྱལ་བའི་མནར་རྗོར་མི་འགྱུར་རམ། །དེས་ཀྱང་ཆོས་པའི་གྲལ་དུ་ཞུགས། །ངའོ་སྐད་དུ་དད་རྫས་ཟ། །ཁྲེལ་མེད་དེ་ཡང་གཞན་ཡང་བསླུ། །ནོར་བདུན་སྤངས་ནས་ནོར་མིན་སྒྲུབ། །ཆོས་མིན་བྱེད་ལ་ངོ་མི་ཚ། །ཆོས་བཞིན་བྱེད་པ་ངོ་ཚ་ཟེར། །གོས་མེད་ལྟོ་མེད་ཕོངས་པ་ལ། །ངོ་ཚ་མི་ཟེར་ཕོངས་པ་ཡིན། །འཇིག་རྟེན་རྨོངས་པའི་ངོ་ཚ་ཀུན། །དྲི་ཚུ་དག་དང་དེ་ལམ་ལ། །ངོ་ཚ་ཟེར་ཏེ་ཕུང་མི་ནུས། །ངོ་ཚ་བྱ་བ་ཁྲེལ་མེད་ཡིན། །ཁྲེལ་མེད་བྱ་བ་ལོག་སྒྲུབ་ཡིན། །ལོག་སྒྲུབ་མཁན་དེ་དམྱལ་བར་འགྲོ། །འཕྲོམ་རྫེ་དེ་དག་བོར་གྱིས་ལ། །ཡ་རབས་དག་ནི་ངོ་ཚ་ཟེར། །བཙུན་པ་དག་ནི་མི་ཏུང་ཟེར། །བྱང་ཆུབ་སེམས་དཔའ་ཁྲེལ་གཞུང་སྐྱོང་། །གཞན་སེམས་བསྲུངས་ན་ངོ་ཚ་མཁས། །བཀུར་འོས་འཁུར་ན་ངོ་ཚ་མཁས། །བསྐྱང་འོས་བསྐྱངས་ན་ངོ་ཚ་མཁས། །དྲིན་ལན་དམར་ན་ངོ་ཚ་མཁས། །དད་པ་ཆེ་ན་ངོ་ཚ་མཁས། །རབ་ཏུ་བྱུང་ལའང་དེ་བཞིན་སྦྱར། །བླ་མ་མཁན་སློབ་སྤྱི་བོར་ཁུར། །མཆེད་གྲོགས་དག་ལ་ཆོས་བཞིན་འགྲོགས། །དང་པོའི་ཁས་བླངས་མི་འདོར་བར། །ཇི་ལྟར་ཡོངས་སྤྱོད་ཕོངས་གྱུར་ཀྱང་། །རང་གི་སྒོ་གསུམ་དགེ་བསྒྲུབ་ནས། །ཆོས་གྲོགས་སྤེལ་ཞིང་གདན་ས་བསྐྱངས། །དེ་ནི་ཁྲེལ་གཞུང་རིང་བ་ཡིན། །གལ་ཏེ་ཤེས་རབ་ཆེ་གྱུར་ཅིང་། །གདན་ས་མཁས་པས་སྐྱོང་གྱུར་ན། །ནང་དང་སྦྱར་ཏེ་ཆོས་

མཐུན་པའི། །ཆོས་གྲུར་མཁས་ལ་བསླབ་བྱ་སྟེ། །རང་གི་གནས་ཉིད་བསྐྱང་བར་བྱ། །ཇོ་བོ། དེ་སྐད་བྱ་བ་ཅི་ལ་གསུང་། །སྡིག་ཞེན་ཆེ་ན་སུ་ཡང་འཕུང་། །རང་ལུགས་གཞན་ལུགས་ཆགས་སྡང་ཡིན། །ང་ཁྱོད་མང་པོ་དམུ་རྐོད་ཆེ། །ཞེན་ན་གང་དུ་ཞེན་ཀྱང་ཕུང་། །ཆགས་སྡང་ཆེ་ན་ཐོས་ནས་འགྲོ། །ཞེན་ཞེན་འདྲ་ན་བསྒྱུར་ནས་འགྲོ། །གང་དུ་སྡོད་ཀྱང་སྡོམ་ཁྲིམས་སྲུངས། །སུ་དང་འགྲོགས་ཀྱང་ཆོས་མི་སྐྱེལ། །ཇི་ལྟར་བྱས་ཀྱང་ཚོ་སྤྱོད་འཕེལ། །བསྟན་པ་ཕྱི་ལ་མ་ཕན་ན། །དགོན་ཆུང་ཆགས་སྡང་རབ་འབྱུང་གང་། །བསྐྱངས་ནས་ཅི་བྱེད་བཞག་མི་ཕུང་། །སྐབས་ལུད་བཞིན་དུ་འདོར་རྒྱུ་ཡིན། །བྱ་ཕོ་འདྲ་བར་ཞེན་གྱུར་ཏེ། །རི་དྭགས་ལྟ་བུར་ཅི་སྐྱེ་ཆགས། །བཙོན་ཁང་གནས་ནས་ཐར་ན་བདེ། །དགོན་པའང་བཟང་བཙོན་གནས་སུ་ཆེ། །ལྷ་ཁང་སྟོང་པའི་ཁྱི་དང་འདྲ། །འདོད་པ་ཆེ་ལ་སྡང་ཐེས་མེད། །ངོ་ཚ་ཤེས་ཤིང་ཁྲེལ་ཡོད་ན། །བདེ་བའི་གནས་ནས་བདེ་བར་འགྲོ། །ངོ་ཚ་ཤེས་ནོར་ལྷུ་པ་ཡིན། །འབྲོམ། ཁོ་བོས་ཞེན་པ་དགའ་མ་བྱས། །གང་བདེར་འགྲོ་ན་ཁྲེལ་གཞུང་ཐུང་། །བསྟན་པ་ཕྱི་ལ་ཕན་ན་མཆོག །ཞེན་པ་མེད་པ་ཀུན་ལ་གཅེས། །ཞེན་མེད་ངང་ནས་ངོ་ཚ་བསྲུངས། །ཁྲེལ་ཡོད་ནོར་མཆོག་དྲུག་པ་ཡིན། །འབྲོམ། ཤེས་རབ་ནོར་ནི་ཀུན་ཏུ་གཅེས། །ཤེས་རབ་མཆོག་ལྡན་ཀུན་ལ་མཁས། །ཤེས་རབ་མཆོག་ལ་ལེགས་བཤད་འདུ། །ཤེས་རབ་མེ་ཡིས་སྒྲིབ་པ་བསྲེག །ནོར་གྱི་ནོར་མཆོག་ཤེས་རབ་ནོར། །ནོར་རྣམས་ཀུན་སྡུད་ཤེས་རབ་ཡུམ། །ཤེས་རབ་མཆོག་གིས་ཐར་པར་ཕྱིན། །ཤེས་རབ་དོན་གཉིས་ཀུན་ལ་འཇུག །ཤེས་རབ་ཆེ་ན་ཐབས་ལའང་མཁས། །ཤེས་རབ་ཆེ་ན་ཚུལ་ཁྲིམས་བསྲུང་། །ཤེས་རབ་ཆེ་ན་ཆགས་མེད་གཏོང་། །ཤེས་རབ་ཅན་གང་ཐོས་པ་ཆོལ། །ཤེས་ན་ངོ་ཚ་ཁྲེལ་གྱིས་བརྒྱན། །བཟོད་སྟོབས་ཆེ་ཞིང་བརྩོན་པར་མཆི། །རྩེ་གཅིག་གནས་ལུགས་ཐབས་ཀྱིས་བསྒོམ། །སྟོབས་ཆེན་དཔའ་བོ་ཀུན་སྤྱོད་ཀྱང་། །སྨོན་ལམ་ཧ་ཡིས་ཡེ་ཤེས་འདྲེན། །ཤེས་

རབ་ནོར་ནི་ཀུན་ལ་གཏོང་། །ནོར་མཆོག་འདི་ཡོད་ཕྱུག་པར་འགྱུར། །ཉི་ཤུ་རྩ་གཉིས་ཞུས་ལན་ཡང་། །གནས་འདིར་མ་ཚང་ཅི་ཡང་མེད། །འདི་ནི་ནོར་མཆོག་དམ་པ་ཡིན། །ནོར་འདི་ཁྱོད་ལ་བརྩེ་བས་བསྟན། །ཁྱོད་ཀྱིས་ཁྲིམ་དུ་མ་སྒྲིག་ཅིག །ཞིང་ཁམས་འདི་ནི་ཁྱེད་ཀྱིས་ཀྱང་། །ཐམས་ཅད་ཁྱེད་ཀྱིས་མི་མ་ཡིན། །མི་མ་ཡིན་ལ་རྫོང་བྱེད་ན། །བདུད་སྡེས་མི་བཟོད་འཁྲུགས་གྱུར་ཏེ། །ཁྱོད་ཀྱི་ཤིང་རྟ་གཅོག་པར་བྱེད། །སྒྲོལ་འདི་མ་ཉམས་ཐིག་ལེར་སྐྱོངས། །འཕང་ལོས་དཔག་ཚད་ཁྱབ་ན་ཡང་། །ལྟེ་བ་མི་འཛིན་མི་མ་ཡིན། །སྲུ་ཁྱུད་རྩིབས་ལ་སྒྲོ་སྐུར་འདེབས། །གཟིར་བུ་མི་འཐོབ་གནས་སུ་བཏེག །ཐོབ་ནས་གཟིར་བུ་མི་སྟོམ་པར། །སྐིགས་དུས་ཤིང་རྟ་བཤིག་གིས་དོགས། །སྐིང་གཏམ་ཡིན་ནོ་འཁྲོམ་རྗེ་ཉོན། །ཤིང་རྟ་སུར་འདོར་སྐྱེལ་གྱུར་ན། །བྱིས་པ་སྨྱོན་པ་འཚོལ་པ་ཡིན། །དོན་མ་གོ་ཡང་དགའ་དགའ་བཞིན། །རབ་ཏུ་རྩེས་ནས་འདོར་བར་བྱེད། །དེ་ནས་ཟོག་མའི་ཁར་ཁྱེར་ནས། །དེ་ནས་ཆོས་ལ་ཇི་མི་སླམ། །ཆོས་འདི་བསྟན་པའི་གནས་བཤད་ཉོན། །ང་དང་ཁྱོད་ལ་ཞེ་ཐག་པའི། །དུར་སྲིག་གོས་ཀྱིས་ལུས་བརྒྱན་པ། །རྣམ་ཐར་སྙིང་པོ་སྙིང་དུ་ལེན། །འདུལ་བ་བཞིན་དུ་འདུལ་ཁྲིམས་བསྲུང་། །མདོ་སྡེ་བཞིན་དུ་ལྷག་བསམ་སྤྱོད། །མངོན་པ་བཞིན་དུ་ལྷག་ཤེས་རྒྱས། །གཞི་མ་མ་འཆུགས་ཚུལ་ཁྲིམས་གཙང་། །ལམ་སྔ་མ་འཆུགས་ཚད་མེད་འགྲོ། །འབྲས་བུ་མི་འཆུགས་སངས་རྒྱ་བའི། །སྐྱེས་བུ་དེ་ནི་འདི་བསྟན་ཡུལ། །འདི་ཡི་བྱ་བ་རྒྱབ་ཀྱིས་ཕྱོགས། །མི་གྲལ་ནས་བུད་རི་དྭགས་འདྲ། །འཕྲལ་ལ་ཟས་ཆོལ་བྱ་དང་འདྲ། །གོག་སྟེ་ལངས་ན་གཞིས་རྫོགས་པའི། །བྱུར་མེད་དེ་ནི་བསྟན་ཡུལ་ཡིན། །སྐྱེས་བུ་དེས་ཀྱང་ལེན་པར་འགྱུར། །འཁྲོམ་རྗེ་འདི་ཀུན་ཉེན་དུ་ཆེ། །ང་དང་ཁྱོད་ལ་དད་པ་སྐད། །ཁྱོད་ཀྱིས་བཀའ་བརྒྱུད་འཛིན་པ་སྐད། །བཟང་པོར་རློམ་པའི་ལོག་ལྟ་ཅན། །ཆོས་རྣམས་ཐོས་བསམ་སྒོམ་གསུམ་གྱིས། །གཏུགས་ནས་སྒྲོ་འདོགས་མི་གཅོད་པར། །རང་གིས་

མཐོང་ཐོས་མེད་པ་རྣམས། །རྟགས་སུ་བཀོད་ནས་སྒྲོ་སྐུར་འདེབས། །འཕགས་པ་རྣམས་ནི་དེ་ལ་ཁྲེལ། །དེས་ཀྱང་རང་ལ་འཆལ་བར་ཟད། །སྒྲུབ་པ་རྩེ་གཅིག་མ་བྱས་པས། །སྤྱན་དང་མངོན་ཤེས་མེད་གྱུར་པའི། །དམུ་རྒོད་རང་རྒྱུད་རེངས་པ་ཀུན། །ལྷ་དང་ཟབ་དོན་མ་རྟོགས་པར། །ལྐོག་གྱུར་དོན་ལ་སྒྲོ་སྐུར་འདེབས། །གང་ཞིག་འདི་སྟོན་འབྲོམ་རྗེ་ཡའང་། །འབྲོམ་རྗེ་ཙམ་དུ་མི་འཛིན་ན། །སྤྱན་རས་གཟིགས་དབང་སྨོས་ཅི་འཚལ། །དེ་བས་འདི་སྨོས་རང་བཟོ་མཁན། །བདུད་རིགས་སྐད་དུ་བཀུར་གྱིས་དོགས། །འབྲོམ་རྗེ་ཁྱོད་ལ་གཟེར་བུས་བཏབ། །གནོད་སར་སོམས་ལ་བཀའ་རྒྱ་ཐོས། །དགྲ་བོ་དག་ལ་བྲོས་པས་ཐར། །བུ་རྡུ་བརྩུས་ནས་འཛོམས་པ་ཡིན། །ཆོས་ལུགས་ཐ་དད་འདི་མི་སྤྱོད། །མ་མཐོང་སྒྲོ་སྐུར་མི་འདེབས་ཀྱིས། །རང་ལུགས་སྐད་དུ་ཁས་ལེན་པའི། །ཆོས་པས་འདི་ནི་བསླུས་ཀྱིས་དོགས། །གསེར་འཚོ་མ་དང་འོད་འཚོ་མ། །བསྟན་སྐྱོང་མ་དང་ཡིད་འཛིན་མ། །སྟོབས་མོ་ཆེ་དང་དྲག་ཤུལ་ཆེ། །ཁྲག་མདོག་མ་དང་དུད་ཁ་མ། །ཐོགས་མེད་མ་དང་སྟོབས་མོ་ཆེ། །དབང་སྡུད་མ་དང་ལས་འཛོམས་མ། །བཅུ་གཉིས་སྟོབས་ཆེན་བསྟན་སྲུང་ཀུན། །ཁོ་བོའི་བསྟན་པ་མི་སྐྱོང་ན། །ཅི་སྟེ་ཁོ་བོའི་སྐད་བཞིན་འབྲང་། །ཞུས་ལན་ངན་ལ་མ་སྤེལ་ཅིག །ནོར་བུ་དགྲ་ལ་མ་སྐྱེལ་ཅིག །གཅིག་ཙམ་གཅིག་གི་ཕྱི་ལ་རྒྱུག །བཅུ་གཅིག་རྡོ་རྗེ་གདན་དུ་སོང་། །སྤྱན་རས་གཟིགས་ཀྱི་བསྟན་པ་སྲུངས། །ང་ནི་ལོ་གཅིག་ཟླ་ཕྱེད་ནས། །བྱམས་པའི་དྲུང་དུ་ཞོག་ཅེས་གདལ། །མཆོག་གི་དངོས་གྲུབ་འབྲོམ་ལ་ཡོང་། །སྟོབས་ཆེན་གཏན་གྱི་བཙན་ས་ཟུང་། །རི་རབ་ཐལ་བར་རློག་ནུས་ཀྱང་། །འགྲོ་བ་མ་བསྒྲལ་དོན་གོ་ཆུང་། །དེ་ནས་བུ་མོ་བཅུ་གཉིས་ཙམ། །རྒྱལ་བ་ཡབ་སྲས་སྤྱི་བོར་བླངས། །སྤྱན་རས་གཟིགས་དབང་ཁྱོད་རྗེས་འབྲང་། །འདི་ལ་སྒྲོ་སྐུར་འདེབས་བྱེད་པའི། །སྡིག་ཅན་འགའ་ཞིག་བསྒྲལ་བར་བྱ། །ལ་ལ་ས་ཡི་བསྟན་མ་ཡིན། །ལ་ལ་ནམ་མཁའི་རྡོ་རྗེ་ཡིན། །ཁྲོས་ན་ཉི་ཟླའང་

ས་ལ་འབེབས། །དགའ་ན་རྒྱ་མཚོའང་མཁའ་ལ་སྐྱེལ། །མི་དབང་རྒྱལ་བ་ཨ་ཧི་ཤ །དབུས་ནས་མཐའ་འཁོབ་འདིར་ཁྲིད་ནས། །བདག་ཅག་བཞག་ནས་ཡར་གཤེགས་སམ། །གཞན་དབུགས་བཅད་ན་བཀའ་ལས་འདའ། །གཞན་དུ་ཆོས་ཀྱི་འཚོ་བ་གང་། །ཇོ་བོའི་ཞལ་ནས་འདི་སྐད་དུ། །ཁྱོད་ནི་འབྲོམ་གྱིས་འཚོ་བར་བྱེད། །འབྲོམ་གྱི་བཀའ་ལས་མ་འདའ་ཅིག །འབྲོམ་གྱི་ཞལ་ནས་འདི་སྐད་དུ། །བུ་མོ་བཅུ་གཉིས་ང་ལ་ཉོན། །གསེར་འདི་སྟོད་དུ་བླུགས་པ་ལ། །ཀོ་ལོང་སྨུག་རྗེབ་མ་བྱེད་ཅིག །སྟོད་མིན་གཞན་གྱིས་ཁྱེར་གྱུར་ན། །སྐྱིད་ལུག་ལེ་ལོ་མ་བྱེད་ཅིག །ཆོས་ལ་སླད་བཏགས་མ་གསོད་ཅིག །ཁྱེད་ཀྱི་སྙིང་ནའང་བརྒྱད་ཙུ་ཡོད། །བརྒྱད་ཙུའང་སློམ་ལས་མ་བྱེད་ཅིག །བུ་མོ་བཅུ་གཉིས་འདི་སྐད་དུ། །བཙུད་འདི་སྟོད་དུ་འབྱོ་བའི་ཚེ། །བདག་ཅག་དགུ་བཅུ་པོ་གཉིས་ལ། །ཞུ་བ་མི་བྱེད་ཀོ་ལོང་འོང་། །གཏོར་མ་མི་གཏོང་བཀྲས་པ་བྱས། །དཀོན་མཆོག་མི་མཆོད་ཆོས་པ་མིན། །སྙིང་རྗེ་མེད་ན་འདི་མི་སྐྱོངས། །མཁྱེན་པར་མཛོད་ལ་རྗེས་སུ་མནོས། །གཞན་དུ་འདི་དག་བསྐྱང་བར་བྱ། །སྟོད་སྐྱོན་བྲལ་ན་སྟོད་དུ་བཟང་། །འདི་ལ་མི་བརྩི་བསླུལ་བར་བྱ། །སྒོ་གསུམ་མི་གུས་སྨུར་དུ་འཛིག །བོད་ནི་བསྐོས་པའི་བསྟན་མ་ཡིན། །ད་གཟོད་བསྟན་མ་བཅུ་གཉིས་ཀྱིས། །རྒྱལ་བ་སྲས་བཅས་བདག་ལ་དགོངས། །ལྷ་ཆོས་བདུན་ལ་མི་སྤྱོད་པའི། །གདུག་པ་ཅན་རྣམས་བསྒྲལ་མི་བསྒྲལ། །གསེབ་ཏུ་ཞུགས་ནས་དགྲུག་པར་བྱེད། །དགྲུགས་ཤིང་བཏོན་ན་མི་བདེའམ། །འབྲོམ་གྱི་ཞལ་ནས་འདི་སྐད་དུ། །བཅུ་གཉིས་མི་རབས་མང་རབ་ནས། །སྒྲོལ་ན་ནད་རིམས་མང་པོ་འོང་། །འདི་ཙམ་ཞིག་གི་གཉེར་གཏད་ཀྱིས། །དལ་ཡམས་ཆེན་པོ་མ་བཏང་ཅིག །བཏང་ན་རེད་དང་འགལ་བར་འགྱུར། །དེ་ནས་རྒྱལ་བ་ཡབ་སྲས་གཉིས། །ཐུགས་རྗེ་ཆེན་པོའི་དཀྱིལ་འཁོར་བཞེངས། །ཡིག་འབྲུ་དྲུག་གིས་ཕར་ཕྱིན་དྲུག །འཁོར་ལོ་བསྐོར་བ་འདི་ལྟ་སྟེ། །ཤར་དུ་ཇོ་བོ་ཆེན་པོ་

བཞུགས། །ལྷོ་རུ་ཐུགས་རྗེ་ཅན་གྱི་བཞུགས། །ནུབ་ཏུ་གསང་བར་ནུས་ཀྱི་བཞུགས། །བྱང་དུ་སྒྲོལ་མ་མཆོག་གི་བཞུགས། །དཀར་པོ་བརྒྱད་ཅུས་གཡས་ནས་བསྐོར། །བསྟན་མ་བཅུ་གཉིས་གཡོན་ནས་འཁོད། །ཨོཾ་ནས་བཟུང་ནས་གཡས་ནས་བསྐོར། །བཞི་བཞི་འཁོར་ནས་གཉིས་ལ་ཐིམ། །བླ་མ་བྱམས་པའི་ཏིང་ངེ་འཛིན། །ཐུགས་རྗེས་སྙིང་རྗེའི་ཏིང་ངེ་འཛིན། །གསང་མཚན་དགའ་བའི་ཏིང་ངེ་འཛིན། །མ་ནི་ཀུན་ལ་ཁྱད་པར་བཞུགས། །ཐམས་ཅད་སེམས་དཔའ་སེམས་དཔའ་ཆེ། །རྣམ་པར་མི་རྟོག་དབྱིངས་ཉིད་ནི། །ཤེར་ཕྱིན་ཉིད་ཀྱིས་སྣ་དྲངས་ནས། །ཕ་རོལ་ཕྱིན་ལྔ་རྗེས་སུ་འབྲང་། །དེ་ལྟར་སྒྲུབ་པས་མཆོད་བྱས་ནས། །དཀོན་མཆོག་རྫས་ཀྱིས་མཉེས་པར་བྱས། །དགུ་བཅུ་གཏོར་མས་ཚིམ་བྱས་ནས། །བསྔོས་ཤིང་དག་པའི་དབྱིངས་སུ་གཤེགས། །དེ་ནས་འབྲོམ་རྗེས་འདི་སྐད་དུ། །བླ་མ་དམ་པ་གསན་དུ་གསོལ། །དེ་ལྟར་བསམ་མི་ཁྱབ་པ་རྣམས། །ལེགས་པར་བསྡུས་ན་འདི་ལྟ་སྟེ། །དད་པའི་དོན་དང་ཚུལ་ཁྲིམས་དོན། །གཏོང་བའི་དོན་དང་ཐོས་པའི་དོན། །ཁྲེལ་ཡོད་ངོ་ཚ་ཤེས་པའི་དོན། །ཤེས་རབ་ཉིད་ནི་དོན་བདུན་ཏེ། །དོན་གྱི་དམ་པ་འདི་དག་ནི། །མི་ཟད་པ་ཡི་དོན་བདུན་ཏེ། །མི་མ་ཡིན་ལ་བརྗོད་མི་བྱ། །ཞེས་བྱ་བ་ལས་མི་གདའ་ཡི། དེ་ལྟར་ན་ཞུས་ལན་དོན་བུའི་ཕྲེང་བ་ལས། དོན་བདུན་དུ་བསྡུས་ཏེ་གཉེར་གཏད་པའི་ལེའུ་སྟེ་ཉེར་གཉིས་པའོ།། །།

༈ ཡང་གནས་ཕུན་སུམ་ཚོགས་པ་དེ་ཉིད་དུ། བླ་མ་དམ་པ་དེའི་དྲུང་དུ། བདག་ཅག་གི་བླ་མ་ཡང་དག་པའི་དགེ་བའི་བཤེས་གཉེན་སྟོན་པའི་རྣལ་འབྱོར་པ་དེའི་ཞལ་ནས། འདི་སྐད་དུ་ཞུས་པ། བླ་མ་དམ་པ་གསན་དུ་གསོལ། རྒྱ་ཆེན་པོ་སྤྱོད་པའི་བསྟན་བཅོས་འདི་ཤིན་དུ་དཀའ་བ་ཡིན། ད་ཐམས་ཅད་བསྡུས་པའི་ཉམས་ལེན་ཟབ་པ་ཅིག་གསུང་བར་ཞུ་ཞུས་པས། ཇོ་བོའི་ཞལ་ནས་འདི་སྐད་དུ། སྦྱི་བ་མང་པོ་སྡིག་པའི་རྒྱུ། །རྣམ་གཡེང་ཆེ་བ་སྡིག་པའི་རྒྱུ། །བསྟོད་རའི་ཚིག་དང་སྨད་རའི་

ཚིག །སྙན་པར་སྨྲ་དང་མི་སྙན་དང་། །ལོག་པར་སྨྲ་དང་དྲང་པོར་སྨྲ། །དངོས་སུ་སྨྲ་དང་ཤུགས་ལ་སྨྲ། །སྨད་དེ་བསྟོད་དང་བསྟོད་དེ་སྨོད། །བསྙིང་ཚིག་སྨྲ་དང་ཁེངས་པས་སྨྲ། །ཉོན་མོངས་དབང་གིས་ངག་འཁྱལ་སྨྲ། །འདོད་ཆགས་སྨྲ་དང་ཞེ་སྡང་སྨྲ། །གཏི་མུག་སྨྲ་དང་ཕྲག་དོག་སྨྲ། །ང་རྒྱལ་སྨྲ་དང་ཧ་དགོད་སྨྲ། །སླུ་བའི་རྫུན་དང་ཀུ་རེའི་རྫུན། །སྨྱུང་སླེབ་གཞན་རྣམས་རྐོད་འདོད་ཚིག །མི་ཆེན་བཤིག་པའི་ཐ་མལ་ཚིག །སོད་དང་རྐྱབ་དང་ངན་མཆང་འབྲུ། །ངོ་དགའ་ཕྱེ་མཐོར་ང་རྒྱལ་ཚིག །ཚོང་གི་ཚིག་དང་སྨོན་པའི་ཚིག །དམག་གི་ཚིག་དང་ཕོ་ཀུས་ཚིག །ཆུང་དུས་ཉོན་མོངས་ཆེན་པོ་སྨྱོང་། །སེམས་ཅན་ཉོན་མོངས་རྒྱུ་ལས་བྱུས། །ཕྲག་དོག་ཁོང་ཁྲོ་ལྡན་སྐྱེས་པས། །གཅིག་ལ་བསྟོད་ན་གཅིག་ཁྲོ་ཞིང་། །དོན་མེད་ཁོང་ཁྲོས་དགེ་རྩ་འཇོམས། །མིང་ངན་འདོགས་ཤིང་ཟུར་ཟ་བྱེད། །བསྟོད་པ་གཅིག་ལ་སྨོད་པ་བརྒྱ། །ངག་གི་ཉེས་པས་དགྲ་བོ་འགུགས། །ངག་གི་ཉེས་པས་བཤེས་དང་བྲལ། །ངག་གི་ཉེས་པས་ལྟེ་དག་ལ། །རྨོན་དོར་སྟོང་གིས་རྨོད་ཅེས་ཐོས། །འཇམ་པོའི་ཚིག་ཀྱང་མང་གྱུར་ན། །སྐད་ཀྱི་དཔངས་ཀྱིས་འབྱེད་པར་བྱེད། །ལ་ལ་དག་ལ་བསྟོད་བྱས་ཀྱང་། །དོགས་པ་བླངས་ནས་མཚང་ལ་འཐོག །བསྟོད་པས་དགྲ་བོར་འགྱུར་བ་སྲིད། །ངན་ལ་བསྟོད་ར་བཏང་གྱུར་ན། །ལྷག་པར་དེ་ཉིད་ཁོང་ཁྲོ་ལྡང་། །བཟང་ལ་བབ་ཀྱིས་བརྗོད་གྱུར་ཀྱང་། །སྨད་ར་བཞིན་དུ་ཁྲོ་བར་འགྱུར། །སྤྱིར་ཡང་མང་ན་སྨྲ་བར་དཀའ། །དེ་བས་བློ་མི་མཐུན་ལ་དགའི། །དེ་བས་ཆེ་འདོད་དག་ལ་དཀའ། །དེ་ཡང་བློ་ཆུང་དག་ལ་དཀའ། །ཀུ་རེའི་ཐ་མ་འཐབ་མོར་འགྲོ། །ངག་གི་ཐ་མ་ལུས་གཉིས་རྩོད། །ལུས་ཀྱི་ཐ་མ་སྲོག་དང་འབྲལ། །སྲོག་གི་ཐ་མ་ངན་འགྲོར་འགྲོ། །ངག་ལ་བརྟག་པ་དང་པོ་ཡིན། །ཤེས་ནས་མི་སྟོང་སླེབ་པ་ཡིན། །གཉིས་པ་ངག་ལ་དཔྱད་པར་བྱ། །དཔྱོད་པའི་དང་པོ་ཡུལ་ལ་དཔྱད། །དུ་མ་འདུག་ན་སྨྲ་བཅད་བཟང་། །དད་ཅན་འདུག་ན་བཟང་པོར་སྨྲ། །མཁས་

པ་འདུག་ན་ཡོན་ཏན་བསྟོད། །བཙུན་པོ་འདུག་ན་བཙུན་ལ་བསྟོད། །བཟང་པོ་འདུག་ན་ལག་ལེན་སྨྲ། །སྡིག་ཅན་འདུག་ན་བགས་ཀྱིས་གཞོལ། །གཉེན་པོར་འགྲོ་ན་གང་ཡང་སྨྲ། །གཞན་དུ་ངག་གི་ཉེས་པ་བསྡམས། །གཉིས་པ་གཞན་ལ་སྨྲ་བའི་ཚེ། །ངག་དེ་མཁྱེན་པར་སྐྱིལ་བྱས་ནས། །དེ་ལ་རེ་ལྟོས་འདུག་མི་འདུག །ཆགས་སྡང་གཉིས་བཅས་འདུག་མི་འདུག །རང་འདོད་འཕྲི་བ་འདུག་མི་འདུག །གཞན་ལ་གཤེ་བར་འདུག་མི་འདུག །སྒྲོ་སྐུར་ཚིག་ཏུ་འགྲོ་མི་འགྲོ། །ངག་འཁྲུལ་ཡིན་ནམ་རྫུན་ཚིག་ཡིན། །ཕྲ་མ་ཡིན་ནམ་ཚིག་རྩུབ་ཡིན། །ཟུར་གྱིས་ཕོག་གམ་འདེབས་ཀྱིས་འཕོག །དངོས་ཀྱིས་གནོད་དམ་ཤུགས་ཀྱིས་གནོད། །འཕགས་པའི་ཚིག་གམ་བྱིས་པའི་ཚིག །དོན་དང་ལྡན་ནམ་མི་ལྡན་ལྟ། །འགྲོ་ན་སྨྲ་སྒོར་གཏང་བར་བྱ། །མི་འགྲོ་མཁྱེན་པའི་ཨཿལ་བསྡིམ། །གཞན་ཡང་བསམ་གཏན་བསྒོམ་པའི་རྩར། །ཁ་ཏོན་གློག་པར་མི་བྱའོ། །དྲིད་པོ་སྐུར་པ་འདེབས་པའི་རྩར། །ཁ་ཏོན་ལག་ལེན་མི་བྱའོ། །གཞན་ཡང་ཐེག་པ་དམན་པ་ལ། །ཐེག་ཆེན་སྒྲོགས་ན་སྐྱོན་དུ་འགྱུར། །བླ་མ་མཁན་སློབ་ལ་སོགས་ལ། །རང་ཉིད་དད་གུས་ཆེ་གྱུར་ཀྱང་། །ཆགས་སྡང་ཅན་གྱི་རྩར་མི་བསྟོད། །སྟོད་མིན་ཐ་མལ་སྐྱེ་བོ་ལ། །གསང་བ་སྒྲོགས་པའང་ཉུར་དུ་ཆེ། །མདོར་ན་མཚོན་ཤེས་མ་ཐོབ་བར། །སྤྱིར་ཡང་ངག་ནི་བསྡམས་པ་གཅེས། །སློས་སུ་མང་པོའི་གསེབ་ཏུ་ཚོད། །ཚོས་ལ་རྒྱབ་ཀྱིས་ཕྱོགས་པ་ཡི། །ཕོ་རྒོད་སྨྲ་མཁས་ལབ་བཟང་པོ། །མཐོ་དམན་བར་གསུམ་སྲུང་ལ་འཇལ། །ལ་ལ་བསྟོད་པས་ལ་ལ་འཁྲུག །སྤྱི་ཚེད་ལབས་པས་སློས་མི་འཁྲུག །སློས་གཏམ་ལབས་ན་སྤྱི་དགྲ་ལྡང་། །ནམ་མེད་གྱུར་ན་ཆལ་ཚོལ་སྨྲ། །གཅིག་ལན་བརྒྱ་ལ་དེ་ལན་སྟོང་། །ཐ་མར་ངག་གིས་དགེ་རྩ་འཇོམས། །མི་རྒོད་པོ་ཡིས་དམྱལ་བར་སློབ། །རྣམ་གཡེང་བདུད་ཀྱིས་བྱིན་བརླབས་ནས། །མང་པོའི་ནང་དུའང་ལྷང་ངེར་ལབ། །དེར་འཚོགས་ཐམས་ཅད་ཕུགས་ཁྲིལ་ནའང་། །འཕྲུལ་ནི་བཞད་གད་སྣ་ཞིང་བསྟོད། །དམུ་རྒོད་ལྩེ་ལ་ཞུན་

ཞུགས་འདི་བས། །དེ་བས་འཁྲིམ་རྗེ་ངག་ལ་དགོད། །སྒྲ་ངན་ཚོད་ལ་བརླས་བརྗོད་བཙོན། །སྙན་དང་སྡང་བའི་ཚིག་ཐོས་ཀྱང་། །སླུགས་པའི་ཚུལ་དུ་གནས་པར་གྱིས། །རང་རྒྱལ་རྣམས་ཀྱང་ངག་བརྟག་ན། །རྒྱལ་སྲས་བཟང་པོ་ཅི་སྙེ་བཙོལ། །དུས་ལ་འདོམས་ན་མཁས་པ་ཡིན། །གནད་དུ་ཕྱིན་ན་དཔའ་བོ་ཡིན། །ཚིག་འབྲུ་བཟང་ན་དམ་ཆོས་ཡིན། །སྙན་ངག་བྱིན་ན་དབང་ཤེས་འཛིན། །ཤེས་ན་སྒྲ་བ་ཀུན་ལ་གཅེས། །དེས་ན་ངག་ལ་བརྟག་པ་གཅེས། །ཡུལ་དང་ངག་ལ་བརྟག་པ་ཡི། །ཚོམས་ཏེ་གཉིས་པ་ཡིན་ནོ་དགོད། །སྒྲ་བའི་སྐྱེས་མཆོག་ཨ་ཏི་ཤ །ངག་གིས་ཉེས་པས་མ་གོས་པའི། །ངག་གི་དབང་ཕྱུག་འགྲོ་བའི་དཔལ། །ཆོས་གསུང་མཆོག་ཁྱོད་གསན་དུ་གསོལ། །དེ་ནི་མང་པོའི་བསླབ་བྱ་ཡིན། །ད་ནི་གཅིག་པུར་ཉམས་ལེན་པའི། །སྙིང་པོར་བསྡུས་པ་གནད་ཀྱི་མཆོག །དབེན་པར་གནས་པའི་ཆོས་ཤིག་ཞུ། །འབྲོམ། གཅིག་པུར་འདུག་ན་སེམས་ལ་དགོད། །རྗེ། བླ་མའི་ཐབས་ཀྱིས་བཀྲོལ་ན་གསལ། །འབྲོམ། སེམས་མེད་ཡུལ་རྣམས་སུ་ཡིས་འཛིན། །རྗེ། འཛིན་པ་པོ་མེད་འཛིན་མི་འགྱུར། །འབྲོམ། སེམས་མེད་གང་ལ་སུ་ཡིས་སྒྲ། །རྗེ། སྒྲ་བ་པོ་མེད་ཆགས་སྡང་ཅི། །འབྲོམ། ཡུལ་དང་ཡུལ་ཅན་དེ་འདྲར་ཟད། །རྗེ། སེམས་ཀྱི་གཞི་རྩ་གང་ཞིག་ལགས། །འབྲོམ། ཁོ་བོས་དོན་འདི་ཉིད་མ་གྱུར། །རྗེ། ཉིད་པར་མི་འགྱུར་ཇི་ལྟར་ལགས། །འབྲོམ། སྐྱེ་གནས་འཇིག་པ་མི་གདའ་བ། །རྗེ། སྣ་ཚོགས་རིག་པ་ཇི་ལྟར་ལགས། །འབྲོམ། སྐྱེ་གནས་འཇིག་པ་མི་གདའ་བ། །རྗེ། སྣ་ཚོགས་རིག་པ་ཇི་ལྟར་ལགས། །འབྲོམ། འདི་ནི་སྣང་མེད་སྣང་བ་ཡིན། །རྗེ། སྣང་བ་དེ་ཉིད་མ་ལགས་སམ། །འབྲོམ། སྣང་བ་བྱ་བ་ཅི་ལ་ཟེར། །རྗེ། སྣ་ཚོགས་ཡུལ་དུ་དམིགས་པ་ལགས། །འབྲོམ། ཡུལ་ཉིད་དམིགས་སམ་སེམས་ཉིད་དམིགས། །རྗེ། སེམས་ཀྱིས་ཡུལ་རྣམས་དམིགས་པ་ཡིན། འབྲོམ། སེམས་དེ་དགོད་པའི་དུས་ལ་བབ། །རྗེ། འདི་ཡི་དགོད་ལུགས་དུས་ལ་བབ། །འབྲོམ། ཁྱོད་ཀྱི་རིག་པ་སྟ་མ་

སྟོན། །ཇོ། འདས་པ་འདི་རུ་བསྟན་མ་མཆིས། །འབྲོམ། འོ་ན་མ་འོངས་རིག་པ་སྟོན། །ཇོ། མ་འོངས་འདི་རུ་འབྱུང་སྲིད་དམ། །འབྲོམ། འོ་ན་ད་ལྟའི་སེམས་འདི་སྟོན། །ཇོ། འཇིག་གུ་གཏད་ས་མི་གདའ་བ། །འབྲོམ། དེ་འདྲ་འོང་པ་ཅི་ཞིག་ཡིན། །ཇོ། དེ་བས་ཁྱེད་ལ་འདྲི་བ་ཡིན། །འབྲོམ། སངས་རྒྱས་ཀུན་ཀྱང་འདི་ལ་རྟོགས། །ཇོ། ཀུན་ལ་མཁས་པ་མ་ལགས་སམ། །འབྲོམ། མཁས་པ་ལོག་ཤེས་ག་ལ་ཡིན། །ཇོ། འོ་ན་སེམས་རང་མེད་དམ་ཨང་། འབྲོམ། ཡོད་ཡོད་འདྲ་མོ་ཤེས་ཀྱིན་གདའ། །ཇོ། འཁོར་བའི་གནས་འདིར་སུ་ཞིག་འཁྱམས། །འབྲོམ། སྣང་པོ་ཡ་མ་བརླ་ཅིག་འཁྱམས། །ཇོ། ཐམས་ཅད་དེ་ལྟར་མ་ལགས་སམ། །འབྲོམ། དེ་བས་ཁྱོད་ཀྱང་གསོག་གསོབ་ཡིན། །ཇོ། སྙིང་པོ་མེད་ལ་སྙིང་པོར་བཟུང་། །འབྲོམ། འཁོར་བ་པ་ཡི་ཀུན་སྤྱོད་ཡིན། །ཇོ། ཀུན་སྤྱོད་མེད་པ་མ་ལགས་སམ། །འབྲོམ། ཀུན་སྤྱོད་ཡོད་ཅེས་སུ་ཡིས་སྨྲས། །ཇོ། ད་ལྟ་ཀུན་སྤྱོད་ལགས་གསུངས་པ། །འབྲོམ། །ཐ་སྙད་ཚིག་ལ་བདེན་མ་འཆལ། །ཇོ། འོ་ན་རྫུན་པོ་མཛད་ལགས་སམ། །འབྲོམ། དེ་མཛད་མི་དགོས་ངང་གིས་མཆིས། །ཇོ། རྫུན་པ་ལམ་དུ་འགྲོ་ལགས་སམ། །འབྲོམ། ཐམས་ཅད་སྒྱུ་མ་ལྟ་བུར་བཤད། །ཇོ། སེམས་ཀྱང་སྒྱུ་མའི་སེམས་ལགས་སམ། །འབྲོམ། རྨི་ལམ་སྤྲུལ་པ་གསལ་ཙམ་ཡིན། །ཇོ། གསལ་ཙམ་བསྐྱེད་རྫོགས་ཇི་ལྟར་བྱ། །འབྲོམ། དཀྱིལ་འཁོར་ཐམས་ཅད་ནང་དུ་བཞེངས། །ཇོ། དཀྱིལ་འཁོར་བཞེངས་ལུགས་ཇི་ལྟར་བགྱི། །འབྲོམ། གསལ་ཙམ་རིག་ཙམ་དག་ཙམ་མོ། །ཇོ། དེ་ལ་དགོས་པ་ཇི་ཙམ་ཡོད། །འབྲོམ། གསང་སྔགས་མི་འོང་རྟོགས་པ་འཕེལ། ཇོ། དེ་ལ་བར་ཆོད་མི་འོང་ངམ། །འབྲོམ། བདུད་སྡེས་མི་ཚོར་མངོན་སངས་རྒྱས། །ཇོ། སྟོང་པའི་རྗེས་ལ་ཐབས་བསྒོམ་མམ། །འབྲོམ། ཐབས་ཤེས་ཐམས་ཅད་ནང་དུ་འཕེལ། །ཇོ། གང་ཟག་དེ་ལ་ཇི་སྐད་ཟེར། །འབྲོམ། སྨས་པའི་བརྟུལ་ཞུགས་འཛིན་པ་ཡིན། ཇོ། དེ་དག་རྩིལ་ཏེ་དྲིལ་ལ་ཐོན། །འབྲོམ། བྱམས་བརྩེ་བསྐྱེད་གསལ་སྟོད་དེ་བཤིག །ཇོ། གཟུགས་ལ་འབྲོ

ན་ཇི་ལྟར་བཏག །འཁྲོམ། སེམས་དེའི་དབྱིབས་དང་ཁ་དོག་བཏག །ཇོ། སྒྲ་ལ་འཁྲོ་ན་ཇི་ལྟར་བཏག །འཁྲོམ། སེམས་ལ་སྒྲ་འདུག་མི་འདུག་བཏག །ཇོ། དྲི་ལ་འཁྲོ་ན་ཇི་ལྟར་བཏག །འཁྲོམ། སེམས་ལ་དྲི་འདུག་མི་འདུག་བཏག །ཇོ། རོ་ལ་འཁྲོ་ན་ཇི་ལྟར་བཏག །འཁྲོམ། སེམས་ལ་རོ་འདུག་མི་འདུག་བཏག །ཇོ། རེག་ལ་འཁྲོ་ན་ཇི་ལྟར་བཏག །འཁྲོམ། དེ་ཡི་རེག་བྱ་བཏག་པར་བྱ། །ཇོ། ཆོས་ལ་འཁྲོ་ན་ཇི་ལྟར་བཏག །འཁྲོམ། དེ་མིན་ཆོས་རང་གང་ན་ཡོད། །ཇོ། རྣམ་པར་རྟོག་པའི་རང་བཟོའོ། །འཁྲོམ། རྣམ་པར་རྟོག་པའང་དེ་བཞིན་བཏག །ཇོ། །རྟོག་མཁན་རང་ལ་ཇི་ལྟར་རྟོག །འཁྲོམ། ལུས་ཞིག་ཡན་ལག་གང་དུ་ཐལ། །ཇོ། དེ་ནི་མེད་ན་མི་འབྱུང་ལགས། །འཁྲོམ། དེ་ལྟར་བཏག་པ་ཀུན་དུ་གཅེས། །ཇོ། བཏགས་ནས་ཞིག་ཚེ་ཇི་ལྟར་བྱ། །འཁྲོམ། མ་རྙེད་འཇའ་ཚོན་མཁའ་ལ་ཡལ། །ཇོ། མ་རྙེད་པ་དེ་མཆོག་ལགས་སམ། །འཁྲོམ། རྙེད་མ་རྙེད་ནི་སྐྱེ་འཕགས་ཁྱད། །ཇོ། ཡང་ཡང་བཙལ་ཞིང་མ་རྙེད་ན། །འཁྲོམ། རང་ལུགས་ཡང་ཡང་མཐོང་བ་ཡིན། །ཇོ། མ་རྙེད་པ་ལ་བཞག་ལགས་སམ། །འཁྲོམ། ལྟོད་དེ་གློད་ན་དམ་པ་ཡིན། །ཇོ། གནས་དོན་འདི་ཡི་བརྒྱུད་པ་གང་། །འཁྲོམ། རྒྱལ་དང་སློབ་མ་ང་ཉིད་ཡིན། །ཇོ། བདག་གིས་གཞན་ལ་ཇི་ལྟར་བྱིན། །འཁྲོམ། སྟོད་ལྷུན་སྙིང་གི་ཐིག་ལེར་ཡོང་། །ཇོ། དཀྱིལ་འཁོར་གོང་དང་མཐུན་ལགས་སམ། །འཁྲོམ། སེམས་ཀྱི་དཀྱིལ་འཁོར་གནད་དུ་ཆེ། །ཇོ། འདི་ཡི་མཐུན་རྐྱེན་གང་ཞིག་ལགས། །འཁྲོམ། ཡན་ལག་བདུན་པ་རྒྱས་པར་མཛོད། །ཇོ། བཏག་པ་གཉིས་པོ་དྲིན་ཆེ་ལགས། །འཁྲོམ། ཤེས་པར་མཛོད་ལ་ཉམས་སུ་ལོང་། །ཇོ། དེ་ལྟར་ཞུས་ལན་དཔག་མེད་ཀྱང་། །བསྡུས་ན་ནོར་བདུན་ཉིད་དུ་གདའ། །དེ་ཡང་བསྡུས་ན་བཏག་པ་གཉིས། །བཏག་གཉིས་ལེའུར་རྫོགས་པར་བསྟན། །བཏག་གཉིས་བསྡུས་ན་འདི་ལྟ་སྟེ། །མང་པོའི་ནང་དུ་ངག་ལ་བཏག །གཅིག་པུར་འདུག་ན་སེམས་ལ་བཏག །བཀྲ་ཤིས་གནས་འདིར་ཐམས་ཅད་འདུས། །ལེགས་

བཤད་ནོར་བུའི་ཕྲེང་བ་ཡིན། །བཀའ་རྒྱ་སྡམས་པའི་བརྟུལ་ཞུགས་ཡིན། །ཕན་བདེ་ནོར་བུ་བརྩེགས་པའི་རྒྱལ། །འོད་དཔག་མེད་པས་སྤྱི་གཙུག་བརྒྱན། །མགོན་པོ་ཁྱོད་ཀྱི་ཞབས་ལ་གདུགས། །དེ་ལྟར་གསུང་གླིང་བག་ཆགས་པས། །ཐམས་ཅད་བག་ཕེབས་རྒྱས་པར་ཤོག །རྩ་བ་ལྷ་བུར་བསྟུས་པ་འདི། །བླ་མའི་གསུང་ཡིན་འབྲུལ་པ་མེད། །ཡོགས་སུ་བཀོལ་ལ་མིང་མ་སྨོས། །ནོར་བུའི་ཕྲེང་བ་ཞུས་ལན་གསལ། །ཞུས་དང་ལན་ཡང་དེར་མ་སྨོས། །རྗེ་བོའི་གསུང་དེ་དང་བླངས་ནས། །སྐད་ཅིག་ཉིད་ལ་ཡིག་འབྲུར་བཀོད། །ཡི་གེའང་རྫོ་རྗེ་གདན་པའི་ལུགས། །ན་མོ་སྦྱིན་རས་གཟིགས་དབང་གསུང་། །མི་མངོན་ཕྱོགས་མཐར་རྒྱས་པར་ཤོག །དམ་ཉམས་འཆལ་བ་རྒྱུན་ཆད་ཤོག །བག་ལ་ཉལ་ཀུན་འཇོམས་པར་ཤོག །མ་རིག་གླིང་ནས་ཕྱིན་པར་ཤོག །ས་ལམ་རིམ་གྱིས་བགྲོད་པར་ཤོག །ལམ་དུ་བར་ཆད་མེད་པར་ཤོག །ཀུན་གྱི་དོན་དུ་ཀུན་མཁྱེན་ཤོག །བཀའ་གདམས་མཐའ་ནས་རྒྱས་པར་ཤོག །པདྨའི་སྙིང་དུ་པད་འདྲར་ཤོག །མཁས་བཙུན་བཟང་པོར་ཀུན་ཏུ་ཤོག །མ་ལུས་མགོན་དུ་བདག་གྱུར་ཅིག །ཚོགས་གཉིས་གཏེར་ལ་བདག་སྤྱོད་ཤོག །གཏེར་ཁ་མི་འཛད་ཀུན་འགོད་ཤོག །དཀོན་མཆོག་གསུམ་གྱི་རིགས་འཛིན་པའི། །ཚུ་བོའི་རྒྱུན་འདི་གནས་པར་ཤོག །ཅེས་གསུངས་སོ། །དེ་ལྟར་ན་ཞུས་ལན་ནོར་བུའི་ཕྲེང་བ་ལས་བརྟག་པ་གཉིས་པའི་ལེའུ་སྟེ་ཉེར་གསུམ་པའོ།། །།རྒྱ་གར་གྱི་མཁན་པོ་དཔལ་ལྡན་མར་མེ་མཛད་ཡེ་ཤེས་སྙིང་པོས་མཛད་པ་རྫོགས་སྷོ། །མངྒ་ལཾ་ཧྲཱ་ཕཊྱ། ཤུ་ཧྲཱ།། །།

༈ སྤུ་རྒྱལ་བོད་ཀྱི་བྱང་ཕྱོགས་སུ། །གྲུབ་ཐོབ་བརྒྱ་རྩ་བརྒྱད་ཀྱི་གནས། །དཔལ་གྱི་དཔལ་གནས་ཡེར་པ་དེར། །རྒྱལ་བ་ཡབ་སྲས་བགྲོ་མཛད་ཚེ། །གསང་ཕུའི་ནགས་ཁྲོད་དབེན་པ་ནི། །ལེགས་པའི་ཤེས་རབ་ཤེས་བྱའི་དོན། །འགལ་འགྲེལ་དག་པར་དཔྱོད་པའི་ཚེ། །འཇམ་པའི་དབྱངས་མཆོག་དེར་བྱོན་ནས། །ཤེས་བྱའི་དོན་ལ་ཁྱོད་

མཁས་ཀྱང་། །གནད་དུ་ཕྱིན་པར་མ་གྱུར་པས། །བུ་སློབ་ལྔ་བརྒྱའི་ཚོགས་རབ་རྣམས། །བཤད་ཉན་ཉིད་ལ་རབ་འཕོད་ལ། །མ་ཆགས་ཡེར་པའི་ནང་དུ་སོང་། །དྷི་པཾ་ཀ་ར་ བོད་ཀྱི་རྗེ། །རྒྱལ་བའི་འབྱུང་གནས་མཚུངས་པ་མེད། །མཐའ་མེད་འཁོར་བའི་གནས་གཟིགས་ནས། །ཞུས་ལན་ནོར་བུ་རིན་པོ་ཆེ། །གསེར་གྱི་ཕྲེང་བ་ལྟ་བུ་དག །ཉིན་དང་མཚན་དུ་མཛད་ཅིང་ཡོད། །འདི་ལྟར་བླ་མའི་མཚན་བཟུང་ནས། །བསམ་གྱིས་མི་ཁྱབ་འདི་གསུང་ཞེས། །ལྷག་ཆད་མེད་པར་གསུང་དེ་བསྟན། །སྐད་ཅིག་ཉིད་ལ་ལྷ་མི་སྣང་། །ཡ་མཚན་གཟུགས་མཐོང་ཆོས་སྒྲ་ཐོས། །ལུས་སྟོབས་མེད་ཀྱང་འཕུར་ལྡིང་འདོད། །རིང་པོར་མི་ཐོགས་ཡེར་པར་འགྲོ། །རྒྱལ་བ་སྲས་བཅས་གསུང་བ་ཉན། །ཚུལ་གནས་ཐོས་དང་བསམ་པ་ནི། །ལེགས་པའི་མཆོག་ཡིན་བྱས་མོད་ཀྱི། །སྒོམ་པས་ཉོན་མོངས་མ་ཕྱུང་ཞིང་། །སེམས་ལ་བརྟན་པ་མ་ཐོབ་པས། །ངེས་པར་གནས་དེར་སླེབ་པར་བྱ། །དེ་ལྟར་དགའ་བ་རབ་རྒྱས་ནས། །སླར་ཡང་ཚོགས་པའི་དབུས་སུ་འོངས། །དེ་རིང་ཐམས་ཅད་གནས་འདིར་འདུས། །ང་ཡི་ཚིག་ཉོན་ལེ་ལོ་ཕྲོལ། །སྔོན་ཆད་བཤད་པས་དུས་འདས་ཀྱང་། །མན་ངག་གནད་དུ་མ་ཕྱིན་པས། །ད་གཟོད་སེམས་ལ་གཟེར་བུ་འདེབས། །ཐམས་ཅད་ཉན་བཤད་རང་སར་བཞག །སེམས་ལ་ཕན་ན་ཉན་བཤད་བཟང་། །ཞི་ཞིང་དུལ་ན་ཐོས་རྟགས་ཡིན། །ཉོན་མོངས་ཆུང་ན་སྒོམ་རྟགས་ཡིན། །གནས་ལུགས་མཐོང་ན་རྣལ་འབྱོར་ཡིན། །ལུང་རིགས་འཕྲོད་ན་སྟོན་པ་ཡིན། །གནད་དུ་ཕྱིན་ན་མཁས་པ་ཡིན། །ཐོས་བསམ་མི་ཚེ་བསྒྲིལ་གྱུར་ཀྱང་། །སྤྱང་བླང་མི་ཤེས་ལས་ངོ་ཡིན། །དགེ་བཤེས་བགྲོས་ཀུན་བཤད་པ་ཡི། །གོ་ཆ་ཆེར་གྱོན་སློབ་མ་ཀུན། །ཐོས་བསམ་སྤེལ་ནས་ཉམས་ལེན་མཛོད། །ལོ་ཟླ་བ་གཉིས་གསུམ་ཅིག །བསྒྲུབ་གནས་ཡེར་པར་རྒྱལ་བ་ཡི། །ཞལ་ལྟ་ཆོས་ཉན་ཉམས་ལེན་བྱེད། །དོན་དག་ཡོད་ན་དེ་རིང་གྱིས། །དེ་ནས་རྣམ་གཡེང་དགོས་པ་མེད། །ཇི་སྲིད་གནས་འདིར་མ་ལོག་པར། །མཛལ་

བ་སྐད་དང་འབོད་པ་སྐད། །ཅབ་ཅོབ་མང་པོ་མ་བྱེད་ཅིག །ང་ནི་ཡར་རྒས་ཕྱི་མ་གཉེར། །དད་གུས་ཡོད་ན་གང་ཟེར་ཉོན། །ད་ནི་ཇོ་བོ་ཡབ་སྲས་དང་། །ཤེས་རབ་རྒྱལ་མཚན་ཐུགས་རྗེ་གཅིག །ཁྱོད་ཀྱིས་ང་ཡི་ཞབས་ཏོག་གྱིས། །དགོས་ཆ་ཀུན་ཀྱང་ཁྱོད་ཀྱིས་སྐྱོལ། །དེ་ནས་ཕྱིར་ལོག་ཆོས་ཁྲིམས་ཀྱིས། །མཐོན་པོའི་གཞའ་ཚོག་དམའ་བ་སྐྱོངས། །ཆོས་མིན་སྤྲོད་ལ་ཆོས་པ་ཁུར། །ནོར་དང་མི་ཆེན་དགོས་པ་མེད། །ཕྱིག་གྲོགས་སྤྲལ་པ་རྨ་ཅན་ཡིན། །ཆོས་པ་མ་གཏོགས་ངོ་མི་འཛིན། །ང་ལ་མཇལ་ཞེས་དོན་ཡོད་སྐད། །སློ་བྲིད་བྱུང་ན་བདུད་ཡིན་ཚོམ། །ནང་པར་སྔ་མོར་ཡེར་པར་འགྲོ། །མཁས་བཙུན་ལྷ་བརྒྱ་ཐེ་ཚོམ་ཟློས། །སྔར་ནི་ཐུགས་སྐམ་བཀའ་མི་བསྐྱོན། །དོ་ཞག་བཞུགས་ས་ནགས་སུ་བྱེད། །དེ་རིང་དྲག་པོའི་གསུང་འབྱོན་ཞིང་། །བཤོལ་བཏབ་དོགས་ནས་མཐའ་རྒྱ་གཅོད། །ད་ནི་བཞུགས་པར་གསོལ་བ་དཀའ། །གསུང་བཞིན་སྒྲུབ་ལས་མི་ཤེས་སོ། །ཤབ་ཤུབ་གྲོས་སུ་དེ་སྐད་སྨྲ། །ལ་ལ་དག་ཏུ་མཆི་མ་འཕྱིན། །ལ་ལ་སེམས་གསོ་མ་ནུ་ཞེས། །རིང་པོར་མི་ཐུག་མྱུར་དུ་མཆི། །སྐུ་གཤེགས་མ་གྱུར་དེ་ཡིས་ཆོག །ནང་པར་རི་ལ་ཉེ་ཤར་ཚེ། །མཛོ་མོ་ཅིག་ལ་ཁལ་བཀལ་ཞིང་། །མཛོ་མོ་ཅིག་ལ་ཞོན་པ་བྱས། །ཤེས་རབ་རྒྱལ་མཚན་མ་གཏོགས་པ། །གཅིག་ཀྱང་ཕྱོགས་སུ་མ་བསྟེན་ཏོ། །གསང་མདའ་མར་ལ་ཕྱིན་ཙ་ན། །སྐྱེ་བོ་ཀུན་དང་འཕྲད་པའི་ཚེ། །ཐེ་ཚོམ་ཟློས་ནས་འདི་སྐད་དུ། །སྟོན་ཚད་ལྷ་བཙུ་མི་ཤུང་བར། །རྗེ་བཟང་ཚེབས་ཏེ་གཤེགས་གྱུར་ན། །དེ་རིང་འདི་འདྲ་ཅི་ཡིན་ན། །གཞན་གྱིས་ཐུགས་སུན་མ་བྱུང་ངམ། །ཟེར་ཞིང་མགྱོགས་པོ་མགྱོགས་པོ་དག །གསང་ཕུར་ཕྱིན་ནས་བྲ་བཏང་ངོ་། །དེ་ནས་ཡེར་པའི་གནས་སུ་སླེབས། །སྔར་བཞིན་རྒྱལ་བ་སྲས་དང་མཇལ། །སྔར་གྱི་བྱུང་ལུགས་སྙན་དུ་གསོལ། །དེ་ནས་སྔོ་གསུམ་ལེགས་བརྒྱུད་ནས། །འབྲལ་སྐྱགས་མེད་པར་གསོལ་བ་བཏབ། །སྐྱེས་རབས་ཁྲིད་འཕགས་ཉེ་ཤུ་དེ། །ལེགས་པའི་ཤེས་རབ་བུ་ཆོས་སུ། །ཇོ་བོས་གསུང་བཞིན་ཐུགས་སུ

ཆུད། །ཕ་ཆོས་ཉི་ཤུ་དྲུག་པོ་ལ། །ཉི་ཤུ་རྩ་གཅིག་ནགས་ཁྲོད་དུ། །འཇམ་པའི་དབྱངས་ཀྱིས་དག་པར་གསུང་། །གཅིག་ཀྱང་མ་ལུས་ཐུགས་སུ་ཆུད། །སླེབ་མ་ཐག་ཏུ་ལེའུ་གཉིས། །དེ་ནི་རང་གི་ཆོས་དུས་སུ། །ཉི་ཤུ་པ་ལ་བཀའ་རྒྱ་ཐོས། །མཐར་ཐུག་རྡོ་རྗེའི་སྒྲུ་ཡིས་རྫོགས། །དེ་ནི་ལོ་རྒྱུས་ཀྱི་ཚོམས་སོ། །དེ་དག་གིས་རྫོག་ཆོས་ཉི་ཤུ་པོ་ཐལ་ལོ།། །།

ཨོཾ་སྭསྟི། །རྒྱལ་དང་རྒྱལ་སྲས་རྒྱ་མཚོའི་ཆོས་ཀྱི་སྒོ། །ཇི་སྙེད་ཐུགས་ཀྱི་བུམ་པར་བཞེས་ནས་སླར། །འགྲོ་བའི་དཔལ་དུ་འགྱེད་མཁས་ཐུགས་རྗེ་ཅན། །དཔལ་ལྡན་མར་མེ་མཛད་ལ་སྤྱི་བོས་འདུད། །ཇོ་བོ་ཡབ་སྲས་དག་པའི་སྣང་བ་ཏུ། །རྒྱལ་བ་སྲས་བཅས་རྣམས་དང་ལྷན་ཅིག་ཏུ། །ཟབ་མོའི་དམ་ཆོས་བགྲོ་བར་མཛད་པའི་ཚུལ། །བཀའ་གདམས་གླེགས་བམ་ཞེས་སུ་གྲགས་པ་འདི། །ས་སྐྱོང་དམ་པ་བློ་གྲོས་རྒྱལ་མཚན་གྱིས། །བསྟན་འགྲོའི་དགེ་ལེགས་སྤེལ་བའི་ཐུགས་བསྐྱེད་ལས། །མི་ཟད་ཆོས་སྒོ་མཐའ་ཡས་ཅིག་ཅར་དུ། །འཕྲེད་བྱེད་པར་གྱི་ཕྲུ་མོ་འདི་འབྲུངས་སོ། །དེ་ལྟའི་དགེ་ཚོགས་སྟོན་ཟླ་ལྟར་དཀར་ནས། །རྒྱལ་བསྟན་རིན་ཆེན་ཉམས་མེད་དར་ཞིང་རྒྱས། །བསྟན་འཛིན་བླ་མ་མཆོག་རྣམས་ཞབས་བརྟན་ཅིང་། །ཕྲིན་ལས་སྲིད་མཐའི་བར་དུ་འཕེལ་གྱུར་ཅིག །སྦྱིན་བདག་ཆོས་རྒྱལ་ཆེན་པོ་ཡབ་སྲས་ཀྱང་། །སྐུ་ལ་བསྣུན་མེད་འཚོ་བཞེས་བརྟན་པ་དང་། །ཆོས་དང་སྲིད་ཀྱི་འབྱོར་པ་རྒྱ་ཆེན་པོ། །མི་ནུབ་རྟག་བརྟན་ཡུན་རིང་འབར་གྱུར་ཅིག །མཁའ་མཉམ་འགྲོ་བ་ཀུན་ཡང་ལས་ཉོན་གྱི། །དུཿཁས་མནར་མིན་བྱང་ཆུབ་སེམས་ཀྱི་བཅུད། །སྨྱོང་བཞིན་འདི་དང་གཏན་དུ་བདེ་བའི་ལམ། །བགྲོད་ནས་མྱུར་དུ་ཀུན་མཁྱེན་མཆོག་ཐོབ་ཤོག །ཅེས་བཀའ་གདམས་ཕ་ཆོས་ཀྱི་གླེགས་བམ་པར་དུ་འགོད་པའི་ཚེ་པར་བྱང་སྨོན་ལམ་དང་བཅས་པ་འདི་ཉིད་སི་ཏུ་བསྟན་པའི་ཉིན་བྱེད་ཀྱིས་བྲིས་པ་དགེ་ལེགས་འཕེལ།། །།མངྒ་ལཾ།

༄། །བཀའ་གདམས་རིན་པོ་ཆེའི་གླེགས་བམ་ཕ་ཆོས་བཞུགས་སོ། །

མཛད་པ་པོ།	འབྲོམ་སྟོན་པ་རྒྱལ་བའི་འབྱུང་གནས་སོགས།
ཞིགས་སྒྲིག་པ།	དཔེ་དེབ་འདིའི་ཞིགས་སྒྲིག་ཚོགས་ཆུང་།
རྩོམ་སྒྲིག་འགན་འཁུར་བ།	པ་སངས་དབང་ཆེན།
དེབ་གཞིའི་མཛེས་འཆོས་པ།	བློ་བཟང་དབང་འདུས།
པར་འདེབས་འགན་འཁུར་བ།	བཀྲ་ཤིས་བསམ་གྲུབ།
དཔེ་སྐྲུན་འགྲེམས་སྤེལ་ཚན་པ།	བོད་ལྗོངས་མི་དམངས་དཔེ་སྐྲུན་ཁང་། (ལྷ་ས་གླིང་སྐོར་བྱང་ལམ་སྒོ་ཨང་20པ།)
པར་འདེབས་ཚན་པ།	ཧྲིན་ཀྲིན་གྲོང་ཁྱེར་སྦུས་ཞིགས་ཚོན་པར་མཉམ་འབྲེལ་པར་འདེབས་ཚད་ཡུལ་ཀུང་སི།
དེབ་ཚད།	787×960 1/16
པར་ཤོག	47.5
ཡིག་གྲངས།	ཁྲི་45
པར་གཞི།	2020ལོའི་ཟླ་11པར་པར་གཞི་1བསྒྲིགས།
པར་ཐེངས།	2023ལོའི་ཟླ་8པར་པར་ཐེངས་2བཏབ
པར་གྲངས།	2,001-6,000
དཔེ་རྟགས།	ISBN978-7-223-06649-5
རིན་གོང་།	སྒོར་86.00